NomosFormulare

Manuel Tanck | Elmar Uricher [Hrsg.]

Erbrecht

Testamentsgestaltung | Vertragsgestaltung | Prozessführung

2. Auflage

Dr. Herbert Bartsch, Rechtsanwalt und Fachanwalt für Erbrecht, Mainz | Dr. Michael Bonefeld, Rechtsanwalt, Fachanwalt für Erbrecht und Fachanwalt für Familienrecht, München | Birgit Eulberg, Rechtsanwältin und Fachanwältin für Erbrecht, Augsburg | Nina Lenz-Brendel, Rechtsanwältin und Fachanwältin für Erbrecht, Mannheim | Thomas Littig, Rechtsanwalt und Fachanwalt für Erbrecht, Würzburg | Michael Ott-Eulberg, Rechtsanwalt und Fachanwalt für Erbrecht, Augsburg | Dr. Christopher Riedel, LL.M., Rechtsanwalt, Fachanwalt für Steuerrecht und Steuerberater, Düsseldorf | Stephan Rißmann, Rechtsanwalt und Fachanwalt für Erbrecht, Berlin | Julia Roglmeier, Rechtsanwältin und Fachanwältin für Erbrecht, München | Dr. Manuel Tanck, Rechtsanwalt und Fachanwalt für Erbrecht, Mannheim | Elmar Uricher, Rechtsanwalt, Konstanz

Die Formulierungsbeispiele in diesem Buch wurden mit Sorgfalt und nach bestem Wissen erstellt. Sie stellen jedoch lediglich Anregungen für die Lösung typischer Fallgestaltungen dar. Autoren und Verlag übernehmen keine Haftung für die Richtigkeit und Vollständigkeit der in dem Buch und auf der CD-ROM enthaltenen Ausführungen und Formulierungsmuster.

Die Deutsche Bibliothek verzeichnet diese Publikation in der Deutschen Nationalbibliografie; detaillierte bibliografische Daten sind im Internet über http://dnb.ddb.de abrufbar.

ISBN 978-3-8329-5181-8

2. Auflage 2011
© Nomos Verlagsgesellschaft, Baden-Baden 2011. Printed in Germany. Alle Rechte, auch die des Nachdrucks von Auszügen, der fotomechanischen Wiedergabe und der Übersetzung, vorbehalten.

Vorwort

Autoren, Herausgeber und Verlag setzen die sehr gut aufgenommene Konzeption fort, der Praxis im Erbrecht alles für die Gestaltung letztwilliger Verfügungen und die prozessuale Durchsetzung von erbrechtlichen Ansprüchen Erforderliche in Form von Mustern und ausführlichen Darstellungen zu bieten. Zahlreiche positive Rückmeldungen von Kolleginnen und Kollegen haben ebenso wie Anregungen und andere Hinweise Eingang in die Neuauflage gefunden.

Mit dem Inkrafttreten der im Vorfeld viel diskutierten Vorhaben des FGG-Reformgesetzes und der Reform des Erb- und Verjährungsrechts, sowie des Erbschaftsteuerrechts haben sich zudem sowohl im verfahrens- als auch im materiellrechtlichen Bereich des Erbrechts und des Erbschaftsteuerrechts zahlreiche Änderungen vollzogen, die es erforderlich gemacht haben, nun die zweite Auflage des Werkes vorzulegen.

Die Reform des Erbrechts beeinflusst schwerpunktmäßig den Bereich des Pflichtteilsrechts, in dem die Pflichtteilsentziehungsgründe modernisiert, die Stundungsgründe für Ausgleichsansprüche erweitert und eine gleitende Ausschlussfrist für den Pflichtteilsergänzungsanspruch eingeführt wurde. Damit einher ging auch eine zumindest spürbare Verbesserung der Honorierung von Pflegeleistungen beim Erbausgleich. Auch die überfällige Verjährung von familien- und erbrechtlichen Ansprüchen an die Verjährungsvorschriften des Schuldrechtsmodernisierungsgesetzes von 2001 ist nunmehr erfolgt.

Auch für die künftigen Auflagen wünschen wir uns zahlreiche Anregungen und Hinweise unserer Leser, damit dieses als Arbeitsmittel für die Praxis gedachte Werk stets weiter entwickelt werden kann.

Mannheim, Konstanz im Januar 2011 Die Herausgeber

Inhaltsübersicht

Vorwort	5
Musterverzeichnis	11
Autorenverzeichnis	39
Abkürzungsverzeichnis	41
Literaturverzeichnis	59
§ 1 Die Ansprüche des Alleinerben *(Lenz-Brendel/Roglmeier)*	61
A. Feststellung des Erbrechtes	63
B. Auskunftsansprüche des Alleinerben	106
C. Die Grundbuchberichtigung nach dem Erbfall	137
D. Herausgabeansprüche	140
E. Ansprüche des Vorerben	152
F. Ansprüche des Nacherben	185
§ 2 Vermächtnis *(Bartsch)*	228
A. Vermächtnis	229
B. Die Auflage	336
§ 3 Ansprüche der Erbengemeinschaft *(Rißmann)*	342
A. Überblick	343
B. Informationsbeschaffung und Nachlasssicherung	344
C. Verwaltung	355
D. Auseinandersetzung	376
E. Gerichtliche Geltendmachung und Abwehr	388
F. Anhang	421
§ 4 Pflichtteilsrecht *(Riedel)*	431
A. Einführung	433
B. Gesetzliche Voraussetzungen des ordentlichen Pflichtteilsanspruchs (§ 2303 BGB)	434
C. Vorbereitung der Durchsetzung des Pflichtteils – Auskunftsansprüche	458
D. Vorbereitung der Durchsetzung des Pflichtteilsanspruchs – Wertermittlung	473
E. Geltendmachung des ordentlichen Pflichtteilsanspruchs (ohne lebzeitige Vorempfänge)	475

F. Geltendmachung des ordentlichen Pflichtteils bei lebzeitigen Vorempfängen 483
G. Pflichtteilsergänzungsanspruch 491
H. Stundung des Pflichtteilsanspruchs 507
I. Verteilung der Pflichtteilslast im Innenverhältnis 510
J. Verjährung des Pflichtteilsanspruchs 514
K. Gerichtliche Durchsetzung der Pflichtteilsansprüche 518

§ 5 Testamentsvollstreckung *(Bonefeld)* 528

A. Formulare für die Anordnung der Testamentsvollstreckung 532
B. Die Annahme und Ablehnung des Testamentsvollstreckeramtes 552
C. Ausgewählte Formulare für die praktische Abwicklung einer Testamentsvollstreckung 561
D. Die Testamentsvollstreckung im Unternehmensbereich 629
E. Der Testamentsvollstrecker im Prozess 648
F. Die Haftung und Entlassung des Testamentsvollstreckers 681
G. Die Entlassung des Testamentsvollstreckers 689
H. Die angemessene Vergütung 696
I. Mehrere Testamentsvollstrecker 709
J. Die Beendigung des Amtes des Testamentsvollstreckers 711

§ 6 Erbscheinsverfahren *(Uricher)* 717

A. Übersicht – Das Erbrechtsmandat 717
B. Der Erbschein 720

§ 7 Gestaltung von letztwilligen Verfügungen *(Tanck)* 760

A. Vorfragen zur Testamentsgestaltung 762
B. Der Inhalt eines Testaments 786
C. Das gemeinschaftliche Testament 835
D. Das Geschiedenentestament 873
E. Letztwillige Verfügungen bei überschuldeten Erben 875

§ 8 Erbverzicht *(Riedel)* 879

A. Allgemeines 880
B. Erbverzicht 889

C. Zuwendungsverzicht	924
D. Pflichtteilsverzicht	931
E. Schuldrechtliche Gleichstellungserklärungen	946
F. Gestaltungsüberlegungen – Entscheidungsfindung	947
G. Steuern und Kosten	948

§ 9 Nachlasspflegschaft und -verwaltung *(Eulberg)* ... 950

A. Allgemeines	952
B. Antragstellung, Einleitung der Nachlasspflegschaft und die Stellung des Nachlassgerichts	957
C. Nachlassverwaltung	966
D. Der Nachlasspfleger	976
E. Anwalt als Nachlassverwalter	1003
F. Rechte der Erben und Gläubiger während der Nachlasspflegschaft	1013
G. Rechte der Erben und Dritter während der Nachlassverwaltung	1014

§ 10 Nachlassinsolvenz *(Ott-Eulberg)* ... 1018

A. Allgemeines und Grundsätze	1018
B. Gegenstand des Insolvenzverfahrens	1019
C. Zuständigkeit, § 315 InsO	1019
D. Antrag, § 317 Abs. 1 InsO	1020
E. Begründetheit des Antrags (Insolvenzgrund)	1025
F. Sicherungsmaßnahmen	1028
G. Die Eröffnung des Insolvenzverfahrens	1029
H. Die Wirkung der Eröffnung des Verfahrens	1029
I. Rechtswirkung der Verfahrenseröffnung im Hinblick auf die Haftung	1031
J. Insolvenzverfahren und Verteilung des Nachlasses	1039
K. Beendigung	1041
L. Zwangsvollstreckung aus der Tabelle	1043
M. Dürftigkeitseinrede	1043
N. Insolvenzverfahren und Zwangsvollstreckung	1043
O. Die Wirkung der Beendigung	1045
P. Erbauseinandersetzung via Nachlassinsolvenzverfahren nach § 320 InsO	1045

Inhaltsübersicht

§ 11 Vorweggenommene Erbfolge *(Uricher)* 1046

    A. Allgemeines 1046

    B. Vertragsgestaltungen einer vorweggenommenen Erbfolge 1047

§ 12 Die Abwicklung des Mandates in Erbsachen *(Littig)* 1075

    A. Allgemeines 1075

    B. Die Annahme des erbrechtlichen Mandates 1076

    C. Die Vergütung 1090

    D. Vereinbarungen zur Haftungsbeschränkung 1104

    E. Tätigkeitsverbote und Mehrheit von Mandanten/Interessenkollision 1107

    F. Mandantenschreiben/Mandatsbestätigung 1109

Stichwortverzeichnis 1113

Musterverzeichnis

	Muster-Nr.	Paragraf	Rn
Abfindung durch Rentenzahlung	523	§ 8	147
Abfindungsvereinbarung (einfach)	522	§ 8	146
Abwicklungsvollstreckung	264	§ 5	68
Amtsannahmeschreiben	275	§ 5	104
Anfechtung der Ausschlagung der Erbschaft wegen arglistiger Täuschung	7	§ 1	44
Anfechtungsverzicht	477	§ 7	348
Ankaufsrecht, bedingtes; Klage auf Eintragung einer Vormerkung	82	§ 2	56
Ankaufsvermächtnis, Klage	81	§ 2	54
Ankaufsvermächtnis/Teilungsanordnung, Klage auf Abgrenzung	125	§ 2	202
Annahme der Erbschaft, Anfechtung (Eigenschaftsirrtum)	5	§ 1	41
Annahme der Erbschaft, Anfechtung; Erwiderung des Anfechtungsgegners	6	§ 1	42
Arrest und Pfändungsbeschluss, Antrag auf Erlass	63	§ 1	528
Arrest, Antrag auf Anordnung	129	§ 2	216
Aufgebotsverfahren, Anmeldung einer Forderung	636	§ 9	310
Aufgebotsverfahren, Antrag des Erben zur Durchführung	606	§ 9	111
Auflage	152	§ 2	281
Auflage mit Veräußerungsverbot	151	§ 2	279
Auflage mit Vermögensvorteil	153	§ 2	284
Auflage zugunsten einer gemeinnützigen Organisation	156	§ 2	290
Auflassungserklärung über ein durch Vermächtnis zugewendetes Grundstück, notarielle (Auszug)	134	§ 2	229
Auflassungsvormerkung, Klage auf Eintragung	135	§ 2	232
Aufnahmebogen/Checkliste/Sachverhaltserfassung	380	§ 7	17
Auftragsvereinbarung	662	§ 12	53
Aufwendungsersatz für notwendige Verwaltung, Geltendmachung	171	§ 3	90
Aufwendungsersatz, Klage gegen den Nacherben	53	§ 1	429
Auseinandersetzungsplan	305	§ 5	243
Auseinandersetzungsplan eines Testamentsvollstreckers, Klage wegen Feststellung der Unwirksamkeit	339	§ 5	551
Auseinandersetzungsplan mit Grundvermögen	306	§ 5	244
Auseinandersetzungsplan, Anhörung der Erben	304	§ 5	242

Musterverzeichnis

	Muster-Nr.	Paragraf	Rn
Auseinandersetzungsplan, Auskunftsersuchen des Testamentsvollstreckers zur Vorbereitung	303	§ 5	241
Auseinandersetzungsvereinbarung mit Teilungsanordnung	184	§ 3	147
Auseinandersetzungsvertrag	307	§ 5	245
Auseinandersetzungsvertrag mit Grundstücksübertragung	308	§ 5	246
Auskunft durch Rechnungslegung bei Auftrag und Geschäftsbesorgung, §§ 666, 675 BGB, Klage	32	§ 1	267
Auskunft über erbschaftliche Geschäfte, Klage des endgültigen Erben gegen den vorläufigen Erben	30	§ 1	261
Auskunft und Abgabe der eidesstattlichen Versicherung, Stufenklage	19	§ 1	201
Auskunft, Abgabe einer eidesstattlicher Versicherung und Zahlung; Stufenklage	258	§ 4	328
Auskunft, Abgabe einer eidesstattlicher Versicherung und Zahlung; Klageänderung bei steckengebliebener Stufenklage	259	§ 4	332
Auskunft, Abgabe einer eidesstattlicher Versicherung und Zahlung; Stufenklage und bezifferte Teilklage	260	§ 4	334
Auskunft, eidesstattliche Versicherung und Herausgabe; Stufenklage gegen den Erbschaftsbesitzer	40	§ 1	315
Auskunft, eidesstattliche Versicherung, Sicherheitsleistung; Stufenklage gegen den Vorerben	56	§ 1	474
Auskunft, Rechenschaft und Herausgabe; Stufenklage gegen den Betreuer	35	§ 1	281
Auskunft, Rechenschaftslegung, eidesstattliche Versicherung und Zahlung; Stufenklage gegen Miterben	188	§ 3	158
Auskunft, Rechenschaftslegung, eidesstattliche Versicherung und Zahlung; Stufenklage kombiniert mit Feststellungsklage und Hilfsantrag auf Pflichtteilzahlung gegen Erbschaftsbesitzer	189	§ 3	159
Auskunftsbegehren hinsichtlich lebzeitiger Zuwendungen	233	§ 4	133
Auskunftsbegehren, weitergehendes hinsichtlich des fiktiven Nachlasses	232	§ 4	131
Auskunftsersuchen an Bank oder Sparkasse des Erblassers	161	§ 3	25
Auskunftsersuchen an Steuerberater des Erblassers	160	§ 3	21
Auskunftsersuchen des geschiedenen Ehegatten	229	§ 4	114
Auskunftsersuchen des Nichterben	228	§ 4	112

Musterverzeichnis

	Muster-Nr.	Paragraf	Rn
Auskunftsersuchen des pflichtteilsberechtigten Miterben	230	§ 4	116
Auskunftsklage	185	§ 3	150
Auskunftsklage gegen den Beschenkten, § 2287 BGB	29	§ 1	254
Auskunftsklage gegen den Erbschaftsbesitzer	26	§ 1	239
Auskunftsklage gegen den Hausgenossen	28	§ 1	249
Auslegungsvertrag	11	§ 1	138
Auslegungsvertrag	180	§ 3	133
Auslegungsvertrag mit den Erben	313	§ 5	328
Ausschlagung der Erbschaft durch den überlebenden Ehegatten	225	§ 4	104
Ausschlagung des Ehegatten mit gleichzeitiger Geltendmachung des Zugewinnausgleichsanspruchs	226	§ 4	106
Ausschlagung eines Vermächtnisses, Anfechtung	224	§ 4	101
Ausschlagung, Anfechtung	8	§ 1	46
Ausschlagung, Anfechtung (Erbteil)	223	§ 4	99
Ausschlagung, Erklärung (gesetzliche Erbfolge)	1	§ 1	21
Ausschlagung, Erklärung (gewillkürte Erbfolge; Ausschlagender kommt nicht als gesetzlicher Erbe in Betracht)	2	§ 1	22
Ausschlagung, Erklärung (gewillkürte Erbfolge; Ausschlagender kommt auch als gesetzlicher Erbe in Betracht)	4	§ 1	24
Ausschlagung, Erklärung (gewillkürte Erbfolge; Ausübung des Wahlrechts nach § 1948 BGB)	3	§ 1	23
Ausschlagungserklärung (taktische Ausschlagung, § 2306 Abs. 1 S. 2 BGB)	218	§ 4	68
Ausschlussklausel, automatische	460	§ 7	292
Behindertentestament, Ergänzung zur Vermeidung einer Aushebelung der Testamentsvollstreckung wegen Interessenkollision	309	§ 5	281
Beratungsvertrag/Haftungsbegrenzung/ Honorarvereinbarung – Stundensatz	351	§ 6	7
Beratungsvertrag/Haftungsbegrenzung/ Honorarvereinbarung nach RVG	352	§ 6	8
„Berliner Testament"	453	§ 7	267
„Berliner Testament" mit Ersatzerbenbestimmung für den ersten Todesfall bei Kindern aus unterschiedlichen Ehen	454	§ 7	271

	Muster-Nr.	Paragraf	Rn
„Berliner Testament" mit Steuervermächtnis, Freistellungsklausel, Wiederverheiratungsvermächtnis und Anfechtungsverzicht	482	§ 7	359
Berliner Testament (mit Schlusserbeinsetzung der Kinder)	201	§ 4	12
Bestandsaufnahme	607	§ 9	120
Bestandsverzeichnis	18	§ 1	195
Bestimmungsrechte, Klage des Bundeslandes gegen den Erben auf Ausübung beziehungsweise auf Feststellung, dass die Bestimmung des Begünstigten durch den Erben unwirksam ist	157	§ 2	292
Bestimmungsvermächtnis	417	§ 7	164
Bestimmungsvermächtnis für Unternehmensnachfolger	418	§ 7	165
Betreuungsakte, Einsicht	25	§ 1	226
Bindungswirkung, Entfallen	459	§ 7	290
Darlehen, Kündigung	174	§ 3	104
Darlehensforderung, Feststellungsklage eines Miterben gegen Miterben auf Bestehen	192	§ 3	165
Dauernde Last, Bestellung	654	§ 11	61
Dauertestamentsvollstreckung (§ 2209 S. 1, 2. Hs BGB)	265	§ 5	69
Ehebedingte Zuwendung, Rücktrittsvorbehalt	656	§ 11	64
Einkünfte und Vermögen, Klage gegen den geschiedenen Ehegatten auf Auskunft	34	§ 1	278
Einzelunternehmen, Anmeldung der Einstellung	378	§ 6	153
Einzelurkunden	450	§ 7	253
Einzelverfügungen	447	§ 7	244
Enterbung	199	§ 4	9
Enterbung des Ehegatten, Verweisung auf den kleinen Pflichtteil	208	§ 4	28
Enterbung eines Stammes	209	§ 4	30
Enterbung und Verweisung auf den Pflichtteil	203	§ 4	18
Erbeinsetzung anderer Personen, erschöpfende	200	§ 4	10
Erbeinsetzung der Abkömmlinge mit Nießbrauchsvermächtnis zu Gunsten des Ehepartners	443	§ 7	229
Erbeinsetzung eines gemeinnützigen Vereins mit Ersatzerbfolge einer letztwillig zu gründenden Stiftung	444	§ 7	230
Erbeinsetzung unter Angabe von Motiven	395	§ 7	86
Erbeinsetzung, bedingte	394	§ 7	85

	Muster-Nr.	Paragraf	Rn
Erbenfeststellungsklage (Anordnung der Vor- und Nacherbschaft)	43	§ 1	346
Erbenfeststellungsklage (Vollerbe)	44	§ 1	358
Erbenfeststellungsklage nach Anfechtung eines Testamentes	15	§ 1	175
Erbenfeststellungsklage, Befreiungen von den Beschränkungen der §§ 2113 ff BGB	45	§ 1	369
Erbengemeinschaft mit bedingtem Pflegevermächtnis und Testamentsvollstreckung	442	§ 7	228
Erbengemeinschaft mit Teilungsanordnung und Aufhebung einer Ausgleichungsverpflichtung	441	§ 7	227
Erbengemeinschaft, Geschäftsordnung	315	§ 5	331
Erbschaftsteuer, Antrag auf Stundung	609	§ 9	131
Erbschaftsteuererklärung, Anfrage zur Abgabe	610	§ 9	132
Erbschaftsteuererklärung, Antrag auf Fristverlängerung	612	§ 9	135
Erbschaftsteuererklärung, Vordruck zur Abgabe	611	§ 9	133
Erbschein, Antrag auf Einziehung (Anregung); Vertretung durch Rechtsanwalt	371	§ 6	117
Erbschein, Antrag auf Erlass einer einstweiligen Anordnung zur Rückgabe zu den Akten des Nachlassgerichts	376	§ 6	144
Erbschein, Antrag auf Erteilung	69	§ 2	16
Erbschein, Antrag bezüglich der Erteilung einer Ausfertigung nach § 85 FGG	360	§ 6	61
Erbschein, Beschwerdeverwerfung	374	§ 6	135
Erbschein, Einziehungsanordnung durch das Nachlassgericht	372	§ 6	118
Erbschein, Haupt- und Hilfsantrag bei unklarer Erbfolge bei unklaren Testamenten	365	§ 6	73
Erbschein, Kraftloserklärung	373	§ 6	119
Erbschein, stattgebende Beschwerde hinsichtlich der Einziehung	375	§ 6	137
Erbscheinsantrag des Alleinerben, einfacher (Eigenrechtserbschein nach § 2353 BGB)	359	§ 6	59
Erbscheinsantrag des Vorerben	368	§ 6	78
Erbscheinsantrag nach dem Tode eines deutschen Staatsangehörigen auf der Basis eines ausländischen Testaments, mit eidesstattlicher Versicherung	364	§ 6	72
Erbscheinsantrag, Checkliste Urkunden	358	§ 6	53

Musterverzeichnis

	Muster-Nr.	Paragraf	Rn
Erbscheinsantrag, gemeinschaftlicher bei einer Mehrheit von Erben aufgrund gesetzlicher Erbfolge, mit eidesstattlicher Versicherung	363	§ 6	71
Erbscheinsantrag, gesetzliche Erbfolge	10	§ 1	109
Erbscheinserteilungsanordnung eines einfachen Alleinerbscheins	369	§ 6	89
Erbscheinserteilungsanordnung/gemeinschaftlicher Erbschein/Anordnung Testamentsvollstreckung an einem Erbteil	370	§ 6	90
Erbscheinsverfahren, Antwort im Rahmen einer Anhörung im Sinne von § 2360 BGB	362	§ 6	70
Erbscheinsverfahren, schriftliche Anhörung	361	§ 6	69
Erbunwürdigkeitsklage	9	§ 1	64
Erbvertrag, einseitiger; Anfechtung durch den überlebenden Ehepartner nach Hinzukommen eines weiteren Pflichtteilsberechtigten	389	§ 7	66
Erbvertrag, einseitiger; Rücktrittserklärung nach dem Ableben eines Vertragspartners durch Testament bei Rücktrittsvorbehalt (§ 2297 BGB)	388	§ 7	65
Erbvertrag, einseitiger; Rücktrittserklärung zu Lebzeiten des Vertragspartners	387	§ 7	64
Erbvertrag, Verknüpfung mit Kausalgeschäft	526	§ 8	156
Erbverzicht – auflösende Bedingung	517	§ 8	124
Erbverzicht – aufschiebende Bedingung	518	§ 8	125
Erbverzicht – ausführlich mit Verpflichtungsgeschäft	492	§ 8	37
Erbverzicht – Ausschluss von § 2350 Abs. 2 BGB	497	§ 8	65
Erbverzicht – Definition des Verzichtsumfangs	494	§ 8	53
Erbverzicht – Erstreckung auf Abkömmlinge I	495	§ 8	60
Erbverzicht – Erstreckung auf Abkömmlinge II	496	§ 8	61
Erbverzicht – Nachweis der Gegenleistung	531	§ 8	167
Erbverzicht – Wirksamkeit bei Veränderung der Verhältnisse	493	§ 8	51
Erbverzicht des Ehegatten (einschließlich nachehelichen Unterhalts, § 1586 b BGB)	502	§ 8	86
Erbverzicht des Ehegatten unter Vorbehalt des nachehelichen Unterhalts gemäß § 1586 b BGB	503	§ 8	88
Erbverzicht des Ehegatten zugunsten der Kinder I	499	§ 8	70
Erbverzicht des Ehegatten zugunsten der Kinder II	500	§ 8	71

	Muster-Nr.	Paragraf	Rn
Erbverzicht des Ehegatten, beschränkt auf den § 1931 BGB übersteigenden Teil	506	§ 8	100
Erbverzicht des Ehegatten, beschränkt auf die pauschale Erbteilserhöhung nach § 1371 Abs. 1 BGB	507	§ 8	101
Erbverzicht gegen Abfindung, Erbringung der Gegenleistung auch nach Erbfall möglich	530	§ 8	164
Erbverzicht unter Beteiligung eines Dritten	525	§ 8	152
Erbverzicht unter Einschluss des Dreißigsten	501	§ 8	73
Erbverzicht unter Pflichtteilsvorbehalt	521	§ 8	133
Erbverzicht zu Gunsten eines Dritten	498	§ 8	67
Erbverzicht zugunsten eines Dritten – Bestimmung von Ersatzbegünstigten	519	§ 8	127
Erbverzicht, Annahme I	488	§ 8	9
Erbverzicht, Annahme II	489	§ 8	10
Erbverzicht, Aufhebungsvertrag mit Vereinbarungen bezüglich der erbrachten Gegenleistung	544	§ 8	211
Erbverzicht, beschränkt auf das hofesfreie Vermögen	509	§ 8	105
Erbverzicht, beschränkt auf das Hofesvermögen	508	§ 8	104
Erbverzicht, beschränkt auf die Unterwerfung unter Beschränkungen und Beschwerungen	511	§ 8	110
Erbverzicht, beschränkt auf eine Quote I	504	§ 8	97
Erbverzicht, beschränkt auf eine Quote II	505	§ 8	98
Erbverzicht, beschränkter; Anrechnung auf den Pflichtteil	514	§ 8	117
Erbverzicht, beschränkter; nachträgliche Ausgleichungs- und Anrechnungsbestimmung	512	§ 8	114
Erbverzicht, beschränkter; Verzicht auf Durchführung der Ausgleichung	513	§ 8	115
Erbverzicht, dingliche Sicherung des Gegenleistungsanspruchs	529	§ 8	162
Erbverzicht, Erbeinsetzung eines Dritten als Gegenleistung (einfach)	534	§ 8	173
Erbverzicht, Erbeinsetzung eines Dritten als Gegenleistung mit Absicherung gegen lebzeitige Verfügungen des Erblassers	535	§ 8	175
Erbverzicht, Erbeinsetzung eines Dritten als Gegenleistung mit Absicherung gegen Pflichtteilsansprüche	537	§ 8	177

Musterverzeichnis

	Muster-Nr.	Paragraf	Rn
Erbverzicht, Erbeinsetzung eines Dritten als Gegenleistung mit Regelung für den Fall der Ausschlagung	536	§ 8	176
Erbverzicht, Gegenleistung als aufschiebende Bedingung	527	§ 8	159
Erbverzicht, mehrere Verzichtende	539	§ 8	180
Erbverzicht, Rücktrittsvorbehalt einschließlich Regelung des Schicksals der Gegenleistung	545	§ 8	213
Erbverzicht, teilweise Aufhebung	543	§ 8	209
Erbverzicht, umfassender einschließlich höferechtlicher Ansprüche	540	§ 8	195
Erbverzicht, unbelastete Erbeinsetzung eines Dritten als Gegenleistung	538	§ 8	178
Erbverzicht, Vereinbarung eines Rücktrittsrechts	542	§ 8	200
Erbverzicht, Vermächtnis als Gegenleistung	532	§ 8	170
Erbverzicht, Vermächtnis als Gegenleistung mit Absicherung gegen Kürzung nach § 2318 BGB	533	§ 8	171
Erbverzicht, Verpflichtungsvertrag gegenüber einem Dritten	524	§ 8	151
Erbverzicht, Vollstreckungsunterwerfung wegen Gegenleistung	528	§ 8	161
Erbverzichtsvertrag – Vorbehalt der vormundschaftsgerichtlichen Genehmigung	491	§ 8	28
Erbverzichtsvertrag mit den Eltern	515	§ 8	120
Erbverzichtsvertrag mit den Eltern bei Berliner Testament	516	§ 8	121
Erbverzichtsvertrag mit nicht voll geschäftsfähigem Erblasser	490	§ 8	21
Ersatzerbe, Anwachsung und Ausschluss	398	§ 7	98
Ersatzerben für den Vorerben	401	§ 7	109
Ersatzerbenbestimmung mit Verwirkungsklausel bei Ausschlagung und Zuwendungsverzicht	396	§ 7	93
Ersatzerbenregelung bei gleichzeitigem Versterben	480	§ 7	355
Ersatzerbenvermutung, Ausschluss	397	§ 7	95
Ersatznacherbe, Vererblichkeit des Nacherbenanwartschaftsrecht	402	§ 7	113
Ersatznacherbe, Vererblichkeit des Nacherbenanwartschaftsrecht und Vorausvermächtnis bei nicht befreiter Vorerbschaft	405	§ 7	121
Ersatzvermächtnisnehmer	413	§ 7	154
Ersatzvermächtnisnehmer, Einsetzung	108	§ 2	128

	Muster-Nr.	Paragraf	Rn
Ersatzvermächtnisnehmer, Klage	109	§ 2	130
Feststellung des Erbrechts, Auskunft, Abgabe der eidesstattlichen Versicherung und Herausgabe; Stufenklage gegen den Erbschaftsbesitzer	16	§ 1	182
Firmenfortführung eines Einzelunternehmens, Anmeldung	377	§ 6	152
Forderungsvermächtnis	85	§ 2	66
Forderungsvermächtnis auf monatliche Rente	139	§ 2	242
Forderungsvermächtnis in der Form einer monatlichen Rentenzahlung, Klage	141	§ 2	247
Forderungsvermächtnis, Klage	86	§ 2	68
Gattungs-/Verschaffungsvermächtnis, Klage	76	§ 2	41
Gattungsvermächtnis	74	§ 2	38
Gattungsvermächtnis, Klage	75	§ 2	39
Gebührensatz, Vergütungsvereinbarung zur Höhe	668	§ 12	83
Gegenstandsvermächtnis	423	§ 7	179
Gegenstandswert, Vereinbarung	667	§ 12	81
Geldvermächtnis bei Kürzung wegen Pflichtteils, Klage	131	§ 2	220
Geldvermächtnis mit Anpassung an den Nachlasswert	427	§ 7	186
Geldvermächtnis mit Indexklausel	426	§ 7	185
Geldvermächtnis mit Nießbrauch als Untervermächtnis	456	§ 7	276
Geldvermächtnis, quotales	428	§ 7	187
Gemeinschaftliches Testament bei gegenseitiger Vorerbeneinsetzung (Trennungslösung)	483	§ 7	360
Gemeinschaftliches Testament mit Nießbrauchsvermächtnis für den überlebenden Ehepartner	484	§ 7	361
Gemeinschaftliches Testament, Aufklärung über Interessenkollision	379	§ 7	3
Gemeinschaftliches Testament, Einseitiger Widerruf	385	§ 7	60
Gemeinschaftliches Testament, gemeinsame Aufhebung bisheriger Verfügungen von Todes wegen	386	§ 7	61
Gemeinschaftliches Testament, Regelung des gleichzeitigen Versterbens bei der Einheitslösung	478	§ 7	351
Gemeinschaftliches Testament, Regelung des gleichzeitigen Versterbens bei der Trennungslösung	479	§ 7	353

Musterverzeichnis

	Muster-Nr.	Paragraf	Rn
Gemeinschaftliches Testament, Regelung im Scheidungsfall	476	§ 7	346
Gesamthandklage gegen einen Miterben auf Zustimmung zur Auszahlung einer Geldsumme	142	§ 2	249
Geschäfts-/Testierfähigkeit, Feststellung in einer notariellen letztwilligen Verfügung	390	§ 7	69
Geschiedenentestament mit Vor- und Nacherbschaft	485	§ 7	364
Gleichstellungsleistung weichende Erben	655	§ 11	62
Grundakten, Beantragung einer Abschrift	21	§ 1	212
Grundbesitz, Übertragung; Zustimmung des Nacherben	47	§ 1	403
Grundbuch, Anregung der Berichtigung nach §§ 84 ff GBO in Bezug auf ein eingetragenes Recht in Abteilung II	356	§ 6	33
Grundbuch, Antrag auf Berichtigung des Grundbuchs nach §§ 22 Abs. 1, 13 Abs. 1 GBO durch Nachweis der Unrichtigkeit des Grundbuches in Bezug auf ein eingetragenes Recht in Abteilung II des Grundbuches	355	§ 6	31
Grundbuch, Antrag auf Berichtigung nach § 13 GBO für den Alleinerben – Erbschein	353	§ 6	25
Grundbuch, Antrag auf Berichtigung nach § 13 GBO für die Erbengemeinschaft – beurkundetes Testament/Eröffnungsprotokoll	354	§ 6	27
Grundbuchabschrift, Beantragung	20	§ 1	209
Grundbuchabschrift, Beschwerde gegen die Ablehnung der Erteilung	22	§ 1	214
Grundbuchberichtigung aufgrund Erbscheins, Antrag	36	§ 1	294
Grundbuchberichtigung hinsichtlich Grundschuld	37	§ 1	299
Grundstücksschenkung als gemischte Schenkung/Leistungsauflage	649	§ 11	43
Grundstücksschenkung, mittelbare	652	§ 11	53
Grundstücksvermächtnis	424	§ 7	181
Grundstücksvermächtnis mit Wohnungsrecht als Untervermächtnis	457	§ 7	278
Grundstücksvermächtnis, Klageerwiderung des Erben mit Anspruch auf Erstattung von Leistungen an den Darlehensgeber	138	§ 2	240
Haftungsbeschränkungsvereinbarung	669	§ 12	95
Handelsregisterabschrift, Bitte um Erteilung	23	§ 1	218

… Musterverzeichnis

	Muster-Nr.	Paragraf	Rn
Handelsregisterakten, Bitte um Erteilung einer Abschrift	24	§ 1	219
Hausratsvermächtnis	425	§ 7	183
Hausratsvermächtnis an den Vorerben	470	§ 7	332
Herausgabe nach § 2287 BGB, Klage	41	§ 1	327
Herausgabeklage gegen den Beauftragten, § 667 BGB	42	§ 1	334
Herausgabeklage, isolierte (Erbschaftsklage)	39	§ 1	312
Herausgabevermächtnis	486	§ 7	366
Hinterlegung und Aufbewahrung, Antrag	590	§ 9	8
Hoferbfolgezeugnis, Formulierung nach der HöfeO, aufgrund einer letztwilligen Verfügung von Todes wegen	366	§ 6	74
Identitätsbestätigung	285	§ 5	147
Immobilie, Aufforderung zur Zustimmung zur Veräußerung im Rahmen ordnungsgemäßer Verwaltung	170	§ 3	83
Inhaltsirrtum, Anfechtung; § 2078 Abs. 1 BGB	12	§ 1	145
Kapitalanlage, Vereinbarung	312	§ 5	326
Katastrophenklausel	481	§ 7	358
Klagpflegschaft, Antrag des Gläubigers	597	§ 9	51
Klauselumschreibung (für Testamentsvollstrecker)	324	§ 5	486
Klauselumschreibung (gegen Testamentsvollstrecker)	325	§ 5	487
Kontensperrung, Antrag	591	§ 9	10
Kostenfestsetzungsverfahren, Klarstellung	326	§ 5	488
Letztwillige Verfügung; Hinweis an Mandanten für die eigenhändige Errichtung	392	§ 7	77
Letztwilligen Verfügungen, Erfassen der bestehenden	660	§ 12	43
Mandatsannahme und des Mandatsumfang, Bestätigung	645	§ 11	5
Mandatserteilung, Anschreiben an Mandanten mit Bestätigung	670	§ 12	117
Maßnahme ordnungsgemäßer Verwaltung und Vorschusszahlung, Aufforderung zur Zustimmung	168	§ 3	76
Miterbe, Aufforderungsschreiben an einen Schuldner (Miterbe) zur Mietzahlung	172	§ 3	94
Miterbe, Einziehung einer fälligen Forderung gegenüber Dritten	173	§ 3	97

Musterverzeichnis

	Muster-Nr.	Paragraf	Rn
Miterbe, Zahlungsklage auf Schadensersatz wegen fehlender Mitwirkung bei Verwaltung	193	§ 3	166
Miterben, Aufforderung an Ersatzmann, diese freizustellen	257	§ 4	299
Miterben, Aufforderung zur Auskunft im ersten Anschreiben	158	§ 3	12
Miterben, Aufforderung zur Auskunftserteilung über Bestand und Verbleib des Nachlasses	159	§ 3	18
Miterben, Vereinbarung zur Kündigung und Einziehung einer Forderung	175	§ 3	106
Miterben; Schreiben an Dritten, der ohne Zustimmung aller Erben Gegenstand unentgeltlich erhalten hat	176	§ 3	109
Motivirrtum, Anfechtung; § 2078 Abs. 2, 2. Alt. BGB	13	§ 1	148
Nacherbe, Antrag auf Grundbuchberichtigung	67	§ 1	544
Nacherbe, Klage gegen den Vorerben auf Feststellung eines Verstoßes gegen § 2113 Abs. 2 BGB	62	§ 1	527
Nacherbe, Klage gegen den Vorerben auf Herausgabe des Nachlasses	59	§ 1	505
Nacherbe, Klage gegen den Vorerben auf Rechnungslegung und Abgabe der eidesstattlichen Versicherung	60	§ 1	514
Nacherbe, Klage gegen den Vorerben wegen Schadenersatz	61	§ 1	521
Nacherbe, Klage gegen den Vorerben wegen Wertersatz	64	§ 1	533
Nacherbe, Klage gegen den Vorerben wegen Wertersatz	65	§ 1	536
Nacherbe, Stufenklage gegen den Beschenkten (Auskunft und Herausgabe wegen unentgeltlicher Zuwendungen)	66	§ 1	540
Nacherbenanwartschaftsrecht, Antrag auf Eintragung eines Pfändungsvermerks nach Pfändung	50	§ 1	413
Nacherbenanwartschaftsrecht, Antrag auf Pfändung	49	§ 1	412
Nacherbenanwartschaftsrecht, Klage gegen den Nacherben auf Übertragung wegen Vorkaufsrechts	48	§ 1	409
Nacherbentestamentsvollstreckung	472	§ 7	337
Nacherbentestamentsvollstreckung (§ 2222 BGB)	267	§ 5	71
Nacherbfall, Eintritt	473	§ 7	339
Nachlass/Vermögen und lebzeitige Zuwendungen, Erfassen	659	§ 12	37
Nachlassbestand, Antrag auf Feststellung	46	§ 1	394

Musterverzeichnis

	Muster-Nr.	Paragraf	Rn
Nachlassbestand, Klage gegen den Vorerben auf Feststellung des Zustandes	55	§ 1	451
Nachlassgegenstand, entgeltliche Verfügung ohne Zustimmung aller Erben; Schreiben an Miterben nach entgeltlicher Verfügung	178	§ 3	121
Nachlassgegenstand, unentgeltliche Verfügung ohne Zustimmung aller Erben; Schreiben an Miterben wegen Schadensersatz	177	§ 3	113
Nachlassgericht, Antrag auf Verweisung wegen Unzuständigkeit	357	§ 6	44
Nachlassinsolvenzauskunftspflicht, Beratung der Mandanten wegen seiner	640	§ 10	22
Nachlassinsolvenztabelle, Anmeldung beim Nachlassinsolvenzverwalter	642	§ 10	118
Nachlassinsolvenzverfahren, Antrag auf Eröffnung	641	§ 10	33
Nachlassinsolvenzverfahren, Beratung des Erben als Antragsteller	637	§ 10	11
Nachlassinsolvenzverfahren, Beratung des Mandanten wegen Erhebung der Feststellungsklage	643	§ 10	119
Nachlassinsolvenzverfahren, Beratung des Pflichtteilsberechtigten	644	§ 10	122
Nachlassinsolvenzverfahren, Beratungsschreiben des Antragsstellers; Hinweis auf die 2-Jahresfrist	638	§ 10	16
Nachlassinsolvenzverfahren, Beratungsschreiben des Antragsstellers (Nachlassgläubiger)	639	§ 10	19
Nachlasspfleger, Amtshilfeersuchen Ausland	628	§ 9	211
Nachlasspfleger, Anschreiben an Bank wegen unbekanntem Konto	613	§ 9	141
Nachlasspfleger, Anschreiben an die Banken, bekanntes Konto	614	§ 9	142
Nachlasspfleger, Anschreiben mit Bekanntgabe der Bestellung	608	§ 9	130
Nachlasspfleger, Antrag auf Eröffnung des Nachlassinsolvenzverfahrens	621	§ 9	180
Nachlasspfleger, Antrag auf Erteilung der Überweisungserlaubnis	618	§ 9	167
Nachlasspfleger, Antrag auf Erteilung der Überweisungserlaubnis Ausschluss der persönlichen Haftung bei Insolvenzantragstellung	620	§ 9	174
Nachlasspfleger, Antrag auf Festsetzung der Vergütung	631	§ 9	230

Musterverzeichnis

	Muster-Nr.	Paragraf	Rn
Nachlasspfleger, Antrag auf Überweisung	619	§ 9	168
Nachlasspfleger, Antrag eines Erben auf Anweisung	596	§ 9	45
Nachlasspfleger, Auskunft aus Einwohnermeldeverzeichnis	626	§ 9	209
Nachlasspfleger, Auskunft über Personenstandsdaten	627	§ 9	210
Nachlasspfleger, Einholung der Zustimmung zu einer quotenmäßigen Befriedigung der Gläubiger	624	§ 9	184
Nachlasspfleger, Einwendungen des Erben gegen die Festsetzung der Nachlasspflegervergütung	635	§ 9	286
Nachlasspfleger, Erbenermittlung/Zusammenarbeit	629	§ 9	214
Nachlasspfleger, Ersuchen an den Bankenverein des zuständigen Bundeslandes	615	§ 9	144
Nachlasspfleger, Ersuchen an die Postbank	616	§ 9	146
Nachlasspfleger, Jahresbericht	625	§ 9	199
Nachlasspfleger, Schreiben an die Bank zur Terminvereinbarung bzgl Schließfachöffnung	617	§ 9	164
Nachlasspfleger, teilweise Befriedigung der Nachlassgläubiger	623	§ 9	183
Nachlasspfleger, Vereinbarung über Nachfolgeauftrag	630	§ 9	219
Nachlasspfleger, Zahlungsverweigerung gegenüber Nachlassgläubiger	622	§ 9	182
Nachlasspflegschaft, Antrag auf Anordnung durch eine Angestellte des Betriebs des Erblassers aufgrund ausstehender Lohnforderungen	594	§ 9	23
Nachlasspflegschaft, Antrag eines Nachlassgläubigers auf Anordnung	593	§ 9	22
Nachlasspflegschaft, Erinnerung der Erben gegen die Anordnung	595	§ 9	40
Nachlassverfahren, Erfassen des Standes	661	§ 12	47
Nachlassverwalter, Antrag auf Eintragung der Nachlassverwaltung in das Grundbuch	633	§ 9	249
Nachlassverwalter, Antrag auf Entlassung	602	§ 9	91
Nachlassverwalter, Antrag auf Festsetzung der Vergütung	634	§ 9	279
Nachlassverwalter, Aufforderungsschreiben an Erben	632	§ 9	237
Nachlassverwaltung, Antrag des Erben auf Anordnung	598	§ 9	68
Nachlassverwaltung, Antrag des Erben auf Aufhebung	603	§ 9	93
Nachlassverwaltung, Antrag eines Gläubigers des Erben auf Aufhebung	604	§ 9	95

	Muster-Nr.	Paragraf	Rn
Nachlassverwaltung, Antrag eines Nachlassgläubigers auf Anordnung	600	§ 9	75
Nachlassverwaltung, Erinnerung gegen die Aufhebung	605	§ 9	100
Nachlassverwaltung, Hinweis auf die Kosten	599	§ 9	70
Nachlassverwaltung, sofortige Beschwerde des Erben gegen die Anordnung	601	§ 9	87
Nachlassverzeichnis	301	§ 5	213
Nachlassverzeichnis incl. wertlose Gegenstände, unsichere Forderungen etc.	231	§ 4	128
Nachlassverzeichnis, amtliches; Forderung eines	235	§ 4	137
Nachlassverzeichnis, Antrag auf Aufnahme	592	§ 9	12
Nachlassverzeichnis, Aufforderung zur Abgabe der eidesstattlichen Versicherung	238	§ 4	146
Nachlassverzeichnis, erneutes Auskunftsbegehren nach untauglichem Erfüllungsversuch	237	§ 4	143
Nachlassverzeichnis, Geltendmachung des Anspruchs auf Zuziehung	236	§ 4	141
Nachlassverzeichnis, Klage gegen den Vorerben auf Erstellung	54	§ 1	445
Nachlassverzeichnis, nachträgliche Angleichung gemäß § 2313 BGB	239	§ 4	148
Nachlassverzeichnis, Übersendungsschreiben	302	§ 5	214
Nachlassvollmacht, internationale (power of attorney to wind up an estate)	272	§ 5	84
Nachlassvollmacht, internationale nach dem Muster der Kommission für europäische Angelegenheiten (CAE) der internationalen Union des lateinischen Notariats (UINL)	271	§ 5	83
Nachvermächtnis	99	§ 2	106
Nachvermächtnis, Erwiderung des beklagten Alleinerben auf Verwendungsersatz gegen den Nachvermächtnisnehmer	101	§ 2	110
Nachvermächtnis, Klage	100	§ 2	107
Nebenintervention des Erben	322	§ 5	450
Negativerklärung im Nachlassverzeichnis	234	§ 4	134
Nießbrauch am Gewinnanteil einer KG-Beteiligung	434	§ 7	202
Nießbrauch am GmbH-Anteil	433	§ 7	199
Nießbrauch an einem Grundstück	432	§ 7	196
Nießbrauch an Wohnungseigentum nach § 1 ff WEG	651	§ 11	51

	Muster-Nr.	Paragraf	Rn
Nießbrauch, Erlöschen	475	§ 7	344
Nießbrauchslösung	474	§ 7	342
Nießbrauchsrecht, Antrag auf Löschung	38	§ 1	301
Nießbrauchsvermächtnis, Klage	87	§ 2	72
Nutzungsentschädigung, Aufforderung zur Zahlung	167	§ 3	71
OHG, Klage auf Schadensersatz wegen vereiteltem Recht auf Eintritt	120	§ 2	171
Pauschalvergütung, Vereinbarung	664	§ 12	71
Pfändungs- und Überweisungsbeschluss, Antrag auf Erlass	197	§ 3	177
Pflichtteil, „großer"; Vermächtnis an den überlebenden Ehegatten	207	§ 4	26
Pflichtteil, Erwiderung des Beklagten zur anteiligen Kürzung (§ 2318 Abs. 1 BGB)	133	§ 2	226
Pflichtteil, Geltendmachung unter Berücksichtigung von § 2057 a BGB	245	§ 4	189
Pflichtteil, nachträglich geltend gemachter; Klage des Erben auf Erstattung	132	§ 2	222
Pflichtteil, Rückforderung eines bereits gezahlten	202	§ 4	14
Pflichtteil, Vermächtnis zur Deckung	206	§ 4	23
Pflichtteilsanspruch, Ablehnung wegen Ausschlagung	217	§ 4	53
Pflichtteilsanspruch, Aufforderung zur weiteren Zahlung (nach erfolgter Teilzahlung)	243	§ 4	175
Pflichtteilsanspruch, außergerichtlicher Vergleich	262	§ 4	352
Pflichtteilsanspruch, Einrede der Anrechenbarkeit	247	§ 4	200
Pflichtteilsanspruch, Einwand der Ausgleichung	244	§ 4	188
Pflichtteilsanspruch, Feststellungsklage über das Bestehen	215	§ 4	46
Pflichtteilsanspruch, wechselseitiger Verzicht unter Ehegatten hinsichtlich des großen Pflichtteils	581	§ 8	309
Pflichtteilsberechnung, Ausschluss nicht vererblicher Vermögenspositionen	241	§ 4	168
Pflichtteilsberechtigter, Hinzutreten; Anfechtung	14	§ 1	155
Pflichtteilsberechtigter, Klage gegen einen Erben und Testamentsvollstrecker	334	§ 5	536
Pflichtteilsberechtigter, Testamentsanfechtung wegen Übergehens	210	§ 4	32
Pflichtteilsberechtigung, Anerkenntnis	214	§ 4	45

Musterverzeichnis

	Muster-Nr.	Paragraf	Rn
Pflichtteilsbeschränkung in guter Absicht	213	§ 4	43
Pflichtteilsbeschränkung in guter Absicht	384	§ 7	47
Pflichtteilsentziehung	212	§ 4	41
Pflichtteilsentziehung gegenüber einem Elternteil nach § 2333 Nr. 3 BGB wegen Verletzung der Unterhaltspflicht	383	§ 7	41
Pflichtteilsentziehung nach § 2333 Nr. 2 BGB	382	§ 7	40
Pflichtteilsergänzung gegen den beschenkten Miterben	261	§ 4	345
Pflichtteilsergänzungsanspruch (Hemmung der Zehnjahresfrist)	250	§ 4	238
Pflichtteilsergänzungsanspruch, Ablehnung (fehlende Doppelberechtigung)	248	§ 4	210
Pflichtteilsergänzungsanspruch, Ablehnung der Erfüllung durch den Erben	251	§ 4	260
Pflichtteilsergänzungsanspruch, Ablehnung der Leistung wegen § 2328 BGB	252	§ 4	264
Pflichtteilsergänzungsanspruch, Einwand des Wegfalls der Bereicherung	254	§ 4	271
Pflichtteilsergänzungsanspruch, Einwendung wegen angemessener Alterssicherung	249	§ 4	227
Pflichtteilsergänzungsanspruch, Geltendmachung gegen den Beschenkten – Klageantrag auf Duldung der Zwangsvollstreckung	253	§ 4	268
Pflichtteilsergänzungsanspruch, Gleichstellungsvereinbarung mit schuldrechtlichem Verzicht auf die spätere Geltendmachung	588	§ 8	326
Pflichtteilsergänzungsanspruch, schuldrechtlicher Verzicht auf die spätere Geltendmachung	587	§ 8	325
Pflichtteilsergänzungsanspruch, Stundungsantrag	255	§ 4	279
Pflichtteilsergänzungsanspruch, Verzicht	563	§ 8	271
Pflichtteilsergänzungsanspruch, Verzicht und Anwendung der Ausgleichungsvorschriften im Rahmen der Pflichtteilsberechnung	565	§ 8	275
Pflichtteilsergänzungsanspruch, Verzicht unter Vorbehalt der Rechte aus § 2328 BGB	564	§ 8	273
Pflichtteilsquote, Einsetzung auf	205	§ 4	21
Pflichtteilsrestanspruch, Verzicht	568	§ 8	283
Pflichtteilsstrafklausel	461	§ 7	297
Pflichtteilsunwürdigkeit, Berufung auf	211	§ 4	35

Musterverzeichnis

	Muster-Nr.	Paragraf	Rn
Pflichtteilsvermächtnis	204	§ 4	20
Pflichtteilsverzicht	555	§ 8	248
Pflichtteilsverzicht gegenüber den Eltern bei Berliner Testament	584	§ 8	315
Pflichtteilsverzicht gegenüber Eltern bei Berliner Testament mit Absicherung gegen Wiederheirat und Adoption	585	§ 8	317
Pflichtteilsverzicht unter der Bedingung, dass ein Dritter Erbe wird	558	§ 8	258
Pflichtteilsverzicht unter Vorbehalt von Unterhaltsansprüchen nach § 1586 b BGB	586	§ 8	319
Pflichtteilsverzicht zugunsten eines Dritten	557	§ 8	257
Pflichtteilsverzicht, Belehrung	556	§ 8	254
Pflichtteilsverzicht, beschränkt auf einen Bruchteil	559	§ 8	265
Pflichtteilsverzicht, beschränkter unter Ehegatten wegen gemeinsamer letztwilliger Verfügungen	582	§ 8	311
Pflichtteilsverzicht, beschränkter von Ehegatten im Rahmen eines Übergabevertrages	583	§ 8	313
Pflichtteilsverzicht, beschränkter; Begrenzung des Werts von Nachlassgegenständen	578	§ 8	304
Pflichtteilsverzicht, beschränkter; Definition des Werts von Nachlassgegenständen	577	§ 8	303
Pflichtteilsverzicht, beschränkter; Definition eines Höchstbetrags	569	§ 8	285
Pflichtteilsverzicht, beschränkter; Definition eines Verfahrens zur Immobilienbewertung	574	§ 8	299
Pflichtteilsverzicht, beschränkter; Definition eines Verfahrens zur Bewertung eines landwirtschaftlichen Betriebs	575	§ 8	300
Pflichtteilsverzicht, beschränkter; Definition eines Verfahrens zur Bewertung eines Unternehmens	576	§ 8	301
Pflichtteilsverzicht, beschränkter; Hinnahme von Beschränkungen und Beschwerungen	570	§ 8	287
Pflichtteilsverzicht, beschränkter; nachträgliche Anrechnungsbestimmung	567	§ 8	280
Pflichtteilsverzicht, beschränkter; nachträgliche Ausgleichungsbestimmung	566	§ 8	278
Pflichtteilsverzicht, beschränkter; Stundung (allgemein)	571	§ 8	291

Musterverzeichnis

	Muster-Nr.	Paragraf	Rn
Pflichtteilsverzicht, beschränkter; Stundung bei gegenseitiger Erbeinsetzung der Eltern des Verzichtenden	572	§ 8	293
Pflichtteilsverzicht, beschränkter; Stundung des Pflichtteilsanspruchs mit Verzinsung	573	§ 8	297
Pflichtteilsverzicht, beschränkter; Unterwerfung unter Schiedsgutachten	579	§ 8	306
Pflichtteilsverzicht, gegenseitiger unter Ehegatten	580	§ 8	308
Pflichtteilsverzicht, gegenständlich beschränkter (allgemein)	562	§ 8	269
Pflichtteilsverzicht, gegenständlich beschränkter (ausführlich)	560	§ 8	267
Pflichtteilsverzicht, gegenständlich beschränkter (Unternehmen)	561	§ 8	268
Pflichtteilsverzicht, gegenständlich beschränkter; Einwendung	242	§ 4	170
Privatschriftliches Testament mit Erbeinsetzung/Vermächtnis	68	§ 2	10
Prozessstandschaft, Klage	323	§ 5	466
Quotenvermächtnis	88	§ 2	75
Quotenvermächtnis verbunden mit späterer Fälligkeit der Zahlung	92	§ 2	85
Quotenvermächtnis, Aufforderung zur Auskunft über die Höhe	89	§ 2	76
Quotenvermächtnis, Klage	91	§ 2	82
Quotenvermächtnis, Klage auf Auskunft	90	§ 2	78
Rechenschaftslegung	17	§ 1	192
Rechenschaftslegung, Aufforderung gegenüber Kontobevollmächtigten	162	§ 3	36
Rechenschaftslegung, Klage gegen Dritten	186	§ 3	152
Rentenanspruch, Klage auf Auskunft über die Höhe	140	§ 2	245
Restpflichtteil, Aufforderung zum Anerkenntnis	216	§ 4	51
Restpflichtteil, Geltendmachung im Hinblick auf Ausgleichungsvorschriften	246	§ 4	192
Rücktrittsvorbehalt, ausführlich	653	§ 11	60
Rückvermächtnis	102	§ 2	114
Rückvermächtnis, Klage	103	§ 2	116

	Muster-Nr.	Paragraf	Rn
Schenkung, bebaute Grundstücke, abzutrennendes Grundstück, Rentenregelung, Rücktrittsvorbehalt, Veräußerungsverbot, Erbvertrag, Pflichtteilsverzicht	648	§ 11	42
Schenkungsvertrag, einfacher; unbebautes Grundstück, ohne Vorbehalte	646	§ 11	6
Schenkungsvertrag, umfangreicher; bebautes Grundstück mit Vorbehalt, Nießbrauch, Pflegeverpflichtung, Grabpflege	647	§ 11	41
Schiedsgutachter, Vereinbarung über Bestellung	182	§ 3	138
Schiedsvereinbarung	181	§ 3	136
Schlusserben, eingeschränkte Abänderungsmöglichkeit	466	§ 7	319
Schweigepflicht, Entbindungserklärung durch den Erblasser	391	§ 7	71
Steuervermächtnis im ersten Erbfall	455	§ 7	274
Stückvermächtnis	71	§ 2	30
Stückvermächtnis, Erwiderung der Beklagten mit Anspruch auf Verwendungsersatz (§ 2185 BGB)	73	§ 2	34
Stückvermächtnis, Klage auf Übereignung und Herausgabe	72	§ 2	31
Stufenklage, Aufruf der zweiten Stufe (eidesstattliche Versicherung)	191	§ 3	163
Teilungsanordnung	124	§ 2	199
Teilungsanordnung mit Schiedsgutachterbestimmung	406	§ 7	125
Teilungsanordnung, überquotale	408	§ 7	135
Teilungsklage	195	§ 3	174
Teilungsklage, Verteidigung	196	§ 3	176
Teilungsverbot als Auflage mit Testamentsvollstreckung	411	§ 7	143
Teilungsversteigerung, Antrag gem. § 180 ZVG	194	§ 3	167
Teilungsvertrag, allgemeiner	183	§ 3	144
Testamentsvollstrecker, Abmeldung bei der GEZ	290	§ 5	156
Testamentsvollstrecker, Abschlussschreiben an Erben mit gleichzeitiger Rechenschaftslegung und Aufforderung zur Entlastung zwecks Vorbereitung einer Feststellungsklage	330	§ 5	496
Testamentsvollstrecker, Aktivrubrum	320	§ 5	447
Testamentsvollstrecker, Anschreiben an das Finanzamt	295	§ 5	168

Musterverzeichnis

	Muster-Nr.	Paragraf	Rn
Testamentsvollstrecker, Anschreiben an Erben nach Übernahme der Testamentsvollstreckung mit Vorschlägen zur Regelung einzelner ungeklärter Punkte	311	§ 5	325
Testamentsvollstrecker, Anschreiben an Lebensversicherung	287	§ 5	153
Testamentsvollstrecker, Aufwendungsersatzanspruch für Abschluss einer Vermögensschadenhaftpflichtversicherung	345	§ 5	589
Testamentsvollstrecker, Auskunftsersuchen gegenüber Pflichtteilsberechtigten	333	§ 5	535
Testamentsvollstrecker, Bankenanschreiben	284	§ 5	145
Testamentsvollstrecker, Benennung eines Mitvollstreckers nach § 2199 BGB	281	§ 5	122
Testamentsvollstrecker, Benennung eines Nachfolgers nach § 2199 BGB	279	§ 5	120
Testamentsvollstrecker, Benennung eines Nachfolgers nach § 2199 BGB mit nachfolgender Kündigung des Amtes	280	§ 5	121
Testamentsvollstrecker, Berichtigung des Grundbuchs	299	§ 5	183
Testamentsvollstrecker, Berichtigung des Handelsregisters	298	§ 5	182
Testamentsvollstrecker, Einschränkung der Befugnisse unter Berücksichtigung der Kernbereichslehre	318	§ 5	392
Testamentsvollstrecker, Entlassungsantrag nach § 2227 BGB	347	§ 5	640
Testamentsvollstrecker, Erlass einer einstweiligen Verfügung auf Unterlassung einer durch diesen vorgesehen Handlung	338	§ 5	550
Testamentsvollstrecker, Ernennung mehrerer	349	§ 5	703
Testamentsvollstrecker, Handelsregisteranmeldung Firmenfortführung aufgrund Treuhandlösung	297	§ 5	181
Testamentsvollstrecker, Herausgabeklage (inklusive Auskunft)	328	§ 5	490
Testamentsvollstrecker, Insolvenzantrag	310	§ 5	324
Testamentsvollstrecker, Klage auf Auskunft und Rechnungslegung gegen	335	§ 5	545
Testamentsvollstrecker, Klage auf Mitwirkung zur Auflassung	344	§ 5	558
Testamentsvollstrecker, Klage auf Schadensersatz gegen	346	§ 5	603

Musterverzeichnis

	Muster-Nr.	Paragraf	Rn
Testamentsvollstrecker, Klage gegen auf Vornahme einer Handlung gem. § 2216 Abs. 1 BGB	337	§ 5	549
Testamentsvollstrecker, Klage wegen Vollziehung einer Auflage	343	§ 5	557
Testamentsvollstrecker, Klageantrag bei Vergütungsklage	341	§ 5	555
Testamentsvollstrecker, Klageantrag zur Ausführung seines Auseinandersetzungsplanes	342	§ 5	556
Testamentsvollstrecker, Kontenermittlung über den Bankenverband	283	§ 5	144
Testamentsvollstrecker, Kündigungsschreiben	288	§ 5	154
Testamentsvollstrecker, Kündigungsschreiben an Versicherung	292	§ 5	163
Testamentsvollstrecker, Kündigungsschreiben an Versorgungsunternehmen	289	§ 5	155
Testamentsvollstrecker, Kündigungsschreiben an Zeitung	293	§ 5	164
Testamentsvollstrecker, Löschungsantrag an das Grundbuchamt nach Beendigung der Testamentsvollstreckung	300	§ 5	184
Testamentsvollstrecker, Mitteilung an den Arbeitgeber vom Tod	294	§ 5	166
Testamentsvollstrecker, Mitteilung des Todes an Gewerkschaft	291	§ 5	158
Testamentsvollstrecker, negative Feststellungsklage	331	§ 5	498
Testamentsvollstrecker, Passivrubrum	321	§ 5	448
Testamentsvollstrecker, positive Feststellungsklage	332	§ 5	500
Testamentsvollstrecker, Postnachsendeauftrag	282	§ 5	135
Testamentsvollstrecker, Schreiben an den Träger der gesetzlichen Rentenversicherung	296	§ 5	170
Testamentsvollstrecker, Schreiben an eine Rentenrechnungsstelle	286	§ 5	149
Testamentsvollstrecker, Vergütungsvereinbarung	348	§ 5	689
Testamentsvollstrecker, Vollmachtserteilung zur Verstärkung der Position im Rahmen einer Verfügung von Todes wegen	270	§ 5	79
Testamentsvollstrecker, Zustimmungs- bzw Einwilligungsklage	329	§ 5	495
Testamentsvollstreckeramt, Annahme; Bestätigungsschreiben	274	§ 5	103
Testamentsvollstreckerzeugnis	277	§ 5	106

Musterverzeichnis

	Muster-Nr.	Paragraf	Rn
Testamentsvollstreckerzeugnis, Antrag auf Erteilung	276	§ 5	105
Testamentsvollstreckerzeugnis, Antrag auf Erteilung	367	§ 6	75
Testamentsvollstreckerzeugnis, falsches; Antrag auf Einziehung	278	§ 5	107
Testamentsvollstreckerzeugnis, Schreiben an Nachlassgericht wegen Rückgabe	350	§ 5	737
Testamentsvollstreckung (Abwicklungsvollstreckung)	440	§ 7	226
Testamentsvollstreckung an einem einzelkaufmännischen Unternehmen	319	§ 5	442
Testamentsvollstreckung mit beschränktem Aufgabenkreis (§ 2208)	269	§ 5	73
Testamentsvollstreckung, Anordnung (ausführlich)	263	§ 5	66
Testamentsvollstreckung, Vollmachtslösung	317	§ 5	345
Totenfürsorge- und Aneignungsrecht, Erklärung	381	§ 7	21
Übergabevertrag: Verzicht auf Ausgleichung und Pflichtteilsergänzung	541	§ 8	197
Übernahmerecht als Teilungsanordnung	410	§ 7	140
Übernahmerecht als Vermächtnis	409	§ 7	139
Überschwerungseinrede (in Klageerwiderung)	121	§ 2	175
Universalvermächtnis	93	§ 2	88
Universalvermächtnis, Klage bei Testamentsvollstreckung	94	§ 2	90
Unternehmertestament mit letztwilliger Schiedsklausel	446	§ 7	232
Untervermächtnis	111	§ 2	135
Untervermächtnis als Wohnungsrecht	422	§ 7	176
Untervermächtnis, Klage	112	§ 2	136
Urkunden, gemeinschaftliche	451	§ 7	255
Verfügungen, gegenseitige	448	§ 7	246
Verfügungen, trennbare	452	§ 7	262
Verfügungen, wechselbezügliche	449	§ 7	250
Vergütung für erstes Beratungsgespräches	663	§ 12	63
Vermächtnis des Geldvermögens bei einer Bank mit nachträglicher Einrichtung eines weiteren Kontos	113	§ 2	141
Vermächtnis einer teilbaren Leistung an mehrere Vermächtnisnehmer	105	§ 2	120
Vermächtnis einer unteilbaren Leistung an mehrere Vermächtnisnehmer	104	§ 2	118

Musterverzeichnis

	Muster-Nr.	Paragraf	Rn
Vermächtnis, Abänderungsmöglichkeit bezüglich des neu hinzuerworbenen Vermögens	468	§ 7	323
Vermächtnis, Abänderungsmöglichkeit hinsichtlich des eigenen Vermögens	467	§ 7	321
Vermächtnis, Abbedingung des § 2318 Abs. 1 BGB	412	§ 7	152
Vermächtnis, Annahme	116	§ 2	159
Vermächtnis, Annahme und Geltendmachung des Restpflichtteils	227	§ 4	109
Vermächtnis, Antrag auf Fristsetzung zur Ausübung des Bestimmungsrechts	107	§ 2	125
Vermächtnis, Aufforderung an den Pflichtteilsberechtigten, sich zur Annahme zu erklären	118	§ 2	165
Vermächtnis, Ausschlagung	117	§ 2	163
Vermächtnis, Ausschlagung	219	§ 4	75
Vermächtnis, bedingtes	114	§ 2	147
Vermächtnis, Bestimmung des beschwerten Erben durch den Erblasser	110	§ 2	133
Vermächtnis, Geltendmachung des Pflichtteils nach Ausschlagung	220	§ 4	78
Vermächtnis, Geltendmachung des Pflichtteilsrestanspruchs neben	221	§ 4	85
Vermächtnis, gemeinschaftliches	97	§ 2	100
Vermächtnis, gemeinschaftliches; Klage gegen Miterben	98	§ 2	102
Vermächtnis, Klage auf Rückgewähr durch den Erben	123	§ 2	182
Vermächtnis, noch nicht fälliges; Klage auf Feststellung (gebundener Erblasser)	115	§ 2	150
Vermächtnis, zulässige Auswahl des Begünstigten aus einem Personenkreis	106	§ 2	123
Vermächtnis, Zuwendung einer „Dauernden Last"	431	§ 7	191
Vermächtnis, Zuwendung einer Leibrente	430	§ 7	190
Vermächtnis, Zuwendung von Geldvermögen	429	§ 7	188
Vermächtnis/Auflage, Klage	154	§ 2	285
Vermächtnis/Auflage, Klageerwiderung des Alleinerben	155	§ 2	287
Vermächtnis/Teilungsanordnung, Klageerwiderung zur Abgrenzung	126	§ 2	204
Vermächtnisannahme, Fristsetzung	222	§ 4	89
Vermächtnisanspruch, Kostentragung	415	§ 7	158
Vermächtnisgegenstand, drohende Veräußerung; Antrag auf einstweilige Verfügung	130	§ 2	218

	Muster-Nr.	Paragraf	Rn
Vermächtnis-Kürzung, Schreiben	256	§ 4	290
Vermächtnisnehmer, Antrag auf einstweilige Verfügung gegen lebzeitige Beeinträchtigungen durch den gebundenen Erblasser	144	§ 2	261
Vermächtnisnehmer, Antrag auf einstweilige Verfügung gegen lebzeitige Beeinträchtigungen durch den gebundenen Erblasser; Erwiderung des Antragsgegners	145	§ 2	263
Vermächtnisnehmer, beeinträchtigter; Auskunftsklage gegen den Beschenkten	143	§ 2	258
Vermächtnisnehmer, durch gemeinschaftliches Testament begünstigter; Klage des auf Verschaffung eines Gegenstandes	149	§ 2	274
Vermächtnisnehmer, Klage auf Schadensersatz bei unterlassener Instandhaltung (bei gemeinschaftlichem Testament)	150	§ 2	276
Vermächtnisnehmer, Klage auf Schadensersatz wegen Beeinträchtigung gegen den Erben (§ 2288 BGB)	148	§ 2	271
Vermächtnisnehmer, Klage auf Übereignung des Grundstücks bei Erstattungsansprüchen des Erben	137	§ 2	238
Vermächtnisnehmer, zurückgesetzter; Klage auf Schadensersatz	122	§ 2	179
Vermächtnisvollstreckung (§ 2223 BGB)	268	§ 5	72
Vermächtnisweise Zuwendung eines Sicherungsanspruchs	414	§ 7	156
Vermögenssorge, Entziehung	436	§ 7	216
Verschaffungsvermächtnis	77	§ 2	44
Verschaffungsvermächtnis	416	§ 7	162
Verschaffungsvermächtnis, Klage	78	§ 2	46
Versiegelung einer Wohnung, Antrag	589	§ 9	6
Verwaltung des Nachlasses, gerichtliche; Antrag des Nacherben auf Anordnung	58	§ 1	493
Verwaltung des Nachlasses, vorläufige gerichtliche; Antrag auf Erlass einer einstweiligen Verfügung gegen den nicht befreiten Vorerben	57	§ 1	492
Verwaltung durch Miterben, außerordentliche; Erwiderung eines Dritten durch das Setzen einer Frist	166	§ 3	63
Verwaltungsanordnung	437	§ 7	217
Verwaltungsanordnung, Klage auf Einhaltung	336	§ 5	547
Verwaltungsanordnungen des Erblassers	316	§ 5	332

	Muster-Nr.	Paragraf	Rn
Verwaltungsmaßnahmen von Miterben, vermeintliche; Erwiderung	165	§ 3	56
Verwaltungsvereinbarung	314	§ 5	330
Verwaltungsvereinbarung zwischen Miterben über vermietete Immobilie	169	§ 3	80
Verwaltungsvollstreckung (§ 2209 S. 1, 1. Hs BGB)	266	§ 5	70
Verwandtschaftsverhältnisse, Erfassen der Beteiligten	658	§ 12	22
Vollerbe, Bestimmung	393	§ 7	82
Vollmachtserteilung über den Tod hinaus speziell für Länder mit formeller Nachlassspaltung	273	§ 5	91
Vollstreckung gem. § 888 ZPO	190	§ 3	161
Vor- und Nacherbfolge bei überschuldetem Erben	487	§ 7	374
Vor- und Nacherbschaft	399	§ 7	101
Vor- und Nacherbschaft	469	§ 7	326
Vor- und Nachvermächtnis	421	§ 7	174
Voraus und Dreißigster, Verzicht	510	§ 8	107
Vorausvermächtnis	95	§ 2	94
Vorausvermächtnis	407	§ 7	132
Vorausvermächtnis, Klage	96	§ 2	96
Vorausvermächtnis, Klage auf Herausgabe eines zugewendeten Hausgrundstücks gegen den Beschenkten	146	§ 2	266
Vorausvermächtnis, Klageerwiderung eines Beschenkten	147	§ 2	268
Vorausvermächtnis, Teilungsanordnung, überquotale Teilungsanordnung; Schreiben zur Abgrenzung	179	§ 3	130
Vorbehaltsverzicht (Nießbrauch)	657	§ 11	65
Vorempfänge, Auskunft über gemäß § 2316 BGB auszugleichende	31	§ 1	263
Vorerbschaft, befreite	403	§ 7	115
Vorerbschaft, befreite; doppelte Nacherbfolge mit Nacherbentestamentsvollstreckung	445	§ 7	231
Vorerbschaft, befreite; Entfallen	471	§ 7	335
Vorerbschaft, Befreiung von einzelnen Beschränkungen	404	§ 7	119
Vormerkung auf Übertragung des Vermächtnisses auf ein Grundstück, Antrag auf einstweilige Verfügung zur Eintragung	136	§ 2	234
Vormerkung, Antrag auf Eintragung	198	§ 3	179
Vormund, Bestimmung	438	§ 7	219

	Muster-Nr.	Paragraf	Rn
Vormund, Bestimmung mit anschließender Testamentsvollstreckung	439	§ 7	220
Wahlvermächtnis	79	§ 2	50
Wahlvermächtnis	419	§ 7	167
Wahlvermächtnis, Klage	80	§ 2	51
Wechselbezüglichkeit, Ausschluss	464	§ 7	314
Wechselbezüglichkeit, Ausschluss für den zweiten Erbfall	465	§ 7	316
Wechselbezüglichkeit, umfassende	463	§ 7	309
Wechselseitiger Erbverzicht	520	§ 8	131
Wegnahme eingebrachter Gegenstände, Klage gegen den Nacherben auf Duldung	52	§ 1	421
Wertermittlung eines verschenkten Gegenstandes, Klage	187	§ 3	153
Wertermittlung, Aufforderung	240	§ 4	154
Wertpapiere, hinterlegte; Klage des nicht befreiten Vorerben auf Zustimmung des Nacherben zur Verfügung	51	§ 1	415
Wertpapiere, verspätete Herausgabe; Klage auf Schadensersatz	119	§ 2	167
Wertpapiervermächtnis, Klage (Zurückbehaltungsrecht wegen Erbschaftsteuer)	127	§ 2	211
Widerruf der Vollmacht und Aufforderung zur Herausgabe der Vollmachtsurkunde	163	§ 3	39
Widerruf von Vollmachten, Verträgen zu Gunsten Dritter u.a. gegenüber Bank oder Sparkasse	164	§ 3	43
Wiederverheiratung, Eintritt der Nacherbfolge	400	§ 7	107
Wiederverheiratungsklausel als Vermächtnis	462	§ 7	304
Wohnungsrechtsbestellung in Form einer beschränkt persönlichen Dienstbarkeit	650	§ 11	50
Wohnungsrechtsvermächtnis	435	§ 7	211
Zeitvergütung, Vereinbarung mit Mindestpauschalvergütung	666	§ 12	78
Zeitvergütung, Vereinbarung mit nicht anrechenbarer Grundpauschale	665	§ 12	76
Zugewinn, Auskunft vom geschiedenen Ehegatten der Erblasserin	33	§ 1	271
Zurückbehaltungsrecht wegen der Erbschaftsteuer, Geltendmachung in Erwiderung der Beklagten	128	§ 2	213

	Muster-Nr.	Paragraf	Rn
Zuvielvergütung, negative Feststellungsklage des Testamentsvollstreckers gegen die Erben wegen	340	§ 5	554
Zuwendungsverzicht	546	§ 8	215
Zuwendungsverzicht mit gleichzeitigem Verzicht auf das gesetzliche Erbrecht	548	§ 8	225
Zuwendungsverzicht oder Ausschlagung, spätere; testamentarische Regelung	550	§ 8	232
Zuwendungsverzicht unter „Vorbehalt" des gesetzlichen Erbrechts	547	§ 8	224
Zuwendungsverzicht zugunsten eines Dritten	553	§ 8	239
Zuwendungsverzicht, beschränkte Aufhebung	554	§ 8	246
Zuwendungsverzicht, beschränkter zur Ermöglichung einer neuen letztwilligen Verfügung des Erblassers	552	§ 8	236
Zuwendungsverzicht, gegenständlich beschränkter	551	§ 8	235
Zuwendungsverzicht, späterer; testamentarische Regelung	549	§ 8	231
Zwangsvollstreckung, Antrag	27	§ 1	244
Zwangsvollstreckung, Klage auf Duldung	327	§ 5	489
Zweckvermächtnis	83	§ 2	60
Zweckvermächtnis	420	§ 7	169
Zweckvermächtnis	458	§ 7	281
Zweckvermächtnis, Klage	84	§ 2	62
Zwischenverfügung des Nachlassgerichtes	70	§ 2	19

Autorenverzeichnis

Dr. Herbert Bartsch
Rechtsanwalt und Fachanwalt für Erbrecht, Mainz

Dr. Michael Bonefeld
Rechtsanwalt, Fachanwalt für Erbrecht und Fachanwalt für Familienrecht, München

Birgit Eulberg
Rechtsanwältin und Fachanwältin für Erbrecht, Augsburg

Nina Lenz-Brendel
Rechtsanwältin und Fachanwältin für Erbrecht, Mannheim

Thomas Littig
Rechtsanwalt und Fachanwalt für Erbrecht, Würzburg

Michael Ott-Eulberg
Rechtsanwalt und Fachanwalt für Erbrecht, Augsburg

Dr. Christopher Riedel, LL.M.
Rechtsanwalt, Fachanwalt für Steuerrecht und Steuerberater, Düsseldorf

Stephan Rißmann
Rechtsanwalt und Fachanwalt für Erbrecht, Berlin

Julia Roglmeier
Rechtsanwältin und Fachanwältin für Erbrecht, München

Dr. Manuel Tanck
Rechtsanwalt und Fachanwalt für Erbrecht, Mannheim

Elmar Uricher
Rechtsanwalt, Konstanz

Abkürzungsverzeichnis

aA	anderer Auffassung	AGGVG	Gesetz zur Ausführung des Gerichtsverfassungsgesetzes
aaO	am angegebenen Ort		
aE	am Ende	AGH	Anwaltsgerichtshof
aF	alte Fassung	AgrarR	Agrarrecht (Zeitschrift)
aM	anderer Meinung	AGS	Anwaltsgebühren Spezial (Zeitschrift)
abgedr.	abgedruckt		
ABl	Amtsblatt	AIG	Auslandsinvestitionsgesetz
abl.	ablehnend	AktG	Aktiengesetz
ABlEG	Amtsblatt der Europäischen Gemeinschaften	allg.	allgemein
		allgM	allgemeine Meinung
Abs.	Absatz	Alt.	Alternative
Abschn.	Abschnitt	AlterstzG	Altersteilzeitgesetz
Abt.	Abteilung	ALVB	Allgemeine Lebensversicherungs-Bedingungen
abw.	abweichend		
AcP	Archiv für die civilistische Praxis	Amtl. Anz.	Amtlicher Anzeiger
		AN	Arbeitnehmer
AEntG	Gesetz über zwingende Arbeitsbedingungen bei grenzüberschreitenden Dienstleistungen (Arbeitnehmerentsendegesetz)	ÄndG	Änderungsgesetz
		AnfG	Anfechtungsgesetz
		Angekl	Angeklagte(r)
		Anh.	Anhang
		Anm.	Anmerkung
AErfG	Gesetz über Arbeitnehmererfindungen	AnwBl	Anwaltsblatt
		AnwG	Anwaltsgericht
AEVO	Arbeitserlaubnisverordnung	AnwGH	Anwaltsgerichtshof
AfA	Absetzung bzw Abschreibung für Abnutzung	AO	Abgabenordnung
		AöR	Archiv des öffentlichen Rechts (Zeitschrift)
AFG	Arbeitsförderungsgesetz		
AfP	Archiv für Presserecht	AO-StB	Der AO-Steuerberater
AFRG	Arbeitsförderungsreformgesetz	AP	Arbeitsrechtliche Praxis (Zeitschrift)
AG	Die Aktiengesellschaft (Zeitschrift); Aktiengesellschaft; Amtsgericht; Arbeitgeber; Auftraggeber; Ausführungsgesetz	ArbG	Arbeitsgericht
		ArbGG	Arbeitsgerichtsgesetz
		AR-Blattei	Arbeitsrechts-Blattei
		ArbNErfG	Gesetz über Arbeitnehmererfindungen
AGB	Allgemeine Geschäftsbedingungen	ArbPlSchG	Arbeitsplatzschutzgesetz
		ArbSchG	Arbeitsschutzgesetz
AGBGB	Ausführungsgesetz zum Bürgerlichen Gesetzbuch	ArbSichG	Arbeitssicherstellungsgesetz
		ArbZG	Arbeitszeitgesetz
AGFGG	Ausführungsgesetz zum Gesetz über die Angelegenheiten der Freiwilligen Gerichtsbarkeit	ArbZRG	Arbeitszeitrechtsgesetz
		ArchBürgR	Archiv für Bürgerliches Recht

ArchÖffR	Archiv für Öffentliches Recht	AVAG	Gesetz zur Ausführung zwischenstaatlicher Anerkennungs- und Vollstreckungsverträge in Zivil- und Handelssachen
ArchPR	Archiv für Presserecht		
arg.	argumentum		
ARGE	Arbeitsgemeinschaft		
ARST	Arbeitsrecht in Stichworten	AVB	Allgemeine Versicherungsbedingungen, Allgemeine Versorgungsbedingungen
Art.	Artikel		
AStG	Außensteuergesetz		
AT	Allgemeiner Teil	AVBl	Amts- und Verordnungsblatt
AuA	Arbeit und Arbeitsrecht (Zeitschrift)	AW-Prax	Außenwirtschaftliche Praxis (Zeitschrift)
AUB	Allgemeine Unfallversicherungsbedingungen	Az.	Aktenzeichen
		AZV	Arbeitszeitverordnung
AufenthG/ EWG	Gesetz über Einreise und Aufenthalt von Staatsangehörigen der Mitgliedstaaten der Europäischen Wirtschaftsgemeinschaft	BA	Bundesagentur für Arbeit
		BABl	Bundesarbeitsblatt
		BadRpr	Badische Rechtspraxis
		Bad-Württ-AGBGB	Baden-Württembergisches Ausführungsgesetz zum Bürgerlichen Gesetzbuch
Aufl.	Auflage		
AÜG	Arbeitnehmerüberlassungsgesetz	BaFin	Bundesanstalt für Finanzdienstleistungsaufsicht
AuR	Arbeit und Recht (Zeitschrift)	BAföG	Bundesausbildungsförderungsgesetz
ausdr.	ausdrücklich		
AusfG HZÜ/ HBÜ	Gesetz über die Ausführung des Haager Übereinkommens vom 15. November 1965 über die Zustellung gerichtlicher und außergerichtlicher Schriftstücke im Ausland in Zivil- oder Handelssachen	BAG	Bundesarbeitsgericht
		BAGE	Entscheidungen des Bundesarbeitsgerichts
		BAnz	Bundesanzeiger
		BAT	Bundes-Angestelltentarifvertrag
		BauGB	Baugesetzbuch
		BauNVO	Verordnung über die bauliche Nutzung der Grundstücke
AuslG	Ausländergesetz		
AuslInvestmG	Gesetz über den Vertrieb ausländischer Investmentanteile und über die Besteuerung der Erträge aus ausländischen Investmentanteilen	BauO	Bauordnung
		BausparkassenG	Gesetz über Bausparkassen
		BAV	Bundesaufsichtsamt für das Versicherungswesen; Betriebliche Altersversorgung
AuslInvStG	Gesetz über steuerliche Maßnahmen bei Auslandsinvestitionen der deutschen Wirtschaft	BAWe	Bundesaufsichtsamt für das Wertpapierwesen
		BaWü	Baden-Württemberg
AußenStG	Gesetz über die Besteuerung bei Auslandsbeziehungen		
AV	Ausführungsverordnung		

BayAGBGB	Bayerisches Ausführungsgesetz zum Bürgerlichen Gesetzbuch	BEG	Bundesentschädigungsgesetz
		Beil.	Beilage
		Bekl	Beklagte(r)
BayAGGVG	Bayerisches Ausführungsgesetz zum Gerichtsverfassungsgesetz	BerHG	Beratungshilfegesetz
		BerlVerfGH	Berliner Verfassungsgerichtshof
BayJMBl	Justizministerialblatt für Bayern	BErzGG	Bundeserziehungsgeldgesetz
		Beschl.	Beschluss
BayObLG	Bayerisches Oberstes Landesgericht	bestr.	bestritten
		BetrAVG	Gesetz zur Verbesserung der betrieblichen Altersversorgung
BayObLG-Report	Rechtsprechungsreport des BayObLG		
BayObLGZ	Entscheidungen des Bayerischen Obersten Landesgerichts in Zivilsachen	BetrVG	Betriebsverfassungsgesetz
		BeurkG	Beurkundungsgesetz
		BewG	Bewertungsgesetz
BayRS	Bayerische Rechtssammlung	BewRL	Richtlinie zum Bewertungsgesetz
BayStaatsbank	Bayerische Staatsbank		
		BewGr	Richtlinien für die Bewertung von Grundvermögen
BayVBl	Bayerische Verwaltungsblätter		
		BezG	Bezirksgericht
BayVerfGH	Bayerischer Verfassungsgerichtshof	BfA	Bundesversicherungsanstalt für Angestellte
BayVGH	Bayerischer Verwaltungsgerichtshof	BFH	Bundesfinanzhof
		BFH/NV	Sammlung amtlich nicht veröffentlichter Entscheidungen des Bundesfinanzhofes
BayZ	Zeitschrift für Rechtspflege in Bayern		
BB	Der Betriebs-Berater (Zeitschrift)	BFHE	Entscheidungen des Bundesfinanzhofs
		BG	Berufsgenossenschaft
BBankG	Gesetz über die Deutsche Bundesbank	BGB	Bürgerliches Gesetzbuch
		BGB-InfoV	BGB-Informationspflichtenverordnung
BBauG	Bundesbaugesetz		
BBergG	Bundesberggesetz		
BBesG	Bundesbesoldungsgesetz	BGBl I, II, III	Bundesgesetzblatt, mit oder ohne Ziffer, mit I = Teil I; mit II = Teil II; mit III = Teil III
BBG	Bundesbeamtengesetz		
Bd.	Band		
BDG	Bundesdisziplinargesetz	BGE	Entscheidungen des Schweizerischen Bundesgerichts
BDH	Bundesdisziplinarhof		
BDI	Bundesverband der Deutschen Industrie	BGG	Behindertengleichstellungsgesetz
BDiG	Bundesdisziplinargericht	BGH	Bundesgerichtshof
BDO	Bundesdisziplinarordnung	BGH VGrS	Bundesgerichtshof, Vereinigter Großer Senat
BDSG	Bundesdatenschutzgesetz		
BeamtVG	Gesetz über die Versorgung der Beamten und Richter in Bund und Ländern	BGHR	BGH-Rechtsprechung
		BGHSt	Entscheidungen des Bundesgerichtshofes in Strafsachen

43

BGHZ	Entscheidungen des Bundesgerichtshofs in Zivilsachen		BSG	Bundessozialgericht
BKartA	Bundeskartellamt		BSGE	Amtliche Sammlung der Entscheidungen des Bundessozialgerichts
BKGG	Bundeskindergeldgesetz			
BKR	Zeitschrift für Bank- und Kapitalmarktrecht		BSHG	Bundessozialhilfegesetz
			bspw.	beispielsweise
Bl	Blatt		BStBl	Bundessteuerblatt
BlGBW	Blätter für Grundstücks-, Bau- und Wohnungsrecht		BT	Besonderer Teil; Bundestag
			BT-Drucks	Bundestags-Drucksache
BMA	Bundesministerium für Arbeit und Soziales		BtG	Betreuungsgesetz
			BtBG	Betreuungsbehördengesetz
BMF	Bundesministerium der Finanzen		BtPrax	Betreuungsrechtliche Praxis
			Buchholz	Sammel- und Nachschlagewerk der Rechtsprechung des Bundesverwaltungsgerichts, hrsg. v. K. Buchholz (Loseblatt; 1957 ff)
BMI	Bundesministerium des Innern			
BMJ	Bundesministerium der Justiz			
BNotO	Bundesnotarordnung			
BORA	Berufsordnung für Rechtsanwälte			
			Buchst.	Buchstabe
			BUrlG	Bundesurlaubsgesetz
BörsG	Börsengesetz		BV	Betriebsvereinbarung; Bestandsverzeichnis
BOStB	Berufsordnung für Steuerberater			
			BVerfG	Bundesverfassungsgericht
BPatG	Bundespatentgericht		BVerfGE	Entscheidungen des Bundesverfassungsgerichts
BPersVG	Bundespersonalvertretungsgesetz			
			BVerfGG	Gesetz über das Bundesverfassungsgericht
BPflV	Verordnung zur Regelung der Krankenhauspflegesätze			
			BVerwG	Bundesverwaltungsgericht
BR	Bundesrat		BVerwGE	Entscheidungen des Bundesverwaltungsgerichts
BRAGO	Bundesrechtsanwaltsgebührenordnung			
			BW	Baden-Württemberg
BRAK	Bundesrechtsanwaltskammer		BWNotZ	Zeitschrift für das Notariat in Baden-Württemberg
BRAK-Mitt	Bundesrechtsanwaltskammer-Mitteilungen			
			bzgl.	bezüglich
BRAO	Bundesrechtsanwaltsordnung		BZRG	Bundeszentralregistergesetz
			bzw	beziehungsweise
BR-Drucks	Bundesrats-Drucksache		c.i.c.	culpa in contrahendo
BReg	Bundesregierung		ca.	circa
BRKG	Gesetz über die Reisekostenvergütung für die Bundesbeamten, Richter im Bundesdienst und Soldaten		CC	code civil
			dh	das heißt
			DAngVers	Die Angestelltenversicherung (Zeitschrift)
BRRG	Rahmengesetz zur Vereinheitlichung des Beamtenrechts		DAV	Deutscher Anwaltverein

DAVorm	Der Amtsvormund (Zeitschrift)	DRspr	Deutsche Rechtsprechung, Entscheidungssammlung und Aufsatzhinweise
DB	Der Betrieb (Zeitschrift)	Drucks	Drucksache
DBA	Doppelbesteuerungsabkommen	DRV	Deutsche Rentenversicherung
DDR	Deutsche Demokratische Republik	DRZ	Deutsche Rechtszeitschrift (ab 1946)
DDR-ZGB	Zivilgesetzbuch der DDR	DStJG	Deutsche Steuerjuristische Gesellschaft
DepotG	Depotgesetz		
dergl.	dergleichen	DStR	Deutsches Steuerrecht (Zeitschrift)
ders.	derselbe		
DFG	Deutsche Freiwillige Gerichtsbarkeit	DStRE	DStR-Entscheidungsdienst
		DStZ	Deutsche Steuer-Zeitung, Ausgabe A und B
DGVZ	Deutsche Gerichtsvollzieherzeitung		
DGWR	Deutsches Gemein- und Wirtschaftsrecht	DSWR	Datenverarbeitung, Steuer, Wirtschaft, Recht (Zeitschrift)
dies.	dieselbe, dieselben	DtZ	Deutsch-deutsche Rechts-Zeitschrift
DIS	Deutsche Institution für Schiedsgerichtsbarkeit e.V.	DuD	Datenschutz und Datensicherheit
Diss.	Dissertation		
DiszH	Disziplinarhof	DVBl	Deutsches Verwaltungsblatt (Zeitschrift)
DJ	Deutsche Justiz (Zeitschrift)		
DJT	Deutscher Juristentag	DVEV	Deutsche Vereinigung für Erbrecht und Vermögensnachfolge e.V.
DJZ	Deutsche Juristen-Zeitung		
DNotI	Deutsches Notarinstitut		
DNotIR	Informationsdienst des Deutschen Notarinstituts-Report	DVR	Deutsche Verkehrsteuer-Rundschau (Zeitschrift)
DNotV	Zeitschrift des Deutschen Notarvereins, später: Deutsche Notar-Zeitschrift	DWW	Deutsche Wohnungswirtschaft (Zeitschrift)
		DZWir	Deutsche Zeitschrift für Wirtschaftsrecht
DNotZ	Deutsche Notar-Zeitschrift		
DöD	Der öffentliche Dienst (Zeitschrift)	e.G.	eingetragene Genossenschaft
		e.V.	eingetragener Verein
DONot	Dienstordnung für Notare	ebd.	ebenda
DÖV	Die Öffentliche Verwaltung (Zeitschrift)	EFG	Entscheidungen der Finanzgerichte
DR	Deutsches Recht	EFZG	Entgeltfortzahlungsgesetz
DRiG	Deutsches Richtergesetz	EG	Europäische Gemeinschaft; Einführungsgesetz
DRiZ	Deutsche Richterzeitung		
DRpfl	Deutsche Rechtspflege		
DRS	Deutscher Rechnungslegungsstandard		

EGAmtshilfeG	Gesetz zur Durchführung der EG-Richtlinie über die gegenseitige Amtshilfe im Bereich der direkten und indirekten Steuern	EMRK	Europäische Menschenrechtskonvention
		EMRKG	Gesetz über die Konvention zum Schutz der Menschenrechte und Grundfreiheiten
EGAO	Einführungsgesetz zur Abgabenordnung	EntgeltfortzahlungsG	Gesetz über die Zahlung des Arbeitsentgelts an Feiertagen und im Krankheitsfall
EGBGB	Einführungsgesetz zum Bürgerlichen Gesetzbuch	Entsch.	Entscheidung
EGFamGB	Einführungsgesetz zum Familiengesetzbuch der DDR	Entschl.	Entschluss
		entspr.	entsprechend
EGGVG	Einführungsgesetz zum Gerichtsverfassungsgesetz	Entw.	Entwurf
		EPA	Europäisches Patentamt
EGH	Ehrengerichtshof der Rechtsanwaltskammer	EPÜ	Europäisches Patentübereinkommen
EGHGB	Einführungsgesetz zum Handelsgesetzbuch	ErbbauV	Verordnung über das Erbbaurecht
EGInsO	Einführungsgesetz zur Insolvenzordnung	ErbbRVO	Erbbaurechtsverordnung
		ErbBstg	Erbfolgebesteuerung
EGMR	Europäischer Gerichtshof für Menschenrechte	ErbGleichG	Erbrechtsgleichstellungsgesetz
EGScheckG	Einführungsgesetz zum Scheckgesetz	Erbinfo	Erbfolge, Erbrecht, Erbfolgebesteuerung, Unternehmensnachfolge
EGV	Vertrag zur Gründung der Europäischen Gemeinschaft	ErbPrax	Praxishandbuch Erbrecht
EGZPO	Einführungsgesetz zur Zivilprozessordnung	ErbStDVO	Erbschaftsteuer-Durchführungsverordnung
EGZVG	Einführungsgesetz zu dem Gesetz über die Zwangsversteigerung und die Zwangsverwaltung	ErbStG	Erbschaft- und Schenkungsteuergesetz
		Erkl.	Erklärung
		Erl.	Erlass; Erläuterung
EheG	Ehegesetz	ES	Entscheidungssammlung
Einf.	Einführung	EStB	Der Ertragsteuerberater (Zeitschrift)
eingetr.	eingetragen		
EinigungsV	Einigungsstellenverordnung; Einigungsvertrag	EStDV	Einkommensteuer-Durchführungsverordnung
Einl.	Einleitung	EStG	Einkommensteuergesetz
einschl.	einschließlich	EStR	Einkommensteuer-Richtlinien
EKG	Einheitliches Gesetz über den internationalen Kauf beweglicher Sachen	etc.	et cetera
		EU	Europäische Union
EKMR	Europäische Kommission für Menschenrechte		
ElsLothZ	Juristische Zeitschrift für das Reichsland Elsaß-Lothringen		

EuBVO	Verordnung (EG) über die Zusammenarbeit zwischen den Gerichten der Mitgliedstaaten auf dem Gebiet der Beweisaufnahme in Zivil- und Handelssachen	EWGV	Vertrag zur Gründung der Europäischen Wirtschaftsgemeinschaft
		EWiR	Entscheidungen zum Wirtschaftsrecht
		EWIV	Europäische Wirtschaftliche Interessenvereinigung
EuEheVO	Verordnung (EG) über die Zuständigkeit und die Anerkennung und Vollstreckung von Entscheidungen in Ehesachen und in Verfahren betreffend die elterliche Verantwortung für die gemeinsamen Kinder der Ehegatten	EWS	Europäisches Wirtschafts- und Steuerrecht (Zeitschrift)
		EzA	Entscheidungssammlung zum Arbeitsrecht
		f., ff	folgende, fortfolgende
		FA	Finanzamt
		Fa.	Firma
		FamG	Familiengericht
EuG	Europäisches Gericht erster Instanz	Fam-NamRG	Gesetz zur Neuordnung des Familiennamensrechts
EuGH	Europäischer Gerichtshof	FamRÄndG	Familienrechtsänderungsgesetz
EuGRZ	Europäische Grundrechte-Zeitschrift		
EuGVÜ	Europäisches Übereinkommen über die gerichtliche Zuständigkeit und die Vollstreckung gerichtlicher Entscheidungen in Zivil- und Handelssachen	FamRB	Der Familienrechts-Berater (Zeitschrift)
		FamRZ	Zeitschrift für das gesamte Familienrecht
		FAO	Fachanwaltsordnung
		FAZ	Frankfurter Allgemeine Zeitung
EuGVVO	Verordnung (EG) über die gerichtliche Zuständigkeit und die Vollstreckung gerichtlicher Entscheidungen in Zivil- und Handelssachen	FernUSG	Gesetz zum Schutz der Teilnehmer am Fernunterricht
		FeV	Fahrerlaubnis-Verordnung
		FF	Forum Familien- und Erbrecht (Zeitschrift)
EuR	Europarecht	FG	Finanzgericht; Freiwillige Gerichtsbarkeit
EUR	Euro		
EuroEG	Euro-Einführungsgesetz	FGG	Gesetz betreffend die Angelegenheiten der freiwilligen Gerichtsbarkeit
EuroSchVG	Gesetz zur Umstellung von Schuldverschreibungen auf Euro		
		FGO	Finanzgerichtsordnung
EUV	Vertrag über die Europäische Union	FGPrax	Praxis der Freiwilligen Gerichtsbarkeit (Zeitschrift)
EuZW	Europäische Zeitschrift für Wirtschaftsrecht	Fn	Fußnote
		FördergebietsG	Gesetz über Sonderabschreibungen und Abzugsbeträge im Fördergebiet
EV	Eidesstattliche Versicherung		
evtl.	eventuell		
EWG	Europäische Wirtschaftsgemeinschaft		

FPR	Familie, Partnerschaft, Recht (Zeitschrift)		Frau auf dem Gebiet des bürgerlichen Rechts
FR	Finanz-Rundschau (Zeitschrift)	GmbH	Gesellschaft mit beschränkter Haftung
FreizügG/EU	Freizügigkeitsgesetz/EU	GmbH i. Gr.	GmbH in Gründung
FS	Festschrift	GmbHG	GmbH-Gesetz
FuR	Familie und Recht (Zeitschrift)	GMBl	Gemeinsames Ministerialblatt der Bundesministerien des Innern, für Wohnungsbau, für gesamtdeutsche Fragen, für Angelegenheiten des Bundesrats
G.	Gericht, Gesetz, Gesellschaft		
G 10	Gesetz zur Beschränkung des Brief-, Post- und Fernmeldegeheimnisses		
		GmS-OGB	Gemeinsamer Senat der obersten Gerichtshöfe des Bundes
GBA	Grundbuchamt		
GBBerG	Grundbuchbereinigungsgesetz	GO	Gemeindeordnung
		GoA	Geschäftsführung ohne Auftrag
GBl	Gesetzblatt		
GBO	Grundbuchordnung	GoB	Grundsätze ordnungsgemäßer Buchführung
GbR	Gesellschaft bürgerlichen Rechts		
		GPÜ	Gemeinschaftspatentübereinkommen
GdB	Grad der Behinderung		
geänd.	geändert	grds.	grundsätzlich
GebO	Gebührenordnung	GrdstVG	Grundstücksverkehrsgesetz
GebrMG	Gebrauchsmustergesetz	GrEStG	Grunderwerbsteuergesetz
gem.	gemäß	GrStG	Grundsteuergesetz
GenG	Genossenschaftsgesetz	GRSSt	Großer Senat in Strafsachen
GenRegV	Verordnung über das Genossenschaftsregister	GrStVG	Grundstücksverkehrsgesetz
		Gruchot	Beiträge zur Erläuterung des Deutschen Rechts
GeschmMG	Geschmacksmustergesetz		
GesO	Gesamtvollstreckungsordnung	GrundE	Grundeigentum (Zeitschrift)
		GRUR	Gewerblicher Rechtsschutz und Urheberrecht (Zeitschrift)
GewArch	Gewerbearchiv (Zeitschrift)		
GewO	Gewerbeordnung		
GewStDV	Gewerbesteuer-Durchführungsverordnung	GRURInt	GRUR Internationaler Teil (Zeitschrift)
GewStG	Gewerbesteuergesetz	GRZS	Großer Senat in Zivilsachen
GewStR	Gewerbesteuer-Richtlinien	GS	Großer Senat; Gedächtnisschrift
GG	Grundgesetz		
ggf	gegebenenfalls	GSiG	Grundsicherungsgesetz
GKG	Gerichtskostengesetz	GV	Gebührenverzeichnis
Gl.	Gläubiger(in)	GV NW	Gesetz- und Verordnungsblatt für das Land Nordrhein-Westfalen
GleichberG	Gesetz über die Gleichberechtigung von Mann und		

GVBl	Gesetz- und Verordnungsblatt	HöfeVfO	Verfahrensordnung für Höfesachen
GVG	Gerichtsverfassungsgesetz	HpflG	Haftpflichtgesetz
GVGA	Geschäftsanweisung für Gerichtsvollzieher	HRefG	Handelsrechts-Reformgesetz
		HReg	Handelsregister
GvKostG	Gerichtsvollzieherkostengesetz	HRR	Höchstrichterliche Rechtsprechung
GWB	Gesetz gegen Wettbewerbsbeschränkungen	Hrsg.	Herausgeber(in)
		hrsg.	herausgegeben
		HRV	Handelsregisterverfügung
h.L.	herrschende Lehre	Hs.	Halbsatz
h.M.	herrschende Meinung	HwO	Gesetz zur Ordnung des Handwerks
Halbbd.	Halbband		
HansRGZ	Hanseatische Rechts- und Gerichtszeitschrift	HypBG	Hypothekenbankgesetz
		HZPÜ	Haager Übereinkommen vom 1.3.1954 über den Zivilprozess
HausratV	Hausratsverordnung		
HBÜ	Haager Übereinkommen über die Beweisaufnahme im Ausland in Zivil- und Handelssachen	HZÜ	Haager Übereinkommen vom 15.11.1965 über die Zustellung gerichtlicher und außergerichtlicher Schriftstücke im Ausland in Zivil- und Handelssachen
HeimsicherungsVO	Verordnung über die Pflichten der Träger von Altenheimen, Altenwohnheimen, und Pflegeheimen für Volljährige im Falle der Entgegennahme von Leistungen zum Zwecke der Unterbringung eines Bewohners oder Bewerbers		
		i. Vorb.	in Vorbereitung
		iA	im Auftrag
		idF	in der Fassung
		idR	in der Regel
		idS	in diesem Sinne
		iE	im Ergebnis
HessFGG	Hessisches Gesetz über die Freiwillige Gerichtsbarkeit	ieS	im engeren Sinne
		i.G.	in Gründung
HessStGH	Hessischer Staatsgerichtshof	iHv	in Höhe von
HEZ	Höchstrichterliche Entscheidungen. Slg v. Entscheidungen d. Oberlandesgerichte u. d. Obersten Gerichte in Zivilsachen	i.L.	in Liquidation
		i.R.d.	im Rahmen des/der
		iSd	im Sinne des/der
		iSv	im Sinne von
HGB	Handelsgesetzbuch	iÜ	im Übrigen
HintO	Hinterlegungsordnung	i.V.	in Vertretung
Hinw.	Hinweis(e)	iVm	in Verbindung mit
HKÜ	Haager Übereinkommen über die zivilrechtlichen Aspekte internationaler Kindesentführung	i.W.	in Worten
		iwS	im weiteren Sinne
		ibid.	ibidem
HöfeO	Höfeordnung	IDW	Institut der Wirtschaftsprüfer in Deutschland

IGH	Internationaler Gerichtshof	JMBlNW	Justizministerialblatt Nordrhein-Westfalen
IHK	Industrie- und Handelskammer	JR	Juristische Rundschau (Zeitschrift)
IHKG	Gesetz über die Industrie- und Handelskammern	JuMiG	Justizmitteilungsgesetz
INF	Die Information über Steuer und Wirtschaft (Zeitschrift)	Jura	Juristische Ausbildung (Zeitschrift)
inkl.	inklusive	JurBüro	Juristisches Büro (Zeitschrift)
insb.	insbesondere		
insg.	insgesamt	JuS	Juristische Schulung (Zeitschrift)
InsO	Insolvenzordnung		
InsVV	Insolvenzrechtliche Vergütungsverordnung	Justiz	Die Justiz (Zeitschrift)
		JVBl	Justizverwaltungsblatt
InVo	Insolvenz und Vollstreckung (Zeitschrift)	JVKostO	Verordnung über Kosten im Bereich der Justizverwaltung
IPG	Internationale Politik und Gesellschaft	JW	Juristische Wochenschrift (Zeitschrift)
IPR	Internationales Privatrecht	JZ	Juristenzeitung (Zeitschrift)
IPRax	Praxis des Internationalen Privat- und Verfahrensrechts (Zeitschrift)	K&R	Kommunikation und Recht (Zeitschrift)
IPRG	Gesetz zur Neuregelung des Internationalen Privatrechts	KAGG	Gesetz über Kapitalanlagegesellschaften
		Kap.	Kapitel
IPRspr	Die deutsche Rechtsprechung auf dem Gebiet des internationalen Privatrechts	KapErhStG	Gesetz über steuerrechtliche Maßnahmen bei Erhöhung des Nennkapitals aus Gesellschaftsmitteln
IStR	Internationales Steuerrecht		
IWB	Internationale Wirtschafts-Briefe (Loseblatt)	KfH	Kammer für Handelssachen
		KG	Kommanditgesellschaft; Kammergericht
JA	Juristische Arbeitsblätter (Zeitschrift)	KGaA	Kommanditgesellschaft auf Aktien
JAO	Juristenausbildungsordnung	KGJ	Jahrbuch für Entscheidungen des Kammergerichts in Sachen der freiwilligen Gerichtsbarkeit in Kosten-, Stempel- und Strafsachen
JBeitrO	Justizbeitreibungsordnung		
JBl	Justizblatt		
JFG	Jahrbuch für Entscheidungen in Angelegenheiten der freiwilligen Gerichtsbarkeit und des Grundbuchrechts		
		KG-Rp/ KGR	Rechtsprechungsreport des Kammergerichts Berlin
Jg.	Jahrgang		
JherJb	Jherings Jahrbücher für die Dogmatik des bürgerlichen Rechts	Kind-Prax	Kindschaftsrechtliche Praxis (Zeitschrift)
		KindUG	Gesetz zur Vereinheitlichung des Unterhaltsrechts minderjähriger Kinder
JMBl	Justizministerialblatt		

KJ	Kritische Justiz (Zeitschrift)	LFGG	Landesgesetz über die freiwillige Gerichtsbarkeit
KJHG	Gesetz zur Neuordnung des Kinder- und Jugendhilferechts	LFZG	Lohnfortzahlungsgesetz
		LG	Landgericht
KKZ	Kommunal-Kassen-Zeitschrift	lit.	litera (Buchstabe)
		Lit.	Literatur
KO	Konkursordnung	LM	Nachschlagewerk des Bundesgerichtshofes, hrsg. v. Lindenmaier, Möhring u.a.
KonsG/KonsularG	Konsulargesetz		
KonTraG	Gesetz zur Kontrolle und Transparenz im Unternehmensbereich	LPachtVG	Gesetz über die Anzeige und Beanstandung von Landpachtverträgen
KÖSDI	Kölner Steuerdialog (Zeitschrift)	LPartG	Lebenspartnerschaftsgesetz
		LRiG	Landesrichtergesetz
KostenRÄndG	Gesetz zur Änderung und Ergänzung kostenrechtlicher Vorschriften	LS	Leitsatz
		LSG	Landessozialgericht
		LStDV	Lohnsteuer-Durchführungsverordnung
KostO	Kostenordnung		
krit.	kritisch	LStR	Lohnsteuer-Richtlinien
KSchG	Kündigungsschutzgesetz	LuftfzRG	Gesetz über Rechte an Luftfahrzeugen
KStDV	Körperschaftsteuer-Durchführungsverordnung		
		LuftVG	Luftverkehrsgesetz
KStG	Körperschaftsteuergesetz	LuftVO	Luftverkehrs-Ordnung
KStR	Körperschaftsteuer-Richtlinien	LuganoÜ	Lugano-Übereinkommen über die gerichtliche Zuständigkeit und die Vollstreckung gerichtlicher Entscheidungen in Zivil- und Handelssachen
KTS	Konkurs-, Treuhand- und Schiedsgerichtswesen (ab 50.1998 Zeitschrift für Insolvenzrecht /vorher Konkurs- und Treuhandwesen)		
		LVA	Landesversicherungsanstalt
KUG/KunstUrhG	Gesetz betreffend das Urheberrecht an Werken der bildenden Künste und der Photographie	LWG	Landwirtschaftsgericht
		LwVfG	Gesetz über das gerichtliche Verfahren in Landwirtschaftssachen
KV	Kostenverzeichnis	LZ	Leipziger Zeitschrift
KWG	Kreditwesengesetz	m.Anm.	mit Anmerkung
LAG	Landesarbeitsgericht; Lastenausgleichsgesetz	mE	meines Erachtens
		mN	mit Nachweisen
LandPVerkG	Landpachtverkehrsgesetz	m.w.H.	mit weiteren Hinweisen
		mwN	mit weiteren Nachweisen
LCIA	London Court of International Arbitration	mWv	mit Wirkung vom
		MarkenG	Markengesetz
lfd.	laufend	MdE	Minderung der Erwerbsfähigkeit

MDP	Mitteilungen der deutschen Patentanwälte (Zeitschrift)	NdsRpfl	Niedersächsische Rechtspflege
MDR	Monatsschrift für Deutsches Recht (Zeitschrift)	NdsVBl	Niedersächsische Verwaltungsblätter (Zeitschrift)
MinBl	Ministerialblatt	NDV	Nachrichtendienst des Deutschen Vereins für öffentliche und private Fürsorge (Zeitschrift)
mind.	mindestens		
Mio.	Million		
MitbestG	Mitbestimmungsgesetz		
Mitt.	Mitteilungen	ne.	nichtehelich
MittBayNot	Mitteilungen des Bayerischen Notarvereins, der Notarkasse und der Landesnotarkasse Bayern	NEhelG	Gesetz über die rechtliche Stellung der nichtehelichen Kinder
		NJ	Neue Justiz (Zeitschrift)
Mitt-RhNotK	Mitteilungen der Rheinischen Notarkammer	NJW	Neue Juristische Wochenschrift
MiZi	Allgemeine Verfügung über Mitteilungen in Zivilsachen	NJWE	NJW-Entscheidungsdienst
		NJWE-FER	NJW-Entscheidungsdienst-Familien- und Erbrecht
MMR	MultiMedia und Recht (Zeitschrift)	NJWE-VHR	NJW-Entscheidungsdienst-Versicherungs- und Haftungsrecht
MPU	Medizinisch-psychologische Untersuchung		
MRVerbG	Gesetz zur Verbesserung des Mietrechts und zur Begrenzung des Mietanstiegs sowie zur Regelung von Ingenieur- und Architektenleistungen	NJWE-WettbR	NJW-Entscheidungsdienst-Wettbewerbsrecht
		NJW-RR	NJW-Rechtsprechungsreport
		NMV	Neubaumietenverordnung
MSchG	Mieterschutzgesetz	NotBZ	Zeitschrift für die notarielle Beratungs- und Beurkundungspraxis
MwSt	Mehrwertsteuer		
nF	neue Fassung	Nr.	Nummer
n.r.	nicht rechtskräftig	NStE	Neue Entscheidungssammlung für Strafrecht
n.v.	nicht veröffentlicht		
NachlG	Nachlassgericht	NStZ	Neue Zeitschrift für Strafrecht
NachwG	Nachweisgesetz		
NamÄndG	Gesetz über die Änderung von Familiennamen und Vornamen	NStZ-RR	Neue Zeitschrift für Strafrecht-Rechtsprechungsreport
Namensänderungs DV	Erste Verordnung zur Durchführung des Gesetzes über die Änderung von Familiennamen und Vornamen	NVersZ	Neue Zeitschrift für Versicherung und Recht
		NW	Nordrhein-Westfalen
		NWB	Neue Wirtschaftsbriefe (Zeitschrift)
NaStraG	Namensaktiengesetz		
NdsFGG	Niedersächsisches Gesetz über die freiwillige Gerichtsbarkeit	NWVBl	Nordrhein-Westfälische Verwaltungsblätter

NZA	Neue Zeitschrift für Arbeitsrecht	PachtKrG	Pachtkreditgesetz
NZA-RR	NZA-Rechtsprechungs-Report	PAngG	Preisangaben- und Preisklauselgesetz
NZG	Neue Zeitschrift für Gesellschaftsrecht	PAngV	Preisangabenverordnung
		PartGG	Partnerschaftsgesellschaftsgesetz
NZI	Neue Zeitschrift für Insolvenzrecht	PatAO	Patentanwaltsordnung
		PatG	Patentgesetz
NZM	Neue Zeitschrift für Miet- und Wohnungsrecht	PersV	Die Personalvertretung (Zeitschrift)
NZS	Neue Zeitschrift für Sozialrecht	PfandbSchuldvG	Gesetz über die Pfandbriefe und verwandte Schuldverschreibungen öffentlich-rechtlicher Kreditanstalten
NZV	Neue Zeitschrift für Verkehrsrecht		
		PflegeVG	Pflegeversicherungsgesetz
o.a.	oben angegeben/angeführt	PflVG	Pflichtversicherungsgesetz
o.Ä.	oder Ähnliches	PKH	Prozesskostenhilfe
o.g.	oben genannt	PKV	Prozesskostenvorschuss
OECD	Organization for Economic Cooperation and Development	PrAGBGB	Preußisches Ausführungsgesetz zum Bürgerlichen Gesetzbuch
OFD	Oberfinanzdirektion		
OFH	Oberfinanzhof	PrFGG	Preußisches Gesetz betreffend die Angelegenheiten der Freiwilligen Gerichtsbarkeit
OGHZ	Entscheidungen des Obersten Gerichtshofes für die Britische Zone in Zivilsachen		
		PrKV	Preisklauselverordnung
OHG	Offene Handelsgesellschaft	ProdHaftG	Produkthaftungsgesetz
OLG	Oberlandesgericht	Prot.	Protokoll
OLGE	Entscheidungssammlung der Oberlandesgerichte	PRV	Partnerschaftsregisterverordnung
OLG-NL	OLG-Rechtsprechung Neue Länder	pVV	positive Vertragsverletzung
OLGR	OLG-Report	r+s	Recht und Schaden (Zeitschrift)
OLGSt	Entscheidungen der Oberlandesgerichte zum Straf- und Strafverfahrensrecht	RA	Rechtsanwalt
		RabelsZ	Zeitschrift für ausländisches und internationales Privatrecht, begr. v. Rabel
OLG-VerträndG	OLG Vertretungsänderungsgesetz		
		RAG	Reichsarbeitsgericht
OLGZ	Entscheidungen der Oberlandesgerichte in Zivilsachen	RAin	Rechtsanwältin
		RAuN	Rechtsanwalt und Notar
OVG	Oberverwaltungsgericht	RAuNin	Rechtsanwältin und Notarin
OWi	Ordnungswidrigkeit	RBerG	Rechtsberatungsgesetz
OWiG	Ordnungswidrigkeitengesetz	RdA	Recht der Arbeit (Zeitschrift)
		RdErl	Runderlass
p.a.	pro anno	RdSchr	Rundschreiben

RDV	Recht der Datenverarbeitung (Zeitschrift)	RPflG	Rechtspflegergesetz
Recht	Das Recht (Zeitschrift)	RpflJb	Rechtspfleger-Jahrbuch
rechtskr.	rechtskräftig	RpflStud	Rechtspfleger-Studienhefte
Red.	Redaktion	RR	Rechtsprechungsreport
Reg.	Regierung; Register	Rspr	Rechtsprechung
RegBl	Regierungsblatt	RsprEinhG	Gesetz zur Wahrung der Einheitlichkeit der Rechtsprechung der obersten Gerichtshöfe des Bundes
RegelbetrVO	Regelbetrags-Verordnung		
Regelsatz-VO	Verordnung zur Durchführung des § 22 des Bundessozialhilfegesetzes	RStBl	Reichssteuerblatt
		RÜ	Rechtsprechungsübersicht (Zeitschrift)
RegEntw	Regierungsentwurf	rückw.	rückwirkend
RFH	Reichsfinanzhof	RuStAG	Reichs- und Staatsangehörigkeitsgesetz
RG	Reichsgericht		
RGBl	Reichsgesetzblatt	RVA	Reichsversicherungsamt
RGSt	Entscheidungen des RG in Strafsachen	RVG	Rechtsanwaltsvergütungsgesetz
RGZ	Entscheidungen des RG in Zivilsachen	RVG VV	Vergütungsverzeichnis zum RVG
RhPfAG-BGB	Rheinland-Pfälzisches Ausführungsgesetz zum Bürgerlichen Gesetzbuch	RVO	Reichsversicherungsordnung
		RWS	Kommunikationsforum Recht-Wirtschaft-Steuern
RhPfGerichtsOrgG	Rheinland-Pfälzisches Gerichtsorganisationsgesetz	S.	Satz; Seite
		s.	siehe
Ri	Richter	s.a.	siehe auch
RiA	Das Recht im Amt (Zeitschrift)	s.o.	siehe oben
		s.u.	siehe unten
RiAG	Richter(in) am Amtsgericht	SachBezV	Verordnung über den Wert der Sachbezüge in der Sozialversicherung
RIW	Recht der internationalen Wirtschaft (Zeitschrift)		
RJA	Entscheidungen in Angelegenheiten der freiwilligen Gerichtsbarkeit und des Grundbuchrechts	SächsArch	Sächsisches Archiv für Rechtspflege
		Sachen-RBerG	Sachenrechtsbereinigungsgesetz
Rn	Randnummer	SAE	Sammlung Arbeitsrechtlicher Entscheidungen
RNotZ	Rheinische Notar-Zeitschrift (ab 2001, vorher: Mitt-RhNotK)		
		SchiedsVfG	Schiedsverfahrens-Neuregelungsgesetz
ROW	Recht in Ost und West (Zeitschrift)	SchiedsVZ	Zeitschrift für Schiedsverfahren
RPflAnpG	Rechtspflegeanpassungsgesetz		
Rpfleger	Der Deutsche Rechtspfleger (Zeitschrift)	SchiffRegO	Schiffsregisterordnung

SchiffsRG	Gesetz über Rechte an eingetragenen Schiffen und Schiffsbauwerken	SGB X	Sozialgesetzbuch Zehntes Buch – Sozialverwaltungsverfahren und Sozialdatenschutz
SchlHA	Schleswig-Holsteinische Anzeigen (Zeitschrift)	SGB XI	Sozialgesetzbuch Elftes Buch – Soziale Pflegeversicherung
SchlHOLG	Oberlandesgericht Schleswig-Holstein	SGB XII	Sozialgesetzbuch Zwölftes Buch – Sozialhilfe
SchlichtVerfVO	Verordnung über das Verfahren der Schlichtungsstellen für Überweisungen	SGG	Sozialgerichtsgesetz
		SGOBau	Schiedsgerichtsordnung für das Bauwesen
SchuldRÄndG	Schuldrechtsänderungsgesetz	SigG	Signaturgesetz
		Slg	Sammlung
SchuldRAnpG	Schuldrechtsanpassungsgesetz	SoergelRspr	Rechtsprechung zum BGB, EGBGB, CPO, KO, GBO und RFG
SchuldRModG	Gesetz zur Modernisierung des Schuldrechts		
		sog.	sogenannte/r/s
SeuffArch	Seufferts Archiv für Entscheidungen der obersten Gerichte in den deutschen Staaten	SozR	Sozialrecht. Rechtsprechung und Schrifttum, bearb. v. d. Richtern des Bundessozialgerichts (Loseblatt)
SG	Sozialgericht; Soldatengesetz		
SGb	Die Sozialgerichtsbarkeit (Zeitschrift)	SozSich	Soziale Sicherheit (Zeitschrift)
SGB AT	Sozialgesetzbuch – Allgemeiner Teil	SozVers	Die Sozialversicherung (Zeitschrift)
SGB III	Sozialgesetzbuch Drittes Buch – Arbeitsförderung	SP	Schaden-Praxis (Zeitschrift)
SGB IV	Sozialgesetzbuch Viertes Buch – Sozialversicherung	SprAuG	Sprecherausschussgesetz
		st. Rspr	ständige Rechtsprechung
SGB V	Sozialgesetzbuch Fünftes Buch – Gesetzliche Krankenversicherung	StAG	Staatsangehörigkeitsgesetz
		StAnz	Staatsanzeiger
SGB VI	Sozialgesetzbuch Sechstes Buch – Gesetzliche Rentenversicherung	StAZ	Zeitschrift für Standesamtswesen, später: Das Standesamt
SGB VII	Sozialgesetzbuch Siebtes Buch – Gesetzliche Unfallversicherung	StB	Der Steuerberater (Zeitschrift)
		StB	Steuerberater
SGB VIII	Sozialgesetzbuch Achtes Buch – Kinder- und Jugendhilfe	StBp	Die steuerliche Betriebsprüfung (Zeitschrift)
		StGB	Strafgesetzbuch
		StGH	Staatsgerichtshof
SGB IX	Sozialgesetzbuch Neuntes Buch – Rehabilitation und Teilhabe behinderter Menschen	StiftFördG	Gesetz zur weiteren steuerlichen Förderung von Stiftungen
		StiftungsG	Stiftungsgesetz
		StPO	Strafprozessordnung

str.	streitig	UhVorschG	Gesetz zur Sicherung des Unterhalts von Kindern alleinstehender Mütter und Väter durch Unterhaltsvorschüsse oder -ausfalleistungen
StraFo	Strafverteidiger Forum (Zeitschrift)		
StrÄndG	Strafrechtsänderungsgesetz		
StSenkG	Gesetz zur Senkung der Steuersätze und zur Reform der Unternehmensbesteuerung		
		UKlaG	Unterlassungsklagegesetz
		umstr.	umstritten
StuB	Steuern und Bilanzen (Zeitschrift)	UmwBerG	Gesetz zur Bereinigung des Umwandlungsgesetzes
StuW	Steuer und Wirtschaft (Zeitschrift)	UmwG	Umwandlungsgesetz
		UmwStErl	Umwandlungssteuererlass
StV	Strafverteidiger (Zeitschrift)	UmwStG	Umwandlungssteuergesetz
StVj	Steuerliche Vierteljahresschrift	Univ.	Universität
		unstr.	unstreitig
SÜ	Sicherheitsübereignung	UntVorschG	Unterhaltsvorschussgesetz
SVG	Gesetz über die Versorgung für die ehemaligen Soldaten der Bundeswehr und ihre Hinterbliebenen	unveröff.	unveröffentlicht
		UR	Umsatzsteuer-Rundschau (Zeitschrift)
		UrhG	Urheberrechtsgesetz
SZ	Süddeutsche Zeitung	urspr.	ursprünglich
		Urt.	Urteil
tlw.	teilweise	UStDV	Umsatzsteuer-Durchführungsverordnung
TransplantationsG	Transplantationsgesetz		
		UStG	Umsatzsteuergesetz
TV	Tarifvertrag	UStR	Umsatzsteuerrichtlinien
TVG	Tarifvertragsgesetz	usw.	und so weiter
Tz.	Textzahl	UVR	Umsatz- und Verkehrsteuer-Recht (Zeitschrift)
TzBfG	Gesetz über Teilzeitarbeit und befristete Arbeitsverträge		
		UWG	Gesetz gegen den unlauteren Wettbewerb
TzWrG	Gesetz über die Veräußerung von Teilzeitnutzungsrechten an Wohngebäuden	UZwG	Gesetz über den unmittelbaren Zwang bei Ausübung öffentlicher Gewalt durch Vollzugsbeamte des Bundes
u.a.	unter anderem		
uÄ	und Ähnliches		
uE	unseres Erachtens	v.H.	vom Hundert
uU	unter Umständen	VAG	Versicherungsaufsichtsgesetz
uVm	und Vieles mehr	VAHRG	Gesetz zur Regelung von Härten im Versorgungsausgleich
UÄndG	Unterhaltsänderungsgesetz		
UBGG	Gesetz über Unternehmensbeteiligungsgesellschaften		
		VBl BW	Verwaltungsblätter Baden-Württemberg
UFITA	Archiv für Urheber-, Film-, Funk- und Theaterrecht	VerbrKrG	Verbraucherkreditgesetz
		VereinsG	Gesetz zur Regelung des öffentlichen Vereinsrechts

Verf.	Verfassung; Verfasser	VVaG	Versicherungsverein auf Gegenseitigkeit
VerfGH	Verfassungsgerichtshof		
VerfGHG	Gesetz über den Verfassungsgerichtshof	VVG	Versicherungsvertragsgesetz
		VW	Versicherungswirtschaft (Zeitschrift)
VerfO	Verfahrensordnung		
VerglO	Vergleichsordnung	VwGO	Verwaltungsgerichtsordnung
VermG	Vermögensgesetz		
Veröff.	Veröffentlichung	VwKostG	Verwaltungskostengesetz
VerschG	Verschollenheitsgesetz	VwVfG	Verwaltungsverfahrensgesetz
VersG	Gesetz über Versammlungen und Aufzüge		
		VwVG	Verwaltungsvollstreckungsgesetz
VersPrax	VersicherungsPraxis (Zeitschrift)		
		VwZG	Verwaltungszustellungsgesetz
VersR	Versicherungsrecht		
Verz.	Verzeichnis	VwZVG	Verwaltungszustellungs- und Vollstreckungsgesetz
Vfg.	Verfügung		
VG	Verwaltungsgericht; Verwertungsgesellschaft	VZ	Veranlagungszeitraum
		WahrnG	Gesetz über die Wahrnehmung von Urheberrechten und verwandten Schutzrechten
VGH	Verwaltungsgerichtshof; Verfassungsgerichtshof		
vgl	vergleiche		
VglO	Vergleichsordnung	WarnRspr	1. Rechtsprechung des Reichsgerichts auf dem Gebiete des Zivilrechts, soweit sie nicht in der amtlichen Sammlung der Entscheidungen des RG abgedruckt ist, hrsg. von Warneyer (bis 33.1941); 2. Sammlung zivilrechtlicher Entscheidungen des Reichsgerichts (1.1942–2.1943)
VGrS	Vereinigter Großer Senat		
VgV	Vergabeverordnung		
VHB	Allgemeine Hausratsversicherungsbedingungen		
VIZ	Zeitschrift für Vermögens- und Investitionsrecht (bis 6.1996)		
VIZ	Zeitschrift für Vermögens- und Immobilienrecht (ab 7.1996)		
VO	Verordnung		
VOBl	Verordnungsblatt		
VOL	Verdingungsordnung für Leistungen, ausgenommen Bauleistungen	WE	Wohnungseigentum
		WechselG	Wechselgesetz
		WEG	Wohnungseigentumsgesetz
Vorbem.	Vorbemerkung	WertErmVO	Wertermittlungsverordnung
vorl.	vorläufig		
VormG	Vormundschaftsgericht	WEZ	Zeitschrift für Wohnungseigentumsrecht
VRS	Verkehrsrechts-Sammlung		
VStG	Vermögensteuergesetz	WG	Wechselgesetz
VStR	Vermögensteuer-Richtlinien	WiB	Wirtschaftsrechtliche Beratung (Zeitschrift)
VuR	Verbraucher und Recht (Zeitschrift)		

WiR	Wirtschaftsrecht (Zeitschrift)	ZfSH/SGB	Zeitschrift für Sozialhilfe und Sozialgesetzbuch
wistra	Zeitschrift für Wirtschaft, Steuer, Strafrecht	ZfV	Zeitschrift für Versicherungswesen
WM, WPM	Wertpapier-Mitteilungen	ZGB	Zivilgesetzbuch (DDR)
WP	Wirtschaftsprüfer	ZGR	Zeitschrift für Unternehmens- und Gesellschaftsrecht
WpHG	Wertpapierhandelsgesetz		
WPO	Wirtschaftsprüferordnung	ZGS	Zeitschrift für das gesamte Schuldrecht
WRP	Wettbewerb in Recht und Praxis (Zeitschrift)	ZHR	Zeitschrift für das gesamte Handels- und Wirtschaftsrecht
WRV	Weimarer Reichsverfassung		
WuW	Wirtschaft und Wettbewerb (Zeitschrift)	Ziff.	Ziffer
		ZIP	Zeitschrift für Wirtschaftsrecht und Insolvenzpraxis
WZG	Warenzeichengesetz		
zB	zum Beispiel	zit.	zitiert
z.T.	zum Teil	ZNotP	Zeitschrift für die Notarpraxis
ZAP	Zeitschrift für die Anwaltspraxis		
		ZPO	Zivilprozessordnung
ZblFG	Zentralblatt für Freiwillige Gerichtsbarkeit und Notariat	ZRHO	Rechtshilfeordnung für Zivilsachen
		ZRP	Zeitschrift für Rechtspolitik
ZErb	Zeitschrift für die Steuer- und Erbrechtspraxis	ZUM	Zeitschrift für Urheber- und Medienrecht
ZEV	Zeitschrift für Erbrecht und Vermögensnachfolge	zust.	zustimmend
		ZVG	Zwangsversteigerungsgesetz
ZfA	Zeitschrift für Arbeitsrecht	ZVglRWiss	Zeitschrift für vergleichende Rechtswissenschaft
ZFE	Zeitschrift für Familien- und Erbrecht		
		ZWE	Zeitschrift für Wohnungseigentum
ZfF	Zeitschrift für das Fürsorgewesen		
		zzgl	zuzüglich
ZfRV	Zeitschrift für Rechtsvergleichung	ZZP	Zeitschrift für Zivilprozess
		zzt.	zurzeit
zfs	Zeitschrift für Schadensrecht		

Literaturverzeichnis

Bamberger/Roth, Beck'scher Online-Kommentar zum Bürgerlichen Gesetzbuch, zitiert: Beck OK BGB/*Bearbeiter*
Bamberger/Roth, Kommentar zum Bürgerlichen Gesetzbuch, 2. Auflage 2008
Baumbach/Hopt, Handelsgesetzbuch, 34. Auflage 2010
Baumbach/Lauterbach/Albers/Hartmann, ZPO, 69. Auflage 2011; zitiert: Baumbach/Lauterbach/*Bearbeiter*
Beck´sches Formularbuch Erbrecht, hrsg. Bambring/Mutter, 2. Auflage 2009
Beck'sches Formularbuch Bürgerliches, Handels- und Wirtschaftsrecht, hrsg. v. Hoffmann-Becking/Rawert, 10. Auflage 2010
Bergmann/Ferid/Henrich, Internationales Ehe- und Kindschaftsrecht, Loseblatt, Stand 2006
Bonefeld/Kroiß/Tanck, Erbprozess, 3. Auflage 2008
Boruttau, Grunderwerbsteuergesetz, 16. Auflage 2007
Brambring/Jerschke, Beck'sches Notar-Handbuch, 5. Auflage 2009
Brox, Erbrecht, 24. Auflage 2010
Bumiller/Winkler, Freiwillige Gerichtsbarkeit, 8. Auflage 2006
Dauner-Lieb/Grziwotz/Hohmann-Dennhardt, Pflichtteilsrecht – Handkommentar, 2010
Dombek/Kroiß, Formularbibliothek Vertragsgestaltung, 2007
Ebenroth/Boujong/Joost, Handelsgesetzbuch, 2. Auflage 2008 f.
Erman/Westermann, Bürgerliches Gesetzbuch, 12. Auflage 2008
Eulberg/Ott-Eulberg, Die Nachlasspflegschaft in der anwaltlichen Praxis, 1999
Firsching/Graf, Nachlassrecht, 9. Auflage 2009
Frieser/Sarres/Stückmann/Tschichoflos, Handbuch Fachanwalt Erbrecht, 3. Auflage 2009
Handkommentar BGB, 6. Auflage 2009, zitiert: HK-BGB/*Bearbeiter*
Jauernig, Bürgerliches Gesetzbuch, 13. Auflage 2009 zitiert: Jauernig/*Bearbeiter*
Jochum/Pohl, Nachlasspflegschaft, 4. Auflage 2009
juris PraxisKommentar BGB, Bd. 5: Erbrecht, hrsg. v. Hau, 4. Auflage 2009, zitiert: jurisPK-BGB/*Bearbeiter*
Kapp/Ebeling, Kommentar zum Erbschaftsteuer- und Schenkungsteuergesetz, Loseblatt, Stand 54. EL 2009
Kemper, FamFG-FGG-ZP0, Kommentierte Synopse, 2009
Kerscher/Tanck/Krug, Das erbrechtliche Mandat, 4. Auflage 2007
Kersten/Bühling, Formularbuch und Praxis der Freiwilligen Gerichtsbarkeit, 22. Auflage 2008
Korintenberg/Lappe/Bengel/Reimann, Kostenordnung, 18. Auflage 2010, zitiert: Korintenberg/*Bearbeiter*
Kroiß, Das neue Nachlassverfahrensrecht, 2009
Kroiß/Seiler, Das neue FamFG 2009
Krug/Rudolf/Kroiß, AnwaltFormulare Erbrecht, 4. Auflage 2010
Leipold, Erbrecht, 17. Auflage 2009
Mayer/Bonefeld/Weidlich/Vassel-Knauf, Testamentsvollstreckung, 2. Auflage 2005
Meikel, Grundbuchordnung, 10. Auflage 2008

Meincke, Erbschaftsteuer- und Schenkungssteuergesetz, 15. Auflage 2009

Münchener Kommentar zum Bürgerlichen Gesetzbuch, 5. Auflage 2007 ff

Münchener Kommentar zur Zivilprozessordnung, 3. Auflage 2007 ff

Münchener Vertragshandbuch, 6. Auflage 2005 ff

Musielak, Kommentar zur Zivilprozessordnung, 9. Auflage 2010

Nieder, Handbuch der Testamentsgestaltung, 3. Auflage 2008

Nieder/Bonefeld/Daragan/Tanck, Arbeitshilfen im Erbrecht und Steuerrecht, 3. Auflage 2008

NomosKommentar BGB, vormals AnwaltKommentar BGB, Gesamthrsg. Dauner-Lieb/Heidel/Ring, 2005 ff, zitiert: AnwK-BGB/*Bearbeiter* bzw. NK-BGB/*Bearbeiter*

Palandt, Bürgerliches Gesetzbuch, 70. Auflage 2011

Prütting/Wegen/Weinreich, BGB-Kommentar, 5. Auflage 2010

Reimann/Bengel/J. Mayer, Testament und Erbvertrag, 5. Auflage 2006

Scherer, Münchener AnwaltsHandbuch Erbrecht, 3. Auflage 2009, zitiert: Münchener AnwaltsHandbuch/*Bearbeiter* oder MAH/*Bearbeiter*

Soergel, Bürgerliches Gesetzbuch, 12. Auflage 1987 ff; 13. Auflage 1999 ff

Staudinger, Bürgerliches Gesetzbuch, 13. Auflage 1993 ff; Neubearbeitungen 2003, 2004, 2008

Stein/Jonas, Kommentar zur Zivilprozessordnung, 22. Auflage 2002 ff

Stöber, Zwangsversteigerungsgesetz, 19. Auflage 2009

Tanck/Krug/Daragan, AnwaltFormulare Testamente in der anwaltlichen und notariellen Praxis, 4. Auflage 2010

Wieczorek/Schütze, Zivilprozeßordnung und Nebengesetze, Kommentar anhand der Rechtsprechung, 3. Auflage 1994 ff

Winkler, Beurkundungsgesetz, 16. Auflage 2008

Winkler, Der Testamentsvollstrecker nach bürgerlichem, Handels- und Steuerrecht, 19. Auflage 2008

Zimmermann, Die Testamentsvollstreckung, 3. Auflage 2008

Zöller, Zivilprozessordnung, 28. Auflage 2010

§ 1 Die Ansprüche des Alleinerben

Literatur: *Benk*, Teilungsanordnung, Vorausvermächtnis, Übernahmerecht, MittRhNk 1979, 53; *Coing*, Die unvollständige Regelung der Nacherbenfolge, NJW 1975, 521; *Damrau*, Beweisprobleme bei Vor- und Nacherbschaft, ZErb 2003, 281; *Dieckmann*, Kein nachehelicher Unterhaltsanspruch gegen den Erben nach Erb- oder Pflichtteilsverzicht, FamRZ 1999, 1029; *Harder*, Unentgeltliche Verfügungen und ordnungsgemäße Nachlassverwaltung des Vorerben – zur missglückten Fassung des § 2120 S. 1 BGB und zur Zustimmungspflicht des Nacherben bei der Mitwirkung des Vorerben an der Änderung von Gesellschaftsverträgen, DNotZ 1994, 822; *Johannsen*, Der Schutz der durch gemeinschaftliches Testament oder Erbvertrag berufenen Erben, DNotZ 1977, 69; *Johannsen*, Die Rechtsprechung des BGH auf dem Gebiete des Erbrechts, 4. Teil: die Einsetzung des Nacherben, WM 1970, 9; *Kerscher/Tanck*, Die „taktische" Ausschlagung des Pflichtteilsberechtigten, ZAP 1997, 689; *Ludwig*, Gegenständliche Nachlassspaltung bei Vor- und Nacherbschaft, DNotZ 2001, 102; *J. Mayer*, Der superbefreite Vorerbe, Möglichkeiten und Grenzen der Befreiung des Vorerben, ZEV 2000, 1; *Müller*, Möglichkeiten der Befreiung des Vorerben über § 2136 BGB hinaus, ZEV 1996, 179; *Nieder*, Das notarielle Nachlassverzeichnis im Pflichtteilsrecht, ZErb 2004, 60; *Ordemann*, Die mündelsichere Anlage von Nachlassgeldern durch den Vorerben, MDR 1967, 642; *Rauscher*, Die erbrechtliche Stellung nicht in einer Ehe geborener Kinder nach Erbrechtsgleichstellungsgesetz und Kindschaftsreformgesetz, ZEV 1998, 41; *Ricken*, Die Verfügungsbefugnis des nicht befreiten Vorerben, AcP 2002, 465; *Sarres*, Auskunftsansprüche des Erben gegen den Hausgenossen, ZEV 1998, 423; *Schindler*, Schenkung unter Auflage, gemischte Schenkung und Herausgabe der Bereicherung nach § 2287 BGB, ZErb 2006, 16; *Vogg*, Einstweilige Feststellungsverfügung?, NJW 1993, 1357; *Voith*, Außergewöhnliche notwendige Aufwendungen des Vorerben zur Erhaltung der Erbschaft und ihre Finanzierung durch Kredite, ZEV 1994, 138; *Wolf*, Dingliche Surrogation und Wertersatz bei der Nacherbschaft – BGH NJW 1977, 1631, JuS 1981, 14

A. Feststellung des Erbrechtes 1	b) Ausschluss der Anfechtung 55
I. Einleitung 1	c) Anfechtungsberechtigte und Anfechtungsfrist 56
II. Erbrechtliche Ausschließungsgründe 2	d) Die Erbunwürdigkeitsgründe 58
1. Die Ausschlagung der Erbschaft, §§ 1942 ff BGB 3	e) Prozessuale Hinweise 63
a) Die Wirkung der Ausschlagung ... 6	III. Erbrechtliche Legitimation 65
b) Die Ausschlagung beim Vorliegen mehrerer Berufungsgründe, § 1948 BGB 9	1. Gesetzliche Erbfolge 66
	a) Verwandtenerbrecht 66
aa) Das Wahlrecht nach § 1948 Abs. 1 BGB 12	aa) Repräsentationssystem und Eintrittsrecht 72
bb) Das Wahlrecht nach § 1948 Abs. 2 BGB 15	bb) Erbfolge nach Stämmen 73
	cc) Erbfolge nach Linien 74
c) Die Ausschlagungsfrist 18	dd) Erbfolge nach dem Gradualsystem 75
d) Die Form der Ausschlagung 20	b) Ehegattenerbrecht 76
e) Die Ausschlagung des in Zugewinngemeinschaft verheirateten Ehegatten 25	aa) Grundsätze 76
	bb) Zugewinngemeinschaft 79
2. Die Anfechtung der Annahme/Ausschlagung der Erbschaft 30	cc) Gütergemeinschaft 83
	dd) Gütertrennung 89
a) Die Anfechtungsfrist 32	ee) Sonstiges 90
b) Die Form der Anfechtung, Anfechtungsberechtigung 34	(1) Voraus, § 1932 BGB .. 90
	(2) Dreißigster, § 1969 BGB 93
c) Die Anfechtungsgründe 36	(3) Scheidungsantrag 94
aa) Erklärungsirrtum 36	(4) Eingetragener Lebenspartner 97
bb) Inhaltsirrtum 37	c) Erbrecht des Fiskus 98
cc) Eigenschaftsirrtum 39	d) Besonderheiten 101
dd) Weitere Anfechtungsgründe 43	aa) Adoption 101
d) Kausalität 45	(1) Minderjährigenadoption 102
3. Erb- und Pflichtteilsverzicht, § 2346 BGB 47	(2) Volljährigenadoption 103
4. Die Stellung des nichtehelichen Kindes (vorzeitiger Erbausgleich) 49	bb) Nichteheliche Kinder 105
5. Die Erbunwürdigkeit, § 2339 BGB 53	cc) DDR-Recht 107
a) Allgemeines 53	2. Gewillkürte Erbfolge 110

IV. Die Auslegung von Testamenten 119
   1. Auslegung nach den allgemeinen Grundsätzen 121
   2. Gesetzliche Auslegungsregeln 128
   3. Der Auslegungsvertrag 135
V. Die Anfechtung einer Verfügung von Todes wegen, §§ 2078 bis 2083 BGB 139
   1. Allgemeines 139
   2. Die Anfechtungsgründe 142
      a) Erklärungs- und Inhaltsirrtum, § 2078 Abs. 1 BGB 142
      b) Motivirrtum, § 2078 Abs. 2 BGB .. 146
         aa) Subjektive Erheblichkeit 149
         bb) Beweislast 152
         cc) Übergehung eines Pflichtteilsberechtigten, § 2079 BGB 153
   3. Die Anfechtungsberechtigung 156
   4. Form der Anfechtung 162
   5. Besonderheiten bei Erbvertrag und gemeinschaftlichen Testamenten 165
VI. Erbenfeststellungsklage 171
   1. Feststellungsinteresse 173
   2. Verhältnis zum Erbscheinsverfahren .. 176
   3. Prozessuales 178
B. Auskunftsansprüche des Alleinerben 183
I. Allgemeines 183
II. Inhalt des Auskunftsanspruchs 188
   1. Rechnungslegung 190
   2. Rechenschaftslegung 191
   3. Auskunft über einen Vermögensbestand, § 260 Abs. 1 BGB 193
   4. Eidesstattliche Versicherung 196
III. Die einzelnen Auskunftsansprüche 202
   1. Auskünfte von Behörden und Gerichten 202
      a) Auskunft von Behörden 203
      b) Auskünfte aus dem Grundbuch und den Grundakten, § 46 GBV 205
      c) Auskünfte aus dem Handelsregister und den Handelsregisterakten 215
      d) Auskünfte aus gerichtlichen Akten 221
   2. Erbrechtliche Auskunftsansprüche 232
      a) Auskunft vom Erbschaftsbesitzer .. 232
      b) Auskunft vom Hausgenossen, § 2028 BGB 245
      c) Auskunft vom Beschenkten, § 2287 BGB 252
      d) Auskunftsanspruch des endgültigen gegen den vorläufigen Erben, §§ 1959, 666 BGB 256
      e) Auskunft über nach § 2316 BGB auszugleichende Vorempfänge 262
   3. Sonstige zivilrechtliche Auskunftsansprüche 264
      a) Auskunft und Rechenschaft gem. § 666 BGB 265
      b) Auskunftsanspruch des Erben des erstverstorbenen geschiedenen Ehegatten gegen den länger lebenden geschiedenen Ehegatten über den Bestand seines Endvermögens gemäß § 1379 BGB 268
      c) Auskunftsanspruch des Erben des erstverstorbenen geschiedenen Ehegatten gegen den länger lebenden geschiedenen Ehegatten über dessen Einkünfte nach § 1580 BGB ... 273
      d) Auskunftsanspruch des Erben des unter Betreuung stehenden Erblassers gegen den Betreuer gemäß §§ 1908 i, 1890, 1892 BGB 280
IV. Erfüllung und Ergänzung des Auskunftsanspruches 282
V. Verjährung 286
VI. Prozessuales 287
C. Die Grundbuchberichtigung nach dem Erbfall 291
I. Der Antrag auf Grundbuchberichtigung .. 291
II. Die Kosten der Grundbuchberichtigung ... 303
III. Rechtsbehelfe 304
D. Herausgabeansprüche 307
I. Herausgabe vom Erbschaftsbesitzer, § 2018 BGB 307
II. Herausgabe vom Beschenkten, § 2287 BGB 319
   1. Vorliegen einer Schenkung 322
   2. Beeinträchtigung des Vertragserben ... 323
   3. Beeinträchtigungsabsicht 324
   4. Umfang der Herausgabe 326
III. Herausgabe vom Beauftragten, § 667 BGB 330
E. Ansprüche des Vorerben 337
I. Allgemeines 337
II. Erbenfeststellungsklage des Vorerben 342
   1. Allgemeines 342
   2. Einstweiliger Rechtsschutz 343
   3. Abgrenzung zur Vollerbeneinsetzung 347
   4. Wegfall des Nacherben 353
   5. Befreite und nicht befreite Vorerbschaft 359
      a) Nicht befreite Vorerbschaft 359
      b) Befreite Vorerbschaft 361
      c) Auslegungsfragen 366
      d) Verfahrensfragen 367
III. Rechtstellung des Vorerben 370
   1. Im Prozess 370
      a) Prozessführungsbefugnis 370
      b) Eintritt des Nacherbenfalles während des Prozesses 371
      c) Rechtskrafterstreckung auf den Nacherben 374
      d) Abgabe einer Willenserklärung 377
      e) Gläubigerzugriff auf den Nachlass 378
   2. Während der Zeit der Vorerbschaft ... 386
      a) Rechtsstellung des Vorerben 386
      b) Rechte und Pflichten des Vorerben 388
      c) Antrag auf Feststellung des Nachlasszustandes 391
      d) Klage auf Zustimmung des Nacherben zu Verwaltungsmaßnahmen 395
         aa) Allgemeines 395
         bb) Grundstücksverfügungen ... 396
         cc) Maßnahmen der ordnungsgemäßen Verwaltung 401
         dd) Zustimmungsverpflichtung des Nacherben 402

e) Vorkaufsrecht des Vorerben bei Veräußerung des Nacherbenanwartschaftsrechtes	404
f) Pfändbarkeit des Nacherbenanwartschaftsrechts	410
g) Klage des nicht befreiten Vorerben auf Zustimmung des Nacherben zur Verfügung über hinterlegte Wertpapiere	414
3. Nach Eintritt des Nacherbfalles	416
a) Duldung der Wegnahme eingebrachter Einrichtungen	417
b) Aufwendungsersatzansprüche	422
aa) Allgemeines	422
bb) Gewöhnliche Erhaltungskosten und Lasten	423
cc) Außergewöhnliche Erhaltungskosten und Lasten	424
dd) Sonstige Verwendungen	426
F. Ansprüche des Nacherben	430
I. Allgemeines	430
II. Rechtstellung des Nacherben während der Vorerbschaft	434
1. Erstellung eines Nachlassverzeichnisses	434
2. Feststellung des Erbschaftszustandes	446
3. Hinterlegung und Anlagerechte	452
a) Wertpapiere	453
b) Buchforderungen gegen Bund und Länder	461
c) Geld	463
4. Kontroll- und Sicherungsrechte bei Nachlassgefährdung	467
a) Auskunft über den aktuellen Nachlassbestand	469
b) Sicherheitsleistung	475
aa) Anordnung der Befreiung	476
bb) Besorgnis der erheblichen Verletzung der Nacherbenrechte	477
cc) Anspruchsinhaber	481
dd) Art und Höhe der Sicherheitsleistung	482
ee) Prozessuales	484
c) Gerichtliche Verwaltung	486
III. Rechtstellung des Nacherben nach Eintritt des Nacherbfalles	494
1. Herausgabe des Nachlasses durch den Vorerben	495
a) Allgemeines	495
b) Umfang des Herausgabeanspruchs	496
aa) Unterscheidung zwischen befreiter und nicht befreiter Vorerbschaft	496
bb) Surrogate	497
cc) Nutzungen	498
dd) Früchte	500
ee) Gewöhnliche Erhaltungskosten und Lasten	501
c) Beweisprobleme	502
d) Prozessuales	503
2. Auskunft und Rechenschaftsanspruch gegen den Vorerben	506
a) Anspruchsinhalt	506
b) Prozessuales	510
3. Schadensersatzanspruch bei nicht ordnungsgemäßer Verwaltung	515
a) Anspruchsinhalt und Haftungsmaßstab	515
b) Pflichtverletzung	517
c) Beweislast	519
d) Prozessuales	520
4. Unentgeltliche Verfügung des Vorerben und arglistige Nachlassverminderung	522
a) Unentgeltliche Verfügung	523
b) Arglistige Nachlassverminderung	524
5. Wertersatzanspruch gegen den Vorerben bei übermäßiger Fruchtziehung	529
6. Wertersatzanspruch bei eigenem Verbrauch des Erbschaftsstammes	534
IV. Ansprüche bei Schenkungen des Vorerben an Dritte	537
1. Auskunftsanspruch	538
2. Herausgabe und Grundbuchberichtigung	541
3. Prozessuales	545
V. Sonderproblem: Unterhaltsanspruch der Mutter eines ungeborenen Nacherben	550

A. Feststellung des Erbrechtes

I. Einleitung

Erbe ist, wer kraft gesetzlicher Erbfolge (§ 1924 ff BGB) oder durch eine Verfügung von Todes wegen (Testament oder Erbvertrag) zur Rechtsnachfolge berufen ist. Die so genannte „erbrechtliche Legitimation" zieht dabei teilweise völlig unterschiedliche rechtliche Konsequenzen nach sich. Beispielsweise kann ein kraft testamentarischer Erbfolge berufener Ehegatte nicht den Voraus nach § 1932 BGB für sich beanspruchen, da dieser nur dem zum gesetzlichen Erben berufenen Ehegatten zusteht. Der Ehegatte kann aber das testamentarische Erbe ausschlagen, sich stattdessen auf sein gesetzliches Erbrecht berufen und so in den Genuss des Voraus gelangen. Die Rechtsstellung des Erben ist sowohl in materieller als auch zeitlicher Hinsicht nicht ohne weiteres absolut ausgestaltet. Zwar geht nach dem Prinzip der **Universalsukzession** das

Erblasservermögen zum Zeitpunkt des Todes als Ganzes[1] und unmittelbar, also ohne jegliche Mitwirkung oder Kenntnis des Erben („Von-Selbst-Erwerb") auf diesen über. Der Erbe kann jedoch diese Rechtsstellung rückwirkend auch wieder verlieren, indem er ausschlägt (§§ 1942 ff BGB), für erbunwürdig erklärt wird (§ 2344 BGB) oder seine Erbeinsetzung wirksam angefochten wird (§§ 2078 ff BGB). Inhaltlich kann die Rechtsstellung des Erben durch entsprechende Erblasseranordnung beschränkt werden. Man unterscheidet insbesondere den Vollerben vom Vorerben. Letzterer ist lediglich Erbe auf Zeit und muss aufschiebend oder auflösend bedingt zu einem vom Erblasser bestimmten Zeitpunkt das Nachlassvermögen an eine dritte Person, den oder die Nacherben, weitergeben. Inwieweit der Vorerbe über die bloße Nutzung des Erblasservermögens hinaus dieses auch für sich verbrauchen darf und in welchem Rahmen er dem Nacherben zur Auskunft bzw Rechenschaft verpflichtet ist, kann der Erblasser ebenfalls durch Verfügung von Todes wegen bestimmen. Die Tätigkeit des anwaltlichen Beraters ist insbesondere auch im Bereich der Feststellung des Nachlassumfanges gefragt. So spielt die Beschaffenheit der einzelnen Nachlassgegenstände, wie auch das Vorhandensein etwaiger Vollmachten, die der Erblasser lebzeitig erteilt hat, in der Praxis eine nicht unerhebliche Rolle. Dem Alleinerben stehen in diesem Bereich zahlreiche Auskunfts- und Herausgabeansprüche gegenüber Banken, Ämtern oder auch dritten Personen, wie Erbschaftsbesitzern oder den vom Erblasser beschenkten oder bevollmächtigten Personen zu. Umgekehrt treffen den Alleinerben aber auch Auskunftspflichten, nämlich beispielsweise gegenüber pflichtteilsberechtigten Personen, Nachlassgläubigern oder dem Insolvenzverwalter. Das nachfolgende Kapitel soll dazu dienen, dem in der erbrechtlichen Praxis tätigen Rechtsanwalt einen Überblick über die einzelnen Rechte und Pflichten einer zum Alleinerben eingesetzten Person zu verschaffen. Dabei soll dem Berater mit Hilfe von zahlreichen Mustern und Prozessformularen eine praktische Hilfestellung bei der Führung eines erbrechtlichen Mandats, bei welchem der Mandant Alleinerbe geworden ist, geboten werden. Rechnung getragen werden soll dabei insbesondere den mit der Rechtsstellung eines Alleinerben verbundenen Rechten und Pflichten bzw den unterschiedlichen Formen, in welchen die Rechtsstellung ausgestaltet sein kann.

II. Erbrechtliche Ausschließungsgründe

2 Als Erbe in Frage kommt nur derjenige, dessen gesetzliches oder gewillkürtes Erbrecht zum Zeitpunkt des Erbfalles (noch) besteht. Zunächst ist daher zu untersuchen, ob der erbrechtlichen Legitimation Ausschließungsgründe, wie etwa Erbunwürdigkeit oder ein Erbverzicht des zum Erben Berufenen, entgegenstehen.

1. Die Ausschlagung der Erbschaft, §§ 1942 ff BGB

3 Der Erbe ist Gesamtrechtsnachfolger des Erblassers, § 1922 BGB. Mit dem Erbfall gehen sämtliche vermögensrechtlichen Positionen im Wege der Universalsukzession auf ihn über, ohne dass hierfür Voraussetzung die Kenntnis vom Erbfall oder dem Grund der Berufung wäre (sog. **Von-Selbst-Erwerb**). Steht der Erbe fest, muss er daher entscheiden, ob er die Erbschaft annehmen und in die Rechte und Pflichten des Erblassers eintreten oder die Erbschaft ausschlagen möchte.

4 Sobald der Erbe Kenntnis vom Anfall der Erbschaft erlangt, kann er die Ausschlagung erklären. Auf die Möglichkeit des Erben, die angefallene Erbschaft auszuschlagen, kann der Erblasser

---

[1] Nur ausnahmsweise findet eine Singularsukzession (Sondererbfolge) in einzelne Vermögensteile oder Rechte des Erblassers statt; dies vornehmlich auf dem Gebiet des Hoferbrechts oder bei Personengesellschaften.

keinen Einfluss nehmen. Die §§ 1942 ff BGB sind zwingendes Recht und der Disposition des Erblassers entzogen.[2]

Der Erbe kann die Erbschaft nicht mehr ausschlagen, wenn er sie angenommen hat, § 1943 1. Alt. BGB. Die Erbschaft gilt als angenommen, wenn die Frist zur Ausschlagung abgelaufen ist (vgl unten II. 3). Die Annahme der Erbschaft muss nicht ausdrücklich erklärt werden. Sie kann auch stillschweigend erfolgen, denn die Annahmeerklärung ist weder form- noch empfangsbedürftig.[3] Eine konkludente Annahme der Erbschaft wird beispielsweise angenommen, wenn der Erbe einen Erbschein bzw die Berichtigung des Grundbuches beantragt oder etwa im Nachlass befindlichen Grundbesitz zum Verkauf anbietet.[4]

a) Die Wirkung der Ausschlagung

Erklärt der Erbe die Ausschlagung, so gilt der Anfall der Erbschaft an ihn als nicht erfolgt, § 1953 Abs. 1 BGB. Die Erbschaft fällt nach § 1953 Abs. 2 BGB demjenigen an, der zur Erbfolge berufen wäre, wenn der Ausschlagende im Zeitpunkt des Erbfalles bereits vorverstorben gewesen wäre.

Die Ausschlagung führt grundsätzlich auch zum Verlust des Pflichtteilsrechts (ordentlicher Pflichtteil und Restpflichtteil nach § 2305 BGB),[5] denn ein Ausschluss von der Erbfolge im Sinne des § 2303 Abs. 1 BGB liegt nicht vor. Nur in bestimmten Ausnahmefällen (Fälle der sog. „taktischen Ausschlagung")[6] kann der Pflichtteilsanspruch nach Ausschlagung noch geltend gemacht werden. Es handelt sich insoweit um die in §§ 1371 Abs. 3, 2306 Abs. 1 und § 2307 BGB geregelten Fallgruppen. Häufig kann die Ausschlagung für den Erben daher wirtschaftlich sogar sinnvoll sein.

Die Ermittlung des infolge der Ausschlagung Nächstberufenen erfolgt in erster Linie unter Zugrundelegung der letztwilligen Verfügungen des Erblassers. Lässt sich aus diesen der Nächstberufene nicht ermitteln, sind für seine Bestimmung die §§ 1922 ff BGB maßgeblich. In diesem Zusammenhang müssen die Vorschriften der §§ 2096 ff, 2102 BGB (Ersatzerbe), § 1935 BGB (Erbteilserhöhung bei gesetzlichen Miterben), §§ 2088, 2094 BGB (Anwachsung bei gewillkürten Miterben), § 2142 Abs. 2 BGB (Ausschlagung der Nacherbschaft) und § 2344 Abs. 2 (Erbunwürdigkeit) unbedingt beachtet werden.[7]

b) Die Ausschlagung beim Vorliegen mehrerer Berufungsgründe, § 1948 BGB

Grundsätzlich kann eine Erbschaft nur insgesamt angenommen oder ausgeschlagen werden. Dies ergibt sich aus § 1950 BGB, nach welchem Annahme und Ausschlagung nicht auf einen Teil der Erbschaft beschränkt werden können. Die Ausschlagung erstreckt sich im Zweifel dann auch auf alle Berufungsgründe, die dem Erben im Zeitpunkt der Erklärung bekannt waren, § 1949 Abs. 2 BGB.

Ergibt sich die Berufung zum Erben aus mehreren nebeneinander vorliegenden Berufungsgründen, so können die Berufungen zum gesetzlichen oder gewillkürten Erben getrennt voneinander angenommen oder ausgeschlagen werden, § 1948 Abs. 1 BGB.[8] Dies gilt nach Abs. 2 der Vorschrift auch dann, wenn der Erbe durch Testament und durch Erbvertrag berufen ist.

---

[2] Damrau/Masloff, § 1942 Rn 1.
[3] Damrau/Masloff, § 1943 Rn 3.
[4] OLG Oldenburg NJW-RR 1995, 141.
[5] OLG Celle ZErb 2003, 89 ff.
[6] Kerscher/Tanck, ZAP 1997, 689.
[7] Damrau/Masloff, § 1953 Rn 2.
[8] Damrau/Masloff, § 1948 Rn 1.

11 Die Vorschrift des § 1948 BGB hat nur geringe praktische Bedeutung. Durch eine Ausschlagung des testamentarischen Erbes werden nämlich die angeordneten Belastungen und Beschwerungen nicht aufgehoben.[9]

aa) Das Wahlrecht nach § 1948 Abs. 1 BGB

12 Nach § 1948 Abs. 1 BGB kann das gewillkürte Erbe ausgeschlagen und stattdessen das gesetzliche Erbe angenommen werden. Hierfür ist Voraussetzung, dass der Ausschlagende nach erklärter Ausschlagung gesetzlicher Erbe nach den Vorschriften der §§ 1924 ff BGB wird.

13 Die Ausschlagung lediglich des gewillkürten Erbes stellt in der Praxis ein erhebliches Risiko dar und zwar insbesondere wegen der Vorschriften der §§ 2069, 2094, 2096, 2101 Abs. 1 BGB. Ist die gesetzliche Erbfolge nämlich durch erschöpfende testamentarische Bestimmungen, wie etwa die Anordnung einer Vor- und Nacherbschaft ausgeschlossen[10] oder wird durch Auslegung ermittelt, dass die gesetzliche Erbenstellung des Ausschlagenden mit dem Erblasserwillen unvereinbar ist, ist die Vorschrift des § 1948 BGB nicht anwendbar. Irrt der Erbe darüber, dass er nach Ausschlagung seiner gewillkürten Erbenstellung gesetzlicher Erbe werde, so berechtigt dieser Irrtum nicht zur Anfechtung der Ausschlagung. Es handelt sich hierbei vielmehr um einen unbeachtlichen Motivirrtum.[11]

14 Hauptanwendungsfall der Vorschrift des § 1948 Abs. 1 BGB dürfte die Ausschlagung des kinderlosen Alleinerben bleiben.[12]

bb) Das Wahlrecht nach § 1948 Abs. 2 BGB

15 Nach § 1948 Abs. 2 BGB besteht die Möglichkeit zwischen der Erbeinsetzung in einem Testament und der in einem Erbvertrag zu wählen. § 1948 Abs. 2 BGB ist nicht anwendbar, wenn die Erbeinsetzung auf einen bestimmten Erbteil durch mehrere Testamente oder Erbverträge erfolgt ist. In einem solchen Fall besteht kein Bedürfnis für eine Ausschlagung.

16 Durch Ausübung des Wahlrechtes nach § 1948 Abs. 2 BGB kann die Aufhebungswirkung des § 2289 BGB beseitigt werden. Nach § 2289 BGB sind dem Erbvertrag vor- oder nachgehende letztwillige Verfügungen relativ unwirksam, soweit durch diese ein vertragsmäßiges Recht des im Erbvertrag Bedachten beeinträchtigt wird. Durch Ausschlagung der Erbeinsetzung im Erbvertrag kann diese Aufhebungswirkung beseitigt werden, sofern in der erbvertraglichen Regelung kein Widerruf des früheren Testamentes liegt. Dies kann im Wege der Auslegung ermittelt werden.[13] Beschränkungen oder Beschwerungen können durch die Ausschlagung nicht beseitigt werden,[14] sodass § 1948 Abs. 2 BGB in diesem Fall nicht weiterhilft.

17 Das Wahlrecht nach § 1948 BGB ist demnach mit größter Vorsicht zu genießen.

c) Die Ausschlagungsfrist

18 Die Ausschlagung ist fristgebunden. Nach § 1944 Abs. 1 BGB kann die Ausschlagung nur binnen sechs Wochen, bei Auslandberührung gemäß § 1944 Abs. 3 BGB innerhalb von sechs Monaten erklärt werden.

19 Die Frist beginnt zu laufen, sobald der Erbe Kenntnis vom Anfall der Erbschaft und vom Grund seiner Berufung als Erbe erlangt, § 1944 Abs. 2 S. 1 BGB. Ist der Erbe durch Verfügung von

---

9 Palandt/*Edenhofer*, § 1948 Rn 1.
10 Palandt/*Edenhofer*, § 1948 Rn 2.
11 Soergel/*Stein*, § 1948 Rn 2.
12 Damrau/*Masloff*, § 1948 Rn 2.
13 Damrau/*Masloff*, § 1948 Rn 7.
14 Palandt/*Edenhofer*, § 1948 Rn 3.

Todes wegen berufen, beginnt die Ausschlagungsfrist nicht vor ihrer Verkündung zu laufen, § 1944 Abs. 2 S. 2 BGB. Bei fehlender Verkündung ist für den Fristbeginn auf den Zeitpunkt der Eröffnung abzustellen.[15] Wird die Erbschaft nach § 2306 Abs. 1 BGB ausgeschlagen mit dem Ziel den Pflichtteilsanspruch geltend zu machen, so ist für den Fristlauf die zuverlässige Kenntnis des Erben von den Beschwerungen und Beschränkungen erforderlich.[16]

d) Die Form der Ausschlagung

Aus § 1945 BGB ergeben sich die Formerfordernisse für die Ausschlagung. Die Ausschlagung erfolgt regelmäßig durch Erklärung gegenüber dem Nachlassgericht. Die Erklärung kann entweder zur Niederschrift des Nachlassgerichts oder in öffentlich beglaubigter Form abgegeben werden. Seit Inkrafttreten des FamFG kann wegen der Neueinführung des § 344 Abs. 7 FamFG die Ausschlagung nunmehr auch gegenüber dem Nachlassgericht am eigenen Wohnsitz erklärt werden. Mit der Neueinführung dieser Vorschrift ist nun sichergestellt, dass auch eine Ausschlagung vor dem örtlich unzuständigen Gericht wirksam ist.[17] Lässt sich der Erbe bei der Ausschlagungserklärung gemäß §§ 164 ff BGB vertreten, muss die dem Vertreter erteilte Vollmacht öffentlich beglaubigt sein. Die Vollmacht ist der Niederschrift beizufügen oder innerhalb der Ausschlagungsfrist nachzureichen, § 1945 Abs. 3 S. 2 BGB, § 13 BeurkG.

▶ **Muster: Erklärung der Ausschlagung (gesetzliche Erbfolge)**

An das

Amtsgericht

– Nachlassgericht –[18]

Ausschlagungserklärung

Nachlass des am ... in ... verstorbenen Erblassers ... geboren am ... in ...

Der oben genannte Erblasser ist am ... in ... verstorben. Meiner Kenntnis nach hat er keine Verfügung von Todes wegen errichtet, sodass die gesetzliche Erbfolge eingetreten ist. Meine Mutter, die Ehefrau des Erblassers, ist bereits am ... in ... vorverstorben. Ich bin der einzige Abkömmling des Erblassers. Hiermit schlage ich die mir angefallene Erbschaft aus.

Weiter beantrage ich die Erteilung einer öffentlich beglaubigten Empfangsbestätigung dieser Ausschlagungserklärung zu Händen meines Verfahrensbevollmächtigten Rechtsanwalt ... (genaue Adresse). Zustellungen sollen auch künftig ausschließlich an meinen Verfahrensbevollmächtigten erfolgen.

Vor-/Nachname, Geburtsdatum, Geburtsort

Postalische Anschrift

... (Ort), den ...

Unterschrift

(notarielle Beglaubigung der Unterschrift gemäß § 129 BGB) ◀

---

15 Damrau/Masloff, § 1944 Rn 9.
16 BGH WM 1968, 542, 543 = Rpfleger 1968, 183.
17 Kroiß/Seiler, Das neue FamFG, S. 199 Rn 27.
18 In Baden-Württemberg werden die Nachlassgerichte bei den staatlichen Notariaten geführt.

22 ▶ **Muster: Erklärung der Ausschlagung (gewillkürte Erbfolge; der Ausschlagende kommt nicht als gesetzlicher Erbe in Betracht)**

An das

Amtsgericht

– Nachlassgericht –

Ausschlagungserklärung

Nachlass des am ... in ... verstorbenen Erblassers ... geboren am ... in ....

Der oben genannte Erblasser ist am ... in ... verstorben. Mit letztwilliger Verfügung vom ..., eröffnet vor dem Nachlassgericht ... am ... bin ich zum Allein-/Miterben eingesetzt. Hiermit schlage ich die mir angefallene Erbschaft aus.

Weiter beantrage ich die Erteilung einer öffentlich beglaubigten Empfangsbestätigung dieser Ausschlagungserklärung zu Händen meines Verfahrensbevollmächtigten Rechtsanwalt ... (genaue Adresse). Zustellungen sollen auch künftig ausschließlich an meinen Verfahrensbevollmächtigten erfolgen.

Vor-/Nachname, Geburtsdatum, Geburtsort

Postalische Anschrift

... (Ort), den ...

Unterschrift

(notarielle Beglaubigung der Unterschrift gemäß § 129 BGB) ◀

23 ▶ **Muster: Erklärung der Ausschlagung (gewillkürte Erbfolge; Ausübung des Wahlrechts nach § 1948 BGB)**

An das

Amtsgericht

– Nachlassgericht –

Ausschlagungserklärung

Nachlass des am ... in ... verstorbenen Erblassers ... geboren am ... in ....

Der oben genannte Erblasser ist am ... in ... verstorben. Mit letztwilliger Verfügung vom ..., eröffnet vor dem Nachlassgericht ... am ... bin ich zum Alleinerben eingesetzt. Hiermit schlage ich die mir angefallene gewillkürte Erbschaft aus und nehme diese als gesetzlicher Erbe an.

Weiter beantrage ich die Erteilung einer öffentlich beglaubigten Empfangsbestätigung dieser Ausschlagungserklärung zu Händen meines Verfahrensbevollmächtigten Rechtsanwalt ... (genaue Adresse). Zustellungen sollen auch künftig ausschließlich an meinen Verfahrensbevollmächtigten erfolgen.

Vor-/Nachname, Geburtsdatum, Geburtsort

Postalische Anschrift

... (Ort), den ...

Unterschrift

(notarielle Beglaubigung der Unterschrift gemäß § 129 BGB) ◀

A. Feststellung des Erbrechtes § 1

▶ **Muster: Erklärung der Ausschlagung (gewillkürte Erbfolge; der Ausschlagende kommt auch als gesetzlicher Erbe in Betracht)** 24

An das

Amtsgericht

– Nachlassgericht –

Ausschlagungserklärung

Nachlass des am ... in ... verstorbenen Erblassers ... geboren am ... in ... .

Der oben genannte Erblasser ist am ... in ... verstorben. Mit letztwilliger Verfügung vom ..., eröffnet vor dem Nachlassgericht ... am ... bin ich zum Alleinerben eingesetzt. Hiermit schlage ich die mir angefallene Erbschaft aus allen Berufungsgründen aus.

Weiter beantrage ich die Erteilung einer öffentlich beglaubigten Empfangsbestätigung dieser Ausschlagungserklärung zu Händen meines Verfahrensbevollmächtigten Rechtsanwalt ... (genaue Adresse). Zustellungen sollen auch künftig ausschließlich an meinen Verfahrensbevollmächtigten erfolgen.

Vor-/Nachname, Geburtsdatum, Geburtsort

Postalische Anschrift

... (Ort), den ...

Unterschrift

(notarielle Beglaubigung der Unterschrift gemäß § 129 BGB) ◀

e) Die Ausschlagung des in Zugewinngemeinschaft verheirateten Ehegatten[19]

Eheleuten, die im gesetzlichen Güterstand der Zugewinngemeinschaft verheiratet sind, steht nach § 1371 Abs. 3 BGB ein besonderes Recht zur Ausschlagung zu. Derjenige Ehegatte, der zum Erben oder Vermächtnisnehmer eingesetzt ist, *kann* die Erbschaft bzw das Vermächtnis ausschlagen und stattdessen den Ausgleich des Zugewinns und hierneben den (kleinen) Pflichtteil verlangen (güterrechtliche Lösung). 25

Das Ausschlagungsrecht nach § 1371 Abs. 3 BGB besteht unabhängig davon, ob der Ehegatte gesetzlicher oder gewillkürter Erbe geworden ist. Wurde dem Ehegatten neben dem Erbteil noch ein Vermächtnis zugewendet, so muss der Ehegatte die Erbschaft und das Vermächtnis ausschlagen, um die Vorteile der güterrechtlichen Lösung nutzen zu können.[20] 26

Schlägt der Ehegatte aus, ist der konkret ermittelte Zugewinnausgleich als Nachlassverbindlichkeit zu berücksichtigen mit der Folge, dass sich der Pflichtteil aus dem um den Zugewinn erniedrigten Nachlass errechnet.[21] 27

Ist der Ehegatte Vorausvermächtnisnehmer und schlägt er nur die Erbschaft aus, tritt die Rechtsfolge des § 1371 Abs. 3 BGB nicht ein. Der Ehegatte hat dann aber einen Anspruch auf den so genannten Restpflichtteil, sofern das Vermächtnis den Wert des Pflichtteils nicht erreicht, §§ 2307, 2305 BGB. Der Restpflichtteil errechnet sich in diesen Fällen unter Zugrundelegung der nach § 1371 Abs. 1 BGB erhöhten Erbquote (großer Pflichtteil). 28

---

19 Vgl zur Ausschlagung nach §§ 2306, 2307 BGB Kapitel 4, Pflichtteilsrecht.
20 *Kerscher/Riedel/Lenz*, Pflichtteilsrecht in der anwaltlichen Praxis, § 6 Rn 53.
21 BGH NJW 1962, 1719.

29 Als Folge der Ausschlagung des Ehegatten ist zu beachten, dass sich die Erbteile der übrigen Erben grundsätzlich erhöhen, was sich konsequenterweise auch auf die Pflichtteilsquote anderer Pflichtteilsberechtigter auswirkt.[22]

2. Die Anfechtung der Annahme/Ausschlagung der Erbschaft

30 Die Annahme und die Ausschlagung der Erbschaft sind als gestaltende Willenserklärungen unwiderruflich. Sowohl die Annahme der Erbschaft, als auch ihre Ausschlagung können aber angefochten werden, §§ 1954–1957 BGB. Die zur Anfechtung berechtigenden Gründe ergeben sich aus den allgemeinen Vorschriften der §§ 119, 120, 123 BGB. Die §§ 2078, 2079 BGB sind für die Anfechtung der Annahme und Ausschlagung nicht anwendbar.[23]

31 Die Anfechtungsfrist, § 1954 Abs. 2 BGB, und auch die Form der Anfechtung, § 1955 BGB, sind abweichend von den allgemeinen Anfechtungsvorschriften der §§ 119 ff BGB gesondert geregelt.

a) Die Anfechtungsfrist

32 Die Anfechtung kann grundsätzlich binnen sechs Wochen erklärt werden. Etwas anders gilt entsprechend den Regelungen zur Ausschlagungsfrist in Fällen der Auslandberührung, wenn der Erblasser seinen letzten Wohnsitz im Ausland hatte oder der Erbe sich bei Fristbeginn im Ausland aufgehalten hat. Hier verlängert sich die Anfechtungsfrist auf sechs Monate, § 1954 Abs. 3 BGB. Die Anfechtungsfrist beginnt zu laufen, sobald der Erbe Kenntnis vom Anfechtungsgrund erhält. Er muss erkennen, dass seine Erklärung eine Bedeutung oder Auswirkung hatte, die er ihr selbst nicht beigemessen hatte.[24] Im Falle der Drohung setzt der Fristlauf erst mit Ende der Zwangslage ein, § 1954 Abs. 2 BGB.

33 Das Recht zur Anfechtung ist vererblich. Nach Ablauf von 30 Jahren ist die Anfechtung gemäß § 1954 Abs. 3 BGB ausgeschlossen.

b) Die Form der Anfechtung, Anfechtungsberechtigung

34 Die Anfechtung der Annahme oder der Ausschlagung der Erbschaft erfolgt gemäß § 1955 BGB durch Erklärung gegenüber dem Nachlassgericht. Die Vorschrift verweist auf § 1945 BGB, der die Formerfordernisse der Ausschlagung regelt, sodass auch bei der Anfechtung die Erklärung entweder zur Niederschrift des Nachlassgerichtes oder in notariell beglaubigter Form zu erfolgen hat.

35 Zur Anfechtung berechtigt sind lediglich der Erbe, der Erbeserbe und dessen gesetzliche Vertreter. Ein Anfechtungsrecht des Testamentsvollstreckers, Nachlasspflegers oder -verwalters sowie des Gläubigers des Erben besteht nicht.[25]

c) Die Anfechtungsgründe
aa) Erklärungsirrtum

36 Nach § 119 Abs. 1 2. Alt. BGB liegt ein Erklärungsirrtum vor, wenn der äußere Tatbestand der Erklärung des Erben nicht seinem Willen entspricht. Typische Fälle eines Erklärungsirrtums sind beispielsweise das Versprechen oder Verschreiben, was im Rahmen der Ausschlagungserklärung eher seltener vorkommen dürfte. Ein Erklärungsirrtum liegt etwa vor, wenn der Erbe

---

22 *Kerscher/Riedel/Lenz*, aaO, § 6 Rn 56.
23 *Bamberger/Roth/Seidel*, § 1954 Rn 1.
24 *Soergel/Stein*, § 1954 Rn 10.
25 RGZ 54, 289 ff.

die Annahme der Erbschaft erklärt, obwohl er diese eigentlich ausschlagen wollte oder er von mehreren Erbschaften die falsche ausschlägt.[26]

bb) Inhaltsirrtum

Irrt der Erbe über den Inhalt seiner Erklärung, so entspricht der äußere Tatbestand der Erklärung seinem Willen. Der Erbe irrt aber über die Bedeutung und Wirkung seiner Erklärung. 37

Ein Inhaltsirrtum wird bejaht, wenn dem Erben die Möglichkeit der Ausschlagung nicht bekannt war und er das Erbe durch „Verstreichen lassen" der Ausschlagungsfrist annimmt.[27] Das Verhalten des Erben lässt hier den Rückschluss auf einen Annahmewillen zu, der in Wirklichkeit nicht gegeben ist. Unbeachtlich ist daher die fehlende Kenntnis des Ausschlagungsrechts, wenn der Erbe ausdrücklich die Annahme der Erbschaft erklärt.[28] Hier entsprechen sich Wille und Erklärung. Ein zur Anfechtung berechtigender Inhaltsirrtum liegt auch dann vor, wenn der Erbe in Unkenntnis darüber, dass sein Verhalten als Annahme der Erbschaft gewertet wird, einen Nachlassgegenstand veräußert[29] oder er der Auffassung ist, er habe bereits die Ausschlagung erklärt.[30] Ein unbeachtlicher Motivirrtum dagegen ist die Unkenntnis des Erben über den Wegfall des Pflichtteilsanspruches bei Annahme oder Ausschlagung der Erbschaft.[31] Gleiches gilt, wenn der Erbe nicht weiß, dass er bei Annahme der Erbschaft seinen Anspruch auf den Zugewinnausgleich verliert.[32] Ebenfalls unbeachtlich ist der Irrtum des Erben über den Nächstberufenen[33] oder darüber, dass dieser die Erbschaft ebenfalls ausschlagen werde.[34] 38

cc) Eigenschaftsirrtum

Ein Eigenschaftsirrtum nach § 119 Abs. 2 BGB liegt vor, wenn der Erbe sich im Zeitpunkt der Annahme bzw Ausschlagung der Erbschaft über eine verkehrswesentliche Eigenschaft des Nachlasses im Irrtum befindet. 39

Besondere Bedeutung gewinnt in diesem Bereich die nicht erkannte Überschuldung des Nachlasses.[35] Unbeachtlich ist insoweit eine fehlerhafte Bewertung der Nachlassgegenstände[36] oder der zu erwartenden Erbschaftsteuer.[37] Geht der Erbe irrig davon aus, es seien im Nachlass noch weitere, bislang nicht bekannte Werte vorhanden und nimmt er in diesem Glauben die Erbschaft an, ist eine spätere Anfechtung der Annahme ausgeschlossen.[38] Ein zur Anfechtung berechtigender Eigenschaftsirrtum liegt aber vor, wenn der Erbe irrig davon ausgeht, einen wesentlichen Bestandteil der Erbschaft bereits zu Lebzeiten erworben zu haben.[39] Auch der Irrtum des Erben über die Art der Belastung des Nachlasses mit Nachlassverbindlichkeiten,[40] seine Belastung 40

---

26 Soergel/*Stein*, § 1954 Rn 2.
27 BayObLG FamRZ 1983, 1061.
28 BayObLG NJW-RR 1995, 904 ff, Soergel/*Stein*, § 1954 Rn 2.
29 BayObLG NJW 1988, 1270 ff.
30 BayObLG NJW-RR 1994, 586.
31 BayObLG NJW-RR 1995, 904 ff.
32 Bamberger/Roth/*Seidl*, § 1954 Rn 7.
33 LG München NJWE-FER 2000, 184, Schleswig-Holsteinisches OLG ZErb 2005, 329 ff.
34 OLG Stuttgart MDR 1983, 751.
35 Soergel/*Stein*, § 1954 Rn 3 mwN.
36 BayOLG NJW-RR 1995, 904.
37 BWNotZ 1992, 31.
38 BayObLG ZEV 1997, 257.
39 BayObLG NJW-RR 1998, 797.
40 BayObLG FamRZ 1983, 834.

durch eine angeordnete Testamentsvollstreckung[41] sowie die Höhe der ihm zustehenden Erbquote legitimieren zur Anfechtung.[42]

41 ▶ **Muster: Anfechtung der Annahme der Erbschaft (Eigenschaftsirrtum)**

An das

Amtsgericht

– Nachlassgericht[43] –

Nachlass des am ▬ in ▬ verstorbenen Erblassers ▬, geboren am ▬ in ▬, zuletzt wohnhaft in ▬.

Der Erblasser war mein Vater und ist am ▬ in ▬ verstorben. Gemäß Erbschein des Amtsgerichtes ▬ vom ▬, Az: ▬ wurde ich sein Alleinerbe aufgrund letztwilliger Verfügung vom ▬.

Zum Zeitpunkt der Annahme ging ich davon aus, dass sich im Aktivnachlass eine Eigentumswohnung mit einem Verkehrswert von etwa EUR 150.000 befindet. Am ▬ habe ich allerdings erfahren, dass der Erblasser diese Eigentumswohnung lebzeitig an seine Lebensgefährtin, Frau ▬ übertragen hat.

Beweis: Notarieller Übergabevertrag vom ▬, in Kopie als Anlage

Weiter befindet sich ein Hausanwesen in ▬ im Nachlass, welches mit einer valutierenden Grundschuld zugunsten der X-Bank belastet ist, die den Verkehrswert der Immobilie weit übersteigt. Erst nachdem ich mir ein genaues Bild über den Nachlass verschaffen konnte, trat der Umstand, dass das Anwesen belastet ist, zu Tage.

Beweis: Schreiben der X-Bank vom ▬, in Kopie als Anlage

Erst nach Annahme der Erbschaft wurde mir zudem bekannt, dass der Erblasser ein Barvermächtnis über EUR 50.000 zugunsten seiner Lebensgefährtin angeordnet hat.

Im Ergebnis stellt sich der Nachlass daher als überschuldet dar.

Die voran stehenden Nachlasseigenschaften waren für mich erst nach Ablauf der sechswöchigen Ausschlagungsfrist feststellbar, da hierfür wegen des komplexen Sachverhaltes die notwenigen Ermittlungen längere Zeit in Anspruch genommen haben.

Beweis: Schreiben des Grundbuchamtes vom ▬; Schreiben der X-Bank vom ▬, in Kopie als Anlagen

Zudem war mir nicht bekannt, dass mir die Möglichkeit der Anfechtung offen steht. Wären die oben aufgeführten Nachlassverbindlichkeiten bekannt gewesen, hätte ich innerhalb der sechswöchigen Ausschlagungsfrist die Erbschaft ausgeschlagen, die Erbschaft nicht angenommen und auch keinen Erbscheinsantrag gestellt.

Ich erkläre daher die

Anfechtung

der Annahme der Erbschaft wegen Irrtums über die Zusammensetzung des Nachlasses sowie über dessen Überschuldung.

Weiter beantrage ich, dass eine öffentlich beglaubigte Empfangsbestätigung dieser Anfechtungserklärung zu Händen meines Verfahrensbevollmächtigten ▬ (exakte Adresse) erteilt wird mit der Bitte, auch künftig im Übrigen ausschließlich an meinen Verfahrensbevollmächtigten zuzustellen.

Name, Geburtsdatum, Geburtsort

---

41 BayObLG ZEV 1996, 425.
42 OLG Hamm NJW 1966, 1080.
43 In Baden-Württemberg das staatliche Notariat.

Postalische Anschrift

Ort, Datum und Unterschrift

(notarielle Beglaubigung gemäß § 129 BGB) ◄

▶ **Muster: Erwiderung des Anfechtungsgegners** 42

An das

Amtsgericht

– Nachlassgericht –

In der Nachlasssache ... wegen Anfechtung der Annahme der Erbschaft durch den Alleinerben

Unter Vorlage auf mich lautender Vollmacht zeige ich an, dass ich die rechtlichen Interessen von ... vertrete.

Der durch Erbschein des Amtsgerichtes ..., Az: ..., vom ... ausgewiesene Alleinerbe hat in vorbezeichneter Nachlasssache die Anfechtung der Annahme der Erbschaft wegen Irrtums über eine verkehrswesentliche Eigenschaft des Nachlasses bzw wegen Versäumen der Ausschlagungsfrist erklärt.

Aufgrund Erbscheinsantrag vom ... wurde der Anfechtende Alleinerbe des am ... verstorbenen Erblassers ... . Der Erbschein wurde am ... erteilt. Demnach liegt eine ausdrückliche Annahmeerklärung der Erbschaft durch den Anfechtenden vor. Die Überschuldung des Nachlasses kann zwar grundsätzlich eine verkehrswesentliche Eigenschaft des Nachlasses gemäß § 119 Abs. 2 BGB darstellen, allerdings konnte der Alleinerbe eine entsprechende Anfechtungserklärung nicht mehr abgeben, da dieser die ausdrückliche Annahme der Erbschaft entgegensteht. Wille und Erklärung stimmen bei einer ausdrücklichen Annahmeerklärung überein, weswegen die fehlende Kenntnis vom Ausschlagungsrecht nicht mehr zur Anfechtung berechtigt.

Weiter hat der Anfechtende die Anfechtung nicht innerhalb der gesetzlichen Anfechtungsfrist von sechs Wochen erklärt. Entgegen der Angaben des Anfechtenden waren diesem alle bestehenden Nachlassverbindlichkeiten bereits vor Ablauf der Anfechtungsfrist bekannt. Gegenüber dem Zeugen Herrn ... hat er bereits zwei Wochen seit Eintritt des Erbfalles geäußert, er habe nunmehr die erheblichen Nachlassverbindlichkeiten festgestellt.

Beweis: Zeugnis des Herrn ...

Wenn der Anfechtende vorträgt, über das Anfechtungsrecht als solches nicht unterrichtet gewesen zu sein, so ändert dies, wie auch die Ungewissheit über das Durchgreifen des Anfechtungsgrundes, nichts am Ablauf der Anfechtungsfrist.

(Rechtsanwältin) ◄

dd) Weitere Anfechtungsgründe

Zur Anfechtung berechtigt ist der Erbe auch bei falscher Übermittlung nach § 120 BGB oder 43
arglistiger Täuschung und widerrechtlicher Drohung nach § 123 BGB. Ein weiterer Anfechtungsgrund ergibt sich aus § 2308 BGB für den pflichtteilsberechtigten Erben. Nach dieser Vorschrift berechtigt die Unkenntnis des Erben über den im Zeitpunkt der Ausschlagung bereits erfolgten Wegfall der Beschränkungen und Beschwerungen im Sinne des § 2306 BGB zur Anfechtung. Das Anfechtungsrecht des Erben insoweit besteht auch dann, wenn er durch Anfechtung des Testamentes nach Ausschlagung den Wegfall der ihn belastenden Beschränkungen oder Beschwerungen selbst herbeigeführt hat.

44 ▶ **Muster: Anfechtung der Ausschlagung der Erbschaft wegen arglistiger Täuschung**

An das

Amtsgericht

– Nachlassgericht⁴⁴ –

Nachlass des am ... in ... verstorbenen Erblassers ..., geboren am ... in ..., zuletzt wohnhaft in ....

Der Erblasser war mein Vater und ist am ... in ... verstorben. Außer mir hinterließ er lediglich seine 2. Ehefrau, Frau ....

Ich bin der einzige Abkömmling. Meine Mutter, die mit dem Erblasser in erster Ehe verheiratet war, ist bereits am ... vorverstorben.

Beweis: Sterbeurkunde vom ...

Der Erblasser hatte kein Testament und auch keinen Erbvertrag errichtet, sodass nach seinem Tod die gesetzliche Erbfolge eingetreten ist.

Ich habe die Erbschaft am ... durch Erklärung gegenüber dem Nachlassgericht ausgeschlagen, weil ich davon ausgegangen bin, dass der Nachlass meines Vaters überschuldet ist. Dies hatte mir meine Stiefmutter beim Leichenschmaus am ... mitgeteilt. Zur Bekräftigung ihrer Aussage hatte sie mir ein von meinem Vater unterzeichnetes Schreiben vorgelegt, aus welchem sich ergab, dass dieser meinem Großonkel ... einen Betrag von weit über 1,0 Mio. EUR schuldete.

Erst jetzt habe ich von dem besagten Großonkel erfahren, dass eine Verbindlichkeit tatsächlich nicht besteht, meine Stiefmutter dies wusste und mir gegenüber wahrheitswidrige Angaben gemacht hat.

Ich erkläre daher die

Anfechtung

der Ausschlagung der Erbschaft wegen arglistiger Täuschung.

Weiter beantrage ich, dass eine öffentlich beglaubigte Empfangsbestätigung dieser Anfechtungserklärung zu Händen meines Verfahrensbevollmächtigten ... (exakte Adresse) erteilt wird mit der Bitte, auch künftig im Übrigen ausschließlich an meinen Verfahrensbevollmächtigten zuzustellen.

Name, Geburtsdatum, Geburtsort

Postalische Anschrift

Ort, Datum und Unterschrift

(notarielle Beglaubigung gemäß § 129 BGB) ◀

d) Kausalität

45 Ein Anfechtungsrecht besteht nur dann, wenn der Irrtum, dem der Erbe unterlegen war, kausal für die von ihm abgegebene Erklärung war, er also bei verständiger Würdigung der Sachlage die Ausschlagung oder Annahme nicht erklärt hätte. Entscheidend ist für die Beurteilung der Kausalität nicht die subjektive Sicht des Erben, sondern vielmehr die eines unbeteiligten objektiven Dritten.⁴⁵

---

44 In Baden-Württemberg das staatliche Notariat.
45 BayObLG NJW-RR 1999, 590.

▶ **Muster: Anfechtung der Ausschlagung**

An das

Amtsgericht

– Nachlassgericht –

Nachlass des am ... in ... verstorbenen Erblassers ..., geboren am ... in ..., zuletzt wohnhaft in ....

Ich bin die einzige Tochter des Erblassers aus erster Ehe. Mein Vater ist am ... in ... verstorben. Die zweite Ehefrau meines Vaters ist bereits vorverstorben. Abkömmlinge aus der zweiten Ehe meines Vaters sind nicht vorhanden. Gemäß Erbschein des Amtsgerichtes ..., Az: ..., vom ... wurde ich Alleinerbin aufgrund gesetzlicher Erbfolge.

Nach meiner damaligen Kenntnis bestand der Aktivnachlass meines Vaters im Wesentlichen aus einer Immobilie in ... mit einem Verkehrswert von .... Dem standen Nachlassverbindlichkeiten gegenüber, die den Verkehrswert bei weitem überstiegen, sodass ich der Auffassung war, der Nachlass sei überschuldet.

Aus diesem Grund habe ich am ... gegenüber dem Nachlassgericht die Ausschlagung der Erbschaft aus allen Berufungsgründen erklärt.

Zwischenzeitlich, also nach Erklärung der Ausschlagung, hat sich allerdings herausgestellt, dass der Erblasser Eigentümer einer unbelasteten Immobilie in Spanien war, welche einen Verkehrswert von ... ausweist. Der Nachlass ist demnach entgegen meiner Annahme zum Zeitpunkt der Ausschlagungserklärung nicht überschuldet gewesen. Hätte ich von der Zugehörigkeit dieser Immobilie zum Nachlass gewusst, hätte ich die Erbschaft nicht ausgeschlagen, sondern angenommen.

Ich erkläre daher die

Anfechtung

meiner Ausschlagungserklärung vom ... wegen Irrtums über die Zusammensetzung des Nachlasses als auch über dessen Überschuldung. Die Anfechtung ist trotz Verstreichens der sechswöchigen Anfechtungsfrist nicht verfristet, da ich seit 15 Jahren in ... Frankreich lebe und mich auch zu Beginn des Fristablaufs dort befunden habe.

Weiter beantrage ich die Erteilung einer öffentlich beglaubigten Empfangsbestätigung dieser Anfechtungserklärung zu Händen meiner Verfahrensbevollmächtigten ... (exakte Anschrift) und bitte, auch künftig im Übrigen ausschließlich an diese zuzustellen.

Name, Geburtsdatum, Geburtsort

Postalische Anschrift

Ort, Datum und Unterschrift

(notarielle Beglaubigung gemäß § 129 BGB) ◀

3. Erb- und Pflichtteilsverzicht, § 2346 BGB[46]

Der potentielle Erbe kann zu Lebzeiten des Erblassers auf sein gesetzliches Erb- und/oder Pflichtteilsrecht verzichten. Der Verzicht muss notariell beurkundet werden, § 2348 BGB. Während sich der Verzichtende bei der Abgabe der Verzichtserklärung nach den allgemeinen Regeln vertreten lassen kann, muss der Erblasser am Vertragsschluss grundsätzlich persönlich

---

[46] Vgl ausführlich Kapitel 8 Verzichte.

beteiligt sein, § 2347 Abs. 2 S. 1 BGB. Eine Ausnahme insoweit findet sich in § 2347 Abs. 2 S. 2 BGB für den Fall der Geschäftsunfähigkeit des Erblassers.

48 Verzichtet der Erbe auf sein gesetzliches Erb- und Pflichtteilsrecht, führt dies dazu, dass er bei Eintritt des Erbfalles behandelt wird, als sei er bereits vorverstorben. Nach § 2310 BGB wird er bei der Berechnung des Pflichtteils eines anderen Pflichtteilsberechtigten nicht mitgezählt. Der Verzicht kann auf den Pflichtteil beschränkt werden. § 2310 BGB findet in diesem Fall keine Anwendung. Der Erb- und/oder Pflichtteilsverzicht erstreckt sich grundsätzlich auch auf die Abkömmlinge des Verzichtenden, § 2349 BGB. Diese Wirkung des Verzichts kann aber ausgeschlossen werden.

In der Praxis werden Erb- und Pflichtteilsverzichte häufig aus wirtschaftlichen Erwägungen gegen Abfindung abgegeben.

4. Die Stellung des nichtehelichen Kindes (vorzeitiger Erbausgleich)

49 Seit Inkrafttreten des Erbrechtsgleichstellungsgesetzes am 1.4.1998 haben nichteheliche Kinder die gleiche erbrechtliche Stellung wie eheliche Kinder. Die Sonderregelungen über den Erbersatzanspruch der §§ 1934 a–e BGB wurden gestrichen.[47]

50 Weiterhin nicht erbberechtigt sind allerdings Kinder, die vor dem 1.7.1949 geboren wurden,[48] es sei denn ihr Vater hatte am 2.10.1990 seinen gewöhnlichen Aufenthalt in der ehemaligen DDR, Art. 235 § 1 Abs. 2 EGBGB.

51 Nach § 1934 a BGB stand dem nicht ehelichen Kind neben ehelichen Abkömmlingen und dem Ehegatten des Erblassers anstelle eines gesetzlichen Erbteils ein Erbersatzanspruch gegen den Erben in entsprechender Höhe zu, der nach den Vorschriften des Pflichtteilsrechtes berechnet wurde, § 1934 b BGB. Das nicht eheliche Kind hatte die Möglichkeit zwischen dem 21. und 27. Lebensjahr von seinem Vater den vorzeitigen Ausgleich seiner Erb- bzw Erbersatzansprüche in Geld zu verlangen, §§ 1934 d, e BGB. Folge einer wirksamen Vereinbarung über den Erbausgleich war das Erlöschen des gesetzlichen Erbrechts und des Erbersatz- und Pflichtteilsanspruches des nicht ehelichen Kindes, der sich auch auf dessen Abkömmlinge erstreckte.

52 Die Wirkungen einer Vereinbarung über den Erbausgleich wirken auch für Erbfälle fort, die nach dem 1.4.1998 eingetreten sind.

5. Die Erbunwürdigkeit, § 2339 BGB[49]

a) Allgemeines

53 Dem BGB ist eine allgemeine Erbunwürdigkeit oder Erbunfähigkeit selbst bei schwersten Verfehlungen eines vermeintlichen Erben fremd. Das Gesetz kennt lediglich die Erbunwürdigkeit nach einem bestimmten Erblasser.

Erbunwürdig im materiellen Sinne ist, wer sich einer der in § 2339 BGB aufgezählten Straftaten gegenüber dem Erblasser schuldig gemacht hat. Der Katalog ist abschließend; eine Analogie zu den aufgeführten Erbunwürdigkeitsgründen ist nach herrschender Meinung nicht möglich.[50]

54 Bei Vorliegen der Erbunwürdigkeit wird der Anfall der Erbschaft an den Erbunwürdigen rückwirkend beseitigt mit der Folge, dass die Erbschaft dem Nächstberufenen anfällt. Voraussetzung

---

47 Vgl *Rauscher*, ZEV 1998, 41.
48 BVerfGE 44, 1.
49 Zur Pflichtteils- und Vermächtnisunwürdigkeit vgl Kapitel 4.
50 Soergel/*Damrau*, vor § 2339 Rn 1.

für den Eintritt dieser Rechtsfolge ist, dass der Erbschaftserwerb des Erbunwürdigen von einem hierzu Berechtigten im Klagewege erfolgreich angefochten wurde.

b) Ausschluss der Anfechtung

Der Erbschaftserwerb des Erbunwürdigen kann nicht angefochten werden, wenn ihm der Erblasser die zur Erbunwürdigkeit führende Straftat verziehen hat, § 2343 BGB. Der Erblasser muss die Verzeihung nicht ausdrücklich erklären. Sie kann auch stillschweigend durch konkludentes Handeln erfolgen. Den Erbunwürdigen trifft die Beweislast dafür, dass der Erblasser ihm verziehen hat. Lediglich die Vermutung, dass der Erblasser ihm sicherlich verziehen hätte, reicht nicht aus.[51] Verzeihen kann nur der Erblasser selbst, nicht etwa auch ein zur Anfechtung Berechtigter. Dies ergibt sich aus dem Wortlaut der Vorschrift. Hat der Anfechtungsberechtigte jedoch auf sein Anfechtungsrecht verzichtet, hat dieselbe Wirkung wie eine Verzeihung des Erblassers. Der Verzicht führt zur Unbegründetheit einer dennoch erhobenen Anfechtungsklage.[52]

55

c) Anfechtungsberechtigte und Anfechtungsfrist

Zur Anfechtung berechtigt ist jeder, dem der Wegfall des Erbunwürdigen zustatten kommt, § 2341 BGB. Der Kreis der Anfechtungsberechtigten ist relativ weit. Voraussetzung für das Anfechtungsrecht ist die Möglichkeit, dass der die Anfechtung Begehrende selbst Erbe wird.[53] Es können auch mehrere Personen nebeneinander zur Anfechtung berechtigt sein. Erheben diese eine gemeinsame Anfechtungsklage, bilden sie eine notwendige Streitgenossenschaft nach § 62 ZPO.

56

Die Anfechtung kann innerhalb von einem Jahr ab Kenntnis des Anfechtungsgrundes erklärt werden, §§ 2340 Abs. 3, 2082 BGB.[54]

57

d) Die Erbunwürdigkeitsgründe

Die Erbunwürdigkeitsgründe sind in § 2339 BGB abschließend aufgezählt:
Erbunwürdig ist nach Abs. 1 der Vorschrift demnach, wer

58

– den Erblasser vorsätzlich und widerrechtlich getötet oder zu töten versucht oder in einen Zustand versetzt hat, infolge dessen der Erblasser bis zu seinem Tod unfähig war, eine Verfügung von Todes wegen zu errichten oder aufzuheben,
– den Erblasser vorsätzlich und widerrechtlich verhindert hat, eine Verfügung von Todes wegen zu errichten oder aufzuheben,
– den Erblasser durch arglistige Täuschung oder widerrechtlich durch Drohung bestimmt hat, eine Verfügung von Todes wegen aufzuheben oder zu errichten,
– sich in Ansehung einer Verfügung des Erblassers von Todes wegen einer Straftat nach den §§ 267, 271 bis 274 StGB schuldig gemacht hat.

Die Erbunwürdigkeitsgründe des Abs. 1 Nr. 1–3 setzen voraus, dass die Straftaten gegenüber dem Erblasser begangen werden. Eine Straftat aus dem Katalog des § 2339 BGB, die gegenüber dem Ehegatten des Erblassers begangen wird, führt lediglich zur Pflichtteilsunwürdigkeit, nicht jedoch zur Erbunwürdigkeit des Täters. Unter die Tötungsdelikte der Ziffer 1, 1. und 2. Fall fallen der versuchte und vollendete Mord (§ 211 StGB) und Totschlag (§ 212 StGB), auch im

59

---

51 OLG Stuttgart Rpfleger 1956, 160 ff.
52 Damrau/*Mittenzwei*, § 2343 Rn 3.
53 Damrau/*Mittenzwei*, § 2341 Rn 1.
54 BGH NJW 1989, 3214.

minder schweren Fall (§ 213 StGB). Eine fahrlässig herbeigeführte Tötung führt hingegen nicht zur Erbunwürdigkeit, denn das Gesetz verlangt insoweit Tötungsvorsatz. Daher zieht auch das erfolgsqualifizierte Delikt der Körperverletzung mit Todesfolge gemäß § 227 StGB nicht zur Erbunwürdigkeit. In diesem Fall können aber die Voraussetzungen nach Nr. 1, 3. Fall vorliegen.[55] Nach Nr. 1, 3. Fall ist derjenige erbunwürdig, der die Testierunfähigkeit des Erblassers herbeiführt. Hierunter fallen die Fälle, in denen der Erblasser infolge körperlicher oder geistiger Beeinträchtigung überhaupt nicht mehr in der Lage ist, eine Verfügung von Todes wegen zu errichten oder aufzuheben. Eine Erbunwürdigkeit liegt daher nicht vor, wenn der schreibunkundige Erblasser infolge der Tat seine Stimme verliert, jedoch in der Lage ist, eine Verfügung von Todes wegen unter den Voraussetzungen des § 24 BeurkG zu errichten.[56]

60 Nach Nr. 2 ist Voraussetzung für die Erbunwürdigkeit, dass der Erblasser durch Drohung, Täuschung oder Gewalt an der Errichtung oder Aufhebung einer Verfügung von Todes wegen gehindert wurde und der Täter gerade dies beabsichtigt hatte. Erbunwürdig ist in diesem Zusammenhang auch derjenige, der absichtlich die vom Erblasser gewünschte Vernichtung eines Testamentes unterlässt.[57] Ebenso derjenige, der den Erblasser über die Formerfordernisse einer Verfügung von Todes wegen täuscht mit der Folge, dass diese unwirksam ist.[58] Die Handlung des Erbunwürdigen muss kausal für das Nichterrichten bzw Nichtaufheben der Verfügung von Todes wegen sein. Fehlt der Kausalzusammenhang, liegt keine Erbunwürdigkeit vor.[59]

61 Erbunwürdig nach Nr. 3 ist, wer den Erblasser durch widerrechtliche Drohung, arglistige Täuschung oder unmittelbaren Zwang zur Errichtung oder Aufhebung einer Verfügung von Todes wegen bestimmt. Dies ist beispielsweise der Fall, wenn dem Erblasser ein Umstand absichtlich verschwiegen wird, der ihn bei Kenntnis desselben veranlasst hätte, eine andere letztwillige Verfügung zu errichten.[60]

62 Auch die in Nr. 4 aufgezählten Straftaten begründen eine Erbunwürdigkeit, wobei insoweit auch eine Handlung nach Eintritt des Erbfalles die Erbunwürdigkeit herbeiführt. Ob der Erblasser mit der Handlung des Erbunwürdigen einverstanden gewesen wäre, ist unerheblich.[61]

e) Prozessuale Hinweise

63 Die Anfechtung der Erbenstellung des Erbunwürdigen erfolgt durch Anfechtungsklage, § 2342 BGB, die nach den allgemeinen Regeln vor den ordentlichen Gerichten, Gerichtsstand der Erbschaft (§ 27 ZPO), zu erheben ist. Der für die sachliche Zuständigkeit maßgebliche Streitwert richtet sich nach der gesamten Beteiligung des Erbunwürdigen am Nachlass des Erblassers.[62] Die Anfechtungsklage kann erst nach Anfall der Erbschaft erhoben werden, § 2340 Abs. 2 BGB. Ein Rechtsschutzbedürfnis für die Klage besteht auch nach Ausschlagung der Erbschaft durch den Erbunwürdigen, selbst wenn dieser erklärt, auf die Anfechtung der Ausschlagung zu verzichten.[63]

---

55 Damrau/*Mittenzwei*, § 2339 Rn 8.
56 Damrau/*Mittenzwei*, § 2339 Rn 12.
57 BGH NJW 1990, 515.
58 Staudinger/*Olshausen*, § 2339 Rn 33.
59 Damrau/*Mittenzwei*, § 2339 Rn 17.
60 BGHZ 49, 155 ff.
61 BGH NJW 1970, 197.
62 BGH NJW 1970, 197; OLG Koblenz MDR 1997, 693; Damrau/*Mittenzwei*, § 2342 Rn 6.
63 KG Berlin NJW-RR 1989, 455.

A. Feststellung des Erbrechtes § 1

▶ **Muster: Erbunwürdigkeitsklage** 64

An das
Landgericht

Klage

der Frau ...
– Klägerin –
Prozessbevollmächtigte:
gegen
Herrn ...
– Beklagter –
Prozessbevollmächtigte:

wegen Erbunwürdigkeit

Vorläufiger Streitwert: ...

Namens und in Vollmacht der Klägerin erhebe ich Klage und werde beantragen:

1. Der Beklagte wird für den Erbfall nach der am ... verstorbenen ..., zuletzt wohnhaft ..., für erbunwürdig erklärt.
2. Der Beklagte trägt die Kosten des Rechtsstreits.

Bei Vorliegen der Voraussetzungen des § 331 Abs. 3 ZPO beantrage ich schon jetzt, den Beklagten durch Versäumnisurteil zu verurteilen.

Begründung

Am ... verstarb Frau ... in .... Die Erblasserin war mit dem Beklagten in zweiter Ehe verheiratet. Sie hinterließ ein Kind, nämlich die Klägerin.

Die Klägerin stammt aus der ersten Ehe der Erblasserin mit Herrn ....

Die Erblasserin hatte lediglich das gemeinschaftliche Testament vom ... errichtet. Dieses enthält nur eine Regelung für den Fall des gleichzeitigen Versterbens der Eheleute mit der Folge, dass gesetzliche Erbfolge eingetreten ist.

Beweis: Vorlage des Testamentes vom ... in Kopie (Anlage K 1)

Sie lebte mit dem Beklagten im gesetzlichen Güterstand der Zugewinngemeinschaft. Demnach wurde sie von dem Beklagten und von der Klägerin zu je 1/2 beerbt.

Die Erblasserin starb keines natürlichen Todes. Sie wurde vom Beklagten am ... vorsätzlich erschossen.

Beweis: Beiziehung der amtlichen Ermittlungsakte der StA ...,

Az.: ...

Der Beklagte befindet sich derzeit in Untersuchungshaft in der JVA ....

Der Beklagte ist erbunwürdig. Es liegt der Erbunwürdigkeitsgrund des § 2339 Abs. 1 Nr. 1 1. Fall vor. Der Beklagte hat die Erblasserin vorsätzlich getötet. Er ist voll schuldfähig. Der Beklagte hatte die Tat im Vorfeld angekündigt. Die Erblasserin beabsichtigte, sich von dem Beklagten zu trennen. Sie hatte bereits einen neuen Lebensgefährten, der am ... ebenfalls von dem Beklagten erschossen wurde.

Die Klägerin ist anfechtungsberechtigt iSd § 2341 BGB, da ihr der Wegfall des Erbunwürdigen zustatten kommt. Mit dem Wegfall des Beklagten erhöht sich die Erbquote der Klägerin.

Die Anfechtung ist fristgerecht erfolgt. Die Jahresfrist des § 2340 Abs. 3 iVm § 2082 BGB ist eingehalten. Die Erbschaft ist mit dem Tod der Erblasserin am ... dem Beklagten angefallen.

Der Streitwert der Anfechtungsklage bemisst sich nach dem Interesse des Beklagten bzw orientiert sich an der gesamten Beteiligung des Erbunwürdigen am Nachlass, vgl BGH NJW 1970, 197.

Der Beklagte ist Miterbe zu 1/2 geworden. Der Wert des Nachlasses beträgt EUR ....

In den Nachlass fällt ein 1/2 Miteigentumsanteil an der Immobilie in ..., mit einem Verkehrswert iHv EUR ....

Außerdem fällt ein Wertpapierdepot bei der X-Bank iHv ... in den Nachlass.

Als Nachlassverbindlichkeiten sind Beerdigungskosten iHv EUR ... in Abzug zu bringen.

Der Klage ist daher stattzugeben.

(Rechtsanwältin) ◄

III. Erbrechtliche Legitimation

65 Der Erbe ist Rechtsnachfolger des Erblassers hinsichtlich dessen gesamten Vermögens einschließlich aller Verbindlichkeiten. Die erbrechtliche Legitimation des Erben kann entweder auf gewillkürter Erbfolge, also einer entsprechenden Anordnung des Erblassers (§§ 1937, 1941 BGB) oder bei Fehlen einer Verfügung von Todes wegen auf gesetzlicher Erbfolge (§§ 1924–1936 BGB) beruhen. Die Berechtigung des Erben kann auch zugleich gewillkürter und gesetzlicher Natur sein (§ 2088 BGB). Die gesetzliche Erbfolge tritt nur ein, wenn der Erblasser seine Rechtsnachfolge nicht durch eine rechtsgültige und formgerechte Verfügung von Todes wegen anderweitig geregelt hat oder ein eingesetzter Erbe ersatzlos wegfällt. Insofern ist die gesetzliche Erbfolge demnach subsidiär zur gewillkürten.

1. Gesetzliche Erbfolge
a) Verwandtenerbrecht

66 Die gesetzliche Erbfolge ist geregelt in den §§ 1924 ff BGB. Danach steht den Verwandten des Erblassers ein gesetzliches Erbrecht zu, wobei es laut § 1589 BGB auf die Blutsverwandtschaft ankommt.

67 Die Frage nach der Blutsverwandtschaft ist abhängig vom Vorliegen einer rechtlichen Verwandtschaft. Möglicherweise weicht diese auch von der Blutsverwandtschaft ab. Für den Fall, dass Unklarheit über das Verwandtschaftsverhältnis besteht, kann Feststellungsklage gemäß §§ 640 ff ZPO (Statusverfahren) bzw auch nach § 256 ZPO (bei Vorliegen eines Rechtsschutzinteresses) erhoben werden.

68 Als Vater gilt gemäß § 1592 BGB derjenige, der zum Zeitpunkt der Geburt mit der Mutter eines Kindes verheiratet ist, die Vaterschaft anerkannt hat oder dessen Vaterschaft nach § 1600 d BGB gerichtlich festgestellt wurde. Im Rahmen des Feststellungsverfahrens nach §§ 1592 Nr. 3, 1600 d BGB treten die Rechtsfolgen gemäß § 1600 d Abs. 4 BGB erst ab gerichtlicher Feststellung ein. Wird daher die Vaterschaft erst nach Eintritt des Erbfalls festgestellt, treten die Abkömmlinge ex tunc in die Erbenstellung ein. Zu berücksichtigen ist weiter § 1593 BGB, wonach bei Auflösung der Ehe und Geburt innerhalb von 300 Tagen der Erblasser als Vater gilt. Liegen Geburt und Wiederverheiratung innerhalb von 300 Tagen, so gilt der neue Ehemann als Vater.

A. Feststellung des Erbrechtes §1

Als Mutter gilt gemäß § 1591 BGB die Frau, die das Kind geboren hat, unabhängig von der genetischen Mutter. Somit ist auch eine Leihmutter, die das Kind nur ausgetragen hat, Mutter im Sinne der Vorschrift, auch dann, wenn sie nicht mit dem Kind verwandt ist. 69

Um in die Rechtsstellung des Erblassers eintreten zu können (§ 1922 BGB), muss der Rechtsnachfolger erbfähig sein. Erbfähig ist, wer zur Zeit des Erbfalls lebt, § 1923 BGB. Erbfähig ist auch bereits der nasciturus,[64] obwohl er noch nicht rechtsfähig (§ 1 BGB) ist. Dies jedenfalls, sofern das Kind lebend zur Welt kommt. Die Erbschaft fällt insofern erst mit der Geburt an.[65] Um als „lebende Personen" zu gelten, müssen Erbe und Erblasser wenigstens einen Augenblick lang gemeinsam gelebt haben (Grundsatz der zeitlichen Koexistenz). Die Erbfähigkeit endet mit dem Hirntod.[66] Bei Versterben mehrerer Personen und Unmöglichkeit der Beweiserhebung, ist vom gleichzeitigen Versterben auszugehen, § 11 VerschollenheitsG. 70

Die gesetzliche Erbfolge gilt nur, wenn der Erblasser keine Verfügung von Todes wegen errichtet hat bzw diese (zB durch Anfechtung) entfällt. Weiter kann die gesetzliche Erbfolge auch neben der gewillkürten zur Anwendung kommen, wenn nur hinsichtlich eines bestimmten Nachlassteiles letztwillig verfügt wurde und sich die Verteilung des Restnachlasses nach der gesetzlichen Erbfolge beurteilt. 71

aa) Repräsentationssystem und Eintrittsrecht

Wer dem Erblasser am nächsten steht, repräsentiert einen Stamm und schließt gleichzeitig seine eigenen Abkömmlinge von der Erbfolge aus, §§ 1924 Abs. 2, 1925 Abs. 2, 3 S. 1, 1926 Abs. 5, 1928 Abs. 2, 1929 Abs. 2 BGB. Bei Wegfall des gesetzlichen Erben treten dessen Abkömmlinge an seine Stelle, § 1924 Abs. 3 BGB. Grundlage hierfür ist das Prinzip der Erbfolge nach Stämmen. Die gesetzlichen Erben werden nach Ordnungen (§§ 1924 ff BGB) eingeteilt. Im Rahmen der ersten – dritten Ordnung gilt das Parentelsystem. Der Nachlass wird danach nicht nach der Anzahl der Personen, sondern nach Stämmen geteilt, wobei gemäß § 1930 BGB die nähere Ordnung die entfernteren ausschließt. Die Erben der vierten Ordnung erben nach dem Gradualsystem: im gleichen Verwandtschaftsgrad wird zu gleichen Teilen geerbt. 72

bb) Erbfolge nach Stämmen

Jeder Abkömmling bildet mit wiederum seinen Abkömmlingen (also in absteigender Richtung) einen eigenen erbrechtlich relevanten Stamm. Jeder Stamm erhält dabei die gleiche Erbquote, § 1924 Abs. 4 BGB. Die Abkömmlinge treten ebenfalls in die erbrechtliche Position des zuvor weggefallenen gesetzlichen Erben, wenn dieser durch Ausschlagung, Erbunwürdigkeit oder wegen Todesfiktion nicht Erbe wird. Will der Erblasser vermeiden, dass beispielsweise im Falle der Ausschlagung die aus dem jeweiligen Stamm kommenden Enkel etwas erhalten, so sollte in der letztwilligen Verfügung die Anwachsung des frei werdenden Erbteils an die anderen Erben bestimmt werden. Gemäß § 1938 BGB gilt nämlich der Ausschluss eines Erben im Zweifel nicht auch für alle weiteren Abkömmlinge. Anders ist es, wenn ein Erbverzichtsvertrag (§§ 2346 ff BGB) geschlossen wurde: dann nämlich ist der ganze Stamm des Verzichtenden von der weiteren Erbfolge ausgeschlossen. 73

---
64 Im Gegensatz zum nondum conceptus.
65 Damrau/*Tanck*, § 1923 Rn 3.
66 OLG Köln NJW-RR 1992, 1481.

cc) Erbfolge nach Linien

74 Ab der zweiten Ordnung werden die gesetzlichen Erben nach aufsteigenden Linien bestimmt, § 1925 Abs. 2, 3 BGB. Dazu gehören die Eltern des Erblassers sowie seine weiteren Vorfahren. Halbgeschwister nehmen zur Hälfte teil.

dd) Erbfolge nach dem Gradualsystem

75 Ab der vierten Ordnung bestimmt der Verwandtschaftsgrad (die Zahl der die Verwandtschaft vermittelnden Geburten) die Erbfolge, §§ 1589 S. 2, 3, 1928 Abs. 3, 1929 Abs. 2 BGB.

b) Ehegattenerbrecht
aa) Grundsätze

76 Entscheidend für die Bestimmung des gesetzlichen Erbteils des Ehegatten ist, in welchem Güterstand der Erblasser mit dem überlebenden Ehegatten verheiratet war und welcher Ordnung die übrigen erbberechtigten Verwandten angehören § 1931 BGB:
– Neben Verwandten der ersten Ordnung (Abkömmlinge) beträgt die Erbquote des überlebenden Ehegatten 1/4.
– Neben Verwandten der zweiten Ordnung (Eltern und deren Abkömmlinge) sowie Großeltern beträgt die Erbquote des überlebenden Ehegatten 1/2.

77 Bei Vorversterben eines Großelternteils und gleichzeitigem Vorhandensein von Abkömmlingen, schließt der überlebende Ehegatte diese Abkömmlinge von der gesetzlichen Erbfolge aus. Er erhält demnach immer mindestens 1/2 und für jeden vorverstorbenen Großelternteil ein weiteres Achtel, § 1931 Abs. 1 S. 2 BGB.

78 Wenn weder Verwandte der ersten oder der zweiten Ordnung vorhanden sind, so erbt der überlebende Ehegatte allein, § 1931 Abs. 2 BGB.

bb) Zugewinngemeinschaft

79 Bei Ehepartnern, die im gesetzlichen Güterstand der Zugewinngemeinschaft verheiratet waren, kann der überlebende Ehegatte wählen, ob er die erbrechtliche oder die güterrechtliche Lösung bevorzugt.

80 Nach der **erbrechtlichen Lösung** erhöht sich der 1/4 Ehegattenerbteil gemäß §§ 1931 Abs. 3, 1371 Abs. 1 BGB um ein weiteres Viertel. Der Ehegatte erbt demnach neben Verwandten der ersten Ordnung (Abkömmlinge) zu 1/2 und neben Verwandten der zweiten und dritten Ordnung (Eltern und Großeltern sowie deren Abkömmlinge) zu einer Quote von 3/4. Irrelevant ist insbesondere, wie lange die Ehe bestand und ob bzw in welcher konkreten Höhe der überlebende Ehegatte einen Zugewinnausgleichsanspruch gehabt hätte. Ein etwaiger Ausgleichsanspruch wird pauschal abgegolten.[67]

81 Wird der überlebende Ehegatte nicht Erbe (zB weil er die Erbschaft ausschlägt), so steht ihm statt der pauschalen Erhöhung seines gesetzlichen Erbanteils um ein Viertel, der konkrete Zugewinnausgleich nach den §§ 1372 bis 1390 BGB und der Pflichtteil aus dem (nicht erhöhten, § 1371 Abs. 1 BGB) gesetzlichen Erbanteil zu (**güterrechtliche Lösung**).

82 Dem überlebenden Ehegatten darf auch kein Vermächtnis zustehen, dh eine Ausschlagung allein der Erbeinsetzung genügt nicht; die Ausschlagung muss sich immer auch auf das Vermächtnis beziehen.

---

[67] Der überlebende Ehegatte ist daher insbesondere bei kurzer Ehedauer oder hohem Anfangsvermögen des Erblassers mit der Entscheidung für die erbrechtliche Lösung besser gestellt.

cc) Gütergemeinschaft

Bei der Gütergemeinschaft begründen die Ehepartner verschiedene Vermögensmassen, die unterschiedlich vererbt werden. Zunächst entsteht das Gesamtgut als einheitliche Vermögensmasse beider Ehepartner. Jegliches Vermögen, das die Eheleute während der Ehedauer erwerben oder in die Ehe einbringen, wird Bestandteil des Gesamtguts. Es entsteht eine Gesamthandsgemeinschaft; die Verfügungsbefugnis richtet sich nach § 1419 BGB. 83

Daneben verfügt der jeweilige Ehepartner noch über das Sondergut, § 1417 BGB. Hierunter fallen Gegenstände, die nicht durch Rechtsgeschäft übertragen werden können (zB Nießbrauch). 84

Weiter wird durch Erklärung mittels Ehevertrag, durch eine entsprechende Verfügung von Todes wegen oder durch Surrogation das Vorbehaltsgut begründet, § 1418 BGB. 85

In erbrechtlicher Hinsicht steht den Ehegatten am Gesamtgut jeweils nur der 1/2-Anteil (erbrechtlich zu berücksichtigen ist daher auch nur der hälftige Anteil), am Sonder- und Vorbehaltsgut dagegen der volle Anteil zu. Das Sondergut ist meist nicht vererblich, da hiervon nicht übertragbare Rechte umfasst sind. Das Vorbehaltsgut unterliegt keinerlei erbrechtlichen Besonderheiten. 86

Wurde die Gütergemeinschaft notariell ohne Fortsetzungsvereinbarung begründet, bedarf es bei Tod eines Ehegatten einer gesonderten Auseinandersetzung der Gesamthandsgemeinschaft durch Vermittlung des Nachlassgerichts. Kommt keine Einigung zustande, hat jeder Teilhaber das Recht, auf Zustimmung zum Abschluss eines Auseinandersetzungsvertrages zu klagen. Hierzu ist ähnlich der Auseinandersetzung der Miterbengemeinschaft ein konkreter Teilungsplan (Teilungsreife) für den Klageantrag notwendig, § 253 Abs. 2 Nr. 2 ZPO. 87

Bei Vereinbarung einer fortgesetzten Gütergemeinschaft gemäß §§ 1483 ff BGB, wird der Anteil des Erblassers am Gesamtgut nicht vererbt. Nur hinsichtlich des Sonder- und Vorbehaltsguts kann daher ein Erbrecht begründet werden. Treffen gemeinschaftliche mit anderen (zB aus anderen Ehen stammenden) Abkömmlingen zusammen, so steht diesen ein Erbrecht so zu, als ob es keine fortgesetzte Gütergemeinschaft gäbe, § 1483 Abs. 2 BGB. 88

dd) Gütertrennung

Die Gütertrennung kann durch notariellen Ehevertrag begründet werden oder dadurch entstehen, dass der gesamte Zugewinn in einem Ehevertrag ausgeschlossen oder die Gütergemeinschaft aufgehoben wird, § 1414 BGB. Der Erbanteil des überlebenden Ehegatten richtet sich ausschließlich nach den erbrechtlichen Regelungen, § 1931 BGB. Bei der Gütertrennung gibt es keine pauschalierte Erhöhung des Zugewinns. Die Höhe des Ehegattenerbteils ist abhängig von der Anzahl der vorhandenen Kinder, § 1931 Abs. 4 BGB. 89

ee) Sonstiges
(1) Voraus, § 1932 BGB

Der überlebende Ehegatte hat einen gesetzlichen Anspruch auf Erhalt der Haushaltsgegenstände und Hochzeitsgeschenke. Ihm soll dadurch ermöglicht werden, sein Leben auch nach dem Tod des Ehepartners in der gewohnten Umgebung fortführen zu können. Voraussetzung ist, dass der überlebende Ehegatte gesetzlicher Erbe wurde. Der Anspruch auf den Voraus entfällt daher, 90 wenn der überlebende Ehegatte enterbt oder als testamentarischer Erbe berufen wurde oder weggefallen ist.[68]

91 Nicht zum ehelichen Haushalt gehören die persönlichen Gegenstände des Erblassers, das Grundstückszubehör und berufsbezogene Gegenstände.[69] Bei Vorhandensein von Abkömmlingen besteht der Anspruch aus § 1932 Abs. 1 BGB nur eingeschränkt: der überlebende Ehegatte hat nur dann einen Anspruch, wenn ihm die Gegenstände zur Führung eines angemessenen Haushalts fehlen und eine Neubeschaffung nicht zumutbar ist, wobei eine Interessenabwägung zwischen den Abkömmlingen und dem Ehegatten vorzunehmen ist. Entscheidend für die Beurteilung der ist der Zeitpunkt des Erbfalles.[70]

92 Zuständig für die Durchsetzung des Anspruchs auf den Voraus ist das Prozessgericht.

(2) Dreißigster, § 1969 BGB

93 Familienangehörigen des Erblassers steht für 30 Tage nach dem Tod des Erblassers ein Anspruch auf Wohnung und Unterhalt zu. Dabei stellt der „Dreißigste" ein gesetzliches Vermächtnis dar. Der Anspruch ist eine Nachlassverbindlichkeit und weder übertragbar, pfändbar oder vererblich, §§ 850 b Abs. 1 Nr. 2, Abs. 2, 851 ZPO, 399 BGB. Es besteht weder ein Aufrechnungs-, noch ein Zurückbehaltungsrecht.

(3) Scheidungsantrag

94 Ist ein Scheidungsantrag rechtshängig,[71] so hat das Konsequenzen für das Ehegattenerbrecht. Jeder Ehegatte kann einseitig von einem gemeinschaftlichen Testament zurücktreten, §§ 2296, 2271 Abs. 1 BGB. Anders gestaltet es sich bei Vorliegen eines Erbvertrags. Hier ist ein Rücktritt nur dann möglich, wenn dieser im Erbvertrag vorbehalten wurde. Andernfalls kann der Erbvertrag nur wegen Irrtums über die erfolgte Trennung angefochten werden, §§ 2281, 2078 Abs. 2 BGB.

95 Was die gesetzliche Erbfolge anbelangt, entfällt das Erbrecht des Ehegatten mit Beantragung der Scheidung bzw mit Zustimmung des anderen Ehegatten zur Scheidung, § 1933 BGB. Auch hier kommt es auf die Rechtshängigkeit an. Die bloße Anhängigkeit genügt nicht.

96 Weiter ist zu beachten, dass gemäß § 2077 BGB eine letztwillige Verfügung, durch die der Erblasser seinen Ehegatten bedacht hat, unwirksam ist, wenn die Ehe vor dem Erbfall aufgelöst wurde oder die Voraussetzungen für die Scheidung gegeben waren. Allerdings ist in diesem Zusammenhang weiter die Vermutungsregel aus § 2077 Abs. 3 BGB zu beachten, wonach die Verfügung wirksam bleibt, wenn anzunehmen ist, dass sie der Erblasser auch in diesem Fall getroffen hätte. Bei Vorliegen eines gemeinschaftlichen Testamentes gilt wegen § 2268 Abs. 2 BGB das gleiche. Wechselbezügliche Verfügungen können daher auch nach Scheidung weiterhin wirksam bleiben.[72] Wollen die Eheleute diese Konsequenz verhindern, so muss im gemeinschaftlichen Testament eine explizite Klausel aufgenommen werden, wonach im Falle der rechtshängigen Scheidung der Ehe die gesamte Verfügung von Todes wegen unwirksam sein soll.

---

68 Im Falle der Errichtung eines gemeinschaftlichen Testaments ist der Anspruch auf den Voraus immer gesondert mit aufzunehmen!
69 Damrau/*Seiler*, § 1932 Rn 9.
70 Damrau/*Seiler*, § 1932 Rn 21.
71 Anhängigkeit genügt nicht!
72 BGH ZEV 2004, 423.

A. Feststellung des Erbrechtes

(4) Eingetragener Lebenspartner

Mit Inkrafttreten des Lebenspartnerschaftsgesetzes (2001) ist das Erbrecht des eingetragenen Lebenspartners nunmehr geregelt in § 10 LPartG. Hiernach wird der eingetragene Lebenspartner dem Ehegatten gleichgestellt. Insoweit kann auf die obigen Ausführungen verwiesen werden. Der eingetragene Lebenspartner hat ebenfalls einen Anspruch auf den Voraus und den „Dreißigsten", § 11 LPartG.

c) Erbrecht des Fiskus

Wenn der Erblasser keine Verfügung von Todes wegen errichtet hat und weder ein Ehegatte, noch sonst ein Verwandter vorhanden ist, so ist der Staat als gesetzlicher Erbe berufen. Dies ist im Regelfall der Fiskus des Bundeslandes, dem der Erblasser bei Eintritt des Erbfalles „angehörte",[73] § 1936 Abs. 1 S. 1 BGB. Das erbenlose Vermögen soll so der Allgemeinheit zugute kommen. Der Staat hat anders als die sonstigen Erben kein Ausschlagungsrecht. Ebenso wenig kann ein Erbverzichtsvertrag abgeschlossen werden.[74]

Hierdurch wird sichergestellt, dass es keinen Nachlass ohne Erben gibt und die Nachlassabwicklung auch im Interesse der Nachlassgläubiger durchgeführt wird.

Der Fiskus kann erst dann als gesetzlicher Erbe auftreten bzw in Anspruch genommen werden, wenn das Nachlassgericht festgestellt hat, dass kein anderer Erbe vorhanden ist, § 1966 BGB. Diese Feststellung, der eine öffentliche Aufforderung zur Anmeldung der Erbrechte vorausgeht (§ 1965 BGB), begründet eine widerlegliche Vermutung für das gesetzliche Erbrecht des Staates, § 1964 Abs. 2 BGB. Der Fiskus erhält wegen des gesetzlichen Erbrechts die gleiche privatrechtliche Stellung wie jeder andere Erbe. Der Staat kann daher beispielsweise seine Haftung für Nachlassverbindlichkeiten wie jeder andere Erbe beschränken, § 1975 BGB. Eine Inventarfrist (die Nichteinhaltung würde zur unbeschränkten Haftung führen) kann dem Fiskus nicht gesetzt werden, § 2011 BGB.

d) Besonderheiten
aa) Adoption

Wie oben festgestellt, gilt im Rahmen der gesetzlichen Erbfolge das Prinzip der Blutsverwandtschaft. Daneben kann jedoch auch die Annahme eines Kindes zu einem gesetzlichen Erbrecht führen. Die Adoption ist demnach quasi ein Blutsurrogat. Um die erbrechtlichen Auswirkungen der Adoption beurteilen zu können, ist zu unterscheiden zwischen der Voll- und Minderjährigenadoption.

(1) Minderjährigenadoption

Das adoptierte Kind erhält den gleichen rechtlichen Status wie ein eheliches Kind, § 1754 BGB. Es hat demnach ein gesetzliches Erb- und Pflichtteilsrecht. Gemäß § 1755 BGB gilt das vormalige Verwandtschaftsverhältnis zu den bisherigen Verwandten als erloschen.[75] Nur gegenüber Verwandten zweiten oder dritten Grades bleibt das Verwandtschaftsverhältnis bestehen (es erlöschen nur die Rechte gegenüber den leiblichen Eltern, § 1756 BGB).

(2) Volljährigenadoption

Ein Volljähriger kann nur dann als Kind angenommen werden, wenn die Annahme gemäß § 1767 Abs. 1 BGB sittlich gerechtfertigt ist. Dazu muss ein sog. Eltern-Kind-Verhältnis zwi-

---
73 § 4 Abs. 1 StaatsangehörigkeitsVO vom 5.2.1932.
74 Umkehrschluss aus § 2346 Abs. 1 BGB.
75 Und zwar selbst dann, wenn das adoptierte Kind selbst bereits Abkömmlinge hat!

schen Annehmenden und Angenommenen bestehen, § 1767 Abs. 1, 2 BGB. Die Adoption hat zur Folge, dass der Angenommene die rechtliche Stellung eines ehelichen Kindes erhält. Allerdings besteht das Verwandtschaftsverhältnis nur zwischen dem Volljährigen und dessen eigenen Kindern und den annehmenden Eltern, nicht jedoch zu den Verwandten der annehmenden Eltern. Nur wenn das Familiengericht die Volladoption des Volljährigen anordnet, besteht auch im letzteren Fall ein Verwandtschaftsverhältnis. Bei Adoptionen vor dem 1.1.1977 wurde die Verwandtschaft des angenommenen Kindes zu den leiblichen Eltern (und deren Verwandten) nicht aufgehoben. Das adoptierte Kind behielt daher sein volles Erb- und Pflichtteilsrecht gegenüber den Blutsverwandten, § 1964 BGB aF Zusätzlich erhielt das adoptierte Kind ein Erbrecht auf das Ableben des Annehmenden, soweit dieses jedenfalls nicht durch Adoptionsvertrag ausdrücklich ausgeschlossen wurde. Der Annehmende war gegenüber dem Adoptivkind nur dann erbberechtigt, wenn ein Kindesannahmevertrag geschlossen wurde. Insbesondere wurde nicht zwischen Minderjährigen- und Volljährigenadoption unterschieden. Wenn bei der Volljährigenadoption das Erbrecht des Adoptivkindes gegenüber dem Annehmenden explizit vertraglich ausgeschlossen wurde, ist diese Regelung weiterhin rechtsgültig. Weiter ist die Übergangsregelung nach § 12 AdoptG zu beachten, wenn der Annehmende vor dem 1.1.1977 verstorben ist.

104 Wurde ein nichtehelich geborenes Kind eines verheirateten Elternteils vom Ehepartner bis zum 1.7.1998 angenommen, verbleibt es beim gesetzlichen Erbrecht nach diesem Elternteil (Stiefkindadoption).[76] Gemäß § 1755 Abs. 2 BGB haben jetzt alle Stiefkinder ein Erbrecht nach den Blutsverwandten des adoptierten Kindes.[77]

bb) Nichteheliche Kinder

105 Mit Inkrafttreten des Erbrechtsgleichstellungsgesetzes zum 1.4.1998 wurden nichteheliche Kinder den ehelich geborenen gleichgestellt. Entscheidend für die Anwendung der einschlägigen Normen ist der Todestag des Erblassers:

106 Bis zum 1.7.1970 bestand mangels Verwandtschaft zwischen dem Kind und dem Vater keinerlei Erb- oder Pflichtteilsrecht. Zwischen dem 1.7.1970 und dem 31.3.1998 bestand zwar ein rechtliches Verwandtschaftsverhältnis, wobei die Sonderregelungen der §§ 1934a–1934e BGB aF einschlägig waren (Erbersatzanspruch). Zu beachten ist weiter, dass das Erbrecht des nichtehelichen Kindes nur dann besteht, wenn der Erblasser nach dem 30.6.1970 verstorben ist und das nichtehelich geborene Kind frühestens am 1.7.1949 geboren war. Völlig gleichgestellt sind nichteheliche Kinder erst dann, wenn der Erbfall nach dem 31.3.1998 eingetreten ist.

cc) DDR-Recht

107 Bei Erbfällen in den neuen Bundesländern ab dem 3.10.1990 kommen die Regelungen des BGB zur Anwendung, Art. 230 Abs. 2 EGBGB. Ist der Erbfall vor diesem Stichtag eingetreten, so erfolgt die Beurteilung nach dem ehemaligen DDR-Erbrecht, Art. 230 Abs. 1 EGBGB. Nach Art. 235 § 2 EGBGB ist für Verfügungen von Todes wegen, die vor dem 3.10.1990 errichtet wurden, was die Frage nach Testierfähigkeit, Form, Inhalt und Aufhebung anbelangt, das Erbrecht der ehemaligen DDR maßgeblich. Verstarb der bundesdeutsche Erblasser vor dem 3.10.1990 und hatte dieser Grundbesitz in der ehemaligen DDR, so kam es gem. Art. 3 Abs. 3, Art. 25 Abs. 2 EGBGB zu einer Nachlassspaltung. Gleiches galt für DDR-Bürger mit

---

76 Palandt/*Edenhofer*, § 1924 Rn 12.
77 Damrau/*Tanck*, § 1924 Rn 10 ff.

gewöhnlichem Aufenthalt in der Bundesrepublik („Republikfluchtfälle"). Bei nichtehelichen Kindern gelten Sonderregeln:

Ist der Erbfall vor dem 3.10.1990 eingetreten, so verbleibt es gemäß Art. 235 § 1 Abs. 1 EGBGB bei der alten Rechtslage, dh bei Versterben auf dem Hoheitsgebiet der ehemaligen DDR gilt das ZGB, ansonsten das bundesdeutsche Recht. Liegt der Erbfall nach dem 3.10.1990, werden nichteheliche Kinder altersunabhängig mit ehelich geborenen Kindern gleichgestellt. Die Gleichstellung gilt somit auch schon vor dem sonst entscheidenden Geburtsdatum 1.7.1949.[78]

▶ **Muster: Erbscheinsantrag, gesetzliche Erbfolge**

An das

Amtsgericht

– Nachlassgericht –

Nachlasssache des Herrn ..., verstorben am ..., zuletzt wohnhaft in ...

Sehr geehrte Damen und Herren,

Herr ... ist nach Auskunft des Standesamtes ... am ... in ... verstorben. Herr ... hat mich gemäß der in der Anlage zu diesem Schreiben beiliegenden Vollmacht mit der Wahrnehmung seiner rechtlichen Interessen beauftragt hat.

Der Erblasser ist der Vater meines Mandanten. Er war in einziger Ehe seit dem ... mit Frau ..., der Mutter meines Mandanten, im gesetzlichen Güterstand der Zugewinngemeinschaft verheiratet. Die Mutter meines Mandanten und Ehegattin des Erblassers ist bereits im Jahre ... vorverstorben.

Aus dieser Ehe sind zwei Kinder hervorgegangen, nämlich

1. der Bruder meines Mandanten, Herr ..., geboren am ..., verstorben am ... und
2. mein Mandant, Herr ..., wohnhaft ... in ....

Nichteheliche oder adoptierte Kinder des Erblassers sind nicht vorhanden.

Der Bruder meines Mandanten ist bereits im Jahre ... ohne Hinterlassen von Abkömmlingen verstorben.

Der Erblasser hat keine letztwillige Verfügung hinterlassen, sodass die gesetzliche Erbfolge eingetreten ist. Gesetzlicher Alleinerbe ist somit mein Mandant.

Weitere Personen, durch welche die Erbfolge beeinträchtigt würde, waren und sind nicht vorhanden. Ein Rechtsstreit über das Erbrecht ist nicht anhängig.

Ich beantrage daher namens meines Mandanten die Erteilung eines Erbscheines mit dem Inhalt, dass der Erblasser von meinem Mandanten allein beerbt worden ist. Weiter wird um Ausfertigung des Erbscheines gebeten.

Der Reinwert des gesamten Nachlasses wird mit EUR 200.000 angegeben.

Für die entstehenden Kosten erkläre ich mich stark.

Mit freundlichen Grüßen,

(Rechtsanwältin)

Der diesen Schriftsatz mitunterzeichnende Antragsteller erklärt, den obigen Schriftsatz gelesen zu haben. Er versichert nach bestem Wissen und Gewissen, dass ihm nichts bekannt ist, was der Richtigkeit der oben gemachten Angaben entgegensteht. Der Antragsteller erklärt sich bereit die oben

---

[78] Damrau/*Tanck*, § 1924 Rn 5.

gemachten Angaben an Eides statt zu versichern, bittet jedoch darum, die Abgabe gemäß § 2356 Abs. 2 S. 2 BGB zu erlassen.

(Unterschrift des Antragstellers) ◄

2. Gewillkürte Erbfolge[79]

110 Der Erblasser hat die Möglichkeit durch Errichtung einer Verfügung von Todes wegen (Erbvertrag und Testament) von der gesetzlichen Erbfolge abzuweichen. Verfügungen von Todes wegen sind grundsätzlich vorrangig zu berücksichtigen. Voraussetzung ist, dass die Verfügung von Todes wegen unter der Einhaltung der gesetzlichen Formvorschriften errichtet wurde und der Erblasser im Zeitpunkt der Errichtung testierfähig war.

Während Erbverträge zu ihrer Wirksamkeit regelmäßig der notariellen Beurkundung bedürfen, können ordentliche Testamente entweder zur Niederschrift eines Notars (öffentliches Testament) oder eigenhändig errichtet werden, § 2231 BGB.

111 Formfehler unterlaufen in der Praxis meist bei der Errichtung von eigenhändigen Testamenten.

112 § 2247 BGB regelt die **formellen Wirksamkeitsvoraussetzungen** für das eigenhändige Testament. Nach dieser Vorschrift muss das Testament vom Erblasser eigenhändig geschrieben und unterschrieben worden sein. Damit soll eine Nachprüfung der Echtheit und Einheit aufgrund des erblassereigenen Schriftbildes ermöglicht und die Nachahmung bzw Verfälschung erschwert werden.[80] Die gesamte Erklärung des Erblassers muss von ihm persönlich geschrieben worden sein, sodass Teile, die nicht eigenhändig, sondern durch Einsatz einer mechanischen Schreibhilfe erstellt wurden, unwirksam sind. An ihrer Unwirksamkeit kann auch der insoweit vorhandene Testierwille des Erblassers nichts ändern.[81] Ist das Testament zwar mit der Hand, aber nicht vom Erblasser geschrieben, so ist es ebenfalls unwirksam.[82] Lässt sich der Erblasser bei der Niederschrift des Testamentes die Hand führen, ist Voraussetzung für die Wirksamkeit, dass der Schriftzug vom Willen des Erblassers abhängig bleibt. Das aktive Führen der Hand des Erblassers führt zur Unwirksamkeit des Testamentes.[83]

113 § 2267 BGB enthält für gemeinschaftliche eigenhändige Testamente von Ehegatten oder Lebenspartnern eine Formerleichterung. Es reicht aus, wenn einer der Testierenden die letztwillige Verfügung handschriftlich niederlegt und unterschreibt. Der Andere muss diese Erklärung dann lediglich mit seiner Unterschrift versehen.

114 Der Erblasser selbst muss das Testament unterschreiben um seine Identifizierung zu gewährleisten. Hierbei ist nicht zwingend erforderlich, dass der Erblasser mit Vor- und Zunamen unterschreibt, § 2247 Abs. 2 BGB („soll"). Jedoch muss er anhand seiner Unterschrift identifiziert werden können. Die Unterschrift mit den eigenen Initialen genügt daher nicht.[84] Die Unterschrift muss das Testament abschließen.[85]

115 Die handschriftliche Erklärung des Erblassers muss von dessen Testierwillen getragen sein, das heißt er muss die Absicht haben, mit ihr die Erbfolge nach sich rechtsverbindlich zu regeln. Für das Fehlen des Testierwillens spricht nicht, dass der Erblasser seine Erklärung nicht ausdrück-

---

79 Vgl Kapitel 7 Testamentsgestaltung.
80 Damrau/*Weber*, § 2247 Rn 17.
81 Damrau/*Weber* § 2247 Rn 21.
82 OLG Frankfurt, Urteil vom 19.7.1999 – 20 W 75/99.
83 BGH NJW-RR 2002, 222.
84 BGH NJW 1967, 2310, aM OLG Celle NJW 1977, 1690.
85 BGHZ 113, 48.

A. Feststellung des Erbrechtes § 1

lich als Testament bezeichnet hat. Ebenfalls keinen Rückschluss auf einen fehlenden Testierwillen lässt die äußere Form der Verfügung zu und auch nicht ihre Verwahrung an einem außergewöhnlichen Ort.[86]

Beispiele: Errichtung 116
- auf einer Postkarte,
- auf der Rückseite eines Briefumschlages,[87]
- in Briefform.[88]

Verwahrung
- in der Handtasche,
- in einem Schuhkarton.[89]

Eine Verfügung von Todes wegen kann nur wirksam errichtet werden, wenn der Erblasser im Zeitpunkt der Errichtung **testierfähig** war. § 2229 BGB regelt die Voraussetzungen der Testierfähigkeit; den Begriff selbst definiert das Gesetz nicht.[90] Abs. 4 enthält lediglich eine Definition der Testierunfähigkeit. Hiernach ist testierunfähig, wer wegen krankhafter Störung der Geistestätigkeit, wegen Geistesschwäche oder wegen Bewusstseinsstörung nicht in der Lage ist, die Bedeutung einer von ihm abgegebenen Willenserklärung einzusehen und nach dieser Einsicht zu handeln. 117

Für die Testierfähigkeit ist außerdem das Alter des Testierenden entscheidend. Ein Minderjähriger kann ein Testament erst ab Vollendung des 16. Lebensjahres errichten, § 2229 Abs. 1 BGB. Für die Errichtung eines Erbvertrages ist unbeschränkte Geschäftsfähigkeit ebenso Voraussetzung, § 2275 Abs. 1 BGB, wie für die Errichtung eines eigenhändigen Testamentes, § 2233 Abs. 1 BGB. Eine Ausnahme regelt § 2275 Abs. 2 BGB für den verheirateten Minderjährigen. Dieser kann einen Erbvertrag mit seinem Ehegatten schließen, sofern sein gesetzlicher Vertreter hierzu seine Zustimmung erteilt. 118

IV. Die Auslegung von Testamenten

Geht aus einer letztwilligen Verfügung nicht eindeutig hervor, welche Regelungen der Erblasser treffen wollte, ist im Wege der Auslegung der Erblasserwille zu ermitteln. 119

Neben der allgemeinen Auslegungsregel in § 133 BGB finden sich im Gesetz spezielle Auslegungsregeln für Verfügungen von Todes wegen. Diese sind für die Auslegung erst dann heranzuziehen, wenn der wirkliche Wille des Erblassers nach der Grundregel in § 133 BGB nicht ermittelt werden konnte.[91] 120

1. Auslegung nach den allgemeinen Grundsätzen

Ziel der Auslegung ist es, den wahren Willen des Erblassers im Zeitpunkt der Testamentserrichtung zu ergründen. Er muss sich zumindest in irgendeiner Form in der Testamentsurkunde niedergeschlagen haben, wobei dem Wortlaut der Verfügung kein zu schweres Gewicht beige- 121

---

86 BayObLG FamRZ 1992, 226.
87 BayObLG Rpfleger 1991, 355.
88 OLG Brandenburg FamRZ 1998, 985, wobei hier strenge Anforderungen an den Testierwillen zu stellen sind.
89 BayObLG Rpfleger 1993, 117.
90 Vgl hierzu OLG Frankfurt NJW-RR 1998, 870 mwN.
91 BGH LM § 2078 Nr. 3.

messen werden soll (**Andeutungstheorie**).[92] Einschränkend zu dieser weiten Auslegung wird aber vermutet, dass der vom Erblasser in der Verfügung gewählte Wortlaut auch tatsächlich seinem Willen entsprochen hat.

122 Bei der Erforschung des wahren Erblasserwillens kann auch auf Umstände, die außerhalb der Testamentsurkunde liegen, zurückgegriffen werden. Auch diese müssen aus der Testamentsurkunde zumindest andeutungsweise hervorgehen.

123 Der tatsächliche Wille des Erblassers ist grundsätzlich maßgeblich, wenn er festgestellt werden kann und zudem formgerecht erklärt wurde.[93]

124 Lässt sich der tatsächliche Wille des Erblassers nicht ermitteln, so ist die Auslegung auf die Erforschung des mutmaßlichen Willens auszudehnen. Bei der Erforschung des mutmaßlichen Willens ist die Überlegung anzustellen, was der Erblasser, als er das Testament verfasste, vernünftigerweise gewollt haben könnte. Auch hier ist stets zu prüfen, ob der Wille formgültig erklärt wurde.

125 Von der Erforschung des wahren oder tatsächlichen Willens des Erblassers im Zeitpunkt der Testamentserrichtung abzugrenzen, ist die im Rahmen der ergänzenden Auslegung erfolgende Ermittlung des hypothetischen Erblasserwillens in Fällen, in denen Veränderungen nach Testamentserrichtung eingetreten sind.[94] Es ist darauf abzustellen, was der Erblasser gewollt hätte, wenn er die Veränderungen vorausgesehen hätte.[95]

126 Bei der ergänzenden Auslegung zu berücksichtigende Veränderungen sind beispielsweise Gesetzesänderungen, unvorhergesehener Familienzuwachs, der Tod eines Bedachten oder auch die Verschlechterung oder Verbesserung der Vermögenslage des Erblassers.

127 Greifbare Anhaltspunkte für den hypothetischen Willen des Erblassers können sich aus Umständen ergeben, die außerhalb der Testamentsurkunde liegen. Auch Bemerkungen des Erblassers sowie die allgemeine Lebenserfahrung lassen Rückschlüsse zu.

2. Gesetzliche Auslegungsregeln

128 Das BGB enthält im 5. Buch zahlreiche Auslegungsregeln. Die gesetzlichen Auslegungsregeln sind grundsätzlich subsidiär, da sie lediglich der Lösung von Zweifelsfragen dienen, wenn der Wille des Erblassers nicht durch individuelle Auslegung ermittelt werden kann.

129 Sinn und Zweck des in § 2084 BGB verankerten Grundsatzes der wohlwollenden Auslegung ist, dem Erblasserwillen Geltung zu verschaffen. Bei mehreren Auslegungsmöglichkeiten, von denen eine zur Unwirksamkeit der letztwilligen Verfügung führen würde, ist diejenige zu bevorzugen, die deren Wirksamkeit erhält.

130 Auch im Erbrecht ist § 140 BGB anwendbar[96] mit der Folge, dass der in einer letztwilligen Verfügung des Erblassers enthaltene Wille durch Umdeutung korrigiert werden kann.[97]

131 Aus § 2085 BGB ergibt sich eine von der Grundregel des § 139 BGB abweichende Regelung für die Behandlung des Vorhandenseins unwirksamer Verfügungen innerhalb eines Testamentes (Teilaufrechterhaltung). Wenn anzunehmen ist, dass der Erblasser die anderen Verfügungen auch ohne die unwirksame Verfügung getroffen hätte, bleiben diese wirksam.

---

92 BGHZ 86, 41 = NJW 1983, 672.
93 BGH NJW 1993, 256.
94 OLG Frankfurt OLGZ 1993, 382.
95 BayObLG NJW 1988, 2744.
96 BGH NJW 1978, 423.
97 Damrau/*Seiler/Rudolf*, § 2084 Rn 72.

Aus § 2086 BGB ergibt sich, dass eine Verfügung auch dann wirksam bleibt, wenn der Erblasser 132
sich eine Ergänzung vorbehalten hatte, die er dann doch nicht vorgenommen hat. Dies soll
jedenfalls dann gelten, wenn die übrigen Verfügungen nicht von der Ergänzung abhängig sein
sollten.

Bei der Auslegung von gemeinschaftlichen Testamenten und Erbverträgen ist neben den oben 133
erläuterten Auslegungsregeln die Vorschrift des § 157 BGB heranzuziehen. Es kommt bei der
Auslegung also nicht nur auf die subjektive Sicht des Erblassers im Zeitpunkt der Errichtung
der Verfügung von Todes wegen an, sondern auch auf die objektive Erklärungsbedeutung und
den Empfängerhorizont des Vertragspartners.[98]

Die subjektive Willensrichtung der testierenden Eheleute oder Erbvertragspartner ist entschei- 134
dend für die Auslegung wechselbezüglicher bzw vertragsgemäßer Verfügungen.[99] Kann dieser
Wille nicht erforscht werden, ist auf den Wortlaut der Verfügungen abzustellen.

3. Der Auslegungsvertrag

Streitigkeiten bei der Auslegung letztwilliger Verfügungen können durch den Abschluss eines 135
Auslegungsvertrages vermieden werden. Der Auslegungsvertrag ist ein Vertrag sui generis, der
im Gesetz nicht ausdrücklich geregelt ist. Er hat lediglich schuldrechtliche Wirkung,[100] § 311
BGB nF bzw §§ 305, 2371, 2385 BGB. Durch einen Auslegungsvertrag legen die Beteiligten
untereinander verbindlich fest, wie das Testament des Erblassers auszulegen ist. Als Unterfall
des § 2385 BGB bedarf der Auslegungsvertrag der notariellen Beurkundung, wenn Erbteil-
übertragungen, § 2033 BGB oder ein Erbschaftsverkauf, § 2371 BGB vorgenommen werden.
Alternativ kann ein die Beurkundung ersetzender gerichtlicher Vergleich geschlossen werden.

Das Nachlassgericht ist an einen außergerichtlich geschlossenen Auslegungsvertrag nicht ge- 136
bunden.[101] Beruft sich einer der Vertragsparteien auf einen Anspruch, der im Widerspruch zu
den im Auslegungsvertrag vereinbarten Regelungen steht, kann dies die Einrede der unzulässigen Rechtsausübung begründen (venire contra factum proprium).[102]

Ein Auslegungsvertrag kann auch als Prozessvergleich vor den ordentlichen Gerichten ge- 137
schlossen werden.

▶ **Muster: Auslegungsvertrag** 138

URNr. ▪▪▪

Auslegungsvertrag

Heute, den ▪▪▪

erschienen gleichzeitig vor mir,

▪▪▪

Notar in ▪▪▪

Herr ▪▪▪, Beteiligter zu 1),

Frau ▪▪▪, Beteiligte zu 2) und

Frau ▪▪▪, Beteiligte zu 3)

---

98 BGHZ 106, 359.
99 BGHZ 112, 233; BGH NJW 1993, 256.
100 BGH NJW 1986, 1812.
101 BayObLG FamRZ 1989, 99.
102 Soergel/*Loritz*, § 2084 Rn 32.

mit der Bitte um notarielle Beurkundung des nachfolgenden

Testamentsauslegungsvertrages

I. Darstellung der Rechtslage

Am ... verstarb die verwitwete Erblasserin, Frau .... Aus der Ehe mit ihrem bereits im Jahr ... vorverstorbenen Ehemann sind drei Kinder hervorgegangen, die Beteiligten zu 1) bis 3).

Die Erblasserin hatte gemeinsam mit ihrem Ehemann das gemeinschaftliche Testament vom ... errichtet. In diesem Testament setzten sich die Eheleute gegenseitig zu alleinigen Vollerben ein. Für den Fall des Todes des länger Lebenden trafen sie mehrere Verfügungen zugunsten der Beteiligten zu 1) bis 3), wobei unklar ist, ob es sich insoweit um Erbeinsetzungen oder Vermächtnisse handelt. Wie sich das Vermögen des Ehemannes der Erblasserin im Zeitpunkt seines Ablebens zusammensetzte, kann nicht mehr rekonstruiert werden.

Nach dem Tod ihres Ehemannes testierte die Erblasserin erneut. Sie errichtete das Einzeltestament vom .... In diesem Testament setzte sie die Beteiligte zu 2) zu ihrer Alleinerbin ein.

Zwischen den Beteiligten besteht Streit über die Wirksamkeit des Einzeltestamentes der Erblasserin vom ....

Mit Urteil des Landgerichtes ... vom ..., Az: ... wurde festgestellt, dass die Beteiligte zu 2) Alleinerbin der Erblasserin geworden ist und es sich bei den Anordnungen in der gemeinschaftlichen Verfügung der Eheleute lediglich um Vermächtnisse handelte, sodass die Erblasserin die Erbfolge nach sich noch frei bestimmen konnte.

Gegen das Urteil des Landgerichtes haben der Beteiligte zu 1) sowie die Beteiligte zu 3) Berufung zum Oberlandesgericht eingelegt, Az: ....

In der mündlichen Verhandlung hat das Gericht Bedenken an der Entscheidung des erstinstanzlichen Gerichtes geäußert, hielt die Entscheidung aber in Ansätzen für vertretbar.

II. Vergleichsweise Regelung

Die Beteiligten wollen die Erbschaftssache nach ihrer Mutter vergleichsweise regeln.

Hiermit verpflichten sie sich gegenseitig, das erstinstanzliche Urteil des Landgerichtes ..., Az: ... als verbindlich anzuerkennen.

Die Beteiligten zu 1) und 3) verpflichten sich, die gegen dieses Urteil eingelegte Berufung zurückzunehmen und ihre Prozessbevollmächtigten anzuweisen, die entsprechenden Erklärungen abzugeben.

Die Gerichtskosten beider Instanzen werden gedrittelt. Von den außergerichtlichen Kosten tragen die Beteiligten zu 1) und 3) 2/3, die Beteiligte zu 2) 1/3.

Die Beteiligte zu 2) verpflichtet sich beim Nachlassgericht ... einen Erbschein zu beantragen, der sie als Alleinerbin der Erblasserin ausweist.

Sie verpflichtet sich hierneben, den Beteiligten zu 1) und 3) einen Pflichtteil in Höhe von je EUR 150.000.– bis spätestens ... auszuzahlen.

Die Beteiligte zu 2) trägt sämtliche Kosten, auch die Kosten dieser Urkunde, sowie sämtliche Steuern, die im Zusammenhang mit der Nachlasssache ihrer verstorbenen Mutter anfallen bzw bereits angefallen sind.

Eventuell anfallende Erbschaftsteuer trägt jeder der Beteiligten selbst.

Die Niederschrift nebst Anlage lag den erschienenen Beteiligten zur Durchsicht vor. Sie wurde vom Notar vorgelesen, von den Beteiligten genehmigt und eigenhändig wie folgt unterschrieben:

(Unterschriften) ◄

A. Feststellung des Erbrechtes § 1

V. Die Anfechtung einer Verfügung von Todes wegen, §§ 2078 bis 2083 BGB

1. Allgemeines

Letztwillige Verfügungen sind anfechtbar. Die erfolgreiche Anfechtung bewirkt die Nichtigkeit der angefochtenen Verfügung ex tunc. Die Anfechtung führt jedoch nicht zur Nichtigkeit des gesamten Testamentes.[103] Nur die mit einem Willensmangel behaftete Verfügung wird rückwirkend nichtig.[104]

139

Die §§ 2078 bis 2085 BGB enthalten Spezialvorschriften für die Anfechtung letztwilliger Verfügungen, die auch auf Erbverträge, § 2281 Abs. 1 BGB, und auf bindend gewordene wechselbezügliche Verfügungen in Ehegattentestamenten anwendbar sind.[105] Insoweit sind jedoch die Vorschriften der §§ 2282 bis 2285 BGB zu beachten. Die Spezialvorschriften der §§ 2078 bis 2085 BGB sind vorrangig gegenüber den allgemeinen Anfechtungsregeln der §§ 119 ff BGB. Sie unterscheiden sich von den Regelungen der §§ 119 ff BGB in mehreren Punkten. Maßgeblich für die Anfechtung eines Testamentes sind die subjektiven Vorstellungen des Erblassers. Die Anfechtung eines Testamentes ist auch beim Vorliegen eines Motivirrtums gestattet und kann innerhalb einer verlängerten Anfechtungsfrist von einem Jahr erfolgen, §§ 2082, 2283 BGB. Nicht nur der Erblasser, sondern auch andere Personen sind zur Anfechtung berechtigt. Die Vorschrift des § 122 BGB über die Schadensersatzpflicht des Anfechtenden ist nicht anwendbar, § 2278 Abs. 3 BGB.

140

Der Anfechtung geht die Auslegung des Testamentes vor.[106] Es ist daher zunächst der Erblasserwille durch Auslegung zu ermitteln, wobei auch die Regeln zur ergänzenden Auslegung zu beachten sind.[107] Kann der Erblasserwille nicht ermittelt werden, darf auf die Anfechtungsregeln zurückgegriffen werden.

141

2. Die Anfechtungsgründe

a) Erklärungs- und Inhaltsirrtum, § 2078 Abs. 1 BGB

Nach § 2078 Abs. 1 BGB ist ein Testament anfechtbar, wenn der Erblasser über den Inhalt seiner Erklärung im Irrtum war (Erklärungsirrtum) oder eine Erklärung dieses Inhalts überhaupt nicht abgeben wollte (Inhaltsirrtum) und anzunehmen ist, dass er die Erklärung bei Kenntnis der Sachlage nicht abgegeben haben würde. Die Abgrenzung dieser beiden Irrtumsmöglichkeiten ist nicht eindeutig, jedoch auch nicht unbedingt erforderlich, da in beiden Fällen dieselben Rechtsfolgen eintreten.[108]

142

Widerspricht die äußere Erklärungshandlung des Erblassers seinem tatsächlichen Willen, liegt ein Erklärungsirrtum vor. Dies ist beispielsweise der Fall, wenn sich der Erblasser bei der Errichtung eines eigenhändigen Testamentes verschreibt oder sich über den Wortlaut der von ihm mitunterzeichneten Erklärung seines Ehegatten in einem gemeinschaftlichen Testament oder der vom Notar verlesenen Niederschrift im Irrtum befindet.[109]

143

Ein Inhaltsirrtum liegt vor, wenn der Erblasser über die rechtliche Tragweite seiner Erklärung irrt. Als Beispiele für einen Inhaltsirrtum können genannt werden der Irrtum über die Bin-

144

---

103 OLG Köln NJW-RR 1992, 1357.
104 BayObLG ZEV 1994, 369.
105 BGH NJW 1970, 279; OLG Düsseldorf DNotZ 1972, 42.
106 BGH NJW 1978, 264; BayObLG ZEV 1997, 339.
107 MünchKomm/*Leipold*, § 2078 Rn 10.
108 Staudinger/*Otte*, § 2078 Rn 8 27.
109 MünchKomm/*Leipold*, § 2078 Rn 17.

dungswirkung eines Erbvertrages,[110] die Bedeutung der Vor- und Nacherbeneinsetzung oder die Widerrufswirkung einer Rücknahme des vor einem Notar errichteten Testaments.[111]

145 ▶ **Muster: Anfechtung wegen Inhaltsirrtums, § 2078 Abs. 1 BGB**

An das

Amtsgericht

– Nachlassgericht –

Nachlasssache des am ▬▬ verstorbenen Erblassers ▬▬, geboren am ▬▬ in ▬▬, zuletzt wohnhaft in ▬▬.

Unter Vorlage der beiliegenden Vollmacht zeige ich an, dass ich die rechtlichen Interessen von Frau ▬▬ vertrete. Namens meiner Mandantin erkläre ich die

Anfechtung

der testamentarischen Verfügung des Erblassers vom ▬▬.

Begründung

Die Anfechtende ist die einzige Tochter des Erblassers aus dessen erster Ehe. Weitere Abkömmlinge hat der Erblasser nicht hinterlassen. Der Erblasser war in zweiter Ehe verheiratet. Seine zweite Ehefrau, die bereits im Jahre ▬▬ vorverstorben ist, hat eine Tochter aus früherer Beziehung.

Der Erblasser ist am ▬▬ in ▬▬ verstorben. Er hatte am ▬▬ mit seiner zweiten Ehefrau ein handschriftliches Testament errichtet. Das Testament war von seiner zweiten Ehefrau eigenhändig geschrieben worden. Der Erblasser hatte das Testament lediglich mit dem Zusatz: „Das ist auch mein letzter Wille!" versehen und unterzeichnet.

Beweis: handschriftliches Testament vom ▬▬

In diesem Testament hatten sich die Eheleute gegenseitig zu Alleinerben eingesetzt. Zu Schlusserben hatten sie die Tochter der Ehefrau als Vorerbin und die Tochter des Erblassers zur Nacherbin eingesetzt.

Beweis: wie vor

Der Erblasser war über die Bedeutung der Anordnung einer Vor- und Nacherbschaft im Irrtum. Er war zeitlebens davon ausgegangen mit dem Testament das Ziel zu erreichen, die beiden Kinder aus den vorehelichen Beziehungen gleichzustellen. Er glaubte irrtümlich, dass die Anfechtende nach dem Tod beider Eheleute sofort in den Genuss der Erbschaft kommen würde und nicht erst den Eintritt des Nacherbfalles abwarten müsse. Den Begriff der Vor- und Nacherbschaft im Testament hatten die Eheleute nur gewählt, weil sie die Familienbindung des Vermögens erreichen und insbesondere verhindern wollten, dass die Mutter der Anfechtenden im Falle eines Vorversterbens der Tochter an der ihr vom Erblasser angefallenen Erbschaft teilhaben würde. Der Erblasser hatte sich zeitlebens mit seinem Freund ▬▬ mehrere Vorträge zum Thema „Wie erreiche ich die Familienbindung meines Vermögens?" besucht. Aus Kostengründen hatte er von der Beratung durch einen Rechtsanwalt abgesehen und den Testamentstext selbst formuliert. Im Freundeskreis hatte er den Entwurf gezeigt und verkündet, so rette er das Vermögen vor seiner geschiedenen Frau.

Beweis: Zeugnis des Herrn ▬▬

Es liegt daher ein zur Anfechtung berechtigender Inhaltsirrtum nach § 2078 Abs. 1 BGB vor.

---

110 BayObLG NJW-RR 1997, 1027.
111 BayObLG ZErb 2006, 32.

Weiter wird beantragt, dass eine öffentlich beglaubigte Empfangsbestätigung dieser Anfechtungserklärung zu Händen der Unterzeichnerin als Verfahrensbevollmächtigte erteilt wird mit der Bitte, auch künftig im Übrigen ausschließlich an diese zuzustellen.

(Rechtsanwältin) ◄

b) Motivirrtum, § 2078 Abs. 2 BGB

Die irrige Annahme oder Erwartung des Erblassers im Hinblick auf den Eintritt oder Nichteintritt eines Umstandes berechtigt nach § 2078 Abs. 2 BGB ebenfalls zur Anfechtung, sofern der Erblasser hierdurch zu der Verfügung bestimmt wurde. § 2078 Abs. 2 BGB erfasst sämtliche Formen des Motivirrtums, unabhängig davon, ob sich dieser auf gegenwärtige Vorstellungen des Erblassers oder solche in der Vergangenheit oder Zukunft begründet. Der Irrtum kann sich auf Personen und deren Eigenschaften, Sachen, politische, rechtliche und wirtschaftliche Verhältnisse beziehen.[112] 146

Die Anfechtung wegen Motivirrtums ist ausgeschlossen, wenn sich der Erblasser bei der Errichtung des Testamentes überhaupt keine Gedanken über irgendwelche Umstände gemacht hat.[113] Der Erblasser kann die zur Anfechtung berechtigenden Gründe auch selbst herbeiführen.[114] Beispiele für das Vorliegen eines Motivirrtums: 147

– Irrige Vorstellung des Erblassers über seinen Familienstand im Zeitpunkt seines Ablebens,[115]
– Irrige Annahme, die Bedachten werden demnächst die Ehe miteinander eingehen oder seien verheiratet,[116]
– Irrtum über die Vermögensverhältnisse der Bedachten,[117]
– Irrtum über das Verwandtschaftsverhältnis zu einem Bedachten,
– Irrtum über ein künftiges Verhalten des Bedachten
– Irrtum über die Größe des Nachlasses bei Zuwendung des Überrestes.[118]

▶ **Muster: Anfechtung wegen Motivirrtums nach § 2078 Abs. 2, 2. Alt. BGB** 148

An das

Amtsgericht

– Nachlassgericht –

Nachlasssache des am ... verstorbenen Erblassers ..., geboren am ... in ..., zuletzt wohnhaft in ....

Unter Vorlage der beiliegenden Vollmacht zeige ich an, dass ich die rechtlichen Interessen von Frau ... vertrete. Namens meiner Mandantin erkläre ich die

Anfechtung

der testamentarischen Verfügung des Erblassers vom ....

---

112 MünchKomm/*Leipold*, § 2078 Rn 4; Staudinger/*Otte*, § 2078 Rn 13.
113 BayObLG ZEV 1994, 369.
114 MünchKomm/*Leipold*, § 2078 Rn 36.
115 RGZ 148, 218.
116 BayObLG FamRZ 1984, 422.
117 RGZ 172, 83.
118 RG Recht 1912 Nr. 449.

Begründung

Die Anfechtungsberechtigte ist die Nichte des verwitweten und kinderlosen Erblassers. Weitere lebende Verwandte sind nicht vorhanden.

Der Erblasser ist am ... in ... verstorben und hat am ... ein privatschriftliches Testament errichtet, wonach er seinen Schulfreund ... zum Alleinerben eingesetzt hat. Ein Erbschein mit entsprechendem Inhalt wurde diesem am ... vom Nachlassgericht ... erteilt.

Der Erblasser stammt aus dem Gebiet der ehemaligen DDR und ist im Jahre ... nach Westdeutschland übergesiedelt. Bei Testamentserrichtung – fünf Jahre nach der Übersiedelung in die Bundesrepublik – ging der Erblasser irrig davon aus, dass sein Grundbesitz in Ostdeutschland für ihn und die in den USA lebende Familie seiner Schwester für immer unwiederbringlich verloren und demnach nicht mehr von wirtschaftlichem Interesse sei. Aus diesem Grund hat er in der am ... errichteten Verfügung von Todes wegen seinen Schulfreund ... als Dank für die Fluchthilfe und Unterstützung zum Alleinerben eingesetzt.

Der Erblasser lebte zeitlebens in bescheidenen Vermögensverhältnissen. Zum Zeitpunkt der Testamentseröffnung war ein Aktivnachlass in Höhe von ca. EUR 10.000 bekannt.

In der Folge hat sich allerdings herausgestellt, dass der Erblasser Eigentümer zweier Grundstücke in Potsdam mit einem Gesamtverkehrswert von EUR 300.000 war, welche nun in den Nachlass fallen.

Die Anfechtungsberechtigte hat erst vor wenigen Wochen erfahren, dass der Erblasser ihr leiblicher Onkel ist und erklärt nun die Anfechtung des Testamentes wegen Irrtums nach § 2078 BGB.

Weiter wird beantragt, dass eine öffentlich beglaubigte Empfangsbestätigung dieser Anfechtungserklärung zu Händen der Unterzeichnerin als Verfahrensbevollmächtigte erteilt wird mit der Bitte, auch künftig im Übrigen ausschließlich an diese zuzustellen.

(Rechtsanwältin) ◀

aa) Subjektive Erheblichkeit

149 Weitere Voraussetzung der Anfechtung ist die subjektive Erheblichkeit des Irrtums. Hierunter versteht man die Annahme, dass der Erblasser bei Kenntnis der Sachlage die Erklärung nicht abgegeben haben würde. Es ist insoweit auf die subjektive Denk- und Anschauungsweise des Erblassers im Zeitpunkt der Errichtung der Verfügung abzustellen.[119] Entscheidend ist nicht, ob das Verhalten des Erblassers einer verständigen Würdigung entsprochen hat.[120]

150 Irrtümer, die nach Testamentserrichtung eingetreten sind, berechtigen nicht zur Anfechtung, da hier der Irrtum nicht kausal für die Verfügung geworden ist.[121]

151 Da den Erblasser oft mehrere Motive zur Errichtung der Verfügung bewegt haben, muss bei einem Motivirrtum der Umstand, der zur Anfechtung berechtigt, den bewegenden Grund für die Verfügung darstellen.[122] Eine Anfechtung ist jedoch nur dann möglich, wenn der Erblasser die als Grund für die Anfechtung herangezogenen Vorstellungen auch tatsächlich hatte. Der hypothetische Wille des Erblassers insoweit ist nicht maßgeblich.[123]

---

[119] BGHZ 4, 91 ff.
[120] BGHZ 4, 91.
[121] BGHZ 42, 327.
[122] BGH NJW-RR 1987, 1412.
[123] OLG Hamm MDR 1980, 53.

bb) Beweislast

Das Vorliegen eines Anfechtungsgrundes muss derjenige beweisen, der sich auf die Anfechtung beruft.[124] Die Beweislast trifft ihn auch hinsichtlich der Kausalität zwischen Irrtum und Verfügung[125] und die Rechtzeitigkeit der Anfechtungserklärung.[126] Für die Frage der subjektiven Erheblichkeit beim Motivirrtum gibt es keinen Anscheinsbeweis.[127]

cc) Übergehung eines Pflichtteilsberechtigten, § 2079 BGB

Die Vorschrift des § 2079 BGB enthält einen Sonderfall des Motivirrtums. Hiernach kann ein Testament angefochten werden, wenn der Erblasser einen im Zeitpunkt des Erbfalls vorhandenen Pflichtteilsberechtigten übergangen hat, sei es, weil dieser ihm nicht bekannt war oder erst nach der Errichtung der letztwilligen Verfügung geboren oder pflichtteilsberechtigt geworden ist. Sie ist ausgeschlossen, wenn der Erblasser die Verfügung auch bei Kenntnis der Sachlage getroffen haben würde.

Eine subjektive Erheblichkeit ist nicht erforderlich. Die Ursächlichkeit wird vom Gesetz vermutet. Die gesetzliche Vermutung ist widerlegbar. Hierfür muss nachgewiesen werden, dass der Erblasser den Pflichtteilsberechtigten tatsächlich übergehen wollte. Wie bei allen anderen Motivirrtümern ist auch hier allein die subjektive Denk- und Anschauungsweise des Erblassers entscheidend.

▶ **Muster: Anfechtung wegen Hinzutretens weiterer Pflichtteilsberechtigter, § 2079 BGB**

URNr. ...

Anfechtung

Heute, den ...

Erschien vor mir,

...

Notar in ...

Herr ...

mit der Bitte um notarielle Beurkundung der nachfolgenden

Anfechtungserklärung

I. Vorwort

Der die Anfechtung erklärende Herr ... war in erster Ehe verheiratet mit Frau ... geborene ... . Die Ehefrau des Anfechtungsberechtigten ist im Jahre ... vorverstorben.

Die Eheleute ... haben ein in privatschriftlicher Form formwirksames gemeinschaftliches Testament errichtet, in welchem sie sich gegenseitig zu Alleinerben eingesetzt und die Schwester der Ehefrau, Frau ... zur Schlusserbin eingesetzt haben. Weitere Verfügungen enthält das Ehegattentestament nicht.

Der Anfechtungsberechtigte ist am ... vor dem Standesbeamten in ... die Ehe eingegangen mit Frau ..., geborene ... . Dieser steht ein gesetzliches Pflichtteilsrecht gemäß § 2303 Abs. 2 BGB nach dem Tod des Anfechtungsberechtigten zu.

---

124 BayObLGZ 1983, 100.
125 BGH FamRZ 1963, 85.
126 BayObLGZ 1971, 147.
127 BGH NJW 1963, 248.

II. Anfechtungserklärung

Der Anfechtungsberechtigte erklärt die Anfechtung des am ... errichteten gemeinschaftlichen Testamentes wegen Übergehens einer pflichtteilsberechtigten Person gemäß den §§ 2281 Abs. 1, 2079 S. 1 BGB. Die Vorschriften sind auf gemeinschaftliche Testamente entsprechend anwendbar.

Der Anfechtungsberechtigte erklärt weiter, dass er die testamentarischen Verfügungen nicht getroffen hätte, wenn gewusst hätte, dass er nach dem Tod seiner vorverstorbenen Frau nochmals eine eheliche Verbindung eingehen würde.

III. Belehrungen, Vollmachten, Kosten, Abschriften

(Unterschriften) ◂

3. Die Anfechtungsberechtigung

156 Nach § 2080 Abs. 1 BGB ist derjenige zur Anfechtung berechtigt, dem die Aufhebung der Verfügung unmittelbar zustatten kommen würde. Um festzustellen, wer anfechtungsberechtigt ist, muss die Rechtslage bei Wirksamkeit der Verfügung mit derjenigen durch die Anfechtung eintretenden verglichen werden.[128]

157 Anfechtungsberechtigt sind beispielsweise der gesetzliche Erbe bei Erbeinsetzung eines Dritten, der Vor- und Nacherbe gegenseitig, der Miterbe oder auch der durch ein Vermächtnis Beschwerte.[129] Beim Vorhandensein mehrerer Anfechtungsberechtigter steht jedem ein selbstständiges Anfechtungsrecht zu. Erklärt nur einer der Anfechtungsberechtigten die Anfechtung, so kommt diese auch den anderen zugute.[130]

158 § 2080 Abs. 2 BGB beschränkt das Anfechtungsrecht auf eine bestimmte Person, nämlich die, auf die sich der Irrtum nach § 2078 bezieht. Dritten steht in diesem Fall kein Anfechtungsrecht zu.

159 Aus § 2080 Abs. 3 BGB ergibt sich, dass im Falle des § 2079 BGB das Anfechtungsrecht nur dem Pflichtteilsberechtigten selbst zusteht.

160 Der Erblasser ist zur Anfechtung nur berechtigt, wenn er die anzufechtende Verfügung in einem Erbvertrag oder in einem gemeinschaftlichen Testament getroffen hat und im Zeitpunkt der Anfechtung noch beide Eheleute bzw Vertragspartner leben, § 2281 BGB. Einseitige Verfügungen kann er nicht anfechten, da diese jederzeit frei widerruflich sind, §§ 2253 ff BGB.

161 Nach dem Tod des Erblassers können Dritte den Erbvertrag oder das gemeinschaftliche Testament anfechten, § 2285 BGB. Dieses Anfechtungsrecht ist ausgeschlossen, wenn der Erblasser sein zu Lebzeiten bestehendes Anfechtungsrecht bereits verloren hatte. Die Anfechtung ist gleichfalls ausgeschlossen, wenn der Erblasser auf sein Anfechtungsrecht verzichtet hatte, §§ 2078 Abs. 1, 2079 S. 2 BGB.

4. Form der Anfechtung

162 Die Anfechtung ist gegenüber dem Nachlassgericht zu erklären, wenn eine letztwillige Verfügung angefochten wird, eine Erbeinsetzung, eine Enterbung, die Anordnung einer Testamentsvollstreckung oder eine Aufhebung dieser Verfügungen enthält, § 2081 Abs. 1 BGB. Auch in

---

[128] BGH NJW 1985, 2025.
[129] Palandt/*Edenhofer*, § 2080 Rn 5.
[130] BGH NJW 1985, 2025.

Fällen des § 2081 Abs. 3 BGB (zB Auflage, Entziehung des Pflichtteilsrechts) ist die Erklärung gegenüber dem Nachlassgericht abzugeben.

Die Erklärung kann schriftlich oder zu Protokoll des Nachlassgerichtes abgegeben werden. Der Anfechtungswille muss ausdrücklich geäußert werden.[131] 163

In anderen als den oben genannten Fällen erfolgt die Anfechtung formlos gegenüber dem durch die anzufechtende Verfügung Begünstigten. In Zweifelsfällen sollte die Anfechtung sowohl gegenüber dem Nachlassgericht, als auch gegenüber dem Begünstigten erfolgen. 164

5. Besonderheiten bei Erbvertrag und gemeinschaftlichen Testamenten

Wie oben bereits erwähnt können auch Erbverträge und gemeinschaftliche Testamente aufgrund der §§ 2078, 2079 BGB angefochten werden. Die Anfechtungsmöglichkeit bei Erbverträgen ist in den §§ 2281 ff BGB ausdrücklich geregelt. Die Vorschriften der §§ 2281 bis 2285 BGB finden wegen der Bindungswirkung wechselbezüglicher Verfügungen entsprechend Anwendung auf gemeinschaftliche Testamente; eine ausdrückliche Regelung im Gesetz fehlt. 165

Bei der Anfechtung von Erbverträgen ist im Gegensatz zur Anfechtung einseitiger testamentarischer Verfügungen zu beachten, dass diese ausgeschlossen ist, wenn der Erblasser im Falle eines Motivirrtums den Eintritt des Umstandes nach § 2078 Abs. 2 BGB selbst vereitelt[132] oder etwa den Anfechtungsgrund nach § 2079 BGB durch Heirat oder Adoption nur um der Anfechtung willen schafft.[133] Ansonsten ist die willkürliche Schaffung des Anfechtungsgrundes durch den Erblasser nicht schädlich.[134] 166

Zu Lebzeiten des Erblassers kann die Anfechtung nur von diesem selbst erklärt werden, § 2281 BGB und muss binnen Jahresfrist erfolgen, § 2283 BGB. Nach seinem Tod sind auch Dritte zur Anfechtung berechtigt, sofern ihnen die Aufhebung der angefochtenen Verfügung unmittelbar zustatten kommt. Die Anfechtung durch Dritte setzt voraus, dass das Anfechtungsrecht des Erblassers noch besteht, § 2285 BGB. 167

Die Anfechtung eines Erbvertrages bedarf der notariellen Beurkundung, § 2282 Abs. 3 BGB. 168

Ein gemeinschaftliches Testament kann zu Lebzeiten beider Eheleute nicht angefochten werden. Es besteht kein Bedürfnis für eine Anfechtung, da jedem Ehegatten die Möglichkeit des Widerrufes offen steht. Auch ein Anfechtungsrecht Dritter besteht mangels Erbfall nicht. 169

Nach dem Tod des erstversterbenden Ehegatten ist beim Vorhandensein wechselbezüglicher Verfügungen die Anfechtung sowohl durch den überlebenden Ehegatten,[135] als auch durch Dritte[136] möglich. Während ein Dritter nur die Verfügungen des erstverstorbenen Ehegatten nach Maßgabe der §§ 2078 ff BGB anfechten kann und auch nur dann, wenn das Anfechtungsrecht des Erblassers noch besteht (§ 2285 BGB), ist der überlebende Ehegatte zur Anfechtung sowohl der Verfügungen seines Ehegatten, als auch zur Anfechtung seiner eigenen wechselbezüglichen Verfügungen berechtigt.[137] Die so genannte Selbstanfechtung, die in der letztwilligen Verfügung auch abbedungen werden kann, gewinnt insbesondere in Fällen, in denen der Ehe- 170

---

[131] BayObLG FamRZ 1992, 226.
[132] BGH FamRZ 1973, 539 ff.
[133] BGH FamRZ 1970, 79.
[134] *Rudolf*, Handbuch der Testamentsgestaltung und -anfechtung, § 5 Rn 33.
[135] BGH FamRZ 1970, 79.
[136] OLG Köln OLGZ 1970, 114.
[137] BGH FamRZ 1970, 79.

gatte sich wiederverheiratet erhebliche Bedeutung. Einseitige Verfügungen können hingegen nicht angefochten, aber widerrufen werden.[138]

VI. Erbenfeststellungsklage

171 In der Regel weist der Erbe sein Erbrecht durch Vorlage des vom Nachlassgericht erteilten Erbscheines oder einer beglaubigten Abschrift des ihn als Erben ausweisenden notariell beurkundeten Testamentes nebst Eröffnungsniederschrift nach.

172 Ist unter mehreren Personen streitig, wer Erbe geworden ist, weil jeder diese Rechtsposition für sich beansprucht, besteht die Möglichkeit außerhalb eines Erbscheinsverfahrens das Erbrecht durch Klage feststellen zu lassen, § 256 Abs. 1 ZPO. Nach § 256 Abs. 1 ZPO ist das Klagebegehr auf die Feststellung des Bestehens oder Nichtbestehens eines Rechtsverhältnisses gerichtet. Beim Erbrecht nach einer bestimmten Person handelt es sich um ein Rechtsverhältnis in diesem Sinne, dessen Bestehen oder Nichtbestehen zu klären ist.

1. Feststellungsinteresse

173 Prozessvoraussetzung für die Feststellungsklage ist neben den allgemeinen Sachurteilsvoraussetzungen einschließlich des Rechtsschutzbedürfnisses das Vorliegen eines schutzwürdigen Interesses des Klägers an der alsbaldigen Feststellung[139] (Feststellungsinteresse). Ein solches besteht in aller Regel, wenn dem Recht des Klägers eine gegenwärtige Gefahr der Unsicherheit dadurch droht, dass der Beklagte das Recht des Klägers ernstlich bestreitet und das erstrebte Urteil infolge seiner Rechtskraft geeignet ist, diese Gefahr zu beseitigen.[140] Bestreitet der Beklagte das Erbrecht des Klägers nach dem Erblasser, weil er beispielsweise vorträgt, dass der Erblasser im Zeitpunkt der Errichtung des den Kläger begünstigenden Testamentes testierunfähig war, bietet ein zugunsten des Klägers ergangenes Urteil diesem ausreichenden Schutz. Im Klageverfahren wird nämlich die Frage der Testierfähigkeit des Erblassers zu überprüfen sein und geklärt werden. Gleiches ist zwar von Amts wegen auch im Erbscheinsverfahren zu ermitteln. Der ergehende Erbschein erwächst allerdings anders als das Feststellungsurteil nicht in Rechtskraft. Raum für eine Feststellungsklage ist daher auch dort gegeben, wo ein Erbscheinsverfahren bereits anhängig oder bereits abgeschlossen ist.

174 Insbesondere Fragen der Testierunfähigkeit, der Auslegung oder auch der Sittenwidrigkeit und Anfechtung einer letztwilligen Verfügung geben Anlass für eine Feststellungsklage.

175 ▶ **Muster: Erbenfeststellungsklage nach Anfechtung eines Testamentes**

An das

Landgericht ▃▃▃

– Zivilkammer –

Klage

des

Herrn ▃▃▃

– Kläger –

---

138 OLG Braunschweig OLGZ 30, 169.
139 Zöller/*Greger*, § 256 Rn 7.
140 BGH MDR 1986, 743 = NJW 1986, 2507.

A. Feststellung des Erbrechtes §1

Prozessbevollmächtigte: Rechtsanwältin ...

gegen

1. Frau ...
2. Frau ...

– Beklagte –

Prozessbevollmächtigter: Rechtsanwalt ...

wegen Feststellung des Erbrechts

Unter Vorlage der beiliegenden Vollmacht zeige ich an, dass ich die rechtlichen Interessen von Herrn ... vertrete. Namens des Klägers erhebe ich Klage gegen die Beklagten und bitte um Anberaumung eines frühen ersten Termins, für den ich folgende Anträge ankündige:

1. Es wird festgestellt, dass der Kläger Alleinerbe am Nachlass des am ... verstorbenen Erblassers, Herrn ..., geboren am ..., zuletzt wohnhaft gewesen in ..., geworden ist.
2. Die Beklagten tragen die Kosten des Rechtsstreits.

Für den Fall des Vorliegens der Voraussetzungen des § 331 Abs. 3 ZPO, bitte ich um Erlass eines Versäumnisurteils ohne mündliche Verhandlung.

Begründung

Der Kläger ist der einzige leibliche Abkömmling des am ... in ... verstorbenen Erblassers. Der Erblasser ist am ... die Ehe mit ... eingegangen.

Beweis: Heiratsurkunde des Standesamtes ... vom ... (beglaubigte Abschrift)

– Anlage K 1 –

Seine Ehefrau ist bereits im Jahre ... vorverstorben.

Beweis: Sterbeurkunde vom ... (beglaubigte Abschrift)

– Anlage K 2 –

Ein Testament hatte die Mutter des Klägers nicht errichtet, insbesondere haben die Eheleute kein gemeinschaftliches Testament errichtet, so dass nach ihrem Erbfall die gesetzliche Erbfolge eingetreten ist.

Beweis: Erbschein des Nachlassgerichtes ... vom ... (in Kopie)

– Anlage K 3 –

Der Kläger ist der einzige Abkömmling des Erblassers aus dieser Ehe.

Beweis: Familienstammbuch des Standesamtes ... vom ... (beglaubigte Abschrift)

– Anlage K 4 –

Nach Eintritt des Erbfalles nach dem Vaters des Klägers, stellte sich heraus, dass dieser am ..., also 5 Jahre vor Eheschließung und Geburt des Klägers ein privatschriftliches Einzeltestament errichtet hatte, in welchem er seine Nichten, die Töchter seiner vorverstorbenen Schwester, die Beklagten zu 1 und zu 2 zu Miterben zu je 1/2 eingesetzt hatte. Das Testament befand sich in amtlicher Verwahrung des Amtsgerichtes ... und wurde von dort an das Nachlassgericht ... abgeliefert und von diesem am ... unter dem Az ... eröffnet.

Beweis: privatschriftliches Testament vom ... (beglaubigte Abschrift)

– Anlage K 4 –

Eröffnungsniederschrift des Nachlassgerichtes ... (beglaubigte Abschrift)

– Anlage K 5 –

Dem Kläger war die Existenz dieses Testamentes bislang unbekannt, zumal der Erblasser ihm gegenüber hiervon auch nie etwas erwähnt hatte. Der Erblasser ging bis zur Geburt des Klägers davon aus, keine Kinder zeugen zu können. Unter Umständen war der Erblasser der Überzeugung, dass das Testament mit Eheschließung bzw mit der Geburt des Klägers ohnehin unwirksam geworden sei.

Beweis: Parteieinvernahme des Klägers

Der Kläger hat unverzüglich nach Bekanntwerden der Verfügung von Todes wegen diese gemäß § 2079 BGB mit Anfechtungserklärung vom ... angefochten. Die Anfechtungserklärung ist am ... beim Nachlassgericht ... eingegangen; der Kläger hat sich den Eingang der Erklärung von dort bestätigen lassen.

Beweis: Anfechtungserklärung der Klägerin in der Nachlassakte des Nachlassgerichtes ..., Az ..., deren Beiziehung beantragt wird.

Der Kläger ist der einzige Abkömmling des Erblassers. Die Mutter des Klägers ist bereits vorverstorben. Gemäß § 1924 Abs. 1, 2 BGB wäre demnach die gesetzliche Erbfolge eingetreten, so dass der Kläger als Alleinerbe berufen wäre.

Die Vermutungsregel des § 2079 BGB besagt, dass sich der Erblasser dann im Irrtum über die Errichtung einer Verfügung von Todes wegen befunden haben, wenn zum Zeitpunkt der Errichtung eine pflichtteilsberechtigte Person noch nicht geboren war.

Der Kläger ist gemäß § 2303 BGB pflichtteilsberechtigt. Nachdem er erst 5 Jahre nach Errichtung des Testamentes geboren wurde, ist sein gesetzliches Pflichtteilsrecht erst nach Testamentserrichtung entstanden.

Die Beklagten berufen sich außergerichtlich auf die Wirksamkeit der Erbeinsetzung, da der Erblasser das Testament auch nach der Geburt des Klägers nicht geändert habe. Sie schließen hieraus, dass er es deshalb bei der testamentarischen Erbfolge habe belassen wollen.

Diese Argumentation steht nicht im Einklang mit den Grundsätzen der gesetzlichen Beweislastverteilung.

Die Beklagten haben die Erteilung eines Erbscheines beim Amtsgericht ... (Nachlassgericht) beantragt, welcher sie als Miterben am Nachlass des Erblassers zu je 1/2 kraft testamentarischer Erbfolge ausweist. Der Kläger hat der Erteilung des Erbscheines widersprochen. Der Abschluss des Verfahrens steht noch aus.

Beweis: Nachlassakte des Nachlassgerichts ... (wie oben bezeichnet)

Das beim Nachlassgericht anhängige Erbscheinserteilungsverfahren steht der Erhebung dieser Feststellungsklage über das in Frage stehende Erbrecht nicht entgegen.

Der Nachlasswert beträgt etwa EUR 500.000. Unter Einbeziehung eines Abschlages von 20 % (positive Feststellungsklage), beläuft sich der Gegenstandswert auf EUR 400.000 (vgl OLG Köln JurBüro 1979, 1704).

(Rechtsanwältin) ◄

2. Verhältnis zum Erbscheinsverfahren

176 Wie bereits oben ausgeführt kann die Erbenfeststellungsklage auch zu einem Zeitpunkt erhoben werden, zu dem ein Erbscheinsverfahren bereits läuft oder abgeschlossen ist. Die Möglichkeit, einen Rechtsstreit über die Feststellung des Erbrechts nach § 148 ZPO auszusetzen, um den

A. Feststellung des Erbrechtes § 1

Ausgang eines laufenden Erbscheinsverfahrens abzuwarten, besteht nicht.[141] Aber auch dann, wenn ein Erbscheinsverfahren noch nicht anhängig gemacht wurde, besteht das erforderliche Rechtschutzbedürfnis für eine Feststellungsklage.[142]

Im Gegensatz zum Urteil im Feststellungsverfahren erwächst ein Erbschein weder in formeller noch in materieller Hinsicht in Rechtskraft. Der Erbschein entfaltet Außenwirkung. Er genießt als Legitimationspapier öffentlichen Glauben im Rechtsverkehr. Das Urteil im Feststellungsverfahren hingegen hat insoweit nur Wirkung zwischen den Parteien des Rechtsstreits. 177

3. Prozessuales

Die Zuständigkeit des anzurufenden Gerichts richtet sich nach den allgemeinen Zuständigkeitsregeln der §§ 12, 13 ZPO. Für die Zuständigkeit gilt hierneben der besondere Gerichtsstand der Erbschaft, §§ 27, 28 ZPO. 178

Der Streitwert der positiven Feststellungsklage liegt unter dem Wert einer Leistungsklage, § 3 ZPO. Maßgeblich ist das Interesse des Klägers an der Feststellung. Er wird regelmäßig mit 80 % des der Leistungsklage zugrunde liegenden Wertes angenommen.[143] 179

Nach rechtskräftiger Entscheidung des angerufenen Gerichts steht lediglich fest, ob der Kläger Erbe geworden ist oder nicht. Mit der Feststellungswiderklage kann der Beklagte darüber hinaus die Feststellung über sein Erbrecht erreichen. Der bloße Antrag auf Abweisung der Klage genügt hier nicht. 180

Selbstverständlich besteht auch die Möglichkeit im Wege der objektiven Klagehäufung die Erbenfeststellungsklage mit der Verfolgung weiterer Ansprüche zu verbinden. 181

▶ **Muster: Stufenklage gegen den Erbschaftsbesitzer auf Feststellung des Erbrechts, Auskunft, Abgabe der eidesstattlichen Versicherung und Herausgabe** 182

An das

Landgericht

– Zivilkammer –

Az. ...

Klage

der

Frau ...

– Klägerin –

Prozessbevollmächtigte: Rechtsanwältin ...

gegen

Frau ...

– Beklagte –

Prozessbevollmächtigter: Rechtsanwalt ...

Unter Vorlage der beiliegenden Vollmacht zeige ich an, dass ich die rechtlichen Interessen von Frau ... vertrete. Namens und in Vollmacht der Klägerin erhebe ich Klage und werde beantragen,

---
141 KG FamRZ 1968, 219.
142 BGHZ 86, 41.
143 BGH NJW-RR 1988, 689.

I. Es wird festgestellt, dass die Klägerin Alleinerbin des am ... in ... verstorbenen Erblassers ..., zuletzt wohnhaft in ... geworden ist.

II. Die Beklagte wird im Wege der Stufenklage verurteilt,
   1. der Klägerin Auskunft zu erteilen über den Nachlassbestand des am ... in ... verstorbenen Erblassers ... zum Stichtag des Erbfalles, sowie über alle aus den Nachlassgegenständen gezogene Nutzungen und Surrogate und über den Verbleib der Erbschaftsgegenstände,
   2. für den Fall, dass die Auskunft nicht mit der erforderlichen Sorgfalt erteilt worden sein sollte, zu Protokoll und an Eides statt die Richtigkeit seiner Angaben zu versichern,
   3. die nach Auskunftserteilung zu Ziffer II. 1. noch näher zu bezeichnenden Nachlassgegenstände oder deren Surrogate Zug um Zug gegen Ersatz der notwendigen Verwendungen an die Klägerin herauszugeben.

III. Die Beklagte trägt die Kosten des Rechtsstreits.

Für den Fall des Vorliegens der Voraussetzungen des § 331 Abs. 3 ZPO bitte ich zunächst für Ziffer I, Ziffer II und Ziffer III 1. der Klageanträge um Erlass eines Versäumnisurteils ohne mündliche Verhandlung als Teilurteil.

Begründung

I. Zulässigkeit
   1. örtliche Zuständigkeit
      Der Erblasser, Herr ... ist am ... in ... verstorben.
      Beweis: Sterbeurkunde vom ... (beglaubigte Abschrift)
      – Anlage K 1 –
      Zuletzt wohnhaft gewesen war der Erblasser in ... . Gemäß den §§ 27, 12, 13 ZPO begründet der letzte Wohnsitz des Erblassers den besonderen Gerichtsstand der Erbschaft, sodass das angerufene Gericht örtlich zuständig ist.
   2. Feststellungsinteresse
      Die Parteien streiten darum, wer von ihnen Alleinerbe am Nachlass des Erblassers geworden ist. Die Alleinerbfolge stellt ein klärungsbedürftiges Rechtsverhältnis iSd § 256 Abs. 1 ZPO dar. Die Parteien sind dabei in ihrer Entscheidung frei, ob sie die Erbfolge durch Feststellungsklage oder im Rahmen des Erbscheinsverfahrens klären lassen.
   3. Stufenklage
      Zwischen den Klageanträgen Ziffer II Nr. 1, Ziffer II Nr. 2 und Ziffer II Nr. 3 besteht ein Stufenverhältnis nach § 254 ZPO.
   4. Objektive Klagehäufung
      Die Stufenanträge aus Ziffer III können im Wege der objektiven Klagehäufung nach § 260 ZPO mit dem Feststellungsantrag aus Ziffer I verbunden werden, da für alle Anträge dasselbe Prozessgericht zuständig und dieselbe Prozessart zulässig ist.

II. Begründetheit
   1. Sachverhalt
      Der Erblasser war verheiratet mit ... . Die Ehefrau des Erblassers ist vorverstorben. Aus dieser Ehe sind keine Abkömmlinge hervorgegangen und auch sonst hat der Erblasser keine Kinder. Der Erblasser hat am ... ein notarielles Testament vor dem Notar ... in ... unter der URNr. ... errichtet. Danach war die Beklagte, seine Haushälterin zur Alleinerbin eingesetzt. Diese Verfügung von Todes wegen wurde am ... durch das Nachlassgericht ... unter dem

A. Feststellung des Erbrechtes § 1

Az ... eröffnet. Die Beklagte, welche bei Testamentseröffnung anwesend war, hat unverzüglich die Annahme der Alleinerbschaft zu Protokoll des Nachlassgerichtes erklärt.

Das notarielle Testament befand sich ursprünglich in besonderer amtlicher Verwahrung des Amtsgerichts ... und wurde vom Erblasser am ... aus dieser zurückgenommen.

Beweis: Niederschrift vom ... über die Rückgabe des Amtsgerichts ...

– Anlage K 1 –

Auf welche Weise die Beklagte in den Besitz des notariellen Testamentes gelangt ist, entzieht sich der Kenntnis der Klägerin.

Bei der Durchsicht der persönlichen Unterlagen entdeckte die Klägerin ca. 4 Wochen nach Testamentseröffnung ein verschlossenes Kuvert in welchem sich ein weiteres privatschriftliches Testament des Erblassers befand. Danach hat der Erblasser seine Nichte, die Klägerin zu seiner Alleinerbin eingesetzt. Weiter nimmt der Erblasser in dieser Verfügung von Todes wegen Bezug auf das notarielle Testament vom ... und erklärt, dass er an der Erbeinsetzung der Beklagten keinesfalls länger festhalten wolle, da er menschlich zutiefst von dieser enttäuscht worden sein. Aus diesem Grund habe er auch persönlich das notarielle Testament aus der amtlichen Verwahrung zurückgenommen.

Die Klägerin hat das Originaltestament dem Amtsgericht ... (Nachlassgericht) vorgelegt. Dieses hat es am ... unter dem Az ... in Anwesenheit der Klägerin und der Beklagten eröffnet.

Beweis: Privatschriftliches Testamente vom ... (beglaubigte Abschrift)

– Anlage K 2 –

Protokoll der Testamentseröffnung vom ... (beglaubigte Abschrift)

– Anlage K 3 –

Die Klägerin hat unmittelbar nach Testamentseröffnung zu Protokoll des Nachlassgerichtes die Annahme der Alleinerbschaft erklärt.

Die Beklagte ist der Ansicht, dass sie und nicht die Klägerin nach wie vor Alleinerbin am Nachlass des Erblassers geworden sei. Sie begründet dies damit, dass das notarielle Testament nicht wirksam widerrufen worden sei. Zudem bringt sie vor, dass auf dem privatschriftlichen Testament eine Zeitangabe fehle, weswegen die Verfügung von Todes wegen unwirksam sei. Jedenfalls sei nicht geklärt, welche der beiden Verfügungen von Todes wegen die zeitlich jüngere sei.

2. Rechtliche Würdigung

Das notarielle Testament vom ... gilt als wirksam widerrufen. Bei einem öffentlichen Testament, das gemäß § 2258a BGB in besondere amtliche Verwahrung gegeben wurde, bewirkt die vom Erblasser verlangte und an ihn persönlich erfolgte Rückgabe der Urkunde deren Widerruf, § 2256 Abs. 1 S. 1, Abs. 2 BGB. Der Widerruf ist dann endgültig.

Insofern kommt nun die im privatschriftlichen Testament angeordnete Alleinerbeneinsetzung der Klägerin zum Tragen.

Auch die Argumentation der Beklagten, dass privatschriftliche Testament sei mangels Angabe des Zeitpunktes der Errichtung unwirksam, geht ins Leere. Die Angabe von Ort und Zeit stellen keine notwendigen Formerfordernisse dar, bei deren Fehlen die Verfügung von Todes wegen automatisch unwirksam ist. Das Testament ist also gleichwohl gültig. Die Angabe des Zeitpunktes der Errichtung dient lediglich der Feststellung, welche von mehreren Verfügungen von Todes wegen die zeitlich jüngste und somit wirksame ist. Aus dem Wortlaut des privatschriftlichen Testamentes geht wegen der Bezugnahme auf das widerrufene notarielle Testament eindeutig hervor, dass es sich hierbei um die zeitlich später errichtete Verfügung von Todes wegen handelt.

Allerdings hat die Beklagte wie oben ausgeführt bereits durch den wirksamen Widerruf des notariellen Testamentes ihre Stellung als Alleinerbin verloren.

Die Beklagte ist nach wie vor im Besitz der Nachlassgegenstände und maßt sich ein Erbrecht an, welches ihr nicht zusteht. Zum Tragen kommen daher die Vorschriften über die Herausgabe des Erbschaftsbesitzes nach den §§ 2018 ff BGB, wonach die Klägerin von der Beklagten als Erbschaftsbesitzerin die Herausgabe aller Nachlassgegenstände verlangen kann. Der Anspruch bezieht sich dabei auch auf alle Surrogate und gezogene Nutzungen.

Die Beklagte schuldet weiter der Klägerin Auskunft über den Bestand sowie den Verbleib des Nachlasses und seiner Gegenstände, § 2027 Abs. 1 BGB.

Sobald die Beklagte ihrer Verpflichtung zur Auskunftserteilung nachgekommen ist, ist die Klägerin in der Lage, die einzelnen Gegenstände zu bezeichnen. Bis zu diesem Zeitpunkt genügt im Rahmen der Stufenklage die unbestimmte Bezeichnung der herauszugebenden Gegenstände. Die Verpflichtung zur Abgabe einer eidesstattlichen Versicherung ergibt sich aus § 260 Abs. 2 BGB.

Der Wert des Nachlasses beträgt ca. EUR 500.000.

(Rechtsanwältin) ◄

B. Auskunftsansprüche des Alleinerben

I. Allgemeines

183 Auskunftsansprüche stellen für den Erben oft die einzige Möglichkeit dar, sich die zur Durchsetzung seines Erbrechts erforderlichen Informationen zu beschaffen. Der Erbe benötigt Kenntnisse über die Zusammensetzung und den Umfang des Nachlasses, wenn er nicht bereits zu Lebzeiten des Erblassers die notwendigen Informationen erhalten konnte. Sofern zwischen Erbe und Erblasser reger Kontakt und ein ausgeprägtes Vertrauensverhältnis bestanden, erübrigt sich in der Regel die oft zähe Informationsbeschaffung von Dritten. Fehlen dem Erben jedoch die nötigen Kenntnisse, scheitert die Rechtsverfolgung weiterer Ansprüche daran, dass der Erbe die Voraussetzungen des § 253 Abs. 2, S. 2 ZPO nicht erfüllen kann. Nach dieser Vorschrift muss bei Zahlungsklagen der Anspruch genau beziffert, bei Herausgabeklagen müssen die herausverlangten Gegenstände exakt bezeichnet werden.

184 Die meisten erbrechtlichen Auskunftsansprüche sind gesetzlich geregelt. Ein abgeschlossenes Auskunftssystem existiert jedoch nicht. Auf einen allgemeinen Auskunftsanspruch, abgeleitet aus der Vorschrift des § 242 BGB, kann grundsätzlich nicht zurückgegriffen werden und zwar insbesondere dann nicht, wenn sich der vermeintliche Anspruchsinhaber die benötigten Informationen selbst beschaffen kann.[144]

185 Lediglich in Ausnahmefällen kann ein Auskunftsrecht aus § 242 BGB hergeleitet werden. Voraussetzung ist, dass zwischen dem Alleinerben und dem Auskunftsverpflichteten eine **Sonderbeziehung** besteht. Eine solche liegt jedenfalls dann vor, wenn der Berechtigte in entschuldbarer Weise über Bestehen und Umfang seines Rechts im Ungewissen, der Verpflichtete aber in der Lage ist, die Auskunft unschwer zu erteilen.[145]

---

144 BGH WM 1971, 1196; BGH NJW 1980, 2463.
145 RGZ 108, 1, 7; BGHZ 10, 385, 387; BGH NJW 1978, 1002.

B. Auskunftsansprüche des Alleinerben § 1

Voraussetzung für das Bestehen des Auskunftsanspruches bleibt aber das Vorliegen eines erbrechtlichen Hauptanspruches gegen den zur Auskunft Verpflichteten.[146] Der aus § 242 BGB abgeleitete Anspruch bleibt der Ausnahmefall.

186

Von der Rechtsprechung sind insoweit als erbrechtliche Auskunftsansprüche des Alleinerben anerkannt:

187

– Anspruch wegen ausgleichspflichtiger Zuwendungen nach § 2316 BGB gegen den enterbten, pflichtteilsberechtigten Abkömmling;[147]
– Anspruch wegen anzurechnender Vorempfänge (§ 2315 BGB) und Ergänzungspflichtteil gegen den Beschenkten;[148]
– beim Vorliegen von Anhaltspunkten wegen Geschenken des Erblassers gegen den Vertragserben nach § 2287 BGB.[149]

II. Inhalt des Auskunftsanspruchs

Wie oben bereits dargelegt, ergeben sich Auskunftsansprüche im Erbrecht aus Vorschriften im 5. Buch des BGB. Auf im Schuldrecht geregelte Anspruchsgrundlagen kann ebenso zurückgegriffen werden wie auf Ansprüche, die sich kraft richterlicher Rechtsfortbildung entwickelt haben. Die Inhalte dieser Ansprüche unterscheiden sich voneinander. Neben der Mitteilung von Tatsachen erstrecken sie sich auf Rechnungs-, Rechenschaftslegung und Vorlage von Bestands- bzw Nachlassverzeichnissen. Hierneben bestehen Rechte zur Einsicht in gerichtliche Akten und Register.

188

Unter dem Begriff der Auskunft wird grundsätzlich die Mitteilung von Tatsachen nach vorheriger Aufforderung verstanden. Der Auskunftsanspruch ist also auf die **Beschaffung von Information bzw Weitergabe von Wissen** gerichtet. Es werden insoweit nach Inhalt und Zweck voneinander abweichende Arten der Auskunftserteilung unterschieden:

189

1. Rechnungslegung

Besteht ein Anspruch auf Rechnungslegung, kann der Alleinerbe vom Verpflichteten die Vorlage eines Verzeichnisses der Einnahmen und Ausgaben nebst dazugehörigen Belegen verlangen, § 259 Abs. 1 BGB.[150] Von der Belegvorlageverpflichtung sind auch Bilanzen eines im Nachlass befindlichen Unternehmens umfasst, soweit die dem Auskunftsanspruch zugrunde liegende Vorschrift dies vorsieht, vgl beispielsweise § 2314 BGB.[151]

190

2. Rechenschaftslegung

Der Anspruch auf Rechenschaftslegung ist umfangreicher als der auf Rechnungslegung. Hier muss der Verpflichtete dem Erben neben dem oben beschriebenen Verzeichnis die Tatsachen darlegen, die dieser benötigt, um die Geschäftsvorgänge nachvollziehen zu können. Die Pflicht zur Rechenschaftslegung kann vertraglich ausgeschlossen werden.

191

---

146 BGH NJW 1957, 669.
147 OLG Nürnberg NJW 1957, 1482.
148 BGHZ 61, 180, 184 = BGH NJW 1973, 1876; BGH NJW 1978, 1002; OLG Frankfurt OLGZ 1974, 460.
149 BGHZ 97, 188 = NJW 1986, 1755 = FamRZ 1986, 569 (Der Auskunftsanspruch besteht auch gegenüber dem Ehegatten in Bezug auf ehebenannte Zuwendungen und die Vereinbarung des Güterstandes der Gütergemeinschaft, vgl NJW 1992, 564 bzw 558).
150 AG Bad Mergentheim ZErb 2003, 54 ff.
151 BGH NJW 1975, 1174 ff.

192 ▶ **Muster: Rechenschaftslegung**

Rechenschaftslegung nach dem am ... in ... verstorbenen Erblasser ..., erstellt von ...
Stichtag: ...

A. Ausgangslage

Am ... verstarb der Erblasser ... in .... Er wurde kraft gesetzlicher Erbfolge zu je 1/2 beerbt von seinen Kinder ... und .... Ein entsprechender Erbschein wurde vom Nachlassgericht ... am ..., Az: ... erteilt.

Der Erblasser hatte dem Unterzeichner am ... eine notarielle Generalvollmacht erteilt.

Ausgestattet mit der Vollmacht hat der Unterzeichner die Verwaltung des Vermögens des Erblassers übernommen und in Ausübung dieser Tätigkeit auch die bankrechtlichen Geschäfte des Erblassers geregelt. Im Zuge der Unterbringung des Erblassers im Pflegeheim ... in ... wurde die Wohnung des Erblassers in ... aufgelöst und Grundbesitz veräußert.

Die Vollmacht wurde am ... von den Erben widerrufen mit der Folge, dass zu diesem Zeitpunkt die Befugnis des Unterzeichners zur Geschäftsführung endete.

Die Verpflichtung zur Rechenschaftslegung ergibt sich daher aus §§ 666, 681 BGB.

B. Geschäftsführung

1. Stand bei Übernahme am ...
2. Stand bei Beendigung am ...

C. Einnahmen und Ausgaben während der Dauer der Geschäftsführung

...
...
...

Belege sind, soweit nach § 259 BGB üblich, beigefügt.

D. Veränderungen im Vermögensbestand des Erblassers seit Übernahme der Geschäftsführung

1. Verkauf des Hausanwesens in ..., ...-straße ..., eingetragen im Grundbuch des Amtsgerichtes von ..., Band ..., Blatt ..., Gemarkung ..., Flurst.-Nr. ..., Größe ...
   Erlös: EUR ...
2. Auflösung des Wertpapierdepots bei der ... Bank in ..., KtoNr. ...
   Erlös: ...
3. Einrichtung eines Tagesgeldkontos bei der ... Bank in ..., KtoNr. ...

E. Vermögensstand zum Stichtag

1. Unbewegliches Vermögen
   a. Bebauter Grundbesitz:
      – Einfamilienhaus in ..., ...-straße ..., eingetragen im Grundbuch des Amtsgerichtes von ..., Band ..., Blatt ..., Gemarkung ..., Flurst.-Nr. ..., Größe ...
        Belastungen: ...
        Einheitswert: EUR ... gemäß Einheitswertbescheid des Finanzamtes ... vom ...
        Jährliche Grundsteuer EUR ... gemäß Grundsteuerbescheid des Finanzamtes ... vom ...
        Brandversicherungswert EUR ... gemäß Mitteilung vom ...

Eigentümer laut Grundbuch: ▪▪▪

Das Haus ist vermietet an Herrn ▪▪▪ zu einem monatlichen Mietzins in Höhe von EUR ▪▪▪ zuzüglich monatlicher Nebenkostenvorauszahlung in Höhe von EUR ▪▪▪ Miete und Nebenkosten werden auf das Konto des Erblassers bei der ▪▪▪-Bank, KtoNr.: ▪▪▪ gezahlt.

–Eigentumswohnung in ▪▪▪, ▪▪▪-straße ▪▪▪, eingetragen im Wohnungsgrundbuch des Amtsgerichtes von ▪▪▪, Band ▪▪▪, Blatt ▪▪▪, ▪▪▪/ 1000 Miteigentumsanteil an dem Grundstück ▪▪▪, verbunden mit dem Sondereigentum an der im Aufteilungsplan mit Nr. 2 bezeichneten Wohnung.

Belastungen: ▪▪▪

Einheitswert: EUR ▪▪▪ gemäß Einheitswertbescheid des Finanzamtes ▪▪▪ vom ▪▪▪

Jährliche Grundsteuer EUR ▪▪▪ gemäß Grundsteuerbescheid des Finanzamtes ▪▪▪ vom ▪▪▪

Brandversicherungswert EUR ▪▪▪ gemäß Mitteilung vom ▪▪▪

Eigentümer laut Grundbuch: ▪▪▪

Die Wohnung ist vermietet an Frau ▪▪▪ zu einem monatlichen Mietzins in Höhe von EUR ▪▪▪ zuzüglich monatlicher Nebenkostenvorauszahlung in Höhe von EUR ▪▪▪ Miete und Nebenkosten werden auf das Konto des Erblassers bei der ▪▪▪-Bank, KtoNr.: ▪▪▪ in ▪▪▪ gezahlt.

b. Unbebauter Grundbesitz

– Weinberg in ▪▪▪, eingetragen im Grundbuch des Amtsgerichtes von ▪▪▪, Band ▪▪▪, Blatt ▪▪▪, Gemarkung ▪▪▪, Flurst.-Nr. ▪▪▪, Größe ▪▪▪

Belastungen: keine

Einheitswert: EUR ▪▪▪ gemäß Einheitswertbescheid des Finanzamtes ▪▪▪ vom ▪▪▪

Jährliche Grundsteuer EUR ▪▪▪ gemäß Grundsteuerbescheid des Finanzamtes ▪▪▪ vom ▪▪▪

Brandversicherungswert EUR ▪▪▪ gemäß Mitteilung vom ▪▪▪ zu

Eigentümer laut Grundbuch: ▪▪▪

Das Grundstück ist verpachtet an Herrn ▪▪▪ zu einem monatlichen Pachtzins in Höhe von EUR ▪▪▪. Der Pachtzins wird auf das Konto des Erblassers bei der ▪▪▪-Bank, KtoNr.: ▪▪▪ in ▪▪▪ gezahlt.

– Ackerland in ▪▪▪, eingetragen im Grundbuch des Amtsgerichtes von ▪▪▪, Band ▪▪▪, Blatt ▪▪▪, Gemarkung ▪▪▪, Flurst.-Nr. ▪▪▪, Größe ▪▪▪

Belastungen: keine

Einheitswert: EUR ▪▪▪ gemäß Einheitswertbescheid des Finanzamtes ▪▪▪ vom ▪▪▪

Jährliche Grundsteuer EUR ▪▪▪ gemäß Grundsteuerbescheid des Finanzamtes ▪▪▪ vom ▪▪▪

Brandversicherungswert EUR ▪▪▪ gemäß Mitteilung vom ▪▪▪

Eigentümer laut Grundbuch: ▪▪▪

Der Acker ist nicht verpachtet.

2. Bewegliches Vermögen

   a. Hausrat: Der Hausrat wurde im Zuge der Wohnungsauflösung beim Umzug des Erblassers in das Pflegeheim bereits unter den Erben verteilt
   b. Kunstgegenstände
   c. Schmuck

  d. Pkw
  e. Bargeld
3. Bankguthaben und Wertpapiere
  a. Bankguthaben
    – Konto bei der ...-Bank, KtoNr. ..., Kontostand: EUR ...
    – Konto bei der ...-Bank, KtoNr. ..., Kontostand: EUR ...
    – Konto bei der ...-Bank, KtoNr. ..., Kontostand: EUR ...
  b. Wertpapiere
4. Sonstige Forderungen
  – Lebensversicherungen
  – Sterbegeld
  – Darlehensforderungen
5. Verbindlichkeiten
Anlagen:
 – Quittungen zu den Einnahmen und Ausgaben
 – Kaufvertrag vom ..., vgl Ziffer D 1

Ich versichere die Richtigkeit und Vollständigkeit der Rechenschaftslegung.
Ort, Datum, Unterschrift ◄

3. Auskunft über einen Vermögensbestand, § 260 Abs. 1 BGB

193 Die Auskunft über einen Vermögensbestand hat durch Vorlage eines Bestandsverzeichnisses zu erfolgen. Die Auskunft ist in Schriftform zu erteilen.[152] Das Verzeichnis muss übersichtlich und geordnet sein. Die Verpflichtung zur Auskunftserteilung kann nicht durch die bloße Übergabe von Einzelbelegen erfüllt werden.[153] Vielmehr ist die Vorlage von Belegen grundsätzlich nicht geschuldet.

194 Das Verzeichnis muss Angaben zu allen beweglichen und unbeweglichen Sachen, die sich im Nachlass des Erblassers befinden, beinhalten. Die saldierungsfähige Darstellung mit Angaben zu Aktiva und Passiva des Nachlassvermögens ist nur in den gesetzlich geregelten Fällen notwendig. Ansonsten genügt die Auflistung des Aktivvermögens, vgl bspw § 2027 BGB.

195 ▶ **Muster: Bestandsverzeichnis**

Nachlassverzeichnis

des am ... verstorbenen Erblassers ...			EURO
I. Nachlassaktiva			
1. Immobilienvermögen			
a) Wohnhaus, Neustadterstraße			120.000
eingetragen im Grundbuch von ...			
b) Eigentumswohnung			70.000
2. Unternehmen			
Installationsfirma Neumann			143.000

---

[152] Damrau/*Schmalenbach*, § 2027 Rn 14.
[153] *Masloff*, Der Fachanwalt für Erbrecht, § 6 Rn 8.

	3.	Mobilien		
		a)	Einrichtungsgegenstände	1.000
		b)	PKW	4.000
		c)	Schmuck	15.000
	4.	Bankguthaben		
		a)	Sparkasse Ulm	34.000
		b)	Postbank	12.000
		c)	Wertpapierdepot	125.000
Summe:				524.000
II.	Nachlasspassiva			
	1.	Bestattungskosten		1.500
	2.	Grabstein		4.650
	3.	Friedhofsgebühren		150
	4.	Justizkasse		160
	5.	Erstanlage Grab		2.700
	6.	Blumenschmuck		500
	7.	Leichenschmaus		320
	8.	Todesanzeige Zeitung		240
	9.	Danksagung Zeitung		120
	10.	Darlehen Sparkasse		24.000
Summe:				34.340
Reinnachlass = Aktiva abzüglich Passiva:				489.660

◀

4. Eidesstattliche Versicherung

Besteht Grund zur Annahme, dass die Auskunft nicht mit der erforderlichen Sorgfalt erteilt wurde, kann der Auskunftsberechtigte vom Verpflichteten verlangen, dass dieser an Eides statt versichert, die Angaben nach bestem Wissen so vollständig gemacht zu haben, wie er dazu im Stande war.

Die Verpflichtung zur Abgabe einer eidesstattlichen Versicherung ergibt sich aus den Vorschriften der §§ 259 Abs. 2 BGB bzw 260 Abs. 2 BGB. Nach § 259 Abs. 2 BGB bezieht sich die eidesstattliche Versicherung auf die Richtigkeit der in der Rechnungslegung enthaltenen Angaben zu den Einnahmen.[154] Nach § 260 Abs. 2 BGB muss die Richtigkeit des Verzeichnisses an Eides statt versichert werden.

Der Anspruch auf Abgabe der eidesstattlichen Versicherung ist bei Angelegenheiten von geringer Bedeutung ausgeschlossen, §§ 259 Abs. 3, 260 Abs. 3 BGB.

Wie oben bereits erwähnt, ist Voraussetzung für die Verpflichtung zur Abgabe einer eidesstattlichen Versicherung die Besorgnis, dass die Auskunft nicht mit der erforderlichen Sorgfalt erteilt wurde.[155] Die Annahme der nicht sorgfältigen Auskunftserteilung besteht nicht bereits dann, wenn in einem früheren Verfahrensstadium der Verpflichtete die Auskunft verweigert hat[156] oder etwa das Verzeichnis unrichtig bzw unvollständig ist, es sei denn die Unrichtigkeit/Un-

---

154 Palandt/*Grüneberg*, § 259 Rn 13.
155 OLG Zweibrücken FamRZ 1969, 230.
156 BGH NJW 66, 1117.

vollständigkeit beruht auf einer nicht entschuldbaren Unkenntnis oder einem nicht entschuldbaren Irrtum des Verpflichteten.[157] Sie kann jedoch vorliegen, wenn der Verpflichtete erst nach mehrmaliger Aufforderung Auskunft erteilt hat,[158] die Auskunft nur widerwillig abgegeben wird oder diese mehrfach berichtigt wurde.[159]

200 Die eidesstattliche Versicherung ist, sofern der Verpflichtete hierzu freiwillig bereit ist, vor dem Nachlassgericht (Rechtspfleger) abzugeben, § 3 Nr. 1 b RpflG. Verweigert hingegen der Verpflichtete die Abgabe der Versicherung, so kann sie im Wege der Klage erzwungen werden. Der Anspruch auf Abgabe der eidesstattlichen Versicherung kann mit dem auf Auskunft und Leistung verbunden werden, indem der Auskunftsberechtigte Stufenklage gemäß § 254 ZPO erhebt.

201 ▶ **Muster: Klageantrag: Stufenklage auf Auskunft und Abgabe der eidesstattlichen Versicherung**

Namens und in Vollmacht des Klägers erhebe ich Klage und werde beantragen:

1. Der Beklagte wird verurteilt, dem Kläger Auskunft zu erteilen über die erbschaftlichen Geschäfte, die er im Hinblick auf den Nachlass des am ... verstorbenen ..., zuletzt wohnhaft in ... geführt hat sowie über den Verbleib der Nachlassgegenstände.
2. Falls der Beklagte die Auskunft nicht mit der erforderlichen Sorgfalt erteilt haben sollte, wird er verurteilt, zu Protokoll an Eides statt zu versichern, dass er sie nach bestem Wissen so vollständig gegeben hat, wie er hierzu in der Lage war.
3. Der Beklagte trägt die Kosten des Rechtsstreits. ◀

III. Die einzelnen Auskunftsansprüche

1. Auskünfte von Behörden und Gerichten

202 Auskünfte kann der Alleinerbe regelmäßig schnell und unproblematisch auch von Behörden und Gerichten erlangen.

a) Auskunft von Behörden

203 Um Klarheit über den vermuteten Tod einer Person zu erhalten, besteht die Möglichkeit, eine Anfrage an das Standesamt, Einwohnermeldeamt oder Nachlassgericht am letzten Wohnsitz des Erblassers zu richten. Zuständig für die Erteilung der gewünschten Auskunft ist auch das Geburtsstandesamt des Erblassers. Dieses wird vom Standesamt, in dessen Bezirk der Erblasser verstorben ist, über dessen Tod informiert.

204 Anfragen können außerdem an die zuständige Testamentskartei gerichtet werden, die bei den Amtsgerichten geführt wird. War der Erblasser Ausländer oder wurde er im Ausland geboren ist das Amtsgericht Berlin-Schöneberg für die Auskunftserteilung zuständig.

b) Auskünfte aus dem Grundbuch und den Grundakten, § 46 GBV

205 Jeder, der ein berechtigtes Interesse darlegen kann, darf Einsicht in das Grundbuch nehmen und aus diesem Abschriften beglaubigter oder unbeglaubigter Natur verlangen, § 12 GBO. Ein berechtigtes Interesse wird bejaht, wenn sachliche Gründe für die Einsichtnahme vorgetragen werden und erkennbar ist, dass der Antrag nicht nur aus purer Neugier oder zur Verfolgung

---

157 BGH 89, 140.
158 OLG Frankfurt NJW-RR 1993, 1483.
159 OLG Köln NJW-RR 1998, 126.

unbefugter Zwecke gestellt wird.¹⁶⁰ Auch wirtschaftliche Interessen des Antragstellers begründen ein Einsichtsrecht.¹⁶¹ Der Anspruch besteht bereits zu Lebzeiten eines zukünftigen Erblassers, wenn der Verdacht besteht, dass dieser Verfügungen vorgenommen hat und ein Abkömmling Regressforderungen des Sozialhilfeträgers befürchtet.¹⁶²

Es können alle Urkunden eingesehen werden, auf die im Zusammenhang mit einer Eintragung im Grundbuch Bezug genommen wird, wie etwa Verfügungen von Todes wegen oder Übergabeverträge. 206

Sofern die Grundbuchämter nach § 12a GBO Verzeichnisse über Grundstücke und Grundstückseigentümer führen, kann auch in diese eingesehen werden. 207

Durch eine Einsicht in das Grundbuch entstehen keine Kosten, § 74 KostO. Abschriften aus dem Grundbuch sind hingegen gebührenpflichtig. Für unbeglaubigte Abschriften entstehen Kosten in Höhe von EUR 10, für beglaubigte Abschriften in Höhe von EUR 18, § 73 Abs. 1 KostO. 208

▶ **Muster: Beantragung einer Grundbuchabschrift** 209

An das

Amtsgericht ...

– Grundbuchamt –

Nachlasssache ..., verstorben am ..., zuletzt wohnhaft in ...

Hier: Grundbuchauszug für die Immobilie ... in ..., ...-Straße ...

Sehr geehrte Damen und Herren,

unter Vorlage auf mich lautender Vollmacht zeige ich an, dass ich Frau ..., wohnhaft ... vertrete.

Meine Mandantin ist ausweislich der in der Anlage beigefügten beglaubigten Abschrift des Erbscheines des Amtsgerichtes ... vom ..., Az: ..., Alleinerbin des oben bezeichneten Erblassers geworden.

Der Erblasser war Eigentümer des Einfamilienhauses in ..., ...-Straße ...

Namens und in Vollmacht meiner Mandantin bitte ich um Zusendung einer unbeglaubigten Abschrift des Grundbuchblattes auf meine Kanzlei. Für entstehende Kosten erkläre ich mich stark.

Für den Fall, dass der Erblasser Eigentümer weiteren Grundbesitzes im Amtsgerichtsbezirk ... war, bitte ich auch insoweit um Zusendung eines unbeglaubigten Grundbuchauszuges.

(Rechtsanwältin) ◀

Neben dem Recht Einsicht in das Grundbuch zu nehmen, gestattet § 46 GBV bei Vorliegen eines berechtigten Interesses auch die Einsichtnahme in die Grundakten. Insoweit können nach § 46 Abs. 3 GBV ebenfalls beglaubigte und unbeglaubigte Abschriften verlangt werden. Auch hier ist die Einsicht gebührenfrei. Für Abschriften gilt § 55 KostO. 210

Das Einsichtsrecht kann aus datenschutzrechtlichen Gründen nicht versagt werden. In § 1 Abs. 4 BDatSchG ist geregelt, dass andere Rechtsvorschriften diesem Gesetz vorgehen. Der Anspruch auf Einsichtnahme in das Grundbuch und die Grundakten ist in §§ 12 GBO, 46 GBV geregelt, so dass die Voraussetzungen des § 1 Abs. 4 BDatSchG erfüllt sind. 211

---
160 OLG Stuttgart Rpfleger 1983, 272.
161 LG Stuttgart NJW-RR 1996, 532.
162 LG Stuttgart NJW-RR 1998, 736.

212 ▶ **Muster: Beantragung einer Abschrift aus den Grundakten**

An das

Amtsgericht

– Grundbuchamt –

Nachlasssache ▬▬, verstorben am ▬▬, zuletzt wohnhaft in ▬▬

Hier: Immobilie in ▬▬, ▬▬-Straße, Übergabevertrag vom ▬▬, Az: ▬▬

Sehr geehrte Damen und Herren,

unter Vorlage auf mich lautender Vollmacht zeige ich an, dass ich Herrn ▬▬, wohnhaft in ▬▬ vertrete.

Ausweislich der in der Anlage beigefügten beglaubigten Abschrift des Erbscheins des Amtsgerichtes ▬▬ vom ▬▬, Az: ▬▬ wurde mein Mandant Alleinerbe des oben bezeichneten Erblassers. Mein Mandant ist Abkömmling des Erblassers aus 1. Ehe.

Der Erblasser war Eigentümer des Hausanwesens in ▬▬, ▬▬-Straße ▬▬. Diese Immobilie hat der Erblasser mit Übergabevertrag vom ▬▬, Az: ▬▬ an seine 2. Ehefrau übertragen. Durch die Übertragung wurden möglicherweise Pflichtteilsergänzungsansprüche meines Mandanten ausgelöst.

Namens und in Vollmacht meines Mandanten bitte ich daher um Zusendung einer beglaubigten Abschrift des Übergabevertrages. Für etwa entstehende Kosten erkläre ich mich stark.

(Rechtsanwältin) ◀

213 Die Versagung der Einsichtnahme in das Grundbuch und die Grundakten oder der Erteilung von Abschriften ist rechtsmittelfähig. Es steht hier das Rechtsmittel der Beschwerde nach §§ 71 ff GBO zur Verfügung.

214 ▶ **Muster: Beschwerde gegen die Ablehnung der Erteilung einer Grundbuchabschrift**

An das

Amtsgericht

– Grundbuchamt –

Nachlasssache ▬▬, verstorben am ▬▬, zuletzt wohnhaft in ▬▬

Hier: Beschwerde gegen die Ablehnung der Erteilung einer unbeglaubigten Grundbuchabschrift bezüglich der Immobilie in ▬▬, ▬▬-Straße ▬▬ vom ▬▬

Sehr geehrte Damen und Herren,

Ihnen ist bekannt, dass ich die Interessen von Frau ▬▬ vertrete. Eine Vollmacht war meinem Schreiben vom ▬▬ beigefügt.

Mit diesem Schreiben hatte ich einen unbeglaubigten Grundbuchauszug betreffend die Immobilie in ▬▬, ▬▬-Straße ▬▬ beantragt. Mein Antrag war mit Schreiben des Amtsgerichte vom ▬▬ abgelehnt worden.

Gegen diese Entscheidung lege ich namens und im Auftrag meiner Mandantin

Beschwerde

ein.

Für den Fall, dass der Beschwerde nicht abgeholfen wird, bitte ich um Vorlage zur Entscheidung bei der zuständigen Beschwerdekammer.

Nach § 12 GBO ist die Einsicht in das Grundbuch jedem gestattet, der ein berechtigtes Interesse nachweisen kann. Gemäß Abs. 3 dieser Vorschrift kann eine Abschrift verlangt werden, soweit die Einsicht gestattet ist.

Als Alleinerbin des Erblassers muss sich meine Mandantin einen Überblick über den Nachlass verschaffen. Sie hat demnach ein berechtigtes Interesse an der Einsichtnahme in die Grundakten und kann aus diesem Grund auch eine Grundbuchabschrift verlangen.

(Rechtsanwältin) ◄

c) Auskünfte aus dem Handelsregister und den Handelsregisterakten

In § 9 Abs. 1 HGB ist geregelt, dass die Einsicht in das Handelsregister und die zum Handelsregister eingereichten Unterlagen jedem gestattet ist. Neben der Einsicht können auch Abschriften von den Eintragungen und den eingereichten Schriftstücken verlangt werden, § 9 Abs. 2 S. 1 HGB. Ein berechtigtes Interesse muss weder für die Einsicht, noch für die Erteilung von Abschriften nachgewiesen werden. Das Recht auf Einsicht und Abschriften beschränkt sich auf die Eintragungen im Handelsregister sowie diejenigen Unterlagen, die nach § 8a Abs. 4 HGB einzureichenden Unterlagen. Hierbei handelt es sich um die Jahres- und Konzernabschlüsse sowie die dazugehörigen Unterlagen.

Für die Einsicht in das Handelsregister entstehen keine Kosten, § 90 KostO. Für Abschriften wird eine Gebühr nach §§ 89, 73 KostO erhoben.

Auch die Einsicht in die Handelsregisterakten ist gebührenfrei. Die Gebühren für beglaubigte Abschriften richten sich nach § 50 KostO.

▶ **Muster: Bitte um Erteilung einer Handelsregisterabschrift**

An das

Amtsgericht

– Handelsregister –

Nachlasssache ..., verstorben am ..., zuletzt wohnhaft in ...

Muster-GmbH in ..., HRB Nr.: ....

Sehr geehrte Damen und Herren,

unter Vorlage auf mich lautender Vollmacht zeige ich an, dass ich Herrn ..., wohnhaft ... vertrete.

Ausweislich der in der Anlage beigefügten beglaubigten Abschrift des Erbscheines des Amtsgerichtes ... vom ..., Az: ... wurde mein Mandant Alleinerbe nach dem am ... verstorbenen Erblasser .... Der Erblasser war bis zu seinem Tod Gesellschafter der oben bezeichneten GmbH.

Namens und in Vollmacht meines Mandanten bitte ich bezüglich dieser GmbH um Zusendung einer unbeglaubigten Abschrift des Handelsregisterblattes. Für entstehende Kosten erkläre ich mich stark.

(Rechtsanwältin) ◄

▶ **Muster: Bitte um Erteilung einer Abschrift aus den Handelsregisterakten**

An das

Amtsgericht

– Handelsregister –

Nachlasssache ..., verstorben am ..., zuletzt wohnhaft in ...

Muster-GmbH in ..., HRB Nr.: ....

Hier: Jahresabschluss für das Jahr ...

Sehr geehrte Damen und Herren,

unter Vorlage auf mich lautender Vollmacht zeige ich an, dass ich Frau ..., wohnhaft in ... vertrete. Meine Mandantin ist Alleinerbin des oben bezeichneten Erblassers. Eine beglaubigte Abschrift des Erbscheines des Amtsgerichtes ... vom ..., Az: ... ist der Anlage beigefügt.

Der Erblasser war Gesellschafter der oben bezeichneten Muster-GmbH.

Für meine Mandantin bitte ich um Zusendung des Jahresabschlusses für das Jahr ...

Für entstehende Kosten erkläre ich mich stark.

(Rechtsanwältin) ◄

220 Andere Unterlagen, die sich bei den Registerakten befinden, können unter der Voraussetzung, dass ein berechtigtes Interesse nachgewiesen werden kann, ebenfalls eingesehen werden.

d) Auskünfte aus gerichtlichen Akten

221 Aus § 13 FamFG ergibt sich das Akteneinsichtsrecht Beteiligter und Dritter. Den Beteiligten steht ein uneingeschränktes Akteneinsichtsrecht zu, sofern nicht schwerwiegende Interessen anderer Beteiligter oder Dritter entgegenstehen.

222 Dritte sind unter den Voraussetzungen des § 13 Abs. 2 FamFG berechtigt, Einsicht in gerichtliche Akten zu nehmen und beglaubigte oder unbeglaubigte Abschriften hieraus zu verlangen. Hierfür ist die Glaubhaftmachung eines berechtigten Interesses erforderlich.

223 Dem Akteneinsichtsrecht nach dieser Vorschrift unterliegen die Akten des Betreuungsgerichtes, des Familiengerichtes sowie des Nachlassgerichtes.

224 Die Einsicht in **betreuungsgerichtliche Akten** besteht soweit für den Erblasser Betreuung angeordnet war, insbesondere im Hinblick auf Rechnungslegungen des Betreuers, §§ 1908i, 1890, 1893 BGB. Einsicht in familiengerichtliche Akten kann genommen werden bezüglich Rechnungslegungen, die der Pfleger eines Kindes abgelegt hat, §§ 1666, 1915, 1890 bis 1893 BGB sowie im Hinblick auf Vermögensverzeichnisse, die ein Ehegatte anlässlich seiner Wiederverheiratung zu den Akten gegeben hat, § 1683 BGB.

225 Die Einsicht in gerichtliche Akten löst keine Gebühren aus. Die Erteilung von Abschriften ist gebührenpflichtig. Die Kosten ergeben sich aus § 136 Abs. 1 KostO.

226 ▶ **Muster: Einsicht in die Betreuungsakte**

An das

Amtsgericht

– Betreuungsgericht –

Betreuungssache des Herrn ...

Sehr geehrte Damen und Herren,

unter Vorlage auf mich lautender Vollmacht zeige ich an, dass ich Frau ..., wohnhaft in ... vertrete. Meine Mandantin ist Alleinerbin des oben bezeichneten Erblassers. Eine beglaubigte Abschrift des Erbscheines des Amtsgerichtes ... vom ..., Az: ... ist der Anlage beigefügt. Für den Erblasser war Betreuung angeordnet.

B. Auskunftsansprüche des Alleinerben § 1

Namens und in Vollmacht meiner Mandantin bitte ich um Einsicht in die Betreuungsakte durch Übersendung der Akte auf mein Büro.

Für entstehende Kosten erkläre ich mich stark.

(Rechtsanwältin) ◄

Wird **Einsicht** in die **Nachlassakten** beantragt, entscheidet das Nachlassgericht hierüber nach pflichtgemäßem Interesse.[163]

Personen, die als Erbe oder Vermächtnisnehmer eines Erblassers in Frage kommen und auch diejenigen, die ein Pflichtteilsrecht nachweisen können, haben ein berechtigtes Interesse an der Einsichtnahme in die Nachlassakten, nicht jedoch wer lediglich darlegen kann, mit dem Erblasser verwandt zu sein.[164]

Das Recht zur Einsicht in die Nachlassakte ergibt sich, wie oben bereits dargelegt, aus § 13 FamFG. Hieraus ergibt sich auch das Recht zur Einsicht in eine Verfügung betreffend die Ernennung oder Entlassung eines Testamentsvollstreckers.

Hierneben regelt das BGB weitere Fälle, in denen Einsicht in die Nachlassakten verlangt werden kann. Einsichtsrechte gewähren die Vorschriften der §§ 1953 Abs. 3 S. 2, 1957 Abs. 2 S. 2, 2010, 2081 Abs. 2 S. 2, 2146 Abs. 2, 2228, 2384 Abs. 2 BGB und § 357 Abs. 1 FamFG.

Wird die Einsicht in die Nachlassakte versagt, kann gegen die ablehnende Entscheidung Beschwerde gemäß § 58 Abs. 1 FamFG eingelegt werden. Adressat der Beschwerde ist das Gericht, dessen Entscheidung angefochten wird, § 64 Abs. 1 FamFG.

2. Erbrechtliche Auskunftsansprüche

a) Auskunft vom Erbschaftsbesitzer

Mit dem Eintritt des Erbfalles geht der Nachlass im Wege der Universalsukzession, § 1922 BGB, auf den Erben über und zwar unabhängig davon, ob der Erbe den Nachlass in Besitz hat oder dessen Zusammensetzung kennt. Der Erbe muss daher den Umfang feststellen können und in der Lage sein, den Nachlass in Besitz zu nehmen.

Informationen über den Nachlassbestand des Erblassers erhält der Erbe vom Erbschaftsbesitzer nach der Vorschrift des § 2027 BGB. Die Vorschrift unterscheidet drei Fallvarianten:

– nach § **2027 Abs. 1 1. Alt. BGB** kann der Erbe vom Erbschaftsbesitzer Auskunft über den Bestand des Nachlasses verlangen;
– nach § **2027 Abs. 1 2. Alt. BGB** muss der Erbschaftsbesitzer über den Verbleib von Gegenständen informieren und
– nach § **2027 Abs. 2 BGB** ist der so genannte Besitzstörer zur Auskunft über eigenmächtige Verfügung verpflichtet.

Die Auskunft ist durch Vorlage eines schriftlichen Bestandsverzeichnisses zu erteilen, wobei Nachlassverbindlichkeiten im Verzeichnis nicht aufzunehmen sind. Der Anspruch umfasst auch nicht die Verpflichtung des Erbschaftsbesitzers zur Bewertung des Aktivvermögens.

Neben der Angabe der Nachlassaktiva müssen Nachlassforderungen schriftlich mitgeteilt werden. Der Erbschaftsbesitzer muss hierneben angeben, ob und welche Gegenstände aus dem

---

163 OLG Karlsruhe FamRZ 1966, 268.
164 BayObLG Rpfleger 1984, 238.

Nachlass ihm gegebenenfalls als Voraus gemäß § 1932 BGB oder Vorausvermächtnis zugewendet sind.[165]

236 Auch über den Verbleib von Nachlassgegenständen muss der Erbschaftsbesitzer informieren. Unter Verbleib wird in diesem Zusammenhang nicht nur der körperliche, sondern auch der wirtschaftliche Verbleib von Nachlassgegenständen verstanden, sodass sich die Auskunftspflicht auch auf die Mitteilung der Veräußerung, der Verschlechterung und den Untergang der Sachen erstreckt. Die Auskunftspflicht ist der Rechenschaftslegung nach § 259 BGB daher sehr ähnlich.

237 Gläubiger des Auskunftsanspruches ist der Erbe. Die gewünschte Auskunft erhält er vom Erbschaftsbesitzer; das ist derjenige, der aus der Erbschaft etwas erhalten hat, ohne dass ihm in Wirklichkeit ein Erbrecht zusteht. Die Pflicht zur Auskunftserteilung ist vererblich mit der Folge, dass der Erbe des Erbschaftsbesitzers nach dessen Tod einer noch nicht erfüllten Auskunftspflicht an dessen Stelle nachkommen muss.[166]

238 Der Erbe kann Auskunft nicht nur vom Erbschaftsbesitzer verlangen, sondern auch von demjenigen, der ohne Erbschaftsbesitzer zu sein eine Sache aus dem Nachlass in Besitz nimmt, bevor der Erbe den Besitz tatsächlich ergriffen hat, § 2027 Abs. 2 BGB. Der Auskunftsanspruch besteht nur dann, wenn der Besitz nach Eintritt des Erbfalles begründet wurde. Bei einer Inbesitznahme vor dem Erbfall stehen dem Erben die Rechte aus §§ 681, 666 BGB zu.

239 ▶ **Muster: Auskunftsklage gegen den Erbschaftsbesitzer**

An das

Landgericht

Klage

des Herrn ▪▪▪

– Kläger –

Prozessbevollmächtigte: ▪▪▪

gegen

Herrn ▪▪▪

– Beklagter –

Prozessbevollmächtigter: ▪▪▪

wegen: Auskunft

vorläufiger Streitwert: EUR ▪▪▪

Namens und in Vollmacht des Klägers erhebe ich Klage und werde beantragen:
1. Der Beklagte wird verurteilt, dem Kläger Auskunft zu erteilen über den Bestand des Nachlasses der am ▪▪▪ verstorbenen Erblasserin ▪▪▪, zuletzt wohnhaft ▪▪▪ zum ▪▪▪ (Termin) sowie über den Verbleib der Nachlassgegenstände.
2. Der Beklagte trägt die Kosten des Rechtsstreits.

Für den Fall des Vorliegens der Voraussetzungen des § 331 Abs. 3 ZPO beantrage ich, den Beklagten durch Versäumnisurteil zu verurteilen.

---

[165] Damrau/*Schmalenbach*, § 2027 Rn 16.
[166] BGH NJW 1985, 3068.

Begründung

I. Ausgangslage

Am ▨▨▨ verstarb die Erblasserin ▨▨▨. Sie war zuletzt wohnhaft in ▨▨▨. Sie hatte am ▨▨▨ mit ihrem bereits vorverstorbenen Ehemann am ▨▨▨ einen Erbvertrag errichtet, in welchem sich die Eheleute gegenseitig zu Alleinerben und den Kläger zum Schlusserben einsetzten. Ein Rücktrittsrecht wurde nicht vereinbart.

Beweis: Vorlage des Erbvertrages vom ▨▨▨,

– Anlage K1 –

Nach dem Tod ihres Ehemannes setzte die Erblasserin den Beklagten durch handschriftliches Testament vom ▨▨▨ zu ihrem Alleinerben ein.

Beweis: Testament vom ▨▨▨,

– Anlage K2 –

Der Beklagte beantragte am ▨▨▨ beim Nachlassgericht ▨▨▨ einen Erbschein als Alleinerbe der Erblasserin. Das Nachlassgericht erteilte am ▨▨▨ dem Beklagten den Erbschein, Az: ▨▨▨, wie beantragt.

Beweis: Beiziehung der Nachlassakte, Az: ▨▨▨

Der Beklagte nahm daraufhin den gesamten Nachlass der Erblasserin in Besitz.

Der Erbvertrag vom ▨▨▨ wurde vom Nachlassgericht auf Ableben der Erblasserin versehentlich zunächst nicht eröffnet.

Beweis: wie vor

Erst auf Intervention des Klägers kam es schließlich am ▨▨▨ zu einer Eröffnung.

Beweis: wie vor

II. Rechtliche Ausführungen

Der Kläger ist Alleinerbe der Erblasserin aufgrund des Erbvertrages vom ▨▨▨ geworden. Das zeitlich spätere Testament der Erblasserin vom ▨▨▨, das den Beklagten begünstigte, ist absolut unwirksam, § 2289 Abs. 1 S. 2 BGB.

Der Beklagte maßt sich ein Erbrecht an, das ihm nicht zusteht. Er ist als Erbschaftsbesitzer verpflichtet, dem Kläger Auskunft zu erteilen über den Bestand des Nachlasses und auch über den Verbleib der Erbschaftsgegenstände, § 2027 Abs. 1 BGB.

Der Kläger hat den Beklagten außergerichtlich mehrfach zur Auskunft aufgefordert und zwar mit Schreiben vom ▨▨▨, ▨▨▨ und ▨▨▨.

Beweis: Schreiben vom ▨▨▨, ▨▨▨ und ▨▨▨,

– Anlagen K3–K5 –

Der Beklagte hat auf keines der Schreiben reagiert, sodass Klage geboten war.

(Rechtsanwältin) ◀

Klagen gegen den Erbschaftsbesitzer sind vor dem Gericht zu erheben, in dessen Bezirk der Erblasser im Zeitpunkt seines Todes seinen allgemeinen Gerichtsstand hatte, § 27 ZPO (besonderer Gerichtsstand der Erbschaft). Auch der allgemeine Gerichtsstand nach §§ 12, 13 ZPO kann gewählt werden. 240

Der Erbschaftsbesitzer muss im Falle der Klage sein Erbrecht nachweisen. Die Verpflichtung umfasst den Nachweis des Todes des Erblassers sowie den Grund seiner Berufung als Erbe. Den Erben trifft auch die Beweislast für den Erbschaftsbesitz des Beklagten. 241

Der Anspruch auf Auskunft verjährt mit Ablauf von 3 Jahren, § 195 BGB. 242

243 Ein Auskunftstitel wird nach § 888 ZPO vollstreckt, wenn die Auskunft nicht freiwillig erteilt wird. Der Antrag auf Zwangsvollstreckung ist vor dem Prozessgericht der ersten Instanz zu stellen, §§ 888, 887 Abs. 1 ZPO.

244 ▶ **Muster: Antrag auf Zwangsvollstreckung**

An das

Landgericht

Antrag nach § 888 ZPO

In der Zwangsvollstreckungssache

… gegen …

beantrage ich namens und in Vollmacht des Gläubigers zu beschließen:

Gegen den Schuldner Y wird wegen verweigerter Auskunftserteilung gemäß dem rechtskräftigen Urteil des Landgerichtes vom …, Az: … ein Zwangsgeld festgesetzt und für den Fall der Unmöglichkeit der Beitreibung Zwangshaft angeordnet.

Begründung

Der Schuldner wurde durch Urteil des Landgerichtes vom …, Az: … verurteilt, Auskunft über den Bestand des Nachlass des am … verstorbenen Erblassers sowie den Verbleib der Nachlassgegenstände zu erteilen. Eine vollstreckbare Ausfertigung des Urteils, die dem Schuldner am … zugestellt wurde, ist in der Anlage beigefügt.

Mit Schreiben vom … wurde der Schuldner erfolglos aufgefordert, die Auskunft zu erteilen.

Die Festsetzung eines Zwangsgeldes ist daher geboten.

(Rechtsanwältin) ◀

b) Auskunft vom Hausgenossen, § 2028 BGB

245 Der Hausgenosse des Erblassers kann für den Erben eine bedeutungsvolle Informationsquelle sein, da er in der Regel aufgrund seiner räumlichen und persönlichen Beziehungen zu diesem einen hohen Kenntnisstand über den Verbleib der Nachlassgegenstände hat.[167] Hausgenosse ist jeder, der sich im Zeitpunkt des Erbfalles in häuslicher Gemeinschaft mit dem Erblasser befunden hat, wobei eine räumliche Nähe im Sinne einer Zimmer-, Flur- oder Stockwerksnachbarschaft ausreicht.[168] Die Vorschrift des § 2028 BGB ist weit auszulegen. Für die Eigenschaft „Hausgenosse" ist das Zusammenleben mit dem Erblasser unter einem Dach nicht zwingend erforderlich.[169]

246 Die Verpflichtung des Hausgenossen zur Auskunftserteilung erstreckt sich in erster Linie auf die erbschaftlichen Geschäfte, die er geführt hat. Hierneben muss der Hausgenosse Auskunft über den Verbleib von Nachlassgegenständen erteilen, die nicht bereits zu Lebzeiten des Erblassers wirksam und endgültig aus dessen Vermögensbestand ausgegliedert wurden.[170] Unter den Begriff der Nachlassgegenstände fallen in diesem Zusammenhang auch Forderungen für den Nachlass. Eine Auskunftspflicht besteht auch im Hinblick auf einen eventuellen Wertersatz,

---

167 Soergel/*Dieckmann*, § 2028 Rn 2 mwN.
168 Soergel/*Dieckmann*, aaO.
169 Krug/Rudolf/*Kroiß-Krug*, § 9 Rn 268.
170 BGH WM 1971, 443 ff.

der anstelle eines Gegenstandes in den Nachlass gefallen ist,[171] nicht jedoch im Sinne einer Nachforschungspflicht bezüglich des Verbleibs einzelner Gegenstände.[172]

Unter erbschaftlichen Geschäften des Hausgenossen werden diejenigen Tätigkeiten des Hausgenossen verstanden, die einen Bezug zum Nachlass des Erblassers haben.

247

Die Auskunft ist eine einfache Auskunft, das heißt sie ist nicht durch Errichtung eines Bestandsverzeichnisses zu erteilen.[173] Eine Pflicht zur Rechnungslegung besteht nur in Bezug auf die erbschaftlichen Geschäfte, die der Hausgenosse selbst geführt hat.[174]

248

▶ **Muster: Auskunftsklage gegen den Hausgenossen**

249

An das
Landgericht

Klage

des Herrn ▪▪▪
– Kläger –
Prozessbevollmächtigte: ▪▪▪
gegen
Herrn ▪▪▪
– Beklagter –
Prozessbevollmächtigter: ▪▪▪

wegen: Auskunft und eidesstattlicher Versicherung

Namens und in Vollmacht des Klägers erhebe ich Klage und werde beantragen:

1. Der Beklagte wird verurteilt, dem Kläger Auskunft zu erteilen über die erbschaftlichen Geschäfte, die er im Hinblick auf den Nachlass des am ▪▪▪ verstorbenen ▪▪▪, zuletzt wohnhaft in ▪▪▪ geführt hat sowie über den Verbleib der Nachlassgegenstände.
2. Falls der Beklagte die Auskunft nicht mit der erforderlichen Sorgfalt erteilt haben sollte, wird er verurteilt, zu Protokoll an Eides statt zu versichern, dass er sie nach bestem Wissen so vollständig gegeben hat, wie er hierzu in der Lage war.
3. Der Beklagte trägt die Kosten des Rechtsstreits.

Bei Vorliegen der Voraussetzungen des § 331 Abs. 3 ZPO beantrage ich bereits jetzt, den Beklagten durch Anerkenntnisurteil zu verurteilen.

Begründung

Am ▪▪▪ verstarb die verwitwete Erblasserin ▪▪▪, zuletzt wohnhaft in ▪▪▪. Sie hinterließ ihren Sohn, den Kläger. Diesen hatte sie mit handschriftlichem Testament vom ▪▪▪ zu ihrem Alleinerben eingesetzt.

Beweis: Testament vom ▪▪▪,
– Anlage K1 –

Der Beklagte lebte mit der Erblasserin in deren Einfamilienhaus in ▪▪▪, ▪▪▪-Straße ▪▪▪. Bei einem Verkehrsunfall zwei Monate vor ihrem Tod zog sich die Erblasserin einen Oberschenkelhalsbruch am

---

[171] Krug/Rudolf/*Kroiß-Krug*, § 9 Rn 270.
[172] Damrau/*Schmalenbach*, § 2028 Rn 6.
[173] OLG München OLGE 40, 134.
[174] Damrau/*Schmalenbach*, § 2028 Rn 4.

rechten Bein zu und war infolge der Verletzung so stark eingeschränkt, dass sie das Haus nicht mehr verlassen konnte.

Beweis: Zeugnis des behandelnden Arztes Dr. ...,

Seit dem Unfall führte der Beklagte die Geschäfte der Erblasserin.

Beweis: Parteieinvernahme des Beklagten

Der Kläger hat gegen den Beklagten als Hausgenossen der Erblasserin einen Auskunftsanspruch hinsichtlich der erbschaftlichen Geschäfte, die er für die Erblasserin besorgte.

Mit Schreiben vom ... hat der Kläger den Beklagten aufgefordert, ihm die gewünschten Auskünfte zu erteilen.

Beweis: Schreiben vom ...,

– Anlage K2 –

Der Beklagte hat die Auskunft verweigert, sodass Klage geboten war.

(Rechtsanwältin) ◄

250 Der Hausgenosse ist auf Verlangen des Erben verpflichtet die Richtigkeit und Vollständigkeit seiner Auskünfte an Eides statt zu versichern, sofern die Besorgnis besteht, dass sie nicht mit der erforderlichen Sorgfalt erteilt wurden. Für den Fall, dass der Hausgenosse die eidesstattliche Versicherung nicht freiwillig erteilt, muss der Erbe die Abgabe der eidesstattlichen Versicherung im Klagewege erzwingen.

251 Für Fragen der Verjährung und der Beweislast kann auf die Ausführungen unter Rn 241 f für den Erbschaftsbesitzer verwiesen werden.

c) Auskunft vom Beschenkten, § 2287 BGB

252 Hat der Vertragserbe hinreichende Anhaltspunkte für das Vorliegen einer unentgeltlichen Zuwendung des Erblassers, so kann er vom Beschenkten Auskunft verlangen über sämtliche unentgeltliche und teilentgeltliche Zuwendungen des Erblassers.[175] Die Auskunftspflicht folgt mithin nicht unmittelbar aus § 2287 BGB, der in erster Linie einen Anspruch auf Herausgabe des Geschenkes normiert. Das Auskunftsrecht des Erben ergibt sich unter dem Gesichtspunkt von Treu und Glauben, § 242 BGB.[176] Voraussetzung für den Auskunftsanspruch ist, dass der Vertragserbe den Hauptanspruch schlüssig darlegt und in substantiierter Weise Tatsachen vorträgt und beweist, die auf eine beeinträchtigende Schenkung schließen lassen.[177] Unter dem Gesichtspunkt von Treu und Glauben steht dem Vertragserben auch ein Wertermittlungsanspruch gegen den Beschenkten zu.[178]

253 Nach ständiger Rechtsprechung steht der Auskunftsanspruch nicht nur dem Vertragserben, sondern in analoger Anwendung auch dem Schlusserben in einem gemeinschaftlichen Testament zu, dessen Erbeinsetzung nach §§ 2270, 2271 BGB bindend geworden ist.[179]

---

175 BGHZ 97, 188 = NJW 1986, 1755.
176 BGH, aaO; Damrau/*Krüger*, § 2287 Rn 14.
177 Damrau/*Krüger*, § 2287 Rn 14.
178 BGH NJW 1986, 127.
179 BGHZ 82, 274; BGH NJW 1982, 43.

▶ **Muster: Auskunftsklage gegen den Beschenkten, § 2287 BGB**

An das
Landgericht

Klage

der Frau ...
– Klägerin –
Prozessbevollmächtigte: ...
gegen
Herrn ...
– Beklagte –
Prozessbevollmächtigter: ...

wegen: Auskunft

Namens und in Vollmacht der Klägerin erhebe ich Klage und werde beantragen:

1. Die Beklagte wird verurteilt, der Klägerin Auskunft zu erteilen über sämtliche Zuwendungen (entgeltliche und teilentgeltliche), die sie von der am ... verstorbenen Erblasserin ... erhalten hat.
2. Die Beklagte trägt die Kosten des Rechtsstreites.

Für den Fall des Vorliegens der Voraussetzungen des § 331 Abs. 3 ZPO beantrage ich bereits jetzt, die Beklagte durch Versäumnisurteil zu verurteilen.

Begründung

Am ... verstarb die Erblasserin ... Sie hatte mit ihrem am ... vorverstorbenen Ehemann das gemeinschaftliche Testament vom ... errichtet, mit welchem sich die Eheleute gegenseitig zu Alleinerben und die Klägerin, Tochter aus dieser Ehe, zur Schlusserbin einsetzten.

Beweis: Testament vom ...,

– Anlage K1 –

Ein Jahr nach dem Tod ihres Ehemannes, den die Erblasserin infolge des als Anlage K1 vorgelegten Testamentes alleine beerbte, übertrug sie das Einfamilienhaus in ... auf die Beklagte, ihre außerehelich geborene Tochter.

Die Klägerin vermutet, dass die Übertragung im Wege der Schenkung unentgeltlich erfolgte, da der Nachlass der Erblasserin nahezu wertlos ist, obwohl diese über eine solide Witwenrente verfügte.

Die Klägerin ist aufgrund des ehegemeinschaftlichen Testamentes vom ... Alleinerbin der Erblasserin geworden und hat die Erbschaft angenommen. Die Erblasserin wusste, dass sie aufgrund des Testamentes vom ... in ihrer Testierfreiheit beschränkt war. Eine Verfügung zugunsten der Beklagten war daher unmöglich.

Mit der Übertragung des Einfamilienhauses an die Beklagte verfolgte die Erblasserin den Zweck, die Bindungswirkung des gemeinschaftlichen Testamentes zu umgehen und die Klägerin zu benachteiligen.

In ihrem Freundeskreis äußerte sich die Erblasserin mehrfach dahingehend, dass die einzige Möglichkeit der Beklagten etwas zukommen zu lassen, die lebzeitige Übertragung des Hausanwesens sei, da sie testamentarisch nichts mehr machen könne und gebunden sei.

Beweis: Zeugnis der ...

Ein lebzeitiges Eigeninteresse an der Übertragung hatte die Erblasserin nicht. Mit der Übertragung wollte sie lediglich ihr schlechtes Gewissen gegenüber der Beklagten beruhigen, die sie nach der Geburt zur Adoption freigegeben hatte.

Die Voraussetzungen des § 2287 BGB liegen demnach vor. § 2287 BGB findet nach herrschender Meinung analog auch Anwendung auf bindend gewordene gemeinschaftliche Testamente.[180]

Die Beklagte ist der Klägerin daher zur Auskunft über die Modalitäten der Übergabe verpflichtet.[181]

(Rechtsanwältin) ◄

255 Die Auskunft kann nur innerhalb von 3 Jahren seit Anfall der Erbschaft verlangt werden, da der auf Herausgabe gerichtete Hauptanspruch innerhalb dieser Frist verjährt, § 2287 Abs. 2 BGB. Nach Verjährung des Hauptanspruches besteht kein Auskunftsrecht mehr.[182]

d) Auskunftsanspruch des endgültigen gegen den vorläufigen Erben, §§ 1959, 666 BGB

256 So lange dem Erben die Ausschlagung der Erbschaft noch möglich ist, ist unklar, wer endgültiger Erbe ist. Besorgt der vorläufige Erbe bis zur Ausschlagung erbschaftliche Geschäfte, so stellt sich mit der Ausschlagung die Frage, in wie weit er dem endgültigen Erben zur Rechenschaft über sein bisheriges, den Nachlass betreffendes Verhalten verpflichtet ist. Nach § 1959 BGB ist der vorläufige Erbe dem endgültigen Erben gegenüber insoweit nach den Grundsätzen zur Geschäftsführung ohne Auftrag berechtigt und verpflichtet. Es treffen ihn daher die Auskunftspflichten aus § 666 BGB.

257 Aus der Vorschrift des § 666 BGB folgt die Verpflichtung des Beauftragten, dem Auftraggeber die erforderlichen Nachrichten zu geben, auf Verlangen über den Stand des Geschäftes Auskunft zu erteilen und nach der Ausführung des Auftrags Rechenschaft abzulegen. Übertragen auf den vorläufigen Erben bedeutet dies, dass dieser zur Auskunft über die gesamte Bandbreite der von ihm vorgenommenen erbschaftlichen Geschäfte verpflichtet ist. Dies umfasst die Notwendigkeit, den Erben über die einzelnen Geschäfte sowie deren jeweiligen Stand zu informieren. Ist eine Geschäftstätigkeit abgeschlossen, hat der vorläufige Erbe hierüber Rechnung zu legen.

258 Der Auskunftspflicht unterliegen die so genannten erbschaftlichen Geschäfte. Hierunter werden alle tatsächlichen und rechtsgeschäftlichen Handlungen verstanden, die im Zusammenhang mit dem Nachlass stehen.[183] Ein erbschaftsbezogenes Geschäft stellt beispielsweise der Abschluss von Verträgen im Zusammenhang mit der Beerdigung oder auch tatsächliche Handlungen, wie etwa die Reparatur von Nachlassgegenständen.[184]

259 Das Auskunftsrecht des endgültigen Erben entsteht mit dem Zeitpunkt, zu dem er die Erbschaft endgültig annimmt bzw seine Verhaltensweisen den Rückschluss auf einen Annahmewillen unmissverständlich zulassen.

260 Um seine Ansprüche gegen den vorläufigen Erben geltend machen zu können, muss der endgültige Erbe seine Rechtsposition als Erbe nachweisen und hierneben auch die tatbestandlichen Voraussetzungen darlegen und beweisen. Er muss vortragen, welche erbschaftlichen Geschäfte der vorläufige Erbe vorgenommen hat bzw welche Anhaltspunkte hierfür sprechen.

---

180 BGHZ 82, 274; BGH NJW 1982, 43.
181 BGHZ 97, 193.
182 Krug/Rudolf/*Kroiß-Krug*, § 9 Rn 278.
183 Damrau/*Boecken*, § 1959 Rn 2.
184 Vgl Übersicht Damrau/*Boecken*, aaO; *Sarres*, ZEV 1998, 423.

B. Auskunftsansprüche des Alleinerben   § 1

▶ **Muster: Klage des endgültigen Erben gegen den vorläufigen Erben wegen Auskunft über erbschaftliche Geschäfte**   261

An das

Landgericht

Klage

des Herrn ...

– Kläger –

Prozessbevollmächtigte: ...

gegen

Herrn ...

– Beklagte –

Prozessbevollmächtigte: ...

wegen: Auskunft

vorläufiger Streitwert: ... EUR

Namens und in Vollmacht des Klägers erhebe ich Klage und werde beantragen:

1. Die Beklagte wird verurteilt, dem Kläger Auskunft zu erteilen über die erbschaftlichen Geschäfte, die er im Hinblick auf den Nachlass der am ... verstorbenen ..., zuletzt wohnhaft in ... ab dem Erbfall bis zum ... geführt hat.
2. Die Beklagte trägt die Kosten des Rechtsstreites.

Für den Fall der Anordnung des schriftlichen Vorverfahrens beantrage ich bei Vorliegen der Voraussetzungen des § 331 Abs. 3 ZPO bereits jetzt, die Beklagte durch Versäumnisurteil zu verurteilen.

Begründung

Am ... verstarb die verwitwete Erblasserin ..., zuletzt wohnhaft in ... . Sie hinterließ ihre einzige Tochter, die Beklagte. Der Kläger ist der Enkelsohn der Erblasserin. Nach dem Tod der Erblasserin trat gesetzliche Erbfolge ein mit der Folge, dass die Erbschaft zunächst der Beklagten angefallen ist.

Mit notarieller Erklärung vom ... schlug die Beklagte die Erbschaft aus.

Beweis: Beiziehung der Nachlassakte des Amtsgerichtes ..., Az: ...

Infolge der Ausschlagung der Beklagten wurde der Kläger Alleinerbe der Erblasserin kraft gesetzlicher Erbfolge. Der Beklagte hat die Erbschaft angenommen. Einen Erbschein, der ihn als Alleinerben der Erblasserin ausweist, hat er bereits beantragt.

Beweis: wie vor

Notarieller Erbscheinsantrag von ..., in Kopie als

– Anlage K1 –

Seit dem Tod der Erblasserin hat die Beklagte mehrere Handlungen vorgenommen, die in Zusammenhang mit dem Erbfall bzw Nachlass der Erblasserin stehen. Sie hat das Bestattungsunternehmen ... mit der Bestattung der Erblasserin beauftragt und beim Steinmetz ... in ... die Herstellung eines Grabdenkmals in Auftrag gegeben.

Beweis: Zeugnis der Geschäftsführerin des Bestattungsunternehmens ...,

Zeugnis des Steinmetz, Herrn ...,

Außerdem hat die Beklagte das Steuerberatungsbüro ▬ in ▬ aufgesucht und dort um Erstellung von Steuererklärungen für die Erblasserin gebeten.

Beweis: Zeugnis des Steuerberaters, Herrn ▬

Der Kläger ist bei den einzelnen als Zeugen benannten Personen persönlich vorstellig geworden, hat diese darüber hinaus auch schriftlich über seine Erbenstellung informiert und um Aufklärung über den Inhalt und Stand der von der Beklagten beauftragten Geschäfte gebeten.

Beweis: 3 Schreiben vom ▬ in Kopie als

– Anlagen K2, K3, K4 –

Er hat keinerlei Auskünfte erhalten, da er sein Erbrecht nicht durch Vorlage eines Erbscheines nachweisen konnte und außerdem die benannten Zeugen der Auffassung waren, ein Anspruch auf Information über den aktuellen Stand eines Geschäftes seien von ihnen nur gegenüber der Auftraggeberin, also der Beklagten zu erteilen.

Auch die Beklagte hat es nicht für nötig gehalten, den Kläger zu informieren. Sie hat dies ausdrücklich mit Schreiben vom ▬ abgelehnt.

Beweis: Schreiben vom ▬, in Kopie als

– Anlage K5 –

Die Verpflichtung der Beklagten dem Kläger Auskunft über die von ihr vorgenommenen erbschaftlichen Geschäfte zu erteilen, ergibt sich aus § 1959 Abs. 1 iVm § 666 BGB. Hiernach hat er Kläger Anspruch darauf, die erbschaftlichen Geschäfte in ihrem Gesamtzusammenhang zu erfahren sowie mit genaueren Informationen versorgt zu werden.

Da die Beklagte hierzu nicht bereit war, war Klage geboten.

(Rechtsanwältin) ◄

e) Auskunft über nach § 2316 BGB auszugleichende Vorempfänge

262 Die Vorschrift des § 2057 BGB regelt, dass Miterben untereinander zur Auskunft über Zuwendungen verpflichtet sind, die nach §§ 2050 bis 2053 BGB zur Ausgleichung zu bringen sind. Ein Auskunftsrecht des Alleinerben gegenüber einem enterbten Abkömmling des Erblassers kann aus der Vorschrift nicht unmittelbar abgeleitet werden. Nach allgemeiner Meinung ergibt sich ein solches jedoch nach dem Grundsatz von Treu und Glauben.[185] Ausgleichspflichtige Zuwendungen, die der Pflichtteilsberechtigte erhalten hat, sind nämlich wegen der Vorschrift des § 2316 BGB bei der Berechnung des Pflichtteilsanspruches grundsätzlich zu berücksichtigen. Voraussetzung hierfür ist, dass eine Zuwendung des Erblassers an einen Abkömmling bei Eintritt der gesetzlichen Erbfolge auszugleichen wäre.[186]

263 ▶ **Muster: Auskunft über gemäß § 2316 BGB auszugleichende Vorempfänge**

An das

Landgericht

Klage

des Herrn ▬

– Kläger –

---

185 OLG Nürnberg NJW 1957, 1482; RGZ 73, 372.
186 Damrau/*Riedel/Lenz*, § 2316 Rn 4.

B. Auskunftsansprüche des Alleinerben § 1

Prozessbevollmächtigte: ...

gegen

Herrn ...

– Beklagter –

Prozessbevollmächtigte: ...

wegen: Auskunft

Namens und in Vollmacht des Klägers erhebe ich Klage und werde beantragen:

1. Der Beklagte wird verurteilt, dem Kläger Auskunft zu erteilen über sämtliche nach §§ 2050 ff BGB auszugleichenden Vorempfänge, die er von dem am ... in ... verstorbenen Erblasser erhalten hat.
2. Der Beklagte trägt die Kosten des Rechtsstreits.

Bei Vorliegen der Voraussetzungen des § 331 Abs. 3 ZPO beantrage ich bereits jetzt, den Beklagten durch Versäumnisurteil zu verurteilen.

Begründung:

Die Parteien sind Geschwister.

Am ... verstarb die verwitwete Erblasserin ..., zuletzt wohnhaft in .... Sie hinterließ zwei Kinder, den Kläger und den Beklagten. Mit handschriftlichem Testament vom ... hatte sie den Kläger zu ihrem Alleinerben eingesetzt.

Beweis: Testament vom ...,

– Anlage K1 –

Der Beklagte hat den Kläger zur Auskunft über den Nachlassbestand durch Vorlage eines Nachlassverzeichnisses des Erblassers sowie zur anschließen Zahlung des Pflichtteils aufgefordert.

Der Kläger hat das Nachlassverzeichnis errichtet und den Beklagten seinerseits aufgefordert, Auskunft über ausgleichspflichtige Zuwendungen zu erteilen, die er vom Erblasser erhalten hat.

Mit Schreiben vom ... hat der Beklagte die Auskunft endgültig verweigert. Er vertritt die Auffassung, er müsse keine Auskunft erteilen, da sämtliche Zuwendungen, die er erhalten habe, schon länger als zehn Jahre zurücklägen.

Beweis: Schreiben vom ...,

– Anlage K2 –

Die Auffassung des Beklagten ist jedoch nicht zutreffend. Ausgleichspflichtige Zuwendungen sind selbst dann zu berücksichtigen, wenn sie länger als zehn Jahre zurückliegen. Die 10-Jahresfrist des § 2325 BGB gilt für ausgleichspflichtige Zuwendungen nicht. Ausgleichspflichtige Zuwendungen sind hier bei der Berechnung des Pflichtteils des Beklagten wegen der Vorschrift des § 2316 BGB auch nicht unbeachtlich.

Nach § 2057 BGB ist jeder Miterbe verpflichtet, den übrigen Erben Auskunft über ausgleichspflichtige Zuwendungen zu erteilen. Nach herrschender Meinung ist auch der enterbte Abkömmling zur Auskunftserteilung verpflichtet.[187]

---

187 OLG Nürnberg NJW 1957, 1482, LS; RGZ 73, 372.

Klage war hier geboten, da der Beklagte dem außergerichtlichen Auskunftsbegehren nicht nachgekommen ist.

(Rechtsanwältin) ◄

3. Sonstige zivilrechtliche Auskunftsansprüche

264 Dem (Allein-)Erben stehen neben den erbrechtlichen Ansprüchen auch solche aus dem übrigen Zivilrecht zu, die aber auch Auswirkungen auf das Erbecht haben.

a) Auskunft und Rechenschaft gem. § 666 BGB

265 Aus der Vorschrift des § 666 BGB folgt die Verpflichtung des Beauftragten, dem Auftraggeber die erforderlichen Nachrichten zu geben, auf Verlangen über den Stand des Geschäftes Auskunft zu erteilen und nach der Ausführung des Auftrags Rechenschaft abzulegen. Die Rechte und Pflichten aus dem Auftragsverhältnis gehen im Wege der Gesamtrechtnachfolge auf den Erben über mit der Folge, dass dem Erben des Erblassers dessen Auskunftsrecht und dem Erben des Beauftragten dessen Auskunftspflichten zufallen.[188] Hierbei ist zu beachten, dass die Pflichten aus § 666 BGB vertraglich ausgeschlossen werden können,[189] was sich für den Erben als nachteilig erweisen kann.

266 Auskunft nach § 666 BGB wird der Alleinerbe beispielsweise verlangen, wenn der Erblasser einen Dritten mit einer Vollmacht ausgestattet hatte und der Dritte in Ausübung dieser Vollmacht Geschäfte für den Erblasser vorgenommen hat.[190]

267 ▶ **Muster: Klage auf Auskunft durch Rechnungslegung bei Auftrag und Geschäftsbesorgung, §§ 666, 675 BGB**

An das

Landgericht

Klage

des Herrn ▬▬▬

– Kläger –

Prozessbevollmächtigte: ▬▬▬

gegen

Frau ▬▬▬

– Beklagte –

Prozessbevollmächtigte: ▬▬▬

wegen: Auskunft, Zahlung

vorläufiger Streitwert: ▬▬▬ EUR

Namens und in Vollmacht des Klägers erhebe ich Klage und werde beantragen:

1. Die Beklagte wird verurteilt, dem Kläger Auskunft über sämtliche Geschäfte zu erteilen, die sie für die am ▬▬▬ verstorbene Erblasserin ▬▬▬, geb. ▬▬▬ im Rahmen der ihr bezüglich des Kontos bei der ▬▬▬-Bank, KtoNr.: ▬▬▬ erteilten Vollmacht getätigt hat und zwar durch Vorlage einer geordneten Aufstellung aller Einnahmen und Ausgaben sowie durch Vorlage der dazugehörigen Belege.

---

188 BGH NJW 1988, 2729.
189 BGH WM 1989, 1813.
190 Palandt/*Sprau*, vor § 662 Rn 7.

B. Auskunftsansprüche des Alleinerben § 1

2. Die Beklagte wird verurteilt, an die Erbengemeinschaft nach der am ... verstorbenen ..., bestehend aus:
   a) dem Kläger und
   b) der Beklagten,
   den sich nach Erteilung der Auskunft zu Ziffer 1 errechnenden Betrag nebst 5 % Zinsen über Basiszinssatz hieraus seit Verwendung des jeweils aus dem Auftragsverhältnis Erlangten herauszugeben, soweit es nicht zur Erfüllung des Auftrages verwendet wurde.
3. Die Beklagte trägt die Kosten des Rechtsstreites.

Für den Fall der Anordnung des schriftlichen Vorverfahrens beantrage ich bei Vorliegen der Voraussetzungen des § 331 Abs. 3 ZPO bereits jetzt, die Beklagte durch Versäumnisurteil zu verurteilen.

Begründung

Am ... verstarb die Erblasserin ..., zuletzt wohnhaft in .... Sie hinterließ zwei Kinder: den Kläger und die Beklagte.

Der Ehemann der Erblasserin, Herr ..., ist bereits am ... vorverstorben.

Die Erblasserin hatte gemeinsam mit ihrem Ehemann das notarielle Testament vom ... errichtet, mit welchem sich die Eheleute gegenseitig zu Alleinerben einsetzten. Zu Schlusserben des länger Lebenden bestimmten sie ihre Kinder zu gleichen Teilen.

Beweis: Notarielles Testament vom ...

– Anlage K1 –

Die Erblasserin wurde demnach von den Parteien zu je 1/2 beerbt.

Bei der Sparkasse ... führte die Erblasserin das Girokonto mit der Nummer ...

Im Januar 1994 erteilte die Erblasserin der Beklagten Vollmacht für dieses Konto. Die Vollmacht galt über den Tod der Erblasserin hinaus.

Beweis: Vollmacht vom ...

– Anlage K2 –

Ab diesem Zeitpunkt wurden die Bankgeschäfte der Erblasserin ausschließlich von der Beklagten getätigt, weil die Erblasserin infolge ihrer Gebrechlichkeit nicht mehr gut zu Fuß war und das Haus nur noch selten verließ.

Beweis: Im Bestreitensfalle Vorlage der Überweisungsträger in Kopie

Seit Januar 1994 nahm die Beklagte Barabhebungen in Höhe von insgesamt EUR ... sowie Überweisungen in Höhe von EUR ... wie folgt vor:

Datum: Vorgang, Haben, Soll/Barabhebungen

Im Zeitpunkt des Todes der Erblasserin wies ihr Konto bei der Sparkasse ... nur noch einen Guthabensbetrag in Höhe von EUR 5,00 auf.

Beweis: Vorlage des Kontoauszuges vom Todestag

– Anlage K3 –

Der Kläger hatte die Beklagte außergerichtlich mehrfach erfolglos aufgefordert, Auskunft zu erteilen über die Geschäfte, die sie für die Erblasserin im Rahmen der Vollmacht tätigte. Zunächst hatte er die Beklagte mit Schreiben vom ... sowie erneut mit Schreiben vom ... gebeten, die Kontoauszüge betreffend das Konto der Erblasserin zur Einsicht vorzulegen.

Beweis: Schreiben vom ... und ...

– Anlage K4 und K5 –

Als hierauf keine Reaktion der Beklagten erfolgte, forderte er sie unter dem ... wiederum schriftlich auf, eine geordnete Aufstellung der Einnahmen und Ausgaben für den Zeitraum ab 1997 bis zum Erbfall vorzulegen.

Beweis: Schreiben vom ...

– Anlage K6 –

Auch auf dieses Schreiben reagierte die Beklagte nicht.

Die Beklagte ist hinsichtlich sämtlicher Geschäfte, die sie in ihrer Eigenschaft als Bevollmächtigte für die Erblasserin tätigte, auskunftspflichtig gemäß § 666 BGB. Die Auskunft umfasst auch die Verpflichtung zur Rechnungslegung.

Der Anspruch auf Rechnungslegung verpflichtet den Beauftragten über die Erteilung der Auskunft hinaus zur genaueren Information über die getätigten Geschäfte durch Vorlage einer geordneten Aufstellung der Einnahmen und Ausgaben.[191]

Der Beauftragte muss den Auftraggeber über alle Einzelheiten der Auftragsführung in verkehrsüblicher Weise informieren und ihm die notwendige Übersicht über das Besorgte verschaffen. Der Auskunftsanspruch gilt vollumfänglich und ist auch nicht von einer Herausgabepflicht nach § 667 BGB abhängig.[192]

Die Auskunftspflicht besteht gegenüber dem Kläger, da dieser als Miterbe Rechtsnachfolger der ursprünglichen Auftraggeberin und Geschäftsherrin geworden ist. Die Beklagte als Beauftragte ist nun nicht mehr gegenüber der Erblasserin, sondern gegenüber den Miterben zur Rechenschaft verpflichtet.[193]

Da die Beklagte ihrer Rechnungslegungspflicht trotz Aufforderung nicht nachgekommen ist, war Klage geboten.

(Rechtsanwältin) ◄

b) Auskunftsanspruch des Erben des erstverstorbenen geschiedenen Ehegatten gegen den länger lebenden geschiedenen Ehegatten über den Bestand seines Endvermögens gemäß § 1379 BGB

268 Macht der länger lebende Ehegatte gegen den Erben seines geschiedenen Ehegatten einen Anspruch auf Zugewinnausgleich geltend, so ist er nach § 1379 BGB verpflichtet, Auskunft über den Bestand seines Endvermögens zu erteilen. Die Zugewinnausgleichsforderung des überlebenden Ehegatten nach § 1371 Abs. 2 und 3 BGB ist eine den Erben treffende Nachlassverbindlichkeit.[194]

269 Das Auskunftsrecht aus § 1379 BGB bezieht sich auf das Endvermögen zum Stichtag. Mit der Auskunft soll der Auskunftsberechtigte in die Lage versetzt werden, das Endvermögen des Auskunftsverpflichteten berechnen und den Zugewinn ermitteln zu können. Die Auskunft ist durch Vorlage eines Bestandsverzeichnisses zu erteilen, in welchem der Auskunftsverpflichtete die zu seinem Endvermögen gehörenden Gegenstände nach Anzahl, Art und wertbildenden Faktoren anzugeben hat. Die Wertberechnung schuldet der Verpflichtete hingegen nicht.[195] Befindet sich im Endvermögen ein Unternehmen erstreckt sich der Anspruch auch auf die Herausgabe der Bilanzen nebst Gewinn- und Verlustrechnungen der letzten fünf Geschäftsjahre.[196]

---

191 Palandt/*Grüneberg*, § 259 Rn 8.
192 BGHZ 109, 260, 266.
193 AG Bad Mergentheim ZErb 2003, 54.
194 Damrau/*Gottwald*, § 1967 Rn 10.
195 BGH FamRZ 1989, 157, 159.
196 OLG Düsseldorf FamRZ 1999, 1070.

Der Erbe kann verlangen, bei der Erstellung des Verzeichnisses hinzugezogen zu werden. Hierneben kann er auf die Wertermittlung der Vermögensgegenstände und Verbindlichkeiten bestehen. Nach § 1379 Abs. 1 S. 2 BGB ist das Verzeichnis durch die zuständige Behörde oder durch einen zuständigen Beamten oder Notar aufzunehmen, soweit der Erbe die insoweit anfallenden Kosten übernimmt.

▶ **Muster: Auskunft vom geschiedenen Ehegatten der Erblasserin wegen Zugewinn, § 1379 BGB**

An das

Amtsgericht

– Familiengericht –

Klage

der Frau ■■■

– Klägerin –

Prozessbevollmächtigte: ■■■

gegen

Herrn ■■■

– Beklagter –

Prozessbevollmächtigte: ■■■

wegen: Auskunft

Namens und in Vollmacht der Klägerin erhebe ich Klage und werde beantragen:

1. Der Beklagte wird verurteilt, der Klägerin Auskunft zu erteilen über den Stand seines Endvermögens am ■■■ durch Vorlage eines nach Aktiva und Passiva geordneten und von ihm persönlich unterschriebenen Verzeichnis.
2. Der Beklagte trägt die Kosten des Rechtsstreits.

Bei Vorliegen der Voraussetzungen des § 331 Abs. 3 ZPO beantrage ich bereits jetzt, den Beklagten durch Versäumnisurteil zu verurteilen.

Begründung

Am ■■■ verstarb die Erblasserin ■■■. Ausweislich des in beglaubigter Abschrift beigefügten Erbscheines des Amtsgerichtes ■■■ vom ■■■ wurde sie von der Klägerin als Alleinerbin beerbt.

Der Beklagte war mit der Erblasserin im gesetzlichen Güterstand der Zugewinngemeinschaft verheiratet. Die Ehe wurde durch rechtskräftiges Urteil des Amtsgerichts ■■■, Az: ■■■ geschieden.

Der Antrag auf Ehescheidung war der Erblasserin am ■■■ zugestellt worden.

Beweis: Beiziehung der Verfahrensakte des Amtsgerichts ■■■, Az: ■■■

Noch zu Lebzeiten der Erblasserin machte der Beklagte Zugewinnausgleichsansprüche geltend.

Die Erblasserin hatte dem Beklagten daher unter dem ■■■ Auskunft über ihr Endvermögen erteilt und ihn aufgefordert, seinerseits ein Verzeichnis über den Bestand seines Endvermögens vorzulegen.

Beweis: Verzeichnis der Erblasserin vom ■■■,

– Anlage K1 –

Aufforderungsschreiben vom ■■■,

– Anlage K2 –

Der Beklagte verweigert beharrlich die Erteilung der Auskünfte. Auch auf das Schreiben der Klägerin vom ... hat er nur insoweit reagiert, als er die Auskunftserteilung endgültig ablehnte.

Beweis: Schreiben des Beklagten vom ...,

– Anlage K3 –

Die Klägerin steht als Alleinerbin der Erblasserin gemäß §§ 1379, 1378 Abs. 3 S. 1 BGB das Recht zu, vom Beklagten Auskunft über sein Endvermögen zu erhalten.

Da der Beklagte auf die Schreiben der Erblasserin und der Klägerin nicht reagiert hat, war Klage geboten.

(Rechtsanwältin) ◄

272 Die Vollstreckung des Auskunftstitels richtet sich nach § 888 Abs. 1 ZPO.

c) Auskunftsanspruch des Erben des erstverstorbenen geschiedenen Ehegatten gegen den länger lebenden geschiedenen Ehegatten über dessen Einkünfte nach § 1580 BGB

273 Unterhaltsansprüche des geschiedenen Ehegatten des Erblassers gehen gemäß § 1586 b BGB auf den Erben als Nachlassverbindlichkeit über. Für die Unterhaltsansprüche haftet der Erbe jedoch nur bis zum dem Betrag, der seiner Höhe nach dem Pflichtteil entspricht, der dem Ehegatten zugestanden hätte, wenn die Ehe nicht geschieden worden wäre, § 1586 b Abs. 2 BGB. Die Regelung will einen Ausgleich für den Verlust erbrechtlicher Ansprüche des Ehegatten schaffen, die durch die Scheidung eintreten.[197] Die Unterhaltspflicht besteht nicht, wenn der länger lebende Ehegatte auf seinen Pflichtteil wirksam verzichtet hatte.[198]

274 Nach der Scheidung ist jeder Ehegatte grundsätzlich verpflichtet, für sich selbst zu sorgen.

275 Ein Unterhaltsanspruch besteht nur, wenn einer der im Gesetz normierten Unterhaltstatbestände erfüllt ist und der den Unterhalt begehrende Ehegatte bedürftig sowie der zum Unterhalt Verpflichtete leistungsfähig ist.

276 Stehen dem geschiedenen Ehegatten ausreichend eigene Einkünfte und Vermögen zur Verfügung, kann dies zu einem Wegfall der Unterhaltsverpflichtung der Erben führen. Um dies überprüfen zu können, steht den Erben das Auskunftsrecht aus § 1580 BGB zu.

277 Die Auskunft ist durch Vorlage einer geordneten Zusammenstellung aller erforderlichen Angaben zu erteilen, um dem Auskunftsberechtigten eine Einkommensberechnung zu ermöglichen.[199] Die Auskunft bedarf der Schriftform. Sie darf nicht schrittweise erfolgen.[200] Bei der Auskunft zum Vermögen muss der Auskunftsverpflichtete keine Rechenschaft ablegen über beispielsweise den Verbleib früherer Vermögensgegenstände.[201]

---

[197] Palandt/*Brudermüller*, § 1586 b Rn 1.
[198] *Dieckmann*, FamRZ 1999, 1029.
[199] BGH NJW 1983, 2243.
[200] Palandt/*Brudermüller*, § 1580 Rn 4.
[201] OLG Karlsruhe FamRZ 1986, 272.

▶ **Muster: Klage gegen den geschiedenen Ehegatten auf Auskunft über Einkünfte und Vermögen, § 1580 BGB**

An das

Amtsgericht

– Familiengericht –

Klage

des Herrn ...

– Kläger –

Prozessbevollmächtigte: ...

gegen

Frau ...

– Beklagte –

Prozessbevollmächtigte: ...

wegen: Auskunft

Namens und in Vollmacht des Klägers erhebe ich Klage und werde beantragen:

1. Die Beklagte wird verurteilt, durch Vorlage eines Verzeichnisses Auskunft zu erteilen über
   a) sämtliche ihr gehörige Vermögenswerte im In- und Ausland sowie
   b) ihr Erwerbseinkommen im Zeitraum vom ... bis ... (die letzten 12 Monate) und zwar bezüglich des gesamten lohnsteuerpflichtigen und nicht lohnsteuerpflichtigen, laufenden oder einmaligen Arbeitsentgelts inklusive aller Zulagen, Zuschläge, Sonderleistungen, geldwerter Vorteile, Auslösen und Spesen sowie der steuerlichen und sozialversicherungsrechtlichen Abzugsbeträge, der verwendeten Steuerklasse und steuerlichen Freibeträge.
2. Die Beklagte wird verurteilt, dem Kläger nachfolgend bezeichnete Belege vorzulegen:
   a) Einkommensteuererklärung für das Jahr ... (die jeweils Aktuellste),
   b) detaillierte Gehaltsbescheinigungen für den unter Ziffer 1 angegebenen Zeitraum,
   c) Abrechnungen über Spesen und Auslösen.
3. Die Beklagte trägt die Kosten des Rechtsstreits.

Begründung

Die Beklagte ist die geschiedene Ehefrau des am ... verstorbenen Erblassers.

Der Kläger wurde Alleinerbe des Erblassers.

Beweis: Erbschein des Amtsgerichtes ..., Az: ...,

– Anlage K1 –

Der Erblasser zahlte der Beklagten zu seinen Lebzeiten einen monatlichen Unterhalt in Höhe von EUR .... Diesen Unterhalt begehrt die Beklagte nunmehr vom Kläger unter Berufung auf die Vorschrift des § 1586 b BGB.

Am ..., also unmittelbar nach dem Erblasser, verstarb auch die Mutter der Beklagten. Da die Beklagte ein Einzelkind ist und ihr Vater bereits vor mehreren Jahren vorverstorben ist, wurde sie Alleinerbin ihrer Mutter kraft gesetzlicher Erbfolge. Einen entsprechenden Erbschein hat sie bereits beantragt. Im Wege der Erbfolge sind erhebliche Vermögenswerte auf die Beklagte übergegangen.

Beweis: Beiziehung der Nachlassakte des AG ..., Az: ...

Die Beklagte ist außerdem seit Beginn des Monats ... als ... beschäftigt bei der Firma ... in ... . Dies hat sie dem Kläger im Beisein seiner Ehefrau ... persönlich mitgeteilt.

Beweis: Zeugnis der Frau ..., zu laden über den Kläger

Mit Schreiben vom ... hat der Kläger die Beklagte aufgefordert, Auskunft über ihr Vermögen und ihre Einkünfte zu erteilen.

Beweis: Schreiben vom ...,

– Anlage K2 –

Die Beklagte hat auf dieses Schreiben nicht reagiert.

Nach § 1580 BGB ist sie verpflichtet, dem Kläger die gewünschten Auskünfte zu erteilen, um diesen in die Lage zu versetzen, die Unterhaltsansprüche neu zu berechnen. Soweit die Beklagte über ausreichende eigene Einkünfte bzw Vermögen verfügt, ist ihr Unterhaltsanspruch entfallen.

(Rechtsanwältin) ◄

279 Besteht die Besorgnis, dass die Auskunft nicht mit der erforderlichen Sorgfalt erteilt wurde, ist der Auskunftsverpflichtete auf Verlangen zur Abgabe einer eidesstattlichen Versicherung verpflichtet.

d) Auskunftsanspruch des Erben des unter Betreuung stehenden Erblassers gegen den Betreuer gemäß §§ 1908i, 1890, 1892 BGB

280 Wurde eine für den Erblasser angeordnete Betreuung, die die Vermögenssorge umfasste, durch dessen Tod aufgelöst, so kann der Erbe vom Betreuer Vermögensherausgabe und Rechnungslegung gemäß §§ 1908i, 1890 BGB verlangen. Die Herausgabe des Vermögens hat grundsätzlich sofort zu erfolgen. Aus § 260 Abs. 1 BGB ergibt sich die Verpflichtung des Betreuers bei der Herausgabe ein Bestandsverzeichnis zu erstellen, dessen Richtigkeit und Vollständigkeit er bei Besorgnis der nicht ordnungsgemäßen Errichtung an Eides statt zu versichern hat. Hierneben ist der Betreuer zur Rechenschaftslegung über seine Verwaltung des Vermögens des betreuten Erblassers verpflichtet.

281 ▶ **Muster: Stufenklage gegen den Betreuer (Auskunft, Rechenschaft und Herausgabe)**

An das

Landgericht

Klage

des Herrn ...

– Kläger –

Prozessbevollmächtigte: ...

gegen

Herrn ...

– Beklagter –

Prozessbevollmächtigte: ...

B. Auskunftsansprüche des Alleinerben § 1

wegen: Auskunft, Rechenschaft und Herausgabe

Namens und in Vollmacht des Klägers erhebe ich Klage und werde beantragen:

1. Der Beklagte wird verurteilt, dem Kläger Auskunft zu erteilen über den Vermögensbestand des am ... verstorbenen ... durch Vorlage eines Bestandsverzeichnisses.
2. Der Beklagte wird verurteilt, dem Kläger Rechnung zu legen durch Vorlage einer geordneten Aufstellung über die seit seiner Bestellung zum Betreuer am ... bis zum Tod des Betreuten ... am ... getätigten Einnahmen und Ausgaben.
3. Der Beklagte wird verurteilt, dem Kläger den sich nach der Ziffer 1 zu erteilenden Auskunft feststellbare Vermögen herauszugeben.
4. Der Beklagte trägt die Kosten des Rechtsstreits.

Bei Vorliegen der Voraussetzungen des § 331 Abs. 3 ZPO beantrage ich bereits jetzt, den Beklagten durch Versäumnisurteil zu verurteilen.

Begründung

Am ... verstarb der Erblasser ..., zuletzt wohnhaft gewesen in ... . Mit notariellem Testament vom ... setzte er den Kläger zu seinem alleinigen Erben ein.

Beweis: Vorlage des notariellen Testamentes in Kopie, Anlage K1

Für den Erblasser wurde zu seinen Lebzeiten am ... eine gesetzliche Betreuung mit dem Aufgabenkreis Vermögenssorge angeordnet. Der Beklagte wurde zum Betreuer bestellt.

Beweis: Beiziehung der Betreuungsakte des Amtsgerichtes ..., Az: ...

Durch den Tod des Erblassers am ... endete die Betreuung.

Der Kläger hat keinerlei Kenntnis über das Vermögen des Erblassers. Er hat den Beklagten mehrfach aufgefordert, ihm Auskunft über den während der Betreuung der Verwaltung des Beklagten unterliegende Vermögen zu erteilen sowie Rechnung zu legen über die Einnahmen und Ausgaben, die er im Rahmen der Betreuung getätigt hat. Im Übrigen hat der Kläger den Beklagten aufgefordert, ihm das Vermögen des Erblassers herauszugeben.

Beweis: Vorlage der Schreiben vom ... und ... in Kopie, Anlagen K2 und K3

Der Beklagte vertritt die Auffassung, zur Erteilung der gewünschten Auskünfte nicht verpflichtet zu sein. Auch die Herausgabe des Vermögens des Erblassers könne von ihm nicht verlangt werden. Dies hat er dem Kläger schriftlich mitgeteilt.

Beweis: Vorlage des Schreibens vom ... in Kopie, Anlage K4

Der Beklagte ist nach §§ 1908i, 1890, 1892 BGB verpflichtet, nach Amtsbeendigung Rechnung zu legen über die gesamte Zeit der Vermögensverwaltung sowie das Vermögen herauszugeben. Die Herausgabeverpflichtung umfasst auch die Erstellung eines Bestandsverzeichnisses gemäß § 260 BGB. Gläubiger des Anspruches ist der Betreute; im Falle seines Versterbens sein Rechtsnachfolger.

Der Kläger ist auf Grund des als Anlage K1 vorgelegten notariellen Testaments Alleinerbe des Erblassers und damit dessen Rechtsnachfolger geworden, sodass er nunmehr die Ansprüche aus §§ 1908i, 1890, 1892 BGB gegenüber dem Beklagten als Betreuer des Erblassers geltend machen kann.

Da der Beklagte außergerichtlich nicht bereit war, den Auskunftsanspruch des Klägers zu erfüllen, war Klage geboten.

(Rechtsanwältin) ◄

IV. Erfüllung und Ergänzung des Auskunftsanspruches

282 Grundsätzlich muss der Verpflichtete den Auskunftsanspruch entsprechend § 121 Abs. 1 S. 1 BGB ohne schuldhaftes Zögern (unverzüglich) erfüllen, wobei für die Beantwortung der Frage, wann ein schuldhaftes Zögern vorliegt eine Einzelfallbewertung unter Berücksichtigung der jeweiligen Besonderheiten zu erfolgen hat. Grundsätzlich hat die Auskunft „am Stück" und nicht „scheibchenweise" zu erfolgen. Bei umfangreichen und schwierigen Auskünften kann eine Erfüllung des Anspruches durch Teilauskünfte genügen, wenn etwa eine vollständige Auskunft innerhalb einer angemessenen Frist ausgeschlossen ist.[202]

283 Ein Anspruch auf Ergänzung der Auskunft besteht grundsätzlich nicht. Der Anspruchsberechtigte hat bei Bedenken bezüglich der Richtigkeit und Vollständigkeit einer erteilten Auskunft lediglich die Möglichkeit, vom Verpflichteten die Abgabe einer Versicherung an Eides statt zu verlangen, § 260 Abs. 2 BGB. Voraussetzung hierfür ist, wie oben unter II 4 bereits ausgeführt, die Vermutung, dass die Auskunft nicht mit der erforderlichen Sorgfalt erteilt wurde. Ausnahmsweise können ergänzende Auskünfte verlangt werden. Dies ist beispielsweise der Fall, wenn die Angaben erkennbar unvollständig sind[203] oder der Auskunftsverpflichtete infolge eines Irrtums über einen Teil des Bestandes keine Auskunft gegeben hat.[204]

284 Auskünfte sind stets schriftlich zu erteilen, um den Auskunftsberechtigten in die Lage zu versetzen, die Auskünfte zu überprüfen. Es ist insoweit umstritten, ob der Verpflichtete die von ihm erteilte Auskunft persönlich zu unterzeichnen hat, da die Auskunft eine Wissenserklärung ist.[205] Dies würde in der Konsequenz dazu führen, dass Auskünfte nur persönlich vom Verpflichteten erteilt werden könnten und er sich insoweit keines Vertreters bedienen könnte. Folglich wäre die über einen Rechtsanwalt erteilte Auskunft nicht geeignet, den Anspruch des Berechtigten zu erfüllen. In der Praxis werden jedoch Auskünfte regelmäßig über einen bevollmächtigten Rechtsanwalt erteilt. Sofern die Auskunft nicht beanstandet wird, ist dies wohl unproblematisch. Dem Erfordernis der persönlichen Unterzeichnung wird nach *Krug*[206] genüge getan, wenn der Verpflichtete den die Auskunft enthaltenden Schriftsatz seines Rechtsanwaltes ebenfalls unterschreibt.

285 Inhalt, Art und Umfang einer Auskunft orientieren sich regelmäßig an den Grundsätzen der Zumutbarkeit, Verkehrssitte und unzulässigen Rechtsausübung unter Berücksichtigung des jeweiligen Einzelfalles.[207]

V. Verjährung

286 Gemäß § 197 Abs. 1 Nr. 2 BGB verjähren Auskunftsansprüche, soweit sie erb- oder familienrechtlicher Natur sind, in 30 Jahren. Bezüglich der sonstigen zivilrechtlichen Auskunftsansprüche gilt die regelmäßige Verjährungsfrist des § 195 BGB von drei Jahren. Grundsätzlich gilt, dass ein Auskunftsbegehren nicht mehr geltend gemacht werden kann, wenn der zugrunde liegende Hauptanspruch bereits verjährt ist. Regelmäßig kann dann nämlich ein Informationsinteresse nicht mehr begründet werden.[208]

---

202 BGH NJW 1962, 245.
203 BGH DB 1982, 2393; NJW-RR 1992, 778.
204 RGZ 84, 44.
205 So OLG München FamRZ 1995, 737.
206 Krug/Rudolf/*Kroiß-Krug*, § 9 Rn 141.
207 Krug/Rudolf/*Kroiß-Krug*, § 9 Rn 143.
208 BGHZ 108, 393.

VI. Prozessuales

Die Klage auf Auskunft ist ihrer Natur nach eine Leistungsklage. Der Wert des Auskunftsanspruches ist gemäß § 3 ZPO nach Schätzung mit 1/10 bis 1/4 des Wertes des Hauptanspruches anzunehmen. Die Schätzung muss unter Berücksichtigung der für den Beklagten anfallenden Kosten der Auskunftserteilung, seiner Aufwendungen und der benötigten Arbeitszeit erfolgen.[209]

Es wird sich regelmäßig empfehlen, den Auskunftsanspruch im Rahmen einer Stufenklage nach § 254 ZPO geltend zu machen, da diese sich vorteilhaft im Hinblick auf Verjährung[210] und Kosten auswirkt. Den Zuständigkeitsstreitwert einer Stufenklage bestimmt gemäß § 5 ZPO die Summe der Werte aller Stufen. Im Rahmen einer Stufenklage werden neben dem Auskunftsanspruch in den einzelnen Klagestufen in der Regel Anträge auf Abgabe einer eidesstattlichen Versicherung sowie Leistung in Form einer Geldzahlung oder Herausgabe gestellt. Der Auskunft vorgeschaltet erfolgt häufig auch ein Antrag auf Feststellung (Stufenfeststellungsklage). Während – wie oben dargestellt – der Wert des Auskunftsanspruches nach § 3 ZPO unter Berücksichtigung des Werts der Hauptsache geschätzt wird, ist für den Feststellungsantrag das Interesse des Klägers an der Feststellung maßgeblich. Dieses liegt bei Erbenfeststellungsklagen regelmäßig bei 80 % des entsprechenden Leistungsantrages.[211]

Sowohl der Wert des Antrags auf Abgabe der eidesstattlichen Versicherung wird unter Zugrundelegung der Erwartungen des Klägers bezüglich hieraus resultierender weiterer Auskünfte geschätzt, als auch der Wert der Hauptsache selbst.[212]

Dem Gebührenstreitwert ist gemäß § 18 Abs. 1 ZPO der höchste Wert aller erhobenen Ansprüche zugrunde zu legen.

C. Die Grundbuchberichtigung nach dem Erbfall

I. Der Antrag auf Grundbuchberichtigung

War der Erblasser Eigentümer von Grundbesitz oder Inhaber eines beschränkt dinglichen Rechts, wird mit dem Eintritt des Erbfalles das Grundbuch unrichtig. Der Erbe ist daher nach § 82 GBO verpflichtet, die Berichtigung des Grundbuches zu veranlassen. Innerhalb von zwei Jahren ab dem Erbfall entstehen durch die Berichtigung keine Kosten, § 60 Abs. 4 GBO.

Die Grundbuchberichtigung wird gemäß § 13 GBO nur auf Antrag vorgenommen. Zuständig für die Berichtigung des Grundbuches ist das Grundbuchamt. Der Antrag auf Grundbuchberichtigung ist beim zuständigen Amtsgericht zu stellen, bei welchem gemäß § 1 Abs. 1 S. 1 GBO das Grundbuch geführt wird.[213] Der Antrag muss schriftlich gestellt werden; eine öffentliche Beglaubigung nach § 29 GBO ist jedoch nicht erforderlich. Lässt sich der Erbe durch einen Rechtsanwalt vertreten, so muss auch die erteilte Vollmacht nicht beglaubigt werden. Nach § 30 GBO bedarf sie lediglich der Schriftform, muss jedoch im Original beim Grundbuchamt vorgelegt werden.[214]

---

[209] BGH NJW-RR 2002, 145; LG Ellwangen ZErb 2003, 55.
[210] Durch die Erhebung einer Stufenklage wird nicht nur die Verjährung des Auskunftsanspruchs, sondern auch die des Hauptanspruches gehemmt!
[211] BGH NJW-RR 1988, 689.
[212] Krug/Rudolf/*Kroiß-Krug*, § 9 Rn 149.
[213] Ausnahme: In Baden-Württemberg werden die Grundbücher von den staatlichen Notariaten geführt. Jede Gemeinde führt ein eigenes Grundbuch, §§ 1 Abs. 1 S. 3, 143 Abs. 1 GBO.
[214] DNotI-Report 05/2002.

293 Der Erbe muss die Unrichtigkeit des Grundbuches nachweisen. Dies hat grundsätzlich durch die Vorlage eines Erbscheines zu geschehen, § 35 Abs. 1 S. 1 GBO. § 35 Abs. 1 S. 2 GBO sieht eine Verfahrenserleichterung vor, wenn der Erblasser die Erbfolge durch ein notarielles Testament oder einen Erbvertrag geregelt hat. In diesen Fällen reicht es aus, wenn der Erbe die Unrichtigkeit des Grundbuches durch Vorlage des eröffneten Testaments nebst Eröffnungsprotokoll, jeweils in beglaubigter Abschrift, nachweist. Von der Vorlage kann sogar abgesehen werden, wenn Grundbuchamt und Nachlassgericht sich bei demselben Amtsgericht befinden. Dann genügt es, wenn im Grundbuchberichtigungsantrag Bezug genommen wird auf die beim Nachlassgericht geführte Nachlassakte.[215] Die Vorlage einer Verfügung von Todes wegen mit aufgestempelten Eröffnungsvermerk genügt nicht.

294 ▶ **Muster: Antrag auf Grundbuchberichtigung aufgrund Erbscheins**

An das

Amtsgericht

– Grundbuchamt –

Unter Vorlage auf mich lautender Vollmacht zeige ich an, dass ich Frau ▬▬▬, wohnhaft in ▬▬▬ vertrete.

Namens und in Vollmacht meiner Mandantin stelle ich Antrag auf Grundbuchberichtigung wie folgt:

Im Grundbuch des Amtsgerichtes ▬▬▬ von ▬▬▬, Blatt ▬▬▬ ist als Eigentümer des dort verzeichneten Grundbesitzes, Flurst.Nr.: ▬▬▬, Gebäude- und Freifläche ▬▬▬ zu ▬▬▬ ar Herr ▬▬▬ eingetragen. Herr ▬▬▬ ist am ▬▬▬ verstorben. Ausweislich des in Ausfertigung beigefügten Erbscheines des Amtsgerichtes ▬▬▬ vom ▬▬▬, Az: ▬▬▬, wurde er beerbt von Frau ▬▬▬, geb. ▬▬▬, geboren am ▬▬▬, wohnhaft in ▬▬▬ als Alleinerbin.

Ich nehme Bezug auf die Nachlassakte und beantrage, das oben bezeichnete Grundbuch zu berichtigen und an die Stelle des Erblassers die Alleinerbin, Frau ▬▬▬, einzutragen. Ich bitte um Zusendung einer unbeglaubigten Grundbuchabschrift, sobald die Eintragung vollzogen wurde.

Den Verkehrswert des Grundbesitzes gebe ich mit EUR ▬▬▬ an.

(Rechtsanwältin) ◀

295 Dem Antrag auf Grundbuchberichtigung ist wegen der Richtigkeitsvermutung des § 2365 BGB der Erbschein in Urschrift oder in Ausfertigung beizufügen. Eine beglaubigte Abschrift reicht daher nicht aus. Das Grundbuchamt prüft, ob sich die im Erbschein ausgewiesen und vom Antragsteller im Antrag behauptete Erbfolge entsprechen. Die Richtigkeit des Erbscheines wird vom Grundbuchamt nur dann überprüft, wenn es von neuen, dem Nachlassgericht bislang unbekannten, Fakten erfährt, nach welchen die Einziehung und Kraftloserklärung des Erbscheines erfolgen muss.[216]

296 Wird der Unrichtigkeitsnachweis des Grundbuches durch Vorlage einer beglaubigten Abschrift eines notariellen Testamentes oder Erbvertrages nebst Eröffnungsniederschrift geführt, hat das Grundbuchamt eine weitergehende Prüfungskompetenz bzw -verpflichtung. Es muss prüfen, ob Testament oder Erbvertrag formgültig errichtet wurden. Die Prüfungsverpflichtung erstreckt sich auch auf den Inhalt der Verfügung. Hat das Grundbuchamt Bedenken bezüglich der Rich-

---

215 BGH DNotZ 1982, 159.
216 BayObLG Rpfleger 1997, 156.

C. Die Grundbuchberichtigung nach dem Erbfall § 1

tigkeit der Erbfolge, kann es vom Antragsteller die Vorlage eines Erbscheines verlangen, muss aber vorher in einer Zwischenverfügung seine Zweifel erläutern.[217]

Die Vorlage eines Erbscheines muss das Grundbuchamt auch dann verlangen, wenn die Verfügung von Todes wegen angefochten werden kann und die Anfechtung bereits erklärt wurde.[218] 297

Wie oben bereits ausgeführt wird das Grundbuch mit dem Tod des Erblassers nicht nur hinsichtlich dessen Eigentümerpositionen unrichtig, sondern hinsichtlich aller übertragbaren Rechtsinhaberschaften, wie beispielsweise solcher an Grundschulden oder Hypotheken. Auch insoweit muss die Grundbuchberichtigung vom Erben beantragt werden. 298

▶ **Muster: Grundbuchberichtigung hinsichtlich Grundschuld** 299

An das

Amtsgericht

– Grundbuchamt –

Unter Vorlage auf mich lautender Vollmacht zeige ich an, dass ich Frau ..., wohnhaft in ... vertrete.

Im Grundbuch des Amtsgerichtes ... von ..., Blatt ..., ist Herr ... als Gläubiger der in Abt. III Nr. ... über EUR ... verzeichneten Grundschuld eingetragen. Herr ... ist am ... verstorben. Ausweislich des Erbscheines des Amtsgerichtes ... vom ..., Az: ..., wurde er beerbt von

Frau ..., geb. ..., geboren am ..., wohnhaft in ... als Alleinerbin.

Namens und in Vollmacht meiner Mandantin beantrage ich, das oben bezeichnete Grundbuch zu berichtigen und an die Stelle des Erblassers die Alleinerbin, Frau ..., einzutragen. Ich bitte um Zusendung der Eintragungsnachricht auf mein Büro.

Für entstehende Kosten erkläre ich mich stark.

(Rechtsanwältin) ◀

War der Erblasser Inhaber eines höchstpersönlichen dinglichen Rechts (zB Nießbrauch, Wohnungsrecht, Wohnungsreallast), so erlischt dieses Recht mit seinem Tod. Der Antrag auf Grundbuchberichtigung ist daher auf Löschung des Rechts gerichtet. Der Erbe muss der Grundbuchberichtigung zustimmen, sofern nicht im Grundbuch vermerkt wurde, dass für die Löschung der Nachweis des Todes des Rechtsinhabers genügen soll, § 23 Abs. 2 GBO. In diesen Fällen reicht zum Nachweis der Unrichtigkeit des Grundbuchs die Vorlage der Sterbeurkunde des Rechtsinhabers aus. 300

▶ **Muster: Antrag auf Löschung eines Nießbrauchsrechtes** 301

An das

Amtsgericht

– Grundbuchamt –

Unter Vorlage auf mich lautender Vollmacht zeige ich an, dass ich Frau ..., wohnhaft in ... vertrete.

Im Grundbuch des Amtsgerichtes ... von ..., Blatt ... ist meine Mandantin als Eigentümerin des dort verzeichneten Grundbesitzes, Flurst.Nr.: ..., Gebäude- und Freifläche ... zu ...ar eingetragen. Das Grundstück ist in Abteilung II Nr. ... mit einem lebenslangen Nießbrauchsrecht zugunsten des Herrn ... belastet. Herr ... ist am ... verstorben.

---

[217] OLG Stuttgart Rpfleger 1975, 135.
[218] OLG Celle NJW 1961, 562.

Beweis: Beglaubigte Abschrift der Sterbeurkunde vom ▬▬,

– Anlage 1 –

Mit dem Tod des Erblassers ist dessen Nießbrauchsrecht kraft Gesetzes erloschen. Gemäß des im Grundbuch eingetragenen Vermerks reicht zur Löschung des Rechtes der Nachweis des Todes des Berechtigten aus, sodass ich namens und in Vollmacht meiner Mandantin beantrage,

das Nießbrauchsrecht zu löschen.

(Rechtsanwältin) ◄

302 Neben dem Antragsverfahren besteht die Möglichkeit der Anregung zur Einleitung eines Amtslöschungsverfahrens nach §§ 84 ff GBO, was den Vorteil hat, dass sich das Grundbuchamt hier die für die Löschung benötigten Unterlagen selbst beschafft.

II. Die Kosten der Grundbuchberichtigung

303 Die Kosten für die Grundbuchberichtigung richten sich nach §§ 60 Abs. 1, 18 KostO. Hiernach fällt eine volle Gebühr an. Zugrunde gelegt wird der Verkehrswert des Grundstückes, hinsichtlich dessen die Berichtigung beantragt wurde, und zwar ohne Abzug der auf dem Grundstück lastenden Verbindlichkeiten. Wird die Grundbuchberichtigung innerhalb von zwei Jahren nach dem Erbfall beantragt, so wird sie gemäß § 60 Abs. 4 GBO ohne Erhebung von Kosten durchgeführt.

III. Rechtsbehelfe

304 Gegen die Entscheidung des Grundbuchamtes ist das Rechtsmittel der Beschwerde gemäß § 71 GBO statthaft. Die Beschwerde ist gemäß § 72 GBO beim Grundbuchamt oder beim Landgericht als Beschwerdegericht einzulegen. Das Landgericht entscheidet, wenn der Beschwerde nicht abgeholfen wird, § 75 GBO.

305 Gegen die Entscheidung des Beschwerdegerichts kann weitere Beschwerde zum Oberlandesgericht eingelegt werden, § 78 GBO. Bezüglich der weiteren Beschwerde muss sich der Beschwerdeführer von einem Rechtsanwalt vertreten lassen, § 80 GBO.

306 Anwaltszwang besteht nicht, wenn nach § 15 GBO die Grundbuchberichtigung von einer Behörde oder einem Notar beantragt wurde und diese auch das Rechtsmittel eingelegt hatte.

D. Herausgabeansprüche

I. Herausgabe vom Erbschaftsbesitzer, § 2018 BGB

307 Aus § 2018 BGB folgt die Pflicht des Erbschaftsbesitzers zur Herausgabe desjenigen, was er aus der Erbschaft erlangt hat. Erbschaftsbesitzer ist jeder, der sich ein Erbrecht anmaßt, das ihm in Wirklichkeit nicht zusteht. Als Anspruchsgegner kommt daher auch ein Miterbe in Betracht, der ein Erbrecht in Anspruch nimmt, das über das ihm tatsächlich zustehende hinausgeht. Wer sich hingegen kein Erbrecht anmaßt ist auch kein Erbschaftsbesitzer, selbst wenn er Erbschaftsgegenstände in Besitz hat.[219]

308 Neben dem Herausgabeanspruch aus § 2018 BGB stehen dem Erben auch die auf ihn kraft Rechtsnachfolge übergegangenen Einzelansprüche zu, wie etwa die Herausgabeansprüche aus Eigentümer-Besitzer-Verhältnis (§§ 985 ff BGB).

---

219 Damrau/*Schmalenbach*, § 2018 Rn 10.

D. Herausgabeansprüche § 1

Der Anspruch gegen den Erbschaftsbesitzer ist gerichtet auf Herausgabe desjenigen, was dieser aus der Erbschaft erlangt hat. Hierunter fällt jeder Vermögensvorteil, der direkt aus dem Nachlass entnommen wurde oder mit Mitteln des Nachlasses, § 2019 BGB erlangt wurde. Auch die aus dem Nachlass gezogenen Nutzungen und Früchte werden vom Herausgabeanspruch umfasst, § 2020 BGB. Kann der Erbschaftsbesitzer einen bestimmten Nachlassgegenstand nicht herausgeben, so tritt an die Stelle der Herausgabe die Verpflichtung des Erbschaftsbesitzers zur Zahlung von Wert- bzw Schadensersatz, §§ 2021, 2023 ff BGB.

Der Herausgabeanspruch ist ein Gesamtanspruch, das heißt die auf die Erbschaftsgegenstände gerichteten Einzelansprüche werden zusammengefasst und sind in ihrer Gesamtheit herauszugeben.[220]

Weiß der Erbe welche Gegenstände der Erbschaftsbesitzer aus der Erbschaft erlangt hat, kann er auf Herausgabe dieser Gegenstände klagen. Obwohl der Herausgabeanspruch ein Gesamtanspruch ist, muss er hierbei die Gegenstände so genau wie möglich bezeichnen, um den Anforderungen des § 253 Abs. 2 Nr. 2 ZPO gerecht zu werden.[221]

▶ **Muster: Isolierte Herausgabeklage (Erbschaftsklage)**

An das

Landgericht

Klage

des Herrn ...

– Kläger –

Prozessbevollmächtigte: ...

gegen

Herrn ...

– Beklagter –

Prozessbevollmächtigte: ...

wegen: Herausgabe

Namens und in Vollmacht des Klägers erhebe ich Klage und werde beantragen:

1. Der Beklagte wird verurteilt, dem Kläger nachfolgend bezeichnete Gegenstände

    ...

    ...

    ...

    ...

    (hier ist wegen § 253 Abs. 2 Nr. 2 ZPO eine möglichst genaue Bezeichnung der einzelnen Nachlassgegenstände vorzunehmen)
    aus dem Nachlass des am ... verstorbenen Erblassers herauszugeben.

2. Es wird festgestellt, dass der Beklagte zur Herausgabe aller weiteren aus der Erbschaft erlangten Gegenstände verpflichtet ist.[222]

3. Der Beklagte trägt die Kosten des Rechtsstreits.

---

220 Damrau/*Schmalenbach*, § 2018 Rn 17.
221 MünchKomm/*Helms*, § 2018 Rn 28.
222 MünchKomm/*Helms*, § 2018 Rn 31.

Bei Vorliegen der Voraussetzungen des § 331 Abs. 3 ZPO beantrage ich bereits jetzt, den Beklagten durch Versäumnisurteil zu verurteilen.

Begründung

Am ... verstarb der verwitwete Erblasser ..., zuletzt wohnhaft in .... Der Beklagte ist der einzige Sohn des Erblassers. Bei Eintritt der gesetzlichen Erbfolge wäre er demnach alleiniger Erbe des Erblassers geworden.

Nach dem Tod des Erblassers war eine Verfügung von Todes wegen zunächst nicht auffindbar, sodass der Beklagte den Nachlass unter Behauptung seines gesetzlichen Erbrechtes in Besitz genommen hat.

Zwei Monate nach dem Ableben des Erblassers wurde ein handschriftliches Testament des Erblassers gefunden, in welchem dieser den Kläger zum Alleinerben eingesetzt hatte. Der Kläger hat die Erbschaft angenommen.

Ein entsprechender Erbschein wurde auf Antrag des Klägers mittlerweile erteilt.

Beweis: Testament vom ...,

– Anlage K1 –

Erbschein vom ..., Az: ...,

– Anlage K2 –

Der Beklagte hat dem Kläger außergerichtlich Auskunft darüber erteilt, welche Gegenstände er aus dem Nachlass erlangt hat. Nach dieser Auskunft handelt es sich um folgende Gegenstände:

...

...

...

... (genaue Bezeichnung der Gegenstände)

Beweis: Auskunft vom ...,

– Anlage K3 –

Die Herausgabe dieser Gegenstände verweigert er beharrlich.

Beweis: Schreiben des Beklagten vom ...,

– Anlage K4 –

Der Beklagte bestreitet nach wie vor die Erbenstellung des Klägers und behauptet, er sei der wahre Erbe des Erblassers.

Beweis: wie vor

Der Beklagte ist Erbschaftsbesitzer und als solcher verpflichtet, dem Kläger die Nachlassgegenstände herauszugeben, § 2018 BGB.

Zum Feststellungsantrag:

Der Erblasser war leidenschaftlicher Münzsammler.

Beweis: Zeugnis des ...

Eine Münzsammlung ist im Bestandsverzeichnis des Beklagten aber nicht angegeben. Es besteht daher die Vermutung, dass der Beklagte noch weitere Nachlassgegenstände in Besitz hat.

D. Herausgabeansprüche § 1

Der Feststellungsantrag ist zulässig, weil er für den Kläger die einzige Möglichkeit darstellt, auch hinsichtlich der ihm unbekannten weiteren Ansprüche eine drohende Verjährung zu hemmen.[223]
(Rechtsanwältin) ◀

Während dem Erben regelmäßig das Rechtschutzinteresse für eine Klage fehlen wird, mit der er das Ziel verfolgt, festzustellen, dass der Erbschaftsbesitzer zur Herausgabe aller aus dem Nachlass erlangten Gegenstände verpflichtet ist,[224] kann er neben dem Antrag auf Herausgabe die Feststellung beantragen, dass der Erbschaftsbesitzer zur Herausgabe aller weiteren aus der Erbschaft erlangten Gegenstände verpflichtet ist. Das Rechtschutzbedürfnis für diesen Antrag liegt vor, wenn zu vermuten ist, dass der Erbschaftsbesitzer noch andere als die dem Erben durch Auskunft bereits bekannt gegebenen in seinem Besitz hat. Würde das Rechtschutzbedürfnis verneint, hätte der Erbe keine Möglichkeit bezüglich der weiteren Gegenstände die Hemmung der Verjährung zu erreichen.[225]

313

Fehlt dem Erben die Kenntnis über Art und Umfang der Gegenstände, die der Erbschaftsbesitzer aus dem Nachlass erlangt hat, empfiehlt es sich dem Antrag auf Herausgabe einen Antrag auf Auskunft nach § 2027 BGB vorzuschalten. Die Anträge können in einer Stufenklage nach § 254 ZPO verbunden werden. Dies ist für den Erben insoweit vorteilhaft, als er sich die Bezeichnung der vom Erbschaftsbesitzer herauszugebenden Gegenstände vorbehalten kann. In der Regel wird ihm die Bezeichnung ohnehin erst nach Erhalt der Auskunft vom Erbschaftsbesitzer möglich sein.

314

▶ **Muster: Stufenklage gegen den Erbschaftsbesitzer auf Auskunft, eidesstattliche Versicherung und Herausgabe**

315

An das
Landgericht

Klage

des Herrn ▪▪▪

– Kläger –

Prozessbevollmächtigte: ▪▪▪

gegen

Herrn ▪▪▪

– Beklagter –

Prozessbevollmächtigter: ▪▪▪

wegen: Auskunft

vorläufiger Streitwert: EUR ▪▪▪

Namens und in Vollmacht des Klägers erhebe ich Klage und werde beantragen:

1. Der Beklagte wird verurteilt, dem Kläger Auskunft zu erteilen über den Bestand des Nachlasses der am ▪▪▪ verstorbenen Erblasserin ▪▪▪, zuletzt wohnhaft ▪▪▪ zum ▪▪▪ (Termin) sowie über den Verbleib der Nachlassgegenstände.

---

223 Damrau/*Schmalenbach*, § 2018 Rn 20.
224 MünchKomm/*Helms*, § 2018 Rn 31.
225 Damrau/*Schmalenbach*, § 2018 Rn 20.

2. Für den Fall, dass die Auskunft nicht mit der erforderlichen Sorgfalt erteilt worden sein sollte, wird der Beklagte verurteilt zu Protokoll an Eides statt zu versichern, dass er die Angaben nach bestem Wissen so vollständig gemacht hat, wie er dazu in der Lage war.
3. Der Beklagte wird verurteilt, dem Kläger sämtliche Gegenstände, die sich nach erfolgter Auskunft als zum Nachlass der in Ziffer 1 bezeichneten Erblasserin gehörend herausstellen und die sodann näher bezeichnet werden, herauszugeben.
4. Der Beklagte trägt die Kosten des Rechtsstreits.

Für den Fall des Vorliegens der Voraussetzungen des § 331 Abs. 3 ZPO beantrage ich bereits jetzt, den Beklagten durch Versäumnisurteil zu verurteilen.

Begründung

I. Ausgangslage

Am ... verstarb die Erblasserin .... Sie war zuletzt wohnhaft in .... Sie hatte am ... mit ihrem bereits vorverstorbenen Ehemann einen Erbvertrag errichtet, in welchem sich die Eheleute gegenseitig zu Alleinerben und den Kläger zum Schlusserben einsetzten. Ein Rücktrittsrecht wurde nicht vereinbart.

Beweis: Vorlage des Erbvertrages vom ...,
– Anlage K1 –

Nach dem Tod ihres Ehemannes setzte die Erblasserin den Beklagten durch handschriftliches Testament vom ... zu ihrem Alleinerben ein.

Beweis: Testament vom ...,
– Anlage K2 –

Der Beklagte beantragte am ... beim Nachlassgericht ... einen Erbschein als Alleinerbe der Erblasserin. Das Nachlassgericht erteilte am ... dem Beklagten den Erbschein, Az: ..., wie beantragt.

Beweis: Beiziehung der Nachlassakte, Az: ...

Der Beklagte nahm daraufhin den gesamten Nachlass der Erblasserin in Besitz.

Der Erbvertrag vom ... wurde vom Nachlassgericht auf Ableben der Erblasserin versehentlich zunächst nicht eröffnet.

Beweis: wie vor

Erst auf Intervention des Klägers kam es schließlich am ... zu einer Eröffnung.

Beweis: wie vor

II. Rechtliche Ausführungen

Der Kläger ist Alleinerbe der Erblasserin aufgrund des Erbvertrages vom ... geworden. Das zeitlich spätere Testament der Erblasserin vom ..., das den Beklagten begünstigte, ist absolut unwirksam, § 2289 Abs. 1 S. 2 BGB.

Der Beklagte maßt sich ein Erbrecht an, das ihm nicht zusteht. Er ist als Erbschaftsbesitzer verpflichtet, dem Kläger Auskunft zu erteilen über den Bestand des Nachlasses und auch über den Verbleib der Erbschaftsgegenstände, § 2027 Abs. 1 BGB.

Der Kläger hat den Beklagten außergerichtlich mehrfach zur Auskunft aufgefordert und zwar mit Schreiben vom ..., ... und ....

Beweis: Schreiben vom ..., ... und ...,
– Anlagen K3 – K5 –

Der Beklagte hat auf keines der Schreiben reagiert, sodass Klage geboten war.

(Rechtsanwältin) ◄

D. Herausgabeansprüche § 1

Die Herausgabeklage ist am allgemeinen Gerichtstand des Beklagten, §§ 12, 13 ZPO oder am besonderen Gerichtstand der Erbschaft, § 27 ZPO zu erheben, wobei die Wahlmöglichkeit nicht besteht, wenn gegen den Erbschaftsbesitzer eine Einzelklage erhoben wird, er aber nicht als Erbschaftsbesitzer im Sinne des § 2018 BGB in Anspruch genommen wird.[226] 316

Im Falle der Klageerhebung trifft den Erben die Beweislast dafür, dass er gesetzlicher oder gewillkürter Erbe des Erblassers geworden ist. Er muss hierneben den Erbschaftsbesitz des Erbschaftsbesitzers beweisen. Hierfür ist der Nachweis erforderlich, dass der Erbschaftsbesitzer die Gegenstände infolge der Anmaßung eines Erbrechts aus dem Nachlass erlangt hat. Der Erbe muss außerdem beweisen, dass die vom Erbschaftsbesitzer herausverlangten Gegenstände zum Nachlass des Erblassers gehören.[227] 317

Insbesondere der Nachweis der Erbrechtsanmaßung kann sich schwierig gestalten. Alternativ sollte daher überlegt werden, ob in Fällen, in denen Zweifel an der Erbrechtsanmaßung bestehen, der Herausgabeanspruch nicht zusätzlich auch mit den Einzelansprüchen begründet wird.[228] 318

II. Herausgabe vom Beschenkten, § 2287 BGB

Hat der durch Erbvertrag gebundene Erblasser Schenkungen vorgenommen in der Absicht den Vertragserben zu beeinträchtigen, so kann der Vertragserbe nach dem Anfall der Erbschaft von dem Beschenkten die Herausgabe des Geschenkes nach den Regeln über die ungerechtfertigte Bereicherung verlangen, § 2287 BGB. Ein Anspruch des Vertragserben, bereits zu Lebzeiten des Erblassers durch eine Feststellungsklage das Bestehen eines künftigen Anspruchs nach § 2287 BGB klären zu lassen, besteht mangels Vorliegens eines Feststellungsinteresses nicht.[229] 319

Die Vorschrift des § 2287 BGB, die nach ihrem Wortlaut nur für Erbverträge gilt, ist nach ständiger Rechtsprechung entsprechend auf gemeinschaftliche, bindend gewordene Testamente anwendbar.[230] 320

Um den Herausgabeanspruch erfolgreich durchsetzen zu können, müssen die Voraussetzungen der Vorschrift erfüllt sein. Grundsätzlich sind nämlich Schenkungen des Erblassers, die dieser trotz seiner Bindung durch Erbvertrag oder Testament vorgenommen hat, wirksam, selbst wenn sie in der Absicht, den Vertrags- bzw Schlusserben zu beeinträchtigen, erfolgt sind.[231] Sinn und Zweck der Vorschrift ist die Sicherung der Werthaltigkeit des Nachlasses für den Vertragserben.[232] 321

1. Vorliegen einer Schenkung

Die Beurteilung der Frage, ob eine Verfügung des Erblassers eine Schenkung darstellt, richtet sich nach §§ 516 ff BGB. Damit unterliegen neben Pflicht- und Anstandsschenkungen, § 534 BGB, auch gemischte[233] und verschleierte[234] sowie Ausstattungsschenkungen nach § 1624 322

---

226 OLG Nürnberg OLGZ 1981, 115.
227 OLG Oldenburg OLGR 1998, 208.
228 Vgl MünchKomm/*Helms*, § 2018 Rn 35.
229 OLG Koblenz ZErb 2002, 325 ff.
230 BGHZ 82, 274.
231 BGH NJW 1973, 240.
232 Dittmann/Reimann/Bengel/*J. Mayer*, § 2287 Rn 34.
233 BGH FamRZ 1961, 72, 73.
234 BGH FamRZ 1961, 73.

BGB[235] dem Herausgabeanspruch. Unter den Schenkungsbegriff des § 2287 BGB können auch unbenannte Zuwendungen unter Ehegatten fallen, sofern sie unentgeltlich, also ohne Gegenleistung des Zuwendungsempfängers erfolgt sind.[236] Auch in der Begründung einer Gütergemeinschaft kann eine dem Herausgabeanspruch nach § 2287 BGB unterliegende Schenkung liegen, sofern bei der Vereinbarung des Güterstandes ehefremde Zwecke im Vordergrund stehen.[237]

2. Beeinträchtigung des Vertragserben

323 Durch die vom Erblasser vorgenommene Zuwendung muss der Vertragserbe objektiv beeinträchtigt werden. Dies ist der Fall, wenn sie einen Verstoß gegen die erbvertragliche oder testamentarische Bindungswirkung darstellt.[238] Der Vertragserbe muss durch die Zuwendung einen objektiven Vermögensschaden erleiden.[239] Nimmt der Erblasser eine Schenkung zugunsten eines Pflichtteilsberechtigten vor, wird der Vertragserbe hierdurch nur insoweit beeinträchtigt, als der Wert der Zuwendung den Wert des Pflichtteils des Beschenkten übersteigt. Nur insoweit kann der Vertragserbe dann Herausgabe verlangen.[240]

3. Beeinträchtigungsabsicht

324 Die Zuwendung muss der Erblasser in der Absicht, den Vertragserben zu beeinträchtigen, vorgenommen haben. Der Begriff der Beeinträchtigungsabsicht wird heute negativ bestimmt,[241] das heißt eine Beeinträchtigungsabsicht ist immer dann gegeben, wenn der Erblasser die Zuwendung ohne lebzeitiges Eigeninteresse vorgenommen hat.[242] Ein lebzeitiges Eigeninteresse wird bejaht, wenn die Gründe des Erblassers, die Schenkung vorzunehmen, unter Berücksichtigung der Umstände so beschaffen sind, dass der Vertragserbe sie anerkennen und die sich für ihn hieraus ergebende Beeinträchtigung hinnehmen muss.[243] Typische Fälle für das Vorliegen eines lebzeitigen Eigeninteresses sind beispielsweise:
– Spenden an gemeinnützige Organisationen,[244]
– Schenkungen als Dank für erbrachte Hilfeleistungen,[245]
– Schenkungen, mit denen der Erblasser einen wirtschaftlichen Nutzen verfolgt,[246]
– Schenkungen des Erblassers an seinen Ehegatten zur Festigung der Ehe.[247]

325 Ein lebzeitiges Eigeninteresse des Erblassers ist hingegen zu verneinen, wenn mit der Zuwendung lediglich eine Korrektur des Erbvertrages herbeigeführt werden sollte.[248] Auch ein Sinneswandel des Erblassers begründet kein lebzeitiges Eigeninteresse.[249]

---

235 Damrau/*Krüger*, § 2287 Rn 3.
236 BGHZ 116, 167, 174 ff.
237 BGHZ 116, 181 ff.
238 BGH WM 1986, 1221, 1222.
239 BGH NJW-RR 1989, 259, 260.
240 BGHZ 88, 269, 272.
241 BGHZ 82, 274–282.
242 BGHZ 82, 274–282.
243 BGHZ 83, 44, 45; BGHWM 1979, 442.
244 *Johannsen*, DNotZ 1977, 69 ff.
245 BGHZ 66, 8 ff.
246 *Johannsen*, DNotZ 1977, 69 ff.
247 BGH LM BGB § 2286 Nr. 9 (2/1993).
248 BGHZ 77, 264 ff.
249 BGH NJW 1980, 2307.

4. Umfang der Herausgabe

Liegen die Voraussetzungen des § 2287 BGB vor, kann der Vertragserbe von dem Beschenkten die Herausgabe des Geschenkes nach den Vorschriften des Bereicherungsrechtes verlangen mit der Folge, dass eine Herausgabeverpflichtung bei Entreicherung des Beschenkten nicht besteht, § 818 Abs. 3 BGB. Hat der Beschenkte Kenntnis davon, dass der Erblasser die Schenkung in der Absicht den Vertragserben zu beeinträchtigen vornimmt, so trifft ihn ab diesem Zeitpunkt die verschärfte Haftung nach § 819 Abs. 1 BGB.[250] Handelt es sich bei der Zuwendung um eine gemischte Schenkung, so ist für den Umfang der Herausgabeverpflichtung des Beschenkten entscheidend, ob der entgeltliche oder der unentgeltliche Teil überwiegt. Sofern der entgeltliche Teil überwiegt, muss der Beschenkte nur den Mehrwert herausgeben. Überwiegt der unentgeltliche Teil, ist der Beschenkte zur Herausgabe nur Zug-um-Zug gegen Zahlung der Wertdifferenz verpflichtet.[251] Bei Zuwendungen an den Pflichtteilsberechtigten ist dieser zur Herausgabe nur verpflichtet, wenn der unentgeltliche Charakter des Geschäftes überwiegt.[252]

▶ **Muster: Klage auf Herausgabe nach § 2287 BGB**

An das
Landgericht

Klage

der Frau ...
– Klägerin –

Prozessbevollmächtigte: ...

gegen

Herrn ...
– Beklagter –

Prozessbevollmächtigter: ...

wegen: Herausgabe

vorläufiger Gegenstandswert: EUR ...

Namens und in Vollmacht der Klägerin erhebe ich Klage. In der mündlichen Verhandlung werde ich beantragen:

1. Der Beklagte wird verurteilt, der Übertragung des im Grundbuch des Amtsgerichts ..., Grundbuchamt ..., Wohnungsgrundbuch Nr. ... eingetragenen Wohnungseigentums, bestehend aus einem X/1000 Miteigentumsanteil an dem Grundstück, Flurstück Nr. ..., Hof- und Gebäudefläche ... zu ... ar, verbunden mit dem Sondereigentum an der im Aufteilungsplan mit Nr. ... bezeichneten Wohnung zuzustimmen und die Eintragung der Klägerin im Grundbuch zu bewilligen.
2. Der Beklagte hat die Kosten des Rechtsstreits zu zahlen.

Bei Vorliegen der Voraussetzungen des § 331 Abs. 3 ZPO beantrage ich schon jetzt, den Beklagten durch Versäumnisurteil zu verurteilen.

Begründung

Die Klägerin macht gegen den Beklagten einen Herausgabeanspruch nach § 2287 BGB geltend.

---

250 *Johannsen*, DNotZ 1977, 69 ff.
251 BGH FamRZ 1964, 429.
252 BGHZ 77, 264; OLG Karlsruhe ZErb 2006, 172 ff.

Sachverhalt

Am ▬ verstarb der Erblasser ▬ zuletzt wohnhaft in ▬.

Beweis: Sterbeurkunde in Kopie als

– Anlage K1 –

Der Erblasser war insgesamt dreimal verheiratet. Aus seiner ersten Ehe mit der am ▬ vorverstorbenen Frau ▬, ist die Klägerin hervorgegangen. Weitere Kinder aus dieser Ehe existieren nicht.

Aus der zweiten Ehe des Erblassers mit der am ▬ vorverstorbenen Frau ▬ und aus der dritten Ehe mit Frau ▬ sind keine Kinder hervorgegangen.

Die Klägerin ist der einzige Abkömmling des Erblassers.

Am ▬ hatte der Erblasser gemeinsam mit seiner ersten Ehefrau ein gemeinschaftliches Testament errichtet.

Beweis: Testament vom ▬ in Kopie als

– Anlage K2 –

Das Testament wurde zunächst am ▬ auf Ableben der Frau ▬ eröffnet. Des Weiteren wurde es nach dem Tod des Erblassers am ▬ vom Nachlassgericht ▬ eröffnet.

Beweis: Beiziehung der Nachlassakte, Az ▬

In dem gemeinschaftlichen Testament hatten sich die Eheleute (Erblasser) und ▬ gegenseitig zu Alleinerben eingesetzt. Zur Schlusserbin war die Klägerin bestimmt worden.

Beweis: Testament vom ▬, bereits vorgelegt als

– Anlage K2 –

Mit notarieller Urkunde vom ▬, Urkundenrolle ▬ übertrug der Erblasser seinen X/ 1000 Miteigentumsanteil an dem Wohnungseigentum, eingetragen im Grundbuch von ▬, Flurstück ▬ verbunden mit dem Sondereigentum an dem Aufteilungsplan mit Nr. ▬ bezeichneten Wohnung auf seine zweite Ehefrau.

Die Übertragung erfolgte im Wege der Schenkung freigebigkeitshalber und nicht zum Ausgleich irgendwelcher Ansprüche.

Beweis: Urkunde vom ▬, Urkundenrolle ▬ in Kopie als

– Anlage K3 –

Die zweite Ehefrau des Erblassers errichtete am ▬, Urkunde Nr. ▬ ein notarielles Einzeltestament, mit welchem sie den Erblasser zum alleinigen Vorerben einsetzte mit der Maßgabe, dass dieser von den gesetzlichen Beschränkungen voll befreit sei.

Zum Nacherben setzte sie den Beklagten ein.

Beweis: Vorlage des notariellen Testamentes vom ▬ in Kopie als

– Anlage K4 –

Die Klägerin wurde auf Grund des gemeinschaftlichen Testamentes vom ▬ Alleinerbin des Erblassers. Gleichzeitig mit dem Erbfall trat der Nacherbfall nach Frau ▬ ein.

Der Beklagte wurde als Alleineigentümer des oben bezeichneten Grundbesitzes in das Grundbuch eingetragen.

Beweis: Grundbuchauszug vom ▬ bereits vorgelegt als

– Anlage K5 –

D. Herausgabeansprüche § 1

Rechtliche Ausführungen

Die Klägerin hat einen Anspruch auf Rückübertragung des Grundbesitzes. Der Anspruch rechtfertigt sich aus § 2287 BGB:

a) Wechselbezügliche und bindende Erbeinsetzung

Das gemeinschaftliche Testament vom ... zwischen dem Erblasser und seiner ersten Ehefrau sieht hinsichtlich der Erbeinsetzung der Klägerin eine wechselbezügliche und bindende Verfügung vor. Insoweit findet § 2287 BGB nach herrschender Meinung analog auch Anwendung auf bindend gewordene gemeinschaftliche Testamente.[253] Die Bindungswirkung des gemeinschaftlichen Testamentes vom ... ergibt sich bereits durch Auslegung. Für die Auslegung ist zunächst der Inhalt der Verfügung zu ermitteln und anschließend zu prüfen, ob die Verfügungen nach dem Willen der Erblasser voneinander abhängig sein sollten.[254]

Die Eheleute hatten sich gegenseitig zu Alleinerben bestimmt und die Klägerin zu ihrer Schlusserben eingesetzt. Die erste Ehefrau des Erblassers hatte aus einer früheren Beziehung Kinder. Dem Erblasser kam es daher besonders darauf an, dass die Klägerin als sein einziger Abkömmling nach seinem Tod das ehegemeinschaftliche Vermögen erhält. Er hat daher seine erste Ehefrau nur deshalb zur Alleinerben eingesetzt, weil diese die Klägerin zu Schlusserben bestimmte. Diese Ambitionen verfolgte auch die Ehefrau des Erblassers in umgekehrter Richtung. Beiden Eheleute kam es darauf an, dass die gemeinsame Tochter, die Klägerin, das Vermögen erhält. Es liegt daher eine wechselbezügliche und bindende Erbeinsetzung der Klägerin vor. Über die Auslegungsregel des § 2270 Abs. 2 BGB kommt man zu demselben Ergebnis. Der Erblasser hat seine erste Ehefrau zur Alleinerbin eingesetzt, weil diese wiederum die Klägerin zur alleinigen Erbin bestimmte. Als leiblicher Abkömmling der Ehefrau ist die Klägerin mit dem Erblasser im Sinne der Auslegungsregel des §§ 2270 Abs. 2 BGB verwandt, sodass auch nach dieser Vorschrift von einer wechselbezüglichen und bindenden Erbeinsetzung der Klägerin auszugehen ist.

b) Unentgeltliche Zuwendung

Die Übertragung der Eigentumswohnung an die zweite Ehefrau des Erblassers erfolgte unentgeltlich. Der Übergabevertrag vom ... ist ausdrücklich als Schenkungsvertrag bezeichnet. Darüber hinaus ist in § 2 der Urkunde fest gehalten, dass die Schenkung freigebigkeitshalber und nicht zum Ausgleich irgendwelcher Ansprüche erfolgte.

Beweis: Notarielle Urkunde vom ..., bereits vorgelegt als
– Anlage K3 –

c) Beeinträchtigung der Klägerin und lebzeitiges Eigeninteresse des Erblassers

Mit der Zuwendung hat der Erblasser gegen die aus dem Testament erwachsene Bindungswirkung verstoßen mit der Folge, dass die Klägerin durch die Schenkung beeinträchtigt ist. Der Erblasser handelte auch in der Absicht, die Klägerin zu beeinträchtigen. Ausdrücklich ist in der notariellen Urkunde vom ... festgehalten, dass die Schenkung freigebigkeitshalber und nicht zum Ausgleich irgendwelcher Ansprüche erfolgte.

Beweis: notarielle Urkunde vom ..., bereits vorgelegt als
– Anlage K3 –

Dem Erblasser war also lediglich daran gelegen, die eingetretene Bindungswirkung des gemeinschaftlichen Testamentes vom ..., das er mit seiner ersten Ehefrau errichtet hatte, zu umgehen. Ein lebzeitiges Eigeninteresse an der Übertragung hatte der Erblasser nicht, denn eine lediglich freige-

---
253 BGHZ 82, 274; BGH NJW 1982, 43.
254 BGH DNotZ 1957, 5 153; RGZ 170, 163.

bigkeitshalber erfolgende Schenkung ist kein anerkannter Grund, aus welchem sich die Verpflichtung der Kl. zur Hinnahme der sich aus der Verfügung des Erblassers ergebenden Benachteiligung ableiten ließe.

Die Voraussetzungen des § 2287 BGB liegen damit vor, sodass der Herausgabeanspruch der Kl. begründet ist.

Der Beklagte ist zur Herausgabe verpflichtet, da er als Nacherbe der zweiten Ehefrau des Erblassers deren Rechtsnachfolger geworden ist. Nach der Vorschrift des § 2287 BGB kann der beeinträchtigte Erbe, hier also die Klägerin, nach Anfall der Erbschaft die Herausgabe von dem Beschenkten verlangen.

Der Gegenstandswert orientiert sich am Wert der herausverlangten Eigentumswohnung. Der Verkehrswert beträgt EUR ....

(Rechtsanwältin) ◄

328 Den Vertragserben trifft die Beweislast für das Vorliegen sämtlicher Tatbestandvoraussetzungen des § 2287 BGB[255] und zwar auch bezüglich des Vorliegens der Beeinträchtigungsabsicht.[256] Beim Vorliegen von Anhaltspunkten für eine Beeinträchtigungsabsicht des Erblassers muss der Beschenkte schlüssig und substantiiert das Vorliegen eines Eigeninteresses darlegen.[257]

329 Der Herausgabeanspruch verjährt gemäß § 2287 Abs. 2 BGB innerhalb von drei Jahren seit Anfall der Erbschaft, §§ 1922, 1942 BGB.

III. Herausgabe vom Beauftragten, § 667 BGB

330 Nach § 667 BGB ist der Beauftragte verpflichtet, dem Auftraggeber alles, was er zur Ausführung des Auftrags erhält und was er aus der Geschäftsführung erlangt, herauszugeben. Der Herausgabeanspruch ist vererblich, sodass er mit dem Tod des Erblassers im Wege der Universalsukzession auf den Erben übergeht. Die Vererblichkeit des Anspruches kann vertraglich ausgeschlossen werden.[258]

331 Der Beauftragte muss alles herausgeben, was er zur Ausführung des Auftrags vom Auftraggeber oder von Dritten erhalten hat, auch im Wege einer Vorschusszahlung.[259] Der Beauftragte muss also insbesondere Geld, Wertpapiere, Besitz und Eigentum, Rechte, Urkunden, Geräte oder sonstige Materialien herausgeben. Auch gezogene Nutzungen und Gebrauchsvorteile[260] sowie immaterielle Güter[261] müssen herausgegeben werden. Von der Herausgabeverpflichtung ist alles umfasst, was der Beauftragte nicht anlässlich der ordnungsgemäßen Ausführung des Auftrags verbraucht hat.[262] Die Herausgabeverpflichtung bezieht sich insoweit auf die Zeit nach der Beendigung des Auftrags. Sie besteht auch dann, wenn dem Beauftragten die Erfüllung des Auftrags unmöglich geworden ist oder er den Auftrag gekündigt hat.

332 Herausgeben muss der Beauftragte auch sämtliche Sachen und Rechte, die er aus der Geschäftsbesorgung erlangt hat, deren Erwerb durch den Beauftragten also im inneren Zusam-

---

255 Palandt/*Edenhofer*, § 2287 Rn 9.
256 OLG Köln ZErb 2003, 21.
257 BGHZ 66, 8 ff; BGHZ 97, 188 ff.
258 BGH WM 89, 1813.
259 BGH WM 88, 763.
260 BGH NJW-RR 1992, 560.
261 Palandt/*Sprau*, § 667 Rn 3.
262 BGH NJW 1997, 47.

menhang mit der Ausführung des Auftrags stehen und dem Auftraggeber gebühren.²⁶³ Hierbei ist es unerheblich, ob der Beauftragte im eigenen oder fremden Namen gehandelt hat. Herauszugeben sind daher Eigentum und Besitz an Sachen, Rechten und Forderungen, ebenso immaterielle Güter, die im Rahmen der Geschäftsführung von dem Beauftragten erlangt wurden. Eingeschlossen sind auch Nutzungen und Surrogate.²⁶⁴ Auch Unterlagen, die der Beauftragte zur Durchführung des Auftrags selbst angefertigt hat, wie Bilder, Akten oder Protokolle müssen herausgegeben werden.²⁶⁵

Die Herausgabeverpflichtung entsteht in der Regel nach der Erfüllung des Auftrags. Vorrangig sind jedoch die insoweit getroffenen Vereinbarungen der Vertragsparteien.²⁶⁶   333

▶ **Muster: Herausgabeklage gegen den Beauftragten, § 667 BGB**   334

An das
Landgericht

Klage

des Herrn ▬▬▬
– Kläger –
Prozessbevollmächtigte: ▬▬▬

gegen

Herrn ▬▬▬
– Beklagter –
Prozessbevollmächtigte: ▬▬▬

wegen: Herausgabe

Namens und in Vollmacht des Klägers erhebe ich Klage und werde beantragen:

1. Der Beklagte wird verurteilt, das Ölgemälde ▬▬▬ von ▬▬▬ aus dem Jahr ▬▬▬ an den Kläger herauszugeben.
2. Der Beklagte trägt die Kosten des Rechtsstreits.

Bei Vorliegen der Voraussetzungen des § 331 Abs. 3 ZPO beantrage ich bereits jetzt, den Beklagten durch Versäumnisurteil zu verurteilen.

Begründung

Am ▬▬▬ verstarb die Erblasserin ▬▬▬. Ausweislich des in beglaubigter Abschrift beigefügten Erbscheines des Amtsgerichtes ▬▬▬ vom ▬▬▬ wurde sie von dem Kläger als Alleinerben beerbt.
Beweis: Erbschein des AG ▬▬▬ vom ▬▬▬, Az: ▬▬▬,
– Anlage K1 –
Die Erblasserin war leidenschaftliche Kunstsammlerin und hatte sich über die Jahre eine beachtliche Sammlung zusammengestellt.
Am ▬▬▬ beauftragte sie den Beklagten das im Klageantrag Ziffer 1 näher bezeichnete Gemälde vom Kunsthändler ▬▬▬ zu einem Kaufpreis von EUR ▬▬▬ zu erwerben. Zu diesem Zweck übergab sie dem Beklagten einen Koffer, der den Kaufpreis in bar enthielt.

---
263 BGH NJW 1994, 3346.
264 Palandt/*Sprau*, § 667 Rn 3.
265 BGHZ 109, 260.
266 Palandt/*Sprau*, § 667 Rn 8.

Bei der Übergabe des Koffers war der Bruder des Klägers, Herr ..., zugegen.
Beweis: Zeugnis des Herrn ..., wohnhaft in ...
Der Beklagte übergab dem Kunsthändler ... den Geldkoffer und nahm das Gemälde in Empfang.
Beweis: Zeugnis des Kunsthändlers ..., wohnhaft in ...
Das Bild befindet sich seitdem in Besitz des Beklagten. Die Erblasserin forderte ihn noch bis kurz vor ihrem Tod vergeblich zur Herausgabe auf, zuletzt mit Schreiben vom ....
Beweis: Schreiben vom ...,
– Anlage K2 –
Auch der Kläger verlangte das Bild vom Beklagten heraus, jedoch ohne Erfolg.
Da der Beklagte mit Schreiben vom ... die Herausgabe unter Berufung auf sein Alleineigentum am Gemälde endgültig verweigert hat, war Klage geboten.
Der Beklagte ist zur Herausgabe verpflichtet. Er hat das Gemälde aus der Geschäftsbesorgung für die Erblasserin erlangt. Der Herausgabeanspruch des Klägers ergibt sich aus § 667 BGB. Als Rechtsnachfolger der Erblasserin kann er an deren Stelle die Herausgabe verlangen.
(Rechtsanwältin) ◄

335 Den Auftraggeber trifft die Beweislast für das Zustandekommen und den Inhalt des Auftrags. Er muss außerdem für Ansprüche aus § 667 1. Alt. BGB nachweisen, welche Mittel er dem Beauftragten überlassen hat und zu welchen Zwecken diese verwendet werden sollten. Für Ansprüche nach § 667 2. Alt. BGB trifft den Auftraggeber die Beweislast dafür, dass der Beauftragte den herausverlangten Gegenstand erworben hat.[267]

336 Der Herausgabeanspruch nach § 667 BGB verjährt innerhalb von 3 Jahren, § 195 BGB.

E. Ansprüche des Vorerben

I. Allgemeines

337 Das Rechtsinstitut der Vor- und Nacherbschaft bildet das Gegenstück zur Vollerbeneinsetzung und ist geregelt in den §§ 2100 ff BGB. Die Anordnung einer Vor- und Nacherbschaft eröffnet dem Erblasser die Möglichkeit, den Vermögensfluss auch nach Eintritt des eigenen Erbfalls über mehrere Erbfälle und Generationen hinweg zu steuern. Man spricht in diesem Zusammenhang auch von einer **Familienbindung des Vermögens**. Ordnet der Erblasser testamentarisch oder im Rahmen eines Erbvertrages an, dass zunächst eine Person Erbe des Nachlassvermögens wird, diese aber zu einem späteren Zeitpunkt das Erblasservermögen an eine andere Person weitergeben muss, kommt es nicht etwa zu einer Teilung der Berechtigung mit der Konsequenz einer Erbengemeinschaft bestehend aus Vor- und Nacherbe; vielmehr wird lediglich die zeitliche Aufeinanderfolge verschiedener Erben bezüglich derselben Erbschaft geregelt. Der Vorerbe ist mithin „Erbe auf Zeit",[268] der Nacherbe befindet sich bis zum Bedingungs- bzw Befristungseintritt quasi in einer „Warteposition". Vor- und Nacherbe sind jedoch wahre Erben desselben Erblassers und derselben Erbschaft.

338 Das von der Vorerbschaft umfasste Vermögen bildet in der Person des Vorerben eine von dessen Eigenvermögen streng zu trennende **Sondervermögensmasse**, über welche der Vorerbe je nach Ausgestaltung der Anordnung mehr oder weniger frei (§§ 2112 ff BGB) lebzeitig verfügen kann.

---
267 BGH WM 1987, 1979.
268 Soergel/Harder/Wegmann, vor § 2100 Rn 1.

E. Ansprüche des Vorerben § 1

Mit Eintritt des Nacherbfalles muss der Vorerbe das Sondervermögen schließlich an den Nacherben herausgeben. Neben der Absicht, das Vermögen in der eigenen Familie zu erhalten, bezweckt die Anordnung einer Vor- und Nacherbschaft auch, den Vorerben vor dem Zugriff von Gläubigern oder vor dem des Sozialhilfeträgers – insbesondere bei Erben mit Behinderung – auf sein Eigenvermögen zu schützen. Gleichzeitig dient die Anordnung einer Vor- und Nacherbschaft auch der Minimierung von Pflichtteilsansprüchen.

Ein weiterer Gesichtspunkt ist der Versorgungsaspekt im Hinblick auf den überlebenden Ehegatten nach dem Tod des Erstversterbenden ohne gleichzeitige Enterbung der gemeinsamen Abkömmlinge für den ersten Erbfall. 339

Der Erblasser kann die Nacherbfolge auch gestuft anordnen: der erste Nacherbe ist dann gegenüber dem nachfolgenden Nacherben wiederum Vorerbe.[269] Die einzelnen Vor- und Nacherbfolgen können dabei grundsätzlich beliebig oft hintereinander geschaltet werden, wobei allerdings die zeitliche Schranke aus § 2109 Abs. 1 S. 1 BGB zu beachten ist: zwischen Vor- und Nacherbfall dürfen längstens 30 Jahre liegen, andernfalls erstarkt die Rechtsposition des Nacherben zu der eines Vollerben. Ausnahmen zu dieser 30-Jahre-Regelung sieht das Gesetz in § 2109 Abs. 1 S. 2 BGB vor. 340

Für den Fall, dass der Vorerbe schon vor dem Erbfall (zB durch Tod) wegfällt oder aber die Bedingung zum Zeitpunkt des Erbfalles bereits eingetreten ist, entfällt die Nacherbfolge. Nach der Im – Zweifel – Regelung aus § 2102 Abs. 1 iVm § 2096 BGB ist die zum Nacherben berufene Person allerdings vorbehaltlich eines anderen Erblasserwillens Ersatz- und somit Vollerbe des Erblassers. Verstirbt der Vorerbe hingegen nach Eintritt des Erbfalls, aber vor Eintritt des Nacherbfalles, so geht dessen Rechtsposition (Vorerbe) auf seine Erben über und erlischt beim Eintritt des Nacherbfalles. 341

II. Erbenfeststellungsklage des Vorerben

1. Allgemeines

Die Auseinandersetzung mit erbrechtlichen Auslegungsfragen ist, insbesondere wenn Laientestamente ausgelegt werden müssen, wegen der zahlreichen Interpretationsmöglichkeiten häufig mit einem nicht unbeträchtlichen Prozessrisiko verbunden. Das gilt auch für die Erhebung der Feststellungsklage im Bereich der Vor- und Nacherbschaft.[270] Parallel sollte daher immer die Durchführung des Erbscheinsverfahrens in Betracht gezogen werden. Hier muss das Gericht gemäß §§ 26 FamFG, 2358 Abs. 1 BGB von Amts wegen ermitteln und der Erbschein bietet aufgrund seiner nach § 2366 BGB bestehenden Richtigkeitsvermutung im Rechtsverkehr eine gewisse Sicherheit für den dort als Erben Bezeichneten. Abschließende Gewissheit kann allerdings nicht erlangt werden, da die Entscheidungen des Nachlassgerichts nicht in Rechtskraft erwachsen und im Anschluss an das Verfahren die Erhebung einer Feststellungsklage gleichwohl weiterhin möglich bleibt. 342

2. Einstweiliger Rechtsschutz

Umstritten ist, ob das Bestehen einer Vor- und Nacherbschaft im Rahmen des einstweiligen Rechtsschutzes vorläufig festgestellt werden kann. Schließlich darf das Verfahren der Haupt- 343

---

269 BayObLG FamRZ 1998, 196/324.
270 Im Rahmen der Zuständigkeit ist sowohl der allgemeine Gerichtsstand des Beklagten (§§ 12, 13 ZPO), als auch der besondere Gerichtsstand der Erbschaft (§ 27 ZPO) gegeben.

sache nicht vorweggenommen werden und auch eine Vollstreckung ist wegen der Vorläufigkeit nicht möglich. Überwiegend wird allerdings die Möglichkeit einer einstweiligen feststellenden Verfügung gemäß §§ 935, 940, 938 Abs. 1 ZPO bejaht.[271] Weil aber eine einstweilige Verfügung aufgrund ihres vorläufigen Charakters nicht vollstreckbar ist und für den Rechtsstreit in der Hauptsache keine Bindungswirkung entfaltet, bietet auch eine positive Entscheidung im einstweiligen Rechtsschutz für den Antragsteller keine ausreichende Sicherheit. Hält sich der Antragsgegner nicht an die Verfügung, besteht für den Antragsteller keine Möglichkeit, die ausgesprochene Verfügung auch durchzusetzen. Teilweise verneinen die Gerichte daher das Vorliegen eines Rechtsschutzbedürfnisses, wenn der Antragsgegner nicht zuvor erklärt, dass er sich an die Feststellungsverfügung halten werde.

344 Über § 940 ZPO kann der Antragsteller ein Verfügungsverbot erwirken, nach welchem dem Antragsgegner untersagt ist, bis zur Hauptsacheentscheidung über Nachlassgegenstände zu verfügen. Allerdings besteht hier auch weiterhin die Gefahr eines Gutglaubenserwerbs durch Dritte.

345 Nachdem das Verfahren vor dem Prozessgericht häufig langwierig ist und eine Grundbuchberichtigung erst im Anschluss daran möglich ist, besteht bei Immobilien die Möglichkeit der Eintragung eines Widerspruchs gemäß §§ 899, 894 BGB nach Zustellung der Hauptsacheklage. Der Widerspruch ist an keine weiteren materiellen Voraussetzungen gebunden und stellt daher eine schnelle und mitunter effektive Rechtsschutzmöglichkeit dar. Kostengünstiger ist allerdings die Eintragung eines Rechtshängigkeitsvermerks, da keine einstweilige Verfügung für die Eintragung notwendig ist und lediglich der dingliche Anspruch rechtshängig sein muss. Der Rechtshängigkeitsnachweis kann dabei durch einfache Bestätigung des Hauptsachegerichts nachgewiesen werden.

346 ▶ **Muster: Erbenfeststellungsklage (Anordnung der Vor- und Nacherbschaft)**

An das

Landgericht ▪▪▪

– Zivilkammer –

Klage

des

Herrn ▪▪▪

– Kläger –

Prozessbevollmächtigte: Rechtsanwältin ▪▪▪

gegen

Frau ▪▪▪

– Beklagte –

Prozessbevollmächtigter: Rechtsanwalt ▪▪▪

wegen Feststellung des Erbrechts

Unter Vorlage der beiliegenden Vollmacht zeige ich an, dass ich die rechtlichen Interessen von Herrn ▪▪▪ vertrete. Namens des Klägers erhebe ich Klage und werde beantragen:

---

[271] *Vogg*, NJW 1993, 1357.

E. Ansprüche des Vorerben § 1

1. Es wird festgestellt, dass der Kläger Nacherbe des am ... in ... verstorbenen ..., geboren am ..., zuletzt wohnhaft ... geworden ist.
2. Weiter wird festgestellt, dass die Beklagte die Rechtsposition einer nicht befreiten Vorerbin am Nachlass des ... hat.

Für den Fall des Vorliegens der Voraussetzungen der §§ 331 Abs. 3, 307 ZPO, beantrage ich den Erlass eines Versäumnisurteils ohne mündliche Verhandlung.

Begründung

Der Kläger ist der einzige Enkel des am ... verstorbenen Erblassers ... . Seine Mutter, die Tochter des Erblassers, ist vorverstorben. Die Beklagte ist die Tante des Klägers.

Der Erblasser hatte am ... ein privatschriftliches Testament unter Anordnung der folgenden Regelung errichtet:

„Ich vermache mein gesamtes Vermögen meiner Tochter ... . Sie soll dieses sorgsam verwalten und meinem Enkel ... übergeben, sobald dieser sein Jurastudium abgeschlossen hat."

Beweis: privatschriftliches Testament vom ... (beglaubigte Abschrift)

– Anlage K1 –

Eröffnungsniederschrift des Nachlassgerichtes ... (beglaubigte Abschrift)

– Anlage K2 –

Der Erblasser hat nach dieser testamentarischen Verfügung die zeitliche Aufeinanderfolge verschiedener Erben angeordnet: zunächst sollte die Beklagte und sodann der Kläger Erbe seines gesamten Vermögens werden. Die Erbenstellung der Beklagten endet aufschiebend bedingt mit dem Abschluss des Jurastudiums des Klägers. Eine Erbeinsetzung, die unter einer Bedingung angeordnet wird, stellt eine Vor- und Nacherbfolge dar.

Der Erblasser hat weiter verfügt, dass die Beklagte das Nachlassvermögen „sorgsam verwalten" und sodann an den Kläger „übergeben" soll. Unter Berücksichtigung der Auslegungsregel nach § 2134 BGB ergibt sich, dass der Erblasser der Beklagten gerade nicht die Befugnis zur freien Verfügung übertragen wollte. Die Beklagte ist daher nicht von den §§ 2113 ff BGB befreit. Sollte die Beklagte diesbezüglich anderer Auffassung sein, so ist sie hierfür beweispflichtig.

Das rechtliche Interesse des Klägers an der Feststellung über das streitige Erbrecht wird unstreitigerweise durch das beim Nachlassgericht anhängige Erbscheinsverfahren nicht beeinträchtigt.

(Rechtsanwältin) ◄

3. Abgrenzung zur Vollerbeneinsetzung

Mit Hilfe der allgemeinen Auslegungsregeln, welche durch die **besonderen Regelungen der** 347
§§ 2101 bis 2107 BGB ergänzt werden, ist zu ermitteln, ob der Erblasser wollte, dass mehrere Personen in zeitlicher Abfolge Erbe seines Vermögens werden (Vor- und Nacherbschaft) oder ob einer Person die Stellung eines unbeschränkten Erben zukommen sollte (Vollerbeneinsetzung). Dem Wortlaut der testamentarischen Verfügung kommt dabei keine entscheidende Aussagekraft zu. Hat der Erblasser demnach die Begriffe „Vorerbschaft/Nacherbschaft" oder „Vorerbe/Nacherbe" nicht verwendet, führt dies nicht zwingend zum Ausschluss der §§ 2100 ff BGB. Umgekehrt kommen die §§ 2100 ff BGB aber auch nicht per se zur Anwen-

dung, nur weil sie im Testament oder im Erbvertrag wörtlich gebraucht werden.[272] Selbst die Verwendung objektiv falscher Begriffe, wie beispielsweise „Nießbrauch" oder „Ersatzerbe" bedingen nicht die Nichtanwendbarkeit der Regelungen über die Vor- und Nacherbschaft, sofern sich Anhaltspunkte für einen entsprechenden Erblasserwillen innerhalb oder außerhalb der Urkunde wieder finden.[273]

348 Häufig falsch zugeordnet wird die Alleinerbeneinsetzung: hat der Erblasser eine Person zum Alleinerben eingesetzt, kann damit sehr wohl auch eine Vorerbeneinsetzung gemeint sein. Begriffliches Gegenstück zum Alleinerben ist nämlich der Miterbe (und nicht der Vorerbe). Demgegenüber bilden Vollerbe und Vorerbe die korrekten Gegenpaare.

349 Wenn der wirkliche Erblasserwille nicht ermittelbar ist, muss anhand der besonderen Auslegungsregeln (§§ 2101 ff BGB) vorgegangen werden. Sie geben Hilfestellung für die Frage,
– ob überhaupt eine Vor- und Nacherbschaft angeordnet wurde,
– welche Personen als Vor- oder Nacherben berufen wurden und
– zu welchem Zeitpunkt der Nacherbfall eintreten soll.

350 Besondere Vorsicht ist bei gemeinschaftlichen Testamenten geboten. Nachdem hier verschiedene Gestaltungsmöglichkeiten denkbar sind – nämlich Trennungs-, Einheits- und Nießbrauchslösung – und das Gesetz nach der Im-Zweifel-Regelung aus § 2269 Abs. 1 BGB der Einheitslösung den Vorrang gibt, sich somit gegen die Anordnung der Vor- und Nacherbschaft entscheidet, muss derjenige, der sich gleichwohl auf das Vorliegen einer angeordneten Vor- und Nacherbschaft beruft, diese auch beweisen.[274]

351 Konsequenzen hat die Frage, ob die §§ 2100 ff BGB Anwendung finden oder ob von einer Vollerbeneinsetzung ausgegangen werden muss, auch für das Pflichtteilsrecht: ein zum Nacherben eingesetzter Pflichtteilsberechtigter gilt als nicht von der Erbschaft ausgeschlossen und muss, will er seinen Pflichtteil geltend machen, zunächst die Erbschaft ausschlagen, § 2306 Abs. 1, 2 BGB.

352 Abzugrenzen ist die Vor- und Nacherbschaft weiter von der Ersatzerbeneinsetzung (§ 2096 BGB). Die Anordnung einer Ersatzerbschaft hat zur Bedingung, dass der zunächst Berufene aufgrund Wegfalls vor oder nach dem Erbfall (zB wegen Vorversterbens oder durch Ausschlagung) nicht Erbe wird. Die Rechtsnachfolge tritt also nur einmal ein. Demgegenüber werden bei der Vor- und Nacherbschaft mehrere (mindestens zwei) Rechtsnachfolgen zeitlich hintereinander geschaltet. Entscheidend für die Frage, welche Regelung zur Anwendung kommt, ist auch hier der Erblasserwille.[275] Im Zweifel geht das Gesetz jedoch von einer Ersatzerbeneinsetzung aus, § 2102 Abs. 2 BGB.

4. Wegfall des Nacherben

353 Der Nacherbe kann wegen folgender Gründe vor dem Erbfall, zwischen Erb- und Nacherbfall oder nach Eintritt des Nacherbfalles wegfallen:
– Ausschlagung, § 2142 BGB,
– Erbverzicht, § 2352 BGB,

---

272 BayObLG NJW-RR 2002, 296 f OLG Brdbg FamRZ 1999, 1881.
273 Zur Auslegung von Pflichtteilsklauseln vgl OLG Düsseldorf NJW-RR 2002, 296 f.
274 BGHZ 22, 364, 366.
275 Bei Weglassen einer früher angeordneten Nacherbfolge in einem späteren Testament vgl BayObLG ZEV 2000, 367.

E. Ansprüche des Vorerben § 1

- Erbunwürdigkeitserklärung, § 2344 BGB oder
- vorzeitigen Erbausgleich, Art. 227 Abs. 1 Nr. 2 EGBGB, § 1934 e BGB aF.

Fällt der Nacherbe vor Eintritt des Erbfalles weg, wird die angeordnete Nacherbfolge gegenstandslos und das Recht des Vorerben erstarkt grundsätzlich zum Vollrecht.[276] Diese Rechtsfolge tritt allerdings dann nicht ein, wenn der Erblasser eine andere testamentarische oder erbvertragliche Bestimmung angeordnet hat. In diesem Zusammenhang sind vornehmlich drei Fallgruppen zu nennen. Zum einen kann der Erblasser gemäß § 2096 BGB einen Ersatzerben bestimmen, welcher bei Wegfall des Nacherben vor dem Erbfall zum Zuge kommt. Wurden Abkömmlinge des Erblassers zu Nacherben eingesetzt, treten nach der Ergänzungsregel aus § 2069 BGB im Zweifel die Abkömmlinge des weggefallenen Nacherben an dessen Stelle. Einen Unterfall mit abweichenden rechtlichen Konsequenzen stellt die Ausschlagung nach § 2306 Abs. 1, 2 BGB dar: schlägt ein neben anderen Personen zum Nacherben berufener Abkömmling die Nacherbschaft aus – das ist bereits nach Eintritt des Erbfalles und vor Eintritt des Nacherbfalles möglich[277] – so besagt die allgemeine Lebenserfahrung vorbehaltlich eines anders lautenden Erblasserwillens, dass ein Nachrücken der Abkömmlinge nicht gewollt ist, da der Stamm nicht doppelt berücksichtigt werden soll.[278] Eine weitere Fallgruppe beinhaltet das Vorhandensein mehrerer Nacherben. Gemäß § 2094 BGB wächst des Nacherbenrecht vorrangig den übrigen verbleibenden Nacherben an, bevor der Vorerbe in dessen Genuss kommt.[279] Anders ist der Sachverhalt nur dann zu bewerten, wenn der Erblasser gemäß § 2094 Abs. 3 BGB die Anwachsung ausgeschlossen hat. Letztens verbleibt die Erbschaft auch dann nicht dem Vorerben, wenn dieser sie eindeutig nur bis zu einem bestimmten Zeitpunkt, beispielsweise der Verehelichung des Nacherben, behalten sollte („**absolute Beschränkung**").[280] Dann nämlich sollen statt des Vorerben die gesetzlichen Erben des Erblassers analog § 2104 BGB berufen sein.[281]

354

Fällt der Nacherbe nach dem Erbfall, aber vor Eintritt des Nacherbfalles weg, so wird der Vorerbe nur dann Vollerbe, wenn die Bedingung unter welcher die Nacherbschaft angeordnet wurde, objektiv nicht mehr eintreten kann. Das Vorerbenrecht erstarkt auch dann zum Vollrecht, wenn der Erblasser die Vererblichkeit des Nacherbenanwartschaftsrecht ausgeschlossen (§ 2108 Abs. 2 BGB) und keine Ersatznacherbfolge (§§ 2069, 2096 BGB) bestimmt hat. Andernfalls gehen die Rechte des Nacherben entweder auf dessen Erben oder die vom Erblasser eingesetzten Ersatznacherben über. Weder dem Anwartschaftsrecht des Nacherben, noch der Ersatzerbeneinsetzung ist dabei grundsätzlich Vorrang einzuräumen. Ausschlaggebend ist vielmehr der konkrete Erblasserwille im Einzelfall.[282]

355

Wer sich auf einen der Regel des § 2108 Abs. 1 BGB abweichenden Erblasserwillen beruft, ist dafür auch dann darlegungs- und beweispflichtig, wenn sich Ehegatten zu befreiten Vorerben und ihren einzigen Sohn zum Nacherben eingesetzt haben.[283]

Fällt der Nacherbe nach Eintritt des Nacherbfalles weg, so sind die rechtlichen Folgen wiederum abhängig vom vorrangig und gegebenenfalls durch Auslegung zu ermittelnden Erblasserwillen. Schlägt der Nacherbe beispielsweise aus, entfällt die angeordnete Nacherbschaft und die Erb-

356

---

276 Palandt/*Edenhofer*, § 2142 Rn 3.
277 Palandt/*Edenhofer*, § 2142 Rn 1.
278 BayObLG NJW-RR 2000, 1391; BGHZ 33, 60.
279 BayObLG 1962, 239, 246.
280 *Coing*, NJW 1975, 521/524; Erbprozess/*Steinbacher*, § 4 Rn 43.
281 BayObLG NJW-RR 2002, 296; Palandt/*Edenhofer*, § 2104 Rn 3.
282 BayObLG NJW-RR 1994, 460; OLG Karlsruhe FamRZ 2000, 63.
283 OLG Karlsruhe, Urteil vom 19.11.2008, Az 7 U 8/08.

schaft fällt grundsätzlich an den Vorerben oder an dessen Erben zurück. Hat der Erblasser allerdings Ersatznacherben benannt oder stillschweigend die Abkömmlinge eines weggefallenen Abkömmlings berufen, so fällt diesen die Nacherbschaft an.[284]

357 In prozessrechtlicher Hinsicht ist bei Immobilienvermögen des Erblassers und im Grundbuch eingetragener Nacherbenvermerke (§ 51 GBO) darauf zu achten, dass der Klageantrag des Vorerben die Verpflichtung zur Abgabe einer Löschungsbewilligung enthält.

358 ▶ **Muster: Erbenfeststellungsklage (Vollerbe)**

An das

Landgericht ...

– Zivilkammer –

Klage

des

Herrn ...

– Kläger –

Prozessbevollmächtigte: Rechtsanwältin ...

gegen

Frau ...

– Beklagte –

Prozessbevollmächtigter: Rechtsanwalt ...

wegen Feststellung des Erbrechts

Unter Vorlage der beiliegenden Vollmacht zeige ich an, dass ich die rechtlichen Interessen von Herrn ... vertrete. Namens des Klägers erhebe ich Klage und beantrage:

1. Es wird festgestellt, dass der Kläger Vollerbe des am ... in ... verstorbenen ..., geboren am ..., zuletzt wohnhaft ... geworden ist.
2. Die Beklagte trägt die Kosten des Rechtsstreits.

Für den Fall des Vorliegens der Voraussetzungen des § 331 Abs. 3 ZPO bitte ich um Erlass eines Versäumnisurteils ohne mündliche Verhandlung.

Begründung

Der Kläger begehrt die Feststellung, dass er Vollerbe nach dem am ... verstorbenen ..., seines Vaters geworden ist, nachdem die Bedingung unter welcher die Beklagte testamentarisch zur Nacherbin berufen ist, nicht mehr eintreten kann.

Der Erblasser hatte ein privatschriftliches Testament errichtet, in welchem er bezogen auf sein gesamtes Vermögen Vor- und Nacherbschaft angeordnet hatte: zum Vorerben war sein Sohn ..., der Kläger, zur Nacherbin seine Enkeltochter, die Beklagte eingesetzt. Weiter war angeordnet, dass der Nacherbfall mit erfolgreichem Abschluss der Ersten Juristischen Staatsprüfung eintreten soll. Ein Ersatznacherbe war nicht bestimmt.

Beweis: privatschriftliches Testament vom ... (beglaubigte Abschrift)

– Anlage K1 –

---

284 OLG Zweibrücken OLGZ 1984, 3.

E. Ansprüche des Vorerben § 1

Eröffnungsniederschrift des Nachlassgerichtes ... (beglaubigte Abschrift)
– Anlage K2 –
Die Beklagte hat das Examen endgültig nicht bestanden.
Beweis: Exmatrikulationsbescheinigung der Universität ... vom ... (in Kopie)
– Anlage K3 –
Schreiben des Landesjustizprüfungsamts vom ... (in Kopie)
– Anlage K4 –
Somit ist der Kläger infolge der gegenstandslos gewordenen Nacherbeneinsetzung der Beklagten Vollerbe des Nachlasses geworden.
(Rechtsanwältin) ◄

5. Befreite und nicht befreite Vorerbschaft

a) Nicht befreite Vorerbschaft

Der Vorerbe ist in seiner rechtlichen Stellung nicht zwingend durch die gesetzlichen Vorschriften festgelegt. Vielmehr obliegt es dem Erblasser, seine Rechtstellung zu verbessern (**befreite Vorerbschaft**) oder aber auch zu verschlechtern (**nicht befreite Vorerbschaft**). 359

Will der Erblasser den Vorerben über die gesetzlichen Beschränkungen hinaus weiter beschränken,[285] so kann er dies beispielsweise tun, indem er Testamentsvollstreckung anordnet und dem Vorerben auf diese Weise die Verwaltung des Nachlasses und die Verfügung über Nachlassgegenstände entzieht, § 2209 BGB. Möglich ist auch, dem Vorerben das Fruchtbezugsrecht durch die Anordnung eines Nießbrauchsvermächtnisses zu Gunsten einer anderen Person vorzuenthalten oder aber zu bestimmen, dass der Vorerbe den Fruchtertrag, den er während der Dauer der Vorerbschaft zieht, an den Nacherben mit Eintritt der Bedingung herausgeben muss. 360

b) Befreite Vorerbschaft

Der Erblasser kann die Stellung des Vorerben aber auch durch die Anordnung einer befreiten Vorerbschaft verbessern. § 2136 BGB gibt dabei lediglich den maximalen Rahmen der Befreiungsmöglichkeiten vor.[286] Innerhalb der gesetzlichen Grenzen ist der Erblasser frei, die Befreiungstatbestände insgesamt, einzeln oder auch in Verbindung untereinander anzuordnen.[287] Im Zweifel ist von einer Gesamtbefreiung auszugehen.[288] Werden die gesetzlichen Befreiungsgrenzen überschritten, muss deshalb die testamentarische oder erbvertragliche Bestimmung nicht zwingend nichtig sein. Im Einzelfall kann die unzulässige Befreiung auch in eine Vollerbeneinsetzung mit Schlusserbenbestimmung umgedeutet werden.[289] Die Befreiung kann auch unter die Bedingung des Eintritts bestimmter Umstände, wie den Eintritt eines Not- oder Pflegefalls gestellt oder auch nur gegenüber einem einzelnen Nacherben erteilt werden.[290] 361

Befreiungsmöglichkeiten sind für folgende Fälle gegeben: 362

– Grundstücksverfügungen, §§ 2113 Abs. 1, 2114 BGB
– Pflicht zur Hinterlegung bzw Umschreibung von Wertpapieren und Geldanlagen, §§ 2116 bis 2119 BGB

---

285 BayObLG 1958, 304; 1959, 128; OLG München, Urteil vom 2.9.2009, Az 20 U 2151/09.
286 BGHZ 7, 274, 276; Soergel/*Harder/Wegmann*, § 2136 Rn 1; *Müller*, ZEV 1996, 179.
287 Palandt/*Edenhofer*, § 2136 Rn 2.
288 *Mayer*, ZEV 2000, 1 f.
289 OLG Karlsruhe OLGZ 1969, 560 für gemeinschaftliche Testamente.
290 Palandt/*Edenhofer*, § 2136 Rn 3; LG Stuttgart Rpfleger 1980, 387.

- Aufstellung eines Wirtschaftsplans, § 2123 BGB
- Verpflichtung zur Lastentragung, § 2124 Abs. 1 BGB
- Auskunftserteilung und Sicherheitsleistung, §§ 2127 bis 2129 BGB
- Ordnungsgemäße Verwaltung, §§ 2130, 2131 BGB
- Wertersatz für Raub- und Übermaßfrüchte sowie für Gegenstände, die der Vorerbe für sich verwendet hat, §§ 2133, 2134 BGB

363 Will der Erblasser eine über die oben genannten Befreiungsmöglichkeiten hinausgehende Verbesserung des Vorerben erzielen, so besteht die Möglichkeit der Zuwendung eines Vorausvermächtnisses (§ 2110 Abs. 2 BGB).

364 **Keine Befreiung** ist hinsichtlich folgender Pflichten möglich:
- Dingliche Surrogation, § 2111 BGB
- Vollstreckungsmaßnahmen, § 2115 BGB
- Verpflichtung zur Inventarisierung, §§ 2121, 2122 BGB
- Verpflichtung zur Zahlung von Schadensersatz, § 2138 Abs. 2 BGB
- Verbot unentgeltlicher Verfügungen, § 2113 Abs. 2 BGB, wobei in diesem Zusammenhang allerdings teilweise die Möglichkeit bejaht wird, den Nacherben mit der Verpflichtung zur Zustimmung zu beschweren.[291]

365 Allgemein für unzulässig gehalten, wird die Einsetzung des alleinigen Vorerben als Nacherbentestamentsvollstrecker gemäß § 2222 BGB.[292]

c) Auslegungsfragen

366 Die letztwillige Verfügung muss die Anordnung der Befreiung zumindest andeutungsweise beinhalten, wobei es ausreicht, dass der Erblasserwille, den Vorerben befreien zu wollen, irgendwie zum Ausdruck kommt.[293] Eine ausdrückliche Anordnung ist jedenfalls nicht erforderlich (vgl § 2137 BGB). Gegebenenfalls muss durch Auslegung ermittelt werden, ob der Erblasser eine Befreiung anordnen wollte. Die einzige gesetzliche Auslegungsregel stellt § 2137 BGB dar: hat der Erblasser den Nacherben auf den „Überrest" eingesetzt oder angeordnet, dass der Vorerbe zur freien Verfügung über die Erbschaft berechtigt ist, liegt eine befreite Vorerbschaft vor. Alle weiteren Formulierungen sind mit Hilfe der allgemeinen Auslegungsregeln einzuordnen. Ganz generell spricht die Motivation des Erblassers, dem Vorerben für sein restliches Leben ein sicheres Auskommen zu ermöglichen, je nach Intensität für oder gegen die Anordnung einer Befreiung. Die Einsetzung einer Person zum Alleinerben an sich besagt dagegen noch nichts über eine möglicherweise angeordnete Befreiung.[294] Gebraucht der Erblasser allerdings Formulierungen wie „unbeschränkte Verwaltung" oder „Befugnis zur freien Verfügung" so kann nach dem allgemeinen Sprachgebrauch von einer Befreiung ausgegangen werden.[295] Ebenso ist der Sachverhalt zu beurteilen, wenn der Erblasser zusätzlich zur „freien Verfügungsbefugnis" ein Nießbrauchsvermächtnis zu Gunsten des Vorerben anordnet.[296] Im Rahmen von gemeinschaftlichen Testamenten ist zu unterscheiden: haben sich kinderlose Ehegatten gegenseitig zu Vorerben und Verwandte oder Dritte zu Nacherben eingesetzt, so kann hieraus nichts für, aber

---

[291] OLG Düsseldorf NJW-RR 2000, 375; aA *Ludwig*, DNotZ 2001, 102.
[292] RGZ 77,177; Karlsruhe MDR 1981, 943; Soergel/*Damrau*, § 2222 Rn 6.
[293] BGH FamRZ 1970, 192; 1976, 549; BayObLG 1974, 312.
[294] BGH FamRZ 1970, 192; BayObLG 1958, 303.
[295] Palandt/*Edenhofer*, § 2136 Rn 7.
[296] Oldenburg NdsRpfl 1951, 198.

E. Ansprüche des Vorerben   § 1

auch nichts gegen das Vorliegen einer Befreiung abgeleitet werden.[297] Wird der überlebende Ehegatte allerdings für den ersten Erbfall als Vollerbe eingesetzt und steht die Vollerbeneinsetzung unter der auflösenden Bedingung der Wiederverheiratung mit gleichzeitiger Anordnung einer auf diesen Zeitpunkt aufschiebend bedingten Vorerbschaft, so kann von einer Befreiung ausgegangen werden.[298] Die Herleitung eines allgemeinen Erfahrungssatzes, wonach in der Einsetzung des überlebenden Ehegatten generell eine Befreiung liege,[299] geht allerdings wohl zu weit. Jedenfalls dann, wenn ein Testamentsvollstrecker bestimmt wird, dessen Aufgabe darin besteht, den Nachlass für den Nacherben zu sichern, kann nicht mehr von einer Befreiung gesprochen werden.[300]

d) Verfahrensfragen

Die Beweislast für das Vorliegen einer angeordneten Befreiung, trägt derjenige, der sich auf sie beruft.   367

Im Erbschein muss die Befreiung stets angegeben sein und zwar nicht nur die absolute, sondern auch die auf die §§ 2113, 2114 BGB beschränkte[301] und die beim alleinigen Vorerben durch Vorausvermächtnis bewirkte.[302] Im Grundbuch muss die Befreiung von Amts wegen vermerkt werden, § 51 GBO.   368

▶ **Muster: Erbenfeststellungsklage, Befreiungen von den Beschränkungen der §§ 2113 ff BGB**   369

An das

Landgericht ...

– Zivilkammer –

Klage

der

Frau ...

– Klägerin –

Prozessbevollmächtigte: Rechtsanwältin ...

gegen

Herrn ...

Herrn ...

– Beklagte –

Prozessbevollmächtigter: Rechtsanwalt ...

wegen Feststellung des Erbrechts

Unter Vorlage der beiliegenden Vollmacht zeige ich an, dass ich die rechtlichen Interessen von Frau ... vertrete. Namens der Klägerin erhebe ich Klage und werde beantragen:

---

297 BayObLG 1960, 432.
298 BGH FamRZ 1961, 275; Palandt/*Edenhofer*, § 2136 Rn 8; OLG Hamm DNotZ 1972, 96; *Johannsen*, WM 1970, 9.
299 KG JFG 17, 154.
300 Palandt/*Edenhofer*, § 2136 Rn 5.
301 Palandt/*Edenhofer*, § 2136 Rn 9.
302 Palandt/*Edenhofer*, § 2136 Rn 9.

1. Es wird festgestellt, dass die Klägerin als Vorerbin des am ... in ... verstorbenen ... von den gesetzlichen Beschränkungen der §§ 2113 ff BGB soweit gesetzlich zulässig (§ 2136 BGB) befreit ist.
2. Die Beklagten tragen die Kosten des Rechtsstreits.

Für den Fall des Vorliegens der Voraussetzungen des § 331 Abs. 3 ZPO bitte ich um Erlass eines Versäumnisurteils ohne mündliche Verhandlung.

Begründung

Die Klägerin begehrt die Feststellung, dass sie befreite Vorerbin des Nachlasses ihres am ... verstorbenen Ehemannes, zuletzt wohnhaft gewesen in ... geworden ist. Die Klägerin und ihr verstorbener Mann hatten sich im Rahmen eines bei dem Notar ... in ... am ... unter der URNr. ... errichteten, gemeinschaftlichen Testaments gegenseitig zu Erben eingesetzt und zudem verfügt, dass nach beider Tod die Enkel, die Beklagten zu 1 und zu 2 das Familienheim erben sollen. Die Klägerin hat die Erbschaft angenommen, sämtliche Ausschlagungsfristen sind ohnehin zwischenzeitlich abgelaufen.

Beweis: notarielles Testament vom ... (beglaubigte Abschrift)

– Anlage K1 –

Eröffnungsniederschrift des Nachlassgerichtes ... (beglaubigte Abschrift)

– Anlage K2 –

Die im Nachlass des Erblassers befindliche Immobilie stellt den wesentlichen Vermögensgegenstand des Nachlasses dar, wobei die Klägerin zu dessen Errichtung erheblich beigetragen hatte. So wurde der Hausbau ehedem sowohl von der Klägerin – diese führt ein eigenes Architektenbüro – geplant und in der Bauphase begleitet, als auch zum Großteil mitfinanziert.

Beweis: Zeugnis des ... (Bauunternehmer)

Darlehensvertrag vom ... mit der X-Bank (in Kopie)

– Anlage K3 –

Der Erblasser hat mit der Klägerin einen Sohn, den Vater der Beklagten zu 1 und zu 2. Dieser ist schwer verschuldet und war im Rahmen der testamentarischen Verfügung der Eheleute ... übergangen worden, damit das Nachlassvermögen nicht dem Zugriff seiner Gläubiger ausgesetzt würde. Die Klägerin sollte nach dem Tod des Erblassers abgesichert sein und über den Nachlass frei verfügen können, dies vor allem auch deshalb, weil sie erheblich zur Errichtung der Immobilie beigetragen hatte. Was nach dem Tod des Längstlebenden noch übrig sei, sollte nicht dem verschuldeten Sohn, sondern den beiden Enkeln zu Gute kommen. Diesen Sachverhalt hatte der Erblasser im Rahmen des Beurkundungstermins dem Notar geschildert. Diese Regelungen waren auch der ausdrückliche Wunsch der Klägerin.

Beweis: Zeugnis des beurkundenden Notars ...

Die Klägerin entbindet in diesem Zusammenhang den Notar ausdrücklich von seiner Verschwiegenheitspflicht nach § 18 BNotO. Für den Fall, dass die Einholung einer weiteren Befreiung von der Schweigepflicht erforderlich sein sollte, wird um Einholung beim zuständigen Landgerichtspräsidenten gebeten.

Die Anordnung einer befreiten Vorerbschaft ist das Ergebnis einer Vielzahl von Überlegungen, die der Erblasser bei der Regelung seiner Vermögensnachfolge anstellt. Sie kommt dann in Betracht, wenn unter Berücksichtigung aller Umstände die Auslegung erkennen lässt, dass der Erblasser dem

Bedachten bestimmte Beschränkungen auferlegen, ihm andererseits aber auch Freiheiten gewähren will. Das richtige Verhältnis des erkannten Beschränkungswillens zu dem erkannten Befreiungswillen, nämlich Befreiung im Rahmen der Beschränkung, ermöglicht den Schluss auf die Anordnung der befreiten Vorerbschaft.

Im vorliegenden Fall ging es dem Erblasser und der Klägerin darum, das Vermögen in der Familie zu halten. In jedem Fall sollte verhindert werden, dass Dritte – die Gläubiger des verschuldeten Sohnes – hierauf Zugriff nehmen können. Diese Zielsetzung sollte jedoch nicht mit einer Beschränkung des überlebenden Ehegatten, über das Nachlassvermögen nicht mehr frei verfügen zu können, einhergehen. Zudem sollte dem Umstand Rechnung getragen werden, dass die Klägerin den Erwerb der im Nachlass befindlichen Immobilie größtenteils ermöglicht hatte. Hat der zum Vorerben berufene Ehegatte erheblich zum Erwerb des hinterlassenen Vermögens beigetragen, so ist er stillschweigend von den Beschränkungen der §§ 2113 ff BGB befreit (vgl BayObLGZ 1960, 432, 437; OLG Hamm NJW-RR 1997, 453). Aus diesem Grund ist das Testament dahingehend auszulegen, dass die Klägerin befreite Vorerbin des Erblassers geworden ist.

Die Klägerin hat am ... beim Amtsgericht ... als Nachlassgericht die Erteilung eines Erbscheines beantragt, welcher sie als alleinige befreite Vorerbin ausweist. Die Beklagten zu 1 und zu 2 haben dem widersprochen und sind der Auffassung, die Klägerin sei lediglich nicht befreite Vorerbin.

Beweis: Beiziehung der Nachlassakten (nähere Bezeichnung)

Das Erbscheinsverfahren ist noch nicht abgeschlossen, was der Erhebung einer Feststellungsklage unstreitigerweise nicht entgegensteht. Die Klägerin hat ein berechtigtes Interesse an der Feststellung ihrer Rechtsposition als befreite Vorerbin.

(Rechtsanwältin) ◄

III. Rechtstellung des Vorerben

1. Im Prozess

a) Prozessführungsbefugnis

Der Vorerbe ist für die Dauer der Vorerbschaft für alle den Nachlass betreffenden Klagen aktiv und passiv prozessführungsbefugt.[303] Eine Verfügung über das streitbefangene Recht ist in der Prozessführung des Vorerben nicht zu sehen,[304] weswegen auch eine etwaige Beschränkung des Vorerben nach §§ 2113 ff BGB hieran nichts ändert. 370

b) Eintritt des Nacherbenfalles während des Prozesses

Zu unterscheiden ist hinsichtlich des Vorliegens der Verfügungsbefugnis des Vorerben über den Streitgegenstand: 371

War der Vorerbe zur Verfügung befugt, tritt eine **Unterbrechung des Rechtsstreits** zwischen Vorerben und Dritten ein, §§ 242, 239 Abs. 1 ZPO. Der Nacherbe tritt in die Parteistellung des Vorerben ein und wird in prozessualer Hinsicht wie der Rechtsnachfolger des Vorerben behandelt.[305] War der Vorerbe allerdings durch einen Prozessbevollmächtigten vertreten, kommt es nicht zu einer Unterbrechung des Verfahrens; auf Antrag des Gegners ist aber die **Aussetzung des Verfahrens** anzuordnen, § 246 Abs. 1 ZPO. 372

---

303 Palandt/*Edenhofer*, Einf. vor § 2100 Rn 2.
304 BFH NJW 1970, 79.
305 MünchKomm/*Grunsky*, § 2100 Rn 22.

373 War der Vorerbe nicht zur Verfügung befugt, sondern stattdessen auf die Zustimmung des Nacherben angewiesen, entfällt bei Aktivprozessen des Vorerben dessen Aktivlegitimation. Will der Vorerbe die drohende Klageabweisung vermeiden, verbleibt ihm nur noch die Möglichkeit der einseitigen Erledigterklärung. Allerdings kann der Nacherbe gleichwohl die Prozessführung noch genehmigen.[306] Bei Passivprozessen des Vorerben, kommt es ebenfalls nicht zu einem Übergang der Parteistellung.[307] Für den Fall, dass der Vorerbe für Nachlassverbindlichkeiten weiter haftet (§ 2145 BGB), kann der Prozess fortgesetzt werden. Ist dies nicht der Fall, verbleibt wiederum nur die Erledigterklärung als letzte Möglichkeit, die Gefahr der Klageabweisung auszuschließen.

c) Rechtskrafterstreckung auf den Nacherben

374 Ob der Nacherbe ein gegen den Vorerben während der Dauer der Vorerbschaft ergangenes Urteil gegen sich gelten lassen muss, hängt davon ab, ob die Voraussetzungen des § 326 ZPO gegeben sind. Insbesondere § 325 ZPO kommt in diesem Zusammenhang nicht zur Anwendung, da der Nacherbe nicht Rechtsnachfolger des Vorerben, sondern des Erblassers ist. Wohl aber ist der Nacherbe gemäß § 325 ZPO an ein gegen den Erblasser ergangenes Urteil als dessen Rechtsnachfolger gebunden.

375 Zum einen muss das Urteil rechtskräftig sein, zum anderen hängt die Rechtskrafterstreckung auf den Nacherben davon ab, ob die streitgegenständlich befangene Sache eine Nachlassverbindlichkeit (§ 1967 Abs. 2 BGB) oder einen Nachlassgegenstand darstellt. Handelt es sich um eine Nachlassverbindlichkeit, erstreckt sich ein für den Vorerben günstiges Urteil nach § 326 Abs. 1 Alt. 1 ZPO auch auf den Nacherben. Streiten sich die Parteien dagegen um einen Nachlassgegenstand, wirkt das Urteil gemäß § 326 Abs. 2 ZPO immer für und gegen den Nacherben, sofern der Vorerbe in seiner Verfügung nicht nach §§ 2113 ff BGB beschränkt war. Liegt dagegen eine Verfügungsbeschränkung vor, kommt es nur zur Rechtskrafterstreckung, wenn das Urteil gegenüber dem Nacherben ein günstiges Ergebnis zum Inhalt hat, § 326 Abs. 1 Alt. 2 ZPO.

376 Bei teilweise günstigem, teilweise ungünstigem Ausgang, muss der Nacherbe nur den günstigen Teil gelten lassen,[308] sofern jedenfalls der Streitgegenstand teilbar ist und hinsichtlich des günstigen Teils die Möglichkeit eines Teilurteils bestanden hätte.[309]

d) Abgabe einer Willenserklärung

377 Wird mit der Klage die Abgabe einer Willenserklärung (§§ 894, 895 ZPO) begehrt, muss der Nacherbe stets mitverklagt werden (**notwendige Streitgenossen**), sofern er an das Urteil gebunden sein soll.[310] Dies jedenfalls dann, wenn der Vorerbe in seiner Verfügungsbefugnis über die streitgegenstandsbefangene Sache beschränkt ist. Nur wenn der Vorerbe ohne Einschränkung verfügen kann, macht ein Verfahren gegen ihn allein Sinn.

e) Gläubigerzugriff auf den Nachlass

378 Solange die Vorerbschaft andauert, haben die Gläubiger des Vorerben die Möglichkeit, aus einem gegen diesen erwirkten Titel die Zwangsvollstreckung in den Nachlass zu betreiben. Hierfür spielt es keine Rolle, ob es sich bei der zugrunde liegenden Forderung um eine Nach-

---

306 MünchKomm/*Grunsky*, § 2100 Rn 22.
307 MünchKomm/*Grunsky*, § 2100 Rn 22.
308 MünchKomm/*Grunsky*, § 2100 Rn 23.
309 Zöller/*Vollkommer*, § 326 Rn 2.
310 Palandt/*Edenhofer*, Einf. vor § 2100 Rn 2.

E. Ansprüche des Vorerben § 1

lassverbindlichkeit oder eine Eigenverbindlichkeit des Vorerben handelt.[311] Die Vollstreckung soll allerdings nicht zu Lasten des Nacherben gehen. Eine Aufrechnung durch Eigengläubiger des Vorerben ist entsprechend § 394 BGB unzulässig.[312] Die Rechte des Nacherben werden über § 2115 BGB geschützt: danach sind die Zwangsvollstreckung und die Vollziehung eines Arrests insoweit unwirksam, als Rechte des Nacherben vereitelt oder beeinträchtigt würden. Ausnahmen zu diesem Grundsatz sind gesetzlich in § 2115 S. 2 BGB normiert. Die Verfügung eines Nachlassgläubigers muss der Nacherbe gegen sich geltend lassen. Schließlich ist das Erbrecht des Nacherben gegenüber dem der übrigen Erben nicht ein solches minderer Qualität. Neben den Erblasser- und Erbfallschulden (§ 1967 BGB) zählen auch Verbindlichkeiten, die der Vorerbe im Rahmen einer ordnungsgemäßen Verwaltung des Nachlasses (§ 2120 BGB) eingeht (Nachlasserbenschulden) zu den von § 2115 S. 2 BGB erfassten Nachlassverbindlichkeiten.[313] § 2115 S. 2 BGB nennt weiter Verfügungen, die aufgrund eines an einem Erbschaftsgegenstand bestehenden Rechts geltend gemacht werden. Die Zwangsverfügung aufgrund der Geltendmachung dinglicher Rechte an einem Erbschaftsgegenstand ist dann wirksam, wenn das Recht entweder bereits vor dem Erbfall entstanden ist oder aber auch der Vorerbe selbst wirksam im Sinne von § 2113 Abs. 1, Abs. 2 BGB hatte verfügen können.[314]

Auf Kündigungen einer Personengesellschaft durch Gläubiger des Vorerben ist § 2115 BGB ebenfalls anwendbar.[315] 379

§ 2115 BGB verhindert die Zwangsvollstreckung wegen Geldforderungen gegen den Vorerben in das Nachlassvermögen und bezweckt den Schutz des Nacherben. Nicht erfasst ist demnach die Zwangsverwaltung in ein Nachlassgrundstück, da die Nutzungen der Erbschaft dem Vorerben zustehen und in dessen Eigenvermögen fallen.[316] Die Teilungsversteigerung zum Zwecke der Auseinandersetzung von mehreren Vorerben stellt keine Zwangsvollstreckungsmaßnahme dar. Wird daher ein Grundstück im Rahmen der Erbauseinandersetzung übertragen, ist dies auch gegenüber dem Nacherben wirksam.[317] Der Erlösüberschuss gehört als Surrogat nach § 2111 BGB zur Erbschaft und muss nach Eintritt des Nacherbfalles an den Nacherben herausgegeben werden. 380

An Zwangsvollstreckungsmaßnahmen, die gegenüber dem Nacherben unwirksam sind, kann grundsätzlich kein gutgläubiger Erwerb stattfinden, da die Gutglaubensvorschriften hinsichtlich des Erwerbs beweglicher Sachen (§§ 932, 1244 BGB) und die Vorschriften über den öffentlichen Glauben des Grundbuchs (§ 892 BGB) für den Erwerb durch Zwangsvollstreckung oder Arrest nicht gelten. Anders ist der freihändige Verkauf (§ 825 ZPO) bzw die öffentliche Versteigerung zu beurteilen. Hier kann der Nacherbe lediglich einen Anspruch aus ungerechtfertigter Bereicherung gegen den die Zwangsvollstreckung betreibenden Gläubiger geltend machen.[318] Bei der kenntnisunabhängigen Zwangsversteigerung kommt es sogar dann zu einem Erlöschen der Nacherbenrechte, wenn der Erwerber positive Kenntnis hatte und keine Absi- 381

---

311 MünchKomm/*Grunsky* § 2100, Rn 24.
312 RGZ 80, 30.
313 MünchKomm/*Grunsky*, § 2115 Rn 4; Soergel/*Harder/Wegmann*, § 2115 Rn 11.
314 Palandt/*Edenhofer*, § 2115 Rn 6.
315 Palandt/*Edenhofer*, § 2115 Rn 1.
316 RG 80,7; MünchKomm/*Grunsky*, § 2115 Rn 3.
317 Palandt/*Edenhofer*, § 2115 Rn 3.
318 Palandt/*Edenhofer*, § 2115 Rn 7.

cherung durch einen Nacherbenvermerk nach § 51 GBO oder eine rechtzeitige Anmeldung im Sinne von § 37 Nr. 4, 5 ZVG erfolgt ist.[319]

382 Ist eine Zwangsverfügung unwirksam, zieht dies nicht die Unzulässigkeit der Zwangsvollstreckung als solche nach sich. Nach § 773 S. 1 ZPO kann im Falle des Vorliegens der Voraussetzungen nach § 2115 BGB ein zur Vorerbschaft gehörender Gegenstand zwar nicht im Wege der Zwangsvollstreckung veräußert oder überwiesen werden; zulässig sind allerdings alle übrigen Zwangsvollstreckungsmaßnahmen, wie zB die Begründung eines Pfandrechts, die Bestellung einer Zwangshypothek und die Durchführung der Zwangsverwaltung.[320]

383 In prozessualer Hinsicht ist das Gericht örtlich zuständig, in dessen Bezirk die Zwangsvollstreckung vorgenommen werden soll, §§ 771 Abs. 1, 802 ZPO.

384 Wird über das Vermögen des Vorerben das Insolvenzverfahren eröffnet, hat der Nacherbe zwar erst mit Eintritt des Nacherbfalles ein Aussonderungsrecht.[321] Seine Rechte werden jedoch dadurch geschützt, dass die Vorerbengläubiger nicht aus dem Nachlassvermögen befriedigt werden und auch Verpflichtungsgeschäfte zur Veräußerung von Nachlassgegenständen nicht erfüllt werden dürfen. Zwangsverfügungen zur Befriedigung von Nachlassgläubigern sind allerdings wirksam.[322] Nutzungen, die der Vorerbe aus dem Nachlass gezogen hat, dürfen zur Gläubigerbefriedigung verwendet werden.

385 Der Nacherbe kann sich in verfahrensrechtlicher Hinsicht gegen Zuwiderhandlungen mit der Drittwiderspruchsklage (§§ 773 S. 2, 771 ZPO) wehren. Handelt es sich um Vollstreckungsmaßnahmen, die keine Verfügungen im Sinne von § 2115 BGB darstellen, steht ihm lediglich der Anspruch aus § 2128 BGB auf Gewährung einer Sicherheitsleistung zu. Erst nach Eintritt des Nacherbfalls kann der Nacherbe direkt gegen die Vorerbengläubiger vorgehen.

2. Während der Zeit der Vorerbschaft

a) Rechtsstellung des Vorerben

386 Der Vorerbe erlangt nicht etwa ein Erbrecht minderer Qualität, sondern tritt als „**wahrer Erbe**"[323] für die Dauer seiner Vorerbschaft in die Rechtsposition des Erblassers ein. Auf ihn geht der gesamte Nachlass (§ 1922 BGB), der Besitz und die Nachlassverbindlichkeiten (§ 1967 BGB) über. Als Eigentümer ist er, unter Berücksichtigung der in §§ 2113 f BGB normierten Einschränkungen berechtigt, über den Nachlass zu verfügen, § 2112 BGB. Die rechtliche Stellung des Vorerben kommt wirtschaftlich der eines Nießbrauchers nahe: er ist gegenüber dem Nacherben berechtigt, die gesamten Nutzungen des Nachlasses zu ziehen und muss im Gegenzug die gewöhnlichen Erhaltungskosten tragen (§ 2124 Abs. 1 BGB) sowie die Kosten der Fruchtziehung übernehmen.[324]

387 Bis zum Eintritt des Nacherbfalles bildet der Nachlass in der Hand des Vorerben ein **rechtliches Sondervermögen**, welches mit Bedingungseintritt an den Nacherben herauszugeben ist und zwar in dem Zustand, welcher sich bei einer bis zur Herausgabe fortgesetzten ordnungsgemäßen Verwaltung ergibt, § 2130 Abs. 1 S. 1 BGB. Dem Vorerben obliegt also eine materielle Fürsorgepflicht.

---

319 Soergel/*Harder/Wegmann*, § 2115 Rn 13.
320 Palandt/*Edenhofer*, § 2115 Rn 4.
321 MünchKomm/*Grunsky*, § 2100 Rn 26 a.
322 Palandt/*Edenhofer*, § 2115 Rn 5.
323 *Ricken*, AcP 2002, 465 f.
324 BGH NJW-RR 1986, 1069.

E. Ansprüche des Vorerben § 1

b) Rechte und Pflichten des Vorerben

Die den Vorerben während der Dauer der Vorerbschaft treffenden Rechte und Pflichten bemessen sich nach dem Umfang der Befreiung, die der Erblasser angeordnet hat. Liegt eine nicht befreite Vorerbschaft vor, so muss der Vorerbe die je nach Erblasseranordnung enger oder weiter gesetzten Grenzen der §§ 2113 ff BGB einhalten. Dingliche Rechtsänderungen sind gemäß § 2113 Abs. 1 BGB „insoweit unwirksam, als sie das Recht des Nacherben vereiteln oder beeinträchtigen würden". Gewissheit darüber, ob tatsächlich eine unwirksame Verfügung gegeben ist, kann erst erlangt werden, nachdem der Nacherbfall eingetreten ist. Schließlich ziehen Verfügungen des nicht befreiten Vorerben über ein Grundstück oder ein Recht an einem Grundstück nicht automatisch deren Nichtigkeit nach sich. Der Nacherbe kann vielmehr die Verfügung auch noch nachträglich genehmigen. Steht die Immobilie im Eigentum einer Erbengemeinschaft, ist der Vorerbe ebenfalls nicht an einer Verfügung gehindert. Er kann vielmehr die Auseinandersetzung betreiben (§ 2042 BGB) und das Grundstück auf einen Miterben oder eine dritte Person übertragen. § 2113 Abs. 1 BGB kommt in diesen Zusammenhang nicht (auch nicht analog) zur Anwendung.[325] Konsequenterweise ist dann auch keine Eintragung eines Nacherbenvermerks von Nöten. Im Gegenteil: das Grundbuch wäre unrichtig, wenn gleichwohl ein entsprechender Vermerk eingetragen wäre und müsste berichtigt werden.[326] Unentgeltliche Verfügungen des Vorerben sind mit Ausnahme von Pflicht- und Anstandsschenkungen nach § 2113 Abs. 2 BGB unwirksam, da andernfalls der Wert des Nachlasses vermindert würde. Weil § 2113 Abs. 2 BGB auf § 2113 Abs. 1 BGB Bezug nimmt, muss auch hier eine wirtschaftliche Beeinträchtigung oder Vereitelung der Rechte des Nacherben hinzukommen.[327] Keine Beeinträchtigung liegt daher beispielsweise in der unentgeltlichen Weggabe eines kostenträchtigen Nachlassgegenstandes, sofern dies den Grundsätzen der ordnungsgemäßen Verwaltung entspricht oder auf wertlose Forderungen verzichtet wird.[328]

388

Den Vorerben trifft eine **Verwaltungspflicht im Erbschaftsinteresse des Nacherben**, deren Erfüllung der Nacherbe über die ihm gemäß §§ 2127, 2128 BGB zustehenden Auskunfts- und Sicherungsrechte überprüfen kann; kommt der Vorerbe dieser Verpflichtung nicht nach, kann dies gegenüber dem Nacherben zur Entstehung von Schadenersatzansprüchen führen.

389

Hat der Erblasser den Vorerben im Rahmen der gesetzlich möglichen Grenzen befreit, ist dessen Rechtsposition gegenüber dem Nacherben im Verhältnis zu der eines nicht befreiten Vorerben wesentlich gestärkt: der Vorerbe darf dann den Nachlass nicht nur in begrenztem Maße verwalten, sondern auch darüber hinaus für sich verbrauchen. An den Nacherben muss nur weiter gegeben werden, was zum Zeitpunkt des Eintritts des Nacherbfalles noch übrig ist.

390

c) Antrag auf Feststellung des Nachlasszustandes

Nach § 2122 S. 1 BGB kann der Vorerbe den Zustand der zur Erbschaft gehörenden Sachen auf seine Kosten durch einen oder mehrere Sachverständige feststellen lassen. Die Vorschrift dient sowohl der Sicherstellung des Nacherben, als auch dem Schutz des Vorerben vor Schadenseratzansprüchen des Nacherben, die dieser möglicherweise nach Eintritt des Nacherbfalles geltend machen will.[329]

391

---

325 BGH NJW 1976, 893; aA OLG Saarbrücken ZEV 2000, 27 (wenn die Miterbengemeinschaft erst durch den Erbfall entstanden ist).
326 BayObLGZ 1994, 177.
327 OLG Bamberg, Urteil vom 8.5.2009, Az 6 U 38/08.
328 Bonefeld/Wachter/*Mehrle*, Der Fachanwalt für Erbrecht, § 8 Rn 29.
329 Palandt/*Edenhofer*, § 2121 Rn 1; Lange/*Kuchinke*, § 28 V 2.

392 Möglich ist auch, die Feststellung auf einzelne zur Erbschaft gehörende Gegenstände zu beschränken.[330] Dient das Verfahren allerdings alleine der Feststellung des Werts der Nachlassgegenstände, so ist es unzulässig.[331]

393 Das Feststellungsverfahren richtet sich nach §§ 31, 410 Nr. 2, 411 Abs. 2 FamFG und ist vor dem Amtsgericht zu erheben, in dessen Bezirk sich die festzustellende Nachlasssache befindet. Eine Vereinbarung der Beteiligten zur Zuständigkeitsbegründung eines anderen Amtsgerichtes lässt § 411 Abs. 2 S. 2 FamFG ausdrücklich zu. Die Kosten des Verfahrens trägt der Antragsteller (Vorerbe). Die Gerichtskosten betragen eine Gebühr, §§ 120 Nr. 1, 32 KostO.

394 ▶ **Muster: Antrag auf Feststellung des Nachlassbestandes**

An das

Amtsgericht

– Nachlassgericht –

Az. ...

Antrag auf Feststellung des Nachlassbestandes

Unter Vorlage der beiliegenden Vollmacht zeige ich an, dass ich die rechtlichen Interessen von Frau ... vertrete.

In der Nachlasssache ... beantrage ich in ihrem Namen die Feststellung des Zustandes der zum Nachlass gehörenden Sachen.

Begründung

Der Erbfall nach Herrn ..., zuletzt wohnhaft in ..., ist am ... eingetreten. Der Erblasser hatte ein privatschriftliches Einzeltestament errichtet, welches das Nachlassgericht unter dem Az ... am ... eröffnet hat. Sterbeurkunde, Testament und Eröffnungsprotokoll liegen dem Nachlassgericht bereits vor, sodass auf diese Urkunden Bezug genommen werden kann.

Der Erblasser war der Ehegatte meiner Mandantin. Auf Grund des privatschriftlichen Testamentes vom ... ist sie zur Vorerbin des gesamten Nachlasses berufen. Nacherbe ist der ehegemeinschaftliche Sohn ...

Gemäß § 2122 S. 1 BGB hat meine Mandantin einen Anspruch auf Feststellung des Zustandes der zum Nachlass gehörenden Sachen. Das Feststellungsverlangen meiner Mandantin wird dabei ausdrücklich auf folgende von der Vorerbschaft erfasste Positionen beschränkt:

- Bebautes Grundstück (Doppelhaushälfte) in ..., ... -Straße, eingetragen im Grundbuch von ..., Band ..., Heft ..., Bestandsverzeichnis Nr. ..., Markung ..., Flst.-Nr. ...
- Sammlung antiker Taschenuhren, eingelagert in ...

Zur Bewertung des Grundstückes schlage ich Herrn ... und für die Taschenuhren Frau ... als Sachverständige vor.

Der zu bewertende Nachlassanteil beträgt etwa EUR ...

(Rechtsanwältin) ◀

---

[330] Palandt/*Edenhofer*, § 2122 Rn 1; Staudinger/*Avenarius*, § 2122 Rn 2.
[331] Palandt/*Edenhofer*, § 2121 Rn 2.

E. Ansprüche des Vorerben § 1

d) Klage auf Zustimmung des Nacherben zu Verwaltungsmaßnahmen
aa) Allgemeines

Der Vorerbe darf grundsätzlich gemäß § 2112 BGB über den Nachlass verfügen. Dieser Verfügungsbefugnis werden allerdings durch die in §§ 2113 f, 2116 ff BGB normierten Beschränkungen zuweil erhebliche Grenzen gesetzt. Damit der Vorerbe gleichwohl handlungsfähig bleibt, kann er nach § 2120 BGB die Zustimmung des Nacherben zu Maßnahmen, die im Rahmen der ordnungsgemäßen Verwaltung des Nachlasses erforderlich sind, verlangen. Die Vorschrift verfolgt ihren Zweck dabei in zweifacher Hinsicht: zum einen dient sie der Legitimation des Vorerben nach außen, also gegenüber Dritten (zB Behörden, Nachlassschuldnern, Vertragspartnern), zum anderen kann sich der Vorerbe nach innen, also gegenüber Ansprüchen des Nacherben (§§ 2130 f BGB), absichern.[332] 395

bb) Grundstücksverfügungen

Gemäß § 2113 Abs. 1 BGB darf der nicht befreite Vorerbe nicht über ein zum Nachlass gehörendes Grundstück verfügen. Soll die Verfügung dennoch wirksam sein, bedarf es der Zustimmung des Nacherben, welche der Vorerbe nach § 2120 BGB verlangen kann. § 2120 BGB nennt nur „Verfügungen". Nach allgemeiner Meinung ist die Vorschrift allerdings entsprechend auch auf schuldrechtliche Verpflichtungsgeschäfte anzuwenden, um klarzustellen, ob die beabsichtigte Verfügung wirksam ist und der Nacherbe für die entstehende Nachlassverbindlichkeit haftet.[333] 396

Der befreite Vorerbe bedarf der Zustimmung des Nacherben nur bei unentgeltlichen Verfügungen gemäß § 2113 Abs. 2 BGB. Über ein Nachlassgrundstück darf er an sich ohne Zustimmung des Nacherben verfügen und auch die Löschung des Nacherbenvermerks (§ 51 GBO) kann ohne die Zustimmung des Nacherben vorgenommen werden. Allerdings bestehen in diesem Zusammenhang oftmals Schwierigkeiten hinsichtlich des grundbuchmäßigen Vollzuges. Da auch der befreite Vorerbe keine unentgeltlichen Geschäfte tätigen darf, ist er gehalten, den Nachweis der vollen Entgeltlichkeit der Veräußerung durch Vorlage öffentlicher Urkunden (§ 29 Abs. 1 S. 2 GBO) zu erbringen. Da dies häufig nicht leicht zu bewerkstelligen ist, sieht es die Rechtspraxis als ausreichend an, wenn es sich bei der Verfügung um einen Bestandteil eines entgeltlichen Veräußerungsvertrages mit einem Dritten handelt und weiter keinerlei Anzeichen dafür bestehen, dass die Gegenleistung nur pro forma erbracht wird. Zudem dürfen Leistung und Gegenleistung wertmäßig nicht in einem groben Missverhältnis stehen.[334] Im Zweifelsfalle darf allerdings das Grundbuchamt auch weiterhin die Vorlage der Zustimmung verlangen.[335] 397

Ist die Rechtslage zweifelhaft, kann die Zustimmung des Nacherben auch dann verlangt werden, wenn nicht sicher feststeht, dass ein Fall der §§ 2113 ff BGB gegeben ist.[336] 398

Will eine aus mehreren Vorerben bestehende Miterbengemeinschaft die Auseinandersetzung vollziehen, kann der Nacherbe, da er durch die Surrogation hinreichend geschützt ist, die Zustimmung zu den erforderlichen Verfügungen nicht verweigern.[337] 399

Werden Verfügungen nach § 2113 Abs. 1 BGB getätigt, um Nachlassverbindlichkeiten zu begleichen, so sind diese nach herrschender Meinung nicht zustimmungsbedürftig. Es liege schon 400

---

332 Palandt/*Edenhofer*, § 2120 Rn 1.
333 Palandt/*Edenhofer*, § 2120 Rn 1.
334 Bonefeld/Kroiß/Tanck/*Steinbacher*, Der Erbprozess, § 4 Rn 69; OLG Hamm NJW 1969, 1492.
335 Lange/*Kuchinke*, § 28 IV 6 f.
336 Soergel/*Harder*, § 2120 Rn 3; BGH ZEV 1994; 45 f; MünchKomm/*Grunsky*, § 2120 Rn 3.
337 Nieder/*Kössinger*, Rn 641.

keine Beeinträchtigung für den Nacherben vor bzw der Vorerbe sei von dem Verfügungsverbot aus § 2113 Abs. 1 BGB befreit.[338] Die Gegenmeinung hierzu erachtet zwar die Zustimmung des Nacherben als erforderlich, sieht aber eine generelle Verpflichtung des Nacherben als gegeben an.[339]

cc) Maßnahmen der ordnungsgemäßen Verwaltung

401 Voraussetzung für die Zustimmungsverpflichtung des Nacherben nach § 2120 BGB ist, dass sich der Vorerbe einer Maßnahme der ordnungsgemäßen Verwaltung gegenüber sieht. An das Vorliegen einer solchen Maßnahme wird im **Interesse des Nacherben auf Substanzerhaltung und -erlangung** ein strenger Maßstab angelegt.[340] Grundsätzlich muss der Vorerbe in wirtschaftlicher Hinsicht den Nachlass bestmöglich erhalten und vermehren.[341] Der ordnungsgemäßen Nachlassverwaltung dient insbesondere die Versilberung von Nachlassgegenständen zur Bezahlung von Nachlassverbindlichkeiten.[342] Auf das Eigentum an Nachlassgegenständen darf der Vorerbe nur ausnahmsweise verzichten, wenn die Sache nach wirtschaftlichen Gesichtspunkten kein Vermögen mehr darstellt[343] oder dem Vorerben andernfalls die Enteignung droht.[344] Besonders kritisch ist eine angestrebte Kreditaufnahme des Vorerben zu betrachten; schließlich geht diese zu Lasten des Nachlasses und schlussendlich zu Lasten des Nacherben. Besteht in diesem Zusammenhang daher die Gefahr, dass Zins und Tilgung mangels ausreichender Einkünfte die Nachlasssubstanz immer weiter aufzehren[345] oder kann der Vorerbe die Zweckgebundenheit des aufgenommenen Kredits nicht sicherstellen,[346] so scheitert die Zustimmungsverpflichtung des Nacherben am Vorliegen einer Maßnahme der ordnungsgemäßen Verwaltung.

dd) Zustimmungsverpflichtung des Nacherben

402 Steht das Vorliegen einer Maßnahme der ordnungsgemäßen Verwaltungsmaßnahme fest, muss der Vorerbe diese konkret durch Darlegung der Vertragsmodalitäten gegenüber dem Nacherben benennen und die hierfür gegebenen Gründe in detaillierter und nachvollziehbarer Form darstellen, so dass der Nacherbe selbst anhand der Angaben überprüfen kann ob es sich tatsächlich um eine Maßnahme der ordnungsgemäßen Verwaltung handelt.[347] Besteht für den Nacherben[348] sodann eine Verpflichtung nach § 2120 BGB, so kann er die Zustimmung sowohl gegenüber dem Vorerben als auch gegenüber dem Vertragspartner abgeben.[349] Der Vorerbe kann ebenfalls seinen Anspruch aus § 2120 BGB an den Dritten abtreten. Dieser hat sodann die Möglichkeit, die Arglisteinrede zu erheben, sofern sich der Nacherbe trotz bestehender Verpflichtung weigert, die Zustimmung zu erteilen und kann auf Einwilligung in die Löschung

---

338 BayObLG NJW-RR 2001, 1665; OLG Hamm FGPrax 1995, 7 f; Staudinger/*Avenarius*, § 2113 Rn 53 f.
339 Lange/*Kuchinke*, § 28 IV 4 b; MünchKomm/*Grunsky*, § 2113 Rn 13.
340 OLG Düsseldorf NJW-RR 1996, 905 f; BGH NJW 1993, 1582 f, *Ricken*, AcP 2002, 465/492.
341 MünchKomm/*Grunsky*, § 2120 Rn 4 b.
342 Palandt/*Edenhofer*, § 2120 Rn 2.
343 BGH NJW 1999, 2037 f.
344 KG Rpfleger 1974, 222.
345 BGHZ 110, 176; BGH NJW 1993, 3198.
346 Z.B. durch die Einschaltung eines erfahrenen und zuverlässigen Treuhänders, vgl BGHZ 114, 16; BGB NJW 1993, 1582.
347 Bonefeld/Kroiß/*Tanck/Steinbacher*, Der Erbprozess, § 4, Rn 74.
348 Bei Einsetzung mehrerer Nacherben müssen alle zustimmen, vgl MünchKomm/*Grunsky*, § 2113 Rn 16; Soergel/*Harder/Wegmann*, § 2120 Rn 8.
349 MünchKomm/*Grunsky*, § 2120 Rn 5.

eines gegenstandslos gewordenen Nacherbenvermerks (§ 51 GBO) klagen.[350] Auf Verlangen – insbesondere zu Beweiszwecken – muss der Nacherbe die Zustimmung in öffentlich beglaubigter Form (§ 129 GBO) abgeben. Erstrebt der Vorerbe den Verkauf eines Nachlassgrundstücks, so muss die Zustimmung nach § 311b BGB notariell beurkundet werden,[351] wobei die Kosten der Beurkundung dem Vorerben anfallen, § 2120 S. 3 BGB, und nicht zu Lasten des Nachlasses gehen. Unter Umständen bedarf es zudem einer familiengerichtlichen Genehmigung nach §§ 1643, 1821 Abs. 1 Nr. 1, 1915 BGB, wenn die zustimmungsverpflichteten Nacherben minderjährig sind und selbst die Zustimmung des bzw der gesetzlichen Vertreter benötigen.[352] Für den Fall, dass der Vorerbe selbst gesetzlicher Vertreter des Nacherben ist, hindert dies die Möglichkeit der Zustimmung zu einer eigenen Verfügung nicht.[353] Auch die Fallkonstellation, dass Personen zur Nacherbfolge gelangen, die noch nicht gezeugt sind oder erst durch ein künftiges Ereignis bestimmt werden, entbindet nicht von der Verpflichtung nach § 2120 BGB: hier wird die Zustimmung eines vom Vormundschaftsgericht bestellten Pflegers erforderlich, § 1913 S. 2 BGB.[354]

Eine einmalig erteilte Zustimmung ist sodann unwiderruflich.

▶ **Muster: Zustimmung des Nacherben zur Übertragung von Grundbesitz** 403

An das

Landgericht

– Zivilkammer –

Klage

der

Frau ...

– Klägerin –

Prozessbevollmächtigte: Rechtsanwältin ...

gegen

Herrn ...

– Beklagter –

Prozessbevollmächtigter: Rechtsanwalt ...

wegen Zustimmung

Unter Vorlage der beiliegenden Vollmacht zeige ich an, dass ich die rechtlichen Interessen von Frau ... vertrete. Namens der Klägerin erhebe ich Klage gegen den Beklagten und werde in dem noch anzuberaumenden Termin beantragen:

1. Der Beklagte wird verurteilt, der Übertragung der Eigentumswohnung ..., eingetragen im Wohnungsgrundbuch von ..., Band ..., Heft ... x-tausendstel Miteigentumsanteil an dem Grundstück ..., FlstNr. ... verbunden mit dem Sondereigentum an der im Aufteilungsplan mit Ziffer ... bezeichneten Wohnung auf Frau ... zuzustimmen.
2. Der Beklagte trägt die Kosten des Rechtsstreits.

---
350 RG JR 26 Nr. 939.
351 BGH NJW 1972, 581.
352 BayObLG 1959, 493.
353 BayObLG BayNotV 1954, 64.
354 Soergel/*Harder/Wegmann*, § 2120 Rn 9.

Für den Fall des Vorliegens der Voraussetzungen des § 331 Abs. 3 ZPO beantrage ich den Erlass eines Versäumnisurteils ohne mündliche Verhandlung.

Begründung

Die Klägerin begehrt die Übertragung des Eigentums an der im Klageantrag näher bezeichneten Eigentumswohnung. Diese fällt in den Nachlass des am ... in ... verstorbenen Erblassers, Herrn ..., zuletzt wohnhaft gewesen in ... . Der Erblasser war in zweiter Ehe mit der Klägerin verheiratet, der Beklagte ist ein Sohn aus der ersten Ehe des Erblassers.

Der Erblasser hatte am ... ein privatschriftliches Testament errichtet, in welchem er die Klägerin zur nicht befreiten Vorerbin seines gesamten Vermögens und den Beklagten zum Nacherben eingesetzt hat.

Beweis: privatschriftliches Testament vom ... (beglaubigte Abschrift)

– Anlage K1 –

Eröffnungsniederschrift des Nachlassgerichtes ... (beglaubigte Abschrift)

– Anlage K2 –

Erbschein vom ... des Nachlassgerichts ... (beglaubigte Abschrift)

– Anlage K3 –

Vorerbin und Nacherbe haben die Erbschaft angenommen.

Von der Vorerbschaft umfasst ist auch die Eigentumswohnung ... . Diese wurde von der Klägerin und dem Erblasser bis zu dessen Tod als Ferienwohnung genutzt. Die Klägerin hat diese Wohnung durch notariellen Kaufvertrag vom ... an ... zu einem Verkaufspreis in Höhe von EUR ... veräußert, wobei der Vertragsabschluss unter der aufschiebenden Bedingung der Zustimmung des Nacherben zur Eigentumsübertragung auf den Käufer erfolgte.

Beweis: notarieller Kaufvertrag vom ... (beglaubigte Abschrift)

– Anlage K4 –

Tatsächlicher Verkehrswert und vereinbarter Kaufpreis stimmen überein.

Beweis: Einholung eines Sachverständigengutachtens

Die Klägerin benötigt den Erlös zur Erfüllung eines Geldvermächtnisses in Höhe von EUR ..., welches der Erblasser zugunsten des Bruders des Beklagten und zu Lasten der Klägerin angeordnet hatte.

Beweis: privatschriftliches Testament vom ... (beglaubigte Abschrift)

– Anlage K1 –

Der Vermächtnisnehmer hat die Klägerin am ... unter Fristsetzung zur Erfüllung aufgefordert.

Beweis: Schreiben des ... vom ...

– Anlage K5 –

Der Verkauf der Eigentumswohnung ist für die Klägerin unumgänglich. Andere liquide Mittel sind im übrigen Nachlass nicht vorhanden.

Beweis: Nachlassverzeichnis vom ...

– Anlage K6 –

Die Erfüllung des Vermächtnisanspruches gehört zur ordnungsgemäßen Verwaltung des Nachlasses: gemäß §§ 2120 S. 1, 1967 Abs. 2 BGB ist der Vorerbe verpflichtet zur Begleichung der so genannten Erbfallschulden. Hierunter fällt auch die Begleichung von Vermächtnisansprüchen. Die Beschwerte

E. Ansprüche des Vorerben   § 1

muss das Vermächtnis bis zur völligen Ausschöpfung des Nachlasses erfüllen, die Begleichung hingegen nicht aus ihrem Privatvermögen bestreiten (vgl BGH NJW 1993, 850).

Nach § 2120 BGB ist der Nacherbe verpflichtet, seine Einwilligung zu einer Verfügung zu erteilen, die der Vorerbe insbesondere zur Berichtigung von Nachlassverbindlichkeiten vornehmen muss. Die Klägerin hatte den Beklagten außergerichtlich zur Zustimmung zu der beabsichtigten Auflassung und zur Abgabe einer entsprechenden Eintragungsbewilligung aufgefordert, wobei sie zugesichert hatte, alle damit verbundenen Kosten der Beurkundung zu übernehmen. Der Beklagte hat die Abgabe der von ihm geforderten Erklärungen verweigert. Aus diesem Grund war Klageerhebung geboten.

(Rechtsanwältin) ◄

e) Vorkaufsrecht des Vorerben bei Veräußerung des Nacherbenanwartschaftsrechtes

Der Nacherbe erwirbt mit dem Erbfall ein **unentziehbares Anwartschaftsrecht**, welches in der Regel bis zum Eintritt des Nacherbfalles übertragbar und vererblich (§ 2108 Abs. 2 S. 1 BGB) ist[355] und dessen Zweck in der Schaffung einer wirtschaftlich verwertbaren Rechtsposition für den Nacherben vor Eintritt des Nacherbfalles liegt.   404

Zwar kann der Erblasser die Vererblichkeit ausschließen, er kann dem Nacherben aber nicht die Möglichkeit der Veräußerung mit dinglicher Wirkung entziehen.[356] Veräußert der Nacherbe demnach sein Nacherbenanwartschaftsrecht, läuft der Erwerber möglicherweise Gefahr, das erlangte Recht wieder zu verlieren, wenn der Nacherbe verstirbt und ein Ersatznacherbe in die Rechtsposition des Nacherben eintritt. Daher ist aus der Sicht des erwerbenden Dritten Sorge dafür zu tragen, dass nicht nur das Anwartschaftsrecht des Nacherben, sondern auch das des Ersatznacherben übertragen wird.[357]   405

Der Verkauf und die Übertragung des Nacherbenanwartschaftsrechts gehen nach den Regelungen über den Erbschaftskauf und die Erbteilsübertragung von statten und bedürfen der notariellen Form,[358] §§ 2371 ff, 2385, 2033 Abs. 1 BGB. Überträgt der Nacherbe sein Anwartschaftsrecht auf den Vorerben führt dies für Letzteren zur Erlangung einer Rechtsposition als Vollerbe.   406

Bei Vorhandensein von Mitnacherben, steht diesen ein Vorkaufsrecht zu. Existieren keine Mitnacherben oder machen diese von ihrem Recht keinen Gebrauch, ist fraglich, ob dann der Vorerbe zum Zuge kommt. Überwiegend wird das Bestehen eines Vorkaufsrechts für den Vorerben in diesem Fall in entsprechender Anwendung des § 2034 BGB bejaht.[359] Eine dezidierte Rechtsprechung existiert allerdings nicht. Der Rechtberater ist daher unbedingt gehalten, vor Klageerhebung auf das beträchtliche Prozessrisiko in diesem Bereich hinzuweisen.   407

Die Voraussetzungen für die wirksame Ausübung des Vorkaufsrechts gestalten sich wie folgt: 408

Der Vorerbe muss binnen einer Frist von zwei Wochen nach Mitteilung des Kaufvertragsabschlusses gegenüber dem Nacherben erklären, dass er sein Vorkaufsrecht ausüben möchte, §§ 2034 Abs. 2 S. 1, 469, 464 Abs. 1 BGB. Dabei ist nicht erforderlich, dass die Erklärung in der dem zugrunde liegenden Kaufvertrag liegenden Form abgegeben wird.[360] Zwischen Vorerben und Nacherben kommt ein selbstständiger und in entsprechender Anwendung des § 2033

---

[355] BGH NJW 1957, 187; 1987, 369.
[356] BayObLG NJW 1970, 1794 f.
[357] Bonefeld/Kroiß/Tanck/*Steinbacher*, Der Erbprozess, § 4 Rn 90.
[358] MünchKomm/*Grunsky*, § 2100 Rn 28.
[359] MünchKomm/*Grunsky*, § 2100 Rn 28; Soergel/*Harder*/*Wegmann*, § 2100 Rn 14.
[360] MünchKomm/*Dütz*, § 2034 Rn 26.

Abs. 1 BGB formbedürftiger Kaufvertrag zustande (§ 464 Abs. 2 BGB), der den Nacherben zur Übertragung des Anwartschaftsrechts verpflichtet.

409
48
▶ **Muster: Klage gegen den Nacherben auf Übertragung des Nacherbenanwartschaftsrechtes wegen Vorkaufsrechts**

An das

Landgericht

– Zivilkammer –

Klage

der

Frau ▄▄▄

– Klägerin –

Prozessbevollmächtigte: Rechtsanwältin ▄▄▄

gegen

Herrn ▄▄▄

– Beklagter –

Prozessbevollmächtigter: Rechtsanwalt ▄▄▄

wegen Übertragung/Feststellung

Unter Vorlage der beiliegenden Vollmacht zeige ich an, dass ich die rechtlichen Interessen von Frau ▄▄▄ vertrete. Namens der Klägerin erhebe ich Klage und werde in dem noch anzuberaumenden Termin beantragen:

1. Der Beklagte wird verurteilt, sein Nacherbenanwartschaftsrecht am Nachlass des am ▄▄▄ verstorbenen Herrn ▄▄▄ Zug um Zug gegen Zahlung von EUR ▄▄▄ auf die Klägerin zu übertragen.
2. Es wird festgestellt, dass sich der Beklagte mit der Entgegennahme des Kaufpreises in Annahmeverzug befindet.
3. Der Beklagte trägt die Kosten des Rechtsstreits.

Für den Fall des Vorliegens der Voraussetzungen des § 331 Abs. 3 ZPO bitte ich um Erlass eines Versäumnisurteils ohne mündliche Verhandlung.

Begründung

Die Klägerin begehrt vom Beklagten die Übertragung von dessen Nacherbenanwartschaftsrecht auf Grund ihres gesetzlichen Vorkaufsrechts.

Die Klägerin ist die zweite Ehefrau des Erblassers, Herrn ▄▄▄, der Beklagte dessen Sohn aus erster Ehe. Weitere Kinder hinterließ der Erblasser nicht. Mit notariellem Testament vom ▄▄▄, errichtet vor dem Notar ▄▄▄ unter der URNr. ▄▄▄ hatte der Erblasser die Klägerin zu seiner alleinigen Vorerbin und den Beklagten zum Nacherben seines Nachlasses eingesetzt. Eine Ersatznacherbenregelung wurde nicht getroffen.

Beweis: notarielles Testament vom ▄▄▄, URNr. ▄▄▄ (beglaubigte Abschrift)

– Anlage K1 –

Eröffnungsprotokoll des Amtsgerichts ▄▄▄ (Nachlassgericht) vom ▄▄▄

– Anlage K2 –

Mit notariellem Kaufvertrag vom ▬ vor dem Notar ▬ hat der Beklagte unter der URNr. sein Anwartschaftsrecht an ▬ zum einem Preis von EUR ▬ verkauft.

Beweis: notarieller Kaufvertrag vom ▬ (beglaubigte Abschrift)

Der Käufer des Anwartschaftsrechts ist ein Arbeitskollege der Klägerin. Diese hat mehr oder weniger zufällig von der Veräußerung erfahren, nachdem im Rahmen einer Weihnachtsfeier das Gespräch auf die Erbangelegenheit ihres verstorbenen Mannes fiel. Der Käufer hat der Klägerin sodann nach Aufforderung eine Kopie des Kaufvertrages übersandt.

Beweis: Schreiben des Herrn ▬ vom ▬

– Anlage K3 –

Zeugnis des Herrn ▬

Daraufhin hat die Klägerin von ihrem Vorkaufsrecht am Nacherbenanwartschaftsrecht gegenüber dem Beklagten Gebrauch gemacht.

Beweis: Schreiben der Klägerin vom ▬

– Anlage K4 –

Die Möglichkeit des Nacherben, sein Nacherbenanwartschaftsrecht zu veräußern, ist gewohnheitsrechtlich anerkannt. Schließt der Nacherbe sodann einen Vertrag, in welchem er sich verpflichtet, sein Anwartschaftsrecht auf einen Dritten zu übertragen, so können die Miterben gemäß § 2034 Abs. 1 BGB ein Vorkaufsrecht bezogen auf diese Veräußerung ausüben. Dieses Recht steht in analoger Anwendung des § 2034 BGB auch dem Vorerben zu (Palandt/Edenhofer 64. Auflage zu § 2108 Rn 7).

Die Klägerin ist alleinige Vorerbin, der Beklagte alleiniger Nacherbe. Somit ist die Klägerin zur Ausübung ihres Vorkaufsrechts berechtigt. Dieses hat sie mit Schreiben vom ▬ gegenüber dem Beklagten auch getan, was zur Konsequenz hat, dass zwischen Klägerin und Beklagtem nach § 464 Abs. 2 BGB ein Kaufvertrag zustande gekommen ist, wonach sich die Verpflichtung des Beklagten zur Übertragung des Anwartschaftsrechtes ergibt.

Die Klägerin hat dem Beklagten außergerichtlich die Zahlung des vereinbarten Kaufpreises in Höhe von EUR ▬ Zug um Zug gegen notarielle Beurkundung der Übertragung des Nacherbenanwartschaftsrechtes angeboten. Zu dem anberaumten und rechtzeitig mitgeteilten Termin vor dem Notar ▬ in ▬ ist der Beklagte nicht erschienen. Annahmeverzug liegt insofern vor.

(Rechtsanwältin) ◄

f) Pfändbarkeit des Nacherbenanwartschaftsrechts

Nachdem das Anwartschaftsrecht des Nacherben während der Zeit der Vorerbschaft grundsätzlich vererblich und übertragbar ist, kann es konsequenterweise von einem Nacherbengläubiger ab dem Eintritt des Erbfalles auch gepfändet und diesem zur Einziehung überwiesen werden. Die Pfändung richtet sich nach denselben Regelungen wie die Pfändung eines Erbteils. Nach § 859 ZPO muss die erforderliche Zustellung an den Drittschuldner, den oder die Vorerben erfolgen[361] und gegebenenfalls bei Vorhandensein von weiteren Nacherben auch an diese.

410

Die Pfändung des Nacherbenanwartschaftsrechts kann sofern sich eine Immobilie im Nachlass befindet im Grundbuch vermerkt werden, § 51 GBO.[362] Vorsicht ist geboten für den Fall, dass

411

---

361 KGJ 42, 235.
362 RGZ 83, 434, 437 ff; BGH ZEV 2000, 322.

der Nacherbe die Erbschaft nach Eintritt des Nacherbfalles ausschlägt: auf diese Weise kann er nämlich die Pfändung des Nacherbenanwartschaftsrechts gegenstandslos machen.[363]

412 ▶ **Muster: Antrag auf Pfändung des Nacherbenanwartschaftsrechts**

An das

Amtsgericht

– Vollstreckungsabteilung –

Antrag auf Pfändung eines Nacherbenanwartschaftsrechts

Sehr geehrte Damen und Herren,

Unter Vorlage der beiliegenden Vollmacht zeige ich an, dass ich die rechtlichen Interessen von Frau ... vertrete.

Meiner Mandantin steht gegen Herrn ... eine Kaufpreisforderung in Höhe von EUR ... nebst jährlich 5 % Zinsen über dem Basiszinssatz seit dem ... zu. Weiter hat meine Mandantin Anspruch auf Zahlung der Kosten in Höhe von EUR ... aus dem Versäumnisurteil des Amts-/Landgerichts ... vom ... Az ... . Das rechtskräftige Urteil wurde dem Schuldner am ... zugestellt. In der Anlage zu diesem Schreiben werden Vollstreckungsklausel und Zustellungsnachweis beigefügt.

Ebenfalls in der Anlage erhalten Sie folgende Unterlagen, welche die Kosten der bisherigen Zwangsvollstreckung in Höhe von EUR ... belegen: ...

Der Erblasser, Herr ..., verstorben am ... in ..., zuletzt wohnhaft in ... hatte den Schuldner zum alleinigen Nacherben seines Nachlasses eingesetzt.

Vorerbe ist:

... (exakte Angabe der Personalien)

Testamentsvollstreckung wurde nicht angeordnet.

Dem Nacherben steht gemäß § 2108 Abs. 2 BGB ein Nacherbenanwartschaftsrecht zu, welches vererblich, übertragbar und somit auch pfändbar ist.

Beweis: Erbschein des Amtsgerichts ... (Nachlassgericht) vom ... (beglaubigte Abschrift)

– Anlage 1 –

notarielles Testament vom ..., URNr. ... (beglaubigte Abschrift)

– Anlage 2 –

Eröffnungsprotokoll des Amtsgerichts ... (Nachlassgericht) vom ...

– Anlage 3 –

Namens meiner Mandantin beantrage ich die Pfändung und Überweisung zur Einziehung des Nacherbenanwartschaftsrechts des Schuldners am Nachlass des Erblassers zur Begleichung der oben aufgelisteten Forderungen meiner Mandantin und aufgrund der Kosten dieses Pfändungsverfahrens.

Um Zustellung des Pfändungsbeschlusses an den Vorerben wird gebeten.

Mit freundlichen Grüßen

(Rechtsanwältin) ◀

---

363 Lange/*Kuchinke*, § 26 VII 3 e.

E. Ansprüche des Vorerben § 1

▶ **Muster: Antrag auf Eintragung eines Pfändungsvermerks nach Pfändung eines Nacherbenanwartschaftsrechts**

An das

Amtsgericht

– Grundbuchamt –

Antrag auf Eintragung eines Pfändungsvermerks nach Pfändung eines Nacherbenanwartschaftsrechts

Sehr geehrte Damen und Herren,

Unter Vorlage der beiliegenden Vollmacht zeige ich an, dass ich die rechtlichen Interessen von Frau ... vertrete.

Namens meiner Mandantin, Frau ... beantrage ich die Eintragung eines Pfändungsvermerks bei dem Grundstück ..., eingetragen im Grundbuch des Amtsgerichts ... für ..., Band ..., Heft ... BV Nr. ... Gemarkung ..., FlstNr. ..., ...qm, als es das Nacherbenanwartschaftsrecht des Nacherben ... betrifft.

Als Eigentümer des Grundstücks ... der Gemarkung ..., FlstNr. ..., ...qm ist in Abt. I Nr. ... BV Nr. ... Herr ... als Erbe nach dem am ... verstorbenen Erblassers ... eingetragen.

Herr ... ist jedoch nur Vorerbe. Zu seinen Lasten ist Nacherbfolge angeordnet und zwar aufschiebend bedingt auf den Tod des Vorerben. Nacherbe ist Herr .... Ein entsprechender Nacherbenvermerk ist ebenfalls eingetragen.

Das Amtsgericht ... hat am ... unter dem Az ... für meine Mandantin wegen einer titulierten Forderung in Höhe von EUR ... zuzüglich Zinsen und Kosten das Nacherbenanwartschaftsrecht des Herrn ... am Nachlass des Erblassers ... gepfändet und ihr zur Einziehung überwiesen. Dem Schuldner und Nacherben sowie dem Vorerben als Drittschuldner wurde der Pfändungs- und Überweisungsbeschluss am ... zugestellt.

Beweis: Pfändungs- und Überweisungsbeschluss (Ausfertigung)

– Anlage 1 –

Zustellungsurkunden vom ... (in beglaubigter Kopie)

– Anlage 2, 3 –

Wegen der Pfändung und Überweisung ist für den Nacherben und den Vorerben eine Verfügungsbeschränkung eingetreten, welche im Wege der Grundbuchberichtigung gemäß den §§ 22, 13, 30 GBO einzutragen ist.

Um Rücksendung der Ausfertigung des Pfändungs- und Überweisungsbeschlusses sowie Übersendung der Eintragungsnachricht wird gebeten.

Für die durch diesen Antrag entstandenen Kosten erkläre ich mich stark.

Mit freundlichen Grüßen

(Rechtsanwältin) ◀

g) Klage des nicht befreiten Vorerben auf Zustimmung des Nacherben zur Verfügung über hinterlegte Wertpapiere

Gemäß § 2116 Abs. 2 BGB benötigt der Vorerbe, sofern ihn der Erblasser nicht nach § 2136 BGB befreit hat, die Zustimmung des Nacherben zur Verfügung über hinterlegte Wertpapiere. Die Zustimmung des Nacherben kann der Vorerbe nach Maßgabe des § 2120 BGB verlangen (vgl oben unter E III 2 b).

415 ▶ **Muster: Klage des nicht befreiten Vorerben auf Zustimmung des Nacherben zur Verfügung über hinterlegte Wertpapiere**

51

An das

Landgericht

– Zivilkammer –

Klage

des Herrn ▄▄▄

– Kläger –

Prozessbevollmächtigte: Rechtsanwältin ▄▄▄

gegen

Frau ▄▄▄

– Beklagte –

Prozessbevollmächtigter: Rechtsanwalt ▄▄▄

wegen Zustimmung

Unter Vorlage der beiliegenden Vollmacht zeige ich an, dass ich die rechtlichen Interessen von Herrn ▄▄▄ vertrete. Namens des Klägers erhebe ich Klage und werde in dem noch anzuberaumenden Termin beantragen:

1. Die Beklagte wird verurteilt, der Herausgabe der bei der ▄▄▄ (Name der Bank) unter der Depotnummer ▄▄▄ hinterlegten Wertpapiere (exakte Bezeichnung) an den Kläger zuzustimmen.
2. Die Beklagte wird weiter verurteilt, ihre Zustimmung zum Verkauf der in Ziffer 1 genannten Wertpapiere zu erteilen, damit der Kläger die nachfolgend bezeichneten Verbindlichkeiten ablösen kann: ▄▄▄ (exakte Bezeichnung der Verbindlichkeiten).
3. Die Beklagte trägt die Kosten des Rechtsstreits

Begründung

Der Kläger begehrt die Zustimmung der Beklagten zur Herausgabe und dem anschließenden Verkauf von Wertpapieren.

Der Kläger ist der Sohn des Erblassers, Herrn ▄▄▄, die Beklagte dessen Tochter aus erster Ehe. Weitere Kinder hinterließ der Erblasser nicht. Mit notariellem Testament vom ▄▄▄, errichtet vor dem Notar ▄▄▄ unter der URNr. ▄▄▄ hatte der Erblasser den Kläger zu seinem alleinigen Vorerben und die Beklagte zur Nacherbin seines Nachlasses eingesetzt. Eine Ersatznacherbenregelung wurde nicht getroffen.

Beweis: notarielles Testament vom ▄▄▄, URNr. ▄▄▄ (beglaubigte Abschrift)

– Anlage K1 –

Eröffnungsprotokoll des Amtsgerichts ▄▄▄ (Nachlassgericht) vom ▄▄▄

– Anlage K2 –

Vor- und Nacherbe haben die Erbschaft angenommen.

Der Nachlass weist erhebliche Verbindlichkeiten auf. Der Erblasser hatte zu seinen Lebzeiten mit dem Aufbau eines Bestattungsinstitutes begonnen und zu diesem Zweck mehrere biologisch abbaubare Urnen zu einem Anschaffungspreis von EUR ▄▄▄. erworben. Nach Eintritt des Erbfalles hat sich der Kläger bemüht, diese zu veräußern, um die bei den Vertragspartnern bestehenden Verbindlichkeiten in gleicher Höhe zu begleichen. Dank seiner freundschaftlichen Beziehungen zu dem in ▄▄▄ ansässigen

Steinmetz ist es ihm zwar gelungen, die Urnen zu verkaufen. Der Erlös reichte aber nicht aus, um sämtliche Verbindlichkeiten zu begleichen. Es besteht noch eine Restschuld in Höhe von EUR ...

Beweis: Zahlungsaufforderung vom ..., Anlage K3

Zum Nachlass gehören auch die bei der X-Bank unter der Depotnummer ... hinterlegten Wertpapiere (exakte Bezeichnung). Diese haben einen Wert von EUR ...

Beweis: Vorlage des Kontoauszuges vom ..., Anlage K4

Die Hinterlegung hatte der Kläger auf Verlangen der Beklagten vorgenommen. Die Parteien waren damals davon ausgegangen, dass die im Nachlass vorhandenen sonstigen Geldmittel zur Schuldentilgung ausreichen würden.

Durch Verkauf der Wertpapiere wäre der Kläger in der Lage, den Nachlass schuldenfrei zu stellen.

Die Beklagte ist nach § 2120 Abs. 1 BGB verpflichtet der Herausgabe sowie dem anschließenden Verkauf der Wertpapiere zuzustimmen. Die Herausgabe und der Verkauf der Wertpapiere stellen die wirtschaftlich sinnvollste Maßnahme dar, um einer ordnungsgemäßen Verwaltung des Nachlasses zu genügen.

Die Beklagte hatte im Schreiben vom ... angeregt, das sich ebenfalls im Nachlass befindliche Waldstück, das der Erblasser als Friedwald nutzen wollte, zu veräußern und mit dem Erlös die Verbindlichkeiten zu begleichen.

Beweis: Schreiben vom ..., Anlage K4

Der Beklagte hatte erfolglos versucht, einen Käufer zu finden. Auf die geschalteten Zeitungsannoncen meldete sich niemand.

Beweis: Zeitungsannoncen vom ... und ..., Anlagen K5, K6

Mitteilung der ...-Zeitung vom ..., Anlage K7

Der Kläger kann nunmehr die Gläubiger nicht mehr länger hinhalten. Sie haben gemäß Schreiben vom ... unter Androhung von Zwangsvollstreckungsmaßnahmen letzte Zahlungsfrist zum ... gesetzt.

Beweis: Schreiben vom ..., Anlage K8

Mit Schreiben vom ... hatte der Kläger die Beklagte ... schriftlich aufgefordert, ihre Zustimmung zur Herausgabe und dem Verkauf der Wertpapiere zu erteilen.

Beweis: Schreiben vom ..., Anlage K9

Die Beklagte hat dies abgelehnt, sodass Klage geboten war.

(Rechtsanwältin) ◄

3. Nach Eintritt des Nacherbfalles

Der Vorerbe bzw bei Vorversterben dessen Rechtsnachfolger ist verpflichtet, an den Nacherben die Erbschaft gemäß § 2130 Abs. 1 BGB herauszugeben, nachdem der Nacherbfall eingetreten ist. Vorerbe und Nacherbe bilden keine Erbengemeinschaft. Eine Auseinandersetzung findet demgemäß nicht statt. Der Vorerbe ist im Rahmen der Abwicklung gegenüber dem Nacherben gleichwohl mit Rechten ausgestattet, die er nach Eintritt des Nacherbfalles auch geltend machen kann. 416

a) Duldung der Wegnahme eingebrachter Einrichtungen

Solange die Vorerbschaft andauert, kann der Vorerbe jederzeit die von ihm eingebrachten Sachen, mit denen er eine Nachlasssache versehen hat, wieder entnehmen. Sobald der Nacherbfall eingetreten ist, steht ihm nach § 2125 Abs. 2 BGB ein Wegnahmerecht zu. Von diesem Weg- 417 nahmerecht umfasst sind nach dem Gesetzeswortlaut „Einrichtungen", mit denen der Vorerbe eine zur Erbschaft gehörende Sache versehen hat. Unter Einrichtung versteht man eine Sache, die mit einer anderen körperlich verbunden ist und deren wirtschaftlichen Zwecken dient.[364] Hierunter fallen vor allem eingefügte Inventarstücke, wie Öfen, Einbauschränke, Lampen, Sicherheitsschlösser oder Holzvertäfelungen. Nachdem § 2125 BGB keinerlei Aussage darüber trifft, dass ein Grundstück von der Vorschrift nicht mit umfasst wäre, fallen auch solche Einrichtungen in den Anwendungsbereich, die wesentliche Bestandteile eines Nachlassgrundstücks geworden sind.[365]

418 Heftig umstritten ist, ob auch Einrichtungsgegenstände, die gemäß § 2111 Abs. 2 BGB im Wege der Surrogation als Inventar in ein Grundstück eingefügt wurden nach § 2125 Abs. 2 BGB vom Vorerben weggenommen werden dürfen. Im Rahmen der Surrogation ist unerheblich, ob der Vorerbe die Anschaffung aus Nachlass- oder Eigenmitteln getätigt hat. In beiden Fallvarianten gehört der erworbene Gegenstand zur Erbschaft. Jedenfalls was den Erwerb aus Eigenmitteln des Vorerben anbelangt, wird man ein Wegnahmerecht bejahen müssen, da andernfalls der Anspruch aus § 2125 Abs. 2 BGB nahezu inhaltsleer wäre.[366] Es existiert in diesem Bereich keine gefestigte Rechtsprechung, was in der Praxis zu einem erhöhten Prozessrisiko führt. Hierauf sollte der anwaltliche Berater bei der Abwägung einer eventuellen Klageerhebung in jedem Fall hinweisen. Der sicherere Weg für den Vorerben besteht zweifelsohne darin, vor Eintritt des Nacherbfalles seine eingebrachten Sachen zu entfernen. In der Regel wird er dies auch tun.

419 Zur Wegnahme ist der Vorerbe nicht verpflichtet.[367] Dem Nacherben ist daher die Möglichkeit versagt, unter Verweisung auf das Wegnahmerecht, seiner Ersatzpflicht aus §§ 2124, 2125 Abs. 1 BGB nicht nach zu kommen. Steht dem Vorerben kein Verwendungsersatzanspruch zu, kann sich die Geltendmachung des Wegnahmerechts deshalb als sehr praktikabel erweisen.

420 Auch nach Eintritt des Nacherbfalles bleibt der Vorerbe Besitzer der eingebrachten Sachen und kann die Wegnahme vornehmen. Der Umstand, dass der Vorerbe dann seine Erbenstellung verloren hat (§ 2139 BGB), ist für den Verbleib des Besitzes ohne Belang. Dem Vorerben steht ein **Trennungsrecht** und sofern es sich um wesentliche Bestandteile eines Nachlassgegenstandes handelt auch ein **Aneignungsrecht** zu.[368] Lediglich an Sachen, über die der Vorerbe keine tatsächliche Gewalt hat, geht der Besitz auf den Nacherben über. Hat der Nacherbe die Sachen bereits in Besitz genommen, hat der Vorerbe einen Anspruch auf Duldung der Wegnahme.[369]

421 ▶ **Muster: Klage gegen den Nacherben auf Duldung der Wegnahme eingebrachter Gegenstände**

An das

Landgericht

– Zivilkammer –

Klage

der

---

364 Palandt/*Grüneberg*, § 258 Rn 1.
365 Palandt/*Edenhofer*, § 2125 Rn 2; Soergel/*Harder/Wegmann*, § 2125 Rn 3; aA Staudinger/*Avenarius*, § 2125 Rn 4.
366 Soergel/*Harder/Wegmann*, § 2125 Rn 3, MünchKomm/*Grunsky*, § 2125 Rn 3; Bonefeld/Kroiß/Tanck/*Steinbacher*, Der Erbprozess, § 4 Rn 99; aA Staudinger/*Avenarius*, § 2125 Rn 5.
367 MünchKomm/*Grunsky*, § 2125 Rn 3; Palandt/*Edenhofer*, § 2125 Rn 2.
368 BGHZ 81, 146 ff; Palandt/*Grüneberg*, § 258 Rn 2.
369 BGHZ 81, 146 ff.

E. Ansprüche des Vorerben § 1

Frau ...

– Klägerin –

Prozessbevollmächtigte: Rechtsanwältin ...

gegen

Frau ...

– Beklagte –

Prozessbevollmächtigter: Rechtsanwalt ...

wegen Duldung der Wegnahme

Unter Vorlage der beiliegenden Vollmacht zeige ich an, dass ich die rechtlichen Interessen von Frau ... vertrete. Namens der Klägerin erhebe ich Klage und werde in dem noch anzuberaumenden Termin beantragen:

1. Der Beklagte wird verurteilt, die Wegnahme der in der im ersten Obergeschoss links gelegenen Eigentumswohnung ... eingebauten Beleuchtungssysteme der Marke ..., bestehend aus ... (exakte Beschreibung), zu dulden.
2. Der Beklagte trägt die Kosten des Rechtsstreits

Für den Fall des Vorliegens der Voraussetzungen des § 331 Abs. 3 bitte ich um den Erlass eines Versäumnisurteils ohne mündliche Verhandlung.

Begründung

Die Klägerin ist die Schwester des am ... in ... verstorbenen Erblassers ... zuletzt wohnhaft gewesen in ... . Dieser hatte die Klägerin im Rahmen eines am ... errichteten privatschriftlichen Einzeltestamentes zu seiner alleinigen Vorerbin eingesetzt, zur alleinigen Nacherbin ist die Beklagte, seine Enkeltochter berufen. Der Nacherbfall ist mit der Eheschließung der Beklagten am ... eingetreten.

Beweis: privatschriftliches Testament vom ... (beglaubigte Abschrift)

– Anlage K1 –

Eröffnungsniederschrift des Nachlassgerichtes ... (beglaubigte Abschrift)

– Anlage K2 –

Heiratsurkunde des Standesamtes ... vom ... (beglaubigte Abschrift)

– Anlage K3 –

Von der Erbschaft umfasst ist auch die im Klageantrag näher bezeichnete Eigentumswohnung, welche die Klägerin für die Dauer der Vorerbschaft selbst bewohnt hatte. Nachdem der Erblasser zeitlebens nichts an der besagten Wohnung erneuert hatte und die bislang angebrachten Lampen aufgrund ihres Alters nicht mehr länger benutzt werden konnten, hat die Klägerin eine neues Halogen-Beleuchtungssystem einbauen lassen. Hierzu hatte sie die Firma ... beauftragt.

Beweis: Rechnung der Firma ... vom ...

Die Klägerin hat die von der Vorerbschaft umfasste Eigentumswohnung geräumt und der Beklagten übergeben. Nachdem die Beleuchtungssysteme eigens an die Räumlichkeiten angepasst wurden, war es der Klägerin mangels Installationsmöglichkeit unmöglich, diese in ihre neue Mietwohnung mitzunehmen. Sie hatte deshalb der Beklagten angeboten, die Lampen gegen eine Ablösesumme in Höhe von EUR ... in der alten Wohnung zu belassen. Hiermit ist die Beklagte nicht einverstanden und besteht darauf, die Beleuchtungssysteme behalten zu dürfen.

Die Klägerin begehrt die Duldung der Wegnahme der von ihr erworbenen Beleuchtungssysteme durch die Beklagte. Ihr steht gemäß §§ 2125 Abs. 2, 258 S. 2 BGB ein Wegnahmerecht zu. Die Klägerin hat die Lampen nicht aus Nachlassmitteln, sondern mit ihrem eigenen Vermögen angeschafft. Auch die Räumlichkeiten wurden durch die Installation nur geringfügig beschädigt. Diese Beschädigungen, welche durch die Deckenmontage verursacht wurden, lassen sich auf einfache Weise beheben, indem die vorhandenen Bohrlöcher fachmännisch verschlossen und die Wände neu gestrichen werden. Die Klägerin versichert, sich um die Behebung der Schäden zu bekümmern. Der Beklagten steht deshalb auch kein Zurückbehaltungsrecht nach § 258 S. 2 Hs 2 BGB zu.

(Rechtsanwältin) ◄

b) Aufwendungsersatzansprüche
aa) Allgemeines

422 Der Vorerbe muss, wenn er sich gegenüber dem Nacherben nicht schadensersatzpflichtig (§§ 2130, 2131 BGB) machen will, die Aufwendungen für die Instandhaltung des Nachlasses selbst aufbringen. Die Tragung der Kosten im Innenverhältnis ist geregelt in den §§ 2124 ff BGB. Dabei ist zu unterscheiden zwischen:
– gewöhnlichen Erhaltungskosten und Lasten,
– außergewöhnlichen Erhaltungskosten und Lasten,
– sonstigen Verwendungen.

bb) Gewöhnliche Erhaltungskosten und Lasten

423 Gemäß § 2124 Abs. 1 BGB ist der Vorerbe selbst zur Tragung der gewöhnlichen Erhaltungskosten und Lasten verpflichtet. Gewöhnliche Erhaltungskosten und Lasten sind dabei **Aufwendungen im Interesse der Nachlasserhaltung**, die regelmäßig wiederkehren und aus den jährlichen Nutzungen gedeckt werden können.[370] Gewöhnliche Erhaltungskosten sind beispielsweise normale Verschleißreparaturen (Renovierungskosten für eine Mietwohnung),[371] Kosten für die gewöhnliche Ausbesserung oder Erneuerung eines Hauses. Gewöhnliche Lasten sind Versicherungsprämien,[372] laufende Kosten eines Unternehmens wie Löhne oder Werbungskosten[373] oder aber auch Anschaffungskosten für Düngemittel oder sonstige Rohstoffe eines landwirtschaftlichen Betriebes.[374]

cc) Außergewöhnliche Erhaltungskosten und Lasten

424 Außergewöhnliche Erhaltungskosten und Lasten muss der Vorerbe nicht übernehmen. Sie gehen zu Lasten des Nachlasses, §§ 2124 Abs. 2 S. 1, 2126 BGB, wobei der Vorerbe bis zum Eintritt des Nacherbfalles sie in gleicher Höhe diesem entnehmen darf[375] oder sich nach Bedingungseintritt zuzüglich der Geltendmachung von Zinsen und des Anspruchs auf Befreiung von Verbindlichkeiten (§§ 256, 257 BGB) an den Nacherben wenden kann. Hierunter fallen Aufwendungen, die im Gegensatz zu gewöhnlichen Kosten in der Regel nur einmal anfallen mit meist langfristig wertsteigernder Wirkung,[376] zB Kosten für die Erneuerung eines Hausdachs

---

370 BGH NJW 1993, 3198 f; Staudinger/*Avenarius*, § 2124 Rn 4.
371 BGH NJW 1993, 3198 f.
372 *Dammrau/Hennicke*, § 2124 Rn 3.
373 Staudinger/*Avenarius*, § 2124 Rn 6.
374 BGH FamRZ 1973, 187.
375 BGH NJW 1993, 3198 f.
376 Soergel/*Harder/Wegmann*, § 2124 Rn 5.

E. Ansprüche des Vorerben   § 1

oder der Fassade,[377] Modernisierungskosten für eine neue Heizungsanlage oder den Einbau von Isolierglasfenstern[378] und Kosten für einen nicht mutwillig geführten Rechtsstreit im Nachlassinteresse.[379] Außergewöhnliche Lasten liegen vor, vornehmlich wenn es sich um Erblasserschulden handelt[380] oder aber auch bei zu begleichenden Pflichtteilsansprüchen, Vermächtnissen und Auflagen, die nicht alleine dem Vorerben auferlegt sind oder der zu begleichenden Erbschaftsteuern.[381]

Die Aufnahme eines Kredits stellt grundsätzlich eine außergewöhnliche Belastung dar. Allerdings muss der Vorerbe die anfallenden Zinsen aus Eigenmitteln bestreiten können und darf auch die Tilgung nicht gänzlich dem Nacherben aufbürden.[382]   425

dd) Sonstige Verwendungen

Hat der Vorerbe sonstige Verwendungen getätigt, so besteht ein Ersatzanspruch nur nach den Voraussetzungen der § 2125 Abs. 1 BGB iVm §§ 683 ff BGB. Unter sonstigen Verwendungen versteht man sowohl **Aufwendungen die der Veränderung des Nachlasses dienen**, als auch solche Verwendungen, die nicht von § 2124 Abs. 2 BGB umfasst sind und **keine Maßnahmen der ordnungsgemäßen Verwaltung** darstellen.[383] Sonstige Verwendungen sind zB Luxusanschaffungen oder Kosten eines mutwillig geführten Prozesses.[384] Der Vorerbe muss, um die Verwendungen gegenüber dem Nacherben geltend machen zu können, diese für notwendig gehalten haben, §§ 683, 670 BGB. Der dabei verfolgte Zweck muss dem wirklichen bzw mutmaßlichen Willen des Nacherben entsprochen haben (§ 683 BGB). Hat der Nacherbe sein Einverständnis erklärt oder die Anschaffung genehmigt, steht dem Vorerben stets ein Ersatzanspruch in voller Höhe zu, § 684 S. 2 BGB. Andernfalls verbleibt es bei einem Anspruch aus ungerechtfertigter Bereicherung, § 684 S. 1 BGB.   426

Der befreite Vorerbe kann Aufwendungsersatz im Gegensatz zum nicht befreiten Vorerben nur dann verlangen, wenn er den betreffenden Gegenstand auch wirklich an den Nacherben herausgeben muss. Ihm steht insofern kein Anspruch aus §§ 2124, 2125 BGB zu, soweit der Nacherbe nach § 2138 Abs. 1 S. 2 BGB keinen Ersatz schuldet. Kann der Vorerbe den Nachlassgegenstand wegen eines Umstands, der nicht „aufgrund der Befreiung" eingetreten ist,[385] nicht herausgeben, steht ihm ein Ersatzanspruch zu.   427

Die Klage ist zu erheben beim nach §§ 12, 13 ZPO örtlich zuständigen Gericht (allgemeiner Gerichtsstand des Nacherben). Ein besonderer Gerichtsstand der Erbschaft (§§ 27, 28 ZPO) ist nicht gegeben.   428

---

377 Palandt/*Edenhofer*, § 2124 Rn 3.
378 BGH NJW 1993, 3198.
379 Palandt/*Edenhofer*, § 2124 Rn 3.
380 MünchKomm/*Grunsky*, § 2126 Rn 2.
381 Palandt/*Edenhofer*, § 2126 Rn 1.
382 BGH NJW 1993, 3198; aA *Voith*, ZEV 1994, 138.
383 Staudinger/*Avenarius*, § 2125 Rn 1.
384 Staudinger/*Avenarius*, § 2125 Rn 2 f.
385 Z.B. wegen zufälligen Untergangs der Sache, vgl Palandt/*Edenhofer*, § 2138 Rn 1.

429 ▶ **Muster: Klage gegen den Nacherben wegen Aufwendungsersatz**

An das

Landgericht

– Zivilkammer –

Klage

der

Frau ▄▄▄

– Klägerin –

Prozessbevollmächtigte: Rechtsanwältin ▄▄▄

gegen

Herrn ▄▄▄

– Beklagter –

Prozessbevollmächtigter: Rechtsanwalt ▄▄▄

wegen Aufwendungsersatz

Unter Vorlage der beiliegenden Vollmacht zeige ich an, dass ich die rechtlichen Interessen von Frau ▄▄▄ vertrete. Namens der Klägerin erhebe ich Klage und werde in dem noch anzuberaumenden Termin beantragen:

1. Der Beklagte wird verurteilt, der Klägerin Ersatz in Höhe von EUR ▄▄▄ nebst 4 % Zinsen seit ▄▄▄ (Zeitpunkt des Eintritts des Nacherbfalles) für die von dieser getätigten außergewöhnlichen Erhaltungskosten am Anwesen ▄▄▄ zu leisten.
2. Der Beklagte trägt die Kosten des Rechtsstreits.

Für den Fall des Vorliegens der Voraussetzungen des § 331 Abs. 3 ZPO bitte ich um den Erlass eines Versäumnisurteils ohne mündliche Verhandlung.

Begründung

Die Klägerin begehrt die Zahlung von Aufwendungsersatz für die von ihr getätigten Renovierungs- und Modernisierungsmaßnahmen, welche sie für das im Nachlass befindliche Anwesen ▄▄▄ eingegangen ist.

Die Klägerin ist die zweite Ehefrau des am ▄▄▄ in ▄▄▄ verstorbenen Erblassers ▄▄▄, zuletzt wohnhaft gewesen in ▄▄▄. Der Beklagte ist der aus der ersten Ehe des Erblassers stammende Sohn.

Der Erblasser hatte am ▄▄▄ vor dem Notar in ▄▄▄ unter der URNr. ▄▄▄ ein Einzeltestament errichtet, wonach die Klägerin zur alleinigen, nicht befreiten Vorerbin und der Beklagte zum alleinigen Nacherben eingesetzt war. Der Eintritt der Nacherbschaft war dabei aufschiebend bedingt auf den Zeitpunkt der Wiederverheiratung spätestens auf den Tod der Klägerin angeordnet.

Beweis: notarielles Testament vom ▄▄▄ (beglaubigte Abschrift)

– Anlage K1 –

Eröffnungsniederschrift des Nachlassgerichts ▄▄▄ (beglaubigte Abschrift)

– Anlage K2 –

Die Klägerin hat am ▄▄▄ wieder geheiratet, so dass der Nacherbfall eingetreten ist. Der Beklagte hat bereits die gesamte Vorerbschaft von der Klägerin erhalten.

Während der Dauer der Vorerbschaft hat die Klägerin eine von der Vorerbschaft umfasste Immobilie – das im Klageantrag näher bezeichneten Anwesen – kernsanieren und unter anderem eine Zentralheizung sowie Isolierglasfenster einbauen lassen. Hierfür sind der Klägerin Kosten in Höhe von EUR ... entstanden.

Beweis: Rechnung der Firma ... vom ...

– Anlage K3 –

Rechnung der Firma ... vom ...

– Anlage K4 –

Die Maßnahmen waren unumgänglich und für die Gewährleistung einer weiteren Vermietung auch dringend erforderlich; andernfalls hätte das Anwesen zu verfallen gedroht.

Beweis: Einholung eines Sachverständigengutachtens im Bestreitensfall

Die Klägerin hat sämtliche Rechnungen aus ihrem Eigenvermögen beglichen.

Beweis: Kontoauszüge des Girokontos der Klägerin vom ... bis ...

– Anlage K4–K8 –

Der Beklagte ist der Klägerin zum Ersatz der Erhaltungskosten gemäß § 2124 Abs. 2 S. 2 BGB verpflichtet. Bei der Montage einer Zentralheizung und dem Einbau von Isolierglasfenstern handelt es sich um außergewöhnliche Erhaltungskosten, die über den normalen Erhaltungsaufwand hinausgehen (vgl BGH NJW 1993, 3198 ff). Der Wert der im Nachlass befindlichen Immobilie wird hierdurch nämlich langfristig gesteigert. Zudem war im vorliegenden Fall die Renovierung auch dringend geboten, da andernfalls das Objekt aufgrund seines desolaten Zustandes nicht länger hätte vermietet werden können. Mithin handelt es sich bei den von der Klägerin getätigten Maßnahmen um außergewöhnliche Erhaltungsaufwendungen, für die der Beklagte als Nacherbe ab Eintritt des Nacherbfalles ersatzpflichtig ist.

Der Zinsanspruch ergibt sich aus § 256 S. 2 BGB.

Die Klägerin hatte den Beklagten nach Eintritt des Nacherbfalles außergerichtlich mehrfach vergeblich zur Zahlung des ausstehenden Betrages aufgefordert, so dass Klageerhebung geboten war.

(Rechtsanwältin) ◄

F. Ansprüche des Nacherben

I. Allgemeines

Mit Eintritt des Erbfalles fällt dem Nacherben die Erbschaft noch nicht an. Seine Rechtsstellung ist allerdings derart gesichert, als dass ihm ein Anwartschaftsrecht auf Eintritt in die Erbenposition für den Nacherbfall zusteht.[386] Der Nacherbe kann die Nacherbschaft annehmen oder ausschlagen, § 2142 BGB. Die Annahme kann dabei auch konkludent erfolgen, wobei der Personenkreis der zu Nacherben berufenen Personen bereits feststehen muss und nicht erst mit dem Ereignis, das den Nacherbfall auslöst, bekannt werden darf. Setzt der Erblasser daher „alle Abkömmlinge" zu Nacherben ein, führt dies nicht zur Erlangung einer ausreichend gesicherten Rechtsposition im Sinne eines Anwartschaftsrechts.[387] Durch Eintragung eines Nacherbenvermerks wird die Rechtsposition des Nacherben grundbuchrechtlich gesichert, § 51 GBO. Die Pfändung des Anwartschaftsrechts richtet sich nach § 857 ZPO. Besonderes Augenmerk ist in

430

---

[386] Damrau/*Hennicke*, Erbrecht, § 2100 Rn 8.
[387] BayObLG FamRZ 2001, 1561.

diesem Zusammenhang auf den Fristbeginn der Ausschlagung (Eintritt des Nacherbfalles) zu legen: schlägt der Nacherbe aus, geht die Pfändung ins Leere und ist daher bis zum Eintritt des Nacherbfalles gefährdet.[388]

431 Das Nacherbenanwartschaftsrecht ist vererblich (§ 2108 Abs. 2 BGB) und veräußerbar,[389] soweit der Erblasser dies nicht durch Verfügung von Todes wegen ausgeschlossen hat. Die Veräußerung richtet sich dabei nach den §§ 2033 ff, 2371, 2385 und muss in entsprechender Anwendung des § 2033 Abs. 1 S. 2 BGB sowohl hinsichtlich des Verpflichtungs- als auch des Verfügungsgeschäfts notariell beurkundet werden.[390] Das der Veräußerung zugrunde liegende Rechtsgeschäft ist ebenfalls formbedürftig gemäß §§ 2371, 2385 BGB analog. Der Erwerber des Anwartschaftsrechts tritt in die Rechtsposition des Nacherben ein und zwar ohne selbst Erbe zu werden. Bei Eintritt des Nacherbfalles erhält er den Nachlass ohne dass dieser zuvor beim Nacherben anfällt.[391] Eine Übertragung des Nacherbenanwartschaftsrechts[392] auf den Vorerben hat zur Konsequenz, dass dieser mit Eintritt des Nacherbfalles Vollerbe wird, es sei denn, der Erblasser hat angeordnet, dass es zu einer Ersatznacherbfolge kommen soll.[393]

432 Hat der Erblasser nichts anderes verfügt, ist das Nacherbenanwartschaftsrecht nach der Auslegungsregel des § 2108 Abs. 1 S. 1 BGB vererblich. Verstirbt der Nacherbe daher während der Zeit der Vorerbschaft, so treten dessen gesetzliche oder gewillkürte Erben an seine Stelle, es sei denn, der Erblasser hat diesen Fall durch Anordnung einer doppelten Vor- und Nacherbschaft oder einer Ersatznacherbschaft bedacht.[394] Bei Wegfall eines zum Nacherben eingesetzten Abkömmlings geht das Gesetz im Zweifel davon aus, dass dann dessen Abkömmlinge als gesetzliche Erben bedacht sein sollen, § 2069 BGB. Diese Vermutungsregel steht in Konkurrenz zu § 2108 Abs. 2 S. 1 BGB, wonach auch die testamentarisch berufenen Erben des verstorbenen Nacherben zum Zuge kämen. Der Konflikt wird derart gelöst, als dass im Verhältnis der beiden Vorschriften § 2108 Abs. 2 S. 1 BGB Vorrang genießt.[395]

433 Der Schutz der Rechte des Nacherben vor Eintritt des Nacherbfalles wird in zweierlei Richtung geschützt: zum einen stehen dem Nacherben im Innenverhältnis Kontroll- und Aufsichtsrechte gegenüber dem Vorerben zu; zum anderen ist er im Außenverhältnis über die dem Vorerben obliegenden Beschränkungen der §§ 2113 ff BGB geschützt.[396] Wahrnehmen kann die Rechte des Nacherben auch ein vom Erblasser eingesetzter Nacherbentestamentsvollstrecker, § 2222 BGB.

II. Rechtstellung des Nacherben während der Vorerbschaft

1. Erstellung eines Nachlassverzeichnisses

434 Ein dem Nacherben vor Eintritt des Nacherbfalles zustehendes **Kontrollrecht** stellt die Erstellung eines Verzeichnisses über die Gegenstände des Nachlasses nach § 2121 BGB dar. Die Vorschrift dient zur **Beweiserleichterung** der Ansprüche des Nacherben gegenüber dem Vorerben

---

388 Bonefeld/Wachter/*Mehrle*, Der Fachanwalt für Erbrecht, § 8 Rn 60.
389 Bonefeld/Wachter/*Mehrle*, Der Fachanwalt für Erbrecht, § 8 Rn 62.
390 RGZ 103, 354, 358; 170, 163 ff.
391 Palandt/*Edenhofer*, § 2108 Rn 8; Lange/*Kuchinke*, § 28 VII 3 d.
392 In einem „Verzicht" des Nacherben auf seine Rechte zu Gunsten des Vorerben wird oftmals ebenfalls als Übertragung des Nacherbenanwartschaftsrechts gesehen, vgl MünchKomm/*Grunsky*, § 2100 Rn 7.
393 Soergel/*Harder/Wegmann*, § 2100 Rn 15.
394 MünchKomm/*Grunsky*, § 2108 Rn 5.
395 BGH NJW 1963, 1150.
396 Lange/*Kuchinke*, § 28 III 2.

F. Ansprüche des Nacherben § 1

nach Eintritt des Nacherbfalles.[397] Von der Verpflichtung aus § 2121 BGB kann der Erblasser den Vorerben nicht befreien. Auch ein nach § 2136 BGB befreiter Vorerbe ist daher zur Verzeichniserstellung verpflichtet.

Hat der Erblasser **mehrere Personen zu Nacherben eingesetzt**, steht der Anspruch aus § 2121 BGB jedem einzelnen zu und unabhängig davon, ob andere das Begehren vorbringen oder nicht.[398] Problematisch in diesem Zusammenhang ist, dass nach der Rechtsprechung der Anspruch grundsätzlich nur einmal geltend gemacht werden kann.[399] Fraglich ist daher, ob mehrere Nacherben unabhängig voneinander zu verschiedenen Zeitpunkten die Vorlage des Verzeichnisses verlangen können. Die Beurteilung dieser Frage ist nicht abschließend entschieden.[400] Jedenfalls wird dem Vorerben anzuraten sein, bei erstmaliger Aufforderung zur Verzeichniserstellung durch einen Nacherben, sogleich Auskunft an alle Nacherben zu erteilen. Der Vorerbe kann dann zwar, was diejenigen Nacherben anbelangt, die den Anspruch nicht gestellt haben, die Kosten für die Verzeichniserstellung nicht sogleich dem Nachlass entnehmen (§ 2121 Abs. 4 BGB), sondern muss die Frage der Ersatzfähigkeit nach §§ 2124 ff BGB bemessen (Maßnahme der ordnungsgemäßen Verwaltung). Der mehrfachen Erstellung kann auf diese Weise aber effektiv entgegengewirkt werden. 435

Bei der **Einsetzung mehrerer Personen zu Vorerben**, haben diese als Erbengemeinschaft die Verpflichtung zur gemeinsamen Verzeichniserstellung.[401] 436

Hat der Erblasser **Nacherbentestamentsvollstreckung** angeordnet, können die Rechte des Nacherben, also auch der Anspruch aus § 2121 BGB nur noch von diesem geltend gemacht werden. Den Testamentsvollstrecker trifft aber eine Unterrichtungsverpflichtung gegenüber dem oder den Nacherben (nicht gegenüber dem oder den Ersatznacherben).[402],[403] 437

Das Verzeichnis muss nicht etwa zum Stichtag des Erbfalles aufgenommen werden; vielmehr ist maßgeblicher Zeitpunkt derjenige der Erstellung.[404] Auf Verlangen ist das Verzeichnis öffentlich zu beglaubigen oder von einer Behörde aufnehmen zu lassen bzw ein Notar hinzuziehen, §§ 2121 Abs. 1 S. 2, Abs. 3 BGB. Der Nacherbe kann gemäß § 2121 Abs. 2 BGB ebenfalls verlangen, dass er selbst bei der Aufnahme des Verzeichnisses zugezogen wird. 438

Inhaltlich muss das Verzeichnis auch **Nachlasssurrogate** umfassen. Gegenstände, die aus der Erbschaft ausgeschieden sind müssen hingegen nicht aufgeführt werden.[405] Schließlich ist, wie oben dargelegt, nicht der Zeitpunkt des Erbfalls, sondern derjenige der Verzeichniserstellung maßgeblich. Hinsichtlich bereits ausgeschiedener Gegenstände steht dem Nacherben aber über § 2127 BGB ein Auskunftsanspruch zu. Aufgeführt werden müssen nur Aktiva; Angaben zu Nachlassverbindlichkeiten und Wertangaben müssen hingegen nicht gemacht werden.[406] 439

Die Darlegung der Befürchtung einer eigenen Rechtsverletzung muss der Nacherbe im Gegensatz zu § 2127 BGB nicht erbringen. 440

---

397 MünchKomm/*Grunsky*, § 2121 Rn 1.
398 BGH NJW 1995, 456 f.
399 BGH NJW 1995, 456 f; aA Staudinger/*Avenarius*, § 2121 Rn 1; daneben wird ein ergänzender Auskunftsanspruch nach § 242 BGB diskutiert, vgl bei Geldanlagen LG Berlin ZEV 2002, 160.
400 Bejahend Damrau/*Hennicke*, Erbrecht, § 2121 Rn 3; ablehnend MünchKomm/*Grunsky*, § 2121 Rn 3.
401 MünchKomm/*Grunsky*, § 2121 Rn 2.
402 RGZ 145, 316 ff; Soergel/*Harder/Wegmann*, § 2121 Rn 5.
403 BGH NJW 1995, 456 f.
404 BGH NJW 1995, 456 f.
405 MünchKomm/*Grunsky*, § 2121 Rn 5.
406 Soergel/*Harder/Wegmann*, § 2121 Rn 2; Staudinger/*Avenarius*, § 2121 Rn 4; BGH NJW 1981, 2051 f.

441 Das Verzeichnis ist vom verpflichteten Vorerben schriftlich niederzulegen und mit Datum und Unterschrift zu versehen.

442 Geltend machen kann der Nacherbe den Anspruch bis zum Eintritt des Nacherbfalles. Danach steht ihm gegenüber einem nicht befreiten Vorerben[407] ein Anspruch auf Rechenschaftslegung gemäß §§ 2130 Abs. 2, 259 f BGB, gegenüber einem befreiten Vorerben ein Anspruch auf Vorlage eines Bestandsverzeichnisses nach §§ 2138, 260 BGB zu.

443 Dem Verzeichnis kommt **keine Vollständigkeitsvermutung**[408] und keine Wirkung gegenüber Nachlassgläubigern[409] zu. Versucht sich der Vorerbe der Erstellung zu entziehen oder legt er ein unrichtiges Verzeichnis vor, kann dies zur Konsequenz haben, dass dem Nacherben ein Anspruch auf Sicherheitsleistung nach § 2128 BGB zusteht.

444 Die Abgabe einer Versicherung an Eides statt kann vom Vorerben nicht verlangt werden.[410] Vollstreckt werden kann der Anspruch nach § 888 ZPO.

445 ▶ **Muster: Klage gegen den Vorerben auf Erstellung eines Nachlassverzeichnisses**

An das

Landgericht

– Zivilkammer –

Klage

der

Frau ▄▄▄

– Klägerin –

Prozessbevollmächtigte: Rechtsanwältin ▄▄▄

gegen

Frau ▄▄▄

– Beklagte –

Prozessbevollmächtigter: Rechtsanwalt ▄▄▄

wegen Erstellung eines Nachlassverzeichnisses

Unter Vorlage der beiliegenden Vollmacht zeige ich an, dass ich die rechtlichen Interessen von Frau ▄▄▄ vertrete. Namens der Klägerin erhebe ich Klage und werde in dem noch anzuberaumenden Termin beantragen:

1. Die Beklagte wird verurteilt, der Klägerin ein notarielles Verzeichnis aller Nachlassgegenstände und Surrogate des am ▄▄▄ in ▄▄▄ verstorbenen ▄▄▄, zuletzt wohnhaft in ▄▄▄ vorzulegen und zu dulden, dass die Klägerin bei der Erstellung des Verzeichnisses anwesend ist.
2. Die Beklagte trägt die Kosten des Rechtsstreits.

Für den Fall des Vorliegens der Voraussetzungen des § 331 Abs. 3 ZPO bitte ich um den Erlass eines Versäumnisurteils ohne mündliche Verhandlung.

---

407 Palandt/*Edenhofer*, § 2121 Rn 2.
408 Soergel/*Harder/Wegmann*, § 2121 Rn 1; Staudinger/*Avenarius*, § 2121 Rn 6.
409 Hier sind nur die Vorschriften über das Nachlassinventar (§§ 1993 ff BGB) anzuwenden.
410 Staudinger/*Avenarius*, § 2121 Rn 7.

Begründung

Die Klägerin begehrt die Erstellung eines amtlichen Nachlassverzeichnisses ihrer am ... verstorbenen Mutter ... .

Die Erblasserin hatte ihre Schwester, die Beklagte, durch notarielles Testament vom ... vor dem Notar ... in ... unter der URNr. ... zur alleinigen nicht befreiten Vorerbin und die Klägerin aufschiebend bedingt auf den Tod der Beklagten zur alleinigen Nacherbin ihres gesamten Vermögens eingesetzt. Sowohl Vor- als auch Nacherbin haben die Erbschaft angenommen.

Beweis: notarielles Testament vom ... (beglaubigte Abschrift)

– Anlage K1 –

Eröffnungsniederschrift des Nachlassgerichtes ... (beglaubigte Abschrift)

– Anlage K2 –

Die Klägerin hat einen Anspruch auf Erstellung eines amtlichen Nachlassverzeichnisses gegen die Beklagte gemäß § 2121 BGB. Die Beklagte verweigert ohne Nennung weiterer Gründe die Erstellung und Vorlage.

Nachdem der Zeitpunkt des Eintritts des Nacherbfalles aufschiebend bedingt auf den Tod der Beklagten angeordnet wurde und bis zum Bedingungseintritt möglicherweise noch viele Jahre vergehen werden, liegt die Verzeichniserstellung aus Gründen der frühzeitigen Klärung der Nachlasszugehörigkeit der einzelnen Posten im Interesse der Klägerin. Hiergegen kann sich die Beklagte nicht zur Wehr setzen; sie ist vielmehr ohne Befreiungsmöglichkeit zur Verzeichniserstellung verpflichtet.

Die Klägerin besteht ausdrücklich darauf, nach Mitteilung des Termins, bei der Aufnahme des Verzeichnisses vor dem Notar anwesend zu sein, § 2121 Abs. 2 BGB.

(Rechtsanwältin) ◂

2. Feststellung des Erbschaftszustandes

Ebenfalls der Sicherung von Beweisen für eventuelle Schadensersatzansprüche dient der Anspruch des Nacherben auf Feststellung des Zustands der Erbschaft nach § 2122 BGB. Der Erblasser kann den Vorerben von der Verpflichtung nicht befreien. 446

Der Anspruch umfasst gemäß § 809 BGB auch die **Vorlegung zur Besichtigung der Nachlasssache**, wobei der Vorlageanspruch auch im Wege der einstweiligen Verfügung[411] durchgesetzt werden und nach § 883 ZPO vollstreckt[412] werden kann. Regelmäßig ist bei Grundbesitz auch ein **Substanz- oder Ertragswertgutachten** durch einen Sachverständigen einzuholen, wobei der Nacherbe als Auftraggeber hierfür im Gegensatz zu § 2121 Abs. 4 BGB die Kosten trägt. Die Feststellung nach § 2122 BGB kann in den Grenzen des Schikaneverbots (§ 226 BGB) mehrfach verlangt[413] und auf einzelne Gegenstände, nicht aber lediglich auf den Wert beschränkt werden.[414] Ein Anspruch auf Vorlage einer Bilanz besteht nicht.[415] 447

Der Anspruch aus § 2122 BGB erlischt mit Eintritt des Nacherbfalles. 448

Bei der klageweisen Durchsetzung handelt es sich um ein FamFG-Verfahren, §§ 1, 29, 411 FamFG. Zuständig ist nach § 411 Abs. 2 S. 1 FamFG das Amtsgericht, in dessen Bezirk sich die 449

---

411 OLG Karlsruhe NJW-RR 2002, 951.
412 OLG Hamm NJW 1974, 653; Palandt/*Sprau*, § 809 Rn 13; aA MünchKomm/*Hüffner*, § 809 Rn 12.
413 MünchKomm/*Grunsky*, § 2122 Rn 2.
414 Bonefeld/Kroiß/Tanck/*Steinbacher*, Der Erbprozess, § 5 Rn 46.
415 MünchKomm/*Grunsky*, § 2122 Rn 2.

450 Die Höhe der Gerichtskosten beträgt nach §§ 120 Nr. 1, 32 KostO eine Gebühr.

451 ▶ **Muster: Klage gegen den Vorerben auf Feststellung des Zustandes des Nachlassbestandes**

An das

Amtsgericht

– Nachlassgericht –

Az. ...

Antrag auf Feststellung des Zustandes des Nachlassbestandes

Sehr geehrte Damen und Herren,

Unter Vorlage der beiliegenden Vollmacht zeige ich an, dass ich die rechtlichen Interessen von Frau ... vertrete.

In der Nachlasssache ... beantrage ich in Ihrem Namen die Feststellung des Zustandes der zum Nachlass gehörenden Sachen.

Begründung

Mein Mandant ist der Sohn des am ... in ... verstorbenen Erblassers, zuletzt wohnhaft in ... . Der Erblasser hatte am ... ein privatschriftliches Einzeltestament errichtet, wonach mein Mandant zum alleinigen Nacherben des gesamten Vermögens des Erblassers eingesetzt ist. Nicht befreite Vorerbin ist die zweite Ehefrau des Erblassers.

Das Nachlassgericht hat das privatschriftliche Testament des Erblassers am ... unter dem Az ... eröffnet; Sterbeurkunde, Testament und Eröffnungsprotokoll liegen dem Nachlassgericht bereits vor, so dass auf diese Urkunden Bezug genommen werden kann ...

Meinem Mandanten steht nach § 2122 S. 2 BGB ein Anspruch auf Feststellung des Zustandes der zur Erbschaft gehörenden Sachen zu. Gemäß § 809 BGB ist die Beklagte weiter verpflichtet, einem gerichtlich bestellten Sachverständigen zu gestatten, die im Nachlass befindlichen Gegenstände zu besichtigen.

Als Sachverständigen schlage ich ... vor.

Der Wert des Nachlasses beläuft sich auf ca. EUR ... .

Mit freundlichen Grüßen

(Rechtsanwältin) ◀

3. Hinterlegung und Anlagerechte

452 Weitere Schutzmöglichkeiten vor Verfügung über Wertpapiere und Geld, die wegen ihrer leichten Verkehrsfähigkeit besonders gefährdet sind, bieten dem Nacherben die §§ 2116 bis 2119 BGB.

a) Wertpapiere

453 § 2116 BGB gibt dem Nacherben das Recht, die Hinterlegung von Wertpapieren zu verlangen. Der Erblasser kann den Vorerben von dieser Verpflichtung gemäß § 2136 BGB befreien, der Vorerbe kann sich der Hinterlegungspflicht aber auch durch Umschreibung nach § 2117 BGB entziehen.

F. Ansprüche des Nacherben

Für den Anspruch aus § 2116 BGB müssen keine besonderen materiellen Voraussetzungen vorliegen. So muss der Nacherbe auch nicht etwa darlegen, dass seine Rechte besonders gefährdet sind.[416]

Hinterlegungspflichtig[417] sind **Inhaberpapiere und mit Blankoindossament versehene Orderpapiere**.

In den Bereich der Inhaberpapiere fallen dabei beispielsweise Schuldverschreibungen auf den Inhaber (§§ 793 ff BGB), Inhabergrundschulden (§§ 1195, 1199 BGB) und Inhaberaktien (§§ 10, 278 Abs. 3 AktG). Keine Hinterlegungspflicht besteht dagegen für Legitimationspapiere (§ 808 BGB), die verbrauchbare Sachen (§ 92 BGB) beinhalten, zB Banknoten (diese unterfallen statt dessen § 2119 BGB), Sparbücher etc.

Unter Orderpapieren mit Blankoindossament versteht man beispielsweise Namensaktien (§ 68 AktG) oder kaufmännische Orderpapiere (§ 363 HGB), nicht jedoch Papiere, die verbrauchbare Sachen darstellen.

Zu hinterlegen ist bei den Amtsgerichten (§ 1 Abs. 2 HintO); daneben ist nach § 27 HintO aber auch eine Anlage bei der Bundesbank, der Deutschen Zentralbank oder der Deka-Bank möglich. Vorteilhafter wegen der leichteren Abwicklung ist die Hinterlegung bei einer Bank. Diese ist durch den **Abschluss eines Depotvertrags mit Sperrungsabrede** vorzunehmen.

Solange die Hinterlegung nicht vorgenommen wurde, ist der Vorerbe in seiner Verfügungsfreiheit nicht beschränkt, § 2112 BGB. Das bloße Hinterlegungsverlangen des Nacherben rechtfertigt noch keine über die allgemeinen Verfügungsverbote hinausgehende Beschränkung. Sind die Wertpapiere hinterlegt, kann der Vorerbe nur noch mit Einwilligung oder Genehmigung des Nacherben verfügen. Handelt es sich um Maßnahmen der ordnungsgemäßen Verwaltung, kann der Vorerbe über § 2120 BGB die Zustimmung des Nacherben zur Herausgabe verlangen. Verfügungen, denen der Vorerbe nicht zustimmt, sind unwirksam.[418]

Zuständig in prozessualer Hinsicht ist das Prozessgericht und zwar des Bezirks, in dem der Vorerbe seinen Wohnsitz hat, §§ 12, 13 ZPO. Ein besonderer Gerichtsstand der Erbschaft ist nicht gegeben. Die Hinterlegung nach § 2116 BGB kann auch im einstweiligen Rechtsschutz vor dem Gericht der Hauptsache (in dringenden Fällen gemäß § 937, 943, 942 ZPO auch vor dem Amtsgericht, in dessen Bezirk sich die Sache befindet) geltend gemacht werden. Wie oben bereits erwähnt, kann der Vorerbe wählen, ob er nach § 2116 BGB hinterlegt oder nach § 2117 BGB mit Sperrvermerk umschreibt. Hierauf ist bei der Antragsformulierung zu achten.[419]

b) Buchforderungen gegen Bund und Länder

Speziell geregelt werden in § 2118 BGB Buchforderungen gegen Bund und Länder. Hier sieht das Gesetz eine eigene Sicherungsmöglichkeit für den Nacherben vor, indem er vom Vorerben verlangen kann, dass ein eigener Sperrvermerk ins Schuldbuch eingetragen wird und der Vorerbe nur noch mit Zustimmung des Nacherben verfügen kann. Der Erblasser kann den Vorerben von der Verpflichtung aus § 2118 BGB gemäß § 2136 BGB befreien. Hinsichtlich der Rechtsfolgen besteht kein Unterschied zu § 2116 BGB: die Verfügungsbeschränkung wird erst mit Eintragung wirksam. Trifft der Vorerbe anschließend Verfügungen, denen der Nacherbe nicht zugestimmt hat, so sind diese unwirksam. Der Vorerbe kann allerdings auch hier unter Einhaltung der Voraussetzungen des § 2120 BGB die Zustimmung vom Nacherben verlangen.

---

416 MünchKomm/*Grunsky*, § 2116 Rn 1; Lange/*Kuchinke*, § 28 IV 9 b.
417 Vgl Übersicht bei Palandt/*Edenhofer*, § 2116 Rn 2.
418 MünchKomm/*Grunsky*, § 2116 Rn 2.
419 Bonefeld/Kroiß/Tanck/*Steinbacher*, Der Erbprozess, § 5 Rn 70.

462 Hinsichtlich der prozessualen Zuständigkeit ergeben sich bei § 2118 BGB gegenüber § 2116 BGB keine Besonderheiten. Auf die obigen Ausführungen sei daher verwiesen. Im Rahmen der Antragsformulierung ist zu beachten, dass sich die Sperrwirkung nur auf den Stamm der Forderung bezieht, da die Zinsen dem Vorerben als Nutzungen der Erbschaft zustehen.[420]

c) Geld

463 Aus §§ 2119, 1806 BGB ergibt sich die Verpflichtung des Vorerben zur **mündelsicheren Anlage von Geld**. Das Kapital des Nachlasses soll dem Nacherben zufließen. Der Vorerbe ist daher verpflichtet, das beim Erbfall vorhandene Geld oder dessen Surrogat nach den Grundsätzen einer ordnungsgemäßen Verwaltung dauerhaft wie Mündelgeld anzulegen. Ob die Anlage geboten ist, beurteilt sich nach objektiv-wirtschaftlichen Gesichtspunkten.[421] Sollen demgegenüber ererbte Kapitalanlagen in mündelsichere umgewandelt werden, richtet sich die Gebotenheit subjektiv nach der Lebensstellung und den Gewohnheiten des Vorerben (§ 2131 BGB).[422] Eine generelle Verpflichtung des Vorerben zur mündelsicheren Anlage besteht in diesem Zusammenhang nicht; sie wird erst zu bejahen sein, wenn andernfalls ein Verlust droht.[423] Will der Vorerbe das Geld zur kurzfristigen Nachlassverwaltung verwenden, besteht ebenfalls keine Verpflichtung nach § 2119 BGB.[424]

464 Der Nacherbe muss der Anlegung oder Abhebung nicht zustimmen.[425] Eine Befreiung des Vorerben von der Verpflichtung aus § 2119 BGB ist zulässig.

465 Zuständig ist das Prozessgericht, in dessen Bezirk der Wohnsitz des Vorerben liegt, §§ 12, 13 ZPO. Es besteht kein besonderer Gerichtsstand der Erbschaft.

466 Auch hier ist im Rahmen der Antragsformulierung darauf zu achten, dass sich die Verpflichtung zur mündelsicheren Anlage nur auf den Stamm der Forderung bezieht, da der Vorerbe berechtigt ist, die Zinsen zu ziehen und für sich zu verbrauchen.[426]

4. Kontroll- und Sicherungsrechte bei Nachlassgefährdung

467 Dem Nacherben steht erst mit Anfall der Nacherbschaft ein Herausgabeanspruch nach § 2130 BGB zu. Ebenso kann er auch erst, wenn der Nacherbfall eingetreten ist, Schadensersatzansprüche gegenüber dem Vorerben geltend machen. Um seine Rechtsposition schon während der Dauer der Vorerbschaft zu stärken, gewährt ihm das Gesetz in §§ 2127 bis 2129 BGB diverse Kontroll- und Sicherungsrechte, die ihn vor einer wirtschaftlichen Verschlechterung des Nachlasses durch den Vorerben schützen. Nach § 2127 BGB steht dem Nacherben ein Auskunftsanspruch gegenüber dem Vorerben zu, wenn Grund zur Annahme besteht, dass der Vorerbe durch die Nachlassverwaltung die Rechte des Nacherben erheblich gefährdet. Der Nacherbe kann Sicherheitsleistung nach § 2128 Abs. 1 BGB verlangen, wenn der Vorerbe durch sein Verhalten oder aufgrund einer ungünstigen Vermögenslage Besorgnis dazu gibt, dass die Nacherbenrechte erheblich verletzt werden. Nach § 2128 Abs. 2 BGB iVm § 1052 BGB kann der Nacherbe schließlich erwirken, dass der Nachlass gerichtlich verwaltet wird, sofern der Vorerbe die Sicherheitsleistung nicht erbringt.

---

420 Bonefeld/Kroiß/Tanck/*Steinbacher*, Der Erbprozess, § 5 Rn 76; MünchKomm/*Grunsky*, § 2118 Rn 2.
421 RGZ 73, 6.
422 Palandt/*Edenhofer*, § 2119 Rn 2.
423 MünchKomm/*Grunsky*, § 2119 Rn 1.
424 Bonefeld/Kroiß/Tanck/*Steinbacher*, Der Erbprozess, § 5 Rn 82 (unter Nennung von Beispielen).
425 Palandt/*Edenhofer*, § 2119 Rn 1; aA Ordemann, MDR 1967, 642.
426 Bonefeld/Kroiß/Tanck/*Steinbacher*, Der Erbprozess, § 5 Rn 88.

F. Ansprüche des Nacherben § 1

Der Erblasser kann den Vorerben von den oben genannten Pflichten befreien. Tut er dies, so kann gegen den dann befreiten Vorerben nur noch mit den allgemeinen zivilprozessrechtlichen Mitteln (**Arrest und einstweilige Verfügung**) vorgegangen werden.

468

a) Auskunft über den aktuellen Nachlassbestand

Der Auskunftsanspruch des Nacherben gegen den Vorerben über den aktuellen Bestand des Nachlasses richtet sich nach §§ 2127, 260 BGB. Der Anspruch sichert die Beweismittel, die der Nacherbe im Rahmen einer eventuell nach dem Nacherbfall zu führenden Schadensersatzklage benötigt und bildet die Grundlage für die sich anschließenden Ansprüche aus § 2128 Abs. 1, Abs. 2 BGB. Der Vorerbe kommt dem Auskunftsbegehren nach, indem er dem Nacherben ein **Bestandsverzeichnis über den aktuellen Nachlassbestand** vorlegt. Hierzu zählt allerdings nicht der Verbleib von Erbschaftsgegenständen und der Vorerbe ist auch nicht zur Rechenschaftslegung verpflichtet.[427] Voraussetzung für das Vorliegen des Anspruches ist, dass Grund zur Annahme besteht, dass der Vorerbe die Rechte des Nacherben durch seine Verwaltung erheblich verletzt. Die bloße Vermutung einer (künftigen) Rechtsverletzung genügt für § 2127 BGB nicht.[428] Allerdings wird dem Nacherben für den Fall einer für ihn positiven Interessenabwägung ein Auskunftsanspruch gegen den Beschenkten zugestanden.[429] Kommen neue Aspekte hinzu, so kann das Auskunftsbegehren nach § 2127 BGB auch nochmals vorgebracht werden.[430] Der Erblasser kann den Vorerben von der Verpflichtung aus § 2127 BGB befreien. In diesem Fall stehen dem Nacherben dann lediglich noch die ordentlichen Auskunfts- und Feststellungsrechte aus §§ 2121, 2122 BGB zu, hinsichtlich derer keine Befreiungsmöglichkeit gegeben ist.

469

Die beanstandete Verwaltungsmaßnahme muss, ohne dass es auf ein Verschulden des Vorerben ankommt **objektiv rechtsverletzend** sein. Eine allein ungünstige Vermögenslage rechtfertigt dies noch nicht.[431] Erheblich ist die Rechtsverletzung nur dann, wenn sie sich auf nicht ganz unwesentliche Nachlassbestandteile bezieht.[432] Eine Maßnahme der ordnungsgemäßen Verwaltung, weswegen der Nacherbe nach § 2120 BGB gehalten war, seine Zustimmung zu erteilen, kann nie einen Auskunftsanspruch nach § 2127 BGB begründen.[433] Verstößt der Vorerbe gegen die ihm auferlegten gesetzlichen Beschränkungen, so ist regelmäßig eine objektive Rechtsverletzung gegeben. Insbesondere eine eigenmächtige Vornahme von Verfügungen, die nach Eintritt des Nacherbfalles gemäß § 2113 Abs. 1, 2 BGB unwirksam werden, stellt eine objektive Rechtsverletzung dar.[434] Eine objektive Rechtsverletzung liegt auch in einem Verstoß gegen Verpflichtungen, die sich aus §§ 2116–2119 BGB bei der Verwaltung von Wertpapieren und Geld ergeben oder in der Einziehung einer Hypothekenforderung, Grund- oder Rentenschuld. Objektiv rechtsverletzend kann auch ein bestimmtes Verhalten des Vorerben sein, so zB wenn der Vorerbe die Nacherbenrechte bestreitet und die Annahme nahe liegt, dass deswegen bei der Nachlassverwaltung auf die Nacherbenrechte keine besondere Rücksicht mehr genommen wird[435] oder wenn die Zugehörigkeit von nach § 2111 BGB zum Nachlass gehörenden Surrogaten be-

470

---

427 Staudinger/*Avenarius*, § 2127 Rn 9; Soergel/*Harder/Wegmann*, § 2127 Rn 4; *Lüke*, JuS 1986, 213.
428 Kerscher/Tanck/*Krug*, Das erbrechtliche Mandat, § 12 Rn 10; Lange/*Kuchinke*, § 28 V 6 a; aA Bonefeld/Wachter/*Mehrle*, Der Fachanwalt für Erbrecht, § 8 Rn 69.
429 BGHZ 58, 237 ff; OLG Celle NJW 1966, 1663.
430 MünchKomm/*Grunsky*, § 2127 Rn 1; Palandt/*Edenhofer*, § 2127 Rn 2.
431 Staudinger/*Avenarius*, § 2127 Rn 6; MünchKomm/*Grunsky*, § 2127 Rn 3.
432 Soergel/*Harder/Wegmann*, § 2127 Rn 2.
433 RGZ 149, 65, 68.
434 RGZ 149, 65 ff; Bonefeld/Wachter/*Mehrle*, Der Fachanwalt für Erbrecht, § 8 Rn 69.
435 Staudinger/*Avenarius*, § 2128 Rn 3.

stritten wird.[436] Treten Eigengläubiger des Vorerben an diesen im Rahmen der Zwangsvollstreckung oder des Insolvenzverfahrens heran, so handelt es sich zwar nur mittelbar um eine Verwaltungsmaßnahme. Ein Auskunftsanspruch wird aber analog § 2127 BGB angenommen, wenn dieser zur Geltendmachung der Rechte aus § 2115 BGB gegen solche Verfügungen erforderlich sind.[437]

471 Hat der Erblasser **mehrere Personen zu Nacherben eingesetzt**, können diese unabhängig voneinander, nötigenfalls auch gegen den Willen der anderen den Auskunftsanspruch geltend machen. Bei Einsetzung eines **Nacherbentestamentsvollstreckers** ist nur dieser und nicht mehr der Nacherbe selbst anspruchsberechtigt. Einem Ersatznacherben steht kein Anspruch nach § 2127 BGB zu.[438]

472 Die Beweis- und Darlegungslast für das Vorliegen der Anspruchsvoraussetzungen trägt der Vorerbe.

473 Zuständig ist das Prozessgericht. Handelt es sich bei dem Nacherben-Kläger um den Miterben einer aus mehreren Nacherben bestehenden **Erbengemeinschaft**, muss dieser Auskunftserteilung an alle Nacherben als gesetzlicher Prozessstandschafter (§ 2039 BGB) verlangen. Die Erhebung einer Stufenklage auf Auskunft und Zahlung ist bis zum Eintritt des Nacherbfalles nicht möglich, da für den Nacherben kein Schadensersatzanspruch besteht.

474 ▶ **Muster: Stufenklage gegen den Vorerben**
(Auskunft, eidesstattliche Versicherung, Sicherheitsleistung)

56

An das

Landgericht

– Zivilkammer –

Klage

des

Herrn ▪▪▪

– Kläger –

Prozessbevollmächtigte: Rechtsanwältin ▪▪▪

gegen

Herrn ▪▪▪

– Beklagter-

Prozessbevollmächtigter: Rechtsanwalt ▪▪▪

wegen Auskunft

Unter Vorlage der beiliegenden Vollmacht zeige ich an, dass ich die rechtlichen Interessen von Herrn ▪▪▪ vertrete. Namens des Klägers erhebe ich Klage und werde in dem noch anzuberaumenden Termin beantragen:

1. Der Beklagte wird verurteilt, durch Vorlage eines Bestandsverzeichnisses Auskunft zu erteilen über den gegenwärtigen Bestand des Nachlasses des am ▪▪▪ verstorbenen ▪▪▪, zuletzt wohnhaft in ▪▪▪.

---

436 BGH NJW 1995, 456 f; BGHZ 44, 336.
437 Staudinger/*Avenarius*, § 2127 Rn 8; Bonefeld/Kroiß/Tanck/*Steinbacher*, Der Erbprozess, § 5 Rn 97.
438 RGZ 145, 316/319; Staudinger/*Avenarius*, § 2127 Rn 11.

F. Ansprüche des Nacherben § 1

2. Für den Fall, dass die Auskunft nicht mit der erforderlichen Sorgfalt erteilt worden sein sollte, wird der Beklagte weiter verurteilt, zu Protokoll an Eides statt zu versichern, dass er die Angaben nach bestem Wissen so vollständig gemacht hat, wie er dazu in der Lage war.
3. Der Beklagte wird weiter verurteilt, dem Kläger für die Vorerbschaft Sicherheit in Höhe von EUR ... zu leisten.
4. Dem Beklagten wird zur Erbringung der Sicherheitsleistung nach Ziff.3 eine Frist von zwei Wochen ab Rechtskraft des Urteils gesetzt.
5. Der Beklagte trägt die Kosten des Rechtsstreits.

Für den Fall des Vorliegens der Voraussetzungen des § 331 Abs. 3 ZPO bitte ich um den Erlass eines Versäumnisurteils ohne mündliche Verhandlung.

Begründung

Der Kläger begehrt mit der Klage Auskunft über den aktuellen Nachlassbestand und Sicherheitsleistung aus Gründen der Besorgnis einer erheblichen Verletzung seiner Rechte durch den Beklagten.

Der Kläger ist der aus erster Ehe stammende einzige Sohn der am ... verstorbenen Erblasserin ..., zuletzt wohnhaft gewesen in ... . Der Beklagte ist deren zweiter Ehemann und Stiefvater des Klägers.

Die Erblasserin und der Beklagte hatten sich im Rahmen eines privatschriftlichen, gemeinschaftlichen Testamentes vom ... gegenseitig zu Alleinerben eingesetzt, wobei der Beklagte nach dem Tod der Ehefrau nicht befreiter Vorerbe und der Kläger aufschiebend bedingt auf den Tod des Beklagten alleiniger Nacherbe des gesamten Vermögens seiner Mutter sein sollte. Sowohl Vor- als auch Nacherbe haben die Erbschaft angenommen.

Beweis: privatschriftliches Testament vom ... (beglaubigte Abschrift)

– Anlage K1 –

Eröffnungsniederschrift des Nachlassgerichtes ... (beglaubigte Abschrift)

– Anlage K2 –

Der Beklagte ist schwer spielsüchtig. Er hat in den vergangenen Jahren nahezu sein gesamtes Eigenvermögen in Spielhallen und Casinos durchgebracht. Der Beklagte ist seit dem ... zudem erwerbslos und kann seinen Lebensunterhalt nicht mehr bestreiten. Seine Gläubiger haben damit begonnen, in das Eigenvermögen des Beklagten zu vollstrecken. Nachdem der Beklagte über keinerlei vermögenswerte Reserven mehr verfügt, ist zu befürchten, dass in Bälde die Vollstreckung in Gegenstände, die der Vorerbschaft unterliegen, betrieben wird.

Beweis: Pfändungs- und Überweisungsbeschluss des Amtsgerichts ... vom ..., erwirkt von den Stadtwerken ... (in Kopie)

– Anlage K3 –

Zeugnis des Vermieters des Beklagten, Herrn ...

Der Beklagte versucht offenbar Nachlassgegenstände, die von der Vor- und Nacherbschaft umfasst sind, zu versilbern, um seine Schulden zu begleichen. Die Erblasserin war leidenschaftliche Sammlerin wertvoller, antiker Puppen. Diese hat der Beklagte zu Schleuderpreisen auf dem Trödelmarkt in ... am ... zum Verkauf angeboten. Lediglich der Umstand, dass der Beklagte die „Standmiete" beim Veranstalter nicht bezahlen konnte und dieser ihn sodann des Platzes verwies, verhinderte, dass es zum Verkauf kommen konnte.

Beweis: Zeugnis des verantwortlichen Trödelmarktveranstalters, Herrn ...

Zeugnis der Frau ... (Kaufinteressentin)

Gemäß der §§ 2127, 260 BGB ist der Beklagte dazu verpflichtet, Auskunft über den gegenwärtigen Bestand des Nachlasses zu geben. Der Beklagte ist als nicht befreiter Vorerbe nicht dazu befugt, Nachlassgegenstände deutlich unter dem Verkehrswert zu veräußern und den erzielten Veräußerungserlös zur Tilgung eigener Verbindlichkeiten zu verwenden. Tut er dies dennoch, so stellt diese Vorgehensweise sowohl einen Verstoß gegen die Grundsätze einer ordnungsgemäßen Verwaltung als auch gegen das Verbot unentgeltlicher Verfügungen aus § 2113 Abs. 2 BGB dar. Schließlich würde dem Nachlass kein angemessener Gegenwert zufließen.

Der Kläger befürchtet, dass der Beklagte die ihm als nicht befreitem Vorerben obliegenden Beschränkungen durch den Verkauf der antiken Puppen erheblich verletzt hat, zumal hierdurch die Gefahr besteht, dass der Nachlass in beträchtlichem Umfang geschmälert wird und die Rechte des Klägers als Nacherben beeinträchtigt werden. Mit Erstellung eines neuen Nachlassverzeichnisses und anschließendem Vergleich mit dem bereits existierenden Bestandsverzeichnis, welches kurz nach dem Tod der Erblasserin angefertigt wurde, ist es dem Kläger möglich, nachzuvollziehen, ob und in welchem Umfang der Beklagte der Vorerbschaft bereits Nachlassgegenstände entzogen hat.

Aufgrund der oben dargelegten Vorgänge, ist der Beklagte gemäß § 2128 BGB ferner verpflichtet, Sicherheit für den Nachlass zu leisten. Der Beklagte befindet sich in einer höchst ungünstigen Vermögenslage: er ist arbeitslos, bekommt seine Spielsucht nicht unter Kontrolle und die Gläubiger haben bereits damit begonnen, in das Eigenvermögen des Beklagten zu vollstrecken. Gemäß § 2128 BGB genügt verschuldensunabhängig bereits eine ungünstige Vermögenssituation, um die Pflicht zur Leistung einer Sicherheit zu begründen. Der Kläger muss insbesondere nicht hinnehmen, selbst seine Rechte gegenüber Gläubigern des Vorerben (§ 2115 BGB) geltend machen zu müssen.

Die Höhe der Sicherheitsleistung bemisst sich nach dem Wert des gesamten Nachlass. Die Erblasserin hinterließ keinerlei Vermögen, welches etwa durch Aufnahme eines Nacherbenvermerks (§ 51 GBO) vor Verfügungen des Vorerben hätte geschützt werden können.

In Anbetracht der desolaten finanziellen Situation des Beklagten, steht zu befürchten, dass die Sicherheitsleistung durch diesen nicht erbracht werden wird. Der Kläger hat daher ein Interesse an der Anordnung der gerichtlichen Verwaltung gemäß § 2129 Abs. 1 iVm § 1052 Abs. 1 S. 2 BGB. Die in diesem Zusammenhang notwendige Nachfristsetzung kann bereits in dem Urteil erfolgen, das im Verfahren zur Verpflichtung der Leistung einer Sicherheit ergeht, § 255 Abs. 2 ZPO.

(Rechtsanwältin) ◀

b) Sicherheitsleistung

475 Der Anspruch aus § 2128 Abs. 1 BGB auf Sicherheitsleistung durch den Vorerben schützt das Recht des Nacherben auf Herausgabe der Erbschaft in dem Zustand, der sich bei einer fortgesetzten ordnungsgemäßen Verwaltung ergibt, § 2130 BGB.

aa) Anordnung der Befreiung

476 Die Anordnung einer Befreiung von dieser Verpflichtung durch den Erblasser ist möglich. Gegen den befreiten Vorerben steht dem Nacherben weder ein Anspruch nach § 2127 BGB noch ein Sicherungsmittel nach § 2128 BGB zu. Der befreite Vorerbe hat im Vergleich zum nicht befreiten Vorerben was die Nachlassverwaltung anbelangt einen wesentlich weiteren Spielraum. Eine Verletzung der Nacherbenrechte ist nur in den engen gesetzlich vorgegebenen Grenzen, wie beispielsweise bei einem Verstoß gegen das Gebot, keine Nachlassgegenstände zu verschenken (§ 2113 Abs. 2 BGB), anzunehmen. Im Rahmen des einstweiligen Rechtsschutzes hat der Nach-

F. Ansprüche des Nacherben § 1

erbe die Möglichkeit, einen Arrest oder eine einstweilige Verfügung zu beantragen. Will der Nacherbe dadurch eine Sicherheitsleistung erwirken, ist dies mit der klaren Gesetzesvorgabe an und für sich nicht vereinbar.[439] Die Beantragung einstweiligen Rechtsschutzes gegen den befreiten Vorerben birgt daher ein **immens hohes Prozessrisiko** und sollte nur vorgenommen werden, wenn besondere Gründe das Vorgehen rechtfertigen.

bb) Besorgnis der erheblichen Verletzung der Nacherbenrechte

Gleichsam wie beim Auskunftsanspruch nach § 2127 BGB stellt die Besorgnis einer erheblichen Verletzung der Nacherbenrechte eine Anspruchsvoraussetzung dar. Dies ist dann der Fall, wenn der Vorerbe entweder aufgrund seines Verhaltens oder wegen einer ungünstigen Vermögenslage die Rechtsgefährdung herbeiführt. 477

Verletzt der Vorerbe die ihm obliegenden gesetzlichen Beschränkungen und Verpflichtungen, ist ein gefährdendes Verhalten gegeben. Folgende **Fallgruppen** rechtfertigen in diesem Zusammenhang den Anspruch auf Zahlung einer Sicherheitsleistung:[440] 478

1. Verfügungen, die **ohne Zustimmung des Nacherben** vorgenommen werden und nach Eintritt des Nacherbfalles **gemäß § 2113 BGB unwirksam** werden;
2. Verletzung der **Pflichten nach § 2114 BGB**;
3. Verletzung der **Pflichten nach §§ 2116 bis 2119 BGB**;
4. **Bestreiten der Nacherbenrechte**, wenn daraus geschlussfolgert werden kann, der Vorerbe werde die Nachlassverwaltung nicht mit der gebotenen Rücksicht vornehmen;
5. Bestreiten der infolge **Surrogation** zum Nachlass gehörender Gegenstände durch Zurechnung zum Eigenvermögen des Nacherben;
6. Versuch des Vorerben, sich der **Erteilung des Nachlassverzeichnisses** zu entziehen trotz einfacher Möglichkeit dieses zu erstellen;
7. **Unrichtige Angaben im Nachlassverzeichnis** ohne Rücksicht darauf, ob der Vorerbe zur Mitteilung des konkreten Umstands verpflichtet war (zB Angaben zu Nachlassverbindlichkeiten).

Eine Verschuldensprüfung wird im Rahmen des § 2128 BGB nicht vorgenommen. Ebenso kommt es im Gegensatz zu § 2127 BGB nicht auf das Vorliegen einer Pflichtverletzung an. Schon eine **allgemein schlechte Verwaltung** kann daher grundsätzlich ausreichen, um den Anspruch des Nacherben auf Gewährung einer Sicherheitsleistung zu rechtfertigen.[441] Erheblich ist die Rechtsverletzung nur dann, wenn sie sich auf nicht ganz unwesentliche Nachlassbestandteile bezieht. Bei einer Maßnahme der ordnungsgemäßen Verwaltung, weswegen der Nacherbe nach § 2120 BGB gehalten war, seine Zustimmung zu erteilen, kann keine Rechtsverletzung vorliegen. Auch eine künftige Verletzung führt zu einem Anspruch aus § 2128 BGB. 479

Im Gegensatz zu § 2127 BGB genügt für das Vorliegen eines Anspruchs nach § 2128 BGB bereits eine **ungünstige Vermögenslage des Vorerben**. Diese liegt insbesondere vor, wenn sich der Vorerbe hohen Schulden gegenübersieht und die Vollstreckung durch Eigengläubiger des Vorerben in das Nachlassvermögen droht. Der Nacherbe muss sich hier nicht auf die Rechte aus § 2115 BGB verweisen lassen. Ebenso wenn die finanzielle Leistungsfähigkeit des Vorerben zur 480

---

439 Der befreite Vorerbe ist stattdessen erst nach Eintritt des Nacherbfalles zur Zahlung von Schadensersatz verpflichtet; vgl zur Thematik Bonefeld/Kroiß/Tanck/*Steinbacher*, Der Erbprozess, § 5 Rn 119 ff; Staudinger/*Avenarius*, § 2138 Rn 18.
440 Vgl Bonefeld/Kroiß/Tanck/*Steinbacher*, Der Erbprozess, § 5 Rn 108.
441 Staudinger/*Avenarius*, § 2128 Rn 3; aA MünchKomm/*Grunsky*, § 2128 Rn 1.

Deckung von Schadensersatzansprüchen nicht ausreicht, die aufgrund Verstoßes gegen die Grundsätze einer ordnungsgemäßen Verwaltung entstanden sind. Wann die ungünstige Vermögenslage eingetreten ist, ist für den Anspruch nach § 2128 BGB irrelevant. Sie kann bereits vor dem Erbfall vorgelegen haben oder erst später eingetreten sein.[442]

cc) Anspruchsinhaber

481 Hat der Erblasser mehrere Personen zu Nacherben eingesetzt, können diese unabhängig voneinander, nötigenfalls auch gegen den Willen der anderen den Auskunftsanspruch geltend machen. Bei Einsetzung eines Nacherbentestamentsvollstreckers ist nur dieser und nicht mehr der Nacherbe selbst anspruchsberechtigt. Einem Ersatznacherben steht kein Anspruch nach § 2127 BGB zu.[443]

dd) Art und Höhe der Sicherheitsleistung

482 Reichen die Mittel der Vorerbschaft zur Begleichung der Sicherheitsleistung nicht aus, ist der Vorerbe gehalten, nötigenfalls auch sein Eigenvermögen zur Zahlung einzusetzen. Bei § 2128 BGB handelt es sich nämlich um eine persönliche Schuld des Vorerben.[444] Der Vorerbe kann zwischen den in § 232 BGB aufgelisteten Sicherungsmitteln wählen. In der Zwangsvollstreckung geht das Wahlrecht auf den Nacherben über.

483 Die Höhe der Sicherheitsleistung bemisst sich in der Regel nach dem gegenwärtigen Wert des Nachlasses. Bei Gefährdung lediglich einzelner Nachlasspositionen genügt es, wenn Sicherheit in Höhe des Werts dieser Gegenstände geleistet wird.[445]

ee) Prozessuales

484 Die Klage ist vor dem Prozessgericht zu erheben.[446] Im Rahmen der Antragsformulierung ist zu beachten, dass für den Fall, dass die Sicherheitsleistung ausbleibt, die Anordnung der gerichtlichen Verwaltung verlangt werden kann. Daher sollte zwingend auch die nach §§ 2128 Abs. 2, 1052 Abs. 1 S. 2 BGB notwendige Fristsetzung in den Klageantrag mit aufgenommen werden, § 255 Abs. 2 BGB.

485 Vollstreckt wird die Sicherheitsleistung nach § 887 ZPO.[447] Der Vorerbe hat dabei bis zum Vollstreckungsbeginn ein Wahlrecht, was die Auswahl des Sicherungsmittels (§ 232 BGB) anbelangt. Dieses Wahlrecht geht entsprechend § 264 BGB in der Vollstreckung auf den Nacherben über.[448] Vorrangig zur Vollstreckung ist aber regelmäßig ein Antrag nach §§ 2128 Abs. 2, 1052 BGB (Anordnung der gerichtlichen Verwaltung).

c) Gerichtliche Verwaltung

486 Nach rechtskräftiger Entscheidung über die Sicherheitsleistung und ergebnislosem Verstreichen der gerichtlich gesetzten Frist, kann der Nacherbe beantragen, dass dem Vorerben die Nachlassverwaltung entzogen und stattdessen auf Kosten des Vorerben vom Vollstreckungsgericht ein Verwalter bestellt wird, § 2128 Abs. 2 BGB iVm § 1052 BGB. Das kann gemäß § 1052 Abs. 2 S. 2 BGB auch der Nacherbe selbst sein. Sofern der Nacherbe die Fristsetzung versäumt

---

442 Soergel/Harder/*Wegmann*, § 2128 Rn 5; MünchKomm/*Grunsky*, § 2128 Rn 2.
443 Staudinger/*Avenarius*, § 2128 Rn 7.
444 Soergel/Harder/*Wegmann*, § 2128 Rn 4; MünchKomm/*Grunsky*, § 2128 Rn 3.
445 MünchKomm/*Grunsky*, § 2128 Rn 3.
446 MünchKomm/*Grunsky*, § 2128 Rn 3.
447 MünchKomm/*Grunsky*, § 2128 Rn 5; MünchKomm/*Schilken*, § 887 Rn 3.
448 OLG Düsseldorf FamRZ 1984, 704; Palandt/*Ellenberger*, § 232 Rn 1.

hat, wird diese vom Vollstreckungsgericht nachgeholt. Für den Fall, dass von der Vorerbschaft ein **Unternehmen** betroffen ist, ist wie folgt zu differenzieren:[449]

Die gerichtlich angeordnete Verwaltung eines einzelkaufmännischen Handelsgeschäfts ist wie auch die Verwaltung einer OHG-Beteiligung unzulässig. Soll hingegen die Kommanditbeteiligung an einer KG oder die Beteiligung an einer Kapitalgesellschaft gerichtlich verwaltet werden, ist dies ohne weiteres zulässig.

Sobald der gerichtliche Beschluss vollstreckbar[450] ist, verliert der Vorerbe jegliche Befugnis, über den Nachlass zu verfügen (§ 2129 Abs. 1 BGB) und ihn zu verwalten. Er muss die Erbschaft an den Verwalter herausgeben (§ 1052 Abs. 2 S. 1 BGB iVm §§ 150, 152 ff ZVG). Im Rahmen der Antragstellung sollten zugleich alle Gegenstände aufgeführt werden, die von der gerichtlichen Verwaltung umfasst sein sollen. Dabei kann selbstverständlich auf ein wegen § 2121 BGB oder § 2127 BGB erstelltes Nachlassverzeichnis Bezug genommen werden. Grundsätzlich endet die gerichtliche Verwaltung mit Eintritt des Nacherbfalles, es sei denn, die Erbringung der Sicherheitsleistung wird nachgeholt, § 2128 Abs. 2 iVm § 1052 Abs. 3 BGB. Die gerichtliche Verwaltung sollte aus Gründen der Verhinderung eines Gutglaubenserwerbs Dritter (§§ 2129 Abs. 2, 892 Abs. 1 S. 1 BGB) in das Grundbuch eingetragen werden. Hierzu ist ein entsprechender Antrag auf Grundbuchberichtigung nach §§ 13, 22 GBO notwendig. Der Antrag kann sowohl vom Nacherben, als auch vom Verwalter gestellt werden. Ebenso kann das Vollstreckungsgericht nach Antrag des Nacherben, die Eintragung ersuchen, § 38 GBO. Nacherbenvermerk (§ 51 GBO) und Erbschein bieten in diesem Zusammenhang keinen ausreichenden Schutz der Nacherbenrechte. Schließlich sind Verfügungen nach § 2113 Abs. 1 BGB bis zum Anfall der Erbschaft beim Nacherben wirksam und die Entziehung der Verwaltung wird auf dem Erbschein mangels Zugehörigkeit zu den nach §§ 2365, 2366 BGB aufzuführenden Beschränkungen nicht vermerkt.

Die **Verwaltervergütung** wird aus den dem Vorerben zustehenden Nutzungen bestritten. Reichen die Nutzungen nicht aus, kann die Vergütung auch dem Erbschaftsstamm entnommen werden.[451] Sie bemisst sich ihrer Höhe nach §§ 17–22 Zwangsverwalterverordnung vom 19.12.2003 (BGBl. I S. 2804). Das Vollstreckungsgericht setzt die Vergütung auf Antrag des Verwalters fest, §§ 153 ZVG, 28 Zwangsverwalterverordnung).

Gerichtskosten: §§ 55, 15 Abs. 2 GKG; KV-Nr. 2200, 2210.

Anwaltsgebühren: § 27 RVG.[452]

▶ **Muster: Antrag auf Erlass einer einstweiligen Verfügung gegen den nicht befreiten Vorerben wegen vorläufiger gerichtlicher Verwaltung des Nachlasses**

An das

Landgericht

– Zivilkammer –

Az. ▪▪▪

Antrag auf Erlass einer einstweiligen Verfügung

des

---

449 Staudinger/*Avenarius*, § 2128 Rn 12; Bonefeld/Kroiß/Tanck/*Steinbacher*, Der Erbprozess, § 5 Rn 126.
450 Hierzu müssen die herauszugebenden Gegenstände einzeln bezeichnet werden, vgl Staudinger/*Avenarius*, § 2129 Rn 4, aA MünchKomm/*Grunsky*, § 2129 Rn 2.
451 MünchKomm/*Grunsky*, § 2128 Rn 4.
452 Bemessungsgrundlage für den Gegenstandswert ist der Anspruch inklusive Nebenforderungen.

Herrn ▪▪▪

– Antragsteller –

Verfahrensbevollmächtigte: Rechtsanwältin ▪▪▪

gegen

Herrn ▪▪▪

– Antragsgegner –

Unter Vorlage der beiliegenden Vollmacht zeige ich an, dass ich die rechtlichen Interessen von Herrn ▪▪▪ vertrete. Namens des Antragstellers beantrage ich, eine einstweilige Verfügung mit nachfolgendem Inhalt zu erlassen. Wegen der Dringlichkeit der Sache hat die Entscheidung ohne mündliche Verhandlung, § 997 Abs. 2 ZPO, zu ergehen:

1. Es wird angeordnet, den Nachlass der am ▪▪▪ in ▪▪▪ verstorbenen ▪▪▪, zuletzt wohnhaft in ▪▪▪ vorläufig gerichtlich zu verwalten. Die §§ 2128, 2129, 1052 BGB finden hierbei entsprechende Anwendung. Die Anordnung der vorläufigen gerichtlichen Verwaltung endet zwei Wochen nach Eintritt der Rechtskraft des Urteils des Landgerichts ▪▪▪ vom ▪▪▪ Az ▪▪▪.
2. Der Antragsgegner darf über den Nachlass nicht verfügen.
3. Der Antragsteller, Herr ▪▪▪ wird vorläufig zum Verwalter bestellt.
4. Der Antragsgegner wird verpflichtet, alle zum Nachlass gehörenden Gegenstände laut dem beiliegenden Bestandsverzeichnis vom ▪▪▪ an den vorläufigen Verwalter herauszugeben.

Begründung

Der Antragsteller begehrt mit dem Erlass einer einstweiligen Verfügung nach den §§ 938, 940 ZPO seine Nacherbenrechte am Nachlass der ▪▪▪ zu sichern.

Der Antragsteller ist der aus erster Ehe stammende einzige Sohn der am ▪▪▪ verstorbenen Erblasserin ▪▪▪, zuletzt wohnhaft gewesen in ▪▪▪. Der Antragsgegner ist deren zweiter Ehemann und Stiefvater des Klägers.

Die Erblasserin und der Beklagte hatten sich im Rahmen eines privatschriftlichen, gemeinschaftlichen Testamentes vom ▪▪▪ gegenseitig zu Alleinerben eingesetzt, wobei der Antragsgegner nach dem Tod der Ehefrau nicht befreiter Vorerbe und der Antragsteller aufschiebend bedingt auf den Tod des Antragsgegners alleiniger Nacherbe des gesamten Vermögens seiner Mutter sein sollte. Sowohl Vor- als auch Nacherbe haben die Erbschaft angenommen.

Glaubhaftmachung: privatschriftliches Testament vom ▪▪▪

(beglaubigte Abschrift)

Eröffnungsniederschrift des Nachlassgerichtes ▪▪▪

(beglaubigte Abschrift)

Das Landgericht ▪▪▪ hat mit Urteil vom ▪▪▪, Az ▪▪▪ den Antragsgegner zur Zahlung einer Sicherheitsleistung in Höhe von EUR ▪▪▪ aufgrund diverser Unstimmigkeiten im Rahmen der Verwaltung der Vorerbschaft verurteilt. Zur Erbringung der Sicherheitsleistung wurde dem Antragsgegner eine Frist von ▪▪▪ Wochen ab Rechtskraft des Urteils gesetzt.

Glaubhaftmachung: Ausfertigung des Urteils des Landgerichts ▪▪▪ vom ▪▪▪

Gegen das erstinstanzliche Urteil des Landgerichts hat der Antragsgegner Berufung eingelegt; die Erbringung der Sicherheitsleistung steht nach wie vor aus.

F. Ansprüche des Nacherben § 1

Glaubhaftmachung: Eidesstattliche Versicherung des Antragstellers vom ...

Der Antragsgegner ist schwer spielsüchtig und hoch verschuldet. Nach Zustellung des Urteils des Landgerichts hat er mit der Veräußerung von Nachlassgegenständen, die der Vorerbschaft unterliegen, begonnen, um mit dem Verkaufserlös seiner Spielsucht nachzugehen. Der Antragsteller ist in Spielerkreisen bekannt und wiederholt im örtlichen Casino gesehen worden, wobei er stets damit prahlte, dass seine verstorbene Ehefrau ohnehin nur aufgrund seiner Cleverness zu ihrem Vermögen gekommen sei. Zudem wolle deren missratener und geldgieriger Sohn aus erster Ehe – der Antragsteller – ihm auch noch das letzte Bisschen Lebensfreude verleiden. Er werde sich das nicht gefallen lassen, da ihm schließlich alles Vermögen zustünde.

Glaubhaftmachung: Eidesstattliche Versicherung des Herrn ...

(Croupier des Casinos ...)

Ab rechtskräftigem Urteil über die Verpflichtung zur Erbringung einer Sicherheitsleistung und erfolglosem Verstreichen der Nachfrist kann der Antragsteller gemäß der §§ 2128 Abs. 2, 1052 BGB beantragen, die gerichtliche Verwaltung des Nachlasses anzuordnen. Liegen die Voraussetzungen noch nicht vor, so besteht die Möglichkeit der Beantragung einer vorläufigen Verwaltung im Wege einer einstweiligen Verfügung, wenn andernfalls dem Nacherben erhebliche Nachteile drohen (Palandt/Edenhofer § 2128 Rn 2).

Die Äußerungen des Antragsgegners lassen darauf schließen, dass dieser alles daran setzen wird, das von der Vorerbschaft umfasste Nachlassvermögen für sich zu verbrauchen, ohne dass dem Nachlass irgendein vermögenswerter Gegenwert zufließt. Hierdurch wird das Interesse des Antragstellers als Nacherbe erheblich beeinträchtigt. Die einzige Möglichkeit, dem entgegenzuwirken, ist dem Antragsgegner die Verwaltungsbefugnis zu entziehen.

Der Antragsteller kann insbesondere nicht auf die Möglichkeit der Einzelzwangsvollstreckung aus dem vorläufig vollstreckbaren erstinstanzlichen Urteil des Landgerichts ... verwiesen werden, um seinen Anspruch auf Erbringung der Sicherheitsleistung durchzusetzen. Bis zum Tätigwerden des Gerichtsvollziehers würde kostbare Zeit vergehen, in der der Antragsgegner weiter Spielhallen und Casinos aufsuchen würde, um den Nachlass zu verspielen. Ein Zuwarten ist für den Antragsteller in Anbetracht der konkreten Umstände insofern unzumutbar.

(Rechtsanwältin) ◄

▶ **Muster: Antrag des Nacherben auf Anordnung der gerichtlichen Verwaltung** 493

An das

Amtsgericht

– Vollstreckungsgericht –

Az. ...

Antrag auf Anordnung der gerichtlichen Verwaltung gemäß §§ 2128 Abs. 2, 1052 BGB

Unter Vorlage der beiliegenden Vollmacht zeige ich an, dass ich die rechtlichen Interessen von Frau ... vertrete.

In der Zwangsvollstreckungssache ..../... beantrage ich namens des Gläubigers:

1. Für den Nachlass des am ... in ... verstorbenen ..., zuletzt wohnhaft in ..., wird die gerichtliche Verwaltung angeordnet.

2. Der Schuldner wird zur Herausgabe sämtlicher Nachlassgegenstände gemäß dem beiliegenden Bestandsverzeichnis vom ... an den Verwalter verpflichtet.
3. Wir schlagen vor, den Gläubiger, Herrn ... zum Verwalter zu bestellen.

Begründung

Der Gläubiger ist Nacherbe, der Schuldner Vorerbe der am ... in ... verstorbenen Erblasserin ..., zuletzt wohnhaft in ....
Mit rechtskräftigem Urteil des Landgerichts ... vom ... Az ... wurde der Schuldner zur Erbringung einer Sicherheitsleistung in Höhe von EUR ... verurteilt. Hierfür wurde ihm eine Frist von ... Wochen ab Rechtskraft des Urteils, ..., gesetzt. Vollstreckbare Ausfertigung des Urteils anbei.
Die gesetzte Frist ist fruchtlos verstrichen, der Schuldner hat keine Sicherheitsleistung erbracht. Gemäß § 2128 Abs. 2 BGB iVm § 1052 BGB kann der Gläubiger verlangen, dass gerichtliche Verwaltung angeordnet wird.
Als Verwalter schlägt der Gläubiger sich selbst vor.
Von der gerichtlichen Verwaltung umfasst, sind folgende Gegenstände: ...
Ein Bestandsverzeichnis vom ... ist beigefügt.[453]

(Rechtsanwältin) ◄

III. Rechtstellung des Nacherben nach Eintritt des Nacherbfalles

494 Mit Eintritt des Nacherbfalles erlöschen die Rechte des Vorerben und die Erbschaft fällt dem Nacherben an, § 2139 BGB. Zwischen Vorerbe und Nacherbe besteht keine Erbengemeinschaft. Sie sind „Erben auf Zeit" und jeder ist für sich erbberechtigt. Die Regelungen über die Erbauseinandersetzung kommen daher im Verhältnis zwischen Vor- und Nacherbe nicht zur Anwendung. Vielmehr muss der Vorerbe dem Nacherben oder dessen Rechtsnachfolgern (§ 2108 Abs. 2 BGB) die Erbschaft gemäß § 2130 BGB herausgeben. Die weitere Abwicklung erfolgt nach den Spezialvorschriften der §§ 2130 ff BGB.

1. Herausgabe des Nachlasses durch den Vorerben

a) Allgemeines

495 Der wichtigste Anspruch des Nacherben ist geregelt in § 2130 Abs. 1 BGB. Danach muss der Vorerbe dem Nacherben die **Erbschaft als Sachgesamtheit** herausgeben und zwar in dem Zustand, wie sie sich bei fortgesetzter ordnungsgemäßer Verwaltung entwickelt haben müsste.[454] Hat der Erblasser den Eintritt des Nacherbfalles aufschiebend bedingt auf den Tod des Vorerben angeordnet, ist die Herausgabepflicht eine Nachlassverbindlichkeit der Erben des Vorerben.[455] Will der Nacherbe die Herausgabe auf einzelne Nachlassgegenstände beschränken, muss er nach §§ 985, 894 BGB vorgehen.[456] § 2130 BGB stellt eine Spezialnorm dar, die dem Nacherben nur gegenüber dem Vorerben zusteht. Will er gegen Dritte vorgehen, muss der Nacherbe den Anspruch aus § 2018 BGB geltend machen bzw aufgrund der Rechte an einzelnen Nachlassgegenständen vorgehen. Streitig ist, ob sich im Falle des Bestreitens des Eintritts des

---

453 Bei Grundstücken sollte das Grundbuchamt um Eintragung einer Verfügungsbeschränkung gemäß § 38 GBO, §§ 146, 19 ZVG ersucht werden.
454 *Benk*, RhNk 1979, 53/57.
455 RGZ 163, 53; OLG Frankfurt/Main FamRZ 1995, 446.
456 Bonefeld/Kroiß/Tanck/*Steinbacher*, Der Erbprozess, § 5 Rn 144; Lange/*Kuchinke*, § 28 VIII 4.

F. Ansprüche des Nacherben § 1

Nacherbfalles durch den Vorerben, die Herausgabe nach § 2018 BGB oder § 2130 BGB richtet. Die herrschende Meinung sieht insofern § 2130 BGB als vorrangig an, da der Vorerbe sich nicht durch bloßes Bestreiten der weitergehenden Haftung entziehen könne.[457]

b) Umfang des Herausgabeanspruchs
aa) Unterscheidung zwischen befreiter und nicht befreiter Vorerbschaft

Was den Umfang des Herausgabeanspruchs anbelangt, ist zwischen befreiter und nicht befreiter Vorerbschaft zu unterscheiden:

496

Hat der Erblasser den Vorerben nicht nach § 2136 BGB befreit, muss der Vorerbe die Erbschaft gemäß § 2130 Abs. 1 S. 1 BGB in dem Zustand herausgeben, der sich bei einer bis zur Herausgabe fortgesetzten ordnungsgemäßen Verwaltung ergibt. Der in vollem Umfang befreite Vorerbe hingegen muss nur das herausgeben, was bei Eintritt des Nacherbfalls einschließlich der Ersatzvorteile noch vorhanden ist, § 2138 Abs. 1 S. 1 BGB. Der Nacherbe hat mit Ausnahme von unentgeltlichen Verfügungen, die auch er nicht vornehmen darf (§§ 2128 Abs. 2, 2113 Abs. 2 BGB), keinerlei Ansprüche auf Wert- oder Schadensersatz für Nachlassgegenstände, die der Vorerbe für sich verwendet hat.

bb) Surrogate

Von § 2130 BGB umfasst sind auch alle Surrogate (§ 2111 BGB), wobei der Nacherbe für das Vorliegen der Surrogation darlegungs- und beweispflichtig ist.[458] Hat sich der Vorerbe wirksam zur Übertragung von Erbschaftsgegenständen verpflichtet, gehört der Nachlassgegenstand zwar noch zur Erbschaft. Allerdings muss der Nacherbe den Vorerben von der Verbindlichkeit befreien und die dingliche Übertragung gewährleisten.[459] Der Kaufpreis steht dem Nacherben sodann als Surrogat der Erbschaft zu.[460] Zu den herauszugebenden Positionen zählen auch solche, die der Vorerbe in Bezug auf Erbschaftsgegenstände erlangt hat, wie zB eine vollstreckbare Ausfertigung über eine Nachlassforderung.[461]

497

cc) Nutzungen

Sowohl der befreite als auch der nicht befreite Vorerbe ist berechtigt, während der Dauer der Vorerbschaft Nutzungen (§§ 100, 99, 101 BGB) zu ziehen, sofern der Erblasser nichts Gegenteiliges angeordnet hat. Demgemäß müssen diese nicht nach § 2130 BGB herausgegeben werden.

498

Sofern ein **Unternehmen** in den Nachlass fällt, ist im Rahmen der Abgrenzung von Nutzungen und Surrogaten wie folgt zu differenzieren:[462]

499

– **Einzelkaufmännisches Unternehmen**: die Höhe der Nutzungen bemisst sich nach dem Reingewinn, der auf Grundlage einer jährlichen Handelsbilanz zu ermitteln ist.[463]
– **Personengesellschaft**: dem Vorerben zustehenden Nutzungen stellen die ausgeschütteten Gewinnanteile und das Entnahmerecht in Höhe von jährlich 4 % des Kapitalanteils dar.[464]

---

457 § 2018 Rn 7; Staudinger/*Avenarius*, § 2130 Rn 23; MünchKomm/*Jülicher*, § 2018 Rn 21.
458 BGH NJW 1983, 2874.
459 MünchKomm/*Grunsky*, § 2130 Rn 4.
460 Palandt/*Edenhofer*, § 2138 Rn 1.
461 RG 163, 55.
462 Bonefeld/Kroiß/Tanck/*Steinbacher*, Der Erbprozess, § 5, Rn 150.
463 Staudinger/*Avenarius*, § 2111 Rn 40.
464 BGH NJW 1990, 514.

– **Aktien und GmbH-Anteile:** Dividenden und Gewinnanteile stehen als Nutzungen dem Vorerben zu. Demgegenüber sind neue Aktien auf Grund Kapitalerhöhung aus Gesellschaftsmitteln keine Nutzungen.[465] Sie gehören zur Erbschaft.

dd) Früchte

500 Die Früchte einer Sache gebühren nach der Trennung dem Eigentümer, §§ 101, 953 BGB. Auch wenn der Vorerbe während der Dauer der Vorerbschaft die Früchte nicht entnommen und in sein freies Vermögen überführt hat, stehen sie ihm dennoch zu. Der Vorerbe ist insofern berechtigt, vom Nacherben die Übertragung zu verlangen.[466]

ee) Gewöhnliche Erhaltungskosten und Lasten

501 Keine Ersatzpflicht besteht hinsichtlich gewöhnlicher Erhaltungskosten und Lasten, die der befreite Vorerbe aus Nachlassmitteln bestritten hat. Zwar kann der Erblasser den Vorerben von der Kostentragungspflicht nach § 2124 Abs. 1 BGB nicht befreien; da der befreite Vorerbe aber berechtigt ist, den Nachlass für sich zu verwenden, ist es ihm unbenommen, auch die Mittel zur Bestreitung der gewöhnlichen Erhaltungskosten und Lasten dem Nachlass zu entnehmen, ohne dass er hierfür dem Nacherben zum Ersatz verpflichtet wäre.[467]

c) Beweisprobleme

502 Im Bereich der Vor- und Nacherbschaft kommt es häufig zu Beweisproblemen bei der Durchsetzung des Herausgabeanspruchs nach § 2130 BGB. Gerade wenn **Vor- und Nacherbfolge innerhalb einer Familie** angeordnet werden, nimmt der Nacherbe die ihm zur Beweissicherung zustehenden Informationsrechte häufig nicht wahr. Insbesondere wenn der Nacherbe nicht zugleich Erbe des Vorerben ist, treten bei der Ermittlung des Nachlassbestandes immense Probleme auf. Zumeist trennen Vorerben, die Familienvermögen erben, die ererbte Vermögensmasse nicht strikt vom Eigenvermögen. Beim Tod des Vorerben geht die Verpflichtung zur Rechenschaftsleistung und die Herausgabepflicht auf dessen Rechtsnachfolger über. Gleiches gilt für die Abgabe der eidesstattlichen Versicherung.[468] Da der Erbe des Vorerben die Nachlassgegenstände nicht klar dem Vorerbenvermögen einerseits und dem übrigen Nachlass andererseits zuordnen kann, sind seine Möglichkeiten, den Nachlassbestand zu ermitteln oft begrenzt. Will der Nacherbe den Herausgabeanspruch durchsetzen, muss er die Zugehörigkeit des Nachlassgegenstandes zur Erbmasse jedoch beweisen. Daher stellt sich die Frage, ob dem Nacherben Beweiserleichterungen zugute kommen sollen. Hat es der Vorerbe beispielsweise unterlassen, zu Beginn der Vorerbschaft eine Vermögensaufstellung anzufertigen und in der Folge Eigen- und Vorerbenvermögen vermischt, kann dies für den Nacherben von Nachteil sein. Durch die eingetretene Vermengung der Vermögensmassen ist es dem Nacherben nahezu unmöglich, die zum Nachlass gehörenden Gegenstände hinreichend bestimmt genug zu bezeichnen.[469] In diesem Fall kann demnach eine zumindest **fahrlässige Beweisvereitelung**[470] des Vorerben angenommen werden. Schließlich tritt der Rechtsnachfolger des Vorerben mit allen Rechten und Pflichten in dessen Position ein und muss sich demnach auch dessen Versäumnisse zurechnen lassen. Nach der Rechtsprechung muss sich der Erbe „bis zur Grenze der Unzumut-

---

465 Staudinger/*Avenarius*, § 2111 Rn 39.
466 MünchKomm/*Grunsky*, § 2111 Rn 24.
467 Staudinger/*Avenarius*, § 2124 Rn 12.
468 BGHZ 104, 369 ff.
469 *Damrau*, ZErb 2003, 281 ff.
470 Im Ergebnis ablehnend: Bonefeld/Kroiß/Tanck/*Steinbacher*, Der Erbprozess, § 5 Rn 155.

barkeit" eigenes Wissen beschaffen und die Rechenschaft so vollständig und richtig wie irgend möglich abgeben.[471]

d) Prozessuales

503 Der Vorerbe kann dem Herausgabeverlangen ein Zurückbehaltungsrecht am Nachlass gemäß § 273 Abs. 2 BGB entgegenhalten, sofern ihm ein Aufwendungsersatzanspruch zusteht.[472]

504 Im Rahmen der Antragsformulierung ist darauf zu achten, dass auch die Zustimmung des Vorerben zur Grundbuchberichtigung gefordert wird, sofern sich Immobilien im Nachlass befinden.

505 ▶ **Muster: Klage des Nacherben gegen den Vorerben auf Herausgabe des Nachlasses**

An das

Landgericht

– Zivilkammer –

Klage

des

Herrn ...

– Kläger –

Prozessbevollmächtigte: Rechtsanwältin ...

gegen

Herrn ...

– Beklagter –

Prozessbevollmächtigter: Rechtsanwalt ...

wegen Herausgabe

Unter Vorlage der beiliegenden Vollmacht zeige ich an, dass ich die rechtlichen Interessen von Herrn ... vertrete. Namens des Klägers erhebe ich Klage und werde in dem noch anzuberaumenden Termin beantragen:

1. Der Beklagte wird verurteilt, an den Kläger den Nachlass des am ... verstorbenen ..., zuletzt wohnhaft in ..., bestehend aus ... (exakte Bezeichnung der Nachlassgegenstände) herauszugeben.
2. Der Beklagte wird verurteilt, im Wege der Grundbuchberichtigung der Eintragung des Klägers als Eigentümer des Grundstücks ..., eingetragen im Grundbuch von ..., Band ..., Heft ..., Flst-Nr. ..., zuzustimmen und dem Kläger den unmittelbaren Besitz an diesem Grundstück einzuräumen.
3. Der Beklagte trägt die Kosten des Rechtsstreits.

Für den Fall des Vorliegens der Voraussetzungen des § 331 Abs. 3 ZPO bitte ich um den Erlass eines Versäumnisurteils ohne mündliche Verhandlung.

Begründung

Der Kläger begehrt die Herausgabe der Vorerbschaft nach Eintritt des Nacherbfalles.

---
471 BGHZ 104, 369, 373.
472 Palandt/*Edenhofer*, § 2130 Rn 7.

Der Kläger ist ein Neffe des am ▬▬ in ▬▬ verstorbenen Erblassers ▬▬, zuletzt wohnhaft gewesen in ▬▬. Der Beklagte ist der Bruder des Erblassers und Onkel des Klägers.

Mit privatschriftlichem Einzeltestament vom ▬▬ hatte der Erblasser den Beklagten zu seinem alleinigen nicht befreiten Vorerben und den Kläger aufschiebend bedingt auf die Vollendung dessen 25. Lebensjahres zum Nacherben eingesetzt.

Beweis: privatschriftliches Testament vom ▬▬ (beglaubigte Abschrift)

– Anlage K1 –

Eröffnungsniederschrift des Nachlassgerichtes ▬▬ (beglaubigte Abschrift)

– Anlage K2 –

Der Nacherbe ist am ▬▬ 25 Jahre alt geworden. Somit ist der Nacherbfall eingetreten.

Die Vorerbschaft besteht aus Barvermögen und einer Immobilie in ▬▬ (exakte Beschreibung).

Beweis: Bestandsverzeichnis des Vorerben vom ▬▬

– Anlage K3 –

Grundbuchauszug vom ▬▬ (in Kopie)

– Anlage K4 –

Die Zugehörigkeit der oben bezeichneten Gegenstände zur Vorerbschaft steht aufgrund des Bestandsverzeichnisses, das der Vorerbe erstellt hat (§ 2121 BGB) fest. Der Beklagte ist daher dazu verpflichtet, dem Kläger die von der Vorerbschaft umfassten Gegenstände herauszugeben. Was die Immobilie anbelangt, macht der Kläger einen Anspruch auf Grundbuchberichtigung gemäß § 894 BGB sowie auf Einräumung des unmittelbaren Besitzes geltend.

(Rechtsanwältin) ◄

2. Auskunft und Rechenschaftsanspruch gegen den Vorerben

a) Anspruchsinhalt

506 Der Anspruch des Nacherben auf Auskunft und Rechenschaftslegung ist geregelt in §§ 2130 Abs. 2, 259 BGB.

507 Danach ist der nicht befreite Vorerbe verpflichtet, dem Nacherben darüber Rechenschaft zu erteilen, ob und wie er den Nachlass verwaltet hat. Von Nöten ist insofern eine **Zusammenstellung der Einnahmen und Ausgaben in detaillierter, übersichtlicher und in sich verständlicher Form**.[473] Mit umfasst sind auch die Entwicklungen, die das Vorerbschaftsvermögen genommen hat. Eine bloße Vorlage von Belegen und das Angebot zu mündlicher Erläuterung genügen den Anforderungen aus § 2130 Abs. 2 BGB nicht.[474] Wurden die Angaben lediglich unvollständig abgegeben, hat der Nacherbe einen Anspruch auf entsprechende Ergänzung.[475] Die Rechenschaftslegung ist daher im Vergleich zur bloßen Auskunft der weitergehende Anspruch.[476] Von der Verpflichtung zur Rechenschaftslegung sind Auskünfte über gezogene Nutzungen oder vom Vorerben allein zu tragende Erhaltungskosten ausgenommen. Die Verpflichtung besteht insofern nur hinsichtlich des Erbschaftsstammes.

508 Der befreite Vorerbe muss keine Rechenschaft ablegen. Ihn trifft lediglich die **Verpflichtung zur Erstellung eines Bestandsverzeichnisses**, welche sich aus seiner Herausgabepflicht ergibt,

---

473 Palandt/*Grüneberg*, § 259 Rn 16; *Nieder*, ZErb 2004, 60 f.
474 OLG Köln NJW-RR 1989, 528.
475 BGH NJW 1984, 2822 ff.
476 BGH NJW 1985, 1693 f.

F. Ansprüche des Nacherben § 1

§§ 2130 Abs. 1, 260 BGB. Der Erblasser kann den befreiten Vorerben hiervon nicht entbinden.[477] Die Bezugnahme auf ein bereits erstelltes und dem Nacherben mitgeteiltes Verzeichnis gemäß § 2121 BGB oder § 2127 BGB ist dem Vorerben gestattet. Lediglich etwaige Veränderungen, welche in der Zwischenzeit eingetreten sind, hat der Vorerbe zu ergänzen.[478]

Der Vorerbe ist weiter zur Abgabe einer eidesstattlichen Versicherung verpflichtet, die sich sowohl auf die Verpflichtung zur Rechenschaftslegung, als auch auf die einfache Auskunftspflicht beziehen kann, §§ 259 Abs. 2, 260 Abs. 2 BGB. 509

b) Prozessuales

Zuständiges Gericht für die Geltendmachung des Anspruchs ist das Prozessgericht.[479] Der Anspruch auf Auskunft kann im Wege der Stufenklage nach § 254 ZPO mit dem Herausgabebegehren verbunden werden. In der Auskunftsstufe ist darauf zu achten, dass vom befreiten Vorerben im Gegensatz zum nicht befreiten nur einfache Auskunftserteilung verlangt werden kann. Dies wirkt sich sodann auch auf den Umfang der eidesstattlichen Versicherung aus. 510

Im Rahmen der Streitwertbestimmung ist zwischen Zuständigkeits- und Gebührenstreitwert zu unterscheiden. 511

Gemäß § 5 ZPO ist hinsichtlich des Zuständigkeitswerts der Wert aufgrund der verschiedenen Streitgegenstände zusammenzurechnen. Das Klägerinteresse ist ausschlaggebend für den Wert des Auskunftsanspruchs. Hier erfolgt eine Schätzung meist aus 1/10 bis 1/4 des Hauptsacheanspruchs. Maßgeblich ist die Abhängigkeit der Durchsetzung der Klägeransprüche von der Auskunftserteilung. Das Abwehrinteresse des beklagten Vorerben in der Berufungsinstanz bemisst sich nach dem zu erwartenden Zeitaufwand und den Kosten für Rechnungslegung bzw. Auskunft.[480] Der Antrag auf Abgabe einer eidesstattlichen Versicherung ist abhängig davon, welche zusätzliche Auskunft der Kläger erwartet.[481] Das Klägerinteresse, also dessen Erwartungen legen den Hauptsachewert fest. Wird neben dem Antrag auf Grundbuchberichtigung zugleich die Feststellung des Eigentums begehrt, ergibt sich die Höhe des Streitwerts aus dem Verkehrswert, § 6 ZPO. § 3 ZPO ist hingegen einschlägig, wenn die Eigentumsverhältnisse von den Parteien nicht bestritten werden und nur die formelle Grundbuchberichtigung verlangt wird. Dann kommt es auf das Klägerinteresse an. 512

Was den Gebührenstreitwert anbelangt, kommt § 44 GKG zur Anwendung. Der höchste Wert aller geltend gemachten Ansprüche legt die Höhe des Streitwerts fest. Meist ist dies der Wert des Zahlungsantrags. Es erfolgt insbesondere keine Zusammenrechnung der einzelnen Stufen. 513

▶ **Muster: Klage gegen den Vorerben auf Rechnungslegung und Abgabe der eidesstattlichen Versicherung** 514

An das

Landgericht

– Zivilkammer –

Klage

des

---

477 Soergel/*Harder/Wegmann*, § 2138 Rn 5.
478 Palandt/*Edenhofer*, § 2130 Rn 5.
479 MünchKomm/*Grunsky*, § 2130 Rn 8.
480 Zöller/*Herget*, § 3 Rn 16.
481 Bonefeld/Kroiß/Tanck/*Steinbacher*, Der Erbprozess, § 5 Rn 172.

Herrn ▪▪▪

– Kläger –

Prozessbevollmächtigte: Rechtsanwältin ▪▪▪

gegen

Herrn ▪▪▪

– Beklagter –

Prozessbevollmächtigter: Rechtsanwalt ▪▪▪

wegen Rechenschaftslegung

Unter Vorlage der beiliegenden Vollmacht zeige ich an, dass ich die rechtlichen Interessen von Herrn ▪▪▪ vertrete. Namens des Klägers erhebe ich Klage gegen den Beklagten und werde in dem noch anzuberaumenden Termin beantragen:

1. Der Beklagte wird verurteilt, dem Kläger Auskunft zu erteilen über die Verwaltung des Nachlasses des am ▪▪▪ verstorbenen ▪▪▪, zuletzt wohnhaft in ▪▪▪ durch Vorlage eines Bestandsverzeichnisses sowie einer geordneten Aufstellung aller Einnahmen und Ausgaben nebst der dazugehörenden Belege.
2. Für den Fall, dass das Verzeichnis und/oder die Aufstellung nicht mit der erforderlichen Sorgfalt erstellt worden sein sollte, wird der Beklagte weiter verurteilt, zu Protokoll an Eides statt zu versichern, dass er den Bestand und die Aufstellung nach bestem Wissen und so vollständig angegeben hat, wie er dazu in der Lage war.
3. Der Beklagte trägt die Kosten des Rechtsstreits.

Für den Fall des Vorliegens der Voraussetzungen des § 331 Abs. 3 ZPO bitte ich um den Erlass eines Versäumnisurteils ohne mündliche Verhandlung.

Begründung

Der Kläger begehrt Auskunft und Rechenschaftslegung über den Bestand des Nachlasses seiner verstorbenen Tante, der Erblasserin, nachdem der Nacherbfall eingetreten ist.

Der Kläger ist ein Neffe der am ▪▪▪ in ▪▪▪ verstorbenen Erblasserin ▪▪▪, zuletzt wohnhaft in ▪▪▪. Der Beklagte ist ein Bruder der Erblasserin und Onkel des Klägers.

Mit privatschriftlichem Einzeltestament vom ▪▪▪ hatte die Erblasserin den Beklagten zu ihrem alleinigen nicht befreiten Vorerben und den Kläger aufschiebend bedingt auf die Vollendung dessen 25. Lebensjahres zum Nacherben eingesetzt.

Beweis: privatschriftliches Testament vom ▪▪▪ (beglaubigte Abschrift)

– Anlage K1 –

Eröffnungsniederschrift des Nachlassgerichtes ▪▪▪ (beglaubigte Abschrift)

– Anlage K2 –

Der Nacherbe ist am ▪▪▪ 25 Jahre alt geworden. Somit ist der Nacherbfall eingetreten.

Dem Kläger steht ein Anspruch auf Auskunft gemäß der §§ 2138 Abs. 1, 260 BGB hinsichtlich des Nachlassbestandes zum Zeitpunkt des Nacherbfalles gegenüber dem Beklagten als Vorerben zu. Danach ist der Beklagte dazu verpflichtet, dem Kläger ein Bestandsverzeichnis sowie eine vollständige und übersichtliche Einzelauflistung aller während der Dauer der Vorerbschaft vorgenommenen Einnahmen und Ausgaben vorzulegen, so dass der Kläger in der Lage ist, die im Zusammenhang mit dem Vorerbenvermögen stehenden Vorgänge ohne fremde Hilfe nachzuvollziehen und zu überprüfen. Mit umfasst und insofern ebenfalls aufzulisten, sind etwaige Surrogate, die während der Dauer der Vorerbschaft zum Nachlass hinzugekommen sind.

(Rechtsanwältin) ◂

3. Schadensersatzanspruch bei nicht ordnungsgemäßer Verwaltung

a) Anspruchsinhalt und Haftungsmaßstab

Kann der Vorerbe den Nachlass nicht in dem Zustand herausgeben, wie es sich aus den Grundsätzen einer fortgesetzten ordnungsgemäßen Verwaltung ergeben müsste, hat der Nacherbe ihm gegenüber einen Anspruch auf Zahlung von Schadensersatz. Ein befreiter Vorerbe ist nur dann schadensersatzpflichtig, wenn er gegen das Verbot aus § 2113 Abs. 2 BGB verstoßen hat, also unentgeltliche Verfügungen über Nachlassgegenstände getroffen hat oder in arglistiger Weise das Nachlassvermögen vermindert hat, § 2138 Abs. 2 BGB. Hat der Vorerbe die ihm an sich zustehenden Früchte nicht gezogen, führt dies nicht zu einem Anspruch des Nacherben, da die Nutzungen der Erbschaft ohnehin dem Vorerben gebühren.

Die Verpflichtung zur fortgesetzten ordnungsgemäßen Nachlassverwaltung ergibt sich aus § 2130 Abs. 1 S. 1 BGB. Dabei haftet der Vorerbe allerdings nur dafür, dass die Nachlasssubstanz wertmäßig nicht vermindert wird. Er muss nicht auch dafür sorgen, dass die einzelnen Nachlassgegenstände in ihrer konkreten Beschaffenheit erhalten bleiben.[482] Aus § 2131 BGB ergibt sich der dem Schadensersatzanspruch zugrunde liegende Haftungsmaßstab. Der Vorerbe hat neben einer Haftung für grobe Fahrlässigkeit (§ 277 BGB) gegenüber dem Nacherben nur für diejenige Sorgfalt ein zu stehen, die er in eigenen Angelegenheiten auch anzuwenden pflegt. Trägt der Vorerbe vor, in eigenen Angelegenheiten ebenfalls nicht sorgfältig zu handeln, muss er dafür den Gegenbeweis erbringen.[483] Leichte Fahrlässigkeit rechtfertigt den Anspruch auf Schadensersatz nur, wenn der Vorerbe gegen eine ihm obliegende gesetzliche Verpflichtung aus §§ 2113 bis 2119, 2123 BGB verstoßen hat.

b) Pflichtverletzung

Eine Pflichtverletzung des Vorerben liegt vor, wenn die Nacherbenrechte nicht entsprechend den gesetzlichen Regelungen der §§ 2113, 2116 bis 2119 BGB ausreichend absichert. Im Rahmen der Beurteilung der Frage nach dem Vorliegen einer ordnungsgemäßen Verwaltung ist ein **strenger Prüfungsmaßstab** anzulegen. Besonderes Augenmerk ist dabei auf das Erbschaftsinteresse des Nacherben auf Substanzerhaltung bzw -erlangung zu legen. Entscheidend ist also eine **wirtschaftliche Betrachtungsweise**. Handelt es sich bei dem zu beurteilenden Nachlassgegenstand um ein Unternehmen, müssen unternehmerische Gesichtspunkte zugrunde gelegt werden.[484] Zu beachten ist, dass für die Bewertung der ordnungsgemäßen Verwaltung eine Gesamtschau vorzunehmen ist und nicht nur eine einzelne Maßnahme untersucht werden darf.[485] Hat sich der Nachlass phasenweise in einem über dem Normalmaß liegenden guten Zustand befunden und fällt deshalb das wirtschaftliche Gesamtergebnis positiv aus, kann gleichwohl ein Schadensersatzanspruch gegeben sein. Wenn sich der Vorerbe umgekehrt bemüht, zunächst eingetretene Schädigungen durch besondere Sorgfalt auszugleichen, kann dies

---
482 Nieder/Kössinger, Rn 590.
483 Palandt/Edenhofer, § 2131 Rn 1.
484 Staudinger/Avenarius, § 2130 Rn 9.
485 Bonefeld/Wachter, Der Fachanwalt für Erbrecht, § 8 Rn 78; Staudinger/Avenarius, § 2130 Rn 7.

den Anforderungen einer im Ergebnis ordnungsgemäßen Verwaltung entsprechen.⁴⁸⁶ Die Beurteilung der Frage ist stets auf den konkreten Einzelfall zu beziehen.

518 Der Vorerbe muss auch dafür eintreten, dass es infolge unsachgemäßer Benutzung zu einer Verschlechterung des Nachlasses kommt, §§ 2130 Abs. 1, 2123 BGB. Die Ordnungsmäßigkeit bemisst sich nach subjektiven Kriterien, § 2131 BGB.

c) Beweislast

519 Die Beweislast dafür, dass sich der Nachlassgegenstand aus anderen Gründen und nicht deshalb verschlechtert hat, weil die Verwaltung nicht ordnungsgemäß war, trägt der Vorerbe. Gelingt ihm dies nicht, ist eine Schadensersatzpflicht gegeben.

d) Prozessuales

520 In prozessualer Hinsicht muss die Klage vor dem Prozessgericht erhoben werden, in dessen Bezirk der Vorerbe seinen Wohnsitz hat, §§ 12, 13 ZPO. Streitgegenstand ist eine Klage auf Zahlung von Schadensersatz.

521 ▶ **Muster: Klage des Nacherben gegen den Vorerben wegen Schadenersatz**

An das

Landgericht

– Zivilkammer –

Klage

des

Herrn ...

– Kläger –

Prozessbevollmächtigte: Rechtsanwältin ...

gegen

Herrn ...

– Beklagter –

Prozessbevollmächtigter: Rechtsanwalt ...

wegen Schadensersatz

Unter Vorlage der beiliegenden Vollmacht zeige ich an, dass ich die rechtlichen Interessen von Herrn ... vertrete. Namens des Klägers erhebe ich Klage gegen den Beklagten und werde in dem noch anzuberaumenden Termin beantragen:

1. Der Beklagte wird verurteilt, an den Kläger EUR ... nebst 5 % Zinsen über dem Basiszinssatz hieraus seit Rechtshängigkeit zu zahlen.
2. Der Beklagte trägt die Kosten des Rechtsstreits.

Für den Fall des Vorliegens der Voraussetzungen des § 331 Abs. 3 ZPO bitte ich um den Erlass eines Versäumnisurteils ohne mündliche Verhandlung.

Begründung

Der Kläger begehrt Schadenersatz vom Beklagten aufgrund eines Verstoßes gegen das diesem als Vorerben obliegende Gebot der ordnungsgemäßen Verwaltung des Vorerbenvermögens.

---

486 MünchKomm/*Grunsky*, § 2130 Rn 6.

Der Kläger ist ein Neffe der am ... in ... verstorbenen Erblasserin ..., zuletzt wohnhaft in ... Der Beklagte ist ein Bruder der Erblasserin und Onkel des Klägers.

Mit privatschriftlichem Einzeltestament vom ... hatte die Erblasserin den Beklagten zu ihrem alleinigen nicht befreiten Vorerben und den Kläger aufschiebend bedingt auf die Vollendung dessen 25. Lebensjahres zum Nacherben eingesetzt.

Beweis: privatschriftliches Testament vom ... (beglaubigte Abschrift)

– Anlage K1 –

Eröffnungsniederschrift des Nachlassgerichtes ... (beglaubigte Abschrift)

– Anlage K2 –

Der Nacherbe ist am ... 25 Jahre alt geworden. Somit ist der Nacherbfall eingetreten.

Bei Überprüfung der zum Nachlass gehörigen Konten stellte der Kläger fest, dass der Beklagte am ... einen Geldbetrag von ... EUR abgehoben hat. Diesen Betrag hat er noch am gleichen Tag seiner Lebensgefährtin mit den Worten ausgehändigt: „Mach Du Dir mal einen schönen Tag, bevor die Rotznase den ganzen Schotter bekommt! Zurückzahlen musst Du nichts."

Diese Unterredung hat der Bankangestellte, Herr ..., zu dem der Kläger, selbst Bankangestellter, ein freundschaftliches Verhältnis pflegt, zufällig mit angehört.

Beweis: Zeugnis des Herrn ...,

Der Kläger hat den Beklagten mehrfach schriftlich aufgefordert, die Schenkung rückgängig zu machen und ihm den Betrag zurückzuzahlen.

Beweis: Schreiben vom ... und ..., Anlagen K 3 und K 4

Der Beklagte hat die Wiedergutmachung des Schadens abgelehnt. Er ist der Meinung, er habe zu Zeiten der Vorerbschaft mit dem Nachlassvermögen machen können, was er wolle.

Beweis: Schreiben vom ...

Klage war daher geboten.

Der Anspruch des Klägers ergibt aus §§ 2113 Abs. 2, 2138 Abs. 2 BGB. Der Beklagte hat unentgeltlich und in Benachteiligungsabsicht über Teile des Vorerbenvermögens verfügt. Dies stellt einen Verstoß gegen das Gebot der ordnungsgemäßen Verwaltung dar.

(Rechtsanwältin) ◄

4. Unentgeltliche Verfügung des Vorerben und arglistige Nachlassverminderung

Der nicht befreite wie auch der befreite Vorerbe ist zum Schadensersatz verpflichtet, wenn nach § 2138 Abs. 2 BGB entweder gegen § 2113 Abs. 2 BGB verstoßen wurde, also eine unentgeltliche Verfügung vorgenommen wurde oder der Nachlass in Benachteiligungsabsicht vermindert wurde.

a) Unentgeltliche Verfügung

Eine die Schadenseratzpflicht auslösende unentgeltliche Verfügung liegt vor, wenn der getätigten Verfügung keine objektiv gleichwertige Gegenleistung gegenübersteht und der Vorerbe dies subjektiv wusste oder hätte erkennen können.[487] Stehen Leistung und Gegenleistung in einem groben Missverhältnis zueinander, wird vermutet, dass sich die Parteien über die Unentgelt-

---

[487] Zum Schenkungsbegriff: Hamm NJW-RR 1993, 1412; BGH NJW 1991, 842; NJW 1984, 366 f.

lichkeit geeinigt hatten.[488] Die Gegenleistung für eine Verfügung des nicht befreiten Vorerben muss zudem in den Nachlass fallen, um als entgeltlich anerkannt zu werden.[489] Der befreite Vorerbe darf die Gegenleistung seinem Eigenvermögen zufließen lassen. Allerdings müssen gleichwohl die Grundsätze einer fortgeführten ordnungsgemäßen Verwaltung eingehalten worden sein, um keine Schadensersatzpflicht auszulösen.[490] Die Frage der **Einordnung gemischter Schenkungen** ist umstritten. Nach dem BGH ist nicht nur der unentgeltliche, sondern auch der entgeltliche Teil von der Unwirksamkeit betroffen.[491] Der Nacherbe kann dann wählen, ob er einen Schadensersatzanspruch gegen den Vorerben geltend macht oder einen Herausgabeanspruch gegenüber dem Beschenkten. Unbenannte Zuwendungen unter Ehegatten oder Lebenspartnern sind im Erbrecht schon bei nur objektiver Unentgeltlichkeit wie Schenkungen zu behandeln.[492] Bei Gesellschaftsverträgen kann in der Zustimmung der Vorerben zur Änderung des Gesellschaftsvertrags eine unentgeltliche Verfügung gesehen werden, wenn dadurch in die Mitgliedschaftsrechte alleine der Vorerben eingegriffen wird. Anders ist zu entscheiden, wenn genauso die Rechte der übrigen Gesellschafter betroffen werden oder die übrigen Gesellschafter nur bereit sind im Falle der Abänderung des Gesellschaftsvertrags Investitionen zu treffen.[493] Scheidet ein Vorerbe aus einer Personengesellschaft freiwillig aus und ist der Abfindungsanspruch nicht objektiv vollwertig, kann dies die Annahme einer teilweisen unentgeltlichen Verfügung rechtfertigen, wenn wesentliche Vermögensbestandteile nicht in die Abrechnung miteinbezogen wurden.[494] Eine Benachteiligungsabsicht muss für das Bestehen des Schadensersatzanspruchs wegen unentgeltlicher Verfügungen nicht vorliegen. Diese fordert das Gesetz nur bei arglistiger Verminderung des Nachlasses.[495] Die unentgeltliche Verfügung muss kausal für eine Beeinträchtigung oder Vereitelung der Nacherbenrechte gewesen sein. Grundsätzlich liegt diese im Verlust des weggegebenen Gegenstandes, bei einer gemischten Schenkung in der Höhe der Wertdifferenz zwischen Leistung und Gegenleistung.[496] Wird ein wertloser Gegenstand ohne Gegenleistung weggegeben, liegt keine unentgeltliche Verfügung vor.[497] Beschwert der Erblasser den Nacherben mit einem Vermächtnis, Schenkungen des Vorerben zu genehmigen, führt dies mittelbar zu einer Befreiung von der Schadensersatzpflicht.[498]

b) Arglistige Nachlassverminderung

524 Eine arglistige Verminderung des Nachlasses führt ebenfalls zu einer Schadenersatzpflicht nach § 2130 Abs. 1 BGB hinsichtlich des nicht befreiten Vorerben. Der befreite Vorerbe haftet nach § 2138 BGB. Meist ist daneben § 826 BGB erfüllt, da ein derartiges Verhalten regelmäßig sittenwidrig ist.[499] Die Nachlassverminderung muss in Benachteiligungsabsicht von statten gegangen sein. Es genügt, wenn der Vorerbe dabei erkennt, dass sein Verhalten die Rechte des

---

488 BGH NJW 2002, 2469; Staudinger/*Avenarius*, § 2113 Rn 68.
489 Staudinger/*Avenarius*, § 2113 Rn 71; BGHZ 7, 274, 277.
490 BGH NJW 1984, 366 f.
491 BGH NJW 1985, 382 f; aA MünchKomm/*Grunsky*, § 2113 Rn 28.
492 Palandt/*Edenhofer*, § 2113 Rn 11; BGH 116, 167.
493 BGH NJW 1981, 1560.
494 BGH NJW 1984, 362; *Harder*, DNotZ 1994, 822; MünchKomm/*Grunsky*, § 2113 Rn 22.
495 Streitig: MünchKomm/*Grunsky*, § 2138 Rn 4; Staudinger/*Avenarius*, § 2138 Rn 9; aA BGH NJW 1958, 708.
496 BGH NJW 1995, 382 f.
497 BGH NJW 1999, 2037.
498 OLG Düsseldorf Rpfleger, 1999, 541; *Mayer*, ZEV 2000, 1/4; Bonefeld/Kroiß/Tanck/*Steinbacher*, Der Erbprozess, § 5 Rn 196.
499 Staudinger/*Avenarius*, § 2138 Rn 14.

F. Ansprüche des Nacherben § 1

Nacherben beeinträchtigt.[500] Der Vorerbe kann von der Schadensersatzpflicht nicht freigestellt werden, §§ 276 Abs. 3, 226 BGB.

Die Höhe des Schadensersatzes bemisst sich nach der Bewertung zum Zeitpunkt des Nacherbfalles, nicht nach dem Zeitpunkt der Verminderung der Erbschaft.[501] 525

Der Anspruch auf Zahlung von Schadensersatz entsteht erst mit dem Eintritt des Nacherbfalles. Davor kann der Nacherbe eine entsprechende Feststellungsklage erheben.[502] 526

▶ **Muster: Klage des Nacherben gegen den Vorerben auf Feststellung eines Verstoßes gegen § 2113 Abs. 2 BGB** 527

An das

Landgericht ...

– Zivilkammer –

Klage

der

Frau ...

– Klägerin –

Prozessbevollmächtigte: Rechtsanwältin ...

gegen

Herrn ...

– Beklagter –

Prozessbevollmächtigter: Rechtsanwalt ...

wegen Feststellung

Unter Vorlage der beiliegenden Vollmacht zeige ich an, dass ich die rechtlichen Interessen von Frau ... vertrete. Namens der Klägerin erhebe ich Klage und werde in dem zu bestimmenden Termin beantragen, für Recht zu erkennen:

1. Es wird festgestellt, dass der Beklagte durch die mit notariellem Übergabevertrag vom ... unter der URNr. ... vor dem Notar ... in ... gegen Leibrentenversprechen vorgenommene Übertragung des Anwesens ... gegen die ihm als Vorerben obliegende Verpflichtung, nicht unentgeltlich über Nachlassgegenstände zu verfügen, verstoßen hat.
2. Der Beklagte trägt die Kosten des Rechtsstreits.

Für den Fall des Vorliegens der Voraussetzungen des § 331 Abs. 3 ZPO bitte ich um den Erlass eines Versäumnisurteils ohne mündliche Verhandlung.

Begründung

Die Klägerin begehrt die Feststellung, dass der Beklagte durch eine von ihm vorgenommene Verfügung über einen Nachlassgegenstand gegen das Gebot, die Rechte der Nacherbin nicht zu beeinträchtigen, verstoßen hat.

Die Klägerin ist die alleinige Nacherbin der am ... in ... verstorbenen ... – ihrer Großmutter – zuletzt wohnhaft gewesen in ... Die Erblasserin hatte den Eintritt des Nacherbfalles aufschiebend bedingt

---

500 Staudinger/*Avenarius*, § 2138 Rn 14.
501 Palandt/*Edenhofer*, § 2138 Rn 3; MünchKomm/*Grunsky*, § 2138 Rn 4.
502 Staudinger/*Avenarius*, § 2133 Rn 5.

auf den Zeitpunkt der Verehelichung der Klägerin angeordnet. Zum Vorerben war der Vater der Klägerin, der Beklagte eingesetzt. Der Beklagte ist, was seine Vorerbenstellung anbelangt, von den gesetzlichen Bestimmungen der §§ 2113 ff BGB befreit.

Beweis: privatschriftliches Testament vom ... (beglaubigte Abschrift)

– Anlage K1 –

Eröffnungsniederschrift des Nachlassgerichtes ... (beglaubigte Abschrift)

– Anlage K2 –

Der Nachlass der Erblasserin bestand ausschließlich in einer Eigentumswohnung,

Beweis: Verzeichnis der Erbschaftsgegenstände vom ...

– Anlage K3 –

in welcher diese bis zu ihrem Tod gelebt hatte.

Besagte Eigentumswohnung veräußerte der Beklagte alsdann

Beweis: notarieller Kaufvertrag vom ... (beglaubigte Abschrift)

– Anlage K4 –

und erwarb mit dem Verkaufserlös in Höhe von EUR ... ein Immobilienanwesen in ... . Dieses Immobilie übertrug der Beklagte mit notariellem Vertrag vom ... (URNr. ...) gegen eine Leibrente in Höhe von EUR ... auf seine Lebensgefährtin, Frau ... . Eine Mindestdauer der Rentenverpflichtung wurde nicht festgelegt. Ebenso liegt der kapitalisierte Wert der Leibrente erheblich unter dem Wert des übertragenen Grundbesitzes.

Beweis: Übergabevertrag vom ... (beglaubigte Abschrift)

– Anlage K5 –

Frau ... wurde am ... als Eigentümerin in das Grundbuch von ... eingetragen.

Beweis: aktueller Grundbuchauszug des Grundbuches von ...

– Anlage K6 –

Die gegen ein lebenslanges Leibrentenversprechen erfolgte Übertragung des Anwesens stellt eine Schenkung dar. Unentgeltlich ist eine Verfügung nach stetiger Rechtsprechung (BayObLG 1973, 272; BGH NJW 1984, 366, 367; BGH NJW 1991, 842) dann, wenn ihr objektiv kein vollwertiges Entgelt gegenübersteht und subjektiv der Vorerbe dies entweder erkannt hat oder hätte erkennen müssen. Eine Verfügung wird insbesondere nicht schon dann entgeltlich, wenn der Verfügungsgegner für den übereigneten Nachlassgegenstand eine Gegenleistung erbringt, sondern grundsätzlich erst, wenn diese dem Nachlass und nicht einer anderen Vermögensmasse zufließt.

Das mit Nachlassmitteln erworbene Anwesen in ... gehört gemäß § 2111 BGB zur Erbschaft. Grundsätzlich kann ein befreiter Vorerbe Nachlassgegenstände gegen eine gleichwertige Leibrente veräußern, weil er berechtigt ist, diese für sich zu verwenden (§ 2134 BGB). Maßgeblich ist allerdings, dass die vereinbarte Gegenleistung – hier die Leibrente – angemessen ist. Der Kapitalwert der Rente stellt eine angemessene Gegenleistung dar, wenn eine Mindestdauer der Rentenzahlung festgesetzt wird und bei vorzeitigem Tod des Vorerben dem Nacherben zukommt (OLG Hamm OLGZ 1991, 137, 142). Beide Anforderungen sind hier nicht erfüllt, sodass dem Nachlass bzw dem Vermögen des befreiten Vorerben kein Vermögensvorteil erwächst, der die durch die Verfügung eingetretene Verringerung bei objektiver und subjektiver Betrachtung aufwiegt.

Mithin hat der Beklagte zumindest teilweise unentgeltlich über eine aus Mitteln der Erbschaft erworbene Immobilie verfügt. Hierzu war er auch als befreiter Vorerbe nicht befugt, § 2113 Abs. 2 BGB.

Die begehrte Feststellung soll der Klägerin als Grundlage für die Durchsetzung eines Schadensersatzanspruches gemäß § 2138 Abs. 2 BGB dienen, welcher allerdings erst nach Eintritt des Nacherbfalles geltend gemacht werden kann. Bereits während der Dauer der Vorerbschaft sind derartige Feststellungsklagen zur Vorbereitung eines nachfolgenden Schadensersatzprozesses zulässig (BGH NJW 1977, 1631 f). Ein Feststellungsinteresse ist demnach gegeben.
(Rechtsanwältin) ◄

▶ **Muster: Antrag auf Erlass eines Arrests und Pfändungsbeschlusses** 528

An das

Landgericht ...

– Zivilkammer –

Arrest- und Pfändungsgesuch

der Frau ...

– Antragsteller –

Verfahrensbevollmächtigte: Rechtsanwältin ...

gegen

Herrn ...

– Antragsgegner –

Verfahrensbevollmächtigter: Rechtsanwalt ...

Namens und im Auftrag der Antragstellerin – Vollmacht ist beigefügt –

beantrage

ich, – ohne mündliche Verhandlung – den Erlass des folgenden Arrest- und Pfändungsbeschlusses:

1. Zur Sicherung eines Schadensersatzanspruches der Antragstellerin in Höhe von EUR ... wird der dingliche Arrest in das bewegliche und unbewegliche Vermögen des Antragsgegners angeordnet.
2. Wenn der Antragsgegner EUR ... hinterlegt, wird die Vollziehung des Arrests gehemmt.
3. Die angebliche Forderung des Antragsgegners aus der Kontoverbindung mit der X-Bank, insbesondere zur Kontonummer ..., wird bis zu einem Höchstbetrag von EUR ... gepfändet. Jegliche Verfügung über die Forderung ist dem Antragsgegner untersagt. Der Drittschuldner darf an den Antragsgegner nicht mehr leisten.

Begründung

Die Antragstellerin begehrt mit dem Antrag auf Anordnung eines dinglichen Arrestes die Sicherung ihres Schadensersatzanspruchs aufgrund einer unentgeltlichen Verfügung des beklagten Vorerben ihrer am ... verstorbenen Großmutter.

Die Erblasserin hatte die Antragstellerin zur alleinigen Nacherbin eingesetzt. Mit Eheschließung der Antragstellerin am ... vor dem Standesbeamten in ... ist der Nacherbfall eingetreten. Befreiter Vorerbe war der Antragsgegner, der Vater der Antragstellerin.

Glaubhaftmachung: privatschriftliches Testament vom ... (beglaubigte Abschrift)

– Anlage K1 –

Eröffnungsniederschrift des Nachlassgerichtes ...

(beglaubigte Abschrift)

– Anlage K2 –

Der von der Vorerbschaft umfasste Nachlass der Erblasserin bestand ausschließlich in einer Eigentumswohnung

Glaubhaftmachung: Verzeichnis der Erbschaftsgegenstände vom ...

– Anlage K3 –

Besagte Eigentumswohnung veräußerte der Beklagte alsdann

Glaubhaftmachung: notarieller Kaufvertrag vom ... (beglaubigte Abschrift)

– Anlage K4 –

und erwarb mit dem Verkaufserlös in Höhe von EUR ... ein Immobilienanwesen in ... . Diese Immobilie übertrug der Beklagte mit notariellem Vertrag vom ... (URNr. ...) gegen eine Leibrente in Höhe von EUR ... auf seine Lebensgefährtin, Frau ... . Eine Mindestdauer der Rentenverpflichtung wurde nicht festgelegt. Ebenso liegt der kapitalisierte Wert der Leibrente erheblich unter dem Wert des übertragenen Grundbesitzes.

Glaubhaftmachung: Übergabevertrag vom ... (beglaubigte Abschrift)

– Anlage K5 –

Frau ... wurde am ... als Eigentümerin in das Grundbuch von ... eingetragen.

Glaubhaftmachung: aktueller Grundbuchauszug des Grundbuches von ...

– Anlage K6 –

Das mit Nachlassmitteln erworbene Anwesen in ... gehört gemäß § 2111 BGB zur Erbschaft. Was die anschließende Übertragung anbelangt, wussten sowohl der Antragsgegner, als auch dessen Lebensgefährtin, dass die vereinbarte Leibrente nur einem Bruchteil des eigentlichen Immobilienwertes entsprach und auch die Umstände unter denen die übertragene Immobilie erworben wurde, waren ein mit Kalkül gewähltes Konstrukt, welches die Antragstellerin beeinträchtigen sollte. Beide hatten sich nämlich zuvor wiederholt im Freundes- und Bekanntenkreis dahingehend geäußert, dass der unliebsamen, aus der früheren Ehe des Antragsgegners stammenden Tochter, der Antragstellerin, nicht auch noch irgendwann einmal das Vermögen der Erblasserin zugute kommen solle. Schließlich habe man, noch nie ein gutes Verhältnis zueinander gehabt, was letztlich auf die Einflussnahme der Ex-Frau zurückzuführen sei.

Glaubhaftmachung: Eidesstattliche Versicherung des ... (Nachbar)

Wegen dieses Sachverhaltes ist der Antragsteller zur Zahlung von Schadensersatz an die Antragstellerin gemäß § 2138 Abs. 2 1. Alt. BGB verpflichtet. Bei wirtschaftlicher Betrachtungsweise entspricht der kapitalisierte Wert der vereinbarten Leibrente nicht dem Wert der aus Nachlassmitteln erworbenen und übertragenen Immobilie. Insofern liegt also eine gemischte Schenkung vor, wobei sich die Parteien in Anbetracht des groben Missverhältnisses von Leistung und Gegenleistung einig darüber waren, dass die Übertragung zumindest teilweise unentgeltlich erfolgen sollte.

Der Antragstellerin ist ein Schaden entstanden, welcher in der Wertdifferenz des Immobilienverkehrswertes (EUR ...) und dem Wert der kapitalisierten Leibrente liegt.

Es steht zu befürchten, dass die Antragstellerin eine etwaige Zwangsvollstreckung nicht erfolgreich betreiben kann, wenn sie darauf verwiesen wird, den Ausgang der Zahlungsklage abzuwarten, da der Antragsgegner offensichtlich alles daran setzt, sich vermögenslos zu stellen. Während der letzten Wochen hat er bereits einen Großteil seines Vermögens gemeinsam mit seiner Lebensgefährtin in Spielbanken „verjubelt".

Glaubhaftmachung: Eidesstattliche Versicherung der Antragstellerin

Ein Arrestgrund liegt demnach vor.

Die Antragstellerin begehrt in Vollziehung des Arrestes die Pfändung der Konten des Antragsgegners bei der X-Bank gemäß § 930 Abs. 1 S. 3 ZPO.

(Rechtsanwältin) ◀

5. Wertersatzanspruch gegen den Vorerben bei übermäßiger Fruchtziehung

Die während der Dauer der Vorerbschaft gezogenen Früchte stehen den Vorerben zu. Er erwirbt dabei das Eigentum an ihnen (§ 953 BGB), auch wenn diese im Übermaß gezogen wurden. Um den Nacherben nicht rechtlos zu stellen, gewährt ihm § 2133 BGB einen verschuldensunabhängigen Wertersatzanspruch.[503] Dieser korrespondiert insofern nicht mit den Verteilungsgrundsätzen nach § 101 BGB. § 2133 BGB ist nicht gerichtet auf die Herausgabe der Übermaßfrüchte. Schließlich gehören sie, wie oben angemerkt dem Vorerben als Eigentümer. Die Vorschrift regelt vielmehr, wem die Übermaßfrüchte gebühren, nämlich dem Nacherben. Keine Rolle spielt, auf welche Ursache (Raubbau, besondere Ereignisse wie Wind- und Schneebruch, Raupenfraß, gesetzliche Anordnung)[504] die übermäßige Fruchtziehung zurückzuführen ist. Hat der Vorerbe allerdings durch den Raubbau die Erbschaftssubstanz wegen einer eigenen Sorgfaltspflichtverletzung geschmälert, steht dem Nacherben neben § 2133 BGB ein Anspruch auf Schadensersatz nach §§ 2130, 2131 BGB zu.[505]

529

Der Erblasser kann den Vorerben von der Wertersatzpflicht aus § 2133 BGB befreien. Tut er dies, so gebühren ihm auch die Übermaßfrüchte und er muss hierfür keinen Wertersatz leisten. Will der Vorerbe allerdings den Nacherben vorsätzlich schädigen, ist er nach § 2138 Abs. 2 BGB schadensersatzpflichtig.

530

Der Wert der Übermaßfrüchte steht grundsätzlich dem Nacherben zu, es sei denn der übliche Ertrag des Nachlassgegenstandes hat sich in Folge der übermäßigen Fruchtziehung in den nachfolgenden Wirtschaftsperioden verringert. Dann darf der Vorerbe ausnahmsweise auch den Wertanteil der Früchte behalten. Wäre der Vorerbe allerdings dazu verpflichtet gewesen, den Übermaßertrag zur Wiederherstellung der Sache zu verwenden, gebührt ihm der übermäßige Fruchtanteil nicht. Der Vorerbe muss dann den vollen Übermaßanteil zur Wiederherstellung einsetzen und gegebenenfalls weitere Mittel, wenn nötig auch Eigenvermögen aufwenden, wenn dies nach den Grundsätzen einer ordnungsgemäßen Verwaltung erforderlich ist. Für eingesetzte Eigenmittel steht dem Vorerben gegen den Nacherben möglicherweise ein Verwendungsersatzanspruch gemäß §§ 2124 Abs. 2 S. 2, 2126 BGB zu.[506]

531

Der Vorerbe ist im Rahmen von § 2133 BGB nicht verpflichtet, Sicherheit zu leisten. Liegen allerdings die Voraussetzungen des § 2128 BGB vor, kann die Gewährung einer Sicherheit gefordert werden.[507]

532

---

503 Staudinger/*Avenarius*, § 2133 Rn 5.
504 Palandt/*Edenhofer*, § 2124 Rn 6.
505 Palandt/*Edenhofer*, § 2124 Rn 6.
506 MünchKomm/*Grunsky*, § 2133 Rn 3.
507 Bonefeld/Kroiß/Tanck/*Steinbacher*, Der Erbprozess, § 5 Rn 208.

533 ▶ **Muster: Klage des Nacherben gegen den Vorerben wegen Wertersatz**

An das

Landgericht

– Zivilkammer –

Klage

des

Herrn ...

– Kläger –

Prozessbevollmächtigte: Rechtsanwältin ...

gegen

Herrn ...

– Beklagter –

Prozessbevollmächtigter: Rechtsanwalt ...

wegen Wertersatz

Unter Vorlage der beiliegenden Vollmacht zeige ich an, dass ich die rechtlichen Interessen von Herrn ... vertrete. Namens des Klägers erhebe ich Klage und werde in dem noch anzuberaumenden Termin beantragen:

1. Der Beklagte wird verurteilt, an den Kläger EUR ... nebst 5 % Zinsen über dem Basiszinssatz hieraus seit Rechtshängigkeit zu zahlen.
2. Der Beklagte trägt die Kosten des Rechtsstreits.

Für den Fall des Vorliegens der Voraussetzungen des § 331 Abs. 3 ZPO bitte ich um den Erlass eines Versäumnisurteils ohne mündliche Verhandlung.

Begründung

Der Kläger begehrt Wertersatz wegen übermäßiger Fruchtziehung des Beklagten, die dieser während der Dauer seiner Vorerbschaft vorgenommen hat.

Der Kläger ist der Enkel des am ... in ... verstorbenen Erblassers ..., zuletzt wohnhaft in .... Der Beklagte ist der Bruder des Erblassers und Großonkel des Klägers. Der Erblasser hatte mit notariellem Einzeltestament vom ... vor dem Notar ... in ... unter der URNr. ... den Beklagten zu seinem alleinigen nicht befreiten Vorerben und aufschiebend bedingt auf die Vollendung dessen 25. Lebensjahres den Kläger zum Nacherben seines gesamten Vermögens eingesetzt. Vor- und Nacherbe haben die Erbschaft angenommen.

Beweis: notarielles Testament vom ... (beglaubigte Abschrift)

– Anlage K1 –

Eröffnungsniederschrift des Nachlassgerichtes ... (beglaubigte Abschrift)

– Anlage K2 –

Der Nacherbfall ist mit Vollendung des 25. Lebensjahres des Klägers am ... eingetreten.

Von der Vorerbschaft umfasst war auch ein ... ha großer Wald in ....

Beweis: Verzeichnis der Erbschaftsgegenstände vom ...

– Anlage K3 –

F. Ansprüche des Nacherben § 1

Der Wald hatte einen üblichen jährlichen Ertrag in Höhe von EUR 10.000.
Beweis: Jahresabrechnungen für die Jahre ... (in Kopie)
– Anlage K4 bis K7-
Aufgrund eines Schädlingsbefalls im ersten Jahr nach Eintritt des Erbfalles konnte der Beklagte in Folge der notwendig gewordenen Abholzung einen einmaligen Jahresertrag in Höhe von EUR 50.000 erzielen.
Beweis: Jahresabrechnung für das Jahr ... (in Kopie)
– Anlage K8 –
Aussage des Herrn ... (Förster)
In den weiteren beiden Jahren bis zum Eintritt des Nacherbfalles belief sich der jeweilige Jahresertrag dann nur noch auf EUR 5.000. Weitere EUR 20.000 musste der Beklagte für die Wiederaufforstung im Rahmen der ordnungsgemäßen Verwaltung unter Einsatz von Nachlassmitteln aufwenden.
Beweis: Jahresabrechnungen für die Jahre ... (in Kopie)
– Anlage K9 und K10 –
Mithin ergibt sich folgende Gesamtrechnung:

Tatsächlicher Jahresertrag im Jahr ...:	EUR	50.000
Tatsächlicher Jahresertrag im Jahr ...:	EUR	5.000
Tatsächlicher Jahresertrag im Jahr ...:	EUR	5.000
Tatsächlicher Gesamtertrag:	EUR	60.000
Üblicher Jahresertrag:	EUR	10.000
mal 3 (Jahre der Dauer der Vorerbschaft):	EUR	30.000
Differenz		
(Tatsächlicher Gesamtertrag /Üblicher Jahresertrag für 3 Jahre):	EUR	30.000
zuzüglich Aufwand der Wiederaufforstung:	EUR	20.000
GESAMT:	EUR	50.000

Dem Kläger steht gemäß § 2133 BGB ein Anspruch auf Wertersatz gegen den Beklagten wegen übermäßiger Fruchtziehung in Höhe von EUR 50.000 zu. Der Vorerbe wird zwar gemäß § 953 BGB Eigentümer der von ihm gezogenen (Übermaß-)Früchte, allerdings gebühren diese nicht ihm, sondern in Abweichung von § 101 BGB dem Nacherben. Lediglich der befreite Vorerbe ist wegen der Verweisung in § 2136 BGB auf § 2133 BGB nicht zum Wertersatz verpflichtet. Dem Beklagten kommt jedoch kraft des notariellen Testamentes vom ... die Stellung eines nicht befreiten Vorerben zu, so dass für ihn keinerlei Befreiungsmöglichkeit gegeben ist.
Nach Eintritt des Nacherbfalles muss der Vorerbe dem Nacherben den Mehrertrag abzüglich des erlittenen Fruchtausfalles ersetzen. Müssen die Früchte zur Wiederherstellung des Urzustandes eingesetzt werden, so stehen diese dem Vorerben nicht zu (vgl Palandt/Edenhofer, § 2133 Rn 1).
Der Zinsanspruch ergibt sich aus §§ 291 S. 2, 288 Abs. 1 BGB.
Der Beklagte hat sich außergerichtlich geweigert, Wertersatz zu leisten. Insofern war Klageerhebung geboten.
(Rechtsanwältin) ◄

6. Wertersatzanspruch bei eigenem Verbrauch des Erbschaftsstammes

Der nicht befreite Vorerbe darf den Erbschaftsstamm nicht antasten. Ihm stehen lediglich die 534
Nutzungen zu, die während der Dauer der Vorerbschaft anfallen. Verwendet der nicht befreite

Vorerbe daher die Erbschaftssubstanz für sich und tritt dadurch eine Schmälerung der Rechte des Nacherben ein, ist er diesem gegenüber zur Gewährung von Wertersatz verpflichtet, § 2134 S. 1 BGB. Der Anspruch besteht **verschuldensunabhängig** (argumentum e contrario § 2134 S. 2 BGB) ab Eintritt des Nacherbfalls.[508] Der Erblasser kann den Vorerben von der Verpflichtung aus § 2134 BGB befreien. Hier bleibt es dann bei der Verpflichtung zur Herausgabe nach § 2138 Abs. 1 iVm § 2111 BGB. Hat der Vorerbe bei einer entgeltlichen Verfügung nach § 2111 BGB ein **Surrogat** erworben, geht § 2111 BGB dem Wertersatzanspruch aus § 2134 S. 1 BGB vor.[509] Die Rechte des Nacherben sind insoweit nicht geschmälert, als dass das erworbene dingliche Surrogat in den Nachlass fällt. Hat der Vorerbe **unentgeltliche Verfügungen** (§ 2113 Abs. 2 BGB) getroffen, kann der Nacherbe entweder die Verfügung genehmigen und Wertersatz verlangen oder sich auf die Unwirksamkeit berufen. § 2134 BGB entfaltet seine Schutzwirkung vor allem auf die Verwendung von Geld und anderen verbrauchbaren Sachen (§ 92 BGB). Verbindung, Vermischung und Verarbeitung (§§ 946, 948, 950 BGB) werden ebenfalls erfasst, zB, wenn der Vorerbe mit Mitteln der Erbschaft auf einem eigenen Grundstück ein Haus bauen lässt.[510] Durfte der Vorerbe die Nachlassgegenstände nach den Grundsätzen einer ordnungsgemäßen Verwaltung verbrauchen, ist er nicht zum Wertersatz verpflichtet.[511]

535 Wertersatz muss in Höhe des **objektiven Werts des Nachlassgegenstands zum Zeitpunkt seiner Verwendung** geleistet werden.[512] Tritt nach Verwendung eine Werterhöhung ein, besteht möglicherweise ein Schadensersatzanspruch nach Maßgabe der §§ 2130, 2131 BGB.

536 ▶ **Muster: Klage des Nacherben gegen den Vorerben wegen Wertersatz**

An das

Landgericht

– Zivilkammer –

Klage

des

Herrn ▪▪▪

– Kläger –

Prozessbevollmächtigte: Rechtsanwältin ▪▪▪

gegen

Herrn ▪▪▪

– Beklagter –

Prozessbevollmächtigter: Rechtsanwalt ▪▪▪

wegen Wertersatz

Unter Vorlage der beiliegenden Vollmacht zeige ich an, dass ich die rechtlichen Interessen von Herrn ▪▪▪ vertrete. Namens des Klägers erhebe ich Klage gegen den Beklagten und werde in dem noch anzuberaumenden Termin beantragen:

---

[508] Staudinger/*Avenarius*, § 2134 Rn 1.
[509] BGHZ 40, 115, 124; Staudinger/*Avenarius*, § 2134 Rn 1.
[510] *Wolf*, JuS 1981, 14, 17.
[511] Soergel/*Harder/Wegmann*, § 2134 Rn 2.
[512] Soergel/*Harder/Wegmann*, § 2134 Rn 3.

F. Ansprüche des Nacherben §1

1. Der Beklagte wird verurteilt, an den Kläger EUR ••• nebst 5 % Zinsen über dem Basiszinssatz hieraus seit Rechtshängigkeit zu zahlen.
2. Der Beklagte trägt die Kosten des Rechtsstreits.

Für den Fall des Vorliegens der Voraussetzungen des § 331 Abs. 3 ZPO bitte ich um den Erlass eines Versäumnisurteils ohne mündliche Verhandlung.

Begründung

Der Kläger begehrt Wertersatz wegen des Verbrauches des Erbschaftsstammes gegen den Beklagten, den dieser während der Dauer seiner Vorerbschaft vorgenommen hat.

Der Kläger ist der Enkel des am ••• in ••• verstorbenen Erblassers •••, zuletzt wohnhaft in •••. Der Beklagte ist der Bruder des Erblassers und Großonkel des Klägers. Der Erblasser hatte mit notariellem Einzeltestament vom ••• vor dem Notar ••• in ••• unter der URNr. ••• den Beklagten zu seinem alleinigen nicht befreiten Vorerben und aufschiebend bedingt auf die Vollendung dessen 25. Lebensjahres den Kläger zum Nacherben seines gesamten Vermögens eingesetzt. Vor- und Nacherbe haben die Erbschaft angenommen.

Beweis: notarielles Testament vom ••• (beglaubigte Abschrift)
– Anlage K 1 –

Eröffnungsniederschrift des Nachlassgerichtes ••• (beglaubigte Abschrift)
– Anlage K 2 –

Der Nacherbfall ist mit Vollendung des 25. Lebensjahres des Klägers am ••• eingetreten.

Von der Vorerbschaft umfasst war unter anderem Barvermögen in Höhe von EUR •••.

Beweis: Verzeichnis der Erbschaftsgegenstände vom •••
– Anlage K 3 –

Der Beklagte hat vor einigen Jahren ein Hausgrundstück erworben. Den Hauskauf hatte der Beklagte dabei seinerzeit teilweise mit Eigenmitteln, teilweise über ein Bankdarlehen bei der X-Bank finanziert. Die gegenüber der X-Bank bestehende Restverbindlichkeit in Höhe von EUR ••• hat der Beklagte nun getilgt, wobei er im Freundeskreis wiederholt geäußert hat, dass er hierfür das Geld seines Bruders, des Erblassers, verwendet habe. Schließlich könne er es wenigstens sinnvoll einsetzen, ganz im Gegensatz zum Kläger, der es ob seiner Jugend sowieso nur verschleudern würde.

Beweis: Zeugnis der Eheleute ••• und ••• (Nachbarn)

Dem Kläger steht gemäß § 2134 BGB ein Anspruch auf Wertersatz zu, wenn der nicht befreite Vorerbe den Erbschaftsstamm für sich verbraucht ohne dass dem Nachlass ein Gegenwert zufließt. Dem nicht befreiten Vorerben stehen nämlich lediglich die Nutzungen der Erbschaft zu, verwendet er hingegen Erbschaftsgegenstände zu eigenen Zwecken, muss er dem Nacherben für den eingetretenen Substanzverlust Ersatz leisten. Insofern ist der Beklagte demnach als nicht befreiter Vorerbe in Höhe von EUR ••• zur Zahlung verpflichtet.

Der Zinsanspruch ergibt sich aus §§ 291 S. 2, 288 Abs. 1 BGB.

Der Beklagte hat sich außergerichtlich geweigert, Wertersatz zu leisten. Insofern war Klageerhebung geboten.

(Rechtsanwältin) ◄

IV. Ansprüche bei Schenkungen des Vorerben an Dritte

Trifft der Vorerbe eine unentgeltliche Verfügung über einen Erbschaftsgegenstand, stellt dies einen Verstoß gegen § 2113 Abs. 2 BGB dar. Die unentgeltliche Verfügung ist nur dann aus- 537 nahmsweise wirksam, wenn es sich um eine **Pflicht- oder Anstandsschenkung** handelt, sie den **Grundsätzen einer ordnungsgemäßen Verwaltung** entspricht oder der Nacherbe sie **genehmigt**. Liegt keiner dieser Ausnahmetatbestände vor, wird die Verfügung mit Eintritt des Nacherbfalls absolut unwirksam, es sei denn der Beschenkte kann sich darauf berufen, dass er **gutgläubig** war, § 2113 Abs. 3 BGB.

1. Auskunftsanspruch

538 Auf den Nacherben kommen mitunter gravierende Probleme bei der Durchsetzung seines Herausgabe- oder Bereicherungsanspruchs zu, besonders dann, wenn der Erblasser den Eintritt des Nacherbfalls aufschiebend bedingt auf den Tod des Vorerben angeordnet hat. Schließlich kann der verstorbene Vorerbe aus dem Grab heraus keine Auskünfte mehr darüber geben, wen er wie und in welcher Höhe beschenkt hat. Rechtfertigt eine auf den konkreten Fall bezogene Interessenabwägung zwischen Nacherben und Beschenktem ein Auskunftsbegehren, so gesteht die Rechtsprechung dem Nacherben einen **Anspruch nach Treu und Glauben** (§ 242 BGB) zu. Dabei müssen folgende Voraussetzungen vorliegen:[513]

539 Weder der Vorerbe noch dessen Erben können die Auskunft, welche vom Beschenkten unproblematischerweise erbracht werden kann, selbst erteilen.[514] Weiter darf mit der Auskunft keine unzumutbare Ausforschung des Beschenkten betrieben werden. Der Nacherbe muss daher wenigstens gewisse Anhaltspunkte für eine Schenkung dartun. Hierfür genügt, dass der Dritte und der Vorerbe in einem Verhältnis zueinander standen, welches darauf hindeutet, dass es zu einer unentgeltlichen Verfügung gekommen ist. Vom Auskunftsanspruch umfasst, ist alles, was der Dritte unabhängig von der Art der Verfügung vom Vorerben erhalten hat.[515]

540 ▶ **Muster: Stufenklage des Nacherben gegen den Beschenkten (Auskunft und Herausgabe wegen unentgeltlicher Zuwendungen)**

🔘 66

An das

Landgericht

– Zivilkammer –

Stufenklage

der Frau ▪▪▪

– Klägerin –

Prozessbevollmächtigte: Rechtsanwältin ▪▪▪

gegen

Frau ▪▪▪

– Beklagte –

Prozessbevollmächtigter: Rechtsanwalt ▪▪▪

---

513 BGHZ 1958, 237, 239 f.
514 § 242 BGB tritt hinter einem Anspruch aus § 2130 Abs. 2 bzw §§ 2130, 260 BGB zurück, vgl Bonefeld/Kroiß/Tanck/ *Steinbacher*, Der Erbprozess, § 5 Rn 216.
515 BGHZ 1958, 237, 239 f.

F. Ansprüche des Nacherben § 1

wegen Auskunft und Herausgabe

Unter Vorlage der beiliegenden Vollmacht zeige ich an, dass ich die rechtlichen Interessen von Frau ... vertrete. Namens der Klägerin erhebe ich Klage und werde in dem zu bestimmenden Termin beantragen, für Recht zu erkennen:

1. Die Beklagte wird verurteilt, Auskunft zu erteilen über alle unentgeltlichen Zuwendungen, die diese während der Dauer der Vorerbschaft vom ... bis ... von Herrn ... erhalten hat.
2. Die Beklagte wird verurteilt, an die Klägerin den PKW der Marke ..., amtliches Kennzeichen ... und weitere, nach Auskunftserteilung noch näher zu bezeichnende Geschenke herauszugeben.
3. Die Beklagte wird verurteilt, der Löschung des zu ihren Gunsten an der Eigentumswohnung ... eingetragenen Nießbrauchsrechtes, eingetragen im Wohnungsgrundbuch von ..., Band ..., Blatt ..., Abt. II Nr. 1 im Wege der Grundbuchberichtigung zuzustimmen.
4. Die Beklagte trägt die Kosten des Rechtsstreits.

Für den Fall des Vorliegens der Voraussetzungen der §§ 331 Abs. 3 ZPO, bitte ich um Erlass eines Versäumnis- bzw Anerkenntnisurteils ohne mündliche Verhandlung.

Begründung

Die Klägerin ist die Tochter des am ... in ... verstorbenen Erblassers. Der Erblasser hatte mit seiner Ehefrau, der Mutter der Klägerin, am ... unter der URNr. ... vor dem Notar ... in ... ein gemeinschaftliches Ehegattentestament errichtet, wonach sich die Eheleute gegenseitig zu befreiten Vorerben eingesetzt hatten; Nacherbin des Längstlebenden sollte die Klägerin sein.

Beweis: notarielles Testament vom ... (beglaubigte Abschrift)

– Anlage K1 –

Eröffnungsniederschrift des Nachlassgerichtes ... (beglaubigte Abschrift)

– Anlage K2 –

Die Mutter der Klägerin ist am ... in ... vorverstorben,

Beweis: Sterbeurkunde vom ... (beglaubigte Abschrift)

– Anlage K3 –

so dass der Erblasser die rechtliche Stellung eines befreiten Vorerben erlangt hat.

Der Erblasser lebte nach dem Tod seiner verstorbenen Ehefrau in nichtehelicher Lebensgemeinschaft mit der Beklagten; das Verhältnis zur Klägerin verschlechterte sich zunehmend. Während der Dauer der Lebensgemeinschaft hatte der Erblasser der Beklagten des Öfteren Geschenke gemacht. Hierunter befindet sich auch der oben bezeichnete PKW ..., welchen die vorverstorbene Ehefrau noch kurz vor ihrem Tod mit Mitteln aus einer fällig gewordenen Lebensversicherung erworben hatte und der infolgedessen zur Vorerbschaft gehörte.

Beweis: Nachlassbestandsverzeichnis vom ...

– Anlage K4 –

Formularkaufvertrag vom ...

– Anlage K5 –

Die Beklagte hatte sich wiederholt mit dem teuren Sportwagen vor Kollegen und Nachbarn gebrüstet.

Beweis: Zeugnis des Herrn ... (Nachbar)

Zeugnis der Frau ... (Arbeitskollegin)

Weiter hat der Erblasser der Beklagten ein unentgeltliches und lebenslanges Nießbrauchsrecht an der im Klageantrag unter Ziffer 3 näher bezeichneten Immobilie ... eingeräumt. Die Immobilie war für die Gesamtdauer der Vorerbschaft vermietet und stand ehedem im Eigentum der Erblasserin. Sie ist daher von der Vorerbschaft umfasst.

Beweis: Grundbuchauszug vom ▪▪▪

– Anlage K4 –

Zeugnis der Eheleute ▪▪▪ und ▪▪▪ (Mieter)

Die Beklagte wurde außergerichtlich von der Klägerin zur Herausgabe des PKW und Zustimmung zur Grundbuchberichtigung aufgefordert. Dem hat die Beklagte widersprochen: der PKW sei ein Geschenk des Vaters der Klägerin gewesen und die Klägerin hätte weder rechtlich noch moralisch einen Anspruch auf Rückgabe. Auf die Mieteinnahmen würde sie keinesfalls verzichten; schließlich hätte sie diese bereits fest im Rahmen ihrer eigenen Altersvorsorge eingeplant, was auch ganz im Interesse ihres verstorbenen Lebensgefährten gelegen hätte.

Die Klägerin hat einen Anspruch auf Herausgabe des PKW und Zustimmung zur Löschung des Nießbrauchsrechts. Der Erblasser war – auch als befreiter Vorerbe – nicht zu unentgeltlichen Verfügungen über das Vorerbenvermögen befugt, § 2113 Abs. 2 BGB.

Die Klägerin hat darüber hinaus einen Auskunftsanspruch nach § 242 BGB bezogen auf alle weiteren unentgeltlichen Zuwendungen, die die Beklagte vom Vater der Klägerin erhalten hat. Die Klägerin hat keine andere Möglichkeit, die begehrte Auskunft zu erlangen. Vor dem Hintergrund des jahrelangen schlechten Verhältnisses zum Vater, welcher sich zunehmend der Beklagten zugewendet hatte und den bereits bekannten, wertmäßig beträchtlichen Schenkungen, ist anzunehmen, dass der Beklagten noch weitere Gegenstände aus dem Nachlass der Erblasserin zugeflossen sind. Die Beklagte kann die begehrte Auskunft auch unproblematisch erteilen.

(Rechtsanwältin) ◄

2. Herausgabe und Grundbuchberichtigung

541 Während der Dauer der Vorerbschaft ist eine vom Vorerben getroffene unentgeltliche Verfügung nicht absolut, sondern aufschiebend bedingt auf den Eintritt des Nacherbfalles unwirksam. Wenn keine der oben genannten Ausnahmen vorliegt, ist die Verfügung nach Bedingungseintritt endgültig und gegenüber jedermann unwirksam. Der Nacherbe hat demnach sein Eigentum am Nachlassgegenstand nicht verloren und kann nach Maßgabe der §§ 985, 894 BGB Herausgabe bzw Zustimmung zur Grundbuchberichtigung verlangen. § 2113 Abs. 3 BGB iVm §§ 892, 932 ff BGB lässt bei unentgeltlichen Verfügungen nach § 2113 Abs. 2 BGB einen gutgläubigen Erwerb Dritter zu. Inhaltlich kann sich die Gutgläubigkeit des Dritten sowohl auf den Umstand, dass der erworbene Gegenstand von einer Vor- und Nacherbschaft umfasst ist, als auch auf die fälschliche Annahme der Anordnung einer Befreiung beziehen. Liegt eine der beiden Alternativen vor, so wird die fehlende Verfügungsbefugnis des Vorerben durch den guten Glauben des Dritten überwunden.[516]

542 Beim **Erwerb beweglicher Sachen** darf die Unkenntnis nicht auf grober Fahrlässigkeit beruhen, § 932 Abs. 2 BGB. Wird die Nacherbfolge allerdings im **Erbschein** nicht erwähnt, ist selbst bei grober Fahrlässigkeit von Gutgläubigkeit auszugehen. Der Erbschein gilt gemäß § 2366 BGB nämlich in Ansehung der darin enthaltenen Angaben als richtig. Lediglich positive Kenntnis von der Unrichtigkeit des Erbscheins bzw von der Rückforderung durch das Nachlassgericht verhindert einen gutgläubigen Erwerb.

---

516 Staudinger/*Avenarius*, § 2113 Rn 97.

F. Ansprüche des Nacherben § 1

Bei **Verfügungen über Immobilien oder Rechten an Grundstücken**, wird der gute Glaube des Erwerbers nach § 892 Abs. 1 S. 2 BGB nicht geschützt, wenn zwar der Vorerbe im Grundbuch als Eigentümer eingetragen ist, sich die Verfügungsbeschränkung aber aus § 51 GBO (Eintragung eines Nacherbenvermerks) ergibt. Anders ist zu entscheiden, wenn der Dritte das Grundstück ohne Voreintragung des Vorerben (§§ 40 Abs. 1, 35 GBO) erwirbt oder der Erwerber mangels Eintragung des Nacherbenvermerks davon ausgeht, dass der Vorerbe Vollerbe geworden ist.[517] Dann allerdings kann der Gutglaubensschutz des Erbscheins (§ 2366 BGB) eingreifen. Die durch öffentliche Urkunde errichtete Verfügung von Todes wegen (§ 35 GBO) allein kann noch keinen öffentlichen Glauben hervorrufen. Ein im Grundbuch eingetragener Nacherbenvermerk ist ohne Löschungsbewilligung des Nacherben auf Antrag des Vorerben nur dann zu löschen, wenn die Grundbuchunrichtigkeit offenkundig oder dem Gericht nachgewiesen, der Vorerbe also zur Verfügung befugt ist.[518]

543

Gesellschaftsanteile können mangels einer entsprechenden Vorschrift nicht gutgläubig erworben werden, §§ 398, 413 BGB, 15 GmbHG.[519] Die Verpflichtung des gutgläubigen Erwerbers zur Herausgabe nach Maßgabe der Vorschriften über eine ungerechtfertigte Bereicherung (§ 816 Abs. 1 S. 2 BGB) bleibt unberührt.[520] Hat der Erwerber auf den erworbenen Gegenstand Verwendungen getätigt, besteht eine Ersatzpflicht nach §§ 987 ff BGB und demgemäß auch ein Zurückbehaltungsrecht (§§ 273, 274 BGB). Handelt es sich um eine gemischte Schenkung, ist der Dritte nur Zug um Zug gegen Rückzahlung der erbrachten Gegenleistung zur Herausgabe verpflichtet.[521]

▶ **Muster: Antrag des Nacherben auf Grundbuchberichtigung**

544

An das
Amtsgericht
– Grundbuchamt –

Eigentumswohnung der Frau ▬▬▬, verstorben am ▬▬▬, zuletzt wohnhaft in ▬▬▬, eingetragen im Wohnungsgrundbuch des Amtsgerichtes ▬▬▬ für ▬▬▬, Band ▬▬▬, Heft ▬▬▬ BV Nr. ▬▬▬

Sehr geehrte Damen und Herren,

Die Verstorbene, Frau ▬▬▬ ist als Eigentümerin der oben bezeichneten Eigentumswohnung im Grundbuch eingetragen. Frau ▬▬▬ war Vorerbin des am ▬▬▬ verstorbenen Erblassers ▬▬▬, weswegen in Abt. II ein Nacherbenvermerk eingetragen ist. Am ▬▬▬ ist die Vorerbin und Eigentümerin verstorben. Den Erbschein, welcher der Vorerbin ursprünglich erteilt wurde, hat das Amtsgericht (Nachlassgericht) mit Beschluss vom ▬▬▬, Az ▬▬▬ eingezogen. Der nun neu erteilte Erbschein des Amtsgerichts (Nachlassgericht) vom ▬▬▬ Az ▬▬▬ weist Herrn ▬▬▬ nach Eintritt des Nacherbfalles als alleinigen Nacherben des Erblassers aus.

Beweis: je eine Ausfertigung und Kopie des Erbscheines vom ▬▬▬

Erbscheinseinziehungsbeschluss des Amtsgerichts (Nachlassgericht) ▬▬▬ vom ▬▬▬ Az ▬▬▬

Um Rücksendung der Erbscheinsausfertigung wir höflichst gebeten.

Namens und in Vollmacht meines Mandanten, des Nacherben, beantrage ich die Berichtigung des Grundbuchs dahingehend, dass dieser anstelle der verstorbenen Vorerbin als Eigentümer der oben

---

517 BGH NJW 1970, 943; Palandt/*Edenhofer*, § 2113 Rn 16.
518 OLG Düsseldorf, Beschluss vom 11.1.2008, Az I-3 Wx 228/07, 3 Wx 228/07.
519 Bonefeld/Kroiß/Tanck/*Steinbacher*, Der Erbprozess, § 5 Rn 222.
520 Staudinger/*Avenarius*, § 2113 Rn 103.
521 BGH NJW 1985, 382 f.

bezeichneten Eigentumswohnung in das Grundbuch eingetragen wird. Weiter beantrage ich die Löschung des gegenstandslos gewordenen Nacherbenvermerkes.

Die vollständige Grundbuchbezeichnung der Eigentumswohnung lautet wie folgt: ▪▪▪

Gemäß § 60 Abs. 4 KostO ist mein Mandant von der Begleichung der Berichtigungsgebühren befreit, weil Nacherbfall und Berichtigungsantrag innerhalb eines Zeitraumes von zwei Jahren liegen.

Ich bitte die Eintragungsbenachrichtigung mir zu übersenden.

Für entstandene Auslagen und angefallene Schreibgebühren erkläre ich mich stark.

Mit freundlichen Grüßen,

(Rechtsanwältin) ◄

3. Prozessuales

545 Zuständig für die Klageerhebung auf Auskunft und Herausgabe ist das Prozessgericht, in dessen Bezirk der beschenkte Dritte seinen Wohnsitz hat, §§ 12, 13 ZPO.

546 Zumeist ist die Erhebung einer Stufenklage (Auskunft, Abgabe einer eidesstattlichen Versicherung, Herausgabe der Schenkung, ggf Zustimmung zur Grundbuchberichtigung) erforderlich. Kann der Kläger (Nacherbe) bereits Angaben über einzelne Geschenke machen, sollte dem im Rahmen der Antragstellung Rechnung getragen werden.

547 Bei der Stufenklage ist zwischen Zuständigkeits- und Gebührenstreitwert zu unterscheiden. Der Zuständigkeitsstreitwert bemisst sich nach § 5 ZPO unter Zusammenrechnung des Werts sämtlicher Stufen. Der Auskunftsstufe liegt dabei das Klägerinteresse zugrunde. Nach § 3 ZPO wird dieses meist auf 1/10 – 1/4 des Hautanspruchs geschätzt. Hierbei kommt es vor allem darauf an, inwieweit die Durchsetzbarkeit der klägerischen Ansprüche von der Erteilung der Auskunft abhängen. Das Abwehrinteresse des Beklagten bemisst sich nach dem zu erwartenden Zeitaufwand und der wahrscheinlichen Kosten für Rechnungslegung oder Auskunft.[522] Der Wert des Hauptantrags wird nach den Erwartungen des Klägers bestimmt. Wird ein Antrag auf Grundbuchberichtigung gestellt, richtet sich der Zuständigkeitsstreitwert bei unstreitigen Eigentumsverhältnissen nach dem Klägerinteresse und nicht nach dem Verkehrswert der Immobilie, § 3 ZPO.[523]

548 § 44 GKG legt den Gebührenstreitwert fest. Ausschlaggebend ist der höchste Wert aller geltend gemachten Ansprüche. Zumeist wird dies der Zahlungsanspruch sein. Die verschiedenen Stufen werden keinesfalls zusammengerechnet.

549 Für den Fall, dass sich der Beschenkte darauf beruft, gutgläubig gewesen zu sein, kann gleichwohl ein Anspruch aus ungerechtfertigter Bereicherung nach § 816 Abs. 1 S. 2 BGB gegeben sein. Hier ist im Rahmen der Anträge daran zu denken, dass die Klage aufgrund des schuldrechtlichen Charakters von § 816 Abs. 1 S. 2 BGB insoweit umzustellen ist.

V. Sonderproblem: Unterhaltsanspruch der Mutter eines ungeborenen Nacherben

550 §§ 2141, 1963 BGB gewährt der Mutter eines zum Zeitpunkt des Eintritts des Nacherbfalles noch nicht geborenen Nacherben einen Unterhaltsanspruch für die Zeit bis zur Entbindung. Der Anspruch richtet sich gegen den durch den Pfleger des Kindes vertretenen Nachlass.[524]

---

522 Zöller/*Herget*, § 3 Rn 16.
523 Zöller/*Herget*, § 3 Rn 16.
524 Palandt/*Edenhofer*, § 2141 Rn 1.

F. Ansprüche des Nacherben § 1

Voraussetzung für das Vorliegen des Unterhaltsanspruchs ist das Unvermögen der Mutter, sich selbst zu unterhalten, §§ 1602, 1610 BGB. Die Mutter muss die Anspruchsvoraussetzungen der §§ 2141, 1963 BGB darlegen und beweisen und auch nachweisen, also dass sie tatsächlich schwanger und bedürftig ist.[525] Tritt der Nacherbfall mit der Geburt des Kindes ein (§§ 2101 Abs. 1, 2106 Abs. 2 BGB), kann die Mutter entsprechend § 1963 BGB ebenfalls Unterhalt verlangen.[526] Der Anspruch nach §§ 2141, 1963 BGB besteht ab Beginn der Schwangerschaft und ist gegenüber dem Vorerben geltend zu machen, wobei der Vorerbe berechtigt ist, ihn aus dem Erbschaftsstamm zu entnehmen. Die Einlegung einstweiligen Rechtsschutzes ist möglich (§ 940 ZPO).[527] Die Forderung darf nicht gepfändet werden, § 850 Abs. 1 Nr. 2 ZPO, ein Aufrechnungsverbot besteht nach § 394 BGB.

---

525 Baumgärtel/*Schmitz*, § 1963 Rn 1 f.
526 Palandt/*Edenhofer*, § 2141 Rn 1.
527 Palandt/*Edenhofer*, § 1963 Rn 3.

§ 2 Vermächtnis

Literatur: *Bengel/Reimann,* Handbuch der Testamentsvollstreckung, 3. Aufl. 2001; *Brox/Walker,* Erbrecht, 23. Aufl. 2009; *Damrau,* Praxiskommentar Erbrecht, 2004; *ders.,* Der Minderjährige im Erbrecht (Minderjähriger), 2002; *Firsching/Graf,* Nachlassrecht, 9. Aufl. 2008; *Frieser,* Anwaltliche Strategien im Erbschaftsstreit, 2. Aufl. 2004; *Frieser* u.a. (Hrsg.), Handbuch des Fachanwalts für Erbrecht (FA-ErbR), 2005; *Hausmann/Hohloch* (Hrsg.), Handbuch des Erbrechts, 2008; *Keim,* Testamente und Erbverträge, Diktat und Arbeitsbuch für Rechtsanwälte und Notare, Loseblatt, 1985; *Klinger* (Hrsg.), Münchener Prozessformularbuch, Bd. 4 Erbrecht (MPFErbR), 2. Aufl. 2009; *Kroiß/Seiler,* Das neue FamFG, 2. Aufl. 2009; *Nieder/Kössinger,* Handbuch der Testamentsgestaltung, 3. Aufl. 2008; *Ott-Eulberg/Schebesta/Bartsch,* Erbrecht und Banken, 2. Aufl. 2008; *Sarres,* Erbrechtliche Auskunftsansprüche (Auskunftsansprüche), 2004; *Sarres,* Vermächtnis (Vermächtnis), 2009; *Schebesta,* Bankprobleme beim Tod eines Kunden, 13. Aufl. 2004; *Schellhammer,* Erbrecht nach Anspruchsgrundlagen, 2004; *Wimmer/Dauernheim/Wagner/Weidekind,* Insolvenzrecht, 20. Aufl. 2006; *Zimmermann,* Das neue FamFG, 2009; *Zimmermann,* Die Testamentsvollstreckung, 2001.

A. Vermächtnis 1
  I. Einführung 1
    1. Grundsätze 1
    2. Abgrenzung Erbe/Vermächtnisnehmer 4
    3. Beispiel für die Schwierigkeiten, die Einsetzung als Erbe oder Vermächtnisnehmer von einander abzugrenzen 9
    4. Gegenstand des Vermächtnisses 23
      a) Stückvermächtnis 28
      b) Gattungsvermächtnis 36
      c) Verschaffungsvermächtnis 43
      d) Wahlvermächtnis 48
      e) Ankaufsvermächtnis 53
      f) Zweckvermächtnis 59
      g) Forderungsvermächtnis 64
      h) Nießbrauchsvermächtnis 70
      i) Quotenvermächtnis 74
      j) Universalvermächtnis 87
      k) Vorausvermächtnis 93
    5. Der Vermächtnisnehmer 98
      a) Gemeinschaftliches Vermächtnis 99
      b) Nachvermächtnis 104
      c) Rückvermächtnis 113
      d) Ersatzvermächtnisnehmer 127
    6. Der Beschwerte 132
      a) Untervermächtnis 134
      b) Besonderheiten bei Bankkonten und -depots 138
    7. Fälligkeit des Vermächtnisses 145
    8. Annahme und Ausschlagung 157
    9. Verzug und Unmöglichkeit 166
    10. Unzureichender Nachlass 173
    11. Auskunftsansprüche des Vermächtnisnehmers 184
    12. Verjährung 187
    13. Verfahrensfragen 189
      a) Vermächtnisnehmer und Nachlassgericht 189
      b) Hinweise zum Klageverfahren 191
      c) Vorbehalt der beschränkten Erbenhaftung für Beklagten 192
    14. Vermächtnis und Testamentsvollstreckung 195
    15. Teilungsanordnung 198
    16. Gesetzliche Vermächtnisse 206
    17. Kosten 207
    18. Hinweise zu Steuern und Auslandsberührung 208
  II. Typische Verfahrensabläufe 215
    1. Bewegliche Sachen 215
    2. Immobilien 228
      a) Sicherung des Vermächtnisanspruches durch Vormerkung 230
      b) Belastungen des Grundstücks 237
    3. Forderungen 242
  III. Verfügungen des gebundenen Erblassers (§ 2288 BGB) .. 251
    1. Schutz des Vertragsvermächtnisnehmers 252
    2. Gläubiger und Schuldner des Anspruchs, Verjährung .. 255
    3. Prozessuales 256
    4. Vorläufige Sicherung des Anspruchs 260
    5. Klage bei Beeinträchtigung des Vermächtnisnehmers .. 270
    6. Beeinträchtigungen durch den durch gemeinschaftliches Testament gebundenen Erblasser 273
B. Die Auflage 278
  I. Der Beschwerte 283
  II. Der Vollziehungsberechtigte 289
  III. Keine Schadensersatzansprüche 294
  IV. Erbschaftsteuer 295

A. Vermächtnis

I. Einführung

1. Grundsätze

Neben der Erbeinsetzung ist das Vermächtnis die häufigste und wichtigste testamentarische Anordnung.[1] Sie ist Zuwendung *ohne* Gesamtrechtsnachfolge, der Vermächtnisnehmer erhält lediglich einen schuldrechtlichen Anspruch gegen den oder die Erben.[2] Einzelheiten sind geregelt in den §§ 1939, 2147 bis 2191 BGB. Es handelt sich um ein einseitiges Schuldverhältnis, für dessen Erfüllung der Erbe gemäß § 280 BGB haftet, und zwar insoweit auch mit seinem Privatvermögen.[3] Das soll auch gelten im Verhältnis vom Haupt- zum Untervermächtnisnehmer. 1

Das Vermächtnis gehört zu den Nachlassverbindlichkeiten im Sinne des § 1967 BGB und ist bei Erbenmehrheit vor der Erbteilung zu erfüllen.[4] Gegenüber sonstigen Nachlassgläubigern ist der Vermächtnisnehmer *nachrangig*. 2

Das Vermächtnis beruht immer auf Testament oder Erbvertrag, also auf einer Willensäußerung des Erblassers.[5] Daraus folgt, dass bei der Auslegung des Vermächtnisses bis hin zu Fragen der Nebenansprüche, von Früchten und Kosten, der Wille des Erblassers entscheidet. Die vielen Auslegungsvorschriften (zB § 2169 BGB) sind immer nur Anhaltspunkte, in denen ein bestimmter Wille des Erblassers vermutet wird. Diese Vermutungen sind widerlegbar. Es gilt deshalb der Grundsatz, dass anhand des Einzelfalles zu überprüfen ist, ob und inwieweit der Erblasser vom Regelfall abweichen wollte. 3

2. Abgrenzung Erbe/Vermächtnisnehmer[6]

Ohne besondere erbrechtliche Kenntnisse ist es nahezu ausgeschlossen, Erben und Vermächtnisnehmer zu unterscheiden. Selbst Juristen, soweit sie nicht spezialisiert sind, tun sich mit der Unterscheidung schwer. In der Bevölkerung werden „erben" und „vermachen" verwendet, als seien sie deckungsgleich. Rechtlich ist das unschädlich, weil bei der Testamentsauslegung stets der *wahre Wille* des Testierenden zu ermitteln ist. Oftmals werden die Gegenstände durch die Worte „erhält" oder „bekommt" verteilt.[7] Wer Testamente auslegt, weiß deshalb, dass die vom Testierenden benutzten Begriffe nichts weiter sind als *Anhaltspunkte* für das, was er erreichen wollte. Insbesondere bei privatschriftlichen Testamenten muss der Auslegende deshalb zu ermitteln versuchen, welche Vorstellungen der Testierende hatte und welche Ziele er erreichen wollte. Deshalb muss auch die Zuwendung eines Bruchteils des Erblasservermögens nicht in jedem Falle eine Erbeinsetzung darstellen, sie kann vielmehr auch als Quotenvermächtnis verstanden werden.[8] 4

Ob jemand als Erbe oder Vermächtnisnehmer eingesetzt ist, hängt ab von der Stellung, die er im Hinblick auf den Nachlass erhalten soll. 5

---

[1] *Krug*/Rudolf/Kroiß, § 15 Rn 2.
[2] Ausländische Rechtsordnungen kennen auch das dingliche Vermächtnis, vgl *Schotten/Schmellenkamp*, ErbR 2009, 183.
[3] Bonefeld/Wachter/Daragan/*Maulbetsch*, Kap. 10 Rn 4.
[4] *Krug*/Rudolf/Kroiß, § 15 Rn 4.
[5] Bei Voraus (§ 1932) und Dreißigstem (§ 1969) wird von gesetzlichen Vermächtnissen gesprochen, Brox/*Walker*, Rn 423. Für die angemessene Berücksichtigung von Pflegeleistungen zugunsten des Erblassers wurde – bisher vergeblich – empfohlen, ein gesetzliches Vermächtnis zugunsten des Pflegenden einzuführen, vgl *Otte*, ZEV 2009, 260; dagegen *Windel*, ZEV 2008, 306.
[6] Sehr ausführlich dazu *Sarres* (Vermächtnis), Rn 192 ff.
[7] BayObLG FamRZ 1995, 835.
[8] BayObLG NJW-RR 1996, 1478.

- Der Erbe ist mit dem Tod des Erblassers in dessen Rechtspositionen eingerückt; er ist an die Stelle des Erblassers getreten. Er hat dessen Rechtspositionen mit allen Einschränkungen eo ipso übernommen, und zwar „im Schlaf".
- Der Vermächtnisnehmer hat mit dem Tod einen Anspruch erworben gegen den Erben auf den ihm vermachten *Gegenstand*. Der Erbe ist verpflichtet, das Vermächtnis zu erfüllen und ihm den Gegenstand zu verschaffen. Diesen Anspruch kann der Vermächtnisnehmer notfalls durch Klage gegen den Erben durchsetzen.

6 Der Erbe ist mit dem Tod Eigentümer des Grundstücks geworden, das dem Erblasser gehörte. Hat der Erblasser dieses Grundstück einem Dritten per Vermächtnis zugewendet, so kann der Begünstigte vom Erben verlangen, dass er ihm das Grundstück übereignet. Der Erbe ist verpflichtet und berechtigt, den Nachlass zu *verwalten* und ihn *abzuwickeln*. Er haftet insbesondere für die Nachlass*verbindlichkeiten*.

7 Mit alldem hat der Vermächtnisnehmer nichts zu tun. Der Erbe muss sich mit allen Gläubigern des Erblassers oder des Nachlasses auseinandersetzen, der Vermächtnisnehmer bleibt außen vor; er haftet andererseits *nicht* für die Nachlassverbindlichkeiten. Ob er die Verbindlichkeiten letztlich im Innenverhältnis mitzutragen hat, hängt von der Art des Vermächtnisses ab. Gibt es mehrere Erben, so müssen sie sich am Ende auseinandersetzen; der Vermächtnisnehmer kann sofort auf Erfüllung klagen.

8 Erbunwürdigkeit macht auch unwürdig, ein Vermächtnis zu empfangen (§ 2345 BGB).[9] Eine Klage, in der die Vermächtnisunwürdigkeit festgestellt wird, ist nicht erforderlich.[10] Sie könnte sich allerdings trotz der nur noch 3-jährigen Verjährungsfrist (Rn 185) empfehlen, weil andernfalls kein Beweis mehr zu führen ist.

3. Beispiel für die Schwierigkeiten, die Einsetzung als Erbe oder Vermächtnisnehmer von einander abzugrenzen

9 Welche Schwierigkeiten es mit sich bringen kann zu ermitteln, ob der Erblasser den Begünstigten als Erbe oder als Vermächtnisnehmer einsetzen wollte, zeigt das folgende privatschriftliche Testament.

10 ▶ **Muster: Privatschriftliches Testament mit Erbeinsetzung/Vermächtnis**

Ich, ▬▬, wohnhaft ▬▬, verfüge für den Fall meines Todes Folgendes:

Vom vorhandenen Kapital soll zunächst bezahlt werden

- sämtliche Auslagen, die noch mit meinem Leben zusammenhängen,
- Nachkauf der Grabstelle bis zum Ende meiner Liegezeit,
- Grabpflege bis zum Ende meiner Liegezeit,
- Beschriftung der Grabplatte meines Mannes mit meinem Namen in gleicher Form.

Der verbleibende Betrag geht zu gleichen Teilen an

- Nichte Ni 1, ▬▬ und
- Nichte Ni 2, ▬▬

---

9 *Kipp/Coing*, Erbrecht, § 85 VI.
10 *Sarres* (Vermächtnis), Rn 191.

A. Vermächtnis § 2

Vom vorhandenen Schmuck sollen sich

- meine Schwester S 1, geb. ▨▨▨,
- und meine Nichte N 1, geb. ▨▨▨,

je ein Stück als Erinnerung an mich aussuchen und bekommen. Schmuckstücke, die aus meinem Elternhaus stammen, soll meine Schwester S 2 bekommen.

Der Rest geht zu gleichen Teilen an meine Nichten Ni 1 und Ni 2.

Mein Neffe Nf bekommt den Teil meiner Bilder, die in seinen Lebensstil passen und die er sich aussuchen soll. Ich denke dabei vor allem an Werke von Ewald Mataré, Heinrich Kampe und Rolf Brummenauer. Auch die Bücher soll Nf sichten und für sich auswählen. Bitte, die alten Schiller- und Goethe-Bände nicht übersehen. Über den Rest sollen Ni 1 und Ni 2 verfügen.

Von meiner Garderobe erhält H. B. den Nerzmantel. Alles andere soll durchgesehen und Tragbares von Ni 1 und Ni 2 übernommen werden. Mein Auto – Mercedes C 180 – geht an H. B.

Der Erlös des Hauses soll zu gleichen Teilen an meine Nichten Ni 1 und Ni 2 und meine Neffen Ne 1 und Ne 2 fließen.

Meine Schwester S 2 soll als Erste alle Dinge in meinem Haus sichten und dasjenige an sich nehmen, was aus unserem Elternhaus stammt. Ich möchte besonders auf den Abendmahlkelch und die Teller zur Hochzeit unserer Großeltern hinweisen. Bitte die Silberschale nicht übersehen aus Anlass der Silberhochzeit unserer Großeltern.

Meinen Neffen Nf weise ich auf den Schreibtisch hin, er kann ihn vielleicht übernehmen. In ihm sind zwei Pistolen verborgen, für die ein auf mich ausgestellter Waffenbesitzschein vorhanden ist (s. Akte im Schallplattenschrank rechts in meinem Zimmer).

Meine Schwester S 2 soll Testamentsvollstreckerin sein.

Sollte ich jemanden von euch in irgendeiner Form mal verletzt haben, so bitte ich hiermit um Entschuldigung. Behaltet mich in Erinnerung.

▨▨▨, den 1. Mai 2008 ◄

Der Nachlass bestand im Wesentlichen aus dem Hausgrundstück mit einem Wert von 213.000,00 EUR, dem Geld- und Wertpapiervermögen im Wert von etwa 100.000,00 EUR und allen übrigen Gegenständen von etwa 5.000,00 EUR. In dem mehrseitigen Testament ist mit keinem Wort die Rede, wer denn nun „erbt". Den Erlös aus dem Hausgrundstück sollen die vier Nichten und Neffen zu gleichen Teilen erhalten; aus dem „Kapital" sollen zunächst die Nachlassverbindlichkeiten beglichen werden, der dann verbleibende Betrag soll zwischen den *zwei* Großnichten geteilt werden. 11

Wer ist Erbe, wer ist Vermächtnisnehmer? Maßgebend ist § 2087 BGB.[11] Danach wird unterschieden: 12

a) Hat der Erblasser sein Vermögen oder einen Bruchteil davon zugewendet, so gilt der Begünstigte *im Zweifel* als Erbe.

b) Sind dem Bedachten dagegen einzelne Nachlassgegenstände zugewendet, so gilt er *im Zweifel* als Vermächtnisnehmer.

Der Fall unter a) liegt streng genommen nicht vor, denn die Erblasserin hat ihr Vermögen weder als Ganzes noch im Bruchteil zugewendet. Sie hat stattdessen alle einzelnen Gegenstände im 13

---
11 *Frieser*, Rn 470.

Sinne von b) zugewendet; es kann aber keinen Nachlass ohne Erben geben. Deshalb sind zwei Auslegungen möglich.
- Erbinnen sind die Nichten Ni 1 und Ni 2 zu je ½; vom Hausgrundstück sollen die zwei Nichten Ni 1 und Ni 2 und die beiden Neffen Ne 1 und Ne 2 je ¼ als Vermächtnis erhalten.
- Alternative: Alle vier Nichten und Neffen gelten als Erben, und zwar mit Quoten entsprechend der Zuordnung durch die Erblasserin. Vom Verkaufserlös aus dem Grundstück steht jedem der Vier ein Betrag von gut 53.000,00 EUR zu. Bei den beiden Nichten kommt je die Hälfte des Geldvermögens hinzu.

14 Die Frage, wer den Nachlass *abwickeln* sollte, führte nicht weiter. Alle vier Begünstigten wohnten weit entfernt; überdies hatte die Erblasserin hierfür ausdrücklich einen Testamentsvollstrecker bestimmt.

15 Bei solchen Schwierigkeiten, das Testament auszulegen, kann es hilfreich sein, einen *Erbschein* zu beantragen. Im Rahmen des Verfahrens tut das Nachlassgericht seine Ansicht kund. Sie muss nicht richtig sein, gibt aber Hinweise. Das kann sich empfehlen, auch wenn Testamentsvollstreckung angeordnet und der Erbschein weitgehend entbehrlich war. So wurde auch im vorliegenden Fall verfahren.

16 ▶ **Muster: Antrag auf Erteilung eines Erbscheins**

Amtsgericht

...

In der Nachlasssache ...

Az.: ...

zeigen wir an, dass wir die Interessen der Testamentsvollstreckerin ... vertreten. Namens und im Auftrage der Testamentsvollstreckerin beantragen wir, ihr folgenden Erbschein zu erteilen:

Es wird bezeugt, dass die am ... in ... verstorbene ... von Ni 1, Ni 2, Ne 1, Ne 2 zu je ¼ beerbt worden ist.
Testamentsvollstreckung ist angeordnet.

Begründung:
1. Die Erblasserin war deutsche Staatsangehörige. Der Ehemann war vorverstorben. Sie hat keine Abkömmlinge hinterlassen.
Die Erblasserin errichtete unter dem 1.5.2008 ein eigenhändiges handschriftliches Testament, das unter dem Az ... eröffnet wurde. In diesem Testament verfügte sie, dass ihr Barvermögen nach Abzug der Verbindlichkeiten zu gleichen Teilen unter den Geschwistern Ni 1 und Ni 2 aufgeteilt werden sollte. Weiterhin war die Erblasserin Eigentümer der Gebäude- und Freifläche ... in ...Nach dem vorgenannten Testament soll das Haus verkauft und der Erlös zu gleichen Teilen unter Ni 1 und Ni 2 sowie Ne 1 und Ne 2 aufgeteilt werden.
Weiterhin setzte die Erblasserin in ihrem Testament Vermächtnisse zugunsten der Erben oder Dritter in Bezug auf ihren Schmuck, die Wohnungseinrichtung, ihre Garderobe und ihr Fahrzeug aus. Diese Gegenstände sind weitgehend wertlos. Der Wert des Hausgrundstückes beträgt 213.000,00 EUR. Zu diesem Preis soll das Hausgrundstück nunmehr verkauft werden.
Beweis:
1. Zeugnis ...
2. Sachverständigengutachten

A. Vermächtnis § 2

Das Barvermögen setzt sich wie folgt zusammen:

Guthaben bei Banken etc.	18.199,65 EUR
Kurswert der Wertpapiere	<u>84.901,00 EUR</u>
Gesamt	103.100,65 EUR

Hiervon sind entsprechend der vorgenannten letztwilligen Verfügung zunächst die Nachlassverbindlichkeiten sowie die Beerdigungskosten und die Kosten für die Grabpflege in Abzug zu bringen. Diese belaufen sich auf 15.199,32 EUR. Somit verbleibt ein Barvermögen von 87.901,33 EUR.

2. Hat der Erblasser sein Vermögen oder einen Bruchteil seines Vermögens dem Bedachten zugewendet, so ist diese Verfügung gemäß § 2087 Abs. 1 BGB als Erbeinsetzung anzusehen, auch wenn der Bedachte nicht als Erbe bezeichnet ist. Hauptvermögensgegenstand der Erblasserin war die Immobilie in ... Wird einer Person wertmäßig der Hauptgegenstand des Erblassers zugewandt, ist es naheliegend, sie als Alleinerben anzusehen und die mit Gegenständen von geringerem Wert Bedachten als Vermächtnisnehmer (BayObLG FamRZ 1995, 246; 1999, 59).

Die übrigen Vermächtnisse fallen demgegenüber nicht ins Gewicht. Der Wert der Gegenstände dürfte insgesamt bei ca. 5.000,00 EUR liegen.

Barvermögen muss bei der Bestimmung der Erbquoten angesichts des Verhältnisses zum Wert der Hausgrundstücke außer Betracht bleiben. Ein Rechtsstreit ist über das Erbrecht nicht anhängig. Ausweislich des Testamentes hat die Erblasserin die Testamentsvollstreckung angeordnet. Die Testamentsvollstreckerin hat ihr Amt mit Schreiben vom ... gegenüber dem Amtsgericht ... angenommen. Außer dem Testament vom 1.1.2001 hat die Erblasserin keine weiteren Verfügungen von Todes wegen hinterlassen. Die Sterbeurkunde liegt bereits vor.

...

Notar ◄

Der Antrag lässt die Auslegung zu, dass Erben zu gleichen Teilen diejenigen Personen sein sollen, die den größten Vermögensgegenstand, nämlich das Grundstück, erhalten sollen. Das entspricht einer Tendenz in der Rechtsprechung, wonach Erbe ist, wer das Grundstück bekommen soll.[12] Dann könnte das „Kapital" den Ni 1 und Ni 2 möglicherweise als Vermächtnis zugewendet worden sein.

Das zuständige Nachlassgericht hatte an dieser Auslegung Bedenken, die sie dem Notar in einer Zwischenverfügung mitteilte.

▶ **Muster: Zwischenverfügung des Nachlassgerichtes**

In der Nachlasssache

der Erblasserin ...

- Az.: ... -

ist darauf hinzuweisen, dass bei der Ermittlung der Erbquote nicht nur der Wert des Hausgrundstücks, sondern auch das Barvermögen, welches nach Angaben der Antragstellerin 30 % des Nachlasses ausmacht, zu berücksichtigen sein dürfte. Das hätte zur Folge, dass vom gesamten Nachlass Ni 1 und Ni 2 je 13/40, Ne 1 und Ne 2 je 7/40 zu beanspruchen hätte. ◄

---

12 OLG Köln FamRZ 1991, 1482; OLG Düsseldorf ZEV 1995, 410; *Frieser*, Rn 478.

20 Auf der Basis eines entsprechenden Hilfsantrags hat das Nachlassgericht schließlich alle vier Personen als Erben angesehen, die Nichten mit einer Quote von jeweils 13/40, die Neffen von jeweils 7/40.

21 Damit war die Frage noch nicht geklärt, wie die Nachlassverbindlichkeiten, die sich auf knapp 30.000,00 EUR beliefen, zu verteilen sind. Dem Grunde nach haften die Erben für die Verbindlichkeiten entsprechend ihrer Erbquote. Daran ändert sich nichts, wenn die Erblasserin verfügt hat, die Verbindlichkeiten sollen „vom vorhandenen Kapital" gezahlt werden. Das könnte auch lediglich eine Verwaltungsanweisung sein. Dann haben auch die Miterben zu 7/40 die Verbindlichkeiten im Umfang ihrer Quote mitzutragen.

22 Ergebnis: Obwohl die Erblasserin alle Nachlassgegenstände einzeln zugewiesen und vermacht hat, sind die Neffen und Nichten Erben geworden.

4. Gegenstand des Vermächtnisses

23 Gegenstand des Vermächtnisses kann jeder *Vermögensvorteil* sein (§§ 1939, 2174 BGB).[13] Der Erblasser kann als Gegenstand „alles vorsehen, was als Inhalt der Leistungspflicht eines Schuldners nach § 241 BGB vereinbart werden könnte".[14] Ausgeschlossen sind allein höchstpersönliche Leistungen.[15] Nach der Statistik des Bundesverbandes Deutscher Banken setzt sich der Nachlass zu 42 % aus Geldvermögen, zu 39 % aus Grundvermögen, zu 2 % aus Lebensversicherungen und zu 18 % aus Gebrauchsvermögen zusammen.[16]

24 Das Vermächtnis wird durch letztwillige Verfügung, also durch Testament oder Erbvertrag, angeordnet. Es gilt als besonders flexibles Instrument der Nachfolgeplanung, weil es, anders als die Erbeinsetzung, bestimmten einschränkenden Bestimmungen nicht unterliegt. Vor allem ist der Erblasser nicht gezwungen, den Bedachten selbst zu bestimmen; er kann dies vielmehr dem Beschwerten oder einem Dritten überlassen (§ 2151 Abs. 1 BGB). Die gesetzlichen Anordnungen (Voraus § 1932 BGB, Dreißigster § 1969 BGB) verweisen auf die Vorschriften zum Vermächtnisrecht.[17]

25 Nach § 2169 Abs. 1 BGB ist das Vermächtnis unwirksam, wenn der Gegenstand zum Zeitpunkt des Erbfalls nicht zum Nachlass gehört, es sei denn, es könnte ausnahmsweise ein Verschaffungsanspruch angenommen werden. Das gilt auch dann, wenn der Erblasser selbst den Gegenstand veräußert hat.[18] Die Frage ist, ob dann Anspruch besteht auf den Erlös, falls er noch unterscheidbar vorhanden sein sollte. Nach § 2169 Abs. 3 BGB steht dem Versicherungsnehmer „im Zweifel" der Anspruch auf den Wert zu, wenn der Gegenstand „entzogen" oder untergegangen ist. Die Veräußerung durch den Erblasser gehört nicht dazu. Wenn sich die Begünstigung des Vermächtnisnehmers auch auf den Erlös beziehen soll, sind dafür Hinweise im Testament erforderlich.

26 Die Frage, ob der Vermächtnisnehmer leer ausgeht, wenn der ursprünglich vermachte Gegenstand sich nicht im Nachlass befindet, ist in jedem Einzelfall zu prüfen. Dabei gibt § 2169 BGB immer nur Hinweise, die von der einen oder anderen Seite widerlegt werden können.

---

13 BGHZ 36, 115, 117.
14 BGH NJW 2001, 2883; *Schellhammer*, Rn 895.
15 *Keim*, E I S. 68.
16 MAH Erbrecht/*Schlitt*, § 15 Rn 1.
17 *Brox/Walker*, Rn 423.
18 BGHZ 22, 357 ff.

A. Vermächtnis § 2

- Ist ein *bestimmter* Gegenstand vermacht, den es im Nachlass nicht gibt, so gilt das Vermächtnis als unwirksam, soweit es sich nicht um ein Verschaffungsvermächtnis handelt (§ 2169 Abs. 1 BGB).
- Ist der Gegenstand zwischen Errichtung des Testamentes und Erbfall untergegangen oder zerstört worden und hat der Erbe Anspruch auf Wertersatz, dann spricht einiges dafür, dass dieser Anspruch an den Vermächtnisnehmer abzutreten ist (§ 2169 Abs. 3 BGB).
- Ist eine Geldforderung vermacht, so hat der Vermächtnisnehmer im Zweifel Anspruch auf entsprechende Geldsummen, auch wenn sich die Forderung nicht mehr in der Erbschaft vorfindet (§ 2173 S. 2 BGB). Beim Sparbuch wird allerdings überwiegend anders entschieden.[19]

Der Gegenstand wird vermacht in der Form, in der er zum Zeitpunkt des Erbfalls besteht. Der Erblasser ist nicht verpflichtet, das vermachte Auto regelmäßig zu warten und pfleglich zu behandeln. 27

a) Stückvermächtnis

Vermacht ist ein bestimmter Gegenstand (Sache, auch Besitz, Recht, Forderung). Voraussetzung ist, vom Verschaffungsvermächtnis abgesehen, dass der Gegenstand zum Zeitpunkt des Erbfalls zum Nachlass gehört (§ 2169 Abs. 1 BGB). Ist der Gegenstand zwischen Errichtung der letztwilligen Verfügung und dem Erbfall untergegangen, zerstört oder verändert worden, so ist durch Auslegung des Testamentes zu ermitteln, ob der Vermächtnisnehmer Anspruch auf Wertersatz hat (§§ 2164 Abs. 2; 2169 Abs. 3 BGB).[20] Das ist im Zweifel nur in den ausdrücklich genannten Gestaltungen der Fall (§ 2169 Abs. 3 BGB). 28

Der Vermächtnisnehmer hat im Zweifel auch Anspruch auf das zur Zeit des Erbfalls vorhandene *Zubehör* (§ 2164 Abs. 1 BGB). Der Beschwerte kann Ersatz verlangen für Verwendungen und Aufwendungen, die er *nach* dem Erbfall auf die Sache gemacht hat (§ 2185 BGB). 29

▶ **Muster: Stückvermächtnis** 30

Die Gouache von Dali aus dem Jahre 1957 erhält mein Enkel E1.

Erfüllt wird das Stückvermächtnis nach den üblichen sachenrechtlichen Grundsätzen. Beim Stückvermächtnis auf eine bewegliche Sache geschieht dies nach den §§ 929 ff BGB. ◀

▶ **Muster: Klage auf Übereignung und Herausgabe eines Stückvermächtnisses** 31

An das

Landgericht ...

Klage

des Angestellten ...,

- Kläger -

Proz.-Bev.: Rechtsanwälte ...

g e g e n

die Angestellte ...,

- Beklagte zu 1) -

den Angestellten ...,

---
19 OLG Koblenz FamRZ 1998, 579.
20 *Kipp/Coing*, § 58 II.

— Beklagter zu 2) —

Hiermit erheben wir Klage, bitten um Anberaumung eines Termins zur mündlichen Verhandlung, in dem wir beantragen werden:

1. Die Beklagten werden als Gesamtschuldner verurteilt, die Gouache von Dali aus dem Jahre 1957 mit dem Titel ... an den Kläger zu übereignen und herauszugeben;
2. die Beklagten tragen die Kosten des Verfahrens.

Es wird angeregt, einen frühen ersten Termin zu bestimmen. Sollte das Gericht das schriftliche Vorverfahren anordnen, wird für den Fall der Fristversäumnis oder des Anerkenntnisses beantragt,

die Beklagten durch Versäumnisurteil oder Anerkenntnisurteil ohne mündliche Verhandlung zu verurteilen.

Gründe:

Die Beklagten sind die Kinder des am ... in ... verstorbenen Erblassers, der sie durch privatschriftliches Testament vom ... zu Miterben zu je ½ eingesetzt hat.

Beweis:

1. Fotokopie des privatschriftlichen Testamentes vom ...;
2. Beiziehung der Akten des Nachlassgerichtes ..., Az: ...

Die Beklagten haben die Erbschaft angenommen.

Beweis: Fotokopie des Erbscheins des Nachlassgerichtes ..., Az: ...

In dem genannten privatschriftlichen Testament hat der Erblasser dem Kläger ein Vermächtnis ausgesetzt. Er hat erklärt, sein Enkel E1 erhalte die „Gouache von Dali aus dem Jahre 1957".

Beweis: Fotokopie des privatschriftlichen Testamentes vom ..., wie vor

Der Kläger ist, wie zwischen den Parteien unstreitig ist, der genannte Enkel E1. Er hat den Beklagten gegenüber erklärt, dass er das Vermächtnis annehme. Dies ist geschehen im Rahmen eines Telefongesprächs. Vorsorglich hat der Kläger außerdem den Unterzeichner gebeten, die Beklagten zur Erfüllung des Vermächtnisses aufzufordern. Dies ist geschehen durch Schreiben vom ... .

Beweis: Fotokopie des Schreibens der Rechtsanwälte ... vom ...

Die vom Erblasser vermachte Gouache befindet sich im Nachlass. Gleichwohl weigern sich die Beklagten, dem Kläger die Gouache zu übereignen und herauszugeben. Sie behaupten, bei dem vom Erblasser genannten Kunstwerk handele es sich nicht um die im Antrag näher bezeichnete Gouache. Diese Ansicht ist unrichtig. Im gesamten Nachlass befindet sich lediglich ein Kunstwerk von Dali, eben die genannte Gouache, die auf der Rückseite auch den Titel enthält. Eine Verwechslung ist daher ausgeschlossen. Vorsorglich wird ergänzend darauf hingewiesen, dass der Erblasser mehrfach auf das Kunstwerk des Dali, auf das er besonders stolz war, hingewiesen und erklärt hat, dieses Werk solle dem Kläger zufallen.

Beweis: Zeugnis der Ehefrau des Klägers ...

Rechtsanwalt ◀

32 **Ergänzende Erläuterungen:**

Bevor die Klage erhoben wird, muss zur Erfüllung des Vermächtnisses aufgefordert werden, um die Kostenfolge des sofortigen Anerkenntnisses (§ 93 ZPO) zu vermeiden. Beim Stückvermächtnis wird es bisweilen schwierig sein, den vermachten Gegenstand genau zu bezeichnen, was auch aus Gründen der Vollstreckbarkeit erforderlich ist; zur Zwangsvollstreckung § 894

A. Vermächtnis § 2

Abs. 1 S. 1 ZPO. Zugunsten des Vermächtnisses können auch außertestamentarische Beweismittel angeführt werden. Der Streitwert entspricht dem Wert des Vermächtnisses.

Die Verteidigung der Beklagten könnte die Erfüllung des Vermächtnisses abhängig machen von der Bezahlung von Verwendungsersatz (§ 2185 BGB).

▶ **Muster: Erwiderung der Beklagten mit Anspruch auf Verwendungsersatz (§ 2185 BGB)**

An das

Landgericht ...

In dem Rechtsstreit

...

gegen

...

und ...

- Az.: ... -

zeigen wir an, dass wir die Beklagten vertreten.

Wir werden den Anspruch auf Herausgabe der Gouache von Dali

a n e r k e n n e n

Zug um Zug gegen Zahlung eines Verwendungsersatzes in Höhe von 2.112,16 EUR zuzüglich 5 Prozentpunkten über dem Basiszinssatz seit ...

Gründe:

Es ist richtig, dass die Beklagten Miterben zu je ½ ihres Vaters sind. Es trifft weiter zu, dass der Erblasser dem Kläger eine Gouache von Dali aus dem Jahre 1957 als Vermächtnis zugewendet hat.

Die Beklagten haben sich niemals geweigert, dieses Vermächtnis zu erfüllen. Sie haben es kurz nach dem Sterbefall im Nachlass vorgefunden. Es befand sich im schlechten Zustand.

Beweis: Vernehmung des sachverständigen Zeugen ..., zu laden ...

Da sie weder den Wert noch den Zustand des Objektes einzuschätzen vermochten, haben sie es dem sachverständigen Zeugen übergeben.

Beweis: Zeugnis des sachverständigen Zeugen ..., wie vor

Der Experte hat den Wert des Kunstwerks auf etwa 20.000,00 EUR geschätzt. Er hat außerdem darauf aufmerksam gemacht, dass es erforderlich sei, das Werk kurzfristig aufzuarbeiten, weil andernfalls bleibende Schäden zu befürchten gewesen wären.

Beweis: Zeugnis des sachverständigen Zeugen ..., wie vor

Die Beklagten, die zum damaligen Zeitpunkt bereits vermuteten, dass sie das Kunstwerk an den Kläger werden herausgeben müssen, beauftragten den Fachmann, nur das Nötigste zu tun.

Beweis: Zeugnis des sachverständigen Zeugen ..., wie vor

Das hat der sachverständige Zeuge auch getan und dafür 2.112,16 EUR in Rechnung gestellt.

Beweis: Fotokopie der Rechnung vom ...

Die Beklagten haben die Rechnung bezahlt. Gemäß § 2185 BGB ist der Kläger verpflichtet, den Beklagten die Kosten für ihre Aufwendungen zu erstatten.

Rechtsanwalt ◀

35 **Ergänzende Erläuterungen:**
Der Erbe kann die Aufwendungen ersetzt verlangen, die er als notwendig und nützlich ansehen durfte. Gewöhnliche Erhaltungskosten können insoweit nicht ersetzt verlangt werden, soweit dem Beschwerten die Nutzungen des Gegenstandes verbleiben.[21]

b) Gattungsvermächtnis

36 Der Erblasser kann den Gegenstand, den er zuwendet, nur der Gattung nach bestimmen (§ 2155 Abs. 1 BGB). Der Beschwerte schuldet eine Sache, die „den Verhältnissen des Bedachten" entspricht. Beim Gattungsvermächtnis braucht die Sache nicht zum Nachlass zu gehören. Gleiches gilt, wenn die im Nachlass vorhandenen Exemplare diesen Verhältnissen nicht (§ 2155 Abs. 1 BGB) entsprechen.[22] Dann muss der Beschwerte das geschuldete Exemplar beschaffen. Die Bestimmung der konkret geschuldeten Sache kann der Erblasser dem Beschwerten, dem Bedachten oder einem Dritten überlassen. Ist der Bedachte der Ansicht, dass das konkretisierte Vermächtnis nicht seinen Verhältnissen entspricht, so kann er den Prozessweg bestreiten, muss dann aber darlegen, dass nur die von ihm bestimmte Sache seinen Verhältnissen entspricht.[23]

37 Das zum 1.1.2010 in Kraft tretende „Gesetz zur Änderung des Erbs- und Verjährungsrechts"[24] bringt in der Sache (§§ 2182 f) keine Änderungen.

38 ▶ **Muster: Gattungsvermächtnis**

(74) Aus meinem Weinkeller erhält mein Doppelkopf-Freund XY in ... 50 Flaschen Rheingauer.
Erfüllt der Erbe das Gattungsvermächtnis nicht, kann der Vermächtnisnehmer auf Erfüllung klagen. ◀

39 ▶ **Muster: Klage auf Gattungsvermächtnis**

(75) An das
Amtsgericht ...

Klage

des Angestellten ...,
- Kläger -
Proz.-Bev.: Rechtsanwälte ...

g e g e n

den Angestellten ...,
- Beklagten -

Hiermit erheben wir Klage, bitten um Anberaumung eines Termins zur mündlichen Verhandlung, in dem wir beantragen werden:

1. Der Beklagte wird verurteilt, an den Kläger 50 Flaschen Rheingauer Wein zu übereignen und herauszugeben;
2. der Beklagte trägt die Kosten des Verfahrens.

Es wird angeregt, einen frühen ersten Termin zu bestimmen. Sollte das Gericht das schriftliche Vorverfahren anordnen, wird für den Fall der Fristversäumnis oder des Anerkenntnisses beantragt,

---

21 Palandt/*Edenhofer*, § 2185 Rn 1.
22 Soergel/*M. Wolf*, § 2155 Rn 2.
23 Staudinger/*Otte*, § 2155 Rn 9.
24 BGBl. I 2009, 3142.

A. Vermächtnis

§ 2

den Beklagten durch Versäumnisurteil oder Anerkenntnisurteil ohne mündliche Verhandlung zu verurteilen.

Gründe:

Der Kläger war befreundet mit Herrn ..., der am ... in ... verstorben ist (Erblasser). Der Kläger und der Erblasser haben regelmäßig Doppelkopf miteinander gespielt. In seinem privatschriftlichen Testament vom ... hat der Erblasser dem Kläger ein Vermächtnis in der Form von „50 Flaschen Rheingauer" ausgesetzt.

Beweis:

1. Fotokopie des privatschriftlichen Testamentes vom ...;
2. Beiziehung der Akten des Nachlassgerichtes ..., Az: ...

Der Beklagte ist Alleinerbe des Erblassers und hat die Erbschaft angenommen.

Beweis: Fotokopie des Erbscheins vom ..., Az: ...

Der Erblasser war dem Wein zugetan. Zum Nachlass gehörten rund 500 Flaschen Wein aller deutschen Lagen. Das hat der Beklagte ausdrücklich eingeräumt.

Beweis: Fotokopie des Schreibens des Beklagten vom ...

Zum Nachlass gehören auch etwa 100 Flaschen Wein aus dem Rheingau. Dies ist unstreitig. Der Beklagte ist verpflichtet, das Vermächtnis, das der Erblasser zugunsten des Klägers ausgesetzt hat, zu erfüllen. Er ist mehrfach aufgefordert worden, die 50 Flaschen Rheingauer Wein zu übereignen.

Beweis: Zuletzt Schreiben der Rechtsanwälte ... vom ...

Er hat sich taub gestellt. Es ist nunmehr Klage geboten.

Rechtsanwalt ◄

Ergänzende Erläuterungen: 40

Wegen des Streitwertes dürfte das Amtsgericht zuständig sein. Vollstreckt wird nach den §§ 884, 883 Abs. 1 ZPO.

▶ **Muster: Klage auf Gattungs-/Verschaffungsvermächtnis**   41

An das

Landgericht ...

Klage

des Zahnarztes ...,

- Kläger -

Proz.-Bev.: Rechtsanwälte ...

g e g e n

die Angestellte ...,

- Beklagte -

Hiermit erheben wir Klage, bitten um Anberaumung eines Termins zur mündlichen Verhandlung, in dem wir beantragen werden:

1. Die Beklagte wird verurteilt, dem Kläger einen Mercedes Benz SKM zu übereignen und herauszugeben;
2. die Beklagte trägt die Kosten des Verfahrens.

Es wird angeregt, einen frühen ersten Termin zu bestimmen. Sollte das Gericht das schriftliche Vorverfahren anordnen, wird für den Fall der Fristversäumnis oder des Anerkenntnisses beantragt,

> die Beklagte durch Versäumnisurteil oder Anerkenntnisurteil ohne mündliche Verhandlung zu verurteilen.

Gründe:

Die Beklagte ist die Tochter und Alleinerbin des am ... in ... verstorbenen Erblassers.

Beweis: Beiziehung der Akten des Nachlassgerichtes ..., Az: ...

Dies beruht auf einem privatschriftlichen Testament, in dem der Erblasser dem Kläger ein Gattungs-/Verschaffungsvermächtnis ausgesetzt hat. In dem Testament heißt es:

> „Meine Tochter soll meinem besten Freund, dem Zahnarzt ... [Kläger] ein schönes Auto geben".

Beweis: Fotokopie des privatschriftlichen Testamentes vom ..., Az: ...

Zum Nachlass gehörten – unstreitig – zwei Kfz, nämlich ein VW Golf, der zum Zeitpunkt des Erbfalls rund zehn Jahre alt war und einen Kilometerstand von 85.000 aufwies, sowie ein Mercedes, vom Erblasser als Jahreswagen drei Jahre vor seinem Tod erworben, mit einem Kilometerstand von 35.000. Dies ist unstreitig.

Die Beklagte hat angeboten, dem Kläger den Mercedes Benz zu übereignen. Das hat der Kläger abgelehnt. Er hat darauf hingewiesen, dass es sich um den „kleinsten" Daimler Benz handelt, der derzeit angeboten wird. Dieses Kfz entspreche nicht seinen Verhältnissen.

Beweis: Fotokopie des Schreibens des Klägers vom ...

Der Kläger lebt in guten Verhältnissen und hat seit Jahren stets Kfz der Marke Daimler Benz, oberste Kategorie, gefahren.

Beweis:

1. Zeugnis der Angestellten ... des Klägers, zu laden ...
2. Zeugnis der Ehefrau des Klägers ..., zu laden ...

Das entsprach den wirtschaftlichen Verhältnissen des Klägers, was dem Erblasser auch bei Errichtung des Testamentes bewusst war. Der Erblasser und der Kläger kannten sich seit Jahrzehnten und waren sich freundschaftlich verbunden. Der Erblasser war über die wirtschaftlichen Verhältnisse des Klägers stets umfassend informiert.

Beweis: Zeugnis der Ehefrau des Klägers ..., zu laden ..., wie vor

Das Vermächtnis zugunsten des Klägers kann deshalb nicht dahingehend ausgelegt werden, dass die Beklagte einen gebrauchten Daimler Benz einfachster Art übereignet. Dabei kann dahinstehen, wem das Bestimmungsrecht zusteht. Auch wenn das die Beklagte sein sollte, so ist sie doch verpflichtet, einen Gegenstand auszuwählen, der den Verhältnissen des Bedachten entspricht (§ 2155 Abs. 1 BGB). Dabei kann es sich angesichts der Lebensverhältnisse des Klägers nur um einen Daimler Benz der obersten Kategorie handeln.

Rechtsanwalt ◄

A. Vermächtnis § 2

Ergänzende Erläuterungen: 42

Ein Widerspruch zu den „Verhältnissen des Bedachten" liegt nur bei grober Abweichung vor. Es wird nicht einfach sein darzulegen, dass nur die vom Kläger geforderte Sache seinen Verhältnissen entspricht. Vollstreckt wird gemäß §§ 883, 894, 897 ZPO.[25]

c) Verschaffungsvermächtnis

Beim Verschaffungsvermächtnis (§ 2170 BGB) befindet sich der Gegenstand nicht im Nachlass; 43
der Beschwerte wird vielmehr verpflichtet, dem Begünstigten den Gegenstand zu verschaffen. Das widerspricht § 2169 Abs. 1 BGB, wonach das Vermächtnis unwirksam ist, soweit der vermachte Gegenstand zur Zeit des Erbfalls nicht zur Erbschaft gehört. Deshalb liegt die volle Beweislast dafür, dass der Erblasser dem Bedachten einen nachlassfremden Gegenstand zuwenden wollte, beim Bedachten.[26]

▶ **Muster: Verschaffungsvermächtnis** 44

Mein Sohn als Alleinerbe soll meiner Nachbarin, die sich in den Jahren meiner Krankheit um mich gekümmert hat, eine Eigentumswohnung, bestehend aus zwei Zimmern, Küche, Bad, in meinem Wohnort verschaffen. ◀

Das Verschaffungsvermächtnis (§ 2170 BGB) ist im Falle anfänglicher objektiver Unmöglichkeit unwirksam (§ 2171 BGB). Bei subjektivem Unvermögen muss der Beschwerte dem Bedachten den Wert ersetzen. 45

▶ **Muster: Klage auf Verschaffungsvermächtnis** 46

An das

Landgericht ...

Klage

der Angestellten ...,

- Klägerin -

Proz.-Bev.: Rechtsanwälte ...

g e g e n

den Angestellten ...,

- Beklagten -

Hiermit erheben wir Klage, bitten um Anberaumung eines Termins zur mündlichen Verhandlung, in dem wir beantragen werden:

1. der Beklagte wird verurteilt, an die Klägerin eine Eigentumswohnung, bestehend aus zwei Zimmern, Küche, Bad, in ... zu übereignen;

hilfsweise

2. der Beklagte wird verurteilt, an die Klägerin 150.000,00 EUR zu zahlen;
3. der Beklagte trägt die Kosten des Verfahrens.

Es wird angeregt, einen frühen ersten Termin zu bestimmen. Sollte das Gericht das schriftliche Vorverfahren anordnen, wird für den Fall der Fristversäumnis oder des Anerkenntnisses beantragt,

---

25 Soergel/M. *Wolf*, § 2155, Rn 7.
26 Bonefeld/Kroiß/*Tanck*, Kap. 6 Rn 16.

den Beklagten durch Versäumnisurteil oder Anerkenntnisurteil ohne mündliche Verhandlung zu verurteilen.

Gründe:

Der Beklagte ist einziges Kind des am ... in ... verwitweten Erblassers.

Beweis: Beiziehung der Akten des Nachlassgerichtes ..., Az: ...

Durch privatschriftliches Testament vom ... hat der Erblasser den Beklagten als Alleinerben eingesetzt.

Beweis:
1. Beiziehung der Akten des Nachlassgerichtes ..., Az: ..., wie vor;
2. Fotokopie des privatschriftlichen Testamentes vom ...

Der Beklagte hat die Erbschaft angenommen und einen Erbschein beantragt, der ihn als Alleinerben ausweist.

Beweis:
1. Beiziehung der Akten des Nachlassgerichtes ..., Az: ..., wie vor;
2. Fotokopie des Erbscheins vom ..., Az: ...

Die Klägerin hat mit dem Erblasser Tür an Tür gewohnt und ihn während seiner letzten schweren Krankheit aufopferungsvoll umsorgt. Dies ist unstreitig und hat dazu geführt, dass der Erblasser die Klägerin in seinem Testament durch ein Vermächtnis begünstigt hat. Dazu hat er dem Beklagten als Alleinerben aufgegeben, der Klägerin

„eine Eigentumswohnung bestehend aus zwei Zimmern, Küche, Bad, in meinem Wohnort zu verschaffen".

Beweis:
1. Fotokopie des privatschriftlichen Testamentes vom ..., wie vor;
2. Beiziehung der Akten des Nachlassgerichtes ..., Az: ..., wie vor

Der Erblasser hat der Klägerin demnach ein Verschaffungsvermächtnis ausgesetzt. Der Beklagte als Alleinerbe ist verpflichtet, der Klägerin eine Eigentumswohnung zu verschaffen. Das ist dem Beklagten ohne Weiteres möglich, denn der Nachlass ist erheblich. Der Erblasser hat insbesondere Geldvermögen hinterlassen, das sich auf über 1 Million EUR beläuft. Die Erfüllung des Vermächtnisses zugunsten der Klägerin belastet den Beklagten nicht übermäßig, insbesondere bleiben seine Pflichtteilsansprüche ohne Weiteres gewahrt.

Am Wohnort des Erblassers sind in den letzten Monaten mehrere Bauvorhaben ausgeführt worden. Verschiedene Bauträger haben Mehrfamilienhäuser erstellt und als Eigentumswohnungen angeboten.

Beweis: Fotokopie der Angebote vom ... der örtlichen Tageszeitung

So hat ein Bauträger eine Zweizimmerwohnung angeboten zum Preis von 150.000,00 EUR.

Beweis:
1. Fotokopie aus der örtlichen Tageszeitung, wie vor;
2. Auskunft der Fa. Bau ... GmbH, ...

Der Beklagte wäre deshalb ohne Weiteres in der Lage gewesen, das Verschaffungsvermächtnis, mit dem er beschwert ist, zu erfüllen. Dazu hat die Klägerin ihn auch aufgefordert.

A. Vermächtnis § 2

Beweis: Fotokopie des Schreibens der Rechtsanwälte ••• vom •••

Der Beklagte hat die Erfüllung abgelehnt mit dem Hinweis, die Klägerin sei eine „Erbschleicherin", der er nichts schulde.

Beweis: Fotokopie des Schreibens des Beklagten vom •••

Es ist deshalb Klage geboten.

Sollte der Beklagte wider Erwarten nicht in der Lage sein, das Verschaffungsvermächtnis zu erfüllen, weil weder jetzt noch in absehbarer Zukunft eine entsprechende Zweizimmerwohnung angeboten wird, so hätte der Beklagte Wertersatz zu leisten (Palandt/Edenhofer, § 2172 Rn 1). Er hätte dann einen Betrag in Höhe von 150.000,00 EUR zu zahlen, weil das dem Wert der vom Erblasser umschriebenen Zweizimmerwohnung mit Küche und Bad entspricht.

Beweis: Einholung eines Sachverständigengutachtens

Dieser Anspruch wird mit dem Hilfsantrag geltend gemacht.

Rechtsanwalt ◄

Ergänzende Erläuterungen: 47

Subjektives Unvermögen führt zum Anspruch auf Wertersatz (§ 2170 Abs. 2 S. 1 BGB). Maßgebend ist der Zeitpunkt, an dem sich das subjektive Unvermögen endgültig herausstellt.[27]

d) Wahlvermächtnis

Beim Wahlvermächtnis erhält der Vermächtnisnehmer das Recht, sich aus im Nachlass vorhandenen konkreten Sachen einzelne Gegenstände herauszusuchen (§ 2154 Abs. 1 BGB). Das Wahlrecht kann dem Bedachten, dem Beschwerten oder auch einem Dritten eingeräumt werden. 48

Im obigen Testament (Rn 10) sind mehrere Wahlvermächtnisse enthalten. Das Wahlrecht steht jeweils dem Begünstigten zu. 49

▶ **Muster: Wahlvermächtnis** 50

Mein Neffe Nf bekommt den Teil meiner Bilder, die in seinen Lebensstil passen und die er sich aussuchen soll. Ich denke dabei vor allem an Werke von Ewald Materé, Heinrich Kampe und Rolf Brummenauer (s.o. Rn 10). ◄

▶ **Muster: Klage auf Wahlvermächtnis** 51

An das

Landgericht •••

Klage

des Angestellten •••,

- Kläger -

Proz.-Bev.: Rechtsanwälte •••

g e g e n

den Angestellten •••,

---

27 Palandt/*Edenhofer*, § 2170 Rn 2.

- Beklagter -

Hiermit erheben wir Klage, bitten um Anberaumung eines Termins zur mündlichen Verhandlung, in dem wir beantragen werden:
1. Der Beklagte wird verurteilt, dem Kläger das Motorrad Moto-Guzzi, Fahrgestell-Nr.: ▬ zu übereignen und herauszugeben;
2. der Beklagte trägt die Kosten des Verfahrens.

Es wird angeregt, einen frühen ersten Termin zu bestimmen. Sollte das Gericht das schriftliche Vorverfahren anordnen, wird für den Fall der Fristversäumnis oder des Anerkenntnisses beantragt,
den Beklagten durch Versäumnisurteil oder Anerkenntnisurteil ohne mündliche Verhandlung zu verurteilen.

Gründe:

Der Beklagte ist der Neffe des am ▬ in ▬ verstorbenen Erblassers.

Beweis: Beiziehung der Akten des Nachlassgerichtes ▬, Az: ▬

Durch privatschriftliches Testament vom ▬ hat der Erblasser den Beklagten zum Alleinerben eingesetzt.

Beweis: Beiziehung der Akten des Nachlassgerichtes ▬, Az: ▬, wie vor

Der Beklagte hat die Erbschaft angenommen und einen Erbschein beantragt und erhalten, der ihn als Alleinerben ausweist.

Beweis: Fotokopie des Erbscheins vom ▬, Az: ▬

Der Kläger war ein Freund des Erblassers. In seinem privatschriftlichen Testament hat der Erblasser dem Kläger ein Motorrad zugewendet.

„Mein Freund F soll sich aus meiner Sammlung historischer Motorräder ein Exemplar seiner Wahl aussuchen und es in Ehren halten. Ich denke gern an unsere gemeinsamen Ausfahrten".

Beweis: Fotokopie des privatschriftlichen Testamentes vom ▬, Az: ▬

Der Erblasser und der Kläger teilten die Leidenschaft für Motorräder. Der Erblasser sammelte historische Stücke aller Hersteller. Im Nachlass befinden sich 19 Motorräder der Marken BMW, Zündapp, Horex, Harley Davidson, Moto-Guzzi, Yamaha, Kawasaki. Dies ist unstreitig.

Der Kläger hat das Vermächtnis angenommen und dem Beklagten mitgeteilt, er bitte ihn, ihm die Moto-Guzzi, die der Erblasser hinterlassen habe, zu übergeben.

Beweis: Fotokopie des Schreibens des Klägers vom ▬

Der Beklagte hat erwidert, er wolle gerade diese Maschine unbedingt behalten. Der Kläger könne stattdessen die Zündapp haben.

Beweis: Fotokopie des Schreibens der Beklagten vom ▬

Der Erblasser hat dem Kläger ein Wahlvermächtnis zugewendet (§ 2154 BGB) und dabei das Wahlrecht ausdrücklich dem Kläger als Bedachten zugebilligt. Der Kläger hat dieses Wahlrecht auch ausgeübt. Das ist von dem Beklagten zu respektieren. Angesichts der eindeutigen Erklärung des Erblassers, dass das Wahlrecht dem Bedachten zustehen soll, ist der Alleinerbe nicht berechtigt, seinerseits das Wahlrecht auszuüben.

Rechtsanwalt ◄

A. Vermächtnis § 2

Ergänzende Erläuterungen: 52

Mehrere Wahlberechtigte müssen sich einigen. Macht der Beschwerte die Leistung unmöglich, kann der Vermächtnisnehmer Schadensersatz verlangen.[28]

e) Ankaufsvermächtnis

Es kann ein Vermögensvorteil sein, einen Gegenstand aus dem Nachlass erwerben zu dürfen. 53
Die Fälle sind häufig insbesondere im Zusammenhang mit Beteiligungen an Gesellschaften. Aber auch der Erwerb eines Grundstücks kann vorteilhaft sein, selbst wenn der vom Erblasser festgelegte Preis dem Marktwert entspricht. Dabei ist der Begünstigte nicht verpflichtet, den Gegenstand zu erwerben; das unterliegt vielmehr seiner freien Entscheidung.[29]

▶ **Muster: Klage auf Ankaufsvermächtnis**   54

An das

Landgericht ...

Klage

des Angestellten ...,

- Kläger -

Proz.-Bev.: Rechtsanwälte ...

g e g e n

den Angestellten ...,

- Beklagter -

Hiermit erheben wir Klage, bitten um Anberaumung eines Termins zur mündlichen Verhandlung, in dem wir beantragen werden:

1. Der Beklagte wird verurteilt, das Hausgrundstück Grundbuch ..., Bl.: ... an den Kläger aufzulassen, die Eintragung zu bewilligen und es geräumt herauszugeben Zug um Zug gegen Zahlung eines Betrages von 185.000,00 EUR;
2. der Beklagte trägt die Kosten des Verfahrens.

Es wird angeregt, einen frühen ersten Termin zu bestimmen. Sollte das Gericht das schriftliche Vorverfahren anordnen, wird für den Fall der Fristversäumnis oder des Anerkenntnisses beantragt,

den Beklagten durch Versäumnisurteil oder Anerkenntnisurteil ohne mündliche Verhandlung zu verurteilen.

Gründe:

Die Parteien sind Brüder und Begünstigte aus dem Erbfall ihres am ... in ... verstorbenen Onkels (Erblasser). Der Erblasser hat den Beklagten zum Alleinerben eingesetzt und dem Kläger ein Vermächtnis ausgesetzt. Dazu heißt es in dem Testament:

„Mein Neffe [Kläger] ist berechtigt, mein Hausgrundstück in ..., ...-Str., gegen Zahlung eines Betrages in Höhe von 185.000,00 EUR käuflich zu erwerben".

Beweis: Fotokopie des Testaments des Notars ... vom ..., UR-Nr.: ...

Der Beklagte hat die Erbschaft angenommen und einen Erbschein beantragt und erhalten.

---
28 Palandt/*Edenhofer*, § 2154 Rn 2.
29 FA-ErbR/*Krause*, Kap. 2 Rn 471; zur Erbschaftsteuer BFH ZErb 2008, 351 ff.

Beweis:
1. Fotokopie des Testamentes des Notars ... vom ..., UR-Nr.: ..., wie vor;
2. Fotokopie des Erbscheins vom ..., Az: ...;
3. Beiziehung der Akten des Nachlassgerichtes ..., Az: ...

Der Kläger hat das Vermächtnis angenommen. Den Beklagten, seinen Bruder, hat er aufgefordert, ihm das Grundstück zu überschreiben. Gleichzeitig hat er sich bereit erklärt, den vom Erblasser genannten Betrag zu bezahlen. Der Beklagte hat das abgelehnt. Er hat erklärt, das Grundstück sei wesentlich mehr wert, als vom Erblasser angegeben.

Beweis: Fotokopie des Schreibens des Beklagten vom ...

Der Beklagte hat ein Gutachten, bezogen auf den Todestag, eingeholt. Danach ist das Grundstück 250.000,00 EUR wert.

Beweis: Fotokopie des Gutachtens des Sachverständigen ... vom ...

Der Beklagte ist verpflichtet, das Grundstück zum vom Erblasser genannten Preis zu übereignen. Der Kläger ist bereit, den festgesetzten Kaufpreis zu zahlen. Es kann dahinstehen, ob das vom Beklagten eingeholte Gutachten richtig ist, denn jedenfalls hat der Beklagte nur Anspruch auf den Kaufpreis, den der Erblasser festgesetzt hat. Zwischen der Errichtung des Testamentes und dem Erbfall ist lediglich ein Jahr vergangen. Der vom Erblasser festgesetzte Preis lag schon bei Errichtung des Testamentes deutlich unter dem Marktpreis. Hierauf hat der Notar den Erblasser hingewiesen.

Beweis: Zeugnis des Notars ... zu laden ...

Dem Erblasser war also bewusst, dass er den Kläger durch die Festsetzung des Kaufpreises begünstigte. Insoweit liegt in dem Vermächtnis beziehungsweise in der Festsetzung des Kaufpreises eine weitere Begünstigung des Klägers. Es ist nicht zu beanstanden, dass der Erblasser dem Kläger auf diese Weise etwas zugewendet hat. Der Beklagte ist als Alleinerbe ohnehin begünstigt worden.

Rechtsanwalt ◄

55 **Ergänzende Erläuterungen:**

Es empfiehlt sich, das Grundstück so genau wie möglich zu bezeichnen. Es könnten deshalb ergänzend angegeben werden laufende Nummer, Flur und Flurstück. Bei erheblichen Differenzen zwischen dem Verkehrswert und dem vom Erblasser festgesetzten Ankaufswert kann der Preis gemäß § 242 BGB angepasst werden,[30] wenn der Preis seinerzeit dem Verkehrswert entsprach.

56 ▶ **Muster: Klage auf Eintragung einer Vormerkung bei bedingtem Ankaufsrecht**[31]

An das

Landgericht ...

Klage

der Angestellten ...,
- Klägerin -
Proz.-Bev.: Rechtsanwälte ...

g e g e n

den Angestellten ...,

---

30 BGH NJW 1960, 1759.
31 Nach BGH NJW 2001, 2883 f.

A. Vermächtnis § 2

- Beklagten -

Hiermit erheben wir Klage, bitten um Anberaumung eines Termins zur mündlichen Verhandlung, in dem wir beantragen werden:

1. Der Beklagte wird verurteilt, eine Auflassungsvormerkung an dem im Grundbuch ..., Bd. ..., Bl. ... eingetragenen Grundstück zu bewilligen und eintragen zu lassen;
2. der Beklagte trägt die Kosten des Verfahrens.

Es wird angeregt, einen frühen ersten Termin zu bestimmen. Sollte das Gericht das schriftliche Vorverfahren anordnen, wird für den Fall der Fristversäumnis oder des Anerkenntnisses beantragt,

den Beklagten durch Versäumnisurteil oder Anerkenntnisurteil ohne mündliche Verhandlung zu verurteilen.

Gründe:

Die Parteien sind Geschwister. Ihre Eltern haben den Beklagten durch privatschriftliches gemeinschaftliches Testament zum Alleinerben eingesetzt.

Beweis:

1. Fotokopie des privatschriftlichen Testamentes vom ..., Az: ...;
2. Beiziehung der Akten des Nachlassgerichtes ..., Az: ...

Der Nachlass besteht im Wesentlichen aus einem Hausgrundstück, das den Erblassern sehr am Herzen gelegen hat. Dazu haben sie in ihrem privatschriftlichen Testament bestimmt:

„Das Haus, das so viel eigene Arbeit und Initiative gekostet hat, soll mindestens 50 Jahre nach unser beider Ableben im Familienbesitz bleiben. Sollte es trotzdem vor dieser Zeit veräußert werden müssen, so haben unsere Kinder das uneingeschränkte Vorkaufsrecht. Unser Sohn und Alleinerbe [Beklagter] hat es seinen Geschwistern dem Alter nach mit je einer Woche Bedenkzeit anzubieten, und zwar zum Preis von 50 % des amtlichen Schätzwertes. Erst wenn ein Verkauf an die Kinder nicht zustande kommt, kann das Haus zu dem möglichst günstigsten Angebot verkauft werden".

Beweis:

1. Fotokopie des privatschriftlichen Testamentes vom ..., Az: ..., wie vor;
2. Beiziehung der Akten des Nachlassgerichtes ..., Az: ..., wie vor

Die Klägerin hat vom Beklagten ihren Pflichtteil beansprucht und erhalten. Sie hat gleichzeitig gegenüber ihren Geschwistern erklärt, dass sie das Vorkaufsrecht ausüben wolle. Ihre Verhandlungen mit dem Beklagten über den Erwerb des Hauses blieben ohne Erfolg. Sie verlangt vom Beklagten die Eintragung einer Vormerkung zur Sicherung ihres Vorkaufsrechtes.

Dieser Anspruch ist gegeben; die Vormerkung ist einzutragen; der Beklagte ist verpflichtet, die Vormerkung zu bewilligen.

Zwar hängt der Anspruch der Klägerin davon ab, dass der Beklagte als Alleinerbe das Grundstück zur Veräußerung anbietet und ein Kaufvertrag mit einem Interessenten zustande kommt. Außerdem ist Voraussetzung, dass die Klägerin in diesem Falle den Verkaufspreis in Höhe der Hälfte des amtlichen Schätzwertes anbietet. Voraussetzungen sind deshalb einerseits ein bestimmtes Verhalten des Beklagten, andererseits ein solches der Klägerin. Das steht der Eintragung einer Vormerkung nicht entgegen (BGH NJW 2001, 2883).

Sollte der Fall eintreten, dass die Klägerin das Hausgrundstück zum halben Schätzwert erwirbt, so hätte sie den erhaltenen Pflichtteil teilweise zu erstatten (BGH NJW 2001, 520).

Rechtsanwalt ◄

57 **Ergänzende Erläuterungen:**

Das Recht der Klägerin, das elterliche Grundstück zu erwerben, ist von zwei Bedingungen abhängig. Der Beklagte muss das Grundstück veräußern wollen und die Klägerin muss bereit sein, 50 % des amtlichen Schätzwertes zu zahlen. Außerdem hätte der Beklagte dann möglicherweise Anspruch auf Erstattung des Pflichtteils.[32] Obwohl bis dahin noch viel Zeit vergehen kann, kann die Klägerin verlangen, dass dieser Anspruch gesichert wird, in dem der Beklagte die Vormerkung bewilligt. Auch das ist erst möglich *nach* Eintritt des Erbfalls. Zu Lebzeiten des Erblassers kann der Vermächtnisanspruch durch eine Vormerkung *nicht* gesichert werden.[33]

58 Als Streitwert wird bei der Vormerkungsklage 25 bis 33 % des Verkehrswertes des Grundstückes zugrunde gelegt.[34]

f) Zweckvermächtnis

59 Mit dem Vermächtnis wird ein bestimmter Zweck verbunden (§ 2156 BGB). Dabei bestimmt der Erblasser den Bedachten und den Zweck,[35] überlässt aber die Bestimmung des Vermächtnis*gegenstandes* dem Beschwerten oder einem Dritten. Dem Vermächtnisnehmer kann Gelegenheit gegeben werden, in eine OHG einzutreten.

60 ▶ **Muster: Zweckvermächtnis**

Da zwischen meinem Enkel C und seinem Vater H ein zu großer Altersunterschied besteht, so soll für die Nachfolge in der Firma einem Sohn meines verstorbenen Sohnes E Gelegenheit zum Eintritt in die Firma gegeben werden, wenn er sich für das Geschäft eignet. In diesem Fall ist ihm eine ausreichende Ausbildung auf Kosten der Firma in Deutschland und im Ausland zu ermöglichen. Die Auswahl unter meinen beiden Enkelsöhnen steht meinem Sohn H zu.[36] ◄

61 In diesem Falle kann die Bestimmung der Leistung dem Beschwerten oder einem Dritten, nicht jedoch dem Bedachten überlassen werden.[37] Das Prinzip der Höchstpersönlichkeit der Verfügung von Todes wegen wird gelockert, weil der Erblasser die konkrete Auswahl des Begünstigten entgegen § 2065 Abs. 2 BGB einem Dritten überlassen kann.[38]

62 ▶ **Muster: Klage auf Zweckvermächtnis**

An das

Landgericht ...

Klage

des Angestellten ...,

- Kläger -

Proz.-Bev.: Rechtsanwälte ...

---

32 BGH NJW 2001, 2884.
33 MPFErbR/*Klinger/Schlitt*, O. I. 6 Ziff. 1.
34 Baumbach/*Hartmann*, § 6 Rn 15.
35 Damrau/*Linnartz*, § 2156 Rn 3 ff.
36 BGH NJW 1984, 2570.
37 Bamberger/Roth/*Müller-Christmann*, § 2156 Rn 3.
38 Dazu *Helms*, ZEV 2008, 1 ff.

A. Vermächtnis § 2

g e g e n

den Angestellten ▪▪▪,

- Beklagter -

Hiermit erheben wir Klage, bitten um Anberaumung eines Termins zur mündlichen Verhandlung, in dem wir beantragen werden:

1. Es wird festgestellt, dass der Beklagte verpflichtet ist, dem Kläger ab April des kommenden Jahres für zwölf Monate, jeweils zum ersten des Monats, einen Betrag in Höhe von 1.500,00 EUR zur Verfügung zu stellen;
2. der Beklagte trägt die Kosten des Verfahrens.

Es wird angeregt, einen frühen ersten Termin zu bestimmen. Sollte das Gericht das schriftliche Vorverfahren anordnen, wird für den Fall der Fristversäumnis oder des Anerkenntnisses beantragt,

den Beklagten durch Versäumnisurteil oder Anerkenntnisurteil ohne mündliche Verhandlung zu verurteilen.

Gründe:

Der Beklagte ist der Sohn des am ▪▪▪ in ▪▪▪ verstorbenen Erblassers. Der Beklagte ist gemeinsam mit seiner Schwester Miterbe nach dem Erblasser zu je ½. Das beruht auf dem notariellen Testament des Erblassers vom ▪▪▪ Der Beklagte und seine Schwester haben die Erbschaft angenommen.

Beweis:

1. Fotokopie des Erbscheins zugunsten des Beklagten und seiner Schwester vom ▪▪▪, Az: ▪▪▪;
2. Beiziehung der Akten des Nachlassgerichtes ▪▪▪, Az: ▪▪▪

Der Nachlass besteht aus einer Mehrheitsbeteiligung an der X-OHG, mehreren mit Mietshäusern bebauten Grundstücken sowie Wertpapieren und Bankguthaben von zusätzlich mindestens einer Million EUR. Dies ist unstreitig.

Der Kläger ist ein Großneffe des Erblassers. In dem notariellen Testament des Erblassers findet sich zu seinen Gunsten ein Vermächtnis, das folgenden Wortlaut hat:

„Sollte mein Großneffe [Kläger] seine juristische Ausbildung abschließen, so soll er ein Jahr lang in die USA gehen und das dortige Rechtssystem kennenlernen. Dafür soll ihm mein Sohn S für zwölf Monate einen Betrag in Höhe von 1.500,00 EUR pro Monat zur Verfügung stellen. Mein Großneffe kann die Ausbildung auch in einem anderen englischsprachigen Land absolvieren. Er muss nachweisen, dass er die Zeit nicht verbummelt".

Beweis:

1. Fotokopie des Testaments des Notars ▪▪▪ vom ▪▪▪, UR-Nr.: ▪▪▪;
2. Beiziehung der Akten des Nachlassgerichtes vom ▪▪▪, Az: ▪▪▪, wie vor

Es ist unstreitig, dass Begünstigter dieses Vermächtnisses allein der Kläger sein kann. Zum Zeitpunkt der Errichtung des Testamentes hatte er sein juristisches Studium an der Universität Mannheim begonnen. Bei mehreren Besuchen des Erblassers hat er ihm stolz seine ersten „Scheine" präsentiert. Nach sechs Semestern hat er dem Erblasser mitgeteilt, dass er beabsichtige, sein Studium nach acht Semestern abzuschließen. Der Erblasser war über die Zielstrebigkeit und den Fleiß des Klägers sehr erfreut. Im Verlauf eines Besuchs des Klägers hat der Erblasser erklärt, er sei der Ansicht, ein juristisches Studium verlange heute den „Blick über den Zaun". Der Kläger solle, sobald er seine Ausbildung beendet hat, unbedingt mindestens ein Jahr lang ins Ausland gehen. Das sei nicht nur gut für die Sprachkenntnisse, sondern werde ihm einen Einblick geben in das ausländische Rechtsdenken.

Am Besten sei es, wenn der Kläger in die USA gehe und dort studiere. Dazu sei es aber erforderlich, mindestens ein Jahr dort zu bleiben. Er, der Erblasser, sei der Ansicht, dass ein Studium in den USA am Besten sei, doch könne es auch ein anderes Land sein. Dort müsse aber englisch gesprochen werden. Angesichts der wirtschaftlichen Übermacht der USA benötige auch ein deutscher Jurist dringend Grundkenntnisse des Rechtes der Amerikaner.

Bei diesem Besuch des Klägers beim Erblasser war die damalige Freundin des Klägers anwesend.

Beweis: Zeugnis der Frau ..., zu laden ...

Der Kläger hat sein juristisches Studium inzwischen nach neun Semestern abgeschlossen. Er will nunmehr in die USA gehen und dort an einer guten Universität zwei Semester studieren. Er bemüht sich auch um einen Ausbildungsplatz in einer New Yorker Rechtsanwaltskanzlei.

Beweis:

1. Fotokopie des Schreibens der Universität ..., dass der Kläger sein Studium im April nächsten Jahres beginnen kann;
2. Fotokopie der Durchschrift der Bewerbungsschreiben des Klägers an mehrere New Yorker Rechtsanwaltskanzleien

Der Kläger hat den Beklagten gebeten, ihm zu bestätigen, dass er den vom Erblasser festgesetzten Betrag ab April des nächsten Jahres für zwölf Monate leisten wird. Der Kläger hat darauf hingewiesen, dass der Erblasser mit dem Vermächtnis allein den Beklagten beschwert hat. Das hat vermutlich damit zu tun, dass der Beklagte die Beteiligung des Erblassers an der X-OHG allein erhalten hat.

Beweis: Fotokopie der Durchschrift des Schreibens des Klägers vom ...

Der Beklagte hat die Zahlung verweigert und erklärt, die juristische Ausbildung des Klägers sei noch nicht beendet. Er habe zunächst das zweite juristische Staatsexamen abzulegen.

Beweis: Fotokopie des Schreibens des Beklagten vom ...

Diese Ansicht ist unrichtig, die juristische Ausbildung wird abgeschlossen mit dem ersten juristischen Staatsexamen. Gerade für Juristen, die anschließend in der Wirtschaft tätig sein wollen, ist die Referendarausbildung, die sich ausschließlich an den im Justizwesen tätigen Juristen orientiert, nicht erforderlich. Im Übrigen ist es richtig, dass der Kläger das Studium in den USA unmittelbar anschließt an das Studium in Deutschland.

Mit dem Zweckvermächtnis ist allein der Beklagte beschwert. Die Höhe des monatlichen Betrages wie auch die Menge der Leistung hat der Erblasser nicht festgelegt. Das hat er ausdrücklich dem beschwerten Beklagten überlassen, was gemäß § 2156 S. 1 BGB möglich ist. Es genügt, dass der Erblasser den Begünstigten und den Zweck benennt. Die Bestimmung der Leistung kann er dem billigen Ermessen des Beschwerten überlassen, wenn er nur den Zweck deutlich genug umreißt (BayObLG NJW-RR 1999, 946 f).

Der Erblasser hat nicht bestimmt, wie hoch die monatliche Zahlung zugunsten des Klägers ausfallen soll. Die Bestimmung hat er letztlich dem Beschwerten überlassen. Die Zahlung muss so ausfallen, dass sie dem Kläger das Studium in New York ermöglicht, ohne dass er eigene Mittel dazu einsetzen muss. Unter diesen Umständen und angesichts der Größe des Nachlasses insgesamt ist der vom Kläger beanspruchte monatliche Betrag in Höhe von 1.500,00 EUR nicht übersetzt.

A. Vermächtnis § 2

Beweis: Sachverständigengutachten

Eine Leistungsklage ist jedenfalls derzeit nicht möglich. Der Kläger möchte aber festgestellt haben, dass der Beklagte im nächsten Jahr zur Leistung verpflichtet ist, weil davon die weitere Vorbereitung seines Studiums in den USA abhängt.

Rechtsanwalt ◄

Ergänzende Erläuterungen: 63

Der Erblasser kann es nicht dem freien Belieben des Erben überlassen, die Höhe der Leistung zu bestimmen.[39] Überhaupt ist die gerichtliche Überprüfung von Zweckvermächtnissen nur eingeschränkt möglich.[40]

g) Forderungsvermächtnis

Der Bedachte erlangt den Anspruch auf Übertragung der vermachten Forderung (§ 2173 BGB) 64 nebst Zinsen (§ 2184 BGB) und etwaigen Nebenrechten. Es kann eine *bestehende* Forderung zum Gegenstand des Vermächtnisses gemacht werden, sodass der Bedachte die Abtretung verlangen kann (§ 2174 BGB). Der Erblasser kann die Forderung aber auch erst durch die letztwillige Verfügung *begründen*, wenn der Vermächtnisnehmer vom Beschwerten eine monatliche Rente oder dauernde Last erhalten soll.[41]

In diese Kategorie gehört auch das „Befreiungsvermächtnis",[42] mit dem der Erblasser den Bedachten von einer Forderung des Nachlasses oder eines Dritten befreit. 65

▶ **Muster: Forderungsvermächtnis** 66

Meine bei der X-Bank deponierten Sparkassenguthaben erhält mein Enkel E1.[43] ◄

85

Vermacht sind die Forderungen des Erblassers gegen die Bank in ihrer Höhe zum Zeitpunkt 67 des Erbfalls zuzüglich der zuvor und nach dem Erbfall entstandenen Zinsen.[44] Ist die Forderung zuvor durch Leistung erloschen, so ist die Auslegungsvorschrift des § 2173 BGB zu beachten. Danach kann der Vermächtnisnehmer die Leistung beanspruchen, wenn sie noch im Nachlass vorhanden ist.[45]

▶ **Muster: Klage auf Forderungsvermächtnis** 68

An das

Landgericht ...

86

Klage

des Angestellten ...,

- Kläger -

Proz.-Bev.: Rechtsanwälte ...

g e g e n

den Angestellten ...

---

39 BayObLG NJW-RR 1999, 946.
40 MAH Erbrecht/*Schlitt*, § 53 Rn 19.
41 MPFErbR/*Klinger/Schlitt*, O. IV. 6 Ziff. 1.
42 Palandt/*Edenhofer*, § 2173 Rn 4.
43 OLG Koblenz FamRZ 1998, 579.
44 Palandt/*Edenhofer*, § 2184 Rn 2.
45 Bonefeld/Kroiß/*Tanck*, Kap. 6 Rn 42.

- Beklagter -

Hiermit erheben wir Klage, bitten um Anberaumung eines Termins zur mündlichen Verhandlung, in dem wir beantragen werden:

1. Der Beklagte wird verurteilt, die Sparguthaben bei der X-Bank Nr.: ... und Nr.: ... an den Kläger abzutreten und ihm die beiden dazu gehörenden Sparkassenbücher zu übergeben;
2. der Beklagte trägt die Kosten des Verfahrens.

Es wird angeregt, einen frühen ersten Termin zu bestimmen. Sollte das Gericht das schriftliche Vorverfahren anordnen, wird für den Fall der Fristversäumnis oder des Anerkenntnisses beantragt,

den Beklagten durch Versäumnisurteil oder Anerkenntnisurteil ohne mündliche Verhandlung zu verurteilen.

Gründe:

Der Kläger ist der Enkel E1 des am ... in ... verstorbenen Erblassers, der den Beklagten zum Alleinerben eingesetzt hat.

Beweis:

1. Fotokopie des notariellen Testamentes vom ... des Notars ..., UR-Nr.: ...;
2. Beiziehung der Akten des Nachlassgerichtes ..., Az: ...

Der Beklagte hat die Erbschaft angenommen und Erbschein beantragt und erhalten.

Beweis: Fotokopie des Erbscheins vom ..., Az: ...

In dem notariellen Testament hat der Erblasser dem Kläger ein Forderungsvermächtnis ausgesetzt. Er hat erklärt, dass sein Enkel E1 [Kläger] seine, des Erblassers, „bei der X-Bank deponierten Sparkassenguthaben" erhalte.

Beweis:

1. Fotokopie des notariellen Testamentes vom ... des Notars ..., UR-Nr.: ..., wie vor;
2. Beiziehung der Akten des Nachlassgerichtes ..., Az: ...

Der Kläger hat das Vermächtnis angenommen und dies dem Beklagten mitgeteilt.

Beweis: Fotokopie des Schreibens des Klägers vom ...

Der Beklagte hat erklärt, die beiden Sparkassenguthaben existierten und die Sparkassenbücher befänden sich in seinem Besitz. Er hat auch mitgeteilt, wie hoch sich die Guthaben belaufen.

Beweis: Fotokopie des Schreibens des Beklagten vom ...

Dennoch hat er das ihm obliegende Vermächtnis bisher nicht erfüllt. Er erklärt, zunächst habe er sich um einen Erbschein bemühen müssen. Nachdem der Erbschein vorliege, seien andere Forderungen dringlicher.

Der Anspruch des Klägers auf Abtretung der Guthaben ist fällig und vom Beklagten sofort zu erfüllen. Der Kläger hat außerdem Anspruch darauf, dass ihm der Beklagte die Sparkassenbücher aushändigt (§ 808 BGB).

Rechtsanwalt ◀

69 **Ergänzende Erläuterungen:**

Eigentümer des Sparbuchs ist der Inhaber der Forderung (§ 808 BGB).

A. Vermächtnis § 2

h) Nießbrauchsvermächtnis

Der Nießbrauch ist möglich an Sachen, insbesondere Grundstücken, aber auch an einem Recht, an einem Unternehmen, Kapital- oder Personengesellschaft sowie am Erbteil.[46] Im Rahmen von letztwilligen Verfügungen dürfte der Nießbrauch an Grundstücken besonders häufig sein.

Der Nießbraucher ist berechtigt, das Grundstück selbst zu nutzen, es zu vermieten und zu verpachten oder einem Dritten zu überlassen.[47] Das Nießbrauchsrecht an einem Grundstück geht deshalb weiter als das Wohnungsrecht (§ 1093 BGB). Streit zwischen dem Erben als Eigentümer und dem Nießbraucher entsteht häufig zu der Frage, wer die Kosten für das Grundstück tragen muss. Solange der Erblasser nichts anderes bestimmt hat, trägt der Nießbraucher die Kosten der gewöhnlichen Unterhaltung; außergewöhnliche Unterhaltungsmaßnahmen treffen den Erben (§§ 1041, 1047 BGB). Der Nießbraucher muss außerdem im Innenverhältnis die laufenden öffentlichen Abgaben (Grundsteuer, Gewerbesteuer; § 1045 BGB) übernehmen. Ist das Grundstück mit Grundpfandrechten belastet (§ 1047 BGB), so hat der Nießbraucher die laufenden Zinsen zu tragen, der Erbe die Beträge zur Tilgung.

▶ **Muster: Klage auf Nießbrauchsvermächtnis**

An das

Landgericht ...

Klage

der Rentnerin ...,

- Klägerin -

Proz.-Bev.: Rechtsanwälte ...

g e g e n

den Angestellten ...,

- Beklagten -

Hiermit erheben wir Klage, bitten um Anberaumung eines Termins zur mündlichen Verhandlung, in dem wir beantragen werden:
1. Der Beklagte wird verurteilt, der Klägerin am Grundstück Grundbuch ..., Bl. ... ein unentgeltliches, lebenslanges Nießbrauchsrecht zu bestellen und die Eintragung im Grundbuch zu bewilligen;
2. der Beklagte trägt die Kosten des Verfahrens.

Es wird angeregt, einen frühen ersten Termin zu bestimmen. Sollte das Gericht das schriftliche Vorverfahren anordnen, wird für den Fall der Fristversäumnis oder des Anerkenntnisses beantragt,

den Beklagten durch Versäumnisurteil oder Anerkenntnisurteil ohne mündliche Verhandlung zu verurteilen.

Gründe:

Der Beklagte ist einziges Kind des am ... in ... verstorbenen verwitweten Erblassers. Durch notarielles Testament hat der Erblasser den Beklagten zum Alleinerben eingesetzt. Der Beklagte hat die Erbschaft angenommen.

---
46 Bonefeld/Daragan/Wachter/*Maulbetsch*, Kap. X Rn 89 ff.
47 *Frieser*, Rn 509.

Beweis:

1. Testament des Notars ▄▄▄ vom ▄▄▄, UR-Nr.: ▄▄▄;
2. Fotokopie des Erbscheins vom ▄▄▄, Az: ▄▄▄;
3. Beiziehung der Akten des Nachlassgerichtes ▄▄▄, Az: ▄▄▄

Der Nachlass besteht aus mehreren bebauten und unbebauten Grundstücken. Seinen Gesamtwert schätzt die Klägerin auf 1,5 Millionen Euro. Das Grundstück ist lastenfrei.

Die Klägerin war die Lebensgefährtin des Erblassers in dessen letzten fünf Lebensjahren. Sie war zunächst gemeinsam mit ihrem vorverstorbenen Ehemann Mieterin des Hausgrundstückes, das im Antrag näher bezeichnet worden ist. Etwa drei Jahre vor seinem Tod erlitt der Erblasser einen schweren Herzinfarkt. Von da an war er mehr oder weniger stark pflegebedürftig. Seit dieser Zeit hat sich die Klägerin zunehmend um ihn gekümmert und alle Pflegetätigkeiten, die erforderlich waren, vorgenommen. Das bestreitet auch der Beklagte nicht.

Der Erblasser war der Klägerin für diese Hilfe außerordentlich dankbar. Deshalb hat er sein ursprüngliches notarielles Testament ein halbes Jahr vor seinem Tod ergänzt. Dies ist geschehen wiederum durch notarielle Beurkundung bei demselben Notar, der seinerzeit das Testament zugunsten des Beklagten verfasst hat. In dieser Ergänzung hat der Erblasser dem Beklagten aufgegeben, der Klägerin ein lebenslanges Nießbrauchsrecht einzuräumen an dem Hausgrundstück, das sie seinerzeit gemeinsam mit ihrem damals noch lebenden Ehemann beim Erblasser gemietet hatte.

Beweis:

1. Ergänzungs-Urkunde des Notars ▄▄▄ vom ▄▄▄, UR-Nr.: ▄▄▄;
2. Beiziehung der Akten des Nachlassgerichtes ▄▄▄, Az: ▄▄▄, wie vor

Der Beklagte ist der Ansicht, der Erblasser sei zu dem Zeitpunkt, an dem die Ergänzung seines Testamentes protokolliert worden ist, nicht mehr testierfähig gewesen. Diese Ansicht ist unrichtig; der Erblasser war körperlich stark geschwächt, aber geistig voll präsent.

Beweis:

Zeugnis des Notars ▄▄▄, zu laden ▄▄▄

Vorsorglich sei darauf hingewiesen, dass dem Beklagten die volle Beweislast zur angeblichen Unrichtigkeit des notariellen Testamentes obliegt (§ 415 Abs. 2 ZPO).

Rechtsanwalt ◄

73 **Ergänzende Erläuterungen:**

Der im Grundbuch eingetragene Nießbrauch am Grundstück verhindert nicht die Zwangsversteigerung.[48] Bei der Vollstreckungsversteigerung kommt es auf den Rang des Nießbrauchs an. Ist er gegenüber dem vollstreckenden Gläubiger vorrangig, bleibt er bestehen; ist er nachrangig, so erlischt er mit dem Zuschlag, an seine Stelle tritt ein Anspruch auf Wertersatz aus dem Versteigerungserlös als Rente.[49] Bei der Teilungsversteigerung dürfte der Nießbrauch im Allgemeinen bestehen bleiben.

---

48 Bonefeld/Daragan/Wachter/*Maulbetsch*, Kap. C Rn 99.
49 Palandt/*Bassenge*, vor § 1030, Rn 7.

A. Vermächtnis § 2

i) Quotenvermächtnis

Es ist möglich, das Vermächtnis auf einen Bruchteil des Vermögens zu beschränken, und zwar auch aus einem Teilnachlass.[50]

74

▶ **Muster: Quotenvermächtnis**

75

Meinem Neffen N vermache ich die Hälfte von allem Vermögen, das sich zu meinem Todeszeitpunkt bei der X-Sparkasse befindet. ◀

▶ **Muster: Aufforderung zur Auskunft über die Höhe eines Quotenvermächtnisses**

76

EINSCHREIBEN/RÜCKSCHEIN

Herrn

...

Betreff: Nachlass des am ... in ... verstorbenen Herrn ...

Sehr geehrter Herr ...,

durch beigefügte Vollmacht zeigen wir an, dass wir Herrn ... in ... anwaltlich vertreten.

Der Erblasser hat unserem Mandanten durch privatschriftliches Testament vom ... ein Vermächtnis ausgesetzt in Höhe von 50 % seines gesamten Vermögens bei der X-Bank.

Der Wert dieser Zuwendung lässt sich erst ermitteln, wenn feststeht, welche Vermögenswerte der Erblasser an seinem Todestag bei der X-Bank hielt. Wir bitten Sie deshalb, unserem Mandanten Auskunft zu geben über alle Vermögenswerte des Erblassers bei der X-Bank am Todestag. Wir schlagen vor, dass Sie uns dazu die Erklärung der X-Bank gegenüber der Erbschaftsteuerstelle gemäß § 33 ErbStG in Kopie übermitteln.

Mit freundlichen Grüßen

Rechtsanwalt ◀

Da sich das Vermögen allein auf die Vermögenswerte bei der X-Bank bezog, ist auch nur über diese Werte Auskunft zu geben.

77

▶ **Muster: Klage auf Auskunft bei einem Quotenvermächtnis**

78

An das

Landgericht ...

Klage

des Angestellten ...,

- Kläger -

Proz.-Bev.: Rechtsanwälte ...

g e g e n

den Angestellten ...,

- Beklagter -

Hiermit erheben wir Klage, bitten um Anberaumung eines Termins zur mündlichen Verhandlung, in dem wir beantragen werden:

---

50 OLG Naumburg ZEV 2007, 381; MPFErbR/*Klinger/Schlitt*, O. 1. 4 Ziff. 6.

1. Der Beklagte wird verurteilt, Auskunft zu geben über alle Vermögenswerte, die der Erblasser, Herr ..., verstorben am ... in ... (Az des zuständigen Nachlassgerichtes: ...), an seinem Todestag, dem ..., bei der X-Bank ... in ... hinterlassen hat;[51]
2. der Beklagte trägt die Kosten des Verfahrens.

Es wird angeregt, einen frühen ersten Termin zu bestimmen. Sollte das Gericht das schriftliche Vorverfahren anordnen, wird für den Fall der Fristversäumnis oder des Anerkenntnisses beantragt,

> den Beklagten durch Versäumnisurteil oder Anerkenntnisurteil ohne mündliche Verhandlung zu verurteilen.

Gründe:

Der Beklagte ist aufgrund privatschriftlichen Testamentes vom ... Alleinerbe des am ... in ... verstorbenen Erblassers geworden. Dies ist unstreitig und vom zuständigen Nachlassgericht bestätigt worden. Es hat dem Beklagten einen Erbschein erteilt, in dem er als Alleinerbe ausgewiesen ist.

Beweis:

1. Fotokopie des Erbscheins vom ..., Az: ...;
2. Beiziehung der Akten des Nachlassgerichtes ..., Az: ...

In seinem Testament hat der Erblasser dem Kläger ein Vermächtnis ausgesetzt. In dem Testament heißt es dazu:

> „Meinem Neffen N vermache ich die Hälfte von allem Vermögen, das sich zu meinem Todeszeitpunkt bei der X-Sparkasse befindet."

Beweis: Fotokopie des Ausschnitts aus dem Testament vom ..., Az: ...

Der Kläger ist der im Testament Begünstigte. Der Erblasser hat auch bei der X-Sparkasse Vermögenswerte hinterlassen. Diese Tatsachen sind unstreitig. Der Kläger hat gegenüber dem Beklagten erklärt, dass er das Vermächtnis annehme. Gleichzeitig hat er den Beklagten aufgefordert, Auskunft zu geben über alle Vermögenswerte, die der Erblasser an seinem Todestag bei der X-Sparkasse hielt.

Beweis: Fotokopie des Schreibens vom ... (Einschreiben mit Rückschein)

Der Beklagte hat nicht reagiert. Es ist deshalb nunmehr Klage geboten.

Der Erblasser hat dem Kläger ein „Quotenvermächtnis" zugewendet in Höhe der Hälfte aller Werte, die er bei der X-Sparkasse am Todestag hält. Um die Höhe des ihm zustehenden Betrages zu ermitteln, benötigt der Kläger die Auskunft durch den Kläger, weil er als Vermächtnisnehmer keinen unmittelbaren Auskunftsanspruch gegen die Bank hat. In diesen Fällen hat der Erbe Auskunft zu erteilen (§ 242 BGB). Der Beklagte ist dazu ohne Weiteres in der Lage.

Rechtsanwalt ◄

79 **Ergänzende Erläuterungen:**

Eine *Stufenklage* ist nicht erforderlich, weil beim Vermächtnis im Allgemeinen keine Verjährung droht. Es besteht deshalb kein Anlass, die Unannehmlichkeiten der Stufenklage zu provozieren.[52] Der Auskunftsanspruch ergibt sich aus § 242 BGB (s.u. Rn 183), wobei die *Ausforschung* verhindert werden muss.[53] Die Rechtsprechung hat den Anspruch durch einschränkende Voraussetzungen allgemeiner Art eingegrenzt.

---

51 Beispiel für Klageantrag auch bei *Sarres* (Vermächtnis), Rn 173.
52 *Bartsch*, ZErb (FA) 2006, 3.
53 BGHZ 97, 188.

A. Vermächtnis § 2

- Zwischen dem Auskunftsberechtigten und dem Auskunftspflichtigen muss eine Sonderverbindung bestehen. Das ist zwischen Erbe und Vermächtnisnehmer der Fall.
- Der auskunftsberechtigte Vermächtnisnehmer muss über die Einzelheiten entschuldbar im Ungewissen und nicht in der Lage sein, sie sich anderweitig zu beschaffen.[54]
- Der Verpflichtete muss in der Lage sein, die Auskunft ohne große Mühe zu geben, sie muss ihm zumutbar sein.[55]
- Da der Auskunftsanspruch immer nur Hilfsanspruch ist, muss ein Hauptanspruch existieren oder mindestens plausibel gemacht werden.

Die Bank erteilt Auskunft ausschließlich dem Erben, der sich durch Erbschein, ggf auch durch eindeutiges Testament mit Eröffnungsniederschrift ausweisen kann. Der Vermächtnisnehmer hat keinen Auskunftsanspruch gegen die Bank.[56]

Der Streitwert für das Auskunftsverfahren liegt bei einem Teilwert der Hauptsache, der zwischen ¼ und 1/20 variiert. Wird der Beklagte verurteilt, Auskunft zu geben, Rechnung zu legen, Einsicht zu gewähren in die Unterlagen oder die eidesstattliche Versicherung abzugeben, so kann er im Allgemeinen hiergegen *keine* Berufung einlegen, weil es an der Beschwer fehlt.[57] Der Wert für das Berufungsverfahren richtet sich nicht nach dem Streitwert für die Auskunft, sondern nach dem persönlichen Aufwand an Zeit und Kosten, der dem Beklagten durch die Auskunft auferlegt wird, wobei der Beschwerdegegenstand gemäß § 511 Abs. 2 Nr. 1 ZPO nicht erreicht wird. Hat die erste Instanz die Klage auf Auskunft *abgewiesen*, dann berechnet sich der Beschwerdewert am *Angriffsinteresse* des Klägers, das im Allgemeinen bei einem Bruchteil der Hauptsache liegt.

▶ **Muster: Klage auf Quotenvermächtnis**

An das

Landgericht ▪▪▪

Klage

des Angestellten ▪▪▪,

- Kläger -

Proz.-Bev.: Rechtsanwälte ▪▪▪

g e g e n

den Angestellten ▪▪▪,

- Beklagter -

Hiermit erheben wir Klage, bitten um Anberaumung eines Termins zur mündlichen Verhandlung, in dem wir beantragen werden:

1. Der Beklagte wird verurteilt, an den Kläger 36.545,16 EUR nebst 5 % Zinsen über dem Basiszinssatz seit Klagezustellung zu zahlen;
2. der Beklagte trägt die Kosten des Verfahrens.

Es wird angeregt, einen frühen ersten Termin zu bestimmen. Sollte das Gericht das schriftliche Vorverfahren anordnen, wird für den Fall der Fristversäumnis oder des Anerkenntnisses beantragt,

---
54 BGH NJW 1980, 2463.
55 BGH NJW 1973, 876 ff.
56 Ott-Eulberg/*Schebesta*/Bartsch, S. 236.
57 BGH NJW 1995, 864.

den Beklagten durch Versäumnisurteil oder Anerkenntnisurteil ohne mündliche Verhandlung zu verurteilen.

Gründe:

Der Beklagte ist aufgrund privatschriftlichen Testamentes vom ... Alleinerbe des am ... in ... verstorbenen Erblassers geworden. Dies ist unstreitig und vom zuständigen Nachlassgericht bestätigt worden. Es hat dem Beklagten auf seinen Antrag einen Erbschein erteilt, in dem er als Alleinerbe ausgewiesen ist.

Beweis:

1. Fotokopie des Erbscheins vom ..., Az: ...
2. Beiziehung der Akten des Nachlassgerichtes ..., Az: ...

In seinem Testament hat der Erblasser dem Kläger ein Vermächtnis ausgesetzt. In dem Testament heißt es dazu:

> „Meinem Neffen N vermache ich die Hälfte von allem Vermögen, das sich zu meinem Todeszeitpunkt bei der X-Sparkasse befindet."

Beweis: Fotokopie des Ausschnitts aus dem Testament

Der Kläger ist der im Testament Begünstigte. Der Erblasser hat auch bei der X-Sparkasse Vermögenswerte hinterlassen. Diese Tatsachen sind unstreitig. Der Kläger hat gegenüber dem Beklagten erklärt, dass er das Vermächtnis annehme. Gleichzeitig hat er den Beklagten aufgefordert, Auskunft zu geben über alle Vermögenswerte, die der Erblasser an seinem Todestag bei der X-Sparkasse hielt.

Beweis: Fotokopie des Schreibens vom ... (Einschreiben mit Rückschein)

Da der Beklagte zunächst nicht reagierte, ist er durch Urteil vom ... zur Auskunft verurteilt worden.

Beweis: Beiziehung der Akten des erkennenden Gerichtes ..., Az: ...

Der Erblasser hat dem Kläger ein „Quotenvermächtnis" zugewendet in Höhe der Hälfte aller Werte, die er bei der X-Sparkasse am Todestag hält. Es handelt sich um ein Quotenverhältnis aus einem Teilnachlass. Die Auskunft, die der Beklagte inzwischen erteilt hat, hat ergeben, dass der Erblasser zum maßgeblichen Zeitpunkt bei der X-Bank 73.090,32 EUR hielt. Hiervon steht dem Kläger die Hälfte zu. Dieser Betrag wird mit der Klage geltend gemacht. Der Beklagte befindet sich in Verzug und hat deshalb auch Zinsen in der gesetzlich vorgeschriebenen Höhe zu zahlen.

Rechtsanwalt ◀

83 **Ergänzende Erläuterungen:**
Beim Geldvermächtnis, um das es sich hier handelt, hat der Vermächtnisnehmer Anspruch auf Zinsen ab Verzug (§§ 286, 280, 281 BGB).[58] Hier könnte der Verzug schon eingetreten sein durch die Aufforderung zur Zahlung beziehungsweise die Klage auf Auskunft.

84 Der Erblasser kann auch das Quotenvermächtnis wählen, um die Erbauseinandersetzung zu erleichtern und gleichzeitig allen Kindern wertmäßig dasselbe zuzuwenden. Er setzt dann ein Kind als Alleinerben ein und wendet den anderen Kindern Vermächtnisse in Höhe ihres Anteils zu.[59]

---

58 Bonefeld/Daragan/Wachter/*Maulbetsch*, Kap. 10 Rn 37.
59 BGH NJW 1960, 1759 f.

A. Vermächtnis § 2

▶ **Muster: Quotenvermächtnis verbunden mit späterer Fälligkeit der Zahlung** 85

Ich setze meinen Sohn A, der Bäcker gelernt hat, zum Alleinerben ein. Er soll die Bäckerei, die mir gehört, fortführen. Meinen übrigen sechs Kindern B, C, D, E, F und G vermache ich einen Betrag von ... EUR. Das entspricht dem Erbteil, den sie im Falle der gesetzlichen Erbfolge aus meinem Nachlass bekommen hätten. Die Vermächtnisse sollen zur einen Hälfte zwei Jahre nach meinem Tode, zur anderen Hälfte spätestens fünf Jahre danach erfüllt werden. ◀

Obwohl der Erblasser feste Beträge festgesetzt hatte, ging der BGH[60] von einem Quotenvermächtnis aus, weil es dem Erblasser ersichtlich darauf angekommen sei, alle Kinder wertmäßig gleich zu behandeln. Der Wert richte sich nach dem Zeitpunkt der Erfüllung des Vermächtnisses, nicht nach demjenigen des Erbfalls, denn der Alleinerbe habe es in der Hand gehabt, wann er das Vermächtnis erfülle, notfalls durch Hinterlegung. 86

j) Universalvermächtnis

Die Zuwendung des gesamten oder nahezu gesamten Nachlasses im Wege des Vermächtnisses ist möglich.[61] Die Erben werden allerdings meist ausschlagen, weshalb gleichzeitig die Anordnung einer Testamentsvollstreckung geboten sein dürfte.[62] Das Universalvermächtnis (auch in der Form des Vorausvermächtnisses) eignet sich in besonderer Weise, um die *Unternehmensnachfolge* zu regeln. Der Unternehmer, der noch nicht abschätzen kann, welcher seiner Abkömmlinge geeignet ist, in seine Fußstapfen zu treten, wendet das Unternehmen einem seiner Erben als Vorausvermächtnis zu und überlässt es einem urteilsfähigen Dritten, den richtigen Abkömmling zu benennen. Das ist zulässig.[63] Dass sich das Vermächtnis auch auf eine Gesamtheit beziehen kann, ist unstreitig. Die Auswahlerklärung hat der Dritte dem Beschwerten gegenüber abzugeben. Die nicht berücksichtigten Erbprätendenten können die Erklärung nach § 2080 BGB anfechten und gegebenenfalls Feststellungsklage erheben. Die Konstruktion wird häufig verbunden mit der Einsetzung eines Testamentsvollstreckers, dem die Auswahl des Abkömmlings übertragen wird.[64] Sie wird auch gewählt bei der Nachfolge in Gesellschaftsbeteiligungen und bei Übernahme von landwirtschaftlichen Höfen. 87

▶ **Muster: Universalvermächtnis** 88

Alleinerbin ist meine Lebensgefährtin L. Mein Vermögen bei der X-Bank wie auch meine beiden Immobilien ... vermache ich meinen beiden Neffen Nf1 und Nf2. Testamentsvollstrecker ist Rechtsanwalt R, der sich bereit erklärt hat, das Amt zu übernehmen. ◀

Wenn der Nachlass im Wesentlichen besteht aus den beiden Immobilien und dem Vermögen bei der X-Bank, dann hat der Erblasser der Lebensgefährtin lediglich die persönliche Habe überlassen. Sie wird immerhin nicht mit der Abwicklung des Erbfalls belastet, was sie daran hindern mag, auszuschlagen. Andererseits wird sie die Kosten für die Abwicklung einschließlich der Testamentsvollstreckung zu tragen haben. 89

---

60 BGH NJW 1960, 1759 f.
61 Bamberger/Roth/*Litzenburger*, § 2087 Rn 1; dazu neuerdings *Hölscher*, ZEV 2009, 213 ff.
62 *Nieder/R. Kössinger*, § 8 Rn 3.
63 *Klunzinger*, BB 1970, 1197 ff.
64 *Zawar*, DNotZ 1986, 517.

90 ▶ **Muster: Klage auf Universalvermächtnis bei Testamentsvollstreckung**

An das
Landgericht ...

Klage

des Angestellten ...,[Nf1]
- Kläger -
Proz.-Bev.: Rechtsanwälte ...

g e g e n

1. die Angestellte ...,[Lebensgefährtin L]
- Beklagte zu 1) -
2. den Rechtsanwalt R ..., [Testamentsvollstrecker]
- Beklagter zu 2) -

Hiermit erheben wir Klage, bitten um Anberaumung eines Termins zur mündlichen Verhandlung, in dem wir beantragen werden:

1. Die Beklagten werden als Gesamtschuldner verurteilt, an den Kläger und seinen Bruder ... [Nf2] folgenden Nachlass des am ... in ... verstorbenen Erblassers ... zu übereignen und herauszugeben:
   a) das Grundstück Grundbuch ..., Bl.: ... sowie die Eigentumswohnung Grundbuch ..., Bl.: ... durch Zustimmung zur Auflassung und zur Umschreibung des Grundbuchs;
   b) das Wertpapierdepot Nr.: ... bei der X-Bank
2. die Beklagten werden als Gesamtschuldner verurteilt, an den Kläger und seinen Bruder ... [Nf2] die Sparguthaben Nr.: ... und Nr.: ... bei der X-Bank abzutreten und die Sparbücher herauszugeben;
3. die Beklagten tragen die Kosten des Verfahrens.

Es wird angeregt, einen frühen ersten Termin zu bestimmen. Sollte das Gericht das schriftliche Vorverfahren anordnen, wird für den Fall der Fristversäumnis oder des Anerkenntnisses beantragt,

die Beklagten durch Versäumnisurteil oder Anerkenntnisurteil ohne mündliche Verhandlung zu verurteilen.

Gründe:

Der Kläger ist einer der beiden Neffen des am ... in ... verstorbenen Erblassers. Der Erblasser hat ein privatschriftliches Testament hinterlassen und darin die Beklagte zu 1) zur Alleinerbin eingesetzt. Den Beklagten zu 2) hat er zum Testamentsvollstrecker bestimmt.

Beweis:

1. Privatschriftliches Testament vom ..., Az: ...;
2. Beiziehung der Akten des Nachlassgerichtes ..., Az: ...

In dem Testament ist weiter bestimmt, dass der Kläger sowie sein Bruder, der im Antrag näher bezeichnete Nf 2, die beiden Immobilien des Erblassers sowie dessen Vermögen bei der X-Bank erhalten sollen.

Beweis:

1. Privatschriftliches Testament vom ..., Az: ..., wie vor;
2. Beiziehung der Akten des Nachlassgerichtes ..., Az: ..., wie vor

A. Vermächtnis § 2

Die Beklagte zu 1) hat die Erbschaft angenommen. Sie hat einen Erbschein beantragt und erhalten.

Beweis: Fotokopie des Erbscheins vom ..., Az : ...

Der Beklagte zu 2) hat das Amt als Testamentsvollstrecker angenommen. Er hat ein Zeugnis als Testamentsvollstrecker beantragt und erhalten.

Beweis:

1. Fotokopie des Testamentsvollstreckerzeugnisses vom ..., Az: ...;
2. Beiziehung der Akten des Nachlassgerichtes ..., Az: ..., wie vor

Der Erblasser hat keine Äußerungen gemacht über Umfang und Dauer der Testamentsvollstreckung. Es ist deshalb anzunehmen, dass der Beklagte zu 2) beauftragt ist, den gesamten Nachlass abzuwickeln.

Der Kläger hat den Beklagten zu 2) aufgefordert, ihm und seinem Bruder die beiden im Testament des Erblassers genannten Immobilien sowie die bei der X-Bank liegenden Vermögenswerte zu übertragen. Eine Vollmacht seines Bruders hatte der Kläger beigefügt.

Beweis: Fotokopie des Schreibens vom ... nebst Vollmacht

Der Beklagte zu 2) hat die Erfüllung des Testamentes abgelehnt. Er ist der Ansicht, dass Zweifel an der Wirksamkeit des Testamentes bestehen. Der Erblasser stand im letzten Jahr vor seinem Tod unter Betreuung, die sich auch auf die Vermögenssorge bezog. Er war überdies seit längerer Zeit in psychiatrischer Behandlung. Der Beklagte zu 2) hat den behandelnden Psychiater aufgefordert, ihm Auskunft zu geben über den Geisteszustand des Erblassers und ihm seine Akten auszuhändigen. Das hat der behandelnde Psychiater abgelehnt. Er hat erklärt, der Erblasser habe ihm ausdrücklich aufgetragen, über diese Einzelheiten Stillschweigen zu bewahren. Sollte der Beklagte zu 2) im Verfahren entsprechende Beweisanträge stellen, so wird er darauf aufmerksam zu machen sein, dass der behandelnde Arzt entsprechend der Anweisung des Patienten über dessen Tod hinaus Stillschweigen zu bewahren hat. Im Übrigen bedeutet die Anordnung der Betreuung nicht, dass der Erblasser testierunfähig gewesen ist. Die Beweislast für die Testierunfähigkeit liegt beim Beklagten zu 2).

Der Beklagte zu 2) hat den Erbfall bisher nicht abgewickelt, sodass er passiv legitimiert ist. Vorsorglich wird auch die Beklagte zu 1) beklagt.

Rechtsanwalt ◄

Ergänzende Erläuterungen: 91

Der Kläger wird große Mühe haben, seine Anträge richtig und vollständig zu formulieren, da er alle Teile des Nachlasses gesondert herausverlangen muss. In vielen Fällen wird er eine Auskunftsklage vorschalten müssen.

Ob der Erblasser testierfähig war, ergibt sich aus § 2229 Abs. 4 BGB. Ist Betreuung angeordnet, 92 so lässt dies nicht den Schluss zu, dass der letztwillig Verfügende testierunfähig war.[65] Die Beweislast für die Testierunfähigkeit liegt bei demjenigen, der sie behauptet.[66] Die ärztliche Schweigepflicht besteht über den Tod des Patienten hinaus fort. Hat der Patient und spätere Erblasser dem Arzt gegenüber erklärt, er wünsche nicht, dass Einzelheiten über seinen Gesundheitszustand nachträglich offengelegt werden, so ist dies für den Arzt bindend.[67]

---

65 Palandt/*Edenhofer*, § 2229 Rn 5.
66 Palandt/*Edenhofer*, § 2229 Rn 11 mit Nachw.
67 BGHZ 91, 392.

k) Vorausvermächtnis

93 Um ein Vorausvermächtnis handelt es sich, wenn einem Erben zusätzlich durch Vermächtnis ein Vermögensvorteil verschafft wird, den er sich nicht auf seinen Erbteil anrechnen lassen muss (§ 2150 BGB). Die Abgrenzung zur Teilungsanordnung liegt darin, dass der Erblasser den Voraus-Vermächtnisnehmer gegenüber den anderen Miterben begünstigen will.[68] Dabei bleibt der Vermächtnisnehmer durch das Vorausvermächtnis auch dann begünstigt, wenn er das Erbe ausschlägt oder aus anderen Gründen nicht Erbe wird.[69] Das Vorausvermächtnis steht dem Vermächtnisnehmer überdies außerhalb der sonstigen Erbteilung zu und kann vor der Auseinandersetzung geltend gemacht werden.[70]

94 ▶ **Muster: Vorausvermächtnis**

95 Unter unseren Ziffer III. benannten Erben treffen wir folgende Anordnung als Vorausvermächtnis: Unsere Tochter hat das Recht, das uns gehörende Hausgrundstück ▬▬, eingetragen im Grundbuch von ▬▬ zu übernehmen, ohne dass sie hierfür eine Herauszahlung an den Miterben zu leisten hätte. Diese Übertragung erfolgt zum Ausgleich für die Vorempfänge, die unser Sohn bereits erhalten hat; insbesondere hat er von uns das Grundstück in ▬▬ unentgeltlich erhalten. ◀

95 Der Vorausvermächtnisnehmer ist Nachlassgläubiger (§ 2059 Abs. 2 BGB) und berechtigt, sein Vermächtnisanspruch während des Bestehens der Erbengemeinschaft aus dem ungeteilten Nachlass im Wege der Gesamthandklage nach § 2059 Abs. 2 BGB zu verlangen.[71] Er hat die Wahl zwischen der Gesamthandsklage und der Gesamtschuldklage (§ 2058 BGB).[72]

96 ▶ **Muster: Klage auf Vorausvermächtnis**

An das

Landgericht ▬▬

Klage

des Angestellten ▬▬,

- Kläger -

Proz.-Bev.: Rechtsanwälte ▬▬

g e g e n

den Angestellten ▬▬,

- Beklagten -

Hiermit erheben wir Klage, bitten um Anberaumung eines Termins zur mündlichen Verhandlung, in dem wir beantragen werden:

1. Der Beklagte wird verurteilt, an den Kläger 20.000,00 EUR zuzüglich 5 % Zinsen über dem Basiszinssatz seit ▬▬ zu zahlen;
2. der Beklagte trägt die Kosten des Verfahrens.

Es wird angeregt, einen frühen ersten Termin zu bestimmen. Sollte das Gericht das schriftliche Vorverfahren anordnen, wird für den Fall der Fristversäumnis oder des Anerkenntnisses beantragt,

---

68 BGH NJW-RR 1990, 1220.
69 BGH ZEV 1995, 144.
70 OLG Saarbrücken ZEV 2007, 579.
71 OLG Karlsruhe ZEV 2005, 396.
72 Dazu eingehend Damrau/*Syrbe*, § 2059 Rn 19.

A. Vermächtnis § 2

die Beklagten durch Versäumnisurteil oder Anerkenntnisurteil ohne mündliche Verhandlung zu verurteilen.

Gründe:

Der am ... in ... verstorbene Erblasser hat die Parteien, seine Söhne, zu Erben zu je ½ eingesetzt.

Beweis:

1. Fotokopie des privatschriftlichen Testamentes vom ...;
2. Beiziehung der Akten des Nachlassgerichtes ..., Az: ...

Zum Nachlass gehören ein Hausgrundstück im Wert von rund 150.000,00 EUR, drei Sparbücher über insgesamt 25.000,00 EUR sowie Aktien, deren Wert am Todestag bei etwa 150.000,00 EUR lag. Das ist zwischen den Parteien unstreitig.

In dem Testament des Erblassers befindet sich folgende Klausel:

> „Meinen Sohn ... [Kläger] vermache ich ohne Anrechnung auf seinen Erbteil einen Betrag in Höhe von 20.000,00 EUR aus meinen Sparguthaben. Das soll ein Ausgleich sein für den Bauplatz, den mein anderer Sohn ... [Beklagter] vor 15 Jahren erhalten hat".

Beweis:

1. Fotokopie des privatschriftlichen Testamentes vom ..., wie vor;
2. Beiziehung der Akten des Nachlassgerichtes ..., Az: ..., wie vor

Die Parteien haben sich bisher nicht über den Nachlass auseinandergesetzt. Erste Besprechungen zwischen ihnen lassen nicht erkennen, dass eine schnelle Lösung möglich ist. Unterschiedliche Auffassungen gibt es beispielsweise im Hinblick auf die Verwertung des Grundstückes, das der Kläger behalten will, während es der Beklagte veräußern möchte.

Davon unabhängig hat der Kläger den Beklagten aufgefordert, dafür Sorge zu tragen, dass das Vorausvermächtnis zu seinen Gunsten erfüllt wird. Er hat ihn zunächst gebeten, damit einverstanden zu sein, dass aus den Sparguthaben des Erblassers der Betrag in Höhe von 20.000,00 EUR an ihn ausgezahlt wird.

Beweis: Fotokopie des Schreibens des Klägers vom ...

Der Beklagte hat das abgelehnt und erklärt, die Verfügung des Erblassers zugunsten des Klägers könne frühestens mit der allgemeinen Erbauseinandersetzung erledigt werden.

Beweis: Fotokopie des Schreibens der Beklagten vom ...

Daraufhin haben die Bevollmächtigten des Klägers den Beklagten über die rechtlichen Zusammenhänge unterrichtet. Sie haben darauf hingewiesen, dass es sich bei der letztwilligen Verfügung zugunsten des Klägers um ein Vorausvermächtnis handelt, das vorab und ohne Rücksicht auf die spätere Erbauseinandersetzung zu erfüllen ist.

Beweis: Fotokopie des Schreibens der Rechtsanwälte ... vom ...

Der Beklagte lehnt die Erfüllung des Vorausvermächtnisses weiter ab. Seine Bevollmächtigten behaupten, es handele sich lediglich um eine Teilungsanordnung.

Beweis: Fotokopie des Schreibens der Rechtsanwälte ... vom ...

Diese Ansicht ist unrichtig. Durch die Formulierung, dass der Betrag „ohne Anrechnung auf seinen Erbteil" aus dem Nachlass zu leisten ist, so heißt dies eindeutig, dass es sich um ein Vorausvermächtnis und nicht um eine Teilungsanordnung handelt.

Rechtsanwalt ◄

97 Ergänzende Erläuterungen:

Der Bedachte kann die Erfüllung des Vorausvermächtnisses aus dem ungeteilten Nachlass verlangen.[73] Beklagte sind die übrigen Miterben.[74]

5. Der Vermächtnisnehmer

98 Die Regeln, mit denen Vermächtnisse ausgesetzt werden, gelten als wesentlich flexibler als diejenigen der Erbeinsetzung. Vermächtnisnehmer kann jede natürliche oder juristische Person sein, über den Wortlaut des § 1923 Abs. 2 BGB hinaus auch der gezeugte, aber noch nicht geborene Mensch. Selbst eine noch nicht gezeugte Person kann mit einem Vermächtnis bedacht werden (§ 2178 BGB). Das Vermächtnis wird unwirksam, wenn der Bedachte nicht innerhalb von 30 Jahren gezeugt wird (§ 2162 Abs. 2 BGB).

a) Gemeinschaftliches Vermächtnis

99 Das Vermächtnis ist mehreren Bedachten zugewendet (§ 2157 BGB). Fällt einer der Bedachten fort, so wird als Regelfall Anwachsung bei den anderen Vermächtnisnehmern angenommen (§ 2158 BGB).[75] Ist der Vermächtnisgegenstand nicht teilbar, werden die Begünstigten Miteigentümer nach Bruchteilen. Jeder Vermächtnisnehmer kann nur Leistung an alle fordern.

100 ▶ **Muster: Gemeinschaftliches Vermächtnis**

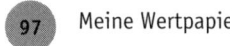

Meine Wertpapiere bei der X-Bank vermache ich meinem Neffen Nf 1 und Nf 2. ◀

101 Die begünstigten Vermächtnisnehmer können Gesamtschuldklage gemäß § 2058 BGB oder Gesamthandklage gemäß § 2059 Abs. 2 BGB erheben.

102 ▶ **Muster: Klage auf gemeinschaftliches Vermächtnis gegen Miterben**

An das

Landgericht ▪▪▪

Klage

des Angestellten ▪▪▪,

- Kläger zu 1) -

des Angestellten ▪▪▪,

- Kläger zu 2) -

Proz.-Bev.: Rechtsanwälte ▪▪▪

g e g e n

die Angestellte ▪▪▪,

- Beklagte zu 1) -

die Angestellte ▪▪▪,

- Beklagte zu 2) -

Hiermit erheben wir Klage, bitten um Anberaumung eines Termins zur mündlichen Verhandlung, in dem wir beantragen werden:

---

73 Staudinger/*Otte*, § 2150 Rn 6.
74 MPFErbR/*Klinger/Schlitt*, O. II. 6 Ziff. 4.
75 Soergel/*M. Wolf*, § 2158 Rn 3.

A. Vermächtnis § 2

1. Die Beklagten werden als Gesamtschuldner verurteilt, an die Kläger die Wertpapiere, Depot-Nr.: ..., bei der X-Bank zu übereignen und an die Kläger herauszugeben;
2. die Beklagten tragen die Kosten des Verfahrens.

Es wird angeregt, einen frühen ersten Termin zu bestimmen. Sollte das Gericht das schriftliche Vorverfahren anordnen, wird für den Fall der Fristversäumnis oder des Anerkenntnisses beantragt,

die Beklagten durch Versäumnisurteil oder Anerkenntnisurteil ohne mündliche Verhandlung zu verurteilen.

Gründe:

Die Kläger sind Brüder und Neffen des am ... in ... verstorbenen Erblassers. Dieser hat die Beklagten durch privatschriftliches Testament zu seinen Erben zu je ½ eingesetzt.

Beweis:

1. Fotokopie des privatschriftlichen Testamentes vom ..., Az: ...;
2. Beiziehung der Akten des Nachlassgerichtes ..., Az: ...

Die Beklagten haben die Erbschaft angenommen und Erbschein beantragt und erhalten.

Beweis:

1. Fotokopie des Erbscheins vom ..., Az: ...;
2. Beiziehung der Akten des Nachlassgerichtes ..., Az: ..., wie vor

Die Kläger haben gegenüber den Beklagten erklärt, dass sie das ihnen zugewendete gemeinschaftliche Vermächtnis annehmen und die Beklagten aufgefordert, ihnen die Wertpapiere herauszugeben.

Beweis: Fotokopie des Schreibens vom ...

Die Beklagten haben gemeinsam erklärt, es gebe ein Wertpapierdepot bei der X-Bank, das die Nummer ... habe. Es handele sich im Wesentlichen um Aktien, die am Todestag einen Wert von 38.212,16 EUR gehabt hätten. Sie seien auch bereit, das Vermächtnis des Erblassers zu erfüllen, könnten dies aber derzeit noch nicht tun.

Beweis: Fotokopie des Schreibens der Beklagten vom ...

Zum Einen hätten sie selbst noch nicht auseinandergesetzt. Zum Anderen seien sie derzeit nicht in der Lage, Verfügungen über das Wertpapierdepot vorzunehmen, da sie noch keinen Erbschein ausgestellt bekommen hätten.

Diese Einwendungen sind unrichtig.

a) Als Vermächtnisnehmer sind die Kläger Nachlassgläubiger. Ihr Anspruch ist entstanden mit dem Todesfall. Erklärungen, dass die Fälligkeit des Vermächtnisses hinausgeschoben sei, enthält das Testament nicht.

b) Zwar ist es richtig, dass die Beklagten sich durch Erbschein gegenüber der Bank legitimieren müssen, um Verfügungen über die bei der X-Bank liegenden Vermögenswerte treffen zu können. Das ändert aber nichts daran, dass sie materiell-rechtlich bereits Eigentümer sind und deshalb auch die Übereignung an die Kläger vornehmen können. Darüber hinaus ist das privatschriftliche Testament des Erblassers vor vier Wochen eröffnet und den Beklagten mit Eröffnungsniederschrift zugestellt worden. Nach den AGB der Banken (Nr.: 5) reicht es aus, wenn der Erbe der Bank des Erblassers ein privatschriftliches Testament plus Eröffnungsniederschrift vorlegt. Das akzeptieren die Banken als Nachweis der Erbenstellung. Dadurch wird die Bank wie bei Erteilung eines Erbscheins von der Haftung frei. Die Klausel ist wirksam.[76]

Rechtsanwalt ◄

103 Ergänzende Erläuterungen:

Das privatschriftliche Testament mit der Eröffnungsniederschrift wird nur akzeptiert, wenn es eindeutig ist. Ansonsten werden die Erben einen Erbschein vorlegen müssen.

b) Nachvermächtnis

104 Der Erblasser wendet den Gegenstand zeitlich nacheinander verschiedenen Personen zu (§ 2191 BGB). Das ist vergleichbar mit Vor- und Nacherbschaft.[77] Das Vermächtnis ist bedingt oder befristet erteilt, Beschwerter ist der Vorvermächtnisnehmer.[78] Anderseits gibt es auch deutliche Unterschiede.[79] Der Nacherbe wird mit Eintritt des Nacherbfalls Rechtsnachfolger des Vorerben, der Nachvermächtnisnehmer muss seine schuldrechtlichen Ansprüche gegenüber dem Vorvermächtnisnehmer geltend machen, wozu ein besonderer Übertragungsakt erforderlich ist. Der Schutz des Nachvermächtnisnehmers ist gering, weil insbesondere § 2108 BGB *nicht* gilt.[80]

105 Das Nachvermächtnis gilt als Unterfall des Untervermächtnisses, sodass der Vorvermächtnisnehmer Ersatz der Verwendungen nach den §§ 994 ff BGB verlangen kann. Die §§ 2100 ff BGB sind nicht entsprechend anwendbar.[81] Der Vorvermächtnisnehmer, der notwendige Verwendungen vorgenommen hat, kann verlangen, dass der Nachvermächtnisnehmer die Eintragung einer Eigentümergrundschuld, mit der die notwendigen Verwendungen abgesichert werden, bewilligt.[82] Das Nachvermächtnis kann nach dem Erbfall, aber vor Eintritt des Nachvermächtnisfalls, ausgeschlagen werden.[83]

106 ▶ **Muster: Nachvermächtnis**

Meiner Schwester S vermache ich als Vorvermächtnisnehmerin die Wertpapiere in meinem Wertpapierdepot Nr.: ▬▬▬ bei der X-Bank. Nach ihrem Tod sollen die dann noch vorhandenen Wertpapiere ihren Abkömmlingen zu gleichen Teilen gehören. ◄

107 ▶ **Muster: Klage auf Nachvermächtnis**

An das

Landgericht ▬▬▬

Klage

des Angestellten ▬▬▬,

- Kläger -

Proz.-Bev.: Rechtsanwälte ▬▬▬

g e g e n

den Rentner ▬▬▬,

---

76 OLG Celle NJW 1998, 82 ff.
77 FA-ErbR/*Krause*, Kap. 2 Rn 439.
78 *Zawar*, DNotZ 1986, 521; *Hartmann*, ZEV 2008, 458 ff.
79 Ausführlich dazu BGHZ 114, 16 ff.
80 *Bengel*, NJW 1990, 1826.
81 BGH aaO.
82 BGH aaO (24).
83 BGH NJW 2001, 520 f.

A. Vermächtnis § 2

- Beklagter -

Hiermit erheben wir Klage, bitten um Anberaumung eines Termins zur mündlichen Verhandlung, in dem wir beantragen werden:

1. Der Beklagte wird verurteilt, die Wertpapiere im Wertpapierdepot Nr.: ... bei der X-Bank an den Kläger zu übereignen und herauszugeben;
2. der Beklagte trägt die Kosten des Verfahrens.

Es wird angeregt, einen frühen ersten Termin zu bestimmen. Sollte das Gericht das schriftliche Vorverfahren anordnen, wird für den Fall der Fristversäumnis oder des Anerkenntnisses beantragt,

den Beklagten durch Versäumnisurteil oder Anerkenntnisurteil ohne mündliche Verhandlung zu verurteilen.

Gründe:

Der Kläger macht einen Anspruch als Nachvermächtnisnehmer geltend.

Der Onkel des Klägers, der Erblasser, ..., ist am ... in ... verstorben.

Beweis: Beiziehung der Akten des Nachlassgerichtes ..., Az: ...

Der Erblasser hat ein notarielles Testament hinterlassen, in dem er das ihm gehörende Wertpapierdepot Nr.: ... bei der X-Bank seiner Schwester, der Mutter des Klägers, vermacht hat.

Beweis: Fotokopie des notariellen Testamentes vom ..., Az: ...

Die Mutter des Klägers hat das Vermächtnis angenommen. Während der fünf Jahre bis zu ihrem eigenen Tod hat sie das Wertpapierdepot unverändert gelassen.

Der Erblasser hat weiter bestimmt, dass das genannte Wertpapierdepot nach dem Tod der Vermächtnisnehmerin deren Abkömmlingen zu gleichen Teilen gehören soll.

Beweis: Fotokopie des notariellen Testamentes vom ..., Az: ..., wie vor

Der Kläger ist der einzige Sohn der ursprünglichen Vermächtnisnehmerin. Das Wertpapierdepot ist ihm deshalb im Wege des Nachvermächtnisses zugefallen.

Drei Jahre vor ihrem Tod hat die Vorvermächtnisnehmerin den Beklagten geheiratet. Sie hat ihn zum Alleinerben eingesetzt. Dies ist unstreitig.

Beweis: Beiziehung der Akten des Nachlassgerichtes ..., Az: ..., wie vor

Damit ist das Eigentum an den Wertpapieren im Depot Nr.: ... bei der X-Bank an den Beklagten gefallen. Der Kläger hat den Beklagten aufgefordert, ihm die Wertpapiere zu übereignen.

Beweis: Fotokopie des Schreibens des Klägers vom ...

Der Beklagte weigert sich und erklärt, er sei alleiniger Eigentümer aller Werte geworden, die die Erblasserin besessen habe. Außerdem stehe dem Kläger ohnehin ein Pflichtteilsanspruch zu.

Beweis: Fotokopie des Schreibens des Beklagten vom ...

Das ist zwar richtig, ändert aber nichts daran, dass der Beklagte verpflichtet ist, das Nachvermächtnis zu erfüllen.

Rechtsanwalt ◄

108 Ergänzende Erläuterungen:

Der Anspruch des Nachvermächtnisnehmers auf ein *Grundstück* ist vormerkungsfähig, wenn der Vorvermächtnisnehmer im Grundbuch eingetragen ist.[84]

109 Da der Nachvermächtnisfall eingetreten ist mit dem Tod der Vorvermächtnisnehmerin, richtet sich der Anspruch des Nachvermächtnisnehmers gegen den Erben der Vorvermächtnisnehmerin. Der Beklagte könnte Anspruch erheben auf Verwendungsersatz.[85]

110 ▶ **Muster: Erwiderung des beklagten Alleinerben auf Verwendungsersatz gegen den Nachvermächtnisnehmer**

An das

Landgericht ▬▬

In dem Rechtsstreit

▬▬

g e g e n

▬▬

- Az.: ▬▬

ist der Beklagte bereit, den Anspruch des Klägers

a n z u e r k e n n e n ,

Zug um Zug gegen Erstattung der ihm entstandenen Kosten in Höhe von 420,00 EUR.

Gründe:

Der Kläger hat die erbrechtliche Situation richtig widergegeben. Der Beklagte erkennt an, dass er die Wertpapiere im Depot-Nr.: ▬▬ bei der X-Bank, die auf ihn als Alleinerben der Vorvermächtnisnehmerin übergegangen sind, an den Kläger als Nachvermächtnisnehmer herausgeben muss. Der Beklagte macht Gegenansprüche auf Ersatz seiner Aufwendungen geltend.

Der Beklagte hat sich zu keinem Zeitpunkt geweigert, das Depot an den Kläger zu übertragen. Der Kläger hat erst etwa acht Monate nach dem Tod der Erblasserin erstmals die Übereignung der Wertpapiere gefordert. Das ergibt sich aus der Fotokopie seines Schreibens, das der Kläger mit der Klageschrift vorgelegt hat.

Der Beklagte hat in der Zeit nach Eintritt des Erbfalls die Kosten für das Depot bei der X-Bank getragen. Das waren monatlich 52,50 EUR. Für die acht Monate bis zu dem Zeitpunkt, zu dem sich der Kläger erstmals gerührt hat, sind Kosten angefallen in Höhe von 8 x 52,50 EUR = 420,00 EUR. Dieser Betrag wird als Gegenanspruch geltend gemacht.

Rechtsanwalt ◀

111 Ergänzende Erläuterungen:

Der Kläger könnte wiederum darauf aufmerksam machen, dass ihm in der Zeit bis zur Übertragung des Depots die Früchte zustehen.

112 Der Vorbehalt der beschränkten Erbenhaftung dürfte sich in diesem Falle erübrigen.

---

84 Palandt/*Bassenge*, § 883 Rn 18.
85 BGHZ 114, 24.

A. Vermächtnis § 2

c) Rückvermächtnis

Das Rückvermächtnis gilt als ein Unterfall des Nachvermächtnisses.[86] Danach ist der Vorvermächtnisnehmer verpflichtet, den Vermächtnisgegenstand bei Eintritt einer bestimmten Bedingung zurückzugewähren.

▶ **Muster: Rückvermächtnis**[87]

In einem Erbvertrag hatte der Erblasser seinen Sohn aus erster Ehe zum Alleinerben eingesetzt. Zuvor hatte der Sohn seinem Vater ein Grundstück geschenkt, das Letzterer bebaut hatte. Im Hinblick auf dieses Hausgrundstück war in dem Erbvertrag vereinbart:

„Sollte meine zweite Ehefrau mich [Ehemann/Vater] überleben, so soll ihr das Hausgrundstück als Vorvermächtnis zufallen. Sollte unsere Ehe kinderlos bleiben, so soll das Hausgrundstück bei ihrem Tod an meinen Sohn zurückfallen". ◀

Das Rückvermächtnis wird auch dann fällig, wenn das Grundstück dem Vorvermächtnisnehmer bereits zu Lebzeiten geschenkt wird.

▶ **Muster: Klage auf Rückvermächtnis**

An das

Landgericht ▪▪▪

Klage

des Kaufmanns ▪▪▪,

- Kläger -

Proz.-Bev.: Rechtsanwälte ▪▪▪

g e g e n

die Angestellte ▪▪▪,

- Beklagte zu 1) -

den Angestellten ▪▪▪,

- Beklagter zu 2) -

Hiermit erheben wir Klage, bitten um Anberaumung eines Termins zur mündlichen Verhandlung, in dem wir beantragen werden:

1. Die Beklagten werden als Gesamtschuldner verurteilt, das Grundstück im Grundbuch ▪▪▪, Bl. ▪▪▪ an den Kläger aufzulassen;
2. die Beklagten tragen die Kosten des Verfahrens.

Es wird angeregt, einen frühen ersten Termin zu bestimmen. Sollte das Gericht das schriftliche Vorverfahren anordnen, wird für den Fall der Fristversäumnis oder des Anerkenntnisses beantragt,

die Beklagten durch Versäumnisurteil oder Anerkenntnisurteil ohne mündliche Verhandlung zu verurteilen.

Gründe:

Der Kläger ist der Stiefsohn der am ▪▪▪ in ▪▪▪ verstorbenen Erblasserin, die von den Beklagten zu je ½ beerbt worden ist.

---
86 OLG Frankfurt/M. ZEV 1997, 295 ff m.Anm. *Skibbe*.
87 OLG Frankfurt/M. aaO; *Kuchinke*, JZ 1983, 483 ff.

Beweis:
1. Erbschein des Amtsgerichts ▬▬▬, Az: ▬▬▬;
2. Beiziehung der Akten des Amtsgerichts ▬▬▬, Az: ▬▬▬

Zum umfangreichen Nachlass der Erblasserin gehört auch das im Antrag genannte Grundstück.

Beweis: Fotokopie des Grundbuchauszuges

Unstreitig sind die Beklagten als Rechtsnachfolger der Erblasserin Eigentümer dieses Hausgrundstücks geworden. Sie sind aber verpflichtet, es an den Kläger zu übereignen.

a) Das Grundstück hat ursprünglich dem Kläger gehört. Er hat es im Jahre 1954 auf seinen Vater übertragen. Die Erblasserin war die zweite Ehefrau des Vaters des Klägers.

Der Kläger und sein Vater hatten einen Erbvertrag geschlossen, indem der Kläger als Alleinerbe seines Vaters eingesetzt war. Im Hinblick auf das hier streitige Grundstück hieß es in dem Erbvertrag:

„Sollte meine zweite Ehefrau mich [Vater] überleben, so soll ihr das Hausgrundstück als Vorvermächtnis zufallen. Sollte unsere Ehe kinderlos bleiben, so soll das Hausgrundstück bei ihrem Tod an meinen Sohn zurückfallen".

Beweis: Fotokopie des Erbvertrages vom ▬▬▬ des Notars ▬▬▬, UR-Nr.: ▬▬▬

Die Bedingung ist eingetreten, denn die Ehe des Vaters des Klägers mit seiner zweiten Ehefrau, der Erblasserin, ist kinderlos geblieben. Danach ist das Hausgrundstück im Wege des Rückvermächtnisses an den Kläger als Nachvermächtnisnehmer zu übertragen.

b) Daran ändert nichts, dass der Vater des Klägers das streitige Hausgrundstück zu Lebzeiten auf die Erblasserin schenkweise übertragen hat.

Beweis: Fotokopie des Grundbuchauszuges, wie vor

Überträgt der Erblasser, in diesem Falle der vorverstorbene Ehemann, den vermachten Gegenstand zu Lebzeiten auf den vorgesehenen Vorvermächtnisnehmer, so bleibt das Nachvermächtnis davon unberührt. Durch die lebzeitige Schenkung hat der Erblasser das Vorvermächtnis lediglich „zeitlich vorgezogen". Dadurch wird die Position des Nachvermächtnisnehmers nicht berührt (OLG Frankfurt/M. ZEV 1997, 297 m.Anm. Skibbe).

Rechtsanwalt ◄

117 Ergänzende Erläuterungen:

Nach dem Erbvertrag zwischen Vater und Sohn wäre das Grundstück nach dem Tod der Erblasserin an den Sohn zurückgefallen. Dieses Ergebnis kann nicht dadurch verändert werden, dass der Vater das Grundstück zu Lebzeiten an seine zweite Ehefrau verschenkt hat.[88]

118 ▶ **Muster: Vermächtnis einer unteilbaren Leistung an mehrere Vermächtnisnehmer**

Das Bild von Helimar Schoormans sollen meine Nichte und ihr Mann erhalten, weil sie es am besten zu schätzen wissen. ◄

119 Richtet sich das Vermächtnis dagegen auf eine teilbare Leistung, dann steht jedem von mehreren Vermächtnisnehmern eine entsprechende Teilleistung zu.

120 ▶ **Muster: Vermächtnis einer teilbaren Leistung an mehrere Vermächtnisnehmer**

Mein gesamtes Geldvermögen bei der Sparkasse ▬▬▬ sollen meine Nichten N 1 und N 2 sich teilen. ◄

---

88 *Skibbe*, ZEV 1997, 297 f.

A. Vermächtnis § 2

Unzulässige, weil zu weite Bestimmung des Kreises der möglichen Begünstigten: 121
„*10.000,00 DM vermache ich „an verschiedene Vereine und wohltätige oder gemeinnützige Anstalten sowie bedürftige Personen"*[89] *meiner Vaterstadt."*

Der Kreis der möglichen Zuwendungsempfänger ist nicht hinreichend abgegrenzt. Diese Bestimmung kann allerdings als Auflage angesehen werden und damit Bedeutung behalten.[90] 122

▶ **Muster: Zulässige Auswahl des Begünstigten aus einem Personenkreis** 123
Alle Mitspieler meiner Fußballmannschaft erhalten je 1.000,00 EUR.[91] ◀

Die Auswahl des Begünstigten kann dem beschwerten Erben oder Vermächtnisnehmer oder einem Dritten überlassen werden (§ 2151 BGB). Im Zweifel ist anzunehmen, dass der Beschwerte berechtigt sein soll, die Auswahl zu treffen (§ 2152 BGB). Zu den Begünstigten können auch der Erbe, der Beschwerte oder sogar der Bestimmungsberechtigte selbst gehören.[92] Hat der Erblasser dazu nichts erklärt, so kann im Zweifel der Beschwerte das Bestimmungsrecht ausüben. Dies geschieht durch formlose Erklärung gegenüber demjenigen, dem das Vermächtnis zufallen soll. Soll ein Dritter das Bestimmungsrecht ausüben, so muss er dies gegenüber dem Beschwerten tun (§ 2151 Abs. 2 BGB). Unterbleibt die Bestimmung, so werden die Bedachten Gesamtgläubiger (§ 2151 Abs. 3 S. 1 BGB). Diese Wirkung kann erzwungen werden, wenn das Nachlassgericht dem Beschwerten oder dem Dritten auf Antrag eines der Beteiligten eine Frist zur Bestimmung setzt (§ 2151 Abs. 3 S. 2 BGB) und der Berechtigter dieser Aufforderung nicht nachkommt. Dagegen kann nicht auf die Bestimmung geklagt werden.[93] 124

▶ **Muster: Antrag auf Fristsetzung zur Ausübung des Bestimmungsrechts** 125
An das
Nachlassgericht ...
In der Nachlasssache
des ..., verstorben am ...
Az.: ...
zeigen wir durch beigefügte Vollmacht an, dass wir Herrn ... in ... anwaltlich vertreten.
Der oben genannte Erblasser hat durch privatschriftliches Testament vom ... seinen Sohn S zum Alleinerben eingesetzt. Der Nachlass ist erheblich. In dem Testament hat der Erblasser außerdem ein Vermächtnis ausgesetzt in Höhe von jeweils 1.000,00 EUR für „alle Mitspieler meiner Fußballmannschaft".
Es wäre nunmehr Sache des Alleinerben S zu bestimmen, wer die 1.000,00 EUR erhält. Dazu müsste er einen entsprechende Bestimmung treffen. Das ist trotz Aufforderung unterblieben.
Es wird deshalb beantragt,
   dem Alleinerben eine Frist zur Abgabe der Bestimmungserklärung zu setzen.
Unser Mandant hat bis zu zwei Jahre vor dessen Tod mit dem Erblasser in der selben Mannschaft des ... Fußball gespielt. Er ist deshalb antragsberechtigt.
Rechtsanwalt ◀

---
[89] RGZ 96, 15.
[90] RGZ 96, 15.
[91] *Ebenroth*, Rn 463.
[92] Palandt/*Edenhofer*, § 2151 Rn 2.
[93] Palandt/*Edenhofer*, § 2151 Rn 3.

126 Liegt das Bestimmungsrecht bei den Begünstigten, so können sie auch Erfüllung als Gesamtgläubiger (§§ 428, 432 BGB) verlangen. Eine gerichtliche Überprüfung der Auswahl des Vermächtnisnehmers wird nach herrschender Meinung auf die Fälle der Arglist beschränkt.[94]

d) Ersatzvermächtnisnehmer

127 Erlebt der Vermächtnisnehmer den Erbfall nicht, weil er selbst vorher verstirbt, so wird das Vermächtnis unwirksam (§ 2160 BGB), wenn nicht der Erblasser ausdrücklich einen Ersatzvermächtnisnehmer bestimmt hat. Die Einsetzung eines Ersatzvermächtnisnehmers kann sich auch gemäß der Anwendungsregel des § 2069 BGB aus der Auslegung des Testaments ergeben.

128 ▶ **Muster: Einsetzung eines Ersatzvermächtnisnehmers**

Meinem Enkel E vermache ich mein Sparbuch Nr. ▪▪▪ bei der Sparkasse ▪▪▪ Sollte E zuvor versterben, so soll das Sparbuch meiner Nichte N zufallen. ◀

129 Neben dem Vorversterben (§ 2160 BGB), können auch Verzicht (§ 2353 BGB), Ausschlagung (§ 2180 BGB) oder Vermächtnisunwürdigkeit (§ 2345 BGB) zum Wegfall des Vermächtnisnehmers und zum Anfall beim Ersatzvermächtnisnehmer führen.

130 ▶ **Muster: Klage des Ersatzvermächtnisnehmers**

An das

Landgericht ▪▪▪

Klage

des Angestellten ▪▪▪,

- Kläger -

Proz.-Bev.: Rechtsanwälte ▪▪▪

g e g e n

den Angestellten ▪▪▪,

- Beklagten -

Hiermit erheben wir Klage, bitten um Anberaumung eines Termins zur mündlichen Verhandlung, in dem wir beantragen werden:

1. Der Beklagte wird verurteilt, den handgeschriebenen Brief des Egon Friedell vom ▪▪▪, der sich im Nachlass des am ▪▪▪ in ▪▪▪ verstorbenen Erblassers ▪▪▪ befindet, an den Kläger zu übereignen und herauszugeben;
2. der Beklagte trägt die Kosten des Verfahrens.

Es wird angeregt, einen frühen ersten Termin zu bestimmen. Sollte das Gericht das schriftliche Vorverfahren anordnen, wird für den Fall der Fristversäumnis oder des Anerkenntnisses beantragt,

den Beklagten durch Versäumnisurteil oder Anerkenntnisurteil ohne mündliche Verhandlung zu verurteilen.

Gründe:

Der Beklagte ist der Sohn des am ▪▪▪ in ▪▪▪ verstorbenen Erblassers. Der Beklagte hat den Erblasser beerbt auf der Basis des notariellen Testamentes des Notars ▪▪▪ vom ▪▪▪ (UR-Nr.: ▪▪▪).

---

94 Damrau/*Linnartz*, § 2151 Rn 15.

A. Vermächtnis § 2

Der Kläger ist der Neffe Nf des Erblassers. Letzterer hat folgendes Vermächtnis ausgesetzt:

„Den handgeschriebenen Brief von Egon Friedell soll mein Bruder ... erhalten. Sollte er vor mir versterben, so bekommt den Brief sein Sohn, mein Neffe [Kläger]".

Beweis: Fotokopie des notariellen Testamentes vom ... des Notars ... (UR-Nr.: ...)

Der eigentliche Vermächtnisnehmer, nämlich der Bruder des Erblassers, der Vater des Klägers, ist vor dem Erblasser verstorben.

Beweis: Fotokopie der Sterbeurkunde des Vaters des Klägers

Entgegen § 2160 BGB ist das Vermächtnis aber nicht unwirksam, weil der Erblasser ausdrücklich einen Ersatzvermächtnisnehmer bestimmt hat (§ 2190 BGB).

Der Beklagte hat die Erbschaft angenommen. Das ergibt sich insbesondere aus dem Antrag aus dem Erbschein, den er gestellt hat.

Beweis:

1. Fotokopie des Erbscheins vom ..., Az: ...;
2. Beiziehung der Akten des Nachlassgerichtes ..., Az: ...

Der Beklagte, der offenbar nicht gut beraten wurde, vertritt zu Unrecht die Ansicht, Ersatzvermächtnisnehmer könnte nur ein Abkömmling des eigentlichen Vermächtnisnehmers sein (§ 2069 BGB). § 2190 BGB hat er offenbar übersehen.

Rechtsanwalt ◄

Ergänzende Erläuterungen: 131

Hier ist der Vermächtnisnehmer vor dem Erbfall weggefallen. Das gleiche Ergebnis kann auch eintreten, wenn der Vermächtnisnehmer bei aufschiebend bedingten oder befristeten Vermächtnissen vor Eintritt der Bedingung oder der Befristung wegfällt, beim Vermächtnisverzicht oder bei der Vermächtnisunwürdigkeit.[95]

6. Der Beschwerte

Beschwerter ist, wer das Vermächtnis erfüllen muss; das kann nur sein, wer selbst etwas aus dem Nachlass erlangt hat, also ein Erbe oder ein Vermächtnisnehmer (§ 2147 S. 1 BGB). Der Begünstigte aus einem Vertrag zugunsten Dritter auf den Todesfall (§ 331 Abs. 1 BGB) kann *nicht* mit einem Vermächtnis beschwert werden.[96] Gleiches gilt für den Testamentsvollstrecker, den durch eine Auflage Begünstigten, wie auch den Erbeserben und den Erben eines Vermächtnisnehmers. Hat der Erblasser den Erben eines Erben oder Vermächtnisnehmers beschwert, so kann darin die Anordnung liegen, dass das Vermächtnis erst mit dem Tod des ursprünglich Beschwerten fällig werden soll.[97] Sind *mehrere* Erben beschwert, so haften sie gegenüber dem Vermächtnisnehmer (*Außenverhältnis*) als Gesamtschuldner, im *Innenverhältnis* entsprechend ihren Erbteilen (§ 2148 BGB). Allerdings kann der Erblasser anderes bestimmen. Solange der Erblasser nichts anderes bestimmt hat, fallen die Kosten für die Erfüllung des Vermächtnisses dem Beschwerten zur Last.[98]

132

---

95 *Nieder*, ZEV 1996, 247 f.
96 *Ebenroth*, Rn 451; aA Brox/*Walker*, Rn 427.
97 Brox/*Walker*, Rn 428.
98 BGH NJW 1963, 1602.

133 ▶ **Muster: Bestimmung des beschwerten Erben durch den Erblasser**

Zu Erben setze ich meine drei Kinder zu gleichen Teilen ein. Meiner langjährigen Lebensgefährtin L vermache ich eine lebenslange monatliche Rente in Höhe von 3.000,00 EUR, die mein ältester Sohn aufzubringen hat. ◀

a) Untervermächtnis

134 Ist ein Vermächtnisnehmer seinerseits beschwert, so handelt es sich um ein *Untervermächtnis*. Das Untervermächtnis kann im Wert das Hauptvermächtnis übersteigen, doch kann der Hauptvermächtnisnehmer die Erfüllung des Untervermächtnisses in einem solchen Fall verweigern (§ 2187 Abs. 1 BGB).[99] Der Hauptvermächtnisnehmer muss das Untervermächtnis erst erfüllen, wenn er den Vermächtnisgegenstand erhalten hat.[100]

135 ▶ **Muster: Untervermächtnis**

Mein Geldvermögen bei der X-Bank vermache ich meinem Neffen Nf. Er soll das Sparbuch Nr. ... auf seine Schwester, meine Nichte Ni, übertragen. ◀

136 ▶ **Muster: Klage auf Untervermächtnis**

An das

Landgericht ...

Klage

des Angestellten ...,

- Kläger -

Proz.-Bev.: Rechtsanwälte ...

g e g e n

den Angestellten ...,

- Beklagten -

Hiermit erheben wir Klage, bitten um Anberaumung eines Termins zur mündlichen Verhandlung, in dem wir beantragen werden:

1. Der Beklagte wird verurteilt, an den Kläger ein Motorrad Horex, Fahrgestell-Nr.: ..., zu übereignen und herauszugeben;
2. der Beklagte trägt die Kosten des Verfahrens.

Es wird angeregt, einen frühen ersten Termin zu bestimmen. Sollte das Gericht das schriftliche Vorverfahren anordnen, wird für den Fall der Fristversäumnis oder des Anerkenntnisses beantragt,

den Beklagten durch Versäumnisurteil oder Anerkenntnisurteil ohne mündliche Verhandlung zu verurteilen.

Gründe:

Der am ... in ... verstorbene Erblasser ... war Sammler von historischen Motorrädern. In seinem Nachlass befanden sich 19 Einzelstücke aller großen Marken. Diese Sammlung hat er durch privatschriftliches Testament vom ... dem Beklagten zugewendet.

---

99 Hausmann/Hohloch/*Wellenhofer*, 11 Rn 123.
100 Palandt/*Edenhofer*, § 2186 Rn 1.

A. Vermächtnis § 2

Beweis: Fotokopie des privatschriftlichen Testamentes vom ···, Az: ···

Der Beklagte hat das Vermächtnis angenommen. Von der Alleinerbin, der Witwe des Erblassers, hat er die 19 historischen Motorräder herausverlangt. Die Alleinerbin hat das Vermächtnis erfüllt und die Motorräder dem Beklagten übergeben.

Beweis: Zeugnis der Witwe des Erblassers, Frau ···, zu laden ···

In seinem privatschriftlichen Testament hat der Erblasser weiter angeordnet:

„Die Horex aus dem Jahre 1955 soll mein Freund ··· [Beklagter] an meinen früheren Arbeitskollegen ··· [Kläger] herausgeben. Mein Arbeitskollege war immer begeistert von dem besonderen Ton dieser Maschine. Er soll sich daran erfreuen".

Beweis: Fotokopie des privatschriftlichen Testamentes vom ···, Az: ···, wie vor

Der Erblasser hat seine Motorradsammlung dem Beklagten als Vermächtnisnehmer zugewendet. Der Beklagte hat dieses Vermächtnis auch angenommen und erhalten. Dem Kläger hat der Erblasser die im Antrag genannte Horex als Untervermächtnis zugewendet. Beschwert mit diesem Vermächtnis hat er den Beklagten als Vermächtnisnehmer. Der zugewendete Vermächtnisgegenstand befand sich im Nachlass; der beklagte Vermächtnisnehmer hat ihn, wie es Voraussetzung ist, auch erhalten (§ 2186 BGB).

Rechtsanwalt ◄

Ergänzende Erläuterungen: 137

Wird der Beschwerte *nicht* Erbe, weil er vorverstorben ist oder ausgeschlagen hat, so bleibt das Vermächtnis im Zweifel wirksam, und zwar auch gegenüber dem gesetzlichen Erben (§ 2161 S. 1 BGB).

b) Besonderheiten bei Bankkonten und -depots

Bei Guthaben aus Bankkonten wird die Auslegungsregel des § 2173 S. 2 BGB überwiegend 138 *nicht* angewendet. Das gilt nach herrschender Ansicht bei Sparguthaben, nach anderer Ansicht auch bei Guthaben aus Girokonten.[101] Ob generell gesagt werden kann, dass sich das Vermächtnis nur auf die Guthaben bezieht, die beim Erbfall vorhanden sind, ist zweifelhaft.[102] Für *Depots* dürfte § 2173 BGB nicht gelten.

Hat der Erblasser das vermachte Sparkonto zwischen Testamentserrichtung und Erbfall durch 139 weitere Einzahlungen erhöht, so hat er dadurch den Wert des Vermächtnisses gesteigert. Umgekehrt muss der Vermächtnisnehmer auch hinnehmen, wenn der Erblasser das Sparkonto bis zu seinem Tod verringert oder gar aufgelöst hat.

Kritisch sind die Fälle, in denen der Konten nachträglich errichtet oder bei Testamentserrichtung bestehende, vermachte Konten außergewöhnlich erhöht worden sind. 140

▶ **Muster: Vermächtnis des Geldvermögens bei einer Bank mit nachträglicher Einrichtung eines** 141
weiteren Kontos

Ich setze folgende Vermächtnisse aus:

Meine bei der N.-Sparkasse deponierten Wertpapiere sowie Sparguthaben erhalten zu gleichen Teilen A, B und C.[103] ◄

---
101 Staudinger/*Otte*, § 2173 Rn 3.
102 Palandt/*Edenhofer*, § 2173 Rn 1.
103 OLG Koblenz FamRZ 1998, 579.

142 Kurz vor ihrem Tod hatte die Erblasserin ein weiteres Konto eingerichtet, auf das eine größere Summe aus dem Verkauf ihres Hausgrundstücks geflossen war. Ob sich das Vermächtnis hierauf beziehen soll, ist im Wege der ergänzenden Vertragsauslegung zu ermitteln. Anders kann es sein, wenn der Erblasser den Gegenstand zu Lebzeiten veräußert hat, weil dann „im Zweifel" der Anspruch auf Wertersatz als vermacht gilt (§ 2169 Abs. 3 BGB).

143 Wird das vermachte Sparkonto aufgelöst und das Guthaben anschließend bei einer anderen Bank angelegt, so gilt das neue Guthaben als vermacht.[104] Ebenso wird entschieden, wenn der Erblasser das Guthaben aufgelöst, das Geld aber nicht verbraucht hat.[105]

144 Bei Wertpapierdepots hat der Depotinhaber Eigentum an dem in seinem Depot verwahrten Wertpapieren.[106] Der Eigentumsübergang geschieht nach den §§ 929 ff BGB, und zwar bei der Sammelverwahrung (§ 5 DepotG) durch Umbuchung eines Miteigentumsanteil (§ 24 DepotG), bei Sonderverwahrung durch Übersendung des Stückeverzeichnisses.[107]

7. Fälligkeit des Vermächtnisses

145 Das Vermächtnis *entsteht* mit dem Erbfall (§ 2176 BGB); es kann jedoch erst später *fällig* werden. Dazu kann der Erblasser einen Anfangstermin bestimmen (*betagtes* Vermächtnis) oder es unter eine aufschiebende Bedingung stellen (bedingtes Vermächtnis, § 2177 BGB).[108] Erst nach Eintritt der einen oder anderen Voraussetzung stehen dem Vermächtnisnehmer die Früchte zu (§ 2184 BGB).

146 Erst *nach* der Annahme der Erbschaft ist der Beschwerte verpflichtet, das Vermächtnis zu erfüllen (§ 1958 BGB). Er kann dann die Dreimonatseinrede nach den §§ 2014 f BGB geltend machen.[109]

147 ▶ **Muster: Bedingtes Vermächtnis**

Um auch meine Tochter versorgt zu wissen, setze ich sie zum Alleinerben ein. Bekommt sie keine Kinder, so soll das Haus nach ihrem Tode an die Kinder meines Sohnes fallen. ◀

148 Das Vermächtnis ist doppelt bedingt, denn das Hausgrundstück soll nur an die Neffen fallen, wenn die Alleinerbin es nicht zu Lebzeiten verkauft und kinderlos stirbt.[110]

149 Das *bedingte* oder *betagte* Vermächtnis ist mit dem Erbfall *angefallen*, aber *noch nicht fällig*. Der Anspruch besteht, kann aber noch nicht durch *Leistungsklage* durchgesetzt werden. In diesen Fällen kann der Vermächtnisnehmer versuchen, seinen Anspruch durch Feststellungsklage zu sichern. Das ist zulässig mindestens in den Fällen, in denen der Beschwerte den Vermächtnisanspruch bestreitet. *Vor* dem Erbfall ist eine solche Feststellungsklage *nicht* möglich.

---

104 OLG Oldenburg ZEV 2001, 276.
105 OLGR Düsseldorf 1995, 300.
106 *Schebesta*, Rn 513.
107 Palandt/*Sprau*, § 675 b Rn 2.
108 OLG Bamberg ZErb 2008, 273: Vermächtnis unter der Bedingung, dass der Begünstigte binnen einer Frist einen bestimmten Erfolg herbeiführt; dazu *Litzenburger*, ZEV 2008, 369.
109 MPFErbR/Klinger/*Schlitt*, O. II. 1 Ziff. 8.
110 *Gudian*, NJW 1967, 431.

A. Vermächtnis § 2

▶ **Muster: Klage auf Feststellung eines noch nicht fälligen Vermächtnisses (gebundener Erblasser)**

150

115

An das

Landgericht ...

Klage

des Angestellten ...,

- Kläger -

Proz.-Bev.: Rechtsanwälte ...

g e g e n

1. die Angestellte ...,
- Beklagte zu 1) -
2. den Angestellten ...,
- Beklagter zu 2) -

Hiermit erheben wir Klage, bitten um Anberaumung eines Termins zur mündlichen Verhandlung, in dem wir beantragen werden:

1. Es wird festgestellt, dass die Beklagten als Gesamtschuldner verpflichtet sind, das Aktien-Depot Nr.: ... bei der X-Sparkasse spätestens zum 31.12.2007 an den Kläger zu übereignen und herauszugeben;
2. die Beklagten tragen die Kosten des Verfahrens.

Gründe:

Die Beklagten sind Miterben zu je ½ des am ... in ... verstorbenen Erblassers, Herrn ...

Beweis:

1. Fotokopie des Erbscheins des Nachlassgerichtes ... vom ..., Az: ...;
2. Beiziehung der Akten des Nachlassgerichtes ..., Az: ...

Der Erblasser hat dem Kläger ein Vermächtnis ausgesetzt. Kurz vor seinem Tod hat er ein privatschriftliches Testament errichtet, darin die beiden Beklagten als Miterben zu je ½ eingesetzt und folgendes Vermächtnis zugunsten des Klägers errichtet:

„Das Aktienpaket, das ich bei der X-Sparkasse habe unter der Nr.: ..., soll mein einziger Enkel erhalten. Meine Erben sollen es ihm spätestens bis zum Ablauf des Jahres, das auf mein Todesjahr folgt, überschreiben."

Der Kläger ist der einzige Enkel des Erblassers. Die Beklagten sind als Gesamtschuldner verpflichtet, dem Kläger die vom Erblasser näher bezeichneten Wertpapiere zu übereignen. Allerdings kann der Kläger derzeit noch nicht auf Leistung klagen, weil der Erblasser, der zu Anfang dieses Jahres verstorben ist, den Beklagten eine Frist zur Erfüllung des Vermächtnisses gesetzt hat bis zum Ablauf des kommenden Jahres. Der Kläger ist deshalb gehindert, eine Leistungsklage zu erheben, weshalb eine Feststellungsklage zulässig ist.

Die Feststellungsklage ist notwendig, weil die Beklagten das Recht des Klägers zu Unrecht bestreiten. Richtig ist, dass der zum Todeszeitpunkt verwitwete Erblasser rund 20 Jahre vor seinem Tod einen Erbvertrag mit seiner vorverstorbenen Ehefrau abgeschlossen hat. In diesem Erbvertrag, von dem sich eine Kopie in Besitz des Klägers befindet, hatten sich der Erblasser und seine Ehefrau für den ersten Todesfall wechselseitig als Alleinerben eingesetzt und gleichzeitig bestimmt, dass ihre gemeinsamen Kinder, die beiden Beklagten, beim Tode des Letztlebenden von ihnen Miterben zu je ½ sein sollten. Der überlebende Ehegatte war berechtigt, die Erbeinsetzung der Kinder zu verändern oder aufzuheben.

Beweis: Fotokopie des Erbvertrages des Notars ▪▪▪, vom ▪▪▪ (UR-Nr.: ▪▪▪)

Die Beklagten vertreten zu Unrecht die Ansicht, der Erblasser sei gehindert gewesen, ein Testament zugunsten des Klägers zu errichten, weil dem die Bindungswirkung des Erbvertrages (§ 2289 BGB) entgegenstehe.

An dem damaligen Erbvertrag waren ausschließlich der Erblasser und seine vorverstorbene Ehefrau beteiligt. Mit Bindungswirkung ist lediglich die wechselseitige Erbeinsetzung der Ehegatten ausgestattet. Im Hinblick auf die Erbeinsetzung der Kinder liegt eine solche Bindungswirkung nicht vor, wie sich insbesondere daraus ergibt, dass der überlebende Ehegatte insoweit befugt war, die letztwillige Verfügung abzuändern. Zwar hat er hiervon nicht Gebrauch gemacht, doch war er dazu ausdrücklich berechtigt. Eine Bindungswirkung hat nicht vorgelegen. Dann konnte er auch nicht gehindert sein, durch ein privatschriftliches Testament ein Vermächtnis zugunsten des Klägers auszusetzen.

Das Aktiendepot ist nunmehr an den Kläger zu übertragen. Das hat durch Übereignung zu geschehen.

Rechtsanwalt ◄

151 **Ergänzende Erläuterungen:**

Die Feststellungsklage ist jedenfalls in solchen Fällen zulässig, in denen der Beschwerte die Wirksamkeit des noch nicht fälligen Vermächtnisses ernsthaft bestreitet.[111] Mehrere Beschwerte haften als Gesamtschuldner (s.o. S. 95). Das Feststellungsinteresse ist immer erst *nach* Eintritt des Erbfalls, also nach dem Tod des Erblassers gegeben.

152 Die richtige Erfüllung des Vermächtnisses hängt beim Wertpapier von der Ausgestaltung des Depots ab. Im Allgemeinen verschafft die Bank dem Depotinhaber das Eigentum.

153 Beim bedingten oder befristeten Vermächtnis entsteht der Anspruch des Vermächtnisnehmers nicht mit dem Erbfall, sondern erst mit dem Eintritt des Ereignisses oder Termins. Bis dahin kann der bedingt eingesetzte Vermächtnisnehmer Verfügungen des Erben nicht verhindern. Allerdings kann er unter Umständen Schadensersatz gegen den Beschwerten geltend machen. Hat der Erblasser dazu nichts bestimmt, wird nur in Ausnahmefällen vorläufiger Rechtsschutz (auch durch Vormerkung) möglich sein.[112]

154 §§ 2184 f BGB gelten nur für das Stückvermächtnis.[113] Danach kann der Vermächtnisnehmer nur die seit dem Anfall des Vermächtnisses tatsächlich gezogenen Früchte herausverlangen. Allerdings kann sich der Erbe schadensersatzpflichtig machen, wenn er es pflichtwidrig unterlässt, Früchte zu ziehen. Verwendungen, die der Erbe auf den vermachten Gegenstand gemacht hat, kann er nach den §§ 994 ff BGB herausverlangen (§ 2185 BGB).

155 Der Vermächtnisnehmer muss nicht die endgültige Auseinandersetzung der Erbengemeinschaft abwarten. Er ist deshalb *nicht* auf die überaus schwierige und gefahrvolle Erbauseinandersetzungsklage verwiesen; ist das Vermächtnis fällig, so kann es auch im *Klagewege* geltend gemacht

---

111 BGH NJW 1986, 2507.
112 *Zawar*, DNotZ 1986, 524 f.
113 *Ebenroth*, Rn 499 f.

A. Vermächtnis § 2

werden. Das gilt auch für den Miterben, dem ein Vorausvermächtnis zugewendet worden ist, wenn dies nicht ausnahmsweise treuwidrig erscheint.[114]

Beim Streitwert (§ 3 ZPO) wird ein Abschlag von 20 bis 50 % gegenüber der Leistungsklage vorgenommen.[115]

156

8. Annahme und Ausschlagung

Der Begünstigte kann das Vermächtnis annehmen oder *ausschlagen*. Das Recht, das Vermächtnis auszuschlagen, ist nicht teilbar und nicht vererblich. Insbesondere die Ausschlagung ist eine formlose, nicht fristgebundene Willenserklärung (§ 2180 BGB), die gegenüber dem Beschwerten abzugeben ist (§ 2180 Abs. 2 S. 1 BGB). Sie kann auch abgegeben werden gegenüber dem Nachlasspfleger oder Testamentsvollstrecker, nicht aber gegenüber dem Nachlassgericht.[116] Gibt es *mehrere* Beschwerte, so genügt es, wenn die Ausschlagungserklärung einem von ihnen zugeht.[117] Ist der Begünstigte Erbe *und* Vermächtnisnehmer, so kann er die eine Position ausschlagen, die andere annehmen.

157

Außerdem kann der Vermächtnisnehmer *nach* dem Erbfall *formlos* auf das Vermächtnis verzichten, in dem er dem Beschwerten die Verbindlichkeit erlässt (§ 397 BGB).[118] Vor dem Erbfall ist der Verzicht nur möglich durch notariellen Vertrag (§ 2352, 2348 BGB).

158

▶ **Muster: Annahme des Vermächtnisses**

159

Herrn

...

Betreff: Nachlass des am ... in ... verstorbenen Herrn ...

Sehr geehrter Herr ...,

durch beigefügte Vollmacht zeigen wir an, dass wir Herrn ... in ... anwaltlich vertreten.

Der am ... in ... verstorbene Erblasser hat Sie und Ihren Bruder durch privatschriftliches Testament vom ... zum Miterben seines Nachlasses eingesetzt. Unserem Mandanten hat er ein Geldvermächtnis in Höhe von 50.000,00 EUR ausgesetzt.

Dieses Geldvermächtnis wird hiermit ausdrücklich angenommen.

Wir bitten, die 50.000,00 EUR zu überweisen auf das Konto unseres Mandanten Nr.: ..., bei der X-Bank ... in ...

Mit freundlichen Grüßen

Rechtsanwalt ◀

Strenggenommen bedarf die Annahme keiner ausdrücklichen Erklärung, schlüssiges Handeln genügt. Aber selbstverständlich kann der Begünstigte die Annahme ausdrücklich erklären, wodurch die Abwicklung beschleunigt wird. Das kann aber erst *nach* dem Erbfall, aber vor Fälligkeit oder vor Eintritt des Nachvermächtnisfalles[119] geschehen. Sowohl bei der Ausschlagung wie auch bei Annahme handelt es sich um einseitige Rechtsgeschäfte, denen eine Original-Vollmachtsurkunde beigefügt sein sollte. Andernfalls kann der Empfänger das Rechtsgeschäft als

160

---

114 OLG Karlsruhe ZEV 2005, 396 (mwN).
115 Baumbach/*Hartmann*, § 3, Anh. „Feststellungsklage" Rn 53.
116 Palandt/*Edenhofer*, § 2180 Rn 1.
117 Palandt/*Edenhofer*, § 2180 Rn 1.
118 MPFErbR/*Schlitt*, O. I. 2 Ziff. 1.
119 BGH NJW 2001, 520.

unwirksam zurückweisen (§ 174 S. 1 BGB). Allerdings muss auch bei der Zurückweisung eine Originalvollmacht beigefügt werden.[120]

161 Die *Ausschlagung* des Vermächtnisses, die ebenfalls erst nach Eintritt des Erbfalls erklärt werden kann, bedarf keiner Form. Sie beseitigt den Anfall des Vermächtnisses rückwirkend. Erbschaftsteuer fällt nicht an, da die Ausschlagung keine Schenkung im Sinne des § 517 BGB ist. Soweit nichts anderes bestimmt ist, wird das Vermächtnis hierdurch gegenstandslos. Durch die Ausschlagung kann der in der letztwilligen Verfügung benannte Ersatzvermächtnisnehmer zum Zuge kommen (§ 2190 BGB, s. Rn 129). Handelt es sich dabei um minderjährige Kinder, so können die gesetzlichen Vertreter ihrerseits die Ausschlagung namens der Kinder erklären, was im Regelfall der Genehmigung des Vormundschaftsgerichtes bedarf[121] (§ 1643 Abs. 2 S. 1 BGB, anders nach § 1643 Abs. 2 S. 2 BGB).

162 *Vor* dem Erbfall kann der Begünstigte auf die Zuwendung notariell verzichten (§ 2352 BGB); *nach* dem Erbfall geht das auch formlos (§ 397 BGB).

163 ▶ **Muster: Ausschlagung des Vermächtnisses**

Herrn

■■■

Betreff: Nachlass des am ■■■ in ■■■ verstorbenen Herrn ■■■

Sehr geehrter Herr ■■■,

durch beigefügte Vollmacht zeigen wir an, dass wir Herrn ■■■ in ■■■ anwaltlich vertreten.

Durch notarielles Testament vom ■■■ des Notars ■■■ (UR-Nr.: ■■■) hat der Verstorbene Sie als Alleinerbe seines gesamten Nachlasses eingesetzt. Gleichzeitig hat der Erblasser unserem Mandanten das Kfz Mercedes Benz, Baujahr 2005, amtliches Kennzeichen ■■■, durch Vermächtnis zugewendet. Ihnen wurde aufgegeben, dieses Kfz nach Eintritt des Erbfalls an unseren Mandanten zu übereignen.

Namens unseres Mandanten schlagen wir dieses Vermächtnis hiermit aus. Aus der Zuwendung werden keine Rechte mehr hergeleitet.

In dem Testament werden die ehelichen Abkömmlinge unseres Mandanten als Ersatzvermächtnisnehmer benannt. Eheliche Abkömmlinge sind die Kinder unseres Mandanten, nämlich der am ■■■ geborene Sohn ■■■ sowie die am ■■■ geborene Tochter ■■■, die beide noch minderjährig sind. Unser Mandant schlägt das Vermächtnis auch als gesetzlicher Vertreter der beiden Ersatzvermächtnisnehmer aus. Unser Mandant handelt gleichzeitig im Namen seiner Ehefrau, die ihn hierzu bevollmächtigt hat. Eine Vollmachtserklärung der Ehefrau zugunsten unseres Mandanten fügen wir ebenfalls bei.

Mit freundlichen Grüßen

Rechtsanwalt ◀

164 Die Ausschlagung ist *nicht* mehr möglich, wenn der Begünstigte das Vermächtnis *angenommen* hat. Sie ist gegenüber dem Beschwerten zu erklären. Bei mehreren Beschwerten genügt die Erklärung gegenüber einem von ihnen.[122] Der *Erblasser* kann bestimmen, dass das Vermächtnis entfällt, wenn es der Vermächtnisnehmer nicht binnen einer angemessenen Frist annimmt.[123] Das gilt allerdings nur eingeschränkt, wenn der Vermächtnisnehmer zugleich Pflichtteilsbe-

---

120 Bonefeld/Kroiß/*Tanck*, Kap. 6 Rn 13.
121 OLG Köln ErbR 2007, 97; *Damrau* (Minderjähriger), Rn 26.
122 *Pentz*, JR 1999, 138.
123 Nieder/R *Kössinger*, § 9 Rn 16.

A. Vermächtnis § 2

rechtigter ist. In diesem Fall kann der *Beschwerte* dem Vermächtnisnehmer eine Frist setzen, um zu erklären, ob er das Vermächtnis annimmt. Mehrere Erben müssen die Frist gemeinsam setzen.[124] Auch diese Erklärung ist gegenüber dem Beschwerten abzugeben. Nimmt es der Vermächtnisnehmer (und Pflichtteilsberechtigte) *nicht* fristgemäß an, so gilt es als ausgeschlagen (§ 2307 Abs. 2 BGB).

▶ **Muster: Aufforderung an den Pflichtteilsberechtigten, sich zu erklären, ob er das Vermächtnis annimmt**

165

Herrn

...

Betreff: Nachlass des am ... in ... verstorbenen Herrn ...

Sehr geehrter Herr ...,

durch beigefügte Vollmacht zeigen wir an, dass wir Herrn ... in ... anwaltlich vertreten.

Unser Mandant ist Alleinerbe des oben näher bezeichneten Erblassers, der ihr Vater war. Durch notarielles Testament vom ... des Notars ... (UR-Nr.: ...) hat Ihnen der Erblasser ein Vermächtnis in Höhe von 25.000,00 EUR ausgesetzt.

Wir bitten Sie, binnen der nächsten sechs Wochen zu erklären, ob Sie das Vermächtnis annehmen. Dies hätte Auswirkungen auf einen etwaigen Pflichtteilsanspruch. Geht Ihre Erklärung nicht fristgemäß ein, so gilt das Vermächtnis als ausgeschlagen.

Mit freundlichen Grüßen

Rechtsanwalt ◀

9. Verzug und Unmöglichkeit

Geht der Vermächtnisgegenstand unter, wird er beschädigt oder wird das Vermächtnis zu spät erfüllt, so können dem Vermächtnisnehmer Schadensersatzansprüche zustehen.[125] Es ist streng danach zu unterscheiden, ob der Mangel *vor* oder *nach* dem Erbfall eingetreten ist:

166

– Ist der Mangel *vor* Eintritt des Erbfalls eingetreten, so richtet sich die Gewährleistung (künftig: Haftung) beim Gattungsvermächtnis (s.o. Rn 38 ff) für Sach- und Rechtsmängel ausschließlich nach den §§ 2182 f BGB.[126] Gegebenenfalls kann dem Vermächtnisnehmer der Anspruch auf Wertersatz gemäß § 2169 Abs. 3 BGB zustehen.[127]
– Entsteht der Mangel *nach* Eintritt des Erbfalls, so kann der Erbe schadensersatzpflichtig sein, wenn er den Mangel zu vertreten hat (§§ 280, 283, 275 BGB).[128] Schadensersatz anstelle der Leistung kann er nur verlangen, wenn die zusätzlichen Voraussetzungen des § 281 BGB vorliegen.
– Verzögert der Erbe die Erfüllung des Vermächtnisses, so kann der Vermächtnisnehmer beim Geldvermächtnis die gesetzlichen Verzugszinsen gemäß § 288 Abs. 1 BGB verlangen, sobald er den Erben aufgefordert hat, das Vermächtnis zu erfüllen und ihn hierüber in Verzug gesetzt hat. Allerdings ist der Vermächtnisnehmer nicht gehindert, einen weitergehenden Schaden geltend zu machen (§ 288 Abs. 4 BGB).

---

124 OLG München FamRZ 1987, 752.
125 *Brambring*, ZEV 2002, 137 ff; *Amend*, ZEV 2002, 227 ff.
126 *Amend*, ZEV 2002, 228.
127 *Brambring*, ZEV 2002, 139.
128 *Brambring*, aaO.

167 ▶ **Muster: Klage auf Schadensersatz wegen verspäteter Herausgabe von Wertpapieren**[129]

An das

Landgericht ...

Klage

des Angestellten ...,

- Kläger -

Proz.-Bev.: Rechtsanwälte ...

g e g e n

den Angestellten ...,

- Beklagter -

Hiermit erheben wir Klage, bitten um Anberaumung eines Termins zur mündlichen Verhandlung, in dem wir beantragen werden:

1. Der Beklagte wird verurteilt, an den Kläger 6.132,14 EUR nebst 5 % Zinsen seit dem ... zu zahlen;
2. der Beklagte trägt die Kosten des Verfahrens.

Gründe:

Der Beklagte ist Alleinerbe des am ... in ... verstorbenen Erblassers.

Beweis: Beiziehung der Akten des Nachlassgerichtes ..., Az: ...

Zum umfangreichen Nachlass gehört ein Wertpapierdepot, das der Erblasser im Wege des Vermächtnisses dem Kläger zugewendet hat. Im schriftlichen Testament des Erblassers heißt es dazu:

„Mein Wertpapierdepot-Nr.: ... bei der X-Bank soll mit meinem Tod meinem Neffen [Kläger] zufallen".

Beweis: Fotokopie des privatschriftlichen Testamentes vom ..., Az: ...

Der Kläger hat den Beklagten drei Wochen nach Eintritt des Erbfalls aufgefordert, ihm das Wertpapierdepot zu übereignen.

Beweis: Fotokopie des Schreibens der Rechtsanwälte ... vom ...

Der Beklagte hat das abgelehnt mit der Begründung, er habe noch keinen ausreichenden Überblick über den Nachlass. Es seien möglicherweise auch Pflichtteilsansprüche zu erfüllen.

Beweis: Fotokopie des Schreibens des Beklagten vom ...

Daraufhin hat der Kläger den Beklagten noch einmal aufgefordert, ihm die Wertpapiere zu übereignen. Er hat den Beklagten bei dieser Gelegenheit darauf aufmerksam gemacht, dass in dem Depot ausschließlich Wertpapiere der X-AG enthalten waren, denen ein erheblicher Kursverlust drohe.

Beweis: Fotokopie des Schreibens der Rechtsanwälte ... vom ...

Der Beklagte hat die Übereignung der Papiere erneut abgelehnt. Erfüllt hat er das Vermächtnis erst drei Monate später. Zu diesem Zeitpunkt hatten die Wertpapiere einen erheblichen Verlust erlitten.

a) Der Bestand des Depots ist zwischen Eintritt des Erbfalls und Erfüllung des Vermächtnisses unverändert geblieben.
b) Am Tage des Erbfalls hatte das Depot einen Wert in Höhe von 47.934,62 EUR.

Beweis: Fotokopie der Mitteilung der X-Bank an die Erbschaftsteuerstelle

---

129 Beispiel nach *Brambring*, ZEV 2002, 139.

A. Vermächtnis § 2

In den folgenden drei Wochen haben die in dem Wertpapierdepot enthaltenen Aktien der X-AG ständig an Wert verloren. Das kann gegebenenfalls durch Vorlage von Zeitungsausschnitten unter Beweis gestellt werden. Zum Zeitpunkt, zu dem der Kläger die Herausgabe des Wertpapierdepots verlangt hat, war der Wert des Depots gesunken auf 20.599,51 EUR.

Beweis: Mitteilung der X-Bank vom ...

Zum Zeitpunkt der Erfüllung des Vermächtnisses hatte das Wertpapierdepot einen Wert in Höhe von 14.467,37 EUR.

Beweis: beigefügte Mitteilung der X-Bank vom ...

Mit der Klage macht der Kläger die Differenz der Werte des Depots zwischen seiner Aufforderung zur Leistung und der Erfüllung des Vermächtnisses geltend. Anspruchsgrundlage sind die §§ 280 Abs. 1, 286, 288 Abs. 4 BGB. Es handelt sich um ein Stückvermächtnis, dass beim Erbfall fällig war. Der Beklagte hat es nicht ordnungsgemäß erfüllt. Er ist spätestens mit der ersten Anforderung des Klägers in Verzug geraten und schuldet seitdem Verzugszinsen gemäß § 288 Abs. 1 BGB.

Der Beklagte ist aber auch verantwortlich für den weitergehenden Schaden, der dem Kläger dadurch entstanden ist, dass die Aktien in dem vermachten Depot nicht rechtzeitig veräußert werden konnten (§ 288 Abs. 4 BGB). Die Aktien in dem Depot haben seit Eintritt des Erbfalls ständig an Wert verloren. Dem Kläger war frühzeitig klar, dass sich diese Entwicklung fortsetzen werde. Deshalb hat er auf schnelle Erfüllung des Vermächtnisses gedrängt. Hätte der Beklagte das Vermächtnis unverzüglich erfüllt, so hätte der Kläger die Aktien verkauft und daraus 20.599,51 EUR erzielt. Die verzögerte Erfüllung des Vermächtnisses durch den Beklagten hat beim Kläger einen Schaden verursacht, dessen Höhe dem im Antrag genannten Betrag entspricht.

Rechtsanwalt ◀

Ergänzende Erläuterungen: 168

Die Bank teilt der Erbschaftsteuerstelle gemäß § 33 ErbStG mit, welche Werte der Erblasser am Todestag bei ihr hielt. Der Erbe erhält eine Abschrift dieser Mitteilung.

Für den Kläger wird es nicht einfach sein nachzuweisen, dass der Schaden geringer ausgefallen 169 wäre, wenn der Erbe das Vermächtnis früher erfüllt hätte. Miterben müssen überdies auch bei der Erfüllung des Vermächtnisses gemeinschaftlich handeln (§ 2040 Abs. 1 BGB).

Der Vermächtnisnehmer kann Anspruch auf Schadensersatz haben, wenn der Erblasser ihm das 170 Recht eingeräumt hat, in eine bestehende Personengesellschaft einzutreten.

▶ **Muster: Klage auf Schadensersatz wegen vereiteltem Recht auf Eintritt in eine OHG**[130] 171

An das

Landgericht ...

Klage

des Angestellten ...,

- Kläger -

Proz.-Bev.: Rechtsanwälte ...

g e g e n

---
130 Nach BGH NJW 1984, 2570 ff.

den Kaufmann ···,

- Beklagter -

Hiermit erheben wir Klage, bitten um Anberaumung eines Termins zur mündlichen Verhandlung, in dem wir beantragen werden:

1. Der Beklagte wird verurteilt, an den Kläger 1 Million EUR zuzüglich 5 % Zinsen über dem Basiszinssatz seit Klageerhebung zu zahlen;
2. der Beklagte trägt die Kosten des Verfahrens.

Es wird angeregt, einen frühen ersten Termin zu bestimmen. Sollte das Gericht das schriftliche Vorverfahren anordnen, wird für den Fall der Fristversäumnis oder des Anerkenntnisses beantragt,

> den Beklagten durch Versäumnisurteil oder Anerkenntnisurteil ohne mündliche Verhandlung zu verurteilen.

Gründe:

Der Beklagte ist der Sohn und Alleinerbe des verstorbenen Versicherungskaufmanns ··· [Erblasser], der Kläger ist dessen Enkel und zugleich Neffe des Beklagten. Der Erblasser hatte gemeinsam mit dem Beklagten und einem Dritten eine Versicherungsmaklerfirma in der Rechtsform einer OHG betrieben. Im Gesellschaftsvertrag war dem Erblasser und dem Beklagten das Recht vorbehalten, „während der Dauer des Vertragsverhältnisses die Aufnahme eines von ihm zu bestimmenden weiteren Gesellschafters zu verlangen". In seinem privatschriftlichen Testament hat der Erblasser verfügt:

> „Da zwischen meinem Sohn [Beklagter] und seinem Kind, meinem Enkel ···, ein zu großer Altersunterschied besteht, so soll einem Sohn meines vorverstorbenen Sohnes ··· Gelegenheit zum Eintritt in die Firma gegeben werden, wenn er sich für das Geschäft eignet. In diesem Fall ist ihm eine ausreichende Ausbildung auf Kosten der Firma in Deutschland und im Ausland zu ermöglichen. Die Auswahl unter meinen beiden Enkelsöhnen steht meinem Sohn [Beklagter] zu".

Beweis:

1. Fotokopie des Testamentes vom ···, Az: ···;
2. Beiziehung der Akten des Nachlassgerichtes ···, Az: ···

Nach dem Tod des Erblassers entschied sich der Beklagte, dass der Kläger in die OHG aufgenommen werden soll. Dies ist zwischen den Parteien unstreitig. Nach dem Abitur begann der Kläger zunächst eine Lehre als Versicherungskaufmann, die er aber bald abbrach. Danach studierte er Wirtschaftswissenschaften. Nach erfolgreichem Abschluss des Studiums promovierte er und war mehrere Jahre an der Universität tätig. Später hat er ein Anstellungsverhältnis in einer GmbH begonnen, das bis heute andauert.

In der Zeit, in der der Kläger nach Abschluss seines Studiums an der Universität tätig war, hat der Beklagte einen Dritten als weiteren Teilhaber in die Gesellschaft aufgenommen, während die Aufnahme des Klägers abgelehnt wurde. Auch dies ist unstreitig.

Der Kläger verlangt nunmehr Schadensersatz mit der Begründung, der Beklagte habe sich die Erfüllung des Vermächtnisses durch Aufnahme des Dritten in die Gesellschaft unmöglich gemacht. Die Aufnahme eines weiteren Gesellschafters sei durch den Gesellschaftsvertrag ausgeschlossen.

Beweis: Vorlage des Gesellschaftsvertrages der OHG

Mit der vorliegenden Klage machte der Kläger den Schaden geltend, der ihm durch das Verhalten des Beklagten entstanden ist. Der Beklagte hat die Aufnahme des Klägers, der alle Voraussetzungen hierfür erfüllte, unmöglich gemacht. Der Beklagte hat deshalb dem Kläger denjenigen Schaden zu ersetzen, der ihm dadurch entstanden ist, dass er nicht in die OHG aufgenommen worden ist und auch nicht mehr aufgenommen werden kann.

Die OHG ist renditestark. Der Kläger hätte bereits vor einigen Jahren in die OHG aufgenommen werden müssen. Ihm ist ein Schaden in Höhe von mindestens 200.000,00 EUR jährlich entstanden. Das wäre der Betrag gewesen, der dem Kläger als Gesellschafter der OHG zugeflossen wäre.

Beweis:
1. Vorlage der Bilanzen der OHG;
2. Sachverständigengutachten

Für den eingetretenen Schaden haftet der Beklagte gemäß den §§ 280, 249, 251, 2174 BGB.

Rechtsanwalt ◄

Ergänzende Erläuterungen:

Die Schadensberechnung ist überaus schwierig.[131] Der Kläger muss sich insbesondere entgegenhalten lassen, dass er zwar am Gewinn der OHG nicht beteiligt wird, aber auch keinerlei Haftungsrisiko trägt und von jeder Bindung gegenüber der OHG freigestellt ist. Dafür, dass ihm der Weg in die Gesellschaft verbaut wurde, ist er „voll zu entschädigen".[132] Im Zweifel wird der zurückgesetzte Vermächtnisnehmer eine Feststellungsklage erheben müssen.

10. Unzureichender Nachlass

Ist der Nachlass durch Vermächtnisse oder Auflagen überschuldet, so kann der Erbe die Haftung beschränken ohne Nachlassinsolvenz beantragen zu müssen, indem er die Überschwerungseinrede des § 1992 BGB erhebt. Er kann die Vermächtnisnehmer auf den Restnachlass verweisen und den Nachlass an den Vermächtnisnehmer herausgeben. Zeichnet sich das ab, so sollte der Erbe darauf achten, dass der Nachlass von seinem Eigenvermögen getrennt bleibt.[133] Der Vermächtnisnehmer kann dann versuchen, sich aus dem noch vorhandenen Nachlass zu befriedigen. Der Erbe kann stattdessen auch anbieten, den verbleibenden Nachlass durch Zahlung einer Abfindung abzulösen (§ 1992 S. 2 BGB).

Nach überwiegender Ansicht ist § 1992 *nur* anwendbar, wenn die Überschuldung auf dem Vermächtnis oder der Auflage „*beruht*". Deshalb kann die Überschwerungseinrede nicht erhoben werden, wenn der Nachlass auch ohne Berücksichtigung dieser Forderungen überschuldet ist.[134] In diesem Falle ist es die Sache des Erben, unverzüglich Nachlassinsolvenz zu beantragen.

▶ **Muster: Klageerwiderung mit Überschwerungseinrede**

An das

Landgericht ▪▪▪

In dem Rechtsstreit

▪▪▪

g e g e n

▪▪▪

---
131 BGH aaO.
132 BGH aaO (2572).
133 *Krug*/Rudolf/Kroiß, § 15 Rn 98.
134 OLG München ZEV 1998, 100 m.Anm. *Weber*.

- Az.: ...-

zeigen wir an, dass wir die Beklagte vertreten.

Wir werden den geltend gemachten Vermächtnisanspruch unter Verwahrung gegen die Kostenlast anerkennen.

Wir werden weiter beantragen

der Beklagten vorzubehalten, die Vollstreckung in den Nachlass der am ... in ... verstorbenen Erblasserin gegen Herausgabe des gesamten Nachlasses an den Kläger abzuwenden.

Gründe:

Die Beklagte ist Alleinerbin der verwitweten Erblasserin. Das beruht auf dem privatschriftlichen Testament der Erblasserin.

Beweis: Fotokopie des privatschriftlichen Testamentes vom ...

Darin hat die Erblasserin dem Kläger ein Geldvermächtnis in Höhe von 5.000,00 EUR ausgesetzt.

Beweis: Fotokopie des privatschriftlichen Testamentes vom ..., wie vor

Die Beklagte hat das Vermächtnis des Klägers weder dem Grunde noch der Höhe nach jemals bestritten; sie hat vielmehr frühzeitig darauf aufmerksam gemacht, dass der Nachlass nach Berichtigung der Kosten der Bestattung „leer" ist.

Beweis: Fotokopie des Schreibens der Beklagten vom ...

Sie hat später zum Ausdruck bringen lassen, dass sie nicht bereit ist, für die Nachlassverbindlichkeiten mit ihrem Eigenvermögen zu haften.

Beweis: Fotokopie des Schreibens der Rechtsanwälte ... vom ...

Der Nachlass bestand aus dem Hausrat, der teilweise Jahrzehnte alt war und keinen Wert mehr hatte. Auch die technischen Geräte sind wertlos. Das war zwischen den Parteien unstreitig. Die Beklagte hat dem Kläger angeboten, er möge die Nachlassgegenstände an sich nehmen, was er abgelehnt hat. Der gesamte Nachlass befindet sich, gesondert vom übrigen Hausrat der Beklagten, auf deren Speicher.

Ansonsten hat die Erblasserin ein Sparbuch hinterlassen, das am Todestag ein Guthaben (einschließlich Zinsen) aufgewiesen hat in Höhe von 7.512,16 EUR.

Beweis: Fotokopie der Bescheinigung der X-Sparkasse

Diese Ersparnisse waren im vollen Umfang erforderlich, um die Kosten für die Bestattung zu decken. Sie beliefen sich auf 8.012,17 EUR.

Beweis: Fotokopie der Rechnung des Bestattungsinstituts ... vom ...

Daraus ist der Beklagten ein Minus entstanden.

Die Beklagte macht die Überschwerungseinrede des § 1992 BGB geltend. Durch das Vermächtnis, das der Kläger geltend macht, ist der Nachlass überschuldet. Da der Beklagten von weiteren Forderungen gegen den Nachlass bisher nichts bekannt geworden ist, hat sie davon abgesehen, Nachlassinsolvenz zu beantragen. Entsprechend § 1992 S. 1 BGB ist sie bereit, den Nachlass gemäß § 1990 Abs. 1 S. 2 BGB, der sich in ihrem Besitz befindet, herauszugeben. Ein Fall des § 2013 Abs. 1 BGB liegt nicht vor.

Rechtsanwalt ◀

176 **Ergänzende Erläuterungen:**

Der beklagte Erbe hat im Allgemeinen die Kosten des Verfahrens zu tragen. Das ist anders, wenn der Beklagte durch sein Verhalten zur Klageerhebung keinen Anlass gegeben hat und den

A. Vermächtnis § 2

Anspruch sofort anerkennt (§ 93 ZPO).¹³⁵ Die „Überschwerungseinrede" erspart dem Erben den Insolvenzantrag, wenn der Nachlass durch Vermächtnis oder Auflage unzureichend wird. Sie kann auch vom Testamentsvollstrecker, Nachlasspfleger oder Nachlassverwalter erhoben werden. Der Erbe kann der Vollstreckung durch den Vermächtnisnehmer entgehen, in dem er den Nachlass herausgibt oder die Herausgabe durch Zahlung des Nachlasswertes abwendet. Maßgeblich ist dann der Verkehrswert zu dem Zeitpunkt, zu dem die Einrede erhoben wird.¹³⁶ Steht fest, dass der Nachlass für die Erfüllung des Vermächtnisses nicht ausreicht, so kann der Erbe entweder generell den Vorbehalt gemäß § 780 Abs. 1 ZPO in das Urteil aufnehmen lassen oder den Nachlass herausgeben.

Der Vermächtnisnehmer ist Nachlassgläubiger. Sein Anspruch ist allerdings bei der Nachlassinsolvenz nachrangig (§ 327 Abs. 1 Nr. 2 InsO). Nur soweit der Vermächtnisnehmer gleichzeitig Pflichtteilsberechtigter ist, kann er in Höhe seines Pflichtteilsanspruches den Rang des § 327 Abs. 1 Ziff. 1 geltend machen.¹³⁷ Der Nachrang des Vermächtnisnehmers gilt gemäß § 1991 Abs. 4 BGB auch außerhalb des Insolvenzverfahrens. Innerhalb dieser Grenzen ist er auch vom Erben zu beachten. Solange der Erbe annehmen kann, dass der Nachlass ausreicht, um alle Ansprüche zu befriedigen, kann er die Nachlassgläubiger nach seinem Belieben befriedigen.¹³⁸ Zeichnet sich dagegen ab, dass der Nachlass unzureichend ist, muss er Nachlassinsolvenz beantragen, soweit die Überschuldung nicht auf Vermächtnisse und Auflagen zurückgeht (§ 1980 Abs. 1 BGB). Unterlässt er das, kann er sich schadensersatzpflichtig machen (§ 1980 Abs. 1 S. 2 BGB).

Den Vermächtnisnehmern gegenüber kann der Erbe die Einrede der Unzulänglichkeit des Nachlasses erheben (§ 1990 BGB), wenn sich abzeichnet, dass der Nachlass für ihre Befriedigung nicht ausreicht.¹³⁹ Das gilt auch dann, wenn der Vermächtnisnehmer bereits ein rechtskräftiges Urteil erwirkt hat.¹⁴⁰ Der Erbe muss versuchen, die Rangfolge des § 327 Abs. 1 InsO streng einzuhalten. Bei Verstößen gegen den Nachrang des § 1991 Abs. 4 BGB haftet der Erbe den vorrangigen Gläubigern auf den Ausfall.¹⁴¹ Bei mehreren Vermächtnissen muss der Erbe vorgehen entsprechend § 327 Abs. 1 Nr. 1–3 InsO.¹⁴²

▶ **Muster: Klage eines zurückgesetzten Vermächtnisnehmers auf Schadensersatz**

An das

Landgericht ▄▄▄

Klage

des Angestellten ▄▄▄,

- Klägers -

Proz.-Bev.: Rechtsanwälte ▄▄▄

g e g e n

den Angestellten ▄▄▄,

---

135 MPFErbR/Klinger/*Joachim*, S. I. 7 Ziff. 1.
136 Soergel/*Stein*, § 1992 Rn 4.
137 *Wimmer/Silcher*, Kap. 17 Rn 80.
138 MünchKomm/*Siegmann*, § 1991 Rn 7.
139 Damrau/*Gottwald*, § 1992 Rn 14.
140 Palandt/*Edenhofer*, § 1991 Rn 5.
141 Damrau/*Gottwald*, § 1992 Rn 15.
142 MünchKomm/*Siegmann*, § 1991 Rn 9.

- Beklagter -

Hiermit erheben wir Klage, bitten um Anberaumung eines Termins zur mündlichen Verhandlung, in dem wir beantragen werden:

1. Der Beklagte wird verurteilt, an den Kläger 10.000,00 EUR zuzüglich 5 % Zinsen über dem Basiszinssatz ab Klageerhebung zu zahlen;
2. der Beklagte trägt die Kosten des Verfahrens.

Es wird angeregt, einen frühen ersten Termin zu bestimmen. Sollte das Gericht das schriftliche Vorverfahren anordnen, wird für den Fall der Fristversäumnis oder des Anerkenntnisses beantragt,

den Beklagten durch Versäumnisurteil oder Anerkenntnisurteil ohne mündliche Verhandlung zu verurteilen.

Gründe:

Der Beklagte ist Alleinerbe des am ▪▪▪ in ▪▪▪ verstorbenen Erblassers. Er hat, wie zwischen den Parteien unstreitig ist, die Erbschaft angenommen.

Der Erblasser hat dem Kläger und dessen Bruder ein Geldvermächtnis in Höhe von jeweils 30.000,00 EUR ausgesetzt.

Beweis: Fotokopie des privatschriftlichen Testamentes vom ▪▪▪, Az: ▪▪▪

Der Kläger und sein Bruder haben, wie ebenfalls unstreitig ist, das Vermächtnis angenommen.

Weil der Beklagte nicht zahlte, hat der Kläger zwei Monate nach dem Erbfall die Erfüllung des Geldvermächtnisses angemahnt.

Beweis: Fotokopie des Schreibens vom ▪▪▪

Daraufhin hat der Beklagte erklärt, der Nachlass habe sich als unzureichend herausgestellt. Es hätten umfangreiche, teilweise titulierte Forderungen gegen den Nachlass vorgelegen, die vorab zu befriedigen gewesen wäre. Inzwischen sei der Nachlass leer. Der Beklagte hat Nachweise über den Bestand des Nachlasses und die Nachlassverbindlichkeiten vorgelegt.

Beweis: Fotokopie des Schreibens des Beklagten vom ▪▪▪

Der Kläger muss davon ausgehen, dass der Nachlass tatsächlich nicht mehr dazu ausreicht, um seinen Anspruch zu erfüllen. Er akzeptiert insoweit die Darstellung des Beklagten.

Allerdings hat sich herausgestellt, dass der Beklagte den Vermächtnisanspruch des Bruders des Klägers in Höhe von ebenfalls 30.000,00 EUR in vollem Umfang erfüllt hat. Dies ist geschehen wenige Tage, bevor der Beklagte das Mahnschreiben des Klägers erhalten hat, wie ebenfalls zwischen den Parteien unstreitig ist.

Der Beklagte hätte das Vermächtnis gegenüber dem Bruder des Klägers anteilig kürzen müssen, um auch das Vermächtnis des Klägers in gleichem Umfang zu erfüllen wie das des anderen Vermächtnisnehmers. Stattdessen hat der Beklagte dem Kläger lediglich 10.000,00 EUR überwiesen und gleichzeitig erklärt, damit sei der Nachlass endgültig leer.

Beweis: Fotokopie des Schreibens des Beklagten vom ▪▪▪

Offenbar standen dem Beklagten zuvor insgesamt noch 40.000,00 EUR zur Verfügung. Da die beiden Vermächtnisnehmer, nämlich der Kläger und sein Bruder gleichberechtigt sind, wäre der Beklagte verpflichtet gewesen, die 40.000,00 EUR zwischen den beiden Vermächtnisnehmern anteilig aufzuteilen (MK/Siegmann, § 1991 Rn 9). Danach hätte jeder Vermächtnisnehmer 20.000,00 EUR erhalten. Das entsprach dem Wunsch des Erblassers, der den Kläger und seinen Bruder gleich behandelt wissen wollte.

A. Vermächtnis § 2

Tatsächlich hat der Kläger lediglich 10.000,00 EUR erhalten. Der Beklagte haftet gemäß §§ 1978 Abs. 1, 1979 BGB auf den Ausfall. Das sind hier 10.000,00 EUR. Die Forderung ist spätestens mit Klageerhebung zu verzinsen.

Rechtsanwalt ◂

Ergänzende Erläuterungen: 180

Insbesondere beim Zusammentreffen von Sach- und Geldvermächtnissen wird es nicht einfach sein, die Höhe des Ausfalls des Vermächtnisnehmers zu berechnen.

Hat der Erbe zu viel gezahlt, so kann er seine Leistung nach Bereicherungsgrundsätzen zurückfordern.[143] Er müsste versuchen, das Geleistete nach den §§ 813, 814 BGB zurückzubekommen.[144] Er geht dabei ein erhebliches Risiko ein. 181

▸ **Muster: Klage auf Rückgewähr des Vermächtnisses durch den Erben** 182

An das

Landgericht ...

Klage

der Rentnerin ...

- Klägerin -

Proz.-Bev.: Rechtsanwälte ...

g e g e n

die Angestellte ...

- Beklagte -

Hiermit erheben wir Klage, bitten um Anberaumung eines Termins zur mündlichen Verhandlung, in dem wir beantragen werden:

1. Die Beklagte wird verurteilt, an die Klägerin 10.000,00 EUR nebst 5 % Zinsen über dem Basiszinssatz ab Klagezustellung zu zahlen;
2. die Beklagte trägt die Kosten des Verfahrens.

Es wird angeregt, einen frühen ersten Termin zu bestimmen. Sollte das Gericht das schriftliche Vorverfahren anordnen, wird für den Fall der Fristversäumnis oder des Anerkenntnisses beantragt,

die Beklagte durch Versäumnisurteil oder Anerkenntnisurteil ohne mündliche Verhandlung zu verurteilen.

Gründe:

Die Klägerin ist die Alleinerbin des am ... in ... verstorbenen Erblassers.

Beweis: Fotokopie des Erbscheins vom ..., Az: ...

Der Erblasser hat der Beklagten ein Geldvermächtnis ausgesetzt in Höhe von 10.000,00 EUR.

Beweis: Fotokopie des privatschriftlichen Testamentes vom ...

Diesen Anspruch hat die Beklagte bereits eine Woche nach dem Tod des Erblassers bei der Klägerin geltend gemacht.

Beweis: Fotokopie des Schreibens der Beklagten vom ...

---

143 Bamberger/Roth/*Lohmann*, § 1991 Rn 10 mwN.
144 Palandt/*Sprau*, § 813 Rn 3.

Sie hat bereits zu diesem frühen Zeitpunkt Zinsen verlangt und Klage angedroht.

Beweis: Fotokopie des Schreibens vom ..., wie vor

Um den Prozesskosten zu entgehen, hat die Klägerin den Anspruch durch Überweisung eines Betrages von 10.000,00 EUR erfüllt.

Beweis: Fotokopie des Überweisungsträgers vom ...

Der Nachlass bestand aus einem Giro- und zwei Sparkonten mit Guthaben in Höhe von 48.512,16 EUR.

Beweis: Fotokopie der Mitteilung der X-Sparkasse an die Erbschaftsteuerstelle

Der übrige Nachlass in Höhe von Hausrat und Modeschmuck war wertlos. Dies ist zwischen den Parteien unstreitig.

Die Nachlassverbindlichkeiten beliefen sich auf 12.673,23 EUR.

Für den Fall des Bestreitens bleibt Beweisantritt vorbehalten.

Damit betrug der Nettonachlass 35.838,93 EUR. Die Klägerin ist davon ausgegangen, dass der Nettonachlass ausreicht, um das Vermächtnis der Beklagten zu erfüllen. Zum damaligen Zeitpunkt hatte sie keinen Anlass, hieran zu zweifeln.

Erst nachträglich hat sich herausgestellt, dass der Erblasser verpflichtet war, Leistungen, die er kurz vor seinem Tod von einer Haftpflichtversicherung erhalten hatte, zurückzuzahlen. Es handelt sich um einen Betrag in Höhe von 40.000,00 EUR.

Beweis: Schreiben der X-Versicherung vom ...

Dieser Anspruch ist unstreitig vorhanden, wenn gleich noch nicht tituliert. Er geht dem Vermächtnisanspruch der Beklagten vor (§ 1991 Abs. 4 BGB). Nach Erfüllung des Anspruchs der X-Versicherung, dessen Berechtigung nicht im Zweifel steht, wäre der Nachlass leer; die Beklagte hätte keinen Anspruch auf das Geldvermächtnis. Die Leistung der Klägerin an die Beklagte ist deshalb an den Nachlass zurückzugewähren.

Rechtsanwalt ◄

183 Ergänzende Erläuterungen:

Der Anspruch wird in vielen Fällen nur unter großen Schwierigkeiten zu begründen sein;[145] der Gläubiger, der vorrangig zu befriedigen war, hat keine Ansprüche nach Bereicherungsgrundsätzen gegen den voreilig befriedigten Vermächtnisnehmer, es kann aber ein Anfechtungsrecht gemäß §§ 3, 3a AnfG bestehen.[146] Dem Erben wird empfohlen, das Vermächtnis notfalls durch Hinterlegung zu erfüllen.

11. Auskunftsansprüche des Vermächtnisnehmers

184 Einen gesetzlichen Anspruch auf Auskunft hat der Vermächtnisnehmer *nicht*,[147] auch nicht gegen den Testamentsvollstrecker.[148] Der Auskunftsanspruch wird aus § 242 BGB mindestens insoweit bejaht, wie er notwendig ist, damit der Vermächtnisnehmer seinen Anspruch geltend machen kann.[149] Wer Anspruch hat auf ein Stückvermächtnis, der kann nicht verlangen, über Bestand und Höhe der Erbschaft unterrichtet zu werden, wohl aber wird ihm der Erbe Auskunft

---

145 OLG Stuttgart NJW-RR 1989, 1283 f.
146 Soergel/*Stein*, § 1991 Rn 8.
147 *Sarres* (Auskunftsansprüche), Rn 323; *ders.* (Vermächtnis), Rn 169 ff.
148 *Keilbach*, FamRZ 1996, 1191.
149 *Sarres* (Vermächtnis), Rn 171.

geben müssen, ob sich der Gegenstand im Nachlass befindet,[150] andernfalls wäre der Vermächtnisnehmer dem Erben ausgeliefert. Es wird erforderlich sein, den Gegenstand so gut wie möglich zu beschreiben, um den Erben „in Erklärungsnot zu manövrieren".[151] Anders kann es sein, wenn das Vermächtnis von der Höhe des Nachlasses abhängt wie beispielsweise beim Quotenvermächtnis.[152] Dann kann der Erbe sogar verpflichtet sein, Rechenschaft zu legen über Einnahmen und Ausgaben, die mit der Verwaltung des Nachlasses verbunden sind.[153] Für zulässig wird gehalten, dass der Erblasser derartige Auskunftsansprüche des Vermächtnisnehmers ausdrücklich ausschließt oder dass er die Auskunft auf bestimmte Personen, die zur Verschwiegenheit verpflichtet sind, beschränkt.[154] Ist der Vermächtnisnehmer gleichzeitig Pflichtteilsberechtigter, dann steht ihm der Auskunftsanspruch gemäß § 2314 BGB zu. Zu denken ist auch an die §§ 809, 810 BGB. Der Bewertungsbogen, der gegenüber dem Nachlassgericht abzugeben ist, erfüllt nicht die Voraussetzungen eines Bestandsverzeichnisses.

Die Auskunft wird zu geben haben, wer dazu in der Lage ist, Miterben, die Bescheid wissen, haften als Gesamtschuldner. Ein Anspruch auf Auskunft besteht nur, wenn der Hauptanspruch existiert. Ist von mehreren Miterben nur einer mit einer Rentenzahlung zugunsten des Vermächtnisnehmers beschwert, so wird auch nur er zur Auskunft verpflichtet sein. Beim Untervermächtnis richtet sich der Auskunftsanspruch gegen den Vermächtnisnehmer.[155]

185

Ob Anspruch auf Wertermittlung zulasten des Nachlasses besteht, ist zweifelhaft. Es hängt in jedem Falle davon ab, ob der Wert eines Gegenstandes für die Erfüllung des Vermächtnisses von Bedeutung ist.[156]

186

12. Verjährung

Der Vermächtnisanspruch verjährte früher grundsätzlich erst in 30 Jahren.[157] Der Beschwerte musste deshalb jahrelang mit der Unsicherheit leben, ob er das Vermächtnis erfüllen muss.

187

Seit 01.01.2010 verjähren auch Ansprüche aus einem Vermächtnis nach drei Jahren, weil § 197 Abs. 1 Nr. 2 BGB aufgehoben worden ist.[158] Die Frist beginnt mit Ablauf des Jahres, in dem der Anspruchsberechtigte Kenntnis erlangt oder ohne grobe Fahrlässigkeit hätte erlangen können.[159] Ansonsten verjähren sie weiter nach 30 Jahren (§ 199 Abs. 3 a BGB).[160] Das gilt auch für wiederkehrende Leistungen.[161] Bei Grundstücksvermächtnissen ergibt sich eine Verjährungsfrist von 10 Jahren (§ 196 BGB).[162] Zur Übergangsregelung siehe EGBGB Art. 229 § 23.

188

---

150 *Sarres*, ZEV 2001, 225.
151 *Sarres* (Vermächtnis), Rn 174.
152 RGZ 129, 239 ff.
153 *Keilbach*, FamRZ 1996, 1192 mwN.
154 *Sarres* (Vermächtnis), Rn 181.
155 *Keilbach*, FamRZ 1996, 1191 ff.
156 LG Karlsruhe ZErb 2005, 130; *Sarres* (Vermächtnis), Rn 176.
157 Thüringer OLG ZErb 2008, 47; *Muscheler*, ZErb 2008, 105 ff, 110; Hausmann/Hohloch/*Wellenhofer*, 11 Rn 98; *Sarres* (Vermächtnis), Rn 184 ff.
158 Brox/Walker, Rn 35; Sarres (Vermächtnis), Rn 185.
159 Muscheler, ZErb 2008, 110; Franck, ZEV 2007, 114.
160 Sarres (Vermächtnis), Rn 185, 483.
161 Muscheler, ZErb 2008, 110.
162 J. Mayer, ZEV 2010, 2.

13. Verfahrensfragen[163]
a) Vermächtnisnehmer und Nachlassgericht

189 Der Vermächtnisnehmer wird über den Inhalt der letztwilligen Verfügung im Anschluss an die Testamentseröffnung durch das Nachlassgericht unterrichtet (§ 2260 Abs. 2 S. 1 BGB). Ihm wird der Inhalt übermittelt, allerdings nur soweit er davon betroffen ist. Gegebenenfalls wird ihm insoweit eine Fotokopie übermittelt.[164] Er hat keinen Anspruch auf den Erbschein, kann aber Einsicht in die Nachlassakte erhalten, wenn er plausibel darlegt, dass er nicht weiß, wer Erbe ist. In den meisten Fällen wird der Vermächtnisnehmer „Beteiligter" im Antragsverfahren (§§ 7 FamFG) sein, weil sein Recht durch das Verfahren unmittelbar betroffen wird. Im Erbscheinsverfahren ist er auf Antrag hinzuziehen, weil sein Recht im Allgemeinen durch den Ausgang des Verfahrens unmittelbar betroffen wird (§ 345 Abs. 1 Nr. 5 FamFG).[165] Einer Person, die am Verfahren nicht beteiligt ist, kann Einsicht gewährt werden, wenn sie ein berechtigtes Interesse glaubhaft machen kann und schutzwürdige Interessen eines Beteiligten oder eines Dritten nicht entgegenstehen (§ 13 Abs. 2 S. 1 FamFG). Ihm kann nicht entgegengehalten werden, dass er sich dieselben Informationen auch auf anderem Wege beschaffen kann.[166] Ein Recht, die eröffnete letztwillige Verfügung einzusehen, ergibt sich aus § 357 FamFG. Das rechtliche Interesse ist gegeben.[167]

190 Er hat Anspruch auf Einsicht in die gesamte Nachlassakte einschließlich aller darin befindlichen Urkunden.[168] Gegen die Einsicht in einzelne Urkunden können schutzwürdige Interessen der Erben sprechen. Das ist vom Nachlassgericht abzuwägen. Dem Vermächtnisnehmer wird außerdem das Recht zugebilligt, das Testament einzusehen, soweit es ihn selbst betrifft (§ 810 BGB).[169] Er kann auch verlangen, den vermachten Gegenstand zu besichtigen (§ 809 BGB).

b) Hinweise zum Klageverfahren

191 Der Vermächtnisnehmer kann seinen Anspruch geltend machen im besonderen Gerichtsstand der Erbschaft (§ 27 ZPO) oder im allgemeinen Gerichtsstand des Wohnsitzes des Beklagten (§ 13 ZPO). Die sachliche Zuständigkeit des Gerichtes ergibt sich aus §§ 71, 23 GVG. Ist das Testament durch einen Notar errichtet, so ist von der Beweiskraft der öffentlichen Urkunde auszugehen (§ 415 Abs. 1 ZPO).[170] Wer den Inhalt in Frage stellen will (§ 415 Abs. 2 ZPO), trägt die volle Beweislast. Handelt es sich um eine Auskunftsklage und wird der beklagte Erbe oder Vermächtnisnehmer verurteilt, Auskunft zu geben, Rechnung zu legen, Einsicht zu gewähren in bestimmte Unterlagen oder die eidesstattliche Versicherung abzugeben, so kann er hiergegen im Allgemeinen *keine* Berufung einlegen, weil es an der Beschwer fehlt.[171] Der Wert für das Berufungsverfahren richtet sich nicht nach dem Streitwert für die Auskunft, sondern nach dem persönlichen Aufwand an Zeit und Kosten, die dem Beklagten durch die Auskunft auferlegt wird. Hierdurch wird der Beschwerdegegenstand gemäß § 511 ZPO in Höhe von 600,00 EUR im Allgemeinen nicht erreicht.[172]

---

163 Zur Befugnis des Vermächtnisnehmers, Verfassungsbeschwerde zu erheben siehe *Werneburg*, ZEV 2008, 582.
164 *Firsching/Graf*, 4.61.
165 Zweifelhaft für Vermächtnisnehmer, vgl *Kroiß/Seiler*, § 6 Rn 4; Prütting/Helms/*Fröhler*, § 345 Rn 33 ff; *Zimmermann*, Rn 641; Überblick zu den nachlassrechtlichen Vorschriften des FamFG bei *Kroiß*, ZErb 2009, 103 ff.
166 BayObLG FamRZ 1997, 1025.
167 Prütting/Helms/*Fröhler*, § 357 Rn 11.
168 BayObLG FamRZ 1990, 1124.
169 *Keilbach*, FamRZ 1996, 1192.
170 BayObLG FamRZ 2000, 1051 f.
171 BGH NJW 1995, 664.
172 BGH FamRZ 1996, 1543.

A. Vermächtnis § 2

c) Vorbehalt der beschränkten Erbenhaftung für Beklagten

Mit einem Titel gegen den Erben kann auch in dessen Eigenvermögen vollstreckt werden. Um das zu verhindern, muss sich der Erbe bei gegen ihn gerichteten *Leistungsklagen*[173] die Beschränkung der Haftung auf den Nachlass vorbehalten. Das ist möglich bis zum Schluss der letzten Tatsachenverhandlung und kommt im Urteil durch die Formulierung zum Ausdruck: „Dem Beklagten bleibt die beschränkte Erbenhaftung vorbehalten". Der Vorbehalt hindert nicht die Zwangsvollstreckung in das gesamte Vermögen des Erben, der aber die beschränkte Haftung durch Vollstreckungsabwehrklage (§ 785 ZPO) geltend machen kann.

192

Der Beklagte muss sich die beschränkte Erbenhaftung selbst dann vorbehalten lassen, wenn er deren Voraussetzung noch nicht darzulegen vermag und nicht einmal weiß, ob sie eintreten werden. Ausnahme ist nur, dass er bereits unbeschränkt haftet. § 780 ZPO soll nur sicher stellen, dass bereits im Titel geregelt wird, ob sich der Erbe auf die Beschränkung seiner Haftung noch berufen darf.[174] Der Erbe verliert die Möglichkeit der Haftungsbeschränkung gegenüber *allen* Nachlassgläubigern durch Versäumung der Inventarfrist (§ 1994 Abs. 1 S. 2 BGB) sowie durch Inventaruntreue (§ 2005 BGB), gegenüber *einzelnen* Nachlassgläubigern durch Verweigerung der Inventarerrichtung (§ 2006 BGB) oder durch Verzicht auf die Beschränkung.[175] Der Vorbehalt ist erforderlich bei allen Urteilen mit Ausnahme solchen, die auf Feststellung gehen, sowie bei Prozessvergleichen[176] sowie bei vollstreckbaren Urkunden. Bei Mahnbescheiden muss deshalb Widerspruch oder Einspruch gegen den Mahn-/Vollstreckungsbescheid eingelegt werden. Im Urteilstenor kann es dann heißen:

193

„*Der Beklagte wird als Erbe die Beschränkung seiner Haftung auf den Nachlass des ... [Erblasser] vorbehalten. Dieser Vorbehalt betrifft nicht die Kostenentscheidung.*"

Bei Leistungsklagen des Vermächtnisnehmers gegen den Erben muss der Bevollmächtigte des beklagten Erben dafür sorgen, dass der Vorbehalt im Urteils*tenor* aufgenommen wird, und sei es auch nur rein vorsorglich.[177] Unterlässt er es, so kann dies zur Haftung führen.[178]

194

14. Vermächtnis und Testamentsvollstreckung

Hat der Erblasser Testamentsvollstreckung angeordnet (§§ 2197 ff BGB), so wird sich der Anspruch des Vermächtnisnehmers in den meisten Fällen gegen den Testamentsvollstrecker richten. Das hängt allerdings davon ab, welche Aufgaben der Testamentsvollstrecker übertragen bekommen hat, wobei der Erblasser in seinen Entscheidungen frei ist. Er kann dem Testamentsvollstrecker beauftragen, den Erbfall insgesamt *abzuwickeln*. Der Auftrag kann aber auch dahingehen, dass der Testamentsvollstrecker den Nachlass dauerhaft *verwalten* soll. In beiden Fällen kann der Erblasser die Rechte des Testamentsvollstreckers einschränken (§ 2208 Abs. 1 S. 1 BGB) oder sie auf einzelne Nachlassgegenstände beschränken (§ 2208 Abs. 1 S. 2 BGB). Der Testamentsvollstrecker kann das Amt ohne Angabe von Gründen ablehnen. Nimmt er es an, so wird er ein Testamentsvollstreckerzeugnis (§ 2368 BGB) vorlegen, aus dem sich die Beschränkung seiner Verwaltung ergibt (§ 2368 Abs. 1 S. 2 BGB). Der Erblasser kann auch den

195

---

173 *Thomas/Putzo*, § 780 ZPO Rn 4.
174 BGH NJW 1991, 2839 ff.
175 *Zöller/Stöber*, § 780 Rn 4.
176 BGH NJW 1991, 2839.
177 *Krug*/Rudolf/Kroiß, § 15 Rn 102 ff.
178 BGH NJW 1991, 2839.

Vermächtnisnehmer zum Testamentsvollstrecker ernennen, sodass der Begünstigte berechtigt ist, das Vermächtnis selbst zu erfüllen.[179]

196 Das macht es nicht einfacher, die Ansprüche des Vermächtnisnehmers durchzusetzen. Soweit der Erblasser Testamentsvollstreckung angeordnet hat, kann ausschließlich der Testamentsvollstrecker *handeln*, die Erben sind entmachtet. Der Vermächtnisnehmer muss seine Ansprüche deshalb zunächst gegen den Testamentsvollstrecker richten, weil die Erben gar nicht in der Lage sind, sie zu erfüllen. Handelt der Testamentsvollstrecker nicht oder nicht richtig, dann stellt sich die weitere Frage, wer verklagt werden muss, wer also *passiv legitimiert* ist.

– Bezieht sich die Testamentsvollstreckung auf den gesamten Nachlass (Abwicklung oder Verwaltung) so hat der Vermächtnisnehmer die Wahl, ob er den Anspruch richtet gegen die *Erben* oder den *Testamentsvollstrecker*. Der Vermächtnisnehmer kann aber auch Erben *und* Testamentsvollstreckung auf Leistung verklagen.[180]

Richtet sich die Klage ausschließlich gegen die Erben und muss anschließend in den Teil des Nachlasses, der die Testamentsvollstreckung unterliegt, vollstreckt werden, so bedarf es dazu eines weiteren Titels gegen den Testamentsvollstrecker auf Duldung der Zwangsvollstreckung in den Nachlass (§ 748 Abs. 1 ZPO).[181] In diesem Fall wird empfohlen, die Klage gegen die Erben auf Leistung zu verbinden mit der Klage gegen den Testamentsvollstrecker auf Duldung der Zwangsvollstreckung.[182]

– Bezieht sich die Testamentsvollstreckung auf *einzelne* Nachlassgegenstände, so wäre eine Leistungsklage gegen den Testamentsvollstrecker unzulässig, sie muss vielmehr ausschließlich gegen den oder die Erben erhoben werden. Auch die Zwangsvollstreckung ist nur insoweit möglich, wie die Nachlassgegenstände, in die vollstreckt werden soll, *nicht* der Testamentsvollstreckung unterliegen. In Nachlassgegenstände, die der Testamentsvollstreckung unterliegen, kann aus einem gesonderten Duldungstitel vollstreckt werden (§ 748 Abs. 2 ZPO).[183]

– Hat der Testamentsvollstrecker *keine* Verwaltungsbefugnis, wie es insbesondere bei der beaufsichtigenden Testamentsvollstreckung der Fall sein kann,[184] so ist ein besonderer Duldungstitel für die Zwangsvollstreckung *nicht* erforderlich.

197 Der Testamentsvollstrecker hat Anspruch auf eine „angemessene" Vergütung (§ 2221 BGB), soweit der Erblasser sie nicht vorgegeben hat, was für die Erben bindend ist. In einer ungewöhnlich hohen Vergütung kann gleichzeitig ein Vermächtnis zugunsten des Testamentsvollstreckers enthalten sein. Sie unterliegt insgesamt der Einkommensteuer.[185]

15. Teilungsanordnung

198 Mit der Teilungsanordnung trifft der Erblasser Anordnungen für die Erbauseinandersetzung (§ 2048 S. 1 BGB).

---

179 Krug/*Rudolf*/Kroiß, § 15 Rn 41.
180 *Zimmermann*, Rn 602.
181 *Bonefeld*/Kroiß/Tanck, Kap. 8 Rn 44.
182 BGHZ 104, 1; FA-ErbR/*Kopp*, Kap. VI Rn 481.
183 *Bonefeld*/Kroiß/Tanck, Kap. VIII Rn 52.
184 *Bonefeld*/Kroiß/Tanck, Kap. VIII Rn 54.
185 BFH ZEV 2005, 357 f m.Anm. *Billig*.

A. Vermächtnis § 2

▶ **Muster: Teilungsanordnung** 199

Um die Teilung des Nachlasses zu vereinfachen verfüge ich, dass mein Sohn das Grundstück ..., meine Tochter die Eigentumswohnung ... erhalten soll. ◀

Durch die Teilungsanordnung, die im Wege der Erbauseinandersetzung erfüllt wird, verändern sich die Erbquoten nicht. Ist das Grundstück mehr wert als die Eigentumswohnung, dann hat der Sohn eine Ausgleichszahlung aus seinem eigenen Vermögen zugunsten der Schwester zu leisten.[186] 200

Die Abgrenzung zum Vermächtnis ist schwierig, und zwar insbesondere in den Fällen, in denen ein Miterbe vom Erblasser das Recht eingeräumt bekommt, einen Nachlassgegenstand zu kaufen (Ankaufsvermächtnis, Übernahmerecht). Entscheidend ist der Wille des Erblassers. Wollte er lediglich eine Anweisung zur technischen Durchführung der Erbauseinandersetzung geben oder wollte er den Berechtigten durch das Übernahmerecht begünstigen und ihm einen Vermögensvorteil zuwenden? 201

▶ **Muster: Klage auf Abgrenzung Ankaufsvermächtnis/Teilungsanordnung** 202

An das

Landgericht ...

Klage

des Spediteurs ...,

- Kläger -

Proz.-Bev.: Rechtsanwälte ...

g e g e n

die Angestellte ...,

- Beklagte -

Hiermit erheben wir Klage, bitten um Anberaumung eines Termins zur mündlichen Verhandlung, in dem wir beantragen werden:

1. Die Beklagte wird verurteilt, das Grundstück im Grundbuch ..., Bl. ... an den Kläger aufzulassen, in die Umschreibung auf den Kläger einzuwilligen sowie das Grundstück geräumt herauszugeben Zug um Zug gegen Zahlung des Kaufpreises in Höhe von 250.000,00 EUR;
2. die Beklagte trägt die Kosten des Verfahrens.

Es wird angeregt, einen frühen ersten Termin zu bestimmen. Sollte das Gericht das schriftliche Vorverfahren anordnen, wird für den Fall der Fristversäumnis oder des Anerkenntnisses beantragt,

die Beklagte durch Versäumnisurteil oder Anerkenntnisurteil ohne mündliche Verhandlung zu verurteilen.

Gründe:

Die Parteien sind Geschwister. Sie streiten über die Auseinandersetzung nach ihrem am ... in ... verstorbenen Vater, dem Erblasser.

Zugrunde liegt ein Erbvertrag, den der verwitwete Erblasser mit den Parteien geschlossen hat. Darin hat er den Kläger und die Beklagte als Miterben zu je ½ eingesetzt.

---

186 Palandt/*Edenhofer*, § 2048 Rn 5; zu den Unterschieden s. Bonefeld/Daragan/Wachter/*Maulbetsch*, Kap. C Rn 9 ff.

Beweis:
1. Fotokopie des Erbvertrages des Notars ▬▬ vom ▬▬, UR-Nr.: ▬▬;
2. Beiziehung der Akten des Nachlassgerichtes ▬▬, Az: ▬▬

In dem Erbvertrag befindet sich eine Klausel, wonach der Kläger im Todesfall berechtigt sein sollte, das im Antrag näher bezeichnete bebaute Grundstück zum Marktpreis zu kaufen. Den Marktpreis sollte gegebenenfalls ein von der Industrie- und Handelskammer (IHK) benannter Sachverständiger feststellen.

Beweis:
1. Fotokopie des Erbvertrages des Notars ▬▬ vom ▬▬, UR-Nr.: ▬▬wie vor;
2. Beiziehung der Akten des Nachlassgerichtes ▬▬, Az: ▬▬, wie vor

Das Grundstück, das Gegenstand des Rechtsstreits ist, bildet die räumliche und gegenständliche Grundlage für den Geschäftsbetrieb des Klägers, ein Speditionsunternehmen. Das war allen Beteiligten schon bei Abschluss des Erbvertrages bekannt. Im Rahmen des Erbvertrages hat sich der Kläger verpflichtet, an den Erblasser zu dessen Lebzeiten eine monatliche Rente in Höhe von 5.000,00 DM zu zahlen.

Beweis:
1. Fotokopie des Erbvertrages des Notars ▬▬ vom ▬▬, UR-Nr.: ▬▬, wie vor;
2. Beiziehung der Akten des Nachlassgerichtes ▬▬, Az: ▬▬, wie vor

Die Rente aus diesem entgeltlichen Erbvertrag hat der Kläger fast zehn Jahre lang bis zum Eintritt des Erbfalls auch erbracht.

Beweis: Vorlage der Überweisungsträger

Die Beklagte ist verpflichtet, das im Antrag genannte Grundstück auf den Kläger zu übertragen. Sie ist zu Unrecht der Ansicht, dass dies erst im Rahmen der allgemeinen Erbauseinandersetzung zu geschehen habe. Dem Kläger steht die sofortige Übertragung des Grundstücks im Wege eines Vermächtnisses zu. Daran ändert nichts, dass er den Marktwert als Übernahmepreis zahlen muss (BGHZ 36, 115 ff).

Rechtsanwalt ◄

203 Ergänzende Erläuterungen:

Die Beklagte könnte sich darauf berufen, dass es sich lediglich um eine Teilungsanordnung handele.

204 ▶ **Muster: Klageerwiderung zur Abgrenzung Vermächtnis/Teilungsanordnung**

An das

Landgericht ▬▬

In dem Rechtsstreit

▬▬

g e g e n

▬▬

- Az.: ▬▬ -

zeigen wir an, dass wir die Beklagte vertreten.

A. Vermächtnis § 2

Wir werden beantragen:

1. Die Klage abzuweisen;
2. dem Kläger die Kosten des Verfahrens aufzuerlegen.

Sollte der Beklagte verurteilt werden, ist in den Urteilstenor ergänzend aufzunehmen:

Dem Beklagten bleibt die beschränkte Erbenhaftung vorbehalten.

Gründe:

Der Kläger hat keinen Anspruch auf Übertragung des Grundstücks als Vermächtnis. Er hat vielmehr die Erbauseinandersetzung insgesamt abzuwarten.

Richtig ist, dass der Erblasser mit den Parteien einen Erbvertrag abgeschlossen hat. Richtig ist auch, dass sich der Kläger in diesem Erbvertrag verpflichtet hat, eine monatliche Rente zugunsten des Erblassers in Höhe von 5.000,00 DM zu zahlen. Die Beklagte bestreitet nicht, dass dies auch geschehen ist. Nicht bestritten wird schließlich auch, dass das Grundstück, in dem der Kläger seine Spedition betreibt, letztlich an ihn zu übertragen ist. Dies kann aber erst am Ende der Erbauseinandersetzung geschehen, nicht an ihrem Anfang.

Der Erbvertrag ergibt, dass der Kläger Anspruch hat, das Grundstück zu übernehmen zum Verkehrswert. Darin liegt kein Vermögensvorteil, der es rechtfertige, von einem Vermächtnis zu sprechen; in Wahrheit handelt es sich ausschließlich um eine Teilungsanordnung, die der Erblasser gegeben hat, um die technische Abwicklung des Nachlasses zu erleichtern.

Zum Nachlass gehören weitere Grundstücke, eine Beteiligung an einer KG sowie einiges Geldvermögen. Dies alles werden die Parteien untereinander aufzuteilen haben. Erst am Ende dieser Erbaufteilung insgesamt kann der Kläger die Herausgabe des Grundstücks verlangen. Derzeit ist die Klage abzuweisen.

Rechtsanwalt ◀

Ergänzende Erläuterungen: 205

Erbauseinandersetzungsklagen sind außerordentlich schwierig und führen häufig zu langwierigen Auseinandersetzungen. Dagegen kann der Vermächtnisnehmer seinen Anspruch gegen die Miterben sofort durchsetzen. Schon hierin liegt ein erheblicher Vorteil.

16. Gesetzliche Vermächtnisse

Gemeint sind insbesondere der Voraus des Ehegatten (§ 1932 BGB) sowie der Dreißigste 206 (§ 1969 BGB). Sie sind keine Vermächtnisse im Sinne der §§ 2127 ff BGB (s.o. Rn 3); die Vermächtnisvorschriften werden aber teilweise analog angewendet.

17. Kosten

Die Kosten für die Erfüllung des Vermächtnisses hat der Beschwerte zu tragen,[187] soweit der 207 Erblasser nichts anderes bestimmt hat.

18. Hinweise zu Steuern und Auslandsberührung

Der Vermächtnisnehmer hat Erbschaftsteuer zu zahlen (§ 3 Abs. 1 Nr. 1 ErbStG), während der 208 Erbe das Vermächtnis vom Nachlasswert abziehen kann (§ 10 Abs. 5 Nr. 2 ErbStG). Die Erb-

---

[187] BGH NJW 1963, 1602.

schaftsteuer entsteht mit dem Tod des Erblassers (§ 9 Abs. 1 Nr. 1 ErbStG), bei aufschiebender Bedingung, Betagung oder Befristung jedoch erst mit dem Zeitpunkt des Ereignisses (§ 9 Abs. 1 Nr. 1 a ErbStG).[188] Beim Nießbrauchsvermächtnis gelten Besonderheiten (§ 25 ErbStG). Der Vermächtnisnehmer hat den Kapitalwert seines Nießbrauchs oder seines Rentenrechtes zu versteuern. Das kann geschehen durch eine Einmalzahlung oder durch jährliche Zahlung (§ 23 ErbStG); letzteres ist günstig, wenn die Jahressteuer gemäß § 10 EStG bei der Einkommensteuer abgezogen werden kann.[189] Ist der Nießbrauch dem überlebenden Ehepartner des Erblassers als Vermächtnis zugewendet worden, kann der Erbe die Verbindlichkeiten nicht abziehen.[190]

209 Der Erbe haftet aber für die Erfüllung der Steuer durch den Vermächtnisnehmer (§ 20 Abs. 3 ErbStG), woraus sich für ihn das Recht ergibt, bei einem Geldvermächtnis den vom Vermächtnisnehmer geschuldeten Betrag zurückzuhalten.[191] Beim Grundstücksvermächtnis soll es ein Zurückbehaltungsrecht des Erben geben, bis der Vermächtnisnehmer die Erbschaftsteuer entrichtet hat.[192]

210 In Fällen mit Auslandsberührung[193] gelten die Art. 25 bis 28 EGBGB.[194] Bei einem wirksam angeordneten Vermächtnis findet deutsches Recht Anwendung. Befindet sich der Vermächtnisgegenstand im Ausland, so sind schwierige Vorfragen zu klären. Meist gilt dann das Recht des Ortes der belegenen Sache. Ein Geldvermächtnis ist, soweit der Erblasser nichts anderes bestimmt hat, in deutscher Währung zu erfüllen. Ob ein im Ausland befindliches Grundstück durch eine Vormerkung abgesichert werden kann, hängt vom ausländischen Recht ab.[195]

211 ▶ **Muster: Klage auf Wertpapiervermächtnis (Zurückbehaltungsrecht wegen Erbschaftsteuer)**

An das
Landgericht ▪▪▪

Klage

des Angestellten ▪▪▪,
- Kläger -
Proz.-Bev.: Rechtsanwälte ▪▪▪

g e g e n

die Angestellte ▪▪▪,
- Beklagte -

Hiermit erheben wir Klage, bitten um Anberaumung eines Termins zur mündlichen Verhandlung, in dem wir beantragen werden:
1. Die Beklagte wird verurteilt, dem Kläger 1.000 Aktien der „Deutsche Bank AG" zu übereignen;
2. die Beklagte trägt die Kosten des Verfahrens.

Es wird angeregt, einen frühen ersten Termin zu bestimmen. Sollte das Gericht das schriftliche Vorverfahren anordnen, wird für den Fall der Fristversäumnis oder des Anerkenntnisses beantragt,

---

188 Nieder/R Kössinger, § 9 Rn 87; Gleiches gilt, wenn der Erbe ein eigentlich formunwirksames Vermächtnis erfüllt; BFH ZEV ErbR 2008, 165.
189 MPFErbR/Klinger/Schlitt, O. IV. 1 „Steuern"; zur einkommensteuerlichen Zurechnung von Einkünften aus dem zugewendeten Gegenstand zwischen Erbfall und Vermächtniserfüllung siehe Tiedtke/Peterek, ZEV 2008, 349 ff.
190 Meincke, § 25 Anm. 2 ff.
191 Frieser, Rn 496.
192 Soergel/M. Wolf, § 2174 Rn 17 mN (str.).
193 Dazu Birk, ZEV 1995, 283; von Oertzen, ZEV 1995, 167.
194 MPFErbR/Klinger/Schlitt, O. I. 1 „Auslandsbezug".
195 MPFErbR/Klinger/Schlitt, O. I. 6 „Auslandsbezug".

A. Vermächtnis § 2

die Beklagte durch Versäumnisurteil oder Anerkenntnisurteil ohne mündliche Verhandlung zu verurteilen.

Gründe:

Die Beklagte ist Alleinerbin des am ... in ... verstorbenen Erblassers. In seinem handschriftlichen Testament, das er kurz vor seinem Tod errichtet hat, hat der Erblasser zugunsten des Klägers ein Wertpapiervermächtnis ausgesetzt:

"Die Alleinerbin soll dem Sohn meines langjährigen Angestellten ... [Kläger] 1.000 Aktien der Deutsche Bank AG kaufen".

Beweis: Fotokopie des privatschriftlichen Testamentes vom ..., Az: ...

Der Kläger hat das Vermächtnis angenommen und die Beklagte aufgefordert, ihm die Aktien zu verschaffen.

Beweis: Fotokopie des Schreibens des Klägers vom ...

Seitdem befindet sich die Beklagte in Verzug. Der Kläger behält sich vor, wegen der verzögerten Ausführung des Vermächtnisses Schadensersatz zu beanspruchen.

Rechtsanwalt ◄

Ergänzende Erläuterungen: 212

Bei Geldforderungen besteht Anspruch auf Verzugszinsen ab Mahnung.[196]

Die Erwiderung der Beklagten könnte folgenden Wortlaut haben: 213

▶ **Muster: Erwiderung der Beklagten, die ein Zurückbehaltungsrecht wegen der Erbschaftsteuer geltend macht** 128

In dem Rechtsstreit

...

gegen

...

- Az.: ... -

zeigen wir an, dass wir die Beklagte vertreten. Wir werden beantragen:

1. Die Klage abzuweisen;
2. dem Kläger die Kosten des Verfahrens aufzuerlegen.

Sollte die Beklagte verurteilt werden, ist in den Urteilstenor ergänzend aufzunehmen:

Der Beklagten bleibt die beschränkte Erbenhaftung vorbehalten.

Gründe:

Die Beklagte macht ein Zurückbehaltungsrecht geltend wegen der Erbschaftsteuer, die der Kläger zu zahlen hat und für die sie haftet.

Richtig ist, dass die Beklagte Alleinerbin des Erblassers ist. Richtig ist auch, dass der Erblasser dem Kläger ein Vermächtnis ausgesetzt hat über 1.000 handelsübliche Aktien der Deutsche Bank AG.

Die Beklagte hat dem Kläger fernmündlich erklärt, dass sie bereit sei, das Vermächtnis zu erfüllen, wenn er, der Kläger, die auf ihn entfallende Erbschaftsteuer zahle. Der Kläger hat es abgelehnt, sich insoweit auf eine Diskussion mit der Beklagten einzulassen. Er hat brüsk erklärt, ob und wann er

---

[196] Bonefeld/Kroiß/*Tanck*, Kap. 6 Rn 163.

Erbschaftsteuer zahle, gehe sie, die Beklagte, nichts an. Die Beklagte hat den Kläger darauf hingewiesen, dass seine Haltung mit dem Erbschaftsteuergesetz nicht in Einklang stehe. Das hat den Kläger nicht interessiert.

Gemäß § 20 Abs. 3 ErbStG haftet die Beklagte als Alleinerbin dafür, dass der Beklagte als Vermächtnisnehmer seine Erbschaftsteuer zahlt. Da der Wert der dem Kläger vermachten Aktien bei rund 100.000,00 EUR liegt, wird der Vermächtnisnehmer, der nicht mit dem Erblasser verwandt ist, eine Erbschaftsteuerschuld von rund 15.000,00 EUR zu begleichen haben. Bis er das nachgewiesenermaßen getan hat, kann die Beklagte ihre Leistung zurückbehalten.

Rechtsanwalt ◄

214 **Ergänzende Erläuterungen:**
Zurückbehaltungsrecht des Erben bis zur Zahlung der Erbschaftsteuer durch den Vermächtnisnehmer wird auch in diesen Fällen überwiegend bejaht.[197]

II. Typische Verfahrensabläufe

1. Bewegliche Sachen

215 Das Vermächtnis über eine bewegliche Sache wird erfüllt nach §§ 929 ff BGB. Der Anspruch auf die Erfüllung entsteht, wenn der Erblasser nichts anderes bestimmt hat, mit dem Erbfall. Danach kann der Anspruch gerichtlich geltend gemacht und im Einzelfall auch durch Sofortmaßnahmen gesichert werden.

216 ▶ **Muster: Antrag auf Anordnung des Arrestes**

An das

Landgericht ...

Antrag auf Arrest und Arrestpfändung

des Angestellten ...,

- Antragsteller -

Verfahrens-Bev.: Rechtsanwälte ...

g e g e n

den Angestellten ...,

- Antragsgegner -

Hiermit zeigen wir an, dass wir den Antragsteller vertreten. Eine auf uns lautende Vollmacht fügen wir bei. Wir beantragen, folgenden Arrestbeschluss zu erlassen:

1. Es wird der dingliche Arrest in das gesamte Vermögen des Antragsgegners angeordnet;
2. der Antragsgegner trägt die Kosten des Verfahrens;
3. der Antragsgegner kann die Vollziehung des Arrestes hemmen, wenn er einen Betrag in Höhe von 110.000,00 EUR hinterlegt.

Gründe:

I.

Der Antragsgegner ist einziger Abkömmling der am ... in ... verstorbenen verwitweten Erblasserin, die ihn durch privatschriftliches Testament vom ... zum Alleinerben eingesetzt hat.

---

197 OLG Braunschweig OLGZ 26, 342; Soergel/M. Wolf, § 2174 Rn 17, dagegen Staudinger/Otte, § 2174 Rn 35.

A. Vermächtnis § 2

Zur Glaubhaftmachung: Fotokopie des privatschriftlichen Testamentes vom ..., Az: ...

Der Antragsgegner hat die Erbschaft angenommen und einen Erbschein beantragt und erhalten.

Zur Glaubhaftmachung: Fotokopie des Erbscheins vom ..., Az: ...

In ihrem privatschriftlichen Testament hat die Erblasserin dem Antragsteller, ihrem Neffen, ein Vermächtnis in Höhe von 100.000,00 EUR zugewendet.

Zur Glaubhaftmachung: Fotokopie des privatschriftlichen Testamentes vom ..., Az: ...

Der Antragsteller, der einzige Enkel der Erblasserin, hat den Antragsgegner aufgefordert, diese Summe aus dem Nachlass an ihn zu überweisen.

Zur Glaubhaftmachung: Fotokopie des Schreibens des Antragstellers vom ... (Einschreiben/Rückschein)

Der Antragsgegner hat zunächst erklärt, er sei noch nicht in der Lage, das Vermächtnis zu erfüllen, da er noch keinen Erbschein habe.

Zur Glaubhaftmachung: Fotokopie des Schreibens des Antragsgegner vom ...

Später hat er erklärt, er sei nicht verpflichtet, das Vermächtnis auszuführen, weil andernfalls sein Pflichtteilsanspruch tangiert werde.

Zur Glaubhaftmachung: Fotokopie des Schreibens des Antragsgegners vom ...

Dies ist unrichtig. Wie der Antragsteller inzwischen in Erfahrung bringen konnte, liegt der Wert des Nachlasses bei rund 500.000,00 EUR. Durch die Erfüllung des Vermächtnisses wird der Pflichtteilsanspruch des Antragsgegners in Höhe der Hälfte des Nachlasses nicht berührt.

II.

Der Antragsgegner lebt mit einer Brasilianerin zusammen. Er hat bereits zu Lebzeiten der Erblasserin wiederholt größere Geldbeträge an die dortigen Verwandten seiner Lebensgefährtin überwiesen. Darauf hat die Erblasserin den Antragsteller hingewiesen.

Zur Glaubhaftmachung: Fotokopie des Briefes der Erblasserin vom ... an den Antragsteller

Nunmehr hat der Antragsgegner erklärt, er werde sobald wie möglich mit seiner Lebensgefährtin nach Südamerika verziehen. Er sei bereits dabei, sein Vermögen nach dort zu transferieren. Dies hat er in Anwesenheit eines Zeugen erklärt.

Zur Glaubhaftmachung: eidesstattliche Versicherung des ... vom ...

Dazu passt, dass der Antragsgegner das Mietverhältnis über seine Vierzimmerwohnung zum Ablauf des übernächsten Monats gekündigt hat. Dies hat er dem Hausmeister überdies mündlich mitgeteilt.

Zur Glaubhaftmachung: eidesstattliche Versicherung des Hausmeisters ... vom ...

Es ist zu befürchten, dass sich der Antragsgegner nach Südamerika absetzt und dadurch den Vermächtnisanspruch des Antragstellers vereitelt.

Rechtsanwalt ◄

Ergänzende Erläuterungen: 217

Der Vermächtnisanspruch, der auf eine Geldforderung gerichtet ist, kann durch Arrest gesichert werden. Das ist erst zulässig *nach* dem Erbfall. Das ist auch möglich, wenn der Anspruch noch nicht tituliert ist.

218 ▶ **Muster: Antrag auf einstweilige Verfügung gegen drohende Veräußerung eines Vermächtnisgegenstandes**

An das

Landgericht ...

Antrag auf Erlass einer einstweiligen Verfügung

des Angestellten ...,

- Antragsteller -

Proz.-Bev.: Rechtsanwälte ...

g e g e n

den Angestellten ...,

- Antragsgegner -

Unter Hinweis auf die beigefügte Vollmacht des Antragstellers beantragen wir, wegen der Eilbedürftigkeit der Angelegenheit ohne mündliche Verhandlung, folgende einstweilige Verfügung zu erlassen:
1. Dem Antragsgegner wird aufgegeben, das Motorad Horex, Fahrgestell-Nr.: ..., an den Gerichtsvollzieher auszuhändigen;
2. hilfsweise das Motorrad Horex an einen Sequester herauszugeben;
3. der Antragsteller trägt die Kosten des Verfahrens.

Gründe:

Der Antragsteller benötigt eine umgehende gerichtliche Entscheidung, um auf diese Weise zu verhindern, dass der Antragsgegner die Erfüllung eines ihm auferlegten Untervermächtnisses unmöglich macht.

Es geht um den Nachlass des am ... in ... verstorbenen Erblassers, der durch privatschriftliches Testament seine Witwe zur Alleinerbin eingesetzt hat. Die Witwe hat die Erbschaft angenommen.

Zur Glaubhaftmachung: Beiziehung der Akten des Nachlassgerichts ..., Az: ...

Zum Nachlass gehört eine Sammlung historischer Motorräder, die der Erblasser hinterlassen hat. Die insgesamt 19 Motorräder der Marken BMW, Horex, Zündapp, Harley Davidson, Motoguzzi, Yamaha, Kawasaki, hat der Erblasser dem Antragsgegner vermacht. Der Antragsgegner hat das Vermächtnis angenommen, die Alleinerbin hat ihm die Sammlung vor einigen Monaten übereignet. Dies alles ist unstreitig.

Der Antragsteller ist ein langjähriger Freund des Erblassers. Letzter hat in seinem privatschriftlichen Testament verfügt:

„Das Motorrad Horex, das sich in meiner Sammlung befindet, soll an meinen Freund ... [Antragsteller] gehen".

Zur Glaubhaftmachung: Fotokopie des privatschriftlichen Testamentes vom ..., Az: ...

Der Antragsteller hat den Antragsgegner schon vor zwei Monaten aufgefordert, ihm die Horex zu übergeben.

Zur Glaubhaftmachung: Fotokopie des Schreibens vom ...

Das hat der Antragsgegner zunächst mit hinhaltenden Bemerkungen abgelehnt. Jetzt hat der Antragsteller erfahren, dass der Antragsgegner dabei ist, die gesamte Sammlung an ein technisches Museum in Berlin zu einem Preis von rund 500.000,00 EUR zu verkaufen. Das hat der Antragsgegner

A. Vermächtnis § 2

der Alleinerbin berichtet. Er hat weiter erklärt, dass die Verhandlungen kurz vor dem Abschluss stünden und dass er erwarte, die Maschinen in Kürze an die Museumsleitung zu übereignen.

Zur Glaubhaftmachung: Beigefügte eidesstattliche Versicherung der Alleinerbin, Frau ...

Der Verfügungsanspruch liegt in den §§ 2174, 2186 BGB. Danach kann der Erblasser einen Vermächtnisnehmer mit einem Untervermächtnis beschweren.

Verfügungsgrund ist die Gefährdung des Anspruchs des Antragstellers durch die Verkaufsverhandlungen und die drohende Übereignung der gesamten Motorradsammlung an das Museum. Die Motorradsammlung ist zunächst in Erfüllung des privatschriftlichen Testamentes des Erblassers von der Alleinerbin an den Antragsgegner als Hauptvermächtnisnehmer übereignet worden. Nun droht die Übereignung an das Museum, die dazu führen könnte, dass der Antragsgegner die Übergabe und Übereignung des Motorrads an den Antragsteller als Untervermächtnisnehmer vereitelt.

Um die Hauptsache nicht vorwegzunehmen, verlangt der Antragsteller lediglich die vorläufige Verwahrung des Motorrads durch den Gerichtsvollzieher hilfsweise die Herausgabe an einen Sequester (§ 938 Abs. 2 ZPO).

Rechtsanwalt ◄

Ergänzende Erläuterungen: 219

Die einstweilige Verfügung darf die Hauptsache nicht vorwegnehmen, weshalb hier nicht beantragt wird, den Vermächtnisgegenstand an den Vermächtnisnehmer herauszugeben, sondern an einen Gerichtsvollzieher beziehungsweise eine Sequester. Ob bei der Verwendung eines Kfz die „Veränderung des bestehenden Zustandes" zu befürchten ist, ist umstritten.[198] In einzelnen Entscheidungen wird mindestens verlangt, dass das Kfz, das herausgegeben werden soll, übermäßig benutzt wird, was hier kaum der Fall sein dürfte.[199]

▶ **Muster: Klage auf Geldvermächtnis bei Kürzung wegen Pflichtteils** 220

An das

Landgericht ...

Klage

des Angestellten ...,

- Kläger -

Proz.-Bev.: Rechtsanwälte ...

g e g e n

die Angestellte ...,

- Beklagte -

Hiermit erheben wir Klage, bitten um Anberaumung eines Termins zur mündlichen Verhandlung, in dem wir beantragen werden:

1. Die Beklagte wird verurteilt, an den Kläger 100.000,00 EUR nebst 5 % Zinsen über dem jeweiligen Basiszinssatz ab Klagezustellung zu zahlen;
hilfsweise

---

[198] *Bornhorst*, WM 1998, 1668 ff.
[199] Baumbach/*Hartmann*, § 925 Rn 4.

die Beklagte wird verurteilt, an den Kläger 50.000,00 EUR nebst 5 % Zinsen über dem jeweiligen Basiszinssatz ab Klagezustellung zu zahlen;

2. die Beklagte trägt die Kosten des Verfahrens.

Es wird angeregt, einen frühen ersten Termin zu bestimmen. Sollte das Gericht das schriftliche Vorverfahren anordnen, wird für den Fall der Fristversäumnis oder des Anerkenntnisses beantragt,

die Beklagte durch Versäumnisurteil oder Anerkenntnisurteil ohne mündliche Verhandlung zu verurteilen.

Gründe:

Die Parteien sind miteinander verwandt. Sie streiten um die Erfüllung eines Vermächtnisses ihres am ... in ... verstorbenen Onkels, des Erblassers. Der Nachlass hat einen Wert von 500.000,00 EUR.

Zum Zeitpunkt seines Todes war der Erblasser verwitwet. Er hat seinen Sohn hinterlassen.

In den letzten Monaten seines Lebens war der Erblasser schwer erkrankt. Wenige Tage vor seinem Tod hat er ein handschriftliches Testament verfasst, in dem er die Beklagte zur Alleinerbin eingesetzt hat. Dem Kläger hat er ein Vermächtnis in Höhe von 100.000,00 EUR zugewendet. Die Parteien haben die Zuwendungen angenommen. Dies ist unstreitig.

Die Beklagte, die den Nachlass in Besitz genommen hat, verweigert die Auszahlung des Vermächtnisses mit der Begründung, sie rechne damit, dass der Sohn S des Erblassers seinen Pflichtteilsanspruch in Höhe der Hälfte des gesamten Nachlasses geltend machen werde.

Beweis: Fotokopie des Schreibens der Beklagten vom ...

Die Beklagte wurde befragt, ob der Pflichtteilsberechtigte bereits Ansprüche gestellt habe. Dies hat sie verneint.

Beweis: Fotokopie des Schreibens der Beklagten vom ...

Das Geldvermächtnis zugunsten des Klägers ist fällig geworden mit dem Erbfall. Zwar ist es richtig, dass der enterbte Sohn des Erblassers einen Pflichtteilsanspruch hat in Höhe der Hälfte des Nachlasses. Solange er diesen Anspruch aber nicht geltend gemacht hat, kann er dem Kläger nicht entgegengehalten werden. Sollte es später geltend gemacht werden, so hätte die Beklagte einen Rückforderungsanspruch gegen den Kläger. Selbst wenn man anders entscheiden wollte, so folgt daraus nicht das Recht der Beklagten, die Zahlung insgesamt zu verweigern. Sie könnte die dem Kläger zustehende Summe allenfalls verhältnismäßig kürzen.

Der Hilfsantrag beruht darauf, dass der Kläger jedenfalls nicht das volle Vermächtnis, sondern lediglich den um 1/5 gekürzten Betrag verlangen kann.

Sollte der pflichtteilsberechtigte Sohn seinen Anspruch stellen, so wird er die Hälfte des Nachlasses erhalten. Das sind rund 250.000,00 EUR. Gemäß § 2318 Abs. 1 BGB hat die Beklagte Anspruch darauf, dass sich der Kläger an diesem Betrag entsprechend dem Wert seines Vermächtnisses beteiligt. Vom gesamten Nachlass erhielte der Kläger 1/5, der Beklagten verblieben 4/5. Der Pflichtteil ist entsprechend aufzuteilen, sodass der Kläger von der Pflichtteilssumme 50.000,00 EUR zu tragen hat.

Rechtsanwalt ◄

A. Vermächtnis § 2

Ergänzende Erläuterungen: 221

Ob die Kürzung erst möglich ist, wenn der Pflichtteilsberechtigte seinen Anspruch geltend gemacht hat, ist streitig.[200]

▶ **Muster: Klage des Erben auf Erstattung des nachträglich geltend gemachten Pflichtteils** 222

An das

Landgericht ...

Klage

der Angestellten ...,

- Klägerin zu 1) -

und der Angestellten ...,

- Klägerin zu 2) -

Proz.-Bev.: Rechtsanwälte ...

g e g e n

den Angestellten ...,

- Beklagter -

Hiermit erheben wir Klage, bitten um Anberaumung eines Termins zur mündlichen Verhandlung, in dem wir beantragen werden:

1. Der Beklagte wird verurteilt, an die Klägerinnen als Gesamtgläubigerinnen 75.000,00 EUR nebst 5 % Zinsen über dem jeweiligen Basiszinssatz ab Klageerhebung zu zahlen;
2. der Beklagte trägt die Kosten des Verfahrens.

Es wird angeregt, einen frühen ersten Termin zu bestimmen. Sollte das Gericht das schriftliche Vorverfahren anordnen, wird für den Fall der Fristversäumnis oder des Anerkenntnisses beantragt,

den Beklagten durch Versäumnisurteil oder Anerkenntnisurteil ohne mündliche Verhandlung zu verurteilen.

Gründe:

Die Klägerinnen sind die Enkelinnen des am ... in ... verstorbenen Erblassers. Der Erblasser, der verwitwet war, hat eine Tochter, die Mutter der Klägerinnen, hinterlassen. In den letzten Jahren seines Lebens hat der Erblasser mit dem Beklagten zusammengelebt. Mit notariellem Testament hat der Erblasser seine Tochter von der Erbschaft ausgeschlossen und die Klägerinnen zu Erbinnen zu je ½ eingesetzt. Dem Beklagten hat er vermacht das ihm als Alleineigentümer gehörende Hausgrundstück Gemarkung ..., Grundbuch des Amtsgerichtes ..., Bl. ...

Beweis:

1. Fotokopie des Testamentes des Notars ... vom ..., UR-Nr.: ...;
2. Beiziehung der Akten des Nachlassgerichtes ... Az: ...

Die Klägerinnen haben die Erbschaft angenommen. Zum Nachlass gehörten im Wesentlichen zwei Grundstücke, nämlich eine Hof- und Gebäudefläche im Wert von etwa 250.000,00 EUR, sowie das dem Beklagten übereignete Hausgrundstück im Wert von 150.000,00 EUR. Die auf der Hof- und Gebäudefläche ruhenden Lasten lagen bei rund 230.000,00 EUR. Dagegen war das dem Beklagten über-

---

200 Bonefeld/Kroiß/*Tanck*, Kap. 6 Rn 94.

eignete Hausgrundstück lastenfrei. Dies alles ist festgestellt in einem gerichtlichen Verfahren, das die pflichtteilsberechtigte Tochter des Erblassers gegen ihre beiden Töchter, die Klägerinnen geführt hat.

Beweis: Beiziehung der Akten des Landgerichtes ▪▪▪ Az: ▪▪▪

In diesem Verfahren haben die Klägerinnen, dort als Beklagte, dem hiesigen Beklagten den Streit verkündet.

Beweis: Zustellungsurkunde der Streitverkündung vom ▪▪▪

Der Beklagte ist dem Streit nicht beigetreten. Durch inzwischen bestandskräftiges Urteil des Landgerichtes ▪▪▪ sind die Klägerinnen verurteilt worden, an ihre pflichtteilsberechtigte Mutter 75.000,00 EUR zu zahlen.

Beweis: Fotokopie des Urteils des Landgerichtes ▪▪▪ vom ▪▪▪, Az: ▪▪▪

Das Landgericht geht davon aus, dass die Aktiva des Nachlasses lagen bei 400.000,00 EUR, die Passiva bei 250.000,00 EUR. Daraus errechnet sich der Pflichtteilsanspruch der Tochter des Erblassers in Höhe von (½) 75.000,00 EUR.

Diesen Betrag hat der Beklagte den Klägerinnen als Gesamtgläubigerinnen zu erstatten. Das beruht auf § 813 Abs. 1 BGB. Danach kann der Erbe, der nachträglich Ansprüche des Pflichtteilsberechtigten erfüllt hat, die Erstattung vom Vermächtnisnehmer verlangen (KG FamRZ 1977, 267 ff). Dabei sind die Lasten zwischen Erben und Pflichtteilsberechtigten entsprechend ihrem Anteil am (positiven) Nachlass zu verteilen (§ 2318 Abs. 1 BGB). Daraus folgt, dass der Beklagte die Pflichtteilslast allein zu tragen hat, weil er ein lastenfreies Grundstück übereignet bekommen hat, während der Vermögenswert, der den Klägerinnen verblieb, der Höhe nach übereinstimmte mit den Nachlassverbindlichkeiten (§ 1967 BGB).

Rechtsanwalt ◄

223 Ergänzende Erläuterungen:

Der Vermächtnisnehmer muss das Ergebnis des Vorprozesses gegen sich gelten lassen, wenn ihm der Erbe den Streit verkündet hat (§§ 72, 74 iVm § 68 ZPO). Tritt er dem Verfahren bei, was in dieser Tatsacheninstanz möglich ist, so ist er berechtigt, alle Rechtshandlungen vorzunehmen, soweit sie nicht mit den Handlungen der Hauptpartei im Widerspruch stehen.[201] Tritt er nicht bei, so kann er auch keinen Einfluss nehmen. Das kann bei der Konstellation Pflichtteilsberechtigter gegen Erben erhebliche Risiken für den Vermächtnisnehmer mit sich bringen, was sich am obigen Beispiel gut aufzeigen lässt. Der Pflichtteilsberechtigte muss für die Höhe seines Anspruchs den Brutto- und Nettonachlass definieren. Wenn seine Angaben im Vorprozess von den Erben (im obigen Fall die Töchter der Klägerin, die Enkelinnen des Erblassers) nicht bestritten werden, dann werden sie vom Gericht als richtig unterstellt. Hierdurch tritt letztlich eine Bindung des Vermächtnisnehmers ein, der dem Streit *nicht* beigetreten ist.

224 Werden die Pflichtteilsansprüche rechtzeitig geltend gemacht und handelt es sich beim Vermächtnis um eine teilbare Leistung, so kann der Erbe das Vermächtnis anteilig kürzen.[202] Soweit es sich um eine unteilbare Leistung handelt, wie es insbesondere beim Grundstück der Fall ist, kann der Erbe statt des vermachten Gegenstandes einen Geldbetrag nach Abzug des Anteils des Vermächtnisnehmers am Pflichtteilsanspruch auszahlen.[203] Hat der Erbe in Unkenntnis des

---

201 BGH NJW 1983, 2378.
202 Soergel/*Dieckmann*, § 2318, Anm. 5 mit Nachw.
203 BGHZ 19, 309 ff.

A. Vermächtnis § 2

Pflichtteilsanspruches den Vermächtnisgegenstand bereits geleistet, so kann er vom Erben die Erstattung des Anspruchs verlangen.

Der Vermächtnisnehmer schuldet, wenn *keine* Anrechnungs- oder Ausgleichspflichten die Pflichtteilslast beeinflussen, die Quote des Pflichtteilsberechtigtem aus dem Nachlass. Das gilt auch dann, wenn dem Erben am Ende wertmäßig weniger übrig bleibt als dem Vermächtnisnehmer. Das kommt in der folgenden Klageerwiderung zum Ausdruck.

▶ **Muster: Erwiderung des Beklagten zur anteiligen Kürzung (§ 2318 Abs. 1 BGB)**

In dem Rechtsstreit

...

gegen

...

- Az.: ... -

zeigen wir an, dass wir den Beklagten vertreten. In Höhe von

37.500,00 EUR werden wir den Anspruch anerkennen.

Im Übrigen werden wir beantragen,

    die Klage abzuweisen.

Gründe:

Es ist richtig, dass die Klägerinnen als Miterbinnen des Erblassers den Pflichtteilsanspruch ihrer Mutter zu erfüllen haben. Richtig ist auch, dass sie durch Urteil des Landgerichtes ... zu einem Pflichtteilsbetrag in Höhe von 75.000,00 EUR verurteilt worden sind. Das Urteil ist rechtskräftig. Richtig ist schließlich auch, dass der Beklagte ein Hausgrundstück als Vermächtnis erhalten hat, das einen Wert von 150.000,00 EUR hatte.

Zu Unrecht sind die Klägerinnen der Ansicht, dass der Beklagte den Pflichtteilsanspruch allein zu erfüllen habe. Nach den allgemein akzeptierten Kürzungsregeln hat die Kürzung beim Erben wie beim Vermächtnisnehmer in der Höhe der Quote des Pflichtteilsberechtigten zu erfolgen. Das bedeutet im Ergebnis, dass die Klägerinnen als Erbinnen und der Beklagte als Vermächtnisnehmer jeweils die Hälfte des Pflichtteilsanspruchs zu tragen haben.

Deshalb ist der Beklagte bereit, den Anspruch in Höhe des halben Pflichtteilsbetrages anzuerkennen. Im Übrigen ist die Klage abzuweisen.

Rechtsanwalt ◀

Ergänzende Erläuterungen:

Da der Beklagte dem vorherigen Rechtsstreit zwischen den Klägerinnen und der Pflichtteilsberechtigten nicht beigetreten ist, ist das Gericht „an die das Urteil tragenden tatsächlichen und rechtlichen Feststellungen im Vorprozess gebunden".[204] Der Vorbehalt gemäß § 780 ZPO ist nicht aufzunehmen, weil der Beklagte als Vermächtnisnehmer in Anspruch genommen wird. Die Auslegung des § 2318 Abs. 1 BGB („anteilig") und die Kommentierungen dazu geben Rätsel auf. Es spricht mehr für die Ansicht der Klägerinnen.

---

204 *Thomas/Putzo*, § 68 Rn 5.

2. Immobilien

228 Das Grundstücksvermächtnis wird erfüllt durch die Einigung gemäß § 925 BGB (Auflassung) und die Eintragung ins Grundbuch (§ 873 BGB). Die Auflassung bedarf der notariellen Beurkundung; der Erbe muss die Eintragung des Vermächtnisnehmers bewilligen. Der Erbe muss nicht voreingetragen werden (§ 40 Abs. 1 GBO), wohl aber der Erblasser (§ 39 Abs. 1 GBO). Der Nachweis der Erbfolge wird durch Erbschein geführt (§ 35 Abs. 1 S. 1 GBO).

229 ▶ **Muster: Auszugsweise notarielle Auflassungserklärung über ein durch Vermächtnis zugewendetes Grundstück**

Anwesend sind

1) Herr ▄▄▄, Alleinerbe,

- Beteiligter zu 1) -

2) Herr ▄▄▄, Vermächtnisnehmer,

- Beteiligter zu 2) -

Die Beteiligten erklären, dass sie das Grundstück im Grundbuch des Amtsgerichtes ▄▄▄, Bd. ▄▄▄, Bl. ▄▄▄ auf den Beteiligten zu 2) übertragen wollen.

1. Eigentümer dieses Grundstücks war Herr ▄▄▄ Er ist am ▄▄▄ verstorben und durch den Beteiligten zu 1) beerbt worden. Das Nachlassgericht ▄▄▄ hat durch Erbschein vom ▄▄▄, Az: ▄▄▄, festgestellt, dass der Beteiligte zu 1) Alleinerbe des Erblassers ist.
2. Durch notarielles Testament vom ▄▄▄ des Notars ▄▄▄ (UR-Nr.: ▄▄▄) hat der Erblasser angeordnet, dass das oben näher bezeichnete Grundstück im Wege eines Vermächtnisses an den Beteiligten zu 2) übertragen werden soll.
3. Zur Erfüllung dieses Vermächtnisses erklären die Beteiligten hiermit die
   Auflassung.

Sie sind sich darüber einig, dass das oben näher bezeichnete Grundstück auf den Beteiligten zu 2) übergehen soll. Der Beteiligte zu 1) bewilligt die Eintragung des Beteiligten zu 2) als Eigentümer im Grundbuch. Der Beteiligte zu 2) verzichtet darauf, seinen Anspruch auf Eigentumsübertragung durch eine Vormerkung zu sichern. ◀

a) Sicherung des Vermächtnisanspruches durch Vormerkung

230 Vor dem Erbfall hat der Vermächtnisnehmer keinen Anspruch, sondern lediglich eine Aussicht.[205] Ein noch nicht bestehender Anspruch kann nicht durch eine Vormerkung gesichert werden.[206] Das ist mindestens in solchen Fällen „beklagenswert",[207] in denen der Erblasser, der ein Grundstück vermacht hat, dauerhaft geschäfts- und testierunfähig geworden ist. *Nach dem Erbfall kann der Vermächtnisnehmer versuchen, seinen Anspruch auf Eigentumsübertragung des Grundstückes durch Eintragung einer Vormerkung zu sichern (§ 883 BGB). Die Vormerkung schützt den Erwerber in vielfacher Hinsicht.*[208] Sie kann geschehen durch Bewilligung des Beschwerten (§ 885 Abs. 1 S. 1 BGB). Weigert sich der Beschwerte, so kann der Vermächtnisnehmer versuchen, die Vormerkung durch Klage oder einstweilige Verfügung durchzusetzen.

---

205 *Krug*/Rudolf/Kroiß, § 15 Rn 55 ff.
206 BGHZ 12, 115 ff.
207 *Sarres* (Vermächtnis), Rn 464.
208 Ausführlich dazu *Krug*/Rudolf/Kroiß, § 15 Rn 112 ff.

A. Vermächtnis § 2

Der Anspruch auf die Vormerkung, der durch die *Klage* geltend gemacht werden könnte, ergibt 231
sich nicht ohne Weiteres aus dem Vermächtnisanspruch.[209] Er wird aber zugebilligt, wenn bis
zur Erfüllung des Übereignungsanspruchs noch erhebliche Zeit vergehen kann.[210]

▶ **Muster: Klage auf Eintragung einer Auflassungsvormerkung** 232

An das

Landgericht ▬▬▬

Klage

des Angestellten ▬▬▬,

- Kläger -

Proz.-Bev.: Rechtsanwälte ▬▬▬

g e g e n

den Angestellten ▬▬▬,

- Beklagter -

Hiermit erheben wir Klage, bitten um Anberaumung eines Termins zur mündlichen Verhandlung, in
dem wir beantragen werden:

1. Der Beklagte wird verurteilt, eine Auflassungsvormerkung an dem im Grundbuch von ▬▬▬, Bd.
   ▬▬▬, Bl. ▬▬▬ eingetragenen Grundstück zu bewilligen und eintragen zu lassen;
2. der Beklagte trägt die Kosten des Verfahrens.

Es wird angeregt, einen frühen ersten Termin zu bestimmen. Sollte das Gericht das schriftliche Vorverfahren anordnen, wird für den Fall der Fristversäumnis oder des Anerkenntnisses beantragt,

den Beklagten durch Versäumnisurteil oder Anerkenntnisurteil ohne mündliche Verhandlung zu
verurteilen.

Gründe:

Die Parteien sind Geschwister. Ihr gemeinsamer Onkel, der verwitwete Erblasser, ist am ▬▬▬ in ▬▬▬
verstorben, ohne einen Abkömmling hinterlassen zu haben. Die Parteien sind seine nächsten Angehörigen.

Durch privatschriftliches Testament vom ▬▬▬ hat der Erblasser den Beklagten zum Alleinerben bestimmt. Der Beklagte hat die Erbschaft angenommen. Auf seinen Antrag hat das Nachlassgericht
einen Erbschein erteilt, der ihn als Alleinerben ausweist.

Beweis:

1. Fotokopie des Erbscheins vom ▬▬▬, Az: ▬▬▬;
2. Beiziehung der Akten des Nachlassgerichtes ▬▬▬, Az: ▬▬▬

In seinem Testament hat der Erblasser bestimmt:

„Das Baugrundstück [Bezeichnung wie im Antrag] vermache ich meinem Neffen N2 [Kläger]. Meine
Neffe N1 [Beklagter] soll es seinem Bruder spätestens nach Ablauf von zwei Jahren nach meinem
Tod übertragen".

---

209 So auch MünchKomm/*Kohler*, § 884 Rn 3.
210 BGH NJW 2001, 2883 f.

Beweis:
1. Fotokopie des privatschriftlichen Testamentes vom ▬▬;
2. Beiziehung der Akten des Nachlassgerichtes ▬▬, Az: ▬▬

Der Kläger hat das Vermächtnis angenommen. Dies ist zwischen den Parteien unstreitig. Er hat den Beklagten gebeten, das ihm vermachte Baugrundstück zu übereignen. Der Beklagte weigert sich mit der Begründung, dazu habe er noch Zeit. Daraufhin hat der Kläger den Beklagten gebeten, seinen Anspruch auf Übertragung des Eigentums an dem Grundstück durch Eintragung einer Vormerkung zu sichern. Der Beklagte hat erklärt, das sei nicht erforderlich; der Kläger werde sein Grundstück schon rechtzeitig bekommen.

Beweis: Fotokopie des Schreibens des Beklagten vom ▬▬

Unter diesen Umständen kann der Kläger verlangen, dass sein Anspruch auf Übereignung des Baugrundstücks durch Vormerkung gesichert wird (Palandt/Bassenge, BGB, 68. Aufl. 2009, § 883 Rn 19 mwN). Der Erblasser hat vor seinem Tod mehrfach erklärt, es komme ihm sehr darauf an, dass das im Antrag genannte Grundstück, das er selbst ererbt hat, an den Kläger gehe.

Beweis: Zeugnis der Ehefrau des Klägers, Frau ▬▬

Rechtsanwalt ◀

233 Ergänzende Erläuterungen:

Der Vermächtnisnehmer hat auch die Möglichkeit, eine Vormerkung im Wege der einstweiligen Verfügung (§§ 935 ff ZPO) zu erstreiten. Er kann sogar das Hauptsacheverfahren und das Verfahren der einstweiligen Verfügung parallel führen.[211] Dabei muss der Antragsteller nur seinen Anspruch auf Übertragung des Eigentums glaubhaft machen, *nicht* aber die Gefährdung dieses Anspruchs (§ 885 Abs. 1 S. 2 BGB).

234 ▶ **Muster: Antrag auf einstweilige Verfügung zur Eintragung einer Vormerkung auf Übertragung des Vermächtnisses auf ein Grundstück**

An das

Landgericht ▬▬

Antrag auf Erlass einer

e i n s t w e i l i g e n V e r f ü g u n g

des Angestellten ▬▬,

- Antragsteller -

Proz.-Bev.: Rechtsanwälte ▬▬

g e g e n

den Angestellten ▬▬,

- Antragsgegner -

Unter Hinweis auf die beigefügte Vollmacht des Antragstellers beantragen wir, wegen der Eilbedürftigkeit der Angelegenheit ohne mündliche Verhandlung, folgende einstweilige Verfügung zu erlassen:

1. Der Antragsgegner bewilligt die Eintragung einer Vormerkung zur Sicherung des Anspruchs des Antragstellers auf Übertragung des Eigentums an dem Grundstück Grundbuch ▬▬, Bl. ▬▬
2. Der Antragsteller trägt die Kosten des Verfahrens.

---

211 Krug/*Rudolf*/Kroiß, § 15 Rn 120.

A. Vermächtnis § 2

Es wird weiter beantragt, das Gericht möge nach Erlass der einstweiligen Verfügung das Grundbuchamt um die Eintragung der Vormerkung ersuchen (§ 941 ZPO).

Gründe:

Der Antragsteller ist der Sohn des Antragsgegners und der Enkel des am ... in ... verstorbenen Erblassers. Der Erblasser hat den Antragsgegner durch notarielles Testament vom ... des Notars ... (UR-Nr.: ...) zum Alleinerben eingesetzt. Der Antragsgegner hat die Erbschaft angenommen und Antrag auf einen Erbschein gestellt.

Zur Glaubhaftmachung: Fotokopie des Erbscheins vom ..., Az: ...

In dem notariellen Testament hat der Erblasser dem Antragsteller das im Antrag näher bezeichnete Grundstück im Wege eines Vermächtnisses zugewendet.

Zur Glaubhaftmachung: Fotokopie des Testamentes vom ..., wie vor

Der Antragsteller hat das Vermächtnis angenommen.

Zur Glaubhaftmachung: Fotokopie des Schreibens der Rechtsanwälte ... vom ...

Der Antragsgegner weigert sich mit wechselnden Begründungen, das Vermächtnis auszuführen, die Auflassung zu erklären und den Antrag auf Umschreibung des Grundbuchs zu stellen. In seinem letzten Schreiben hat der Antragsgegner sogar erklärt, er habe Zweifel, ob das Vermächtnis wirksam sei.

Zur Glaubhaftmachung: Fotokopie des Schreibens des Antragsgegners vom ...

Inzwischen hat der Antragsgegner das Grundbuch berichtigen lassen. Er ist nunmehr als Alleineigentümer eingetragen.

Zur Glaubhaftmachung: Beglaubigte Fotokopie des Grundbuchauszuges

Der Antragsteller befürchtet, dass der Antragsgegner das Grundstück veräußern könnte. Im Übrigen muss der Verfügungsgrund nicht glaubhaft gemacht werden (§ 885 Abs. 1 S. 2 BGB). Der Verfügungsanspruch ist durch die beglaubigte Fotokopie des notariellen Testamentes glaubhaft gemacht.

Rechtsanwalt ◄

Ergänzende Erläuterungen:

Das Gericht kann das Grundbuchamt um die Eintragung einer Vormerkung ersuchen.[212] 235

Einzelheiten zur Glaubhaftmachung ergeben sich aus § 294 ZPO. Für den Richter genügt, dass 236
die zugrunde liegenden Tatsachen überwiegend wahrscheinlich sind.[213]

b) Belastungen des Grundstücks

In vielen Fällen wird das Grundstück noch mit Hypotheken oder Grundschulden belastet sein. 237
Soweit der Erblasser nichts anderes bestimmt hat, hat der Erbe die Immobilie mit den Belastungen zu übereignen; der Vermächtnisnehmer kann nicht verlangen, dass die Belastungen gelöscht werden.[214] Die zugrundeliegenden Verbindlichkeiten, die durch die dinglichen Belastungen gesichert werden, sind als Nachlassverbindlichkeiten (§ 1967 BGB) im *Außenverhältnis* vom Erben zu tragen. Der Darlehensgeber wird sich zunächst stets an den Erben halten. Im *Innenverhältnis* aber hat der Erbe Anspruch darauf, dass ihm der Vermächtnisnehmer die Zah-

---
212 Thomas/Putzo/*Reichold*, § 941 Rn 1.
213 *Krug*/Rudolf/Kroiß, § 15 Rn 117.
214 *Sarres* (Vermächtnis), Rn 466. Elemente.

lungen an den Darlehensgläubiger erstattet,[215] falls der Erblasser nicht Anderes bestimmt hat. Soweit der Erbe das Darlehen weiter bedient, kann er vom Vermächtnisnehmer Erstattung verlangen. Als Alternative könnten Erbe, Vermächtnisnehmer und Darlehensgeber gemeinsam vereinbaren, dass der Vermächtnisnehmer anstelle des Erben Darlehensnehmer wird. Auf Grundschulden ist § 2166 BGB entsprechend anwendbar.[216] Die Vorschrift ist nicht anzuwenden, wenn die Darlehensverbindlichkeit, die durch die Grundschuld gesichert wird, gleichzeitig noch durch eine Lebensversicherung abgesichert wird.[217]

238 ▶ **Muster: Klage des Vermächtnisnehmers auf Übereignung des Grundstücks bei Erstattungsansprüchen des Erben**

An das

Landgericht ▪▪▪

Klage

der Rentnerin ▪▪▪,

- Klägerin -

Proz.-Bev.: Rechtsanwälte ▪▪▪

g e g e n

den Angestellten ▪▪▪,

- Beklagter -

Hiermit erheben wir Klage, bitten um Anberaumung eines Termins zur mündlichen Verhandlung, in dem wir beantragen werden:

1. Der Beklagte wird verurteilt, das Hausgrundstück im Grundbuch ▪▪▪, Bl. ▪▪▪ an die Klägerin zu übereignen;
2. der Beklagte trägt die Kosten des Verfahrens.

Es wird angeregt, einen frühen ersten Termin zu bestimmen. Sollte das Gericht das schriftliche Vorverfahren anordnen, wird für den Fall der Fristversäumnis oder des Anerkenntnisses beantragt,

den Beklagten durch Versäumnisurteil oder Anerkenntnisurteil ohne mündliche Verhandlung zu verurteilen.

Gründe:

Die Klägerin war die langjährige Lebensgefährtin des am ▪▪▪ in ▪▪▪ verstorbenen Erblassers, der Eigentümer des im Antrag näher bezeichneten Hausgrundstücks war. In diesem Grundstück hat der Erblasser mit der Klägerin gelebt. Nach Eintritt des Todesfalls lebt die Klägerin in diesem Hausgrundstück allein.

Durch privatschriftliches Testament hat der verwitwete Erblasser den Beklagten, seinen einzigen Abkömmling, zum Alleinerben bestimmt. In dem Testament hat er der Klägerin ein Vermächtnis ausgesetzt. In dem Testament heißt es dazu:

„Mein Hausgrundstück [wie im Antrag näher bezeichnet] vermache ich mit dem gesamten Inventar meiner langjährigen Lebensgefährtin [Klägerin], der ich damit danken will für ihr freundliche, stets hilfsbereite Zuwendung".

---

215 Soergel/M. Wolf, § 2166 Rn 1; eingehend dazu neuerdings Grunewald/Rizer, ZEV 2008, 510.
216 BGHZ 37, 233.
217 Palandt/Edenhofer, § 2166 Rn 1; differenzierend für die Sicherungsgrundschuld Grunewald/Rizer, ZEV 2008, 510.

A. Vermächtnis § 2

Beweis:
1. Fotokopie des privatschriftlichen Testamentes vom ..., Az: ...;
2. Beiziehung der Akten des Nachlassgerichtes ..., Az: ...

Der Beklagte hat die Erbschaft angenommen. Für die Klägerin war der Tod ihres Lebensgefährten ein schwerer Schlag. Sie hat Monate gebraucht, bis sie sich davon erholt hat. Erst jetzt hat sie die Kraft aufgebracht, vom Beklagten die Erfüllung des Grundstücksvermächtnisses zu verlangen. Der Beklagte verlangt zu Unrecht, dass die Klägerin ihm Kosten erstattet. Es ist unstreitig, dass die Pflichtteilsansprüche des Beklagten durch die Erfüllung des Vermächtnisses nicht berührt werden.

Das Hausgrundstück hat der Erblasser teilweise finanziert. Auf ihm lastet noch eine Hypothek über 100.000,00 EUR, die eine Darlehensverpflichtung von zum Zeitpunkt des Erbfalls 60.000,00 EUR absichert.

Beweis: Fotokopie des Schreibens der Prozessbevollmächtigten des Beklagten vom ...

Der Beklagte meint, dass die Klägerin ihm die hieraus resultierenden monatlichen Lasten in Höhe von 350,00 EUR erstatten müsse. Das ist unrichtig. Zwar hat der Vermächtnisnehmer die dinglichen Lasten, die auf dem vermachten Grundstück ruhen, mit zu übernehmen. Die zugrunde liegenden Darlehen sind aber persönliche Verbindlichkeiten des Erblassers, die vom Erben zu tragen sind.

Rechtsanwalt ◄

Ergänzende Erläuterungen:

Der Anspruch des Erben gegen den Vermächtnisnehmer, ihm die Zahlungen auf das Darlehen zu erstatten, kann erst entstehen mit Erfüllung des Vermächtnisses. Das kann im Einzelfall auch zu Gegenansprüchen des Erben führen.

▶ **Muster: Klageerwiderung des Erben mit Anspruch auf Erstattung von Leistungen an den Darlehensgeber beim Grundstücksvermächtnis**

An das

Landgericht ...

In dem Rechtsstreit

...

g e g e n

...

- Az.: ... -

zeigen wir an, dass wir den Beklagten vertreten.

Wir werden den Herausgabeanspruch
  anerkennen,
allerdings nur
  Zug um Zug gegen Zahlung von 900,00 EUR zuzüglich 5 % Zinsen über dem Basiszinssatz seit ...

Sollte der Beklagte verurteilt werden, ist in den Urteilstenor ergänzend aufzunehmen:
  Dem Beklagten bleibt die beschränkte Erbenhaftung vorbehalten.

Die Klägerin, die langjährige Lebensgefährtin des Erblassers, verlangt vom Beklagten, dem Sohn des Erblassers, die Übereignung des Einfamilienhauses in der ... Str. in ... Sie beruft sich dazu auf ein entsprechendes Vermächtnis, dass der Erblasser der Klägerin ausgesetzt hat.

Der Beklagte ist bereit, diesen Anspruch anzuerkennen. Er hat aber Gegenansprüche gegen die Klägerin, weil er drei Monate lang Zahlungen an Darlehensgeber geleistet hat, die im Innenverhältnis von der Klägerin zu tragen sind.

a) Das vermachte Hausgrundstück, das der Erblasser mit der Klägerin bewohnt hat und in dem die Klägerin auch jetzt noch lebt, ist nicht lastenfrei. Zum Todeszeitpunkt bestanden noch Darlehensverpflichtungen gegenüber der X-Bank in Höhe von rund 60.000,00 EUR. Daraus sind derzeit auf der Basis eines Festzinssatzes monatlich zu zahlen 300,00 EUR. Als Erbe haftet der Beklagte gegenüber der X-Bank für Zinsen und Tilgung dieses Betrages. Er hat die Zahlungen erbracht für die Monate Mai, Juni, Juli des laufenden Jahres.

b) Diese Zahlungen hat die Klägerin zu erstatten. Gemäß § 2166 BGB ist der Vermächtnisnehmer eines Grundstücks verpflichtet, den Erben im Innenverhältnis von Zahlungen, die er auf hypothekarisch abgesicherte Darlehen zahlt, freizustellen. Diese Voraussetzungen sind gegeben, denn die Darlehen der X-Bank werden abgesichert durch eine auf dem vermachten Grundstück lastende Hypothek über 100.000,00 EUR. Der Erblasser hat Anderes nicht bestimmt.

c) Zwar dürfte die Erstattungspflicht des Vermächtnisnehmers erst entstehen mit Übergabe des Grundstücks, doch ist im vorliegenden Fall zu beachten, dass die Klägerin in dem Hausgrundstück wohnt und dass der Beklagte von ihr keine Miete verlangt hat. Im Übrigen hat der Beklagte selbst schon vor vier Monaten Gespräche mit der Klägerin gesucht, um die Umschreibung des Grundstücks auf sie zu veranlassen. Das hat die Klägerin zunächst abgelehnt mit der Begründung, sie sei noch nicht in der Lage, derartige geschäftliche Dinge abzuwickeln.

d) Die Klägerin hat dem Beklagten jedenfalls die monatlichen Raten für die drei genannten Monate zu erstatten. Der Beklagte verzichtet darauf, insoweit Zinsansprüche geltend zu machen.

Rechtsanwalt ◄

241 Ergänzende Erläuterungen:
Dem Grunde nach kann die Erstattungspflicht des Vermächtnisnehmers erst entstehen mit Erfüllung des Vermächtnisses und Herausgabe des Grundstücks. Im vorliegenden Fall mag es ausnahmsweise anders sein.

3. Forderungen

242 ▶ **Muster: Forderungsvermächtnis auf monatliche Rente**

Meine langjährige Lebensgefährtin soll von meiner Frau eine monatliche Rente erhalten in Höhe von ¼ der Rentenansprüche, die meine Frau nach mir erwirbt. Die Rente ist zu zahlen, solange meine Frau lebt. ◄

243 Die Formulierung lässt viele Fragen offen. Schon der Begriff „Rente" ist vielschichtig. Gemeint sein könnten die Renten aus der gesetzlichen Rentenversicherung, aber möglicherweise auch die Betriebsrenten. Was ist mit Renten aus privaten Lebensversicherungen oder aus Veräußerungen? Auf Renten aus der gesetzlichen Rentenversicherung werden eigene Einkünfte der Witwe angerechnet. Bei langjährigen Renten sollte stets darüber nachgedacht werden, ob sie Wertsicherungsklauseln erhalten.

244 Die frühere Rechtsprechung zum „Mätressentestament"[218] ist aufgegeben.[219] Da die Lebensgefährtin die Höhe der Witwenrente nicht kennt, hat sie einen Auskunftsanspruch (§ 242 BGB).

---

218 Soergel/*Stein*, § 1937 Rn 31.
219 *Kipp/Coing*, § 16 III 1 c.

A. Vermächtnis § 2

▶ **Muster: Klage auf Auskunft über die Höhe eines Rentenanspruchs**[220]   245

An das

Landgericht ...

Klage

der Angestellten ...,

- Klägerin -

Proz.-Bev.: Rechtsanwälte ...

g e g e n

die Angestellte ...,

- Beklagte -

Hiermit erheben wir Klage, bitten um Anberaumung eines Termins zur mündlichen Verhandlung, in dem wir beantragen werden:

1. Die Beklagte wird verurteilt, der Klägerin Auskunft zu geben, welche abgeleiteten Rentenansprüche aus der Versorgung ihres am ... in ... verstorbenen Ehemannes sie durch dessen Tod erworben hat;
2. die Beklagte trägt die Kosten des Verfahrens.

Es wird angeregt, einen frühen ersten Termin zu bestimmen. Sollte das Gericht das schriftliche Vorverfahren anordnen, wird für den Fall der Fristversäumnis oder des Anerkenntnisses beantragt,

die Beklagte durch Versäumnisurteil oder Anerkenntnisurteil ohne mündliche Verhandlung zu verurteilen.

Gründe:

Die Beklagte ist die Witwe des im Antrag näher bezeichneten Erblassers. Letzterer hat ein privatschriftliches Testament hinterlassen, in dem es heißt:

„Meine langjährige Lebensgefährtin soll von meiner Frau eine monatliche Rente erhalten in Höhe von ¼ der Rentenansprüche, die meine Frau nach mir erwirbt. Die Rente ist zu zahlen, solange meine Frau lebt".

Beweis: Fotokopie des privatschriftlichen Testaments vom ...

Von Regelungen zur Bestattung abgesehen enthält das Testament keine weiteren letztwilligen Verfügungen, es fehlt insbesondere eine Erbeinsetzung.

Beweis: Fotokopie des privatschriftlichen Testaments vom ..., wie vor

Der Erblasser ist deshalb nach gesetzlicher Erbfolge beerbt worden. Da er im gesetzlichen Güterstand der Zugewinngemeinschaft gelebt hat, sind Erben geworden die Beklagte zu ½ sowie die beiden gemeinsamen Söhne zu je ¼.

Die Klägerin hat das Vermächtnis zu ihren Gunsten angenommen. Sie hat der Beklagten vorgeschlagen, dass die Rente durch eine Einmalzahlung abgefunden wird. In diesem Schreiben liegt gleichzeitig die Annahme des Vermächtnisses.

Beweis: Fotokopie des Schreibens vom ...

Die Beklagte hat diesen Vorschlag brüsk abgelehnt. Die Klägerin wird deshalb ihren Anspruch auf monatliche Zahlung gegen die Beklagte durchsetzen. Dazu ist erforderlich, dass sie die Höhe der

---
220 Zum Auskunftsanspruch des Vermächtnisnehmers s.o. Rn 184 f.

§ 2 Vermächtnis

Rentenansprüche der Beklagten kennt. Sie hat die Beklagte deshalb aufgefordert, ihr eine genaue Aufstellung zu geben über alle Renten, die sie aus abgeleitetem Recht nach dem Erblasser erhält.

Beweis: Fotokopie des Schreibens der Klägerin vom ▬▬▬

Die Beklagte hat auch diese Auskunft abgelehnt mit der Erklärung, sie werde die langjährige Geliebte des Erblassers nicht auch noch nach dessen Tod unterstützen. Es ist deshalb nunmehr Klage geboten. Die Klägerin benötigt die Auskunft, um die Höhe ihrer monatlichen Rente zu ermitteln. Die Beklagte schuldet die Auskunft als Miterbin, weil die Klägerin auf sie angewiesen ist, um ihren Anspruch zu ermitteln. Die Beklagte schuldet die Auskunft aber auch als Beschwerte, denn die monatliche Rente soll nach der Vorstellung des Erblassers von ihr aufgebracht werden.

Der Anspruch stützt sich auf § 242 BGB. Die Klägerin ist auf die Auskunft angewiesen, um ihren Anspruch durchzusetzen. Die Beklagte ist in der Lage, die Auskunft unschwer zu erteilen. Für die Klägerin gibt es auch keinen anderen Weg, sich die Auskunft zu beschaffen, insbesondere erhält sie keine Auskunft von den Rentenversicherungen.

Rechtsanwalt ◀

246 **Ergänzende Erläuterungen:**
Ansprüche der Witwe auf Rente aus abgeleitetem Recht gehören nicht zum Nachlass.²²¹ Auskunft über die Höhe dieser Ansprüche kann allein die Witwe geben.

247 ▶ **Muster: Klage auf Forderungsvermächtnis in der Form einer monatlichen Rentenzahlung**

An das
Landgericht ▬▬▬

Klage

der Angestellten ▬▬▬,
- Klägerin -
Proz.-Bev.: Rechtsanwälte ▬▬▬

g e g e n

die Angestellte ▬▬▬,
- Beklagte -

Hiermit erheben wir Klage, bitten um Anberaumung eines Termins zur mündlichen Verhandlung, in dem wir beantragen werden:

1. Die Beklagte wird verurteilt, an die Klägerin für die Monate April bis Juli 2006 3.200,00 EUR zu zahlen;
2. die Beklagte trägt die Kosten des Verfahrens.

Es wird angeregt, einen frühen ersten Termin zu bestimmen. Sollte das Gericht das schriftliche Vorverfahren anordnen, wird für den Fall der Fristversäumnis oder des Anerkenntnisses beantragt,

die Beklagte durch Versäumnisurteil oder Anerkenntnisurteil ohne mündliche Verhandlung zu verurteilen.

Gründe:

Die Beklagte ist die Ehefrau des am ▬▬▬ in ▬▬▬ verstorbenen Erblassers, der in den letzten Jahren mit der Klägerin zusammengelebt hat. Der Erblasser hat ein privatschriftliches Testament hinterlassen,

---
221 Soergel/*Stein*, § 1922 Rn 112.

A. Vermächtnis § 2

das die Klägerin beim zuständigen Nachlassgericht ... eingereicht hat. In diesem Testament hat der Erblasser in erster Linie Anweisungen gegeben für seine Bestattung und die Grabpflege.

Beweis:

1. Fotokopie des Testamentes vom ...Az: ...;
2. Beiziehung der Akten des Nachlassgerichtes ..., Az: ...

Ansonsten heißt es in dem privatschriftlichen Testament:

> „Meine Lebensgefährtin L [Klägerin] erhält einen Einmalbetrag in Höhe von 130.000,00 EUR. Darüber hinaus hat sie Anspruch auf eine monatliche Zahlung in Höhe von jeweils ¼ der Renten, die meine Ehefrau aus abgeleitetem Recht nach mir erhält. Die Rente ist zu zahlen von meiner Frau, solange sie lebt".

Beweis:

1. Fotokopie des Testamentes vom ..., Az: ..., wie vor;
2. Beiziehung der Akten des Nachlassgerichtes ..., Az: ..., wie vor

Das Testament vom ... enthält zwei Vermächtnisse zugunsten der Klägerin, nämlich die Einmalzahlung sowie die monatliche Rente. Eine Erbeinsetzung enthält das Testament nicht.

Beweis:

1. Fotokopie des Testamentes vom ..., Az: ..., wie vor;
2. Beiziehung der Akten des Nachlassgerichtes ..., Az: ..., wie vor

Der Erblasser ist deshalb beerbt worden durch die Beklagte, seine Ehefrau, mit der er im Güterstand der Zugewinngemeinschaft lebte, zu ½ sowie seinen beiden Kindern zu je ¼. Die Erben haben die Erbschaft angenommen, denn sie haben einen Erbschein beantragt und erhalten.

Beweis: Fotokopie des Erbscheins vom ..., Az: ...

Die Klägerin hat die Vermächtnisse zu ihren Gunsten ebenfalls angenommen. Sie hat die Beklagte zu 1) aufgefordert, die Vermächtnisse zu erfüllen.

Beweis: Fotokopie des Schreibens der Klägerin vom ...

Die Beklagte hat die Einmalzahlung anerkannt und den Betrag in Höhe von 130.000,00 EUR an die Klägerin überwiesen.

Im Hinblick auf die Rente ist die Beklagte aufgefordert worden, Auskunft zu erteilen über alle Renten, die die Beklagte aus abgeleitetem Recht nach dem Erblasser erhält.

Beweis: Fotokopie des Schreibens vom ...

Da die Beklagte diese Auskunft zunächst nicht gegeben hat, musste sie verklagt werden. Durch Urteil des erkennenden Gerichtes ist die Beklagte entsprechend dem Antrag der Klägerin verurteilt worden.

Beweis: Beiziehung der Akten des Landgerichtes ..., Az: ...

Inzwischen hat die Beklagte die Auskunft erteilt. Sie ergibt, dass die Beklagte eine Witwenrente aus der gesetzlichen Rentenversicherung in Höhe von 2.000,00 EUR sowie eine Betriebsrente in Höhe von 1.200,00 EUR monatlich, zusammen also 3.200,00 EUR pro Monat, erhält.

Beweis: Fotokopie der Auskunft der Beklagten vom ...

Nach dem Testament des Erblassers hat die Klägerin Anspruch auf eine monatliche Zahlung in Höhe von ¼ der Witwenrenten, die an die Beklagte fließen. Das sind monatlich 800,00 EUR.

Der Erblasser ist im März 2006 gestorben, sodass die Beklagte Anspruch auf Witwenrente hat seit April 2006. Inzwischen sind vier Monate vergangen, in denen die Beklagte jeweils 800,00 EUR an die Klägerin hätte zahlen müssen. Beschwert mit dem Vermächtnis der monatlichen Rente ist nicht die Miterbengemeinschaft, sondern allein die Beklagte.

Beweis: Fotokopie des Testamentes vom ..., wie vor

Damit sind monatlich 800,00 EUR für die Zeit von April bis Juli 2006, insgesamt 3.200,00 EUR, zu zahlen gewesen. Diese Summe wird mit dem Antrag zu 1) geltend gemacht. Die Klägerin sieht zunächst davon ab, Zinsen zu verlangen.

Rechtsanwalt ◄

248 Ergänzende Erläuterungen:

Die Forderung, die Gegenstand des Vermächtnisses ist, wird durch das privatschriftliche Testament begründet. Die erforderliche Schriftform (§ 761 BGB) wird durch die Testamentsform ersetzt.[222] Die Annahme des Vermächtnisses ist erklärt gegenüber der beschwerten Miterbin. Die bereits fälligen Raten werden in einer Summe geltend gemacht, die Summe könnte allmonatlich um weitere 800,00 EUR erhöht werden. Denkbar ist auch eine Feststellungsklage.

249 ▶ **Muster: Gesamthandklage gegen einen Miterben auf Zustimmung zur Auszahlung einer Geldsumme**[223]

An das

Landgericht ...

Klage

1. des Angestellten ...

- Kläger zu 1) -

2. der Angestellten ...

- Klägerin zu 2) -

Proz.-Bev.: Rechtsanwälte ...

g e g e n

den Angestellten ...,

- Beklagten -

Hiermit erheben wir Klage, bitten um Anberaumung eines Termins zur mündlichen Verhandlung, in dem wir beantragen werden:

1. Der Beklagte wird – gesamthänderisch mit den weiteren Miterben ... verurteilt, aus dem Nachlass des am ... in ... verstorbenen Erblassers an die Kläger die Summe in Höhe von 50.000,00 EUR des Sparguthabens Nr.: ... sowie des Guthabens auf dem Girokonto Nr.: ... bei der X-Bank in ... zu zahlen;
2. der Beklagte trägt die Kosten des Verfahrens.

Es wird angeregt, einen frühen ersten Termin zu bestimmen. Sollte das Gericht das schriftliche Vorverfahren anordnen, wird für den Fall der Fristversäumnis oder des Anerkenntnisses beantragt,

den Beklagten durch Versäumnisurteil oder Anerkenntnisurteil ohne mündliche Verhandlung zu verurteilen.

---

222 Palandt/*Edenhofer*, § 2173 Rn 1.
223 OLG Karlsruhe ZEV 2005, 396 f.

A. Vermächtnis § 2

Gründe:

Die Parteien sind Geschwister und Miterben zu je 1/3 ihrer im Jahre 2002 verstorbenen Tante, der Erblasserin.

Beweis:

1. Erbschein des Amtsgerichtes ..., Az: ...;
2. Beiziehung der Akten des Nachlassgerichtes ..., Az: ...

Das Erbrecht der Parteien geht zurück auf das privatschriftliche Testament der Erblasserin vom ...

Beweis:

1. Fotokopie des Testamentes vom ...Az: ...;
2. Beiziehung der Akten des Nachlassgerichtes ..., Az: ..., wie vor

Die Parteien streiten über eine Klausel des Testamentes, die die Kläger als Vorausvermächtnis auslegen, was der Beklagte bestreitet. Die Klausel lautet:

„Das Guthaben auf meinem Sparkonto Nr.: ... bei der X-Bank sowie das Guthaben auf dem Girokonto Nr.: ... soll meinem Neffen [Kläger zu 1)] sowie meiner Nichte [Klägerin zu 2)] zustehen. Diese beiden sollen die Kosten der Beerdigung und die Grabpflege tragen".

Beweis:

1. Fotokopie des Testamentes vom ..., Az: ..., wie vor;
2. Beiziehung der Akten des Nachlassgerichtes ..., Az: ..., wie vor

Während die Erblasserin die drei Parteien ansonsten zu je 1/3 begünstigt hat, hat sie die bei der X-Bank befindlichen Werte allein den Klägern zugewendet. Der Beklagte bestreitet zu Unrecht, dass es sich dabei um ein Vorausvermächtnis handelt. Er behauptet, es handele sich lediglich um eine Teilungsanordnung, die nicht zu einer Verschiebung der Erbquoten führe. Diese Ansicht ist unrichtig. Daran ändert nichts, dass die von der Erblasserin genannten Konten zum Zeitpunkt des Erbfalls nicht mehr im Nachlass vorhanden waren.

I.

Die Kläger machen eine Gesamthandsklage gemäß § 2059 Abs. 2 BGB geltend. Eine solche Klage kann allein gegen den Miterben erhoben werden, der sich der Auszahlung widersetzt. Die Kläger als Vorausvermächtnisnehmer sind auch nicht verpflichtet, zunächst die endgültige Auseinandersetzung der Erbengemeinschaft abzuwarten. Ihr Vermächtnisanspruch auf Auszahlung der Guthaben bei der X-Bank kann gemäß § 271 BGB sofort verlangt werden. Die Kläger waren bereits mit Eintritt des Erbfalls berechtigt, vom Beklagten die Erfüllung des Vorausvermächtnisses zu verlangen. Besondere Gründe, weshalb dieses Verlangen im vorliegenden Fall treuwidrig sein könnte, liegen nicht vor (BGH NJW-RR 1988, 710).

II.

Die Erblasserin hat die Kläger zusätzlich begünstigen wollen. Das ergibt sich daraus, dass ihnen unmittelbar an die oben zitierte Klausel zur Auflage gemacht wurde, die Beerdigung auszurichten und das Grab der Erblasserin zu pflegen. Die Erblasserin wollte demnach, dass die Vermögenswerte bei der X-Bank den Klägern zufließen, damit diese hieraus die genannten Verpflichtungen erfüllen können.

III.

Es ist richtig, dass die in der Klausel genannten beiden Konten zum Todeszeitpunkt nicht mehr im Nachlass vorhanden waren. Zwar wird die Ansicht vertreten, dass beim Sparbuch im Zweifel das Guthaben nur in seiner Höhe zum Zeitpunkt des Erbfalls vermacht wird. Diese Regel ist aber an den Umständen des Einzelfalles zu messen (OLG Karlsruhe ZEV 2005, 397). Die wohlhabende Erblasserin wollte, dass allein die Kläger diese Guthaben erhalten, um daraus die Kosten für die Beerdigung und die Grabpflege zu tragen. In einem solchen Fall muss davon ausgegangen werden, dass die Erblasserin eine Geldsumme in Höhe der Guthaben zum Zeitpunkt der Errichtung des Testamentes vermachen wollte.

Rechtsanwalt ◄

250 Ergänzende Erläuterungen:

Zur Gesamthands- und Gesamtschuldklage s.o. Rn 95. Zur Abgrenzung Teilungsanordnung/ Vorausvermächtnis s.o. Rn 194 ff; zu den Bankkonten s.o. Rn 138 ff.

III. Verfügungen des gebundenen Erblassers (§ 2288 BGB)

251 Zu seinen Lebzeiten ist der durch Erbvertrag gebundene Erblasser, über sein Vermögen zu verfügen, nicht beschränkt (§ 2286 BGB). Solange der Erblasser lebt, hat der Vermächtnisnehmer deshalb auch keinen Anspruch gegen ihn. Erst nach dessen Tod kann er ihn gegen den Nachlass, bei Schenkung subsidiär gegen den Beschenkten geltend machen. Dabei schützt § 2288 BGB den Vermächtnisnehmer nicht nur vor unentgeltlichen Verfügungen, sondern auch vor rein tatsächlichen Beeinträchtigungen.[224] Der Erblasser soll die Erwartung des Vermächtnisnehmers nicht dadurch enttäuschen, dass er den Vermächtnisgegenstand zerstört, beiseiteschafft oder beschädigt, nur um den Bedachten zu beeinträchtigen. Dem wird gleichgesetzt, wenn der Vermögensgegenstand durch Verarbeitung, Verbindung, Vermischung oder Verbrauch untergeht oder wertmäßig gemindert wird.[225] Wie bei § 2287 BGB scheidet eine Beeinträchtigungsabsicht des Erblassers aus, wenn er für sein Handeln ein lebzeitiges Eigeninteresse geltend machen kann.[226]

1. Schutz des Vertragsvermächtnisnehmers

252 Die streitanfälligen §§ 2287, 2288 BGB sollen den Vermächtnisnehmer, der seinen Anspruch auf einen Erbvertrag (§§ 2274 ff BGB) zurückführen kann, besonders schützen. Dem Grunde nach gilt, dass ein Vermächtnis unwirksam ist, wenn sich der vermachte Gegenstand beim Erbfall nicht mehr im Nachlass befindet (§ 2169 Abs. 1 BGB). Der Vermächtnisnehmer muss auch Belastungen des Gegenstandes hinnehmen (§ 2165 BGB). Das alles gilt auch für das vertragliche Vermächtnis, weshalb der durch Erbvertrag begünstigte Vermächtnisnehmer besonders geschützt werden muss.[227] Wird das ihm mit bindender Wirkung zugesagte Vermächtnis **beeinträchtigt**, so hat er Anspruch auf Beseitigung oder Wertersatz gegen den **Nachlass** (§ 2288 Abs. 1 S. 1 BGB); ist der Vermächtnisgegenstand verschenkt worden, so besteht subsidiär ein Anspruch auf Herausgabe gegen den **Beschenkten**. § 2288 BGB geht deshalb deutlich über § 2287 BGB hinaus, weil er den Vermächtnisnehmer auch vor bloßen Beeinträchtigungen des

---

224 Palandt/*Edenhofer*, § 2288 Rn 1.
225 MünchKomm/*Musielak*, § 2288 Rn 2.
226 BGH NJW 1984, 731.
227 Lange/Kuchinke, § 125 V.11.

A. Vermächtnis § 2

Vermächtnisses schützt. Herausgabe nach den Grundsätzen der ungerechtfertigten Bereicherung kann vom Beschenkten nur verlangt werden, wenn der Vermächtnisnehmer nachweist, dass der Anspruch gegen den Erben nicht durchsetzbar ist.[228]

Voraussetzung für einen Anspruch gemäß § 2288 BGB ist, dass sich der Anspruch auf das Vermächtnis aus einem **Erbvertrag** ergibt und dass die Anordnung mit **bindender Wirkung** geschehen ist. Sie soll den Vermächtnisnehmer davor schützen, dass der Erblasser die Zusage an den Vertragspartner, den Vermächtnisnehmer, durch lebzeitiges Handeln beeinträchtigt. Die Vorschrift ist auf (nach dem ersten Todesfall) bindend gewordene wechselbezügliche Verfügungen in gemeinschaftliche Testamenten entsprechend anzuwenden.[229]

253

Ob der durch eine vertragsmäßige (Erbvertrag) oder wechselbezügliche (gemeinschaftliches Testament) Verfügung begünstigte Vermächtnisnehmer Schadensersatz vom Erben verlangen kann, wenn der Erblasser den Vermächtnisgegenstand nicht ordnungsgemäß unterhalten hat, ist streitig.[230] Der BGH vertritt die Ansicht, dass der gebundene Erblasser nicht verpflichtet ist, den durch Erbvertrag vermachten Gegenstand zu unterhalten. Anders könne es nur sein, wenn sich der Erblasser ausdrücklich verpflichtet habe, das Objekt zu Lebzeiten in Stand zu halten. Außerdem könne der Erblasser dem Erben als Beschwerten die Pflicht auferlegt haben, dem Vermächtnisnehmer bestimmte Werte zu **verschaffen**.[231]

254

2. Gläubiger und Schuldner des Anspruchs, Verjährung

Gläubiger des Anspruchs ist der Vermächtnisnehmer, der **nicht** unbedingt selbst Vertragspartner sein muss.[232] Es ist auch möglich, dass **andere** am Erbvertrag Beteiligte den Vermächtnisnehmer mit bindender Wirkung einbezogen haben. Der mit dem Vermächtnis belastete Erbe ist nicht berechtigt, selbst die Herausgabe vom Beschenkten zu verlangen.[233] Schuldner ist der Erbe; bei Schenkung und leerem Nachlass der Beschenkte. Dabei verjährt der Anspruch gegen den Erben nach 30 Jahren, gegen den Beschenkten bereits nach drei Jahren (§ 2288 Abs. 2 S. 2 iVm § 2287 Abs. 2 BGB).[234]

255

3. Prozessuales

Der Anspruch gegen den oder die Erben wie auch gegen den Beschenkten nach § 2288 BGB existiert **außerhalb** des Nachlasses. Er ist deshalb wie das Vermächtnis selbst nicht abhängig von der Nachlassabwicklung und damit leichter zu realisieren.

256

Die Beweislast für die Ersatzansprüche wie auch die Herausgabe nach Bereicherungsgrundsätzen trägt der Vermächtnisnehmer. Dazu kann er einen Auskunftsanspruch aus § 242 BGB gegen den Erben haben, wenn er die Beeinträchtigung plausibel machen kann. Zunächst einmal wird sich der Auskunftsanspruch des Vermächtnisnehmers richten gegen den Erben, der aber möglicherweise über lebzeitige ganz oder teilweise unentgeltliche Verfügungen des Erblassers nichts weiß. Da er den Vermögensgegenstand, den der Vermächtnisnehmer im Nachlass vermisst, letztlich nicht bekommt, weil er ihn ohnehin herausgeben muss, wird er sich um die Auskunft auch nicht bemühen. Damit entsteht die weitere Frage, ob der Vermächtnisnehmer zusätzlich

257

---

228 Staudinger/*Kanzleiter*, § 2288 Rn 12.
229 Bamberger/Roth/*Litzenburger*, § 2288 Rn 1.
230 BGH ZEV 1994, 37 f m. kritischer Anm. *Siegmann*.
231 BGH ZEV aaO S. 38.
232 Bonefeld/Kroiß/*Tanck*, Kap. 6 Rn 187.
233 OLG Frankfurt/Main NJW-RR 1991, 1157.
234 Damrau/*Krüger*, § 2288 Rn 8.

einen Auskunftsanspruch gegen den Beschenkten geltend machen kann, wie das für den Vertragserben bejaht wurde.²³⁵ Ein Anspruch auf Wertermittlung wird verneint.²³⁶

258 ▶ **Muster: Auskunftsklage des beeinträchtigten Vermächtnisnehmers gegen den Beschenkten**

An das

Landgericht ▬▬▬

Klage

des Angestellten ▬▬▬,

- Kläger -

Proz.-Bev.: Rechtsanwälte ▬▬▬

g e g e n

die Angestellte ▬▬▬,

- Beklagte -

Hiermit erheben wir Klage, bitten um Anberaumung eines Termins zur mündlichen Verhandlung, in dem wir beantragen werden:

1. Die Beklagte wird verurteilt, Auskunft zu geben über die Übertragung des der Erblasserin gehörenden OHG-Anteils auf die Beklagte am ▬▬▬ durch Vorlage
    a) Bilanzen zum Stichtag ▬▬▬,
    b) Gewinn- und Verlustrechnung zum Stichtag ▬▬▬,
    c) ▬▬▬;
2. die Beklagte trägt die Kosten des Verfahrens.

Gründe:

Der Kläger ist Vermächtnisnehmer nach der am ▬▬▬ in ▬▬▬ verstorbenen Erblasserin. Letztere hat ihn in einem Erbvertrag, den sie gemeinsam mit ihrem vorverstorbenen Ehemann abgeschlossen hatte, durch ein Vermächtnis begünstigt. In dem Erbvertrag hatten sich die Eheleute wechselseitig zu Alleinerben eingesetzt, sodass die Erblasserin ihren vorverstorbenen Ehemann allein beerbt hat. In dem Erbvertrag befindet sich die Klausel:

> „Meinen [vorverstorbener Ehemann der Erblasserin] Anteil an der X-OHG vermachen wir beim Tode des Längstlebenden von uns an unseren Neffen [Kläger]".

Beweis:

1. Fotokopie des Erbvertrages des Notars ▬▬▬ vom ▬▬▬, UR-Nr.: ▬▬▬;
2. Beiziehung der Akten des Nachlassgerichtes ▬▬▬, Az: ▬▬▬

Im Erbvertrag ist ausdrücklich festgehalten, dass das Vermächtnis zugunsten des Klägers mit bindender Wirkung vereinbart war.

Beweis:

1. Fotokopie des Erbvertrages des Notars ▬▬▬ vom ▬▬▬, UR-Nr.: ▬▬▬, wie vor;
2. Beiziehung der Akten des Nachlassgerichtes ▬▬▬, Az: ▬▬▬, wie vor

Die Erblasserin hat ihre am Rechtsstreit nicht beteiligte Nichte als Alleinerbin eingesetzt. Dazu war sie berechtigt, weil der Erbvertrag insoweit keine bindende Vereinbarung enthielt.

---

235 BGHZ 97, 188.
236 Bonefeld/Kroiß/*Tanck*, Kap. 6 Rn 188.

A. Vermächtnis § 2

Die Erblasserin hat den Anteil an der X-OHG fünf Jahre vor ihrem Tod an die Beklagte „veräußert". Es ist unstreitig, dass er sich nicht mehr im Nachlass befindet. Die Beklagte hat eingeräumt, dass sie den Anteil erworben hat und noch besitzt. Sie hat erklärt, sie habe den Anteil gekauft.

Beweis: Fotokopie des Schreibens der Beklagten vom ...

Der Kläger hat zunächst versucht, von der Alleinerbin Auskunft zu erhalten. Sie hat erklärt, aus den von ihr vorgefundenen Unterlagen ergebe sich, dass die Beklagte den Anteil gekauft habe. Sie habe als Gegenleistung eine monatliche Rente in Höhe von 1.500,00 EUR zugesagt und gezahlt.

Beweis: Fotokopie des Schreibens der Alleinerbin vom ...

Die Alleinerbin vertritt weiter die Ansicht, dass der Vermächtnisanspruch des Klägers gemäß § 2169 Abs. 1 BGB unwirksam ist. Der Kläger benötigt die Auskunft, um feststellen zu können, ob die Erblasserin das Vermächtnis ohne Eigeninteresse vereitelt hat.

Rechtsanwalt ◄

Ergänzende Erläuterungen: 259

Der Auskunftsanspruch setzt immer voraus, dass der Hauptanspruch besteht. Das könnte einer Entscheidung im Sinne des Klägers entgegenstehen. Es spricht viel dafür, dass die Erblasserin mit Eigeninteresse gehandelt hat.[237]

4. Vorläufige Sicherung des Anspruchs

Eine Sicherung durch Arrest oder einstweilige Verfügung ist erst möglich **nach** dem Erbfall. Bei Anspruch auf Herausgabe eines Grundstücks kommt die Eintragung einer Vormerkung im Wege einer einstweiligen Verfügung in Betracht, wobei der Verfügungsgrund **nicht** glaubhaft gemacht werden muss (§ 885 Abs. 1 S. 2 BGB). Bei beweglichen Sachen ist zu beachten, dass die vorläufige Sicherung das Hauptverfahren nicht vorwegnehmen darf. Dazu wird empfohlen, hilfsweise die Verwahrung durch den Gerichtsvollzieher (§ 928 Abs. 1 ZPO) oder durch einen Sequester (§ 938 Abs. 2 ZPO) zu beantragen.[238] 260

▶ **Muster: Antrag auf einstweilige Verfügung des Vermächtnisnehmers gegen lebzeitige Beeinträchtigungen durch den gebundenen Erblasser**[239] 261

An das

Landgericht ...

Antrag auf Erlass einer einstweiligen Verfügung

der Angestellten ...,

- Antragstellerin -

Proz.-Bev.: Rechtsanwälte ...

g e g e n

den Angestellten ...,

- Antragsgegner -

Namens und in Auftrag der Antragstellerin beantragen wir, wegen der Dringlichkeit ohne mündliche Verhandlung, wie folgt zu erkennen:

---

237 So auch BGHZ 97, 193 ff.
238 Bonefeld/Kroiß/*Tanck*, Kap. 6 Rn 197.
239 Bonefeld/Kroiß/*Tanck*, Kap. 6 Rn 185 ff.

1. Zu Lasten des im Grundbuch des Amtsgerichtes ..., Bl. ..., eingetragenen Grundstücks der Gemarkung ..., lfd. Nr.: ..., ist für die Antragstellerin eine Vormerkung auf Übertragung des Eigentums an dem zuvor bezeichneten Grundstück des Antragsgegners im Grundbuch einzutragen;
2. der Antragsgegner trägt die Kosten des Verfahrens.

Das Gericht wird gebeten, nach Erlass der einstweiligen Verfügung das Grundbuchamt um die Eintragung der Vormerkung im Grundbuch zu ersuchen (§ 941 ZPO).

Gründe:

Mit dem vorliegenden Verfahren begehrt die Antragstellerin die Sicherung ihres Herausgabeanspruchs des bezeichneten Grundstücks gegen den Antragsgegner.

Die Antragstellerin macht gegen den Antragsgegner einen Anspruch auf Herausgabe des Geschenkes gemäß § 2288 BGB geltend.

I.

Die Mutter der Parteien, Frau ..., geb. ..., ist am 9.6.2002 in ... verstorben. Ihr Ehemann ist am 27.6.2000 vorverstorben.

Die Eltern der Parteien haben ihre Erbfolge durch einen Erbvertrag geregelt. Darin haben sich die Eltern wechselseitig als Alleinerben eingesetzt.

Glaubhaftmachung: Erbvertrag des Notars ... vom ..., UR-Nr.: ...

In dem Erbvertrag ist für den zweiten Todesfall ein Vorausvermächtnis zugunsten der Antragstellerin enthalten. Dort heißt es:

„Beim Tode des Längstlebenden von uns erhält unsere Tochter ... [Antragstellerin] das Grundstück [wie im Antrag näher bezeichnet] als Ausgleich für die Vorempfänge, die unser Sohn ... [Antragsgegner] zu Lebzeiten von uns erhalten hat".

Glaubhaftmachung: Erbvertrag des Notars ... vom ..., UR-Nr.: ..., wie vor

An diesem Teil des Erbvertrages war die Antragstellerin selbst beteiligt. Darüber hinaus haben die Eltern ihre Kinder, die Parteien, als Erben zu je ½ eingesetzt.

Glaubhaftmachung: Erbvertrag des Notars ...vom ..., UR-Nr.: ... (S. 2)

Der Erbvertrag wurde am 4.7.2002 vom Nachlassgericht ... unter der Geschäfts-Nr.: ... eröffnet.

Glaubhaftmachung: Beglaubigte Abschrift des Eröffnungsprotokolls des Nachlassgerichtes ... vom 4.7.2002

II.

Das im Antrag genannte Hausgrundstück stand zunächst im Miteigentum der Eltern der Parteien zu je ½. Nach dem Tod des Vaters im Jahre 2000 ist dessen Miteigentumshälfte auf die Mutter übergegangen.

Glaubhaftmachung: Fotokopie des Auszugs aus dem Grundbuch

Nach Umschreibung des Grundbuchs hat die Mutter der Parteien das gesamte Grundstück am 26.7.2001 dem Antragsgegner geschenkt. Eine Gegenleistung war ausdrücklich nicht bestimmt.

Glaubhaftmachung: Schenkungsvertrag des Notars ... vom 26.7.2001, UR-Nr.: ...

Vorausgegangen war eine Auseinandersetzung zwischen der Antragstellerin und ihrer Mutter. Die Erblasserin war nicht einverstanden mit der Art und Weise, wie die Antragstellerin ihre Kinder erzieht. Es kam zu einem heftigen Wortwechsel an dessen Ende die Erblasserin die Wohnung der Antragstellerin verließ.

A. Vermächtnis § 2

Glaubhaftmachung: eidesstattliche Versicherung des Ehemannes der Antragstellerin

1. Verfügungsanspruch

   Die Antragstellerin hat gegen den Antragsgegner einen Anspruch auf Übertragung des Hausgrundstücks gemäß § 2288 BGB. Ihr war das Hausgrundstück als Vorausvermächtnis mit bindender Wirkung für die Erblasserin zugewendet. Da die Veräußerung des Hausgrundstückes an den Antragsgegner schenkweise erfolgt ist, steht der Antragstellerin gegen den Antragsgegner als Beschenkten ein Anspruch entsprechend § 2287 BGB zu (§ 2288 Abs. 2 S. 2 BGB).

   Der Übergabevertrag des Notars ... vom 26.7.2001 ist ein Schenkungsvertrag unter Einräumung eines lebenslänglichen Nießbrauchsrecht für die Übergeberin. Gemäß § 4 des Vertrages war vom Antragsgegner eine Gegenleistung nicht zu erbringen.

   Damit liegt ein auffallend grobes Missverhältnis von Leistung und Gegenleistung vor, sodass nach der Lebenserfahrung bereits alles dafür spricht, dass die Vertragsparteien in Kenntnis dieses Missverhältnisses gehandelt haben und sich über die Unentgeltlichkeit der Zuwendung einig waren. Die Schenkung an den Antragsgegner ist erfolgt, um die Antragstellerin zu benachteiligen und um den bindend gewordenen Erbvertrag zu umgehen. Die Erblasserin hat in der Absicht gehandelt, die Antragstellerin als Vertragserbin zu benachteiligen. Die Erblasserin hatte kein eigenes lebzeitiges Interesse an der Weggabe des Hausgrundstückes. Sie ist insbesondere nicht vom Antragsgegner versorgt worden.

2. Verfügungsgrund

   Die Gefährdung des Anspruchs der Antragstellerin muss gemäß § 885 Abs. 1 S. 2 BGB nicht glaubhaft gemacht werden. Die Eintragung einer Vormerkung ist erforderlich, um den Anspruch der Antragstellerin auf Übertragung des Eigentums an dem Grundstück zu sichern.

Rechtsanwalt ◄

Ergänzende Erläuterungen: 262

Zu prüfen ist stets, ob die einzelne Klausel im Erbvertrag bindend war. Beim gemeinschaftlichen Testament ist ebenso zu prüfen, ob die Verfügung, auf die sich der Kläger bezieht, **wechselbezüglich** war.

▶ **Muster: Erwiderung des Antragsgegners** 263

An das

Landgericht ...

In dem Rechtsstreit

...

g e g e n

...

- Az.: ... -

zeigen wir an, dass wir den Antragsgegner vertreten.

Wir beantragen, den Erlass der einstweiligen Verfügung kostenpflichtig zurückzuweisen.

Gründe:

Es ist richtig, dass die Eltern der Parteien einen Erbvertrag geschlossen haben, in dem sie sich wechselseitig zu Alleinerben eingesetzt haben. Richtig ist auch, dass sich in diesem Erbvertrag eine Formulierung befindet, wonach die Antragstellerin beim Tode des Längstlebenden der Eltern das Grundstück, das jetzt herausverlangt wird, erhalten soll.

Das Vermächtnis zugunsten der Antragstellerin ist allerdings nicht mit bindender Wirkung festgestellt worden. Die Bindungswirkung bezieht sich lediglich auf den Teil des Erbvertrages, in dem sich die Eltern der Parteien wechselseitig zu Alleinerben eingesetzt haben.

Zur Glaubhaftmachung: Erbvertrag, von der Antragstellerin vorgelegt

Das hat der Notar ausdrücklich festgehalten.

Zur Glaubhaftmachung: Erbvertrag, von der Antragstellerin vorgelegt

Dagegen fehlt eine entsprechende Formulierung im Hinblick auf das Vermächtnis, auf das sich die Antragstellerin stützt. Aus guten Gründen hat der Notar in diesem Falle unterlassen, auch in diesem Punkte die Bindungswirkung festzuhalten. Gegenüber der Antragstellerin wollten die Eltern keine entsprechende Bindungswirkung eingehen.

Rechtsanwalt ◄

264 Ergänzende Erläuterungen:

Bei jeder Formulierung innerhalb des Erbvertrages ist zu untersuchen, ob sie mit bindender Wirkung getroffen wurde. Gleiches gilt beim gemeinschaftlichen Testament im Hinblick auf die Wechselbezüglichkeit.

265 Der Vertragsvermächtnisnehmer hat einen Anspruch gegen den Nachlass; ein Anspruch gegen den Beschenkten besteht nur, wenn der Nachlass leer ist.

266 ▶ **Muster: Klage auf Herausgabe eines als Vorausvermächtnis zugewendeten Hausgrundstücks gegen den Beschenkten**[240]

An das

Landgericht ▬▬▬

Klage

des Angestellten ▬▬▬

- Kläger -

Proz.-Bev.: Rechtsanwälte ▬▬▬

g e g e n

die Angestellte ▬▬▬,

- Beklagte -

Hiermit erheben wir Klage, bitten um Anberaumung eines Termins zur mündlichen Verhandlung, in dem wir beantragen werden:

1. Die Beklagte wird verurteilt, das Grundstück im Grundbuch ▬▬▬, Bl. ▬▬▬ an den Kläger aufzulassen und in die Umschreibung auf den Kläger einzuwilligen sowie das Grundstück geräumt herauszugeben;
hilfsweise

---

240 Nach OLG Köln ZEV 1997, 423 ff m.Anm. *Skibbe*.

A. Vermächtnis § 2

2. die Beklagte wird verurteilt, das Grundstück im Grundbuch ..., Bl. ... an den Kläger aufzulassen und in die Umschreibung auf den Kläger einzuwilligen Zug um Zug gegen Zahlung eines Betrages in Höhe von 25.000,00 EUR;
3. die Beklagte trägt die Kosten des Verfahrens.

Es wird angeregt, einen frühen ersten Termin zu bestimmen. Sollte das Gericht das schriftliche Vorverfahren anordnen, wird für den Fall der Fristversäumnis oder des Anerkenntnisses beantragt,

die Beklagte durch Versäumnisurteil oder Anerkenntnisurteil ohne mündliche Verhandlung zu verurteilen.

Gründe:

Der Kläger beansprucht als Vermächtnisnehmer Herausgabe eines Grundstückes, das die Erblasserin der Beklagten zu Lebzeiten schenkweise zugewendet hat. Die Beklagte bestreitet zu Unrecht die Schenkung und macht Verwendungsansprüche geltend.

I.

Die Parteien sind Geschwister und Miterben zu je ½ nach der am ... in ... verstorbenen Erblasserin, Frau E. Die Erblasserin hatte im Jahre 1977 einen Erbvertrag mit ihrem Ehemann, Herrn Ef, geschlossen.

Beweis: Fotokopie des Erbvertrages vom ... des Notars ..., UR-Nr.: ...

In diesem Erbvertrag haben sich die Eheleute Ef und E wechselseitig zu Alleinerben eingesetzt. Schlusserben der kinderlosen Eheleute Ef und E sollten die Parteien sein.

Beweis: Fotokopie des Erbvertrages vom ... des Notars ..., UR-Nr.: ..., wie vor

In dem gemeinsamen Erbvertrag haben die Eheleute Ef und E weiter angeordnet, dass das im Antrag zu 1) genannte Hausgrundstück dem Kläger im zweiten Todesfall als Vorausvermächtnis zugewendet werde.

Beweis: Fotokopie des Erbvertrages vom ... des Notars ..., UR-Nr.: ..., wie vor

II.

Nach dem Tod ihres Ehemannes hat die Erblasserin das im Antrag zu 1) genannte Hausgrundstück durch notariellen Vertrag vom ... der Beklagten überschrieben. In dem notariellen Vertrag dazu heißt es:

„1. Die Übertragung erfolgt mit Rücksicht darauf, dass der Erwerber den Veräußerer bereits seit acht Jahren unentgeltlich verpflegt hat und sich gemäß den folgenden Regelungen weiterhin verpflichtet, dem Veräußerer die Hilfe und den Beistand in gesunden und kranken Tagen zuteil werden lassen, wie man es im hohen Alter von nächsten Familienangehörigen erwarten kann.
2. Der Veräußerer behält sich an dem übertragenden Grundbesitz das lebenslange Nießbrauchsrecht vor".

Beweis: Fotokopie des notariellen Vertrages vom ... des Notars ..., UR-Nr.: ...

III.

Die Parteien haben die Erbschaft angenommen. Ein Erbschein, der sie beide als Miterben zu je ½ ausweist, liegt vor.

Beweis:
1. Fotokopie des Erbscheins des Nachlassgerichtes ... vom ..., Az: ...;
2. Beiziehung der Akten des Nachlassgerichtes ..., Az: ...

Der Nachlass bestand aus Geldvermögen in Höhe von rund 30.000,00 EUR, das in vollem Umfang benötigt wurde, um bestehende Nachlassverbindlichkeiten zu begleichen. Die Parteien sind deshalb darüber einig, dass der Nachlass leer war.

IV.

Der Kläger beansprucht das im Antrag zu 1) genannte Hausgrundstück von der Beklagten gemäß § 2288 Abs. 2 S. 2 BGB.

1) Die Erblasser Ef und E haben dem Kläger das Hausgrundstück als Vorausvermächtnis zugewendet. Das ist auch mit bindender Wirkung geschehen. Zwar waren die Parteien an dem Erbvertrag nicht als Vertragspartner beteiligt, was allerdings auch nicht erforderlich ist. Es genügt, dass ein Dritter im Erbvertrag als Begünstigter genannt ist.

Die Erblasser haben das Vorausvermächtnis auch mit bindender Wirkung angeordnet. Zwar ist dies im Erbvertrag vom ... nicht ausdrücklich so festgehalten, doch ergibt es sich aus dem gesamten Inhalt der Urkunde. So heißt es in dem notariellen Erbvertrag vom ... ausdrücklich, das Vorausvermächtnis solle ein Ausgleich sein für lebzeitige Zuwendungen der Erblasser an die Beklagte.

Beweis: Fotokopie des Erbvertrages vom ..., wie vor (S. 3)

Die Erblasser haben auch wiederholt mündlich ausdrücklich erklärt, dass sie das im Antrag zu 1) genannte Hausgrundstück dem Kläger zusätzlich zuwenden wollen, weil die Beklagte andere Leistungen erhalten habe. Dies hat die Ehefrau des Klägers in verschiedenen Gesprächen mit den Erblassern gehört.

Beweis: Zeugnis der Ehefrau des Klägers, Frau ...zu laden ...

2) Ein lebzeitiges Eigeninteresse der Erblasserin an der Schenkung zugunsten der Beklagten hat nicht bestanden. Die in der notariellen Urkunde behauptete langjährige Pflege der Erblasserin durch die Beklagte hat zu keinem Zeitpunkt stattgefunden. Dies ist nur in die notarielle Urkunde aufgenommen worden, um das Eigeninteresse der Erblasserin zu fingieren. Die Erblasserin ist zunächst ausschließlich durch den Kläger und seine Familie gepflegt worden.

Beweis:
1. Zeugnis der Ehefrau des Klägers, Frau ..., zu laden ..., wie vor;
2. Zeugnis der Tochter des Klägers, Frau ..., zu laden ...

Danach ist die Erblasserin durch einen Krankenpflegedienst betreut worden.

Beweis:
1. Zeugnis der Ehefrau des Klägers, Frau ..., zu laden ..., wie vor;
2. Zeugnis der Tochter des Klägers, Frau ..., zu laden ..., wie vor

Soweit die Beklagte Pflegeleistungen zugunsten der Erblasserin erbracht hat, ist sie hierfür stets bezahlt worden. Dabei hat die Beklagte in den letzten zwei Jahren bis zum Erbfall wöchentlich zweimal bei der Erblasserin geputzt und hierfür monatlich 400,00 EUR erhalten, wie sie quittiert hat.

Beweis: Fotokopien der Quittungen, deren Originale vorgelegt werden können

A. Vermächtnis § 2

Zeitweise hat die Beklagte für die Erblasserin Mahlzeiten gekocht, aber auch dies gegen Entgelt. Dafür gibt es zwar keine Quittungen, doch hat die Erblasserin dies gegenüber dem Kläger mehrfach geäußert.
Beweis: Vernehmung der Beklagten als Partei

3) Da der Nachlass letztlich leer war, hat die Beklagte als Beschenkte das Grundstück nach den Grundsätzen der ungerechtfertigten Bereicherung herauszugeben.

V.

In der vorprozessualen Korrespondenz hat die Beklagte behauptet, sie habe Aufwendungen für das Hausgrundstück gehabt, die ihr in jedem Falle erstattet werden müssen. Unmittelbar nach dem Tod der Erblasserin sei eine Reparatur des Daches erforderlich gewesen. Dazu hat die Beklagte Rechnungen eines Dachdeckerbetriebes in Höhe von 25.000,00 EUR vorgelegt.
Beweis: Fotokopie der Rechnung des Dachdeckerbetriebes ... vom ...

Aus der Rechnung ergibt sich nicht, dass die Aufwendungen für das im Antrag zu 1) genannte Hausgrundstück erforderlich waren. Dem Kläger ist nichts davon bekannt geworden, dass das Dach schadhaft war. Er bestreitet, dass die Aufwendungen erforderlich waren. Das Dach des streitgegenständlichen Hausgrundstücks befindet sich im guten Zustand.
Beweis: Sachverständigengutachten

Sollte sich herausstellen, dass die Leistungen des Dachdeckerbetriebes tatsächlich in das im Antrag zu 1) genannte Hausgrundstück investiert worden sind, dann ist der Kläger bereit, der Beklagten die notwendigen und nachgewiesenen Aufwendungen zu erstatten.
Rechtsanwalt ◄

Ergänzende Erläuterungen:

Der Kläger könnte seinen Anspruch auf Übereignung des Hausgrundstückes durch den Antrag auf eine einstweilige Verfügung zur Eintragung einer Vormerkung zu sichern versuchen (s.o. Rn 230 ff). Der Antrag müsste im Wesentlichen der Klage entsprechen. Der Verfügungsgrund muss nicht glaubhaft gemacht werden.[241]

Die Verteidigung der Beklagten könnte etwa wie folgt aussehen:

▶ **Muster: Klageerwiderung der Beschenkten**

An das
Landgericht ...

In dem Rechtsstreit

des Angestellten ...,
- Kläger -
Proz.-Bev.: Rechtsanwälte ...
g e g e n
die Angestellte ...,
- Beklagte -
Az.: ... -

---
241 *Tanck*, ZErb 2003, 203.

zeigen wir an, dass wir die Beklagte vertreten. Wir werden beantragen:
1. Die Klage abzuweisen;
2. dem Kläger die Kosten des Verfahrens aufzuerlegen.

Gründe:

Der Kläger hat keinen Anspruch auf Herausgabe des von ihm beanspruchten Hausgrundstücks. Die Erblasserin hat dieses Hausgrundstück der Beklagten geschenkt, damit diese sie pflege. Ihre unentgeltliche Verfügung entsprach deshalb ihrem lebzeitigen Eigeninteresse.

Richtig ist, dass die Erblasser, Onkel und Tante der Parteien, sich durch Erbvertrag wechselseitig zu Alleinerben eingesetzt haben. Richtig ist auch, dass sich in diesem Erbvertrag eine Klausel befindet, durch die das Hausgrundstück, das Gegenstand des Rechtsstreits ist, dem Kläger im Wege des Vorausvermächtnisses zugewendet wurde. Dieses Hausgrundstück hat die Erblasserin nach dem Tod ihres Mannes der Beklagten geschenkt.

1) Nicht jede Klausel in einem Erbvertrag ist mit bindender Wirkung ausgestattet. Das ist vielmehr für jede Klausel gesondert zu untersuchen. Mit bindender Wirkung hat die Erblasserin lediglich die wechselseitige Erbeinsetzung ausgestattet. Für das Vorausvermächtnis zugunsten des Klägers fehlt eine solche Klausel. Die bindende Wirkung kann auch nicht durch Auslegung des Testamentes ermittelt werden. Zwar ist es richtig, dass die Erblasser der Beklagten vor Abschluss des Erbvertrages mehrere Grundstücke geschenkt hatten, bei denen es sich aber um Ackerland handelte, die mit einem Quadratmeterpreis von 1,00 EUR angesetzt werden müssen. Es handelte sich insgesamt um etwa 10.000 qm zu einem Gesamtwert von 10.000,00 EUR.
Beweis: Sachverständigengutachten
Weitere Schenkungen hat die Beklagte nicht erhalten. Diese Zuwendungen rechtfertigen nicht das Vorausvermächtnis des Hausgrundstückes an den Kläger. Das geschenkte Hausgrundstück hatte schon zum Zeitpunkt des Erbvertrages einen Wert von mindestens 150.000,00 EUR.
Beweis: Sachverständigengutachten

2) Die Erblasserin hat der Beklagten das Hausgrundstück mit lebzeitigen Eigeninteresse zugewendet. Wie der notarielle Vertrag ergibt, hat die Beklagte die Erblasserin jahrelang gepflegt, und zwar vor und nach Überschreibung des Hausgrundstückes. Dies ist unentgeltlich geschehen. Zwar hat die Beklagte monatlich 400,00 EUR dafür erhalten, dass sie die Wohnung der Erblasserin geputzt hat; sie hat aber eine ganze Reihe weiterer Handreichungen vorgenommen, für die sie kein Entgelt erhalten hat. In den letzten zwei Jahren hat die Beklagte die Erblasserin mindestens einmal täglich besucht und sich etwa eine Stunde bei ihr aufgehalten. Sie hat ihr bei der Körperpflege geholfen, hat ihr Geschichten vorgelesen und sich intensiv mit ihr unterhalten. Das kann die Nachbarin bezeugen.
Beweis: Zeugnis der Frau ▬▬▬, zu laden ▬▬▬

3) Die Beklagte war gezwungen, das schadhafte Dach an dem streitgegenständlichen Hausgrundstück reparieren zu lassen. Spätestens seit einem schweren Sturm kurz vor dem Tod der Erblasserin waren grundlegende Reparaturarbeiten an dem Dach erforderlich.
Beweis:
1. Zeugnis des Dachdeckermeisters ▬▬▬, zu laden ▬▬▬;
2. Sachverständigengutachten

Diese Arbeiten hat die Beklagte beim vom Kläger genannten Dachdeckerbetrieb in Auftrag gegeben. Dadurch sind Kosten in Höhe von 25.000,00 EUR entstanden, die in der Rechnung vom

A. Vermächtnis § 2

… aufgeführt sind. Diese Aufwendungen betreffen ausschließlich das Hausgrundstück, auch wenn sich das nicht aus der Rechnung unmittelbar ergibt.

Beweis: Zeugnis des Dachdeckermeisters …, zu laden …, wie vor

Die Beklagte hätte deshalb nach den Grundsätzen der ungerechtfertigten Bereicherung in jedem Falle Anspruch darauf, dass ihre Aufwendungen erstattet werden.

Rechtsanwalt ◄

Ergänzende Erläuterungen:

Die Frage, ob ein lebzeitiges Eigeninteresse vorliegt, ist im Einzelfall abzuwägen.[242] Bei Geld- und Gattungsvermächtnissen können dem Herausgabeanspruch insbesondere Pflichtteils- oder Zugewinnausgleichsansprüche entgegenstehen.[243]

5. Klage bei Beeinträchtigung des Vermächtnisnehmers

Wird die Zuwendung des Vermächtnisnehmers beeinträchtigt, kann er **nach** Eintritt des Erbfalls gemäß § 2288 BGB Klage gegen den Erben erheben.

▶ **Muster: Klage auf Schadensersatz wegen Beeinträchtigung des Vermächtnisnehmers gegen den Erben (§ 2288 BGB)**

An das

Landgericht …

Klage

des Angestellten …,

- Kläger -

Proz.-Bev.: Rechtsanwälte …

g e g e n

die Angestellte …,

- Beklagte -

Hiermit erheben wir Klage, bitten um Anberaumung eines Termins zur mündlichen Verhandlung, in dem wir beantragen werden:
1. Die Beklagte wird verurteilt, an den Kläger 10.000,00 EUR nebst 5 % Zinsen über dem jeweiligen Basiszinssatz seit Klagezustellung zu zahlen;
2. die Beklagte trägt die Kosten des Verfahrens.

Es wird angeregt, einen frühen ersten Termin zu bestimmen. Sollte das Gericht das schriftliche Vorverfahren anordnen, wird für den Fall der Fristversäumnis oder des Anerkenntnisses beantragt,

die Beklagte durch Versäumnisurteil oder Anerkenntnisurteil ohne mündliche Verhandlung zu verurteilen.

Gründe:

Der Kläger ist der Enkel des am … in … verstorbenen Erblassers. Die Beklagte ist die Tochter des Erblassers und die Tante des Klägers.

Der Erblasser hat drei Jahre vor seinem Tod einen Erbvertrag mit der Beklagten geschlossen.

---
242 Tanck, ZErb 2003, 199.
243 BGHZ 111, 138 ff; Tanck, ZErb 2003, 202.

Beweis: Fotokopie des Erbvertrages vom ... des Notars ..., UR-Nr.: ...

In diesem Erbvertrag hat der Erblasser die Beklagte zu seiner Alleinerbin eingesetzt.

Beweis: Fotokopie des Erbvertrages vom ... des Notars ..., UR-Nr.: ..., wie vor

Die Beklagte hat die Erbschaft angenommen und einen auf sie lautenden Erbschein beantragt und erhalten.

Beweis:
1. Erbschein des Nachlassgerichtes ... vom ..., Az: ...;
2. Beiziehung der Akten des Nachlassgerichtes ..., Az: ...

In dem Erbvertrag ist folgende Klausel enthalten:

> „Meine wertvolle Briefmarkensammlung soll mein Enkel ... [Kläger] erhalten ... Die Verfügung zugunsten meines Enkels geschieht mit bindender Wirkung".

Beweis: Fotokopie des Erbvertrages vom ... des Notars ...UR-Nr.: ...wie vor

Der Kläger hat das Vermächtnis gegenüber der Beklagten angenommen.

Beweis: Fotokopie des Schreibens des Klägers vom ...

Die Beklagte hat erklärt, es sei richtig, dass der Erblasser Eigentümer einer wertvollen Briefmarkensammlung gewesen sei. Sie habe die Sammlung noch etwa ein Jahr vor dem Tod des Erblassers unter dessen Gegenständen gesehen. Die Sammlung habe sich allerdings beim Tod des Erblassers nicht im Nachlass befunden, auch nicht im Schrankfach des Erblassers bei der X-Bank.

Beweis: Fotokopie des Schreibens der Beklagten vom ...

Sie, die Beklagte, wisse deshalb nicht, wo sich die Briefmarkensammlung befinde. Sie halte es für möglich, dass sie der Erblasser kurz vor seinem Tod vernichtet oder möglicherweise auch verschenkt habe. Einzelheiten dazu seien ihr nicht bekannt.

Beweis: Fotokopie des Schreibens der Beklagten vom ...

Richtig sei allerdings, dass sich der Erblasser einige Monate vor seinem Tod sehr negativ über den Kläger geäußert habe. Er habe erklärt, den Kläger habe er seit mehreren Monaten nicht mehr gesehen. Der Kläger kümmere sich nicht um ihn. Er sei vom Verhalten des Klägers sehr enttäuscht.

Beweis: Fotokopie des Schreibens der Beklagten vom ...

Richtig ist, dass der Kläger den Erblasser etwa ein Jahr vor seinem Tod besucht hat. Bei diesem Besuch kam es zu einer heftigen Auseinandersetzung zwischen dem Kläger und dem Erblasser. Der Erblasser warf dem Kläger liebloses, auch rücksichtsloses Verhalten vor. Der Kläger verteidigte sich und erklärte, dass er durch berufliche Gründe daran gehindert sei, den Erblasser häufiger zu besuchen. Er wohne mehr als 200 km entfernt und könne den Erblasser deshalb allenfalls alle zwei Monate einmal am Wochenende besuchen. Der Erblasser war damit nicht zufrieden. Die Auseinandersetzung hat die Ehefrau des Klägers mitgehört.

Beweis: Zeugnis der Ehefrau des Klägers, Frau ..., zu laden ...

Der Kläger muss deshalb annehmen, dass der Erblasser den Vermächtnisgegenstand beiseite geschafft hat. Er hat deshalb einen Ersatzanspruch gegen die Beklagte als Alleinerbin (§ 2288 Abs. 1 BGB).

Der Wert der Briefmarkensammlung lag bei mindestens 10.000,00 EUR. Sie enthielt unter anderem folgende besondere Marken ..., die bereits einen Wert in Höhe des mit der Klage geltend gemachten Anspruches hatten.

A. Vermächtnis § 2

Beweis: Sachverständigengutachten

Die Beklagte schuldet Zinsen spätestens ab Klageerhebung.

Rechtsanwalt ◄

Ergänzende Erläuterungen: 272

Da dem Vermächtnisnehmer die volle Beweislast für alle Einzelheiten obliegt, wird es nicht einfach sein, die Höhe des Ersatzanspruches darzulegen und unter Beweis zu stellen.

6. Beeinträchtigungen durch den durch gemeinschaftliches Testament gebundenen Erblasser

§ 2288 BGB wird auf das gemeinschaftliche Testament entsprechend angewendet. Allerdings 273 tritt die Bindung erst ein mit dem ersten Todesfall. Der überlebende Ehegatte unterliegt dann den gleichen Einschränkungen wie der durch Erbvertrag gebundene Erblasser.

▶ **Muster: Klage des durch gemeinschaftliches Testament begünstigten Vermächtnisnehmers** 274
auf Verschaffung eines Gegenstandes

An das

Landgericht ...

Klage

des Angestellten ...,

- Kläger -

Proz.-Bev.: Rechtsanwälte ...

g e g e n

die Angestellte ...,

- Beklagte -

Hiermit erheben wir Klage, bitten um Anberaumung eines Termins zur mündlichen Verhandlung, in dem wir beantragen werden:

1. Die Beklagte wird verurteilt, dem Kläger eine Eigentumswohnung in ... bestehend aus einem Appartement samt Bad und Küche zu verschaffen und an den Kläger herauszugeben;
2. die Beklagte trägt die Kosten des Verfahrens.

Es wird angeregt, einen frühen ersten Termin zu bestimmen. Sollte das Gericht das schriftliche Vorverfahren anordnen, wird für den Fall der Fristversäumnis oder des Anerkenntnisses beantragt,

die Beklagte durch Versäumnisurteil oder Anerkenntnisurteil ohne mündliche Verhandlung zu verurteilen.

Gründe:

Die Beklagte ist Alleinerbin ihrer Mutter, der am ... in ... verstorbenen Erblasserin. Zugrunde liegt ein gemeinschaftliches Testament, das die Erblasserin errichtet hatte mit ihrem vorverstorbenen Ehemann. Darin hatten sich die Eheleute wechselseitig zu Alleinerben und die Beklagte zu Schlusserbin eingesetzt.

Beweis:

1. Fotokopie des privatschriftlichen Testamentes vom ...;
2. Beiziehung der Akten des Nachlassgerichtes ..., Az: ...

Die Beklagte hat die Erbschaft angenommen.

Der Kläger ist der Sohn des vorverstorbenen Ehemannes. In Ihrem privatschriftlichen gemeinschaftlichen Testament haben die Eheleute dem Kläger ein Vermächtnis ausgesetzt. Dazu heißt es:

„Als Ausgleich dafür, dass meine [Erblasserin] Tochter Alleinerbin des Längstlebenden von uns wird, erhält mein [vorverstorbener Ehemann] Sohn unser Appartement samt Bad und Küche in ...".

Beweis:
1. Fotokopie des gemeinschaftlichen Testamentes vom ..., Az: ..., wie vor;
2. Beiziehung der Akten des Nachlassgerichtes ...Az: ..., wie vor

Die Eigentumswohnung war beim Tod des Vaters des Klägers vorhanden und ist ins Alleineigentum der Erblasserin übergegangen. Letztere hat sie dann an die Tochter der Beklagten verschenkt.

Beweis: Fotokopie des notariellen Vertrages des Notars ... vom ..., UR-Nr.: ...

Vorausgegangen war eine heftige Auseinandersetzung zwischen der Erblasserin und dem Kläger. Letzterer hatte die Erblasserin auf finanzielle Schwierigkeiten hingewiesen, in denen er sich schon damals befand. Er hatte die Erblasserin gebeten, ihm die Eigentumswohnung schon zu Lebzeiten zu überschreiben, damit er selbst dort Wohnungen nehmen könne, was ihn finanziell erheblich entlastet hätte. Über dieses Ansinnen war die Erblasserin empört. Sie hat gegenüber dem Kläger erklärt, sie werde dafür sorgen, dass er überhaupt nichts erhalte.

Beweis: Zeugnis der Ehefrau des Klägers ..., zu laden ...

Rund 14 Tage später hat die Erblasserin das Appartement an ihre Enkelin ohne Gegenleistung übereignet.

Beweis: Fotokopie des notariellen Vertrages des Notars ... vom ...UR-Nr.: ..., wie vor

Die Erblasserin hat in Beeinträchtigungsabsicht gehandelt. Ein Eigeninteresse für die Übereignung des Appartements an ihre Enkelin bestand nicht. Gegenteiliges wird auch von der Beklagten nicht behauptet.

Die Beklagte ist als Alleinerbin verpflichtet, dem Kläger eine vergleichbare Eigentumswohnung zu verschaffen. Das ergibt sich schon aus dem Wortlaut der oben zitierten Klausel im gemeinschaftlichem Testament, wonach der Kläger, der nach seinem Vater weder Erb- noch Pflichtteilsansprüche geltend gemacht hat, nach seiner Stiefmutter Anspruch auf das Appartement haben sollte. Es ergibt sich aber auch aus § 2288 Abs. 2 S. 1 BGB, wonach der Vermächtnisnehmer vom Erben verlangen kann, dass er ihm den vermachten Gegenstand, der sich nicht mehr im Nachlass befindet, verschafft.

Der Pflichtteil der Beklagten nach ihrer Mutter bleibt gewahrt. Der Nachlass hat einen Wert von rund 400.000,00 EUR, während ein entsprechendes Appartement zum Preis von rund 100.000,00 EUR zu bekommen ist.

Rechtsanwalt ◄

275 Ergänzende Erläuterungen:
Die Darlegungs- und Beweislast für die Fälle der § 2287 f BGB liegen stets bei demjenigen, der das verletzte Recht behauptet.

A. Vermächtnis § 2

▶ **Muster: Klage auf Schadensersatz des Vermächtnisnehmers beim gemeinschaftlichen Testament bei unterlassener Instandhaltung**[244]

276

150

An das

Landgericht ...

Klage

des Angestellten ...,

- Kläger -

Proz.-Bev.: Rechtsanwälte ...

g e g e n

die Angestellte ...,

- Beklagte -

Hiermit erheben wir Klage, bitten um Anberaumung eines Termins zur mündlichen Verhandlung, in dem wir beantragen werden:

1. Die Beklagte wird verurteilt, an den Kläger 50.000,00 EUR nebst 5 % Zinsen über dem jeweiligen Basiszinssatz seit ... zu zahlen;
2. die Beklagte trägt die Kosten des Verfahrens.

Es wird angeregt, einen frühen ersten Termin zu bestimmen. Sollte das Gericht das schriftliche Vorverfahren anordnen, wird für den Fall der Fristversäumnis oder des Anerkenntnisses beantragt,

die Beklagte durch Versäumnisurteil oder Anerkenntnisurteil ohne mündliche Verhandlung zu verurteilen.

Gründe:

Die Beklagte ist Alleinerbin ihrer am ... in ... verstorbenen Tante. Sie hat die Erbschaft angenommen. Zugrunde liegt ein gemeinschaftliches Testament, dass die Erblasserin im Jahre 1980 gemeinsam mit ihrem noch damals lebenden Ehemann, dem Onkel des Klägers, errichtet hat. In diesem Testament hatten die Erblasserin und ihr Ehemann gemeinsam bestimmt, dass der Kläger nach dem Tod des Längstlebenden von ihnen und für den Fall, dass aus der Ehe keine Kinder hervorgehen, ein der Erblasserin gehörendes Hausgrundstück mit einem Metzgereibetrieb im Wege des Vermächtnisses erhalten solle.

Beweis: Fotokopie des privatschriftlichen Testamentes vom ..., Az: ...

Die Ehegatten sind ohne Nachkommen geblieben. Nach dem Tod der Erblasserin hat der Kläger die Beklagte als Alleinerbin aufgefordert, ihm das Hausgrundstück zu übereignen. Dies ist auch geschehen.

Beweis: Fotokopie des Vertrages des Notars ... vom ... UR-Nr.: ...

Das Hausgrundstück befand sich zum Zeitpunkt des Erbfalls – anders als bei Errichtung des Testamentes – in einem miserablen Zustand. Es muss an verschiedenen Stellen dringend renoviert werden. Erforderlich wären ein neues Dach, ein neuer Anstrich, wie auch die grundlegende Renovierung des gesamten Treppenhauses. In seinem derzeitigen Zustand ist das Objekt nicht nutzungsfähig.

Beweis: Sachverständigengutachten

Für die Renovierung würden Kosten in Höhe des im Klageantrag genannten Betrages anfallen.

---

244 BGH ZEV 1994, 37 f.

Beweis: Sachverständigengutachten

Die Beklagte ist als Alleinerbin verpflichtet, für diese Kosten aufzukommen. Das ergibt sich aus einer weiteren Klausel in dem gemeinschaftlichen Testament, in der sich die Erblasserin ausdrücklich verpflichtet hat, das dem Kläger vermachte Hausgrundstück in Stand zu halten. Dazu heißt es in dem Testament:

„Der Überlebende von uns wird dafür Sorge tragen, dass sich der Wert des Hausgrundstücks, das wir unserem Neffen vermacht haben, bis zum Tod des Längstlebenden von uns nicht verringert".

Beweis:
1. Fotokopie des privatschriftlichen Testamentes vom ..., Az: ..., wie vor
2. Beiziehung der Akten des Nachlassgerichtes ..., Az: ...

Die Beklagte ist auch in der Lage, den Anspruch zu erfüllen. Der Wert des Nachlasses beträgt rund 350.000,00 EUR.

Rechtsanwalt ◄

277 Ergänzende Erläuterungen:

Die Pflicht, den vermachten Gegenstand in Stand zu halten, ergab sich aus der besonderen Klausel im gemeinschaftlichen Testament.

B. Die Auflage

278 Die Auflage, die ebenfalls nur in Testament oder Erbvertrag[245] angeordnet werden kann, vermag alles zum Inhalt zu haben, wozu sich jemand schuldrechtlich verpflichten kann,[246] sie gibt dem Begünstigten aber keinen eigenen Anspruch (§§ 1940, 2192 ff BGB), weil es sich sonst um ein Vermächtnis handelte.[247] Die Auflage muss keinen Vermögensvorteil zum Inhalt haben. So kann der Erblasser durch Auflage ein bestimmtes Verhalten des Begünstigten anordnen. Sie kann auch dazu dienen, nicht rechtsfähigen Institutionen bis hin zu Stammtischrunden oder Tieren Leistungen von Todes wegen zuzuwenden.[248]

279 ▶ **Muster: Auflage mit Veräußerungsverbot**

Es ist mein besonderer Wunsch, dass meine Kinder dafür sorgen, dass das zum Nachlass gehörige Grundstück nicht in fremde Hände kommt.[249] ◄

280 Vermächtnis und Auflage sind ansonsten ähnlich.[250] Viele Vorschriften des Vermächtnisses sind auf die Auflage entsprechend anwendbar (§ 2192 BGB).

281 ▶ **Muster: Auflage**

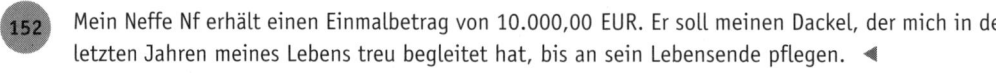

Mein Neffe Nf erhält einen Einmalbetrag von 10.000,00 EUR. Er soll meinen Dackel, der mich in den letzten Jahren meines Lebens treu begleitet hat, bis an sein Lebensende pflegen. ◄

282 Stets ist zu prüfen, ob die Formulierung verpflichtenden Charakter hat, weil es sich andernfalls bloß um einen unverbindlichen Wunsch handelt. Auf den reinen Wortlaut kommt es auch in

---

245 Hausmann/Hohloch/*Wellenhofer*, 12 Rn 2.
246 Soergel/*Dieckmann*, Vor § 2192 Rn 2; Brox/*Walker*, § 28 Rn 459.
247 KG ZEV 1998, 306 ff; Brox/*Walker*, Rn 460.
248 Nieder/*R. Kössinger*, § 9 Rn 117 f.
249 BGH FamRZ 1985, 278 f.
250 *Ebenroth*, Rn 501.

diesem Fall nicht an. Der Phantasie des Erblassers sind kaum Grenzen gesetzt. Er kann die Auswahl des Begünstigten dem Beschwerten oder jedem Dritten überlassen. Allerdings können bestimmte Personen nach Art eines Treuhänders verlangen, dass die Auflage vollzogen wird (§ 2194 BGB). Der Begünstigte selbst gehört im Allgemeinen nicht zu diesem Personenkreis, sodass er sich in der merkwürdigen Situation wiederfindet, etwas zugewendet erhalten zu haben, es aber nicht fordern zu können. Soll das verhindert werden, ist die Einsetzung eines Testamentsvollstreckers erforderlich.[251]

I. Der Beschwerte

Mit der Auflage beschwert können sein der Erbe oder ein Vermächtnisnehmer. Mehrere Erben sind beschwert im Verhältnis ihrer Erbteile (§§ 2192, 2148 BGB).

▶ **Muster: Auflage mit Vermögensvorteil**

Ich bestimme meinen Neffen zum Alleinerben, und zwar mit der Maßgabe, dass er das Haus ... in Berlin mit der Verpflichtung erhalte, seine Schwester, die seinerzeit in Italien lebte und dort verheiratet war, zu 50 % an den Reineinnahmen des Hauses zu beteiligen, solange es ihm gehört. Zugleich ordne ich an, dass ein Verkauf des Hauses nur im Einvernehmen mit der Schwester erfolgen soll und dass im Falle des Verkaufes die Schwester die Hälfte des Nettoerlöses erhalten soll.[252] ◀

▶ **Muster: Klage auf Vermächtnis/Auflage**

An das

Landgericht ...

Klage

der Angestellten ...,

- Klägerin -

Proz.-Bev.: Rechtsanwälte ...

g e g e n

den Angestellten ...,

- Beklagter -

Hiermit erheben wir Klage, bitten um Anberaumung eines Termins zur mündlichen Verhandlung, in dem wir beantragen werden:

1. Es wird festgestellt, dass der Beklagte verpflichtet ist, 50 % der Reineinnahmen aus dem Hausgrundstück in Berlin, Grundbuch ..., Bl.: ..., an die Klägerin auszukehren;
2. der Beklagte trägt die Kosten des Verfahrens.

Es wird angeregt, einen frühen ersten Termin zu bestimmen. Sollte das Gericht das schriftliche Vorverfahren anordnen, wird für den Fall der Fristversäumnis oder des Anerkenntnisses beantragt,

den Beklagten durch Versäumnisurteil oder Anerkenntnisurteil ohne mündliche Verhandlung zu verurteilen.

---

251 *Vorwerk*, ZEV 1998, 297.
252 KG ZEV 1998, 306.

Gründe:

Die Parteien sind Geschwister. Der Beklagte ist Alleinerbe der gemeinsamen Tante, der am ... in ... verstorbenen Erblasserin. Letztere hat ihn durch notarielles Testament eingesetzt. Der Beklagte hat die Erbschaft angenommen.

Beweis:

1. Fotokopie des notariellen Testamentes vom ...Az: ...
2. Fotokopie des Erbscheins vom ..., Az: ...;
3. Beiziehung der Akten des Nachlassgerichtes vom ..., Az: ...

In dem notariellen Testament hat die Erblasserin der Klägerin ein Vermächtnis ausgesetzt. Zum Nachlass gehört das im Antrag näher bezeichnete vermietete Hausgrundstück. Dazu heißt es in dem notariellen Testament, dass der Beklagte verpflichtet sei, die Klägerin an den Reineinnahmen des Hausgrundstückes, solange es ihm gehöre, mit 50 % zu beteiligen.

Beweis:

1. Fotokopie des notariellen Testamentes vom ..., Az: ..., wie vor;
2. Beiziehung der Akten des Nachlassgerichtes vom ..., Az: ..., wie vor

Die Klägerin möchte im Wege des Feststellungsantrags klargestellt haben, dass ihr von den Reineinnahmen, die der Kläger aus dem Objekt verdient, 50 % zusteht.

Rechtsanwalt ◄

286 Ergänzende Erläuterungen:

Der durch die Auflage begünstigten Schwester dürfte ein eigenes Forderungsrecht, das sie bei Gericht durchsetzen kann, *nicht* zustehen. Hätte die Erblasserin diese Situation verhindern wollen, hätte sie Testamentsvollstreckung anordnen müssen.

287 ▶ **Muster: Klageerwiderung des Alleinerben**

An das

Landgericht ...

In dem Rechtsstreit

...

gegen

...

- Az.: ...-

zeigen wir an, dass wir den Beklagten vertreten. Wir werden beantragen:

1. Die Klage abzuweisen;
2. der Klägerin die Kosten des Verfahrens aufzuerlegen.

Sollte der Beklagte verurteilt werden, ist in den Urteilstenor ergänzend aufzunehmen:

Dem Beklagten bleibt die beschränkte Erbenhaftung vorbehalten.

Gründe:

Der Klägerin steht der behauptete Anspruch nicht zu; jedenfalls ist sie nicht berechtigt, ihn gerichtlich geltend zu machen. Die Erblasserin hat die Klägerin ausschließlich durch eine Auflage begünstigt. Das schließt aus, dass die Klägerin selbst einen entsprechenden Antrag stellt. Die Rechtsansicht der Klägerin, es handele sich um ein Vermächtnis zu ihren Gunsten, ist unrichtig.

Die Formulierung aus dem Testament ergibt eindeutig, dass der Klägerin kein eigener Anspruch auf die Reineinnahmen aus dem Hausgrundstück zustehen soll. Der Beklagte sollte verpflichtet sein, ohne dass hieraus der Klägerin ein Recht entstand. In diesem Sinne hat der Notar das Testament der Erblasserin aus guten Gründen formuliert. Die Erblasserin wollte ausdrücklich, dass der Klägerin kein eigener Anspruch zuwächst.

Beweis: Zeugnis des Notars ..., zu laden ...

Es handelt sich deshalb um eine Auflage, nicht um ein Vermächtnis. Die Klägerin gehört auch nicht zu den vollziehungsberechtigten Personen (§ 2194 S. 1 BGB). Ob die Erblasserin ihr dieses Recht hätte einräumen können, kann dahinstehen, weil dies jedenfalls nicht geschehen ist.

Rechtsanwalt ◄

Ergänzende Erläuterungen: 288
Das Gericht[253] hat die Klage abgewiesen.

II. Der Vollziehungsberechtigte

In § 2194 BGB sind die „Vollziehungsberechtigten" benannt, die verlangen und durchsetzen 289
können, dass der Beschwerte die Auflage erfüllt. Das sind einmal die Erben, bei einer Miterbengemeinschaft jeder Miterbe,[254] der Testamentsvollstrecker sowie – bei öffentlichem Interesse – die Behörden; Einzelheiten ergeben sich aus dem Landesrecht.[255] Außerdem sind vollziehungsberechtigt alle Personen, denen der Wegfall des Beschwerten zustatten käme (zB Nach- und Ersatzerbe).[256] Ob der Erblasser durch letztwillige Verfügung *alle* Vollziehungsberechtigten ausschließen darf, ist zweifelhaft, weil dann nur noch ein unverbindlicher Wunsch übrig bleibt.[257] Der Erblasser kann weiteren Personen die Vollziehungsberechtigung verleihen.[258]

▶ **Muster: Auflage zugunsten einer gemeinnützigen Organisation**[259] 290

Das Grundstück ... soll gemeinnützigen Zwecken gewidmet werden. Es soll einer gemeinnützigen Organisation übertragen werden. Die Bestimmung dieser Organisation soll durch [den Erben] innerhalb von einem Jahr nach meinem Tod erfolgen. Er hat das Gebäude zu erhalten und darf sich in keiner Weise des Grundstücks entäußern. Jegliche Nutzung des Grundstücks und Gebäudes darf nur mit Zustimmung des [Erben] erfolgen, der angehalten ist, in meinem Sinne zu verfahren. ◄

Das ist eine Auflage, weil der Kreis der Begünstigten nicht überschaubar und auch nicht ab- 291
grenzbar ist. Das zuständige Bundesland kann verlangen, dass der Erbe das Bestimmungsrecht ausübt; es kann überprüfen lassen, ob die Bestimmung des Erben den vom Erblasser angestrebten Zweck „offensichtlich verfehlt oder auf Arglist beruht".[260]

---

253 KG ZEV 1998, 306.
254 Brox/*Walker*, Rn 462.
255 Soergel/*Dieckmann*, § 2194 Rn 5 m. Fn 4.
256 Brox/*Walker*, Rn 462.
257 MAH Erbrecht/*Stahl*, § 16 Rn 7.
258 Nieder/*R. Kössinger*, § 9 Rn 119 ff.
259 Nach BGH NJW 1993, 2168.
260 BGH NJW 1993, 2169.

292 ▶ **Muster: Klage des Bundeslandes gegen den Erben auf Ausübung des Bestimmungsrechtes beziehungsweise auf Feststellung, dass die Bestimmung des Begünstigten durch den Erben unwirksam ist**[261]

An das

Landgericht ...

Klage

des Bundeslandes ...,

- Klägerin -

Proz.-Bev.: Rechtsanwälte ...

g e g e n

den Antiquar ...,

- Beklagter -

Hiermit erheben wir Klage, bitten um Anberaumung eines Termins zur mündlichen Verhandlung, in dem wir beantragen werden:

1. Es wird festgestellt, dass die Bestimmung durch den Beklagten unwirksam ist und dass das genannte Grundstück stattdessen zu übereignen ist auf eine gemeinnützige Organisation, die die Klägerin benennt;
2. der Beklagte trägt die Kosten des Verfahrens.

Es wird angeregt, einen frühen ersten Termin zu bestimmen. Sollte das Gericht das schriftliche Vorverfahren anordnen, wird für den Fall der Fristversäumnis oder des Anerkenntnisses beantragt,

den Beklagten durch Versäumnisurteil oder Anerkenntnisurteil ohne mündliche Verhandlung zu verurteilen.

Gründe:

Der Beklagte ist Alleinerbe der am ... in ... verstorbenen Erblasserin, die am ... ein notarielles Testament errichtet hat. Darin hat sie den Beklagten zum Alleinerben eingesetzt und sodann bestimmt, dass das im Antrag zu 1) näher bezeichnete Hausgrundstück „einer gemeinnützigen Organisation übertragen werde" solle. Bis dahin solle der Beklagte das Gebäude erhalten und nicht veräußern. Der Beklagte dürfe bei der Nutzung des Grundstücks nur nach den Vorstellungen der Erblasserin verfahren.

Beweis:

1. Fotokopie des notariellen Testamentes des Notars ... vom ..., UR-Nr.: ...;
2. Beiziehung der Akten des Nachlassgerichtes ..., Az: ...

Der Beklagte hat das Grundstück zunächst selbst genutzt. Entgegen seiner Verpflichtung hat er nicht binnen eines Jahres eine gemeinnützige Organisation bestimmt und das Grundstück auch nicht übereignet. Erst mehrere Jahre nach dem Erbfall, nachdem er erstmals von der Klägerin auf seine Verpflichtung hingewiesen wurde, hat er eine gemeinnützige Gesellschaft gegründet, deren Vorsitzender er war. Die Organisation ist später als rechtsfähiger Verein eingetragen worden. Der Beklagte hat den Vorsitz des Vereins aufgegeben. Inzwischen hat er das Hausgrundstück an den von ihm gegründeten rechtsfähigen Verein übereignet.

---

261 BGH aaO.

B. Die Auflage § 2

Das klagende Land ist gemäß § 2194 S. 2 BGB berechtigt, die Vollziehung der Auflage zu verlangen. Das streitige Hausgrundstück liegt im Bereich des klagenden Bundeslandes.

Das klagende Land ist auch berechtigt überprüfen zu lassen, ob die Bestimmung des Beklagten den Vorstellungen der Erblasserin entspricht (BGH NJW 1993, 2168 ff). Das ist nicht der Fall. Die Erblasserin kann als Begünstigte lediglich solche gemeinnützige Organisationen in Betracht gezogen haben, die zum Zeitpunkt der Errichtung des Testamentes bereits bestanden und ihr bekannt waren. Das ist bei dem Jahre nach dem Tod der Erblasserin gegründeten rechtsfähigen Verein nicht der Fall gewesen.

Im Übrigen hat der Beklagte sein Bestimmungsrecht nicht fristgerecht ausgeübt. Er hätte das tun müssen binnen eines Jahres nach dem Sterbefall. Da er das unterlassen hat, ist nunmehr das klagende Land berechtigt, die begünstigte gemeinnützige Organisation zu bestimmen. Das ist zugunsten der im Klageantrag genannten Organisation geschehen.

Rechtsanwalt ◄

Ergänzende Erläuterungen: 293
Der vom Erblasser bestimmte Auswahlberechtigte verliert sein Recht nicht schon dadurch, dass er die Bestimmung nicht trifft (vgl § 2193 Abs. 2 BGB). Zuvor muss der Berechtigte zur Bestimmung verurteilt und danach eine Frist zur Vollziehung bestimmt werden. Ob der Erblasser ausschließlich ihm bereits bekannte gemeinnützige Organisationen begünstigen wollte, ist sehr zweifelhaft.[262]

III. Keine Schadensersatzansprüche

Hintertreibt der Beschwerte die Erfüllung der Auflage, so hat weder der Begünstigte noch der Vollziehungsberechtigte Anspruch auf Schadensersatz wegen Nichterfüllung oder auf Ersatzleistung, soweit der Erblasser nichts anderes angeordnet hat.[263] 294

IV. Erbschaftsteuer

Auch der Erwerb einer Auflage ist erbschaftsteuerpflichtig (§ 3 Abs. 2 Nr. 2 ErbStG). Der Beschwerte kann die Entreicherung durch die Auflage abziehen (§§ 10 Abs. 5 Nr. 2, 20 ErbStG).[264] 295

---

262 BGH aaO.
263 Soergel/*Dieckmann*, § 2196 Rn 1 f.
264 Näheres siehe MAH Erbrecht/*Stahl*, § 16 Rn 36 f.

§ 3 Ansprüche der Erbengemeinschaft

Literatur: *Bartsch*, Auskunftsansprüche der Erben gegen die Bank des Erblassers, ZErb 1999, 20; *Behr*, Überblick über die Gläubigerstrategien bei der Vollstreckung in den Nachlaß, ZAP Fach 14, Seite 41; *Bengel*, Zur Rechtsnatur des vom Erblasser verfügten Erbteilungsverbots, ZEV 1995, 178; *Berolzheimer*, Zuteilung eines nicht zum Nachlaß gehörenden Gegenstandes durch erblasserische Teilungsanordnung (§ 2048 S. 1 BGB), AcP 177 (1919), 404; *Brambring*, Teilungsanordnung – Vorausvermächtnis – Übernahmerecht, ZAP Fach 12, Seite 15; *Bürger*, Einzelzuwendungen an Erben, MDR 1986, 371; *Damrau*, Die Abschichtung, ZEV 1996, 361; *Damrau*, Die Fortführung des von einem Minderjährigen ererbten Handelsgeschäfts, NJW 1985, 2236; *Daragan*, Anmerkung zum BFH Urteil vom 4.5.2000 – IV R 10/99 –, ZEV 2000, 375; *Heil*, Die Erbteilsveräußerung bei Fortführung eines Handelsgeschäfts in ungeteilter Erbengemeinschaft (Anmerkung zu KG, Beschluß vom 29.9.1998 – 1 W 4007/97), MittRhNotK 1999, 148; *Grothues*, Die Teilungsversteigerung gem. §§ 180 ff ZVG, Teil 1 und 2, ZErb 2000, 69 und 113; *Johannsen*, Die Rechtsprechung des Bundesgerichtshofes auf dem Gebiete des Erbrechts – 6. Teil: Die Erbengemeinschaft, WM 1970, 573 und 738 sowie WM 1977, 271; *Keller*, Ausscheiden eines Miterben aus der Erbengemeinschaft durch „Abschichtung"?, ZEV 1998, 281; *Keller*, Fortführung eines in ungeteilter Erbengemeinschaft betriebenen Handelsgeschäfts durch Erbteilserwerber, ZEV 1998, 174; *Kiethe*, Ausschluß der Auseinandersetzung der Erbengemeinschaft mit Verfügungsverbot über den Erbteil – Schutz vor unerwünschten Dritten beim Unternehmernachlaß?, ZEV 2003, 225; *Kohler*, Gemeinschaften mit Zwangsteilung, AcP 91 (1901), 309, 334 f; *Krug*, Die dingliche Surrogation der Miterbengemeinschaft, ZEV 1999, 381; *Krug*, Wertermittlungsanspruch bei „überquotaler" Teilungsanordnung, ZErb 2001, 5; *Lehmann*, Ist eine Teilungsanordnung keine beeinträchtigende Verfügung?, MittBayNot 1988, 157; *Madaus*, Der Widerruf trans- oder postmortaler Vollmachten durch einzelne Miterben, ZEV 2004, 448; *Piltz*, Die Teilungsanordnung als Instrument der Nachfolgeplanung, DStR 1991, 1075; *Reimann*, Erbauseinandersetzung durch Abschichtung, ZEV 1998, 213; *Rißmann*, Die Erbengemeinschaft, 2009; *Schmidt*, Die Erbengemeinschaft nach einem Einzelkaufmann, Verfassung, Haftung, Umwandlung und Minderjährigenschutz, NJW 1985, 2785; *Selbherr*, Der erbrechtliche Auslegungsvertrag in der zivilrechtlichen und erbschaftsteuerrechtlichen Gestaltungspraxis, ZErb 2005, 10; *Steiner*, Die Praxis der Klage auf Erbauseinandersetzung, ZEV 1997, 89; *Steiner*, Nutzung von Nachlaßgegenständen durch Miterben, ZEV 2004, 405; *Storz*, Praxis der Teilungsversteigerung, 2. Aufl. 1999; *Storz*, Praxis des Zwangsversteigerungsverfahrens, 8. Aufl. 2000; *Strübing*, Haftungsbeschränkung des Erben bei Steuerverbindlichkeiten, ZErb 2005, 177; *Werkmüller*, Vollmacht und Testamentsvollstreckung als Instrumente der Nachfolgegestaltung bei Bankkonten, ZEV 2000, 305; *Winkler*, Verhältnis von Erbteilsübertragung und Erbauseinandersetzung – Möglichkeiten der Beendigung der Erbengemeinschaft, ZEV 2001, 435; *Wolf*, Die Fortführung eines Handelsgeschäfts durch die Erbengemeinschaft, AcP 181, 481

A. Überblick 1	I. Vorbereitende Schritte zur Auseinandersetzung 129
B. Informationsbeschaffung und Nachlasssicherung 6	1. Klärung von Rechtsfragen 129
I. Auskunft 8	2. Schiedsvereinbarungen 135
II. Rechenschaftslegung 33	3. Schiedsgutachter 137
III. Nachlasssicherung 39	II. Auseinandersetzungsvereinbarungen 140
C. Verwaltung 46	1. Allgemeiner Teilungsvertrag 144
I. Außerordentliche Verwaltung, § 2038 Abs. 1 S. 1 BGB 58	2. Auseinandersetzungsvereinbarung mit Teilungsanordnung 147
II. Ordnungsgemäße Verwaltung, §§ 2038 Abs. 1 S. 2, 1. Hs, Abs. 2 iVm 745 BGB 65	E. Gerichtliche Geltendmachung und Abwehr 150
	I. Informationsbeschaffung 150
III. Notwendige Verwaltung, § 2038 Abs. 1 S. 2 Hs 2 BGB 85	1. Auskunftsklage 150
	2. Klage auf Rechenschaftslegung 152
IV. Einziehung von Forderungen für die Erbengemeinschaft (§ 2039 BGB) 91	3. Klage auf Wertermittlung 153
1. Schuldner ist Miterbe 91	4. Stufenklage 158
2. Schuldner ist außenstehender Dritter .. 96	5. Vollstreckung des Auskunfts- und Rechenschaftsurteils 161
V. Verfügungsverbot einzelner Miterben, §§ 2033 Abs. 2, 2040 BGB 101	6. Aufruf der zweiten Stufe (eidesstattliche Versicherung) im Rahmen der Stufenklage 163
VI. Surrogation, § 2041 BGB 117	II. Vorbereitung der Auseinandersetzung 164
D. Auseinandersetzung 125	1. Feststellungsklage 164
	2. Zahlungsklage 166

A. Überblick

3. Antrag auf Teilungsversteigerung gem. § 180 ZVG 167
III. Auseinandersetzung 173
IV. Zwangsvollstreckung in Miterbenanteil ... 177
  1. Antrag auf Erlass eines Pfändungs- und Überweisungsbeschlusses 177
  2. Antrag auf Eintragung einer Vormerkung 179
F. Anhang 180
  I. Schiedsordnung der DSE 180
  II. Checkliste Erbteilungsklage 181

A. Überblick

Ausgangsfall: Erblasser Max Meier (E) verstarb 2005. Er war verheiratet mit Magda (F) und hinterlässt zwei erwachsene Kinder, Daniel (K1) und Anna (K2). Er hatte keinen Ehevertrag geschlossen und hinterlässt kein Testament.
Den Eheleuten gehörte gemeinsam je zu ½ das selbst bewohnte Einfamilienhaus in Berlin (EFH, Wert der ideellen Hälfte 450.000 EUR). Außerdem gehört zum Nachlass des E eine von K2 bewohnte Eigentumswohnung in München (ETW, Wert 350.000 EUR), ein Mehrfamilienhaus in Dresden (MFH, Wert 250.000 EUR) sowie Bar- und Depotvermögen (BDV, Wert 150.000 EUR).
F hatte für die Konten des E seit Beginn der Ehe vor 30 Jahren umfassende Vollmacht.
K1 lebt in Hamburg. 1

Die Erbengemeinschaft kann sowohl bei gesetzlicher als auch gewillkürter Erbfolge entstehen: Sobald mehr als ein Erbe zur gleichen Zeit Rechtsnachfolger des Erblassers ist (also nicht bei Vor- und Nacherbfolge), gelten die Regelungen des 4. Titels und somit der §§ 2032 ff BGB über die „Mehrheit von Erben". 2

Die Erbengemeinschaft ist eine **Zufallsgemeinschaft**: Sie entsteht ohne den Willen, häufig sogar gegen den Willen der Miterben und auch die Erblasser sind sich häufig nicht bewusst, dass sie mehrere Erben hinterlassen. Dies liegt sowohl an fehlender als auch falscher Nachlassgestaltung. 3

Im Gegensatz zu anderen Zusammenschlüssen von Personen werden Miterben meist von ihrer Mitgliedschaft in der Erbengemeinschaft überrascht. 4

Neben den Fragen der Wirksamkeit und Auslegung von letztwilligen Verfügungen sowie dem Pflichtteilsrecht gehört das Recht der Erbengemeinschaft zu den drei großen Gebieten des Erbrechts, in denen sich die meisten der Auseinandersetzungen abspielen. Die Probleme resultieren zunächst häufig aus der gesamthänderischen Bindung des Nachlassvermögens. Der einzelne Erbe kann lediglich über seinen gesamten Anteil am Nachlass verfügen (§ 2033 Abs. 1 BGB), jedoch nicht über einzelne Nachlassgegenstände (§ 2033 Abs. 2 BGB). Durch den Erbfall erlangt der Miterbe daher auch keine unmittelbar gegenständliche Beziehung zu einem Nachlassgegenstand.[1] Dies gilt selbst dann, wenn der Nachlass nur noch aus einer Sache besteht.[2] Auch die „Zuweisung" eines Nachlassgegenstandes durch ein Testament des Erblassers führt zu keinem anderen Ergebnis: Der Erbe erlangt hier lediglich einen schuldrechtlichen Anspruch gegen die Miterben auf Erfüllung der Teilungsanordnung (§ 2048 BGB) bzw des Vorausvermächtnisses (§ 2150 BGB). Die Trennung des Nachlassvermögens vom Privatvermögen der Erben dient in erster Linie der Sicherung der Rechte der Nachlassgläubiger. Würde der Nachlass so- 5

---
[1] Palandt/*Edenhofer*, § 2032 Rn 1.
[2] BGH, Beschl. v. 24.1.2001 – IV ZB 24/00, NJW 2001, 2396, 2397 unter Hinweis auf BGH, Urt. v. 17.11.2000 – V ZR 487/99.

gleich auf eine Mehrheit von Erben übergehen, so stünden die Nachlassgläubiger einer Vielzahl von Schuldnern und einer zersplitterten Nachlassmasse gegenüber.[3]

Die nachfolgenden Fälle und Muster sind dem typischen zeitlichen Ablauf bei der *außergerichtlichen* Vertretung einer Erbengemeinschaft nachgebildet. Die Muster der gerichtlichen Vertretung sind in entsprechender Reihenfolge unter E., Rn 150 ff, aufgeführt. Sie sind *praxisnah* ausgewählt worden.

B. Informationsbeschaffung und Nachlasssicherung

6   Häufig ist ein Miterbe oder sogar die gesamte Erbengemeinschaft über Umfang und Verbleib des Nachlasses im Unklaren. Dies kann damit zusammenhängen, dass die Erben keinen Kontakt mehr zum Erblasser hatten. Vielfach stehen aber sogar Ehe- und Lebenspartner vor dem Problem, mit dem Erbfall feststellen zu müssen, dass sie kaum Informationen über das Vermögen des Verstorbenen haben. Die Beschaffung von **Informationen** über den Nachlass muss somit einer der ersten Schritte für den Miterben sein,

7   – um entscheiden zu können, ob und ggf welche Maßnahmen zur Beschränkung der **Haftung** zu ergreifen sind,
   – um die **Verwaltung** zu regeln und letztlich
   – um die **Auseinandersetzung** vorzubereiten und durchzuführen.

I. Auskunft[4]

8   Nicht erst wenn ein Erbscheinsantrag vorliegt, muss sich ein Miterbe darüber Gedanken machen, welchen Umfang der Nachlass hat. Häufig geht es den Erben wie K1 im nachfolgenden Fall 1: Es besteht keine oder nur geringe Kenntnis über den Umfang des Nachlasses, weil vor dem Erbfall kein Kontakt zum Erblasser bestand und nach dem Erbfall Miterben Informationen vorenthalten.

9   Das BGB kennt jedoch **keine allgemeine Auskunftspflicht unter Miterben**,[5] denn jeder Miterbe hat im Allgemeinen die Möglichkeit, sich die Informationen selbst zu beschaffen. Als Rechtsnachfolger des Erblassers kann er beispielsweise selbst Konto- und Depotauszüge anfordern, Steuerakten einsehen und sich auch sonst einen persönlichen Überblick über den Nachlass verschaffen. Anders sieht es jedoch aus, wenn einzelne Miterben bessere oder alleinige Kenntnis über den Nachlassbestand oder Teile hiervon haben und die anderen Miterben diese Kenntnisse nicht oder nur mit unverhältnismäßigem Aufwand erlangen können. In diesem Fall besteht eine Auskunftspflicht des „besser" informierten Miterben gem. § 242 BGB, da er die erforderliche Auskunft ohne Schwierigkeiten erteilen kann.[6]

10   Daneben bleiben den Miterben die ausdrücklich normierten „üblichen" Anspruchsgrundlagen auf Auskunft, beispielsweise[7] aus
   – §§ 666, 681, 2038 Abs. 1 S. 2, 2. Hs BGB: Auskunftspflicht des Miterben als Notgeschäftsführer bzw Alleingeschäftsführer über den Stand der Geschäfte,

---

3 MünchKomm/*Gergen*, Vor. § 2032 Rn 3.
4 Ausführlich hierzu *Rißmann*, Die Erbengemeinschaft, § 4 Rn 130 ff.
5 Vgl hierzu *Lange/Kuchinke*, § 43 II c mwN.
6 OLG Düsseldorf, Urt. v. 20.11.1992 – 7 U 302/91, OLGR 1993, 105.
7 Übersicht bei Damrau/*Schmalenbach*, Erbrecht, § 2027 Rn 2.

- § 2027 BGB: Auskunftspflicht des Erbschaftsbesitzers,[8]
- § 2028 BGB: Auskunftspflicht des Hausgenossen,[9]
- § 2057 BGB: Auskunftspflicht des Miterben als Abkömmling gegenüber miterbenden Abkömmlingen über Vorempfänge.

Fall 1:[10] „Ich weiß, dass ich nichts weiß" K1 hatte schon seit Jahren keinen Kontakt mehr zu seinen Eltern. Er hat keine Kenntnis vom Umfang des Nachlasses oder dessen Verbleib. Auch auf der Beerdigung des E im Oktober 2005 haben F und K2 nicht mit ihm gesprochen. Nun wird ihm ein Erbscheinsantrag der F und K2 vom Nachlassgericht zugesandt. Danach haben F und K2 einen Erbschein beantragt, der F als gesetzlichen Erben zu ½ und K2 und ihn als Erben zu ¼ ausweisen soll. Hilfesuchend wendet er sich an einen Rechtsanwalt.

▶ **Muster: Aufforderung zur Auskunft im ersten Anschreiben an verwandte Miterben**

Sehr geehrte Frau Meier,

wir zeigen an, dass uns Ihr Sohn mit der Wahrnehmung seiner rechtlichen Interessen in der Nachlassangelegenheit nach Ihrem Ehemann beauftragt hat.

Sie wollen unsere Beauftragung bitte nicht als Verschlechterung des Verhältnisses Ihres Sohnes zu Ihnen oder als Misstrauen Ihnen gegenüber auffassen. Vielmehr soll unsere Tätigkeit dazu dienen, die schwierigen Fragen, die sich durch den Erbfall ergeben haben, zügig und nach Möglichkeit einvernehmlich unter den Miterben zu lösen. Es empfiehlt sich, dass Sie ebenfalls einen auf Erbrecht spezialisierten Rechtsanwalt hinzuziehen. Künftige Korrespondenz würden wir dann mit dem Kollegen führen.

Unserem Mandant wurde der Erbscheinsantrag des Nachlassgerichts zur Stellungnahme übersandt. Grundsätzlich bestehen gegen den Antrag keine Einwände.

Unser Mandant hat jedoch keinerlei Kenntnis über den Umfang des Nachlasses und ist deshalb auf Ihre Unterstützung angewiesen. Bitte teilen Sie uns daher mit, welche Kenntnisse Sie über den Nachlassbestand haben. Hierbei sind sowohl die Aktiva (Immobilien, Bar- und Depotvermögen, Ansprüche gegen andere Personen, Wertgegenstände usw.) als auch die Passiva (Darlehensverbindlichkeiten, Steuerforderungen usw.) von Interesse. Damit unser Mandant auch gegenüber dem Nachlassgericht die notwendigen Erklärungen abgeben kann, danken wir vorab dafür, wenn Ihre Auskunft innerhalb der kommenden zwei Wochen bei uns eingeht.

Sobald uns die Angaben vorliegen, sollte gemeinsam entschieden werden, wie die Abwicklung des Nachlasses vorgenommen werden kann. Wir werden uns dann mit Ihnen oder mit Ihrem Rechtsanwalt in Verbindung setzen.

Mit freundlichen Grüßen

Rechtsanwalt ◀

Erläuterungen. Das erste Schreiben an Miterben ist häufig prägend für die gesamte künftige Korrespondenz. Der Anwalt steht hier vor einem Dilemma: Einerseits ist er verpflichtet, seinen Mandanten bestmöglich zu beraten und zu vertreten; andererseits sollen die Miterben meist

---

[8] Vgl hierzu Damrau/*Schmalenbach*, Erbrecht, § 2027 Rn 3 ff sowie *Krug* in Bonefeld/Kroiß/Tanck, Der Erbprozeß, 146 (Kap. III B 3), Rn 127 ff.
[9] Vgl hierzu Damrau/*Schmalenbach*, Erbrecht, § 2028 Rn 1 ff sowie *Krug* in Bonefeld/Kroiß/Tanck, Der Erbprozeß, 144 (Kap. III B 2), Rn 119 ff.
[10] Zum Ausgangsfall s.o. Rn 1.

durch ein zu „energisches" Schreiben nicht gleich verärgert werden. Der Anwalt wird den Mandanten darüber beraten müssen, welche weitergehenden Möglichkeiten[11] bestehen, wenn er – lediglich – ein Schreiben entsprechend dem Muster 1 an die übrigen Miterben versendet. Neben den rein rechtlichen Fragen darf die Bedeutung der „Stimmung" zwischen den Parteien nicht unterschätzt werden: Eine Einigung gleich welcher Art wird kaum *schnell* gefunden werden können, wenn die eine Seite das Gefühl hat „das Gesicht zu verlieren". Gerade bei der Auseinandersetzung der Erbengemeinschaft kommt es maßgeblich auf einvernehmliches Handeln an, wenn in kurzer Zeit eine Lösung gefunden werden soll: Bis zu einem vollstreckbaren Urteil können mehrere Jahre vergehen.

Es sollten alle Miterben angeschrieben werden. Im **Fall 1** also neben der Mutter auch die Schwester K2.

14 **Absatz 2:** Regelmäßig wird die Einschaltung eines Rechtsanwaltes als eine weitere „Eskalation" angesehen, was zu einer weiteren „Verhärtung der Fronten" führt. Schalten auch die übrigen Miterben einen auf Erbrecht spezialisierten Rechtsanwalt ein, lassen sich viele überflüssige Diskussionen von vorneherein vermeiden.

15 **Absatz 4:** Die Aufforderung zur Auskunft gegenüber der Mutter des Mandanten ist hier bewusst zurückhaltend formuliert. Es muss im Einzelfall entschieden werden, ob das Schreiben durch die nachfolgenden Muster 2, Muster 5 oder Muster 6 ergänzt wird.

16 Wird – wie hier – der Lebenspartner des Erblassers angeschrieben, folgt eine Auskunftspflicht bereits aus § 2028 BGB.[12]

17 **Absatz 5:** Juristisch zutreffend müsste es hier „Verwaltung und Auseinandersetzung der Erbengemeinschaft" heißen. Wird jedoch ein Laie angeschrieben, löst diese Formulierung regelmäßig falsche Befürchtungen aus.

18 ▶ **Muster: Aufforderung an Miterben, Auskunft über Bestand und Verbleib des Nachlasses zu erteilen**

Sehr geehrte Frau Meier,

wir zeigen an, dass uns Ihr Sohn mit der Wahrnehmung seiner rechtlichen Interessen in der Nachlassangelegenheit nach Ihrem Ehemann beauftragt hat.

Unser Mandant hatte Sie mehrfach ohne Erfolg gebeten, ihm Zugang zu den Unterlagen des Erblassers zu gewähren und über den Nachlassbestand zu informieren. Sie haben Ihre Ablehnung damit begründet, dass ihn dies alles nichts anginge und dass es alleine Ihre Angelegenheit sei, was der Erblasser hinterlassen habe.

Bitte bedenken Sie, dass unser Mandant als Miterbe ebenso wie Sie über den Nachlass informiert sein muss, um auch seinen Pflichten im Rahmen der Erbengemeinschaft nachkommen zu können. Dazu ist es u.a. erforderlich, dass er von Ihnen Auskunft über die Konten des Erblassers sowie den Stand der Vermietungen des Mehrfamilienhauses erhält.

Wir fordern Sie daher auf, Auskunft über Bestand und Verbleib des Nachlasses einschließlich der Surrogate und Nutzungen zu erteilen. Wir setzen Ihnen hierfür eine Frist bis zum

16. Juni 2006.

Gleichzeitig fordern wir Sie auf, unserem Mandanten den Mitbesitz an sämtlichen Nachlassgegenständen einzuräumen.

---

11 S. hierzu die nachfolgenden Muster Rn 18, Muster Rn 36 und Muster Rn 39.
12 Vgl zu Einzelheiten Damrau/*Schmalenbach*, Erbrecht, § 2028 Rn 1 ff.

B. Informationsbeschaffung und Nachlasssicherung § 3

Ihre Pflicht zur umfassenden Auskunftserteilung folgt zunächst aus § 2027 BGB. Sie haben stets behauptet, es läge ein Testament vor, wonach Sie Alleinerbin des Erblassers geworden wären. Tatsächlich existiert ein solches Testament jedoch nicht, so dass gesetzliche Erbfolge eingetreten ist. Danach sind Sie neben unserem Mandanten und seiner Schwester lediglich Miterbin zu ½ geworden. Indem Sie unter Berufung auf Ihr vermeintliches Recht als Alleinerbin den Nachlass vollständig in Besitz genommen und unseren Mandanten jeglichen Zugang und Informationen verwehrt haben, handelten Sie als Erbschaftsbesitzerin.

Nach §§ 2019, 2020 BGB haben Sie daher auch Auskunft über Surrogate und Nutzungen zu erteilen, die Sie aus dem Nachlass gezogen haben. Soweit Sie widerrechtlich Nachlassgegenstände in alleinigen Besitz genommen haben, sind Sie gemäß § 2018 BGB verpflichtet, allen Mitgliedern der Erbengemeinschaft Mitbesitz einzuräumen.

Ihre Auskunftspflicht folgt außerdem aus § 2028 BGB, da Sie mit dem Erblasser in häuslicher Gemeinschaft gelebt haben.

Schließlich folgt Ihre Auskunftspflicht auch aus § 242 BGB, da unser Mandant ohne sein Verschulden keine Kenntnisse über den Umfang des Nachlasses hat und Sie die Auskunft ohne Schwierigkeiten erteilen können.

Nach fruchtlosem Ablauf der obengenannten Frist werden wir unserem Mandanten raten, gerichtliche Hilfe in Anspruch zu nehmen.

Mit freundlichen Grüßen

...

Rechtsanwalt ◄

Erläuterungen. Es kommen die im Muster angeführten Anspruchsgrundlagen in Betracht: 19
- § 2027 BGB Auskunftspflicht des Erbschaftsbesitzers (§ 2018 BGB),[13]
- § 2028 BGB Auskunftspflicht des Hausgenossen,[14]
- § 242 BGB Auskunftspflicht aus Treu und Glauben.

Inhaber der Auskunftsansprüche nach §§ 2027, 2028 BGB ist die Erbengemeinschaft, aber jeder Miterbe kann den Anspruch *für die Erbengengemeinschaft* allein geltend machen. Auskunftsverpflichtet kann ein Miterbe auch gem. § 2027 Abs. 1 BGB als Erbschaftsbesitzer gem. § 2018 BGB[15] sein. Hierfür ist es ausreichend, dass sich der Miterbe auf ein über seinen tatsächlichen Erbteil hinausgehendes Erbrecht beruft – wie die Mutter in Fall 1 auf ihr Alleinerbrecht. Gem. § 2027 *Abs. 2* BGB kann auch Auskunft verlangt werden, wenn ein Miterbe eine Nachlasssache alleine in Besitz nimmt, ohne sich dabei auf ein (weitergehendes) Erbrecht zu berufen.[16]

Um überflüssige Diskussionen auch mit einem anwaltlichen Vertreter des Erben zu vermeiden, empfiehlt es sich, die Anspruchsgrundlagen zu benennen, da vielfach der Irrglaube besteht, dass Miterben untereinander *„überhaupt nicht"* zur Auskunft verpflichtet seien.

Fall 2: „Schweigen ist Gold" Die Eheleute haben sich über viele Jahre vom Steuerberater Riese 20 vertreten lassen. K1 hatte den Steuerberater angeschrieben und um Übersendung von Fotoko-

---

13 Vgl hierzu Damrau/*Schmalenbach*, Erbrecht, § 2027 Rn 3 ff sowie *Krug* in Bonefeld/Kroiß/Tanck, Der Erbprozeß, 146 (Kap. III B 3), Rn 127 ff.
14 Vgl hierzu Damrau/*Schmalenbach*, Erbrecht, § 2028 Rn 1 ff sowie *Krug* in Bonefeld/Kroiß/Tanck, Der Erbprozeß, 144 (Kap. III B 2), Rn 119 ff.
15 Vgl hierzu Damrau/*Schmalenbach*, Erbrecht, § 2018 Rn 8 ff.
16 Damrau/*Schmalenbach*, Erbrecht, § 2028 Rn 6 mwN.

pien der Steuererklärungen der letzten Jahre der Eheleute gebeten. Steuerberater Riese fragte daraufhin bei F nach, ob er die Unterlagen herausgeben könne. F lehnte dies ab. Riese erklärte K1 gegenüber, dass er aufgrund seiner Schweigepflicht gehindert sei, die Unterlagen herauszugeben. Er meinte außerdem, dass K1 die gewünschten Informationen durch Einsicht in die Steuerakten des Finanzamtes erlangen könne.

21 ▶ **Muster: Auskunftsersuchen an Steuerberater des Erblassers**

Sehr geehrter Herr Riese,

wir zeigen an, dass uns Herr Daniel Meier mit der Wahrnehmung seiner rechtlichen Interessen beauftragt hat. Unser Mandant ist Miterbe nach Ihrem verstorbenen ehemaligen Auftraggeber E. Der Erbschein wurde Ihnen bereits von unserem Mandanten übersandt.

Unser Mandant hatte Sie gebeten, ihm Fotokopien der Steuererklärungen der Eheleute Meier der letzten fünf Jahre nebst den dazugehörigen Bescheiden zu übersenden. Sie lehnten dies mit der Begründung ab, dass Ihnen aufgrund Ihrer Schweigepflicht eine Übersendung an unseren Mandanten nicht möglich sei.

Zunächst weisen wir darauf hin, dass unser Mandant gemäß § 1922 BGB als (Mit-)Erbe Rechtsnachfolger Ihres verstorbenen Mandanten geworden ist. Er hat mithin die gleichen Rechte, die auch E Ihnen gegenüber hatte. Wir denken, dass insoweit zwischen uns Einigkeit bestehen sollte, dass E jedenfalls das Recht auf Herausgabe von Kopien solcher Steuererklärungen und Bescheide zustand, die ausschließlich ihn betroffen haben. Gemäß § 2039 BGB ist unser Mandant allein berechtigt, den Anspruch des Erblassers auf Auskunftserteilung Ihnen gegenüber geltend zu machen.

Der Auskunftsanspruch umfasst aber auch solche Steuererklärungen, die der Erblasser aufgrund gemeinsamer Veranlagung zusammen mit seiner Ehefrau abgegeben hat. Insoweit hat unser Mandant ebenfalls Anspruch auf Einsicht in die Steuerunterlagen, da es ihm andernfalls nicht möglich ist, die Richtigkeit der Erklärungen der vergangenen Jahre zu beurteilen, für die er als Rechtsnachfolger des E nunmehr mithaftet.

Die Angelegenheit ist mittlerweile eilig geworden, da die Erbschaftsteuererklärung abzugeben ist und unser Mandant etwaige Steuernachzahlungen im Rahmen der Nachlassverbindlichkeiten berücksichtigen möchte.

Wir danken Ihnen vorab für eine Erledigung innerhalb der kommenden

sieben Tage.

Mit freundlichen Grüßen

▪ ▪ ▪

Rechtsanwalt ◀

22 **Erläuterungen.** Das OLG Koblenz hat entschieden, dass ein Miterbe gemäß § 2039 BGB trotz des Widerspruches der übrigen Miterben den Steuerberater des Erblassers auf Auskunft hinsichtlich von Steuererklärungen des Erblassers in Anspruch nehmen, ihn insbesondere verklagen darf.[17] Die Prozessführung des Miterben erfolgt in Prozessstandschaft für die Erbengemeinschaft auch, wenn die übrigen Miterben widersprechen.

23 Das OLG Koblenz führt weiter aus, dass der Auskunftsanspruch wegen der fortbestehenden Verschwiegenheitspflicht des Steuerberaters gegenüber der Ehefrau eingeschränkt sei. Gleich-

---

[17] Urt. des OLG Koblenz v. 17.1.1991 – 5 U 899/90, DStR 1991, 789.

wohl ginge der Auskunftsanspruch nicht bloß lediglich auf Ablichtung einer teilweise abgedeckten gemeinsamen Steuererklärung,

"sondern auf Einsichtgewährung in die Unterlagen durch einen (zur Verschwiegenheit verpflichteten) anderen Steuerberater."

Der verklagte Steuerberater kann den klagenden Erben nicht auf eine Einsicht in die finanzamtlichen Akten verweisen.[18] Fraglich erscheint hier, ob lediglich ein *Steuerberater* und nicht auch beispielsweise ein Rechtsanwalt berechtigt sein soll, die Unterlagen einzusehen. Sowohl beim Steuerberater als auch beim Rechtsanwalt stellt sich darüber hinaus die Frage, in wie weit Sie nicht ohnehin verpflichtet sind, *sämtliche* Informationen, die Sie im Rahmen der Einsicht erlangen und die für den Mandanten nützlich sein könnten, weiterzugeben.

▶ **Muster: Auskunftsersuchen an Bank oder Sparkasse des Erblassers**[19]

Sehr geehrte Damen und Herren,

wir zeigen an, dass uns Herr Daniel Meier, Goethestraße 16, 20348 Hamburg mit der Wahrnehmung seiner rechtlichen Interessen beauftragt hat. Eine auf uns bezogene Vollmacht fügen wir diesem Schreiben bei.

Unser Mandant ist Erbe nach seinem am 1.1.2005 verstorbenen Vater, Ihrem ehemaligen Kunden Max Meier. Wir fügen diesem Schreiben eine beglaubigte Kopie der uns vorliegenden 1. Ausfertigung des Erbscheins bei.

Namens und in Vollmacht unseres Mandanten bitten wir um Auskunft

– über sämtliche Konten, die der Erblasser bei Ihnen allein oder zusammen mit Dritten bei Ihnen führt oder in der Vergangenheit geführt hat,
– über sämtliche Wertpapierdepots, die der Erblasser allein oder zusammen mit Dritten bei Ihnen führt oder in der Vergangenheit geführt hat,
– über sämtliche Bankschließfächer, die der Erblasser allein oder zusammen mit Dritten bei Ihnen führt oder in der Vergangenheit geführt hat sowie über die Zugriffsberechtigungen zu diesen Schließfächern,
– über alle fortgeltenden Daueraufträge und Lastschriften,
– über alle Verträge zu Gunsten Dritter, die der Erblasser mit Ihnen geschlossen hat,
– über Darlehensverträge und Bürgschaften, die der Erblasser mit Ihnen geschlossen bzw abgegeben hat,
– über sämtliche bei Ihnen geführte Konten, auf die der Erblasser mittels einer Vollmacht zugriffsberechtigt gewesen ist,
– über sämtliche Kredit-, Bank-, Spar-, Maestro-, Geld-, electronic cash- oder sonstige Karten, mit denen über Konten des Erblassers verfügt werden konnte.

Wir bitten außerdem um Übersendung

– sämtlicher Kontoeröffnungsanträge,
– sämtlicher Unterschriftenkarten,
– einer Ablichtung der Anzeige gem. § 33 ErbStG.

---

18 Urt. des OLG Koblenz v. 17.1.1991 – 5 U 899/90, DStR 1991, 789.
19 Muster nach *Krug* in Bonefeld/Kroiß/Tanck, Der Erbprozeß, 96 (Kap. II B 6 bb), Rn 241 ff sowie *Ott-Eulberg*/Schebsta/Bartsch, Erbrecht und Banken, 333 f.

Bitte teilen Sie uns mit, ob Ihnen Kontoverbindungen des Erblassers zu anderen Geldinstituten im In- oder Ausland bekannt sind.

Wir bitten Sie außerdem um Mitteilung, ob Sie Kenntnisse über Lebensversicherungen, Sparverträge uä haben, die der Erblasser mit Ihnen, mit Unternehmen, die mit Ihnen kooperieren, mit Ihnen verbunden sind oder zu Ihrem Konzern gehören oder mit Dritten geschlossen hat.

Sollten Ihnen Informationen über die Vermögenssituation (also insbesondere über Umfang und Verbleib) des Erblassers vorliegen, die wir vorstehend nicht ausdrücklich angesprochen haben, so bitten wir Sie schließlich auch insoweit ausdrücklich um umfassende Auskunftserteilung.

Wir bitten Sie außerdem um Übersendung von Konto- und Depotauszügen für sämtliche Konten des Erblassers für die letzten zwei Jahre vor dem Erbfall sowie seit dem Erbfall bis heute.

Für etwaige hierdurch entstehende Kosten stehen wir bis zu einer Höhe von 50,- EUR für unseren Mandanten ein. Sollten die Kosten darüber hinaus gehen, bitten wir zuvor um Mitteilung.

Die aktuellen Kontoauszüge übersenden Sie bitte ab sofort unmittelbar an unseren Mandanten an die o.a. Anschrift.

Mit freundlichen Grüßen

...

Rechtsanwalt ◄

26 **Erläuterungen.** Dieses Muster enthält *keine* Erklärungen zur *Sicherung* des Nachlasses.[20]

27 **Zu Absatz 1 und 2:** Obgleich es sich rechtlich um eine recht überschaubare Situation handelt, bereitet die bloße Informationsbeschaffung bei Banken im Erbfall in der Praxis häufig *erhebliche* Schwierigkeiten. Von vielen Kreditinstituten wird die Vorlage des Originals der Ausfertigung des Erbscheins verlangt – auch wenn der anwaltliche Vertreter das Vorliegen des Originals bestätigt oder die Kopie sogar beglaubigt hat. Ebenso wird verlangt, dass die Unterschrift unter der Vollmacht beglaubigt wird und sogar, dass der Anwalt sich in einer Filiale der Bank oder Sparkasse persönlich legitimiert. Die Sorge der Finanzinstitute ist auf der einen Seite verständlich: Es besteht die Gefahr, vertrauliche Informationen an einen Nichtberechtigten weiterzugeben und deswegen möglicherweise später auf Schadensersatz in Anspruch genommen zu werden. Auf der anderen Seite dürfen jedoch die Anforderungen auch nicht überspannt werden:[21] Es geht deutlich zu weit, wenn der anwaltlichen Versicherung oder sogar Beglaubigung der Kopie misstraut wird und der Anwalt sich darüber hinaus persönlich gegenüber der Bank legitimieren soll. Es steht der Bank stets frei, die Informationen direkt an den Erben zu senden und den Anwalt darüber zu informieren.

28 **Zu Absatz 3:** Das Informationsrecht steht allen Miterben zu. Jeder Miterbe kann *alleine* Erteilung der Auskunft an alle Erben verlangen, § 2039 BGB. Die Bank kann daher entgegen einer vielfach geübten Praxis auch nicht eine gemeinsame Weisung aller Erben verlangen.

---

20 Siehe hierzu das nachfolgende Muster, Rn 43.
21 § 5 der AGB-Banken stellt zur *Verfügung* (!) über das Konto folgende Anforderungen auf:
„*Verfügungsberechtigung nach dem Tod des Kunden:*
Nach dem Tod des Kunden kann die Bank zur Erklärung der Verfügungsberechtigung die Vorlegung eines Erbscheins, eines Testamentsvollstreckerzeugnisses oder weiterer hierfür notwendiger Unterlagen verlangen; fremdsprachige Urkunden sind auf Verlangen der Bank in deutscher Übersetzung vorzulegen. Die Bank kann auf die Vorlage eines Erbscheins oder eines Testamentsvollstreckerzeugnisses verzichten, wenn ihr eine Ausfertigung oder eine beglaubigte Abschrift der letztwilligen Verfügung (Testament, Erbvertrag) nebst zugehöriger Eröffnungsniederschrift vorgelegt wird. Die Bank darf denjenigen, der darin als Erbe oder Testamentsvollstrecker bezeichnet ist, als Berechtigten ansehen, ihn verfügen lassen und insbesondere mit befreiender Wirkung an ihn leisten. Dies gilt nicht, wenn der Bank bekannt ist, daß der dort Genannte (zum Beispiel nach Anfechtung oder wegen Nichtigkeit des Testaments) nicht verfügungsberechtigt ist, oder wenn ihr dies infolge Fahrlässigkeit nicht bekannt geworden ist."

Allein die Information des Erblassers zu dessen Lebzeiten oder nach dessen Tod die Information eines einzelnen Miterben befreit die Bank nicht gegenüber den übrigen Miterben. Sinnvoll dürfte es daher für die Bank sein, sogleich *alle* Miterben zu informieren.[22]

Soweit zwischen dem Erblasser und seiner Bank/Sparkasse nichts anderes vertraglich vereinbart worden war, sind die Erben nicht verpflichtet, einen Erbschein vorzulegen. Sie können ihr Erbrecht stattdessen auch in anderer Form nachweisen. Ausreichend ist regelmäßig beispielsweise ein eröffnetes notarielles Testament.[23]

Zu Absatz 8: Auch wenn die Bank im Rahmen der laufenden Geschäftsverbindung mit dem Erblasser Konto- u. Depotauszüge übersandt hat, ist sie regelmäßig verpflichtet diese (erneut) zu übersenden.[24]

Zu Absatz 9: Die Erteilung der Auskünfte kostet Geld. Sie ist bei den Banken teilweise mit erheblichem Aufwand verbunden. Soweit im *„Preisaushang –Regelsätze im standardisierten Privatkundengeschäft"* und ergänzend im *„Preisverzeichnis"* keine Regelung über das Entgelt getroffen worden ist, kann die Bank die *„Höhe der Entgelte nach billigem Ermessen (§ 315 BGB)"* bestimmen.[25] Dies führt in der Praxis bei gleichen Leistungen zu *erheblichen* Unterschieden bei verschiedenen Instituten, teilweise sogar bei verschiedenen Filialen, soweit die Abwicklung von *„Erbfällen"* nicht zentral erfolgt. Gerade die Übersendung von Konto- und Depotauszügen für die Vergangenheit kann erhebliche Kosten verursachen, so dass der mögliche Nutzen dagegen abgewogen werden muss.

II. Rechenschaftslegung[26]

Die Pflicht zur Rechenschaftslegung muss vom Gesetz ausdrücklich angeordnet sein. Dies ist beispielsweise der Fall bei

- § 666 BGB (Auftrag),
- § 681 BGB (GoA) und
- § 687 Abs. 2 BGB (angemaßte Eigengeschäftsführung).

Der Umfang der Rechenschaftspflicht richtet sich nach § 259 Abs. 1 BGB und geht erheblich weiter als die Pflicht zur Auskunft (§ 260 Abs. 1, 2. Alt. BGB):

„Die Rechenschaftslegung gemäß § 259 Abs. 1 BGB erfordert eine übersichtliche in sich verständliche Zusammenstellung der Einnahmen und Ausgaben. Sie muß nicht nur den derzeitigen Zustand, sondern auch die Entwicklung dorthin im Einzelnen aufzeigen.(…) Die Angaben müssen so detailliert und verständlich sein, daß der Berechtigte ohne fremde Hilfe in der Lage ist, seine Ansprüche nach Grund und Höhe zu überprüfen(…)".[27]

Gem. § 259 Abs. 1 BGB sind Belege vorzulegen, soweit üblicherweise Belege erteilt worden sind.

Fall 3:[28] **„Das haben wir immer so gemacht"** K1 hat mit Hilfe des Erbscheins die Konto- und Depotauszüge der letzten zwei Jahre von der Bank angefordert und dabei festgestellt, dass F mit ihrer Vollmacht fünf- und sechsstellige Geldbeträge ins Ausland überwiesen oder bar abgehoben hat.

---

22 Vgl hierzu *Bartsch*, Auskunftsansprüche der Erben gegen die Bank des Erblassers, ZErb 1999, 20, 22.
23 BGH, Urt. v. 7.6.2005 – XI ZR 311/04, ZErb 2005, 300.
24 Urt. des BGH v. 4.7.1985 – III ZR 144/84, NJW 1985, 1874, 1876; zitiert nach juris.
25 § 12 Abs. 1 der AGB-Banken.
26 Ausführlich hierzu *Rißmann*, Die Erbengemeinschaft, § 4 Rn 130 ff.
27 OLG Hamm, Urt. v. 3.6.2004 – 27 U 224/03, NZG 2005, 175; zitiert nach juris.
28 Zum Ausgangsfall s.o. Rn 1.

36 ▶ **Muster: Aufforderung zur Rechenschaftslegung gegenüber Kontobevollmächtigten**

Sehr geehrte Frau Meier,

wir zeigen an, dass uns Ihr Sohn mit der Wahrnehmung seiner rechtlichen Interessen in der Nachlassangelegenheit nach Ihrem Ehemann beauftragt hat.

Wir fordern Sie auf, Rechenschaft abzugeben, welche Geschäfte Sie im Rahmen der Ihnen vom Erblasser erteilten Vollmacht, insbesondere der erteilten Konto- und Depotvollmacht vorgenommen haben. Bitte übersenden Sie uns die Rechenschaftslegung bis zum 16. Juni 2006.

Vorsorglich weisen wir Sie auf folgendes hin: Ihre Pflicht zur Rechenschaftslegung folgt aus § 666 BGB. Im Rahmen der Rechenschaftslegung sind Sie verpflichtet, unseren Mandanten über den gesamten Ablauf und die Ergebnisse Ihrer Handlungen aufgrund der Ihnen erteilten Vollmacht des Erblassers zu informieren. Die Rechenschaftslegung erfordert eine geordnete Übersicht über die Einnahmen und Ausgaben. Ihnen vorliegende Belege müssen beigefügt werden. Unser Mandant ist über den gesamten Ablauf und die Ergebnisse Ihrer Vollmachtsausübung derart zu informieren, dass er einen Überblick über seine Rechtsstellung erhält und sie überprüfen kann.

Bitte bedenken Sie, dass unser Mandant das Recht hat, von Ihnen die Abgabe der eidesstattlichen Versicherung zu verlangen, dass die Rechenschaft von Ihnen mit der erforderlichen Sorgfalt erteilt worden ist.

Mit freundlichen Grüßen

...

Rechtsanwalt ◀

37 **Erläuterungen. Absatz 2:** Die Pflicht zur Rechenschaftslegung folgt aus §§ 666 iVm 259 BGB.[29] Der Anspruch verjährt gem. § 195 BGB in drei Jahren. Anspruchsinhaber ist die Erbengemeinschaft, nicht der einzelne Miterbe.

38 **Absatz 4:** Die Pflicht zur Abgabe der eidesstattlichen Versicherung richtet sich nach § 259 Abs. 2 BGB. Daher ist der Verpflichtete nicht etwa in jedem Fall verpflichtet, die Richtigkeit seiner Angaben an Eides statt zu versichern: Der Verpflichtete muss vielmehr „*Grund zu der Annahme*" gegeben haben, dass die Rechenschaftslegung nicht mit der „*erforderlichen Sorgfalt*" geschehen ist. Anhaltspunkte sind hierfür beispielsweise die wiederholte Korrektur bereits erfolgter Rechenschaftslegung, widersprüchliche Angaben oder aber auch der Versuch, die Abgabe der Rechenschaft mit allen – juristischen – Mitteln zu verhindern.

---

29 Vgl zu dem Anspruch im einzelnen MünchKomm/*Seiler*, Band 5, 5. Aufl. 2009, § 666 Rn 8 ff; sowie Damrau/*Schmalenbach*, Erbrecht, § 2027 Rn 7 ff; zur Rechenschaftspflicht von Ehegatten untereinander vgl Urt. des BGH v. 5.7.2000 – XII ZR 26/98, NJW 2000, 3199.

III. Nachlasssicherung

▶ **Muster: Widerruf der Vollmacht und Aufforderung zur Herausgabe der Vollmachtsurkunde** 39

Sehr geehrte Frau Meier,

wir zeigen an, dass uns Ihr Sohn mit der Wahrnehmung seiner rechtlichen Interessen in der Nachlassangelegenheit nach Ihrem Ehemann beauftragt hat.

Der Erblasser hatte Ihnen umfassende Konto- und Depotvollmacht erteilt. Wir

widerrufen

diese Vollmacht und vorsorglich auch sämtliche etwaigen sonst Ihnen vom Erblasser erteilten Vollmachten.

Bitte übersenden Sie uns sämtliche Ihnen vorliegenden Vollmachtsurkunden bis spätestens zum 16. Juni 2006.

Mit freundlichen Grüßen

Rechtsanwalt ◀

Erläuterungen. Die vom Erblasser erteilte Vollmacht erlischt im Zweifel *nicht* mit dessen Tod: 40
Das Erlöschen der Vollmacht ist in § 168 BGB geregelt und verweist auf das der Vollmachtserteilung zu Grunde liegende Rechtsverhältnis. Dies wird in aller Regel ein Auftrag iSd §§ 662 ff BGB sein, so dass § 672 BGB gilt, wonach der Auftrag *„im Zweifel nicht durch den Tod oder den Eintritt der Geschäftsunfähigkeit des Auftraggebers"* erlischt. Für den entgeltlichen Geschäftsbesorgungsvertrag gilt § 672 BGB über § 675 BGB ebenfalls, so dass auch hier die Vollmacht über den Tod hinaus wirksam ist.

Die Herausgabe der Vollmachtsurkunden (§ 175 BGB) muss an die Erbengemeinschaft erfolgen, da der Anspruch der Gesamthand zusteht. 41

Schwieriger zu beurteilen ist die Frage, ob einem einzelnen Miterben das Recht zum Widerruf 42
der Vollmacht zusteht oder ob dies durch die Erbengemeinschaft erfolgen muss.[30] Im Interesse des Mandanten sollte der Widerruf aber meist erklärt werden. Etwas anderes könnte dann gelten, wenn durch den Widerruf der Vollmacht ein (Vermögens-)Nachteil für die Erbengemeinschaft entsteht, weil beispielsweise nunmehr ein Erbschein beantragt werden muss.

---

30 Vgl hierzu auch *Damrau/Rißmann*, Erbrecht, § 2038 Rn 15 ff sowie ausführlich *Madaus*, Der Widerruf trans- oder postmortaler Vollmachten durch einzelne Miterben, ZEV 2004, 448; s. hierzu auch unten Rn 45.

43 ▶ **Muster: Widerruf von Vollmachten, Verträgen zu Gunsten Dritter u.a. gegenüber Bank oder Sparkasse**

164

Sehr geehrte Damen und Herren,

wir zeigen an, dass uns Herr Daniel Meier, Goethestraße 16, 20348 Hamburg mit der Wahrnehmung seiner rechtlichen Interessen beauftragt hat. Eine auf uns bezogene Vollmacht fügen wir diesem Schreiben bei.

Unser Mandant ist Erbe nach seinem am 1.1.2006 verstorbenen Vater, Ihrem ehemaligen Kunden Max Meier. Wir fügen diesem Schreiben eine beglaubigte Kopie der uns vorliegenden 1. Ausfertigung des Erbscheins bei.

Namens und in Vollmacht unseres Mandanten bitten wir darum,

– alle Konten die der Erblasser bei Ihnen geführt hat,
– sämtliche Kredit-, Bank-, Spar-, Maestro-, Geld-, electronic cash- oder sonstige Karten, mit denen über Konten des Erblassers verfügt werden konnte und
– sämtliche Schecks, die auf das Konto des Erblassers bezogen sind

zu sperren.

Sämtlichen Einzügen, Lastschriften und (Termin-)Überweisungen wird für die Vergangenheit so weit rückwirkend wie möglich sowie für die Zukunft

widersprochen.

Sämtliche Daueraufträge des Erblassers werden

gekündigt.

Es werden auch alle Verträge zugunsten Dritter

widerrufen

und einer Auszahlung an Begünstigte wird

widersprochen.

Soweit offene Wertpapierkauf- oder -verkaufsaufträge uä bestehen sollten, werden diese

zurückgezogen.

Bitte beachten Sie unbedingt, dass Verfügungen über Konten und Depots des Erblassers künftig ausschließlich von allen Erben gemeinschaftlich vorgenommen werden dürfen.

Mit freundlichen Grüßen

Rechtsanwalt ◀

44 **Erläuterungen. Zu Absatz 1 und 2:** Siehe hierzu oben Rn 27.

45 **Zu Absätzen 3 bis 8:** Ob die Erklärungen von einem Erben allein oder von allen Erben gemeinsam abgegeben werden muss, bleibt eine Frage des Einzelfalles. Die Sicherung des Nachlasses dürfte häufig ein Fall der Notgeschäftsführung gem. § 2038 Abs. 1 S. 2, 2. Hs BGB sein. Dies lässt sich jedoch nicht verallgemeinern,[31] so dass stets der Einzelfall geprüft werden muss.[32]

---

31 Vgl hierzu *Schebesta*, Bankprobleme beim Tod eines Kunden, Rn 368 f mwN.
32 S. hierzu auch oben Rn 42.

C. Verwaltung[33]

Zu beachten ist hierbei außerdem, dass durch die Widersprüche etc. auch ein Schaden verursacht werden kann, da möglicherweise fällige Forderungen nicht beglichen werden, Rücklastschriften Kosten verursachen, Wertpapiere ihren Wert nachteilig verändern uvm. Jede einzelne Weisung sollte daher nur mit Bedacht erteilt werden.

C. Verwaltung[33]

46 Sobald sich mehrere Personen gemeinsam um etwas kümmern müssen, tauchen Probleme auf: Es gibt stets einen „(über)eifrigen Macher", den „Bedenkenträger", den „Verzögerer", den „Querulanten" und den passiv Abwartenden, der dann, wenn man alle Probleme mit den übrigen gelöst zu haben glaubt, sich übergangen fühlt und nunmehr „alle seine Rechte einfordert".

47 Bei der Erbengemeinschaft kommen regelmäßig zwei weiter komplizierende Faktoren hinzu:
1. Die Miterben sind nicht freiwillig in der Erbengemeinschaft miteinander verbunden.
2. Sie sind miteinander verwandt oder haben sonst eine persönliche Beziehung zu einander.

48 Der Erblasser hat meist im Testament keine Anordnungen für die Verwaltung getroffen und auch die Anordnung einer Testamentsvollstreckung ist leider immer noch die Ausnahme. Daher bietet die Verwaltung der Erbengemeinschaft für viele Miterben ein „weites Feld" für Auseinandersetzungen mit ungeahntem Ausgang. Nur eines ist stets sicher: Der Wert des Nachlasses fällt zwischenzeitlich, wenn sich die Erben nicht verständigen. Dies gilt insbesondere für zum Nachlass gehörende Immobilien.

49 Der Rechtsanwalt kann seinem Mandanten nicht früh genug deutlich vor Augen führen, dass die Verwaltung der Erbengemeinschaft kein Platz für „Vergeltung" eines früher gegenüber seinen Geschwistern benachteiligten Kindes ist. Dies bedeutet nicht etwa, dass ein Miterbe im Zweifel alles hinnehmen soll, was die übrigen Miterben eigenmächtig unternehmen – im Gegenteil. Die Reaktion hat jedoch mit rechtlichem und wirtschaftlichem Augenmaß zu erfolgen.

50 Für den Anwalt setzt die Vertretung hier – wie letztlich immer bei Mandaten im Erbrecht – zwingend den Abschluss einer **aufwandsorientierten Vergütungsvereinbarung** (Zeithonorar, monatliches Pauschalhonorar uä) voraus. Die gesetzliche Vergütung wird nur in absoluten Ausnahmefällen mit sehr hohen Gegenstandswerten und absehbarer Dauer der Abwicklung angemessen sein.

51 **Fall 4:**[34] **„Ich weiß alleine, was gut für mich ist"** Kurz vor seinem Tode hatte E im EFH ein Gäste-Bad einbauen lassen. Bei der Auswahl der Ausstattung ließ er sich in erster Linie von Zweckmäßigkeitserwägungen und dem Preis leiten und wählte einfache Objekte aus.
F ließ nunmehr die Sanitär-Objekte gegen neue Designerobjekte austauschen, die ihrem Geschmack entsprechen.
Die neuen Objekte haben inklusive Einbau 23.997,00 EUR gekostet.
Der Rechtsanwalt der F fordert von den Miterben anteilige Erstattung der Aufwendungen.

---

33 Ausführlich hierzu *Rißmann*, Die Erbengemeinschaft, § 4 Rn 50 ff.
34 Zum Ausgangsfall s.o. Rn 1.

52 Das Gesetz unterscheidet in § 2038 BGB **drei Formen der Verwaltung der Erbengemeinschaft:**
1. Außerordentliche Verwaltung gem. Abs. 1 S. 1.[35]
2. Ordnungsgemäße Verwaltung gem. Abs. 1 S. 2, 1. Hs.[36]
3. Notwendige Verwaltung gem. Abs. 1 S. 2, 2. Hs.[37]

53 Es ist also zunächst zu prüfen, ob eine Handlung *überhaupt* eine Verwaltungsmaßnahme darstellt. Erst danach ist zu unterscheiden, welcher *Art* die Verwaltung war und ob die Miterben einvernehmlich oder mehrheitlich hierüber zu beschließen haben und wie sie hierdurch verpflichtet werden. Der Aufbau des § 2038 BGB enthält insoweit abgestufte Anforderungen: Ausgangspunkt ist der Fall der außerordentlichen Verwaltung, die Erben müssen einstimmig handeln (Abs. 1 S. 1). In Fällen der ordnungsgemäßen Verwaltung genügt ein Mehrheitsbeschluss (Abs. 1 S. 1, Hs 1), und in Fällen der notwendigen Verwaltung kann ein Miterbe alleine handeln (Abs. 1 S. 1 Hs 2). Während § 2038 BGB die *Verwaltungs*befugnis regelt, ist die *Verfügungs*befugnis grundsätzlich in §§ 2033, 2040 BGB geregelt.[38]

54 Der Begriff der „Verwaltung" ist weit und umfassend zu verstehen: Er umfasst alle tatsächlichen und rechtlichen Maßnahmen, die zur Verwahrung, Sicherung, Erhaltung und Vermehrung sowie zur Gewinnung der Nutzungen und Bestreitung laufender Verbindlichkeiten des Nachlasses erforderlich oder geeignet sind.[39] § 2038 BGB unterscheidet nicht danach, ob eine Maßnahme auch außerhalb der Erbengemeinschaft oder lediglich im Innenverhältnis wirkt. „Verwaltung" umfasst daher sowohl die interne Beschlussfassung (also Maßnahmen im Innenverhältnis), als auch beispielsweise Rechtsgeschäfte mit Dritten (also Maßnahmen im Außenverhältnis).

55 Der BGH hat nunmehr klargestellt, dass zu den mitwirkungspflichtigen Verwaltungsmaßregeln gem. § 2038 Abs. 1 S. 2 BGB

„*grundsätzlich auch Verfügungen über einzelne Nachlaßgegenstände*"

zählen.[40] Dies ergäbe sich aus dem Wortlaut, der systematischen Stellung und der Entstehungsgeschichte der Vorschrift.[41] Bei Verfügungen muss jedoch

„*neben der Ordnungsmäßigkeit die Erforderlichkeit einer solchen Verwaltungsmaßnahme durch besondere Umstände belegt sein, um eine Mitwirkungspflicht zu begründen*".[42]

Bei der Verwendung der nachfolgenden Muster ist – wie stets – unbedingt der eigene Fall genau zu überprüfen: Es gibt im Bereich der Verwaltung der Erbengemeinschaft kein Beispiel, dass „ohne weiteres" auf jeden anderen Fall übertragen werden kann.

56 ▶ **Muster: Erwiderung bei vermeintlichen Verwaltungsmaßnahmen von Miterben**

Sehr geehrter Herr Kollege ▪▪▪,

wir zeigen an, dass uns Herr Daniel Meier mit der Wahrnehmung seiner rechtlichen Interessen in dieser Nachlassangelegenheit beauftragt hat. Wir weisen sogleich darauf hin, dass unsere Beauftra-

---
35 S. hierzu unten Rn 58 ff.
36 S. hierzu unten Rn 65 ff.
37 S. hierzu unten Rn 85 ff.
38 S. hierzu aber unten Rn 55.
39 BGH, Urt. v. 22.2.1965 – III ZR 208/63, FamRZ 1965, 267, 269; BGH, Urt. v. 28.9.2005 – IV ZR 82/04, ZErb 2006, 95, 96 unter II 2 a); OLG Düsseldorf, Urt. v. 17.2.1995 – 7 U 69/94, OLGR 1995, 301; Staudinger/*Werner*, § 2038 Rn 4.
40 BGH, Urt. v. 28.9.2005 – IV ZR 82/04, ZErb 2006, 95; die Vorinstanz hatte dies anders gesehen (OLG Frankfurt, Urt. v. 25.3.2004 – 16 U 131/03, NJW-RR 2004, 1518, zit. nach juris) und sich dabei auf die 40 Jahre alte Entscheidung des BGH zu dieser Frage berufen (BGH, Urt. v. 22.2.1965 – III ZR 208/63, FamRZ 1965, 267, 269), wonach nur in Ausnahmefällen auch Verfügungen Maßnahmen der Verwaltung iSv § 2038 BGB sein können.
41 BGH, Urt. v. 28.9.2005 – IV ZR 82/04, ZErb 2006, 95, 96 unter II 2 a).
42 BGH, Urt. v. 28.9.2005, – IV ZR 82/04, ZErb 2006, 95, 96 unter II 2 a).

gung voll umfassend ist und nicht lediglich die Frage des Aufwendungsersatzes betrifft, den Sie mit Ihrem Schreiben vom 2.6.2006 geltend machen.

Unser Mandant stellt zunächst klar, dass er selbstverständlich bereit ist, seinen rechtlichen Verpflichtungen im Rahmen der Erbengemeinschaft nachzukommen. Auf der anderen Seite erwartet er jedoch, dass Ihre Auftraggeberin nicht eigenmächtig und ohne Rücksprache mit den übrigen Erben handelt und erst im Nachhinein die Erben informiert.

Ihre Auftraggeberin hat keinen Anspruch auf Erstattung der Aufwendungen für den Austausch der Sanitär-Objekte. Eine Anspruchsgrundlage für Ihre Auftraggeberin könnte lediglich § 2038 BGB sein. Dann hätte das Austauschen der Objekte aber eine Maßnahme der Verwaltung sein müssen. Unter Verwaltung sind jedoch nur alle tatsächlichen und rechtlichen Maßnahmen zu verstehen, die zur Verwahrung, Sicherung, Erhaltung und Vermehrung sowie zur Gewinnung der Nutzungen und dem Bestreiten laufender Verbindlichkeiten des Nachlasses erforderlich oder geeignet sind.

Der Begriff der Verwaltung ist zwar weit und umfassend zu verstehen, gleichwohl erfasst er jedoch keine Luxusaufwendungen ausschließlich zur Erhöhung des persönlichen Wohlbefindens. Der Austausch von funktionsfähigen Sanitär-Objekten, die lediglich nicht mehr dem ästhetischen Empfinden Ihrer Auftraggeberin entsprechen, ist somit keine Maßnahme der Verwaltung. Ihre Auftraggeberin durfte den Austausch also nicht vornehmen.

Unser Mandant wird daher keine Zahlungen leisten. Er möchte die Angelegenheit jedoch damit auf sich beruhen lassen, wenn Ihre Auftraggeberin die Kosten der Maßnahmen alleine trägt.

Mit freundlichen Grüßen

Rechtsanwalt ◀

Erläuterungen. Es lässt sich durchaus darüber diskutieren, ob unter gewissen Voraussetzungen der Austausch der funktionsfähigen Objekte gleichwohl eine *Verwaltungs*maßnahme gewesen ist. Ein Anspruch auf Erstattung würde im vorliegenden Fall dann jedoch daran scheitern, dass die Maßnahme nicht „notwendig" iSv § 2038 Abs. 1 S. 2, 2. Hs BGB gewesen ist.[43] Für einen Erstattungsanspruch im Rahmen der „ordnungsgemäßen" Verwaltung fehlt es an der „Erforderlichkeit" iSv § 2038 Abs. 1 S. 2, 1. Hs BGB, so dass es auf einen fehlenden Mehrheitsbeschluss nicht weiter ankäme.[44]

I. Außerordentliche Verwaltung, § 2038 Abs. 1 S. 1 BGB

Die Regelung in § 2038 Abs. 1 S. 1 BGB ist im wesentlichen deckungsgleich mit § 744 Abs. 1 BGB. Im Rahmen von § 2038 Abs. 1 S. 1 BGB ist ausschließlich die *außerordentliche* Verwaltung gemeint. Die *ordentliche* Verwaltung wird von § 2038 Abs. 1 S. 2, 1. Hs BGB erfasst,[45] die notwendige Verwaltung wird in § 2038 Abs. 1 S. 2, 2. Hs BGB geregelt.

Außerordentliche Verwaltung bezeichnet Maßnahmen, die für den Nachlass eine **erhebliche wirtschaftliche Bedeutung** haben.[46] Im Rahmen der außerordentlichen Verwaltung ist **Einstimmigkeit** der Miterben erforderlich.[47]

---

43 S. hierzu iE unten Rn 85 ff.
44 S. hierzu iE unten Rn 65 ff.
45 S. hierzu unten Rn 65 ff.
46 *Krug* in Krug/Rudolf/Kroiß, Erbrecht, § 12 Rn 24.
47 Vgl hierzu iE: Bonefeld/Daragan/Wachter/*Rißmann*, Der Fachanwalt für Erbrecht, 9. Kapitel, Rn 83 mwN.

60 Haben die Erben gemeinschaftlich und offen erkennbar für den Nachlass gehandelt, haften sie nicht mit ihrem Eigenvermögen, sondern ausschließlich mit dem Nachlass.[48] Ist ein Handeln für den Nachlass nicht erkennbar, gilt § 164 Abs. 2 BGB und die Miterben haften auch persönlich. Die Miterben sind jedoch einander *nicht* verpflichtet, eine persönliche Haftung einzugehen.[49]

61 Die Handlung ist im Innen- und Außenverhältnis unwirksam, wenn die Erben nicht gemeinschaftlich gehandelt haben. Bei Verwaltungshandlungen innerhalb der Erbengemeinschaft werden die nicht handelnden Miterben nicht gebunden, die Handlung ist für die Miterben ohne Bedeutung.[50] Bei Verwaltungshandlungen nach außen tritt keine Wirkung der Rechtsgeschäfte ein. Die Handelnden haften gegebenenfalls aus § 179 BGB oder aus § 311 Abs. 2 und 3 BGB (culpa in contrahendo).[51]

62 Fall 5:[52] **„Nur gemeinsam sind wir stark!"**[53] Mit notariellem Vertrag vom 19. November 2005 verkauften F, K1 und K2 das ihnen in Erbengemeinschaft gehörende MFH in Dresden an die Immo-GmbH.

Der am 11. Januar 2006 zur Zahlung fällige Kaufpreis von 300.000,00 EUR war zu einem Teilbetrag von 150.000,00 EUR an F und zu Teilbeträgen von je 75.000,00 EUR an K1 und K2 zu zahlen.

Nach vorangegangener Mahnung forderte F die Immo-GmbH mit Anwaltsschreiben vom 15. Februar 2006 auf, den auf sie entfallenden Kaufpreisteilbetrag von 150.000,00 EUR bis zum 24. Februar 2006 zu entrichten, anderenfalls lehne sie die Erfüllung des Kaufs durch die Immo-GmbH ab.

Mit weiterem Anwaltsschreiben vom 8. März 2006 erklärte sie, wegen Ausbleibens der Zahlung vom Kaufvertrag zurückzutreten, forderte die Klägerin zur Erstattung von Anwaltskosten als vorläufigem Schaden auf und behielt sich die Geltendmachung weiteren Schadens vor.

Am 27. April 2006 ging bei der Immo-GmbH ein Schreiben von K1 und K2 vom 19. April 2006 ein, in dem diese erklärten, sich an den Rücktritt der F „anzuhängen".

Die Immo-GmbH teilt ihrem Anwalt mit, dass der Kaufpreis bei der Bank bereit liege und bittet um Hilfe.

63 ▶ **Muster: Erwiderung eines Dritten bei außerordentlicher Verwaltung durch Miterben durch das Setzen einer Frist**

Sehr geehrter Herr Kollege ▄▄▄,

der von Ihrer Auftraggeberin erklärte Rücktritt ist unwirksam.

Ihre Mandanten haben die Immobilie „*als Erbengemeinschaft*" verkauft. Der Kaufpreisanspruch ist daher gem. § 2041 BGB zugunsten der Erbengemeinschaft entstanden. Über ihn können die Erben daher auch nur gemeinschaftlich verfügen, § 2040 Abs. 1 BGB.

Als Verfügung in diesem Sinne ist auch das Setzen einer Nachfrist zur Erfüllung des Kaufpreisanspruches nach § 323 Abs. 1 BGB zu behandeln, denn ihm kommt, jedenfalls nach fruchtlosem Ablauf der Frist, Gestaltungswirkung zu.

---

48 BGH, Urt. v. 25.3.1968 – II ZR 99/65, BB 1968, 769, 770.
49 MünchKomm/*Gergen*, § 2038 Rn 27.
50 Staudinger/*Werner*, § 2038 Rn 19.
51 Staudinger/*Werner*, § 2038 Rn 19.
52 Zum Ausgangsfall s.o. Rn 1.
53 Fall nach BGH, Urt. v. 22.10.1999 – V ZR 401/99, NJW 2000, 506.

Ihre Auftraggeberin konnte mithin nicht alleine wirksam eine Nachfrist zur Zahlung des Kaufpreises setzen. Abgesehen davon enthält das Schreiben vom 15. Februar 2006 darüber hinaus lediglich eine Nachfristsetzung hinsichtlich des Ihrer Auftraggeberin gebührenden Kaufpreisteiles.

Die Erklärung vom 15. Februar 2006 konnte auch nicht dadurch als Nachfristsetzung wirksam werden, dass K1 und K2 sich dem am 8. März 2006 erklärten „Rücktritt" Ihrer Auftraggeberin anschlossen. Bei Gestaltungserklärungen kann eine Genehmigung die in §§ 185 Abs. 2, 184 Abs. 1 BGB an sich vorgesehene Rückwirkung nicht entfalten.[54]

Selbst wenn man den „Anschluss an den Rücktritt" durch K1 und K2 durch das Schreiben vom 19. April 2006 als Genehmigung der Fristsetzung durch Ihre Auftraggeberin sehen würde, wäre dies *nach* Ablauf der bis zum 24. Februar 2006 von Ihnen gesetzten Nachfrist erfolgt. Eine Genehmigung wäre zu diesem Zeitpunkt somit ins Leere gegangen.

Namens und im Auftrag meiner Mandantin biete ich daher die Zahlung des anteiligen Kaufpreises an Ihre Auftraggeberin auf das in der notariellen Urkunde genannte Konto an. Bitte teilen Sie mir bis zum 1. Juni 2006 mit, ob Ihre Auftraggeberin bereit ist, die Zahlung anzunehmen. An K1 und K2 sind die fälligen Kaufpreisteile bereits geleistet.

Mit freundlichen kollegialen Grüßen

...

Rechtsanwalt ◄

Erläuterungen. Ergänzend führt der BGH in der diesem Fall zugrundeliegenden Entscheidung zur Unwirksamkeit der Fristsetzung aus: 64

„Anderes könnte auch dann nicht gelten, wenn die Bestimmung der Empfänger der einzelnen Kaufpreisteile im Vertrag dahin zu verstehen wäre, daß die Beklagten[55] in (Teil-)Auseinandersetzung des Nachlasses, sei es durch Abtretung von Teilrechten an die einzelnen Gemeinschafter, sei es durch Vertrag zugunsten des jeweiligen Gemeinschafters als Drittem (§§ 398, 328 BGB; RGZ 151, 304, 312), je ein selbständiges Forderungsrecht an den ihnen zugeteilten Kaufpreisteilen erworben hätten. Denn Gegenstand der bei fruchtlosem Fristablauf eintretenden Gestaltungswirkung ist die von der Gemeinschaft geschuldete und nur von ihr gemeinschaftlich erfüllbare Verkäuferpflicht (§§ 326 Abs. 1 Satz 2, 2. Halbs., 433 Abs. 2, 2038, 2040 Abs. 1 BGB)."[56]

II. Ordnungsgemäße Verwaltung, §§ 2038 Abs. 1 S. 2, 1. Hs, Abs. 2 iVm 745 BGB

„*Ordnungsgemäße*" Verwaltung umfasst gem. §§ 2038 Abs. 1 S. 2, 1. Hs, Abs. 2 iVm 745 BGB alle Maßnahmen, die der Beschaffenheit des betreffenden Nachlassgegenstandes und dem Interesse aller Miterben nach billigem Ermessen entsprechen.[57] Die Frage der Ordnungsmäßigkeit ist an dem Verhalten einer verständigen Person in der gleichen Situation zu beurteilen.[58] Maßgebend ist der Standpunkt eines vernünftig und wirtschaftlich denkenden Beurteilers zum Zeitpunkt, in dem die Handlung vorgenommen werden soll.[59] „*Vernünftig*" und „*wirtschaftlich*" 65

---
54 BGH, Urt. v. 29.5.1991 – VIII ZR 214/90, BGHZ 114, 360; zitiert nach juris Rn 11.
55 Im vorstehenden Fall sind dies F, K1 und K2.
56 BGH, Urt. v. 22.10.1999 – V ZR 401/99, NJW 2000, 506 (§§ in der Fassung vor der Schuldrechtsreform).
57 Palandt/*Edenhofer*, § 2038 Rn 6.
58 KG, Urt. v. 28.11.1913 – 3 ZS, OLGE 30, 184.
59 BGH, Urt. v. 8.5.1952 – IV ZR 208/51, BGHZ 6, 76, 81.

ist es bei mehreren Wegen, die zum gleichen Erfolg führen, den einfacheren und leichteren Weg zu wählen.[60]

66 „*Erforderlich*" ist eine Maßnahme iSv § 2038 Abs. 1 S. 2, 1. Hs BGB nur, wenn sie erfolgen muss, um eine ordnungsgemäße Verwaltung zu gewährleisten.[61] Eine Verfügung ist nach der Entscheidung des BGH aus dem Jahre 2005 (nur) dann „*erforderlich*", wenn „*besondere Umstände*" vorliegen.[62] Wenn andere, weniger einschneidende Maßnahmen zum gleichen Erfolg führen, ist die Maßnahme nicht „*erforderlich*" und die Mitwirkungspflicht entfällt. Auch hier verbieten sich generelle Aussagen, da es auf eine Betrachtung des Einzelfalles ankommt. Im Rahmen der Prüfung der Erforderlichkeit einer Maßnahme wird sich häufig ergeben, dass eine Mitwirkungspflicht der Erben *nicht* vorliegt.

67 Eine **wesentliche Veränderung** des Nachlassgegenstandes ist keine ordnungsgemäße Verwaltung mehr, §§ 2038 Abs. 2 S. 1 iVm 745 Abs. 3 BGB. „*Wesentlich*" ist eine Veränderung, bei der die Zweckbestimmung oder Gestalt des Nachlasses in einschneidender Weise geändert werden würde.[63] „*Gegenstand*" iSv § 745 Abs. 3 BGB ist der gesamte Nachlass.[64] Die Umwandlung von einem fast ausschließlich aus Immobilien bestehenden Nachlass in Wertpapiervermögen wäre also eine wesentliche Veränderung. Der anlassbezogene Verkauf einer von vielen Eigentumswohnungen aus dem Nachlass muss keine wesentliche Veränderung darstellen.

68 Liegt eine Maßnahme der ordnungsgemäßen Verwaltung vor, so ist jeder Miterbe den anderen gegenüber *verpflichtet*, an den erforderlichen Maßregeln mitzuwirken. § 2038 Abs. 1 S. 2, 1. Hs BGB regelt so eine **Ausnahme vom Grundsatz der Einstimmigkeit**. Die Entscheidung über die Verwaltung muss (lediglich) durch einen Mehrheitsbeschluss getroffen werden, §§ 2038 Abs. 2 iVm 745 Abs. 1 BGB. Bei *außerordentlicher* Verwaltung iSv § 2038 Abs. 1 S. 1 BGB[65] kann hingegen bereits ein Erbe die Handlungsfähigkeit der Erbengemeinschaft blockieren, indem er seine Zustimmung bzw Mitwirkung verweigert. Gezwungen werden kann er dann nicht.

69 Die Mitwirkungspflicht besteht nach dem ausdrücklichen Wortlaut nur unter den Miterben. Ein Dritter kann daher weder von einem Miterben die Mitwirkung zu einer Verwaltungshandlung verlangen,[66] noch kann er aus dem Unterlassen Schadensersatzansprüche herleiten.[67] Der Dritte kann sich aber von einem Miterben dessen Anspruch abtreten lassen oder im Wege der Prozessstandschaft geltend machen.[68] Zur Mitwirkungspflicht iSv Satz 2 gehört nicht lediglich die Zustimmung zum Handeln der Gemeinschaft. „*Mitwirkung zu Maßregeln*" ist hier weiter zu verstehen und umfasst gegebenenfalls auch eigenes aktives, auch rechtsgeschäftliches Handeln.[69] Diese Verpflichtung kann im Klagewege erzwungen werden,[70] wobei der Klageantrag ausschließlich gegen die Erben zu richten ist, die eine Mitwirkung entweder in Form ihrer Zustimmung oder einer Handlung verweigern.[71] Die Anträge sind auf eine Maßnahme zu richten, die dem Interesse aller Miterben nach billigem Ermessen entsprechen muss.

---

60 BGH, Urt. v. 22.2.1965 – III ZR 208/63, FamRZ 1965, 267, 269.
61 Staudinger/*Werner*, § 2038 Rn 13.
62 BGH, Urt. v. 28.9.2005 – IV ZR 82/04, ZErb 2006, 95, 96 unter II 2 a) und bb).
63 BGH, Urt. v. 28.9.2005 – IV ZR 82/04, ZErb 2006, 95, 97 unter II 2 b) bb) mwN.
64 BGH, Urt. v. 28.9.2005 – IV ZR 82/04, ZErb 2006, 95, 96 unter II 2 b) aa).
65 S. oben Rn 58 ff.
66 BGH, Urt. v. 17.9.1958 – V ZR 63/58, NJW 1958, 2061, 2062.
67 Staudinger/*Werner*, § 2038 Rn 12.
68 BGH, Urt. v. 22.2.1965 – III ZR 208/63, FamRZ 1965, 267, 270.
69 Soergel/*Wolf*, § 2038 Rn 15.
70 BGH, Urt. v. 8.5.1952 – IV ZR 208/51, BGHZ 6, 76, 85.
71 BGH, Urt. v. 24.6.1991 – II ZR 58/90, FamRZ 1992, 50.

C. Verwaltung § 3

Fall 6:[72] „Wohnen – ohne zu zahlen!" F wohnt auch über ein Jahr nach dem Tod weiterhin alleine in dem EFH in Berlin. Sie leistet dafür keine Zahlungen an K1. Die vollständige Renovierung des Hauses hat F ohne Nachfragen in Auftrag gegeben und auch selbst bezahlt.

▶ **Muster: Aufforderung zur Zahlung von Nutzungsentschädigung**

Sehr geehrte Frau Meier,

wir zeigen an, dass wir Ihren Sohn anwaltlich vertreten.

Seit dem Erbfall besteht zwischen Ihnen, Ihrer Tochter und unserem Mandanten eine Erbengemeinschaft. Das Vermögen Ihres verstorbenen Mannes ist damit sog. Gesamthandsvermögen der Erbengemeinschaft geworden. Dies bedeutet u.a., dass die Miterben nur *gemeinschaftlich* über Erbschaftsgegenstände verfügen dürfen. Außerdem ist grundsätzlich auch allen Miterben die gleiche Nutzungsmöglichkeit an *allen* Nachlassgegenständen zu ermöglichen. Zu diesen Nachlassgegenständen gehört auch die ideelle Hälfte des von Ihnen allein bewohnten Einfamilienhauses in Berlin.

Unser Mandant wird dessen ungeachtet durch Sie von der Nutzung des von Ihnen allein bewohnten Einfamiliehauses in Berlin vollständig ausgeschlossen, obgleich ein hälftiger Miteigentumsanteil in den Nachlass gefallen ist. Ihrer alleinigen Nutzung widersprechen wir.

Gleichwohl wäre unser Mandant damit einverstanden, dass Sie das Haus auch weiterhin alleine nutzen, sofern Sie unserem Mandanten eine angemessene Nutzungsentschädigung hierfür zahlen. Die ortsübliche Miete für eine vergleichbare Immobilie in dieser Lage beträgt 2.900,– EUR. Der Anteil unseres Mandanten hieran beläuft sich auf 1/8, also 362,50 EUR. Wir bitten darum die Nutzungsentschädigung ab sofort jeweils zum ersten eines Monats direkt an unseren Mandanten auf dessen Konto bei der

All Finanz-Kasse in Hamburg,

BLZ 230 90 97,

Kontonummer 160 620 05

zu überweisen.

Mit freundlichen Grüßen

Rechtsanwalt ◀

Erläuterungen. Nach §§ 2038 Abs. 2 iVm 745 BGB hat jeder Miterbe Anspruch auf eine Regelung der Verwaltung und Benutzung, der Nachlassgegenstände, die billigem Ermessen entspricht. Eine gerichtliche Entscheidung ist nur dann zulässig, wenn durch die Erbengemeinschaft weder eine Vereinbarung noch ein Beschluss getroffen worden sind, die billigem Ermessen entsprechen.[73] Liegt eine solche Regelung vor, dann kommt ein Anspruch auf (Neu-)Regelung oder eine gerichtliche Änderung nur in Betracht, wenn sich die Umstände seit der Regelung wesentlich geändert haben[74] oder wenn eine getroffene Regelung in einem bestimmten Punkt lückenhaft ist.[75]

---

72 Zum Ausgangsfall s.o. Rn 1.
73 BGH, Urt. v. 24.6.1991 – II ZR58/90, FamRZ 1992, 50, 51.
74 BGH, Urt. v. 24.6.1991 – II ZR58/90, FamRZ 1992, 50 (der von der Redaktion dort verfasste Leitsatz Nr. 2 dieser Entscheidung ist daher unvollständig); Urt. v. 29.9.1993 – II ZR 43/92, NJW 1993, 3326, 3327; Urt. v. 16.3.1961 – II ZR 190/59, NJW 1961, 1299, 1301 (Kündigung der einem Miterben übertragenen Verwaltung bei Vorliegen eines wichtigen Grundes).
75 MünchKomm/*Schmidt*, §§ 744, 745 Rn 29.

73 Wird eine Regelung begehrt, die nicht billigem Ermessen und vernünftiger Interessenabwägung iSv § 745 Abs. 2 BGB entspricht, muss die Klage abgewiesen werden, ohne dass auf eine interessengerechte Maßnahme nach dem Ermessen des Richters erkannt werden könnte.[76]

74 Auch **Verfügungen über Eigentumsrechte** können eine ordnungsgemäße Verwaltung darstellen und unter § 745 Abs. 2 BGB fallen, wenn die begehrte Regelung nach billigem Ermessen dem Interesse der Miterben entspricht und die Grenze des § 745 Abs. 3 BGB gewahrt, insbesondere eine übermäßige finanzielle Belastung des Anspruchsgegners vermieden wird.[77] Bei der Abwägung muss ein Gericht die konkreten Verhältnisse und die bisherige Bestimmung und Benutzung berücksichtigen und die Interessen der Beteiligten gegeneinander abwägen.[78] Diese Entscheidung ist bereits in der Berufungsinstanz lediglich darauf zu überprüfen, ob sie auf grundsätzlich falschen oder offenbar unsachlichen Erwägungen beruht oder ob wesentliche Tatsachen außer acht gelassen worden sind.[79] Die Feststellungen des Gerichts müssen so umfassend erfolgen, dass eine Überprüfung anhand dieser Maßstäbe durch das Rechtsmittelgericht ermöglicht wird.[80]

Da F bereits zuvor in dem Einfamilienhaus gewohnt hat und ihr außerdem die andere Hälfte gehört, würde eine Mitnutzung durch K1 keine *„dem billigen Ermessen entsprechende Verwaltung und Benutzung"* darstellen, vgl § 745 Abs. 2 BGB. K1 bleibt daher lediglich der Anspruch auf Nutzungsentschädigung. Die Entschädigungszahlung kann jedoch

„erst von dem Zeitpunkt an verlangt werden, in dem sie und damit eine entsprechende Benutzungsregelung im Sinne von § 745 Abs. 2 BGB beansprucht worden ist".[81]

75 **Fall 7:**[82] „Der nächste Winter kommt bestimmt" K1 stellt nach Ende der Heizperiode im April fest, dass Heizöl für das MFH in Dresden gekauft werden muss.

76 ▶ **Muster: Aufforderung zur Zustimmung zu einer Maßnahme ordnungsgemäßer Verwaltung und Vorschusszahlung**

Sehr geehrte Frau Meier,

wie Sie wissen, vertreten wir Ihren Sohn in der Nachlasssache nach Ihrem verstorbenen Ehemann.

Unser Mandant teilt uns mit, dass in dem Mehrfamilienhaus in Dresden der Heizöl-Vorrat erschöpft ist. Um die aktuell günstigen Preise der Nebensaison zu nutzen, möchte unser Mandant den Tank auffüllen lassen. Auf dem Hauskonto ist hierfür kein ausreichendes Guthaben vorhanden. Daher bitten wir Sie einen Betrag in Höhe von 5.000,– EUR auf das Hauskonto zu überweisen. Unser Mandant hat ebenso wie Ihre Tochter den auf sie entfallenden Anteil in Höhe von jeweils 2.500,– EUR bereits überwiesen.

Gleichzeitig bitten wir darum, Ihre Zustimmung zu dem Kauf des Heizöls hierher schriftlich zu bestätigen.

Vorsorglich weisen wir auf folgendes hin: Alle Erben sind verpflichtet, bei Maßnahmen mitzuwirken, die zur ordnungsgemäßen Verwaltung des Nachlasses erforderlich sind. Die Auffüllung des Heiztanks

---

76 BGH, Urt. v. 29.9.1993 – II ZR 43/92, NJW 1993, 3326, 3327.
77 BGH, Urt. v. 4.5.1987 – II ZR 211/86, NJW 1987, 3177 und LS 1.
78 BGH, Urt. v. 24.6.1991 – II ZR58/90, FamRZ 1992, 50, 51.
79 Vor der ZPO-Reform war der Prüfungsmaßstab erst in der Revisionsinstanz insoweit eingeschränkt: BGH, Urt. v. 24.6.1991 – II ZR58/90, FamRZ 1992, 50, 51.
80 BGH, Urt. v. 24.6.1991 – II ZR58/90, FamRZ 1992, 50, 51.
81 St. Rspr, zuletzt BGH, Urt. v. 15.9.1997 – II ZR 94/96, NJW 1998, 372; zitiert nach juris Rn 12.
82 Zum Ausgangsfall s.o. Rn 1.

C. Verwaltung § 3

ist erforderlich, da die restliche Menge für die kommende Heizperiode nicht ausreichend ist. Da die Erbengemeinschaft nicht über ausreichend liquide Mittel verfügt, sind alle Erben verpflichtet, entsprechend ihrem Anteil die notwendigen Aufwendungen der Erbengemeinschaft zur Verfügung zu stellen.
Bitte nehmen Sie die Überweisung binnen der kommenden zwei Wochen vor. Binnen der gleichen Frist bitten wir um Übersendung Ihrer schriftlichen Zustimmungserklärung.
Um unserem Mandanten die Verwaltung der Immobilie für die Erbengemeinschaft künftig zu erleichtern und es Ihnen zu ersparen, regelmäßig Einzelmaßnahmen zustimmen zu müssen, schlagen wir vor, dass Sie unseren Mandanten mit dem beiliegenden Schriftstück bevollmächtigen, die Verwaltung der Immobilie künftig im Namen der Erbengemeinschaft vorzunehmen.
Mit freundlichen Grüßen

Rechtsanwalt ◄

Erläuterungen. Zu Absatz 2: Die Erbengemeinschaft hat die Lasten des Gesamthandvermögens, einzelner Nachlassgegenstände, Verwaltungs- und Erhaltungskosten sowie Auslagen für eine *gemeinsame* Benutzung von Erbschaftsgegenständen im Verhältnis ihrer Erbquoten zu tragen.[83] Dies bestimmt § 748 BGB, auf den § 2038 Abs. 2 BGB verweist. Die Verpflichtung ist zunächst auf das im Nachlass vorhandene Vermögen beschränkt, wobei *keine* Vorschusspflicht der Miterben besteht.[84] Wenn jedoch – wie hier – der Nachlass über keine weiteren liquiden Mittel verfügt, kann ein Vorschuss gefordert werden: Es kann den übrigen Miterben hier nicht zugemutet werden, „in Vorleistung" zu gehen. 77

Der Aufwendungsersatzanspruch ist mit seinem Entstehen fällig.[85] Dem Ersatzanspruch von Kosten, die der Verwaltung und Erhaltung des Nachlasses dienen, kann auch nicht der Einwand der unzulässigen Teilauseinandersetzung entgegengehalten werden.[86] 78

Zu Absatz 3: Man mag hier in der Überweisung des angeforderten Betrages eine stillschweigende Zustimmung sehen. Gleichwohl sollte eine schriftliche Bestätigung vorliegen, da K1 und K2 alleine nicht über die erforderliche Mehrheit verfügen. Spätere Auseinandersetzungen lassen sich so verhindern. 79

▶ **Muster: Verwaltungsvereinbarung zwischen Miterben über vermietete Immobilie** 80

Vereinbarung

zwischen den Erben nach E, nämlich

F,

K1 und

K2:

Wir vereinbaren, dass die Verwaltung des Mehrfamilienhauses in der Steinstraße 7, 01069 Dresden künftig von K1 alleine vorgenommen wird.
Sämtliche Maßnahmen, die einer ordentlichen Verwaltung gem. § 2038 Abs. 1 S. 2, 1 Hs BGB entsprechen, darf K1 veranlassen und damit die Erbengemeinschaft verpflichten, ohne unsere Zustimmung im Einzelfall einzuholen. Er darf insbesondere

---

83 MünchKomm/*Gergen*, § 2038 Rn 66.
84 Staudinger/*Werner*, § 2038 Rn 42.
85 BGH, Urt. v. 28.11.1974 – II ZR 38/73, WM 1975, 196, 197.
86 OLG Köln, Urt. v. 25.1.1996 – 1 U 47/95, OLGR 1996, 153, 155.

- Mietverträge mit Mietern mit Wirkung für und gegen die Erbengemeinschaft abschließen und kündigen,
- Prozesse gegen Mieter und ehemalige Mieter wegen Ansprüchen aus dem Mietvertrag führen,
- Reparaturaufträge mit einem voraussichtlichen Auftragsvolumen im Einzelfall bis zu 2.500,- EUR erteilen,
- notwendige Versorgungsverträge abschließen, ändern und kündigen.

Datum	Datum	Datum
F	K1	K2

81 **Erläuterungen.** Eine Verwaltungsvereinbarung bedarf lediglich der Stimmenmehrheit, §§ 2038 Abs. 1 S. 2, 1.Hs sowie Abs. 2 iVm 745 Abs. 1 BGB. Der Mehrheitsbeschluss gewährt dem handelnden Erben ein gesetzliches Vertretungsrecht, die Erbengemeinschaft als Ganzes auch im Außenverhältnis zu *verpflichten*.

82 **Fall 8:**[87] „Das entscheide immer noch ich!"[88] Zum Nachlass des E gehört auch eine Darlehensforderung der All-Kredit Bank mit einer Restforderung von 450.000 EUR. Mit diesem Darlehen wurden Kauf und Sanierung des MFH im Jahr 1995 finanziert. Das Darlehen ist u.a. durch eine Grundschuld über 500.000 EUR zu Lasten des MFH gesichert. Die Bank ist zu einer Verlängerung des Darlehens ohne zusätzliche Sicherheiten nicht bereit, da der Wert des MFH allein nicht mehr ausreichen würde, die Darlehensforderung zu sichern. Das Darlehen läuft in vier Monaten aus.
K2 hat zwischenzeitlich der Erbengemeinschaft angeboten, die ETW für 350.000 EUR zu kaufen. F lehnt den Verkauf an K2 ab, weil dies ihrer Ansicht nach eine unzulässige Teilauseinandersetzung der Erbengemeinschaft und außerdem eine wesentliche Änderung des Nachlasses wäre. Außerdem wolle sie die ETW selbst erwerben, jedoch erst wenn die Verteilung des gesamten Nachlasses erfolge.

83 ▶ **Muster: Aufforderung, der Veräußerung einer Immobilie im Rahmen ordnungsgemäßer Verwaltung zuzustimmen**

Sehr geehrte Frau Meier,

wie Sie wissen, reichen die Barmittel der Erbengemeinschaft nicht aus, das in vier Monate fällige Darlehen der All-Kredit Bank zurückzuzahlen. Ihre Tochter hat angeboten, die Eigentumswohnung zum festgestellten Verkehrswert von 350.000,- EUR zu erwerben. Offerten anderer Interessenten lagen bislang deutlich niedriger, teilweise noch unter 275.000,- EUR.

Unser Mandant möchte die Eigentumswohnung an Ihre Tochter verkaufen. Der Verkauf ist eine Maßnahme der ordnungsgemäßen Verwaltung, weswegen Sie *verpflichtet* sind, an dem Verkauf mitzuwirken. Ohne den Verkauf der Immobilie stünden der Erbengemeinschaft nicht ausreichend liquide Mittel zur Verfügung, um die in vier Monaten fällige Darlehensforderung zu bedienen. Das Kaufpreisangebot Ihrer Tochter ist auch angemessen, zumal höhere Gebote in absehbarer Zeit nicht erzielt werden können. Immerhin bemühen sich unser Mandant und Ihre Tochter bereits seit einem Jahr vergeblich,

---

[87] Zum Ausgangsfall s.o. Rn 1.
[88] Fall angelehnt an BGH, Urt. v. 28.9.2005 – IV ZR 82/04, ZErb 2006, 95.

die Immobilie zu verkaufen. Die beabsichtigte Veräußerung ist daher sowohl ordnungsgemäß als auch erforderlich.

Auch die von Ihnen erhobenen Bedenken vermögen nicht zu überzeugen:

Eine Teilauseinandersetzung liegt nicht vor, da sich durch den Verkauf der Eigentumswohnung lediglich die Zusammensetzung des Nachlasses ändert, nicht jedoch der Wert. Der Verkauf bereitet die Auseinandersetzung lediglich vor.

Auch liegt keine wesentliche Veränderung des Nachlasses vor. Wesentlich ist eine Änderung nur, wenn die Zweckbestimmung oder Gestalt des Nachlasses in einschneidender Weise geändert würde. Nach wie vor würde jedoch auch nach der Veräußerung ein wesentlicher Teil des Nachlasses in Immobilien gehalten werden.

Soweit Sie einwenden, dass Sie die Immobilie selbst erwerben möchten, ändert dies ebenfalls nichts an Ihrer Verpflichtung *jetzt* an der Veräußerung mitzuwirken. Soweit Sie bereit sind, einen höheren Kaufpreis als Ihre Tochter zu zahlen, wird der Verkauf selbstverständlich an Sie erfolgen. Die Veräußerung muss jedoch unverzüglich geschehen, damit zum Zeitpunkt der Darlehensfälligkeit der Erbengemeinschaft ausreichend Bar-Mittel zur Verfügung stehen, um das Darlehen zurückzuzahlen.

Bitte erklären Sie Ihre Bereitschaft, an dem Verkauf der Eigentumswohnung zu dem o.a. Kaufpreis an Ihre Tochter mitzuwirken bis spätestens zum

1. September 2006.

Nach fruchtlosem Ablauf dieser Frist werden wir unserem Mandanten raten müssen, gerichtliche Hilfe in Anspruch zu nehmen. Sollte durch Ihre anhaltende fehlende Mitwirkung der Erbengemeinschaft ein Schaden entstehen, werden Sie diesen Schaden noch vor der Auseinandersetzung ersetzen müssen.

Mit freundlichen Grüßen

...

Rechtsanwalt ◄

Erläuterungen. Zu Absatz 4: Der Verkaufserlös gehört kraft Gesetzes aufgrund dinglicher Surrogation gem. § 2041 S. 1 BGB der Erbengemeinschaft zur gesamten Hand.[89]

84

III. Notwendige Verwaltung, § 2038 Abs. 1 S. 2 Hs 2 BGB

Die Regelung des § 2038 Abs. 1 S. 2 Hs 2 BGB ist im wesentlichen deckungsgleich mit § 744 Abs. 2 S. 1 BGB. Sie soll die Handlungsfähigkeit der Erbengemeinschaft in **besonderen Ausnahmefällen** gewährleisten.

85

„*Zur Erhaltung notwendig*" ist eine Maßregel, wenn ohne sie der Nachlass insgesamt oder Teile hiervon Schaden nehmen würden.[90] Notwendige Maßregeln sind zwangsläufig gleichzeitig Maßnahmen ordnungsgemäßer Verwaltung.[91] Entspricht eine Maßnahme nach billigem Ermessen *schon nicht* der Beschaffenheit des betreffenden Nachlassgegenstandes oder/und nicht dem Interesse aller Miterben (ordentliche Verwaltung), so kann sie *erst recht nicht* ein Fall der notwendigen Verwaltung sein. Daher müssen zunächst die Voraussetzungen der ordnungsge-

86

---
89 S. hierzu unten Rn 101 ff.
90 Staudinger/*Werner*, § 2038 Rn 27.
91 BGH, Urt. v. 8.5.1952 – IV ZR 208/51, BGHZ 6, 76, LS 2 sowie 81.

mäßen Verwaltung vorliegen.⁹² Bei der Entscheidung, ob (lediglich) ein Fall der ordnungsgemäßen Verwaltung vorliegt oder ein Fall der Notverwaltung, kommt es nicht allein darauf an, ob die Maßnahme derart dringlich ist, dass sie keinen weiteren Aufschub duldet. Vielmehr ist der Eingriff in das Recht der übrigen Miterben zu beurteilen und zu beachten, wie weit sie daran interessiert sein könnten, an der Maßregel mitzuwirken: Ist die Maßregel für die Erhaltung des Nachlasses erforderlich und wirkt sich die Maßregel auf den übrigen Nachlass nur gering und auf die anderen Miterben nur unbedeutend aus, so ist das Interesse an einer Mitwirkung nur sehr gering. Die Maßnahme kann dann notwendig iSv Abs. 1 S. 2 Hs 2 sein, obwohl sie ohne Gefahr aufgeschoben und die Zustimmung der Erben eingeholt werden könnte.⁹³

87   Auch hier – ebenso wie bei der ordnungsgemäßen Verwaltung – kommt es auf den Standpunkt eines vernünftig und wirtschaftlich denkenden Beurteilers zu dem Zeitpunkt an, an dem die Handlung vorgenommen werden soll.⁹⁴ Zu beachten bleibt aber unbedingt, dass die Maßnahme zur Erhaltung des Nachlasses erforderlich sein muss. Liegt diese Voraussetzung bereits nicht vor, handelt es sich nicht um einen Fall der Notverwaltung, selbst wenn die Beeinträchtigung des Nachlasses und der Miterben gering ist.

88   Die Vorschrift ist eng auszulegen, da sie andernfalls die übrigen Regelungen des Einstimmigkeits- bzw Mehrheitsprinzips aushöhlen würde. Soweit ohne weitere objektive Gefährdung des Nachlasses oder Teilen hiervon eine Zustimmung der Erben eingeholt werden kann, liegt kein Fall der Notverwaltung vor. Handelt es sich um eine bedeutsame Maßnahme, durch die erhebliche Verpflichtungen für den Nachlass oder die anderen Miterben begründet werden, dann ist die Maßnahme nur dann notwendig, wenn sie so dringend ist, dass die Zustimmung der anderen Miterben nicht eingeholt werden kann, ohne den Nachlass zu gefährden.⁹⁵

89   **Fall 9:**⁹⁶ „Einer für alle" In dem MFH ist ein Wasserrohr gebrochen. K1 hat ein Sanitärunternehmen in eigenem Namen mit der Beseitigung des Rohrbruches beauftragt. Für die Beseitigung des Rohrbruches sind Kosten in Höhe von 1.606,00 EUR angefallen.

90   ▶ **Muster: Geltendmachung von Aufwendungsersatz für notwendige Verwaltung**

Sehr geehrte Frau Meier,

leider haben Sie bislang noch nicht die erbetene Vereinbarung zurückgesandt.⁹⁷

Aufgrund bislang noch nicht geklärter Ursache ist in dem Mehrfamilienhaus in Dresden vor zwei Tagen ein Wasserrohr gebrochen. Unser Mandant hatte vergeblich versucht, Sie telefonisch zu erreichen, um sich mit Ihnen über die Beauftragung eines Sanitärunternehmens abzustimmen. Um die Wasserversorgung für die Mieter wieder herzustellen und somit weiteren Schaden von der Erbengemeinschaft abzuwenden, hat unser Mandant das Unternehmen Wagner & Litter GmbH mit der Beseitigung des Rohrbruches beauftragt. Hierfür sind Kosten in Höhe von 1.606,00 EUR entstanden.

Unser Mandant hat Anspruch auf anteiligen Aufwendungsersatz in Höhe von 803,– EUR, da Sie im Rahmen der sog. Notverwaltung gem. § 2038 Abs. 1 S. 2, 2. Hs BGB mitverpflichtet worden sind und gem. §§ 2038 Abs. 2 iVm 748 BGB entsprechend Ihrem Anteil auch die Kosten der Verwaltung zu tragen haben.

---

92   S. oben Rn 65 ff.
93   BGH, Urt. v. 8.5.1952 – IV ZR 208/51, BGHZ 6, 76, 81.
94   BGH, Urt. v. 8.5.1952 – IV ZR 208/51, BGHZ 6, 76, 81.
95   BGH, Urt. v. 8.5.1952 – IV ZR 208/51, BGHZ 6, 76, 81.
96   Zum Ausgangsfall s.o. Rn 1.
97   S. oben, Muster Rn 80.

Wir bitten um Überweisung auf das Ihnen bekannte Konto unseres Mandanten bis zum 30. Januar 2007.

Mit freundlichen Grüßen

Rechtsanwalt ◄

IV. Einziehung von Forderungen für die Erbengemeinschaft (§ 2039 BGB)
1. Schuldner ist Miterbe

Fall 10:[98] „Selbst ist die Frau" K 2 bewohnt auch nach dem Erbfall weiterhin die ETW in München. Ihr dauert die ganze Nachlassauseinandersetzung jedoch zu lange. Sie zahlt deswegen seit mehreren Wochen keine Miete mehr an die Erbengemeinschaft. Darauf angesprochen erklärte sie, dass F und K1 ihr den Mietrückstand *„später bei der Verteilung des Nachlasses abziehen"* können. Sie werde jedenfalls bis auf weiteres keine Miete zahlen.

§ 2039 BGB, der im wesentlichen der Regelung des § 432 Abs. 1 BGB entspricht, eröffnet jedem Erben das Recht, Forderungen für den Nachlass geltend zu machen. § 2039 BGB eröffnet den Erben somit einen weitgehenden Handlungsspielraum, da ansonsten gemäß § 2038 sogar dann ein Mehrheitsbeschluss der Erbengemeinschaft erforderlich wäre, wenn die Geltendmachung der Forderung ein Fall der ordnungsgemäßen Verwaltung wäre.

Der fordernde Miterbe macht eine Leistung der Erbengemeinschaft geltend und kann daher auch nur die Leistung an alle Erben fordern (**actio pro socio**). Der Miterbe kann deswegen insbesondere nicht etwa lediglich den Teil der Forderung geltend machen, der seiner eigenen Erbquote entspricht und dann womöglich noch Zahlung an sich selbst verlangen: Dies wäre eine eigenmächtige und unzulässige Teilauseinandersetzung der Erbengemeinschaft.

▶ **Muster: Aufforderungsschreiben eines Miterben an einen Schuldner (Miterbe) zur Mietzahlung**

Sehr geehrte Frau Lessing-Meier,

wir zeigen an, dass uns Ihr Bruder mit der Wahrnehmung seiner rechtlichen Interessen in der Nachlassangelegenheit nach Ihrem Vater beauftragt hat.

Unser Mandant teilt uns mit, dass Sie nunmehr bereits seit fünf Monaten für die von Ihnen bewohnte Eigentumswohnung in München keine Miete mehr zahlen. Wie Sie wissen, ist der mit Ihnen geschlossene Mietvertrag nach dem Tode Ihres Vaters gemäß § 1922 BGB auf die Erbengemeinschaft übergegangen. Sie schulden daher weiterhin eine monatliche Miete in Höhe von 1.911,00 EUR.

Namens und in Vollmacht meines Mandanten fordere ich Sie auf, die ausstehende Miete für die vergangenen Monate in Höhe von jeweils 1.911,00 EUR, mithin insgesamt 9.555,00 EUR, auf das Ihnen bekannte Konto der Erbengemeinschaft zu überweisen.

Vorsorglich weise ich auf folgendes hin:

Die Auseinandersetzung der Erbengemeinschaft dauert noch an. Es sind noch ungewisse Verbindlichkeiten zu bedienen (Einkommensteuer uä), so dass derzeit eine Verteilung der Nachlassgegenstände noch nicht erfolgen kann. Sie dürfen daher die Miete auch nicht um den Anteil kürzen, der Ihrer eigenen Erbquote entspricht. Sie würden dadurch eine unzulässige vorweggenommene Teilauseinandersetzung der Erbengemeinschaft vornehmen.

---

[98] Zum Ausgangsfall s.o. Rn 1.

Dies bedeutet selbstverständlich nicht, dass Ihnen Ihr Anteil an der Erbengemeinschaft im Rahmen der Auseinandersetzung streitig gemacht werden soll. Im Augenblick steht Ihr Teilungsguthaben jedoch noch nicht fest, so dass Sie die vertraglich geschuldete Miete bis auf weiteres zahlen müssen.

Da Sie mietvertraglich verpflichtet gewesen sind, jeweils zum ersten eines Monats die fällige Miete zu zahlen, befinden Sie sich mit der gesamten Leistung des Betrages in Verzug. Sie haben daher auch die Gebühren für unsere Tätigkeit in dieser Angelegenheit zu tragen, so dass wir Sie auffordern, die nachstehend berechneten Gebühren zusammen mit den ausstehenden Mietzahlungen bis spätestens zum 6.12.2006 auf das Konto der Erbengemeinschaft zu überweisen.

Mit freundlichen Grüßen

Rechtsanwalt ◄

95 **Erläuterungen.** Im Rahmen des § 2039 BGB handelt der einzelne Miterbe in eigenem Namen (im Prozess in Prozessstandschaft) und *nicht* als Vertreter der anderen Erben. Im Verhältnis des fordernden Miterben zu seinem Anwalt, zum Gericht oder Gegner haftet der Miterbe grundsätzlich zunächst persönlich und alleine für die angefallenen Kosten und Gebühren. Unter den Voraussetzungen des § 2038 BGB kann jedoch die Erbengemeinschaft eventuell ebenfalls verpflichtet werden.[99] Nach den Grundsätzen des § 2038 BGB richtet sich dann auch die Frage eines etwaigen Erstattungsanspruches gegen die Erbengemeinschaft.[100]

2. Schuldner ist außenstehender Dritter

96 **Fall 11:** „Ich dachte, das war geschenkt" Bei der Durchsicht der Kontoauszüge von E stößt K1 auf eine Überweisung in Höhe von 10.000,00 EUR an Siegbert Schuldner. Herr Schuldner ist ein Bekannter des E aus dem örtlichen Tennisclub, in dem beide Mitglied waren. Im Verwendungszweck der Überweisung hatte E geschrieben:

„Darlehen; 4 % Zinsen/Jahr; Laufzeit bis 1.1.2006"

97 ▶ **Muster: Einziehung einer fälligen Forderung durch Miterben gegenüber Dritten**

Sehr geehrter Herr Schuldner,

wir zeigen an, dass uns Herr Daniel Meier mit der Wahrnehmung seiner rechtlichen Interessen beauftragt hat. Eine auf uns bezogene Vollmacht fügen wir bei.

Unser Mandant ist Miterbe des verstorbenen E. Eine beglaubigte Fotokopie des Erbscheins, der unseren Mandanten als Miterben zu einem Viertel ausweist, fügen wir bei.

E hat Ihnen im Jahre 2004 ein Darlehen über 10.000,00 EUR mit einer Laufzeit bis zum 1.1.2006 zu einem Zinssatz von 4 % pro Jahr gewährt. Namens und in Vollmacht unseres Mandanten fordern wir Sie zur

Rückzahlung

des gesamten Darlehensbetrages einschließlich der aufgelaufenen Zinsen von 4 % pro Jahr bis spätestens zum

19. November 2006

auf.

---

99 Vgl hierzu iE Damrau/*Rißmann*, Erbrecht, § 2038 Rn 61.
100 Vgl hierzu iE Damrau/*Rißmann*, Erbrecht, § 2038 Rn 61 ff.

Bitte zahlen Sie den Darlehensbetrag auf das Konto der Erbengemeinschaft bei der

All Finanz-Kasse in Hamburg,

BLZ 230 90 97,

Kontonummer 160 620 05.

Nach fruchtlosem Ablauf der obengenannten Frist werden wir unserem Mandanten raten, gerichtliche Hilfe in Anspruch zu nehmen.

Mit freundlichen Grüßen

...

Rechtsanwalt ◄

Erläuterungen. Eine etwaig noch erforderliche Kündigung der Forderung ist eine Verfügung gem. § 2040 BGB und muss von allen Erben *gemeinschaftlich* erfolgen.[101] 98

Die **Einziehung der Forderung** wiederum fällt unter § 2039 BGB und kann somit auch von einem Miterben, jedoch **nur zugunsten** der **Erbengemeinschaft**, geltend gemacht werden. Der Schuldner, der sich einer Erbengemeinschaft als Gläubiger gegenüber sieht, läuft daher Gefahr, ohne befreiende Wirkung an einen Miterben zu leisten. Hat der Schuldner Zweifel, ob seine Leistung tatsächlich zugunsten der Erbengemeinschaft erfolgt, sollte er auf eine Erklärung *aller* Miterben der Erbengemeinschaft bestehen, wohin er mit befreiender Wirkung leisten kann. 99

Erhält er diese Erklärung nicht und möchte er die Forderung gleichwohl erfüllen (beispielsweise um einen weiteren Anfall von Zinsen zu verhindern), so bleibt ihm die Möglichkeit die geschuldete Forderung bei der Hinterlegungsstelle des Amtsgerichts einzuzahlen. Hat der Schuldner Sachen zu hinterlegen, so kann dies an einen gerichtlich bestellten Verwahrer erfolgen. Der Verwahrer wird gemäß § 410 Abs. 3 FamFG durch das Amtsgericht an dem Ort bestimmt, in dessen Bezirk sich die zu verwahrende Sache befindet. 100

V. Verfügungsverbot einzelner Miterben, §§ 2033 Abs. 2, 2040 BGB

Gemäß § 2040 BGB dürfen Erben nur gemeinschaftlich über Nachlassgegenstände verfügen. Damit ist § 2040 BGB Ausdruck des **Gesamthandprinzips** und hätte systematisch auch als Abs. 3 des § 2033 BGB eingefügt werden können.[102] Im Gegensatz zur Verwaltung im Sinne von § 2038 BGB greift eine Verfügung in den „**Kernbestand**" der Erbengemeinschaft ein und muss im Rahmen der Gesamthandgemeinschaft nicht lediglich mehrheitlich sondern gemeinschaftlich, also einstimmig erfolgen. Anderenfalls würde dies dazu führen, dass einzelne Erben „vollendete Tatsachen" schaffen und die übrigen Erben darauf angewiesen wären „im Nachhinein" ihre Ansprüche geltend zu machen. 101

Erforderlich ist die Zustimmung aller Miterben gem. §§ 182 ff BGB. Diese muss nicht gleichzeitig, sondern kann auch nacheinander einzeln im Vorfeld (Einwilligung, § 183 S. 1 BGB) oder nachträglich (Genehmigung, § 184 Abs. 1 BGB) erfolgen. 102

Jedes dingliche Rechtsgeschäft ist „Verfügung" im Sinne von § 2040 BGB, da es ohne weiteres auf das Recht am Nachlassgegenstand einwirkt. Die (bloße) schuldrechtliche Verpflichtung ist keine Verfügung, da jene noch nicht unmittelbar auf das Recht am Nachlassgegenstand ein- 103

---
101 Siehe hierzu ausführlich nachfolgend V. Verfügungsverbot einzelner Miterben, Rn 101.
102 Staudinger/ *Werner*, § 2040 Rn 1.

wirkt.[103] Es gibt jedoch auch im Bereich des Schuldrechts Erklärungen, die unmittelbar ein Schuldverhältnis umgestalten und daher **Verfügungen** sind. Zum Beispiel sind

- der Erlass (§ 397 BGB),
- die Abtretung (§§ 398 BGB ff),
- die befreiende Schuldübernahme (§§ 414 ff BGB)[104] und
- die Vertragsübernahme[105]

Verfügungen iSv § 2033 Abs. 2 BGB.

Gestaltungserklärungen wie

- Anfechtung (§§ 119 ff BGB),
- Rücktritt (§ 349 BGB),
- Aufrechnung (§ 388 BGB) und
- Kündigung

wirken auch unmittelbar auf ein Recht am Nachlassgegenstand ein und sind daher ebenfalls Verfügungen.[106]

Auch die **Zwangsvollstreckung** gem. §§ 859 Abs. 2, 857 ZPO ist Verfügung iSv § 2033 BGB, so dass der Nachlassanteil, nicht hingegen der Anteil an einzelnen Nachlassgegenständen gepfändet werden kann.[107]

▶ **Muster: Kündigung eines Darlehens**

Sehr geehrter Herr Schuldner,

wir zeigen an, dass uns Herr Daniel Meier mit der Wahrnehmung seiner rechtlichen Interessen beauftragt hat. Eine auf uns bezogene Vollmacht fügen wir bei.

Unser Mandant ist Miterbe des verstorbenen E. Eine beglaubigte Fotokopie des Erbscheins, der unseren Mandanten als Miterben zu einem Viertel ausweist, fügen wir bei.

E hat Ihnen im Jahre 2004 ein Darlehen über 10.000,00 EUR mit einer Laufzeit mindestens bis zum 1.1.2006 zu einem Zinssatz von 4 % pro Jahr gewährt. Namens und in Vollmacht unseres Mandanten

kündigen

wir dieses Darlehen. Eine Zustimmungserklärung der Erbengemeinschaft liegt diesem Schreiben bei. Bitte zahlen Sie den Darlehensbetrag einschließlich der aufgelaufenen Zinsen von 4 % pro Jahr bis spätestens zum

19. November 2006

auf das Konto der Erbengemeinschaft bei der
All Finanz-Kasse in Hamburg,
BLZ 230 90 97,
Kontonummer 160 620 05.

Nach fruchtlosem Ablauf der obengenannten Frist werden wir unserem Mandanten raten, gerichtliche Hilfe in Anspruch zu nehmen.

---

103 Vgl hierzu sowie zu Erklärung im Bereich des Schuldrechts die Verfügungen im Sinne von § 2040 sind: Damrau/*Rißmann*, Erbrecht, § 2040 Rn 2, 3.
104 Palandt/*Heinrichs*, Überblick vor § 104 Rn 16.
105 Palandt/*Heinrichs*, § 398 Rn 38 f.
106 Palandt/*Heinrichs*, Überblick vor § 104 Rn 17.
107 BGH, Urt. v. 26.10.1967 – VIII ZR 283/64, NJW 1967, 200, 201; s. zur Zwangsvollstreckung in einen Miterbenanteil unten Rn 172.

C. Verwaltung § 3

Mit freundlichen Grüßen

Rechtsanwalt ◄

Erläuterungen. Die Kündigung einer Darlehensforderung, die zum Nachlass gehört, ist *keine* 105 Verwaltungsmaßnahme im Sinne von § 2038 BGB.[108] Vielmehr wirkt die Kündigung unmittelbar auf das Recht ein und fällt daher als Verfügung unter § 2040 BGB. Dann jedoch müssen alle Erben gemeinschaftlich, also *einstimmig*, mit der Kündigung einverstanden sein. Um hier nicht eine unnötige „*Zwei-Fronten-Auseinandersetzung*" zu eröffnen (Auseinandersetzung mit den anderen Miterben einerseits sowie dem Schuldner andererseits), sollte *vor* einer Kündigung unbedingt die dokumentierte Zustimmung aller Miterben eingeholt werden. Ein Beispiel für eine derartige Erklärung bietet das nachstehende Muster 18, Rn 106.

Die fällige Forderung kann hingegen von einem Erben alleine zu Gunsten der Erbengemeinschaft eingefordert werden.[109]

▶ **Muster: Vereinbarung von Miterben zur Kündigung und Einziehung einer Forderung** 106

Vereinbarung

zwischen den Erben nach E, nämlich

F,

K1 und

K2:

E hatte Siegbert Schuldner ein Darlehen über 10.000,00 EUR gewährt. Dieses Darlehen soll durch K1 für die Erbengemeinschaft gekündigt werden. Wir sind mit dieser Kündigung einverstanden. Der Darlehensbetrag soll auf das Konto der Erbengemeinschaft bei der

All Finanz-Kasse in Hamburg,

BLZ 230 90 97,

Kontonummer 160 620 05

überwiesen werden.

Datum	Datum	Datum
———	———	———
F	K1	K2 ◄

§ 2040 BGB ist eine **zwingende Vorschrift**. Wird ohne Zustimmung *aller* Miterben über einen 107 Nachlassgegenstand verfügt, so ist die Verfügung bis zur Genehmigung schwebend unwirksam.[110] Wird die Genehmigung versagt oder war bereits im Vorfeld die Einwilligung verweigert worden, so ist die Verfügung endgültig unwirksam. Auch eine Mehrheitsentscheidung gemäß § 2038 Abs. 1 S. 2, 1. Hs BGB der Erbengemeinschaft ersetzt nicht die Zustimmung aller Miterben, sondern begründet lediglich eine Verpflichtung, an der Verfügung mitzuwirken oder einzuwilligen.

---

108 RG, Urt. v. 10.12.1906 – IV 94/06, RGZ 65, 5, 6: Kündigung einer Nachlassforderung ist eine Verfügung und unterliegt daher gem. § 2040 Abs. 1 BGB der gemeinschaftlichen Verfügung der Miterben.
109 Vgl hierzu oben Rn 91 ff.
110 BGH, Urt. v. 4.2.1994 – V ZR 277/92, NJW 1994, 1470, 1471.

108 Fall 12:[111] „Endlich weg" E war ein leidenschaftlicher Sammler von Jazz-CDs. Seine Sammlung umfasste über 750 Stück und hatte mittlerweile einen Wert von rund 20.000,– EUR. F mochte noch nie Jazz-Musik, außerdem nahmen ihr die CDs zu viel Platz weg. Kurzerhand verschenkte sie die CDs an ihren Enkel Justus Lessing-Meier, den Sohn von K2.
K1 hört Wochen später davon. Er ist mit der Schenkung nicht einverstanden.

109 ▶ **Muster: Schreiben an Dritten, der ohne Zustimmung aller Erben Gegenstand unentgeltlich erhalten hat** (176)

Sehr geehrte Herr Lessing-Meier,

wir zeigen an, dass uns Herr Daniel Meier mit der Wahrnehmung seiner rechtlichen Interessen beauftragt hat. Sie haben von Ihrer Großmutter nach dem Tode des E eine CD-Sammlung geschenkt bekommen.

Ihre Großmutter durfte über diese zum Nachlass gehörende Sammlung jedoch ohne die Zustimmung unseres Mandanten nicht verfügen, so dass die Schenkung an Sie unwirksam ist.

Wir haben Sie daher aufzufordern, sämtliche CDs bis spätestens zum

1. Oktober 2006

wieder an die Erbengemeinschaft herauszugeben. Unser Mandant ist damit einverstanden, wenn die Sammlung wieder an den ursprünglichen Platz in das Einfamilienhaus gebracht wird. Sollte Ihre Großmutter nicht bereit sein, die CD-Sammlung entgegenzunehmen, bitten wir Sie darum die Sammlung an einen gerichtlich zu bestellenden Verwahrer herauszugeben.

Mit freundlichen Grüßen

...

Rechtsanwalt ◀

110 Erläuterungen. K1 kann diesen Anspruch für die Erbengemeinschaft geltend machen, § 2039 BGB. Anspruchsgrundlage ist § 816 Abs. 1 S. 2 BGB.

111 Im Fall 12 ist es natürlich wahrscheinlich, dass F und K2 (Mutter von Justus) mehrheitlich *für* die Schenkung sind. Gleichwohl führt dies hier nicht zu einer Verpflichtung des K1, der Verfügung zuzustimmen. Denn die Mehrheitsentscheidung muss sich an den Anforderungen einer *„Maßregel ordnungsmäßiger Verwaltung"* messen lassen:[112] Bei einer unentgeltlichen Verfügung ohne weitere Veranlassung über einen wertvollen Nachlassgegenstand wird es sowohl an der *„Ordnungsmäßigkeit"* als auch an der *„Erforderlichkeit"* fehlen.

112 Fall 13:[113] „Weg ist weg" Auf die Aufforderung von K1 die CDs wieder herauszugeben, teilt Justus Lessing-Meier mit, dass ihm die Umzugskartons mit den CDs noch in der Nacht, als er sie von F abgeholt hatte, aus seiner Wohnung gestohlen worden sind. Eine Hausratversicherung hat er nicht abgeschlossen.

---

111 Zum Ausgangsfall s.o. Rn 1.
112 S. hierzu oben Rn 65 ff.
113 Abwandlung von , Rn 108.

C. Verwaltung § 3

▶ **Muster: Schreiben an Miterben wegen Schadensersatz nach unentgeltlicher Verfügung über Nachlassgegenstand ohne Zustimmung aller Erben**[114]

113

Sehr geehrte Frau Meier,

wir zeigen an, dass uns Ihr Sohn mit der Wahrnehmung seiner rechtlichen Interessen beauftragt hat.

Unser Mandant hat erfahren, dass Sie die wertvolle CD-Sammlung des Erblassers an Ihren Enkelsohn Justus Lessing-Meier verschenkt haben. Unser Mandant ist mit der Schenkung nicht einverstanden: Die Mitglieder einer Erbengemeinschaft dürfen weder mehrheitlich und schon gar nicht alleine über einzelne Nachlassgegenstände verfügen. Ausschließlich alle Erben gemeinschaftlich können einstimmig über einzelne Nachlassgegenstände verfügen. Daran ändert auch nichts, dass es sich bei Herrn Lessing-Meier um den Sohn von K2, einer Miterbin handelt: Ohne die Zustimmung unseres Mandanten waren Sie nicht berechtigt, die Sammlung zu verschenken.

Unser Mandant hat Herrn Lessing-Meier bereits vergeblich aufgefordert, die CD-Sammlung herauszugeben. Herr Lessing-Meier erklärte, dass ihm alle CDs gestohlen worden sind.

Sie sind der Erbengemeinschaft daher gem. §§ 823 Abs. 1, 823 Abs. 2 BGB iVm § 266 StGB zum Schadensersatz verpflichtet.

Namens und in Vollmacht unseres Mandanten fordern wir Sie daher auf, bis zum

1. November 2006

hierher zu erklären, dass Sie Ihre Haftung auf Schadensersatz für die CD-Sammlung anerkennen. Wir werden hiernach einen Sachverständigen zur Ermittlung des Wertes der Sammlung beauftragen und Ihnen danach die Höhe der von Ihnen zu zahlenden Ersatzleistung mitteilen.

Vorsorglich weisen wir Sie auf folgendes hin:

Unser Mandant wird auch künftig derartiges eigenmächtiges Handeln nicht hinnehmen und notfalls mit gerichtlicher Hilfe unterbinden. Wir weisen außerdem darauf hin, dass eine eigenmächtige Verfügung über Nachlassgegenstände den Tatbestand der Untreue gemäß § 266 StGB erfüllen kann, was neben der zivilrechtlichen Verpflichtung zur Zahlung von Schadensersatz auch zu einer *strafrechtlichen* Verantwortung führen kann. Wir bitten, dies künftig unbedingt zu beachten.

Mit freundlichen Grüßen

...

Rechtsanwalt ◀

Erläuterungen. Vielen Miterben ist es nur schwer klarzumachen, dass sie *„von einem Tag auf den anderen"* über Gegenstände, von denen sie Jahre oder sogar Jahrzehnte lang umgeben waren, nicht mehr eigenmächtig verfügen dürfen. Dies betrifft insbesondere den überlebenden Ehepartner, der häufig der Meinung ist, dass er *„Kraft Heirat"* ohnehin Eigentümer sämtlichen Vermögens des Erblassers geworden ist.

114

Es will auch wohl überlegt sein, ob man einem *„eigenmächtig"* verfügenden Ehegatten sogleich mit der *„Keule des Strafrechtes"* drohen will. Viele Mandanten fordern dies und erstatten selbst leichtfertig Anzeige. Der Anwalt sollte dies nur in absoluten Ausnahmefällen tun. Gerade in einem Fall wie dem vorliegenden ist es nicht unbedingt Zeichen von *„bösem Willen"*, sondern Ausdruck einer gewissen Arglosigkeit, wenn über Nachlassgegenstände schon einmal *„vorab verfügt"* wird.

115

---
114 Zur entgeltlichen Verfügung s. Muster Rn 121 ff.

116 Derjenige Anwalt, der den eigenmächtig verfügenden Erben vertritt, sollte den anderen Miterben ggf sogleich deutlich machen, dass es sich hier um ein Versehen handelt und die Rechte der anderen Miterben nicht beschränkt werden sollen. Andernfalls kann sich hier sonst sehr schnell die Stimmung „hochschaukeln", obwohl das Handeln lediglich auf rechtliche Unkenntnis und die nachfolgenden Auseinandersetzungen auf Missverständnissen beruhen.

VI. Surrogation, § 2041 BGB[115]

117 Die dingliche Surrogation ist in § 2041 BGB für die Erbengemeinschaft geregelt. Es handelt sich um eine erbrechtliche Besonderheit, die außerdem noch in § 2019 BGB für den Erbschaftsanspruch und § 2111 BGB für die Vor- und Nacherbfolge normiert ist: Sie führt im Falle des § 2041 BGB zu einer unmittelbaren Ersetzung der Nachlassgegenstände durch den Ersatzgegenstand und bewahrt nach der ratio legis die Miterben und Nachlassgläubiger vor einer Verringerung des Nachlassvermögens. Eine Mitwirkung der Erben ist nicht erforderlich: Der Ersatzgegenstand wird vielmehr ohne Zutun der Miterben Gegenstand des gesamthänderisch verbundenen Vermögens der Erbengemeinschaft.

118 Die Auswirkungen von § 2041 BGB werden in der Praxis häufig übersehen. Die unmittelbare Ersetzung hat den Zweck,
– die realen Werte des Vermögens der Erbengemeinschaft zu *binden*,
– den Nachlass im Interesse der Miterben und der Nachlassgläubiger über alle Wechsel der zu ihm gehörenden konkreten Bestandteile hinweg *zusammenzuhalten* und
– für den Zweck des Sondervermögens zu *reservieren*.

Dies wird dadurch erreicht, dass

„die im Laufe der wirtschaftlichen Entwicklung des Sondervermögens eintretenden Änderungen im konkreten Bestand seiner Einzelteile unter bestimmten Voraussetzungen in den vom Gesetz angeordneten Surrogationsfällen kraft Gesetzes auch zu einer entsprechenden rechtlichen (dinglichen) Zuordnung der Ersatzstücke (Surrogate) zu dem Sondervermögen und seinen Trägern führen".[116]

119 Dahinter steht der Gedanke, dass der *Wert* des Sondervermögens und nicht seine konkrete *Erscheinungsform* das Ausschlaggebende ist. Wenn der Wert des Ganzen erhalten bleiben soll, muss daher jeder Umsatz einzelner Bestandteile des Vermögens und der darin liegende Abfluss realer Werte durch die rechtliche Neuzuordnung eben derjenigen konkreten Ersatzgegenstände zum Nachlass ausgeglichen werden, in die die abgeflossenen Werte eingegangen sind.[117]

120 **Fall 14: „3, 2, 1 – weg"** Zum Nachlass gehörte eine 100 Jahre alte Standuhr mit einem Wert von rund 5.000,00 EUR, die im Wohnzimmer des EFH stand. F hat sie wenige Wochen nach dem Tode über eine Internetauktion für 1.609,00 EUR veräußert.
Als K1 davon hört, ist er entsetzt und fragt um Rat.

---

115 Ausführlich hierzu *Rißmann*, Die Erbengemeinschaft, § 4 Rn 157 ff.
116 BGH, Urt. v. 21.11.1989 – IVa ZR 220/88, NJW 1990, 514, 515.
117 BGH, Urt. v. 21.11.1989 – IVa ZR 220/88, NJW 1990, 514, 515.

C. Verwaltung § 3

▶ **Muster: Schreiben an Miterben nach entgeltlicher Verfügung über Nachlassgegenstand ohne Zustimmung aller Erben**[118]

121

Sehr geehrte Frau Meier,

wir zeigen an, dass uns Ihr Sohn mit der Wahrnehmung seiner rechtlichen Interessen beauftragt hat.

Unser Mandant hat erfahren, dass Sie über eine Internetauktion die wertvolle Standuhr des Erblassers veräußert haben. Der Kaufpreis belief sich auf 1.609,– EUR. Weder haben Sie im Vorfeld noch im Nachhinein sich über diesen Verkauf mit unserem Mandanten abgestimmt. Unser Mandant war und ist auch mit einem Verkauf über eine Internetauktion nicht einverstanden, da die Standuhr im Falle eines Verkaufes über einen Antiquitätenhändler einen deutlich höheren Preis erzielt hätte.

Die Mitglieder einer Erbengemeinschaft dürfen weder mehrheitlich und schon gar nicht alleine über einzelne Nachlassgegenstände verfügen. Ausschließlich alle Erben *gemeinschaftlich* können einstimmig über einzelne Nachlassgegenstände verfügen. Sie waren daher nicht berechtigt, die Standuhr zu veräußern.

Zunächst fordern wir Sie auf, den Veräußerungserlös in Höhe von 1.609,-- EUR unverzüglich, spätestens jedoch bis zum

1. Oktober 2006

der Erbengemeinschaft auf das Ihnen bekannte Konto zu überweisen.

Namens und in Vollmacht unseres Mandanten fordern wir Sie weiter auf, binnen derselben Frist hierher zu erklären, dass Sie Ihre Haftung auf Schadensersatz für die Standuhr anerkennen. Wir werden hiernach einen Sachverständigen zur Ermittlung des Wertes der Uhr beauftragen und Ihnen danach die Höhe der von Ihnen zu zahlenden Ersatzleistung mitteilen.

Vorsorglich weisen wir Sie auf folgendes hin:

Unser Mandant wird auch künftig derartiges eigenmächtiges Handeln nicht hinnehmen und notfalls mit gerichtlicher Hilfe unterbinden. Wir weisen außerdem darauf hin, dass eine eigenmächtige Verfügung über Nachlassgegenstände den Tatbestand der Untreue gemäß § 266 StGB erfüllen kann, was neben der zivilrechtlichen Verpflichtung zur Zahlung von Schadensersatz auch zu einer *strafrechtlichen* Verantwortung führen kann. Wir bitten dies künftig unbedingt zu beachten.

Mit freundlichen Grüßen

...

Rechtsanwalt ◀

Erläuterungen. § 1932 BGB (Voraus des Ehegatten) wurde in dem Schreiben nicht problematisiert.[119]

122

Zu Absatz 4: Der Veräußerungserlös gehört aufgrund der dinglichen Surrogation gem. § 2041 BGB zum Nachlass: § 2041 S. 1 BGB bestimmt die *unmittelbare Ersetzung* der ausgegebenen Mittel durch den erworbenen Gegenstand. Es bedarf hierzu weder eines besonderen Übertragungsaktes noch ist ein möglicherweise entgegenstehender Wille der Miterben beachtlich: Der erworbene Gegenstand wird *ohne Durchgangserwerb* beim handelnden Miterben zum Bestandteil des gesamthänderischen Vermögens der Erbengemeinschaft. Die Miterben bzw Nachlassgläubiger als geschützte Personen des § 2041 BGB sind mithin nicht darauf angewiesen, erst

123

---

118 Zu unentgeltlichen Verfügungen s. oben Muster, Rn 109 ff.
119 Vgl hierzu iE Damrau/*Seiler*, Erbrecht, 2004, § 1932 Rn 16 ff sowie Rn 21.

Rißmann   375

schuldrechtliche Ansprüche durchzusetzen, um den Ersatzgegenstand „zum Nachlassvermögen zu ziehen".

124 **Zu Absatz 5:** Eine Rückforderung des verschenkten Gegenstandes beim Erwerber dürfte am gutgläubigen Erwerb scheitern: Der Verfügungsempfänger, auch ein Miterbe, kann im Rahmen der allgemeinen Vorschriften gutgläubig erwerben, §§ 932 ff, 892 BGB.[120]

D. Auseinandersetzung

125 Die Erbengemeinschaft ist von Beginn an auf Auseinandersetzung ausgerichtet. Der Begriff der „Auseinandersetzung" ist weit zu verstehen und umfasst zwangsläufig nicht lediglich die Verteilung des Nachlasses unter den Erben, sondern zuvor auch die Begleichung der Verbindlichkeiten des Nachlasses und die Ausgleichung von Vorempfängen.

126 Nach § 2042 BGB kann jeder Miterbe grundsätzlich ohne Rücksicht auf die Interessen der Miterben die Auseinandersetzung verlangen. Anders also als im Gesellschaftsrecht, auf welches das Recht der Erbengemeinschaft vielfach verweist, ist kein „wichtiger Grund" erforderlich und das Auseinandersetzungsbegehren kann auch zur Unzeit gestellt werden (Abweichung von § 723 Abs. 2 BGB).

127 Die Teilung hat grundsätzlich in Natur zu erfolgen, §§ 2042 Abs. 2 iVm 752 BGB. Nur wenn die Teilung in Natur ausgeschlossen ist, hat die Teilung durch Verkauf entsprechend den Vorschriften über den Pfandverkauf bzw bei Immobilien durch Zwangsversteigerung gem. § 180 ZVG[121] zu erfolgen, §§ 2042 Abs. 2 iVm 753 BGB.

128 Keine gesetzliche Vorschrift regelt, in welcher Form die Auseinandersetzung stattfinden muss. Es gibt daher zahlreiche Wege, die Auseinandersetzung durchzuführen (Auseinandersetzungsvertrag, Vermittlungsverfahren, Teilungsklage usw). Die Praxistauglichkeit der verschiedenen Verfahren ist sehr unterschiedlich und die Wahl des richtigen Verfahrens kann über Erfolg und Misserfolg der Auseinandersetzung entscheiden.

I. Vorbereitende Schritte zur Auseinandersetzung

1. Klärung von Rechtsfragen

129 **Fall 15:**[122] „Wer schreibt bleibt – nicht immer" ½ Jahr nach dem Tod von E findet F in ihren Unterlagen ein handschriftliches Testament des E. Darin heißt es:
„*Testament*
Nach meinem Tod soll mein Vermögen folgendermaßen verteilt werden:
Meine geliebte Ehefrau soll unser Einfamilienhaus und das Bar- und Depotvermögen behalten. Mein Sohn soll das Mehrfamilienhaus erhalten und meine Tochter die von ihr bewohnte Eigentumswohnung.
Max Meier
1. Mai 2004"
Zum Zeitpunkt der Testamentserrichtung war der Nachlass ebensoviel wert, wie zum Zeitpunkt des Erbfalls.

---

120 MünchKomm/*Karsten Schmidt*, § 747 Rn 17 und 27.
121 S. hierzu unten
    Muster, Rn 167.
122 Zum Ausgangsfall s.o. Rn 1.

K2 meint, dass K1 ihr einen Ausgleich in Höhe von 50.000 EUR zahlen müsse, weil E eine Teilungsanordnung getroffen hätte.

▶ **Muster: Schreiben zur Abgrenzung Vorausvermächtnis – Teilungsanordnung/überquotale Teilungsanordnung**

Sehr geehrte Frau Lessing-Meier,

wie Sie wissen, vertreten wir Ihren Bruder in dieser Nachlassangelegenheit. Sie meinen, dass die letztwillige Verfügung Ihres verstorbenen Vaters eine Teilungsanordnung enthält. Dies ist nur bedingt richtig. Tatsächlich handelt es sich hier um eine sog. überquotale Teilungsanordnung.

Selbst wenn in der letztwilligen Verfügung ausdrücklich der Begriff „*Teilungsanordnung*" verwendet worden wäre, würde dies nicht zwingend bedeuten, dass der Erblasser sich über die Bedeutung und rechtlichen Folgen der Formulierung bewusst gewesen wäre. Hier wurde jedoch nicht einmal der Begriff verwendet, so dass eine Auslegung des Testamentes erforderlich ist.

Danach kann kein Zweifel daran bestehen, dass Ihr Vater unserem Mandanten keine Ausgleichsverpflichtung auferlegen wollte. Er hatte gegenüber Ihrer Mutter stets geäußert, dass die Immobilien auf Sie beide so aufgeteilt werden sollen, wie im Testament geschehen und damit „*sei die Sache erledigt*". Ihm ging es nach Auskunft Ihrer Mutter darum, dass zwischen den Erben keine „*Gelder hin- und hergeschoben werden*" müssen und kein Streit über die Bewertung der Nachlassgegenstände entsteht.

Soweit mithin der Wert des Mehrfamilienhauses der Erbquote unseres Mandanten entspricht, liegt eine Teilungsanordnung vor. Hinsichtlich des darüber hinaus gehenden Wertes handelt es sich um ein Vorausvermächtnis, dass nicht auszugleichen ist.

Mein Mandant ist bereit eine Verteilung des sonstigen Nachlasses nach einer Quote von ¼ zu seinen Gunsten zu akzeptieren, wenn Sie im Gegenzug die Anordnungen Ihres Vaters in dem eben dargestellten Sinne akzeptieren. Aufgrund der Wertverhältnisse zum Zeitpunkt der Testamentserrichtung liegt eine höhere Erbquote unseres Mandanten auf der Hand.

Wir bitten um abschließende Mitteilung innerhalb der kommenden zwei Wochen.

Mit freundlichen Grüßen

...

Rechtsanwalt ◀

Erläuterungen. Zu Absatz 1 und 4: Die unterschiedliche wertmäßige Verteilung des Nachlasses erlaubt auch Rückschlüsse auf die Erbquoten.

Zu Absatz 3: Ist der wirkliche Erblasserwille nicht eindeutig erkennbar, so ist durch ergänzende Auslegung der mutmaßliche Erblasserwille zu ermitteln:[123] Hier sind die Äußerungen gegenüber F maßgebend.

▶ **Muster: Auslegungsvertrag**

Auslegungsvertrag

zwischen den Erben des am 13.8.1930 geborenen und 11.4.2005 verstorbenen Max Meier, wohnhaft zuletzt in Berlin-Mitte, Schillerstraße 15, 10179 Berlin nach E, nämlich

F,

K1 und

123 S. hierzu auch *Bittler* in Bonefeld/Kroiß/Tanck, Der Erbprozeß, 69 (Kap. II A 4 c) bb) (7)), Rn 135 ff.

K2:

§ 1 Testamentsinhalt

Der Erblasser hinterließ ein Testament mit folgendem Wortlaut:

„**Testament**

Nach meinem Tod soll mein Vermögen folgendermaßen verteilt werden:

Meine geliebte Ehefrau soll unser Einfamilienhaus und das Bar- und Depotvermögen behalten.

Mein Sohn soll das Mehrfamilienhaus erhalten und meine Tochter die von ihr bewohnte Eigentumswohnung.

Max Meier

1. Mai 2004"

§ 2 Nachlasswert

Die Erben des E, die Parteien dieser Vereinbarung, sind sich einig darüber, daß die im Testament genannten Immobilien und das Bar- und Depotvermögen zum Zeitpunkt der Testamentserrichtung folgende Werte hatten:

EFH:	450.000,00 EUR (Wert der ideellen Hälfte)
ETW:	350.000,00 EUR
MFH:	250.000,00 EUR
BDV:	150.000,00 EUR
Gesamt:	**1.200.000,00 EUR**

Die Erben sind sich weiter darüber einig, dass sich diese Werte zum Todestag nicht verändert haben und auch ein Inflationsausgleich uä nicht vorzunehmen ist.

Den Wert der sonstigen Nachlassgegenstände, die nicht im Testament benannt, aber bereits auch zum Zeitpunkt der Testamentserrichtung vorhanden gewesen sind, schätzen die Erben übereinstimmend mit 75.000,00 EUR.

§ 3 Auslegungsalternativen

Zwischen den Erben bestand unterschiedliche Auffassung,

- ob und in welcher Höhe der Erblasser sie zu seinen Erben bestimmen wollte sowie
- ob die Zuwendung der Nachlasswerte im Testament eine (reine) Teilungsanordnung, eine überquotale Teilungsanordnung oder ein bzw mehrere Vorausvermächtnisse darstellt.

§ 4 Einigung

Um eine jahrelange – auch gerichtliche – Auseinandersetzung zu vermeiden, haben sich die Erben über die Auslegung des Testamentes vom 1. Mai 2004 geeinigt wie folgt:

1. Erben nach E sind geworden
   F mit einer Quote von ½
   K1 mit einer Quote von ¼
   K2 mit einer Quote von ¼
   Ausgangspunkt für diese Auslegung ist die vom Erblasser häufiger geäußerte Bemerkung, dass er die „*gesetzliche Erbfolge sinnvoll*" fände und hieran „*niemals etwas ändern*" würde.

D. Auseinandersetzung § 3

Alle Erben verpflichten sich, den gesamten Nachlass entsprechend dieser Quoten abzuwickeln und zwar auch dann, wenn das Nachlassgericht im Rahmen der Erteilung des Erbscheines andere Quoten ermittelt und im Erbschein ausweist.
Die nachfolgende Einigung zu Ziff. 2 bleibt davon unberührt.

2. Die in dem Testament aufgeführten Werte werden bei endgültiger Auseinandersetzung der Erbengemeinschaft den in dem Testament benannten Erben übereignet. Soweit hierbei ein Erbe wertmäßig mehr erhalten sollte, als dies seiner unter Ziff. 1 vereinbarten Erbquote entspricht, ist kein Ausgleich zu zahlen.

Datum	Datum	Datum
_____	_____	_____
F	K1	K2 ◂

Erläuterungen.[124] Grundsätzlich bedarf ein Auslegungsvertrag **keiner Form**. Etwas anderes gilt nur dann, wenn bereits in dem Vertrag die Übertragung eines Gegenstandes geregelt wird, die einer besonderen Form bedarf. In diesem Muster wird zwar eine Einigung über Anordnungen im Testament getroffen, die Immobilien betreffen. Die Übereignung an den einzelnen Erben findet jedoch erst bei der Auseinandersetzung statt. 134

2. Schiedsvereinbarungen

Eine der zeitsparenden und kostengünstigen Möglichkeiten ist die Vereinbarung eines Schiedsverfahrens vor der Deutschen Schiedsgerichtsbarkeit für Erbstreitigkeiten e.V., Hauptstraße 18, 74918 Angelbachtal/Heidelberg.[125] Dies kann auch nach dem Tod des Erblassers durch übereinstimmende Erklärung aller Beteiligten geschehen (§ 1029 Abs. 2 ZPO), andernfalls durch Anordnung im Testament (§ 1066 ZPO). Ein Schiedsverfahren vor der DSE bietet neben dem Zeit- und Kostenvorteil auch die Gewähr, dass erbrechtlich versierte und erfahrene Juristen eine rechtlich verbindliche Entscheidung treffen können. Die Vereinbarung des Schiedsverfahrens kann sich sowohl auf den gesamten Teilungsplan als auch auf einzelne Streitpunkte (Feststellungsklage) beziehen. Die Schiedsordnung der DSE ist im Anhang (F. Rn 180) abgedruckt. 135

▶ **Muster: Schiedsvereinbarung** 136

Schiedsvereinbarung

zwischen

den Erben des am 13.8.1930 geborenen und 11.4.2005 verstorbenen Max Meier, wohnhaft zuletzt in Berlin-Mitte, Schillerstraße 15, 10179 Berlin nach E, nämlich

F,

K1 und

K2:

§ 1 Vereinbarung

Die Vertragschließenden vereinbaren, dass die Entscheidung über die Auslegung des Testamentes des Erblassers Max Meier vom 1. Mai 2004, insbesondere die Höhe der Erbquoten der Vertrags-

---

[124] Zu den rechtlichen Grundlagen sowie der Bindungswirkung eines Auslegungsvertrages vgl ausführlich Damrau/*Seiler/Rudolf*, Erbrecht, § 2084 Rn 84 ff sowie *Rudolf*, Testamentsauslegung und Anfechtung, S. 69 ff.
[125] www.DSE-Erbrecht.de; Telefon: 07265/49 37 44/45; Telefax: 07265/49 37 46; die DSE e.V. hat Geschäftsstellen in ganz Deutschland.

schließenden sowie die Rechtsnatur der Zuwendungen der in dem Testament genannten Werte nach der Schiedsgerichtsordnung der Deutschen Schiedsgerichtsbarkeit für Erbstreitigkeiten e.V. (DSE), Hauptstraße 18, 74918 Angelbachtal/Heidelberg, unter Ausschluss des ordentlichen Rechtsweges endgültig entschieden werden soll.

§ 2 Sonstige Vereinbarungen

Die Vertragschließenden vereinbaren außerdem, dass ein Kollegialgericht entscheiden soll.

Datum	Datum	Datum	
_____	_____	_____	
F	K1	K2	◄

3. Schiedsgutachter

137 Häufig drehen sich die Auseinandersetzungen einer Erbengemeinschaft ausschließlich um die Bewertung der Nachlassgegenstände. Hier bietet es sich an, sich auf einen Sachverständigen zu einigen, dessen Gutachten als Schiedsgutachten zwischen den Parteien verbindlich ist.

Entweder einigen sich die Parteien sogleich verbindlich auf einen Sachverständigen oder auf einen Verband oä, der einen Sachverständigen aus seinen Reihen verbindlich auswählt.

138 ▶ **Muster: Vereinbarung über Schiedsgutachter**

Vereinbarung über Schiedsgutachter

zwischen

den Erben des am 13.8.1930 geborenen und 11.4.2005 verstorbenen Max Meier, wohnhaft zuletzt in Berlin-Mitte, Schillerstraße 15, 10179 Berlin nach E, nämlich

F,

K1 und

K2:

§ 1 Vorbemerkung

Der Erblasser hat in seinem Testament vom 16.6.2004 die Immobilie Steinstraße 7, 01069 Dresden K1 im Wege einer Teilungsanordnung gem. § 2048 BGB zugewandt. Die Vertragschließenden sind sich nicht einig, mit welchem Wert die Immobilie im Rahmen der Auseinandersetzung des Nachlasses zu berücksichtigen ist.

§ 2 Gegenstand des Schiedsgutachtens

Die Vertragschließenden vereinbaren, dass die Bewertung der Immobilie Steinstraße 7, 01069 Dresden endgültig und abschließend durch einen öffentlich bestellten und vereidigten Sachverständigen für die Bewertung bebauter und unbebauter Grundstücke geschehen soll. Das Ergebnis des Gutachtens ist für die Vertragschließenden im Rahmen der Erbauseinandersetzung verbindlich und bestimmt den zu zahlenden Wertausgleich.

§ 3 Person des Sachverständigen

Der Sachverständige soll durch den Bundesverband öffentlich bestellter und vereidigter sowie qualifizierter Sachverständiger e.V., Lindenstraße 76, 10969 Berlin ausgewählt werden. Er soll öffentlich bestellt und vereidigt für die Bewertung bebauter und unbebauter Grundstücke sein.

D. Auseinandersetzung § 3

§ 4 Kosten der Begutachtung

Die Kosten für die Bewertung der Immobilie werden von K1 zu ½ und F und K2 zu je ¼ getragen. Die Vertragsschließenden zahlen entsprechend diesen Quoten einen Vorschuss bis spätestens zum 23.9.2006 von insgesamt 4.000,00 EUR auf das Sonderkonto der Erbengemeinschaft bei der

All Finanz-Kasse in Hamburg

BLZ 230 90 97

Kontonummer 160 620 05.

Sollte dieser Vorschuss nicht ausreichend sein, die Kosten des Sachverständigen zu bezahlen, verpflichten sich die Vertragsschließenden innerhalb von 14 Tagen nach Rechnungslegung durch den Sachverständigen einen etwaigen Fehlbetrag auf das Sonderkonto zu überweisen.

Datum	Datum	Datum
———	———	———
F	K1	K2 ◂

Erläuterungen. Einigen sich die Parteien auf einen Schiedsgutachter, so ist die Bewertung durch den Sachverständigen in der Grenze des § 317 BGB verbindlich für die Erben. 139

II. Auseinandersetzungsvereinbarungen

Der Vertrag, mit dem sich die Miterben auf eine Auseinandersetzung einigen, ist **grundsätzlich an keine Form gebunden**. Zu beachten sind gegebenenfalls Formvorschriften, die sich bei der Übertragung einzelner Nachlassgegenstände im Rahmen der Auseinandersetzung ergeben.[126] Es liegt jedoch auf der Hand, dass in der Praxis schon aus Beweisgründen mindestens die Schriftform vorzuziehen ist. 140

Ist der minderjährige Miterbe an einer Auseinandersetzung beteiligt, die nicht bloß den gesetzlichen Regelungen folgt und soll ein Auseinandersetzungsvertrag geschlossen werden, dann sind die Eltern bei der Vertretung der minderjährigen Erben ausgeschlossen, §§ 181, 1629 Abs. 2, 1795 BGB. In diesem Fall muss ein Ergänzungspfleger bestellt werden, § 1909 BGB.[127] 141

Grundsätzlich ist der Auseinandersetzungsvertrag zwischen allen Miterben eine abschließende Regelung über die **endgültige Verteilung** des Nachlasses. Selbst wenn ein Miterbe danach mehr erhalten haben sollte, als ihm nach Testament und Gesetz zustünde, ist er den anderen Erben nicht zum Ausgleich verpflichtet: Im Rahmen des Auseinandersetzungsvertrages können „*einzelne bevorzugt, andere benachteiligt*" werden.[128] In dem Auseinandersetzungsvertrag liegt dann zugleich der Verzicht der übrigen Miterben auf eine bessere Berücksichtigung. Mangels Einigung über die Unentgeltlichkeit wird das „Mehr" jedoch regelmäßig *nicht* im Wege der Schenkung übertragen, so dass es nicht der Form des § 518 BGB bedarf.[129] Liegt in dem Auseinandersetzungsvertrag eine vergleichsweise Regelung, so ist ein Irrtum über die geregelten 142

---

126 ZB bei Übertragung von Grundstücken, § 311 b Abs. 1 BGB oder Geschäftsanteilen einer GmbH, § 15 Abs. 1 Nr. 3 GmbHG.
127 *Damrau*, Der Minderjährige im Erbrecht, Rn 226.
128 *Lange/Kuchinke*, § 44 III 3.
129 *Lange/Kuchinke*, § 44 III 3; selbst die Übertragung des gesamten Nachlasses auf einen von zwei Miterben ohne Gegenleistung soll eine formlos mögliche Auseinandersetzungsvereinbarung sein: LG Stuttgart, Urt. v. 26.1.2000 – 13 S 155/99, FamRZ 2000, 1251 (nur redaktioneller Leitsatz; im Übrigen unveröffentlicht).

Zweifelsfragen zwar bedeutungslos, ein Irrtum über die Vergleichs*grundlage* jedoch in den engen Grenzen des § 779 Abs. 1 BGB beachtlich.[130]

143 Daher ist bei Abschluss des Auseinandersetzungsvertrages durch den Rechtsanwalt sorgfältig zu prüfen, ob die Interessen des Mandanten bestmöglich durchgesetzt worden sind oder aber der Mandant bestätigt hat, dass er mit einem (Teil-)Verzicht einverstanden ist. Außerdem wird der Anwalt auf eindeutige und zweifelsfreie Formulierungen zu achten haben, die spätere Differenzen über Wirkung und Reichweite des Vertrages verhindern.[131]

1. Allgemeiner Teilungsvertrag

144 ▶ **Muster: Allgemeiner Teilungsvertrag**

Teilungsvertrag

zwischen

den gesetzlichen Erben des am 13.8.1930 geborenen und 11.4.2005 verstorbenen Max Meier, wohnhaft zuletzt in Berlin-Mitte, Schillerstraße 15, 10179 Berlin nach E, nämlich

F mit einer Quote von ½

K1 mit einer Quote von ¼

K2 mit einer Quote von ¼

§ 1 Gegenstand des Vertrages

Um die Erbengemeinschaft nach E endgültig und umfassend auseinanderzusetzen, schließen F, K1 und K2 den nachfolgenden Vertrag.

§ 2 Nachlassbestand

Die Erben sind sich einig darüber, dass der Nachlass noch aus folgenden Gegenständen besteht:

1. hälftiger Miteigentumsanteil an dem Einfamilienhaus in 10179 Berlin, Schillerstraße 15, eingetragen im Grundbuch vom Berlin-Mitte, Blatt 3942, Flur 2, Flurstück 4914/32;
2. Mehrfamilienhaus in 01069 Dresden, Steinstraße 7, eingetragen im Grundbuch von Dresden, Blatt 2412, Flur 18, Flurstück 349/21;
3. Bar- und Depotvermögen in Höhe von rund 160.000,00 EUR, wobei hiervon rund 60.000,00 EUR auf Aktien der Heureka AG entfallen;
4. diverser Hausrat im Einfamilienhaus in Berlin.

Es bestehen keine Forderungen und keine Verbindlichkeiten.

Hinsichtlich beider Grundbücher ist die Erbengemeinschaft als Eigentümerin eingetragen. Abteilungen II und III der Grundbücher sind jeweils lastenfrei.

§ 3 Verteilung

Der Nachlass wird wie folgt zwischen den Erben aufgeteilt:

1. F erhält den hälftigen Miteigentumsanteil des Einfamilienhauses in 10179 Berlin, Schillerstraße 15, eingetragen im Grundbuch vom Berlin-Mitte, Blatt 3942, Flur 2, Flurstück 4914/32 zu Alleineigentum übertragen.

---

130 *Lange/Kuchinke*, § 44 III 3.
131 Zur Schadensersatzpflicht eines Notars bei *missverständlicher* Formulierung des Parteiwillens in einem Erbauseinandersetzungsvertrag vgl BGH, Urt. v. 19.3.1992 – IX ZR 120/91, NJW-RR 1992, 772.

Die Erben sind sich einig, dass das Eigentum auf F als Alleineigentümerin übergeht.
Sie bewilligen und beantragen, den Eigentumswechsel im Grundbuch einzutragen. Auf die Eintragung einer Auflassungsvormerkung wird allseits verzichtet.
Besitz, Nutzungen und Lasten gehen auf F mit dem 01. Oktober 2006 über.

2. F erhält den gesamten im Einfamilienhaus in Berlin befindlichen Hausrat sowie alle sonstigen im Einfamilienhaus befindlichen Gegenstände zu Alleineigentum.
3. K1 erhält das Mehrfamilienhaus in 01069 Dresden, Steinstraße 7, eingetragen im Grundbuch von Dresden, Blatt 2412, Flur 18, Flurstück 349/21 zu Alleineigentum übertragen.
Die Erben sind sich einig, dass das Eigentum auf K1 als Alleineigentümer übergeht.
Sie bewilligen und beantragen, den Eigentumswechsel im Grundbuch einzutragen. Auf die Eintragung einer Auflassungsvormerkung wird allseits verzichtet.
Besitz, Nutzungen und Lasten gehen auf K1 mit dem 1. Oktober 2006 über.
4. K2 erhält das bei der All Finanz-Kasse in Hamburg, BLZ 230 90 97, Kontonummer 160 620 05 befindliche Guthaben sowie die auf dem Depotkonto gebuchten Wertpapiere der Heureka AG zu Alleineigentum.
Die Erben treten ihre Auszahlungsansprüche gegenüber der All Finanz-Kasse dazu an K2 ab. Darüber hinaus weisen sie die All Finanz-Kasse übereinstimmend an, das Guthaben sowie die Wertpapiere auf ein von K2 zu benennendes Konto und Depotkonto zu überweisen bzw zu übertragen.

§ 4 Mängelhaftung

Die Parteien des Vertrages verzichten wechselseitig auf jegliche Sach- oder Rechtsmangelhaftung hinsichtlich der erhaltenen Gegenstände und nehmen den Verzicht an.

§ 5 Nachträgliche Verbindlichkeiten

1. Sollten nachträglich Nachlassverbindlichkeiten gegen die Erbengemeinschaft oder gegen einzelne Erben als Gesamtschuldner erhoben werden, verpflichten sich die Erben, sich gegenseitig unverzüglich darüber umfassend zu unterrichten.
2. Wird die Verbindlichkeit von der Mehrheit der Erben anerkannt oder rechtskräftig festgestellt, verpflichten sich sämtliche Erben den oder die in Anspruch genommenen Miterben unverzüglich von der Verbindlichkeit in der Höhe freizustellen, der ihrer eigenen Erbquote entspricht.

§ 6 Nachträgliche Forderungen

1. Sollten nachträglich Nachlassforderungen der Erbengemeinschaft bekannt werden, verpflichten sich die Erben, sich gegenseitig vor einer Geltendmachung unverzüglich darüber umfassend zu unterrichten.
2. Sollten Kosten für die Geltendmachung der Forderung anfallen, so sind die Erben nur verpflichtet einen ihrer Erbquote entsprechenden Anteil an den Kosten zu tragen, wenn sie der Geltendmachung ausdrücklich zugestimmt haben. Ansonsten sind die Kosten von dem oder den betreibenden Erben zu tragen.
3. Nach schriftlicher Aufforderung durch einen Erben haben die übrigen Erben abschließend innerhalb von zwei Wochen zu erklären, ob sie der Geltendmachung einer Forderung zustimmen. Diese Aufforderung kann nicht vor einer Information nach Ziffer 1 erfolgen.
4. Wird ein Erbe entgegen Ziff. 1 nicht informiert und nicht nach Ziff. 3 aufgefordert, so kann sein Recht auf Genehmigung der Geltendmachung nicht erlöschen.

5. Nachträglich realisierte Forderungen werden im Verhältnis der o.a. Erbquoten zwischen den Erben verteilt, es sei denn, ein Erbe hat sich nicht an den Kosten der Geltendmachung beteiligt. In diesem Fall wächst sein Anteil den anderen Erben an.
6. Diejenigen Erben, die der Geltendmachung nicht zustimmen, erhalten

§ 7 Kosten

Die Kosten des Vollzuges der Verteilung unter § 3 trägt jeder Erbe selbst soweit er begünstigt ist. Jeder Erbe trägt die Kosten seiner anwaltlichen Vertretung selbst.

§ 8 Schlusserklärungen

1. Die Erben sind sich einig, dass mit diesem Vertrag sämtliche bis heute bekannten Nachlasswerte verteilt sind.
2. Ungeachtet der Werte, die möglicherweise nicht den Erbquoten der Erben entsprechen, sind die Erben weiter einig, dass zwischen ihnen keine weiteren Verpflichtungen aufgrund des Erbfalls nach Max Meier bestehen, die über diesen Vertrag hinausgehen.
3. Sollte eine Vereinbarung dieses Vertrages unwirksam sein oder werden, verpflichten sich die Erben bereits jetzt, eine neue Regelung zu treffen, die der unwirksamen Regelung wirtschaftlich am nächsten kommt.

Datum   Datum   Datum

_____   _____   _____

F   K1   K2   ◄

145 **Erläuterungen.** Der Vertrag muss wegen der Verfügung über die Immobilien **notariell beurkundet** werden. Auf die Darstellung notarieller Urkundsformalien (Feststellung der Personalien, Mitwirkungsverbot, Belehrung und Hinweise zB Unbedenklichkeitsbescheinigung des Finanzamtes als Voraussetzung zur Antragstellung auf Eigentumsumschreibung oder das Genehmigungserfordernis nach der Grundstücksverkehrsordnung etc.) wurde verzichtet.

146 **Zu § 6 Nachträgliche Forderungen:** Um zu verhindern, dass die Auseinandersetzung an ungewissen Nachlassforderungen scheitert oder später Streit über die Geltendmachung entsteht, sollte eine Regelung wie hier stets aufgenommen werden. Eine alternative Formulierung ist nachfolgend in Muster 27 dargestellt.

2. Auseinandersetzungsvereinbarung mit Teilungsanordnung

147 ▶ **Muster: Auseinandersetzungsvereinbarung mit Teilungsanordnung**

Teilungsvertrag

zwischen

den Erben des am 13.8.1930 geborenen und 11.4.2005 verstorbenen Max Meier, wohnhaft zuletzt in Berlin-Mitte, Schillerstraße 15, 10179 Berlin nach E, nämlich

F,

K1 und

K2.

§ 1 Gegenstand des Vertrages

Um die Erbengemeinschaft nach E endgültig und umfassend auseinanderzusetzen, schließen F, K1 und K2 den nachfolgenden Vertrag.

§ 2 Inhalt des Testamentes

E hinterließ ein Testament mit folgendem Inhalt:

„*Testament*

Zu meinen Erben bestimme ich meine Ehefrau F zu ½ und meinen Sohn K1 und meine Tochter K2 zu jeweils ¼.

Im Wege der Teilungsanordnung und somit in Anrechnung auf den jeweiligen Erbteil und ohne Verschiebung der eben genannten Erbquoten erhält meine geliebte Ehefrau unser Einfamilienhaus und das Bar- und Depotvermögen.

Ebenfalls im Wege der Teilungsanordnung erhalten mein Sohn das Mehrfamilienhaus und meine Tochter die von ihr bewohnte Eigentumswohnung.

Max Meier

1. Mai 2004"

§ 3 Erbquoten

Die Erben sind sich einig, dass sie entsprechend den im Testament genannten Quoten Erben nach E geworden sind, mithin

F mit einer Quote von ½

K1 mit einer Quote von ¼

K2 mit einer Quote von ¼

§ 4 Nachlassbestand

Die Erben sind sich einig darüber, dass der Nachlass noch aus folgenden Gegenständen besteht:

1. hälftiger Miteigentumsanteil an dem Einfamilienhaus in 10179 Berlin, Schillerstraße 15, eingetragen im Grundbuch von Berlin-Mitte, Blatt 3942, Flur 2, Flurstück 4914/32;
2. Mehrfamilienhaus in 01069 Dresden, Steinstraße 7, eingetragen im Grundbuch von Dresden, Blatt 2412, Flur 18, Flurstück 349/21;
3. Eigentumswohnung in München, eingetragen im Wohnungsgrundbuch von München-Milbertshofen, Blatt 21;
4. Bar- und Depotvermögen bei der All Finanz-Kasse in Hamburg, BLZ 230 90 97, Kontonummer 160 620 05;
5. diverser Hausrat im Einfamilienhaus in Berlin.

Hinsichtlich aller Grundbücher ist die Erbengemeinschaft als Eigentümerin eingetragen. Abteilungen II und III der Grundbücher sind jeweils lastenfrei.

§ 5 Nachlasswerte

Die Erben sind sich u.a. aufgrund der vorliegenden Sachverständigengutachten über folgende Nachlasswerte zum heutigen Tag einig:

1.	hälftiger Miteigentumsanteil an dem EFH:	450.000,00 EUR
2.	MFH	250.000,00 EUR
3.	ETW	350.000,00 EUR
4.	Hausrat	ohne Wert
5.	BDV	150.000,00 EUR
Gesamt		1.200.000,00 EUR

Wertveränderungen nach dem heutigen Tag sind unbeachtlich.

§ 6 Verteilung

Der Nachlass wird entsprechend der Teilungsanordnung wie folgt zwischen den Erben aufgeteilt:

1. F erhält den hälftigen Miteigentumsanteil des Einfamilienhauses in 10179 Berlin, Schillerstraße 15, eingetragen im Grundbuch von Berlin-Mitte, Blatt 3942, Flur 2, Flurstück 4914/32 zu Alleineigentum übertragen.
Die Parteien des Vertrages sind sich einig, dass das Eigentum auf F als Alleineigentümerin übergeht.
Sie bewilligen und beantragen, den Eigentumswechsel im Grundbuch einzutragen. Auf die Eintragung einer Auflassungsvormerkung wird allseits verzichtet.
Besitz, Nutzungen und Lasten gehen auf F mit dem 1. Oktober 2006 über.
2. F erhält den gesamten im Einfamilienhaus in Berlin befindlichen Hausrat sowie alle sonstigen im Einfamilienhaus befindlichen Gegenstände zu Alleineigentum.
3. F erhält das bei der All Finanz-Kasse in Hamburg, BLZ 230 90 97, Kontonummer 160 620 05 befindliche Guthaben sowie die auf dem Depotkonto gebuchten Wertpapiere der Heureka AG zu Alleineigentum.
Die Erben treten ihre Auszahlungsansprüche gegenüber der All Finanz-Kasse dazu an F ab. Darüber hinaus weisen sie die All Finanz-Kasse daher übereinstimmend an, das Guthaben sowie die Wertpapiere auf ein von F zu benennendes Konto und Depotkonto zu überweisen bzw zu übertragen.
4. K1 erhält das Mehrfamilienhaus in 01069 Dresden, Steinstraße 7, eingetragen im Grundbuch von Dresden, Blatt 2412, Flur 18, Flurstück 349/21 zu Alleineigentum übertragen.
Die Erben sind sich einig, dass das Eigentum auf K1 als Alleineigentümer übergeht.
Sie bewilligen und beantragen, den Eigentumswechsel im Grundbuch einzutragen. Auf die Eintragung einer Auflassungsvormerkung wird allseits verzichtet.
Besitz, Nutzungen und Lasten gehen auf F mit dem 1. Oktober 2006 über.
5. K2 erhält die Eigentumswohnung in München, eingetragen im Wohnungsgrundbuch von München-Milbertshofen, Blatt 21 zu Alleineigentum übertragen.
Die Erben sind sich einig, dass das Eigentum auf K2 als Alleineigentümerin übergeht.
Sie bewilligen und beantragen, den Eigentumswechsel im Grundbuch einzutragen. Auf die Eintragung einer Auflassungsvormerkung wird allseits verzichtet.
Besitz, Nutzungen und Lasten gehen auf F mit dem 1. Oktober 2006 über.
6. Da K1 damit wertmäßig 50.000,00 EUR mehr erhält als seiner Erbquote entspricht, verpflichtet er sich, an K2 einen Ausgleich in dieser Höhe zu zahlen. Der Betrag ist zu zahlen in zehn monatlichen Raten zu 5.000,00 EUR, jeweils am ersten eines Monats, erstmals am 1. Februar 2007.
7. Zur Sicherung der Forderung der K2 aus Ziff. 6 bewilligen und beantragen die Erben die Eintragung einer Hypothek im Grundbuch von Dresden, Blatt 2412, Flur 18, Flurstück 349/21 in Höhe von 50.000,00 EUR nebst 10 % Zinsen zu Gunsten von K2. K1 unterwirft sich außerdem hinsichtlich der vorstehend übernommenen Zahlungsverpflichtungen K2 gegenüber der sofortigen Zwangsvollstreckung aus dieser Urkunde. Es wird beantragt, die Eintragung der Zwangsvollstreckungsunterwerfung ebenfalls in das Grundbuch einzutragen.

§ 7 Mängelhaftung

Die Parteien des Vertrages verzichten wechselseitig auf jegliche Sach- oder Rechtsmangelhaftung hinsichtlich der erhaltenen Gegenstände und nehmen den Verzicht an.

D. Auseinandersetzung § 3

§ 8 Nachträgliche Verbindlichkeiten

1. Sollten nachträglich Nachlassverbindlichkeiten gegen die Erbengemeinschaft oder gegen einzelne Erben als Gesamtschuldner erhoben werden, verpflichten sich die Erben, sich gegenseitig unverzüglich darüber umfassend zu unterrichten.
2. Wird die Verbindlichkeit von der Mehrheit der Erben anerkannt oder rechtskräftig festgestellt, verpflichten sich sämtliche Erben den oder die in Anspruch genommenen Miterben unverzüglich von der Verbindlichkeit in der Höhe freizustellen, die ihrer eigenen Erbquote entspricht.

§ 9 Nachträgliche Forderungen

1. Sollten nachträglich Nachlassforderungen der Erbengemeinschaft bekannt werden, verpflichten sich die Erben, sich gegenseitig vor einer Geltendmachung unverzüglich darüber umfassend zu unterrichten.
2. Die Erben entscheiden mit einfacher Mehrheit, ob die Forderung für alle Erben geltend gemacht wird. Kommt eine Mehrheit für die Geltendmachung der Forderung nicht zu Stande, sind die ablehnenden Erben verpflichtet, ihren Anteil auf die zustimmenden Erben zu übertragen, die dann die Forderung auf eigenes Risiko im eigenen Namen geltend machen können.
3. Nachträglich realisierte Forderungen werden im Verhältnis der o.a. Erbquoten zwischen den Erben verteilt, es sei denn, ein Erbe hat sich nicht an den Kosten der Geltendmachung beteiligt. In diesem Fall wächst sein Anteil den anderen Erben an.
4. Wird ein Erbe entgegen Ziff. 1 nicht informiert, so ist er nicht verpflichtet, Kosten der Geltendmachung zu tragen. Er behält in diesem Fall seinen Anspruch auf seinen Anteil an der Forderung.

§ 10 Kosten

Die Kosten des Vollzuges der Verteilung unter § 3 trägt jeder Erbe selbst soweit er begünstigt ist. Jeder Erbe trägt die Kosten seiner anwaltlichen Vertretung selbst.

§ 11 Schlusserklärungen

1. Die Erben sind sich einig, dass mit diesem Vertrag sämtliche bis heute bekannten Nachlasswerte verteilt sind.
2. Die Erben sind sich weiter einig, dass zwischen ihnen keine weiteren Verpflichtungen aufgrund des Erbfalls nach Max Meier bestehen, die über diesen Vertrag hinausgehen.
3. Sollte eine Vereinbarung dieses Vertrages unwirksam sein oder werden, verpflichten sich die Erben bereits jetzt, eine neue Regelung zu treffen, die der unwirksamen Regelung wirtschaftlich am nächsten kommt.

Datum	Datum	Datum
———	———	———
F	K1	K2 ◂

Erläuterungen. Der Vertrag muss wegen der Verfügung über die Immobilien **notariell beurkundet** werden. Auf die Darstellung notarieller Urkundsformalien (Feststellung der Personalien, Mitwirkungsverbot, Belehrung und Hinweise zB Unbedenklichkeitsbescheinigung des Finanzamtes als Voraussetzung zur Antragstellung auf Eigentumsumschreibung oder das Genehmigungserfordernis nach der Grundstücksverkehrsordnung etc.) wurde verzichtet. 148

Zu § 9 Nachträgliche Forderungen: Eine alternative Formulierung ist oben in Muster 26 dargestellt. 149

E. Gerichtliche Geltendmachung und Abwehr

I. Informationsbeschaffung

1. Auskunftsklage

▶ **Muster: Auskunftsklage**

Landgericht Berlin

10617 Berlin

Klage

des Bauingenieurs Daniel Meier,

Goethestraße 16, 20348 Hamburg

– Kläger –

Prozessbevollmächtigte:

Rechtsanwälte ... und ...,

Ahornstraße 16, 14163 Berlin-Zehlendorf

gegen

Frau Magda Meier,

Schillerstraße 15, 10179 Berlin

– Beklagte –

wegen: Auskunft

vorläufiger Streitwert: 6.250,00 EUR.

Namens und in Vollmacht des Klägers erheben wir Klage und werden im Termin zur mündlichen Verhandlung beantragen, die Beklagte zu verurteilen,

dem Kläger Auskunft zu erteilen, über alle an sie oder Dritte getätigten Zuwendungen des Erblassers Max Meier, die ergänzungspflichtig sein könnten.

Für den Fall der Säumnis beantragen wir

den Erlass eines Versäumnisurteils.

Wir bitten darum,

gemäß Nr. 9000 Abs. 2 Kostenverzeichnis eine weitere kostenfreie Ausfertigung bzw Abschrift jeder gerichtlichen Entscheidung oder eines geschlossenen Vergleichs und aller künftigen Sitzungs- und Verkündungsprotokolle zu übersenden.

Begründung

A. Sachverhalt

I. Die Parteien des Rechtsstreites sind Erben aufgrund gesetzlicher Erbfolge nach dem am 11.4.2002 verstorbenen Max Meier. Der Kläger ist der Sohn des Erblassers, die Beklagte war seine Ehefrau. Der Erblasser hatte außerdem eine Tochter, Frau Anna Lessing-Meier, Pacellistraße 5, 80333 München. Die Eheleute hatten keine ehevertraglichen Regelungen getroffen, so dass die Beklagte Erbin aufgrund gesetzlicher Erbfolge zu ½ geworden ist. Der Kläger ist neben seiner Schwester Erbe zu je einem ¼.

II. Der Erblasser hatte dem Kläger häufiger erzählt, dass er für die Beklagte im Laufe der Jahre ein „finanzielles Notpolster" im Ausland angelegt hat. Nach Durchsicht der Kontounterlagen des

Erblassers sind dem Kläger Überweisungen in das Ausland in einer Größenordnung von rund 500.000,– EUR aufgefallen. Nach weiteren Recherchen konnte der Kläger ermitteln, dass die Überweisungen zu Gunsten eines Kontos der Beklagten erfolgt sind.

III. Vorprozessual war die Beklagte mehrfach aufgefordert worden, sich zu den Überweisungen sowie zu etwaigen weiteren unentgeltlichen Zuwendungen des Erblassers zu erklären und Auskunft zu erteilen. Sie teilte darauf jedoch mit, dass dies den Kläger nichts anginge.

B. Rechtliche Würdigung

I. Der Kläger ist als Abkömmling des Erblassers grundsätzlich pflichtteilsberechtigt, § 2303 Abs. 1 S. 1 BGB. Als Pflichtteilsberechtigter kann der Kläger auch als Erbe in Höhe seines gesetzlichen Erbteils von ¼ die Pflichtteilsergänzung gem. § 2325 BGB beanspruchen, § 2326 BGB.

Der Kläger kann seinen Auskunftsanspruch gegen die Beklagte aus § 242 BGB herleiten. Nach dem Grundsatz von Treu und Glauben besteht dann ein Auskunftsanspruch,

„wenn die zwischen den Parteien bestehende Rechtsbeziehungen es mit sich bringen, dass der Berechtigte entschuldbar über das Bestehen und den Umfang seines Rechts im Unklaren ist und deshalb auf die Auskunft des Verpflichteten angewiesen ist, während dieser die Auskunft unschwer erteilen kann und dadurch nicht unbillig belastet wird"

(BGH, Urt. v. 8.7.1985 – II ZR 150/84, NJW 1986, 127; zit. nach juris, Rn 9; vgl. auch BGH, Urt. v. 2.6.1993 – IV ZR 259/92, NJW 1993, 2737; *Krug* in Bonefeld/Kroiß/Tanck, Der Erbprozeß, 2. Aufl. 2005, 124 Rn 36).

Ohne diese Auskünfte ist der Kläger nicht in der Lage zu beurteilen, ob ihm gegen die Beklagte oder Dritte Pflichtteilsergänzungsansprüche gem. §§ 2325, 2326 BGB zustehen. Aufgrund der dargestellten Äußerungen des Erblassers sowie der vorgefundenen Kontoauszüge hat der Kläger Grund zu der Annahme, dass Geldbeträge des Erblassers in einer Größenordnung von jedenfalls 500.000,– EUR in das Ausland zugunsten der Beklagten geflossen sind.

II. Für das Bestehen des Auskunftsanspruches ist es auch nicht erforderlich, dass eine ergänzungspflichtige Schenkung bereits feststeht. Der Pflichtteilsberechtigte muss lediglich gewisse Anhaltspunkte für die von ihm behaupteten unentgeltlichen Verfügungen dartun

(BGH, Urt. v. 27.6.1973 – IV ZR 50/72 – BGHZ 61, 180; zit. nach juris, Rn 12).

C. Ermittlung des vorläufigen Streitwertes

Der vorläufige Streitwert berechnet sich wie folgt:

Für den Auskunftsanspruch ist zur Bestimmung des Streitwertes das Interesse des Klägers an der geforderten Leistung heranzuziehen. Der Kläger hat aufgrund der Äußerungen des Erblassers sowie der vorgefundenen Kontoauszüge Grund zu der Annahme, dass mindestens 500.000,00 EUR zu Gunsten der Beklagten in das Ausland überwiesen worden sind. Der Kläger benötigt die Auskunft, um seine Ansprüche gegenüber der Beklagten abschließend beziffern zu können. Der Kläger könnte im Rahmen der Pflichtteilsergänzung 1/8 der verschenkten Gelder verlangen, mithin 62.500,– EUR. Da der Auskunftsanspruch lediglich der Vorbereitung des Leistungsanspruches dient, ist ein Abschlag von dem Begehren des Klägers in der Hauptsache vorzunehmen.

Der Streitwert ist daher mit 10 % vom Leistungsinteresse des Klägers, mithin mit 6.250,– EUR anzusetzen.

Beglaubigte und einfache Abschrift anbei.

...

Rechtsanwalt ◄

151 **Erläuterungen.** Die rechtlichen Grundlagen sind in der Klage dargestellt. Die Erhebung einer bloßen Auskunftsklage hemmt *nicht* die Verjährung des Hauptanspruches (hier also Zahlung eines möglichen Pflichtteilsergänzungsanspruches).

2. Klage auf Rechenschaftslegung

152 ▶ **Muster: Klage auf Rechenschaftslegung gegen Dritten**

Landgericht Berlin

10617 Berlin

Klage

1. des Einzelhandelskaufmannes Günther Lehmann, Danielstraße 23, 82467 Garmisch-Partenkirchen
2. der Arzthelferin Luise Lahm, Annastraße 16, 70327 Stuttgart

– Kläger –

Prozessbevollmächtigte:

Rechtsanwälte ... und ...,

Ahornstraße 16, 14163 Berlin-Zehlendorf

gegen

Herrn Heinrich Aba,

Travemünder Str. 9 A, 13357 Berlin

– Beklagter –

wegen: Auftragsverhältnis

vorläufiger Streitwert: 8.000,00 EUR.

Namens und im Auftrage der Kläger erheben wir Klage. In der mündlichen Verhandlung werden wir beantragen, den Beklagten zu verurteilen,

den Klägern Rechenschaft darüber abzulegen, welche Handlungen er seit dem 1.11.1996 aufgrund der ihm erteilten Vollmacht für Frau Sophie Lehmann vorgenommen hat.

Sollten die Voraussetzungen vorliegen, beantragen wir schon jetzt,

den Erlass eines Versäumnisurteils.

Wir beantragen außerdem

gemäß Nr. 9000 Abs. 2 Kostenverzeichnis eine weitere kostenfreie Ausfertigung bzw Abschrift jeder gerichtlichen Entscheidung oder eines geschlossenen Vergleichs und aller künftigen Sitzungs- und Verkündungsprotokolle zu übersenden.

Begründung

A. Sachverhalt

Die Kläger sind Erben zu je ½ ihrer am 30.5.2004 verstorbenen Mutter, Sophie Lehmann. Der Beklagte war seit dem 10.1.1997 der Generalbevollmächtigte der Erblasserin.

E. Gerichtliche Geltendmachung und Abwehr § 3

I. Seit 1992 litt die Erblasserin unter einer schweren Form der Alzheimer Krankheit. Nachdem sich ihr Zustand stetig verschlechterte, wurde ihr 1995 als Betreuer u.a. für den Aufgabenkreis „Vermögensvorsorge" Rechtsanwalt Bertram Range zur Seite gestellt.
Beweis: Beschluss des AG Zehlendorf vom 3.10.1995, in Fotokopie als Anlage K 1
Frau Sophie Lehmann erhielt im November 1996 als Erbin ihrer Mutter, der Ärztin Eveline Stindel, einen Nachlass im Wert von über 1.000.000,00 EUR. Der Nachlass bestand im Wesentlichen aus Wertpapieren, einem Bankguthaben und einem Miethaus.
Beweis: Erbschaftsteuererklärung nach Eveline Stindel, in Fotokopie als Anlage K 2

II. Seitdem die Mutter der Kläger durch die Erbschaft vermögend geworden war, kümmerten sich eine Frau Helga Schultheiß und der Beklagte um sie. Der Beklagte war nach eigenen Angaben ein langjähriger Freund der Frau Eveline Stindel.
Den Nachlass der Frau Stindel „verwaltete" der Beklagte für Frau Lehmann. Dem gesetzlichen Betreuer wurde kein Einblick gewährt.
Beweis: Schreiben des Rechtsanwalts Sengl vom 24.2.1998 (S. 3), in Fotokopie als Anlage K 3

III. Die Generalvollmacht vom 1.11.1997 wurde bei einem weiteren langjährigen Freund der Mutter von Frau Lehmann, dem Notar Hektor, beurkundet. Die Vollmacht galt für „alle persönlichen und vermögensrechtlichen Angelegenheiten". Sie sollte durch den Tod der Vollmachtsgeberin nicht erlöschen. Bei der Beurkundung bestätigte Frau Schultheiß als Schreibzeugin die Vollmachtserteilung.
Beweis: Generalvollmacht vom 1.11.1996, UR-Nr. 23/97 des Berliner Notars Hektor, in Fotokopie als Anlage K 4

IV. Der Beklagte, Frau Schultheiß, der Notar Hektor und Frau Lehmann betrieben die Ablösung des Betreuers Sengl. Dies geht auch aus einem Vermerk des Vormundschaftsrichters anlässlich des geplanten Betreuerwechsels hervor.
Beweis: Vermerk des Richters am Amtsgericht Wolfram vom 2.12.1997, in Fotokopie als Anlage K 5
Am 25.2.1998 wurde der Beklagte zum Betreuer der Frau Lehmann bestellt.
Beweis: Beschluss des AG Neukölln vom 20.3.1998, in Fotokopie als Anlage K 6
Der Beklagte verwaltete weiter das Vermögen der Frau Lehmann.

V. Nach dem Tod von Frau Lehmann legte Frau Schultheiß ein angebliches Testament der Frau Lehmann vor, welches sie zur „Universalerbin" erklärte.
Bei dem Testament handelte es sich um eine Fälschung.
Mit rechtskräftigem Teilurteil vom 4.2.2006 des Landgerichts Berlin, Az: 32 O 280/05, wurde u.a. festgestellt, dass die Kläger zu je ½ Erben ihrer Mutter Frau Lehmann sind. Zudem wurde Frau Schultheiß zur Auskunftserteilung bezüglich des Nachlasses verurteilt.
Beweis: Urteil des Landgericht Berlin, Az: 32 O 280/05, in Fotokopie als Anlage K 7
Der Verpflichtung zur Auskunftserteilung kam Frau Schultheiß bisher nur teilweise nach. Allerdings gab sie schon in einer „Vermögensaufstellung über den Nachlass Sophie Lehmann" vom 9.10.2004 an, dass gegenüber dem Beklagten „Verbindlichkeiten" in Höhe von 80.000,00 DM (40.903,35 EUR) bestünden. Genauere Angaben machte sie nicht.
Beweis: Vermögensaufstellung über den Nachlass von Sophie Lehmann vom 9.10.2004, in Fotokopie als Anlage K 8
Die Kläger widerrufen die Generalvollmacht gegenüber dem Beklagten durch die vorsorgliche Kündigung der Kläger gegenüber dem Beklagten mit notarieller Urkunde des Notars Eberhard vom

19.11.2004 zu dessen UR-Nr.: 197/2004. Diese Urkunde ist dem Beklagten am 21.11.2004 zugegangen.
Beweis: Zustellungsurkunde des Obergerichtsvollziehers Walter vom 21.11.2004, in Fotokopie als Anlage K 9
Mit Schreiben vom 23.9.2005 forderten die Kläger, vertreten durch ihre Prozessbevollmächtigten den Beklagten auf, über die Handlungen, die er im Rahmen der Generalvollmacht vorgenommen hatte, Rechenschaft abzulegen.
Beweis: Schreiben des Unterzeichners vom 23.9.2005,
in Fotokopie als Anlage K 10
Der Beklagte reagierte nicht.

B. Rechtliche Würdigung

I. Die Kläger haben einen Anspruch auf Rechenschaftslegung gemäß §§ 666, 3. Fall, 259 Abs. 1 iVm 1922 BGB.
Der Inhalt der Rechenschaftspflicht gem. § 666, 3. Fall BGB geht weiter als eine Auskunft im Sinne von § 666, 2. Fall BGB. Der Kläger ist über den gesamten Ablauf und die Ergebnisse der Geschäftsführung derart zu informieren, dass er einen Überblick über seine Rechtstellung erhält und sie prüfen kann.
Aus dem Ziel des § 666 BGB, dem Geschäftsherrn *Gewissheit* zu verschaffen folgt, dass die Rechenschaft vollständig, richtig, verständlich und nachprüfbar zu sein hat
(vgl hierzu MüKo-Seiler, Band 4, 3. Aufl. 1997, § 666 Rn 8 ff).
Die dem Beklagten obliegende Auskunfts- und Rechenschaftslegung erfordert eine
- geordnete,
- übersichtliche,
- lesbare,
- und mit Belegen versehene

Aufstellung über sämtliche Einnahme und Ausgaben, die der Beklagte aufgrund der Vollmacht der Erblasserin vorgenommen hat,
- Darlegung sämtlicher an ihn getätigter Zuwendungen und
- Darlegung sämtlicher an Dritte getätigten Zuwendungen.

II. Zwischen Frau Lehmann und dem Beklagten bestand seit November 1996 ein Auftragsverhältnis. Es endete gemäß § 672 BGB nicht mit dem Tod von Frau Lehmann, sondern wurde spätestens durch die vorsorgliche Kündigung der Kläger gegenüber dem Beklagten mit notarieller Urkunde des Notars Eberhard vom 18.11.2004 zur UR-Nr.: 184/2004 beendet. Diese Urkunde ist dem Beklagten am 19.11.2004 zugegangen.
Nach der Auskunft von Frau Schultheiß hatte Frau Lehmann gegenüber dem Beklagten „Verbindlichkeiten" in Höhe von 80.000,00 DM (40.903,35 EUR). Diese seien während der Auftragsausführung des Beklagten entstanden. Insbesondere darüber hat er Auskunft zu geben.
Mit Schreiben vom 23.9.2005 verlangten die Kläger die Rechenschaftslegung. Als Alleinerben der Frau Lehmann ist der Anspruch aus § 666 BGB auf sie gemäß § 1922 BGB übergegangen.

C. Ermittlung des vorläufigen Streitwertes

Die Rechenschaftslegung dient der Vorbereitung des Hauptanspruches gegen den Beklagten auf Herausgabe des durch die Nutzung der Vollmacht ohne Rechtsgrund erlangten. Die Kläger gehen von einer Hauptforderung in Höhe von mindestens 80.000,00 DM (40.903,35 EUR) aus. Der Anspruch auf

E. Gerichtliche Geltendmachung und Abwehr § 3

Rechenschaftslegung ist mit 10 % des Hauptanspruches, mithin mit 8.000,- EUR anzusetzen. Dies stellt den Streitwert dar.

Gerichtskosten sind mittels Verrechnungsscheck beigefügt.

Beglaubigte und einfache Abschrift anbei.

...

Rechtsanwalt

Anlagen:

K 1 Fotokopie des Beschlusses des AG Zehlendorf vom 3.10.1995

K 2a-c Fotokopie der Erbschaftsteuererklärung, Fotokopien von Auskünften der Finanz-Bank und eines Auszuges aus dem Liegenschaftskataster

K 3 Fotokopie des Schreibens des Rechtsanwalts Sengl vom 24.2.1998

K 4 Fotokopie der Generalvollmacht vom 1.11.1997

K 5 Fotokopie des Vermerks des Richters Wolfram vom 2.12.1997

K 6 Fotokopie des Beschlusses des AG Neukölln vom 20.3.1998

K 7 Fotokopie des Urteils des Landgericht Berlin, Az: 32 O 280/05

K 8 Fotokopie der Vermögensaufstellung über den Nachlass Sophie Lehmann vom 9.10.2005

K 9 Fotokopie der Zustellungsurkunde des Obergerichtsvollziehers Walter vom 21.11.2004

K10 Fotokopie des Schreibens des Unterzeichners vom 23.6.2005 ◀

3. Klage auf Wertermittlung

▶ **Muster: Klage auf Wertermittlung eines verschenkten Gegenstandes**

Landgericht Berlin

10617 Berlin

Klage

des Bauingenieurs Daniel Meier,

Goethestraße 16, 20348 Hamburg

– Kläger –

Prozessbevollmächtigte:

Rechtsanwälte ... und ...,

Ahornstraße 16, 14163 Berlin-Zehlendorf

gegen

Frau Magda Meier,

Schillerstraße 15, 10179 Berlin

– Beklagte –

wegen: Wertermittlung,

vorläufiger Streitwert: 18.750,00 EUR.

Namens und in Vollmacht des Klägers erheben wir Klage und werden im Termin zur mündlichen Verhandlung beantragen, die Beklagte zu verurteilen, dem Kläger Auskunft über den Wert der Immobilie Sylvesterallee 7, 22525 Hamburg am 6.12.2000 sowie am 11.4.2005 durch Vorlage eines Gutachtens eines öffentlich bestellten und vereidigten Sachverständigen für die Bewertung bebauter und unbebauter Grundstücke zu erteilen, wobei die Kosten des Gutachtens vom Kläger zu tragen sind.

Für den Fall der Säumnis beantragen wir

den Erlass eines Versäumnisurteils.

Wir bitten darum,

gemäß Nr. 9000 Abs. 2 Kostenverzeichnis eine weitere kostenfreie Ausfertigung bzw Abschrift jeder gerichtlichen Entscheidung oder eines geschlossenen Vergleichs und aller künftigen Sitzungs- und Verkündungsprotokolle zu übersenden.

A. Sachverhalt

I. Die Parteien des Rechtsstreites sind Erben aufgrund gesetzlicher Erbfolge nach dem am 11.4.2005 verstorbenen Max Meier. Der Kläger ist der Sohn des Erblassers, die Beklagte war seine Ehefrau. Der Erblasser hatte außerdem eine Tochter, Frau Anna Lessing-Meier, Pacellistraße 5, 80333 München. Die Eheleute hatten keine ehevertraglichen Regelungen getroffen, so dass die Beklagte Erbin aufgrund gesetzlicher Erbfolge zu ½ geworden ist. Der Kläger ist neben seiner Schwester Erbe zu je ¼.

II. Der Erblasser hatte im Jahre 2000 die ihm gehörende Immobilie Sylvesteralle 7, 22525 Hamburg auf seine Ehefrau, die Beklagte, übertragen. Der Eigentumswechsel wurde am 6.12.2000 im Grundbuch eingetragen.

Die Übertragung erfolgte ausdrücklich ohne Gegenleistung.

Beweis: Schenkungsvertrag des Hamburger Notars Übst vom 15.3.2000 zu dessen UR-Nr. 153/00, in Fotokopie als Anlage K1

III. Vorprozessual hat der Kläger die Beklagte vergeblich aufgefordert, auf seine Kosten ein Gutachten zum Wert der Immobilie erstellen zu lassen.

B. Rechtliche Würdigung

I. Der Kläger ist als Abkömmling des Erblassers grundsätzlich pflichtteilsberechtigt, § 2303 Abs. 1 S. 1 BGB. Als Pflichtteilsberechtigter kann der Kläger auch als Erbe in Höhe seines gesetzlichen Erbteils von ¼ die Pflichtteilsergänzung gem. § 2325 BGB beanspruchen, § 2326 BGB.

Der Erblasser hatte der Beklagten die Immobilie geschenkt, so dass der Wert der Immobilie im Rahmen des Pflichtteilsergänzungsanspruches zu berücksichtigen ist.

II. Der Kläger hat mit seiner Antragsformulierung dem Niederstwertprinzip des § 2325 Abs. 2 S. 2 BGB Rechnung getragen, wonach die Wertermittlung sowohl auf den Zeitpunkt des Schenkungsvollzuges (Eintragung im Grundbuch) sowie auf den Zeitpunkt des Erbfalls zu erfolgen hat.

III. Der Kläger kann seinen Wertermittlungsanspruch gegen die Beklagte aus § 242 BGB herleiten:

„Die Gründe, die die Rechtsprechung veranlaßten, dem pflichtteilsberechtigten Erben einen allgemeinen Auskunftsanspruch gegen den vom Erblasser beschenkten Dritten zu gewähren, sprechen auch dafür, unter den entsprechenden Voraussetzungen einen Wertermittlungsanspruch einzuräumen. Das Wesen des Rechtsverhältnisses zwischen dem pflichtteilsberechtigten Erben und dem Beschenkten bringt es mit sich, daß der Berechtigte selbst dann, wenn er die Zuwendung des Erblassers an den Beschenkten kennt, über das Bestehen und den Umfang seines Rechts (hier auf Pflichtteil-

sergänzung) unverschuldet keine Gewißheit gewinnen kann, weil dieses entscheidend vom Wert der Zuwendung bestimmt wird"
(BGH, Urt. v. 8.7.1985 – II ZR 150/84, NJW 1986, 127; zit. nach juris, Rn 10; vgl auch BGH, Urt. v. 2.6.1993 – IV ZR 259/92, NJW 1993, 2737).
Die Wertermittlung durch einen von dem Kläger beauftragten Sachverständigen wäre nur unter erheblichen Schwierigkeiten möglich und bei den gegebenen Verhältnissen unzumutbar. Der Kläger ist nicht in der Lage, den Wert der verschenkten Immobilie zu ermitteln, da insbesondere die Ermittlung des Wertes zum Zeitpunkt der Schenkung dem Kläger nicht bzw nur mit einem unverhältnismäßigem Aufwand möglich ist. Die Immobilie befindet sich im Eigentum und Besitz der Beklagten, so dass auch sie allein in der Lage ist, dem Sachverständigen die zu bewertende Immobilie offenzulegen und die für die Wertermittlung nötigen zusätzlichen Auskünfte – deren Notwendigkeit nicht vorausehbar ist und erst bei der Erstellung des Gutachtens eintritt – zu erteilen. In ihrem Auftrag und unter ihrer Mitwirkung kann der Sachverständige überdies den Wert der Zuwendungen weitaus schneller und besser ermitteln als dies bei einem Auftrag des Klägers möglich wäre
(vgl hierzu auch BGH, Urt. v. 8.7.1985 – II ZR 150/84, NJW 1986, 127; zit. nach juris, Rn 24).

C. Ermittlung des vorläufigen Streitwertes
Der vorläufige Streitwert berechnet sich wie folgt:
Für den Wertermittlungsanspruch ist zur Bestimmung des Streitwertes das Interesse des Klägers an der geforderten Leistung heranzuziehen. Der Kläger geht aufgrund des Bodenrichtwertes von einem Mindestwert der Immobilie von 1,5 Mio EUR aus. Hiervon könnte der Kläger im Rahmen des Pflichtteilsergänzungsanspruches 1/8 mithin 187.500,- EUR beanspruchen.
Da der Wertermittlungsanspruch einen etwaigen Zahlungsanspruch lediglich vorbereiten soll, ist ein Abschlag vom Interesse in der Hauptsache vorzunehmen. Der Streitwert ist daher mit 10 % vom Leistungsinteresse des Klägers, mithin mit 18.750,- EUR anzusetzen.
Beglaubigte und einfache Abschrift anbei.

Rechtsanwalt ◄

Erläuterungen. Zum Antrag: Nach wohl bislang überwiegender Meinung in der Rechtsprechung und Literatur ist lediglich die Wertermittlung durch einen „*unabhängigen*" oder „*unparteiischen*" Sachverständigen" geschuldet. Dies führt in der Praxis regelmäßig dazu, dass im Rahmen des Zwangsgeldverfahrens diskutiert wird, ob 154
1. der Sachverständige fachlich geeignet war, das Gutachten zu erstellen,
2. das vorgelegte Gutachten den notwendigen Anforderungen entspricht.

Der Begriff des Sachverständigen ist nicht geschützt. Es geben sich all zu häufig daher Personen als „sachverständig" beispielsweise für die Bewertung bebauter Grundstücke aus, die sich lediglich eine diesbezügliche Software oder Wertermittlungsbögen zugelegt haben, tatsächlich jedoch weder Sachkunde noch Erfahrung bei der Wertermittlung haben. 155

Die Bestellung eines öffentlich bestellten und vereidigten Sachverständigen ist freilich keine Garantie für ein fundiertes Gutachten, aber das Risiko des „Fehlgriffes" ist deutlich geringer. Der Kläger sollte daher nichts unversucht lassen, den Beklagten dementsprechend verurteilen zu lassen, zumal eine „Niederlage" in diesem Punkt sich im Rahmen der Kostenentscheidung nicht auswirken wird. 156

157 Ebensowenig hat nach der bisher wohl überwiegenden Meinung in Rechsprechung und Literatur der Wertermittlungsberechtigte keinen Anspruch auf einen Sachverständigen einer bestimmten Fachrichtung. Hier gilt ähnliches wie eben zur Frage der öffentlichen Bestellung und Vereidigung: Man spart sich in der Praxis unnötige Auseinandersetzungen über und mit Gutachten von fachfremden Sachverständigen, wenn man die Festlegung auf ein Fachgebiet im Tenor erreicht.

4. Stufenklage

158 ▶ **Muster: Stufenklage gegen Miterben auf Auskunft, Rechenschaftslegung, eidesstattlicher Versicherung und Zahlung**

Landgericht Berlin

10617 Berlin

Klage

des Bauingenieurs Daniel Meier,

Goethestraße 16, 20348 Hamburg

– Kläger –

Prozessbevollmächtigte:

Rechtsanwälte ... und ...,

Ahornstraße 16, 14163 Berlin-Zehlendorf

gegen

Frau Magda Meier,

Schillerstraße 15, 10179 Berlin

– Beklagte –

wegen: Auskunft, Rechenschaft, eidesstattlicher Versicherung und Zahlung,

vorläufiger Streitwert: 8.000,00 EUR.

Namens und in Vollmacht des Klägers erheben wir Klage und werden im Termin zur mündlichen Verhandlung beantragen, die Beklagte zu verurteilen,

1. der Erbengemeinschaft nach Herrn Max Meier, bestehend aus dem Kläger, der Beklagten und Frau Anna Lessing-Meier, Pacellistraße 5, 80333 München, Auskunft über den Bestand und Verbleib einschließlich der Surrogate und Nutzungen des Nachlasses des am 11.4.2005 verstorbenen Max Meier zu erteilen,

2. der Erbengemeinschaft nach Herrn Max Meier, bestehend aus dem Kläger, der Beklagten und Frau Anna Lessing-Meier, Pacellistraße 5, 80333 München, Rechenschaft abzugeben, welche Geschäfte sie im Rahmen der ihr von Herrn Max Meier erteilten Vollmacht, insbesondere der erteilten Konto- und Depotvollmacht vorgenommen hat,

3. Hiernach und für den Fall, dass die Auskunft oder/und die Rechenschaftslegung des Beklagten nicht mit der erforderlichen Sorgfalt erteilt worden ist, werden wir beantragen, die Beklagte zu verurteilen, an Eides statt zu versichern, dass sie die Auskunft nach bestem Wissen so vollständig erteilt hat, wie sie dazu in der Lage gewesen ist.

4. Nach Erteilung der Auskunft und Rechenschaftslegung werden wir beantragen die Beklagte zu verurteilen, an die Erbengemeinschaft nach Max Meier bestehend aus dem Kläger, der Beklagten

und Frau Anna Lessing-Meier, Pacellistraße 5, 80333 München einen noch zu beziffernden Betrag nebst Zinsen in Höhe von 5 Prozentpunkten über dem Basiszinssatz zu zahlen.
Für den Fall der Säumnis beantragen wir

den Erlass eines Versäumnisurteils.

Wir bitten darum,

gemäß Nr. 9000 Abs. 2 Kostenverzeichnis eine weitere kostenfreie Ausfertigung bzw Abschrift jeder gerichtlichen Entscheidung oder eines geschlossenen Vergleichs und aller künftigen Sitzungs- und Verkündungsprotokolle zu übersenden.

Begründung

A. Sachverhalt

I. Die Parteien des Rechtsstreites sind Erben aufgrund gesetzlicher Erbfolge nach dem am 11.4.2005 verstorbenen Max Meier. Der Kläger ist der Sohn des Erblassers, die Beklagte war seine Ehefrau. Der Erblasser hatte außerdem eine Tochter, Frau Anna Lessing-Meier, Pacellistraße 5, 80333 München. Die Eheleute hatten keine ehevertraglichen Regelungen getroffen, so dass die Beklagte Erbin aufgrund gesetzlicher Erbfolge zu ½ geworden ist. Der Kläger ist neben seiner Schwester Erbe zu je ¼.
Nach dem Tode der Erblasserin entzog sich die Beklagte jeglicher Bemühungen des Klägers, den Nachlass des Erblassers auseinanderzusetzen. Bis heute hat der Kläger aus dem Nachlass seines Vaters nichts erhalten. Die Beklagte hingegen, die bis zum Schluss mit dem Erblasser zusammen gelebt hat, befindet sich im Besitz sämtlicher Nachlassgegenstände, mithin also nicht lediglich nur der Werte sondern auch der Dokumente. Sie verweigert dem Kläger Zugang zu den Nachlassgegenständen, mit der Begründung, dass alles ihr alleine gehören würde. Er solle warten, bis sie verstorben sei.

II. Die Beklagte war vom Erblasser hinsichtlich seiner Konten jedenfalls bei der Kapitalanlage-Bank möglicherweise aber auch noch bei anderen Kreditinstituten umfassend bevollmächtigt worden.

III. Vorprozessual wurde der Beklagte mit Anwaltsschreiben vom 16.6.2005 bereits aufgefordert, Auskunft zu erteilen und Rechenschaft zu legen.
Beweis: Schreiben der Rechtsanwälte ... und ... vom 16.6.2005, Fotokopie der Aktenkopie als Anlage K1
Auf dieses Schreiben meldete sich für den Beklagten lange nach Fristablauf Herr Rechtsanwalt Schwafel und übermittelte eine kaum leserliche handschriftliche Zusammenstellung der Beklagten ohne Datum und Unterschrift nebst einigen Erläuterungen. Dieser Zettel stellt jedoch auch mit den Erläuterungen des Rechtsanwalts nicht die geforderte Auskunfts- und Rechenschaftslegung dar. Die Zahlen sind nicht nachvollziehbar geschweige denn belegt, sie sind jedoch insbesondere nicht vollständig.
Beweis: Schreiben des Rechtsanwaltes Schwafel vom 10.7.2005, in Fotokopie als Anlage K 2

B. Rechtliche Würdigung

I. Zum Antrag zu Ziff. 1:
1. Grundsätzlich besteht innerhalb einer Erbengemeinschaft kein Auskunftsanspruch unter den Miterben. Etwas anderes gilt jedoch dann, wenn ein Erbe in entschuldbarer Weise über den Nachlassumfang und insbesondere seinen Verbleib im Ungewissen ist, andere Erben die

erforderlichen Auskünfte jedoch ohne Schwierigkeiten erteilen können. Der Auskunftsanspruch folgt dann aus den allgemeinen Grundsätzen aus Treu und Glauben gem. § 242 BGB (vgl hierzu BGH Urt. v. 18.1.1978 – VIII ZR 262/76, NJW 1978, 1002).

2. Im Übrigen kann der Kläger einen Auskunftsanspruch gegen den Beklagten aus § 2028 BGB herleiten. Da die Beklagte unstreitig mit dem Erblasser bis zu seinem Tode in häuslicher Gemeinschaft gelebt hat, ist sie unter anderem verpflichtet, der Erbengemeinschaft Auskunft darüber zu erteilen, was ihr über den Verbleib der Erbschaftsgegenstände bekannt ist.

3. Die Beklagte geriert sich seit dem Tode der Erblasserin als Alleinerbe. Sie hat dem Kläger jeglichen Zugang zum Nachlass, insbesondere auch beispielsweise zu Erinnerungsstücken verwehrt. Somit ist sie der Erbengemeinschaft auch unter dem Gesichtspunkt des § 2027 BGB zur Auskunft verpflichtet. Die Anwendung des § 2027 BGB ist auch nicht etwa deswegen ausgeschlossen, weil die Beklagte selbst Miterbe geworden ist: Da sie sich als Alleinerbe geriert, jedoch lediglich Erbin zu ½ geworden ist, handelt sie insoweit als Erbschaftsbesitzer und ist zur Auskunft verpflichtet
(vgl hierzu Damrau/*Schmalenbach*, Erbrecht, § 2027 Rn 6).

Da es sich bei den Auskunftsansprüchen um Nachlassforderungen gem. § 2039 BGB handelt, ist die Auskunft der Erbengemeinschaft bestehend aus den Parteien dieses Prozesses und der Miterben Anna Lessing-Meier zu erteilen.

II. Zum Antrag zu Ziff. 2:
Der Anspruch auf Rechenschaftslegung gegenüber der Erbengemeinschaft folgt aus §§ 666, 3. Fall iVm 1922 BGB.
Der Inhalt der Rechenschaftspflicht gem. § 666, 3. Fall BGB geht weiter als eine Auskunft im Sinne von § 666, 2. Fall BGB. Der Kläger ist über den gesamten Ablauf und die Ergebnisse der Geschäftsführung derart zu informieren, dass er einen Überblick über seine Rechtsstellung erhält. Aus dem Ziel des § 666 BGB, dem Geschäftsherrn Gewissheit zu verschaffen folgt, dass die Rechenschaft vollständig, richtig, verständlich und nachprüfbar zu sein hat
(vgl hierzu MüKo/*Seiler*, Band 4, 4. Aufl. 2005, § 666 Rn 8 ff).

C. Ermittlung des vorläufigen Streitwertes

Der vorläufige Streitwert berechnet sich wie folgt:

Für die Auskunftsansprüche der Klageanträge zu Ziff. 1 und 2. ist zur Bestimmung des Streitwertes das Interesse des Klägers an der geforderten Leistung heranzuziehen. Mangelt es – wie vorliegend – an Anhaltspunkten zur Bestimmung dieses Interesses, ist gem. § 48 Abs. 1 GKG iVm §§ 3 ZPO, 23 Abs. 3 S. 2 RVG von einem vorläufigen Streitwert i.H. des Regelstreitwertes, somit von 4.000,00 EUR, auszugehen. Für die Klageanträge zu Ziff. 1–3. ist somit ein Streitwert von je 4.000,00 EUR, zusammen mithin von 8.000,00 EUR anzunehmen.

Beglaubigte und einfache Abschrift anbei.

...

Rechtsanwalt ◄

E. Gerichtliche Geltendmachung und Abwehr § 3

▶ **Muster: Stufenklage kombiniert mit Feststellungsklage und Hilfsantrag auf Pflichtteilszahlung gegen Erbschaftsbesitzer** 159

Landgericht Berlin

10617 Berlin

Klage

1. des Einzelhandelskaufmannes Günther Lehmann, Danielstraße 23, 82467 Garmisch-Partenkirchen
2. der Arzthelferin Luise Lahm, Annastraße 16, 70327 Stuttgart

– Kläger –

Prozessbevollmächtigte:

Rechtsanwälte ... und ...,

Ahornstraße 16, 14163 Berlin-Zehlendorf

gegen

Frau Helga Schultheiß

Gaunergasse 13, 27345 Fälscherhausen

– Beklagte –

wegen: Feststellung, Auskunft, eidesstattlicher Versicherung und Herausgabe,

vorläufiger Streitwert: 1.000.000,00 EUR.

Namens und im Auftrage der Kläger erheben wir Klage. In der mündlichen Verhandlung werden wir beantragen,

1. festzustellen, dass die Kläger Erben zu je 1/2 nach der am 24.3.1950 in Berlin-Wannsee geborenen und am 30.5.2004 in Berlin-Steglitz verstorbenen Sophie Lehmann, geborene Stindel sind,
2. die Beklagte zu verurteilen,
   Auskunft zu erteilen,
   a) über den Bestand des Nachlasses der am 24.3.1950 in Berlin-Wannsee geborenen und am 30.5.2004 in Berlin-Steglitz verstorbenen Sophie Lehmann, geborene Stindel zum Stichtag 30.5.2004
   b) über den Verbleib der Erbschaftsgegenstände der am 24.3.1950 in Berlin-Wannsee geborenen und am 30.5.2004 in Berlin-Steglitz verstorbenen Sophie Lehmann, geborene Stindel
   c) über die Veränderung, Verarbeitung, Einfügung und den Untergang sowie die Veräußerung von Nachlassgegenständen aus dem Nachlass der am 24.3.1950 in Berlin-Wannsee geborenen und am 30.5.2004 in Berlin-Steglitz verstorbenen Sophie Lehmann, geborene Stindel
   d) über das mit Nachlassgegenständen der am 24.3.1950 in Berlin-Wannsee geborenen und am 30.5.2004 in Berlin-Steglitz verstorbenen Sophie Lehmann, geborene Stindel Angeschaffte
   e) über Nutzungen und Früchte von Nachlassgegenständen der am 24.3.1950 in Berlin-Wannsee geborenen und am 30.5.2004 in Berlin-Steglitz verstorbenen Sophie Lehmann, geborene Stindel insbesondere über die Nutzungen und Früchte der Immobilie Weinbergstraße 9, 74918 Angelbachtal Berlin seit dem 30.5.2004
3. Nach Auskunftserteilung zu Ziff. 2 a) – e) und für den Fall, dass das Verzeichnis nicht mit der erforderlichen Sorgfalt errichtet worden ist, werden wir beantragen, die Beklagte zu verurteilen,

an Eides statt zu versichern, dass sie die Auskunft gem. Ziff. 2 a) – e) nach bestem Wissen so vollständig angegeben hat, wie sie dazu in der Lage ist.
4. Hiernach werden wir beantragen, die Beklagte zu verurteilen,
an die Kläger sämtliche Nachlassgegenstände der am 24.3.1950 in Berlin-Wannsee geborenen und am 30.5.2004 in Berlin-Steglitz verstorbenen Sophie Lehmann, geborene Stindel sowie Surrogate uä, deren nähere Bezeichnung nach Auskunftserteilung durch die Beklagte gem. Anträge zu Ziff. 2 a) – e) sowie ggf Ziff. 3 erfolgen wird, herauszugeben.
5. *Hilfsweise* die Beklagte zu verurteilen,
an die Kläger 1/4 des Nachlasswertes der am 24.3.1950 in Berlin-Wannsee geborenen und am 30.5.2004 in Berlin-Steglitz verstorbenen Sophie Lehmann, geborene Stindel an den Kläger zu 1) und ein weiteres Viertel des Nachlasswertes an den Kläger zu 2) jeweils nebst 5 % Zinsen über dem Basiszinssatz seit dem 19.11.2005 zu zahlen.

Sollten die Voraussetzungen vorliegen, beantragen wir schon jetzt,

den Erlass eines Versäumnisurteils.

Wir beantragen außerdem

gemäß Nr. 9000 Abs. 2 Kostenverzeichnis eine weitere kostenfreie Ausfertigung bzw Abschrift jeder gerichtlichen Entscheidung oder eines geschlossenen Vergleichs und aller künftigen Sitzungs- und Verkündungsprotokolle zu übersenden.

Begründung

A. Sachverhalt

I. Die Kläger sind die einzigen Abkömmlinge ihrer am 30.5.2004 verstorbenen, geschiedenen Mutter, Sophie Lehmann.
Seit 1992 litt die Erblasserin unter einer schweren Form der Alzheimer Krankheit. Nachdem sich ihr Zustand stetig verschlechterte, wurde ihr 1995 als Betreuer u.a. für den Aufgabenkreis „Vermögens und Personensorge" der Rechtsanwalt Bertram Range zu Seite gestellt.
Beweis: Beschluss des AG Zehlendorf vom 3.5.1995, in Fotokopie als Anlage K 1

II. Die Erblasserin erhielt im November 1996 als Erbin ihrer Mutter, der Ärztin Eveline Stindel, einen Nachlass im Wert von über 1.000.000,00 EUR. Der Nachlass bestand im wesentlichen aus Wertpapieren, einem Bankguthaben und einem Miethaus im Angelbachtal.
Beweis: Erbschaftsteuererklärung nach Eveline Stindel, in Fotokopie als Anlage K 2
Seitdem die Mutter der Kläger durch die Erbschaft vermögend geworden war, kümmerten sich die Beklagte und ein Herr Heinrich Aba um sie. Die Beklagte und Herr Aba betrieben die Ablösung des Betreuers mit Hilfe einer gefälschten Generalvollmacht, die angeblich von der Erblasserin stammen sollte, wobei ein Notar wissentlich falsch die Geschäftsfähigkeit der Erblasserin zum Zeitpunkt der Errichtung der Vollmacht bestätigte. Eine Unterschrift konnte die Erblasserin unter der Vollmacht nicht leisten. Vielmehr bestätigten Schreibzeugen die Vollmachtserteilung.
Die Beklagte hatte zuvor keinerlei persönliche Beziehung zur Erblasserin. Herr Aba bezeichnet sich selbst als langjährigen Freund der Erblasserin und deren Mutter. Bevor die Erblasserin vermögend geworden war, hatten jedoch weder er noch die Beklagte je irgendeinen Kontakt zur Erblasserin.

III. Nach dem Tod von Frau Lehmann legte die Beklagte ein angebliches Testament der Frau Lehmann vom 3.4.2005 vor, welches sie zur „Universalerbin" erklärte. Sie beantragte aufgrund dieses Testamentes beim Amtsgericht Zehlendorf einen Erbschein.

Bei diesem Testament handelt es sich um eine Fälschung. Dies stand dem Testament auch gewissermaßen „auf die Stirn geschrieben": Die Schrift war kaum als solche erkennbar, die Buchstaben zogen sich teilweise über die ganze Seite des Schriftstückes hin und ein individueller Schrift- oder gar Namenszug war nicht zu erkennen.
Die Kläger erklärten gegenüber dem Nachlassgericht, dass es sich bei dem Testament nur um eine Fälschung handeln kann:
- Es ist kein Schriftzug zu erkennen, der Ähnlichkeit mit der Handschrift der Erblasserin hat.
- Aufgrund ihrer Erkrankung war die Erblasserin auch gar nicht mehr in der Lage, auch nur einfachste Texte selbst zu schreiben.
  Beweis: Gutachten eines Schriftsachverständigen
- Die Erblasserin war wegen ihrer Erkrankung testierunfähig. Dies war aufgrund des beim selben Gericht geführten Betreuungsverfahrens auch für das Nachlassgericht erkennbar. Jedenfalls hatte das Betreuungsverfahren und die eindeutigen Gutachten zur Frage der Geschäftsfähigkeit der Erblasserin Anlass gegeben, ein Gutachten zur Testierfähigkeit der Erblasserin einzuholen.
  Beweis: Gutachten eines Sachverständigen für Forensische Psychiatrie

Gleichwohl hat das Nachlassgericht der Beklagten ohne Erlass eines Vorbescheides einen Erbschein erteilt.
Beweis: Erbschein des AG Zehlendorf vom 6.9.2004, in Fotokopie als Anlage K 3
Nachdem der Unterzeichner für die Kläger im Rahmen des Beschwerdeverfahrens auf die Schreib- und Testierunfähigkeit der Erblasserin hingewiesen hat, nahm das Nachlassgericht den Erbschein in Verwahrung, zog ihn jedoch bislang nicht ein.
Beweis: Schreiben des AG Zehlendorf vom 1.10.2004, in Fotokopie als Anlage K 4

IV. Die Beklagte hat den Nachlass in Besitz genommen. Mit Schreiben des Unterzeichners vom 5.10.2004 wurde sie zur Herausgabe des Nachlasses sowie zur umfassenden Auskunftserteilung entsprechend den Klageanträgen aufgefordert. Gleichzeitig wurde sie aufgefordert, jedenfalls den Pflichtteil der Kläger zu zahlen.
Beweis: Schreiben des Unterzeichners vom 5.10.2004, in Fotokopie als Anlage K 5
Die Beklagte berief sich weiterhin auf ihr vermeintliches Erbrecht und lehnte jegliche Auskunft und auch Zahlungen ab.
Beweis: Schreiben der Beklagten vom 10.10.2004, in Fotokopie als Anlage K 6

B. Rechtliche Würdigung

I. Zum Antrag zu Ziff. 1:
  1. Die Feststellungsklage ist zulässig, obwohl über die Frage des Erbrechts der Kläger inzident im Rahmen der Anträge zu Ziff. 2 a) – e) entschieden wird. Allein jedoch ein Urteil, mit dem das Erbrecht der Kläger ausdrücklich festgestellt wird, zwingt das Nachlassgericht zur Erteilung eines Erbscheines, der die Kläger als Erben ausweist
     (vgl. hierzu *Kroiß* in Bonefeld/Kroiß/Tanck, Der Erbprozeß, 2. Aufl. 2005, 785, Rn 5 mwN).
  2a. Der Antrag ist auch begründet, denn das angebliche Testament der Erblasserin vom 3.4.2005 ist eine Fälschung: Die Erblasserin war aufgrund ihrer Erkrankung bereits seit mehreren Jahren nicht mehr in der Lage zu schreiben, insbesondere nicht mit der Hand.
     Beweis:
     1. Beiziehung und Verwertung der Betreuungsakte des Amtsgerichts Zehlendorf zum Az 10 XVII 301/95

2. Gutachten eines Sachverständigen für Neurologie
3. Gutachten eines Schriftsachverständigen

2b. Die Erblasserin war außerdem – was die Kläger jedoch erst in zweiter Linie geltend machen – bereits mindestens seit dem Jahre 2001 nicht mehr testierfähig. Zu diesem Zeitpunkt war die Alzheimer'sche Erkrankung derart fortgeschritten, dass die Erblasserin weder zu Zeit und Ort noch zu ihrer eigenen Person orientiert gewesen ist. Auch konnte sie sich nur noch phrasenhaft, jedoch ohne vernünftigen Bezug zur aktuellen Situation artikulieren. Eine Kommunikation war mit ihr nicht möglich.
Beweis:
1. Beiziehung und Verwertung der Betreuungsakte des Amtsgerichts Zehlendorf zum Az 10 XVII 301/95, dort insbesondere das Gutachten des Sachverständigen Franz, Bl. 178 ff dA
2. Gutachten eines Sachverständigen für Forensische Psychiatrie

Das OLG Frankfurt hat Testierfähigkeit wie folgt definiert:
„Unter der Testierfähigkeit ist die Fähigkeit zu verstehen, ein Testament zu errichten, abzuändern oder aufzuheben. Sie ist zwar ein Unterfall der Geschäftsfähigkeit, gleichwohl aber unabhängig von ihr geregelt (§ 2229 BGB); vgl BayObLG FamRZ 1994, 593. Sie setzt die Vorstellung des Testierenden voraus, daß er ein Testament errichtet und welchen Inhalt die darin enthaltenen letztwilligen Verfügungen aufweisen. Er muß in der Lage sein, sich ein klares Bild Urteil zu bilden, welche Tragweite seine Anordnungen haben, insbesondere welche Wirkungen sie auf die persönlichen und wirtschaftlichen Verhältnisse der Betroffenen ausüben. Dies gilt auch für die Gründe, welche für und gegen die sittliche Berechtigung der Anordnung sprechen. Nach seinem so gebildeten Urteil muß der Testierende frei von Einflüssen etwa interessierter Dritter handeln können. (BGH FamRZ 1958, 127; OLG Hamm OLGZ 1989,271; BayObLG FamRZ 1994, 593, 594; BayObLG NJW-RR 1996, 457; OLG Köln NJW-RR 1994, 396; st. Rspr des Senats, zuletzt FamRZ 1996,635)
(OLG Frankfurt, Beschl. v. 22.12.1997 – 20 W 264/95, NJW-RR 1998,870 mwN).
Nach dieser Definition war die Erblasserin bereits 4 Jahre vor dem Zeitpunkt der hier in Rede stehenden angeblichen Testamentserrichtung testierunfähig.

II. Zum Antrag zu Ziff. 2:
Die Beklagte ist Erbschaftsbesitzerin iSv § 2018 BGB: Sie hat aufgrund des gefälschten Testamentes den gesamten Nachlass der Erblasserin in Besitz genommen. Nach §§ 2019, 2020 BGB iVm § 2027 BGB ist sie daher den Klägern zur umfassenden Auskunft über Bestand und Verbleib des Nachlasses, der Surrogate und der gezogenen Nutzungen verpflichtet.

III. Zum Hilfsantrag zu Ziff. 5:
Selbst wenn die Kläger nicht Erbin der Erblasserin wären, so stünde ihnen gem. § 2303 Abs. 1 BGB ein Pflichtteilsanspruch zur Seite, der hilfsweise geltend gemacht wird.
Beglaubigte und einfache Abschrift anbei.

...

Rechtsanwalt

Anlagen:

K 1 Beschluss des AG Zehlendorf vom 3.5.1995

K 2 a-c Fotokopie der Erbschaftsteuererklärung, Fotokopien von Auskünften der Finanz-Bank und eines Auszuges aus dem Liegenschaftskataster

K 3 Erbschein des AG Zehlendorf vom 6.9.2004

K 4 Schreiben des AG Zehlendorf vom 1.10.2004

K 5 Schreiben des Unterzeichners vom 5.10.2004

K 6 Schreiben der Beklagten vom 10.10.2004

K 6 Fotokopie des Beschlusses des AG Neukölln vom 20.3.1998 ◄

Erläuterungen. Zum Hilfsantrag zu Ziffer 5: Hier sollte ggf der Auskunftsanspruch des Pflichtteilsberechtigten, ein bezifferter Teilzahlungsantrag sowie die eidesstattliche Versicherung zuvor geltend gemacht werden. Siehe hierzu i E das Kapitel „Pflichtteilsrecht" und die dortigen Muster.

5. Vollstreckung des Auskunfts- und Rechenschaftsurteils

▶ **Muster: Vollstreckung gem. § 888 ZPO**

Landgericht Berlin

10617 Berlin

Antrag auf Erlass von Zwangsmitteln gem. § 888 ZPO

In der Zwangsvollstreckungssache

des Bauingenieurs Daniel Meier,

Goethestraße 16, 20348 Hamburg

– Gläubiger und Kläger –

Prozessbevollmächtigte:

Rechtsanwälte ... und ...,

Ahornstraße 16, 14163 Berlin-Zehlendorf

gegen

Frau Magda Meier,

Schillerstraße 15, 10179 Berlin

– Schuldnerin und Beklagte –

überreichen wir namens und im Auftrag des Gläubigers und Klägers das rechtskräftige Urteil zum gerichtlichen Aktezeichen 23 O 9/06 vom 2.12.2005 in vollstreckbarer Ausfertigung und beantragen, zu beschließen:

Gegen die Schuldnerin und Beklagte wird gem. § 888 ZPO ein empfindliches Zwangsgeld und für den Fall, dass dieses nicht beigetrieben werden kann, ersatzweise Zwangshaft festgesetzt, da die Schuldnerin und Beklagte der Verpflichtung gemäß dem Urteil des Landgerichts Berlin 2.12.2005 – 23 O 9/06- nicht nachkommt,

dem Gläubiger und Kläger Rechenschaft abzulegen, welche Geschäfte und sonstige Handlungen sie im Rahmen der ihr von Herrn Max Meier erteilten Vollmacht, insbesondere der erteilten notariellen Generalvollmacht, seit dem 29.11.1996 vorgenommen hat.

Begründung

Durch das in dem Antrag näher bezeichnete Urteil vom 2.12.2005 ist der Beklagte und Antragsgegner verurteilt worden, Rechenschaft wie im Antrag bezeichnet, abzulegen.

Der Beklagte und Schuldner hat die ihm obliegende Verpflichtung zur Rechenschaftslegung bislang trotz der Zustellung des Versäumnisurteils am 8.12.2005 nicht erfüllt.

Einer ausdrücklichen Aufforderung der Schuldnerin bedarf es nicht
(vgl Beschluss des Brandenburgischen OLG vom 7.1.2004, Az 8 W 107/03, ZErb 2004, 102).
Ferner erfolgten die Aufforderungen zur Rechenschaftslegung im außergerichtlichen Wege in ausreichendem Umfang und erstmalig bereits im Juni 2005. Insoweit wird auf die Klageschrift zum gerichtlichen Aktenzeichen 23 O 338/05 vom 1.9.2005 verwiesen. Da der Kläger in besonders hohem Maße die Rechenschaftslegung auch zur Durchsetzung von zivilrechtlichen Ansprüchen gegen Dritte angewiesen ist, kann dem Kläger ein weiteres Zuwarten nicht zugemutet werden.

Die Festsetzung eines empfindlichen Zwangsgeldes ist daher geboten. Eine Androhung eines Zwangsgeldes erfolgt gem. § 888 Abs. 2 ZPO nicht.

Abschrift anbei.

Rechtsanwalt ◀

162 **Erläuterungen.** Zuständig für den Erlass des Zwangsgeldbeschlusses ist das Prozessgericht des ersten Rechtszuges, § 888 Abs. 1 S. 1 ZPO.

6. Aufruf der zweiten Stufe (eidesstattliche Versicherung) im Rahmen der Stufenklage

163 ▶ **Muster: Aufruf der zweiten Stufe (eidesstattliche Versicherung) im Rahmen der Stufenklage**

Landgericht Berlin

10617 Berlin

In dem Rechtsstreit

Meier ./. Meier

Az: 23 O 9/06

stellen wir nunmehr den Antrag zu Ziffer 4 der Klageschrift und beantragen

die Beklagten zu verurteilen, den Beklagten zu verurteilen, an Eides statt zu versichern, dass sie die Auskunft und Rechenschaft gemäß dem Urteil vom 16.6.2006 in diesem Rechtsstreit nach bestem Wissen so vollständig erteilt hat, wie sie dazu in der Lage gewesen ist.

Begründung

A. Sachverhalt

Die Beklagte wurde durch das Urteil der Kammer vom 16.6.2006 verurteilt Auskunft und Rechenschaft abzulegen. Sie ist nunmehr zu verurteilen, gemäß §§ 259 Abs. 2, 260 Abs. 2 BGB ein Eides statt zu versichern, dass sie die Auskunft und Rechenschaft nach bestem Wissen so vollständig erteilt ist, wie sie dazu in der Lage ist.

I. Die Beklagte hat im Vorfeld dieses Prozesses zunächst vehement in Abrede gestellt, überhaupt irgendwelche Verfügungen aufgrund der vom Erblasser erteilten Vollmacht vorgenommen zu haben. Dies erklärte die Beklagte ausdrücklich und auch auf mehrfache Nachfrage anlässlich eines Besprechungstermins am 20.8.2005 ab 14:30 Uhr in den Büroräumen des Unterzeichners in Gegenwart ihres damaligen Rechtsanwaltes Schwafel, dem Kläger sowie dem Unterzeichner.

Diesem Gespräch, in dem die Beklagte *wahrheitswidrig* erklärte, dass sie aufgrund der ihr erteilten Vollmacht keine Verfügung vorgenommen hatte, war ein Schreiben der Prozessbevollmächtigten der Kläger vom 16.6.2005 (Anlage K1) sowie die Zustellung der hiesigen Klage vorausgegangen. Als Erwiderung auf dieses Schreiben hat die Beklagte über ihre damaligen Rechtsanwälte einen Zettel übersandt, der weder datiert noch unterschrieben war und der ihre „Auskunfts- und Rechenschaftslegung" darstellen sollte. Wir haben das Schreiben der Rechtsanwälte, sowie diesen Zettel bereits mit der Klage als Anlage K2 eingereicht.

II. Mit Schriftsatz seiner damaligen Rechtsanwälte vom 2.4.2006 lässt die Beklagte mitteilen, dass sie ihre Bemühungen abgeschlossen hat,
„die ihm vorliegenden Unterlagen auf unentgeltliche Verfügungen des Erblassers in den letzten zehn Jahren vor ihrem Ableben noch einmal durchzusehen."
Weiter wird erklärt, dass sie
„keine Hinweise auf unentgeltliche Verfügungen vorgefunden habe".
Hiernach lässt die Beklagte vortragen, dass sie jedoch zwei weitere Formulare über Auslandsüberweisungen vorgefunden habe, die sie für den Erblasser unterschrieben habe. Es handelt sich hierbei um die Anlage K 4.
Von weiteren Verfügungen berichtete der Beklagte nicht.
Im Schriftsatz vom 1.10.2004, Seite 6, des Beklagten heißt es ausdrücklich, dass der Beklagte
„weitere Verfügung aufgrund der ihm erteilten Vollmacht nach seiner Erinnerung und nach den ihm vorliegenden Unterlagen über Konten der Erblasserin nicht vorgenommen"
hat.

III. Die „Aufstellung" (ohne Datum), die von der Beklagten stammen soll, wurde durch sie mit Schriftsatz vom 2.4.2006, dort Anlage B 1 „korrigiert".

IV. Die Beklagte wurde dann durch das erkennende Gericht am 16.6.2006 verurteilt umfassend Auskunft und Rechenschaft abzulegen.
Nachdem die Beklagte zunächst noch erklärt hatte, dass sie im Rahmen der Vollmacht des Erblassers keine Überweisungen vorgenommen hat, insbesondere keine Überweisungen ins Ausland (vgl hierzu auch Schriftsatz des Klägers vom 4.11.2005, dort Seite 9),
im Nachhinein dann doch mit zwei Überweisungen „aufwartete" und „im Übrigen" erklärte, dass ihre Auskunft über den Nachlassbestand im Wesentlichen zutreffend sei, übersandte sie nach der Verurteilung eine von ihren Prozessbevollmächtigten gefertigte, siebenseitige Auskunfts- und Rechenschaftslegung, die zwar weit über das hinausging, was die Beklagte bislang eingeräumt hatte, jedoch immer noch in erheblichen Teilen unvollständig gewesen ist.
Wir überreichen die Auskunftserteilung der Gegenseite, die auf den 13. August 2006 datiert ist, als Anlage K9.
Lediglich als Beispiel für die Unvollständigkeit der Rechenschaft greifen wir die Überweisung vom 16.11.1999 über 100.000,00 DM heraus, die die Beklagte mittels der ihr erteilten Vollmacht von dem Konto des Erblassers vorgenommen hat. Wir hatten hierzu bereits mit Schriftsatz vom 4.11.2005, dort Seite 3/4, vorgetragen und zum Beweis den von dem Beklagten unterzeichneten „Zahlungsauftrag im Außenwirtschaftsverkehr" als Anlage K5 eingereicht.
Die Beklagte hielt es nicht für notwendig, diese Überweisung zu erwähnen. Sie hatte gehofft, dass der Kläger diese wie auch viele andere Überweisungen selbst nicht würde herausfinden können. Die Beklagte hatte weiter gehofft, dass sie so weiter in Besitz des unrechtmäßig erlangten Geldes bleiben kann.

B. Rechtliche Würdigung

I. Der Anspruch auf Abgabe der Eidesstattlichen Versicherung setzt voraus, dass Grund zu der Annahme besteht, dass die in der Auskunft- und Rechenschaftslegung enthaltenen Angaben nicht mit der erforderlichen Sorgfalt gemacht worden oder aber unvollständig sind.

Wir haben vorstehend im Einzelnen dargelegt, dass die Rechenschaftslegung der Beklagten unvollständig gewesen ist. Sie hat beispielsweise eine Überweisung zu eigenen Gunsten in Höhe von 100.000,00 DM „vergessen". Ob dies absichtlich oder fahrlässig geschehen ist, kann bei der Frage der Verpflichtung der Abgabe der eidesstattlichen Versicherung dahingestellt bleiben: §§ 259 Abs. 2 und 260 Abs. 2 BGB setzen lediglich den *Verdacht* der Unvollständigkeit der Rechnungslegung und den *Verdacht* der mangelnden Sorgfalt voraus.

Auch wenn die unvollständige Auskunftserteilung durch die Beklagte fahrlässig erfolgt ist, so wird hierdurch die mangelnde Sorgfalt dokumentiert: Der Beklagten wäre es ein Leichtes gewesen, die gleichen Informationen zu erhalten, die auch der Kläger sich mühsam beschafft hat. Die Beklagte hoffte jedoch demgegenüber, dass der Kläger nicht an diese Informationen gelangen würde, damit er weiterhin im Besitz der unrechtmäßig erlangten Gelder bleiben kann.

Der Kläger hat somit im Einzelnen dargelegt und durch die Anlage K5 bewiesen, dass die Rechenschaftslegung des Beklagten unvollständig gewesen ist.

II. Wir haben weiter unwidersprochen vorgetragen, dass die Beklagte auf vorprozessuale Schreiben mit der Aufforderung zur Auskunfts- und Rechenschaftslegung beharrlich nicht reagiert hat.

III. Wir haben ferner anhand der zahlreichen Erklärungen der Gegenseite dargelegt, dass die dortige Auskunft und Rechnungslegung mehrfach *„berichtigt"*, *„ergänzt"* und *„korrigiert"* werden musste. All dies sind lediglich Umschreibungen dafür, dass die Beklagte immer nur das gerade eingeräumt hat, was der Kläger ihr ohnehin beweisen konnte. Durch dieses Verhalten wird der Verdacht der mangelnden Sorgfalt begründet.

IV. Darüber hinaus leugnet die Beklagte einen aus der Auskunfts- und Rechenschaftslegung resultierenden Zahlungsanspruch. Entgegen den Tatsachen lässt die Beklagte sogar vortragen, dass der Nachlass überschuldet gewesen sei und eine Nachlassinsolvenz vorläge. Freilich trug sie dies vor, ohne die sich daraus ergebenden rechtlichen Konsequenzen zu tragen. Es zeigt sich hierdurch jedoch ihr hartnäckiges Bestreiten jeglichen Zahlungsanspruches
(vgl hierzu MüKo/Krüger, Band 2 a, 4. Aufl. 2003, § 259 Rn 39).

Die Beklagte ist somit wie beantragt zur Abgabe der eidesstattlichen Versicherung zu verurteilen.
Beglaubigte und einfache Abschrift anbei

...

Rechtsanwalt ◄

II. Vorbereitung der Auseinandersetzung
1. Feststellungsklage

164 Siehe hierzu auch oben Muster 32: Stufenklage kombiniert mit Feststellungsklage und Hilfsantrag auf Pflichtteilszahlung gegen Erbschaftsbesitzer, Rn 158.

165 ▶ **Muster: Feststellungsklage eines Miterben gegen Miterben auf Bestehen einer Darlehensforderung**

Landgericht Berlin
10617 Berlin

Klage

des Bauingenieurs Daniel Meier,
Goethestraße 16, 20348 Hamburg
– Kläger –

E. Gerichtliche Geltendmachung und Abwehr § 3

Prozessbevollmächtigte:

Rechtsanwälte ... und ...,

Ahornstraße 16, 14163 Berlin-Zehlendorf

gegen

Frau Magda Meier,

Schillerstraße 15, 10179 Berlin

– Beklagte[132] –

wegen: Feststellung,

vorläufiger Streitwert: 98.000,00 EUR.

Namens und in Vollmacht des Klägers erheben wir Klage und werden im Termin zur mündlichen Verhandlung beantragen,

1. festzustellen, dass die Beklagte im Rahmen der Erbauseinandersetzung mit dem Kläger und Frau Anna Lessing-Meier, Pacellistraße 5, 80333 München in der Nachlasssache nach Herrn Max Meier verpflichtet ist, dass für die Erbengemeinschaft geführte Darlehen bei der Finanz-Bank Berlin zur dortigen Darlehens-Nr. 2309 1606 sich hälftig auf ihren Anteil am Nachlass anrechnen zu lassen

sowie

2. festzustellen, dass die Beklagte verpflichtet ist, sich im Rahmen der Erbauseinandersetzung mit dem Kläger in der Nachlasssache nach Herrn Max Meier, die im Rahmen der Aufnahme des Darlehens bei der Finanz-Bank Berlin zur dortigen Darlehens-Nr. 2309 1606 entstandenen Aufwendungen hälftig anrechnen zu lassen sind, insbesondere also die Kosten für den Abschluss des Darlehensvertrages sowie die Zinszahlungen.

Für den Fall der Säumnis beantragen wir

den Erlass eines Versäumnisurteils.

Wir bitten darum,

gemäß Nr. 9000 Abs. 2 Kostenverzeichnis eine weitere kostenfreie Ausfertigung bzw Abschrift jeder gerichtlichen Entscheidung oder eines geschlossenen Vergleichs und aller künftigen Sitzungs- und Verkündungsprotokolle zu übersenden.

Begründung

A. Sachverhalt

I. Die Parteien des Rechtsstreites sind Erben aufgrund gesetzlicher Erbfolge nach dem am 11.4.2005 verstorbenen Max Meier. Der Kläger ist der Sohn des Erblassers, die Beklagte war seine Ehefrau. Der Erblasser hatte außerdem eine Tochter, Frau Anna Lessing-Meier, Pacellistraße 5, 80333 München. Die Eheleute hatten keine ehevertraglichen Regelungen getroffen, so dass die Beklagte Erbin aufgrund gesetzlicher Erbfolge zu ½ geworden ist. Der Kläger ist neben seiner Schwester Erbe zu je ¼.

---

132 Jedenfalls hinsichtlich des Feststellungsantrages ist zu prüfen, ob ansonsten von sämtlichen anderen Miterben – hier also auch der miterbenden Schwester Anna Lessing-Meier – eine verbindlichen Erklärung im Sinne des Feststellungsantrages vorliegt; ist dies nicht der Fall sollten die sich widersetzenden Miterben ebenfalls verklagt werden. Dabei ist darauf zu achten, dass die Auskunfts- und Rechenschaftsansprüche die übrigen Miterben möglicherweise überhaupt nicht oder nicht in diesem Umfang treffen.

II. Der Erblasser hatte im Dezember 1997 ein Darlehen in Höhe von 1 Mio. DM aufgenommen. Mit den Mitteln aus diesem Darlehen erwarb er eine Immobilie in Dresden. Zur Sicherung dieses Darlehens wurde unter anderem eine Grundschuld in die damals dem Erblasser gehörende Immobilie in der Annastraße 16, 12247 Berlin eingetragen. Diese Immobilie übertrug der Erblasser dem Kläger im Dezember 2001.

Die mit dem Darlehen angeschaffte Immobilie in Dresden wurde im Dezember 2000 veräußert. Der Veräußerungserlös wurde angelegt, um aus diesen Mitteln einerseits die laufenden Zins- und Tilgungsleistungen des Darlehens zu bedienen und andererseits bei Fälligkeit im Juni 2005 die Rückzahlung der Darlehensvaluta zu gewährleisten.

Vor Fälligkeit des Darlehens im Juni 2005 hat die Beklagte auf diverse Schreiben des Klägers mit der Bitte um Rücksprache hinsichtlich der Darlehensrückzahlung nicht reagiert. Um Zwangsvollstreckungsmaßnahmen der darlehensgebenden Bank zu verhindern und somit letztlich auch Schaden vom Beklagten und der Erbengemeinschaft als ganzes abzuwenden, hat der Kläger eine kurzfristige Finanzierung des noch offenen Darlehensbetrages zu günstigen Konditionen bei einem anderen Kreditinstitut erreicht und konnte somit das ursprüngliche Darlehen zunächst zurückführen. Die Beklagte wurde vom Kläger hierüber im Vorfeld mehrfach informiert. Sie wurde um Mithilfe gebeten. Die Beklagte „hüllte sich jedoch in Schweigen".

Vorprozessual hat die Beklagte die Auffassung vertreten, dass sie im Rahmen der Nachlassauseinandersetzung nicht verpflichtet sei, die hälftige Darlehensschuld mitzutragen.

B. Rechtliche Würdigung

I. Zum Antrag zu Ziff. 1:

Der Feststellungsantrag ist zulässig, denn die Beklagte vertritt die Auffassung, dass sie im Rahmen der Erbauseinandersetzung sich das Darlehen auf ihren Erbteil nicht anrechnen lassen muss. Beweis: Schreiben des Rechtsanwaltes Schwafel vom 10.7.2005, b. b.

Zur Klärung einzelner Streitfragen im Rahmen der Erbauseinandersetzung hält der BGH in solchen Fällen eine Feststellungsklage für *zulässig*:

„Erhebt ein Miterbe zum Zwecke der Auseinandersetzung Klage auf Feststellung einzelner Streitpunkte und dient eine solche Feststellung einer sinnvollen Klärung der Grundlage der Erbauseinandersetzung, dann ist die Klage zulässig. ...)"

(BGH, Urt. v. 27.6.1990 – IV ZR 104/89, NJW-RR 1990, 1220):

Der Antrag ist auch begründet, denn es ist unstreitig, dass der Erblasser alleiniger Darlehensnehmer gewesen ist. Nach dem Tode sind die Parteien im Wege der Universalsukzession gem. § 1922 BGB in die Rechtsposition des Erblassers eingetreten. Sie haben daher entsprechend ihrem Anteil am Nachlass auch für die von dem Erblasser herrührenden Verbindlichkeiten einzustehen.

II. Zum Antrag zu Ziff. 2:

Um Schaden von der Erbengemeinschaft abzuwenden und eine Zwangsvollstreckung der darlehensgebenden Bank zu verhindern, hat der Kläger ein bis Juni 2006 befristetes Darlehen bei der Finanz-Bank Berlin für die Erbengemeinschaft aufgenommen. Da die Beklagte sich im Vorfeld jeglicher Mitwirkung und einvernehmlichen Regelung verschlossen hat, musste der Kläger handeln, um Schaden von der Erbengemeinschaft abzuwenden.

Der Kläger handelte somit im Rahmen der sogenannten „notwendigen Verwaltung" gem. § 2038 Abs. 1 S. 2, 2. Hs BGB. „Zur Erhaltung notwendig" ist eine Maßnahme für den Nachlass stets dann, wenn ohne sie der Nachlass insgesamt oder Teile hiervon Schaden nehmen würden. Derartige Maßnahmen kann bzw muss jeder Miterbe ohne Mitwirkung der anderen Miterben vornehmen.

E. Gerichtliche Geltendmachung und Abwehr § 3

Bei Maßnahmen der Notverwaltung für die Erbengemeinschaft wird die gesamte Erbengemeinschaft verpflichtet. Der Beklagte ist somit auch verpflichtet, sich die Aufwendungen für das Darlehen im Rahmen der Nachlassauseinandersetzung anrechnen zu lassen. Im Übrigen gilt hier das eben bereits zum Klageantrag zu Ziff. 1 gesagte.

C. Ermittlung des vorläufigen Streitwertes

Der vorläufige Streitwert berechnet sich wie folgt:

Hinsichtlich des Klageantrages zu Ziff. 1 ist zur Bemessung des vorläufigen Streitwertes vom Interesse des Klägers auszugehen. Dieser ist i. H. des hälftigen Darlehensbetrages anzunehmen (rund 117.500,00 EUR). Da es sich um eine Feststellungsklage handelt, ist ein Abschlag von 20 % vorzunehmen, so dass sich für den Klageantrag zu Ziff. 5 ein vorläufiger Streitwert von 94.000,00 EUR ergibt.

Hinsichtlich des Klageantrages zu Ziff. 2 ist letztlich ebenso vom Interesse des Klägers der vorläufige Streitwert herzuleiten. Dieser wird auch hier in Höhe des Regelstreitwertes gem. § 48 Abs. 1 GKG iVm §§ 3 ZPO, 23 Abs. 3 S. 2 RVG pauschal mit 4.000,00 EUR angenommen.

Insgesamt ergibt sich danach ein vorläufiger Streitwert von 98.000,00 EUR.

Beglaubigte und einfache Abschrift anbei.

...

Rechtsanwalt ◄

2. Zahlungsklage

▶ **Muster: Zahlungsklage eines Miterben gegen Miterben auf Schadensersatz wegen fehlender Mitwirkung bei Verwaltung**[133]

166

193

Landgericht Berlin

10617 Berlin

Klage

des Bauingenieurs Daniel Meier,

Goethestraße 16, 20348 Hamburg

– Kläger –

Prozessbevollmächtigte:

Rechtsanwälte ... und ...,

Ahornstraße 16, 14163 Berlin-Zehlendorf

gegen

Frau Magda Meier,

Schillerstraße 15, 10179 Berlin

– Beklagte –

wegen: Zahlung,

vorläufiger Streitwert: 75.000,00 EUR.

---

[133] Fall nach BGH, Urt. v. 28.9.2005 – IV ZR 82/04, ZErb 2006, 95; zum außergerichtlichen Vorgehen s. oben, Rn 82.

Namens und in Vollmacht des Klägers erheben wir Klage und werden im Termin zur mündlichen Verhandlung beantragen, die Beklagte zu verurteilen,

an die Erbengemeinschaft nach Max Meier bestehend aus dem Kläger, der Beklagten und Frau Anna Lessing-Meier, Pacellistraße 5, 80333 München 75.000,00 EUR nebst Zinsen in Höhe von 5 Prozentpunkten über dem Basiszinssatz seit dem 14. Januar 2007 zu zahlen.

Für den Fall der Säumnis beantragen wir

den Erlass eines Versäumnisurteils.

Wir bitten darum;

gemäß Nr. 9000 Abs. 2 Kostenverzeichnis eine weitere kostenfreie Ausfertigung bzw Abschrift jeder gerichtlichen Entscheidung oder eines geschlossenen Vergleichs und aller künftigen Sitzungs- und Verkündungsprotokolle zu übersenden

Begründung

A. Sachverhalt

I. Die Parteien des Rechtsstreites sind Erben aufgrund gesetzlicher Erbfolge nach dem am 11.4.2005 verstorbenen Max Meier. Der Kläger ist der Sohn des Erblassers, die Beklagte war seine Ehefrau. Der Erblasser hatte außerdem eine Tochter, Frau Anna Lessing-Meier, Pacellistraße 5, 80333 München. Die Eheleute hatten keine ehevertraglichen Regelungen getroffen, so dass die Beklagte Erbin aufgrund gesetzlicher Erbfolge zu ½ geworden ist. Der Kläger ist neben seiner Schwester Erbe zu je ¼.

II. Zum Nachlass des E gehörte auch eine Darlehensforderung der All-Kredit Bank mit einer Restforderung von 450.000,– EUR zum 31.12.2006. Das Darlehen war u.a. durch eine Grundschuld über 500.000,– EUR zu Lasten eines ebenfalls der Erbengemeinschaft gehörenden Mehrfamilienhauses gesichert. Da der Wert des Mehrfamilienhauses allein nicht mehr ausreichen würde, die Darlehensforderung zu sichern, war die Bank zu einer Verlängerung des Darlehens nicht bereit, so dass sämtliche Mitglieder der Erbengemeinschaft bereits Ende August 2006 wussten, dass die Restforderung der Bank zum 31.12.2006 fällig wird.

Der Nachlass verfügte jedoch nicht über ausreichend liquide Mittel, um die Darlehensforderung zu bedienen. Es bestand lediglich ein Bar- und Depotvermögen im Wert von 150.000,– EUR. Eigenes Kapital wollte keiner der Erben zur Rückzahlung des Darlehens aufwenden.

III. Die Miterbin Anna Lessing-Meier bot daher Mitte August der Erbengemeinschaft an, eine gleichfalls zum Nachlass gehörende Eigentumswohnung zum Preis von 350.000,-- EUR zu kaufen.
Beweis: Zeugnis der Frau Anna Lessing-Meier, Pacellistraße 5, 80333 München
Dies entsprach dem Verkehrswert, den ein Sachverständiger für die Bewertung bebauter und unbebauter Grundstücke für die Immobilie zum Todestag festgestellt hat.
Diesem Angebot waren Verkaufsbemühungen aller Miterben vorausgegangen. Ernsthafte Kaufinteressenten boten jedoch maximal einen Kaufpreis von 275.000,– EUR.
Beweis:
1. Zeugnis des Immobilienmaklers Markus Mittler, Goethestraße 74, 80336 München
2. Angebot der Eheleute Stieler, in Fotokopie als Anlage K1
3. Angebot der Luise Schubert, in Fotokopie als Anlage K2

IV. Der Kläger war einverstanden, dass die Eigentumswohnung an seine Schwester, die Zeugin Lessing-Meier, verkauft werden würde. Die Beklagte verweigerte jedoch ihre Zustimmung zu der

Veräußerung. Zuletzt wurde sie mit Anwaltsschreiben vom 25. August 2006 vergeblich aufgefordert, bei dem Verkauf mitzuwirken.
Beweis: Schreiben der Rechtsanwälte ... und ... vom 25. August 2006, in Fotokopie als Anlage K3

V. Nachdem ein kurzfristiger Verkauf an die Zeugin Lessing-Meier nicht möglich gewesen ist, zog sie ihr Angebot im Dezember 2006 zurück. Unter dem Eindruck der drohenden Darlehensrückzahlung erklärte sich erst dann die Beklagte bereit, die Eigentumswohnung zu veräußern. Nunmehr waren jedoch lediglich noch Interessenten zu gewinnen, die bereit waren, einen Kaufpreis von maximal 275.000,00 EUR zu zahlen.
Beweis: Zeugnis des Immobilienmaklers Markus Mittler, b. b.

VI. Die Immobile konnte dann schließlich am 28. Dezember 2006 an die Eheleute Stieler verkauft werden, wobei ein Kaufpreis von 275.000,00 EUR vereinbart und auch gezahlt worden ist.

VII. Durch die grundlose Weigerung der Beklagten, an dem Verkauf an die Zeugin Lessing-Meier zu wirken, ist der Erbengemeinschaft ein Schaden in Höhe von 75.000,00 EUR zzgl Zinsen entstanden. Hätte die Beklagte Mitte August 2006 dem Verkauf an die Zeugin Lessing-Meier zugestimmt, hätte die Erbengemeinschaft einen Kaufpreis von 350.000,00 EUR statt im Dezember 2006 von 275.000,00 EUR erzielt.
Die Beklagte ist mit Schreiben vom 13. Januar 2007 aufgefordert worden, der Erbengemeinschaft den Schaden iHv 50.000,00 EUR zu ersetzen.
Beweis: Schreiben der Rechtsanwälte ... und ... vom 13. Januar 2007, in Fotokopie als Anlage K4
Die Beklagte reagierte auf dieses Schreiben mit Fax vom darauffolgenden Tag, in dem sie erklärte, dass sie keinerlei Zahlungen leisten werde:
Beweis: Schreiben der Beklagten vom 14. Januar 2007, in Fotokopie als Anlage K5

B. Rechtliche Würdigung

I. Schadenersatzpflicht dem Grunde nach

   1. Fehlende Mitwirkung, Verstoß gegen § 2038 Abs. 1 S. 2, 1 Hs BGB
   Die Beklagte schuldet der Erbengemeinschaft nach Max Meier Schadensersatz in Höhe der Klageforderung gem. § 280 BGB, da sie schuldhaft ihrer Mitwirkungspflicht aus § 2038 Abs. 1 S. 2, 1. Hs BGB nicht nachgekommen ist:
   a) Zwischen den Parteien des Rechtsstreits und der Zeugin Lessing-Meier besteht eine Erbengemeinschaft aufgrund gesetzlicher Erbfolge nach Max Meier. Der Nachlass ist somit ungeachtet der Erbquoten der einzelnen Miterben gemeinschaftliches Vermögen der Miterben geworden, § 2032 Abs. 1 BGB.
   Die Verwaltung des Nachlassvermögens richtet somit nach § 2038 BGB. Nach Abs. 1 S. 2, 1. Hs dieser Norm ist jeder Miterbe
   „*den anderen gegenüber verpflichtet, zu Maßregeln mitzuwirken, die zur ordnungsgemäßen Verwaltung erforderlich sind.*"
   b) Der beabsichtigte Verkauf an die Zeugin Lessing-Meier war eine Maßnahme der ordnungsgemäßen Verwaltung:
      aa) Der Begriff der „*Verwaltung*" ist danach weit und umfassend zu verstehen: Er umfasst alle tatsächlichen und rechtlichen Maßnahmen, die zur Verwahrung, Sicherung, Erhaltung und Vermehrung sowie zur Gewinnung der Nutzungen und Bestreitung laufender Verbindlichkeiten des Nachlasses erforderlich oder geeignet sind
      (BGH, Urt. v. 22.2.1965 – III ZR 208/63, FamRZ 1965, 267, 269).
      Dazu zählen grundsätzlich auch Verfügungen über Nachlassgegenstände

(BGH, Urt. v. 28.9.2005 – IV ZR 82/04, ZErb 2006, 95, 96 unter II 2 a).
Die Veräußerung an die Zeugin Lessing-Meier wäre somit eine Maßnahme der Verwaltung gewesen, weil durch die „Versilberung" der Eigentumswohnung sich der Wert des Nachlassvermögens nicht verringert hätte: Aufgrund der dinglichen Surrogation gem. § 2041 BGB wäre der Veräußerungserlös an die Stelle der Immobilie getreten. Dadurch hätte sich lediglich die Zusammensetzung des Nachlasses verändert, nicht jedoch der Substanzwert verringert. Der Erbengemeinschaft hätte dann die notwendige Liquidität zur Verfügung gestanden, um das Darlehen bei Fälligkeit zurückzuzahlen.

bb) *„Ordnungsgemäße"* Verwaltung umfasst gem. §§ 2038 Abs. 2, S. 1 iVm 745 BGB alle Maßnahmen, die der Beschaffenheit des betreffenden Nachlassgegenstandes und dem Interesse aller Miterben nach billigem Ermessen entsprechen. Maßgebend ist der Standpunkt eines vernünftig und wirtschaftlich denkenden Beurteilers zum Zeitpunkt, in dem die Handlung vorgenommen werden soll
(BGH, Urt. v. 8.5.1952 – IV ZR 208/51, BGHZ 6, 76, 81).
Die Veräußerung der Eigentumswohnung im August/September 2006 an die Zeugin Lessing-Meier wäre danach „ordnungsgemäß" gewesen, weil schon zum damaligen Zeitpunkt keine höheren Kaufpreisangebote als 275.000,00 EUR vorlagen und die Zeugin Lessing-Meier somit ein um 75.000,00 EUR über dem Höchstgebot liegendes Kaufpreisangebot unterbreitet hat.

cc) Der Verkauf an die Zeugin Lessing-Meier war auch *„erforderlich"*, da ohne den Verkauf der Nachlasswert beeinträchtigt worden ist. Bereits zum damaligen Zeitpunkt war deutlich, dass das Kaufpreisangebot der Zeugin Lessing-Meier das höchste sein würde, dass in absehbarer Zeit -nämlich bis zum Rückzahlungstermin des Darlehens – erzielt werden könnte.

c) Verletzt ein Miterbe schuldhaft gegenüber den anderen Miterben seine Pflicht, bei derartigen Maßregeln mitzuwirken, so hat er den daraus entstehenden Schaden zu ersetzen, § 280 Abs. 1 BGB
(vgl hierzu BGH, Urt. v. 28.9.2005 – IV ZR 82/04, ZErb 2006, 95).

2. Die Beklagte war mehrfach aufgefordert worden, an dem Verkauf der Eigentumswohnung an die Zeugin Lessing-Meier mitzuwirken. Zuletzt geschah dies mit Schreiben vom 25. August 2006 (Anlage K 3). In diesem Schreiben wurde die Beklagte auch auf die drohenden Schadensersatzforderungen hingewiesen. Sie blieb jedoch bei ihrer ablehnenden Haltung.

II. Schadenersatzpflicht der Höhe nach
1. Die Beklagte hat im Rahmen des Schadensersatzanspruches das positive Interesse der Erbengemeinschaft zu ersetzen, § 249 Abs. 1 BGB. Der Schaden besteht danach in Höhe der Kaufpreisdifferenz, der sich aus dem Angebot der Zeugin Lessing-Meier in Höhe von 350.000,00 EUR und dem dann vollzogenen Kaufvertrag mit den Eheleuten Stieler (Kaufpreis 275.000,00 EUR) ergibt.
2. Die Beklagte schuldet Zinsen in gesetzlicher Höhe, § 288 Abs. 1 S. 2 BGB, von dem Tag der endgültigen Erfüllungsverweigerung, dem 14. Januar 2007, an, § 286 Abs. 2 Nr. 3 BGB.

E. Gerichtliche Geltendmachung und Abwehr § 3

III. Aktivlegitimation des Klägers
Bei der hier geltend gemachten Schadensersatzforderung handelt es sich um eine Nachlassforderung gem. § 2039 BGB. Der Kläger ist daher berechtigt, den Anspruch alleine für die Erbengemeinschaft geltend zu machen.
Beglaubigte und einfache Abschrift anbei

...
Rechtsanwalt ◄

3. Antrag auf Teilungsversteigerung gem. § 180 ZVG[134]

▶ **Muster: Antrag auf Teilungsversteigerung gem. § 180 ZVG**

Amtsgericht Potsdam
– Vollstreckungsgericht –
Postfach 600951
14409 Potsdam

Antrag auf Anordnung der Teilungsversteigerung

In der Zwangsvollstreckungssache
des Bauingenieurs Daniel Meier, Goethestraße 16, 20348 Hamburg
– Antragsteller –
Prozessbevollmächtigte:
Rechtsanwälte ... und ...,
Ahornstraße 16, 14163 Berlin-Zehlendorf

gegen

1. Frau Magda Meier, Schillerstraße 15, 10179 Berlin,
2. Frau Anna Lessing-Meier, Pacellistraße 5, 80333 München
– Antragsgegner –

beantragen wir namens und in Vollmacht des Antragstellers

die Zwangsversteigerung zum Zwecke der Aufhebung der Gemeinschaft des im Grundbuch zu Groß Glienicke, Blatt 24, Flur 12, Flurstück 340, Gemarkung Groß Glienicke, eingetragenen Grundstückes anzuordnen.

Begründung

Der Antragssteller und die Antragsgegner bilden eine Erbengemeinschaft nach dem am 11.4.2005 verstorbenen Erblasser Max Meier. Er wurde von der Antragsgegnerin zu ½ und vom Antragsteller sowie der Antragsgegnerin zu 2 zu jeweils ¼ beerbt. Das Amtsgericht Tempelhof-Kreuzberg erteilte den Erben unter dem 19.11.2005 einen gemeinschaftlichen Erbschein.
Glaubhaftmachung: Fotokopie der 1. Ausfertigung des Erbscheins vom 19.11.2005, Anlage ASt 1
Herr Max Meier war Alleinerbe nach seiner am 8.2.1971 verstorbenen Mutter Elsa Meier geb. Lehmann. Ein entsprechender Erbschein wurde durch das Amtsgericht Tempelhof-Kreuzberg unter dem 27.1.1978 erteilt.

---

134 Vgl hierzu auch *Grothues*, Die Teilungsversteigerung gem. §§ 180 ff ZVG, Teil 1 und 2, ZErb 2000, 69 und 113.

Glaubhaftmachung: Fotokopie der 1. Ausfertigung des Erbscheins vom 27.1.1978, Anlage ASt 2

Aufgrund dieser Erbscheine wurde die Erbengemeinschaft in das vorgenannte Grundbuch eingetragen, auf das wir Bezug nehmen, § 17 Abs. 2 ZVG.

Nahezu seit Beginn des Bestehens der Erbengemeinschaft wurden erhebliche Diskrepanzen hinsichtlich der Zuständigkeit für erforderliche Formalitäten und Uneinigkeit zum Umgang mit den Behörden deutlich. Die Antragstellerin versuchte daher bereits frühzeitig, im Wege eines Verkaufs des Grundstücks, die Erbengemeinschaft gütlich und ohne größere Verluste aufzulösen. Die Antragsgegner lassen jedoch die seit Mitte 2005 unternommenen Verkaufsversuche des Antragstellers ohne nachvollziehbare Gründe ins Leere laufen.

Auch wies der Antragsteller bereits im Jahre 2005 daraufhin, dass eine Zwangsversteigerung des Grundstückes erforderlich werden würde, wenn ein Verkauf des Grundstückes nicht ermöglicht werden sollte. Sämtliche Versuche einer gütlichen Einigung mit dem Antragsgegner blieben ergebnislos.

Der Antragsteller begehrt mit dem vorliegenden Antrag nunmehr als Miteigentümer zu ¼ die Aufhebung der Bruchteilsgemeinschaft gem. § 180 ZVG.

...

Rechtsanwalt ◄

168 **Erläuterungen.** Immobilien, die zum Gesamthandsvermögen der Erbengemeinschaft gehören, werden zwangsweise grundsätzlich nur durch Teilungsversteigerung gem. § 180 ZVG „versilbert". Wird ungeachtet der zum Nachlass gehörenden Immobilien Teilungsklage erhoben, ist der Nachlass nicht teilungsreif und die Teilungsklage abzuweisen:[135]

169 **Zuständig** ist das Gericht, in dessen Gerichtsbezirk die versteigernde Immobilie belegen ist, § 1 ZVG.

170 **Antragsberechtigt** ist jeder Miterbe als Bruchteilseigentümer grundsätzlich zu jeder Zeit, § 2042. Ausnahmen können sich beispielsweise durch testamentarische Anordnungen (Teilungsverbot, § 2044 BGB) oder Vereinbarungen zwischen *allen* Miterben ergeben.[136]

171 Ein **Vollstreckungstitel** iSv § 16 Abs. 1 ZVG ist im Rahmen der Teilungsversteigerung nach § 180 ZVG nicht erforderlich. „Anspruch" iSv § 16 Abs. 1 ZVG ist der Anspruch auf Aufhebung der Gemeinschaft.[137] Dies muss der Antragssteller nicht nachweisen, sondern kann auf das Grundbuch verweisen, § 17 Abs. 2 ZVG.

172 Das **Vollstreckungsgericht** verteilt den Erlös der Zwangsversteigerung nur dann unter den Miterben, wenn spätestens im Verteilungstermin eine Erklärung aller Erben vorliegt. Andernfalls wird der Erlös nach Abzug der Kosten für das Verfahren bei der Hinterlegungsstelle des Amtsgerichts hinterlegt. Für die Freigabe des hinterlegten Geldes ist dann wiederum eine gemeinsame Erklärung aller Erben oder ein diese Erklärung ersetzendes Urteil erforderlich.

III. Auseinandersetzung

173 Die gerichtliche Auseinandersetzung einer Erbengemeinschaft ist sicherlich die „*hohe Kunst*" der Prozessführung im Erbrecht. Man kann hier sehr schnell sehr viel verkehrt machen und

---

135 BGH, Urt. v. 21.1.1998 – IV ZR 346/96, NJW 1998, 1156, 1157 im rechtlich vergleichbaren Fall einer Gütergemeinschaft; aA OLG Köln OLGR 1996, 215: Teilungsreife liegt dann vor, wenn i.R.d. Erbauseinandersetzungsklage auch die Zustimmung zur Auskehrung des Erlöses des Versteigerungsverfahrens nach § 180 ZVG nach bestimmten Quoten erreicht werden soll.
136 Vgl hierzu iE Bonefeld/Daragan/Wachter/*Rißmann*, Der Fachanwalt für Erbrecht, 2006, 9. Kapitel, Rn 205ff.
137 *Grothues*, Die Teilungsversteigerung gem. §§ 180ff ZVG, Teil 1, ZErb 2000, 69, 71.

dadurch einen Prozess vollständig verlieren. Für den Mandanten bedeutet die gerichtliche Auseinandersetzung einer Erbengemeinschaft, dass er in der Regel sehr viel Geduld aufbringen muss und nicht damit rechnen kann, in einem *„schnellen Prozess"* alle offenen Punkte zu klären.

▶ **Muster: Teilungsklage**

Landgericht Berlin

10617 Berlin

Klage

des Bauingenieurs Daniel Meier,

Goethestraße 16, 20348 Hamburg

– Kläger –

Prozessbevollmächtigte:

Rechtsanwälte ... und ...,

Ahornstraße 16, 14163 Berlin-Zehlendorf

gegen

Frau Magda Meier,

Schillerstraße 15, 10179 Berlin

– Beklagte[138] –

wegen: Zustimmung zum Teilungsplan zur Auseinandersetzung einer Erbengemeinschaft,

vorläufiger Streitwert: 44.500,00 EUR.

Namens und in Vollmacht des Klägers erheben wir Klage und werden im Termin zur mündlichen Verhandlung beantragen, die Beklagte zu verurteilen,

dem folgenden Teilungsplan zuzustimmen:

„Das auf dem Konto der All Finanz-Kasse in Hamburg, BLZ 230 90 97, Kontonummer 80 90 73 29, lautend auf Max Meier – Nachlass – befindliche Guthaben wird an den Kläger und Frau Anna Lessing-Meier, Pacellistraße 5, 80333 München zu je ¼ und an die Beklagte zu ½ ausgezahlt. Das Konto soll nach der Auszahlung aufgelöst werden."

Für den Fall der Säumnis beantragen wir

den Erlass eines Versäumnisurteils.

Wir bitten um Erteilung einer weiteren kostenfreien Abschrift jeder gerichtlichen Entscheidung.

Begründung

A. Sachverhalt

I. Die Parteien des Rechtstreites sind Erben aufgrund gesetzlicher Erbfolge nach dem am 11.4.2005 verstorbenen Max Meier. Der Kläger ist der Sohn des Erblassers, die Beklagte war seine Ehefrau. Der Erblasser hatte außerdem eine Tochter, Frau Anna Lessing-Meier, Pacellistraße 5, 80333 München. Die Eheleute hatten keine ehevertraglichen Regelungen getroffen. Die Beklagte ist

---

138 Verklagt werden müssen lediglich die Miterben, die ihre Zustimmung zu dem Teilungsplan verweigern. Um sich nicht hinterher einen Miterben gegenüber zu sehen, der nach einem obsiegenden Urteil gegen den anderen Miterben es *„sich anders überlegt"* hat, ist mit den zustimmenden Erben im Vorfeld eine Vereinbarung beweiskräftig abzuschließen.

daher Erbin aufgrund gesetzlicher Erbfolge zu ½ und der Kläger neben seiner Schwester Erbe zu je ¼ geworden.

Der Erblasser hinterließ umfangreiches Vermögen und zwar neben dem hier in Rede stehenden Kontoguthaben mehrere Immobilien. Hinsichtlich der Immobilien haben sich die Miterben vorprozessual zu notarieller Urkunde auf eine Übertragung gegen Ausgleichszahlung geeinigt. Die Übertragungen sind dann vollzogen, die Ausgleichszahlungen sind geleistet.

Zum Nachlass gehört mithin ausschließlich noch das Guthaben auf dem streitbefangenen Konto.

II. Die Beklagte ist nicht bereit, einer Aufteilung des Kontoguthabens, wie hier beantragt, zuzustimmen, da sie der Meinung ist, dass sie bei den vorangegangen Immobilienübertragungen „zu wenig" erhalten habe und ihr jetzt mehr als die Hälfte des Kontoguthabens zustünde. Außerdem gehe es ihr gesundheitlich im Augenblick so schlecht, dass sie sich „mit diesem Thema nicht beschäftigen" wolle und könne.

B. Rechtliche Würdigung

I. Die Parteien dieses Rechtsstreits sowie Frau Anna Lessing-Meier bilden eine Erbengemeinschaft gemäß § 2032 BGB aufgrund gesetzlicher Erbfolge.

Jeder Miterbe kann gemäß § 2042 BGB jederzeit die Auseinandersetzung verlangen.

II. Der Nachlass ist teilungsreif. Sämtliche Nachlassverbindlichkeiten sind beglichen (§ 2046 Abs. 1 S. 1 BGB). Immobilien gehören nicht mehr zum Nachlass, nachdem sich die Miterben über deren Verteilung geeinigt haben und die Verteilung vollzogen ist.

III. Die Beklagte kann mit ihrem Einwand nicht gehört werden, dass sie bei der Verteilung der Immobilien „zu wenig" erhalten habe. Der hierzu geschlossene Vertrag ist insoweit abschließend. Nur am Rande sei erwähnt, dass die Bemessung der Ausgleichszahlungen aufgrund von Gutachten öffentlich bestellter und vereidigter Sachverständiger über die Verkehrswerte der jeweiligen Immobilien beziffert worden ist.

Die Verteilung des Kontoguthabens wurde zum damaligen Zeitpunkt lediglich deswegen noch nicht vollzogen, da noch eine mögliche Einkommensteuernachzahlung des E von diesem Konto als Nachlassverbindlichkeit beglichen werden sollte. Das Finanzamt hat jedoch mittlerweile erklärt, dass soweit keine weiteren Forderungen mehr geltend gemacht werden.

C. Streitwert

Der Streitwert einer Teilungsklage richtet sich nach dem Wert des Erbanteils, dass der Kläger mit der Auseinandersetzung begehrt

(BGH, Urt. v. 24.4.1975 – III ZR 173/72, NJW 1975, 1415, 1416),

wobei aufgelaufene Zinsen streitwerterhöhend zu berücksichtigen sind. Es handelt sich nicht um eine Nebenforderung iSv § 4 Abs. 1, 2. Hs ZPO

(BGH, Urt. v. 3.4.1998 – V ZR 143/97, NJW-RR 1998, 1284).

Das Guthaben auf dem im Teilungsplan genannten Konto beläuft sich inklusive Zinsen auf 178.000,– EUR (Stand 1. November 2006). Hiervon kann der Kläger ¼, mithin 44.500,– EUR beanspruchen. Dies ist somit der Streitwert der vorliegenden Klage.

Beglaubigte und einfache Abschrift anbei.

...

Rechtsanwalt ◄

E. Gerichtliche Geltendmachung und Abwehr § 3

Erläuterungen. In diesem Muster sind absichtlich keine Beweise angeboten und auch keine Urkunden beigefügt. Es ist nicht notwenig, die Gerichtsakte mit Urkunden zu belasten, wenn es entweder auf deren Inhalt nicht ankommt (hier der vorangegangene Teilauseinandersetzungsvertrag) oder aber der Sachverhalt unstreitig bleibt (hier die Erbquote). 175

Zur Vorbereitung der Teilungsklage s. auch die Checkliste von *Krug*, nachfolgend im Anhang unter Rn 181.

▶ **Muster: Verteidigung gegen Teilungsklage** 176

In dem Rechtsstreit

Meier gegen Meier

zeige ich an, dass ich die Beklagte vertrete.

Im Termin zur mündlichen Verhandlung werde ich beantragen,

die Klage abzuweisen.

Begründung

Die Klage ist unbegründet, da der Nachlass nicht teilungsreif ist. Der Erblasser hinterließ Steuerforderungen des Finanzamtes in Höhe von rund 120.000,00 EUR, die nunmehr von der Erbengemeinschaft geschuldet werden. Zwar wurde dem Antrag auf Aussetzung der Vollziehung gegen den Steuerbescheid durch das Finanzamt stattgegeben; über den gleichzeitig eingelegten Widerspruch hat das Finanzamt jedoch noch nicht entschieden.

Beweis: Schreiben des Finanzamtes vom 15.3.2006

Mangels Teilungsreife ist die Auseinandersetzungsklage daher unbegründet.

Beglaubigte und einfache Abschrift anbei.

Schwafel

Rechtsanwalt ◀

IV. Zwangsvollstreckung in Miterbenanteil

1. Antrag auf Erlass eines Pfändungs- und Überweisungsbeschlusses

▶ **Muster: Antrag auf Erlass eines Pfändungs- und Überweisungsbeschlusses**[139] 177

Amtsgericht Berlin-Mitte

10174 Berlin

23. September 2006

In der Zwangsvollstreckungssache

des Herrn Hans Band,

Zahlweg 7, 66687 Wadern

– Gläubiger –

Prozessbevollmächtigter:

Rechtsanwalt Peter Listig, Kurfürstendamm 103–104, 10711 Berlin

---
[139] S. hierzu auch *Stöber*, Forderungspfändung, Rn 1664.

gegen

Frau Magda Meier,

Schillerstraße 15, 10179 Berlin

− Schuldnerin −

wird beantragt, den nachstehend entworfenen Beschluss zu erlassen und die Zustellung zu vermitteln, an den Drittschuldner mit der Aufforderung nach § 840 ZPO.

Vollstreckungsunterlagen und Gerichtskosten (Gebühr Nr. 1640 Kost. Verz. GKG) anbei.

Listig

Rechtsanwalt

A M T S G E R I C H T

Geschäfts.-Nr.: ···

Pfändungs- und Überweisungsbeschluss

In der Zwangsvollstreckungssache

des Herrn Hans Band,

Zahlweg 7, 66687 Wadern

− Gläubiger −

Prozessbevollmächtigter:

Rechtsanwalt Peter Listig, Kurfürstendamm 103–104, 10711 Berlin,

gegen

Frau Magda Meier,

Schillerstraße 15, 10179 Berlin

− Schuldnerin −

wird wegen der in nachstehendem Forderungskonto näher bezeichneten und berechneten Forderung(en) in Höhe von insgesamt 27.880,99 EUR zuzüglich

1. etwaiger weiterer Zinsen gemäß nachstehendem Forderungskonto
2. der Rechtsanwaltskosten gemäß nachstehender Vergütungsberechnung
3. der Zustellkosten dieses Beschlusses

die Forderung der Schuldnerin, nämlich

1. der angebliche Nachlassmiterbenanteil der Schuldnerin am Nachlass in Höhe von ½ nach dem am 13.8.1930 geborenen und 11.4.2005 verstorbenen Max Meier, wohnhaft zuletzt in Berlin-Mitte, Schillerstraße 15, 10179 Berlin,
2. die Ansprüche der Schuldnerin auf Auseinandersetzung des vorbezeichneten Nachlasses und Teilung der Nachlassmasse sowie auf Auskunft über den Bestand des Nachlasses

gegen die anderen Miterben als Drittschuldner, nämlich

die Drittschuldnerin: (1)

Frau

Anna Lessing-Meier

Pacellistraße 5

80333 München

E. Gerichtliche Geltendmachung und Abwehr § 3

den Drittschuldner: (2)

Herrn Daniel Meier,

Goethestraße 16,

20348 Hamburg

gepfändet.

Den Drittschuldnern wird verboten, an die Schuldnerin zu leisten. Dem Schuldner wird geboten, sich jeder Verfügung über den Erbteil, insbesondere seiner Einziehung und Auseinandersetzung, zu enthalten.

Zugleich werden die gepfändeten Ansprüche und Rechte sowie der gepfändete Erbteil in Höhe des Pfandbetrages den Gläubigern zur Einziehung

überwiesen.

Ferner wird angeordnet, dass die dem Schuldner bei der Auseinandersetzung des Nachlasses zukommenden Sachen an eine vom Gläubiger zu beauftragenden Gerichtsvollzieher/in zum Zwecke der Verwertung herauszugeben sind.

Forderungskonto 123/06

Stand: 23.9.2006

Gläubiger:

Herr Hans Band, Zahlweg 7, 66687 Wadern

Prozessbevollmächtigte:

Rechtsanwalt Peter Listig, Kurfürstendamm 103–104, 10711 Berlin,

(Konto: Allgemeine Kredit Kasse (BLZ 10034000), Kto-Nr.: 784512)

Schuldnerin:

Frau Magda Meier, Schillerstraße 15, 10179 Berlin

Forderung / Titel:

Urteil des Landgerichts Berlin vom 16.9.2006

zum gerichtlichen Aktenzeichen: 41 O 31/06

Hauptforderung: 25.000,00 EUR nebst Zinsen 5,00%-Punkte über Basiszinssatz ab 4.2.2001

Zeitraum	Tage	Zinssatz	Zinsertrag
4.2.2001 – 30.4.2001:	86	9.26 %	545,45 EUR
1.5.2001 – 31.8.2001:	123	9.26 %	780,12 EUR
1.9.2001 – 31.12.2001:	122	8.62 %	720,30 EUR
1.1.2002 – 30.6.2002:	181	7.57 %	938,47 EUR
1.7.2002 – 31.12.2002:	184	7.47 %	941,43 EUR
1.1.2003 – 30.6.2003:	181	6.97 %	864,09 EUR
1.7.2003 – 31.12.2003:	184	6.22 %	783,89 EUR
1.1.2004 – 30.6.2004:	182	6.14 %	763,31 EUR
1.7.2004 – 31.12.2004:	184	6.13 %	770,44 EUR
1.1.2005 – 30.6.2005:	181	6.21 %	769,87 EUR
1.7.2005 – 31.12.2005:	184	6.17 %	777,59 EUR
1.1.2006 – 30.6.2006:	181	6.37 %	789,71 EUR
1.7.2006 – 23.9.2006:	85	6.95 %	404,62 EUR

Total:

4.2.2001 – 23.9.2006:	2058	Zinsen:	9.849,28 EUR
Ausgangsforderung:	+ 25.000,00 EUR		
Gesamtforderung:	= 34.849,28 EUR		
Jeder Tag ab 24.9.2006:	1	6.95 %	4,76 EUR

Rechtsanwaltsvergütungsberechung

Gegenstandswert: 34.849,28 EUR

Verfahrensgebühr Zwangsvollstreckung

§ 13, Nr. 3309 VV RVG	0,3	249,00 EUR
Post- und Telekommunikation Nr. 7002 VV RVG	20,00 EUR	
Zwischensumme netto	269,00 EUR	
16 % Umsatzsteuer Nr. 7008 VV RVG	43,04 EUR	
zu zahlender Betrag	312,04 EUR	

...

(Rechtspfleger/in) ◄

178 Erläuterungen. Zuständig für den Erlass des Pfändungs- und Überweisungsbeschlusses ist als Vollstreckungsgericht das AG am Wohnsitz des Schuldners, § 764 Abs. 2 ZPO

2. Antrag auf Eintragung einer Vormerkung

179 ▶ **Muster: Antrag auf Eintragung einer Vormerkung**

Amtsgericht Hohenschönhausen

Grundbuchamt

Wartenberger Str. 40

13053 Berlin

Antrag gem. § 22 GBO

Wir zeigen an, dass wir Herr Hans Band, Zahlweg 7, 66687 Wadern vertreten. Namens und in Vollmacht unseres Mandanten beantragen wir,

zum Grundstück Schillerstraße 15, 10179 Berlin;

Grundbuch vom Berlin-Mitte, Blatt 3942;

Flur 2, Flurstück 4914/32

in das Grundbuch die Pfändung gem. Beschluss des Amtsgerichts Berlin-Mitte vom 10. Oktober 2006 zum gerichtlichen Aktenzeichen 40 M 3140/06 vorzumerken und das Grundbuch insoweit hinsichtlich der Verfügungsberechtigung der Eigentümer zu berichtigen.

Begründung

Im Grundbuch zur Schillerstraße 15, 10179 Berlin, Grundbuch von Berlin-Mitte, Blatt 3942, Flur 2, Flurstück 4914/32 sind Frau Magda Meier, Herr Daniel Meier und Frau Anna Lessing-Meier aufgrund gemeinschaftlichen Erbscheins vom 19.11.2005 im Nachlassverfahren nach Max Meier als Erbengemeinschaft zu ½ neben Frau Magda Meier eingetragen worden.

Mit Pfändungsbeschluss des Amtsgerichts Schöneberg vom 10.10.2006 -40 M 3140/06- wurde aufgrund des vorläufig vollstreckbaren Anspruchs der Antragsteller (Urteil des Landgerichts Berlin vom

16.9.2006 – 41 O 31/06) die folgende angebliche Forderung der Schuldnerin Magda Meier gepfändet wie folgt:
1. der angebliche Nachlassmiterbenanteil der Schuldnerin am Nachlass in Höhe von ½ nach dem am 13.8.1930 geborenen und 11.4.2005 verstorbenen Max Meier, wohnhaft zuletzt in Berlin-Mitte, Schillerstraße 15, 10179 Berlin,
2. die Ansprüche der Schuldnerin auf Auseinandersetzung des vorbezeichneten Nachlasses und Teilung der Nachlassmasse sowie auf Auskunft über den Bestand des Nachlasses

Die Pfändung erfolgte wirksam gegenüber den Miterben Daniel Meier und Anna Lessing-Meier.
Zum Nachweis ist diesem Antrag
– der Pfändungsbeschluss des Amtsgerichts Berlin-Mitte im Original sowie
– eine beglaubigte Abschrift der vollstreckbaren Ausfertigung des Urteils des Landgerichts Berlin beigefügt.

Gem. § 894 iVm 859 Abs. 2 ZPO ist die Erbteilpfändung im Grundbuch durch die Gläubiger eintragbar (vgl hierzu Zöller/Stöber, ZPO-Kommentar, § 859 ZPO Rn 18).
Ferner wird beantragt, den Antragstellern einen unbeglaubigten Grundbuchauszug *nach* Eintragung der Berichtigung zu erteilen.
Listig
Rechtsanwalt ◄

F. Anhang

I. Schiedsordnung der DSE[140]

Schiedsordnung der Deutschen Schiedsgerichtsbarkeit für Erbstreitigkeiten e.V.
vom 1.8.1999,
geändert am 1.7.2004

Vorwort

Die Deutsche Schiedsgerichtsbarkeit für Erbstreitigkeiten (DSE e.V.) wurde im Jahre 1998 auf Initiative der Deutschen Vereinigung für Erbrecht und Vermögensnachfolge e.V. unter Federführung von Herrn Walter Krug, Vorsitzender Richter LG Stuttgart, und Herrn Notariatsdirektor a.D. Dr. Heinrich Nieder gegründet.

Der Institutionalisierung der Schiedsgerichtsbarkeit im Erbrecht lag der Gedanke zugrunde, daß die zum Großteil hohen Vermögenswerte auf dem Weg in die nächste Generation in öffentlichen Verfahren vor den ordentlichen Gerichten vielfach zerstritten werden. So liegen die Kosten allein in einer ersten Instanz vor den ordentlichen Gerichten bei ca. 20 % des Vermögenswertes. Gerade im Bereich des Erbrechts und dem Recht der Vermögensnachfolge kommt es aufgrund der häufig ungenauen letztwilligen Verfügungen des Erblassers zu Streitigkeiten unter den Bedachten. Die Deutsche Schiedsgerichtsbarkeit im Erbrecht will die oft über mehrere Jahre wenn nicht gar Jahrzehnte andauernden Streitigkeiten auf einen erstinstanzlichen und somit zeitlich überschaubaren in der Regel nur wenige Monate dauernden Schiedsverfahrensweg beschränken. Darüber hinaus wird die zu den schwierigsten Gebieten des Zivilrechts zählende Erbrechtsmaterie ausschließlich von spezialisierten Fachleuten als Schiedsrichtern wahrgenom-

---
140 Die Schiedsordnung kann auch im Internet unter www.DSE-Erbrecht.de heruntergeladen werden.

men. Durch die Wahl des Schiedsverfahrens der Deutschen Schiedsgerichtsbarkeit im Erbrecht wird zum einen eine genaue Bemessung des Kostenumfangs möglich, zum anderen sind die Kosten erheblich geringer als in einem langen Instanzenzug vor den ordentlichen Gerichten.
DSE e.V.
Der Vorstand

§ 1 Anwendungsbereich
1.1 Schiedsverfahren durch Verfügung von Todes wegen

Die Schiedsordnung der Deutschen Schiedsgerichtsbarkeit für Erbstreitigkeiten e.V. findet Anwendung auf alle Streitigkeiten, die sich aus einer Verfügung von Todes wegen ergeben und deren Anwendbarkeit durch Verfügung von Todes wegen unter Ausschluß des Rechtsweges angeordnet wurde. Es gilt die jeweils aktuelle Schiedsordnung der Deutschen Schiedsgerichtsbarkeit für Erbstreitigkeiten e.V.(DSE).

1.2 Schiedsverfahren durch Parteivereinbarung

Die Schiedsordnung findet auch auf diejenigen Streitigkeiten im Erbrecht Anwendung, bei denen sich die Parteien vorab oder nach Eintritt des Erbfalls vertraglich auf die Anwendbarkeit der Schiedsordnung der Deutschen Schiedsgerichtsbarkeit für Erbstreitigkeiten e.V. (DSE) geeinigt haben. Ziff. 1.1. gilt entsprechend.

§ 2 Eröffnung des Schiedsverfahrens und Benennung der Schiedsrichter
2.1 Einreichung der Klage bei der DSE-Bundesgeschäftsstelle

(1) Das Schiedsverfahren wird durch Einreichung der Klageschrift bei der Bundesgeschäftsstelle der Deutschen Schiedsgerichtsbarkeit für Erbstreitigkeiten e.V. (DSE) eingeleitet.
(2) Mit Zustellung der Klage an den Beklagten tritt Schiedshängigkeit ein.

2.2 Zustellungen

(1) Schiedsklage, Sachanträge und Klagrücknahmen, Ladungen, fristsetzende Verfügungen und Entscheidungen des Schiedsgerichts, auch verfahrensbeendende Entscheidungen, insbesondere Schiedssprüche, sind den Beteiligten auf angemessene Weise kundzugeben. Hierbei muß der Nachweis des Zugangs gewährleistet sein.
In der Wahl der Übersendungsart ist die DSE-Bundesgeschäftsstelle frei.
(2) Ist der Aufenthalt oder der Sitz einer Partei unbekannt, gelten zuzustellende Schriftstücke mit dem Tag als zugegangen, an dem sie bei ordnungsgemäßer Übermittlung an der von dem Adressaten zuletzt bekanntgegebenen Postanschrift hätten empfangen werden können.

2.3 Inhalt der Klage

(1) Die Klage muß enthalten:
- die Bezeichnung der Parteien (Name, Anschrift),
- eine beglaubigte Kopie der die Schiedsordnung enthaltenden Verfügung von Todes wegen samt nachlaßgerichtlichem Eröffnungsprotokoll oder Original des Schiedsvertrages
- die Angabe des Streitgegenstandes und des Grundes des erhobenen Anspruches,
- einen bestimmten Antrag.

(2) Darüber hinaus muß die Klage eine vorläufige Angabe zur Höhe des Streitwertes enthalten.
(3) Die Klage soll die Geburtsdaten der Parteien, deren Staatsangehörigkeit, Verwandtschafts- und Familienverhältnisse enthalten.

(4) Die Parteien sollen den Schriftsätzen, die sie bei dem Schiedsgericht einreichen, die für die Zustellung erforderliche Anzahl von Abschriften der Schriftsätze und deren Anlagen beifügen. Das gilt nicht für Anlagen, die dem Gegner in Urschrift oder in Abschrift vorliegen.

2.4 Kosten bei Einleitung des Verfahrens

(1) Zur Einleitung des Verfahrens hat die klagende Partei die DSE-Verfahrensgebühr gemäß Anlage 1 zum GKG Nr. 1202 c) sowie im Falle der Entscheidung durch den Einzelschiedsrichter zwei Schiedsrichtergebühren und im Falle eines Dreierschiedsgerichts vier Gebühren nach der bei Beginn des Verfahrens gültigen Gebührentabelle (Anlage zur Schiedsordnung) zu entrichten. Die Höhe der Gebühren bestimmt sich nach dem Streitwert, der vom DSE-Vorstand erforderlichenfalls unanfechtbar (vorläufig) festgesetzt wird.

(2) Für den Fall, daß die Klagepartei den vorbezeichneten Vorschuß nicht geleistet hat, hat die DSE-Bundesgeschäftsstelle beide Parteien, die beklagte Partei unter formloser Übersendung einer Abschrift der Klageschrift, aufzufordern, den erforderlichen Vorschußbetrag innerhalb einer von der Bundesgeschäftsstelle zu setzenden Zwei-Wochen-Frist zu bezahlen. Die Zahlungsfrist kann angemessen verlängert werden.

Jede Partei hat das Recht, den Vorschuß auch gegen den Willen der anderen Partei zu erbringen.

(3) Wird der Vorschuß nicht fristgerecht bezahlt, erfolgt keine Zustellung. Für das bisherige Verfahren fällt eine 1/4-Gebühr an, die von der klagenden Partei zu entrichten ist.

(4) Die Bundesgeschäftsstelle ist in jeder Lage des Verfahrens berechtigt, weitere Vorschüsse anzufordern, sofern eine Erhöhung des Streitwertes absehbar ist.

2.5 Zustellung der Klage durch die DSE-Bundesgeschäftsstelle

Nach Zahlung des Vorschusses stellt die DSE-Bundesgeschäftsstelle dem oder der Beklagten die Klage unverzüglich zu.

2.6 Schiedsrichterliste

(1) Die Deutsche Schiedsgerichtsbarkeit für Erbstreitigkeiten führt eine Liste der Schiedsrichter.

(2) Schiedsrichter kann nur sein, wer in die Liste aufgenommen ist.

(3) Über die Aufnahme und über die Löschung in der Liste entscheidet der Vorstand der Deutschen Schiedsgerichtsbarkeit für Erbstreitigkeiten e.V nach Ermessen.

2.7 Zusammensetzung des Schiedsgerichts und Ernennung der Schiedsrichter

(1) Das Schiedsgericht besteht aus dem Vorsitzenden (Grundsatz der Einzelrichterentscheidung).

Durch Schiedsvereinbarung können die Parteien festlegen, daß ein Kollegialgericht, bestehend aus dem Vorsitzenden Schiedsrichter und zwei beisitzenden Schiedsrichtern, für die Entscheidung des Rechtsstreits zuständig ist.

Dies gilt auch in den Fällen, in denen der Erblasser dies durch letztwillige Verfügung angeordnet hat.

(2) Der oder die Schiedsrichter werden vom Vorstand der DSE benannt.

(3) Die Ernennung wird den Schiedsrichtern unverzüglich von der Bundesgeschäftsstelle der DSE mitgeteilt.

(4) Ist ein Schiedsrichter verhindert, das Schiedsrichteramt auszuüben, so hat er die Niederlegung seines Amtes unter Angabe der Gründe der DSE-Bundesgeschäftsstelle innerhalb von einer

Woche ab Zugang der Benennung mitzuteilen. Im übrigen darf der Schiedsrichter das Amt selbst nur aus wichtigem Grund niederlegen.

Als wichtige Gründe sind hierbei anzusehen:

a) Ein Schiedsrichter hat eine der Parteien vor Beginn des Verfahrens im Zusammenhang mit dem der Schiedsklage zugrundeliegenden Streitstoff beraten oder vertreten.

b) Ein Schiedsrichter ist nicht in der Lage, das Schiedsverfahren innerhalb angemessener Frist durchzuführen.

c) Ein Schiedsrichter ist vom Ausgang des Rechtsstreits materiell betroffen.

(5) Einer Verweigerung der Übernahme des Schiedsrichteramtes ist es gleichzusetzen, wenn ein Schiedsrichter trotz zweimaliger Aufforderung durch die Bundesgeschäftsstelle der DSE innerhalb der gesetzten Frist keine Erklärung zur Übernahme des Amtes abgibt.

(6) Bei Ausscheiden eines Schiedsrichters durch Tod oder aus einem anderen Grunde sowie bei Verweigerung der Übernahme oder Fortführung des Schiedsrichteramtes wird vom Vorstand der DSE unverzüglich ein Ersatzschiedsrichter benannt.

(7) Die Zusammensetzung des Schiedsgerichts wird den Parteien mitgeteilt.

§ 3 Ablehnung und Verhinderung eines Schiedsrichters
3.1 Ablehnung durch die Parteien

(1) Bezüglich der Ausschließung eines Schiedsrichters vom Schiedsrichteramt und bezüglich der Ablehnung eines Schiedsrichters wegen der Besorgnis der Befangenheit gelten die Vorschriften der ZPO (§§ 41, 42, 43, 48) entsprechend. Über die Ablehnung entscheidet der Vorstand der DSE unanfechtbar. Die im Zusammenhang damit entstehenden zusätzlichen Kosten sind Kosten des Schiedsverfahrens.

(2) Das Amt des Schiedsrichters ist beendet,
– aufgrund der Entscheidung des DSE-Vorstandes gemäß § 3 Ziffer 3.1
– wenn die andere Partei mit der Ablehnung einverstanden ist
– wenn der Schiedsrichter sein Amt nach der Ablehnung niederlegt.

(3) Der DSE-Vorstand benennt er nach Ausscheiden eines Schiedsrichters den Ersatzschiedsrichter.

3.2 Entbindung durch den DSE-Vorstand

(1) Der Vorstand der DSE kann neben den unter 3.1 genannten Gründen den Schiedsrichter von seinem Amt entbinden, wenn dieser nicht innerhalb von drei Monaten nach Abschluß der mündlichen Verhandlung einen Schiedsspruch erlassen oder innerhalb von drei Monaten nach Eröffnung des Schiedsverfahrens seine Tätigkeit aufgenommen hat.

(2) Des weiteren kann der Vorstand der DSE den Schiedsrichter unter den Voraussetzungen des § 2 Ziff. 2.7 Abs. 5 dieser Schiedsordnung von seinem Amt entbinden.

3.3. Kosten bei Abberufung eines Schiedsrichters oder Niederlegung des Amtes

(1) Legt ein Schiedsrichter im Falle seiner Ablehnung sein Amt nieder oder wird er von den Parteien abberufen, ohne daß jeweils ein Ablehnungsgrund vorliegt, so behält er seinen Vergütungsanspruch. In allen übrigen Fällen steht ihm eine Vergütung nicht zu.

(2) Die dem Schiedsrichter zustehende Vergütung sind im Falle der Abberufung oder Niederlegung, sofern ein Ablehnungsgrund nicht vorliegt, Kosten des Schiedsverfahrens.

(3) Der Schiedsrichter, der vom DSE-Vorstand im Falle der Untätigkeit (§ 2 Ziff. 2.7 Abs. 5, § 3 Ziff. 3.3 Abs. 1) von seinem Amt entbunden wird, erhält keine Vergütung.
(4) Behält der ausgeschiedene Schiedsrichter seinen Vergütungsanspruch, so wird ein Ersatzschiedsrichter erst benannt, wenn eine der Parteien den erforderlichen Vorschuß einbezahlt hat.

§ 4   Das Schiedsverfahren

4.1 Allgemeine Grundsätze

Vorbehaltlich anderweitiger Vereinbarung der Parteien oder der Bestimmungen dieser Schiedsordnung führt das Schiedsgericht das Schiedsverfahren in analoger Anwendung des Verfahrens vor den Landgerichten in 1. Instanz nach den Vorschriften der Zivilprozeßordnung und des Gerichtsverfassungsgesetzes durch. Anwaltszwang besteht nicht.

4.2 Sprache

(1) Die Sprache des Schiedsverfahrens ist deutsch. Sind an dem Verfahren Personen beteiligt, die die deutsche Sprache nicht verstehen und/oder sprechen können, ist dies der DSE-Bundesgeschäftsstelle mitzuteilen. Die DSE-Bundesgeschäftsstelle hat für die notwendige Verständigungsmöglichkeit zu sorgen.
(2) Sie kann einen Auslagenvorschuß anfordern.

4.3 Ort des Schiedsverfahrens

Den Ort des Schiedsverfahrens bestimmt der DSE-Vorstand. Bestimmen die Parteien einvernehmlich einen anderen Ort, so gilt dieser für die Durchführung des Schiedsverfahrens.

4.4 Einleitung des Verfahrens

Der Vorsitzende des Schiedsgerichts bzw. der Einzelschiedsrichter setzt der beklagten Partei eine Frist zur Klagerwiderung und stellt einen Zeitplan für das Schiedsverfahren auf.

4.5 Zustellung von Schriftsätzen, Ladungen und Verfügungen des Schiedsgerichtes

Alle Schriftstücke, die dem Schiedsgericht von einer Partei zugeleitet werden, sowie Ladungen und Verfügungen des Schiedsgerichts sind durch die DSE-Bundesgeschäftsstelle der anderen Partei zu übermitteln. Die Zustellung erfolgt gemäß § 2 Ziff. 2.2.

4.6 Mündliche Verhandlung

(1) Der Vorsitzende hat darauf hinzuwirken, daß die Parteien sich über alle erheblichen Tatsachen vollständig erklären und sachdienliche Anträge stellen. Er hat den Parteien in jedem Stand des Verfahrens rechtliches Gehör zu gewähren. Es ist mündlich zu verhandeln, es sei denn, daß die Parteien etwas anderes vereinbaren.
(2) Das Schiedsgericht trifft die Vorkehrungen für die Übersetzung von mündlichen Ausführungen bei der Verhandlung und für die Anfertigung eines Verhandlungsprotokolls. § 4 Ziffer 4.2 Abs. 2 gilt entsprechend.
(3) Die mündliche Verhandlung ist nicht öffentlich, es sei denn, daß die Parteien etwas anderes vereinbaren. Das Schiedsgericht kann verlangen, daß sich Zeugen während der Vernehmung anderer Zeugen zurückziehen. Im übrigen bestimmt das Schiedsgericht die Art der Zeugenvernehmung nach freiem Ermessen.

4.7 Säumnis einer Partei

(1) Versäumt es die beklagte Partei ohne genügende Entschuldigung, innerhalb einer vom Vorsitzenden gesetzten Frist die Klagerwiderung einzureichen, so hat das Schiedsgericht die Fort-

setzung des Verfahrens anzuordnen. Gleiches gilt, wenn eine Partei ohne genügende Entschuldigung innerhalb einer vom Vorsitzenden gesetzten Frist einer Auflage des Schiedsgerichtes nicht nachgekommen ist. Ist trotz ordnungsgemäßer Ladung eine Partei ohne genügende Entschuldigung in einem Termin zur mündlichen Verhandlung nicht erschienen und nicht vertreten, so setzt das Gericht das Verfahren fort und entscheidet nach Lage der Akten, nachdem es die erschienene Partei angehört hat.

(2) Legt eine der Parteien nach ordnungsgemäßer Aufforderung schriftliche Beweise nicht innerhalb der gesetzten Frist vor, ohne für die Verzögerung einen ausreichenden Grund vorzubringen, so kann das Schiedsgericht ebenfalls nach Aktenlage entscheiden. § 286 ZPO gilt entsprechend.

4.8 Sachverhaltsermittlung

(1) Die Parteien haben alle erforderlichen Tatsachen vollständig und wahrheitsgemäß vorzutragen. Hierauf hat das Schiedsgericht hinzuwirken. An die von den Parteien gestellten Anträge ist das Schiedsgericht nicht gebunden. Über einen gestellten Antrag darf es jedoch nicht hinausgehen.

Im übrigen gelten die §§ 138 ff. ZPO entsprechend.

(2) Ist es nach Ansicht des Schiedsgerichtes erforderlich, die Vereidigung eines Zeugen oder Sachverständigen oder eine sonstige gerichtliche Handlung, zu deren Vornahme es nicht befugt ist, durchzuführen, so gilt das Schiedsgericht als von den Parteien ermächtigt, die dafür erforderlich gehaltene richterliche Handlung bei dem zuständigen staatlichen Gericht zu beantragen.

(3) Das Schiedsgericht kann auf Antrag einer der Parteien einen oder mehrere Sachverständige bestellen.

(4) Die Parteien haben dem Sachverständigen alle sachdienlichen Auskünfte zu erteilen und ihm alle erheblichen Schriftstücke oder Gegenstände zur Untersuchung vorzulegen, die er von ihnen verlangt. Im Falle der Begutachtung von Immobilien hat die jeweilige Partei dem Sachverständigen den Zugang zu dem Objekt zu ermöglichen.

(5) Wird der Sachverständige in der Ausübung seiner Tätigkeit durch eine Partei behindert, so kann das Schiedsgericht aufgrund einer überschlägigen Begutachtung des Sachverständigen entscheiden.

(6) Nach Erhalt des Gutachtens des Sachverständigen hat das Schiedsgericht den Parteien Abschriften dieses Gutachtens zu übersenden und ihnen die Möglichkeit zu geben, innerhalb einer bestimmten Frist zu dem Gutachten schriftlich Stellung zu nehmen.

(7) § 4 Ziffer 4.2 Abs. 2 gilt entsprechend.

4.9 Vorläufige und/oder sichernde Maßnahmen

(1) Auf Antrag einer der Parteien kann das Schiedsgericht alle vorläufigen Maßnahmen, die es in Ansehung des Streitgegenstandes für notwendig erachtet, treffen, insbesondere sichernde Maßnahmen für Gegenstände, die den Streitgegenstand bilden, wie etwa die Anordnung ihrer Hinterlegung bei einem Dritten oder die Anordnung des Verkaufs verderblicher Waren.

(2) Wenn das Schiedsgericht einen Vorschuß oder Sicherheit für die Kosten dieser Maßnahmen für erforderlich hält, ist die DSE-Bundesgeschäftsstelle zu informieren. Diese ist dann berechtigt, erforderliche Vorschüsse zu verlangen.

(3) Die Vorschrift des § 1041 ZPO bleibt unberührt.

4.10 Verhandlungsniederschriften

Über jede Verhandlung sind Niederschriften zu fertigen und vom Vorsitzenden zu unterschreiben. Die Parteien erhalten Zweitschriften der Niederschrift.

§ 5 Schluß der Verhandlung

5.1 Verzicht auf das Rügerecht

Es gilt § 295 ZPO.

5.2 Schluß der Verhandlung

Sobald die Parteien nach Überzeugung des Schiedsgerichts ausreichend Gelegenheit zum Vortrag hatten, kann es eine Frist setzen, nach deren Ablauf neuer Sachvortrag zurückgewiesen werden kann. Die Frist, bis zu welcher Schriftsätze eingereicht werden können, gilt als Schluß der Verhandlung.

§ 6 Die Schiedsentscheidung

6.1 Der Schiedsspruch

(1) Das Schiedsgericht hat das Verfahren zügig zu fördern und in angemessener Frist einen Schiedsspruch zu erlassen.

(2) Das Schiedsgericht hat den Schiedsspruch innerhalb von drei Monaten nach Schluß der mündlichen Verhandlung zu erlassen. Der Schiedsspruch und alle dem Schiedsspruch vorausgehenden Entscheidungen werden mit Stimmenmehrheit gefaßt.

(3) Das Schiedsgericht ist bei Erlaß des Schiedsspruchs an die Anträge der Parteien nicht gebunden. Über den gestellten Antrag kann es jedoch nicht hinausgehen.

6.2 Die Form des Schiedsspruchs

(1) Der Schiedsspruch ist schriftlich abzufassen und zu begründen.

(2) Der Schiedsspruch muß mindestens enthalten:

- die Bezeichnung der Parteien des Schiedsverfahrens
- die Bezeichnung der Schiedsrichter, die den Schiedsspruch erlassen haben
- den Sitz des Schiedsgerichtes
- die Daten der mündlichen Verhandlungstermine
- das Datum der Abfassung des Schiedsspruches
- die Formel des Schiedsspruches mit der Entscheidung dessen, was zwischen den Parteien rechtens sein soll
- den Tatbestand
- die Entscheidungsgründe
- die Unterschriften des Schiedsrichters/der Schiedsrichter.

(3) Bei einem Dreierschiedsgericht ist der Schiedsspruch vom Vorsitzenden abzufassen

6.3 Kostenentscheidung

(1) Das Schiedsgericht hat in dem Schiedsspruch auch über die Kosten zu entscheiden.

(2) Kosten des Verfahrens sind die Gebühren und Auslagen des Gerichts und die Auslagen und Gebühren der Rechtsanwälte.

(3) Grundsätzlich hat die unterliegende Partei die Kosten des Verfahrens zu tragen. Das Schiedsgericht kann unter Berücksichtigung der Umstände des Falles, insbesondere wenn jede Partei teils obsiegt, teils unterliegt, die Kosten gegeneinander aufheben oder verhältnismäßig teilen.

(4) Entsprechendes gilt, wenn sich das Verfahren ohne Schiedsspruch erledigt hat, sofern die Parteien sich nicht über die Kosten geeinigt haben.

(5) Das Gericht hat den Gegenstandswert des Schiedsverfahrens, der für die Berechnung der Kosten entsprechend der beigefügten Anlage zugrundegelegt wird, nach freiem Ermessen festzusetzen.

6.4 Zustellung des Schiedsspruches

(1) Der Schiedsspruch ist den Parteien in je einer Urschrift durch die DSE-Bundesgeschäftsstelle zuzustellen.

(2) Der Schiedsspruch ist mit dem Nachweis seiner Zustellung auf der Bundesgeschäftsstelle des zuständigen Gerichtes niederzulegen, wenn die Parteien – außer für den Fall der Vollstreckbarerklärung – nicht etwas anderes vereinbart haben.

§ 7 Sonstige Beendigung des schiedsrichterlichen Verfahrens
7.1 Allgemeines

Das Schiedsgericht soll in jeder Lage des Verfahrens auf eine einvernehmliche Beilegung des Rechtsstreits hinwirken.

7.2 Außergerichtlicher Vergleich und Beschluß gemäß § 1056 Abs. 2 Nr. 2 ZPO

Die Parteien können einen außergerichtlichen Vergleich abschließen und eine Beendigung des schiedsrichterlichen Verfahrens durch Beschluß gemäß § 1056 Abs. 2 Nr. 2 ZPO herbeiführen.

7.3 Schiedsspruch mit vereinbartem Wortlaut

(1) Vergleichen sich die Parteien über den Gegenstand des Schiedsverfahrens, so beendet das Schiedsgericht das Verfahren und erläßt auf Antrag der Parteien den Vergleich in der Form eines Schiedsspruchs mit vereinbartem Wortlaut, sofern der Inhalt des Vergleiches nicht gegen die öffentliche Ordnung (ordre public) verstößt.

(2) Der Schiedsspruch mit vereinbartem Wortlaut kann auch vor einem Notar für vollstreckbar erklärt werden.

(3) Bezüglich des Erlasses des Schiedsspruches mit vereinbartem Wortlaut gilt § 6 dieser Schiedsordnung entsprechend.

7.4 Kostenentscheidung

Haben die Parteien in dem Vergleich keine Einigung hinsichtlich der Kostentragung geregelt, entscheidet das Schiedsgericht nach billigem Ermessen.

§ 8 Kosten des Schiedsgerichtes
8.1 Kosten der Schiedsrichter

(1) Die Schiedsrichter haben gegenüber der DSE Anspruch auf Zahlung der Schiedsrichtervergütung sowie auf die Erstattung von Auslagen einschließlich der anfallenden Mehrwertsteuer.

(2) Für den Fall, daß das Verfahren durch Vergleich beendet wird, erhält der Einzelschiedsrichter bzw. der Vorsitzende eines Dreierschiedsgerichts zwei Gebühren. Bei Beendigung des Verfahrens durch Schiedsspruch erhält der Einzelschiedsrichter bzw. der Vorsitzende eines Dreierschiedsgerichts 2,5 Gebühren. Bei Antragsrücknahme durch die klagende Partei hat der Einzelschiedsrichter bzw. der Vorsitzende eines Dreierschiedsgerichts Anspruch auf eine Gebühr. Bei Antragsrücknahme nach mündlicher Verhandlung erhöht sich diese Gebühr auf 1,5 Gebühren.

(3) Bei einem Dreierschiedsgericht erhält jeder Beisitzer 1,0 Gebühren, unabhängig davon, ob eine Verhandlung stattgefunden hat, ein Vergleich geschlossen wurde oder ein Schiedsspruch ergangen ist. Bei Antragsrücknahme erhält jeder Beisitzer 0,5 Gebühren. Erfolgt die Antragsrücknahme nach einer mündlichen Verhandlung erhält jeder Beisitzer 0,75 Gebühren.

8.2 Kosten des Verfahrens

Die Deutsche Schiedsgerichtsbarkeit für Erbstreitigkeiten (DSE) erhält für die Abwicklung des Verfahrens eine Gebühr nach GKG. Des weiteren hat sie Anspruch auf Erstattung der im Rahmen der Verfahrensabwicklung getätigten Auslagen (Raummiete, Kosten für Sachverständige etc.).

8.3 Höhe der Gebühr

(1) Die Gebühr bestimmt sich nach dem durch das Schiedsgericht festgesetzten Streitwert.

(2) Die Höhe der Gebühr ergibt sich aus der der jeweils aktuellen Schiedsordnung beigefügten Gebührenanlage, die Bestandteil der Schiedsordnung ist.

8.4 Ermäßigung der Gebühr

Das Schiedsgericht kann die Gebühr bei einer vorzeitigen Erledigung des Verfahrens entsprechend dem Verfahrensstand nach billigem Ermessen ermäßigen.

§ 9   Veröffentlichung und Verschwiegenheit

9.1 Veröffentlichung

(1) Der Vorsitzende übersendet der Bundesgeschäftsstelle eine Ausfertigung des Schiedsspruches und teilt ihr mit, ob die Parteien der Veröffentlichung des Schiedsspruches zugestimmt haben.

(2) Die DSE darf den Schiedsspruch nur mit Zustimmung aller Parteien veröffentlichen. Die Namen der Parteien und der Schiedsrichter sowie sonstige identifizierende Angaben dürfen nicht veröffentlicht werden.

9.2 Verschwiegenheit

(1) Die Schiedsrichter haben, soweit der Schiedsspruch nicht veröffentlicht wird, über das Verfahren und alle ihnen bei der Ausübung des Amtes bekanntgewordenen Tatsachen Verschwiegenheit gegenüber jedermann zu bewahren.

(2) Die Schiedsrichter haben auch die von ihnen für die Abwicklung des Verfahrens hinzugezogenen Personen, insbesondere Sachverständige und Mitarbeiter der DSE, zur Verschwiegenheit zu verpflichten.

II. Checkliste Erbteilungsklage[141]

– Kein Klageverzicht (pactum de non petendo)
– Keine Schiedsgerichtsklausel des Erblassers oder der Erben
– Keine Gerichtsstandsvereinbarung
– Sachliche Gerichtszuständigkeit (Amtsgericht/Landgericht)
– Örtliche Zuständigkeit: §§ 12, 13, 27 ZPO.
– Ist die Erbfolge zuverlässig festgestellt?

---

141 Von *Krug* in Bonefeld/Kroiß/Tanck, Der Erbprozeß, 211 (Kap. III F 6), Rn 389 ff.

- Sind alle Erben ordnungsgemäß vertreten?
- Keine Teilungsverbote durch Vereinbarung der Erben
  - durch letztwillige Anordnungen des Erblassers
  - kraft Gesetzes
- Alle Aktiv-Positionen des Nachlasses sind zu erfassen – grundsätzlich ist der gesamte Nachlass aufzuteilen –
- Keine Teilauseinandersetzung
- Sind alle Verbindlichkeiten bereinigt (§ 2046 BGB)?
- Soweit Verbindlichkeiten noch nicht erfüllbar sind, Rückstellungen vorsehen (auch für Kosten etwaiger Rechtsstreitigkeiten)
- Sind einzelne Streitfragen durch Feststellungsurteil bereits geklärt?
- Behördliche Genehmigungserfordernisse klären, evtl schon einholen
- Güterrechtliche Zustimmungserfordernisse prüfen, evtl einholen.
- Auseinandersetzungsvereinbarung der Erben (hat Vorrang vor allen anderen Teilungsregeln)
- Teilungsanordnung des Erblassers (hat Vorrang vor gesetzl. Teilungsvorschriften)
- Ausgleichungspflichtige Vorempfänge?
  - Abkömmlinge sind zur Ausgleichung verpflichtet
  - Ausstattungen sind kraft Gesetzes auszugleichen, sofern nichts anderes angeordnet ist
  - Schenkungen sind nur auszugleichen, wenn dies angeordnet ist (evtl durch Auslegung zu ermitteln)
  - Bei gemischten Schenkungen Bewertung der Gegenleistung bzw der vorbehaltenen Rechte (Nießbrauch, Wohnungsrecht)Ausgleichung übermäßiger Zuwendungen
  - Ausgleichung übermäßiger Ausbildungskosten
  - Indexierung der Wertbeträge ausgleichungspflichtiger Vorempfänge
  - Nach Lebenshaltungskostenindex, nicht nach anderen Indizes
  - Streitig, ob auf den Erbfall oder auf den Zeitpunkt der Erbteilung (letzte mündliche Tatsachenverhandlung) zu indexieren ist
  - Nach Ausgleichungsberechnung unbedingt mit Proberechnung kontrollieren, dass insgesamt nicht mehr verteilt werden kann als dem effektiv vorhandenen Nachlass entspricht
- Gesetzliche Teilungsvorschriften
- Haben ausgleichungspflichtige Vorempfänge den Verteilerschlüssel verändert? Dann muss anstelle der Erbquoten der neue Verteilerschlüssel zugrunde gelegt werden.
- Soweit keine besonderen Teilungsregeln eingreifen: Sind die Nachlassgegenstände in Natur teilbar? Evtl. vorher Pfandverkauf bzw Teilungsversteigerung durchführen.
- Bei Grundstücken: Materiellrechtliche und formellrechtliche Erklärungen, §§ 873, 925 BGB, 19 GBO; präzise grundbuchmäßige Bezeichnung, § 28 GBO.
- Hauptantrag und evtl Hilfsanträge, letztere auch als Feststellungsantrag bzgl einzelner Streitpunkte für den Fall, dass doch noch keine Teilungsreife bestehen sollte (bspw Feststellung, ob eine bestimmte Anordnung im Testament eine Teilungsanordnung nach § 2048 BGB darstellt oder ein Vorausvermächtnis nach § 2150 BGB).

§ 4 Pflichtteilsrecht

Literatur: *Behmer*, Zur Berücksichtigung von Nutzungsvorbehalten bei der Pflichtteilsergänzung, FamRZ 1994, 1254; *Braga*, Zur Rechtsnatur des Pflichtteils, AcP 153 (1954), 144 f; *Brambring*, Abschied von der ehebedingten Zuwendung außerhalb des Scheidungsfalls und neue Lösungswege, ZEV 1996, 248; *Coing*, Der Auskunftsanspruch des Pflichtteilsberechtigten im Falle der Pflichtteilsergänzung, NJW 1970, 729; *Coing*, Zur Auslegung des § 2314 BGB, NJW 1983, 1298; *Däubler*, Die Vererbung des Geschäftsanteils bei der GmbH, 1965; *Dieckmann*, Teilhabe des Pflichtteilsberechtigten an Vorteilen des Erben nach dem Vermögensgesetz, ZEV 1994, 198; *Dieckmann*, Zum Auskunfts- und Wertermittlungsanspruch des Pflichtteilsberechtigten, NJW 1988, 1809; *Diederichsen*, Die allgemeinen Ehewirkungen nach dem 1. EheRG, NJW 1977, 217; *Dingerdissen*, Pflichtteilsergänzung bei Grundstücksschenkung unter Berücksichtigung der neuen Rechtsprechung des BGH, JZ 1993, 402; *Ebenroth/Bacher/Lortz*, Dispositive Wertbestimmungen und Gestaltungswirkungen bei Vorempfängen, JZ 1991, 277; *Haegele*, Der Pflichtteil im Handels- und Gesellschaftsrecht, BWNotZ 1976, 25; *Hayler*, Die Drittwirkung ehebedingter Zuwendungen im Rahmen der §§ 2287, 2288 II 2, 2325, 2329 BGB, FuR 2000, 4; *Henrich*, Schuldrechtliche Ausgleichsansprüche zwischen Ehegatten in der Rechtsprechung des BGH, FamRZ 1975, 533; *Hohloch*, Wertermittlungsanspruch des pflichtteilsberechtigten Erben auf eigene Kosten, JuS 1994, 76; *Huber, U.*, Der Ausschluss des Personengesellschafters ohne wichtigen Grund, ZGR 1980, 177 f; *Johannsen*, Die Rechtsprechung des Bundesgerichtshofs auf dem Gebiet des Erbrechts, WM 1973, 541; *Kapp, Reinhard*, Latente Ertragsteuerbelastung und Pflichtteilsrecht, DB 1972, 829; *Kerscher/Tanck*, Die „taktische" Ausschlagung, ZAP 1997, 689; *Kerscher/Tanck*, Zuwendungen an Kinder zur Existenzgründung: Die „Ausstattung" als ausgleichspflichtiger Vorempfang ZEV 1997, 354; *Klinghöffer*, Die Stundung des Pflichtteilsanspruchs, ZEV 1998, 121 ff; *Klinghöffer*, Lebensversicherung und Pflichtteilsrecht, ZEV 1995, 180; *Klinghöffer*, Pflichtteilsrecht, 1996; *Klinghöffer*, Zuwendungen unter Ehegatten und Erbrecht, NJW 1993, 1097; *Kuchinke*, Der Pflichtteilsanspruch als Gegenstand des Gläubigerzugriffs, NJW 1994, 1769; *Lorenz*, Auskunftsansprüche im bürgerlichen Recht, JuS 1995, 569; *Mayer, J.*, Wertermittlung des Pflichtteilsanspruchs: vom gemeinen, inneren und anderen Werten, ZEV 1994, 331; *Mayer, J.*, Fragen der Pflichtteilsergänzung bei vorweggenommener Erbfolge – Gestaltungsmöglichkeiten nach der neuesten Rechtsprechung, ZEV 1994, 325; *Mayer, J.*, Nachträgliche Änderung von erbrechtlichen Anrechnungs- und Ausgleichsbestimmungen, ZEV 1996, 441; *Mayer, N.*, Probleme der Pflichtteilsergänzung bei Überlassungen im Rahmen einer vorweggenommenen Erbfolge, FamRZ 1994, 739; *Mayer, N.*, Probleme der Pflichtteilsergänzung bei Überlassungen im Rahmen einer vorweggenommenen Erbfolge, FamRZ 1994, 739; *Mayer, U.*, Erbteil oder Pflichtteil? Frist läuft, DNotZ 1996, 422; *Müller*, Der Wert der Unternehmung, JuS 1973, 603; *Natter*, Zur Auslegung des § 2306, JZ 1955, 138 ff; *Ott-Eulberg*, Die Nachlasspflegschaft als taktisches Mittel zur Durchsetzung von Pflichtteils- und Pflichtteilsergänzungsansprüchen, Zerb 2000, 222; *Rawert/Katschinski*, Stiftungsrecht und Pflichtteilsergänzung, ZEV 1996, 161; *Reiff*, Nießbrauch und Pflichtteilsergänzung, ZEV 1998, 241; *Reiff*, Nießbrauch und Pflichtteilsergänzung, ZEV 1998, 241; 717; *Reiff*, Pflichtteilsergänzung bei vom Erblasser weitergenutzten Geschenken, NJW 1995, 1136; *Riedel*, Gesellschaftsvertragliche Nachfolgeregelungen – Auswirkungen auf Pflichtteil und Erbschaftsteuer, ZErb 2003, 212; *Sasse*, Pflichtteilsergänzungsansprüche für Schenkungen unter Geltung des ZGB der DDR?, ZErb 2000, 151; *Schlitt*, Aufteilung der Pflichtteilslast zwischen Erbe und Vermächtnisnehmer, ZEV 1998, 91; *Schlitt*, Der mit einem belasteten Erbteil und einem Vermächtnis bedachte Pflichtteilsberechtigte, ZEV 1998, 216; *Schmidt-Kessel*, Erbrecht in der Rechtsprechung des Bundesgerichtshofes 1985–1987 – Pflichtteil, WM 1988, Sonderbeilage Nr. 8, S. 14; *Strätz*, rechtspolitische Gesichtspunkte des gesetzlichen Erbrechts und Pflichtteilsrechts nach 100 Jahren BGB, FamRZ 1998, 1553; *Tanck*, § 2318 Abs. 3 BGB schützt nur den „Pflichtteilskern", ZEV 1998, 132; *Thubauville*, Die Anrechnung lebzeitiger Leistungen auf Erb- und Pflichtteilsrechte, MittRhNotK 1992; 289; *v. Dickhuth-Harrach*, Ärgernis Pflichtteil?, Möglichkeiten der Pflichtteilsreduzierung im Überblick, FS Rheinisches Notariat, 1998, 185; *v. Olshausen*, Die Anrechnung von Zuwendungen unter Ehegatten auf Zugewinnausgleich und Pflichtteil, FamRZ 1978, 735; *v. Olshausen*, Die Verteidigung des Erbenpflichtteils gegen Pflichtteils- und Vermächtnisansprüche, FamRZ 1986, 524, *v. Olshausen*, Die Verteilung der Pflichtteilslast zwischen Erben und Vermächtnisnehmern, MDR 1986, 89.

A. Einführung	1	II. Ausschluss von der Erbfolge	8
B. Gesetzliche Voraussetzungen des ordentlichen Pflichtteilsanspruchs (§ 2303 BGB)	6	1. Enterbung durch den Erblasser	8
I. Kreis der pflichtteilsberechtigten Personen	6	2. Auslegung der letztwilligen Verfügung	16

3. Kein Ausschluss von der Erbberechtigung 34
4. Keine Pflichtteilsentziehung 38
5. Keine Pflichtteilsbeschränkung in guter Absicht 42
III. Umfang des ordentlichen Pflichtteils im Falle der Enterbung 44
IV. Pflichtteilsanspruch bei Erbeinsetzung unterhalb des Pflichtteils 48
V. Pflichtteilsanspruch bei Vorliegen letztwilliger Beschränkungen und Beschwerungen 54
  1. Allgemeines 54
  2. Beschränkungen und Beschwerungen 56
  3. Rechtsfolgen 62
VI. Pflichtteilsanspruch bei Vermächtnisbegünstigung unterhalb des Pflichtteils 70
  1. Voraussetzungen des § 2307 BGB 70
     a) Vermächtniseinsetzung 70
     b) Anordnungen außerhalb des Regelungsbereichs von § 2307 BGB 72
  2. Ausschlagungsmöglichkeit nach § 2307 Abs. 1 BGB 74
  3. Folgen der Annahme des Vermächtnisses 81
     a) Allgemeines 81
     b) Pflichtteilsrestanspruch 82
  4. Ausschlagungsfiktion nach § 2307 Abs. 2 BGB 86
VII. Die Anfechtungsmöglichkeit nach § 2308 BGB 92
  1. Allgemeines 92
  2. Objektives Bestehen der Belastung im Zeitpunkt des Erbfalls 95
  3. Fehlende Kenntnis vom Wegfall der Belastung 97
  4. Wirkung der Anfechtung 98
VIII. Besonderheiten des Pflichtteilsrechts des überlebenden Ehegatten 102
C. Vorbereitung der Durchsetzung des Pflichtteils – Auskunftsansprüche 110
  I. Allgemeines 110
  II. Auskunftsberechtigte Personen 111
     1. Der pflichtteilsberechtigte Nichterbe.. 111
     2. Der pflichtteilsberechtigte Erbe 115
     3. Mehrheit von Auskunftsberechtigten 118
     4. Ausschluss des Auskunftsanspruchs durch den Erblasser? 119
  III. Grundsätzliches zu Inhalt und Umfang des Auskunftsanspruchs 121
  IV. Auskunft über den Bestand des realen Nachlasses 122
     1. Umfang des anzusetzenden Vermögens 122
     2. Form der Auskunftserteilung 127
  V. Auskunft über lebzeitige Schenkungen 130
  VI. Auskunft über den Güterstand des Erblassers 135
  VII. Amtliches bzw notarielles Nachlassverzeichnis 136
  VIII. Anspruch auf Zuziehung 140
  IX. Kein Nachbesserungsanspruch 142
  X. Anspruch auf Versicherung an Eides statt 144
  XI. Nachträgliche Veränderungen des Nachlassbestandes (per Todestag) 147

D. Vorbereitung der Durchsetzung des Pflichtanspruchs – Wertermittlung 149
  I. Allgemeines 149
  II. Stichtagsprinzip 152
  III. Gegenstand der Bewertung 153
E. Geltendmachung des ordentlichen Pflichtteilsanspruchs (ohne lebzeitige Vorempfänge) 155
  I. Rechtsnatur des Pflichtteilsanspruchs 155
  II. Bestimmung der maßgeblichen Pflichtteilsquote (im Allgemeinen) 156
  III. Schuldner des Pflichtteilsanspruchs 159
  IV. Aufforderung zur Zahlung des Pflichtteils 162
     1. Allgemeines 162
     2. Zu berücksichtigende und nicht zu berücksichtigende Vermögensgegenstände und Schulden 163
        a) Anzusetzende Vermögensgegenstände und Schulden 163
        b) Nicht anzusetzende Vermögensgegenstände und Schulden 166
F. Geltendmachung des ordentlichen Pflichtteils bei lebzeitigen Vorempfängen 176
  I. Durchführung der Ausgleichung im Rahmen des § 2316 BGB 176
     1. Voraussetzungen der Anwendung von § 2316 BGB 176
     2. Berechnung der Ausgleichung 183
     3. Unzureichender Nachlass, § 2056 BGB 190
     4. Der Pflichtteilsrestanspruch im Rahmen der Ausgleichung, § 2316 Abs. 2 BGB 191
  II. Anrechnung, § 2315 BGB 193
     1. Allgemeines 193
     2. Anrechnungsbestimmung 194
     3. Anrechnungspflichtige Zuwendung... 195
     4. Zuwendung an den Pflichtteilsberechtigten 196
     5. Bewertung der Zuwendung 197
     6. Durchführung der Anrechnung 199
     7. Wegfall eines Abkömmlings, § 2315 Abs. 3 BGB 202
     8. Anrechnung beim Ehegatten im gesetzlichen Güterstand 203
     9. Zusammentreffen von ausgleichungs- und anrechnungspflichtigen Zuwendungen 205
G. Pflichtteilsergänzungsanspruch 207
  I. Person des Anspruchsberechtigten 208
  II. Schenkungsbegriff 211
     1. Allgemeines 211
     2. Einzelfälle 213
     3. Sonderfall: Gegenseitige Verträge 216
     4. Sonderfall: Lebensversicherung 220
     5. Sonderfall: Zuwendungen unter Ehegatten 223
  III. Person des Dritten 232
  IV. Zehnjahresfrist, § 2325 Abs. 3 BGB 233
     1. Grundsätzliches 233
     2. Genussverzicht 235
     3. Abschmelzung des Pflichtteilsergänzungsanspruchs 242

V. Pflichtteilsergänzungsanspruch gegen den Erben 244	2. Pflichtteilsberechtigter Vermächtnisnehmer 291
1. Berechnungsgrundlagen 244	3. Pflichtteilsberechtigter Erbe 292
2. Bewertung des Geschenks 248	II. Leistungsverweigerungsrecht des pflichtteilsberechtigten Erben 295
a) Niederstwertprinzip 248	
b) Bewertung vorbehaltener Rechte .. 253	III. Lastenverteilung in der Erbengemeinschaft 297
3. Berechnung des Pflichtteilsergänzungsanspruches 255	J. Verjährung des Pflichtteilsanspruchs 305
	I. Allgemeines 305
4. Anrechnung von Eigengeschenken.... 258	II. Beginn der Verjährung 306
5. Grenzen der Ergänzungspflicht des Erben 259	III. Neubeginn und Hemmung 319
VI. Pflichtteilsergänzungsanspruch gegen den Beschenkten 261	K. Gerichtliche Durchsetzung der Pflichtteilsansprüche 324
1. Anspruchsvoraussetzungen 261	I. Klagearten im Allgemeinen 324
2. Anspruchsinhalt 267	II. Stufenklage 326
3. Auskunftsanspruch gegenüber dem Beschenkten 272	1. Allgemeines 326
	2. Steckengebliebene Stufenklage 330
H. Stundung des Pflichtteilsanspruchs 273	3. Bezifferte Teilklage im Rahmen der Stufenklage 333
I. Grundsätzliche Voraussetzungen der Stundung 273	
II. Zumutbarkeit 281	III. Auskunftsklage 336
III. Wirkung der Stundung/Nebenbestimmungen 283	IV. Feststellungsklage 342
I. Verteilung der Pflichtteilslast im Innenverhältnis 285	V. Geltendmachung von Pflichtteilsergänzungsansprüchen 344
I. Verhältnis zwischen Erbe und Vermächtnisnehmer 285	VI. Beweislastverteilung 346
1. Grundsätzliches 285	VII. Vergleich über das Pflichtteilsrecht 350

A. Einführung

Das Pflichtteilsrecht – verankert in §§ 2303 ff BGB – garantiert einem bestimmten Personenkreis nächster Angehöriger des Erblassers eine Mindestteilhabe an dessen Vermögen. 1

Die sich aus der für das deutsche Zivilrecht prägenden Privatautonomie ergebende Testierfreiheit, die es dem Erblasser grundsätzlich ermöglicht, auch seine nächsten Angehörigen zu enterben, wird durch das Pflichtteilsrecht teilweise durchbrochen. Das gesetzliche Erbrecht des BGB ist durch den Gedanken der Familienbindung des Vermögens („Das Gut rinnt wie das Blut")[1] geprägt. Hierzu stünde aber eine unbeschränkte Testierfreiheit in Widerspruch. Das Pflichtteilsrecht nimmt in diesem Spannungsfeld quasi eine Vermittlerposition ein.[2] Seiner Aufnahme in das BGB lag insbesondere der Gedanke zu Grunde, dass den Erblasser eine über seinen Tod hinausgehende Sorgfaltspflicht gegenüber seinen engsten Angehörigen treffe.[3] Sowohl die Zielsetzung als auch die Art und Weise ihrer Umsetzung in den §§ 2303 ff BGB halten auch heute noch verfassungsrechtlichen Anforderungen stand.[4] Denn auch die grundsätzlich unentziehbare und bedarfsunabhängige wirtschaftliche Mindestbeteiligung – insbesondere – der Kinder am Nachlass ist als tragendes Strukturprinzip des geltenden Pflichtteilsrechts durch die Erbrechtsgarantie des Art. 14 Abs. 1 S. 1 GG geschützt.[5] 2

---

1 Germanischer Rechtsgrundsatz, vgl *Kerscher/Riedel/Lenz*, Pflichtteilsrecht, § 4 Rn 1.
2 *Strätz*, Rechtspolitische Gesichtspunkte des gesetzlichen Erbrechts und Pflichtteilsrechts nach 100 Jahren BGB, FamRZ 1998, 1553, 1566.
3 Vgl zu weiteren Motiven zB *Strätz*, aaO, S. 1566.
4 BVerfG ZEV 2005, 301 ff.
5 BVerfG ZEV 2005, 301, 303.

3   Vor diesem Hintergrund war von vornherein klar, dass auch im Zuge der jüngsten Erbrechtsreform[6] das Pflichtteilsrecht weiterhin Bestand haben würde. Lediglich die Anpassung der Pflichtteilsentziehungsgründe sowie der Stundungsmöglichkeiten an veränderte gesellschaftliche Verhältnisse und Moralvorstellungen sowie Anpassungen im Bereich des Pflichtteilsergänzungs- und des Verfahrensrechts waren überhaupt nur Gegenstand der Reformvorschläge. Und selbst von den ursprünglichen Vorschlägen blieb im Gesetzgebungsverfahren nur ein bescheidener Teil übrig. Somit ergaben sich im Pflichtteilsrecht vor allem Anpassungen bei § 2306 BGB, beim Pflichtteilsergänzungsanspruch (Abschmelzung) und bei den Pflichtteilsentziehungs- sowie Stundungsmöglichkeiten. Die ursprünglich beabsichtigten erweiterten Möglichkeiten, eine Anrechnung lebzeitiger Zuwendungen auf den Pflichtteil anzuordnen, sind hingegen nicht Gesetz geworden.

4   Gemäß §§ 2303 ff BGB stellt der **ordentliche Pflichtteilsanspruch** grundsätzlich die Mindestteilhabe am **realen Nachlass** des Erblassers sicher. Der reale Nachlass umfasst alle zum Zeitpunkt des Todes vorhandenen Gegenstände und Forderungen. Der Gesamtpflichtteil, der auch den Pflichtteilsergänzungsanspruchs mit einschließt, ist hingegen aus dem fiktiven Nachlass, dh aus dem realen Nachlass zuzüglich des Werts der zu Lebzeiten des Erblassers von diesem getätigten (pflichtteilsrelevanten) Schenkungen zu ermitteln.[7]

5   Der Pflichtteilsanspruch entsteht gemäß § 2317 BGB mit dem Erbfall und gewährt dem Berechtigten lediglich einen Geldanspruch gegenüber dem bzw den Erben. Eine dingliche Beteiligung am Nachlass besteht aufgrund des Pflichtteils nicht. Entgegen der hiermit eigentlich verfolgten Zielsetzung, das ererbte Vermögen als Einheit zu erhalten, droht gerade wegen dieser Ausgestaltung des Pflichtteilsanspruchs oftmals die Zerschlagung des Nachlasses. Denn nicht selten kann der Geldanspruch ohne eine Versilberung wesentlicher Gegenstände nicht erfüllt werden.[8]

B. Gesetzliche Voraussetzungen des ordentlichen Pflichtteilsanspruchs (§ 2303 BGB)

I. Kreis der pflichtteilsberechtigten Personen

6   Zu den pflichtteilsberechtigten Personen gehören stets die Abkömmlinge[9] des Erblassers und sein Ehegatte[10] bzw der Partner einer eingetragenen Lebenspartnerschaft. Den Eltern des Erblassers steht nur dann ein Pflichtteilsanspruch zu, wenn keine Abkömmlinge vorhanden sind. Eltern sowie entferntere Abkömmlinge (Enkel) werden durch nähere Abkömmlinge (Kinder) ausgeschlossen, §§ 2303, 2309 BGB.

7   Die Geschwister des Erblassers und die Großeltern sind unter keinen Umständen (selbst)[11] pflichtteilsberechtigt.[12] Gleiches gilt auch für Stiefkinder, soweit sie nicht vom Erblasser adoptiert wurden.

---

6 Erbrechtsreform 2010, Gesetz vom 24.9.2009, BGBl. I 2009, 3142.
7 *Kerscher/Riedel/Lenz*, Pflichtteilsrecht, § 6 Rn 6.
8 Vgl insoweit: *Riedel*, Die Bewertung von Gesellschaftsanteilen im Pflichtteilsrecht, Rn 22.
9 Einschließlich adoptierter und nicht ehelicher Kinder.
10 Dem überlebenden Ehegatten steht ein Pflichtteilsrecht zu, wenn die Ehe zum Zeitpunkt des Erbfalls noch bestanden hat. Dies gilt aber nicht, wenn zum Zeitpunkt des Todes des Erblassers die Voraussetzungen für die Scheidung der Ehe gegeben waren und der Erblasser Antrag auf Scheidung oder auf Aufhebung der Ehe eingereicht bzw einem solchen zugestimmt hatte.
11 Ungeachtet dessen können sie ggf einen ererbten Pflichtteilsanspruch geltend machen.
12 Staudinger/*Haas*, Vorbem. zu §§ 2303 ff Rn 32; *Lange/Kuchinke*, § 37 IV 2.

B. Gesetzliche Voraussetzungen des ordentlichen Pflichtteilsanspruchs (§ 2303 BGB) § 4

II. Ausschluss von der Erbfolge

1. Enterbung durch den Erblasser

Ein Pflichtteilsanspruch kommt von vornherein nur in Betracht, wenn der Berechtigte nicht oder nicht wenigstens in Höhe seiner Pflichtteilsquote Erbe oder Vermächtnisnehmer wird. Der Ausschluss von der Erbfolge kann sowohl durch ausdrückliche **Enterbung** erfolgen, als auch durch Zuwendung des gesamten Nachlasses an andere Personen.

▶ **Muster: Enterbung**

Hiermit enterbe ich meinen Abkömmling ▪▪▪. Die Enterbung soll ausschließlich hinsichtlich seiner Person/für seinen ganzen Stamm gelten. ◀

▶ **Muster: Erschöpfende Erbeinsetzung anderer Personen**

Hiermit berufe ich ▪▪▪ zu meinem Alleinerben. Diese Erbeinsetzung soll unabhängig davon gelten, ob bzw wie viele Pflichtteilsberechtigte im Zeitpunkt meines Todes vorhanden sein werden. ◀

Auch die Schlusserbeneinsetzung in einem gemeinschaftlichen Testament (§ 2269 BGB) stellt beim Tod des erstversterbenden Elternteils für den bzw die Abkömmlinge eine Enterbung nach diesem Elternteil dar.[13] Allein die Aussicht auf die Erbschaft nach dem Tod des längstlebenden Ehegatten hat hierauf keinen Einfluss.[14]

▶ **Muster: Berliner Testament (mit Schlusserbeinsetzung der Kinder)**

Wir setzen uns gegenseitig zu alleinigen Erben ein. Schlusserben nach dem Tod des Längstlebenden von uns sollen unsere gemeinschaftlichen Kinder zu gleichen Teilen sein. ◀

Wird ein Pflichtteilsberechtigter zum Ersatzerben berufen, also unter der **aufschiebenden Bedingung** des Wegfalls des Erstberufenen zum Erben eingesetzt, ist er bis zum Eintritt der Bedingung kein Erbe. Er kann daher – vor Bedingungseintritt – seinen Pflichtteil verlangen.[15] Tritt nach Auszahlung des Anspruchs die Bedingung ein und wird der Pflichtteilsberechtigte hierdurch (doch noch) Erbe, fallen die Voraussetzungen des § 2303 BGB aber nachträglich weg. Der Pflichtteil ist dann nach Bereicherungsgrundsätzen zurück zu gewähren.[16]

▶ **Muster: Rückforderung eines bereits gezahlten Pflichtteils**

An

▪▪▪ (ursprünglicher Pflichtteilsberechtigter)

Rückforderung des an Sie gezahlten Pflichtteils

Sehr geehrter ▪▪▪ (ursprünglicher Pflichtteilsberechtigter),

durch die letztwillige Verfügung von ▪▪▪ (Erblasser) vom ▪▪▪ wurde zum Miterben zu ½ Ihr Sohn ▪▪▪, also der Enkel des Erblassers, berufen, ersatzweise Sie.

Mit Schreiben vom ▪▪▪ haben Sie Ihren Pflichtteilsanspruch geltend gemacht. Der Ihnen zustehende Betrag in Höhe von EUR ▪▪▪ wurde von der Erbengemeinschaft (bestehend aus Ihrem Sohn und mir) durch Überweisung vom ▪▪▪ an Sie gezahlt.

---

13 BGHZ 22, 364, 366 f.; Soergel/*Dieckmann*, § 2303 Rn 28.
14 Hieran ändert auch die Begünstigung durch eine Auflage oder die Ernennung zum (alleinigen) Testamentsvollstrecker nichts; vgl Damrau/*Riedel*, Erbrecht, § 2303 Rn 16.
15 OLG Oldenburg NJW 1991, 958; BayObLGZ 1966, 228, 230; Damrau/*Riedel*, Erbrecht, § 2303 Rn 16.
16 OLG Oldenburg NJW 1991, 958; BayObLGZ 1966, 228, 230; Damrau/*Riedel*, Erbrecht, § 2303 Rn 16.

Zwischenzeitlich hat Ihr Sohn berechtigterweise die Annahme der Erbschaft angefochten und somit die Erbschaft ausgeschlagen. Sie selbst haben, wie mir das Nachlassgericht mitteilte, die Erbschaft am ... durch Erklärung gegenüber dem Nachlassgericht angenommen.

Ihre Pflichtteilsberechtigung ist somit entfallen. Ich fordere Sie daher auf, den erhaltenen Betrag in Höhe von ... unverzüglich auf das nachfolgend benannte Konto der Erbengemeinschaft einzuzahlen.

Mit freundlichen Grüßen

Unterschrift ◂

15 Die Erbeinsetzung unter einer **auflösenden Bedingung** oder Befristung (zB als Vorerbe)[17] bildet ebenso wenig einen Ausschluss von der Erbfolge iSv § 2303 BGB wie die Einsetzung auf einen unter der Pflichtteilsquote des Berechtigten liegenden Erbteil. Gleiches gilt, wenn der Pflichtteilsberechtigte zwar von der Erbfolge ausgeschlossen wurde, ihm aber stattdessen ein Vermächtnis hinterlassen ist, das er annimmt (§ 2307 BGB). Wer durch eine **Auflage** begünstigt ist (aber kein Forderungsrecht hat, die Erfüllung der Auflage zu verlangen bzw durchzusetzen), gilt aber stets als von der Erbfolge ausgeschlossen.[18]

2. Auslegung der letztwilligen Verfügung

16 Der Ausschluss von der Erbfolge muss nicht unbedingt ausdrücklich erklärt werden. Gegebenenfalls ist ein entsprechender Wille durch Auslegung zu ermitteln.[19] Eine gesetzliche Vermutung für das Bestehen eines Enterbungswillens existiert aber nicht, eine Enterbung kann daher nur dann angenommen werden, soweit dies aus der letztwilligen Verfügung des Erblassers eindeutig hervorgeht.[20]

17 Gem. § 2087 BGB ist die **Zuwendung einer Quote** grundsätzlich als eine Erbeinsetzung anzusehen. Eine Ausnahme hierzu normiert aber § 2304 BGB, demzufolge der auf seinen Pflichtteil Eingesetzte ausdrücklich nicht Erbe wird, soweit der letztwilligen Verfügung kein abweichender Wille des Erblassers zu entnehmen ist.[21] Der im Gesetz verwendete Begriff der Zuwendung ist dabei weit auszulegen und in einem nichttechnischen Sinne zu verstehen.[22] § 2304 BGB erfasst daher jede Art der (ausdrücklichen) Pflichtteilszuwendung.[23]

18 ▸ **Muster: Enterbung und Verweisung auf den Pflichtteil**

Zu meinem alleinigen Erben setze ich ... ein; meine Abkömmlinge sollen lediglich ihren Pflichtteil (§§ 2303 ff BGB) erhalten. ◂

---

17 Für den Fall, dass der Eintritt des Nacherbfalls später unmöglich wird, erhält der Berechtigte den Pflichtteilsanspruch, ohne die Erbschaft noch ausschlagen zu müssen. Denn er hat dann in Bezug auf die Erbschaft keine durch Ausschlagung noch aufzugebende Rechtsstellung mehr inne, Staudinger/*Haas*, § 2303 Rn 50.
18 Damrau/*Riedel*, Erbrecht, § 2303 Rn 17.
19 Staudinger/*Haas*, § 2303 Rn 59.
20 BayObLG FamRZ 1992 986; Damrau/*Riedel*, Erbrecht, § 2303 Rn 18 mwN; Enthält ein Testament beispielsweise die Anordnung, dass dem Betroffenen der Pflichtteil entzogen sei, ist hieraus zu schließen, dass er überhaupt nichts erhalten solle. Demzufolge gilt die Enterbung selbst dann, wenn die Entziehung des Pflichtteils wegen des Fehlens eines Entziehungsgrundes oder wegen eines Formfehlers unwirksam ist; vgl BayObLG MittBayNot 1996, 116, 117.
21 Bei der Auslegung kommt es in erster Linie darauf an, ob der Wille des Erblassers dahin ging, den Pflichtteilsberechtigten durch seine Anordnungen zu „beschränken", oder ob er ihn durch seine Anordnungen begünstigen, ihm also etwas gewähren wollte; MünchKomm/*Lange*, § 2304 Rn 4; ausführlich auch Staudinger/Ferid/Cieslar, § 2304 Rn 32–69.
22 Vgl Prot V 499 f.
23 Staudinger/*Haas*, § 2304 Rn 4.

B. Gesetzliche Voraussetzungen des ordentlichen Pflichtteilsanspruchs (§ 2303 BGB) § 4

Entscheidend für die Anwendung von § 2304 BGB ist aber, dass Gegenstand der Zuwendung tatsächlich der Pflichtteil (als solcher) sein muss.[24] Wird dem Empfänger wertmäßig mehr oder weniger als sein Pflichtteil zugewendet oder erhält er etwas anderes als einen reinen Geldanspruch (*aliud*),[25] ist die Anwendung von § 2304 BGB ausgeschlossen.

▶ **Muster: Pflichtteilsvermächtnis**

Meine pflichtteilsberechtigten Abkömmlinge sollen jeweils einen Geldbetrag erhalten, dessen Höhe ihrer jeweiligen Pflichtteilsquote am Nettowert des gesamten Nachlasses entspricht. ◀

▶ **Muster: Einsetzung auf die Pflichtteilsquote**

Meine Abkömmlinge sollen jeweils einen ihrer Pflichtteilsquote entsprechenden (Erb-)Teil des Nachlasses erhalten. ◀

Auch Zuwendungen zur Deckung des Pflichtteils stellen keinen Fall von § 2304 BGB dar. Soll der Berechtigte zB bestimmte Gegenstände erhalten, um hierdurch seinen Pflichtteilsanspruch abzugelten, stellt dies regelmäßig die Anordnung eines Vermächtnisses, dessen Gegenstand gerade nicht der Pflichtteil sondern ein *aliud* ist, dar.[26]

▶ **Muster: Vermächtnis zur Deckung des Pflichtteils**

Mein pflichtteilsberechtigter Abkömmling ... soll zur Deckung seines Pflichtteilsanspruchs die nachfolgend bezeichneten Gegenstände erhalten. ◀

Für die Entscheidung, ob es sich bei dem Zuwendungsgegenstand tatsächlich um den Pflichtteil handelt, ist ausschließlich auf die objektive Rechtslage (im Zeitpunkt des Erbfalls) abzustellen.[27] Subjektive Vorstellungen des Erblassers spielen keine Rolle, so dass auch Veränderungen, die sich zwischen Testamentserrichtung und Erbfall eingestellt haben mögen, eine Anwendung von § 2304 BGB ggf ausschließen können, obwohl der Erblasser tatsächlich nur den Pflichtteil zuwenden wollte.[28]

Besonderen Schwierigkeiten bereitet mitunter die Pflichtteilszuwendung an den überlebenden **Zugewinn-Ehegatten**. Die Zuwendung des „großen" Pflichtteils ist zwar idR als Pflichtteilsvermächtnis anzusehen,[29] ausnahmsweise kann jedoch auch eine Erbeinsetzung[30] vorliegen.[31]

▶ **Muster: Vermächtnis des „großen" Pflichtteils an den überlebenden Ehegatten**

Soweit mein Ehegatte mich überlebt, erhält er einen Geldbetrag, dessen Höhe dem sogenannten großen Pflichtteil entspricht. ◀

Soweit der Pflichtteilszuwendung ein beschränkender Charakter zukommt, zB wenn der Erblasser seinen Ehegatten – wenigstens sinngemäß – auf den „kleinen" Pflichtteil verweist, liegt hierin weder eine Erbeinsetzung noch eine Vermächtnisanordnung. Stattdessen ist der Ehegatte

---

24 Damrau/*Riedel*, Erbrecht, § 2304 Rn 2.
25 Staudinger/*Haas*, § 2304 Rn 6.
26 MünchKomm/*Lange*, § 2304 Rn 4; Staudinger/*Haas*, § 2304 Rn 6.
27 Ferid, NJW 1960, 121, 122.
28 Staudinger/*Haas*, § 2304 Rn 7.
29 Staudinger/*Haas*, § 2304 Rn 22; Damrau/*Riedel*, Erbrecht, § 2304 Rn 4.
30 Vgl Staudinger/*Haas*, § 2304 Rn 9 und 22.
31 Palandt/*Edenhofer*, § 2304 Rn 5; Damrau/*Riedel*, Erbrecht, § 2304 Rn 4.

enterbt und hat neben dem konkreten Zugewinnausgleichsanspruch (§ 1371 Abs. 2 BGB) nur ein Anrecht auf den kleinen Pflichtteil.[32]

28 ▶ **Muster: Enterbung des Ehegatten, Verweisung auf den kleinen Pflichtteil**

Mein Ehegatte ist enterbt, er soll lediglich das erhalten, was ihm aufgrund seines Pflichtteilsrechts bzw möglicher Zugewinnausgleichsansprüche zusteht. ◀

29 Die wirksame **Enterbung eines Abkömmlings** erstreckt sich im Zweifel nicht auf dessen ganzen Stamm. An die Stelle des Ausgeschlossenen treten, wenn der Verfügung von Todes wegen kein anderer Wille des Erblassers zu entnehmen ist,[33] seine Abkömmlinge, und zwar prinzipiell nach den Regeln der gesetzlichen Erbfolge.[34]

30 ▶ **Muster: Enterbung eines Stammes**

Hiermit enterbe ich meinen Abkömmling ... . Entgegen jeglicher anders lautender gesetzlicher oder richterlicher Auslegungs- oder Vermutungsregel soll diese Enterbung auch für alle von diesem Abkömmling abstammenden Abkömmlinge, sprich für seinen gesamten Stamm gelten. ◀

31 Oftmals ist die **Enterbung oder Übergehung des Pflichtteilsberechtigten anfechtbar.** Das gilt zB, wenn der Pflichtteilsberechtigte in einer Verfügung von Todes wegen infolge Irrtums oder Unkenntnis von seinem Vorhandensein übergangen wurde. In diesem Fall ist er nicht nur zur Forderung des Pflichtteils berechtigt. Vielmehr kann er sogar die Verfügung von Todes wegen gem. §§ 2079, 2281 Abs. 1 BGB anfechten mit der Folge, dass die beeinträchtigende Verfügung als von Anfang an unwirksam anzusehen ist.[35]

32 ▶ **Muster: Testamentsanfechtung wegen Übergehens eines Pflichtteilsberechtigten**

An das

Amtsgericht ...

– Nachlassgericht –

In der Nachlasssache

des ... (Erblasser), verstorben am ..., zuletzt wohnhaft in ...

fechte ich das Testament des Erblassers vom ..., eröffnet am ..., an.

Aufgrund meiner Eheschließung mit dem Erblasser, die nur wenige Wochen vor dem Erbfall erfolgte, bin ich gesetzlich pflichtteilsberechtigt. Da sich der Gesundheitszustand des Erblassers unmittelbar nach unserer Eheschließung rapide verschlechterte, hatte er keine Gelegenheit, seine hiermit angefochtene letztwillige Verfügung noch unter Berücksichtigung meines Hinzutretens als gesetzlicher Erbe abzuändern.

Unterschrift ◀

---

32 Ein Wahlrecht zwischen großem Pflichtteil und kleinem Pflichtteil zuzüglich Zugewinnausgleich besteht hier ausdrücklich nicht, vgl BGHZ 42, 182 = NJW 1964, 2404.
33 BGH FamRZ 1959, 149, 150; BayObLG FamRZ 1989, 1006; 1989, 1232; BayObLGZ 1965, 165, 176; Damrau/*Riedel*, Erbrecht, § 2303 Rn 19; Dies gilt zB, wenn der Erblasser den Abkömmling „mit Anhang" enterbt hat (vgl BayObLG, FamRZ 1990, 1265.) Auch wenn im Rahmen eines gemeinschaftlichen Testaments Straf- oder Verwirkungsklauseln die Enterbung eines Abkömmlings, der nach dem Tod des Erstversterbenden seinen Pflichtteilsanspruch geltend macht, vorsehen, erstreckt sich der Ausschluss von der Erbfolge idR auf den ganzen Stamm; BayObLG DnotZ 1996, 312, 314; MünchKomm/*Leipold*, § 2074 Rn 44; aA *Wacke*, DnotZ 1990, 403, 411 f.
34 Damrau/*Riedel*, Erbrecht, § 2303 Rn 19.
35 Staudinger/*Haas*, § 2303 Rn 61; Damrau/*Riedel*, Erbrecht, § 2303 Rn 20.

B. Gesetzliche Voraussetzungen des ordentlichen Pflichtteilsanspruchs (§ 2303 BGB) § 4

Pflichtteilsgeltendmachung und Testamentsanfechtung schließen sich weder gegenseitig aus noch ist anzunehmen, dass die eine Maßnahme – konkludent – die andere beinhalten würde.[36]

3. Kein Ausschluss von der Erbberechtigung

Voraussetzung für das Bestehen eines Pflichtteilsanspruchs ist, dass der Berechtigte ohne die ihn beeinträchtigende Verfügung von Todes wegen tatsächlich (gesetzlicher) Erbe geworden wäre. Eine Enttäuschung seiner berechtigten Erberwartung kommt nicht mehr in Betracht, wenn er bereits aus anderen Gründen von der Erbfolge ausgeschlossen gewesen wäre. Aus diesem Grunde scheidet ein Pflichtteilsanspruch zB aus, wenn der Berechtigte vor oder gleichzeitig (§ 1923 Abs. 1 BGB) mit dem Erblasser verstirbt[37] oder wenn er für erb- und/oder pflichtteilsunwürdig erklärt wird.[38]

▶ **Muster: Berufung auf Pflichtteilsunwürdigkeit**

An ...

(Pflichtteilsberechtigter)

Ihr Schreiben bezüglich Pflichtteilsgeltendmachung vom ...

Sehr geehrter ... (Pflichtteilsberechtigter),

mit Schreiben vom ... haben Sie gegenüber dem von uns anwaltlich vertretenen Alleinerben des am ... verstorbenen ... (Erblasser) Pflichtteilsansprüche geltend gemacht und deren Anerkennung dem Grunde nach verlangt.

Unser Mandant wird Ihren Pflichtteilsanspruch unter keinen Umständen anerkennen. Obwohl Sie selbstverständlich aufgrund Ihres Verwandschaftsverhältnisses zum Erblasser dem Kreis der (abstrakt) pflichtteilsberechtigten Personen angehören, ist ein Pflichtteilsanspruch zu Ihren Gunsten dennoch ausgeschlossen, da Sie im Sinne von § 2345 iVm § 2339 Abs. 1 Nr. 1 BGB erb- bzw pflichtteilsunwürdig sind.

Sie haben, wie bereits das Landgericht ... in seinem Strafurteil vom ... (Az: ...) festgestellt hat, den Erblasser vorsätzlich, widerrechtlich und schuldhaft getötet. Ein Pflichtteilsanspruch ist vor diesem Hintergrund ausgeschlossen.

Unterschrift

(Rechtsanwalt) ◀

Vor dem Hintergrund, dass dem Pflichtteilsberechtigten, dem gegenüber die Erb- bzw Pflichtteilsunwürdigkeit geltend gemacht wird, im Hinblick auf seine Enterbung bzw Ausschlagung ohnehin kein dinglicher Anspruch am Nachlass zusteht, ist die Geltendmachung der Unwürdigkeit ihm gegenüber weniger strengen Formalien unterworfen als die Geltendmachung der Erbunwürdigkeit gegenüber einem Erben. Insbesondere ist die Erhebung einer Anfechtungsklage, die sich aus der in § 2345 Abs. 1 BGB niedergelegten Verweiskette ergibt, nicht erforderlich.[39]

---

36 Staudinger/*Haas*, § 2303 Rn 62.
37 Das Gleiche gilt, wenn der Berechtigte im Falle der gesetzlichen Erbfolge Gem. § 1930 BGB von einem Verwandten einer vorrangigen Ordnung verdrängt würde bzw wenn ein entfernter Abkömmling durch einen näheren ausgeschlossen wird, § 1924 Abs. 2 BGB; vgl Damrau/*Riedel*, Erbrecht, § 2303 Rn 22.
38 Dabei ist jedoch zu beachten, dass sich die Erbunwürdigkeit nicht auf die Abkömmlinge des für erbunwürdig Erklärten erstreckt; Damrau/*Riedel*, Erbrecht, § 2303 Rn 22; *Kerscher/Riedel/Lenz*, Pflichtteilsrecht, § 6 Rn 164.
39 *Notthoff* in: Scherer, Münchener Anwaltshandbuch Erbrecht, § 35 Rn 39.

37 Ein besonderer Stellenwert kommt in diesem Zusammenhang dem Pflichtteilsverzichtsvertrag sowie dem Verzicht auf das gesetzliche Erbrecht (§ 2346 Abs. 1 BGB) zu.[40] Beide erstrecken sich – vorbehaltlich abweichender Vereinbarungen – auch auf die Abkömmlinge des Verzichtenden und stellen daher regelmäßig eine Verfügung über das künftige Erb- und Pflichtteilsrecht des ganzen Stammes dar.[41]

4. Keine Pflichtteilsentziehung

38 Das Bestehen von Pflichtteilsansprüchen ist ausgeschlossen, soweit einer abstrakt zum Kreis der Berechtigten gehörenden Person der Pflichtteil wirksam entzogen wurde. Allerdings stellen die §§ 2333 ff BGB nach wie vor im Hinblick auf den Sinn und Zweck des Pflichtteilsrechts erhebliche Anforderungen an die eine Pflichtteilsentziehung rechtfertigenden Gründe. Selbstverständlich zulässig ist eine Pflichtteilsentziehung dann, wenn der (sonst) Pflichtteilsberechtigte dem Erblasser, seinem Ehegatten oder Lebenspartner oder einer anderen ihm nahestehenden Person (zB anderen Kindes des Erblassers) nach dem Leben trachtet, er ihn vorsätzlich körperlich misshandelt oder sich eines sonstigen schweren Verbrechens gegen ihn schuldig macht. Auch böswillige Unterhaltspflichtverletzungen kommen insoweit in Betracht. Durch die Erbrechtsreform 2010 wurden die §§ 2334 und 2335 BGB aF sowie § 2336 Abs. 4 BGB aF aufgehoben. an ihrer Stelle ist ein neuer § 2333 Abs. 2 BGB getreten, der die Gründe des Abs. 1 auf die Entziehung des Eltern- oder Ehegattenpflichtteils für entsprechend anwendbar erklärt.

39 Im Rahmen der Überarbeitung des Katalogs der Entziehungsgründe in § 2333 Abs. 1 BGB ist der Pflichtteilsentziehungsgrund "ehrloser und unsittlicher Lebenswandel wider den Willen des Erblassers"[42] entfallen. Stattdessen soll nun gem. § 2333 Abs. 1 Nr. 4 BGB eine Pflichtteilsentziehung möglich sein, wenn der Pflichtteilsberechtigte rechtskräftig wegen einer vorsätzlichen Straftat zu einer Freiheitsstrafe von mehr als einem Jahr ohne Bewährung verurteilt wurde und hierdurch gleichzeitig seine Teilhabe am Nachlass des Erblassers für diesen unzumutbar ist. Das gleiche gilt, wenn die Unterbringung des Pflichtteilsberechtigten in einem psychiatrischen Krankenhaus wegen einer ähnlich schwerwiegenden vorsätzlichen Tat angeordnet wurde. Gemeinsam ist allen Pflichtteilsentziehungsgründen, dass sie ein Verschulden des Pflichtteilsberechtigten und damit grundsätzlich seine Zurechnungsfähigkeit voraussetzen.[43] Insoweit hat allerdings das Bundesverfassungsgericht klargestellt, dass nicht der strafrechtliche Verschuldungsbegriff maßgeblich ist, sondern die Feststellung, dass der Pflichtteilsberechtigte einen Entziehungsgrund mit "natürlichem Vorsatz" verwirklicht habe, ausreichen muss.[44] In der Praxis spielt die Pflichtteilsentziehung nur eine untergeordnete Rolle, so dass hier auf weitere Ausführungen verzichtet werden kann.

40 Hinsichtlich der Form der Pflichtteilsentziehung ist darauf hinzuweisen, dass der Erblasser die Entziehung durch letztwillige Verfügung anordnen muss. In dieser Verfügung ist auch der sie tragende Grund sowie die näheren Umstände des entsprechenden Vorfalls anzugeben.[45]

---

40 Staudinger/*Schotten*, Einf. zu § 2346 Rn 29.
41 Die Verträge in diesem Sinne sind aber streng zu trennen von sog. „Erbschaftsverträgen", durch die der Berechtigte gem. § 311 b Abs. 4 BGB (früher § 312 Abs. 2 BGB) zu Gunsten eines Miterben mit rein schuldrechtlicher Wirkung auf sein gesetzliches Erbrecht verzichtet, sowie von Zuwendungsverzichten gem. § 2352 BGB, durch die das gesetzlichen Erbrecht ebenfalls unberührt bleibt; vgl Damrau/*Riedel*, Erbrecht, § 2303 Rn 23; wegen weiterer Einzelheiten vgl Kapitel Erbverzicht § 8 Rn 247 f.
42 Zu den Anforderungen an diesen Entziehungsgrund vgl OLG Köln ZErb 2008, 240.
43 OLG Düsseldorf NJW 1968, 944; Staudinger/*v. Olshausen*, § 2333 Rn 4.
44 BerfG ZErb 2005, 169 m.Anm. *Lange*, ZErb 2005, 205.
45 Einzelheiten vgl bei Damrau/*Riedel*, Erbrecht, § 2336 Rn 1 ff.

B. Gesetzliche Voraussetzungen des ordentlichen Pflichtteilsanspruchs (§ 2303 BGB) § 4

▶ **Muster: Pflichtteilsentziehung** 41

Hiermit entziehe ich, ..., meinem Abkömmling ... seinen Pflichtteil. Ich bin zur Pflichtteilsentziehung gem. § 2333 BGB berechtigt, weil mich mein Abkömmling ... am ... um ... in ... vorsätzlich körperlich schwer verletzt hat, indem er mir mehrmals mit der Faust so heftig ins Gesicht schlug, dass ich starke Schmerzen, einen Nasenbeinbruch und ausgedehnte Hämatome erlitt. Zum Nachweis lege ich dieser letztwilligen Verfügung sowohl die eidesstattliche Versicherung meines Ehegatten, der den Vorfall mit angesehen hat, bei als auch eine ärztliche Bescheinigung vom ..., die den Umfang der von mir erlittenen Verletzungen beschreibt. ... ◀

5. Keine Pflichtteilsbeschränkung in guter Absicht

Soweit ein pflichtteilsberechtigter Abkömmling überschuldet oder verschwendungssüchtig ist, 42 so dass hierdurch (objektiv) zu erwarten ist, dass der auf diesen Abkömmling im Erb- oder Vermächtniswege übergehende Nachlass entweder durch seine Gläubiger gepfändet und verwertet oder durch ihn selbst vergeudet wird, hat der Erblasser die Möglichkeit, den Pflichtteil „in guter Absicht" zu beschränken.[46] In zeitlicher Hinsicht ist zu beachten, dass die Voraussetzungen für die Pflichtteilsbeschränkung sowohl im Zeitpunkt der Testamentserrichtung (schon) als auch im Zeitpunkt des Erbfalls (noch oder wieder) vorliegen müssen, § 2338 Abs. 2 S. 2 BGB. Eine erst drohende Überschuldung des Pflichtteilsberechtigten genügt ausdrücklich nicht.[47]

▶ **Muster: Pflichtteilsbeschränkung in guter Absicht** 43

Mein Abkömmling ... führt einen verschwenderischen Lebenswandel. In der Vergangenheit habe ich ihm mehrfach Zuwendungen gemacht, um ihm zu ermöglichen, seine Schulden zu begleichen. Auch aktuell ist mein Abkömmling ... überschuldet. Er hat deswegen am ... beim zuständigen Amtsgericht den Antrag auf Verbraucherinsolvenz gestellt.

Vor diesem Hintergrund setze ich meinen Abkömmling ... in Höhe der Hälfte seines gesetzlichen Erbteils zum Vorerben ein. Zum Nacherben berufe ich seine leiblichen Abkömmlinge nach den Regeln der gesetzlichen Erbfolge. Gleichzeitig ordne ich für die Dauer der Vorerbschaft Testamentsvollstreckung an. Der Testamentsvollstrecker hat sowohl den Nachlass im Interesse meines Abkömmlings ... zu verwalten als auch gleichzeitig die Rechte der Nacherben wahrzunehmen.

Die Testamentsvollstreckung soll sich auch auf den Reinertrag des der Verwaltung des Testamentsvollstreckers unterliegenden Vermögens erstrecken, sofern der Pflichtteilsberechtigte mit dieser Beschränkung einverstanden ist. ◀

III. Umfang des ordentlichen Pflichtteils im Falle der Enterbung

Der Pflichtteilsanspruch ist gemäß § 2317 Abs. 1 BGB als **reiner Geldanspruch** ausgestaltet; er 44 entsteht mit dem Erbfall und gewährt ausdrücklich **keine dingliche Teilhabe** des Berechtigten am Nachlass, sondern lediglich eine Forderung gegenüber dem oder den Erben. Die Höhe des Pflichtteilsanspruchs wird dabei im Wesentlichen von zwei Faktoren bestimmt: einerseits von der Erb- bzw Pflichtteilsquote des Anspruchsinhabers und andererseits vom Wert des Nachlasses.[48] Insoweit stehen dem Pflichtteilsberechtigten – soweit seine pflichtteilsrechtliche Legi-

---

46 HB Pflichtteilsrecht/*Mayer*, § 11 Rn 43 ff.
47 Staudinger/*Olshausen*, § 2338 Rn 9.
48 Damrau/*Riedel*, Erbrecht, § 2303 Rn 24.

timation erst einmal feststeht – entsprechende Auskunfts- und Wertermittlungsansprüche gegenüber dem Erben zu.[49]

45 ▶ **Muster: Anerkenntnis der Pflichtteilsberechtigung**

An

... (Pflichtteilsberechtigter)

Ihr Pflichtteilsanspruch

Sehr geehrter ... (Pflichtteilsberechtigter),

mit Schreiben vom ... haben Sie gegenüber dem von uns vertretenen Alleinerben des am ... verstorbenen Erblassers Ihren Pflichtteilsanspruch geltend gemacht und unseren Mandanten zum Anerkenntnis Ihres Anspruchs dem Grunde nach sowie zur Auskunftserteilung und Wertermittlung aufgefordert. Im Hinblick darauf, dass Sie einer von nur zwei Abkömmlingen des verwitweten Erblassers sind, erkennt unser Mandant Ihren Pflichtteilsanspruch mit einer Pflichtteilsquote in Höhe von ein Viertel des vorhandenen Nettonachlasses an. Die gemäß § 2314 BGB von unserem Mandanten geschuldete Auskunft bzw Wertermittlung werden wir Ihnen unverzüglich vorlegen, sobald die entsprechenden Informationen zur Verfügung stehen.

Mit freundlichen Grüßen

Unterschrift

(Rechtsanwalt) ◀

46 ▶ **Muster: Feststellungsklage über das Bestehen eines Pflichtteilsanspruchs**

An das

Landgericht ...

Klage des ... **(Pflichtteilsberechtigter)**

gegen

... (Erbe)

wegen Feststellung des Bestehens eines Pflichtteilsanspruchs

Hiermit erheben wir Klage zum angerufenen Gericht und werden in der mündlichen Verhandlung folgende Anträge stellen:

1. Es wird festgestellt, dass dem Kläger gegenüber dem Beklagten am Nachlass des am ... verstorbenen ... (Erblasser) ein Pflichtteilsanspruch in Höhe von einem Viertel des Wertes des Nettonachlasses zusteht.
2. Die Kosten des Rechtsstreits trägt der Beklagte.
3. Das Urteil ist vorläufig vollstreckbar.

Begründung:

Die Parteien streiten um die Pflichtteilsberechtigung des Klägers nach dem Tod des am ... verstorbenen ... (Erblasser). Die Parteien sind die beiden einzigen Abkömmlinge des verwitweten Erblassers. Durch privatschriftliche Vereinbarung vom ... sind der Erblasser und der Kläger dahingehend übereingekommen, dass der damals noch minderjährige Kläger auf jegliche Pflichtteilsansprüche nach dem Tod des Erblassers verzichten wolle.

---

49 Vgl hierzu unten Rn 131 ff.

B. Gesetzliche Voraussetzungen des ordentlichen Pflichtteilsanspruchs (§ 2303 BGB) § 4

Durch unstreitig wirksame letztwillige Verfügung vom ... hat der Erblasser den Kläger ausdrücklich enterbt und den Beklagten zum Alleinerben eingesetzt.

Nunmehr bestreitet der Beklagte das Bestehen eines Pflichtteilsanspruchs des Klägers mit der Begründung, dieser habe wirksam auf seinen Pflichtteil verzichtet.

Der Kläger ist als Abkömmling des Erblassers gemäß § 2303 BGB grundsätzlich pflichtteilsberechtigt. Ein Ausschluss seines Pflichtteilsrechts aufgrund wirksamen Pflichtteilsverzichts kommt nicht in Betracht. Weder genügt der angebliche Verzichtsvertrag den Formvorschriften des § 2348 BGB, noch war der seinerzeit noch minderjährige Kläger beim Abschluss dieser Vereinbarung wirksam vertreten.

Rechtsanwalt ◄

In diesem Zusammenhang ist ausdrücklich darauf hinzuweisen, dass die Erhebung der Feststellungsklage **keine verjährungsunterbrechende Wirkung** im Hinblick auf den Pflichtteilsanspruch entfaltet. Sie kommt vor diesem Hintergrund nur dann in Betracht, wenn damit zu rechnen ist, dass nach obsiegendem Gerichtsurteil der Pflichtteilsschuldner seine Blockadehaltung aufgeben wird. 47

IV. Pflichtteilsanspruch bei Erbeinsetzung unterhalb des Pflichtteils

Soweit der Pflichtteilsberechtigte zwar als (Mit-)Erbe berufen, ihm aber ein Erbteil unterhalb seiner Pflichtteilsquote hinterlassen ist, kommt ein Pflichtteilsrestanspruch nach § 2305 BGB in Betracht.[50] Eine etwaige Belastung des hinterlassenen Erbteils spielt keine Rolle; entscheidend ist aber, dass er wertmäßig hinter der Hälfte des gesetzlichen Erbteils zurückbleibt. Entscheidend ist insoweit grundsätzlich der Vergleich der dem Pflichtteilsberechtigten hinterlassenen Erbquote mit der Hälfte der ihm von Gesetzes wegen zustehenden Erbquote.[51] 48

Die Vorraussetzung, dass der Erbteil frei von Beschränkungen sein muss, ist wegen der Änderung von § 2306 Abs. 1 BGB entfallen. § 2305 S. 2 BGB ordnet nun ausdrücklich an, dass bei der Berechnung des Werts des hinterlassenen Erbteils Beschränkungen und Beschwerungen der in § 2306 BGB bezeichneten Art außer Betracht bleiben. 49

Der auf einen unzureichenden Erbteil iSv § 2305 BGB eingesetzte Pflichtteilsberechtigte bleibt grundsätzlich zu dem ihm hinterlassenen Bruchteil Erbe. Sein Pflichtteilsrestanspruch besteht in der Differenz zwischen dem zugewendeten Erbteil und dem Pflichtteil (= Hälfte des gesetzlichen Erbteils). 50

▶ **Muster: Aufforderung zum Anerkenntnis des Restpflichtteils** 51

An

... (Erbe)

Restpflichtteil

Sehr geehrter ... (Erbe),

Durch letztwillige Verfügung vom ... hat der am ... verstorbene ... (Erblasser) Sie (3/4) und mich (1/4) zu seinen Erben berufen. Als einzigem gesetzlichen Erben hätte mir grundsätzlich eine Erbquote

---

50 Bei gesetzlicher Erbfolge kommt § 2305 BGB nur in Betracht, wenn der Erblasser Dritte in einem solchen Maße zu Erben beruft, dass für den gesetzlich erbenden Pflichtteilsberechtigten wertmäßig weniger als der Pflichtteil verbleibt. Ansonsten sind vorrangig §§ 2306 ff BGB anzuwenden, vgl Damrau/*Riedel*, Erbrecht, § 2305 Rn 1.
51 Hat der Erblasser keine Quoten bestimmt, sondern bestimmte Vermögensgegenstände dinglich zugewiesen, muss die Erbquote aus dem Wertverhältnis der zugewiesenen Gegenstände zum gesamten Nachlass abgeleitet werden; Damrau/*Riedel*, Erbrecht, § 2305 Rn 2.

von 1/1 zugestanden. Meine Pflichtteilsquote beläuft sich daher gemäß § 2303 BGB auf 1/2. Der mir tatsächlich hinterlassene Erbteil beläuft sich aber laut der bereits genannten letztwilligen Verfügung lediglich auf 1/4. Vor diesem Hintergrund steht mir gemäß § 2305 BGB ein Restpflichtteilsanspruch in Höhe der Differenz des mir hinterlassenen Erbteils und meines gesetzlichen Pflichtteilsanspruchs im Sinne von § 2303 BGB zu. Ich fordere Sie daher auf, den mir zustehenden Anspruch auf den Restpflichtteil gemäß § 2305 BGB bis spätestens zum ... schriftlich anzuerkennen.

...

(Unterschrift Pflichtteilsberechtigter) ◄

52 Soweit der zugewendete Erbteil (wertmäßig) reicht, ist ein Pflichtteilsanspruch ausgeschlossen. Daher führt auch die Ausschlagung des Hinterlassenen nicht zum vollen Pflichtteil. Auch nach der Ausschlagung steht dem Berechtigten nur der Pflichtteilsrestanspruch nach § 2305 BGB zu;[52] von der Teilhabe am Nachlass im Übrigen ist er ausgeschlossen.[53]

53 ▶ **Muster: Ablehnung des Pflichtteilsanspruchs wegen Ausschlagung**

An ...

(Pflichtteilsberechtigter)

Ihr Pflichtteilsanspruch

Sehr geehrter ... (Pflichtteilsberechtigter),

Mit Schreiben vom ... haben Sie mir gegenüber Ihren angeblichen Pflichtteilsanspruch nach dem am ... verstorbenen ... (Erblasser) geltend gemacht.

Ungeachtet Ihrer Zugehörigkeit zum Kreis der pflichtteilsberechtigten Personen im Sinne von § 2303 BGB kommt eine Anerkennung Ihres Pflichtteilsanspruches für mich nicht in Betracht. Durch – unstreitig wirksame – letztwillige Verfügung des Erblassers vom ... waren Sie mit einer unter Ihrer Pflichtteilsquote liegenden Erbquote zum Miterben berufen. Beschränkungen oder Beschwerungen waren nicht angeordnet. Diese Erbeinsetzung haben Sie durch Erklärung vom ... gegenüber dem Nachlassgericht ausgeschlagen.

Eine Ausschlagung kann jedoch nur dann zum vollen Pflichtteilsanspruch führen, wenn der ausgeschlagene Erbteil belastet ist (§ 2306 Abs. 1 BGB). Dies war hier nicht der Fall, so dass Ihnen – ungeachtet der Ausschlagung – lediglich der Restpflichtteil im Sinne von § 2305 BGB zusteht. Diesen erkenne ich selbstverständlich an.

Mit freundlichen Grüßen

Unterschrift

(Erbe) ◄

V. Pflichtteilsanspruch bei Vorliegen letztwilliger Beschränkungen und Beschwerungen

1. Allgemeines

54 Die Rechte bzw Handlungsmöglichkeiten des zum Erben berufenen Pflichtteilsberechtigten, dessen Erbteil mit Beschränkungen oder Beschwerungen belastet ist, richten sich nach § 2306 BGB.

---

52 RGZ 93, 3, 9; 113, 45, 48; BGH NJW 1958, 1964; BGH NJW 1973, 995, 996; MünchKomm/*Lange*, § 2305 Rn 4; Soergel/*Dieckmann*, § 2305 Rn 3.
53 Staudinger/*Haas*, § 2305 Rn 11.

B. Gesetzliche Voraussetzungen des ordentlichen Pflichtteilsanspruchs (§ 2303 BGB) § 4

Voraussetzung für die Anwendung von § 2306 BGB ist, dass der Pflichtteilsberechtigte **Erbe** 55 geworden[54] und sein Erbteil mit (wenigstens) einer der im Gesetz abschließend aufgezählten[55] **Beschränkungen oder Beschwerungen** belastet ist. Das (rechtliche und tatsächliche) Ausmaß der Belastung ist nicht entscheidend;[56] allerdings muss sie den Pflichtteilsberechtigten objektiv treffen; seine subjektiven Vorstellungen spielen insoweit keine Rolle.[57] Belastungen und Beschwerungen, die sich im Zeitpunkt des Erbfalls bereits erledigt haben, treffen den Erben objektiv nicht; sie werden daher bei § 2306 BGB nicht berücksichtigt.[58] Dasselbe gilt für nach dem Erbfall wegfallende Beschränkungen, die sich beispielsweise dadurch erledigen, dass die mit ihnen verbundenen Belastungen *ex tunc*, (also bezogen auf den Zeitpunkt des Erbfalls) ihre Wirkung verlieren und somit genau die Rechtslage entsteht, die auch bestehen würde, wenn eine Beschränkung nie angeordnet worden wäre.[59] Beispiele hierfür sind unwirksame Anordnungen, Auflagen, deren Gegenstand weggefallen ist, infolge einer Ausschlagung gegenstandslos gewordene Vermächtnisse etc.[60] Der (ex nunc wirkende) Wegfall von Belastungen nach einer etwaigen Ausschlagung des Pflichtteilsberechtigten hat auf die Anwendbarkeit von § 2306 BGB keinen Einfluss.[61]

2. Beschränkungen und Beschwerungen

Die für die Anwendung von § 2306 BGB relevanten Anordnungen sind im Gesetz abschließend 56 aufgezählt. Im Einzelnen gilt Folgendes:

Teilungsanordnungen stellen stets eine Beschränkung des Erben dar.[62] Dies gilt unabhängig 57 davon, ob es sich um ein Teilungsverbot (§ 2044 BGB) oder positive Anordnungen, wie die Nachlassteilung zu erfolgen hat (§ 2048 BGB), handelt.

Auch vom Erblasser angeordnete **Vermächtnisse** (§§ 2147 ff BGB) und **Auflagen** (§§ 2192 ff 58 BGB) sind immer als Beschwerungen iSd § 2306 BGB anzusehen.[63] Das gilt auch für das gesetzliche Vermächtnis des Dreißigsten (§ 1969 BGB).[64] Der Voraus des Ehegatten[65] geht nach § 2311 BGB ohnehin dem Pflichtteilsanspruch vor.[66] Er ist daher bei § 2306 BGB nicht zu berücksichtigen.

Eine relevante Beschränkung ist auch die Anordnung einer **Testamentsvollstreckung** 59 (§§ 2197 ff BGB).[67]

---

54 Die Einsetzung als Ersatz- oder Schlusserbe stellt für den „ersten" Erbfall eine Enterbung dar und genügt daher nicht. Der (so oder anders) enterbte Pflichtteilsberechtigte kann aber gem. § 2303 seinen ordentlichen Pflichtteil geltend machen (Soeregl/*Dieckmann*, § 2306 Rn 4; Staudinger/*Haas*, § 2303 Rn 46, 51); bei Eintritt des Ersatz-, bzw Schlusserbfalls muss er sich den bereits erhaltenen Pflichtteil auf sein Erbe anrechnen lassen; vgl Staudinger/*Haas*, § 2303 Rn 52.
55 Eine analoge Anwendung ist ausgeschlossen, vgl BGHZ 112, 229, 232.
56 Staudinger/*Haas*, § 2306 Rn 14.
57 BGHZ 112, 229, 232; Damrau/*Riedel*, Erbrecht, § 2306 Rn 2.
58 Soeregl/*Dieckmann*, § 2306 Rn 20; Staudinger/*Haas*, § 2306 Rn 15.
59 Staudinger/*Haas*, § 2306 Rn 15.
60 Vgl Mot. V 396.
61 MünchKomm/*Lange*, § 2306 Rn 19; Staudinger/*Haas*, § 2306 Rn 15; Im Einzelfall kann jedoch eine Anfechtung der Ausschlagung gem. § 2308 BGB in Betracht kommen; vgl Damrau/*Riedel*, Erbrecht, § 2306 Rn 3.
62 Voraussetzung ist aber, dass er selbst überhaupt durch die Teilungsanordnung belastet ist; Staudinger/*Haas*, § 2306 Rn 25; Stellt die Anordnung für den Pflichtteilsberechtigten – ausnahmsweise – eine Begünstigungen dar (vgl BGH ZEV 1995), oder berührt sie ihn gar nicht, ist § 2306 BGB aber nicht anwendbar.
63 MünchKomm/*Lange*, § 2306 Rn 12.
64 Soeregl/*Dieckmann*, § 2306 Rn 9; Staudinger/*Haas*, § 2306 Rn 29.
65 Damrau/*Riedel*, Erbrecht, § 2306 Rn 5.
66 Staudinger/*Haas*, § 2306 Rn 29.
67 MünchKomm/*Lange*, § 2306 Rn 10.

60 Wird der Pflichtteilsberechtigte als **Vorerbe** eingesetzt, ist er ebenfalls nach § 2306 BGB beschränkt.[68] Das gilt auch bei befreiter Vorerbschaft oder bei Einsetzung eines Nacherben auf den Überrest (§ 2137 BGB).[69] Ist der Pflichtteilsberechtigte selbst (nur) als Nacherbe berufen, steht diese Anordnung des Erblassers gem. § 2306 Abs. 2 BGB den Beschränkungen und Beschwerungen des Abs. 1 gleich.[70] Für die Frage, ob die Nacherbschaft wertmäßig die Pflichtteilsquote erreicht oder übersteigt, ist hierbei übrigens allein auf den Zeitpunkt des Erbfalls abzustellen.[71] Veränderungen zwischen Erbfall und Nacherbfall sind nicht zu berücksichtigen.[72]

61 Nicht als Beschränkung oder Beschwerung zu qualifizieren, ist die ersatzweise Erbeinsetzung eines Dritten.[73] Auch eine Anordnung des Erblassers, der zufolge die gesetzlichen Vertreter eines **Minderjährigen** gem. §§ 1638, 1639 BGB von der Verwaltung des ererbten Vermögens ausgeschlossen sein sollen, stellt (für den Minderjährigen) keine Beschränkung dar.[74]

3. Rechtsfolgen

62 Nach der Neufassung von § 2306 Abs. 1 BGB genügt es für das Bestehenbleiben des Pflichtteilsanspruchs, wenn der Erbteil des Berechtigten mit Beschwerungen oder Beschränkungen belastet ist. Auf den Umfang des so belasteten Erbteils kommt es indes nicht (mehr) an. Vor diesem Hintergrund führt nur noch die Ausschlagung eines gänzlich unbelasteten Erbteiles zum Verlust des Pflichtteilsanspruchs.

Im Übrigen kann der Erbe eines mit Beschwerungen oder Beschränkungen belasteten Erbteils – unabhängig von dessen Umfang – stets die Erbschaft ausschlagen und – vorbehaltlich eines Pflichtteilsverzichts – seinen Pflichtteil geltend machen.

63 Nimmt der Pflichtteilsberechtigte den ihm hinterlassenen, seine Pflichtteilsquote nicht erreichenden, beschwerten Erbteil an, hat er hinsichtlich der zum Wert seines Pflichtteils evtl noch fehlenden Differenz neben seinem Erbteil Anspruch auf den Restpflichtteil gem. § 2305 BGB.[75] Bei der Berechnung dieser Differenz sind die Beschwerungen und Beschränkungen wertmäßig nicht zu berücksichtigen:

„Den von Ihnen mit Schreiben vom ... geltend gemachten Pflichtteilsanspruch nach dem am ... verstorbenen ... (Erblasser) weise ich zurück."

Aufgrund der – unstreitig wirksamen – letztwilligen Verfügung des Erblassers vom ... war Ihnen ein Erbteil in Höhe Ihrer Pflichtteilsquote hinterlassen. Des Weiteren hatte der Erblasser in seiner letztwilligen Verfügung eine Sie belastende Auflage angeordnet, die gemäß § 2306 Abs. 1 S. 1 BGB als nicht angeordnet gegolten hätte. Nichtsdestotrotz haben Sie durch Erklärung gegenüber dem Nachlassgericht am ... diesen Erbteil ausgeschlagen.

Da die Voraussetzungen des § 2306 Abs. 1 S. 2 BGB nicht vorlagen, kommt ein vollwertiger Pflichtteilsanspruch zu Ihren Gunsten nicht in Betracht. Im Hinblick darauf, dass der Ihnen

---

68 MünchKomm/*Lange*, § 2306 Rn 7.
69 Damrau/*Riedel*, Erbrecht, § 2306 Rn 7 mwN.
70 Die Beschränkung besteht darin, dass er den ihm zugedachten Erbteil erst nach einem anderen, dem Vorerben, erhält; MünchKomm/*Lange*, § 2306 Rn 8.
71 OLG Schleswig NJW 1961, 1929, 1930; Staudinger/*Haas*, § 2306 Rn 17.
72 Staudinger/*Haas*, § 2306 Rn 17.
73 Staudinger/*Haas*, § 2306 Rn 30.
74 Werden in diesem Zusammenhang aber weitergehende Bestimmungen getroffen, zB eine Person benannt, die für die Verwaltung verantwortlich sein soll, kann hierin die Anordnung einer Testamentsvollstreckung liegen, die ihrerseits gegebenenfalls zur Anwendung des § 2306 führt.
75 BGHZ 120, 96, 100; Soeregl/*Dieckmann*, § 2306 Rn 12; *Natter*, JZ 1955, 138.

B. Gesetzliche Voraussetzungen des ordentlichen Pflichtteilsanspruchs (§ 2303 BGB) § 4

hinterlassene (beschwerte) Erbteil der Hälfte Ihrer gesetzlichen Erbquote entsprach, ist auch ein Restpflichtteil gemäß § 2305 BGB ausgeschlossen. Vor diesem Hintergrund haben Sie keinerlei (ordentliche) Pflichtteilsansprüche am Nachlass des Erblassers.

Ein etwaiger Pflichtteilsrestanspruch wird durch die Ausschlagung in keinem Fall beeinträchtigt.[76] Gleiches gilt natürlich auch für die (isolierte) Ausschlagung eines dem Pflichtteilsberechtigten hinterlassenen Vermächtnisses, und zwar unabhängig von dessen Wert.[77]   64

Schlägt der Pflichtteilsberechtigte aus, bleiben sämtliche Beschränkungen und Beschwerungen bestehen und belasten diejenigen, denen die Ausschlagung zustatten kommt.[78] Soweit sie selbst pflichtteilsberechtigt sind, kommt auch zu ihren Gunsten eine Anwendung von § 2306 BGB in Betracht. U.U. ist auch die Kürzung von Belastungen wegen der (infolge der Ausschlagung entstandenen) Pflichtteilslast nach § 2322 BGB denkbar.   65

Nimmt der Pflichtteilsberechtigte den belasteten Erbteil an, bleibt es bei seiner Rechtsstellung als Erbe. Die zu seinen Lasten angeordneten Beschwerungen und Beschränkungen bleiben in vollem Umfang bestehen. Ob sie den Pflichtteil beeinträchtigen, oder nach ihrer Erfüllung überhaupt noch ein wirtschaftlicher Wert verbleibt, spielt in dieser Konstellation keine Rolle.[79] Die Geltendmachung von (ordentlichen)[80] Pflichtteilsansprüchen ist nach der Annahme der Erbschaft ausgeschlossen.[81] Das Risiko, dass der Erbteil durch vom Erblasser angeordnete Belastungen ausgehöhlt und wertmäßig unter den Pflichtteil herabgemindert ist, hat der pflichtteilsberechtigte Erbe allein zu tragen.[82]   66

Durch die fristgerechte **Ausschlagung**[83] verliert der Pflichtteilsberechtigte seine Erbenstellung, erwirbt aber den vollen Pflichtteilsanspruch.   67

▶ **Muster: Ausschlagungserklärung (taktische Ausschlagung, § 2306 Abs. 1 S. 2 BGB)**   68

An das

Nachlassgericht ...

In der Nachlasssache des ... **(Erblasser), verstorben am** ..., **zuletzt wohnhaft in** ...

Ich bin der einzige Abkömmling des vorgenannten Erblassers. Dieser hat in seiner letztwilligen Verfügung vom ..., eröffnet am ..., mich in Höhe meiner gesetzlichen Erbquote zum Erben berufen. Gleichzeitig hat er mich mit Vermächtnissen/Auflagen/der Anordnung einer Vor- und Nacherbschaft/ der Anordnung einer Testamentsvollstreckung beschwert.

Ich schlage daher hiermit meine Erbeinsetzung nach § 2306 Abs. 1 S. 2 BGB aus, um meinen Pflichtteil zu verlangen.

Unterschrift

Notarielle Unterschriftsbeglaubigung ◀

Im Falle der Pflichtteilsgeltendmachung erlangt der Pflichtteilsberechtigte (nur) die Stellung eines Nachlassgläubigers; eine dingliche Beteiligung am Nachlass ist ausgeschlossen. Im Fall der   69

---

76 OLG Hamm NJW 1981, 2585; HB Pflichtteilsrecht/*Mayer*, § 4 Rn 12.
77 BGHZ 80, 263, 267.
78 Staudinger/*Haas*, § 2306 Rn 37.
79 *U. Mayer*, DNotZ 1996, 422, 424.
80 Die Möglichkeit, Pflichtteilsergänzungsansprüche (§ 2326 S. 2) geltend zu machen, wird durch § 2306 nicht berührt; vgl RG SeuffA 88 Nr. 147; Staudinger/*Haas*, § 2306 Rn 55.
81 Staudinger/*Haas*, § 2306 Rn 55; *U. Mayer*, DNotZ 1996, 422, 424; HB Pflichtteilsrecht/*Mayer*, § 2 Rn 76.
82 Damrau/*Riedel*, Erbrecht, § 2306 Rn 19.
83 Vgl hierzu *Kerscher/Tanck*, ZAP 1997, 689.

Erbeinsetzung über der Hälfte des gesetzlichen Erbteils stellt die Ausschlagung den einzigen Weg dar, eine Aushöhlung des Pflichtteils durch Beschränkungen und Beschwerungen zu vermeiden.[84] § 2318 BGB bewirkt insoweit keinen Schutz.

VI. Pflichtteilsanspruch bei Vermächtnisbegünstigung unterhalb des Pflichtteils

1. Voraussetzungen des § 2307 BGB

a) Vermächtniseinsetzung

70 Hat der Erblasser dem Pflichtteilsberechtigten (nur) ein **Vermächtnis** hinterlassen, hat er stets die **Wahl**, das Vermächtnis anzunehmen oder auszuschlagen. Seinen Pflichtteilsanspruch verliert er auf keinen Fall. Unsinnige oder nicht dem Interesse des Pflichtteilsberechtigten entsprechende gegenständliche Zuweisungen hindern die Pflichtteilsgeltendmachung nicht.[85] Somit ist dem Erblasser die Möglichkeit genommen, dem Pflichtteilsberechtigten ein an die Stelle des Pflichtteils tretendes Vermächtnis aufzudrängen.[86]

71 Einzige Voraussetzung für die Anwendung des § 2307 BGB ist, dass dem Pflichtteilsberechtigten ein Vermächtnis[87] hinterlassen ist. Dessen weitere Ausgestaltung (zB Belastungen oder Beschwerungen) ist nicht entscheidend. Daher werden auch belastete Vermächtnisse, bei denen beispielsweise ein Untervermächtnis (§ 2147 BGB) oder eine Auflage (§ 2192 BGB) zu Lasten des Vermächtnisnehmers oder eine Testamentsvollstreckung (wenn es sich um eine reine Vermächtnisvollstreckung handelt, § 2223 BGB) angeordnet ist, von § 2307 BGB erfasst.[88] Gleiches gilt für auflösend bedingte oder befristete Vermächtnisse. Die Rspr[89] und die überwiegende Ansicht in der Lit.[90] gehen davon aus, dass § 2307 BGB auch hinsichtlich aufschiebend befristeter Vermächtnisses anwendbar ist.[91]

b) Anordnungen außerhalb des Regelungsbereichs von § 2307 BGB

72 Ist der Pflichtteilsberechtigte nur als **Ersatzvermächtnisnehmer** eingesetzt und fällt ihm das Vermächtnis nur unter der Bedingung an, dass der zunächst Berufene nicht Vermächtnisnehmer wird, ist dem Pflichtteilsberechtigten bis zum Wegfall des zunächst berufenen Vermächtnisnehmers nichts hinterlassen:[92] Eine Ausschlagung kann hier mangels Bezugsobjekts gar nicht erfolgen. Soweit dem Pflichtteilsberechtigten das Vermächtnis nach Pflichtteilsgeltendmachung dennoch anfällt (und er es auch annimmt), hat sich der Pflichtteilsberechtigte den erhaltenen Pflichtteil auf das Vermächtnis anrechnen zu lassen, oder das Geleistete zurückzugewähren.[93]

73 Auf **Auflagen**, deren Begünstigter der Pflichtteilsberechtigte ist, kann § 2307 weder seinem Wortlaut nach noch analog angewendet werden. Eine Ausschlagung ist auch hier von vornherein ausgeschlossen.[94] Das gleiche gilt, wenn der Pflichtteilsberechtigte aufgrund der Erfüllung einer dem Erben oder einem Vermächtnisnehmer auferlegten Bedingung etwas erhält.[95]

---

84 Vgl zB HB Pflichtteilsrecht/*Mayer*, § 2 Rn 79.
85 *Kerscher/Tanck*, ZAP 1997, 689, 694.
86 Mot. V, 393.
87 Auch Untervermächtnis oder die vermächtnisweise Zuwendung des Pflichtteils; vgl Staudinger/*Haas*, § 2307 Rn 3.
88 *Schlitt*, NJW 1992, 28; Staudinger/*Haas*, § 2307 Rn 4; MünchKomm/*Lange*, § 2307 Rn 5.
89 BGH Zerb 2001, 22; OLG Oldenburg NJW 1991, 988.
90 Staudinger/*Haas*, § 2307 Rn 5; MünchKomm/*Lange*, § 2307 Rn 6; Soergel/*Dieckmann*, § 2307 Rn 2.
91 Vgl insoweit *Riedel* in Bonefeld/Wachter, Der Fachanwalt für Erbrecht, Kap. 11 Rn 33.
92 Staudinger/*Haas*, § 2307 Rn 7.
93 MünchKomm/*Lange*, § 2307 Rn 7; Staudinger/*Haas*, § 2307 Rn 7.
94 OLG Düsseldorf FamRZ 1991, 1107, 1109; Soergel/*Dieckmann*, § 2307 Rn 4; Staudinger/*Haas*, § 2307 Rn 8.
95 Staudinger/*Haas*, § 2307 Rn 8.

2. Ausschlagungsmöglichkeit nach § 2307 Abs. 1 BGB

Schlägt der Pflichtteilsberechtigte das Vermächtnis aus, richten sich die Rechtsfolgen grundsätzlich nach § 2180 BGB.[96] Nach erfolgter Annahme ist eine spätere Ausschlagung nicht mehr möglich, ebenso wenig wenn das Vermächtnis erloschen ist.[97] Während der Dauer seines Bestehens ist das Wahlrecht nach § 2307 BGB einschließlich des Ausschlagungsrechts aber (vorbehaltlich Abs. 2) zeitlich nicht befristet und auch vererblich

74

▶ **Muster: Ausschlagung eines Vermächtnisses**

75

An

... (Erbe)

Ausschlagung eines Vermächtnisses

Sehr geehrter (Erbe),

mit seiner letztwilligen Verfügung vom ... hat mich ... (Erblasser), verstorben am ... zum Vermächtnisnehmer bezüglich folgenden Vermächtnisgegenstandes eingesetzt ... .

Hiermit schlage ich das mir hinterlassene Vermächtnis aus, um meinen Pflichtteil geltend zu machen.

... (Unterschrift) ◀

Obwohl sogar eine Ausschlagung durch **schlüssiges Verhalten** möglich ist,[98] kann die Geltendmachung des Pflichtteilsanspruchs bestenfalls dann als konkludente Ausschlagung anzusehen sein, wenn der Vermächtnisschuldner auch gleichzeitig der Pflichtteilsschuldner ist.[99] Hat der Pflichtteilsberechtigte zum Zeitpunkt der Pflichtteilsgeltendmachung keine Kenntnis von dem Vermächtnis oder glaubt er, es stünde ihm neben dem Pflichtteil zu, kommt eine Ausschlagung durch schlüssiges Verhalten nicht in Frage.[100] Auch die Einforderung des Pflichtteilsrestanspruchs ist im Zweifel nicht als Ausschlagung zu interpretieren. Dies gilt umso mehr als der Pflichtteilsrestanspruch dem Berechtigten auch ohne vorherige Vermächtnisausschlagung zusteht.[101] Entscheiden sind aber auch hier stets die Umstände des Einzelfalls. Bei Auslegungsschwierigkeiten, ist stets die für den Pflichtteilsberechtigten günstigere Auslegung zu bevorzugen.[102] Dennoch ist dem Pflichtteilsberechtigten dringend zu raten, sein Verhalten und seine Erklärungen gegenüber dem Pflichtteils- und Vermächtnisschuldner so eindeutig wie möglich zu gestalten, damit Unklarheiten über die Frage der Ausschlagung von vornherein ausgeschlossen sind.

76

Macht der Pflichtteilsberechtigte von seinem Ausschlagungsrecht wirksam Gebrauch, gilt der Anfall des Vermächtnisses an den Pflichtteilsberechtigten gem. §§ 2180 Abs. 3, 1953 Abs. 1 BGB als nicht erfolgt. Der Weg zum vollen Pflichtteil ist dann frei.

77

---

96 Sie erfolgt daher gegenüber dem Beschwerten; die versehentlich vor dem Nachlassgericht erklärte Ausschlagung wird aber wirksam, wenn sie dem Beschwerten entsprechend dem mutmaßlichen Willen des Pflichtteilsberechtigten mitgeteilt wird (vgl RGZ 113, 234, 238; Staudinger/*Haas*, § 2307 Rn 11). Sie ist weder Form noch Frist gebunden, jedoch bedingungs- und befristungsfeindlich. Im Übrigen gelten §§ 2176, 2180 BGB sowie §§ 1950, 1952, Abs. 1 und 3 und § 1953 Abs. 1 und 2 BGB entsprechend. Die Ausschlagung ist nicht vor Eintritt des Erbfalls möglich, kann aber bereits vor Anfall des Vermächtnisses erfolgen. Dies ist bei aufschiebend bedingten oder befristeten Vermächtnissen auch erforderlich, wenn der volle Pflichtteil geltend gemacht werden soll.
97 Staudinger/*Otte*, § 2180 Rn 11.
98 BGH Zerb 2001, 22, 23; Staudinger/*Otte*, § 2180 Rn 5.
99 BGH Zerb 2001, 22, 23; Staudinger/*Haas*, § 2307 Rn 12.
100 MünchKomm/*Lange*, § 2307 Rn 10; Soergel/*Dieckmann*, § 2307 Rn 6.
101 Staudinger/*Haas*, § 2307 Rn 12.
102 Staudinger/*Haas*, § 2307 Rn 12.

78 ▶ **Muster: Pflichtteilsgeltendmachung nach Vermächtnisausschlagung**

An

▪▪▪ (Erbe)

Pflichtteilsgeltendmachung

Sehr geehrter ▪▪▪ (Erbe),

Nachdem ich mit Schreiben vom ▪▪▪ das mir aufgrund der letztwilligen Verfügung des ▪▪▪ (Erblasser) vom ▪▪▪ hinterlassene Vermächtnis ausgeschlagen habe, mache ich nunmehr meinen Pflichtteilsanspruch geltend. Ich fordere Sie daher auf, meinen Pflichtteilsanspruch dem Grunde nach anzuerkennen.

▪▪▪

(Unterschrift) ◀

79 Nach der Vermächtnisausschlagung vollzieht sich die Pflichtteilsberechnung nach den allgemeinen Grundsätzen; anrechnungs- bzw ausgleichungspflichtige Vorempfänge sind entsprechend zu berücksichtigen.[103] Soweit es sich bei dem Ausschlagenden um den überlebenden Zugewinn-Ehegatten handelt, hat dieser nach der **güterrechtlichen Lösung** lediglich Anspruch auf den kleinen Pflichtteil.[104] Ein Wahlrecht zum großen Pflichtteil besteht nicht.[105]

80 Da es sich bei Ausschlagung und Annahme des Vermächtnisses um bedingungsfeindliche Erklärungen handelt, sind Vorbehalte[106] – gleich welcher Art – unzulässig.[107]

3. Folgen der Annahme des Vermächtnisses

a) Allgemeines

81 Durch die Annahme des Vermächtnisses erwirbt der Pflichtteilsberechtigte dieses endgültig. Gleichzeitig verliert er seinen Pflichtteilsanspruch, soweit er durch das Vermächtnis gedeckt ist.[108] Erweist sich der Vermächtnisanspruch im Nachhinein als nicht werthaltig, ändert dies an der Annahme und den sich aus ihr ergebenden Konsequenzen nichts, eine nachträgliche Ausschlagung ist ausgeschlossen.[109] Nach der Annahme des Vermächtnisses ist der Vermächtnisnehmer grundsätzlich auch zur Erfüllung der zu seinen Lasten angeordneten Belastungen und Beschwerungen (Untervermächtnis, Testamentsvollstreckung etc.) verpflichtet.[110] Da das Wahlrecht nach § 2307 Abs. 1 BGB ein höchstpersönliches Gestaltungsrecht darstellt, kann die Annahme-Handlung eines Dritten, zB des Testamentsvollstreckers dem Pflichtteilsberechtigten nicht zugerechnet werden.[111]

b) Pflichtteilsrestanspruch

82 Abhängig vom Wert des Vermächtnisses bzw der Höhe des Pflichtteilsanspruchs kann daneben uU ein Pflichtteilsrestanspruch bestehen, und zwar in Höhe der Differenz zwischen dem Pflichtteil und dem Wert des Vermächtnisses. Dieses ist dabei mit seinem Verkehrswert im Zeitpunkt

---

103 HB Pflichtteilsrecht/*Mayer*, § 3 Rn 22; Staudinger/*Haas*, § 2307 Rn 13.
104 *Brage*, FamRZ 1957, 334, 339; Staudinger/*Haas*, § 2307 Rn 13.
105 MünchKomm/*Lange*, § 2307 Rn 10; Staudinger/*Haas*, § 2307 Rn 1; HB Pflichtteilsrecht/*Mayer*, § 2 Rn 116.
106 Etwa der, trotz der Annahme den vollen Pflichtteil beanspruchen zu wollen.
107 Staudinger/*Haas*, § 2307 Rn 15; HB Pflichtteilsrecht/*Mayer*, § 2 Rn 118.
108 Staudinger/*Haas*, § 2307 Rn 16.
109 Damrau/*Riedel*, Erbrecht, § 2307 Rn 14; Staudinger/*Haas*, § 2307 Rn 17.
110 Staudinger/*Haas*, § 2307 Rn 14.
111 HB Pflichtteilsrecht/*Mayer*, § 4 Rn 23.

B. Gesetzliche Voraussetzungen des ordentlichen Pflichtteilsanspruchs (§ 2303 BGB) § 4

des Erbfalls[112] anzusetzen.[113] Die **Wertermittlung** richtet sich im Grundsatz nach § 2311 BGB. Der Erblasser hat aber die Möglichkeit, abweichende Anordnungen über die Art und Weise der Wertermittlung anzuordnen. Da er das so ausgestaltete Vermächtnis ohne Verlust des Pflichtteils ausschlagen und sich auf diese Weise von der Wertbestimmung freimachen kann, ist eine unangemessene Benachteiligung des Pflichtteilsberechtigten hiermit nicht verbunden.[114]

Gemäß § 2307 Abs. 1 S. 2, 2. Hs BGB sind auch sonstige Beschränkungen und Beschwerungen iSv § 2306 BGB bei der Bewertung des Vermächtnisses ausdrücklich unbeachtlich. Weder können sie den eigentlichen Wert des Vermächtnisses mindern noch besteht ein – wie auch immer gearteter – Ausgleichsanspruch gegenüber dem Erben.[115] Die einzige Möglichkeit des Pflichtteilsberechtigten, derartige Risiken zu umgehen, besteht darin, das Vermächtnis auszuschlagen.[116] 83

Im Rahmen der Berechnung des Restanspruchs wird der Wert des Pflichtteilsanspruchs unter Berücksichtigung der §§ 2315, 2316 BGB (Anrechnungs- und Ausgleichspflichten) entsprechend den auch ohne die Vermächtnisanordnung geltenden Regeln bestimmt.[117] Im Falle des überlebenden Zugewinn-Ehegatten ist gem. § 1371 Abs. 1 BGB auf den „großen Pflichtteil" abzustellen.[118] Übersteigt der Wert des Vermächtnisses den Wert des Pflichtteils, kann ein Pflichtteilsrestanspruch nicht bestehen.[119] 84

▶ **Muster: Geltendmachung des Pflichtteilsrestanspruchs neben einem Vermächtnis** 85

An

... (Erbe)

Pflichtteilsrestanspruch

Sehr geehrter ... (Erbe),

der am ... verstorbene ... (Erblasser) hat in seiner letztwilligen Verfügung vom ... zu meinen Gunsten ein Geldvermächtnis in Höhe von EUR 100.000,00 angeordnet. Dieses Vermächtnis nehme ich hiermit an. Gleichzeitig mache ich daneben meinen Pflichtteilsrestanspruch geltend.

Der sich zu meinen Gunsten ergebende ordentliche Pflichtteil ist – vorbehaltlich der von Ihnen noch zu erteilenden Auskünfte bzw Wertermittlungen – deutlich höher als der Wert des Vermächtnisses. In Höhe dieses Differenzbetrages steht mir gemäß § 2307 Abs. 1 S. 2 BGB ein Pflichtteilsrestanspruch zu, den ich hiermit geltend mache. Ich fordere Sie auf, das Bestehen dieses Pflichtteilsanspruches dem Grunde nach bis spätestens zum ... mir gegenüber schriftlich anzuerkennen.

...

(Unterschrift) ◀

---

112 Damrau/*Riedel*, Erbrecht, § 2307 Rn 16.
113 Staudinger/*Haas*, § 2307 Rn 18; HB Pflichtteilsrecht/*Mayer*, § 4 Rn 29.
114 Vgl Staudinger/*Haas*, § 2307 Rn 18; MünchKomm/*Lange*, § 2307 Rn 4.
115 Staudinger/*Haas*, § 2307 Rn 19.
116 *Haas* spricht insoweit von einer „Kapitulation des Gesetzgebers vor den unendlichen Schwierigkeiten, die mit einer Schätzung des belasteten Vermächtnisses für alle Nachlassbeteiligten verbunden wäre.", Staudinger/*Haas*, § 2307 Rn 19; vgl auch Mot. V, 399 f; OLG Oldenburg NJW 1991, 988.
117 BGH NJW 1993, 1197; Staudinger/*Haas*, § 2307 Rn 18. Im Zweifel ist nicht der Quoten-, sondern der Wertpflichtteil maßgeblich, vgl HB Pflichtteilsrecht/*Mayer*, § 4 Rn 28.
118 *Braga*, FamRZ 1957, 334, 339; MünchKomm/*Lange*, § 2307 Rn 11; Staudinger/*Haas*, § 2307 Rn 18; HB Pflichtteilsrecht/*Mayer*, § 4 Rn 28.
119 Der Auskunfts- und Wertermittlungsanspruch nach § 2314 BGB ist aber auch in diesen Fällen nicht unbedingt ausgeschlossen, vgl BGH NJW 1958, 1964, 1966.

4. Ausschlagungsfiktion nach § 2307 Abs. 2 BGB

86 Grundsätzlich besteht für die Annahme von Vermächtnissen weder eine gesetzliche Frist noch eine Annahmevermutung. Da aber die Regelung des § 2307 BGB der raschen Abwicklung dient, sieht Abs. 2 zugunsten des mit dem Vermächtnis beschwerten Erben eine Möglichkeit vor, den Pflichtteilsberechtigten zur Erklärung über die Annahme aufzufordern.[120] Andere Personen als der mit dem Vermächtnis beschwerte Erbe, zB der mit einem Untervermächtnis beschwerte Vermächtnisnehmer[121] oder Erben, die mit keinem Vermächtnis zugunsten des Pflichtteilsberechtigten belastet sind, können sich nicht auf § 2307 Abs. 2 BGB berufen.[122] Sind mehrere Erben mit demselben Vermächtnis beschwert, steht ihnen das Recht aus § 2307 Abs. 2 BGB gemeinschaftlich (§ 2038 BGB) zu.[123]

87 Eine Mitwirkung aller Beteiligten in einem einzigen Rechtsakt ist für die Fristsetzung auch in diesem Fall allerdings nicht erforderlich.[124] Ob auch der Testamentsvollstrecker die Rechte aus § 2307 Abs. 2 BGB ausüben kann, ist bislang nicht geklärt, wird aber jedenfalls bei Abwicklungstestamentsvollstreckung wohl zu bejahen sein.[125]

88 Die **Fristsetzung** erfolgt durch formlose, empfangsbedürftige Willenserklärung gegenüber dem pflichtteilsberechtigten Vermächtnisnehmer.

89 ▶ **Muster: Fristsetzung zur Vermächtnisannahme**

An

... (pflichtteilsberechtigter Vermächtnisnehmer)

Annahme des Vermächtnisses des am ... verstorbenen ... (Erblasser)

Sehr geehrter ...(pflichtteilsberechtigter Vermächtnisnehmer),

am ... verstarb ... (Erblasser). Aufgrund seiner letztwilligen Verfügung vom ... sind Sie, wie ich Ihnen bereits mit Schreiben vom ... unter Beifügung einer Kopie der letztwilligen Verfügung mitgeteilt habe, mit einem Vermächtnis bezüglich ... bedacht worden, das insbesondere meinen Erbteil belastet. Im Übrigen sind Sie als Abkömmling des Erblassers grundsätzlich pflichtteilsberechtigt.

Da Sie sich bis heute nicht erklärt haben, ob Sie das Ihnen zugedachte Vermächtnis annehmen oder ausschlagen wollen, fordere ich Sie hiermit gemäß § 2307 Abs. 2 BGB auf, mir bis spätestens zum

...

mitzuteilen, ob Sie das Vermächtnis annehmen.

Ich möchte bei dieser Gelegenheit ausdrücklich darauf hinweisen, dass gem. § 2307 Abs. 2 S. 2 BGB mit dem Ablauf der Frist das Vermächtnis als ausgeschlagen gilt, wenn mir Ihre Annahmeerklärung nicht vorher zugeht.

Mit freundlichen Grüßen

(Unterschrift) ◀

---

120 Vgl Soergel/*Dieckmann*, § 2307 Rn 12; Staudinger/*Haas*, § 2307 Rn 24.
121 Prot. V, 506; Damrau/*Riedel*, Erbrecht, § 2307 Rn 21 mwN.
122 Staudinger/*Haas*, § 2307 Rn 25; Soergel/*Dieckmann*, § 2307 Rn 12; *Riedel* in Bonefeld/Wachter, Der Fachanwalt für Erbrecht, Kap. 11 Rn 38.
123 OLG München FamRZ 1987, 752.
124 Staudinger/*Haas*, § 2307 Rn 25.
125 *Riedel* in Bonefeld/Wachter, Der Fachanwalt für Erbrecht, Kap. 11 Rn 38.

B. Gesetzliche Voraussetzungen des ordentlichen Pflichtteilsanspruchs (§ 2303 BGB)   **§ 4**

Die Frist zur Annahme muss angemessen sein. Vor einer dem Erben gesetzten Frist zur Inventarerrichtung (§ 1944 BGB) kann sie keinesfalls ablaufen.[126] Auch ein Fristende vor Erteilung der vom Pflichtteilsberechtigten nach § 2314 BGB geforderten Auskünfte kommt nicht in Betracht.[127] Ist die Frist zu kurz bemessen, wird sie automatisch durch eine angemessene ersetzt. Sonderregelungen für aufschiebend oder auflösend bedingte oder befristete Vermächtnisse bestehen nicht.[128]   90

Verstreicht die Frist, ohne dass der Pflichtteilsberechtigte das Vermächtnis annimmt, gilt es als ausgeschlagen, so dass (nur noch) ein ungeschmälerter Pflichtteilsanspruch verbleibt.   91

VII. Die Anfechtungsmöglichkeit nach § 2308 BGB
1. Allgemeines

Sowohl nach § 2306 als auch nach § 2307 BGB hat der Pflichtteilsberechtigte die Wahl, die ihm zugedachten belasteten Zuwendungen entweder anzunehmen, oder sie auszuschlagen und den Pflichtteil geltend zu machen.   92

Die diesbezüglichen Entscheidungen muss der Pflichtteilsberechtigte idR unter erheblichem Zeitdruck und oftmals ohne wirklich umfassende Kenntnis der wirtschaftlichen Verhältnisse des Nachlasses treffen. Im Hinblick auf die sich hieraus ergebenden erheblichen Risiken gewährt § 2308 BGB unter bestimmten Voraussetzungen die Möglichkeit, eine Ausschlagung auch wegen **Motivirrtums** anzufechten. So wird verhindert, dass der ausschlagende Pflichtteilsberechtigte in Folge des nach seiner Ausschlagung eintretenden Wegfalls der Beschwerungen bzw Beschränkungen iSd § 2306 Abs. 1 BGB seines – dann wertvolleren – Erbteils verlustig geht.[129] Dies gilt auch dann, wenn die Ausschlagung wegen des Wegfalls nur einer von mehreren Belastungen angefochten wird. Denn auch hier lässt sich mitunter durch die Annahme des (immer noch belasteten) Erbteils bzw Vermächtnisse ein für den Pflichtteilsberechtigten wirtschaftlich günstigeres Ergebnis erzielen.[130] Die Anwendung von § 2308 Abs. 1 BGB setzt voraus, dass dem Pflichtteilsberechtigten ein belasteter Erbteil – in welchem Umfang auch immer – hinterlassen ist, § 2306 Abs. 1 BGB.[131] Nach § 2308 Abs. 2 BGB gelten im Übrigen die Regelungen über die Anfechtung der Erbteilsausschlagung entsprechend. Lediglich hinsichtlich der Anfechtungserklärung besteht die Besonderheit, dass sie gem. § 2308 Abs. 2 S. 2 BGB nicht gegenüber dem Nachlassgericht sondern gegenüber dem Beschwerten erfolgt.   93

Voraussetzung für die Anwendung von § 2308 Abs. 1 ist allein, dass dem Pflichtteilsberechtigten ein belasteter Erbteil hinterlassen ist.   94

---

126 Damrau/*Riedel*, Erbrecht, § 2307 Rn 21; Staudinger/*Haas*, § 2307 Rn 26.
127 Soergel/*Dieckmann*, § 2307 Rn 12; Staudinger/*Haas*, § 2307 Rn 26.
128 Staudinger/*Haas*, § 2307 Rn 26.
129 Staudinger/*Haas*, § 2308 Rn 2.
130 Soergel/*Dieckmann*, § 2308 Rn 3; MünchKomm/*Frank*, (3. Aufl.), § 2308 Rn 3.
131 Die Ausschlagung eines unter der Pflichtteilsquote liegenden Erbteils kann nicht gem. § 2308 BGB angefochten werden; Soergel/*Dieckmann*, § 2308 Rn 2, MünchKomm/*Lange*, § 2308 Rn 2; nach Staudinger/*Haas*, § 2308 Rn 9 kann in dieser Situation auch nicht gem. § 119 Abs. 2 BGB angefochten werden, da insoweit ein nicht zur Anfechtung berechtigender Rechtsfolgeirrtum vorliegt.

2. Objektives Bestehen der Belastung im Zeitpunkt des Erbfalls

95 Die Anfechtung der Ausschlagung setzt voraus, dass zur Zeit des Erbfalls, tatsächlich Beschränkungen und Beschwerungen des Zugewendeten objektiv bestanden haben.[132] Im Zeitpunkt der Ausschlagung müssen diese – wenigstens teilweise (der Wegfall einer von mehreren Belastungen genügt!)[133] – weggefallen sein. Ein späterer Wegfall der Beschränkungen bzw Beschwerungen (also beispielsweise zwischen Ausschlagung und Anfechtung) rechtfertigt die Anfechtung nicht. Auch wenn der Pflichtteilsberechtigte über die rechtliche Tragweite bzw den Umfang der angeordneten Belastungen[134] oder über deren wirtschaftliche Auswirkungen[135] im **Irrtum** war, scheidet eine Anfechtung aus.[136]

96 Ob auch ein nach der Ausschlagung erfolgender, aber auf den Erbfall zurückwirkender Wegfall von Belastungen (*ex tunc-Wirkung*) die Anfechtung rechtfertigen kann, ist umstritten. Der BGH gesteht dem Pflichtteilsberechtigten die Anfechtung gem. § 2308 BGB zu und sichert ihm so das wirtschaftlich günstigste Ergebnis.[137] Die hM in der Lit. lehnt die Anfechtbarkeit aber zu Recht ab.[138] Denn im Zeitpunkt der Ausschlagung liegt keine Fehlvorstellung vor, so dass der Pflichtteilsberechtigte insoweit nicht schutzwürdig ist.[139]

3. Fehlende Kenntnis vom Wegfall der Belastung

97 Weiterhin setzt die Anfechtung der Ausschlagung voraus, dass der Pflichtteilsberechtigte bei Erklärung der Ausschlagung keine Kenntnis vom Wegfall der Belastung des ihm Zugewandten hatte. Die Ursache seiner Unkenntnis ist ohne Belang.[140] Auch Irrtum und grobe Fahrlässigkeit schaden nicht.[141]

4. Wirkung der Anfechtung

98 Auch die Anfechtung nach § 2308 BGB entfaltet die Wirkungen des § 1957 Abs. 1 BGB. Sie führt daher automatisch zur Annahme der Erbschaft, so dass die Geltendmachung des Pflichtteilsanspruchs (§ 2303 BGB) ausgeschlossen wird. Gleichzeitig hat der seine Erben- bzw Vermächtnisnehmerstellung zurückerlangende Pflichtteilsberechtigte die mit dieser verbundenen, nicht weggefallenen Beschränkungen und Beschwerungen zu erfüllen bzw zu dulden.

99 ▶ **Muster: Anfechtung der Ausschlagung (Erbteil)**

An das

Nachlassgericht ▪▪▪

In der Nachlasssache

des ▪▪▪ (Erblasser), verstorben am ▪▪▪, zuletzt wohnhaft in ▪▪▪

habe ich am ▪▪▪ zu Protokoll des Nachlassgerichts die Ausschlagung der Erbschaft erklärt.

---

132 Eine entsprechende irrige Annahme des Pflichtteilsberechtigten reicht nicht aus; Soeregl/*Dieckmann*, § 2308 Rn 4; Staudinger/*Haas*, § 2308 Rn 6; MünchKomm/*Lange*, § 2308 Rn 4.
133 Damrau/*Riedel*, Erbrecht, § 2308 Rn 4 mwN.
134 *U. Mayer*, DNotZ 1996, 422, 428.
135 Damrau/*Riedel*, Erbrecht, § 2308 Rn 4.
136 Mot. V, 511; MünchKomm/*Lange*, § 2308 Rn 4.
137 BGHZ 112, 229, 238 f.
138 OLG Stuttgart MDR 1983, 751.
139 Soeregl/*Dieckmann*, § 2308 Rn 4; MünchKomm/*Lange*, § 2308 Rn 4; wegen weiterer Einzelheiten vgl Damrau/*Riedel*, Erbrecht, § 2308 Rn 5 ff.
140 Staudinger/*Haas*, § 2308 Rn 8.
141 Mot. V 511.

B. Gesetzliche Voraussetzungen des ordentlichen Pflichtteilsanspruchs (§ 2303 BGB) § 4

Diese Ausschlagung vom ... fechte ich hiermit gemäß § 2308 Abs. 1 BGB an.

Der Erblasser hat mich in seiner letztwilligen Verfügung vom ... zum Miterben eingesetzt, und zwar mit meiner gesetzlichen Erbquote. Des Weiteren hat er zu meinen Lasten ein Vermächtnis angeordnet, das jedoch auflösend bedingt ausgestaltet war. Die durch den Erblasser angeordnete auflösende Bedingung ist zwischen dem Eintritt des Erbfalls und meiner Ausschlagungserklärung eingetreten und die Beschwerung meines Erbteils somit weggefallen. Ich bin daher gem. § 2308 Abs. 1 BGB zur Anfechtung der Ausschlagung berechtigt. Die entsprechenden Nachweise füge ich bei.

Unterschrift

(notarielle Unterschriftsbeglaubigung) ◄

Für die Anfechtung der Ausschlagung eines Vermächtnisses gelten nach § 2308 Abs. 2 BGB die Regelungen über die Anfechtung der Erbteilsausschlagung entsprechend. Es besteht lediglich die Besonderheit, dass die Anfechtungserklärung gem. § 2308 Abs. 2 S. 2 BGB nicht gegenüber dem Nachlassgericht sondern gegenüber dem Beschwerten erfolgt und eine notarielle Beglaubigung der Unterschrift nicht erforderlich ist.

▶ **Muster: Anfechtung der Ausschlagung eines Vermächtnisses**   101

An

... (Erbe)

Anfechtung der Ausschlagung meines Vermächtnisses

Sehr geehrter ... (Erbe),

der am ... verstorbene ... (Erblasser) hat in seiner letztwilligen Verfügung vom ... zu meinen Gunsten ein Vermächtnis angeordnet, das ich Ihnen gegenüber mit Schreiben vom ... ausgeschlagen habe. Diese Ausschlagung fechte ich hiermit gemäß § 2308 Abs. 2 BGB an. Der Erblasser hatte das zu meinen Gunsten angeordnete Vermächtnis mit einem Untervermächtnis zugunsten von ... (Untervermächtnisnehmer) beschwert und keinen Ersatz-Untervermächtnisnehmer benannt. Kurz nach dem Tod des Erblassers ist auch der Untervermächtnisnehmer verstorben, so dass das Untervermächtnis ersatzlos entfallen ist. Von diesem Umstand hatte ich im Zeitpunkt meiner Ausschlagungserklärung keine Kenntnis. Vor diesem Hintergrund bin ich zur Anfechtung der Ausschlagung berechtigt.

Ich darf Sie daher bitten, den Vermächtnisgegenstand unverzüglich an mich herauszugeben. Die Geltendmachung etwaiger Pflichtteilsrestansprüche behalte ich mir ausdrücklich vor.

...

(Unterschrift) ◄

VIII. Besonderheiten des Pflichtteilsrechts des überlebenden Ehegatten

Das Pflichtteilsrecht des überlebenden Ehegatten birgt gegenüber dem anderer Berechtigter einige Besonderheiten. So wirkt sich beispielsweise bei einem verheirateten Erblasser sowohl sein **Güterstand** als auch ggf das Verhalten des überlebenden Ehegatten (taktische Ausschlagung) massiv auf die Erb- und Pflichtteilsquoten aus.[142] Wird der Ehegatte infolge Enterbung oder Ausschlagung weder Erbe noch Vermächtnisnehmer, bestimmt sich sein Pflichtteil, nach der

---

142 Bei gleichgeschlechtlichen Lebenspartnern einer eingetragenen Lebenspartnerschaft gilt dasselbe. Die sog. Ausgleichsgemeinschaft ist durch das LPartÜG zugunsten der Zugewinngemeinschaft zum 1.1.2005 wieder abgeschafft worden. Es gilt das allgemeine eheliche Güterrecht, vgl Palandt/*Brudermüller*, § 6 LPartG Rn 1.

nicht erhöhten Erbquote, §§ 1931, 1371 Abs. 2 BGB.[143] Neben Erben erster Ordnung steht ihm dann grundsätzlich ein Pflichtteil von 1/8 des Nachlasswerts zu.[144] Die Pflichtteilsquoten anderer Berechtigter können sich hierdurch ggf erhöhen (§ 1371 Abs. 2 S. 2 BGB).[145] Wird der Ehegatte dagegen Alleinerbe, bemessen sich die Pflichtteilsquoten der anderen Pflichtteilsberechtigten nach dem ggf erhöhten Erbteil des Ehegatten.[146]

103 Der Zugewinnehegatte hat auch stets die Möglichkeit, durch eine „taktische Ausschlagung" die Position eines Pflichtteilsberechtigten zu erlangen, § 1371 Abs. 3 BGB. Denn er hat sowohl als gesetzlicher als auch als gewillkürter Erbe oder Vermächtnisnehmer[147] die Wahlmöglichkeit,[148] entweder die ihm zugewandte Erbschaft bzw das Vermächtnis anzunehmen (erbrechtliche Lösung), oder die Erbschaft bzw das Vermächtnis auszuschlagen, um stattdessen den güterrechtlichen Zugewinnausgleich nebst Pflichtteil, errechnet aus der nicht erhöhten Erbquote (kleiner Pflichtteil), zu fordern (güterrechtliche Lösung).

104 ▶ **Muster: Ausschlagung der Erbschaft durch den überlebenden Ehegatten**

An das

Nachlassgericht ...

In der Nachlasssache des am ... in ... verstorbenen Erblassers ...

schlage ich hiermit meinen mir gemäß §§ 1931 Abs. 1, 1371 Abs. 1 BGB zustehenden gesetzlichen Erbteil aus, um meinen Pflichtteil zu verlangen.

Ich bin der Ehegatte des am ... in ... verstorbenen Erblassers ... Neben mir kommen als gesetzliche Erben des Erblassers unsere drei ehegemeinschaftlichen Kinder in Betracht. Eine Verfügung von Todes wegen hat der Erblasser nicht hinterlassen.

Unterschrift

(Notarielle Unterschriftsbeglaubigung) ◀

105 Ist der Ehegatte sowohl mit einem Erbteil, als auch mit einem Vermächtnis bedacht, muss er beides ausschlagen, wenn er die güterrechtliche Lösung wählen möchte.[149]

106 ▶ **Muster: Ausschlagung des Ehegatten mit gleichzeitiger Geltendmachung des Zugewinnausgleichsanspruchs**

An

... (Erbe)

Ausschlagung und Pflichtteilsgeltendmachung

Sehr geehrter ... (Erbe),

den mir von meinem am ... verstorbenen Ehegatten ... hinterlassenen Erbteil habe ich durch formgerechte Erklärung gegenüber dem zuständigen Nachlassgericht in ... fristgerecht ausgeschlagen.

---

143 Palandt/*Edenhofer*, § 2303 Rn 6.
144 Bei Gütertrennung und weniger als drei Abkömmlingen gelten andere Quoten.
145 Vgl MünchKomm/*Lange*, § 2303 Rn 31.
146 Soergel/*Dieckmann*, § 2303 Rn 35; BGHZ 37, 58.
147 Gesetzliche Vermächtnisse (§§ 1932, 1969) sind insoweit aber unbeachtlich, Soergel/*Dieckmann*, § 2303 Rn 36; Staudinger/*Haas*, § 2303 Rn 87.
148 Vgl zB *Klingehöffer*, ZEV 1995, 444; HB Pflichtteilsrecht/*Mayer*, § 4 Rn 22.
149 Bei der güterrechtlichen Lösung ist für die Berechnung des kleinen Pflichtteils zu beachten, dass der konkrete Zugewinnausgleichsanspruch eine Nachlassverbindlichkeit darstellt und der Pflichtteil sich somit nur vom Restwert des Nachlasses errechnet; vgl BGH NJW 62, 1719.

B. Gesetzliche Voraussetzungen des ordentlichen Pflichtteilsanspruchs (§ 2303 BGB) § 4

Auch das zu meinen Gunsten in der letztwilligen Verfügung des Erblassers vom ... angeordnete Vermächtnis schlage ich hiermit aus.
Gleichzeitig mache ich meinen Pflichtteil geltend und fordere Sie auf, meinen Anspruch bis spätestens zum ... mir gegenüber schriftlich anzuerkennen.
Da durch den Tod des Erblassers auch der gesetzliche Güterstand, in dem wir miteinander verheiratet waren, beendet wurde, steht mir – jedenfalls dem Grunde nach – auch ein Zugewinnausgleichsanspruch gegenüber dem Nachlass zu. Auch diesen mache ich hiermit geltend.
Ich fordere Sie auf, mir gegenüber durch schriftliche Erklärung bis spätestens zum ... sowohl den Pflichtteilsanspruch als auch meinen Zugewinnausgleichsanspruch (jeweils dem Grunde nach) anzuerkennen.

...

(Unterschrift) ◄

Ist der Ehegatte enterbt und ist ihm auch kein Vermächtnis hinterlassen, kann er neben dem konkret errechneten Zugewinnausgleich, nur den kleinen Pflichtteil verlangen, § 1371 2. Hs BGB. Eine Wahlmöglichkeit zum großen Pflichtteil aus der nach § 1371 Abs. 1 BGB erhöhten Erbquote besteht nicht.[150]

Der große Pflichtteil kommt beim überlebenden Ehegatten daher nur in Form des Restpflichtteils gem. § 2305 BGB (bei unzureichender Erbeinsetzung) oder gem. § 2307 BGB (bei unzureichender Vermächtnisanordnung) in Betracht.[151] In diesen Fällen ist bei der Bestimmung der Pflichtteilsquote des Ehegatten jeweils von dem um ¼ erhöhten Erbteil auszugehen. Mangels tatsächlicher Geltendmachung des Zugewinnausgleichsanspruchs entfällt hier eine konkrete Zugewinnausgleichsberechnung.[152]

107

108

▶ **Muster: Annahme des Vermächtnisses und Geltendmachung des Restpflichtteils**

109

An

... (Erbe)

Ansprüche nach dem Tod meines Ehegatten

Sehr geehrter ... (Erbe),

mein am ... verstorbener Ehegatte, ..., hat in seiner letztwilligen Verfügung vom ... zu meinen Gunsten ein Vermächtnis angeordnet. Dieses Vermächtnis nehme ich hiermit an und fordere Sie auf, den Vermächtnisgegenstand unverzüglich an mich zu leisten.
Da der Wert des Vermächtnisses hinter dem Wert meines (großen) Pflichtteils zurückbleibt, fordere ich Sie gleichzeitig zum Anerkenntnis des mir zustehenden Restpflichtteilsanspruchs (dem Grunde nach) auf.

...

(Unterschrift) ◄

---

150 BGHZ 42, 182, 185 ff = NJW 64, 2404; BGH NJW 82, 2497; *Mayer* in Bamberger/Roth, § 1371 Rn 21.
151 Vgl *Riedel* in Bonefeld/Wachter, Der Fachanwalt für Erbrecht, Kapp. 11 Rn 44.
152 Vgl *Riedel* in Bonefeld/Wachter, Der Fachanwalt für Erbrecht, Kapp. 11 Rn 44.

C. Vorbereitung der Durchsetzung des Pflichtteils – Auskunftsansprüche

I. Allgemeines

110 Zur Berechnung seines Anspruchs benötigt der Pflichtteilsberechtigte Informationen über den Bestand und Wert des pflichtteilsrelevanten Nachlasses sowie bezüglich seiner Erb- und Pflichtteilsquote. Da er aber oftmals keine Möglichkeit hat, sich selbst das erforderliche Wissen zu beschaffen, ist er zur Verwirklichung seiner Ansprüche auf die Angaben des Erben (oder anderer Dritter) angewiesen. § 2314 BGB gewährt dem Pflichtteilsberechtigten daher – neben dem eigentlichen Zahlungsanspruch – einen selbstständigen Auskunfts- und Wertermittlungsanspruch.

II. Auskunftsberechtigte Personen

1. Der pflichtteilsberechtigte Nichterbe

111 § 2314 BGB gilt seinem Wortlaut nach nur für den **pflichtteilsberechtigten Nichterben** iSd §§ 2303, 2309 BGB.[153] Auskunftsberechtigt sind daher auf jeden Fall die enterbten Abkömmlinge des Erblassers, der enterbte Ehegatte oder gleichgeschlechtliche Lebenspartner und ggf der enterbte Elternteil. Auch diejenigen Pflichtteilsberechtigten, die den ihnen hinterlassenen Erbteil – ohne Verlust des Pflichtteilsrechts – ausgeschlagen haben (Fälle der §§ 2305, 2306 Abs. 1 S. 2 BGB), sind nach § 2314 BGB auskunftsberechtigt. Gleiches gilt für nicht zu Erben berufene Vermächtnisnehmer iSd § 2307 BGB.[154]

112 ▶ **Muster: Auskunftsersuchen des Nichterben**

An

▃▃▃ (Erbe)

Auskunftsanspruch

Sehr geehrter ▃▃▃ (Erbe),

aufgrund der letztwilligen Verfügung des am ▃▃▃ verstorbenen ▃▃▃ (Erblasser) vom ▃▃▃ bin ich enterbt. Vor diesem Hintergrund steht mir gemäß § 2103 BGB ein Pflichtteilsanspruch zu.

Zur Durchsetzung meines Pflichtteilsrechts gewährt mir das Gesetz in § 2314 BGB einen Auskunftsanspruch gegenüber dem Erben, also Ihnen. Ich darf Sie daher bitten, über den Bestand des Nachlasses des Erblassers umfassend Auskunft zu erteilen und mir ein Bestandsverzeichnis vorzulegen, das insbesondere die folgenden Angaben umfasst:
- alle beim Erbfall vorhandenen Aktiva, also bewegliche und unbewegliche Vermögensgegenstände sowie Forderungen;
- alle beim Erbfall vorhandene Nachlassverbindlichkeiten (Erblasser- und Erbfallschulden);
- alle lebzeitigen Zuwendungen des Erblassers, die in den Anwendungsbereich des § 2325 BGB fallen könnten;
- alle unter Abkömmlingen ausgleichungspflichtigen Zuwendungen iSd §§ 2050 ff BGB, die der Erblasser zu seinen Lebzeiten einem seiner Abkömmlinge gewährt hat;

---

153 BGH NJW 1981, 2051, 2052.
154 Bei letztgenanntem spielt es insoweit keine Rolle, ob er das Vermächtnis annimmt oder ausschlägt, ebenso wenig ob der Wert des Vermächtnisses den Pflichtteil unter- oder überschreitet, da er auf jeden Fall Nichterbe ist; BGH NJW 1958, 1964, 1965 f; OLG Düsseldorf FamRZ 1995, 1236, 1237; OLG Oldenburg NJW-RR 1993, 782, 783; OLG Köln NJW-RR 1992, 8; Staudinger/*Haas*, § 2314 Rn 20; Soergel/*Dieckmann*, § 2314 Rn 7.

C. Vorbereitung der Durchsetzung des Pflichtteils – Auskunftsansprüche § 4

– alle Lebensversicherungen und sonstigen Verträge zugunsten Dritter;
– alle Gesellschaftsbeteiligungen des Erblassers, gleichviel, ob die Gesellschafterstellung vererblich war oder nicht;
– den Güterstand, in dem der Erblasser verheiratet gewesen ist.

Ich darf Sie bitten, mir das vorstehend näher spezifizierte Bestandsverzeichnis umgehend, spätestens aber bis zum ... zuzuleiten.

Grundsätzlich wäre ich berechtigt, bei der Erstellung des Nachlassverzeichnisses hinzugezogen zu werden. Hiervon mache ich zunächst keinen Gebrauch. Darüber hinaus behalte ich mir zum jetzigen Zeitpunkt das Recht vor, ein notarielles Nachlassverzeichnis zu verlangen.

Der Vollständigkeit halber darf ich darauf hinweisen, dass ich bei nicht sorgfältiger Erstellung des Nachlassverzeichnisses berechtigt bin, eine eidesstattliche Versicherung der Vollständigkeit Ihrer Angaben zu verlangen.

...

(Unterschrift) ◄

Zum Kreis der Nichterben gehört regelmäßig auch der geschiedene Ehegatte. Er ist zwar nicht pflichtteilsberechtigt, aber ihm steht gem. §§ 1386 b, 2314 BGB analog ein Auskunftsanspruch zu, wenn er gegenüber dem Erblasser unterhaltsberechtigt war.[155]   113

▶ **Muster: Auskunftsersuchen des geschiedenen Ehegatten**   114

An

... (Erbe)

Unterhaltsanspruch gegenüber dem am ... verstorbenen ... (Erblasser)

Sehr geehrter ... (Erbe),

wie Sie wissen, war ich bis zum ... mit dem am ... verstorbenen ... (Erblasser) verheiratet. Nach Scheidung unserer Ehe war, wie Ihnen ebenfalls bekannt sein dürfte, der Verstorbene mir gegenüber zum Unterhalt verpflichtet. Unter Berücksichtigung meiner sonstigen Einkünfte hatte der Erblasser mir Unterhaltsleistungen iHv EUR ... monatlich zu erbringen. Dieser Verpflichtung ist er bis zu seinem Tode auch regelmäßig nachgekommen.

Gemäß § 1586 b Abs. 1 S. 1 BGB geht diese Unterhaltsverpflichtung mit dem Tod des Verpflichteten auf den Erben über. Da meine Bedürftigkeit auch nach dem Tod des Erblassers fortbesteht und Sie den Erblasser beerbt haben, sind Sie mir gegenüber nunmehr zum Unterhalt verpflichtet.

Soweit Sie mit einer Weiterzahlung des vorgenannten Unterhaltsbetrages einverstanden sind, sollte dies in einer vollstreckbaren notariellen Urkunde entsprechend niedergelegt werden. Soweit Sie hiermit nicht einverstanden sein sollten, muss ich Sie bitten, mir den Bestand bzw den Wert des Nachlasses des Erblassers unverzüglich vollständig bekannt zu geben. Dabei sind neben den vorhandenen Aktiva und Passiva auch sämtliche lebzeitige Zuwendungen des Erblassers, die in den Anwendungsbereich des § 2325 BGB fallen könnten, mitzuteilen. Gleiches gilt für Lebensversicherungen und ähnliche Verträge zugunsten Dritter sowie Gesellschaftsbeteiligungen des Erblassers. Bitte teilen

---

155 *Kerscher/Riedel/Lenz*, Pflichtteilsrecht, § 11 Rn 15.

Sie mir auch mit, in welchem Güterstand der Erblasser verheiratet war und wie viele pflichtteilsberechtigte Abkömmlinge er hinterlassen hat.

...

(Unterschrift) ◄

2. Der pflichtteilsberechtigte Erbe

115 Einen **Auskunftsanspruch zugunsten des Erben** gewährt § 2314 BGB grundsätzlich nicht. Allerdings gibt es Konstellationen, in denen die einen Miterben typischerweise treffenden Wissensdefizite durchaus mit denen des pflichtteilsberechtigten Nichterben vergleichbar sind.[156] In derartigen Fällen billigt die hM uU auch dem pflichtteilsberechtigten Erben einen Auskunftsanspruch – gegenüber seinen Miterben – zu.[157]

116 ▶ **Muster: Auskunftsersuchen des pflichtteilsberechtigten Miterben**

An

... (Miterbe)

Auskunft über lebzeitige Zuwendungen des am ... verstorbenen ... (Erblasser)

Sehr geehrter ... (Miterbe),

hiermit zeigen wir Ihnen an, dass uns Ihr Bruder, ..., mit der Wahrnehmung seiner rechtlichen Interessen im Hinblick auf den Erbfall nach Ihrem gemeinsamen Vater, Herrn ... (Erblasser), verstorben am ..., beauftragt hat.

Aufgrund der nach dem Tod Ihres Vaters eingetretenen gesetzlichen Erbfolge sind Sie und unser Mandant Miterben. Über den Bestand des Nachlasses im Todeszeitpunkt ist unser Mandant, ebenso wie Sie, in vollem Umfang informiert.

Allerdings besteht seitens unseres Mandanten die Vermutung, der Erblasser habe Ihnen zu seinen Lebzeiten erhebliche Zuwendungen zukommen lassen, die zum einen gemäß §§ 2050 ff BGB ausgleichungspflichtig und zum anderen pflichtteilsergänzungsrelevant iSv § 2325 BGB sein könnten.

Wir haben Sie daher namens und in Vollmacht unseres Mandanten aufzufordern, uns sämtliche lebzeitigen Zuwendungen, die sie vom Erblasser erhalten haben, sowie alle für deren rechtliche Einordnung erforderlichen Informationen unverzüglich und in geordneter Form zur Verfügung zu stellen. Ihre Auskunftspflicht umfasst auch die Angabe des genauen Zeitpunktes der Zuwendungen.

Wir gehen davon aus, dass Sie uns die geforderte Aufstellung bis spätestens zum ... schriftlich zukommen lassen werden.

...

(Rechtsanwalt) ◄

---

156 Hat der Erblasser beispielsweise zu seinen Lebzeiten den Großteil seines Vermögens auf eine Person übertragen, die später gemeinsam mit den pflichtteilsberechtigten Abkömmlingen Erbe wird, greifen die dem Miterben typischerweise zukommenden Informationsrechte nicht durch, so dass die Pflichtteilsberechtigten praktisch keine Möglichkeit hätten, Art und Umfang der lebzeitigen Zuwendungen in Erfahrung zu bringen, wenn zum Nachlass keine hierüber Aufschluss gebenden Dokumente vorhanden sind; LG Kleve NJW-RR 1987, 782; *Dieckmann*, NJW 1988, 1809, 1814; vgl auch Staudinger/*Haas*, § 2314 Rn 23 mit einem entsprechenden Beispiel.
157 Vgl Damrau/*Riedel*, Erbrecht, § 2314 Rn 3 mwN.

C. Vorbereitung der Durchsetzung des Pflichtteils – Auskunftsansprüche   § 4

Der **Allein- oder Vertragserbe** kann nur in Ausnahmefällen gegenüber einem nicht als Erben berufenen Dritten (dem vom Erblasser Beschenkten) Auskunftsansprüche nach den Grundätzen des § 242 BGB geltend machen;[158] § 2314 BGB ist aber insoweit nicht anwendbar.   117

3. Mehrheit von Auskunftsberechtigten

Sind **mehrere Pflichtteilsberechtigte** vorhanden, kann jeder von ihnen isoliert seine Auskunftsansprüche geltend machen; eine Gesamtgläubigerschaft besteht nicht.[159] Von einem im Rahmen einer gemeinsamen Auskunftsklage erstrittenen Urteil kann jeder Pflichtteilsberechtigte für sich eine vollstreckbare Ausfertigung verlangen[160] und selbständig die Zwangsvollstreckung betreiben.   118

4. Ausschluss des Auskunftsanspruchs durch den Erblasser?

Die Auskunftsrechte nach § 2314 BGB können durch Anordnungen des Erblassers nicht beschränkt werden.[161] Etwas anders soll nur gelten, wenn der Erblasser zu einer Pflichtteilsentziehung nach §§ 2333 ff BGB berechtigt ist, da die Einschränkung der Rechte aus § 2314 BGB als „Minus" gegenüber der völligen Pflichtteilsentziehung anzusehen sei.[162] Für grundsätzlich zulässige Vereinbarungen zwischen dem Erblasser und dem (späteren) Pflichtteilsberechtigtem gelten dieselben formellen und inhaltlichen Anforderungen wie beim Erb- bzw Pflichtteilsverzicht (§ 2348 BGB).[163]   119

Nach Eintritt des Erbfalls kann der Pflichtteilsberechtigte jederzeit und ohne Beachtung irgendwelcher Formvorschriften auf seine Ansprüche aus § 2314 BGB gegenüber dem Erben verzichten. Ein Verzicht durch schlüssiges Verhalten ist grundsätzlich denkbar, an den Nachweis sind allerdings hohe Anforderungen zu stellen.[164]   120

III. Grundsätzliches zu Inhalt und Umfang des Auskunftsanspruchs

§ 2314 BGB gibt dem Berechtigten nicht nur einen, sondern vielmehr eine ganze Auswahl von nebeneinander bestehenden Ansprüchen an die Hand, durch deren Geltendmachung er nacheinander in ansteigender Intensität seine Informationsrechte einfordern kann:[165] Neben der bloßen Auskunft über den Bestand des Nachlasses kann er seine **Zuziehung** bei der Aufnahme des entsprechenden Verzeichnisses verlangen und zusätzlich zu einem privaten auch ein behördlich bzw **notariell aufgenommenes Verzeichnis** fordern. Schließlich ist der Auskunftsschuldner verpflichtet, die Richtigkeit seiner Angaben (abgesehen von der Wertermittlung) an Eides statt zu versichern.   121

---

158 Vgl zum Alleinerben: BGH NJW 1973, 1876, 1877; Soergel/*Dieckmann*, § 2314 Rn 26; zum Vertragserben: BGHZ 97, 188, 192 f; Staudinger/*Haas*, § 2314 Rn 26. Diese Ungleichbehandlung gegenüber dem pflichtteilsberechtigten Miterben ist bereits aus dem Grunde gerechtfertigt, dass den Beschenkten nur im Hinblick auf § 2329 BGB überhaupt irgendwelche Verpflichtungen treffen können; vgl Damrau/*Riedel*, Erbrecht, § 2314 Rn 5.
159 *Riedel* in Bonefeld/Wachter, Der Fachanwalt für Erbrecht, Kapp. 11 Rn 95.
160 Staudinger/*Haas*, § 2314 Rn 21.
161 *Riedel* in Bonefeld/Wachter, Der Fachanwalt für Erbrecht, Kapp. 11 Rn 96; Staudinger/*Haas*, § 2314 Rn 4.
162 Staudinger/*Haas*, § 2314 Rn 5; kritisch hierzu: Damrau/*Riedel*, Erbrecht, § 2314 Rn 8.
163 Staudinger/*Haas*, § 2314 Rn 5.
164 Staudinger/*Haas*, § 2314 Rn 6.
165 BGHZ 33, 373, 375; OLG Düsseldorf FamRZ 1995, 1236, 1239; Staudinger/*Haas*, § 2314 Rn 36; Kerscher/Riedel/*Lenz*, Pflichtteilsrecht, § 11 Rn 13.

IV. Auskunft über den Bestand des realen Nachlasses
1. Umfang des anzusetzenden Vermögens

122 Gegenstand des Auskunftsanspruchs ist zu allererst der Bestand des zur Zeit des Erbfalls tatsächlich vorhandenen (realen) Nachlasses iSv § 2311 BGB, also **sämtlicher hinterlassenen Vermögensgegenstände und Schulden**.[166] Eine Saldierung bestimmter Gruppen von Nachlassgegenständen ist unzulässig.[167] Für Zwecke der Pflichtteilsberechnung gelten Forderungen und Verbindlichkeiten, die infolge des Erbfalls durch **Konfusion** bzw **Konsolidation** erloschen sind, als nicht erloschen.[168]

123 Neben den real vorhandenen, im Eigentum des Erblassers stehenden beweglichen und unbeweglichen Sachen zählen zum Nachlass auch sämtliche vermögensrechtlichen Positionen[169] oder Beziehungen, die der Erblasser noch vor seinem Tod initiiert hat, aus denen aber erst zu einem späteren Zeitpunkt endgültige Rechtswirkungen erwachsen.[170]

124 Von den Schulden, Lasten und Verpflichtungen sind nur diejenigen zu berücksichtigen, die auch beim Eintritt der gesetzlichen Erbfolge bestehen würden.[171] Solche Verpflichtungen, die aus einer testamentarischen Verfügung des Erblassers erwachsen, sind daher auszuklammern.[172] Nachlassverbindlichkeiten, die im Zeitpunkt des Erbfalls bereits entstanden (mit Ausnahme der persönlichkeitsbezogenen Pflichten, die nicht vererblich sind),[173] oder wenigstens schon im Keim angelegt waren,[174] und die sich nun gegen den Nachlass richten, sind anzusetzen.[175] Hierzu zählen sowohl die **Erblasser-** als auch die **Erbfallschulden**.[176]

125 Da § 2303 Abs. 1 S. 2 BGB, den Pflichtteil als die Hälfte des Werts des gesetzlichen Erbteils definiert, muss für die Bestandsaufnahme unterstellt werden, dass der Pflichtteilsberechtigte im Wege der gesetzlichen Erbfolge selbst Erbe geworden wäre.[177] Alle Verpflichtungen, die ihn bei dieser hypothetischen Betrachtung treffen würden, sind auch in die Berechnung des Pflichtteils einzubeziehen.[178]

126 Die Frage, ob bzw welcher Wert einem Nachlassgegenstand beizumessen ist, spielt beim eigentlichen Auskunftsanspruch noch keine Rolle. Daher sind auch solche Gegenstände anzugeben, die der Erbe für wertlos hält.[179] Das Gleiche gilt für bedingte, zweifelhafte, unsichere und ungewisse Rechte und Verbindlichkeiten iSd § 2313 BGB. Der Erbe hat den Pflichtteilsberech-

---

166 BGHZ 33, 373, 374; BGH LM § 260 Nr. 1; OLG Oldenburg NJW-RR 1993, 782; *Coing*, NJW 1983, 1289; Staudinger/*Haas*, § 2314 Rn 7; *Kerscher/Riedel/Lenz*, Pflichtteilsrecht, § 11 Rn 21; HB Pflichtteilsrecht/*Bittler*, § 9 Rn 13.
167 BGH LM § 260 Nr. 1 = JZ 1952, 492.
168 Auch wenn das Gesetz eine ausdrückliche Regelung dieses Gesichtspunktes nicht enthält, entspricht es der absolut herrschenden Meinung, diese Regel aus dem Rechtsgedanken der §§ 1978, 1991 Abs. 2, 2143, 2175 und 2377 BGB abzuleiten; BGH NJW 1987, 1260,1262; BGH NJW 1982, 575, 576; BGH DNotZ 1978, 487, 489; *Dieckmann*, FamRZ 1984, 1980, 1983; Soergel/*Dieckmann*, § 2311 Rn 9; Staudinger/*Haas* § 2311 Rn 15 mwN.
169 Z.B. der Eigenbesitz; vgl BGH LM § 260 Nr. 1 = JZ 1952, 492.
170 BGHZ 32, 367, 369; OLG Düsseldorf FamRz 1997, 1440, 1441; Staudinger/*Haas*, § 2311 Rn 13.
171 Soergel/*Dieckmann*, § 2311 Rn 11; Staudinger/*Haas*, § 2311 Rn 26.
172 Staudinger/*Haas*, § 2311 Rn 26; *Gottwald*, Pflichtteilsrecht, § 2311 Rn 12.
173 OLG Hamm Rpfleger 1979, 17; OLG München Rpfleger 1987, 109, 110.
174 Soergel/*Dieckmann*, § 2311 Rn 11.
175 Staudinger/*Haas*, § 2311 Rn 27; Fällt beispielsweise eine Einmann-GmbH in den Nachlass, so sind Geschäftsschulden dieser GmbH nicht (unmittelbar) gegen den Nachlass gerichtet und können daher nicht als Nachlassverbindlichkeiten abgezogen werden.
176 Staudinger/*Haas*, § 2311 Rn 26; Soergel/*Dieckmann*, § 2311 Rn 11.
177 *Riedel* in Bonefeld/Wachter, Der Fachanwalt für Erbrecht, Kap. 11 Rn 62.
178 *Kerscher/Riedel/Lenz*, Pflichtteilsrecht, § 7 Rn 11; Soergel/*Dieckmann*, § 2311 Rn 11; Staudinger/*Haas*, § 2311 Rn 26; *Nieder*, Rn 103. Aus diesem Grunde sind alle vererbbaren (Staudinger/*Marotzke*, § 1967 Rn 8–18) und nicht verjährten (*Lange/Kuchinke*, § 37 VI 7 a) Schulden zum Nachlassbestand zu zählen, soweit sie iSd § 1967 Abs. 2 BGB vom Erblasser „herrühren" (sog. Erblasserschulden), vgl hierzu Staudinger/*Marotzke*, § 1967 Rn 19–29.
179 BGH LM § 260 Nr. 1 = JZ 1952, 492; Staudinger/*Haas*, § 2314 Rn 8.

tigten in die Lage zu versetzen, die rechtliche Einordnung der einzelnen Nachlassgegenstände selbst vorzunehmen.[180] Da dieser Grundsatz auch hinsichtlich der Eigentumsverhältnisse gilt, sind auch alle (nur) im Mitbesitz[181] des Erblassers befindlichen Gegenstände (beispielsweise auch Hausrat oder Einrichtungsgegenstände) mitzuteilen. Entsprechendes gilt für die nach Meinung des überlebenden Ehegatten zum Voraus zählenden Gegenstände.[182]

2. Form der Auskunftserteilung

Eine bestimmte Form ist für das Nachlassverzeichnis nicht vorgeschrieben. Es muss aber alle tatsächlich vorhandenen sowie die fiktiven Nachlassgegenstände und ggf Schulden **in übersichtlicher Darstellung** beinhalten. Für die Praxis empfiehlt es sich, Aktiva und Passiva getrennt voneinander auszuweisen und die Angaben zum Nachlassbestand von den rechtlichen Ausführungen zu trennen.[183] Eine Bewertung der einzelnen Posten ist nicht erforderlich. Auf der Passivseite muss aber wenigstens der Rechtsgrund der einzelnen Nachlassverbindlichkeiten angegeben werden.[184] Eine Unterzeichnung des Verzeichnisses muss nicht zwingend erfolgen.[185]

▶ **Muster: Nachlassverzeichnis incl. wertlose Gegenstände, unsichere Forderungen etc.**

Nachlassverzeichnis über den Nachlass von ... (Erblasser), verstorben am ...

Ich erstelle hiermit nach § 260 Abs. 1 BGB folgendes Bestandsverzeichnis über das Vermögen des Erblassers bezogen auf den Todestag.

Nachlass Aktiva	
Betriebsvermögen, Verkehrswert (geschätzt)/lt. Gutachten	
Grundstücke	
bebautes Grundstück in ...	
eingetr. im Grundbuch von ... Nr.: ...	
Einheitswert gem. Bescheid vom ...	
Verkehrswert (geschätzt)	
unbebautes Grundstück in ...	
eingetr. im Grundbuch von ... Nr. ...	
Verkehrswert (geschätzt)	
Miteigentum zu ... am Grundstück ... in ...	
verbunden mit dem Sondereigentum an ...	
eingetr. im Wohnungsgrundbuch von ... Nr. ...	
Verkehrswert (geschätzt)	
Summe Grundstücke	

---

180 Laut DIV-Gutachten, ZfJ 1994, 48 ist der Erbe auch bei späteren Änderungen auskunftspflichtig; vgl auch Staudinger/*Haas*, § 2314 Rn 8.
181 Staudinger/*Haas*, § 2314 Rn 8.
182 RGZ 62, 109, 110; auch insoweit muss der Pflichtteilsberechtigte selbst die rechtliche Einordnung nachvollziehen können, vgl MünchKomm/*Lange*, § 2314 Rn 3; *Riedel* in Bonefeld/Wachter, Der Fachanwalt für Erbrecht, Kap. 11 Rn 97.
183 Staudinger/*Haas*, § 2314 Rn 38.
184 OLG Brandenburg FamRZ 1998, 179, 180, 181.
185 Staudinger/*Haas*, § 2314 Rn 38; Soergel/*Dieckmann*, § 2314 Rn 20.

Bewegliches Vermögen	
Kraftfahrzeuge Pkw, Typ, Baujahr, ... amtl. Kennzeichen ... Wert (geschätzt)	
Kunstgegenstände, geschätzter Wert	
Hausrat, geschätzter Wert	
Gegenstände des persönlichen Bedarfs geschätzter Wert	
Bargeld	
sonstige beweglichen Gegenstände geschätzter Wert	
Forderungen	
Bausparvertrag Nr. ... bei ...	
Sparvertrag Nr. ... bei ...	
Festgeldkonto Nr. ... bei ...	
Schuldscheindarlehen gegen ... über ...	
Wertpapiere Depot Nr. ... bei ...	
Sparkonto Nr. ... bei ...	
Girokonto Nr. ... bei ...	
Lebensversicherung bei ... Nr. ...	
Sterbegeld von ...	
sonstige Forderungen	
Summe Forderungen	
Beteiligungen	
Sonstige Aktiva	
Summe Aktiva	
Nachlass Passiva	
Grundschuld zu Gunsten ... über ... eingetragen im Grundbuch von ... Nr. ... Valutastand	
Hypothek zu Gunsten ... über ... eingetragen im Grundbuch von ... Nr. ... Valutastand	
Bankdarlehen Nr. ... bei ...	

C. Vorbereitung der Durchsetzung des Pflichtteils – Auskunftsansprüche § 4

Privatdarlehen von ...	
Valutastand ...	
Kontokorrentkonto Nr. ... bei ...	
Steuerschulden gem. Bescheid vom ...	
offene Rechnungen	
Bestattungskosten	
Krankenhaus	
Miete	
Rechnung des ... vom ...	
sonstige Verbindlichkeiten	
Summe Passiva	
Netto-Nachlass	

Der Erblasser war im Güterstand ... verheiratet; er hinterließ folgende pflichtteilsberechtigte Angehörige: ... ◄

Grundsätzlich geht die Auskunftspflicht des Erben nicht über die bloße Erteilung der geschuldeten Informationen hinaus. Zur Erbringung von Nachweisen, Vorlage von Belegen oder gar einer umfassenden Rechnungslegung ist er nicht verpflichtet.[186] 129

V. Auskunft über lebzeitige Schenkungen

Über den ordentlichen Pflichtteil (§ 2303 BGB) hinaus umfasst der sog. Gesamtpflichtteil auch den Pflichtteilsergänzungsanspruch gem. § 2325 BGB. Darum erstreckt sich der Auskunftsanspruch nach § 2314 BGB auch auf solche Gegenstände, die nur deshalb nicht (mehr) zum realen Nachlass gehören, weil der Erblasser sie zu seinen Lebzeiten – auf welche Weise auch immer – weggeben, zB verschenkt hat (**fiktiver Nachlass**).[187] Zur Auskunft über den fiktiven Nachlass ist der Erbe jedoch nur verpflichtet, wenn der Pflichtteilsberechtigte sein **Auskunftsverlangen** entsprechend **präzisiert**. Da § 2314 BGB nach hM keine Verdachtsausforschung ermöglichen soll,[188] besteht keine „automatische" Verpflichtung des Erben, auch ohne konkrete Nachfrage alle lebzeitigen Zuwendungen oder sonstige in diesen Bereich fallende Umstände ohne konkrete Nachfrage offen zu legen.[189] Ein diesbezüglicher Auskunftsanspruch ist daher nur gerechtfertigt, wenn konkrete Anhaltspunkten vorliegen, dass der Erblasser sein Vermögen durch unentgeltliche oder teilweise unentgeltliche Verfügungen bzw verschleierte Schenkungen vermindert hat.[190] 130

---

186 DIV-Gutachten, ZfJ 1992, 533, 534; Staudinger/Haas, § 2314 Rn 12.
187 BGHZ 89, 24, 27; BGHZ 55, 378, 379; OLG Oldenburg NJW-RR 1993, 782; OLG Zweibrücken FamRZ 1987, 1197; Staudinger/Haas, § 2314 Rn 9; Sarres, ZEV 1998, 4, 5.
188 BGH NJW 1993, 2737; Staudinger/Haas, § 2314 Rn 13; Lorenz, JuS 1995, 569, 570; Hohloch, JuS 1994, 76; Dieckmann, NJW 1988, 1809; Baumgärtel, in FS Hübner, S. 402.
189 BGHZ 82, 132, 136; BGH LM Nr. 1 § 260 = JZ 1952, 492; Staudinger/Haas, § 2314 Rn 9.
190 BGH NJW 1993, 2737; BGH FamRZ 1965, 135 f; BGHZ 89, 24, 27; OLG Düsseldorf FamRZ 1995, 1236, 1238; Staudinger/Haas, § 2314 Rn 13; Damrau/Riedel, Erbrecht, § 2314 Rn 15 ff.

131 ▶ **Muster: Weitergehendes Auskunftsbegehren hinsichtlich des fiktiven Nachlasses**

An

▪▪▪ (Erbe)

Auskunft über den Nachlass von ▪▪▪ (Erblasser), verstorben am ▪▪▪ in ▪▪▪

Sehr geehrter ▪▪▪ (Erbe),

Hiermit zeigen wir Ihnen an, dass uns ▪▪▪ (Pflichtteilsberechtigter) mit der Wahrnehmung seiner rechtlichen Interessen beauftragt hat. Die Bestätigung einer ordnungsgemäßen Bevollmächtigung ist im Original beigefügt.

Bereits mit Schreiben vom ▪▪▪ hat unser Mandant Ihnen gegenüber seine Auskunftsansprüche gemäß § 2314 BGB über den Bestand und den Wert des Nachlasses des am ▪▪▪ verstorbenen ▪▪▪ (Erblassers) geltend gemacht. Daraufhin haben Sie mit Schreiben vom ▪▪▪ über den Bestand des vorhandenen Nachlasses Auskunft erteilt.

Gemäß § 2314 BGB sind Sie als Erbe jedoch auch verpflichtet, in dem Nachlassverzeichnis alle vom Erblasser zu seinen Lebzeiten getätigten Schenkungen (einschließlich sogenannter gemischter Schenkungen und ehebezogener Zuwendungen) anzugeben. Gleiches gilt für vorhandene Lebensversicherungen und sonstige Verträge zugunsten Dritter.

Schließlich hat unser Mandant auch Anspruch darauf, von Ihnen über sämtliche lebzeitigen Zuwendungen des Erblassers an seine Abkömmlinge informiert zu werden, soweit diese Zuwendungen unter Umständen in den Anwendungsbereich der §§ 2050 ff BGB (Ausgleichung unter Abkömmlingen) fallen könnten.

Namens und in Vollmacht unseres Mandanten fordern wir Sie daher auf, bis spätestens zum ▪▪▪ die Auskunft um die vorgenannten Informationen über den sogenannten fiktiven Nachlass zu ergänzen.

▪▪▪

(Rechtsanwalt) ◀

132 Zum fiktiven Nachlass gehören neben allen lebzeitigen Zuwendungen im Anwendungsbereich des § 2325 BGB[191] auch die anrechnungs- und ausgleichungspflichtigen Zuwendungen iSd §§ 2315, 2316 BGB.[192] Die Auskunft muss die Erteilung aller für die rechtliche Beurteilung des tatsächlichen Sachverhalts erforderlichen Informationen umfassen,[193] so dass auch evtl erbrachte Gegenleistungen offen zu legen und mit Hilfe entsprechender Unterlagen nachzuweisen sind.[194]

133 ▶ **Muster: Auskunftsbegehren hinsichtlich lebzeitiger Zuwendungen**

An

▪▪▪ (Erbe)

Lebzeitige Zuwendungen des am ▪▪▪ verstorbenen ▪▪▪ (Erblassers)

Sehr geehrter ▪▪▪ (Erbe),

---

191 RGZ 73, 369, 373; BGHZ 33, 373, 374; BGH FamRZ 1965, 135; BGH NJW 1981, 2051, 2052; OLG Brandenburg FamRZ 1998, 1265, 1266; OLG Düsseldorf FamRZ 1995, 1236, 1237; OLG Zweibrücken FamRZ 1987, 1197, 1198; MünchKomm/*Lange*, § 2314 Rn 3; Soergel/*Dieckmann*, § 2314 Rn 12; Staudinger/*Haas*, § 2314 Rn 10.
192 BGH FamRZ 1965, 135; BGHZ 33, 373, 374; OLG Oldenburg FamRZ 1993, 857, 858; OLG Hamburg FamRZ 1988, 1213, 1214; Soergel/*Dieckmann*, § 2314 Rn 12; MünchKomm/*Lange*, § 2314 Rn 3.
193 *Riedel* in Bonefeld/Wachter, Der Fachanwalt für Erbrecht, Kap. 11 Rn 98.
194 BGH NJW 1973, 1876, 1878; BGH WM 1976, 1089, 1090; OLG Düsseldorf FamRZ 1995, 1236, 1238; Staudinger/*Haas*, § 2314 Rn 14.

C. Vorbereitung der Durchsetzung des Pflichtteils – Auskunftsansprüche § 4

mit Schreiben vom ... haben Sie gegenüber unserem Mandanten Auskunft sowohl über den realen als auch über den fiktiven Nachlass des am ... verstorbenen Erblassers durch die Vorlage eines ordnungsgemäßen Bestandsverzeichnisses erteilt.

In diesem Bestandsverzeichnis haben Sie auch eine gemischte Schenkung, die der Erblasser Ihnen im Jahr ... zugewendet hat, angegeben. Insoweit haben Sie dargelegt, der Wert des zugewendeten Hausgrundstücks sei um den vorbehaltenen Nießbrauch des Erblassers sowie die von Ihnen übernommene Pflegeverpflichtung zu mindern. Eine Abschrift des Übergabevertrages sowie weitergehende Informationen zur tatsächlichen Handhabung dieser angeblichen Vereinbarungen haben Sie uns nicht zukommen lassen.

Wir haben Sie daher aufzufordern, uns bis spätestens zum ... eine Abschrift des der Zuwendung zugrunde liegenden Übergabevertrages zukommen zu lassen und uns gleichzeitig schriftlich mitzuteilen, ob der Vertrag tatsächlich so wie vereinbart durchgeführt wurde und unter Zugrundelegung welcher tatsächlichen Umstände Sie den von Ihnen angesetzten Minderungsbetrag für Nießbrauchsrecht bzw Pflegeverpflichtung ermittelt haben. Insbesondere teilen Sie uns bitte mit, ob bzw ab welchem Zeitpunkt Sie selbst die dem angeblichen Nießbrauchsvorbehalt unterliegende Wohnung fremdvermietet und die sich hieraus ergebenden Mietzinsen vereinnahmt haben.

...

(Rechtsanwalt) ◄

Der Pflichtteilsberechtigte hat im Rahmen seiner Auskunftsansprüche auch ein Recht darauf, vom Auskunftsverpflichteten eine ausdrückliche Erklärung über das Vorhandensein von Schenkungen iSv § 2325 BGB sowie iSv § 2330 BGB zu erhalten. Auch Zuwendungen, die im Rahmen von § 2316 BGB relevant sein können, sind konkret zu benennen. Liegen derartige Zuwendungen nicht vor, ist die Auskunftserteilung – entsprechende Nachfragen des Pflichtteilsberechtigten vorausgesetzt – nur dann vollständig, wenn entsprechende Negativerklärungen abgegeben werden.[195]

134

▶ **Muster: Negativerklärung im Nachlassverzeichnis**

234

... Nachlassverzeichnis [wie Muster 35] ... ◄

Der Erblasser hat gegenüber dem Auskunftsverpflichteten keine ausgleichungspflichtigen Schenkungen iSv § 2316 BGB ausgeführt. Darüber hinaus hat der Erblasser weder zu Gunsten des Auskunftsverpflichteten, noch – nach Kenntnis des Auskunftsverpflichteten – zu Gunsten dritter Personen Schenkungen iSv § 2325 BGB gemacht; dies gilt auch für Schenkungen iSv § 2330 BGB.

VI. Auskunft über den Güterstand des Erblassers

Nach allgemeiner Ansicht schuldet der Erbe auch Auskunft über den Güterstand, in dem der Erblasser gelebt hat,[196] und ob hinsichtlich des überlebenden Ehegatten die **erbrechtliche** oder die **güterrechtliche Lösung** zur Anwendung kommt.[197] Des Weiteren muss angegeben werden,

135

---

195 Vgl OLG Düsseldorf ZErb 2009, 41 mit Anm. *Riedel*.
196 Vgl zB *Klingelhöffer*, NJW 1993, 1097, 1102; Staudinger/*Haas*, § 2314 Rn 16; *Kerscher/Riedel/Lenz*, Pflichtteilsrecht, § 11 Rn 23.
197 Staudinger/*Haas*, § 2314 Rn 16.

wie viele gesetzliche Erben vorhanden sind, da dem Pflichtteilsberechtigten ohne die Beantwortung dieser Frage eine Berechnung seiner Pflichtteilsquote nicht möglich ist.[198]

VII. Amtliches bzw notarielles Nachlassverzeichnis

136 Anstelle oder auch neben dem privaten Nachlassverzeichnis kann der Pflichtteilsberechtigte auch ein amtliches bzw notariell aufgenommenes Verzeichnis verlangen. Der Anspruch ergibt sich unmittelbar aus § 2314 BGB, weitere Bedingungen bestehen nicht. Soweit ein privates Nachlassverzeichnis bereits vorgelegt wurde, schränkt dies das Recht auf die Vorlage eines weiteren, **amtlichen** Verzeichnisses nicht ein.[199] Beide Ansprüche bestehen vielmehr **kumulativ**.[200] Daher schließt auch die erfolgreiche Klage auf Erteilung der privaten Auskunft sowie die anschließende Erfüllung des titulierten Anspruchs das Recht auf die Erstellung eines amtlichen Verzeichnisses nicht aus,[201] und zwar selbst dann nicht, wenn der Pflichtteilsberechtigte (erfolgreich) auf seine Zuziehung bei der Erstellung des Verzeichnisses bestanden hat.[202] Nach Vorlage eines amtlich erstellten Verzeichnisses – gleichgültig, ob der Pflichtteilsberechtigte dies verlangt hat, oder der Erbe von sich aus einen Notar beauftragt hat – ist die Anforderung eines privaten Nachlassverzeichnisses aber idR als rechtsmissbräuchlich anzusehen.[203]

137 ▶ **Muster: Forderung eines amtlichen Nachlassverzeichnisses**

An

▄▄▄ (Erbe)

Ihre Auskunftserteilung vom ▄▄▄

Sehr geehrter ▄▄▄ (Erbe),

in der vorbezeichneten Angelegenheit haben Sie uns in Beantwortung unseres Schreibens vom ▄▄▄ eine Kopie des Bestandsverzeichnisses, das Sie beim Amtsgericht für die Beantragung eines Erbscheins ausgefüllt haben, vorgelegt. Die von uns ebenfalls angeforderten Angaben über den Güterstand des Erblassers sowie lebzeitige Zuwendungen sind Sie uns aber schuldig geblieben.

Im Hinblick darauf, dass durch Sie selbst eine ordnungsgemäße Auskunftserteilung offensichtlich nicht gewährleistet werden kann, haben wir Sie namens und in Vollmacht unseres Mandanten nunmehr aufzufordern, uns bis spätestens ▄▄▄ ein amtliches Nachlassverzeichnis, mit dessen Aufnahme Sie einen Notar zu beauftragen haben, zu übersenden.

▄▄▄

(Rechtsanwalt) ◀

138 Als **Beurkundungshandlung** obliegt die Aufnahme des amtlichen Verzeichnisses nach Bundesrecht grundsätzlich dem Notar (§ 20 Abs. 1 BNotO). Daneben kann sich nach Landesrecht auch die Zuständigkeit des Amtsgerichts (nicht des Nachlassgerichts) ergeben.[204] Der Pflichtteilsbe-

---

198 Vgl *Riedel* in Bonefeld/Wachter, Der Fachanwalt für Erbrecht, Kap. 11 Rn 100.
199 OLG Düsseldorf FamRZ 1995, 1236, 1239; OLG Oldenburg NJW 1974, 2093; OLG Oldenburg NJW-RR 1993, 782; OLG Bremen FamRZ 1997, 1437; *Coing*, NJW 1983, 1298; nur in Ausnahmefällen steht dem Anspruch der Einwand der Schikane bzw unzulässigen Rechtsausübung entgegen, vgl BGH NJW 1961, 602, 604.
200 BGHZ 33, 373, 378.
201 LG Essen MDR 1962, 575.
202 BGHZ 33, 373, 379.
203 BGHZ 33, 373, 379; Staudinger/*Haas*, § 2314 Rn 39.
204 Palandt/*Edenhofer*, § 2314 Rn 10; vgl auch Staudinger/*Marotzke*, § 2002 Rn 3.

C. Vorbereitung der Durchsetzung des Pflichtteils – Auskunftsansprüche § 4

rechtigte selbst ist insoweit übrigens nicht antragsberechtigt.[205] Er kann seinen Anspruch auf Aufnahme des amtlichen Verzeichnisses also nicht selbst durchsetzen. Vielmehr muss er im Bedarfsfall den Erben (gerichtlich) zur Beauftragung des Notars zwingen.

Inhaltlich unterscheiden sich das private und das notarielle Nachlassverzeichnis grundsätzlich nicht.[206] Im Sinne einer aus der Sicht des Pflichtteilsberechtigten durchaus wünschenswerten Dokumentation der eigenen Bemühungen des Notars, eine vollständige Aufnahme des Nachlasses zu gewährleisten, empfiehlt es sich jedoch, dass der Notar die Art und Weise seines Vorgehens kurz erläutert.

139

VIII. Anspruch auf Zuziehung

Auch wenn sich grundsätzlich die Form der Auskunft nach § 260 BGB richtet, besteht im Rahmen von § 2314 BGB die Besonderheit, dass der Pflichtteilsberechtigte seine **Zuziehung** bei der Aufnahme des Verzeichnisses verlangen kann. Demzufolge hat der Pflichtteilsberechtigte – unabhängig vom Zeitpunkt der Aufnahme des Nachlasses[207] – das Recht, bei der Erstellung des – privaten oder amtlichen[208] – Nachlassverzeichnisses anwesend zu sein (§ 2314 Abs. 1 S. 2 BGB).[209] Eigene Nachforschungen darf er bei dieser Gelegenheit aber nicht anstellen. Auch jegliche sonstige Einflussnahme auf die Erstellung des Nachlassverzeichnisses steht ihm nicht zu.[210] § 2314 Abs. 1 S. 2 BGB gewährt dem Pflichtteilsberechtigten lediglich die Möglichkeit, die Qualität der ihm erteilten Auskunft besser beurteilen zu können, um so zB die Notwendigkeit der Abgabe einer eidesstattlichen Versicherung zu erkennen.[211]

140

▶ **Muster: Geltendmachung des Anspruchs auf Zuziehung**

141

An

... (Erbe)

Auskunft über den Nachlass des am ... verstorbenen ... (Erblassers)

Sehr geehrter ... (Erbe),

mit Schreiben vom ... haben wir Ihnen gegenüber den Auskunftsanspruch unseres Mandanten bezüglich des Bestandes des Nachlasses des am ... verstorbenen Erblassers geltend gemacht und Ihnen Frist zur Vorlage eines Nachlassverzeichnisses bis zum ... gesetzt.

Diese Frist haben Sie leider fruchtlos verstreichen lassen.

Nunmehr befürchtet unser Mandant, dass Sie bei der Erstellung des Verzeichnisses eventuell die notwendige Sorgfalt vermissen lassen könnten. Um diesbezügliche Zweifel ausschließen zu können, macht unser Mandant hiermit von seinem Recht, bei der Aufnahme des Verzeichnisses zugegen zu sein, Gebrauch. Bitte teilen Sie uns bis spätestens ... mit, zu welchem Termin Sie in Anwesenheit unseres Mandanten das Nachlassverzeichnis erstellen werden.

---

205 Palandt/*Edenhofer*, § 2314 Rn 11; *Mayer* in Bamberger/Roth, § 2314 Rn 15.
206 Zur evtl höheren Beweiskraft des amtlichen Verzeichnisses vgl Damrau/*Riedel*, Erbrecht, § 2314 Rn 24.
207 KG FamRZ 1996, 767.
208 Staudinger/*Haas*, § 2314 Rn 43. Das Anwesenheitsrecht umfasst auch die Möglichkeit, sich von einem Beistand begleiten zu lassen oder einen Vertreter mit der Wahrnehmung des Termins zu beauftragen; KG FamRZ 1996, 767; Staudinger/*Haas*, § 2314 Rn 43.
209 KG FamRZ 1996, 767.
210 Dies gilt umso mehr, als die Aufnahme des Verzeichnisses nicht zwingend in der Wohnung des Erblassers erfolgen muss, vgl Staudinger/*Haas*, § 2314 Rn 45; vgl im übrigen KG FamRZ 1996, 767.
211 *Riedel* in Bonefeld/Wachter, Der Fachanwalt für Erbrecht, Kap. 11 Rn 105.

Das Recht, bezüglich der Vollständigkeit und Richtigkeit des von Ihnen aufzunehmenden Verzeichnisses, eine Versicherung an Eides statt zu verlangen, behält sich unser Mandant ausdrücklich vor.

...

(Rechtsanwalt) ◀

IX. Kein Nachbesserungsanspruch

142 Sobald der Erbe dem Pflichtteilsberechtigten ein Bestandsverzeichnis vorgelegt hat, ist der Auskunftsanspruch erloschen;[212] eine Ergänzung kann bei nur vermuteter Unvollständigkeit nicht verlangt werden.[213] Nur wenn das Verzeichnis entweder keine erfüllungstaugliche Auskunft darstellt[214] oder mit offenkundigen, in einer unzutreffenden rechtlichen Würdigung bestimmter Sachverhalte wurzelnden Fehlern behaftet ist,[215] kann eine Wiederholung der Auskunftserteilung gefordert werden.[216] Mangelnde Sorgfalt des Schuldners genügt grundsätzlich nicht.

143 ▶ **Muster: Erneutes Auskunftsbegehren nach untauglichem Erfüllungsversuch**

An

... (Erbe)

Ihr Nachlassverzeichnis vom ...

Sehr geehrter ... (Erbe),

mit Schreiben vom ... haben Sie uns ein mit „Nachlassverzeichnis" überschriebenes Schriftstück übersandt, das eine Auflistung von mit +/- Zeichen versehenen Zahlen sowie eine Gesamtsumme in Höhe von EUR ... enthält. Des Weiteren haben Sie ein Konvolut mit Grundbuchauszügen, Kopien von Bankbelegen und Versicherungsscheinen sowie eines Fahrzeugscheines übersandt.

Wir müssen Sie in diesem Zusammenhang darauf hinweisen, dass die von Ihnen zur Verfügung gestellten Informationen den Anforderungen der §§ 2314, 260 BGB in keiner Weise entsprechen. Die von Ihnen vorgelegten Unterlagen waren bzw sind in keiner Weise geeignet, den Auskunftsanspruch unseres Mandanten zu erfüllen. Wir haben Sie daher namens und in Vollmacht unseres Mandanten aufzufordern, bis spätestens zum ... ein ordnungsgemäßes, den Vorgaben sowohl des § 2314 BGB als auch denen des § 260 BGB entsprechendes Nachlassverzeichnis, aus dem sich sämtliche in unserem Schreiben vom ... aufgeführten Angaben ergeben, vorzulegen. Um sicherzustellen, dass das Verzeichnis – wenigstens in formaler Hinsicht – den gesetzlichen Anforderungen entspricht, macht unser Mandant gleichzeitig von seinem Recht Gebrauch, die Vorlage eines amtlichen Verzeichnisses zu fordern. Sie haben daher einen Notar mit der Aufnahme des von uns verlangten Verzeichnisses zu beauftragen.

...

(Rechtsanwalt) ◀

---

212 *Dieckmann*, NJW 1988, 1809, 1813.
213 BGH LM § 260 Nr. 1 = JZ 1952, 492; Staudinger/*Haas*, § 2314 Rn 42; *Kerscher/Riedel/Lenz*, Pflichtteilsrecht, § 11 Rn 47; *Coing*, NJW 1983, 1298.
214 Durch eine solch mangelhafte Auskunft kann der Anspruch nach § 2314 nicht zum Erlöschen gebracht werden, er besteht daher fort, vgl OLG Brandenburg FamRZ 1998, 179; Staudinger/*Haas*, § 2314 Rn 42; *Kerscher/Riedel/Lenz*, Pflichtteilsrecht, § 11 Rn 47.
215 BGH JZ 1952, 492; BGH FamRZ 1965, 135; OLG Brandenburg FamRZ 1998, 180, 181; OLG Oldenburg NJW-RR 1992, 777, 778; Staudinger/*Haas*, § 2314 Rn 42.
216 Damrau/*Riedel*, Erbrecht, § 2314 Rn 25.

C. Vorbereitung der Durchsetzung des Pflichtteils – Auskunftsansprüche   § 4

X. Anspruch auf Versicherung an Eides statt

Bei Zweifeln an Vollständigkeit und Richtigkeit der erteilten Auskünfte kann der Pflichtteilsberechtigte nach § 2314 BGB (sozusagen als letztes Druckmittel) von seinem Auskunftsschuldner die Abgabe einer **Versicherung an Eides statt** verlangen. Der Anspruch besteht nur, wenn aufgrund konkreter Umstände zu vermuten ist, dass das Verzeichnis nicht mit der erforderlichen Sorgfalt erstellt wurde.[217]   144

Gegenstand der eidesstattlichen Versicherung ist die Vollständigkeit der angegebenen Aktiva und Passiva, und zwar sowohl im Hinblick auf den realen als auch den fiktiven Nachlass.[218] Eine Versicherung der Richtigkeit der gemachten Wertangaben kommt hingegen nicht in Betracht, da es sich insoweit nicht um Wissenserklärungen des Auskunftsschuldners handelt, sondern lediglich um – mehr oder weniger – persönliche Wertungen.   145

▶ **Muster: Aufforderung zur Abgabe der eidesstattlichen Versicherung**   146

An

… (Auskunftsschuldner)

Abgabe der eidesstattlichen Versicherung bezüglich der am … erteilten Auskunft über den Bestand des Nachlasses des am … verstorbenen Erblassers …

Sehr geehrter … (Erbe),

entsprechend unserer Aufforderung im Schreiben vom … haben Sie unter dem … die von uns begehrte Auskunft über den Nachlass des am … verstorbenen Erblassers … durch Übersendung des von Ihnen unterzeichneten Nachlassverzeichnisses vom … erteilt.

Sie sind hierdurch der wiederholten Aufforderung durch uns bzw durch unseren Mandanten, die von Ihnen geschuldeten Auskünfte zu erteilen, schlussendlich nachgekommen. Dennoch mussten wir bei Durchsicht des uns übersandten Nachlassverzeichnisses feststellen, dass einzelne der von Ihnen gemachten Angaben nicht mit Ihren Angaben gegenüber dem Nachlassgericht, wie sie sich aus der von uns eingesehenen Nachlassakte ergeben, übereinstimmen. Vor diesem Hintergrund haben wir die berechtigte Sorge, dass Sie das Nachlassverzeichnis nicht mit der erforderlichen Sorgfalt erstellt haben.

Namens und in Vollmacht unseres Mandanten haben wir Sie daher aufzufordern, das Nachlassverzeichnis bis spätestens zum

…

zu vervollständigen und die von Ihnen gemachten Angaben auf ihre inhaltliche Richtigkeit zu überprüfen.

Soweit uns bis zu diesem Termin kein ergänztes bzw korrigiertes Nachlassverzeichnis vorliegen sollte, fordern wir Sie bereits jetzt namens und in Vollmacht unseres Mandanten auf, bis spätestens

---

217 OLG Oldenburg NJW-RR 1992, 777, 778; OLG Frankfurt NJW-RR 1993, 1483 ff; Staudinger/*Haas*, § 2314 Rn 46; HB Pflichtteilsrecht/*Bittler*, § 9 Rn 29; *Kerscher/Riedel/Lenz*, Pflichtteilsrecht, § 11 Rn 73. Anzeichen hierfür können sich in erster Linie aus dem Verhalten des Verpflichteten ergeben, wenn er beispielsweise die Auskunft nur schleppend erteilt oder mit allen (juristischen) Mitteln versucht, die Auskunftserteilung zu verhindern (OLG Frankfurt NJW-RR 1993, 1483). Gleiches gilt für die wiederholte Korrektur bereits erteilter Auskünfte, in sich widersprüchliche Angaben in mehreren Teilverzeichnissen oder die Darlegung einer abweigenden Rechtsauffassung im Hinblick auf Art und Umfang der tatsächlich geschuldeten Auskunft (vgl hierzu BGH LM Nr. 1 zu § 260 = JZ 1952, 492; OLG Oldenburg NJW-RR 1992, 777, 778).
218 BGHZ 33, 373, 375.

an Eides statt zu versichern, dass die von Ihnen durch Übersendung des Nachlassverzeichnisses vom ▬▬ erteilten Auskünfte nach bestem Wissen und Gewissen so vollständig erteilt wurden, wie Sie dazu in der Lage waren und dass es sich dabei um den gesamten tatsächlichen und fiktiven Nachlass des am ▬▬ verstorbenen Erblassers handelt.

Mit freundlichen Grüßen

Rechtsanwalt ◄

XI. Nachträgliche Veränderungen des Nachlassbestandes (per Todestag)

147 Grundsätzlich sind für die Angaben zum Nachlassbestand allein die rechtlichen und tatsächlichen Verhältnisse am Todestag des Erblassers maßgeblich. Durch den späteren Eintritt am Todestag bestehender aufschiebender oder auflösender Bedingung kann sich die Situation aber (mit Rückwirkung!) verändern, am Todestag bestehende Ungewissheiten, Unsicherheiten oder Zweifel können wegfallen. In diesen Fällen hat eine **nachträgliche Angleichung** – sowohl zu Gunsten als auch zu Lasten des Pflichtteilsberechtigten – zu erfolgen. Im Ergebnis ist er jedenfalls so zu stellen, als ob die Bedingung bereits im Zeitpunkt des Erbfalls eingetreten gewesen wäre bzw die Unsicherheit, Ungewissheit oder Zweifel nicht bestanden hätte.[219]

148 ▶ **Muster: Nachträgliche Angleichung gemäß § 2313 BGB**

An

▬▬ (Pflichtteilsberechtigter)

Ihr Pflichtteilsanspruch nach dem am ▬▬ verstorbenen ▬▬ (Erblasser)

Sehr geehrter ▬▬ (Pflichtteilsberechtigter),

in der oben bezeichneten Angelegenheit habe ich Ihnen mit Überweisung vom ▬▬ den sich aufgrund der von mir am ▬▬ vorgelegten Auskunft und Wertermittlung ergebenden Pflichtteil in Höhe von EUR ▬▬ überwiesen. Bereits im Nachlassverzeichnis vom ▬▬ hatte ich – außerhalb der Ermittlung des Nettonachlasses – vermerkt, dass der Erblasser zugunsten der ▬▬ GmbH, deren Anteile er zu 100% hielt und die ich im Hinblick auf die bereits im Todeszeitpunkt drohende Insolvenz mit einem Wert von EUR 0,00 angesetzt habe, eine Bürgschaft über EUR 600.000,00 gewährt hatte. Ob eine Inanspruchnahme aus dieser Bürgschaft erfolgen würde, stand zum Zeitpunkt der Erstellung des Nachlassverzeichnisses noch nicht fest.

Zwischenzeitlich hat sich die Kredit gewährende Bank der ▬▬ GmbH an mich gewandt und aus der Bürgschaft einen Zahlungsanspruch in Höhe von EUR 600.000,00 mir gegenüber geltend gemacht. Diesen habe ich nach Einholung anwaltlichen Rats aus dem Nachlassvermögen beglichen.

Bei der Bürgschaftsverpflichtung handelt es sich um eine Nachlassverbindlichkeit, die im Zeitpunkt des Erbfalls bzw bei Erstellung des Nachlassverzeichnisses noch ungewiss im Sinne von § 2313 Abs. 1 S. 1 BGB war. Durch die Inanspruchnahme aus der Bürgschaft ist die ursprünglich bestehende Unsicherheit weggefallen, so dass nunmehr ein Ansatz der Bürgschaftsverpflichtung im Rahmen des Nachlassverzeichnisses geboten ist. Der Wert des Nettonachlasses mindert sich daher um die besagten EUR 600.000,00 (zzgl Beratungskosten).

---

219 Vgl *Riedel* in Bonefeld/Wachter, Der Fachanwalt für Erbrecht, Kapp. 11, Rn 91.

Im Hinblick auf Ihre Pflichtteilsquote von 1/6 mindert sich hierdurch Ihr Pflichtteilsanspruch um EUR 100.000,00. Ich darf Sie daher bitten, den vorgenannten Betrag bis spätestens ... auf mein Ihnen bekanntes Bankkonto zu überweisen.

...

(Rechtsanwalt) ◄

D. Vorbereitung der Durchsetzung des Pflichtteilsanspruchs – Wertermittlung

I. Allgemeines

Neben dem Auskunftsanspruch steht dem Pflichtteilsberechtigten ein eigenständiger Anspruch auf Ermittlung des Werts der einzelnen Nachlassgegenstände zu,[220] der auch gesondert geltend gemacht werden kann bzw muss.[221]

Auch der Wertermittlungsanspruch dient dazu, dem Pflichtteilsberechtigten die Berechnung seines Pflichtteilsanspruchs zu ermöglichen.[222] Er richtet sich daher auf die Vorlage aller Informationen und Unterlagen, die für die konkrete Wertermittlung der Nachlassgegenstände von Bedeutung sind.[223] Dies schließt die Erstellung bzw Vorlage von Sachverständigengutachten (auf Kosten des Nachlasses) mit ein, soweit die Mitteilung der **Wert bestimmenden Tatsachen** allein kein ausreichendes Bild über die tatsächlichen Wertverhältnisse vermittelt.[224] Der Erbe hat insoweit nicht nur die Pflicht, sondern auch das Recht, die Wertermittlung in eigener Verantwortung durchzuführen,[225] der Pflichtteilsberechtigte kann daher nicht verlangen, dass ihm selbst die Durchführung einer Begutachtung gestattet wird.[226]

Die Art und Weise der Ermittlung des Nachlasswerts ist in §§ 2311–2313 BGB geregelt; sie vollzieht sich in zwei Schritten:[227] Zuerst wird der Umfang **des Nachlasses** bestimmt bzw festgestellt. Hierzu sind alle zum Nachlass gehörenden Aktiva und Passiva zu erfassen und in einer Art **Nachlass-Bilanz**[228] anzusetzen. Anschließend erfolgt – wie bei der Erstellung des handelsrechtlichen Jahresabschlusses – die **Bewertung** der angesetzten Vermögensgegenstände und Schulden. Die Differenz aus Aktiva und Schulden (buchhalterisch vergleichbar mit dem Eigenkapital in der Bilanz) bildet den Netto-Wert des Nachlasses.

---

220 OLG Frankfurt NJW-RR 1994, 8; OLG Schleswig NJW 1972, 586; *Coing*, NJW 1983, 1298; Staudinger/*Haas*, § 2314 Rn 58.
221 Damrau/*Riedel*, Erbrecht, § 2314 Rn 30.
222 BGH JZ 1952, 492; OLG Oldenburg NJW 1974, 2093.
223 BGH FamRZ 1965, 135, 136; OLG Oldenburg NJW 1974, 2093; OLG Düsseldorf FamRZ 1997, 58, 59. Der Umfang der Informationspflichten ist vor diesem Hintergrund auch von dem der Bewertung zugrunde zu legenden Verfahren abhängig. So sind, wenn die Bewertung zB eines gewerblichen Unternehmens oder einer Immobilie, nach dem Ertragswertverfahren vorgenommen werden muss, alle hierzu benötigten Angaben vom Wertermittlungsanspruch umfasst; vgl OLG Oldenburg NJW 1974, 2093, *Coing*, NJW 1983, 1298, 1300; Soergel/*Dieckmann*, § 2314 Rn 29; Staudinger/*Haas*, § 2314 Rn 60.
224 BGH NJW 1989, 856; BGH NJW 1975, 258, 259; BGHZ 89, 24, 29; OLG München NJW 1974, 2094; Staudinger/*Haas*, § 2314 mwN.
225 So auch Staudinger/*Haas*, § 2314 Rn 62; ein Anspruch auf die Beauftragung eines „öffentlich vereidigten" Sachverständigen besteht nicht, *Bissmaier*, ZEV 1997, 149 f.
226 Vgl *Riedel* in Bonefeld/Wachter, Der Fachanwalt für Erbrecht, Kap. 11 Rn 108.
227 *Kerscher/Riedel/Lenz*, Pflichtteilsrecht, § 7 Rn 1; *Haegele*, BWNotZ 1976, 25; Soergel/*Dieckmann*, § 2311 Rn 1; Staudinger/*Haas*, § 2311 Rn 1.
228 Wegen des Begriffs vgl *Kerscher/Riedel/Lenz*, Pflichtteilsrecht, § 7 Rn 1.

II. Stichtagsprinzip

152 Der für die Bewertung maßgebliche Zeitpunkt (Stichtag) ist gemäß § 2311 Abs. 1 S. 1 BGB der Tod des Erblassers.[229] Sich nach dem Stichtag einstellende Wertveränderungen sind für die Nachlassbewertung irrelevant; sie dürfen sich auf die Höhe des Pflichtteilsanspruches nicht auswirken.[230] Nichtsdestotrotz sind Wert beeinflussende Faktoren, die am Stichtag bereits im Keim angelegt waren, sich jedoch erst zu einem späteren Zeitpunkt manifestieren, auf jeden Fall zu berücksichtigen (**Wurzeltheorie**).[231] Das Stichtagsprinzip bezieht sich nämlich nicht auf den jeweiligen Wert als solchen, sondern nur auf die für die Bewertung maßgeblichen Umstände. Diese sind zwingend aus der Perspektive des Todestags des Erblassers zu bestimmen.[232]

III. Gegenstand der Bewertung

153 Zu bewerten ist sowohl der **reale** als auch der **fiktive Nachlass**.[233] Auch etwa erforderliche Gutachten sind auf den Verkehrswert des Nachlassvermögens zum **Stichtag zu** beziehen. Soweit für die Wertermittlung verschiedene Bewertungsmethoden in Betracht kommen, hat sich der Gutachter mit diesen auseinanderzusetzen und, soweit sinnvoll, die Ergebnisse alternativ darzustellen.[234] Bei der Bewertung von Gegenständen des fiktiven Nachlasses ist im Übrigen das sog. **Niederstwertprinzip**[235] zu beachten.[236]

154 ▶ **Muster: Aufforderung zur Wertermittlung**

An

▃▃▃ (Erbe)

Pflichtteilsanspruch nach dem am ▃▃▃ **verstorbenen** ▃▃▃ **(Erblasser)**

Sehr geehrter ▃▃▃ (Erbe),

in der oben bezeichneten Angelegenheit haben Sie mir mit Schreiben vom ▃▃▃ die von mir geforderte geordnete Aufstellung der zum Nachlass gehörenden Aktiva und Passiva mitgeteilt sowie mich über den Güterstand des Erblassers sowie die von ihm getätigten lebzeitigen Zuwendungen informiert. Abgesehen von den im Nachlass befindlichen Bargeldbeständen, Geldforderungen und Verbindlichkeiten haben Sie mir jedoch keinerlei Werte mitgeteilt. Ich muss Sie darauf hinweisen, dass mein Auskunftsanspruch gemäß § 2314 BGB auch die Wertermittlung bezüglich des Nachlassvermögens mit umfasst. Dieser Wertermittlungsanspruch besteht insbesondere auch im Hinblick auf das in dem von Ihnen gefertigten Nachlassverzeichnis vermerkte Hausgrundstück in ▃▃▃

---

229 Bei Verschollenheit der Zeitpunkt gem. § 9 VerschG; vgl HB Pflichtteilsrecht/*Riedel*, § 5 Rn 7.
230 BGHZ 3, 394, 396; BGH JZ 1963, 320; BGH, NJW 1965, 1589, 1590; BGHZ 7, 134, 138; vgl auch BVerfG NJW 1988, 2723, 2724; Soergel/*Dieckmann*, § 2311 Rn 2; Staudinger/*Haas*, § 2311, Rn 60 mwN; aA *Braga*, AcP 153 (1954) 144, 164 f.
231 BGH NJW 1973, 509; Haegele, BWNotZ 1976, 25, 26; Staudinger/*Haas*, § 2311 Rn 62.
232 BVerfG NJW 1988, 2723, 2724; *J. Mayer*, ZEV 1994, 331, 336; MünchKomm/*Lange*, § 2311 Rn 20; Staudinger/ *Haas*, § 2311 Rn 62 mwN. Das starre Stichtagsprinzip kann, zB bei Zerstörung von Nachlassgegenständen durch höhere Gewalt, zu erheblichen Härten führen, da das Risiko der Wertminderung nach dem Erbfall allein beim Erben liegt. Nach der Rspr kann nur in Extremfällen eine Korrektur über § 242 BGB in Betracht kommen, Damrau/*Riedel*, Erbrecht, § 2311 Rn 2 ff.
233 Nach Ansicht des BGH aber nur, soweit ein schutzwürdiges Interesse auf Wertermittlung geltend gemacht werden kann; Damrau/*Riedel*, Erbrecht, § 2314 Rn 32.
234 Staudinger/*Haas*, § 2314 Rn 64.
235 Vgl insoweit unten Rn 251.
236 BGHZ 107, 200, 202; OLG Brandenburg FamRZ 1998, 1265, 1266; vgl insoweit auch unten zum Pflichtteilsergänzungsanspruch.

E. Geltendmachung des ordentlichen Pflichtteilsanspruchs (ohne lebzeitige Vorempfänge) § 4

Insoweit fordere ich Sie auf, ein Gutachten über den Wert des Hausanwesens ... –Straße Nr. ... in ..., eingetragen im Grundbuch von ..., Bd. ..., Flurstück Nr. ..., durch einen Sachverständigen erstellen zu lassen. Bezüglich der Auswahl des Sachverständigen bitte ich Sie, einen öffentlich vereidigten und somit auch bei Gericht anerkannten Gutachter auszuwählen.

Nichtsdestotrotz mache ich Sie darauf aufmerksam, dass ich an den im Rahmen dieses Gutachtens zu ermittelnden Wert in keiner Weise gebunden bin und es mir freisteht, trotz Vorlage des Gutachtens meinen Pflichtteilsanspruch auf der Grundlage eines anderen als des von Ihnen bzw Ihrem Gutachter ermittelten Wertes geltend zu machen bzw einzuklagen.

Für die Vorlage des Gutachtens erlaube ich mir, Ihnen eine Frist bis zum ... zu setzen. Sollte das Gutachten bis zu diesem Zeitpunkt nicht vorliegen, sehe ich mich gezwungen, meinen Wertermittlungsanspruch gerichtlich durchzusetzen.

...

(Unterschrift) ◄

E. Geltendmachung des ordentlichen Pflichtteilsanspruchs (ohne lebzeitige Vorempfänge)

I. Rechtsnatur des Pflichtteilsanspruchs

Der Pflichtteilsanspruch ist gemäß § 2317 BGB als reine **Geldsummenschuld** ausgestaltet.[237] Er bildet eine **Nachlassverbindlichkeit** iSd § 1967 BGB, für die mehrere Erben als Gesamtschuldner haften. Auch wenn er noch vor Vermächtnissen und Auflagen zu befriedigen ist (vgl § 327 Abs. 1 Ziff. 1 InsO),[238] geht er im Rang sonstigen Nachlassverbindlichkeiten wie zB dem Zugewinnausgleichsanspruch nach.

155

II. Bestimmung der maßgeblichen Pflichtteilsquote (im Allgemeinen)

Der Pflichtteilsbetrag ist grundsätzlich durch Anwendung der zutreffenden Pflichtteilsquote auf den Wert des Nachlasses zu errechnen.[239]

156

Die Bestimmung der für die Pflichtteilsberechnung maßgeblichen Erbquoten richtet sich nach § 2310 S. 1 BGB. Demzufolge kommt es nicht auf die konkrete Erbquote, sondern vielmehr auf eine **abstrakte Quote**,[240] bei deren Bestimmung auch die enterbten (§ 1938 BGB) sowie die für erbunwürdig erklärten gesetzlichen Erben (§§ 2339 ff BGB) und diejenigen, die ausgeschlagen haben, mitgezählt werden.[241] Ob sie selbst berechtigt sind, den Pflichtteil geltend zu machen, spielt insoweit keine Rolle.[242] Dasselbe gilt für die Frage, ob der als gesetzlicher Erbe Weggefallene überhaupt zum Kreis der pflichtteilsberechtigten Personen gehört,[243] ob er für pflichtteilsunwürdig erklärt wurde[244] oder ob ihm der Pflichtteil wirksam entzogen ist.[245]

157

Aus der Quotenberechnung auszuscheiden sind hingegen diejenigen Personen, denen kein gesetzliches Erbrecht (mehr) zusteht, also diejenigen, die zum Zeitpunkt des Erbfalls vorverstor-

158

---

237 Damrau/*Riedel*, Erbrecht, § 2303 Rn 24.
238 Vgl *Riedel* in Bonefeld/Wachter, Der Fachanwalt für Erbrecht, Kap. 11 Rn 42; HB Pflichtteilsrecht/*Mayer*, § 3 Rn 93.
239 Vgl HB Pflichtteilsrecht/*Mayer*, § 3 Rn 72.
240 Soergel/*Dieckmann*, § 2310 Rn 1; MünchKomm/*Lange*, § 2310 Rn 1; Staudinger/*Haas*, § 2310 Rn 1.
241 Und zwar unabhängig davon, ob er durch seine Ausschlagung pflichtteilsberechtigt wird, oder aber sein Pflichtteilsrecht verliert; vgl MünchKomm/*Lange*, § 2310 Rn 1.
242 MünchKomm/*Lange*, § 2310 Rn 2; Staudinger/*Haas*, § 2310 Rn 4; Soergel/*Dieckmann*, § 2310 Rn 10.
243 Staudinger/*Haas*, § 2310 Rn 4.
244 MünchKomm/*Lange*, § 2310 Rn 2.
245 Staudinger/*Haas*, § 2310 Rn 4; Damrau/*Riedel*, Erbrecht, § 2310 Rn 3 mwN.

ben sind oder die auf ihren Erbteil verzichtet haben (§ 2310 S. 2 BGB). Ein Erbverzicht wirkt für die verbleibenden gesetzlichen Erben – soweit nicht der Pflichtteil vorbehalten wird[246] – pflichtteilserhöhend.[247]

III. Schuldner des Pflichtteilsanspruchs

159 Schuldner des Pflichtteilsanspruchs (einschließlich des Ergänzungsanspruchs) sind grundsätzlich die Erben; Miterben haften gem. §§ 2058 ff BGB im Außenverhältnis als Gesamtschuldner iSv §§ 421 ff BGB.[248] Im Übrigen ist bezüglich der Erbenhaftung zu differenzieren, ob der Pflichtteil vor oder nach Auseinandersetzung der Erbengemeinschaft geltend gemacht wird.[249]

160 Ein unmittelbar gegen den **Vermächtnisnehmer** gerichteter Pflichtteilsanspruch ist nicht denkbar. Im Außenverhältnis (also gegenüber dem Pflichtteilsberechtigten) ist allein der Erbe verpflichtet. Dennoch hat er ggf die Möglichkeit, die Pflichtteilslast im Innenverhältnis zu einem bestimmten Teil auf den Vermächtnisnehmer bzw den Begünstigten einer Auflage abzuwälzen.[250]

161 Auch gegenüber dem **Testamentsvollstrecker** kann der Pflichtteilsanspruch nicht geltend gemacht werden, § 2113 Abs. 1 S. 2 BGB.[251]

IV. Aufforderung zur Zahlung des Pflichtteils

1. Allgemeines

162 Für die Höhe des Pflichtteilsanspruchs kommt es – wie oben ausgeführt – zum einen auf die Pflichtteilsquote, zum anderen auf den Bestand bzw Wert des Nachlasses im Zeitpunkt des Erbfalls an (§§ 2303 Abs. 1 S. 2, 2311 BGB). Grundsätzlich ergibt sich der als Pflichtteil zu zahlende Betrag aus der Multiplikation des Nettowerts des Nachlasses mit der Pflichtteilsquote des Berechtigten. Problematisch ist in diesem Zusammenhang – abgesehen von Bewertungsschwierigkeiten – jedoch mitunter die Entscheidung, welche Vermögensgegenstände und Schulden bei der Berechnung des Nachlasswerts zu berücksichtigen sind.

2. Zu berücksichtigende und nicht zu berücksichtigende Vermögensgegenstände und Schulden

a) Anzusetzende Vermögensgegenstände und Schulden

163 Wegen der anzusetzenden Aktiva und Passiva wird auf die obigen grundsätzlichen Ausführungen zur Erstellung des Nachlassverzeichnisses verwiesen, ergänzend ist im Einzelnen Folgendes zu berücksichtigen:

164 Aktiva:
– Ansprüche auf Gehaltsnachzahlungen und Bezüge für den Sterbemonat[252]
– Ansprüche auf wiederkehrende Leistungen[253]

---

246 Zur Zulässigkeit des Pflichtteilsvorbehalts vgl Staudinger/*Schotten* [1997], § 2346 Rn 34 ff.
247 Vgl *J. Mayer* zu weiteren Gründen warum auf einen Erbverzicht eher verzichtet werden soll in ZEV 1998, 433.
248 HB Pflichtteilsrecht/*Mayer*, § 2 Rn 37.
249 Kerscher/Riedel/*Lenz*, Pflichtteilsrecht, § 6 Rn 85.
250 MünchKomm/*Lange*, § 2318 Rn 1.
251 *Mayer* in Mayer/Bonefeld/Daragan, Handbuch Testamentsvollstreckung, Rn 197 f.
252 Der Anspruch auf diese Leistungen ist noch in der Person des Erblassers entstanden, er gehört daher zum Nachlass.
253 Z.B. Leibrenten mit Mindestlaufzeit, vgl HB Pflichtteilsrecht/*Riedel*, § 5 Rn 31.

E. Geltendmachung des ordentlichen Pflichtteilsanspruchs (ohne lebzeitige Vorempfänge) § 4

- Abfindungsanspruch aus der Auflösung einer Ehegatten-Innengesellschaft[254]
- Bankguthaben auf gemeinsamen Konten grundsätzlich zu 50 %[255]
- Handelsvertreterausgleichsanspruch, § 89 b HGB[256]
- Krankenversicherungsansprüche[257]
- Lebensversicherung[258]
- Steuererstattungsansprüche[259]
- Steuerlicher Verlustvortrag[260]
- Surrogate[261]
- Zuschlag in der Zwangsversteigerung[262]

Passiva: 165

- Anspruch des Ehegatten aus gemeinschaftlicher Wirtschaftsführung[263]
- Auskunftserteilung nach § 2314 BGB[264]
- Krankenversicherungsansprüche[265]
- Beerdigungskosten[266]
- Erblasserschulden[267]
- Ermittlung der Gläubiger[268]/Aufgebot der Nachlassgläubiger[269]
- Kosten der Nachlasspflegschaft/Nachlasssicherung[270]
- Kosten der Nachlassverwaltung[271]

---

254 Sofern die Ehegatten eine sog. Ehegatten-Innengesellschaft zur Erreichung eines „eheübergreifenden Zwecks„ bildeten, wird diese Gesellschaft durch den Tod des einen Ehegatten aufgelöst. Ein etwaiger Abfindungsanspruch gegenüber dem überlebenden Ehegatten fällt dann in den Nachlass. Steht hingegen dem Überlebenden ein Abfindungsguthaben zu, handelt es sich insoweit um eine Nachlassverbindlichkeit; BGH NJW 1982, 99; zur Ehegatten-Innengesellschaft vgl *Henrich*, FamRZ 1975, 533; *Diederichsen*, NJW 1977, 217.
255 Vorbehaltlich abweichender Vereinbarung unter den Ehegatten werden Guthaben auf gemeinsamen Konten den Kontoinhabern jeweils zur Hälfte zugerechnet, DIV-Gutachten, ZfJ 1992, 533, 534.
256 Mit dem Tod des Handelsvertreters geht der Anspruch auf den/die Erben über, vgl *Baumbach/Hopt*, HGB, § 89 b Rn 9.
257 Diese können ggf mit korrespondierenden Passivposten zu saldieren sein; vgl HB Pflichtteilsrecht/*Riedel*, § 5 Rn 31.
258 Dies gilt nur, wenn nicht ausdrücklich ein Bezugsberechtigter benannt oder die Lebensversicherung vom Erblasser sicherungshalber abgetreten worden war.
259 Dies gilt sowohl für Erstattungsansprüche, die Veranlagungszeiträume vor dem Todesjahr betreffen, als auch solche, die das Todesjahr selbst betreffen (Rumpfsteuerjahr), für das von den Erben eine Einkommensteuererklärung abzugeben ist, Staudinger/*Haas*, § 2311 Rn 14. Der Anteil, zu welchem dem jeweiligen Ehegatten der Erstattungsanspruch zusteht, entscheidet grundsätzlich das Verhältnis der steuerpflichtigen Einkünfte zueinander, *Kerscher/Riedel/Lenz*, Pflichtteilsrecht, § 7 Rn 22 Fn 45.
260 Dies gilt allerdings nur, soweit der Erbe hieraus auch tatsächlich einen echten Steuervorteil erlangt, HB Pflichtteilsrecht/*Riedel*, § 5 Rn 31.
261 Wie Lastenausgleichsansprüche für Schäden, die bereits vor dem Erbfall eingetreten sind; BGH MDR 1972, 851, 852; BGH FamRZ 1977, 128. 129; HB Pflichtteilsrecht/*Riedel*, § 5 Rn 31.
262 Wenn der Erblasser zu seinen Lebzeiten Zuschlagsempfänger nach § 81 ZVG geworden ist, ist dieser Vermögenswert bereits vor dem Todesfall in seinem Vermögen angelegt, OLG Düsseldorf FamRZ 1997, 1440, 1441.
263 *Johannsen*, WM 1973, 541; Palandt/*Edenhofer*, § 2311 Rn 4.
264 BGH FamRZ 1989, 1856; Soergel/*Dieckmann*, § 2311 Rn 13; Staudinger/*Haas*, § 2311 Rn 40.
265 Diese können ggf mit korrespondierenden Passivposten zu saldieren sein; vgl HB Pflichtteilsrecht/*Riedel*, § 5 Rn 31.
266 Abzugsfähig sind die Kosten einer standesgemäßen Beerdigung des Erblassers (§ 1968 BGB), Soergel/*Dieckmann*, § 2311 Rn 13; HB Pflichtteilsrecht/*Riedel*, § 5 Rn 31; nicht aber die laufenden Grabpflegekosten, vgl unten.
267 Hierzu gehört auch der Bereicherungsanspruch nach § 812 Abs. 1 Satz 2. Hs BGB (condicio ob rem), wenn der Pflichtteilsberechtigte sich im Hinblick auf eine erwartete, aber ausgebliebene Erbeinsetzung Zuwendungen an den Erblasser erbracht hat; vgl Bonefeld, Zerb 2002, 102; aA:OLG Karlsruhe, Zerb 2002, 100 f. mit krit. Anm. Bonefeld.
268 MünchKomm/*Lange*, § 2311 Rn 13; Soergel/*Dieckmann*, § 2311 Rn 13; Staudinger/*Haas*, § 2311 Rn 40.
269 Soergel/*Dieckmann*, § 2311 Rn 13.
270 RG JW 1906, 114; MünchKomm/*Lange*, § 2311 Rn 13; Soergel/*Dieckmann*, § 2311 Rn 13; Staudinger/*Haas*, § 2311 Rn 40.
271 RG JW 1906, 114; Soergel/*Dieckmann*, § 2311 Rn 13; *Nieder*, Rn 246; MünchKomm/*Lange*, § 2311 Rn 13, Staudinger/*Haas*, § 2311 Rn 40.

- Nachehelicher Unerhalt[272]
- Nachvermächtnis und aufschiebend bedingtes Herausgabevermächtnis[273]
- Prozesskosten[274]
- Rechtsanwaltsgebühren im Erbscheinverfahren[275]
- Rückforderungsanspruch des Sozialhilfeträgers[276]
- Steuerschulden[277]
- Testamentsvollstreckungskosten[278]
- Unterhaltsanspruch des nichtehelichen Kindes[279]
- Voraus des Ehegatten,[280] soweit er nicht wirksam entzogen[281] oder ausgeschlagen wurde[282]
- Wohngeldschulden[283]
- Zugewinnausgleichsanspruch des überlebenden Ehegatten (§ 1371 Abs. 2 u. 3 BGB)[284]

b) Nicht anzusetzende Vermögensgegenstände und Schulden

166 Ohne Einfluss auf den Wert des Nachlasses sind solche Rechtspositionen, die nicht vermögensrechtlicher Art oder **nicht vererblich**[285] sind oder die durch Rechtsgeschäft außerhalb der Erbfolge bzw kraft Gesetzes auf Dritte übergehen,[286] zB die aufschiebend auf den Erbfall bedingte Übertragung einer Forderung, die Nachfolge in eine Personengesellschaft auf Grund einer rechtsgeschäftlichen Nachfolgeklausel, das Eintrittsrecht in einen Mietvertrag (§ 569 a BGB), ein Vertrag zu Gunsten Dritter auf den Todesfall (Lebensversicherung) oder der Anteilserwerb des überlebenden Ehegatten am Gesamtgut bei fortgesetzter Gütergemeinschaft (§ 1438 Abs. 1 S. 3 BGB).[287]

---

272 Allerdings maximal in Höhe des fiktiven Pflichtteils des geschiedenen Ehegatten (§ 1586 b BGB), *Riedel* in Bonefeld/Wachter, Der Fachanwalt für Erbrecht, Kap. 11 Rn 63.
273 BGH MDR 1972, 851, 852; BGH FamRZ 1977, 128, 129.
274 Hierunter sind lediglich die Kosten zu verstehen, die durch nicht mutwillig im Interesse des Nachlasses geführte Prozesse entstehen; Soergel/*Dieckmann*, § 2311 Rn 13; Staudinger/*Haas*, § 2311 Rn 40. Hierunter fallen ebenfalls die Kosen eines vom Pflichtteilsberechtigten veranlassten Erbprätendentenstreits; BGH MDR 1980, 831.
275 Diese sind jedenfalls ganz zu passivieren, wenn die Inanspruchnahme des Rechtsanwaltes deshalb erforderlich war, weil das Erbrecht des Erben durch den Pflichtteilsberechtigten bestritten wurde; BGH MDR 1980, 831.
276 Es handelt sich gem. § 92 c BSHG um einen Anspruch gegen den Sozialhilfeempfänger, der dem zufolge auch eine Nachlassverbindlichkeit darstellt; Palandt/*Edenhofer*, § 2311 Rn 5.
277 Auch soweit eine Veranlagung noch nicht stattgefunden hat bzw noch keine Fälligkeit eingetreten ist; BGH NJW 1993, 131, 132; vgl auch HB Pflichtteilsrecht/*Riedel*, § 5 Rn 31 mwN; Der BGH (NJW 1979, 546) hat für den Fall der gemeinsamen Veranlagung entschieden, dass beide Ehegatten die Steuern nicht zwingend gem. § 426 Abs. 1 S. 1 BGB zu gleichen Teilen zu tragen hätten. Dies ergebe sich nicht zuletzt aus der güterrechtlichen Beziehung der Ehegatten zueinander. Denn ebenso wie das Vermögen seien im gesetzlichen Güterstand der Zugewinngemeinschaft auch die Schulden getrennt zu behandeln. Deshalb hat jeder Ehegatte für die auf seine Einkünfte entfallenden Steuern selbst aufzukommen. Nachlassverbindlichkeiten stellen daher nur diejenigen Steuern dar, für die der Erblasser im Innenverhältnis aufzukommen hat, BGHZ 73, 29 = NJW 1979, 546, 548; OLG Düsseldorf FamRZ 1988, 951.
278 Dies gilt nur soweit die Testamentsvollstreckung für den Pflichtteilsberechtigten von Vorteil war, zB weil dadurch Kosten der Nachlasssicherung erspart wurden; BGHZ 95, 222, 228; vgl auch BGH NJW 1988, 136, 137; Soergel/*Dieckmann*, § 2311 Rn 13; Staudinger/*Haas*, § 2311 Rn 40 mwN.
279 BGH NJW 1975, 1123.
280 HB Pflichtteilsrecht/*Riedel*, § 5 Rn 31.
281 Staudinger/*Haas*, § 2311 Rn 42 ff; Soergel/*Dieckmann*, § 2311 Rn 37 ff; Palandt/*Edenhofer*, § 2311 Rn 8.
282 Staudinger/*Haas*, § 2311 Rn 43; HB Pflichtteilsrecht/*Riedel*, § 5 Rn 31.
283 Auch Wohngeldschulden, die aus Beschlüssen des Eigentümers nach dem Erbfall herrühren, können Nachlassverbindlichkeiten sein; BayObLGZ 1999 Nr. 68 = ZErb 2000, 25 = ZEV 2000, 151.
284 BGHZ 37, 58, 64; BGH, NJW 1988, 136, 137; MünchKomm/*Lange*, § 2311 Rn 13; Soergel/*Dieckmann*, § 2311 Rn 13; Staudinger/*Haas*, § 2311 Rn 40. Dies gilt allerdings nur bei der güterrechtlichen Lösung. Im Falle gleichgeschlechtlicher Lebenspartner, die in Ausgleichsgemeinschaft leben, gilt entsprechendes, vgl HB Pflichtteilsrecht/*Riedel*, § 5 Rn 31.
285 Staudinger/*Haas*, § 2311 Rn 19.
286 *Riedel* in Bonefeld/Wachter, Der Fachanwalt für Erbrecht, Kap. 11 Rn 64.
287 Damrau/*Riedel*, Erbrecht, § 2311 Rn 15.

E. Geltendmachung des ordentlichen Pflichtteilsanspruchs (ohne lebzeitige Vorempfänge) § 4

Auch mit dem Tod des Erblassers von Gesetzes wegen oder aufgrund einzelvertraglicher Vereinbarung erlöschende Rechtspositionen, sind nicht Bestandteile des Nachlasses. Aus diesem Grunde sind zB Nießbrauchsrechte (§ 1061 S. 1 BGB), persönliche Dienstbarkeiten (§ 1090 Abs. 2 BGB) oder Wohnrechte (§ 1093 BGB)[288] sowie aufschiebend bedingt erlassene Darlehensforderungen[289] nicht anzusetzen.

▶ **Muster: Ausschluss nicht vererblicher Vermögenspositionen aus der Pflichtteilsberechnung**

An

... (Pflichtteilsberechtigter)

Ihr Pflichtteil nach dem am ... verstorbenen ... (Erblasser)

Sehr geehrter ... (Pflichtteilsberechtigter),

mit Schreiben vom ... haben Sie mir gegenüber Ihren Anspruch auf Zahlung eines Pflichtteils in Höhe von EUR ... geltend gemacht.

Auch wenn Sie nach dem am ... verstorbenen Erblasser unstreitig pflichtteilsberechtigt mit einer Quote von ... sind, ist der von Ihnen begehrte Pflichtteil dennoch nicht in voller Höhe gerechtfertigt. Der von Ihnen vorgenommenen Berechnung liegt offensichtlich ein Nachlasswert zugrunde, in den Sie auch den Leistungsanspruch aus der auf das Leben des Erblassers abgeschlossenen Lebensversicherung in Höhe von EUR ... mit einbezogen haben. Insoweit weise ich Sie darauf hin, dass es sich bei dem Lebensversicherungsvertrag um einen sogenannten Vertrag zugunsten Dritter handelt, der Anspruch auf die Versicherungsleistung also unmittelbar in der Person des bezugsberechtigten Dritten entstanden ist und daher zu keinem Zeitpunkt zum Nachlass gehört hat. Die Versicherungsleistung ist daher in die Ermittlung des für die Pflichtteilsberechnung relevanten Nettonachlasses nicht einzubeziehen.

Im vorliegenden Fall kommt hinzu, dass zwar der Versicherungsvertrag durch den Erblasser abgeschlossen wurde, die laufenden Versicherungsprämien jedoch nicht von seinem, sondern vom Bankkonto des bezugsberechtigten Dritten bezahlt wurden, so dass insoweit auch keine lebzeitigen unentgeltlichen Zuwendungen, die eventuell Pflichtteilsergänzungsansprüche auslösen könnten, vorliegen.

Vor diesem Hintergrund ergibt sich Ihr Pflichtteilsanspruch mit einem wesentlich geringeren Betrag, nämlich EUR ... Einen entsprechenden Verrechnungsscheck habe ich diesem Schreiben beigefügt.

...

(Erbe) ◀

Aus dem Nachlassbestand auszusondern sind ferner all die Gegenstände, hinsichtlich derer der Erblasser mit dem jeweiligen Pflichtteilsberechtigten zu seinen Lebzeiten einen **gegenständlich beschränkten Pflichtteilsverzicht** nach § 2346 BGB vereinbart hat.[290]

---

[288] OLG München Rpfleger 1987, 109, 110; MünchKomm/*Leipold*, § 1922 Rn 17; Damrau/*Riedel*, Erbrecht, § 2311 Rn 15.
[289] Wenn die Bedingung der Eintritt des Todes des Gläubigers (Erblassers) ist; vgl BGH NJW 1978, 423.
[290] *Kerscher/Riede/Lenz*, Pflichtteilsrecht, § 7 Rn 9; HB Pflichtteilsrecht/*Mayer*, § 5 Rn 26; Damrau/*Riedel*, Erbrecht, § 2311 Rn 15.

170 ▶ Muster: Einwendung eines gegenständlich beschränkten Pflichtteilsverzichts

An

▪▪▪ (Pflichtteilsberechtigter)

Ihr Pflichtteilsanspruch nach dem am ▪▪▪ verstorbenen ▪▪▪ (Erblasser)

Sehr geehrter ▪▪▪ (Pflichtteilsberechtigter),

mit Schreiben vom ▪▪▪ haben Sie mir gegenüber Ihren Pflichtteilsanspruch in Höhe von EUR ▪▪▪ geltend gemacht und mich zur Zahlung aufgefordert.

Über das grundsätzliche Bestehen Ihrer Pflichtteilsberechtigung am Nachlass des Erblassers mit einer Quote von ▪▪▪ besteht zwischen uns Übereinstimmung. Auch hinsichtlich der von Ihnen offensichtlich zugrunde gelegten Nachlassbewertung gibt es keine Differenzen.

Allerdings haben Sie bei der Berechnung Ihres Pflichtteilsanspruchs auch den Wert des zu Lebzeiten des Erblassers an Ihren Bruder verschenkten Grundstücks in ▪▪▪ mit einem Wert in Höhe von EUR ▪▪▪ berücksichtigt und insoweit einen zu Ihren Gunsten bestehenden Pflichtteilsergänzungsanspruch angenommen. Insoweit muss ich Sie daran erinnern, dass Sie an der Erstellung der notariellen Urkunde über diese Grundstücksübertragung in der Weise mitgewirkt haben, dass Sie bezüglich der übertragenen Immobilie gegenständlich beschränkt auf Ihren Pflichtteil verzichtet haben. Ein Pflichtteilsergänzungsanspruch kommt vor diesem Hintergrund also nicht in Betracht. Eine Kopie der notariellen Urkunde liegt diesem Schreiben der Vollständigkeit halber bei.

Lässt man Ihren – zu Unrecht geltend gemachten – Pflichtteilsergänzungsanspruch bei der Pflichtteilsberechnung außer Ansatz, so ergibt sich ein Pflichtteilsanspruch in Höhe von EUR ▪▪▪ Ein Verrechnungsscheck über den genannten Betrag liegt diesem Schreiben bei.

▪▪▪

(Unterschrift) ◀

171 Auch solche Lasten und Verbindlichkeiten, die den Pflichtteilsberechtigten, wäre er gesetzlicher Erbe geworden, nicht belasten würden, dürfen nicht vom Aktivnachlass abgezogen werden. Zu nennen ist hier in erster Linie der Pflichtteilsanspruch selbst; dieser darf unter keinen Umständen seine eigene Bemessungsgrundlage schmälern. Dasselbe gilt aber auch für alle anderen aus letztwilligen Verfügungen herrührende Belastungen des Erben, also zB Vermächtnisse, Auflagen und Ansprüche von Ersatzberechtigten.[291]

172 Das entscheidende Abgrenzungsmerkmal für die Frage, ob eine Verbindlichkeit im Rahmen der Nachlassermittlung und -bewertung angesetzt werden kann, ist dass sie sich gegen den Nachlass als solchen richten muss.[292]

173 Im Einzelnen sind zB folgende Vermögens- bzw Schuldpositionen bei der Nachlassbewertung außen vor zu lassen:[293]

– Altlasten eines Grundstückes[294]
– Anspruch des Erben nach § 2287 BGB[295]

---

[291] HB Pflichtteilsrecht/*Riedel*, § 5 Rn 58; Staudinger/*Haas*, § 2311 Rn 26.
[292] *Riedel* in Bonefeld/Wachter, Der Fachanwalt für Erbrecht, Kap. 11 Rn 64.
[293] Vgl *Riedel* in Bonefeld/Wachter, Der Fachanwalt für Erbrecht, Kap. 11 Rn 65.
[294] Diese sind bei der Bewertung des Grundstückes zu berücksichtigen, der Ansatz eines gesonderten Passiv-Postens hat nicht zu erfolgen; BGH, Beschluss vom 21.2.1996, AZ: IV ZB 27/95 (n.v.); Staudinger/*Haas*, § 2311 Rn 46.
[295] BGH NJW 1989, 2389, 2391; OLG Frankfurt NJW-RR 1991, 1157, 1159; Soergel/*Dieckmann*, § 2311 Rn 10.

E. Geltendmachung des ordentlichen Pflichtteilsanspruchs (ohne lebzeitige Vorempfänge) § 4

- Anteilserwerb des überlebenden Ehegatten am Gesamtgut bei fortgesetzter Gütergemeinschaft (§ 1483 Abs. 1 S. 3 BGB)[296]
- Auflagen[297]
- Auseinandersetzungsanspruch unter den Miterben[298]
- aufschiebend bedingt auf den Tod erlassene Darlehensschuld[299]
- Dreißigster, § 1969 BGB[300]
- Eintrittsrecht in einen Mietvertrag, § 569 a BGB[301]
- Eintrittsrecht in eine Personengesellschaft aufgrund gesellschaftsvertraglicher Nachfolgeklausel[302]
- Erbersatzansprüche[303]
- Erbschaftsteuer[304]
- Gesetzliches Vermächtnis der Abkömmlinge gem. § 1371 Abs. 4 BGB[305]
- Hinterbliebenenbezüge[306]
- Kosten der Grabpflege[307]
- Kosten einer Nachlassinsolvenz[308]
- Kosten der Verwertung des Nachlasses[309]
- Latente Ertragsteuern[310]
- Lebensversicherung[311]
- Leistung aufgrund Vertrages zu Gunsten Dritter auf den Todesfall[312]

---

296 Staudinger/*Haas*, § 2311 Rn 20.
297 Diese sind gegenüber den Pflichtteilsverbindlichkeiten nachrangig im Sinne des § 226 Abs. 2 Ziffer 5, 6 KO; § 327 Abs. 1 Nr. 2, InsO; sie können daher den Pflichtteil nicht schmälern; BGH WM 1970, 1520, 1521; BGH NJW 1972, 1669, 1670; Staudinger/*Haas*, § 2311 Rn 46.
298 Auch die in diesem Zusammenhang anfallenden Kosten einschließlich der Kosten gerichtlicher Auseinandersetzungen, der Kosten für die Erwirkung eines Erbscheines sind nicht abzugsfähig; DIV-Gutachten, ZfJ 1992, 92, 93. Gleiches gilt für die Prozessführung unter den Erbprätendenten, denn solche Prozesse sowie deren Ausgang haben auf die Ansprüche des Pflichtteilsberechtigten keinen Einfluss; Soergel/*Dieckmann*, § 2311 Rn 13; Staudinger/*Haas*, § 2311 Rn 40, 46.
299 BGH NJW 1978, 423.
300 MünchKomm/*Lange*, § 2311 Rn 14; Soergel/*Dieckmann*, § 2311 Rn 15; Staudinger/*Haas*, § 2311 Rn 46.
301 Es handelt sich um eine Vermögensposition, die außerhalb der Erbfolge Kraft Gesetzes auf einen Dritten, der nicht notwendigerweise Erbe sein muss, übergeht; Staudinger/*Haas*, § 2311 Rn 20.
302 Damrau/*Riedel*, Erbrecht, § 2311 Rn 17.
303 Diese sind gegenüber den Pflichtteilsverbindlichkeiten nachrangig im Sinne des § 226 Abs. 2 Ziffer 5, 6 KO; § 327 Abs. 1 Nr. 2, InsO; sie können daher den Pflichtteil nicht schmälern; BGH WM 1970, 1520, 1521; BGH NJW 1972, 1669, 1670; Staudinger/*Haas*, § 2311 Rn 46.
304 Nicht als Verbindlichkeit anzusetzen sind ebenfalls die auf die Erstellung der Erbschaftsteuererklärung entfallenden Steuerberatungskosten, die Erbschaftsteuern. treffen nämlich nicht den Nachlass als solchen, sondern vielmehr die Erben; OLG Düsseldorf FamRZ 1999, 1465; Staudinger/*Marotzke* [1996] § 1967 Rn 33; Staudinger/*Haas*, § 2311 Rn 46. Aa aber: BFH NJW 1993, 350.
305 MünchKomm/*Lange*, § 2311 Rn 14; Soergel/*Dieckmann*, § 2311 Rn 15; Staudinger/*Haas*, § 2311 Rn 46.
306 Damrau/*Riedel*, Erbrecht, § 2311 Rn 17.
307 Soergel/*Dieckmann*, § 2311 Rn 13.
308 Dies gilt nur, wenn die Überschuldung sich erst nach Eintritt des Erbfalles eingestellt hat, unter dieser Voraussetzung können die Kosten der Insolvenzverwaltung den Pflichtteilsanspruch nicht schmälern. War der Nachlass bereits zum Zeitpunkt des Erbfalles überschuldet, dürfte ein ordentlicher Pflichtteilsanspruch ohne dies nicht bestehen; Staudinger/*Haas*, § 2311 Rn 46.
309 Die Verwertungskosten sind aber normalerweise im Rahmen der Bewertung des Nachlassgegenstandes zu berücksichtigen; Staudinger/*Haas*, § 2311 Rn 46.
310 BGH NJW 1972, 1269; HB Pflichtteilsrecht/*Riedel*, § 5 Rn 58; *Riedel* in Bonefeld/Wachter, Der Fachanwalt für Erbrecht, Kap. 11 Rn 65; *Kapp*, BB 1972, 829.
311 Soweit ein Bezugsberechtigter für die Lebensversicherungssumme benannt ist, fällt diesem die Versicherungsleistung außerhalb des Nachlasses zu.
312 Staudinger/*Haas*, § 2311 Rn 20.

- Mietkautionen, die der Erblasser als Vermieter vereinnahmt hat[313]
- Negatives Kapitalkonto bei Abschreibungsgesellschaften[314]
- Nießbrauchsrecht, § 1061 Abs. 1 BGB[315]
- Persönliche Dienstbarkeit, § 1090 Abs. 2 BGB[316]
- Die Pflichtteilsansprüche selbst[317]
- Rückforderungsanspruch wegen Verarmung des Schenkers, § 528 BGB[318]
- Schenkungen[319]
- Sterbegelder gem. § 58 SGB V[320]
- Unterhaltsansprüche des Erblassers[321]
- Verjährte Verbindlichkeiten[322]
- Vermächtnisse[323]
- Vorerbenvermögen[324]
- Wohnrecht, § 1093 BGB[325]

174 Soweit der Pflichtteilsberechtigte nicht ausnahmsweise ein eigenes Interesse an der Durchführung einer Nachlassverwaltung bzw Nachlasssicherung hat, sind die hierdurch verursachten Kosten bei der Nachlassbewertung ebenfalls nicht zu berücksichtigen. Sobald nämlich der Wert der Nachlassgegenstände festgestellt oder geschätzt ist, endet idR das Interesse des Pflichtteilsberechtigten an einer weiteren Nachlasssicherung; später eintretende Wertveränderungen spielen für ihn ohnehin keine Rolle.[326]

---

313 Diese sind nämlich bei Beendigung des Mietverhältnisses an den Mieter zurückzugewähren, vgl BGH NJW 1993, 131; HB Pflichtteilsrecht/*Riedel*, § 5 Rn 58. Etwas anderes gilt aber bei Mietvorauszahlungen.
314 Das Abzugsverbot gilt immer dann, wenn den einzelnen Gesellschaftern trotz des negativen Kapitalkontos keine Nachschusspflicht trifft, auch eine Außenhaftung gegenüber den Gläubigern der Gesellschaft besteht in aller Regel nicht (Staudinger/*Haas*, § 2311 Rn 46.) Das negative Kapitalkonto ist aber selbstverständlich im Rahmen der Bewertung des Gesellschaftsanteils zu berücksichtigen; BGH NJW-RR 1986, 226.
315 Es handelt sich um ein höchstpersönliches Recht des Erblassers, das von Gesetzes wegen mit seinem Tod erlischt; Staudinger/*Haas*, § 2311 Rn 19. OLG München Rpfleger 1987, 109, 110; MünchKomm/*Leipold*, § 1922 Rn 17.
316 Es handelt sich um ein höchstpersönliches Recht des Erblassers, das von Gesetzes wegen mit seinem Tod erlischt; Staudinger/*Haas*, § 2311 Rn 19; OLG München Rpfleger 1987, 109, 110; Staudinger/*Marotzke* [1994] § 1922 Rn 115; MünchKomm/*Leipold*, § 1922 Rn 17.
317 Die Höhe des Pflichtteilsanspruches ist ja gerade das Ziel der Nachlassbewertung; Staudinger/*Haas*, § 2311 Rn 46.
318 Aufgrund seines Zwecks kann dieser Anspruch grundsätzlich nur vom Schenker selbst, nicht aber von seinen Erben geltend gemacht werden, vgl OLG Stuttgart BwNotZ 1985, 70; mit gleicher Tendenz in BGH NJW 1995, 2287, 2288; MünchKomm/*Leipold*, § 1922 Rn 18.
319 Solche Schenkungen, die im Zeitpunkt des Todes **nicht** bereits vollzogen waren, werden wie Vermächtnisse behandelt, da auch Sie gem. § 2301 Abs. 1 BGB die Vorschriften über Verfügungen von Todes wegen anwendbar sind; *Nieder*, Rn 247.
320 Gem. § 58 SGB V werden zwar die Beerdigungskosten denjenigen Personen erstattet, die sie zu tragen haben, mithin also gem. § 1968 den Erben, jedoch entsteht der Anspruch unmittelbar in der Person des Berechtigten, er gehört daher nicht zum Nachlass des Erblassers.
321 Unterhaltsanspruch ist ein höchstpersönliches Recht und erlischt daher mit dem Tod des Berechtigten (vgl §§ 1615, 1360 a Abs. 3 BGB); Staudinger/*Haas*, § 2311 Rn 9.
322 HB Pflichtteilsrecht/*Riedel*, § 5 Rn 58.
323 Diese sind gegenüber den Pflichtteilsverbindlichkeiten nachrangig im Sinne des § 226 Abs. 2 Ziffer 5, 6 KO; § 327 Abs. 1 Nr. 2, 3 InsO; sie können daher den Pflichtteil nicht schmälern; BGH WM 1970, 1520, 1521; BGH NJW 1972, 1669, 1670; Staudinger/*Haas*, § 2311 Rn 46.
324 Der Vorerbe besitzt das der Vor- und Nacherbschaft unterliegende Vermögen nur für die Dauer der Vorerbschaft; endet die Vorerbschaft mit seinem Tode, fällt das ihr unterliegende Vermögen insgesamt dem Nacherben an, und zwar als vom (ursprünglichen) Erblasser stammend, § 2106 Abs. 1 BGB. Das der Vor- und Nacherbschaft unterliegende Vermögen zählt also mit dem Eintritt des Nacherbfalles nicht mehr zum Vermögen des Vorerben; vgl auch Staudinger/*Haas*, § 2311 Rn 20.
325 Es handelt sich um ein höchstpersönliches Recht des Erblassers, das von Gesetzes wegen mit seinem Tod erlischt; Staudinger/*Haas*, § 2311 Rn 19; OLG München Rpfleger 1987, 109, 110; MünchKomm/*Leipold*, § 1922 Rn 17.
326 Staudinger/*Haas*, § 2311 Rn 46, 60 ff.

F. Geltendmachung des ordentlichen Pflichtteils bei lebzeitigen Vorempfängen   § 4

▶ **Muster: Aufforderung zur weiteren Zahlung (nach erfolgter Teilzahlung)**   175

An

... (Erbe)

Pflichtteilsanspruch nach dem am ... verstorbenen ... (Erblasser)

Sehr geehrter ... (Erbe),

in der oben bezeichneten Angelegenheit haben Sie mir mit Schreiben vom ... einen Verrechnungsscheck über EUR ... zur Begleichung meines Pflichtteilsanspruchs übersandt. Bei Ihrer Berechnung haben Sie offenbar im Bereich der Nachlassverbindlichkeiten auch die von Ihnen zu zahlende Testamentsvollstreckergebühr in Höhe von EUR ... in Ansatz gebracht. Insoweit weise ich Sie darauf hin, dass sowohl die Anordnung der Testamentsvollstreckung als auch die durch die Testamentsvollstreckung entstehende Vergütung aus der Sicht des Pflichtteilsberechtigten, also aus meiner Sicht, vollständig irrelevant sind. Da die Testamentsvollstreckung – was auch die Ausnahme wäre – für mich als Pflichtteilsberechtigten keinerlei Vorteile mit sich bringt, kann die Testamentsvollstreckervergütung im Rahmen der Berechnung meines Pflichtteils nicht als Nachlassverbindlichkeit abgezogen werden. Vor diesem Hintergrund ergibt sich für mich ein Pflichtteilsanspruch in Höhe von insgesamt EUR ...; hiervon sind nach der von Ihnen geleisteten Teilzahlung noch EUR ... offen. Ich darf Sie bitten, den noch offen stehenden Betrag bis spätestens zum ... auf mein Ihnen bekanntes Konto zu überweisen.

...

(Unterschrift) ◀

F. Geltendmachung des ordentlichen Pflichtteils bei lebzeitigen Vorempfängen

I. Durchführung der Ausgleichung im Rahmen des § 2316 BGB

1. Voraussetzungen der Anwendung von § 2316 BGB

Ausgleichung und Anrechnung sind die beiden gesetzlich vorgesehenen Instrumente zur Erreichung einer gerechten Verteilung des „gesamtlebzeitigen Vermögens"[327] des Erblassers. Gemäß § 2316 BGB sind die Vorschriften über die Ausgleichung unter Abkömmlingen (§§ 2050 bis 2057a BGB) auch im Rahmen der Pflichtteilsberechnung anzuwenden.[328] Hierdurch kann sich ggf eine Umverteilung der Pflichtteile unter den pflichtteilsberechtigten Abkömmlingen ergeben.[329] Der pflichtteilsverpflichtete Erbe ist hiervon aber praktisch (wirtschaftlich) nicht betroffen.   176

§ 2316 Abs. 1 BGB setzt zunächst voraus, dass der Erblasser **mehrere Abkömmlinge** hinterlässt, also bei Eintritt der gesetzlichen Erbfolge mehr als ein Abkömmling Erbe geworden wäre. „Vorhanden" iSv § 2316 BGB sind auch Kinder, die enterbt oder für erbunwürdig erklärt wurden, die die Erbschaft ausgeschlagen haben oder aus anderen Gründen von der Erbfolge aus-   177

---

327 Wegen des Begriffs vgl *Kerscher/Riedel/Lenz*, Pflichtteilsrecht, § 8 Rn 4.
328 OLG Nürnberg NJW 1992, 2303, 2304; Staudinger/*Haas*, § 2316 Rn 1.
329 Ausnahmsweise kann sich die Ausgleichung positiv auf einen nicht pflichtteilsberechtigten Erben auswirken (MünchKomm/*Lange*, § 2316 Rn 1; Staudinger/*Haas*, § 2316 Rn 1), wenn Abkömmlinge ihr Pflichtteilsrecht durch Ausschlagung, Pflichtteilsentziehung oder Erbunwürdigkeitserklärung verloren haben. Diese Abkömmlinge werden nach Abs. 1 der Vorschrift bei der Berechnung der Pflichtteilsquote anderer Abkömmlinge mitgerechnet.

geschlossen sind. Sie werden daher bei der Berechnung der Pflichtteilsquote mitgezählt (§ 2310 S. 1 BGB).[330]

178 Des Weiteren kommt eine Ausgleichung nach § 2316 Abs. 1 BGB nur in Betracht, wenn eine Zuwendung des Erblassers an einen Abkömmling bei hypothetischem Eintritt der gesetzlichen Erbfolge ausgleichungspflichtig bzw als besondere Leistungen eines Abkömmlings im Sinne des § 2057 a BGB zu berücksichtigen wären. Dies kann nur der Fall sein, wenn die Zuwendung einem im oben genannten Sinne vorhandenen Abkömmling zugewendet bzw die Leistung von einem solchen erbracht worden ist.[331]

179 **Ausstattungen** des Erblassers zu Gunsten seiner Abkömmlinge (§ 2050 Abs. 1 BGB) müssen stets[332] bei der Pflichtteilsberechnung der übrigen Abkömmlinge berücksichtigt werden (§ 2316 Abs. 3 BGB). Abweichende Anordnungen des Erblassers sind unbeachtlich (§ 2316 Abs. 3 BGB).[333] Darüber hinaus gilt § 2316 Abs. 3 BGB – anders als der Wortlaut vermuten lässt – auch für Zuwendungen des Erblassers iSv § 2050 Abs. 2 BGB.[334] Andere Zuwendungen als die nach § 2050 Abs. 1 und Abs. 2 BGB werden nur dann ausgeglichen, wenn der Erblasser spätestens bei Ausführung der Zuwendung eine entsprechende Anordnung getroffen hat. Nachträgliche Ausgleichungsanordnungen sind für den Zuwendungsempfänger grds. nicht bindend[335] und daher auch bei der Pflichtteilsberechnung nicht zu berücksichtigen.

180 Im Übrigen sind nur solche Zuwendungen auszugleichen, die Abkömmlinge **unmittelbar vom Erblasser** erhalten. Nur für den Fall, dass der ausgleichungsverpflichtete Abkömmling wegfällt und ein anderer Abkömmling des Erblassers an seine Stelle tritt, sieht § 2316 Abs. 1 iVm § 2051 BGB eine Sonderregelung vor, der zufolge der nachrückende Abkömmling den Vorempfang in Bezug auf den Pflichtteil auszugleichen hat.

181 Soweit einem Abkömmling wegen der vom Erblasser erhaltenen ausgleichungspflichtigen Zuwendung kein Pflichtteilsanspruch mehr zusteht, wirkt sich dies in gleicher Weise auch auf mögliche Ansprüche entfernterer Abkömmlinge (§ 2309 BGB) aus, § 1924 Abs. 2 BGB.[336] Hat ein entfernterer Abkömmling zu einem Zeitpunkt Zuwendungen erhalten, zu dem er noch durch einen näheren Abkömmling von der gesetzlichen Erbfolge ausgeschlossen war, sind diese bei der Ausgleichung aber gem. § 2053 Abs. 1 BGB nicht zu berücksichtigen. Das gilt erst recht für Zuwendungen, die ein Abkömmling zu einer Zeit erhalten hat, zu der er noch gar nicht Abkömmling des Erblassers (im Rechtssinne) war, § 2053 Abs. 2 BGB.

182 Gem. § 2057 a Abs. 1 S. 2 BGB hat eine Ausgleichung auch dann zu erfolgen, wenn ein Abkömmling den Erblasser während längerer Zeit gepflegt hat. Ob und inwieweit der Abkömmling hierbei auf eigenes Einkommen bzw eine Erwerbstätigkeit verzichtet hat, spielt seit der Erbrechtsreform 2010 keine Rolle mehr. Die ursprünglich im Rahmen des Reformvorhabens beabsichtigte Erweiterung des Kreises der ausgleichungsberechtigten Personen hat sich im Gesetzgebungsverfahren nicht durchgesetzt. § 2057 a BGB ist daher nach wie vor ausschließlich auf die Abkömmlinge des Erblassers anzuwenden.

---

330 Staudinger/*Haas*, § 2316 Rn 3; MünchKomm/*Lange*, § 2316 Rn 3. Das Gleiche gilt für Abkömmlinge, denen der Pflichtteil entzogen wurde oder deren Pflichtteil durch die auszugleichende Zuwendung „verloren" geht, vgl Damrau/*Lenz*, Erbrecht, § 2316 Rn 3.
331 Staudinger/*Haas*, § 2316 Rn 5.
332 Ausnahme: Erb- und Pflichtteilsverzicht.
333 *Kerscher/Tanck*, ZEV 1997, 354, 356.
334 Damrau/*Lenz*, Erbrecht, § 2316 Rn 6.
335 Es sei denn, sie genügt den Voraussetzungen eines Erb- und Pflichtteilsverzichtsvertrages, vgl Damrau/*Lenz*, Erbrecht, § 2316 Rn 7.
336 Staudinger/*Haas*, § 2316 Rn 15.

F. Geltendmachung des ordentlichen Pflichtteils bei lebzeitigen Vorempfängen　　　　　§ 4

2. Berechnung der Ausgleichung

Für die Bewertung ausgleichungspflichtiger Zuwendungen oder Leistungen ist entspr. § 2055 Abs. 2 BGB der jeweilige Wert im Zeitpunkt der Leistung maßgeblich. Währungsverfall und Kaufkraftschwund sind durch entsprechende Anpassungen zu berücksichtigen.[337] 183

Die eigentliche Ausgleichungsberechnung vollzieht sich folgendermaßen: 184

Zunächst muss die relevante **Ausgleichungsgruppe** definiert werden. Die nicht an der Ausgleichung beteiligten Personen, also insbesondere der überlebende Ehegatte und die nach § 2056 BGB ausscheidenden Abkömmlinge, werden hierzu mit den ihnen jeweils „fiktiv zustehenden Erbteilen" ausgeschlossen. Es verbleiben die an der Ausgleichung teilnehmenden Abkömmlinge. 185

Anschließend wird der auf die Ausgleichungsgruppe entfallende reale Nachlass bestimmt (§§ 2055 bis 2057a BGB). Diesem werden sämtliche (auf Angehörige der Ausgleichungsgruppe entfallende) ausgleichungspflichtigen Zuwendungen hinzugerechnet bzw in Fällen des § 2057a BGB der Wert der Leistungen des betreffenden Abkömmlings in Abzug gebracht. 186

Nunmehr kann unter Berücksichtigung aller an der Ausgleichung beteiligten Personen die Ausgleichungsquote ermittelt werden. Dabei wird der jeweilige Vorempfang dem durch die jeweilige Zuwendung Begünstigten auf seinen Ausgleichungserbteil angerechnet. Bei Anwendung des § 2057a BGB wird der Ausgleichungserbteil um den Wert der Leistungen erhöht. Der Pflichtteil beträgt die Hälfte des so ermittelten Ausgleichungserbteils.[338] 187

▶ **Muster: Einwand der Ausgleichung** 188

An

... (Pflichtteilsberechtigter A)

Ihr Pflichtteilsanspruch nach dem am ... verstorbenen ... (Erblasser)

Sehr geehrter ... (Pflichtteilsberechtigter A),

hiermit zeigen wir Ihnen an, dass uns die Witwe Ihres verstorbenen Vaters, Herrn ... (Erblasser), mit der Wahrnehmung ihrer rechtlichen Interessen beauftragt hat. Bereits mit Schreiben vom ... haben Sie gegenüber unserer Mandantin Ihren Pflichtteilsanspruch geltend gemacht und um die Erteilung der nach § 2314 BGB geschuldeten Auskünfte ersucht. Mit Schreiben vom ... ist unsere Mandantin ihrer Auskunfts- und Wertermittlungsverpflichtung in vollem Umfang nachgekommen und hat Ihren Pflichtteilsanspruch dem Grunde nach bereits anerkannt. Zur Höhe Ihres Pflichtteilsanspruchs möchten wir nunmehr wie folgt Stellung nehmen:

Sie sind eines von drei Kindern des Erblassers. Dieser hat Ihnen sowie einem Ihrer Geschwister im Jahr 2000 ausgleichungspflichtige Zuwendungen zuteil werden lassen. Sie haben eine Zuwendung im Wert von EUR 150.000,00 erhalten, Ihr Bruder/Ihre Schwester im Wert von EUR 100.000,00. Der Wert des im Zeitpunkt des Todes vorhandenen Nachlasses beläuft sich nach Abzug sämtlicher Verbindlichkeiten auf EUR 500.000,00.

Im Hinblick auf die ausgleichungspflichtigen Zuwendungen ist nunmehr zunächst eine fiktive Ausgleichung vorzunehmen. Diese vollzieht sich an dem Ihnen und Ihren Geschwistern zustehenden (fiktiven) Erbteil in Höhe von 1/2 des Gesamtnachlasses. Mithin hat der Ausgleichungsnachlass einen Wert in Höhe von (1/2 von EUR 500.000,00) EUR 250.000,00.

---
[337] BGHZ 65, 75.
[338] Damrau/*Lenz*, Erbrecht, § 2316 Rn 14; *Kerscher/Riedel/Lenz*, Pflichtteilsrecht, § 8 Rn 18.

Diesem Ausgangsnachlass sind nunmehr die lebzeitig vom Erblasser erhaltenen ausgleichungspflichtigen Vorempfänge von Ihnen sowie Ihrem Bruder/Ihrer Schwester – bereinigt um die zwischen dem Zeitpunkt der Zuwendung und dem Erbfall (2003) eingetretene Geldentwertung – hinzuzusetzen. Ihr Vorempfang war im Jahr 2003 (Todeszeitpunkt des Erblassers) mit einem Wert von (EUR 150.000,00 x 1,034 =) EUR 155.100,00 anzusetzen, der Ihres Bruders/Ihrer Schwester mit (EUR 100.000,00 x 1,034 =) EUR 103.400,00. Somit ergibt sich ein Ausgleichungsnachlass von (EUR 250.000,00 + EUR 155.100,00 + EUR 103.400,00 =) EUR 508.500,00.

Der Ausgleichungserbteil eines jeden Abkömmlings beträgt 1/3 hiervon, mithin also EUR 169.500,00. Hiervon ist in Ihrem Fall der bereits lebzeitig empfangene Vorempfang in Abzug zu bringen, so dass als Wert Ihres Ausgleichungserbteils lediglich ein Betrag von (EUR 169.500,00 – EUR 155.100,00 =) EUR 14.400,00 verbleibt.

Da der Pflichtteil gemäß § 2303 Abs. 1 S. 2 BGB der Hälfte des Wertes des gesetzlichen Erbteils entspricht, beläuft sich Ihr durch unsere Mandantin zu begleichender Pflichtteilsanspruch auf lediglich EUR 7.200,00.

Ein entsprechender Verrechnungsscheck liegt diesem Schreiben in der Anlage bei.

...

(Rechtsanwalt) ◄

▶ **Muster: Pflichtteilsgeltendmachung unter Berücksichtigung von § 2057 a BGB**

An

... (Erbe)

Mein Pflichtteilsanspruch nach dem am ... verstorbenen ... (Erblasser)

Sehr geehrter ... (Erbe),

obwohl ich meinen seit vielen Jahren verwitweten Vater in seinen letzten Jahren aufopferungsvoll gepflegt habe, ohne hierfür irgendeine Vergütung erhalten zu haben, hat er Sie, seinen besten Freund, zu seinem alleinigen Erben berufen. Mir stehen vor diesem Hintergrund lediglich Pflichtteilsansprüche zu, die Sie mit Schreiben vom ... bereits dem Grunde nach anerkannt haben. Auch der Wert des Nachlasses ist zwischen Ihnen und mir unstreitig. Bei der Berechnung meines Pflichtteilsanspruchs ist jedoch zu berücksichtigen, dass ich den Erblasser unter Verzicht auf eigene Erwerbstätigkeit lange Jahre gepflegt habe, so dass sein Vermögen ungeschmälert erhalten bleiben konnte und nicht für entgeltliche Pflegeleistungen ausgegeben werden musste. Nur so ist es zu erklären, dass mein Vater einen Nachlass im Nettowert von EUR 500.000,00 hinterlassen konnte. Der Wert der von mir erbrachten Pflegeleistungen beträgt EUR 50.000,00. Diese sind bei der Berechnung meines Pflichtteils wie folgt zu berücksichtigen:

Zunächst ist der tatsächlich vorhandene Nachlass um den Wert der von mir erbrachten Pflegeleistungen zu vermindern, so dass sich ein Wert in Höhe von EUR 450.000,00 ergibt. Als einem von zwei Abkömmlingen des Erblassers steht mir eine gesetzliche Erbquote in Höhe von 1/2 zu, mithin also ein Betrag in Höhe von EUR 225.000,00. Diesem ist der Wert der von mir erbrachten unentgeltlichen Pflegeleistung in Höhe von EUR 50.000,00 hinzuzusetzen, so dass mir ein Erbteil in Höhe von EUR 275.000,00 zustehen würde. Mein Pflichtteil beläuft sich daher auf EUR 137.500,00. Ich darf Sie bitten, diesen Betrag bis spätestens zum ... auf mein Ihnen bekanntes Bankkonto zu überweisen.

...

(Unterschrift) ◄

3. Unzureichender Nachlass, § 2056 BGB

§ 2056 BGB gilt auch iRd § 2316 BGB mit der Folge, dass bei unzureichendem Nachlass die Herausgabe eines Mehrempfanges ausgeschlossen ist.[339]

4. Der Pflichtteilsrestanspruch im Rahmen der Ausgleichung, § 2316 Abs. 2 BGB

Die Ausgleichung kann bei einem zum (Mit-)Erben berufenen Pflichtteilsberechtigten auch zu einem Pflichtteilsrestanspruch gem. § 2316 Abs. 2 BGB führen. Das gilt zB in Fällen, in denen dem Ausgleichungsberechtigten ein Erbteil hinterlassen wurde, der zwar quotenmäßig über, wertmäßig aber unter seinem Pflichtteil liegt. Auch wenn eine Ausgleichung im Rahmen der Erbauseinandersetzung hier wegen fehlender „Quotengleichheit" idR nicht erfolgen kann,[340] verhindert § 2316 Abs. 2 BGB, dass der zum Erben berufene Pflichtteilsberechtigte schlechter gestellt wird, als wenn er vollständigen enterbt worden wäre.

▶ **Muster: Geltendmachung des Restpflichtteils im Hinblick auf Ausgleichungsvorschriften**

An

... (Erbe)

Mein Pflichtteilsanspruch nach dem am ... verstorbenen ... (Erblasser)

Sehr geehrter ... (Erbe),

obwohl ich meinen seit vielen Jahren verwitweten Vater in seinen letzten Jahren aufopferungsvoll gepflegt habe, ohne hierfür irgendeine Vergütung erhalten zu haben, hat er mich lediglich mit einer Quote von 1/4 und Sie, seinen besten Freund, zum Miterben mit einer Quote von 3/4 berufen Der mir von meinem Vater hinterlassene Erbteil von 1/4 des Nachlasses hat nach unserer übereinstimmenden Einschätzung einen Wert in Höhe von EUR 125.000,00 und liegt damit unter dem mir zustehenden Pflichtteilsanspruch. Bei der Berechnung meines Pflichtteilsanspruchs ist nämlich zu berücksichtigen, dass ich den Erblasser unter Verzicht auf eigene Erwerbstätigkeit lange Jahre gepflegt habe, so dass sein Vermögen ungeschmälert erhalten bleiben konnte und nicht für entgeltliche Pflegeleistungen ausgegeben werden musste. Nur so ist es zu erklären, dass mein Vater einen Nachlass im Nettowert von EUR 500.000,00 hinterlassen konnte. Der Wert der von mir erbrachten Pflegeleistungen beträgt EUR 50.000,00. Diese sind bei der Berechnung meines Pflichtteils wie folgt zu berücksichtigen:

Zunächst ist der tatsächlich vorhandene Nachlass um den Wert der von mir erbrachten Pflegeleistungen zu vermindern, so dass sich ein Wert in Höhe von EUR 450.000,00 ergibt. Als einer von zwei Abkömmlingen des Erblassers steht mir eine gesetzliche Erbquote in Höhe von 1/2 zu, mithin also ein Betrag in Höhe von EUR 225.000,00. Diesem ist der Wert der von mir erbrachten unentgeltlichen Pflegeleistung in Höhe von EUR 50.000,00 hinzuzusetzen, so dass mir ein Erbteil in Höhe von EUR 275.000,00 zustehen würde. Mein Pflichtteil beläuft sich daher auf EUR 137.500,00. Ich darf Sie bitten, diesen Betrag bis spätestens zum ... auf mein Ihnen bekanntes Bankkonto zu überweisen.

Zwischen dem mir hinterlassenen Erbteil (Wert: EUR 125.000,00) und dem Wert meines Pflichtteils ergibt sich also aufgrund der vorstehenden Berechnung eine Differenz in Höhe von EUR 12.500,00. Bezüglich dieser Differenz steht mir gemäß § 2316 Abs. 2 BGB ein Pflichtteilsrestanspruch zu. Ich

---

[339] BGH NJW 1965, 1526; BGH FamRZ 1988, 280.
[340] *Riedel* in Bonefeld/Wachter, Der Fachanwalt für Erbrecht, Kap. 11 Rn 50.

darf Sie daher bitten, mir den vorgenannten Betrag bis spätestens zum ••• auf mein Ihnen bekanntes Konto zu überweisen.

•••

(Unterschrift) ◄

II. Anrechnung, § 2315 BGB

1. Allgemeines

193 Sofern der Pflichtteilsberechtigte vom Erblasser zu dessen Lebzeiten eine Zuwendung erhalten hat, die der Erblasser mit einer wirksamen **Anrechnungsbestimmung** versehen hat, muss sich der Pflichtteilsberechtigte diesen Vorempfang nach § 2315 BGB auf seinen Pflichtteil anrechnen lassen. Der ordentliche Pflichtteil des Anrechnungspflichtigen vermindert sich um den so zu berücksichtigenden Vorempfang, was eine entsprechende Entlastung des Erben zur Folge hat. Auf die Pflichtteilsansprüche weiterer Pflichtteilsberechtigter wirkt sich die Anrechnung nicht aus.[341]

2. Anrechnungsbestimmung

194 Die Anrechnungsbestimmung ist eine einseitige, empfangsbedürftige Willenserklärung.[342] Der Erblasser muss sie **spätestens** bei der Zuwendung treffen;[343] auf eine Anrechnung abzielende Bestimmungen in einer letztwilligen Verfügung genügen – auch nach der Erbrechtsreform 2010 – nicht.[344] Allerdings kann die Anrechnungsbestimmung auch konkludent erfolgen,[345] soweit sie dem Zuwendungsempfänger bewusst geworden ist[346] und er die Möglichkeit hatte, die mit der Anrechnungsanordnung versehene Zuwendung zurückzuweisen.[347] Eine spätere Aufhebung von Anrechnungsbestimmungen ist dem Erblasser jederzeit möglich, auch formlos oder in einer Verfügung von Todes wegen.[348] Nachträgliche Anrechnungsbestimmungen kommen nur ausnahmsweise in Betracht, wenn die Voraussetzungen einer Pflichtteilsentziehung nach §§ 2333 ff BGB vorliegen oder zwischen dem Erblasser und dem Pflichtteilsberechtigten ein Pflichtteilsverzicht entsprechenden Inhalts vereinbart wird.

3. Anrechnungspflichtige Zuwendung

195 Der Erblasser kann jede freigebige Zuwendung unter Lebenden[349] mit einer Anrechnungsbestimmung verbinden. Auch die im Einvernehmen mit dem Pflichtteilsberechtigten erfolgende

---

341 Damrau/*Lenz*, § 2315 Rn 2.
342 OLG Düsseldorf ZEV 1994, 173.
343 BayObLGZ 1959, 77, 81; OLG Karlsruhe NJW-RR 1990, 393.
344 Für das Beispiel einer Lebensversicherung: *Klingelhöffer*, Lebensversicherung und Pflichtteilsrecht, ZEV 1995, 180, 182.
345 OLG Hamm MDR 1966, 330; OLG Düsseldorf ZEV 1994, 173.
346 OLG Düsseldorf ZEV 1994, 173 (mit Anmerkung *Baumann*).
347 MünchKomm/*Lange*, § 2315 Rn 6.
348 *J. Mayer*, ZEV 1996, 441 mwN.
349 *Thubauville*, Anrechnung lebzeitiger Leistungen auf Erb- und Pflichtteilsrechte, MittRhNotK 1992, 289, 293.

4. Zuwendung an den Pflichtteilsberechtigten

Weiterhin kommt eine Anrechnung nach § 2315 BGB nur in Betracht, soweit der Erblasser die Zuwendung gegenüber dem Pflichtteilsberechtigten selbst erbracht hat. Zuwendungen an Dritte,[352] zB den Ehegatten[353] des Pflichtteilsberechtigten, genügen nicht, es sei denn, Erblasser und Pflichtteilsberechtigter haben vereinbart, dass die Zuwendung als an den Pflichtteilsberechtigten erbracht gelten solle.[354]

196

5. Bewertung der Zuwendung

Für die Bestimmung des anzurechnenden Betrages ist der Wert der Zuwendung im Zeitpunkt ihres Empfangs entscheidend. Soweit die Zuwendung zeitlich gestreckt gewährt wurde, ist für die Bestimmung des Zuwendungszeitpunkts auf das Ende der Leistungserbringung abzustellen.[355] Wertveränderungen zwischen dem Zeitpunkt der Zuwendung und dem Erbfall sind unter Berücksichtigung des Kaufkraftschwunds zu bereinigen, maßgeblich ist im Zweifel die Entwicklung des Lebenshaltungskostenindexes.[356]

197

Anders als beim ordentlichen Pflichtteil hat der Erblasser die Möglichkeit, im Rahmen der Anrechnungsbestimmung auch konkrete Werte oder eine Bewertungsmethode vorzugeben.[357] Im Hinblick darauf, dass das Pflichtteilsrecht aber grundsätzlich nicht über das von Gesetzes wegen erlaubte Maß eingeschränkt werden darf, können solche Anordnungen aber nur zu einem niedrigeren Wertansatz führen.[358] Die Anordnung eines höheren Werts kommt nur im Rahmen eines zwischen Erblasser und Berechtigtem abzuschließenden Erb- bzw Pflichtteilsverzichtsvertrags in Betracht.[359]

198

6. Durchführung der Anrechnung

Der Wert der Zuwendung ist zunächst dem Nachlass hinzuzurechnen, um so den sog. „Anrechnungsnachlass" zu bestimmen. Ob und mit welchem Wert die Zuwendung noch vorhanden ist,[360] spielt dabei keine Rolle. Von dem aus dem Anrechnungsnachlass abgeleiteten Pflichtteil des Anrechnungsverpflichteten wird schließlich sein Vorempfang in voller Höhe (und mit dem auf den Todestag hochgerechneten Wert) abgezogen. Die Bildung des Anrechnungsnachlasses

199

---

350 Soergel/*Dieckmann*, § 2315 Rn 5.
351 Soergel/*Dieckmann*, § 2315 Rn 4; Unter den Begriff der freigebigen Zuwendung fallen auch Ausstattungen gem. § 1624 BGB, MünchKomm/*Lange*, § 2315 Rn 5; Übermaßausstattungen, -zuschüsse, und -aufwendungen gem. § 2050 Abs. 2 BGB. Gleiches gilt für alle Schenkungen, auch gemischte Schenkungen mit ihrem unentgeltlichen Anteil, sowie ehebezogene Zuwendungen, soweit sie nicht ausnahmsweise als vom Erblasser geschuldet zu bewerten sind, Kerscher/*Riedel/ Lenz*, Pflichtteilsrecht, § 8 Rn 34. Keine anrechnungspflichtiger Zuwendung ist der einseitige Verzicht auf Rückübertragung eines Gegenstandes, BGH WM 1983, 823.
352 Soergel/*Dieckmann*, § 2315 Rn 5.
353 BGH DNotZ 1963, 113.
354 BGH DNotZ 1963, 113, 114; *Damrau/Lenz*, Erbrecht, § 2315 Rn 6.
355 BGHZ 65, 75 (sehr streitig!).
356 BGHZ 75, 78; BGH WM 97, 860, 861.
357 Staudinger/*Haas*, § 2315 Rn 54.
358 *Ebenroth/Bacher/Lorz*, JZ 1991, 277, 282.
359 Staudinger/*Ferid/Cieslar*, § 2315 Rn 75.
360 Staudinger/*Ferid/Cieslar*, § 2315 Rn 71.

200 ▶ **Muster:**[362] **Einrede der Anrechenbarkeit**

An

▭▭▭ (Pflichtteilsberechtigter)

Ihr Pflichtteilsanspruch nach dem am ▭▭▭ verstorbenen ▭▭▭ (Erblasser)

Sehr geehrter ▭▭▭ (Pflichtteilsberechtigter),

mit Schreiben vom ▭▭▭ haben Sie mir gegenüber Ihren Pflichtteilsanspruch geltend gemacht und mich auf der Grundlage der von mir am ▭▭▭ erteilten Auskünfte zur Zahlung Ihres Pflichtteils in Höhe von EUR ▭▭▭ aufgefordert.

Mit der von Ihnen vorgenommenen Berechnung Ihres Pflichtteilsanspruchs bin ich grundsätzlich einverstanden, allerdings muss ich darauf hinweisen, dass Sie offenbar die vom Erblasser im Jahre ▭▭▭ erhaltene Zuwendung des Hausgrundstücks in ▭▭▭, UR-Nr. ▭▭▭ des Notars ▭▭▭ außer Betracht gelassen haben. Im Rahmen des notariellen Übergabevertrages hat der Erblasser angeordnet, dass Sie sich den Wert der Zuwendung mit einem Betrag von EUR ▭▭▭ auf Ihren „dereinstigen Pflichtteilsanspruch anrechnen lassen" müssen. Eine Kopie der notariellen Urkunde habe ich diesem Schreiben höchst fürsorglich beigelegt.

Vor diesem Hintergrund ist der von Ihnen geltend gemachte Pflichtteilsanspruch in Höhe von EUR ▭▭▭ um einen Anrechnungsbetrag in Höhe von EUR ▭▭▭ zu vermindern, so dass Ihnen lediglich ein Pflichtteilsanspruch in Höhe von EUR ▭▭▭ zusteht.

Ein Verrechnungsscheck über den vorstehend genannten Betrag liegt diesem Schreiben in der Anlage bei.

▭▭▭

(Unterschrift) ◀

201 Übersteigt der Wert der Zuwendung den Pflichtteil, so ist der betroffene Pflichtteilsberechtigte nicht zum Ausgleich eines etwaigen Mehrempfangs verpflichtet.[363] Soweit es sich bei der Zuwendung aber um eine Schenkung handelt, können Pflichtteilsergänzungsansprüche gem. §§ 2325, 2329 BGB bestehen.

7. Wegfall eines Abkömmlings, § 2315 Abs. 3 BGB

202 Anrechnungsbestimmungen wirken grundsätzlich, also vorbehaltlich anderweitiger Anordnungen[364] des Erblassers, auch gegenüber solchen Pflichtteilsberechtigten, die beim Wegfall eines zunächst Berufenen an dessen Stelle treten (§ 2315 Abs. 3 iVm § 2051 Abs. 1 BGB).[365]

8. Anrechnung beim Ehegatten im gesetzlichen Güterstand

203 Macht der im Güterstand der Zugewinngemeinschaft verheiratete Erblasser seinem Ehegatten lebzeitige Zuwendungen, so kann er dabei anordnen, dass diese auf den **Zugewinnausgleich**

---

361 Palandt/*Edenhofer*, § 2315 Rn 4; MünchKomm/*Lange*, § 2315 Rn 12.
362 Nach Damrau/*Lenz*, Erbrecht, § 2315 Rn 7.
363 MünchKomm/*Lange*, § 2315 Rn 13.
364 Staudinger/*Haas*, § 2315 Rn 16; MünchKomm/*Lange*, § 2315 Rn 16; Soergel/*Dieckmann*, § 2315 Rn 15.
365 MünchKomm/*Lange*, § 2315 Rn 16; wegen weiterer Einzelheiten vgl Damrau/*Lenz*, Erbrecht, § 2315 Rn 11 ff.

… G. Pflichtteilsergänzungsanspruch § 4

(§ 1380 BGB) **oder** auf den **Pflichtteil** (§ 2315 BGB) angerechnet werden sollen. Eine doppelte Anrechnung ist ausgeschlossen.[366] Wird aber eine Zuwendung zB bei der Anrechnung auf den Zugewinnausgleich nicht vollständig „verbraucht", so ist der bei dieser Anrechnung nicht berücksichtigte (also nicht verbrauchte) Teil auf den Pflichtteil anzurechnen.[367]

Ob bzw in welcher Reihenfolge eine Anrechnung erfolgen soll, kann der Erblasser durch entsprechende Anordnungen selbst festlegen.[368] Macht er von dieser Möglichkeit keinen Gebrauch, erfolgt zunächst die Anrechnung auf den Pflichtteil, weil dieser die für den Ehegatten die geringere Sicherheit bietende Forderung darstellt.[369] Gem. § 1991 Abs. 4 BGB, § 327 Abs. 1 Nr. 1 InsO geht er dem Zugewinnausgleichsanspruch im Range nach; außerdem ist er mit Erbschaftsteuer belastet. 204

9. Zusammentreffen von ausgleichungs- und anrechnungspflichtigen Zuwendungen

Gem. § 2316 Abs. 4 BGB gelten im Falle des Zusammentreffens von ausgleichungs- und anrechnungspflichtigen Zuwendungen besondere Berechnungsgrundsätze: ist eine Zuwendung gleichzeitig zur Ausgleichung zu bringen und auch nach § 2315 BGB auf den Pflichtteil anzurechnen, wird zunächst der gesetzliche Erbteil iSv § 2316 Abs. 1 BGB bzw der sich hiernach ergebende Pflichtteilsanspruch berechnet. Auf diesen wird die in Rede stehende Zuwendung dann mit der Hälfte ihres Werts in Anrechnung gebracht.[370] Auf diese Weise wird verhindert, dass die Zuwendung doppelt angerechnet wird.[371] 205

§ 2316 Abs. 4 BGB ist nicht anwendbar, wenn ausgleichungspflichtige Zuwendungen mit solchen zusammentreffen, die nur anrechnungspflichtig sind. In diesem Fall sind die Anrechnungs- und Ausgleichsregeln zu beachten.[372] Dies kann bezüglich der einzelnen Beteiligten mitunter zu verschachtelten Rechnungsvorgängen führen.[373] 206

G. Pflichtteilsergänzungsanspruch

Für den Fall, dass der reale Nachlas durch lebzeitige Schenkungen geschmälert wurde, ist in § 2325 BGB ein Pflichtteilsergänzungsanspruch vorgesehen. 207

I. Person des Anspruchsberechtigten

Als möglicher Anspruchsinhaber kommt jeder (abstrakt) Pflichtteilsberechtigte in Betracht, gleichviel ob ihm im konkreten Fall tatsächlich ein ordentlicher Pflichtteilsanspruchs zusteht oder nicht.[374] Demzufolge kann auch dem gesetzlichen oder testamentarischen Erben,[375] ja sogar dem Alleinerben[376] ein Pflichtteilsergänzungsanspruch zustehen. Voraussetzung ist le- 208

---

366 Soergel/*Dieckmann*, § 2315 Rn 21.
367 Soergel/*Dieckmann*, § 2315 Rn 21; MünchKom/*Lange*, § 2315 Rn 20.
368 Staudinger/*Haas*, § 2315 Rn 71; *Olshausen*, FamRZ 1978, 755, 758.
369 Soergel/*Dieckmann*, § 2315 Rn 21; MünchKomm/*Lange*, § 2315 Rn 21.
370 Palandt/*Edenhofer*, § 2316 Rn 8.
371 MünchKomm/*Lange*, § 2316 Rn 21.
372 MünchKomm/*Lange*, § 2316 Rn 22; Soergel/*Dieckmann*, § 2316 Rn 24.
373 *Kerscher/Riedel/Lenz*, Pflichtteilsrecht, § 8 Rn 56; *Damrau/Lenz*, Erbrecht, § 2316 Rn 19 f m. instruktiven Bsp.
374 Staudinger/*Olshausen*, § 2325 Rn 72.
375 BGH NJW 1973, 995.
376 Insoweit allerdings nur über § 2329 BGB, da der Alleinerbe natürlich nur gegenüber dem Beschenkten und nicht gegenüber sich selbst Ansprüche geltend machen kann. Nichtsdestotrotz setzt § 2329 BGB aber zunächst das Vorliegen des Tatbestandes des § 2325 BGB voraus.

diglich, dass er als Erbe oder Vermächtnisnehmer weniger erhält als der Summe aus Ergänzungspflichtteil und ordentlichem Pflichtteil entspricht.[377]

209 Weitere Voraussetzung eines Anspruchs nach § 2325 BGB ist, dass der Inhaber nicht nur im Zeitpunkt des Erbfalls, sondern bereits bei Ausführung der ergänzungsrelevanten Schenkung zum Kreis der Pflichtteilsberechtigten zählte (sog. **Doppelberechtigung des Pflichtteilsergänzungsberechtigten**).[378] Aufgrund dieser Rspr können beispielsweise Ehegatten nur hinsichtlich solcher Schenkung Pflichtteilsergänzungsansprüche zustehen, die der Erblasser nach der Eheschließung ausgeführt hat.[379] Eheliche Kinder sind nur insoweit ergänzungsberechtigt, als sie durch Schenkungen ihrer Eltern nach deren Eheschließung benachteiligt sind, es sei denn, das ergänzungsberechtigte Kind war schon vor der Eheschließung gezeugt.[380] Der Zeitpunkt der Zeugung bildet auch bei Ansprüchen nichtehelicher Kinder den maßgeblichen Anknüpfungspunkt;[381] davor liegende Schenkungen sind nicht relevant. Adoptivkinder können eine Pflichtteilsergänzung nur wegen nach ihrer Adoption ausgeführter Schenkungen verlangen.[382]

210 ▶ **Muster: Ablehnung eines Pflichtteilsergänzungsanspruchs (fehlende Doppelberechtigung)**

An

... (Anspruchsteller)

Ihr Schreiben vom ... wegen Ihres angeblichen Pflichtteilsergänzungsanspruchs

Sehr geehrter ... (Anspruchsteller),

mit Schreiben vom ... haben Sie mir gegenüber als Alleinerben des am ... verstorbenen ... (Erblasser), wegen einer Schenkung des Erblassers aus dem Jahre ... Pflichtteilsergänzungsansprüche geltend gemacht.

Sie zählen als Adoptivkind des Erblassers zum Kreis der (abstrakt) pflichtteilsberechtigten Personen. Daher kommen zu Ihren Gunsten grundsätzlich auch Pflichtteilsansprüche im Sinne von § 2325 BGB in Betracht. Allerdings hat der Erblasser die Ihrem angeblichen Pflichtteilsergänzungsanspruch zugrunde liegende Schenkung bereits ein Jahr vor dem Zeitpunkt ausgeführt, zu dem er Sie an Kindes statt angenommen hat. Das Vermögen des Erblassers war also in dem Zeitpunkt, in dem das Ihren Pflichtteilsanspruch rechtfertigende Verwandtschaftsverhältnis zwischen Ihnen und dem Erblasser begründet wurde, bereits um den Gegenstand der hier in Rede stehenden Schenkung gemindert. Ein Pflichtteilsergänzungsanspruch wegen dieser Schenkung kommt daher nicht in Betracht.

...

(Unterschrift) ◀

---

377 Staudinger/*Olshausen*, § 2325 Rn 70.
378 BGHZ 59, 210, 212 = ZEV 1997, 40; BGH NJW 1997, 2676; zur teilweise berechtigten Kritik vgl Damrau/*Riedel*, Erbrecht, § 2325 Rn 5 ff.
379 BGH NJW 1997, 2672 ff.
380 BGHZ 59, 210, 217.
381 *Kerscher/Riedel/Lenz*, Pflichtteilsrecht, § 9 Rn 114.
382 BGHZ 59, 217.

G. Pflichtteilsergänzungsanspruch § 4

II. Schenkungsbegriff

1. Allgemeines

Auslöser für Pflichtteilsergänzungsansprüche können nur solche Schenkungen sein, die der Erblasser selbst ausgeführt hat.[383] 211

Grundsätzlich ist zwar der Schenkungsbegriff des § 2325 Abs. 1 BGB mit dem der §§ 516, 517 und 1624 BGB identisch,[384] allein die mangelnde objektive Äquivalenz von Leistung und Gegenleistung reicht aber für die Annahme der Unentgeltlichkeit einer Zuwendung nicht aus.[385] Entscheidend ist der Zeitpunkt der Zuwendung,[386] so dass später auftretende Wertverschiebungen grundsätzlich[387] unbeachtlich sind. 212

2. Einzelfälle

Auch **belohnende** (sog. remuneratorische) Schenkungen sind als Zuwendungen iSv § 2325 BGB anzusehen,[388] ebenso **Übermaßausstattungen** (hinsichtlich des Übermaßes, § 1624 Abs. 1 BGB). Der Schenkungscharakter von **Abfindungsleistungen**, die im Gegenzug für einen Erb- oder Pflichtteilsverzicht geleistet werden, ist zwar zum Teil umstritten,[389] zutreffend ist aber die Einordnung als ergänzungspflichtige Zuwendung.[390] Demgegenüber stellen Leistungen zur Herbeiführung eines **vorzeitigen Erbausgleichs** des nichtehelichen Kindes nach einhelliger Meinung keine Schenkungen dar.[391] 213

Auch die Schenkung unter **Auflage ist** grundsätzlich eine unentgeltliche Zuwendung.[392] Insoweit wird teilweise sogar vertreten, der Wert der Schenkung werde durch die Auflage nicht einmal gemindert,[393] so dass der Abgrenzung zur gemischten Schenkung erhebliche Bedeutung zukommt.[394] 214

Bei sog. **Zweckschenkungen** kann die zweckgebundene Verwendung als **auflösende Bedingung** ausgestaltet sein, so dass bei deren Eintritt das Geschenk nach § 812 BGB wieder herausverlangt werden kann. In diesem Fall ist bis zur Beendigung des sich aus der Bedingung ergebenden Schwebezustands § 2325 BGB anwendbar.[395] Nach zweckentsprechender Verwendung des Geschenks kommt es vorrangig darauf an, wem die Zuwendung zugute gekommen ist. Erfolgte beispielsweise eine Geldzuwendung unter der auflösenden Bedingung, die Mittel zum Bau eines selbst genutzten Wohnhauses einzusetzen, ändert die Einhaltung dieser 215

---

383 Der „erweiterte Erblasserbegriff", dem zufolge im Rahmen der Ausgleichung neben Zuwendungen des längstlebenden Elternteils auch solche des Vorverstorbenen berücksichtigt werden können (§ 2052 BGB), gilt hier ausdrücklich nicht.; HB Pflichtteilsrecht/*Pawlytta*, § 7 Rn 20; ausdrücklich entschieden für die Berücksichtigung von Eigengeschenken iSd § 2327 Abs. 1 BGB, vgl BGHZ 88, 102 ff = NJW 1983, 2875.
384 BGHZ 59, 132, 135 = NJW 1972, 1709; BGH NJW 1981, 1956; Staudinger/*Olshausen*, § 2325 Rn 1; kumulativ müssen eine objektive Bereicherung des Dritten und die Einigung zwischen Erblasser und Zuwendungsempfänger über die Unentgeltlichkeit der Zuwendung (§ 516 Abs. 1 BGB) vorliegen; RGZ 128, 188; Staudinger/*Olshausen*, § 2325 Rn 2.
385 Staudinger/*Olshausen*, § 2325 Rn 2.
386 BGH NJW 1964, 1323.
387 Vorbehaltlich späterer Anpassungen von Leistung und Gegenleistung.
388 Eine Ausnahme hiervon gilt nur, wenn es sich gleichzeitig um Anstandsschenkungen iSd § 2330 BGB handelt; vgl Damrau/*Riedel*, Erbrecht, § 2325 Rn 13.
389 Verneinend zB MünchKomm/*Lange*, § 2325 Rn 17; *Coing*, NJW 1967, 1776; Damrau/*Riedel*, § 2325 Rn 14 mwN.
390 Vgl hierzu im Einzelnen Damrau/*Riedel*, Erbrecht, § 2325 Rn 13.
391 Damrau/*Riedel*, Erbrecht, § 2325 Rn 14.
392 BGH ZEV 1996, 186, 187; RGZ 60, 238.
393 Staudinger/*Olshausen*, § 2325 Rn 18 mwN.
394 Bei wirtschaftlicher Betrachtung des Problems kann diese Ansicht jedoch nicht überzeugen, vgl Damrau/*Riedel*, Erbrecht, § 2325 Rn 15.
395 Vgl Staudinger/*Olshausen*, § 2325 Rn 20.

sicherlich weder etwas am Charakter der Zuwendung noch an der Person des Zuwendungsempfängers.[396]

3. Sonderfall: Gegenseitige Verträge

216 Bei gegenseitigen Verträgen, deren Bedingungen dem entsprechen, was auch fremde Dritte vereinbart hätten, scheidet eine Schenkung grundsätzlich aus. Ob die getroffenen Vereinbarungen diesem Fremdvergleich tatsächlich standhalten, oder ob es sich um eine gemischte oder verschleierte Schenkung handelt, kann jeweils nur im konkreten Einzelfall entschieden werden. Die Rspr stellt insoweit hohe Anforderungen. So kann beispielsweise eine objektiv fehlende Gegenleistung nicht durch einen abweichenden Parteiwillen ersetzt werden.[397] Auch willkürliche Bewertungen der ausgetauschten Leistungen und Gegenleistungen werden nicht anerkannt.[398] Vielmehr spricht bei einem groben Missverhältnis der einander gegenüberstehenden Werte eine tatsächliche Vermutung für das Vorliegen eines Willens zur Unentgeltlichkeit bzw für die Absicht des einen Teils, dem anderen eine – jedenfalls teilweise – unentgeltliche Zuwendung zuteil werden zu lassen.[399]

217 Der Nachweis des objektiven Missverhältnisses von Leistung und Gegenleistung obliegt aber dennoch grundsätzlich dem Pflichtteilsberechtigten, der die zugrunde zu legenden Werte darzutun und ggf zu beweisen hat.[400]

Gemischte Schenkungen, also Zuwendungen, bei denen das vereinbarte Entgelt wertmäßig hinter der Leistung des Zuwendenden zurückbleibt und sich die Parteien über die teilweise Unentgeltlichkeit der erfolgten Zuwendung einig sind,[401] führen hinsichtlich ihres unentgeltlichen Teils zu Pflichtteilsergänzungsansprüchen.[402]

218 Bei sog. Übergabeverträgen, bei denen „im Rahmen der vorweggenommenen Erbfolge" Vermögen auf die nächste Generation oder sonstige Empfänger übertragen wird, entspricht es idR dem Sinn und Zweck des Vertrages, dass Leistung und Gegenleistung nicht nach kaufmännischen Grundsätzen gegeneinander abgewogen werden. Die Rspr erkennt derartige Verträge dennoch als entgeltlich an, soweit sich die Werte von Leistung und Gegenleistung (auch unter Berücksichtigung des Verwandtschaftsverhältnisses) in einem vernünftigen Rahmen bewegen.[403] Wie dieser zu definieren ist, bleibt allerdings problematisch.

219 Zu gesellschaftsrechtlichen Vereinbarungen vgl im Einzelnen *Riedel*, ZErb 2003, 212 ff sowie *Damrau/Riedel*, Erbrecht, § 2325 Rn 21 ff und *J. Mayer* in Handbuch Pflichtteilsrecht, § 8 Rn 58 ff

4. Sonderfall: Lebensversicherung

220 Die Behandlung von Lebensversicherungen hängt entscheidend davon ab, ob der Erblasser (Versicherungsnehmer) im Versicherungsvertrag einen Bezugsberechtigten benannt hat oder nicht. Wird mit dem Versicherer das Bezugsrecht der Versicherungsleistung zu Gunsten einer (oder mehrerer) vom Versicherungsnehmer bestimmten Person vereinbart, handelt es sich dabei

---

396 Damrau/*Riedel*, Erbrecht, § 2325 Rn 16.
397 BGH NJW 1961, 604; BGH NJW 1972, 1709.
398 BGH NJW 1981, 2458; BGH NJW 1961, 604; BGH NJW 1972, 1709.
399 BGHZ 59, 132 = NJW 1972, 1709; BGH NJW 1992, 558.
400 BGH NJW 1981, 2458.
401 BGH NJW-RR 1993, 773, 774.
402 BGH NJW 1971, 1709.
403 BGH LM Nr. 1 zu § 2325; Staudinger/*Olshausen*, § 2325 Rn 15.

G. Pflichtteilsergänzungsanspruch § 4

grundsätzlich[404] um einen **Vertrag zugunsten Dritter**. Der mit dem Tod des Versicherungsnehmers entstehende Leistungsanspruch bildet dann keinen Nachlassbestandteil, vielmehr fällt die Versicherungsleistung dem Berechtigten außerhalb des Nachlasses zu. Für die Annahme einer Bezugsberechtigung ist die namentliche Benennung des Begünstigten im Versicherungsvertrag nicht zwingend erforderlich;[405] auch Bezeichnungen wie „meine Erben" o.ä. sind im Zweifel als Bezugsrechtseinräumungen zu verstehen. Ist hingegen kein Bezugsberechtigter benannt, fällt die Versicherungssumme in vollem Umfang in den Nachlass.[406]

Besonderheiten sind zu beachten, wenn die Lebensversicherung – trotz Bezugsrechtseinräumung – als **Kreditunterlage** verwendete und der Leistungsanspruch entgegen der ursprünglichen Bezugsrechtsabrede zur Sicherung abgetreten wird. Der BGH[407] geht insoweit zutreffend davon aus, dass der der Kreditsicherung dienende Teil der Versicherungsleistung als Nachlassbestandteil anzusehen ist. 221

Des Weiteren stellt sich bei Lebensversicherungen ein allgemein im Bereich der Verträge zugunsten Dritter bestehendes Problem, nämlich die genaue **rechtliche Einordnung des Valutaverhältnisses**. Soweit hier eine Schenkung anzunehmen ist, kann diese natürlich Pflichtteilsergänzungsansprüche auslösen. Bei widerruflicher Benennung eines Bezugsberechtigten gilt die Schenkung als eine Sekunde vor Eintritt des Erbfalls als ausgeführt. Bemessungsgrundlage ist hier regelmäßig der Rückkaufswert der Versicherung.[408] Handelt es sich hingegen um eine (pflichtteilsfeste) Ausstattung (§ 1624 BGB) oder ehebezogene Zuwendung (zur angemessenen Alterssicherung, vgl hierzu sogleich unten), kommt ein Anspruch nach § 2325 GB nicht in Betracht.[409] 222

5. Sonderfall: Zuwendungen unter Ehegatten

Abgrenzungsschwierigkeiten bereiten auch sog. ehebezogene Zuwendungen: Oftmals fehlt den Eheleuten bei untereinander gemachten Zuwendungen nämlich bereits die Einigkeit über die objektive Unentgeltlichkeit. Im Verhältnis der Ehegatten zueinander ist eine Schenkung (im Rechtssinne) oftmals gar nicht gewollt, so dass grundsätzlich anzunehmen wäre, ehebezogene Zuwendungen seien ergänzungsfest.[410] 223

Der BGH verzichtet – im Interesse der Missbrauchsverhinderung – aber bei ehebezogenen Zuwendungen auf das Tatbestandsmerkmal der Einigung über die Unentgeltlichkeit und lässt stattdessen die **objektive Unentgeltlichkeit** der Zuwendung genügen. § 2325 BGB ist demzufolge auch bei ehebezogenen Zuwendungen grundsätzlich anwendbar, im Ergebnis steht sie daher insoweit den Schenkungen gleich.[411] 224

Objektive Unentgeltlichkeit liegt dabei bereits dann vor, wenn der gewährten Leistung keine (wenigstens subjektiv) wertgleiche Gegenleistung gegenübersteht.[412] Im Hinblick darauf, dass die Ehe an und für sich keinen Anspruch auf gegenseitige Vermögenszuwendungen begründet, 225

---

404 Ausnahme: kreditsichernde Lebensversicherungen.
405 *Kerscher/Riedel/Lenz*, Pflichtteilsrecht, § 15 Rn 4; HB Pflichtteilsrecht/*Mayer*, § 8 Rn 30 mwN.
406 Vgl *Kerscher/Riedel/Lenz*, Pflichtteilsrecht, § 15 Rn 15.
407 BGH ZEV 1996, 263.
408 BGH ZErb 2010, 189 f.
409 HB Pflichtteilsrecht/*Mayer*, § 8 Rn 31; wegen der Berechnung des Werts der Zuwendung vgl unten.
410 Damrau/*Riedel*, Erbrecht, § 2325 Rn 43.
411 BGHZ 116, 167 = NJW 1992, 564 ff = FamRZ 1992, 300; vgl auch HB Pflichtteilsrecht/*Mayer*, § 8 Rn 36 mwN.
412 BGHZ 116, 167, 170.

sind Leistungen unter Ehegatten im Zweifel als unentgeltliche ehebezogene Zuwendungen anzusehen,[413] soweit sie nicht ausdrücklich als Austauschverträge ausgestaltet sind.[414]

226 **Ausnahmen** von der mit dieser Rechtsprechung einhergehenden Pflichtteilsergänzungspflicht bestehen lediglich für angemessene Zuwendungen zum Zwecke der **Alterssicherung**,[415] für angemessene nachträgliche **Vergütungen langjähriger Dienste**[416] und für die Erfüllung **unterhaltsrechtlicher Verpflichtungen**.[417] Die Instanzgerichte haben diese Grundsätze auch auf die nichteheliche Lebensgemeinschaft ausgedehnt.[418]

227 ▶ **Muster:**[419] **Einwendung gegen Pflichtteilsergänzungsanspruch wegen angemessener Alterssicherung**

An

... (Pflichtteilsberechtigter)

Ihr Schreiben vom ...

Sehr geehrter ... (Pflichtteilsberechtigter),

mit Schreiben vom ... haben Sie mir gegenüber Pflichtteilsergänzungsansprüche wegen einer sogenannten ehebezogenen Zuwendung, die mir mein verstorbener Ehegatte, ..., im Jahre ... gemacht hat, angemeldet. Zuwendungsgegenstand war seinerzeit das von mir und meinem Ehegatten gemeinsam bewohnte Hausgrundstück in ... Es hatte im Zeitpunkt der Zuwendung einen Verkehrswert in Höhe von EUR ...

Im Hinblick auf diese Immobilienzuwendung kommt ein Pflichtteilsergänzungsanspruch nicht in Betracht. Denn es handelte sich um eine Zuwendung, die meiner Unterhalts- bzw Alterssicherung diente. Vor dem Erwerb dieser Immobilie hatte ich praktisch kein eigenes Vermögen. Während der langen Dauer meiner Ehe mit dem Erblasser habe ich – nicht zuletzt auch auf seinen Wunsch – auf eine eigene Erwerbstätigkeit verzichtet und konnte somit auch keinerlei eigene Altersvorsorge betreiben.

Vor dem Hintergrund der Einkommens- und Vermögensverhältnisse meines verstorbenen Ehegatten war die hier in Rede stehende Immobilienzuwendung auch wertmäßig angemessen, so dass nach den Grundsätzen der höchstrichterlichen Rechtsprechung ein Pflichtteilsergänzungsanspruch insoweit ausscheidet.

...

(Unterschrift) ◀

228 Auch der **Vermögenserwerb durch güterrechtliche Vereinbarung** kann im Einzelfall eine ehebezogene Zuwendung darstellen.[420]

229 Der hälftige Vermögenserwerb des weniger vermögenden Ehegatten durch die Vereinbarung einer Gütergemeinschaft hat seinen Rechtsgrund in einem **familienrechtlichen Vertrag** und ist

---

413 HB Pflichtteilsrecht/*Mayer*, § 8 Rn 36.
414 Wegen dieser Fälle vgl BGHZ 116, 167, 173.
415 BGH NJW 1972, 580.
416 OLG Oldenburg FamRZ 2000, 638; in diesem Zusammenhang ist aber § 1360 b BGB zu beachten.
417 Vgl MünchKomm/*Wacke*, § 1360 a Rn 3–8.
418 Vgl OLG Düsseldorf NJW-RR 1997, 1497, 1500.
419 Es wird ausdrücklich darauf hingewiesen, dass klare Abgrenzungskriterien, wann eine ergänzungsfeste Zuwendung zur Unterhalts- oder Alterssicherung vorliegt, nicht existieren. Nach Ansicht des BGH ist stets auf die „konkreten Verhältnisse" im Einzelfall abzustellen; vgl BGHZ 116, 167, 173; HB Pflichtteilsrecht/*Pawlytta*, § 7 Rn 57 ff mwN.
420 Staudinger/*Olshausen* § 2325 Rn 22.

G. Pflichtteilsergänzungsanspruch § 4

daher nicht unentgeltlich;[421] **grundsätzlich ist er daher pflichtteilsergänzungsfest.**[422] Wird aber bei einer Durchführung des Zugewinnausgleichs oder im Rahmen Auseinandersetzung des Gesamtguts einem Ehegatten mehr als der ihm zustehende Betrag bzw Teil des Gesamtguts zugeteilt, kann hierin eine Schenkung zu sehen sein.[423]

Aus der Sicht des BGH[424] steht insoweit der **Schutz der pflichtteilsberechtigten Abkömmlinge** 230 durch die Verhinderung missbräuchlicher Gestaltungen eindeutig im Vordergrund. So kann beispielsweise eine kurz vor dem Tod eines Ehegatten getroffene güterrechtliche Vereinbarung pflichtteilsergänzungsrelevant sein.[425] Besonders kritisch sind auch Gestaltungen, bei denen kurz nach Vereinbarung der Gütergemeinschaft (wieder) Gütertrennung vereinbart und dadurch ein überdurchschnittlicher Teil des Vermögens auf den bisher eigentlich vermögenslosen Ehegatten übertragen wird (sog. **Güterstandsschaukel**).[426]

Das sog. **Gütertrennungsmodell** dürfte aber trotz allem noch eine pflichtteilsfeste Gestaltung 231 darstellen,[427] auch wenn sich in der Lit. die Stimmen mehren, die auch insoweit zur Vorsicht mahnen.[428]

III. Person des Dritten

Als Dritter iSd § 2325 BGB kann jede natürliche oder juristische Person[429] oder Personenver- 232 einigung in Betracht kommen. Der Begriff des Dritten bezieht sich vornehmlich auf die Abgrenzung des Zuwendungsempfängers vom anspruchsberechtigten Pflichtteilsberechtigten.[430] Dritter kann daher auch der Erbe oder ein anderer Pflichtteilsberechtigter sein,[431] im Ergebnis also **alle Personen außer dem Ergänzungsberechtigten** selbst.

IV. Zehnjahresfrist, § 2325 Abs. 3 BGB

1. Grundsätzliches

Eine Ergänzungspflicht besteht nach § 2325 Abs. 3 S. 2 BGB grundsätzlich nur dann, wenn die 233 Leistung des Geschenks im Zeitpunkt des Erbfalls weniger als zehn Jahre zurückliegt. Da § 2325 Abs. 3 S. 2 BGB – auch nach der Erbrechtsreform 2010 – eine echte Ausschlussfrist zum Inhalt hat,[432] ist der Fristablauf von Amts wegen zu berücksichtigen[433] und lässt den Pflichtteilsergänzungsanspruch entfallen. Gleiches gilt für die Abschmelzungen nach § 2325 Abs. 3 S. 1 BGB (vgl unten).

---

421 Staudinger/*Olshausen* § 2325 Rn 22; *Kerscher/Riedel/Lenz*, Pflichtteilsrecht, § 9 Rn 58.
422 BGHZ 116, 178, 182 = NJW 1992, 558 = FamRZ 1992, 304; BGH, NJW 1975, 1774; MünchKomm/*Lange*, § 2325 Rn 26.
423 *Kerscher/Riedel/Lenz*, Pflichtteilsrecht, § 9 Rn 58.
424 BGH NJW 1975, 1774; BGHZ 116, 178.
425 OLG Stuttgart BWNotZ 1990, 113; RGZ 87, 301.
426 RGZ 87, 301; weitere Fälle bei *Nieder* Rn 47.
427 Vgl *Brambring*, ZEV 1996, 248, 252 ff; Dabei wird der gesetzliche Güterstand durch Vereinbarung einer Gütertrennung beendet und der Zugewinn durch Übertragung entsprechender Vermögensgegenstände ausgeglichen. Soweit es dabei nicht zu erheblich über dem sich rechnerisch ergebenden Ausgleichsanspruch liegenden Vermögensverschiebungen kommt, liegt hierin keine unentgeltliche Zuwendung; vgl auch *Hayler*, FuR 2000, 4, 7; HB Pflichtteilsrecht/*Pawlytta*, § 7 Rn 63 f mwN.
428 Vgl HB Pflichtteilsrecht/*Pawlytta*, § 7 Rn 63 f mwN; ebenso Damrau/*Riedel*, Erbrecht, § 2325 Rn 56 ff.
429 Soergel/*Dieckmann*, § 2325 Rn 40; Staudinger/*Olshausen*, § 2325 Rn 1.
430 Mot. V 457.
431 RGZ 69, 390; Damrau/*Riedel*, Erbrecht, § 2325 Rn 68.
432 Staudinger/*Olshausen*, § 2325 Rn 51; *Nieder*, Rn 162.
433 HB Pflichtteilsrecht/*Pawlytta*, § 7 Rn 153.

234 Schwierigkeiten bestehen in diesem Zusammenhang oftmals bei der genauen Definition des Zeitpunkts der „**Leistungserbringung**". Das Gesetz lässt nämlich die Frage offen, ob bereits die Leistungshandlung (durch den Schenker/Erblasser) oder erst der Eintritt des Leistungserfolges entscheidend sein soll.[434] Die hM hält aber insoweit den Leistungserfolg,[435] also zB den Eigentumsübergang[436] für maßgeblich.

2. Genussverzicht

235 Neben dem Eintritt des Leistungserfolges fordert die Rechtsprechung für den Beginn der Zehnjahresfrist auch die **endgültige Ausgliederung des Geschenks** aus dem wirtschaftlichen Verfügungsbereich des Erblassers. Ohne sog. „**Genussverzicht**"[437] kann die Zehnjahresfrist nicht in Gang gesetzt werden.[438] Zur Begründung verweist der BGH auf die Protokolle zum Entwurf des § 2325 BGB.[439] Hintergrund der Regelung sei gewesen, das Recht des Beschenkten nicht zu lange im Schwebezustand zu halten, da sich die pflichtteilsberechtigten Angehörigen nach so langer Zeit an die eingetretene Vermögensminderung gewöhnt hätten. Eine Benachteiligungsabsicht sei bei Schenkungen, deren Folgen der Erblasser noch selbst längere Zeit zu tragen hätte, eher unwahrscheinlich.[440]

236 Auch wenn die Sichtweise des BGH teilweise heftiger (und berechtigter) Kritik der Lit. ausgesetzt ist,[441] und die Gefahr erheblicher Rechtsunsicherheiten birgt,[442] da eine konkrete Abgrenzung, ob ein „Genussverzicht" im Einzelfall vorliegt, oder nicht, mitunter kaum möglich ist,[443] muss sie in der Praxis bis auf weiteres wohl oder übel zugrunde gelegt werden.

237 Bei **Grundstücksübertragungen** beginnt die Frist grundsätzlich erst mit der Eintragung der Rechtsänderung im Grundbuch (§ 873 Abs. 1 BGB),[444] und nicht schon mit dem Erwerb einer Anwartschaft.[445] Besonderheiten gelten aber, wenn das Grundstück im Rahmen der Übertragung mit einem Nießbrauchs- oder Wohnrechtsvorbehalt belastet wurde.[446]

238 ▶ **Muster: Scheiben wegen Pflichtteilsergänzungsanspruch (Hemmung der Zehnjahresfrist)**

An

... (Erbe)

Mein Pflichtteilsergänzungsanspruch

Sehr geehrter ... (Erbe),

In der oben bezeichneten Angelegenheit haben Sie mir auf mein Schreiben vom ... hin mitgeteilt, ein Pflichtteilsergänzungsanspruch zu meinen Gunsten komme nicht in Betracht, weil die Frist des

---

434 *Brox*, Erbrecht, Rn 537; *Nieder*, DNotZ 1987, 319.
435 Staudinger/*Olshausen*, § 2325 Rn 54; MünchKomm/*Lange*, § 2325 Rn 36; *Nieder*, DNotZ 1987, 319, 320; *Mayer*, FamRZ 1994, 739, 745.
436 Vgl Damrau/*Riedel*, Erbrecht, § 2325 Rn 70.
437 BGHZ 98, 226, 233 = NJW 1987, 122; BGHZ 125, 395, 398 f. = NJW 1994, 1791.
438 BGHZ 118, 49.
439 Mot. V, S. 453 ff.
440 Vgl Damrau/*Riedel*, Erbrecht, § 2325 Rn 71.
441 Vgl Damrau/*Riedel*, Erbrecht, § 2325 Rn 72.
442 MünchKomm/*Lange*, § 2325 Rn 37; *Frank*, JR 1987, 243, 244; *Nieder*, DNotZ 1987, 319, 320; *Paulus*, JZ 1987, 153; *J. Mayer*, ZEV 1994, 325, 326 f; Staudinger/*Olshausen*, § 2325 Rn 58.
443 Insbesondere die Fälle, in denen sich der Schenker nur ein anteiliges Nutzungsrecht, beispielsweise einen Quotennießbrauch, vorbehält, sind derzeit praktisch kaum zu lösen; *Kerscher/Riedel/Lenz*, Pflichtteilsrecht, § 9 Rn 91.
444 BGHZ 102, 289, 292 = NJW 1988, 821.
445 HB Pflichtteilsrecht/*Pawlytta*, § 7 Rn 157.
446 *Kerscher/Riedel/Lenz*, Pflichtteilsrecht, § 9 Rn 91, 103.

G. Pflichtteilsergänzungsanspruch   § 4

§ 2325 Abs. 3 (Zehnjahresfrist) im Zeitpunkt des Eintritts des Erbfalls bereits abgelaufen gewesen sei. Als Beleg hatten Sie Ihrem Schreiben eine Kopie der notariellen Übertragungsurkunde beigefügt. In der Tat ergibt sich aus dem notariellen Übertragungsvertrag, dass das in Rede stehende Grundstück bereits mehr als zehn Jahre vor dem Tod des Erblassers auf den Beschenkten übertragen wurde. Allerdings hat sich der Erblasser auf seine Lebenszeit an dem gesamten Hausgrundstück den lebenslangen unentgeltlichen Nießbrauch vorbehalten. Nach ständiger Rechtsprechung des Bundesgerichtshofs führen derartige Vereinbarungen, auf deren Grundlage der Erblasser den neuen Eigentümer von der Nutzung des Übertragungsgegenstandes ausschließen kann und sich selbst den Genuss desselben vorbehält, dazu, dass die Frist des § 2325 Abs. 3 BGB nicht zu laufen beginnt. Die von Ihnen erhobene Einrede greift daher im vorliegenden Fall nicht. Ich darf Sie bitten, meinen Pflichtteilsergänzungsanspruch nunmehr zu erfüllen und mir den insoweit geschuldeten Betrag von EUR ... bis spätestens zum ... auf das Ihnen bekannte Bankkonto zu überweisen.

...

(Unterschrift) ◄

Fraglich[447] ist auch, ob die Vereinbarung eines **Widerrufsvorbehalts** im Übergabevertrag (bedingter Rückübertragungsanspruch) der Ingangsetzung der Frist des § 2325 Abs. 3 BGB entgegensteht.[448] **Rückforderungsklauseln**, die auf abschließend aufgezählte Fälle, beispielsweise das Vorversterben des Übernehmers, beschränkt sind, stehen dem Fristbeginn aber nach überwiegender Meinung nicht entgegen. Denn der Eintritt der Bedingung ist dem Einflussbereich des Erblassers entzogen.[449]   239

Für **Schenkungen an den Ehegatten enthält** § 2325 Abs. 3 2. Hs BGB eine gesetzliche normierte Ausnahme von den soeben dargestellten Grundsätzen; die Zehnjahresfrist beginnt hier nicht vor Auflösung der Ehe zu laufen. Im Fall der Beendigung der Ehe durch den Tod des einen Ehegatten sind daher alle Schenkungen an den überlebenden Ehegatten unabhängig vom Zeitpunkt ihrer jeweiligen Ausführung ergänzungspflichtig.[450]   240

§ 2325 Abs. 3 2. Hs BGB ist allerdings nur dann anwendbar, wenn die Ehegatten im Zeitpunkt der Schenkung bereits miteinander verheiratet waren. Eine Ausdehnung der Vorschrift auf Verlobte[451] oder Partner einer nichtehelichen Lebensgemeinschaft kommt wegen ihres Ausnahmecharakters nicht in Betracht.[452]   241

3. Abschmelzung des Pflichtteilsergänzungsanspruchs

Gem. § 2325 Abs. 3 S. 1 BGB wird der Wert einer lebzeitigen Schenkung nur dann vollständig in den Pflichtteilsergänzungsanspruch einbezogen, wenn der Erbfall innerhalb eines Jahres nach Ausführung der Zuwendung eintritt. Andernfalls verringert sich der zu berücksichtigende Wert für jedes zwischen dem Zuwendungszeitpunkt und dem Erbfall verstrichene Jahr um 1/10. auf   242

---

447 In BGHZ 125, 395 = NJW 1994, 1791 hat der BGH diesen Gesichtspunkt nicht problematisiert.
448 Damrau/*Riedel*, Erbrecht, § 2325 Rn 78.
449 *Kerscher/Riedel/Lenz*, Pflichtteilsrecht, § 9 Rn 109; HB Pflichtteilsrecht/*Mayer*, § 8 Rn 134, der des weiteren unter Bezugnahme auf OLG Düsseldorf FamRZ 1999, 1546, 1547 Fälle der Kombination von Rückerwerbsrechten mit vorbehaltenen Nutzungsrechten problematisiert und in diesem Zusammenhang den Begriff des wirtschaftlichen Eigentums iSv § 39 AO in die Diskussion einführt.
450 *Kerscher/Riedel/Lenz*, Pflichtteilsrecht, § 9 Rn 94.
451 In der Literatur wird zwar diskutiert, § 2325 Abs. 3, 2. Hs BGB auch auf unmittelbar vor der Eheschließung erfolgte Schenkungen auszudehnen, sonst die Gefahr der Umgehung der Vorschrift durch Noch-nicht-Ehegatten bestünde. Von der herrschenden Meinung wird eine entsprechende Anwendung jedoch abgelehnt; Staudinger/*Olshausen*, § 2325 Rn 16; aA OLG Zweibrücken FamRZ 1994, 1492.
452 MünchKomm/*Lange*, § 2325 Rn 39.

diese Weise wird der Umfang des Pflichtteilsergänzungsanspruchs im Zeitverlauf kontinuierlich abgeschmolzen. Die bis zu Erbrechtsreform geltende „Fallbei-Regelung", derzufolge der Pflichtteilsergänzungsanspruch erst 10 Jahre nach Ausführung der Zuwendung, dann aber vollständig entfiel, wurde hierdurch ersetzt.

243 Diese auf den ersten Blick günstige Regelung für den Beschenkten wird aber in der Praxis nicht in allen Fällen zu einer tatsächlichen Wertabschmelzung führen. Denn eine den Fristbeginn auslösende Leistung iSv § 2325 Abs. 4 S. 1 BGB wird – auch nach Umsetzung der Reform – entsprechend der bisherigen Rechtsprechung nur dann vorliegen, wenn der Erblasser nicht nur seine Rechtsstellung als Eigentümer endgültig aufgibt, sondern auch darauf verzichtet, den verschenkten Gegenstand weiterhin im Wesentlichen selbst zu nutzen.[453] Dasselbe gilt für Wertabschmelzungen von ehebedingten Zuwendungen. Denn auch hier wird die pro-rata-Regelung erst greifen, nachdem die Ehe aufgelöst wurde.

V. Pflichtteilsergänzungsanspruch gegen den Erben

1. Berechnungsgrundlagen

244 Schuldner des Ergänzungsanspruches nach § 2325 BGB sind, wie beim ordentlichen Pflichtteilsanspruch, grundsätzlich der oder die Erben. Der Pflichtteilsergänzungsanspruch gegen den Erben richtet sich stets auf Geldzahlung.

245 Die Höhe des Anspruchs bestimmt sich danach, um welchen Betrag sich der Pflichtteil erhöht, wenn der verschenkte Gegenstand dem Nachlass hinzugerechnet wird.[454] Vor diesem Hintergrund kommt ein Pflichtteilsergänzungsanspruch uU auch bei negativem realem Nachlass in Betracht.[455] Bleibt der Nachlasswert auch nach Hinzurechnung der lebzeitigen Schenkungen negativ (oder Null), ist für einen Pflichtteilsergänzungsanspruch aber kein Raum. Denn selbst wenn der reale Nachlass nicht durch die Schenkung gemindert worden wäre, hätte dem Pflichtteilsberechtigten kein Anspruch zugestanden.[456]

246 Entsprechend dem Wortlaut des § 2325 Abs. 1 BGB, ist der Pflichtteilsergänzungsanspruch nach der **Subtraktionsmethode** durch Subtraktion des ordentlichen Pflichtteils vom Gesamtpflichtteil zu ermitteln.[457] Die Berechnung hat für jeden Pflichtteilsberechtigten gesondert zu erfolgen.[458] Im Einzelnen gilt dabei folgendes:

247 Zunächst ist der reale Nachlass zu bestimmen und auf dieser Grundlage der ordentliche Pflichtteil zu berechnen. Anschließend wird durch Hinzurechnung aller[459] ergänzungspflichtigen Schenkungen der fiktive (Ergänzungs-)Nachlass ermittelt. Hierauf wird die Erbquote des Pflichtteilsberechtigten angewendet, so dass sich dessen fiktiver (gesetzlicher) Erbteil ergibt. Durch dessen Halbierung (§ 2303 BGB) wird der Gesamtpflichtteil errechnet. Vom Gesamt-

---

453 Vgl hierzu auch *Bonefeld/Lange/Tanck*, Zerb 2007, 292, 295.
454 *Kerscher/Riedel/Lenz*, Pflichtteilsrecht, § 9 Rn 120; HB Pflichtteilsrecht/*Pawlytta*, § 7 Rn 132.
455 Vgl MünchKomm/*Lange*, § 2325 Rn 27; in dieser Konstellation richtet sich der Ergänzungsanspruch aber wegen der beschränkten Erbenhaftung nach § 1990 BGB regelmäßig nicht gegen der Erben, sondern gem. § 2329 BGB gegen den vom Erblasser Beschenkten, vgl HB Pflichtteilsrecht/*Pawlytta*, § 7 Rn 133.
456 *Riedel* in Bonefeld/Daragan/Wachter, Der Fachanwalt für Erbrecht, Kapp. 11, Rn 120.
457 Staudinger/*Olshausen*, § 2325 Rn 83 f; *Kerscher/Riedel/Lenz*, Pflichtteilsrecht, § 9 Rn 121; HB Pflichtteilsrecht/*Pawlytta*, § 7 Rn 134.
458 HB Pflichtteilsrecht/*Pawlytta*, § 7 Rn 137.
459 Vgl Mot. V 462, 467; so auch Staudinger/*Olshausen*, § 2325 Rn 87.

G. Pflichtteilsergänzungsanspruch § 4

pflichtteil ist im letzten Schritt der ordentliche Pflichtteil abzuziehen, als Ergebnis verbleibt der Ergänzungspflichtteil.[460]

2. Bewertung des Geschenks

a) Niederstwertprinzip

Die Bewertung ergänzungspflichtiger Schenkungen orientiert sich grundsätzlich an den gleichen Prinzipien wie die des realen Nachlasses.[461] Im Regelfall ist also der **Verkehrswert** maßgeblich (§ 2311 BGB), bei **Landgütern** der zumeist wesentlich niedrigere Ertragswert gem. § 2312 BGB, dessen Voraussetzungen aber nicht nur im Übergabezeitpunkt sondern auch noch beim Erbfall vorliegen müssen.[462]

Den **Stichtag** für die Bewertung des Geschenks regelt § 2325 Abs. 2 BGB allerdings abweichend und stellt insoweit besondere Regelungen auf:

Verbrauchbare Sachen iSd § 92 BGB[463] sind grundsätzlich mit ihrem Wert im Zeitpunkt der Zuwendung anzusetzen.[464] Die seitdem eingetretene allgemeine Geldentwertung ist entsprechend der Entwicklung des allgemeinen Lebenshaltungskostenindexes auszugleichen.[465] Ob die zugewendeten Gegenstände zwischenzeitlich tatsächlich verbraucht wurden oder auf andere Weise untergegangen sind, spielt keine Rolle.[466]

Für nicht **verbrauchbare Gegenstände**, insbesondere Immobilien, gilt das sog. **Niederstwertprinzip**[467] des § 2325 Abs. 2 S. 2 BGB. Der Wert des verschenkten Gegenstandes ist daher sowohl zum Zeitpunkt der Schenkung[468] als auch zum Zeitpunkt des Erbfalls zu ermitteln, wobei der Wert im Zeitpunkt der Schenkung anhand des Lebenshaltungskostenindexes auf den Zeitpunkt des Erbfalles zu indexieren ist.[469] Der niedrigere von beiden Werten wird sodann der Berechnung des Ergänzungsanspruchs zugrunde gelegt.[470]

Durch diese Vorgehensweise kommen dem Pflichtteilsberechtigten etwaige Wertsteigerungen zwischen dem Zeitpunkt der Ausführung der Schenkung und dem Erbfall nicht zu Gute. Das Risiko zwischenzeitlicher Wertverringerungen hat er aber andererseits in Höhe der ihm zustehenden Pflichtteilsquote zu tragen.[471] Dem liegt der Gedanke zugrunde, dass der Pflichtteilsergänzungsanspruch stets nur den Betrag betreffen kann, um den sich das Vermögen des Erblassers durch die unentgeltliche Zuwendung tatsächlich vermindert hat.[472]

---

460 Damrau/*Riedel*, Erbrecht, § 2325 Rn 85.
461 Staudinger/*Olshausen*, § 2325 Rn 90.
462 Vgl BGH NJW 1995, 1352.
463 HB Pflichtteilsrecht/*Pawlytta*, § 7 Rn 92; Kerscher/Riedel/Lenz, Pflichtteilsrecht, § 9 Rn 74.
464 BGH NJW 1964, 1323; Verbrauchbare Sache isV § 2325 Abs. 2 BGB sind aber solche Gegenstände, die grundsätzlich zur Veräußerung bestimmt sind und die als solche keinen eigentlichen Gebrauchswert haben, zB Geld oder Wertpapiere; Palandt/*Heinrichs*, § 92 Rn 2.
465 BGH NJW 1983, 1485; MünchKomm/*Lange*, § 2325 Rn 35; vgl auch BGH NJW 1975, 1831, 1833; Staudinger/*Olshausen*, § 2325 Rn 107; Kerscher/Riedel/Lenz, Pflichtteilsrecht, § 9 Rn 75; HB Pflichtteilsrecht/*Pawlytta*, § 7 Rn 96.
466 Staudinger/*Olshausen*, § 2325 Rn 92; Auch der schenkweise Erlass von Schulden wird wie die Hingabe einer verbrauchbaren Sache behandelt; BGHZ 98, 266 = NJW 1987, 12; MünchKomm/*Lange*, § 2325 Rn 30; Staudinger/*Olshausen*, § 2325 Rn 93.
467 Staudinger/*Olshausen*, § 2325 Rn 95.
468 Bei Grundstücken: Eigentumsumschreibung im Grundbuch, BGHZ 65, 75 = NJW 1975, 1831; bei Gesellschaftsanteilen deren Übergang, BGH NJW 1993, 2737, 2738. Der BGH wendet das Niederstwertprinzip – systemwidrig – auch auf beim Erbfall noch nicht vollzogene Schenkungsversprechen an, vgl BGHZ 85, 274, 282 = NJW 1983, 1485; ebenso OLG Brandenburg FamRZ 1998, 1265, 1266; unklar: BGH NJW 1993, 2737, 2738.
469 BGHZ 65, 75.
470 Kerscher/Riedel/Lenz, Pflichtteilsrecht, § 9 Rn 78; Palandt/*Edenhofer*, § 2325 Rn 19.
471 Kerscher/Riedel/Lenz, Pflichtteilsrecht, § 9 Rn 79.
472 Prot. V S. 583 f; Staudinger/*Olshausen*, § 2325 Rn 96; MünchKomm/*Lange*, Rn 31.

b) Bewertung vorbehaltener Rechte[473]

253 Soweit sich der Schenker **Nutzungsrechte**, wie zB ein **Nießbrauchs- oder Wohnungsrecht**,[474] vorbehalten hat, bereitet die Feststellung des Wertes nach dem Niederstwertprinzip erhebliche Schwierigkeiten.[475]

254 Nach Auffassung des BGH ist in solchen Fällen eine **mehrstufige Berechnung** erforderlich.[476] In der ersten Stufe wird zunächst der niedrigere Wert (im Zeitpunkt der Schenkung oder im Zeitpunkt des Erbfalls) bestimmt, wobei die vorbehaltenen Nutzungsrechte unberücksichtigt bleiben.[477] Ergibt sich auf dieser Grundlage, dass der Wert im Zeitpunkt der Schenkung maßgeblich ist, wird in der zweiten Stufe der Wert der Zuwendung unter Berücksichtigung des Nießbrauchs[478] (und wiederum des seitdem eingetretenen Kaufkraftschwundes) ermittelt.[479] Soweit der Wert des Gegenstandes im Zeitpunkt des Erbfalls maßgeblich ist, bleibt der Nießbrauch aber endgültig unberücksichtigt.[480] Dieselbe Vorgehensweise soll auch im Falle der Einräumung eines Wohnrechts angezeigt sein.[481] Bei Vermögensübergaben im Wege der **vorweggenommenen Erbfolge**, werden durch den Übernehmer oftmals, Wart- und **Pflegeverpflichtungen** zugunsten des Übergebers bzw seines Ehegatten übernommen, die den Wert der jeweiligen Zuwendung ganz erheblich mindern können.[482] Nach neuerer Rspr führen auch **Widerrufsvorbehalte** zu einer Wertminderung des Übertragungsgegenstandes.[483]

3. Berechnung des Pflichtteilsergänzungsanspruches

255 Nach dem Wortlaut des § 2325 Abs. 1 BGB ist der Pflichtteilsergänzungsanspruch durch Subtraktion des ordentlichen Pflichtteils vom Gesamtpflicht zu ermitteln (Substraktionsmethode).[484] Dabei ist zu beachten, dass die Berechnung für jeden Pflichtteilsberechtigten gesondert erfolgen muss.[485] Im Einzelnen stellt sich der Berechnungsmodus wie folgt dar:

256 Im ersten Schritt ist der reale Nachlass zu bestimmen und daraus der ordentliche Pflichtteil zu berechnen. Anschließend wird durch Hinzurechnung aller[486] ergänzungspflichtigen Schenkungen der fiktive (Ergänzungs-)Nachlass ermittelt. Hierbei ist auch die in § 2325 Abs. 3 BGB geregelte Zeitkomponente, also die Abschmelzung der in den Ergänzungsanspruch einzubeziehenden Werte, zu berücksichtigen. Es sind also nur die gekürzten Werte in den Ergänzungs-

---

473 Vgl ausführlich *Reiff*, ZEV 1998, 241.
474 Über die Frage, ob und wie der Nießbrauch berücksichtigt werden soll, bestehen in Rspr und Literatur unterschiedliche Auffassungen. Vgl nur BGH MDR 1992, 681 ff; *Dingerdissen*, JZ 1993, 402 ff.
475 Vgl zB BGHZ 118, 49, 51; BGH MittBayNot 1996, 307.
476 BGHZ 125, 395, 397 = NJW 1994, 1791; BGHZ 118, 49, 51; BGH NJW 1992, 2887; BGH NJW 1992, 2888; vgl auch HB Pflichtteilsrecht/*Pawlytta*, § 7 Rn 107 mwN.
477 Es erfolgt lediglich eine Inflationsbereinigung, vgl HB Pflichtteilsrecht/*Pawlytta*, § 7 Rn 107.
478 Der Nießbrauch ist mit seinem kapitalisierten Jahreswert in Ansatz zu bringen. Dabei ist als Jahreswert der nachhaltig erzielte Nettoertrag (also nach Berücksichtigung der anfallenden Bewirtschaftungs- und Erhaltungsaufwendungen) anzusetzen; OLG Koblenz FamRZ 2002, 772, 773 f = Zerb 2002, 104. Teilweise wird im Hinblick auf die mit einem lebenslangen Nutzungsrecht für den Inhaber verbundenen Sicherheit ein Aufschlag für gerechtfertigt gehalten, vgl LG Bonn ZEV 1999, 154, 155; Damrau/*Riedel*, Erbrecht, § 2325 Rn 102 f Damrau/*Riedel*, Erbrecht, § 2325 Rn 99.
479 *Riedel* in Bonefeld/Wachter, Der Fachanwalt für Erbrecht, Kapp. 11 Rn 134.
480 BGH FamRZ 1991, 552.
481 BGH MittBayNot 1996, 307.
482 OLG Köln FamRZ 1997, 1113; OLG Braunschweig FamRZ 1995, 443, 445 zu § 2113; HB Pflichtteilsrecht/*Pawlytta*, § 7 Rn 127; Damrau/*Riedel*, Erbrecht, § 2325 Rn 105 f.
483 OLG Koblenz FamRZ 2002, 772, 774 (10 % des Verkehrswerts); OLG Düsseldorf OLGR 1999, 349; aA v. *Dickhuth-Harrach*, FS Rheinisches Notariat S. 238.
484 Staudinger/v. Olshausen, § 2325 Rn 83 f; *Kerscher/Riedel/Lenz*, Pflichtteilsrecht, § 9 Rn 121; HB Pflichtteilsrecht/*Pawlytta*, § 7 Rn 134.
485 HB Pflichtteilsrecht/*Pawlytta*, § 7 Rn 137.
486 Vgl Mot. V 462, 467; so auch Staudinger/v. Olshausen, § 2325 Rn 87.

G. Pflichtteilsergänzungsanspruch § 4

nachlass einzubeziehen. Durch Anwendung der Erbquote des Pflichtteilsberechtigten ergibt sich dessen fiktiver (gesetzlicher) Erbteil, aus dem durch Halbierung (§ 2303 BGB) der Gesamtpflichtteil abzuleiten ist. Vom Gesamtpflichtteil wird dann im letzten Schritt der ordentliche Pflichtteil abgezogen, so dass im Ergebnis der Ergänzungspflichtteil verbleibt.[487]

Diese vermeintlich umständliche Vorgehensweise wird in der Praxis oftmals abgekürzt und der Pflichtteilsergänzungsanspruch direkt aus der Schenkung berechnet. Dies führt aber nur dann zu richtigen Ergebnissen, wenn der reale Nachlass keinen negativen Wert hat[488] und auch kein anderer Sonderfall (bspw Einsetzung des Pflichtteilsberechtigten zum Miterben oder zum Vermächtnisnehmer, § 2326 BGB, oder Eigengeschenk des pflichtteilsberechtigten, § 2327 BGB) vorliegt.[489]   257

4. Anrechnung von Eigengeschenken

Soweit der Ergänzungsberechtigte selbst vom Erblasser beschenkt wurde, hat er sich gem. § 2327 BGB diese sog. **Eigengeschenke** in vollem Umfang auf seinen Pflichtteilsergänzungsanspruch anrechnen zu lassen. Dies gilt unabhängig vom Zuwendungszeitpunkt, so dass auch Eigengeschenke, die der Pflichtteilsberechtigte länger als zehn Jahre vor dem Erbfall erhalten hat, anrechnungspflichtig sind; die Zehnjahresfrist des § 2325 Abs. 3 BGB spielt insoweit keine Rolle.[490] Auch hier gilt der enge Erblasserbegriff; nur unmittelbar vom Erblasser stammende Geschenke sind von der Anrechnung betroffen.[491] Die Geldentwertung zwischen Zuwendungszeitpunkt und Erbfall ist entsprechend zu bereinigen. Im Übrigen gelten für die Bewertung die allgemeinen Grundsätze.   258

5. Grenzen der Ergänzungspflicht des Erben

Abweichend von dem Grundsatz, dass der Erbe auch für die Begleichung des Pflichtteilsergänzungsanspruch verantwortlich ist, können sich Konstellationen ergeben, in denen der Erbe „nicht verpflichtet" ist, § 2329 Abs. 1 S. 1 BGB. Das ist der Fall, wenn   259

– feststeht, dass kein Nachlass vorhanden bzw der Nachlass überschuldet ist;[492]
– der Erbe nur beschränkt auf den Nachlass bzw nur als Teilschuldner haftet und
– der Nachlass nicht zur Pflichtteilsergänzung ausreicht, §§ 1975 ff, 1990, 1991 Abs. 5, 2060 BGB, § 327 InsO.[493]

▶ **Muster: Ablehnung der Erfüllung des Pflichtteilsergänzungsanspruchs durch den Erben**   260

An

... (Pflichtteilsberechtigter)

Ihr Pflichtteilsergänzungsanspruch

Sehr geehrter ... (Pflichtteilsberechtigter),

mit Schreiben vom ... haben Sie mir gegenüber Ihre Pflichtteilsergänzungsansprüche in Höhe von insgesamt EUR ... geltend gemach. Gegen das Bestehen dieser Ansprüche dem Grunde nach habe

---
487 Damrau/*Riedel*, Erbrecht, § 2325 Rn 85.
488 Soergel/*Dieckmann*, § 2325 Rn 41; *Schanbacher*, ZEV 1997, 349, 350; HB Pflichtteilsrecht/*Pawlytta*, § 7 Rn 136.
489 *Kerscher/Riedel/Lenz*, Pflichtteilsrecht, § 9 Rn 122.
490 Vgl BGH DNotZ 1963, 113; Damrau/*Lenz*, Erbrecht, § 2327 Rn 6 mwN.
491 Damrau/*Lenz*, Erbrecht, § 2327 Rn 3.
492 BGHZ 80, 205; BGH NJW 1974, 1372.
493 BGH NJW 1961, 870.

ich keinerlei Einwendungen. Auch die von Ihnen vorgenommene Berechnung ist meines Erachtens zutreffend. Allerdings reicht der Nachlass zur Befriedigung Ihrer Pflichtteilsergänzungsansprüche nicht annähernd aus. Denn tatsächlich ist der Nachlass überschuldet. Die entsprechenden haftungsbeschränkenden Maßnahmen zur Vermeidung meiner persönlichen Haftung habe ich bereits veranlasst. Ich bin daher zur Erfüllung Ihres Anspruchs nicht verpflichtet.

...

(Unterschrift) ◄

VI. Pflichtteilsergänzungsanspruch gegen den Beschenkten
1. Anspruchsvoraussetzungen

261 Nur in den oben genannten Ausnahmefällen, wenn also der Erbe nicht zur Erfüllung des Ergänzungsanspruchs verpflichtet ist, kommt eine (subsidiäre) Haftung des Beschenkten gemäß § 2329 BGB in Betracht.

262 Ausreichend für das Bestehen einer Haftung des Beschenkten ist auf jeden Fall die berechtigte Erhebung der **Einrede der Dürftigkeit** des Nachlasses durch den Erben.[494] Teilweise wird zwar vertreten, dass bereits das Vorliegen der tatsächlichen Voraussetzungen für die Haftungsbeschränkung genügen solle und eine konkrete die Geltendmachung nicht erforderlich sei, da eine Ausnutzung dieser Haftungsbeschränkungsmöglichkeit durch den Erben zu unterstellen sei.[495] Dies ist aber mE nicht haltbar. Außerdem wird der Pflichtteilsberechtigte durch die Forderung der tatsächlichen Geltendmachung nicht unzumutbar belastet; schließlich haftet der Erbe für den fraglichen Anspruch mit seinem gesamten Vermögen über einen Zeitraum von 30 Jahren, § 218 Abs. 1 BGB.

263 Auch wenn der Erbe selbst pflichtteilsberechtigt ist, kann er ggf die Erfüllung des Pflichtteilsergänzungsanspruchs verweigern. § 2328 BGB setzt insoweit voraus, dass durch die Erfüllung des Anspruchs der eigene Pflichtteil des Erben beeinträchtigt würde.[496] Auch insoweit ist streitig, ob bereits das Bestehen der Einrede genügt.[497] Da bereits in der bloßen Verweigerung der Erfüllung des Ergänzungsanspruchs die Erhebung der Einrede nach § 2328 BGB gesehen werden kann,[498] ist dieses Problem in der Praxis allerdings nicht übermäßig bedeutsam.

264 ▶ **Muster: Ablehnung der Leistung auf den Pflichtteilsergänzungsanspruch wegen § 2328 BGB**

An

... (Pflichtteilsberechtigter)

Ihr Pflichtteilsergänzungsanspruch

Sehr geehrter ... (Pflichtteilsberechtigter),

Mit Schreiben vom ... haben Sie mir gegenüber Pflichtteilsergänzungsansprüche nach dem Tod des am ... verstorbenen ... (Erblassers) geltend gemacht. Diese Pflichtteilsergänzungsansprüche sind sowohl dem Grunde als auch der Höhe nach grundsätzlich berechtigt. Allerdings bin ich als selbst pflichtteilsberechtigter Erbe im Sinne von § 2328 BGB zur Erfüllung Ihrer Ansprüche nur insoweit verpflichtet, als mir mein eigener Pflichtteil verbleibt. Im Hinblick auf die Vielzahl der lebzeitigen

---

494 BGHZ 80, 205, 209; BGH LM Nr. 10 = NJW 1974, 1327.
495 Soergel/*Dieckmann*, § 2329 Rn 7.
496 BGHZ 80, 205, 209; RGZ 58, 124, 127.
497 Soergel/*Dieckmann*, § 2329 Rn 7; aA MünchKomm/*Lange*, § 2329 Rn 4; Erman/*Schlüter*, § 2329 Rn 1.
498 Damrau/*Lenz*, Erbrecht, § 2329 Rn 15.

G. Pflichtteilsergänzungsanspruch § 4

Zuwendungen, die der Erblasser (zugunsten anderer Personen als mir) ausgeführt hat, reicht der real vorhandene Nachlass nicht einmal zur Erfüllung meines eigenen (rechnerischen) Pflichtteilsanspruches aus. Vor diesem Hintergrund bin ich gemäß § 2328 BGB als selbst pflichtteilsberechtigter Erbe nicht verpflichtet, irgendwelche Pflichtteilsergänzungsansprüche zu erfüllen. Wenden Sie sich insoweit bitte an die diversen Beschenkten, deren jeweilige Identität sich bereits aus dem von mir am ... vorgelegten Nachlassverzeichnis ergibt.

...

(Unterschrift) ◄

Bislang noch nicht höchstrichterlich geklärt ist die Frage, ob eine Inanspruchnahme des Beschenkten auch dann erfolgen kann, wenn der unbeschränkt haftende **Erbe lediglich zahlungsunfähig** ist.[499] Im Ergebnis ist mE davon auszugehen, dass der Beschenkte nach dem Willen des Gesetzgebers nur subsidiär haftet, nämlich nur dann, wenn der Erbe ausnahmsweise nicht in Anspruch genommen werden kann. Der Gesetzgeber bürdet ihm gerade nicht das Insolvenzrisiko des Erben auf. Denn der Beschenkte kann sich – anders als der Erbe – gegenüber dem Pflichtteilsergänzungsberechtigten auf den Einwand der Entreicherung nach § 818 Abs. 3 BGB berufen. Eine weitere Privilegierung des Beschenkten zeigt sich in den Vorschriften über die Verjährung.[500]   265

Hat der Erblasser mehrere Personen durch zeitlich aufeinander folgende Zuwendungen beschenkt, so haftet der frühere Beschenkte nur, soweit der später Beschenkte nicht verpflichtet ist, § 2329 Abs. 3 BGB. Die Vorschrift entspricht § 528 Abs. 2 BGB.[501]   266

2. Anspruchsinhalt

Im Gegensatz zum Erben, der auf Zahlung in Anspruch genommen werden kann, richtet sich der Anspruch gegen den Beschenkten nach § 2329 BGB grundsätzlich auf „Herausgabe des Geschenkes zum Zwecke der Befriedigung wegen des fehlenden Betrages nach den Vorschriften über die ungerechtfertigte Bereicherung". Die Bestimmung des genauen Anspruchsinhaltes ist mitunter schwierig.   267

▶ **Muster:**[502] **Geltendmachung des Pflichtteilsergänzungsanspruchs gegen den Beschenkten – Klageantrag auf Duldung der Zwangsvollstreckung**   268

... Unter Vorlage auf uns lautender Vollmacht zeigen wir an, dass wir den Kläger vertreten. Für diesen werden wir in der mündlichen Verhandlung folgende Anträge stellen:
1. Der Beklagte wird verurteilt, die Zwangsvollstreckung in Höhe eines Betrages von EUR ... zgl. Zinsen zu einem Zinssatz, der 5 %-Punkte über dem jeweiligen Basiszinssatz liegt, seit Rechtshängigkeit der Klage in folgendes Grundeigentum zu dulden:
Wohnungsgrundbuch von ..., Band ..., Blatt ..., Bestandsverzeichnis Nr. ..., Miteigentumsanteil ... an dem Grundstück Gebäude- und Freifläche Straße, verbunden mit dem Sondereigentum an

---

499 Diese Frage ist in der Literatur sehr stark umstritten: Einige bejahen den Durchgriff auf den Beschenkten. Es läge eine Regelungslücke vor, die der Gesetzgeber nicht bedacht habe. Dem Pflichtteilsberechtigten könne das Insolvenzrisiko des Erben nicht auferlegt werden. Dies läge bereits in der Natur der Sache selbst und sei auch trotz des Vortrages § 2329 BGB nicht gerechtfertigt. Außerdem sei nach dem Grundgedanken des Gesetzes der Durchgriff auf den Beschenkten immer dann gerechtfertigt, wenn der Anspruch aus dem Nachlass nicht beglichen werden könne (Staudinger/Olshausen, § 2329 Rn 10), vgl Damrau/Lenz, Erbrecht, § 2309 Rn 17.
500 Vgl auch Kerscher/Riedel/Lenz, Pflichtteilsrecht, § 10 Rn 15 ff.
501 Damrau/Lenz, Erbrecht, § 2329 Rn 18.
502 In Anlehnung an Kerscher/Riedel/Lenz, Pflichtteilsrecht, § 13 Rn 39.

der Wohnung im Erdgeschoss, den Kellerräumen, im Aufteilungsplan bezeichnet mit Nr. ... auf der Flur ... mit einer Größe von ... qm.

2. Der Beklagte kann die Zwangsvollstreckung nach Ziffer 1) durch Bezahlung des unter Ziffer 1) genannten Betrages in Höhe von EUR ... zzgl Zinsen zu einem Zinssatz, der 5 %-Punkte über dem jeweiligen Basiszinssatz liegt, seit Rechtshängigkeit der Klage abwenden.
3. Die Kosten des Rechtsstreits trägt der Beklagte.
Für den Fall der Anordnung des schriftlichen Vorverfahrens beantragen wir schon jetzt den Erlass eines Versäumnisurteils gem. § 331 Abs. 3 ZPO oder den Erlass eines Anerkenntnisurteils gem. § 307 Abs. 2 ZPO, sobald hierfür die gesetzlichen Voraussetzungen gegeben sind. ◄

269 Soweit es sich beim Gegenstand der Schenkung um Geld handelte, ist auch der Anspruch gegen den Beschenkten von vornherein auf Zahlung gerichtet.[503] Dasselbe gilt, wenn das Geschenk nicht mehr vorhanden ist, der Entreicherungseinwand aber nicht erhoben werden kann, §§ 818 Abs. 2, 819 BGB.[504] Im Übrigen kann der Berechtigte hinsichtlich des fehlenden Betrages nur die Duldung der Zwangsvollstreckung in das Geschenk verlangen (analog §§ 1973 Abs. 2 S. 1, 1990 Abs. 1, Abs. 2 BGB).[505] Der Beschenkte hat aber die Möglichkeit, die Vollstreckung durch Zahlung des fehlenden Betrages abzuwenden (§ 2329 Abs. 2 BGB). Verpflichtet ist er hierzu aber nicht,[506] und zwar selbst dann nicht, wenn das Geschenk ein unteilbarer Gegenstand ist, dessen Wert über dem Pflichtteilsergänzungsanspruch des Berechtigten liegt.[507]

270 Da § 2329 BGB für die Haftung des Beschenkten eine **Rechtsfolgenverweisung** auf die Vorschriften über die **ungerechtfertigte Bereicherung** enthält, entfällt die Haftung des Beschenkten, wenn er iSv § 818 Abs. 3 BGB entreichert ist. Die verschärfte Haftung wegen Rechtshängigkeit (§ 818 Abs. 4 BGB) kann erst nach dem Erbfall eingreifen. Zuvor besteht noch kein Pflichtteilsergänzungsanspruch.[508]

271 ▶ **Muster: Einwand des Wegfalls der Bereicherung**

An

... (Pflichtteilsberechtigter)

Ihr Pflichtteilsergänzungsanspruch

Sehr geehrter ... (Pflichtteilsberechtigter),

mit Schreiben vom ... haben Sie mir gegenüber wegen einer mir von dem am ... verstorbenen ... (Erblasser) im Jahre ... gemachten Schenkung Pflichtteilsergänzungsansprüche gemäß den §§ 2325, 2329 BGB geltend gemacht.

Auch wenn ich dem grundsätzlichen Bestehen von Pflichtteilsergänzungsansprüchen zu Ihren Gunsten nicht entgegentrete und auch die fehlende Verpflichtung des Erben, diese Pflichtteilsergänzungsansprüche zu begleichen, nicht bestreite, muss ich Ihnen dennoch mitteilen, dass auch ich zur Befriedigung Ihres Pflichtteilsergänzungsanspruches nicht verpflichtet bin.

Gemäß § 2329 Abs. 1 BGB hafte ich für den Pflichtteilsergänzungsanspruch nur nach den Vorschriften über die Herausgabe einer ungerechtfertigten Bereicherung. Im Hinblick darauf, dass es sich bei dem

---
503 Soergel/*Dieckmann*, § 2329 Rn 18.
504 Staudinger/*Olshauesn*, § 2329 Rn 21; Soergel/*Dieckmann*, § 2329 Rn 18; MünchKomm/*Lange*, § 2329 Rn 8.
505 BGHZ 85, 275, 282 = NJW 1983, 1485, 17; MünchKomm/*Lange*, § 2329 Rn 8; Soergel/*Dieckmann*, § 2329 Rn 18.
506 Damrau/*Lenz*, Erbrecht, § 2329 Rn 20.
507 Soergel/*Dieckmann*, § 2329 Rn 18; Staudinger/*Olshausen*, § 2329 Rn 35.
508 Soergel/*Dieckmann*, § 2329 Rn 20; MünchKomm/*Lange*, § 2329 Rn 10; Staudinger/*Olshausen*, § 2329 Rn 29.

Geschenk seinerzeit um einen Geldbetrag in Höhe von DM 10.000,00 handelt, den ich – entsprechend der Intention des Erblassers – für eine Karibikkreuzfahrt, die ich mir aus eigenen Mitteln niemals hätte leisten können, vollständig ausgegeben habe, ist die Bereicherung weggefallen. Ein Surrogat, auf das sich Ihr Herausgabeanspruch beziehen könnte, ist ebenfalls nicht vorhanden. Pflichtteilsergänzungsansprüche gegenüber meiner Person sind vor diesem Hintergrund ausgeschlossen.

(Unterschrift) ◄

3. Auskunftsanspruch gegenüber dem Beschenkten

Zur Auskunftserteilung ist der Beschenkte nur sehr eingeschränkt verpflichtet. Ansprüche nach § 2314 BGB bestehen ihm gegenüber jedenfalls nicht. Allerdings kann der Erbe (nicht der pflichtteilsberechtigte Nichterbe, dessen Ansprechpartner stets der Erbe ist) gegen den Beschenkten nach den Grundsätzen des § 242 BGB einen Anspruch auf Auskunft über das Geschenk sowie die Umstände der Zuwendung haben.[509]   272

H. Stundung des Pflichtteilsanspruchs

I. Grundsätzliche Voraussetzungen der Stundung

Soweit von einem selbst **pflichtteilsberechtigten Erbe** die Erfüllung eines Pflichtteilsanspruchs verlangt wird, kann er die Stundung dieses Anspruchs verlangen, wenn die sofortige Erfüllung für ihn **eine unbillige Härte auslösen** würde, § 2331 a BGB. Bei Abkömmlingen und Eltern ist § 2309 BGB zu beachten.[510]   273

Bei einer Mehrheit von Miterben sind die Voraussetzungen der Stundung für jeden von ihnen gesondert zu prüfen.[511] Die einem Miterben gewährte Stundung wirkt nur für diesen selbst und hat keinerlei Einfluss auf die Leistungspflicht der übrigen Miterben. Nach Auseinandersetzung der Erbengemeinschaft kann auch derjenige pflichtteilsberechtigte Erbe Stundung begehren, den im Innenverhältnis keine Pflichtteilslast trifft. Die im Innenverhältnis bestehende Haftungsfreiheit allein ist aber kein hinreichender Stundungsgrund.[512]   274

Antragsgegner ist stets (und ausschließlich) derjenige Pflichtteilsberechtigte, der seinen Pflichtteilsanspruch gegen den Stundungsberechtigten durchsetzen will. Bei mehreren Berechtigten muss die Stundung jedes einzelnen Anspruchs beantragt werden. Verschiedene Anträge (desselben Erben) werden nicht unbedingt einheitlich entschieden.[513]   275

Die Gewährung der Stundung setzt voraus, dass die Erfüllung des Pflichtteilsanspruchs den Erben nicht nur wegen der sofortigen Zahlungsverpflichtung, sondern wegen der Art der Nachlassgegenstände, eine unbillige Härte darstellen würde. Zu nennen sind hier beispielsweise[514] die Notwendigkeit der Aufgabe der Familienwohnung oder der Veräußerung eines Gegen-   276

---

509 Vgl zum Alleinerben: BGH NJW 1973, 1876, 1877; Soergel/*Dieckmann*, § 2314 Rn 26; zum Vertragserben: BGHZ 97, 188, 192 f; Staudinger/*Haas*, § 2314 Rn 26.
510 Soergel/*Dieckmann*, § 2331 a Rn 3.
511 Kerscher/*Riedel*/Lenz, Pflichtteilsrecht, § 14 Rn 3; Etwas anderes gilt nur, solange die Erbengemeinschaft noch nicht auseinandergesetzt wurde, da der Pflichtteilsberechtigte nur in den ungeteilten Nachlass vollstrecken kann, Ermann/Schlüter, § 2331 a Rn 3.
512 Soergel/*Dieckmann*, § 2331 a Rn 4.
513 Staudinger/*Olshausen*, § 2331 a Rn 12.
514 Nicht abschließend; vgl Damrau/*Lenz*, Erbrecht, § 2331 a Rn 10.

stands,⁵¹⁵ der dem Stundungsberechtigten als wirtschaftliche Lebensgrundlage dient.⁵¹⁶ Allerdings muss beispielsweise ein ererbter Betrieb nicht schon im Zeitpunkt des Erbfalls die Existenzgrundlage des Erben gewesen sein, ausreichend ist, dass er sie im Zeitpunkt des Zahlungsverlangens des Pflichtteilsberechtigten ist. Der Bestand der Unternehmensgröße ist durch § 2331a BGB aber nicht geschützt.

277 Wenn Nachlassvermögen wegen der Erfüllung des Pflichtteilsanspruches zur Unzeit veräußert werden müsste, reicht dies allein als Begründung für eine Stundung des Anspruchs nicht aus.⁵¹⁷ Kann der Erbe den Pflichtteilsberechtigten ohne größeren Aufwand aus seinem Eigenvermögen befriedigen oder einen Kredit aufnehmen, kommt eine Stundung ebenfalls nicht in Frage.⁵¹⁸

278 Für die Entscheidung über die Stundung ist das **Nachlassgericht** zuständig. Es entscheidet nur auf Antrag eines pflichtteilsberechtigten Erben, des Insolvenzverwalters, des Nachlassverwalters und des Nachlasspflegers. Der Testamentsvollstrecker ist zur Antragstellung nicht berechtigt.⁵¹⁹

279 ▶ **Muster: Stundungsantrag⁵²⁰**

An das

Nachlassgericht

Antragsteller (Erbe)

Antragsgegner (Pflichtteilsberechtigter)

wegen Stundung des Pflichtteils

Der Antragsteller ist aufgrund Verfügung von Tode wegen der alleinige Erbe des am ▪▪▪ in ▪▪▪ verstorbenen Erblassers ▪▪▪.

Der Antragsgegner ist ein pflichtteilsberechtigter Abkömmling des Erblassers. Der Pflichtteilsanspruch wird in Höhe von EUR ▪▪▪ anerkannt. Die sofortige Erfüllung des Anspruchs würde jedoch für den Antragsteller eine unbillige Härte bedeuten. Der Nachlass besteht lediglich aus einem kleinen Hausgrundstück, welches der Antragsteller bereits bewohnt. Es stellt auch den einzigen im Nachlass befindlichen Vermögenswert dar. Der Antragsteller bezieht als Arbeiter nur ein geringes Einkommen, das er in vollem Umfang für seinen eigenen Lebensunterhalt und den seiner Familie benötigt.

Im eigenen Vermögen des Antragstellers befindet sich aber ein Bausparvertrag, der in ca. ▪▪▪ Monaten fällig wird. Sodann wird der Antragsteller wirtschaftlich in der Lage sein, den gegen ihn gerichteten Pflichtteilsanspruch zu erfüllen. Aus diesem Grund beantragt er die Stundung des Pflichtteils nach § 2331a BGB bis zur Auszahlung des Bausparvertrages am [Datum].

Von der Festsetzung einer Sicherheit bittet der Antragsteller Abstand zu nehmen und bietet eine Verzinsung des Pflichtteils in Höhe von ▪▪▪ % jährlich an (§§ 2331a Abs. 2, 1382 BGB).

▪▪▪

Rechtsanwalt ◀

---

515 Unter den Begriff des „Wirtschaftsgutes" im Sinne der Vorschrift fallen gewerbliche Unternehmen, Mietshäuser, landwirtschaftliche Güter, Beteiligungen an Handelsgesellschaften, etc.; MünchKomm/*Lange*, § 2331a Rn 5; Staudinger/Ferid/*Cieslar*, § 2331a Rn 16.
516 Soergel/*Dieckmann*, § 2331a Rn 7.
517 Vgl BT-Drucks. 5/2370, 99; *Lutter*, Das Erbrecht des nicht ehelichen Kindes, 2. Aufl. 1972, S. 58.
518 Erman/*Schlüter*, § 2331a Rn 4.
519 Staudinger/*Olshausen*, § 2331a Rn 25; Erman/*Schlüter*, § 2331a Rn 3; MünchKomm/*Lange*, § 2331a Rn 2.
520 In Anlehnung an *Kerscher/Riedel/Lenz*, Pflichtteilsrecht, § 14 Rn 11.

H. Stundung des Pflichtteilsanspruchs § 4

Soweit der Pflichtteilsanspruch streitig und ein Verfahren über ihn rechtshängig ist, kann auch das Prozessgericht (durch Urteil) über den Stundungsantrag entscheiden, § 2331 a Abs. 2 S. 2, § 1382 Abs. 5 BGB. Die oben genannten Grundsätze gelten auch hier.[521] — 280

II. Zumutbarkeit

Die Stundung wird nur gewährt, wenn das Hinausschieben der Erfüllung seines Anspruchs für den Pflichtteilsberechtigten zumutbar ist, seine Interessen sind gem. § 2331 a Abs. 1 S. 2 BGB "angemessen zu berücksichtigen". Diese Voraussetzung steht dem Erfordernis der ungewöhnlichen Härte für den Erben gleichwertig gegenüber.[522] Bei der insoweit erforderlichen **Interessensabwägung**[523] muss von der **sofortigen Erfüllungspflicht** des Erben gem. § 2317 Abs. 1 BGB ausgegangen werden. Wenn der Pflichtteilsberechtigte beispielsweise zur Deckung seiner Unterhaltskosten auf die Begleichung seines Anspruchs angewiesen ist, kann ihm eine Stundung nicht zugemutet werden. Gleiches gilt, wenn er ohne die unverzügliche Erfüllung die eigene Ausbildung nicht fortführen kann oder die Ausbildung unterhaltsberechtigter Kinder nur durch die Anspruchserfüllung sicherzustellen ist.[524] Ist eine Begleichung des Pflichtteilsanspruchs von vornherein nicht denkbar, ohne dass der Nachlass zerschlagen wird, scheidet eine Stundung aus. Gleiches gilt, wenn der Erbe die Zahlung des Pflichtteilsanspruches schon über Gebühr hinaus verzögert hat.[525] — 281

Ergebnis der **Interessensabwägung** kann auch sein, dass das Stundungsbegehren nur teilweise erfolgreich ist,[526] beispielsweise Stundung in Form von Ratenzahlungen gewährt wird.[527] — 282

III. Wirkung der Stundung/Nebenbestimmungen

Durch die Stundung wird die Fälligkeit des Pflichtteilsanspruches hinausgeschoben. Die Verjährung dürfte gemäß § 205 BGB gehemmt sein, da dem Pflichtteilsgläubiger nicht zugemutet werden kann, bei Anwendung einer gesetzlichen Stundungsvorschrift Gefahr zu laufen, dass sein Pflichtteilsanspruch verjährt, obwohl er ihn trotz Hinausschiebens der Fälligkeit nicht geltend machen kann.[528] — 283

Gemäß § 2331 a Abs. 2 S. 2, 1. Hs iVm § 1382 Abs. 2 BGB ist die gestundete Forderung zu **verzinsen**, über die Zinshöhe entscheidet das Gericht. Auf Antrag des Pflichtteilsberechtigten kann das Gericht die Stundung von der Erbringung einer **Sicherheitsleistung** abhängig machen, § 2331 a Abs. 2 iVm § 1382 Abs. 3 BGB.[529] — 284

---

521 Soergel/*Dieckmann*, § 2331 a Rn 14.
522 Beide Voraussetzungen müssen kumulativ vorliegen; Damrau/*Lenz*, Erbrecht, § 2331 a Rn 9.
523 Soergel/*Dieckmann*, § 2331 a Rn 10.
524 Erman/*Schlüter*, § 2331 a Rn 5; Staudinger/*Olshausen*, § 2331 a Rn 19.
525 Soergel/*Dieckmann*, § 2331 a Rn 10; Staudinger/*Olshausen*, § 2331 a Rn 19.
526 Staudinger/*Olshausen*, § 2331 a Rn 19.
527 MünchKomm/*Lange*, § 2331 a Rn 7.
528 Vgl hierzu HB Pflichtteilsrecht/*Tanck*, § 14 Rn 332; Damrau/*Lenz*, Erbrecht, § 2331 a Rn 18.
529 BayObLG FamRZ 1981, S. 392.

I. Verteilung der Pflichtteilslast im Innenverhältnis

I. Verhältnis zwischen Erbe und Vermächtnisnehmer

1. Grundsätzliches

285 Im **Innenverhältnis** verteilt das Gesetz in den §§ 2318 bis 2324 BGB die Pflichtteilslast auf Erben, Vermächtnisnehmer und Auflagenbegünstigte. Im Außenverhältnis bleibt es aber – vorbehaltlich der Regelung des § 2319 BGB – bei der alleinigen Haftung der Erben.[530]

286 Gemäß § 2318 Abs. 1 BGB hat der Erbe gegenüber dem Vermächtnisnehmer das Recht zur **Vermächtniskürzung**, wenn die Erbschaft mit einem Pflichtteilsanspruch belastet ist. Die Pflichtteilslast ist hier entsprechend dem Verhältnis des Wertes des Vermächtnisses zum Wert des Gesamtnachlasses zwischen den Beteiligten zu verteilen.[531] Grundsätzlich gilt für die Aufteilung die nachfolgende Formel:[532]

287 Formel: Das Kürzungsrecht bei Vermächtnissen gem. § 2318 Abs. 1 BGB

Kürzungsrecht = Pflichtteil x Vermächtnis / Nachlass

288 Voraussetzung für die Geltendmachung des Kürzungsrechts ist mE, dass der **Pflichtteilsanspruch** bereits **konkret geltend gemacht** wurde. So lange eine wirtschaftliche Belastung nicht besteht, ist der Erbe auf den Schutz des § 2318 BGB nicht angewiesen.[533]

289 Hat der Erbe bei der Vermächtniserfüllung den Pflichtteilsanspruch nicht berücksichtigt und das Vermächtnis in voller Höhe ausbezahlt, steht ihm insoweit ein **Rückforderungsanspruch** gegen den Vermächtnisnehmer bzw den Auflagenbegünstigten zu (§ 813 Abs. 1 S. 1 iVm § 2318 BGB).[534]

290 ▶ **Muster: Schreiben wegen Vermächtnis-Kürzung**[535]

An

… (Vermächtnisnehmer)

Ihr Vermächtnis aufgrund der letztwilligen Verfügung des am … verstorbenen … (Erblasser) vom …

Sehr geehrter … (Vermächtnisnehmer),

in seiner letztwilligen Verfügung vom … hat der Erblasser zu Ihren Gunsten ein Vermächtnis angeordnet. Ich bin als Alleinerbe mit diesem Vermächtnis beschwert. Der Wert des Gesamtnachlasses beträgt EUR 100.000,00. Der Wert Ihres Vermächtnisses beläuft sich auf EUR 20.000,00. Um die Auszahlung dieses Betrages haben Sie mich mit Schreiben vom … gebeten.

Zwischenzeitlich hat der einzige pflichtteilsberechtigte Abkömmling des Erblassers mir gegenüber seinen Pflichtteilsanspruch geltend gemacht. Dieser beläuft sich gemäß § 2303 BGB auf EUR 50.000,00.

Gemäß § 2318 Abs. 1 BGB bin ich berechtigt, die Erfüllung Ihres Vermächtnisanspruchs insoweit zu verweigern, als dies für eine gleichmäßige Verteilung der Pflichtteilslast zwischen Ihnen und mir

---

530 Staudinger/*Haas* § 2318 Rn 1.
531 Dasselbe gilt auch für das Kürzungsrecht gegenüber dem durch eine Auflage Begünstigten, vgl *Kerscher/Riedel/Lenz*, Pflichtteilsrecht, § 6 Rn 100.
532 Vgl zB *Riedel* in Bonefeld/Wachter, Der Fachanwalt für Erbrecht, Kap. 11 Rn 137 mwN.
533 *Riedel* in Bonefeld/Wachter, Der Fachanwalt für Erbrecht, Kap. 11 Rn 137.
534 Dies gilt auch dann, wenn der Pflichtteilsschuldner in Unkenntnis seines Kürzungsrechts, den Pflichtteil bereits geleistet hat; KG FamRZ 1977, 267, 269.
535 Nach *Kerscher/Riedel/Lenz*, Pflichtteilsrecht, § 6 Rn 100.

erforderlich ist. Von diesem Recht mache ich selbstverständlich Gebrauch, so dass sich folgende Berechnung ergibt:

Das Wertverhältnis zwischen Ihrem Vermächtnis und dem Gesamtnachlass beträgt 20:100 = 1/5. Mit genau dieser Quote haben auch Sie sich an der Erfüllung der Pflichtteilslast zu beteiligen, so dass ich berechtigt bin, Ihren Vermächtnisanspruch in Höhe von (1/5 von EUR 50.000,00 =) EUR 10.000,00 zu kürzen. Mithin verbleibt zu Ihren Gunsten ein Vermächtnisanspruch in Höhe von EUR 10.000,00. Einen Verrechnungsscheck über diesen Betrag habe ich in der Anlage beigefügt.

■ ■ ■

(Unterschrift) ◂

2. Pflichtteilsberechtigter Vermächtnisnehmer

§ 2318 Abs. 2 BGB schränkt das Kürzungsrecht des Erben ein, soweit der **Vermächtnisnehmer selbst pflichtteilsberechtigt** ist. Die Kürzung ist dann nur in einem solchen Maße zulässig, dass dem Vermächtnisnehmer wenigstens sein Pflichtteil verbleibt.[536] Von diesem Grundsatz abweichende Erblasseranordnungen sind unbeachtlich.[537] Bei Kürzung eines dem Zugewinn-Ehegatten hinterlassenen Vermächtnisses ist stets der **große Pflichtteil** zugrunde zu legen.[538]

291

3. Pflichtteilsberechtigter Erbe

Nach § 2318 Abs. 3 BGB hat der selbst pflichtteilsberechtigte Erbe uU ein sog. „erweitertes" Kürzungsrecht,[539] das es ihm ermöglicht, Vermächtnisse wegen einer von ihm zu tragenden Pflichtteilslast zu kürzen, wenn ihm sonst sein eigener Pflichtteil nicht verbleiben würde.[540]

292

Nach hM schützt § 2318 Abs. 3 BGB den Pflichtteil des **Erben** aber nur dann, wenn außer seinem eigenen noch **weitere Pflichtteilsansprüche** zu beachten sind, also nur in Ansehung der (externen) Pflichtteilslast.[541] Dh, eine Berufung auf § 2318 Abs. 3 BGB kommt nur insoweit in Betracht, als der Erbe neben dem Vermächtnis auch mit dem Pflichtteil (eines anderen) belastet ist, und hierdurch (in Summe) sein eigener Pflichtteil beeinträchtigt wird.[542] Belastet nur ein Vermächtnis den Pflichtteil des Erben, kommt ihm § 2318 Abs. 3 BGB nicht zu Gute.[543] Schlägt der Erbe die mit dem Vermächtnis belastete Erbschaft nicht gem. § 2306 Abs. 1 S. 2 BGB aus, muss er das Vermächtnis auch auf Kosten seines eigenen Pflichtteils erfüllen.[544] Der Umfang des Schutzes des § 2318 Abs. 3 BGB ist in der Praxis mitunter zweifelhaft.[545]

293

---

536 *Riedel* in Bonefeld/Wachter, Der Fachanwalt für Erbrecht, Kap. 11 Rn 138.
537 Wegen weiterer Einzelheiten vgl *Kerscher/Riedel/Lenz*, Pflichtteilsrecht, § 6 Rn 108 ff.
538 Staudinger/*Haas* § 2318 Rn 20.
539 Vgl *Tanck*, ZEV 1998, 132.
540 § 2318 Abs. 3 BGB ist aber immer vor dem Hintergrund des § 2306 BGB zu sehen, so dass er nur dann Bedeutung erlangt, wenn der dem Pflichtteilsberechtigten hinterlassene Erbteil größer ist als sein Pflichtteil und der Erbe die Erbschaft trotz der ihm auferlegten Beschränkungen und Beschwerungen angenommen hat; MünchKomm/*Lange*, § 2318 Rn 11.
541 BGH FamRZ 1985, 1024.
542 Damrau/*Lenz*, Erbrecht, § 2318 Rn 15.
543 BGH FamRZ 1985, 1023; MünchKomm/*Lange*, § 2318 Rn 11; *Olshausen*, FamRZ 1986, 524.
544 BGH FamRZ 1985, 1023; Zur Frage der Möglichkeit, in einem solchen Fall die Annahme der Erbschaft anzufechten BayObLG ZEV 1998,431.
545 Einzelheiten vgl bei: *Kerscher/Riedel/Lenz*, Pflichtteilsrecht, § 6 Rn 112 ff.

294 Übersicht über das Recht zur Kürzung von Vermächtnissen[546]

	Das Recht zur Kürzung von Vermächtnissen
§ 2318 Abs. 1 BGB	Gem. Abs. 1 sind die Pflichtteilsansprüche von Erben und Vermächtnisnehmern im Verhältnis der ihnen zugedachten Vermögenswerte zu tragen. Der Erbe hat somit das Recht, das Vermächtnis verhältnismäßig zu kürzen.
§ 2318 Abs. 2 BGB	Gem. Abs. 2 darf der Erbe bei einem Vermächtnis zu Gunsten eines pflichtteilsberechtigten Vermächtnisnehmers nur den Teil kürzen, der über den Wert des diesem Vermächtnisnehmer zustehenden Pflichtteils hinausgeht.
§ 2318 Abs. 3 BGB	Der Erbe darf nach der Annahme der Erbschaft das Vermächtnis und die Auflage insoweit kürzen, dass ihm sein eigener Pflichtteil verbleibt.
§ 2322 BGB	Regelt das Kürzungsrecht des Ersatzmannes, dh desjenigen, der an die Stelle des Pflichtteilsberechtigten getreten ist.
§ 2323 BGB	Regelt die Modifizierung des Kürzungsrechts gem. § 2318 Abs. 1 BGB

II. Leistungsverweigerungsrecht des pflichtteilsberechtigten Erben

295 Gemäß § 2319 BGB hat der pflichtteilsberechtigte Miterbe nach der Teilung des Nachlasses in dem Umfang, der zur **Absicherung seines eigenen Pflichtteils** erforderlich ist, ein **Leistungsverweigerungsrecht**. Für den Ausfall haften die übrigen Erben, soweit sie nicht selbst pflichtteilsberechtigt sind.[547]

296 Die Einreden nach § 2318 Abs. 2 BGB nach § 2319 BGB können grundsätzlich nebeneinander geltend gemacht werden.[548] Der pflichtteilsberechtigte Miterbe kann die Pflichtteilslast verhältnismäßig auf die Begünstigten von Vermächtnissen und Auflagen abwälzen und gegen den Pflichtteilsanspruch die Einrede gem. § 2319 BGB erheben.[549]

III. Lastenverteilung in der Erbengemeinschaft

297 Im Regelfall sind die Pflichtteilslasten von mehreren Miterben quotenentsprechend zu tragen. Für den Fall, dass jemand anstelle eines (wegfallenden) Pflichtteilsberechtigten gesetzlicher Erbe wird, hat er (der Ersatzmann) die Pflichtteilslast im Innenverhältnis in Höhe seines erlangten Vorteiles alleine zu tragen. Voraussetzung ist also, dass ein Pflichtteilsberechtigter aus dem Kreis der gesetzlichen Erben ausgeschieden ist. Unmittelbar hierdurch muss eine Person gesetzlicher Erbe geworden sein, die vorher durch den Pflichtteilsberechtigten von der Erbfolge verdrängt wurde („**Ersatzmann**"). Ausreichend ist es, wenn sich lediglich der Anteil eines Miterben durch das Ausscheiden eines Pflichtteilsberechtigten erhöht.[550] Keine Anwendung findet die Vor-

---

546 *Kerscher/Riedel/Lenz*, Pflichtteilsrecht, § 6 Rn 127.
547 *Damrau/Lenz*, Erbrecht, § 2319 Rn 1.
548 *Damrau/Lenz*, Erbrecht, § 2319 Rn 5.
549 Beispielsfall vgl bei *Kerscher/Riedel/Lenz*, Pflichtteilsrecht, § 6 Rn 130.
550 Soergel/*Dieckmann*, § 2320 Rn 3.

I. Verteilung der Pflichtteilslast im Innenverhältnis   § 4

schrift hingegen, wenn sich durch den Wegfall eines Pflichtteilsberechtigten lediglich die Erbteile der anderen Miterben gleichmäßig erhöhen.[551]

Der Eintritt eines „Ersatzmannes" ist in folgenden Fällen denkbar: 298
- Enterbung des Pflichtteilsberechtigten (§ 1938 BGB)
- Ausschlagung durch den pflichtteilsberechtigten Erben nach § 2306 Abs. 1 S. 2 BGB
- Erbverzicht unter Pflichtteilsvorbehalt[552]

▶ **Muster: Aufforderung an Ersatzmann, die Miterben freizustellen**   299

An

... (Ersatzmann)

Nachlass des am ... verstorbenen ... (Erblasser)

Sehr geehrter ... (Ersatzmann),

hiermit zeigen wir Ihnen an, dass uns ... mit der Wahrnehmung seiner/ihrer rechtlichen Interessen beauftragt hat.

Durch letztwillige Verfügung des Erblassers vom ... wurde unser Mandant zum Miterben des Erblassers mit einer Quote von 1/2 berufen. Die andere Hälfte des Nachlasses sollte ursprünglich dem einzigen Abkömmling des Erblassers, Ihrem Vater, Herrn ..., zustehen, zu dessen Lasten jedoch eine Vor- und Nacherbschaft angeordnet war. Weiterhin hatte der Erblasser angeordnet, dass Sie (der einzige Enkel des Erblassers) bei Wegfall seines Sohnes (vor oder nach dem Erbfall) an dessen Stelle Ersatzerbe werden sollten. Im Hinblick auf die angeordnete Vor- und Nacherbschaft hat Ihr Vater die Erbschaft ausgeschlagen und macht nunmehr Pflichtteilsansprüche geltend.

Da die Ausschlagung des Pflichtteilsberechtigten ausschließlich Ihnen zugute gekommen ist, weil Sie an die Stelle des Ausschlagenden getreten sind und Ihnen nunmehr dessen Erbteil zusteht, sind Sie gemäß § 2320 BGB verpflichtet, unseren Mandanten von der Inanspruchnahme für diesen Pflichtteil freizustellen, soweit der Ihnen angefallene Erbteil hierzu ausreicht.

Da Ihr Vater als Pflichtteilsberechtigter zum jetzigen Zeitpunkt seinen Anspruch noch nicht beziffert hat, haben wir Sie zunächst aufzufordern, uns gegenüber bis spätestens zum ... schriftlich anzuerkennen, dass Sie unseren Mandanten von der Inanspruchnahme durch den Pflichtteilsberechtigten in vollem Umfange freistellen werden, soweit der Ihnen angefallene Erbteil hierzu ausreicht. Wir dürfen Sie insoweit bitten, uns Ihr Schreiben in zweifacher Ausfertigung zu überlassen, damit wir ein Exemplar zur Vereinfachung der Abwicklung an den Pflichtteilsberechtigten weiterleiten können.

...

(Rechtsanwalt) ◀

Der Ersatzmann hat die **Pflichtteilslast nur in Höhe seines erlangten Vorteils** zu tragen, also mit   300
dem Betrag oder der Quote, die er anstelle des Pflichtteilsberechtigten erhält. Auf den Eintretenden übergehende Beschränkungen und Beschwerungen mindern den durch ihn erlangten Vorteil.[553]

---

551 MünchKomm/*Lange*, § 2320 Rn 6.
552 MünchKomm/*Lange*, § 2320 Rn 4.
553 MünchKomm/*Lange*, § 2320 Rn 7.

301 **Vorteil** im Sinne von § 2320 BGB ist nicht nur der **Eintritt in eine Erbengemeinschaft** oder die **Erhöhung der Erbquote**, sondern auch beispielsweise der Voraus des Ehegatten,[554] wenn dieser anstatt neben Abkömmlingen neben den Eltern des Erblassers zur Erbfolge gelangt (großer Voraus).[555]

302 Gem. § 2320 Abs. 2 BGB gilt die Haftung des „Ersatzmannes" im Innenverhältnis auch für den Fall der **gewillkürten Erbfolge**.[556] Mit „Erbteil" im Sinne von § 2320 Abs. 2 BGB ist aber immer der gesetzliche, und nicht der testamentarische Erbteil gemeint.[557] Der BGH[558] wendet § 2320 Abs. 2 BGB immer dann an, wenn die Voraussetzungen der Quoten- oder Wertgleichheit objektiv vorliegen.[559]

303 Wie auch die übrigen Vorschriften zur Regelung des Innenverhältnisses, ist § 2320 BGB **abdingbar**.

304 **§ 2322 BGB** regelt das Verhältnis zwischen Erben und Vermächtnisnehmern speziell für den Fall, dass durch die Ausschlagung einer Erbschaft oder eines Vermächtnisses der dadurch zur Erbfolge Gelangende mit Pflichtteilslasten belastet wird.[560] In diesem Fall darf er Vermächtnisse soweit kürzen, dass er die ihn treffende Pflichtteilslast begleichen kann. § 2322 BGB verdrängt an dieser Stelle das Kürzungsrecht des § 2318 Abs. 1 BGB insoweit, als es dem Pflichtteilsanspruch Vorrang vor dem Vermächtnis einräumt.[561]

J. Verjährung des Pflichtteilsanspruchs

I. Allgemeines

305 Alle **Pflichtteilsansprüche**[562] (außer dem Pflichtteilsergänzungsanspruch gegen den Beschenkten gem. § 2329 BGB)[563] verjähren grundsätzlich in **drei Jahren**. Für den **Auskunftsanspruch** nach § 2314 BGB gilt die dreijährige Verjährungsfrist aber nicht. Insoweit gilt gemäß § 197 Abs. 1 Nr. 2 BGB eine Frist von 30 Jahren. Nach der Rspr[564] hat die Erhebung der Verjährungseinrede gegen Pflichtteils- und Pflichtteilsergänzungsanspruch grundsätzlich keine unmittelbare Auswirkung auf den Auskunftsanspruch. Allerdings setzt dessen Durchsetzung bei einem verjährtem Pflichtteils- bzw Pflichtteilsergänzungsanspruch ein besonderes Informationsbedürfnis des Berechtigten voraus.[565]

---

554 Palandt/*Edenhofer*, § 2320 Rn 3.
555 Soergel/*Dieckmann*, § 2320 Rn 2.
556 Staudinger/*Haas*, § 2320 Rn 11.
557 BGH NJW 1983, 2378.
558 BGH MDR 1983, 828.
559 In der Praxis sollte aber nicht zu schnell auf eine Anwendung der § 2320 Abs. 2 BGB geschlossen werden. Wenn Anhaltspunkte für die Ermittlung eines anderen Erblasserwillens vorhanden sind, ist auf jeden Fall zu prüfen, ob tatsächlich eine bewusste Zuwendung vorliegt. Insoweit sollte hier der Meinung der Literatur, die von einer subjektiven Betrachtungsweise ausgeht, der Vorzug gegeben werden. Zur Regelung des § 434 Abs. 2 S. 2 ALR und dem Entwurf der 1. Kommission zur Ausarbeitung des Entwurfes eines BGB, die letztlich von einer bewussten Zuwendung durch den Erblasser ausgingen siehe Olshausen, MDR 1986, 89.
560 Vgl *Riedel* in Bonefeld/Wachter, Der Fachanwalt für Erbrecht, Kap. 11 Rn 143.
561 BGH NJW 1983, 2378.
562 Der ordentliche Pflichtteil (§ 2303), der Pflichtteilsrestanspruch (§§ 2305, 2307 Abs. 1 S. 2 BGB), der Vervollständigungsanspruch (§ 2316 Abs. 2 BGB) und der Pflichtteilsergänzungsanspruch gegen den Erben (§§ 2325, 2326 BGB).
563 Hier gilt die Sonderregelung des § 2332 Abs. 2 BGB.
564 BGH NJW 1985, 384.
565 BGH NJW 1990, 180, 181.

J. Verjährung des Pflichtteilsanspruchs § 4

II. Beginn der Verjährung

Voraussetzung für den Verjährungsbeginn ist regelmäßig die **Kenntnis** des Pflichtteilsberechtigten vom **Erbfall** einerseits und von der ihn **beeinträchtigenden Verfügung** andererseits (**doppelte Kenntnis**). Die Verjährungsfrist endet drei Jahre nach diesem Zeitpunkt. 306

Hieran hat sich auch durch die Erbrechtsreform im Ergebnis nichts geändert. Die bisherige Sonderverjährung nach § 197 Abs. 1 Nr. 2 BGB ist zwar zugunsten der Regelverjährung gem. § 195 BGB entfallen. Diese gilt nunmehr auch für den ordentlichen Pflichtteilsanspruch. Voraussetzung für ihren Beginn ist aber – wie bislang nach § 2332 Abs. 1 BGB – die doppelte Kenntnis des Pflichtteilsberechtigten sowohl vom Erbfall aus auch von der ihn beeinträchtigenden Verfügung. 307

Eine Sonderregelung gilt jedoch weiterhin für die Verjährung des Pflichtteilsergänzungsanspruchs gegenüber dem Beschenkten (§ 2329 BGB). Denn hier beginnt die Verjährungsfrist – kenntnisunabhängig – mit dem Erbfall. 308

Entfallen ist durch die Neuregelung auch die unterschiedliche Verjährungsfrist für den eigentlichen Pflichtteilsanspruch auf der einen und die Auskunfts- bzw Wertermittlungsansprüche auf der anderen Seite. Infolge der Aufhebung von § 197 Abs. 1 Nr. 2 BGB unterliegen nunmehr auch Auskunfts- und Wertermittlungsansprüche der dreijährigen Regelverjährung des § 195 BGB. 309

Kenntnis vom Erbfall hat der Pflichtteilsberechtigte, sobald er vom Tod des Erblassers erfahren hat. Hinsichtlich eines Verschollenen kommt es auf die Kenntnis von dessen Für-Tod-Erklärung an.[566] 310

Auch wenn der Pflichtteilsberechtigte seinen Pflichtteilsanspruch erst geltend machen kann, nachdem er eine Erbschaft, einen Erbteil oder ein Vermächtnis ausgeschlagen hat (§§ 2306 Abs. 1, 2307, 1371 Abs. 3 BGB), beginnt die Verjährung gem. § 2332 Abs. 3 BGB nicht erst mit der Ausschlagung.[567] Dies gilt selbst dann, wenn der als Erbe eingesetzte Pflichtteilsberechtigte von einer (tatsächlichen) Beschränkung oder Beschwerung seines Erbrechts erst mehr als drei Jahre nach dem Erbfall Kenntnis erhält. 311

Maßgeblich ist allein die Kenntnis des Pflichtteilsberechtigten selbst,[568] sie ist **höchstpersönlich**. Die Kenntnis des wesentlichen Inhalts der beeinträchtigenden Verfügung ist ausreichend aber auch erforderlich. Insbesondere muss der Berechtigte erkannt haben, dass er aufgrund der Verfügung von Todes wegen von der Erbfolge ausgeschlossen oder in sonstiger Weise belastet ist.[569] Die Kenntnis der jeweiligen Urkunde ist nicht erforderlich.[570] Vielmehr reicht es aus, dass der Pflichtteilsberechtigte aufgrund mündlicher Mitteilung Kenntnis von der Verfügung bzw ihrem wesentlichen Inhalt erlangt. Dadurch kann die Verjährungsfrist bereits vor der Eröffnung der letztwilligen Verfügung bzw ihrer amtlichen Verkündung beginnen.[571] Die unrichtige Auslegung einer letztwilligen Verfügung, die der Pflichtteilsberechtigte als wirksam und grundsätzlich beeinträchtigend erkannt hat, hindert den Fristbeginn nicht.[572] Berechtigte Zweifel an der 312

---

566 BGH NJW 1973, 1690.
567 Damrau/*Lenz*, Erbrecht, § 2332 Rn 10.
568 Ist der Pflichtteilsberechtigte geschäftsunfähig oder in der Geschäftsfähigkeit beschränkt, so ist die Kenntnis seines gesetzlichen Vertreters maßgeblich; OLG Hamburg MDR 1984, 54; Soergel/*Dieckmann*, § 2332 Rn 5; Staudinger/*Olshausen*, § 2332 Rn 10; MünchKomm/*Lange*, § 2332 Rn 3.
569 BGH NJW 1972, 760.
570 RGZ 70, 360.
571 RGZ 66, 30.
572 BGH NJW 1995, 1157.

Gültigkeit einer letztwilligen oder lebzeitigen Verfügung schließen aber die erforderliche Kenntnis aus.[573] Selbst grob fahrlässige Unkenntnis hindert den Verjährungsbeginn.[574]

313 Bei **lebzeitigen beeinträchtigenden Verfügungen** beginnt die Verjährungsfrist frühestens mit dem Erbfall. Dies gilt selbst dann, wenn der Pflichtteilsberechtigte bereits vorher Kenntnis von der Schenkung erlangt hatte. Denn § 2325 setzt nicht nur **doppelte Kenntnis**, sondern auch den **Eintritt des Erbfalles** voraus.[575]

314 Hat der Pflichtteilsberechtigte sowohl Anspruch auf den ordentlichen Pflichtteil, als auch auf den Ergänzungspflichtteil und erfährt er zu unterschiedlichen Zeitpunkten von den verschiedenen Beeinträchtigungen, gilt folgendes:

315 Erfährt der Berechtigte zuerst von der beeinträchtigenden letztwilligen Verfügung, beginnt der Fristlauf für den ordentlichen Pflichtteil mit Kenntnis der Verfügung von Todes wegen und Kenntnis vom Erbfall. Unabhängig davon beginnt die **Verjährungsfrist für den Ergänzungsanspruch** aber erst dann, wenn der Berechtigte auch Kenntnis von der ihn beeinträchtigenden Verfügung unter Lebenden erlangt hat.[576] Erfährt der Pflichtteilsberechtigte zuerst von der lebzeitigen Zuwendung und später von der letztwilligen Verfügung, beginnt die Verjährung für beide Ansprüche nicht vor der Erlangung der Kenntnis von der letztwilligen Verfügung.[577]

316 Die Verjährung von Pflichtteils- und Pflichtteilsergänzungsansprüchen kann also zu unterschiedlichen Zeitpunkten beginnen, so dass der Anspruch auf den ordentlichen Pflichtteil bereits verjährt sein kann, während eine Geltendmachung des Pflichtteilsergänzungsanspruchs noch gar nicht möglich ist.[578] Der Pflichtteilsergänzungsanspruch kann jedoch niemals vor dem ordentlichen Pflichtteilsanspruch verjähren.[579]

317 Der Lauf der Verjährung für den **Pflichtteilsergänzungsanspruch gegen den Beschenkten** nach § 2329 BGB beginnt unabhängig von der Kenntnis des Berechtigten mit Eintritt des Erbfalles (§ 1922 BGB)[580]

318 Die Verjährung endet auf jeden Fall – ebenfalls unabhängig von der Kenntnis des Berechtigten – spätestens 30 Jahre nach dem Erbfall, § 199 Abs. 3 a BGB.

III. Neubeginn und Hemmung

319 Für den **Neubeginn** der Verjährung gelten die allgemeinen Grundsätze des § 212 BGB. Die Verjährung beginnt von neuem, wenn der Schuldner den Anspruch **anerkannt** oder **eine gerichtliche oder behördliche Vollstreckungshandlung vorgenommen oder beantragt wird**. Ein Anerkenntnis des Erben im Rahmen eines Auskunftsbegehrens des Pflichtteilsberechtigten nach § 2314 BGB kann schon dann vorliegen, wenn sich der Erbe bereit erklärt, Auskunft über den Bestand des Nachlasses zu erteilen und dabei deutlich erkennen lässt, dass er sich des Pflichtteilsanspruches bewusst und auch bereit sei, denselben zu erfüllen.[581] Von einem Anerkenntnis

---

573 BGH NJW 1964, 297; BGH NJW 1984, 2935, 2936; BGH NJW 1993, 2439.
574 Staudinger/*Olshausen*, § 2332 Rn 14.
575 Staudinger/*Olshausen*, § 2332 Rn 16; Soergel/*Dieckmann*, § 2332 Rn 8; MünchKomm/*Lange*, § 2332 Rn 8.
576 Damrau/*Lenz*, Erbrecht, § 2332 Rn 13.
577 BGH NJW 1972, 760; BGHZ 95, 76, 80.
578 Soergel/*Dieckmann*, § 2332 Rn 21.
579 BGH NJW 1972, 760.
580 Dies gilt auch dann, wenn der Beschenkte gleichzeitig Erbe ist; BGH NJW 1986, 1610.
581 BGH FamRZ 1985, 1521.

J. Verjährung des Pflichtteilsanspruchs § 4

ist erst recht auszugehen, wenn der Erbe Auskunft erteilt oder ein Inventar errichtet und dessen Richtigkeit auf Verlangen des Pflichtteilsberechtigten an Eides statt versichert.[582]

Gem. § 203 BGB wird die **Verjährung** des Pflichtteilsanspruchs durch schwebende Verhandlungen zwischen den Parteien **gehemmt**. Verhandlungen „schweben" sobald bzw solange der Erbe Bereitschaft zur Aufklärung des Sachverhalts zeigt.[583] Vergleichsbereitschaft ist aber nicht erforderlich.[584] Hingegen kann von schwebenden Verhandlungen nicht mehr ausgegangen werden, wenn der Pflichtteilsschuldner die Ansprüche der Pflichtteilsberechtigten zurückweist oder „sich zur weiteren Überprüfung nicht veranlasst sieht".[585] 320

Für die Hemmung der Verjährung gem. § 204 Abs. 1 Nr. 1 BGB (**Klageerhebung**) ist die Klage auf Auskunftserteilung (§ 2314 BGB) nicht ausreichend, da durch sie nicht rechtskräftig über den Pflichtteilsanspruch entschieden wird.[586] Vielmehr muss gleichzeitig Zahlung begehrt werden. Bei eindeutigem Klagebegehren, hemmt auch die **Stufenklage** nach § 254 ZPO die Verjährung.[587] Erforderlich ist aber auch hier, dass tatsächlich Zahlung begehrt und der Antrag nicht nur angekündigt wird.[588] Die Hemmung wirkt dann, wenn das Verfahren weiter betrieben wird,[589] in Höhe des in der letzten Stufe bezifferten Klageantrags,[590] Die Klage auf Zahlung des Pflichtteils gem. §§ 2303, 2305, 2307 BGB hemmt gleichzeitig die Verjährung des Pflichtteilsergänzungsanspruchs und umgekehrt,[591] allerdings nur in Höhe des mit der Leistungsklage geltend gemachten Betrags.[592] 321

Auch eine **Feststellungsklage** ist grundsätzlich zur Hemmung der Verjährung geeignet. Für den Pflichtteilsergänzungsanspruch gilt dies jedoch nur insoweit, als im Verfahren über die Entscheidung der Feststellungsklage auch zu der beeinträchtigenden Schenkung vorgetragen wird.[593] Die auf § 2325 BGB gestützte Klage auf Zahlung hemmt nur dann gleichzeitig die Verjährung des gegen den Beschenkten gerichteten Anspruchs nach § 2329 BGB, wenn sich beide Ansprüche gegen denselben Schuldner richten, Beschenkter und Erbe also identisch sind.[594] Das gilt auch, wenn der aus § 2325 BGB in Anspruch genommene „Beschenkte" nur Erbeserbe des Schenkers (Erblassers) ist.[595] Ob der Beschenkte den Erben des Schenkers alleine oder als Miterbe beerbt hat, spielt hierbei keine Rolle.[596] Die **Klage gegen den Testamentsvollstrecker** oder ein von ihm abgegebenes Anerkenntnis hemmt – im Hinblick auf § 2213 Abs. 1 S. 3 BGB – die Verjährung des Pflichtteilsanspruches nicht.[597] 322

Pflichtteilsansprüche **minderjähriger Kinder** gegen den überlebenden Elternteil werden durch § 207 Abs. 1 Nr. 2 BGB vor frühzeitiger Verjährung geschützt. Die Verjährungsfrist beginnt nicht vor der Vollendung des 18. Lebensjahres des pflichtteilsberechtigten Kindes zu laufen.[598] 323

---

582 RGZ 113, S. 234 = JW 1927, 1198.
583 BGH NJW-RR 2001, 1168.
584 BGH NJW-RR 2001, 1168; BGH NJW 2001, 1723.
585 OLG Köln NJW-RR 2000, 1411.
586 Soergel/*Dieckmann*, § 2332 Rn 20.
587 BGH NJW 1975, 1409; BGH FamRZ 1995, 797.
588 Damrau/*Lenz*, Erbrecht, § 2332 Rn 21.
589 OLG Hamm ZEV 1998, 187, 188; Damrau/*Lenz*, Erbrecht, § 2332 Rn 22.
590 BGH NJW 1992, 2563.
591 Staudinger/*Olshausen*, § 2332 Rn 9, 19; MünchKomm/*Lange*, § 2332 Rn 10.
592 Soergel/*Dieckmann*, § 2332 Rn 22; Staudinger/*Olshausen*, § 2332 Rn 31.
593 BGH NJW 1995, 1614.
594 BGHZ 107, 200, 203 = NJW 1989, 2887 (mit Anmerkung *Dieckmann*).
595 BGHZ 107, 200 = NJW 1982, 2887.
596 Damrau/*Lenz*, Erbrecht, § 2332 Rn 22.
597 BGHZ 51, 125.
598 *Damrau*, Der Minderjährige im Erbrecht, Rn 54; BayObLG FamRZ 1989, 540.

K. Gerichtliche Durchsetzung der Pflichtteilsansprüche

I. Klagearten im Allgemeinen

324 Soweit der Pflichtteilsberechtigte über ausreichende Kenntnisse von Art und Zusammensetzung des Nachlasses verfügt, kann er sofort **Zahlungsklage** erheben. Ist dies, wie meistens, nicht der Fall, hat er die Möglichkeit, mit Hilfe der **Auskunfts-** oder der **Stufenklage** vorzugehen, um sich zunächst die noch benötigten Informationen zu beschaffen. Dabei ist es möglich, in einzelnen, jeweils gesonderten Schritten vorzugehen und zunächst Auskunftsklage hinsichtlich der Zusammensetzung und des Werts des Nachlasses zu erheben, die Hauptansprüche dann aber im Wege einer gesonderten Zahlungsklage zu verfolgen. Nachteilig ist dabei, dass der Pflichtteilsberechtigte, neben dem Risiko der Verjährung, höhere Prozesskosten in Kauf nehmen muss. Die Gebühren für die einzelnen Prozesse entstehen hier nämlich aus zwei getrennten Streitwerten, während bei der Stufenklage (Klagehäufung) die Kosten aus einem Gesamtstreitwert ermittelt werden.[599]

325 Die Pflichtteilsklage kann grundsätzlich am allgemeinen **Gerichtsstand**, also am Wohnsitz des Beklagten (§ 13 ZPO), erhoben werden, wahlweise am besonderen Gerichtsstand der Erbschaft (§ 27 ZPO).[600]

II. Stufenklage

1. Allgemeines

326 Im Regelfall geht der Pflichtteilsberechtigte prozessual im Wege der **Stufenklage** (§ 254 ZPO) vor.[601]

327 In der ersten Stufe richtet sich der Klageantrag auf **Auskunftserteilung** über den Bestand des Nachlasses (§§ 2314, 260 BGB), in der zweiten Stufe auf die **Abgabe einer Versicherung an Eides Statt** (§ 260 Abs. 2 BGB) und in der dritten Stufe auf die Erfüllung des eigentlichen **Zahlungsanspruchs**, der sich betragsmäßig aus dem in der ersten Stufe ermittelten Nachlasswert und der Pflichtteilsquote ergibt. Ggf muss zwischen der zweiten und der dritten Stufe noch zusätzlich auf **Wertermittlung** geklagt werden. Vorteil der Stufenklage ist ihre verjährungsunterbrechende Wirkung.[602]

328 ▶ **Muster:**[603] **Stufenklage**

An das

Landgericht ...

Klage

des ...

– Kläger –

gegen

...

– Beklagter –

---

[599] *Kerscher/Riedel/Lenz,* Pflichtteilsrecht, § 13 Rn 1.
[600] *Riedel* in Bonefeld/Wachter, Der Fachanwalt für Erbrecht, Kap. 11 Rn 155; Besonderheiten gelten aber, soweit auch ein Hof iSd HöfeO betroffen ist; *Firsching/Graf,* Nachlassrecht, S. 183.
[601] *Riedel* in Bonefeld/Wachter, Der Fachanwalt für Erbrecht, Kapp. 11 Rn 156.
[602] BGH NJW 1972, 2563.
[603] In Anlehnung an *Kerscher/Riedel/Lenz,* Pflichtteilsrecht, § 13 Rn 34.

K. Gerichtliche Durchsetzung der Pflichtteilsansprüche § 4

wegen Auskunft, Abgabe einer eidesstattlicher Versicherung und Zahlung

vorläufiger Streitwert: EUR ...

Namens und in Vollmacht des von mir vertretenen Klägers erhebe ich Klage zum angerufenen Gericht. In der mündlichen Verhandlung werde ich beantragen,

den Beklagten im Wege der Stufenklage zu verurteilen,

1. Auskunft über den Bestand des Nachlasses des ... (Erblasser) am ... in ..., seinem letzten Wohnsitz, verstorbenen ... zu erteilen; durch Vorlage eines Bestandsverzeichnisses, welches folgende Punkte umfasst:
   - alle beim Erbfall tatsächlich vorhandenen Sachen und Forderungen
   - alle Nachlassverbindlichkeiten
   - alle ergänzungspflichtigen Schenkungen, die der Erblasser zu Lebzeiten getätigt hat
   - alle unter Abkömmlingen ausgleichungspflichtigen Zuwendungen (bei Abkömmlingen)
2. für den Fall, dass das Verzeichnis nicht mit der erforderlichen Sorgfalt errichtet wird, an Eides Statt zu versichern, dass er den Bestand des Nachlasses und die darin enthaltenen Auskünfte über Vorempfänge nach bestem Wissen so vollständig angegeben hat, wie er dazu in der Lage war.
3. die Werte der in dem Nachlassverzeichnis aufgeführten Vermögensgegenstände und Schulden anzugeben;
4. an den Kläger [Quote] des sich anhand der nach der Ziff. 1 zu erteilenden Auskunft errechnenden Betrages nebst Zinsen zu einem Zinssatz, der 5 %-Punkte über dem jeweiligen Basiszinssatz liegt, seit Zustellung der Klage zu zahlen.
5. die Kosten des Rechtsstreits zu tragen.

Für den Fall der Anordnung des schriftlichen Vorverfahrens beantrage ich schon jetzt den Erlass eines Versäumnisurteils gem. § 331 Abs. 3 ZPO oder den Erlass eines Anerkenntnisurteils gem. § 307 Abs. 2 ZPO, sobald hierfür die gesetzlichen Voraussetzungen gegeben sind.

Begründung:

Der Kläger und der Beklagte sind die alleinigen gesetzlichen Erben des im Antrag zu Ziff. 1 näherbezeichneten Erblassers.

Durch Erbvertrag vom ... hat der Erblasser den Beklagten als seinen alleinigen Erben bestimmt.

Mit notarieller Urkunde des Notars ... vom ..., Urkundenrollen-Nr. ..., wurde dem Beklagten vom Erblasser ein Grundstück übertragen.

Der Kläger hat den Beklagten mit Schreiben vom ... aufgefordert, ihm über den Umfang des Nachlasses und der erhaltenen Vorempfänge Auskunft zu erteilen, um ihm die Berechnung und Geltendmachung seines Pflichtteil und Pflichtteilsergänzungsanspruchs zu ermöglichen. Der Beklagte hat sich mit Schreiben vom ... geweigert, irgendwelche Auskünfte zu erteilen oder gar Zahlungen an den Kläger zu leisten.

Um seinen Pflichtteilsanspruch und Pflichtteilsergänzungsanspruch berechnen zu können, ist der Kläger deshalb auf Auskunft über den Bestand des Nachlasses einschließlich der zu Lebzeiten erfolgten Zuwendungen angewiesen. Gleiches gilt für die mit dem Antrag zu Ziffer 3 begehrten Wertangaben.

Der Antrag zu Ziffer 2. rechtfertigt sich aus § 260 Abs. 2 BGB.

■■■

Rechtsanwalt ◄

329 Erteilt der Beklagte nach Eintritt der Rechtshängigkeit der Stufenklage die begehrte Auskunft, kann hinsichtlich des Auskunftsantrags die Hauptsache für erledigt erklärt werden, ohne dass den Kläger die **Prozesskosten** treffen.[604]

2. Steckengebliebene Stufenklage

330 Ergibt sich aufgrund der Auskunftserteilung, dass der Nachlass nicht werthaltig und ein Zahlungsanspruch daher nicht begründet ist, ergibt sich hinsichtlich der anschließenden prozessualen Verfahrensweise bzw der Kostentragungspflicht ein bislang umstrittenes Problem: Durch die bloße Erklärung der Erledigung der Hauptsache bezüglich des Zahlungsantrags kann der Kläger seine Verpflichtung zur Tragung der Prozesskosten nicht vermeiden.[605] Da die Zahlungsklage unbegründet gewesen wäre, erlegt der BGH die Kosten nach § 92 ZPO dem Kläger auf. Eine analoge Anwendung des Rechtsgedanken aus § 93 ZPO kommt nicht in Betracht.

331 Da dies im Ergebnis zu einer ungerechtfertigten Kostentragungspflicht des Auskunftsklägers, der die Stufenklage im Zweifel nur zur Vermeidung der Verjährung seines etwaigen Zahlungsanspruchs erhoben hat, führen würde,[606] gesteht der BGH ihm einen **materiellrechtlichen Schadensersatzanspruch** bezüglich der angefallenen Kosten der unbegründeten Zahlungsklage zu, wenn diese bei rechtzeitiger Auskunftserteilung vermeidbar gewesen wäre.[607] Diesen Schadensersatzanspruch kann der Kläger entweder in einem **Folgeprozess** oder im laufenden Verfahren durch (zulässige weil sachdienliche) **Klageänderung** einfordern.

332 ▶ **Muster: Klageänderung bei steckengebliebener Stufenklage**

■■■ beantrage ich nach erfolgter Abgabe der eidesstattlichen Versicherung durch den Beklagten im Wege der Klageänderung:

Es wird festgestellt, dass der Beklagte verpflichtet ist, dem Kläger die Prozesskosten betreffend den Rechtsstreit vor dem Landgericht, Az: zu ersetzen.

Nach der vom Beklagten erteilten Auskunft, deren Richtigkeit und Vollständigkeit er an Eides statt versichert hat, steht fest, dass ein Leistungsanspruch des Klägers nicht besteht. Aus dem notariellen Nachlassverzeichnis vom ■■■ ergibt sich vielmehr, dass der Nachlass überschuldet ist. Im Zeitpunkt des Ablebens des Erbfalles waren Vermögenswerte in Höhe von ■■■ vorhanden. Diesen standen Nachlassverbindlichkeiten in Höhe von ■■■ gegenüber.

Beweis: Im Falle des Bestreitens, Vorlage des Nachlassverzeichnisses vom ■■■

Die Klage wäre für den Kläger vermeidbar gewesen, wenn der Beklagte innerhalb der ihm gesetzten Frist außergerichtlich die gewünschten Auskünfte erteilt hätte. Dies hat er nicht getan. Bei Klageerhebung befand er sich insoweit in Verzug.

Der Beklagte wurde mit Schreiben vom ■■■ unter Fristsetzung zum ■■■ aufgefordert, vollständige Auskunft über den gesamten Nachlassbestand zu erteilen.

---

[604] BGH MDR 1965, 641.
[605] *Kerscher/Riedel/Lenz*, Pflichtteilsrecht, § 13 Rn 97.
[606] BGH NJW 1994, 2895; BGHZ 40, 8265 ff.
[607] BGHZ 79, 2075; BGH NJW 1981, 990.

K. Gerichtliche Durchsetzung der Pflichtteilsansprüche   § 4

Beweis: Schreiben vom ..., bereits vorgelegt als Anlage zur Klageschrift

Auskunft wurde nicht erteilt. Mit Schreiben seines Prozessbevollmächtigten vom ... ließ der Beklagte mitteilen, die gewünschte Auskunft würde bis zum ... erteilt.

Beweis: Schreiben vom ..., bereits vorgelegt als Anlage zur Klageschrift

Bis zum Zeitpunkt der Klageerhebung am ... waren die Auskünfte nicht erteilt worden.

Die Prozesskosten stellen daher einen Verzugsschaden des Klägers dar, den dieser in Folge der Nichterteilung der Auskunft durch den Beklagten erlitten hat.

Die Klageänderung ist sachdienlich, da hierdurch ein weiterer Prozess vermieden wird, vergleiche BGH NJW 1994, 2895.

...

(Rechtsanwalt) ◄

3. Bezifferte Teilklage im Rahmen der Stufenklage

Auch wenn der Zahlungsanspruch des Pflichtteilsberechtigten in der letzten Stufe der Stufenklage grundsätzlich nicht verjährt besteht die Problematik, dass der Pflichtteilsberechtigte lange kein Geld sieht. Vor Erhebung der Stufenklage sollte daher überlegt werden, ob nicht die Verbindung mit einer bezifferten Teilklage angeraten ist. Nach der Rechtsprechung des BGH[608] besteht grundsätzlich die Möglichkeit, eine unbezifferte Stufenklage mit einer bezifferten Teilklage zu verbinden. Allerdings sollte darauf geachtet werden, dass die Teilbezifferung nur auf den tatsächlich unstreitigen Teil der Pflichtteilsforderung beschränkt wird. Nur dann besteht die Möglichkeit, dass bereits nach der ersten mündlichen Verhandlung das Gericht einem entsprechenden Antrag stattgibt, und der Pflichtteilsberechtigte die Möglichkeit hat, einen Teil seiner Forderung frühzeitig vollstrecken zu können. Bei der Bezifferung der Teilklage ist daher vorab zu prüfen, welche Einwendungen gegen den Pflichtteilsanspruch bestehen könnten. Bei Problemen der Bewertung sollte in jedem Fall von einem unteren Wert ausgegangen werden, damit im Rahmen der bezifferten Teilklage eine Beweisaufnahme auf jeden Fall vermieden wird. Die Möglichkeit der bezifferten Teilklage bietet sich daher immer an, wenn der Kläger sicher davon ausgehen kann, dass ihm ein bestimmter Mindestbetrag in jedem Fall zusteht.

333

▶ **Muster: Stufenklage und bezifferte Teilklage**

334

... (Kläger)

260

gegen

... (Beklagter)

wegen Pflichtteil und Pflichtteilsergänzung

Namens und im Auftrag des Klägers werde ich im Termin zur mündlichen Verhandlung beantragen:

1. Der Beklagte wird verurteilt, an den Kläger einen Betrag von EUR ... zuzüglich 5 % Zinsen jährlich über Basiszinssatz seit ... zu bezahlen.
2. Der Beklagte wird verurteilt
   a) Auskunft über den Nachlass des verstorbenen Erblassers ..., verstorben am ... unter Hinzuziehung des Klägers, zu erteilen durch Vorlage eines notariellen Bestandsverzeichnisses, welches insbesondere folgende Punkte umfasst:

---

[608] BGH NJW-RR 2003, 68 = FamRZ 2003, 31; vgl auch OLG Brandenburg ZErb 2004, 132.

aa) alle zum Zeitpunkt des Erbfalls vorhandenen Sachen und Forderungen (Aktiva)

bb) alle zum Zeitpunkt des Erbfalls vorhandenen Erbfallkosten und Erblasserschulden (Passiva)

cc) alle unentgeltlichen und teilunentgeltlichen Zuwendungen sowie ehebezogene Zuwendungen, die der Erblasser zu Lebzeiten getätigt hat (§ 2325 BGB).

b) Für den Fall, dass die Auskunft unter Ziffer 2. a) nicht mit der erforderlichen Sorgfalt erteilt worden sein sollte, zu Protokoll des Gerichts an Eides Statt zu versichern, dass er den Bestand des Nachlasses und die erteilten Auskünfte über die lebezeitigen unentgeltlichen und teilunentgeltlichen Zuwendungen nach bestem Wissen so angegeben hat, wie er dazu imstande war.

c) Den Wert der sich nach erteilter Auskunft ergebenden Nachlassgegenstände (mit Ausnahme des Grundstücks ...) durch Vorlage eines Sachverständigengutachtens ermitteln zu lassen.

d) 1/4 (Quote) des sich anhand der nach Ziffer 2. a), b) und c) zu erteilenden Auskunft, eidesstattlichen Versicherung und Wertermittlung ergebenden Betrages abzüglich des aus Ziffer 1. stattgegebenen Betrages zuzüglich 5 % Zinsen jährlich über dem jeweiligen Basiszinssatz seit ... zu bezahlen.

Begründung:

In Ziffer 1. der Klageschrift macht der Kläger im Wege der Teilklage bereits einen unstreitig bestehenden Pflichtteils- und Pflichtteilsergänzungsanspruch anhand der bislang bekannten Nachlassgegenstände und Nachlassforderungen geltend. Nach Ansicht des BGH kann eine Stufenklage mit einer mit einem Mindestbetrag bezifferten Teilklage verbunden werden (vgl BGH NJW-RR 2003, 68; BGHZ 107, 236). Der Zahlungsanspruch wird daher bereits als unstreitiger Teil des in der Stufenklage unter Ziffer 2. d) geltend gemachten Zahlungsanspruchs vorab gefordert.

Der Zahlungsanspruch gemäß Ziffer 1. basiert auf den bislang bekannten und unstreitigen Nachlasswerten und Schenkungen und stellt sich wie folgt dar:

(... Ausführungen zu dem Pflichtteilsanspruch insgesamt) ◄

335 Der **Streitwert** der Stufenklage bestimmt sich nach § 254 ZPO. Da er im Zeitpunkt der Klageerhebung regelmäßig noch nicht beziffert werden kann, ist er gem. § 3 ZPO zu schätzen. Soweit ein Teilleistungsanspruch beziffert werden kann, wird dieser als Streitwert zugrunde gelegt und zusätzlich der Wert des Auskunftsinteresses gem. § 3 ZPO hinzu geschätzt. Für den Gebührenstreitwert gilt § 18 GKG, demzufolge bei der Stufenklage der höchste Wert der erhobenen Ansprüche maßgeblich ist.[609]

III. Auskunftsklage

336 Soweit kein Verjährungsrisiko besteht, kann der Pflichtteilsberechtigte auch eine isolierte **Auskunftsklage** erheben. Schließt sich daran eine **Zahlungsklage** an, entstehen zwar die bereits erwähnten höheren Prozesskosten, im Übrigen bestehen jedoch keine wirklichen Nachteile gegenüber der Stufenklage.[610] Es ist aber unbedingt zu beachten, dass durch die Auskunftsklage

---

[609] Vgl zur Frage der Prozesskostenhilfe im Rahmen einer Stufenklage OLG Brandenburg FamRZ 1998, 1177.
[610] *Kerscher/Riedel/Lenz*, Pflichtteilsrecht, § 13 Rn 12.

K. Gerichtliche Durchsetzung der Pflichtteilsansprüche § 4

die Verjährung des Pflichtteilsanspruchs nicht unterbrochen wird.[611] Der Auskunftsanspruch kann grundsätzlich nicht durch einstweilige Verfügung erzwungen werden.[612]

In der Praxis bestehen mitunter Schwierigkeiten bei der Stellung des **Antrags**, da dieser so konkret wie möglich gefasst werden sollte, um eine spätere Vollstreckung zu erleichtern.[613] Der Antrag sollte daher auf **Auskunftserteilung über folgende Punkte** gerichtet werden:[614] 337

– alle beim Erbfall tatsächlich vorhandenen Sachen und Forderungen (Aktiva);
– die Nachlassverbindlichkeiten (Passiva);
– sämtliche Schenkungen (auch die an den potentiell Pflichtteilsergänzungsberechtigten selbst), die der Erblasser zu Lebzeiten getätigt hat;
– alle Zuwendungen an Abkömmlinge iSd §§ 2050 ff BGB;
– alle Zuwendungen, die in Anrechnung auf den ordentlichen Pflichtteil gem. § 2315 BGB erfolgt sein könnten.

Eine genaue Umschreibung der einzelnen Handlungen zur Erfüllung der Auskunftspflicht ist (aus prozessökonomischen Gründen) nicht erforderlich.[615] 338

Hat der Erbe einmal (vollständig) Auskunft erteilt, ist der Auskunftsanspruch erfüllt, so dass eine **Ergänzung des Nachlassverzeichnisses** oder gar die **Vorlage von Belegen** nicht mehr verlangt werden kann. Dem Pflichtteilsberechtigten bleibt dann nur die Möglichkeit, die Abgabe der **Versicherung an Eides statt** zu fordern, oder die Zugehörigkeit bestimmter Gegenstände zum Nachlass zu beweisen.[616] 339

Der Übergang vom Auskunftsanspruch zum Wertermittlungsanspruch stellt keine Klageänderung iSv § 264 Nr. 2 ZPO dar, wenn der Kläger aufgrund derselben tatsächlichen und rechtlichen Gegebenheit von dem einen auf den anderen Anspruch übergeht.[617] 340

Über den **Streitwert der Auskunftsklage** entscheidet das Gericht gem. § 3 ZPO nach Ermessen.[618] IdR ist hierbei 1/10 bis 1/4 des zu erwartenden Zahlungsanspruchs als angemessen zugrunde zu legen.[619] 341

IV. Feststellungsklage

Mit Hilfe der **Feststellungsklage** kann beispielsweise die verbindliche (also in Rechtskraft erwachsende) Feststellung getroffen werden, ob ein rechtswirksamer Pflichtteilsverzicht vorliegt oder ein Fall der Erb- und Pflichtteilsunwürdigkeit gegeben ist. 342

Hätte der Berechtigte aber bereits die Möglichkeit, Leistungsklage zu erheben, fehlt ihm für die Feststellungsklage das Rechtsschutzbedürfnis.[620] 343

V. Geltendmachung von Pflichtteilsergänzungsansprüchen

Besonderheiten bestehen teilweise auch bei der isolierten Geltendmachung von Pflichtteilsergänzungsansprüchen gegenüber dem Erben bzw dem vom Erblasser Beschenkten. 344

---

611 BGH NJW 1975, 1402.
612 Staudinger/*Haas*, § 2314 Rn 80.
613 Für die Angaben bei Auskünften über Grundstücke siehe umfassend *Rohlfing*, Erbrecht, § 5 Rn 220.
614 BGH LM BGB § 2314 Nr. 5; vgl auch *Kerscher/Riedel/Lenz*, Pflichtteilsrecht, § 13 Rn 13.
615 OLG Hamburg FamRZ 1988, 1213.
616 *Kerscher/Riedel/Lenz*, Pflichtteilsrecht, § 13 Rn 17.
617 *Damrau/Riedel*, Erbrecht, § 2303 Rn 37.
618 *Kerscher/Riedel/Lenz*, Pflichtteilsrecht, § 13 Rn 87.
619 OLG München MDR 1972, 247.
620 *Damrau/Riedel*, Erbrecht, § 2303 Rn 38.

345 ▶ **Muster:**[621] **Klage auf Pflichtteilsergänzung gegen den beschenkten Miterben**

An das

Landgericht ...

Klage

des ...

– Kläger –

gegen

...

– Beklagter –

wegen Herausgabe zum Zwecke der Zwangsvollstreckung gem. § 2329 BGB

vorläufiger Streitwert: EUR ...

Namens und in Vollmacht des von mir vertretenen Klägers erhebe ich Klage und werde beantragen,

1. Die Beklagte wird verurteilt, die Zwangsvollstreckung in das Grundstück [Ort], eingetragen im Grundbuch von ... Band ..., Blatt ... Bestandsverzeichnis ..., Fl. Nr. ... mit einer Größe von ... qm, zum Zwecke der Befriedigung des, dem Kläger zustehenden Anspruchs in Höhe von ... nebst Zinsen zu einem Zinssatz, der 5 %-Punkte über dem jeweiligen Basiszinssatz liegt, seit Rechtshängigkeit, zu dulden.
2. Die Beklagte kann die Zwangsvollstreckung nach Ziff. 1 durch Bezahlung des Betrages iHv EUR ... zzgl Zinsen zu einem Zinssatz, der 5 %-Punkte über dem jeweiligen Basiszinssatz liegt, seit Rechtshängigkeit der Klage abwenden.
3. Die Kosten des Rechtsstreits trägt die Beklagte.

Für den Fall der Anordnung des schriftlichen Vorverfahrens beantrage ich schon jetzt den Erlass eines Versäumnisurteils gem. § 331 Abs. 3 ZPO oder den Erlass eines Anerkenntnisurteils gem. § 307 Abs. 2 ZPO, sobald hierfür die gesetzlichen Voraussetzungen gegeben sind.

Begründung:

Der Kläger ist gesetzlicher Alleinerbe des am ... verstorbenen Erblassers. Die Beklagte ist eine langjährige Bekannte des Erblassers.

Mit Übergabevertrag vom ... übertrug der Erblasser sein Hausgrundstück ... wenige Monate vor seinem Tod auf die Beklagte. Die Übergabe war in vollem Umfang unentgeltlich, mithin eine Schenkung.

Der Nachlass ist mehr oder minder wertlos. Der Erbe hat die Einrede des unzureichenden Nachlasses geltend gemacht. Der Kläger kann somit von der Beklagten wegen des ihm zustehenden Pflichtteilsergänzungsanspruchs die Herausgabe des geschenkten Hausgrundstückes zum Zwecke der Zwangsversteigerung gem. § 2329 BGB verlangen.

Der Pflichtteilsergänzungsanspruch des Klägers beträgt ... zuzüglich Zinsen zu einem Zinssatz, der 5 %-Punkte über dem jeweiligen Basiszinssatz liegt, seit Rechtshängigkeit der Klage. Die Beklagte

---

621 In Anlehnung an *Kerscher/Riedel/Lenz*, Pflichtteilsrecht, § 13 Rn 38.

hat trotz mehrmaliger Aufforderung den Anspruch des Klägers nicht erfüllt, so dass Klage geboten war.

Rechtsanwalt ◄

VI. Beweislastverteilung

Den Pflichtteilsberechtigten trifft nicht nur die Beweislast hinsichtlich der Zugehörigkeit einzelner Gegenstände zum realen Nachlass, sondern auch hinsichtlich der Frage, ob eine dem fiktiven Nachlass zuzurechnende Schenkung vorliegt. Hierbei können allerdings die vom BGH entwickelten Grundsätze der **Beweislastumkehr**[622] eingreifen, wenn der Zuwendungsempfänger sich darauf beruft, dass eine Unentgeltlichkeit nicht vorliege, zwischen Leistung und Gegenleistung aber tatsächlich ein auffälliges Missverhältnis besteht.[623]   346

Den Pflichtteil mindernde Tatsachen müssen grundsätzlich die Erben beweisen, so zB die Anrechnungs- und Ausgleichspflicht bezüglich bestimmter Vorempfänge.[624]   347

Eine in der Praxis vernachlässigte Möglichkeit zur Durchsetzung des Pflichtteilsanspruches stellt die Beantragung einer **Nachlass- oder Klagpflegschaft**[625] (§§ 1960 ff BGB) dar. Wird eine Pflegschaft angeordnet, kann der Pflichtteilsanspruch ohne größeren Aufwand gegenüber dem Nachlasspfleger geltend gemacht werden. Diese Verfahren sind vor allem dann interessant, wenn die tatsächlichen Erben noch nicht feststehen bzw unklar ist, ob die vermeintlichen Erben die Erbschaft angenommen haben. Vorteil der Pflegschaft ist insbesondere, dass der Nachlasspfleger zur sorgfältigen Aufnahme eines Nachlassverzeichnisses angehalten ist, und dieses auch im Sinne von § 2314 BGB verwendet werden kann. Dies ist umso bedeutsamer, als es sich bei ihm regelmäßig um eine unabhängige, neutrale Person handelt.   348

Da die Anordnung einer Nachlasspflegschaft im Ermessen des Gerichts steht, sollte hilfsweise gleichzeitig eine Klagpflegschaft beantragt werden, die die gerichtliche Geltendmachung des Pflichtteilsanspruchs ermöglicht.   349

VII. Vergleich über das Pflichtteilsrecht

Die streitige Geltendmachung des Pflichtteilsanspruchs vom Auskunftsbegehren über die eidesstattliche Versicherung bis hin zur Durchsetzung des Zahlungsanspruchs stellt für die Beteiligten oftmals einen äußerst langwierigen und Nerven aufreibenden Prozess dar. Darüber hinaus ist alles andere als sicher, dass der Pflichtteilsberechtigte wirklich vollständig über den Umfang und die Zusammensetzung des Nachlasses informiert wird. Die eidesstattliche Versicherung erweist sich in der Praxis nicht selten als stumpfes Schwert. Vor diesem Hintergrund sollte auch der Anwalt prüfen, ob nicht eine **außergerichtliche** Einigung erreicht werden kann. Da es sich – juristisch betrachtet – lediglich um einen schuldrechtlichen Zahlungsanspruch handelt, ist der Vergleich hierüber grundsätzlich formlos, in der Praxis regelmäßig privatschriftlich, möglich.   350

Dem **Vergleich** sollte stets das Nachlassverzeichnis zugrunde gelegt werden; eine Zusicherung hinsichtlich etwaiger Vorempfänge ist sinnvoll. Darüber hinaus sollte eine Regelung der spä-   351

---

622 Damrau/*Riedel*, Erbrecht, § 2303 Rn 39.
623 BGH ZEV 1996, 186.
624 *Kerscher/Riedel/Lenz*, Pflichtteilsrecht, § 13 Rn 25.
625 Ausführlich hierzu: *Ott-Eulberg*, Die Nachlasspflegschaft als taktisches Mittel zur Durchsetzung von Pflichtteils- und Pflichtteilsergänzungsansprüchen, ZErb 2000, 222 ff.

teren Ausgleichung nach § 2313 Abs. 1 S. 3 BGB erfolgen. Bezüglich der Bewertung der Nachlassgegenstände empfiehlt sich eine verbindliche gegenseitige Einigung.

352 ▶ **Muster:**[626] **Außergerichtlicher Vergleich über einen Pflichtteilsanspruch**

Vereinbarung

zwischen

der Erbengemeinschaft nach ▪▪▪, verstorben am ▪▪▪, bestehend aus:

▪▪▪ Name

▪▪▪ Name

– nachfolgend Erbengemeinschaft –

und

▪▪▪ Name

– nachfolgend Pflichtteilsberechtigter –

wird folgender außergerichtlicher Vergleich zur Regelung der Pflichtteilsansprüche des Pflichtteilsberechtigten nach dem Tod des ▪▪▪ (Erblasser) geschlossen.

§ 1 Vergleichsgegenstand

(1) Die Erbengemeinschaft erkennt den Anspruch des Pflichtteilsberechtigten auf einen Pflichtteil gegenüber der Erbengemeinschaft in Höhe von ▪▪▪ Quote des Wertes des Nachlasses von ▪▪▪ an. Der Pflichtteilsquote wird zugrunde gelegt, dass der Erblasser, nach Angaben der Erbengemeinschaft, im gesetzlichen Güterstand der Zugewinngemeinschaft gelebt hat.

(2) Der Bestand des Nachlasses ergibt sich aus dem dieser Vereinbarung als wesentlicher Bestandteil beigefügten Nachlassverzeichnis und den darin gem. § 2311 BGB festgestellten Werten. Die Vertragsparteien erkennen die Wertfeststellung als verbindlich an.

(3) Mit dieser Vereinbarung werden auch die Pflichtteilsergänzungsansprüche des Pflichtteilberechtigten, hinsichtlich solcher Gegenstände, die im Nachlassverzeichnis als fiktive Nachlassgegenstände aufgeführt sind, abschließend geregelt.

§ 2 Zahlung, Verzugsfolgen

(1) Dem Pflichtteilsberechtigten steht gegen die Erbengemeinschaft ein Pflichtteil in Höhe von EUR ▪▪▪ zu.

(2) Der Pflichtteil ist zur Zahlung fällig am ▪▪▪ (Zahlungseingang). Die Zahlung hat zu erfolgen auf das Rechtsanwalt-Anderkonto von Rechtsanwalt ▪▪▪ Konto-Nr. ▪▪▪ bei ▪▪▪ Bank, BLZ [▪▪▪].

(3) Für den Fall nicht fristgerechter Zahlung ist der rückständige Betrag mit 10% p.a. zu verzinsen, ohne dass es einer besonderen Mahnung bedarf. Hierin liegt keine Stundungsvereinbarung.

(4) Es wird klargestellt, dass die einzelnen Mitglieder der Erbengemeinschaft den Pflichtteil als Gesamtschuldner schulden.

§ 3 Zusicherungen

(1) Die Erbengemeinschaft sichert ausdrücklich zu, dass das dem Vertrag beigefügte Nachlassverzeichnis vollständig ist und dass der Erblasser im gesetzlichen Güterstand gelebt hat.

(2) Die Erbengemeinschaft sichert ausdrücklich zu, dass ihr keine weiteren Umstände bekannt sind, die hinsichtlich der Höhe des Pflichtteils, insbesondere hinsichtlich der Bewertung, von Bedeutung sind.

---

626 In Anlehnung an *Kerscher/Riedel/Lenz*, Pflichtteilsrecht, § 13 Rn 42.

(3) Die Erbengemeinschaft sichert ausdrücklich zu, dass ihr keine Schenkungen im Sinne von § 2325 BGB bekannt und dass keine ausgleichungspflichtigen Zuwendungen bzw Vorempfänge an die Miterben (Abkömmlinge) erfolgt sind, die sich nicht aus dem Nachlassverzeichnis ergeben.

(4) Der Pflichtteilsberechtigte sichert ausdrücklich zu, dass er keine ausgleichungspflichtigen Vorempfänge vom Erblasser erhalten hat.

(5) Ansprüche des Pflichtteilsberechtigten gem. § 2313 Abs. 1 S. 3 BGB bleiben von dieser Vereinbarung unberührt.

(6) Die Erbengemeinschaft verpflichtet sich gegenüber dem Pflichtteilsberechtigten zur unverzüglichen schriftlichen Offenlegung von nach Unterzeichnung dieses Vertrages nachträglich erlangten Erkenntnissen über eine etwaige Erweiterung des Umfanges des Nachlasses.

(7) Sollte sich herausstellen, dass eine der gegebenen Zusicherungen unzutreffend ist, so wird die gegen diese Zusicherung verstoßende Partei die andere Vertragspartei so stellen, wie diese stünde, wenn Zusicherung zutreffend wäre. Danach ist der Pflichtteil neu zu berechnen und ein gegebenenfalls entstehender Unterschiedsbetrag innerhalb von zwei Wochen nach schriftlicher Geltendmachung auszugleichen. § 2 Abs. 2 bis 4 dieses Vertrages gilt entsprechend. Gleiches gilt für nachträglich bekannt werdende Aktiva des Nachlasses.

§ 4 Abgeltung, Verjährung, Verwirkung

(1) Die Parteien sind sich darüber einig, dass alle finanziellen Ansprüche aus und in Verbindung mit dem Pflichtteil des Pflichtteilsberechtigten mit der Erfüllung dieser Vereinbarung erledigt sind, vorbehaltlich etwaiger Änderungen gem. § 3 dieses Vertrages. Der Auskunftsanspruch des Pflichtteilsberechtigten gem. § 2314 BGB ist damit nicht ausgeschlossen.

(2) Alle gegenseitigen Ansprüche aus dem Vertragsverhältnis sind nach Ablauf des ... verwirkt, sofern sie nicht innerhalb dieser Frist schriftlich und innerhalb eines weiteren Monats gerichtlich geltend gemacht worden sind. Ausgenommen von der Verwirkung bleiben die Ansprüche gem. § 3 dieses Vertrages.

§ 5 Sonstige Bestimmungen

(1) Sollte eine Bestimmung dieser Vereinbarung unwirksam sein, wird die Wirksamkeit der übrigen Bestimmungen davon nicht berührt. Die Parteien verpflichten sich, anstelle der unwirksamen Bestimmung eine dieser Bestimmung möglichst nahe kommende, wirksame Regelung zu treffen.

(2) Jede Partei trägt die mit diesem Vertrag zusammenhängenden Kosten, insbesondere des jeweiligen Rechtsberaters, selbst.

(3) Mündliche Abreden oder Nebenabreden sind nicht getroffen. Änderungen und Ergänzungen des Vertrages bedürfen zu ihrer Gültigkeit der Schriftform. Dies gilt auch für die Abweichung von dieser Schriftformklausel selbst.

..., den ...

Unterschrift

..., den ...

Unterschrift ◄

§ 5 Testamentsvollstreckung

Literatur: *Breidenstein,* Die Berücksichtigung der Kosten für die Testamentsvollstreckung bei Pflichtteilsansprüchen, ZFE 2009, 264; *ders.,* Die Bindungswirkung des Verfahrens zur gerichtlichen Ernennung eines Testamentsvollstreckers für das Erbscheinserteilungsverfahren, ZErb 2009, 194; *Glaser,* Dauertestamentsvollstreckung: BVerfG sieht keine Grundrechtsverletzung, EE 2009, 93; *Storz,* Befugnis des Testamentsvollstreckers zur authentischen Interpretation unklarer erbrechtlicher Verfügungen, ZEV 2009, 265; *Zimmermann,* Die Testamentsvollstreckung im FamFG, ZErb 2009, 86; *Weidlich,* Die zulässige Höchstdauer einer Testamentsvollstreckung, MittBayNot 2008, 263; *Muscheler,* Die vom Testamentsvollstrecker erteilte Vollmacht, ZEV 2008, 213; *Hartmann,* Aufschiebend bedingte Testamentsvollstreckung, RNotZ 2008, 150; *Zimmer,* Die Fortdauer der Testamentsvollstreckung über den Zeitraum von 30 Jahren hinaus, NJW 2008, 1125; *Tersteegen,* Sozialhilferechtliche Verwertbarkeit von Vermögen bei Anordnung von Verwaltungsvollstreckung, ZEV 2008, 121; *Keim,* Befugnisse des Nacherbentestamentsvollstreckers bei Verfügungen über Nachlassgegenstände, ZErb 2008, 5; *Jünemann,* Das Mietverhältnis über Wohnraum im Todesfall – Sonderproblem Testamentsvollstreckung, ZErb 2007, 394; *Bonefeld,* Auskunftsanspruch des Erben gegenüber Banken bei Testamentsvollstreckung, ZErb 2007, 142; *ders.,* Betreuer oder gesetzlicher Vertreter und Testamentsvollstreckung, Zerb 2007, 2; *Säcker,* Die Bestimmung des Nachfolgers durch den Testamentsvollstrecker, ZEV 2006, 288; *Grunsky/Hohmann,* Die Teilbarkeit des Testamentsvollstreckeramtes, ZEV 2005, 41; *Nieder,* Das notarielle Nachlassverzeichnis im Pflichtteilsrecht, ZErb 2004, 60; *Kirchner,* Zur Erforderlichkeit eines Ergänzungspflegers bei (Mit-) Testamentsvollstreckung durch den gesetzlichen Vertreter des Erben, MittBayNot 2002, 368; *Watrin,* Berufsrechtliche Zulässigkeit der Testamentsvollstreckung durch Steuerberater, DStR 2002, 422; *Piltz,* Zur steuerlichen Haftung des Testamentsvollstreckers, ZEV 2001, 262; *Stracke,* Testamentsvollstreckung und Rechtsberatung, ZEV 2001, 250; *Werkmüller,* Vollmacht und Testamentsvollstreckung als Instrumente der Nachfolgegestaltung bei Bankkonten, ZEV 2000, 305; *Sarres,* Die Auskunftspflicht des Testamentsvollstreckers, ZEV 2000, 90; *Adams,* Der Alleinerbe als Testamentsvollstrecker, ZEV 1998, 321; *Häfke,* Steuerliche Pflichten, Rechte und Haftung des Testamentsvollstreckers, ZEV 1997, 429; *Reimann,* Nachlassplanung als erbrechtsübergreifende Beratungsaufgabe, ZEV 1997, 129; *Skibbe,* Zur Kumulation von Testamentsvollstreckeraufgaben in einer Hand, FS Brandner 1996, 769; *Damrau,* Der Nachlass vor Beginn des Testamentsvollstreckeramtes, ZEV 1996, 81; *Muscheler,* Freigabe von Nachlassgegenständen, ZEV 1996, 401; *Muscheler,* Der Mehrheitsbeschluss in der Erbengemeinschaft, ZEV 1997, 169; *Reimann,* Die Kontrolle des Testamentsvollstreckers, FamRZ 1995, 588; *Trapp,* Die post- und transmortale Vollmacht zum Vollzug lebzeitiger Zuwendungen, ZEV 1995, 314; *Schaub,* Testamentsvollstreckung durch Banken, FamRZ 1995, 845; *Bork,* Testamentsvollstreckung durch Banken, WM 1995, 225; *Vortmann,* Testamentsvollstreckung durch Banken, ZBB 1994, 259; *Henssler,* Geschäftsmäßige Rechtsberatung durch Testamentsvollstrecker?, ZEV 1994, 261; *Damrau,* Auwirkungen des Testamentsvollstreckeramtes auf elterliche Sorge, Vormundsamt und Betreuung, ZEV 1994, 1; *von Morgen/Götting,* „Gespaltene" Testamentsvollstreckung bei gesamtdeutschen Nachlässen, DtZ 1994, 199; *Meincke,* Steuerberater als Testamentsvollstrecker, Nachlassverwalter und Nachlasspfleger, Steuerberaterkongress-Report 1992, 209; *Merkel,* Die Anordnung der Testamentsvollstreckung – Auswirkungen auf eine postmortale Vollmacht?, WM 1987, 1100; *Reithmann,* Testamentsvollstreckung und postmortale Vollmacht als Instrumente der Kautelarjurisprudenz, BB 1984, 1394.
Zur Verwaltung des Nachlasses und Verfügungsbefugnis: *Tolksdorf,* Vermögensverwaltung durch den Testamentsvollstrecker in der Praxis (Teile 1 bis 4), ErbStB 2008, 54, 86, 118, 144; *Iliou,* Testamentsvollstreckung im Spannungsfeld zwischen der Verwirklichung des Erblasserwillens und unternehmerischer Entscheidungsverantwortung, ZErb 2008, 96; *Behme,* Der Erblasserwille und das Gesellschaftsrecht – was darf der Testamentsvollstrecker in einer KG?, ZErb 2008, 40; *Grunsky,* Vereinbarkeit der Ämter als Testamentsvollstrecker und Mitglied eines Organs einer Aktiengesellschaft, ZEV 2008, 1; *Keim,* Befugnisse des Nacherbentestamentsvollstreckers bei Verfügungen über Nachlassgegenstände, ZErb 2008, 5; *Werner,* Die Testamentsvollstreckung im Recht der GmbH und GmbH & Co KG, nwb 2007, F. 19 S. 3827; *Keim,* Teilung der Verfügungsbefugnis zwischen Testamentsvollstrecker und Erben durch den Willen des Erblassers?, ZEV 2002, 132; *Reimann,* Die Kontrolle des Testamentsvollstreckers, FamRZ 1995, 588; *Muscheler,* Testamentsvollstreckung über Erbteile, AcP (1995) 35; *von Preuschen,* Testamentsvollstreckung für Erbteile, FamRZ 1993, 1390; *Lehmann,* Die unbeschränkte Verfügungsbefugnis des Testamentsvollstreckers, AcP 188 (1988), 1; *Schmitz,* Testamentsvollstreckung und Kapitalanlagen – Richtlinien für die Anlage von Nachlassvermögen durch den Testamentsvollstrecker, ZErb 2003, 3; *Klumpp,* Handlungsspielraum und Haftung bei Vermögensanlagen durch den Testamentsvollstrecker, ZEV 1994, 65; *Goebel,* Probleme der

treuhänderischen und der echten Testamentsvollstreckung über ein vermächtnisweise erworbenes Einzelunternehmen, ZEV 2003, 261; *Spall,* Vollzug eines Nachvermächtnisses durch den Testamentsvollstrecker, ZEV 2002, 5; *Damrau/J. Mayer,* Zur Vor- und Nachvermächtnislösung beim sog. Behindertentestament, ZEV 2001, 293; *Frank,* Umwandlung einer Personengesellschaft in eine Kapitalgesellschaft durch den Testamentsvollstrecker – Ist eine Umwandlungsanordnung anzuraten?, ZEV 2003, 5; *Frank,* Die Testamentsvollstreckung über Aktien, ZEV 2002, 389; *J. Mayer,* Testamentsvollstreckung über GmbH-Anteil, ZEV 2002, 209; *Schaub,* Unentgeltliche Verfügungen des Testamentsvollstreckers, ZEV 2001, 257; *Wellkamp,* Das gesetzliche Verfügungsrecht des Testamentsvollstreckers und dessen Einschränkungen durch den Erblasser, ZErb 2000, 177; *J. Mayer,* Ausgewählte erbrechtliche Fragen des Vertrages zugunsten Dritter, DNotZ 2000, 905; *Schaub,* Die Veräußerung von Grundstücken durch den Testamentsvollstrecker, ZEV 2000, 49; *Jung,* Unentgeltliche Verfügungen des Testamentsvollstreckers, Rechtspfleger 1999, 204; *Wachter,* Testamentsvollstreckung an GmbH-Geschäftsanteilen, ZNotP 1999, 226; *Schiemann,* Der Testamentsvollstrecker als Unternehmer, FS Medicus 1999, 513; *Weidlich,* Befugnisse des Testamentsvollstreckers bei der Verwaltung von Beteiligungen an einer werbenden BGB-Gesellschaft, ZEV 1998, 339; *Plank,* Die Eintragungsfähigkeit des Testamentsvollstreckervermerks im Handelsregister, ZEV 1998, 325; *Burghardt,* Verfügungen über Nachlasskonten in der Bankpraxis, ZEV 1996, 136; *Dörrie,* Reichweite der Kompetenzen des Testamentsvollstreckers an Gesellschaftsbeteiligungen, ZEV 1996, 370; *Dörrie,* Erbrecht und Gesellschaftsrecht bei Verschmelzung, Spaltung und Formwechsel, GmbHR 1996, 245; *Stimpel,* Testamentsvollstreckung über den Anteil an einer GbR, FS Brandner 1996, 779; *Weidlich,* Beteiligung des Testamentsvollstreckers und des Erben bei der formwechselnden Umwandlung von Personenhandelsgesellschaften und Gesellschaften mit beschränkter Haftung, MittBayNot 1996, 1; *Lorz,* Der Testamentsvollstrecker und der Kernbereich der Mitgliedschaft, FS Boujong 1996, 319; *Gschwendter,* Testamentsvollstreckung an einem Kommanditanteil, NJW 1996, 362; *Winkler,* „Echte" Testamentsvollstreckung aus Unternehmen und OHG-Anteil?, FS Schippel 1996, 519; *Weidlich,* Die Testamentsvollstreckung an Beteiligungen einer werbenden OHG bzw. KG, ZEV 1994, 205; *Schaub,* Die Rechtsnachfolge von Todes wegen im Handelsregister bei Einzelunternehmen und Personenhandelsgesellschaften, ZEV 1994, 71; *Brandner,* Testamentsvollstreckung am Kommanditanteil ist zulässig, FS Kellermann 1991, 37; *Ulmer,* Testamentsvollstreckung an Kommanditanteilen?, NJW 1990, 73; *D. Mayer,* Testamentsvollstreckung am Kommanditanteil – Voraussetzungen und Rechtsfolgen, ZIP 1990, 976; *Flume,* Die Erbennachfolge in den Anteil einer Personengesellschaft und die Zugehörigkeit des Anteils zum Nachlass, NJW 1988, 161; *Rowedder,* Die Zulässigkeit der Testamentsvollstreckung bei Kommanditbeteiligungen, FS Goerdeler 1987, 445; *Weber,* Testamentsvollstreckung an Kommanditanteilen?, FS Stiefel 1987, 829; *Marotzke,* Die Mitgliedschaft in einer offenen Handelsgesellschaft als Gegenstand der Testamentsvollstreckung, JZ 1986, 457; *Reimann,* Testamentsvollstreckung an Geschäftsanteilen jetzt möglich? MittBayNot 1986, 232; *Priester,* Testamentsvollstreckung am GmbH-Anteil, FS Stimpel 1985, 463; *Brandner,* Das einzelkaufmännische Unternehmen unter Testamentsvollstreckung, FS Stimpel 1985, 991; *Mattern,* In-Sich-Geschäfte des Testamentsvollstreckers, BWNotZ 1961, 149; *von Lübtow,* In-Sich-Geschäfte des Testamentsvollstreckers, JZ 1960, 151; *Müller,* Zur Heilung der fehlenden Verpflichtungsbefugnis eines Testamentsvollstreckers, JZ 1981, 370.

Testamentsvollstreckung und Prozessrecht/Zwangsvollstreckung: *Garlichs,* Die Befugnis zur Vollstreckungserinnerung, Rechtspfleger 1999, 60; *Tiedtke,* Der Testamentsvollstrecker als gesetzlicher oder gewillkürter Prozessstandschafter, JZ 1981, 429; *Löwisch,* Kann der Testamentsvollstrecker Prozess über das Erbrecht bestimmter Personen führen?, DRiZ 1971, 272; *Kessler,* Der Testamentsvollstrecker im Prozess, DRiZ 1965, 195 sowie 1967, 299; *Gutbell,* Schutz des Nachlasses gegen Zwangsvollstreckungsmaßnahmen bei Testamentsvollstreckung und Vorerbschaft, ZEV 2001, 260; *Damrau,* Lebenslange Testamentsvollstreckung im Insolvenzfall, MDR 2000, 255.

Entlassung und Beendigung der Testamentsvollstreckung: *Werner,* Wie man einen Testamentsvollstrecker los wird, ZEV 2010, 126; *Kühn,* Entgeltliche Amtsbeendigungsvereinbarungen bei Dauertestamentsvollstreckung, ZErb 2009, 140; *Muscheler,* Pflicht des Testamentvollstreckers zur Kündigung, NJW 2009, 2081; ders. Entlassung des Testamentsvollstreckers und letztwillige Schiedsklausel, ZEV 2009, 317; *Horn,* Ist die Testamentsvollstreckung nach Entlassung des namentlich benannten Testamentsvollstrecker beendet?, ZEV 2007, 521; *Reimann,* Vereinbarungen zwischen Testamentsvollstreckern und Erben über die vorzeitige Beendigung der Testamentsvollstreckung, NJW 2005, 789; *Reimann,* Ende der Testamentsvollstreckung durch Umwandlung?, ZEV 2000, 381; *Bonefeld,* Die Beendigung des Testamentsvollstreckeramtes, ZErb 2000, 184; *Damrau,* Das Ende der Testamentsvollstreckung über ein Vorvermächtnis, FS Kraft, 1998, 37 *Muscheler,* Die Entlassung des Testamentsvollstreckers, AcP 197 (1997), 226.

Vergütung des Testamentsvollstreckers: *Targan/Voss,* Grenzen der Angemessenheit – Ermessen und Kassation im Rahmen des § 2221 BGB, ErbR 2207, 176; *Haas/Lieb,* Die Angemessenheit der Testamentsvollstreckervergütung nach § 2221 BGB, ZErb 2002, 202; *Reimann,* Die Berechnung der Testamentsvollstreckervergütung nach den neueren Tabellen,DStR 2002, 2008; *Zimmermann,* Die angemessene Testamentsvollstreckervergütung, ZEV 2001, 334; *Kimberger,* Besteuerung der Testamentsvollstreckervergütung als Einkommen oder Vermögensfall von Todes wegen, ZEV 2001, 267; *Reimann,* Die Testamentsvollstreckervergütung nach den Empfehlungen des Deutschen Notarvereins, DNotZ 2001, 344; *Reithmann,* Die Vergütung des Testamentsvollstreckers im notariellen Testament, ZEV 2001, 385; *Tieling,* Die Vergütung des Testamentsvollstreckers, ZEV 1998, 331; *von Morgen,* Die Testamentsvollstreckervergütung bei Erbteilsvollstreckungen, ZEV 1996, 170; *Reimann,* Zur Festsetzung der Testamentsvollstreckergütung, ZEV 1995, 57; *Tschischgale,* Die Vergütung des Testamentsvollstreckers, JurBüro 1995, 89.

Haftung des Testamentsvollstreckers: *Schmidl,* Entlastung, Haftungsfreizeichnung und –beschränkung des Anwaltes als Testamentsvollstrecker, ZEV 2009, 123; *Bonefeld,* Die Verjährung der Testamentsvollstreckerhaftung, ZErb 2003, 247; *Burgard,* Die Haftung des Erben für Delikte des Testamentsvollstreckers, FamRZ 2000, 1269.

A. Formulare für die Anordnung der Testamentsvollstreckung	1
I. Die Anordnung der Testamentsvollstreckung	1
1. Zielsetzung der Testamentsvollstreckung	1
2. Rechtsverhältnis zwischen Erben und Testamentsvollstrecker	10
3. Wer kann Testamentsvollstrecker sein?	14
a) Natürliche und juristische Personen	14
b) Erben, Vermächtnisnehmer	19
c) Gesetzliche Vertreter	25
d) Steuerberater, Wirtschaftsprüfer, Banken	26
e) Rechtsanwälte, Notare	35
f) Heimleiter, Heimmitarbeiter, Schiedsrichter, Schiedsgutachter	37
4. Die Form der Ernennung des Testamentsvollstreckers	38
II. Muster: Anordnung einer Testamentsvollstreckung (ausführlich)	66
III. Die verschiedenen Arten der Testamentsvollstreckung	67
1. Muster: Abwicklungsvollstreckung	68
2. Muster: Dauertestamentsvollstreckung (§ 2209 S. 1, 2. Hs BGB)	69
3. Muster: Schlichte Verwaltungsvollstreckung (§ 2209 S. 1, 1. Hs BGB)	70
4. Muster: Nacherbentestamentsvollstreckung (§ 2222 BGB)	71
5. Muster: Vermächtnisvollstreckung (§ 2223 BGB)	72
6. Muster: Testamentsvollstreckung mit beschränktem Aufgabenkreis (§ 2208)	73
IV. Testamentsvollstreckung und Vollmachten	74
V. Testamentsvollstreckung und Kollisionsrecht	80
B. Die Annahme und Ablehnung des Testamentsvollstreckeramtes	92
I. Allgemeines	92
II. Die Beantragung eines Testamentsvollstreckerzeugnisses	98
III. Die Ernennung eines Nachfolgers gem. § 2199 BGB	108
C. Ausgewählte Formulare für die praktische Abwicklung einer Testamentsvollstreckung	123
I. Grundsätzliches	123
II. Ablauf der Abwicklungsvollstreckung (Generalvollstreckung)	126
III. Anträge des Testamentsvollstreckers an Grundbuchamt und Handelsregister	171
IV. Die Erstellung des Nachlassverzeichnisses	185
1. Zeitpunkt der Erstellung	186
2. Inhalt des Nachlassverzeichnisses	191
3. Hinzuziehungsrecht der Erben	202
4. Aufnahme eines Nachlassverzeichnisses durch einen Notar etc.	204
5. Kosten	208
V. Die Auseinandersetzung des Nachlasses	215
1. Aufstellen eines Auseinandersetzungsplanes	216
2. Pflicht zur Anhörung der Erben	223
3. Folgen der Planaufstellung	227
4. Der Auseinandersetzungsvertrag	234
VI. Die Verwaltung und Verfügungen des Testamentsvollstreckers über den Nachlass sowie Vereinbarungen mit der Erbengemeinschaft	247
1. Verwaltung des Nachlasses	247
2. Verfügungen über den Nachlass	254
3. In-sich-Geschäfte des Testamentsvollstreckers	259
4. Das Verbot unentgeltlicher Verfügungen	282
5. Die Verpflichtungsbefugnis nach § 2206 Abs. 1 BGB	294
a) Allgemeines	294
b) Die Verpflichtung des Erben zur Einwilligung gem. § 2206 Abs. 2 BGB	302
6. Testamentsvollstreckung und Zugriffverbot, insbesondere bei Insolvenz	317
7. Probleme mit Erbengemeinschaften in Zusammenhang mit Verfügungen bzw ordnungsgemäßer Verwaltung	325
D. Die Testamentsvollstreckung im Unternehmensbereich	333
I. Allgemeines	333
II. Die einzelnen Ersatzlösungen	335
1. Vollmachtslösung	336
2. Treuhandlösung	346
3. Weisungsgeberlösung	354

4. Beaufsichtigende Testamentsvollstreckung 358
   5. Alternativen 363
 III. Testamentsvollstreckung an Anteilen an Personengesellschaften 366
   1. Persönlich haftende Gesellschaftsanteile (OHG, EWIV, GbR, Komplementär einer KG) 368
   2. Kernrechtsbereichtheorie 380
   3. Verwaltungsvollstreckung an einer Kommanditbeteiligung 393
   4. Besonderheiten bei Verwaltungsvollstreckung bei Gesellschaftsanteil einer GbR 396
   5. Stille Gesellschaften 397
   6. Genossenschaften 398
   7. EWIV 399
   8. Partnerschaftsgesellschaft 400
 IV. Testamentsvollstreckung bei Kapitalgesellschaften 402
   1. Gesellschaft mit beschränkter Haftung 403
   2. Aktiengesellschaft 406
 V. Die Beschränkung des Aufgabenkreises für den Testamentsvollstrecker 407
   1. Allgemeines 407
   2. Möglichkeiten der Beschränkung nach § 2208 Abs. 1 BGB 414
   3. Die beaufsichtigende Testamentsvollstreckung nach § 2208 Abs. 2 BGB ... 420
 VI. Beschränkungen des Verfügungsrechts des oder der Erben 424
   1. Allgemeines 424
   2. Reichweite der Verfügungsbeschränkung 432
E. Der Testamentsvollstrecker im Prozess 443
 I. Aktivprozess des Testamentsvollstreckers 443
   1. Rechtsstellung des Testamentsvollstreckers im Aktivprozess 444
   2. Aktivlegitimation des Testamentsvollstreckers 451
   3. Umfang der Aktivlegitimation des Testamentsvollstreckers 454
     a) Klagen als Testamentsvollstrecker 454
     b) Gewillkürte Prozessstandschaft des Erben 460
     c) Fehlende Aktivlegitimation des Testamentsvollstreckers 467
     d) Kostenrisiko 477
     e) Nach dem Prozess 481
 II. Der Passivprozess des Testamentsvollstreckers 501
   1. Passivlegitimation des Testamentsvollstreckers 501
   2. Umfang der Passivlegitimation des Testamentsvollstreckers 508
   3. Fehlende Passivlegitimation des Testamentsvollstreckers 511
   4. Besonderheiten für den Erben im Passivprozess 513
   5. Besonderheit: Pflichtteilsansprüche und Testamentsvollstreckung 525
   6. Nach dem Prozess 537
 III. Klagen gegen den Testamentsvollstrecker persönlich 540
   1. Klagen der Erben gegen den Testamentsvollstrecker persönlich 541
   2. Amtsklagen der Erben gegen den Testamentsvollstrecker 543
 IV. Die Klage des Testamentsvollstreckers persönlich gegen den Erben oder andere Beteiligte 552
F. Die Haftung und Entlassung des Testamentsvollstreckers 559
 I. Allgemeines 559
 II. Anspruchsinhaber 563
 III. Haftungsdauer und -schuldner 566
 IV. Die einzelnen Haftungsvoraussetzungen .. 568
 V. Haftung mehrerer Testamentsvollstrecker (§ 2219 Abs. 2 BGB) 576
 VI. Durchsetzung des Anspruchs 577
 VII. Verjährung 583
 VIII. Möglichkeiten der Haftungsvermeidung .. 587
G. Die Entlassung des Testamentsvollstreckers 604
 I. Allgemeines 604
 II. Vorliegen eines Entlassungsgrundes 613
H. Die angemessene Vergütung 641
 I. Allgemeines 641
 II. Vergütungstabellen 647
   1. Die Rheinische Tabelle 650
   2. Möhring'sche Tabelle 652
   3. Eckelskemper'sche Tabelle 653
   4. Vergütungsempfehlungen des Deutschen Notarvereins 654
     a) Regelvergütung 655
     b) Abwicklungsvollstreckung 657
     c) Dauervollstreckung 658
     d) Periodische Verwaltungsgebühr ... 659
     e) Mehrere Testamentsvollstrecker ... 661
 III. Anwendung der einzelnen Tabellen 662
 IV. Festsetzung in der Praxis 664
 V. Fälligkeit der Vergütung und Entnahmerecht 675
 VI. Schuldner 678
 VII. Aufwendungsersatz 682
 VIII. Steuern 684
I. Mehrere Testamentsvollstrecker 690
 I. Allgemeines 690
 II. Gemeinschaftliche Amtsführung gemäß § 2224 Abs. 1 BGB 691
 III. Ausnahme vom Gesamtvollstreckungsprinzip gemäß § 2224 Abs. 2 BGB 694
 IV. Entscheidung bei Meinungsverschiedenheit unter Gesamtvollstreckern 697
J. Die Beendigung des Amtes des Testamentsvollstreckers 704
 I. Allgemeines 704
 II. Beendigungstatbestände 705
   1. Tod des Testamentsvollstreckers nach § 2225 1. Alt. 712
   2. Eintritt der Amtsunfähigkeit des Testamentsvollstreckers nach § 2225 2. Alt BGB iVm § 2201 BGB 713
   3. Verlust der Rechtsfähigkeit bei juristischen Personen analog § 2225 BGB ... 714

III. Rechtsfolgen der Amtsbeendigung 716   IV. Kündigung durch den Testamentsvollstrecker 728

A. Formulare für die Anordnung der Testamentsvollstreckung
I. Die Anordnung der Testamentsvollstreckung
1. Zielsetzung der Testamentsvollstreckung

1 Die Einsetzung eines Testamentsvollstreckers ist in der Regel sehr zweckmäßig. Eine Testamentsvollstreckungsanordnung kann zB in folgenden Fällen sinnvoll sein:
– Erblasser will den Nachlassbestand auf längere Zeit erhalten;
– der Erbe ist im Geschäftsverkehr unerfahren;
– der Erblasser befürchtet aus anderen Gründen, der Erbe werde seine letztwilligen Anordnungen nicht oder nur unvollständig umsetzen;
– Verhinderung des Zugriffs von Eigengläubigern des Erben auf den Nachlass gem. § 2214 BGB (zB bei sog. Behindertentestament/Testament bei überschuldeten Erben);
– Vermittlung der Auseinandersetzung einer Erbengemeinschaft;
– Unterstützung und Sicherung der Unternehmensnachfolge;
– Unterstützung und Stärkung eines bestimmten Personenkreises.

2 Welche Aufgaben der Testamentsvollstrecker zu bewältigen hat, richtet sich nach den Erblasserbestimmungen. Hat der Erblasser nichts anderes bestimmt, hat der Testamentsvollstrecker gem. § 2203 BGB die letztwilligen Verfügungen des Erblassers zur Ausführung zu bringen. Sind mehrere Erben vorhanden, hat er die Auseinandersetzung unter ihnen nach den Vorschriften der §§ 2042 bis 2056 BGB zu bewirken. Dieser Fall der **Abwicklungsvollstreckung** ist dem Gesetz nach der Regeltypus.

3 Durch entsprechende Gestaltung im Rahmen seiner letztwilligen Verfügung kann der Erblasser den Aufgabenkreis über diesen Regeltypus auch insoweit erweitern, dass der Testamentsvollstrecker allein oder neben der Aufgabenerledigung die Nachlassverwaltung vorzunehmen hat. Neben der Abwicklungsvollstreckung steht die **schlichte Verwaltungsvollstreckung,** wo nach dem Testamentsvollstrecker die bloße Nachlassverwaltung übertragen wird, ohne dass ihm weitere Aufgaben zugewiesen wurden. Sie muss ausdrücklich angeordnet sein, damit nicht der Regeltypus der Abwicklungsvollstreckung unterstellt wird. In der Praxis wird die schlichte Verwaltungsvollstreckung häufig bis zum Eintritt der Volljährigkeit eines Erben zur Nachlassverwaltung eingesetzt sowie zur Verhinderung des Zugriffs von Eigengläubigern des Erben auf den Nachlass nach § 2214 BGB.

4 Darüber hinaus hat die schlichte Verwaltungsvollstreckung im Rahmen der Pflichtteilsbeschränkung in guter Absicht nach § 2338 Abs. 1 S. 2 BGB Bedeutung.

5 Bei einer **Dauertestamentsvollstreckung** nach Maßgabe des § 2209 S. 1 BGB beinhaltet die Erblasseranordnung, dass der Testamentsvollstrecker nach der Erledigung der ihm sonst zugewiesenen Aufgaben die Verwaltung des Nachlasses fortzuführen hat. Die Abwicklungsvollstreckung und die Verwaltungsvollstreckung werden somit zeitlich nacheinander angefügt.[1] Wegen der zeitlichen Befristung der Verwaltung ist auf die Erblasseranordnung abzustellen. Fehlt eine derartige Anordnung, endet die Testamentsvollstreckung gem. § 2210 BGB 30 Jahre nach dem Erbfall.

---
1 Vgl MünchKomm/*Zimmermann,* § 2209 Rn 2.

A. Formulare für die Anordnung der Testamentsvollstreckung   § 5

Dem Testamentsvollstrecker kann aber auch die Aufgabe zugewiesen werden, gem. § 2222 BGB   6
die Rechte und Pflichten der Nacherben bis zum Eintritt der Nacherbfolge gegenüber dem Vorerben wahrzunehmen. Der Nacherbenvollstrecker hat selbst kein allgemeines Verwaltungsrecht. Von der Nacherbenvollstreckung und der Anordnung der Testamentsvollstreckung für den Nacherbfall ist die Testamentsvollstreckung für den Vorerbfall abzugrenzen, welche eine Verwaltungsvollstreckung oder Dauertestamentsvollstreckung darstellt.

Ebenso kann Vermächtnisvollstreckung nach Maßgabe des § 2223 BGB angeordnet werden,   7
um die Anordnung eines Untervermächtnisses gem. § 2186 BGB, eines Nachvermächtnisses gem. § 2191 BGB, eine Auflage gem. §§ 2192 ff BGB sicherzustellen. Der Fall der Vermächtnisvollstreckung ist streng abzugrenzen von der Möglichkeit, den Testamentsvollstrecker mit der Verwaltung des Vermächtnisgegenstandes, welcher sich in der Hand des Vermächtnisnehmers befindet, zu vertrauen. Dabei handelt es sich um eine bloße Verwaltungsvollstreckung.

Schließlich kann neben der Erweiterung des Aufgabenkreises auch der Aufgabenbereich des   8
Testamentsvollstreckers beschränkt werden. Gleiches gilt für seine Befugnisse.

Nach neuerer Auffassung[2] soll das Amt des Testamentsvollstreckers sogar teilbar sein. Nach   9
dieser Meinung soll eine Teilannahme, als auch eine teilweise Beendigung durch Kündigung oder Entlassung denkbar sein. Ausschlaggebendes Kriterium sei dabei der jeweils hypothetische Erblasserwille.

2. Rechtsverhältnis zwischen Erben und Testamentsvollstrecker

Das Rechtsverhältnis zwischen dem Erben und dem Testamentsvollstrecker ist geprägt von der   10
Vorschrift des § 2218 BGB. Zwischen beiden Personen besteht kein Auftragsverhältnis, sondern ein gesetzliches Schuldverhältnis eigener Art. Der Erbe wird zudem durch die Verfügungsbefugnis des Testamentsvollstreckers gem. § 2211 BGB ausgeschlossen.

Der Testamentsvollstrecker kann gegenüber dem Erben die **Nachlassherausgabe** gem. § 2205   11
S. 1 BGB ebenso verlangen, wie eine **angemessene Vergütung** gem. § 2221 BGB sowie den Ersatz seiner notwendigen Aufwendungen gem. §§ 2218, 670 BGB. Die Rechte des Erben gegenüber dem Testamentsvollstrecker bzw die Pflichten des Testamentsvollstreckers sind in den §§ 2215 bis 2219 BGB manifestiert und aufgrund § 2220 BGB nicht durch den Erblasser abänderbar.

Aufgrund des durch die Testamentsvollstreckungsanordnung entstehenden **Sondervermögens**   12
haftet der Nachlass nur den Nachlassgläubigern, nicht aber den Privatgläubigern des Erben (vgl § 2214 BGB). Eine Anordnung der **Nachlassverwaltung** schließt eine Testamentsvollstreckung nicht aus, die Befugnisse des Testamentsvollstreckers werden jedoch außer Kraft gesetzt, soweit die des Nachlassverwalters reichen. Es kann Personenidentität zwischen Nachlassverwalter und Testamentsvollstrecker bestehen. Das Antragsrecht zur Nachlassverwaltung steht dem Erben auch gegen den Willen des Testamentsvollstreckers zu.[3] Ebenso wird durch die Öffnung des **Nachlassinsolvenzverfahrens** die Testamentsvollstreckung nicht ausgeschlossen.

Ist der Testamentsvollstrecker noch unbekannt, dh er ist noch nicht bestimmt, sind aber Not-   13
geschäftsführungsmaßnahmen notwendig, ist nach hiesiger Auffassung gem. § 1913 BGB eine

---
2 Grunsky/Hohmann, ZEV 2005, 41 ff.
3 Vgl Soergel/Damrau, vor § 2197 Rn 14.

Pflegschaft für den **unbekannten Testamentsvollstrecker** anzuordnen, so dass nicht das Nachlassgericht, sondern das Vormundschaftsgericht sachlich für den Antrag zuständig ist.[4]

3. Wer kann Testamentsvollstrecker sein?

a) Natürliche und juristische Personen

14 Zum Testamentsvollstrecker können sowohl **natürliche** als auch **juristische Personen** ernannt werden. Das Gesetz sieht in § 2201 BGB lediglich bei den Personen eine Einschränkung vor, die zur Zeit, in denen sie das Amt anzutreten hätten, **geschäftsunfähig** oder in der **Geschäftsfähigkeit beschränkt** sind oder wegen **Gebrechlichkeit nach § 1896 BGB** zur Besorgung ihrer Vermögensangelegenheiten einen Pfleger erhalten haben. Wie aus § 2197 Abs. 1 BGB hervorgeht, kann der Erblasser zahlenmäßig unbegrenzt mehrere Personen zum Testamentsvollstrecker ernennen.

15 Neben juristischen Personen wie einer **Aktiengesellschaft** oder **GmbH**, können auch **Personengesellschaften** aufgrund § 124 Abs. 1 HGB wegen der Teilrechtsfähigkeit zum Testamentsvollstrecker ernannt werden, wie zB die **OHG, KG, EWIV** sowie die **Partnerschaftsgesellschaft**. Ein **nicht rechtsfähiger Verein** ist nicht ernennungsfähig.[5]

16 Im Rahmen der Entscheidung des Bundesgerichtshofes vom 29.1.2001[6] zur Rechtsfähigkeit einer (Außen-)GbR wurde als Folge der Anerkennung der beschränkten Rechtsfähigkeit der **GbR** im Sinne einer akzessorischen Haftung der Gesellschafter für die Gesellschaftsverbindlichkeiten, vergleichbar der OHG gem. § 128 Abs. 1 HGB, entschieden. Insofern spricht einiges dafür, auch einer BGB-Gesellschaft die Ernennungsfähigkeit zum Amt des Testamentsvollstreckers zuzubilligen. Lehnt man eine Ernennungsfähigkeit ab, kann aber die Ernennung einer GbR dahingehend umgedeutet werden, dass die Gesellschafter Mitvollstrecker nach § 2224 BGB sein sollen.[7] Bei Einsetzung einer Sozietät zum Testamentsvollstrecker sollte unbedingt darauf geachtet werden, ob jeder einzelne Sozius Vollstrecker werden soll und ob nach einem Ausscheiden aus der Sozietät das Amt weiter bestehen bleiben soll.

17 Ohnehin bestehen bei juristischen Personen als Testamentsvollstrecker praktische Schwierigkeiten. So werden im Testamentsvollstreckerzeugnis nicht nur die juristische Person selbst, sondern auch die Organe mit Namen aufgeführt, ohne dass eine Erklärung klarstellt, ob eine der Personen alleinvertretungsberechtigt ist.

18 Eine **Behörde**, wie zB das Nachlassgericht, kann wegen der fehlenden Befugnis des Erblassers, den gesetzlich festgesetzten Aufgabenkreis einer Behörde zu erweitern, nicht zum Testamentsvollstrecker ernannt werden. Den Inhaber eines bestimmten Amtes oder Notariats können zum Testamentsvollstrecker ernannt werden.[8] Demzufolge kann die Ernennung einer Behörde regelmäßig dahingehend umgedeutet werden, dass der jeweilige Amtsträger zum Testamentsvollstrecker ernannt werden sollte.

---

4 So *Damrau*, ZEV 1996, 81; Staudinger/*Otte*, § 1960 Rn 7; aA Bengel/Reimann/*Bengel*, Handbuch I, Rn 15 (dort § 1960 BGB analog und damit Zuständigkeit des Nachlassgerichts).
5 Soergel/*Damrau*, § 2197 Rn 8, Bamberger/Roth/*J. Mayer*, § 2197 Rn 27; aA Bengel/Reimann/*Reimann*, Handbuch II, Rn 180.
6 BGH NJW 2001, 1056.
7 Soergel/*Damrau*, § 2197 Rn 8, MünchKomm/*Zimmermann*, § 2197 Rn 9; Staudinger/*Reimann*, § 2197 Rn 50, der jedoch die Überschaubarkeit des Teilnehmerkreises postuliert.
8 BayObLGZ 20, 55.

b) Erben, Vermächtnisnehmer

Zwar kann der Erblasser jede natürliche Person zum Testamentsvollstrecker ernennen, bestimmte Personen sind jedoch, entweder aus rechtlichen oder aus tatsächlichen Gründen, von der Übernahme des Amtes ausgeschlossen.

So kann der **Alleinerbe**, weil er sich nicht selbst beschränken kann, nicht zum alleinigen Testamentsvollstrecker, hingegen aber zum Mitvollstrecker nach § 2224 BGB ernannt werden.[9]

Ein Alleinerbe oder alleiniger Vorerbe kann aber zugleich Erbentestamentsvollstrecker sein, wenn sich die Testamentsvollstreckung auf die sofortige Erfüllung eines Vermächtnisses beschränkt und das Nachlassgericht bei groben Pflichtverstößen einen anderen Testamentsvollstrecker bestimmen kann.[10] Im Rahmen einer **Vermächtnisvollstreckung** nach § 2223 BGB kann somit ein Alleinerbe wegen der fehlenden Erbenbeschränkung zum Testamentsvollstrecker ernannt werden.[11] Ebenso ist eine Einsetzung **aller Erben** wegen § 2224 Abs. 1 BGB möglich.

Hingegen ist eine Einsetzung des **alleinigen Vorerben** zum Testamentsvollstrecker verwehrt. Gleiches gilt für die Ernennung als Nacherbenvollstrecker, weil durch diese Konstellation sämtliche Kontrollrechte des Nacherben ausgeschaltet werden.[12]

Mit weiteren Vollstreckern kann jedoch der alleinige Vorerbe wiederum zum Testamentsvollstrecker ernannt werden, wenn gewährleistet ist, dass der Wegfall der anderen Mitvollstrecker nicht zur alleinigen Vollstreckung durch den Vorerben führt.[13] Die gleichzeitige Ernennung eines Miterben zum Testamentsvollstrecker und zum Nacherbenvollstrecker ist zulässig, wenn die Vollstreckung durch ein Kollegium von Testamentsvollstreckern ausgeübt wird.[14] Der alleinige Nacherbe kann ebenfalls nicht Testamentsvollstrecker für die Nacherbschaft sein. Gleiches gilt für ihn als Nacherbenvollstrecker nach § 2222 BGB. Hingegen ist eine Ernennung zum Testamentsvollstrecker für den Vorerben für den alleinigen Nacherben möglich.[15]

Ein **Vermächtnisnehmer** kann zum Testamentsvollstrecker berufen werden, und zwar auch als Alleinvermächtnisnehmer.

c) Gesetzliche Vertreter

Gerichtliche **Genehmigungserfordernisse** entfallen, wenn ein **Vormund** oder ein **Familienangehöriger** zum Testamentsvollstrecker ernannt wird. Ggf kann es aufgrund dieser Doppelstellung zum **Interessengegensatz** im Sinne des § 1796 BGB kommen, so dass im Einzelfall eine **Ergänzungspflegschaft** anzuordnen ist.[16] Nach der neuesten Rechtsprechung kann aber auch der gesetzliche Vertreter des Erben Testamentsvollstrecker sein, weil nicht automatisch ein Interessengegensatz gegeben sein muss.[17]

Dennoch ist in der Praxis anzuraten, dass der gesetzliche Vertreter als Testamentsvollstrecker das Recht nach § 2199 BGB haben soll. Folgende Formulierung könnte zB lauten:[18]

„Zudem ermächtige ich den Testamentsvollstrecker, einen oder mehrere Mitvollstrecker gemäß § 2199 Abs. 1 BGB zu ernennen. Jedoch beschränke ich gemäß §§ 2208, 2224 Abs. 1 S. 3 BGB

---

9 RGZ 77, 177; RGZ 163, 57; aM *Adams*, ZEV 1998, 321.
10 BGH vom 26.1.2005, Az IV ZR 296/03.
11 So bereits vor der BGH Entscheidung: Bamberger/Roth/*J. Mayer*, § 2197 Rn 32.
12 OLG Karlsruhe MDR 1981, 943.
13 BayObLG NJW 1976, 1692.
14 BayObLG NJW 1976, 1692.
15 BayObLG NJW 1959, 1920.
16 Dazu *Damrau*, ZEV 1994, 1. Zur Vermeidung einer Pflegschaft: *Bonefeld*, ZErb 2007, 2.
17 Vgl dazu BGH ZEV 2008, 330 sowie *Bonefeld*, ZErb 2007, 2.
18 Dazu *Bonefeld*, ZErb 2007, 2.

den Aufgabenkreis und die Rechte des jeweiligen Mitvollstreckers auf die Bereiche, die dem ernennenden Testamentsvollstrecker bzw dem gesetzlichen Vertreter zB nach § 1796 BGB aufgrund einer Interessenkollision von der Verwaltung rechtlich entzogen sind bzw bei denen er in seiner Amtsausübung gehindert ist."

Entgegen § 2224 BGB übt jeder Testamentsvollstrecker das Amt allein und nicht gemeinschaftlich aus.

d) Steuerberater, Wirtschaftsprüfer, Banken

26 Am 11.11.2004 urteilte der für Wettbewerbsrecht zuständige Senat am Bundesgerichtshof, dass die Werbung einer Bank oder eines Steuerberaters, eine Testamentsvollstreckung durchzuführen, nicht gegen das Rechtsberatungsgesetz verstößt.[19]

27 Die Entscheidung war angesichts der neuen Rechtsprechung des Bundesverfassungsgerichts und der im Vordringen befindlichen Ansicht in der Literatur zum Anwendungsbereich des Rechtsberatungsgesetzes zu erwarten.

28 Nach dem Rechtsdienstleistungsgesetz heißt es in § 5:

(2) Stets als erlaubte Nebenleistungen gelten Rechtsdienstleistungen, die im Zusammenhang mit einer der folgenden Tätigkeiten erbracht werden:

1. Testamentsvollstreckung;

29 Sogar in der Begründung zum RDG führt die Bundesregierung aus:

„Gleichwohl soll künftig jede Art von Testamentsvollstreckung zulässig sein. In den Fällen, in denen der Erblasser die Entscheidung trifft, die Testamentsvollstreckung einem Kreditinstitut, einem Wirtschaftsprüfungsunternehmen oder einer sonstigen Person seines Vertrauens zu übertragen, ist es auch aus Gründen der Testierfreiheit geboten, die gesamte Abwicklung eines Nachlasses als zulässiges Annexgeschäft zur vermögensverwaltenden Tätigkeit des Testamentsvollstreckers anzusehen."

30 Nach hiesiger Auffassung ist jedoch weiterhin streitig, wann im Einzelfall dennoch die Durchführung von Testamentsvollstreckungen durch die Banken zulässig ist. Im Bereich der Banken dürfte die eigentliche Problematik nur verlagert sein. Bei Banken handelt es sich regelmäßig nämlich um juristische Personen, die durch ihre Organe vertreten werden. In der Praxis werden wohl kaum die einzelnen Bankvorstände die eigentliche Testamentsvollstreckertätigkeit selbst durchführen, sondern sich durch Angestellte des Bankunternehmens vertreten lassen. Dies kann aber unzulässig sein, da insoweit das **Substitutionsverbot** zu beachten ist. Der Testamentsvollstrecker darf nämlich auch einzelne Obliegenheiten im Zweifel nicht auf Dritte übertragen (§ 664 Abs. 1 S. 2 BGB; sog. Substitution oder Vollübertragung im Gegensatz zur bloßen Zuziehung eines Gehilfen nach § 664 Abs. 1 S. 3 BGB). Das Substitutionsverbot soll dann nicht gelten, wenn die Wahrnehmung durch Dritte nach den Grundsätzen einer ordnungsmäßigen Verwaltung gem. § 2216 Abs. 1 BGB bei Berücksichtigung der Umstände des Einzelfalls und der Verkehrssitte unbedenklich ist. Die Konstituierung des Nachlasses bzw Erstellung des Nachlassverzeichnisses ist höchstpersönliche Uraufgabe und eben nicht nur bloße Einzelaufgabe des Testamentsvollstreckers und dürfte somit nicht ohne weiteres auf Dritte – auch nicht per Generalvollmacht – übertragen werden. Andernfalls würde er wesentliche Bereiche der Testamentsvollstreckung aus der Hand geben. Des Weiteren dürfte es sich bei den eigenen An-

---

19 ZErb 2005, 65 = ZEV 2005, 123 m.Anm. *Stracke.*

A. Formulare für die Anordnung der Testamentsvollstreckung § 5

gestellten der Bank auch nicht um „selbstständiger Vertragspartner" handeln, denen man ansonsten Aufgaben übertragen dürfte.

Zukünftig hat also der Rechtsberater bei Testamentsvollstreckung von Banken besonders auf 31
das Substitutionsverbot zu achten. Bei einem Verstoß ist dann ein Entlassungsantrag nach
§ 2227 BGB zu stellen.

Doch auch wenn kein Verstoß gegen das Substitutionsverbot gegeben ist, sollte zukünftig darauf 32
geachtet werden, ob die Bank überhaupt wegen **Interessenkollision** den Nachlass nach § 2216
BGB ordnungsgemäß verwaltet oder ob sie, wenn die Interessenkollision nicht zur Entlassung
nach § 2227 BGB führt, nicht wenigstens nach § 2219 BGB in die Haftung genommen werden
kann. Demnach ist also besonderes Augenmerk darauf zu verwenden, ob zB die Bank bei der
Kapitalanlage nur an die eigenen Fonds denkt und nicht zinsgünstigere Möglichkeiten bei anderen Banken ungenutzt lässt.[20]

Somit ist nach der neuen Rechtsprechung also die Durchführung einer Testamentsvollstreckung 33
durch Steuerberater zulässig. Gleiches gilt für **Wirtschaftsprüfer**. Wie den gewerblichen Verwaltern von Eigentumswohnungen, ist diesen Berufsgruppen ebenfalls die **Erlaubnisfreiheit** ihrer Tätigkeit nach dem RDG zuzubilligen.[21] Eine reine Verwaltungsvollstreckung nach § 2209
S. 1 BGB wurde bereits als Vermögensverwaltung iSd des RDG und somit erlaubnisfrei gewertet.[22] Sofern keine geschäftsmäßige Übernahme von Testamentsvollstreckung vorliegt, dürfte
die Übernahme und Durchführung der Testamentsvollstreckung, sofern sie einzeln veranlasst
ist, ohne weiteres erfolgen. Dies gilt insbesondere für die Fälle, wenn eine Bestimmung durch
das Nachlassgericht nach Maßgabe des § 2200 BGB erfolgt ist.

Kann das Amt durch einen Steuerberater oder Wirtschaftsprüfer durchgeführt werden, ist je- 34
doch das Gewerbeverbot aus § 57 Abs. 4 Nr. 1 StBerG sowie § 43 Abs. 3 Nr. 1 WPO zu beachten.

e) Rechtsanwälte, Notare

Keine Probleme mit dem RBerG haben naturgemäß **Rechtsanwälte** und **Notare**, für die die 35
Übernahme des Amtes als Testamentsvollstrecker grundsätzlich zulässig ist. Allerdings kann
der Rechtsanwalt das Amt des Testamentsvollstreckers wegen § 45 Abs. 2 BRAO nicht ausüben, wenn er zuvor gegen den Träger des zu verwaltenden Vermögens tätig geworden ist.
Aufgrund § 45 Abs. 3 BRAO erstreckt sich dieses Verbot auch auf einen Sozius.

Der Notar, der die Verfügung von Todes wegen beurkundet hat, ist wegen §§ 7, 27 BeurkG 36
daran gehindert, das Amt durchzuführen. Der Verstoß gegen das **Mitwirkungsverbot** führt
nicht dazu, dass die vollständige Verfügung von Todes wegen unwirksam ist. § 2085 BGB ist
zu beachten. Wird jedoch der Notar in einem weiteren Testament zum Testamentsvollstrecker
ernannt und hat er dieses Testament nicht beurkundet, so darf er das Amt ausführen. Gleiches
gilt für den Fall, in dem er ein Testament beurkundet hat, in dem das Nachlassgericht nach
§ 2200 BGB gebeten wird, den Notar zum Testamentsvollstrecker zu ernennen.[23] Da § 3
Abs. 1 Nr. 4 BeurkG lediglich eine Soll-Vorschrift ist, führt die Bestimmung eines **Sozius** des

---

20 Zur Interessenkollision bei der Anlage von Nachlassvermögen durch Kreditinstitute: *Schmitz*, ZErb 2005, 74.
21 So auch Bamberger/Roth/*J. Mayer*, § 2197 Rn 30.
22 OLG Düsseldorf ZEV 2002, 27; vgl hingegen OLG Hamm NJW-RR 2002, 1286.
23 OLG Stuttgart DNotZ 1990, 430; OLG Oldenburg DNotZ 1990, 431.

beurkundenden Notars nicht zur Unwirksamkeit der Ernennung, hingegen zu disziplinarrechtlichen Maßnahmen.[24]

f) Heimleiter, Heimmitarbeiter, Schiedsrichter, Schiedsgutachter

37 Sowohl ein Verstoß gegen das RDG sowie gegen § 14 HeimG (bzw die Landesgesetze wie BayPflegWoQ) liegt vor, wenn ein **Heimleiter** oder **Heimmitarbeiter** das Amt des Testamentsvollstreckers übernimmt, sofern der Erblasser die Vergütung nicht ausgeschlossen hat.[25] Ein **Schiedsrichter** und **Schiedsgutachter** als bei der Nachlassregulierung Beteiligter, kann Testamentsvollstrecker sein.[26]

4. Die Form der Ernennung des Testamentsvollstreckers

38 Zu unterscheiden ist zwischen **der Anordnung der Testamentsvollstreckung** an sich und der **Ernennung einer bestimmten Person zum Testamentsvollstrecker**.

39 Wird eine Person zum Testamentsvollstrecker ernannt, liegt darin zugleich die Anordnung der Testamentsvollstreckung. Die Anordnung selbst kann nach § 2065 BGB **nur durch den Erblasser** selbst erfolgen.

40 Lediglich die Person des Testamentsvollstreckers kann unter den Voraussetzungen der §§ 2198 bis 2200 BGB durch Dritte bestimmt werden.

41 Im Einzelnen kann der Testamentsvollstrecker somit ernannt werden durch:
- den Erblasser selbst, § 2197 BGB,
- einen Dritten, § 2198 BGB,
- einen bereits vorhandenen (Mit-)Testamentsvollstrecker, § 2199 BGB,
- das Nachlassgericht, § 2200 BGB.

42 Jede **geschäftsfähige natürliche** und **juristische** Person kann zum Dritten iSd § 2198 Abs. 1 BGB durch den Erblasser bestimmt werden. Demzufolge können auch der **Erbe** nebst **Vorerben** Dritte sein. Eine mögliche **Interessenkollision** macht die Ernennung durch den Dritten nicht unwirksam. Der Dritte kann sich auch selbst zum Testamentsvollstrecker ernennen, sofern er nicht Alleinerbe ist.

43 Die Bestimmung durch den Dritten erfolgt gegenüber dem örtlich und sachlich zuständigen Nachlassgericht nach Maßgabe der §§ 343 FamFG ff (ehemals §§ 72, 73 FGG).

44 Der Dritte muss die Erklärungen in **öffentlich beglaubigter Form** nach Maßgabe des § 129 BGB, §§ 39 ff BeurkG abgeben. Eine Erklärung im Rahmen eines handschriftlichen Testamentes ist daher nicht ausreichend.

45 **Grundsätzlich** hat der Dritte **keine Frist** bei der Ausübung seines Bestimmungsrechts zu beachten. Der Erblasser kann bereits im Testament dem Dritten eine Frist zur Ausübung des Bestimmungsrechts setzen, welche jedoch vom Nachlassgericht verkürzt oder verlängert werden kann, da ungemessen lange oder kurze Fristen einer Nichtanordnung einer Frist gleichstehen.

46 Des Weiteren haben nach § 2198 Abs. 2 BGB Beteiligte[27] die Möglichkeit, dem Dritten zur Ausübung des Bestimmungsrechts eine Frist zu setzen, nach deren Ablauf das Bestimmungsrecht entfällt. **Beteiligter** ist jeder, der ein rechtliches und nicht lediglich wirtschaftliches Interesse an

---

24 Bengel/Reimann/*Sandkühler*, Handbuch XI, Rn 30.
25 *Zimmermann*, Testamentsvollstreckung, Rn 115; Bengel/Reimann/*Reimann*, Handbuch II, Rn 198.
26 Bengel/Reimann/*Reimann*, Handbuch II, Rn 199; Soergel/*Damrau*, § 2197 Rn 14.
27 Zum neuen Beteiligtenbegriff nach dem FamFG: *Zimmermann*, ZErb 2009, 86.

A. Formulare für die Anordnung der Testamentsvollstreckung   § 5

der Klarstellung bzw Testamentsvollstreckung hat. Hierunter fallen der **Erbe** inkl. **Vor- und Nacherbe, Pflichtteilsberechtigte, Vermächtnisnehmer, Auflagenvollziehungsberechtigte** nebst **Auflagenbegünstigten**[28] sowie der **Nachlassgläubiger**.

Der **gesetzliche Vertreter** ist nur dann antragsberechtigt, wenn ihm nicht die Verwaltung der Erbschaft nach Maßgabe der §§ 1638, 1803 BGB entzogen wurde.[29]   47

Problematisch sind in der Praxis häufig die Fälle, wenn bereits **mehrere Testamentsvollstrecker** bestehen, die berechtigt sind, wiederum Mitvollstrecker oder Nachfolger zu benennen. Problematisch ist, wenn mehrere Testamentsvollstrecker ernennungsberechtigt sind, ob die Ermächtigungsausübung durch einstimmigen Beschluss oder Mehrheitsbeschluss erfolgen muss.   48

Hier muss differenziert werden, ob ein Mitvollstrecker oder ein Nachfolger benannt werden soll.   49

Im Zweifel wird man bei mehreren Testamentsvollstreckern davon ausgehen können, dass jeder einzelne Testamentsvollstrecker berechtigt ist, seinen eigenen Nachfolger zu bestimmen. Auch hier kommt es auf die Auslegung des Testaments, mithin dem Erblasserwillen an. Bei der Mitvollstreckerernennung ist im Zweifel nicht anzunehmen, dass jeder einzelne einen Mitvollstrecker ernennen kann. Regelmäßig will der Erblasser, dass mehrere Testamentsvollstrecker zusammen entscheiden. Um Streitigkeiten zu verhindern, sollte, sofern der Erblasser von seinem Recht aus § 2199 BGB Gebrauch machen will, dafür Sorge getragen werden, dass **klargestellt** wird, ob das **Einstimmigkeits- oder Mehrheitsprinzip** gelten soll. Nach richtiger Auffassung[30] kann das Recht zur Benennung des Nachfolgers nicht nur einmalig ausgeübt werden, weil der Testamentsvollstrecker weiterhin im Amt ist und sich gerade kein „Testamentsvollstreckervakuum" bilden kann. Anders ist dies lediglich bei der Bestimmung eines Mittestamentsvollstreckers oder der Bestimmung als Dritter nach § 2198 BGB.   50

Läuft ein **Verfahren auf Entlassung gem.** § 2227 BGB sollte der Testamentsvollstrecker vorsorglich von seinem Recht zur Ernennung eines Nachfolgers Gebrauch machen, wenn der Erblasser ihn hierzu ermächtigt hat. Will der Erblasser dieses verhindern, sollte ebenfalls eine Klarstellung im Testament erfolgen.   51

Als letzte Möglichkeit bleibt das Auswählen eines Testamentsvollstreckers durch das Nachlassgericht gem. § 2200 BGB. Ausschließlich der Erblasser und kein anderer Beteiligter oder eine Behörde können das Nachlassgericht ersuchen, einen Testamentsvollstrecker zu ernennen. Dieses Ersuchen kann nur im Rahmen einer letztwilligen Verfügung erfolgen, wobei der **Begriff des Ersuchens** durch die Rechtsprechung[31] sehr weit ausgelegt wird. Danach soll bereits ein Ersuchen vorliegen, wenn dem Nachlassgericht bei der Auswahl des Testamentsvollstreckers ein **Auswahlermessen** zukommt.[32] Das Ersuchen kann ausdrücklich oder konkludent erfolgen.[33]   52

Die **Ernennungszuständigkeit** des Nachlassgerichts leitet sich von einem **konkreten Ersuchen** des Erblassers ab. Daher kann aus dieser Vorschrift keine allgemeine Hilfszuständigkeit des Nachlassgerichts immer schon dann hergeleitet werden, wenn im Nachlassinteresse eine Ernennung zur Sicherung der Testamentsvollstreckung angezeigt wäre.   53

---
28 AA Soergel/*Damrau*, Rn 9.
29 BGHZ 106, 96.
30 *Säcker*, ZEV 2006, 288.
31 OLG Hamm ZEV 2001, 271 mwN.
32 BayObLGZ 2003 Nr. 53; Soergel/*Damrau*, § 2200 Rn 2.
33 BayObLG NJW-RR 1988, 387.

54 In der Praxis wird der Erblasser kein eindeutiges Ersuchen ausdrücklich in seine letztwillige Verfügung aufgenommen haben. Die Rechtsprechung behilft sich häufig allzu schnell damit, entweder § 2200 BGB als Auffangnorm umzufunktionieren[34] oder aber sehr weit die letztwillige Verfügung auszulegen. Voraussetzung für eine derartige ergänzende Auslegung ist immer eine Andeutung im Sinne der Andeutungstheorie, wobei der **hypothetische Erblasserwille** zu berücksichtigen ist. Hat der Erblasser eine Testamentsvollstreckung angeordnet, aber keinen Testamentsvollstrecker benannt, so liegt ein klarer Fall des § 2200 BGB vor.

55 Fällt aber vor oder nach Annahme des Testamentsvollstreckeramtes der Ernannte weg oder nimmt er das Amt erst gar nicht an, kann regelmäßig **kein konkludentes Ersuchen** unterstellt werden.

56 Für ein Ernennungsersuchen bedarf es des Hinzutretens weiterer Gesichtspunkte. Wesentliche Voraussetzung ist das Vorliegen eines Erblasserwillens dahingehend, dass die Testamentsvollstreckung unabhängig von dem ernannten Testamentsvollstrecker durchgeführt werden soll. In der Kautelarpraxis sollte daher grundsätzlich durch die ausdrückliche Aufführung „Es wird Testamentsvollstreckung angeordnet" Klarheit geschaffen werden, dass es dem Erblasser primär auf die Testamentsvollstreckung und nur sekundär auf eine konkrete Person als Testamentsvollstrecker ankommt.

57 Ein Ersuchen iSd § 2200 BGB ist bspw gegeben, wenn einem Vorerben die Verwaltungsbefugnis vollständig entzogen ist und Testamentsvollstreckung angeordnet wurde.[35] Gleiches gilt bei der unzulässigen Anordnung einer Pflegschaft für einen Volljährigen.

58 Sofern die vom Erblasser bestimmte Person nicht das Amt antritt, muss durch Auslegung des Testamentes geklärt werden, ob dann auch die Testamentsvollstreckung insgesamt entfallen soll. Insofern ist anzuraten, im Rahmen der letztwilligen Verfügung klare Formulierungen diesbezüglich zu wählen.

59 Ist lediglich erklärt worden, dass Testamentsvollstreckung angeordnet wird, ist im Zweifel wegen § 2084 BGB davon auszugehen, dass das Nachlassgericht die Person des Testamentsvollstreckers ernennen soll.

60 Eine Anordnung der Testamentsvollstreckung kann **nur durch Verfügung von Todes wegen** erfolgen. Zwar spricht das Gesetz in § 2197 Abs. 1 BGB lediglich von Testament, jedoch sind auch Anordnungen in gemeinschaftlichen Testamenten und Erbverträgen möglich. Die Aufführung des Wortes „Testamentsvollstrecker" in der Ernennung ist nicht notwendig, so dass im Wege der Auslegung die Einsetzung eines Verwalters,[36] Pflegers,[37] Treuhänders, Beistands oder Kurators als eine Einsetzung eines Testamentsvollstreckers umdeuten lässt. Dabei kommt es immer auf den Einzelfall an. Eine Übertragung der Hausverwaltung kann nicht als Testamentsvollstreckerernennung gewertet werden.[38]

61 Von der Ernennung zum Testamentsvollstrecker ist eine **letztwillige Zuwendung** abzugrenzen, ebenso von der familienrechtlichen Anordnung wie beispielsweise §§ 1639, 1803, 1909 Abs. 1 S. 2, 1917 BGB.

---

34 Zu Recht kritisch: Bamberger/Roth/*J. Mayer*, § 2200 Rn 2.
35 So KG DRiZ 1934 Nr. 264; KG OLGE 43, 401.
36 BGH NJW 1983, 40.
37 BayObLGZ 16, 128; OLG Rostock OLGE 26, 344.
38 OGHZ 4, 223.

A. Formulare für die Anordnung der Testamentsvollstreckung § 5

Keine Ernennung zum Testamentsvollstrecker, sondern eine letztwillige Zuwendung liegt vor, wenn nach dem Erblasserwillen das eigene Interesse des Berufenen im Vordergrund steht.[39]

Eine Anordnung der Testamentsvollstreckung in einem gemeinschaftlichen Testament führt nicht dazu, dass diese **wechselbezüglich** sind (vgl § 2270 Abs. 3 BGB). Als einseitige Verfügung kann sie jederzeit widerrufen werden. Gleiches gilt für die Anordnung im Rahmen eines Erbvertrages. Nach dem Tode des Erstversterbenden, kann der überlebende Ehegatte den Schlusserben nicht mehr durch Anordnung einer Testamentsvollstreckung beschränken (sofern kein Vorbehalt besteht), da die Einsetzung eines Testamentsvollstreckers einem teilweisen Widerruf eines gemeinschaftlichen Testamentes gleichkommt.[40]

Hat sich der Erblasser entschlossen, das Nachlassgericht zu ersuchen, einen Testamentsvollstrecker zu ernennen, sollte bei der Abfassung von letztwilligen Verfügungen daran gedacht werden, **trans- oder postmortale Vollmachten** zu erteilen, denn nicht selten kann es einige Zeit dauern, bis der Testamentsvollstrecker ernannt ist und das Amt angenommen hat. Bei angeordneter Testamentsvollstreckung bleibt den Erben die Verfügungsbefugnis entzogen, selbst wenn der Testamentsvollstrecker das Amt noch nicht angenommen hat. Um hier den aus der Zeitverzögerung sich ergebenen Problemen zu begegnen, sollte umgehend aus anwaltlicher Sicht eine **Nachlasspflegschaft** nach § 1960 BGB beantragt werden.

Dabei ist allerdings umstritten, ob eine Nachlasspflegschaft möglich ist, wenn die Erben die Erbschaft angenommen haben. Nach einer Ansicht[41] ist weiterhin eine Nachlasspflegschaft nach § 1960 BGB analog möglich, nach anderer Ansicht[42] ist nach § 1913 BGB eine **Pflegschaft für den unbekannten Testamentsvollstrecker** anzuordnen, welche dann nicht beim Nachlassgericht wie bei § 1960 BGB, sondern beim Vormundschaftsgericht zu beantragen ist. Da wegen der Regelung in § 1913 BGB keine Analogie für § 1960 BGB notwendig ist, ist nach hiesiger Auffassung eine Pflegschaft für den unbekannten Testamentsvollstrecker zu beantragen.

II. Muster: Anordnung einer Testamentsvollstreckung (ausführlich)

Bei der Anordnung der Testamentsvollstreckung ist auf Folgendes zu achten:

– Genaue Anordnung, wer Testamentsvollstrecker werden soll,
– Regelung für den Fall der Nichtannahme oder Wegfalls,
– Bestimmung für Aufgabenkreis,
– Mögliche Befreiung von Beschränkungen zB nach § 181 BGB,
– Regelung der Vergütung unter Berücksichtigung der Umsatzsteuer,
– Regelung für Aufwendungsersatz unter Berücksichtigung von Berufsdiensten,
– Mögliche Verpflichtung zur Erteilung einer bestimmten Vollmacht.

▶ Ich ordne zudem Testamentsvollstreckung an. Zum Testamentsvollstrecker ernenne ich Herrn Rechtsanwalt Dr. Thomas Wachtelhofen, derzeit wohnhaft ABC Str. 1 c, 01234 Deisenheim. Dieser hat unverzüglich nach Annahme des Amtes dem Nachlassgericht einen Nachfolger zu benennen. Ersatzweise soll das Nachlassgericht einen Testamentsvollstrecker ernennen.

---

39 MünchKomm/*Zimmermann*, § 2197 Rn 7.
40 KG Berlin HRR 1936 Nr. 340.
41 Bengel/Reimann/*Bengel*, Handbuch I, Rn 15.
42 *Damrau*, ZEV 1996, 81.

Der Testamentsvollstrecker hat die Aufgabe, meinen Nachlass abzuwickeln bzw unter den Erben auseinanderzusetzen. Die Auseinandersetzung des Nachlasses soll dabei der Testamentsvollstrecker nach billigem Ermessen vornehmen.

Der Testamentsvollstrecker ist in der Eingehung von Verbindlichkeiten für den Nachlass nicht beschränkt und von den Beschränkungen des § 181 BGB befreit. Sollte er das Amt nicht annehmen oder nach seiner Annahme ohne Bestimmung eines Nachfolgers wegfallen, so ersuche ich das Nachlassgericht, eine geeignete Person als Testamentsvollstrecker zu bestimmen, und zwar nach Möglichkeit einen nach Maßgabe des AGT zertifizierten Testamentsvollstrecker.

Der Testamentsvollstrecker bestimmt die Höhe seiner Vergütung selbst; diese muss angemessen sein und sich an den Vergütungsempfehlungen des Deutschen Notarvereins orientieren, die bei Errichtung dieser Verfügung von Todes wegen gelten.

Die Umsatzsteuer ist in der sich danach ergebenden Vergütung nicht enthalten und daher dem Testamentsvollstrecker gesondert zu erstatten. Sog. Berufsdienste sind von der Vergütung nicht erfasst.

Zur Verstärkung der Rechtsstellung des Testamentsvollstreckers wird diesem zugleich eine Vollmacht erteilt, die ihn ab meinem Tode berechtigt, in meinem Namen mit Wirkung für und gegen meine Erben, soweit dies meinen Nachlass betrifft, zu handeln.

Die Erben werden im Wege einer Auflage verpflichtet, die vorstehende Vollmacht und die sich daraus ergebenden Rechtsfolgen zu dulden und diese nicht zu widerrufen, solange die Testamentsvollstreckung durch den bevollmächtigten Testamentsvollstrecker andauert. ◀

III. Die verschiedenen Arten der Testamentsvollstreckung

67 Grundsätzlich wird die Testamentsvollstreckung in folgende Arten unterteilt:
- Abwicklungsvollstreckung (§§ 2203, 2204 BGB),
- Dauertestamentsvollstreckung (§ 2209 S. 1 2. Hs BGB),
- Verwaltungsvollstreckung (§ 2209 S. 1 1. Hs BGB),
- Nacherbentestamentsvollstreckung (§ 2222 BGB),
- Vermächtnisvollstreckung (§ 2223 BGB),
- Testamentsvollstreckung mit beschränktem Aufgabenkreis (§ 2208).

1. Muster: Abwicklungsvollstreckung

68 Der gesetzliche Regelfall ist die **Abwicklungsvollstreckung**. Hat der Erblasser nichts anderes zu den Aufgaben des Testamentsvollstreckers bestimmt und führt eine Auslegung zu keinem anderen Ergebnis, hat der Testamentsvollstrecker die **letztwilligen Anordnung** des Erblassers **auszuführen** (§ 2203) und bei Miterben den **Nachlass auseinanderzusetzen** (§ 2204).

▶ Ich ordne Testamentsvollstreckung an. Der Testamentsvollstrecker hat die Aufgabe, den Nachlass abzuwickeln, insbesondere die von mir angeordneten Vermächtnisse zu erfüllen sowie die notwendigen Grundbuchumschreibungen vorzunehmen bzw vornehmen zu lassen.

Zum Testamentsvollstrecker mit dem genannten Aufgabenkreis bestimme ich ▪▪▪ ◀

2. Muster: Dauertestamentsvollstreckung (§ 2209 S. 1, 2. Hs BGB)

69 Durch die Dauertestamentsvollstreckung ist der Nachlass zu verwalten ist. Im Unterschied zur Abwicklungsvollstreckung beendet die Erledigung der Aufgaben nicht die Testamentsvollstre-

A. Formulare für die Anordnung der Testamentsvollstreckung § 5

ckung. Es bedarf dabei der Anordnung einer Höchstdauer für die Testamentsvollstreckung (§ 2210 BGB).

▶ Ich ordne Testamentsvollstreckung an. Der Testamentsvollstrecker hat die Aufgabe, den Nachlass zu verwalten. Die Verwaltung soll bis zum Lebensende des von mir eingesetzten Erben ... andauern. ◀

3. Muster: Schlichte Verwaltungsvollstreckung (§ 2209 S. 1, 1. Hs BGB)

In diesem Falle muss der Testamentsvollstrecke allein den Nachlass verwalten. Typische Fälle sind die Verwaltung bis zur Volljährigkeit des Erben oder bei der Pflichtteilsbeschränkung in guter Absicht (§ 2338 BGB).[43]

▶ Ich ordne Testamentsvollstreckung an. Der Testamentsvollstrecker hat die Aufgabe, den Nachlass zu verwalten. Die Verwaltung soll bis zum vollendeten 25. Lebensjahr des von mir eingesetzten Erben ... andauern. ◀

4. Muster: Nacherbentestamentsvollstreckung (§ 2222 BGB)

Sie dient der Wahrung und Sicherung der Rechte der Nacherben gegenüber dem Vorerben.

▶ Ich ordne Nacherbentestamentsvollstreckung nach § 2222 BGB an, verbunden mit der Aufgabe, die Rechte und Pflichten der Nacherben gegenüber dem Vorerben wahrzunehmen.

Sofern bei Eintritt des Nacherbfalls der jüngste Nacherbe noch nicht das 27. Lebensjahr vollendet hat, so erweitern sich die Aufgaben des Testamentsvollstreckers dahin, dass er nach Eintritt der Nacherbfolge den Nachlass in Besitz zu nehmen und zu verwalten hat, bis der jüngste der Nacherben das genannte Alter erreicht hat; in diesem Fall handelt sich dann um eine Verwaltungsvollstreckung nach § 2209 BGB.

Zum Testamentsvollstrecker ernenne ich ... . ◀

5. Muster: Vermächtnisvollstreckung (§ 2223 BGB)

Der Vermächtnisvollstrecker sorgt für die Ausführung einer dem Vermächtnisnehmer auferlegten Beschwerung (Untervermächtnis, Auflagen, Nachvermächtnis), wobei allerdings der Erblasser auch den Vermächtnisgegenstand einer Dauertestamentsvollstreckung unterstellen kann.[44]

▶ Im Wege eines Vermächtnisses erhält mein Freund Manuel Frank meine antike Vasensammlung, bestehend aus 234 Vasen zu Alleineigentum. Er wird jedoch mit dem Untervermächtnis beschwert, die Vase „Jagdszene in der Toskana" von Heritas dem Museum für Kunst und Gewerbe in Hamburg zu Ausstellungszwecken unentgeltlich und leihweise zur Verfügung zu stellen, wobei die Kosten für den An- und Abtransport zu den jeweiligen Ausstellungsstätten samt den notwendig werdenden Versicherungen vom Nachlass zu tragen sind.

Zur Sicherung der Durchführung dieses Untervermächtnisses ernenne ich beschränkt auf diesen Aufgabenkreis zum Testamentsvollstrecker Frau Elisabeth Erhardt, derzeit wohnhaft ... . Der Testamentsvollstrecker erhält keine Vergütung, sondern nur Ersatz seiner Auslagen. ◀

---

43 *Mayer* in: Mayer/Bonefeld/Wälzholz/Weidlich, PraxisHB, Testamentsvollstreckung, S. 18.
44 MünchKomm/*Zimmermann*, § 2223 Rn 2, 4.

6. Muster: Testamentsvollstreckung mit beschränktem Aufgabenkreis (§ 2208)

73 Der Erblasser kann den Aufgabenkreis des Testamentsvollstreckers erheblich einschränken, auch dinglich.[45]

▶ Ich ordne Testamentsvollstreckung an. Zum Testamentsvollstrecker ernenne ich Herrn Rechtsanwalt Dr. Thomas Wachtelhofen, derzeit wohnhaft ABC Str. 1c, 01234 Deisenheim.

Als einzige von ihm wahrzunehmende Aufgabe übertrage ich dem Testamentsvollstrecker die Verwaltung des zu meinem Nachlass gehörenden Wertpapierdepots.

Dabei darf er im Wege des Aufwendungsersatzes die mit der Verwaltung meines Depots bereits beauftragte XY Bank weiterhin mit der Verwaltung des Depots beauftragen. Im Wege einer Verwaltungsanordnung nach § 2216 Abs. 2 BGB hat er den Anlageempfehlungen dieser Bank Folge zu leisten, sofern die Empfehlung bei der Kapitalanlage innerhalb der Risikoklassen 1 bis 3 der XY Bank erfolgt

Der Testamentsvollstrecker ist zur Erfüllung seiner Aufgabe von allen Beschränkungen befreit, von denen nach dem Gesetz Befreiung erteilt werden kann. Insbesondere erteile ich ihm die erweiterte Verpflichtungsbefugnis gemäß § 2207 BGB. ◀

IV. Testamentsvollstreckung und Vollmachten

74 Der Erblasser kann ohne weiteres dem Testamentsvollstrecker eine **transmortale Vollmacht**[46] oder eine **postmortale Vollmacht**[47] erteilen. Auch eine andere Person als die des Testamentsvollstreckers kann mit derartigen Vollmachten ausgestaltet werden. Testamentsvollstreckung und Vollmacht stehen somit isoliert nebeneinander. Sofern einem Erben oder einem Dritten Vollmacht erteilt wurde, ist es Auslegungsfrage, inwieweit die Testamentsvollstreckung durch die Vollmacht (und umgekehrt) beschränkt werden soll. Kommt die Auslegung zu keinem Ergebnis, bleibt es bei dem isolierten nebeneinander von Vollmacht und Testamentsvollstreckung.

75 Durch Erteilung einer **Generalvollmacht** wird die Handlungsfähigkeit des Nachlasses nach dem Erbfall bis zum eigentlichen Amtsantritt des Testamentsvollstreckers erweitert. Im Unterschied zum Testamentsvollstrecker ist der Bevollmächtigte von Verfügungsbeschränkungen regelmäßig befreit.

76 Er kann ohne weitere Nachweise, wie zB ein Testamentsvollstreckerzeugnis, seine Handlung vornehmen. Genehmigungen des Vormundschafts- oder Familiengerichts sind entbehrlich. Eine Vollmacht kann jedoch jederzeit durch den Erben widerrufen werden. Besteht eine Erbengemeinschaft, hat jeder einzelne Erbe das Recht zum **Widerruf**. Widerruft ein Miterbe, wird die Vertretungsmacht für die anderen Miterben nicht gleichzeitig mit widerrufen und bleibt somit unberührt.[48] Der Widerruf eines Miterben führt aber zum Verlust der alleinigen Verfügungsbefugnis über die erbengemeinschaftlichen Nachlassgegenstände. Eine Generalvollmacht ist wie auch eine isolierte Vollmacht immer widerruflich. Sofern der Erblasser einen Widerruf verhindern will, kann er zB die Erbenstellung unter eine auflösende Bedingung für den Fall stellen, dass der Erbe die Vollmacht widerruft.

77 Die Vollmacht kann **formfrei** wegen § 167 Abs. 2 BGB erfolgen. Aufgrund der Nachweisproblematik sollte entweder eine **notarielle Beglaubigung** oder aber **Beurkundung** der Vollmacht

---

[45] BGH NJW 1984, 2464, zu einer Erblasseranordnung, nur in bestimmter Weise zu verfügen.
[46] BGHZ 87, 18.
[47] RGZ 114, 351.
[48] RG JW 1938, 1892; Bamberger/Roth/*Mayer*, § 2197 Rn 44.

A. Formulare für die Anordnung der Testamentsvollstreckung § 5

erfolgen. Soll der Testamentsvollstrecker in **Grundbuchsachen** tätig werden, bedarf es ohnehin wegen § 29 GBO der notariellen Form. Aufgrund der Zugangsproblematik macht es wenig Sinn, im Rahmen einer letztwilligen Verfügung zusammen mit der Testamentsvollstreckung eine postmortale Vollmacht zu erteilen. Diese sollte in einer getrennten Urkunde erfolgen. Ebenso sollte das Verhältnis Vollmacht zur Testamentsvollstreckung klargestellt werden. Endet die Testamentsvollstreckung, so endet nicht die Vollmacht, die der Testamentsvollstrecker erteilt hatte.[49] Dies hängt jedoch von der Amtskompetenz des Testamentsvollstreckers ab und wie das Rechtsgeschäft der Vollmachtserteilung im einzelnen auszulegen ist.

Übersicht: Unterschiede Testamentsvollstrecker/Bevollmächtigter   78

Übersicht Unterschiede	Testamentsvollstrecker	Bevollmächtigter
Unterschiede in den Befugnissen TV/Bevollmächtigter	– Schenkungsverbot, § 2205 BGB – Zeitliche Begrenzung § 2210 BGB – Verpflichtungsbefugnis nur hinsichtlich Nachlass	– kein Schenkungsverbot – Keine zeitliche Begrenzung – Verpflichtungsbefugnis über den Nachlass hinaus
Amtsbeginn	Erst mit Amtsannahme gem. § 2202 BGB	Bei postmortaler Vollmacht mit Tod des Erblassers
Vollstreckungsschutz	Eigengläubiger des Erben können nicht in Nachlass vollstrecken	Kein Vollstreckungsschutz
Widerruf durch Erben	Nicht möglich	Möglich, wenn nicht ausdrücklich, unwiderruflich (nicht möglich bei Generalvollmacht)
Verbleibende Befugnisse der Erben für Rechtshandlungen	Werden im Rahmen der Aufgaben des TV grds. ausgeschlossen und zwar auch mit dinglicher Wirkung §§ 2211, 2208 BGB	– Können nicht genommen werden; keine verdrängende Vollmacht – Möglich nur Strafklauseln bei abweichenden Verhalten

---

49 So entgegen der herrschenden Ansicht *Muscheler*, ZEV 2008, 213.

79 ▶ **Muster: Vollmachtserteilung zur Verstärkung der Position des Testamentsvollstreckers im Rahmen einer Verfügung von Todes wegen**

270

Zur Verstärkung der Rechtsstellung des Testamentsvollstreckers wird ihm hiermit zugleich eine Vollmacht erteilt, die ihn ab dem Tode des Erblassers berechtigt, im Namen des Erblassers mit Wirkung für und gegen seine Erben, soweit dies meinen Nachlass betrifft, zu handeln.

Die Vollmacht wird zu einer gesonderten Urkunde erklärt, wobei der Urkundsnotar zugleich angewiesen wird, Ausfertigungen der Vollmacht nur dem Testamentsvollstrecker gegen Vorlage des Testamentsvollstreckerzeugnisses auszuhändigen.

Die Erben werden im Wege einer Auflage verpflichtet, die vorstehende Vollmacht und die sich daraus ergebenden Rechtsfolgen zu dulden und diese nicht zu widerrufen, solange die Testamentsvollstreckung durch den bevollmächtigten Testamentsvollstrecker andauert.

oder

Die Erben werden im Wege einer Auflage verpflichtet, dem Testamentsvollstrecker die Nachlassvollmacht nach dem Muster der Kommission für europäische Angelegenheiten (CAE) der internationalen Union des lateinischen Notariats (UINL) zu erteilen und die sich daraus ergebenden Rechtsfolgen zu dulden und diese nicht zu widerrufen, solange die Testamentsvollstreckung durch den bevollmächtigten Testamentsvollstrecker andauert.

Die Bevollmächtigung endet mit dem Amt der Testamentsvollstreckung.

oder

Hiermit erteile ich für die Besorgung sämtlicher Nachlassangelegenheiten dem Testamentsvollstrecker eine über meinen Tod hinausgehende Vollmacht. Die Vollmacht endet mit Erteilung des Testamentsvollstreckerzeugnisses. ◀

V. Testamentsvollstreckung und Kollisionsrecht

80 Die Testamentsvollstreckung unterliegt dem **Erbstatut**.[50] Somit hat das Erbstatut Bedeutung für die rechtliche Einordnung und die Beurteilung der Zulässigkeit der Testamentsvollstreckerernennung, die Zulässigkeit der Testamentsvollstreckung selbst, die Einzelbefugnisse des Testamentsvollstreckers, seine Rechtsstellung nebst seiner Entlassung.[51]

81 Nach Art. 25 Abs. 1 EGBGB wird auf das **Heimatrecht** des Erblassers verwiesen. Maßgeblich ist die Staatsangehörigkeit des Erblassers im Todeszeitpunkt. Das Erbstatut ist somit unwandelbar. Sofern der Erblasser Deutscher war, kann somit auch aus deutscher Sicht eine Testamentsvollstreckung im Ausland nach deutschem Recht möglich sein und zwar so weit, wie der extraterritoriale Geltungsanspruch des deutschen Rechts reicht und nicht durch Art. 3 Abs. 3 EGBGB eingeschränkt ist.[52] Ob letztendlich eine Testamentsvollstreckung faktisch im Ausland nach deutschem Recht möglich ist, bestimmt sich nicht nach dem deutschen Recht, sondern nach dem Recht des Ziellandes.[53] Die Handlungsvollmacht des deutschen Testamentsvollstreckers kann durch international-verfahrensrechtliche Bestimmungen, durch eine andere Anknüpfung des Testamentsvollstreckungsstatus oder durch den ordre public stark beschränkt werden.

---

50 LG Heidelberg IPRax 1992, 171; BGH NJW 1963, 46.
51 BGH NJW 1963, 46.
52 Dazu *von Oertzen*, ZEV 1995, 167 ff.
53 *Von Oertzen*, ZEV 1995, 170.

A. Formulare für die Anordnung der Testamentsvollstreckung § 5

Sofern, zB wegen ausländischer Staatsangehörigkeit oder Nachlassspaltung, nicht deutsches Recht im Ausland zur Anwendung kommt, sollte der Erbe mit der Auflage belegt werden, dem Testamentsvollstrecker eine **internationale Nachlassvollmacht nach dem Muster der Kommission für europäische Angelegenheiten (CAE) der internationalen Union des lateinischen Notariats (UINL)** für die Dauer der Testamentsvollstreckung zu erteilen. Damit die Vollmacht nicht ohne weiteres widerrufen werden kann, ist an eine Bedingung zu denken.
Eine solche Vollmacht könnte wie folgt formuliert werden:

82

83

▶ **Muster: Internationale Nachlassvollmacht nach dem Muster der Kommission für europäische Angelegenheiten (CAE) der internationalen Union des lateinischen Notariats (UINL)**

NACHLASSVOLLMACHT

(Übliche Eingangsformel notarieller Urkunden, Angabe der Erschienenen und ggf eines Vertretungsverhältnisses)

Der Vollmachtgeber

(Name des oder der Erben)

erklärt, hierdurch zu seinem Bevollmächtigten zu bestellen

Rechtsanwalt ..., geboren am ...

wohnhaft ...,

geschäftsansässig ...

dem er Vollmacht erteilt, die Erbschaft nach

(Name des Erblassers)

verstorben am 25.2.2006,

für ihn anzutreten und abzuwickeln, gegebenenfalls auch jedes Gemeinschaftsvermögen oder Gesamtgut, das etwa zwischen dem Verstorbenen und seinem Ehepartner oder einer anderen Person bestanden hat. Infolgedessen und zu diesem Zweck soll der Bevollmächtigte berechtigt sein:

I. – ALLE SICHERUNGSMASSNAHMEN OHNE JEDE EINSCHRÄNKUNG ZU TREFFEN

Die Versiegelung jeder Art zu beantragen; die Entsiegelung mit oder ohne gleichzeitige Aufnahme eines Verzeichnisses der versiegelt gewesenen Gegenstände zu verlangen.

Die Errichtung von Nachlassverzeichnissen (Inventar) und die Öffnung von Schließfächern und versiegelten Briefen zu veranlassen.

Von allen Testamenten, Testamentsnachträgen und Schenkungen Kenntnis zu nehmen.

Von jedem Dritten Auskünfte über alle Bestandteile des Aktivvermögens und der Schulden zu erwirken.

Alle gerichtlichen Maßnahmen zur Sicherung des Nachlassvermögens zu beantragen.

II. – DIE ERBENSTELLUNG EINZUNEHMEN

Die Erbschaft ohne Einschränkung oder unter der Rechtswohltat des Inventars anzunehmen oder sie auszuschlagen; der Erfüllung von Vermächtnissen jeder Art zuzustimmen oder zu widersprechen, sie auszuliefern oder entgegenzunehmen, (auch) ihre Herabsetzung (nach Belieben) zu verlangen.

III. – ZU HANDELN UND ZU VERWALTEN

Verwaltungshandlungen jeder Art mit den weitestgehenden Befugnissen durchzuführen und insbesondere:

a) Den Inhalt von Schließfächern aller Art zu entnehmen, Effekten, Wertsachen und Geldsummen, sie mögen Erträgnisse oder Kapitalien darstellen, in Empfang zu nehmen und darüber zu quittieren; auf jede vorhandene Sicherheit gegen Bezahlung zu verzichten.

b) Konten bei Banken jeder Art zu eröffnen und bestehen zu lassen, Geldbeträge einzuzahlen und abzuheben, Schecks auszustellen, einzuziehen und zu indossieren, Effekten und Wertsachen in Verwahrung zu geben oder zu entnehmen.

c) Renten, Aktien, Obligationen und Effekten aller Art, die an den Börsen notiert (bewertet) werden, zu erwerben, zu zeichnen und zu verkaufen.

d) Schließfächer zu mieten und alle darauf bezüglichen Rechte auszuüben.

e) Vermögensteile zu vermieten oder zu verpachten; Grundstücke zu pachten, alles das unter Verpflichtungen und Bedingungen, die der Bevollmächtigte bestimmt.

f) An Versammlungen von Gesellschaften, Verbänden oder Berufsvereinigungen (Syndikaten) teilzunehmen, Ämter auszuüben, das Stimmrecht auszuüben und Protokolle zu unterzeichnen.

g) Den Vollmachtgeber bei Versicherungsgesellschaften zu vertreten und insbesondere Versicherungsscheine zu unterzeichnen und sie zu kündigen.

h) Den Vollmachtgeber bei Behörden und insbesondere bei der Postverwaltung und allen Finanzämtern zu vertreten. Zu diesem Zweck Erklärungen aller Art zu unterzeichnen, Steuern und Abgaben zu bezahlen, Beschwerden (Einsprüche) und freiwillige oder streitige Gesuche vorzubringen.

Stundungen zu erwirken Bürgschaften zu vereinbaren, Eintragungen aller Art in den Grundbüchern und Hypothekenregistern zu bewilligen.

i) In Fällen von Konkurs, Zwangsvergleich oder gerichtlicher Liquidation von Schulden an Gläubigerversammlungen teilzunehmen und den Vollmachtgeber zu vertreten.

IV. – ZU VERFÜGEN

a) Grundstücke, Handelsgeschäfte, Schiffe, Aktien, Obligationen – auch soweit sie an der Börse nicht notiert sind – bewegliche Sachen und Rechte ohne Ausnahme, Forderungen, Erbschaftsrechte und überhaupt alle erdenklichen Rechtsgüter zu erwerben, zu verkaufen und auszutauschen zu Preisen und gegen Verpflichtungen und Bedingungen, die der Bevollmächtigte bestimmt.

Kaufgelder zu kassieren, darüber zu quittieren, auf Eintragungen zu verzichten, auch wenn sie von Amts wegen zu bewirken sind.

b) Hypotheken, Pfandrechte und überhaupt Sicherheiten aller Art auch ohne Bezahlung aufheben bzw löschen zu lassen, Subrogationen (Ersatz bzw Auswechslung von Sicherheiten) zuzustimmen.

V. – AUFZUTEILEN

Die Abwicklung und Teilung des Nachlasses oder ein der Teilung gleichwertiges Rechtsgeschäft in jeder Form gütlich oder gerichtlich durchführen; Anteile am Nachlass im Namen des Vollmachtgebers mit oder ohne Ausgleichssumme (Geldausgleich) zu empfangen, auf Eintragungen zu verzichten, auch wenn sie von Amts wegen zu bewirken sind.

VI. – GERICHTLICHE SCHRITTE EINZULEITEN

a) Den Vollmachtgeber sowohl als Kläger als auch als Beklagten vor Gericht zu vertreten, Verteidiger und gerichtliche Hilfspersonen zu bestellen. Prozesshandlungen oder Vollstreckungsmaßnahmen jeder Art zu bewirken oder zu beantragen.
b) Einen Schiedsvertrag oder einen Vergleich abzuschließen.

VII. – VERSCHIEDENE VERFÜGUNGEN

Zu obigen Zwecken Urkunden und Schriftstücke aller Art auszustellen und zu unterzeichnen, Eintragungen im Grundbuch zu beantragen, den Wohnsitz zu bestimmen, Untervollmacht zu erteilen und überhaupt alles Nötige zu tun.
DIESE NIEDERSCHRIFT ...
(Es folgt die übliche Schlussformel notarieller Urkunden) ◀

Die englische Fassung der internationalen Nachlassvollmacht nach dem Muster der Kommission für europäische Angelegenheiten (CAE) der internationalen Union des lateinischen Notariats (UINL) lautet:

▶ **Muster: Power of attorney to wind up an estate**

(Übliche Eingangsformel notarieller Urkunden, Angabe der Erschienenen und ggf eines Vertretungsverhältnisses)

Who has hereby appointed as Attorney for the following purposes:

Mr./Mrs ..., born ...

Address home ...,

Address office ...

To whom (Name des oder der Erben) gives Power to get in and wind up the Estate of

(Name des Erblassers)

who died on the 25.2.2006 at Munich

And, if applicable, any community of property or property remaining in undivided ownership which may have existed between the deceased and his/or her spouse or any other person.

Consequently and in relation thereto:

I. – TO TAKE ANY PROTECTIVE MEASURES

Without stating in what capacity:

Require any seals to be affixed, apply for the removal thereof with or without inventory.

To cause any inventories to be made and any safe-deposit boxes and sealed packets to be, opened.

To take cognisance of any wills, codicils and deeds of gift.

To obtain from any third parties any information in respect of any assets and liabilities.

To apply for any judicial measures to be taken for the protection of the assets.

II. – DECISIONS

To accept the estate either unconditionally or subject to inventory or disclaim the same. To agree to or contest the vesting of any legacies, make or accept delivery thereof To apply for any reductions of legacies exceeding the amount of which the testator may dispose.

III. – TO MANAGE AND ADMINISTER

To carry out any acts of administration with the widest powers and more particularly:

a) To withdraw the contents of any safe-deposit boxes, receive any securities, shares and any monies in the nature of income or capital, give receipt therefor, release against payment any sureties whatsoever.
b) To open and operate any accounts with any banks, deposit and withdraw any monies, draw, settle and indorse any cheques, deposit and withdraw any shares and securities.
c) To rent any safe-deposit boxes, exercise all rights relating thereto.
d) To acquire, subscribe for and sell any annuities, shares, debentures and any quoted securities whatsoever.
e) To rent and let on lease any property. To take any immovable properties on lease, on such terms and subject to such conditions as the Attorney shall deem fit.
f) To attend any meetings of companies, associations or organisations, carry out any duties thereat, vote and sign any minutes.
g) To represent the Donor in relation to any Insurance Companies and more particularly subscribe any policies or surrender the same.
h) To represent the Donor in relation to public departments and in particular in relation to the Post Office, and any Revenue authorities. For such purposes, to make any declarations, pay any duties and taxes, make any claims and applications whether by agreement or by way of contentious proceedings. To obtain time for payment, furnish any guarangees, agree to any entries in the land or charges registers.
i) In the event of bankruptcy, schemes of arrangement, or judicial liquidation of any debtors, take part in any meetings of creditors and represent the Donor.

IV. – DISPOSITION

a) To acquire, sell and exchange any immovable property, business goodwill, ships, shares debentures whether quoted or not any corporeal and incorporeal movables without exception, any debts receivable, any rights of succession and generally any assets whatsoever, at such price and subject to such terms and conditions as the attorney shall deem fit.
To receive the consideration therefore, give receipt therefore and waive any registrations including those made by Operation of law.
b) Release any mortgages, pledges and generally any sureties whatsoever with or without payment, agree to any subrogations.

V. – APPORTIONMENT

To proceed with any accounts, liquidation and apportionment or acts equivalent to apportionment either by agreement or judicially, accept any lots in the name of the Donor with or without compensation, waive any registrations including those made by Operation of law.

VI. – ACTING IN LEGAL PROCEEDINGS

a) To represent the Donor in legal proceedings both as Plaintiff and Defendant, appoint Counsel and other legal representatives, take or require any legal proceedings or acts of a procedural nature, or any measures for execution.
b) Compromise and compound.

VII. – SUNDRY PROVISIONS

For the above purposes execute and sign any deeds and documents, apply for any entries in the Land Registry, give an address for Service, substitute and generally do whatever may be necessary.

WHEREOF AN ACT ...

(Es folgt die übliche Schlussformel notarieller Urkunden) ◄

Auch eine gespaltene Testamentsvollstreckung ist möglich, so dass der deutsche Nachlass nach deutschem Recht und der ausländische Nachlass nach ausländischem Recht beurteilt werden muss.[54] Kommt ausländisches Recht zur Anwendung, können deutsche Gerichte wegen der fehlenden **internationalen Zuständigkeit** keine Entlassung gem. § 2227 BGB vornehmen.

Eine Sonderzuständigkeit kann sich jedoch entweder durch staatsvertragliche Regelung ergeben, oder aber, wenn die Entlassung dringend geboten ist und eine Entlassung auch nach dem ausländischen Recht möglich wäre.[55]

Sofern eine internationale Nachlassvollmacht erteilt wurde, sollte den Erben wenigstens die Möglichkeit dann zum Widerruf der Vollmacht gegeben werden, wenn auch die Voraussetzungen für § 2227 BGB vorliegen.

Das Erbstatut bestimmt auch über ausländische Rechtsinstitute, die im deutschen Recht kein unmittelbares Gegenstück haben, ihrem Sinn und Zweck nach aber die Funktion einer Testamentsvollstreckung besitzen.[56] Für den anglo-amerikanischen Rechtskreis hat der trustee, der executor oder administrator ähnliche Befugnisse wie ein deutscher Testamentsvollstrecker. Hier kommt es auf den Einzelfall an. Bei den beiden letzten Begriffen ist im Zweifel aber nicht von der Einsetzung eines Testamentsvollstreckers nach deutschem Vorbild auszugehen.

Sofern ein deutscher Erblasser mit ständigem Wohnsitz in der **DDR** im Zeitraum vom 1.1.1976 bis 2.10.1990 verstorben ist, kommt nach Maßgabe des Art. 235 § 1 Abs. 1 EGBGB das Recht der früheren DDR zur Anwendung.[57]

Sofern man sich für eine Erteilung der postmortalen Vollmacht durch den Erblasser im Rahmen einer letztwilligen Verfügung entscheidet oder aber für die Erteilung durch die Erben, so ist zu beachten, dass manche Länder postmortale Vollmachten oder Generalvollmachten nicht kennen bzw dulden und daher in der praktischen Abwicklungen es zu Problemen kommen kann. Gleiches gilt bei Ländern mit formeller Nachlassspaltung (zB Österreich). Aus diesen Gründen sollte der Erblasser eine auf die Abwicklung des im Ausland befindlichen Nachlasses beschränkte Vollmacht erteilen und gleichzeitig eine Rechtswahl für deutsches Recht treffen. Bei Bankenvermögen sollte man direkt mit der Bank Kontakt aufnehmen und eine individuelle Vollmacht erteilen, die auch über den Tod hinaus gelten soll (deutsche Rechtswahl).

---

54 BayObLG ZEV 1999, 485.
55 BayObLG ZEV 1999, 485.
56 Bengel/Reimann/*Haas*, Handbuch IX, Rn 2.
57 Hierzu ausführlich *von Morgen/Götting*, DNotZ 1994, 199.

91 ▶ **Muster: Vollmachtserteilung über den Tod hinaus speziell für Länder mit formeller Nachlassspaltung**

Hiermit erteile ich Herrn ... Vollmacht für die Verwaltung meines in Österreich bei der Volksbank Kufstein befindlichen Vermögens. Für das Recht der Vollmacht wähle ich ausdrücklich deutsches Recht. Die Vollmacht soll nicht mit dem Tod enden. Der Bevollmächtigte soll folgende Rechte haben: ... ◀

B. Die Annahme und Ablehnung des Testamentsvollstreckeramtes

I. Allgemeines

92 Das Amt des Testamentsvollstreckers fällt nicht automatisch mit dem Erbfall an, sondern muss erst angenommen werden. Dies ergibt sich aus § 2202 Abs. 1 BGB. Die genannte Person ist aber **nicht verpflichtet**, das Amt des Testamentsvollstreckers zu übernehmen, selbst wenn eine Ernennung durch das Nachlassgericht erfolgt ist.[58]

93 Zur Annahme bedarf es nach § 2202 Abs. 1 BGB einer **besonderen Erklärung gegenüber** dem **Nachlassgericht**, welches nach §§ 23 a Abs. 2 GVG, 343 FamFG für die Eröffnung von Todes wegen örtlich zuständig ist.

94 Die Erklärung muss wegen § 2228 BGB **mindestens in privatschriftlicher Form** und wegen § 2202 Abs. 2 S. 2 BGB nach dem Eintritt des Erbfalls abgegeben werden.

95 Eine **mündliche Annahmeerklärung** ist nur möglich, wenn diese zu Protokoll des Nachlassgerichts abgegeben wird.[59] Die Erklärung der Annahme ist **bedingungsfeindlich** und **unwiderruflich**.[60] Sie wird erst **mit Eingang** beim zuständigen **Nachlassgericht** wirksam. Allerdings kann der Testamentsvollstrecker ohne weiteres nach Maßgabe des § 2226 BGB kündigen.

96 Hat der Testamentsvollstrecker bereits **vor Annahme Rechtsgeschäfte** getätigt sind diese grundsätzlich unwirksam. Einseitige Rechtsgeschäfte sind nichtig. Der Testamentsvollstrecker hat aber die Möglichkeit nach Amtsannahme die zuvor getätigten schuldrechtlichen Verträge nachträglich zu **genehmigen** (§§ 177, 184 BGB). Gleiches gilt für vorher als Nichtberechtigter getätigte Verfügungen nach § 185 Abs. 2 S. 1, 1. Hs BGB.

97 Zögert die Person, ob sie annehmen soll oder nicht, können alle die Personen, die ein **rechtliches** Interesse an der Klarstellung haben, beim Nachlassgericht beantragen, dass dem Ernannten eine Frist nach § 2202 Abs. 3 BGB gesetzt wird, nach deren Ablauf dann das Amt als abgelehnt gilt, sofern nicht zuvor die Annahme erklärt wurde. **Berechtigte Personen** sind zB der Erbe, Vor- und Nacherbe, Vermächtnisnehmer, Auflagenbegünstigter, Pflichtteilsberechtigter, Nachlassgläubiger. Die **Fristbestimmung** erfolgt durch den **Rechtspfleger** nach §§ 3 Nr. 2 Buchst. c, 16 RPflG per Beschluss.

II. Die Beantragung eines Testamentsvollstreckerzeugnisses

98 Nach § 2368 BGB hat das Nachlassgericht auf Antrag einem Testamentsvollstrecker ein Zeugnis über seine Ernennung zu erteilen. Ist seine Verwaltung des Nachlasses beschränkt oder hat der Erblasser angeordnet, dass der Testamentsvollstrecker in der Eingehung von Verbindlichkeiten für den Nachlass nicht beschränkt sein soll, so ist dies in dem Zeugnis anzugeben.

---

58 Soergel/*Damrau*, § 2201 Rn 1; Bamberger/Roth/*J. Mayer*, § 2202 Rn 11.
59 Bamberger/Roth/*J. Mayer*, § 2202 Rn 6; Staudinger/*Reimann*, § 2202 Rn 8; aA Soergel/*Damrau*, § 2202 Rn 3; MünchKomm/*Zimmermann*, § 2202 Rn 5.
60 Staudinger/*Reimann*, § 2202 Rn 11.

B. Die Annahme und Ablehnung des Testamentsvollstreckeramtes § 5

Das Testamentsvollstreckeramt ist aber nicht abhängig von der Erteilung dieses Zeugnisses. Das Amt beginnt bereits in dem Zeitpunkt, in dem die Anordnung der Testamentsvollstreckung sowie die Ernennung und die Annahme vorliegen 99

Da die Erteilung eines Testamentsvollstreckerzeugnisses mitunter Monate dauern kann, der Testamentsvollstrecker aber sofort tätig werden und die Annahme nachweisen muss, ist es ratsam, das Nachlassgericht nicht nur um Ausstellung eines Testamentsvollstreckerzeugnisse zu bitten, sondern zudem eine (vorgefertigte) **Amtsannahmebestätigung** zu unterzeichnen, die die Annahme belegt.[61] Diese kann dann sofort zum Nachweis der Annahme bei den jeweiligen Personen oder Institutionen vorgelegt werden. 100

Einige Gerichte sind jedoch dazu übergegangen, eine solche Bestätigung als Bescheinigung im Sinne von § 50 KostO mit einer vollen Vergütung in Rechnung zu stellen. Insofern kann man aus Kostengründen stattdessen auch sich einfach eine Ablichtung des Protokolls bzw der Niederschrift der Amtsannahme erstellen lassen, die lediglich nach § 55 KostO zu vergüten ist (Mindestgebühr nach § 33 KostO 10 EUR zzgl 0,50 EUR pro Seite sowie die Dokumentenpauschale nach § 136 KostO). Um so rasch wie möglich die Niederschrift zu erhalten, bietet sich an, immer persönlich beim Nachlassgericht die Amtsannahme zu erklären statt nur schriftlich zu beantragen. Andernfalls wird die Erklärung nämlich nur zur Akte genommen, so dass man allenfalls eine Abschrift der Verfügung als Beweismittel der Amtsannahme vorlegen könnte.

Sofern gleichzeitig ein Testamentsvollstreckerzeugnis nach § 2368 BGB beantragt wird, ist darauf zu achten, dass das Gericht in den Antrag auch die **Geschäftsadresse** des Testamentsvollstreckers aufnimmt, da andernfalls zu befürchten ist, dass in der Praxis Dritte die Post an die Privatadresse, die nur im Testamentsvollstreckerzeugnis aufgeführt ist, senden werden. 101

Das Testamentsvollstreckerzeugnis hat im Gegensatz zu den Angaben des Testamentsvollstreckers im Erbschein nach § 2364 BGB die Person des Testamentsvollstreckers exakt zu bezeichnen, also insbesondere den **Erblasser**, den **Namen** des Testamentsvollstreckers, ggf auch mit dessen Berufsbezeichnung. Ebenso sind die **Abweichungen von der gesetzlichen Verfügungsmacht** und etwaige Beschränkungen und Erweiterungen der Befugnisse des Testamentsvollstreckers mit aufzunehmen, soweit sie für den Rechtsverkehr rechtliche Bedeutung haben 102

▶ **Muster: Bestätigungsschreiben** 103

Aktenzeichen:

Bestätigung

In der Nachlasssache des am 28.2.2010 in München verstorbenen

... (Name des Erblassers)

ist am 28.3.2006 beim Nachlassgericht München eine Erklärung des Herrn Rechtsanwaltes R. geschäftsansässig ..., vom 28.3.2006 eingegangen, laut deren er das ihm vom Erblasser mit notariellem Testament vom 19.2.2006 übertragene Amt des Testamentsvollstreckers annimmt. Weitere letztwillige Verfügungen des Erblassers sind nicht vorhanden.

...

Unterschrift Rechtspfleger

(Stempel des Gerichts) ◀

---

61 Dazu *Mayer/Bonefeld/Wälzholz/Weidlich*, PraxisHB, Rn 602 ff.

104 ▶ **Muster: Amtsannahmeschreiben**

An das Amtsgericht München

– Nachlassgericht –

Betr.: (Name des Erblassers), geb. ▪▪▪, zuletzt wohnhaft ▪▪▪

Sehr geehrte Damen und Herren!

Am 28.2.2010 ist im Krankenhaus Harlaching

Herr ▪▪▪ (Name des Erblassers), geb. am 22.1.1922

verstorben. Er hat mich in seinem notariellen Testament vom 19.2.2006 des Notars Dr. Wachtelhofen zu seinem Testamentsvollstrecker ernannt. Der Erblasser war zur Zeit seines Todes deutscher Staatsangehöriger im Sinne des Art. 116 GG. Das Testament wurde beim Nachlassgericht am 22.2.2006 hinterlegt.

Ich nehme das Amt an und werde in einer noch zu errichtenden notariellen Urkunde an Eides Statt versichern, dass ein Rechtsstreit über meine Ernennung nicht anhängig ist. Ich bin darüber belehrt, dass eine vorsätzliche oder fahrlässig falsche Abgabe einer eidesstattlichen Versicherung strafbar ist.

Ich beantrage die

Ausstellung eines Testamentsvollstreckerzeugnisses

des Inhalts, dass ich alleiniger Testamentsvollstrecker des Erblassers mit den sich aus den §§ 2203 bis 2206 BGB ergebenden Rechten bin. In der Ausübung meines Amtes als Testamentsvollstrecker sind mir im obigen Testament keine Beschränkungen auferlegt worden.

Bitte nehme Sie neben meiner Wohnanschrift, auch meine Geschäftsadresse in das Zeugnis auf.

Den Wert des reinen Nachlasses gebe ich unter Bezugnahme auf die Wertangabe im Testament mit 300.000,00 EUR an.

Bitte übersenden Sie mir vorab kurzfristig eine schriftliche Bestätigung, dass das Amt des Testamentsvollstreckers durch mich angenommen wurde.

▪▪▪

Rechtsanwalt

Anlage: Bestätigungsschreiben als Vorlage ◀

105 ▶ **Muster: Antrag auf Erteilung eines Testamentsvollstreckerzeugnisses**

Notarielle Eingangsformel

Vor mir dem Notar

Prof. Dr. Winkelmann

ist erschienen

Rechtsanwalt R

Der Erschienene wies sich durch amtlichen Personalausweis aus.

Er beantragt, die folgenden Erklärungen zusammen mit dem an das Nachlassgericht gerichteten Antrag auf Erteilung eines Testamentsvollstreckerzeugnisses zu beurkunden:

Am 28.2.2010 ist in Krankenhaus Harlaching

Herr ▪▪▪ (Name des Erblassers), geb. am 22.1.1922

verstorben. Er hat mich in seinem notariellen Testament vom 19.2.2006 des Notars Dr. Wachtelhofen zu seinem Testamentsvollstrecker ernannt. Der Erblasser war zur Zeit seines Todes deutscher Staats-

B. Die Annahme und Ablehnung des Testamentsvollstreckeramtes § 5

angehöriger im Sinne des Art. 116 GG. Das Testament wurde beim Nachlassgericht am 22.2.2006 hinterlegt.

Diese letztwillige Verfügung wurde vom Amtsgericht – Nachlassgericht – München am 25.3.2006 eröffnet.

Mit Schreiben vom 28.3.2006 habe ich gegenüber dem Nachlassgericht die Annahme des Amtes als Testamentsvollstrecker erklärt. Rein vorsorglich erkläre ich hiermit nochmals, dass ich das Amt als Testamentsvollstrecker annehme.

Über die Bedeutung einer eidesstattlichen Versicherung durch den beurkundenden Notar belehrt, versichere ich an Eides statt:

– Weitere Verfügungen von Todes wegen des Erblassers sind nicht vorhanden.
– Ein Rechtsstreit ist weder über die Gültigkeit des Testaments, noch über meine Ernennung als Testamentsvollstrecker anhängig.
– Mir ist nichts bekannt, was der Richtigkeit meiner Angaben entgegensteht.

Ich beantrage, mir ein Zeugnis in dreifacher Ausfertigung über meine Ernennung als Testamentsvollstrecker über den Nachlass des (Name des Erblassers) des Inhalts zu erteilen, dass ich alleiniger Testamentsvollstrecker des Erblassers mit den sich aus den §§ 2203 bis 2206 BGB ergebenden Rechten bin.

Den Wert des Nachlasses gebe ich aufgrund meiner bisherigen Kenntnisse mit 300.000,00 EUR an.

Vom Notar vorgelesen und durch den Erschienenen genehmigt und unterschrieben.

...

(Unterschrift)

...

(Notar) ◀

Das vom Nachlassgericht zu erteilende **Testamentsvollstreckerzeugnis** sieht regelmäßig so aus:

▶ **Muster: Testamentsvollstreckerzeugnis**   106

– Erste Ausfertigung –   277

Aktenzeichen

Testamentsvollstreckerzeugnis

Der Rechtsanwalt R., geboren am 23.4.1964

wohnhaft in ..., geschäftsansässig in ...

ist zum Testamentsvollstrecker über den Nachlass des am 28.2.2010 in München, seinem letzten Wohnsitz, verstorbenen

... (Name des Erblassers)

geboren am 22.2.1922 in Mittenwald

ernannt worden.

München, den ...

Amtsgericht

... Direktor des Amtsgerichts

Vorstehende erste Ausfertigung, die mit der Urschrift übereinstimmt, wird dem Testamentsvollstrecker Herrn Rechtsanwalt R., München, erteilt

München, den ...

...

Urkundsbeamter der Geschäftsstelle ◄

107 ▶ **Muster: Antrag auf Einziehung eines falschen Testamentsvollstreckerzeugnisses**

An das Amtsgericht München

– Nachlassgericht –

Betr.: (Name des Erblassers), geb. ..., zuletzt wohnhaft ...

Sehr geehrte Damen und Herren!

In vorbezeichneter Angelegenheit zeige ich unter Vorlage der Originalvollmacht an, dass mich Frau ... um anwaltliche Hilfe gebeten hat.

Mit Schreiben des Amtsgerichtes München – Nachlassgericht – vom ... wurde meine Mandantin zur Stellungnahme zur beabsichtigten Ausstellung des Testamentsvollstreckerzeugnisses aufgefordert.

Namens und in Vollmacht meiner Mandantin stelle ich folgenden Antrag:

Das Herrn/Frau ... erteilte Testamentsvollstreckerzeugnis vom ... ist wegen Unrichtigkeit einzuziehen,

hilfsweise für kraftlos zu erklären, §§ 2368 Abs. 3, 2361 BGB.

Begründung

Offensichtlich ist übersehen worden, dass der Aufgabenkreis des Testamentsvollstreckers vom Erblasser durch § 2 des Testaments von ... ausdrücklich beschränkt worden. Dort heißt es:

„Die Testamentsvollstreckung umfasst lediglich mein Grundstück in der Ludwig Thoma Str. 123 in Grünwald".

Somit liegt eine Beschränkung iSd § 2208 Abs. 1 S. 2 BGB vor, welche im Testamentsvollstreckerzeugnis aufzunehmen ist, da der gesetzliche Normalfall abweicht.

Das Herrn/Frau ... am ... erteilte Testamentsvollstreckerzeugnis ist daher unrichtig, da es die Beschränkung der Testamentsvollstreckung auf das o.g. Grundstück nicht ausweist. Die Erteilung des Testamentsvollstreckerzeugnisses in der vorliegenden Art ohne Angabe der genannten Beschränkung weitet das Verwaltungsrecht des Testamentsvollstreckers auf den gesamten Nachlass in unzulässiger Weise aus.

Demgemäß ist somit das Testamentsvollstreckerzeugnis nach §§ 2368 Abs. 3, 2361 Abs. 1 BGB von Amts wegen einzuziehen, hilfsweise gemäß §§ 2368 Abs. 3, 2361 Abs. 2 BGB für kraftlos zu erklären.

...

Rechtsanwalt ◄

III. Die Ernennung eines Nachfolgers gem. § 2199 BGB

108 Gem. § 2199 BGB kann der Erblasser den Testamentsvollstrecker ermächtigen, einen oder mehrere Mitvollstrecker oder einen Nachfolger zu ernennen. Durch § 2199 BGB wird der Testamentsvollstrecker in die Lage versetzt, vor seiner Kündigung einen Dritten zu seinem Nachfolger zu ernennen und anschließend zu kündigen, so dass sein Amt auf die ernannte Person übergehen kann. Der Testamentsvollstrecker wird lediglich zur Ernennung ermächtigt, nicht hingegen zur Absetzung eines Mitvollstreckers oder Nachvollstreckers. Sein Ernennungsrecht

B. Die Annahme und Ablehnung des Testamentsvollstreckeramtes § 5

ist höchst persönlich und kann nicht an einen Dritten oder das Nachlassgericht delegiert werden.

Der Testamentsvollstrecker ist zur Ernennung eines Nachfolgers oder Mitvollstreckers berechtigt, wenn er gem. § 2002 Abs. 1 BGB das Amt des Testamentsvollstreckers angenommen hat, also durch Annahmeerklärung gegenüber dem Nachlassgericht. Es endet mit dem Erlöschen seines Amtes. Hat der Testamentsvollstrecker von seinem Ernennungsrecht bis zur Beendigung seines Amtes nicht Gebrauch gemacht, so kann eine Auslegung des Erblasserwillens dennoch dazu führen, dass der Testamentsvollstrecker trotz Beendigung seines Amtes weiterhin zur Ernennung eines Nachfolgers, nicht aber eines Mitvollstreckers berechtigt sein soll. Dann muss ein Fall des § 2198 BGB vorliegen. Verstirbt der Testamentsvollstrecker und endet so gem. § 2225 BGB sein Amt, so ist § 130 Abs. 2 BGB zu beachten. Dabei ist es ausreichend, wenn der Testamentsvollstrecker vor seinem Ableben alles seinerseits Erforderliche getan hat, um die Wirksamkeit der Erklärung herbeizuführen, wobei seine Bestimmung, seine Erklärung zur Bestimmung solle erst nach seinem Tode zugehen, nicht ausreichend ist.

109

Der Testamentsvollstrecker ist nicht verpflichtet, einen Nachfolger oder Mitvollstrecker zu benennen. Eine Nichternennung kann nicht zu seiner Haftung nach § 2219 BGB führen. Ob ein Entlassungsgrund nach § 2227 BGB gegeben ist, hängt davon ab, ob der ernannte Testamentsvollstrecker nur gemeinschaftlich mit dem noch zu ernennenden Mitvollstrecker handeln soll. In einem solchen Fall ist er indirekt zur Benennung verpflichtet, da er andernfalls abgesetzt werden kann. Der Testamentsvollstrecker haftet für eine sorgfältige Auswahl des zu ernennenden Nachfolgers bzw Mitvollstreckers nach § 2219 BGB im Unterschied zum Dritten nach § 2198 BGB, der für seine Auswahl nicht haftet.

110

Hat der Testamentsvollstrecker von seinem Ermächtigungsrecht Gebrauch gemacht, so kann er seinem Mitvollstrecker oder seinem designierten Nachfolger eine Generalvollmacht erteilen, sofern sie jederzeit widerruflich ist und der ernennende Testamentsvollstrecker weiterhin der Herr der Verwaltung bleibt.

111

Hat der Erblasser, in seiner Verfügung von Todes wegen deutlich gemacht, dass der in der Verfügung berufene Testamentsvollstrecker sein Amt nur gemeinschaftlich mit einem von ihm erst noch zu berufenden Mitvollstrecker ausüben soll, so besteht zwar sein Testamentsvollstreckeramt von Anfang an, seine einzige Aufgabe ist es aber zunächst, einen Mitvollstrecker gem. § 2199 Abs. 1 BGB zu ernennen. Streitig ist, ob dieser Schwebezustand nur durch eine Entlassung gem. § 2227 BGB behoben werden kann, oder aber zunächst von einem Bestimmungsrecht nach § 2198 BGB auszugehen ist, wonach dann auch die Möglichkeit einer Fristsetzung gem. § 2198 Abs. 2 BGB besteht. Der ersteren Ansicht ist zuzustimmen. Danach gelten von Anfang an auch die §§ 2211, 2214 BGB. Alternativ kann der Schwebezustand durch Ernennung eines Pflegers überbrückt werden. Im Rahmen der Mitvollstreckerernennung kann der Testamentsvollstrecker nicht den Aufgabenkreis des zu ermächtigenden Testamentsvollstreckers nach seinem Belieben einschränken. Sofern der Erblasser nichts anderes angeordnet hat, verfügt der Mitvollstrecker über den gleichen Tätigkeitsbereich, wie der bereits ernannte Testamentsvollstrecker. Ist eine Person zum Testamentsvollstrecker durch den Erblasser ernannt worden, die selbst das Amt nicht ausüben kann (wie zB Alleinerbe) hat der Erblasser aber die Ermächtigung zur Ernennung eines Mitvollstreckers erteilt, so ist davon auszugehen, dass der Alleinerbe von vornherein nur zum Mitvollstrecker ernannt wurde und somit auch zur Ernennung eines Mit-

112

vollstreckers befugt ist.⁶² Von einem konkludenten Ersuchen nach Maßgabe des § 2200 BGB kann dann nicht ausgegangen werden.⁶³

113 Des Weiteren ist der Testamentsvollstrecker nach Abs. 2 berechtigt, einen Nachfolger zu ernennen. Nach dem Wortlaut kann der Testamentsvollstrecker nur ermächtigt werden, einen Nachfolger zu ernennen. Im Einzelnen ist es Auslegungsfrage der letztwilligen Verfügung, ob der Erblasser nicht auch zur Ernennung mehrerer Personen durch den Testamentsvollstrecker ermächtigen wollte.

114 Im Unterschied zu § 2198 BGB ist das Ernennungsrecht entgegen verbreiteter Ansicht⁶⁴ im Fall des § 2199 Abs. 2 BGB nicht dadurch verbraucht, wenn der Testamentsvollstrecker einen Nachfolger ernannt hat. Richtiger Weise ist er solange zur Nachfolger(um)ernennung befugt, solange er im Amt ist. Die Ausgangslage bei § 2198 BGB ist nämlich eine völlig andere als die bei § 2199 BGB. § 199 Abs. 2 BGB spricht daher auch nicht wie in § 2198 BGB von „Bestimmung", sondern von „ernennen". Bei § 2198 BGB ist solange kein Testamentsvollstrecker bestimmt, bis der Dritte eine Person benannt hat. Es kann also zu einem „Vollstreckungs-Vakuum" kommen, also eine Phase zwischen Tod der Erblassers und Bestimmung eines Testamentsvollstreckers durch einen Dritten. Dies soll nach den Motiven offenkundig verhindert werden. Insofern scheint es bereits aus Gründen der Rechtssicherheit gerechtfertigt zu sein, eine einmalige Bestimmung durch einen Dritten als unwiderruflich anzusehen.

115 Bei § 2199 BGB wird bereits die Testamentsvollstreckung durch eine Person ausgeübt. Es besteht also gerade nicht die Gefahr eines „Vollstreckungs-Vakuums". Die Notwendigkeit sofort wissen zu müssen, wer möglicher Weise Nachfolger des amtierenden Testamentsvollstreckers wird, besteht somit nicht. Im Unterschied zur Bestimmung nach § 2198 BGB hat der ernannte Nachfolger nach § 2199 BGB keinerlei Rechtsposition erlangt. Er kann weder den Nachlass verwalten, noch kann er ihn in Besitz nehmen. Der Ersatztestamentsvollstrecker kann auch nicht bereits die Annahme vor Eintritt des Amtsbeginns erklären (vgl § 2202 Abs. 2 BGB).

116 Der Testamentsvollstrecker kann nur dann einen Nachfolger ernennen, wenn er selbst das Amt angenommen hat und noch im Amt ist. Der Testamentsvollstrecker kann für den Fall des Erlöschens seines eigenen Amtes bereits vorsorglich einen Nachfolger ernennen. Ist die Testamentsvollstreckung insgesamt beendet, so endet auch das Recht zur Ernennung eines Nachfolgers, zB wenn Zweckerreichung der Testamentsvollstreckung eingetreten ist. Hat der Testamentsvollstrecker eine zulässige Teilkündigung erklärt und es liegen einzeln abtrennbare Aufgabenbereiche vor und die Teilniederlegung des Amtes ist mit dem Erblasserwillen vereinbar, so kann der Testamentsvollstrecker für die „gekündigten" Aufgabenbereiche einen Nachfolger bestimmen. Voraussetzung hierfür ist, dass eine derartige Vorgehensweise dem Erblasserwillen entspricht. Der Testamentsvollstrecker kann dem Aufgabenkreis seines Nachfolgers zulässigerweise einschränken. Der Nachfolger kann selbst keinen eigenen Nachfolger ernennen, sofern nicht der Erblasser oder der Testamentsvollstrecker ihn hierfür ermächtigt hat.

117 Die Kosten der Beglaubigung und die Kosten für die Entgegennahme der Erklärung bei Gericht richten sich nach §§ 112 Abs. 1 Nr. 6, 115 KostO. Diese hat der Erklärende zu tragen, der jedoch von den Erben nach Auftragsrecht einen Erstattungsanspruch hat. Die Gebühren für das Fristsetzungsverfahren richten sich nach den §§ 113, 115 KostO.

---

62 *Damrau*, ZEV 2001, 27.
63 OLG Zweibrücken ZEV 2001, 27.
64 So zB *Damrau*, FamRZ 2004, 421 f. Wie hier: *Säcker*, ZEV 2006, 288 ff.

B. Die Annahme und Ablehnung des Testamentsvollstreckeramtes § 5

Da der Dritte alle Rechte bei der Bestimmung des Testamentsvollstreckers hat, wie auch der Erblasser, und damit auch die Testamentsvollstreckung nur auf bestimmte Nachlassteile beschränken kann, sollte bei der Testamentsgestaltung deutlich gemacht werden, ob nicht die Bestimmung durch den Dritten lediglich die Bestimmung der Person beinhalten soll, sonst aber eine Befristung oder Beschränkung nicht gewünscht ist. Eine Klarstellung ist daher vorsorglich aufzunehmen. 118

Da der Erblasser auf gewisse Schutzrechte aus § 2198 BGB verzichten kann, ist zu prüfen, wenn ein Amtsinhaber oder eine Behörde bzw Gericht die Bestimmung vornehmen soll, dass im Einzelfall auf eine Beglaubigung der Bestimmungserklärung von Seiten des Erblassers verzichtet wird. 119

▶ **Muster: Benennung eines Nachfolgers nach § 2199 BGB** 120

An das Amtsgericht München

– Nachlassgericht –

Betr.: (Name des Erblassers), geb. ..., zuletzt wohnhaft ...

Sehr geehrte Damen und Herren!

Am 28.2.2010 ist im Krankenhaus Harlaching

Herr (Name des Erblassers), geb. am 22.1.1922

verstorben. Er hat mich in seinem notariellen Testament vom 19.2.2006, welches am 25.3.2006 durch das Nachlassgericht München eröffnet wurde, zu seinem Testamentsvollstrecker ernannt. Des Weiteren hat mich der Erblasser gemäß § 2199 Abs. 2 BGB ermächtigt, einen Nachfolger zu ernennen. Ich habe das Amt des Testamentsvollstreckers durch Erklärung vor dem Nachlassgericht München am 28.3.2006 angenommen.

Von dieser Ermächtigung mache ich nachfolgend Gebrauch und ernenne zu meinem Nachfolger im Amt des Testamentsvollstreckers über den Nachlass des Herrn ... (Name des Erblassers)

Frau Dr. Heike Mayer, wohnhaft in München, Deisenhofener Str. 123.

Die gleich lautende Ernennung eines Nachfolgers erhalten Sie anbei, welche ich am 23.4.2006 vor dem Notar Dr. Winkelmann in München in öffentlich beglaubigter Form gem. § 2199 Abs. 3 BGB iVm § 2198 Abs. 1 S. 2 BGB abgegeben habe.

Ich bitte um Bestätigung, dass ich vom Recht des Ersuchens eines Nachfolgers Gebrauch gemacht habe.

...

Rechtsanwalt R als Testamentsvollstrecker ◀

▶ **Muster: Benennung eines Nachfolgers nach § 2199 BGB mit nachfolgender Kündigung des Amtes** 121

An das Amtsgericht München

– Nachlassgericht –

Betr.: (Name des Erblassers), geb. ..., zuletzt wohnhaft ...

Sehr geehrte Damen und Herren!

Am 28.2.2010 ist im Krankenhaus Harlaching

Herr (Name des Erblassers), geb. am 22.1.1922

verstorben. Er hat mich in seinem notariellen Testament vom 19.2.2006, welches am 25.3.2006 durch das Nachlassgericht München eröffnet wurde, zu seinem Testamentsvollstrecker ernannt. Ich habe das Amt des Testamentsvollstreckers durch Erklärung vor dem Nachlassgericht München am 28.3.2006 angenommen.

Des Weiteren hat mich der Erblasser gemäß § 2199 Abs. 2 BGB ermächtigt, einen Nachfolger zu ernennen.

Von dieser Ermächtigung mache ich nachfolgend Gebrauch und ernenne zu meinem Nachfolger im Amt des Testamentsvollstreckers über den Nachlass des Herrn ... (Name des Erblassers)

Frau Dr. Heike Mayer, wohnhaft in München, Deisenhofener Str. 123.

Die gleich lautende Ernennung eines Nachfolgers erhalten Sie anbei, welche ich am 23.4.2006 vor dem Notar Dr. Winkelmann in München in öffentlich beglaubigter Form gem. § 2199 Abs. 3 BGB iVm § 2198 Abs. 1 S. 2 BGB abgegeben habe.

Des Weiteren

kündige

ich hiermit gemäß § 2226 BGB mein Amt als Testamentsvollstrecker.

Ich bitte um Bestätigung, dass ich vom Recht des Ersuchens eines Nachfolgers Gebrauch gemacht sowie die Kündigung gegenüber dem Nachlassgericht ausgesprochen habe.

...

Rechtsanwalt als Testamentsvollstrecker ◄

122 ▶ Muster: Benennung eines Mitvollstreckers nach § 2199 BGB

An das Amtsgericht München

– Nachlassgericht –

Betr.: (Name des Erblassers), geb. ..., zuletzt wohnhaft ...

Sehr geehrte Damen und Herren!

Am 28.2.2010 ist im Krankenhaus Harlaching

Herr (Name des Erblassers), geb. am 22.1.1922

verstorben. Er hat mich in seinem notariellen Testament vom 19.2.2006, welches am 25.3.2006 durch das Nachlassgericht München eröffnet wurde, zu seinem Testamentsvollstrecker ernannt. Ich habe das Amt des Testamentsvollstreckers durch Erklärung vor dem Nachlassgericht München am 28.3.2006 angenommen.

Des Weiteren hat mich der Erblasser gemäß § 2199 Abs. 1 BGB ermächtigt, einen Mitvollstrecker zu ernennen.

Von dieser Ermächtigung mache ich nachfolgend Gebrauch und ernenne zu meinem Mitvollstrecker über den Nachlass des Herrn ... (Name des Erblassers)

Frau Dr. Heike Mayer, wohnhaft in München, Deisenhofener Str. 123.

Frau Dr. Mayer hat folgenden Aufgabenkreis:

Abwicklung des vollständigen Nachlasses des am 28.2.2010 verstorbenen ... (Name des Erblassers).

Die gleich lautende Ernennung eines Nachfolgers erhalten Sie anbei, welche ich am 23.4.2006 vor dem Notar Dr. Winkelmann in München in öffentlich beglaubigter Form gem. § 2199 Abs. 3 BGB iVm § 2198 Abs. 1 S. 2 BGB abgegeben habe.

...

Rechtsanwalt R als Testamentsvollstrecker ◄

C. Ausgewählte Formulare für die praktische Abwicklung einer Testamentsvollstreckung

I. Grundsätzliches

Nach § 2203 BGB hat der Testamentsvollstrecker die letztwilligen Verfügungen des Erblassers zur Ausführung zu bringen. Hat der Erblasser keine dem Gesetz abweichenden Anordnungen getroffen, so gilt zunächst, dass der gesamte Nachlass der Testamentsvollstreckung unterworfen und der Testamentsvollstrecker sog. Generalvollstrecker ist. 123

Die §§ 2203 bis 2207 BGB bestimmen dann, welche einzelnen Aufgabe der Testamentsvollstrecker zu erfüllen hat. Im **Normal- und Regelfall** liegt eine **Abwicklungstestamentsvollstreckung** vor. 124

Allerdings kann der Erblasser im Rahmen seiner letztwilligen Verfügung von einer Generalvollstreckung abweichen und dem Testamentsvollstrecker nur Sonderaufgaben zuordnen, so dass dieser lediglich Spezialvollstrecker ist. Kombinationen der Vollstreckungsarten sind möglich. Im Zweifel ist der Generalvollstrecker bzw Abwicklungsvollstrecker auch **Vermächtnisvollstrecker** im Sinne des § 2223 BGB.[65] 125

II. Ablauf der Abwicklungsvollstreckung (Generalvollstreckung)

Die **Ausführung der letztwilligen Verfügung** des Erblassers ist die **zentrale Aufgabe** des Testamentsvollstreckers. Zu unterscheiden ist hierbei die Anordnung und der bloße Wunsch des Erblassers. Nur erstere ist vom Testamentsvollstrecker auf jeden Fall – auch gegen den Willen der Erben oder sonstiger Dritter – zu beachten. Demzufolge hat der Testamentsvollstrecker seine Abwicklungspflichten zu ermitteln. Die Anordnungen können sich auch außerhalb der Verfügung liegenden Anhaltspunkten ergeben. Von diesen Anordnungen darf der Testamentsvollstrecker nur dann abweichen, wenn das Nachlassgericht diese nach § 2216 Abs. 2 BGB außer Kraft gesetzt hat. 126

Zunächst ist der Nachlass zu ermitteln und in Besitz zu nehmen, ohne dass damit eine Besitzerlangung nach § 857 BGB einhergehen muss. Eine **Bestattungsanordnung** ist von ihm zu beachten, sofern nicht bereits wegen des Zeitablaufs die Bestattung bereits erfolgt ist.[66] 127

Bei Grundstücken ist eine Testamentsvollstreckereintragung gem. § 52 GBO ins **Grundbuch** zu veranlassen. 128

Der Nachlass ist zu **konstituieren**.[67] Dies bedeutet, es erfolgt eine nach außen dokumentierte Abgrenzung der verwalteten Nachlassobjekte.[68] Zugleich hat er – sofern notwendig – den **Erbschein** und auf jeden Fall das **Testamentsvollstreckerzeugnis** zu beantragen. 129

Der Testamentsvollstrecker hat das Recht, den **Nachlass zu verwalten**, **Verbindlichkeiten** nach Maßgabe der §§ 2205, 2206 BGB einzugehen und über **Nachlassgegenstände** zu **verfügen**. 130

In erster Linie sind aber die Nachlassverbindlichkeiten zu erfüllen und die Auseinandersetzung bei Vorliegen einer Erbengemeinschaft nach § 2204 BGB zu betreiben. 131

Zudem ist die **Erbschaftsteuererklärung** nach § 31 Abs. 5 S. 1 ErbStG zu fertigen und die festgesetzte Steuer nach § 32 Abs. 1 S. 2 ErbStG anschließend zu begleichen. Andernfalls haftet er 132

---

65 AA Soergel/*Damrau*, § 2203 Rn 2.
66 Hierzu ausführlich Mayer/Bonefeld/*Wälzholz*/*Weidlich*, PraxisHB, Rn 615 ff.
67 Dazu Bengel/Reimann/*Klumpp*, Handbuch III, Rn 1 ff.
68 Staudinger/*Reimann*, § 2203 Rn 23 ff.

nach § 69 AO.⁶⁹ Von dem Pflichtenverhältnis des § 34 Abs. 3 AO zwischen Finanzamt und Testamentsvollstrecker kann der Erblasser nicht befreien.⁷⁰ Der Testamentsvollstrecker hat daher die vom Erblasser noch nicht gefertigte **Einkommensteuererklärung** zu fertigen und beim Finanzamt einzureichen. Kommt er zu dem Ergebnis, dass bereits abgegebene Erklärungen des Erblassers nicht korrekt sind, so trifft ihn eine **Anzeige- und Berichtigungspflicht** nach §§ 153 Abs. 1, 34 AO. Allerdings reicht die bloße Erkennbarkeit nicht für eine Haftung des Testamentsvollstreckers.⁷¹

133 Stellt der Testamentsvollstrecker fest, der Nachlass reicht nicht aus, so ist das **Nachlassinsolvenzverfahren** nach §§ 315 ff InsO einzuleiten. Ebenso hat er die **Dürftigkeitseinrede** nach § 1992 BGB zu erheben.⁷²

134 Nachfolgend sind einige Formulierungsbeispiele aufgeführt, die bei der Abwicklung einer Testamentsvollstreckung behilflich sein können:

135 ▶ **Muster: Postnachsendeauftrag**

An das

Postamt (Wohnort Erblasser)

Betr.: (Name des Erblassers) zuletzt wohnhaft: ▪▪▪

Sehr geehrte Damen und Herren,

ausweislich der beigefügten beglaubigten Kopie des Testamentsvollstreckerzeugnisses vom ▪▪▪ hat mich das Nachlassgericht München zum Testamentsvollstrecker über den Nachlass des am 28.2.2010 verstorbenen ▪▪▪ (Name des Erblassers) ernannt.

Ich bitte, die weitere Post des Erblassers zu meinen Händen an meine Kanzlei mit der Anschrift ▪▪▪ zu senden und den Sterbefall zu vermerken.

▪▪▪

Rechtsanwalt ◀

136 Bargeld und Sparbücher werden nicht selten im Kühlschrank, Backherd, Fach für Backbleche, Wäscheschränke, Altpapierstapel und insbesondere in Büchern und unter Deckchen versteckt, wenn diese nicht gleich in den Schubladen der verschiedenen Möbel aufzufinden sind.⁷³ Am einfachsten ist es natürlich, bei Vorliegen von Kontoauszügen Rückschlüsse auf vorhandene Konten zu ziehen. Etwaige fehlende Kontoauszüge sind umgehend von der jeweiligen Bank nachzufordern.

137 Um zu erfahren, ob noch weiteres **Bankvermögen** existiert, kann der Testamentsvollstrecker nicht auf staatliche Hilfe hoffen. Er muss sich vielmehr an den **Bundesverband deutscher Banken, Burgstraße 28 in 10178 Berlin** oder an den **Bankenverband mittel- und ostdeutscher Länder e.V. Kurfürstendamm 178 in 10707 Berlin**⁷⁴ wenden. Sofern der zuletzt geführte Familienname vom Geburtsnamen abweicht, sollte auch der Geburtsname angegeben werden. Ferner sind neben dem vollständigen Namen auch der Wohnort und das Geburtsdatum des Erblassers anzugeben, um eine möglichst präzise Recherche zu ermöglichen. Der Bankenverband fragt

---

69 Hierzu ausführlich *Mayer/Bonefeld/Wälzholz/Weidlich*, PraxisHB, Rn 803 ff; Bengel/Reimann/*Piltz*, Handbuch VIII, Rn 24.
70 *Winkler*, Der Testamentsvollstrecker, Rn 749.
71 Bengel/Reimann/*Piltz*, Handbuch VIII, Rn 24.
72 MünchKomm/*Zimmermann*, § 2203 Rn 13; Staudinger/*Reimann*, § 2203 Rn 29.
73 Hierzu *Eulberg/Ott-Eulberg*, Nachlaßpflegschaft, 1999, S. 44.
74 Dieser Bankenverband forscht ohne Einschränkungen nach den Konten des Erblassers.

C. Ausgewählte Formulare für die praktische Abwicklung einer Testamentsvollstreckung § 5

bundesweit bei Privatbanken nach Konten, Schließfächern und Wertpapierdepots. Sofern man hierüber keine Auskunft erhält, so bekommt man wenigstens von dort sämtliche Adressen von den Verbänden der Volksbanken, und Sparkassen etc., damit man weiter recherchieren kann. Die Recherche ist kostenpflichtig. Für die Antworten muss man etwa sechs Wochen einplanen.

Da die **Postbank** nicht Mitglied des Bankenverbandes ist, ist vorsorglich eine Anfrage bei der Postbank am Wohnort des Erblassers durchzuführen. Von dort erhält man automatisch sämtliche Auskünfte über Sparkonten bei den deutschen Postniederlassungen. 138

Bei **Bausparverträgen** kann es mitunter schwierig werden, gibt es doch bundesweit 11 Landesbausparkassen und 16 private Bausparkassen. Da diese ihre Daten nicht austauschen, leitet der Verband der privaten Bausparkassen e.V., Klingelhöferstr. 4, 10785 Berlin, Anfragen an seine Mitgliedsunternehmen weiter. Bei den Landesbausparkassen richtet sich das Geschäftsgebiet nach dem Regionalprinzip. Für die Antworten muss man etwa drei Wochen einplanen. 139

Bei **ausländischen Erblassern** sollte zusätzlich die inländische Vertretung der Bank des Heimatlandes angeschrieben werden. 140

Die Korrespondenz mit Banken gestaltet sich häufig als äußerst schwierig und schleppend. Die Gründe liegen nicht zuletzt in der Angst der Banken begründet, an den Falschen zu leisten. Aus diesem Grunde gilt es von Anfang an, den Banken die Berechtigung des eigenen Handelns als Testamentsvollstrecker deutlich zu machen. 141

Das Schreiben an die Bank sollte neben der Anfrage nach allen Konten des Erblassers und der Kontostände insbesondere auch eine Aufforderung nach Information über eventuelle Darlehensverträge, Bürgschaften, Daueraufträge, Kontoverbindungen zu anderen Geldinstituten im In- und Ausland sowie Kenntnisse über Lebensversicherungen, Sparverträge u.a. beinhalten. Vorsorglich sollte auch eine Kontoverlaufsübersicht mit angefordert werden. Hierdurch erhält der Testamentsvollstrecker wichtige Informationen über die Vermögensverschiebungen des Erblassers und regelmäßig wichtige Erkenntnisse über vorhandene Versicherungen und weitere Verträge, für die die Beiträge abgebucht wurden. Auf jeden Fall ist deutlich der Vermerk über die ausschließliche Kontoführungsbefugnis des Testamentsvollstreckers zu fordern. Ferner sind rein vorsorglich alle vom Erblasser erteilte Bankvollmachten, Daueraufträge zu widerrufen. Lastschriften und Einzügen ist vorsorglich auch rückwirkend zu widersprechen. Abschließend ist bei Herausgabe einer EC-Karte oder Kreditkarte die sofortige Sperrung zu erklären. 142

Hinweis: Banken und Versicherungen erkennen häufig nicht Kopien von Testamentsvollstreckerzeugnissen an. Es ist daher ratsam, sich vom Nachlassgericht gleich mehrere gerichtlich beglaubigte Zweitschriften des Testamentsvollstreckerzeugnisses fertigen zu lassen. Gleiches gilt für die Annahmebestätigung des Nachlassgerichts. Diese sind dann den jeweiligen Schreiben beizufügen. 143

▶ **Muster: Kontenermittlung über den Bankenverband** 144

Bankenverband mittel- und ostdeutscher Länder e.V.

Kurfürstendamm 178

10707 Berlin

Betr.: (Name des Erblassers), geborener ▄▄▄ zuletzt wohnhaft:

▄▄▄, geboren am ▄▄▄

Bonefeld 563

Sehr geehrte Damen und Herren,

ausweislich der beigefügten beglaubigten Kopie des Testamentsvollstreckerzeugnisses vom ▪▪▪ hat mich das Nachlassgericht München zum Testamentsvollstrecker des am 28.2.2010 verstorbenen ▪▪▪ (Name des Erblassers) ernannt.

Des Weiteren überreiche ich Ihnen eine Sterbeurkunde des Erblassers.

Ich bitte, sämtliche Konten des o.g. Erblassers zu ermitteln und mir hierüber Mitteilung zu machen.

Die Gebühr wird durch den beigefügten Verrechnungsscheck ausgeglichen.

▪▪▪

Rechtsanwalt ◄

145 ▶ **Muster: Bankenanschreiben**[75]

An die Sparkasse/Postbank ▪▪▪

▪▪▪

Sehr geehrte Damen und Herren,

ausweislich der beglaubigten Kopie des Testamentsvollstreckerzeugnisses[76] des Amtsgerichtes München vom ▪▪▪ habe ich das Amt des Testamentsvollstreckers für den am 28.2.2010 verstorbenen ▪▪▪ (Name des Erblassers) übernommen. Eine beglaubigte Kopie der Sterbeurkunde ist ebenfalls beigefügt.

Ich darf Sie bitten, mir

- alle Konten des Erblassers in Ihrem Hause mitzuteilen,
- die jeweiligen Kontostände zum Todestag (▪▪▪) sowie zum ▪▪▪ mitzuteilen und
- eine Kontoverlaufsübersicht für den Zeitraum vom (▪▪▪) bis (▪▪▪) sowie
- Ablichtungen der Kontoeröffnungsanträge,
- Ablichtungen eventueller Darlehensverträge, Bürgschaften,
- Ablichtung der Kontoführungskarte und weiteren Bankvollmachten,
- Liste der Daueraufträge,
- Anzeige gem. § 33 ErbStG

zur Verfügung zu stellen.

Ich darf Sie bitten, mir bekannte Kontoverbindungen zu anderen Geldinstituten im In- und Ausland mitzuteilen, ebenso Kenntnisse über Lebensversicherungen, Sparverträge u.a.

Bitte vermerken Sie meine **ausschließliche** Kontoführungsbefugnis.

Rein vorsorglich widerrufe ich hiermit alle vom Erblasser erteilten Bankvollmachten und Daueraufträge. Lastschriften und Einzügen widerspreche ich auch rückwirkend.

Sollte eine EC-Karte oder Kreditkarte ausgegeben worden sein, so bitte ich um **sofortige Sperrung**.

Sofern sich Gläubiger des Erblassers melden, sind diese an meine obige Adresse zu verweisen.

Rein vorsorglich habe ich zudem eine bankmäßige Identitätsbestätigung beigefügt.

Für Rückfragen stehe ich gerne zur Verfügung.

---

75 In Anlehnung an *Eulberg/Ott-Eulberg*, Nachlaßpflegschaft, S. 47. Zu den Auskunftsansprüchen des Erben gegenüber der Bank, vgl *Bartsch*, ZErb 1999, 20 ff.

76 Günstiger ist es, das Original oder eine gerichtliche Zweitschrift des Testamentsvollstreckerzeugnisses vorzulegen, um spätere Rückfragen zu vermeiden.

Mit freundlichen Grüßen

...

Rechtsanwalt ◄

Gerade bei Beteiligungen an Investment- oder Immobilienfonds verlangen die Banken nicht selten auch eine Bestätigung der Identität des Testamentsvollstreckers. Dies ist grundsätzlich immer dann der Fall, wenn der Testamentsvollstrecker per schriftlicher Mitteilung an die Bank über das Kontoguthaben verfügen oder eine Auszahlung an die Erben veranlassen will. Um nicht weitere Verzögerungen hinzunehmen, sollte der Testamentsvollstrecker einfach zu seiner eigenen Bank gehen und sich vorsorglich nachfolgende Identitätsbestätigung unterzeichnen lassen. Der Bestätigung sollte zudem eine Kopie des Ausweisdokumentes beigefügt werden.   146

▶ **Muster: Identitätsbestätigung**   147

Bestätigung

XYZ-Investmentkonto Nr. 0815-4711 wegen Feststellung der Identität

Betr.: (Name des Erblassers), geborener ... zuletzt wohnhaft: ... geboren am ...

Herr/Frau ...

Geburtsdatum: ...

wohnhaft: ...

hat sich ausgewiesen durch: Ausweis Nr.: ...

ausgestellt in ... am ...

und unterzeichnet wie folgt:

(an dieser Stelle Unterschriftsleistung des Testamentsvollstreckers)

Die Ordnungsmäßigkeit vorstehender Angaben sowie die Vorlage des Ausweisdokumentes im Original werden hiermit bestätigt.

...

Stempel und rechtsverbindliche Unterschrift einer Bank oder Behörde

Anlage: Kopie des Ausweisdokumentes ◄

Bestehen aufgrund des Alters des Erblassers Anzeichen, dass er von dem Renten Service der Deutschen Post AG (früher: Rentenrechnungsstelle) Rente bezieht, sind diese umgehend zu informieren, da nach Ablauf des Sterbemonats ggf Überzahlungen zurückgefordert werden. Um zu erfahren, welche Rente der Erblasser von welchem Rententräger erhält, sollten zunächst die Kontoauszüge dahingehend untersucht werden. Kann hieraus keine Rückschlüsse gezogen werden, kann man der Einfachheit halber an das jeweilige Postrentenzentrum der Deutschen Post AG wenden. In den Rentendienstzentren werden zahlreiche Rententräger erfasst wie zB   148

– Deutsche Rentenversicherung für Bund und Land,
– Berufsgenossenschaften,
– Versorgungsanstalt der Deutschen Bundespost,
– Eigenunfallversicherungen,
– Versorgungsanstalten des Bundes und der Länder,
– zahlreiche österreichische Sozialversicherungsanstalten.

Allerdings können Pensionszahlungen und Betriebsrenten über das Postrentenzentrum nicht ermittelt werden. In einem solchen Fall muss man sich direkt an die Arbeits- oder Dienststelle des Erblassers wenden.

Adressen der Renten Servicestellen:

04099 Leipzig
13497 Berlin (Anfrage an den Renten Service Berlin als Zentralstelle idR ausreichend)
22292 Hamburg
30103 Hannover
50417 Köln
70143 Stuttgart
86130 Augsburg.

149 ▶ **Muster: Schreiben an eine Rentenrechnungsstelle**

Deutsche Post AG
Renten Service

...

Sehr geehrte Damen und Herren,
ausweislich der beglaubigten Kopie des Testamentsvollstreckerzeugnisses[77] des Amtsgerichtes München vom ... habe ich das Amt des Testamentsvollstreckers für den am 28.2.2010 verstorbenen ... (Name des Erblassers) übernommen.

Ich darf Sie bitten, die bisher gewährte Rentenzahlung einzustellen.

Ferner bitte ich um Mitteilung der bisherigen Rentenhöhe pro Monat sowie um Bekanntgabe der bisherigen Zahlungsmodalitäten nebst Zahlungsweg.

Mit freundlichen Grüßen

...

Rechtsanwalt ◀

150 Häufig wurden Lebensversicherungen zugunsten Dritter abgeschlossen, bei denen die Bezugsberechtigten entweder nicht bestimmt wurden oder aber bei denen die Bezugsberechtigung unbekannt ist. Somit sollte der Testamentsvollstrecker routinemäßig das Vorhandensein von Lebensversicherungsverträgen prüfen. Die Information über das Bestehen solcher Verträge hat in der Praxis große Bedeutung, insbesondere für die Fragen der Ausgleichung, Anrechnung im Rahmen von Pflichtteilsansprüchen und wegen der Bezugsberechtigung. Die Auszahlungssumme einer Lebensversicherung fällt dann nicht in den Nachlass, wenn eine Bezugsberechtigung einer dritten Person im versicherungsrechtlichen Verhältnis besteht und dieser gegenüber im Valutaverhältnis zum Nachlass durch Begründung einer Schenkung ein Rechtsgrund für das Behalten der Leistung zusteht. Soweit daher zu Lebzeiten des Erblassers kein solcher Rechtsgrund geschaffen wurde, kommt es somit uU zu einem Wettlauf.[78] Hier kann es ratsam sein (sofern noch möglich), den in der Bezugsberechtigung liegenden konkludenten Auftrag zur Übermittlung des Schenkungsangebotes gegenüber der Versicherung zu widerrufen, damit der Dritte kein recht zum Besitz hat, weil dann das Valutaverhältnis nicht besteht.

---

77 Günstiger ist es, das Original oder eine gerichtliche Zweitschrift des Testamentsvollstreckerzeugnisses vorzulegen, um spätere Rückfragen zu vermeiden.
78 Dazu *Kerscher/Tank/Krug*, Das erbrechtliche Mandat, 2. Aufl. 2000, § 19 Rn 1 ff. Sehr instruktiv: *Jochum/Pohl*, Nachlaßpflegschaft, S. 66 ff.

C. Ausgewählte Formulare für die praktische Abwicklung einer Testamentsvollstreckung § 5

Leider hat der **Gesamtverband der Deutschen Versicherungswirtschaft e.V., Wilhelmstr 43, in 10117 Berlin** den Informationsservice aus Kostengründen eingestellt. Allerdings kann dort die Adresse der Versicherungsgesellschaft angefragt werden, auf die man bei seinen Nachlassrecherchen gestoßen ist. Der schnellere weg dürfte auch hier aber eine Internetrecherche sein.

Erhält der Testamentsvollstrecker positive Nachricht, ist Eile geboten. Der Testamentsvollstrecker hat ggf zum Schutze des Nachlasses die Übermittlung des Schenkungsangebotes zu widerrufen. Nur dann hat der Bezugsberechtigte im Valutaverhältnis kein Recht zum Behalten dürfen der Versicherungssumme.

▶ **Muster: Anschreiben an Lebensversicherung**

An die Versicherung

...

Versicherungs-Nr.:

Sehr geehrte Damen und Herren,

ausweislich der beglaubigten Kopie des Testamentsvollstreckerzeugnisses[79] des Amtsgerichtes München vom ... habe ich das Amt des Testamentsvollstreckers für den am 28.2.2010 verstorbenen ... (Name des Erblassers) übernommen. Eine beglaubigte Kopie der Sterbeurkunde ist ebenfalls beigefügt.

Nach den mir erteilten Informationen besteht eine Lebensversicherung des Erblassers.

Ich darf Sie bitten, mir die Höhe der auszuzahlenden Versicherungssumme mitzuteilen.

Sofern ein Bezugsrecht einer dritten Person besteht, so

widerrufe

ich vorsorglich den vom Erblasser Ihnen erteilten Auftrag, den Eintritt des Versicherungsfalls und die Zuwendung der Auszahlungssumme der dritten Person mitzuteilen.

Rein vorsorglich habe ich zudem eine bankmäßige Identitätsbestätigung beigefügt. Im Falle des erfolgreichen Widerrufs bitte ich, die Auszahlungssumme aus der Lebensversicherung auf das Konto ... bei der ... mit dem Vermerk „Auszahlung Lebensversicherung" zu überweisen.

Ist das Versicherungsverhältnis bereits vollständig abgewickelt, bitte ich um Mitteilung über die Höhe der ausgezahlten Versicherungsleistungen und über den Leistungsempfänger sowie um Mitteilung, ob die Auszahlung aufgrund des Bezugsrechts oder gegen Vorlage der Versicherungspolice erfolgte.

Mit freundlichen Grüßen

...

Rechtsanwalt ◀

---

79 Günstiger ist es, das Original oder eine gerichtliche Zweitschrift des Testamentsvollstreckerzeugnisses vorzulegen, um spätere Rückfragen zu vermeiden.

154 Des Weiteren sind zahlreiche Kündigungen durchzuführen.

▶ **Muster: Kündigungsschreiben**

Einschreiben mit Rückschein

Betr. Mietverhältnis xy-Straße, ▄▄▄

Sehr geehrter ▄▄▄,

ausweislich der beglaubigten Kopie des Testamentsvollstreckerzeugnisses[80] des Amtsgerichtes München vom ▄▄▄ habe ich das Amt des Testamentsvollstreckers für den am 28.2.2010 verstorbenen ▄▄▄ (Name des Erblassers) übernommen. Eine beglaubigte Kopie der Sterbeurkunde ist ebenfalls beigefügt. Der Erblasser ist Mieter des o.g. Wohnobjektes.

Ich kündige in meiner Eigenschaft als Testamentsvollstrecker des am ▄▄▄ verstorbenen ▄▄▄ das Mietverhältnis gemäß Mietvertrag vom ▄▄▄ betreffend das Mietobjekt ▄▄▄ zum nächst zulässigen Zeitpunkt. Das ist der ▄▄▄. Die Kündigung erfolgt in Ausübung des mir zustehenden Rechts zur außerordentlichen Kündigung gemäß § 569 BGB Abs. 1 BGB.

Eventueller Zusatz: Das Mietobjekt wird bis spätestens geräumt sein und zur Übergabe zur Verfügung stehen. Ich werde Sie anrufen, um einen Übergabetermin mit Ihnen zu vereinbaren. Dabei würde ich es sehr begrüßen, wenn Sie sich schon recht bald um eine Neuvermietung bemühen würden, um ggf. einen Aufhebungsvertrag mit mir schließen zu können. Wenn Sie die Benennung eines Mietnachfolgers durch mich wünschen, der schon vor Wirksamwerden dieser Kündigung zum Abschluss eines Mietvertrages bereit ist, bitte ich um Unterrichtung.

Ich bitte, die Kaution binnen sechs Monaten nach Rückgabe der Mietsache abzurechnen und den verbleibenden Betrag auf das Konto ▄▄▄ bei der ▄▄▄ mit dem Vermerk „Kaution (Name des Erblassers)" zu überweisen.

Weiter darf ich Sie bitten, mir den Eingang des Kündigungsschreibens und den Kündigungstermin schriftlich zu bestätigen.

Mit freundlichen Grüßen

▄▄▄

Rechtsanwalt ◀

155 ▶ **Muster: Kündigungsschreiben an Versorgungsunternehmen**

An ▄▄▄

Einschreiben mit Rückschein

Betr. Stromlieferungsvertrag

Kundennummer: ▄▄▄ Kassenzeichen: ▄▄▄

Sehr geehrte Damen und Herren,

ausweislich der beglaubigten Kopie des Testamentsvollstreckerzeugnisses des Amtsgerichtes München vom ▄▄▄ habe ich das Amt des Testamentsvollstreckers für den am 28.2.2010 verstorbenen ▄▄▄ (Name des Erblassers) übernommen.

Hiermit kündige ich in meiner Eigenschaft als Testamentsvollstrecker den Versorgungsvertrag zwischen Ihnen und dem Erblasser.

Eine etwaige Einzugsermächtigung widerrufe ich mit sofortiger Wirkung.

---

80 Günstiger ist es, das Original oder eine gerichtliche Zweitschrift des Testamentsvollstreckerzeugnisses vorzulegen, um spätere Rückfragen zu vermeiden.

C. Ausgewählte Formulare für die praktische Abwicklung einer Testamentsvollstreckung § 5

Der Stromzähler hat am ... folgenden Zählerstand aufgewiesen: ...

Ich bitte Sie, mir den Kündigungszeitpunkt schriftlich zu bestätigen und mir eine Schlussabrechnung über die Gebühren zu überreichen.

Sofern ein Abrechnungsguthaben besteht, ist der Betrag auf das Konto ... bei der ... unter Angabe des Verwendungszwecks zu überweisen.

Mit freundlichen Grüßen

...

Rechtsanwalt ◄

▶ **Muster: Abmeldung bei der GEZ**[81]   156

An Gebühreneinzugszentrale

Postfach 10 80 25

50656 Köln

Einschreiben mit Rückschein

Teilnehmernummer:...

Sehr geehrte Damen und Herren,

ausweislich der beglaubigten Kopie des Testamentsvollstreckerzeugnisses[82] des Amtsgerichtes München vom ... habe ich das Amt des Testamentsvollstreckers für den am 28.2.2010 verstorbenen ... (Name des Erblassers) übernommen.

Hiermit kündige ich in meiner Eigenschaft als Testamentsvollstrecker den Teilnehmeranschluss. Eine etwaige Einzugsermächtigung widerrufe ich mit sofortiger Wirkung.

Ich bitte Sie, mir den Kündigungszeitpunkt schriftlich zu bestätigen und mir eine Schlussabrechnung über die Gebühren zu überreichen.

Sofern ein Abrechnungsguthaben besteht ist der Betrag auf das Konto ... bei der ... unter Angabe des Verwendungszwecks zu überweisen.

Mit freundlichen Grüßen

...

Rechtsanwalt ◄

Nach § 34 BGB endet die Vereinsmitgliedschaft grundsätzlich mit dem Tod. Demgemäß braucht der Testamentsvollstrecker lediglich den Tod des Mitglieds durch Vorlage der Sterbeurkunde nachzuweisen und eine etwaige Einzugsermächtigung widerrufen. Gleiches gilt für die Mitgliedschaft in Gewerkschaften oder Parteien. Gegebenenfalls ist sogar eine Sterbegeldzahlung durch die Gewerkschaft zu erwarten.   157

---

81 Die Kündigung hat umgehend zu erfolgen, da eine rückwirkende Abmeldung nicht möglich ist.
82 Günstiger ist es, das Original oder eine gerichtliche Zweitschrift des Testamentsvollstreckerzeugnisses vorzulegen, um spätere Rückfragen zu vermeiden.

158 ▶ **Muster: Mitteilung des Todes an Gewerkschaft**

An ...

Einschreiben mit Rückschein

Betr. Mitgliedschaft in der ...

Mitgliedsnummer: ...

Sehr geehrte Damen und Herren,

hiermit teile ich Ihnen als Testamentsvollstrecker unter Vorlage der Sterbeurkunde mit, dass Ihr Mitglied ... (Name des Erblassers) am 28.2.2010 verstorben ist.

Ferner habe ich eine beglaubigte Kopie des Testamentsvollstreckerzeugnisses beigefügt.

Eine etwaige Einzugsermächtigung widerrufe ich mit sofortiger Wirkung.

Sofern eine Berechtigung zu einer Sterbegeldzahlung bei Ihrer Gewerkschaft besteht, bitte ich den Betrag auf das Konto ... bei der ... unter Angabe des Verwendungszwecks zu überweisen.

Mit freundlichen Grüßen

...

Rechtsanwalt ◀

159 Bei dem Vorliegen verschiedener Versicherungen muss zunächst vom Testamentsvollstrecker geprüft werden, ob der weitere **Versicherungsschutz** noch erforderlich ist. Regelmäßig wird mit dem Tod des Erblassers das versicherte Risiko uninteressant. Somit ist vorsorglich die Kündigung auszusprechen. Bei **Gebäudeversicherungen** wird aber unumgänglich sein, den Versicherungsschutz aufrechtzuerhalten.

160 Nach § 68 Abs. 2 VVG[83] ist das Versicherungsvertragsverhältnis auf den Todestag abzurechnen, sofern das versicherte Risiko mit dem Tode des Erblassers wegfällt. Dies ist jedoch nur bei höchstpersönlichen Versicherungsverhältnissen der Fall.[84]

161 Ist das Versicherungsverhältnis nicht personen-, sondern objektgebunden, entfällt das Wagnis erst mit dem Wegfall des Objekts. Bei einer **Hausratversicherung** also erst mit Hausratauflösung. Hier besteht die Möglichkeit eines Sonderkündigungsrechtes nach § 70 VVG sowohl für den Versicherer, als auch für den Erwerber. Der Vertrag kann wird dann zum Zeitpunkt des Wagniswegfalls von der Versicherung abgewickelt.

162 Versicherungen wie die **Kfz-Versicherung** oder die Gebäudeversicherung gehen mit dem Tode nach § 1922 BGB auf die Erben über. Das gleiche gilt nach §§ 69 ff VVG bei einem Verkauf für den Rechtsnachfolger.

163 ▶ **Muster: Kündigungsschreiben an Versicherung**

An ...

Einschreiben mit Rückschein

Betr. Kündigung der Versicherung

Versicherungsnehmer: (Name des Erblassers)

Versicherungsnummer: ... ...

Sehr geehrte Damen und Herren,

---

83 Vgl auch § 9 Ziff. IV AHB.
84 Z.B. Rechtsschutzversicherung, Krankenversicherung oder private Haftpflichtversicherung.

ausweislich der beglaubigten Kopie des Testamentsvollstreckerzeugnisses des Amtsgerichtes München vom ... habe ich das Amt des Testamentsvollstreckers für den am 28.2.2010 verstorbenen ... (Name des Erblassers) übernommen.

Bei einer ersten Durchsicht der Unterlagen habe ich eine Police Ihres Versicherungsunternehmens entdeckt.

Art der Versicherung: ...

Versicherungs-Nr.: ...

Hiermit **kündige** ich mit sofortiger Wirkung, hilfsweise zum nächstmöglichen Termin, o.g. Versicherung bzw vorsorglich **alle** bei Ihrem Unternehmen bestehenden Versicherungen.

Ich bitte Sie höflich, mir den Eingang dieses Schreibens und den genauen Kündigungszeitpunkt schriftlich zu bestätigen.

Bitte teilen Sie mir auch mit, ob der Erblasser weitere Versicherungen mit Ihren Unternehmen abgeschlossen hat.

Sollte der Erblasser mit Beiträgen im Rückstand sein, bitte ich höflich, mir diese Rückstände zu beziffern und zu belegen, damit ich die Forderung ausgleichen kann.

Sollten Sie noch weitere Unterlagen benötigen, bitte ich um entsprechende Mitteilung. Ich werde auf die Angelegenheit binnen der nächsten vier Wochen unaufgefordert zurückkommen und bitte Sie höflich, keine kostenauslösenden Maßnahmen zu ergreifen.

Mit freundlichen Grüßen

...

Rechtsanwalt ◄

Nicht selten war der Erblasser auch **Abonnent einer Zeitung oder Zeitschrift,** deren Lieferung nunmehr abbestellt werden muss.

► **Muster: Kündigungsschreiben an Zeitung**

An ...

Einschreiben mit Rückschein

Betr. Abonnement der Zeitschrift ...

Kundennummer: ...

Sehr geehrte Damen und Herren,

ausweislich der beglaubigten Kopie des Testamentsvollstreckerzeugnisses des Amtsgerichtes München vom ... habe ich das Amt des Testamentsvollstreckers für den am 28.2.2010 verstorbenen ... (Name des Erblassers) übernommen.

Hiermit kündige ich in meiner Eigenschaft als Testamentsvollstrecker das Abonnement über die Zeitschrift/Zeitung ....

Eine etwaige Einzugsermächtigung widerrufe ich mit sofortiger Wirkung.

Ich bitte Sie, mir den Kündigungszeitpunkt schriftlich zu bestätigen und mir eine Schlussabrechnung über die Kosten zu überreichen.

Sofern ein Abrechnungsguthaben besteht, ist der Betrag auf das Konto ... bei der ... unter Angabe des Verwendungszwecks zu überweisen.

Mit freundlichen Grüßen

...

Rechtsanwalt ◄

165 Auch wenn der Arbeitgeber regelmäßig durch die Angehörigen etc. vom Tode des Erblassers informiert ist, sollte der Testamentsvollstrecker sich trotzdem an den jeweiligen Arbeitgeber wenden, um eventuelle Ansprüche auf Sterbegeld und weiteren Leistungen zu erfahren. So sind bspw fällige Urlaubsabgeltungsansprüche des Erblassers vererblich und fallen dem Nachlass zu. Andere noch nicht fällige Urlaubsansprüche sind hingegen unvererblich.

166 ▶ **Muster: Mitteilung an den Arbeitgeber vom Tod**

An die Firma AA

Betr. Arbeitsverhältnis von (Name des Erblassers)

Sehr geehrte Damen und Herren,

ausweislich der beglaubigten Kopie des Testamentsvollstreckerzeugnisses des Amtsgerichtes München vom ... habe ich das Amt des Testamentsvollstreckers für den am 28.2.2010 verstorbenen ... (Name des Erblassers) übernommen. Eine Sterbeurkunde ist ebenfalls beigefügt.

Hiermit setze ich Sie von seinem Tod in Kenntnis.

Die Durchsicht der Unterlagen des Erblassers hat ergeben, dass noch Firmenakten zurückzubringen sind. Diese werde ich Ihnen zusammen mit der von ihnen gestellten Arbeitskleidung Anfang nächster Woche zurückbringen.

Nach dem einschlägigen Tarifvertrag sind Sie verpflichtet, den Erben des Erblassers das Gehalt noch für zwei Monate nach seinem Tod weiterzuzahlen. Diesen Anspruch mache ich hiermit ausdrücklich geltend, und bitte um Überweisung des Betrages auf das Konto ... auf die ... mit dem Vermerk „Lohnanspruch (Name des Erblassers)".

Bitte prüfen Sie auch, ob aufgrund einer Betriebsvereinbarung oder einer betrieblichen Übung o.ä. irgendwelche Leistungen, welcher Art auch immer, für den Todesfall oder über den Todesfall hinaus vorgesehen sind.

Abschließend bitte ich um Übersendung der Arbeitspapiere und der letzten Lohnabrechnung.

Für Ihre Mühe vielen Dank im Voraus.

Mit freundlichen Grüßen

...

Rechtsanwalt ◄

167 Das Finanzamt wird automatisch vom Tod durch die Übersendung der Bankenmitteilungen Kenntnis erlangen, so dass eine separate Information nicht notwendig ist. Im Rahmen der ersten Korrespondenz mit dem Finanzamt wird der Testamentsvollstrecker regelmäßig um **Fristverlängerung** für die Abgabe der **Erbschaftsteuererklärung** bzw. der **Einkommensteuererklärung** bitten.

C. Ausgewählte Formulare für die praktische Abwicklung einer Testamentsvollstreckung § 5

▶ **Muster: Anschreiben an das Finanzamt** 168

An das Finanzamt ▪▪▪

Betr.: (Name des Erblassers) Testamentsvollstreckung

Steuernummer: 33/121/01567

Sehr geehrte Damen und Herren,

ausweislich der beglaubigten Kopie des Testamentsvollstreckerzeugnisses des Amtsgerichtes München vom 29.3.2010 habe ich das Amt des Testamentsvollstreckers für den am 28.2.2010 verstorbenen ▪▪▪ (Name des Erblassers, Ort) übernommen.

Des Weiteren überreiche ich Ihnen eine Sterbeurkunde des Erblassers.

Eine erste Durchsicht hat ergeben, dass der Erblasser die Steuererklärungen für die Jahre 2008 und 2009 noch nicht abgegeben hatte. Da ich als Testamentsvollstrecker noch Nachforschungen bei entsprechenden Wissensträgern des Erblassers betreiben muss, um die **Einkommensteuererklärungen** gem. § 34 AO für den Erblasser nachträglich abzugeben, bitte ich höflich um

Fristverlängerung

von mindestens drei Monaten.

Des Weiteren bitte ich ebenfalls wegen der umfangreichen Sichtung und Erforschung des Nachlasses mir für die Abgabe der **Erbschaftsteuererklärung** nach § 109 Abs. 1 AO ebenfalls gleichlautende

Fristverlängerung

zu gewähren.

Sofern der Erblasser weitere Steuererklärungen noch nicht abgegeben hat, bitte ich höflich um Mitteilung (Steuerart/Steuerjahr).

Für Rückfragen stehe ich gerne zur Verfügung.

Mit freundlichen Grüßen

▪▪▪

Rechtsanwalt ◀

Gegebenfalls ist der Erblasser sogar während eines Rentenantragsverfahrens gestorben und eine 169
Rentenauszahlung ist noch nicht durchgeführt worden. In diesen Fällen hat der Testamentsvollstrecker die Ansprüche durchzusetzen, zumal Geldleistungen nach § 11 SGB I gemäß § 58 SGB I vererbt werden.

▶ **Muster: Schreiben an den Träger der gesetzlichen Rentenversicherung** 170

An Bundesversicherungsanstalt für Angestellte

Rentennummer: ▪▪▪

Betr.: (Name des Erblassers) aus München

Sehr geehrte Damen und Herren,

ausweislich der beglaubigten Kopie des Testamentsvollstreckerzeugnisses des Amtsgerichtes München vom 29.3.2010 habe ich das Amt des Testamentsvollstreckers für den am 28.2.2010 verstorbenen ▪▪▪ (Name des Erblassers, Anschrift) übernommen.

Hiermit melde ich seinen Anspruch auf Auszahlung seiner am ▪▪▪ beantragten Rente an. Diese fällt nach § 58 SGB I in den Nachlass.

Anliegend überreiche ich:
- Sterbeurkunde,
- Beitragsbescheinigungen,
- Versicherungsverlaufsbescheid.

Bitte senden Sie den Rentenbescheid an meine oben genannte Adresse und überweisen Sie den Betrag auf das Konto ... mit dem Vermerk ...

Mit freundlichen Grüßen

...

Rechtsanwalt ◄

III. Anträge des Testamentsvollstreckers an Grundbuchamt und Handelsregister

171 Der **Testamentsvollstrecker** wird kraft Anordnung durch die Annahme des Amtes gem. § 2002 BGB Testamentsvollstrecker und nicht erst durch die Erteilung eines Testamentsvollstreckerzeugnisses. Damit sich der Testamentsvollstrecker im Rechtsverkehr legitimieren kann, erhält er ein Testamentsvollstreckerzeugnis. Das Testamentsvollstreckerzeugnis ist mit öffentlichem Glauben in gewissen Umfang versehen (vgl Ausführungen zu § 2368 BGB). Ebenso wird im Erbschein die Testamentsvollstreckung aufgeführt (vgl § 2364 BGB).

172 Des Weiteren ist wegen § 52 GBO im **Grundbuch** neben der Eintragung des Erben auch ein Testamentsvollstreckervermerk von Amts wegen mit einzutragen. Hierdurch wird ein gutgläubiger Erwerb vom Erben verhindert. Ähnliche Vermerke erfolgen aus § 55 **SchiffRegO** und § 56 Abs. 1 **LuftfzRG**.

173 Durch Eintragung eines Testamentsvollstreckervermerks nach § 52 GBO von Amts wegen im Grundbuch wird ein gutgläubiger Erwerb Dritter am Grundstück verhindert. Gleichzeitig wird der Erbe in das Grundbuch eingetragen. Auf den Testamentsvollstreckervermerk kann weder der Testamentsvollstrecker verzichten, noch kann der Erblasser diesen ausschließen. Ein Name des Testamentsvollstreckers wird nicht eingetragen. Sofern nicht der Fall einer Nacherbenvollstreckung vorliegt, wird auch nicht sein Wirkungskreis bzw seine Befugnisse im Grundbuch vermerkt. Die Löschung des Testamentsvollstreckers erfolgt nach § 84 GBO von Amts wegen bei Gegenstandslosigkeit oder auf Antrag, wobei ein Unrichtigkeitsnachweis nach § 22 GBO vorgelegt werden muss.

174 Der Testamentsvollstreckervermerk kann nicht gelöscht werden, wenn der Testamentsvollstrecker zwar die Löschung bewilligt, jedoch einen Unrichtigkeitsnachweis nicht beigebracht wurde. Durch den Testamentsvollstreckervermerk wird das Grundbuch gegen Eintragungen aufgrund von Verfügungen des Erben über das Grundstück oder das Recht, bei dem der Vermerk verlautbart ist, gesperrt.[85]

175 Die Verfügungsbefugnis über ein Grundstück muss der Testamentsvollstrecker nicht ausschließlich nach § 35 Abs. 2 GBO durch Vorlage des Testamentsvollstreckerzeugnisses nachweisen, er kann auch den Nachweis durch Vorlage einer öffentlich beurkundeten Verfügung von Todes wegen samt der Eröffnungsniederschrift und Nachweis der Amtsannahme erbringen. Da der Testamentsvollstrecker nicht zu unentgeltlichen Verfügungen befugt ist, ist die Entgeltlichkeit der Verfügung durch das Grundbuchamt nach § 26 FamFG von Amts wegen zu prüfen. Abweichend von § 29 Abs. 1 GBO ist für den Nachweis der Entgeltlichkeit ausreichend, wenn

---

[85] Hierzu *Mayer/Bonefeld/Wälzholz/Weidlich*, PraxisHB, Rn 340.

etwaige Zweifel des Grundbuchamts an der Pflichtmäßigkeit des Testamentsvollstreckerhandelns ausgeräumt werden können, was im Wege der freien Beweiswürdigung erfolgen kann.[86], [87]

Sehr streitig ist, ob die Testamentsvollstreckung im **Handelsregister** einzutragen ist, da es an einer gesetzlichen Regelung fehlt. Entgegen der herrschenden Literaturmeinung[88] hat kein Testamentsvollstreckervermerk im Handelsregister zu erfolgen.[89] In der Rechtsprechung[90] wird eine Eintragungsfähigkeit verneint, da weder ein dringendes Bedürfnis noch eine gesetzliche Anordnung bestehe.

Ist der Testamentsvollstrecker zur **Verwaltung eines Gesellschaftsanteils** oder eines **Handelsgeschäfts**, zB durch eine Ersatzlösung ausnahmsweise berechtigt, ist er gegenüber dem Registergericht zur Anmeldung verpflichtet.[91] Grundsätzlich haben Registeranmeldungen im Zusammenhang mit Handelsgeschäften durch den Erben zu erfolgen.

Bei der **Treuhandlösung** ist der Testamentsvollstrecker Inhaber des Geschäfts. Insofern ist er auch ins Handelsregister einzutragen, aber erst, nachdem der Erbe als Geschäftsinhaber ins Handelsregister eingetragen wurde. Die Eintragung des Testamentsvollstreckers bei der Treuhandlösung in das Handelsregister wird sowohl durch den Testamentsvollstrecker als auch den Erben angemeldet. Da bei allen anderen Ersatzlösungen (Vollmachtlösung, Weisungsgeberlösung, Beaufsichtigung der Testamentsvollstreckung) Inhaber des Geschäfts die Erben bleiben, scheidet eine Eintragung des Testamentsvollstreckers aus. Bei einer reinen Abwicklungsvollstreckung scheidet ebenfalls eine Anmeldeberechtigung des Testamentsvollstreckers aus. Das Ausscheiden des Erblassers kann der Testamentsvollstrecker dagegen für die Erben auch dann anmelden, wenn er nur die eingeschränkte Aufgabe der Abwicklungsvollstreckung wahrnimmt.

Soweit der Testamentsvollstrecker zur Anmeldung befugt ist, besteht kein eigenes Anmelderecht der Erben.[92]

Sofern **Kommanditbeteiligungen** getroffen sind, muss der Testamentsvollstrecker die Anmeldepflichten erfüllen.[93] Problematisch ist, ob eine **postmortale Vollmacht** zu Gunsten des Testamentsvollstreckers ihn zur Vornahme von Handelsregisteranmeldungen ermächtigt. Dies wird von der neueren Rechtsprechung[94] abgelehnt, weil die richtige Rechtsnachfolge vom Registergericht zu überprüfen ist, was die Vorlage eines Erbscheins bzw die Vorlage einer beglaubigten Abschrift einer notariellen Verfügung von Todes wegen iVm der Eröffnungsniederschrift notwendig machen würde. Nach hiesiger Auffassung ist der postmortal bevollmächtigte Testamentsvollstrecker ohne weiteres antragsberechtigt, jedoch hilft ihm diese Berechtigung nur dann etwas, wenn die Rechtsnachfolge von ihm nachgewiesen werden kann. Des Weiteren ist streitig, ob die Registeranmeldungen durch den Testamentsvollstrecker bei einer **Beteiligung als persönlich haftender Gesellschafter** an einer OHG oder KG erfolgen kann.[95] Bei der hier ver-

---

86 BayObLG NJW RR 1989, 587.
87 Zu den weiteren Risiken bei Rechtsgeschäften mit einem Testamentsvollstrecker vgl *Mayer/Bonefeld/Wälzholz/Weidlich*, PraxisHB, Rn 342 ff.
88 Vgl Palandt/*Edenhofer*, vor § 2197 Rn 13 mwN.
89 So auch Bamberger/Roth/*Mayer* § 2205 Rn 14, *Damrau*, BWNotZ 1990, 69 ff.
90 Vgl KG Berlin ZEV 1996, 67.
91 BGHZ 108, 187 = BGH 1989, 3152.
92 *Mayer/Bonefeld/Wälzholz/Weidlich*, PraxisHB, Rn 91.
93 BGHZ 108, 187.
94 KG ZEV 2003, 204.
95 Dazu KG ZEV 2004, 29.

tretenen Auffassung ist der Testamentsvollstrecker hierzu nicht berechtigt, was durch die Gerichtspraxis bestätigt wird, die eine Anmeldung des Erben verlangt.[96]

181 ▶ **Muster: Handelsregisteranmeldung Firmenfortführung aufgrund Treuhandlösung**

An das

Amtsgericht

Registergericht

HRA

Einzelfirma (Name des Erblassers) e.K.

Der Inhaber der oben genannten Firma, Herr (Name des Erblassers), ist am ▪▪▪ verstorben. Seine gewillkürten Erben sind seine beiden Abkömmlinge, F und M jeweils zur Hälfte.

Der Erblasser hat in seiner Verfügung von Todes wegen vom ▪▪▪ Testamentsvollstreckung angeordnet. Aufgabe des Testamentsvollstreckers ist es, die unter der o.g. Firma betriebene Handelsgeschäft auf die Dauer von 10 Jahren, gerechnet ab dem Erbfall, zu verwalten.

Zum Testamentsvollstrecker wurde ich, Rechtsanwalt R ernannt. Erbschein und Testamentsvollstreckerzeugnisses sind in Ausfertigung dieser Anmeldung beigefügt.

Nach den Anordnungen des Erblassers soll der Testamentsvollstrecker, das Unternehmen nach außen in seinem Namen fortführen. Hierzu erkläre ich mich bereit. Die Erben haben zudem ihre Zustimmung erteilt.

Hiermit melde ich, der Testamentsvollstrecker, mit Einverständnis der vorstehend genannten Erben an:

Die Firma „(Name des Erblassers) e.K." wird von mir, dem Testamentsvollstrecker, als Alleininhaber unverändert fortgeführt.

Ich, der Testamentsvollstrecker, zeichne meine Namensunterschrift zur Aufbewahrung bei Gericht wie folgt:

▪▪▪

Die bislang vorhandenen Prokuren bleiben bestehen.

Der Übergang der in dem Betrieb bislang begründeten Verbindlichkeiten wird ausgeschlossen (§ 25 Abs. 2 HGB).

Die Geschäftsräume befinden sich nach wie vor in ▪▪▪

München, den ▪▪▪

▪▪▪

(Testamentsvollstrecker)

▪▪▪

(Erben)

[notarieller Beglaubigungsvermerk gem. § 12 HGB] ◀

---

96 Vgl hierzu *Schaub*, ZEV 1994, 71.

C. Ausgewählte Formulare für die praktische Abwicklung einer Testamentsvollstreckung   § 5

▶ **Muster: Berichtigung des Handelsregisters**   182

An das Amtsgericht München

– Handelsregister –

Betr.: Berichtigung des Handelsregisters des Amtsgerichtes München

Eintragung der Rechtsnachfolge des Erben ... mit angeordneter Testamentsvollstreckung am Kommanditanteil des (Name des Erblassers), geb. ..., zuletzt wohnhaft ..., verstorben am ... an der Ost-Immobilien Müller KG

Sehr geehrte Damen und Herren!

Am 28.2.2010 ist im Krankenhaus Harlaching

Herr (Name des Erblassers), geb. am 22.1.1922

verstorben. Er hat mich in seinem notariellen Testament vom 19.2.2006, welches am 25.3.2006 durch das Nachlassgericht München eröffnet wurde, zu seinem Testamentsvollstrecker ernannt. Ich habe das Amt des Testamentsvollstreckers durch Erklärung vor dem Nachlassgericht München am 28.3.2006 angenommen.

Der o.g. Erblasser war Kommanditist der Ost-Immobilien Müller KG in München. Zum alleinigen Erben wurde Herr E bestimmt. Ein Erbschein des Nachlassgerichts München vom 30.4.2006 ist im Original beigefügt.

Wir melden zur Eintragung im Handelsregister an:

Ich habe das Amt durch Erklärung zur Niederschrift vor dem Amtsgericht München – Nachlassgericht – angenommen. Das Testamentsvollstreckerzeugnis wurde am 23.4.2006 erteilt. Anbei erhalten Sie im Original das Testamentsvollstreckerzeugnis des Amtsgerichts München von ...

Es wird daher beantragt,

Herrn E als Rechtsnachfolger am Kommanditanteil des verstorbenen ... (Name des Erblassers) zusammen mit der an dem Kommanditanteil angeordneten Testamentsvollstreckung im Handelsregister einzutragen.

...

Komplementär

...

Kommanditist

...

Rechtsanwalt R als Testamentsvollstrecker

(Notarielle Unterschriftsbeglaubigung)   ◀

▶ **Muster: Berichtigung des Grundbuchs**   183

An das Amtsgericht München

– Grundbuchamt –

Betr.: Berichtigung des Grundbuches des Amtsgerichtes München für Grundstück in der ... Band 123, Blatt 456

Voreigentümer: (Name des Erblassers), geb. 22.1.1922, zuletzt wohnhaft ...

Eingetragen: Frau P und Herr F

Sehr geehrte Damen und Herren!

Am 28.2.2010 ist im Krankenhaus Harlaching

Herr ... (Name des Erblassers), geb. am 22.1.1922

verstorben. Er hat mich in seinem notariellen Testament vom 19.2.2006, welches am 25.3.2006 durch das Nachlassgericht München eröffnet wurde, zu seinem Testamentsvollstrecker ernannt. Ich habe das Amt des Testamentsvollstreckers durch Erklärung vor dem Nachlassgericht München am 28.3.2006 angenommen.

Anbei erhalten Sie im Original das Testamentsvollstreckerzeugnis des Amtsgerichts München vom 23.4.2006.

Offensichtlich ist eine Eintragung der Testamentsvollstreckung unterblieben. Demzufolge ist das Grundbuch unrichtig, so dass ich anrege, von Amts wegen das Grundbuch durch

Eintragung eines Testamentsvollstreckervermerks

zu berichtigen.

Nach erfolgter Berichtigung bitte ich um Übersendung eines unbeglaubigten Grundbuchauszugs.

...

Rechtsanwalt als Testamentsvollstrecker ◄

184 ▶ **Muster: Löschungsantrag an das Grundbuchamt nach Beendigung der Testamentsvollstreckung**

An das Amtsgericht München

Grundbuchamt

Betr.: Grundstück ... Flur ... Grundbuch von ...

Ich bin zum Testamentsvollstrecker des am 28.2.2010 verstorbenen ... (Name des Erblassers) ernannt worden. Entsprechendes Testamentsvollstreckerzeugnis wurde unter dem ... vom Amtsgericht München erteilt.

Daraufhin ist ein Testamentsvollstreckervermerk in das Grundbuch für das Grundstück im Grundbuch von München ... Flur ... eingetragen worden.

Hiermit zeige ich an, dass ich mein Amt als Testamentsvollstrecker zum ... beendet habe. Damit ist auch die gesamte Testamentsvollstreckung beendet worden. Ein Nachweis in Form eines neu erteilten Erbscheins ohne Testamentsvollstreckervermerk ist beigefügt.

Ich beantrage, den Testamentsvollstreckervermerk an dem vorgenannten Grundstück zu löschen. Um Vollzugsmitteilung des Grundbuchamts an mich wird gebeten.

...

Rechtsanwalt R als Testamentsvollstrecker ◄

IV. Die Erstellung des Nachlassverzeichnisses

185 Das Nachlassverzeichnis des Testamentsvollstreckers ist einer der wichtigsten **Kontrollmittel** des Erben. § 2215 BGB konstatiert eine **Mitteilungspflicht** des Testamentsvollstreckers gegenüber dem Erben. Es hat somit **Beweisfunktion,** was sich alles im Nachlass befindet. Der Erbe ist für die Geltendmachung bestimmter Rechte wie Rechnungslegung nach §§ 2218, 666 BGB oder die Herausgabe des Nachlasses nach §§ 2218, 667 BGB auf ein Nachlassverzeichnis an-

gewiesen. Insofern kann grundsätzlich jede Verzögerung bei der Erstellung des Nachlassverzeichnisses die Interessen der Erben beeinträchtigen.

1. Zeitpunkt der Erstellung

Die Erstellung eines Nachlassverzeichnisses durch den Testamentsvollstrecker hat **unverzüglich**, mithin ohne schuldhaftes Zögern iSd § 121 Abs. 1 BGB, zu erfolgen. Der Testamentsvollstrecker darf also nicht abwarten, bis er das Testamentsvollstreckerzeugnis erteilt erhält. Kommt es aber bei der Erfassung der Vermögenswerte zu erheblichen Schwierigkeiten, kann sich die Frist angemessen verlängern. Allerdings muss der Testamentsvollstrecker alle Anstrengungen versuchen, um dem Erben so schnell wie möglich das Nachlassverzeichnis vorzulegen.[97]

186

Die **Mitteilung** eines Nachlassverzeichnisses hat zudem nach der Annahme des Amtes zum Testamentsvollstrecker **unaufgefordert** zu erfolgen. Hat der Testamentsvollstrecker sein Amt gekündigt und noch kein Verzeichnis erstellt, so braucht er nicht nachträglich ein Nachlassverzeichnis vorlegen. Kommt der Erbe insbesondere aber der Vermächtnisnehmer durch das Nichterstellen eines Nachlassverzeichnisses allerdings zu Schaden (der schwer zu beweisen ist), muss aber der zur Unzeit kündigende Testamentsvollstrecker mit Haftungsansprüchen der Erben gem. § 2219 BGB rechnen.

187

Nach dem Wortlaut besteht die Verpflichtung zur Übermittlung eines Nachlassverzeichnisses nur gegenüber dem **Erben**. Ein **Nacherbe** hat den Anspruch nach Eintritt des Erbfalls. Ebenso ein **Pfändungspfandgläubiger** des Erbteils, wie gegenüber dem **Nießbrauchsberechtigten** an einem Erbteil oder an einer Erbschaft (vgl §§ 1035, 1068 BGB).

188

Weitere Dritte, wie beispielsweise **Pflichtteilsberechtigte, Vermächtnisnehmer** oder **Auflagenbegünstigte** sollen die Übermittlung eines Nachlassverzeichnisses nicht verlangen können. Dem kann nicht gefolgt werden. Richtigerweise kann sich aus der Haftungsvorschrift des § 2219 BGB die mittelbare Verpflichtung ergeben, dem **Vermächtnisnehmer** oder auch **Wertauflagenbegünstigten** ein Nachlassverzeichnis im Einzelfall vorzulegen.

189

Wegen § 2220 BGB kann der Erblasser den Testamentsvollstrecker von seiner Verpflichtung der Übermittlung des Nachlassverzeichnisses **nicht befreien**. Hingegen kann der Erbe seinerseits auf ein Nachlassverzeichnis verzichten. Ein solcher Verzicht kann auch konkludent erfolgen, wobei jedoch allein vom Zeitablauf nicht von einem **Verzicht** ausgegangen werden kann. Vielmehr müssen weitere Umstandsmomente hinzukommen.

190

2. Inhalt des Nachlassverzeichnisses

Nach § 2215 Abs. 1 BGB erstreckt sich die Pflicht nur auf die deren **Testamentsvollstreckung unterliegenden Nachlassgegenstände**. Ist als Ersatzlösung bei Testamentsvollstreckung über einzelkaufmännische Unternehmen die Treuhandlösung gewählt worden, bei der der Testamentsvollstrecker Inhaber des Geschäfts ist, jedoch für Rechnung des Erben, ist § 2215 Abs. 1 BGB analog anzuwenden.

191

Zunächst sind alle Nachlassgegenstände und -rechte nebst -verbindlichkeiten, mithin alle **Aktiva** und **Passiva**, vollständig aufzulisten. Es gilt der **Grundsatz der Vollständigkeit**, der Nachlasserfassung.

192

---

[97] BayObLG ZEV 1997, 381.

193 Ist der Testamentsvollstrecker nicht sicher, ob weitere Gegenstände oder Rechte als Aktiva oder Passiva zugerechnet werden können, hat er zumindest einen Hinweis für die Erben zu erteilen. Eine genaue Beschreibung der Nachlassgegenstände ist nicht erforderlich, ebenso ist keine Wertangabe der Nachlassgegenstände zwingend. Sämtliche Gegenstände müssen anhand des Verzeichnisses **individualisiert** werden können. Aus diesem Grunde ist auch eine summarische Bezeichnung von Wertpapieren nicht ausreichend. Vielmehr ist die Bank und Depot-Nr. anzugeben. Da § 2215 BGB eine sehr sorgfältige Nachlasserfassung erfordert, hat der Testamentsvollstrecker von sich aus den Nachlass zu sichten und genau zu ermitteln, wobei er sogar verpflichtet ist, alle ihm zugänglichen Erkenntnismöglichkeiten auszuschöpfen.

194 Dem Testamentsvollstrecker steht daher ein **Auskunftsanspruch** wegen lebzeitiger Schenkungen zu, um einerseits Ausgleichungspflichten bewerten und andererseits die Erbschaftsteuererklärung (wegen § 14 ErbStG) richtig ausfüllen zu können.

195 **Belege** müssen den Nachlassverzeichnis ebensowenig beigefügt werden wie **Wertangaben**.[98] Aus diesem Grunde sind auch keine Wertgutachten einzuholen. Hiermit kann – sofern überhaupt notwendig – bis zu einem Verkauf oder bis zur Berechnung des Ausgleichs bei einer Teilungsanordnung gewartet werden.

196 Nach § 2215 Abs. 2 BGB ist das Nachlassverzeichnis mit der **Angabe des Tages der Aufnahme** zu versehen und von dem Testamentsvollstrecker zu unterzeichnen. Nicht den Erfordernissen des § 2215 Abs. 2 BGB entspricht ein Nachlassverzeichnis, welches auf den Stichtag des Todesfalls ausgestellt wurde. Dies ist bereits deshalb nicht möglich, weil sich ein früherer Vermögensstatus seiner gesicherten Kenntnis entzieht. Der früheste Zeitpunkt ist somit der Zeitpunkt der Amtsannahme des Testamentsvollstreckers.

197 Der Erbe kann nach § 2215 Abs. 2 2. Hs BGB vom Testamentsvollstrecker verlangen, seine Unterzeichnung **öffentlich beglaubigen** zu lassen gem. § 129 BGB, §§ 36, 39, 40, 63 BeurkG. Kann der Testamentsvollstrecker erkennen, dass sich seit dem Erbfall Veränderungen bis zur Erstellung des Nachlassverzeichnisses ergeben haben, hat er im Verzeichnis darauf hinzuweisen.

198 Ist der Erbe der Ansicht, das Nachlassverzeichnis sei **unvollständig**, so muss der Testamentsvollstrecker es nur dann ergänzen, wenn der Erbe dies ausdrücklich beantragt. Des Weiteren hat er die Möglichkeit, ein amtliches Nachlassverzeichnis aufnehmen zu lassen.

199 Sofern der Testamentsvollstrecker zugleich **gesetzlicher Vertreter** eines Erben oder Miterben ist (Eltern, Betreuer, Vormund oder Pfleger) ist er dennoch verpflichtet, ein Vermögensverzeichnis zu erstellen. Er muss es sich dann selbst mitteilen. Ebenso ist unstreitig, dass Eltern gem. § 640, Vormund, Pfleger und Betreuer gem. § 1802 BGB ein Verzeichnis dem Familien- bzw. Vormundschaftsgericht einreichen müssen. Nach überwiegender Auffassung[99] ist keine Bestellung eines Pflegers zur Entgegennahme und Überprüfung des Nachlassverzeichnisses notwendig.

200 Müssen die Erben ein **Inventar** nach Maßgabe der §§ 1993 ff BGB, § 2001 ff BGB aufnehmen, so hat der Testamentsvollstrecker nach § 2215 Abs. 1 2. Hs BGB die zur Aufnahme des Inventars sonst erforderliche Beihilfe zu leisten.

201 Das Nachlassverzeichnis setzt **keine Vollständigkeitsvermutung** iSd § 2009 BGB. Erwiesen wird durch das Nachlassverzeichnis lediglich, dass die dort aufgeführten Gegenstände und Rechte zum Zeitpunkt der Errichtung nach der Erkenntnis des Testamentsvollstreckers zum Nachlass

---

98 Vgl *Sarres*, ZEV 2000, 90.
99 Dazu *Damrau*, ZEV 1994, 1.

gehörten. Ein Nachlassverzeichnis hat lediglich eine **höhere Richtigkeitsvermutung** als ein privates Verzeichnis, ist aber in der Regel ebenfalls widerlegbar.

3. Hinzuziehungsrecht der Erben

Vom Termin zur Aufnahme des Nachlassverzeichnisses sind die Erben vom Testamentsvollstrecker zu **benachrichtigen**, da andernfalls der Erbe sein Recht aus § 2215 Abs. 3 BGB nicht wahrnehmen kann. Ein **Verstoß gegen diese Mitteilungspflicht** führt aber nicht zur Unwirksamkeit des Nachlassverzeichnisses. Nach hiesiger Auffassung kann der Erbe auch nicht den Testamentsvollstrecker deshalb zur nochmaligen Erstellung eines Nachlassverzeichnisses auffordern, da die Beweis- und Sicherungsfunktion des Nachlassverzeichnisses dadurch nicht geschmälert wird. Er hat lediglich die Möglichkeit aus § 2215 Abs. 4 BGB, nämlich zur Aufforderung zur Abgabe einer Eidesstattlichen Versicherung. Hat der Testamentsvollstrecker jedoch absichtlich den Erben übergangen, kann dies uU einen **Entlassungsgrund** nach § 2227 BGB darstellen.

Eine **Mitwirkungspflicht** des Erben bei der Erstellung des Nachlassverzeichnisses besteht nicht.

4. Aufnahme eines Nachlassverzeichnisses durch einen Notar etc.

Die Erben können nach § 2215 Abs. 4 BGB verlangen, dass der Testamentsvollstrecker das zu erstellende Nachlassverzeichnis durch die zuständige Behörde, einen zuständigen Beamten oder durch einen Notar aufnehmen lässt. Der Testamentsvollstrecker ist selbst auch ohne Verlangen der Erben zu einem derartigen Vorgehen berechtigt. Zuständig für die **amtliche Aufnahme** sind nach § 20 BNotO die Notare. Ein Verweigerungsrecht zur Aufnahme eines Nachlassverzeichnisses steht ihm wegen § 15 Abs. 1 BNotO nicht zu.

Der Notar ist verpflichtet, die einzelnen Vermögensgegenstände, wie er sie vorfindet oder wie sie ihm bezeichnet werden, aufzunehmen. Er trägt die **Eigenverantwortung** für die sachgerechte Gestaltung des Aufnahmeverfahrens und die Durchführung.[100] Die vorhandenen Vermögensgegenstände sind also von ihm **sorgfältig festzustellen**, wobei er seine Feststellungen in einer von ihm zu unterzeichnenden berichtenden Urkunde niederzulegen hat (Tatsachenbeurkundung nach §§ 36 ff BeurkG). Demzufolge muss der Notar nach § 37 Abs. 1 Nr. 2 BeurkG in die Niederschrift seine **Wahrnehmungen** aufnehmen und diese allein unterzeichnen. Ein Vorlesen ist nicht notwendig. In der Praxis wird häufig zulässigerweise die Form der Beurkundung einer Willenserklärung nach §§ 8 ff BeurkG gewählt, weil diese Form mehr Garantien für die Beteiligten bringt.

Wie die **Vollständigkeit des Verzeichnisses** festgestellt wird, bleibt dem Notar überlassen. Er entscheidet nach freiem Ermessen und kann sich bei der Aufnahme Hilfspersonen bedienen, die auch Ermittlungen vornehmen können. Zweifelt der Notar an der Richtigkeit der erteilten Auskünfte, so ist er verpflichtet, den Auskunftsberechtigten zu informieren, damit die im Prozesswege die Durchsetzung der Auskunftsverpflichtung durchsetzen kann. Ebenso ist der Notar wegen seiner Verantwortung für den Inhalt des Nachlassverzeichnisses über die Entgegennahme von Auskünften und Angaben der Beteiligten hinaus zur Vornahme von Ermittlungen nicht nur berechtigt, sondern verpflichtet.[101]

---

100 BGHZ 33, 373; OLG Celle OLG-Report 1997, 160.
101 OLG Celle ZErb 2003, 166 m.Anm. *Nieder*.

207 Wegen § 2215 Abs. 3 BGB hat der Erbe ein Anwesenheitsrecht bei der Aufnahme des Nachlassverzeichnisses. Zwar erfolgt der Hinweis auf die Möglichkeit einer Aufnahme des Nachlassverzeichnisses durch einen Notar etc. erst in Abs. 5 der Vorschrift. Die Vorschrift ist aber nicht restriktiv auszulegen, so dass der Erbe nicht nur ein Anwesenheitsrecht bei der Erstellung eines Nachlassverzeichnisses durch den Testamentsvollstrecker hat, sondern auch bei den in Abs. 5 genannten Aufnahmefällen. Dabei ist dem Rechtsanwalt bzw Vertreter des Erben ebenfalls ein Anwesenheitsrecht zuzubilligen.

5. Kosten

208 Die Kosten des Nachlassverzeichnisses trägt der Nachlass. Im Rahmen eines Nachlassinsolvenzverfahrens handelt es sich um eine Masseverbindlichkeit (vgl § 324 Abs. 1 Nr. 5 InsO)

209 **Praxishinweis:** Beim Nachlassverzeichnis werden immer wieder die gleichen Fehler gemacht. Typische Sollbruchstellen sind:
- falsches Datum – Todestag statt Tag der Annahme bzw Tag der Aufnahme,
- nicht nachvollziehbare Auskunft,
- fehlende Unterschrift unter dem Verzeichnis (streitig).

210 Fraglich ist, ob der Testamentsvollstrecker quasi ein (**zweites**) **Nachlassverzeichnis mit dem Stichtag Todestag** des Erblassers aufnehmen muss, damit er dem Erben, der gegenüber dem Pflichtteilsberechtigten auskunftspflichtig ist, seinerseits Auskunft geben kann.

211 Nach hiesiger Ansicht besteht dazu keine Verpflichtung. Der Testamentsvollstrecker muss auch nicht im Rahmen von §§ 2218, 666 BGB Auskünfte erteilen für Zeiträume, die vor seiner Amtsannahme liegen. Eine Verpflichtung zur Auskunft nach Maßgabe des § 242 BGB dürfte auch nicht bestehen, da die Informationsrechte des Erben nicht durch die Verwaltungsbefugnis des Testamentsvollstreckers gegenüber der Bank verdrängt werden und er sich die Auskunft selbst beschaffen kann.

212 Nur die Auskünfte, die der Erbe selbst nicht, aber der Testamentsvollstrecker erhalten kann, sind vom Testamentsvollstrecker in den Grenzen mitzuteilen, in denen es ihm zumutbar ist, sich Kenntnis von dem Vermögensstatus vor Amtsannahme zu verschaffen.

213 ▶ **Muster: Nachlassverzeichnis**

 Nachlassverzeichnis

über den Nachlass des/der am 28.2.2010

verstorbenen ▃▃▃ (Name des Erblassers)

zur Vorlage für die Erben F und P

erstellt zum 28.3.2010, dem Tag der Annahme des Amtes des Testamentsvollstreckers

Tag der Aufnahme: 29.3.2010

Alle Wertangaben sind in Euro

C. Ausgewählte Formulare für die praktische Abwicklung einer Testamentsvollstreckung § 5

A. Nachlassmasse – Aktiva	Wert
1. Grundbesitz (Ort, Lage, Nutzungsart und Bebauung, grundbuchliche Bezeichnung)	
NICHT VORHANDEN	
Anteil daran (zB 1/2, 1/3) Verkehrswert	
Verzeichnis der Mieter und Pächter (Angabe der Namen, der Wohnung, der Höhe und Fälligkeit des Miet- oder Pachtzinses und etwaiger Rückstände)	
2. Erwerbsgeschäft (genaue Bezeichnung des Betriebes, Anteil)	
NICHT VORHANDEN	
Verkaufswert	
a) bei gewerblichen Betrieben – Bilanz zum Todestage ist beizufügen – aa) der Geschäftseinrichtung bb) des Warenlagers cc) des Kundschaftswertes (Goodwill) und Ähnliches	
Zusammen:	
b) bei landwirtschaftlichen Betrieben aa) der zum Verkauf bestimmten Erntevorräte bb) der Maschinen cc) des Viehs	
3. Gegenstände des persönlichen Gebrauchs, namentlich Kleidungsstücke, Leibwäsche, Bücher, Instrumente, Sport- und Jagdgeräte, Rundfunk- und Fernsehgeräte, Musikinstrumente, optische Geräte, Tiere, Boote, Wohnwagen usw.	
Siehe anliegende Inventarliste mit Wertschätzungen des Nachlassauktionators Adam	32.390,00
4. Kunstgegenstände, Schmucksachen, Ringe, Gold- und Silbersachen, Sammlungen	
2 Medaillen (Euro und Karl der Große)	10,00
ein „Schwarzer Bayern Einser", gestempelt, „Kabinett", gepr. Sem	1.100,00
5. Haus- und Küchengeräte, namentlich Möbel, Bilder (soweit nicht unter Abschn. 1 Nr. 4), Uhren, Vorhänge, Teppiche, Spiegel, Lampen, Porzellan, Gläser, Kühlschränke, Waschmaschinen, Wäsche, Betten (bei Haushaltsgegenständen genügt die Angabe des Gesamtwertes)	
Siehe Inventarliste oben unter 3.	
6. Kraftfahrzeuge (Kennzeichen, Marke, Baujahr), Fahrräder	
NICHT VORHANDEN	

7. Bargeld	
aus Portemonnaie	22,05
8. Wertpapiere, Anteile, Genussscheine und dgl., Bezeichnung und Kurswert (Kurswertberechnung der Bank beifügen)	
Industria Dresdner Bank Aktienfonds gem. anliegender Bescheinigung	105.241,02
Internationales Immobilieninstitut gem. anliegender Bescheinigung	28.550,38
9. Bank-, Sparkassen- und Postsparguthaben, sonstige Guthaben, Postscheckkonten (Nr. des Kontos, Name und Sitz der Sparkasse, Bank usw angeben)	
Sparkasse München Konto 4711	4.074,07
Commerzbank München Konto 10815	949,00
KSP München-Starnberg Sparkonto 3297/12345	7.006,41
10. Ausstehende Forderungen, namentlich Hypotheken-, Grund- und Rentenschuldforderungen, Forderungen aus Kauf- und Darlehensverträgen, Rentenforderungen, Forderungen aus Pacht und Mietverträgen, Einlagen als stiller Gesellschafter – unter Angabe der vollständigen Anschrift des Schuldners sowie bei eingetragenen Forderungen der Grundbuchbezeichnung. Höhe und Fälligkeit der laufenden Zinsen? Rückstände?	
Rente der LVA gemäß Leistungsbescheid vom 25.2.2006	21.023,36
Guthaben aus Nebenkostenabrechnung der Mietwohnung ... Str., München vom 26.2.2006	201,53
Guthaben aus Heizkostenabrechnung der MMW vom 26.2.2006	20,55
11. Forderungen aus Versicherungsverträgen, soweit sie zum Nachlass gehören (die Forderung gehört nicht zum Nachlass, wenn die Versicherung zugunsten einer bestimmten Person abgeschlossen wurde) – Nähere Bezeichnung	
NICHT VORHANDEN	
12. Beteiligung an einer Gesamthand, zB Erbengemeinschaft (besonderes Verzeichnis beifügen), sonstige Sachen und Rechte (hier namentlich Beteiligungen an Gesellschaften oder Genossenschaften, Erbbaurechte, Wohnungseigentum – mit Grundbuchbezeichnung – angeben), auch Verlags-, Patent- und Urheberrechte.	
NICHT VORHANDEN	

13. Forderungen aus dem Lastenausgleich	
NICHT VORHANDEN	
14. Sonstige Forderungen	
NICHT VORHANDEN	
AKTIVA ZUSAMMEN	200.588,37
B. Nachlassverbindlichkeiten – Passiva (mit Namen der Gläubiger)	
1. **Hypotheken, Grundschulden, Rentenschulden oder Reallasten**, die auf einem zum Nachlass gehörenden Grundstück eingetragen sind (Grundbuchbezeichnung, Höhe und Fälligkeit der laufenden Zinsen und rückständigen Zinsen bis zum Todestage angeben). Bei Tilgungshypotheken ist nur der zu zahlende Restbetrag des Kapitals einzusetzen, bei Grundschulden nur die tatsächliche Valutierung.	
NICHT VORHANDEN	
2. Hypothekengewinnabgabe	
NICHT VORHANDEN	
3. Vermögensabgabe	
NICHT VORHANDEN	
a) Vierteljahresbetrag b) Rückstände	
4. Steuerrückstände	
NICHT VORHANDEN	
5. Geschäfts-, landwirtschaftliche Betriebsschulden unter Angabe des Zinssatzes und des Schuldgrundes	
NICHT VORHANDEN	
6. Sonstige Verbindlichkeiten, zB Darlehen usw unter Angabe des Zinssatzes und des Schuldgrundes	
Notar Dr. Wachtelhofen, Notarkosten für Testament, Rechnung vom 19.2.2010	653,08
Firma Fensterfix, Zahlung der Reparaturkosten gem. Rechnung vom 15.1.2010	200,00
Amtsgericht München, Kosten für Hinterlegung des Testaments, Bescheid vom 20.2.2010	158,60
Deutsche Telekom, Telefonkosten, Rechnung vom 16.2.2010	59,60
Rechtsanwalt Blender, Rechtsanwaltskosten für Rechtsstreit Normalerblasser./. LVA gem. Honorarrechnung vom 17.2.2010	957,69

7. Krankheits- und Arztkosten, welche am Todestag noch nicht bezahlt waren, soweit sie nicht von einem anderen, insbesondere einer Krankenkasse ersetzt werden.	
Städtisches Klinikum, Rechnung vom 15.1.2010	238,00
8. Rückzahlung an gewährter Sozialhilfe	
NICHT VORHANDEN	
9. Sonstige Nachlassverbindlichkeiten	
▶ a) Wert der Vermächtnisse Bar Sachwerte Bergwacht Mittenwald e.V 10.000,00 EUR Zusammen:	10.000,00
▶ b) Wert der Auflagen siehe unten: Kosten der Seebestattung	
▶ c) Wert der Pflichtteilsansprüche NICHT VORHANDEN	
▶ d) Ausgleichsansprüche des überlebenden Ehegatten nach § 1371 Abs. 2 BGB NICHT VORHANDEN	
▶ e) Ausbildungsanspruch von Stiefkindern, § 1371 Abs. 4 BGB NICHT VORHANDEN	
▶ f) Unterhaltsanspruch geschiedener Ehegatten NICHT VORHANDEN	
▶ g) Unterhaltsanspruch der werdenden Mutter NICHT VORHANDEN	
PASSIVA ZUSAMMEN:	
Verbindlichkeiten, die durch den Todesfall entstanden sind	
Kosten der Bestattung; Beerdigungskosten, Ausgaben für die Errichtung eines Grabsteines, Trauerkleidung usw., soweit sie nicht von einem anderen, insbesondere einer Kranken- oder Sterbekasse ersetzt werden. (Nähere Bezeichnung und Angabe der einzelnen Beträge) Bestattungskosten für Seebestattung, Trauerhilfe GmbH, Rechnung vom 29.2.2010	1.132,87
Kosten für Testamentseröffnung, Nachlasssicherung und Verwaltung	Liegt noch nicht vor
Testamentsvollstreckerhonorar	Liegt noch nicht vor
Erbschaftsteuer	Liegt noch nicht vor
ERBFALLKOSTEN ZUSAMMEN:	

AKTIVA abzüglich PASSIVA und ERBFALLKOSTEN	
Das obige Nachlassverzeichnis entspricht dem Nachlassbestand vom 29.2.2010. Bisher wurden keine Veränderungen zwischen dem Nachlassbestand zum Zeitpunkt des Erbfalls am 28.2.2010 und dem Zeitpunkt der Errichtung des Verzeichnisses festgestellt. Sollten Ihnen weitere Nachlassgegenstände bekannt sein oder sonstige Veränderungen, so bitte ich Sie, mir dies umgehend mitzuteilen. ...	

◄

▶ **Muster: Übersendungsschreiben des Nachlassverzeichnisses**

An ...

(Einwurf-Einschreiben)

In der Nachlasssache des (Name des Erblassers)

Sehr geehrte Damen und Herren,

in obiger Angelegenheit bin ich als Testamentsvollstrecker des am 28.2.2010 verstorbenen (Name des Erblassers) durch notarielles Testament vom 19.2.2006 ernannt worden.

Die Testamentseröffnung fand am 29.2.2010 vor dem Nachlassgericht in München statt. Ich habe das Amt als Testamentsvollstrecker am 29.2.2010 angenommen. Am 4.3.2010 wurde mir das in Kopie beiliegende Testamentsvollstreckerzeugnis erteilt.

Mit Schreiben vom 29.2.2010 hatte ich Sie angeschrieben, um Ihnen die Möglichkeit zu geben, bei der Aufnahme des Nachlassverzeichnisses anwesend zu sein. Von diesem Recht haben Sie keinen Gebrauch gemacht.

In der Anlage übersende ich Ihnen ein Nachlassverzeichnis über die der Testamentsvollstreckung unterliegenden Gegenstände und komme hiermit meiner Verpflichtung aus § 2215 BGB nach.

Ich darf Sie bitten, der guten Ordnung, auf der beigefügten Kopie dieses Schreibens dessen Erhalt zu bestätigen.

...

Rechtsanwalt als Testamentsvollstrecker ◄

V. Die Auseinandersetzung des Nachlasses

Der Testamentsvollstrecker hat nach § 2204 BGB, wenn mehrere Erben vorhanden sind, die Auseinandersetzung unter ihnen nach Maßgabe der §§ 2042 bis 2056 BGB zu bewirken. Zuvor hat er die Erben über den Auseinandersetzungsplan vor der Ausführung zu hören.

1. Aufstellen eines Auseinandersetzungsplanes

Als vordringlichste Aufgabe hat somit der Testamentsvollstrecker einen **Auseinandersetzungsplan** aufzustellen. Der Erblasser kann nach Maßgabe der §§ 2208, 2209 BGB abweichend von § 2204 BGB dem Testamentsvollstrecker das Recht auf Auseinandersetzung entziehen oder beschränken. Hat der Erblasser keine Auseinandersetzungsanordnungen vorgegeben, hat der Testamentsvollstrecker nach der überwiegenden Ansicht[102] grundsätzlich die gesetzlichen Regeln der §§ 2042 bis 2046 BGB und §§ 770 bis 758 BGB zu beachten und darf hiervon nicht abweichen. Demzufolge sind zunächst alle **Nachlassverbindlichkeiten** nach § 2046 BGB zu berichtigen.[103] Nach der hier vertretenen Ansicht wird der Testamentsvollstrecker nicht durch die **Teilungsregeln** der § 2204 BGB iVm §§ 2042 ff BGB in seiner Verfügungsmacht beschränkt, so dass seine Nachlassaufteilung selbst dann wirksam ist, wenn er die gesetzlichen Regeln nicht beachtet. Eine derartige Vorgehensweise ist aber recht haftungsträchtig, und zwar insbesondere dann, wenn sich nachträglich abweichende Werte der zugeteilten Nachlassgegenstände ergeben. Demzufolge ist auch bei fehlender Zustimmung der Erben ein **Konditionsanspruch** gegeben.

217 Obwohl in § 2204 Abs. 1 BGB nur auf die §§ 2042 bis 2056 BGB verwiesen wird, hat dennoch der Testamentsvollstrecker die Vorschrift des § 2057 a BGB zu beachten. Bei der Einführung des § 2057 a BGB durch das NEhelG vom 19.8.1969 ist schlichtweg eine Anpassung der Vorschrift des § 2204 BGB übersehen worden. Es handelt sich somit um einen redaktionellen Fehler des Gesetzgebers. Ohne Beachtung des § 2057 a BGB wäre die Erstellung eines Auseinandersetzungsplanes regelmäßig unsinnig. Da der Testamentsvollstrecker nicht über den Ausgleichsanspruch des Erben verfügen kann, hätte der Erbe weiterhin einen Ausgleichsanspruch nach erfolgter Ausgleichung durch den Testamentsvollstrecker. Ein solches Ergebnis macht keinen Sinn. Insofern ist also vom Testamentsvollstrecker auch § 2057 a BGB bei der Auseinandersetzung zu beachten.

218 **Anordnungen des Erblassers** wirken selbst nicht dinglich, sondern nur **schuldrechtlich** und schränken die Verfügungsmacht des Testamentsvollstreckers nicht ein. Demzufolge kann nach einem Teil des Schrifttums[104] der Testamentsvollstrecker auch bei nach § 2208 BGB eingeschränkter Verfügungsbefugnis der Erblasseranordnung widersprechende Teilungsanordnungen durchführen und entgegen einem **Veräußerungs- oder Teilungsverbot** auch **ohne Zustimmung der Erben** anderweitig verfügen.

219 Der Bundesgerichtshof[105] hingegen beurteilt die Rechtslage anders. Dem Testamentsvollstrecker ist durch § 2208 BGB die Verfügungsbefugnis genommen worden. Danach können nur der Testamentsvollstrecker und die Erben gemeinsam verfügen. Das Auseinandersetzungsverbot sei wegen § 137 BGB nur ein rechtsgeschäftliches Verbot, welches keine dingliche Beschränkung hat. Diese Rechtsprechung ist in Teilbereichen auf Kritik gestoßen, da nicht einzusehen sei, warum der Erblasser dem Testamentsvollstrecker nicht wirksam Rechte entziehen könne und argumentieren mit dem Wortlaut des § 2208 Abs. 1 S. 1 BGB, wonach der Testamentsvollstrecker durch die Einschränkung bestimmte Rechte nicht hat und eben nicht lediglich nicht ausüben soll.[106] Diese Ansicht vermag nicht zu überzeugen, denn § 2208 BGB kann nicht von der zwingenden Vorschrift des § 137 BGB oder des Sachenrechts entbinden.[107] Im Übrigen bleibt es dem Erblasser unbenommen, eine bedingte Nacherbfolge eines Dritten für den Fall der Abweichung von Erblasseranordnungen letztwillig zu verfügen, um sicher zu gehen, dass die Anordnungen befolgt werden.

---

102 Vgl OLG Karlsruhe NJW-RR 1994, 905; *Mayer/Bonefeld/Wälzholz/Weidlich*, PraxisHB, Rn 360; Soergel/*Damrau*, § 2204 Rn 9; Staudinger/*Reimann*, § 2204 Rn 12; *Muscheler*, AcP 95, 68. AA *Lange/Kuchinke*, § 29 V 6; *Winkler*, Der Testamentsvollstrecker, Rn 512; *Zimmermann*, Die Testamentsvollstreckung, Rn 663.
103 Nach Soergel/*Damrau*, § 2204 Rn 17 darf aber der Testamentsvollstrecker auch nicht die Auseinandersetzung so lange verzögern, bis alle Nachlassverbindlichkeiten berichtigt sind.
104 Vgl dazu *Lehmann*, AcP 188, 17; *Winkler*, DNotZ 2001, 403 mwN.
105 BGHZ 56, 275; BGH NJW 1984, 2464.
106 *Schmucker*, Testamentsvollstrecker und Erbe, S. 100.
107 So auch *Lehmann*, AcP 188, 18.

C. Ausgewählte Formulare für die praktische Abwicklung einer Testamentsvollstreckung   § 5

Bei der Aufstellung eines Auseinandersetzungsplanes genügt der Testamentsvollstrecker seiner Pflicht, wenn der von ihm aufgestellte Plan einer möglichen Auslegung des **Erblasserwillens** entspricht.[108] Dabei handelt es sich um ein einseitiges, gegenüber den Miterben mitzuteilendes Rechtsgeschäft, welches formlos ist. Dies gilt auch dann, wenn zum Nachlass Grundstücke gehören.[109] Dem Auseinandersetzungsplan kommt lediglich **schuldrechtliche Wirkung** zu. Dementsprechend bedarf es noch weiterer Verfügungsakte wie zB Auflassung und Grundbuchumschreibung etc.   220

Häufiger Fehler bei den Auseinandersetzungsplänen ist die gegenständliche Zuordnung unteilbarer Gegenstände unter Anrechnung auf den Erbteil an die einzelnen Erben. Eine derartige Vorgehensweise ist nur dann zulässig, wenn alle Erben mit einer Abweichung von der gesetzlichen Regelung einverstanden sind. Andernfalls droht eine **Klage auf Feststellung**, dass der Auseinandersetzungsplan unwirksam ist. Demzufolge muss also für einen Auseinandersetzungsplan der Nachlass **auseinandersetzungsreif** sein.   221

Droht der Vollzug des Auseinandersetzungsplanes durch den Testamentsvollstrecker so kann der Erbe auch eine **Einstweilige Verfügung** nach § 940 ZPO beantragen.[110] Zulässig ist auch eine **Leistungsklage**, die auf eine Auseinandersetzung nach der Vorgabe des Erblassers zielt. Ist eine solche Anordnung aber nicht vorhanden, so hat die Auseinandersetzung nach billigem Ermessen erfolgen.   222

2. Pflicht zur Anhörung der Erben

Bevor der Teilungsplan durchgeführt werden kann, hat der Testamentsvollstrecker nach § 2204 Abs. 2 BGB die Erben zu hören. Vernünftigerweise hat die Anhörung bereits vor endgültiger Planaufstellung erfolgen. Die **Anhörungspflicht** besteht gegenüber denjenigen Erben, die von der Auseinandersetzung tatsächlich betroffen sind. Für abwesende, ungeborene und – falls deren gesetzliche Vertreter an der Erbengemeinschaft beteiligt sind – minderjährige Erben ist eine **Pflegerbestellung** nach §§ 1909, 1911 ff erforderlich.[111] Dabei ist für jeden betroffenen minderjährigen, abwesenden oder ungeborenen Miterben ein besonderer Pfleger zu bestellen.[112] Ändert der Testamentsvollstrecker aufgrund der Anhörung den Plan, sind nach Erstellung des neuen Auseinandersetzungsplanes die Erben wiederum anzuhören.   223

Wird die Anhörung unterlassen, führt dies nicht zur Unwirksamkeit des Auseinandersetzungsplans. Ggf begründet dies aber eine Haftung des Testamentsvollstreckers. Ebenso ist eine **Genehmigung** des Plans durch die Erben nicht erforderlich. Der Testamentsvollstrecker kann sogar den Plan auch gegen Einwendungen der Erben vollzogen werden.[113]   224

Probleme bestehen bei minderjährigen Miterben oder unter Betreuung stehenden Personen. Dann bedarf der Plan nur dann **keiner vormundschaftsgerichtliche Genehmigung**, sofern der Testamentsvollstrecker einen Plan aufstellt, der sich im Rahmen seiner Befugnisse hält. Sind im Plan jedoch besondere Vereinbarungen enthalten, die den Anordnungen des Erblassers oder den gesetzlichen Vorschriften widersprechen oder sich nicht im Rahmen der Verfügungsbefug-   225

---

108 OLG Köln ZEV 1999, 226; *Zimmermann*, Die Testamentsvollstreckung, Rn 650.
109 Bengel/Reimann/*Schaub*, Handbuch IV, Rn 221.
110 Soergel/*Damrau*, § 2204 Rn 25.
111 Staudinger/*Reimann*, § 2204 Rn 31; *Mayer/Bonefeld/Wälzholz/Weidlich*, PraxisHB, Rn 362.
112 A.M. für den Teilungsplan *Damrau*, ZEV 1994, 4: Dieser begründet seine Ansicht damit, dass die minderjährigen Kinder „auf derselben Seite" stünden.
113 *Winkler*, Der Testamentsvollstrecker, Rn 519.

nis des Testamentsvollstreckers halten oder ein regelrechter Auseinandersetzungsvertrag geschlossen wird, bedarf es einer **vormundschaftsgerichtlichen Genehmigung**.[114]

226 Sofern die Erben selbst eine Vereinbarung über die Auseinandersetzung treffen, ist diese vom Testamentsvollstrecker nur dann zu beachten, wenn es sich um eine abweichende **Ausgleichspflicht** nach §§ 2050 ff BGB handelt,[115] da diese dispositiver Natur ist. Ferner, wenn die Erben sich gerade nicht auseinandersetzen wollen. Sind alle Erben damit einverstanden, kann der Testamentsvollstrecker nach vorheriger Zustimmung entgegen etwaiger Vorgaben zur Auseinandersetzung des Erblassers eine anderweitige Auseinandersetzung planen.[116] An eine derartige Vereinbarung der Erben ist er aber nicht gebunden.[117]

3. Folgen der Planaufstellung

227 Hat der Testamentsvollstrecker im Rahmen seiner Befugnisse einen Auseinandersetzungsplan aufgestellt, so **ersetzt** dieser den für die Erbauseinandersetzung erforderlichen **Auseinandersetzungsvertrag**. Der Plan verpflichtet und berechtigt die Erben. Erst wenn der Testamentsvollstrecker den Plan für endgültig erklärt hat, ist dieser verbindlich, so dass die Erbauseinandersetzung nach dem Plan durchgeführt werden kann. Eine spätere Berichtigung ist nicht mehr möglich.[118]

228 Ist ein Auseinandersetzungsplan aufgestellt, enthält dieser ebenso eine **Rechenschaftslegung**.

229 Entgegen *Zimmermann*[119] kann nicht bereits ein **Schweigen** auf den Plan innerhalb einer angemessenen Frist als Zustimmung aufzufassen sein. Ein bloßes Schweigen zum Plan reicht nur dann als Zustimmung, wenn der Erbe verpflichtet gewesen wäre, gegenüber dem Testamentsvollstrecker seinen ablehnenden Willen zu äußern.[120] Eine derartige Pflicht des Erben besteht mE nicht. Der Testamentsvollstrecker kann zudem ohne oder sogar gegen den Willen der Erben den Auseinandersetzungsplan durchführen. Dementsprechend muss eine Fristsetzung durch den Testamentsvollstrecker grundsätzlich rechtlich folgenlos für den Erben bleiben.

230 Regelmäßig werden die späteren Verfügungen zur Durchführung des Auseinandersetzungsplans geduldet, worin ggf eine konkludente Zustimmung liegen kann.[121] Eine Annahme eines Auflassungsangebotes muss aber nicht zwingend eine Zustimmung zum gesamten Auseinandersetzungsplan sein, denn der Erbe nimmt nur eine Teilleistung entgegen. Ebenso liegt keine Zustimmung vor, wenn der Testamentsvollstrecker Vermögenswerte an den Erben überträgt oder ihm Geld überweist und dieser die Gegenstände oder Geldbeträge nicht zurückgibt.

231 Der herrschenden Ansicht,[122] die eine Zustimmung und damit einen **konkludent geschlossenen Auseinandersetzungsvertrag**, aufgrund der Mitwirkungshandlung zum Auseinandersetzungsplan recht schnell annimmt, ist entgegen zu halten, dass der einzelne Erbe zwar bei der Ausführung des Auseinandersetzungsplanes mitwirkt, aber doch nur deshalb, damit er seinen Anteil erhält. Ob er gleichzeitig zusammen mit den weiteren Erben – und dies ist entscheidend – einen Vertrag mit dem Testamentsvollstrecker und gleichzeitig mit den Miterben schließen will, ist

---

114 BGHZ 56, 275; *Winkler*, Der Testamentsvollstrecker, Rn 531; Palandt/*Edenhofer*, § 2204 Rn 4.
115 Soergel/*Damrau*, § 2204 Rn 20; Staudinger/*Reimann*, § 2204 Rn 25.
116 Vgl BGHZ 40, 115; 56, 275.
117 *Zimmermann*, Die Testamentsvollstreckung, Rn 675.
118 RG Warn 1939 Nr. 9; *Winkler*, Der Testamentsvollstrecker, Rn 522 Fn 6; Bengel/Reimann/*Schaub*, Handbuch IV, Rn 243; Mayer/Bonefeld/Wälzholz/*Weidlich*, PraxisHB, Rn 366.
119 So *Zimmermann*, Die Testamentsvollstreckung, Rn 675.
120 Vgl Palandt/*Heinrichs*, Einf. 10 vor § 116.
121 Vgl OLG Karlsruhe NJW 1981, 1278.
122 Vgl nur *Zimmermann*, Die Testamentsvollstreckung, Rn 683; *Winkler*, Der Testamentsvollstrecker, Rn 518 mwN.

C. Ausgewählte Formulare für die praktische Abwicklung einer Testamentsvollstreckung § 5

häufig fraglich. Daher muss ein gemeinsamer Vertragswille auf jeden Fall bei der konkludenten Zustimmung zum Auseinandersetzungsplan deutlich werden. Das einseitige Abstellen auf die einzelne Mitwirkungshandlung der Erben ist falsch.

Erteilen die Erben ihre Zustimmung zum Auseinandersetzungsplan, ist fraglich, ob damit auch gleichzeitig eine **Entlastung** erklärt wird. Eine Zustimmung ist die Einverständniserklärung zu dem von einem anderen vorgenommenen Rechtsgeschäft.[123] Der Auseinandersetzungsplan ist ein einseitiges Rechtsgeschäft, zu deren Wirksamkeit keine Zustimmung Dritter notwendig ist. Der Auseinandersetzungsplan hat aber für die Erben den Zweck die Art und Weise der Auseinandersetzung zu erfahren. Er sagt aber nichts darüber aus, wie die gesamte Testamentsvollstreckung an sich verlaufen ist. Mit der Zustimmung zum Auseinandersetzungsplan kann daher auch keine Entlastung verbunden sein. 232

Sofern die Erben ihre ausdrückliche Zustimmung zum Auseinandersetzungsplan erteilen, wird damit regelmäßig ein **Auseinandersetzungsvertrag** abgeschlossen.[124] Voraussetzung ist dabei die Mitwirkung und Einigung aller Erben.[125] Dieser Vertrag tritt dann an die Stelle des Auseinandersetzungsplans. 233

4. Der Auseinandersetzungsvertrag

Der Auseinandersetzungsvertrag selbst ist **formlos**, soweit keine Vereinbarungen enthalten sind, die nach allgemeinen Bestimmungen formbedürftig[126] sind. Andernfalls sind die besonderen Formvorschriften einzuhalten.[127] Sind jedoch Gegenstände betroffen, für deren Verfügung oder Verpflichtung eine bestimmte Form vorgesehen ist, muss auch der Auseinandersetzungsvertrag diese Form einhalten. Wenn im Rahmen der Erbauseinandersetzung ein Miterbe alle Erbanteile übernimmt, ist dies kein nach § 2371 BGB formbedürftiger Erbteilsverkauf sein, sondern ein grundsätzlich formfreier Auseinandersetzungsvertrag.[128] 234

Besteht hinsichtlich eines Miterben Betreuung oder Pflegschaft oder Vormundschaft, so bedarf der Auseinandersetzungsvertrag der **vormundschaftsgerichtlichen Genehmigung** nach § 1822 Nr. 2 BGB, nicht jedoch, wenn Eltern iSd § 1643 Abs. 1 BGB für ihre Kinder handeln. 235

Wenn die **Eltern** selbst oder ein **Verwandter** von ihnen aus gerader Linie neben den Kindern an der Erbengemeinschaft beteiligt sind, so besteht ein **Vertretungsverbot** nach §§ 1629 Abs. 2, 1795 BGB. Somit muss ein **Ergänzungspfleger** nach § 1909 BGB bestellt werden, wobei für jeden Minderjährigen ein eigener Pfleger bestellt werden muss.[129] Etwaige **Genehmigungserfordernisse** und Zustimmungspflichten zum Auseinandersetzungsvertrag richten sich nach den allgemeinen Rechtsbestimmungen.[130] 236

Die Vorteile eines Auseinandersetzungsvertrag sind vielfältig: So kann ohne weiteres von dem Willen des Erblassers abgewichen werden.[131] Nicht zu unterschätzen ist die **Befriedungsfunktion** und ein weit reichender **Ausschluss Haftungsgefahr** für den Testamentsvollstrecker. Dies 237

---

[123] Palandt/*Heinrichs*, Einf. v. § 182 Rn 1.
[124] BayObLG ZEV 1995, 371; Bengel/Reimann/*Schaub*, Handbuch IV, Rn 259; Mayer/Bonefeld/Wälzholz/Weidlich, PraxisHB, Rn 372.
[125] *Winkler*, Der Testamentsvollstrecker, Rn 518; Bengel/Reimann/*Schaub*, Handbuch IV, Rn 259.
[126] Bei Grundstücken nach § 311 b BGB, bei Geschäftsanteilen einer GmbH nach § 15 GmbHG.
[127] Palandt/*Edenhofer*, § 2042 Rn 4.
[128] Bengel/Reimann/*Schaub*, Handbuch IV, Rn 263; Mayer/Bonefeld/Wälzholz/Weidlich, PraxisHB, Rn 375 ff.
[129] BGHZ 21, 229.
[130] Hierzu: Damrau/*Bonefeld*, Praxiskommentar Erbrecht, § 2204 Rn 7.
[131] *Winkler*, Der Testamentsvollstrecker, Rn 530.

gilt insbesondere dann, wenn durch die Zuteilung ein Miterbe mehr erhält, als seiner Teilungsquote entspricht.[132]

238 Hinsichtlich des Vertrages besteht ein **Zustimmungsbedürfnis** durch alle Miterben, auch die Nacherben müssen mitwirken,[133] ebenso auch die Vermächtnisnehmer sofern die Vermächtnisse noch nicht erfüllt sind.[134]

239 Der Auseinandersetzungsvertrag bedarf wie der Teilungsplan wegen seiner rein schuldrechtlichen Wirkung eines Vollzugs durch Abgabe der entsprechenden dinglichen Verfügungsgeschäfte, also etwa der Auflassung von der Erbengemeinschaft an den einzelnen erwerbenden Erben.[135]

240 Sofern kein ausdrücklicher Haftungsverzicht oder eine ausdrückliche Entlastung im Vertrag aufgenommen wurden, ist mit Abschluss des Auseinandersetzungsvertrages keinerlei Entlastung verbunden. Hier gilt das Gleiche wie beim Auseinandersetzungsplan.

241 ▶ **Muster: Auskunftsersuchen des Testamentsvollstreckers zur Vorbereitung eines Auseinandersetzungsplanes**

An ▪▪▪

Betr.: Auskunft wegen Vorschenkungen des (Name des Erblassers)

Sehr geehrter Herr/Frau ▪▪▪,

ausweislich der beglaubigten Kopie des Testamentsvollstreckerzeugnisses des Amtsgerichtes München vom 29.3.2010 habe ich das Amt des Testamentsvollstreckers über den Nachlass des am 28.2.2010 verstorbenen ▪▪▪ (Name des Erblassers) übernommen.

Um einen sachgerechten Teilungsplan aufstellen und um eventuelle Pflichtteilsforderung berechnen zu können, benötige ich Auskunft über etwaige Zuwendungen des vorgenannten Erblassers. Mir steht der Anspruch auf Auskunft aus §§ 2218, 242 BGB zu.

Ich habe Sie daher aufzufordern, die Auskunft zu erteilen durch ein Bestandsverzeichnis in dem:

1. - sämtliche Schenkungen des Erblassers an Sie aufgeführt sind,
   - sämtliche Schenkungen des Erblassers an dritte Personen in den letzten 10 Jahren vor dem Tode des Erblassers aufgeführt sind (diese Angabe ist freiwillig),
   - alle Zuwendungen des Erblassers, die eine Ausgleichspflicht nach den §§ 2050 ff, 2316 BGB auslösen können, aufgeführt sind (diese Angabe ist freiwillig, sofern nicht Sie, sondern nur Dritte eine Zuwendung erhalten haben);
2. durch Mitteilung sämtlicher Lebensversicherungsverträge und sonstiger Verträge zugunsten Dritter, die der Erblasser zu Lebzeiten abgeschlossen hat und die bei seinem Tod noch bestanden (diese Angabe ist freiwillig, sofern nicht Sie, sondern nur Dritte eine Zuwendung erhalten haben);
3. durch Mitteilung der Bedingungen bei Zuwendungen, die keine Schenkungen sind, beispielsweise die Übertragung eines Grundstückes gegen den Vorbehalt oder die Einräumung eines Nießbrauchs, Altenteils oder Wohnungsrechts (diese Angabe ist freiwillig, sofern nicht Sie, sondern nur Dritte eine Zuwendung erhalten haben).

Zur Erteilung der Auskunft setze ich eine Frist bis zum ▪▪▪.

---

132 Bengel/Reimann/*Schaub*, Handbuch IV, Rn 260.
133 BGHZ 57, 84; BayObLG FamRZ 1987, 104.
134 *Winkler*, Der Testamentsvollstrecker, Rn 518; *Mayer/Bonefeld/Wälzholz/Weidlich*, PraxisHB, Rn 374.
135 Bengel/Reimann/*Schaub*, Handbuch IV, Rn 269.

Für Ihre Mithilfe danke ich Ihnen.

...

Rechtsanwalt R als Testamentsvollstrecker ◄

▶ **Muster: Anhörung der Erben zum Auseinandersetzungsplan** 242

An Erbin P

...

Einschreiben mit Rückschein

Betr.: Auseinandersetzungsplan zum Nachlass des ... (Name des Erblassers)

Sehr geehrte Frau P,

in vorbezeichneter Angelegenheit habe ich in meiner Eigenschaft als Testamentsvollstrecker auf der Basis des notariellen Testamentes vom 19.2.2006 und unter Berücksichtigung der gesetzlichen Vorschriften den anliegenden Auseinandersetzungsplan.

Ich gebe Ihnen hiermit die Möglichkeit zur Stellungnahme.

Sofern nicht bis zum

...

bei mir eine gegenteilige Antwort eingegangen ist, gehe ich von Ihrem Einverständnis mit dem Auseinandersetzungsplan aus und werde dementsprechend die notwendigen weiteren Schritte zum Vollzug des Planes einleiten.

Mit freundlichen Grüßen

...

Rechtsanwalt ◄

▶ **Muster: Auseinandersetzungsplan** 243

Auseinandersetzungsplan für den Nachlass

des am 28.2.2010 verstorbenen ... (Name des Erblassers) aus München

I. Feststellung der Erben und testamentarischen Anordnungen

Der Erblasser hinterließ ein notarielles Testament, welches folgende Erben vorsieht:

1. Frau P., ... und
2. Herrn F ...

als Erben zu je ½ des Nachlasses.

Des Weiteren hat der Erblasser die Erben mit einem Vermächtnis belastet. Danach erhält die Gesellschaft zur Rettung Schiffbrüchiger e.V. ein Geldvermächtnis in Höhe von 10.000,00 EUR.

Das Testament ist durch das Nachlassgericht München am ... eröffnet worden und wurde von allen Beteiligten als rechtsgültig anerkannt.

Der Testamentsvollstrecker hat das Amt mit Schreiben vom ... angenommen und erhielt daraufhin vom Nachlassgericht München ein Testamentsvollstreckerzeugnis vom ...

Sämtliche Erben haben die Erbschaft angenommen.

Der Vermächtnisnehmer hat ebenfalls das Vermächtnis angenommen.

Die Erben wurden zum nachfolgenden Teilungsplan angehört.

II. Feststellung des Nachlasses

Für die Auseinandersetzung ist der Nachlass maßgeblich, der am Todestag, den 28.2.2010 bestand. Dieser wurde gemäß dem am 29.2.2010 vom Testamentsvollstrecker aufgestellten Nachlassverzeichnis wie folgt festgestellt:

1. Immobilien waren nicht im Nachlass vorhanden
2. Bewegliches Vermögen

	a) Bargeld am Todestag	22,05 EUR
	b) 2 Medaillen	10,00 EUR
	c) Hausratsgegenstände laut beigefügter Inventarliste mit Wertschätzungen des Nachlassauktionators Adam	32.390,00 EUR

3. Geldforderungen

	a) Industria Dresdner Bank Aktienfonds	105.241,02 EUR
	b) Internationales Immobilieninstitut	28.550,38 EUR
	c) Sparkasse München Konto 4711	4.074,07 EUR
	d) Commerzbank München Konto 10815	949,00 EUR
	e) HASPA Sparkonto 3297/12345	7.006,41 EUR
	f) Rente der LVA gem. Leistungsbescheid v. 25.2.2010	21.023,36 EUR
	g) Guthaben aus Nebenkostenabrechnung der Mietwohnung	201,53 EUR
	h) Guthaben aus Heizkostenabrechnung	20,55 EUR
Zwischensumme:		199.488,37 EUR

4. Nachlassverbindlichkeiten

	a) Notar von Miesbach, Notarkosten für Testament, Rechnung vom 19.2.2010	653,08 EUR
	b) Firma Fensterfix, Zahlung der Reparaturkosten gem. Rechnung vom 15.1.2010	200,00 EUR
	c) Amtsgericht München, Kosten für Hinterlegung des Testaments, Bescheid vom 20.2.2010	158,60 EUR
	d) Deutsche Telekom, Telefonkosten, Rechnung vom 16.2.2010	59,60 EUR
	e) Rechtsanwalt Blender, Rechtsanwaltskosten für Rechtsstreit Erblasser ./. LVA gem. Honorarrechnung vom 17.2.2010	957,69 EUR
	f) Städtisches Klinikum, Rechnung vom 15.1.2010	238,00 EUR
	g) Bestattungskosten für Seebestattung, Trauerhilfe GmbH, Rechnung vom 29.2.2010	1.132,87 EUR

Hinzukommen die weiteren Verbindlichkeiten, die durch den Todesfall entstanden sind oder fortbestanden:

	a) Kosten der Testamentseröffnung, Bescheid vom 4.3.2010	325,00 EUR
	b) Kosten der Erteilung des Testamentsvollstreckerzeugnisses, Bescheid vom 4.3.2010	60,00 EUR
	c) Mietzahlungen für Wohnung des Erblassers bis 31.5.2010 (3 x 855,07 EUR)	2.565,21 EUR

d) Erbschaftsteuer gemäß Bescheid vom 3.6.2010, Finanzamt München[136]	36.579,00 EUR
Ferner ist das Geldvermächtnis in Höhe von	10.000,00 EUR

an die Gesellschaft zur Rettung Schiffbrüchiger e.V. mit Schreiben vom ... erfüllt worden.

Zwischensumme Verbindlichkeiten (inklusive Vermächtnis):	52.929,05 EUR
Es besteht somit ein bereinigter Nachlass in Höhe von	146.559,32 EUR

III. Aufteilung des Nachlasses

Am Reinnachlass in Höhe von	146.559,32 EUR

Erhalten somit:

1. Frau P die Hälfte des Nachlasses mithin:	73.279,66 EUR
2. Herr F die Hälfte des Nachlasses mithin:	73.279,66 EUR

IV. Ausgleichung

Eine Ausgleichung findet aufgrund fehlender ausgleichungspflichtiger Vorempfänge nicht statt.

V. Übersicht der Gesamtansprüche

1. Die Erben erhalten je	73.279,66 EUR
2. Der Vermächtnisnehmer erhält	10.000,00 EUR
3. Die gesicherten und ungesicherten fremden Gläubiger des ... (Name des Erblassers) erhalten:	6.350,05 EUR
4. Die zu entrichtende Erbschaftsteuer beläuft sich auf	36.579,00 EUR
Insoweit ergibt sich wiederum ein Bruttonachnachlass in Höhe von:	199.488, 37 EUR

VI. Nachlassverwertung

Auf Wunsch der Erben wurde sämtliches in der Wohnung befindliche Inventar des ... (Name des Erblassers) durch den Nachlassauktionator Adam versteigert. Der Versteigerungserlös in Höhe von 32.390,00 EUR wird einvernehmlich unter den Erben hälftig geteilt.

VII. Auseinandersetzungsplan

1. Erbin P fordert:	73.279,66 EUR
Erbin P erhält eine Auszahlung von:	73.279,66 EUR
2. Erbe F fordert:	73.279,66 EUR
Erbe F erhält eine Auszahlung von:	73.279,66 EUR
3. Vermächtnisnehmer, die Gesellschaft zur Rettung Schiffbrüchiger e.V. fordern:	10.000,00 EUR
Vermächtnisnehmer erhält:	10.000,00 EUR
4. Die fremden Gläubiger und Finanzamt erhalten:	42.929,05 EUR

Somit ergibt sich wiederum ein Bruttonachlass von 199.488,37 EUR und ein Nettonachlass von 146.559,32 EUR.

---

[136] Schuldner ist primär der Erbe, jedoch besteht wegen § 32 Abs. 1 S. 2 ErbStG eine Verpflichtung des Testamentsvollstreckers, für die Zahlung der Erbschaftsteuern zu sorgen.

VIII. Vollzug des Auseinandersetzungsplans

1. Die Testamentsvollstreckervergütung ist von den Erben im Verhältnis ihrer Erbteile zu tragen. Sie beträgt vereinbarungsgemäß 9.970,10 EUR und wird von der jeweiligen Auszahlungssumme an die Erben im Verhältnis 1/2 zu 1/2 aus der Nachlassmasse entnommen.
2. Die Erbschaftsteuer in Höhe von 36.579,00 EUR wurde an das Finanzamt München am ▪▪▪ überwiesen.
3. Unteilbare Gegenstände befinden sich nicht mehr im Nachlass.
4. Die jeweiligen Geldbeträge von nunmehr restlichen 68.294,61 EUR werden auf die angegebenen Konten der Erben überwiesen.
5. Nach der Überweisung ist die Testamentsvollstreckung beendet. Der Testamentsvollstrecker wird unverzüglich die Beendigung dem Nachlassgericht mitteilen und sämtliche Ausfertigungen – mithin zwei Exemplare – des Testamentsvollstreckerzeugnisses zurückreichen.
6. Der Teilungsplan wird hiermit für verbindlich erklärt.

München, den ▪▪▪

▪▪▪

Rechtsanwalt ◄

244 ▶ **Muster: Auseinandersetzungsplan mit Grundvermögen**

▪▪▪ wie oben ▪▪▪

Insoweit ergibt sich ein Bruttonachnachlass in Höhe von: **299.488,37 EUR**

VII. Auseinandersetzungsplan

1.	Erbin P fordert:	123.279,66 EUR
	Erbin P erhält eine Auszahlung von:	123.279,66 EUR
2.	Erbe F fordert:	
		123.279,66 EUR
	Erbe F erhält	
	a) eine Auszahlung von:	23.279,66 EUR
	b) ein Grundstück im Werte von:	100.000,00 EUR
Insgesamt:		123.279,66 EUR
3.	Vermächtnisnehmer, die Gesellschaft zur Rettung Schiffbrüchiger e.V. fordern:	10.000,00 EUR
	Vermächtnisnehmer erhält:	10.000,00 EUR
4.	Die fremden Gläubiger und Finanzamt erhalten:	58.850,05 EUR

Somit ergibt sich wiederum ein Nettonachlass von 250.638,32 EUR (nach Abzug des Vermächtnisses) und ein Bruttonachlass von 299.488,37 EUR.

VIII. Vollzug des Auseinandersetzungsplans

1. Der Erbe F ist verpflichtet, bei der Auflassung des Grundstücks ▪▪▪ an ihn mitzuwirken. Im Übrigen haben die Erben die ihnen zugeteilten Nachlassgegenstände entgegenzunehmen.
2. Die Testamentsvollstreckervergütung ist von den Erben im Verhältnis ihrer Erbteile zu tragen. Sie beträgt vereinbarungsgemäß 13.020 EUR und wird von der jeweiligen Auszahlungssumme an die Erben im Verhältnis ½ zu ½ aus der Nachlassmasse entnommen.

C. Ausgewählte Formulare für die praktische Abwicklung einer Testamentsvollstreckung § 5

3. Die Erbschaftsteuer in Höhe von 52.500 EUR wurde an das Finanzamt München am ... überwiesen.
4. Unteilbare Gegenstände befinden sich nicht mehr im Nachlass.
5. Die jeweiligen Geldbeträge von nunmehr restlichen 68.294,61 EUR werden auf die angegebenen Konten der Erben überwiesen.
6. Nach dem grundbuchamtlichen Vollzug gemäß Nr. 1. ist die Testamentsvollstreckung beendet. Der Testamentsvollstrecker wird unverzüglich die Beendigung dem Nachlassgericht mitteilen und sämtliche Ausfertigungen – mithin zwei Exemplare – Testamentsvollstreckerzeugnis zurückreichen.
7. Der Teilungsplan wird hiermit für verbindlich erklärt.

München, den ...

...

Rechtsanwalt ◄

▶ **Muster: Auseinandersetzungsvertrag**

Auseinandersetzungsvertrag

[privatschriftliche Form, da kein Grundbesitz vorhanden]

1. Frau P, ...,
2. Herr F, ...,
3. Rechtsanwalt R ... handelnd als Testamentsvollstrecker des Nachlasses des am 28.2.2010 verstorbenen ... (Name des Erblassers).

§ 1

Der am 28.2.2010 verstorbene ... (Name des Erblassers) ist aufgrund notariellen Testamentes vom 19.2.2006 von den Beteiligten zu 1.) und 2.) zu je ½ beerbt worden. Hierzu wird auf den Nachlassakt des Amtsgerichts – Nachlassgerichts – München, VI 512/2010 und der darin enthaltenen Eröffnungsniederschrift des Testaments vom 15.3.2006 Bezug genommen.

Zur Auseinandersetzung des Nachlasses werden die nachfolgenden Vereinbarungen getroffen.

§ 2

Der Nachlass wurde gemäß dem am 29.2.2010 vom Testamentsvollstrecker aufgestellten Nachlassverzeichnis wie folgt festgestellt:

1. Immobilien waren nicht im Nachlass vorhanden
2. Bewegliches Vermögen
   a) Bargeld am Todestag   22,05 EUR
   b) 2 Medaillen   10,00 EUR
   c) Hausratsgegenstände laut beigefügter Inventarliste mit Wertschätzungen des Nachlassauktionators Adam   32.390,00 EUR
3. Geldforderungen
   a) Industria Dresdner Bank Aktienfonds   105.241,02 EUR
   b) Internationales Immobilieninstitut   28.550,38 EUR
   c) Sparkasse München Konto 4711   4.074,07 EUR
   d) Commerzbank München Konto 10815   949,00 EUR
   e) HASPA Sparkonto 3297/12345   7.006,41 EUR

f)	Rente der LVA gem. Leistungsbescheid v. 25.2.2010	21.023,36 EUR
g)	Guthaben aus Nebenkostenabrechnung der Mietwohnung	201,53 EUR
h)	Guthaben aus Heizkostenabrechnung	20,55 EUR
Zwischensumme:		199.488,37 EUR

4. Nachlassverbindlichkeiten

a)	Notar von Miesbach, Notarkosten für Testament, Rechnung vom 19.2.2010	653,08 EUR
b)	Firma Fensterfix, Zahlung der Reparaturkosten gem. Rechnung vom 15.1.2010	200,00 EUR
c)	Amtsgericht München, Kosten für Hinterlegung des Testaments, Bescheid vom 20.2.2010	158,60 EUR
d)	Deutsche Telekom, Telefonkosten, Rechnung vom 16.2.2010	59,60 EUR
e)	Rechtsanwalt Blender, Rechtsanwaltskosten für Rechtsstreit Erblasser./. LVA gem. Honorarrechnung vom 17.2.2010	957,69 EUR
f)	Städtisches Klinikum, Rechnung vom 15.1.2010	238,00 EUR
g)	Bestattungskosten für Seebestattung, Trauerhilfe GmbH, Rechnung vom 29.2.2010	1.132,87 EUR

Hinzu kommen die weiteren Verbindlichkeiten, die durch den Todesfall entstanden sind oder fortbestanden:

a)	Kosten der Testamentseröffnung, Bescheid vom 4.3.2010	325,00 EUR
b)	Kosten der Erteilung des Testamentsvollstreckerzeugnisses, Bescheid vom 4.3.2010	60,00 EUR
c)	Mietzahlungen für Wohnung des Erblassers bis 31.5.2010 (3 x 855,07 EUR)	2.565,21 EUR
d)	Erbschaftsteuer gemäß Bescheid vom 3.6.2010, Finanzamt München[137]	36.579,00 EUR

Ferner ist das Geldvermächtnis in Höhe von 10.000,00 EUR

an die Gesellschaft zur Rettung Schiffbrüchiger e.V. mit Schreiben vom ... erfüllt worden.

Zwischensumme (inklusive Vermächtnis):	52.929,05 EUR
Es besteht somit ein bereinigter Nachlass in Höhe von	146.559,32 EUR

Die Parteien erklären übereinstimmend, dass ihnen weder weitere Nachlassgegenstände, noch -verbindlichkeiten bekannt sind. Sofern weitere Nachlassgegenstände oder -verbindlichkeiten nachträglich bekannt werden, verpflichten sich die Parteien die Beteiligten unverzüglich zu benachrichtigen und – soweit erforderlich – die in dieser Urkunde getroffene Erbauseinandersetzung zu berichtigen.[138]

§ 3

Die Beteiligten zu 1.) und 2.) erklären übereinstimmend keinerlei ausgleichungspflichtige Vorempfänge erhalten zu haben.

---

[137] Schuldner ist primär der Erbe, jedoch besteht wegen § 32 Abs. 1 S. 2 ErbStG eine Verpflichtung des Testamentsvollstreckers, für die Zahlung der Erbschaftsteuern zu sorgen.
[138] Dieser Zusatz kann selbstverständlich bereits auch im Auseinandersetzungsplan aufgenommen werden.

C. Ausgewählte Formulare für die praktische Abwicklung einer Testamentsvollstreckung § 5

§ 4

Der Testamentsvollstrecker Rechtsanwalt R. hat einen Auseinandersetzungsplan aufgestellt und die Erben dazu angehört.

Das noch bestehende Konto bei der Sparkasse München 4711 wird hiermit gekündigt und der Beteiligte zu 3.) wird beauftragt und ermächtigt, die Kündigung gegenüber der Sparkasse München auszusprechen. Der auf diesem Konto befindliche Betrag wird verteilt:

Aufgrund dieses Planes erhalten die Beteiligten zu 1.) und 2.) vom Testamentsvollstrecker eine Auszahlung von 73.279,66 EUR.

Weitere unteilbare Nachlassgegenstände befinden sich nicht mehr im Nachlass.

§ 5

Die Beteiligten zu 1.) und 2.) erklären hiermit verbindlich, dass dem Beteiligten zu 3.) eine Testamentsvollstreckervergütung in Höhe von 9.970,10 EUR inkl. Mehrwertsteuer zusteht und erklären die Abtretung einer jeweiligen Summe in Höhe von 4.985,05 EUR aus ihrem Auszahlungsanspruch gegenüber der Sparkasse München hinsichtlich des Kontos 4711 an den Beteiligten zu 3.), der hiermit die Abtretung annimmt.

Die Beteiligten zu 1.) und 2.) weisen hiermit die Sparkasse München an, den vorgenannten Betrag an die Beteiligten zu 1.) und 2.) auszuzahlen und die Summe von je 4.985,05 EUR an den Beteiligten zu 3.) zu überweisen.

Der Beteiligte zu 3.) erklärt, dass mit der Auszahlung der Vergütung keine weiteren Ansprüche, insbesondere keine Aufwendungsersatzansprüche, mehr bestehen.

§ 6

Mit Vollzug dieses Auseinandersetzungsvertrages ist die Testamentsvollstreckung beendet. Der Testamentsvollstrecker wird unverzüglich die Beendigung dem Nachlassgericht mitteilen und sämtliche Ausfertigungen – mithin zwei Exemplare – Testamentsvollstreckerzeugnis zurückreichen.

§ 7 ▸

▸ Kostenregelung und Belehrungen etc. ◂

▶ **Muster: Auseinandersetzungsvertrag mit Grundstücksübertragung**

Auseinandersetzungsvertrag

▸ Urkundeneingang für notarielle Urkunde (in Protokollform) mit Vorbefassungserklärung etc. ◂

Beteiligte:

1. Frau P, ▸,
2. Herr F, ▸,
3. Rechtsanwalt R ▸ handelnd als Testamentsvollstrecker.

§ 1

Der am 28.2.2010 verstorbene ▸ (Name des Erblassers) ist aufgrund notariellen Testamentes vom 19.2.2006 von den Beteiligten zu 1.) und 2.) z je ½ beerbt worden. Hierzu wird auf den Nachlassakt des Amtsgerichts – Nachlassgerichts – München, VI 512/2010 und der darin enthaltenen Eröffnungsniederschrift des Testaments vom 15.3.2010 Bezug genommen.

Zur Auseinandersetzung des Nachlasses werden die nachfolgenden Vereinbarungen getroffen.

§ 2

Der Nachlass wurde gemäß dem am 29.2.2010 vom Testamentsvollstrecker aufgestellten Nachlassverzeichnis wie folgt festgestellt:

1. Immobilien ▪▪▪
   ▪▪▪ s.o.

§ 3

wie oben

§ 4

Der Testamentsvollstrecker Rechtsanwalt R. hat einen Auseinandersetzungsplan aufgestellt und die Erben dazu angehört.

In Erfüllung des angeordneten Vermächtnisses überträgt hiermit der Beteiligte zu 3.) als Testamentsvollstrecker das unter § 2 aufgeführte Grundstück in München auf den Beteiligten zu 2.) zu seinem Alleineigentum ohne Anrechnung auf seinen Erbteil.

Die Vertragsparteien sind sich über den Eigentumsübergang auf den Beteiligten zu 2.) einig, bewilligen und beantragen sogleich die Eintragung der Rechtsänderung nebst Löschung des Testamentsvollstreckervermerks im Grundbuch. Eine Vormerkung soll nicht eingetragen werden. Hierauf wurde einvernehmlich verzichtet. Dementsprechend genügt die Vollzugsmitteilung des Notars, welche hiermit beantragt wird.

Das noch bestehende Konto bei der Sparkasse München 4711 wird hiermit gekündigt und der Beteiligte zu 3.) wird beauftragt und ermächtigt, die Kündigung gegenüber der Sparkasse München auszusprechen. Der auf diesem Konto befindliche Betrag wird verteilt:

Aufgrund dieses Planes erhalten die Beteiligten zu 1.) und 2.) vom Testamentsvollstrecker eine Auszahlung von 73.279,66 EUR.

Weitere unteilbare Nachlassgegenstände befinden sich nicht mehr im Nachlass.

§ 5

Ausführungen zum Nutzungsübergang, Haftung ▪▪▪

§ 6

wie oben § 5

§ 7

wie oben § 6

evtl. Zwangsvollstreckungsunterwerfung der Erben bezüglich der Vergütung des Testamentsvollstreckers

§ 8 ▪▪▪

▪▪▪ Kostenregelung und Belehrungen etc. ◀

VI. Die Verwaltung und Verfügungen des Testamentsvollstreckers über den Nachlass sowie Vereinbarungen mit der Erbengemeinschaft

1. Verwaltung des Nachlasses

247 Der Testamentsvollstrecker ist durch § 2205 S. 1 BGB berechtigt und verpflichtet, den **Nachlass** zu **verwalten**. Des Weiteren wird ihm durch S. 2 das Recht eingeräumt, den Nachlass in

C. Ausgewählte Formulare für die praktische Abwicklung einer Testamentsvollstreckung § 5

Besitz zu nehmen und über die Nachlassgegenstände zu **verfügen**. Hierdurch entsteht insgesamt ein **Sondervermögen**, über das der Erbe nicht verfügen kann (vgl § 2211 BGB). Ferner führt die Testamentsvollstreckung zum Zugriffsausschluss privater Gläubiger des Erben (vgl § 2214 BGB). Von der Pflicht zur ordnungsgemäßen Nachlassverwaltung kann der Erblasser den Testamentsvollstrecker nicht befreien (vgl §§ 2216, 2220 BGB). Zweck der Nachlassverwaltung ist die Durchführung der dem Testamentsvollstrecker obliegenden Aufgaben zu ermöglichen. Dazu gehören insbesondere die Ausführungen der letztwilligen Verfügung gem. § 2203 BGB, das Bewirken der Auseinandersetzung zwischen den Miterben gem. § 2204 BGB. Lediglich bei der Verwaltungsvollstreckung iSd § 2209 BGB ist die Verwaltung des Nachlasses selbstständige Aufgabe des Testamentsvollstreckers.[139]

Grundsätzlich unterliegt der gesamte Nachlass ausschließlich und **ohne Beschränkung** dem Verwaltungsrecht durch den Testamentsvollstrecker. Hierdurch werden alle Erben von ihrer Verfügungsmöglichkeit ausgeschlossen. Lediglich durch das **Schenkungsverbot** aus § 2205 S. 3 BGB wird die Verwaltungsbefugnis des Testamentsvollstreckers eingeschränkt. Ebenso hat er sich an Anordnungen des Erblassers nach Maßgabe des § 2208 BGB und an die Grundsätze der **ordnungsgemäßen Verwaltung** aus §§ 2206, 2216 BGB zu halten.

248

Unter die Verwaltung des Nachlasses fallen alle erforderlichen und zweckdienlichen Maßnahmen zur Sicherung, Erhaltung, Nutzung oder Verwertung bzw Mehrung des Nachlasses. Daher ist der Testamentsvollstrecker zB zur Eingehung von Verbindlichkeiten, zur Verfügung über Nachlassgegenstände, zur Besitznahme und -ausübung sowie zur Prozessführung berechtigt.

249

Die Reichweite der Verwaltungsbefugnis wird somit insbesondere durch den Erblasser bestimmt, der die Testamentsvollstreckung auch auf einen bestimmten Erbteil beschränken kann (sog. Erbteilsvollstreckung) oder auf einen Nachlassbruchteil. Selbst wenn der Erbteil ge- oder verpfändet ist, wird die Befugnis zur Verwaltung durch den Testamentsvollstrecker nicht tangiert. Gleiches gilt für Nacherbenrechte, da die §§ 2113 ff BGB diesbezüglich nicht anwendbar sind.

250

Insgesamt ist somit die Reichweite der Verwaltungsbefugnis des Testamentsvollstreckers **funktionsbezogen** zu betrachten.

251

---

[139] Soergel/*Damrau*, § 2205 Rn 2.

252 Welche Rechte etc. Gegenstand der Verwaltungsbefugnis sind, zeigt die nachfolgende Übersicht:

Gegenstand der Verwaltungsbefugnis	Nicht Gegenstand der Verwaltungsbefugnis
– Vollständiger vererblicher Nachlass inkl. Nutzungen – Surrogationserwerb gem. § 2019 BGB bzw § 2041 BGB – Urheberrecht, wenn Ausübung gem. § 28 UrhG auf Testamentsvollstrecker übertragen – Wahrnehmung des Namensrechts nach § 12 BGB,[140] nur sofern zur Geltendmachung durch Erblasser ermächtigt oder sofern vermögensrechtlicher Natur – Abwehr von Ehrangriffen gegen Erblasser, sofern hierzu ausdrücklich ermächtigt – Antrag auf Todeserklärung eines Beteiligten nach § 16 Abs. 2 VerschG – Kündigungsrechte aus Mietverhältnis nach § 569 BGB – Anspruch auf Schadensersatz nach § 2219 BGB gegenüber früheren Testamentsvollstrecker, sofern nicht nur einzelner Erbe oder Vermächtnisnehmer geschädigt – Widerruf eines Bezugsrechts aus einer Lebensversicherung, damit diese in den Nachlass fällt, sofern dieses noch nicht vollzogen ist – Geltendmachung von Versicherungsrechten, sofern diese in den Nachlass fallen (wie zB Sachversicherungen) – Ausgleichsanspruch des Handelsvertreters aus § 89 b HGB – Verfügung über einen Erbteil, der bereits dem Erblasser an einem anderen Nachlass zugefallen ist	– Höchstpersönliche Rechte des Erblassers, die über Tod fortwirken, insbes. Höchstpersönliche Gesellschafterrechte – Erbenrechte im Erbprätendentenstreit – Ausschlagungsrecht einer Erbschaft, die noch zu Lebzeiten des Erblassers angefallen ist – Anspruch auf Herausgabe einer beeinträchtigenden Schenkung nach § 2287 BGB – Anfechtungsrechte aus §§ 2078, 2079 BGB – Erhebung der Einrede der Anfechtbarkeit nach § 2083 BGB – Anfechtungsrecht wegen Erbunwürdigkeit nach §§ 2341, 2345 BGB – Sondererbrecht der Ehegatten/eingetragenen Lebenspartner und Familienangehörigen nach § 563 a BGB – Widerrufsrecht einer Schenkung aus § 530 Abs. 2 BGB – Anfechtung einer vormundschaftlichen Genehmigung über den Vergleich über ein Erbrecht des Betroffenen – Verfügung über den Erbteil – Ansprüche aus einem Lastenausgleich, soweit der Erblasser persönlich Geschädigter war – Haftpflichtversicherungen, die mit Tod des Erblassers erlöschen (hier Erbe Versicherungsnehmer)

253 Die Verwaltungsbefugnis des Testamentsvollstreckers muss nicht immer die des Erben ausschließen. So können Testamentsvollstrecker und Erben selbstständig **Haftungsbeschränkungsmaßnahmen** wie zB die Einleitung eines Nachlassinsolvenzverfahrens (bei Verwaltung hinsichtlich des gesamten Nachlasses) nach § 317 Abs. 1 InsO, die Nachlassverwaltung nach § 1981 BGB sowie das Aufgebot der Nachlassgläubiger nach Maßgabe der §§ 1970 ff BGB, § 991 Abs. 2 ZPO beantragen. Ebenso können beide die Rechte aus §§ 1990, 1992 BGB sowie die aufschiebenden Einreden aus §§ 2014, 2015 BGB geltend machen. Die **Zwangsversteigerung** nach § 175 Abs. 1 S. 2 ZVG können ebenfalls Testamentsvollstrecker und Erbe unabhängig voneinander einleiten. Wegen § 1994 Abs. 1 S. 1 BGB kann das Nachlassgericht lediglich dem Erben, nicht aber dem Testamentsvollstrecker auf Antrag eines Nachlassgläubigers zur Errichtung des Inventars eine Frist bestimmen.

---

140 Soergel/*Damrau*, § 2205 Rn 6.

C. Ausgewählte Formulare für die praktische Abwicklung einer Testamentsvollstreckung § 5

2. Verfügungen über den Nachlass

Von der Verwaltungsbefugnis ist die **Verfügungsbefugnis** zu unterscheiden. Nach § 2205 S. 2 2. Hs BGB ist der Testamentsvollstrecker insbesondere berechtigt, über die Nachlassgegenstände zu verfügen. Im Grundsatz ist er somit **uneingeschränkt verfügungsberechtigt**. Die Verfügungsbefugnis kann aber aufgrund § 2205 S. 3 BGB oder aber durch § 2208 BGB per Erblasserwillen eingeschränkt sein. Befolgt der Testamentsvollstrecker eine Erblasseranordnung nach § 2216 BGB nicht oder überschreitet er seine Pflicht zur ordnungsgemäßen Verwaltung, wird dadurch die Verfügungsbefugnis nicht beschränkt. Dies gilt dann nicht, wenn der Testamentsvollstrecker missbräuchlich handelt, was für einen Dritten erkennbar war. 254

Des Weiteren wird die Verfügungsbefugnis durch das **Verbot des Selbstkontrahierens** eingeschränkt. Ansonsten ist die Verfügungsmacht ausschließlich und in gegenständlicher Hinsicht unbeschränkt. 255

Die Art der Testamentsvollstreckung spielt für die Verfügungsbefugnis keine Rolle. Sofern der Erblasser nicht angeordnet hat, dass die Verfügungen der Zustimmung der Erben bedürfen, sind sämtliche Verfügungen ohne Erbenzustimmung wirksam. Etwaige den Erben treffenden Verfügungsbeschränkungen, so dass familien- oder vormundschaftsgerichtliche **Genehmigungen** notwendig wären, gelten für den Testamentsvollstrecker nicht. 256

Verstößt der Testamentsvollstrecker gegen das Verbot des Selbstkontrahierens oder das **Schenkungsverbot**, ist dadurch seine Verfügung unwirksam, diese kann jedoch durch Zustimmung der Erben und ggf Vermächtnisnehmer wirksam werden.[141] 257

Unter den Begriff der **Verfügung** fallen alle einseitigen oder vertraglichen Rechtsgeschäfte, durch die auf ein bestehendes Recht unmittelbar eingewirkt wird oder durch die ein bestehendes Recht unmittelbar übertragen, belastet, aufgehoben oder inhaltlich verändert wird.[142] Hierzu gehören insbesondere die Belastungen von Gegenständen, Annahme von Leistungen, Verzicht, Erlass, Veräußerung, Aufrechnung, Kündigung, Löschungsbewilligung sowie Anfechtung von Willenserklärungen.[143] Keine Verfügungen sind hingegen die Bewilligungen der Löschung eines Widerspruchs und die Geltendmachung von Rechten in Rahmen von Verfahren, insbesondere Prozessführung.[144] 258

3. In-sich-Geschäfte des Testamentsvollstreckers

§ 181 BGB ist analog auf den Testamentsvollstrecker anwendbar, da dieser nicht Vertreter, sondern lediglich Inhaber eines privaten Amtes ist.[145] Die Auslegung der letztwilligen Verfügung kann eine Gestattung durch den Erblasser ergeben, jedoch muss in diesem Fall bei jedem konkreten Geschäft hinzukommen, dass es sich im Rahmen **ordnungsgemäßer Verwaltung** bewegt.[146] 259

Ebenso kann eine **Gestattung** des In-sich-Geschäfts durch den Erben erfolgen. Von einer konkludenten Gestattung des Erblassers kann ausgegangen werden, wenn der Testamentsvollstrecker eine Auseinandersetzungsvollstreckung ebenfalls Miterbe ist. Ferner kann eine Gestattung 260

---

141 BGHZ 40, 115.
142 Soergel/*Damrau*, § 2205 Rn 64.
143 RGZ 93, 292.
144 Soergel/*Damrau*, § 2205 Rn 64.
145 BGHZ 30, 67.
146 BGHZ 30, 69.

des In-sich-Geschäfts grundsätzlich angenommen werden, wenn es der ordnungsgemäßen Verwaltung nach § 2216 BGB entspricht.

261 An eine konkludente Gestattung sind strenge Anforderungen zu stellen. Im Einzelnen kommt es darauf an, ob der Erblasser die Gefahr eines Interessenkonfliktes erkannt hat und dem Testamentsvollstrecker dennoch die Möglichkeit übertragen wollte, das Rechtsgeschäft mit sich selbst durchzuführen. Demzufolge kann ein Testamentsvollstrecker Verbindlichkeiten, die der Erblasser ihm gegenüber hatte, ohne weiteres erfüllen.

262 Gleiches gilt für Vermächtnisse zugunsten des Testamentsvollstreckers, es sei denn, dieser ist nicht durch den Erblasser direkt, sondern nach den Vorschriften der §§ 2198 ff BGB durch Dritte bestimmt worden.

263 Hat der Testamentsvollstrecker ein unzulässiges In-sich-Geschäft vorgenommen, ist es **schwebend unwirksam**, aber noch nicht endgültig nichtig. Demzufolge kann es durch Zustimmung aller Erben, einschließlich Nacherben (nicht jedoch Ersatzerben), gem. § 177 BGB analog geheilt werden. Nach hiesiger Auffassung ist die Zustimmung noch nicht befriedigter Vermächtnisnehmer nicht notwendig. Diesen steht dann ggf das Recht auf Schadensersatz zu.

264 Eine Zustimmung ist auch entgegen dem ausdrücklichen Willen des Erblassers möglich.[147] Sofern der Testamentsvollstrecker zugleich Miterbe ist, besteht ein **Mitwirkungsverbot** an der Beschlussfassung der Erbengemeinschaft über die Genehmigung.

265 Sind in der Erbengemeinschaft **Minderjährige** oder unter **Vormundschaft** stehende Erben, kann eine Zustimmung zur unentgeltlichen Verfügung regelmäßig wegen des Schenkungsverbots aus §§ 1641, 1804 BGB nicht durch den gesetzlichen Vertreter erklärt werden. Auch eine Zustimmung des Vormundschafts- bzw Familiengerichts ist nicht möglich, so dass eine Heilung ausgeschlossen ist. Das Verbot unentgeltlicher Verfügungen kann durch den Erblasser durch Erteilung einer postmortalen Vollmacht übergangen werden.

266 Sofern ein unzulässiges In-sich-Geschäft vorgenommen wird, kann dies als grobe Pflichtverletzung einen **Entlassungsgrund** nach § 2227 BGB nach sich ziehen. Für die Zulässigkeit des In-sich-Geschäfts ist der Testamentsvollstrecker **beweispflichtig**. Ein In-sich-Geschäft ist somit dann zulässig, wenn der Testamentsvollstrecker beweist, dass er mit dem Geschäft ausschließlich eine Verbindlichkeit erfüllt hat oder eine Gestattung von Seiten des Erben oder Erblassers vorlag. Gleiches gilt bei Beweis der Ordnungsmäßigkeit der Geschäftsführung gem. § 2216 BGB oder der Zustimmung der Erben etc. Die Gewährung eines Darlehens aus Nachlassmitteln entspricht grundsätzlich nicht ordnungsgemäßer Nachlassverwaltung.[148]

267 Ein weiteres Problem in der Praxis ist die Interessenkollision, wenn ein gesetzlicher Vertreter des Erben zugleich auch der Testamentsvollstrecker ist.

268 Sofern ein Testamentsvollstrecker zugleich gesetzlicher Vertreter eines minderjährigen Erben oder der Betreuer des Erben ist, stellt sich die Frage, ob er als gesetzlicher Vertreter oder Betreuer nicht in einem Interessenkonflikt ist und ein Ergänzungspfleger zu bestellen ist.

269 Nach der Rechtsprechung[149] ist grundsätzlich bei Doppelstellung als gesetzlicher Vertreter bzw Betreuer und Testamentsvollstrecker immer eine Ergänzungspflegschaft anzuordnen. Dies wird mit dem Interessengegensatz im Sinne von § 1629 Abs. 2 S. 3 iVm § 1796 BGB begründet. Dieser Gegensatz sei so erheblich, dass er die Wahrung der Aufgaben der beiden Ämter durch ein

---

147 Bengel/Reimann/*Schaub*, Handbuch IV, Rn 181.
148 OLG Frankfurt NJW-RR 1998, 795.
149 Vgl OLG Nürnberg ZEV 2002, 158; OLG Hamm FamRZ 1993, 1122; BayObLG Rpfleger 1977, 440. Nach OLG Nürnberg soll dies sogar gelten, wenn der gesetzliche Vertreter nur Mitvollstrecker ist.

C. Ausgewählte Formulare für die praktische Abwicklung einer Testamentsvollstreckung § 5

und dieselbe Person ausschließt. Demgegenüber hält das neuere Schrifttum[150] fast einhellig die Bestellung eines Ergänzungspflegers in den Fällen zu Recht für entbehrlich, in denen der betreffende Elternteil unabhängig von seiner Stellung als Testamentsvollstrecker nach § 1640 Abs. 1 BGB ohnehin verpflichtet ist, ein Verzeichnis über das von Todes wegen erworbene Vermögen zu erstellen und dieses mit der Versicherung und Vollständigkeit dem Familiengericht vorzulegen.

Sofern der Testamentsvollstrecker im Rahmen seiner Doppelfunktion als gesetzlicher Vertreter bzw Betreuer das Nachlassverzeichnis entgegennimmt, ist § 181 BGB nicht anwendbar, da die Überprüfung des Nachlassverzeichnisses selbst kein Rechtsgeschäft darstellt. Gegen die Bestellung eines Ergänzungspflegers spricht zudem, dass ein gesetzlicher Vertreter über die Dauer seiner elterlichen Gewalt dem Vormundschaftsgericht gegenüber nicht rechenschaftspflichtig ist. Eine Ausnahme bilden lediglich die §§ 1666, 1667 BGB, wonach die Eltern, dann rechenschaftspflichtig sind, wenn sie ihr Vermögenssorgerecht missbraucht haben. 270

Das OLG Hamm[151] geht einen ganz anderen Weg und argumentiert, dass nach § 1629 Abs. 2 BGB der Vater und die Mutter das minderjährige Kind insoweit nicht vertreten können, als nach § 1795 BGB ein Vormund von der Vertretung des Kindes ausgeschlossen ist; außerdem kann das Vormundschaftsgericht beiden Eltern nach § 1796 BGB die Vertretung entziehen. 271

Dies bedeutet, dass ein Elternteil das Kind bei Rechtsgeschäften oder Rechtsstreitigkeiten mit dem anderen Ehegatten oder Verwandten in gerader Linie nicht vertreten kann, ausgenommen den Fall, dass das Rechtsgeschäft ausschließlich in der Erfüllung einer Verbindlichkeit nach Maßgabe des § 1795 Abs. Nr. 1 und 3 BGB besteht. Eine Pflegerbestellung, die eine Beschränkung der Vertretungsmacht unmittelbar gemäß § 1794 BGB zur Folge hat, wird nur dann entbehrlich, wenn kein Interesse des Kindes zu dem Interesse der Eltern im erheblichen Gegensatz steht. Dabei genügt nicht jeder Interessengegensatz, sondern es muss eine Verschiedenheit der Interessen in der Art vorliegen, dass die Förderung des einen Interesses nur auf Kosten des anderen geschehen kann.[152] 272

Das OLG Hamm führt ferner zu diesem Problemkreis dazu aus, es gehöre zu den Aufgaben des gesetzlichen Vertreters der minderjährigen Erben, deren Rechte gegenüber dem Testamentsvollstrecker geltend zu machen. 273

Dieser Pflicht zur Wahrnehmung der Rechte der Kinder als Erben steht das gemäß §§ 1629 Abs. 2, 1795 Abs. 2, 181 BGB für die Eltern der Kinder geltende Verbot des Selbstkontrahierens an sich nicht generell entgegen, da diese Interessenwahrnehmung noch nicht als Rechtsgeschäft anzusehen ist und das Verbot des Selbstkontrahierens sich nur auf Rechtsgeschäfte bezieht. Die Vorfrage, ob und wann Ansprüche auf Einhaltung oder solche aus der Verletzung von entsprechenden Pflichten geltend gemacht werden sollen, kann grundsätzlich der Inhaber der elterliche Sorge selbst beantworten, weil seine Entscheidung nicht Teil eines Rechtsgeschäfts und auch keine geschäftsähnliche Rechtshandlung ist und daher nicht dem § 181 BGB unterliegt.[153] 274

Bereits aus den vorgenannten Pflichten des Testamentsvollstreckers ergibt sich, dass bei der Doppelstellung als Testamentsvollstrecker einerseits und als gesetzlicher Vertreter der Erben 275

---

150 *Damrau*, ZEV 1994, 1; *Kirchner*, MittBayNot 1997, 203; *Schlüter*, ZEV 2002, 158; MünchKomm/*Zimmermann*, § 2215 Rn 9; Staudinger/*Reimann*, § 2215 Rn 8; *Winkler*, Der Testamentsvollstrecker, Rn 491; *Mayer* in: Mayer/Bonefeld/Wälzholz/Weidlich, PraxisHB, Rn 112 mwN.
151 OLG Hamm FamRZ 1993, 1122.
152 BayObLG Rpfleger 1977, 440 = DAV 1978, 470, 474.
153 OLG Hamm FamRZ 1993, 1122 unter Hinweis auf BayObLGZ 1967, 231, 238; LG Mannheim MDR 1977, 579.

andererseits ein Interessengegensatz iSd § 1796 BGB besteht, der so erheblich ist, dass er die Wahrnehmung beider Aufgaben durch ein und dieselbe Person ausschließt, denn die dem durch seinen gesetzlichen Vertreter vertretenen minderjährigen Erben gegenüber dem Testamentsvollstrecker zustehenden Überwachungs- und Auskunftsrechte und gegebenenfalls Schadensersatzansprüche kann der Testamentsvollstrecker nicht gegen sich selbst geltend machen bzw ausüben, da niemand sein eigener Aufseher sein kann.

276 Bei dieser Argumentation wird aber übersehen, dass auch der Umweg über § 1796 BGB zur Umgehung der Problematik des § 1795 Abs. 2 BGB nicht weiterführt. Als Tatbestandsvoraussetzung bei § 1796 BGB wird ein Rechtsgeschäft, nämlich eine rechtsgeschäftliche Vertretung im Sinne des § 1796 Abs. 1 BGB und nicht nur eine Tathandlung benötigt, die hier nicht gegeben ist.[154]

277 Als Möglichkeit wäre nun zu erörtern, ob den Eltern als gesetzlichen Vertretern die Vermögenssorge insoweit nach § 1667 BGB entzogen werden muss, als es um die Überprüfung der Rechenschaftslegung geht. Die Tatbestandsvoraussetzungen des § 1667 BGB sind aber nicht gegeben, denn es fehlt an einer Pflichtverletzung mit der Folge der Vermögensgefährdung. Die bloße Möglichkeit eines Interessenkonfliktes ist kein ausreichender Grund, dem gesetzlichen Vertreter die Vermögenssorge zu entziehen.

278 Sofern dem Testamentsvollstrecker eine ausdrückliche Entlastung erteilt werden soll, ist bei einer Doppelfunktion mithin kein Ergänzungspfleger zu bestellen. Sind etwaige Schadensersatzansprüche gegen den Testamentsvollstrecker nach § 2219 BGB geltend zu machen, weil er gegen seine Pflichten aus den §§ 2215 ff BGB verstoßen hat, so ist selbstverständlich für diesen Fall ein Ergänzungspfleger zu bestellen.

279 Offensichtlich scheint die Rechtsprechung sich nicht an der herrschenden Meinung in der Literatur zu orientieren, so dass man immer damit rechnen muss, dass ein Ersatzbetreuer bestellt wird. Um dies zu verhindern, wird vorgeschlagen, dass ein Elternteil zum Testamentsvollstrecker ernannt wird, die Anordnung eines Ersatztestamentsvollstreckers, den er Nebenvollstrecker nennt, vorgeschlagen. Dieser **Ersatztestamentsvollstrecker** soll dann nach dem Willen des Erblassers tätig werden, wenn der Haupttestamentsvollstrecker an der Amtsausführung gehindert ist. Diese Lösung hat nur leider den Nachteil, dass es schwierig ist, zu erkennen, wann eine Interessenkollision besteht.

280 Als mögliche Alternative bietet sich die Möglichkeit der Ernennung eines Mitvollstreckers über § 2199 BGB an, wonach der Testamentsvollstrecker vorsorglich einen Mitvollstrecker mit dem ausschließlichen Aufgabenkreis der Testamentsvollstreckung über den Anteil des betroffenen Erben zu bestimmen.

281 ▶ **Muster: Ergänzung eines Behindertentestamentes zur Vermeidung einer Aushebelung der Testamentsvollstreckung wegen Interessenkollision**

Im Übrigen gelten die gesetzlichen Bestimmungen über die Dauervollstreckung.

Zum Testamentsvollstrecker über den Erbteil unserer Tochter Sabine ▬▬▬ wird mit dem Recht, einen Nachfolger zu bestimmen ernannt: Der überlebende Ehegatte.

Der Testamentsvollstrecker ist auch berechtigt, gem. § 2199 BGB einen Mittestamentsvollstrecker mit dem ausschließlichen Aufgabenkreis der Testamentsvollstreckung über den Anteil der Tochter Sabine ▬▬▬ zu ernennen. Jedoch beschränke ich gem. §§ 2208, 2224 BGB den Aufgabenkreis und die

---

[154] Palandt/*Diederichsen*, § 1796 Rn 1.

C. Ausgewählte Formulare für die praktische Abwicklung einer Testamentsvollstreckung § 5

Rechte des Mitvollstreckers auf die Bereiche, die dem ernennenden Testamentsvollstrecker aufgrund einer Interessenkollision von der Verwaltung rechtlich entzogen sind bzw bei denen er an seiner Amtsausübung gehindert ist.

Für den Fall, dass dieser vor oder nach Annahme seines Amtes ohne wirksame Bestimmung eines Nachfolgers oder Mitvollstreckers wegfällt, wird zum Ersatztestamentsvollstrecker mit den gleichen Rechten und Pflichten ernannt: Unsere Töchter Daniela ..., geborene ..., geboren am ..., derzeit wohnhaft ... sowie Bärbel ..., geborene ..., geboren am ..., derzeit wohnhaft .... Die Testamentsvollstrecker führen das Amt gemeinschaftlich.

Sollten auch diese vor oder nach Antritt des Amtes wegfallen, ohne einen Nachfolger bestimmt zu haben, so wird das zuständige Nachlassgericht ersucht, einen geeigneten Testamentsvollstrecker zu ernennen.

Die Testamentsvollstreckung soll ohne Vergütung erfolgen.

Der Testamentsvollstrecker ist in der Eingehung von Verbindlichkeiten für den Nachlass nicht beschränkt und von den Beschränkungen des § 181 BGB befreit. ◄

4. Das Verbot unentgeltlicher Verfügungen

Damit das Nachlassvermögen während der Dauer der Testamentsvollstreckung wertmäßig erhalten bleibt, erfolgt durch § 2205 S. 3 BGB ein Verbot unentgeltlicher Verfügungsgeschäfte. es ähnelt dem Verfügungsverbot aus § 2113 Abs. 2 BGB. Somit ist der Testamentsvollstrecker nur dann zur unentgeltlichen Verfügung berechtigt, soweit sie einer **sittlichen Pflicht** oder einer auf den **Anstand zu nehmenden Rücksicht** iSv § 2205 S. 3 BGB entsprechen. Hierdurch kommt es zu einer dinglichen Beschränkung der Verfügungsbefugnis des Testamentsvollstreckers.[155] Wann Verfügungen als unentgeltlich gelten, beurteilt sich nach wirtschaftlichen Gesichtspunkten zum Zeitpunkt der Verfügungsvornahme, wobei spätere Wertentwicklungen nicht zu berücksichtigen sind.[156]

282

Unentgeltlichkeit ist somit dann gegeben, wenn **objektiv** ein Opfer aus der Erbschaftsmasse ohne gleichwertige Gegenleistung erbracht wird und **subjektiv** der Testamentsvollstrecker weiß, dass diesem Opfer keine gleichwertige Gegenleistung an die Erbschaftsmasse gegenübersteht, oder doch bei ordnungsgemäßer Verwaltung der Masse unter Berücksichtigung seiner künftigen Pflicht, die Erbschaft an den Erben herauszugeben, das Fehlen oder die Unzulänglichkeit der Gegenleistung hätte erkennen müssen.[157] Dem Testamentsvollstrecker verbleibt daher bei der Bewertung der Gleichwertigkeit von Gegenleistungen ein gewisser **Ermessensspielraum**.

283

Auch **teilunentgeltliche** Verfügungen sind unentgeltlichen Verfügungen gleichzusetzen. Hierdurch werden diese Verfügungen insgesamt **unwirksam**.[158] Auch Verfügungen, die ohne rechtlichen Grund erfüllt werden, sind unwirksam, wie zB die Erfüllung unwirksamer Anordnungen im Testament.

284

Die **Gegenleistung** muss grundsätzlich in den Nachlass gelangen, andernfalls kann die Verfügung nicht als entgeltlich bewertet werden.[159] Ausreichend ist, wenn ein Entgelt an den Testamentsvollstrecker entrichtet wird, welches dann Kraft **dinglicher Surrogation** in das Nachlassvermögen fällt.

285

---

155 RGZ 105, 246; Soergel/*Damrau*, § 2205 Rn 74.
156 BGH WM 1970, 1422.
157 BGH NJW 1991, 842; Soergel/*Damrau*, § 2205 Rn 75.
158 BGH NJW 1963, 1613.
159 BGHZ 7, 247; BGHZ 57, 84.

286 **Keine Gegenleistung** liegt vor, wenn eine Verfügung an einen Dritten zB Miterben getätigt wird, der ohnehin einen Anspruch hat, der nicht Nachlassverbindlichkeit ist. Es spielt für die Frage der Entgeltlichkeit keine Rolle, wie der Testamentsvollstrecker mit der Gegenleistung umgeht. Veruntreut der Testamentsvollstrecker die Gegenleistung oder enthält er sie dem Nachlass vor, wird hierdurch die Entgeltlichkeit nicht ausgeschlossen. Dies gilt nicht, wenn die Pflichtwidrigkeit der Verwendung der Gegenleistung mit dem Vertragspartner von vornherein vereinbart war.[160]

287 Problematisch sind die Fälle, in denen trotz **Vorleistung** des Testamentsvollstreckers die Gegenleistung nicht erbracht wird. Da die Gegenleistung nicht bewirkt sein muss, um die Entgeltlichkeit der Verfügung festzustellen, ist von einer Entgeltlichkeit der Verfügung auszugehen. Der Testamentsvollstrecker kann ohne weiteres Schadensersatz verlangen oder vom Vertrag zurücktreten. Grundsätzlich ist anzuraten, vorsorglich Verfügungen als Testamentsvollstrecker nur unter der aufschiebenden Bedingung der vollständigen Erbringung der Gegenleistungen oder aber Eigentumsvorbehalte zu vereinbaren.[161] Andernfalls kann sich der Testamentsvollstrecker gem. § 2219 BGB schadensersatzpflichtig machen.

288 Von weiterer erheblicher Praxisrelevanz ist die Zulässigkeit von **Vergleichen**, die der Testamentsvollstrecker schließt. In einem Vergleich liegt regelmäßig ein Nachgeben. Wird teilweise auf eine Forderung qua Vergleich verzichtet, kommt es auf die tatsächliche rechtliche Lage an. So kann durchaus ein Vergleich eine unentgeltliche Verfügung darstellen, wenn der Vergleich zu Ungunsten der Erben war. Demzufolge ist es ratsam, wenn man vor Abschluss eines Vergleiches die Einwilligung der Erben einholt, um einer Haftung zu entgehen. Wird keine Zustimmung erteilt, bleibt es das Risiko des Testamentsvollstreckers, ob der Anspruch, auf den der Testamentsvollstrecker durch den Vergleich teilweise verzichtet hat, rechtlich vollständig durchsetzbar gewesen wäre oder nicht. Regelmäßig wird man aber dann keine (Teil-)Unentgeltlichkeit des Vergleichs unterstellen können, wenn beide Parteien gleichsam auf gleichwertige Ansprüche verzichtet haben.

289 Sofern ein unentgeltliches Verfügungsgeschäft vorliegt, besteht **kein Gutglaubensschutz**, da die §§ 892 ff, 932 ff BGB unanwendbar sind. Voraussetzung für das Fehlen des Gutglaubensschutzes ist jedoch das Vorliegen der subjektiven Tatbestandserfordernisse.

290 Allerdings kann der Testamentsvollstrecker Verfügungen aufgrund von **Anstandspflichten** treffen. Bei einer **sittlichen Pflicht** liegt der Grund der Schenkung nicht nur in der besonderen persönlichen Verbundenheit, sondern in einem sittlichen Gebot. Auf die Anschauung bestimmter Kreise kommt es bei der Anstandspflicht an. Anstandsschenkungen sind insbesondere die üblichen Geschenke zu besonderen Angelegenheiten, wie Geburtstagen, Hochzeiten oder Weihnachten. Gegen § 534 BGB unterliegen Pflicht- und Anstandsschenkungen nicht der Rückforderung und dem Widerruf.

---

160 KG Berlin JW 1938, 949.
161 Vgl Bengel/Reimann/*Schaub*, Handbuch IV, Rn 138.

C. Ausgewählte Formulare für die praktische Abwicklung einer Testamentsvollstreckung § 5

Übersicht

Zulässige entgeltliche Verfügung	Verbotene unentgeltliche Verfügung
– Erfüllung eines wirksam angeordneten Vermächtnisses, einer Auflage, Teilungsanordnung	– Überquotale Zuteilung im Rahmen der Erbauseinandersetzung zugunsten von Erben
– Erfüllung von Nachlassverbindlichkeiten	– Vergleich, wenn wechselseitiges Nachgeben nicht gleichwertig (so wenn mehr als 2/3 der Forderung eingebüßt werden)
– Erfüllung von Schenkungsversprechen, sofern rechtswirksam	
– Löschung einer Eigentümergrundschuld, sofern nachrangige Grundpfandrechte aufrücken und diese einen gesetzlichen Löschungsanspruch (vgl haben § 1179 a BGB) oder Lastenfreistellungsverpflichtung aus einem Kaufvertrag besteht	– Übermäßige Absicherung durch Hergabe bzw Abtretung (Eigentümergrundschuld) zur Erlangung eines Kredits
	– Rechtsgrundlose Verfügungen zB aufgrund fehlerhafter Anordnungen in letztwilligen Verfügungen
– Belastung von Nachlassgegenständen zum Zwecke der Kreditsicherung, sofern Darlehensvaluta auch in den Nachlass fließt	– Übertragung eines Nachlassgegenstandes im Wege der Vorwegnahme der Nacherbfolge ohne gleichwertige Gegenleistung
– Bestellung einer Eigentümergrundschuld	– Aufgabe einer Gesellschaftsbeteiligung durch Kündigung oder Zustimmung zur Einziehung ohne Abfindung
– Zahlung eines überhöhten Kaufpreises (hier aber § 2206 BGB einschlägig)	
– Verjährenlassen einer Forderung	– Schuldenerlass
– Unterlassung eines Erwerbs	– Aufgabe, Minderung von Sicherheiten oder Aufhebung eines Vorkaufsrechts, wenn kein Vermögensvorteil im Gegenzug vereinbart wird
	– Belastung eines Nachlassgegenstandes für Verbindlichkeiten eines Dritten
	– Zustimmung zur unentgeltlichen Verfügung eines Erben

§ 2206 BGB ist als Ergänzung zu § 2205 S. 1 BGB zu verstehen, indem die dortige unbegrenzte Verfügungsbefugnis begrenzt wird. Danach sind nur Verpflichtungsgeschäfte wirksam, sofern sie zur **ordnungsgemäßen Nachlassverwaltung** erforderlich sind. **Ausnahmsweise** ist nach § 2206 Abs. 1 S. 2 BGB der Testamentsvollstrecker aber befugt, über Nachlassgegenstände zu verfügen.

Die Rechtsmacht des Testamentsvollstreckers bezüglich des zugrunde liegenden **Verpflichtungsgeschäfts** ist somit nicht nur auf solche Rechtsgeschäfte beschränkt, die zur ordnungsgemäßen Verwaltung erforderlich sind. § 2206 Abs. 1 S. 2 BGB beschränkt also wiederum die Beschränkung des § 2206 Abs. 1 S. 1 BGB. Sinn und Zweck dieser Regelung ist es, ein Auseinanderfallen von obligatorischem und dinglichem Geschäft zu verhindern.[162] Im praktischen Ergebnis ist der Unterschied zwischen § 2206 Abs. 1 S. 1 und Abs. 1 S. 2 BGB beseitigt.[163]

5. Die Verpflichtungsbefugnis nach § 2206 Abs. 1 BGB

a) Allgemeines

294 Grundsätzlich kann der Testamentsvollstrecker nur dann **reine Verpflichtungsgeschäfte**, zu deren Erfüllung über Nachlassgegenstände verfügt werden muss, eingehen, wenn diese zur ordnungsgemäßen Verwaltung des Nachlasses erforderlich sind. Darüber hinaus wird die Verpflichtungsbefugnis durch die Vorschriften der §§ 2207, 2209 S. 2 BGB erweitert.

295 **Verbindlichkeiten** können alle Rechtsgeschäfte sein, durch die der Nachlass, nicht aber das Eigenvermögen der Erben verpflichtet wird. Hierunter fallen insbesondere der Abschluss von Miet-, Kauf- und Werkverträgen. Ebenso kann der Testamentsvollstrecker Wechselverbindlichkeiten für den Nachlass eingehen. Der Abschluss von Gesellschaftsverträgen, die das Eigenvermögen der Erben betreffen, fällt ebenso nicht unter § 2206 BGB wie die Anerkennung von streitigen Pflichtteilsansprüchen Dritter.

296 Eine **Nachlassverbindlichkeit** ist immer dann wirksam vereinbart, wenn der Vertragspartner beim Vertragsabschluss angenommen hat und ohne jedwede Fahrlässigkeit annehmen durfte, die Eingehung der Verbindlichkeit durch den Testamentsvollstrecker sei zur ordnungsgemäßen Nachlassverwaltung erforderlich. Zu einer besonderen **Vorabprüfung** ist er nicht verpflichtet. Konnte er die Befugnisüberschreitung des Testamentsvollstreckers erkennen, so ist das Verpflichtungsgeschäft unwirksam. Eine ansonsten bestehende persönliche Haftung des Testamentsvollstreckers scheidet dann wegen § 179 Abs. 3 BGB aus.

297 Das Rechtsgeschäft ist nach § 138 Abs. 1 BGB ausnahmsweise nichtig, wenn der Testamentsvollstrecker zusammen mit dem Dritten zum Nachteil des Nachlasses kollusiv gehandelt hat.

298 Die Verpflichtungsbefugnis nach § 2206 Abs. 1 S. 2 BGB ist lediglich durch das Schenkungsverbot aus § 2205 S. 3 BGB und den Erblasseranordnungen nach § 2208 BGB beschränkt. Demzufolge ist die Verpflichtungsbefugnis mit der **Verfügungsbefugnis** aus § 2205 S. 2 BGB **kongruent**.

299 Der Testamentsvollstrecker darf somit ein Grundstück veräußern oder belasten. Die Sicherung durch ein Grundpfandrecht unterliegt als dingliches Geschäft wiederum der Beurteilung nach § 2205 BGB, wogegen die Verpflichtung zur Belastung sich nach § 2206 Abs. 1 S. 2 BGB richtet. Die Kreditaufnahme fällt ebenfalls unter § 2206 Abs. 1 S. 2 BGB. Hierfür spricht die wirtschaftliche Zugehörigkeit.

300 Durch die ordnungsgemäße Verpflichtung des Nachlasses durch den Testamentsvollstrecker entsteht für die Erben eine **Nachlassverbindlichkeit** im Sinne des § 1967 BGB. Demzufolge können sie die **Haftung** auf den Nachlass **beschränken**. Dabei spielt es keine Rolle, wenn die Testamentsvollstreckung nur auf bestimmte Nachlassteile beschränkt ist.

301 **Ausnahmsweise** wird aber bei der Erbteilsvollstreckung vor der Nachlassteilung eine Erbschaftsverwaltungsschuld begründet, für die der gesamte Nachlass haftet und auch Nachlasseigenschulden, für die nur mit dem Erbteil gehaftet wird.[164]

---

162 *Schmucker*, Testamentsvollstrecker und Erbe, S. 119; *Ebenroth*, Erbrecht, Rn 666.
163 Soergel/*Damrau*, § 2206 Rn 1.
164 Hierzu Soergel/*Damrau*, § 2006 Rn 6.

b) Die Verpflichtung des Erben zur Einwilligung gem. § 2206 Abs. 2 BGB

§ 2206 BGB gibt dem Testamentsvollstrecker die Möglichkeit, sein Haftungsrisiko nach § 2219 BGB zu minimieren, indem er bereits während, dh vor Abschluss seiner Amtstätigkeit, gerichtlich klären lässt, ob die von ihm durchzuführende oder bereits durchgeführte Maßnahme ordnungsgemäßer Verwaltung entspricht. In zahlreichen Fällen wird zweifelhaft sein, ob der Testamentsvollstrecker den Nachlass verpflichten kann. Aus diesem Grund ist häufig eine **Zustimmungs- oder Einwilligungsklage** des Testamentsvollstreckers gegen die Erben geboten, die keine Zustimmung bzw Einwilligung zur geplanten Maßnahme erteilen wollen.

302

Die Einwilligung ist nicht Voraussetzung für das Entstehen der Nachlassverbindlichkeit.[165] Der Testamentsvollstrecker wird nur dann Erfolg haben, wenn die Voraussetzungen nach § 2206 Abs. 1 BGB gegeben sind. So darf er gem. § 2206 Abs. 1 S. 1 BGB nur über Nachlassgegenstände verfügen, wenn dies zur ordnungsgemäßen Nachlassverwaltung erforderlich ist oder eine erweiterte Verpflichtungsbefugnis nach den Vorschriften der §§ 2207, 2209 S. 2 BGB vorliegt. Die gilt zB bei Miet-, Dienst- und Darlehensverträgen, ebenso bei Eingehung von Wechselverbindlichkeiten für den Nachlass, Schuldanerkenntnisse, Vergleiche und Anerkenntnisse.[166]

303

Hat der Testamentsvollstrecker gesetzesgemäß gehandelt, hat er einen Anspruch auf Einwilligung nach § 2206 Abs. 2 BGB. Er kann somit erzwingen, dass der Erbe in die Eingehung dieser Verbindlichkeit einwilligt bzw zustimmt. Eine Verpflichtung zur Einwilligung besteht aber nur dann, sofern die Eingehung der Verbindlichkeit tatsächlich zur ordnungsgemäßen Verwaltung erforderlich ist. Dabei sind nur Erben und der Vorerbe einwilligungspflichtig.[167]

304

Willigt der Erbe ein, **entlastet** diese Einwilligung gleichzeitig den Testamentsvollstrecker von seiner Haftung nach § 2219 BGB.[168] Demzufolge kann der Erbe nicht verpflichtet sein, seine Einwilligung zu einem ordnungswidrigen Verpflichtungsgeschäft zu erklären.

305

Da die Einschränkung der Verpflichtungsbefugnis allein im Interesse der Erben erfolgt, ist eine **nachträgliche Einwilligung** zu einer Verfügung – selbst wenn diese ordnungswidrig erfolgt ist – möglich, die der Testamentsvollstrecker ohne Verpflichtungsbefugnis vorgenommen hat.[169] Durch die Einwilligung erlangt das ordnungswidrige Rechtsgeschäft nach außen gem. § 177 analog BGB Wirksamkeit.[170]

306

Große Probleme machen in der Praxis auch vom Testamentsvollstrecker vorgenommene **Vergleiche**. Gerade für einen Vergleich kann nicht von vornherein ausgeschlossen werden, dass er eine (ganz oder teilweise) unentgeltliche und daher unwirksame Verfügung enthält.

307

So hat bereits das Reichsgericht[171] erklärt, es sei falsch, den Schulderlass durch einen Vorerben schon deshalb als entgeltlich anzusehen, weil er nach dem Willen der Beteiligten die Abfindung für Gegenansprüche habe bilden sollen. Wenn es dem rein subjektiven, sei es auch gutgläubigen Ermessen des Vorerben anheim gestellt bleibe, über die Angemessenheit von Leistung und Gegenleistung zu befinden, dann werde das unter Umständen zur schwersten Benachteiligung des Nacherben und damit zur Vereitelung des Gesetzeszwecks führen können.

308

---

165 *Lange/Kuchinke*, Erbrecht, § 31 dort Fn 276.
166 Zu den Grauzonen der rechtlichen Befugnisse des Testamentsvollstreckers: *Lauer*, S. 193 ff.
167 Palandt/*Edenhofer*, § 2206 Rn 3; *Zimmermann*, Die Testamentsvollstreckung, Rn 406.
168 Staudinger/*Reimann*, § 2206 Rn 14 mwN.
169 MünchKomm/*Zimmermann*, § 2206 Rn 11; *Müller*, JZ 1981, 371.
170 Soergel/*Damrau*, § 2206 Rn 5.
171 RGZ 81, 364.

309 Der Bundesgerichtshof[172] hat dieser Rechtsprechung ausdrücklich mit der weiteren Maßgabe zugestimmt, für § 2205 S. 3 BGB könne nichts anderes gelten.

310 Eine genaue Grenzziehung, wann eine Verfügung, die ein Testamentsvollstrecker in einem Vergleich trifft, als unentgeltlich anzusehen ist, ist nicht genau möglich. Regelmäßig ist die Grenze jedenfalls überschritten, wenn der Nachlass infolge des Vergleichs nahezu zwei Drittel des Wertes der aufgegebenen Forderung eingebüßt hat.[173]

311 Die Möglichkeit zum Abschluss von Vergleichen ist dem Testamentsvollstrecker nicht gänzlich abgeschnitten, zumal ihm ein gewisser Ermessensspielraum zuzubilligen ist.

312 Es ist daher auf jeden Fall für den Testamentsvollstrecker ratsam, von dieser Möglichkeit des § 2206 BGB Gebrauch zu machen um vor späteren Vorwürfen sicher zu sein.

313 Übersicht zur Verpflichtungsbefugnis[174]

§ 2206 Abs. 1 S. 1 BGB	§ 2206 Abs. 1 S. 2 BGB iVm § 2205 BGB
Erlaubt Verpflichtungsbefugnis nur für die Geschäfte, die zur ordnungsgemäßen Nachlassverwaltung erforderlich sind	Erlaubt Verpflichtungsbefugnis ohne diese Einschränkung, sofern Verfügungsbefugnis besteht
Unwirksamer Vertrag, sofern außerhalb ordnungsgemäßer Verwaltung. Ggf Verkehrsschutz des Dritten	Grundsätzliche Wirksamkeit des Vertrages, selbst wenn außerhalb ordnungsgemäßer Verwaltung. Aber: Haftung des Testamentsvollstreckers nach § 2219 BGB

314 Der Erbe hat die Möglichkeit seinerseits eine **Feststellungsklage** nach § 256 ZPO einzureichen, um die Unwirksamkeit der Verpflichtung durch den Testamentsvollstrecker feststellen zu lassen.[175] Hat der Testamentsvollstrecker eine Maßnahme angekündigt, kann auch auf Unterlassung geklagt werden.

315 Die Vorgehensweise nach § 2206 BGB bietet sich somit insbesondere zur Klarstellung der Fälle an, in denen zweifelhaft ist, ob der Testamentsvollstrecker im Sinne einer ordnungsgemäßen Verwaltung handelt, dieser sich aber seiner Sache sicher ist. Geht die Klage verloren, muss er mit einem Entlassungsantrag nach § 2227 BGB rechnen, der nicht zwingend zur Entlassung führt. Seinen Anspruch auf Aufwendungsersatz nach §§ 2218, 670, 257 BGB wegen der Verfahrenskosten verliert er nur dann, wenn er den Prozess pflichtwidrig geführt hat, also bei überflüssiger, leichtfertiger oder durch persönliche Interessen beeinflusster Prozessführung.[176]

316 Eine Klage nach § 2206 BGB wird zudem nicht unbedingt das Vertrauensverhältnis zwischen Erben und Testamentsvollstrecker als Basis für eine Entlastung stärken. Angesichts des fehlenden Anspruchs auf Entlastung wird dem Testamentsvollstrecker zur Vermeidung einer Haftung dieser Weg allerdings anzuraten sein.

---

172 BGH NJW 1991, 842.
173 BGH NJW 1991, 842.
174 Nach *Zimmermann*, Die Testamentsvollstreckung, Rn 393.
175 MünchKomm/*Zimmermann*, § 2206 Rn 11; Bamberger/Roth/*J. Mayer*, § 2206 Rn 13; Soergel/*Damrau*, § 2206 Rn 5.
176 *Mayer/Bonefeld/Wälzholz/Weidlich*, PraxisHB, Rn 186 mwN.

C. Ausgewählte Formulare für die praktische Abwicklung einer Testamentsvollstreckung § 5

6. Testamentsvollstreckung und Zugriffverbot, insbesondere bei Insolvenz

Wegen § 2211 BGB kann der Erbe sich hinsichtlich der Nachlassgegenstände schuldrechtlich 317
verpflichten; der Testamentsvollstrecker selbst wird dadurch aber gerade nicht verpflichtet. Die **Eigengläubiger** können nur wegen persönlicher Forderungen nicht auf den Nachlass zugreifen. **Persönliche Forderungen** sind dabei alle Forderungen, die sich direkt gegen den Erben als Schuldner richten, also auch Forderungen, die wegen § 2211 BGB aufgrund der fehlenden Verfügungsbefugnis dann direkt gegen den Erben entstehen. Grundpfandrechte bzw dingliche Verwertungsrechte fallen nicht unter § 2214 BGB, selbst wenn sie zur Sicherung durch den Erben bestellt wurden. Das dingliche Recht wirkt somit auch gegen den Testamentsvollstrecker und kann geltend gemacht werden.

Das **Zugriffsverbot** gilt wegen des Nichteingreifens von § 80 Abs. 2 S. 1 InsO im Insolvenzverfahren. Die Testamentsvollstreckung stellt kein relatives Veräußerungsverbot iSd § 135 InsO dar. Der unter die Verwaltung des Testamentsvollstreckers stehende Nachlass fällt somit erst mit Wegfall der Testamentsvollstreckung in die Insolvenzmasse (vgl §§ 35 2. Alt., 36 Abs. 1 InsO). Werden im Rahmen des § 2217 BGB später Nachlassgegenstände freigegeben, so sind sie wegen § 35 InsO zur Insolvenzmasse zu rechnen. 318

Nach Ansicht des BGH[177] zählt das der Testamentsvollstreckung unterliegende Nachlassvermögen zur Insolvenzmasse. Das Nachlassvermögen, hinsichtlich dessen Testamentsvollstreckung angeordnet wurde, ist danach der Insolvenzmasse zuzurechnen. Der unter Testamentsvollstreckung stehende Nachlass sei nicht schlechthin unpfändbar und damit von der Insolvenzmasse ausgenommen. Er ist nur – zeitlich bis zur Beendigung der Testamentsvollstreckung – dem Zugriff der Gläubiger des Schuldners entzogen. Sind die sich aus dem Pflichtteilsrecht ergebenden Ansprüche bereits zur Zeit der Eröffnung des Insolvenzverfahrens begründet, stellen sie Insolvenzforderungen dar. 319

Problematisch ist die Rechtslage bei der **Restschuldbefreiung**. Der Erbe muss während seiner 320
siebenjährigen Wohlverhaltensphase nach § 295 Abs. 1 InsO zur Hälfte seine Erbschaft an den Treuhänder herausgeben. Erfolgt der Erbschaftserwerb erst nach der Treuhandzeit, so besteht keine Obligation zur Ablieferung. Bei einer Abwicklungsvollstreckung ist nach teilweiser Ansicht[178] der Testamentsvollstrecker verpflichtet, nach Nachlassteilung die Hälfte der dem überschuldeten Erben gebührenden Gegenstände direkt an den Treuhänder herauszugeben. Nach hier vertretener Auffassung braucht der Testamentsvollstrecker jedoch nur an den Erben herauszugeben, da die Rechtsstellung des Treuhänders aus § 292 InsO einen derartigen Anspruch nicht nach sich zieht und wegen § 295 Abs. 1 Nr. 2 InsO nur der Schuldner, also der Erbe, zur Herausgabe der Hälfte der Erbschaft verpflichtet ist. Der Testamentsvollstrecker ist nicht der Vertreter des Erben.

Insgesamt ist zwischen Allein- und Miterbschaft zu unterscheiden. 321

Bei der **Alleinerbschaft** ist im Unterschied zum Miterbenanteil der Erbteil nicht pfändbar. Demzufolge fällt der **Miterbenanteil** in die Insolvenzmasse, denn der Miterbe kann über seinen Anteil wegen § 2205 verfügen. Insofern muss er dem Treuhänder die Hälfte seines Anteils abtreten. Wegen dieses Unterschiedes zwischen Allein- und Miterben wird teilweise[179] die Ansicht vertreten, der Treuhänder müsse nach § 242 auf die Herausgabe verzichten, da diese Differenzie- 322

---
177 BGH ZErb 2006, 272.
178 Bamberger/Roth/*J. Mayer*, § 2214 Rn 4.
179 *Damrau*, MDR 2000, 256.

Bonefeld 613

rung an sich sinnwidrig wäre. Dem ist wegen des Verfahrenszwecks nicht zu folgen.[180] In der Praxis hätte aber der Miterbe die Möglichkeit, seinen Anteil von der Erbschaft auszuschlagen, ohne dass ihm die Restschuldbefreiung versagt werden darf. Aus diesem Grunde sollte der Miterbe mit dem Treuhänder eine Vereinbarung treffen, wonach er dann nicht die Erbschaft ausschlägt, wenn der Treuhänder nur weniger als 50 % des Miterbenanteils herausverlangt. Eine derartige Vorgehensweise stellt auf Seiten des Treuhänders keine Obliegenheitsverletzung dar.[181]

323 Selbstverständlich kann der Testamentsvollstrecker auch selbst verpflichtet sein, einen Antrag auf Nachlassinsolvenz zu stellen.

324 ▶ **Muster: Insolvenzantrag durch den Testamentsvollstrecker**

An das

Amtsgericht München

– Insolvenzgericht –

Als Testamentsvollstrecker über den Nachlass des am 28.2.2010 verstorbenen ▪▪▪ (Name des Erblassers) beantrage ich hiermit, über den Nachlass des am 28.2.2010 in München verstorbenen Herrn (Name des Erblassers), zuletzt wohnhaft ▪▪▪ das

Insolvenzverfahren

zu eröffnen.

Begründung

Am 28.2.2010 verstarb in München Herr ▪▪▪ (Name des Erblassers). Gem. der in Kopie beigefügten letztwilligen Verfügung sind

Frau P sowie

Herr F

Erben zu je ½.

Ausweislich des beigefügten Testamentsvollstreckerzeugnisses bin ich zum Testamentsvollstrecker über den Nachlass des (Name des Erblassers) ernannt worden. Mir steht gem. § 2205 BGB die Verwaltung des vollständigen Nachlasses des Erblassers zu. Ich habe ausweislich der Bestätigung des Nachlassgerichts München das Amt am ▪▪▪ angenommen.

Beweis: Beiziehung der Nachlassakten des AG München IV 1234/2010

Der Nachlass ist gem. § 320 InsO überschuldet. Aus diesem Grunde beantrage ich als Testamentsvollstrecker die Eröffnung des Nachlassinsolvenzverfahrens. Eine kostendeckende Masse ist nicht vorhanden, wie sich aus der nachfolgenden Aufstellung ergibt:

Aktiva:

1. Immobilien waren nicht im Nachlass vorhanden
2. Bewegliches Vermögen

   a) Bargeld am Todestag   22,05 EUR

   b) 2 Medaillen   10,00 EUR

---

180 Ebenso Bamberger/Roth/*J. Mayer*, § 2214 Rn 4.
181 *Damrau*, MDR 2000, 256.

c)	Hausratsgegenstände laut beigefügter Inventarliste mit Wertschätzungen des Nachlassauktionators Adam	1.390,00 EUR
3. Geldforderungen		
a)	Sparkasse München Konto 4711	4.074,07 EUR
d)	Commerzbank München Konto 10815	949,00 EUR
Zwischensumme:		6.445,12 EUR

Passiva:

1. Nachlassverbindlichkeiten
   a) Firma Fensterfix, Zahlung der Reparaturkosten gem. Rechnung vom 15.1.2010 — 2.000,00 EUR
   b) Deutsche Telekom, Telefonkosten, Rechnung vom 16.2.2010 — 59,60 EUR
   c) Rechtsanwalt Blender, Rechtsanwaltskosten für Rechtsstreit Normalerblasser./. LVA gem. Honorarrechnung vom 17.2.2010 — 1.957,69 EUR
   d) Städtisches Klinikum, Rechnung vom 15.1.2010 — 5.238,00 EUR
   e) Bestattungskosten für Seebestattung, Trauerhilfe GmbH, Rechnung vom 29.2.2010 — 4.132,87 EUR

Zwischensumme: 3.388,16 EUR

Hinzukommen die weiteren Verbindlichkeiten, die durch den Todesfall entstanden sind oder fortbestanden:

a) Kosten der Testamentseröffnung, Bescheid vom 4.3.2010 — 325,00 EUR
b) Kosten der Erteilung des Testamentsvollstreckerzeugnisses, Bescheid vom 4.3.2010 — 60,00 EUR
c) Mietzahlungen für Wohnung des Erblassers bis 31.5.2010 (3 x 855,07 EUR) — 2.565,21 EUR

Zwischensumme: 2.950,21 EUR

Aus alledem wird die Überschuldung um ca. 9.893,25 EUR ersichtlich.

Demgemäß wird um Eröffnung des Nachlassinsolvenzverfahrens wie beantragt gebeten.

...

Rechtsanwalt R als Testamentsvollstrecker ◄

7. Probleme mit Erbengemeinschaften im Zusammenhang mit Verfügungen bzw ordnungsgemäßer Verwaltung

▶ **Muster: Anschreiben an Erben nach Übernahme der Testamentsvollstreckung mit Vorschlägen zur Regelung einzelner ungeklärter Punkte**

An den

...

Betr.: Nachlass des (Name des Erblassers)

Sehr geehrter ...,

ausweislich der beglaubigten Kopie des Testamentsvollstreckerzeugnisses des Amtsgerichtes München vom ... habe ich das Amt des Testamentsvollstreckers über den Nachlass des am 28.2.2010 verstorbenen ... (Name des Erblassers) übernommen.

Um sicherzustellen, dass der Nachlass ordnungsgemäß verteilt und verwaltet wird, kann gemäß § 2197 BGB ein Testamentsvollstrecker bestellt werden. Hiervon hat der Erblasser Gebrauch gemacht. Welche Rechte und Pflichten der Testamentsvollstrecker im Einzelnen hat, richtet sich innerhalb des gesetzlichen Rahmens nach den Anordnungen des Erblassers (vgl §§ 2203 ff BGB). Dem Erblasser ist es freigestellt, ob er die Verwaltung des Nachlasses ganz oder nur für bestimmte Teile in die Hände des Testamentsvollstreckers legt. Ebenso ist es möglich, die Testamentsvollstreckung nur für bestimmte Zwecke anzuordnen.

Aufgrund des Testamentes vom 19.2.2006 hat sich der Erblasser entschieden, dass ein Testamentsvollstrecker seinen vollständigen Nachlass verwalten und unter den Erben verteilen soll. Durch diese Anordnung sind die Erben in ihrer Rechtsstellung beschränkt worden. So kann zB der Erbe wegen § 2211 BGB „über einen der Verwaltung des Testamentsvollstreckers unterliegenden Nachlassgegenstand" nicht verfügen. Insofern bitte ich Sie, nicht über Nachlassgegenstände zu verfügen bzw mir mitzuteilen, ob Sie oder wer bereits über Nachlassgegenstände verfügt hat.

Um den letzten Willen des Erblassers zu erfüllen, werde ich nunmehr umgehend den Nachlass des Erblassers in Besitz nehmen und ein Nachlassverzeichnis erstellen. Aus diesem Nachlassverzeichnis können Sie den Umfang des vollständigen Nachlasses ersehen, wobei u.a. auch die Nachlassverbindlichkeiten (zB Schulden des Erblassers) berücksichtigt werden. Wenn Sie im Besitz von Unterlagen sind, aus denen sich die Herkunft von Vermögen des Erblassers ergeben könnte, bitte ich Sie, diese mir bis zum ... auszuhändigen. Das Nachlassverzeichnis kann so auch schneller erstellt und der Nachlass schneller verteilt werden. Sollten Sie bereits Gegenstände aus dem Nachlass entfernt haben, habe ich Sie aufzufordern, mir diese Gegenstände bis spätestens zum ... zu übergeben.

Ich werde am ... ab ... das Nachlassverzeichnis erstellen und gebe Ihnen gerne die Möglichkeit, am Termin teilzunehmen und der Aufnahme des Nachlassverzeichnisses anwesend zu sein.

Selbstverständlich erhalten Sie anschließend das von mir erstellte Verzeichnis unverzüglich ausgehändigt. Sollten Ihnen noch weitere Nachlassgegenstände bekannt sein, die nicht im Nachlassverzeichnis aufgeführt sind, bitte ich um umgehende Mitteilung, damit von hieraus Nachforschungen betrieben werden können.

Aufgrund der selbstständigen Stellung des Testamentsvollstreckers bin ich gesetzlich verpflichtet, den Nachlass unabhängig von den Erben zu verwalten und muss dabei diese weitgehend hiervon ausschließen.

Um den Bestand des Nachlasses ermitteln zu können, benötige ich zudem Informationen über Schenkungen des Erblassers. Bitte teilen Sie mir daher mit, welche Schenkungen der Erblasser an welche Person getätigt hat. Diese Angaben sind einerseits für die Berechnung etwaiger Pflichtteils- bzw Pflichtteilsergänzungsansprüche und andererseits für die zu entrichtende Erbschaftsteuer wichtig.

Selbstverständlich werde ich Sie über die weitere Vorgehensweise benachrichtigen und Ihnen auf Wunsch gerne Auskunft erteilen und nach Abschluss der Vollstreckung einen Rechenschaftsbericht vorlegen.

Nach Ausgleich der Nachlassverbindlichkeiten werde ich Ihnen dann einen sog. Auseinandersetzungsplan bzw Teilungsplan zukommen lassen. Bevor dieser Plan umgesetzt wird, würde ich gerne mit Ihnen und den anderen Erben Rücksprache halten und den Plan erläutern.

C. Ausgewählte Formulare für die praktische Abwicklung einer Testamentsvollstreckung § 5

Leider hat der Erblasser in seinem Testament nicht genau aufgeführt, wie der Testamentsvollstrecker zu vergüten ist. Das Gesetz spricht in § 2221 BGB lediglich von einer angemessenen Vergütung und hat von einer gesetzlichen Gebührenordnung abgesehen. In der Rspr und Lit. haben sich daher im Laufe der Zeit verschiedene Vergütungstabellen entwickelt.

In der Praxis wird häufig bei sog. Klein- und Normalnachlässen – wie in diesem Fall – die sog. Eckelkempersche Tabelle als Grundlage genommen. Dabei ergibt sich beim Aktivnachlass bis bei einem Nachlas bis zu 50.000,00 EUR eine Vergütung in Höhe von 4 % des Bruttonachlasses, für einen Mehrbetrag bis zu 250.000,00 EUR von 3 % und für einen Mehrbetrag bis zu 1.250.000,00 EUR von 5 %.

Der Rückgriff auf diese Tabelle hat den Vorteil für Sie, dass in der Regelvergütung (Vollstreckungsgebühr) auch gleichzeitig eine sog. Konstituierungsgebühr zur Abgeltung der Arbeit des Testamentsvollstreckers mit Aufstellung und Mitteilung des Nachlassverzeichnisses sowie Regulierung der Nachlassverbindlichkeiten enthalten ist. Im Unterschied zu den anderen Regelungen ergeben sich keine weiteren Aufschläge. In der Vergütung ist zudem bereits die Mehrwertsteuer enthalten.

Alternativ:

Statt Rückgriff auf eine der verschiedenen Tabellen zu nehmen, schlage ich Ihnen vor, stattdessen den Mittelwert aus allen gängigen Vergütungstabellen als Grundlage der Vergütung auszuwählen. Hierin liegt meines Erachtens die fairste Lösung und die sich dann ergebene Vergütung dürfte auf jeden Fall angemessen im Sinne des § 2221 BGB sein. Bei dem vorliegenden Nachlasswert von schätzungsweise 300.000,00 EUR macht dies ... % aus.

Da über den Punkt der Vergütung naturgemäß gerne und oft gestritten wird, ist es für alle Beteiligten im Interesse eines raschen Abschlusses der Testamentsvollstreckung ratsam, eine Vereinbarung zur Vergütung zu treffen. Anliegend finden Sie daher einen Vorschlag zur Vergütung, den Sie bitte bis zum ... unterschrieben an mich zurücksenden. Ein Freiumschlag ist beigefügt.

Möglicher Zusatz bei größeren Erbengemeinschaften:

Anbei habe ich mir erlaubt, Ihnen einen Vorschlag für eine Verwaltungsvereinbarung beizufügen, der alle wesentlichen Punkte der Testamentsvollstreckung berücksichtigt und insbesondere auch Ihre Rechte, die Sie dem Testamentsvollstrecker gegenüber haben, darlegt. Der Abschluss einer derartigen Vereinbarung hat sich insbesondere bei größeren Erbengemeinschaften bewährt, weil durch das Einstimmigkeitsprinzip, welches im Regelfall gilt, es zu erheblichen Einigungsproblemen unter den Erben kommen kann, die es im Interessen einer raschen Abwicklung zu vermeiden gilt. Außerdem habe ich einen Vorschlag für eine Geschäftsordnung der Erbengemeinschaft beigefügt, der das Miteinander der Erben weiter regeln und damit vereinfachen soll.

Haben Sie Fragen, Wünsche oder Anregungen zur Testamentsvollstreckung, zögern Sie nicht, mich zu konsultieren.

Für Rückfragen stehe ich Ihnen gerne zur Verfügung

und verbleibe mit freundlichen Grüßen

...

Rechtsanwalt R als Testamentsvollstrecker ◄

326 ▶ **Muster: Vereinbarung hinsichtlich einer Kapitalanlage**

Vereinbarung

Zwischen Herrn Rechtsanwalt als Testamentsvollstrecker über den Nachlass des am 28.2.2010 verstorbenen ▪▪▪ (Name des Erblassers)

und

Frau P und Herrn F als Erben des o.g. Erblassers.

Die Parteien schließen folgende Vereinbarung hinsichtlich der Kapitalanlage bei der Privatbank Merkel Spatz

1. Auf ausdrücklichen Wunsch der Erben wird der Testamentsvollstrecker den auf dem Girokonto bei der Kreissparkasse München-Starnberg befindlichen Betrag von 123.456,78 EUR in das Aktiendepot XY bei der Privatbank Merkel Spatz bis zum 29.9.2010 einzahlen. Kommt es aufgrund dieser Kapitalanlageentscheidung zu einem Wertverlust, so verzichten die Erben schon jetzt auf jegliche Haftungsansprüche gegen den Testamentsvollstrecker. (Alternativ: es sei denn es ist ein Verlust von mehr als 60 % ausgehend vom ursprünglich investierten Anfangskapital entstanden.) (Weitere Alternative: Die Erben stellen im Übrigen bei Haftungsansprüchen aus § 2219 BGB des Vermächtnisnehmers gegen den Testamentsvollstrecker diesen frei.)
2. Er ist berechtigt, den Empfehlungen der Vermögensberaterin Gretel von der Privatbank Merkel Spatz zu folgen. Auf Verlangen der Erben ist auch ein anderer Berater einzuschalten. Soweit die Erben hinsichtlich der Anlage von Nachlasswerten Sonderbeschlüsse fassen und der Testamentsvollstrecker diesen Anlagebeschlüssen entspricht, so verzichten die Erben ebenfalls schon jetzt auf jegliche Haftungsansprüche gegen den Testamentsvollstrecker, soweit der Anlagebeschluss nicht evident unsinnig oder gefährlich ist.
3. Der Testamentsvollstrecker ist berechtigt, im Zuge der Verwaltung des Nachlasses Steuerberater, Wirtschaftsprüfer, Vermögensberater und sonstige sachkundige Personen zu Lasten des Nachlasses zu beauftragen, soweit er dies nach pflichtgemäßem Ermessen für erforderlich erachtet.

Ort, Datum ▪▪▪

▪▪▪

Unterschrift Erben

▪▪▪

Unterschrift Testamentsvollstrecker ◀

327 Sofern die letztwillige Verfügung unklar formuliert ist, steht der Testamentsvollstrecker häufig vor dem Problem der Auslegung. Der in der Praxis häufigste Fall ist das Problem der Abgrenzung, ob eine Teilungsanordnung oder ein Vorausvermächtnis vorliegt. Auch bietet sich an, mit den beteiligten Personen im Vorfeld eine Einigung über die Auslegung einer letztwilligen Verfügung zu erzielen. Die Zulässigkeit solcher Auslegungsverträge ist allg. anerkannt. Die Bindungswirkung eines Auslegungsvertrages ist hingegen umstritten. Er lässt selbstverständlich mangels dinglicher Wirkung die materielle Erbrechtslage unberührt. Allerdings wird dem Auslegungsvertrag wenigstens mittelbare zivilprozessuale Bedeutung zugestanden. Aus diesem Grunde sollte man darauf achten, dass auch ein „pactum de non petendo" im Vertrag aufgenommen wurde. Des Weiteren ist wegen der Parallelen mit einem Erbschaftskaufvertrag auf jeden Fall eine notarielle Beurkundung zu empfehlen.

▶ **Muster: Auslegungsvertrag mit den Erben**

(Notarielle Urkundenformalien)

Erschienen sind:

1. Herr Rechtsanwalt R als Testamentsvollstrecker über den Nachlass des am 28.2.2010 verstorbenen ... (Name des Erblassers),
2. Frau P
3. Herr F

Sie erklären mit der Bitte um notarielle Beurkundung:

Wir schließen den folgenden

Auslegungsvertrag

I. Darstellung der Rechtslage

Am 28.2.2010 ist in Krankenhaus Harlaching Herr (Name des Erblassers) geb. am 22.1.1922 verstorben. Er hat Herrn Rechtsanwalt R in seinem notariellen Testament vom 19.2.2006 des Notars Dr. Wachtelhofen zu seinem Testamentsvollstrecker ernannt. In diesem Testament wurden die Frau P und Herr F zu Erben zu gleichen Teilen eingesetzt. Daneben hat der Erblasser den beiden Erben jeweils eine Immobilie zugewendet. Der Wert der beiden Immobilien ist unterschiedlich. Der Wert der Immobilie, welche an Frau F zugewendet ist, hat einen um 100.000,00 EUR höheren Wert als die Immobilie, die an Herrn F zugewendet ist.

II. Übereinstimmende Auslegung

Alle Beteiligten wollen die Erbschaftsangelegenheit des (Name des Erblassers) einvernehmlich regeln. Da der Erblasser keinerlei Andeutungen in der letztwilligen Verfügung gemacht hat, ob einer der Erben einen Vermögensvorteil durch die Zuwendung erhalten soll, und sich der Sachverhalt nicht endgültig klären lässt, sollen zur Vermeidung einer späteren gerichtlichen Auseinandersetzung einvernehmlich die Anordnungen der Zuwendung der Immobilien ... als Teilungsanordnung ausgelegt werden.

Demnach soll iRd noch zu erstellenden Teilungsplanes diese Zuwendungen als Teilungsanordnung aufgenommen werden, so dass es bei der Auseinandersetzung zu einem Wertausgleich kommen wird.

Der Wert der beiden Immobilien wird einvernehmlich festgestellt mit:

Immobilie ... mit 180.000,00 EUR

Immobilie ... mit 280.000,00 EUR

...

Vorsorglich erklären Frau F und Herr P jeweils, dass sie keine Forderung auf Erfüllung eines Vorausvermächtnisses hinsichtlich der o.g. Immobilien stellen werden.

III. Salvatorische Klausel

1. Sollten einzelne Bestimmungen dieses Vergleichs unwirksam sein oder werden bzw Lücken enthalten sein, so wird dadurch die Wirksamkeit der übrigen Bestimmungen nicht berührt. Die Beteiligten verpflichten sich in einem solchen Falle, anstelle der unwirksamen oder lückenhaften Bestimmung eine Regelung zu treffen, die rechtlich und wirtschaftlich der unwirksamen oder fehlenden Bestimmung am nächsten kommt.

2. Den Beteiligten ist bekannt, dass nach der derzeitigen Rspr (BGH NJW 1986, 1812) ein dinglich wirkender Vergleich bezüglich der erbrechtlichen Positionen nicht möglich ist und deshalb lediglich eine schuldrechtliche Vereinbarung getroffen werden konnte.

...

Diese Niederschrift wurde vom Notar den Erschienenen vorgelesen, von diesen genehmigt und von ihnen und dem Notar eigenhändig unterschrieben. ◄

329 Als bester Weg um einerseits nicht in die Haftung zu kommen und andererseits die Zustimmungsprobleme bei größeren Erbengemeinschaften zu umgehen, bietet sich an, von vornherein mit den Erben eine Verwaltungsvereinbarung abzuschließen. Als Zeitpunkt einer solchen Vereinbarung sollte unmittelbar nach Antritt des Testamentsvollstreckeramtes gewählt werden, da erfahrungsgemäß dann die größte Zustimmungsbereitschaft besteht. Dabei sollte aber immer auf eine individuelle Vereinbarung mit dem Beteiligten geachtet werden, um nicht in die Problematik der Inhaltskontrolle von Allgemeinen Geschäftsbedingungen zu gelangen. Außerdem ist es wegen § 2219 BGB opportun, auch Vermächtnisnehmer ggf an der Vereinbarung zu beteiligen.

330 ▶ **Muster: Verwaltungsvereinbarung**

Verwaltungsvereinbarung

Zwischen

der Erbengemeinschaft nach dem am 28.2.2010 in München verstorbenen ... (Name des Erblassers), vertreten durch den Sprecher der Erbengemeinschaft, Herrn F,

– nachfolgend „die Erben" genannt –

und

Herrn Rechtsanwalt ..., als bestelltem Testamentsvollstrecker in dieser Nachlassangelegenheit,

– nachfolgend „der Testamentsvollstrecker" genannt –

wird folgendes vereinbart:

Präambel

Der am 28.2.2010 in München verstorbene ... (Name des Erblassers) hat durch notarielles Testament vom 19.2.2006 vor dem Notar Dr. Wachtelhofen folgende Personen zu gleichen Teilen zu seinen Erben ernannt:

1.
2.
3.
4.
5.

Des Weiteren hat er Herrn Rechtsanwalt ... zum Testamentsvollstrecker bestellt. Dieser hat durch Urkunde vom ... das Amt als Testamentsvollstrecker angenommen, ein Testamentsvollstreckerzeugnis ist noch nicht erteilt.

Ferner wurde dem Testamentsvollstrecker durch den Erblasser eine postmortale umfassende Generalvollmacht erteilt. Weiter hat der Erblasser angeordnet, dass sein Nachlass in angemessenem Zeitraum, der sich auch über mehrere Jahre hinziehen kann, durch den Testamentsvollstrecker auseinanderzusetzen sei. Eine Dauervollstreckung durch den Testamentsvollstrecker hat er ausdrücklich ausgeschlossen.

C. Ausgewählte Formulare für die praktische Abwicklung einer Testamentsvollstreckung § 5

In Ansehung des Umfangs des Nachlasses, der Vielzahl der beteiligten Erben und unter Berücksichtigung der Schwierigkeit der Auseinandersetzung haben sich die Erben iRd von ihnen gebildeten Erbengemeinschaft eine Geschäftsordnung gegeben, der der Testamentsvollstrecker zugestimmt hat. Im Rahmen dieser Geschäftsordnung haben sich die Erben einen Sprecher gegeben, den sie ermächtigt haben, im Außenverhältnis alle Erklärungen abzugeben oder entgegenzunehmen, die für die Erbengemeinschaft bestimmt sind.

Im Interesse einer sachgerechten Auseinandersetzung des Nachlasses treffen die Erben daher mit dem Testamentsvollstrecker folgende

Verwaltungsvereinbarung:

§ 1 Grundlagen

1. Die Parteien sind sich darüber einig, dass das Testament vom ... iRd gesetzlichen Bestimmungen die Grundlage für ihre Zusammenarbeit ist.
2. Die Erben bestätigen hiermit gegenüber dem Testamentsvollstrecker alle vom Erblasser iRd Testaments erteilten Vollmachten und gemachten Anordnungen, insbesondere die dem Testamentsvollstrecker erteilte postmortale Vollmacht. Ebenso bestätigen die Erben die dem Testamentsvollstecker im Testament erteilte Befreiung von den Beschränkungen des § 181 BGB.
3. Die Erben bevollmächtigen den Testamentsvollstrecker, soweit er dazu nicht schon sowieso iRd § 2205 BGB berechtigt ist, alle weiteren vom Erblasser in dem Testament erteilten post- und transmortalen Vollmachten ganz oder teilweise zu widerrufen, unbeschadet ihres eigenen Rechts, diese Vollmachten ganz oder teilweise zu widerrufen, und zwar durch jedes einzelne Mitglied der Erbengemeinschaft.

(Zusatz zB bei Testamentsvollstrecker am Einzelunternehmen

4. Da zum Nachlass zwei Handelsgeschäfte gehören, bevollmächtigen die Erben den Testamentsvollstrecker zur Fortführung dieser Handelsgeschäfte.)
5. Der Testamentsvollstrecker ist zur Anerkennung und Erfüllung von Pflichtteilsansprüchen bevollmächtigt, soweit er dies nach pflichtgemäßem Ermessen für richtig und angemessen erachtet.
6. Der Testamentsvollstrecker ist berechtigt und verpflichtet, von ihm festgestellte Steuerverkürzungen des Erblassers im Wege der Selbstanzeige gemäß § 371 AO analog der Finanzverwaltung bekanntzugeben.
7. Die Erben bestätigen, dass sie die Auseinandersetzung des Nachlasses wünschen, insoweit aber dem Testamentsvollstrecker keine Zeitvorgabe machen wollen. Allerdings wünschen die Erben keine Dauertestamentsvollstreckung.
8. Im Übrigen gelten für das Amt des Testamentsvollstreckers die Bestimmungen der §§ 2197 ff BGB, soweit sie nachstehend nicht ausdrücklich abgeändert werden.
9. Soweit der Testamentsvollstrecker im Rahmen von rechtlichen Auseinandersetzungen ein Anerkenntnis, einen Vergleich oder einen Verzicht erklärt, so bedarf er dazu der vorherigen schriftlichen Zustimmung der Erben.

§ 2 Nachlassverzeichnis

1. Im Hinblick auf den Umfang des Nachlasses sind die Erben damit einverstanden, dass der Testamentsvollstrecker das Nachlassverzeichnis in einem Zeitraum von voraussichtlich 6 Monaten ab der Erteilung des für ihn bestimmten Testamentsvollstreckerzeugnisses erstellt. Der Testa-

mentsvollstrecker ist jedoch berechtigt und verpflichtet, hinsichtlich einzelner Nachlassgruppen Teilverzeichnisse aufzustellen und diese den Erben unverzüglich nach Fertigstellung zuzuleiten.

2. Hinsichtlich der körperlichen Bestandsaufnahme der Nachlassgegenstände sind die Erben damit einverstanden, dass der Testamentsvollstrecker diese durch Zeugen, Fotos und Videoaufnahmen dokumentiert.

3. Auf die Aufnahme des Nachlassverzeichnisses in den besonderen Formen des § 2215 Abs. 4 BGB wird wechselseitig verzichtet.

§ 3 Informations- und Auskunftsverpflichtung

1. Die Erben sind verpflichtet, dem Testamentsvollstrecker alle von ihm gewünschten Auskünfte im Zusammenhang mit dem Nachlass zu erteilen, Urkunden, Verträge und sonstigen Schriftwechsel herauszugeben, bzw die Anfertigung von Kopien zu gestatten und alle in ihrem Besitz befindlichen Nachlassgegenstände an ihn herauszugeben.

2. Seiner Informationsverpflichtung gegenüber den Erben gemäß § 2218 BGB genügt der Testamentsvollstrecker durch entsprechende Information des Sprechers der Erben.

§ 4 Nachlassverwaltung

1. Der Testamentsvollstrecker ist berechtigt, bei der Anlage von geldwerten Nachlassgegenständen, bzw sonstigen liquiden Mitteln entsprechend den Empfehlungen des Vermögensberaters ... von der ... zu folgen. Auf Verlangen der Erben ist auch ein anderer Berater einzuschalten. Soweit die Erben hinsichtlich der Anlage von Nachlasswerten Sonderbeschlüsse fassen und der Testamentsvollstrecker diesen Anlagebeschlüssen entspricht, so verzichten die Erben schon jetzt auf jegliche Haftungsansprüche gegen den Testamentsvollstrecker, soweit der Anlagebeschluss nicht evident unsinnig oder gefährlich ist.

2. Soweit der Testamentsvollstrecker Anordnungen des Erblassers für die Verwaltung befolgt, so tritt eine Gefährdung im Sinne des § 2216 Abs. 2 S. 2 BGB erst ein, wenn mindestens 50 % des Nachlasses gefährdet sind. Ansonsten braucht der Testamentsvollstrecker die Anordnungen des Erblassers nur dann nicht zu befolgen, wenn die Erben einstimmig eine andere Maßnahme beschließen. Befolgt der Testamentsvollstrecker diesen Beschluss, wozu er nicht verpflichtet ist, so entbinden ihn die Erben gleichzeitig von jeglicher Haftung für die Folgen dieses Beschlusses.

3. Der Testamentsvollstrecker ist berechtigt, im Zuge der Verwaltung des Nachlasses Steuerberater, Wirtschaftsprüfer, Vermögensberater und sonstige sachkundige Personen zu Lasten des Nachlasses zu beauftragen, soweit er dies nach pflichtgemäßem Ermessen für erforderlich erachtet.

§ 5 Auseinandersetzungsplan

1. Sobald der Testamentsvollstrecker das Nachlassverzeichnis endgültig aufgestellt hat und dieses von den Erben mit einer Mehrheit von mindestens 75 % der Erbquoten genehmigt ist, er darüber hinaus die Grundlagen der Nachlassverwertung geklärt hat, hat er einen Auseinandersetzungsplan aufzustellen.

2. Die Erben verpflichten sich, zu dem Auseinandersetzungsplan des Testamentsvollstreckers innerhalb von 4 Wochen seit Zustellung Stellung zu nehmen. Erfolgt keine oder eine verspätete Stellungnahme durch auch nur einen der Erben, so gilt der Auseinandersetzungsplan als abgelehnt. Der Testamentsvollstrecker ist dann berechtigt, die Auseinandersetzung gemäß den §§ 750 ff BGB zu betreiben.

C. Ausgewählte Formulare für die praktische Abwicklung einer Testamentsvollstreckung § 5

3. Die Endgültigkeitserklärung des Testamentsvollstreckers bezüglich des Auseinandersetzungsplanes kann durch jeden der Erben nur innerhalb eines Monats seit Zustellung durch Klage angefochten werden, soweit der Testamentsvollstrecker bei der Übersendung der Endgültigkeitserklärung darauf hinweist.
4. Soweit der Testamentsvollstrecker mit den Erben einen Auseinandersetzungsvertrag abschließt, so gilt dieser als Enthaftungserklärung zugunsten des Testamentsvollstreckers. Im Übrigen stellen die Erben in diesem Fall den Testamentsvollstrecker von Haftungsansprüchen der anderen Haftungsgläubiger im Sinne des § 2219 BGB frei.

§ 6 Honorar

1. Der Testamentsvollstrecker hat Anspruch auf Vergütung seiner Tätigkeit entsprechend den Vergütungsempfehlungen für Testamentsvollstreckungen des Deutschen Notarvereins.
2. Neben dem Vergütungsgrundbetrag erhält der Testamentsvollstrecker im Hinblick auf die zu erwartende aufwendige Grundtätigkeit dafür einen Zuschlag von 7,5/10. Für die zu erwartenden Probleme im Zusammenhang mit der Auseinandersetzung des Nachlasses erhält der Testamentsvollstrecker einen Zuschlag von 10/10. Im Hinblick auf die zu erwartende Dauer der Testamentsvollstreckung erhält der Testamentsvollstrecker pro angefangenem Jahr der Testamentsvollstreckung weiterhin einen Zuschlag von 5/10 für die Nachlassverwaltung.
3. Soweit der Testamentsvollstrecker i.R.d. Verwaltung des liquiden Nachlasses Vermögensmehrungen von mehr als 10 % pro Jahr erzielt, so hat er Anspruch auf eine zusätzliche Vergütung in Höhe von 5 % des Vermögenszuwachses.
4. Der Testamentsvollstrecker ist berechtigt, freiberuflich gegen berufsübliche Vergütung entsprechend den Bestimmungen des RVG, bzw der Kostenordnung für die Erben tätig zu werden.
5. Der Testamentsvollstrecker hat Anspruch auf Ersatz seiner notwendigen Auslagen, Reisekosten entsprechend den Bestimmungen des RVG sowie der Mehrwertsteuer.
6. Der Testamentsvollstrecker hat Anspruch auf Zahlungen von Vorschüssen aus dem Nachlass für seine Vergütungsansprüche, die er höchstens alle 6 Monate geltend machen kann (§ 669 BGB).
7. Die vorstehende Vergütungsregelung gilt auch für den Fall der vermeintlichen Testamentsvollstreckung. Insoweit verzichten die Erben ausdrücklich auf Ansprüche aus ungerechtfertigter Bereicherung.

§ 7 Haftung

1. Der Testamentsvollstrecker haftet den Erben nach Maßgabe der gesetzlichen Bestimmungen und unter Berücksichtigung der nachstehenden Vereinbarungen.
2. Soweit der Testamentsvollstrecker einem Beschluss der Erben Folge leistet, so entbinden sie ihn von jeglicher Haftung für die Folgen dieses Beschlusses, soweit die Schadensträchtigkeit des Beschlusses nicht evident ist. Die Haftungsfreistellung gilt auch für Risikogeschäfte, die aufgrund eines Beschlusses der Erben durch den Testamentsvollstrecker ausgeführt werden.
3. Die Erben stellen den Testamentsvollstrecker von allen Ansprüchen der Vermächtnisnehmer und anderer Haftungsgläubiger frei, soweit der Testamentsvollstrecker einen Beschluss der Erben ausführt.

§ 8 Rechnungslegung

1. Der Testamentsvollstrecker ist verpflichtet, den Erben zu Händen ihres Sprechers laufend, mindestens einmal pro Kalenderjahr Rechnung zu legen, abschließend bei Beendigung der Testamentsvollstreckung.
2. Der Anspruch der Erben auf Rechnungslegung erlischt 10 Jahre nach der formellen Beendigung der Testamentsvollstreckertätigkeit.

§ 9 Aktenaufbewahrung

1. Die Erben können jederzeit nach Beendigung der Testamentsvollstreckertätigkeit von dem Testamentsvollstrecker die Herausgabe sämtlicher Akten verlangen.
2. Nach Ablauf von 5 Jahren seit Beendigung der Testamentsvollstreckertätigkeit ist der Testamentsvollstrecker berechtigt, die Akten den Erben zur Übernahme anzubieten. Nehmen die Erben die angebotenen Akten nicht innerhalb einer Frist von einem Monat an, so ist der Testamentsvollstrecker berechtigt, die Akten zu vernichten.

§ 10 Verjährung

Alle wechselseitigen Ansprüche zwischen dem Testamentsvollstrecker einerseits und den Erben andererseits, gleichgültig ob die Erben noch in Erbengemeinschaft gesamthänderisch gebunden sind oder aufgrund der Auseinandersetzung ggfs. einzelberechtigt sind, verjähren 3 Jahre nach der formalen Beendigung der Testamentsvollstreckung (Rückgabe des Testamentsvollstreckerzeugnisses an das Nachlassgericht), soweit der Testamentsvollstrecker die Erben über dieses Datum unterrichtet hat.

§ 11 Dauer der Testamentsvollstreckung

1. Abgesehen von den gesetzlich geregelten Beendigungstatbeständen endet das Amt des Testamentsvollstreckers, wenn er sämtliche iRd Testamentsvollstreckung ihm obliegenden Aufgaben erfüllt hat und sein Testamentsvollstreckerzeugnis an das Nachlassgericht zurückgegeben hat.
2. Im Falle des Todes des Testamentsvollstreckers und des dadurch bedingten Erlöschens seines Amtes (§ 2225 BGB), wird zugunsten der Erben des Testamentsvollstreckers die Bestimmung des § 673 S. 2 BGB ausgeschlossen. Die Erben des Testamentsvollstreckers sind lediglich verpflichtet, dem Sprecher der Erbengemeinschaft den Tod des Testamentsvollstreckers anzuzeigen. Die daraufhin erforderlichen Maßnahmen sind dann durch die Erbengemeinschaft zu initiieren.

§ 12 Sonstige Bestimmungen

1. Änderungen und Ergänzungen dieser Verwaltungsvereinbarung bedürfen der Schriftform. Gleiches gilt für die Abänderung des Schriftformerfordernisses.
2. Sollte eine der vorstehenden Bestimmungen und Vereinbarungen unwirksam oder nichtig sein, so soll der Bestand der übrigen Bestimmungen dadurch nicht berührt werden. Die Parteien sind dann wechselseitig verpflichtet, anstelle der unwirksamen oder nichtigen Vereinbarung eine solche zu treffen, die dem wirtschaftlichen Ziel der gewollten Vereinbarung in rechtlich zulässiger Art und Weise am nächsten kommt.

München, den ...

...

C. Ausgewählte Formulare für die praktische Abwicklung einer Testamentsvollstreckung   § 5

(Sprecher der Erbengemeinschaft)

...

(Testamentsvollstrecker) ◄

▶ **Muster: Geschäftsordnung einer Erbengemeinschaft**

Geschäftsordnung

der Erbengemeinschaft nach dem 28.2.2010

verstorbenen ... (Name des Erblassers)

Zwischen

1. Herrn ...
2. Frau ...
3. Frau ...
4. Herrn ...
5. Herrn ...
6. Frau ...
7. Herrn ...
8. der minderjährigen ...
9. dem minderjährigen ...
10. der minderjährigen ... zu 8. bis 10. gesetzlich vertreten durch ihre Mutter, Frau ...

wird folgendes vereinbart:

Präambel

Wir sind Erben nach dem am 28.2.2010 in München, seinem letzten Wohnsitz verstorbenen ... (Name des Erblassers). Wir nehmen insoweit Bezug auf sein notarielles Testament vom ... (UR-Nr. 0815/1999 des Notars Miesbach in München), das am ... durch das Amtsgericht München zum Aktenzeichen ... eröffnet wurde.

Gemäß § 3 dieses Testaments sind Erben geworden:

- der Erbe zu 1) zu 1/6
- die Erbin zu 2) zu 1/6
- die Erbin zu 3) zu 1/6
- der Erbe zu 4) zu 1/6
- der Erbe zu 5) zu 1/6
- die Erbin zu 6) zu 1/18
- der Erbe zu 7) zu 1/18
- die Erbin zu 8) zu 1/54
- der Erbe zu 9) zu 1/54 und
- die Erbin zu 10) zu 1/54.

In § 10 des vorgenannten Testaments ist Testamentsvollstreckung angeordnet. Zum Testamentsvollstrecker wurde der Rechtsanwalt ... ernannt.

Im Hinblick auf den Umfang des Nachlasses, die Vielzahl der beteiligten Erben und die zu erwartende Dauer der Auseinandersetzung des Nachlasses durch den Testamentsvollstrecker geben wir uns die nachstehende

Geschäftsordnung

§ 1 Grundlagen

1. Grundlage dieser Geschäftsordnung ist das notarielle Testament des Erblassers vom ....
2. Wir bestätigen zunächst alle in diesem Testament enthaltenen Anordnungen und Vollmachten, insbesondere die dem Testamentsvollstrecker erteilte postmortale Vollmacht.
3. Wir erklären uns mit dem Wunsch des Erblassers einverstanden, den Gesamtnachlass in angemessener Zeit durch den Testamentsvollstrecker auseinandersetzen zu lassen. Eine Aufrechterhaltung der Erbengemeinschaft auf Dauer wünschen wir nicht.
4. Maßgebend für das Verhältnis der Erbengemeinschaft zu dem Testamentsvollstrecker ist die heute abgeschlossene Verwaltungsvereinbarung.

§ 2 Sprecher der Erbengemeinschaft und Stellvertreter

1. Zum Sprecher der Erbengemeinschaft bestimmen wir den Erben zu 4), zu seinem Stellvertreter den Erben zu 1).
Der Sprecher der Erbengemeinschaft ist zur Abgabe und Entgegennahme von allen Willenserklärungen der Erbengemeinschaft im Außenverhältnis ermächtigt, insbesondere gegenüber dem Testamentsvollstrecker. Diese Ermächtigung gilt so lange, wie sie nicht durch Beschluss der Erbengemeinschaft widerrufen wurde und dieser Beschluss dem Testamentsvollstrecker mitgeteilt wurde.
2. Entsprechend ermächtigt wird auch der Stellvertreter des Sprechers. Dieser kann jedoch nur für die Erbengemeinschaft handeln, wenn der Sprecher weggefallen ist, durch Krankheit an der Ausübung des Sprecheramtes gehindert ist, der Sprecher ihn durch schriftliche Untervollmacht ausdrücklich zur Abgabe oder Entgegennahme von Willenserklärungen ermächtigt hat oder in Notfällen, wobei im letzteren Falle unverzüglich die Zustimmung des Sprechers einzuholen ist.

§ 3 Beschlussfassungen der Erbengemeinschaft

1. Die Beschlussfassungen der Erbengemeinschaft finden in gemeinschaftlichen Sitzungen statt, die in der Anfangsphase wöchentlich stattfinden sollen, danach nach Bedarf. Der Testamentsvollstrecker nimmt an den Sitzungen teil, wenn nicht die Erbengemeinschaft im Einzelfall beschließt, in Abwesenheit des Testamentsvollstreckers zu verhandeln.
2. Die Sitzungen der Erbengemeinschaft beruft der Sprecher schriftlich, durch Telefax oder durch E-Mail mit einer Frist von mindestens drei Tagen ein, wobei er den Zeitpunkt tunlichst vorab telefonisch abstimmen soll. Die Erbengemeinschaft kann für ihre Sitzungen auch einen Jour fixe vereinbaren.
3. Mit der Einberufung sind Ort und Zeit der Sitzung mitzuteilen, der Sprecher soll auch die Gegenstände der Tagesordnung und die Beschlussvorschläge angeben.
4. Beschlüsse der Erbengemeinschaft werden idR in Sitzungen gefasst. Außerhalb von Sitzungen sind Beschlussfassungen schriftlich, durch Telefax oder durch E-Mail im Umlaufverfahren zulässig, soweit alle Erben an diesem Verfahren mitwirken.
5. Den Vorsitz in den Sitzungen der Erbengemeinschaft führt deren Sprecher, im Verhinderungsfalle sein Stellvertreter. Er bestimmt die Reihenfolge, in der die Gegenstände der Tagesordnung verhandelt werden, sowie die Art und Reihenfolge der Abstimmungen.
6. Die Erbengemeinschaft ist beschlussfähig, wenn mindestens die Hälfte aller Erbquoten anwesend oder vertreten ist.

7. Jeder Erbe kann sich in den Sitzungen der Erbengemeinschaft aufgrund schriftlicher Vollmacht durch einen anderen Erben oder einen Rechtsanwalt, Steuerberater oder Wirtschaftsprüfer vertreten lassen.
8. Die Erben stimmen in den Sitzungen nach ihren Erbquoten ab, eine Abstimmung nach Köpfen wird ausdrücklich ausgeschlossen.
9. Für die allg. Beschlussfassungen der Erbengemeinschaft reicht die einfache Mehrheit der Erbquoten aus. In Fällen von besonderer Bedeutung (Klageerhebungen, Antrag auf Entlassung des Testamentsvollstreckers etc.) bedarf der diesbezügliche Beschluss einer Mehrheit von 75 % der Erbquoten. Im Falle der Stimmengleichheit entscheidet die Stimme des Sprechers, soweit der Beschluss mit einfacher Mehrheit gefasst werden kann. Ein Beschluss, wonach die Erbengemeinschaft fortgesetzt wird und keine Auseinandersetzung erfolgen soll, hat einstimmig zu erfolgen.

§ 4 Informations- und Aufklärungsverpflichtung

1. Die Erben sind wechselseitig verpflichtet, alles in ihren Kräften Liegende zu tun, um Art und Umfang des Nachlasses aufzuklären und den Testamentsvollstrecker bei der Erstellung des Nachlassverzeichnisses zu unterstützen.
2. In Vollzug der vorstehenden Verpflichtung haben die Erben alle in ihrem Besitz befindlichen Nachlassgegenstände unverzüglich an den Testamentsvollstrecker abzuliefern, bzw unaufgefordert Auskunft über den Verbleib von Nachlassgegenständen zu erteilen. Ansonsten haben sie Unterlagen und Schriftverkehr, die mit dem Nachlass in Zusammenhang stehen, dem Testamentsvollstrecker zumindest zur Einsichtnahme vorzulegen. Auf sein Verlangen hin haben sie ihm zu gestatten, Kopien davon zu fertigen.
3. Über die Art und Weise der Informations- und Auskunftserteilung gegenüber dem Testamentsvollstrecker haben die Erben der Erbengemeinschaft anlässlich der nächsten Sitzung der Erbengemeinschaft unaufgefordert zu berichten und ggf auch die entsprechenden Unterlagen vorzulegen.

§ 5 Schweigepflicht

Die Mitglieder der Erbengemeinschaft haben im Außenverhältnis über alle Angelegenheiten der Erbengemeinschaft Stillschweigen zu bewahren, insbesondere sind sie nicht berechtigt, gegenüber Dritten, gleichgültig ob Privatpersonen, Behörden oder Gerichte irgendwelche Auskünfte zu erteilen. Anfragen Dritter sind unverzüglich an den Sprecher und den Testamentsvollstrecker weiterzuleiten.

§ 6 Willenserklärungen

Soweit zur Durchführung von Beschlüssen der Erbengemeinschaft Erklärungen abzugeben oder entgegenzunehmen sind, so handelt der Sprecher für die Erbengemeinschaft. Sonstige Urkunden und Bekanntmachungen der Erbengemeinschaft sind nur durch den Sprecher zu unterzeichnen.

§ 7 Auslagenersatz

Soweit die Erben in Erfüllung der ihnen obliegenden Auskunfts- und Informationsverpflichtung Auslagen getätigt haben, die sie nach Treu und Glauben als erforderlich und angemessen ansehen konnten, so haben sie Anspruch auf Ersatz aus dem Nachlass. Soweit das Entstehen von Auslagen von mehr als 500,00 EUR erkennbar und abzusehen ist, so haben die jeweiligen Erben die übrigen Mitglieder der Erbengemeinschaft darüber vorab zu informieren und die Zustimmung der Erbengemeinschaft einzuholen. Soweit die Erbengemeinschaft den Auslagenersatz ablehnt, so kann das jeweilige

Mitglied der Erbengemeinschaft nach Anfall der Auslagen dennoch Antrag auf Ersatz stellen, wenn die Aufwendungen dem Nachlass genützt haben.

Ansonsten können die Erben für die Teilnahme an den Sitzungen der Erbengemeinschaft Ersatz ihrer Reisekosten und in diesem Zusammenhang gehabten baren Auslagen aus dem Nachlass verlangen.

§ 8 Änderungen

Änderungen und Ergänzungen dieser Geschäftsordnung bedürfen eines mit 3/4-Mehrheit zu fassenden Beschlusses und sind nur in Schriftform verbindlich.

___, den ___

___

(Unterschrift jedes Erben)

Von der vorstehenden Geschäftsordnung der Erbengemeinschaft habe ich zustimmend Kenntnis genommen.

___, den ___

___

Rechtsanwalt R als Testamentsvollstrecker ◄

332 ▶ **Muster: Verwaltungsanordnungen des Erblassers**

Ich ordne Testamentsvollstreckung an. Zum Testamentsvollstrecker ernenne ich Herrn Rechtsanwalt Dr. Thomas Wachtelhofen, derzeit wohnhaft ABC Str. 1 c, 01234 Deisenheim.

___

Hinsichtlich der Verwaltung des zu meinem Nachlass gehörenden Wertpapierdepots darf er im Wege des Aufwendungsersatzes die mit der Verwaltung meines Depots bereits beauftragte XY Bank weiterhin mit der Verwaltung des Depots beauftragen.

Im Wege einer Verwaltungsanordnung nach § 2216 Abs. 2 BGB hat er den Anlageempfehlungen dieser Bank Folge zu leisten, sofern die Empfehlung bei der Kapitalanlage innerhalb der Risikoklassen 1 bis 3 der XY Bank erfolgt

Der Testamentsvollstrecker ist zur Erfüllung seiner Aufgabe von allen Beschränkungen befreit, von denen nach dem Gesetz Befreiung erteilt werden kann. Insbesondere erteile ich ihm die erweiterte Verpflichtungsbefugnis gemäß § 2207 BGB.

oder

Dem Testamentsvollstrecker ist es untersagt, zu Lebzeiten meiner Mutter Erna Normalerblasser Verfügungen über das Familiengrundstück in Hamburg, ABC Straße 123 vorzunehmen.

Im Übrigen ist die Verfügungsmacht des Testamentsvollstreckers dahingehend beschränkt, dass er zu Verfügungen über die weiteren Grundstücke, die sich im Nachlass befinden, der Zustimmung der Erben bedarf. Zudem darf er auch die Auseinandersetzung des Nachlasses nicht Zustimmung der Erben betreiben.

Ferner ist es ihm untersagt – unter Abweichung von den Bestimmungen des § 2217 Abs. 1 S. 1 BGB – vor Beendigung der Testamentsvollstreckung Nachlassgegenstände zur freien Verfügung überlassen.

D. Die Testamentsvollstreckung im Unternehmensbereich   § 5

oder

Die Auseinandersetzung des Nachlasses soll der Testamentsvollstrecker nach billigem Ermessen vornehmen. In der Eingehung von Verbindlichkeiten für den Nachlass ist der Testamentsvollstrecker nicht beschränkt. ◂

D. Die Testamentsvollstreckung im Unternehmensbereich

I. Allgemeines

Aufgrund der **Disparität** der erb- und gesellschaftsrechtlichen Haftungsordnungen (vgl § 2 EGHGB) kommt es zu erheblichen Problemen von Testamentsvollstreckungen im Unternehmensbereich. So würde die **Fortführung eines Handelsgeschäfts** durch einen Testamentsvollstreckers auf die Führung eines Handelsgeschäfts mit beschränkter Haftung hinauslaufen.[182] Ein derartiger Widerspruch zum Handelsrecht, wonach derjenige, der ein Handelsgeschäft führt, mit seinem gesamten Vermögen für die Verbindlichkeiten haftet, kann von der Rechtsordnung nicht hingenommen werden. Daher ist eine Testamentsvollstreckung an einem Handelsgeschäft unzulässig. Die erbrechtlichen Vorschriften treten hinter denen der handelsrechtlichen Bestimmungen über die Firmenfortführung und Haftung für Geschäftsschulden zurück.[183]   333

In der Literatur[184] wird zu Recht eine **Abwicklungsvollstreckung am Handelsgeschäft** für möglich erachtet, weil dann die handelsrechtlichen Haftungsgrundsätze der §§ 25, 27 HGB nicht eingreifen. Eine Fortführung des Handelsgeschäfts über die Drei-Monats-Frist des § 27 Abs. 2 HGB hinaus ist jedoch nicht zulässig.[185] Die Abwicklungsvollstreckung erlischt somit automatisch nach Ablauf dieser Drei-Monats-Frist, sofern das Einzelunternehmen nicht an die Erben gem. § 2217 BGB freigegeben bzw bis zu diesem Zeitpunkt in eine andere Rechtsform überführt wurde. Ebenso wäre eine fristgerechte Verpachtung möglich. Führt der Testamentsvollstrecker dennoch nach Ablauf von drei Monaten die Vollstreckung fort, haftet er **analog § 177 BGB** persönlich.   334

II. Die einzelnen Ersatzlösungen

Aufgrund der zahlreichen Probleme sind Ersatzlösungen entwickelt worden, die nachfolgend aufgeführt werden: 335

1. Vollmachtslösung

Der Testamentsvollstrecker kann sich durch die Erben zur Fortführung des Handelsgeschäfts **bevollmächtigen** lassen.   336

Hierdurch kann der Testamentsvollstrecker den Erben mit seinem **Privatvermögen** verpflichten. Als **Inhaber des Handelsgeschäfts** wird der **Erbe** in das **Handelsregister** eingetragen und **haftet** nach den §§ 25, 27 Abs. 1 HGB für die Verbindlichkeiten des Erblassers und persönlich und unbeschränkt für alle neu entstehenden Verbindlichkeiten aus dem Handelsgeschäft.[186]   337

---

182 BGHZ 12, 100 = BGH NJW 1954, 636.
183 Vgl auch BGHZ 24, 106.
184 Soergel/*Damrau*, § 2205 Rn 16; Staudinger/*Reimann*, § 2205 Rn 91.
185 Soergel/*Damrau*, § 2205 Rn 16.
186 MünchKomm/*Zimmermann*, § 2205 Rn 24 a.

338 Das Problem der Vollmachtlösung liegt darin, dass wegen der Notwendigkeit einer Vollmachtserteilung die Mitwirkung des Erben Voraussetzung ist. Um diese Mitwirkung zu erreichen, wird häufig in der Praxis die Erbeinsetzung von der **Bedingung** abhängig gemacht, dass eine Vollmacht erteilt wird. Ebenso wird vorgeschlagen, die Erbeinsetzung unter die auflösende Bedingung für den Fall zu stellen, dass die Vollmacht grundlos widerrufen wird. Ferner kann der Erbe auch mit einer **Auflage** nebst zusätzlichen **Straf- oder Verwirkungsklauseln** zur Erteilung einer Vollmacht bewegt werden.

339 Teilweise wird es jedoch für unzulässig erachtet, wenn der Erbe testamentarisch gezwungen werden kann, über sein Privatvermögen dem Testamentsvollstrecker die Verpflichtungsbefugnis einzuräumen.[187]

340 Nach hiesiger Auffassung ist eine Verpflichtung zulässig, da sich der Erbe ohne weiteres gegenüber derartigen Anordnungen durch Ausschlagung schützen kann.[188]

341 In der Praxis ungeeignet sind jedoch Klauseln, wonach der Erbe lediglich aufgefordert wird, dem Testamentsvollstrecker eine Vollmacht zu erteilen. Vielmehr sollte dann auch die Vollmacht ganz **konkret vorgegeben** und unwiderruflich gestellt werden, wobei ein Widerruf der Vollmacht dann zulässig sein sollte, wenn die Voraussetzungen des § 2227 BGB gegeben sind bzw das Amt erlischt.

342 Als weiteres **Korrektiv** ist anzuraten, dem durch die Testamentsvollstreckung beschwerten Erben oder Vermächtnisnehmer wenigstens die Möglichkeit zu geben, auch selbst auf die Verwaltung Einfluss zu nehmen.

343 Um die Probleme einer möglichen **Sittenwidrigkeit** der Erteilung einer unwiderruflichen Generalvollmacht zu umgehen, empfiehlt es sich, die Vollmacht im Außenverhältnis sowohl inhaltlich als auch zeitlich zu begrenzen und insbesondere die Dauer der Bevollmächtigung auch an die Dauer der Amtszeit der Testamentsvollstreckung zu koppeln. Sofern eine Gefährdung des Privatvermögens der Erben durch die Erteilung der Vollmacht in Betracht kommt, kann dem dadurch begegnet werden, dass Eingehung von Verbindlichkeiten von der Zustimmungspflicht der Erben abhängig gemacht werden können.

---

187 MünchKomm/*Zimmermann*, § 2205 Rn 21 mwN.
188 So auch Bamberger/Roth/*J. Mayer*, § 2205 Rn 28.

D. Die Testamentsvollstreckung im Unternehmensbereich § 5

Übersicht Vollmachtslösung[189] 344

Inhaber des Geschäfts	Erbe
Handelsregistereintragung lautet auf	Erbe
Eigentümer des Betriebsvermögens	Erbe
Haftung für Altschulden aus Handelsgeschäft	Nur Erben aber wegen §§ 27, 25 Abs. 2 HGB Haftungsbeschränkung möglich
Haftung für neue Geschäftsschulden	Erben
Zwangsvollstreckungsmöglichkeit für Eigengläubiger der Erben	ja
Zwangsvollstreckungsmöglichkeit für Gläubiger des Testamentsvollstreckers	Keine Möglichkeit
Vorteile	Keine persönliche Haftung des Testamentsvollstreckers bei Geschäftsverbindlichkeiten
Nachteile	Testamentsvollstrecker kann über Nachlass verfügen. Da Erben ebenfalls verfügungsberechtigt, besteht Blockademöglichkeit

▶ **Muster: Vollmachtslösung** 345

Ich ordne Testamentsvollstreckung wie folgt an:

Die Aufgabe des Testamentsvollstreckers ist die Fortführung meines einzelkaufmännisch betriebenen Unternehmens Bäckerei (Name des Erblassers) zu dem mein gesamtes Betriebsvermögen einschließlich des Sonderbetriebsvermögens gehört.

Der Testamentsvollstrecker hat das Unternehmen als Bevollmächtigter der Erben in ihrem Namen und unter ihrer Haftung fortführen.

Im Weg der Auflage verpflichte ich die Erben, dem Testamentsvollstrecker eine vom Umfang her für die Fortführung des Unternehmens notwendige Vollmacht zu erteilen.

Alternativ:

Im Weg der Auflage verpflichte ich die Erben, dem Testamentsvollstrecker eine von mir vorformulierte und vom Umfang her für die Fortführung des Unternehmens notwendige Vollmacht, die dieser letztwilligen Verfügung beigefügt ist, zu erteilen.

Von der Vollmacht ausgenommen werden können unentgeltliche Verfügungen. Die Haftung kann weiterhin für eingegangene Verpflichtungen auf den Nachlass beschränkt werden.

Die Vollmacht erlischt mit der Beendigung des Amtes des Testamentsvollstreckers.

Nach Beendigung seiner Aufgaben hat der Testamentsvollstrecker gegenüber den Erben Anspruch auf Befreiung von einer eventuell bestehenden unbeschränkten Haftung für die im Rahmen seiner ordnungsgemäßen Geschäftsführung eingegangenen Geschäftsverbindlichkeiten.

(weitere Anordnungen zur Person etc.) ◀

---

189 Dazu: *Mayer/Bonefeld/Wälzholz/Weidlich*, PraxisHB, Rn 402.

2. Treuhandlösung

346 Der Treuhandlösung führt der Testamentsvollstrecker das Handelsgeschäft **treuhänderisch** und **im eigenen Namen** für die Erben fort. Er wird im **Handelsregister** eingetragen und tritt nach außen nicht als Testamentsvollstrecker, sondern als Inhaber auf.

347 Dabei sind zwei Formen zu unterscheiden: Zum einen die **Verwaltungs- oder Ermächtigungstreuhand**, zum anderen die **Vollrechtstreuhand**.

348 In der Rechtsprechung[190] wird die **Treuhand als Ermächtigungstreuhand** begriffen, indem dem Testamentsvollstrecker nur das Recht zur Verfügung über die seiner Verwaltung unterliegenden Geschäftsgegenstände eingeräumt wird, er aber nicht Eigentümer des Geschäftsvermögens wird. Hingegen wird bei der **Vollrechtstreuhand** der Testamentsvollstrecker Eigentümer des Geschäftsvermögens. Dieses muss erst noch auf ihn übertragen werden, was er aber ggf durch ein In-sich-Geschäft durchführen kann.

349 Kommt es zu **Zwangsvollstreckungsmaßnahmen** von Eigengläubigern des Testamentsvollstreckers in das Geschäftsvermögen, steht den Erben der Weg einer **Drittwiderspruchsklage** nach § 771 ZPO offen. Trotz seines persönlichen Handelns ist von einer Nachlassverpflichtung auszugehen, wenn er im Rahmen des Handelsgeschäfts Gegenstände für den Nachlass erwirbt.[191] Nachdem der Testamentsvollstrecker als Inhaber des Unternehmens im **Außenverhältnis** gegenüber Dritten **unbeschränkt persönlich haftet**, hat er hingegen im **Innenverhältnis** gegenüber den Erben, für deren Rechnung und damit zu deren Vorteil er das Geschäft geführt hat, gem. §§ 2218, 670 BGB einen Anspruch auf Befreiung von der unbeschränkten Haftung, soweit die Eingehung der Verbindlichkeit für die ordnungsgemäße Verwaltung erforderlich war.[192]

350 Die Erben können dabei ihre Haftung gegenüber dem Testamentsvollstrecker auf den Nachlass beschränken. Problematisch ist dann für den Testamentsvollstrecker, dass er für aus dem Nachlass nicht zu deckende Schadensersatzansprüche wiederum persönlich haftet. Demzufolge sollte in der Verfügung von Todes wegen dafür Sorge getragen werden, dass der Testamentsvollstrecker von seiner unbeschränkten Haftung im Innenverhältnis vollständig freigestellt wird, da ansonsten die Übernahme des Amtes von ihm kaum erwartet werden kann.

351 Die Erben können auch bei der Treuhandlösung in der Verfügung von Todes wegen verpflichtet werden, eine treuhänderische Übertragung auf den Testamentsvollstrecker vorzunehmen. Dies kann entweder durch eine Auflage oder aber Bedingung erfolgen. Ist eine ausdrückliche Anordnung durch den Erblasser nicht vorgenommen worden, kann nicht von einer Vollrechtstreuhand ausgegangen werden, da diese eine ausdrückliche Erblasseranordnung voraussetzt.[193]

352 Eine **vormundschaftsgerichtliche Genehmigung** nach § 1822 Nr. 3 BGB für die Fortführung des Unternehmens bei minderjährigen Erben ist nach Einführung des Minderjährigenhaftungsbegrenzungsgesetzes nicht mehr notwendig.[194]

---

190 BGH NJW 1975, 54.
191 Staudinger/*Reimann*, § 2205 Rn 94.
192 BGHZ 24, 106.
193 MünchKomm/*Zimmermann*, § 2205 Rn 24 c.
194 Bamberger/Roth/*J. Mayer*, § 2205 Rn 29.

D. Die Testamentsvollstreckung im Unternehmensbereich § 5

Übersicht Treuhandlösung[195]

353

Inhaber des Geschäfts	Testamentsvollstrecker
Handelsregistereintragung lautet auf	Testamentsvollstrecker
Eigentümer des Betriebsvermögens	– Verwaltungs- oder Ermächtigungstreuhand: Erben – Vollrechtstreuhand: Testamentsvollstrecker
Haftung für Altschulden aus Handelsgeschäft	Testamentsvollstrecker und Erben aber wegen §§ 27, 25 Abs. 2 HGB Haftungsbeschränkung möglich
Haftung für neue Geschäftsschulden	Testamentsvollstrecker persönlich Die Erben können nur bei ordnungsgemäßer Verwaltung gem. § 2206 BGB auf den Nachlass Haftung beschränken
Zwangsvollstreckungsmöglichkeit für Eigengläubiger der Erben	– Bei Verwaltungs- oder Ermächtigungstreuhand möglich – Bei Vollrechtstreuhand nicht möglich
Zwangsvollstreckungsmöglichkeit für Gläubiger des Testamentsvollstreckers	– Bei Verwaltungs- oder Ermächtigungstreuhand nicht möglich – Bei Vollrechtstreuhand möglich, aber Weg für Drittwiderspruchsklage nach § 771 ZPO offen
Vorteile	Günstig bei „unreifen Erben", da diese wegen der vollen Unternehmerstellung des Testamentsvollstreckers ausgeschlossen werden
Nachteile	Haftung des Testamentsvollstreckers

3. Weisungsgeberlösung

Des Weiteren kann der Testamentsvollstrecker im **Außenverhältnis** das **Handelsgeschäft freigeben** und sich im **Innenverhältnis** die **Entscheidungsbefugnis** vorbehalten.[196] Der Erbe führt somit das Einzelunternehmen im Außenverhältnis weiter fort.

354

Voraussetzung ist eine entsprechende Anordnung des Erblassers nach Maßgabe des § 2208 Abs. 2 BGB oder aber eine direkte Einigung mit den Erben. Sofern Verstöße gegen Weisungsauflagen erfolgen, wirken diese nicht dinglich nach außen.[197]

355

Sehr problematisch ist wegen § 2206 BGB, ob der Testamentsvollstrecker überhaupt gegenüber dem Erben in den Fällen anweisungsbefugt ist, in denen durch die Anweisung zum Abschluss

356

---

195 Dazu: *Mayer/Bonefeld/Wälzholz/Weidlich*, PraxisHB, Rn 402.
196 Vgl *Weidlich*, ZEV 1998, 339.
197 Bamberger/Roth/*J. Mayer*, § 2205 Rn 31.

eines bestimmten Rechtsgeschäftes eine zwingende Haftung mit dem Erbenprivatvermögen begründet wird.[198]

357 Übersicht Weisungsgeberlösung[199]

Inhaber des Geschäfts	Erbe
Handelsregistereintragung lautet auf	Erbe
Eigentümer des Betriebsvermögens	Erbe
Haftung für Altschulden aus Handelsgeschäft	Nur Erben aber wegen §§ 27, 25 Abs. 2 HGB Haftungsbeschränkung möglich
Haftung für neue Geschäftsschulden	Erben
Zwangsvollstreckungsmöglichkeit für Eigengläubiger der Erben	möglich
Zwangsvollstreckungsmöglichkeit für Gläubiger des Testamentsvollstreckers	Keine Möglichkeit
Vorteile	– Keine persönliche Haftung des Testamentsvollstreckers bei Geschäftsverbindlichkeiten nach außen – Durch nach außen unbeschränkte Unternehmerstellung der Erben können diese selbst Geschäft führen, wenn sie dafür geeignet sind
Nachteile	Nach außen unbeschränkte Verfügungsmacht der Erben trotz Testamentsvollstreckung

4. Beaufsichtigende Testamentsvollstreckung

358 Aufgrund der neueren Rechtsprechung zur sog. beaufsichtigenden Testamentsvollstreckung an Personengesellschaftsanteilen[200] wird eine Testamentsvollstreckung am einzelkaufmännischen Handelsgeschäft für zulässig erachtet, so dass der Erbe das Handelsgeschäft lediglich unter der Aufsicht des Testamentsvollstreckers fortführt.

359 Demzufolge ist die Rechtslage insoweit nicht anders, als bei einer vollhaftenden Beteiligung an einer Personengesellschaft.[201] Im **Innenverhältnis** können somit die Erben agieren, aber im **Außenverhältnis** können sie nicht ohne den Testamentsvollstrecker über das Handelsgeschäft teilweise oder im Ganzen verfügen.

360 Ferner ist eine **Zwangsvollstreckung** durch Eigengläubiger der Erben wegen § 2214 BGB nicht möglich.

361 Eine Kombination zwischen beaufsichtigender Testamentsvollstreckung und Beschränkung der Testamentsvollstreckung auf einzelne Gegenstände des Handelsgeschäfts ist möglich. Nach

---

198 *Weidlich*, ZEV 1994, 212.
199 Dazu: *Mayer/Bonefeld/Wälzholz/Weidlich*, PraxisHB, Rn 402.
200 BGHZ 98, 48 = BGH NJW 1986, 2431.
201 Staudinger/*Reimann*, § 2205 Rn 104.

D. Die Testamentsvollstreckung im Unternehmensbereich § 5

hiesiger Auffassung führt dies jedoch nicht dazu, dass Neugläubiger vom Zugriff auf das Geschäftsvermögen nach § 2214 BGB ausgeschlossen sind. Andernfalls könnte durch diese Konstruktion jeder Erbe trotz Fortführung eines Handelsgeschäfts haftungsfrei gestellt werden, was aber wegen der beschriebenen Disparität nicht möglich ist. Als Alternative bietet sich zivilrechtlich ggf eine Verpachtung von Gegenständen des Geschäftsvermögens, die der Testamentsvollstrecker verwaltet, an. Diesbezüglich ist noch einiges ungeklärt.

Übersicht beaufsichtigende Testamentsvollstreckung[202] 362

Inhaber des Geschäfts	Erbe
Handelsregistereintragung lautet auf	Erbe
Eigentümer des Betriebsvermögens	Erbe
Haftung für Altschulden aus Handelsgeschäft	Nur Erben aber wegen §§ 27, 25 Abs. 2 HGB Haftungsbeschränkung möglich
Haftung für neue Geschäftsschulden	Erben
Zwangsvollstreckungsmöglichkeit für Eigengläubiger der Erben	Keine Möglichkeit wegen § 2214 BGB
Zwangsvollstreckungsmöglichkeit für Gläubiger des Testamentsvollstreckers	Keine Möglichkeit
Vorteile	a) Kein Verfügungsrecht der Erben ohne Testamentsvollstrecker, dadurch Schutz vor Eigengläubigern. b) Mitspracherecht der Erben im Innenverhältnis.
Nachteile	Testamentsvollstrecker hat keinen Einfluss auf die „Innenseite" der Gesellschaft bzw des Unternehmens

5. Alternativen

Als Alternative zu den Ersatzlösungen ist eine sog. **Umwandlungsanordnung** an den Testamentsvollstrecker in Betracht zu ziehen. Diese kann als Auflage für den Erben formuliert werden, wonach das Unternehmen durch den Testamentsvollstrecker entweder in eine GmbH oder Aktiengesellschaft gem. §§ 152 S. 1, 125, 135 Abs. 2 UmwG umgewandelt werden soll. Das Verwaltungsrecht des Testamentsvollstreckers wird dann an den neu geschaffenen Geschäftsanteilen bzw Aktien fortgesetzt.[203] 363

Bereits zu Lebzeiten kann der Erblasser zB durch Gründung einer sog. Vorratsgesellschaft Vorsorge treffen. Dies ist deshalb anzuraten, weil über die Drei-Monats-Frist des § 27 Abs. 2 HGB hinaus die Zulässigkeit einer Testamentsvollstreckung am Handelsgeschäft abzulehnen ist. Vorsorglich sollte in der Verfügung von Todes wegen eine Umwandlung ausdrücklich ange- 364

---

[202] Dazu: *Mayer/Bonefeld/Wälzholz/Weidlich*, PraxisHB, Rn 402.
[203] *Mayer/Bonefeld/Wälzholz/Weidlich*, PraxisHB, Rn 399.

ordnet oder zumindest ein Wahlrecht eingeräumt werden, da noch nicht geklärt ist, ob eine ausdrückliche Anordnung entbehrlich ist.[204]

365 Die Gründung einer GmbH (also Nichtumwandlung) durch einen Testamentsvollstrecker für die Erben ist nur dann möglich, wenn eine persönliche Haftung der Gesellschafter Erben durch sofortige Volleinzahlung bzw entsprechende Sacheinlage ausgeschlossen ist oder der Testamentsvollstrecker aufgrund gesonderter Ermächtigung der Erben diese in vollem Umfang persönlich verpflichten kann.[205] Andernfalls liegt ein Verstoß gegen § 2206 BGB vor. Ebenso ist eine Umwandlung in eine GmbH & Co. KG vorteilhaft, in der der Erbe, Kommanditist und GmbH-Gesellschafter ist.

III. Testamentsvollstreckung an Anteilen an Personengesellschaften

366 Bei der Fremdverwaltung von Anteilen an Personengesellschaften ist zwischen **persönlich haftenden Gesellschaftsanteilen** und **Kommanditanteilen** zu unterscheiden. Dies hat maßgebliche Bedeutung für die Möglichkeiten der Testamentsvollstreckung an solchen Anteilen.

367 Eine **Fremdverwaltung** kommt nur bei einer **Nachfolgeklausel** in Betracht. Wird hingegen die Gesellschaft bei Tod eines Gesellschafters **fortgesetzt**, hat der Testamentsvollstrecker nur die Möglichkeit, den Abfindungsanspruch geltend zu machen. Sofern eine **Eintrittsklausel** vorliegt, scheidet eine Testamentsvollstreckung vollständig aus, weil das Eintrittsrecht nicht durch Verfügung von Todes wegen, sondern durch Vertrag zu Gunsten Dritter auf den Todesfall auf den Nachfolger übergeht.[206]

1. Persönlich haftende Gesellschaftsanteile (OHG, EWIV, GbR, Komplementär einer KG)

368 Hinsichtlich der **Abwicklungsvollstreckung** gelten im Bereich der stets durch **persönliche Haftung** gekennzeichneten Anteile an GbR, OHG sowie Komplementäranteilen an KG dieselben Grundsätze wie beim einzelkaufmännischen Handelsgeschäft.

369 Gehört zum Nachlass der Anteil eines alleinigen Komplementärs einer KG, kann der Testamentsvollstrecker jedenfalls für die dreimonatige Übergangsfrist aus § 139 Abs. 3 HGB sämtliche Rechte der Gesellschafter-Erben wahrnehmen. Nach Ende dieser Frist ist die Testamentsvollstreckung aber nur noch unter der Voraussetzung zulässig, dass durch entsprechende Gestaltung und Maßnahmen ein neuer Komplementär in die Gesellschaft eintritt. Durch die Anordnung einer Testamentsvollstreckung ist es somit zwar möglich, eine Kontrolle der Gesellschafter-Erben zu erreichen, die Verlagerung der Kompetenz auf den Testamentsvollstrecker, unternehmerische Entscheidungen zu treffen, kann auf diesem Wege nicht erreicht werden.

370 Sofern eine **Nachfolgeklausel** vereinbart wurde, vollzieht sich die Vererbung durch **Sondererbfolge**, wenn mehrere Erben vorhanden sind. Da der Erbe eine Beteiligung entsprechend seiner Erbquote durch diese Sondererbfolge erwirbt, braucht der Testamentsvollstrecker die Beteiligung als Nachlassteil unter den Miterben nicht mehr auseinanderzusetzen bzw bis dahin zu verwalten. Der Testamentsvollstrecker kann den Gesellschaftsanteil mithin nicht verwalten bzw über ihn verfügen.

---

204 Vgl *Mayer/Bonefeld/Wälzholz/Weidlich*, PraxisHB, Rn 399.
205 *Mayer/Bonefeld/Wälzholz/Weidlich*, PraxisHB, Rn 400.
206 BGHZ 22, 186.

D. Die Testamentsvollstreckung im Unternehmensbereich § 5

Verwaltungs- und Vermögensrecht am Gesellschaftsanteil werden einheitlich vererbt. Insofern tritt **keine Aufspaltung** ein.[207]

371

Die **Verwaltungstestamentsvollstreckung bzw Dauertestamentsvollstreckung** ist anders zu beurteilen. Im Unterschied zur OHG und KG wird bei der GbR bei Tod eines Gesellschafters die Gesellschaft aufgelöst. Hierdurch entsteht eine Liquidationsgesellschaft, die in den Nachlass und damit unter das Verwaltungsrecht des Testamentsvollstreckers fällt. Der Testamentsvollstrecker kann alle Liquidationsansprüche für die Erben geltend machen.[208]

372

Bei einer **Fortsetzungsklausel** oder bei einer OHG bzw KG kann der Testamentsvollstrecker ebenfalls die Abfindungsansprüche der Erben gegen die Gesellschaft geltend machen. Ebenso, wenn der Erbe wahlweise nach § 139 Abs. 2 HGB von seinem ihm allein zustehenden höchstpersönlichen Kündigungsrecht Gebrauch gemacht hat.

373

Wird die Gesellschaft aufgrund einer Nachfolgeklausel (einfach oder qualifiziert) mit den Erben fortgesetzt, kann der Testamentsvollstrecker die Rechte eines voll haftenden Gesellschafters nicht direkt verwalten.[209]

374

Ist im Gesellschaftsvertrag eine **Eintrittsklausel** vereinbart worden, erfasst das Eintrittsrecht nicht die Testamentsvollstreckung, weil das Eintrittsrecht nicht von Verfügung von Todes wegen, sondern durch Vertrag zu Gunsten Dritter auf den Todesfalls auf den Nachfolger übergeht.[210]

375

Sofern die Testamentsvollstreckung mit einer der erörterten Ersatzlösungen zusammenfällt, gilt das oben beschriebene (wie beim einzelkaufmännischen Handelsgeschäft).

376

Da die Gesellschafterbeziehungen **höchstpersönlich** sind, müssen die Gesellschafter die Rechtsausübung durch den Testamentsvollstrecker entweder im Gesellschaftsvertrag ausdrücklich zulassen oder der Testamentsvollstreckung nachträglich zustimmen.[211] Eine gesellschaftsvertragliche Zulassung kann bereits bei Vereinbarung einer einfachen Nachfolgeklausel unterstellt werden. Eine nachträgliche Zustimmung ist lediglich bei der Weisungsgeberlösung nicht notwendig.

377

Des Weiteren ist der Erbe durch Auflage oder Bedingung zur Duldung der Ausübung der Mitgliedschaftsrechte durch den Testamentsvollstrecker verpflichtet. Aufgrund der auch zwischen Gesellschafts- und Erbrecht bestehenden Haftungsdisparität sind den Ersatzlösungen sehr enge Grenzen gesetzt.

378

Auch wenn der Erblasser sich für eine Ersatzlösung entschieden hat, ist der Testamentsvollstreckung auf die Mitwirkung bzw Zustimmung der weiteren Alt-Gesellschafter angewiesen. Deren Nichterteilung der Zustimmung verhindert jedoch nicht die Testamentsvollstreckung an der sog. Außenseite der Gesellschaftsbeteiligung.[212]

379

2. Kernrechtsbereichtheorie

Hinsichtlich der sog. **Innenseite**, also der personenrechtlichen Sphäre ist die **Kernrechtsbereichtheorie** entwickelt worden.[213] Danach sind die Gesellschafterrechte im eigentlichen Sinne wegen

380

---

207 *Lorz*, ZEV 1996, 112; *Weidlich*, ZEV 1994, 206.
208 MünchKomm/*Zimmermann*, § 2205 Rn 25; Bamberger/Roth/*J. Mayer*, § 2205 Rn 38.
209 BGHZ 68, 225.
210 BGHZ 22, 186.
211 Bengel/Reimann/*D. Mayer*, Handbuch V, Rn 157.
212 BGH NJW 1986, 2431.
213 BGHZ 20, 363.

ihrer höchstpersönlichen Natur der Ausübung durch einen Dritten nicht zugänglich und können somit der Testamentsvollstreckung grundsätzlich nicht unterliegen. Dementsprechend können Verwaltungsmaßnahmen des Testamentsvollstreckers nicht die Innenseite der Beteiligung betreffen.[214]

381 **Gesellschaftsrechtliche Mitwirkungsrechte**, wie zB die Teilnahme an Gesellschafterversammlungen und Beschlüssen, das Informations- und Kontrollrecht sowie das Stimmrecht ist der Kompetenz des Testamentsvollstreckers zwingend entzogen.

382 Ausnahmsweise ist ein **Zustimmungsbedarf** des Testamentsvollstreckers anzunehmen, wenn die Mitwirkungsrechte auch die **vermögensrechtliche Außenseite** betreffen. Auf dieser sog. Außenseite der Beteiligung kann der Testamentsvollstrecker eine den Erben beaufsichtigende Funktion wahrnehmen.

383 Hierunter fallen zB die Verwaltung und Fälligkeit von Gewinnansprüchen und das Auseinandersetzungsguthaben. Der Erbe kann daher ohne Mitwirkung des Testamentsvollstreckers nicht über seinen geerbten Gesellschaftsanteil verfügen, welcher wegen § 2214 BGB auch dem Zugriff von Eigengläubigern des Erben entzogen ist.

384 Aufgrund der Kernrechtsbereichtheorie darf der Testamentsvollstrecker **ohne Zustimmung** des Erben in die unentziehbaren Rechte **nicht eingreifen**.

385 Diese **unentziehbaren Rechte** sind nicht durch Mehrheitsbeschluss abänderbar, sondern nur durch die ursprüngliche Satzung oder den Ur-Gesellschaftsvertrag. So kann der Testamentsvollstrecker beispielsweise nicht das Recht zur Kündigung aus wichtigem Grund ausüben oder Änderungen des Kapitalanteils oder der handelsrechtlichen Haftung vornehmen. Hat der Erblasser angeordnet, dass der Testamentsvollstrecker die Personengesellschaft in eine Kapitalgesellschaft umwandeln darf, bedarf dies nicht der Zustimmung der Erben, sofern diese durch die Umwandlung nicht weitergehend persönlich verpflichtet werden. Aufgrund des Verbotes unentgeltlicher Verfügungen aus § 2205 S. 3 BGB und dem Gebot der ordnungsgemäßen Verwaltung des Nachlasses aus §§ 2206 Abs. 1, 2216 Abs. 1 BGB kann der Testamentsvollstrecker nicht an Satzungsänderungen oder Beschlüssen mitwirken, die eine Leistungspflicht einführen, die durch die Nachlassmittel nicht erfüllt werden kann. Gleiches gilt für Handlungen, die zu einem einseitigen Rechtsverlust für die Gesellschafter führen.[215]

386 Hat ein Gesellschafter einen verstorbenen Mitgesellschafter beerbt, ist fraglich, ob eine Testamentsvollstreckung unzulässig ist.

387 Nach der Rechtsprechung[216] kommt es zu einer **vermögensmäßigen Trennung beider Gesellschaftsanteile**. Insofern wird eine Spaltung vorgenommen, wonach der ererbte Gesellschaftsanteil dem Nachlassvermögen zuzuordnen ist, der beim Erbfall bereits vorhandene Gesellschaftsanteil wird hingegen dem Privatvermögen zugeordnet.

388 Die Rechtslage ist durch die Rechtsprechung noch nicht endgültig entschieden. Vorsorglich sollte daher als **Alternative** eine **Umwandlung** von einer Personengesellschaft in eine Kapitalgesellschaft erwogen werden, wozu eine ausdrückliche Erblasseranordnung in die letztwillige Verfügung aufgenommen werden sollte.

389 *Weidlich*[217] empfiehlt zur Entschärfung der Haftungsproblematik der Ersatzlösungen, dass aufgrund einer entsprechenden gesellschaftsvertraglichen Regelung die Geschäftsführungs- und

---

214 Staudinger/*Reimann*, § 2205 Rn 114.
215 Bengel/Reimann/*D. Mayer*, Handbuch V, Rn 184.
216 BGHZ 98, 57 = BGH NJW 1986, 2431.
217 *Weidlich*, ZEV 1994, 205.

D. Die Testamentsvollstreckung im Unternehmensbereich § 5

Vertretungsbefugnis mit dem Erblassertod erlischt und die Vertretungsbefugnis des Testamentsvollstreckers durch Erteilung einer Vollmacht bzw einer Prokura durch die übrigen Gesellschafter herbeigeführt wird.

Um eine direkte Testamentsvollstreckung über eine der vorgenannten Beteiligungen zu erreichen, bietet sich die Möglichkeit der sog. **beaufsichtigenden Testamentsvollstreckung**.[218] Wegen der noch weitgehend ungeklärten Abgrenzungsfragen ist dringend zu empfehlen, bei einer bestehenden Testamentsvollstreckung nur bei der laufenden Geschäftsführung und Gesellschaftsvertragsänderungen, die nur geringfügig in die Rechtsstellung des Gesellschaftererben eingreifen, auf die Zustimmung des Testamentsvollstreckers zu verzichten. Seine Beteiligung ist jedenfalls schon beim Ergebnisverwendungsbeschluss erforderlich, da andernfalls Nichtigkeit droht.[219]

390

Die einzelnen **Auswirkungen** der beaufsichtigenden Testamentsvollstreckung sind unübersichtlich. Aufgrund der Kernrechtsbereichtheorie kann der Testamentsvollstrecker nicht Verwaltungsmaßnahmen vornehmen, die die sog. Innenseite der Beteiligung betreffen. Allerdings kann er eine beaufsichtigende Funktion über den Erben haben und damit an der Außenseite an der Beteiligung. Wie oben festgestellt, kann die Anordnung einer Testamentsvollstreckung verhindern, dass der Gesellschafter-Erbe Verfügungen über den ererbten Gesellschaftsanteil treffen kann, sofern der Testamentsvollstrecker keine Zustimmung hierzu erteilt hat. Das Aufgabenverhältnis zwischen Gesellschafter-Erben und Testamentsvollstrecker kann wie folgt zusammengefasst werden:

391

- Das **Stimmrecht** steht dem Gesellschafter-Erben grundsätzlich allein zu. Soweit Belange, die der Testamentsvollstreckung unterworfen sind, berührt werden, mithin die Außenseite tangiert ist, besteht jedoch eine Zustimmungspflicht des Testamentsvollstreckers.
- Der Testamentsvollstrecker kann zwar nicht an **Gesellschafterversammlungen** teilnehmen. sondern nur der Gesellschafter-Erbe. Es besteht jedoch eine Zustimmungspflicht für Beschlüsse.
- Ferner steht dem Testamentsvollstrecker ein **Informationsrecht** zu.
- Auch die **Beschlüsse** trifft der Gesellschafter-Erbe grundsätzlich allein. Soweit der Gewinn oder andere Bereiche betroffen sind, muss der Testamentsvollstrecker seine **Zustimmung** erteilen, ebenso grundsätzlich der Gesellschafter-Erbe allein Kontrollrechte bzw Informationsrechte. Aber auch hier besteht zu entsprechenden Maßnahmen Zustimmungspflicht durch den beaufsichtigenden Testamentsvollstrecker.
- Der Gesellschafter-Erbe hat keine Befugnisse hinsichtlich eines künftigen **Auseinandersetzungsanspruchs** oder ein **Verfügungsrecht** über den Gesellschaftsanteil. Dies steht dem beaufsichtigenden Testamentsvollstrecker allein zu.
- Gleiches gilt für **Gewinnansprüche**.
- Nicht zustimmungspflichtig sind **Kündigungen** der Gesellschaft bzw das **Wahlrecht** aus § 139 HGB.

Letztendlich ist die Anordnung einer beaufsichtigenden Testamentsvollstreckung bei unreifen Erben nicht empfehlenswert, da die unreifen Erben die Geschäftsführung übernehmen müssen. Da noch zahlreiche Probleme hinsichtlich der Kompetenzabgrenzung bestehen, sollten die

---

[218] BGHZ 98, 48 = BGH NJW 1986, 2431; BGHZ 108, 187 = BGH NJW 1989, 3152.
[219] So ausdrücklich *Mayer/Bonefeld/Wälzholz/Weidlich*, PraxisHB, Rn 415.

392 ▶ **Muster: Einschränkung der Befugnisse des Testamentsvollstreckers unter Berücksichtigung der Kernbereichslehre**

Der Testamentsvollstrecker ist nicht befugt, ohne Zustimmung des betreffenden Gesellschaftererben in den Kernbereich der Mitgliedschaft einzugreifen.

Insbesondere bei folgenden Gesellschaftsangelegenheiten bedarf der Testamentsvollstrecker eine entsprechende Zustimmung der Gesellschafter: .... ◀

3. Verwaltungsvollstreckung an einer Kommanditbeteiligung

393 Durch den **Tod eines Kommanditisten** wird die Gesellschaft nicht aufgelöst, sondern mit den Erben gem. § 177 HGB fortgesetzt, es sei denn, der Gesellschaftsvertrag ordnet eine anderweitige Folge an. Demzufolge ist an einer vererblichen Kommanditbeteiligung Testamentsvollstreckung möglich,[221] sofern die übrigen Gesellschafter entweder den **Gesellschaftsvertrag** selbst oder im Einzelfall der Wahrnehmung der Gesellschafterrechte durch den Testamentsvollstrecker **zugestimmt** haben.

394 Zwar kann die Zustimmung auch konkludent erteilt werden, was bei einer Publikums-KG unterstellt werden kann, weil dort im Gesellschaftsvertrag grundsätzlich der Anteil frei veräußerlich gestellt wird.[222] Eine einfache Duldung kann regelmäßig nicht als stillschweigende Zustimmung interpretiert werden.

395 Der Testamentsvollstrecker kann sowohl an der **Innenseite**, als auch an der **Außenseite** sämtliche Rechte der Erben wahrnehmen.[223] Auch wenn die **Zustimmung** der übrigen Gesellschafter fehlt, wird dadurch die Anordnung der Testamentsvollstreckung nicht insgesamt unwirksam. Lediglich im Innenverhältnis gilt die Testamentsvollstreckung als nicht angeordnet, im Außenverhältnis kann der Testamentsvollstrecker die Rechte weiterhin wahrnehmen. Um eine Testamentsvollstreckung insgesamt an der Kommanditbeteiligung zu erleichtern, ist eine Aufnahme einer Zustimmung im Gesellschaftsvertrag ratsam.

4. Besonderheiten bei Verwaltungsvollstreckung bei Gesellschaftsanteil einer GbR

396 Aufgrund der durch die neuere Rechtsprechung[224] erfolgten Annäherung des Haftungssystems der GbR an das der OHG ist nunmehr fraglich, ob der Testamentsvollstrecker tatsächlich nur Verwaltungsmaßnahmen an der Außenseite, nicht aber an der Innenseite der GbR-Beteiligung treffen kann.[225] Überwiegend wird dies abgelehnt.[226] Die Rechtsprechung hinsichtlich der Haftung eines GbR-Gesellschafters ist im Fluss, sodass hier weiterhin einige Rechtsunsicherheit besteht.

5. Stille Gesellschaften

397 Gem. § 234 Abs. 2 BGB kommt es durch den Tod eines stillen Gesellschafters nicht zur Auflösung der stillen Gesellschaft. Die Beteiligung kann daher vom Testamentsvollstrecker als Nach-

---

220 Vgl Mayer/Bonefeld/Wälzholz/Weidlich, PraxisHB, Rn 415.
221 BGHZ 108, 187 = BGH NJW 1989, 3152.
222 Vgl Ulmer, NJW 1990, 73.
223 Bamberger/Roth/J. Mayer, § 2205 Rn 49.
224 BGH NJW 2003, 1803; BGH NJW 2003, 1445.
225 Hierzu ausführlich Weidlich, ZEV 98, 339.
226 Vgl Bengel/Reimann/D. Mayer, Handbuch V, Rn 219 mwN.

lassbestandteil verwaltet werden, sofern der Geschäftsinhaber zustimmt.[227] Wird hingegen durch den Tod des Geschäftsinhabers die stille Gesellschaft aufgelöst, hat der Testamentsvollstrecker das Guthaben des stillen Gesellschafters zu befriedigen; sofern der Gesellschaftsvertrag etwas anderes gem. § 727 Abs. 1 BGB bestimmt, wird die Gesellschaft fortgeführt. Es gelten dann die Grundsätze der Testamentsvollstreckung hinsichtlich der Fortführung eines Einzelunternehmens.[228]

6. Genossenschaften

Aufgrund § 77 Abs. 1 GenG kommt es mit dem Tod eines Genossen zum Übergang der Mitgliedschaft auf den Erben, welche aber mit dem Schluss des Geschäftsjahres endet, in dem der Erbfall eingetreten ist. Allerdings kann das Statut nach § 77 Abs. 2 GenG von dieser befristeten Nachfolgeklausel eine Abweichung vorsehen und die Fortsetzung der Mitgliedschaft anordnen. Alle Mitgliedschaftsrechte werden vom Testamentsvollstrecker wahrgenommen. Umstritten und – soweit ersichtlich – gerichtlich noch nicht entschieden ist die Frage, ob der Testamentsvollstrecker auch die nach § 77 Abs. 2 GenG erforderliche Erklärung zur Fortsetzung der Mitgliedschaft abgeben darf. Dies wird jedoch überwiegend verneint.[229] Diejenigen, die eine Abgabe der Erklärung durch den Testamentsvollstrecker befürworten, machen insofern eine Einschränkung, dass durch die Erklärung keine weitergehenden Verpflichtungen des Erben entstehen dürfen.[230] Diese Ansicht ist vorzugswürdig.

398

7. EWIV

Wegen § 1 EWIV gilt für die **EWIV** das OHG-Recht und somit die diesbezüglichen Darstellungen.

399

8. Partnerschaftsgesellschaft

Der Tod eines Partners einer Partnerschaftsgesellschaft führt wegen § 9 Abs. 2 PartGG zu seinem Ausscheiden aus der Gesellschaft. Hierdurch fällt der Abfindungsanspruch in den Nachlass und kann vom Testamentsvollstrecker geltend gemacht werden.[231]

400

Kann der Gesellschaftsanteil an der Partnerschaft nach § 9 Abs. 4 S. 2 PartGG vererbt werden, hängt die Fortsetzung der Partnerschaft mit dem Erben davon ab, ob dieser dieselben berufsrechtlichen Qualifikationen erfüllt, die für die Partnerschaftsgesellschaft notwendig sind. Die berufsrechtlichen Qualifikationen müssen in der Person des Erben erfüllt sein. Es spielt keine Rolle, ob der Testamentsvollstrecker die berufsrechtlichen Qualifikationen erfüllt.[232] Wird die Partnerschaftsgesellschaft mit dem Erben fortgeführt, gelten die Grundsätze hinsichtlich der Reichweite der Testamentsvollstreckung bezüglich der persönlich haftenden Gesellschaftsanteile.

401

IV. Testamentsvollstreckung bei Kapitalgesellschaften

Aufgrund der Haftungsbeschränkungen, kommt es bei Kapitalgesellschaften zu weniger Problemen mit einer Testamentsvollstreckung als bei Personengesellschaften.

402

---

227 MünchKomm/*Zimmermann*, § 2205 Rn 40.
228 *Winkler*, Der Testamentsvollstrecker, Rn 389.
229 Staudinger/*Reimann*, § 2205 Rn 144; Soergel/*Damrau*, § 2205 Rn 52 a mwN.
230 Vgl Bamberger/Roth/*J. Mayer*, § 2205 Rn 55.
231 Staudinger/*Reimann*, § 2205 Rn 139.
232 Bengel/Reimann/*D. Mayer*, Handbuch V, Rn 227.

1. Gesellschaft mit beschränkter Haftung

403 Eine Testamentsvollstreckung ist im Recht der GmbH ohne weiteres **zulässig**, wobei der Geschäftsanteil kraft eigenen Rechts unter Ausschluss der Erben durch den Testamentsvollstrecker verwaltet wird. Unter das Verwaltungsrecht fällt auch das **Stimmrecht**.[233] Probleme können jedoch bestehen, wenn die höchstpersönliche Ausübung der Mitgliedschaftsrechte durch die Satzung oder das Gesetz, zB bei Freiberufler-GmbH vorgesehen ist.[234] In einem solchen Fall können Verwaltungsmaßnahmen des Testamentsvollstreckers nicht die sog. Innenseite der Beteiligung betreffen.

404 Des Weiteren ist die **Kernrechtsbereichtheorie** zu berücksichtigen, wonach der Testamentsvollstrecker von der Wahrnehmung von Rechten, die dem Gesellschafter als höchstpersönliches Recht zustehen, ausgeschlossen ist.

405 Ferner besteht ein **Mitwirkungsverbot** an seiner Wahl zum Geschäftsführer, es sei denn, dies wurde vom Erben bzw Erblasser ausdrücklich gestattet.[235] Besteht ein **Stimmrechtsausschluss** nach § 47 Abs. 4 GmbHG, so tritt an seine Stelle der Erbe.[236]

2. Aktiengesellschaft

406 Bezüglich der **Aktiengesellschaft** gelten die gleichen Grundsätze wie bei der GmbH. Es besteht somit eine Verwaltungsbefugnis des Testamentsvollstreckers, der auch die Stimmrechte sowie das Bezugsrecht aus § 186 AktG ausüben kann.[237]

V. Die Beschränkung des Aufgabenkreises für den Testamentsvollstrecker

1. Allgemeines

407 Der Erblasser hat nicht nur die Möglichkeit, die Befugnisse des Testamentsvollstreckers zu erweitern, sondern er kann im Gegenteil bestimmte Rechte beschränken. Die **Beschränkung** muss vom Erblasser im Rahmen einer letztwilligen Verfügung entweder konkludent oder ausdrücklich erfolgen.

408 Bei **konkludenten** Einschränkungen muss durch Auslegung ermittelt werden, inwieweit der Erblasser tatsächlich eine Beschränkung gewollt hat. Dabei können auch außerhalb der letztwilligen Verfügung liegende Umstände berücksichtigt werden.

409 Das Problem der konkludenten Beschränkung spielt in der Praxis eine sehr große Rolle. So ist fraglich, ob nicht eine **Teilungsanordnung** oder die Anordnung einer **befreiten Vorerbschaft**[238] die Verpflichtungsbefugnis des Testamentsvollstreckers beschränkt. Die Rechtsprechung des Bundesgerichtshofes und die in der Literatur herrschende Auffassung differieren. Im Übrigen ist insbesondere die Beschränkungsanordnung von den einfachen Wünschen des Erblassers abzugrenzen.

410 In Übereinstimmung mit der älteren Rechtsprechung[239] geht die überwiegende Literatur[240] zu Recht davon aus, dass nach außen wirkende Verfügungsbeschränkungen nicht ohne weiteres

---

233 BGHZ 24, 106; BGHZ 51, 209.
234 Vgl Bamberger/Roth/*J. Mayer*, § 2205 Rn 52.
235 Palandt/*Edenhofer*, § 2205 Rn 25.
236 BGH BB 1989, 1499; Bamberger/Roth/*J. Mayer*, § 2205 Rn 52.
237 *Frank*, ZEV 2002, 389.
238 Dazu *Keim*, ZEV 2002, 132.
239 BGH WM 1970, 738; BayObLGZ 1967, 230.
240 Bamberger/Roth/*J. Mayer*, § 2208 Rn 3; Soergel/*Damrau*, § 2208 Rn 3; Palandt/*Edenhofer*, § 2208 Rn 3; aA *Zimmermann*, Die Testamentsvollstreckung, Rn 413; Bengel/Reimann/*Reimann*, Handbuch II, Rn 65.

unterstellt werden können. Es ist lediglich von einer nach innen wirkenden schuldrechtlichen Verpflichtung auszugehen.

Der Bundesgerichtshof[241] geht von einer Beschränkung der Verfügungsmacht bei einem zeitlich beschränkten Verbot jeglicher Verfügung über ein Grundstück mit Außenwirkung aus. Ebenso bei der Anordnung eines Grundstücksverkaufs und Verbot der Teilung. Bei der Teilungsanordnung hat er hingegen eine automatische Beschränkung abgelehnt. 411

Kommt man zu dem Ergebnis, der Erblasser wünschte eine derartige Beschränkung, hat diese Beschränkung dingliche Wirkung, wofür bereits der Wortlaut des § 2208 Abs. 1 S. 1 BGB spricht.[242] Eine entgegenlaufende Verfügung des Testamentsvollstreckers ist unwirksam. Demzufolge werden nicht lediglich Schadensersatzansprüche nach § 2219 BGB gegenüber dem Testamentsvollstrecker ausgelöst. 412

Kann der Testamentsvollstrecker wegen der Beschränkung aus § 2208 nicht über einen Nachlassgegenstand verfügen, führt dies nicht zu einem generellen Ausschluss einer Verfügung. Vielmehr können dann nur Erbe und Testamentsvollstrecker gemeinsam und einvernehmlich verfügen.[243] 413

2. Möglichkeiten der Beschränkung nach § 2208 Abs. 1 BGB

Die Möglichkeiten der Beschränkungen durch den Erblasser sind vielfältig. Sie können **inhaltlicher, gegenständlicher** oder **zeitlicher** Natur sein bzw sich **auf den Erbteil** eines Erben beschränken. Gesetzlich geregelt sind die inhaltlichen Beschränkungen im Rahmen einer Nacherbentestamentsvollstreckung gem. § 2222 BGB, der Vermächtnisvollstreckung gem. § 2223 BGB sowie die reine Verwaltungsvollstreckung gem. § 2209 S. 1 BGB. 414

Der Erblasser kann aber darüber hinaus ohne weiteres die Testamentsvollstreckung auf **bestimmte Aufgaben reduzieren** wie zB die Erfüllung eines Vermächtnisses oder einer Auflage, Ausübung eines Stimmrechts in einer Kapitalgesellschaft oder die Zustimmung zu bestimmten Erbenverfügungen. Ferner kann ihm auch nur die Durchführung **bestimmter Geschäfte** untersagt werden, wie zB der Verkauf von Immobilien oder die Eingehung von Wechselverbindlichkeiten. 415

Werden die Befugnisse des Testamentsvollstreckers gegenständlich auf die Verwaltung einzelner Objekte – wie zB Immobilie, Unternehmen oder Urheberrechte – beschränkt, hat dies Auswirkungen auf die Anwendbarkeit weiterer Vorschriften. So sind die Vorschriften nicht anwendbar, die die Verwaltung des ganzen Nachlasses durch den Testamentsvollstrecker voraussetzen, wie zB § 748 Abs. 2 ZPO, § 2213 Abs. 1 BGB, §§ 779 Abs. 2 S. 2, 780 Abs. 2, 991 Abs. 2 ZPO, § 317 Abs. 2 InsO; § 40 Abs. 2 GBO. 416

Des Weiteren können Verfügungen des Testamentsvollstreckers von der **Zustimmung Dritter** abhängig gemacht werden. Dritte können nur eine (Mit-)Erbe oder ein weiterer Testamentsvollstrecker, nicht aber ein außenstehender Dritter sein. Wurde ein außenstehender Dritter ausgewählt, kann im Wege der Auslegung ggf darin eine **Mittestamentsvollstreckeranordnung** oder eine **Verwaltungsanordnung** nach § 2216 Abs. 2 BGB gesehen werden. 417

Darüber hinaus kann durch eine **auflösende Bedingung** die Testamentsvollstreckung zeitlich beschränkt werden. In diesem Zusammenhang ist § 2210 BGB zu beachten. Der Erblasser kann 418

---

[241] BGH NJW 1984, 2464; BGHZ 56, 275. Ähnlich OLG Zweibrücken ZEV 2001, 274.
[242] *Zimmermann*, Die Testamentsvollstreckung, Rn 380.
[243] BGHZ 40, 115; BGHZ 56, 275; BGH NJW 1984, 2464; Bamberger/Roth/*J. Mayer*, § 2208 Rn 13; Staudinger/*Reimann*, § 2208 Rn 6; MünchKomm/*Zimmermann*, § 2208 Rn 5.

als Zeitpunkt auch keinen festen Termin setzen, sofern dieser konkret bestimmbar ist, wie zB die Beendigung der Testamentsvollstreckung, wenn der Nachlass gesichert ist.[244] Ebenso ist eine Beschränkung der Testamentsvollstreckung auf den Erbteil eines Miterben oder Mitvorerben möglich.

419 Obwohl nicht geregelt ist, wie viele Rechte der Testamentsvollstrecker mindestens haben muss, darf die Beschränkung des Testamentsvollstreckers nicht so weit gehen, dass dieser keinerlei Aufgaben oder Rechte hat. So muss er mindestens eine der vom Gesetz vorgesehenen Befugnisse haben.[245] Der Erblasser kann also dem Testamentsvollstrecker nicht die Verfügungsmacht derart entziehen, dass keiner mehr über den Nachlassgegenstand verfügen kann. Hierin läge ein Verstoß gegen § 137 BGB.[246] Der Testamentsvollstrecker kann aber als einzige Aufgabe zB den Vollzug einer Auflage oder die Durchführung einer einzigen Anordnung haben.

3. Die beaufsichtigende Testamentsvollstreckung nach § 2208 Abs. 2 BGB

420 Sofern der Testamentsvollstrecker nicht selbst die Erblasserverfügungen zur Ausführung bringen muss, kann er nach § 2208 Abs. 2 BGB die Ausführung vom Erben verlangen. Der Testamentsvollstrecker kann somit nur beaufsichtigend tätig sein, da ihm weder eine Verpflichtungs- noch eine Verfügungsbefugnis zustehen.

421 Die §§ 2211 BGB (Verfügungsbeschränkung des Erben) und 2214 BGB (Eigengläubiger des Erben) sind **nicht anwendbar**. Eine Eintragung oder Hinweis im Erbschein erfolgt nicht.

422 Aus kautelarjuristischer Sicht bedarf es einer **deutlichen Anordnung**, ob und wie weit bzw mit welcher Wirkung eine Beschränkung gewollt ist.

423 Handeln Erbe und Testamentsvollstrecker einvernehmlich, können sie sogar Verfügungen gegen den Erblasserwillen durchführen.[247] Um dies zu verhindern, muss der Erblasser bei Verstoß gegen seine Anordnungen die Erbenstellung oder die Testamentsvollstreckereinsetzung unter eine auflösende Bedingung stellen. Die Beschränkung des Testamentsvollstreckers läuft zudem ins Leere, wenn er gleichzeitig eine Generalvollmacht (die nur widerruflich sein kann) besitzt aufgrund derer er handeln kann.[248]

VI. Beschränkungen des Verfügungsrechts des oder der Erben
1. Allgemeines

424 Der Entzug des Verfügungsrechts der Erben hat **dingliche Wirkung** und stellt nicht bloß ein relatives Veräußerungsverbot iSd § 135 BGB dar. Die Verfügungsbeschränkung der Erben gilt auch für deren **gesetzlichen Vertreter, Betreuer, Vormund** oder **Pfleger**.

425 Verfügt ein Erbe dennoch, so ist die Verfügung sowohl gegenüber dem Testamentsvollstrecker, als auch gegenüber jedermann **absolut unwirksam**. Es tritt hingegen **keine Nichtigkeit** des Rechtsgeschäfts ein. Der Testamentsvollstrecker kann somit nachträglich das Rechtsgeschäft **genehmigen**. Die Verfügung wird wegen §§ 184 Abs. 1, 185 BGB durch die Genehmigung von Anfang an wirksam, auch wenn sie gegen Erblasseranordnungen verstoßen würde.

---

244 Bamberger/Roth/*J. Mayer*, § 2208 Rn 11; Staudinger/*Reimann*, § 2208 Rn 12.
245 RGZ 81, 168; Lange/Kuchinke, Erbrecht, § 31 V 1 a Fn 111; *Kipp/Coing*, Erbrecht, § 69 I; *v. Lübtow*, Erbrecht II, S. 973; MünchKomm/*Zimmermann*, § 2208 Rn 1.
246 Staudinger/*Reimann*, § 2208 Rn 6.
247 Soergel/*Damrau*, § 2208 Rn 1.
248 *Kipp/Coing*, Erbrecht, § 69 II 5; MünchKomm/*Zimmermann*, § 2208 Rn 6.

Durch die unberechtigte Verfügung entsteht keinerlei Nachlassverbindlichkeit. Der Erbe wird persönlich verpflichtet, so dass der Testamentsvollstrecker selbst nicht Erfüllung leisten muss. Dies gilt auch für die Fälle, in denen unter der aufschiebenden Bedingung des Wegfalls des Verwaltungsrechts des Testamentsvollstreckers vom Erben verfügt wird. Insofern können die Gläubiger wegen fehlender Konnexität gegen eine derartige Forderung keine **Aufrechnung** gegenüber einer Forderung des Testamentsvollstreckers erklären. Ein **Zurückbehaltungsrecht** besteht gleichsam nicht. 426

Eine Verfügung mit Zustimmung des Testamentsvollstreckers durch die Erben ist hingegen möglich, was der Erblasser auch nicht durch eine Anordnung in der letztwilligen Verfügung verhindern kann. 427

Hat der Erbe ohne Zustimmung des Testamentsvollstreckers verfügt und endet das Verwaltungsrecht des Testamentsvollstreckers zB durch Zeitablauf, § 2217 Abs. 1 S. 2 BGB oder durch Wegfall der Testamentsvollstreckung, so tritt **Heilung** hinsichtlich der Erbenverfügung ein. Die Wirkung ist im Unterschied zur Genehmigung lediglich **ex nunc**. Allerdings kann nur dann Heilung eintreten, wenn nicht bereits der Testamentsvollstrecker selbst während seiner Testamentsvollstreckung eine abweichende Verfügung getroffen hat. Eine Verfügung des Testamentsvollstreckers geht einer unter einer aufschiebenden Bedingung des Wegfalls des Verwaltungsrechts des Testamentsvollstreckers durchgeführten Verfügung des Erben vor. 428

Den Erben wird die Verfügungsbefugnis **ab sofort** durch den **Erbfall** entzogen, sofern nicht eine abweichende Erblasseranordnung vorliegt. Die Verfügungsbeschränkung gilt somit auch für die Zeit, in der der Testamentsvollstrecker das Amt entweder noch nicht angenommen hat oder Dritte bzw das Nachlassgericht den Testamentsvollstrecker noch nicht bestimmt haben. 429

Nimmt keiner das Amt des Testamentsvollstreckers an bzw kommt es zum Wegfall des Testamentsvollstreckers, sind zwischenzeitliche Verfügungen der Erben ex tunc wirksam, da die Testamentsvollstreckung gegenstandslos geworden ist. 430

Fällt das Verfügungsrecht des Testamentsvollstreckers weg, beginnt gleichzeitig die Verfügungsbefugnis der Erben und endet deren Verfügungsbeschränkung. Im Einzelnen kommt es darauf an, wie weit – in dinglicher und zeitlicher Hinsicht – der Wegfall des Verfügungsrechts des Testamentsvollstreckers geht. 431

2. Reichweite der Verfügungsbeschränkung

Die Verfügungsbefugnis der Erben wird nur soweit durch die Testamentsvollstreckung eingeschränkt wie die Verwaltungsbefugnis des Testamentsvollstreckers reicht (vgl §§ 2208 Abs. 1, 2217 BGB). Kann der Testamentsvollstrecker selbst wegen einer **Interessenkollision** bzw § 181 BGB nicht über den Nachlassgegenstand verfügen, kann seinerseits der Erbe verfügen, sofern keine Ersatztestamentsvollstreckung diesbezüglich angeordnet wurde. Des Weiteren macht eine Vollmacht zugunsten des Erben diesen trotz angeordneter Testamentsvollstreckung verfügungsberechtigt. 432

Unter den Begriff der **Verfügung** fallen u.a. Veräußerungen, Belastungen oder Verpfändung des Rechts. Er umfasst die die Rechtslage eines Gegenstandes unmittelbar ändernden Rechtsgeschäfte.[249] Damit kann der Erbe zB keine Kündigung über ein Mietverhältnis des Erblassers nach § 569 BGB aussprechen oder ein Vorkaufsrecht an einer Immobilie, die im Nachlass ist, einem Dritten bewilligen. Die mietrechtliche Sondererbfolge nach Maßgabe der §§ 563, 563a 433

---
[249] MünchKomm/*Zimmermann*, § 2211 Rn 4.

BGB fällt jedoch nicht unter die Testamentsvollstreckung, da die höchstpersönliche Rechte der Erbe betroffen sind.

434 Allerdings kann der Erbe über seinen **Miterbenanteil** verfügen, da dieser wegen § 2205 BGB nicht unter die Testamentsvollstreckung fällt. Er kann somit seinen Erbanteil **verpfänden** oder nach § 2033 BGB **abtreten**. Ferner werden Verwaltungsmaßnahmen nicht von § 2211 BGB umfasst. Diese können allerdings wegen § 2205 S. 2 BGB nicht entgegen den Willen des Testamentsvollstreckers durchgesetzt werden.

435 Problematisch ist der **Surrogationserwerb**. Haben die gesetzlichen Vertreter eines Kindes zB ein Grundstück veräußert und kommt es zur Erlösverteilung, stellt sich die Frage, ob das vom Erlös gekaufte neue Grundstück wiederum der Testamentsvollstreckung unterfällt. Die Rechtsprechung[250] verneint dies. Richtigerweise muss darauf abgestellt werden, ob der Testamentsvollstrecker den Erlös in seiner Verwaltung behält und dann ein Surrogat erwirbt. Wegen § 2041 fällt dieses Surrogat unter die Testamentsvollstreckung und ist der Verfügung durch Erben entzogen.

436 Nach § 2211 Abs. 2 gelten die Vorschriften zugunsten derjenigen, die Rechte von einem Nichtberechtigten herleiten, **analoge Anwendung**. Im Einzelnen handelt es sich um die Regelungen in:
   - § 892 BGB (öffentlicher Glaube des Grundbuchs),
   - § 893 BGB (Rechtsgeschäft mit dem Eingetragenen),
   - §§ 932 ff BGB (gutgläubiger Erwerb vom Nichtberechtigten),
   - § 1032 BGB (Bestellung an beweglichen Sachen),
   - § 1207 BGB (Verpfändung durch Nichtberechtigten),
   - § 1244 BGB (gutgläubiger Erwerb bei Pfandrecht) und
   - §§ 2364 ff BGB (Vermutung der Richtigkeit des Erbscheins und Testamentsvollstreckerzeugnis).

437 Haben Dritte auf die Verfügungsbefugnis des Erben vertraut, weil sie die Anordnung der Testamentsvollstreckung nicht kannten oder annahmen, der verfügte Gegenstand fällt nicht in den Nachlass bzw unter die Verwaltung des Testamentsvollstreckers, so wird dieser gute Glaube geschützt.

438 Problematisch ist, ob der Dritte generell bei Rechtsgeschäften mit Erben verpflichtet ist, sich den Erbschein vorlegen zu lassen, um gutgläubig erwerben zu können.[251] Dies ist im Ergebnis zu verneinen, da es auf die positive Kenntnis von der Testamentsvollstreckung ankommt.

439 Der **gute Glaube an die Verfügungsbefugnis** des Testamentsvollstreckers wird durch § 2211 Abs. 2 BGB nicht geschützt. § 2211 Abs. 2 BGB gilt auch nicht, wenn der Erbe den Testamentsvollstrecker den Besitz entzogen hat und er damit abhanden gekommen iSd § 935 BGB ist. Liegt ein unrichtiger Erbschein vor, bei dem ein Testamentsvollstreckervermerk fehlt, ist ebenfalls § 2211 Abs. 2 BGB nicht anwendbar. Ein gutgläubiger Erwerb ist dann nur nach § 2366 BGB möglich, wobei sogar grobe Fahrlässigkeit nicht schadet, sondern nur die positive Kenntnis von der Unrichtigkeit.

---

250 BayObLGZ 1991, 390.
251 Vgl dazu Staudinger/*Reimann*, § 2211 Rn 25; MünchKomm/*Zimmermann*, § 2211 Rn 18 (beide dafür); Bamberger/Roth/*J. Mayer*, § 2211 Rn 10 (verneinend) sowie Soergel/*Damrau*, § 2211 Rn 10, der wegen einer Analogieanwendung bei § 2140 BGB Fahrlässigkeit statt positiver Kenntnis ausreichen lässt.

D. Die Testamentsvollstreckung im Unternehmensbereich § 5

Kommt es zu einer gutgläubigen Leistung eines Dritten an den Erben statt an den Testamentsvollstrecker, so wird der Dritte nach überwiegender Auffassung entweder nach § 407 BGB analog[252] oder aber § 1984 BGB analog[253] von seiner Leistungspflicht befreit, wenn er keine positive Kenntnis von der Testamentsvollstreckung hatte. Nach *Damrau*[254] geht diese Analogie zu weit; er befürwortet stattdessen eine Analogie zu § 2140 BGB, wonach bereits Fahrlässigkeit den gutgläubigen Erwerb ausschließt. 440

Die Vorlage des **Testamentsvollstreckerzeugnisses** ist wegen § 2368 Abs. 3 2. Hs BGB nicht geeignet, positiv das Bestehen eines Testamentsvollstreckeramtes festzustellen. Ohne weiteres kann zum Zeitpunkt der Vorlage das Amt bereits erloschen sein und der Testamentsvollstrecker ist nicht mehr verfügungsberechtigt. Ein gutgläubiger Erwerb ist also nicht möglich. Aus anwaltlicher und notarieller Vorsorge sollte daher bei **Grundstückgeschäften** mit Testamentsvollstreckern eine Mitteilung beim Nachlassgericht eingeholt werden, ob die Testamentsvollstreckung noch besteht. Ebenso kann eine Anfrage bei den von der Testamentsvollstreckung Betroffenen tunlich sein, ob die Testamentsvollstreckung schon abgeschlossen ist. 441

▶ **Muster: Testamentsvollstreckung an einem einzelkaufmännischen Unternehmen**[255] 442

Ich ordne Testamentsvollstreckung in Form der Verwaltungsvollstreckung gem. § 2209 BGB an. Der Aufgabenkreis des Testamentsvollstreckers ist beschränkt auf das einzelkaufmännisches Unternehmen „Bäckerei (Name des Erblassers)" samt dem gesamten bilanzierten Betriebsvermögen, wie es sich aus der letzten Bilanz samt gesetzlicher Anlagen vor meinem Tod ergibt.

Aufgabe des Testamentsvollstreckers ist es, dieses Unternehmen in Besitz zu nehmen, es fortzuführen und es zu erhalten, bis der Erbe das 25. Lebensjahr vollendet hat. Dem Testamentsvollstrecker stehen alle Rechte und Befugnisse zu, die ihm nach dem Gesetz eingeräumt werden können. Zudem wird ihm ein Wahlrecht zugebilligt, wonach er wählen kann, ob er

als **Treuhänder** handelt, also im eigenen Namen und unter eigener Haftung, jedoch für Rechnung des Erben, wobei Eigentümer des Betriebsvermögens der Erbe bleibt, oder

als **Bevollmächtigter**, also im Namen und für Rechnung des Erben handelt. Die erforderlichen Vollmachten sind aber auf die Amtszeit des jeweiligen Testamentsvollstreckers zu befristen und berechtigen nicht zu unentgeltlichen Verfügungen, oder

das Unternehmen in eine GmbH durch entsprechende Sachgründung oder Umwandlung unter Wahrung der Beteiligungsverhältnisse überführt und dabei selbst die Stellung eines alleinvertretungsberechtigten Geschäftsführers erhält und alle Gestaltungen trifft, die ihm eine möglichst weitgehende Einflussnahme über die Geschäftsführung ermöglichen. Die Testamentsvollstreckung setzt sich in diesem Fall auch an den Geschäftsanteilen fort, die er verwaltet und dafür auch das Stimmrecht ausübt oder

den Erben nach außen als Unternehmer auftreten lässt, sich jedoch die Entscheidungsbefugnis im Innenverhältnis vorbehält.

Der Erbe hat nach Ausübung des Wahlrechts durch den Testamentsvollstrecker diesem alle Befugnisse einzuräumen, die erforderlich sind, damit er die Verwaltung des Nachlasses in der gebotenen Wirksamkeit wahrnehmen kann; bei der Umwandlung wird der Erbe dabei mit der Verpflichtung belastet, bei der Ausübung gesetzlich etwa vorbehaltener höchstpersönlicher Mitwirkungsrechte dem nicht zu

---

252 OLG Bremen MDR 1964, 328.
253 Vgl Staudinger/*Reimann*, § 2211 Rn 27. Ebenso wird eine Analogie nach § 82 S. 1 InsO in Betracht gezogen.
254 Soergel/*Damrau*, § 2211 Rn 10.
255 Unter Bezugnahme auf die Formulierung von *Weidlich* in: Mayer/Bonefeld/Wälzholz/Weidlich.

widersprechen. Diese Verpflichtung, soweit gesetzlich zulässig, erfolgt durch Auflage, deren Erfüllung vom Testamentsvollstrecker selbst vorgenommen werden kann. Der Testamentsvollstrecker ist von den Beschränkungen des § 181 BGB befreit und in der Eingehung von Verbindlichkeiten für den Nachlass nicht beschränkt.

Hinsichtlich des bilanzierten Betriebsvermögens ist der Testamentsvollstrecker auch im Außenverhältnis zu folgenden Maßnahmen nur mit vorheriger schriftlicher Einwilligung des Erben befugt:

Veräußerung des gesamten Unternehmens oder der Beteiligung

Aufgabe des Betriebs oder der Gesellschaft oder eine erneute Umwandlung des Unternehmens über die vorstehend beschriebene Maßnahme hinaus nach der Umwandlung in die GmbH:

Veränderung der Beteiligungsverhältnisse und der Gewinnverteilung, Abänderung des Gesellschaftsvertrags, insbesondere Einschränkung oder Ausschluss der Vererblichkeit.

Sollte nach Einschätzung des Testamentsvollstreckers die Fortführung des Unternehmens nicht mehr sinnvoll sein, so ist auch eine Verpachtung desselben zulässig.

Zum Testamentsvollstrecker ernenne ich mit der Befugnis, einen Nachfolger zu ernennen, meinen leitenden Mitarbeiter, Herrn ...

Zum Ersatztestamentsvollstrecker ernenne ich mit den gleichen Befugnissen ...

Als Vergütung erhält der Testamentsvollstrecker ... ◀

E. Der Testamentsvollstrecker im Prozess

I. Aktivprozess des Testamentsvollstreckers

443   Ausgangsnorm für das Aktivprozessführungsrecht des Testamentsvollstreckers ist § 2212 BGB. Danach kann ein der Verwaltung des Testamentsvollstreckers unterliegendes Recht nur von ihm gerichtlich geltend gemacht werden.

1. Rechtsstellung des Testamentsvollstreckers im Aktivprozess

444   Der Testamentsvollstrecker ist nicht Vertreter der Erben oder des Nachlasses. Ebenso ist er nicht Treuhänder für die Erben. Das private Amt ist dem Testamentsvollstrecker durch den Erblasser übertragen worden, so dass er es kraft eigenen Rechts fremdnützig nach dem Gesetz und unabhängig vom Willen des Erblassers ausübt.[256] Als Träger eines eigenen Amtes hat er gegenüber den Erben eine weitgehende freie Stellung.[257] Trotz dieser reinen Amtsfunktion ist die Rechtsstellung des Testamentsvollstreckers der eines gesetzlichen Vertreters angenähert.[258]

445   Im Prozess ist der Testamentsvollstrecker nach § 116 Abs. 1 Nr. 1 ZPO Partei kraft Amtes. Er klagt somit im eigenen Namen und auch auf Leistung an sich,[259] obwohl die Erben Eigentümer des Nachlasses sind.

446   Dementsprechend kann er nach den Vorschriften der §§ 445 ff ZPO auch als Partei vernommen werden. Gleichsam kann der Erbe nach §§ 373 ff ZPO als Zeuge fungieren, sofern er nicht Streitgenosse des Testamentsvollstreckers ist. Dies ist zB dann der Fall, wenn sowohl dem Tes-

---

256   Vgl Palandt/*Edenhofer*, § Einf. 2 zu § 2197 BGB mwN.
257   *Mayer* in: Mayer/Bonefeld/Wälzholz/Weidlich, PraxisHB, Rn 8; RGZ 133, 128.
258   *Mayer* in: Mayer/Bonefeld/Wälzholz/Weidlich, PraxisHB, Rn 9; *Bengel* in: Bengel/Reimann, Kapitel I Rn 13.
259   Soergel/*Damrau*, § 2212 Rn 8; Staudinger/*Reimann*, § 2212 Rn 2.

E. Der Testamentsvollstrecker im Prozess § 5

tamentsvollstrecker als auch dem Erben durch den Erblasser nach § 2208 BGB das Prozessführungsrecht übertragen wurde.[260]

Das richtige Rubrum lautet daher:

▶ **Muster: Aktivrubrum** 447

In dem Rechtsstreit

des Rechtsanwaltes R als Testamentsvollstrecker über den Nachlass des am 24.2.2006 verstorbenen (Name des Erblassers)

– Kläger –

gegen

... ◀

▶ **Muster: Passivrubrum** 448

In dem Rechtsstreit

der Frau ...

– Klägerin –

gegen

den Rechtsanwalt R als Testamentsvollstrecker über den Nachlass des am 24.2.2006 verstorbenen ... (Name des Erblassers)

– Beklagter – ◀

Ferner kann der Testamentsvollstrecker auch als Nebenintervenient (§§ 66, 69 ZPO) auftreten 449 und, ebenso als Hauptintervenient nach § 64 ZPO, wenn das Recht des Testamentsvollstreckers bestritten ist.[261]

▶ **Muster: Beitritt des Erben als Nebenintervenient** 450

An das Amts-/Landgericht

...

In dem Rechtsstreit

des Rechtsanwaltes R als Testamentsvollstrecker über den Nachlass des am 24.2.2006 verstorbenen ... (Name des Erblassers)

– Kläger –

gegen

Herrn Willi Meier, ...

– Beklagter –

Az.: ...

zeige ich an, dass ich den Alleinerben des am 24.2.2006 verstorbenen ... (Name des Erblassers) vertrete.

Dieser tritt hiermit dem Rechtsstreit auf Seiten des Klägers als Nebenintervenient bei. Ich werde beantragen,

---

260 Dazu unten III.
261 Staudinger/*Reimann*, § 2212 Rn 16.

den Beklagten zu verurteilen, an den Testamentsvollstrecker R des am 24.2.2006 verstorbenen ... (Name des Erblassers) den Betrag von 1234,56 EUR nebst 5 % Punkte über dem Basiszinssatz seit Rechtshängigkeit zu zahlen.

Begründung

Der Erbe des ... (Name des Erblassers) hat ein rechtliches Interesse an der Nebenintervention, da der Beklagte die Wirksamkeit der Einsetzung des Rechtsanwaltes R als Testamentsvollstrecker über den Nachlass des am 24.2.2006 verstorbenen ... (Name des Erblassers) bestritten hat.

Wenn die Einsetzung des Rechtsanwaltes R nicht wirksam wäre, dann wäre durch seine Klage nicht die Verjährung des Anspruchs, der in den Nachlass fällt, unterbrochen worden.

Aus diesem Grund hat der Streithelfer ein rechtliches Interesse daran, dass der Kläger obsiegt.

Der Rechtsanwalt R ist wirksam zum Testamentsvollstrecker bestellt worden.

Dies ergibt sich aus Folgendem: ... ◀

2. Aktivlegitimation des Testamentsvollstreckers

451   Das Prozessführungsrecht des Testamentsvollstreckers im Aktivprozess nach § 2212 BGB verdrängt die Prozessführungsbefugnis des Erben. Allerdings ist der Testamentsvollstrecker nur befugt, ein seiner Verwaltung unterliegendes Recht gerichtlich geltend zu machen. Erheben die Erben dennoch ohne Prozessführungsbefugnis eine Klage oder erhebt der Testamentsvollstrecker außerhalb seiner Verwaltungsbefugnis eine Klage, sind diese wegen Fehlens einer Prozessvoraussetzung als unzulässig abzuweisen.[262]

452   Ein unter Verkennung der Prozessführungsbefugnis der Erben erstrittenes Urteil wirkt nicht gegen den Testamentsvollstrecker.[263]

453   Die Prozessführungsbefugnis folgt regelmäßig dem materiellen rechtlich bestehenden Verfügungsrecht, beim Testamentsvollstrecker folgt sie jedoch seiner Verfügungsbefugnis nach § 2205 BGB.[264] Die Ausnahme bilden hierbei § 265 ZPO, wenn der Anspruch vom Testamentsvollstrecker abgetreten oder veräußert wurde. Gleiches gilt bei der Teilverwaltung nach § 2213 Abs. 1 S. 2 BGB.

3. Umfang der Aktivlegitimation des Testamentsvollstreckers

a) Klagen als Testamentsvollstrecker

454   Der Umfang des Prozessführungsrechts des Testamentsvollstreckers hängt vom Umfang seines Verwaltungsrechts ab. Zunächst ist daher zu prüfen, ob der Erblasser nach § 2208 BGB das Verwaltungsrecht des Testamentsvollstreckers eingeschränkt hat. Anderenfalls ist der Testamentsvollstrecker grundsätzlich zu jeder Art der gerichtlichen Geltendmachung des seiner Verwaltung unterliegenden Nachlasses berechtigt.

455   Neben allen Arten von Zivilklagen und die Durchführung von Zwangsvollstreckungsverfahren kann der Testamentsvollstrecker auch einen Antrag auf Teilungsversteigerung nach § 175 ZVG oder Aufgebot der Nachlassgläubiger gem. § 991 Abs. 2 ZPO stellen. Ebenso kann er die Eröffnung des Insolvenzverfahrens gem. § 317 InsO beantragen.

---

262   BGH NJW 1960, 523; MünchKomm/*Zimmermann*, § 2212 Rn 3; Soergel/*Damrau*, § 2212 Rn 2.
263   Soergel/*Damrau*, § 2212 Rn 2.
264   BGHZ 51, 125; *Mayer* in: Mayer/Bonefeld/Wälzholz/Weidlich, PraxisHB, Rn 172.

E. Der Testamentsvollstrecker im Prozess § 5

Unterliegt der gesamte Nachlass der Testamentsvollstreckung, kann der Testamentsvollstrecker in dieser Eigenschaft auch den Erbschaftsanspruch geltend machen.[265] 456

Sofern der Testamentsvollstrecker im Rahmen eines Prozesses verzichtet, anerkennt oder einen Vergleich abschließen will, sind auch die Anordnungen des Erblassers nach § 2208 BGB und das Schenkungsverbot nach § 2205 S. 3 BGB zu berücksichtigen. Verstößt der Testamentsvollstrecker gegen diese Anordnungen bzw das Schenkungsverbot, tritt keine Verfahrensbeendigung ein, was nach der herrschenden Meinung wegen der Doppelnatur der Prozesshandlung und der Nichtigkeit der materiell-rechtlichen Seite Auswirkungen auf die prozessuale Seite hat.[266] 457

Des Weiteren hat der Testamentsvollstrecker die Verjährungshemmung nach § 211 BGB zu beachten. Danach wird die Verjährung nicht vor Ablauf von sechs Monaten seit der Amtsannahme durch den Testamentsvollstrecker beendet, soweit der Anspruch der Testamentsvollstreckung unterliegt.[267] Dies gilt sowohl zum Schutze des Nachlasses als auch zum Schutze der Gläubiger. 458

Da § 2212 BGB nicht zwingend ist,[268] kann der Erblasser im Rahmen seiner letztwilligen Anordnung das Prozessführungsrecht auch den Erben zuweisen nach § 2208 Abs. 1 S. 1 BGB. Hat der Erblasser beiden, dem Testamentsvollstrecker und den Erben, das Prozessführungsrecht übertragen, sind beide ausnahmsweise notwendige Streitgenossen nach § 62 Abs. 1 2. Alt. ZPO.[269] 459

b) Gewillkürte Prozessstandschaft des Erben

Wie oben bereits erwähnt, hat der Testamentsvollstrecker auch die Möglichkeit, die Erben zur Prozessführung im Wege der gewillkürten Prozessstandschaft wirksam zu ermächtigen.[270] Die gewillkürte Prozessstandschaft bietet sich insbesondere in den Fällen an, in denen der Testamentsvollstrecker aufgrund des Risikos selbst nicht klagen will. Die Besonderheit dieser gewillkürten Prozessstandschaft liegt darin, dass ein eigenes Recht, das jedoch der Verfügungsbefugnis durch den Rechtsinhaber entzogen ist, im eigenen Namen geltend gemacht wird.[271] 460

Lehnt der Testamentsvollstrecker sowohl die eigene Prozessführung, als auch eine gewillkürte Prozessstandschaft ab, so muss er vom Erben nach § 2216 BGB auf Durchführung der Klage verklagt werden. Alternativ kann der Erbe bei grobem Pflichtverstoß die Entlassung des Testamentsvollstreckers beantragen.[272] 461

Die prozessuale Voraussetzung ist dann gegeben, wenn sich insbesondere das schutzwürdige Interesse für die Geltendmachung durch den Erben aus seiner eigenen Rechtsinhaberschaft ergibt. 462

Erfolgt die Abtretung zur Ermöglichung der Prozessführung nur aus dem Grunde, damit das Kostenrisiko verschoben wird, ist sie wegen Missbrauch unzulässig.[273] 463

---

265 *Lange/Kuchinke*, Lehrbuch des Erbrechts, § 31 VI 4 c.
266 Staudinger/*Reimann*, § 2212 Rn 2; *Mayer* in: Mayer/Bonefeld/Wälzholz/Weidlich, PraxisHB, Rn 177; aA Soergel/*Damrau*, § 2212 Rn 8.
267 RGZ 100, 279; Staudinger/*Reimann*, § 2212 Rn 19.
268 BGH NJW 1963, 297; Soergel/*Damrau*, § 2212 Rn 2; Staudinger/*Reimann*, § 2212 Rn 8.
269 Staudinger/*Reimann*, § 2212 Rn 6.
270 MünchKomm/*Zimmermann*, § 2212 Rn 18 mwN.
271 Dazu *Mayer* in: Mayer/Bonefeld/Wälzholz/Weidlich, PraxisHB, Rn 175.
272 Soergel/*Damrau*, § 2212 Rn 2.
273 BGH NJW 1961, 1528; *Zimmermann*, Die Testamentsvollstreckung, Rn 597.

464 Dem Testamentsvollstrecker ist es jedoch nur möglich, im Rahmen seiner ordnungsgemäßen Verwaltung die Ermächtigung zu erteilen. Hierzu gehört auch, dass das durch den Prozess zugesprochene seiner Verwaltung unterworfen bleibt. Wenn er zur Freigabe nach § 2217 Abs. 1 BGB befugt wäre, muss diese Einschränkung nicht vom Testamentsvollstrecker beachtet werden.[274]

465 Sofern ein Erbe im Wege der gewillkürten Prozessstandschaft Klage erhebt, ist zu beachten, dass der Antrag auf Leistung an den Testamentsvollstrecker gerichtet sein muss, weil dieser weiterhin den Nachlass zu verwalten hat.[275] Die Rechtskraft eines gegen den Erben als gewillkürten Prozessstandschafter ergangenen Urteils wirkt auch gegen den Testamentsvollstrecker.[276]

466 ▶ **Muster: Klage im Wege der Prozessstandschaft**

An das Amts-/Landgericht

...

In dem Rechtsstreit

des Heinz Müller, ...

– Kläger –

Prozessbevollmächtigter: Rechtsanwalt ...

gegen

Herr Willi Meier, ...

– Beklagter –

Az.: ...

erhebe ich im Wege der gewillkürten Prozessstandschaft

Klage

und werde beantragen,

den Beklagten zu verurteilen, an den Testamentsvollstrecker R des am 24.2.2010 verstorbenen ... (Name des Erblassers) den Betrag von 1234,56 EUR nebst 5 % Punkte über dem Basiszinssatz seit Rechtshängigkeit zu zahlen.

Begründung

Der Kläger ist Alleinerbe des am 24.2.2010 verstorbenen ... (Name des Erblassers). Über den Nachlass des Erblassers ist aufgrund seiner Verfügung vom 23.4.1999 Testamentsvollstreckung angeordnet worden. Zum Testamentsvollstrecker ist durch das Nachlassgericht ... Rechtsanwalt R mit Testamentsvollstreckerzeugnis vom 28.2.2010 bestellt worden. Der vollständige Nachlass, unter den auch der geltend gemachte Anspruch fällt, unterliegt dem Verwaltungsrecht des Testamentsvollstreckers.

Rechtsanwalt R hat mit dem als

Anlage K 1

beigefügten Schreiben, den Kleganspruch an den Kläger wirksam abgetreten.

... ◀

---

274 Ibidem.
275 Soergel/*Damrau*, § 2212 Rn 3; *Zimmermann*, Die Testamentsvollstreckung, Rn 597.
276 Soergel/*Damrau*, § 2212 Rn 3; Staudinger/*Reimann*, § 2212 Rn 8.

E. Der Testamentsvollstrecker im Prozess § 5

c) Fehlende Aktivlegitimation des Testamentsvollstreckers

Das Prozessführungsrecht des Testamentsvollstreckers fehlt in den Fällen, in denen der Anspruch, der mit dem Prozess verfolgt werden soll, nicht der Verwaltung des Testamentsvollstreckers unterliegt, wie zB die Feststellung des Erbrechtes nach dem Erblasser.[277]

467

Allerdings hat der Testamentsvollstrecker eine Klagebefugnis bezüglich des Erbrechtes, sofern Unklarheiten bestehen, die zu seiner Haftung führen könnten. Er hat dann die Möglichkeit, eine Feststellungsklage einzureichen.[278]

468

Gleiches gilt für das Pflichtteilsrecht und für Vermächtnisse, wenn er anderenfalls sein Amt nicht sachgerecht führen kann, weil streitig ist, ob er wirksam zum Testamentsvollstrecker ernannt wurde oder wenn davon die Art der Erbteilung abhängt.[279] Dabei entsteht jedoch keine Rechtswirkung gegenüber den Miterben, die nicht am Rechtsstreit beteiligt waren, im Hinblick auf § 327 ZPO.

469

Die Geltendmachung des Anfechtungsrechtes nach §§ 2080 ff BGB steht ebenfalls nur den Erben zu.[280] Sind innere Angelegenheiten der Gesellschaft betroffen, die unmittelbar auf die Mitgliedschaftsrechte der Erben beruhen, so ist eine Klage im Rahmen des Gesellschaftsrechtes nicht vom Prozessführungsrecht des Testamentsvollstreckers umfasst. Dies gilt also insbesondere für Rechtsstreitigkeiten über den Kreis der Gesellschafter, wenn der Anteil an einer Personengesellschaft zum Nachlass gehört.[281] Ferner kann der Testamentsvollstrecker nicht gegen einen Erbschaftsteuerbescheid Einspruch erheben, da er hierfür eine Vollmacht der Erben benötigt.[282]

470

Eine Ausnahme gilt hier nur, wenn der Bescheid fälschlicherweise dem Testamentsvollstrecker zugestellt wurde und ihn als zahlungspflichtig bezeichnet, obwohl er nur Vermögensverwalter im Sinne von § 34 Abs. 2 AO ist.[283]

471

Lässt dabei ein Einkommensteuer-Änderungsbescheid nicht erkennen, ob das Finanzamt gegenüber dem Testamentsvollstrecker eine Steuerschuld des Erblassers geltend gemacht hat und ob der Bescheid dem Testamentsvollstrecker lediglich als Zustellungsbevollmächtigten der Erben bekannt gegeben wird, so ist der Bescheid mangels ungenügender Bezeichnung des Steuerschuldners ohnehin unwirksam. Ist dieser unwirksame Änderungsbescheid vom Testamentsvollstrecker zum Gegenstand des finanzgerichtlichen Verfahrens gemacht worden, so hat das Finanzgericht zu prüfen, ob über den ursprünglichen mit der Klage angefochtenen Bescheid zu entscheiden ist, und den klagenden Erben Gelegenheit zu geben, ihren Antrag entsprechend zu ändern.[284]

472

Des Weiteren ist § 2212 BGB nicht anwendbar für Streitigkeiten der Erben gegen den Testamentsvollstrecker selbst, also insbesondere in den Fällen, bei denen der Testamentsvollstrecker selbst Nachlassschuldner ist.[285] Ein Anfechtungsrecht wegen Erbunwürdigkeit gem. §§ 2341, 2345 BGB oder nach §§ 2080 ff BGB[286] steht dem Testamentsvollstrecker nicht zu, da ein derartiges Recht nicht in den Nachlass fällt und der Verwaltung des Testamentsvollstreckers ent-

473

---

277 RGZ 81, 152; Soergel/*Damrau*, § 2212 Rn 4; Staudinger/*Reimann*, § 2212 Rn 25.
278 BGH NJW-RR 1987, 1090.
279 *Zimmermann*, Die Testamentsvollstreckung, Rn 599.
280 BGH NJW 1962, 1058.
281 BGH ZEV 1998, 72; Staudinger/*Reimann*, § 2212 Rn 7.
282 Hierzu ausführlich u.a. *Zimmermann*, Die Testamentsvollstreckung, Rn 566.
283 BFH NV 1992, 223.
284 BFH NV 1992, 223.
285 Soergel/*Damrau*, § 2212 Rn 5.
286 Soergel/*Damrau*, § 2212 Rn 6.

zogen ist. Gleiches gilt für das Recht, eine Schenkung zu widerrufen nach § 530 Abs. 2 BGB oder nach §§ 2287, 2288 BGB die Herausgabe einer Schenkung zu verlangen.

474 In diesem Fall käme aber eine gewillkürte Prozessstandschaft des Testamentsvollstreckers in Betracht.[287]

475 Ferner ist § 2212 BGB nicht anwendbar für Streitigkeiten der Erben gegen den Testamentsvollstrecker selbst, also insbesondere in den Fällen, bei denen der Testamentsvollstrecker selbst Nachlassschuldner ist.[288] Ein Anspruch gegen den **Testamentsvollstrecker als Nachlassschuldner** kann vom Erben selbst gerichtlich geltend gemacht werden.[289]

476 Typische Klagen des Testamentsvollstreckers sind insbesondere die
– Herausgabeklage und die
– Feststellungsklage oder die
– Klage gegen die Erben auf Einwilligung bzw Zustimmung zur Eingehung einer Verbindlichkeit.

d) Kostenrisiko

477 Verliert der Testamentsvollstrecker einen nach § 2212 BGB geführten Rechtsstreit, erfolgt die **Kostentragung** nach den Vorschriften der §§ 91 ff ZPO. Die Kosten trägt aber der Nachlass, in den auch allein aus dem Kostenfestsetzungsbeschluss vollstreckt werden kann.[290]

478 Hat der Testamentsvollstrecker zB einen Rechtsstreit gegen den Erben wegen Einwilligung zur Eingehung einer Verbindlichkeit nach § 2206 Abs. 2 BGB geführt, so steht ihm ein **Aufwendungsersatzanspruch** nach den Grundsätzen der §§ 2218, 670, 257 BGB zu. Er kann dann die Kosten des Rechtsstreits aus dem Nachlass entnehmen. Eine Ausnahme ist von diesem Grundsatz nur dann zu machen, wenn der Testamentsvollstrecker den Prozess pflichtwidrig geführt hat. Dies ist insbesondere bei überflüssiger, leichtfertiger oder durch persönliche Interessen beeinflusster Prozessführung gegeben.[291] Zudem wäre dann auch der Testamentsvollstrecker verpflichtet, den Erben den durch die pflichtwidrige Prozessführung entstandenen **Schaden** gem. § 2219 BGB zu ersetzen.

479 Wurde hingegen der Erbe zur Prozessführung ermächtigt, trägt das Kostenrisiko der klagende Erbe und nicht der Nachlass.

480 Macht der Testamentsvollstrecker eines Miterben eine **Nachlassforderung** gegenüber einem anderen Miterben ohne Erfolg geltend und werden ihm deshalb die Prozesskosten auferlegt, kann er grundsätzlich deren Erstattung von den Miterben einschließlich des Prozessgegners verlangen.[292]

e) Nach dem Prozess

481 Für die Urteilsrechtskraft bei Testamentsvollstreckung gilt § 327 ZPO. Danach wirkt ein Urteil, das zwischen einem Testamentsvollstrecker und einem Dritter über ein der Verwaltung des Testamentsvollstreckers unterliegendes Recht ergeht, für und gegen den Erben.[293] Hat trotz fehlender Prozessführungsbefugnis ein Erbe gleichwohl ein Urteil erwirkt, wirkt dieses weder

---

287 *Tiedtke*, JZ 1981, 429.
288 Soergel/*Damrau*, § 2212 Rn 5.
289 BGH ZErb 2003, 48.
290 Soergel/*Damrau*, § 2212 Rn 12.
291 *Mayer/Bonefeld/Wälzholz/Weidlich*, PraxisHB, Rn 186.
292 BGH ZEV 2003, 413 mit Anm. v. *Morgen*, ZEV 2003, 415.
293 Soergel/*Damrau*, § 2212 Rn 13; Staudinger/*Reimann*, § 2212 Rn 20.

E. Der Testamentsvollstrecker im Prozess § 5

für noch gegen den Testamentsvollstrecker.[294] Urteile, die zwischen den Erben und einem Dritten ergehen, wirken nur dann für und gegen den Testamentsvollstrecker, wenn eine gewillkürte Prozessstandschaft vorlag.[295]

Will der Erbe nach Beendigung der Testamentsvollstreckung aus einem vom Testamentsvollstrecker bestrittenen Urteil die Zwangsvollstreckung betreiben, so muss er sich nach §§ 728 Abs. 2, 727 ZPO eine vollstreckbare Ausfertigung erteilen lassen. Dabei wird die Vollstreckungsklausel auf den Erben umgeschrieben.[296] Hierfür ist ein Nachweis der Erbenstellung aber auch der Beendigung der Testamentsvollstreckung in der Form des § 727 Abs. 1 ZPO notwendig – also öffentliche oder öffentlich beglaubigte Urkunde. 482

Lag bereits für den Erblasser ein Urteil oder sonstiger Vollstreckungstitel gem. § 794 ZPO[297] vor, so wirkt dieser Titel auch für den Testamentsvollstrecker, so dass sich dieser eine vollstreckbare Ausfertigung gem. §§ 749, 727 ZPO erteilen lassen kann. In diesen Fällen muss dann nur die Vollstreckungsklausel umgeschrieben werden. Dabei muss er nachweisen, dass das betreffende Recht seiner Verwaltung unterliegt, wozu regelmäßig die Vorlage des Testamentsvollstreckerzeugnisses ausreicht. 483

Als eine seiner ersten Amtshandlungen muss der Testamentsvollstrecker den gesamten Nachlass in Besitz nehmen. Eine Herausgabeklage des Testamentsvollstreckers kommt immer in den Fällen in Betracht, wenn Dritte die Herausgabe von Gegenständen verweigern, die in den Nachlass fallen. Im Wesentlichen gelten bei der Herausgabeklage die allgemeinen Grundsätze und Voraussetzungen. 484

Gleiches gilt für etwaige Feststellungsklagen, wie zB die Feststellung der Wirksamkeit eines vom Testamentsvollstrecker aufgestellten Teilungsplanes.[298] 485

▶ **Muster: Klauselumschreibung (für Testamentsvollstrecker)** 486

An

Amtsgericht

In dem Rechtsstreit

Willi Meier ./. ▬▬▬ (Name des Erblassers)

Az.: ▬▬▬

beantrage ich als Testamentsvollstrecker über den Nachlass des am 24.2.2010 verstorbenen ▬▬▬ (Name des Erblassers) nach §§ 749, 727 ZPO

die Erteilung einer vollstreckbaren Ausfertigung des für den am 24.2.2010 verstorbenen ▬▬▬ (Name des Erblassers) ergangenen und in der Anlage im Original beigefügten rechtskräftigen Urteiles des Amtsgerichtes München Az: ▬▬▬ vom 11.11.2008 für mich als Testamentsvollstrecker.

Der obsiegende Beklagte ▬▬▬ (Name des Erblassers) ist am 24.2.2010 verstorben. Ausweislich der beigefügten Urkunde wurde der Unterzeichner mit Testamentsvollstreckerzeugnis vom 15.4.2010 zum Testamentsvollstrecker seines Nachlasses bestellt. Eine Beschränkung der Rechte des Testamentsvollstreckers wurde nicht angeordnet.

---

294 Zöller/*Vollkommer*, § 327 Rn 3.
295 MünchKomm/*Zimmermann*, § 2212 Rn 19, *Mayer* in: Mayer/Bonefeld/Wälzholz/Weidlich, PraxisHB, Rn 184.
296 Soergel/*Damrau*, § 2212 Rn 14; Staudinger/*Reimann*, § 2212 Rn 20.
297 So zB Vergleich, Kostenfestsetzungsbeschluss.
298 Dazu auch *Bonefeld* in: Mayer/Bonefeld/Wälzholz/Weidlich, PraxisHB, Rn 800 ff.

Der Unterzeichner hat das Amt des Testamentsvollstreckers mit Erklärung vom 26.2.2010 gegenüber dem Nachlassgericht angenommen und führt nunmehr das Amt des Testamentsvollstreckers.

...

Testamentsvollstrecker ◄

487 ▶ **Muster: Klauselumschreibung (gegen Testamentsvollstrecker)**[299]

An

Amtsgericht

In dem Rechtsstreit

Willi Meier ./. ... (Name des Erblassers)

Az.: ...

beantrage ich als Prozessbevollmächtigter des Klägers Willi Meier nach §§ 749, 727 ZPO

die Erteilung einer vollstreckbaren Ausfertigung des gegen den am 24.2.2010 verstorbenen ... (Name des Erblassers) ergangenen und in der Anlage im Original beigefügten rechtskräftigen Urteiles des Amtsgerichtes München Az: ... vom 11.11.2008 zum Zwecke der Zwangsvollstreckung gegen den Testamentsvollstrecker Rechtsanwalt R über den Nachlass des am 24.2.2010 verstorbenen ... (Name des Erblassers).

Begründung

Der Beklagte ... (Name des Erblassers) ist am 24.2.2010 verstorben. Rechtsanwalt R wurde mit Testamentsvollstreckerzeugnis vom 15.4.2010 zum Testamentsvollstrecker über den gesamten Nachlass des Erblassers bestellt.

Eine Beschränkung der Rechte des Testamentsvollstreckers wurde nicht angeordnet. Rechtsanwalt R hat das Amt des Testamentsvollstreckers mit Erklärung vom 26.2.2010 gegenüber dem Nachlassgericht angenommen und führt nunmehr das Amt des Testamentsvollstreckers.

Auf die in der Anlage auf Antrag des Gläubigers gemäß §§ 7 Abs. 1, 354 FamFG erteilte Ausfertigung des Testamentsvollstreckerzeugnisses wird Bezug genommen.

Der Gläubiger benötigt eine vollstreckbare Ausfertigung des bereits gegen den Erblasser ergangenen Urteiles zum Zwecke der Zwangsvollstreckung in den insgesamt vom Testamentsvollstrecker verwalteten Nachlass nach § 749 ZPO.

...

Rechtsanwalt ◄

488 ▶ **Muster: Klarstellung im Kostenfestsetzungsverfahren**

In dem Rechtsstreit

Müller ./. Rechtsanwalt R als Testamentsvollstrecker

Az.: ...

Der Rechtsstreit richtete sich nicht persönlich gegen den Testamentsvollstrecker. Demgemäß wird um Klarstellung im noch zu fällenden Kostenfestsetzungsbeschluss gebeten, dass der Beklagte als Testamentsvollstrecker über den Nachlass des am 24.2.2010 verstorbenen ... (Name des Erblassers) <u>nicht</u> persönlich haftet, sondern nur der Nachlass des o.g. Erblassers.

---

299 Vgl. *Littig* in: Krug/Rudolf/Kroiß, Erbrecht, § 13 Rn 337.

Es wird gebeten, folgenden Zusatz in den Beschluss aufzunehmen:
„Die Zwangsvollstreckung aus diesem Kostenfestsetzungsbeschluss ist auf den Nachlass des am 24.2.2010 verstorbenen ... (Name des Erblassers) beschränkt. Der Testamentsvollstrecker Rechtsanwalt R haftet nicht persönlich."
Zu den im Kostenfestsetzungsantrag des Klägers vom ... aufgeführten Positionen wird wie folgt entgegnet:
...
Rechtsanwalt ◄

▶ **Muster: Klage auf Duldung der Zwangsvollstreckung**

An

Amts-/Landgericht

Klage

des Willi Meier ...

– Kläger –

Prozessbevollmächtigte: ...

gegen

Rechtsanwalt R als Testamentsvollstrecker über den Nachlass des am 24.2.2010 verstorbenen ... (Name des Erblassers)

– Beklagter –

wegen Duldung der Zwangsvollstreckung.

Namens und in Vollmacht des Klägers erhebe ich Klage und werde beantragen:
1. Der Beklagte wird verurteilt, die Zwangsvollstreckung in Höhe eines Betrages von 12.345,56 EUR zuzüglich Zinsen hieraus in Höhe von 5 % Punkten über dem Basiszinssatz seit dem 3.3.2010 in den von ihm in seiner Eigenschaft als Testamentsvollstrecker verwalteten Nachlass des am 24.2.2010 verstorbenen ... (Name des Erblassers) zu dulden.
2. Dem Beklagten wird angedroht, dass für jeden Fall der Zuwiderhandlung ein Ordnungsgeld oder Ordnungshaft gegen ihn festgesetzt wird.

(Es folgen ggf Anträge zur Sicherheitsleistung, Versäumnisurteil)

Begründung

Herr ... (Name des Erblassers) ist am 24.2.2010 verstorben. Zum Testamentsvollstrecker für den gesamten Nachlass des Erblassers wurde der Beklagte ernannt. Etwaige Beschränkungen der Testamentsvollstreckerrechte sind vom Erblasser nicht angeordnet worden.

Der Beklagte hat das Amt mit Erklärung vom 26.2.2010 gegenüber dem Nachlassgericht angenommen, so dass am 15.4.2010 das in Kopie beigefügte Testamentsvollstreckerzeugnis erteilt wurde. Erbe des Erblassers wurde Herr Michael Müller, wie sich aus dem ebenfalls in Kopie beigefügten Erbschein hervorgeht.

Der Kläger macht mit der Klage gegen den Beklagten als Testamentsvollstrecker einen Anspruch auf Duldung der Zwangsvollstreckung in den Nachlass gemäß § 2213 Abs. 3 BGB geltend. Er verfügt bereits über einen rechtskräftigen Titel des Landgerichts München, Az ... vom 4.5.2004 gegen den Alleinerben Müller, der in Kopie beigefügt wurde.

Der Titel lautet auf Zahlung eines Betrages in Höhe von 12.345,67 EUR nebst 5 % Punkte über dem Basiszinssatz seit dem 3.3.2007.

In den Tenor wurde eine Haftungsbeschränkung des Erben nach § 780 ZPO aufgenommen. Dieser verweigert nunmehr die Zahlung des Geldbetrages.

Da eine Zwangsvollstreckung gegen den Erben aufgrund des Vorbehalts nach § 780 ZPO nicht möglich ist, benötigt der Kläger als Gläubiger der titulierten Forderung für die Zwangsvollstreckung in den Nachlass aufgrund der Testamentsvollstreckung über den gesamten Nachlass wegen § 748 ZPO einen Duldungstitel gegen den Beklagten.

Rechtsanwalt ◄

▶ **Muster: Herausgabeklage (inklusive Auskunft)**

An das

Amtsgericht[300]

Klage

des Rechtsanwaltes R, als Testamentsvollstrecker über den Nachlass des am 24.2.2010 verstorbenen Herrn ... (Name des Erblassers), ...

– Kläger –

gegen

1. den Herrn Willi Meier ...
2. die Frau Elfrede Müller ...

– Beklagte –

wegen Auskunft und Herausgabe von Nachlassgegenständen

Als Testamentsvollstrecker über den Nachlass des am 24.2.2010 verstorbenen ... (Name des Erblassers) erhebe ich Klage und werde beantragen:

Die Beklagten werden verurteilt,

1. dem Kläger über den Bestand des Nachlasses des am 24.2.2010 in München verstorbenen ... (Name des Erblassers) sowie über den Verbleib der Nachlassgegenstände Auskunft zu erteilen,
2. erforderlichenfalls an Eides Statt zu versichern, dass die Auskunft vollständig und richtig ist,
3. an den Kläger die nach Erteilung der Auskunft noch zu bezeichnenden Gegenstände herauszugeben.

(Es folgen ggf Anträge zur Sicherheitsleistung, Versäumnisurteil und Übertragung auf den Einzelrichter.)

Begründung

Der Kläger ist Testamentsvollstrecker des am 24.2.2010 in München verstorbenen ... (Name des Erblassers).

Beweis: Testamentsvollstreckerzeugnis des Amtsgerichts München (Anlage 1)

Die Beklagten sind laut notariellem Testament vom 1.4.2000 des Notars Wachtelhofen Erben.

---

300 Je nach Wert des Gegenstandes.

E. Der Testamentsvollstrecker im Prozess § 5

Beweis: Notarielles Testament vom 1.4.2000 (Anlage 2)

Am 23.4.2010 nahm der Beklagte zu 1) einen Gegenstand aus der Wohnung des Erblassers, ohne hierzu berechtigt zu sein. Er gab zu, einen Gegenstand aus der Wohnung entfernt zu haben, weigerte sich jedoch, trotz Aufforderung den Gegenstand näher zu bezeichnen und wieder an den Kläger herauszugeben. Die Klage ist daher geboten.

Beweis: Aufforderungsschreiben vom 30.4.2010

Dem Beklagten zu 1) steht kein Recht an dem Gegenstand zu.

Der aus der Wohnung entfernte Gegenstand unterliegt der Verwaltung des Testamentsvollstreckers und wird zur Erfüllung seiner Aufgaben noch gebraucht.

Da der Gegenstand wegen § 2040 BGB nur einheitlich herausgegeben werden kann, ist die Klage gegen beide Erben zu richten.

Der Wert des Gegenstandes wird auf 1.000,00 EUR geschätzt, so dass das Amtsgericht sachlich zuständig ist. Nach § 27 ZPO ist der Gerichtsstand der Erbschaft gegeben.

Rechtsanwalt ◄

In zahlreichen Fällen wird zweifelhaft sein, ob der Testamentsvollstrecker den Nachlass verpflichten kann, so dass vielfach eine Haftungsfalle für den Testamentsvollstrecker nach § 2219 BGB bestehen kann. Aus diesem Grunde ist häufig eine Zustimmungs- oder Einwilligungsklage des Testamentsvollstreckers gegen die Erben geboten, die keine Zustimmung bzw Einwilligung zur geplanten Maßnahme erteilen wollen. 491

Bestehen Zweifel über die Reichweite der Verpflichtungsbefugnis des Testamentsvollstreckers gibt § 2206 Abs. 2 BGB dem Testamentsvollstrecker die Möglichkeit von dem Erben zu erzwingen, dass er in die Eingehung dieser Verbindlichkeit einwilligt bzw zustimmt. 492

Der Erbe braucht aber nur dann einwilligen, sofern die Eingehung der Verbindlichkeit tatsächlich zur ordnungsgemäßen Verwaltung erforderlich ist. Dabei sind nur Erben und der Vorerbe einwilligungspflichtig.[301]

Willigt der Erbe ein, entlastet diese Einwilligung gleichzeitig den Testamentsvollstrecker von seiner Haftung nach § 2219 BGB. Dabei verliert aber der Erbe nicht die Möglichkeit einer Haftungsbeschränkung. 493

Da die Einschränkung der Verpflichtungsbefugnis allein im Interesse der Erben erfolgt, ist auch eine nachträgliche Einwilligung zu einer Verfügung möglich, die der Testamentsvollstrecker ohne Verpflichtungsbefugnis vorgenommen hat.[302] 494

▶ **Muster: Zustimmungs- bzw Einwilligungsklage** 495

An das

Amtsgericht München

Klage

des Rechtsanwaltes R, als Testamentsvollstrecker über den Nachlass des am 24.2.2010 verstorbenen Herrn ▪▪▪ (Name des Erblassers), ▪▪▪

– Kläger –

---

301 Palandt/*Edenhofer*, § 2206 Rn 3; *Zimmermann*, Testamentsvollstreckung, Rn 406.
302 MünchKomm/*Brandner*, § 2206 Rn 11; *Müller*, JZ 1981, 371.

gegen
die Frau Elfriede Müller ▬▬▬
– Beklagte –

wegen Abgabe einer Willenserklärung.

Als Testamentsvollstrecker über den Nachlass des am 24.2.2010 verstorbenen Herrn ▬▬▬ (Name des Erblassers) erhebe Klage und werde beantragen:

Die Beklagte wird verurteilt, Ihre Einwilligung zu dem vom Kläger als Testamentsvollstrecker über den Nachlass des am 24.2.2010 verstorbenen ▬▬▬ (Name des Erblassers) mit dem Herrn Michael Mieter noch abzuschließenden Mietvertrag, über die zum Nachlass gehörende Wohnung in der Arabellastr. 2 in München, 2. Stock links, gegen einen Kalt-Mietzins von monatlich 500,00 EUR und mit einer Befristung bis zum 31.12.2010, zu erteilen.

(Es folgen ggf Anträge zur Sicherheitsleistung, Versäumnisurteil)

Begründung

Am 24.2.2010 verstarb ▬▬▬ (Name des Erblassers) unter Hinterlassung eines Testamentes mit Testamentsvollstreckeranordnung. Der Kläger wurde zum Testamentsvollstrecker für den Nachlass ernannt und hat das Amt mit Erklärung vom 15.3.2010 gegenüber dem Nachlassgericht München angenommen. Es wurde Dauertestamentsvollstreckung angeordnet, die durch Zeitablauf am 31.12.2010 endet.

Die Beklagte ist ausweislich des Erbscheines des Amtsgerichtes München – Nachlassgericht – die alleinige Erbin des Erblassers.

Dem Kläger obliegt die Verpflichtung zur ordnungsgemäßen Verwaltung des Nachlasses nach § 2216 Abs. 1 BGB. Somit er auch verpflichtet, die seiner Verwaltung unterliegende Immobilie unter wirtschaftlichen Erwägungen einer sinnvollen Nutzung zuzuführen.

Der Kläger hat nach Einschaltung mehrerer Immobilienmakler zwischenzeitlich einen Interessenten gefunden, welcher die betreffende Immobilie für die Dauer von zwei Jahren zu einem monatlichen Mietzins von 500,00 EUR anmieten würde.

Beweis: einseitig vom Mieter unterzeichneter Mietvertrag vom 1.4.2010 (Anlage 1)

Weitere unterzeichnungsbereite Mietinteressenten, welche einen auch nur annähernd vergleichbaren monatlichen Mietzins entrichten würden, sind nicht vorhanden.

Die Beklagte ist mehrfach mit Schreiben vom 2.4.2010 und 16.4.2010 zur Einwilligung bzw Zustimmung zur Unterzeichnung des Mietvertrages erfolglos aufgefordert worden.

Beweis: Schreiben des Klägers vom 2.4, 16.4.2010 (Anlage 2)

Der Abschluss des o.g. Mietvertrages entspricht den Grundsätzen der ordnungsgemäßen Verwaltung des Nachlasses durch den Kläger als Testamentsvollstrecker über den Nachlass des ▬▬▬ (Name des Erblassers) nach § 2216 Abs. 1 BGB.

Der Kläger hat mehrere Wochen lang durch Einschaltung von Immobilienmaklern sowie eigenen Zeitungsanzeigen sämtliche Bemühungen unternommen, um das betreffende Grundstück bestmöglich im Interesse einer wirtschaftlich sinnvollen Nachlassverwaltung zu nutzen.

Der Kläger hat als Testamentsvollstrecker einen Anspruch gegen die Beklagte auf Einwilligung bzw Zustimmung nach Maßgabe des Klagantrages nach § 2206 Abs. 2 BGB.

▬▬▬

Rechtsanwalt ◀

E. Der Testamentsvollstrecker im Prozess § 5

▶ **Muster: Abschlussschreiben an Erben mit gleichzeitiger Rechenschaftslegung und Aufforderung zur Entlastung zwecks Vorbereitung einer Feststellungsklage**

An ...

Sehr geehrte Frau P,

Betr.: Testamentsvollstreckung (Name des Erblassers)

Hiermit zeige ich an, dass ich mein Amt als Testamentsvollstrecker zum ... beendet habe. Die Testamentsvollstreckung endet nach dem Gesetz automatisch mit der Erledigung aller dem Testamentsvollstrecker zugewiesenen Aufgaben.

Nachfolgend lege ich abschließend Rechenschaft über den Nachlass des am 28.2.2010 verstorbenen ... (Name des Erblassers) in München für die Zeit vom Amtsantritt, den ..., bis zum heutigen Tage, den ...:

Zunächst verweise ich zur Vermeidung von Wiederholungen auf das vorsorglich nochmals beigefügte Nachlassverzeichnis vom 29.2.2010 hinsichtlich der am 29.2.2010 bestehenden Aktiva und Passiva.

I. Folgende **Nachlassverbindlichkeiten** sind nach dem 29.2.2010 entstanden und durch mich vom Konto der Sparkasse München 4711 ausgeglichen worden:

1. Steuerberater Groß, Kostenrechnung für Erstellung der Einkommensteuererklärungen für die Jahre 2006 bis 2010   1.317,75 EUR
2. Vermieter Winterberg, Mietzins für die Wohnung bis zum 31.5.2010   3.420,28 EUR
3. Amtsgericht München, Kosten der Eröffnung Testament, Bescheid vom 17.3.2010   60,00 EUR
4. Amtsgericht München, Kosten der Erteilung Testamentsvollstreckerzeugnis, Bescheid vom 20.3.2010   325,00 EUR
5. Auktionator Adam, Kosten der Versteigerung des Inventars vom 23.4.2010   257,00 EUR
6. Städt. Klinikum München, Kosten für Behandlung bis zum 28.2.2010 gem. Rechnung vom 27.3.2010, da keine Übernahme der priv. Krankenversicherung   689,00 EUR

II. Des Weiteren konnten folgende **Einnahmen** verbucht werden:

1. Rückerstattung des Finanzamtes München, Einkommensteuer 2006 gem. Bescheid vom 27.4.2010   357,00 EUR
2. Rückerstattung des Finanzamtes München, Einkommensteuer 2007 gem. Bescheid vom 27.4.2010   1.290,00 EUR
3. Rückerstattung des Finanzamtes München, Einkommensteuer 2008 gem. Bescheid vom 27.4.2010   1.477,80 EUR
4. Rückerstattung aus Haftpflichtversicherung der Allianz Versicherungs AG gem. Schreiben vom 3.4.2010   354,00 EUR

III. Das Girokonto der Sparkasse München 4711 weist einen Stand von 207,35 EUR zum heutigen Tage, den ... aus. Sämtliche Kontoauszüge seit dem Todestag habe ich in Kopie für Sie beigefügt.

Die weiteren Beträge aus den bestehenden Kontoverbindungen und des Sparbuchs bei der HASPA wurde Ihnen gegen Quittung am 23.4.2010 bereits ausbezahlt.

Wie mit Ihnen mit Bestätigung vom 3.3.2010 vereinbart, habe ich die Anlageform des Erblassers bei der Industria Dresdner Bank und beim Internationalen Immobilien Institut nicht geändert, sondern bis zum 30.4.2010 bestehen lassen. Anschließend wurde das Geld auf das Konto bei der Commerzbank

München 10815 überwiesen und verteilt. Wegen der bereits erhaltenen Gelder verweise ich auf den Auseinandersetzungsvertrag vom 5.5.2006.

Die jeweiligen Kontoauszüge sind ebenfalls in Kopie beigefügt.

IV. Aufgrund der Vereinbarung vom 3.3.2006 habe ich mir erlaubt, gemäß der Möhring'schen Tabelle meine Testamentsvollstreckervergütung vom Konto bei der Commerzbank 10815 in Höhe von 9.970,09 EUR zu entnehmen. Eine genaue Abrechnung ist Ihnen mit Schreiben vom 5.5.2006 bereits zugegangen.

V. Für die gute Zusammenarbeit darf ich mich herzlich bei Ihnen bedanken.

Sofern ich keine Mitteilungen hinsichtlich meines abschließenden Rechenschaftsberichts bis zum ... erhalte, gehe ich davon aus, dass die Testamentsvollstreckung mit Ihrem Einverständnis als abgeschlossen gilt.

Alternativ:

Damit ich meine Tätigkeit endgültig einstellen kann, bitte ich Sie, die beigefügte Anlage mir unterschrieben bis zum ... zurückzusenden. Ein Freiumschlag ist beigefügt.

Sollten Sie Beanstandungen hinsichtlich des abschließenden Rechenschaftsberichts haben, bitte ich Sie, diese ausführlich auf dem beigefügten Schreiben zu begründen, um eine Klärung herbeizuführen.

Für Rückfragen stehe ich selbstverständlich gerne zur Verfügung.

...

Rechtsanwalt

Anlage für Alternative:

An Rechtsanwalt R

...

Betr.: Testamentsvollstreckung durch Rechtsanwalt R hinsichtlich des Nachlasses des am 28.2.2010 verstorbenen ... (Name des Erblassers)

Hiermit bestätige ich den Erhalt des abschließenden Rechenschaftsberichts des Testamentsvollstreckers Rechtsanwalt R vom ... mit sämtlichen Anlagen.

Zutreffendes ankreuzen

☐ Nach Prüfung des Rechenschaftsberichts habe ich keine Beanstandungen. Ich entlaste hiermit ausdrücklich den Testamentsvollstrecker und betrachte die Testamentsvollstreckung ebenfalls für beendet.

☐ Ich habe folgende Beanstandungen: ...

...

Unterschrift des Erben ◄

497 Wollen die Erben einer Entlastung nicht zustimmen, sollte der Testamentsvollstrecker nicht davor zurückschrecken eine Klage einzureichen. Die Klage ist in eigenem Namen beim Prozessgericht einzureichen, so dass der Testamentsvollstrecker bei Unterliegen auch die Kosten des Rechtsstreits trägt. Aufgrund der herrschenden Ansicht sollte auf Vorsichtsgründen keine Leistungs-, sondern eine negative Feststellungsklage erhoben werden.

E. Der Testamentsvollstrecker im Prozess § 5

▶ **Muster: Negative Feststellungsklage**

An das Amtsgericht München

Klage

des Rechtsanwaltes R, ▪▪▪

– Kläger –

gegen

1. die Frau P. ▪▪▪
2. den Herrn F. ▪▪▪

– Beklagte –

wegen Feststellung.

Ich erhebe Klage und werde beantrage:

Es wird festgestellt, dass den Beklagten nach der Rechnungslegung des Testamentsvollstreckers des ▪▪▪ (Name des Erblassers), Rechtsanwalt R, vom ▪▪▪ keine weiteren Ansprüche mehr gegen den Testamentsvollstrecker zustehen.

Begründung

Der Kläger ist Testamentsvollstrecker des am 28.2.2010 in München verstorbenen ▪▪▪ (Name des Erblassers).

Beweis: Testamentsvollstreckerzeugnis des Amtsgerichts München (Anlage 1)

Die Beklagten sind laut notariellem Testament vom 19.2.1999 des Notars von Miesbach Erben.

Beweis: Notarielles Testament vom 19.2.1999 (Anlage 2)

Mit abschließenden Schreiben vom ▪▪▪ hat der Kläger den Beklagten gegenüber hinsichtlich seiner kompletten Amtsführung Rechenschaft abgelegt und diese bis zum ▪▪▪ aufgefordert, ihn zu entlasten.

Beweis: Rechenschaftslegung vom ▪▪▪ (Anlage 3)

Die Beklagten haben jedoch die Ansicht vertreten, Ihnen würden noch Ansprüche aus dem Nachlass zustehen, ohne diese näher zu bezeichnen.

Wie sich aus dem Rechenschaftsbericht eindeutig ergibt, stehen den Erben keine weiteren Ansprüche aus dem Nachlass zu.

Im Einzelnen:

▪▪▪ (weitere Ausführungen)

Nach allgemeiner Auffassung (Hagele/Winkler, Der Testamentsvollstrecker, Rn 484; Klumpp in: Bengel/Reimann, Handbuch der Testamentsvollstreckung, VI Rn 335 mwN) besteht für den Testamentsvollstrecker ein Rechtsschutzbedürfnis auf Feststellung nach Rechenschaftsablegung dahingehend, dass die Erben keine weiteren Ansprüche haben.

Klage ist daher geboten.

▪▪▪

Rechtsanwalt ◀

Alternativ kann statt einer negativen Feststellungsklage auch ein positiver Feststellungsantrag gestellt werden. Dieser bietet sich immer an, wenn lediglich wegen einer konkreten Verwaltungsmaßnahme Streit besteht und der Testamentsvollstrecker nicht bereits vorher auf Zustimmung geklagt hat. Diese könnte wie folgt formuliert werden:

500 ▶ **Muster: Positive Feststellungsklage**

An das Amtsgericht München

Klage

des Rechtsanwaltes R, ▪▪▪

– Kläger –

gegen

1. die Frau P. ▪▪▪
2. den Herrn F. ▪▪▪

– Beklagte –

wegen Feststellung.

Ich erhebe Klage und werde beantrage:

Es wird festgestellt, dass der Testamentsvollstrecker des am 28.2.2010 verstorbenen ▪▪▪ (Name des Erblassers), Rechtsanwalt R, bei der Ausführung ▪▪▪ seine Pflichten als Testamentsvollstrecker ordnungsgemäß erfüllt hat. ◀

II. Der Passivprozess des Testamentsvollstreckers

1. Passivlegitimation des Testamentsvollstreckers

501 Machen Kläger Ansprüche gegen den Nachlass gerichtlich geltend, ist grundsätzlich der Erbe, der die Erbschaft nach § 1958 BGB angenommen hat, immer prozessführungsberechtigt. Er kann also von den Nachlassgläubigern verklagt werden, da er für die Nachlassverbindlichkeiten auch persönlich haftet.

502 Aus diesem Grunde dürfen die Gläubiger auch auf das Eigenvermögen der Erben zugreifen, unbeschadet des Rechtes der Erben, die Beschränkungen der Erbenhaftung nach §§ 780 Abs. 1, 781 und 785 ZPO zu erklären.

503 Soweit allerdings das Verwaltungsrecht des Testamentsvollstreckers besteht, ist für den Nachlassgläubiger ein allein gegen den Erben ergangenes Urteil nur von beschränktem Wert, weil zur Zwangsvollstreckung in den Nachlass nach § 748 ZPO noch ein Titel gegen den Testamentsvollstrecker erforderlich ist.[303]

504 Dementsprechend ist auch der Testamentsvollstrecker passiv prozessführungsbefugt, so dass für den Gläubiger regelmäßig vernünftig ist, Erben und Testamentsvollstrecker gleichzeitig zu verklagen, sofern ein entsprechendes Verwaltungsrecht des Testamentsvollstreckers noch besteht.[304]

505 Stehen auf Passivseite mehrere Testamentsvollstrecker, so sind diese nicht stets notwendige Streitgenossen.[305]

506 Die Stellung des Testamentsvollstreckers im Passiv-Prozess ergibt sich aus § 2213 BGB. § 2213 BGB ist quasi „dreigeteilt". Danach ist Klage einzureichen:

1. bei Anspruch gegen den Nachlass sowohl gegen Erben als auch Testamentsvollstrecker nach § 2213 Abs. 1 S. 1 BGB.

---

303 *Mayer* in: Mayer/Bonefeld/Wälzholz/Weidlich, PraxisHB, Rn 188.
304 Soergel/*Damrau*, § 2213 Rn 3.
305 Dazu Soergel/*Damrau*, § 2224 Rn 7; Staudinger/*Reimann*, § 2212 Rn 7.

E. Der Testamentsvollstrecker im Prozess § 5

2. wenn der Testamentsvollstrecker kein Verwaltungsrecht hat, nur gegen den Erben gemäß § 2213 Abs. 1 S. 2 BGB.
3. bei Pflichtteilsansprüchen und Nebenrechten nur gegen Erben nach § 2213 Abs. 1 S. 3 BGB.

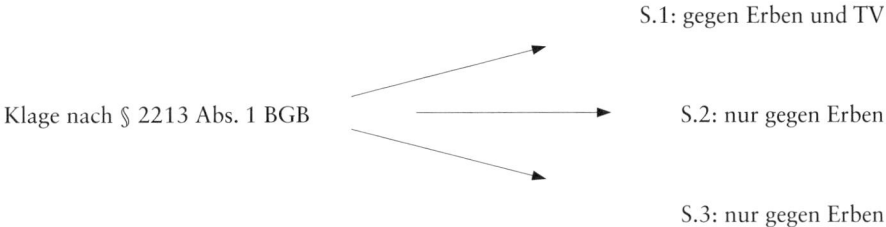

Eine Klage gegen die Erben vor Annahme der Erbschaft ist nicht zulässig. In diesen Fällen kann wegen § 2213 Abs. 2 BGB gegen den Testamentsvollstrecker vorgegangen werden, sofern dieser das Amt angenommen hat. Haben weder die Erben das Erbe angenommen, noch der Testamentsvollstrecker sein Amt angenommen, ist die Klage unzulässig. Beim Testamentsvollstrecker reicht die förmliche Annahme des Amtes.[306] Die Erteilung eines Testamentsvollstreckerzeugnisses oder die Inbesitznahme des Nachlasses ist nicht Voraussetzung.

507

2. Umfang der Passivlegitimation des Testamentsvollstreckers

Unter § 2213 BGB fallen zB:

508

– Alle gerichtlichen Streitigkeiten, in denen wegen einer Nachlassverbindlichkeit im Sinne von §§ 1967, 1968 BGB eine Leistung aus dem Nachlass verlangt oder deren Feststellung beansprucht wird. Ferner solche aus einem vom Testamentsvollstrecker geschlossenen Vertrag nach § 2206 BGB. Dabei ist es unabhängig, welche Gerichtsbarkeit verfolgt wird, so dass auch die Klage Finanz- oder Verwaltungsgerichtsbarkeit nach § 2213 BGB zu beurteilen ist.
– Eine negative Feststellungsklage gegen einen Dritten, der sich eines Anspruches gegen Nachlass berühmt, fällt nicht unter § 2212 BGB, sondern vielmehr unter § 2213 BGB.[307] Der Erbe kann also im eigenen Namen klagen. Ferner fällt unter § 2213 BGB auch die Wiederaufnahme durch eine Restitutionsklage nach § 580 ZPO.

Für das Vorliegen eines Passivprozesses kommt es nicht formell auf die Parteirolle im Prozess an (formelle Beklagteneigenschaft), sondern allein materiell darauf, ob ein gegen den Nachlass gerichteter Anspruch „abgewehrt" wird.[308]

509

Haben die Erben einen Anspruch gegen den Erblasser, so bleibt dieser im Falle der Testamentsvollstreckung bestehen und geht nicht durch Konfusion unter.[309] Im Falle der Erfüllungsweigerung kann somit der Erbe den Testamentsvollstrecker verklagen, um die Bindungswirkung durch den Testamentsvollstrecker zu beseitigen.[310]

510

---

306 Staudinger/*Reimann*, § 2213 Rn 2.
307 MünchKomm/*Zimmermann*, § 2213 BGB Rn 2; Staudinger/*Reimann*, § 2212 Rn 14.
308 *Mayer* in: Mayer/Bonefeld/Wälzholz/Weidlich, PraxisHB, Rn 188.
309 Soergel/*Damrau*, § 2214 Rn 1.
310 Soergel/*Damrau*, § 2213 Rn 7.

3. Fehlende Passivlegitimation des Testamentsvollstreckers

511 Nicht unter § 2213 BGB fallen zB:
- Streitigkeiten der Erbprätendenten um das Erbrecht.
- Streitigkeiten der Miterben untereinander über das Bestehen einer Ausgleichungspflicht gem. §§ 2050 ff BGB.
- Klage wegen Erbschaftsanspruch gegen den Testamentsvollstrecker nach § 2018 BGB.[311]

512 Der Testamentsvollstrecker hat hier den Nachlass nicht aufgrund eines zu Unrecht behaupteten Erbrechtes in Besitz. Dementsprechend ist § 2213 BGB nicht anwendbar. Gleiches gilt bei Ansprüchen gegen den Testamentsvollstrecker selbst, wie zB Fordern einer Amtshandlung. Ebenfalls ist § 2213 BGB nicht anwendbar bei Streitigkeiten über die Rechtsstellung des Testamentsvollstreckers, wie zB die Wirksamkeit der Ernennung. Dabei handelt es sich um Klagen, die persönlich[312] gegen den Testamentsvollstrecker zu richten sind.

4. Besonderheiten für den Erben im Passivprozess

513 Ohne Ermächtigung des Testamentsvollstreckers kann der verklagte Erbe keine Widerklage aufgrund eines vom Testamentsvollstrecker verwalteten Anspruchs erheben.[313] Gleiches gilt für die Aufrechnung. Es bedarf somit ausdrücklich einer vorherigen Zustimmung des Testamentsvollstreckers, der regelmäßig aber seine Zustimmung nicht verweigern darf, sofern dies zur ordnungsgemäßen Verwaltung nach § 2216 BGB gehört.

514 Der Erbe kann neben dem Testamentsvollstrecker auch als Nebenintervenient nach § 66 ZPO beitreten und wird hierdurch Streitgenosse. Gleiches kann auch der Testamentsvollstrecker in einem Passivprozess des Erben machen. Zur Begründung des rechtlichen Interesses nach § 66 ZPO reicht schon die Gefahr eines nachteiligen Beweisergebnisses aus.[314] Allerdings wird er Testamentsvollstrecker nicht der Streitgenosse des Erben, weil die Rechtskraft des Urteils gegen den Erben, aber nicht gegen ihn wirkt.

515 Bei § 2213 Abs. 1 S. 1 BGB handelt es sich um den Regelfall, dass der Nachlassgläubiger den Testamentsvollstrecker allein oder nur den Erben oder aber beide gleichzeitig auf Leistung oder Feststellung verklagen kann.

516 Alternativ hat er die Möglichkeit, auch gegen den Erben auf Leistung und gegen den Testamentsvollstrecker auf Duldung der Zwangsvollstreckung zu klagen, und zwar sowohl gemeinsam als auch getrennt, da er zur Zwangsvollstreckung in den Nachlass ohnehin einen Titel gegen den Testamentsvollstrecker gem. § 748 Abs. 1 ZPO benötigt.

517 Für die Zwangsvollstreckung in das Eigenvermögen des Erben benötigt er einen Titel gegen diesen.[315]

518 Bei einem Passivprozess bei gegenständlich beschränkter Testamentsvollstreckung gem. § 2208 Abs. 1 S. 2 BGB kann der Nachlassgläubiger nur gegen den Erben Leistungsklage erheben. Eine Klage gegen den Testamentsvollstrecker ist nicht möglich.[316]

519 Zulässig ist lediglich die Klage auf Duldung der Zwangsvollstreckung. Eine solche Klage ist aber auch erforderlich, wenn der Gläubiger in den dem Verwaltungsrecht des Testamentsvoll-

---

311 Staudinger/*Reimann*, § 2213 Rn 10.
312 Dazu unten C.
313 Staudinger/*Reimann*, § 2212 Rn 5.
314 Staudinger/*Reimann*, § 2213 Rn 23.
315 *Mayer* in: Mayer/Bonefeld/Wälzholz/Weidlich, PraxisHB, Rn 193, Soergel/*Damrau*, § 2213 Rn 3 mwN.
316 Soergel/*Damrau*, § 2213 Rn 4.

E. Der Testamentsvollstrecker im Prozess § 5

streckers unterliegenden Nachlass nach § 748 Abs. 2 ZPO vollstrecken will. Anderenfalls kann nur in das Eigenvermögen der Erben oder aber in den der nicht der Testamentsvollstreckung unterworfenen Nachlass vollstreckt werden.

Bedeutsam ist aufgrund dieser Zwei-Titel-Theorie, dass keine Rechtskrafterstreckung zwischen dem Erbentitel und den Duldungstitel gegen den Testamentsvollstrecker besteht. Das Leistungsurteil wirkt also nicht gegen den Testamentsvollstrecker, weil dies in § 327 ZPO ausdrücklich nicht vorgesehen ist. Der Duldungstitel wirkt nicht gegen den Testamentsvollstrecker auf den Leistungsstreit gegen den Erben, weil der Testamentsvollstrecker wegen der eingeschränkten Verwaltungsbefugnis nach herrschender Meinung nicht zur Führung des Rechtsstreites im Sinne von § 327 Abs. 2 ZPO befugt ist.[317] 520

Eine Klage im Wege der subjektiven Klagehäufung (Streitgenossenschaft)[318] zwischen Testamentsvollstrecker und Erben ist möglich. 521

Wird unzulässigerweise eine Leistungsklage gegen den Testamentsvollstrecker eingereicht, obwohl dieser auf Duldung der Zwangsvollstreckung hätte verklagt werden müssen, erfolgt regelmäßig von den Gerichten eine Umdeutung in eine zulässige Duldungsklage und zwar auch noch in der Revisionsinstanz.[319] 522

Hat der Testamentsvollstrecker kein Verwaltungsrecht, ist die Klage nur gegen den Nachlass zu richten. Einen Duldungstitel gegen den Testamentsvollstrecker ist für die Zwangsvollstreckung auch nicht erforderlich.[320] Umgekehrt ist auch nur der Erbe zur Führung von Rechtsstreitigkeiten berechtigt, die sich auf Ansprüche gegen den Nachlass beziehen.[321] Ein fehlendes Verwaltungsrecht des Testamentsvollstreckers ist insbesondere in den Fällen der so genannten Beaufsichtigenden Testamentsvollstreckung gegeben. 523

Mit dem Titel kann in das Eigenvermögen der Erben, aber auch in den Nachlass vollstreckt werden, sofern sich die Erben nicht auf eine beschränkte Haftung berufen. 524

5. Besonderheit: Pflichtteilsansprüche und Testamentsvollstreckung

Nach § 2213 Abs. 1 S. 3 BGB können Pflichtteilsansprüche nur gegen die Erben geltend gemacht werden. Dies gilt auch dann, wenn dem Testamentsvollstrecker die Verwaltung des ganzen Nachlasses zusteht. In diesen Bereich gehören sämtliche Klagen hinsichtlich einer etwaigen Pflichtteilszahlung wie zB die Klage auf Auskunft hinsichtlich des Nachlasses gem. § 2314 BGB, die Klage auf Wertermittlung gem. § 2314 BGB oder die Klage auf Zahlung des Pflichtteilsanspruches. 525

Der Testamentsvollstrecker braucht somit nicht dem Pflichtteilsberechtigten Auskunft zu erteilen und kann gegen den Willen der Erben eine Pflichtteilsforderung nicht mit Wirkung gegen die Erben rechtsgeschäftlich anerkennen.[322] 526

Im Einzelnen ist aber umstritten, wann und ob ein vom Testamentsvollstrecker abgegebenes **Anerkenntnis** wirksam ist. Außergerichtlich ist nach allgemeiner Auffassung ein Anerkenntnis unwirksam.[323] Sofern allerdings ein Testamentsvollstrecker im Prozess ein Anerkenntnis ab- 527

---

317 MünchKomm/*Zimmermann*, § 2213 Rn 10; Staudinger/*Reimann*, § 2213 Rn 13; *Mayer* in: Mayer/Bonefeld/Wälzholz/Weidlich, PraxisHB, Rn 194.
318 Dazu ausführlich Kapitel § 1.
319 MünchKomm/*Zimmermann*, § 2213 Rn 10.
320 Soergel/*Damrau*, § 2213 Rn 5.
321 *Mayer* in: Mayer/Bonefeld/Wälzholz/Weidlich, PraxisHB, Rn 196.
322 BGH NJW 1969, 424.
323 *Mayer/Süß/Tanck/Bittler/Wälzholz*, HB Pflichtteilsrecht, S. 547.

gibt, soll dieses Anerkenntnis wirksam sein.³²⁴ Eine derartige Auffassung dürfte nicht ohne weiteres richtig sein, denn trotz Streitgenossenschaft zwischen dem Testamentsvollstrecker und den Erben kann ein prozessuales Anerkenntnis des Testamentsvollstreckers den Erben nicht binden. Anders ist jedoch zu urteilen, wenn der Testamentsvollstrecker mit einer ausdrücklichen Vollmacht oder aber einer Anscheins- oder Duldungsvollmacht der Erben gehandelt hat.

528 Sehr unglücklich und missverständlich formuliert ist die Entscheidung des OLG München.³²⁵ Dort heißt es:

Nach dem Sinn des § 2213 Abs. 1 S. 3 BGB differenziert die Entscheidung BGHZ 61,25 deshalb letzten Endes zwischen streitigen und unstreitigen Pflichtteilsansprüchen. Sind Pflichtteilsansprüche nicht streitig, kann der Testamentsvollstrecker Pflichtteilsansprüche erfüllen; er kann deshalb auch bei nicht streitigen Pflichtteilsansprüchen wirksam anerkennen mit der Folge, dass die Verjährung unterbrochen wird, oder aber auf die Erhebung der Einrede der Verjährung verzichten. Im vorliegenden Falle hat die Testamentsvollstreckerin für den Kläger erkennbar mit Willen der Beklagten gehandelt. Der Leistung der Abschlagszahlungen haben die Erben nicht widersprochen. Zuletzt hat sich die Testamentsvollstreckerin mit dem oben zitierten Schreiben vom 5.5.1999 gegenüber dem Kläger erklärt. Dieser Äußerung war ein Schriftwechsel zwischen der Testamentsvollstreckerin und den Erben vorangegangen, in der diese die Erben dazu aufgefordert hatte, eine gegenteilige Meinung ausdrücklich zu äußern. Von diesem Schriftwechsel hatte der Kläger Kenntnis.

529 Der Umkehrschluss aus der genannten BGH Entscheidung ist nicht zwingend. Zwar differenziert der BGH zwischen streitigen und unstreitigen Pflichtteilsansprüchen, hat aber gerade keine Aussage getroffen, wie im Falle der unstreitigen zu entscheiden wäre. Hierzu hat er sich nämlich nicht geäußert. Richtigerweise kann der Testamentsvollstrecker auch nicht unstreitige Ansprüche mit Wirkung gegen Erben anerkennen. Allerdings ist die Entscheidung des *OLG München* letzten Endes richtig, denn der Testamentsvollstrecker hatte eine Duldungsvollmacht und konnte so die Erben rechtsgeschäftlich vertreten. Dies hat das OLG in seiner Begründung jedoch leider nicht differenziert dargestellt.

530 Ist ein zu hoher Pflichtteil anerkannt worden, haftet der Testamentsvollstrecker nach Maßgabe des § 2219 BGB.

531 Aber auch **Anerkenntnisse des Erben** können uU den Testamentsvollstrecker nicht binden. Wenn zB ein Erbe einen zu hohen Pflichtteil gegenüber dem Erben anerkennt, ist hieran der Testamentsvollstrecker selbst nicht gebunden.³²⁶ Der Erbe benötigt also weiterhin einen Duldungstitel gem. § 748 Abs. 3 ZPO gegen den Testamentsvollstrecker. Wollen die Erben, dass der Testamentsvollstrecker eine Summe an den Pflichtteilsberechtigten ausbezahlt, sollte der Testamentsvollstrecker überprüfen, ob nicht vorrangige Ansprüche (vgl dazu auch § 327 InsO) zunächst zu erfüllen sind. Ferner sollte wegen des Kürzungsrechts aus § 2318 BGB ein Pflichtteil vor Erfüllung von Auflagen und Vermächtnissen berechnet werden.

532 Wenn die Erben hingegen der Ansicht sind, der **Anspruch** des **Pflichtteilsberechtigten** sei zu hoch, und erkennen nur einen zu niedrigen Wert an, stellt sich für den Testamentsvollstrecker die Frage, ob er dennoch den höheren Anspruch anerkennt und ausbezahlt. Ein Anerkenntnis

---

324 So Soergel/*Damrau*, § 2213 Rn 10; aA *Stein/Jonas/Leipold*, § 306 ZPO Rn 26.
325 OLG München RPfIG 2003, 588 mit Anmerkung von *Bestelmeyer*, der jedoch auf die eigentliche prozessuale Problematik nicht eingeht.
326 OLG Celle MDR 1967, 46.

würde die Erben nicht binden.[327] Da Schadensersatzansprüche aus § 2219 BGB nur der Erbe und der Vermächtnisnehmer, nicht aber der Pflichtteilsberechtigte gegen den Testamentsvollstrecker geltend machen können, ist es ratsam, wenn er sich vom Erben den Wunsch nach Auszahlung bestätigen lässt. Nach erfolgter Zustimmung hat der Erbe keinen Schadensersatzanspruch.

Er ist daher zur **Erfüllung** von **Pflichtteilsansprüchen** nur berechtigt, wenn es sich um unstreitige Forderungen handelt. Dabei ist er zur Erfüllung einer unstreitigen Pflichtteilsforderung aber den Erben gegenüber nicht verpflichtet, es sei denn, dass die Grundsätze einer ordnungsgemäßen Nachlassverwaltung dies gebieten und anderenfalls eine Haftung nach § 2219 BGB droht.[328] Eine Forderung ist nur dann unstreitig, wenn über Bestehen, Höhe, Fälligkeit oder sonstige Punkte zwischen Gläubiger und Schuldner keine ernsthaften Meinungsverschiedenheiten bestehen.[329] Problematisch bleibt es, wenn die Erben selbst uneinig wegen der richtigen Summe für den Pflichtteilsberechtigten sind. Dann muss der Testamentsvollstrecker eine Entscheidung selbst verantworten und trägt aber nicht das Risiko aus § 2219 BGB, da die Pflichtteilsforderung nicht unstreitig war.

Nach alledem ist es somit falsch, wenn man als Vertreter des Pflichtteilsberechtigten sich zunächst direkt an den Testamentsvollstrecker wendet, um **Auskunft** zu erhalten. Der Erbe darf anschließend den Pflichtteilsberechtigten nicht damit vertrösten, er solle sich direkt an den Testamentsvollstrecker wenden, wenn er Auskunft haben wolle. Dieser braucht sich nicht auf die Abtretung von Auskunftsansprüchen einlassen. Auch die Übermittlung des Nachlassverzeichnisses gem. § 2215 BGB hilft dem Pflichtteilsberechtigten nicht weiter, da dieses vom Bestandverzeichnis nach § 2314 BGB abweicht (zB Stichtag und Umfang). Allerdings hat der Testamentsvollstrecker wiederum dem Erben Auskunft zu erteilen. Hat er jedoch keine Informationen über Vorschenkungen muss der Erbe sich eigenständig um eine vollständige Auskunft des Pflichtteilsberechtigten kümmern.

▶ **Muster: Auskunftsersuchen gegenüber Pflichtteilsberechtigten**

An Dirk Hoffmann

Betr.: Pflichtteil nach ▪▪▪ (Name des Erblassers)

Sehr geehrter Herr Hoffmann,

in Ihrem Schreiben vom 31.3.2010 haben Sie mich als Testamentsvollstrecker des am 28.2.2010 verstorbenen ▪▪▪ (Name des Erblassers) mit der Bitte angeschrieben, Ihnen Ihren Pflichtteilsanspruch auszubezahlen.

Rein vorsorglich teile ich Ihnen mit, dass ein Testamentsvollstrecker nach dem Gesetz gegenüber Pflichtteilsberechtigten nicht zur Auskunft verpflichtet ist. Nach Rücksprache mit den Erben darf ich Ihnen jedoch das anliegende Nachlassverzeichnis vom 29.2.2006 überreichen. Aus diesem Verzeichnis können Sie sowohl die Nachlass-Aktiva, als auch die Nachlass-Passiva entnehmen.

Um einen eventuellen Pflichtteilsanspruch Ihrerseits berechnen zu können, benötige ich noch Angaben hinsichtlich aller erhaltener ausgleichungs- bzw anrechnungspflichtiger Schenkungen oder Zuwendungen.

---

327 Vgl *Klingelhöffer*, ZEV 2000, 262; *Merkel*, NJW 1967, 1285.
328 Staudinger/*Reimann*, § 2213 Rn 19; *Klingelhöffer*, ZEV 2000, 261.
329 BGH NJW 1969, 424.

Dies können zB auch Schenkungen als Verträge zugunsten Dritter auf den Todesfall (zB Lebensversicherungen) sein.

Bitte teilen Sie mir daher bis zum

...

mit, ob und welche Schenkungen bzw Zuwendungen Sie vom Erblasser erhalten haben.

Sobald ich Ihre Auskunft erhalten habe, werde ich unaufgefordert auf die Angelegenheit zurückkommen.

Für Rückfragen stehe ich gerne zur Verfügung

Mit freundlichen Grüßen

...

Rechtsanwalt R als Testamentsvollstrecker ◄

536 ▶ **Muster: Klage des Pflichtteilsberechtigten gegen einen Erben und Testamentsvollstrecker**

An das Landgericht München

Klage

des Herrn Dirk Hoffmann, ...

– Kläger –

gegen

1. die Erbin P, ...
2. den Erben F, ...
3. den Testamentsvollstrecker Rechtsanwalt R ...

– Beklagte –

wegen Pflichtteilsanspruchs.

Namens und in Vollmacht des Klägers erhebe ich Klage und werde beantragen:

1. Die Beklagten zu 1. und 2. werden als Erben des am 28.2.2010 verstorbenen (Name des Erblassers) verurteilt an den Kläger ... EUR nebst Zinsen in Höhe von 5 % Punkten seit Rechtshängigkeit zu zahlen.
2. Der Beklagte zu 3. hat als Testamentsvollstrecker über den Nachlass des am 28.2.2010 verstorbenen (Name des Erblassers) die Zwangsvollstreckung aus dem Titel aus Ziffer 1 in den seiner Verwaltung unterliegenden Nachlass zu dulden.

(Es folgen ggf Anträge zur Sicherheitsleistung, Versäumnisurteil etc.)

Begründung

...

Der Antrag zu 2.) ist zulässig. Es handelt sich nicht um einen unzulässigen bedingten Antrag. Vorliegend handelt es sich vielmehr um eine zulässige uneigentliche Eventualhäufung. Die Bedingung ist hier ein innerprozessuales Ereignis (Vgl BGH NJW 2001, 1285, BGH NJW 1986, 2821). ◄

6. Nach dem Prozess

537 Ergeht ein Leistungsurteil über ein der Verwaltung unterliegendes Nachlassrecht des Testamentsvollstreckers, hat dieses Urteil nach § 327 Abs. 2 ZPO auch Rechtswirkung für und gegen

E. Der Testamentsvollstrecker im Prozess § 5

den Erben. Dementsprechend kann in den Nachlass nach § 748 Abs. 1 ZPO vollstreckt werden. § 748 ZPO gilt ab dem Tod des Erblassers und nicht erst ab Annahme des Amtes durch den Testamentsvollstreckers nach § 2202 Abs. 1 BGB.[330]

Einen Duldungstitel gegen den Testamentsvollstrecker wirkt nicht gegen den Erben hinsichtlich einer Vollstreckung in sein eigenes Vermögen.[331] 538

Das Leistungsurteil gegen den Testamentsvollstrecker kann jederzeit gegen den Erben umgeschrieben werden, sofern der Titel nach § 327 Abs. 2 ZPO auch gegen ihn wirkt. Aus diesem umgeschriebenen Titel ist dann auch eine Zwangsvollstreckung in das Eigenvermögen des Erben möglich, wobei allerdings nunmehr der Erbe die Beschränkung seiner Haftung geltend machen kann, auch wenn dies im ursprünglichen Urteil nicht nach § 780 Abs. 2 ZPO vorbehalten war.[332] Haftet der Erbe zB nach § 2013 BGB unbeschränkt, ist eine auf die Haftungsbeschränkung gestützte Vollstreckungsgegenklage nach § 767 ZPO unbegründet.[333] 539

III. Klagen gegen den Testamentsvollstrecker persönlich

Wie bereits erwähnt, gehört die Geltendmachung von Ansprüchen gegen den Testamentsvollstrecker persönlich nicht zu § 2213 BGB. Dies liegt insbesondere dann vor, wenn keine Amtshandlung von ihm begehrt wird. 540

1. Klagen der Erben gegen den Testamentsvollstrecker persönlich

Um persönliche Klagen gegen den Testamentsvollstrecker, die nicht unter § 2213 BGB fallen, handelt es sich zB bei: 541
- Geltendmachung von Schadensersatzansprüchen nach § 2219 BGB,
- Ansprüche auf Herausgabe von Gegenständen, die der vermeintliche Testamentsvollstrecker an sich genommen hat,
- Klagen wegen Erstattung von Beträgen, die der Testamentsvollstrecker zu Unrecht dem Nachlass entnahm, zB als vermeintlicher Vermächtnisnehmer,
- Klage auf Herausgabe der Erbschaft nach Beendigung der Testamentsvollstreckung nach §§ 2218, 667 BGB,
- Anspruch aus § 2287 BGB, den der Testamentsvollstrecker als gewillkürter Prozessstandschafter des Erben geltend macht,[334]
- Feststellungsklage, ob Ernennung des Testamentsvollstreckers wirksam ist,[335]
- Feststellungsklage, ob Amt des Testamentsvollstreckers beendet ist,
- Sämtlich Klagen, wenn die Anstellung des Testamentsvollstreckers und seine Befugnisse streitig sind.[336]

Die Klage ist dann gegen den Testamentsvollstrecker persönlich zu richten. 542

---

330 Zöller/*Stöber*, § 748, Rn 2.
331 Staudinger/*Reimann*, § 2213 Rn 13.
332 Soergel/*Damrau*, § 2213 Rn 14.
333 Staudinger/*Reimann*, § 2213 Rn 9; *Mayer* in: Mayer/Bonefeld/Wälzholz/Weidlich, PraxisHB, Rn 203.
334 *Garlichs*, ZEV 1996, 449; *Tietdke*, JZ 1981, 429.
335 Staudinger/*Reimann*, § 2213 Rn 3.
336 Vgl *Mayer* in: Mayer/Bonefeld/Wälzholz/Weidlich, PraxisHB, Rn 191.

2. Amtsklagen der Erben gegen den Testamentsvollstrecker

543 Um Amtsklagen, die sich gegen den Nachlass richten, handelt es sich aber zB in folgenden Fällen:
- Erstellung eines Nachlassverzeichnisses durch den Testamentsvollstrecker,[337]
- Klage auf Rechnungslegung,
- Klage auf Freigabe nach § 2217 Abs. 1 BGB,
- Klagen aus § 2216 BGB wegen ordnungsgemäßer Nachlassverwaltung,
- Feststellungsklage wegen Feststellung der Unwirksamkeit eines Auseinandersetzungsplanes eines Testamentsvollstreckers,
- Klage eines oder der Erben wegen Geltendmachung einer gegen den Nachlass gerichteten Forderung,
- Feststellungsklagen eines Erbprätendenten gegen den Testamentsvollstrecker auf Anerkennung des Erbrechtes.

544 Bei jedem dieser Fälle handelt es sich um typische Amtshandlungen des Testamentsvollstreckers, deren Erfüllung nicht in seinem Ermessen steht. Der Testamentsvollstrecker ist also in seiner Amtseigenschaft zu verklagen.[338]

545 ▶ **Muster: Klage auf Auskunft und Rechnungslegung gegen den Testamentsvollstrecker**

An das
Amts-/Landgericht[339]

Klage

des Willi Meier,
– Kläger –
Prozessbevollmächtigter: Rechtsanwalt ....

gegen

Rechtsanwalt R als Testamentsvollstrecker über den Nachlass des am 24.2.2010 verstorbenen ... (Name des Erblassers)
– Beklagter –

wegen Auskunft und Rechnungslegung.

Namens und in Vollmacht des Klägers erhebe ich Klage und werde beantragen:

1. Der Beklagte wird verurteilt, dem Kläger als Alleinerben des am 24.2.2010 verstorbenen ... (Name des Erblassers) über den derzeitigen Bestand des Nachlasses des Erblassers durch Vorlage eines Bestandsverzeichnisses zu erteilen.
2. Der Beklagte wird verurteilt, gegenüber dem Kläger durch Vorlage einer geordneten Aufstellung über die seit Beginn der Testamentsvollstreckung über den Nachlass des am 24.2.2010 verstor-

---

337 Streitig: wie hier zB *Garlichs*, ZEV 1996, 47; Soergel/*Damrau*, § 2219 Rn 6; *Mayer* in: Mayer/Bonefeld/Wälzholz/Weidlich, PraxisHB, Rn 192;OLG Koblenz NJW-RR 1993, 462. AA zB MünchKomm/*Zimmermann*, § 2213 Rn 3; KG OLGE 10, 303.
338 *Mayer* in: Mayer/Bonefeld/Wälzholz/Weidlich, PraxisHB, Rn 192.
339 Abhängig vom Wert des Interesses der Kläger an der Rechenschaftslegung.

E. Der Testamentsvollstrecker im Prozess § 5

benen ... (Name des Erblassers) bis 31.12.2009 getätigten Einnahmen und Ausgaben Rechnung zu legen.
(Es folgen ggf Anträge zur Sicherheitsleistung, Versäumnisurteil pp.) ◄

Der Erbe kann gegen den Testamentsvollstrecker zahlreiche Klage wegen der ordnungsgemäßen Nachlassverwaltung einreichen. Nachfolgend werden einige Klagearten kurz dargestellt. 546

▶ **Muster: Klage auf Einhaltung einer Verwaltungsanordnung nach § 2216 Abs. 2 BGB** 547

An das
Landgericht
– Zivilkammer –

Klage
der Frau P
– Klägerin –
Prozessbevollmächtigter: Rechtsanwalt
gegen
Rechtsanwalt R als Testamentsvollstrecker über den Nachlass des am 28.2.2010 verstorbenen ... (Name des Erblassers)
– Beklagter –

wegen Vornahme einer Handlung.

Namens und in Vollmacht der Klägerin erhebe ich Klage und werde beantragen:
Der Beklagte wird verurteilt, den Hedgefonds XY aufzulösen und das sich daraus ergebene Vermögen wieder in das Aktiendepot AB bei der Privatbank Merkel Spatz in München mit der Nummer 01234567 einzubringen.

Begründung

Der Beklagte ist der Testamentsvollstrecker des am 28.2.2010 verstorbenen ... (Name des Erblassers).
Beweis: Beiziehung der Nachlassakten des AG München IV 123/2010
Der Erblasser hat eine letztwillige Verfügung hinterlassen, in der unter Ziffer 9 eine Verwaltungsanordnung gem. § 2216 Abs. 2 BGB aufgeführt ist.
Beweis: Wie vor.
Dort heißt es:
Der Testamentsvollstrecker ist verpflichtet, meine Kapitalanlageentscheidung bei der Privatbank Merkel Spatz in München weiter zu führen und hat den Vorschlägen meiner Vermögensberaterin Frau Gretel Folge zu leisten.
Die Klägerin begehrt vom Beklagten als Testamentsvollstrecker die Erfüllung bzw Einhaltung dieser Verwaltungsanordnung gem. § 2216 Abs. 2 BGB.
Der Beklagte hat entgegen der Verwaltungsanordnung umgehend, dh am 14.5.2010, das Aktiendepot entgegen den einschlägigen Rat der Vermögensverwalterin aufgelöst und das Vermögen von 123.456,67 EUR in einen Hedgefonds bei der XY-Bank eingezahlt.
Gegenüber der Vermögensverwalterin hat er sogar zugegeben, dass er dies nur deshalb mache, weil er die Hälfte der Provision vom Angestellten der XY-Bank Herrn Adrian als Dank quasi als Gegenleistung erhält.

Beweis: Zeugnis der Frau Gretel ...

Der Testamentsvollstrecker hat damit eindeutig gegen die Verwaltungsanordnung des Erblassers verstoßen und ist verpflichtet, wieder das Vermögen in das ehemalige Aktiendepot bei der genannten Bank einzubringen.

Die Kapitalanlageentscheidung des Erblassers gefährdet auch nicht den Nachlass. Ausweislich der beigefügten Portfolioanalyse und des Verlaufes des Aktiendepots hat sich das Depot in den letzten Jahres immer positiv entwickelt und einen jährlichen Ertrag von 5,5 % ergeben.

Mit Schreiben vom 26.5.2010 wurde der Beklagte aufgefordert, das Vermögen aus dem Hedgefonds umgehend wieder in das Aktiendepot bei der o.g. Bank einzubringen. Da der Beklagte sich weigerte, ist die Klage geboten.

Die Klägerin behält sich vor, die Klage wegen eines möglicherweise zusätzlich entstandenen Vermögensschadens gem. § 2219 BGB zu erweitern.

...

Rechtsanwalt ◄

548 Des Weiteren besteht die Möglichkeit, den Testamentsvollstrecker auch zur Vornahme einer bestimmten Handlung zu verklagen, sofern es sich um eine Handlung handelt, die ordnungsgemäßer Verwaltung entspricht.

549 ▶ **Muster: Klage auf Vornahme einer Handlung gem. § 2216 Abs. 1 BGB**

An das

Landgericht

– Zivilkammer –

Klage

Der Frau P

– Klägerin –

Prozessbevollmächtigter: Rechtsanwalt

gegen

Rechtsanwalt R als Testamentsvollstrecker über den Nachlass des am 28.2.2010 verstorbenen ... (Name des Erblassers)

– Beklagter –

wegen Vornahme einer Handlung.

Namens und in Vollmacht der Klägerin erhebe ich Klage und werde beantragen:

Der Beklagte wird verurteilt, an den Herrn Dirk Hoffmann eine Zahlung von 12.345,67 EUR als Ausgleich für seine Pflichtteilsansprüche nach seinem Vater, den am 28.2.2010 verstorbenen ... (Name des Erblassers), zu zahlen.

Begründung

Der Beklagte ist der Testamentsvollstrecker des am 28.2.2010 verstorbenen ... (Name des Erblassers).

Beweis: Beiziehung der Nachlassakten des AG München IV 123/2010

Der Erblasser ist der leibliche Vater des Herrn Dirk Hoffmann. Die Vaterschaft wurde im Rahmen eines Vaterschaftsfeststellungsverfahrens vor dem Familiengericht München festgestellt.

Beweis: Vorlage des Urteils des AG München vom 14.5.1980 (Anlage)

In seiner letztwilligen Verfügung vom 19.2.2010 hat er angeordnet, dass seinem Sohn der Pflichtteil entzogen wird, da er ihn in den letzten zwei Jahren nie besucht hat. Der Testamentsvollstrecker hält diese Anordnung für bindend und weigert sich, dem Dirk Hoffmann den Pflichtteil auszuzahlen.

Zwischen den Parteien ist der Auszahlungsbetrag von 12.345,67 EUR unstreitig, wie sich aus dem Schriftverkehr, der in der Anlage beigefügt ist, ergibt.

Die eigentliche Streitfrage reduziert sich somit nur auf die Fragen, ob es sich bei der Pflichtteilsentziehung um eine bindende Verwaltungsanordnung handelt und ob der Testamentsvollstrecker verpflichtet ist, den Pflichtteil auszuzahlen.

Die Klägerin begehrt vom Beklagten als Testamentsvollstrecker die Auszahlung des Pflichtteils an den Herrn Dirk Hoffmann, weil es sich um eine ordnungsgemäße Verwaltung im Sinne des § 2216 Abs. 1 BGB handelt.

Die vermeintliche Anordnung an den Testamentsvollstrecker, den Pflichtteil nicht an den Sohn auszuzahlen, ist keine Verwaltungsanordnung iSd § 2216 Abs. 2 BGB, sondern lediglich ein nicht bindender Wunsch, denn das Pflichtteilsrecht steht dem außerhalb der Verwaltung liegenden Erbrechtes nahe.

Zudem ist der Entziehungsgrund, den der Erblasser in der letztwilligen Verfügung aufgeführt hat, kein hinreichender Grund, der nach § 2333 BGB tatsächlich die Entziehung des Pflichtteils zur Folge hätte. Aus diesem Grund hat Herr Dirk Hoffmann über seinen Rechtsanwalt bereits Klage angedroht.

Mit Schreiben vom 26.5.2010 wurde der Beklagte aufgefordert, den unstreitigen Pflichtteil an Herrn Dirk Hoffmann auszuzahlen. Da der Beklagte sich weigerte, ist die Klage geboten.

...

Rechtsanwalt ◄

▶ **Muster: Erlass einer einstweiligen Verfügung auf Unterlassung einer vom Testamentsvollstrecker vorgesehen Handlung**

550

An das

Landgericht

– Zivilkammer –

Antrag auf Erlass einer einstweiligen Verfügung

der Frau P

– Antragstellerin –

Verfahrensbevollmächtigter: Rechtsanwalt

gegen

Rechtsanwalt R als Testamentsvollstrecker über den Nachlass des am 28.2.2010 verstorbenen (Name des Erblassers)

– Antragsgegner –

wegen Unterlassung der Vornahme einer Handlung.

Namens und in Vollmacht der Antragstellerin bitte ich um Erlass folgender einstweiligen Verfügung wegen Eilbedürftigkeit ohne mündliche Verhandlung durch den Vorsitzenden allein:

1. Dem Antragsgegner wird untersagt, das Aktiendepot AB bei der Privatbank Merkel Spatz in München mit der Nummer 01234567 aufzulösen und das Vermögen in ein Börsentermingeschäft für Rinderhälften an der Börse von London zu investieren.
2. Dem Antragsgegner wird für den Fall der Zuwiderhandlung gegen vorstehende Verpflichtung ein Ordnungsgeld bis zur Höhe von 500.000 EUR und für den Fall, dass dies nicht beigetrieben werden kann, eine Ordnungshaft bis zu sechs Monaten angedroht.

Begründung

Mit dem Antrag begehrt die Antragstellerin die Unterlassung einer Handlung des Antragsgegners als Testamentsvollstrecker, die nicht den Grundsätzen einer ordnungsgemäßen Verwaltung des Nachlasses nach § 2216 BGB entspricht.

1. Verfügungsanspruch

Der Antragsgegner ist der Testamentsvollstrecker des am 28.2.2010 verstorbenen ... (Name des Erblassers).

Glaubhaftmachung: Beglaubigte Abschrift des Testamentsvollstreckerzeugnisses

Die Antragstellerin ist die Erbin des ... (Name des Erblassers).

Glaubhaftmachung: Beigefügter Erbschein des Nachlassgerichts München

Der Erblasser hat eine letztwillige Verfügung hinterlassen, in der unter Ziffer 9 eine Verwaltungsanordnung gem. § 2216 Abs. 2 BGB aufgeführt ist.

Glaubhaftmachung: Beglaubigte Kopie der eröffneten letztwilligen Verfügung nebst Eröffnungsprotokoll des Nachlassgerichts München

Dort heißt es:

Der Testamentsvollstrecker ist verpflichtet, meine Kapitalanlageentscheidung bei der Privatbank Merkel Spatz in München weiter zu führen und hat den Vorschlägen meiner Vermögensberaterin Frau Gretel Folge zu leisten.

Der Antragsgegner will entgegen der Verwaltungsanordnung das Aktiendepot entgegen den einschlägigen Rat der Vermögensverwalterin auflösen und das Vermögen von 123.456,67 EUR in ein höchst spekulatives Börsentermingeschäft an der Börse von Buenos Aires zu investieren.

Glaubhaftmachung: Eidesstattliche Versicherung der Vermögensverwalterin Gretel (Anlage)

Die vom Antragsgegner beabsichtigte Umschichtung des Vermögens erfolgt entgegen der ausdrücklichen Verwaltungsanordnung des Erblassers und widerspricht den Grundsätzen der ordnungsgemäßen Verwaltung des Nachlasses durch den Testamentsvollstrecker im Sinne des § 2216 BGB.

Durch das beigefügte Sachverständigengutachten wird belegt, dass das geplante Börsentermingeschäft an der Börse von London nicht nur höchst spekulativ ist, sondern die überwiegende Wahrscheinlichkeit sogar für einen Totalverlust zur Folge haben wird. In England ist ausweislich der beigefügten Information der englischen Industrie- und Handelskammer die Rinderseuche BSE ausgebrochen, so dass der Markt für englische Rinderhälften eingebrochen ist und auch nicht zu erwarten ist, dass dieser sich alsbald erholt.

2. Verfügungsgrund

Die Kapitalanlageentscheidung des Testamentsvollstreckers gefährdet, wie dargelegt und begründet, den Bestand des Nachlasses. Zwar darf der Antragsgegner grundsätzlich Verbindlichkeiten für den Nachlass eingehen. Er ist aber gem. § 2216 Abs. 2 BGB an die Verwaltungsanordnung des ... (Name des Erblassers) gebunden. Selbst wenn keine Verwaltungsanordnung vorliegen würde, so entspricht die geplante Kapitalanlagenentscheidung nicht den Grundsätzen der ordnungsgemäßen Verwaltung des Nachlasses nach § 2216 Abs. 1 BGB.

Der Antragsgegner hat zum einen seinen Entschluss gegenüber der Vermögensverwalterin angekündigt und zum anderen in einem Schreiben vom 18.5.2010, aufgrund einer Anfrage der Antragstellerin.

Glaubhaftmachung: Beigefügtes Schreiben des Antragsgegners vom 18.5.2010

Dort hat er erklärt, dass er am 20.5.2010, also bereits morgen, die Umschichtung des Vermögens tätigen will. Aus diesem Grund steht die Gefährdung des Bestandes des Nachlasses durch die geplante Handlung des Testamentsvollstreckers unmittelbar bevor.

Der Antragsgegner wurde ohne Erfolg aufgefordert, die Handlung zu unterlassen.

Glaubhaftmachung: Eidesstattliche Versicherung der Antragstellerin (Anlage)

Wegen der Dringlichkeit der Angelegenheit kann ohne mündliche Verhandlung entschieden werden.

Rechtsanwalt ◄

▶ **Muster: Klage wegen Feststellung der Unwirksamkeit eines Auseinandersetzungsplanes eines Testamentsvollstreckers**

551

Landgericht

– Zivilkammer –

Klage

Des Herrn F

– Kläger –

Prozessbevollmächtigter: Rechtsanwalt

gegen

Rechtsanwalts R als Testamentsvollstrecker über den Nachlass des am 28.2.2010 verstorbenen ... (Name des Erblassers)

– Beklagter –

wegen Feststellung.

Namens und in Vollmacht des Klägers erhebe ich Klage und werde beantragen

Es wird festgestellt, dass der vom Beklagten aufgestellte und für verbindlich erklärte Teilungsplan vom 29.9.2010 zur Auseinandersetzung des Nachlasses des am 28.2.2010 verstorbenen ... (Name des Erblassers) unwirksam ist.

Begründung

Da der Testamentsvollstrecker in seinem von ihm für verbindlich erklärten Auseinandersetzungsplan unzulässiger Weise nicht die Ausstattung des weiteren Miterben X vom 23.4.1999 im Rahmen des § 2050 BGB berücksichtigt. Demzufolge ist im Auseinandersetzungsplan keine Ausgleichung vorgenommen worden.

Insofern besteht ein Feststellungsinteresse des Klägers.

Eine Erhebung einer Leistungsklage ist dem Kläger nicht möglich, da sich erst durch die Feststellung der vorzunehmenden Ausgleichung der ausgleichungspflichtige Mehrempfang des Miterben X durch den Beklagten als Testamentsvollstrecker zu ermitteln ist. Erst danach kann unter Zugrundelegung des Wertes der Ausgleichung ein neuer Auseinandersetzungsplan aufgestellt werden.

Rechtsanwalt ◄

IV. Die Klage des Testamentsvollstreckers persönlich gegen den Erben oder andere Beteiligte

552 Will der Testamentsvollstrecker aus eigenen persönlichen Rechten klagen, dann sind die Vorschriften der §§ 2212, 2213 BGB nicht anwendbar.

553 Häufigster Anwendungsfall ist eine Klage des Testamentsvollstrecker wegen seiner angemessenen Vergütung nach § 2221 BGB oder seines Aufwendungsersatzanspruches nach §§ 2218, 670 BGB.

554 ▶ **Muster: Negative Feststellungsklage des Testamentsvollstreckers gegen die Erben wegen angeblicher Zuvielvergütung**

Es wird festgestellt, dass den Erben ... nach dem am 24.2.2010 verstorbenen (Name des Erblassers) keine Rückforderungsansprüche hinsichtlich der vom Kläger als Testamentsvollstrecker über den Nachlass des am 24.2.2010 verstorbenen (Name des Erblassers) am ... entnommenen Vergütung nach § 2221 BGB zustehen. ◄

555 ▶ **Muster: Klageantrag bei Vergütungsklage des Testamentsvollstreckers**

An

Landgericht

Klage

Rechtsanwalt R als Testamentsvollstrecker über den Nachlass des am 24.2.2010 verstorbenen ... (Name des Erblassers)

– Kläger –

gegen

1. Willi Meier,
2. Elfriede Müller,

– Beklagte –

wegen Testamentsvollstreckervergütung.

Als Testamentsvollstrecker über den Nachlass des am 24.2.2010 verstorbenen ... (Name des Erblassers) erhebe ich Klage und werde beantragen:

Die Vergütung des Klägers für seine Tätigkeit als Testamentsvollstrecker über den Nachlass des am 24.2.2010 verstorbenen ... (Name des Erblassers) wird auf 12.000,00 EUR festgesetzt.

Oder als Leistungsklage mit Leistung an sich:[340]

Die Beklagten werden als Gesamtschuldner verurteilt, an den Kläger 12.000,00 EUR nebst 5 % Punkte über dem Basiszinssatz seit dem ... zu zahlen.

---

340 Diese Variante ist vorzugswürdig.

Alternativ:

Die Beklagten werden als Gesamtschuldner verurteilt, dem Kläger 12.000,00 EUR nebst 5 % Punkte über den Basiszinssatz seit dem ... abzüglich der am ... vom Kläger bereits dem Nachlass entnommenen Vergütung in Höhe von 10.000,00 EUR zu zahlen.

(Es folgen ggf Anträge zur Sicherheitsleistung, Versäumnisurteil etc.) ◄

▶ **Muster: Klageantrag des Testamentsvollstreckers zur Ausführung seines Auseinandersetzungsplanes**

1. Die Beklagte wird verurteilt, in Ausführung des vom Kläger in seiner Eigenschaft als Testamentsvollstrecker über den Nachlass des am 28.2.2010 verstorbenen ... (Name des Erblassers) aufgestellten Teilungsplans vom 29.9.2010 den Geldbetrag von Höhe von 73.279,66 EUR entgegenzunehmen.
2. Der Beklagte wird verurteilt, in Ausführung des vom Kläger in seiner Eigenschaft als Testamentsvollstrecker über den Nachlass des am 28.2.2010 verstorbenen ... (Name des Erblassers) aufgestellten Teilungsplans vom 29.9.2010 in die Auflassung des im Grundbuch des Amtsgerichts München von Obermenzing Blatt 1234 eingetragenen Grundstückes an ihn einzuwilligen. ◄

▶ **Muster: Klage wegen Vollziehung einer Auflage**

An das Amtsgericht München

Klage

des Rechtsanwaltes R, ... als Testamentsvollstrecker über den Nachlass des am 28.2.2010 verstorbenen ... (Name des Erblassers)

– Kläger –

gegen

die

1. Frau P. ...
2. Herrn F. ...

– Beklagte –

wegen Vollziehung einer Auflage.

Ich erhebe Klage und werde beantragen:

Die Beklagten werden verurteilt, das Grab des ... (Name des Erblassers) auf dem Waldfriedhof München, Reihe 12, Grab Nr. 4, mit fünf Lebensbäumen in einer Größe von je mindestens 50 cm Höhe zu bepflanzen.

(Es folgen ggf Anträge zur Sicherheitsleistung, Versäumnisurteil etc.)

Begründung

Der Kläger ist Testamentsvollstrecker des am 28.2.2010 in München verstorbenen ... (Name des Erblassers).

Beweis: Testamentsvollstreckerzeugnis des Amtsgerichts München (Anlage 1)

Die Beklagten sind laut notariellem Testament vom 19.2.2010 des Notars Dr. Wachtelhofen Erben und somit nach § 2058 BGB Gesamthandsschuldner.

Beweis: Notarielles Testament vom 19.2.2010 (Anlage 2)

Aufgrund dieses Testamentes sind die Erben mit der Auflage beschwert, das Grab spätestens ein Jahr nach der Bestattung des Erblassers mit fünf Lebensbäumen neu zu bepflanzen. Der Erblasser wurde am 1.3.2010 auf dem Waldfriedhof München, Reihe 12, Grab Nr. 4 bestattet.

Beweis: Zeugnis der Friedhofsverwaltung Waldfriedhof München, Herr Lippes, zu laden über ...

Als Testamentsvollstrecker steht dem Kläger nach § 2194 BGB ein Vollziehungsanspruch zu.

Die Beklagten wurden mit Schreiben unter Fristsetzung ohne Erfolg aufgefordert, die Auflage zu vollziehen.

Beweis: Aufforderungsschreiben vom 23.4.2010 (Anlage 3)

Klage ist daher geboten.

...

Rechtsanwalt R als Testamentsvollstrecker ◄

558 ▶ Muster: Klage auf Mitwirkung zur Auflassung

Klage

des Rechtsanwaltes R, als Testamentsvollstrecker des am 28.2.2010 verstorbenen Herrn ... (Name des Erblassers), ...

– Kläger –

gegen

den Herrn F. ...

– Beklagter –

wegen Mitwirkung zur Auflassung

Als Testamentsvollstrecker des am 28.2.2010 verstorbenen ... (Name des Erblassers) erhebe ich Klage und werde beantragen:

Der Beklagte wird verurteilt, in Erfüllung des Testaments des genannten Erblassers vom 19.2.2006 die Auflassung des Grundstücks, eingetragen in Grundbuch von München für Obermenzing, Blatt Nr. 11.234, Bestandsverzeichnis 1, Gemarkung Obermenzing, entgegenzunehmen und der Frau P, ... den Nießbrauch mit dem gesetzlichen Inhalt der §§ 1030 ff BGB auf deren Lebenszeit zu bestellen und die Eintragung des Nießbrauchs zugunsten der Frau P im Grundbuch an erster Rangstelle zu bewilligen.

(Es folgen ggf Anträge zur Sicherheitsleistung, Versäumnisurteil etc.)

Begründung

Der Kläger ist Testamentsvollstrecker über den Nachlass des am 28.2.2010 in München verstorbenen ... (Name des Erblassers).

Beweis: Testamentsvollstreckerzeugnis des Amtsgerichts München (Anlage 1)

Der Beklagte ist laut notariellem Testament vom 19.2.2010 des Notars Dr. Wachtelhofen zusammen mit Frau P Erbe des genannten Erblassers. Er soll nach dem genannten Testament das im Klagantrag näher bezeichneten Grundstück iRd Erbauseinandersetzung erhalten. Frau P soll nach dem Willen des Erblassers ein lebenslanger Nießbrauch an diesem Grundstück zustehen. Das Nießbrauchrecht hat den gesetzlichen Inhalt der §§ 1030 ff BGB.

Beweis: Notarielles Testament vom 19.2.2010 (Anlage 2)

F. Die Haftung und Entlassung des Testamentsvollstreckers § 5

Frau P hat das Vermächtnis angenommen.

Der Testamentsvollstrecker soll laut Testament ausdrücklich das Vermächtnis durchsetzen. Demgemäß wurde der Beklagte mit Schreiben unter Fristsetzung ohne Erfolg aufgefordert, die Auflassung entgegenzunehmen und dabei den Nießbrauch zugunsten der Frau P zu bestellen und die Eintragung des Nießbrauchs zu ihren Gunsten im Grundbuch zu bestellen.

Beweis: Aufforderungsschreiben vom 23.4.2010 (Anlage 3)

Klage ist daher geboten.

Der Verkehrswert des Grundstücks beträgt 500.000,00 EUR.

...

Rechtsanwalt R als Testamentsvollstrecker ◂

F. Die Haftung und Entlassung des Testamentsvollstreckers

I. Allgemeines

Hat der Testamentsvollstrecker eine **schuldhafte Pflichtverletzung** begangen, so kann er nach § 2219 BGB haften. Handelt es sich bei dem Testamentsvollstrecker um eine Person mit **besonderen Qualifikationen**, wie zB die eines Rechtsanwaltes, ist der Maßstab dieses Berufes ausschlaggebend. Ist der Testamentsvollstrecker Berufsträger, wie Rechtsanwalt, Notar oder Steuerberater etc., ist fraglich, ob nicht auch besondere berufsrechtliche Haftungsnormen wie in § 51 b BRAO oder § 19 BNotO anzuwenden sind. Als Grundlage für die Abgrenzung dient hierbei § 1835 Abs. 3 BGB. Danach haftet der Anwalts-Testamentsvollstrecker nach den Vorschriften der BRAO für einen Prozess mit Anwaltszwang. Hingegen haftet er nach § 2219 BGB, wenn er eine Tätigkeit ausübt, die jedermann ausüben kann.[341]

559

Auch wenn den Testamentsvollstrecker selbst kein Verschulden trifft, haftet er für das Verschulden im Zuge zu seinen **Hilfskräften** nach §§ 2218, 664, 278 BGB. Ferner kann ihn ein Überwachungsverschulden treffen, wenn er Fachkräfte, wie zB einen Steuerberater für die Steuererklärung hinzuzieht und den Fehler des eingeschalteten Beraters bei zumutbarer Aufmerksamkeit hätte erkennen und verhindern können.[342]

560

Neben einer Haftung aus § 2219 BGB kommt als Haftungsgrundlage ggf auch §§ 823 ff BGB in Frage, wenn eine unerlaubte Handlung vorliegt. Allerdings führt § 2219 BGB zu einer weit reichenden Haftung, die auch bei Fahrlässigkeit des Testamentsvollstreckers die Haftung für Vermögensschäden umfasst. Ferner ist die Haftungsnorm des § 69 AO bei der Verletzung steuerlicher Pflichten des Testamentsvollstreckers zu beachten.

561

Eine Haftung aus § 2219 BGB hat regelmäßig die Entlassung nach Einleitung eines Verfahrens nach § 2227 BGB zur Folge.

562

II. Anspruchsinhaber

Der Testamentsvollstrecker haftet zunächst gegenüber dem **Erben** und dem **Vorerben**. Der **Nacherbe** wird erst mit Eintritt des Nacherbfalls zum Erben und ist somit noch nicht Haftungsgläubiger aus § 2219 BGB.[343] Bei mehreren Erben sind diese **Gesamtgläubiger** des Haf-

563

---

341 Dazu *Zimmermann*, Die Testamentsvollstreckung, Rn 763.
342 *Mayer/Bonefeld/Wälzholz/Weidlich*, PraxisHB, Rn 469.
343 Dieser kann also nur gegenüber dem Vorerben seine Auskunftsrechte nach § 2227 BGB geltend machen. Ebenso ist ein Schlusserbe in einem gemeinsamen Testament noch nicht Erbe im Sinne von § 2219 BGB.

tungsanspruches. Wurde allerdings nur ein Erbe geschädigt, so steht ihm auch nur das alleinige Recht zur Geltendmachung des Haftungsanspruches zu.[344]

564 Neben den Erben haftet der Testamentsvollstrecker auch dem Vermächtnisnehmer, soweit er ein Vermächtnis zu vollziehen hat.[345] Gegenüber allen anderen übrigen Nachlassbeteiligten, wie zB den Pflichtteilsberechtigten oder Auflagenbegünstigten, besteht keine Haftung nach § 2219 BGB. Sofern dem Auflagenbegünstigten aber ein Vermögensvorteil, wie bspw im Rahmen einer Wertauflage, zugewendet wird, so ist ihm ein Haftungsanspruch zuzubilligen, da er dann der Rechtsstellung eines Vermächtnisnehmers quasi gleichkommt.

565 Eine eigene Haftung des Erben ist ggf über § 278 BGB möglich, wenn der Testamentsvollstrecker eine Pflicht schuldhaft verletzt hat. In einem derartigen Fall hat aber der Erbe Anspruch auf Haftungsbefreiung gegenüber dem Testamentsvollstrecker.

III. Haftungsdauer und -schuldner

566 Für die Dauer der Haftung gibt es keine zeitliche Begrenzung. Dabei gilt aber folgende Differenzierung:

Status	Haftungsnorm
Tätigkeit vor Annahme der Testamentsvollstreckung	§ 2219 BGB analog
Tätigkeit nach Beendigung der Testamentsvollstreckung	Handlungen sind unwirksam. Bei unaufschiebbaren Handlungen aber § 2219 BGB analog
Nach Tod des Testamentsvollstreckers	§§ 2218 Abs. 1, 673 S. 2 BGB -> § 2219 BGB analog
Vermeintlicher Testamentsvollstrecker	§ 2219 BGB analog

567 Eine Befreiung von der Haftung durch den Erblasser im Rahmen einer letztwilligen Verfügung ist nicht möglich. Der Erbe hat lediglich die Möglichkeit, einen bereits entstandenen Schadensersatzanspruch zu erlassen oder aber durch einen Verzichtsvertrag für die Zukunft die Haftung des Testamentsvollstreckers ausschließen, wobei ein Ausschluss für vorsätzliche Pflichtverletzungen nicht möglich ist.[346]

IV. Die einzelnen Haftungsvoraussetzungen

568 Die Haftung des Testamentsvollstreckers hat mehrere **Voraussetzungen**:
 – Objektive Verletzung der ihm obliegenden Verpflichtung,
 – Subjektives Verschulden (Vorsatz oder Fahrlässigkeit),
 – Haftungsbegründende und haftungsausfüllende Kausalität.

569 Die vom Testamentsvollstrecker zu beachtenden Pflichten ergeben sich sowohl aus dem Willen des Erblassers, als auch aus dem Gesetz gem. § 2216 Abs. 1 (ordnungsgemäße Verwaltung).

---

344 Bengel/Reimann/*Riederer von Paar*, Handbuch XII, Rn 14.
345 Dies gilt auch für Unter- und Nachvermächtnisse.
346 Staudinger/*Reimann*, § 2219 Rn 16.

F. Die Haftung und Entlassung des Testamentsvollstreckers § 5

Die **Beweislast** für eine nicht in eine Verfügung von Todes wegen niedergelegten Willensäußerung trägt der Testamentsvollstrecker.[347] Etwaige Weisungen der Erben spielen keine Rolle.[348] 570

Ob tatsächlich eine Pflichtverletzung vorliegt, hängt wiederum von den Aufgaben des Testamentsvollstreckers ab, die ihm vom Erblasser zugedacht wurden. Haben sich die Umstände nach dem Erbfall geändert, ist auf den mutmaßlichen Willen des Erblassers abzustellen, hilfsweise auf die allgemeine Lebenserfahrung. Insgesamt ist der Testamentsvollstrecker zu besonderer **Gewissenhaftigkeit und Sorgfalt** verpflichtet.[349] 571

Eine **objektive Pflichtverletzung** kann in folgenden Fällen[350] vorliegen: 572

– Keine ordnungsgemäße Verwaltung des Nachlasses,
– Nichtbeachtung der Verkehrssicherungspflicht bei Grundstücken,
– Fehlende Tätigkeit des Testamentsvollstreckers,
– Fehler bei der Geldanlage,
– Fehlerhafte Erstellung der Erbschaftsteuererklärung,
– Unterlassen der Erbauseinandersetzung ohne Grund,
– Verspätete Klageerhebung und damit bedingter Verjährungseintritt,
– Erfüllung unwirksam angeordneter Vermächtnisse,
– Öffentliche Versteigerung statt günstigerem freihändigen Verkauf,[351]
– Unterlassen von gerechtfertigten Mieterhöhungen,
– Unterlassen von Zwangsvollstreckungsmaßnahmen,
– Bewilligung einer Vormerkungslöschung, ohne dass die gesicherte Leistung erbracht wurde,[352]
– Einreichen haltloser Klagen,[353]
– Erkennbar überflüssige und leichtfertige Prozessführung,[354]
– Einlegen unsinniger Rechtsmittel.

Hinsichtlich des **Verschuldens** gilt es an einer Sonderregelung für den Testamentsvollstrecker, so dass ein Rückgriff auf § 276 BGB erfolgt. Danach haftet der Testamentsvollstrecker für Vorsatz oder leichte, mittlere bzw grobe Fahrlässigkeit. Somit haftet er nicht nur für die Sorgfalt, die er in seiner eigenen Angelegenheit zu beachten pflegt. Sofern eine bestimmte sorglose Handhabung verkehrsüblich ist, entlastet das den Testamentsvollstrecker nicht.[355] Es gilt ein objektiver Sorgfaltsmaßstab, wobei im Hinblick auf die Vertrauensstellung des Testamentsvollstreckers hohe Sorgfaltsanforderungen zu stellen sind.[356] 573

Als weitere Voraussetzung einer fahrlässigen Handlung ist die **Vorhersehbarkeit eines schädigenden Erfolges**, wobei der konkrete Ablauf der Schadensentwicklung nicht vorhersehbar gewesen sein muss. Dabei hat aus der Sicht des damals zur Handlung berufenen Testamentsvollstreckers für die Beurteilung seines Verschuldens einen „Ex-Ante-Betrachtung" zu erfolgen.[357] 574

---

347 Bengel/Reimann/*Riederer v. Paar*, Handbuch XII, Rn 34; *Mayer/Bonefeld/Wälzholz/Weidlich*, PraxisHB, Rn 463.
348 MünchKomm/*Zimmermann*, § 2219 Rn 12.
349 BGH NJW 1959, 1820.
350 Auflistung nach *Zimmermann*, Die Testamentsvollstreckung, Rn 770.
351 OLG Saarbrücken JZ 1953, 509.
352 OLG Hamm FamRZ 1995, 696.
353 BGH WM 1967, 29.
354 BGH ZEV 2000, 195.
355 *Zimmermann*, Die Testamentsvollstreckung, Rn 772.
356 MünchKomm/*Zimmermann*, § 2219 Rn 11.
357 Palandt/*Heinrichs*, § 276 Rn 20; *Mayer/Bonefeld/Wälzholz/Weidlich*, PraxisHB, Rn 471.

575 Wie bei jedem Schadensersatzanspruch muss auch die **haftungsbegründende und haftungsausfüllende Kausalität** gegeben sein. Dementsprechend muss der Fehler des Testamentsvollstreckers für die Rechtsgutverletzung ursächlich sein und einen Ursachenzusammenhang zwischen Rechtsgutverletzung und dem geltend gemachten Schaden bestehen. Von besonderer Bedeutung sind dabei die Problemkreise „Zurechnungszusammenhang und rechtmäßiges Alternativverhalten", für deren Lösung es insbesondere auf den Schutzzweck der Norm ankommt.[358]

V. Haftung mehrerer Testamentsvollstrecker (§ 2219 Abs. 2 BGB)

576 Mehrere Testamentsvollstrecker haften nach § 2219 Abs. 2 BGB als Gesamtschuldner. Wenn jedoch der einzelne Testamentsvollstrecker einen gesonderten Wirkungskreis übertragen bekommen hat, den er selbstständig wahrgenommen hat, so haftet jeder nur für seinen Wirkungskreis, sofern nicht der andere Testamentsvollstrecker zur Aufsicht bestimmt wurde.[359]

VI. Durchsetzung des Anspruchs

577 Der Testamentsvollstrecker wird **persönlich verklagt** und nicht als Amtsträger, weil nicht der Nachlass haften soll. Der Schadensersatzanspruch der Erben fällt selbst in den Nachlass.

578 Kommt es zur Entlassung des Testamentsvollstreckers nach § 2227 BGB oder kündigt der im Rahmen des Prozesses nach § 2226 BGB, dann kann sein Nachfolger den Schadensersatzanspruch geltend machen und nicht die Erben.[360]

579 Ein Schadensersatzanspruch des **Vermächtnisnehmers** fällt nicht in den Nachlass und ist vom Vermächtnisnehmer geltend zu machen.[361]

580 Sofern der Testamentsvollstrecker noch im Amt verweilt, können die Erben den Schadensersatzanspruch selbst geltend machen, weil der amtierende Testamentsvollstrecker hier nicht Klage gegen sich einzureichen braucht. Ebenso, wenn die Testamentsvollstreckung insgesamt beendet wird, können die Erben selbst persönlich klagen. Wenn mehrere Testamentsvollstrecker mit verschiedenen Aufgabengebieten eingesetzt wurden, kann der nichthaftende Testamentsvollstrecker den haftenden Testamentsvollstrecker verklagen.[362]

581 Hat der einzelne Miterbe alleine einen Schadensersatzanspruch, kann er die Zahlung an sich fordern. Anderenfalls muss die Leistung an den Nachlass gem. § 2039 BGB gefordert werden.

582 Statt einer einfachen Schadensersatzklage kann auch vielmehr Leistungsklage auf Erfüllung der Verpflichtung zur ordnungsgemäßen Nachlassverwaltung eingereicht werden mit dem Hilfsantrag auf Schadensersatz nach § 2219 BGB.[363] Geht der Erbe von der Schadensersatzforderung zum Erfüllungsanspruch über, liegt darin keine Klageänderung gem. § 264 Nr. 3 ZPO.[364]

---

358 *Mayer/Bonefeld/Wälzholz/Weidlich*, PraxisHB, Rn 472; Bengel/Reimann/*Riederer v. Paar*, Handbuch XII, Rn 56 ff.
359 Staudinger/*Reimann*, § 2219 Rn 18; MünchKomm/*Zimmermann*, § 2219 Rn 5.
360 RGZ 138, 132.
361 RGZ 138, 132.
362 RGZ 98, 173.
363 Staudinger/*Reimann*, § 2219 Rn 13.
364 *Mayer/Bonefeld/Wälzholz/Weidlich*, PraxisHB, Rn 473; *Zimmermann*, Die Testamentsvollstreckung, Rn 768; Staudinger/*Reimann*, § 2219 Rn 14. AA RGLZ 1919, 1017. Für Parteiänderung BGHZ 25, 285; Soergel/*Damrau*, § 2219 Rn 6.

F. Die Haftung und Entlassung des Testamentsvollstreckers § 5

VII. Verjährung

In den Altfällen ist von der dreißigjährigen Verjährungsfrist des § 195 BGB aF auszugehen,[365] der als Regelfrist 30 Jahre vorsah (Art. 229 § 6 Abs. 1 EGBGB). Seit 1.1.2002 betrug die regelmäßige Verjährungsfrist gem. § 195 BGB nF zwar nur noch 3 Jahre; familien- und erbrechtliche Ansprüche würden aber weiterhin gem. § 197 Abs. 1 Nr. 2 BGB nF nach wie vor in 30 Jahren seit ihrer Entstehung (§ 200 S. 1 BGB) verjähren.

583

Der Auskunftsanspruch **verjährte** auch nach dem Schuldrechtsmodernisierungsgesetz weiterhin nach 30 Jahren gem. § 197 Abs. 1 S. 2 BGB, da auch der Hauptanspruch erbrechtlicher Natur ist, was der BGH bestätigte.[366]

584

Verjährt der Hauptanspruch früher als das Auskunftsrecht, gilt die kurze Frist nicht für den Auskunftsanspruch, weil dieser selbständig verjährt. Nach Verjährung des Hauptanspruchs fehlt aber regelmäßig ein Informations- oder Rechtsschutzinteresse für die Durchsetzung des Auskunftsanspruchs.[367]

585

Jedoch wird die Verjährung nunmehr durch Erbrechtsreformgesetz erheblich geändert und zwar mit Wirkung zum 1.1.2010. Die Neuregelung hat insbesondere erhebliche Auswirkungen im Recht der Testamentsvollstreckung. So verjährt nunmehr die Haftung, der Vergütungsanspruch sowie der Rechnungslegungsanspruch einheitlich in drei Jahren statt wie derzeit noch nach dreißig Jahren.[368]

586

VIII. Möglichkeiten der Haftungsvermeidung

Befreiungsvermächtnisse, Vermächtnisse auf Anspruch auf Entlastung oder ein **Vermächtnis auf Verkürzung der Verjährungsfrist** wegen des Umgehungsverbotes des § 2220 BGB hinsichtlich der Haftung sind unwirksam. Als probates Mittel zur Klärung der eigenen Haftung als Testamentsvollstrecker im Vorfeld eignet sich die **Einwilligungsklage** nach § 2206 Abs. 2 BGB.

587

Bei der Anordnung der Testamentsvollstreckung können jedoch Möglichkeiten des Aufwendungsersatzes ausgenutzt werden.

588

▶ **Muster: Aufwendungsersatzanspruch für Abschluss einer Vermögensschadenhaftpflichtversicherung**

589

Ich ordne Testamentsvollstreckung an ▬.

Der Testamentsvollstrecker darf im Wege des Aufwendungsersatzes eine Vermögensschadenhaftpflichtversicherung bis zur Haftungssumme von 5 Mio. EUR zur Abdeckung eventueller Haftungsschäden als Testamentsvollstrecker gem. § 2219 BGB auf Kosten des Nachlasses abschließen.

Alternativ:

Im Wege einer Verwaltungsanordnung verpflichte ich den Testamentsvollstrecker auf Kosten des Nachlasses eine ausreichende Vermögensschadenhaftpflichtversicherung zur Abdeckung eventueller Haftungsschäden als Testamentsvollstrecker gem. § 2219 BGB abzuschließen. ◀

Für den Testamentsvollstrecker, der sich mit einer dreißigjährigen Verjährungsfrist konfrontiert sieht, hat dies zur Folge, auf jeden Fall mit den Erben im Rahmen eines **Auseinandersetzungs-**

590

---

365 BGH, Urteil vom 18.9.2002, Az IV ZR 287/01.
366 BGH ZErb 2007, 260. Noch zur alten Regelung: BGHZ 108, 399; zur Verjährung von Ansprüchen gegen den Testamentsvollstrecker: *Bonefeld*, ZErb 2003, 247.
367 BGHZ 108, 399 = NJW 1990, 180; Palandt/*Heinrichs*, § 259 Rn 11.
368 Dazu ausführlich: *Bonefeld/Kroiß/Lange*, Die Erbrechtsreform.

vertrages dafür Sorge zu tragen, dass eine Regelung zur Verjährung der Haftungsansprüche getroffen wird. In der Praxis einfacher durchsetzbar, wird aber die sog. „Entlastung" sein.

591 In der Literatur wird häufig die Entlastung als die Möglichkeit für den Testamentsvollstrecker erachtet, sich zu „enthaften". Die einzelnen Voraussetzungen hierfür werden jedoch nicht dargestellt. Ebenso wird häufig nur die Frage aufgeworfen, ob ein Anspruch auf Entlastung besteht. Die Entlastung des Testamentsvollstreckers spielt in der Praxis eine sehr große Rolle, zumal der Testamentsvollstrecker aufgrund der Verjährungsfrist des § 197 BGB dreißig Jahre einer Haftung ausgesetzt sein kann.

592 Die Entlastung des Testamentsvollstreckers ist die **Billigung einer in der Vergangenheit liegenden Verwaltung** durch den Testamentsvollstrecker. Sie ist lediglich eine **einseitige Erklärung ohne rechtsgeschäftlichen Charakter** und kein Vertrag oder geschäftsähnliche Erklärung, sondern eine bloße Tathandlung. Die Entlastung hat den Zweck der Schaffung von Rechtssicherheit und Rechtsklarheit. Sie hat Klarstellungs- sowie Abschluss- oder Abgrenzungsfunktion.

593 Der Testamentsvollstrecker kann nicht nur vom Erben entlastet werden. Trotz des fehlenden Verweises in § 2218 BGB müssen auch weitere Personen eine Möglichkeit zur Entlastung haben, sofern sie von der Testamentsvollstreckung konkret betroffen sind. Ein **Schweigen auf einen Auseinandersetzungsplan** innerhalb einer angemessenen Frist kann entgegen der Literaturansicht nicht als Zustimmung aufzufassen sein. Ein bloßes Schweigen zum Plan würde nur dann als Zustimmung ausreichen, wenn der Erbe verpflichtet gewesen wäre, gegenüber dem Testamentsvollstrecker seinen ablehnenden Willen zu äußern. Eine derartige Pflicht des Erben besteht nicht. Mit der Zustimmung zum Auseinandersetzungsplan kann somit keine Entlastung verbunden sein.

594 Rechtsfolge einer Entlastung ist nicht ein Verzichtsvertrag o.ä. Vielmehr ist die **Präklusionswirkung** aus dem Verbot des widersprüchlichen Verhaltens herzuleiten. Für ein **venire contra factum proprium** bedarf es zunächst eines vertrauensbildenden Vorverhaltens der Erben bei der Entlastung des Testamentsvollstreckers. Dies geschieht regelmäßig durch eine ausdrückliche Entlastung durch die Erben, da hierdurch Vertrauen in die Abschlussfunktion der Entlastung beim Testamentsvollstrecker aufgebaut wird. Eine konkludente Entlastung ist entgegen der herrschenden Ansicht nicht möglich, da Grundlage einer Entlastung immer ein Beschluss sein muss. Eine Entlastung bedarf aktiven Handelns. Die Schutzwürdigkeit des Vertrauens des Testamentsvollstreckers bestimmt die Reichweite der Präklusion. Hat der Erbe trotz Kenntnis konkreter Ansprüche oder bei Erkennbarkeit von Pflichtverletzungen den Testamentsvollstrecker dennoch entlastet, kann er keine Ersatzansprüche mehr gegen ihn geltend machen. Ein Vertrauen auf die Abschlussfunktion der Entlastung kann sich hingegen nicht bei einer Entlastung unter Vorbehalt entwickeln. Als Korrektiv der Auswirkungen des venire contra factum proprium dient die Billigkeitskontrolle. Danach ist zu prüfen, ob dem Vertrauensschutz des Testamentsvollstreckers höherrangige Normen und Interessen entgegenstehen. Dies ist insbesondere der Fall, wenn die Entlastungsfolge keine reine Binnenwirkung, sondern Außenwirkung hat und bspw Gläubiger der Erben durch die Entlastung benachteiligt würden.

595 Die Erben sind nach der Entlastung mit Präklusionswirkung mit der Geltendmachung sämtlicher Ersatzansprüche ausgeschlossen. Hierunter fallen nicht nur Schadensersatzansprüche aus § 2219 BGB oder § 823 BGB, der Testamentsvollstrecker ist auch nicht mehr nach §§ 2218, 667 BGB verpflichtet, das aus der Geschäftsführung, aus einer Geschäftsführung ohne Auftrag oder aus ungerechtfertigter Bereicherung Erlangte herauszugeben. Ebenso verliert der Erbe die

F. Die Haftung und Entlassung des Testamentsvollstreckers § 5

Möglichkeit, im Falle einer gesamtschuldnerischen Haftung zusammen mit dem Testamentsvollstrecker, von diesem im Innenverhältnis freigestellt zu werden.

Dem Testamentsvollstrecker ist kein Anspruch auf Entlastung zuzubilligen. 596

Die Befürworter eines solchen Anspruchs fußen ihre Argumentation entweder auf der unrichtigen Behauptung, im Auftragsrecht habe der Beauftragte einen Entlastungsanspruch oder sie halten einen Anspruch schlichtweg für notwendig. Der dort propagierte Anspruch auf Entlastung dient häufig als Prämisse und nicht als Resultat. Wenn die Entlastung ausgesprochen wird, so liegt es an der persönlichen Leistung des Entlasteten und nicht an einer ständigen Übung, die es in der Praxis nicht gibt. Es handelt sich um nicht judizierbare psychologische Tatbestände. Wie man eine Verzeihung nach §§ 2337, 2343 BGB als Realakt nicht einfordern kann, kann auch keine Vertrauenskundgebung eingefordert werden. Auf die in diesem Zusammenhang erfolgte *BGH*-Rechtsprechung[369] zum GmbH-Recht darf zurückgegriffen werden, wonach ein Recht auf Entlastung weder mit deren Zweck, noch um der an sie geknüpften im Belieben aller Gesellschafter (oder im übertragenden Sinn: aller Erben) stehenden und deshalb nicht erzwingbaren Rechtsfolgen Willen geboten ist. Etwaige Zumutbarkeitserwägungen wegen der dreißigjährigen Verjährungsfrist vermögen nicht zu überzeugen. Bei der Entscheidung der Erbengemeinschaft über die Entlastung handelt es sich um eine reine Ermessensentscheidung. 597

Ein **Auseinandersetzungsvertrag** zwischen Erben und Testamentsvollstrecker ist die in der Praxis zu favorisierende Alternative zum Haftungsausschluss. Vorsorglich sollte die Reichweite der Präklusionswirkung der Entlastung ausdrücklich geregelt werden. Entgegen der Rechtsprechung ist keine Zustimmung des noch nicht befriedigten Vermächtnisnehmers zu dem Auseinandersetzungsvertrag erforderlich, da er hat selbst keine Verfügungsbefugnis hat. 598

Die Entlastung ist nicht mittels einer **Leistungsklage** durchsetzbar. Eine derartige Klage kann nur negative Feststellungsklage sein und zwar in Bezug auf sämtliche Haftungstatbestände innerhalb der Entlastungsperiode. Bei der negativen Feststellungsklage kann ein Rechtsschutzbedürfnis nur aus einer von den beklagten Erben aufgestellten Bestandsbehauptung der vom Testamentsvollstrecker verneinten Rechtslage entstehen. Ein generelles Rechtsschutzbedürfnis wegen der verweigerten Entlastung ohne Berühmen von Ersatzansprüchen ist abzulehnen. Wegen § 2220 BGB ist es dem Erblasser im Rahmen seiner letztwilligen Verfügung nicht möglich, den Testamentsvollstrecker im Voraus von seiner Haftung zu befreien. 599

Eine Alternative zur Entlastung könnte folgende Konstruktion sein: Der Erblasser gibt dem Testamentsvollstrecker einen Anspruch auf Abschluss einer **Verjährungsverkürzungsvertrages**, wonach zB die Verjährung auf 3 Jahre reduziert wird. Nach hiesiger Auffassung liegt aber, obwohl nicht der Wortlaut des § 2220 BGB greift, dennoch eine unzulässige Umgehung von § 2220 BGB vor. Nach § 2220 BGB kann nämlich der Erblasser den Testamentsvollstrecker nicht von den ihm nach den §§ 2215, 2216, 2218, 2219 BGB obliegenden Verpflichtungen befreien. So sind auch sog. **Befreiungsvermächtnisse** (legatum liberationis) unwirksam. Es ist somit nicht möglich, dem Testamentsvollstrecker einen Anspruch auf Erlass von Schadensersatzforderungen zuzuwenden. 600

Da ein Befreiungsvermächtnis nicht möglich ist, bleibt lediglich die Möglichkeit, zugunsten des Testamentsvollstreckers ein Vermächtnis aufzunehmen oder eine Verwaltungsanordnung nach § 2216 BGB, wonach dieser einen Anspruch auf Ausgleich des Betrages hat, der für den **Abschluss einer Versicherung** gegen Schadensfälle aus der Testamentsvollstreckung aufgewendet 601

---
[369] BGHZ 94, 324.

wurde. Alternativ kann den Erben zur Auflage gemacht werden, auf Kosten des Nachlasses eine Versicherung abzuschließen. Hier erscheint es besser, dem Testamentsvollstrecker den Abschluss einer Versicherung vornehmen zu lassen und ihm diesbezüglich ausdrücklich einen Aufwendungsersatzanspruch zu gewähren. Neben den in § 2220 BGB genannten Vorschriften bestehen noch weitere gesetzliche Befreiungsverbote, wie das Verbot der unentgeltlichen Verfügung nach § 2205 S. 3 BGB.

602 Problematisch sind die Fälle, bei denen der Erblasser versucht, die Vorschrift des § 2220 BGB zu umgehen, indem er anordnet, dass die Erben ihre Erbenstellung verlieren, wenn sie die Entlassung des Testamentsvollstreckers nach § 2227 BGB beantragen. Werden die Erben übermäßig in ihrer Rechtsstellung beschränkt, kann dies eine **Nichtigkeit** der Bedingung wegen **Sittenwidrigkeit** nach § 138 BGB zur Folge haben. Hierbei kommt es jedoch auf den Einzelfall an. Der Mandant ist auf die Problematik der Umgehung hinzuweisen.

603 ▶ **Muster: Klage auf Schadensersatz gegen Testamentsvollstrecker**

An

Amts-/Landgericht

Klage

des Willi Meier

– Kläger –

Prozessbevollmächtigte: ▪▪▪

gegen

Rechtsanwalt R

– Beklagter –

wegen Schadensersatz.

Namens und in Vollmacht des Klägers erhebe ich Klage und werde beantragen:

Der Beklagte wird verurteilt, den Betrag von 12.345,56 EUR zuzüglich hieraus Zinsen in Höhe von 5 % Punkten über dem Basiszinssatz seit dem 21.4.2010 an die Erbengemeinschaft nach dem am 24.2.2010 verstorbenen ▪▪▪ (Name des Erblassers) bestehend aus 1. dem Kläger 2. Elfriede Meier und 3. Markus Meier zu zahlen.

(Es folgen ggf Anträge zur Sicherheitsleistung, Versäumnisurteil etc.)

Begründung

Der Kläger macht im Wege des § 2039 BGB Schadensersatzansprüche nach § 2219 BGB gegen den Rechtsanwalt R als Testamentsvollstrecker des am 24.2.2010 verstorbenen ▪▪▪ (Name des Erblassers) geltend.

Der Kläger ist neben seinen im Klagantrag aufgeführten Geschwistern ausweislich des beigefügten Erbscheins Erbe des ▪▪▪ (Name des Erblassers) zu 1/3. Der Beklagte ist ausweislich des in Kopie beigefügten Testamentsvollstreckerzeugnisses der Testamentsvollstrecker über den Nachlass des (Name des Erblassers).

Beweis: Nachlassakten des Amtsgerichtes München – Nachlassgericht –, Az ▪▪▪ deren Beiziehung im vorliegenden Verfahren beantragt wird.

G. Die Entlassung des Testamentsvollstreckers § 5

Der Beklagte hat unter dem Aktenzeichen ... vor dem Landgericht München einen Prozess gegen den Nachbarn des ... (Name des Erblassers) auf Zahlung eines Schmerzensgeldes geführt, obwohl der mögliche Anspruch eindeutig verjährt war, da sich der Unfall vor 12 Jahren ereignete.

Beweis: Beiziehung der Zivilakte ... des LG München

Auf die Verjährung wurde der Beklagte mehrfach durch die Mitglieder der Erbengemeinschaft hingewiesen.

Beweis:
1. Zeugnis der Miterbin Frau Elfriede Meier sowie
2. Zeugnis des Miterben Herrn Markus Meier.

Das Landgericht München hat daher zu Recht die Klage abgewiesen, nachdem der Beklagte wiederum die bereits vorprozessual erklärte Einrede der Verjährung wiederholte.

Durch den unnötigen und von vornherein nicht erfolgsversprechenden und damit haltlosen Prozess ist der Erbengemeinschaft ein Schaden in Höhe der Klagforderung entstanden. Dabei handelt es sich ausweislich des beigefügten Kostenfestsetzungsbeschlusses um die Gerichts- und Anwaltskosten dieses Verfahrens.

Der Beklagte haftet nach BGH WM 1967, 29 für die Kosten, die durch die haltlose Klage entstanden sind gemäß § 2219 BGB.

Dem Beklagten ist auch ein Verschulden vorzuwerfen, da er zuvor auf die eingetretene Verjährung der Ansprüche ausdrücklich hingewiesen wurde.

Der Beklagte wurde mit Schreiben vom 1.4.2010 zum Ausgleich des Schadens an den Nachlass unter Fristsetzung zum 23.4.2010 erfolglos aufgefordert. Dieser hat mit Schreiben vom 20.4.2010 (eingegangen am 21.4.2010) jegliche Verpflichtung zum Schadensersatz abgelehnt, so dass er sich seither in Verzug befindet und damit den Verzugszins des § 288 BGB schuldet.

Klage ist daher geboten.

...

Rechtsanwalt ◄

G. Die Entlassung des Testamentsvollstreckers

I. Allgemeines

Der Testamentsvollstrecker kann gegen seinen Willen nach Maßgabe des § 2227 BGB entlassen werden. Das Antragsverfahren wird durch formlosen Antrag beim Nachlassgericht eingeleitet. Bis zur Rechtskraft der Entscheidung kann der Entlassungsantrag jederzeit zurückgenommen werden.[370] 604

Das Zivilgericht ist nicht zuständig. Die §§ 2212 und 2213 BGB sind nicht anwendbar. Ferner kann das Nachlassgericht nicht von Amts wegen tätig werden.[371] Die Zuständigkeit des Nachlassgerichtes ergibt sich aus §§ 342 ff FamFG. Der Entlassungsantrag kann nach § 2227 Abs. 1 BGB von jedem Beteiligten gestellt werden, wobei der so genannte materielle Beteiligten-Begriff gilt. Somit sind antragsberechtigt: Erbe, Miterbe, der seinen Erbteil nach § 2033 BGB veräußert oder verpfändet hat, Vorerbe, Nacherbe, Vermächtnisnehmer, Pflichtteilsberechtig- 605

---
370 RGZ 133, 128; MünchKomm/*Zimmermann*, § 2227 Rn 2; *Mayer* in: Mayer/Bonefeld/Wälzholz/Weidlich, PraxisHB, Rn 287.
371 Staudinger/*Reimann*, § 2227 Rn 21.

ter, Auflagenberechtigter (nicht aber der Auflagenbegünstigte), Mitvollstrecker,[372] der bestimmungsberechtigte Dritte nach § 2198 BGB.

606 Hingegen sind nicht antragsberechtigt: Auflagenbegünstigter,[373] Nachlassgläubiger,[374] Eigengläubiger des Erben, die den Erbteil gepfändet haben, Staatsanwaltschaft, Finanzämter, Grundbuchämter oder sonstige Behörden.[375]

607 Der Antrag kann auch nicht von einem minderjährigen gestellt werden, da aufgrund der Kostenpflicht bei Unterliegen kein lediglich rechtlicher Vorteil im Sinne des § 107 BGB besteht. In der Regel wird daher die Bestellung eines Ergänzungspflegers nach § 1913 BGB notwendig sein, insbesondere in den Fällen des § 1638 BGB oder wenn der gesetzliche Vertreter Testamentsvollstrecker ist gem. §§ 1795, 181 BGB.[376]

608 Über den Entlassungsantrag entscheidet nach § 16 Abs. 1 Nr. 5 RPflG der Nachlassrichter, der nach Vorliegen eines Antrages alle erforderlichen Ermittlungen von Amts wegen vorzunehmen und sich nicht auf die Prüfung der im Antrag enthaltenen Gründe beschränken darf, wobei ihm allerdings vom Gesetzgeber ermessen zugebilligt wurde.[377]

609 Grundsätzlich ist vor der Entscheidung dem Testamentsvollstrecker rechtliches Gehör zu gewähren.[378] Die formlose Anhörung kann auch noch in der zweiten Tatsacheninstanz durch das Beschwerdegericht nachgeholt werden.[379] Die weiteren Verfahrensbeteiligten sind ebenfalls formlos anzuhören. Die durch Beschluss ergehende Entscheidung wird mit der Zustellung an den Testamentsvollstrecker gem. § 15 Abs. 2 FamFG wirksam. Hierdurch endet auch das Amt des Testamentsvollstreckers. Gegen den Entlassungsbeschluss kann der Testamentsvollstrecker das Rechtsmittel der sofortigen Beschwerde nach § 355 Abs. 1 FamFG einreichen. Nach § 47 FamFG sind die in der Zwischenzeit bis zur Aufhebung des Entlassungsbeschlusses vom Testamentsvollstrecker getätigten Rechtsgeschäfte wirksam.[380]

610 Eine vorübergehende Entlassung ist ebenso unzulässig wie eine durch einstweilige Anordnung des Nachlassgerichtes vorläufige Amtsenthebung.[381] Gegen eine Entscheidung des Beschwerdegerichtes muss die Beschwerde nach § 70 FamFG eingelegt werden.

611 Hebt das Landgericht die Entlassung des Testamentsvollstreckers durch das Nachlassgericht auf, so tritt die Wirkung dieser Aufhebung erst mit seiner Rechtskraft ein (Beschwerdefrist 2 Wochen nach § 63 Abs. 2 FamFG).

612 Problematisch ist, inwieweit die Gerichte Beurteilungs- und Ermessensentscheidungen des Nachlassgerichtes überprüft werden können. Die tatsächliche Beurteilung des Nachlassgerichtes kann vom Rechtsbeschwerdegericht nicht nachgeprüft werden, die Beurteilungs- und Ermessensentscheidung nur insoweit, als ein Rechtsfehler zugrunde liegt.[382] Die Entscheidungen der Tatsacheninstanzen müssen jedoch in tatsächlicher und rechtlicher Beziehung so begründet

---

372 *Reimann* in: Bengel/Reimann, Kapitel VII, Rn 29.
373 Soergel/*Damrau*, § 2227 Rn 15.
374 BGHZ 35, 296; MünchKomm/*Zimmermann*, § 2227 Rn 6.
375 Palandt/*Edenhofer*, § 2227 Rn 8; Soergel/*Damrau*, § 2227 Rn 16.
376 Staudinger/*Reimann*, § 2227 Rn 24.
377 Palandt/*Edenhofer*, § 2227 Rn 9; OLG Zweibrücken FamRZ 1999, 472; OLG Oldenburg FamRZ 1999, 472.
378 BayObLG FamRZ 1998, 325; Soergel/*Damrau*, § 2227 Rn 17.
379 BayObLG FamRZ 1998, 325.
380 Soergel/*Damrau*, § 2227 Rn 21; *Mayer* in: Mayer/Bonefeld/Wälzholz/Weidlich, PraxisHB, Rn 290.
381 Haegele/*Winkler*, Der Testamentsvollstrecker, Rn 810.
382 *Mayer* in: Mayer/Bonefeld/Wälzholz/Weidlich, PraxisHB, Rn 293; OLG Düsseldorf ZEV 1994, 302.

G. Die Entlassung des Testamentsvollstreckers § 5

werden, dass ersichtlich ist, welche Tatsachen für erwiesen erachtet werden, welche nicht, und wie der festgestellte Sachverhalt rechtlich beurteilt wird.[383]

II. Vorliegen eines Entlassungsgrundes

Voraussetzung, dass ein Testamentsvollstrecker durch das Nachlassgericht nach § 2227 BGB entlassen werden kann, ist das Vorliegen eines **wichtigen Grundes**, insbesondere eine 613

– grobe Pflichtverletzung oder
– Unfähigkeit zur ordnungsgemäßen Geschäftsführung durch den Testamentsvollstrecker.

Grundvoraussetzung ist selbstverständlich, dass zunächst der Testamentsvollstrecker ordnungsgemäß ernannt wurde und nicht anderweitig bereits eine Erlöschung des Amtes vorliegt. 614

Die Aufzählung der beiden Beispielsfälle in § 2227 Abs. 1 BGB ist nicht abschließend, wie sich bereits aus dem Wort „insbesondere" ergibt. Vielmehr ist eine Gesamtschau aller Umstände durchzuführen, ob die Merkmale des unbestimmten Rechtsbegriffes „wichtiger Grund" erfüllt sind. 615

Ein wichtiger Grund dürfte immer dann vorliegen, wenn Grund zu der Annahme besteht, dass ein längeres Verbleiben im Amt der Ausführung des letzten Willens des Erblassers hinderlich ist oder sich dadurch eine Schädigung oder wenigstens eine erhebliche Gefährdung der Interessen der an der Ausführung oder dem Nachlass Beteiligten ergeben würde.[384] 616

Neben der Unfähigkeit zur ordnungsgemäßen Geschäftsführung und groben Pflichtverletzung kommen folgende **Entlassungsgründe** in Betracht: 617

– Untätigkeit wegen längerer Abwesenheit oder Krankheit,[385]
– Völlige Untätigkeit,[386]
– Eigennütziges Verhalten,[387]
– erhebliche Verstöße gegen testamentarische Anordnungen des Erblassers,[388]
– Verstöße gegen gesetzliche Pflichten,
– Strafbare Untreue gem. § 266 StGB,
– Ermessensüberschreitung bei der Verwaltung,[389]
– Bevorzugung einzelner Miterben,[390]
– Unzulässige Übertragung der Amtsführung auf eine andere Person[391] oder auf eine andere ungeeignete Person,
– Schwerwiegender Verstoß gegen Anhörungspflichten nach § 2204 Abs. 2 BGB,[392]
– Mangelhafte Erstellung eines Nachlassverzeichnisses,
– Weigerung, den Erben ein Nachlassverzeichnis mitzuteilen,[393]

---
383 *Mayer* in: Mayer/Bonefeld/Wälzholz/Weidlich, PraxisHB, Rn 293.
384 *Reimann* in: Bengel/Reimann, Kapitel VII Rn 16 mwN.
385 BayObLG ZEV 1998, 348. Dies gilt allerdings nur bei nachhaltiger Beeinträchtigung der Testamentsvollstreckung.
386 BGH NJW 1962, 912.
387 KG OLGE 44, 96.
388 OLG Zweibrücken, Rechtspfleger 1989, 370.
389 BayObLG ZEV 1998, 348.
390 BGH NJW 1957, 1916.
391 *Zimmermann*, Die Testamentsvollstreckung, Rn 799.
392 RGZ 130, 131.
393 BayObLG FamRZ 1998, 325.

- Hartnäckige Verweigerung der Auskunfts- und Rechenschaftslegung über den Stand der Verwaltung gem. §§ 2218, 666 BGB,[394]
- Leichtfertige oder ungerechtfertigte Führung von Prozesses, die das Interesse der Erben gefährden,[395]
- Auszahlung hoher Beträge auf streitige Forderungen,[396]
- Unzulässiges In-sich-Geschäft.[397]

618 Bei unternehmerischen Entscheidungen legt die Rechtsprechung kein strengen Maßstab an, so dass eine grobe Pflichtverletzung nur dann besteht, wenn schon einfachste und ganz nahe liegende Überlegungen nicht angestellt und das nicht beachtet wird, was jedem einleuchten muss.[398]

619 Die Rechtsprechung hat zu den in § 2227 BGB aufgeführten Fällen drei weitere Fallgruppen gebildet. Es wurden wegen Fehlens einer Legaldefinition zur näheren Bestimmung hierzu drei Formeln entwickelt. Diese Formeln sind teilweise in der Literatur[399] auf erhebliche Kritik gestoßen sind. Nach der Kritik basieren die von der Rechtsprechung gefundenen Lösungen selbst nicht auf den Ausgangsformeln und seien wenig überzeugend. Dem ist zuzustimmen. Im Einzelnen kommen aber auch die Kritiker zu den herausgearbeiteten genannten drei Fallgruppen zurück:

- Ein wichtiger Grund liegt nach der **ersten Formel** immer dann vor, wenn Grund zu der Annahme besteht, dass ein längeres Verbleiben im Amt der Ausführung des letzten Willens des Erblassers hinderlich ist oder sich dadurch eine Schädigung oder wenigstens eine erhebliche Gefährdung der Interessen der an der Ausführung oder dem Nachlass Beteiligten ergeben würde.[400]
- Nach der **zweiten Formel** ist eine Entlassung zulässig, wenn Umstände vorliegen, die den Erblasser, wenn er lebte, mutmaßlich zum Widerruf der erwählten Testamentsvollstreckerernennung veranlasst hätten und objektiv betrachtet diesen Widerruf so erscheinen ließen, dass er im Interesse der Erben oder sonst Beteiligten liegt.[401]
- Tatsachen, die dem Erblasser bei der Berufung des Testamentsvollstreckers bekannt waren, berechtigen nach der **dritten Formel** in der Regel keine Entlassung. Es muss hierbei vielmehr berücksichtigt werden, ob der Erblasser den Testamentsvollstrecker nicht ernannt hätte, wenn er die späteren Auswirkungen dieser Tatsachen gekannt hätte.[402]

620 Die Rechtsprechung legt hier berechtigterweise einen sehr strengen Maßstab ein, da anderenfalls jeder Erbe durch Vorwürfe und zB Strafanzeigen einen Entlassungsgrund herbeiführen könnte.[403] Der Erbe muss sich sogar gefallen lassen, dass der Erblasser seinen Intimfeind zum

---

394 BayObLG NJW-RR 1988, 645. Dabei ist allerdings zu beachten, dass die Auskunfts- und Rechnungslegungspflicht nur auf Verlangen geschuldet werden und nicht sofort, sondern innerhalb angemessener Frist zu erbringen ist.
395 *Mayer* in: Mayer/Bonefeld/Wälzholz/Weidlich, PraxisHB, Rn 296.
396 OLG Zweibrücken FamRZ 1988, 788.
397 Testamentsvollstrecker genehmigt sich selbst ein Darlehen; OLG Frankfurt ZEV 1998, 350.
398 BayObLG NJW-RR 1990, 1420; *Mayer* in: Mayer/Bonefeld/Wälzholz/Weidlich, PraxisHB, Rn 297.
399 *Muscheler*, AcP 197 (1997), 266 ff; Bamberger/Roth/*Mayer*, § 2227 Rn 12.
400 BayObLGZ 1957, 319; BayOBLGZ 1976, 76; BayObLG 1985, 302; OLG Düsseldorf ZEV 1994, 303; OLG Hamm Rpfleger 1994, 214; Palandt/*Edenhofer*, § 2227 Rn 2; *Muscheler*, AcP 197 (1997), 263 (dort Fn 123 mwN).
401 BayObLG ZEV 1995, 366; BayObLG NJW-RR 1988, 645; BayObLGZ 1985, 307; BayObLGZ 1976, 73; OLG Düsseldorf ZEV 1994, 303 mwN.
402 BayObLG NJW-RR 1996, 715; BayObLG FamRZ 1991, 491; OLG Düsseldorf MittRhNotK 1964, 505. Ebenso Palandt/*Edenhofer*, § 2227 Rn 2; *Lange/Kuchinke*, Erbrecht, § 31 VIII 2 b; Soergel/*Damrau*, § 2227 Rn 3.
403 Hierzu ausführlich Bonefeld/*Kroiß/Tanck*, Der Erbprozess, S. 519 ff; *Klingelhöffer*, § 2227 Rn 365; *Muscheler*, AcP 197 (1997), 227 ff.

G. Die Entlassung des Testamentsvollstreckers § 5

Testamentsvollstrecker ernennt.[404] Eine **Feindschaft** kommt daher als Kündigungsgrund nur dann in Frage, wenn eine grobe Pflichtverletzung vorliegt oder eine zentrale Pflicht des Testamentsvollstreckers gerade die Aufrechterhaltung eines Vertrauensverhältnisses oder der besonderen persönlichen Beziehung ist.[405]

Danach liegen andere wichtige Gründe im Sinne von § 2227 BGB vor, bei: 621
1. Objektiv gerechtfertigtem Misstrauen,
2. Feindschaft zwischen Testamentsvollstrecker und Erben oder Mitvollstreckern,
3. Interessengegensatz.

Ein auf Tatsachen beruhendes Misstrauen der Erben kann dann Entlassungsgrund im Sinne von 622 § 2227 BGB sein, wenn ein objektiv gerechtfertigtes Misstrauen in die unparteiische Amtsführung des Testamentsvollstreckers vorliegt. Hier bedarf es ebenfalls keines Verschuldens des Testamentsvollstreckers.

Objektiv gerechtfertigtes Misstrauen liegt insbesondere bei In-sich-Geschäften oder bei Ausnutzen einer Generalvollmacht zum eigenen Vorteil vor.[406] 623

Eine Entlassung aus Gründen von Spannung und Feindschaften zwischen Testamentsvollstrecker und Erben kommt nur dann in Betracht, wenn dadurch die ordnungsgemäße Amtsführung gefährdet wird.[407] 624

Eine Entlassung kommt, dann nicht in Betracht, wenn der persönliche von dem rein geschäftlichen Verkehr getrennt werden kann und der geschäftliche noch möglich ist. 625

Die Rechtsprechung legt hier berechtigterweise einen sehr strengen Maßstab ein, da anderenfalls jeder Erbe durch Vorwürfe und zB Strafanzeigen einen Entlassungsgrund herbeiführen könnte. 626

Der Erbe muss sich sogar gefallen lassen, dass der Erblasser sein Intimfeind zum Testamentsvollstrecker ernennt.[408] Eine Feindschaft kommt daher als Entlassungsgrund nur dann in Frage, wenn eine grobe Pflichtverletzung vorliegt oder eine zentrale Pflicht des Testamentsvollstreckers gerade die Aufrechterhaltung eines Vertrauensverhältnisses oder der besonderen persönlichen Beziehung ist.[409] 627

Auch die Gefährdung der Interessen des Nachlasses und/oder der daran Beteiligten kann ein Entlassungsgrund sein. Voraussetzung hierfür ist, dass es sich um einen erheblichen Interessenkonflikt handelt.[410] 628

Häufig lässt sich aber der Interessenkonflikt über die Anwendung des § 181 BGB lösen, bei mehreren Testamentsvollstreckern greift § 2224 Abs. 1 S. 2 BGB.[411] Dementsprechend muss auch hier das Vorliegen oder Drohen einer erheblichen Pflichtverletzung hinzukommen.[412] 629

Liegt tatsächlich ein wichtiger Grund im Sinne von § 2227 BGB vor, so ist das Nachlassgericht dennoch nicht verpflichtet, den Testamentsvollstrecker zu entlassen. Aufgrund der Formulierung in § 2227 BGB besteht ein Versagungsermessen, wobei das Gericht im Rahmen seiner 630

---

404 *Zimmermann*, Die Testamentsvollstreckung, Rn 802; *Schmucker*, Testamentsvollstrecker und Erbe, S. 298 mwN.
405 *Mayer/Bonefeld/Wälzholz/Weidlich*, PraxisHB, Rn 301; MünchKomm/*Brandner*, § 2227 Rn 11; *Lange/Kuchinke*, Erbrecht, § 31 VIII 2 b.
406 *Mayer/Bonefeld/Wälzholz/Weidlich*, Rn 300 sowie Fn 692 mwN.
407 BayObLG FamRZ 1988, 770.
408 *Zimmermann*, Die Testamentsvollstreckung, Rn 802.
409 *Mayer* in: Mayer/Bonefeld/Wälzholz/Weidlich, PraxisHB, Rn 301.
410 Palandt/*Edenhofer*, § 2227 Rn 5; Staudinger/*Reimann*, § 2227 Rn 17. Ablehnend Soergel/*Damrau*, § 2227 Rn 6.
411 RGZ 98, 173 mwN.
412 So richtig *Mayer* in: Mayer/Bonefeld/Wälzholz/Weidlich, PraxisHB, Rn 202.

pflichtgemäßen Ermessensprüfung abwägen muss, ob überwiegende Gründe für das Verbleiben des Testamentsvollstreckers sprechen oder nicht.[413]

631 Dabei ist nach der Rechtsprechung der mutmaßliche Wille des Erblassers, ob dieser eine mangelhafte Verwaltung nicht einem völligen Wegfall der Testamentsvollstreckung vorgezogen hätte, als Abwägungskriterium zu berücksichtigen. Ferner sind die Interessen der Antragsteller und der Erben abzuwägen, die an eine Testamentsvollstreckung ggf festhalten wollen und ob der Erbe den Nachlass selbst ordnungsgemäß verwalten könne.[414] Eine etwaige mangelnde Kooperationsbereitschaft der Erben kann sogar zu deren Lasten berücksichtigt werden.[415]

632 Diese Rechtsprechung ist nicht überzeugend. Im Rahmen des Entlassungsverfahrens sollte auch auf die Rechtsprechung zu § 2200 BGB verwiesen werden, die § 2200 BGB sehr extensiv auslegt und bereits in der Anordnung einer Testamentsvollstreckung ein Ersuchen im Sinne des § 2200 BGB sieht.

633 Die Rechtsprechung zu § 2227 BGB, die ein weites Versagungsermessen zulässt, ignoriert die eigene Rechtsprechung zu § 2200 BGB. So versagen die Gerichte die Entlassung des Testamentsvollstreckers regelmäßig mit dem Argument, dass der Erblasser eine schlechte Durchführung der Testamentsvollstreckung durch den ernannten Testamentsvollstrecker einem völligen Wegfall der Testamentsvollstreckung vorgezogen hätte. Angesichts der extensiven Auslegung des § 2200 BGB stellt sich aber grundsätzlich gar nicht diese Frage. Hierauf sollte im Entlassungsverfahren deutlich hingewiesen werden. Vielmehr stellt sich jedoch die richtige Frage: **Hätte der Erblasser eine schlechte Durchführung der Testamentsvollstreckung durch den ernannten Testamentsvollstrecker einer Ernennung eines neuen Testamentsvollstreckers durch das Nachlassgericht nach Maßgabe des § 2200 BGB vorgezogen?** Diese Frage wird aber regelmäßig zu verneinen sein, so dass eigentlich das Versagungsermessen reduziert sein dürfte.

634 Als Rechtsanwalt hat man den Mandanten darauf hinzuweisen, dass das zunächst erfolgreiche Entlassungsverfahren negative Konsequenzen haben kann, wenn der Testamentsvollstrecker wiederum erfolgreich in die Beschwerde geht. Gegen den Entlassungsbeschluss kann der Testamentsvollstrecker das Rechtsmittel der **sofortigen Beschwerde** nach § 58 FamFG einreichen, wobei die Beschwerde **keine aufschiebende Wirkung** hat.

635 **Praxishinweis:** Per Antrag einer Einstweiligen Anordnung des Testamentsvollstreckers kann das Beschwerdegericht nach § 49 FamFG anordnen, dass der Testamentsvollstrecker vorerst das Amt weiterführen darf, wenn das Nachlassgericht dem Entlassungsantrag gefolgt ist. Wenn er das Amt weiterführt, dann haftet der Testamentsvollstrecker selbstverständlich für die Schäden, die er verursacht hat. Insofern muss er abwägen, ob er nicht das Amt nicht „ruhen" lässt.

636 Ist neben der Entlassung zB die Haftung des Testamentsvollstreckers wegen fehlerhafter Kapitalanlageentscheidung fraglich, sollte sich der Rechtsanwalt ein **isoliertes Entlassungsverfahren** gut überlegen. Durch die erfolgreiche Entlassung endet auch das Amt des Testamentsvollstreckers, welches erst wieder durch den Beschluss des Beschwerdegerichts auflebt. Was ist dann aber, wenn in der Zwischenzeit weiter die Kapitalanlage des Testamentsvollstreckers einen negativen Verlauf gezeigt hat? Ist der Testamentsvollstrecker dann überhaupt für den Zeitraum von der Entlassung bis zum Wiederaufleben des Amtes für den dann entstandenen Schaden

---

413 *Haegeler-Winkler*, Der Testamentsvollstrecker, Rn 800; Staudinger/*Reimann*, § 2227 Rn 32; Soergel/*Damrau* § 2227 Rn 7 mwN.
414 BayObLG FamRZ 1987, 101.
415 OLG Düsseldorf ZEV 1999, 226; *Mayer* in: Mayer/Bonefeld/Wälzholz/Weidlich, PraxisHB, Rn 303.

G. Die Entlassung des Testamentsvollstreckers § 5

kausal? Dies wird man wohl im Ergebnis verneinen müssen, denn der Testamentsvollstrecker hätte in dieser Zeit nicht auf die Kapitalanlage positiv einwirken können. Da derartige Verfahren über zwei Instanzen recht lange dauern können, ist zumindest diese Gefahr, dass ein dann weiter entstehender Schaden nicht gegenüber dem Testamentsvollstrecker geltend gemacht werden kann, dem Mandanten gegenüber deutlich zu machen.

Praxishinweis: Um hier selbst nicht als Rechtsanwalt in die Haftung zu geraten, sollte unter Vorlage der erstinstanzlichen Entscheidung versucht werden, bei der Bank eine Änderung der Kapitalanlage herbeizuführen. 637

In der Praxis wird vom Gericht nicht eigenständig nach erfolgreichem Entlassungsverfahren sofort ein neuer Testamentsvollstrecker ernannt, sofern nicht das Amt insgesamt weggefallen ist. Es kommt damit zu einer Hängepartie. Die Banken reagieren meist nicht auf den bloßen Entlassungsbeschluss, solange nicht ein Erbschein ohne Testamentsvollstreckervermerk vorliegt. Demnach sollte man sofort nach Erhalt des positiven Entlassungsbeschlusses versuchen, einen neuen Erbschein ohne Testamentsvollstreckervermerk zu erhalten. Wird dieser nicht umgehend erteilt, sollte versucht werden, wenigstens nach § 1960 BGB analog eine **Nachlasspflegschaft** oder nach § 1913 BGB eine **Pflegschaft für den unbekannten Testamentsvollstrecker** zu beantragen. Letzter Antrag ist nicht beim Nachlassgericht wie bei § 1960 BGB, sondern beim Vormundschaftsgericht zu stellen. 638

Praxishinweis: Nach erfolgreichem Entlassungsverfahren und Beendigung der Testamentsvollstreckung umgehend einen neuen Erbschein ohne Testamentsvollstreckervermerk beantragen! Ggf ist zudem einen Feststellungsantrag zu stellen: 639
„Es wird festgestellt, dass die Testamentsvollstreckung über den Nachlass des am ... verstorbenen ... (Name des Erblassers) mit der Kündigung/Tod/Entlassung des Testamentsvollstreckers Herrn Rechtsanwalt R am ... beendet ist."

▶ **Muster: Entlassungsantrag nach § 2227 BGB** 640

An das

Amtsgericht

– Nachlassgericht –

(Ba.-Wü.: Staatl. Notariat)

In dem

Nachlassverfahren des am 24.2.2006 verstorbenen

... (Name des Erblassers), zuletzt wohnhaft ...

Az.: ...

Namens und in Vollmacht des Miterben Willi Müller nach dem am 24.2.2006 verstorbenen ... (Name des Erblassers) beantrage ich

Rechtsanwalt R als Testamentsvollstrecker über den Nachlass des am 24.2.2006 in München verstorbenen ... (Name des Erblassers) aus wichtigem Grund nach § 2227 BGB zu entlassen.

Begründung

Ausweislich des beigefügten Erbscheines ist mein Mandant Miterbe zu 1/3 nach dem am 24.2.2006 verstorbenen ... (Name des Erblassers).

Es wurde Testamentsvollstreckung angeordnet und der Rechtsanwalt R ausweislich des in Kopie beigefügten Testamentsvollstreckerzeugnisses zum Testamentsvollstrecker ernannt. Dieser hat das Amt angenommen und führt es fort.

Auf die Nachlassakten Az ... wird Bezug genommen.

Trotz mehrfacher Aufforderung durch anwaltliche Schriftsätze vom 1.4.2006, 21.4.2006 sowie 14.5.2006 hat der Testamentsvollstrecker bis heute kein Nachlassverzeichnis nach § 2215 Abs. 1 BGB erstellt oder gar einen Zwischenbericht über den Stand der Testamentsvollstreckung den Erben zukommen lassen. Er verweigert vielmehr jegliche Auskünfte über den Nachlass.

Des Weiteren hat er bis heute keine einzige Nachlassverbindlichkeit des Erblassers ausgeglichen, so dass nunmehr mehrere Rechtsstreitigkeiten rechtshängig sind, obwohl die Forderungen der Gläubiger unstreitig sind und offensichtlich genügend Aktiva vorhanden sind.

Der Testamentsvollstrecker hat bis dato keinerlei Tätigkeit entfaltet.

Die völlige Untätigkeit des Testamentsvollstreckers stellt nach BGH NJW 1962, 912 eine grobe Pflichtverletzung dar und legt den Schluss nahe, dass der Testamentsvollstrecker zur ordnungsgemäßen Geschäftsführung unfähig ist.

Somit liegt ein wichtiger Grund zur Entlassung des Testamentsvollstreckers im Sinne des § 2227 BGB vor.

Dem Antrag ist dementsprechend stattzugeben.

...

Rechtsanwalt ◀

H. Die angemessene Vergütung

I. Allgemeines

641 Die Angemessenheit der Vergütung ist **funktionell** bezogen auf die vom Testamentsvollstrecker durchzuführenden Aufgaben zu beurteilen.[416] Somit müssen die zu erfüllenden Aufgaben und die zu beanspruchende Vergütung in einem **richtigen Preis-Leistungs-Verhältnis** stehen. Dementsprechend ist die Höhe der Vergütung insbesondere von den einzelnen Aufgaben im Rahmen der Testamentsvollstreckung abhängig. Die Rechtsprechung und Literatur haben zur Frage der angemessenen Vergütung zahlreiche unterschiedliche Tabellen entwickelt.

642 Der einzelne Gebührentatbestand ist den jeweils zu erfüllenden Aufgaben aufgrund einer funktionellen Betrachtungsweise zu entnehmen. In der Literatur[417] wurde dazu folgende Tabelle entwickelt.

---

416 *Mayer/Bonefeld/Wälzholz/Weidlich*, PraxisHB, Rn 489.
417 Vgl dazu *Tilling*, ZEV 1998, 331; *Mayer/Bonefeld/Wälzholz/Weidlich*, PraxisHB, Rn 488 ff.

H. Die angemessene Vergütung § 5

Vollstreckungsaufgabe	Gebührentatbestand
Abwicklungsvollstreckung (normale Aufgabe), mit Konstituierung Auseinandersetzung hierzu notwendige Verwaltung	**Regelvergütung** Konstituierungsgebühr nur in Ausnahmefällen
reine **Verwaltungsvollstreckung** (§ 2209 BGB)	laufende **Verwaltungsgebühr**
Dauervollstreckung Konstituierung anschließend idR (teilweise) Auseinandersetzung länger währende Verwaltung uU danach noch Auseinandersetzung	**Verwaltungsgebühr** uU Auseinandersetzungsgebühr

Anschließend ist der Bezugswert zu ermitteln, wobei folgende Punkte bei der Bewertung von Wichtigkeit sind:[418] 643

- **Art und Umfang** des **Nachlasses**,
- **Umfang und Schwierigkeit** der zu **erwartenden Geschäfte**,
- **Dauer** der Verwaltung,
- Notwendigkeit **besonderer Vorkenntnisse** und Erfahrungen zur Aufgabenbewältigung,
- **Haftungsgefahr** bzw Größe der Verantwortung,
- **Steuerbelastung** der Vergütung durch Umsatzsteuer.[419]

Des Weiteren ist nach den verschiedenen **Arten der Aufgaben** zu differenzieren. So wird in der Praxis häufig von einer **Regelgebühr** oder auch **Vollstreckungsgebühr**[420,421,422] gesprochen, die grundsätzlich immer anfällt und für die Auseinandersetzung des Nachlasses gezahlt wird. 644

Daneben kann zur Abgeltung der Arbeit des Testamentsvollstreckers bei Übernahme des Amts für Ermittlung und Inbesitznahme des Nachlasses (§ 2205 BGB), Aufstellung und Mitteilung des Nachlassverzeichnisses (§ 2215 BGB) sowie Regulierung der Nachlassverbindlichkeiten einschließlich der Steuerschulden[423,424] eine sog. **Konstituierungsgebühr** anfallen. Zudem kann bei Verwaltungsvollstreckung die periodische **Verwaltungsgebühr** anfallen, die jährlich zu bezahlen ist. 645

Zu beachten ist, dass die Gesamtgebühr sich keinesfalls immer aus der Summe der einzelnen Gebührentatbestände ergibt. 646

---

418 Bengel/Reimann/*Eckelskemper*, Handbuch X, Rn 11.
419 BGH NJW 1963, 487; BGH NJW 1967, 2400; **aM** OLG Köln ZEV 1994, 118 m.Anm. *Klingelhöffer* = NJW-RR 1994, 328.
420 Palandt/*Edenhofer*, § 2221 Rn 10. Bei Sondergebühren kommen spätere Veränderungen von Wert und Zusammensetzung des Nachlasses grundsätzlich bei der Berechnung der Vergütung zum Tragen.
421 Palandt/*Edenhofer*, § 2221 Rn 10, MünchKomm/*Zimmermann*, § 2221 Rn 8.
422 OLG Köln ZEV 1994, 118; Palandt/*Edenhofer*, § 2221 Rn 4.
423 Bewertungsstichtag ist dabei der Zeitpunkt des Erbfalls, unabhängig späterer Wertveränderungen.
424 BGH NJW 1963, 380.

II. Vergütungstabellen

647 Da im Einzelfall problematisch ist, welche Vergütung angemessen ist, wurden von Rechtsprechung und Literatur **Vergütungstabellen** entwickelt.

648 Fraglich ist, ob die Höhe der Vergütung durch eine **Verweisung auf die bekannten Tabellen** erfolgen kann. Im Wege der erweiterten Auslegung der letztwilligen Verfügung ist eine derartige Verweisung möglich, wobei dann jedoch das Problem möglicher zwischenzeitlich eingetretener Veränderungen der Verhältnisse bestehen kann. Hier sollte daher eine deutliche und klarstellende Formulierung gewählt werden.

649 Nachfolgend sollen nur die in der Praxis wichtigsten Vergütungstabellen aufgeführt werden:

1. Die Rheinische Tabelle

650 Die sog. **Rheinische Tabelle** ist die am längsten praktizierte und auch bekannteste unter den Vergütungstabellen. Sie wurde bereits 1925 entwickelt und ist heute ohne Modifizierungen nicht ohne weiteres anwendbar, was leider aber in der Praxis immer wieder übersehen wird. Teilweise wird daher im Schrifttum gefordert, gewisse **Zuschläge** zu diesen Sätzen zu machen, und zwar von 20 % bis 40 bzw 50 %.[425] Aufgrund des Alters der Tabelle ist die „Ur-Tabelle" in Reichsmark. Dort hieß es:

Es wird empfohlen, als Gebühr für die Tätigkeit des Notars als Testamentsvollstrecker im Regelfalle wie folgt zu berechnen:

	RM Bruttowert	
bei einem Nachlass bis zu	20.000,00	4 %
darüber hinaus bis zu	100.000,00	3 %
darüber hinaus bis zu	1.000.000,00	2 %
darüber hinaus		1 %

Diese Sätze gelten für normale Verhältnisse und glatte Abwicklung. Folgt dagegen eine längere Verwaltungstätigkeit, zB beim Vorhandensein von Minderjährigen, oder verursacht die Verwaltung eine besonders umfangreiche und zeitraubende Tätigkeit, so kann eine höhere Gebühr als angemessen erachtet werden, auch eine laufende, nach dem Jahresbetrag der Einkünfte zu berechnende Gebühr gerechtfertigt sein.

651 Nach Abschaffung der Reichsmark wurde einfach diese Tabelle 1:1 in Deutsche Mark umgerechnet. Heute müssten die RM-Werte in der Tabelle also quasi grob berechnet halbiert werden. Die angegebenen Prozentsätze ab Ziffer 2 sind jeweils für den entsprechenden Mehrbetrag anzuwenden. Hinzukäme ein Mindestzuschlag wegen des Kaufkraftverlustes seit 1925 von 20 %.

---

425 Für letzteres etwa *Winkler*, Der Testamentsvollstrecker, Rn 581; für generelle Neuberechnung, in Bengel/Reimann/*Eckelskemper*, Handbuch X, Rn 28 ff unter Hinweis darauf, dass heute zum einen viel komplizierter Rechts- und Steuerfragen zu klären sind als früher und zum anderen bereits bei einer nur "mittelmäßig vielschichtigen" Nachlassregulierung ein Testamentsvollstrecker heute ein funktionierendes Büro mit entsprechender sachlicher und personeller Ausstattung braucht, um seine Aufgaben zu erfüllen.

H. Die angemessene Vergütung § 5

2. Möhring'sche Tabelle

Diese Tabelle[426] wird in der Praxis sehr häufig verwendet und bietet sich gerade bei Kleinnachlässen an, um eine höhere Vergütung als nach der „Rheinischen" zu erreichen.[427]

652

Aktivnachlass			
20.000 DM	7,5 %	12.500 EUR	7,5 %
25.000 EUR	7 %		
100.000 DM	5,82 %	50.000 EUR	6 %
100.000 EUR	5 %		
1.000.000 DM	3,82 %	200.000 EUR	4,5 %
500.000 EUR	4 %		
2.000.000 DM	2,81 %	1.000.000 EUR	3 %
Nach der „neuen Tabelle" ist bei Nachlässen über zwei Millionen die Vergütung dadurch zu ermitteln, dass aus dem über zwei Millionen DM liegenden Wert 1 % errechnet und dieser Betrag dem Vergütungssatz für zwei Millionen hinzugerechnet wird.			
Euro-Berechnungsbsp.: Aktivnachlass 268.000 EUR = 4,5 % aus 200.000 EUR sowie 4 % aus 68.000 EUR.			

3. Eckelskemper'sche Tabelle[428]

bei einem Nachlass bis zu	50.000,00 EUR	4 %	
für einen Mehrbetrag bis zu	250.000,00 EUR	3 %	
für einen Mehrbetrag bis zu	1.250.000,00 EUR	2,5 %	
für einen weiteren Mehrbetrag bis zu	2.500.000,00 EUR	2 %	
für Werte darüber hinaus		1 %	

653

4. Vergütungsempfehlungen des Deutschen Notarvereins[429]

Die Vergütungsempfehlungen des Deutschen Notarvereins stellen quasi eine **Fortentwicklung** der alten Rheinischen Tabelle dar. Deshalb wird sie häufig, aber falsch, bereits als „neue Rheinische Tabelle" tituliert. Beide Tabellen haben unterschiedliche Ansatzpunkte hinsichtlich der Vergütung. Hier wird unterschieden zwischen einer Regelvergütung und verschiedenen Vergütungszuschlägen.[430]

654

---

426 Sog. „neue Möhring'sche Tabelle" bei *Möhring/Beisswingert/Klingelhöffer*, Vermögensverwaltung in Vormundschafts- und Nachlassachen, 7. Aufl. 1992, S. 224 ff; die von *Klingelhöffer* in der Neuaufl. vorgestellte eigene Tabelle mit neuen Werten ist als Euro-Tabelle integriert.
427 Empfehlend etwa *Winkler*, Der Testamentsvollstrecker, Rn 582; *Kapp/Ebeling*, ErbStG § 10 Rn 136; *Mayer/Bonefeld/Wälzholz/Weidlich*, PraxisHB Testamentsvollstreckung, Rn 696.
428 In Bengel/Reimann/*Eckelskemper*, Handbuch X, Rn 57 ff; *Weirich*, Erben und Vererben, Rn 857, der früher eine eigene Tabelle entwickelt und vertreten hat, hat sich nun in der 4. Aufl. der Tabelle von Eckelskemper angeschlossen.
429 Notar 2000, 2 ff = ZEV 2000, 181.
430 *Mayer/Bonefeld/Wälzholz/Weidlich*, PraxisHB, Rn 501.

a) Regelvergütung

655 Vergütungsgrundbetrag:

bis	250.000,00 EUR	4,0 %
bis	500.000,00 EUR	3,0 %
bis	2.500.000,00 EUR	2,5 %
bis	5.000.000,00 EUR	2,0 %
über	5.000.000,00 EUR	1,5 %

mindestens aber der höchste Betrag der Vorstufe.

Beispiel: Bei einem Nachlass von 260.000 EUR beträgt der Grundbetrag nicht 7.800 EUR (= 3 % aus 260.000 EUR), sondern 10.000,- EUR (= 4 % aus 250.000 EUR).

656 Bei einer **Nacherbentestamentsvollstreckung** erhält der Testamentsvollstrecker wegen der dann geringeren Belastung anstelle des vollen Grundbetrags 2/10 bis 5/10 des Grundbetrags.

b) Abwicklungsvollstreckung

657 Zu diesem Vergütungsgrundbetrag werden bei der **Abwicklungsvollstreckung** Zuschläge gemacht (Ziff. II der Empfehlungen). Im Einzelnen:

a) Aufwendige Grundtätigkeit	Konstituierung des Nachlasses aufwendiger als im Normalfall	Zuschlag von 2/10 bis 10/10	Fällig mit Beendigung der entspr. Tätigkeit
b) Auseinandersetzung	Aufstellung eines Teilungsplans und dessen Vollzug oder Vermächtniserfüllung	Zuschlag von 2/10 bis 10/10	Fällig mit der 2. Hälfte des Vergütungsgrundbetrags
c) Komplexe Nachlassverwaltung	Bei aus der Zusammensetzung des Nachlasses resultierenden Schwierigkeiten (Auslandsvermögen, Gesellschaftsbeteiligungen, Beteiligung an Erbengemeinschaften, Problemimmobilien, hohe oder verstreute Schulden, Rechtsstreitigkeiten, Besonderheiten wegen der Person der Beteiligten – Minderjährige, Pflichtteilsberechtigte, Erben im Ausland)	Zuschlag von 2/10 bis 10/10 Zusammen mit dem Zuschlag nach d) idR nicht mehr als 15/10 des Vergütungsgrundbetrags	Fällig wie vor

H. Die angemessene Vergütung § 5

d) Aufwendige und schwierige Gestaltungsaufgabe	Bei Vollzug der Testamentsvollstreckung, die über bloße Abwicklung hinausgehen, zB Umstrukturierung, Umschuldung, Verwertung des Nachlasses	Zuschlag von 2/10 bis 10/10 Zusammen mit Zuschlag nach c) idR nicht mehr als 5/10 des Vergütungsgrundbetrags	Fällig wie vor
e) Steuerangelegenheiten	Buchst. a) erfasst nur die Erbschaftsteuer; nicht jedoch die bereits vorher entstandenen oder danach entstehenden Steuern oder ausländische Steuerangelegenheiten Soweit Steuerangelegenheit nur einzelne Nachlassgegenstände erfasst, bestimmt sich Zuschlag nur aus deren Wert, jedoch mit den o.g. Prozentzahlen, die für den Gesamtnachlass gelten	Zuschlag von 2/10 bis 10/10 des Vergütungsgrundbetrags	Fällig bei Abschluss der Tätigkeit
Gesamtvergütung	Soll das Dreifache des Vergütungsgrundbetrags nicht überschreiten		

c) Dauervollstreckung

Bei der **Dauertestamentsvollstreckung** wird zuzüglich zu den vorstehenden Vergütungen weiter folgende Vergütung geschuldet (Ziff. III. der Empfehlungen): 658

Normalfall	Verwaltung über den Zeitpunkt der Erbschaftsteuerveranlagung hinaus	1/3 bis 1/2 % jährlich des in diesem Jahr vorhandenen Nachlassbruttowerts oder – wenn höher – 2 bis 4 % des jährlichen Nachlassbruttoertrags	Fällig ist die Zusatzvergütung nach Ablauf des üblichen Rechnungslegungszyklus, als idR jährlich
Geschäftsbetrieb/Unternehmen	Übernahme und Ausübung bei Personengesellschaften, uU durch Vollrechtstreuhand	10 % des jährlichen Reingewinns	
	Tätigkeit als Organ einer Kapitalgesellschaft, GmbH & Co. KG, Stiftung & Co., bei Ermächtigungstreuhand oder Handeln als Bevollmächtigter	Branchenübliches Geschäftsführer- bzw Vorstandsgehalt und branchenübliche Tantieme	Fälligkeit: wie branchenüblich bei solchen Zahlungen
	Nur beaufsichtigende Tätigkeit (Aufsichtsrat, Beiratsvorsitz, Weisungsunterworfenheit der Erben)	Branchenübliche Vergütung eines Aufsichtsratsvorsitzenden bzw Beiratsvorsitzenden	Fälligkeit: wie branchenüblich bei solchen Zahlungen

d) Periodische Verwaltungsgebühr

659 Die Empfehlungen des Deutschen Notarvereins gehen von 1/3 bis 1/2 % des gegebenen Nachlassbruttowertes oder – wenn höher – 2 bis 4 % des jährlichen Nachlassbruttoertrags aus.

660 **Testamentsvollstrecker und unternehmerische Tätigkeit**

Übernahme und Ausübung bei Personengesellschaften, uU durch Vollrechtstreuhand	10 % des jährlichen Reingewinns	Tätigkeit als Organ einer Kapitalgesellschaft, GmbH & Co. KG, Stiftung & Co., bei Ermächtigungstreuhand oder Handeln als Bevollmächtigter	Branchenübliches Geschäftsführer- bzw Vorstandsgehalt und branchenübliche Tantieme
	Nur beaufsichtigende Tätigkeit (Aufsichtsrat, Beiratsvorsitz, Weisungsunterworfenheit der Erben)	Branchenübliche Vergütung eines Aufsichtsratsvorsitzenden bzw Beiratsvorsitzenden	

H. Die angemessene Vergütung §5

e) Mehrere Testamentsvollstrecker

Bei **gemeinschaftlicher Tätigkeit** (ohne oder mit gleichwertiger Aufgabenverteilung im Innenverhältnis) sehen die Empfehlungen vor, dass die Vergütung nach Köpfen zu teilen ist. Bei **gemeinsamer Verantwortung** der Testamentsvollstrecker nach außen, aber **nicht gleichwertiger** Geschäftsverteilung im Innenverhältnis, ist die Vergütung angemessen unter Berücksichtigung der Aufgabenbereiche aufzuteilen. Bei vom Erblasser angeordneter **gegenständlicher Verteilung** der Aufgaben im Außenverhältnis ist die Vergütung entsprechend der jeweiligen Verantwortung des Testamentsvollstreckers aufzuteilen (Ziff. V. 1 der Empfehlungen). Wurden nacheinander mehrere Testamentsvollstrecker tätig, so erhält bei solch „sukzessiver Tätigkeit" der Nachfolger die Vergütung nur für die Tätigkeit, die nicht bereits der Vorgänger abgeschlossen hat. Als Beispiel wird genannt: Ist die Erbschaftsteuerveranlagung bereits erfolgt, so erhält der Nachfolger keinen Vergütungsgrundbetrag (Ziff. V. 2. der Empfehlungen). 661

III. Anwendung der einzelnen Tabellen

Die Vergütungsrichtsätze sind grundsätzlich nach dem **Bruttowert** des Nachlasses zu ermitteln, dh also von der Summe des Aktivvermögens ohne Abzug der Nachlassverbindlichkeiten, und nicht vom Nettowert.[431] Gerade die Schuldenregulierung ist besonders aufwendig und stellt eine Hauptaufgabe der Testamentsvollstreckung im Regelfall dar. Anderes gilt nur, wenn die Schuldenregulierung nicht zum Aufgabenbereich der Testamentsvollstreckung gehört.[432] Gibt es besondere Aufgabenerschwernisse in der Konstituierungsphase und bei vorbereitenden Maßnahmen so ist selbstverständlich eine höhere Vergütung angemessen, so dass es zu den einzelnen Werten einen Zuschlag gibt. Die Umsatzsteuer darf der Testamentsvollstrecker nach der hM nicht auf die tatsächlich geschuldete Vergütung aufschlagen.[433] Die vorbezeichneten Tabellenwerte sind „Bruttovergütungen", aus denen der Testamentsvollstrecker die Umsatzsteuer abführen muss. 662

Bewertungsgrundlage ist der **Verkehrswert** (gemeine Wert) des Nachlasses.[434] Die genannten Tabellen geben somit doch recht unterschiedliche Vergütungswerte.[435] 663

IV. Festsetzung in der Praxis

In der Vergangenheit sind immer zahlreiche Vorschläge zur Testamentsvollstreckervergütung gemacht worden. Der Sinn einer willkürlich festgesetzten Prozentzahl auf eine willkürlich gewählte Bezugszahl, ist häufig nicht einzusehen. Der Weg, den **Deutsche Notarverein** vorgezeigt hat, führt in die richtige Richtung, da durch eine Anlehnung an die **insolvenzrechtliche Vergütungsordnung** tatsächlich durch die Tätigkeitsbezogenheit eine angemessene Vergütung im Einzelfall erreicht werden kann, die für die Erben transparent und verständlich ist. Durch die neueste Rechtsprechung ist der Vergütungsvorschlag zwischenzeitlich auch obergerichtlich anerkannt.[436] 664

---

431 *Winkler*, Testamentsvollstrecker, Rn 592; Staudinger/*Reimann*, § 2221 Rn 34; Palandt/*Edenhofer*, § 2221 Rn 10; MünchKomm/*Zimmermann*, § 2221 Rn 8.
432 Bei Erbauseinandersetzung im Rahmen einer Abwicklungsvollstreckung ist dies aber grundsätzlich der Fall, soweit solche vorhanden sind (vgl §§ 2050 f BGB).
433 *Winkler*, Der Testamentsvollstrecker, Rn 660; *Mümmler*, JurBüro 1989, 22; OLG Köln ZEV 1994, 118.
434 Anordnungen des Erblassers über die Wertansetzung sind zu berücksichtigen.
435 Beispiele und Vergleiche finden sich bei: *Haas/Lieb*, ZErb 2002, 202 ff.
436 Insb. OLG Schleswig, ZEV 2009, 625 mwN.

665 Sinnvoll scheint es aber in Einzelfällen auch zu sein – wie *Birk*[437] in seiner Dissertation vorschlägt –, zwischen berufsmäßigen und nichtberufsmäßigen Testamentsvollstreckern zu differenzieren und sich von einer „Prozentvergütung" zu verabschieden. Obwohl die insolvenzrechtliche Vergütungsordnung für den Testamentsvollstrecker interessante Aspekte mit sich bringt, erscheint es auch sachgerecht zu sein, alternativ dem Testamentsvollstrecker eine Stundenvergütung zuzubilligen und diese konkret in der letztwilligen Verfügung zu bestimmen. Dabei erscheint ein Stundensatz bei berufsmäßigen Testamentsvollstreckern von 120 bis 150 EUR, bei nicht berufsmäßigen von 80 bis 100 EUR angemessen. Sofern ein **Stundenhonorar** aufgeführt ist, sollte vorsorglich auch die Art und Weise des Nachweises geregelt werden.

666 Wenn der Erblasser dies nicht ausdrücklich angeordnet hat, steht dem Testamentsvollstrecker selbst nicht das Recht zu, die Vergütung verbindlich festzusetzen.[438] Bei der Vergütungsklage ist streitig, welchen Antrag der Testamentsvollstrecker stellen muss.

667 Zum einen wird dargelegt, dass der Testamentsvollstrecker nicht auf Leistung an sich klagt, sondern vielmehr auf Festsetzung eines bestimmten Betrages, den er aus dem Nachlass entnehmen darf.[439] Etwaige Vorentnahmen sind zu berücksichtigen.

668 Zum anderen wird eine Feststellungsklage für richtig erachtet,[440] wonach festgestellt wird, dass der Testamentsvollstrecker berechtigt ist, eine genau bezifferte Summe als Testamentsvollstreckervergütung aus dem Nachlass für seine Tätigkeit in einem bestimmten Zeitraum zu entnehmen. Im Einzelnen geht es dann nicht um die Schlussvergütung, sondern um eine Teilvergütung.[441]

669 Sofern es sich um eine Schlussvergütung handelt, soll eine Klage gegen die Erben auf Leistung an den Testamentsvollstrecker erfolgen.

670 Zu beachten ist, dass bei Erhebung einer Klage auf Feststellung oder Zahlung der angemessenen Vergütung deren Höhe im Klageantrag grundsätzlich betragsmäßig wegen § 253 Abs. 2 Nr. 2 ZPO genau zu bezeichnen ist. Eine Ausnahme wird nur dann gemacht, wenn eine Bezifferung entweder nicht möglich oder nicht zumutbar ist. Wie bei einer Schmerzensgeldklage ist dann jedoch die Angabe eines Mindestbetrags und der Bemessungsgrundlage erforderlich. Die Bestimmung der angemessenen Vergütung darf nicht in das Ermessen des Gerichts gestellt werden.

671 Nach hiesiger Auffassung sollte er sich bei der Klage, statt auf eine bestimmte Tabelle zu berufen, der Einfachheit halber den Mittelwert aller Tabellen auswählen, denn der Mittelwert aller Tabellen dürfte grundsätzlich eine angemessene Vergütung darstellen. Dabei ist es angesichts der veralteten Rheinischen Tabelle auch gerechtfertigt, auf diese alte Vergütung einen Zuschlag bis zu 20 % wegen des eingetretenen Kaufpreisschwundes[442] zu machen, so dass sich das arithmetische Mittel weiter nach oben verlagert. Die nachfolgende Tabelle soll dabei behilflich sein:[443]

---

437 Vergütung und Aufwendungsersatz des Testamentsvollstreckers, Diss. Konstanz 2002. Ähnlich: *Zimmermann*, ZEV 2001, 334.
438 Ausführlich: Lieb, Die Vergütung des Testamentsvollstreckers, S. 133.
439 So *Littig* in Krug/Rudolf/Kroiß, AnwaltFormulare Erbrecht, § 13 Rn 310. Ebenso *Birk*, Vergütung und Aufwendungsersatz des Testamentsvollstreckers, S. 128.
440 So *Zimmermann* in: Münchner Prozessformularbuch R II. 5.
441 Wegen der Subsidiarität der Feststellungsklage dürfte die Zulässigkeit sehr problematisch sein.
442 Zustimmend *Lieb*, Die Vergütung des Testamentsvollstreckers, S. 55. Ebenso *Birk*, Vergütung und Aufwendungsersatz des Testamentsvollstreckers, S. 75 ff mwN. Teilweise werden auch Zuschläge von 25 bis sogar 50 % für gerechtfertigt erachtet.
443 Tabelle ohne Mittelwerte von *Lieb*, Die Vergütung des Testamentsvollstreckers, S. 59.

H. Die angemessene Vergütung § 5

Vermögen in EUR	Alte Rheinische Tabelle	Möhring	Eckels-kemper	Deutscher Notar Verein	Mittelwert in EUR[444]
50.000	1.600	2.910	2.000	2.000	2.128
250.000	5.600	10.110	8.000	10.000	8.428
500.000	10.600	19.110	14.250	15.000	14.740
1 Mio.	15.600	28.110	26.750	25.000	23.865
1,5 Mio.	20.600	33.110	38.000	37.500	32.303
2,5 Mio.	30.600	43.110	58.000	62.500	48.553
5 Mio.	55.600	68.110	83.000	100.000	76.678

In der Praxis dürfte jedoch der Testamentsvollstrecker kaum in die Verlegenheit kommen, eine Leistungsklage zu erheben. Vielmehr kann er sich die beanspruchte Vergütung selbst aus dem Nachlass entnehmen, sofern dieser Betrag noch vorhanden ist. Ist dies nicht der Fall, darf er nicht ohne weiteres Nachlassgegenstände veräußern, nur um seine Vergütung sicherzustellen. So muss eine derartige Vorgehensweise ordnungsmäßiger Verwaltung des Nachlasses gem. § 2216 Abs. 1 BGB entsprechen.[445] Dies wird aber regelmäßig der Fall sein, zumal der Testamentsvollstrecker ohnehin nach Maßgabe des § 2204 BGB vorgehen und den Nachlass gemäß der Teilungsregeln „versilbern" darf. Zudem ist die Vergütung Nachlassverbindlichkeit, die es ebenfalls mit Nachlassmitteln zu begleichen gilt. Allerdings kommt es auf den Einzelfall an. 672

Richtet sich der Vergütungsanspruch zB gegen einen Vermächtnisnehmer kann der Testamentsvollstrecker die Vergütung nicht dem Nachlass entnehmen, sondern sein Anspruch richtet sich direkt gegen den Vermächtnisnehmer. Dann wird der Testamentsvollstrecker um eine Leistungsklage nicht umhin kommen. 673

Sind die Erben der Ansicht, der Testamentsvollstrecker habe zu viel für die Vergütung nach § 2221 BGB entnommen kann der Testamentsvollstrecker selbst eine negative Feststellungsklage einreichen und feststellen lassen. 674

V. Fälligkeit der Vergütung und Entnahmerecht

Sofern der Erblasser nichts anderes bestimmt hat, ist die Vergütung **erst nach Beendigung** des Amtes, bei länger währenden Verwaltungen, aber **in regelmäßigen Zeitabschnitten**, nach Erfüllung der Rechenschaftslegungspflicht nach §§ 2218, 666 BGB zu entrichten. Der Testamentsvollstrecker hat somit kein Recht auf Auszahlung eines Vorschusses. Er kann die von ihm als angemessen erachtete Vergütung aus dem Nachlass entnehmen, wobei es sich dann um die Erfüllung einer Nachlassverbindlichkeit handelt, für die § 181 nicht anwendbar ist. Ob der Testamentsvollstrecker berechtigt ist, Nachlassgegenstände zu veräußern, um seine Vergütungen auszugleichen, hängt davon ab, ob es sich dabei tatsächlich um ordnungsgemäße Verwaltungen iSv § 2216 BGB handelt. 675

Aufgrund seines Vergütungsanspruchs hat er ein **Zurückbehaltungsrecht** gegenüber Ansprüchen der Erben, insbesondere gegenüber dem Anspruch auf Erbschaftsherausgabe und Scha- 676

---
444 Die Beträge sind ab- oder aufgerundet.
445 BGH WM 1973, 360; BGH NJW 1963, 1615; *Lieb*, Die Vergütung des Testamentsvollstreckers, S. 134.

densersatz. Gleiches gilt hinsichtlich des Aufwendungsersatzanspruches. Kein Zurückbehaltungsrecht besteht gegenüber dem Anspruch auf Auskunft und Rechnungslegung.

677 Da es sich um einen erbrechtlichen Anspruch gem. § 197 Abs. 1 Nr. 2 BGB handelt, **verjährt** der Vergütungsanspruch in 30 Jahren ab dessen Fälligkeit. Nur in Ausnahmefällen kann es zur Verwirkung des Vergütungsanspruchs kommen, zB bei völliger Vernachlässigung der Amtspflichten. Bevor eine Verwirkung angenommen wird, ist zu prüfen, ob nicht alternativ das Fehlverhalten des Testamentsvollstreckers zu einem Abschlag führt.

VI. Schuldner

678 Die Bezahlung der Vergütung ist eine Nachlassverbindlichkeit, so dass grundsätzlich die Erben verpflichtet sind, die Vergütung aus dem Nachlass zu zahlen. Dabei haften alle **Miterben** im Außenverhältnis als Gesamtschuldner nach Maßgabe des § 2058 BGB. Im Innenverhältnis kann ein Rückgriff gem. § 426 BGB unter Berücksichtigung der Höhe des jeweiligen Erbteils erfolgen. Die Haftung aller Miterben für den Vergütungsanspruch gilt auch in den Fällen, wenn nur ein Erbteil eines Miterben durch die Testamentsvollstreckung betroffen ist, solange die Erbengemeinschaft noch nicht aufgelöst wurde.

679 Die Erben haben nur dann nicht die Vergütung des Testamentsvollstreckers hinsichtlich einer **Vermächtniserfüllung** zu tragen, sondern der Vermächtnisnehmer selbst, wenn der Vermächtnisnehmer wie beispielsweise bei einem Quotenvermächtnis einem Erben fast gleichgestellt ist. Bei einer wirtschaftlichen Gleichstellung von Erben und Vermächtnisnehmer ist eine Gesamtschuldnerschaft sachgerecht. Ein Alleinschuldnerschaft der Vergütung ist hingegen gerechtfertigt, wenn die Vermächtnisse im Verhältnis zum verbleibenden Restnachlass unverhältnismäßig hoch sind. Regelmäßig will aber der Erblasser gerade nicht, dass die Vermächtnisnehmer auch die Kosten für die Testamentsvollstreckung zu tragen haben.

680 Etwas anderes gilt bei der Testamentsvollstreckung nach Maßgabe des § 2223 BGB (**Vermächtnisvollstreckung/Untervermächtnis**). Hier trifft die Vergütungspflicht grundsätzlich den Vermächtnisnehmer. Dieser Fall ist aber streng von der Erfüllung eines Vermächtnisses zu unterscheiden, die selbst Verwaltungsvollstreckung ist.

681 Des Weiteren richtet sich bei einer **Nacherbenvollstreckung** der Vergütungsanspruch direkt gegen den Nacherben.

VII. Aufwendungsersatz

682 Neben dem Vergütungsanspruch besteht ein **Aufwendungsersatzanspruch**, wenn die Voraussetzung der §§ 2218, 670 BGB gegeben sind. Hierunter fallen auch die Ausgaben, die für die Inanspruchnahme von Hilfspersonen entstanden sind, wie zB Anwaltskosten zur Durchführung eines Prozesses bzw eines Steuerberaters.

683 Ist der Testamentsvollstrecker selbst **Rechtsanwalt** oder **Steuerberater**, so ist im Zweifel nicht anzunehmen, dass die im Rahmen der Testamentsvollstreckung ausgeübten besonderen beruflichen Dienste, wie Klageerhebung oder Erstellung einer Steuererklärung bereits in der Testamentsvollstreckervergütung enthalten sind. Vielmehr hat er neben dem Vergütungsanspruch auch weiterhin Anspruch auf Honorierung seiner berufsmäßigen Dienste. Im Einzelnen kommt es aber auf die Auslegung der letztwilligen Verfügung an.

H. Die angemessene Vergütung § 5

VIII. Steuern

Bei einer **unangemessen hohen Vergütung** kann es nach einem Urteil des BFH vom 2.2.2005 zu einer vollen Besteuerung mit Einkommensteuer kommen. Die Vergütung unterliegt gem. § 18 Abs. 1 Nr. 1, Nr. 3 EStG für die im Rahmen einer freiberuflichen Tätigkeit ausgeübten Testamentsvollstreckung. Grundsätzlich unterliegt die Testamentsvollstreckervergütung gem. §§ 1, 2 Abs. 1 UStG der Umsatzsteuer und zwar auch dann, wenn nur eine einzige Testamentsvollstreckung durchgeführt wird. 684

Die Tätigkeit als Testamentsvollstrecker ist, auch wenn sie von einem Steuerberater oder Wirtschaftsprüfer ausgeübt wird, keine Beratungsleistung iSd § 3a Abs. 4 Nr. 3 UStG.[446] 685

Für die Erfüllung des Tatbestandsmerkmals der **Nachhaltigkeit** ist bereits ausreichend, wenn ein Rechtsverhältnis aufgenommen wird, dass durch eine Vielzahl von Handlungen bestimmt wird, was bei einer Verwaltungsvollstreckung ohne weiteres gegeben ist. In Ausnahmefällen, wie zB bei der Auseinandersetzung eines durchschnittlichen Haushaltes kann aber die Umsatzsteuerpflicht entfallen. Problematisch ist in der Praxis, dass eine Gewerbesteuerpflicht entstehen kann, wenn der Testamentsvollstrecker im Rahmen seiner Tätigkeit mehrere Hilfskräfte beschäftigt. Dann kann die sog. Vervielfältigungstheorie greifen. 686

Üben Freiberufler im Rahmen ihrer Tätigkeit die Testamentsvollstreckung aus, sind jedoch Vergütungsansprüche den sonstigen Einkünften aus selbständiger Arbeit zuzurechnen, so dass insoweit keine Gewerbesteuer entsteht. Wenn jedoch der Testamentsvollstrecker ein Gewerbe fortführt (zB bei der Treuhandlösung) kann dies allerdings eine **Gewerbesteuerpflicht** nach sich ziehen. 687

Regelungspunkte zur Höhe der Vergütung: 688
- Höhe der Vergütung (entweder konkret oder über Tabellenbezug);
- Umfang der vergüteten Tätigkeit;
- Klärung, was unter Bruttonachlass zu verstehen ist (Vorempfänge, Lebensversicherung?);
- Fälligkeit der Vergütung bzw der einzelnen Vollstreckungsabschnitte;
- Schuldner der Vergütung;
- Erhöhung der Vergütung bei erfolgreicher Verwaltungstätigkeit;
- Ggf. Aufteilung der Vergütung in Abschnitte für Abwicklung und Verwaltungsvollstreckung (wichtig für Werbungskosten beim Erben);
- Verjährung des Vergütungsanspruchs (Verjährungsverlängerung insb. bei Dauervollstreckung);
- Evtl. weitergehende Aufwendungsersatzansprüche für die Inanspruchnahme Dritter und für Versicherung;
- Berechtigung zur Vorabentnahme eines Teils der Vergütung vor Abschluss der Vollstreckung;
- Abgrenzung zu sog. „Berufsdiensten" des Testamentsvollstreckers als Rechtsanwalt, Wirtschaftsprüfer oder Steuerberater, für die eine eigene Vergütung verlangt werden kann;
- Bei mehreren Testamentsvollstreckern: Aufteilung der Vergütung;
- Bei Bewertungsschwierigkeiten (Unternehmen, Beteiligungen hieran): Festlegung des konkreten Wertes oder aber zumindest des Bewertungsverfahrens;

---
446 BFH ZErb 2003, 322.

– Feststellung, dass bei nachträglichem Wegfall der Anordnung der Testamentsvollstreckung dennoch die vereinbarte Vergütung geschuldet wird.

689 ▶ **Muster: Vergütungsvereinbarung**

Zurück an:

Testamentsvollstrecker

Vereinbarung zwischen

... als Erbe des am ... verstorbenen ...

und

....

Nach § 2221 BGB steht dem Testamentsvollstrecker eine angemessene Vergütung zu. Im Testament vom ... ist selbst keine Vergütungsregelung aufgenommen worden.

Um spätere Streitigkeiten hinsichtlich der Höhe zu vermeiden, vereinbaren wir, dass als Vergütungsrichtlinie die sog. Eckelkempersche Tabelle gelten soll, da diese sich in der Praxis weitgehend bewährt hat.

Danach ergibt sich folgende Vergütung:

bei einem Nachlass bis zu	50.000,00 EUR	4 %
für einen Mehrbetrag bis zu	250.000,00 EUR	3 %
für einen Mehrbetrag bis zu	1.250.000,00 EUR	2,5 %
für einen weiteren Mehrbetrag bis zu	2.500.000,00 EUR	2 %
für Werte darüber hinaus		1 %

In der Vergütung ist auch die Konstitutionsgebühr zur Abgeltung der Arbeit des Testamentsvollstreckers bei Übernahme des Amts der Ermittlung und Inbesitznahme des Nachlasses, Aufstellung und Mitteilung des Nachlassverzeichnisses sowie Regulierung der Nachlassverbindlichkeiten enthalten.

Ebenso ist die Mehrwertsteuer enthalten. (*Oder:* Die Mehrwertsteuer ist nicht enthalten.)

Die Vergütung ist nach Anzeige des Testamentsvollstreckers von der Beendigung seiner Tätigkeit fällig.

Der Testamentsvollstrecker ist nach Erstellung des Nachlassverzeichnisses berechtigt, eine Vorabentnahme in Höhe von 2.500,00 EUR aus dem Nachlassvermögen zu entnehmen, sofern der Nachlass nicht durch die Entnahme gefährdet wird.

Zudem ist er berechtigt, freiberuflich gegen berufsübliche Vergütung entsprechend den Bestimmungen des RVG, bzw der Kostenordnung für die Erben tätig zu werden. Er hat Anspruch auf Ersatz seiner notwendigen Auslagen, Reisekosten entsprechend den Bestimmungen des RVG sowie der Mehrwertsteuer.

Die vorstehende Vergütungsregelung gilt auch für den Fall der vermeintlichen Testamentsvollstreckung. Insoweit verzichten die Erben ausdrücklich auf Ansprüche aus ungerechtfertigter Bereicherung.

..., den ...

....

Name und Unterschrift der/des Erben

…, den …

…

Name und Unterschrift des Testamentsvollstreckers ◀

Wegen Klagen zur Vergütung siehe oben Kapitel: Der Testamentsvollstrecker im Prozess.

I. Mehrere Testamentsvollstrecker

I. Allgemeines

Nach § 2224 BGB kann der Erblasser mehrere Testamentsvollstrecker benennen. Die Ernennung selbst erfolgt nach Maßgabe der §§ 2197 bis 2200 BGB, wobei keine zahlenmäßige Beschränkung besteht.[447] Der Vorteil der Ernennung mehrerer Testamentsvollstrecker liegt darin, dass so eine Verteilung der Verantwortung und gegenseitige Kontrolle geschaffen werden kann. Dies bietet sich insbesondere bei größeren Nachlässen an. 690

II. Gemeinschaftliche Amtsführung gemäß § 2224 Abs. 1 BGB

Nach § 2224 Abs. 1 S. 1 BGB müssen alle Testamentsvollstrecker das Amt gemeinschaftlich führen. Es gilt das **Einstimmigkeitsprinzip**.[448] Kommt es zu Meinungsverschiedenheiten, entscheidet das Nachlassgericht, es sei denn, der Erblasser hat Abweichendes angeordnet. 691

Ein gleichzeitiges Handeln aller Testamentsvollstrecker ist nicht notwendig. Handelt ein Testamentsvollstrecker allein, so wird die Verfügung jedoch erst wirksam, wenn die übrigen Vollstrecker nachträglich das Rechtsgeschäft gem. § 185 Abs. 1 BGB genehmigen. Fehlt die Genehmigung eines Mitvollstreckers, so ist das Rechtsgeschäft schwebend unwirksam. 692

Sofern einem handelnden Testamentsvollstrecker von den weiteren Testamentsvollstreckern **Generalvollmacht** erteilt wurde, ist darauf zu achten, dass das **Gesamtvollstreckungsprinzip** des § 2224 BGB nicht umgangen wird.[449] So ist eine derartige Generalvollmacht nur dann wirksam, wenn sie sich auf einzelne Geschäfte beschränkt und widerruflich ist. 693

III. Ausnahme vom Gesamtvollstreckungsprinzip gemäß § 2224 Abs. 2 BGB

Nach § 2224 Abs. 2 BGB ist ausnahmsweise jeder Testamentsvollstrecker berechtigt, ohne Zustimmung der anderen Testamentsvollstrecker diejenigen Maßnahmen, welche zur Erhaltung eines der gemeinschaftlichen Verwaltung unterliegenden Nachlassgegenstandes notwendig sind, auszuführen. Ebenso kann jeder einzelne Testamentsvollstrecker bei Meinungsverschiedenheiten allein das Nachlassgericht anrufen. Bei der Gesamtvollstreckung stellt sich für Dritte häufig das Problem, dass diese nicht wissen, dass tatsächlich Gesamtvollstreckung angeordnet ist und nicht nur eine einzelne Testamentsvollstreckung. 694

Sämtliche Rechtsgeschäfte bleiben **schwebend unwirksam**, solange nicht die anderen Testamentsvollstrecker ihre **Genehmigung** erteilt haben.[450] Beruft sich der Dritte auf eine Anscheinsvollmacht gem. § 164 Abs. 1 S. 2 BGB oder auf eine ausdrückliche Erklärung des Testamentsvollstreckers, er handele im Namen auch der weiteren Gesamtvollstrecker, so bleibt dennoch das Rechtsgeschäft gegenüber dem Nachlass schwebend unwirksam, da eine tatsächliche Be- 695

---

447 MünchKomm/*Zimmermann*, § 2224 Rn 2; Soergel/*Damrau*, § 2224 Rn 1.
448 Soergel/*Damrau*, § 2224 Rn 4; vgl. a. BGH NJW 1967, 2402.
449 BGHZ 34, 27.
450 RG JW 1932, 1358.

vollmächtigung notwendig ist. Dann haftet aber der erklärende oder handelnde Testamentsvollstrecker nach Maßgabe des § 179 BGB.[451]

696 Mit Ausnahme der wirksamen Bevollmächtigung eines einzelnen Testamentsvollstreckers und einer abweichenden Anordnung, müssen alle Amtsführungen gemeinschaftlich vorgenommen werden wie zB das Stellen eines Antrages auf Grundbuchberichtigung, eines Antrages, Verwaltungsanordnungen gem. § 2216 Abs. 2 S. 2 BGB aufzuheben sowie ein Nachlassinsolvenzverfahren zu beantragen.

IV. Entscheidung bei Meinungsverschiedenheit unter Gesamtvollstreckern

697 Nach § 2224 Abs. 1 S. 1 BGB zweiter Halbsatz entscheidet bei Meinungsverschiedenheit unter mehreren Testamentsvollstreckern das **Nachlassgericht**. Im Einzelnen ist zu differenzieren, welche Art von Meinungsverschiedenheit zwischen den Testamentsvollstreckern besteht. Zum einen kann es darum gehen, wie das einzelne Amt auszuüben ist, zum anderen kann auch die Beantwortung einer Auslegungsfrage des Testamentes problematisch sein. Bereits aus dem Wortlaut des § 2224 Abs. 1 S. 1 BGB erster Halbsatz ergibt sich, dass nur die Frage der Art und Weise der Amtsausübung durch das Nachlassgericht bei Meinungsverschiedenheiten entscheidungsbefugt ist.

698 Bei den anderen Fragen ist lediglich das **Prozessgericht** entscheidungsbefugt.

699 **Antragsberechtigt** ist jeder Mitvollstrecker allein. Entgegen der überwiegenden Ansicht[452] ist sonstigen Beteiligten, wie dem Erben, Vermächtnisnehmer oder Pflichtteilsberechtigten kein Antragsrecht zuzubilligen, da diesen die Möglichkeit aus § 2216 BGB zusteht, direkt vor dem Prozessgericht zu klagen.[453] Andernfalls könnte es auch zu einer Entscheidungsdivergenz kommen.

700 Unstreitig wird dem Dritten, der das Rechtsgeschäft schließen will, kein Antragsrecht zugebilligt.

701 Der **Richter** ist gem. § 16 Abs. 1 Nr. 4 RPflG funktionell zuständig. Das Nachlassgericht prüft in mehreren Schritten. Zunächst ist zu prüfen, ob die beabsichtigte Maßnahme mit dem Gesetz bzw der letztwilligen Verfügung des Erblassers vereinbar ist. Anschließend ist die **Notwendigkeit** und **Zweckmäßigkeit**[454] des Rechtsgeschäfts zu prüfen. **Prüfungsgegenstand** ist somit nur ein tatsächliches Verhalten des Testamentsvollstreckers, das in Ausführung der Verwaltungsaufgabe vorgenommen wird. Insofern wird lediglich die sachliche Amtsführung überprüft. Das Nachlassgericht kann lediglich in von dem Testamentsvollstrecker vorgetragenen Vorschlag billigen oder ihn ablehnen bzw in geringen Umfang modifizieren. Hingegen kann es nicht selbst eine Entscheidung treffen, welche Handlung richtig wäre. Das Gericht entscheidet somit lediglich, dass der Mitvollstrecker zu der gewünschten Maßnahme seine Zustimmung zu erteilen habe. Eine Ersetzungswirkung sieht das Gesetz nicht vor, dh die Zustimmung des Testamentsvollstreckers wird nicht ersetzt.[455]

702 Stimmt der Mitvollstrecker weiterhin der Maßnahme trotz Entscheidung des Nachlassgerichtes nicht zu, so muss er vor einem Prozessgericht auf Zustimmung verklagt werden bzw ein Ent-

---

451 Soergel/*Damrau*, § 2224 Rn 5 mwN.
452 Bamberger/Roth/*J. Mayer*, § 2224 Rn 5; Staudinger/*Reimann*, § 2224 Rn 25; MünchKomm/*Zimmermann*, § 2224 Rn 13.
453 So wie hier: Soergel/*Damrau*, § 2224 Rn 13.
454 BayObLG MDR 1978, 142.
455 Vgl Palandt/*Edenhofer*, § 2224 Rn 4.

J. Die Beendigung des Amtes des Testamentsvollstreckers § 5

lassungsverfahren nach § 2227 BGB ist anzustrengen.[456] Grundsätzlich macht sich der weiterhin weigernde Mitvollstrecker **schadensersatzpflichtig** nach Maßgabe des § 2219 BGB.

▶ **Muster: Ernennung mehrere Testamentsvollstrecker**

703

Ich ordne Testamentsvollstreckung an. Zu Testamentsvollstreckern mit dem gleichen Aufgabenkreis ernenne ich Herrn A sowie Frau E, wohnhaft in ....

Die Testamentsvollstrecker führen das Amt gemeinschaftlich. Bei Meinungsverschiedenheiten unter den Testamentsvollstreckern soll Herr M, wohnhaft in ..., und nicht das Nachlassgericht entscheiden.

Die Vergütung der beiden Testamentsvollstrecker soll insgesamt die Vergütung für einen Testamentsvollstrecker nicht überschreiten.

Sollte einer der Mitvollstrecker vor oder nach dem Amt wegfallen, so soll kein Ersatztestamentsvollstrecker ernannt werden. Der verbleibende Testamentsvollstrecker führt dann das Amt allein. Der verbleibende Testamentsvollstrecker soll aber nach § 2199 BGB das Recht haben, einen Mittestamentsvollstrecker zu ernennen.

oder

Ich ordne Testamentsvollstreckung an. Zu Testamentsvollstreckern mit gleichen Aufgabenkreis ernenne ich Herrn A sowie Frau E, wohnhaft in ....

Die Testamentsvollstrecker führen das Amt nicht gemeinschaftlich.

Der Aufgabenkreis des Herrn A ist die Verwaltung meines Kapitalvermögens sowie meiner Immobilien.

Der Aufgabenkreis der Frau E ist die Abwicklung des weiteren Nachlasses.

Herr A erhält eine Vergütung in Höhe von 1,5 % des von ihm verwalteten Vermögens, Frau E eine Vergütung in Höhe von 3 % des von ihr verwalteten Vermögens. ◀

J. Die Beendigung des Amtes des Testamentsvollstreckers

I. Allgemeines

Das Amt des Testamentsvollstreckers endet in den Fällen der §§ 2225, 2226 und 2227 BGB. 704
Diese Vorschriften über die Amtsbeendigung enthalten keine abschließende Regelung.[457] Zu differenzieren ist zwischen der Beendigung des Amtes des Testamentsvollstreckers an sich und der Beendigung der Testamentsvollstreckung insgesamt.

II. Beendigungstatbestände

Im Einzelnen gibt es folgende **Beendigungstatbestände** des Testamentsvollstreckeramtes: 705
– Tod des Testamentsvollstreckers nach § 2225 1. Alt. BGB,
– Eintritt der Amtsunfähigkeit des Testamentsvollstreckers nach § 2225 2. Alt BGB iVm § 2201 BGB,
– Verlust der Rechtsfähigkeit bei juristischen Personen analog § 2225 BGB,
– Kündigung des Testamentsvollstreckers nach § 2226 BGB,
– Entlassung durch das Nachlassgericht nach § 2227 BGB.

---
456 Bamberger/Roth/*J. Mayer*, § 2224 Rn 8; Staudinger/*Reimann*, § 2224 Rn 26; aA MünchKomm/*Zimmermann*, § 2224 Rn 14.
457 *Zimmermann*, Die Testamentsvollstreckung, Rn 791; *Schmucker*, Testamentsvollstrecker und Erbe, S. 274 mwN.

706 Hingegen **endet** die Testamentsvollstreckung **insgesamt** zB durch:
- Erblasseranordnung (auflösende Bedingung/Befristung),
- Vollständige Erschöpfung des Nachlasses,
- Erledigung aller dem Testamentsvollstrecker obliegenden Aufgaben (zB Gründung der Stiftung und Übertragung des vollständigen Nachlassvermögens auf sie),
- Ablauf der 30-Jahres-Frist bei Verwaltungsvollstreckung (§ 2210 BGB), sofern sich nicht nach § 2210 S. 2 BGB eine Abwicklungsvollstreckung anschließt,
- Eintritt des Nacherbfalls bei Nacherbenvollstreckung (§ 2222 BGB),
- Veräußerung oder Freigabe nach § 2217 BGB des Gegenstandes, für den allein Testamentsvollstreckung angeordnet wurde,
- „Partielles Hineinwachsen" nach länger andauernder Testamentsvollstreckung in das Eigenvermögen der Erben[458] durch Eigenleistung der Erben und damit „Hinauswachsen" aus dem der Testamentsvollstreckung unterliegendem Nachlass,
- Mit dem Tode der Person für deren Lebensdauer die Testamentsvollstreckung angeordnet wurde (Erbe/Vermächtnisnehmer).

707 Vereinbaren bei der Abwicklungsvollstreckung die Erben, sich nicht auseinandersetzen zu wollen und hat der Testamentsvollstrecker alle weiteren Aufgaben mit Ausnahme der Auseinandersetzung erledigt, so endet ebenfalls die Testamentsvollstreckung.[459]

708 In der Praxis kann es somit zu taktischen Überlegungen der Erben kommen, um sich eines Testamentsvollstreckers bei einer reinen Abwicklungsvollstreckung zu entledigen.

709 Die Erbengemeinschaft könnte theoretisch nach Beendigung der Testamentsvollstreckung durch ihren **Beschluss der Nichtauseinandersetzung** im Rahmen eines actus contrarius diesen wieder aufheben und sich ohne Testamentsvollstreckung entgegen dem Erblasserwillen auseinandersetzen. Eine derartige Vorgehensweise widerspricht den gesetzlichen Regelungen in §§ 2225 bis 2227 BGB, wonach sich die Erben eines Testamentsvollstreckers nicht so ohne weiteres entledigen können. Entgegen der Rechtsprechung[460] und einem Teil der Literatur[461] lebt daher im Falle der späteren Auseinandersetzung die vermeintlich beendete Testamentsvollstreckung wieder auf.[462] Der Testamentsvollstrecker muss lediglich das Nachlassgericht um Aushändigung des alten Testamentsvollstreckerzeugnisses bitten, um anschließend die Erbauseinandersetzung zu betreiben.

710 Am sichersten erscheint mithin der Weg zu sein, die Erbenstellung des Einzelnen davon abhängig zu machen, dass er nicht die Auseinandersetzung durch eine Vereinbarung vereitelt.

711 **Kein Erlöschen bzw Beendigung** des Testamentsvollstreckeramtes ergibt sich durch:
- Anordnung der Nachlassverwaltung (nur Ruhen der Testamentsvollstreckerbefugnisse),
- Eröffnung der Nachlassinsolvenz (nur Ruhen der Testamentsvollstreckerbefugnisse),
- Eröffnung der Privatinsolvenz über das Vermögen des Testamentsvollstreckers,
- Irrigen Glauben des Testamentsvollstreckers, er habe alle Aufgaben erfüllt.

---

458 Bengel/Reimann/*Reimann*, Handbuch VII, Rn 53 ff.
459 BayObLGZ 1953, 357.
460 BayObLG 1953, 357; OLG München JFG 14, 190; OLG Hamm Rpfleger 1958, 15.
461 Staudinger/*Reimann*, § 2204 Rn 5, *ders.*, § 2225 Rn 2.
462 Erman/*Hense*, § 2204 Rn 2; Palandt/*Edenhofer*, § 2204 Rn 2; *Winkler*, Rn 542; RGRK/*Kregel*, § 2204 Rn 2.

J. Die Beendigung des Amtes des Testamentsvollstreckers §5

1. Tod des Testamentsvollstreckers nach § 2225 1. Alt.

Verstirbt der Testamentsvollstrecker, erlischt das Amt des Testamentsvollstreckers nicht zuletzt wegen der **Unvererblichkeit** automatisch mit dem Tode. Der **Erbe des Testamentsvollstreckers** ist jedoch wegen §§ 2218, 673 S. 2 BGB gegenüber den Erben, die unter Testamentsvollstreckung standen, hinsichtlich des Todes des Testamentsvollstreckers anzeigepflichtig und auch besorgungspflichtig.[463] Diese **Notbesorgungspflicht** führt dazu, dass die Erben des Testamentsvollstreckers unaufschiebbare Maßnahmen so lange vorzunehmen haben, bis der Erbe oder der neue Testamentsvollstrecker handeln kann.[464]

712

2. Eintritt der Amtsunfähigkeit des Testamentsvollstreckers nach § 2225 2. Alt BGB iVm § 2201 BGB

Wird der Testamentsvollstrecker **geschäftsunfähig** im Sinne des § 104 BGB oder wird er in seiner Geschäftsfähigkeit eingeschränkt, tritt **Amtsunfähigkeit** mit der Folge ein, dass das Amt des konkret berufenen Testamentsvollstreckers **erlischt**.[465] Gleiches gilt, wenn er nach § 1896 BGB zur Besorgung seiner sämtlichen Vermögensangelegenheiten einen **Betreuer** erhalten hat. Das Amt endet bereits mit der Bestellung eines vorläufigen Betreuers nach §§ 300, 301 FamFG.[466] Ist das Amt nach § 2225 BGB weggefallen, kann es auch nicht wieder aufleben, wenn ein Unfähigkeitsgrund später wegfällt.

713

3. Verlust der Rechtsfähigkeit bei juristischen Personen analog § 2225 BGB

Sofern eine **juristische Person** zum Testamentsvollstrecker bestellt wurde, stellt sich die Frage, ob nicht für diese juristische Person diejenige Regelung anzuwenden ist, die für natürliche Personen gilt. Mit der herrschenden Ansicht[467] ist zu Recht § 2225 BGB analog, der Verlust der Rechtsfähigkeit bei juristischen Personen mit dem Tod des Testamentsvollstreckers gleichzusetzen.

714

Ebenso erlischt in den Fällen der **Umwandlung** gleichzeitig die Testamentsvollstreckung mit dem untergehenden Rechtsträger.[468] Grundsätzlich bleibt aber die Testamentsvollstreckung erhalten, wenn der Rechtsträger erhalten bleibt. Ein Formwechsel hat wegen §§ 190 UmwG keine Auswirkungen auf die Testamentsvollstreckung.[469] Kommt es zu einer **Verschmelzung** durch Neugründung nach §§ 36 Abs. 1 S. 1, 20 Abs. 1 Nr. 2 S. 1 UmwG erlischt hingegen die Testamentsvollstreckung.[470] Dies gilt nicht bei Verschmelzung durch Aufnahme gem. § 20 Abs. 1 Nr. 1 UmwG, wenn der aufnehmende Rechtsträger Testamentsvollstrecker war.[471]

715

III. Rechtsfolgen der Amtsbeendigung

Die Beendigung des konkreten Testamentsvollstreckeramtes führt nicht zwingend zu einem Ende der gesamten Testamentsvollstreckung. Hier kommt es im Einzelfall auf die Auslegung

716

---

463 MünchKomm/*Zimmermann*, § 2225 Rn 4; Bamberger/Roth/*J. Mayer*, § 2225 Rn 5.
464 Bengel/Reimann/*Klumpp*, Handbuch VI, Rn 258; *Mayer/Bonefeld/Wälzholz/Weidlich*, PraxisHB, Rn 279.
465 *Zimmermann*, Die Testamentsvollstreckung, Rn 832; *Mayer/Bonefeld/Wälzholz/Weidlich*, PraxisHB, Rn 280; *Winkler*, Der Testamentsvollstrecker, Rn 784.
466 BayObLG ZEV 1995, 63 mit zust. Anmerkung *Damrau*.
467 *Winkler*, Der Testamentsvollstrecker, Rn 785; Bengel/Reimann/*Reimann*, Handbuch VII, Rn 6; *Mayer/Bonefeld/Wälzholz/Weidlich*, PraxisHB, Rn 282 mwN.
468 *Reimann*, ZEV 2000, 381 ff mwN.
469 *Mayer/Bonefeld/Wälzholz/Weidlich*, PraxisHB, Rn 282.
470 *Mayer/Bonefeld/Wälzholz/Weidlich*, PraxisHB, Rn 282 mwN.
471 Bengel/Reimann/*Reimann*, Handbuch VII, Rn 6.

der letztwilligen Verfügung an, ob die Testamentsvollstreckung noch fortdauert oder nicht. Dann müsste ggf das Nachlassgericht einen Nachtestamentsvollstrecker gemäß § 2200 BGB bestimmen.

717 Alle Verwaltungs-, Verfügungs- und Verpflichtungsbefugnisse verliert der Testamentsvollstrecker automatisch mit der Beendigung des Amtes.

718 Der Testamentsvollstrecker ist anschließend gem. §§ 2218, 666 ff BGB zur **Herausgabe** des durch die Testamentsvollstreckung erlangten und in Besitz genommenen sowie zur **Rechenschaft** verpflichtet.

719 Wird nur das Amt, nicht aber die Testamentsvollstreckung insgesamt beendet, sind die Pflichten gegenüber dem **Testamentsvollstreckernachfolger** inkl. **Ersatztestamentsvollstrecker** sowie **Mittestamentsvollstrecker** und nicht gegenüber den Erben etc. zu erfüllen.

720 Handelt der Testamentsvollstrecker trotz Beendigung des Amtes, sind diese **Handlungen** grundsätzlich **unwirksam**, wobei im Grundstücksverkehr streitig ist, ob nicht § 878 BGB analog anwendbar ist, wenn der Testamentsvollstrecker seine Verfügungsbefugnis vor Grundbuchvollzug verliert. Von der hM wird eine analoge Anwendung abgelehnt, da die Vorwirkungen des § 878 BGB nicht bei Wegfall der gesamten Verfügungsbefugnis eingreifen. Für eine analoge Anwendung spricht jedoch der Schutzzweck des § 878 BGB, der auch dann anwendbar ist, wenn Rechtsinhaber und Verfügungsberechtigter nicht identisch sind.[472]

721 Sofern die Testamentsvollstreckung insgesamt beendet ist, erhält der Erbe das **Verwaltungs- und Verfügungsrecht**, da § 2214 BGB fortan nicht mehr anwendbar ist.

722 Da die Testamentsvollstreckung im **Erbschein** angegeben wird, wird ein so erteilter Erbschein **unrichtig** und muss **eingezogen** werden. Ebenso ist gem. §§ 84 ff GBO von Amts wegen oder auf Antrag der **Testamentsvollstreckervermerk** nach § 52 GBO im **Grundbuch** zu löschen.

723 Der Nachweis der Beendigung der Testamentsvollstreckung ist durch einen neuen Erbschein zu erbringen, in dem die Testamentsvollstreckung nicht aufgeführt ist. Gleichfalls kann ein Testamentsvollstreckerzeugnis mit **Unwirksamkeitsvermerk** vorgelegt werden.

724 Regelmäßig erlöschen auch alle dem Testamentsvollstrecker vom Erblasser erteilten **Vollmachten**, sofern sich nicht aus dem Erblasserwillen ersehen lässt, dass die Vollmacht unabhängig von der Testamentsvollstreckung erteilt wurde.

725 **Praxishinweis:** Endet das Amt des Testamentsvollstreckers, wird nach § 2368 Abs. 3 BGB das erteilte Testamentsvollstreckerzeugnis automatisch kraftlos, zumal ein förmliches Einziehungsverfahren im FamFG nicht vorgesehen ist. Demzufolge besteht auch keine gesetzliche Verpflichtung des Testamentsvollstreckers, die Beendigung des Amtes dem Nachlassgericht mitzuteilen. Von Amts wegen soll das Nachlassgericht das Zeugnis zurückfordern. Insofern ist den Erben nach Beendigung Testamentsvollstreckung zu raten, eigenständig tätig zu werden, damit das Testamentsvollstreckerzeugnis eingezogen wird.

726 Im notariellen Bereich ist wegen § 2368 BGB unbedingt darauf zu achten, durch **Einsicht in die Nachlassakten** zu prüfen, ob das Amt des Testamentsvollstreckers nach Eintragung der Auflassungsvormerkung bzw Auflassung noch besteht. Die Vorlage des Testamentsvollstreckerzeugnisses sollte vorsorglich auch verlangt werden, lässt aber keine eindeutigen Rückschlüsse zu, ob das Amt noch fortbesteht.

---

[472] LG Neubrandenburg MDR 1995, 491; Palandt/*Bassenge*, § 878 Rn 11.

J. Die Beendigung des Amtes des Testamentsvollstreckers   § 5

Sofern der Testamentsvollstrecker während der Amtszeit **Vollmachten** an Dritte erteilt hat, erlöschen diese ebenfalls mit Beendigung der Testamentsvollstreckung. Auch hier sollten vorsorglich sämtliche Vollmachtsurkunden zurückgefordert werden, da andernfalls bei widrigem Handeln dem Vollmachtsinhaber eine **Haftung des Testamentsvollstreckers** nach § 179 BGB analog droht.

727

IV. Kündigung durch den Testamentsvollstrecker

Durch § 2226 BGB wird dem Testamentsvollstrecker ermöglicht, jederzeit eine Kündigung auszusprechen. Der Erblasser kann diesen Schritt durch ein Verbot in der letztwilligen Verfügung nicht verhindern. Wohl aber kann er etwaige Zuwendungen an den Testamentsvollstrecker unter der auflösenden Bedingung von der Nichtausübung des Kündigungsrechts abhängig machen.

728

Hat sich der Testamentsvollstrecker entschlossen, bereits vor der Erledigung sämtlicher Aufgaben das Amt aufzugeben, so kann er nach § 2226 S. 2 BGB durch einfache **unwiderrufliche, formfreie Erklärung** gegenüber dem Nachlassgericht sein Amt kündigen.[473] Die Kündigung kann jederzeit, also **ohne** Einhaltung einer **Kündigungsfrist** erfolgen.

729

Eine Kündigung zur Unzeit nach Maßgabe des § 671 Abs. 2 BGB darf nur erfolgen, wenn ein wichtiger Grund vorliegt. Der Testamentsvollstrecker darf somit nicht kündigen, wenn der Erbe für die Besorgung des Geschäfts nicht anderweitig Fürsorge treffen kann. Sofern ein wichtiger Grund vorliegt, wie zB eine schwere Erkrankung, entfällt das Verbot der Kündigung zur Unzeit. Insgesamt ist an die Annahme eines wichtigen Grundes ein strenger Maßstab anzulegen. Sofern die Kündigung zur Unzeit erfolgt, ist diese wirksam, führt aber zur Schadensersatzpflicht des Testamentsvollstreckers.

730

Für die Erklärung der **amtsempfangsbedürftigen Willenserklärung** gegenüber dem Nachlassgericht gilt § 130 BGB. Sowohl eine ausdrückliche, als auch **stillschweigende Kündigung** ist möglich,[474] wobei aus letzterer der Kündigungswille mit hinreichender Deutlichkeit hervorgehen muss. Sie kann nicht widerrufen werden, ist aber gegenüber dem Nachlassgericht nach §§ 119, 123 BGB anfechtbar.

731

Eine gesetzliche Regelung für eine mögliche **Teilkündigung** durch den Testamentsvollstrecker fehlt. Letztendlich ist eine Teilkündigung nur dann zulässig, wenn einzelne abtrennbare Aufgabenbereiche vorliegen und ferner davon ausgegangen werden kann, dass eine Teilniederlegung des Amtes mit dem Erblasserwillen vereinbar ist.[475] Eine unzulässige Teilkündigung führt wegen des fehlenden Willens, das Amt insgesamt aufzugeben, nicht automatisch zur vollständigen Beendigung des Testamentsvollstreckeramtes.

732

Erblasser oder die Erben können mit dem Testamentsvollstrecker einen **Vertrag** schließen, wonach sein Kündigungsrecht aus § 2226 BGB ausgeschlossen werden soll. Dabei handelt es sich um einen Verzicht. Verpflichtet sich eine Person zur Ausführung des Testamentsvollstreckeramtes per Vertrag, so ist darin eine **Kündigungsabrede** zu sehen.[476] Dabei bleibt die Kündigung aus wichtigem Grunde weiterhin möglich. Sofern kein wichtiger Grund vorliegt, kann dies zu **Schadensersatzansprüchen** des Testamentsvollstreckers führen.

733

---

473 Bamberger/Roth/*J. Mayer*, § 2226 Rn 2; Staudinger/*Reimann*, § 2226 Rn 4.
474 OLG Düsseldorf ZEV 1998, 353.
475 OLG Hamm NJW-RR 1991, 837; aA Soergel/*Damrau*, § 2226 Rn 3.
476 MünchKomm/*Zimmermann*, § 2226 Rn 4.

734 Der Testamentsvollstrecker kann auch mit den Erben eine Abrede treffen, wonach er zur Niederlegung des Amtes unter bestimmten Voraussetzungen verpflichtet wird. Dieser Anspruch kann von den Erben eingeklagt werden.[477] Die Nichterfüllung dieses Anspruchs kann ggf einen Entlassungsgrund aus § 2227 darstellen. Der Vertrag kann aber nicht dergestalt abgeschlossen werden, dass der Testamentsvollstrecker jederzeit auf Verlangen der Erben verpflichtet ist, das Amt niederzulegen, da hierdurch seine Unabhängigkeit gefährdet ist. Verpflichtungsgrund für die Niederlegung kann daher lediglich ein Grund sein, der nicht im Ermessen der Erben steht. Eine anders lautende Vereinbarung zwischen den Erben und dem Testamentsvollstrecker ist unwirksam.

735 Die Kündigung führt zur **Beendigung des Amtes** des Testamentsvollstreckers, nicht unbedingt zur Beendigung der Testamentsvollstreckung insgesamt.

736 **Vereinbarungen** zwischen Testamentsvollstreckern und Erben über die vorzeitige Beendigung der Testamentsvollstreckung sind nur dann wirksam, wenn sie die Unabhängigkeit des Testamentsvollstreckeramtes[478] bestehen lassen.

737 ▶ **Muster: Schreiben an Nachlassgericht wegen Rückgabe des Testamentsvollstreckerzeugnisses**

An das Amtsgericht München

Nachlassgericht

Az.: ▬▬▬

Mit Schreiben vom ▬▬▬ habe ich gegenüber den Nachlassgericht erklärt, mein Amt beendet zu haben und das Testamentsvollstreckerzeugnis vom ▬▬▬ des Amtsgerichts München zurückgereicht.

Nunmehr hat sich nachträglich herausgestellt, dass der Nachlass noch nicht vollständig aufgeteilt wurde. Zwischenzeitlich hat sich eine Person gemeldet und eine wertvolle Briefmarkensammlung des Erblassers zurückgebracht, die sie sich ausgeliehen hatte. Dies war bis dato völlig unbekannt geblieben.

Ich bitte daher, dass zu den Nachlassakten zurückgereichte Testamentsvollstreckerzeugnis vom ▬▬▬ wieder an mich auszuhändigen, wobei ich vorsorglich darauf hinweise, dass es durch meine vorherige Rückgabe nicht kraftlos geworden ist (OLG Köln, Rechtspfleger 1986, 261; BayObLGZ 1953, 357).

▬▬▬

Rechtsanwalt R als Testamentsvollstrecker ◀

---

[477] BGHZ 25, 275 = BGH NJW 1962, 912.
[478] *Reimann*, NJW 2005, 789 ff.

§ 6 Erbscheinsverfahren

Literatur: *Bengel/Reimann*, Handbuch der Testamentsvollstreckung; *Bonefeld/Kroiß/Tanck*, Der Erbprozess, 2005; *Damrau*, ZEV 1995, 459; *Demharter*, FamRZ 2004, 1821; ders., FamRZ 2004, 1606; ders., FamRZ 1991, 618 ff; *Enders*, RVG für Anfänger, 12. Aufl., München 2004; *Ferid/Firsching/Dörner/Hausmann*, Internationales Erbrecht, Loseblatt, München; *Findeklee*, Zerb 2004, 317; *Firsching/Graf*, Nachlassrecht, 8. Aufl., München 2000; *Frank/Wachter*, Handbuch Immobilienrecht in Europa, Heidelberg 2004; *Griem*, Probleme des Fremdrechtserbscheins gemäß § 2369 BGB, 1990; *Gustavus*, Handelsregister-Anmeldungen, 6. Aufl., Köln 2005; *Hartmann*, Kostengesetze, 35. Aufl., München 2005; *Kegel/Schurig*, Internationales Privatrecht, 8. Aufl., München 2000; *Kersten/Bühling*, Formularbuch FGG, Köln 2004; *Kroiß*, Zerb 2008, 300; *Kroiß/Seiler*, Das neue FamFG, 2. Aufl.; *Litzenburger*, ZEV 2004, 450; *Lopez/Artz*, ZErb 2002, 278; Maurer, FamRZ 2009, 465; *Muscheler*, Jura 2009, 567; *Oertzen/Mondl*, ZEV 1997, 240; *Pentz*, MDR 1990, 586; *Scheer*, Der Erbschein, 1988; *Schöner/Stöber*, Grundbuchrecht, 14. Aufl.; *Siebert*, Der Vorbescheid im Erbscheinsverfahren; *Sprau*, ZAP 1997, 1089; *Süß*, Erbrecht in Europa; *Zimmermann*, FGPrax 2006, 190; *Zimmermann*, Rpfleger 2009, 437; *Wöhrmann/Stöcker*, Das Landwirtschaftserbrecht, 8. Aufl., Köln 2004.

A. Übersicht – Das Erbrechtsmandat 1	2. Das Verfahren der Einziehung eines unrichtigen Erbscheins 109
B. Der Erbschein 11	VIII. Die Rechtsmittel im Erbscheinsverfahren 125
I. Funktion des Erbscheins/Vorüberlegungen 11	1. Beschwerde gegen die Ablehnung der Erteilung eines bestimmten Erbscheins 125
II. Grundbuch und Erbennachweis 21	2. Die Beschwerde gegen einen erteilten Erbschein 136
III. Erbschein 34	
IV. Der Erbscheinsantrag 45	3. Die Beschwerde gegen Einziehung/ Kraftloserklärung 138
1. Übersicht Antragsberechtigte 48	
2. Inhalt des Erbscheinsantrages 51	IX. Der einstweilige Rechtsschutz 140
V. Nachweis des Erbrechts im Ausländischen Recht 87	1. Die einstweilige Anordnung der Rückgabe des Erbscheins zu den Akten 142
1. Entscheidung über Erbscheinsanträge nach § 352 FamFG 88	2. Der Antrag auf Erlass einer einstweilig Verfügung nach §§ 2362 BGB, 935 ZPO 143
2. Der gemeinschaftliche Erbschein 91	
VI. Kosten des Erbscheinsverfahrens 92	3. Die Bindungswirkung des Erbscheinsverfahrens/Beschwerdeverfahren 145
1. Kosten der Staatskasse 92	
2. Die Rechtsanwaltsgebühren im Erbscheinsverfahren 101	X. Erbennachweis im Handelsregister 149
VII. Das Einziehungsverfahren nach § 2361 BGB 107	
1. Einziehungsverfahren/Kraftloserklärung 108	

A. Übersicht – Das Erbrechtsmandat

Das Erbscheinsverfahren wird von vielen Rechtsanwälten immer noch als Verfahren betrachtet, 1
an dem der Rechtsanwalt noch nicht aktiv teilnimmt. Dies rührt zum einen daher, dass in Bayern
und Baden-Württemberg von Amts wegen die Erbscheinsanträge an die in einer Nachlasssache
als Erben in Betracht kommenden Personen versendet werden, und zwar meist bereits schon
vollständig ausgefüllt mit den Personendaten, und zum anderen auch in allen anderen Bundesländern die Rechtsanwälte dem Mandanten gerne die formularmäßige Antragstellung selbst
überlassen. Dies ist aber ein falscher Ansatz, denn der beauftragte Rechtsanwalt sollte bereits
im Stadium der Erbscheinsantragstellung darauf achten, die Position seines Mandanten bestmöglichst zu gestalten. Gerade in der Situation, wo es möglich sein kann, dass mehrere voneinander abweichende Erbscheinsanträge von verschiedenen Beteiligten eines Nachlasses gestellt werden könnten oder bereits gestellt wurden, ist es von besonderer Bedeutung, die Rechtsposition mit allen in Betracht kommenden Mitteln zu untermauern. Denn erfahrungsgemäß
lassen sich unnötige Zivilprozesse vermeiden, wenn bereits im Erbscheinsverfahren durch ausführliche juristische Stellungnahme argumentativ die weiteren Antragsteller davon überzeugt

werden, dass deren Rechtsposition weniger aussichtsreich ist und diese ggf dann auch die von ihnen gestellten Erbscheinsanträge zurückziehen.

2 Es empfiehlt sich deshalb, das Erbrechtsmandat bereits in diesem Stadium mit aller professionellen Gründlichkeit zu führen und dabei aber auch mit dem Mandanten frühzeitig zu klären, auf welche Tätigkeiten sich das Mandat erstrecken soll, wobei dabei ein Beratungsvertrag und eine Vollmachtserteilung unterlässlich sind. Da gerade bei der Stellung eines Erbscheinsantrages die Beschaffung von Urkunden einen wesentlichen Teil der Tätigkeit ausmachen kann, empfiehlt es sich, mehrere Vollmachten vom Mandanten unterzeichnen zu lassen, damit bei den jeweiligen Institutionen immer eine Vollmacht im Original vorgelegt werden kann. Dies ist insbesondere auch wichtig, sofern das Mandat Auslandsbezug hat und es notwendig ist, bei ausländischen Institutionen Informationen einzuholen.

3 Es empfiehlt sich, neben der Vollmachtserteilung auch einen rechtlich verbindlichen **Beratungsvertrag** mit dem Mandanten abzuschließen. Gerade im Hinblick auf die zum 1.7.2006 eingetretenen Änderungen des RVG ist ein Beratungsvertrag unerlässlich. Die Schwierigkeit, welche Art der Honorierung zu vereinbaren ist, besteht allerdings darin, in dem frühen Stadium eines erbrechtlichen Mandats, nämlich bei der Beratung des Mandanten hinsichtlich der Stellung eines Erbscheinsantrages, festlegen zu müssen, ob ein Stunden- oder Pauschalhonorar oder eine Honorierung nach dem RVG erfolgen soll. In einer Vielzahl von Fällen stellt sich nämlich erst während der längeren Bearbeitung des Falles heraus, wie umfangreich ein Nachlass ist oder dass die Beschaffung von notwendigen Urkunden kompliziert und langwierig ist. Die Tücke liegt gerade beim erbrechtlichen Mandat darin, dass die Mandanten entweder von einem viel zu hohen oder viel zu geringen Wert des Nachlasses ausgehen und der beauftragte Rechtsanwalt zu Beginn eines Mandats meist auch noch nicht den vollen Umfang und den exakten Wert des Nachlasses absehen kann.

4 Ohne Gebührenvereinbarung berechnen sich die Gebühren des Rechtsanwaltes nach §§ 2, 13 RVG, Nr. 2400 VV. Erfahrungsgemäß ist jedoch zu empfehlen, vorab zu prüfen, ob durch die Abrechnung der Leistungen nach dem RVG eine ausreichende Honorierung möglich ist. Gerade bei sehr komplexen Erbrechtssituationen, einer Vielzahl von Beteiligten, absehbaren Schwierigkeiten in der Beschaffung von Urkunden oder Problemen bei der Ermittlung von Beteiligten, ist eine schriftliche Honorarvereinbarung mit einem angemessenen Stundensatz meist die wirtschaftlich empfehlenswertere Gestaltung. Grundsätzlich empfiehlt es sich immer, mit dem Mandanten die möglicherweise entstehenden Kosten zu besprechen und ihm diese schriftlich mitzuteilen.[1] Auch die Mitteilung, dass bestimmte Kosten noch nicht abgeschätzt werden können, ist dabei zu empfehlen.

5 Der **Gegenstandswert** für die Gebührenberechnung bestimmt sich dabei nach § 23 Abs. 1 RVG, §§ 18 ff KostO. Die Berechnung hat also nach dem tatsächlichen Nachlasswert zu erfolgen. Lässt sich dieser nicht hinreichend bestimmen, hat wohl eine Bestimmung nach billigem Ermessen gemäß § 23 Abs. 3 RVG zu erfolgen. Zu beachten ist auch, dass nach § 7 RVG keine zusätzliche Gebühr anfällt, wenn der Rechtsanwalt für mehrere Auftraggeber tätig wird. Jedoch lässt Nr. 1008 VV RVG eine Erhöhung der Gebühr zu, sofern mehrere Auftraggeber vorhanden sind, wenn folgende Voraussetzungen gegeben sind:

– mehrere Auftraggeber,
– dieselbe Angelegenheit,

---

[1] AnwaltsBl 7/2006, 473 ff.

– Erhöhung bei Wertgebühren nur, soweit der Gegenstand der anwaltlichen Tätigkeit derselbe ist.

Praxistipp: Schriftliche Honorarvereinbarung Empfehlenswert ist zwingend eine schriftliche Honorarvereinbarung nach § 4 Abs. 1 RVG, sofern die Abrechnung nicht nach dem RVG erfolgen soll. Zu beachten ist dabei, dass nach § 4 Abs. 1 S. 1 RVG die Vereinbarung nicht in der Vollmacht zur Mandatserteilung beinhaltet sein darf. Ebenso ist es empfehlenswert, den Mandatsumfang zu beschreiben. Hat der Rechtsanwalt mit dem Mandanten eine Stundenvergütung vereinbart, ist dringend zu raten, dass der Rechtsanwalt exakt und nachvollziehbar schriftlich dokumentiert, welche Stunden für welche Tätigkeiten geleistet wurden. Stets sollte auch eine Regelung darüber getroffen werden, wie etwaige Spesen für Reisetätigkeiten und Auslagen für Kommunikation und Dokumentenvervielfältigung abgerechnet werden können.[2] Auch eine Regelung über die Umsatzsteuer sollte in die Vereinbarung mit aufgenommen werden. Mangels Abzugsfähigkeit der Mehrwertsteuer für Verbraucher ist eine Regelung bezüglich der Mehrwertsteuer von besonderer Bedeutung, stellt sie doch für den Verbrauchermandanten eine nicht unerhebliche Erhöhung des Honorars dar.

▶ **Muster: Beratungsvertrag/Haftungsbegrenzung/Honorarvereinbarung – Stundensatz**

Beratungsvertrag

Zwischen

den Rechtsanwälten ▪▪▪

und Herrn/Frau ▪▪▪

wird folgendes vereinbart:

1. Die Rechtsanwälte beraten Herrn/Frau ▪▪▪ in der Nachlasssache Hans Mayer, verstorben am ▪▪▪, in ▪▪▪, zuletzt wohnhaft ▪▪▪
oder
2. in dem Erbscheinsverfahren in der Nachlasssache Hans Mayer, verstorben am ▪▪▪, in ▪▪▪, zuletzt wohnhaft ▪▪▪
3. Für ihre Tätigkeiten erhalten die Rechtsanwälte ein Honorar von 190,00 EUR je Stunde zzgl MwSt. Von den Rechtsanwälten verauslagte Gebühren, Telekommunikationskosten, Kopien, Reise- und Fahrtkosten werden vollumfänglich erstattet.
4. Für besonders umfangreiche außergerichtliche Beratungsleistungen und Beratungen können die Parteien ein zusätzliches Honorar vereinbaren.
5. Die Haftung der Rechtsanwälte wird begrenzt auf die Leistungen, die ihnen aus ihrer Haftpflichtversicherung zufließen (Versicherungssumme zurzeit 2.556.459,40 EUR).
6. Dieser Vertrag beginnt am ▪▪▪. Er ist jederzeit mit einer Frist von 2 Monaten kündbar. Darüber hinaus werden die Parteien die Angemessenheit des Honorars nach Ablauf von zwölf Monaten

überprüfen und es gegebenenfalls neu festsetzen

    Ort/Datum   Ort/Datum

    ▪▪▪   ▪▪▪

    Rechtsanwälte   Mandant

◀

---

2 *Enders*, RVG für Anfänger, Rn 261 ff.

8 ▶ **Muster: Beratungsvertrag/Haftungsbegrenzung/Honorarvereinbarung nach RVG**

Beratungsvertrag

zwischen

den Rechtsanwälten ▪▪▪

und Herrn/Frau ▪▪▪

wird folgendes vereinbart:

1. Die Rechtsanwälte beraten Herrn/Frau ▪▪▪ in der Nachlasssache Hans Mayer, verstorben am ▪▪▪, in ▪▪▪, zuletzt wohnhaft ▪▪▪

    oder

    in dem Erbscheinsverfahren in der Nachlasssache Hans Mayer, verstorben am ▪▪▪, in ▪▪▪, zuletzt wohnhaft ▪▪▪
2. Für Ihre Tätigkeiten erhalten die Rechtsanwälte ein Honorar, welches sich nach dem Rechtsanwaltsvergütungsgesetz richtet.
3. Für Beratungstätigkeiten in anderen als den oben genannten Angelegenheiten wird jeweils ein gesondert festzulegendes Honorar vereinbart. Für die Vertretung in gerichtlichen Verfahren gelten die gesetzlichen Gebühren.
4. Die Haftung der Rechtsanwälte wird begrenzt auf die Leistungen, die ihnen aus ihrer Haftpflichtversicherung zufließen (Versicherungssumme zurzeit 2.556.459,40 EUR).
5. Dieser Vertrag beginnt am ▪▪▪. Er ist jederzeit mit einer Frist von 2 Monaten kündbar. Darüber hinaus werden die Parteien die Angemessenheit des Honorars nach Ablauf von zwei Monaten überprüfen und es gegebenenfalls neu festsetzen.

Ort/Datum	Ort/Datum
▪▪▪	▪▪▪
Rechtsanwälte	Mandant

◀

9 Es empfiehlt sich stets, eine **Haftungsbegrenzung** mit dem Mandanten zu vereinbaren, insbesondere auch bei einem Auslandsbezug des Mandats. Hierbei ist zu beachten, inwieweit die Vermögensschadenshaftpflichtversicherung die Tätigkeit des Rechtsanwaltes auch hinsichtlich ausländischen Rechts mit abdeckt. Es ist anzuraten bei einer Tätigkeitserstreckung auch auf ausländisches Recht mit der Vermögensschadenshaftpflicht die Deckungszusage und den Deckungsumfang ggf gesondert zu vereinbaren, sofern dies nicht schon im Versicherungsvertrag für bestimmte Länder vereinbart ist.

10 In aller Regel ist die Tätigkeit des Rechtsanwaltes im Erbrecht nicht von dem Deckungsumfang einer Rechtsschutzversicherung umfasst. Deshalb sollte man zu Beginn des Mandates den Mandanten auch darauf hinweisen, dass für die Tätigkeit im Erbscheinsverfahren die Rechtschutzversicherung nicht eintreten wird.

B. Der Erbschein

I. Funktion des Erbscheins/Vorüberlegungen

11 Bevor der mit der Erbscheinsantragstellung befasste Rechtsanwalt die Vorbereitungen für die Stellung des Erbscheinsantrages unternimmt, muss er sich zunächst fragen, ob die Stellung des Erbscheinsantrages überhaupt notwendig ist. Aus den §§ 2353 ff BGB (Erbscheinsverfahren)

B. Der Erbschein

§ 6

ergibt sich diese Fragestellung nicht. Nach dem Verständnis des BGB ist der Erbschein das Zeugnis für den Erben über sein Erbrecht.[3] Der mit der Beurkundung eines Erbscheinsantrages befasste Notar hat den Antragsteller zu befragen, für welche Zwecke er den Erbschein benötigt. Stellt sich dabei heraus, dass er diesen nur für die Berichtigung des Grundbuches benötigt und liegt ein einfacher, unkomplizierter Erbschaftsfall zu Grunde, so hat der Notar den Antragsteller darüber zu belehren, dass es kostengünstiger wäre, lediglich das in öffentlicher Form errichtete Testament zu eröffnen und eine Niederschrift über die Eröffnung vorzunehmen, damit diese dann dem Grundbuchamt zusammen mit einer Abschrift des Testaments zur Grundbuchberichtigung vorgelegt werden kann. Da der Nachweis des Erbrechts auch durch eine andere Form als durch einen Erbschein, nämlich durch die Niederschrift über die Eröffnung eines beurkundeten Testaments, zulässig ist,[4] muss der Notar folglich über die kostengünstigere Alternative zu einer Erbscheinsbeantragung belehren.[5] Dies ist vor allem auch deshalb stets zu überlegen, da die Beschaffung der notwendigen Unterlagen im Sinne der §§ 2354, 2355 BGB häufig sehr viel Mühe, Kosten und auch Zeit in Anspruch nimmt. Deshalb sollte, sofern eine in öffentlicher Form errichtete letztwillige Verfügung von Todes wegen vorhanden ist, abgewogen werden, ob ein Erbschein tatsächlich benötigt wird oder ob nicht die Protokollabschrift ausreichend ist. In den Nachlassfällen, die auch Vermögen im Ausland mit umfassen, ist es aber in aller Regel meist unumgänglich, den Erbschein in den Händen zu halten, um damit seine Legitimation über die Rechtsnachfolge nach dem Tode des Erblassers nachweisen zu können.[6] Häufig reicht aber der deutsche Eigenrechtserbschein allein nicht aus, um im Ausland die Rechtsnachfolge an Vermögen aus dem Nachlass antreten zu können.[7] Bei Banken im Ausland ist im Zweifel zu empfehlen, deren Allgemeinen Geschäftsbedingungen einzusehen, denn meist verlangen Banken im Ausland die Vorlage eines Erbscheins, obgleich in Deutschland ein öffentlich beurkundetes Testament vorliegt und die Allgemeinen Geschäftsbedingungen dies nicht zwingend vorschreibt. Auch wird im Ausland häufig der Erbschein für die Rechtsnachfolge im Grundbuch verlangt, obgleich dort auch die Vorlage eines eröffneten öffentlich beurkundeten Testamentes ausreichend wäre. Der beratende Rechtsanwalt ist also angehalten zunächst zu prüfen, ob tatsächlich die Vorlage eines Erbscheins verlangt werden darf, da gerade bei größeren Nachlässen erhebliche Gebühren für die Erteilung des Erbscheins anfallen.

Es gibt verschiedene Arten von Erbscheinen, deren unterschiedliche Funktionen nachstehend aufgeführt werden: 12

– **Erbschein** für den Alleinerben § 2353 1. Hs BGB. 13
Der Erbschein des Alleinerben weist dessen alleiniges Erbrecht aus.
– **Gemeinschaftlicher Erbschein** § 2357 BGB. Dieser weist das Erbrecht aller vorhandenen 14
Miterben aus, also auch ihrer Erbteile. Die Erteilung kann von jedem Miterben an sich selbst beantragt werden.[8]
– **Teilerbschein** § 2353 2. Hs BGB, der das Erbrecht eines von mehreren Miterben ausweist. 15

---
3 Palandt/*Edenhofer*, § 2353 Rn 1.
4 BGH, 10.12.2004, VZR 120/04.
5 *Winkler*, Beurkundungsgesetz, § 17 Rn 212.
6 Exemplarisch *Frank/Wachter*, Hdb Immobilienrecht in Europa, Heidelberg 2004, Länderbericht 18 (Schweiz), Rn 524; Süß/Haas/Wolf/Steiner, Erbrecht in Europa/Erbrecht in der Schweiz, Rn 159.
7 *Frank/Wachter*, Hdb Immobilienrecht in Europa, Heidelberg 2004, Länderbericht 1 (Belgien), Rn 566; Länderbericht 21 (Spanien) Rn 277 ff, 286.
8 Palandt/*Edenhofer*, § 2357 Rn 1.

16 – **Gruppenerbschein** als äußere Zusammenfassung mehrerer Teilerbscheine, der auf Antrag aller in dieser Urkunde aufgeführten Miterben erteilt wird. Er hat jedoch seine Bedeutung in der Rechtspraxis durch das Instrument des gemeinschaftlichen Teilerbscheins verloren.[9]

17 – **Gemeinschaftlicher Teilerbschein**
Ebenso wie der Gruppenerbschein ist auch dieser Erbschein eine Zusammenfassung mehrerer Teilerbscheine, jedoch genügt für diesen der Antrag eines einzigen Miterben.[10]

18 – **Sammelerbschein**, diese Art von Erbschein stellt eine Zusammenfassung des Erbrechts nach mehreren Erbgängen dar. Voraussetzung dafür ist jedoch, dass für alle Erbgänge dasselbe Nachlassgericht zuständig ist.[11]

19 – **Beschränkter Erbschein**, sind Erbscheine, die mit Beschränkung auf bestimmte Nachlassgegenstände erteilt werden (§ 2369 BGB-Fremdrechtserbschein). Er bezeugt also das Erbrecht im Bezug auf bestimmte im Inland gelegene Nachlassgegenstände.[12]

20 – Auch das so genannte **Hoferbfolgezeugnis** nach § 18 Abs. 2 HöfeO ist ein beschränkter Erbschein, da durch das Hoferbfolgezeugnis ausgewiesen wird, wer Hoferbe im Sinne der Höfeordnung geworden ist. Das Hoferbfolgezeugnis findet aber lediglich Anwendung in den Bundesländern, in denen die Höfeordnung Anwendung findet (Hamburg, Niedersachsen, Nordrhein-Westfalen sowie Schleswig-Holstein).[13]

II. Grundbuch und Erbennachweis

21 Die Berichtigung des Grundbuches im Wege der Rechtsnachfolge von Todes wegen erfolgt sobald die Unrichtigkeit des Grundbuches nachgewiesen wird, im Sinne von § 35 GBO. Nach § 35 GBO sind dabei unterschiedliche Nachweise notwendig, abhängig davon, ob die Erbfolge aufgrund gesetzlicher Erbfolge eingetreten ist oder aufgrund letztwilliger Verfügung von Todes wegen, die in einer öffentlichen Urkunde enthalten ist.

22 Grundsätzlich gilt nach § 35 Abs. 1 S. 1 GBO, dass der Nachweis der Erbfolge nur durch einen Erbschein im Sinne der §§ 2353 ff BGB erfolgen kann. Jedoch ist in § 35 Abs. 1 S. 2 GBO als Ausnahme geregelt, dass die Vorlage eines Erbscheins entfallen kann, sofern die letztwillige Verfügung von Todes wegen in einer öffentlichen Urkunde erfolgt ist. Dann genügt es, wenn die Verfügung und die Niederschrift über die Eröffnung der Verfügung (Eröffnungsprotokoll) dem Grundbuch vorgelegt werden.[14] Als öffentliche Urkunde wird dabei die durch einen Notar oder einen Konsularbeamten errichtete letztwillige Verfügung von Todes wegen angenommen. Auch wird das so genannte **Nottestament** zur Niederschrift eines Bürgermeisters nach §§ 2249, 2250 Abs. 1 BGB als letztwillige Verfügung von Todes wegen in einer öffentlichen Urkunde verstanden.[15]

23 Die in einer öffentlichen Urkunde festgehaltene letztwillige Verfügung von Todes wegen ist nur in Verbindung mit der **Eröffnungsniederschrift** nach § 2260 Abs. 3 BGB zum Nachweis der Erbfolge für das Grundbuch geeignet. Die Niederschrift allein ist auch nicht ausreichend für den Nachweis der Erbfolge, denn sie ist zwar öffentliche Urkunde im Sinne von § 415 ZPO,

---

9 Palandt/*Edenhofer*, Überbl. v. § 2353 Rn 2; Damrau/*Uricher*, Vorbem. § 2353 Rn 2; Firsching/*Graf*, Nachlassrecht, Rn 4.146.
10 Palandt/*Edenhofer*, Überbl. v. § 2353 Rn 2.
11 Firsching/*Graf*, Nachlassrecht, Rn 4, 147.
12 *Griem*, Probleme des Fremdrechtserbscheins, S. 189.
13 Wöhrmann/*Stöcker*, Das Landwirtschaftserbrecht, S. 498.
14 *Demharter*, GBO, § 35 Rn 33, 25. Aufl., München 2005.
15 *Demharter*, GBO, § 35 Rn 34.

B. Der Erbschein § 6

aber für sich allein betrachtet, kein ausreichender Nachweis über die Erbfolge.[16] Zu beachten ist dabei auch, dass bei einem gemeinschaftlichen Testament von Ehegatten auch auf den zweiten Todesfall hin eine Eröffnungsniederschrift stattzufinden hat.[17]

Eine eigene Prüfungskompetenz bei Vorlage eines Erbscheins hat das Grundbuchamt nicht. Der rechtswirksam erteilte Erbschein entfaltet seine Bindungswirkung auch gegenüber dem Grundbuchamt. Das Grundbuchamt hat also keine eigenen Ermittlungspflichten bezüglich des durch den Erbschein festgestellten Erbrechts. Anders ist es jedoch für den Fall, dass das Grundbuchamt inhaltliche Mängel des Erbscheins feststellt, die dessen Unwirksamkeit begründen würden; dann nämlich sind diese Umstände vom Grundbuchamt zu berücksichtigen.[18] Grundsätzlich gilt also bei Vorlage eines Erbscheins die Vermutungswirkung nach § 2365 BGB auch für das Grundbuchamt. 24

▶ **Muster: Antrag auf Berichtigung des Grundbuchs nach § 13 GBO für den Alleinerben – Erbschein** 25

An das

Amtsgericht – Grundbuchamt –[19]

Plz Ort

Grundbuch Band 121 Blatt 2200

In vorgenanntem Grundbuch, Band 121, Blatt 2200 ist in Abteilung I Herr ... geboren am ..., zuletzt wohnhaft in ..., als Eigentümer der in diesem Grundbuch aufgeführten Grundstücke eingetragen.

Herr ... ist am ... in ... verstorben. Ausweislich der beigefügten Ausfertigung des Erbscheins, der vom Amtsgericht[20] ... am ... erteilt wurde, bin ich Frau ... als dessen einziges Kind, seine Alleinerbin geworden.

Ich beantrage deshalb, die Erbfolge im Grundbuch zu vollziehen und mich als alleinige Eigentümerin im Grundbuch von ... Band 121, Blatt 2200 in Abteilung I einzutragen.

Ort/Datum

...

Unterschrift ◀

Praxistipp: Es ist dabei für die Praxis zu beachten, dass keine Gebühren für die Grundbuchberichtigung anfallen, sofern der Erbe den Antrag auf Grundbuchberichtigung innerhalb von 2 Jahren nach dem Tode des Erblassers stellt, da dann die Befreiungsregelung des § 60 Abs. 4 KostO gilt. 26

---

16 Palandt/*Edenhofer*, § 2360 Rn 7.
17 *Demharter*, GBO, § 35 Rn 38.
18 Firsching/*Graf*, Nachlassrecht, Rn 4.139.
19 Zu beachten ist, dass in Baden-Württemberg die staatlichen Grundbuchämter für die Führung der Grundbücher zuständig sind nach § 143 GBO.
20 In den badischen Landesteilen von Baden-Württemberg sind die staatlichen Notariate als Nachlassgerichte zuständig; Soergel/*Zimmermann*, § 2353 Rn 2.

27 ▶ **Muster: Antrag auf Berichtigung des Grundbuchs nach § 13 GBO für die Erbengemeinschaft – beurkundetes Testament/Eröffnungsprotokoll**

An das

Amtsgericht – Grundbuchamt –

Plz Ort

Grundbuch Band 233 Blatt 32444

In vorgenanntem Grundbuch, Band 121, Blatt 2200 ist in Abteilung I Herr ..., geboren am ..., zuletzt wohnhaft in ..., als Eigentümer der in diesem Grundbuch aufgeführten Grundstücke eingetragen.

Herr ... ist am ... in ... verstorben. Der Verstorbene hat ein Testament in öffentlich beurkundeter Form hinterlassen, welches am ... durch das Amtsgericht Hamm eröffnet wurde. In der Anlage zu diesem Antrag befinden sich das Testament und die Eröffnungsniederschrift.[21] Ausweislich dieses Testaments und des über dessen Eröffnung niedergeschriebenen Protokolls bin ich als alleiniger Erbe ausgewiesen.

Ich beantrage aus diesem Grunde, dass ich im Wege der Grundbuchberichtigung als alleiniger Eigentümer im Grundbuch von ... Grundbuch Band 233 Blatt 32444 in Abteilung I eingetragen werde.

Ort/Datum

...

Unterschrift[22] ◀

28 Eine Besonderheit stellt der **Grundbuchberichtigungszwang** nach § 82 GBO dar.

29 Nach § 82a GBO kann das Grundbuchamt für den Fall, dass es davon Kenntnis erlangt, dass das Grundbuch hinsichtlich der Eintragung des Eigentümers durch Rechtsübergang außerhalb des Grundbuchs unrichtig geworden ist, dem Erben die Verpflichtung auferlegen, den Antrag auf Berichtigung des Grundbuchs nach § 13 Abs. 1 GBO zu stellen und die zur Berichtigung des Grundbuchs notwendigen Unterlagen zu beschaffen. Zweck dieser Norm ist es, dass es im öffentliche Interesse steht, dass die Eigentümerstellung im Grundbuch möglichst stets aktuell dokumentiert wird und nicht über lange Zeit längst verstorbene Personen noch als Eigentümer im Grundbuch vermerkt sind. Denn im schlimmsten Falle kann nach vielen Jahren und mehrfach nicht nachvollzogenen Rechtsübergängen im Grundbuch gar nicht mehr nachvollzogen werden, wer denn nun Eigentümer geworden ist. Da eine solche Rechtssituation dann nur sehr schwer zu beseitigen ist, bietet § 82a S. 1 GBO dem Grundbuchamt die Möglichkeit für den Fall, dass ein Berichtigungsverfahren nach § 82 GBO keine Aussicht auf Erfolg hat, die Grundbuchberichtigung von Amts wegen vorzunehmen.[23]

30 Zu beachten ist dabei auch § 83 GBO, wonach das Nachlassgericht, das einen Erbschein erteilt, eine Mitteilungspflicht gegenüber dem Grundbuchamt hat, sofern ihm bekannt ist, dass zu dem Nachlass ein Grundstück gehört. Ebenso besteht diese Pflicht, sofern ein Testament oder ein Erbvertrag eröffnet wird. Das Nachlassgericht hat dabei die Erben, sofern diese mit ihrem Aufenthalt bekannt sind, darüber zu informieren, dass durch den Erbfall das Grundbuch unrichtig geworden ist und welche gebührenrechtlichen Vergünstigungen für eine Grundbuchberichti-

---

21 Das eröffnete Testament wird auch nach der Eröffnung vom Nachlassgericht verwahrt, vgl Palandt/*Edenhofer*, § 2260 Rn 2.
22 Vertritt ein Rechtsanwalt den Antragsteller in dem Verfahren der Grundbuchberichtigung so genügt schriftliche Vollmacht nach § 30 GBO.
23 *Schöner/Stöber*, Grundbuchrecht, Rn 383.

B. Der Erbschein § 6

gung bestehen, also auf § 60 Abs. 4 KostO hinzuweisen, wonach die Stellung eines Grundbuchberichtigungsantrages innerhalb von 2 Jahren seit dem Todesfall gebührenfrei ist.

▶ **Muster: Antrag auf Berichtigung des Grundbuchs nach §§ 22 Abs. 1, 13 Abs. 1 GBO durch Nachweis der Unrichtigkeit des Grundbuches in Bezug auf ein eingetragenes Recht in Abteilung II des Grundbuches**[24] 31

An das

Amtsgericht – Grundbuchamt –

Plz Ort

Grundbuch Band 233 Blatt 32444

Ich, ..., bin als Eigentümer in dem Grundbuch von ..., Band 233 Blatt 32444, eingetragen. An dem in diesem Grundbuch eingetragenen Grundstück Flurstück Nr. 3346/1 ist in Abteilung II lfd. Nr. 3 ein Leibgeding für den ..., Landwirt in ... eingetragen. Ausweislich der beigefügten Sterbeurkunde ist der Berechtigte bereits vor mehr als 10 Jahren verstorben. Die Löschungsvoraussetzung sind also gegeben.

Ort/Datum

...

Unterschrift ◀

Praxistipp: In vielen Grundbüchern, gerade bei bäuerlichen Betrieben, befinden sich in Abteilung II eingetragene **Leibgedinge** von verstorbenen Personen, in der Regel die Eltern des aktuellen Eigentümers. Meist hat der Eigentümer schlicht vergessen, dass diese Rechte noch eingetragen sind. Die Löschung kann nach § 23 Abs. 1 GBO frühestens 1 Jahr nach dem Tod des Berechtigten erfolgen, außer es wurde nach § 23 Abs. 2 GBO bereits bei der Eintragung des Leibgedings im Grundbuch eingetragen, dass zur Löschung des Rechts der Todesnachweis genügt. Für die Löschung eines solchen Rechts ist also gerade kein Erbschein notwendig, da es nicht um die Erbfolge geht, sondern nur um den Nachweis des Todes eines Berechtigten, für den im Grundbuch ein Recht vermerkt ist, das an dessen Lebenszeit geknüpft ist.[25] 32

▶ **Muster: Anregung**[26] **der Berichtigung des Grundbuchs nach §§ 84 ff GBO in Bezug auf ein eingetragenes Recht in Abteilung II des Grundbuches** 33

An das

Amtsgericht – Grundbuchamt –

Plz Ort

Grundbuch Band 444 Blatt 17083

Ich, ..., bin als Eigentümer in dem Grundbuch von ..., Band 444 Blatt 17083, eingetragen. An dem in diesem Grundbuch eingetragenen Grundstück Flurstück Nr. 1642 ist in Abteilung II lfd. Nr. 1 ein Wohnungsrecht für Frau ... in ... eingetragen. Frau ... ist bereits vor mehr als 25 Jahren verstorben. In Ermangelung eines Erbscheins rege ich die Einleitung der Löschung des eingetragenen Rechts von Amts wegen an, da die Löschungsvoraussetzungen gegeben sind.

---

24 Häufig befinden sich im Grundbuch noch sehr alte Rechte von längst verstorbenen Personen, was gerade bei der Gestaltung von Übergabeverträgen zu Tage tritt. Nach § 22 Abs. 1 GBO kann dann durch den Nachweis des Todes, durch eine Sterbeurkunde die Löschung des Rechts herbeigeführt werden.
25 *Schöner/Stöber*, Grundbuchrecht, Rn 1350.
26 Nach § 86 GBO kann ein Beteiligter die Löschung von Amts wegen anregen.

Ort/Datum

...

Unterschrift ◄

III. Erbschein

34

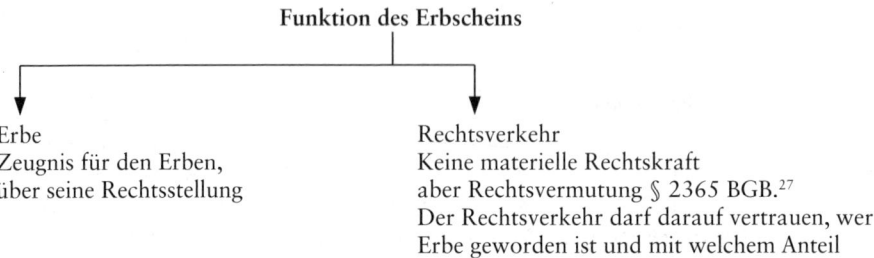

Funktion des Erbscheins

Erbe
Zeugnis für den Erben,
über seine Rechtsstellung

Rechtsverkehr
Keine materielle Rechtskraft
aber Rechtsvermutung § 2365 BGB.[27]
Der Rechtsverkehr darf darauf vertrauen, wer
Erbe geworden ist und mit welchem Anteil

35 Die Vermutungswirkung des § 2365 BGB im Rechtsverkehr ist die wichtigste Rechtswirkung des erteilten Erbscheins. Zu beachten ist jedoch dabei, dass das materielle Erbrecht davon nicht beeinflusst wird.[28] Zum einen ändert ein unrichtig erteilter Erbschein nichts an der tatsächlichen materiellen Rechtslage und zum anderen ist das Zivilgericht im Prozess über das Erbrecht weder an einen bestimmten Erbschein gebunden, noch kann ein Erbschein als Beweismittel dienen.[29]

36 Umgekehrt bindet die in Rechtskraft erwachsene Entscheidung des Zivilgerichts das Nachlassgericht bei der Erteilung eines Erbscheins.[30] Das Nachlassgericht kann also nicht mehr von dem durch das Zivilgericht festgestellten Erbrecht abweichen. Daneben entfaltet der rechtswirksam erteilte Erbschein auch **öffentliche Glauben** nach § 2366 BGB dahingehend, dass derjenige, der auf der Basis eines erteilten und in Rechtskraft befindlichen Erbscheins rechtsgeschäftlich etwas von dem durch den Erbschein ausgewiesenen Erben erwirbt, in seinem guten Glauben an die Richtigkeit des ausgewiesenen Erbrechts geschützt wird.[31]

37 Nicht dadurch geschützt ist jedoch der gute Glaube, wonach ein bestimmter Gegenstand tatsächlich zum Nachlass gehört; dies wird in der Praxis häufig falsch angenommen. Befinden sich mehrere sich widersprechende Erbscheine im Umlauf, so entfalten diese Erbscheine nur Wirkung im Sinne von § 2365 BGB und § 2366 BGB, in dem Maß wie sie sich nicht widersprechen.[32]

38 Das Verfahren zur Erteilung eines Erbscheins war bisher in §§ 2353 ff BGB geregelt, ferner fanden die Regelungen des Allgemeinen Teils des FGG und weiterer Normen des FGG. Durch die Einführung des FamFG zum 1.9.2009 enthält dieses in den §§ 352 ff FamFG nun einige zentrale Normen des Erbscheinsverfahrens, wobei auch die §§ 2352 ff BGB weiter zu beachten sind.
Das FamFG ist am 1.9.2009 in Kraft getreten gemäß Art. 112 FGG-RG. Nach dem Art. 111 FGG-RG gilt ein Übergangsrecht für Verfahren die bis zu diesem Zeitpunkt schon eingeleitet

---

27 Bonefeld/Kroiß/Tanck/Kroiß, Der Erbprozeß, S. 726; Palandt/*Edenhofer*, § 2365 Rn 1.
28 Firsching/*Graf*, Nachlassrecht, Rn 4.138.
29 Damrau/*Uricher*, § 2365 Rn 2.
30 Lange/*Kuchinke*, § 39 III.
31 Palandt/*Edenhofer*, § 2366 Rn 1.
32 BGHZ 33, 314; *Herminghausen*, NJW 1986, 571; Palandt/*Edenhofer*, § 2366 Rn 4.

B. Der Erbschein § 6

waren oder deren Einleitung bis zu diesem Zeitpunkt beantragt wurde, ist weiter das alte Recht anzuwenden. Dies gilt auch für das Rechtsmittelverfahren.

Die sachliche Zuständigkeit ergibt sich aus § 342 Abs. 1 Nr. 6 FamFG, wonach die Erteilung eines Erbscheins Nachlasssache ist. Damit sind wie bisher schon erstinstanzlich die **Amtsgerichte** als **Nachlassgerichte** sachlich zuständig. Die bisher in § 72 FGG geregelte sachliche Zuständigkeit erfährt keine direkte Wiederspieglung im FamFG, jedoch ist über § 23 a Abs. 2 Nr. 2 GVG die sachliche Zuständigkeit gegeben, durch die Einbeziehung des FamFG.[33] Eine Spezialität ist dabei für die staatlichen Notariate in Baden-Württemberg zu beachten. Diese sind gemäß §§ 36, 38 BaWüLFGG, Art. 147 EGBGB auch als Nachlassgerichte zuständig.[34]

Die örtliche Zuständigkeit ist nunmehr in § 343 FamFG geregelt. Entscheidend ist zunächst der **letzte Wohnsitz** des Erblassers nach § 343 Abs. 1 FamFG. Hatte der Verstorbene **mehrere Wohnsitze**, so ist das Gericht zuständig, welches in der Sache als erstes tätig wird. War ein derartiger nicht vorhanden, ist das Nachlassgericht zuständig, in dessen Bezirk der Erblasser seinen **letzten Aufenthalt** hatte, § 343 Abs. 1 FamFG. Ist der Erblasser im Ausland verstorben, ohne letzten Wohnsitz oder Aufenthalt in Deutschland, so ist das AmtsG Schöneberg in Berlin zuständig, § 343 Abs. 2 FamFG.[35]

In der Praxis ist im Geltungsbereich der **Höfeordnung** die besondere örtliche Zuständigkeit zu beachten. Eine Besonderheit ergibt sich für die Zuständigkeitsprüfung in sachlicher wie in örtlicher Hinsicht, sofern die Höfeordnung zur Anwendung gelangt. § 18 Abs. 2 HöfeO bestimmt, dass ausschließlich das **Landwirtschaftsgericht** zuständig ist. Nach § 2 LwVG ist das Landwirtschaftsgericht das Amtsgericht. Örtlich ist das Amtsgericht zuständig, in dessen Bezirk die Hofstelle liegt nach § 10 Abs. 1 S. 2 LwVG.[36]

Örtliche Zuständigkeitsprüfung:

Letzter Wohnsitz
§ 343 Abs. 1, Hs 1 FamFG
↓
Letzter Aufenthalt
§ 343 Abs. 1, Hs 2 FamFG
↓
Kein Wohnsitz, kein letzter Aufenthalt in Deutschland,
AmtsG Berlin-Schöneberg
§ 343 Abs. 2 FamFG
↓
Belegenheitsort der Sache
§ 343 Abs. 3 FamFG
↓
Geltungsbereich der Höfeordnung
§ 18 Abs. 2 (Landwirtschaftsgericht)

Die **funktionelle Zuständigkeit** für die Erteilung des Erbscheins ist Sache des Rechtspflegers nach § 3 Nr. 2 c RPflG, sofern nicht eine Verfügung von Todes wegen vorliegt oder auslän-

---
33 Kroiß/Seiler, Das neue FamFG, S. 194.
34 Soergel/Zimmermann, § 2353 Rn 2.
35 Keidel/Kuntze/Winkler, FGG, Teil A, § 73 Rn 1.
36 Damrau/Uricher, § 2353 Rn 18.

sches Recht zur Anwendung gelangt, was dann zu einer funktionellen Zuständigkeit des Richters nach § 16 RPflG führt. Der Richter ist jedoch befugt, die Erteilung des Erbscheins nach § 16 Abs. 2 RPflG auf den Rechtspfleger zu übertragen, sofern trotz Vorliegens einer Verfügung von Todes wegen die gesetzliche Erbfolge zur Anwendung gelangt.[37]

44 ▶ **Muster: Antrag an das Nachlassgericht auf Verweisung wegen Unzuständigkeit**[38]

An das

Amtsgericht – Nachlassgericht –[39]

Plz Ort

Nachlasssache/Aktenzeichen

Antrag auf Verweisung

In der vorgenannten Nachlasssache des am ..., in ... verstorbenen ..., geboren am ..., zuletzt wohnhaft in ..., hat unser Mandant Herr ... einen Antrag auf Erteilung eines Erbscheins beim Amtsgericht in ... gestellt.

Da unser Mandant in ... wohnhaft ist, ging er irrtümlicherweise davon aus, dass er den Antrag auf Erteilung eines Erbscheins an dem Amtsgericht seines Wohnsitzes zu stellen hätte. Da der Verstorbene aber zuletzt in ... wohnhaft war und der Wohnsitz des Verstorbenen maßgeblich für die Zuständigkeit des Amtsgerichts ist, beantragen wir für unseren Mandanten die Verweisung des Verfahrens an das zuständige Amtsgericht in ....

Anwaltliche Vollmacht ist beigefügt.

Ort/Datum

...

Unterschrift/Rechtsanwalt ◀

IV. Der Erbscheinsantrag

45 Das Erbscheinsverfahren wird als Antragsverfahren erst durch die Stellung eines Antrages in Gang gesetzt. Jedoch kann der noch nicht gestellte Antrag auf Erteilung eines bestimmten Erbscheins jederzeit bis zur Erteilung des Erbscheins nachgeholt werden.[40] Die hM geht davon aus, dass in der stillschweigenden Entgegennahme und Verwendung des nicht beantragten Erbscheins eine Genehmigung und damit implizierte entsprechende Antragstellung anzunehmen ist.[41]

46 Der Erbscheinsantrag kann **formlos** gestellt werden. Der Erbscheinsantrag kann auch zu Protokoll der Geschäftsstelle des Nachlassgerichts erklärt werden. Zu beachten ist, dass in den Bundesländern, in denen der Grundsatz der amtlichen Erbenermittlung gilt, wie dies in Baden-Württemberg und Bayern der Fall ist, der Antrag meist aus Gründen der Praktikabilität von den anzuhörenden Beteiligten in aller Regel im Termin zur mündlichen Anhörung gestellt wird, sofern die Erteilung eines Erbschein beabsichtigt wird. Die Rücknahme des einmal gestellten

---

[37] Keidel/Kuntze/*Winkler*, FGG, Teil A, § 72 Rn 20 ff; Bumiller/*Winkler*, FGG, § 72 Rn 3.
[38] Örtliche Unzuständigkeit stellt einen formellen Fehler dar, der zur Einziehung des Erbscheins berechtigt; Palandt/*Edenhofer*, § 2361 Rn 4; Damrau/*Uricher*, § 2361 Rn 4.
[39] Soergel/*Zimmermann*, § 2353 Rn 2.
[40] Soergel/*Zimmermann*, § 2353 Rn 26.
[41] BayObLG NJW-RR 2001, 950.

B. Der Erbschein § 6

Erbscheinsantrages kann bis zum Abschluss des Erbscheinsverfahrens jederzeit erklärt werden.[42]

Antragsberechtigt nach §§ 2353 ff BGB sind der Erbe, der Miterbe nach § 2357 Abs. 1 S. 2 BGB, der Erbeserbe, der Erbschaftskäufer sofern er auch bereits Miterbe ist.[43] Für die Antragsberechtigung genügt die schlüssige Behauptung seiner Rechtsinhaberschaft. Ferner sind antragsberechtigt der Testamentsvollstrecker, der Nachlassverwalter, der Nachlassinsolvenzverwalter sowie der amtlich bestellte Betreuer eines volljährigen Erben. Zu beachten ist für die Rechtspraxis auch, dass der **Gläubiger** des Erblassers wie auch des Erben ein eigenes Antragsrecht besitzen, sofern sie bereits über eine titulierte Forderung verfügen nach §§ 792, 896 ZPO.[44]

1. Übersicht Antragsberechtigte

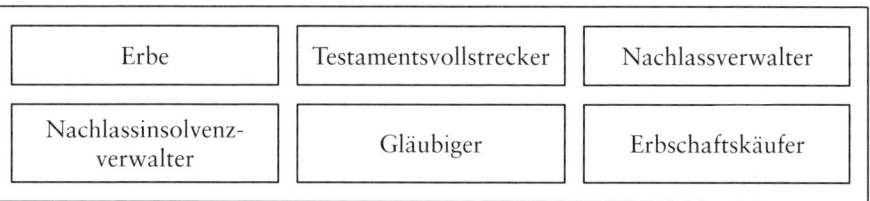

Hingegen haben die folgenden Personen **kein eigenes Antragsrecht**:[45]

Zu beachten ist dabei § 345 FamFG. Er nominiert nun die Beteiligten im Verfahren in Nachlasssachen. Das Nachlassgericht kann in Anlehnung zu § 7 Abs. 2 FamFG als Beteiligte weiter hinzuzuziehen:
1. diejenigen, deren Recht durch das Verfahren unmittelbar betroffen wird,
2. diejenigen, die auf Grund dieses oder eines anderen Gesetzes von Amts wegen oder auf Antrag zu beteiligen sind.

Für den anwaltlichen Berater ist wichtig, dass eine **Stellvertretung** bei der Antragstellung nach § 10 FamFG zulässig ist. Die Bevollmächtigung ist an keine besondere Form gebunden, wobei diese jederzeit nachgereicht werden kann. Eltern sind im Rahmen der Vermögensfürsorge nach § 1626 BGB dazu berechtigt.[46] Zu beachten ist jedoch, dass eine abzugebende eidesstattliche Versicherung nach § 2356 Abs. 2 BGB nur durch den Antragsteller selbst abgegeben werden kann; dies ist nicht durch den Stellvertreter möglich. Problematisch ist dies in den Fällen, in denen der Vollmachtgeber selbst nicht mehr handlungsfähig ist, wie dies bei einer Person der Fall sein kann, die nach Erteilung einer Vorsorgevollmacht handlungsunfähig wird. In der Rechtspraxis bedeutet dies, dass für die Abgabe der eidesstattlichen Versicherung ein Betreuer

---

42 MünchKomm/*Mayer*, § 2353 Rn 87.
43 Damrau/*Uricher*, § 2353 Rn 29.
44 *Sprau*, ZAP 1997, 1093.
45 Firsching/*Graf*, Nachlassrecht, Rn 4.152; BayObLG 1999, 70.
46 Palandt/*Edenhofer*, § 2353, Rn 11.

nach § 1896 BGB bestellt werden muss.⁴⁷ Bisher ist es nicht möglich, diesen Fall durch eine Vorsorgevollmacht mit entsprechendem Inhalt abzudecken.

50 **Praxistipp:** Sehr häufig ist die erste Tätigkeit bei einem erbrechtlichen Mandat die Begleitung des Mandanten im Erbscheinsverfahren. Um die Kontrolle in dem Verfahren zu haben und rechtzeitig auf Hinweise des Nachlassgerichts reagieren zu können, insbesondere dann wenn das Nachlassgericht noch Urkunden für den Erbscheinsantrag nachfordert oder anklingen lässt, welche Entscheidung es beabsichtigt zu treffen, ist es wichtig, dass der beauftragte Rechtsanwalt rechtzeitig darauf reagieren kann. Deshalb ist darauf zu achten, dass sowohl die Vollmacht des Mandanten sich auch auf die Entgegennahme des Erbscheins durch den Rechtsanwalt erstreckt und auch dem Nachlassgericht durch den Rechtsanwalt selbst explizit mitgeteilt wird, dass der Rechtsanwalt auch zur Entgegennahme des Erbscheins berechtigt ist. Nur so behält der beauftragte Rechtsanwalt den Überblick im Erbscheinsverfahren. Auch für die Frage, welche Gebühren in Ansatz gebracht werden können, ist es erforderlich, nachweisen zu können, welche einzelnen Schritte im Verfahren von dem Rechtsanwalt vorgenommen wurden.

2. Inhalt des Erbscheinsantrages

51 Für das Nachlassgericht gilt der Grundsatz, dass es an den Inhalt des Erbscheinsantrages gebunden ist. Von dem gestellten Antrag darf unter keinen Umständen abgewichen oder auch nur in Teilen stattgegeben werden.⁴⁸ In der Praxis nimmt das Gericht in aller Regel die Möglichkeit wahr, bis zur endgültigen Erteilung des Erbscheins durch Hinweise an die Beteiligten die fehlenden Unterlagen oder Informationen doch noch zu erhalten.

52 **Praxistipp:** Aufgrund der meist hohen Auslastung der Nachlassgerichte gerade in großen Städten sollte die Vorbereitung des Erbscheinsantrages stets mit großer Sachkunde erfolgen. Es empfiehlt sich zunächst an Hand einer Checkliste zu überlegen, welche Urkunden nach §§ 2354, 2355 BGB zu beschaffen sind. Bei komplexeren Erbfällen ist auch die Anlegung einer tabellarischen Gliederung der Erbberechtigten und deren Wegfall bzw die Anlegung eines Stammbaums zu empfehlen. Es ist nicht die Aufgabe des Gerichts, für die Beschaffung etwaiger ausstehender Urkunden zu sorgen oder fehlende Angaben von Amts wegen zu ermitteln, denn § 2358 BGB stellt eindeutig fest, dass die Ermittlungspflicht des Nachlassgerichts keine Beschaffungspflicht ist.⁴⁹

53 ▶ **Muster: Checkliste Urkunden für Erbscheinsantrag**

– Sterbeurkunde als Nachweis über den Todeszeitpunkt des Erblassers
– Darlegung des Verhältnisses, auf dem das Erbrecht des Antragstellers beruht (Verwandtschaftsverhältnis, Güterstand bei Eheleuten)
– Angabe von Personen, die das Erbrecht ausschließen oder mindern könnten (Exakte Darlegung, welche Personen vorverstorben sind oder Verzichtserklärungen abgegeben haben)
– Angabe, ob und welche Verfügungen von Todes wegen vorhanden sind (Lückenlose und genaue Bezeichnung, wobei dies auch ggf widerrufene Verfügungen⁵⁰ umfasst und bei ausländischen Verfügungen deren Übersetzung und in der Regel auch die Anbringung einer Apostille)
– Mitteilung, ob ein Rechtsstreit über das Erbrecht anhängig ist ◀

---

47 Palandt/*Diederichsen*, § 1896 Rn 20; *Litzenburger*, ZEV 2004, 450.
48 BayObLG, *Demharter*, FamRZ 2004, 1404; Palandt/*Edenhofer*, § 2353 Rn 21; Firsching/*Graf*, Nachlassrecht, Rn 4.163.
49 Palandt/*Edenhofer*, § 2358 Rn 2.
50 Damrau/*Uricher*, § 2354 Rn 5.

B. Der Erbschein

Schwierigkeiten bereitet in der Praxis immer wieder die Beschaffung von **Personenstandsurkunden aus dem Ausland**, insbesondere in den osteuropäischen Staaten oder in afrikanischen Staaten. Meist lassen sich Nachlassgerichte nicht einfach nur mit dem Hinweis zufrieden stellen, dass die Beschaffung der Urkunde schwierig sei. In aller Regel muss der Antragsteller nachweisen, dass er alle nur erdenklichen und sinnvoll erscheinenden Schritte unternommen hat, die Personenstandsurkunden zu erlangen. Gerade aber in Staaten, die aus anderen Staatengebilden entstanden sind oder durch Grenzverschiebungen Gebietsverkleinerungen oder Vergrößerungen erfahren haben, kommt es immer wieder vor, dass ganze ehemalige eigenständige Kommunen schlichtweg verschwunden sind. Meist gingen dabei auch sämtliche Standesamtsbücher unter, so dass heute beispielsweise keinerlei Nachweise mehr über die Geburt oder den Tod einer Person zu erlangen sind. Es empfiehlt sich dabei zunächst die jeweilige deutsche Botschaft in diesem Land anzuschreiben und, sofern bereits bekannt ist, dass ein Dorf so nicht mehr existiert, die Botschaft um eine Stellungnahme zu bitten und aufzufordern, darzulegen, dass eine Personenstandsurkunde nicht mehr zu erlangen ist, mangels Existenz etwaiger Standesamtsbücher. Nach § 2356 Abs. 1 S. 2 BGB ist es auch möglich als sonstiges Beweismittel für den Nachweis der Richtigkeit die Abgabe der eidesstattlichen Versicherung vorzunehmen, um damit den Urkundennachweis umgehen zu können, was aber immer nur als äußerstes Mittel in Betracht kommt, wenn also das Nachlassgericht anerkennt, dass alle Mittel zur Urkundenbeschaffung ausgereizt wurden.[51]

54

Dabei sollte insbesondere nicht unterschätzt werden, dass gerade die Beschaffung von Urkunden im Ausland ein sehr langwieriger Prozess sein kann. Problematisch ist auch die Beschaffung von Nachweisen über das Versterben von Personen während des zweiten Weltkrieges, gerade auch von Personen die von Flucht und Vertreibung betroffen waren.
Hilfreiche Hinweise sind dabei bei folgenden Einrichtungen zu erlangen:
www.volksbund.de
www.drk-suchdienst.eu

Die folgenden Urkunden dienen dabei als Nachweis im Sinne von § 2354 BGB.

55

Unter **Personenstandsurkunden** versteht man nach § 61 a PStG beglaubigte Ablichtungen von Personenstandsbüchern, Geburtsscheinen, Geburts-, Heirats- und Sterbeurkunden. Dem Familienstammbuch in seiner neuen Fassung seit 1957 kommt dabei volle Beweiskraft nach § 60 PStG zu.

56

Abstammungs- und Geburtsurkunden im Sinne von § 62 PStG bezeugen Ort, Zeit, Abstammung und Geschlecht des Kindes. Darüber hinaus wird auch die Ehe- oder Nichtehelichkeit dadurch nachgewiesen. Die so genannten Geburtsscheine nach § 61 c PStG sind keine ausreichenden Beweismittel, da sie keinen Nachweis über die Abstammung beinhalten, sondern lediglich Ort, Zeit, Geschlecht und Namen des Kindes dokumentieren.

57

Heiratsurkunden dienen als Nachweis der Eheschließung. Über den Bestand der Ehe sagen jedoch nur die Heiratsurkunden aus, die über eine Eheschließung vor dem 1.1.1958 erteilt wurden. Nur Heiratsurkunden, die für Eheschließungen bis zu diesem Datum erteilt werden, enthalten auch die Mitteilung über den Fortbestand der Ehe. Wurde eine Ehe nach dem 31.12.1957 geschlossen, kann der Bestand der Ehe nur durch einen Auszug oder eine beglaubigte Abschrift aus dem Familienbuch geführt werden. Die Auflösung einer früheren Ehe kann durch Sterbeurkunden, Scheidungsurteile oder eine entsprechende Nichtigkeitserklärung der Ehe bewiesen

58

---
51 Damrau/*Uricher*, § 2356 Rn 11.

werden.[52] Nach dem Inkrafttreten des Lebenspartnerschaftsgesetzes (LPartG) ist auch darüber ein Nachweis zu führen, ob die Lebenspartnerschaft im Zeitpunkt des Todes des Erblassers noch bestand. Denn nach § 10 LPartG ist der überlebende Lebenspartner auch als Erbe berufen, wobei seine Erbquote abhängig ist vom Vorhandensein weiterer Verwandten des Verstorbenen.[53]

59 ▶ **Muster: Einfacher Erbscheinsantrag des Alleinerben (Eigenrechtserbschein nach § 2353 BGB)**

359

An das

Amtsgericht

– Nachlassgericht –

Straße

PLZ, Ort

In der Nachlasssache

Aktenzeichen ...

Antragsteller (Name, Anschrift)

wird die Erteilung eines Erbscheins mit folgendem Inhalt beantragt:

1. Es wird bezeugt, dass der am ... in ... verstorbene ..., geboren am ... in ..., zuletzt wohnhaft in ..., auf Grund einer letztwilligen Verfügung von Todes wegen vom ... durch mich allein beerbt worden ist.
2. Die Verfügung von Todes wegen ist beigefügt als – Anlage 1 –
3. Anderweitige Verfügungen von Todes wegen sind nicht bekannt.
4. Der Erblasser war deutscher Staatsbürger
5. Der Erblasser war mit Frau ... im gesetzlichen Güterstand der Zugewinngemeinschaft in erster Ehe verheiratet. Die Heiratsurkunde ist in der – Anlage 2 – beigefügt.
6. Die Ehefrau ist bereits am ... vorverstorben, wie sich dies aus der beigefügten Sterbeurkunde ergibt, als – Anlage 3 – beigefügt.
7. Außer mir sind keine weiteren Abkömmlinge vorhanden. Ich war das einzige gemeinsame Kind der Eheleute. Es waren weder eheliche noch uneheliche, für ehelich erklärte oder adoptierte Abkömmlinge vorhanden. Meine Geburtsurkunde ist als – Anlage 4 – beigefügt.
8. Die Geburt eines Kindes, welches das Erbrecht ausschließen oder einschränken würde, ist nicht mehr zu erwarten. Sonstige Personen, die das Erbrecht ausschließen oder vermindern würden, sind nicht vorhanden.
9. Eine Nacherbfolge oder eine Testamentsvollstreckung sind nicht angeordnet.
10. Ein Rechtsstreit über das Erbe ist nicht anhängig.
11. Der Wert des Nachlasses beträgt:

Vermögen des Erblassers

a. Aktiva

aa. bewegliches Vermögen ... EUR

bb. Grundstücke, Immobilien ... EUR

---

52 Damrau/*Uricher*, § 2356 Rn 7.
53 *Bestelmeyer*, Rpfleger 2004, 608 ff.

B. Der Erbschein

§ 6

cc. Barvermögen, Wertpapiere	▬▬▬ EUR
dd. Forderungen	▬▬▬ EUR
ee. Beteiligungen	▬▬▬ EUR
b. Passiva	
aa. Verbindlichkeiten	▬▬▬ EUR
bb. Bestattungskosten	▬▬▬ EUR
c. Nettowert des Nachlasses	▬▬▬ EUR

Ich erkläre mich dazu bereit, an Eides statt zu versichern, dass mir nichts bekannt ist, was der Richtigkeit der Angaben aus Ziffer 2, 3, 5, 6, 7, 8, 9, 10 entgegensteht.
Eine Abschrift soll an ▬▬▬ erteilt werden.

▬▬▬

Datum/Unterschrift Antragsteller ◄

Häufiger tritt in der Praxis die Situation auf, dass ein Erblasser verstirbt, der noch kurz vor 60 seinem Tode ein Grundstück veräußert hat. Um dem Erwerber nun eine rasche Umschreibung des Eigentums im Grundbuch möglich zu machen, empfiehlt sich ein Antrag nach § 85 FGG.

▶ **Muster: Antrag bezüglich der Erteilung einer Ausfertigung eines Erbscheins nach § 357 Abs. 2 FamFG** 61

An das
Amtsgericht – Nachlassgericht –[54]
Plz Ort
Nachlasssache/Aktenzeichen

Antrag auf Erteilung einer Ausfertigung des erteilten Erbscheins

In der vorgenannten Nachlasssache des am ▬▬▬, in ▬▬▬ verstorbenen ▬▬▬, geboren am ▬▬▬, zuletzt wohnhaft in ▬▬▬, wurde ein Erbschein erteilt.
Unser Mandant Herr ▬▬▬, wohnhaft in ▬▬▬, hat von der Erbin des Verstorbenen ein Grundstück erworben, welches dem Nachlass des Verstorbenen zugehörig war, dieser steht auch noch im Grundbuch als Eigentümer in Abteilung I vermerkt, da die Grundbuchberichtigung noch nicht vorgenommen wurde. Die durch den Erbschein als Alleinerbin ausgewiesene Frau ▬▬▬, gilt seit einer Urlaubsreise nach Asien als verschollen, es ist anzunehmen, dass sie beim Baden im Meer verstorben ist.
Wir beantragen nun für unseren Mandanten Herrn ▬▬▬, eine Ausfertigung des Erbscheins zu erteilen, damit die Berichtigung des Grundbuches vollzogen werden kann. Beigefügt erhalten Sie eine beglaubigte Abschrift des Kaufvertrages, für dessen Vollzug das Grundbuchamt nun eine Ausfertigung[55] des Erbscheins verlangt. Ebenso fügen wir unsere anwaltliche Vollmacht bei.

▬▬▬

Datum/Unterschrift Rechtsanwalt ◄

Erforderlich ist, dass der Antrag **hinreichend bestimmt** ist. Aus dem Erbscheinsantrag muss sich 62 also mindestens ergeben:
– der Erblasser,
– der/die Erben,

---
54 In den badischen Landesteilen von Baden-Württemberg sind die Notariate als Nachlassgerichte zuständig.
55 *Demharter*, FGG § 85 Rn 6: Die Ausfertigung vertritt die Urschrift im Rechtsverkehr, eine Abschrift nicht.

- das Erbrecht sowohl dem Grunde nach (Berufungsgrund) als auch in seinem Umfang (Quote),
- für welchen Zweck der Erbschein benötigt wird (zB zur Vorlage nur beim Grundbuchamt).

63 Da in der Praxis häufig Unsicherheit besteht, mit welchem Inhalt der Erbscheinsantrag gestellt werden soll, ist es zulässig, dass neben dem **Hauptantrag** auch ein **Hilfsantrag** gestellt wird. Diese, mit sachlich verschiedenen Inhalten, gestellten Anträge müssen jedoch das berufene Erbrecht exakt bezeichnen. Ferner muss der Antragsteller dem Gericht die Reihenfolge der zu treffenden Entscheidungen genau vorgeben.[56]

64 Während im eigentlichen Erbschein der Berufungsgrund gerade nicht aufgeführt wird, ist es zwingend notwendig den **Berufungsgrund**, also das Erbrecht auf das man sich beruft, anzugeben.[57] Ebenso sind etwaige **Beschränkungen des Erben** im Antrag aufzuführen, wie die Testamentsvollstreckung oder Vor- und Nacherbschaft nach §§ 2363, 2364 BGB.[58]

65 Im Rahmen der Prüfung des Nachlassgerichts, ob es einen bestimmten Erbschein erteilen wird, hat das Nachlassgericht **rechtliches Gehör** gemäß § 2360 BGB zu erteilen

66 Das rechtliche Gehör ist den Beteiligten des Erbscheinsverfahrens auf jeden Fall zu gewähren.

67 Die Anhörung der Beteiligten hat in zwei Fällen zu erfolgen:
- es ist ein Rechtsstreit über das Erbrecht anhängig,
- ein Erbanwärter ist vom Erbrecht ausgeschlossen durch eine Verfügung von Todes wegen, die dem Nachlassgericht nicht als Urkunde vorliegt.

68 Die Form des rechtlichen Gehörs ist nicht zwingend festgeschrieben. Es kann sowohl mündlich wie schriftlich gewährt werden.[59]

69 ▶ **Muster: Schriftliche Anhörung, Anschreiben an die gesetzlichen Erben**

Als zuständiges Nachlassgericht teilen wir Ihnen mit, dass Herr/Frau ... am ... in ... einen Antrag auf Erteilung eines Erbscheins nach dem Tode des am ... in ... verstorbenen ..., zuletzt wohnhaft in ... beantragt hat.

Der Antragsteller hat für sich einen Erbschein als Alleinerbe beantragt, er beruft sich dabei auf ein privatschriftliches Testament des Erblassers vom ... (Datum). Dieses Testament wurde beim Nachlassgericht hinterlegt und am ... (Datum) eröffnet.

Es wird Ihnen hiermit Gelegenheit gegeben zu dem beantragten Erbschein Stellung zu nehmen, da Sie für den Fall der Unwirksamkeit des privatschriftlichen Testaments des Erblassers als gesetzlicher Erbe in Betracht kommen.

Sollten Sie das Testament in seiner Urschrift einsehen wollen, so ist Ihnen dies möglich beim Nachlassgericht in ... . Sofern Sie bis zum ... (Datum) keine schriftliche Stellungnahme oder eine mündliche Stellungnahme zur Niederschrift des Nachlassgerichts erteilt haben, ist anzunehmen, dass Sie keine Einwendungen gegen den beantragten Erbschein geltend machen wollen.

Eine Abschrift des privatschriftlichen Testaments des Erblassers ist diesem Schreiben beigefügt.

---

56 Palandt/*Edenhofer*, § 2353 Rn 11; Damrau/*Uricher*, § 2325 Rn 24; Firsching/*Graf*, Nachlassrecht, Rn 4.163; *Sprau*, ZAP 1997, 1094.
57 MünchKomm/*Mayer*, § 2353 Rn 117.
58 Palandt/*Edenhofer*, § 2353 Rn 11.
59 Palandt/*Edenhofer*, § 2360 Rn 3.

B. Der Erbschein § 6

Ort/Datum

...

Unterschrift ◄

▶ **Muster: Antwort im Rahmen einer Anhörung im Sinne von § 2360 BGB**   70

An das

Amtsgericht – Nachlassgericht –

Köln

Nachlasssache

PLZ, Ort

Das mir von Ihnen am ... zur Einsichtnahme übersandte privatschriftliche Testament des verstorbenen Herrn ... ist mir dem Inhalt nach bekannt.

Ich kann bestätigen, dass dieses handschriftlich angefertigte Testament der Handschrift des Erblassers entspricht. Mir ist bekannt, dass ich für den Fall, dass dieses Testament nicht wirksam wäre, als einziger Erbe des Verstorbenen in Betracht kommen würde. Einwendungen dagegen werde ich nicht erheben.

...

Datum/Unterschrift ◄

▶ **Muster: Gemeinschaftlicher Erbscheinsantrag bei einer Mehrheit von Erben aufgrund**   71
gesetzlicher Erbfolge, mit eidesstattlicher Versicherung

An das

Amtsgericht

– Nachlassgericht –

Straße

PLZ, Ort

In der Nachlasssache

Aktenzeichen ...

Verhandelt zu ... am ...

Vor dem beurkundenden Notar ... sind heute erschienen, ausgewiesen durch Bundespersonalausweis:

Herr ...

Frau ...

Herr ...

Sie erklären:

Wir beantragen die Erteilung eines Erbscheins mit folgendem Inhalt:

1. Es wird bezeugt, dass der am ... in ... verstorbene ..., geboren am ... in ..., zuletzt wohnhaft in ..., auf Grund einer letztwilligen Verfügung von Todes wegen vom ... durch uns drei zu je 1/3 beerbt worden ist.
2. Eine Verfügung von Todes wegen ist nicht vorhanden.
3. Es sind auch keine widerrufenen Verfügungen von Todes wegen vorhanden.
4. Der Erblasser war deutscher Staatsbürger.

5. Der Erblasser war mit Frau ... im gesetzlichen Güterstand der Zugewinngemeinschaft in erster Ehe verheiratet. Die Heiratsurkunde ist in der – Anlage 2 – beigefügt.
6. Die Ehefrau ist bereits am ... vorverstorben, wie sich dies aus der beigefügten Sterbeurkunde ergibt, als – Anlage 3 – beigefügt.
7. Außer uns drei leiblichen Kinder des Verstorbenen sind keine weiteren Abkömmlinge des Verstorbenen vorhanden. Wir waren die einzigen gemeinsamen Kinder der Eheleute. Es waren weder eheliche noch uneheliche, für ehelich erklärte oder adoptierte Abkömmlinge vorhanden. Unsere Geburtsurkunden sind als – Anlage 4 – beigefügt.
8. Die Geburt eines Kindes, welches das Erbrecht ausschließen oder einschränken würde, ist nicht mehr zu erwarten. Sonstige Personen, die das Erbrecht ausschließen oder vermindern würden, sind nicht vorhanden.
9. Eine Nacherbfolge oder einer Testamentsvollstreckung sind nicht angeordnet.
10. Ein Rechtsstreit über das Erbe ist nicht anhängig.
11. Der Wert des Nachlasses beträgt: 1.000.000,00 EUR.

Vom Notar über die Bedeutung einer eidesstattlichen Versicherung belehrt, versichern wir an Eides statt, dass uns nichts bekannt ist, was der Richtigkeit unserer vorstehenden Angaben entgegensteht.

Wir beantragen, einen gemeinschaftlichen Erbschein mit den angegebenen Quoten zu erteilen und die Ausfertigung dem beurkundenden Notar zu übersenden.

Die Niederschrift wurde von dem Notar vorgelesen, von den Beteiligten genehmigt und unterschrieben:

...

Beteiligte

...

Notar ◀

72 ▶ **Muster: Erbscheinsantrag nach dem Tode eines deutschen Staatsangehörigen auf der Basis eines ausländischen Testaments, mit eidesstattlicher Versicherung**

An das

Amtsgericht Berlin-Schöneberg[60]

– Nachlassgericht –

Straße

PLZ, Ort

In der Nachlasssache

Aktenzeichen ...

Antragsteller (Name, Anschrift)

Verhandelt zu ... am ...

Vor dem beurkundenden Notar ... ist heute erschienen, ausgewiesen durch Bundespersonalausweis:

Herr ...

---

60 Die Zuständigkeit des Amtsgerichts Berlin-Schöneberg ergibt sich nach § 343 Abs. 2 FamFG.

B. Der Erbschein §6

Er erklärt:

Ich beantrage die Erteilung eines Erbscheins mit folgendem Inhalt:

1. Es wird bezeugt, dass der am ... in Santa Cruz/Spanien verstorbene ..., geboren am ... in ..., zuletzt wohnhaft in Santa Cruz/Spanien, Straße ..., auf Grund einer letztwilligen Verfügung von Todes wegen vom ..., durch mich allein beerbt worden ist.
2. Die durch einen spanischen Notar beurkundete Verfügung von Todes wegen ist beigefügt als
   – Anlage 1 –.[61]
   Eine Erläuterung der rechtlichen Grundlage der Wirksamkeit dieser ausländischen Verfügung von Todes wegen ist in der – Anlage 2 – beigefügt.[62]
3. Anderweitige Verfügungen von Todes wegen sind nicht bekannt.
4. Der Erblasser war deutscher Staatsbürger.
5. Der Erblasser war mit Frau ... im gesetzlichen Güterstand der Zugewinngemeinschaft in erster Ehe verheiratet. Die Heiratsurkunde ist in der – Anlage 3 – beigefügt.
6. Die Ehefrau ist bereits am ... vorverstorben, wie sich dies aus der beigefügten Sterbeurkunde ergibt, als – Anlage 4 – beigefügt.
7. Außer mir sind keine weiteren Abkömmlinge vorhanden. Ich war das einzige gemeinsame Kind der Eheleute. Es waren weder eheliche noch uneheliche, für ehelich erklärte oder adoptierte Abkömmlinge vorhanden. Meine Geburtsurkunde ist als – Anlage 5 – beigefügt.
8. Die Geburt eines Kindes, welches das Erbrecht ausschließen oder einschränken würde, ist nicht mehr zu erwarten. Sonstige Personen, die das Erbrecht ausschließen oder vermindern würden, sind nicht vorhanden.
9. Eine Nacherbfolge oder eine Testamentsvollstreckung sind nicht angeordnet.
10. Ein Rechtsstreit über das Erbe ist nicht anhängig.
11. Der Wert des Nachlasses beträgt: 250.000,00 EUR.

Vom Notar über die Bedeutung einer eidesstattlichen Versicherung belehrt, versichere ich an Eides statt, dass mir nichts bekannt ist, was der Richtigkeit meiner vorstehenden Angaben entgegensteht.

Ich beantrage, einen gemeinschaftlichen Erbschein mit den angegebenen Quoten zu erteilen und die Ausfertigung dem beurkundenden Notar zu übersenden.

Die Niederschrift wurde von dem Notar vorgelesen, von dem Beteiligten genehmigt und unterschrieben:

...

Beteiligter

...

Notar ◄

---

[61] Die ausländische Verfügung von Todes wegen ist in aller Regel mit einer Übersetzung in die deutsche Sprache zu versehen, die mit einer Ausfertigung dieser Verfügung angesiegelt werden muss und mit einer Apostille zu versehen ist, sofern der ausländische Staat dem Haager Übereinkommen zur Befreiung ausländischer Urkunden von der Legalisationspflicht beigetreten ist, ansonsten bedarf es der Legalisation durch den jeweiligen deutschen Konsul vor Ort; MünchKomm/*Mayer*, § 2356 Rn 19.
[62] Es empfiehlt sich, gleich eine Bestätigung des zuständigen Nachlassgerichts oder Notars im Ausland beizufügen, aus der sich ergibt, dass keine weiteren Verfügungen von Todes wegen vorhanden sind, auch keine widerrufen. Ebenso sollte auch eine Erläuterung der rechtlichen Wirksamkeit der Verfügung beigefügt werden, um so das Verfahren beschleunigen zu können.

73 ▶ **Muster: Haupt- und Hilfsantrag bei unklarer Erbfolge bei unklaren Testamenten**

An das

Amtsgericht

– Nachlassgericht –

Straße

PLZ, Ort

In der Nachlasssache

Aktenzeichen ...

Antragsteller (Name, Anschrift)

beantragt die Erteilung eines Erbscheins mit folgendem Inhalt:

1. Es wird bezeugt, dass der am ... in ... verstorbene ..., geboren am ... in ..., zuletzt wohnhaft in ..., auf Grund einer letztwilligen Verfügung von Todes wegen vom ..., durch mich allein beerbt worden ist.
2. Der Verstorbene hat zwei Verfügungen von Todes wegen hinterlassen, diese sind beigefügt als – Anlage 1 und Anlage 2 –.
   In der Verfügung vom 1.1.1995 hat der Erblasser bestimmt, dass ich als Alleinerbe eingesetzt werde. Weitere Regelungen hat der Erblasser in dieser Verfügung nicht getroffen. Die Verfügung vom 12.3.2000 enthält eine Erbeinsetzung von mir und meiner früheren Lebensgefährtin als Erben zu gleichen Teilen. Der Erblasser war aber zum Zeitpunkt, als er diese Verfügung vom 12.3.2000 getroffen hat, nicht mehr im Vollbesitz seiner geistigen Kräfte, wie sich dies aus der Stellungnahme seines damaligen Hausarztes vom ... 2006 ergibt, die ich als – Anlage 3 – beigefügt habe. Der Erblasser litt zu diesem Zeitpunkt schon an fortgeschrittener Demenz, so dass er keinen eindeutigen Willen mehr bilden konnte. Es steht zu befürchten, dass er durch meine damalige Lebensgefährtin beeinflusst wurde, diese weitere Verfügung von Todes wegen zu treffen.
   Deshalb beantrage ich, mir einen Erbschein zu erteilen, der mich als Alleinerben ausweist.
   Hilfsweise beantrage ich, dass mir für den Fall, dass das Nachlassgericht von einer Testierfähigkeit des Erblassers bei der Abfassung der letztwilligen Verfügung von Todes wegen vom 12.3.2000 ausgeht, ein gemeinschaftlicher Erbschein erteilt wird.
3. Anderweitige Verfügungen von Todes wegen sind nicht bekannt.
4. Der Erblasser war deutscher Staatsbürger.
5. Der Erblasser war mit Frau ... im gesetzlichen Güterstand der Zugewinngemeinschaft in erster Ehe verheiratet. Die Heiratsurkunde ist in der – Anlage 4 – beigefügt.
6. Die Ehefrau ist bereits am ... vorverstorben, wie sich dies aus der beigefügten Sterbeurkunde ergibt, als – Anlage 5 – beigefügt.
7. Der Erblasser ist ohne Hinterlassung eigener Abkömmlinge verstorben. Es waren weder eheliche noch uneheliche, für ehelich erklärte oder adoptierte Abkömmlinge vorhanden. Meine Geburtsurkunde ist als – Anlage 6 – beigefügt.
8. Die Geburt eines Kindes, welches das Erbrecht ausschließen oder einschränken würde, ist nicht mehr zu erwarten. Sonstige Personen, die das Erbrecht ausschließen oder vermindern würden, sind nicht vorhanden.
9. Eine Nacherbfolge oder eine Testamentsvollstreckung sind nicht angeordnet.

Uricher

B. Der Erbschein § 6

10. Ein Rechtsstreit über das Erbe ist nicht anhängig.
11. Der Wert des Nachlasses beträgt: 300.000,00 EUR.

Datum/Ort

...

Unterschrift ◄

▶ **Muster: Formulierung eines Hoferbfolgezeugnisses nach der HöfeO, aufgrund einer letztwilligen Verfügung von Todes wegen**

An das

Amtsgericht[63]

– Nachlassgericht[64] –

Straße

PLZ, Ort

In der Nachlasssache

Aktenzeichen ...

Antragsteller (Name, Anschrift)

beantragt die Erteilung eines Erbscheins mit folgendem Inhalt:

1. Es wird bezeugt, dass der am ... in ... verstorbene ..., Landwirt in ..., geboren am ... in ..., zuletzt wohnhaft in ..., auf Grund einer letztwilligen Verfügung von Todes wegen vom ..., den Antragsteller zu Ziffer 1 als Alleinerben eingesetzt hat. Für den im Grundbuch von ... vermerkten Hof in ... hat er als Hoferben den Antragsteller zu Ziffer 2 bestimmt.[65]
2. Der Verstorbene hat nur die sich in der – Anlage 1 – befindliche Verfügung von Todes wegen hinterlassen.
3. Anderweitige Verfügungen von Todes wegen sind nicht bekannt.
4. Der Erblasser war deutscher Staatsbürger.
5. Der Erblasser war mit Frau ... im gesetzlichen Güterstand der Zugewinngemeinschaft in erster Ehe verheiratet. Die Heiratsurkunde ist in der – Anlage 2 – beigefügt.
6. Die Ehefrau ist bereits am ... vorverstorben, wie sich dies aus der beigefügten Sterbeurkunde ergibt, als – Anlage 3 – beigefügt.
7. Der Erblasser ist ohne Hinterlassung eigener Abkömmlinge verstorben. Es waren weder eheliche noch uneheliche, für ehelich erklärte oder adoptierte Abkömmlinge vorhanden. Unsere Geburtsurkunden sind als – Anlage 4 – beigefügt.
8. Die Geburt eines Kindes, welches das Erbrecht ausschließen oder einschränken würde, ist nicht mehr zu erwarten. Sonstige Personen, die das Erbrecht ausschließen oder vermindern würden, sind nicht vorhanden.
9. Eine Nacherbfolge oder einer Testamentsvollstreckung sind nicht angeordnet.

---

63 *Wöhrmann*, Das Landwirtschaftserbrecht, S. 517.
64 *Soergel/Zimmermann*, § 2353 Rn 20; MünchKomm/*Mayer*, § 2353 Rn 66.
65 *Wöhrmann*, Das Landwirtschaftserbrecht, S. 518.

§ 6   Erbscheinsverfahren

10. Ein Rechtsstreit über das Erbe ist nicht anhängig.
11. Der Wert des Nachlasses beträgt: 800.000,00 EUR.
Ort/Datum

...

Unterschrift ◄

75 ▶ **Muster: Antrag auf Erteilung eines Testamentsvollstreckerzeugnisses**

An das

Amtsgericht

– Nachlassgericht –

Straße

PLZ, Ort

In der Nachlasssache

Aktenzeichen ...

Verhandelt zu ... am ...

Vor dem beurkundenden Notar ... ist heute erschienen, ausgewiesen durch Bundespersonalausweis:

Herr Rechtsanwalt ...

geschäftsansässig in ...

Er erklärt:

Ich beantrage, die Erteilung eines Testamentsvollstreckerzeugnisses und eine Ausfertigung desselben dem beurkundenden Notar auszuhändigen.

1. Es wird bezeugt, dass der am ... in ... verstorbene ..., geboren am ... in ..., zuletzt wohnhaft in ..., auf Grund einer letztwilligen Verfügung von Todes wegen von ..., durch dessen drei Kinder ..., ..., ..., zu je 1/3 beerbt worden ist.
2. Der Verstorbene hat eine Verfügung von Todes wegen hinterlassen.
   In dieser Verfügung von Todes wegen hat der Erblasser mich zu seinem Testamentsvollstrecker bestimmt. Ich nehme das Amt an.
3. Es sind auch keine widerrufenen Verfügungen von Todes wegen vorhanden.
4. Der Erblasser war deutscher Staatsbürger.
5. Eine Nacherbfolge ist nicht angeordnet.
6. Ein Rechtsstreit über das Erbe ist nicht anhängig.
7. Der Wert des Nachlasses beträgt: 1.000.000,00 EUR.

Vom Notar über die Bedeutung einer eidesstattlichen Versicherung belehrt, versichere ich an Eides statt, dass mir nichts bekannt ist, was der Richtigkeit meiner vorstehenden Angaben entgegensteht.

Die Niederschrift wurde von dem Notar vorgelesen, von den Beteiligten genehmigt und unterschrieben:

...

Beteiligte

...

Notar ◄

Praxistipp: Für die Praxis ist zu beachten, dass eine angeordnete Testamentsvollstreckung den Erben in seiner Verfügungsmacht über den Nachlass einschränkt. Es ist deshalb unerlässlich, dass nach § 2364 BGB die Anordnung einer Testamentsvollstreckung im Erbschein zu vermerken ist. Der Vermerk dient ausschließlich dem Schutz des Rechtsverkehrs.[66] Zu beachten ist auch, dass die Person des Testamentsvollstreckers nicht im Erbschein zu vermerken ist.[67] Eine lediglich beaufsichtigende Testamentsvollstreckungsanordnung nach § 2208 Abs. 2 BGB ist nicht im Erbschein aufzunehmen.[68]

Der Testamentsvollstrecker hat nach § 2368 Abs. 1 BGB das Recht, vom Nachlassgericht die Erteilung eines **Testamentsvollstreckerzeugnisses** zu verlangen. Das **Testamentsvollstreckerzeugnis** dient dem Testamentsvollstrecker als Nachweis seiner Legitimation im Rechtsverkehr.[69]

Praxistipp: Der Testamentsvollstrecker kann neben der Beantragung eines Testamentsvollstreckerzeugnisses auch über die Niederschrift der eröffneten Verfügung von Todes wegen und über den Testamentsvollstreckervermerk im Grundbuch nach § 52 GBO seine wirksame Testamentsvollstreckung nachweisen.[70]

▶ **Muster: Erbscheinsantrag des Vorerben**

An das

Amtsgericht

– Nachlassgericht –

Straße

PLZ, Ort

In der Nachlasssache

Aktenzeichen ...

Antragsteller (Name, Anschrift)

beantragt die Erteilung eines Erbscheins mit folgendem Inhalt:

1. Es wird bezeugt, dass der am ... in ... verstorbene ..., geboren am ... in ..., zuletzt wohnhaft in ..., auf Grund einer letztwilligen Verfügung von Todes wegen vom ..., durch mich allein beerbt worden ist.
Es ist Nacherbfolge angeordnet. Diese tritt mit meinem Tode ein. Als Nacherben sind bestimmt Herr ..., geb. am ... und Frau ..., geb. am .... Ersatznacherben von Herrn ... und Frau ... sind deren Kinder ... und ... zu gleichen Teilen.
2. Die Verfügung von Todes wegen ist beigefügt als – Anlage 1 –.
3. Anderweitige Verfügungen von Todes wegen sind nicht bekannt.
4. Der Erblasser war deutscher Staatsbürger.
5. Der Erblasser war mit mir im gesetzlichen Güterstand der Zugewinngemeinschaft in erster Ehe verheiratet. Die Heiratsurkunde ist in der – Anlage 2 – beigefügt. Meine Geburtsurkunde ist als – Anlage 4 – beigefügt.

---

66 Soergel/*Zimmermann*, § 2364 Rn 1.
67 Palandt/*Edenhofer*, § 2364 Rn 1.
68 *Scheer*, Erbschein, S. 37.
69 Firsching/*Graf*, Nachlassrecht, Rn 4.449.
70 *Schöner/Stöber*, Grundbuchrecht Rn 3471; Bengel/Reimann, HB Testamentsvollstreckung, 2. Kap Rn 268.

6. Außer meinen beiden Kindern Herrn ... und Frau ..., beide in der letztwilligen Verfügung von Todes wegen als Nacherben bestimmt, sind keine weiteren Abkömmlinge vorhanden. Ich war das einzige gemeinsame Kind der Eheleute. Es waren weder eheliche noch uneheliche, für ehelich erklärte oder adoptierte Abkömmlinge vorhanden. Deren Geburtsurkunden sind als – Anlage 5 – beigefügt.
7. Die Geburt eines Kindes, welches das Erbrecht ausschließen oder einschränken würde, ist nicht mehr zu erwarten. Sonstige Personen, die das Erbrecht ausschließen oder vermindern würden, sind nicht vorhanden.
8. Eine Testamentsvollstreckung ist nicht angeordnet.
9. Ein Rechtsstreit über das Erbe ist nicht anhängig.
10. Der Wert des Nachlasses beträgt: 200.000,00 EUR.

Ort/Datum

...

Unterschrift ◄

79 In der Praxis ist immer häufiger die Situation anzutreffen, dass Ausländer mit Nachlassvermögen, welches sich in Deutschland befindet, versterben und die Erben dann für den Vollzug der Erbfolge einen so genannten **Fremdrechtserbschein** beantragen.

80 Der so genannte Fremdrechtserbschein nach § 2369 BGB ist ein gegenständlich **beschränkter Erbschein**. Diese Art von Erbschein stellt eine Durchbrechung des eigentlichen Erbscheinsrechts dar. Grundsätzlich kann ein Erbschein nach deutschem Recht nur erteilt werden, wenn dem Erbfall auch deutsches Erbrecht zu Grunde liegt.[71] Dies ist aber bei dem Fremdrechtserbschein gerade nicht der Fall, bei diesem kommt nämlich gerade ausländisches materielles Erbrecht zur Anwendung.[72]

81 Diesen Grundsatz, wonach ein deutsches Nachlassgericht nur dann tätig werden darf, sofern auch ausschließlich deutsches materielles Erbrecht zur Anwendung gelangt, nennt man „Gleichlauftheorie".[73]

82 Bisher war ist ein deutsches Nachlassgericht nur für die Erteilung eines allgemeinen Erbscheins nach deutschem Recht zuständig sofern:
– ein Erblasser nach Art. 25 EGBGB im Zeitpunkt seines Todes die deutsche Staatsangehörigkeit besaß;
– das deutsche materielle Erbrecht aufgrund Rückverweisung eines ausländischen angerufenen internationalen Privatrechts zur Anwendung gelangt;
– eine Rechtswahl getroffen wurde, wonach nach Art. 25 Abs. 2 EGBGB bezüglich des in Deutschland gelegenen unbeweglichen Vermögens deutsches Recht zur Anwendung gelangen soll.[74]

Nunmehr wird nach § 105 FamFG die sogenannte Gleichlauftheorie zurückgewiesen, da die internationale Zuständigkeit aus der örtlichen Zuständigkeit abgeleitet wird. Das örtlich zuständige Nachlassgericht wird also in Zukunft einen Erbschein erteilen, auch wenn die Rechtsnachfolge von Todes wegen ausländischem Recht unterstellt ist. Dies stellt eine Abkehr von der

---

71 Palandt/*Edenhofer*, § 2369 Rn 2.
72 Bonefeld/Kroiß/Tanck/*Kroiß*, S. 903.
73 Kegel/*Schurig*, § 21 IV 2; OLG Zweibrücken IPrax 1987, 83.
74 Palandt/*Heldrich*, Art. 25 Rn 7.

B. Der Erbschein § 6

bisherigen Anwendung des § 2369 BGB dar, der damit eigentlich überflüssig geworden ist. Möglicherweise kann sich noch ein Anwendungsgebiet für Fälle von Nachlassspaltung ergeben.[75]

Zunächst hat also das zuständige Nachlassgericht von Amts wegen die Staatsangehörigkeit festzustellen, da diese maßgeblich dafür ist, ob ausländisches oder deutsches Erbrecht anzuwenden ist. Das Nachlassgericht hat sich dabei die notwendigen Kenntnisse des ausländischen Rechts zu verschaffen.[76]

83

In der Praxis stellt dabei die Fragestellung, welches Erbrecht anzuwenden ist und welche formellen Voraussetzungen im Ausland durch den Antragsteller erfüllt worden sein müssen, die Hauptaufgabe für den Nachlassrichter dar. Denn in vielen ausländischen Rechtsordnungen ist für die Frage, wer Erbe geworden ist, zunächst eine explizite Annahmeerklärung in der Regel zur Niederschrift eines Notars maßgeblich. Dies ist beispielsweise in Österreich der Fall, wo die so genannte Einantwortung die Annahme darstellt,[77] vergleichbar in Italien,[78] in Spanien[79] und in Griechenland.[80]

Praxistipp: Meist ist bei Erbrechtsfällen die Rechtsfindung nicht unproblematisch, gerade auch, wenn es sich um Erbrechtsfälle handelt, die Rechtsordnungen von Staaten berühren, die erst in jüngerer Zeit ein umfassende Neuordnung des geltenden Rechts erfahren haben, wie dies bei den zerfallenen Staaten von Ex-Jugoslawien oder den Staaten der ehemaligen Sowjetunion der Fall ist. Gerade auch im Falle von Russland ist selbst in neuerer Zeit nur schwer an Übersetzungen oder gar Kommentierungen der Zivilgesetze in deutscher oder englischer Sprache zu gelangen. Hilfreich kann es dann sein, erste Rechtsquellen oder Kontakte zu universitären Forschungseinrichtungen zu erlangen.

84

Das zuständige deutsche Nachlassgericht kann also nunmehr einen Erbschein für das gesamte Vermögen welches möglicherweise weltweit vorhanden ist erteilen. Für die Praxis bleibt es dann aber immer noch bei dem Problem, ob das jeweilige Land, in dem der Nachlassgegenstand sich befindet, den deutschen Erbschein akzeptiert.

85

Eine Vielzahl an Informationen und Hinweisen zur Abwicklung ausländischer Erbfälle sind auf folgenden Seiten im Internet zu finden:

86

www.dnoti.de	Deutsches Notarinstitut Würzburg
www.isdc.ch.opac	Universität Lausanne
www.biblio.unige.ch/uni/	Universität Genf
www.mpipriv-hh.mpg.de	Max Planck Institut für ausländisches und internationales Privatrecht
www.ostrecht.de	Institut für Ostrecht München e.V.
http://www.uni-koeln.de/jur-fak/ostrecht	Institut für Ostrecht an der Universität Köln

V. Nachweis des Erbrechts im Ausländischen Recht

Der deutsche Eigenrechtserbschein erstreckt sich in seiner Wirkung auch auf im Ausland belegenes Vermögen des Nachlasses. Es gibt jedoch eine Vielzahl von Ländern, die sich mit der

87

---
75 Palandt/*Edenhofer*, § 2369 Rn 1.
76 Palandt/*Edenhofer*, § 2369 Rn 12.
77 V.*Oertzen/Mondl*, ZEV 1997, 240.
78 *Salaris*, ZEV 1995, 240.
79 *Lopez/Artz*, ZErb 2002, 278.
80 *Süß*, ZErb 2002, 341.

Vorlage eines deutschen Erbscheins allein nicht begnügen. Vielmehr werden darüber hinaus Annahmeerklärungen nach dem ausländischen Recht gefordert, die meist in notarieller Form erfolgen müssen, wodurch der Erbe dann erklärt, dass er das Erbe annimmt. Eine solche zusätzliche Annahmeerklärung setzt beispielsweise das spanische Recht nach 988 ff CC[81] insbesondere für die Umschreibung von Immobilieneigentum voraus, und zwar auch für Erben eines deutschen Erblassers, obgleich eine solche Annahmeerklärung nach deutschem Erbrecht nicht erforderlich ist. Der deutsche Erbe muss die Annahme der Erbschaft durch notarielle Erklärung tätigen, um dadurch die Umschreibung eines Immobilieneigentums in Spanien im Grundbuch erreichen zu können. Dies ist in Spanien auch für deutsche Erblasser gängige Praxis.[82] Zwar wird auch der deutsche Erbschein in Spanien als amtliches Zeugnis über die Rechtsnachfolge anerkannt nach Art. 14 Abs. 1 LH. Der mit solchen internationalen Erbrechtsfällen beauftragte Rechtsanwalt kommt in aller Regel nicht umhin, dann auch einen fachlich betrauten Rechtsanwaltskollegen in dem jeweiligen Land, in dem sich etwaiges Nachlassvermögen befindet oder der Erblasser möglicherweise seinen letzten Wohnsitz hatte, mit der Abwicklung der dort sich stellenden Rechtsfragen zu beauftragen. Vorsicht ist dabei anzuraten, zu versuchen, solche Rechtsfragen oder auch die tatsächliche Nachlassabwicklung ohne Mithilfe eines fachkundigen ausländischen Kollegen vorzunehmen, da dann meist kein Versicherungsschutz der anwaltlichen Vermögensschadenshaftpflichtversicherung mehr besteht.

1. Entscheidung über Erbscheinsanträge nach § 352 FamFG

88   Das Institut des Vorbescheides, welches bisher Anwendung fand, war gesetzlich nicht geregelt, sondern von der Rspr entwickelt worden[83] und ist mit der Einführung des FamFG **abgeschafft** worden.

Die Entscheidung, dass die zur Erteilung eines Erbscheins erforderlichen Tatsachen für festgestellt erachtet werden, ergeht nunmehr durch Beschluss. Der Beschluss wird mit Erlass wirksam. Einer Bekanntgabe des Beschlusses bedarf es nicht.

In § 352 Abs. 2 FamFG ist nunmehr geregelt, dass für den Fall, dass der Beschluss dem erklärten Willen eines Beteiligten widerspricht, ist der Beschluss den Beteiligten bekannt zu geben. Das Gericht hat in diesem Fall die sofortige Wirksamkeit des Beschlusses auszusetzen und die Erteilung des Erbscheins bis zur Rechtskraft des Beschlusses zurückzustellen. Wie auch beim bisherigen Vorbescheid, der gesetzlich nicht geregelt war, soll mit § 352 Abs. 2 FamFG beim Vorliegen von zwei widersprechenden Erbscheinsanträgen, erreicht werden, dass das Nachlassgericht vor der endgültigen Entscheidung über die Erbscheinserteilung, den Beteiligten die Möglichkeit gibt sich zu äußern, um so möglichst die Erteilung eines unrichtigen Erbscheins zu vermeiden. § 352 Abs. 2 FamFG soll also dazu dienen, um bei einer unklaren Rechtssituation, wie dies gerade bei zwei sich widersprechenden Erbscheinsanträgen der Fall sein kann, den Beteiligten Gelegenheit zu geben, sich zu äußern, um die Erteilung eines unrichtigen Erbscheins zu vermeiden.

---

81 Süß/Haas/*Löber/Huzel*, Erbrecht in Europa/Erbrecht in Spanien, Rn 138.
82 *Frank/Wachter*, Hdb Immobilienrecht in Europa, Heidelberg 2004, Länderbericht 1 (Belgien), Rn 566; Länderbericht 21 (Spanien) Rn 277 ff, 286.
83 BGHZ 20, 255; *Siebert*, Vorbescheid im Erbscheinsverfahren, S. 11; *Sprau*, ZAP 1997, 1089, 1101; MünchKomm/*Mayer*, § 2353 Rn 149.

B. Der Erbschein § 6

▶ **Muster: Erbscheinserteilungsanordnung eines einfachen Alleinerbscheins** 89

Beschlussform:

In der Nachlasssache Hans Mayer

erlässt das Nachlassgericht folgenden Beschluss:

1. Die Erteilung des nachstehenden Erbscheins wird bewilligt
2. Es wird bezeugt, dass der am ... in ... verstorbene ..., von seiner Tochter Frau ... allein beerbt wurde.

Gründe

a) Darlegung des Sachverhaltes
b) Ausführungen zum Verfahrensrecht (Sachliche und örtliche Zuständigkeit)
c) Rechtliche Begründung ◀

▶ **Muster: Erbscheinserteilungsanordnung/gemeinschaftlicher Erbschein/Anordnung Testamentsvollstreckung an einem Erbteil** 90

Nachstehend wird bezeugt, dass der am ... in ... geborene, am ... in ... verstorbene Herr ... zuletzt wohnhaft in ..., durch seine Ehefrau ..., geboren am ... in ..., aufgrund gesetzlicher Erbfolge zu ½ und von seinen beiden Kindern, Frau ... geboren am ..., wohnhaft in ... sowie Herrn ..., geboren am ..., wohnhaft in ... je zu ¼ beerbt worden ist.

Es ist Testamentsvollstreckung an dem Erbteil des Sohnes ... angeordnet. ◀

2. Der gemeinschaftliche Erbschein

Der **gemeinschaftliche Erbschein** gemäß § 2357 BGB weist das Erbrecht aller vorhandenen 91
Miterben aus, also auch ihrer Erbteile (Quote). Die Beantragung der Erteilung kann von jedem Miterben an sich selbst beantragt werden.[84] Es ist dabei zu beachten, dass für den Fall, dass nicht alle Erben den Antrag auf Erteilung eines Erbscheins gestellt haben, nach § 2357 Abs. 3 BGB im Antrag die Angabe enthalten sein muss, dass die Erbschaft von allen Erben angenommen wurde. Diese Angabe hat wenigstens durch einen Antragsteller zu erfolgen. Der Antragsteller ist verpflichtet, die Annahme der am Antrag nicht beteiligten Erben durch geeignete Urkunden nachzuweisen oder die Annahme an Eides statt zu versichern.[85] Das Nachlassgericht kann die Verpflichtung zur Abgabe der eidesstattlichen Erklärung auf einen oder einige der Miterben beschränken nach § 2357 Abs. 4 BGB. Zu berücksichtigen ist bei der Antragstellung, dass nach § 2357 Abs. 2 BGB sämtliche Erben und ihre Erbteile anzugeben sind.

VI. Kosten des Erbscheinsverfahrens

1. Kosten der Staatskasse

Zwei Kostenarten sind für das Erbscheinsverfahren zu unterscheiden: Die Kosten, die durch die 92
Staatskasse festgesetzt werden für die Erteilung oder Ablehnung eines Erbscheinsantrages, und die Kosten, die für die Beratung durch einen Rechtsanwalt entstehen. Die Kostenordnung regelt die Kosten der Staatskasse im Erbscheinsverfahren. Nach §§ 107, 107a KostO fällt für die Erteilung eines Erbscheins eine volle 10/10 Gebühr an. Zu beachten ist, dass für die Abnahme

---

[84] Lange/*Kuchinke*, § 39 IV 2.
[85] Soergel/*Zimmermann*, § 2357 Rn 5.

einer Versicherung an Eides statt eine weitere volle 10/10 Gebühr anfällt. Wird ein Antrag auf Erteilung eines Erbscheins zurückgewiesen, wird nach § 130 KostO die Hälfte der vollen Gebühr, jedoch höchstens 35,– EUR erhoben. Hinzuweisen ist dabei auf die Regelung des § 130 Abs. 5 KostO wonach das Nachlassgericht auf die Gebühren ganz verzichten kann, sofern der Antrag unverschuldet gestellt wurde. Dies könnte beispielsweise angenommen werden, wenn der Antragsteller davon ausging, dass der Erblasser nur ein eigenhändiges Testament verfasst hat, das der Antragsteller in Händen hält, tatsächlich später aber während des Verfahrens noch ein weiteres Testament des Erblassers auftaucht, welches später erstellt wurde und der Antragsteller dadurch nicht Erbe geworden ist.

93 **Praxishinweis:** Es empfiehlt sich allein aus diesen Kostengründen bei der Beantragung des Erbscheins unter Mitwirkung eines Rechtsanwaltes besonderes gründlich das Erbrecht darzustellen und sämtliche Informationen und Urkunden zu beschaffen, damit das Nachlassgericht ggf nach § 2356 Abs. 2 S. 2 BGB auf die Abgabe der eidesstattlichen Versicherung verzichtet, was in der Regel aber nur in Baden-Württemberg zu erreichen ist; in allen anderen Bundesländern wird in der Regel immer auf die eidesstattliche Versicherung nach § 2356 Abs. 2 BGB bestanden.

94 Grundlage der Kostenentscheidung ist der Gegenstandswert (**Geschäftswert**). Der Gegenstandswert wird aus dem **reinen Nachlasswert** gebildet.[86] Abzugsfähig sind die Nachlassverbindlichkeiten. Bei einem Antrag auf Erteilung eines Hoferbfolgezeugnisses wird der gemeine Wert des Hofes zu Grunde gelegt.[87]

95 Dabei abzugsfähig sind die folgenden Nachlassverbindlichkeiten:
– Vermächtnis,
– Auflagen,
– Pflichtteilsansprüche,
– Kosten der Bestattung.

96 Nach wie vor ist es strittig, ob auch eine anfallende **Erbschaftsteuerschuld** vom Nachlasswert abgezogen werden kann.[88] Bisher ist aber nach der hM eine Abzugsfähigkeit der Erbschaftsteuerschuld nicht möglich.

97 **Praxistipp:** Für die Angaben der Kostenberechnung durch das Nachlassgericht, sollten möglichst alle abzugsfähigen Aufwendungen vom Mandanten beigebracht werden und bei der Ermittlung eines Grundstückswertes etwaige wertmindernde Aspekte, wie Lage, Zuschnitt und Bebaubarkeit, bei der Wertermittlung, die das Nachlassgericht vornimmt, ausreichend Berücksichtigung finden.

98 Die Kostenrechnung des Nachlassgerichts für die Erteilung eines Erbscheins setzt sich in der Regel wie folgt zusammen:
1. Gebühren für die Eröffnung der letztwilligen Verfügung von Todes wegen § 102 KostO,
2. Gebühren für die Beurkundung einer Versicherung an Eides statt §§ 107, 49 KostO,
3. Gebühr für die Erteilung des Erbscheins § 107 KostO,
4. Schreibauslagen § 136 KostO,
5. Sonstige Auslagen § 137 KostO.

---

[86] *Sprau*, ZAP 1997, 1089, 1106.
[87] *Hartmann*, KostO, § 107 Rn 26.
[88] OLG Köln ZEV 2001, 406; *Lappe*, Zerb 2001, 221; *Hartmann*, KostO, § 107 Rn 12.

Praxistipp: Der mit der Beurkundung eines Erbscheinsantrages befasste Notar hat den Antragsteller zu befragen, für welche Zwecke er den Erbschein benötigt. Stellt sich dabei heraus, dass er diesen nur für die Berichtigung des Grundbuches benötigt und liegt ein einfacher, unkomplizierter Erbschaftsfall zu Grunde, so hat der Notar den Antragsteller darüber zu belehren, dass es kostengünstiger wäre, lediglich das vorhandene Testament zu eröffnen und eine Niederschrift über die Eröffnung vorzunehmen, damit diese dann dem Grundbuchamt zusammen mit einer Abschrift des Testaments zur Grundbuchberichtigung vorgelegt werden kann. Da der Nachweis des Erbrechts auch durch eine andere Form als durch einen Erbschein zulässig ist,[89] muss der Notar folglich über die kostengünstigere Alternative zu einer Erbscheinsbeantragung belehren.[90]

Es ist zu beachten, dass auch für den Fall, dass der Antragsteller den Erbschein lediglich zur Vorlage beim **Handelsregister** benötigt, die EG-Gesellschaftsteuerrichtlinie darauf keine Anwendung findet und die Kostenfestsetzung nach den vorgenannten Bestimmungen erfolgt. Die für die Erteilung eines Erbscheins, der nur zur Vorlage beim Handelsregister benötigt wird, anfallenden Gebühren sind zulässig und stellen keinen Verstoß gegen die EG-Gesellschaftsteuerrichtlinie dar.[91]

2. Die Rechtsanwaltsgebühren im Erbscheinsverfahren

Die Gebühren des Rechtsanwaltes berechnen sich nach §§ 2, 13 RVG, VV Nr. 2400. Erfahrungsgemäß ist jedoch zu empfehlen, vorab zu prüfen, ob durch die Abrechnung der Leistungen nach dem RVG eine ausreichende Honorierung möglich ist. Gerade bei sehr komplexen Erbrechtssituationen, einer Vielzahl von Beteiligten, absehbaren Schwierigkeiten in der Beschaffung von Urkunden oder Problemen bei der Ermittlung von Beteiligten ist eine schriftliche Honorarvereinbarung mit einem angemessenen Stundensatz meist die wirtschaftlich empfehlenswertere Gestaltung. Grundsätzlich empfiehlt es sich immer, mit dem Mandanten die möglicherweise entstehenden Kosten zu besprechen und ihm diese schriftlich mitzuteilen. Auch die Mitteilung, dass bestimmte Kosten noch nicht abgeschätzt werden können, ist dabei zu empfehlen.

Die Vertretung durch den Rechtsanwalt im Erbscheinsverfahren selbst verursacht die Verfahrensgebühr nach VV Nr. 3100.[92] Diese beträgt im Regelfall 1,3, kann jedoch durchaus auch höher angesetzt werden, gerade wenn das Verfahren sehr komplex ist, was anzunehmen ist, wenn eine unklare Rechtssituation vorhanden ist (verschwundene Testamente, auslegungsbedürftige Testamente, Fragen des internationalen Privatrechts etc.).

Eine **Terminsgebühr** wird fällig, sofern tatsächlich Verhandlung-, Beweis- oder Erörterungstermine stattgefunden haben. Dabei beträgt die Terminsgebühr im Regelsatz 1,2.

Der Anfall einer **Einigungsgebühr** im Erbscheinsverfahren ist wohl nur für den Fall vorstellbar, dass mit einem weiteren Beteiligten eines Erbscheinsverfahrens im Rahmen der Antragstellung, vor Entscheidung des Nachlassgerichts, beispielsweise bezüglich der Antragstellung durch einen der Beteiligten ein Vergleich abgeschlossen wird. Dann könnte eine Einigungsgebühr nach VV Nr. 1000 entstehen, wobei die Gebühr in einem außergerichtlichen Verfahren 1,5 und im Rahmen eines gerichtlichen Verfahrens maximal 1,0 beträgt.

---

89 BGH, 10.12.2004, VZR 120/04.
90 *Winkler*, Beurkundungsgesetz, § 17 Rn 212.
91 OLG Stuttgart NJOZ 2004, 1717; OLG-Stuttgart ZEV 2004, 381; Damrau/*Uricher*, § 2353 Rn 36.
92 *Bonefeld/Kroiß/Tanck*, Der Erbprozess, S. 817.

105 Die Bestimmung des Gegenstandswertes für die Gebührenberechnung des Rechtsanwaltes bestimmt sich dabei nach § 23 Abs. 1 RVG, §§ 18 ff. KostO. Die Berechnung hat also nach dem tatsächlichen Nachlasswert zu erfolgen. Lässt sich dieser nicht hinreichend bestimmen, hat wohl eine Bestimmung nach billigem Ermessen gemäß § 23 Abs. 3 RVG zu erfolgen. Zu beachten ist auch, dass nach § 7 RVG keine zusätzliche Gebühr anfällt, wenn der Rechtsanwalt für mehrere Auftraggeber tätig wird. Jedoch lässt 1008 VV RVG eine Erhöhung der Gebühr zu, sofern mehrere Auftraggeber vorhanden sind, wenn folgende Voraussetzungen gegeben sind:

– mehrere Auftraggeber,
– dieselbe Angelegenheit,
– Erhöhung bei Wertgebühren nur, soweit der Gegenstand der anwaltlichen Tätigkeit derselbe ist.

106 **Praxistipp:** Es empfiehlt sich stets eine schriftliche Honorarvereinbarung nach § 4 Abs. 1 RVG, sofern die Abrechnung gerade nicht nach dem RVG erfolgen soll. Zu beachten ist dabei, dass nach § 4 Abs. 1 S. 1 RVG die Vereinbarung nicht in der Vollmacht zur Mandatserteilung beinhaltet sein darf. Um künftigen Streit mit dem Mandanten über den Mandatsumfang zu vermeiden, ist anzuraten, den Mandatsumfang zu beschreiben. Ist zwischen dem Rechtsanwalt und dem Mandanten eine Stundenvergütung vereinbart worden, so ist dringend zu raten, dass der Rechtsanwalt exakt und nachvollziehbar schriftlich dokumentiert, welche Stunden für welche Tätigkeiten geleistet wurden. Auch sollte eine Regelung darüber getroffen werden, wie etwaige Spesen für Reisetätigkeiten und Auslagen für Kommunikation und Dokumentenvervielfältigung abgerechnet werden können.[93] Auch eine Regelung über die Umsatzsteuer sollte in die Vereinbarung mit aufgenommen werden. Gerade im Hinblick auf die sich verändernde Mehrwertsteuersatzhöhe zum 1.1.2007 bedarf es einer expliziten Regelung, wonach die Mehrwertsteuer in der jeweils gültigen Satzhöhe zum Zeitpunkt der Leistungserbringung zu erfüllen ist.

VII. Das Einziehungsverfahren nach § 2361 BGB

107 Sobald das Nachlassgericht festgestellt hat, dass ein Erbschein **unrichtig** ist, hat es den Erbschein nach § 2361 BGB einzuziehen. Mit Bewirkung der Einziehung wird der Erbschein **kraftlos** nach § 2361 Abs. 1 S. 2 BGB. Für die Praxis ist dabei jedoch zu beachten, dass erst zu dem Zeitpunkt, in dem die Urschrift und sämtliche erteilten Ausfertigungen beim Nachlassgericht wieder eingegangen sind, die Einziehung bewirkt ist. Erst dann tritt auch die Kraftlosigkeit des Erbscheins ein.[94] Abschriften eines Erbscheins werden nicht eingezogen.[95] Nunmehr ist in § 353 FamFG ausdrücklich geregelt, dass in dem Beschluss über die Einziehung oder Kraftloserklärung eines Erbscheins ausdürcklich festzustellen ist, wer die Kosten des Verfahrens zu tragen hat.

---

93 *Enders*, RVG für Anfänger, Rn 261 ff.
94 Palandt/*Edenhofer*, § 2361 Rn 10.
95 Soergel/*Zimmermann*, § 2361 Rn 22.

B. Der Erbschein § 6

1. Einziehungsverfahren/Kraftloserklärung

Übersicht

Einziehung nach § 2361 Abs. 1 BGB

Kraftloserklärung nach § 2361 Abs. 2 BGB wenn während des Einziehungsverfahrens festgestellt wird, dass der Erbschein oder eine Ausfertigung davon nicht erlangt werden können	Kraftloserklärung nach § 2361 Abs. 2 BGB wenn von vorneherein feststeht, dass der Erbschein oder eine Ausfertigung nicht zu erlangen sind

108

2. Das Verfahren der Einziehung eines unrichtigen Erbscheins

Das Nachlassgericht hat **von Amts wegen oder auf Antrag** einen **Einziehungsbeschluss** zu treffen, sobald es abschließend zu dem Ergebnis gelangt ist, dass der erteilte Erbschein unrichtig ist. Das Verfahren zur Einziehung kann nur von Amts wegen erfolgen, ein entsprechender Antrag ist als *Anregung* zu verstehen, wird aber vom Nachlassgericht in der Praxis meist zum Anlass für die Einziehungsanordnung genommen. Das Nachlassgericht kann auch eine bloße **Berichtigung** des erteilten Erbscheins vornehmen, dies kommt nur in sehr engen Grenzen in Betracht, nämlich wenn offenkundig Schreibfehler oder unerhebliche Falschbezeichnungen vorliegen.[96] In der Praxis kommt es immer wieder vor, dass auch noch lange Zeit nachdem ein Erbschein erteilt wurde, dessen Unrichtigkeit festgestellt wird. Auch wenn nach langer Zeit die Unrichtigkeit festgestellt wird, ist die Einziehung noch möglich, es gibt dafür keine zeitliche Begrenzung.[97]

109

Das Nachlassgericht hat die Einziehung anzuordnen, sobald es die Unrichtigkeit des Erbscheins festgestellt hat. Zu unterscheiden ist dabei die so genannte **formelle Unrichtigkeit**, wenn also im Erbscheinserteilungsverfahren Fehler erfolgt sind, aber der Inhalt des Erbscheins richtig ist und die so genannte **inhaltliche Unrichtigkeit**, also der Inhalt des Erbscheins unrichtig ist. Die inhaltliche Unrichtigkeit kann durch eine falsche Angabe eines Beteiligten oder durch ein später aufgetauchtes wirksames Testament entstehen.[98] Auch ein Testamentsvollstreckerzeugnis kann eingezogen werden, sofern es unrichtig ist.[99]

110

Die häufigsten in der Praxis vorkommenden Beispiele für eine inhaltliche Unrichtigkeit eines Erbscheins sind:[100]

111

– falscher Erbe,
– falsche Erbquote,
– kein oder unrichtiger Testamentsvollstreckervermerk,
– kein oder unrichtiger Nacherbenvermerk.

---

96 Palandt/*Edenhofer*, § 2361 Rn 2.
97 OLG Köln ZEV 2003, 466.
98 Soergel/*Zimmermann*, § 2361 Rn 3.
99 OLG Hamm NJW-RR 2004, 1448.
100 Damrau/*Uricher*, § 2361 Rn 3.

112 Nicht alle Fälle, die einen Nachlass oder Verfügungen darüber betreffen, bedingen jedoch eine Unrichtigkeit des Erbscheins:[101]
- Wechsel in der Person des Testamentsvollstreckers,
- Veräußerung eines Erbteils,
- Ausscheiden eines Miterben aus einer Erbengemeinschaft,
- Verpfändung eines Erbteils.

113 Die Zuständigkeit für die Einziehung eines unrichtigen Erbscheins ist eine ausschließliche. Es ist das Nachlassgericht, das den Erbschein ursprünglich erteilt hat, zuständig, auch für den Fall, dass es bei der Erteilung des Erbscheins unzuständig war.[102] Das Beschwerdegericht kann die Einziehung nicht anordnen, es kann lediglich das Nachlassgericht anweisen, den unrichtigen Erbschein einzuziehen.[103]

114 Die Ermittlungspflicht des Nachlassgerichts ist genauso ausgestaltet wie bei der Erteilung des Erbscheins. Das Nachlassgericht hat von Amts wegen sämtliche Tatsachen zu ermitteln, die für die Unrichtigkeit des Erbscheins maßgeblich sein können nach § 26 FamFG. Die von der Einziehung betroffenen Personen sind dabei in gleicher Weise zu hören wie bei dem Erbscheinsverfahren selbst auch.[104]

115 Das Nachlassgericht hat nach § 2361 Abs. 2 BGB, § 352 Abs. 1 FamFG den Erbschein durch Beschluss für **kraftlos** zu erklären. Die Voraussetzungen für diesen Beschluss sind neben der Unrichtigkeit des Erbscheins gemäß § 2361 Abs. 1 BGB, die Nichtrückgabe von wenigstens einer erteilten Ausfertigung oder der Urschrift des Erbscheins selbst.[105] Der Beschluss der Kraftloserklärung ist nicht zu begründen.[106]

116 Die **Gebühren** des Einziehungsverfahrens und auch für die Kraftloserklärung berechnen sich nach § 108 Abs. 1 iVm § 107 Abs. 2 bis 4 KostO; es wird eine ½ Gebühr veranschlagt.[107]

117 ▶ **Muster: Antrag auf Einziehung eines Erbscheins (Anregung); Vertretung durch Rechtsanwalt**

(Als Anregung zu verstehen, da das Einziehungsverfahren nur von Amts wegen erfolgen kann, also kein Antragsverfahren wie bei dem Erbscheinsverfahren selbst ist)

An das

Amtsgericht

– Nachlassgericht –

Frankfurt

Aktenzeichen: ▪▪▪

In der Nachlasssache

Stellen wir für unseren Mandanten Herrn ▪▪▪, wohnhaft in ▪▪▪, den

Antrag

unter beigefügter Anwaltsvollmacht, den nach dem Tode von ▪▪▪, gestorben am ▪▪▪, in ▪▪▪, zuletzt wohnhaft in ▪▪▪, erteilten Erbschein einzuziehen.

---

101 Soergel/*Zimmermann*, § 2361 Rn 11; Palandt/*Edenhofer*, § 2361 Rn 6.
102 Bumiller/*Winkler*, FGG, § 84 Rn 10.
103 Firsching/*Graf*, Rn 4.492.
104 Palandt/*Edenhofer*, § 2361 Rn 9.
105 Damrau/*Uricher*, § 2361 Rn 11.
106 MünchKomm/*Promberger*, § 2361 Rn 37.
107 Bumiller/*Winkler*, FGG § 84 Rn 19.

B. Der Erbschein § 6

Begründung:

Der Erbschein ist unrichtig, da unser Mandant nicht als Miterbe berücksichtigt wurde. Die bisher benannten beiden Miterben sind die beiden Söhne aus zweiter Ehe des Erblassers. Unser Mandant ist der erstgeborene Sohn des Erblassers aus dessen erster Ehe. Da unser Mandant in Spanien lebt, hat er erst jetzt von dem Erbfall Kenntnis erlangt. Der Erblasser ist ohne Verfügung von Todes wegen verstorben, so dass die gesetzliche Erbfolge zur Anwendung gelangt, wie das Nachlassgericht dies auch bereits in dem erteilten Erbschein festgestellt hatte. Deshalb ist unser Mandant als leiblicher Sohn des Erblassers zu 1/3 als Erbe berufen. Die Geburtsurkunde unseres Mandanten fügen wir bei. Wir regen deshalb an, den Erbschein als unrichtig einzuziehen.

...

Datum/Unterschrift ◄

▶ **Muster: Einziehungsanordnung durch das Nachlassgericht** 118

Beschluss

Es ergeht der Beschluss, dass der durch das Nachlassgericht Freiburg erteilte Erbschein nach dem Tod des Herrn ..., gestorben am ..., in ..., geboren am ..., zuletzt wohnhaft in ..., als unrichtig eingezogen wird.

Gründe

Der erteilte Erbschein ist unrichtig, da das diesem Erbschein zu Grunde gelegte Erbrecht falsch ist. Der durch den Erbschein als Alleinerbe ausgewiesene Erbe Herr ... hat das Testament gefälscht, wie das Nachlassgericht nun durch ein Schriftgutachten des Gutachters Herrn Prof. Dr. ... festgestellt hat. Da damit keine wirksame Verfügung von Todes wegen vorliegt, kommt das gesetzliche Erbrecht zur Anwendung, wonach der bisherige Alleinerbe nicht Erbe wird. Der bisher erteilte Erbschein ist deshalb als unrichtig einzuziehen.

Verfügung

Ausfertigung des Beschlusses ist an den Erbscheinserben zuzustellen.

Zusatz

Der Erbschein in seiner Urschrift wie auch die am 1.2.2005 erteilte Ausfertigung ist innerhalb einer Woche an das Nachlassgericht Freiburg herauszugeben. Der Erbscheinserbe hat umgehend mitzuteilen, wo sich die erteilte Ausfertigung befindet, falls er nicht mehr im Besitz der Ausfertigung ist. Falls er keine Kenntnis über den Verbleib der Ausfertigung hat, so hat er dies ebenfalls umgehend mitzuteilen. Falls der Erbscheinserbe dieser Aufforderung nicht innerhalb einer Woche nachkommt, kann gegen ihn ein Zwangsgeld in Höhe von ... EUR festgesetzt werden. Sollte der Erbscheinserbe den Erbschein oder die Ausfertigung nicht rechtzeitig oder gar nicht herausgeben, wird die Kraftloserklärung nach § 2361 Abs. 2 BGB erfolgen, deren Kosten von dem Erbscheinserben zu tragen sind. ◄

▶ **Muster: Kraftloserklärung eines Erbscheins** 119

Beschluss

I. Es ergeht der Beschluss, dass der durch das Amtsgericht – Nachlassgericht – ... erteilte Erbschein nach dem Tode der Frau ..., gestorben am ..., in ..., geboren am ..., zuletzt wohnhaft in ..., für kraftlos erklärt wird.

II. Die Zustellung erfolgt durch Aushängung der Ausfertigung dieses Beschlusses an der Gerichtstafel des Amtsgerichts. ◄

120 Da der erteilte Erbschein **öffentlichen Glauben** entfaltet (§ 2366 BGB), ist es im Interesse des wirklichen Erben, so rasch wie möglich Rechtssicherheit zu erlangen, wonach der unrichtig erteilte Erbschein so schnell wie möglich an das Nachlassgericht herausgegeben wird, denn solange der Erbschein sich im Verkehr befindet, entfaltet er auch seine Wirkung nach § 2366 BGB.

121 Dem wirklichen Erben steht deshalb ein **Herausgabe- und Auskunftsanspruch** zu.

122 Er hat nach § 2362 Abs. 1 BGB einen Herausgabeanspruch gegen den Besitzer des erteilten Erbscheins. Das Gesetz gibt dem wirklichen Erben neben dem Verfahren nach § 2361 BGB einen eigenen Anspruch auf Herausgabe des **unrichtigen Erbscheins** gegen den tatsächlichen Besitzer. Der wirkliche Erbe erhält damit einen eigenen, prozessual verfolgbaren Anspruch auf Herausgabe des Erbscheins an das Nachlassgericht gegen denjenigen, der den unrichtigen Erbschein im Besitz hält.[108] Der wirkliche Erbe kann also aus eigenem Anspruch heraus die Herausgabe des unrichtigen Erbscheins einklagen.

123 Daneben hat der wirkliche Erbe nach § 2362 Abs. 2 BGB auch einen **Auskunftsanspruch**. Dieser Anspruch richtet sich gegen denjenigen, dem der unrichtige Erbschein erteilt wurde, aber auch gegen denjenigen, der lediglich eine Ausfertigung erteilt bekommen hat, sowie gegen den Erbschaftsbesitzer.[109]

124 **Praxistipp:** In der Rechtspraxis kommt ein Zivilverfahren, das auf einen Anspruch aus § 2362 BGB gestützt wird, so gut wie nie vor. Zum einen trägt der Kläger die Beweislast und zum anderen auch das Kostenrisiko. Diese Risiken trägt der wirkliche Erbe alle nicht bei dem Verfahren nach § 2361 BGB, denn dieses ist ein Amtsermittlungsverfahren. In der Rechtspraxis wird in aller Regel auch nur dieser Weg verfolgt, um die Einziehung eines unrichtigen Erbscheins zu erreichen.

VIII. Die Rechtsmittel im Erbscheinsverfahren

1. Beschwerde gegen die Ablehnung der Erteilung eines bestimmten Erbscheins

125 Ablehnung des Erbscheinantrages
↓
Beschwerde § 58 FamFG, § 11 Abs. 1 RPflG
↓
Zuständig Oberlandesgericht
↓
Weitere Beschwerde (Rechtsbeschwerde), § 70 Abs. 1 FamFG gegen Entscheidung des Beschwerdegerichts, zuständig Bundesgerichtshof

Zu beachten ist dabei auch, dass gegen die Weigerung des Nachlassgerichts, einen bestimmten vom Antragsteller begehrten Erbschein zu erteilen, nach § 58 FamFG die **sofortige Beschwerde** zulässig ist. Selbst wenn ein Rechtspfleger entschieden hat, verweist § 11 Abs. 1 RPflG auf den Beschwerdeweg nach § 58 FamFG. Diese ist jedoch immer befristet ausgestaltet nach § 63 FamFG. Die Notfrist beträgt dabei **ein Monat**. **Beschwerdeberechtigt** ist jedermann, der durch

---

108 MünchKomm/*Mayer*, § 2362 Rn 1.
109 Soergel/*Zimmermann*, § 2362 Rn 3; Palandt/*Edenhofer*, § 2362 Rn 2.

B. Der Erbschein § 6

die Ablehnung des Erbscheinantrages in seinen Rechten beeinträchtigt ist. In der Folge haben der Miterbe, wenn der Erbschein ihn nicht als Erben ausweist, und der Nachlassgläubiger, der einen vollstreckbaren Titel besitzt, ein Beschwerderecht.[110] Nach § 61 Beschwerde nur zulässig in Vermögensangelegenheiten, sofern der Beschwerdewert höher als Euro 600,00.

Dem Antragsteller steht gegen die Weigerung des Nachlassgerichts, einen bestimmten vom Antragsteller begehrten Erbschein zu erteilen, nach § 58 FamFG die **Beschwerde** zu. Dies gilt auch für den Fall, dass ein Rechtspfleger entschieden hat, § 11 Abs. 1 RPflG. **Beschwerdeberechtigt** ist jedermann, der durch die Ablehnung des Erbscheinsantrages in seinen Rechten beeinträchtigt ist. In der Folge haben der Miterbe, wenn der Erbschein ihn nicht als Erben ausweist, und der Nachlassgläubiger, der einen vollstreckbaren Titel besitzt, ein Beschwerderecht.[111] 126

Das Oberlandesgericht ist **zuständig** für die Beschwerde nach § 58 FamFG. Für eine Beschwerde gegen die Ablehnung eines beantragten Hoferbfolgezeugnisses ist nach § 22 LwVG auch das Oberlandesgericht zuständig.[112] Das Beschwerdegericht hat die gesamte Sach- und Rechtslage zu überprüfen und seine Entscheidung sachlich und rechtlich zu begründen.[113] 127

Zu berücksichtigen ist dabei, dass die Beschwerde **keine aufschiebende Wirkung** entfaltet, da § 64 FamFG voraussetzt, dass sich die Beschwerde gegen eine Verfügung richtet, durch die ein Ordnungs- oder Zwangsmittel festgesetzt wird. Das Beschwerdegericht hat jedoch keine Befugnis, ein Verfügungsverbot für die Erbscheinserben zu erlassen, weshalb die Beschwerde keine aufschiebende Wirkung entfaltet.[114] Die Zulässigkeit der Beschwerde wird durch die Erteilung eines Erbscheins an einen anderen Erben im Rechtsmittelverfahren nicht berührt.[115] 128

Wichtig für die Entscheidung, ob eine Beschwerde eingelegt werden soll, ist der Grundsatz, wonach das Verbot der **reformatio in peius** auch im Beschwerderecht zur Anwendung gelangt. Das Beschwerdegericht ist in seiner Entscheidung an den Antrag des Beschwerdeführers gebunden. Es darf in seiner Entscheidung den Verfahrensgegenstand nicht erweitern.[116] 129

Die Entscheidung des Beschwerdegerichts, wonach ein bestimmter Erbschein zu erteilen ist, entfaltet **absolute Bindungswirkung** für das zuständige Nachlassgericht. Dieses kann also bei der Erteilung des Erbscheins nicht mehr von der Entscheidung des Beschwerdegerichts abweichen.[117] Umgekehrt besteht jedoch **keinerlei Bindungswirkung für das Beschwerdegericht** an das Ergebnis des Erbscheinsverfahrens.[118] Gegen die Entscheidung des Beschwerdegerichts ist nach § 70 FamFG **die Rechtsbeschwerde** zulässig. Diese kann nach § 71 Abs. 1 FamFG bei Rechtsbescherdegericht (BGH) innerhalb eines Monats einzulegen. 130

Die neu geregelte Rechtsbeschwerde die in §§ 70–75 FamFG geregelt ist, entspricht der in §§ 574 ff ZPO geregelte Rechtsbeschwerde. 131

Die Rechtsbeschwerde ist inhaltlich wie die Revisionsinstanz ausgestaltet, da lediglich geprüft wird, ob die Rechtsanwendung in der Vorinstanz korrekt erfolgt ist. Es muss also als Begründung der Beschwerde eine Gesetzesverletzung angeführt werden.[119] Das Rechtsbeschwerdege- 132

---

110 *Damrau/Uricher*, Erbrecht, § 2353 Rn 32; *Bumiller/Winkler*, FGG, § 20 Rn 26.
111 Damrau/*Uricher*, § 2353 Rn 32; Bumiller/*Winkler*, § 20 Rn 26.
112 Bumiller/*Winkler*, § 19 Rn 33.
113 Bumiller/*Winkler*, § 25 Rn 10; aA OLG Frankfurt ZErb 2001, 183.
114 Bumiller/*Winkler*, § 24 Rn 1.
115 BayObLG ZErb 2001, 105 ff.
116 Bumiller/*Winkler*, § 25 Rn 5; *Sprau*, ZAP 1997, 1089 ff; Palandt/*Edenhofer*, § 2353 Rn 30.
117 Lange/*Kuchinke*, § 39 III.
118 OLG München, Anm. v. *Damrau*, ZEV 1995, 459; BayObLG FamRZ 1993, 334 ff.
119 Bumiller/*Winkler*, FGG § 27 Rn 12.

richt legt grundsätzlich den durch das Beschwerdegericht festgestellten Sachverhalt für seine Entscheidung zu Grunde.¹²⁰

133 Die **Kosten** für eine Beschwerde berechnen sich nach § 131 Abs. 1 Nr. 1 KostO. Es wird dabei eine ½ Gebühr veranschlagt.

134 Für den beauftragten Rechtsanwalt ist dabei zu beachten, dass der **Beschwerdeberechtigte** nach §§ 58 ff FamFG berechtigt ist, mit einem Beistand am Verfahren teilzunehmen oder sich durch einen Bevollmächtigten vertreten zu lassen. Die Fähigkeit, Beistand oder Stellvertreter zu sein, richtet sich nach den Bestimmungen des Bürgerlichen Gesetzbuches, die Person des Beistandes oder Bevollmächtigten muss also geschäftsfähig sein.¹²¹ Obgleich das Beschwerdeverfahren vor dem Landgericht stattfindet, besteht kein **Anwaltszwang**, da §§ 58 ff FamFG für dieses Verfahren maßgeblich sind und § 78 ZPO nicht zur Anwendung gelangt. Trotzdem ist sicherlich zu empfehlen, dass der Mandant nicht ohne Begleitung des Rechtsanwaltes einen Termin im Beschwerdeverfahren wahrnimmt.

135 ▶ **Muster: Beschwerdeverwerfung**

Beschluss

I. Die Beschwerde wird verworfen.
II. Gründe
   1. Sachliche
   2. Rechtliche
III. Kostenentscheidung nach § 131 Abs. 1 Nr. 1 KostO ◀

2. Die Beschwerde gegen einen erteilten Erbschein

136 Eine Beschwerde gegen einen erteilten Erbschein ist unzulässig, da die Wirkungen des Erbscheins rückwirkend nicht mehr beseitigt werden können, aufgrund des öffentlichen Glaubens, mit dem dieser nach § 2366 BGB ausgestattet ist. Mit der hM ist eine Beschwerde gegen einen erteilten Erbschein deshalb als Antrag auf Einziehung des Erbscheins umzudeuten.¹²² Im Übrigen gelten die weiteren Voraussetzungen für die Beschwerde auch für diese Art von Beschwerde.

137 ▶ **Muster: Stattgebende Beschwerde hinsichtlich der Einziehung eines Erbscheins**

Beschluss

I. Der Beschluss des Amtsgericht – Nachlassgericht – ... vom ... über die Erteilung des Erbscheins nach dem Tode des am ... in ... verstorbenen Herrn ..., zuletzt wohnhaft in ..., Aktenzeichen: ... wird aufgehoben.
II. Das Amtsgericht wird angewiesen, den erteilten Erbschein Aktenzeichen: ... einzuziehen. ◀

3. Die Beschwerde gegen Einziehung/Kraftloserklärung

138 Auch gegen die Einziehung und gegen die Kraftloserklärung eines Erbscheins steht dem Beteiligten die Beschwerde nach § 58 ff FamFG zu. Eine Beschwerde ist aber dann nicht mehr zulässig, wenn die Einziehung des Erbscheins tatsächlich erfolgt ist. Denn sobald dieser in die

---
120 BayObLG NJW-RR 1996, 1478.
121 Bumiller/*Winkler*, FGG § 13 Rn 10.
122 Soergel/*Zimmermann*, § 2353 Rn 51; *Demharter*, FamRZ 1991, 618 ff.

B. Der Erbschein § 6

Verfügungsmacht des Nachlassgerichts gelangt ist, entfällt das Beschwerderecht.[123] Wurde ein Erbschein eingezogen, kann eine Beschwerde gegen die Einziehung nicht mehr erfolgen, sondern lediglich eine Beschwerde mit der Absicht, die Erteilung eines neuen Erbscheins zu erreichen.[124]

Beschwerdeberechtigt ist der Antragsteller. Ein Beschwerderecht des Nacherben gegen die Einziehung des einem Vorerben erteilten Erbscheins ist nicht gegeben.[125] 139

IX. Der einstweilige Rechtsschutz

Auch im Erbscheinsverfahren spielt die Möglichkeit, eine Eilentscheidung herbeiführen zu müssen, eine nicht unerhebliche Rolle in der Rechtspraxis. Grund dafür ist, dass in bestimmten Fällen nicht unerhebliche Zeit verstreicht, bis das Nachlassgericht beispielsweise einen unrichtigen Erbschein einzieht oder für kraftlos erklärt. Denn auch im Einziehungsverfahren hat das Nachlassgericht nach § 2361 Abs. 3 BGB eine erhebliche Ermittlungspflicht, nämlich die Sach- und Rechtslage umfangreich zu ermitteln, gleich wie bei der Erteilung eines Erbscheins iSv § 2358 BGB.[126] 140

Daneben ist allein durch die Frist von einem Monat (§ 2361 Abs. 2 S. 3 BGB) ein langer Zeitraum gegeben, der dem Erbscheinserben erheblich Zeit lässt, den Nachlass zum Nachteil des tatsächlichen Erben verschwinden zu lassen. Zu beachten ist dabei aber, dass eine einstweilige Einziehung eines Erbscheins nicht angeordnet werden kann.[127] 141

1. Die einstweilige Anordnung der Rückgabe des Erbscheins zu den Akten

Das **Beschwerdegericht** kann nach § 49 FamFG durch eine einstweilige Anordnung die Rückgabe des Erbscheins zu den Akten des Nachlassgerichts anordnen.[128] Zu beachten ist dabei, dass diese Anordnung nicht dieselbe Wirkung wie der Einziehungsbeschluss nach § 2361 Abs. 1 BGB hat.[129] Denn durch die einstweilige Anordnung der Rückgabe wird der öffentliche Glaube, mit dem der Erbschein nach § 2366 BGB ausgestattet ist, nicht beseitigt.[130] Erst mit der tatsächlichen Einziehung wird der öffentliche Glaube des Erbscheins beseitigt. 142

2. Der Antrag auf Erlass einer einstweilig Verfügung nach §§ 2362 BGB, 935 ZPO

Der wirkliche Erbe hat nach § 2362 BGB einen Anspruch auf Herausgabe des Erbscheins vom Besitzer des unrichtigen Erbscheins an das Nachlassgericht. Demzufolge hat er auch einen Anspruch darauf, dass eine einstweilige Verfügung den Anspruch auf Herausgabe des unrichtigen Erbscheins absichert.[131] Es gilt jedoch auch für dieses Verfahren, dass der öffentliche Glaube des Erbscheins erst beseitigt ist, wenn im Verfahren der Hauptsache der Erbschein nach § 2362 BGB an das Nachlassgericht herausgegeben wurde.[132] 143

---

123 Soergel/*Zimmermann*, § 2361 Rn 24; Palandt/*Edenhofer*, § 2361 Rn 14.
124 Palandt/*Edenhofer*, § 2361 Rn 14.
125 Bumiller/*Winkler*, FGG, § 20 Rn 26; OLG Köln Rpfleger 1984, 102.
126 Soergel/*Zimmermann*, § 2361 Rn 23.
127 OLG Köln OLGZ 1990, 303; Bumiller/*Winkler*, FGG, § 24 Rn 4.
128 Bumiller/*Winkler*, FGG, § 24 Rn 4.
129 Palandt/*Edenhofer*, § 2361 Rn 11; Bonefeld/Kroiß/Tanck/*Kroiß*, Der Erbprozess, S. 768.
130 MünchKomm/*Mayer*, § 2361 Rn 39.
131 MünchKomm/*Mayer*, § 2361 Rn 39.
132 Palandt/*Edenhofer*, § 2362 Rn 1.

144 ▶ **Muster: Antrag auf Erlass einer einstweiligen Anordnung zur Rückgabe des Erbscheins zu den Akten des Nachlassgerichts**

Antrag

auf Rückgabe des Erbscheins zu den Akten des Nachlassgerichts Heilbronn und Erlass einer einstweiligen Anordnung.

Wir beantragen unter beigefügter Anwaltsvollmacht Namens unserer Mandantin, Frau ..., dass der nach dem Todes der am ... in ... verstorbenen Frau ..., zuletzt wohnhaft in ..., an deren Sohn ..., wohnhaft in ... erteilte Erbschein, – Aktenzeichen ... – zu den Akten des Nachlassgerichts Heilbronn zurückgegeben wird.

Begründung

Der erteilte Erbschein ist unrichtig. Wie jetzt erst bekannt wurde, hatte die Erblasserin kurz vor ihrem Tode noch ein weiteres handschriftliches Testament verfasst, welches sich in ihren persönlichen Sachen befand und erst jetzt aufgefunden wurde.

Beweis: Beglaubigte Abschrift des Eröffnungsprotokolls

Durch dieses Testament, auf dessen Grundlage der Sohn ... den Erbschein als Alleinerbe erlangt hat, ist dieser Erbschein unrichtig geworden, da das Testament mit dem jüngeren Datum den Sohn lediglich als Miterbe zu ½ neben seiner Schwester, unserer Mandantin ausweist.

Da der Sohn bereits begonnen hat, über einzelne Nachlassgegenstände zu verfügen, und zu befürchten steht, dass er rasch weiter über den Nachlass verfügen wird, ist eine kurzfristige Entscheidung geboten. Es ist deshalb eine einstweilige Anordnung auf Rückgabe des Erbscheins zu den Akten des Nachlassgerichts Heilbronn geboten. ◀

3. Die Bindungswirkung des Erbscheinsverfahrens/Beschwerdeverfahren

145 Von besonderer Bedeutung für die Rechtspraxis ist, dass die Ergebnisse des Erbscheinsverfahrens grundsätzlich keine Bindungswirkung für das angerufene Prozessgericht entfalten.[133] Das angerufene Prozessgericht kann das Verfahren auch nicht bis zum Abschluss des Erbscheinsverfahrens **aussetzen** wegen § 148 ZPO. Das Nachlassgericht ist jedoch an das Ergebnis des Prozessgerichts gebunden.[134] Auch kann das Nachlassgericht das Erbscheinsverfahren **aussetzen** bis das Prozessgericht in einem Erbprätendentenstreit entschieden hat.[135] Die Beteiligten eines Erbscheinsverfahrens können sich in einem **Vergleich** darauf verständigen, einen bestimmten Erbscheinsantrag nicht mehr durch Verfahrensrechte anzugehen, jedoch können sich die Beteiligten nicht über das Erbrecht selbst durch den Vergleich verständigen.[136] Insbesondere ist das Nachlassgericht auch nicht an einen **Auslegungsvertrag**, also eine Vereinbarung der Beteiligten über die Auslegung einer letztwilligen Verfügung von Todes wegen, gebunden.[137] Lediglich eine Mindermeinung spricht einem solchen Vergleich eine Bindungswirkung für das Prozessgericht zu.[138]

---

133 BayObLG FamRZ 1999, 334; Soergel/*Zimmermann*, § 2353 Rn 57; OLG München, Anm. *Damrau*, ZEV 1995, 459.
134 Lange/*Kuchinke*, § 39 III.
135 Damrau/*Uricher*, § 2353 Rn 33; Palandt/*Edenhofer*, Überbl. v. § 2353 Rn 7.
136 KG FGPrax 2004, 31.
137 Soergel/*Zimmermann*, § 2353 Rn 58.
138 Lange/*Kuchinke*, § 34 IV 3 c, d.

B. Der Erbschein § 6

Daneben ist auch das Grundbuchamt an die Ergebnisse des Erbscheinsverfahrens gebunden, es darf **keine eigenen Ermittlungen** anstellen.[139]

Praxistipp: Zwar ist das Prozessgericht nicht an die Ergebnisse des Erbscheinsverfahrens gebunden, aber prozesstaktisch kann der erteilte Erbschein für die Partei, die sich auf seine Richtigkeit beruft, doch ggf gegenüber dem Prozessgericht eine indizierende Wirkung entfalten.

Es ist für die Praxis auch zu beachten, dass für den Fall, dass ein bestimmter Erbschein erteilt oder der Antrag zurückgewiesen wurde, damit das Erbscheinsverfahren **abgeschlossen** ist. Jeglicher neue Antrag auf Erteilung eines bestimmten Erbscheins, auch wenn er inhaltsgleich derselbe ist, wie er schon einmal beantragt wurde und dessen Erteilung das Nachlassgericht durch Entscheidung abgewiesen hat, führt zu einem neuen Erbscheinsverfahren.[140] Der Antrag auf Erteilung eines Erbscheins kann jederzeit bis zum Abschluss des Erbscheinsverfahrens zurückgenommen werden.[141]

X. Erbennachweis im Handelsregister

In vielen Fällen wird ein Erbschein auch für die erforderlichen Änderungen im Handelsregister benötigt, die nach dem Tode eines eingetragenen Kaufmanns oder dem Gesellschafter einer Handelsgesellschaft erforderlich sind, um die Rechtsnachfolge auch im Außenverhältnis zu dokumentieren.

Bei einer Firma, die nach dem Tode des Inhabers fortgeführt wird, tritt der Erwerber nach §§ 27, 25 HGB in die Haftung für alle bis zu diesem Zeitpunkt entstandenen Verbindlichkeiten ein.

Für den Fall, dass sich der Erbe dazu entscheidet die Firma fortzuführen, muss er dies entsprechend zum Handelsregister eintragen nach § 31 Abs. 1 HGB, sofern es sich um ein Handelsgeschäft handelt. Ebenso hat der Erbe auch die Einstellung nach § 27 Abs. 2 HGB zum Handelsregister anzumelden nach § 31 Abs. 2 HGB. Die Anmeldung der Einstellung hat der Erbe vorzunehmen.[142]

▶ **Muster: Anmeldung der Firmenfortführung eines Einzelunternehmens**[143]

An das Amtsgericht

– Handelsregister –

PLZ, Ort

HRA

Zur Eintragung im Handelsregister A 000, der Firma
Max Müller e.K.

mit Sitz in ---, melde ich an:

Der bisherige alleinige Inhaber der Firma Max Müller e.K., Herr Max Müller, geboren am ---, geschäftsansässig in ---, ist am --- in --- verstorben. Aus dem in Ausfertigung beigefügten Erbschein des Nachlassgerichts --- vom ---, ergibt sich, dass ich als dessen Alleinerbe berufen bin.

---

139 *Schöner/Stöber*, Grundbuchrecht, Rn 788.
140 *Soergel/Zimmermann*, § 2353 Rn 27; *Palandt/Edenhofer*, § 2353 Rn 14.
141 *Münchkomm/Mayer*, § 2353 Rn 87.
142 *Baumbach/Hopt*, HGB, 31. Aufl. 2003, § 31 Rn 8.
143 *Gustavus*, Handelsregister-Anmeldungen, 6. Aufl. 2005, S. 21.

Hiermit zeige ich Fritz Müller, geboren am ..., wohnhaft in ... an, dass sowohl die Firma wie auch der Geschäftsbetrieb – Max Müller e.K., HRA 000 – kraft Erbfolge auf mich übergegangen ist.

Die Firma wird künftig von mir wie folgt fortgeführt:

Max Müller e.K., Inhaber Fritz Müller[144]

Für die fortgeführte Firma zeichnet der Inhaber seine Namensunterschrift wie folgt:

Es wird beantragt, nach dem Vollzug einen beglaubigten Registerauszug an die Firma zu senden.

Ort/Datum

Unterschrift

UR I Nr. ...derungen/00

Beglaubigung

Vorstehende, vor mir vollzogene Zeichnung der Namensunterschrift unter Angabe der Firma und die vor mir vollzogene Unterschrift unter der Anmeldung von

Herrn Fritz Müller, geboren am ..., wohnhaft in ... – ausgewiesen durch Bundespersonalausweis – beglaubige ich.

Ort/Datum

Notar

Die anfallenden Kosten für den Notar ergeben sich aus: § 41 a Abs. 4 Nr. 4 KostO, als Geschäftswert werden 25.000,– EUR angenommen und als Gebühr fällt eine 5/10 Gebühr an nach §§ 32, 141, 45, 145, 38 Abs. 2 Nr. 7 KostO.

Die Kosten des Gerichts ergeben sich aus: § 2 Abs. 2 S. 2 HregGebV, Ausscheiden des Erblassers GVHR 1500 40,00 EUR; Eintritt des Erben GVHR 1100 50,00 EUR; Änderung der Firma GVHR 1506 50,00 EUR. ◄

153 ▶ Muster: Anmeldung der Einstellung eines Einzelunternehmens[145]

An das Amtsgericht

– Handelsregister –[146]

Zur Eintragung im Handelsregister A 000, der Firma

Max Maier e.K.

Sitz in ..., melden ich an:

Hiermit zeige ich an, dass die Firma erloschen ist.

Der bisherige Geschäftsbetrieb der Firma wurde mit Wirkung zum ... aufgegeben.

Ort/Datum

Unterschrift

UR I Nr. .../00

---

144 Baumbach/*Hopt*, HGB, § 22 Rn 15.
145 *Gustavus*, Handelsregister-Anmeldungen, S. 27.
146 Text wie bei der Anmeldung der Fortführung Muster 26.

B. Der Erbschein

Beglaubigung

Vorstehende, vor mir vollzogene Zeichnung der Namensunterschrift unter Angabe der Firma und die vor mir vollzogene Unterschrift unter der Anmeldung von

Herrn Fritz Maier, geboren am ..., wohnhaft in ... – ausgewiesen durch Bundespersonalausweis – beglaubige ich.

Ort/Datum

...

Notar ◄

Die Anmeldung zum Handelsregister hat stets in beglaubigter Form nach § 12 HGB zu erfolgen. 154

§ 7 Gestaltung von letztwilligen Verfügungen

Literatur: *Bonefeld*, Die Verjährungsvereinbarung als testamentarisches Gestaltungsmittel, ZErb 2002, 321; *Damrau*, Die Wohnung des Erblassers – Herausgabe, Betreten, Nutzungsentschädigung, ZErb 2009, 322; *Damrau*, Das Behindertentestament mit Vermächtnislösung, ZEV 1998, 1; *Damrau/J. Mayer*, Zur Vor- und Nachvermächtnislösung beim Behindertentestament, ZEV 2001, 293; *Daragan*, Nochmals: Klauseln zum „gemeinsamen Versterben" in Ehegattentestamenten: Ende eines Mythos?, ZErb 2006, 119; *Everts*, Letztwillige Verfügungen zugunsten überschuldeter und bedürftiger Personen, ZErb 2005, 353; *Everts*, Neues zum Erbschaftsteuervermächtnis, ZErb 2004, 373; *Feick*, Klauseln zum „gemeinsamen Versterben" in Ehegattentestamenten: Ende eines Mythos? – Zivilrechtliche und erbschaftsteuerliche Folgen, ZEV 2006, 16; *Feick*, Neue Gestaltungsüberlegungen zur Vermächtnisanordnung – die Möglichkeit der Negativabgrenzung, ZErb 2002, 86; *Geck*, Gestaltungsüberlegungen bei Grundstücksvermächtnissen unter Berücksichtigung des orbiter dictum des BFH, ZEV 2006, 201; *Hardt*, Wertpapiervermögen als Vermächtnis – zugleich eine Untersuchung über die Reichweite des § 2184 BGB, ZErb 2000, 103; *Ivo*, Die Erbschaftsausschlagung zwecks Pflichtteilsgeltendmachung beim Behindertentestament, ZErb 2004, 174; *Jülicher*, Strenge Bindung des Längstlebenden beim Berliner Testament – § 15 Abs. 3 ErbStG, ZEV 1996, 18; *Kornexl*, Geld-, Immobilien- und Hausratsvermächtnis: Risiken für den Verteilungsplan des Erblassers und gestalterische Vorsorge, ZErb 2002, 142 und 173; *Limmer*, Testamentsgestaltung bei überschuldeten Erben im Hinblick auf die Auswirkungen des Verbraucherinsolvenz- und Restschuldbefreiungsverfahrens, ZEV 2004, 133; *Ludyga*, Die Berücksichtigung von Pflegeleistungen gemäß § 2057 a BGB nach der Erbrechtsreform, ZErb 2009, 289; *J. Mayer*, Die Auswirkungen der Erbrechtsreform auf die Kautelarpraxis, ZEV 2010, 2; *J. Mayer*, Erbschaftsteuer sparen um jeden Preis?, DStR 2004, 1409; *J. Mayer*, Berliner Testament ade? – Ein Auslaufmodell wegen zu hoher Erbschaftsteuerbelastung?, ZEV 1998, 50; *J. Mayer*, Das Behindertentestament in der Zukunft, ZErb 2000, 16; *J. Mayer*, Der superbefreite Vorerbe? – Möglichkeiten und Grenzen der Befreiung des Vorerben, ZEV 2000, 1; *Muscheler*, Grundlagen der Erbunwürdigkeit, ZEV 2009, 58; *Mundanjohl/Tanck*, Die Problematik des § 2306 Abs. 2 BGB und des § 1371 Abs. 2 Halbsatz 2 BGB beim Behindertentestament, ZErb 2006, 177; *Riedel*, Nießbrauchsvermächtnis als Alternative zur Vor- und Nacherbschaft, ZErb 2003, 44; *Rossak*, Letztwillige Verfügungen von Heimbewohnern zugunsten des Heimträgers oder von Heimmitarbeitern, ZEV 1996, 41; *Suyter*, Neue Probleme bei der Testamentsgestaltung wegen § 14 HeimG, ZEV 2003, 104; *Winkler*, Unternehmertestament und Gesellschaftsvertragliche Nachfolgeklauseln, ZErb 2006, 195; *Zimmer*, Der Widerruf wechselbezüglicher Verfügungen bei Geschäftsunfähigkeit des Widerrufsgegners, ZEV 2007, 159.

A. Vorfragen zur Testamentsgestaltung 1	b) Unwirksamkeit einer Erbeinsetzung bestimmter Personen 50
I. Pflichten bei der Testamentsgestaltung 1	3. Die Schranken der Testierfreiheit nach § 138 BGB 51
1. Pflichten des Beraters 1	
2. Interessenkonflikt bei der Beratung bezüglich eines Ehegattentestaments .. 2	4. Die Schranken der Testierfreiheit aufgrund bindender Verfügung von Todes wegen 53
3. Prüfungs- und Belehrungspflicht des Notars 4	a) Gemäß §§ 2270, 2271 Abs. 1 S. 2 BGB 53
II. Die Erfassung des Sachverhaltes 9	b) Beseitigung der Bindungswirkung beim gemeinschaftlichen Testament 59
III. Die Vererblichkeit des Nachlasses 18	
1. Das Prinzip der Universalsukzession .. 18	
2. Besonderheiten bei der Vererbung einzelner Nachlassgegenstände 19	c) Aufhebung der Bindungswirkung nach Eintritt des Todesfalles 62
IV. Die Schranken der Testierfreiheit 27	d) Bindungswirkung beim Erbvertrag 63
1. Die Schranken des Pflichtteilsrechts ... 27	5. Die Testierfähigkeit als Schranke der Testierfreiheit 67
a) Die Wirksamkeit angeordneter Beschränkungen und Beschwerungen 27	V. Form der Testamentserrichtung 72
	1. Das eigenhändige Testament 72
b) Die Pflichtteilsentziehung nach §§ 2333 ff BGB 29	2. Das notarielle Testament 78
	B. Der Inhalt eines Testaments 80
c) Die Pflichtteilsbeschränkung in guter Absicht 42	I. Die Bestimmung der Erben 80
2. Die Schranken der Testierfreiheit gem. § 14 HeimG und öffentlicher Vorschriften 48	1. Die Einsetzung eines unbeschränkten Erben (Vollerbeneinsetzung) 80
	2. Die Bestimmung des Ersatzerben für den Vollerben 89
a) Unwirksamkeit nach § 14 HeimG 48	

a) Wegfallgründe 89
b) Die Anordnung eines Ersatzerben (§ 2096 BGB) 90
c) Ersatzerbfolge bei Zuwendungsverzicht 92
d) Die vermutete Ersatzerbenbestimmung (§§ 2068, 2069 BGB) 94
e) Die Anwachsung nach § 2094 BGB 97
3. Die Bestimmung eines Vor- und Nacherben 99
a) Allgemeines 99
b) Anwendungsbereich der Vor- und Nacherbschaft 102
c) Die Bestimmung des Vorerben 103
d) Der Eintritt des Nacherbfalls 106
e) Die Bestimmung eines Ersatzvorerben 108
f) Die Vererblichkeit des Nacherbenanwartschaftsrechts 111
g) Der befreite Vorerbe 114
II. Bestimmungen für die Auseinandersetzung der Erbengemeinschaft 122
1. Die Teilungsanordnung nach § 2048 BGB 122
2. Das Vorausvermächtnis 126
Exkurs: Unterscheidung zwischen Teilungsanordnung und Vorausvermächtnis 128
3. Die sog. überquotale Teilungsanordnung 133
4. Das Übernahmerecht 136
5. Teilungsverbot im Sinne des § 2044 BGB 141
III. Die Bestimmung von Vermächtnissen 144
1. Allgemeines 144
2. Sicherung der Position des Vermächtnisnehmers 155
3. Kosten der Vermächtniserfüllung 157
4. Belastungen auf den Vermächtnisgegenstand 159
5. Die verschiedenen Arten von Vermächtnissen 160
a) Verschaffungsvermächtnis 161
b) Bestimmungsvermächtnis 163
c) Wahlvermächtnis 166
d) Zweckvermächtnis 168
e) Universalvermächtnis 171
f) Vor- und Nachvermächtnis 172
g) Das Untervermächtnis 175
6. Der Inhalt eines Vermächtnisses 177
a) Das Gegenstandsvermächtnis, Sachvermächtnis 178
b) Das Grundstücksvermächtnis 180
c) Das Hausratsvermächtnis 182
d) Die Zuwendung von Geld 184
e) Die Zuwendung einer monatlichen Rente 189
f) Das Nießbrauchsvermächtnis 192
aa) Nießbrauch an Sachen 193
bb) Nießbrauch an Aktien, GmbH-Anteilen 197
cc) Nießbrauch an Anteilen von Personengesellschaften 200

dd) Nießbrauch am Nachlass/ Erbteil 203
g) Das Wohnungsrechtsvermächtnis 204
IV. Die Auflage 212
V. Familienrechtliche Anordnung 213
1. Entziehung des Vermögenssorgerechts nach § 1638 BGB 213
2. Benennung eines Vormundes 218
VI. Testamentsvollstreckung 221
1. Allgemeines 221
2. Art der Testamentsvollstreckung 222
3. Kosten, Vergütung und Aufwendungsersatz 224
VII. Weitere Testamentsmuster für Einzeltestamente 227
1. Erbeinsetzung der Abkömmlinge in eine Erbengemeinschaft mit Teilungsanordnung, Aufhebung einer Ausgleichsverpflichtung und Testamentsvollstreckung 227
2. Erbengemeinschaft mit bedingtem Pflegevermächtnis als Vorausvermächtnis 228
3. Erbeinsetzung der Abkömmlinge und Absicherung des Ehepartners durch Nießbrauchs- und Sachvermächtnisse 229
4. Erbeinsetzung eines Gemeinnützigen Vereins mit Auflage zur Grabpflege und als Ersatzerbe eine letztwillig zu gründende Stiftung 230
5. Doppelte Nacherbfolge mit Nacherbentestamentsvollstreckung 231
6. Unternehmertestament mit Universalvermächtnis bezüglich des Privatvermögens und letztwilliger Schiedsklausel 232
C. Das gemeinschaftliche Testament 233
I. Allgemeines zur Erstellung eines Ehegattentestaments 233
1. Das gemeinsame Vermögen 233
2. Regelungsziele 234
3. Aufbau eines gemeinschaftlichen Testaments 235
4. Formelle Gestaltung 236
a) Verfügung beider Ehepartner 236
b) Abgrenzung zwischen Einzel- und gemeinschaftlichem Testament 237
c) Einseitige und wechselbezügliche Verfügungen 242
aa) Gleichzeitige oder äußerliche gemeinschaftliche Testamente 243
bb) Gegenseitige (oder reziproke) Testamente 245
cc) Wechselbezügliche, korrespektive oder abhängige Testamente 247
5. Form des gemeinschaftlichen Testaments § 2267 BGB iVm § 2247 BGB .. 251
a) Einzeltestament, gemeinschaftliches Testament 251
b) Gemeinschaftliches Testament in zwei Urkunden 252

c) Ehegattentestament in einer Urkunde 258
6. Eröffnung 259
7. Rücknahme eines gemeinschaftlichen Testaments 260
8. Trennbare Gestaltung von Ehegattenverfügungen: „Geheimhaltungsinteresse" 261
II. Entscheidung zwischen Einzeltestament, gemeinschaftlichem Testament und Ehegattenerbvertrag 264
III. Die inhaltliche Ausgestaltung gemeinschaftlicher Verfügungen 265
1. Allgemeines 265
2. Die Einheitslösung (Berliner Testament) 266
  a) Die Erbeinsetzung 266
  b) Auslegungsregeln zur Feststellung der Einheitslösung 268
  c) Ersatzerbenbestimmung im ersten Todesfall? 270
  d) Das Steuervermächtnis beim Berliner Testament 272
    aa) Belastung mit einem Untervermächtnis 275
    bb) Verjährungsverlängerung bezüglich des Pflichtteilsanspruches 279
    cc) Das Zweckvermächtnis (sog. Supervermächtnis) 280
  e) Pflichtteilsansprüche und Pflichtteilsklauseln 283
    aa) Allgemeines 283
    bb) Wann tritt die Pflichtteilsklausel in Kraft 284
    cc) Die Pflichtteilsklausel beim Berliner Testament 287
      (1) Entfallen der Bindungswirkung 289
      (2) Die einfache Pflichtteilsklausel (Ausschlussklausel) 291
      (3) Die Pflichtteilsstrafklausel 293
  f) Die Wiederverheiratungsklausel ... 298
    aa) Allgemeines 298
    bb) Sittenwidrigkeit der Wiederverheiratungsklausel 299
    cc) Die bedingte Vollerbschaft .. 300
    dd) Die Vermächtniszuwendung 301
    ee) Rechtslage nach Wiederverheiratung 302
  g) Bindungswirkung/Wechselbezüglichkeit 305
    aa) Allgemeines 305
    bb) Wechselbezügliche Verfügungen 306
    cc) Umfang der Wechselbezüglichkeit 308
    dd) Abänderungsvorbehalt 317
3. Vor- und Nacherbschaft (Trennungslösung) 325
  a) Verfügungen für den ersten Todesfall 325
  b) Verfügung für den zweiten Todesfall 327
  c) Der ungeregelte zweite Versterbensfall bei der Trennungslösung .. 328
  d) Bindungswirkung für das eigene Vermögen 329
  e) Trennungslösung und Pflichtteilsansprüche 330
  f) Hausratsvermächtnis 331
  g) Änderungsvorbehalt bei der Trennungslösung 333
  h) Wiederverheiratungsklausel bei der Trennungslösung 334
4. Nießbrauchvermächtnis beim Ehegattentestament 341
  a) Allgemeines 341
  b) Wiederverheiratungsklausel 343
5. Regelungen für den Scheidungsfall 345
6. Regelung für den Fall der Anfechtung .. 347
7. Regelung für den Katastrophenfall 349
  a) Die Regelung für den Fall des gleichzeitigen Versterbens 349
  b) Der Begriff des gleichzeitigen Versterbens 356
  c) Das Nacheinander-Versterben 357
IV. Weitere Muster für gemeinschaftliche Testamente 359
1. Muster für ein Berliner Testament (Einheitslösung) 359
2. Muster für ein gemeinschaftliches Testament mit Vor- und Nacherbfolge (Trennungslösung) 360
3. Muster für ein gemeinschaftliches Testament mit Nießbrauchsvermächtnis .. 361
D. Das Geschiedenentestament 362
I. Allgemeines 362
II. Vor- und Nacherbschaft 363
III. Herausgabevermächtnis 365
E. Letztwillige Verfügungen bei überschuldeten Erben 367
I. Pfändbarkeit des Erbteils 367
II. Pfändbarkeit der Erträge 370
III. Entfallen der Überschuldung 373

A. Vorfragen zur Testamentsgestaltung

I. Pflichten bei der Testamentsgestaltung

1. Pflichten des Beraters

1   Bei der Erstellung und Beratung einer Verfügung von Todes wegen ist der Berater grundsätzlich verpflichtet, den Mandanten durch eine **umfassende Aufklärung** vor einem Schaden zu schüt-

A. Vorfragen zur Testamentsgestaltung § 7

zen.[1] Der Berater hat dabei die Interessen seines Mandanten nach jeder Richtung umfassend wahrzunehmen.[2] Den Berater trifft insoweit auch die Verpflichtung, die gewünschte letztwillige Verfügung eindeutig zu formulieren[3] und für den Mandanten den sichersten Weg zu wählen, um das gewünschte Ziel zu erreichen.[4] Nach einer Entscheidung des LG Hannover vom 15.8.2005[5] trifft den Anwalt aber keine Verpflichtung dahingehend, den Mandanten darauf hinzuweisen, dass die Erstellung eines notariellen Testaments ggfs. günstiger sein könnte als die Erstellung durch einen Anwalt. Das Gericht führt in der genannten Entscheidung aus, dass eine Verpflichtung lediglich dann besteht, wenn eine notarielle Beurkundung zur Wirksamkeit der Verfügung notwendig ist (bspw bei einem Erbvertrag).

2. Interessenkonflikt bei der Beratung bezüglich eines Ehegattentestaments

Berät der Anwalt hinsichtlich der Errichtung einer letztwilligen Verfügung mehr als eine Person, bspw Ehepartner, bezüglich der Erstellung eines gemeinschaftlichen Testaments, dann sollte er darauf achten, dass er sich nicht in einem Interessenkonflikt befindet. Für den Rechtsanwalt sind bei der Problematik eines Interessenkonfliktes zwei Normen relevant. Einmal § 356 StGB (Parteiverrat) und § 43a Abs. 4 BRAO, der das Verbot der Vertretung widerstreitender Interessen auf berufsrechtlicher Ebene regelt. Nach zwischenzeitlich hM ist der Schutzzweck der Normen das Vertrauen in die Zuverlässigkeit und Integrität der Rechtsanwaltschaft.[6] Beide Normen dienen daher der Funktionsfähigkeit der Rechtspflege, zu der eine gradlinige Anwaltschaft einen entsprechenden Beitrag leistet.[7] Nach § 356 StGB und § 43a Abs. 4 BRAO liegt dieselbe Rechtssache vor, wenn derselbe historische Vorgang betroffen ist. Insoweit handelt ein Rechtsanwalt nicht pflichtwidrig, vertritt auch nicht widerstreitende Interessen, wenn er die betroffenen Mandanten zuvor entsprechend aufgeklärt hat und diese mit einer entsprechenden Vorgehensweise einverstanden sind. Allerdings gilt dies dann nicht, wenn der Anwalt in derselben Rechtssache widersprechende tatsächliche oder rechtliche Standpunkte vertritt. Liegt ein Einverständnis des Mandanten nicht vor, so ist der Interessengegensatz allein anhand objektiver Kriterien festzustellen. Er ist gegeben, wenn sich unterschiedliche Standpunkte nicht gleichzeitig optimieren lassen.[8]

Problematisch sind bspw die Fälle, in denen einer der Ehegatten Kinder aus erster Ehe hat und diese im Rahmen der Schlusserbfolge bedenken will, während der andere Ehegatte hiermit nicht einverstanden ist. Ebenso problematisch sind aber auch die Fälle, in denen die Ehepartner unterschiedlicher Auffassung hinsichtlich einer Wiederverheiratungsklausel oder hinsichtlich einer Aufhebung oder Änderung der Wechselbezüglichkeit und Bindungswirkung sind. Darüber hinaus kann ein Interessenkonflikt auch dann entstehen, wenn bspw nur ein Ehepartner wesentliches Vermögen hat. In diesen Fällen wird er regelmäßig nicht wollen, dass er nach dem Ableben des anderen Ehepartners an die gemeinschaftliche Verfügung gebunden ist, insbesondere wenn er vom zuerst versterbenden Ehepartner kein nennenswertes Vermögen erbt. Auch in diesen Fällen tut der Berater gut daran, einen ausdrücklichen Hinweis auf diese Situation zu geben.

---

1 BGHZ 94, 380; BGH NJW 1986, 581; BGH NJW 1991, 2079.
2 BGH NJW-RR 1990, 1241.
3 BGH NJW 1988, 20.
4 BGH NJW 1995, 51.
5 LG Hannover ZErb 2005, 385.
6 *Kramer* in: Schönke/Schröder, 2001, § 356 Rn 1.
7 *Grunewald*, Anwaltsblatt 2005, 437.
8 *Grunewald*, Anwaltsblatt 2005, 437.

3. Muster: Aufklärung über Interessenkollision

Die Eheleute ___ haben Herrn RA ___ beauftragt einen Entwurf eines gemeinschaftlichen Testaments nach deren Vorstellungen zu fertigen. Die Eheleute wurden von Herrn RA ___ über eine mögliche Interessenkollision aufgeklärt und es wurde ihnen ausführlich der Tatbestand des Parteiverrats (§ 356 StGB) und des § 43 a Abs. 4 BRAO erläutert. Es wurde insbesondere darauf hingewiesen, dass es bei der Frage der Wiederverheiratungsklausel oder der Frage der Bindungswirkung einer letztwilligen Verfügung häufig zu unterschiedlichen Auffassungen unter den Ehepartnern kommen kann.

Die Eheleute wurden darüber aufgeklärt, dass Herr RA ___ das Mandat für beide Partner niederlegen muss, wenn sich trotz anfänglichem Einvernehmen später widerstreitende Interessen ergeben.

Die Eheleute wurden darauf hingewiesen, dass im Falle einer Niederlegung des Mandates durch den Anwalt aufgrund einer Interessenkollision der Gebührenanspruch bestehen bleibt, was mit nachfolgender Unterschrift bestätigt und ausdrücklich vereinbart wird.

___

Unterschrift Ehepartner Unterschrift RA ◄

3. Prüfungs- und Belehrungspflicht des Notars

4   Nach § 17 Abs. 1 S. 1 BeurkG trifft den Notar die **Prüfungs- und Belehrungspflicht**, den Willen der Beteiligten zu ermitteln. Er muss sich dabei erklären lassen, was der wahre Wille der Parteien ist[9] und was sie rechtsgeschäftlich wollen.[10] Die Erforschung des Willens muss der Notar mit den Beteiligten selbst vornehmen, da es sich um eine ihm obliegende persönliche Pflicht handelt.[11] Neben der Pflicht zur Willensermittlung muss der Notar den zu Grunde liegenden Sachverhalt aufklären.[12] Die Aufklärung des Sachverhaltes erfolgt dabei durch Befragung der Beteiligten.[13] Stellt der Notar dabei fest, dass die Beteiligten rechtliche Begriffe falsch gebrauchen, trifft den Notar eine Erörterungspflicht[14] und er muss durch entsprechende Fragestellung den tatsächlich gemeinten Willen der Beteiligten in Erfahrung bringen.[15]

5   Aufklärungsbedürftig ist im Einzelnen die **Zusammensetzung** des **Nachlasses**, bei Verheirateten der Güterstand, das Vorhandensein pflichtteilsberechtigter und nichtehelicher Abkömmlinge, die Frage, ob der Erblasser bereits durch einen Erbvertrag oder ein bindend gewordenes gemeinschaftliches Testament an der Errichtung weiterer Verfügungen von Todes wegen gehindert ist und auch die Staatsangehörigkeit des Erblassers.[16] Ferner hat der Notar die Geschäfts- und Testierfähigkeit des Erblassers zu ermitteln.

6   Nach § 28 BeurkG ist der Notar verpflichtet, seine Wahrnehmungen über die **Geschäfts-** und **Testierfähigkeit** in der notariellen Urkunde niederzulegen. Die Vorschrift erfüllt insoweit Beweisfunktion. Die Wahrnehmungen des Notars sind insoweit Beweismittel für die Testier- und Geschäftsfähigkeit des Erblassers. Eine abschließende Entscheidung über die Geschäfts- bzw. Testierfähigkeit stellt der Vermerk mangels fachlicher Voraussetzungen allerdings nicht

---

9   BGH DNotZ 1963, 308.
10 *Hauck*, DNotZ 1972, 400.
11 RG DNotZ 1933, 793.
12 BGH NJW 1987, 1266.
13 OLG Frankfurt DNotZ 1985, 244.
14 BGH NJW 1987, 1266.
15 BGH WPM 1993, 1513.
16 BGH DNotZ 1963, 315.

A. Vorfragen zur Testamentsgestaltung § 7

dar.[17] Da es sich hierbei auch nur um eine Soll-Vorschrift handelt, führt eine Verletzung der Vorschrift nicht zur Unwirksamkeit der Urkunde. Neben den speziellen Prüfungspflichten besteht nach § 21 BeurkG eine ausdrückliche Ermittlungspflicht hinsichtlich des Grundbuchstandes.

Eine weitere Pflicht sieht § 17 BeurkG vor. Danach hat der Notar über die rechtliche Tragweite des vorzunehmenden Rechtsgeschäftes zu belehren (sog. Rechtsbelehrung). Hierunter fällt bspw die Belehrung, welche Rechtswirkungen das Rechtsgeschäft hat, zB ob der von den Parteien angestrebte Wille, bspw wegen gewollter Bindung, ausreichend in Form eines gemeinschaftlichen Testaments erreicht wird oder aber die Form des Erbvertrages gewählt werden soll. Darüber hinaus fällt hierunter auch die Aufklärung über mögliche Pflichtteilsansprüche von enterbten gesetzlichen Erben.[18] Neben den in § 17 BeurkG verankerten Prüfungs- und Belehrungspflichten trifft den Notar eine **Hinweis-** und **Warnpflicht** nach der Rspr des BGH, die über die Urkundentätigkeit hinausgeht.[19] Durch diese betreuende Belehrungspflicht ist der Notar gehalten, die Beteiligten vor nicht bedachten Folgen der Beurkundung bzw Nichtbeurkundung zu bewahren.[20] Allerdings besteht eine solche betreuende Belehrungspflicht nur dann, wenn aufgrund besonderer Umstände des Einzelfalles ein Schaden droht und die Beteiligten sich der Rechtsfolge nicht bewusst sind, der Notar dies erkannt hat oder objektiv hätte erkennen müssen und sich dies aus der rechtlichen Gestaltung des Vertragswerkes bzw seiner Durchführung ergibt.[21] Als Bsp. hierzu wird auf die insoweit gegebenenfalls zu eng ausgelegte Bindungswirkung wechselbezüglicher Verfügungen in Testamenten verwiesen.[22] Anders als den Anwalt trifft den Notar grundsätzlich keine Hinweispflicht über die wirtschaftlichen Folgen der errichteten Verfügung von Todes wegen,[23] es sei denn, dass sich aus einer betreuenden Belehrungspflicht etwas anderes ergibt.[24]

7

Grundsätzlich muss der Notar dem Beteiligten den sichersten und mit rechtlichen Risiken am wenigsten belasteten Weg darlegen.[25] Dabei ist auch dem sichersten Weg der Vorzug einzuräumen, auch dann, wenn es nicht der billigste ist.[26] Ein **Schadensersatzanspruch** entsteht dann, wenn der Notar den Erblasser nicht darauf hingewiesen hat, dass sich der Erblasser durch ein vorbehaltenes Rücktrittsrecht von der Bindung befreien kann.[27] Ein Schaden kann sich weiter dadurch ergeben, dass mangels Frage nach der Testierfreiheit der aus dem zweiten Testament Bedachte einen Schaden dadurch erlitten hat, dass der Erblasser es unterlassen hat, bei richtiger Belehrung den Nachlass zu Lebzeiten als Gegenleistung für langjährige Pflege und Betreuung zu übertragen.[28] Ferner kann ein Schaden dadurch entstehen, dass der Erblasser nicht darüber belehrt wurde, dass er durch Ausschlagung der Erbschaft nach § 2271 Abs. 2 S. 1 BGB die Bindungswirkung aufheben kann oder bei einem noch lebenden Ehegatten durch förmlichen Widerruf.[29] Auch kann sich ein Schaden dadurch ergeben, dass der Notar bei Vorhandensein

8

---

17 *Nieder*, ZNotP 2001, 335.
18 *Reithmann*, DNotZ 1969, 70.
19 BGH DNotZ 1954, 330.
20 BGH DNotZ 1954, 330.
21 BGH DNotZ 1976, 54; BGH DNotZ 1969, 173; BGH DNotZ 1967, 446; BGH DNotZ 1967, 323.
22 Vgl hierzu im Einzelnen *Reimann/Bengel/J. Mayer*, § 17 BeurkG Rn 11.
23 BGH NJW 1967, 931; BGH NJW 1975, 2016.
24 Vgl hierzu im Einzelnen *Reimann/Bengel/J. Mayer*, § 17 BeurkG Rn 12.
25 BGHZ 70, 375.
26 BGH DNotZ 1978, 177.
27 OLG Köln DNotZ 1936, 631.
28 BGH VersR 1958, 782.
29 BGH VersR 1959, 1005; BGH VersR 1982, 653.

von landwirtschaftlichem Vermögen nicht auf die Notwendigkeit einer Anordnung nach § 2312 Abs. 1 BGB hingewiesen hat.

II. Die Erfassung des Sachverhaltes

9   Damit der Berater bei der Erstellung des Testaments seinen Aufklärungs- und Belehrungspflichten entsprechend nachkommt, sollte er vor Fertigung des Testamentsentwurfs den Sachverhalt hinsichtlich der Personen, des Nachlasses, der bisherigen letztwilligen und lebzeitigen Verfügungen und hinsichtlich des Willens der Beteiligten umfangreich aufklären.[30]

10 Hinsichtlich der **Personen** sind in jedem Fall die gesetzlichen Erben, einschließlich Pflichtteilsberechtigtem, zu ermitteln. Des Weiteren sollten die **Daten** des **Erblassers**, wie Name, Vorname, Geburtsdatum und Geburtsort und auch der derzeitige Wohnsitz bekannt sein. Bei Zweifeln sollte der Anwalt sich entsprechende Urkunden vorlegen lassen und diese gegebenenfalls beim Standesamt einfordern. Neben den Formeln und Daten sollte insbesondere bei den Bedachten Informationen über bestimmte Eigenschaften, bspw ob Abkömmlinge verschuldet sind oder Leistungen des Sozialhilfeträgers in Anspruch nehmen, hinterfragt werden. Dies hat bspw Auswirkungen auf bestimmte rechtliche Vorkehrungen in der letztwilligen Verfügung, zB der Anordnung einer Vor- und Nacherbschaft und einer Testamentsvollstreckung.

11 Darüber hinaus ist auch die **Staatsangehörigkeit** zu klären, weil sich das Erbrechtsstatut nach der Staatsangehörigkeit richtet (Art. 25 EGBGB) und auch das Güterrechtsstatut der Staatsangehörigkeit folgen kann (Art. 15, 14 EGBGB).

12 Darüber hinaus gilt es, den **Güterstand** zu erfragen, in dem der Erblasser verheiratet ist. Dies hat neben der Frage der Ausschlagungsmöglichkeit nach § 1371 Abs. 3 BGB Auswirkungen auf die Pflichtteilsansprüche nicht bedachter gesetzlicher Erben.[31]

13 Neben diesen personenbezogenen Daten und Informationen sollte sich der Anwalt ein umfassendes Bild über den derzeitigen **Vermögensstand** machen. Insbesondere sollte er hinsichtlich Immobilienvermögen, Betriebsvermögen und sonstigem Kapitalvermögen unterscheiden, da dies im Hinblick auf die unterschiedliche Bewertung für die Erbschaftsteuer Auswirkungen hat. Ferner sollte in jedem Fall auch der **steuerliche Status** festgestellt werden; ob bspw Betriebsvermögen vorhanden ist, welches derzeit noch nach geltendem Erbschaftsteuerrecht privilegiert ist, aber bspw im Hinblick auf die Aufdeckung von stillen Reserven zu einem ertragsteuerlichen Problem im Erbfall führen kann.

14 Neben dem Vermögensstatus sollte weiter aufgeklärt werden, welche **lebzeitigen Zuwendungen** der Erblasser bereits getätigt hat. Hier ist im Einzelnen zu unterscheiden zwischen Zuwendungen an Ehegatten, die gegebenenfalls anrechnungspflichtig auf den Zugewinnausgleich nach § 1380 BGB oder auf den Pflichtteil nach § 2315 BGB sein können, und Zuwendungen an Abkömmlinge, die gem. den §§ 2050 ff, 2316 BGB unter diesen zur Ausgleichung zu bringen sind. Diese Informationen sind insbesondere dann von Bedeutung, wenn eine zunächst unterlassene Anrechnungsbestimmung nachgeholt oder ein ungefährer Pflichtteilsanspruch der Abkömmlinge oder Ehepartner berechnet werden soll.

15 Neben den lebzeitigen Verfügungen sollte des Weiteren geklärt werden, ob der Erblasser bereits **letztwillige Verfügungen** errichtet hat und ob er in seiner Testierfreiheit aufgrund eines wirksam

---

30 Vgl zum sog. „Estate Planning" Reimann, ZEV 1997, 129.
31 Vgl die Übersicht bei Damrau/Tanck, Praxiskommentar Erbrecht, § 1931 Rn 23.

A. Vorfragen zur Testamentsgestaltung § 7

gewordenen gemeinschaftlichen Testaments oder eines Erbvertrages an der Errichtung weiterer Verfügungen von Todes wegen gehindert ist.

Darüber hinaus ist als Mindestmaß zur Aufklärung des Sachverhaltes zu erforschen, ob einzelne oder mehrere Bedachte bereits erbrechtliche **Verzichtserklärungen**, sei es in Form eines Erb- und Pflichtteilsverzichtsvertrages oder in Form von Zuwendungsverzichtsverträgen, erklärt haben. 16

▶ **Muster: Aufnahmebogen/Checkliste/Sachverhaltserfassung** 17

- Beteiligte Personen
- Güterstand des Erblassers
- Staatsangehörigkeit des Erblassers
- Vermögen des Erblassers
  - Geldvermögen
  - Sachvermögen
  - Immobilienvermögen
  - Betriebsvermögen
- Vererblichkeit des Vermögens
- Bisherige lebzeitige Zuwendungen
  - Mit Anrechnungsbestimmung Erbfall/Pflichtteil
  - Ohne Anrechnungsbestimmungen
- Bisherige letztwillige Verfügungen
  - Einzeltestament
  - Gemeinschaftliches Testament
  - Erbvertrag
- Verzichtserklärungen
  - Pflichtteilsverzicht
  - Erbverzicht
  - Zuwendungsverzicht
- Regelungsziele und Wünsche der Erblasser

◀

III. Die Vererblichkeit des Nachlasses

1. Das Prinzip der Universalsukzession

Nach dem in § 1922 BGB verankerten Grundsatz der Universalsukzession (Von-Selbst-Erwerb) geht das Vermögen im Erbfall auf die gesetzlichen oder gewillkürten Erben über. Erfasst wird von dieser Gesamtrechtsnachfolge der ganze Nachlass bzw das gesamte Vermögen des Erblassers. Nur in Ausnahmefällen kommt es zu einer Nachlassspaltung und somit zu einer Sondererbfolge, so bspw bei Vorhandensein von Hofesvermögen iSd HöfeO. 18

2. Besonderheiten bei der Vererbung einzelner Nachlassgegenstände

Hinsichtlich einzelner Nachlassgegenstände können sich Besonderheiten bei der Vererbung ergeben. So bspw bei der Vererbung von **freiberuflichen Praxen**, wie bspw einer Arztpraxis oder Rechtsanwaltskanzlei. Der Erbe ist hier, sofern er selbst nicht über die Zulassungsvoraussetzungen eines Rechtsanwalts verfügt, grundsätzlich nicht in der Lage, die Kanzlei fortzuführen. 19

Ähnliches gilt bei einer Arztpraxis. Hier kommt jedoch noch hinzu, dass in Gebieten, in denen eine Zulassungssperre durch den Landesausschuss der Ärzte und Krankenkassen nach § 101 Abs. 1 S. 2 SGB V verhängt wurde, dem Erblasser im Rahmen einer Ausschreibung, sofern er über die beruflichen Voraussetzungen verfügt, die Praxis zugewiesen werden muss.

20 Nicht vererblich ist grundsätzlich das Recht zur **Totenfürsorge**. Dieses steht nach hM grundsätzlich nicht den Erben, sondern den nahen Angehörigen des Erblassers zu.[32] Setzt der Erblasser daher nicht seine nahen Angehörigen zu seinen Erben ein und will er das Totenfürsorgerecht, welches im Einzelnen die Bestattungsart, den Bestattungsort und die Grabgestaltung beinhaltet, den nahen Angehörigen, sondern den Erben zusprechen oder einer anderen Person, so sollte er dies in der Form tun, dass den Erben oder einem Dritten eine entsprechende Verfügung zukommt. Diese sollte nicht unbedingt im Testament enthalten sein, da das Testament gegebenenfalls erst wesentlich später, also bereits nach erfolgter Beerdigung, eröffnet wird. Allerdings schadet es insoweit auch nicht, die Zuweisung des Totenfürsorgerechts an eine bestimmte Person im Testament zu wiederholen. Gleiches gilt für das sog. Aneignungsrecht, welches das Recht am Leichnam, bei dem es sich grds. um eine herrenlose Sache handelt, betrifft.

21 ▶ **Muster: Erklärung zum Totenfürsorge- und Aneignungsrecht**

Ich, ▬▬, bestimme unabhängig davon, wen ich zu meinem Erben eingesetzt habe oder in Zukunft noch einsetzen werde, dass meiner Lebensgefährtin ▬▬ sowohl das Totenfürsorgerecht als auch das Aneignungsrecht hinsichtlich meines Leichnams zusteht. Meine Lebensgefährtin bestimmt daher allein über die Art und Weise der Bestattung, über eine eventuelle Umbettung und über die Frage des Umgangs mit meinem Leichnam.

Sollte meine Lebensgefährtin diese Rechte nicht ausüben bzw ausüben können, wende ich diese Rechte ersatzweise meiner ältesten Tochter ▬▬ wiederum ersatzweise meiner Nichte ▬▬ zu.

▬▬

Ort/Datum/Unterschrift[33] ◀

22 Schwieriger gestaltet sich indessen die Frage, inwieweit **Verschwiegenheitspflichten** und **Unterlassungspflichten**, die als höchstpersönliche Rechte dem Erblasser selbst zustanden, durch die Erben wahrgenommen werden können. Nach hM enden gesetzliche und vertragliche Verschwiegenheitspflichten nicht mit dem Erbfall.[34] So haben bspw Verschwiegenheitspflichten, die das Persönlichkeitsrecht des Erblassers betreffen, auch gegenüber den Erben Bestand. Betrifft eine Verschwiegenheitspflicht aber vermögensrelevante Bereiche, so kann dem Erben bspw ein Einsichtsrecht in Krankenunterlagen zustehen, wenn es um die Frage von Schadensersatzansprüchen wegen möglichen Behandlungsfehlern eines Arztes geht.[35] Ferner geht die hM davon aus, dass bei Fragen zur Testier- und Geschäftsunfähigkeit des Erblassers ein mutmaßlicher Wille desselben besteht, dass diese Zweifel aufgeklärt werden.[36]

23 Nicht vererblich sind des Weiteren diejenigen Rechtspositionen, die durch **Vertrag zugunsten Dritter** auf den Todesfall auf einen vom Erblasser Bedachten bzw als Bezugsberechtigten Eingesetzten übergehen. Die Ansprüche aus Verträgen zugunsten Dritter fallen auch dann nicht in

---

32 BGH FamRZ 1978, 15; BGHZ 61, 238; OLG Karlsruhe MDR 1990, 443.
33 Die Erklärung bezüglich des Totenfürsorgerechts und des Aneignungsrechts sollte in Form einer letztwilligen Verfügung erfolgen.
34 BGH NJW 1983, 2627.
35 BGH NJW 1983, 2627.
36 BGHZ 91, 392.

A. Vorfragen zur Testamentsgestaltung § 7

den Nachlass, wenn die Erben (abstrakt) als Bezugsberechtigte benannt sind. In diesem Fall erhalten diese aufgrund des Bezugsrechtes die Zuwendung unter Lebenden (§ 160 Abs. 2 VVG).

Erbrechtliche Positionen, die der Erblasser selbst innehatte, weil er bspw Miterbe einer Erbengemeinschaft war, fallen grundsätzlich in seinen Nachlass. Hat der Erblasser aber einen Erbteil bzw Nachlassgegenstände nach der Erbteilung als **Vorerbe** erworben, dann fallen diese grundsätzlich nicht in den Nachlass, sondern gehen mit Eintritt des Nacherbfalls auf den **Nacherben** über. Im Nachlass des Vorerben befinden sich dann gegebenenfalls Aufwendungs- und Erhaltungsersatzansprüche (§§ 2124 Abs. 2, 2125 Abs. 2 BGB). Ähnliches gilt für den Fall, dass der Erblasser einzelne Vermögensgegenstände eines Nachlasses als **Vorvermächtnisnehmer** erhalten hat. In diesen Fällen erfolgt zwar keine dingliche Trennung, wie bei der Vor- und Nacherbschaft, allerdings besteht ein schuldrechtlicher Anspruch des Nachvermächtnisnehmers auf Herausgabe dieser Gegenstände. In diesem Zusammenhang ist auch zu prüfen, inwieweit einzelne Vermögensgegenstände, zumeist Immobilien, mit Rückforderungsansprüchen zugunsten der Übergeber belastet sind, für den Fall, dass der Erblasser als Übernehmer vor dem Übergeber verstirbt. 24

Bei der Frage, mit welchen Belastungen der Nachlass rechnen muss, sind insbesondere familienrechtliche **Unterhaltsansprüche** zu berücksichtigen. Auch wenn grundsätzlich Unterhaltsansprüche sowohl mit dem Tode des Verpflichteten als auch des Berechtigten erlöschen, geht bspw die Unterhaltspflicht nach § 1586 b BGB gegenüber dem geschiedenen Ehegatten auf den Erben über. Begrenzt ist dieser Anspruch jedoch der Höhe nach auf den fiktiven Pflichtteil, den der unterhaltsberechtigte Ehegatte erhalten hätte, wenn er nicht geschieden worden wäre. Der **Zugewinnausgleichsanspruch** ist grundsätzlich dann vererblich, wenn er nach rechtskräftiger Scheidung entstanden war.[37] 25

Hinsichtlich der Forderungsrechte des Erblassers aus Giro-, Spar- und Depotkonten ist eine Vererblichkeit anzunehmen, wenn keine Verfügung zugunsten Dritter auf den Todesfall vorliegt. Hinsichtlich **Oder-Konten** ist grundsätzlich von einer Gesamtgläubigerschaft nach den §§ 428, 430 BGB auszugehen, mit der Folge, dass dann bei Ehepartnern grundsätzlich die Hälfte des Guthabens in den Nachlass fällt. Bei einem Einzelkonto, welches nicht auf den Erblasser lautet, kann sich eine Nachlasszugehörigkeit bspw nur dann ergeben, wenn die Ehepartner im Innenverhältnis eine Bruchteilsgemeinschaft, wenn auch stillschweigend, vereinbart haben.[38] Im Rahmen der Errichtung eines Testamentes liegt es daher nahe, dass der Rechtsberater bei der Ermittlung des Sachverhaltes eine entsprechende Aufklärung trifft, so dass gegebenenfalls bislang nicht fixierte Vereinbarungen unter den Ehepartnern nachgeholt werden können. 26

IV. Die Schranken der Testierfreiheit

1. Die Schranken des Pflichtteilsrechts

a) Die Wirksamkeit angeordneter Beschränkungen und Beschwerungen

Nach der seit 1.1.2010 gültigen Rechtslage sieht die Vorschrift des § 2306 Abs. 1 BGB ein generelles Ausschlagungsrecht vor, wenn ein pflichtteilsberechtigter Erbe mit Beschränkungen und Belastungen beschwert ist. Die gestalterische Einschränkung § 2306 Abs. 1 S. 1 BGB aF, dass eine Beschränkung und Beschwerung als nicht angeordnet gilt, wenn ein pflichtteilsbe- 27

---

37 BGH NJW 1995, 1832.
38 Vgl hierzu *Bonefeld*, ZErb 2003, 369; BGH NJW 2002, 3702.

rechtigter Erbe weniger oder gerade einmal seine Pflichtteilsquote erhält, gilt für Erbfälle ab dem 1.1.2010 nicht mehr.

28 Zu den einen Erbteil belastenden Beschwerden zählen bspw **Vermächtnisanordnungen** oder die Bestimmung einer Auflage. Beschränkungen sind die Einsetzung eines Nacherben, die Anordnung einer **Teilungsanordnung** oder die Bestimmung eines **Testamentsvollstreckers**.

b) Die Pflichtteilsentziehung nach §§ 2333 ff BGB

29 Der Erblasser kann zwar grundsätzlich auch einen pflichtteilsberechtigten Verwandten durch eine letztwillige Verfügung von der Erbfolge ausschließen, andererseits sind dann aber die Erben verpflichtet, diesem Verwandten einen Pflichtteilsanspruch zu erfüllen. Der Pflichtteilsanspruch ist dabei ein Geldanspruch, der sich nach dem Wert des Nachlasses zum Zeitpunkt des Erbfalls bemisst und der in der Höhe der hälftigen gesetzlichen Erbquote besteht. Nur in besonderen Ausnahmefällen kann der Erblasser nach den §§ 2333 ff BGB den **Pflichtteil** durch letztwillige Verfügung **entziehen**. Dies ist grundsätzlich dann der Fall, wenn eine besonders schwere Verfehlung des Pflichtteilsberechtigten gegenüber dem Erblasser oder dessen Ehegatten vorliegt.

30 In der Diskussion um die Frage der **Verfassungsmäßigkeit** des **Pflichtteilsrechts** standen gerade die §§ 2333 ff BGB im Mittelpunkt.[39] Mit Beschluss vom 19.4.2005 (1 BvR 1644/00 und 1 BvR 188/03) hat das BVerfG nicht nur klargestellt, dass der Pflichtteilsanspruch als bedarfsunabhängige wirtschaftliche Mindestbeteiligung der Kinder des Erblassers an dessen Nachlass der Erbrechtsgarantie des Art. 14 Abs. 1 S. 1 iVm Art. 6 Abs. 1 GG unterliegt, sondern dass insbesondere auch die Pflichtteilsentziehungsgründe des § 2333 Nr. 1 und Nr. 2 BGB mit dem GG vereinbar und somit verfassungskonform sind.[40] Ebenfalls verfassungskonform und seitens des BVerfG entschieden sind die Tatbestandsvoraussetzungen des § 2336 BGB, der hinsichtlich der Pflichtteilsentziehungsgründe eine Sachverhaltsschilderung in Form der letztwilligen Verfügung fordert (Angabe des **Sachverhaltskerns**).[41]

31 Durch die **Reform** des Erb- und **Verjährungsrechtes** wurden im Bereich der Pflichtteilsentziehung für Erbfälle ab dem 1.1.2010 erhebliche Veränderungen vorgenommen. Neben der Änderung der Entziehungstatbestände erfolgte insbesondere eine Vereinheitlichung der Pflichtteilsentziehungsgründe für Abkömmlinge, Eltern und Ehegatten. Darüber hinaus wurde der Kreis der vom Fehlverhalten eines Pflichtteilsberechtigten Betroffenen erweitert und die Pflichtteilsentziehungsgründe so an die gewandelten familiären Strukturen angepasst.[42] So ist im Falle des § 2333 Abs. 1 Nr. 1 und 2 BGB nun auch eine dem Erblasser ähnlich nahestehende stehende Person vom Schutzbereich der Vorschrift umfasst. Wer zum Personenkreis der „**nahe stehenden Personen**" gehört ist gesetzlich nicht geregelt. Grundsätzlich wird man hierunter diejenigen Personen verstehen, deren Verletzung den Erblasser in gleicher Weise wie ein Angriff gegen die bereits früher einbezogenen Ehegatten, eingetragenen Lebenspartner oder Abkömmlinge trifft.[43] Bei dem Entziehungsgrund des § 2333 Abs. 1 Nr. 3 BGB, der Verletzung der gesetzlichen Unterhaltspflicht, ist der geschützte Personenkreis gleich geblieben.

32 Nach § 2333 Abs. 1 Nr. 1 BGB kann der Erblasser einem Abkömmling den Pflichtteil entziehen, wenn ein Abkömmling dem Erblasser, dessen Ehegatten, dessen eingetragenen Lebenspartner, einem anderen Abkömmling des Erblassers oder einer Person, die dem Erblasser ähnlich nahe

---

39 Vgl hierzu ausführlich *J. Mayer* in: Mayer/Süß/Tanck/Bittler/Wälzholz, Handbuch Pflichtteilsrecht, § 1 Rn 6 ff.
40 BVerfG ZErb 2005, 169.
41 BVerfG ZEV 2005, 388.
42 *Lange*, DNotZ 2009, 732, 739.
43 *J. Mayer* in: Mayer/Süß/Tanck/Bittler/Wälzholz, Handbuch Pflichtteilsrecht, § 8 Rn 23.

A. Vorfragen zur Testamentsgestaltung § 7

steht, **nach dem Leben trachtet**. Erforderlich ist dabei, dass der ernsthafte Wille betätigt wird, den Tod des anderen herbeizuführen. Mittäterschaft, Beihilfe oder Anstiftung zur Tat sind dabei ausreichend,[44] ebenso der Versuch der Tat. Tritt der Pflichtteilsberechtigte gemäß § 24 StGB strafbefreiend vom Versuch der Tat zurück, bleibt der Pflichtteilsentziehungsgrund bestehen.[45]

Hat sich der Abkömmling eines **Verbrechens** im Sinne des § 12 Abs. 1 StGB oder eines schweren vorsätzlichen **Vergehens** im Sinne des § 12 Abs. 2 StGB gegen den Erblasser oder einen nahen Angehörigen schuldig gemacht macht ist eine Entziehung des Pflichtteils nach § 2333 Abs. 1 Nr. 2 BGB möglich. Eine strafgerichtliche Verurteilung ist dafür nicht erforderlich.[46]

Inhaltlich nicht geändert wurde der Entziehungsgrund der **böswilligen Verletzung** der **Unterhaltspflicht** nach § 2333 Abs. 1 Nr. 3 BGB. Voraussetzung für die Entziehung des Pflichtteils nach § 2333 Abs. 1 Nr. 3 BGB ist neben der Bedürftigkeit des Erblassers die Leistungsfähigkeit des Unterhaltsverpflichteten sowie seine Kenntnis von der Bedürftigkeit des Erblassers.[47] Nach hM ist weitere Voraussetzung, dass der Abkömmling die Unterhaltszahlungen böswillig aus verwerflichen Gründen verweigert.[48] Da die Unterhaltspflicht nur Geldleistungen erfasst, erfüllt die Verweigerung von Pflegeleistungen im Alters- oder Krankheitsfall nicht den Tatbestand des § 2333 Abs. 1 Nr. 3 BGB.[49]

Entfallen ist mit der Reform des Erb- und Verjährungsrechtes die Entziehung des Pflichtteils wegen eines unsittlichen Lebenswandels.[50] An dessen Stelle ist als weiterer Entziehungsgrund in § 2333 Abs. 1 Nr. 4 die **rechtskräftige Verurteilung** zu mehr als **einem Jahr** ohne Bewährung getreten. Eine Entziehung des Pflichtteils ist unter diesen Voraussetzungen möglich, wenn dem Erblasser eine Teilhabe am Nachlass nicht zumutbar ist. Eine Unzumutbarkeit in diesem Sinne liegt vor, wenn die Straftat den persönlichen in der Familie gelebten Wertvorstellungen des Erblassers in hohem Maße widerspricht.[51] Eine Unzumutbarkeit ist allerdings dann nicht gegeben, wenn der Erblasser selbst strafrechtlich in Erscheinung getreten ist oder gar Anstifter oder Mittäter der Tat gewesen ist, die der Pflichtteilsberechtigte begangen hat.[52] Für die Pflichtteilsentziehung reicht es nach dem Wortlaut der Vorschrift aus, dass das zur Verurteilung führende Verfahren erst nach dem Eintritt des Erbfalles rechtskräftig abgeschlossen wird. Eine Entziehung des Pflichtteils ist auch möglich, wenn der Pflichtteilsberechtigte im Zustand der Schuldunfähigkeit eine ähnlich schwerwiegende vorsätzliche Tat begangen hat und deshalb rechtskräftig seine Unterbringung in einem psychiatrischen Krankenhaus oder in einer Erziehungsanstalt angeordnet wurde.

Bezüglich der **Form** der **Entziehung** des Pflichtteilsanspruchs ist darauf zu achten, dass diese in Form der letztwilligen Verfügung erfolgen muss (§ 2336 BGB). Notwendig ist, dass hinsichtlich des Entziehungsgrundes die Angabe eines **Sachverhaltskerns** erfolgt.[53] Dies kann dadurch erreicht werden, dass die Angaben so konkret dargestellt werden, dass eine spätere gerichtliche Überprüfung klären kann, auf welchen Entziehungsgrund der Erblasser sich stützt und welcher Sachverhalt dem zugrunde lag.

---

44 Palandt/*Edenhofer*, § 2333 Rn 3.
45 Staudinger/*Olshausen*, § 2333 Rn 3.
46 MüKo/*Lange*, § 2333 Rn 25.
47 *J. Mayer* in: Mayer/Süß/Tanck/Bittler/Wälzholz, Handbuch Pflichtteilsrecht, § 8 Rn 34.
48 MüKo/*Frank*, § 2333 Rn 12; Soergel/*Dieckmann*, § 2333 Rn 10.
49 *J. Mayer* in: Mayer/Süß/Tanck/Bittler/Wälzholz, Handbuch Pflichtteilsrecht, § 8 Rn 34.
50 *Lange* in: Bonefeld/Kroiß/Lange, Die Erbrechtsreform, § 13 Rn 28.
51 *J. Mayer* in: Mayer/Süß/Tanck/Bittler/Wälzholz, Handbuch Pflichtteilsrecht, § 8 Rn 45.
52 *Lange* in: Bonefeld/Kroiß/Lange, Die Erbrechtsreform, § 13 Rn 28.
53 BGH NJW 1985, 1554; BGH NJW-RR 1996, 705.

37 Wichtig ist ferner, dass der Grund der Pflichtteilsentziehung zum **Zeitpunkt** der **Errichtung** der Verfügung bestanden hat,[54] da eine Entziehung für zukünftige Fälle nicht möglich ist.[55] Möglich ist aber eine Entziehung für den Fall, dass ein vom Erblasser vermuteter, aber noch nicht sicher feststehender Entziehungsgrund vorliegt.

38 Im Rahmen der Gestaltung bietet sich des Weiteren auch an, dass auf den jeweiligen Entziehungsgrund Bezug genommen wird und der Entziehungswille, auch wenn dies nicht unbedingt notwendig ist, ausdrücklich als solcher bezeichnet wird.

39 Das Pflichtteilsentziehungsrecht erlischt durch **Verzeihung**, die grundsätzlich auch unwiderruflich ist. Verzeihung liegt vor, wenn der Erblasser das schwere Fehlverhalten des Pflichtteilsberechtigten nicht mehr als unzumutbar für eine Nachlassteilhabe empfindet.[56] Eine Verzeihung ist formlos möglich und kann auch durch schlüssiges Verhalten des Erblassers erfolgen.[57]

40 ▶ **Muster: Pflichtteilsentziehung nach § 2333 Nr. 2 BGB**

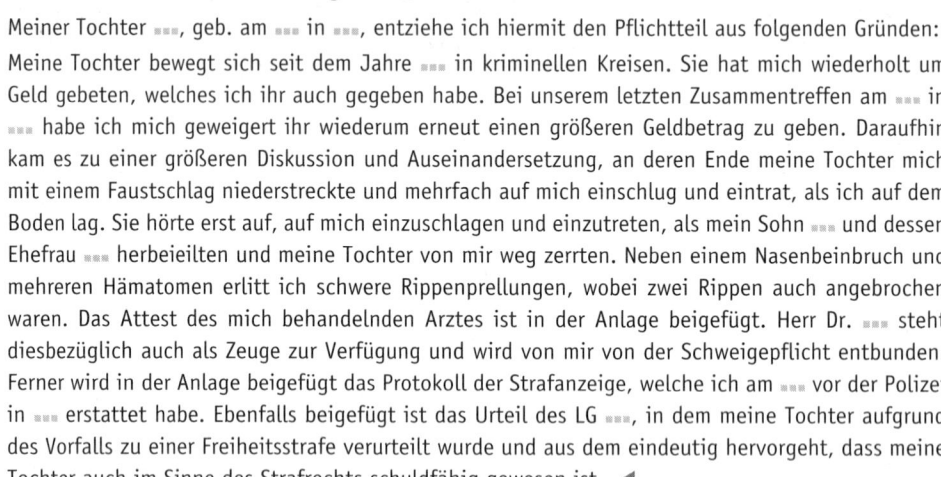

Meiner Tochter ..., geb. am ... in ..., entziehe ich hiermit den Pflichtteil aus folgenden Gründen: Meine Tochter bewegt sich seit dem Jahre ... in kriminellen Kreisen. Sie hat mich wiederholt um Geld gebeten, welches ich ihr auch gegeben habe. Bei unserem letzten Zusammentreffen am ... in ... habe ich mich geweigert ihr wiederum erneut einen größeren Geldbetrag zu geben. Daraufhin kam es zu einer größeren Diskussion und Auseinandersetzung, an deren Ende meine Tochter mich mit einem Faustschlag niederstreckte und mehrfach auf mich einschlug und eintrat, als ich auf dem Boden lag. Sie hörte erst auf, auf mich einzuschlagen und einzutreten, als mein Sohn ... und dessen Ehefrau ... herbeieilten und meine Tochter von mir weg zerrten. Neben einem Nasenbeinbruch und mehreren Hämatomen erlitt ich schwere Rippenprellungen, wobei zwei Rippen auch angebrochen waren. Das Attest des mich behandelnden Arztes ist in der Anlage beigefügt. Herr Dr. ... steht diesbezüglich auch als Zeuge zur Verfügung und wird von mir von der Schweigepflicht entbunden. Ferner wird in der Anlage beigefügt das Protokoll der Strafanzeige, welche ich am ... vor der Polizei in ... erstattet habe. Ebenfalls beigefügt ist das Urteil des LG ..., in dem meine Tochter aufgrund des Vorfalls zu einer Freiheitsstrafe verurteilt wurde und aus dem eindeutig hervorgeht, dass meine Tochter auch im Sinne des Strafrechts schuldfähig gewesen ist. ◀

41 ▶ **Muster: Pflichtteilsentziehung gegenüber einem Elternteil nach § 2333 Nr. 3 BGB wegen Verletzung der Unterhaltspflicht**

Meinem Vater ... entziehe ich hiermit den Pflichtteil aus folgenden Gründen:
Mein Vater ... hat sich im Jahre ... von meiner Mutter scheiden lassen. Ich war damals ... Jahre alt. Mein Vater hat trotz Verurteilung für mich keinen Unterhalt bezahlt. Er wurde nachweislich des Urteils vom ... (Az ...) zur Zahlung von Kindesunterhalt in Höhe von ... verurteilt. Alle Vollstreckungsversuche blieben erfolglos, weil sich mein Vater durch ständigen Wohnsitzwechsel einem Zugriff entzogen hat. Das Schreiben meines damaligen Rechtsanwaltes, aus dem auch die jeweiligen Aktenzeichen und Berichte der Gerichtsvollzieher hervorgehen, ist in der Anlage beigefügt. Während meiner Studienzeit hat sich mein Vater durch entsprechende Manipulationen seiner Einkünfte einer Unterhaltspflicht entzogen. So hat er durch entsprechende Rückstellungen sein Einkommen so weit reduziert, dass eine Leistungsfähigkeit nicht mehr gegeben war (vgl die beigefügten Ausführungen

---

54 RGZ 168, 39.
55 Vgl zu den Möglichkeiten einer Verdachtsentziehung Staudinger/*v. Olshausen*, § 2336 Rn 9; Soergel/*Dieckmann*, § 2336 Rn 4.
56 Palandt/*Edenhofer*, § 2337 Rn 1.
57 Palandt/*Edenhofer*, § 2337 Rn 1.

meines damaligen Anwaltes vom ...). Während meines Studiums hat sich mein Vater geweigert die notwendigen Erklärungen gegenüber dem BAföG-Amt über seine Einkommensverhältnisse abzugeben (vgl beigefügtes Schreiben der BAföG-Behörde vom ...). Dies führte dazu, dass mir ein Anspruch auf BAföG nicht gewährt wurde (vgl Schreiben des BAföG-Amtes vom ...). Da ich seitens meines Vaters ... nie einen Unterhalt erhalten habe und sich mein Vater in keiner Weise um meine persönlichen wirtschaftlichen Belange gekümmert hat und auch bis zum heutigen Tage stolz darauf ist, da er es gegenüber Freunden meiner Mutter kund tut (Frau ... und Herr ...), entziehe ich ihm den Pflichtteilsanspruch. ◀

c) Die Pflichtteilsbeschränkung in guter Absicht

Wie oben dargestellt, kann ein pflichtteilsberechtigter Erbe nach § 2306 Abs. 1 BGB die Erbschaft ausschlagen, wenn der Erbteil mit Beschränkungen und Beschwerungen belastet ist. § 2338 BGB ermöglicht es dem Erblasser, den Pflichtteil eines Abkömmlings, der überschuldet ist oder einen verschwenderischen Lebenswandel führt, durch die Bestimmung eines **Nacherben** oder **Nachvermächtnisnehmers** oder durch die Anordnung einer Testamentsvollstreckung zu belasten, ohne dass dieser die Möglichkeit hat nach § 2306 BGB auszuschlagen und die Beschränkungen und Beschwerungen nach § 2306 Abs. 1 BGB dadurch entfällt. Wichtig ist dabei, dass nur die in § 2338 BGB genannten Beschwerungen betroffen sind. Nur in diesem Verhältnis gilt § 2338 BGB als lex specialis. Dh, dass nur durch die Anordnung eines Nacherben oder Nachvermächtnisnehmers und/oder der Anordnung einer Testamentsvollstreckung die Pflichtteilsbeschränkung in guter Absicht möglich ist. Beschränkbar sind dabei nicht nur der Pflichtteil des Abkömmlings, sondern auch der gesetzliche Erbteil und mehr. Der Pflichtteil stellt dabei lediglich das Mindestmaß der beschränkbaren Zuwendung dar. Zu beachten gilt es dabei, dass bei der Anordnung des Nacherben nicht nur der Pflichtteil oder der Erbteil der Pfändung entzogen worden ist, sondern gem. § 863 ZPO auch die Nutzungen, wenn sie für den standesgemäßen Unterhalt des Pflichtteilsberechtigten und seiner Familie notwendig sind. 42

§ 2338 BGB setzt voraus, dass eine **Überschuldung** des pflichtteilsberechtigten Abkömmlings vorliegt oder eine **Verschwendungssucht**, und zwar jeweils zum Zeitpunkt der Errichtung der letztwilligen Verfügung und zum Zeitpunkt des Erbfalls. Ferner muss durch die Verschwendung und Überschuldung der spätere Erwerb erheblich gefährdet sein. Letztlich kann die Pflichtteilsbeschränkung in guter Absicht auch nur gegenüber einem Abkömmling des Erblassers angeordnet werden, nicht gegenüber dem Ehegatten oder einem gegebenenfalls pflichtteilsberechtigten Elternteil. 43

Die Beschränkungsanordnung muss in **Form** einer **letztwilligen Verfügung** erfolgen. Sie kann allerdings weder durch wechselbezügliche Verfügungen in einem gemeinschaftlichen Testament, noch durch vertragsmäßige Verfügung in einem Erbvertrag bestimmt werden. Ferner muss angegeben werden, ob der Grund für die Beschränkung die Verschwendungssucht oder die Überschuldung des Abkömmlings ist.[58] 44

Als Beschränkungsmöglichkeit kommt die Anordnung eines **Nacherben** in Betracht. Auch hier ist streng nach Wortlaut des § 2338 BGB nur die Möglichkeit gegeben, dass die **gesetzlichen Erben** des pflichtteilsberechtigten Abkömmlings als Nacherben bestimmt werden. Auch diese dürfen nur entsprechend der gesetzlichen Erbquoten zu Nacherben bestimmt werden. Würde der Erblasser die Quoten verändern oder gar andere Personen zu Nacherben bestimmen, so 45

---

58 Vgl OLG Köln MDR 1983, 318.

hätte dies nicht die Wirkung des § 2338 BGB zur Folge. Gesetzliche Erben des pflichtteilsberechtigten Abkömmlings sind allerdings auch sein Ehepartner sowie adoptierte oder nichteheliche Kinder.[59] Hinsichtlich der Höhe der Erbeinsetzung muss mindestens die Pflichtteilsquote des Abkömmlings bestimmt werden. Setzt der Erblasser den Abkömmling auf eine höhere Quote ein, so unterliegt der gesamte Erbteil den Beschränkungen des § 2338 BGB.

46 Nach § 2338 Abs. 1 S. 2 BGB hat der Erblasser auch die Möglichkeit, eine **Verwaltungstestamentsvollstreckung** zu bestimmen (§ 2209 BGB). Sinnvollerweise wird der Erblasser aber nicht die eine oder die andere Möglichkeit wählen, sondern beides in Kombination anordnen, damit eine sinnvolle Pflichtteilsbeschränkung erfolgt. Bei der Anordnung der Testamentsvollstreckung ist darauf zu achten, dass nach § 2338 Abs. 1 S. 2 BGB dem Abkömmling grundsätzlich der Anspruch auf den jährlichen Reinertrag verbleibt, dieser also nicht von vornherein ebenfalls der Verwaltungsvollstreckung unterstellt wird. Dies hätte nämlich zur Folge, dass der pflichtteilsberechtigte Abkömmling, da ein Verstoß gegen § 2338 Abs. 1 S. 2 BGB vorliegt, sich von der Beschränkung befreien kann, indem er nach § 2306 Abs. 1 S. 2 BGB die Ausschlagung erklärt. *Nieder* schlägt daher unter Verweisung auf das Schrifttum und die Rechtsprechung vor, dass sich die Testamentsvollstreckung nur dann auf den Teil des jährlichen Reinertrages erstrecken soll, der den nach § 863 Abs. 1 S. 1 ZPO den unpfändbaren Betrag übersteigt, wenn der pflichtteilsberechtigte Abkömmling dies duldet, also damit einverstanden ist.[60]

47 ▶ **Muster: Pflichtteilsbeschränkung in guter Absicht**

384 Meine Tochter ..., geb. am ... in ..., ist so hoch überschuldet, dass ein Antrag auf Insolvenzverfahren abgelehnt wurde. Sie hat für ihren geschiedenen Ehemann Darlehensverträge unterschrieben und Bürgschaftserklärungen abgegeben, aus denen sie derzeit in einer Größenordnung von ... EUR in Anspruch genommen wird. Aufgrund dieser Höhe der Schulden ist nicht damit zu rechnen, dass meine Tochter im Laufe ihres Lebens die Verbindlichkeiten zurückführen kann. Der spätere Erwerb der Erbschaft ist daher erheblich gefährdet. Meine Tochter ... bestimme ich daher gem. § 2338 BGB zur Vorerbin. Zum Nacherben meiner Tochter bestimme ich deren gesetzlichen Erben nach der Regelung der gesetzlichen Erbfolge. Das Nacherbenanwartschaftsrecht ist weder vererblich noch übertragbar. Der Nacherbfall tritt mit dem Tod des Vorerben ein.

Auf die Dauer der Vorerbschaft ordne ich des Weiteren Verwaltungstestamentsvollstreckung an. Sofern meine Tochter einverstanden ist, soll sich die Verwaltungsvollstreckung auch auf den Anteil des Reinertrages erstrecken, der den nach § 863 Abs. 1 ZPO unpfändbaren Betrag übersteigt. Schlägt meine Tochter den Erbteil aus, um ihren Pflichtteil zu verlangen, so soll dieser den gleichen Beschränkungen unterliegen, die ich für den Erbteil bestimmt habe. ◀

2. Die Schranken der Testierfreiheit gem. § 14 HeimG und öffentlicher Vorschriften

a) Unwirksamkeit nach § 14 HeimG

48 Beabsichtigt der Erblasser eine Zuwendung zugunsten von Beschäftigten oder dem **Träger** eines **Heimes** im Sinne des § 1 HeimG zu machen, so ist der Rechtsberater verpflichtet, den Erblasser auf die Unwirksamkeit entsprechender Verfügungen gem. § 14 HeimG hinzuweisen.[61] Bei § 14 HeimG handelt es sich um eine Verbotsnorm im Sinne des § 134 BGB. Danach ist es dem Träger

---

59 Vgl *J. Mayer* in: Mayer/Süß/Tanck/Bittler/Wälzholz, § 8 Rn 96.
60 Vgl *Nieder*, in Nieder/Kössinger, § 8 Rn 140 ff; OLG Bremen FamRZ 1984, 213; Soergel/*Dieckmann*, § 2338 Rn 18; *Baumann*, ZEV 1996, 121.
61 OLG München ZEV 1996, 145.

A. Vorfragen zur Testamentsgestaltung § 7

eines Heimes untersagt (§ 14 Abs. 1 HeimG), sich über das vereinbarte Entgelt hinaus geldwerte Leistungen versprechen oder gewähren zu lassen. Nach § 14 Abs. 5 HeimG ist es Leitern, Beschäftigten oder sonstigen Mitarbeitern untersagt, sich von Heimbewohnern Geld oder geldwerte Leistungen versprechen oder gewähren zu lassen.

Für letztwillige Verfügungen gelten § 14 Abs. 1 und Abs. 5 HeimG dann, wenn diese mit **Kenntnis** des Heimträgers bzw des Heimmitarbeiters getroffen werden.[62] Der Anwendungsbereich des § 14 HeimG wird von der Rspr auch auf dritte Personen oder Einrichtungen analog erweitert, wenn dies dem Schutzzweck der Norm entspricht. So gilt § 14 HeimG auch dann, wenn der Erblasser bspw die Kinder eines Heimleiters zu Erben bzw Nacherben eingesetzt hat.[63] Ebenso findet § 14 HeimG Anwendung, wenn das Heim in der Rechtsform einer GmbH betrieben wird und der Erblasser den Geschäftsführer bzw dessen Ehefrau zum Erben eingesetzt hat.[64] Der Rechtsberater tut daher gut daran, wenn er bei der Erstellung der letztwilligen Verfügung die Position des Bedachten und die Hintergründe der Zuwendung an eine entsprechende Person genau hinterfragt, wenn sich hierfür Anhaltspunkte ergeben.[65]

Hinweis: Durch die Föderalismusreform ist das Heimrecht auf die Gesetzgebungskompetenz der Bundesländer übergegangen ist.[66] Nordrhein-Westfalen hat mit dem Wohn- und Teilhabegesetzes[67] die bisherige Regelung des § 14 HeimG in § 10 WTG NRW übernommen, allerdings ohne Ausnahmegenehmigung (so wie in § 14 Abs. 6 HeimG).[68] Auch Bayern[69] und Baden-Württemberg[70] haben entsprechende Regelungen getroffen (aktuelle Übersicht unter www.dnoti.de).

49

b) Unwirksamkeit einer Erbeinsetzung bestimmter Personen

Unwirksam ist eine letztwillige Verfügung gem. §§ 7, 27 BeurkG, die einen **Notar** oder dessen **Ehepartner** bzw sonstigen **Angehörigen** im Sinne des § 7 BeurkG eine Zuwendung vorsieht, wenn der Notar als Urkundsperson bei der Errichtung der letztwilligen Verfügung mitgewirkt hat. In der Praxis tritt oftmals die Problematik auf, dass der Erblasser dem Notar zwar keine vermögensrechtlichen Zuwendungen machen möchte, dieser aber aufgrund der erfolgten Beratung den Notar zum Testamentsvollstrecker einsetzen will. Auch dies ist gem. §§ 7, 27 BeurkG grundsätzlich unwirksam. Strittig ist, ob der Sozius eines Notars zum Testamentsvollstrecker benannt werden kann. Dies wird nach hM bejaht, wenn der beurkundende Notar hieraus nicht unmittelbar einen rechtlichen Vorteil hat, die Gebühren aus der Testamentsvollstreckung also nicht in die Sozietätseinkünfte fließen.[71] Allerdings dürfte dann ein Verstoß gegen das Mitwirkungsverbot des § 4 Abs. 1 Nr. 4 BGB vorliegen. Unwirksam sind letztwillige Verfügungen zugunsten von Personen, die nach § 24 Abs. 1 BeurkG zur Verständigung mit

50

---

62 KG NJW-RR 1999, 2.
63 OLG Düsseldorf FamRZ 1998, 192.
64 BayObLG FamRZ 2000, 1126.
65 **Hinweis:** Ferner sollte der Rechtsberater den Erblasser darauf hinweisen, dass eine letztwillige Verfügung zugunsten des Heimträgers oder eines Beschäftigten bzw Mitarbeiters des Heimes in dem Moment unwirksam wird, in dem dieser Kenntnis von der letztwilligen Verfügung erlangt (BayObLG ZEV 2001, 121) und dass § 14 Abs. 1 HeimG auch dann eingreift, wenn der Heimbewohner die letztwillige Verfügung vor Aufnahme in das Heim errichtet hat und der Heimträger hiervon später Kenntnis erhält, BGH NJW-RR 1995, 1272.
66 Vgl den Entwurf zur Neuregelung der zivilrechtlichen Vorschriften des Heimgesetzes, BT-Drucks. 167, 09.
67 In Kraft getreten zum 18.11.2008; vgl auch DNotI-Report 2009, 30.
68 Vgl hierzu *Tersteegen*, DNotZ 2009, 222, der Zweifel an der Verfassungsmäßigkeit hat.
69 Pflege- und Wohnqualitätsgesetz, BayGVBl. 2008, 346; in Kraft getreten zum 1.8.2008.
70 Landesheimgesetz, GBl. BW 2008, 169, in Kraft seit 1.7.2008.
71 BGHZ 134, 230; OLG Oldenburg NJW-RR 1990, 1350.

behinderten Erblassern hinzugezogen werden müssen (§ 24 Abs. 2 BeurkG). Gleiches gilt für den **Dolmetscher** und etwaige **Zeugen** gem. § 16 Abs. 3 BeurkG.

3. Die Schranken der Testierfreiheit nach § 138 BGB

51 Die Testierfreiheit findet ihre Grenzen grundsätzlich in den guten Sitten.[72] Nach § 138 Abs. 1 BGB ist daher eine sittenwidrige Verfügung von Todes wegen nichtig. **Sittenwidrigkeit** ist dann anzunehmen, wenn die durch letztwillige Verfügung vorgenommenen Zuwendungen des Erblassers gegen die Auffassung und das Anstandsgefühl aller billigen gerecht Denkenden steht.[73] Wann eine solche Sittenwidrigkeit einer letztwilligen Verfügung vorliegt, lässt sich nur im Einzelfall anhand der Umstände und den Beweggründen, die zu dem Inhalt der Verfügung von Todes wegen geführt haben, beurteilen.[74] Da § 138 BGB nur unsittliche Rechtsfolgen, nicht aber das unsittliche Handeln an sich verhindern will, kommt es für die Frage einer Sittenwidrigkeit nicht darauf an, dass der Erblasser sich seines Tuns bewusst ist. Es reicht danach aus, dass sich der Erblasser einer Kenntnis der sittenwidrigen Umstände grob fahrlässig verschließt.[75] Bezüglich des **Zeitpunkts** der Sittenwidrigkeit ist nach Ansicht des BGH[76] auf den Zeitpunkt der Errichtung des Testaments abzustellen. Der BGH argumentiert insoweit, dass eine einmal eingetretene Nichtigkeit nicht durch Zeitablauf geheilt werden kann.[77] Die hM in der Lit.[78] stellt allerdings darauf ab, dass der Wertkonflikt, der im Rahmen des § 138 Abs. 1 BGB zur Unwirksamkeit der letztwilligen Verfügung führt, zum Zeitpunkt des Erbfalls noch bestehen muss. Bedeutung hat die Frage der Sittenwidrigkeit in einem sog. **Geliebtentestament** bzw bei Zuwendungen aufgrund einer eheähnlichen Beziehung.[79] Da der Schutz naher Familienangehöriger grundsätzlich über das Pflichtteilsrecht geregelt ist, müssen beim sog. Geliebtentestament besondere Gründe vorliegen, die die Annahme einer Sittenwidrigkeit einer letztwilligen Verfügung rechtfertigt. So kann nach Ansicht des BGH[80] die alleinige Erbeinsetzung zugunsten der Geliebten auch nur zu einer teilweisen Nichtigkeit führen. In der genannten Entscheidung des BGH wurde dann angenommen, dass die bedachte Erbin zur Hälfte und die mit dem Erblasser verheiratete Ehefrau und die gemeinsamen Kinder zur anderen Hälfte erbten. Maßgeblich für die Sittenwidrigkeit ist insoweit aber auch die Frage, ob für die Erbeinsetzung der Geliebten ausschließlich sexuelle Gründe maßgebend waren oder ob tatsächlich eine eheliche Beziehung und der Wunsch einer Absicherung der Verfügung von Todes wegen zugrunde lag. Wird bspw in einem Testament der Geliebten vermächtnisweise etwas zugewendet, so bestehen, anders als bei der totalen Enterbung der eigenen Familie, zunächst keine Anhaltspunkte dafür, dass eine entsprechende Verfügung aufgrund von Sittenwidrigkeit unwirksam sein sollte.[81]

---

72 Das OLG Hamm hat in seinem Beschluss vom 11.1.2005 (Der Fachanwalt für Erbrecht Heft 2/2005, Seite 35) deutlich gemacht, dass bspw die Einsetzung des Enkels als Vorerben und die Bestimmung einer Stiftung als Nacherben nicht gegen § 138 BGB verstößt, wenn der Eintritt des Nacherbfalls davon abhängig gemacht wird, ob der übergangene Abkömmling und Vater des Enkels einen Pflichtteilsanspruch fordert oder erhält. Solche Konstruktionen bewegen sich im Rahmen der zulässigen Gestaltungsfreiheit und greifen nicht in das Eltern-Kind-Verhältnis ein.
73 RGZ 80, 219.
74 BGH DNotZ 1956, 414.
75 BGH NJW 1951, 397.
76 BGHZ 20, 71.
77 BGHZ 20, 71.
78 *Brox*, Erbrecht, Rn 258; *Ebenroth*, Erbrecht, Rn 292; *Gernhuber*, FamRZ 1960, 334; *Gaul*, FamRZ 1961, 501.
79 *Grziwotz*, ZEV 1994, 267.
80 BGHZ 52, 17.
81 BGH NJW 1983, 674.

Auch beim sog. **Behindertentestament** wird die Sittenwidrigkeit letztwilliger Verfügungen diskutiert. Hier wird die Frage diskutiert, inwieweit durch eine entsprechende regressfeste Gestaltung der letztwilligen Verfügung Ansprüche des Sozialhilfeträgers umgangen werden können. Die seitens des BGH hierzu aktuell ergangenen Entscheidungen[82] verneinen eine entsprechende Sittenwidrigkeit allerdings für die Fälle, in denen dem pflichtteilsberechtigten Abkömmling durch die Gestaltung eines entsprechenden Behindertentestaments ein Vorteil gegenüber derjenigen Situation verbleibt, dass Erb- und Pflichtteilsansprüche nach § 93 SGB XII (früher § 90 BSHG) auf den Sozialhilfeträger übergeleitet und somit dem Verfügungskreis des pflichtteilsberechtigten Abkömmlings völlig entzogen werden. Allerdings hat der BGH offen gelassen, ob dies auch für die Fälle gilt, in denen der Pflichtteil des behinderten Kindes so groß wäre, dass es damit seinen Lebensunterhalt bestreiten kann.[83] Ferner sollte wohl überlegt sein, ob man bei der Gestaltung die Erbquote zu Gunsten des Behinderten nur minimal über die Pflichtteilsquote setzt. Ggfs. ist es sinnvoller, sich hier eher an dem gesetzlichen Erbteil zu orientieren und diesen mit einer Nacherbfolge zu belasten. Denn ein Grund, warum ein behindertes Kind weniger Erbteil erhalten soll als ein nicht behindertes ist nicht ersichtlich – zumindest solange nicht, solange eine Überleitung auf den Sozialhilfeträger ausgeschlossen und eine Zuwendung der Erträge an das behinderte Kind gewährleistet ist.

52

4. Die Schranken der Testierfreiheit aufgrund bindender Verfügung von Todes wegen
a) Gemäß §§ 2270, 2271 Abs. 1 S. 2 BGB

Eines der zentralen Prüfungspunkte bei der Erstellung eines Testament ist die Vorfrage nach der Wechselbezüglichkeit und Bindungswirkung bereits bestehender Testamente. Hat der Erblasser bereits einen bindenden Erbvertrag errichtet oder ist er aufgrund wechselbezüglicher Verfügungen in einem gemeinschaftlichen Testament und einer bereits **eingetretenen Bindungswirkung** durch den Erbfall eines Ehepartners letztwillig gebunden, kann er keine neuen widersprechenden Verfügungen von Todes wegen treffen. Im Rahmen der Beratung einer Testamentserrichtung sollte der Rechtsberater auf diesen Punkt besonders achten. Er sollte insbesondere genau nachfragen, ob bereits Testamente errichtet wurden, ob es sich hierbei um einen Erbvertrag oder ein gemeinschaftliches Testament handelte; und er sollte insbesondere genau prüfen, ob aufgrund solcher letztwilliger Verfügungen bereits eine Bindungswirkung besteht, die ein weiteres Testieren unmöglich macht.

53

Nach §§ 2270, 2271 BGB sind bei Vorliegen wechselbezüglicher Verfügungen bzw eines bindenden gemeinschaftlichen Testaments weitere Verfügungen unwirksam. **Wechselbezügliche Verfügungen** im Sinne des § 2270 BGB liegen dann vor, wenn die von beiden Ehegatten getroffenen Verfügungen von Todes wegen so eng miteinander verbunden sind, dass die eine nicht ohne die andere Bestand haben soll. Kennzeichnend ist für die Wechselbezüglichkeit daher eine gegenseitige Abhängigkeit.[84] Hätte also ein Ehepartner seine letztwillige Verfügung nicht getroffen ohne die des anderen Ehepartners, ist von einer wechselbezüglichen bzw auch korrespektiven Verfügung von Todes wegen auszugehen.[85] Nach § 2270 Abs. 3 BGB können in gemeinschaftlichen Testamenten die Erbeinsetzung, die Anordnung von Vermächtnissen oder die Bestimmung einer Auflage wechselbezüglich und daher bindend sein. Ob letztlich eine bindende

54

---
82 BGHZ 111, 36; BGHZ 123, 368.
83 Vgl zur Frage der Sittenwidrigkeit auch die aktuelle Entscheidung des OVG Saarland DNotI-Report 2006, 99 und ZErb 2006, 275.
84 KG NJW 1972, 3134; KG FamRZ 1977, 485; OLG Stuttgart FamRZ 1977, 274.
85 *Pfeiffer*, FamRZ 1993, 1266.

Erbeinsetzung der Ehepartner gewollt war, lässt sich in einer Vielzahl der Fälle nur durch Auslegung bzw über die Vermutungsregelung des § 2270 Abs. 2 BGB feststellen.[86]

55 Ist eine ausdrückliche Bestimmung im Testament über die Frage der Wechselbezüglichkeit nicht getroffen worden, so ist nach **allgemeinen Auslegungsgrundsätzen** (§§ 133, 157 BGB) zu prüfen, ob die gemeinschaftlich getroffenen Verfügungen der Ehepartner wechselbezüglich und bindend sein sollten.[87] Die Tatsache, dass die Verfügungen in einem gemeinschaftlichen Testament getroffen sind berechtigt grundsätzlich aber nicht zur Annahme, dass sie auch wechselbezüglich sein sollten.[88] Andererseits ist es aber auch nicht notwendig, dass sich die Eheleute gegenseitig zu Erben einsetzen, damit von einer Wechselbezüglichkeit ausgegangen werden kann. Bedeutsam ist dies lediglich für die Auslegungsregel des § 2270 Abs. 2 BGB.[89] Maßgeblich ist daher für die Auslegung vielmehr der Inhalt der letztwilligen Verfügung.[90] Hieran ist zu prüfen, ob nach dem Willen der Erblasser die jeweiligen Verfügungen voneinander abhängig sein sollten. Dies ist dabei für jede einzelne Verfügung gesondert festzustellen.[91] Zu berücksichtigen ist dabei, dass auch nur einzelne bzw Teile einer Verfügung wechselbezüglich sein können. Darüber hinaus kann die Verfügung auch so getroffen sein, dass nur die Verfügungen eines Ehegatten wechselbezüglich und bindend sein sollten.[92] Auch ist es grundsätzlich möglich, dass eine Wechselbezüglichkeit von Verfügungen angenommen werden kann, die in zwei getrennten Urkunden und im zeitlichen Abstand errichtet wurden.[93]

56 Ist nach den allgemeinen **Auslegungsregeln** eine Wechselbezüglichkeit nicht festzustellen, bleibt zu prüfen, ob sich aus der Vermutungsregel des **§ 2270 Abs. 2 BGB** eine solche ergibt. Danach ist von einer wechselbezüglichen Verfügung im Zweifel dann auszugehen, wenn die Ehegatten sich gegenseitig zu Erben bestimmen oder mit einem Vermächtnis bedenken; oder wenn einem Ehegatten von dem anderen eine Zuwendung gemacht wird und für den Fall des Überlebens des Bedachten eine Verfügung zugunsten einer Person getroffen wird, die mit dem anderen Ehegatten verwandt ist oder ihm sonst nahe steht. Nach beiden Alternativen kann eine Vermutung für eine Wechselbezüglichkeit sprechen. Weitergehende Bedeutung kommt daher der zweiten Alternative der Auslegungsregel des § 2270 Abs. 2 BGB zu, in der Zuwendungen eines Ehegatten an den anderen im Zusammenhang mit einer letztwilligen Verfügung zugunsten von Verwandten des zuerst genannten oder ihm ansonsten nahe stehenden Personen getroffen werden. Eine Wechselbezüglichkeit wird in diesen Fällen deshalb angenommen, weil ein Ehepartner zugunsten des anderen eine Zuwendung vorsieht, für den Fall, dass nach dessen Ableben dann wiederum eine Zuwendung zugunsten seiner Verwandten oder zugunsten von Personen, die ihm selbst nahe stehen, gemacht wurden.[94] Unter dem Begriff der **Verwandtschaft** versteht man im Sinne des § 2270 Abs. 2 2. Alt. BGB das Verwandtschaftsverhältnis gem. der gesetzlichen Regelung des § 1589 BGB. Weitaus dehnbarer ist der Begriff der dem Erblasser **„nahe stehenden"** Person. Hierbei muss es sich um eine Person handeln, die in einem besonders guten und

---

86 Nach der Studie von *Vollmer* enthalten auch nur 13,27 % aller Verfügungen im Durchschnitt eine so genannte Freistellungsklausel, die den überlebenden Ehepartner zur Änderung des Testaments ermächtigt und die daher auf eine gewollte Bindungswirkung rückschließen lässt; vgl *Vollmer*, Verfügungsverhalten von Erblassern und dessen Auswirkungen auf das Ehegattenerbrecht und das Pflichtteilsrecht, S. 115.
87 BayObLG FamRZ 1985, 1287; BayObLG FamRZ 1999, 1388; OLG Frankfurt ZEV 1997, 420.
88 BayObLG NJW-RR 1987, 1410.
89 BayObLG NJW-RR 1991, 1288; BayObLG NJW-RR 1987, 1410.
90 BGH DNotZ 1957, 553.
91 BayObLG FamRZ 1984, 1154; BayObLG FamRZ 1988, 879; OLG Frankfurt ZEV 1997, 420.
92 BayObLG FamRZ 1984, 1154.
93 Vgl *J. Mayer* in: Reimann/Bengel/J. Mayer, § 2270 Rn 7 und Rn 26.
94 KG OLGZ 1993, 398.

engen persönlichen Verhältnis und einer inneren Beziehung und Bindung zum Erblasser steht.[95] Nach der Rspr kommen hierfür **Adoptiv-**, **Pflege-** und **Stiefkinder**,[96] enge Freunde und Hausgenossen, aber auch langjährige Angestellte in Betracht.[97] Bei Schwiegerkindern wird dagegen nicht ohne weiteres ein entsprechendes Näheverhältnis unterstellt.[98] Die hM legt daher bei der Beurteilung des Begriffs einen engen Maßstab zugrunde, damit eine entsprechende Überdehnung des Begriffs nicht erfolgt.[99]

Des Weiteren ist zu prüfen – falls von einer wechselbezüglichen und bindenden Verfügung von Todes wegen auszugehen ist –, inwieweit dem überlebenden Ehepartner ein **Abänderungsvorbehalt**, bspw durch eine entsprechende Freistellungsklausel, eingeräumt wurde. Ist eine solche ausdrücklich im Testament genannt, kann der überlebende Ehepartner in entsprechendem Umfang neu testieren. Schwieriger gestaltet sich die Frage, ob und wann von einem sog. **stillschweigenden** Änderungsvorbehalt auszugehen ist. Seitens der Rspr wird teilweise eine eingeschränkte Abänderungsbefugnis angenommen, wenn sich zwischen dem Längerlebenden und dessen Verwandten die persönliche Beziehung wesentlich verschlechtert hat,[100] oder wenn durch die Anordnung einer entsprechenden Schlusserbfolge eine persönliche Versorgung des Längerlebenden gewährleistet werden sollte, dieser aber später als gefährdet gesehen werden musste.[101] Voraussetzung für eine entsprechende Auslegung bzw stillschweigende Anordnung ist, dass sich entsprechende Anhaltspunkte aus der letztwilligen Verfügung ergeben.

57

Für den Rechtsberater gestaltet sich diese Frage insbesondere dann schwierig, wenn in einem gemeinschaftlichen Testament die Bestimmung getroffen wurde, dass der überlebende Ehegatte zur freien Verfügung über die Erbschaft berechtigt ist. In diesen Fällen wird lediglich von einer lebzeitigen freien Verfügung, nicht aber von einer letztwilligen auszugehen sein.[102] Verfügen die Eheleute, dass der Längerlebende über sein Vermögen frei verfügen können soll, so lässt dies den Schluss zu, dass zwar eine lebzeitige freie Verfügungsmöglichkeit, nicht aber eine letztwillige bestehen soll.[103] Gleiches ergibt sich auch dann, wenn die Formulierung dergestalt getroffen wird, dass der Längerlebende unter Lebenden frei verfügen kann.[104]

58

b) Beseitigung der Bindungswirkung beim gemeinschaftlichen Testament

Stellt der Rechtsberater eine Bindungswirkung fest, dann ist weiter zu prüfen, ob eine solche beseitigt werden kann. Zu Lebzeiten beider Eheleute kann durch einen **einseitigen notariellen Widerruf**, der dem anderen Ehegatten zugestellt werden muss (und zwar in Ausfertigung, vgl oben), das Testament und somit die wechselbezüglichen Verfügungen aufgehoben werden (§§ 2271 Abs. 1, 2296 BGB). Für den Fall, dass ein Ehepartner unter Betreuung steht, ist die Widerrufserklärung dem Betreuer zuzustellen.[105] Wollen beide Ehepartner das Testament wi-

59

---

95 BayObLGZ 1982, 474.
96 BayObLG FamRZ 1985, 1287.
97 BayObLGZ 1982, 474.
98 Vgl Palandt/*Edenhofer*, § 2270 Rn 9.
99 BayObLG FamRZ 1985, 1287; BayObLG DNotZ 1977, 40.
100 BayObLG FamRZ 1985, 1285; KG OLGZ 1993, 398.
101 OLG Hamm NJW-RR 1995, 777.
102 Vgl BayObLG Rpfleger 2002, 446; OLG Hamm FamRZ 2002, 777.
103 KG FamRZ 1998, 124.
104 BayObLG FamRZ 1994, 1442.
105 *J. Mayer* in: Reimann/Bengel/J. Mayer, § 2271 Rn 17 mwN AA Damrau/*Bittler*, ZErb 2004, 77, die die Auffassung vertreten, dass wechselbezügliche Verfügungen in einem gemeinschaftlichen Testament bei Eintritt der Geschäftsunfähigkeit nicht mehr widerrufen werden können. In diesem Fall würde nur die Möglichkeit einer gegenseitigen Erbeinsetzung, unter der auflösenden Bedingung, dass der Ehepartner unter Betreuung gestellt oder geschäftsunfähig wird, in Betracht kommen.

derrufen, können sie dies in einem gemeinschaftlichen Widerrufstestament tun (§§ 2253, 2254 BGB). Vorsicht ist aber dann geboten, wenn die Ehepartner das gemeinschaftliche Testament durch Zerreißen vernichten (§ 2255 BGB). Hierauf sollte sich ein Berater grundsätzlich nicht einlassen, da sich später gegebenenfalls nicht mehr nachweisen lässt, dass ein Testament mit dem Willen beider Ehegatten vernichtet wurde. Er sollte daher darauf bestehen, dass beide Ehepartner ein gemeinschaftliches Widerrufstestament errichten.

60 ▶ **Muster: Einseitiger Widerruf eines gemeinschaftlichen Testaments**

 Notarielle Urkundenformalien

Ich, ..., habe am ... mit meiner Ehefrau ... ein gemeinschaftliches Testament errichtet. Dieses Testament haben wir beim Nachlassgericht ... hinterlegt. Ich widerrufe hiermit sämtliche in diesem gemeinschaftlichen Testament die von mir getroffenen Verfügungen von Todes wegen vollumfänglich. Der amtierende Notar wird hiermit beauftragt, eine Ausfertigung dieser notariell beurkundeten Widerrufserklärung entsprechend den Formerfordernissen der §§ 2296 Abs. 2, 130, 132 BGB meiner Ehefrau zuzustellen.[106] ◀

61 ▶ **Muster: Gemeinsame Aufhebung bisheriger Verfügungen von Todes wegen in einem gemeinschaftlichen Testament**

Wir, die Eheleute ..., erklären, dass wir ein gemeinschaftliches Testament am ... errichtet haben, in dem wir uns gegenseitig zu Erben und unsere Kinder zu Schlusserben bestimmt haben. Die von uns in diesem Testament wechselbezüglich getroffenen Verfügungen heben wir hiermit gemeinsam vollumfänglich auf. Darüber hinaus heben wir alle bisher einzeln getroffenen und nicht wechselbezüglichen Verfügungen, sei es in dem gemeinschaftlichen Testament oder in den jeweils einzeln errichteten Testamenten, ebenfalls vollumfänglich auf. Wir erklären darüber hinaus, dass wir nicht durch ein weiteres bindendes gemeinschaftliches Testament oder einen Erbvertrag an der nunmehr nachfolgenden Errichtung einer Verfügung von Todes wegen gehindert sind. ◀

c) Aufhebung der Bindungswirkung nach Eintritt des Todesfalles

62 Bei einem gemeinschaftlichen Testament bzw bei gemeinschaftlichen Verfügungen von Todes wegen, die in wechselbezüglicher Weise getroffen wurden, tritt eine Bindungswirkung hinsichtlich der Zuwendung an Schlusserben erst mit dem Tod des erstversterbenden Ehepartners ein. Erst ab diesem Zeitpunkt kann der überlebende Ehepartner nicht mehr einseitig durch notariellen Widerruf die wechselbezüglichen Verfügungen aufheben. Er hat dann nur die Möglichkeit, sich nach § 2271 Abs. 2 BGB durch Ausschlagung der ihm zugedachten Erbeinsetzung von der Bindungswirkung zu befreien. Daneben besteht auch die Möglichkeit, dass der überlebende Ehepartner durch **Selbstanfechtung** gem. den §§ 2078, 2079 BGB eine Unwirksamkeit der letztwilligen Verfügungen herbeiführt (vgl zu den Voraussetzungen der Anfechtung unten Rn 350). Die Anfechtung kann nur binnen Jahresfrist erfolgen. Kann sich der überlebende Ehepartner aufgrund Fristablaufs für die Ausschlagungserklärung oder mangels Anfechtungsgrund nicht mehr einseitig von der Bindungswirkung lösen, bleibt ihm nur die Möglichkeit, durch einen sog. **Zuwendungsverzicht** mit dem bspw als Schlusserben wechselbezüglich Bedachten die Bindungswirkung aufzulösen.

---

106 **Hinweis:** Grundsätzlich muss dem Ehepartner die Widerrufserklärung in Ausfertigung zugehen. Eine beglaubigte Abschrift reicht nicht aus (BGHZ 31, 5). Erfolgt die Zustellung durch den Gerichtsvollzieher, sollte dem Gerichtsvollzieher mitgeteilt werden, dass er keine von ihm beglaubigte Abschrift zustellt, sondern die Ausfertigung im Original. Der Rechtsberater sollte dies auch nach Zustellung kontrollieren.

A. Vorfragen zur Testamentsgestaltung § 7

d) Bindungswirkung beim Erbvertrag

In einem Erbvertrag können letztwillige Verfügungen gem. § 2278 BGB **vertragsmäßig** getroffen werden; mit der Folge, dass bereits mit Abschluss des Erbvertrages eine endgültige Bindungswirkung besteht und nicht erst – wie beim gemeinschaftlichen Testament – mit dem Eintritt eines Erbfalls.[107] Ab dem Zeitpunkt des Vertragsschlusses kann der Vertragspartner von vertraglichen Verfügungen nicht mehr einseitig vom Erbvertrag zurücktreten, sofern ein Rücktritt nicht vorbehalten wurde (§ 2293 BGB)[108] oder die Gründe für die Entziehung eines Pflichtteils vorliegen (§ 2294 BGB). Eine Lösung von der vertragsmäßigen Verfügung nach dem Eintritt des Erbfalls des Vertragspartners kann gem. § 2298 Abs. 2 S. 3 BGB auch nur dann erfolgen, wenn sich die Vertragsparteien den Rücktritt ausdrücklich vorbehalten haben. Eine Selbstanfechtung des Erbvertrages nach den §§ 2081, 2078, 2079 BGB ist unter den entsprechenden Voraussetzungen ebenso wie beim gemeinschaftlichen Testament möglich. Dabei ist zu beachten, dass die Anfechtungserklärung der notariellen Beurkundung bedarf (§ 2282 Abs. 3 BGB) und zu Lebzeiten gegenüber dem Vertragspartner erklärt werden muss. Nach dem Ableben des Erbvertragspartners muss die Anfechtungserklärung gegenüber dem Nachlassgericht abgegeben werden (§ 2281 Abs. 2 BGB). Auch die Vereinbarung eines **Zuwendungsverzichts** ist möglich.

63

▶ **Muster: Rücktrittserklärung vom einseitigen Erbvertrag zu Lebzeiten des Vertragspartners**

64

387

Notarielle Urkundenformalien ...

Der Erschienene erklärt folgenden

Rücktritt

von dem von ihm am ... vor dem Notar ... mit Urk.Nr. ... mit dem Vertragspartner ... geschlossenen einseitigen Erbvertrages.

Der Erschienene hat am ... mit Frau ... den oben bezeichneten Erbvertrag geschlossen. In diesem Erbvertrag hat er Frau ... zu seiner Alleinerbin eingesetzt. Der Erschienene war damals noch allein stehend. Zwischenzeitlich ist er verheiratet. Unter Ziffer ... hat er sich den jederzeitigen Rücktritt vom Erbvertrag vorbehalten.

Der Erschienene erklärt, dass er von dem oben bezeichneten Erbvertrag in vollem Umfang zurücktritt und beauftragt den Notar, Frau ... eine Ausfertigung unter Berücksichtigung des Formerfordernisses der §§ 2296 Abs. 2, 130, 132 BGB zuzustellen. ◀

▶ **Muster: Rücktrittserklärung vom einseitigen Erbvertrag nach dem Ableben eines Vertragspartners durch Testament bei Rücktrittsvorbehalt (§ 2297 BGB)**

65

388

Formalien einer letztwilligen Verfügung

Testament

Ich, ..., geb. am ... in ..., derzeit wohnhaft ... errichte nachfolgende letztwillige Verfügung von Todes wegen.

---

107 Zu unterscheiden ist dabei der einseitige Erbvertrag, in dem nur der Erblasser letztwillige Verfügungen trifft, vom zwei- oder mehrseitigen Erbvertrag, bei dem alle Vertragspartner Verfügungen von Todes wegen abgeben.
108 Beim einseitigen Erbvertrag erfolgt der Rücktritt zu Lebzeiten durch Erklärung gegenüber dem Vertragspartner. Die Rücktrittserklärung bedarf der notariellen Beurkundung. Nach dem Ableben des Vertragspartners erfolgt der Rücktritt durch Testament, § 2279 BGB. Beim zweiseitigen Erbvertrag erlischt grundsätzlich das Rücktrittsrecht nach dem Ableben eines Ehepartners, vgl § 2298 Abs. 2 S. 2 BGB.

Ich habe am ... vor dem Notar ... mit Frau ... einen Erbvertrag unter der Urk.Nr. ... geschlossen, in dem ich Frau ... zu meiner Alleinerbin eingesetzt habe. Frau ... hat keine letztwilligen Verfügungen in dem Erbvertrag getroffen. Unter Ziff. ... habe ich mir den Rücktritt vom Erbvertrag vorbehalten. Nachdem Frau ... am ... in ... gestorben ist (Az Des Nachlassgerichts ...), hebe ich hiermit die im oben bezeichneten Erbvertrag getroffenen letztwilligen Verfügungen in vollem Umfang auf. Nachfolgende letztwillige Verfügung soll daher ausschließlich maßgebend für meinen Nachlass sein:

... ◄

66 ▶ **Muster: Anfechtung eines gemeinschaftlichen Erbvertrages durch den überlebenden Ehepartner nach Hinzukommen eines weiteren Pflichtteilsberechtigten**

389

Notarielle Urkundenformalien

Der Erschienene erklärt die

Anfechtung

der von ihm zusammen mit seiner Ehefrau ... am ... vor dem Notar ... Urk.Nr. ... im Erbvertrag bestimmten vertragsmäßigen letztwilligen Verfügungen.

Begründung

Ich habe zusammen mit meiner Ehefrau ... am ... vor dem Notar ... mit Urk.Nr. ... einen Erbvertrag geschlossen, in dem wir uns gegenseitig zu Alleinerben eingesetzt haben. Zum Erben des Überlebenden haben wir die Tochter meiner Ehefrau aus dessen erster Ehe bestimmt. Alle Verfügungen wurden vertragsmäßig getroffen. Weitere Verfügungen von Todes wegen haben wir nicht bestimmt.

Meine Ehefrau verstarb am ... in .... Ich habe die Erbschaft gegenüber dem Nachlassgericht ... angenommen.

Ich fechte hiermit die im Erbvertrag vom ... bestimmten vertragsmäßigen letztwilligen Verfügungen gegenüber dem Nachlassgericht an, da ich am ... die Ehe mit meiner nunmehr zweiten Ehefrau ... vor dem Standesamt in ... eingegangen bin. Ich habe meine nunmehr zweite Ehefrau ... Jahre nach dem Erbfall kennen gelernt und sie am ... geheiratet. Da durch diese Heirat ein weiterer Pflichtteilsberechtigter hinzugekommen ist, der erst nach Errichtung des Erbvertrags pflichtteilsberechtigt geworden ist, ist die Anfechtung nach § 2079 BGB begründet.

Die Anfechtung erfolgte auch fristgerecht, da ich am ... die Ehe mit meiner jetzigen Frau eingegangen bin.

Der beurkundende Notar wird gebeten, eine Ausfertigung der Anfechtungserklärung dem Nachlassgericht ... zu übersenden. Das Aktenzeichen der Nachlassangelegenheit meiner verstorbenen Ehefrau lautet .... Der Notar wird gebeten, sich den Empfang der Anfechtungserklärung bestätigen zu lassen. ◄

5. Die Testierfähigkeit als Schranke der Testierfreiheit

67 Die Testierfreiheit wird mangels **Testierfähigkeit** eingeschränkt, wenn der Erblasser aufgrund einer Störung der Geistestätigkeit, einer Geistesschwäche oder Bewusstseinsstörungen nicht in der Lage ist, die Bedeutung einer von ihm abgegebenen Erklärung zu erkennen (§ 2229 Abs. 4 BGB). Testierfähigkeit setzt dabei voraus, dass der Erblasser neben der Vorstellung ein Testament zu errichten, auch die restliche Tragweite und die Auswirkungen auf die persönlichen und

A. Vorfragen zur Testamentsgestaltung § 7

wirtschaftlichen Verhältnisse der Bedachten erkennt.[109] Steht der Erblasser unter Betreuung, so heißt dies nicht zwingend, dass er testierunfähig ist.[110] Auch der unter Betreuung Stehende kann grundsätzlich letztwillige Verfügungen von Todes wegen errichten. Gleiches gilt für den Erblasser, der aufgrund lichter Momente (**lucida intervalla**) letztwillig verfügt, wobei in diesen Fällen die Nachweisbarkeit und Beweislast für einen solchen lichten Moment regelmäßig problematisch sein dürfte.

Schwierigkeiten bereitet oftmals die Frage, wann aufgrund einer **alters-** oder **krankheitsbedingten Demenz** von einer Testierunfähigkeit auszugehen ist. Für den Berater stellt sich dann die Frage, inwieweit er im Rahmen seiner Tätigkeit den Mandanten hierauf hinweisen muss. Bietet sich die Möglichkeit und sind entsprechende Anhaltspunkte vorhanden, sollte der Rechtsberater auch vor dem Risiko, den Mandanten mit einer entsprechenden Frage zu konfrontieren, diesen bitten, eine Bestätigung eines Facharztes[111] oder aber zumindest das Attest eines Hausarztes[112] einzuholen. Das KG[113] misst der Feststellung des Notars und des Hausarztes des Erblassers eine erhöhte Bedeutung zu. Das OLG Frankfurt[114] hat allerdings die Feststellung des Notars gem. § 28 BeurkG aufgrund der Tatsache, dass es sich beim Notar in der Regel um einen medizinischen Laien handelt, keine besondere Bedeutung beigemessen. Der Notar sollte entsprechend dem nach §§ 11 Abs. 2, 28 BeurkG erforderlichen Vermerk über die Geschäfts-/Testierfähigkeit genaue Angaben über den Gesundheitszustand und seine Befragung machen und bei entsprechenden Zweifeln eine ärztliche Bestätigung eines Facharztes beibringen lassen.

68

▶ **Muster: Feststellung der Geschäfts-/Testierfähigkeit in einer notariellen letztwilligen Verfügung**

69

Notarielle Urkundenvoraussetzungen ....

Der Erschienene erklärte, dass er eine letztwillige Verfügung von Todes wegen errichten wolle. Er ist ausschließlich deutscher Staatsangehöriger und in seiner Testierfreiheit nicht durch ein bindend gewordenes gemeinschaftliches Testament oder einen Erbvertrag gehindert. Rein vorsorglich widerruft er alle bisherigen Verfügungen von Todes wegen in vollem Umfang.

Der Erschienene leidet nach Angaben seines Hausarztes an .... Er wurde heute Vormittag durch den behandelten Facharzt des Klinikums ...., Herr Dr. ...., untersucht, der seine Testierfähigkeit bestätigt hat. Ein entsprechendes Attest vom heutigen Tage liegt mir vor und wird der Urkunde beigefügt. Aufgrund der mit dem Erschienenen geführten Vorbesprechung ist dieser meiner Überzeugung nach voll testierfähig. Der Erschienene konnte alle Fragen klar und deutlich beantworten und seinen Willen verständlich und klar kundtun.

.... ◀

Muss die Testierfähigkeit später durch Zeugeneinvernahme festgestellt werden, so unterliegt der Notar nach § 18 BNotO grundsätzlich der **Schweigepflicht**. Er muss zunächst von der Schweigepflicht entbunden werden, was nach § 18 BNotO grundsätzlich die Beurkundungsbeteiligten selbst vornehmen. Ist dies nicht mehr möglich, weil ein Beteiligter verstorben ist, wird der Notar vom Präsidenten des Landgerichts von der Schweigepflicht entbunden. Nach Ansicht

70

---

109 OLG Hamm MittBayNot 1997, 180.
110 BayObLG FamRZ 1994, 593.
111 BayObLG ZEV 1994, 203.
112 BayObLG FamRZ 1998, 514.
113 KG FamRZ 2000, 912.
114 OLG Frankfurt FamRZ 2000, 603.

des OLG Frankfurt[115] ist grundsätzlich von einer stillschweigenden Entbindung der Schweigepflicht des Notars und eines Rechtsanwaltes seitens des Erblassers auszugehen, wenn es um die Klärung der Testier- bzw Geschäftsunfähigkeit geht. Ähnlich verhält es sich mit der Frage der Entbindung von der **ärztlichen Schweigepflicht**. Die hM geht in einem solchen Fall davon aus, dass es im Interesse des Erblassers ist, Klarheit über die Erbfolge zu schaffen und dass es seinem mutmaßlichen Willen entspricht, dass die Frage der Testierfähigkeit geklärt wird.[116] Es ist daher grundsätzlich nicht notwendig, dass die potenziellen Erben eine Entbindung von der ärztlichen Schweigepflicht erklären. Es ist vielmehr darauf abzustellen, was dem mutmaßlichen Willen des Erblassers entspricht. Der Arzt hat daher danach selbst zu entscheiden, ob er eine entsprechende Aussage tätigt oder nicht. Damit es aber gar nicht erst zu einer solchen Auseinandersetzung kommt, sollte der Erblasser eine entsprechende Freistellungsverfügung bzw Entbindungserklärung von der Schweigepflicht in der letztwilligen Verfügung von Todes wegen erklären.

71 ▶ **Muster: Entbindungserklärung von der Schweigepflicht durch den Erblasser**

Ich, ..., erkläre hiermit, dass ich die mich derzeit und in Zukunft behandelnden Ärzte insgesamt von der ärztlichen Schweigepflicht entbinde, soweit es um die Frage der Klärung meiner Geschäfts- und Testierfähigkeit geht. Gleiches gilt für den Notar und den mich beratenden Rechtsanwalt und/oder Steuerberater, die ich ebenfalls von der Schweigepflicht entbinde, sofern sie zur Klärung der Geschäfts- und Testierfähigkeit Aussagen machen können.

...

Ort/Datum/Unterschrift ◀

V. Form der Testamentserrichtung

1. Das eigenhändige Testament

72 Nach § 2247 Abs. 1 BGB kann der Erblasser ein Testament durch eine eigenhändig geschriebene und unterschriebene Erklärung errichten. Zwingend erforderlich ist, dass der Erblasser seinen letzten Willen insgesamt **handschriftlich** niederlegt. Ein Verstoß gegen diese strenge Formvorschrift führt zur Formnichtigkeit und somit zur Unwirksamkeit der Verfügung. Wurden Teile des Testaments nicht handschriftlich niedergelegt, so sind diese unwirksam. Der andere Teil der letztwilligen Verfügung ist grds. wirksam, wenn er den Formvorschriften entspricht und davon auszugehen ist, dass der Erblasser seine Verfügung von Todes wegen auch ohne den unwirksamen Teil aufrechterhalten wollte.[117] Nach § 2247 Abs. 4 BGB können Minderjährige oder nicht lesefähige Personen kein eigenhändiges Testament errichten.

73 Sinn und Zweck der **Eigenhändigkeit** ist zum einen die Sicherstellung, dass die Verfügungen tatsächlich alle vom Erblasser selbst stammen, und zum anderen, dass der Erblasser sich bewusst ist, welche Regelungen er trifft.[118] Damit die Zuordnung der Schriftzeichen zu ihrem Verfasser möglich ist, sollte der Erblasser ein Schreibmaterial verwenden, welches eine Individualisierung des Schriftzuges eindeutig zulässt. Auch sollte der Verfasser der letztwilligen Verfügung darauf achten, dass seine Schriftzüge lesbar sind. Bei schwer lesbaren Schriften wird die Eigenhändig-

---

115 OLG Frankfurt FamRZ 1997, 1306.
116 BGHZ 91, 392; BayObLG NJW-RR 1991, 1287; OLG Düsseldorf NJW 1959, 821.
117 OLG Köln ZEV 1998, 435; BayObLG FamRZ 1986, 726.
118 BGHZ 47, 68.

keit der Verfügung zwar nicht in Frage gestellt, die hM geht aber bei Unlesbarkeit von der Unwirksamkeit der Verfügung aus.[119]

Die Eigenhändigkeit der letztwilligen Verfügung bezieht sich auch auf die **Unterschrift**. Sie ist zweckmäßigerweise am Ende der letztwilligen Verfügung anzubringen, um die Abgeschlossenheit zu dokumentieren und vor ungewollten Zusätzen zu schützen. Nach § 2247 Abs. 3 S. 2 BGB reicht zwar grundsätzlich auch eine Abkürzung aus, der Erblasser tut aber gut daran, wenn er im Sinne des § 2247 Abs. 3 S. 1 BGB mit vollem Vor- und Zunamen unterschreibt.[120] Bei einem mehrseitigen Text reicht es zwar grundsätzlich aus, wenn die Unterschrift auf der letzten Seite erfolgt; es bietet sich aber an, dass der Erblasser die Seiten jeweils nummeriert und ggfs. auch jede Seite unterschreibt, damit später keine Seiten eingeschoben werden können.

Auch wenn die Angabe von **Zeit** und **Ort** nach § 2247 Abs. 2 BGB lediglich Soll-Vorschrift ist, sollte sie, allein schon aus Beweisgründen, bei jeder eigenhändigen Verfügung von Todes wegen Berücksichtigung finden.

Ein gemeinschaftliches Testament von **Ehegatten** kann nach § 2267 BGB in der Weise handschriftlich errichtet werden, dass die gemeinschaftlichen Verfügungen von einem Ehepartner insgesamt handschriftlich niedergelegt und von dem anderen Ehepartner mitunterschrieben werden, wobei auch hier jeweils Ort und Zeit mit angegeben werden sollten. Auch sollte der andere Ehepartner mit den Worten „Das ist auch mein letzter Wille" die gemeinsame Verfügung bestätigen.

▶ **Muster: Hinweis an Mandanten für die eigenhändige Errichtung einer letztwilligen Verfügung**

Sehr geehrte Frau/Herr

bezüglich der Errichtung Ihres gemeinsamen Testaments darf ich noch einmal darauf hinweisen, dass dieses von einem Ehepartner insgesamt handschriftlich niedergelegt und mit Datum, Ort und Unterschrift versehen werden muss. Danach muss der andere Ehepartner das Testament mit den Worten „Das ist auch mein letzter Wille" ebenfalls mit Datum, Ort und Unterschrift versehen. Zur Sicherheit sollten Sie auf der letzten Seite angeben, wie viele Seiten das Testament umfasst und ggfs. auf jeder Seite das Testament abzeichnen. ◀

2. Das notarielle Testament

Die Vorschrift des § 2232 BGB regelt drei Möglichkeiten zur Errichtung eines öffentlichen Testaments. Zum einen die Errichtung durch mündliche Erklärung des letzten Willens durch den Erblasser vor einem Notar, zum anderen durch die Übergabe einer offenen Schrift an den Notar, mit der Erklärung, dass es sich dabei um den letzten Willen handelt. Die dritte Möglichkeit ist die Übergabe einer verschlossenen Schrift an den Notar, mit der Erklärung, dass diese den letzten Willen des Erblassers enthalte. § 2232 BGB regelt materiell-rechtlich die Errichtung öffentlicher Testamente. Ergänzende verfahrensrechtliche Bestimmungen finden sich in den §§ 1–11, 13, 16, 17 bis 19, 22 bis 26, 27 bis 35 BeurkG. Vgl. zur Unwirksamkeit der letztwilligen Bestimmung bei Einsetzung bestimmter Personen und zum Mitwirkungsverbot des Notars oben Rn 51.

Nach § 2232 BGB ist für die Errichtung einer letztwilligen Verfügung vor einem Notar die persönliche Anwesenheit des Testators erforderlich. Dieser ist in der notariellen Urkunde so

---

119 OLG Hamm FamRZ 1992, 356; KG FamRZ 1998, 1396; BayObLG Rpfleger 2001, 181.
120 OLG Celle NJW 1977, 1690.

genau zu bezeichnen, dass Verwechslungen hinsichtlich der Identität ausgeschlossen sind (§ 10 BeurkG). Über die Verhandlung ist eine Niederschrift aufzunehmen, die dem Erblasser, bzw den Beteiligten vorgelesen werden und die von ihnen unterschrieben werden muss (§§ 8, 13 BeurkG).

B. Der Inhalt eines Testaments

I. Die Bestimmung des Erben

1. Die Einsetzung eines unbeschränkten Erben (Vollerbeneinsetzung)

80 Nach dem bereits angesprochenen Grundsatz der **Universalsukzession** sollte der Erblasser eine oder mehrere Personen zu seinen Erben bestimmen, auf die im Falle seines Ablebens der Nachlass im Wege der Gesamtrechtsnachfolge übergeht. Die Einsetzung eines unbeschränkten Erben (Vollerben) ist dabei abzugrenzen von der Anordnung einer Vor- und Nacherbschaft. Will der Erblasser die Bedachten daher als unbeschränkte Erben einsetzen und soll der Nachlass nicht einer Nacherbfolge unterliegen, bietet es sich an, den Begriff der Vollerbschaft zu wählen. Neben dem Bedachten sollte der Erblasser in jedem Fall bestimmen, zu welcher **Quote** ein Erbe eingesetzt ist, wenn keine Alleinerbschaft vorliegt. Dabei sollte es ein Erblasser möglichst vermeiden, Motivangaben in der letztwilligen Verfügung aufzunehmen, wenn er verhindern will, dass es später zu entsprechenden Anfechtungserklärungen kommt. Lediglich wenn der Erblasser einen nach den Erfahrungen des Lebens ungewöhnliche Verfügung trifft, bietet es sich an, eine entsprechende Motivangabe im Testament zu machen und die Beweggründe für diese Verfügung darzulegen. Dabei muss allerdings darauf geachtet werden, dass die Darlegung des Motivs bzw Beweggrundes nicht als Bedingung formuliert wird.

81 Zu Erben bestimmt werden kann jede **natürliche** und **juristische Person**. Eine juristische Person des öffentlichen und privaten Rechts kann dann zum Erben bestimmt werden, wenn sie zum Zeitpunkt des Erbfalls rechtsfähig ist.[121] Ist bis zum Zeitpunkt des Erbfalls die juristische Person nicht rechtsfähig, sondern entsteht die Rechtsfähigkeit erst danach, dann ist grundsätzlich nur eine Nacherbschaft möglich.[122] Anderes gilt aber für den Fall, dass für eine von Todes wegen zu errichtende Stiftung zum Erben bestimmt wird. Diese gilt nach § 84 BGB bereits als vor dem Erbfall entstanden, auch wenn sie erst nach dem Tod des Erblassers genehmigt wird. Nicht rechtsfähige Vereinigungen können grundsätzlich nicht zu Erben bestimmt werden. Etwas anderes gilt nur dann, wenn sie im Rechtsverkehr auftritt und rechtlich anerkannt wird, bspw eine oHG oder KG, welche gem. den §§ 124 Abs. 1, 161 Abs. 2 HGB einheitlich im Rechtsverkehr auftritt. Gleiches gilt für einen nicht rechtsfähigen Verein, wenn er eine selbstständig und unabhängig auftretende Einheit verkörpert.[123] Eine BGB-Gesellschaft, eine eheliche Gütergemeinschaft und eine Miterbengemeinschaft werden grundsätzlich als nicht erbfähig angesehen.[124]

82 ▶ **Muster: Bestimmung eines Vollerben**

Ich, ▄▄▄, geb. am ▄▄▄ in ▄▄▄, derzeit wohnhaft ▄▄▄, setze zu meinen Erben meine beiden Kinder ▄▄▄, geb. am ▄▄▄ in ▄▄▄, derzeit wohnhaft ▄▄▄ und ▄▄▄, geb. am ▄▄▄ in ▄▄▄, derzeit wohnhaft ▄▄▄, zu jeweils

---

121 Vgl zu der Verfügung, wenn der Erblasser sein Vermögen den Tieren zu Gute kommen lassen will BayObLG NJW 1988, 2742.
122 MünchKomm/*Leipold*, § 1923 Rn 27.
123 MünchKomm/*Leipold*, § 1923 Rn 30.
124 MünchKomm/*Leipold*, § 1923 Rn 32.

gleichen Teilen ein. Eine Nacherbfolge ist nicht bestimmt. Meine beiden Kinder sind daher unbeschränkte Vollerben. ◂

Eine weitere Ausnahme ergibt sich aus § 1923 Abs. 2 BGB. Danach kann ein Erblasser einen noch nicht Geborenen, aber zur Zeit des Erbfalls bereits Erzeugten (**nasciturus**) zum Erben bestimmen. Kommt dieser lebend zur Welt, gilt dieser als bereits vor dem Erbfall geboren. Der Anfall der Erbschaft erfolgt diesbezüglich erst mit der Geburt (§ 1942 BGB). Bis dahin ist für den nasciturus eine Pflegschaft nach den §§ 1912, 1960 BGB anzuordnen. Bis zur Geburt kann dann auch nur ein Teilerbschein erteilt werden (§ 2357 BGB).

83

Die Bestimmung des Erben kann auch unter einer **Bedingung** oder **Befristung** erfolgen. Die Bedingung kann dabei eine Zufalls-, Potestativ- oder Willkürbedingung sein.[125] Entsprechend den Anwendungen der §§ 158 ff BGB (mit Ausnahme des § 161 BGB) kann die Erbeinsetzung sowohl unter einer aufschiebenden, als auch unter einer auflösenden Bedingung erfolgen.[126] Bestimmt der Erblasser dabei bspw., dass sein Abkömmling unter der Bedingung zum Erben eingesetzt ist, zB dass er einen bestimmten Studienlehrgang erfolgreich abgeschlossen haben muss, und ist diese Bedingung zum Zeitpunkt des Erbfalls noch nicht eingetreten, so besteht bis zu dem Eintritt der Bedingung eine aufschiebend bedingte Vorerbschaft.[127] Die bedingte Erbeinsetzung findet allerdings da ihre Grenzen, wo sie gegen die guten Sitten verstößt, § 138 BGB.[128]

84

▸ **Muster: Bedingte Erbeinsetzung**

85

Ich, ---, geb. am --- in ---, derzeit wohnhaft ---, bestimme zu meinem alleinigen Vollerben meine Tochter ---, geb. am --- in ---, derzeit wohnhaft ---. Die alleinige Vollerbeneinsetzung meiner Tochter steht unter der Bedingung, dass sie im Zeitpunkt des Erbfalls mindestens einen leiblichen Abkömmling hat. Sollte meine Tochter zum Zeitpunkt des Erbfalls keinen leiblichen Abkömmling haben, bestimme ich meine gesetzlichen Erben zu Vorerben. Maßgeblicher Zeitpunkt für die Bestimmung der Vorerben ist der Eintritt des Erbfalls. Zu Nacherben bestimme ich die Abkömmlinge der Vorerben, jeweils nach Stämmen. ◂

Nach § 2078 BGB kann eine letztwillige Verfügung von Todes wegen aufgrund eines Motivirrtums angefochten werden. Bei der Gestaltung sollte daher darauf geachtet werden, dass Motivangaben nur in besonderen Ausnahmefällen erfolgen.

▸ **Muster: Erbeinsetzung unter Angabe von Motiven**

86

Ich, ---, geb. am --- in ---, derzeit wohnhaft ---, habe aus der Ehe mit meinem verstorbenen Ehemann --- zwei Kinder, meinen Sohn ---, geb. am --- in ---, derzeit wohnhaft ---, und meine Tochter ---, geb. am --- in ---, derzeit wohnhaft ---. Nach dem Tod meines Ehemannes ist der Kontakt zu meinen beiden Kindern abgebrochen. Beide leben derzeit mit ihren Familien in --- und ---. Sie haben sich seit dem Tode meines Ehemannes nicht mehr um mich gekümmert. Im Bewusstsein, dass meine Kinder noch leben und selbst bereits eigene Abkömmlinge haben, bestimme ich dennoch die nachfolgende Verfügung, wobei ich eine Anfechtung nach § 2078 Abs. 2 BGB ausdrücklich ausschließe

---

125 Vgl KG ZEV 1998, 260 und *Wagner*, ZEV 1998, 255.
126 OLG Dresden NJW-RR 1999, 1165.
127 Vgl Staudinger/*Otte*, § 2074 Rn 1.
128 Vgl zur Frage inwieweit Ebenbürdigkeitsklauseln in letztwilligen Verfügungen zu einer Sittenwidrigkeit führen können *Otte*, ZEV 2004, 393.

und darauf hinweise, dass ich die Erbeinsetzung bewusst getroffen habe und diese somit mit einer gesetzlichen oder richterlichen Auslegungsregel nicht umzudeuten ist:
Demzufolge bestimme ich zum alleinigen Vollerben den Kinderschutzbund e.V. ..., eingetragen im Vereinsregister von ..., vertreten durch .... Die Erbeinsetzung erfolgt unabhängig davon, ob sich meine beiden Kinder oder eines oder mehrere ihrer Abkömmlinge in Zukunft noch um mich kümmern werden, und die Erbeinsetzung erfolgt unabhängig davon, ob und welchen Kontakt ich in Zukunft zu meinen Kindern und deren Abkömmlingen noch haben werde. ◄

87 Die Bestimmung des Erben kann gem. **§ 2065 Abs. 2 BGB** nur durch den Erblasser selbst erfolgen.[129] Der Erblasser kann daher die letztwillige Verfügung nicht dergestalt treffen, dass er es einem Dritten überlässt, wer sein Erbe wird. Problematisch kann dies in den Fällen sein, in denen der Erblasser bspw noch nicht absehen kann, wen er zu seinem Erben bzw Nachfolger bestimmen will. Das Reichsgericht[130] hatte es daher für zulässig erachtet, dass der Erblasser einen eng begrenzten Bedachtenkreis bestimmt, aus dem der Erbe ausgewählt werden kann, wobei der Erblasser auch die Kriterien so genau bestimmt haben muss, dass bei der Auswahl eine willkürliche Entscheidung nicht erfolgt. Der BGH hat diese Möglichkeit danach so weit eingeschränkt, dass die Angaben des Erblassers so gefasst sein müssen, dass jeder Dritte den zum Erben Bedachten ohne eigenen Beurteilungsspielraum anhand der genannten Kriterien benennen kann.

88 Kein Verstoß gegen § 2065 Abs. 2 BGB liegt bei der sog. **bestimmbaren Erbeinsetzung** vor. Eine solche ist grundsätzlich dann gegeben, wenn der Erblasser seine Erben bspw nicht namentlich, aber so bezeichnet, dass sie für jede sachkundige Person dem reinen Wortlaut nach objektiv feststehen, bspw wenn der Erblasser zu seinen Erben seine „gesetzlichen Erben" bestimmt. Wichtig ist dabei, dass die Feststellung des Erben nicht erst durch eigene Würdigung und außerhalb der letztwilligen Verfügung liegenden Tatsachen erfolgen kann. Bei der bestimmbaren Erbeinsetzung können aber auch dann Probleme auftreten, wenn bspw unklar ist, zu welchem Zeitpunkt die Bestimmung gelten soll. Hat der Erblasser seine gesetzlichen Erben eingesetzt oder seine Verwandten, dann ist unklar, für die Bestimmung des Personenkreises, ob dies die gesetzlichen Erben oder die Verwandten zum Zeitpunkt des Erbfalls oder aber zum Zeitpunkt der Testamentserrichtung sein sollen. Gem. den Auslegungsregeln der §§ 2066, 2067 BGB soll insoweit allerdings der Zeitpunkt des Erbfalls maßgeblich sein. Auch ist bei der bestimmbaren Erbeinsetzung darauf zu achten, dass nach Möglichkeit missverständliche Zusätze vermieden werden. Hat der Erblasser, zusammen mit seinem Ehepartner bspw die gemeinschaftlichen Kinder, soweit sie aus der gemeinsamen Ehe hervorgehen, zu Erben bestimmt, stellt sich die Frage, ob hierzu auch gemeinschaftlich adoptierte Kinder zählen.[131]

2. Die Bestimmung des Ersatzerben für den Vollerben
a) Wegfallgründe

89 Die Tatsache, dass ein Erblasser eine bestimmte Person zu seinem Erben benennt, heißt nicht, dass dieser tatsächlich auch Erbe wird. Der vom Erblasser bestimmte Erbe kann nämlich sowohl **vor** als auch **nach** dem **Erbfall wegfallen**.[132] Vor dem Erbfall kann der bedachte Erbe bspw durch eigenes Vorversterben entfallen; oder wenn er einen Zuwendungsverzicht im Sinne des

---

129 KG ZEV 1999, 313.
130 RGZ 159, 296.
131 OLG Düsseldorf NJWE-FER 1998, 84; NJW-RR 1992, 839.
132 *Nieder*, ZEV 1996, 241.

B. Der Inhalt eines Testaments § 7

§ 2352 BGB erklärt. Nach dem Eintritt des Erbfalls kann der Erbe durch Ausschlagung oder bspw auch durch Erbunwürdigkeitserklärung gem. § 2344 BGB entfallen. Für beide Möglichkeiten sollte daher die letztwillige Verfügung eine Regelung in Form einer Ersatzerbenbestimmung vorsehen. Ist dies nicht der Fall, so kommt es entweder zu Anwachsung nach § 2094 BGB, wenn vom Erblasser weitere Erben bestimmt wurden, oder, wenn dies nicht der Fall ist, zum Eintritt der gesetzlichen Erbfolge. Das Konkurrenzverhältnis zwischen Ersatzerbenregelung und Anwachsung wird in § 2099 BGB aber dahingehend geregelt, dass eine Ersatzerbenbestimmung, auch wenn sie auf Grund einer Vermutungsregel (bspw des § 2069 BGB) oder einer hypothetischen Ersatzerbenbestimmung erfolgt, einer Anwachsung vorgeht.

b) Die Anordnung eines Ersatzerben (§ 2096 BGB)

Nach § 2096 BGB kann der Erblasser für den Fall, dass der Erbe vor oder nach dem Eintritt des Erbfalls wegfällt, einen anderen als Erben bestimmen (**Ersatzerbe**). Dieser wird erst dann zum Erben berufen, wenn der zuerst Bedachte nicht Erbe wird, was dem Eintrittsrecht des § 1924 Abs. 3 BGB bei gesetzlicher Erbfolge entspricht. Wird ein Ersatzerbe bestimmt und unterscheidet der Erblasser bei der Anordnung nicht zwischen dem Wegfall vor oder nach dem Eintritt des Erbfalls, dann ist im Zweifel der Ersatzerbe für beide Fallgruppen eingesetzt.[133] Will der Erblasser die Ersatzerbenregelung daher nur für eine der Fallgruppen anordnen oder gar nur für einen einzigen Wegfallgrund bestimmen, sollte er dies ausdrücklich in der letztwilligen Verfügung von Todes wegen erklären.[134]

90

Eine besondere Situation eines Wegfalls durch Ausschlagung ist die des § 2306 Abs. 1 S. 2 BGB, wenn der Erbe nach erklärter Ausschlagung seinen Pflichtteilsanspruch geltend machen kann. Liegen die Voraussetzungen des § 2306 Abs. 1 S. 2 BGB vor und erhält der ausschlagende Erbe danach seinen **Pflichtteilsanspruch**, besteht die Problematik, dass seine als Ersatzerben bestimmten Abkömmlinge Erben werden. Dies könnte dazu führen, dass ein vom Erblasser bestimmter Stamm sowohl Pflichtteilsansprüche als auch einen Erbteil erhält und gegebenenfalls eine Doppelberücksichtigung erfolgen könnte (wobei § 2320 BGB zu beachten ist). Bestimmt der Erblasser daher ausdrücklich einen Ersatzerben und besteht die Möglichkeit der Pflichtteilsgeltendmachung durch den Erben, so sollte in jedem Fall eine Verwirkungsklausel dergestalt angeordnet werden, dass im Falle der Geltendmachung des Pflichtteils der Erbe mit seinem ganzen Stamm von der Erbfolge ausgeschlossen ist.

91

c) Ersatzerbfolge bei Zuwendungsverzicht

Nach § 2352 BGB kann durch formbedürftige vertragliche Vereinbarung der durch Testament berufene Erbe, Vermächtnisnehmer oder der durch Erbvertrag Begünstigte auf die ihm zugewandte Zuwendung verzichten. Voraussetzung ist, dass die letztwillige Verfügung, auf die sich der Verzicht erstreckt, zum Zeitpunkt der Erklärung bereits existiert.[135] Im Rahmen der Gestaltung eines Testaments stellte sich in diesen Fällen in der Vergangenheit das Problem, dass sich ein Zuwendungsverzicht nach hM[136] grundsätzlich nicht auf die Abkömmlinge des Verzichtenden erstreckt. Es konnte daher passieren, dass an die Stelle des Verzichtenden ein ausdrücklich oder vermuteter Ersatzerbe (gem. §§ 2068, 2069 BGB) getreten ist.[137] Lediglich für

92

---

133 Palandt/*Edenhofer*, § 2096 Rn 1.
134 BayObLG FamRZ 1989, 666.
135 BGHZ 30, 261.
136 OLG Köln FamRZ 1990, 99; *Nieder*, ZEV 1996, 241; Soergel/*Damrau*, § 2349 Rn 2.
137 *J. Mayer*, ZEV 1996, 127.

Tanck 789

den Fall, dass der Zuwendungsverzicht gegen volle Abfindung erfolgt, ist man davon ausgegangen, dass eine Begünstigung desselben Stammes des Verzichtenden nicht gewollt war.[138] Nach der **Reform** des **Erb- und Verjährungsrechtes** zum 1.1.2010 gilt nunmehr, dass die **Erstreckungswirkung** auf Abkömmlinge unabhängig davon erfolgt, ob der Verzichtende eine Abfindung erhält.[139] Die Erstreckungswirkung gilt aber nach dem neuen Recht nicht, wenn eine Anwachsung nach § 2094 BGB an die anderen bindend eingesetzten Miterben erfolgt, andere Personen als Abkömmlinge zu Ersatzerben bestimmt sind oder der Verzichtende nicht Abkömmling des Erblassers ist.[140] Ferner kann auch im Verzichtsvertrag die Erstreckungswirkung ausgeschlossen werden.[141] In der testamentarischen Verfügung sollte daher nach wie vor klar gestellt werden, ob die Abkömmlinge des Verzichtenden Ersatzerben sein sollen.

93 ▶ **Muster: Ersatzerbenbestimmung mit Verwirkungsklausel bei Ausschlagung und Zuwendungsverzicht**

Fällt einer der Erben vor oder nach dem Erbfall weg, so bestimme ich dessen Abkömmlinge zu Ersatzerben nach Stämmen, unter sich zu jeweils gleichen Teilen. Hinterlässt einer der Erben keine Abkömmlinge, so soll unter den übrigen Erben Anwachsung eintreten.

Für den Fall, dass ein Erbe nach Eintritt des Erbfalls dadurch wegfällt, dass er die Erbschaft ausschlägt und seinen Pflichtteilsanspruch entgegen dem Willen des Erben geltend macht und auch erhält, ist er mit seinem ganzen Stamm von der Erbfolge ausgeschlossen, es sei denn, die Ausschlagung und Pflichtteilsgeltendmachung erfolgt mit Zustimmung aller beteiligten Erben. Schlägt der Erbe die Erbschaft aus und macht keinen Pflichtteilsanspruch geltend, dann bleibt es bei der ausdrücklich bestimmten, oder aber auch einer vermuteten Ersatzerbenregelung.

Für den Fall, dass der Erbe vor Eintritt des Erbfalls durch die Erklärung eines wirksamen Zuwendungsverzichts entfällt und nicht Erbe wird, schließe ich seine Abkömmlinge ebenfalls von der Erbfolge aus. In diesen Fällen entfällt jede ausdrückliche oder die durch Auslegung bzw Vermutungs- oder richterliche Auslegungsgrundsätze ergebende Ersatzerbenbestimmung. ◀

d) Die vermutete Ersatzerbenbestimmung (§§ 2068, 2069 BGB)

94 Fällt ein vom Erblasser bestimmter Erbe vor oder nach Eintritt des Erbfalls weg, und sieht das Testament einen Ersatzerben nicht vor, so wird grundsätzlich im Wege der **ergänzenden Auslegung** zu ermitteln sein, ob der Erblasser für diesen Fall einen Ersatzerben bestimmt hätte.[142] Kommt man durch eine entsprechende individuelle Testamentsauslegung nicht weiter, so können die gesetzlichen Auslegungsregelungen der §§ 2068, 2069 BGB Anwendung finden.[143] So stellt § 2069 BGB bspw den Grundsatz auf, dass für den Fall, dass ein Erblasser einen Abkömmling zum Erben bestimmt hat und dieser nach der Errichtung der letztwilligen Verfügung weggefallen ist, im Zweifel davon auszugehen ist, dass dessen Abkömmlinge ersatzweise an seine Stelle treten. Abkömmling ist dabei derjenige, der mit dem Erblasser **in gerader Linie** verwandt ist, also Kinder, Enkel und Urenkel.[144] § 2068 BGB erweitert den Kreis der Ersatzbedachten auch auf Kinder des Erblassers, wenn diese vor Errichtung der letztwilligen Verfügung weggefallen sind und Abkömmlinge hinterlassen haben (§ 2068 BGB). § 2068 BGB findet aber nur Anwen-

---

138 OLG Köln FamRZ 1990, 99; BGH NJW 1974, 43.
139 Vgl *J. Mayer*, ZEV 2010, 2.
140 *J. Mayer*, ZEV 2010, 2.
141 *Schaal/Grigas*, BWNotZ 2008, 2.
142 BayObLG NJW 1988, 2744.
143 Vgl *Nieder*, ZEV 1996, 241.
144 Palandt/*Edenhofer*, § 2069 Rn 2.

dung, wenn der Erblasser in einer pauschalen Bezeichnung seine „Kinder" bezeichnet, ohne nähere Angaben bezüglich der Namen und der Höhe der Erbteile zu machen.[145]

▶ **Muster: Ausschluss einer Ersatzerbenvermutung** 95

Für den Fall, dass der von mir bestimmte Erbe vor oder nach dem Erbfall wegfällt, bestimme ich entgegen jeder anders lautenden gesetzlichen oder richterlichen Auslegungs- oder Vermutungsregel zum Ersatzerben Frau/Herrn ..., geb. am ..., wohnhaft in ... .

oder

Für den Fall, dass ein von mir bestimmter Erbe vor oder nach dem Eintritt des Erbfalls wegfällt, so soll entgegen jeder anders lautenden gesetzlichen oder richterlichen Auslegungs- oder Vermutungsregel ein Ersatzerbe nicht bestimmt werden. ◀

Eine solche ausdrückliche und explizite Bestimmung bzw ein solcher Ausschluss auch einer 96 hypothetischen Ersatzerbenbestimmung ist notwendig, weil die Rechtsprechung den, dem § 2069 BGB zu Grunde liegenden Rechtsgedanken, nämlich die Zuwendung an einen Stamm, wenn eine lückenhafte Verfügung von Todes wegen hinsichtlich einer Ersatzerbenbestimmung vorliegt, im Wege der ergänzenden Testamentsauslegung auch auf vom Erblasser bestimmte Person überträgt, wenn diese dem Erblasser nahe stand oder es sich dabei um einen nahen Angehörigen des Erblassers handelte.[146] Entschieden wurde eine hypothetische Ersatzerbenbestimmung im Wege der ergänzenden Testamentsauslegung für den Fall, dass der Erblasser den **Ehegatten**,[147] seine **Stief- und Geschwisterkinder**,[148] seine **Geschwister**,[149] seine **Mutter**[150] oder die Tochter seiner Lebensgefährtin[151] zum Erben bestimmt hat.

e) Die Anwachsung nach § 2094 BGB

Ist kein Ersatzerbe bestimmt, ergibt sich auch durch ergänzende Testamentsauslegung oder 97 durch eine gesetzliche Vermutungsregelung kein Ersatzerbe und sind mehrere Erben durch letztwillige Verfügung bestimmt worden, dann wächst der Erbteil, wenn ein Erbe vor oder nach dem Eintritt des Erbfalls wegfällt, den übrigen Miterben nach dem Verhältnis ihrer Erbteile an. Die **Anwachsung** nach § 2094 BGB entspricht insoweit der bei gesetzlicher Erbfolge gem. § 1935 BGB und beruht auf dem Grundsatz, dass der Erblasser, der durch Erbeinsetzung über seinen gesamten Nachlass verfügt hat, in jedem Fall die gesetzliche Erbfolge ausschließen wollte. Nach § 2094 Abs. 3 BGB kann der Erblasser aber die Anwachsung insgesamt oder nur bezüglich einzelner Miterben ausschließen. Nach § 2099 BGB hat die Ersatzerbenregelung aber grundsätzlich Vorrang vor der Anwachsung.

---

145 Staudinger/*Otte*, § 2068 Rn 2.
146 OLG Hamm NJW-RR 1987, 648; BayObLG NJW-RR 1992, 73; BayObLG FamRZ 1993, 1496. Das BayObLG (NJW 1988, 2744) hat sich in der Entscheidung vom 16.5.1988 wörtlich wie folgt ausgedrückt: „Nach der Anschauung des Gesetzgebers, die vor allem in der Auslegungsregel des § 2069 BGB zum Ausdruck kommt, kann schon in der Einsetzung einer dem Erblasser nahe stehenden Person, zB seine Ehefrau, ein in der Auslegung fähiger und aus dem Testament hervorgehender Anhalt für den Willen des Erblassers gesehen werden, dass bei Wegfall des Bedachten andere Personen, insbesondere seine Abkömmlinge, an dessen Stelle treten. In derartigen Fällen liegt es nahe, dass die Zuwendung des Erblassers nicht nur den im Testament Bedachten persönlich, sondern als erstem seines Stammes gelten sollte.".
147 OLG Hamburg FamRZ 1988, 1322.
148 BayObLG NJW-RR 1992, 73.
149 BGH NJW 1973, 242.
150 OLG Hamburg FamRZ 1988, 1322.
151 BayObLG FamRZ 1991, 865.

98 ▶ **Muster: Anwachsung und Ausschluss von Ersatzerben**

 Zu meinen Vollerben bestimme ich, ▬▬▬, geb. am. ▬▬▬ in ▬▬▬ meine beiden Kinder aus erster Ehe, Herrn ▬▬▬, geb. am. ▬▬▬ in ▬▬▬, und Frau ▬▬▬, geb. am. ▬▬▬ in ▬▬▬ und meine Tochter aus zweiter Ehe, Frau ▬▬▬, geb. am ▬▬▬ in ▬▬▬ zu jeweils 1/3 Erbteil. Sollte einer der von mir benannten Erben vor oder nach Eintritt des Erbfalls wegfallen, so wird ein Ersatzerbe entgegen jeder anders lautenden gesetzlichen oder richterlichen Vermutungsregel nicht benannt, es tritt dann Anwachsung unter den übrigen Miterben ein. Der Erteil wächst den übrigen Miterben entsprechend deren Erbanteil an. ◀

3. Die Bestimmung eines Vor- und Nacherben

a) Allgemeines

99 Mit der Anordnung einer **Vor-** und **Nacherbschaft** kann der Erblasser den Vermögensfluss des Nachlasses über mehrere Erben und Erbfälle hinweg steuern. Durch die Anordnung eines oder mehrerer Nacherben hat der Erblasser so die Möglichkeit zu bestimmen, wer seinen Nachlass nach dem Vorerben erhält. Darüber hinaus führt die Anordnung einer Vorerbschaft dazu, dass der Nachlass grundsätzlich nicht in das Eigenvermögen des Vorerben übergeht. Das ererbte Vermögen bildet beim Vorerben Sondervermögen.[152] Dieses Sondervermögen ist bei Eintritt des Nacherbfalls an den oder die Nacherben herauszugeben, wobei der Eintritt des Nacherbfalls nicht zwangsläufig der Tod des Vorerben sein muss. Der Erblasser kann vielmehr den Eintritt des Nacherbfalls frei bestimmen.

100 Zum Nachlass bzw zum Vorerbenvermögen gehört nach § 2111 BGB auch das, was der Vorerbe auf Grund eines zum Nachlass gehörenden Rechtes oder als Ersatz für die Zerstörung, Beschädigung oder Einziehung eines Erbschaftsgegenstandes oder durch Rechtsgeschäfte mit Mitteln der Erbschaft erworben hat, sofern ihm der Erwerb nicht gebührt. Nach § 2111 Abs. 2 BGB gehört zum Nachlass, was zum Inventar eines im Nachlass befindlichen Grundstücks zugeführt wurde. Dieses Prinzip der **Surrogation** findet bei der befreiten als auch bei der nicht befreiten Vorerbschaft Anwendung.[153] Eine Befreiung vom Prinzip der Surrogation gem. § 2111 BGB kann nicht erteilt werden. Bei der Anordnung der Vor- und Nacherbschaft ist darauf zu achten, dass diese grundsätzlich nur an **Bruchteilen** oder hinsichtlich des **gesamten Nachlasses** bestimmt werden kann. Nicht möglich ist es, eine Vor- und Nacherbschaft im Bezug auf einzelne Nachlassgegenstände, zB eines Grundstücks, anzuordnen.[154]

101 ▶ **Muster: Vor- und Nacherbschaft**

 Zu meinen Erben bestimme ich, ▬▬▬, geb. am ▬▬▬ in ▬▬▬, derzeit wohnhaft ▬▬▬, meine Ehefrau ▬▬▬, geb. am ▬▬▬ in ▬▬▬, derzeit wohnhaft ▬▬▬ und meine Tochter ▬▬▬, geb. am ▬▬▬ in ▬▬▬ zu je ½ Erbanteil. Meine Tochter ▬▬▬ ist unbeschränkte Vollerbin. Meine Ehefrau ▬▬▬ ist jedoch nur Vorerbin. Alleinige Nacherbin ist meine Tochter ▬▬▬.

 ◀

b) Anwendungsbereich der Vor- und Nacherbschaft

102 Anwendungsbereich für die Vor- und Nacherbschaft besteht dann, wenn der Erblasser Einfluss auf die Vermögenssteuerung über mehrere Erbfälle und Generationen hinweg nehmen will. Durch die Anordnung mehrerer Nacherben hat er die Möglichkeit, eine strenge Familienbin-

---

152 Palandt/*Edenhofer*, Einf. § 2100 Rn 2.
153 Staudinger/*Behrens/Avenarius*, § 2111 Rn 3.
154 Missverständlich OLG Brandenburg FamRZ 1998, 926.

dung des Nachlasses zu erreichen.[155] Darüber hinaus ist die Vor- und Nacherbschaft ein Gestaltungsmittel zur **Reduzierung** bzw Vermeidung von **Pflichtteilsansprüchen** naher Verwandter. Hat ein Ehepartner Kinder aus erster Ehe und sollen diese möglichst wenig am Nachlass des anderen Ehepartners partizipieren, bietet es sich an, den Ehepartner nur als Vorerben einzusetzen, da das Vorerbenvermögen im Erbfall des Ehepartners nicht zu seinem Nachlass zählt und somit auch für die Berechnung von Pflichtteilsansprüchen nicht herangezogen wird. Aber auch wenn die Ehepartner gemeinsame Kinder haben und es bereits absehbar ist, dass Pflichtteilsansprüche beim Ableben eines Ehepartners geltend gemacht werden, bietet sich die Vor- und Nacherbschaft zur Reduzierung von Pflichtteilsansprüchen an. Im Nachlass des Letztversterbenden befindet sich dann nämlich wiederum nur dessen Eigenvermögen und die Geltendmachung des Pflichtteils im Schlusserbfall reduziert sich damit um den Anteil des erstversterbenden Ehepartners. Da dem Vorerben grundsätzlich nur die Nutzungen der Vorerbschaft, nicht aber die Substanz zusteht, ist die Anordnung einer Nacherbschaft insbesondere auch dann sinnvoll, wenn der Vorerbe vor dem Zugriff von Gläubigern geschützt werden soll. So kann bspw bei behinderten Abkömmlingen, die Leistungen des Sozialhilfeträgers in Anspruch nehmen, die Anordnung einer Vor- und Nacherbschaft, verbunden mit einer Testamentsvollstreckung vor entsprechenden Regress- bzw Überleitungsansprüchen nach § 93 SGB XII schützen.

c) Die Bestimmung des Vorerben

Die Vorerbschaft kann grundsätzlich hinsichtlich Bruchteilen oder des gesamten Nachlasses angeordnet werden. Der Erblasser kann daher bspw für den Erbteil eines Miterben Nacherbfolge anordnen, während die übrigen Miterben Vollerben bleiben. Er kann aber auch für alle Erben eine Nacherbfolge bestimmen. Die Erbengemeinschaft bzw **Vorerbengemeinschaft** kann sich, sofern kein Teilungsverbot besteht, jederzeit nach § 2042 BGB auseinandersetzen. Hierbei ist eine Mitwirkung des Nacherben nur dann notwendig, wenn für den Vollzug der Auseinandersetzung Verfügungen im Sinne der §§ 2113 Abs. 1, 2114 BGB notwendig sind. Zu einer entsprechenden Zustimmung ist der Nacherbe grundsätzlich verpflichtet. 103

Das Ungewisse an der Bestimmung eines oder mehrerer Nacherben ist, dass der Erblasser bereits selbst festlegen muss, wen er zum Nacherben bestimmt. Andererseits wird er in der Regel kaum abschätzen können, ob die Person, die er zum Nacherben bestimmt, tatsächlich geeignet ist und seinen Vorstellungen entspricht. Werden bspw die Abkömmlinge eines Vorerben zu Nacherben bestimmt, so kann der Erblasser in der Regel nicht abschätzen, inwieweit diese Person später seinen Vorstellungen entspricht, was in der Regel nicht der Fall sein wird, wenn der als Nacherbe Bedachte bspw verschuldet ist, verschwenderisch oder drogen- und alkoholabhängig ist. Da im Hinblick auf § 2065 BGB die Bestimmung des Erben und somit auch die Bestimmung des Nacherben nicht einem Dritten überlassen werden kann, wird in der Literatur das Modell der sog. *Dieterle*-Klausel diskutiert.[156] Die *Dieterle*-Klausel beinhaltet die Bestimmung, dass Nacherbe derjenige wird, den der Vorerbe zum Erben seines eigenen (freien) Vermögens bestimmt.[157] Nach Ansicht des OLG Frankfurt[158] verstößt eine solche Formulierung aber gegen § 2065 Abs. 2 BGB, da die Auswahl des Nacherben mittelbar im freien Ermessen des Vorerben steht. 104

---

155 Vgl *Weirich*, Erben und Vererben, Rn 597 ff.
156 *Dieterle*, BWNotZ 1971, 15.
157 *Wagner*, ZEV 1998, 255; *J. Mayer*, ZEV 1995, 247.
158 OLG Frankfurt FamRZ 2000, 1667.

105 Grundsätzlich ist es möglich, eine letztwillige Zuwendung an eine auflösende Bedingung zu knüpfen. Hierbei kann es sich auch um eine **Potestativbedingung** handeln, die vom Willen des Bedachten abhängig ist.[159] Es wird daher als zulässig anerkannt, dass der Erblasser die Nacherbfolge unter die auflösende Bedingung stellt, dass der Vorerbe hinsichtlich seines Eigenvermögens nicht anderweitig verfügt.[160] Anders als bei der *Dieterle*-Klausel steht in diesem Fall die Person des Nacherben nicht frei zur Disposition des Vorerben. Die Bestimmung des Nacherben wird bereits vom Erblasser selbst bestimmt und für den Fall, dass der Vorerbe hinsichtlich der Bestimmung seines Erben für das freie Vermögen anderweitig verfügt und hiervon abweicht, aufgehoben. Bis diesbezüglich allerdings eine gefestigte und fundierte Rechtsprechung vorliegt, sollte auf eine entsprechende Gestaltung verzichtet und lieber der Weg über die Vermächtnislösung nach den §§ 2151 ff BGB gewählt werden (vgl Rn 164 ff).[161]

d) Der Eintritt des Nacherbfalls

106 Eintritt des Nacherbfalls kann der Tod des Vorerben oder ein sonstiger vom Erblasser zu bestimmender Zeitpunkt sein, bspw eine etwaige Wiederverheiratung oder die Erreichung eines bestimmten Alters etc.

107 ▶ **Muster: Eintritt der Nacherbfolge bei Wiederverheiratung**

Zu meinen Erben bestimme ich, ▪▪▪, geb. am ▪▪▪ in ▪▪▪, derzeit wohnhaft ▪▪▪, meine Ehefrau ▪▪▪, geb. am ▪▪▪ in ▪▪▪, derzeit wohnhaft ▪▪▪ und meine Tochter ▪▪▪, geb. am ▪▪▪ in ▪▪▪ zu je ½ Erbanteil. Meine Tochter ▪▪▪ ist unbeschränkte Vollerbin. Meine Ehefrau ▪▪▪ ist jedoch nur Vorerbin. Alleinige Nacherbin ist meine Tochter ▪▪▪. Der Nacherbfall tritt mit dem Tod der Vorerbin ein. Sollte sich meine Ehefrau wiederverheiraten, dann tritt der Nacherbfall mit dem Zeitpunkt der Eheschließung ein. (Es ist dann eine entsprechende Zuwendung durch Vermächtnis an die Ehefrau zu bestimmen, um nicht in die Problematik der Sittenwidrigkeit zu gelangen, vgl Rn 302). ◀

e) Die Bestimmung eines Ersatzvorerben

108 Bei der Bestimmung eines **Ersatzerben** für den **Vorerben** besteht die gleiche Problematik wie bei der Einsetzung eines Vollerben. Neben der Vermutungsregel des § 2069 BGB kommt allerdings die des § 2102 BGB hinzu. Nach § 2102 Abs. 1 BGB wird der Nacherbe Vollerbe, wenn der Vorerbe vor oder nach dem Erbfall wegfällt und sich durch Auslegung der letztwilligen Verfügung ergibt, dass der als Nacherbe Bedachte auch nicht nur tatsächlich Nacherbe werden sollte.[162] Wäre Letzteres der Fall, würden nämlich die gesetzlichen Erben grundsätzlich Vorerben sein.[163] Für den Erblasser bedeutet dies, dass er, wenn er die Vor- und Nacherbschaft bspw zur Überbrückung eines bestimmten Zeitraumes anordnet, bis der Nacherbe ein entsprechendes Alter erreicht hat, eine entsprechende Klarstellung im Testament erfolgen sollte. Ebenso sollte andererseits die Bestimmung enthalten sein, dass für den Fall, dass der Vorerbe wegfällt, auch der Nacherbe gem. § 2102 Abs. 1 BGB als Ersatzerbe bestimmt ist.

109 ▶ **Muster: Ersatzerben für den Vorerben**

Zu meinem alleinigen Erben bestimme ich, ▪▪▪, geb. am ▪▪▪ in ▪▪▪, derzeit wohnhaft ▪▪▪, meine Ehefrau ▪▪▪, geb. am ▪▪▪ in ▪▪▪, derzeit wohnhaft ▪▪▪. Die von mir bestimmte Alleinerbin ist jedoch nur Vor-

---

159 Staudinger/*Otte*, § 2065 Rn 27.
160 BGHZ 59, 220; BayObLG ZEV 2001, 483; OLG Hamm MittBayNot 2000, 47.
161 Vgl *Kanzleiter*, DNotZ 2001, 149.
162 BGH LM § 2100 Nr. 1.
163 Palandt/*Edenhofer*, § 2102 Rn 1.

B. Der Inhalt eines Testaments § 7

erbin. Für den Fall, dass meine Ehefrau vor oder nach Eintritt des Erbfalls wegfällt, wird ein Ersatzvorerbe entgegen jeder anders lautenden gesetzlichen oder richterlichen Auslegungs- oder Vermutungsregel nicht benannt. Es gilt dann die Vorschrift des § 2102 Abs. 1 BGB mit der Folge, dass der Nacherbe als Vollerbe ohne weitere Beschränkung an die Stelle der von mir bestimmten Vorerbin tritt. (Nun folgt die Bestimmung des Nacherben). ◄

Während sich die Ersatzerbfolge für den Vorerben über die Vermutungsregel des § 2102 BGB lösen lässt, besteht bei der Bestimmung eines **Ersatzerben** für den **Nacherben** in der Praxis größere Schwierigkeit. Dies liegt unter anderem auch daran, dass bislang die strittige Konkurrenzsituation zwischen einer ausdrücklichen und stillschweigenden Ersatznacherbenberufung und der entgegenstehenden Frage der Vererblichkeit des Nacherbenanwartschaftsrechtes nicht abschließend geklärt ist. Wie für den Vollerben kann auch für den Nacherben gem. § 2096 BGB ein Ersatznacherbe bestimmt werden. Zu unterscheiden sind allerdings dabei die verschiedenen Erbfälle, nämlich der Haupterbfall (der zum Eintritt der Vorerbschaft führt) und der Nacherbfall (der zum Eintritt der Nacherbschaft führt). Der Nacherbe kann bereits bei Eintritt des Haupterbfalls weggefallen sein oder er fällt zwischen Haupt- und Nacherbfall, also während der Dauer der Vorerbschaft, weg. In den Fällen, in denen der Nacherbe bereits vor dem Haupterbfall weggefallen ist, kann es zu einer ausdrücklichen oder vermuteten Ersatznacherbfolge gem. der letztwilligen Bestimmung oder dem § 2069 BGB kommen. Ist dies nicht der Fall, dann wird der Vorerbe entsprechend § 2142 Abs. 2 BGB Vollerbe.[164] Fällt der Nacherbe hingegen in der Zeit zwischen Haupterbfall und dem Eintritt des Nacherbfalls weg, kommt es zu der bereits angesprochenen Konkurrenzsituation zwischen einer ausdrücklichen und vermuteten Ersatznacherbenbestimmung und der Vererblichkeit des Nacherbenanwartschaftsrechts. Vgl Muster Rn 114. 110

f) Die Vererblichkeit des Nacherbenanwartschaftsrechts

Mit dem Eintritt des Haupterbfalls tritt der Vorerbe in die Rechtsposition des Erblassers ein und der zum Nacherben Bedachte erlangt ein Anwartschaftsrecht. Dieses **Nacherbenanwartschaftsrecht** ist gem. § 2108 Abs. 2 S. 1 BGB grundsätzlich **vererblich** und geht auf die Erben des Nacherben über, wenn der Nacherbe zwischen Eintritt des Haupterbfalls und Nacherbfalls verstirbt. Der Erblasser hat allerdings die Möglichkeit, in der letztwilligen Verfügung von Todes wegen die Vererblichkeit des Nacherbenanwartschaftsrechts auszuschließen, um damit zu verhindern, dass plötzlich familienfremde Personen oder von ihm nicht zum Erben Bedachte die Nacherbposition durch Erbgang erhalten. 111

Ob das Nacherbenanwartschaftsrecht vererblich ist, wenn der Nacherbe nach dem Eintritt des Haupterbfalls und vor dem Eintritt des Nacherbfalls verstirbt, hängt davon ab, ob der Erblasser einen entsprechenden **Ersatznacherben** für diesen Fall bestimmt hat. Streitig ist insoweit auch, ob ein ausdrücklich zum Ersatznacherben Berufener eine nach § 2108 Abs. 2 BGB vermutete Vererblichkeit eines Nacherbenanwartschaftsrechts ausschließt. Anders hingegen bei einer vermuteten Ersatznacherbeneinsetzung durch ergänzende Testamentsauslegung oder einer Anwendung der Vermutungsregel des § 2069 BGB. Hier kann grundsätzlich nicht auf den Ausschluss der Vererblichkeit des Nacherbenanwartschaftsrechts geschlossen werden.[165] Nach 112

---

[164] *Coing*, NJW 1975, 521; Palandt/*Edenhofer*, § 2142 Rn 2.
[165] RGZ 169, 38; BayObLGZ 1951, 570; OLG Köln NJW 1955, 633.

derzeit hM[166] ist weder der Vermutungsregel des § 2069 BGB noch der des § 2108 Abs. 2 BGB ein Vorrang einzuräumen. Nach Ansicht der Rechtsprechung[167] kommt es vielmehr auf den Willen des Erblassers im Einzelfall an, der durch entsprechende Auslegung der letztwilligen Verfügung zu ermitteln ist.[168] Konkret heißt dies, dass eine **Konkurrenzsituation** zwischen **Ersatznacherbfolge** und **Vererblichkeit** des Anwartschaftsrechts nicht nur dann bestehen kann, wenn eine ausdrückliche Ersatznacherbfolge im Testament nicht bestimmt wurde, sondern auch dann, wenn sich nach entsprechender Auslegung der letztwilligen Verfügung ergibt, dass die ausdrücklich angeordnete Ersatzerbfolge nicht für alle Fälle des Eintritts des Nacherbfalls gelten sollte.[169] Will der Erblasser daher sichergehen, dass der von ihm bestimmte Ersatznacherbe auch tatsächlich berufen wird und eine Vererblichkeit des Nacherbenanwartschaftsrechts ausgeschlossen ist, sollte er eine entsprechende Formulierung wählen, die den Ersatznacherben für jeden Grund des Wegfalls mit gleichzeitigem Ausschluss der Vererblichkeit vorsieht.[170]

113 ▶ **Muster: Ersatznacherbe, Vererblichkeit des Nacherbenanwartschaftsrecht**

Zu meinem alleinigen Erben bestimme ich, ..., geb. am ... in ..., derzeit wohnhaft ..., meine Ehefrau ..., geb. am ... in ..., derzeit wohnhaft .... Die von mir bestimmte Alleinerbin ist jedoch nur Vorerbin. Für den Fall, dass meine Ehefrau vor oder nach Eintritt des Erbfalls wegfällt, wird ein Ersatzvorerbe entgegen jeder anders lautenden gesetzlichen oder richterlichen Auslegungs- oder Vermutungsregel nicht benannt. Es gilt dann die Vorschrift des § 2102 Abs. 1 BGB, mit der Folge, dass der Nacherbe als Vollerbe ohne weitere Beschränkung an die Stelle der von mir bestimmten Vorerbin tritt.

Zu Nacherben bestimme ich meine Abkömmlinge ..., geb. am ... in ..., derzeit wohnhaft ... und ..., geb. am ... in ..., derzeit wohnhaft ... zu jeweils gleichen Teilen, ersatzweise deren Abkömmlinge nach den Regeln der gesetzlichen Erbfolge. Schlägt einer der Nacherben, oder für den Fall, dass er an die Stelle des Vorerben tritt, das ihm Zugewandte aus, macht seinen Pflichtteilsanspruch geltend und erhält ihn auch, dann ist er mit seinem ganzen Stamm von der Erbfolge ausgeschlossen. Gleiches gilt, wenn einer der Nacherben einen Zuwendungsverzicht erklärt oder das Nacherbenanwartschaftsrecht auf den Vorerben übertragen hat.

Der Nacherbfall tritt mit dem Tod des Vorerben ein. Das Nacherbenanwartschaftsrecht ist grundsätzlich nicht vererblich und übertragbar, es sei denn die Übertragung erfolgt an den Vorerben. ◀

---

166 BGH LM § 2108 Nr. 1; BayObLG NJW-RR 1994, 460; BayObLG FamRZ 1994, 783.
167 BayObLG ZEV 1995, 25; BGH NJW 1963, 1150.
168 Zu einer entsprechenden Auslegung macht das BayObLG in seiner Entscheidung vom 30.9.1993 folgende Ausführungen: „Auch aus dem Umstand, dass die Erblasserin überhaupt eine Ersatznacherbfolge angeordnet hat, ergibt sich – jedenfalls im vorliegenden Fall – keineswegs eindeutig, dass die Auslegungsregel des § 2069 BGB nicht Anwendung finden soll. Zwar ist das Verhältnis zwischen der Regel des § 2108 Abs. 2 S. 1 BGB und der Ersatznacherbfolge – sei es nach § 2069 BGB, sei es nach § 2096 BGB – nach wie vor keineswegs rechtlich geklärt. Das RG (RGZ 142, 171; 169, 38) ging davon aus, dass die Vererblichkeit der Nacherbenanwartschaft regelmäßig weder durch die ausdrückliche Einsetzung eines Ersatznacherben, noch durch die Einsetzung von Abkömmlingen zum Nacherben ausgeschlossen ist." In seiner weiteren Begründung nimmt das BayObLG auf die Entscheidung des BGH wie folgt Bezug: „Der BGH (NJW 1963, 1150) hat sich den in Bezug auf § 2069 BGB im Grundsatz angeschlossen, allerdings offen gelassen, ob bei ausdrücklicher Einsetzung eines Ersatznacherben etwas anderes anzunehmen sei; in der Entscheidung ist zugleich darauf hingewiesen, dass es entscheidend auf den nach den Umständen des Einzelfalls zu ermittelnden Willen des Erblassers ankomme und weniger auf die mehr theoretischen Erwägungen zur generellen Rangfolge in §§ 2069, 2096 und 2108 Abs. 2 BGB bezeichneten Fälle.".
169 Vgl hierzu *Musielak*, ZEV 1995, 5.
170 *Ringel*, ZEV 1995, 179.

g) Der befreite Vorerbe

Durch die Anordnung der Nacherbschaft ist der Vorerbe grundsätzlich in seiner Befugnis, über den Nachlass zu verfügen, beschränkt.[171] Von diesen gesetzlichen Beschränkungen kann der Erblasser aber durch letztwillige Verfügung abweichende Bestimmungen treffen, sofern eine **Befreiung** nach § 2136 BGB vorgesehen ist. Nicht möglich ist grds. eine Befreiung von unentgeltlichen Verfügungen oder vom Prinzip der Surrogation gem. § 2111 BGB. Von den einzelnen Befreiungsmöglichkeiten kann der Erblasser entweder Einzelbefreiung erteilen oder eine Gesamtbefreiung vornehmen. Letzteres wird bspw dann als gewollt angesehen, wenn der Erblasser den Nacherben auf dasjenige, das vom Nachlass übrig ist, eingesetzt hat (§ 2137 Abs. 1 BGB), oder wenn er bestimmt hat, dass dem Vorerben ein freies Verfügungsrecht über den Nachlass zusteht (§ 2137 Abs. 2 BGB).

▶ **Muster: Befreite Vorerbschaft**

Zu meinem alleinigen Erben bestimme ich, ..., geb. am ... in ..., derzeit wohnhaft ..., meine Ehefrau ..., geb. am ... in ..., derzeit wohnhaft .... Die von mir bestimmte Alleinerbin ist jedoch nur Vorerbin. Für den Fall, dass meine Ehefrau vor oder nach Eintritt des Erbfalls wegfällt, wird ein Ersatzvorerbe entgegen jeder anders lautenden gesetzlichen oder richterlichen Auslegungs- oder Vermutungsregel nicht benannt. Es gilt dann die Vorschrift des § 2102 Abs. 1 BGB, mit der Folge, dass der Nacherbe als Vollerbe ohne weitere Beschränkung an die Stelle der von mir bestimmten Vorerbin tritt.

Die Vorerbin ist von allen gesetzlichen Beschränkungen befreit soweit dies zulässig und rechtlich möglich ist.

Zu Nacherben bezüglich des zum Zeitpunkt des Nacherbfalls noch vorhandenen Vermögens bestimme ich meine Abkömmlinge ..., geb. am ... in ..., derzeit wohnhaft ... und ..., geb. am ... in ..., derzeit wohnhaft ... zu jeweils gleichen Teilen, wiederum ersatzweise deren Abkömmlinge nach den Regeln der gesetzlichen Erbfolge. Schlägt einer der Nacherben, oder für den Fall, dass er an die Stelle des Vorerben tritt, das ihm Zugewandte aus, und macht seinen Pflichtteilsanspruch geltend und erhält ihn auch, dann ist er mit seinem ganzen Stamm von der Erbfolge ausgeschlossen. Gleiches gilt, wenn einer der Nacherben einen Zuwendungsverzicht erklärt oder das Nacherbenanwartschaftsrecht auf den Vorerben übertragen hat.

Der Nacherbfall tritt mit dem Tod des Vorerben ein. Das Nacherbenanwartschaftsrecht ist grundsätzlich nicht vererblich und übertragbar, es sei denn die Übertragung erfolgt an den Vorerben. ◀

Fraglich ist, ob der Erblasser eine Befreiung bspw **gegenständlich beschränken** kann, dh, dass er hinsichtlich einzelner Nachlassgegenstände eine befreite und hinsichtlich anderer Nachlassgegenstände eine nicht befreite Vorerbschaft bestimmt. Während *Avenarius*[172] eine solche Möglichkeit ablehnt, da es sich bei der Befreiung nicht um eine bloße Genehmigung, sondern um eine auf die gesamte Rechtsstellung des Vorerben bezogene Gestaltungsmöglichkeit handelt, hält die derzeit hM eine gegenständliche Befreiung dagegen für zulässig.[173] Solange allerdings eine gefestigte Rechtsprechung hierzu nicht vorliegt, sollte in solchen Fällen eine Alternativgestaltung erfolgen, die die Zuwendung des befreiten Gegenstandes durch Vorausvermächtnis an den Vorerben vorsieht oder zumindest eine Verpflichtung des Nacherben zur Zustimmung, dass

---

171 Vgl zur Grundstücksversteigerung bei Vor- und Nacherbschaft *Klawikowski*, Rpfleger 1998, 100.
172 Staudinger/*Behrends/Avenarius*, § 2136 Rn 3.
173 MünchKomm/*Grunsky*, § 2136 Rn 8.

117 Gem. § 2136 BGB kann der Erblasser den Vorerben von folgenden Beschränkungen und Verpflichtungen **befreien**:

118 Übersicht:
- vom Verfügungsverbot über Grundstücke (§ 2113 Abs. 1 BGB)
- vom Verfügungsverbot über eingetragene Schiffe und Schiffsbauwerke
- von der Hinterlegungspflicht bei Verfügungen über Grundschulden, Hypothekenforderungen oder Rentenschulden (§ 2114 BGB)
- von der Befreiung der Hinterlegungspflicht bei Veräußerung von Wertpapieren (§ 2116 BGB)
- von der Verpflichtung Geld mündelsicher anzulegen (§ 2119 BGB)
- Befreiung vom Verbot ordnungsgemäßer Verwaltung und Rechnungslegung (§ 2130 BGB)
- sowie von der Haftung gem. § 2131 BGB
- Befreiung von der Verpflichtung zum Wertersatz (§ 2134 BGB)
- Befreiung von der Erstellung eines Wirtschaftsplans (§ 2133 BGB)
- Befreiung von Kontroll- und Sicherungsrechten gem. §§ 2127–2129 BGB

Keine Befreiung kann erteilt werden:
- für unentgeltliche Verfügungen (§ 2113 Abs. 2 BGB)
- der Aufstellung eines Nachlassverzeichnisses gem. § 2121 BGB
- der Feststellung über den Zustand des Nachlasses (§ 2122 BGB)
- der Haftung für den Verstoß gegen das Schenkungsverbot (§ 2128 Abs. 2 BGB)
- dem Verbot, dass Zwangsverfügungen gegen den Erben grundsätzlich dem Nacherben gegenüber unwirksam sind (§ 2115 BGB)
- für einen Ausschluss der Surrogation nach § 2111 BGB

119 ▶ **Muster: Befreiung von einzelnen Beschränkungen**

Zu meinem alleinigen Erben bestimme ich, ..., geb. am ... in ..., derzeit wohnhaft ..., meine Ehefrau ..., geb. am ... in ..., derzeit wohnhaft .... Die von mir bestimmte Alleinerbin ist jedoch nur Vorerbin. Für den Fall, dass meine Ehefrau vor oder nach Eintritt des Erbfalls wegfällt, wird ein Ersatzvorerbe entgegen jeder anders lautenden gesetzlichen oder richterlichen Auslegungs- oder Vermutungsregel nicht benannt. Es gilt dann die Vorschrift des § 2102 Abs. 1 BGB, mit der Folge, dass der Nacherbe als Vollerbe ohne weitere Beschränkung an die Stelle der von mir bestimmten Vorerbin tritt.

Die Vorerbin ist von der Verpflichtung zur Hinterlegung bei Veräußerung von Wertpapieren nach § 2116 BGB sowie von der Verpflichtung zur mündelsicheren Anlage nach § 2119 BGB befreit (weiter wie oben Rn 116). ◀

120 Für die Gestaltung bietet es sich im Übrigen an, dass der Erblasser bei der Anordnung von Vor- und Nacherbschaft überlegt, welche Gegenstände dem Vorerben zur freien Verfügungsmöglichkeit zustehen sollen. Diese sollten dann im Wege des **Vorausvermächtnisses** dem Vorerben zugewendet werden, so dass es auf die Frage der Befreiung bzw Nichtbefreiung einzelner Nach-

---

174 Vgl hierzu *Langenfeld*, Testamentsgestaltung, Rn 339 ff.
175 Vgl hierzu im Einzelnen BayObLG FamRZ 1984, 1272.

B. Der Inhalt eines Testaments § 7

lassgegenstände nicht ankommt. Insbesondere wenn ein überlebenden Partner bzw Ehepartner als nicht befreiter Vorerbe eingesetzt wird, kann es sinnvoll sein, diesem bezüglich des Hausrats, des Inventars und des Geldvermögens durch Vorausvermächtnis Verfügungsfreiheit einzuräumen.

▶ **Muster: Ersatznacherbe, Vererblichkeit des Nacherbenanwartschaftsrecht und Vorausvermächtnis bei nicht befreiter Vorerbschaft**

121

405

1. Erbeinsetzung

Zu meinem alleinigen Erben bestimme ich, ..., geb. am ... in ..., derzeit wohnhaft ..., meine Ehefrau ..., geb. am ... in ..., derzeit wohnhaft .... Die von mir bestimmte Alleinerbin ist jedoch nur Vorerbin. Für den Fall, dass meine Ehefrau vor oder nach Eintritt des Erbfalls wegfällt, wird ein Ersatzvorerbe entgegen jeder anders lautenden gesetzlichen oder richterlichen Auslegungs- oder Vermutungsregel nicht benannt. Es gilt dann die Vorschrift des § 2102 Abs. 1 BGB, mit der Folge, dass der Nacherbe als Vollerbe ohne weitere Beschränkung an die Stelle der von mir bestimmten Vorerbin tritt.

Die Vorerbin ist von den gesetzlichen Beschränkungen nicht befreit.

Zu Nacherben bestimme ich meine Abkömmlinge ..., geb. am ... in ..., derzeit wohnhaft ... und ..., geb. am ... in ..., derzeit wohnhaft ... zu jeweils gleichen Teilen, wiederum ersatzweise deren Abkömmlinge nach den Regeln der gesetzlichen Erbfolge. Schlägt einer der Nacherben, oder für den Fall, dass er an die Stelle des Vorerben tritt, das ihm Zugewandte aus und macht seinen Pflichtteilsanspruch geltend und erhält ihn auch, dann ist er mit seinem ganzen Stamm von der Erbfolge ausgeschlossen. Gleiches gilt, wenn einer der Nacherben einen Zuwendungsverzicht erklärt oder das Nacherbenanwartschaftsrecht auf den Vorerben übertragen hat.

Der Nacherbfall tritt mit dem Tod des Vorerben ein. Das Nacherbenanwartschaftsrecht ist grundsätzlich nicht vererblich und übertragbar, es sei denn die Übertragung erfolgt an den Vorerben.

2. Vorausvermächtnis

Meine Ehefrau ... erhält im Wege des Vorausvermächtnisses, also ohne Anrechnung auf ihren Erbteil und außerhalb der Bindung der Vorerbschaft, das gesamte Inventar und den gesamten Hausrat der von uns gemeinsam bewohnten Wohnung in ... einschließlich meines PKW und einschließlich aller Kunstgegenstände (incl. aller Sammlungen – Bilder, Münzen, Briefmarken etc.). Darüber hinaus erhält sie durch Vorausvermächtnis, also ohne Anrechnung auf ihren Erbteil und außerhalb der Bindung der Vorerbschaft, 50 % meines Geldvermögens (hierzu zählen alle Geldanlagen, Wertpapiere, Gold, Anleihen etc. sowie von mir vergebene Darlehen). ◀

II. Bestimmungen für die Auseinandersetzung der Erbengemeinschaft

1. Die Teilungsanordnung nach § 2048 BGB

Hat der Erblasser in seinem Testament mehrere Erben bestimmt, so entsteht mit dem Eintritt des Erbfalls eine Erbengemeinschaft. Im Wege der Gesamtrechtsnachfolge geht dann entsprechend dem Prinzip der Universalsukzession der gesamte Nachlass in das Gesamthandsvermögen der Erbengemeinschaft über. Trifft der Erblasser nunmehr keine Anordnung, wie der Nachlass unter den Erben zu verteilen ist, kann eine Auseinandersetzung der Erbengemeinschaft erst nach Herbeiführung einer **Teilungsreife** erfolgen. Dies setzt in der Regel voraus, dass bspw Grundstücke durch Teilungsversteigerung und Nachlassgegenstände durch Pfandverkauf veräußert

122

werden. Der dann im Nachlass befindliche Geldbetrag kann entsprechend den Erbquoten unter den beteiligten Miterben aufgeteilt werden. Kommt es dem Erblasser dagegen darauf an, dass bestimmte Nachlassgegenstände an bestimmte Personen übertragen werden, so kann er dies nach § 2048 BGB durch sog. Teilungsanordnung bestimmen.

123 Die **Teilungsanordnung** verpflichtet die Erbengemeinschaft im Rahmen der Erbauseinandersetzung eine entsprechende Zuwendung des Nachlassgegenstandes an den bedachten Miterben im Teilungsplan vorzusehen. Wertmäßig führt die Teilungsanordnung aber nicht dazu, dass der bedachte Miterbe besser gestellt ist als die übrigen Miterben, da die Teilungsanordnung dazu führt, dass der zugewandte Gegenstand auf den Erbteil verrechnet wird. Die Teilungsanordnung führt daher nicht zu einer wertmäßigen Besserstellung eines Bedachten (will der Erblasser dies erreichen, so muss er dies durch Vorausvermächtnis tun, vgl unten). Zu beachten gilt es, dass es sich bei einer Teilungsanordnung um eine Beschränkung im Sinne des § 2306 BGB handelt, mit der Folge, dass für den Fall, dass der pflichtteilsberechtigte Miterbe auf eine Quote eingesetzt wird, die niedriger oder gleich seinem Pflichtteil ist, die Teilungsanordnung als nicht angeordnet gilt.

124 An eine Teilungsanordnung ist der bedachte Miterbe grundsätzlich verpflichtet,[176] wobei strittig ist, ob eine solche Verpflichtung auch dann besteht und eine entsprechende Durchführung der Teilungsanordnung erzwungen werden kann, wenn der Wert des zugewandten Gegenstandes über den Wert der Erbquote des entsprechenden Miterben hinausgeht, was zwangsläufig zur Folge hätte, dass der Miterbe aus seinem Eigenvermögen einen Wertausgleich in den Nachlass zahlen müsste.[177]

125 ▶ **Muster: Teilungsanordnung mit Schiedsgutachterbestimmung**

1. Erbeinsetzung

Ich, ▬▬▬, geb. am ▬▬▬ in ▬▬▬, derzeit wohnhaft ▬▬▬, setze meine Abkömmlinge ▬▬▬, geb. am ▬▬▬ in ▬▬▬, derzeit wohnhaft ▬▬▬ und ▬▬▬, geb. am ▬▬▬ in ▬▬▬, derzeit wohnhaft ▬▬▬ zu meinen Vollerben zu jeweils gleichen Teilen ein. Für den Fall, dass die von mir bestimmten Erben vor oder nach Eintritt des Erbfalls wegfallen, bestimme ich die Abkömmlinge meiner Kinder zu Ersatzerben nach den Regeln der gesetzlichen Erbfolge (gegebenenfalls noch eine Regelung für den Fall der Ausschlagung und Geltendmachung des Pflichtteils, siehe oben Rn 94).

2. Anordnungen für die Auseinandersetzung der Erbengemeinschaft

Für die Auseinandersetzung des Nachlasses und die Aufhebung der Erbengemeinschaft, wobei ich eine Teilerbauseinandersetzung ausdrücklich ausschließe, bestimme ich folgende Anordnungen:

Mein Sohn ▬▬▬, geb. am ▬▬▬ in ▬▬▬, erhält im Wege der Teilungsanordnung und somit in Anrechnung auf seinen Erbteil bzw das ihm zustehende Auseinandersetzungsguthaben mein Wertpapierdepot Nr. ▬▬▬ bei der ▬▬▬ Bank in ▬▬▬.

Mein Sohn ▬▬▬, geb. am ▬▬▬ in ▬▬▬, erhält im Wege der Teilungsanordnung und somit in Anrechnung auf seinen Erbteil bzw das ihm zustehende Auseinandersetzungsguthaben meine Immobilie in ▬▬▬, eingetragen im Grundbuch von ▬▬▬, Flurstück-Nr. ▬▬▬.

Zeitpunkt für die Bewertung der jeweiligen Gegenstände ist der der Erbauseinandersetzung. Für die Auseinandersetzung der Erbengemeinschaft ordne ich im Übrigen Testamentsvollstreckung an. Zum

---

176 Vgl *Lange/Kuchinke*, § 32 I 2.
177 MünchKomm/*Heldrich*, § 2048 Rn 16; OLG Braunschweig ZEV 1996, 69; *Siegmann*, ZEV 1996, 48.

B. Der Inhalt eines Testaments § 7

Testamentsvollstrecker bestimme ich ..., wohnhaft in ..., ersatzweise, für den Fall, dass der Testamentsvollstrecker vor oder nach Annahme des Amtes entfällt, soll das Nachlassgericht einen geeigneten Testamentsvollstrecker bestimmen.

Der Testamentsvollstrecker hat neben der Abwicklung des Nachlasses und der Aufteilung entsprechend der oben angeordneten Teilungsanordnungen die Aufgabe, den Wert der durch Teilungsanordnung zugewandten Gegenstände (als Schiedsgutachter) festzusetzen oder durch einen Sachverständigen feststellen zu lassen. ◂

2. Das Vorausvermächtnis

Die sich bei der Zuwendung eines Nachlassgegenstandes durch Teilungsanordnung ergebende Schwierigkeit, dass eine Bewertung eines Nachlassgegenstandes im Hinblick auf seine Anrechnung auf den Erbteil erfolgen muss, besteht dann nicht, wenn der Erblasser einem Miterben durch Vorausvermächtnis (§ 2150 BGB) den Gegenstand zuwendet. Bei einem Vorausvermächtnis erfolgt keine Anrechnung auf den Erbteil und darüber hinaus steht der Anspruch dem vermächtnisweise bedachten Miterben auch schon dann zu, wenn eine Teilungsreife des Nachlasses nicht gegeben ist – eine Auseinandersetzung der Erbengemeinschaft also noch nicht erfolgen kann.[178] Das Vorausvermächtnis stellt eine Nachlassverbindlichkeit im Sinne des § 1967 Abs. 2 BGB dar. Neben dem Vorausvermächtnis erhält der bedachte Miterbe dann im Rahmen der Erbauseinandersetzung einen, seiner Quote entsprechenden, Miterbenanteil am Nachlass. Während eine Teilungsanordnung immer bezogen auf den an der Erbauseinandersetzung beteiligten Miterben besteht und somit an die Person des Erben fixiert ist, muss bei der Anordnung eines Vorausvermächtnisses, wie bei jedem Vermächtnis, die Frage des Ersatzvermächtnisnehmers geklärt werden.

Anwendung findet das Vorausvermächtnis in der Regel dann, wenn einem Miterben ein Nachlassgegenstand zugewendet wird und insoweit eine wertmäßige Besserstellung erfolgen soll. Das Vorausvermächtnis kann aber auch dazu dienen, bestimmte Nachlassgegenstände einem Bedachten zuzuwenden, um diese bspw einer Testamentsvollstreckung zu entziehen, die für die Abwicklung und Verwaltung des übrigen Nachlasses angeordnet wird.

Exkurs: Unterscheidung zwischen Teilungsanordnung und Vorausvermächtnis

Da es gerade bei Laientestamenten oftmals zu einer Verteilung einzelner Nachlassgegenstände kommt, hat die Frage der Abgrenzung des Vorausvermächtnisses von der Teilungsanordnung erhebliche Bedeutung in der Praxis. Nicht selten enthält das Testament nämlich die Formulierung, dass bspw eines der Kinder das Hausanwesen, das andere die Eigentumswohnung und ein weiteres Kind möglicherweise das Konto bei der Bank erhält. Hier stellt sich die Frage, ob der Erblasser alle Kinder gleich bedenken wollte, so dass die Zuwendungen jeweils Teilungsanordnungen mit einer Anrechnungspflicht auf den Erbteil darstellen, oder ob der Erblasser die Gegenstände den Kindern ohne Anrechnung auf den Erbteil, also durch Vorausvermächtnis und mit der Folge einer möglichen wertmäßigen Besserstellung zuwenden wollte.

Der BGH[179] stellt bei der Frage der Abgrenzung in erster Linie darauf ab, ob es dem Erblasser darauf ankam, dem Begünstigten einen Vermögensvorteil verschaffen zu wollen. Dabei muss aber der Vermögensvorteil nicht notwendig in einer finanziellen Besserstellung liegen.[180] Aus-

---
178 Staudinger/*Otte*, § 2150 Rn 9.
179 BGH NJW-RR 1990, 1220.
180 Staudinger/*Otte*, § 2150 Rn 10.

reichend ist daher auch ein Vorteil, der dadurch bestehen kann, dass dem Bedachten eine bestimmte Rechtsposition eingeräumt wird.[181] Allerdings ist nach Ansicht des BGH der Begünstigungswille durch einen Vermögensvorteil nicht das einzige Abgrenzungskriterium zwischen Teilungsanordnung und Vorausvermächtnis.

130 Nach Ansicht des BGH[182] kann die vermächtnisweise Zuwendung auch auf Grund eines von der Erbeinsetzung unabhängigen Grundes erfolgen. Kam es dem Erblasser darauf an, einen Miterben einen bestimmten Gegenstand in jedem Fall zuzuwenden, dann wollte er dies möglicherweise auch für den Fall tun, dass der Miterbe ansonsten den Erbteil ausschlägt. So führt der BGH in der Entscheidung vom 7.12.1994[183] aus, dass *„die Auslegung des Testaments unter Berücksichtigung des Erblasserwillens ergeben, dass ein bestimmter Gegenstand einem Miterben etwa auch für den (bei Testamentserrichtung hypothetischen) Fall zugewendet werden soll, dass er das Erbe ausschlägt oder aus anderen Gründen nicht Erbe wird"*. Bei der Frage der Abgrenzung zwischen Vorausvermächtnis und Teilungsanordnung ist die Frage der wertmäßigen Besserstellung daher nicht das alleinige Ausschlusskriterium, aber ein wichtiges Indiz.[184]

131 Übersicht über die **Unterschiede**:
– Das Vorausvermächtnis erhält der Erbe zusätzlich zum Erbteil, während die Teilungsanordnung nur die Zuweisung einzelner Nachlassgegenstände in Verrechnung auf den Erbteil bei der Erbauseinandersetzung bestimmt.
– Das Vorausvermächtnis ist ein schuldrechtlicher Erfüllungsanspruch, der mit dem Erbfall anfällt und grundsätzlich auch fällig ist (§ 2176 BGB).
– Im Falle der Ausschlagung der Erbschaft ist die Teilungsanordnung gegenstandslos, während das Vorausvermächtnis getrennt angenommen bzw ausgeschlagen werden kann.
– Im Gegensatz zum Vorausvermächtnis kann eine Teilungsanordnung nicht vertraglich bzw wechselbezüglich angeordnet werden (§§ 2253, 2299, 2270 Abs. 3, 2278 Abs. 2 BGB). Der Vorausvermächtnisnehmer hat daher den Schutz des § 2288 BGB.

132 ▶ **Muster: Vorausvermächtnis**

1. Erbeinsetzung

Zu meinen Vollerben zu jeweils gleichen Teilen bestimme ich, ▪▪▪, geb. am ▪▪▪ in ▪▪▪, meine beiden Kinder ▪▪▪, geb. am ▪▪▪ in ▪▪▪, derzeit wohnhaft ▪▪▪ und ▪▪▪, geb. am ▪▪▪ in ▪▪▪, derzeit wohnhaft ▪▪▪, ersatzweise deren Abkömmlinge nach den Regeln der gesetzlichen Erbfolge, wiederum ersatzweise soll Anwachsung eintreten.

2. Vorausvermächtnis

Meine Tochter ▪▪▪, geb. am ▪▪▪ in ▪▪▪, erhält darüber hinaus im Wege des Vermächtnisses, also ohne Anrechnung auf den Erbteil und unabhängig davon, ob sie die Erbschaft annimmt, meine Eigentumswohnung in ▪▪▪, eingetragen im Grundbuch von ▪▪▪, Flurstück-Nr. ▪▪▪ (Grundbuchbeschrieb). Meine Tochter kann das Vorausvermächtnis nach Eintritt des Erbfalls sofort geltend machen, die Fälligkeit des Vorausvermächtnisses ist nicht an den Zeitpunkt der Erbauseinandersetzung gebunden. Mit vermacht ist auch der Anspruch auf Eintragung einer Vormerkung. An etwaigen Pflichtteilslasten

---

181 MünchKomm/*Schlichting*, § 2150 Rn 7.
182 BGH ZEV 1995, 144.
183 BGH ZEV 1995, 144.
184 *Skibbe*, ZEV 1995, 145.

hat sich meine Tochter als Vorausvermächtnisnehmerin nicht zu beteiligen, § 2318 Abs. 1 BGB wird insoweit ausgeschlossen, soweit es den Vermächtnisanspruch selbst betrifft.

Ein Ersatzvermächtnisnehmer wird für meine Tochter entgegen jeder anders lautenden gesetzlichen oder richterlichen Vermutungs- und Auslegungsregel nicht bestimmt. ◀

3. Die sog. überquotale Teilungsanordnung

In manchen Fällen kommt es dem Erblasser darauf an, dass er einen bestimmten Nachlassgegenstand einem Miterben durch Teilungsanordnung in Anrechnung auf den Erbteil zuwendet, gleichzeitig will er aber nicht, dass der Erbe, falls der Nachlassgegenstand wertmäßig höher ist als der Erbteil aus seinem Privatvermögen einen Ausgleich in den Nachlass einzahlt. Man findet daher in letztwilligen Verfügungen oftmals die Formulierung, dass dem Erben ein bestimmter Nachlassgegenstand durch Teilungsanordnung zugewendet, dass aber ein Wertausgleich nicht zu erbringen ist, für den Fall, dass der Nachlassgegenstand über dem Wert des Erbteils liegt. Rechtstechnisch spricht man in diesen Fällen auch von einer sog. **überquotalen Teilungsanordnung**. Dies heißt, dass die Zuwendung des Gegenstandes durch Teilungsanordnung erfolgt und für den Fall, dass dem Bedachten wertmäßig mehr zugewendet wurde als der Erbteil, die Zuwendung durch Vorausvermächtnis erfolgt. Dass eine Zuwendung teilweise eine Teilungsanordnung im Sinne von § 2058 BGB und auch Vorausvermächtnis nach § 2150 BGB sein kann, ist grundsätzlich nicht möglich,[185] so dass in den Fällen der überquotalen Teilungsanordnung eine exakte Formulierung in der letztwilligen Verfügung notwendig ist. Dabei sollte insbesondere darauf geachtet werden, dass die Teilungsanordnung erst bei Teilungsreife und dem folgend bei der Auseinandersetzung der Erbengemeinschaft zum Tragen kommt. Das Vorausvermächtnis, welches dem Miterben den über seinen Erbteil hinausgehenden Wert abdecken soll, sollte daher ebenfalls auf den entsprechenden Zeitpunkt der Auseinandersetzung fällig gestellt werden.

133

Nicht gewünscht ist idR – jedenfalls seitens des Erblassers in diesen Fällen –, dass das Vorausvermächtnis schon vor Auseinandersetzung der Erbengemeinschaft geltend gemacht werden kann. Eine solche Kombination von Teilungsanordnung und Vorausvermächtnis kann aber zu erheblichen Abwicklungsschwierigkeiten führen. Gerade wenn die Auseinandersetzung unter den Erben streitig erfolgt, stehen neben den bereits angesprochenen Problemen der Bewertung auch das der Zuordnung im Rahmen des Teilungsplanes. Eine an sich bereits zuvor zu erfüllende Nachlassverbindlichkeit (das Vermächtnis) muss nun im Rahmen des Teilungsplanes Berücksichtigung finden. Insoweit sollte man bei der Errichtung letztwilliger Verfügungen eine solche überquotale Teilungsanordnung nur dann bestimmen, wenn sich keine anderweitige Gestaltungsmöglichkeit bietet. Lässt sich eine überquotale Teilungsanordnung nicht vermeiden, sollte in jedem Fall daran gedacht werden, einen Testamentsvollstrecker zu bestimmen, der den Nachlass entsprechend auseinandersetzt.

134

▶ **Muster: Überquotale Teilungsanordnung**

135

1. Erbeinsetzung

Zu meinen Erben setze ich, ___, geb. am ___ in ___, derzeit wohnhaft ___, meine beiden Kinder ___, geb. am ___ in ___, derzeit wohnhaft ___ und ___, geb. am ___ in ___, derzeit wohnhaft ___ zu Vollerben zu jeweils gleichen Teilen ein. Ersatzerben sind die Abkömmlinge meiner Kinder nach den Regeln der

---

[185] Vgl Staudinger/*Otte*, § 2150 Rn 9; BGH FamRZ 1985, 62.

gesetzlichen Erbfolge, wiederum ersatzweise soll – zunächst innerhalb eines Stammes – Anwachsung eintreten.

2. Anordnungen für die Auseinandersetzung der Erbengemeinschaft

Im Hinblick auf die Auseinandersetzung des Nachlasses ordne ich nachfolgende Teilungsanordnungen an, mit der Bestimmung, dass ein über den Erbteil hinausgehender Wert den jeweiligen Bedachten zusätzlich als Vorausvermächtnis zugewendet wird:

Meine Tochter ... erhält im Wege der Teilungsanordnung und somit in Anrechnung auf ihren Erbteil mein Sparbuch Nr. ... bei der ... Bank.

Mein Sohn ... erhält im Wege der Teilungsanordnung und somit in Anrechnung auf seinen Erbteil das Hausanwesen in ..., eingetragen im Grundbuch von ..., Flurstück-Nr. ... (genauer Grundbuchbeschrieb).

Für den Fall, dass einer meiner Erben durch die Teilungsanordnung wertmäßig mehr erhält, als es dem Wert seiner Erbquote entspricht, erhält er diesen Überschuss durch Vorausvermächtnis zugewandt. Er ist daher nicht verpflichtet, aus seinem Eigenvermögen einen Ausgleich in den Nachlass einzuzahlen. Ein etwaiger durch Vorausvermächtnis zugewendeter Wertüberschuss wird unter der Bedingung angeordnet, dass der Erbe die Erbschaft annimmt. Das Vorausvermächtnis fällt im Übrigen erst zum Zeitpunkt der Auseinandersetzung des Nachlasses an, etwaige zwischen Eintritt des Erbfalls und der Auseinandersetzung des Nachlasses angefallene Zinsen stehen den Erben und nicht dem Vorausvermächtnisnehmer zu. Der Erbe soll daher durch das Vorausvermächtnis keine weiteren Vorteile erlangen, als dass ihm der durch Teilungsanordnung zugewandte Gegenstand zufällt, ohne dass er hierfür aus seinem Eigenvermögen einen Ausgleich in den Nachlass zahlen muss. An etwaigen Pflichtteilslasten gem. § 2318 Abs. 1 BGB hat sich der Erbe als Vorausvermächtnisnehmer in diesen Fällen nicht zu beteiligen. ◄

4. Das Übernahmerecht

136 Untechnisch gesprochen, handelt es sich beim **Übernahmerecht** um einen Anspruch eines Miterben oder eines Dritten, einen bestimmten Nachlassgegenstand zum Verkehrswert oder zu einem vom Erblasser festgesetzten Übernahmepreis aus dem Nachlass zu entnehmen. Neben der Anordnung eines Vorausvermächtnisses oder einer Teilungsanordnung stellt das Übernahmerecht daher eine weitere Möglichkeit der Aufteilung des Nachlasses dar. Rechtstechnisch gesprochen kann es sich beim Übernahmerecht **sowohl** um eine **Teilungsanordnung** als auch um ein **Vermächtnis** handeln. In den Fällen, in denen das Übernahmerecht einem Dritten, der nicht Erbe ist, zugewendet wird, kann dies zwangsläufig nur ein Vermächtnis sein. Wird das Übernahmerecht als Vorausvermächtnis bestimmt, so wird dies unter der aufschiebenden Bedingung angeordnet, dass der Berechtigte sein Übernahmerecht tatsächlich ausübt.[186] Als Vermögensvorteil genügt in diesen Fällen bereits die Wahlmöglichkeit, den Gegenstand aus dem Nachlass zu übernehmen.[187] Im Verhältnis zum „normalen" Vermächtnis muss der Bedachte aber einen Wertausgleich in den Nachlass vornehmen, sei es in Form des vollen Verkehrswertes oder in Form eines vom Erblasser angeordneten Übernahmepreises.

137 Liegt der Übernahmepreis unter dem Verkehrswert, dann sollte in der letztwilligen Verfügung klargestellt werden, dass es sich hierbei um ein zusätzliches (Voraus-)Vermächtnis handelt, und

---

186 BGH NJW 1959, 2252.
187 BGH NJW 1962, 322.

B. Der Inhalt eines Testaments § 7

dass dem Bedachten nicht nur vermächtnisweise das Recht eingeräumt wurde, den Nachlassgegenstand zu übernehmen. Bei der Festlegung eines Übernahmepreises ist darauf zu achten, dass sich zum einen die Werte bis zum Eintritt des Erbfalls wesentlich verändern können und zum anderen die Frage geklärt werden sollte, ob der Preis möglicherweise zu indexieren ist.[188] Letztlich sollte auch noch daran gedacht werden, einen entsprechenden Zeitpunkt festzulegen, bis zu welchem das Übernahmerecht ausgeübt werden sollte,[189] um ein endloses Hinauszögern der Teilungsreife und somit eine Auseinandersetzung der Erbengemeinschaft zu vermeiden.[190]

Die Notwendigkeit das Übernahmerecht als **Teilungsanordnung** zu bestimmen, ergibt sich dann, wenn der Erblasser einen Nachlassgegenstand einem Miterben in Anrechnung auf dessen Erbteil zuwenden, er es aber dem Miterben selbst überlassen will, ob er die Teilungsanordnung annimmt oder nicht. Es handelt sich daher bei einem Übernahmerecht als Teilungsanordnung um ein Wahlrecht, ob ein Miterbe eine zu seinen Gunsten angeordnete Teilungsanordnung annehmen will oder nicht. In diesen Fällen kann er das Übernahmerecht auch nur im Rahmen der Auseinandersetzung der Erbengemeinschaft geltend machen und nicht, wie bei einem Vermächtnis/Vorausvermächtnis, schon vor Teilung des Nachlasses.[191]

138

▶ **Muster: Übernahmerecht als Vermächtnis** 139

1. Erbeinsetzung

Zu meinen alleinigen Vollerben bestimme ich, ..., geb. am ... in ..., derzeit wohnhaft ..., meine Ehefrau ..., geb. am ... in ..., derzeit wohnhaft ..., zu 1/2 Anteil und meine beiden Kinder ..., geb. am ... in ..., derzeit wohnhaft ..., und ..., geb. am ... in ..., derzeit wohnhaft ..., zu je 1/4 Anteil. Ersatzerben sind die Abkömmlinge der von mir bestimmten Erben nach den Regeln der gesetzlichen Erbfolge, wiederum ersatzweise soll – zunächst innerhalb eines Stammes – Anwachsung eintreten.

2. Übernahmerecht als Vermächtnis

Im Wege des Vorausvermächtnisses, also ohne Anrechnung auf seinen Erbteil, erhält meine Tochter das Recht, die Eigentumswohnung, eingetragen im Grundbuch von ... (genauer Grundbuchbeschrieb) gegen Zahlung eines Betrages in Höhe von 80% des durch den Gutachterausschuss der nach dem BauGB zuständigen Behörde ermittelten Verkehrswertes aus dem Nachlass zu übernehmen. Der Differenzbetrag von 20% wird meiner Tochter dabei durch Vorausvermächtnis zugewandt, allerdings nur dann, wenn sie von dem Übernahmerecht Gebrauch macht. Der Anspruch auf Erstellung eines Verkehrswertgutachtens durch die entsprechende Verwaltungsbehörde nach dem BauGB steht meiner Tochter auch vor Ausübung des Übernahmerechts zu. Die Kosten der Begutachtung sind vom Nachlass zu tragen. ◀

▶ **Muster: Übernahmerecht als Teilungsanordnung** 140

Meine Tochter ..., geb. am ... in ..., derzeit wohnhaft ... erhält im Wege der Teilungsanordnung und somit in Anrechnung auf ihren Erbteil das Recht, meine im Nachlass befindliche Eigentumswohnung ... (genauer Grundbuchbeschrieb) zu übernehmen. Sie hat die Möglichkeit, sich bis zur Teilungsreife des Nachlasses zu erklären, ob sie von diesem Übernahmerecht durch Teilungsanord-

---

188 Vgl BGH NJW 1960, 1759 für die Anpassung nach § 242 BGB, wenn eine erhebliche Wertveränderung stattgefunden hat.
189 Vgl Palandt/*Edenhofer*, § 2180 Rn 2.
190 Vgl auch BGH NJW 1998, 682.
191 BGH NJW 1985, 51.

nung Gebrauch machen will. Von den übrigen Miterben kann sie hierzu jedoch nicht verpflichtet werden. ◄

5. Teilungsverbot im Sinne des § 2044 BGB

141 Beim **Teilungsverbot** nach § 2044 BGB handelt es sich um eine sog. negative Teilungsanordnung, mit dem Inhalt, dass der Anspruch eines bzw aller Miterben gegenüber den anderen auf Auseinandersetzung der Erbengemeinschaft ausgeschlossen ist. Es bezieht sich grundsätzlich auf den gesamten Nachlass, wenn der Erblasser es nicht auf einzelne Nachlassgegenstände beschränkt hat.[192] Gebunden sind die Erben insgesamt durch das Teilungsverbot allerdings nicht. Einvernehmlich können sie sich jederzeit hierüber hinwegsetzen.[193] Will der Erblasser dies verhindern, sollte er das Teilungsverbot als Auflage qualifizieren und einen Testamentsvollstrecker mit der Vollziehung bestimmen.[194] Aber auch der Testamentsvollstrecker kann sich grundsätzlich im Einvernehmen mit den Miterben hierüber hinwegsetzen.[195]

142 Hinsichtlich des Umfangs des Teilungsverbotes sollte bedacht werden, dass es gegebenenfalls empfehlenswert ist, nur **einzelne Nachlassgegenstände** (gegenständliche Beschränkung) hiervon zu erfassen.[196] Darüber hinaus kann das Teilungsverbot aber auch personell beschränkt werden, zB auf einen oder mehrere Erben bzw Stämme.[197] Letztlich kann das Teilungsverbot als ein weniger auch so ausgestaltet werden, dass eine Auseinandersetzung der Erbengemeinschaft von einer Kündigungsfrist abhängig gemacht wird oder bspw erst dann, wenn eine bestimmte Anzahl von Erben oder die Mehrheit der Erben eine entsprechende Auseinandersetzung beantragen.[198] Seine Grenzen findet das Teilungsverbot in den Fällen, in denen ein wichtiger Grund für die Auseinandersetzung der Erbengemeinschaft vorliegt (§§ 749 Abs. 2, Abs. 3, 750 BGB). Ein solcher ist bspw anzunehmen, wenn einem Erben der Gebrauch eines gemeinsamen Gegenstandes unmöglich gemacht wird oder eine gemeinsame Verwaltung auf Grund eines zerstörten Vertrauensverhältnisses nicht mehr möglich ist.[199] Des Weiteren wird bei Tod eines Miterben gem. § 750 BGB der Ausschluss der Auseinandersetzung außer Kraft gesetzt und er wirkt nicht gegenüber Gläubigern, die einen Erbteil gepfändet haben (§ 751 S. 2 BGB). Die Wirkung des Teilungsverbotes entfällt auch dann, wenn ein überlebender Ehepartner sich wiederverheiratet,[200] so dass eine entsprechende Formulierung im Testament zweckmäßigerweise so angeordnet wird, dass ab diesem Zeitpunkt die vermögensrechtlichen Positionen zwischen dem überlebenden Elternteil und den Kindern getrennt werden können. **Zeitlich** ist die Anordnung des Teilungsverbotes auf die Dauer von 30 Jahren beschränkt (§ 2044 Abs. 2 BGB). Es kann aber auch für einen längeren Zeitraum als 30 Jahre angeordnet werden, wenn der Eintritt eines bestimmten Ereignisses angeordnet wird.[201]

---

192 MünchKomm/*Heldrich*, § 2044 Rn 4.
193 BGHZ 40, 115.
194 Vgl im Übrigen Soergel/*Damrau*, § 2216 Rn 9.
195 BGHZ 57, 84; BGHZ 56, 275.
196 MünchKomm/*Heldrich*, § 2044 Rn 4.
197 Erman/*Schlüter*, § 2044 Rn 1.
198 MünchKomm/*Heldrich*, § 2044 Rn 5.
199 Palandt/*Thomas*, § 749 Rn 6.
200 Vgl Palandt/*Edenhofer*, § 2044 Rn 5.
201 *Bengel*, ZEV 1995, 178.

B. Der Inhalt eines Testaments   § 7

▶ **Muster: Teilungsverbot als Auflage mit Testamentsvollstreckung**   143

1. Erbeinsetzung

Zu meinen alleinigen Erben bestimme ich, ..., geb. am ... in ..., derzeit wohnhaft ..., meinen Ehemann ..., geb. am ... in ..., derzeit wohnhaft ... und meine beiden Kinder ..., geb. am ... in ..., derzeit wohnhaft ... und ..., geb. am ... in ..., derzeit wohnhaft ... zu je 1/3 Erbteil. Ersatzerben werden die Abkömmlinge der von mir bestimmten Erben, wiederum ersatzweise soll – zunächst innerhalb eines Stammes – Anwachsung eintreten.

2. Anordnungen für die Auseinandersetzung der Erbengemeinschaft

Das Recht eines einzelnen Miterben, die Auseinandersetzung der Erbengemeinschaft zu verlangen, schließe ich im Wege der Auflage auf die Dauer von 20 Jahren ab dem Zeitpunkt meines Todes aus (alternativ bis zu einem bestimmten Lebensjahr der Abkömmlinge). Entgegen den §§ 2044 Abs. 1 S. 2, 750 BGB bleibt das Teilungsverbot auch bei Tod eines Miterben bestehen. Es endet allerdings für alle Miterben zu dem Zeitpunkt, zu dem sich mein Ehemann wiederverheiratet.

Für die Abwicklung des Nachlasses ordne ich Testamentsvollstreckung an. Der Testamentsvollstrecker hat die Aufgabe, das Teilungsverbot zu überwachen und durchzusetzen und bei Zuwiderhandlung den Nachlass auf die Dauer der Restzeit der Auflage zu verwalten. Zum Testamentsvollstrecker bestimme ich ... . Er hat das Recht, vor oder nach Annahme des Amtes einen Ersatztestamentsvollstrecker zu bestimmen, wiederum ersatzweise soll das Nachlassgericht einen geeigneten Testamentsvollstrecker benennen. ◀

III. Die Bestimmung von Vermächtnissen

1. Allgemeines

Nach § 1939 BGB kann der Erblasser durch letztwillige Verfügung einem Anderem, ohne ihn als Erben einzusetzen, einen Vermögensvorteil zuwenden. Das Gesetz definiert so den **Begriff** des Vermächtnisses. Eine nähere Ausgestaltung der Anordnungsmöglichkeiten von Vermächtnissen wird in den §§ 2147 bis 2191 BGB näher geregelt. Der durch Vermächtnis Bedachte rückt also nicht in die Stellung des Erben ein, sondern erhält einen schuldrechtlichen Anspruch auf Übertragung des ihm zugewandten Gegenstandes oder Rechtes. Dabei wird der Vermögensvorteil, so wie er in § 1939 BGB definiert ist, nach hM weit ausgelegt.[202] Ausreichend ist dabei auch, dass es sich um einen mittelbaren Vorteil handelt. Nicht erforderlich ist daher, dass der Vermächtnisnehmer wirtschaftlich bereichert wird. Insoweit kann der Gegenstand eines Vermächtnisses neben einer Sache oder einer Forderung auch ein Recht sein, bspw ein bestimmtes Grundstück aus dem Nachlass gegen Zahlung des Verkehrswertes zu übernehmen. Letztlich kann auch ein Anspruch auf Unterlassung Gegenstand eines Vermächtnisses sein.[203]   144

Gläubiger eines Vermächtnisses kann jede natürliche oder juristische Person sein. Das Vermächtnis fällt grundsätzlich mit dem Erbfall an und ist, sofern der Erblasser keine abweichende Regelung getroffen hat, auch zu diesem Zeitpunkt fällig. Sowohl Fälligkeit als auch Anfall des Vermächtnisses (§ 2176 BGB) kann der Erblasser hinausschieben.[204] Dies hat grundsätzlich zur Folge, dass der Bedachte den Zeitpunkt des Anfalls erleben muss, um eine entsprechend ge-   145

---

202 Palandt/*Edenhofer*, § 1939 Rn 3.
203 MünchKomm/*Leipold*, § 1939 Rn 5.
204 Palandt/*Edenhofer*, § 2181 Rn 1.

schützte Rechtsposition zu erlangen.²⁰⁵ Denn mit dem Anfall des Vermächtnisses erwirbt der Bedachte ein Anwartschaftsrecht bis zur Fälligkeit des Vermächtnisanspruchs. Vor dem Anfall des Vermächtnisses hat der Bedachte lediglich ein tatsächliches Erwerbsanrecht.²⁰⁶

146 **Schuldner** des Vermächtnisses ist grundsätzlich der Erbe oder der Vermächtnisnehmer selbst, wenn es sich um ein Untervermächtnis handelt. Im Zweifel ist jedoch grundsätzlich der Erbe beschwert. Im Innenverhältnis gilt, dass im Zweifel die Erben im Verhältnis ihrer Erbteile und die Vermächtnisnehmer nach dem Verhältnis des Wertes des Vermächtnisses beschwert sind (§ 2148 BGB).²⁰⁷ Im Außenverhältnis richtet sich die Haftung nach den §§ 2058, 420 ff BGB, wobei § 2058 BGB nur dann anzuwenden ist, wenn es sich um eine gemeinschaftliche Nachlassverbindlichkeit handelt.²⁰⁸

147 Durch entsprechende Anordnung des Erblassers kann aber festgelegt werden, wer das Vermächtnis erfüllen soll und zu welchem Anteil mehrere Erben für den Vermächtnisanspruch haften. Insoweit bedarf es allerdings einer Bestimmung durch den Erblasser. Wird lediglich ein Vermächtnisnehmer mit einem Vermächtnis beschwert, ist in jedem Fall zu unterscheiden, ob es sich um ein **Untervermächtnis** im Sinne der §§ 2186 ff BGB oder um ein sog. **Nachvermächtnis** nach den § 2191 BGB handelt. Während das Nachvermächtnis entsprechend einer Vor- und Nacherbschaft (nur nicht mit dinglicher Wirkung) darauf gerichtet ist, dass der Nachvermächtnisnehmer den Gegenstand nach dem Ableben des Vorvermächtnisnehmers oder zu einem anderen Zeitpunkt erhält, ist der Untervermächtnisnehmer grundsätzlich berechtigt den Vermächtnisanspruch direkt vom Vermächtnisnehmer zu fordern.

148 Grundsätzlich kann der Vermächtnisnehmer vom Erben den vermachten Gegenstand fordern. Allerdings kann der Erbe das Vermächtnis gem. § 2318 Abs. 1 BGB kürzen, wenn er Pflichtteilsansprüche bedienen muss. § 2318 Abs. 1 BGB sieht daher eine Aufteilung der Pflichtteilslast im **Innenverhältnis** zwischen Erben und Vermächtnisnehmer vor. Der Vermächtnisnehmer hat dabei entsprechend dem Wert seines Vermächtnisses zum Nachlass des Erben die Pflichtteilslast zu tragen und in entsprechender Höhe steht dem Erben ein Kürzungsrecht zu. Dieses wird bei einem Geldvermächtnis dadurch ausgeübt, dass der Erbe den Vermächtnisanspruch wertmäßig kürzt, bei einem Sachvermächtnis hingegen kann der Vermächtnisnehmer eine Erfüllung des Vermächtnisanspruchs nur Zug um Zug gegen Zahlung des Kürzungsbetrages verlangen. Bei mehreren Vermächtnisnehmern ist jedem Vermächtnisnehmer gegenüber ein verhältnismäßiges Kürzungsrecht gegeben. Auch dem Vermächtnisnehmer steht gegenüber dem Untervermächtnisnehmer (§ 2188 BGB) ein entsprechendes Kürzungsrecht zu.

149 Formel für das Kürzungsrecht:

Kürzungsbetrag = (Pflichtteilsbetrag x Vermächtnis) / Nachlass

150 **Beispiel:** Der Erblasser hat seine Lebensgefährtin L zur Alleinerbin eingesetzt. Zu Gunsten seines Freundes F ordnet er ein Vermächtnis in Höhe von 20.000 EUR an. Seinen einzigen Sohn S enterbt er. Der Nachlass hat einen Wert von 100.000 EUR. S verlangt von L 50.000 EUR Pflichtteil. Der Freund F möchte nunmehr sein Vermächtnis von 20.000 EUR erfüllt haben. Wie viel muss L auszahlen?

---

205 Palandt/*Edenhofer*, § 2176 Rn 1.
206 BGHZ 12, 115.
207 MünchKomm/*Schlichting*, § 2148 Rn 8.
208 Staudinger/*Marotzke*, § 2058 Rn 12.

B. Der Inhalt eines Testaments § 7

Das Verhältnis zwischen Vermächtnis und Nachlass beträgt 20:100. F muss im Innenverhältnis zu L daher 1/5 der Pflichtteilslast tragen. 1/5 von 50.000 EUR = 10.000 EUR. F hat daher nur noch einen Anspruch auf Auszahlung eines Vermächtnisbetrages von 10.000 EUR.

Will der Erblasser nicht, dass sich der Vermächtnisnehmer an der Pflichtteilslast beteiligt, so kann er dies durch entsprechende testamentarische bzw letztwillige Anordnung erreichen, indem er das Kürzungsrecht nach § 2318 Abs. 1 BGB ausschließt. Insoweit ist in § 2324 BGB vorgesehen, dass der Erblasser eine von der Verteilung der Pflichtteilslast im Innenverhältnis abweichende Anordnung treffen kann. Gerade wenn der Erblasser bspw Nutzungsvermächtnisse einem Ehepartner oder Lebenspartner zuwendet, bspw in Form eines Wohnungsrechtes, in Form eines Nießbrauchsrechtes oder durch Rentenzahlungen, stellt sich die Situation so dar, dass der Bedachte zwar monatliche Nutzungen, aber nie den Gesamtwert der Zuwendung direkt auf einmal erhält. Muss er sich nunmehr in Höhe des Wertes des Vermächtnisses am Pflichtteil (was beim Nießbrauch bspw kapitalisiert wird) beteiligen, so wird ihm grundsätzlich die Liquidität genommen. 151

▶ **Muster: Abbedingung des § 2318 Abs. 1 BGB** 152

Entgegen der Auslegungsregel des § 2318 Abs. 1 BGB bestimme ich, dass sich der Vermächtnisnehmer gegenüber dem Erben nicht an einer etwaigen Pflichtteilslast enterbter Pflichtteilsberechtigter zu beteiligen hat. Ihm steht das angeordnete Vermächtnis ungekürzt zu, auch dann, wenn der Erbe mit Pflichtteilszahlungen belastet wird, die bspw in Folge einer Ausschlagungserklärung entstehen. ◀

Ersatzvermächtnisnehmer: Auch bei der Bestimmung eines Vermächtnisses stellt sich immer die Frage des sog. **Ersatzvermächtnisnehmers**. Auch hier findet § 2069 BGB im Zweifel Anwendung, wenn der Erblasser einen Abkömmling vermächtnisweise bedacht hat und dieser vor oder nach dem Erbfall wegfällt.[209] Ist für mehrere ein gemeinschaftliches Vermächtnis ausgesetzt, so findet die Anwachsungsregel des § 2158 BGB nur Anwendung, wenn keine ausdrücklichen Ersatzvermächtnisnehmer bestimmt wurden. 153

▶ **Muster: Ersatzvermächtnisnehmer** 154

Sollte der von mir bestimmte Vermächtnisnehmer vor oder nach Eintritt des Erbfalls entfallen, dann bestimme ich entgegen jeder anders lautenden Vermutungs- oder Auslegungsregel seine Abkömmlinge zu Ersatzvermächtnisnehmern. Für den Fall dass der Vermächtnisnehmer ausschlägt und einen Pflichtteilsanspruch geltend macht, sind seine Abkömmlinge nicht Ersatzvermächtnisnehmer. In diesem Fall ist der Vermächtnisnehmer mit seinem ganzen Stamm von jeglicher Erbfolge und Vermächtniszuwendung ausgeschlossen. Gleiches gilt, wenn der Vermächtnisnehmer bei einem bindend gewordenen oder vertragsmäßig angeordneten Vermächtnis einen Zuwendungsverzicht erklärt hat. ◀

2. Sicherung der Position des Vermächtnisnehmers

Da der Vermächtnisnehmer nur einen schuldrechtlichen Anspruch gegen den Erben auf Erfüllung des Vermächtnisses hat, stellt sich die Frage, wie die Erfüllung sichergestellt werden kann. Grundsätzlich kommt eine solche Absicherung zuerst ab dem Zeitpunkt des Eintritts des Erbfalls in Frage. Erst dann verfügt der Vermächtnisnehmer über ein sog. Anwartschaftsrecht. Die hM sieht aber nur dann einen Anspruch auf Sicherung des Anwartschaftsrechtes, wenn er dem 155

---

209 MünchKomm/*Leipold*, § 2069 Rn 3.

Bedachten mit vermacht wurde.²¹⁰ In Betracht kommt danach, dass dem Bedachten bei Zuwendung eines Geldanspruchs bspw auch ein Anspruch auf Sicherung durch Hypothek (§ 1113 Abs. 2 BGB) oder durch Grundschuld mit vermacht wurde.²¹¹ Hinsichtlich anderer Forderungen könnte ein Anspruch auf eine entsprechende Bürgschaft (§ 765 Abs. 2 BGB) bestehen.²¹² Wird dem Vermächtnisnehmer ein Grundstücksrecht oder ein Grundstück vermacht, kommt die Eintragung einer Vormerkung in Betracht.²¹³ Auch wenn vereinzelt die Rechtsprechung davon ausgeht, dass dem Vermächtnisnehmer eines Grundstücks als Nebenanspruch auch der Anspruch auf Eintragung einer Vormerkung mit vermacht wurde,²¹⁴ sollte der Erblasser im Testament eine entsprechende Anordnung bestimmen. So sieht das OLG Bamberg²¹⁵ bspw kein Recht auf dingliche Sicherung durch eine persönlich beschränkte Dienstbarkeit, wenn dem Bedachten ein Wohnungsrecht zugewandt wurde.

156 ▶ **Muster: Vermächtnisweise Zuwendung eines Sicherungsanspruchs**

Im Wege des Vermächtnisses erhält mein Sohn ... die Immobilie in ..., eingetragen im Grundbuch von ..., für ... Gemarkung ..., Flurstück-Nr. ..., mit einer Größe von .... Dem Vermächtnisnehmer wird ein Anspruch auf dingliche Sicherung und somit das Recht auf Eintragung einer Vormerkung mit vermacht. ◀

3. Kosten der Vermächtniserfüllung

157 Streit besteht in der Praxis häufig auch bei der Frage, wer die Kosten der Vermächtniserfüllung zu tragen hat. Relevant wird dies insbesondere bei der Zuwendung von Grundstücksrechten oder Grundstücken. Die hM geht dabei davon aus, dass grundsätzlich der Beschwerte die Kosten zu tragen hat.²¹⁶ Dies betrifft allerdings nur die **Kosten** der reinen **Vermächtniserfüllung**, nicht bspw die auf den Vermächtnisgegenstand entfallende Erbschaftsteuer. Eine solche trägt grundsätzlich der Bedachte selbst, außer der Erblasser hat ihm einen entsprechenden Betrag ebenfalls vermächtnisweise zugewandt.²¹⁷ Letzteres bietet sich bspw an, wenn einem Vermächtnisnehmer ein Nutzungsrecht zugewendet wird, und ihm zur Zahlung der Erbschaftsteuer grundsätzlich die Liquidität fehlt. Hinsichtlich der Erfüllung eines Geldvermächtnisses gilt § 270 Abs. 1 BGB, wonach der Beschwerte dem Vermächtnisnehmer den Geldbetrag auf seine Kosten und Gefahr zuzuwenden hat. Bei einem Stückvermächtnis geht *Wolf*²¹⁸ von einer Hohlschuld aus, während *Schlichting*²¹⁹ eine Verpflichtung des Beschwerten sieht, die Sache auf den Weg zu bringen.

158 ▶ **Muster: Kostentragung beim Vermächtnisanspruch**

Im Wege des Vermächtnisses erhält mein Sohn ... die Immobilie in ..., eingetragen im Grundbuch von ..., für ... Gemarkung ..., Flurstück-Nr. ..., mit einer Größe von .... Dem Vermächtnisnehmer wird ein Anspruch auf Sicherung und somit das Recht auf Eintragung einer Vormerkung mit vermacht.

---

210 BayObLG Rpfleger 1981, 190; OLG Hamm MDR 1984, 402.
211 Staudinger/*Otte*, § 2179 Rn 1.
212 Soergel/*Wolf*, § 2179 Rn 3.
213 BGHZ 12, 115.
214 Bspw. LG Stuttgart BWNotZ 1999, 22; OLG Hamm MDR 1984, 402.
215 OLG Bamberg NJW-RR 1994, 1359.
216 BGH NJW 1963, 1602.
217 *Weirich*, Rn 709.
218 Soergel/*Wolf*, § 2174 Rn 3.
219 MünchKomm/*Schlichting*, § 2174 Rn 9.

B. Der Inhalt eines Testaments § 7

Die Kosten der Erfüllung des Vermächtnisses trägt der Erbe, soweit es die reinen Erfüllungskosten betrifft. Ebenso die Kosten bezüglich des Anspruchs auf Eintragung einer Vormerkung. ◂

4. Belastungen auf den Vermächtnisgegenstand

Ein weiterer Streitpunkt, den der Erblasser im Testament regeln sollte, ist die Frage der Belastungen. Geregelt wird dies gesetzlich im Wesentlichen in den §§ 2165, 2166 BGB. So sieht § 2165 Abs. 1 BGB vor, dass der Vermächtnisnehmer eine Beseitigung der auf dem Vermächtnisgegenstand lastenden (**dingliche**) **Belastung** nicht verlangen kann, es sei denn, der Erblasser hatte bereits selbst einen Anspruch auf Beseitigung (§ 2165 Abs. 1 S. 2 BGB). Stehen die Grundpfandrechte dem Erblasser selbst zu (Eigentümergrundschuld), gilt gem. § 2165 Abs. 2 BGB die Auslegungsregel des § 2165 Abs. 1 BGB.[220] Keine Anwendung findet aber die Vorschrift des § 2165 Abs. 1 BGB auf Verschaffungsvermächtnisse und Gattungsvermächtnisse.[221] Da § 2165 BGB aber nur im Zweifel gilt, soweit der Erblasser nichts anderes angeordnet hat, sollte der Rechtsberater bei der Gestaltung der letztwilligen Verfügung diese Frage explizit ansprechen und aufklären.

159

5. Die verschiedenen Arten von Vermächtnissen

Das Gesetz sieht bei der Anordnung eines Vermächtnisses verschiedene Formen vor, wie der Vermächtnisanspruch ausgestaltet werden kann. Bspw. kann der Erblasser bestimmen, dass der Bedachte zwischen mehreren ihm zugewandter Gegenstände auswählen kann. In diesen Fällen liegt ein sog. Wahlvermächtnis (§ 2154 BGB) vor. Der Erblasser hat aber auch die Möglichkeit, die Bestimmung des Vermächtnisses einem Dritten zu überlassen (sog. Bestimmungsvermächtnis), §§ 2151, 2152 BGB. Darüber hinaus muss das Vermächtnis nicht unbedingt im Nachlass vorhandene Gegenstände erfassen. So kann der Erblasser auch durch das sog. Verschaffungsvermächtnis einen nicht zum Nachlass gehörenden Gegenstand oder ein Recht zuwenden, in dem der Beschwerte verpflichtet wird, diesen dem Bedachten zu verschaffen (§ 2170 BGB). Wird dem Bedachten ein nur der Gattung nach bestimmter Gegenstand zugewendet, so liegt gem. § 2155 BGB ein sog. Gattungsvermächtnis vor. Beim Vorausvermächtnis handelt es sich um einen vermächtnisweisen Anspruch eines Miterben (§ 2150 BGB), ansonsten unterscheidet sich das Vorausvermächtnis nicht wesentlich vom „normalen" Vermächtnisanspruch.

160

a) Verschaffungsvermächtnis

Will der Erblasser einem Bedachten einen Gegenstand zuwenden, der nicht im Nachlass vorhanden ist, so kann er dies durch ein sog. **Verschaffungsvermächtnis**. Der Beschwerte wird in diesem Fall verpflichtet, dem Bedachten den Gegenstand oder das Recht durch Mittel des Nachlasses zu verschaffen (§ 2170 BGB). Lediglich wenn der zu verschaffende Gegenstand nur mit unverhältnismäßigem Aufwand besorgt werden kann, kann sich der Beschwerte durch Wertersatz gem. § 2170 Abs. 2 S. 2 BGB hiervon befreien. Darüber hinaus hat der Beschwerte nach § 2170 Abs. 2 S. 2 BGB den Wert zu ersetzen, wenn der Beschwerte nicht in der Lage ist, das Verschaffungsvermächtnis zu erfüllen. Gerade bei diesen weit reichenden Konsequenzen sollte der Erblasser, wenn er ein Verschaffungsvermächtnis tatsächlich anordnen will, neben dem Gebrauch des technischen Begriffs des Verschaffungsvermächtnisses auch die Vermutungsregel des § 2169 BGB widerlegen, wonach das Vermächtnis unwirksam ist, wenn der Ge-

161

---

220 BGH NJW 1998, 682.
221 MünchKomm/*Schlichting*, § 2165 Rn 2.

Tanck

genstand zum Zeitpunkt des Erbfalls nicht mehr im Nachlass vorhanden ist. Der Gläubiger des Verschaffungsvermächtnisses trägt grundsätzlich die Beweislast dafür, dass der Erblasser ihm entgegen § 2169 BGB einen nachlassfremden Gegenstand zuwenden wollte.²²² Inhalt eines Verschaffungsvermächtnisses kann jedes Recht oder jede Sache sein, wobei sinnvollerweise darauf zu achten ist, dass der Beschwerte auch tatsächlich in der Lage ist, einen entsprechenden Gegenstand zu beschaffen. Grenzen sind dem Verschaffungsvermächtnis insoweit gesetzt, als der Wert, den der Beschwerte zu beschaffen hat, wirtschaftlich im Nachlass vorhanden sein muss.²²³

162 ▶ **Muster: Verschaffungsvermächtnis**

Meinen Erben belaste ich mit einem Vermächtnis dergestalt, dass er auf Kosten des Nachlasses Herrn ..., geb. am ... in ..., eine Eigentumswohnung mit ca. 120 qm in ... zu einem Verkehrswert von ca. 150.000,00 EUR zu verschaffen hat. Die Zuwendung ordne ich im Wege des Verschaffungsvermächtnisses an, so dass der Erbe das Vermächtnis, unabhängig davon, ob eine entsprechende Wohnung im Nachlass vorhanden ist oder nicht, erfüllen muss. Entgegen § 2169 BGB wird die Anordnung daher auch nicht unwirksam, wenn eine entsprechende Eigentumswohnung zum Zeitpunkt des Erbfalls nicht in meinem Nachlass vorhanden ist. Sollte der Erbe nicht in der Lage sein, dem Vermächtnisnehmer eine entsprechende Wohnung zu verschaffen, so hat er Wertersatz in der Form zu leisten, dass er an den Bedachten einen Betrag von 150.000,00 EUR zzgl 5 % über Basiszinssatz seit dem Eintritt des Erbfalls zu bezahlen hat. Ist der Wert des Verschaffungsvermächtnisses zum Zeitpunkt des Erbfalls im Nachlass wirtschaftlich nicht vorhanden, so erhält der Bedachte ...% des Netto-Nachlasswertes im Wege eines Geldvermächtnisses. Die Kosten der Vermächtniserfüllung gehen grundsätzlich zu Lasten des Nachlasses. Ein Ersatzvermächtnisnehmer wird entgegen jeder anders lautenden gesetzlichen oder richterlichen Vermutungs- oder Auslegungsregel nicht benannt. ◀

b) Bestimmungsvermächtnis

163 Während § 2065 Abs. 2 BGB bei der Erbeinsetzung einen strengen Maßstab für die Möglichkeit einer **Drittbestimmung** anordnet, sind diese Möglichkeiten im Rahmen von Vermächtnisansprüchen wesentlich gelockert. Nach § 2151 BGB kann entweder der Beschwerte oder aber auch ein Dritter denjenigen aus einem bestimmten Personenkreis auswählen, der tatsächlich Vermächtnisnehmer werden soll. Ausreichend ist nach § 2151 BGB, wenn der Erblasser einen bestimmten Personenkreis angibt, aus dem der Beschwerte oder der Dritte dem Bedachten auswählen kann, was durch formlose, empfangsbedürftige und unwiderrufliche Willenserklärung erfolgt. Allerdings kann die Auswahl des Vermächtnisnehmers nicht völlig in das Belieben des Dritten oder des Beschwerten gestellt werden. Der Erblasser muss daher den Personenkreis hinreichend bestimmen, was bspw nicht vorliegt, wenn der Erblasser lediglich die Einwohner einer Stadt als Personenkreis benennt. Es muss sich daher um einen objektiv bestimmbaren und überschaubaren Personenkreis handeln und die Zugehörigkeit des Bedachten zu diesem Personenkreis muss zweifelsfrei feststellbar sein.²²⁴ Die Auswahl des Bedachten erfolgt grundsätzlich nach freiem Ermessen, wenn der Erblasser keine Auswahlkriterien, nach denen die Bestimmung erfolgen soll, in der letztwilligen Verfügung angegeben hat.²²⁵ Wird ein Bestimmungsberechtigter nicht ausdrücklich getroffen, so ist gem. § 2152 BGB der Beschwerte selbst bestimmungs-

---

222 MünchKomm/*Schlichting*, § 2169 Rn 10.
223 BGH NJW 1983, 937; MünchKomm/*Siegmann*, § 1990 Rn 9.
224 Staudinger/*Otte*, § 2151 Rn 3.
225 *Brox*, Rn 413.

berechtigt. Das Bestimmungsrecht ist grundsätzlich nicht übertragbar.[226] Es erlischt, wenn der Berechtigte geschäftsunfähig oder verstorben ist oder wenn er trotz Fristsetzung durch das Nachlassgericht gem. § 2151 Abs. 3 BGB das Bestimmungsrecht nicht ausgeübt hat.[227] Unterbleibt eine entsprechende Bestimmung, so fällt das Vermächtnis nach § 2151 Abs. 3 BGB allen Bedachten als Gesamtgläubigern zu.

▶ **Muster: Bestimmungsvermächtnis**

Das in meinem Nachlass befindliche Grundstück, eingetragen im Grundbuch von ..., Band ..., Blatt ..., Flurstück-Nr. ..., ...str. mit einer Größe von ... ar, vermache ich im Wege des Vermächtnisses an eines meiner drei Kinder ..., geb. am ... in ..., ..., geb. am ... in ... und ..., geb. am ... in ..., mit der Maßgabe, dass der von mir bestimmte Testamentsvollstrecker, ersatzweise ..., wiederum ersatzweise ..., denjenigen zu bestimmen hat, der das Vermächtnis erhalten soll. Zum Testamentsvollstrecker bestimme ich ..., ersatzweise, für den Fall, dass der Testamentsvollstrecker vor oder nach Amtsantritt entfällt ohne einen Nachfolger zu bestimmen, soll das Nachlassgericht einen geeigneten Testamentsvollstrecker benennen. Der Testamentsvollstrecker hat die Aufgabe, den Vermächtnisnehmer zu bestimmen und die Erfüllung des Vermächtnisses auf Kosten des Nachlasses vorzunehmen. ◀

▶ **Muster: Bestimmungsvermächtnis für Unternehmensnachfolger**

1. Erbeinsetzung

Zu meinen Erben bestimme ich, ..., geb. am ... in ..., meine drei Kinder ... geb. am ... in ..., ..., geb. am ... in ... und ..., geb. am ... in ... zu je gleichen Anteilen. Meine Kinder sind unbeschränkte Vollerben, eine Nacherbfolge ist nicht angeordnet. Ersatzerben sind die Abkömmlinge meiner Kinder, wiederum ersatzweise tritt Anwachsung ein.

2. Vermächtnisweise Zuwendung der GmbH-Anteile[228]

Meine Anteile an der ... GmbH vermache ich im Wege des Vorausvermächtnisses, also ohne Anrechnung auf den Erbteil, an eines meiner drei Kinder dergestalt, dass der von mir bestimmte Testamentsvollstrecker, ersatzweise ..., wiederum ersatzweise ..., denjenigen zu bestimmen hat, der das Vermächtnis erhalten soll. Zum Testamentsvollstrecker bestimme ich .... Die Erfüllung des Vermächtnisses ist auf Kosten des Nachlasses vorzunehmen. An etwaigen Pflichtteilslasten hat sich der Vermächtnisnehmer nicht zu beteiligen. ◀

c) Wahlvermächtnis

Soll der Bedachte von mehreren Nachlassgegenständen nur einen erhalten, so kann der Erblasser dies nach § 2154 BGB durch Bestimmung eines Wahlvermächtnisses erreichen. Ein solches Vermächtnis bietet sich an, wenn es dem Bedachten selbst überlassen werden soll, welchen Gegenstand er aus dem Nachlass haben möchte. Notwendig ist allerdings, dass der Erblasser die Gegenstände, aus denen die Auswahl getroffen werden soll, bezeichnet.

---

226 Palandt/*Edenhofer*, § 2151 Rn 2.
227 OLG Stuttgart FamRZ 1996, 1175.
228 **Hinweis:** Jeweils im Einzelfall ist zum einen zu prüfen, ob der Gesellschaftsvertrag eine entsprechende Vermächtnisweise Zuwendung der GmbH-Anteile zulässt und kein Einziehungsrecht der übrigen Gesellschafter vorsieht und zum anderen ist immer zu prüfen, ob die vermächtnisweise Zuwendung von Gesellschaftsanteilen zu einer ertragsteuerlichen Problematik führt.

167 ▶ **Muster: Wahlvermächtnis**

Mein Sohn ..., geb. am ... in ..., erhält im Wege des Vermächtnisses eine meiner drei Eigentumswohnungen in ..., eingetragen im Grundbuch von .... Das Wahlrecht, welche Wohnung er aus dem Nachlass durch Vermächtnis erhält, steht dem Bedachten selbst zu. Er hat die Auswahl innerhalb von ... Monaten nach Eintritt des Erbfalls zu treffen. Unterlässt er eine entsprechende Ausübung des Wahlrechts, geht das Bestimmungsrecht auf den Erben über. Die Kosten der Vermächtniserfüllung gehen zu Lasten des Nachlasses. Etwaige auf der Immobilie lastende Verbindlichkeiten hat der bedachte Vermächtnisnehmer nicht zu übernehmen. Die Immobilie ist dem Bedachten lastenfrei zu übertragen. Ein Ersatzvermächtnisnehmer wird entgegen jeder anders lautenden gesetzlichen oder richterlichen Auslegungs- und Vermutungsregel nicht benannt. An etwaigen Pflichtteilslasten hat sich der Vermächtnisnehmer nicht zu beteiligen. ◀

d) Zweckvermächtnis

168 Der Erblasser kann nach § 2156 BGB den Bedachten benennen, die Bestimmung des Vermächtnisgegenstandes aber dem Beschwerten oder einem Dritten auf Grund eines vom Erblasser angegebenen **Zwecks** überlassen (§§ 2155, 2182, 2183 BGB). Vom Umfang her bezieht sich das Bestimmungsrecht auf den Gegenstand, die Zeit- und die Zweckbestimmung der Leistung. Voraussetzung ist, dass der Vermächtniszweck so weitgehend bestimmt ist, dass bei der Bestimmung der Leistung gerichtlich nachprüfbare Anhaltspunkte vorhanden sind.[229]

169 ▶ **Muster: Zweckvermächtnis**

Mein Patenkind ..., geb. am ... in ..., erhält im Wege des Vermächtnisses diejenigen finanziellen Mittel, die es für sein Studium der ... in ... benötigt (im Einzelnen für Studiengebühren, Kosten, Miete, Material und Lebenshaltung). Darüber hinaus erhält mein Patenkind auf die Dauer des Studiums ein monatliches Taschengeld in Höhe von ... EUR. Über die Einzelheiten entscheidet meine von mir zur Erbin eingesetzte Tochter ..., geb. am ... in .... ◀

170 Vgl zum Zweckvermächtnis bezüglich der Ausnutzung von Erbschaftsteuer-Freibeträgen beim gemeinschaftlichen Testament § 7 Rn 281.

e) Universalvermächtnis

171 Wendet der Erblasser den gesamten Nachlass durch Vermächtnis einem oder mehreren Bedachten zu, so spricht man von einem sog. **Universalvermächtnis**. Fehlt in diesen Fällen eine ausdrückliche Erbenbestimmung, so tritt die gesetzliche Erbfolge ein und die Nachlassgegenstände sind an den oder die Vermächtnisnehmer herauszugeben. Ein solches Universalvermächtnis ist nach hM möglich.[230] Vorteile zur Erbeinsetzung bietet das Universalvermächtnis insbesondere bei der Möglichkeit, dass ein Dritter gem. § 2151 BGB die Bestimmung des Vermächtnisnehmers vornehmen kann. Inwieweit aber eine Drittbestimmung beim Universalvermächtnis gegen § 2065 BGB verstößt, ist nicht abschließend geklärt.

f) Vor- und Nachvermächtnis

172 Nach § 2191 BGB hat der Erblasser die Möglichkeit für einen Vermächtnisnehmer einen sog. **Nachvermächtnisnehmer** zu bestimmen.[231] Vor- und Nachvermächtnis ist ähnlich der Vor- und

---

229 BGH NJW 1983, 278.
230 *Kössinger* in: Nieder/Kössinger, § 9 Rn 48 ff.
231 *Wratzek*, MittRayNotK 1999, 37.

Nacherbschaft nachgebildet, wobei eine dingliche Wirkung nicht besteht.²³² Der Nachvermächtnisnehmer erhält vielmehr einen schuldrechtlichen Anspruch gegen den Vorvermächtnisnehmer oder dessen Erben auf Übereignung des vermachten Gegenstandes. Insoweit finden auch die Vorschriften über Untervermächtnisse (§§ 2186 bis 2188 BGB) Anwendung. Der Erblasser kann insoweit den Zeitpunkt oder das Ereignis bestimmen, mit dem das Nachvermächtnis anfällt. Zwischen Erbfall und Anfall des Nachvermächtnisses besteht ein Anwartschaftsrecht zu Gunsten des Bedachten (§ 2179 BGB). Insoweit ist, wenn es sich bspw um Grundstücke oder ein Grundstücksrecht handelt, der Anspruch des Nachvermächtnisnehmers nach Eintritt des Erbfalls vormerkungsfähig, wenn der Vorvermächtnisnehmer im Grundbuch eingetragen ist,²³³ § 39 GBO.²³⁴

Wie bei der Frage der Vererblichkeit des Nacherbenanwartschaftsrechts stellt sich auch beim Nachvermächtnisnehmer die Problematik, dass der Nachvermächtnisnehmer vor Eintritt des Nachvermächtnisfalles entfällt. Es ist daher im Zweifel davon auszugehen, dass der Nachvermächtnisnehmer auch Ersatzvermächtnisnehmer ist (§§ 2191 Abs. 2, 2102 BGB). Damit es nicht zu einer Konkurrenz zwischen Vererblichkeit und Ersatznachvermächtnisnehmer gem. § 2069 BGB kommt, sollte eine entsprechende Bestimmung im Testament vorgesehen sein.

▶ **Muster: Vor- und Nachvermächtnis**

Meine Tochter ▃▃▃, geb. am ▃▃▃ in ▃▃▃, derzeit wohnhaft ▃▃▃, erhält im Wege des Vermächtnisses meine Eigentumswohnung in ▃▃▃, eingetragen im Grundbuch von ▃▃▃, Band ▃▃▃, Blatt ▃▃▃, Flurstück-Nr. ▃▃▃. Zum Nachvermächtnisnehmer bestimme ich meinen Enkel ▃▃▃, geb. am ▃▃▃ in ▃▃▃. Das Nachvermächtnis fällt an mit dem Tod der Vorvermächtnisnehmerin. Das zwischen Erbfall und Anfall des Nachvermächtnisses bestehende Anwartschaftsrecht ist nicht übertragbar und auch nicht vererblich. Fällt der von mir bestimmte Nachvermächtnisnehmer vor oder nach dem Erbfall weg, bestimme ich entgegen jeder anders lautenden gesetzlichen oder richterlichen Vermutungs- oder Auslegungsregel meinen Enkel ▃▃▃, geb. am ▃▃▃ in ▃▃▃ zum Ersatznachvermächtnisnehmer.

Der Nachvermächtnisnehmer ist zugleich Ersatzvermächtnisnehmer des Vorvermächtnisnehmers (§ 2102 Abs. 1 BGB findet entsprechend Anwendung). ◀

g) Das Untervermächtnis

Wird der Vermächtnisnehmer selbst mit einem Vermächtnis beschwert, spricht man von einem Untervermächtnis. Auch wenn eine gesetzliche Regelung fehlt, sieht bspw der § 2147 BGB und die Vorschrift des § 2186 BGB eine solche Möglichkeit vor. Bei der Anordnung von Untervermächtnissen sollte darauf geachtet werden, dass der Hauptvermächtnisnehmer dies erfüllen kann und dass das Untervermächtnis wertmäßig nicht über dem Hauptvermächtnis liegt.

▶ **Muster: Untervermächtnis als Wohnungsrecht**

Meine Tochter ▃▃▃, geb. am ▃▃▃ in ▃▃▃, erhält im Wege des Vermächtnisses meine Immobilie in ▃▃▃, eingetragen im Grundbuch von ▃▃▃, Band ▃▃▃, Blatt ▃▃▃, Flurstück-Nr. ▃▃▃. Die Immobilie ist meiner

---

232 **Hinweis:** Im Unterschied zur Vor- und Nacherbschaft besteht beim Nachvermächtnis nur ein schuldrechtlicher Anspruch, der wiederum eine Nachlassverbindlichkeit darstellt. Diese Nachlassverbindlichkeit ist im Zeitpunkt des Erbfalls im Nachlass des Vorvermächtnisnehmers vorhanden. Nach hM handelt es sich hierbei um eine vorrangige Nachlassverbindlichkeit nach §§ 1967, 1991 Abs. 4 BGB und § 327 Abs. 1 InsO. Das Nachvermächtnis fällt insoweit nicht unter § 327 Abs. 2 Nr. 3 InsO.
233 BayObLG MittBayNot 1981, 72; Palandt/*Bassenge*, § 883 Rn 19.
234 Vgl zum Verwendungsersatzanspruch des Vorvermächtnisnehmers BGHZ 114, 16.

Tochter, mit Ausnahme der nachfolgenden Regelung, lastenfrei zu übertragen. Verbindlichkeiten hat sie nicht zu übernehmen. Die Kosten der Vermächtniserfüllung werden vom Nachlass getragen.

Belastet wird der Vermächtnisanspruch mit einem Untervermächtnis gem. § 2186 BGB dahingehend, dass zu Gunsten meiner Ehefrau ▬▬, geb. am ▬▬ in ▬▬, ein lebenslanges dingliches Wohnungsrecht gem. § 1093 BGB von der im 1. OG befindlichen Wohnung, bestehend aus 5 Zimmern, einschließlich Mitbenutzung des Gartens, des Kellers, des Speichers und eine der Garagen, angeordnet wird.

Entgegen § 2318 Abs. 1 BGB haben sich die Vermächtnisnehmerin und die Untervermächtnisnehmerin nicht an der Lastentragung von Pflichtteilsansprüchen zu beteiligen. ◂

6. Der Inhalt eines Vermächtnisses

177 Inhalt eines Vermächtnisses kann alles sein, was auch Inhalt einer Leistung, eines Schuldverhältnisses sein kann.[235] Der in § 1939 BGB bestimmte Vermögensvorteil wird dabei weit ausgelegt. Es ist daher auch ausreichend, wenn dem Bedachten lediglich ein **rechtlicher Vorteil** (bspw ein Übernahmerecht) eingeräumt wird.

a) Das Gegenstandsvermächtnis, Sachvermächtnis

178 Unter einem Gegenstandsvermächtnis versteht man die vermächtnisweise Zuwendung einer Sache im Sinne von § 90 BGB, was bspw ein Kfz, ein Grundstück oder jeder beliebige sonstige Gegenstand sein kann. Gerade bei **Sachgegenständen** ist darauf zu achten, dass diese gegebenenfalls zum Zeitpunkt des Erbfalls nicht mehr im Nachlass vorhanden sein können, mit der Folge, dass gem. § 2169 BGB die Anordnung unwirksam ist. Hat der Erbe den Gegenstand veräußert, wird in der Rechtsprechung teilweise die Meinung vertreten, dass dann an die Stelle des Gegenstandes der Veräußerungserlös tritt, sofern dieser noch im Nachlass vorhanden ist.[236] Der BGH nimmt dies insbesondere dann an, wenn es dem Erblasser darauf ankam, den Bedachten wertmäßig etwas zukommen zu lassen.[237] Die Bestimmung eines Gegenstandsvermächtnisses sollte so exakt wie möglich erfolgen, damit für jeden erkennbar ist, welcher Gegenstand zugewendet wurde. Ferner sollte geklärt werden, ob auch Zubehör im Sinne der §§ 97, 98 BGB vom Vermächtnisanspruch mit umfasst sind.

179 ▶ **Muster: Gegenstandsvermächtnis**

Im Wege des Vermächtnisses erhält mein Freund ▬▬, geb. am ▬▬ in ▬▬, derzeit wohnhaft ▬▬, meinen Oldtimer der Marke ▬▬, Baujahr ▬▬, mit der Fahrgestellnummer ▬▬ nebst allem Zubehör (Reifen, Anhänger etc.) und allen Ersatzteilen, die ich für den Wagen gesammelt habe und die sich in meiner Werkstatt ▬▬ befinden. Ferner hat der Erbe dem Vermächtnisnehmer die meinen Oldtimer betreffende Versicherung (Kfz-Haftpflicht) bei der ▬▬ Versicherung, Nr. ▬▬ auf den Vermächtnisnehmer zu übertragen. Die im Todesjahr angefallenen Beiträge trägt der Erbe, die danach fälligen Beiträge der Vermächtnisnehmer. Meine bei der Versicherung laufenden Prozente erhält der Vermächtnisnehmer. ◂

---

235 Palandt/*Edenhofer*, Einf. zu § 2147 Rn 6.
236 BGHZ 22, 357; OLG Nürnberg NJW 1956, 1882.
237 BGHZ 22, 357.

B. Der Inhalt eines Testaments § 7

b) Das Grundstücksvermächtnis

Bei der Bestimmung eines Grundstücksvermächtnisses sollte zunächst eine genaue Grundbuchbezeichnung anhand eines aktuellen Grundbuchauszuges erfolgen.[238] Neben der Klärung der Eigentumsverhältnisse dient ein aktueller Grundbuchauszug auch zur Klärung der Frage der Belastungen. Gerade Letzteres spielt bei **Grundstücksvermächtnissen** eine große Rolle.[239] Hat der Erblasser das Grundstück finanziert und bestehen noch Verbindlichkeiten, die durch eine Grundschuld auf dem Grundstück gesichert sind, so besteht das Problem, dass die Verbindlichkeiten grundsätzlich im Nachlass vorhanden sind und die dingliche Sicherung mit der Erfüllung des Vermächtnisses auf den Vermächtnisnehmer übergeht. Ferner sollte eine Regelung für den Fall getroffen werden, dass das Grundstück nicht mehr im Nachlass vorhanden ist und wer die Kosten der Vermächtniserfüllung zu tragen hat. Grundsätzlich treffen nämlich denjenigen, der mit dem Vermächtnis beschwert ist, die Kosten für die Vermächtniserfüllung.[240] Auch für den Fall einer wesentlichen Wertveränderung des Nachlasses ist eine Regelung zu treffen.[241]

180

▶ **Muster: Grundstücksvermächtnis**

181

Im Wege des Vermächtnisses erhält mein Sohn ..., geb. am ... in ..., mein Grundstück in ...str., eingetragen im Grundbuch von ..., Band ..., Blatt ..., Flurstück-Nr. ... zu Alleineigentum. Als Ersatzvermächtnisnehmer bestimme ich die Abkömmlinge meines Sohnes nach den Regeln der gesetzlichen Erbfolgeordnung.

Bestehen zum Zeitpunkt des Erbfalls Verbindlichkeiten, die durch Grundpfandrechte abgesichert sind, und betreffen diese Verbindlichkeiten den Erwerb des Grundstücks, dann hat der Vermächtnisnehmer nicht nur die dinglichen Lasten zu übernehmen, sondern auch den Erben von den Verbindlichkeiten freizustellen. Die Kosten der Vermächtniserfüllung tragen die Erben.

Befindet sich das Grundstück zum Zeitpunkt des Erbfalls nicht mehr im Nachlass, so erhält der Vermächtnisnehmer stattdessen wertmäßigen Ersatz in Geld. Das Geldvermächtnis bestimmt sich nach dem Wert des Grundstücks zum Zeitpunkt der Weggabe. Ist das Grundstück verkauft worden, ist der Veräußerungserlös maßgebend. Das Geldvermächtnis ist in diesen Fällen beschränkt auf ...% des Nettonachlasswertes, der sich nach § 2311 BGB, allerdings unter Berücksichtigung eventuell anfallender Testamentsvollstreckergebühren, ermittelt.

An etwaigen Pflichtteilslasten hat sich der Vermächtnisnehmer entsprechend der Vorschrift des § 2318 Abs. 1 BGB zu beteiligen. ◀

c) Das Hausratsvermächtnis

Unberücksichtigt bleibt bei testamentarischen Regelungen häufig eine Bestimmung hinsichtlich des **Hausrats** und des **Inventars**. Für den Eintritt der gesetzlichen Erbfolge ist in § 1932 BGB der sog. Ehegattenvoraus geregelt.[242] Allerdings gilt eine entsprechende Regelung nicht im Falle der gewillkürten Erbfolge.[243] Für den Partner einer eingetragenen Lebenspartnerschaft ist der

182

---

238 Hinweis: Bei der Zuwendung eines Teils eines einheitlichen Grundstücks wird die Erfüllung des Vermächtnisses bzw. die Möglichkeit davon abhängen, ob die Teilung nach § 19 Abs. 1 BauGB genehmigt wird bzw. es einer Genehmigung bedarf. In diesen Fällen bietet es sich in jedem Fall an, eine ersatzweise Regelung für den Fall zu treffen, dass die Genehmigung untersagt wird; vgl hierzu *Amend*, ZEV 2002, 441.
239 Vgl *Weirich*, Rn 722.
240 BGH NJW 1963, 1602.
241 Vgl *Kornexl*, ZEV 2002, 142.
242 Vgl MünchKomm/*Leipold*, § 1932 Rn 4.
243 Vgl BGHZ 73, 29.

gesetzliche Voraus in § 10 Abs. 1 LPartG geregelt. Damit es im Falle einer testamentarischen Regelung (bspw bei der Nießbrauchslösung) nicht dazu kommt, dass der überlebende Ehepartner den Hausrat und das Inventar an den Erben herausgeben muss, sollte eine entsprechende Regelung (bspw auch bei der Vor- und Nacherbschaft) hinsichtlich einer vermächtnisweisen Zuwendung erfolgen.

183 ▶ **Muster: Hausratsvermächtnis**

Im Wege des Vermächtnisses erhält meine Ehefrau ..., geb. am ... in ..., derzeit wohnhaft ..., das gesamte Inventar und den Hausrat der von uns zum Zeitpunkt des Erbfalls bewohnten Immobilie. Umfasst sind hiervon alle Möbel, alle Küchengeräte und alle sonstigen technischen Geräte, mit Ausnahme der Werkzeuge. Darüber hinaus erhält meine Ehefrau im Wege des Vermächtnisses den von uns genutzten PKW. Eine Anordnung des Vermächtnisses erfolgt jeweils einzeln, so dass der Vermächtnisnehmer eine gesonderte Annahme bzw Ausschlagung hinsichtlich jedes einzelnen Nachlassgegenstandes erklären kann. ◀

d) Die Zuwendung von Geld

184 Bei der Zuwendung eines Geldbetrages hat der Erblasser verschiedene Möglichkeiten. Einmal kann er einen **bestimmten**, von ihm bereits bezifferten **Geldbetrag** zuwenden. Zum anderen kann er aber die Höhe des Betrages auch an den Gesamtwert des Nachlasses knüpfen und eine bestimmte **Quote** (prozentual) festsetzen. Zu berücksichtigen gilt es dabei, dass immer die Bemessungsgrundlage hinreichend bestimmt sein sollte. Dies kann das im Nachlass vorhandene Geldvermögen, Barvermögen oder der gesamte Nachlasswert sein. In jedem Fall sollte eine Regelung getroffen werden, nach welcher Bemessungsgrundlage die Höhe des Geldvermächtnisses bestimmt wird. Auch beim Geldvermächtnis ist daran zu denken, dass die Limitierung hinsichtlich der Höhe am Wert des Nachlasses erfolgen sollte, falls sich der Nachlass erheblich verändert.[244] Bei einem bestimmten festgelegten Geldbetrag sollte auch die Frage einer Indexierung geklärt werden, da der Erbfall in der Regel erst in ferner Zukunft eintreten wird.[245] Ebenfalls berücksichtigt werden sollte § 2318 Abs. 1 BGB, da gerade bei der festen Bestimmung eines Geldbetrages eventuelle Pflichtteilslastentragung zu einer Reduzierung führen. Orientiert sich die Höhe des Vermächtnisses an dem Begriff des Geldvermögens, so sollte in jedem Fall geklärt werden, ob damit nur das Barvermögen oder aber auch alle vorhandenen Bankguthaben, einschließlich Sparbücher, Girokonten, Sparbriefe, Wertpapiere und Aktien gemeint sind. Gleiches gilt bspw auch für Edelmetalle (Goldbarren).

185 ▶ **Muster: Geldvermächtnis mit Indexklausel**

Meine Tochter ..., geb. am ... in ..., erhält im Wege des Vermächtnisses einen Geldbetrag in Höhe von 200.000 EUR. Ändert sich der vom Statistischen Bundesamt festgestellte Preisindex für die Lebenshaltung eines 4-Personen-Arbeitnehmer-Haushaltes mit mittlerem Einkommen (2005 = 100) ab heute, ändert sich auch der als Vermächtnis zugewandte Betrag entsprechend. Anpassungen erfolgen auf den Zeitpunkt meines Todes. Der Höhe nach ist der Geldbetrag auf ...% des Nettonachlasswertes beschränkt. Maßgebend für die Bestimmung des Netto-Nachlasses ist § 2311 BGB, wobei etwaige Testamentsvollstreckergebühren zu berücksichtigen sind. ◀

---

244 Vgl *Kornexl*, ZEV 2002, 173.
245 Vgl hierzu *Weirich*, Rn 748 ff.

B. Der Inhalt eines Testaments § 7

▶ **Muster: Geldvermächtnis mit Anpassung an den Nachlasswert** 186

Meine Tochter ..., geb. am ... in ..., erhält einen Geldbetrag in Höhe von ... EUR. Derzeit gehe ich von einem Nachlasswert von ... EUR aus. Verändert sich der Wert meines Nachlasses bis zum Eintritt des Erbfalls um mehr als 10% nach oben oder unten, so verändert sich der Geldbetrag im gleichen Verhältnis. ◀

▶ **Muster: Quotales Geldvermächtnis** 187

Mein Sohn ..., geb. am ... in ..., erhält eine Geldbetrag in Höhe von 25 % des Nachlasswertes. Maßgebend für die Berechnung ist der Aktivnachlass nach Abzug der Erbfallschulden und der Erblasserschulden. Ebenfalls mit abzuziehen ist eine konkret anfallende Testamentsvollstreckervergütung. Nicht abzugsfähig sind geltend gemachte Pflichtteilsansprüche. Der Vermächtnisnehmer hat sich entsprechend § 2318 Abs. 1 BGB an der Tragung der Pflichtteilslasten zu beteiligen. ◀

▶ **Muster: Vermächtnisweise Zuwendung von Geldvermögen** 188

Im Wege des Vermächtnisses erhält mein Enkel ..., geb. am ... in ..., von dem im Nachlass vorhandenen Geldvermögen 25 %. Maßgebend ist der Zeitpunkt des Erbfalls. Zum Geldvermögen zählt das Barvermögen, alle Guthaben auf Bankkonten, einschließlich Girokonten und Sparbücher, die Goldbarren, sämtliche Sparbriefe, Wertpapiere und Aktien, sonstige Geldforderungen (Darlehen) und ungeprägte Geldanlagen in Edelmetall. ◀

e) Die Zuwendung einer monatlichen Rente

Bei der (monatlichen) Zuwendung einer wiederkehrenden Rentenzahlung sollte aus Sicht des Gestalters wohl überlegt sein, ob der Nachlass eine entsprechende Belastung tragen kann. Ordnet der Erblasser bspw zu Gunsten seiner wesentlich jüngeren Ehefrau eine monatliche Rentenzahlung von ca. 2000,– EUR an, so sollte er in jedem Fall genau kalkulieren, ob die Erben eine realistische Erfüllungsmöglichkeit haben. Darüber hinaus ist bei einer solchen wiederkehrenden Zahlung zu unterscheiden zwischen einer sog. Leibrente und einer dauernden Last. Die Leibrente ist eine feste, nicht abänderbare Zahlung, die ggfs. durch eine Wertsicherungsklausel verändert bzw angepasst wird. Anders hingegen die dauernde Last. Sie ist eine wiederkehrende Leistung, die in entsprechender Anwendung des § 238 FamFG (früher § 323 ZPO) abänderbar ist – je nach Änderung der wirtschaftlichen Verhältnisse von Berechtigtem und Verpflichtetem.[246] 189

▶ **Muster: Vermächtnisweise Zuwendung einer Leibrente** 190

Meine Ehefrau erhält im Wege des Vermächtnisses eine lebenslange monatliche Zahlung in Höhe von 2000,– EUR, jeweils zum ersten eines Monats, beginnend mit dem auf meinen Tod folgenden Monat. Kommen die Erben mit der Rentenzahlung mehr als dreimal länger als einen Monat in Verzug, dann ist der Kapitalbetrag der gesamten Rentenzahlung sofort fällig. Dieser berechnet sich nach der künftigen Lebenserwartung meiner Ehefrau (Sterbetabelle, §§ 12 bis 14 BewG) zuzüglich eines Zuschlags von insgesamt 10 %.

Die Höhe der monatlichen Zahlung ist gemäß dem Preisindex des Statistischen Bundesamtes für die Gesamtlebenshaltungskosten aller privaten Haushalte anzupassen.[247] Dies gilt sowohl für den Zeit-

---

246 Zu den steuerlichen unterschieden und einer steuerlichen Anerkennung vgl Krug/Riedel in Anwaltformulare Testamente § 14 Rn 214 ff.
247 Vgl zu der seit 14.9.2007 geltenden Regelung des Preisklauselgesetzes und dem Entfallen einer Genehmigungserfordernis für Wertsicherungsklauseln Krug/Riedel in Anwaltformulare Testamente § 14 Rn 235.

raum bis zum Eintritt des Erbfalls als auch danach. Der Preisindex beträgt derzeit ... (2005 = 100). Der Anspruch auf Anpassung steht sowohl dem Erben als auch dem Vermächtnisnehmer zu.

Dem Vermächtnisnehmer steht ein Anspruch auf dingliche Sicherung der monatlichen Zahlung durch Eintragung einer Reallast gem. den §§ 1105 BGB erstrangig an folgendem Grundstück zu: ... (genauer Grundbuchbeschrieb). Mit vermacht ist der Anspruch auf einstweilige Sicherung des Rechts durch Eintragung einer Vormerkung.

Die Kosten der Vermächtniserfüllung gehen zu Lasten des Nachlasses. An einer etwaigen Pflichtteilslast hat sich der Vermächtnisnehmer nicht zu beteiligen. § 2318 Abs. 1 BGB wird insoweit ausgeschlossen. ◀

191 ▶ **Muster: Vermächtnisweise Zuwendung einer „Dauernden Last"**

431 Meine Ehefrau erhält im Wege des Vermächtnisses eine lebenslange monatliche Zahlung in Höhe von 2000,– EUR, jeweils zum ersten eines Monats, beginnend mit dem auf meinen Tod folgenden Monat. Kommen die Erben mit der Zahlung mehr als dreimal länger als einen Monat in Verzug, dann ist der Kapitalbetrag der gesamten Rentenzahlung sofort fällig. Dieser berechnet sich nach der künftigen Lebenserwartung meiner Ehefrau (Sterbetabelle, §§ 12 bis 14 BewG) zuzüglich eines Zuschlags von insgesamt 10 %.

Ändern sich die wirtschaftlichen Verhältnisse und ist dadurch der standesgemäße Unterhalt des Berechtigten oder des Verpflichteten nicht mehr gewährleistet oder ändert sich die Geschäftsgrundlage, kann jeder der Beteiligten in entsprechender Anwendung des § 238 FamFG eine Anpassung verlangen. Weitere Regelungen hinsichtlich Absicherung etc. ◀

f) Das Nießbrauchsvermächtnis

192 Das Gesetz kennt in den §§ 1030 ff BGB den Nießbrauch an Sachen, in den §§ 1068 ff BGB an Rechten, in den §§ 1085 ff BGB an Vermögen und in § 1089 BGB an einer Erbschaft als Sachgesamtheit.

aa) Nießbrauch an Sachen

193 Der Nießbraucher ist berechtigt, alle **Nutzungen** der belasteten Sache zu ziehen. Das RG[248] hat jedoch klargestellt, dass der Nießbraucher die Nutzungen nur insoweit haben soll, als sie bei ordnungsmäßiger Wirtschaft den Reinertrag bilden. Die nähere Bestimmung dieses Reinertrags ist jedoch nicht klar geregelt. Deshalb ist es zu empfehlen, entsprechende Regelungen in die Verfügung von Todes wegen aufzunehmen. Fehlen solche Regelungen, so dürfte dem Nießbraucher der nach betriebswirtschaftlichen Grundsätzen ermittelte Reingewinn zustehen.[249]

194 Die auf den Gegenstand anfallenden **gewöhnlichen Ausbesserungen** und **Erneuerungen** muss der Nießbraucher insoweit vornehmen, als sie zur Unterhaltung der Sache gehören, § 1041 S. 2 BGB. Gewöhnliche Unterhaltungsmaßnahmen sind Ausbesserungen und Erneuerungen, mit denen ab und zu zu rechnen ist, selbst wenn sie im Einzelfall durch Zufall erforderlich werden.[250] Zu außergewöhnlichen Erhaltungsmaßnahmen ist der Nießbraucher berechtigt, aber nicht verpflichtet. Der Nießbraucher hat keinen Anspruch darauf, dass der Eigentümer außergewöhnliche Reparaturen bewirkt, den Eigentümer trifft insofern keine Erhaltungspflicht.

195 Der Nießbraucher hat folgende auf der Sache ruhenden **ordentlichen öffentlichen** und **privaten Lasten** zu **tragen**, § 1047 BGB:

---

248 RGZ 153, 29, 32.
249 MünchKomm/*Petzoldt*, § 1085 Rn 15.
250 Staudinger/*Frank*, § 1041 Rn 4 bis 10.

B. Der Inhalt eines Testaments § 7

- ordentliche öffentliche Lasten, insbesondere Grundsteuer, nicht aber außerordentliche Lasten wie beispielsweise Anliegerleistungen für den Straßenbau,
- privatrechtliche Lasten, die schon bei Begründung des Nießbrauchs bestanden haben, insbesondere Zinsen für durch Grundpfandrechte gesicherte Verbindlichkeiten, soweit sie die nießbrauchsbelastete Sache betreffen.

Von den gesetzlichen Bestimmungen (gesetzlichem Schuldverhältnis) kann mit (teilweiser) dinglicher Wirkung eine abweichende Regelung getroffen werden. So kann von der den Nießbraucher gegenüber dem Eigentümer treffenden Verpflichtung zu seinen Gunsten oder Lasten eine abweichende Regelung getroffen werden.[251] Dem Eigentümer kann aber nicht mit dinglicher Wirkung eine Leistungspflicht auferlegt werden, da er nur zur Duldung, nicht aber zur Leistung verpflichtet ist (was sich aus der Dienstbarkeit ergibt). Schuldrechtlich können den Eigentümer allerdings sehr wohl Leistungspflichten treffen, was im Einzelnen vom Inhalt der letztwilligen Verfügung abhängt.

▶ **Muster: Nießbrauch an einem Grundstück** 196

Meine Ehefrau ..., geb. am ... in ... erhält vermächtnisweise den unentgeltlichen Nießbrauch an meiner Immobilie ... in ..., eingetragen im Grundbuch von ... für ... (genauer Grundbuchbeschrieb). Der Nießbrauch ist erstrangig dinglich zu sichern, mit der Maßgabe, dass zur Löschung des Rechts der Nachweis des Todes des Berechtigten genügt. Das Grundstück ist lastenfrei.[252]

In Abweichung zu den gesetzlichen Lastentragungen wird vereinbart, dass der Nießbrauchsberechtigte neben den gewöhnlichen auch die außergewöhnlichen privaten und öffentlichen Lasten und die außergewöhnlichen Aufwendungen und Erhaltungsmaßnahmen zu tragen hat.

Die Kosten der Vermächtniserfüllung trägt der Nachlass. Der Vermächtnisnehmer wird zum Testamentsvollstrecker bestimmt, mit der Aufgabe, sich den Nießbrauch zu bestellen. Eine Vergütung steht dem Testamentsvollstrecker nicht zu. Der Vermächtnisnehmer hat sich an einer etwaigen Pflichtteilslast nicht zu beteiligen, § 2318 Abs. 1 BGB wird ausgeschlossen. ◀

bb) Nießbrauch an Aktien, GmbH-Anteilen

An einem **Recht** kann der Nießbrauch bestellt werden, wenn das Recht übertragbar ist und mittelbar oder unmittelbar Nutzungen abwirft. Relevant wird der Nießbrauch in der Praxis bspw wenn er an **Aktien** oder GmbH-Geschäftsanteilen bestellt wird. Nach hM steht das Bezugsrecht auf neue Aktien dem Aktionär zu. Strittig ist, ob das Stimmrecht dem Aktionär oder dem Nießbraucher zusteht.[253] 197

Bei der Bestellung des Nießbrauchs an **GmbH**-Anteilen[254] ist darauf zu achten, dass der Gesellschaftsvertrag die Übertragbarkeit von Gesellschaftsanteilen beschränken und auch ausschließen kann (§ 15 GmbHG). Da nach § 1069 Abs. 2 BGB der Nießbrauch nur an einem übertragbaren Recht bestellt werden kann, wirken sich solche gesellschaftsvertraglichen Einschränkungen auch auf eine Bestellung des Nießbrauchs aus. Auch kann der Gesellschaftsver- 198

---

251 BayObLG 1979, 273.
252 Ggfs. sollte hier klargestellt werden, dass der Nießbrauchsberechtigte die vertragsgemäße Verzinsung und Tilgung derjenigen Darlehensverbindlichkeiten zu übernehmen hat, die am Grundbesitz durch Grundpfanddarlehen abgesichert sind.
253 Palandt/*Bassenge*, § 1068 Rn 3.
254 Der Geschäftsanteil an einer GmbH ist grundsätzlich vererblich (§ 15 GmbHG). Die Satzung kann aber ein Einziehungsrecht oder eine Abtretungsverpflichtung vorsehen, damit unerwünschte Personen nicht in die Gesellschaft einrücken. Der Geschäftsanteil fällt dann zwar zunächst in den Nachlass, er kann aber durch Gesellschafterbeschluss eingezogen werden.

trag vorsehen, dass die Bestellung eines Nießbrauchs an einem Gesellschaftsanteil von der Genehmigung der Gesellschafter abhängig ist. Die Anordnung eines Nießbrauchs an einem GmbH-Anteil sollte daher nur in Abstimmung mit dem jeweiligen Gesellschaftsvertrag erfolgen. Anders als beim Nießbrauch am Anteil einer Personengesellschaft geht bei der Bestellung des Nießbrauchs an einem GmbH-Anteil nicht die gesamte Gesellschafterstellung auf den Berechtigten über – ihm fallen vielmehr nur die Vermögensrechte zu, während den Gesellschaftern die Mitverwaltungs- und Herrschaftsrechte verbleiben.[255] Da die Stimmrechte insoweit weiterhin den Gesellschaftern verbleiben, ist daran zu denken, deren Ausübung im Innenverhältnis von der Zustimmung des Nießbrauchsberechtigten abhängig zu machen oder diesen sogar zu bevollmächtigen, die Stimmrechte auszuüben, sofern der Gesellschaftsvertrag bzw die Satzung dies zulässt.[256] Dem Nießbraucher steht grds. der auf den Geschäftsanteil entfallende Jahresgewinn zu. Da aber der Umfang der Nutzungen ansonsten strittig ist, sollte er in der letztwilligen Anordnung entsprechend bestimmt werden.

199 ▶ **Muster: Nießbrauch am GmbH-Anteil**

Meine Ehefrau ..., geb. am ... in ..., erhält im Wege des Vermächtnisses auf Lebzeiten den unentgeltlichen Nießbrauch an meinen Geschäftsanteil mit einem Nennbetrag von ... an der ... GmbH, eingetragen im HRG von ... mit Sitz in .... Das Stammkapital ist voll eingezahlt. Nach der Satzung der Gesellschaft sind die jeweiligen Geschäftsanteile frei vererblich, ein Einziehungsrecht nicht vorgesehen und die Bestellung eines Nießbrauchs ohne die Zustimmung der übrigen Gesellschafter zulässig.

Dem Nießbrauchsberechtigten steht der jeweilige auf den Geschäftsanteil zur Auszahlung gebrachte Jahresgewinn zu. Bei Kapitalerhöhungen oder bei Ausgabe neuer Geschäftsanteile hat der Nießbrauchsberechtigte das Recht, dass der Nießbrauch an den erhöhten bzw den neuen Anteilen bestellt wird. Nicht von den Nutzungen umfasst ist ein etwaiges Abfindungsguthaben nach § 72 GmbHG, ein Einziehungsentgelt nach § 34 GmbHG, Rückzahlungen von Nachschüssen (§ 30 GmbHG) oder Teilrückzahlungen der Stammeinlage (§ 58 GmbHG). Dem Nießbrauchsberechtigten steht auch kein Bezugsrecht auf neue Gesellschaftsanteile zu.

Bei der Ausübung der Stimmrechte sind die Erben verpflichtet, alles zu unterlassen, was eine Beteiligung des Nießbrauchsberechtigten an dem Geschäftsanteil vereiteln würde. Im Innenverhältnis zum Nießbrauchsberechtigten sind die Gesellschafter an die Zustimmung des Nießbrauchers gebunden, soweit dessen Belange betroffen sind. Die Erben sind aber nicht verpflichtet, Kapitalerhöhungen einzugehen oder neue Geschäftsanteile zu erwerben. Der Nießbrauchsberechtigte kann verlangen, dass die Gesellschafter ihn bei Beschlüssen über eine Gewinnausschüttung bevollmächtigen, was aufgrund des Gesellschaftsvertrages zulässig ist.

Die Kosten der Nießbrauchsbestellung gehen zu Lasten des Nachlasses. An einer etwaigen Pflichtteilslast hat sich die Vermächtnisnehmerin nicht zu beteiligen. § 2318 Abs. 1 BGB wird abbedungen. ◀

---

255 MünchKomm/*Petzoldt*, § 1068 Rn 35.
256 Staudinger/*Frank*, § 1068 Rn 89.

cc) Nießbrauch an Anteilen von Personengesellschaften

Bei **Personengesellschaften**[257] ergeben sich für die Bestellung eines Nießbrauchsrechts Besonderheiten, da nach §§ 717, 719 BGB der Gesellschaftsanteil nicht übertragbar und auch nicht belastbar ist. Die vermächtnisweise Einräumung eines Nießbrauchsrechts als dingliche Belastung der Mitgliedschaft ist nach hM dann möglich, wenn der Gesellschaftsvertrag dies zulässt oder die übrigen Gesellschafter zustimmen.[258] Nach zwischenzeitlich hM steht auch das Abspaltungsverbot einer Belastung der Mitgliedschaft im Ganzen durch ein Nießbrauchsrecht nicht entgegen.[259] Bei einem sog. **Vollnießbrauch** stehen dem Nießbrauchsberechtigten alle gesellschaftsrechtlichen Verwaltungsrechte zu. Grundsätzlich könnte er mit den übrigen Gesellschaftern den Gesellschaftsvertrag ändern oder seine Zustimmung zur Aufnahme weiterer Gesellschafter erteilen, obwohl er nach § 1071 BGB das Stammrecht am Gesellschaftsanteil gegenüber dem Berechtigten nicht beeinträchtigen darf. Gewinne gebühren dem Nießbrauchsberechtigten soweit sie der jeweilige Gesellschafter entnehmen darf.[260]

200

Anerkannt ist auch, dass der Nießbrauch anstatt am Gesellschaftsanteil nur am sog. Gewinnbezugsrecht bestellt werden kann.[261] Nach § 717 S. 2 BGB sind die Ansprüche auf einen Gewinnanteil übertragbar, so dass eine Nießbrauchsbestellung hieran auch grds. ohne Zustimmung der Gesellschafter möglich ist. Da es sich bei den Gewinnansprüchen um Forderungen auf Leistung verbrauchbarer Sachen (Geld) handelt, wäre der Berechtigte nach Beendigung des Nießbrauchs zur Rückzahlung bzw zum Wertersatz verpflichtet (§§ 1075 Abs. 2, 1067 BGB). Denn grds. erfasst der Nießbrauch in diesem Fall nur den Nießbrauch am Bezugsrecht und somit nur die Zinsen.[262] Strittig ist, ob die Verpflichtung zum Wertersatz bzw zur Rückzahlung abbedungen werden kann, was seitens der hM verneint wird.[263] Die Bestellung des Nießbrauchs nur am Gewinnanteil sollte daher wohl durchdacht werden.[264]

201

▶ **Muster: Nießbrauch am Gewinnanteil einer KG-Beteiligung**[265]

202

Meine Ehefrau ..., geb. am ... in ..., erhält im Wege des Vermächtnisses an meinem Geschäftsanteil an der ... KG den unentgeltlichen lebenslangen Nießbrauch dergestalt, dass der Nießbrauch nur an den vermögensrechtlichen Bezügen und somit nur an den Gewinnansprüchen und an einem etwaigen Auseinandersetzungsguthaben zu bestellen ist. Der Erbe bleibt daher weiterhin Anteilsinhaber. Der Nießbrauchsberechtigte hat an der Gesellschaft keine Stimm- und sonstigen Verwaltungsrechte.

---

257 Bei der Vererblichkeit eines Anteils an einer Personengesellschaft ist aus Sicht des Gestalters zunächst die Regelung im Gesellschaftsvertrag zu beachten. Denn kann der Gesellschaftsanteil nicht vererbt werden, dann kann hieran seitens der Erben auch kein Nießbrauch bestellt werden. Im Gesellschaftsvertrag kann vorgesehen sein, dass der Gesellschaftsanteil auf ein oder mehrere Erben (oder letztwillig Bedachte) übergeht (sog. Nachfolgeklausel). Der Gesellschaftsanteil geht dann im Wege der Sondererbfolge auf die Erben über. Sieht die Klausel vor, dass nur ein bestimmter Erbe (bspw ein Abkömmling) Nachfolger werden kann, dann geht der Anteil unmittelbar auf diesen über (sog. Qualifizierte Nachfolgeklausel). Ist im Gesellschaftsvertrag nichts geregelt, dann kommt es bei der GbR nach § 727 Abs. 1 BGB zu einer Auflösung der Gesellschaft, während bei der OHG und der KG die Gesellschaft mit den übrigen Gesellschaftern fortgesetzt wird (§§ 131 Abs. 2, 161 Abs. 2 HGB).
258 Vgl Staudinger/*Frank*, Anhang zu §§ 1068 f Rn 57 mwN.
259 Staudinger/*Frank*, Anhang zu §§ 1068 f Rn 60.
260 BGHZ 58, 316.
261 BGH DNotZ 1975, 737.
262 Vgl Staudinger/*Frank*, Anhang zu § 1068 f Rn 65.
263 Vgl Staudinger/*Frank*, Anhang zu § 1068 f Rn 65.
264 Wird der Nießbrauch nur am Gewinnanteil bestellt und der Berechtigte nicht „Gesellschafter", dann können seine Rechte auch leicht dadurch vereitelt werden, dass die Gesellschafter die Bestimmungen über die Gewinnermittlung und Gewinnverteilung ändern.
265 Muster für eine Vollrechtsbestellung eines Nießbrauchs finden sich bei *Reimann/Bengel/J. Mayer*, Formularteil Rn 68.

Vom Nießbrauchsrecht umfasst sind alle Gewinnansprüche des Erben/Gesellschafters, auch diejenigen, die auf einer Kapitalerhöhung gründen. Gesellschafterbeschlüsse, die zu einer Veränderung der Gewinnverteilung führen oder durch die Reserven über das betriebswirtschaftlich notwendige Maß hinaus gebildet werden, darf der Gesellschafter/Erbe nur mit Zustimmung des Nießbrauchsberechtigten treffen. Für den Fall, dass der Gesellschafter/Erbe seinen Anteil veräußert, die Beteiligung kündigt oder sonst aus der Gesellschaft austritt, setzt sich der Nießbrauch an dem jeweiligen Erlös (Abfindungsguthaben) fort.

Sollte der Nießbrauchsberechtigte Steuern auf Erträge zahlen, die nicht ihm, sondern handelsrechtlich den Gesellschaftern zugerechnet werden, dann kann er von diesen Erstattung verlangen.[266]

Die Kosten der Nießbrauchsbestellung gehen zu Lasten des Nachlasses. An einer etwaigen Pflichtteilslast hat sich die Vermächtnisnehmerin nicht zu beteiligen. § 2318 Abs. 1 BGB wird abbedungen. ◄

dd) Nießbrauch am Nachlass/Erbteil

203 Der Nießbrauch am **Nachlass** ist im Rahmen der Gestaltung einer der häufigsten Formen des Vermögensnießbrauchs. Auf ihn finden gem. § 1089 BGB die Vorschriften der §§ 1085 ff BGB entsprechend Anwendung. Beim Nießbrauch am Nachlass handelt es sich um den Nießbrauch an den einzelnen Nachlassgegenständen. Er ist auch an jedem einzelnen Nachlassgegenstand zu bestellen. Gelangen neue Gegenstände in den Nachlass, so muss demzufolge der Nießbrauch an diesen Gegenständen neu bestellt werden. Eine dingliche Surrogation besteht weder beim Vermögens- noch beim Nachlassnießbrauch.[267] Beim Nießbrauch an einem **Erbteil** handelt es sich dagegen um den Nießbrauch an einem Recht (§ 1068 BGB), nämlich dem Verwaltungs- und Stimmrecht der Miterben in Bezug auf ihren Erbteil sowie das Bezugsrecht der auf den Erbteil entfallenden Nutzungen. Ein Nießbrauch an einem Erbteil kann daher nur bei Miterben bestellt werden.[268]

g) Das Wohnungsrechtsvermächtnis

204 Im Wege des Vermächtnisses kann einem Bedachten auch das Recht auf unentgeltliche Nutzung eines Hausanwesens oder einer bestimmten Wohnung eingeräumt werden. Das Wohnungsrecht kann sowohl **schuldrechtlich** als auch in **dinglicher** Form (§ 1093 BGB) bestellt werden, wobei Letzteres in der Regel häufiger anzutreffen ist und dem Bedachten mehr Sicherheit bietet. Nachteilig für das dingliche Wohnungsrecht ist allerdings, dass das Wohnungsrecht bei Zerstörung des Gebäudes erlischt und der Eigentümer auch grundsätzlich keine Wiederaufbauverpflichtung hat, soweit er sich hierzu nicht schuldrechtlich verpflichtet hat oder er nach landesrechtlichen Vorschriften hierzu verpflichtet ist.[269] Ist dem Berechtigten dagegen eine **Wohnungsreallast** eingeräumt worden, so bleibt diese, da sie lediglich das generelle Recht auf Wohnungsgewährung betrifft, bestehen, wenn das Gebäude oder Teile davon zerstört werden.[270] Nachteilig bei der Wohnungsreallast ist, dass sie grundsätzlich pfändbar ist, wohingegen das Wohnungsrecht nach § 1093 BGB der Pfändung nur dann unterliegt, wenn die Befugnis zur Ausübung durch Dritte gestattet ist (§ 1092 Abs. 1 S. 2 BGB).

---

266 Nach hM hat der Nießbrauchsberechtigte den gesamten Steuerbilanzgewinn zu versteuern, auch wenn er lediglich Anspruch auf den ausgeschütteten Jahresgewinn hat, BGHZ 58, 316. Durch einen entsprechenden Erstattungsanspruch kann die Unbilligkeit vermieden werden.
267 MünchKomm/*Petzold*, § 1085 Rn 5.
268 *Bünger*, BWNotZ 1963, 100.
269 BGHZ 7, 268.
270 *Nieder*, BWNotZ 1975, 303.

B. Der Inhalt eines Testaments § 7

Beim **dinglichen** Wohnungsrecht nach § 1093 BGB handelt es sich um einen Unterfall der beschränkten persönlichen Dienstbarkeit. Für das Rechtsverhältnis zwischen dem Berechtigten und dem Verpflichteten finden die Vorschriften für die Kündigungs- und Mietpreisvorschriften keine Anwendung. Als Dienstbarkeit ist das Wohnungsrecht nicht veräußerlich, nicht vererblich (§§ 1090 Abs. 2, 1061 BGB) und nur mit Zustimmung des Eigentümers der Nutzung nach übertragbar (§§ 1092 Abs. 1, 1093 Abs. 2 BGB). Bei der **Ausübung des Wohnungsrechts** hat der Begünstigte die Interessen des Eigentümers zu wahren, §§ 1090 Abs. 2, 1020 S. 1 BGB. Eine Umgestaltung oder eine wesentliche Veränderung des Gebäudes oder des Gebäudeteils ist daher grundsätzlich nicht zulässig, §§ 1093 Abs. 1, 1037 Abs. 1 BGB.

205

Das dingliche Wohnungsrecht hat Ähnlichkeit mit dem Nießbrauch, denn es berechtigt den Bedachten, die Wohnung oder das Gebäude unter Ausschluss des Eigentümers zu nutzen.[271] Wird der Eigentümer von der Mitbenutzung nicht ausgeschlossen, so handelt es sich um eine gewöhnlich beschränkte persönliche Dienstbarkeit nach § 1090 BGB. Mit umfasst sind Grundstücksteile, auf deren Gebrauch der Vermächtnisnehmer angewiesen ist, um sein Wohnungsrecht nutzen zu können. Werden die Räume teilweise zu beruflichen oder gewerblichen Zwecken genutzt, so ist dies unschädlich. Auch die Erstreckung des Wohnungsrechts auf einen nicht bebauten Teil des belasteten Grundstücks, zB einen Garten, einen Wäschetrockenplatz oder ähnliches, ist zulässig. Entscheidend ist, dass das Wohnen als Hauptzweck erhalten bleibt, § 1093 Abs. 3 BGB. Das Wohnungsrecht erstreckt sich grundsätzlich auf das Zubehör, §§ 1093 Abs. 1, 1031 BGB.

206

Für das **Wohnungsrecht** sind über die Verweisung in § 1093 Abs. 1 S. 2 BGB eine Reihe von Vorschriften aus dem Nießbrauchsrecht anzuwenden, zB das dingliche Recht zum Besitz, § 1036 Abs. 1 BGB, die Pflicht zur Erhaltung der Wohnung auf Kosten des Wohnungsberechtigten, soweit es sich um die gewöhnliche Unterhaltung handelt, § 1041 BGB,[272] keine Ersatzpflicht des Wohnungsberechtigten für übliche Veränderungen oder Verschlechterungen, § 1050 BGB, und keine Lastentragung; nicht entsprechend anwendbar ist § 1047 BGB.[273]

207

Die laufenden Erhaltungskosten der Wohnung gehen zu Lasten des Wohnungsberechtigten, §§ 1093 Abs. 1, 1041 S. 1 BGB. Inwieweit der Erblasser bezüglich der Lastentragungspflicht vom Gesetz abweichende Regelungen treffen kann, ist weitgehend unklar. Da § 1041 BGB auf den § 1093 BGB verweist, jedoch weitgehend dispositiver Natur ist, dürften inhaltliche Abänderungen zulässig sein. Bei den Betriebskosten handelt es sich nicht um Unterhaltungskosten, vielmehr entstehen sie mit der Ausübung des Wohnungsrechts. Sie fallen dem Wohnberechtigten zur Last. Wird der betreffende Gegenstand (bspw die Heizanlage) von mehreren Personen gemeinschaftlich gebraucht, so haben sie die Betriebskosten in analoger Anwendung von § 748 BGB anteilig zu tragen. Im Gegensatz zum Nießbrauch trägt im Falle eines dinglichen Wohnungsrechtes der Grundstückseigentümer die **öffentlichen** und **privaten Lasten** wie bspw Grundsteuer, Brandversicherung und Zinsen allein.

208

Berechtigte eines Wohnungsrechts können jede **natürliche Person**, aber auch eine **juristische Person** und eine Handelsgesellschaft sein. Soll das Wohnungsrecht für mehrere Personen bestellt werden, von denen jeder das Wohnungsrecht ausüben können soll, so empfiehlt es sich, für jeden Berechtigten ein gesondertes Wohnungsrecht zu bestellen und diese in gleichem Rang im Grundbuch eintragen zu lassen.

209

---
271 BGHZ 46, 253, 259.
272 BayObLG DNotZ 1981, 124.
273 BayObLG NJW-RR 1989, 14.

210 Nach der ausdrücklichen Bestimmung des § 1093 Abs. 2 BGB ist der Wohnungsrechtsinhaber befugt, seine Familie und die zur standesgemäßen Bedienung und Pflege erforderlichen Personen in die Wohnung aufzunehmen. Auch die Aufnahme eines **nichtehelichen Lebenspartners** in die Wohnung ist gestattet, wenn beide unverheiratet sind und das Verhältnis auf Dauer angelegt ist.[274] Der Erblasser kann abweichend von § 1093 Abs. 2 BGB bei der Vermächtniszuwendung als Inhalt des einzuräumenden Wohnungsrechts den Kreis derjenigen Personen, die in die genutzten Räume aufgenommen werden dürfen, näher bestimmen bzw ausweiten. Kraft ausdrücklicher gesetzlicher Regelung ist das Wohnungsrecht nicht übertragbar, §§ 1093 Abs. 2 S. 1; 1092 Abs. 1 S. 1 BGB. Allerdings kann die Ausübung des Rechts durch einen anderen gestattet werden, §§ 1093 Abs. 1 S. 1; 1092 Abs. 1 S. 2 BGB. Vermieten kann der Wohnungsberechtigte die Wohnung nur, wenn die Überlassung der Nutzung an einen Dritten ausdrücklich gestattet ist.

211 ▶ **Muster: Wohnungsrechtsvermächtnis**

Im Wege des Vermächtnisses erhält ___, geb. am ___ in ___, derzeit wohnhaft ___, ein lebenslanges unentgeltliches und nicht übertragbares dingliches Wohnungsrecht gem. § 1093 BGB an der Erdgeschosswohnung meines Hausanwesens in ___, eingetragen im Grundbuch von ___, Band ___, Blatt ___, Flurstück-Nr. ___. Das Wohnungsrecht umfasst daneben die alleinige Benutzung des Kellerraumes im Untergeschoss auf der im Nordwesten gelegenen Seite sowie das alleinige Benutzungsrecht der Garage. Der Wohnungsberechtigte ist darüber hinaus berechtigt zur Mitbenutzung des Gartens und aller dem gemeinschaftlichen Gebrauch der Hausbewohner dienenden Einrichtungen und Anlagen. In Erweiterung zu § 1093 Abs. 2 BGB darf der Wohnungsberechtigte auch einen Dritten in die Wohnung mit aufnehmen. Der Wohnungsberechtigte trägt die gewöhnlichen Ausbesserungskosten sowie die Kosten für Heizung, Strom, Wasser, Abwasser und Gas (Betriebskosten). Das Vermächtnis ist auf Kosten des Nachlasses zu erfüllen. An etwaigen Pflichtteilslasten ist der Vermächtnisnehmer entgegen § 2318 Abs. 1 BGB nicht zu beteiligen.
Das Wohnungsrecht ist an erster Rangstelle im Grundbuch zu stellen. (Alternativ: Dem Wohnungsrecht dürfen das Grundpfandrecht bis zu einer Höhe von ___ EUR nebst Zinsen bis ___% jährlich dem Rang vorgehen.)
Mit vermacht ist der Anspruch auf Eintragung einer Vormerkung. ◀

IV. Die Auflage

212 Anders als das Vermächtnis muss eine Auflage nicht notwendigerweise die Zuwendung eines Vermögensvorteils beinhalten. Inhalt einer Auflage kann daher auch die Anordnung eines Tuns oder Unterlassens sein. Nachteil der Auflage ist, dass der Begünstigte selbst keinen eigenen Leistungsanspruch erwirbt (§§ 1940, 2194 BGB). Vollziehungsberechtigter einer Auflage ist neben dem Testamentsvollstrecker der Erbe gegenüber dem beschwerten Vermächtnisnehmer, der Miterbe gegenüber dem beschwerten Miterben und jeder, dem der Wegfall des Beschwerten unmittelbar zustatten kommen würde. Praxisrelevant wird die Auflage bspw bei der Anordnung einer Grabpflege (vgl Rn 231).

---

274 BGHZ 84, 36.

B. Der Inhalt eines Testaments § 7

V. Familienrechtliche Anordnung

1. Entziehung des Vermögenssorgerechts nach § 1638 BGB

Nach § 1626 Abs. 1 BGB steht die elterliche Vermögenssorge grundsätzlich beiden Elternteilen zu. Diese haben ein Gesamtvertretungsrecht nach außen. Verstirbt ein Elternteil, so steht die elterliche Sorge hinsichtlich des Vermögens dem überlebenden Elternteil allein zu. Der Erblasser kann grundsätzlich nach § 1638 BGB hinsichtlich des aus seinem Nachlass stammenden Vermögens den Eltern das **Vermögenssorgerecht entziehen**. Entzieht er das Vermögenssorgerecht nur einem Elternteil, so wird das ererbte Vermögen vom anderen Elternteil mitverwaltet. Wird das Vermögenssorgerecht beiden Elternteilen entzogen, so ist für die Vermögenssorge ein Ergänzungspfleger nach § 1909 BGB zu bestellen. Insoweit kann der Erblasser nach § 1917 Abs. 1 BGB einen entsprechenden Pfleger im Testament bestimmen. Diesem ist ggfs. nach den §§ 1915, 1852 ff BGB umfassende Befreiung zu erteilen.[275]

213

Statt die Vermögenssorge ganz zu entziehen, kann der Erblasser auch bestimmte Regeln über die Art und Weise der Verwaltung des ererbten Vermögens bestimmen (§ 1639 BGB).

214

Relevant wird das Recht zur Entziehung der Vermögenssorge insbesondere dann, wenn Ehepartner geschieden sind und ein Ehepartner ausschließen will, dass die Vermögenssorge für noch minderjährige Kinder durch den überlebenden geschiedenen Ehepartner ausgeübt wird (vgl zum Geschiedenentestament unten Rn 365).

215

▶ **Muster: Entziehung der Vermögenssorge**

216

Bezüglich des Erbteils und desjenigen Vermögens, welches mein Kind ▃▃▃, geb. am ▃▃▃ in ▃▃▃, aus meinem Nachlass erwirbt, entziehe ich dem Vater/der Mutter das elterliche Vermögenssorgerecht. Zum Pfleger bezüglich der Ausübung des Verwaltungsrechts benenne ich Frau/Herrn ▃▃▃. Er wird von der Verpflichtung zur Rechnungslegung gegenüber dem Vormundschaftsgericht nicht befreit. ◀

▶ **Muster: Verwaltungsanordnung**

217

Meinem geschiedenen Ehemann/Ehefrau wird das Recht entzogen, Einkünfte meiner Kinder aus dem Vermögen, das sie von mir erben oder aus dem Nachlass erhalten, nach § 1649 Abs. 2 S. 1 BGB für seinen eigenen Unterhalt zu verwenden. ◀

2. Benennung eines Vormundes

Neben der Regelung über das Vermögenssorgerecht sollte im Testament bei Vorhandensein von minderjährigen Kindern, eine Bestimmung hinsichtlich eines **Vormunds** enthalten sein. Nach den §§ 1776, 1777 Abs. 3 BGB können Erblasser eine bestimmte Person zum Vormund benennen, die nur unter den Voraussetzungen des § 1778 BGB übergangen werden darf. Da die Vormundschaft mit Eintritt der Volljährigkeit endet, bietet es sich an, diese mit der Anordnung einer Testamentsvollstreckung zu koppeln.[276]

218

---

275 Vgl *Damrau*, ZEV 2001, 176.
276 Vgl *Kirchner*, MittBayNot 1997, 203 ff.

219 ▶ **Muster: Bestimmung eines Vormunds**

Wir, die Eheleute ___, benennen für den Fall, dass nach unserem Tod noch minderjährige Kinder ohne gesetzlichen Vertreter sind, zum Vormund

in erster Linie Frau ___,

in zweiter Linie Herrn ___,

in dritter Linie Frau ___. ◀

220 ▶ **Muster: Bestimmung eines Vormunds mit anschließender Testamentsvollstreckung**

Ist mein Abkömmling ___ im Falle meines Ablebens noch minderjährig, bestimme ich ___ zu seinem Vormund. Ab dem Zeitpunkt, ab dem die Vormundschaft durch Volljährigkeit endet, bestimme ich ___ mit der Aufgabe zum Testamentsvollstrecker, den Nachlass des Erben bis zur Vollendung des 25. Lebensjahres zu verwalten. (Es folgen ggfs. Verwaltungsanordnungen und die Befreiung von § 181 BGB). ◀

VI. Testamentsvollstreckung

1. Allgemeines

221 Eine Testamentsvollstreckung sollte der Erblasser für seinen Nachlass anordnen, wenn zu befürchten ist, dass sich die Erben über die Auseinandersetzung nicht einigen können, wenn es darum geht, bestimmte Nachlassgegenstände für Erben über einen längeren Zeitraum hinweg zu verwalten oder bspw auch dann, wenn minderjährige Kinder zu Erben bestimmt werden. Auch kann es Sinn machen, für einzelne Teilbereiche Testamentsvollstreckung anzuordnen, bspw zur Erfüllung eines bestimmten Vermächtnisses oder aber auch als Kontrollorgan, bspw zur Überwachung einer Auflage etc. Letztlich dient die Testamentsvollstreckung auch dazu, dass der Nachlass kurz nach Eintritt des Erbfalls gesichert wird. Ein Testamentsvollstreckerzeugnis wird seitens des Nachlassgerichtes zügiger erteilt als ein Erbschein. Auch hat der Testamentsvollstrecker oftmals die Funktion eines unparteiischen Sachwalters, der entsprechend auf die Erben einwirken kann.

2. Art der Testamentsvollstreckung

222 Bei der Anordnung der Testamentsvollstreckung ist zwischen der **Abwicklungsvollstreckung** und Dauertestamentsvollstreckung zu unterscheiden.[277] Unter der Abwicklungsvollstreckung versteht man nach den §§ 2203, 2204 BGB die Ausführung der letztwilligen Verfügung des Erblassers. Diese beinhaltet neben der Erfüllung der Verbindlichkeiten auch die Auseinandersetzung und Teilung des Nachlasses. Es handelt sich hierbei um den Regelfall einer Testamentsvollstreckung. Während der Dauer der Abwicklung besteht auch eine sog. Verwaltungsvollstreckung, bis die einzelnen Aufgaben des Testamentsvollstreckers und die Auseinandersetzung des Nachlasses abgeschlossen sind.

223 Davon zu unterscheiden ist die sog. **Dauertestamentsvollstreckung**. Diese beinhaltet die Aufgabe, nach der Auseinandersetzung des Nachlasses (aber auch schon währenddessen), diesen für einzelne oder mehrere Miterben auf bestimmte Zeit zu verwalten. Eine Dauertestamentsvollstreckung bietet sich zB dann an, wenn der Erbe selbst nicht in der Lage ist, den Nachlass

---

277 MünchKomm/*Brandner*, Vor § 2197 Rn 4.

wirtschaftlich sinnvoll zu verwalten oder wenn der Nachlass vor dem Zugriff von Gläubigern, bspw beim Behindertentestament oder bei einem überschuldeten Erben, zu schützen ist.

3. Kosten, Vergütung und Aufwendungsersatz

Sinnvoll ist es, die Frage der **Kosten** der Testamentsvollstreckung im Testament zu klären. Damit erspart der Erblasser sowohl dem Testamentsvollstrecker als auch dem Erben eine oftmals langwierige Auseinandersetzung über die Frage, was eine angemessene Vergütung im Sinne des § 2221 BGB darstellt. Insoweit steht dem Erblasser nach § 2221 1 Hs BGB die Möglichkeit zu, eine Vergütung in der letztwilligen Verfügung zu bestimmen. In der Praxis werden mehrere Tabellen für die **Vergütung** einer Testamentsvollstreckung vorgeschlagen. Allerdings führen diese zu teilweise völlig unterschiedlichen Ergebnissen. So sieht die *Möhring'sche* Tabelle bspw eine Vergütung von 7,5 % bei kleinen und 2,8 % bei größeren Nachlässen vor. Hinsichtlich der Anwendbarkeit dieser Tabelle liegt eine Entscheidung des OLG Köln[278] vor, die eine Vergütung nach der *Möhring'schen* Tabelle als nicht angemessen ansieht. Daneben existieren Tabellen von *Eckelskemper*[279] und *Tschigale*.[280] Ferner gibt es eine Tabelle der Berliner Praxis[281] und die jüngste Vergütungsempfehlung des Deutschen Notarvereins.[282] Letztere stellt dabei eine Weiterentwicklung der alten Rheinischen Tabelle dar. Welche der Tabellen aber letztlich heranzuziehen ist und wie danach die Berechnung vorzunehmen ist, ist strittig und nicht abschließend geklärt. Nach einer Entscheidung des Schleswigholsteinischen Oberlandesgericht kann die sog. *Neue Rheinische* Tabelle (Empfehlung des Notarvereins), wenn auch nicht schematisch, herangezogen werden.[283]

224

Ferner bietet es sich an, dass der Erblasser auch die Frage eines Kostenersatzes für **fremde Tätigkeit** regelt, auch wenn dies grundsätzlich für die Hinzuziehung von notwendigen Hilfspersonen über den Aufwendungsersatzanspruch nach §§ 2218, 670 BGB geregelt ist. Ein Aufwendungsersatz für die Hinzuziehung notwendiger Hilfspersonen steht dem Testamentsvollstrecker neben seiner Vergütung nach § 2221 BGB zu. Allerdings streitet man sich in der Praxis dann darüber, was notwendige Hilfspersonen sind. Insoweit bietet es sich an, den Testamentsvollstrecker zu ermächtigen, bestimmte Personen, wie bspw Rechtsanwälte, Steuerberater und Wirtschaftsprüfer, auch dann hinzuziehen zu dürfen, wenn der Testamentsvollstrecker selbst dieser Berufsgruppe angehört. Oftmals befinden sich im Nachlass durchzusetzende Rechte, die möglicherweise aus Spezialgebieten stammen.

225

▶ **Muster: Testamentsvollstreckung (Abwicklungsvollstreckung)**

226

Für die Abwicklung meines Nachlasses ordne ich Testamentsvollstreckung an. Zum Testamentsvollstrecker bestimme ich Herrn/Frau ..., geb. am ... in ..., derzeit wohnhaft ..., ersatzweise ..., wiederum ersatzweise, für den Fall, dass der Testamentsvollstrecker vor oder nach Annahme des Amtes entfällt, ohne einen eigenen Ersatztestamentsvollstrecker zu benennen, soll das Nachlassgericht einen geeigneten Testamentsvollstrecker bestimmen. Der Testamentsvollstrecker hat die Aufgabe, die Abwicklung des Nachlasses vorzunehmen, die Verbindlichkeiten zu erfüllen sowie die von mir angeordneten Vermächtnisse und alle notwendigen Grundbuchumschreibungen etc. vorzunehmen. Die

---
278 OLG Köln NJW-RR 1987, 1415.
279 In: *Bengel/Reimann*, Handbuch Testamentsvollstreckung, Kap. X Rn 43.
280 JurBüro 1965, 89.
281 Vgl *Tilling*, ZEV 1998, 335.
282 ZEV 2000, 181.
283 Schleswigholsteinisches OLG FamRZ 2010, 762.

Testamentsvollstreckung beschränkt sich dabei auf die Abwicklung des Nachlasses. Der Testamentsvollstrecker erhält für seine Tätigkeit eine Vergütung in Höhe von ...% des Nachlasswertes, wobei für die Bemessungsgrundlage von dem reinen Aktiva des Nachlasses auszugehen ist. Der Testamentsvollstrecker ist grundsätzlich befugt für die Abwicklung des Nachlasses Hilfspersonen hinzuzuziehen. So ist er berechtigt, für die Abgabe der Erbschaftsteuererklärung einen Steuerberater oder Rechtsanwalt zu beauftragen. Er ist ferner berechtigt, für die gesamte juristische Durchsetzung von Nachlassansprüchen einen Rechtsanwalt hinzuzuziehen. Auch steht ihm das Recht zu, für die Erstellung des Auseinandersetzungsplanes und die dafür notwendige Beratung einen Rechtsanwalt auf Kosten des Nachlasses zu beauftragen. ◄

VII. Weitere Testamentsmuster für Einzeltestamente

1. Erbeinsetzung der Abkömmlinge in eine Erbengemeinschaft mit Teilungsanordnung, Aufhebung einer Ausgleichsverpflichtung und Testamentsvollstreckung

227 ▶ **Muster: Erbengemeinschaft mit Teilungsanordnung und Aufhebung einer Ausgleichsverpflichtung**

1. Erbeinsetzung

Ich, ..., geb. am ... in ..., derzeit wohnhaft ..., setze zu meinen Erben meine beiden Kinder ..., geb. am ... in ..., derzeit wohnhaft ... und ..., geb. am ... in ..., derzeit wohnhaft ..., zu jeweils gleichen Teilen ein. Eine Nacherbfolge ist nicht bestimmt. Meine beiden Kinder sind daher unbeschränkte Vollerben.

Fällt einer der Erben vor oder nach dem Erbfall weg, so bestimme ich dessen Abkömmlinge zu Ersatzerben nach Stämmen, unter sich zu jeweils gleichen Teilen. Hinterlässt einer der Erben keine Abkömmlinge, so soll unter den übrigen Erben Anwachsung eintreten.

Für den Fall, dass ein Erbe nach Eintritt des Erbfalls dadurch wegfällt, dass er die Erbschaft ausschlägt und seinen Pflichtteilsanspruch entgegen dem Willen des Erben geltend macht und auch erhält, ist er mit seinem ganzen Stamm von der Erbfolge ausgeschlossen, es sei denn, die Ausschlagung und Pflichtteilsgeltendmachung erfolgt mit Zustimmung aller beteiligten Erben. Schlägt der Erbe die Erbschaft aus und macht keinen Pflichtteilsanspruch geltend, dann bleibt es bei der ausdrücklich bestimmten, oder aber auch einer vermuteten Ersatzerbenregelung.

Für den Fall, dass der Erbe vor Eintritt des Erbfalls durch die Erklärung eines wirksamen Zuwendungsverzichts entfällt und nicht Erbe wird, schließe ich seine Abkömmlinge ebenfalls von der Erbfolge aus. In diesen Fällen entfällt jede ausdrückliche oder die sich durch Auslegung bzw Vermutungs- oder richterliche Auslegungsgrundsätze ergebende Ersatzerbenbestimmung.

2. Auseinandersetzung der Erbengemeinschaft

a) Teilungsanordnung

Mein Sohn ..., geb. am ... in ..., erhält im Wege der Teilungsanordnung und somit in Anrechnung auf seinen Erbteil bzw das ihm zustehende Auseinandersetzungsguthaben mein Wertpapierdepot Nr. ... bei der ... Bank in ....

Mein Sohn ..., geb. am ... in ..., erhält im Wege der Teilungsanordnung und somit in Anrechnung auf seinen Erbteil bzw das ihm zustehende Auseinandersetzungsguthaben meine Immobilie in ..., eingetragen im Grundbuch von ..., Flurstück-Nr. ....

Zeitpunkt für die Bewertung der jeweiligen Gegenstände ist der der Erbauseinandersetzung.

b) Ausschluss etwaiger Ausgleichspflichten

B. Der Inhalt eines Testaments § 7

Sollte einer meiner Abkömmlinge einen kraft Anordnung oder Gesetz ausgleichungspflichtigen Vorempfang (§§ 2050 ff BGB) erhalten haben, so bestimme ich, dass eine solche Ausgleichung im Rahmen der hier vorzunehmenden Auseinandersetzung ausgeschlossen bzw aufgehoben wird. Vorsorglich erkläre ich für den Fall, dass eine solche Aufhebungsbestimmung kraft Gesetzes oder richterlicher Urteilsfindung nicht möglich ist, dass dem Ausgleichungsverpflichteten durch Vermächtnis ein Wertausgleich im Rahmen der Erbauseinandersetzung zusteht und zwar in Höhe des von ihm bei der Auseinandersetzung zu berücksichtigenden Vorempfangs, so dass der Vorempfang wertmäßig keine Auswirkung auf die hier vorzunehmende Teilung hat.

c) Testamentsvollstreckung
Für die Abwicklung des Nachlasses und die Auseinandersetzung der Erbengemeinschaft ordne ich Testamentsvollstreckung an. Zum Testamentsvollstrecker bestimme ich ▬▬, ersatzweise ▬▬. Der Testamentsvollstrecker hat die Auseinandersetzung entsprechend der angeordneten Teilungsanordnung und ansonsten nach freiem Ermessen vorzunehmen.

Sollte einer der Erben zum Zeitpunkt der Auseinandersetzung das 20. Lebensjahr noch nicht vollendet haben, setzt sich die Testamentsvollstreckung nach der Erbteilung an der Erbschaft dieses Abkömmlings fort und endet bei Vollendung des 20. Lebensjahres. ◄

2. Erbengemeinschaft mit bedingtem Pflegevermächtnis als Vorausvermächtnis

▶ **Muster: Erbengemeinschaft mit bedingtem Pflegevermächtnis und Testamentsvollstreckung**

1. Erbeinsetzung

Ich, ▬▬, geb. am ▬▬ in ▬▬, derzeit wohnhaft ▬▬, setze zu meinen Erben meine beiden Kinder ▬▬, geb. am ▬▬ in ▬▬, derzeit wohnhaft ▬▬ und ▬▬, geb. am ▬▬ in ▬▬, derzeit wohnhaft ▬▬, zu jeweils gleichen Teilen ein. Eine Nacherbfolge ist nicht bestimmt. Meine beiden Kinder sind daher unbeschränkte Vollerben.

Fällt einer der Erben vor oder nach dem Erbfall weg, so bestimme ich dessen Abkömmlinge zu Ersatzerben nach Stämmen, unter sich zu jeweils gleichen Teilen. Hinterlässt einer der Erben keine Abkömmlinge, so soll unter den übrigen Erben Anwachsung eintreten.

Für den Fall, dass ein Erbe nach Eintritt des Erbfalls dadurch wegfällt, dass er die Erbschaft ausschlägt und seinen Pflichtteilsanspruch entgegen dem Willen des Erben geltend macht und auch erhält, ist er mit seinem ganzen Stamm von der Erbfolge ausgeschlossen, es sei denn, die Ausschlagung und Pflichtteilsgeltendmachung erfolgt mit Zustimmung aller beteiligten Erben. Schlägt der Erbe die Erbschaft aus und macht keinen Pflichtteilsanspruch geltend, dann bleibt es bei der ausdrücklich bestimmten, oder aber auch einer vermuteten Ersatzerbenregelung.

Für den Fall, dass der Erbe vor Eintritt des Erbfalls durch die Erklärung eines wirksamen Zuwendungsverzichts entfällt und nicht Erbe wird, schließe ich seine Abkömmlinge ebenfalls von der Erbfolge aus. In diesen Fällen entfällt jede ausdrückliche oder die sich durch Auslegung bzw Vermutungs- oder richterliche Auslegungsgrundsätze ergebende Ersatzerbenbestimmung.

2. Bedingtes Pflegevermächtnis

Meine Tochter ▬▬ erhält im Wege des Vermächtnisses und somit ohne Anrechnung auf den Erbteil für die Pflege, die sie bzw ihre Familie seit ▬▬ für mich erbracht hat und in Zukunft noch erbringen wird, einen Betrag von jährlich ▬▬. Bei Streitigkeiten über die Höhe des Vermächtnisses entscheidet der Testamentsvollstrecker entsprechend der von mir angegebenen Vorgaben verbindlich. Das Vermächtnis steht unter der Bedingung, dass meine Tochter einen eventuellen Anspruch nach § 2057 a BGB nicht geltend macht.

3. Testamentsvollstreckung

Für die Abwicklung des Nachlasses, die Erfüllung des Vorausvermächtnisses und die Auseinandersetzung der Erbengemeinschaft ordne ich Testamentsvollstreckung an. Zum Testamentsvollstrecker bestimme ich ▬▬▬, ersatzweise ▬▬▬. ◀

3. Erbeinsetzung der Abkömmlinge und Absicherung des Ehepartners durch Nießbrauchs- und Sachvermächtnisse

▶ **Muster: Erbeinsetzung der Abkömmlinge mit Nießbrauchsvermächtnis zu Gunsten des Ehepartners**

1. Erbeinsetzung

Ich, ▬▬▬, geb. am ▬▬▬ in ▬▬▬, derzeit wohnhaft ▬▬▬, setze zu meinen Erben meine beiden Kinder ▬▬▬, geb. am ▬▬▬ in ▬▬▬, derzeit wohnhaft ▬▬▬ und ▬▬▬, geb. am ▬▬▬ in ▬▬▬, derzeit wohnhaft ▬▬▬, zu jeweils gleichen Teilen ein. Eine Nacherbfolge ist nicht bestimmt. Meine beiden Kinder sind daher unbeschränkte Vollerben.

Fällt einer der Erben vor oder nach dem Erbfall weg, so bestimme ich dessen Abkömmlinge zu Ersatzerben nach Stämmen, unter sich zu jeweils gleichen Teilen. Hinterlässt einer der Erben keine Abkömmlinge, so soll unter den übrigen Erben Anwachsung eintreten.

Für den Fall, dass ein Erbe nach Eintritt des Erbfalls dadurch wegfällt, dass er die Erbschaft ausschlägt und seinen Pflichtteilsanspruch entgegen dem Willen des Erben geltend macht und auch erhält, ist er mit seinem ganzen Stamm von der Erbfolge ausgeschlossen, es sei denn, die Ausschlagung und Pflichtteilsgeltendmachung erfolgt mit Zustimmung aller beteiligter Erben. Schlägt der Erbe die Erbschaft aus und macht keinen Pflichtteilsanspruch geltend, dann bleibt es bei der ausdrücklich bestimmten, oder aber auch einer vermuteten Ersatzerbenregelung.

Für den Fall, dass der Erbe vor Eintritt des Erbfalls durch die Erklärung eines wirksamen Zuwendungsverzichts entfällt und nicht Erbe wird, schließe ich seine Abkömmlinge ebenfalls von der Erbfolge aus. In diesen Fällen entfällt jede ausdrückliche oder die sich durch Auslegung bzw Vermutungs- oder richterliche Auslegungsgrundsätze ergebende Ersatzerbenbestimmung.

2. Vermächtnisse für den Ehepartner

a) Nießbrauch an der Immobilie ▬▬▬

Meine Ehefrau ▬▬▬, geb. am ▬▬▬ in ▬▬▬, erhält vermächtnisweise den unentgeltlichen lebenslangen und nicht übertragbaren Nießbrauch an meiner Immobilie ▬▬▬ in ▬▬▬, eingetragen im Grundbuch von ▬▬▬ für ▬▬▬ (genauer Grundbuchbeschrieb). Der Nießbrauch ist erstrangig dinglich zu sichern, mit der Maßgabe, dass zur Löschung des Rechts der Nachweis des Todes des Berechtigten genügt. Das Grundstück ist lastenfrei.

In Abweichung zu den gesetzlichen Lastentragungen wird vereinbart, dass der Nießbrauchsberechtigte auch die außergewöhnlichen Lasten und Erhaltungsmaßnahmen sowie die außergewöhnlichen Aufwendungen zu tragen hat.

b) Hausrat

Im Wege des Vermächtnisses erhält meine Ehefrau ▬▬▬ das gesamte Inventar und den gesamten Hausrat der von uns zum Zeitpunkt des Erbfalls bewohnten Immobilie. Umfasst sind hiervon alle Möbel, Küchen- und technischen Geräte sowie der PKW. Nicht hierunter fällt das Barvermögen, die Briefmarkensammlung, die Münzsammlung etc. Eine Anordnung des Vermächtnisses erfolgt jeweils einzeln, so dass der Vermächtnisnehmer eine gesonderte Annahme bzw Ausschlagung hinsichtlich jedes einzelnen Nachlassgegenstandes erklären kann.

c) Geldvermögen

Im Wege des Vermächtnisses erhält meine Ehefrau 30 % des zum Zeitpunkt des Erbfalls im Nachlass vorhandenen Geldvermögens. Zum Geldvermögen zählt das gesamte Barvermögen, sämtliche Bankkonten, einschließlich Girokonten und Sparbücher, Goldbarren, sämtliche Sparbriefe und andere Wertpapiere und Aktien, sonstige Geldforderungen (Darlehen) und ungeprägte Geldanlagen in Edelmetall. Nicht hierzu zählen der im Nachlass befindliche Schmuck, die Münzsammlungen und alle sonstigen Kunstgegenstände.

d) Kosten, Lasten und Erfüllung

Die Kosten der Erfüllung der Vermächtnisse gehen zu Lasten des Nachlasses.

Der Vermächtnisnehmer wird mit der Aufgabe zum Testamentsvollstrecker bestimmt, sich die Vermächtnisse zu erfüllen. Eine Vergütung steht ihm diesbezüglich nicht zu.

Der Vermächtnisnehmer hat sich an einer etwaigen Pflichtteilslast nicht zu beteiligen, § 2318 Abs. 1 BGB wird ausgeschlossen.

Ein Ersatzvermächtnisnehmer wird entgegen jeder anders lautenden gesetzlichen oder richterlichen Vermutungs- und Auslegungsregel nicht bestimmt. ◄

4. Erbeinsetzung eines Gemeinnützigen Vereins mit Auflage zur Grabpflege und als Ersatzerbe eine letztwillig zu gründende Stiftung

▶ **Muster: Erbeinsetzung eines gemeinnützigen Vereins mit Ersatzerbfolge einer letztwillig zu gründenden Stiftung**

230

1. Erbeinsetzung

Ich, ..., geb. am ... in ..., derzeit wohnhaft ..., setze zu meinem alleinigen Vollerben den ... e.V. mit Sitz in ..., eingetragen im Vereinsregister ....

2. Ersatzerbfolge

Sollte der von mir bestimmte Erbe zum Zeitpunkt des Erbfalls nicht mehr existieren oder keine eigene Rechtspersönlichkeit mehr besitzen, bestimme ich folgende noch zu gründende selbständige Stiftung des bürgerlichen Rechts zu meinem Ersatzerben. Sollte die Stiftung – aus welchen Gründen auch immer – nicht genehmigt werden, bestimme ich zum Ersatzerben ....

Die Stiftung soll den Namen ... tragen, ihren Sitz in ... haben und gemeinnützig sein.

Der Stiftungszweck besteht in der Förderung von .... Stiftungsvermögen ist der gesamte Nachlass nach Abzug der Nachlassverbindlichkeiten.

Der Vorstand der Stiftung besteht aus ... Personen. Zum ersten Vorsitzenden bestimme ich ... und zum zweiten Vorsitzenden .... Die Stiftung wird vertreten durch ... (es folgt nun die Bestimmung zur Vertretung und die Beschlussfassung entsprechend den Wünschen des Erblassers).

Zum Testamentsvollstrecker bestimme ich ..., ersatzweise ..., mit der Aufgabe die Stiftung gemäß der beigefügten Stiftungssatzung (Satzung in letztwilliger Form beigefügt nach den Vorstellungen des Erblassers)[284] zu errichten, die notwendige Genehmigung der zuständigen Behörde einzuholen und die Vermögenszuwendung an die Stiftung vorzunehmen. Der Testamentsvollstrecker ist berech-

---

[284] Muster für eine Stiftungssatzung findet sich bspw bei *Heidel/Pauly/Amend*, Anwaltformulare, § 43 Rn 9.

tigt, die Satzung der Stiftung anzupassen, wenn dies aufgrund von Anforderungen der Genehmigungsbehörden notwendig ist.

3. Beerdigung und Grabpflege

Der Erbe wird mit der Auflage belastet, für eine standesgemäße Beerdigung zu sorgen und auf die Dauer der ortsüblichen Liegezeit die Pflege der Grabstätte von mir und meiner Ehefrau zu übernehmen. Zu diesem Zwecke ist ein Grabpflegevertrag mit einem für den Ort der Grabstätte zuständigen Berufsgärtner zu schließen. Die Auflage soll ebenfalls durch den Testamentsvollstrecker erfüllt werden. ◄

5. Doppelte Nacherbfolge mit Nacherbentestamentsvollstreckung

▶ **Muster: Befreite Vorerbschaft, doppelte Nacherbfolge mit Nacherbentestamentsvollstreckung**

1. Erbeinsetzung

Zu meinem alleinigen Erben bestimme ich, ..., geb. am ... in ..., derzeit wohnhaft ..., meine Ehefrau ..., geb. am ... in ..., derzeit wohnhaft .... Die von mir bestimmte Alleinerbin ist jedoch nur Vorerbin. Von den gesetzlichen Beschränkungen ist sie nicht befreit.

Zu Nacherben bestimme ich meine Kinder..., geb. am ... in ..., derzeit wohnhaft ... und ..., geb. am ... in ..., derzeit wohnhaft ... zu jeweils gleichen Teilen.

Meine Kinder werden als Erben wiederum mit einer weiteren Nacherbfolge belastet, so dass sie selbst wiederum nur Vorerben sind. Allerdings sind sie von den gesetzlichen Beschränkungen befreit soweit dies möglich und rechtlich zulässig ist.

Weitere Nacherben bezüglich des dann noch vorhandenen Nachlasses sind die Abkömmlinge meiner Kinder, ersatzweise ....

Der Nacherbfall tritt jeweils mit dem Tod des Vorerben ein. Für den Fall, dass sich meine Ehefrau wiederverheiratet, tritt der Nacherbfall mit dem Zeitpunkt der Eheschließung ein. Meine Ehefrau erhält dann vermächtnisweise einen Geldanspruch in Höhe ihres gesetzlichen Erbteils auf Grundlage des zum Zeitpunkt der Wiederverheiratung vorhandenen Nachlasses.

Das Nacherbenanwartschaftsrecht ist grundsätzlich nicht vererblich und übertragbar, es sei denn die Übertragung erfolgt an den Vorerben.

2. Nacherbentestamentsvollstreckung

Für die Durchsetzung der Rechte der Nacherben ordne ich Nacherbentestamentsvollstreckung an. Der Testamentsvollstrecker hat die Rechte und Pflichten der jeweiligen Nacherben in vollem Umfang wahrzunehmen. Zum Testamentsvollstrecker bestimme ich ..., ersatzweise .... Der Testamentsvollstrecker ist berechtigt vor oder nach Annahme des Amtes einen Ersatztestamentsvollstrecker zu bestimmen.

Sollte einer der Nacherben zum Zeitpunkt des Nacherbfalls noch minderjährig sein, ordne ich bis zur Vollendung des 18. Lebensjahres des jeweiligen Nacherben Dauertestamentsvollstreckung an.

Der Testamentsvollstrecker erhält eine Vergütung von .... ◄

6. Unternehmertestament mit Universalvermächtnis bezüglich des Privatvermögens und letztwilliger Schiedsklausel

▶ **Muster: Unternehmertestament mit letztwilliger Schiedsklausel**

1. Erbeinsetzung[285]

Zu meinem alleinigen Vollerben bestimme ich meinen Sohn ..., geb. am ... in ... . Zum Ersatzerben bestimme ich ... .

2. Vermächtnisse[286]

Meine Ehefrau ... erhält im Wege des Vermächtnisses meinen gesamten Nachlass mit Ausnahme

a) meiner Beteiligung an der Firma ... GmbH & Co KG mit Sitz in ... sowie des von mir gehaltenen Geschäftsanteils an der Firma ... GmbH, ebenfalls mit dem Sitz in ...,

b) aller mit den vorstehend unter Ziff. a) genannten Beteiligungen verbundenen Nebenrechte und Sonderansprüche, insbesondere Ansprüche aus Kapital- und Darlehenskonten, sowie aller mit den Beteiligungen zusammenhängenden Verbindlichkeiten,

c) aller den unter Ziff. a) genannten Unternehmensbeteiligungen unmittelbar oder mittelbar dienenden Vermögensgegenstände, wie zB Grundstücke bei einer Betriebsaufspaltung und das zu meiner Beteiligung als Kommanditist gehörende „Sonderbetriebsvermögen I und II", einschließlich aller damit zusammenhängenden Verbindlichkeiten.

3. Letztwillige Schiedsklausel[287]

Über Streitigkeiten zwischen dem Erben und dem Vermächtnisnehmer aufgrund der hier getroffenen letztwilligen Verfügung entscheidet ausschließlich ein Schiedsgericht, so dass der Rechtsweg zu den staatlichen Gerichten ausgeschlossen ist.

Das Schiedsgericht hat bei seiner Entscheidung den Willen des Erblassers nach Möglichkeit zu verwirklichen und entscheidet im Übrigen nach freiem Ermessen.

Das Schiedsgericht besteht aus drei Schiedsrichtern die ich bereits heute wie folgt bestimme: ..., ... und ... . Ersatzweise bestimme ich ..., ..., und ... zu Schiedsrichtern. Für die Bestellung der Schiedsrichter gelten ansonsten die gesetzlichen Bestimmungen (§§ 1035 ff ZPO). Die Schiedsrichter erhalten eine Vergütung von ... .

Das Schiedsverfahren ist nicht öffentlich. Anwaltszwang besteht nicht. Es ist entsprechend den gesetzlichen Bestimmungen durchzuführen.

4. Pflichtteilslasten

Pflichtteilslasten sind entsprechend der Regelung des § 2318 Abs. 1 BGB zwischen Erben und Vermächtnisnehmer aufzuteilen (oder alternativ nur vom Vermächtnisnehmer zu tragen). ◀

C. Das gemeinschaftliche Testament

I. Allgemeines zur Erstellung eines Ehegattentestaments
1. Das gemeinsame Vermögen

Eheleute betrachten ihr beiderseitiges Vermögen, welches sie während der Ehezeit erwirtschaftet haben, meist als Einheit und wollen diese Einheit auch beim Tod eines Ehepartners bewah-

---

[285] Bei der Gestaltung eines Unternehmertestamentes ist darauf zu achten, dass der Gesellschaftsvertrag die angeordnete letztwillige Bestimmung zulässt, vgl *Wachter* in: Bonefeld/Wachter/Daragan, Der Fachanwalt für Erbrecht, S. 878 ff.
[286] Nach einem Vorschlag von *Winkler*, ZErb 2006, 195.
[287] Nach einem Vorschlag von *Wachter* in: Bonefeld/Wachter/Daragan, Der Fachanwalt für Erbrecht, S. 914 f.

ren. In der Beratungspraxis fällt auf, dass Eheleuten nur in seltenen Fällen bewusst ist, dass der gesetzliche Güterstand der Zugewinngemeinschaft eine Gütertrennung beinhaltet. Gerade bei Immobilien ist den wenigsten Ehepartnern klar, dass sich die Eigentumsverhältnisse nach der Eintragung im Grundbuch bestimmen. Auch bei einem Gemeinschaftskonto (bspw einem Oder-Konto) fehlt oftmals im Innenverhältnis zwischen den Ehepartnern eine Regelung über die Anteilsberechtigung, so dass gem. § 430 BGB grds. eine hälftige Zuordnung erfolgt.[288]

2. Regelungsziele

234 Übergeordnetes Regelungsziel der Ehepartner ist die wirtschaftliche Unabhängigkeit des Überlebenden gegenüber gemeinsamen Kindern, gefolgt von dem Wunsch, dass das Vermögen nach dem Ableben des Überlebenden den gemeinsamen Kindern zufließt. Je nach Alter und Vermögensstrukturierung verlangen Eheleute daher ein Regelungsmodell, das auf der einen Seite dem überlebenden Ehepartner höchstmögliche Rechte bezüglich des Vermögens bietet und andererseits jedoch sicherstellen soll, dass gemeinschaftliche Abkömmlinge das erwirtschaftete Vermögen auch nach dem Tod des überlebenden Ehepartners erhalten.

3. Aufbau eines gemeinschaftlichen Testaments

235 Da in einem gemeinschaftlichen Testament grundsätzlich zwei Erbfälle geregelt werden, der des Ehemannes und der der Ehefrau, ist es besonders wichtig, dass ein klarer Aufbau für das Testament gewählt wird. Insbesondere sollte eine deutliche Trennung zwischen der Verfügung für den ersten Todesfall, der Verfügung für den zweiten Todesfall und den Bestimmungen, welche der Verfügungen mit welchem Inhalt wechselbezüglich sein soll, erfolgen. Es empfiehlt sich folgendes Aufbauschema zu verwenden:
– Verfügungen für den ersten Todesfall
  – Erbeinsetzung (eventuell gesondert regeln: Erstversterbensfall Ehemann, Erstversterbensfall Ehefrau), Ersatzerbenbestimmung
  – Vermächtnisse
  – Auflagen
  – Wiederverheiratungsklausel
  – Pflichtteilsklausel
  – Anfechtungsverzicht
– Verfügung für den zweiten Todesfall
  – Erbeinsetzung (eventuell gesondert regeln: Versterbensfall Ehemann, Versterbensfall Ehefrau), Ersatzerbenbestimmung und Anordnungen für die Erbauseinandersetzung
  – Vermächtnisse
  – Auflagen
  – Anfechtungsverzicht
– Wechselbezüglichkeit und Bindungswirkung
– Verfügungen für den Fall des gleichzeitigen Versterbens der Eheleute
– Vorsorge für den Fall der Scheidung

---

288 Vgl zur Frage einer Bruchteilsgemeinschaft beim Einzelkonto *Bonefeld*, ZErb 2003, 369 und BGH FamRZ 2002, 1696, der in bestimmten Fällen auch von einer stillschweigenden Bruchteilsberechtigung ausgeht.

- Testamentsvollstreckung
- Schiedsklausel

4. Formelle Gestaltung

a) Verfügung beider Ehepartner

Nach dem Formprivileg des § 2267 BGB genügt es, wenn ein Ehepartner unter Wahrung der Formvorschrift des § 2247 BGB den Willen des Ehegatten niederlegt und der andere mit unterzeichnet (formelles Privileg). Während das Ehegattentestament sowohl in privatschriftlicher als auch in notarieller Form errichtet werden kann, muss ein Erbvertrag zwingend notariell beurkundet werden. Ein gemeinschaftliches Ehegattentestament liegt vor, wenn Ehegatten ihren letzten Willen gemeinschaftlich erklären. Ein gemeinschaftliches Testament ist nur zwischen Ehepartnern zulässig, § 2265 BGB.

b) Abgrenzung zwischen Einzel- und gemeinschaftlichem Testament

Zur Abgrenzung zwischen Einzeltestament und Ehegattentestament gab es einen intensiven Theorienstreit, da die Form des gemeinschaftlichen Testaments in § 2267 BGB nur unvollkommen geregelt ist. Maßgeblich für die Frage, ob ein gemeinschaftliches Testament vorliegt, ist der sog. **Errichtungszusammenhang**. Dieser ist entsprechend der unterschiedlichen Theorien wie folgt festzustellen:

Objektive Theorie (Urkundeneinheit): Das Reichsgericht[289] hat in seiner Entscheidung festgestellt, dass das Wesen des gemeinschaftlichen Testaments darin besteht, dass letztwillige Verfügungen mehrerer Personen in einer **einzigen Urkunde** niedergelegt werden. Nach dieser früheren hM bestand daher der Grundsatz der Urkundeneinheit.[290] Nach der neueren objektiven Theorie[291] ist auf eine äußerliche Erkennbarkeit der gemeinschaftlich Testierenden abzustellen. D.h. jeder muss die Verfügung des Anderen zumindest kennen. Im Testament müssen daher deutliche Hinweise auf den Errichtungszusammenhang vorhanden sein. Bspw. wenn die jeweils einzelnen Verfügungen in der „Wir-Form" erfasst wurden[292] oder eine inhaltliche Bezugnahme auf die jeweils andere Verfügung erfolgte. Ausreichend ist insoweit auch, wenn der jeweils Andere die Urkunde mit unterschreibt. Werden Urkunden gemeinschaftlich verwahrt, so können diese den Errichtungszusammenhang nicht ersetzen, wenn sich in der letztwilligen Verfügung keine sonstigen Anhaltspunkte befinden.

Nach der **strengen subjektiven Theorie**[293] ist allein der Wille der Ehegatten zur gemeinschaftlichen Testamentserrichtung maßgebend. Es ist danach nicht erforderlich, dass sich dieser Wille in den jeweiligen Testamenten andeutet. Eine inhaltliche Bezugnahme oder ein räumlicher, zeitlicher oder örtlicher Zusammenhang sind danach Indizien oder widerlegbare Vermutungen für den sog. Errichtungszusammenhang.[294] Erforderlich ist hierbei aber auch, dass der jeweils andere Ehepartner die Verfügung des anderen kennt.

---

289 RGZ 71, 204.
290 Als einheitliche Urkunde wurden aber auch mehrere Blätter oder Papierbögen angesehen – es wurde auf die Einheit der Papierunterlagen abgestellt.
291 MünchKomm/*Musilak*, § 2265 Rn 9.
292 BayObLG FamRZ 1993, 240.
293 Staudinger/*Kanzleiter*, Vor § 2265 Rn 18; *Brox*, Rn 74.
294 OLG Freiburg NJW 1949, 80.

240 Nach der sog. **Vereinigungstheorie** können sowohl subjektive als auch objektive Kriterien den Errichtungszusammenhang begründen. Nach Ansicht des BGH[295] muss entweder eine gemeinschaftliche Urkunde vorhanden sein oder bei getrennten Urkunden ein in beiden Urkunden äußerlich erkennbarer Wille zur gemeinschaftlichen Errichtung erkennbar sein.

241 **Sukzessive Testamentserrichtung:** Stellt man allein auf den gemeinschaftlichen Willen zur Testamentserrichtung ab, so besteht grundsätzlich die Möglichkeit, dass ein Ehepartner zunächst allein eine letztwillige Verfügung errichtet, in die der andere später mit einbezogen wird.[296] Dabei gilt es zu beachten, dass die Beitrittserklärung des anderen Ehepartners in einem zeitlichen Zusammenhang stehen muss. Voraussetzung bei einer sukzessiven Errichtung eines gemeinschaftlichen Testaments ist aber, dass die mögliche spätere Beitrittserklärung und Herbeiführung der gemeinschaftlichen Verfügung im Zeitpunkt der Errichtung des ersten Testaments bereits vorhanden war. Wird der Entschluss des anderen Ehegatten zur gemeinschaftlichen Verfügung erst später gefasst, so kann **keine sog. nachträgliche Vergemeinschaftung** stattfinden.[297]

c) Einseitige und wechselbezügliche Verfügungen

242 Die Verfügungen in einem gemeinschaftlichen Testament können sowohl wechselbezüglich im Sinne von § 2270 Abs. 1 BGB sein oder auch jeweils einseitige Verfügungen. Ein Ehegattentestament muss, damit es formell wirksam ist, weder eine wechselbezügliche Verfügung noch eine gegenseitige Zuwendung enthalten, sondern kann ausschließlich auch aus einseitigen und unabhängigen Verfügungen bestehen.

aa) Gleichzeitige oder äußerliche gemeinschaftliche Testamente

243 Bei dieser Art des Ehegattentestaments handelt es sich um inhaltlich voneinander unabhängige Einzelverfügungen der Ehegatten. Diese Einzelverfügungen der Ehegatten sind nur äußerlich zu einem gemeinschaftlichen Testament zusammengefasst. Die Eheleute haben sich hier nur der Formerleichterung des § 2267 BGB bedient (**sog. Testiergemeinschaft**).[298]

244 ▶ **Muster: Beispiel für Einzelverfügungen**

Wir, die Eheleute A und B, verfassen folgende letztwillige Verfügung:

Nach dem Ableben des Ehepartners A erhält der Schützenverein C ein Vermächtnis in Höhe von 10.000,– EUR.

Nach dem Ableben des Ehepartners B erhält der Dackelverein D ein Vermächtnis von 10.000,– EUR.

※※※

Ort/Datum/Unterschrift A

※※※

Ort/Datum/Unterschrift B ◀

bb) Gegenseitige (oder reziproke) Testamente

245 Die Ehegatten setzen sich gegenseitig zu Erben ein, ohne dass diese Verfügungen, entgegen der Auslegungsregel des § 2270 Abs. 2 BGB, in ihrer Wirksamkeit voneinander abhängig, dh wech-

---

[295] BGHZ 9, 113.
[296] Vgl zu einem Testament mit Eventualbeitritt BayObLG FamRZ 1992, 353.
[297] Soergel/*Wolf*, § 2265 Rn 6.
[298] *Nieder*, ZErb 2001, 120.

C. Das gemeinschaftliche Testament § 7

selbezüglich im Sinne des § 2270 Abs. 1 BGB sind. Hier erfolgt lediglich ein gegenseitiges Bedenken.

▶ **Muster: Beispiel für gegenseitige Verfügungen** 246

Wir, die Eheleute A und B, setzen uns gegenseitig zu Alleinerben ein. Erbe nach dem Letztversterbenden ist C. Unsere Verfügungen sind nicht wechselbezüglich.

Ort/Datum/Unterschrift A

Ort/Datum/Unterschrift B ◀

cc) Wechselbezügliche, korrespektive oder abhängige Testamente

Bei **Wechselbezüglichkeit** sind die Verfügungen der Eheleute voneinander dergestalt abhängig, 247
dass die Verfügung des einen nur mit Rücksicht auf die des anderen getroffen wurde und jede Verfügung in ihrem Bestand von der des anderen abhängig ist, § 2270 Abs. 1 BGB. Nach der Auslegungsregel des § 2270 Abs. 1 BGB sind die in einem gemeinschaftlichen Testament getroffenen Verfügungen wechselbezüglich, wenn jede der Verfügung mit Rücksicht auf die andere getroffen wurde.²⁹⁹ Zwischen den jeweiligen Verfügungen muss daher ein „Zusammenhang des Motivs" bestehen.³⁰⁰ Hierbei ist Folgendes zu trennen: Gegenseitige Verfügungen in gemeinschaftlichen Testamenten sind unter den Voraussetzungen der Auslegungsregel des § 2270 Abs. 2 BGB im Zweifel wechselbezüglich, müssen es aber nicht sein.

Nach § 2270 Abs. 3 BGB können wechselbezüglich sein: 248
- Erbeinsetzungen,
- Vermächtnisse,
- Auflagen.

Andere Verfügungen, wie bspw die Ernennung eines Testamentsvollstreckers,³⁰¹ die Bestim- 249
mung eines Vormunds oder die Anordnung einer Teilungsanordnung können im gemeinschaftlichen Testament getroffen werden, aber nicht wechselbezüglich. Die wechselbezüglichen Verfügungen entfalten nach dem Tod eines Ehegatten, der die Erbschaft angenommen hat (§ 2271 Abs. 2 BGB), nahezu dieselbe Wirkung wie vertragsmäßige Verfügungen in einem Erbvertrag. Die Bindungswirkung bei Wechselbezüglichkeit der Verfügung führt so zu einer Einschränkung der Testierfreiheit für den überlebenden Ehepartner.³⁰²

▶ **Muster: Wechselbezügliche Verfügungen**³⁰³ 250

Die in unserem Testament getroffenen letztwilligen Verfügungen des Ehemannes und der Ehefrau sowohl für den ersten als auch für den zweiten Todesfall sollen hinsichtlich der Erbeinsetzung, der Vermächtnisse und Auflagen insgesamt wechselbezüglich und bindend sein. ◀

---

299 *Nieder*, ZErb 2001, 120.
300 KG NJW 1972, 2133.
301 **Hinweis:** Nachträgliche Anordnung einer Testamentsvollstreckung durch den überlebenden Ehepartner bezüglich des Erbteils der Schlusserben ist nicht zulässig, da es die Rechte der Schlusserben beeinträchtigt; Palandt/*Edenhofer*, § 2271 Rn 16 mwN.
302 Palandt/*Edenhofer*, § 2279 Rn 9.
303 **Hinweis:** Sollten nur einzelne Verfügungen wechselbezüglich und bindend sein, ist genau anzugeben, welche Verfügung in Bezug auf welchen Todesfall wechselbezüglich und bindend sein soll.

5. Form des gemeinschaftlichen Testaments § 2267 BGB iVm § 2247 BGB

a) Einzeltestament, gemeinschaftliches Testament

251 Das BGB hat den Begriff des gemeinschaftlichen Testaments nicht definiert. Es ist daher festzustellen, wann zwei Einzeltestamente bzw wann ein gemeinschaftliches Testament vorliegt. Zwei letztwillige Verfügungen von Ehegatten werden nur dann als gemeinschaftliches Testament angesehen, wenn sie aufgrund eines gemeinsamen Testierwillens errichtet worden sind (Wille zur Gemeinschaftlichkeit). Es ist daher immer beim Vorliegen von Einzeltestamenten von Eheleuten zu überprüfen, ob es sich hierbei um zwei Einzeltestamente handelt oder ob diese beiden letztwilligen Verfügungen aufgrund des Errichtungszusammenhangs als gemeinschaftliches Testament anzusehen ist. Wenn nämlich zwei Einzeltestamente aufgrund des Errichtungszusammenhangs als gemeinschaftliches Testament angesehen werden, sind die Rechtsfolgen ggf vollkommen unterschiedlich von den Rechtsfolgen zweier Einzeltestamente.

b) Gemeinschaftliches Testament in zwei Urkunden

252 Nach der herrschenden Auffassung kann ein gemeinschaftliches Testament von Eheleuten auch in verschiedenen öffentlichen Urkunden oder eigenhändig beschriebenen Papierbogen niedergelegt werden, wenn nur der Wille, gemeinsam letztwillig zu verfügen, aus den Einzeltestamenten selbst erkennbar ist.[304] Wenn jeder Ehegatte den ganzen Inhalt des gemeinschaftlichen Testaments in übereinstimmender Weise, also sämtliche beiderseitigen Verfügungen auf dem gleichen Blatt niederschreibt und unterschreibt, so kommt es auf die Art der Unterschriftsleistung an.

253 ▶ **Muster: Beispiel für getrennte Einzelurkunden**

Wir, die Eheleute A und B, setzen uns gegenseitig zu Alleinerben ein. Nach dem Tod des Letztversterbenden ist unser Sohn C Alleinerbe.

...

Ort/Datum/Unterschrift A

Wir, die Eheleute A und B, setzen uns gegenseitig zu Alleinerben ein. Nach dem Tod des Letztversterbenden ist unser Sohn C Alleinerbe.

...

Ort/Datum/Unterschrift B ◀

254 Hier kommt es nach der objektiven Theorie über die Urkundeneinheit zur Feststellung eines gemeinschaftlichen Willens. Wenn auch noch jeder Ehegatte jeweils die Verfügung des anderen mit unterzeichnet, so handelt es sich um ein gemeinschaftliches Testament im Sinne von § 2267 BGB in doppelter Ausfertigung. Schreibt dagegen jeder Ehegatte nur die seinen Nachlass betreffenden Verfügungen selbst nieder und jeder unterschreibt dann am Schluss der beiden Niederschriften, so ist auch die Form des § 2247 BGB gewahrt und es liegt, wegen des Errichtungszusammenhangs, ein gemeinschaftliches Testament vor.

---

304 BGHZ 9, 113.

C. Das gemeinschaftliche Testament § 7

▶ **Muster: Beispiel für getrennte gemeinschaftliche Urkunden** 255

Ich, A, setze meine Ehefrau, B, zu meiner Alleinerbin ein. Nach meinem Tod bekommt der Dackelverein mein Vermögen.

...

Ort/Datum/Unterschrift A

...

Ort/Datum/Unterschrift B

Ich, B, setze meine Frau A zu meiner Alleinerbin ein. Nach meinem Ableben erbt der Schützenverein mein Vermögen.

...

Ort/Datum/Unterschrift A

...

Ort/Datum/Unterschrift B ◀

Zur Feststellung des gemeinschaftlichen Willens kann auch auf außerhalb der Urkunde liegende Umstände zurückgegriffen werden. Der gemeinsame Testierwille muss sich aber wenigstens andeutungsweise aus der Urkunde ergeben.[305] Für die Umstände außerhalb der Testamentsurkunde, aus denen sich der gemeinschaftliche Testamentswille ergeben soll, ist derjenige beweispflichtig, der behauptet, dass es sich bei zwei Einzeltestamenten um ein gemeinschaftliches Testament handelt. 256

Nach der herrschenden Meinung ist es auch zulässig, dass ein gemeinschaftliches Testament in getrennten Beurkundungsverhandlungen, ja sogar vor verschiedenen Notaren errichtet wird. Voraussetzung ist, dass die Gemeinschaftlichkeit der Verfügung zum Ausdruck kommt und jedem Ehegatten die Verfügung des anderen bekannt ist.[306] Ein weiteres „Indiz" bei zwei getrennten Testamentsurkunden für einen gemeinschaftlichen Testamentswillen ist, wenn in den jeweils getrennten Testamentsurkunden auf die andere Testamentsurkunde inhaltlich Bezug genommen wird.[307] 257

c) Ehegattentestament in einer Urkunde

Um Auslegungsschwierigkeiten zu vermeiden, ist es besser, wenn der gemeinsame Testierwille aus den beiden Erklärungen selbst nach außen erkennbar ist, wie etwa durch die Worte „*wir*" oder „*auch ich*". Unproblematisch ist es, wenn Eheleute, wie im öffentlichen Testament üblich, in einer einheitlichen Urkunde bzw eigenhändig auf einem Blatt in der Weise testieren, dass jeder seine letztwillige Verfügung in der allgemeinen Form erklärt. Wenn in einer einheitlichen Urkunde testiert wird, wird unterstellt, dass ein gemeinsamer Testierwille vorhanden ist. Wenn eine Mitunterzeichnung einer einheitlichen Urkunde vorliegt, wird in der Regel zum Ausdruck gebracht, dass ein gemeinsamer Testierwille vorgelegen hat. Gem. § 2267 gilt für das gemeinschaftliche eigenhändige Ehegattentestament das Formprivileg, dass es genügt, wenn ein Ehegatte das Testament in der vorgeschriebenen privatschriftlichen Form errichtet und der andere eigenhändig mit unterzeichnet. Bei der Mitunterzeichnung sollte Wert darauf gelegt wer- 258

---

305 Staudinger/*Kanzleiter*, Vor §§ 2265 ff Rn 16.
306 *J. Mayer* in: Reimann/Bengel/J. Mayer, § 2267 Rn 5. Beim Erbvertrag ist hingegen gleichzeitige Anwesenheit erforderlich.
307 BayObLGZ 1959, 228.

den, dass der mit unterzeichnende Ehepartner zumindest den Zeitpunkt seiner Mitunterzeichnung angibt und zur vollkommenen Klarstellung hinzufügt: *„Auch dies ist mein letzter Wille".*

6. Eröffnung

259 Für die Eröffnung gemeinschaftlicher Testamente gelten nach § 2273 besondere, die allgemeinen Eröffnungsvorschriften der §§ 2260 bis 2263 ergänzende Regeln. Nach dem Tod des Erstversterbenden sind die Verfügungen des Überlebenden nicht zu verkünden. Rein praktisch gesehen bietet jedoch diese Vorschrift keinerlei Schutz, dass die Verfügungen des Überlebenden auf den ersten Versterbensfall nicht bekannt werden. Durch Akteneinsicht in die Nachlassakte kann nämlich jeder, der ein berechtigtes Interesse für die Akteneinsicht darlegen kann, auch die Verfügungen auf den zweiten Versterbensfall der Akte entnehmen.

7. Rücknahme eines gemeinschaftlichen Testaments

260 Bei allen gemeinschaftlichen Testamenten ist nur eine gemeinschaftliche **Rücknahme** durch die Ehegatten aus der amtlichen Verwahrung möglich, § 2272 BGB. § 2272 BGB gilt sowohl für das eigenhändige als auch für das öffentliche gemeinschaftliche Testament. Abweichend von § 2256 BGB bestimmt § 2272 BGB, dass ein gemeinschaftliches Testament nur von beiden Ehegatten zurückgenommen werden kann. Es müssen also beide Ehegatten die Rücknahme verlangen und zur Rücknahme persönlich und gleichzeitig erscheinen, § 2256 Abs. 2 S. 2 BGB. Wird zB das gemeinschaftliche Testament entgegen § 2272 BGB allein an einen Ehegatten zurückgegeben, so hat die Rückgabe bei einem öffentlichen Testament nicht die Wirkung des Widerrufs. Bei der Rückgabe ist eine Stellvertretung ausgeschlossen. Können die Ehegatten oder einer davon nicht mehr persönlich das Testament bei Gericht in Empfang nehmen, muss das Gericht den Eheleuten das Testament durch die verwahrende Stelle selbst überbracht werden. Eine Zusendung per Post genügt nicht und ist nicht statthaft. Eine weitere Voraussetzung ist, dass zum Zeitpunkt der Rücknahme beide Ehegatten testierfähig sein müssen.

8. Trennbare Gestaltung von Ehegattenverfügungen: „Geheimhaltungsinteresse"

261 Wie bereits ausgeführt, besteht bei gemeinschaftlichen Testamenten und zweiseitigen Ehegattenerbverträgen der Wunsch, nur die Bestimmung des Erstversterbenden, nicht jedoch die Bestimmungen des Längstlebenden schon beim Tod des Erstversterbenden bekannt zu geben. §§ 2273 Abs. 1 BGB regelt, in welchem Umfang Verfügungen von Todes wegen nach dem Tod des Erstversterbenden zu eröffnen sind. Verfügungen des überlebenden Ehegatten sind weder zu verkünden noch sonst zur Kenntnis der Beteiligten zu bringen, soweit sie sich **absondern lassen**. Aus diesem Grund werden von den Nachlassgerichten oftmals Teile der letztwilligen Verfügung abgedeckt.[308] Um dem Nachlassgericht die Eröffnung zu vereinfachen, sollten die Verfügungen sprachlich durch einen klaren Testamentswortlaut vollkommen getrennt werden. Vgl Rn 260.

---

308 **Hinweis:** Verfügungen, die in der Wir-Form gehalten sind, müssen beim Tod des Erstversterbenden vollständig eröffnet werden. Als Ausnahme ist jedoch anzumerken, dass Verfügungen von Ehegatten auch in Wir-Form dann nicht zu eröffnen sind, wenn diese Verfügungen eindeutig nur vom Längstlebenden zu erfüllen sind, wie zB ein Vermächtnis.

C. Das gemeinschaftliche Testament § 7

▶ **Muster: Beispiel für trennbare Verfügungen** 262

Ich, die Ehefrau, bestimme:

für den Fall, dass ich vor meinem Ehemann versterben sollte: ...

für den Fall, dass ich nach meinem Ehemann versterben sollte: ...

Ich, der Ehemann, bestimme:

für den Fall, dass ich vor meiner Ehefrau versterben sollte: ...

für den Fall, dass ich nach meiner Ehefrau versterben sollte: ... ◀

Der BGH[309] führt hierzu aus, dass die Erblasser, auch wenn sie gemeinschaftlich testieren wollen, ein Geheimhaltungsinteresse hinsichtlich der Verfügungen des überlebenden Ehepartners haben. Dieses Geheimhaltungsinteresse können sie dadurch wahren, dass sie getrennte Verfügungen errichten.[310] 263

II. Entscheidung zwischen Einzeltestament, gemeinschaftlichem Testament und Ehegattenerbvertrag

In der Beratungspraxis stellt sich die Frage, in welcher Form die letztwillige Verfügung errichtet werden soll: als einseitiges Einzeltestament, als gemeinschaftliches Testament mit (teilweiser) Bindungswirkung oder vertragsmäßig als Erbvertrag. 264

– Einseitiges Testament
  – Vorteile:
    – freie Widerruflichkeit § 2253 BGB.
  – Nachteile:
    – heimliche Aufhebbarkeit eines jeden Ehepartners.
– Gemeinschaftliches Testament
  – Vorteile:
    – privatschriftliche Errichtung §§ 2232, 2247, 2267 BGB im Gegensatz zum Erbvertrag, welcher nur notariell geschlossen werden kann, §§ 2276 BGB.
    – Es kann ohne notarielle Beurkundung und die damit verbundenen Kosten nahezu dieselbe Bindungswirkung wie beim Erbvertrag erreicht werden. Vorteil nachträglicher Änderungen.
    – Es müssen im Gegensatz zum Erbvertrag keine wechselbezüglichen Verfügungen im Sinne des § 2270 Abs. 1 BGB enthalten sein.
    – Für die Errichtung eines gemeinschaftlichen Testaments genügt die ab dem 16. Lebensjahr erlangte Testierfähigkeit, § 2229 BGB.
    – Das gemeinschaftliche Testament kann zu Lebzeiten beider Ehegatten einseitig widerrufen werden, §§ 2271 Abs. 1, 2296 BGB (Zustellung, Ausfertigung).

---

309 BGHZ 91, 105.
310 Entscheidung des BGH vom 11.4.1984 (BGHZ 91, 105 aE): „Ein Zwang, die eigene letztwillige Verfügung mit der eines anderen so zu verbinden, dass eine Absonderung unmöglich wird, besteht nicht. Jede angestrebte sachliche Regelung lässt sich sowohl im gemeinschaftlichen Testament als auch im Erbvertrag durch getrennte Erklärungen verfügen, die ohne weiteres voneinander geschieden werden können. Die Wahrung des Geheimhaltungsinteresses liegt somit in den Händen des Testierenden. Diese können bei der Errichtung ihrer letztwilligen Verfügungen die Schwierigkeiten bedenken und ausräumen."

- Nachteile:
  - In einem gemeinschaftlichen Testament kann nicht auf das Widerrufsrecht im Falle der Ausschlagung gem. § 2271 Abs. 2 S. 1 BGB verzichtet werden.
  - Ein gemeinschaftliches Testament kann nur von Ehegatten errichtet werden, § 2265 BGB.
  - Das gemeinschaftliche notarielle Testament muss zwingend in besondere amtliche Verwahrung gebracht werden, § 34 Abs. 1 Beurkundungsgesetz, während beim Erbvertrag von den Vertragsschließenden darauf verzichtet werden kann, § 34 Abs. 2 Beurkundungsgesetz.
  - Im Gegensatz zum Erbvertrag sind beeinträchtigende Verfügungen des Erstversterbenden nicht angreifbar.
- Ehegattenerbvertrag, § 2280 BGB
  - Vorteile:
    - Ein Erbvertrag kann zwischen beliebigen Personen errichtet werden. In einem Erbvertrag braucht nur der Erblasser Verfügungen von Todes wegen zu treffen.
    - Beim Erbvertrag tritt der Schutz des anderen Ehegatten und der Schlusserben vor vom Erblasser in Beeinträchtigungsabsicht gemachten Schenkungen bereits mit Vertragsabschluss ein.
    - Beim Erbvertrag kann der überlebende Ehegatte sich nicht nach § 2298 Abs. 2 S. 3 BGB durch Ausschlagung des ihm Zugewendeten von seiner bindend gewordenen Eigenverfügung von Todes wegen lösen, wenn kein Rücktrittsrecht vorbehalten wurde (im Unterschied zum gemeinschaftlichen Testament).
    - Entfallen der 1/4 Gebühr gem. § 101 KostO für die Hinterlegung im Gegensatz zum notariell beurkundeten gemeinschaftlichen Testament, welches immer zwingend hinterlegt werden muss.
    - Kostengünstige Kombinationsmöglichkeit mit Ehevertrag, § 26 Abs. 3 KostO.

III. Die inhaltliche Ausgestaltung gemeinschaftlicher Verfügungen

1. Allgemeines

265 Grundsätzlich bieten sich bei der Erstellung eines Ehegattentestaments drei Kategorien an:
- die Einheitslösung (Ehegatte wird Vollerbe),
- die Trennungslösung (Ehegatte wird Vorerbe) und
- die Nießbrauchslösung (Ehegatte erhält den Nießbrauch am Nachlass).

2. Die Einheitslösung (Berliner Testament)

a) Die Erbeinsetzung

266 Bei der Einheitslösung setzen sich die Ehegatten für den ersten Todesfall gegenseitig zu alleinigen Vollerben ein (sog. **Berliner Testament**, § 2269 BGB oder aber auch **Einheitslösung** genannt). Bei der Einheitslösung geht das Vermögen des Erstversterbenden in das Vermögen des Überlebenden über. Es bildet dann mit dem Vermögen des Überlebenden eine Vermögensmasse. Zum Erben des Längstlebenden werden dann, was aber nicht zwingend ist, ein oder mehrere Schlusserben bestimmt, in der Regel die gemeinsamen Kinder. Diese erben das Vermögen insgesamt vom zuletzt Versterbenden und nicht dem Erstversterbenden. Die Einheitslösung kann

C. Das gemeinschaftliche Testament § 7

sowohl in einem gemeinschaftlichen Testament (§ 2269 BGB) getroffen werden als auch in einem Ehegattenerbvertrag als sog. unumstößliches „Berliner Testament".

▶ **Muster: „Berliner Testament"**

267

Auf das Ableben des Erstversterbenden von uns setzen wir, die Eheleute ---, geb. am --- in ---, und ---, geborene ---, geb. am --- in ---, uns gegenseitig zu alleinigen Vollerben ein. Der jeweils überlebende Ehepartner ist unbeschränkter Vollerbe, eine Nacherbfolge findet nicht statt.

Zu Erben des Längstlebenden von uns und somit zu unseren Schlusserben bestimmen wir unsere ehegemeinschaftlichen Kinder ---, geb. am --- in ---, wohnhaft ---, und ---, geb. am --- in ---, wohnhaft --- und ---, geb. am --- in ---, wohnhaft ---, zu jeweils gleichen Teilen. Ersatzerben sind die Abkömmlinge unserer ehegemeinschaftlichen Kinder nach den Regeln der gesetzlichen Erbfolgeordnung, wiederum ersatzweise soll – zunächst innerhalb eines Stammes – Anwachsung eintreten. ◀

b) Auslegungsregeln zur Feststellung der Einheitslösung

Eine Berufung des überlebenden Ehegatten zum Alleinerben schließt die Annahme von Vor- und Nacherbfolge nicht aus.[311] Vor- und Nacherbschaft ist dann anzunehmen, wenn beim Tod des Längstlebenden das Vermögen des Erstverstorbenen und Längstlebenden auseinander fällt, so bspw wenn jeweils die eigenen Verwandten Erben der jeweiligen Nachlässe auf das Ableben des Längstlebenden werden sollen.[312] Wenn einer der beiden Eheleute vermögenslos ist und sich die Eheleute jeweils auf den Tod des Erstversterbenden zu Alleinerben eingesetzt haben, kann nicht automatisch angenommen werden, dass der reichere Erblasser den „ärmeren Erblasser" lediglich als Vorerbe einsetzen wollte. Nur dann, wenn anzunehmen ist, dass der vermögende Ehegatte darauf Wert legt, dass die Substanz seines Vermögens unvermindert auf den Drittbedachten übergehen soll und der ärmere Ehepartner in seiner Verfügung über das Vermögen des reicheren beschränkt ist, kann dies ein Indiz für Vor- und Nacherbschaft sein.[313]

268

Wenn dem Überlebenden nur das Recht eingeräumt ist, über den Ertrag des Nachlasses frei zu verfügen, er jedoch nicht die Substanz angreifen darf, ist ebenfalls von Vor- und Nacherbschaft auszugehen.[314] Eine Anordnung, wonach es nach dem Tod des Überlebenden bei der gesetzlichen Erbfolge verbleiben soll, kann jedoch die Einsetzung der beiderseitig gesetzlichen Erben als testamentarische Erben bedeuten, jedoch aber auch die Freistellung eines Überlebenden von der Bindung enthalten.[315] Um derartige Auslegungsschwierigkeiten zu vermeiden, sollte auf jeden Fall für den Fall der Freistellung des überlebenden Ehepartners folgende Klausel verwendet werden: *Der überlebende Ehepartner bzw der Überlebende von uns kann über den beiderseitigen Nachlass in vollem Umfang zu Lebzeiten und von Todes wegen frei verfügen.*

269

c) Ersatzerbenbestimmung im ersten Todesfall?

Haben sich die Ehegatten wechselseitig zum alleinigen Vollerben eingesetzt, stellt sich die Frage, ob hinsichtlich des Wegfalls des überlebenden Ehepartners für den Fall, dass er die Erbschaft ausschlägt, die Erbeinsetzung anficht oder für erbunwürdig erklärt wird, die als Schlusserben Bedachten Ersatzerben sind. Weder § 2097 BGB noch § 2102 Abs. 1 BGB finden in diesen Fällen

270

---

311 BayObLGZ 1966, 49, 53.
312 Palandt/*Edenhofer*, § 2269 Rn 3 a.
313 BayObLGZ 1966, 49, 63.
314 MünchKomm/*Musielak*, § 2269 Rn 19.
315 BayObLGZ 1965, 53, 57.

Anwendung. Es ist vielmehr durch ergänzende Auslegung zu prüfen, ob mit der Schlusserbeneinsetzung auch gleichzeitig eine Ersatzerbenbestimmung gewollt war. Grundsätzlich dürfte es dem mutmaßlichen oder zumindest dem hypothetischen Willen der Ehegatten entsprechen, dass die von ihnen als Schlusserben Bedachten auch Ersatzerben des jeweils überlebenden Ehepartners sein sollen.[316] Wie J. Mayer[317] ausführt, wird man von einem Erfahrungssatz sprechen können, dass die Schlusserben gleichzeitig Ersatzerben des überlebenden Ehepartners sein sollen, da der Schlusserbfall in diesem Moment nur zeitlich vorverlagert wird. Diesen Erfahrungssatz kann man jedoch nicht ungeprüft auf alle Fälle anwenden. Erfolgt ein Wegfall des überlebenden Ehepartners, bspw durch Erbunwürdigkeit, so ist in jedem Fall zu prüfen, ob die gemeinsam zu Schlusserben bestimmten Personen auch in diesem Fall Schluss- bzw Ersatzerben werden sollten.[318]

271 ▶ **Muster: „Berliner Testament" mit Ersatzerbenbestimmung für den ersten Todesfall bei Kindern aus unterschiedlichen Ehen**

454

Auf das Ableben des Erstversterbenden von uns setzen wir, die Eheleute ..., geb. am ... in ..., und ..., geborene ..., geb. am ... in ..., uns gegenseitig zu alleinigen Vollerben ein. Der jeweils überlebende Ehepartner ist unbeschränkter Vollerbe, eine Nacherbfolge findet nicht statt.

Ersatzerben des überlebenden Ehepartners sind für den Fall, dass dieser die Erbschaft ausschlägt, die Kinder des Ehemannes aus dessen erster Ehe zu ½ Erbteil und die Kinder der Ehefrau aus deren erster Ehe zu ½ Erbteil. Für den Fall, dass der überlebende Ehepartner aufgrund Erbunwürdigkeit entfällt, werden seine Abkömmlinge nicht Ersatzerben. In diesem Fall ist er dann aber berechtigt, seine Verfügung für den Schlusserbfall in vollem Umfang zu ändern.

Zu Schlusserben des Längstlebenden von uns bestimmen wir die Kinder des Ehemannes aus dessen erster Ehe zu ½ Erbteil und die Kinder der Ehefrau aus deren erster Ehe zu ½ Erbteil, ersatzweise deren Abkömmlinge, wiederum ersatzweise tritt – zunächst innerhalb eines Stammes – Anwachsung ein. ◀

d) Das Steuervermächtnis beim Berliner Testament

272 Bei der gegenseitigen Alleinerbeneinsetzung wird den Abkömmlingen die Möglichkeit der Ausnutzung des **Erbschaftsteuerfreibetrages** nach dem erstversterbenden Elternteil genommen, so dass sich bei größeren Vermögen die Frage stellt, ob für Abkömmlinge am Nachlass des Erstversterbenden bereits ein Vermächtnisanspruch bestimmt werden sollte, damit der Erbschaftsteuerfreibetrag oder Teile davon ausgenutzt werden können.[319] Dabei tut sich ein Spannungsverhältnis zwischen der Vermeidung von Liquiditätsabflüssen und Ausnutzung von Steuerfreibeträgen auf. Damit der überlebende Ehegatte nicht mit der Vermächtniserfüllung belastet wird, hat es die Praxis in der Vergangenheit so gehandhabt, das Vermächtnis bereits beim ersten Todesfall anfallen zu lassen, die Fälligkeit des Vermächtnisses aber bis zum Tod des überlebenden Ehegatten hinauszuschieben.[320] Ein solches Hinausschieben der Fälligkeit bis zum Tod

---

316 *J. Mayer*, ZEV 1998, 50.
317 *J. Mayer* in: Reimann/Bengel/J. Mayer, § 2269 Rn 22.
318 OLG Frankfurt ZEV 1995, 457: In der Entscheidung hatten sich die Eheleute gegenseitig zu alleinigen Erben eingesetzt. Als Schlusserbin wurde die Tochter des Ehemannes aus erster Ehe bestimmt. Der Ehemann hatte seine Ehefrau umgebracht und wurde deshalb für erbunwürdig erklärt. Hier stellte sich nunmehr die Frage, ob es tatsächlich Wille der Ehefrau gewesen ist, dass auch in diesem Falle die Tochter des Ehemannes Schluss- bzw Ersatzerbin des für erbunwürdig erklärten Vaters werden sollte. Das OLG Frankfurt hat dies fälschlicherweise angenommen.
319 Vgl zur Erbschaftsteuerproblematik bei der Einheitslösung *Jülicher*, ZEV 1996, 18.
320 Vgl kritisch hierzu *J. Mayer*, ZEV 1998, 50.

des überlebenden Ehegatten wird nach § 6 Abs. 4 ErbStG wie ein Vor- und Nachvermächtnis behandelt, sodass es nicht zur Ausnutzung der Freibeträge am Nachlass des erstversterbenden Ehepartners kommt.³²¹ Um die Erbschaftsteuervorteile jedoch auszunutzen, bietet sich als Alternative an, die Fälligkeit des Vermächtnisses an einen bestimmten Zeitpunkt (natürlich nicht den Tod des überlebenden Ehegatten) oder an eine bestimmte Frist zu koppeln, wobei § 42 AO zu beachten ist.³²²

Verzinsung: Bei einer zinslosen Stundung ist zu beachten, dass entsprechend der Rechtsprechung des BFH³²³ eine Aufteilung des Vermächtnisbetrages in einen Zins- und einen Kapitalanteil vorgenommen wird, § 12 Abs. 3 BewG.³²⁴ Der Zinsanteil fällt dann im Jahr des Zuflusses unter § 20 Abs. 1 Nr. 7 EStG.

▶ **Muster: Steuervermächtnis im ersten Erbfall**

Die Schlusserben erhalten nach dem Tod des erstversterbenden Ehegatten jeweils ein Geldvermächtnis in Höhe von ... % des Nettonachlasses, höchstens jedoch ...,– EUR, mindestens jedoch ...,– EUR. Das Vermächtnis fällt mit dem Tod des Erstversterbenden an und ist 10 Jahre danach fällig. Ab dem zweiten Jahr seit Eintritt des Erbfalls ist das Vermächtnis mit 4 %³²⁵ jährlich zu verzinsen. Der Vermächtnisanspruch steht jedem Kind einzeln zu. Sicherheit kann nicht verlangt werden. ◀

aa) Belastung mit einem Untervermächtnis

Vorgeschlagen wird auch, dass das Geldvermächtnis sofort fällig gestellt und dem überlebenden Ehegatten der Vermächtnisertrag in Form eines Nießbrauchs als Untervermächtnis eingeräumt wird.³²⁶

▶ **Muster: Geldvermächtnis mit Nießbrauch als Untervermächtnis**

Unsere Kinder ... erhalten nach dem Tod des Erstversterbenden ein Geldvermächtnis in Höhe von ... EUR. Das Vermächtnis ist sofort fällig. Die Vermächtnisnehmer werden im Hinblick auf den Vermächtnisertrag im Wege des Untervermächtnisses mit einem Nießbrauch zu Gunsten des überlebenden Ehepartners belastet. Der Vermächtnisbetrag unterliegt der Dauertestamentsvollstreckung bis zum Ableben des zuletzt versterbenden Ehepartners. ◀

Um den Liquiditätsabfluss einzugrenzen, bietet es sich auch an, Immobilien oder Anteile hieran im ersten Erbfall auf die Abkömmlinge übergehen zu lassen und dem Überlebenden im Wege des **Untervermächtnisses** ein **Nießbrauchsrecht** an der Immobilie einzuräumen. Dadurch verhindert man, dass der überlebende Ehepartner Geldzahlungen zur Ausnutzung der Freibeträge an die Abkömmlinge leisten muss. Gleichzeitig ist der Überlebende nach wie vor in der Lage, die Immobilie zu nutzen, so dass er wirtschaftlich keine Einbußen erleidet. Auch stellt sich in diesem Fall nicht das Problem der Verzinsung und durch den Wegfall des § 25 ErbStG besteht hinsichtlich des Nießbrauchsrechtes ein echter Abzugsposten.

---

321 Vgl. zur früheren Problematik *J. Mayer*, ZEV 1998, 50; Berechnungsbeispiel bei *Riedel*, ZErb 2002, 316.
322 Es stellt aber möglicherweise ein Verstoß nach § 42 AO dar, wenn bei einem 70-jährigen Testierenden eine Frist von 25 bis 30 Jahren gewählt wird.
323 BFH ZEV 1997, 84.
324 Unverzinsliche Forderungen mit einer Laufzeit von mehr als einem Jahr sind davon mit 5,5 % zu verzinsen.
325 Nach *Kaeser*, ZEV 1998, 210 (Fn 42) soll eine Niedrigverzinsung und eine Nichtanwendung von § 12 Abs. 3 BewG bereits ab einem Zinssatz von 3 % erfolgen.
326 *J. Mayer*, ZEV 1998, 50.

278 ▶ **Muster: Grundstücksvermächtnis mit Wohnungsrecht als Untervermächtnis**

Unsere ehegemeinschaftlichen Kinder ..., geb. am ... und ..., geb. am ..., erhalten aus dem Nachlass des erstversterbenden Ehegatten im Wege des Vermächtnisses je hälftig den Miteigentumsanteil des erstversterbenden Ehegatten an dem Hausanwesen in ..., ... Str. ..., eingetragen im Grundbuch von ..., Band ..., Flurstück-Nr. .... Das Vermächtnis fällt mit dem Tod des Erstversterbenden an. Wir belasten jeweils die Vermächtnisnehmer mit einem Untervermächtnis zu Gunsten des überlebenden Ehegatten in der Form, dass ein dingliches Wohnungsrechts gem. § 1093 BGB an dem gesamten Hausanwesen bestellt wird. Die Überlassung der Ausübung des Wohnungsrechts an Dritte ist nicht gestattet. Der überlebende Ehepartner wird jeweils zum Testamentsvollstrecker bestimmt, mit der Aufgabe, sich das Wohnungsrecht zu bestellen. Eine Vergütung steht ihm diesbezüglich nicht zu. Die Kosten der Erfüllung gehen zu Lasten des Nachlasses. An etwaigen Pflichtteilslasten hat sich weder der Vermächtnisnehmer noch der Untervermächtnisnehmer zu beteiligen. ◀

bb) Verjährungsverlängerung bezüglich des Pflichtteilsanspruches

279 Seit der Schuldrechtsreform besteht nach § 202 BGB die Möglichkeit hinsichtlich der Verlängerung von Verjährungsfristen, solange diese nicht über einen Zeitraum von 30 Jahren hinaus vereinbart werden (§ 202 Abs. 2 BGB). Im Rahmen einer letztwilligen Verfügung könnte der Erblasser daher im Wege eines Vermächtnisses oder einer Auflage dem Schuldner (überlebender Ehepartner) einen Anspruch auferlegen, mit dem Pflichtteilsgläubiger (Abkömmlinge als Schlusserben) eine **Verjährungsfristverlängerung** zu vereinbaren.[327] Durch eine solche Verlängerung der Verjährung kann beim Berliner Testament erreicht werden, dass die Abkömmlinge den Pflichtteilsanspruch zunächst nicht geltend machen müssen (um den Steuerfreibetrag auszunutzen). Sie haben vielmehr die Möglichkeit, den Pflichtteilsanspruch aufgrund der hinausgeschobenen Verjährungsfrist zu einem späteren Zeitpunkt einzufordern.[328] *Brambring* sieht damit auch den Fall als unproblematisch gelöst an, dass der Pflichtteilsanspruch aufgrund der Verjährungsverlängerungsvereinbarung zu Lebzeiten des überlebenden Ehepartners nicht geltend gemacht wird.[329] Nach § 9 Abs. 1 Nr. 1 lit. b ErbStG wird der Pflichtteilsanspruch erst mit dem Zeitpunkt seiner Geltendmachung steuerbar. So lange kann er daher auch beim Pflichtteilsschuldner nicht als Nachlassverbindlichkeit in Abzug gebracht werden. Unterbleibt eine Geltendmachung zu Lebzeiten des längerlebenden Elternteils, so kann die Pflichtteilsgeltendmachung nach derzeit hM nicht mehr nachgeholt werden, da § 10 Abs. 3 ErbStG weder unmittelbar noch analog Anwendung findet.[330] Wie *J. Mayer*[331] ausführt, gilt ein in Folge Anfalls durch Vereinigung von Recht und Verbindlichkeit erloschenes Rechtsverhältnis nach § 10 Abs. 3 ErbStG als nicht erloschen, wenn dies durch den Vermögensanfalls eingetreten ist, der den Gegenstand der Erbschaftsteuer bildet. Bei der vorliegenden Konstruktion handelt es sich aber nicht um den Eintritt einer Konfusion nach dem ersten Erbfall, um dessen Besteuerung es

---

327 *Krug*, Schuldrechtsmodernisierungsgesetz und Erbrecht, S. 50.
328 Vgl *Amann*, DNotZ 2002, 125.
329 *Brambring*, ZEV 2002, 138.
330 FG München EFG 1991, 199; *Kapp/Ebeling*, § 10 Rn 64; *Dressler*, NJW 1997, 2848; *Wälzholz*, HB Pflichtteilsrecht, § 17 Rn 27; *Mönch*, DStR 1992, 1185; *Bonefeld*, ZErb 2002, 321.
331 *J. Mayer*, DStR 2004, 1371, 1373.

geht, sondern die Konfusion erfolgt erst nach dem Tod des Längstlebenden. Für diesen Fall gilt aber § 10 Abs. 3 ErbStG nach hM nicht (vgl oben).³³²

cc) Das Zweckvermächtnis (sog. Supervermächtnis)

Von *Schmidt*³³³ vorgeschlagen und von *Langenfeld*³³⁴ übernommen, wird zur Ausnutzung der steuerlichen Freibeträge nach dem Ableben des erstversterbenden Ehepartners das sog. **Zweckvermächtnis** empfohlen. Das Zweckvermächtnis besteht aus der Kombination verschiedener Vermächtnisse, dergestalt, dass der überlebende Ehepartner den Gegenstand, die Höhe, die Bedingungen und den Leistungszeitpunkt (§§ 2156, 2181 BGB) bestimmen kann. Darüber hinaus kann das Vermächtnis dahingehend erweitert werden, dass der Beschwerte aus dem Kreis der sog. Schlusserben die Vermächtnisnehmer sowie deren Anteile an dem Vermächtnis bestimmen kann (§§ 2151, 2153 BGB). Problematisch war bislang, ob auch die Fälligkeit des Vermächtnisanspruchs in das Belieben des überlebende Ehepartner gestellt werden kann, da dies nach § 2181 BGB im Zweifel zu einer Fälligkeit zum Zeitpunkt des Todes des Überlebenden und somit zu einer Anwendung von § 6 Abs. 4 ErbStG führen könnte. Insoweit schlägt *Langenfeld*³³⁵ in seiner Neuauflage folgende aktualisierte Formulierung vor:

▶ **Muster: Zweckvermächtnis nach Langenfeld**³³⁶

Unsere gemeinschaftlichen Kinder, ersatzweise deren Abkömmlinge, erhalten vom erstversterbenden Ehegatten ein Vermächtnis im Sinne von § 2156 BGB zum Zweck der ganzen oder teilweisen Ausnutzung ihrer Erbschaftsteuerfreibeträge. Der überlebende Ehegatte kann dabei bestimmen:

– den Gegenstand, die Bedingungen und den Zeitpunkt der Leistungen, § 2156 BGB, dies im Rahmen von den §§ 2156 S. 2, 315 BGB, insbesondere auch unter Berücksichtigung seines eigenen Versorgungsinteresses,
– die Zeit der Erfüllung (§ 2181 BGB),
– diejenigen, die aus dem Kreis der oben genannten Vermächtnisse erhalten sollen (§ 2151 BGB),
– sowie deren Anteile an dem Vermächtnis (§ 2153 BGB).

Der überlebende Ehepartner hat die Zeit der Erfüllung so zu bestimmen, dass die Erfüllung des Vermächtnisses innerhalb von 1 Jahr nach dem Tod des erstversterbenden Ehepartners erfolgt. ◀

Zur Vermeidung der sog. Abzinsungsrechtsprechung mit der bereits oben dargelegten einkommensteuerlichen Problematik, wenn zwischen Anfall des Vermächtnisses und Fälligkeit mehr als 1 Jahr liegt, schlägt *J. Mayer* vor, dass das Vermächtnis zunächst auf einen Sachleistungsanspruch gerichtet sein sollte, verbunden mit seiner Ersetzungsbefugnis des beschwerten Erben, stattdessen auch eine Geldleistung erbringen zu können.³³⁷ Bei einer solchen Ersetzungsbefugnis ist die Forderung von vornherein auf einen Sachleistungsanspruch gerichtet. Die spätere Ersetzungsbefugnis führt dann, anders als bei der Wahlschuld, nicht dazu, dass von vornherein eine

---

332 **Hinweis:** Aus erbschaftsteuerlicher Sicht bringt eine solche Verlängerung durch eine entsprechende Vereinbarung bzw durch Anordnung des Erblassers nur dann einen Vorteil, wenn eine Pflichtteilsgeltendmachung noch zu Lebzeiten des überlebenden Elternteils erfolgt. Dann stellt sich aber auf der anderen Seite das zivilrechtliche Problem, dass der Elternteil jederzeit mit einer Geltendmachung des Pflichtteilsanspruchs konfrontiert werden kann und es zu einem zunächst nicht gewollten Liquiditätsabfluss kommt.
333 *Schmidt*, BWNotZ 1998, 97.
334 *Langenfeld*, JuS 2002, 351.
335 *Langenfeld*, Testamentsgestaltung, 4. Aufl., Rn 692, 698.
336 **Hinweis:** Dass eine solche Klausel nur zum Zwecke der Sicherung der Erbschaftsteuerfreibeträge angeordnet wurde, wird in der Literatur weitestgehend als unproblematisch angesehen; vgl *Ebeling*, ZEV 2000, 87; *Weinmann* in: Mönch, ErbStG, § 6 Rn 47.
337 *J. Mayer*, aaO.

Kapitalforderung geschuldet bzw vermacht war. Insoweit stellt sich dann die zu § 12 Abs. 3 BewG geschilderte Zinsproblematik nicht.[338]

e) Pflichtteilsansprüche und Pflichtteilsklauseln
aa) Allgemeines

283 Bei der Errichtung eines gemeinschaftlichen Testaments hat die Frage der Pflichtteilsansprüche der enterbten Abkömmlinge (ggf auch der Eltern) eine besondere Bedeutung. Der überlebende Ehepartner wird im Falle der Geltendmachung mit Zahlungsansprüchen belastet. Daher versucht man, durch sog. Pflichtteils- und Pflichtteilsstrafklauseln einer Geltendmachung von **Pflichtteilsansprüchen** vorzubeugen. Das Grundprinzip dabei ist, dass derjenige Abkömmling, der Pflichtteilsansprüche am Nachlass des Erstversterbenden geltend macht, durch eine dadurch bedingte Enterbung im Schlusserbfall von der Erbfolge ausgeschlossen wird. Klar ist dabei, dass dies eine Geltendmachung nicht verhindern kann. Einer Pflichtteilsklausel kommt insoweit lediglich eine „**Abschreckungsfunktion**" zu. Wird die Pflichtteilsklausel so ausgestaltet, dass in einem solchen Fall diejenigen Abkömmlinge, die einen Pflichtteilsanspruch nicht geltend machen, ein „belohnendes" Vermächtnis erhalten, führt dies aber zu einer zusätzlichen Schmälerung des Nachlasses im Schlusserbfall und somit auch zu einer Reduzierung des Pflichtteils (sog. *Jastrowsche* Pflichtteilsklausel).

bb) Wann tritt die Pflichtteilsklausel in Kraft

284 Bei der Formulierung des Tatbestandes der Pflichtteilsklausel stellt sich die Frage, ob bereits im **Auskunftsverlangen**[339] oder mit der Durchsetzung des **Wertermittlungsanspruchs** gem. § 2314 BGB eine Geltendmachung des Pflichtteils anzunehmen ist und die Pflichtteilsklausel bereits in diesen Fällen in Kraft treten soll. Fraglich ist in diesem Zusammenhang auch, ob darauf abgestellt werden sollte, ob der Pflichtteilsberechtigte den Anspruch auch **tatsächlich erhält**, denn nur dann kommt es zu einer Belastung des überlebenden Ehepartners mit einem Zahlungsanspruch.[340] Lässt sich ein Abkömmling seinen Pflichtteilsanspruch grundbuchrechtlich durch eine Grundschuld sichern, wird in der Rechtsprechung bspw von einer Geltendmachung des Pflichtteils ausgegangen.[341]

285 Die Pflichtteilsklausel sollte im Übrigen auch so formuliert sein, dass sie nur in Kraft tritt, wenn der Pflichtteilsberechtigte seinen Anspruch entgegen dem Willen des Erben geltend macht. So kann zumindest in den Fällen, in denen eine Pflichtteilsgeltendmachung zur Ausnutzung der Erbschaftsteuerfreibeträge und somit in Abstimmung mit dem Erben erfolgt, eine automatische Enterbung im Schlusserbfall verhindert werden.

286 Ein Interesse an der Pflichtteilsgeltendmachung kann letztlich auch dann bestehen, wenn der überlebende Ehepartner innerhalb der Verjährungsfrist verstirbt.

cc) Die Pflichtteilsklausel beim Berliner Testament

287 Einmal besteht die Möglichkeit, dass eine sog. **Anrechnungsklausel** bestimmt wird, die dazu führt, dass sich der Abkömmling den erhaltenen Pflichtteil im Schlusserbfall auf seinen Erbteil anrechnen lassen muss.[342] Hierbei handelt es sich um ein Vorausvermächtnis, von dem sich der

---

338 Vgl *J. Mayer*, DStR 2004, 1409. 1411.
339 BayObLG FamRZ 1991, 494.
340 Vgl *J. Mayer* in MittBayNot 1999, 265 und OLG Zweibrücken MittBayNot 1999, 293.
341 Vgl OLG München ZErb 2006, 203.
342 Staudinger/*Kanzleiter*, § 2269 Rn 58.

belastete pflichtteilsberechtigte Erbe aber nach § 2306 Abs. 1 BGB durch Ausschlagung befreien kann.

Die am gängigsten verwendete Pflichtteilsklausel ist die sog. **Ausschlussklausel**. Bei dieser Bestimmung kommt es zu einer Enterbung im Schlusserbfall, wenn nach dem Ableben des Erstversterbenden ein Pflichtteil geltend gemacht wird. Eine solche automatische Ausschlussklausel führt aber dazu, dass der Überlebende danach (nach Bedingungseintritt) nicht mehr reagieren kann.[343] Ist nämlich die Schlusserbeneinsetzung bindend, kann der überlebende Ehepartner nicht mehr korrigierend eingreifen und anderweitig testieren.[344] Folgende Möglichkeiten sollten daher bei der Anordnung in Betracht gezogen werden:

(1) Entfallen der Bindungswirkung

Eine einfache Möglichkeit ist, dass der Überlebende im Falle der Geltendmachung von Pflichtteilsansprüchen für den Schlusserbfall von der Bindungswirkung befreit wird. So kann er selbst entscheiden, ob er denjenigen, der den Pflichtteil geltend macht, von der Erbfolge ausschließt.[345]

▶ **Muster: Entfallen der Bindungswirkung**

Die in unserem gemeinschaftlichen Testament getroffenen Verfügungen für den ersten und den zweiten Todesfall sollen insgesamt wechselbezüglich und bindend sein. Für den Fall, dass einer unserer Abkömmlinge entgegen dem Willen des überlebenden Ehepartners am Nachlass des Erstversterbenden Pflichtteilsansprüche geltend macht und auch erhält, entfällt die Bindungswirkung des überlebenden Ehegatten hinsichtlich der Verfügungen für den Schlusserbfall. Der überlebende Ehepartner kann hinsichtlich des Erbteils desjenigen Abkömmlings, der den Pflichtteilsanspruch geltend gemacht hat, neu und anderweitig verfügen. ◀

(2) Die einfache Pflichtteilsklausel (Ausschlussklausel)

Bei einer sog. Ausschlussklausel bestimmen die Ehepartner, dass derjenige Abkömmling, der seinen Pflichtteilsanspruch verlangt, im zweiten Todesfall und somit im Schlusserbfall (automatisch) enterbt ist. Zu überlegen bleibt dabei, ob dem jeweils überlebenden Ehepartner das Recht eingeräumt werden soll, die Enterbung rückgängig zu machen.

▶ **Muster: Automatische Ausschlussklausel**

Sollte einer unserer Abkömmlinge nach dem Tod des erstversterbenden Ehepartners entgegen dem Willen des überlebenden Ehegatten einen Pflichtteilsanspruch verlangen, so ist er mit seinem ganzen Stamm im Schlusserbfall nach dem überlebenden Ehepartner von der Erbfolge einschließlich aller sonstigen letztwilligen Zuwendungen ausgeschlossen. Alle diesbezüglichen Bindungen entfallen. Der überlebende Ehepartner kann durch Errichtung einer letztwilligen Verfügung die Enterbung aufheben und abändern, indem er dem enterbten Abkömmling eine entsprechende Erbquote wieder einräumt oder in entsprechender Höhe ein Vermächtnis anordnet. Eine darüber hinausgehende Änderung bzw letztwillige Zuwendung darf der überlebende Ehegatte nicht vornehmen.

Ein Pflichtteilsverlangen liegt vor, wenn der Pflichtteilsberechtigte den Pflichtteilsanspruch erhalten hat oder wenn er einen Wertermittlungsanspruch nach § 2314 Abs. 2 2. Hs BGB gerichtlich oder au-

---

343 *J. Mayer*, ZEV 1998, 54.
344 OLG Frankfurt NJW-RR 1994, 203; OLG Zweibrücken ZEV 1999, 108.
345 Vgl hierzu auch BayObLGZ 90, 58; *Steiner*, MDR 1991, 156.

ßergerichtlich durchgesetzt hat. Die Geltendmachung des Auskunftsanspruchs führt dagegen nicht zum Eintritt der Bedingung und nicht zur Enterbung im Schlusserbfall. ◄

(3) Die Pflichtteilsstrafklausel

293 Die wirkungsvollste Klausel ist die sog. **Jastrow'sche**[346] Klausel (Pflichtteilsstrafklausel). Danach erhalten diejenigen Abkömmlinge, die keinen Pflichtteilsanspruch geltend machen, einen Vermächtnisanspruch am Nachlass des Erstversterbenden, der aber erst mit dem Tod des überlebenden Ehepartners fällig wird. In diesem Fall reduziert sich im Schlusserbfall der Nachlass, da die gestundeten Vermächtnisse vor Berechnung des Pflichtteilsanspruchs als vorrangige Nachlassverbindlichkeiten in Abzug gebracht werden müssen.

294 Damit der überlebende Ehepartner bei der Jastrow'schen Klausel nicht mit den zusätzlichen Vermächtnisansprüchen belastet wird, werden die Vermächtnisansprüche auf den Erbfall des Überlebenden gestundet. Damit entstehen aber die gleichen **steuerlichen Probleme** wie bei dem oben angesprochenen Steuervermächtnis (vgl Rn 273 ff). Insoweit sollte auch bei der Jastrow'schen Klausel eine Mindestverzinsung und jährliche Auskehrung der Zinslast oder ein entsprechender Sachleistungsanspruch gegebenenfalls mit Untervermächtnis oder einer Ersetzungsbefugnis angeordnet und bei größeren Nachlässen versucht werden, den erbschaftsteuerlichen Freibetrag am Nachlass des erstversterbenden Ehepartners aus zu nutzen.

295 Weiter gilt es zu berücksichtigen, dass der Vermächtnisanspruch, welcher im ersten Erbfall anfällt, grundsätzlich frei **vererblich** und **übertragbar** ist. Dies würde dazu führen, dass im Falle des Todes eines Schlusserben der Vermächtnisanspruch auf dessen Erben übergeht.[347] Ist dies seitens des Erblassers nicht gewünscht, sollte eine entsprechende Klarstellung in der letztwilligen Verfügung erfolgen.

296 Ferner ist nicht absehbar, wie sich der Nachlass des überlebenden Ehepartners entwickelt. Ist im Erbfall des überlebenden Ehepartners nur noch ein geringer Nachlass vorhanden, der die durch Pflichtteilsgeltendmachung ausgelösten Vermächtnisse nicht mehr voll befriedigen kann, kann dies zu einem **Schadenersatzanspruch** und gegebenenfalls zu einem Anspruch auf Sicherung der bedingten Ansprüche durch Arrest oder einstweilige Verfügung führen.[348] Insoweit bietet es sich an, in der Pflichtteilsstrafklausel die Vermächtnisse der Höhe nach auf das im Zeitpunkt des Schlusserbfalls noch vorhandene Vermögen zu begrenzen.

297 ▶ **Muster: Pflichtteilsstrafklausel**

(zusätzlich zu der oben vorgeschlagenen einfachen Pflichtteilsklausel)
Die Abkömmlinge, die von uns zu Schlusserben bestimmt wurden und die nach dem Tod des erstversterbenden Ehepartners einen Pflichtteilsanspruch gegen den Willen des überlebenden Ehepartners nicht verlangt haben, erhalten jeweils am Nachlass des Erstversterbenden ein Geldvermächtnis in Höhe des Wertes, der ihrer gesetzlichen Erbquote entspricht. Das Vermächtnis fällt mit dem Tode des erstversterbenden Ehepartners an und ist bis zum Tod des überlebenden Ehepartners gestundet.[349] Es kann nur an Abkömmlinge vererbt oder übertragen werden. Ein Anspruch auf Sicherung steht dem Vermächtnisnehmer erst ab dem Zeitpunkt der Wiederverheiratung des überlebenden Ehepartners zu.

---

346 *Jastrow*, DNotV 1904, 424.
347 Vgl hierzu *Weiss*, MDR 1980, 812.
348 Vgl hierzu *v. Olshausen*, DNotZ 1979, 707, 714.
349 Erbschaftsteuerlich führt dies aber nicht zur Ausnutzung der Freibeträge nach dem Erstversterbenden, vgl oben Rn 273 ff.

C. Das gemeinschaftliche Testament § 7

Der Vermächtnisanspruch ist mit 4 % jährlich zu verzinsen. Die Zinsen sind jeweils zum 31.12. eines jeden Jahres für das abgelaufene Jahr zu bezahlen.

Die Vermächtnisansprüche sind der Höhe nach auf den im Schlusserbfall vorhandenen Nachlass begrenzt.

[Evtl. folgt noch eine Regelung für den Fall, dass alle Abkömmlinge einen Pflichtteilsanspruch verlangt haben.] ◄

f) Die Wiederverheiratungsklausel
aa) Allgemeines

Bei der Gestaltung eines Ehegattentestaments ist, gerade auch bei jüngeren Mandanten, das Problem einer eventuellen **Wiederverheiratung** zu berücksichtigen. Mit einer Wiederverheiratungsklausel wollen Eheleute idR verhindern, dass nach dem Tod des erstversterbenden Ehepartners durch eine Wiederverheiratung der ungeschmälerte Übergang des Nachlassvermögens auf die Schlusserben gefährdet wird.[350] Das Gefährdungspotential besteht vor allem in dem Pflichtteilsrecht des neuen Ehepartners und der aus der neuen Ehe hervorgehenden Kinder. Eine Wiederverheiratungsklausel, die diesen ungeschmälerten Übergang des Nachlassvermögens des Erstversterbenden sichern will, muss entweder das Nachlassvermögen des Erstversterbenden spätestens mit der Wiederverheiratung vom Eigenvermögen des Überlebenden trennen, oder das Gesamtvermögen des Überlebenden mit schuldrechtlichen Ansprüchen zu Gunsten der Abkömmlinge belasten, die den Ansprüchen der neuen Pflichtteilsberechtigten im Rang vorgehen.

298

bb) Sittenwidrigkeit der Wiederverheiratungsklausel

Nach hM in der Literatur werden Wiederverheiratungsklauseln als grundsätzlich zulässig angesehen, mit der Begründung, dass der überlebende Ehegatte einen Vermögensabfluss an die Kinder in Kauf nehmen muss, wenn er eine neue Ehe eingeht.[351] In der Rechtsprechung wird dagegen die Zulässigkeit der Wiederverheiratungsklauseln nicht in Zweifel gezogen.[352] *Litzenburger*[353] nimmt eine Unwirksamkeit einer Wiederverheiratungsklausel an, wenn dadurch der überlebende Ehepartner den gesamten Nachlass verliert und ihm nicht einmal sein Pflichtteilsanspruch verbleibt. Dies ist der Fall, wenn mit der Wiederverheiratungsklausel bereits der Nacherbfall eintritt oder der Ehepartner im Wege des Vermächtnisses zum Zeitpunkt der Wiederverheiratung den gesamten Nachlass herausgeben muss.[354] Nach der Entscheidung des Bundesverfassungsgerichtes vom 22.3.2004 (Hohenzollern-Entscheidung)[355] ist zu prüfen, inwieweit durch eine testamentarische Klausel in unzulässiger Weise Einfluss auf die Eheschließungsfreiheit (Art. 6 GG) des Bedachten genommen wird, was nach § 138 BGB zu einer Sittenwidrigkeit führen kann (mittelbare Drittwirkung der Grundrechte).[356]

299

cc) Die bedingte Vollerbschaft

In der Praxis findet man häufig die Formulierung, dass der überlebende Ehepartner das ererbte Vermögen an die Kinder herausgeben muss, wenn er sich wiederverheiratet. Mit einer solchen Formulierung soll das oben angesprochene Ziel erreicht werden, dass das Vermögen unge-

300

---

350 *Zawar*, NJW 1988, 16.
351 Soergel/*Loritz*, § 2074 Rn 27; MünchKomm/*Musialak*, § 2269 Rn 45; Staudinger/*Kanzleiter*, § 2269 Rn 39.
352 BGHZ 96, 189; BGH FamRZ 1965, 600.
353 *Litzenburger* in: Bamberger/Roth/Litzenburger, § 2269 Rn 27, 39.
354 Staudinger/*Otte*, § 2074, 42; Palandt/*Edenhofer*, § 2269 Rn 16.
355 BVerfG FamRZ 2004, 765.
356 Vgl hierzu ausführlich *J. Mayer* in Reimann/Bengel/J. Mayer, § 2269 Rn 59 ff.

schmälert bei den gemeinsamen Abkömmlingen ankommt. Eine solche Formulierung wandelt die Einheitslösung aber nach hM in eine Trennungslösung um.[357] Der überlebende Ehepartner wird dabei ab dem Tod des Erstversterbenden sowohl **auflösend bedingter Vollerbe** als auch **aufschiebend bedingter Vorerbe**.[358] Da die Schutzvorschriften der §§ 2113, 2111 BGB auch zu Gunsten aufschieben bedingter Nacherben anzuwenden sind, belastet eine derartige Klausel den als Vollerben eingesetzten Ehepartner mit Verfügungsbeschränkungen, Mitwirkungs-, Kontroll- und Sicherungsrechten. Kommt es dann auch zum Eintritt der Nacherbfolge, entsteht das Problem, dass dann eine von Anfang an geltende (rückwirkend) Vorerbschaft angenommen wird, die nach überwiegender Meinung zwar als befreite Vorerbschaft angesehen wird, aber dennoch hinsichtlich der in der Zwischenzeit getroffenen Verfügungen zu Komplikationen führen kann.[359] Von einer solchen Formulierung sollte daher Abstand genommen werden.

dd) Die Vermächtniszuwendung

301 Statt der bedingten Vor- und Nacherbschaft bietet es sich an, dass der Erblasser den Ehegatten zu seinem alleinigen Vollerben beruft, für den Fall der Wiederverheiratung aber bestimmt, dass der Ehepartner an die als Schlusserben bestimmten Abkömmlinge **Vermächtnisse** auskehren muss. Es handelt sich hierbei dann um aufschiebend bedingte Vermächtnisse. Der überlebende, sich wiederverheiratende Ehepartner bleibt alleiniger Vollerbe. Er ist auch nach der Verheiratung nicht durch Verfügungsbeschränkungen, Kontroll- und Sicherungsrechte beeinträchtigt. Es können die unterschiedlichsten Vermächtnisformulierungen je nach Sachlage bestimmt werden:

– Der zum Zeitpunkt der Wiederverheiratung noch vorhandene Rest des Nachlasses wird als Vermächtnis ausgesetzt.

– Eine bestimmte Quote des Nachlasswertes in Geld, wobei hier wiederum zwei unterschiedliche Fallvarianten in Betracht kommen: einmal eine Quote errechnet aus dem Vermögen zum Zeitpunkt des Erbfall, oder alternativ des Vermögens zum Zeitpunkt der Wiederverheiratung.

– Als Vermächtnis kann auch bestimmt werden, dass der sich wiederverheiratende Ehepartner mit einem Vermächtnis bezüglich einzelner Nachlassgegenstände, bspw eine Immobilie, belastet wird.

– Weiterhin kann wiederum differenziert werden, dass Vermächtnisse sofort bei der Wiederverheiratung oder erst beim Tod des Überlebenden anfallen bzw fällig werden sollen.

ee) Rechtslage nach Wiederverheiratung

302 Kommt es zur Wiederverheiratung und zum **Inkrafttreten** der **Wiederverheiratungsklausel**, dann stellt sich die Frage, ob der Ehepartner hinsichtlich seines eigenen Nachlasses (Eigennachlass) nunmehr frei verfügen kann oder ob er nach wie vor im Falle einer wechselbezüglichen Verfügung hieran gem. § 2271 BGB gebunden ist. Die hM geht davon aus, dass in diesem Fall der Wille – zumindest der mutmaßliche Wille der Erblasser – bestand, dass eine Wechselbezüglichkeit und Bindungswirkung nicht mehr besteht.[360] Eine solche Befreiung von der Bindungswirkung wird nach hM insbesondere dann angenommen, wenn die Wiederverheiratungs-

---

357 RGZ 156, 172; BGHZ 96, 198.
358 *Zawar*, NJW 1988, 16.
359 Vgl *J. Mayer* in Reimann/Bengel/*J. Mayer*, § 2269 Rn 65.
360 BayObLG ZErb 2002, 131; OLG Köln FamRZ 1976, 552; Palandt/*Edenhofer*, § 2269 Rn 21; MünchKomm/*Musielak*, § 2269 Rn 62.

C. Das gemeinschaftliche Testament § 7

klausel so formuliert ist, dass der überlebende Ehepartner die Nachlassteilung mit den Kindern entsprechend der gesetzlichen Erbfolge vorzunehmen hat oder den Kindern vermächtnisweise ihren gesetzlichen Erbteil auszahlen muss. Da in diesem Fall die Erbfolge so hergestellt wurde, wie sie bestehen würde, wenn eine gemeinschaftliche letztwillige Verfügung nicht errichtet worden wäre, besteht kein Grund, den überlebenden Ehepartner an der Bindungswirkung hinsichtlich seines Eigennachlasses festzuhalten. Dabei gilt nach hM der Grundsatz, dass derjenige, der sein Erbe verliert, auch nichts vererben muss.[361]

Eine Gegenmeinung stellt eine differenziertere Betrachtungsweise an und geht von einer Teilbindung dergestalt aus, dass der überlebende Ehepartner so weit gebunden ist, als er den Kindern mindestens den gesetzlichen Erbteil zuwenden muss.[362] *Kanzleiter*[363] will eine Bindungswirkung nur dann entfallen lassen, wenn der überlebende Ehepartner alles, was er vom Erstversterbenden geerbt hat, an die Kinder ausgekehrt hat. Es sollte daher in der letztwilligen Verfügung bei der Bestimmung der Wiederverheiratungsklausel eine klare Regelung hinsichtlich der Bindungswirkung und Wechselbezüglichkeit der Schlusserbeneinsetzung erfolgen.[364]

303

▶ **Muster: Wiederverheiratungsklausel als Vermächtnis** 304

Sollte sich der überlebende Ehegatte wiederverheiraten, gilt Folgendes: Jeder der von uns zum Schlusserben eingesetzte Abkömmling erhält vermächtnisweise einen Geldanspruch in Höhe seines gesetzlichen Erbteils am Nachlass des erstversterbenden Ehepartners. Der Vermächtnisanspruch ist innerhalb von drei Monaten nach Wiederverheiratung fällig. Jedem Vermächtnisnehmer steht ein eigenständiger Anspruch zu. Maßgebend für die Berechnung ist der Nettonachlasswert zum Zeitpunkt des ersten Erbfalls. Dabei sind alle Verbindlichkeiten abzuziehen, die den Erben treffen. Dem Vermächtnisnehmer steht insoweit ein umfassender Auskunftsanspruch entsprechend der Vorschrift des § 2314 BGB zu. Im Falle der Wiederverheiratung entfällt die Bindungswirkung im Schlusserbfall.[365] Der überlebende Ehepartner kann dann neu und frei sowohl lebzeitig als auch letztwillig verfügen. ◀

g) Bindungswirkung/Wechselbezüglichkeit
aa) Allgemeines

Schwierigkeiten bereitet in der Praxis die Frage, ob die Ehegatten **wechselbezüglich** verfügt haben und ob dadurch nach dem ersten Erbfall eine **Bindungswirkung** eingetreten ist.[366] Liegen wechselbezügliche Verfügungen bezüglich des Schlusserbfalls vor, dann kann der überlebende Ehegatte keine Abänderung der Schlusserbfolge zu Lasten der Bedachten vornehmen.[367] Auch zu Lebzeiten kann der überlebende Ehepartner in diesem Fall nicht unentgeltlich verfügen, da die hM die §§ 2286 bis 2288 BGB beim bindend gewordenen gemeinschaftlichen Testament

305

---

361 Vgl hierzu *J. Mayer* in Bengel/Reimann/*J. Mayer*, § 2269 Rn 70.
362 *Dippel*, ACP 177, 349, 362; *Simshäuser*, FamRZ 1972, 273.
363 Staudinger/*Kanzleiter*, § 2269 Rn 48.
364 *Radtke*, NotZB 2001, 15.
365 Fraglich ist, ob die für den Schlusserbfall getroffenen Verfügungen automatisch außer Kraft treten oder ob dies nur dann der Fall ist, wenn der überlebende Ehepartner sie durch eine neue Verfügung von Todes wegen aufhebt oder abändert. Die überwiegende Meinung in der Literatur verneint eine solche stillschweigend vereinbarte auflösende Bedingung; MünchKomm/*Musielak*, § 2269 Rn 59; Palandt/*Edenhofer*, § 2269 Rn 21; Staudinger/*Kanzleiter*, § 2269 Rn 50. Nach Auffassung der Rechtsprechung ist dagegen von einem automatischen Gegenstandsloswerden der Verfügung des Längstlebenden auszugehen, sofern sich kein anderer Wille aufgrund besonderer Umstände ergibt; KG NJW 1957, 1053; KG FamRZ 1968, 331; OLG Hamm NJW-RR 1994, 1355.
366 Vgl zur Frage der Wechselbezüglichkeit, wenn Ehepartner in zeitlich auseinander liegenden Verfügungen erst sich gegenseitig und dann nur die Schlusserben eingesetzt haben BayObLG ZEV 1999, 227.
367 Vgl hierzu MünchKomm/*Musielak*, § 2271 Rn 16, 17.

analog anwendet.³⁶⁸ Zwar ist in einem solchen Fall die Verfügung zu Lebzeiten wirksam, den benachteiligten Schlusserben steht aber im Erbfall ein Herausgabeanspruch nach bereicherungsrechtlichen Vorschriften zu,³⁶⁹ sofern der überlebende Ehegatte kein lebzeitiges Eigeninteresse an der unentgeltlichen Verfügung hatte.³⁷⁰ Vgl zur Vermutungsregel des § 2270 Abs. 2 BGB oben Rn 54 ff und 248 ff.

bb) Wechselbezügliche Verfügungen

306 Eine Bindungswirkung kann jedoch nur hinsichtlich der Erbeinsetzung und der Anordnung von Auflagen und Vermächtnissen entstehen, da sich gem. § 2270 Abs. 3 BGB die Wechselbezüglichkeit auf diese Verfügungsarten beschränkt. Wechselbezüglichkeit heißt, dass einzelne letztwillige Verfügungen voneinander abhängen. Dh: Eine letztwillige Verfügung wurde nur mit Rücksicht auf eine andere letztwillige Verfügung getroffen.

307 Bei § 2270 Abs. 2 BGB handelt es sich um eine Auslegungsregel. Bei der Gestaltung sollte daher im Testament explizit geregelt werden, welche der jeweiligen Verfügungen der Ehepartner wechselbezüglich und welche ggfs. nicht wechselbezüglich sind.

cc) Umfang der Wechselbezüglichkeit

308 Grundsätzlich sind nur einzelne Verfügungen mit jeweils einer oder mehreren anderen Verfügungen wechselbezüglich. Allerdings ist es mühsam, in der letztwilligen Verfügung jede einzelne Wechselbezüglichkeit festzustellen, so dass es sich anbietet bspw pauschal alle Verfügungen für den ersten und/oder den zweiten Todesfall als wechselbezüglich zu bestimmen.³⁷¹

309 ▶ **Muster: Umfassende Wechselbezüglichkeit**

Alle in unserem Testament angeordneten Verfügungen von Todes wegen – sowohl für den ersten als auch für den zweiten Todesfall – sind insgesamt wechselbezüglich und daher bindend. Dies gilt sowohl für die Verfügungen der Ehefrau als auch für die Verfügungen des Ehemannes. ◀

310 Denkbar ist auch, dass sich die Wechselbezüglichkeit nur auf die Verfügungen **eines Ehegatten**³⁷² beziehen soll.

311 Von Bedeutung ist dies in der Praxis bspw dann, wenn das Vermögen nur von einem Ehegatten stammt. Der vermögende Ehepartner hat dann, für den Fall, dass er selbst der Erstversterbende ist, ein Interesse daran, dass der überlebende Ehegatte an die gemeinsame letztwillige Verfügung gebunden ist. Umgekehrt: Wenn der nicht vermögende Ehegatte zuerst verstirbt und dem anderen Ehepartner kein oder ein nur geringes Vermögen zufließt, möchte dieser natürlich in seiner Verfügungsfreiheit nicht eingeschränkt sein.

312 Strittig ist im Hinblick auf die bindende Schlusserbeneinsetzung auch die Frage, ob sich die Bindungswirkung wechselbezüglicher Verfügungen auch auf die gem. §§ 2068, 2069 BGB vermuteten Ersatzerben erstreckt. Die Rechtsprechung des BGH lehnt dies grundsätzlich ab, wenn sich kein entsprechender Wille des Erblassers ermitteln lässt.³⁷³ Bei der Gestaltung sollte daher klargestellt werden, ob auch bei der Ersatzerbenberufung eine Wechselbezüglichkeit und Bindungswirkung gewollt ist.

---

368 MünchKomm/*Musielak*, § 2271 Rn 45 ff.
369 MünchKomm/*Musielak*, § 2287 Rn 1.
370 Vgl Palandt/*Edenhofer*, § 2287 Rn 6.
371 BGH LM § 2270 Nr. 2.
372 MünchKomm/*Musielak*, § 2270 Rn 3.
373 BGH ZErb 2002, 128.

C. Das gemeinschaftliche Testament § 7

Wollen Ehepartner nicht, dass die in einem gemeinschaftlichen Testament getroffenen Verfügungen wechselbezüglich und bindend sind, so können sie die gesetzliche Vermutung des § 2270 Abs. 2 BGB ausdrücklich ausschließen. In diesem Fall bestehen die Verfügungen dann einzeln und nebeneinander.[374] 313

▶ **Muster: Ausschluss der Wechselbezüglichkeit** 314

Entgegen jeder anders lautenden gesetzlichen oder richterlichen Vermutungs- oder Auslegungsregel sind die von uns sowohl für den ersten als auch für den zweiten Todesfall getroffenen Verfügungen nicht wechselbezüglich und nicht bindend. Jeder Ehegatte kann für sich anderweitige letztwillige Verfügungen treffen, ohne dass dadurch die letztwilligen Verfügungen des anderen Ehepartners unwirksam werden. ◀

Da aber Ehepartner meistens ein Interesse daran hat, dass der jeweils andere Ehepartner seine Verfügungen von Todes wegen nicht „heimlich" abändert, bietet sich zumindest an, die jeweiligen Verfügungen für den ersten Todesfall wechselbezüglich zu bestimmen. 315

▶ **Muster: Ausschluss der Wechselbezüglichkeit für den zweiten Erbfall** 316

Die von uns für den ersten Erbfall getroffenen Verfügungen sollen insgesamt wechselbezüglich und bindend sein. Die von uns getroffenen Verfügungen für den Schlusserbfall sollen entgegen jeder gesetzlichen oder richterlichen Vermutungs- oder Auslegungsregel nicht wechselbezüglich und nicht bindend sein, so dass jeder Ehegatte seine Verfügung für den Schlusserbfall jederzeit beliebig abändern kann. ◀

dd) Abänderungsvorbehalt

Nach § 2270 Abs. 1 BGB ist es den Erblassern freigestellt, ob sie ihre letztwilligen Verfügungen wechselbezüglich errichten. Es besteht demnach auch die Möglichkeit, dass sich die Ehepartner das Recht einräumen, die Bindungswirkung nach dem ersten Erbfall aufzuheben und dem jeweils anderen Ehepartner das Recht einräumen, die auf den Schlusserbfall getroffene Verfügung abzuändern.[375] Man spricht dabei von einem sog. Abänderungsvorbehalt bzw auch von einer Freistellungsklausel. 317

Wie und insbesondere in welchem Umfang die Erblasser die Freistellungsklausel vereinbaren, steht ihnen frei.[376] Sie kann gegenständlich beschränkt sein oder sich auf eine bestimmte Quote beziehen. Sinnvoll ist bspw die Abänderungsbefugnis so zu gestalten, dass der überlebende Ehepartner die Schlusserbfolge innerhalb der gemeinschaftlichen Kinder und deren Abkömmlinge abändern kann. So besteht die Möglichkeit, auf eine sich zwischen ersten und zweiten Erbfall eintretende Situation Einfluss nehmen zu können (bspw wenn sich ein Abkömmling verschuldet). Die Freistellungsklausel sollte aber hinreichend bestimmt und eindeutig formuliert werden, da bspw die Anordnung, dass der überlebende Ehegatte frei verfügen darf, in der Rechtsprechung so ausgelegt wird, dass damit lediglich lebzeitige Verfügungen gemeint sind.[377] 318

---

374 MünchKomm/*Musielak*, § 2270 Rn 5.
375 BGHZ 30, 261, 266; BGHZ 25, 204.
376 Palandt/*Edenhofer*, § 2271 Rn 22.
377 BayObLG FamRZ 1985, 209.

319 ▶ **Muster: Eingeschränkte Abänderungsmöglichkeit innerhalb der Schlusserben**

Die von uns in diesem Testament für den ersten und den zweiten Todesfall angeordneten Verfügungen von Todes wegen sollen wechselbezüglich und bindend sein. Dem überlebenden Ehegatten steht aber das Recht zu, die Verfügungen für den Schlusserbfall innerhalb und zugunsten der von uns zu Schlusserben berufenen Kinder und deren Abkömmlinge abzuändern. Der überlebende Ehepartner darf aber nicht zugunsten anderer als unserer Kinder und deren Abkömmlinge verfügen. Da er in der Art und Weise der Abänderung völlig frei ist, ist er auch berechtigt, eine Testamentsvollstreckung mit beliebigem Inhalt für den Schlusserbfall anzuordnen. Macht der überlebende Ehepartner von dem Abänderungsrecht Gebrauch, dann hat dies nicht die Unwirksamkeit der Verfügung des Erstversterbenden zur Folge. ◀

320 Oftmals besteht das Bedürfnis, den überlebenden Ehepartner nur bezüglich des ererbten Vermögens zu binden und ihn bezüglich seines eigenen Vermögens in der Verfügungsfreiheit nicht zu beschränken. Dies kann bspw dadurch erreicht werden, dass dem Überlebenden das Recht eingeräumt wird, vermächtnisweise über sein Eigenvermögen zu verfügen.³⁷⁸ Allerdings sollte dabei berücksichtigt werden, dass es später zu erheblichen Beweisschwierigkeiten hinsichtlich der Frage kommen kann, was Eigenvermögen des überlebenden Ehepartners war bzw ist.

321 ▶ **Muster: Vermächtnisweise Abänderungsmöglichkeit hinsichtlich des eigenen Vermögens**

Die von uns in diesem Testament getroffenen Verfügungen für den ersten und den zweiten Todesfall sollen insgesamt wechselbezüglich und bindend sein. Dem überlebenden Ehegatten steht aber das Recht zu, hinsichtlich seines eigenen Vermögens, welches er nicht vom Erstversterbenden geerbt hat, die Verfügung für den Schlusserbfall so abzuändern, dass er hierüber vermächtnisweise frei verfügen kann. Der überlebende Ehepartner kann daher sein eigenes Vermögen vermächtnisweise auch anderen Bedachten als den von uns genannten Schlusserben zuwenden. Der überlebende Ehepartner ist berechtigt, hinsichtlich des Schlusserbfalls eine Testamentsvollstreckung mit beliebigem Inhalt anzuordnen. Den Schlusserben steht vermächtnisweise das Recht auf Erstellung eines Nachlassverzeichnisses zum Zeitpunkt des ersten Erbfalls zu. Macht der überlebende Ehepartner von dem Abänderungsrecht Gebrauch, dann hat dies nicht die Unwirksamkeit der Verfügung des Erstversterbenden zur Folge. ◀

322 Ebenso besteht in bestimmten Fällen das Bedürfnis, dass der überlebende Ehepartner hinsichtlich desjenigen Vermögens, welches er nach dem ersten Todesfall erwirbt, freigestellt ist. Dabei gilt es zu unterscheiden, ob es sich um tatsächlich neu erworbenes Vermögen handelt oder um ein aus dem Nachlass des Erstversterbenden stammendes Surrogat. Auch hier ist eine Abänderungsmöglichkeit nur vermächtnisweise denkbar (vgl zu den Beweisschwierigkeiten Rn 324).

323 ▶ **Muster: Abänderungsmöglichkeit bezüglich des neu hinzuerworbenen Vermögens**

Die von uns in diesem Testament getroffenen Verfügungen für den ersten und den zweiten Todesfall sollen insgesamt wechselbezüglich und bindend sein. Dem überlebenden Ehegatten steht aber das Recht zu, hinsichtlich seines Vermögens, welches er nach dem ersten Erbfall neu hinzuwirbt und bei dem es sich nicht um ein Surrogat aus einem Nachlassgegenstand aus dem ersten Erbfall handelt, die Verfügung für den Schlusserbfall so abzuändern, dass er hierüber vermächtnisweise frei verfügen kann. Der überlebende Ehepartner kann daher dieses neu hinzuerworbene Vermögen vermächtnis-

---

378 Vgl hierzu auch BGH FamRZ 1973, 189.

weise auch anderen Bedachten als den von uns genannten Schlusserben zuwenden. Darüber hinaus ist er auch berechtigt, eine Testamentsvollstreckung mit beliebigem Inhalt für den Schlusserbfall anzuordnen. Den Schlusserben steht vermächtnisweise das Recht auf Erstellung eines Nachlassverzeichnisses zum Zeitpunkt des ersten Erbfalls zu. Macht der überlebende Ehepartner von dem Abänderungsrecht Gebrauch, dann hat dies nicht die Unwirksamkeit der Verfügung des Erstversterbenden zur Folge. ◄

Ungeklärt ist die Frage, ob und inwiefern die wechselbezüglichen Verfügungen des Vorverstorbenen gem. § 2270 Abs. 1 BGB unwirksam werden, wenn der Überlebende von einem Abänderungsrecht Gebrauch macht. In der Freistellungsklausel sollte daher festgestellt werden, dass die Verfügungen im Übrigen weiterhin wirksam bestehen bleiben, wenn der überlebende Ehepartner von der Freistellungsklausel Gebrauch macht.[379]

3. Vor- und Nacherbschaft (Trennungslösung)
a) Verfügungen für den ersten Todesfall

Wählen die Erblasser die sog. Trennungslösung, wird der überlebende Ehegatte Vorerbe, die Abkömmlinge der Ehegatten werden meistens als Nacherben eingesetzt. Selbstverständlich können die Eheleute auch einen Dritten als Nacherben einsetzen. Im Gegensatz zur Einheitslösung kommt es bei der Trennungslösung nicht zur Verschmelzung beider Vermögensmassen, dh, dass das Vermögen des Verstorbenen sich nicht mit dem Vermögen des Überlebenden vermischt. Der Überlebende erhält den Nachlass des Erstversterbenden als „Sondervermögen" und besitzt daneben gesondert sein Eigenvermögen. Die Trennungslösung bietet sich an, wenn der überlebende Ehepartner hinsichtlich des ererbten Vermögens gebunden werden soll oder die Eheleute Kinder aus vorangegangenen Ehen haben und diese nicht am Nachlass des jeweils anderen Ehegatten partizipieren sollen.

▶ **Muster: Vor- und Nacherbschaft**

1. Verfügung für den ersten Todesfall

Zu unserem alleinigen Erben bestimmen wir, die Eheleute ▬▬, ▬▬, geboren am ▬▬ und ▬▬, geborene ▬▬, geboren am ▬▬, wohnhaft in ▬▬, jeweils den überlebenden Ehepartner von uns. Der überlebende Ehegatte ist aber nur Vorerbe. Von den gesetzlichen Beschränkungen ist er befreit, soweit dies möglich und rechtlich zulässig ist. Für den Fall, dass der überlebende Ehepartner entfällt, wird ein Ersatzvorerbe nicht bestimmt. Es gilt dann die Vorschrift des § 2102 Abs. 1 BGB, mit der Folge, dass der Nacherbe Vorerbe und somit Vollerbe wird.

Zu Nacherben bestimmen wir unsere gemeinschaftlichen Kinder ▬▬ zu jeweils gleichen Teilen. Ersatznacherben sind die Abkömmlinge unserer gemeinschaftlichen Kinder nach den Regeln der gesetzlichen Erbfolgeordnung, wiederum ersatzweise soll- zunächst innerhalb eines Stammes – Anwachsung eintreten.

Für den Fall, dass einer der Abkömmlinge die Erbschaft ausschlägt und entgegen dem Willen des überlebenden Ehepartners seinen Pflichtteilsanspruch geltend macht und auch erhält, ist er mit seinem ganzen Stamm von der Nacherbfolge und auch von der Schlusserbfolge einschließlich aller sonstigen zu seinen Gunsten angeordneten letztwilligen Verfügungen ausgeschlossen. Gleiches gilt, wenn er einen Zuwendungsverzicht abgegeben hat. In diesem Fall werden seine Abkömmlinge entgegen jeder anders lautenden gesetzlichen oder richterlichen Vermutungsregel nicht Ersatzerben.

---
[379] BGH NJW 1987, 901.

Die Nacherbenanwartschaft ist weder vererblich noch übertragbar. Der Nacherbfall tritt, soweit in dieser Verfügung nichts anderes bestimmt ist, mit dem Tod des Vorerben ein.

2. Verfügungen für den zweiten Todesfall

Zu Erben des Längstlebenden von uns bestimmen wir unsere gemeinschaftlichen Kinder ___, geb. am ___ in ___, wohnhaft ___, und ___, geb. am ___ in ___, wohnhaft ___, zu jeweils gleichen Teilen. Ersatzerben sind die Abkömmlinge unserer gemeinschaftlichen Kinder nach den Regeln der gesetzlichen Erbfolgeordnung, wiederum ersatzweise soll – zunächst innerhalb eines Stammes – Anwachsung eintreten. ◀

b) Verfügung für den zweiten Todesfall

327 Bei der Trennungslösung betrifft die Verfügung für den zweiten Todesfall nur das Eigenvermögen des überlebenden Ehegatten. Das Vermögen des Erstversterbenden vererbt sich zum Zeitpunkt des Eintritts des Nacherbfalls an den bereits vom erstversterbenden Ehepartner bestimmten Nacherben.

c) Der ungeregelte zweite Versterbensfall bei der Trennungslösung

328 Oftmals regeln Eheleute bewusst oder auch aufgrund der Unkenntnis der Rechtslage bei der Trennungslösung nicht den zweiten Versterbensfall. Nach der derzeit herrschenden Meinung[380] ist der Nacherbe Ersatzerbe des Erstversterbenden, wenn sich die Ehegatten gegenseitig zu Vorerben und einen Dritten zum Nacherben eingesetzt haben und hinsichtlich des Eigenvermögens des Überlebenden keine ausdrückliche Verfügung getroffen haben. Es kommt daher zur Anwendung der Auslegungsregel des § 2102 Abs. 1 BGB,[381] mit der Folge, dass der Nacherbe den überlebenden Ehepartner beerbt und nicht dessen gesetzliche Erben.[382]

d) Bindungswirkung für das eigene Vermögen

329 Setzen sich Eheleute in einem gemeinschaftlichen Testament gegenseitig als Vorerben und die gemeinsamen Kinder als Nacherben ein, hat dadurch im Zweifel der Längstlebende gem. § 2102 Abs. 1 BGB die Kinder als Ersatzerben eingesetzt und ist gem. § 2270 Abs. 2 BGB im Zweifel auch daran gebunden (wobei fraglich ist, ob hier auch die zu § 2069 BGB ergangene Rechtsprechung anzuwenden ist, vgl Rn 315). Oft werden die Eheleute in Wirklichkeit etwas anderes gewollt haben. Umso dringender ist die eingehende Willenserforschung bei der Testamentsberatung.[383]

e) Trennungslösung und Pflichtteilsansprüche

330 Nach § 2306 Abs. 1 S. 1 Abs. 2 BGB können die Erben beim ersten Erbfall den Pflichtteil nur dann verlangen, wenn sie die Nacherbfolge ausschlagen. Die Pflichtteilsberechtigten können während der gesamten Dauer der Vor- und Nacherbschaft nach § 2306 BGB vorgehen, wobei allerdings zu beachten ist, dass der Verjährungsbeginn für die Geltendmachung von Pflichtteilsansprüchen nicht der Zeitpunkt der Ausschlagung ist, sondern die allgemeinen pflichtteilsrechtlichen Verjährungsvorschriften nach § 2332 BGB gelten.

f) Hausratsvermächtnis

331 Bei der Trennungslösung wird der überlebende Ehepartner nicht Vollerbe und kann daher nicht uneingeschränkt über den Nachlass verfügen. Wird dann noch der Eintritt des Nacherbfalls an

---

380 Palandt/*Edenhofer*, § 2102 Rn 2; MünchKomm/*Grunsky*, § 2102 Rn 3.
381 KG NJW-RR 1987, 451; OLG Oldenburg MDR 1999, 232; OLG Celle FamRZ 2003, 887.
382 Vgl zum Ganzen *Nehlsen-v. Stryk*, DNotZ 1988, 147.
383 Vgl *Findeklee*, ZErb 2002, 116.

einen anderen Zeitpunkt als den Tod des überlebenden Ehepartners, bspw dessen Wiederverheiratung geknüpft, sollte in jedem Fall daran gedacht werden, ob der Längstlebende im Wege des Vorausvermächtnisses zB den Hausrat und sonstige persönliche Gegenstände des Erstversterbenden einschließlich Pkw erhält, damit ihm diese zur unbeschränkten Verfügung auch nach Eintritt des Nacherbfalls zustehen.

▶ **Muster: Hausratsvermächtnis an den Vorerben**   332

Im Wege des Vorausvermächtnisses und somit außerhalb der Vorerbenbindung erhält der überlebende Ehepartner das gesamte Inventar und den Hausrat der von uns im Zeitpunkt des Erbfalls bewohnten Immobilie. Umfasst sind hiervon alle Möbel, alle Küchengeräte und alle sonstigen technischen Geräte, mit Ausnahme der Werkzeuge. Darüber hinaus erhält der überlebende Ehepartner im Wege des Vermächtnisses den von uns genutzten PKW. Eine Anordnung der Vermächtnisse erfolgt jeweils einzeln, so dass der Vermächtnisnehmer eine gesonderte Annahme bzw Ausschlagung hinsichtlich jedes einzelnen Nachlassgegenstandes erklären kann. ◀

g) Änderungsvorbehalt bei der Trennungslösung

Bei der Trennungslösung ist eine Abänderungsmöglichkeit und eine Freistellungsklausel nur in Bezug auf das Eigenvermögen des überlebenden Ehepartners denkbar (vgl Rn 320). Hinsichtlich des der Nacherbfolge unterliegenden Vermögens kann eine Änderung durch den Überlebenden nicht mehr erfolgen.   333

h) Wiederverheiratungsklausel bei der Trennungslösung

Bei der Vor- u. Nacherbschaft bestehen mehrere Möglichkeiten, den Fall der Wiederverheiratung zu gestalten. Liegt eine nach § 2136 BGB **befreite** Vorerbschaft vor, bietet es sich an, diese in eine nicht befreite Vorerbschaft umzuwandeln.   334

▶ **Muster: Entfallen der befreiten Vorerbschaft**   335

In dem Fall, dass sich der überlebende Ehegatte wiederverheiratet, endet die Befreiung von den gesetzlichen Beschränkungen. Ab dem Zeitpunkt der Wiederverheiratung ist der überlebende Ehegatte nicht befreiter Vorerbe. ◀

Weiter bietet es sich an, die Rechte der Nacherben durch die Anordnung eines Nacherbentestamentsvollstreckers (§ 2222 BGB) zu stärken. Diesem wird die Aufgabe übertragen, die Mitwirkungs-, Kontroll- und Sicherungsrechte der Nacherben gegenüber dem nicht befreiten Vorerben durchzusetzen.   336

▶ **Muster: Nacherbentestamentsvollstreckung**   337

Für den Fall, dass sich der überlebende Ehepartner wiederverheiratet ordnet der Erstversterbende zusätzlich Nacherbentestamentsvollstreckung gemäß § 2222 BGB an. Der Testamentsvollstrecker hat die Aufgabe, die Mitwirkungs-, Kontroll- und Sicherungsrechte der Nacherben bis zum Eintritt des Nacherbfalles in vollem Umfang wahrzunehmen. Zum Testamentsvollstrecker benennen wir für den Fall, dass der Ehemann vorverstirbt, ..., geb. am ... in ..., für den Fall, dass die Ehefrau vorverstirbt, ..., geb. am ... in ..., ersatzweise soll das Nachlassgericht einen Testamentsvollstrecker benennen. ◀

Eine weitere Möglichkeit ist, mit der **Wiederverheiratung** eine zusätzliche **Bedingung** für den Eintritt des Nacherbfalls zu bestimmen. D.h., der Nacherbfall tritt nicht mit dem Tod des überlebenden Ehegatten, sondern auch mit seiner Wiederverheiratung ein. Allerdings sollte darauf   338 geachtet werden, dass dem überlebenden Ehepartner in diesem Fall wenigstens vermächtnisweise sein Pflichtteil bzw Erbteil am Nachlass des erstversterbenden Ehepartners verbleibt (vgl zur Problematik der Sittenwidrigkeit oben Rn 302).

339 ▶ **Muster: Eintritt des Nacherbfalls**

Sollte sich der überlebende Ehepartner wiederverheiraten, tritt die Nacherbfolge nicht mit dem Tod des Vorerben, sondern mit dem Zeitpunkt der Wiederverheiratung ein. In diesem Fall ist der überlebende Ehepartner wie ein befreiter Vorerbe zu behandeln. Er erhält im Übrigen im Zeitpunkt der Wiederverheiratung vermächtnisweise einen Geldanspruch in Höhe seines Pflichtteils am Nachlass des erstversterbenden Ehepartners. Zeitpunkt für die Bewertung des Vermächtnisanspruchs ist der der Wiederverheiratung. ◀

340 Die überwiegende Meinung in Rechtsprechung[384] und Literatur[385] geht davon aus, dass im Falle einer solchen Wiederverheiratungsklausel eine befreite Vorerbschaft des überlebenden Ehegatten vorgelegen hat. Eine Klarstellung in der Klausel ist aber sinnvoll.

4. Nießbrauchsvermächtnis beim Ehegattentestament
a) Allgemeines

341 Konträr zur Einheits- oder Trennungslösung werden bei der **Nießbrauchslösung** die Kinder der Ehepartner gleich zu Erben eingesetzt und nicht erst im Schlusserbfall. Die Bedachten werden im Hinblick auf den Nachlass des Erstversterbenden sofort Vollerben, jedoch beschwert mit dem Nießbrauch zu Gunsten des Überlebenden.

342 ▶ **Muster: Nießbrauchslösung**

Zu Erben des Erstversterbenden von uns bestimmen wir, die Eheleute ..., geb. am ... und ..., geb. am ..., wohnhaft in ..., unsere gemeinschaftlichen Kinder ..., geb. am ..., wohnhaft in ..., und ..., geb. am ..., wohnhaft in ..., zu jeweils gleichen Teilen. Ersatzerben sind die Abkömmlinge unserer Kinder nach den Regeln der gesetzlichen Erbfolgeordnung, wiederum ersatzweise soll – zunächst innerhalb eines Stammes – Anwachsung eintreten. Für den Fall, dass einer der Abkömmlinge den Erbteil ausschlägt und seinen Pflichtteilsanspruch geltend macht und auch erhält, ist er mit seinem ganzen Stamm von der Erbfolge ausgeschlossen.

Dem jeweils überlebenden Ehegatten wird im Wege des Vermächtnisses das Nießbrauchsrecht an dem Nachlass des erstversterbenden Ehegatten eingeräumt. Sind im Nachlass Immobilien vorhanden, dann trägt der Nießbrauchsberechtigte in Abweichung von der gesetzlichen Lastentragung neben den gewöhnlichen Lasten auch die außergewöhnlichen Lasten sowie die außergewöhnlichen Instandhaltungs- und Erhaltungsaufwendungen.

Wir bestimmen jeweils den überlebenden Ehepartner zum Testamentsvollstrecker, mit der Aufgabe, sich das Nießbrauchsrecht am Nachlass zu bestellen. Einen Anspruch auf Vergütung hat der Testamentsvollstrecker nicht.

An etwaigen Pflichtteilslasten hat sich der Vermächtnisnehmer entsprechend § 2318 Abs. 1 BGB zu beteiligen. Sollte einer der Erben mit Pflichtteilsansprüchen belastet werden, dann steht ihm im Wege des Vorausvermächtnisses ein Geldanspruch in entsprechender Höhe des von ihm zu zahlenden Pflichtteilsanspruchs zu. Auf diesen Geldanspruch erstreckt sich der Nießbrauch des überlebenden

---

[384] BGH FamRZ 1972, 36.
[385] Palandt/*Edenhofer*, § 2269 Rn 18 ff.

Ehepartners nicht. Trifft den Erben eine Verpflichtung zur Erbschaftsteuerzahlung, so steht dem Erben ebenfalls ein entsprechender Geldanspruch aus dem Nachlass in Höhe der zu entrichtenden Erbschaftsteuer zu. Auch hierauf erstreckt sich der Nießbrauch nicht. ◄

b) Wiederverheiratungsklausel

Die Wiederverheiratungsklausel kann bei der Nießbrauchslösung so ausgestaltet werden, dass das Nießbrauchsrecht des überlebenden Ehepartners mit dem Zeitpunkt der Wiederverheiratung erlischt. Aber auch hier ist die Problematik der Sittenwidrigkeit zu berücksichtigen, so dass dem Ehepartner dann wenigstens vermächtnisweise der Pflichtteil verbleiben sollte.

▶ **Muster: Erlöschen des Nießbrauchs**

Das Nießbrauchsrecht des überlebenden Ehepartners am Nachlass des Erstversterbenden erlischt mit dem Zeitpunkt der Wiederverheiratung. In diesem Fall erhält der überlebende Ehepartner vermächtnisweise einen Geldanspruch in Höhe seines Pflichtteils am Nachlass des erstversterbenden Ehepartners. Maßgebend für die Bewertung des Vermächtnisanspruchs ist der Zeitpunkt der Wiederverheiratung. ◄

5. Regelungen für den Scheidungsfall

Wurde die Ehe vor dem Tod des Erblassers aufgelöst, werden gemeinschaftliche Testamente bzw gegenseitige Verfügungen unwirksam, §§ 2077, 2268 BGB. Die Vorschrift des § 2077 BGB findet keine Anwendung auf die Erbeinsetzung von Schwiegerkindern[386] oder bei gegenseitiger Erbeinsetzung innerhalb einer nichtehelichen Lebensgemeinschaft.[387] Nach einer neueren Entscheidung des BGH[388] kann in einzelnen Fällen über § 2268 Abs. 2 BGB von einer Fortgeltung der wechselbezüglichen Verfügung auch nach Ehescheidung ausgegangen werden, mit der Folge, dass der geschiedene Ehepartner zunächst einen notariellen Widerruf erklären muss, bevor er neu testieren kann. War die Ehe zum Zeitpunkt des Erbfalls noch nicht geschieden, lagen aber die Voraussetzungen vor, gilt die Auslegungsregel des § 2077 Abs. 1 S. 2 BGB nur, wenn der Erblasser selbst Scheidungsantrag gestellt hat.[389]

▶ **Muster: Regelung im Scheidungsfall**

Wurde unsere Ehe vor dem Tode eines Ehepartners aufgelöst oder von einem Ehepartner Klage auf Aufhebung erhoben oder die Scheidung der Ehe beantragt oder im Falle der Zustimmung zur Scheidung durch den Erblasser selbst, sind alle von uns getroffenen letztwilligen Verfügungen, sowohl für den ersten als auch für den zweiten Todesfall insgesamt unwirksam. Dies gilt unabhängig davon, wer von den Ehepartnern den Antrag auf Scheidung gestellt oder Klage auf Aufhebung erhoben hat. Unwirksam werden dabei nicht nur die gegenseitigen Zuwendungen, sondern alle in unserem Testament getroffenen Verfügungen, auch die zu Gunsten anderer Bedachter. In diesem Fall wird der jeweils andere Ehepartner weder testamentarischer noch gesetzlicher Erbe. ◄

---

386 BGH ZErb 2003, 312.
387 BayObLG ZEV 2003, 328.
388 BGH ZErb 2004, 319.
389 Vgl hierzu *J. Mayer*, ZEV 1997, 280.

6. Regelung für den Fall der Anfechtung

347 Der überlebende Ehepartner kann grds. die eigene wechselbezügliche Verfügung, die erst nach dem Tod des Erstversterbenden bindend wird, selbst anfechten. Die hM[390] geht hierbei von einer analogen Anwendung der §§ 2281 ff, 2078, 2079 BGB aus.[391] Bei letztwilligen Verfügungen ist auch eine Anfechtung wegen **Motivirrtums** (§ 2078 II BGB) möglich. Wird ein Pflichtteilsberechtigter im Testament übergangen, besteht unter den Voraussetzungen des § 2079 BGB ein gesondertes Anfechtungsrecht. Das **Selbstanfechtungsrecht** der Ehegatten und auch das Anfechtungsrecht eines Dritten kann aber in der letztwilligen Verfügung von Todes wegen **ausgeschlossen** werden.[392]

348 ▶ **Muster: Anfechtungsverzicht**

Hinsichtlich der von uns für den ersten und den zweiten Todesfall getroffenen Verfügungen verzichten wir auf ein uns zustehendes Anfechtungsrecht gem. § 2079 BGB. Unsere Verfügungen von Todes wegen haben wir unabhängig davon, welche Pflichtteilsberechtigten heute vorhanden sind oder in Zukunft noch hinzutreten werden, getroffen. Dies gilt auch, wenn ein Pflichtteilsberechtigter durch Wiederverheiratung hinzutritt. Ein Anfechtungsrecht Dritter schließen wir in gleichem Umfang ebenfalls aus. ◀

7. Regelung für den Katastrophenfall

a) Die Regelung für den Fall des gleichzeitigen Versterbens

349 Der Fall, dass Ehepartner gleichzeitig versterben ist idR selten, dennoch sollte ein gemeinschaftliches Testament auch dafür eine Regelung vorsehen. Man spricht hierbei auch von einer sog. Katastrophenklausel. Nach Ansicht der Rechtsprechung wird eine gegenseitige Erbeinsetzung in einem gemeinschaftlichen Testament gegenstandslos, wenn Ehepartner tatsächlich **gleichzeitig** versterben oder wenn ein gleichzeitiges Versterben aufgrund § **11 VerschG** vermutet wird.[393] Beim Berliner Testament wird es regelmäßig der Wunsch der Ehepartner sein, dass die zu Schlusserben bestimmten gemeinschaftlichen Kinder in einem solchen Fall dann direkt erben. Gerade wenn ein Ehepartner bspw Kinder aus vorangegangenen Ehen hat, ist eine Klausel sinnvoll, die im Falle des gleichzeitigen Versterbens die gemeinsam bedachten Schlusserben direkt zu Erben bestimmt.

350 Beim Berliner Testament kann die Katastrophenklausel so formuliert werden, dass im Falle des gleichzeitigen Versterbens die zu Schlusserben eingesetzten Abkömmlinge jeden Ehepartner unmittelbar beerben.

351 ▶ **Muster: Regelung des gleichzeitigen Versterbens bei der Einheitslösung**

Für den Fall, dass wir gleichzeitig versterben, wird jeder von uns entsprechend der Schlusserbeneinsetzung für den zweiten Todesfall mit allen dort angeordneten Vermächtnissen, Auflagen und der dort angeordneten Testamentsvollstreckung beerbt. ◀

352 Ähnliches gilt für die Trennungslösung. Hier sollte die Klausel so formuliert werden, dass jeder Ehegatte entsprechend der angeordneten Nacherbfolge beerbt wird.

---

390 *Nieder* in: Nieder/Kössinger, § 24 Rn 21, 24.
391 Vgl zur Anwendbarkeit des § 2079 BGB und zur Frage der Übergehung eines Pflichtteilsberechtigten OLG Düsseldorf MittBayNot 1999, 296.
392 MünchKomm/*Musielak*, § 2281 Rn 16.
393 RGZ 149, 200, 201.

▶ **Muster: Regelung des gleichzeitigen Versterbens bei der Trennungslösung**   353

Für den Fall, dass wir gleichzeitig versterben, wird der jeweilige Ehepartner nicht Vorerbe. Jeder von uns wird dann entsprechend der von uns bestimmten Nacherbfolge für den ersten Todesfall mit allen dort angeordneten Vermächtnissen, Auflagen und der angeordneten Testamentsvollstreckung beerbt. ◀

Sind die Bedachten, in der Regel die Abkömmlinge, bereits vorverstorben oder ebenfalls bei dem Unfall getötet worden, so ist in der Katastrophenklausel unbedingt ein Ersatzerbe zu benennen.   354

▶ **Muster: Ersatzerbenregelung bei gleichzeitigem Versterben**   355

Für den Fall, dass wir gleichzeitig versterben und alle von uns als Schlusserben genannten Erben einschließlich der ausdrücklich oder aufgrund von Auslegungsregelungen eingesetzten Ersatzerben ebenfalls weggefallen oder mit uns gleichzeitig verstorben sind, bestimmt jeder von uns ... zu seinen Erben, ersatzweise ... . ◀

b) Der Begriff des gleichzeitigen Versterbens

Auslegungsfähig ist, was die Eheleute unter „**gleichzeitigem Versterben**" verstehen. Die Rechtsprechung[394] sieht den Begriff „gleichzeitiges Versterben" als auslegungsfähig an.[395] Gemeint sein kann mit dem „gleichzeitigen Versterben" nicht nur der exakt „zeitgleiche" Todeszeitpunkt. So können damit die in kurzen zeitlichen Abständen eingetretenen Todesfälle aufgrund derselben Ursache[396] oder auch aufgrund unterschiedlicher Ursachen, etwa krankheitsbedingter, gemeint sein.[397] Auch kann die nach dem Tod eines Ehepartners vollzogene Selbsttötung von der Formulierung des gleichzeitigen Versterbens mit umfasst sein.[398]   356

c) Das Nacheinander-Versterben

Zu unterscheiden von dem tatsächlich gleichzeitigen Versterben ist daher die Situation, dass Eheleute bspw aufgrund eines Unfalls kurz hintereinander versterben oder aber auch sonst zeitlich nah nacheinander ableben. Bei einer solchen Konstellation ist es allein schon aus erbschaftsteuerlicher Sicht grundsätzlich nicht sinnvoll, wenn sich Ehepartner für einen kurzen Zeitraum gegenseitig beerben und dann kurz danach die Schlusserbfolge eintritt. Vor diesem Hintergrund wurde die Katastrophenklausel in der Lit. dahingehend erweitert, dass auch ein Versterben innerhalb eines bestimmten Zeitraums – bspw auch aufgrund der gleichen Ursache – nicht zu einer gegenseitigen Erbeinsetzung der Ehepartner führen soll. Anders als beim tatsächlich gleichzeitigen Versterben besteht hierbei nun die Besonderheit, dass für einen bestimmten Zeitraum unklar ist, ob der überlebende Ehepartner innerhalb des Zeitraums verstirbt oder nicht. Da aber niemand ohne Erbe verstirbt, führt eine solche bedingte Erbeinsetzung zu einer konstruktiven Vor- und Nacherbschaft (vgl oben Rn 303).[399] Der überlebende Ehepartner wird Vorerbe, Nacherben werden die Abkömmlinge und für den Fall, dass er den Zeitraum überlebt, entfällt die Nacherbfolge. In diesem Fall führt die Katastrophenklausel erbschaftsteuerlich nicht zu dem gewünschten Ergebnis, da der Eintritt des Nacherbfalls durch den Tod des   357

---

394 KG FamRZ 1970, 148; BayObLGZ 1981, 79.
395 Vgl LG Nürnberg-Fürth ZErb 2000, 128.
396 BayObLG FamRZ 1995, 1446.
397 OLG Stuttgart FamRZ 1994, 852.
398 BayObLG ZEV 1996, 470.
399 Vgl hierzu ausführlich *Daragan*, ZErb 2006, 119.

Vorerben bedingt ist und somit auch eine Besteuerung im Verhältnis zum Vorerben zu erfolgen hat.[400] Die steuerliche Zielsetzung wäre damit nicht erreicht. *Daragan* schlägt daher einen erbrechtlichen „Rollentausch" dergestalt vor, dass nicht der überlebende Ehepartner, sondern die Abkömmlinge zu Vorerben und der Ehepartner zum Nacherben bestimmt werden und der Nacherbfall eintritt, wenn der Ehepartner den Zeitraum überlebt.[401] In diesem Fall tritt der Nacherbfall nicht mit dem Tod des Vorerben ein, so dass nach § 6 Abs. 3 ErbStG besteuert und der überlebende Ehegatte im Verhältnis zum erstversterbenden Ehepartner besteuert wird.[402] Damit aber bei den Vorerben eine steuerliche Abzugsmöglichkeit besteht, sollte für den Fall des Überlebens ein Herausgabevermächtnis zu Gunsten des Ehepartners angeordnet werden, in dem ihm der gesamte Nachlass, einschließlich etwaiger Nutzungen, zugewendet wird.[403]

358 ▶ **Muster: Daragan'sche Katastrophenklausel**

Wir, die Eheleute ... und ..., setzen uns gegenseitig zu alleinigen Vollerben ein. Für den Fall, dass einer von uns aufgrund eines Ereignisses verstirbt, welches auch das Leben des anderen in Gefahr bringt, zB eines Unfalls, entfällt die gegenseitige Erbeinsetzung und es gilt unabhängig jeder gesetzlichen oder richterlichen Auslegungs- und Vermutungsregel ausschließlich Folgendes:

Beim Tod eines jeden von uns sind unsere gemeinsamen Kinder ... und ... Vorerben zu je gleichen Teilen. Nacherbe ist der jeweils überlebende Ehepartner. Der Nacherbfall tritt ein, wenn der überlebende Ehepartner nicht innerhalb eines Monats nach dem Tod des erstversterbenden Ehepartners verstirbt. Verstirbt er innerhalb der Frist, entfällt die Nacherbfolge ersatzlos.

Aufschiebend bedingt auf den Nacherbfall wird jeder Vorerbe mit einem Universalvermächtnis beschwert, an den überlebenden Ehepartner alles herauszugeben, was ihm als Vorerbe zugefallen ist, einschließlich aller Nutzungen. ◀

IV. Weitere Muster für gemeinschaftliche Testamente

1. Muster für ein Berliner Testament (Einheitslösung)

359 ▶ **Muster: „Berliner Testament" mit Steuervermächtnis, Freistellungsklausel, Wiederverheiratungsvermächtnis und Anfechtungsverzicht**

§ 1 Vorbemerkung

Wir, die Eheleute ... und ..., sind beide deutsche Staatsangehörige und seit ... im gesetzlichen Güterstand der Zugewinngemeinschaft verheiratet. Wir erklären, dass wir nicht durch einen Erbvertrag oder ein bindend gewordenes gemeinschaftliches Testament an der Errichtung dieser Verfügung von Todes wegen gehindert sind. Hiermit heben wir einzeln und gemeinsam alle bislang errichteten Verfügungen von Todes wegen in vollem Umfang auf.

Wir erklären hiermit, dass wir die uns derzeit und in Zukunft behandelnden Ärzte insgesamt von der ärztlichen Schweigepflicht entbinden, soweit es um die Frage der Klärung unserer Geschäfts- und Testierfähigkeit geht. Gleiches gilt für den Notar und den uns beratenden Rechtsanwalt und/oder

---

400 Vgl *Daragan*, ZErb 2006, 119; *Feick*, ZEV 2006, 16.
401 *Daragan*, ZErb 2006, 119, 120.
402 *Daragan*, ZErb 2006, 119.
403 *Daragan*, ZErb 2006, 119.

Steuerberater, die wir ebenfalls von der Schweigepflicht entbinden, sofern sie zur Klärung der Geschäfts- und Testierfähigkeit Aussagen machen können.

§ 2 Verfügungen für den ersten Todesfall

1. Erbfolge

   Auf das Ableben des Erstversterbenden von uns setzen wir, die Eheleute ▬▬▬, geb. am ▬▬▬ in ▬▬▬, und ▬▬▬, geborene ▬▬▬, geb. am ▬▬▬ in ▬▬▬, uns gegenseitig zu alleinigen Vollerben ein. Der jeweils überlebende Ehepartner ist unbeschränkter Vollerbe, eine Nacherbfolge findet nicht statt.

2. Vermächtnisse

   Unsere gemeinschaftlichen Abkömmlinge ▬▬▬, geb. am ▬▬▬, und ▬▬▬, geb. am ▬▬▬, erhalten im Wege des Vermächtnisses den Miteigentumsanteil des erstversterbenden Ehepartners an der Immobilie in ▬▬▬, eingetragen im Grundbuch von ▬▬▬, Gemarkung ▬▬▬, Flurstück-Nr. ▬▬▬. Die Kosten der Vermächtniserfüllung trägt der Erbe. Dingliche Belastungen haben die Vermächtnisnehmer zur weiteren Duldung zu übernehmen. Zu Ersatzvermächtnisnehmern bestimmen wir die Abkömmlinge unserer Kinder, wiederum ersatzweise tritt Anwachsung ein.[404] Das Vermächtnis entfällt ersatzlos für denjenigen, der den Pflichtteilsanspruch geltend macht und erhält. In diesem Fall werden seine Abkömmlinge entgegen jeder anders lautenden gesetzlichen Vermutungs- oder Auslegungsregel nicht Ersatzvermächtnisnehmer.

   Die Vermächtnisnehmer werden mit einem Untervermächtnis zu Gunsten des überlebenden Ehepartners dergestalt belastet, dass sie diesem den unentgeltlichen lebenslangen Nießbrauch an der Immobilie ▬▬▬ zu bestellen haben, mit der Maßgabe, dass der Nießbrauchsberechtigte auch die außergewöhnlichen Kosten, Aufwendungen und Erhaltungsmaßnahmen zu tragen hat. Die Kosten der Vermächtniserfüllung trägt der Erbe.

   Weder der Vermächtnisnehmer noch der Untervermächtnisnehmer haben sich an einer etwaigen Pflichtteilslastentragung gemäß § 2318 Abs. 1 BGB zu beteiligen. § 2318 Abs. 1 BGB wird hiermit abbedungen.

3. Wiederverheiratungsklausel

   Sollte sich der überlebende Ehegatte wiederverheiraten, gilt Folgendes: Jeder der von uns zum Schlusserben eingesetzten Abkömmlinge erhält vermächtnisweise einen Geldanspruch in Höhe seines gesetzlichen Erbteils am Nachlass des erstversterbenden Ehepartners. Der Vermächtnisanspruch ist innerhalb von drei Monaten nach Wiederverheiratung fällig. Jedem Vermächtnisnehmer steht ein eigenständiger Anspruch zu. Maßgebend für die Berechnung ist der Nettonachlasswert zum Zeitpunkt des ersten Erbfalls. Dabei sind alle Verbindlichkeiten abzuziehen, die den Erben treffen. Dem Vermächtnisnehmer steht insoweit ein umfassender Auskunftsanspruch entsprechend der Vorschrift des § 2314 BGB zu. Im Falle der Wiederverheiratung entfällt die Bindungswirkung im Schlusserbfall.[405] Der überlebende Ehepartner kann dann neu und frei sowohl lebzeitig als auch letztwillig verfügen.

---

404 Hierbei sollte allerdings darauf geachtet werden, dass im Falle einer Anwachsung die Zuwendung an den Abkömmling nicht wesentlich über seinem Steuerfreibetrag liegt, da er andernfalls mit einer Erbschaftsteuer belastet wird, aufgrund des Nießbrauchs aber keine Liquidität aus dem Nachlass erhält.

405 Fraglich ist, ob die für den Schlusserbfall getroffenen Verfügungen automatisch außer Kraft treten oder ob dies nur dann der Fall ist, wenn der überlebende Ehepartner sie durch eine neue Verfügung von Todes wegen aufhebt oder abändert. Die überwiegende Meinung in der Literatur verneint eine solche stillschweigend vereinbarte auflösende Bedingung; MünchKomm/*Musielak*, § 2269 Rn 59; Palandt/*Edenhofer*, § 2269 Rn 21; Staudinger/*Kanzleiter*, § 2269 Rn 50. Nach Auffassung der Rechtsprechung ist dagegen von einem automatischen Gegenstandsloswerden der Verfügung des Längstlebenden auszugehen, sofern sich kein anderer Wille aufgrund besonderer Umstände ergibt; KG NJW 1957, 1053; KG FamRZ 1968, 331; OLG Hamm NJW-RR 1994, 1355.

§ 3 Verfügungen für den Schlusserbfall

1. Erbeinsetzung

   Zu Schlusserben des Längstlebenden von uns bestimmen wir unsere gemeinschaftlichen Kinder ..., geb. am ... in ..., wohnhaft ..., und ..., geb. am ... in ..., wohnhaft ..., zu jeweils gleichen Teilen. Zu Ersatzerben bestimmen wir die Abkömmlinge unserer gemeinschaftlichen Kinder nach den Regeln der gesetzlichen Erbfolgeordnung, wiederum ersatzweise soll Anwachsung – zunächst innerhalb eines Stammes – eintreten.

2. Pflichtteilsklausel

   Sollte einer unserer Abkömmlinge nach dem Tod des erstversterbenden Ehepartners entgegen dem Willen des überlebenden Ehegatten einen Pflichtteilsanspruch verlangen, so ist er mit seinem ganzen Stamm im Schlusserbfall nach dem überlebenden Ehepartner von der Erbfolge einschließlich aller sonstigen letztwilligen Zuwendungen ausgeschlossen. Alle diesbezüglichen Bindungen entfallen. Der überlebende Ehepartner kann durch Errichtung einer letztwilligen Verfügung die Enterbung aufheben und abändern, indem er dem enterbten Abkömmling eine entsprechende Erbquote wieder einräumt oder in entsprechender Höhe ein Vermächtnis anordnet. Eine darüber hinausgehende Änderung bzw letztwillige Zuwendung darf der überlebende Ehegatte nicht vornehmen.

   Ein Pflichtteilsverlangen liegt vor, wenn der Pflichtteilsberechtigte den Pflichtteilsanspruch in einer den Verzug begründenden Weise geltend gemacht hat. Dem gleichgestellt ist der Fall, dass der Pflichtteilsberechtigte einen Wertermittlungsanspruch nach § 2314 Abs. 2 2. Hs BGB gestellt hat. Die Geltendmachung des Auskunftsanspruchs führt dagegen nicht zum Eintritt der Bedingung und zur Enterbung im Schlusserbfall.

§ 4 Wechselbezüglichkeit, Bindungswirkung

Die von uns in diesem Testament für den ersten und den zweiten Todesfall angeordneten Verfügungen von Todes wegen sollen wechselbezüglich und bindend sein. Dem überlebenden Ehegatten steht aber das Recht zu, die Verfügungen für den Schlusserbfall innerhalb und zugunsten der von uns zu Schlusserben berufenen Kinder und deren Abkömmlingen abzuändern. Der überlebende Ehepartner darf aber nicht zugunsten anderer als unserer Kinder und deren Abkömmlingen verfügen. Da er in der Art und Weise der Abänderung völlig frei ist, ist er auch berechtigt, eine Testamentsvollstreckung mit beliebigem Inhalt für den Schlusserbfall anzuordnen. Macht der überlebende Ehepartner von dem Abänderungsrecht Gebrauch, dann hat dies nicht die Unwirksamkeit der Verfügung des Erstversterbenden zur Folge. Im Falle einer Wiederverheiratung gilt das oben unter § 2 Ziff. 3 angeordnete.

§ 5 Regelung für den Scheidungsfall

Wurde unsere Ehe vor dem Tode eines Ehepartners aufgelöst oder von einem Ehepartner Klage auf Aufhebung erhoben oder die Scheidung der Ehe beantragt oder im Falle der Zustimmung zur Scheidung durch den Erblasser selbst, sind alle von uns getroffenen letztwilligen Verfügungen, sowohl für den ersten als auch für den zweiten Todesfall insgesamt unwirksam. Dies gilt unabhängig davon, wer von den Ehepartnern den Antrag auf Scheidung gestellt oder Klage auf Aufhebung erhoben hat. Unwirksam werden dabei nicht nur die gegenseitigen Zuwendungen, sondern alle in unserem Testament getroffenen Verfügungen, auch die zu Gunsten anderer Bedachter. In diesem Fall wird der jeweils andere Ehepartner weder testamentarischer noch gesetzlicher Erbe.

§ 6 Anfechtungsverzicht

Hinsichtlich der von uns für den ersten und den zweiten Todesfall getroffenen Verfügungen verzichten wir auf ein uns zustehendes Anfechtungsrecht gem. § 2079 BGB. Unsere Verfügungen von Todes wegen haben wir unabhängig davon, welche Pflichtteilsberechtigten heute vorhanden sind oder in Zukunft noch hinzutreten werden, getroffen. Dies gilt auch, wenn ein Pflichtteilsberechtigter durch Wiederverheiratung hinzutritt. Ein Anfechtungsrecht Dritter schließen wir in gleichem Umfang ebenfalls aus. ◂

2. Muster für ein gemeinschaftliches Testament mit Vor- und Nacherbfolge (Trennungslösung)

▸ **Muster: Gemeinschaftliches Testament bei gegenseitiger Vorerbeneinsetzung (Trennungslösung)**

§ 1 Vorbemerkung

Wir, die Eheleute ... und ..., sind beide deutsche Staatsangehörige und seit ... im gesetzlichen Güterstand der Zugewinngemeinschaft verheiratet. Für uns beide ist dies die zweite Eheschließung. Aus erster Ehe hat jeder von uns einen Abkömmling, der mit nachfolgendem Testament nicht bedacht werden soll. Aus unserer Ehe gehen zwei Kinder, nämlich ... und ..., hervor.

Wir erklären, dass wir nicht durch einen Erbvertrag oder ein bindend gewordenes gemeinschaftliches Testament an der Errichtung dieser Verfügung von Todes wegen gehindert sind. Hiermit heben wir einzeln und gemeinsam alle bislang errichteten Verfügungen von Todes wegen in vollem Umfang auf.

Wir erklären hiermit, dass wir die uns derzeit und in Zukunft behandelnden Ärzte insgesamt von der ärztlichen Schweigepflicht entbinden, soweit es um die Frage der Klärung unserer Geschäfts- und Testierfähigkeit geht. Gleiches gilt für den Notar und den uns beratenden Rechtsanwalt und/oder Steuerberater, die wir ebenfalls von der Schweigepflicht entbinden, sofern sie zur Klärung der Geschäfts- und Testierfähigkeit Aussagen machen können.

§ 2 Verfügungen für den ersten Todesfall

1. Erbeinsetzung

    Zu unserem alleinigen Erben bestimmen wir, die Eheleute ... ..., geboren am ... und ..., geborene ..., geboren am ..., wohnhaft in ..., jeweils den überlebenden Ehepartner von uns. Der überlebende Ehegatte ist aber nur Vorerbe. Von den gesetzlichen Beschränkungen ist er befreit, soweit dies möglich und rechtlich zulässig ist. Für den Fall, dass der überlebende Ehepartner entfällt, wird ein Ersatzvorerbe nicht bestimmt. Es gilt dann die Vorschrift des § 2102 Abs. 1 BGB, mit der Folge, dass der Nacherbe Vorerbe und somit Vollerbe wird.

    Zu Nacherben bestimmen wir unsere gemeinschaftlichen Kinder ..., geb. am ... in ..., wohnhaft ..., und ..., geb. am ... in ..., wohnhaft ..., zu jeweils gleichen Teilen. Ersatznacherben sind die Abkömmlinge unserer gemeinschaftlichen Kinder nach den Regeln der gesetzlichen Erbfolgeordnung, wiederum ersatzweise soll – zunächst innerhalb eines Stammes – Anwachsung eintreten.

    Für den Fall, dass einer der Abkömmlinge die Erbschaft ausschlägt und entgegen dem Willen des überlebenden Ehepartners seinen Pflichtteilsanspruch geltend macht und auch erhält, ist er mit seinem ganzen Stamm von der Nacherbfolge und auch von der Schlusserbfolge einschließlich aller sonstig zu seinen Gunsten angeordneten letztwilligen Verfügungen ausgeschlossen. Gleiches gilt, wenn er einen Zuwendungsverzicht abgegeben hat. In diesem Fall werden seine Ab-

kömmlinge entgegen jeder anders lautenden gesetzlichen oder richterlichen Vermutungsregel nicht Ersatzerben.
Die Nacherbenanwartschaft ist weder vererblich noch übertragbar. Der Nacherbfall tritt mit dem Tod des Vorerben ein.
Für den Fall, dass sich der überlebende Ehepartner wiederverheiratet tritt der Nacherbfall mit dem Zeitpunkt der Eheschließung ein. In diesem Fall steht dem überlebenden Ehepartner vermächtnisweise ein Geldanspruch in Höhe des Pflichtteilsanspruchs am Nachlass des erstversterbenden Ehepartners zu. Maßgebend für die Bewertung des Vermächtnisses ist der Zeitpunkt der Wiederverheiratung. An etwaigen Pflichtteilslasten hat sich der Vermächtnisnehmer nicht zu beteiligen. Bezüglich der Bindung an die Schlusserbfolge gilt die unten angeordnete Regelung.
2. Hausratsvermächtnis
Im Wege des Vorausvermächtnisses und somit außerhalb der Vorerbenbindung, erhält der überlebende Ehepartner das gesamte Inventar und den Hausrat der von uns im Zeitpunkt des Erbfalls bewohnten Immobilie. Umfasst sind hiervon alle Möbel, alle Küchengeräte und alle sonstigen technischen Geräte, mit Ausnahme der Werkzeuge. Darüber hinaus erhält der überlebende Ehepartner im Wege des Vermächtnisses den von uns genutzten PKW. Eine Anordnung des Vermächtnisses erfolgt jeweils einzeln, so dass der Vermächtnisnehmer eine gesonderte Annahme bzw Ausschlagung hinsichtlich jedes einzelnen Nachlassgegenstandes erklären kann.

§ 3 Verfügung für den Schlusserbfall

Zu Erben des Längstlebenden von uns bestimmen wir unsere gemeinschaftlichen Kinder ..., geb. am ... in ..., wohnhaft ..., und ..., geb. am ... in ..., wohnhaft ..., zu jeweils gleichen Teilen. Ersatzerben sind die Abkömmlinge unserer gemeinschaftlichen Kinder nach den Regeln der gesetzlichen Erbfolgeordnung, wiederum ersatzweise soll – zunächst innerhalb eines Stammes – Anwachsung eintreten.

§ 4 Wechselbezüglichkeit, Bindungswirkung

Die von uns in diesem Testament für den ersten und den zweiten Todesfall angeordneten Verfügungen von Todes wegen sollen wechselbezüglich und bindend sein. Dem überlebenden Ehegatten steht aber das Recht zu, die Verfügungen für den Schlusserbfall innerhalb und zugunsten der von uns zu Schlusserben berufenen Kinder und deren Abkömmlingen abzuändern. Der überlebende Ehepartner darf aber nicht zugunsten anderer als unserer Kinder und deren Abkömmlingen verfügen. Da er in der Art und Weise der Abänderung völlig frei ist, ist er auch berechtigt, eine Testamentsvollstreckung mit beliebigem Inhalt für den Schlusserbfall anzuordnen. Macht der überlebende Ehepartner von dem Abänderungsrecht Gebrauch, dann hat dies nicht die Unwirksamkeit der Verfügung des Erstversterbenden zur Folge. Im Falle einer Wiederverheiratung kann der überlebende Ehepartner völlig frei und neu, auch zu Gunsten anderer Personen, lebzeitig und letztwillig verfügen.

§ 5 Regelung für den Scheidungsfall

Wurde unsere Ehe vor dem Tode eines Ehepartners aufgelöst oder von einem Ehepartner Klage auf Aufhebung erhoben oder die Scheidung der Ehe beantragt oder im Falle der Zustimmung zur Scheidung durch den Erblasser selbst, sind alle von uns getroffenen letztwilligen Verfügungen, sowohl für den ersten als auch für den zweiten Todesfall insgesamt unwirksam. Dies gilt unabhängig davon, wer von den Ehepartnern den Antrag auf Scheidung gestellt oder Klage auf Aufhebung erhoben hat. Unwirksam werden dabei nicht nur die gegenseitigen Zuwendungen, sondern alle in unserem Testament getroffenen Verfügungen, auch die zu Gunsten anderer Bedachter. In diesem Fall wird der jeweils andere Ehepartner weder testamentarischer noch gesetzlicher Erbe.

§ 6 Anfechtungsverzicht

Hinsichtlich der von uns für den ersten und den zweiten Todesfall getroffenen Verfügungen verzichten wir auf ein uns zustehendes Anfechtungsrecht gem. § 2079 BGB. Unsere Verfügungen von Todes wegen haben wir unabhängig davon, welche Pflichtteilsberechtigten heute vorhanden sind oder in Zukunft noch hinzutreten werden, getroffen. Dies gilt auch, wenn ein Pflichtteilsberechtigter durch Wiederverheiratung hinzutritt. Ein Anfechtungsrecht Dritter schließen wir in gleichem Umfang ebenfalls aus. ◄

3. Muster für ein gemeinschaftliches Testament mit Nießbrauchsvermächtnis

▶ **Muster: Gemeinschaftliches Testament mit Nießbrauchsvermächtnis für den überlebenden Ehepartner**

§ 1 Vorbemerkung

Wir, die Eheleute ... und ..., sind beide deutsche Staatsangehörige und seit ... im gesetzlichen Güterstand der Zugewinngemeinschaft verheiratet. Wir erklären, dass wir nicht durch einen Erbvertrag oder ein bindend gewordenes gemeinschaftliches Testament an der Errichtung dieser Verfügung von Todes wegen gehindert sind. Hiermit heben wir einzeln und gemeinsam alle bislang errichteten Verfügungen von Todes wegen in vollem Umfang auf.

Wir erklären hiermit, dass wir die uns derzeit und in Zukunft behandelnden Ärzte insgesamt von der ärztlichen Schweigepflicht entbinden, soweit es um die Frage der Klärung unserer Geschäfts- und Testierfähigkeit geht. Gleiches gilt für den Notar und den uns beratenden Rechtsanwalt und/oder Steuerberater, die wir ebenfalls von der Schweigepflicht entbinden, sofern sie zur Klärung der Geschäfts- und Testierfähigkeit Aussagen machen können.

§ 2 Erbeinsetzung

1. Erben
   Wir, die Eheleute ..., setzen jeweils zu Erben des Erstversterbenden und des Zuletztversterbenden unsere gemeinschaftlichen Kinder ..., geb. am ..., wohnhaft in ..., und ..., geb. am ..., wohnhaft in ..., zu gleichen Teilen ein. Ersatzerben sind die Abkömmlinge unserer Kinder nach den Regeln der gesetzlichen Erbfolgeordnung, wiederum ersatzweise soll – zunächst innerhalb eines Stammes – Anwachsung eintreten. Für den Fall, dass einer der Abkömmlinge den Erbteil ausschlägt, seinen Pflichtteil geltend macht und auch erhält, ist er mit seinem ganzen Stamm von der Erbfolge einschließlich aller sonstigen Zuwendungen ausgeschlossen.

2. Auseinandersetzungsverbot
   Das Recht eines einzelnen Miterben, die Auseinandersetzung der Erbengemeinschaft zu verlangen, schließen wir bis zum Ableben des überlebenden Ehepartners aus, soweit es die im Nachlass befindliche Immobilie ... betrifft, an der dem überlebenden Ehepartner ein Nießbrauchsrecht vermächtnisweise eingeräumt wurde. Das Auseinandersetzungsverbot entfällt, wenn der Ehepartner den Nießbrauch an der Immobilie nicht annimmt. Entgegen den §§ 2044 Abs. 1 S. 2, 750 BGB bleibt das Teilungsverbot auch bei Tod eines Miterben bestehen.

3. Bindungswirkung
   Die von uns in diesem Testament für den ersten und den zweiten Todesfall angeordneten Verfügungen von Todes wegen sollen wechselbezüglich und bindend sein. Dem überlebenden Ehegat-

ten steht aber das Recht zu, die Verfügungen für den Schlusserbfall innerhalb und zugunsten der von uns zu Schlusserben berufenen Kinder und deren Abkömmlingen abzuändern. Der überlebende Ehepartner darf aber nicht zugunsten anderer als unserer Kinder und deren Abkömmlingen verfügen. Da er in der Art und Weise der Abänderung völlig frei ist, ist er auch berechtigt, eine Testamentsvollstreckung mit beliebigem Inhalt für den Schlusserbfall anzuordnen. Macht der überlebende Ehepartner von dem Abänderungsrecht Gebrauch, dann hat dies nicht die Unwirksamkeit der Verfügung des Erstversterbenden zur Folge.

§ 3 Vermächtnisse

1. Nießbrauch
   Der überlebende Ehegatte erhält im Wege des Vermächtnisses das Nießbrauchsrecht an dem im Nachlass des erstversterbenden Ehepartners befindlichen Miteigentumsanteils an dem Hausgrundstück in ..., ... Str. ..., eingetragen im Grundbuch von ..., Band ..., Flurstück-Nr. .... Der Nießbrauchsberechtigte trägt neben den gewöhnlichen Lasten auch die sonst dem Eigentümer obliegenden außergewöhnlichen Kosten und die außergewöhnlichen Instandhaltungs- und Erhaltungsaufwendungen.

2. Hausratsvermächtnis
   Im Wege des Vermächtnisses erhält der überlebende Ehepartner das gesamte Inventar und den Hausrat der von uns im Zeitpunkt des Erbfalls bewohnten Immobilie. Umfasst sind hiervon alle Möbel, alle Küchengeräte und alle sonstigen technischen Geräte, mit Ausnahme der Werkzeuge. Darüber hinaus erhält der Ehepartner im Wege des Vermächtnisses den von uns genutzten PKW. Eine Anordnung des Vermächtnisses erfolgt jeweils einzeln, so dass der Vermächtnisnehmer eine gesonderte Annahme bzw Ausschlagung hinsichtlich jedes einzelnen Nachlassgegenstandes erklären kann.

3. Geldvermächtnis
   Der überlebende Ehepartner erhält im Wege des Vermächtnisses 30 % des im Zeitpunkt des Erbfalls im Nachlass vorhandenen Geldvermögens. Unter Geldvermögen fällt hierbei das gesamte Barvermögen, sämtliche Bankkonten, einschließlich Girokonten und Sparbücher, Goldbarren, sämtliche Sparbriefe und andere Wertpapiere und Aktien, sonstige Geldforderungen (Darlehen) und ungeprägte Geldanlagen in Edelmetall.

4. Testamentsvollstreckung
   Wir ernennen den jeweils überlebenden Ehegatten zum Testamentsvollstrecker mit der alleinigen Aufgabe, die zu seinen Gunsten angeordneten Vermächtnisse zu erfüllen. Eine Vergütung steht dem Testamentsvollstrecker nicht zu. Die Kosten der Vermächtniserfüllung trägt der Vermächtnisnehmer selbst.

§ 5 Regelung für den Scheidungsfall

Wurde unsere Ehe vor dem Tode eines Ehepartners aufgelöst oder von einem Ehepartner Klage auf Aufhebung erhoben oder die Scheidung der Ehe beantragt oder im Falle der Zustimmung zur Scheidung durch den Erblasser selbst, sind alle von uns getroffenen letztwilligen Verfügungen – sowohl für den ersten als auch für den zweiten Todesfall – insgesamt unwirksam. Dies gilt unabhängig davon, wer von den Ehepartnern den Antrag auf Scheidung gestellt oder Klage auf Aufhebung erhoben hat. Unwirksam werden dabei nicht nur die gegenseitigen Zuwendungen, sondern alle in unserem Testament getroffenen Verfügungen, auch die zu Gunsten anderer Bedachter. In diesem Fall wird der jeweils andere Ehepartner weder testamentarischer noch gesetzlicher Erbe.

D. Das Geschiedenentestament

§ 6 Anfechtungsverzicht

Wir, die Eheleute ▪▪▪, verzichten hinsichtlich aller in diesem Testament getroffenen letztwilligen Verfügungen auf das uns zustehende Anfechtungsrecht gem. § 2079 BGB für den Fall des Hinzutretens oder Vorhandenseins weiterer Pflichtteilsberechtigter. Insoweit ist auch ein Anfechtungsrecht Dritter ausgeschlossen. ◂

D. Das Geschiedenentestament

I. Allgemeines

Sind die Ehepartner geschieden und haben sie gemeinsame Abkömmlinge, so besteht das Problem, dass über eine vorzeitige Erbfolge des Abkömmlings Vermögen an den geschiedenen Ehepartner fließen könnte.[406] Dies insbesondere dann, wenn die Abkömmlinge wiederum selbst keine Kinder haben. In diesem Fall sind Erben zweiter Ordnung die Eltern bzw der überlebende Elternteil. Haben die Kinder anderweitig testiert, so steht dem überlebenden Elternteil aber in den Fällen, in denen keine Kinder vorhanden sind, ein Pflichtteilsanspruch zu.[407] Bei der Testamentsgestaltung bieten sich zur Lösung des Problems zwei Möglichkeiten:[408]

Die Anordnung einer Vor- und Nacherbschaft

oder

die Bestimmung eines Herausgabevermächtnisses.

II. Vor- und Nacherbschaft

Über die Vor- und Nacherbschaft kann grundsätzlich verhindert werden, dass das Vermögen des vorverstorbenen geschiedenen Ehepartners beim Ableben eines der gemeinsamen Abkömmlinge an den noch lebenden Elternteil vererbt wird. Der geschiedene Elternteil kann über die Nacherbschaft selbst regeln, zu wem das Vermögen nach dem Ableben seines Abkömmlings fließen soll. Bestimmt werden sollte dabei durch eine ausdrückliche Enterbungsklausel bezüglich der Personen um den geschiedenen Ehepartner, die in keinem Fall (auch nicht für den Fall, dass gesetzliche Erbfolge eintritt) etwas erhalten sollen. Vorsicht ist auch bei der von *Dieterle* vorgeschlagenen Klausel geboten, wonach die Bestimmung des Nacherben so formuliert werden sollte, dass Nacherbe derjenige wird, den der Vorerbe zu seinen Erben bestimmt (vgl hierzu oben Rn 88 und 105). Sind Abkömmlinge noch minderjährig, ist an den Entzug der Vermögenssorge nach § 1638 BGB zu denken.

▶ **Muster: Geschiedenentestament mit Vor- und Nacherbschaft**[409]

1. Erbeinsetzung

Zu meinen alleinigen Erben meines gesamten Vermögens bestimme ich meinen Sohn ▪▪▪, geb. am ▪▪▪ in ▪▪▪, und meine Tochter ▪▪▪, geb. am ▪▪▪ in ▪▪▪, unter sich zu gleichen Anteilen. Meine Kinder

---

[406] Vgl zu der Thematik bspw *Damrau*, ZEV 1998, 90; *Reimann*, ZEV 1995, 329; *Nieder*, ZEV 1994, 156; *Grziwotz*, FamRB 2003, 232; *Kanzleiter*, ZNotP 2003, 127.
[407] *Nieder*, ZEV 1994, 156; *Reimann*, ZEV 1995, 329.
[408] Vgl zur sog. Kombi-Lösung *Nieder*, ZEV 1994, 156.
[409] Nach *Tanck/Krug*, § 20 Rn 6.

sind jedoch nur Vorerben, sie sind von allen gesetzlichen Beschränkungen befreit, soweit dies möglich und rechtlich zulässig ist.

Zum Nacherben bestimme ich die Abkömmlinge meiner Kinder, ersatzweise soll Anwachsung, zunächst innerhalb eines Stammes, eintreten. Wiederum ersatzweise bestimme ich zum Ersatznacherben ▬.

Der Nacherbfall tritt mit dem Tod des Vorerben ein. Das Nacherbenanwartschaftsrecht ist weder übertragbar noch vererblich, es sei denn, die Übertragung erfolgt an den Vorerben.

Die Anordnung der Nacherbfolge steht unter der auflösenden bzw aufschiebenden Bedingung, dass Werte und Vermögensgegenstände aus meinem Nachlass einschließlich der daraus resultierenden Surrogate aufgrund lebzeitiger oder letztwilliger Verfügung oder aufgrund gesetzlicher Erbfolge auf meinen geschiedenen Ehegatten, dessen Abkömmlinge, soweit sie nicht von uns gemeinsam abstammen, oder auf seine Verwandten in aufsteigender Linie übergehen, oder dass sie für die Berechnung des Pflichtteilsanspruchs meines geschiedenen Ehegatten herangezogen werden.

Verstirbt mein geschiedener Ehegatte vor Eintritt des Nacherbfalls oder vor Eintritt des Vorerbfalls, entfällt die angeordnete Nacherbfolge, wenn er keine Abkömmlinge, die noch von uns gemeinsam abstammen, und auch keine Verwandten in aufsteigender Linie hinterlassen hat. Gleiches gilt, wenn sichergestellt ist, dass Abkömmlinge meines geschiedenen Ehepartners, die nicht von uns gemeinsam abstammen, oder Verwandten in aufsteigender Linie aufgrund eines Erbverzichts nicht zur Erbfolge gelangen.

In jedem Fall von der Nacherbfolge ausgeschlossen ist mein geschiedener Ehegatte, dessen Abkömmlinge, die nicht von uns gemeinsam abstammen, sowie seine Verwandten in aufsteigender Linie.

2. Vermögenssorgerecht

Meinem geschiedenen Ehemann ▬ entziehe ich hiermit das Vermögenssorgerecht für den Fall, dass eines oder mehrere meiner Kinder zum Zeitpunkt des Erbfalls noch minderjährig sind. Zum Vermögenssorgeberechtigten bestimme ich ▬, ersatzweise ▬. Dem Pfleger wird umfassende Befreiung erteilt (§§ 1852 ff BGB).[410] ◄

III. Herausgabevermächtnis

365 Die Alternative zu der rechtlich einschneidenden Anordnung einer Vor- und Nacherbschaft ist die Anordnung eines sog. aufschiebend bedingten Herausgabevermächtnisses.[411] In diesem Fall beschwert der Erblasser den Abkömmling mit einem Herausgabevermächtnis dergestalt, dass er Vermögenswerte und die dazugehörigen Surrogate, die aus dem Nachlass des zuerst versterbenden geschiedenen Ehepartners stammen, an einen von diesem bestimmten Vermächtnisnehmer herauszugeben hat. Bezüglich des Bedingungseintritts kann darauf abgestellt werden, dass mittelbar oder unmittelbar Vermögenswerte an den geschiedenen Ehepartner und dessen sonstigen nicht gemeinschaftlichen Abkömmlinge oder Verwandten aufsteigender Linie zufallen oder für die Berechnung seines Pflichtteilsanspruchs herangezogen werden.[412] Zur Absicherung des Vermächtnisanspruchs ist an die Anordnung einer Testamentsvollstreckung zu denken.

---

410 Empfehlenswert ist hier ggfs. auch die Anordnung einer befreiten Pflegschaft, vgl *Damrau*, Der Minderjährige im Erbrecht, Rn 98.
411 *Busse*, MittRayNotK 1998, 237.
412 Vgl *Nieder*, ZEV 1994, 159.

E. Letztwillige Verfügungen bei überschuldeten Erben § 7

▶ **Muster: Herausgabevermächtnis**

1. Erbeinsetzung

Zu meinen Erben bestimme ich, ..., geb. am ... in ..., meine beiden Kinder ... und ... zu jeweils gleichen Teilen, ersatzweise deren Abkömmlinge, wiederum ersatzweise soll – zunächst innerhalb eines Stammes – Anwachsung eintreten.

2. Vermächtnisanordnung

Für den Fall, dass auf den Tod eines oder beider meiner Kinder deren Vater ... oder dessen Abkömmlinge, die nicht gemeinsam von uns abstammen oder dessen Verwandten in aufsteigender Linie Erben oder Vermächtnisnehmer meiner Kinder werden, ist alles, was aus meinem Nachlass noch vorhanden ist, im Wege des Vermächtnisses herauszugeben und zwar an die Abkömmlinge meiner Kinder, ersatzweise an das andere Kind und wiederum ersatzweise an dessen Abkömmlinge nach den Regeln der gesetzlichen Erbfolgeordnung.

Das gleiche gilt, wenn noch von mir abstammender Nachlass für die Berechnung des Pflichtteils meines geschiedenen Ehepartners herangezogen wird. Entsprechendes gilt für Surrogate unter Anwendung des § 2111 BGB.

Das Vermächtnis fällt an, wenn die vorgenannten Voraussetzungen erfüllt sind, also beim Tod eines Kindes, wenn der Vater oder seine Verwandten Erben oder Vermächtnisnehmer meiner Kinder oder deren Abkömmlingen werden oder mein geschiedener Ehepartner pflichtteilsberechtigt am Nachlass eines meiner Kinder ist.

Die Pflicht zur Herausgabe beschränkt sich auf den beim Anfall des Vermächtnisses vorhandenen Bestand. Meine Kinder und deren Abkömmlinge sind nicht zur ordnungsgemäßen Verwaltung oder durch sonstige Beschränkungen belastet.

3. Testamentsvollstreckung

Ich bestimme ..., ersatzweise ..., zum Testamentsvollstrecker, mit der Aufgabe, den Nachlass abzuwickeln und die unter ... angeordnete Vermächtnisanordnung zu überwachen und ggfs. zu vollziehen.

4. Vermögenssorgerecht

Meinem geschiedenen Ehemann ... entziehe ich hiermit das Vermögenssorgerecht für den Fall, dass eines oder mehrere meiner Kinder zum Zeitpunkt des Erbfalls noch minderjährig sind. Zum Vermögenssorgeberechtigten bestimme ich ..., ersatzweise ... . Dem Pfleger wird umfassende Befreiung erteilt (§§ 1852 ff BGB).[413] ◀

E. Letztwillige Verfügungen bei überschuldeten Erben

I. Pfändbarkeit des Erbteils

Sind potenzielle Erben überschuldet, so sollte dies bei der Gestaltung der letztwilligen Verfügung eine besondere Berücksichtigung finden, da andernfalls die Gläubiger des Erben den Nachlass bzw den Erbteil des Überschuldeten pfänden.[414]

---

[413] Empfehlenswert ist hier ggfs. auch die Anordnung einer befreiten Pflegschaft, vgl *Damrau*, Der Minderjährige im Erbrecht, Rn 98.
[414] Vgl ausführlich zu der Problematik *Limmer*, ZEV 2004, 133.

368 Als Gestaltungsmöglichkeit bietet sich eine Kombination zwischen **Vor- und Nacherbschaft**, verbunden mit einer **Testamentsvollstreckung** an.[415] Durch die Bestimmung einer Testamentsvollstreckung ist es den Gläubigern nicht möglich, sich an Nachlassgegenstände zu halten, die der Verwaltung unterliegen (§ 2214 BGB). Dabei gilt diese sog. Zugriffssperre ab dem Eintritt des Erbfalls und nicht erst im Beginn einer Testamentsvollstreckung.[416] Erfasst wird von § 2214 BGB jede Zwangsvollstreckungsmaßnahme,[417] auch wenn sie erst nach Beendigung der Verwaltung wirksam wird. Die zusätzlich angeordnete Nacherbschaft verhindert dabei, dass mit Beendigung der Testamentsvollstreckung (beim Ableben des verschuldeten Erben) der Zugriff auf seinen Nachlass möglich wird. Durch die Nacherbschaft wird der Schutzbereich vor Zwangsvollstreckungsmaßnahmen danach durch § 773 ZPO, § 2115 BGB erweitert. Der Nacherbe hat zur Wahrung seiner Rechte die Möglichkeit der Widerspruchsklage nach § 771 ZPO.[418]

369 Da von § 2115 BGB nur die einzelnen Nachlassgegenstände umfasst sind, nicht aber der Miterbenanteil an sich, kann dieser bis zur Auseinandersetzung der Erbengemeinschaft gepfändet werden.[419] Allerdings erlischt die Pfändung mit Eintritt des Nacherbfalls (§§ 2100, 2139, 2144 Abs. 1 BGB).

II. Pfändbarkeit der Erträge

370 Weiter stellt sich das Problem, dass nach hM auch die Erträge des Nachlasses pfändbar sind. Diesbezüglich ist zu prüfen, inwieweit es möglich ist, dem Erben die Nutzungen in Form von Naturalzuwendungen zukommen zu lassen, ähnlich wie bei der Gestaltung des Behindertentestaments.[420] Hinsichtlich der herauszugebenden Erträgnisse können sich aber Pfändungsbeschränkungen nach § 863 Abs. 1 S. 2 ZPO bei einer wirksamen **Pflichtteilsbeschränkung in guter Absicht** (vgl oben Rn 43) oder nach § 850 b Abs. 1 Nr. 3 ZPO bei der Zuwendung fortlaufender Einkünfte aufgrund fürsorglicher Zuwendung ergeben. Bei der Zuwendung **fortlaufender Einkünfte** ist bei der Gestaltung darauf zu achten, dass die letztwillige Verfügung ein nicht notwendig regelmäßiges Einkommen aus dem Nachlass vorsieht, welches auf der Fürsorge und Freigiebigkeit des Erblassers beruht, und dass die Verfügungsmacht des Bedachten durch einen Testamentsvollstrecker beschränkt wird.[421] Die Zuwendung eines solchen fortlaufenden Einkommens ist auch bei der Bemessung des unpfändbaren Betrages nicht anderen Einkünften oder den sonst zugewendeten Naturalleistungen hinzu zu addieren.[422]

371 Nach hM gelten die Vorschriften der §§ 2115, 2214 BGB auch im Insolvenzverfahren. Dem verschuldeten Erben, der als Vorerbe aufgrund der Testamentsvollstreckung grundsätzlich keine Zugriffsmöglichkeit auf den Nachlass hat, kann im Hinblick auf die **Restschuldbefreiung** auch keine Obliegenheitsverletzung vorgeworfen werden. Der Vorerbe sollte aber von den Beschränkungen der §§ 2113 ff BGB nicht befreit werden.[423]

372 Hier besteht aber hinsichtlich einer etwaigen **Miterbengemeinschaft** das Problem, dass trotz bestehender Testamentsvollstreckung über den Anteil grundsätzlich verfügt werden kann, so

---

415 Vgl *Damrau*, MDR 2002, 256; *Engelmann*, MDR 1999, 968; *Keim*, ZEV 1998, 127.
416 MünchKomm/*Zimmermann*, § 2214 Rn 2.
417 *Gutbell*, ZEV 2001, 260.
418 BGHZ 110, 178.
419 MünchKomm/*Grunsky*, § 2112 Rn 2.
420 Vgl Staudinger/*Reimann*, § 2209 Rn 20; *Nieder*, Münchner Vertragshandbuch, S. 734.
421 Vgl *Everts*, ZErb 2005, 353.
422 Vgl *Everts*, ZErb 2005, 353 und die dort zitierte hM.
423 Vgl *Hartmann*, ZNotP 2005, 82.

E. Letztwillige Verfügungen bei überschuldeten Erben § 7

dass eine Herausgabe an den Treuhänder gem. § 295 InsO in Betracht käme. *Damrau* schlägt daher vor, dass im Falle eines überschuldeten Erben dieser zur Sicherheit als Alleinerbe (Vorerbe) eingesetzt werden sollte.[424] Die übrigen Bedachten sind dann durch Vermächtniszuwendungen zu befriedigen.[425]

III. Entfallen der Überschuldung

Anders als beim Behindertentestament besteht bei der Zuwendung an den überschuldeten Erben die Besonderheit, dass die Überschuldung später entfallen kann. In einem solchen Fall soll dann in der Regel die Beschränkung entfallen. Diskutiert wird diesbezüglich die Nacherbfolge und die Verwaltungsvollstreckung auflösend bedingt anzuordnen.[426] Allerdings besteht hier die Gefahr, dass dann das dem aufschiebend bedingt eingesetzten Vollerben zustehende Anwartschaftsrecht gepfändet wird.[427] *Hartmann* will das Problem dadurch lösen, dass die aufschiebend bedingte Einsetzung als Vollerbe wiederum auflösend bedingt durch die Pfändung des Anwartschaftsrechtes erfolgt.[428] *Kornexl* schlägt vor, den Nacherbfall mit dem Wegfall der Überschuldung bzw Bedürftigkeit eintreten zu lassen und die Nacherben mit der Auflage zu beschweren, einen bestimmten Teil der Nacherbschaft auf den Vorerben zu übertragen.[429] Andere sehen wiederum in der bloßen Motivangabe eine Möglichkeit des Vorerben, sich durch Anfechtung von den Beschränkungen der Testamentsvollstreckung und der Nacherbfolge zu befreien.[430] Dem Lösungsvorschlag von Hartmann führt *Kornexl* die Nutzlosigkeit der Gestaltung vor Augen, wenn bei Pfändung des Anwartschaftsrechtes die Ausgangssituation wieder geschaffen wird, die man eigentlich vermeiden bzw lösen wollte.[431] Der reinen Motivangabe steht das Problem der Kausalität des Willensmangels entgegen, da der Erblasser wohl damit rechnet, dass die Bedürftigkeit zukünftig entfallen könnte.[432] Der Vorschlag von *Kornexl* ist aus erbschaftsteuerlicher Sicht auf einen doppelten Besteuerungsvorgang hin zu prüfen; nämlich einmal beim Eintritt des Vorerbfalls und dann bei Zuwendung der Auflage. Da in diesem Bereich alle Lösungsansätze Vor- und Nachteile mit sich bringen, sollte der Erblasser bei dieser Problematik besonders aufgeklärt werden. Auch sollte man bedenken, dass die Bedürftigkeit jederzeit wieder eintreten kann, auch wenn sie „zwischendurch" entfallen ist.

373

▶ **Muster: Vor- und Nacherbfolge bei überschuldetem Erben**[433]

374

§ 1 Erbfolge

Zu meinem alleinigen Erben bestimme ich, ..., geb. am ... in ..., derzeit wohnhaft ..., meine Tochter ..., geb. am ... in ..., derzeit wohnhaft .... Die von mir bestimmte Alleinerbin ist jedoch nur Vorerbin. Von den gesetzlichen Beschränkungen ist sie nicht befreit.

---

424 MDR 2000, 255.
425 Vgl hierzu auch *Limmer*, ZEV 2004, 1.
426 *Kessler*, RNotZ 2003, 557.
427 *Everts*, ZErb 2005, 353; *Hartmann*, ZNotP 2005, 82.
428 *Hartmann*, ZNotP 2005, 82, 88.
429 *Kornexl*, Nachlassplanung bei Problemkindern, Rn 423 ff.
430 *Everts*, ZErb 2005, 353.
431 *Kornexl*, Rn 416.
432 *Kornexl*, Rn 422.
433 In Anlehnung an *Everts*, ZErb 2005, 353.

Zu Nacherben bestimme ich die Kinder meiner Tochter ..., geb. am ... in ..., derzeit wohnhaft ... und ..., geb. am ... in ..., derzeit wohnhaft ..., zu jeweils gleichen Teilen.

Der Nacherbfall tritt jeweils mit dem Tod des Vorerben ein. Das Nacherbenanwartschaftsrecht ist grundsätzlich nicht vererblich und nicht übertragbar.

§ 2 Vermächtnisse

(Zuwendungen an Dritte, bspw weitere Abkömmlinge etc.)

§ 3 Testamentsvollstreckung

Für den Nachlass meiner Tochter ordne ich Testamentsvollstreckung an. Zum Testamentsvollstrecker bestimme ich .... Sollte dieser das Amt nicht annehmen und auch vor oder nach Annahme des Amtes keinen Ersatztestamentsvollstrecker bestimmt haben, bestimme ich ... zum Testamentsvollstrecker, wiederum ersatzweise soll das Nachlassgericht einen geeigneten Testamentsvollstrecker bestimmen.

Die Aufgabe des Testamentsvollstreckers ist es, den Nachlass unter Einschluss der Nacherbenrechte und einschließlich der Erträge bis zum Eintritt des Nacherbfalls zu verwalten. Er hat meiner Tochter folgende Zuwendungen zu machen:

- Fortlaufende Zuwendung von Geldbeträgen in Höhe desjenigen Betrages, der nach den jeweils gültigen Vorschriften und im Falle des Bezuges von bedarfsabhängigen Sozialleistungen dem Pfändungsschutz unterliegt.
- Geschenke zu Weihnachten, Geburtstagen, Ostern und ähnlichen Anlässen.
- Zuwendungen für persönliche Anschaffungen, für eine behindertengerechte Einrichtung, Kleider, Bettwäsche und für die Ausübung von Hobbys und Liebhabereien.
- Zuwendungen für Urlaube und Besuche bei Freunden und Verwandten sowie zur Bezahlung von allen damit verbundenen Kosten von Begleitpersonen.
- Zuwendungen für die gesundheitliche Versorgung, ärztliche Behandlung, Kuraufenthalte, Medikamente etc., soweit diese nicht durch die Krankenkasse bezahlt werden
- Zuwendungen bzw Übernahme der Gebühren der Rechtsberatungen, die im Zusammenhang mit der Überschuldung stehen.

Der Testamentsvollstrecker darf auf die Substanz des Nachlasses zugreifen, wenn die Anordnungen nicht aus den Erträgnissen erfüllt werden können. Die dann dem Erben zugewandten Vermögenswerte erfolgen, um ihm ein dauerhaft angemessenes Einkommen über dem Sozialleistungsniveau zu verschaffen (§ 850b Abs. 1 Nr. 3 ZPO). Ggfs. sind ihm diese Zuwendungen vermächtnisweise zugewandt. Der Testamentsvollstrecker handelt im Übrigen nach freiem Ermessen.

§ 4 Wegfall der Überschuldung

Motivangabe (in Anlehnung Everts)[434]

Da meine Tochter schon mehrfach in die Situation gekommen ist, ihre Verbindlichkeiten nicht erfüllen zu können, und ich davon ausgehe, dass sich diese Situation nach Eintritt des Erbfalls fortsetzt und die Verbindlichkeiten weiterhin bestehen, habe ich die Anordnung der Nacherbfolge und der Testamentsvollstreckung bestimmt, um den Nachlass vor dem Schutz der Eigengläubiger zu schützen und um meiner Tochter ein regelmäßiges Einkommen und eine Versorgung zu gewährleisten, die über die staatliche Grundversorgung hinausgeht. ◄

---

[434] AaO.

§ 8 Erbverzicht

Literatur: *Cremer*, Zur Zulässigkeit des gegenständlich beschränkten Pflichtteilsverzichtvertrages, Mitt-RhNotK 1978, 169; *Damrau*, Der Erbverzicht als Mittel zweckmäßiger Vorsorge für den Todesfall (1966); *ders.*, Bedarf der dem Erbverzicht zugrunde liegende Verpflichtungsvertrag notarieller Beurkundung?, NJW 1984, 1163; *Dieckmann*, Kein nachehelicher Unterhaltsanspruch gegen den Erben nach Erb- oder Pflichtteilsverzicht – Eine Erwiderung, FamRZ 1999, 1029; *Fette*, Die Zulässigkeit eines gegenständlich beschränkten Pflichtteilsverzichts, NJW 1970, 743; *Frenz*, Erbrechtliche Gestaltung und Unterhaltsansprüche, ZEV 1997, 450; *Grziwotz*, Pflichtteilsverzicht und nachehelicher Unterhalt, FamRZ 1991, 1258; *Haegele*, Inhalt und wirtschaftliche Bedeutung des Erb- (Pflichtteils-) Verzichts, Rpfleger 1968, 247; *ders.*, Rechtsfragen zum Erbverzicht, BWNotZ 1971, 36; *Hahn*, Die Auswirkungen des Betreuungsrechts auf das Erbrecht, FamRZ 1991, 27; *Kornexl*, Der Zuwendungsverzicht (1998); *Kuchinke*, Bedarf der dem Erbverzicht zugrunde liegende Verpflichtungsvertrag notarieller Beurkundung?, NJW 1983, 2358; *ders.*, Zur Aufhebung eines Erbverzichts mit Drittwirkung, ZEV 2000, 169; *Lange*, Der entgeltliche Erbverzicht, in: FS Nottarp (1961) 119; *Mayer, J.*, Wird der durch die Erbringung der Abfindungsleistung bedingt erklärte Erb- und Pflichtteilsverzicht unwirksam, wenn der Erblasser vor Leistungserfüllung verstirbt?, MittBayNot 1985, 101; *ders.*, Erfasst der Pflichtteilsverzicht auch Pflichtteilsvermächtnisse?, ZEV 1995, 41; *ders.*, Zweckloser Zuwendungsverzicht?, ZEV 1996, 127; *ders.*,Nachträgliche Änderung von erbrechtlichen Anrechnungs- und Ausgleichsbestimmungen, ZEV 1996, 441; *ders.*, Der beschränkte Pflichtteilsverzicht, ZEV 2000, 263; *ders.*, Das Gesetz zur Beendigung der Diskriminierung gleichgeschlechtlicher Gemeinschaften: Lebenspartnerschaften, ZEV 2001, 169; *Mohr*, Ausgleichung und Anrechnung bei Schenkungen, ZEV 1999, 257; *Muscheler*, Die Aufhebung des Erbverzichts nach dem Tod des Verzichtenden, ZEV; *Pentz*, Anfechtung eines Erbverzichts, MDR 1999, 785; *ders.*, Auswirkungen des „entgeltlichen" Erbverzichts eines Abkömmlings auf Pflichtteilsansprüche anderer, NJW 1999, 1835; *Regeler*, Erbverzicht von Vorfahren oder Ehegatte mit Wirkung für deren Abkömmlinge?, DNotZ 1970, 646; *Reul*, Erbverzicht, Pflichtteilsverzicht, Zuwendungsverzicht, MittRhNotK 1997, 373; *Rheinbay*, Erbverzicht – Abfindung – Pflichtteilsergänzung, Diss., 1983; *Schmitz*, Kein nachehelicher Unterhaltsanspruch gegen den Erben nach Erb- oder Pflichtteilsverzicht, FamRZ 1999, 1569; *Schotten*, Das Kausalgeschäft zum Erbverzicht, DNotZ 1998, 163; *Tanck*, Umfasst der Verzicht auf den Pflichtteilsanspruch auch die Einrede nach § 2328 BGB?, ZErb 2001, 194; *Weirich*, Der gegenständlich beschränkte Pflichtteilsverzicht, DNotZ 1986, 5.

A. Allgemeines	1
I. Einleitung	1
II. Arten des Erbverzichts	2
III. Rechtsnatur der Verzichte	7
IV. Formale Gesichtspunkte – Abschlussmodalitäten	13
1. Beurkundungserfordernis	13
2. Vertretung	18
a) rechtsgeschäftliche Vertretung des Erblassers	18
b) Vertretung geschäftsunfähiger oder in der Geschäftsfähigkeit beschränkter Erblasser	19
c) Vertretung des Verzichtenden	22
3. Genehmigungserfordernisse	25
4. Sonstige Zustimmungserfordernisse	34
B. Erbverzicht	37
I. Einführendes Muster	37
II. Zielsetzung beim Erbverzicht/Anwendungsbereich	38
III. Vertragspartner	40
1. Der Verzichtende	40
2. Der Erblasser	43
IV. Regelungsinhalt des Erbverzichts	44
V. Rechtsfolgen des Erbverzichts	47
1. Grundsätzliche Wirkungen des Erbverzichts	47
a) Vorversterbensfiktion	47
b) Umfang der Verzichtswirkung	52
2. Auswirkungen auf das Erbrecht Dritter	56
a) Auswirkungen auf das Erbrecht der Abkömmlinge des Verzichtenden	56
b) Auswirkungen auf die Erbberechtigung sonstiger Dritter	62
aa) Allgemeines	62
bb) Auslegungsregeln	63
3. Auswirkungen des Erbverzichts des Ehegatten oder des gleichgeschlechtlichen Lebenspartners	68
a) Allgemeines/Auslegung	68
b) Voraus/Dreißigster	72
c) Güterrechtliche Wirkungen des Erbverzichts	74
aa) Keine güterrechtliche Wirkung unter Lebenden	74
bb) Auswirkungen auf den Zugewinnausgleich im Todesfall	75
d) Auswirkungen des Erbverzichts auf den nachehelichen Unterhaltsanspruch	83
4. Rechtsfolgen bezüglich der Pflichtteilsrechte Dritter	89
VI. Beschränkungsmöglichkeiten	93
1. Allgemeines	93

2. Teilweiser Verzicht auf das gesetzliche Erbrecht 95
     a) Grundsätzliche Möglichkeit von Beschränkungen 95
     b) Beschränkung auf einen Bruchteil .. 96
     c) Beschränkungen hinsichtlich bestimmter Nachlassgegenstände .. 102
     d) Verzicht auf gesetzliche Vorausvermächtnisse 106
  3. Beschränkungen und Beschwerungen . 109
  4. Ausgleichungs- und Anrechnungsbestimmungen 113
  5. Bedingungen und Befristungen 118
  6. Verzicht zugunsten eines Dritten 123
  7. Wechselseitiger Erbverzicht 130
  8. Vorbehalt des Pflichtteilsrechts 132
VII. Erbverzicht gegen Abfindung 134
  1. Abstraktionsgrundsatz / Erforderlichkeit eines Kausalgeschäfts 134
  2. Unentgeltlicher Erbverzicht 140
  3. Rechtliche Qualität einer vereinbarten Abfindung 142
  4. Abfindung durch Zuwendung eines Dritten 150
  5. Verknüpfung von Verzichtsvertrag und Kausalgeschäft 153
     a) einheitliches Vertragsverhältnis 153
     b) Einsatz von Bedingungen beim abstrakten Verzichtsvertrag 157
        aa) Gegenleistungen unter Lebenden 157
        bb) Gegenleistung durch Verfügung von Todes wegen 168
        cc) Verzicht zugunsten Dritter .. 172
        dd) Sonderfall: Mehrheit von Verzichtenden 179
  6. Wirksamkeitsprobleme beim Kausalgeschäft 181
     a) Formmängel 182
     b) Verstoß gegen § 2302 BGB 183
     c) Mängel in der Geschäftsfähigkeit .. 184
     d) Anfechtung und Wegfall der Geschäftsgrundlage 185
  7. Folgen der Unwirksamkeit des Kausalgeschäfts 190
VIII. Verknüpfung mit anderen Verträgen 194
IX. Rücktrittsmöglichkeiten 198
X. Aufhebung und Widerruf 203
  1. Grundsätzliches 203
  2. Vertretungsmöglichkeiten/Genehmigungserfordernisse 204
  3. Reichweite des Aufhebungsvertrags ... 208
XI. Checkliste Erbverzicht 214
C. Zuwendungsverzicht 215

  I. Einführendes Muster 215
  II. Abgrenzung zum Erbverzicht 216
  III. Verzicht auf testamentarische Zuwendungen 218
  IV. Verzicht auf erbvertragliche Zuwendungen 220
  V. Gegenstand des Zuwendungsverzichts 222
  VI. Rechtsfolgen des Zuwendungsverzichts ... 226
    1. Beschränkung der Verzichtswirkung auf den konkreten Zuwendungsgegenstand 226
    2. Keine Erstreckung auf Ersatzberufene . 228
  VII. Beschränkung des Zuwendungsverzichts .. 234
  VIII. Entgeltvereinbarung 240
  IX. Aufhebung des Zuwendungsverzichts 241
  X. Checkliste Zuwendungsverzicht 247
D. Pflichtteilsverzicht 248
  I. Einführendes Muster 248
  II. Allgemeines 249
  III. Abgrenzung zum Erbverzicht 250
  IV. Gegenstand und Wirkung des Pflichtteilsverzichts 253
  V. Pflichtteilsverzicht gegen Abfindung 260
  VI. Beschränkungsmöglichkeiten beim Pflichtteilsverzicht 262
    1. Grundsatz: weitgehende Gestaltungsfreiheit 262
    2. Bruchteilsverzicht 264
    3. Gegenständlich beschränkter Verzicht . 266
    4. Pflichtteilsverzicht wegen lebzeitiger Zuwendungen 270
    5. Betragsmäßige Begrenzung des Pflichtteilsanspruchs 284
    6. Hinnahme von Beschränkungen und Beschwerungen 286
    7. Stundung und Ratenzahlung 290
    8. Festlegung bestimmter Modalitäten der Nachlassbewertung 298
    9. Unterwerfung unter Schiedsgutachterentscheidungen 305
  VII. Pflichtteilsverzicht unter Ehegatten oder gegenüber Ehegatten 307
    1. Verzicht unter Ehegatten 307
    2. Verzicht gegenüber Ehegatten 314
  XIII. Aufhebung des Pflichtteilsverzichts 320
  IX. Checkliste Pflichtteilsverzicht 321
E. Schuldrechtliche Gleichstellungserklärungen 322
F. Gestaltungsüberlegungen – Entscheidungsfindung 327
  I. Grundsätzliche Erwägungen 327
  II. Übersicht über die Verzichtsarten 332
G. Steuern und Kosten 333
  I. Steuerliche Gesichtspunkte 333
  II. Kosten und Gebühren 335

A. Allgemeines

I. Einleitung

1   Grundsätzlich sind gemäß § 311 b Abs. 4 BGB sämtliche Rechtsgeschäfte über den Nachlass eines noch lebenden Dritten nichtig. Eine wesentliche Ausnahme von dieser Grundregel bilden die Vorschriften der §§ 2346 ff BGB, die bestimmte Rechtsgeschäfte, an denen der Erblasser

selbst beteiligt ist, zulassen und hierfür entsprechende zusätzliche Formerfordernisse aufstellen.[1] Auf diese Weise ist es möglich, dass der Erblasser – ähnlich wie bei einem Erbvertrag in Sinne von §§ 2274 ff BGB – mit potentiellen Erben (oder Vermächtnisnehmern oder sonstigen Begünstigten) über seinen zukünftigen Nachlass noch zu seinen Lebzeiten Vereinbarungen trifft, an die seine Vertragspartner auch nach seinem Tod gebunden sind.

II. Arten des Erbverzichts

Auch wenn das Gesetz in § 2346 Abs. 1 S. 1 BGB den Begriff des Erbverzichts eindeutig zu definieren scheint, ist der Anwendungsbereich dieses Rechtsinstituts wesentlich weiter gefasst, als der Wortlaut der zitierten Vorschrift auf den ersten Blick vermuten lässt. Denn neben dem gesetzlich definierten Grundfall des uneingeschränkten Verzichts auf das gesetzliche Erb- und Pflichtteilsrecht sind noch andere Spielarten des – eher als Oberbegriff zu verstehenden[2] – **Erbverzichts (im weiteren Sinne)** denkbar und üblich, nämlich der Erbverzicht unter Vorbehalt des Pflichtteilsrechts, der **isolierte Pflichtteilsverzicht** (§ 2346 Abs. 2 BGB) und der sog. **Zuwendungsverzicht** (§ 2352 BGB).[3] Wie die Begrifflichkeiten bereits andeuten, unterscheiden sich die verschiedenen Arten des Erbverzichts durch jeweils unterschiedliche Verzichtsgegenstände.[4]

Gemäß § 2346 Abs. 1, letzter Hs BGB geht der gesetzliche **Grundfall** des Erbverzichts (im engeren Sinne) mit einem **vollständigen Ausschluss** des Verzichtenden von der Rechtsnachfolge von Todes wegen aus und erfasst daher auch das ihm grundsätzlich zustehende Pflichtteilsrecht. Ungeachtet der eindeutig erscheinenden Formulierung des Gesetzes kann der Erbverzicht aber nach allgemeiner Auffassung auf das eigentliche gesetzliche Erbrecht beschränkt und gleichzeitig das Pflichtteilsrecht vorbehalten werden.[5]

Der (isolierte) Pflichtteilsverzicht gemäß § 2346 Abs. 2 BGB ist seinem Gegenstand nach auf das gesetzliche Pflichtteilsrecht des Verzichtenden beschränkt, sein gesetzliches Erbrecht (im Übrigen) lässt er jedoch unberührt. Rechtstechnisch betrachtet stellt der Pflichtteilsverzicht somit gegenüber dem (umfassenden) Erbverzicht im Sinne von § 2246 Abs. 1 BGB ein Weniger dar. Hieraus darf aber keinesfalls geschlossen werden, dass die mit einem Pflichtteilsverzicht möglicherweise einhergehenden wirtschaftlichen Konsequenzen weniger gravierend wären als die sich aus einem Erbverzicht ergebenden oder dass dem Pflichtteilsverzicht als erbrechtlichem Gestaltungsmittel eine geringere Bedeutung zukäme. Das Gegenteil ist der Fall. Denn gerade in solchen Fällen, in denen der Erblasser nicht in der Lage ist, mit allen in Betracht kommenden gesetzlichen Erben oder/und Pflichtteilsberechtigten Verzichtsverträge abzuschließen, bildet allein der **Pflichtteilsverzicht** die Möglichkeit, den **erbrechtlichen Handlungsspielraum zu erweitern**.[6]

Auch der **Zuwendungsverzicht** ist ausdrücklich gesetzlich normiert; sedes materiae ist § 2352 BGB. Der Unterschied zum Erbverzicht (§ 2346 BGB) ist darin zu sehen, dass der Verzichtende

---

1 Damrau/*Mittenzwei*, Praxiskommentar Erbrecht, § 2346 Rn 1.
2 *Muscheler*/*Groll*, Praxishandbuch Erbrechtsberatung, B XV Rn 6.
3 Vgl zum ganzen: Damrau/*Mittenzwei*, Praxiskommentar Erbrecht, § 2346 Rn 2; Staudinger/*Schotten*, § 2346 Rn 34 mwN.
4 *Muscheler*/*Groll*, Praxishandbuch Erbrechtsberatung, B XV Rn 6.
5 Vgl zB BayObLGZ 1981, 30, 33; Mot V S. 472/*Strohal*, I § 59 IV 3 b; *Lange*/*Kuchinke*, Erbrecht, § 7 II 2 b; MünchKomm/*Strobel*, § 2346 Rn 11.
6 Zu den pflichtteilsrechtlichen Konsequenzen des Erbverzichts (im Sinne von § 2346 Abs. 1 BGB) vgl unten Rn 89.

hier nicht auf gesetzliche Erbansprüche verzichtet, sondern auf ihm durch Testament oder Erbvertrag zugedachte Begünstigungen (Erbrecht, Vermächtnis).[7]

6 Alle drei Arten des Erbverzichts erfreuen sich in der Praxis großer Bedeutung und zunehmender Beliebtheit, geben sie doch dem Erblasser die oftmals benötigte Möglichkeit, seine Testierfreiheit zu erweitern bzw wiederzuerlangen. Dies gilt nicht nur hinsichtlich der Errichtung letztwilliger Verfügungen – zB in Abweichung von einem bindend gewordenen gemeinschaftlichen Testament oder unter Verletzung des Pflichtteilsrechts eines Abkömmlings – sondern auch bei Vorgängen im Rahmen der vorweggenommenen Erbfolge, die zur Absicherung des Vermögensübernehmers durch – ggf gegenständlich beschränkte – Pflichtteilsverzichte seiner Geschwister flankiert werden sollen.

III. Rechtsnatur der Verzichte

7 Bei sämtlichen der genannten Verzichte handelt es sich um Verträge zwischen dem Erblasser und einem nach bzw für den Fall seines Todes Begünstigten – sei es ein gesetzlicher Erbe bzw Pflichtteilsberechtigter, sei es der Begünstigte aus einer Verfügung von Todes wegen oder einem Erbvertrag. Allerdings handelt es sich nicht – wie man zunächst annehmen könnte – um einen Vertrag zugunsten Dritter im Sinne von § 328 BGB. Denn der Verzicht wirkt nicht lediglich schuldrechtlich sondern hat **unmittelbar verfügenden Charakter**.[8] Das bedeutet, dass die vor Abschluss des Verzichtsvertrages eventuell bestehende – wenn auch mehr oder weniger unsichere – Erb- oder Vermächtniserwartung des Verzichtenden durch den Abschluss des Verzichtsvertrages per se entfällt und in der Person des Verzichtenden auch im späteren Erbfall keinerlei Rechte, die von dem Verzicht umfasst sind, mehr entstehen können. Dies bedeutet gleichzeitig, dass die durch den Verzicht angestrebte „Ausschlusswirkung" bezüglich des Verzichtenden nach Eintritt des Erbfalls keine weiteren Vollzugsmaßnahmen mehr erfordert.[9]

8 Die Qualifikation des Erbverzichts als Vertrag zwischen dem Verzichtenden und dem Erblasser macht es auch erforderlich, dass der **Erblasser** den von seinem Vertragspartner angebotenen **Verzicht annimmt**.

9 ▶ **Muster: Annahme des Erbverzichts I**

Der Verzichtende verzichtet hiermit gegenüber dem dies annehmenden Erblasser auf sein gesetzliches Erbrecht. ◀

10 ▶ **Muster: Annahme des Erbverzichts II**

Der Erblasser nimmt diesen Verzicht an. ◀

11 Auch wenn der Erbverzicht unmittelbar auf die Gestaltung der Rechtslage nach dem Tod des Erblassers abzielt, handelt es sich nicht um eine Verfügung von Todes wegen.[10] Denn Verfügender ist im Falle des Verzichtsvertrages nicht etwa der Erblasser, sondern der potentielle Begünstigte. Vor diesem Hintergrund ist in einem Verzichtsvertrag insbesondere auch kein Erbvertrag zu erblicken; der Verzicht bildet vielmehr eine eigenständige Art von Rechtsgeschäft,

---

7 Ob auch auf die Begünstigung aus einer Auflage verzichtet werden kann, ist strittig, vgl insoweit unten Rn 222.
8 *Lange/Kuchinke*, Erbrecht, § 7 I 4 a.
9 *Muscheler/Groll*, Praxishandbuch Erbrechtsberatung, B XV Rn 2.
10 *Bonefeld* in Krug/Rudolf/Kroiß, Erbrecht, § 5 Rn 6.

A. Allgemeines § 8

die auch „erbrechtliches Verfügungsgeschäft unter Lebenden auf den Todesfall" genannt wird.[11]

Bereits an dieser Stelle ist nachdrücklich darauf hinzuweisen, dass der Erbverzicht als **erbrechtliches Verfügungsgeschäft** grundsätzlich zu den **abstrakten** Rechtsgeschäften zählt, die Entfaltung seiner Rechtswirkungen also unabhängig von der Wirksamkeit eines etwa zugrunde liegenden Kausalgeschäfts zu beurteilen ist.[12] Wird also beispielsweise der Erbverzicht mit einer Vereinbarung, der zufolge der Erblasser dem Verzichtenden eine Abfindung zu zahlen hat, verbunden, handelt es sich hierbei zwar grundsätzlich um einen gegenseitigen Vertrag im Sinne der §§ 320 ff BGB; ein synallagmatisches Verhältnis zwischen dem Verzicht auf der einen Seite und der Gewährung der Abfindung auf der anderen besteht aber gerade nicht.[13] 12

IV. Formale Gesichtspunkte – Abschlussmodalitäten
1. Beurkundungserfordernis

Am Abschluss eines Verzichtsvertrages können neben dem Erblasser – je nach Art des Verzichts – sämtliche potentiellen Erben bzw Vermächtnisnehmer beteiligt sein. Da Gegenstand des Verzichts stets eine erst zukünftig entstehende Rechtsposition ist, spielt das Bestehen einer tatsächlichen Erb- bzw Vermächtniserwartung im Zeitpunkt des Vertragsschlusses keine entscheidende Rolle, so dass beispielsweise auch Verlobte miteinander Verzichtsverträge schließen können. Als Vertragsgegner des Verzichtenden kommt allerdings ausschließlich der Erblasser selbst in Betracht (§§ 2346 Abs. 1 S. 1, 2352 S. 1 BGB).[14] 13

Gemäß § 2348, der nach § 2352 S. 3 BGB auch auf den Zuwendungsverzicht anzuwenden ist, bedarf der Verzichtsvertrag der notariellen Beurkundung. Dies gilt sowohl für das Angebot als auch für die Annahme, die jedoch getrennt voneinander beurkundet werden können.[15] Auch die Verbindung des Verzichtsvertrags mit anderen erbrechtlichen Gestaltungsmitteln – insbesondere Testament, Erbvertrag, Ehevertrag – in einer Urkunde ist ohne Weiteres zulässig. Allerdings können bei der Verbindung des Verzichts mit einem notariellen Testament die Formerleichterungen des § 2276 BGB keine entsprechende Anwendung finden.[16] 14

Ebenso wie die auf den Abschluss des Erbverzichtsvertrages als abstraktes Verfügungsgeschäft gerichteten Erklärungen bedarf auch ein etwaiges **Kausalgeschäft** der **notariellen Beurkundung**; es unterliegt denselben Formvorschriften wie der Erbverzicht selbst.[17] Allerdings kann die Formnichtigkeit des zugrunde liegenden Verpflichtungsgeschäfts durch Vollzug desselben **geheilt** werden (§ 311 b Abs. 1 S. 2 BGB analog).[18] Soweit aber auch die seitens des Erblassers eingegangene Gegenleistungsverpflichtung selbst der notariellen Beurkundung bedarf, beispielsweise weil ein Grundstück übereignet werden soll (§ 311 b Abs. 1 BGB), ergeben sich ernstliche Zweifel, ob die Bewirkung der vom Verzichtenden zu erbringenden Gegenleistung – 15

---

11 Vgl insoweit BayObLGZ 1981, 30, 33; Soergel/*Damrau*, § 2346 Rn 1; *Muscheler/Groll*, Praxishandbuch Erbrechtsberatung, B XV Rn 3.
12 Vgl insoweit BGHZ 37, 319, 325.
13 *Muscheler/Groll*, Praxishandbuch Erbrechtsberatung, B XV Rn 5 mwN.
14 Vgl insoweit zB auch *Muscheler/Groll*, Praxishandbuch Erbrechtsberatung, B XV Rn 146.
15 Damrau/*Mittenzwei*, Praxiskommentar Erbrecht, § 2348 Rn 1.
16 Staudinger/*Schotten*, § 2348 Rn 7; Damrau/*Mittenzwei*, Praxiskommentar Erbrecht, § 2348 Rn 1.
17 KG MDR 1974, 76; Damrau/*Mittenzwei*, Praxiskommentar Erbrecht, § 2346 Rn 3; Staudinger/*Schotten*, § 2346 Rn 19 und § 2348 Rn 10; Soergel/*Damrau*, § 2346 Rn 2; *Damrau*, NJW 1984, 1163; aA: *Kuchinke*, NJW 1983, 2358 (Kausalgeschäft auch formlos wirksam).
18 Damrau/*Mittenzwei*, Praxiskommentar Erbrecht, § 2346 Rn 3; LG Bonn ZDV 1999, 356 f; *Damrau*, Erbverzicht, S. 138; Staudinger/*Schotten*, § 2348 Rn 17.

Abschluss des Verzichtsvertrags – das Kausalgeschäft insgesamt heilen kann[19] oder ob sich die Heilung nur auf die tatsächlich vollzogenen (unwirksamen) Verpflichtungen bezieht.[20]

16 Die hM führt für den Verzichtenden zu dem Problem, dass er sich zwar auf die Unwirksamkeit des Kausalgeschäfts gemäß § 139 BGB berufen kann,[21] der Erbverzicht aber von § 139 BGB wohl nicht erfasst wird.[22] Teilweise wird zwar vertreten, dass der grundsätzlich abstrakte Erbverzicht mit dem Kausalgeschäft in einer Urkunde zu einem „einheitlichen Rechtsgeschäft" verbunden werden könne, so dass unter Anwendung von § 139 BGB bei Unwirksamkeit des einen Teils der andere ebenfalls nichtig wäre.[23] Diese Lösung erscheint jedoch im Hinblick auf die zuvor dargestellte und dogmatisch überzeugende Argumentation für die Praxis wenig geeignet.[24]

17 Ein unter **Verstoß gegen die Formvorschrift** des § 2348 BGB erklärter Erbverzicht ist gemäß § 125 BGB **nichtig**. Dasselbe gilt auch für einen Vertrag, durch den die Verpflichtung zum Abschluss eines Erbverzichtsvertrages begründet werden soll.[25] Die Formnichtigkeit des Erbverzichtsvertrages selbst ist unter keinen Umständen heilbar, und zwar selbst dann nicht, wenn die vereinbarte Gegenleistung, zB eine Abfindung, bereits erbracht wurde.[26]

2. Vertretung

a) rechtsgeschäftliche Vertretung des Erblassers

18 Die Frage, ob und inwieweit sich die Parteien beim Abschluss eines Erbverzichtsvertrages vertreten lassen können, regelt § 2347 Abs. 2 BGB.[27] Die Vorschrift bestimmt ausdrücklich, dass der **Erblasser** den Vertrag **nur persönlich** schließen kann, bezüglich seiner Person also eine Stellvertretung ausgeschlossen ist. Eine entsprechende Regelung hinsichtlich der Person des Verzichtenden fehlt, so dass nach allgemeiner Meinung eine Stellvertretung des Verzichtenden grundsätzlich zulässig ist.[28]

b) Vertretung geschäftsunfähiger oder in der Geschäftsfähigkeit beschränkter Erblasser

19 Der **Grundsatz des höchstpersönlichen Vertragsschlusses** gilt auch für den in der Geschäftsfähigkeit beschränkten Erblasser. Dieser bedarf hierzu nicht einmal der Einwilligung seines gesetzlichen Vertreters, da der Erbverzicht als solcher für ihn stets lediglich rechtlich vorteilhaft ist.[29] Selbst wenn der Erblasser wegen körperlicher Gebrechen an der Abgabe einer protokollfähigen Erklärung gehindert sein sollte, kommt eine Vertretung durch den gesetzlichen Vertreter

---

19 So zB *Damrau*, NJW 1984, 1163, 1164, der Heilung des Erbverzichtsvertrages auch bei Vollzug der Gegenleistung annimmt, wenn die zugrunde liegende Verpflichtung der notariellen Beurkundung bedarf.
20 HM vgl OLG Düsseldorf FamRZ 2002, 1147; Bamberger/Roth/*J. Mayer*, BGB, § 2348 Rn 5; Staudinger/*Schotten*, § 2348 Rn 18; *Kuchinke*, NJW 1983, 2358.
21 Staudinger/*Schotten*, § 2348 Rn 18.
22 Staudinger/*Schotten*, § 2346 Rn 151; *Reul*, MittRhNotK 1997, 373, 380; Damrau/*Mittenzwei*, Praxiskommentar Erbrecht, § 2348 Rn 2.
23 So OLG Bamberg OLGR 1998, 169; Bamberger/Roth/*J. Mayer*, BGB, § 2346 Rn 36; *Damrau*, Erbverzicht, S. 98 ff; MünchKomm/*Strobel*, § 2346 Rn 27.
24 Ohne Weiteres möglich ist jedoch die Verbindung des Erbverzichts mit einer aufschiebenden Bedingung, die an die Erfüllung der Gegenleistungsverpflichtung anknüpft; vgl insoweit unten Rn 158 ff.
25 Damrau/*Mittenzwei*, Praxiskommentar Erbrecht, § 2348 Rn 3.
26 OLG Düsseldorf FamRZ 2002, 1147; Damrau/*Mittenzwei*, Praxiskommentar Erbrecht, § 2348 Rn 3; aA *Damrau*, NJW 1984, 1163, 1164.
27 Gemäß § 2352 S. 2 BGB ist die Vorschrift auch auf den Zuwendungsverzicht anwendbar.
28 Umkehrschluss aus § 2347 Abs. 2 S. 1, vgl Soergel/*Damrau*, § 2347 Rn 2; Damrau/*Mittenzwei*, Praxiskommentar Erbrecht, § 2347 Rn 2; MünchKomm/*Strobel*, § 2347 Rn 3; *Bonefeld*, in Krug/Rudolf/Kroiß, Erbrecht, § 5 Rn 9.
29 *Muscheler/Groll*, Praxishandbuch Erbrechtsberatung, B XV Rn 48; MünchKomm/*Strobel*, § 2347 Rn 9; *Hahn*, FamRZ 1991, 27, 29.

A. Allgemeines § 8

nicht in Betracht.[30] Seine einzige Durchbrechung findet der Grundsatz des persönlichen Handelns bei einem geschäftsunfähigen Erblasser iSv § 104 BGB. Dieser wird durch seinen gesetzlichen Vertreter vertreten (§ 2347 Abs. 2 S. 2, 1. Hs BGB).

Soweit bei **Minderjährigen** für die Bereiche Personensorge bzw Vermögenssorge verschiedene gesetzliche Vertreter vorhanden bzw bestellt sind, fällt der Abschluss des Erbverzichtsvertrages in den Zuständigkeitsbereich des für die Vermögenssorge Verantwortlichen.[31] Der **volljährige geschäftsunfähige Erblasser** kann nach Abschluss eines Verzichtsvertrages durch seinen Betreuer vertreten werden, wenn dessen Aufgabenkreis auch den Erbverzicht umfasst (§§ 1896 Abs. 2, 1902 BGB). Insoweit ist unbedingt zu beachten, dass ein Einwilligungsvorbehalt für einen Erbverzicht nicht angeordnet werden kann, § 1903 Abs. 2 iVm Abs. 2 S. 1 BGB.[32] Dies hat zur Folge, dass es für die Gestaltungspraxis von entscheidender Bedeutung ist, im Vorfeld genau zu klären, ob der Erblasser tatsächlich geschäftsfähig oder geschäftsunfähig ist. Gibt nur der Betreuer die auf den Abschluss des Verzichtsvertrages gerichtete Erklärung ab und stellt sich später – vielleicht sogar nach Eintritt des Erbfalls – heraus, dass der durch ihn vertretene Erblasser zum maßgeblichen Zeitpunkt geschäftsfähig war, ist der Verzicht nichtig. Heilungsmöglichkeiten bestehen nicht. Vor diesem Hintergrund empfiehlt es sich, soweit möglich stets sowohl den Erblasser als auch seinen Betreuer die auf den Abschluss des Verzichtsvertrages gerichteten Willenserklärungen abgeben zu lassen und diese zu protokollieren.[33] Diese Vorgehensweise sollte nicht nur auf die sog. Zweifelsfälle beschränkt werden.

20

▶ **Muster: Erbverzichtsvertrag mit nicht voll geschäftsfähigem Erblasser**

21

Vor mir, dem unterzeichnenden Notar ..., erschienen gleichzeitig, persönlich bekannt/ausgewiesen durch ihre amtlichen Lichtbildausweise:

1. ... – Verzichtender
2. ... – Erblasser
3. ... – Betreuer

Der Erschienene zu 1. ist nach der Überzeugung des amtierenden Notars in vollem Umfang geschäftsfähig und handelt im eigenen Namen.

Der Erschienene zu 2. steht gemäß Beschluss des Amtsgerichts ... (Az: ...) vom ... unter Betreuung. Ob er tatsächlich in vollem Umfang geschäftsunfähig oder lediglich in der Geschäftsfähigkeit beschränkt ist, konnte der amtierende Notar nicht feststellen. Der Erschienene zu 2. handelt im eigenen Namen.

Der Erschienene zu 3. ist der durch den Beschluss des Amtsgerichts ... (Az: ...) vom ... zum Betreuer des Erschienenen zu 2. bestellt worden und handelt nachfolgend in seiner Eigenschaft als Betreuer des Erschienenen zu 2; in dessen Namen.

Die Erschienenen, handelnd wie angegeben, erklärten zur Niederschrift des Notars folgenden ... Verzichtsvertrag, wobei der amtierende Notar die Erschienenen ausdrücklich darauf hinwies, dass die Erklärungen des Erschienenen zu 2. nur unter der Voraussetzung wirksam sein können, dass er wenigstens beschränkt geschäftsfähig (und nicht geschäftsunfähig) ist.

---

30 OLG Kassel JW 1931, 1383; RGRK/*Johannsen*, Rn 3; MünchKomm/*Strobel*, § 2347 Rn 9.
31 MünchKomm/*Strobel*, § 2348 Rn 10.
32 MünchKomm/*Strobel*, § 2348 Rn 10.
33 *Cypionka*, DNotZ 1991, 571; MünchKomm/*Strobel*, § 2348 Rn 10; *Muscheler/Groll*, Praxishandbuch Erbrechtsberatung, B XV Rn 148; *Bonefeld*, in Krug/Rudolf/Kroiß, Erbrecht, § 5 Rn 10.

■■■ Verzichtserklärung etc. ■■■

Sodann erklärten der Erschienene zu 2. (Erblasser) sowie sein Betreuer, der Erschienene zu 3., dass der Erblasser den vorstehend erklärten Verzicht hiermit annehme. ◀

c) Vertretung des Verzichtenden

22 Wie bereits ausgeführt, ist die Abgabe der Willenserklärung des Verzichtenden durch einen Bevollmächtigten möglich.

23 Die durch den Verzichtenden zu erteilende Vollmacht bedarf nicht der Form des § 2348 BGB (vgl § 167 Abs. 2 BGB), sogar eine vollmachtlose Vertretung ist möglich.[34] Die Genehmigung des Vertretenen kann formfrei erteilt werden.[35] Allerdings sind sowohl Genehmigung als auch Zustimmung nur bis zum Zeitpunkt des Erbfalls möglich, da die Sicherheit des Rechtsverkehrs es erfordert, dass die durch den Tod des Erblassers ausgelöste Rechtsnachfolge nicht durch eine (nachträgliche) Genehmigungserklärung noch verändert werden kann.[36] Maßgeblich ist insoweit der Zeitpunkt, in dem die Erklärung dem Erblasser zugeht (§ 130 Abs. 1 S. 1 BGB).[37]

24 Ist der Verzichtende in der Geschäftsfähigkeit beschränkt (§ 106 BGB), kann er den Verzichtsvertrag selbst schließen, allerdings nur mit der Zustimmung seines gesetzlichen Vertreters.[38] Im Falle der Geschäftsunfähigkeit des Verzichtenden schließt sein gesetzlicher Vertreter den Vertrag.[39] Allerdings bedarf der durch den gesetzlichen Vertreter ausgesprochene oder genehmigte Erbverzicht grundsätzlich der **vormundschaftsgerichtlichen Genehmigung** (vgl sogleich unten).

Übersicht über die Vertretungsmöglichkeiten bei Verzichtsverträgen

Person	Vertretungsmöglichkeit (Normalfall)	Vertretung bei Geschäftsunfähigkeit	Vertretung bei beschränkter Geschäftsfähigkeit
Erblasser	grundsätzlich ausgeschlossen	bei Minderjährigkeit: gesetzlicher Vertreter bei Betreuung: Betreuer, sofern vom Aufgabenkreis umfasst (§ 1902 BGB)	Erblasser; abstraktes Geschäft lediglich rechtlich vorteilhaft
Verzichtender	grundsätzlich möglich	gesetzlicher Vertreter	Verzichtender mit Zustimmung des gesetzlichen Vertreters

3. Genehmigungserfordernisse

25 Soweit der Erblasser selbst den Verzichtsvertrag abschließen kann, also auch dann, wenn er in der Geschäftsfähigkeit beschränkt ist oder wenn er bei tatsächlich bestehender Geschäftsfähigkeit unter Betreuung steht, bedarf er keiner vormundschaftsgerichtlichen Genehmigung.

---

34 *Bonefeld*, in Krug/Rudolf/Kroiß, Erbrecht, § 5 Rn 5.
35 BGH NJW 1994, 1344.
36 BGH WM § 1829 Nr. 5 = NJW 1978, 1159 = WM 1978, 171, 173; MünchKomm/*Strobel*, § 2347 Rn 3.
37 Damrau/*Mittenzwei*, Praxiskommentar Erbrecht, § 2347 Rn 2.
38 MünchKomm/*Strobel*, § 2347 Rn 4.
39 Damrau/*Mittenzwei*, Praxiskommentar Erbrecht, § 2347 Rn 2; MünchKomm/*Strobel*, § 2347 Rn 4.

A. Allgemeines §8

Soweit aber andere Personen für den Erblasser handeln, also insbesondere der gesetzliche Vertreter eines Geschäftsunfähigen bzw sein Betreuer, ist für die Wirksamkeit des Erbverzichts regelmäßig die vormundschaftsgerichtliche Genehmigung erforderlich (§ 2347 Abs. 2 S. 2, 2. Hs BGB). Eine Ausnahme hiervon besteht gemäß § 2347 Abs. 2 S. 2, 2. Hs und Abs. 1 S. 1, 2. Hs BGB für den Inhaber der elterlichen Sorge, wenn der Verzichtsvertrag zwischen Verlobten oder Ehegatten geschlossen wird.[40]

26

Die vormundschaftsgerichtliche Genehmigung muss im Zeitpunkt des Eintritts des Erbfalls wirksam sein. Die Genehmigung muss daher vor dem Tod des Erblassers dem Geschäftsgegner, also dem Verzichtenden, mitgeteilt werden.[41] Um Abwicklungsschwierigkeiten in diesem Bereich zu vermeiden, kann es sich anbieten, den beurkundenden Notar mit den entsprechenden Vollmachten zu versehen, so dass der Zugang der vormundschaftsgerichtlichen Genehmigung bei ihm gleichzeitig auch den Zugang beim Verzichtenden bewirkt.

27

▶ **Muster: Erbverzichtsvertrag – Vorbehalt der vormundschaftsgerichtlichen Genehmigung**

28

Dieser Vertrag bedarf zu seiner Wirksamkeit der Genehmigung des Vormundschaftsgerichts, die ausdrücklich vorbehalten und hiermit beantragt wird. Der Notar wird ermächtigt, die vormundschaftsgerichtliche Genehmigung für den Vormund in Empfang zu nehmen und sie dem Vertragspartner mitzuteilen sowie sie für diesen entgegenzunehmen. Mit der Erteilung einer beglaubigten Abschrift oder Ausfertigung einschließlich des Genehmigungsbeschlusses wird die Genehmigung allen Beteiligten gegenüber wirksam. ◀

Soweit – wie oben empfohlen – beim Abschluss des Verzichtsvertrages zugunsten eines unter Betreuung stehenden Erblassers sowohl der Erblasser selbst als auch sein Betreuer die entsprechenden Willenserklärungen abgeben, sollte in jedem Fall die vormundschaftsgerichtliche Genehmigung eingeholt werden. Die Mitwirkung sowohl des Betreuten als auch des Betreuers dient der Absicherung gegen eine spätere Feststellung der vollständigen Geschäftsunfähigkeit des Erblassers. Gerade in diesem Szenario kann aber der durch den Betreuer geschlossene Erbverzichtsvertrag nur wirksam werden, soweit rechtzeitig die vormundschaftsgerichtliche Genehmigung eingeholt bzw dem Verzichtenden mitgeteilt wurde.[42]

29

Einfacher zu beantworten ist die Frage nach dem Erfordernis der vormundschaftsgerichtlichen Genehmigung für den Verzichtenden. Soweit dieser auch nur in der Geschäftsfähigkeit beschränkt ist, können die Erklärungen der für ihn handelnden Personen nur dann Wirksamkeit entfalten, wenn sie durch das Vormundschaftsgericht genehmigt wurden.[43] Dies gilt nur dann nicht, wenn ein unter **elterlicher Sorge** stehender Minderjähriger den Verzichtsvertrag mit seinem Verlobten oder Ehegatten schließt, § 2347 Abs. 1 S. 1, 2. Hs BGB.

30

Eine vormundschaftsgerichtliche Genehmigung ist auch dann erforderlich, wenn der Verzicht durch einen Betreuten, für den das Vormundschaftsgericht einen Einwilligungsvorbehalt (§ 1903 Abs. 1 S. 1 BGB) angeordnet hat, abgeschlossen wird, und zwar selbst dann, wenn sein Betreuer dem Abschluss des Vertrages zugestimmt hat.[44] Denn auch wenn in dieser Konstellation § 2347 Abs. 1 S. 2 BGB seinem Wortlaut nach nicht unmittelbar anwendbar ist, erfordert es doch der Schutzzweck der Vorschrift, sie auch auf den Fall auszudehnen, in dem der Betreuer

31

---

40 MünchKomm/*Strobel*, § 2348 Rn 11; Staudinger/*Schotten*, § 2347 Rn 32 mwN.
41 MünchKomm/*Strobel*, § 2347 Rn 7.
42 Vgl insoweit auch Soergel/*Damrau*, § 2347 Rn 7; *Muscheler/Groll*, Praxishandbuch Erbrechtsberatung, B XV Rn 150.
43 MünchKomm/*Strobel*, § 2347 Rn 5; *Muscheler/Groll*, Praxishandbuch Erbrechtsberatung, B XV Rn 151.
44 *Muscheler/Groll*, Praxishandbuch Erbrechtsberatung, B XV Rn 151.

den Verzicht nicht selbst erklärt, aber der entsprechenden Erklärung des Betreuten zustimmt.[45]

32 Damit das **Genehmigungserfordernis** gemäß § 2347 Abs. 1 BGB nicht ohne Weiteres umgangen werden kann, gilt es sinngemäß auch für **schuldrechtliche Verträge**, durch die der Verzichtende sich zum Abschluss eines Verzichtsvertrages verpflichtet. Auf diese Weise wird eine sonst denkbare Verurteilung des Verzichtenden nach § 894 ZPO ausgeschlossen.[46] Dieser Grundsatz gilt auch für einen teilweisen Erbverzicht.[47]

33 Bei der Frage, ob die Genehmigung durch das Vormundschaftsgericht zu erteilen oder abzulehnen ist, ist in erster Linie auf das Wohl des Minderjährigen bzw des Betreuten abzustellen. Im Rahmen der Sachverhaltsaufklärung, die gemäß § 26 FamFG von Amts wegen zu erfolgen hat, stehen insbesondere die Einkommens- und Vermögensverhältnisse des Erblassers im Vordergrund.[48] Eine Genehmigung kommt im Regelfall nur in Betracht, wenn der Verzichtende einen angemessenen Ausgleich für den Verlust seines Erb- bzw Pflichtteilsrechts erhält, wobei im Hinblick auf die Angemessenheitsprüfung keine wirklich eindeutige Linie in Literatur und Rechtsprechung auszumachen ist.[49]

4. Sonstige Zustimmungserfordernisse

34 Beschränkungen der Verfügungsbefugnisse des Verzichtenden aufgrund **güterrechtlicher oder insolvenzrechtlicher Bestimmungen** behindern den Abschluss eines Erbverzichtsvertrages nicht.[50]

35 Eine Anwendung der Vorschrift des § 1365 BGB auf Erbverzichtsverträge findet im Übrigen nicht statt. § 1365 BGB betrifft lediglich Verfügungen über das gegenwärtige Vermögen, nicht aber über künftig möglicherweise zu Erwerbendes.[51] Somit ist sowohl der in Zugewinngemeinschaft verheiratete Verzichtende als auch ein in Ausgleichsgemeinschaft lebender Partner einer eingetragenen Lebenspartnerschaft am Abschluss eines Erbverzichtsvertrages selbst dann nicht gehindert, wenn er (im Übrigen) vermögenslos ist und das zu erwartende Erbe sein einziges Vermögen darstellen würde.[52]

36 Dasselbe gilt im Ergebnis auch für einen in Gütergemeinschaft lebenden Ehegatten sowie für den Gemeinschuldner im Sinne der InsO. Beide können ohne die Zustimmung des Ehegatten bzw des Insolvenzverwalters einen Erbverzicht schließen. Im einen Falle resultiert dies aus der analogen Anwendung der §§ 1432, 1455 BGB,[53] im anderen Fall aus § 83 InsO.[54]

---

45 Soergel/*Damrau*, § 2347 Rn 7.
46 Vgl MünchKomm/*Strobel*, § 2347 Rn 6.
47 BGH NJW 1978, 1159 = WM 1978, 171, 173.
48 BGH ZEV 1995, 27 mit Anmerkung *Langenfeld*; MünchKomm/*Strobel*, § 2347 Rn 8; Bamberger/Roth/*J. Mayer*, § 2347 Rn 5.
49 Vgl zB BGH ZEV 1995, 27: „Angemessener Ausgleich"; Bamberger/Roth/*J. Mayer*, § 2347 Rn 5: „Annähernd vollwertige Abfindung"; OLG Köln FamRZ 1990, 99: „Toleranzgrenze von 10 % nach unten ist angemessen".
50 Staudinger/*Schotten*, § 2346 Rn 8.
51 MünchKomm/*Strobel*, § 2346 Rn 8; *Muscheler/Groll*, Praxishandbuch Erbrechtsberatung, B XV Rn 153.
52 Staudinger/*Schotten*, § 2346 Rn 8; Bamberger/Roth/*J. Mayer*, § 2346 Rn 5; Soergel/*Damrau*, § 2346 Rn 16.
53 *Haegele*, BWNotZ 1971, 36, 42; Staudinger/*Schotten*, § 2346 Rn 8 mwN.
54 Bamberger/Roth/*J. Mayer*, § 2346 Rn 5; Staudinger/*Schotten*, § 2346 Rn 8 mwN.

B. Erbverzicht

I. Einführendes Muster

▶ **Muster: Erbverzicht – ausführlich mit Verpflichtungsgeschäft** 37

[... notarielle Urkundenformalien ...]

Die Erschienenen ... (Erblasser) und ... (Verzichtender) erklärten mit der Bitte um notarielle Beurkundung folgenden

Erbverzichtsvertrag

I. Präambel
    Der Verzichtende ist als Sohn/Tochter/Ehegatte/gleichgeschlechtlicher Lebenspartner/Enkel nach dem dereinstigen Tod des Erblassers gesetzlich erbberechtigt.
    Der Erblasser beabsichtigt, eine letztwillige Verfügung zu treffen, aufgrund derer in das gesetzliche Erbrecht des Verzichtenden eingegriffen wird, nämlich ...

II. Verpflichtungsgeschäft
    Die Parteien sind darüber einig, dass der Verzichtende auf ausdrücklichen Wunsch des Erblassers auf sein gesetzliches Erbrecht verzichten wird und als Gegenleistung hierfür von dem Erblasser einen Geldbetrag in Höhe von EUR ... erhalten soll.

III. Erbverzicht
    Der vorstehende Verzichtende verzichtet hiermit auf sein gesetzliches Erbrecht (einschließlich seines Pflichtteilsrechts) am dereinstigen Nachlass des Erblassers. Der Verzicht gilt für den Verzichtenden selbst sowie für seine Abkömmlinge.
    Der Verzicht steht unter der aufschiebenden Bedingung, dass der Verzichtende die vereinbarte Abfindung in Höhe von EUR ... erhält.
    Der Erblasser nimmt den vorstehenden Verzicht an.

IV. [... Belehrungen; Durchführungsanweisungen; Vollmachten; Kosten ...]

◀

II. Zielsetzung beim Erbverzicht/Anwendungsbereich

Durch den Abschluss eines Erbverzichts wird es den Beteiligten ermöglicht, die Erbfolge bereits 38 vor dem Erbfall einvernehmlich durch Vertrag zwischen dem Erblasser und dem Verzichtenden den besonderen Verhältnissen des Einzelfalles anzupassen.[55] Der Erbverzicht lässt die gesetzliche **Erb-** und ggf auch **Pflichtteilsberechtigung** des Verzichtenden **entfallen**. Auf diese Weise wird zum einen ganz grundsätzlich die Testierfreiheit des Erblassers gestärkt. Denn der Erblasser erhält auf diese Weise die Möglichkeit, bereits zu seinen Lebzeiten Klarheit und Sicherheit über das Ausscheiden des Verzichtenden – ggf auch seines ganzen Stammes – aus der Erbfolge zu erlangen und auf diese Weise die Regelung der Nachfolge unter den verbleibenden Erbanwärtern zu vereinfachen.[56] Zum anderen bildet der Erbverzicht in bestimmten Konstellationen die einzige Möglichkeit, eine von der gesetzlichen Erbfolge abweichende Rechtsnachfolge von Todes wegen zu ermöglichen. Gemeint sind hier solche Fälle, in denen der Erblasser rechtlich bzw tatsächlich nicht in der Lage ist, eine Enterbung oder – beim Zuwendungsverzicht – den

---

55 MünchKomm/*Strobel*, § 2346 Rn 6; Erman/*Schlüter*, vor § 2346 Rn 2; Staudinger/*Schotten*, § 2346 Rn 3 mwN.
56 Staudinger/*Schotten*, § 2346 Rn 3.

Widerruf einer letztwilligen Verfügung auszusprechen, zB bei **Geschäftsunfähigkeit**[57] oder bei **Testierunfähigkeit** (§ 2229 Abs. 1 bzw Abs. 4). Denn in diesen Fällen ist jede Form der Stellvertretung ausgeschlossen; ein Testament kann gemäß § 2064 BGB nur höchstpersönlich errichtet werden.[58] Demgegenüber ist beim Abschluss eines Erbverzichtsvertrages die Vertretung des testierunfähigen Erblassers nach den oben genannten Grundsätzen möglich, so dass hier – auch ohne Testamentserrichtung bzw -änderung – noch Einfluss auf die Erbfolge genommen werden kann.

39 Soweit der Erblasser testierfähig ist und seine Testierfreiheit lediglich durch das gesetzliche Pflichtteilsrecht eingeschränkt wird, ist im Regelfall der (isolierte) Pflichtteilsverzicht das gegenüber dem Erbverzicht vorzuziehende Gestaltungsmittel (vgl unten). Hat sich der Erblasser durch wechselbezügliche Verfügungen in einem Erbvertrag bzw gemeinschaftlichem Testament – teilweise – seiner Testierfreiheit begeben, möchte er aber nunmehr gerade diese Anordnungen außer Kraft setzen, ist der Erbverzicht sogar grundsätzlich ungeeignet. Probleme dieser Art sind allein durch den Abschluss von Zuwendungsverzichtsverträgen zu lösen.

III. Vertragspartner

1. Der Verzichtende

40 Parteien eines Erbverzichtsvertrages können nur Verwandte und Ehegatten bzw Partner einer eingetragenen Lebenspartnerschaft sein, denn nur ihnen kann nach dem jeweils anderen ein **gesetzliches Erbrecht** zustehen. Auf die verwandtschaftliche Nähe[59] kommt es allerdings ebenso wenig an wie auf das Bestehen einer etwaigen Pflichtteilsberechtigung.[60] Als Verzichtende kommen auch nichteheliche Kinder sowie Adoptivkinder des Erblassers in Betracht.[61]

41 Da die Frage des Bestehens oder Nichtbestehens eines gesetzlichen Erbrechts nur bezogen auf den Todestag des Erblassers abschließend beantwortet werden kann, können auch künftige Verwandte oder Ehegatten bzw Lebenspartner auf ein zukünftig potentiell entstehendes Erb- bzw Pflichtteilsrecht verzichten (arg. § 2345 Abs. 1, 2. Hs BGB). Tauglicher Verzichtender ist mithin **jeder „Präsumtiverbe"**.[62] Entscheidend ist allerdings, dass Gegenstand des Verzichts das gesetzliche Erbrecht des Verwandten, Ehegatten oder eingetragenen Lebenspartners ist, und zwar in genau der Form und Ausprägung, in der es ohne den Verzicht im Zeitpunkt des Todes des Erblassers bestehen würde.[63] Daher ist es zulässig, schon vor Begründung des Verwandtschaftsverhältnisses mit dem Erblasser (zB durch Adoption bzw Schließung der Ehe) auf das sich hieraus künftig ergebende gesetzliche Erbrecht zu verzichten.[64] Dies ergibt sich für (zukünftige) Ehegatten mittelbar aus der Vorschrift des § 2347 Abs. 1 S. 2 BGB (**Erbverzicht unter Verlobten**); bei Partnern einer eingetragenen Lebenspartnerschaft sowie Verwandten kann der Rechtsgedanke dieser Vorschrift analog angewendet werden.[65] Im Falle der Adoption ist es nicht erforderlich, dass der entsprechende Antrag bereits notariell beurkundet wurde.[66]

---

57 MünchKomm/*Strobel*, § 2346 Rn 6.
58 *Muscheler/Groll*, Praxishandbuch Erbrechtsberatung, B XV Rn 16.
59 OLG Frankfurt Rpfleger 1952, 89: Der Verzichtende muss nicht der nächstberufene Erbe sein.
60 MünchKomm/*Strobel*, § 2346 Rn 6; Bamberger/Roth/*J. Mayer*, § 2346 Rn 5.
61 Staudinger/*Schotten*, § 2346 Rn 4.
62 Staudinger/*Schotten*, § 2346 Rn 6.
63 Staudinger/*Schotten*, § 2346 Rn 6.
64 HM OLG Hamm Rpfleger 1952, 89; Staudinger/*Schotten*, § 2346 Rn 6; MünchKomm/*Strobel*, § 2346 Rn 7; Soergel/*Damrau*, § 2346 Rn 6; *Lange/Kuchinke*, Erbrecht, § 7 II 2 a; *Haegele*, Rpfleger 1968, 247, 248.
65 Staudinger/*Schotten*, § 2346 Rn 8.
66 Vgl Soergel/*Damrau*, § 2346 Rn 6.

B. Erbverzicht § 8

Ein Verzicht des Fiskus auf sein gesetzliches Erbrecht ist nicht möglich.[67] Abgesehen davon, dass der Erbverzicht bereits nach dem Wortlaut des Gesetzes auf Verwandte, Ehegatten und eingetragenen Lebenspartner beschränkt ist (§ 2346 Abs. 1 BGB bzw § 2346 Abs. 1 BGB iVm § 10 Abs. 7 LPartG), gilt insoweit der Grundsatz, dass der Fiskus stets als letzter gesetzlicher Erbe eintreten soll.[68]

2. Der Erblasser

Vertragspartner des Verzichtenden kann ausschließlich derjenige Erblasser sein, auf dessen dereinstigen Nachlass sich der Verzicht beziehen soll.[69] Insbesondere kommt ein Verzicht gegenüber dem durch das Ausscheiden aus der gesetzlichen Erbfolge potentiell Begünstigten nicht in Betracht.[70] Auch Verträge unter den künftigen Erben, an deren Abschluss der Erblasser nicht beteiligt ist, haben keine erbrechtliche, sondern bestenfalls schuldrechtliche Wirkung und führen vor diesem Hintergrund nicht zu einer Änderung der gesetzlichen Erbfolge.[71]

IV. Regelungsinhalt des Erbverzichts

Grundsätzlich richtet sich der Erbverzicht auf den **Ausschluss des gesetzlichen Erbrechts** am (gesamten) künftigen Nachlass desjenigen Erblassers, dem gegenüber der Verzicht erklärt wird, und zwar genau in dem Umfang, in dem es ohne den Verzicht beim Tod des Erblassers bestehen würde.[72]

Da der Verzicht nur für den Erbfall des Vertragsgegners wirkt, kann er nicht verhindern, dass bestimmte Nachlassgegenstände, die nach dem Tod des Erblassers auf einen Dritten übergehen, anschließend von dem Dritten an den Verzichtenden vererbt werden. Eine Ausdehnung des Erbverzichts auf solche weiteren Erbfälle ist – ohne Beteiligung der hier als Erblasser in Erscheinung tretenden Dritten – nicht zulässig.[73]

Grundsätzlich erstreckt sich der Erbverzicht – vorbehaltlich abweichender Vereinbarungen – auch auf das Pflichtteilsrecht des Verzichtenden.[74]

V. Rechtsfolgen des Erbverzichts

1. Grundsätzliche Wirkungen des Erbverzichts

a) Vorversterbensfiktion

Gemäß § 2346 Abs. 1 S. 2 BGB ist der Verzichtende im Falle der Erklärung eines im Zeitpunkt des Erbfalls wirksamen Erbverzichts von der Erbfolge ausgeschlossen, wie wenn er zur Zeit des Erbfalls nicht mehr gelebt hätte (**Vorversterbensfiktion**). Die Wirkung des Erbverzichts entspricht damit – jedenfalls was die gesetzliche Erbfolge betrifft – der einer Ausschlagung (§ 1953 BGB), einer Erbunwürdigkeitserklärung (§ 2344 BGB) oder eines vom Erblasser verfügten Aus-

---

[67] AllgM, vgl zB MünchKomm/*Strobel*, § 2346 Rn 8.
[68] Vgl Mot V 472; Staudinger/*Schotten*, § 2346 Rn 7 mwN.
[69] MünchKomm/*Strobel*, § 2346 Rn 9.
[70] *Cremer*, MittRhNotK 1978, 169, 170.
[71] OLG München, HRR 1937 Nr. 1369; MünchKomm/*Strobel*, § 2346 Rn 2; Bamberger/Roth/*J. Mayer*, § 2346 Rn 6; Staudinger/*Schotten*, § 2346 Rn 11 mwN.
[72] Staudinger/*Schotten*, § 2346 Rn 20.
[73] MünchKomm/*Strobel*, § 2346 Rn 9; vgl auch OLG Celle Rdl. 1957, 322; zum Zwischenerwerb eines Dritten: OLG Frankfurt FamRZ 1995, 1450.
[74] Damrau/*Mittenzwei*, Praxiskommentar Erbrecht, § 2346 Rn 10.

schlusses von der Erbfolge (§ 1938 BGB).[75] Vor diesem Hintergrund lässt sich die genaue Höhe der (gesetzlichen) Erbquote, auf die durch den Verzichtsvertrag verzichtet wird, mit letzter Sicherheit erst zum Zeitpunkt des Eintritts des Erbfalles beurteilen. Die Verhältnisse im Zeitpunkt des Vertragsschlusses sind insoweit ohne Belang. Ereignisse bzw **Veränderungen der Verhältnisse** im Zeitraum zwischen Abschluss des Erbverzichts und Tod des Erblassers bleiben grundsätzlich ohne Einfluss auf die Wirksamkeit und Reichweite des Erbverzichts.[76] Dieser Grundsatz ergibt sich unabhängig davon, aufgrund welchen Ereignisses die Veränderung eintritt, als logische Konsequenz aus der Vorversterbensfiktion gemäß § 2346 Abs. 1 S. 1 BGB.[77]

48 Ereignisse der vorerwähnten Art können insbesondere die Geburt oder der Tod eines Abkömmlings des Erblassers, eine Adoption, der Tod eines Ehegatten bzw eines eingetragenen Lebenspartners, die Scheidung oder die Eingehung einer Ehe (bzw einer eingetragenen Lebenspartnerschaft) sowie der Abschluss oder die Aufhebung weiterer Erbverzichtsverträge bilden. Auch güterrechtliche Vereinbarungen können unter Umständen Einfluss auf die Höhe der jeweiligen Erbquoten haben (vgl insoweit §§ 1371 Abs. 1, 1931 Abs. 1, 3 und 4 BGB). Schließlich kommt auch die Änderung gesetzlicher Bestimmungen hinsichtlich der Erbfolge (wie zB durch das Lebenspartnerschaftsgesetz) in Betracht.

49 Nach heute wohl herrschender, jedoch nicht vollständig unbestrittener Meinung sind derartige Veränderungen grundsätzlich ohne Einfluss auf die Wirksamkeit und die Reichweite des Erbverzichts.[78] Dies gilt jedenfalls insoweit, als eine Veränderung der Größe der Erbquote allein durch Veränderungen des konkreten Lebenssachverhaltes, nicht aber der rechtlichen Rahmenbedingungen eintritt. Für den Fall der Änderung gesetzlicher Vorschriften, die sich auf die Größe der Erbquote auswirken, sind jedoch beispielsweise *Staudinger/Ferid/Cieslar*[79] sowie *Damrau*[80] der Ansicht, dass Auswirkungen auf die Gültigkeit bzw den Umfang des Verzichts denkbar seien. Bei einer Verkleinerung der Erbquote sei ein Wegfall der Geschäftsgrundlage denkbar, bei einer Vergrößerung die Beschränkung des Verzichts auf einen Bruchteil.

50 Auch wenn diese Bedenken im Ergebnis nicht überzeugen mögen,[81] scheint es aus der Sicht des Beraters bzw des beurkundenden Notars angeraten, sämtliche Unklarheiten bzw Unsicherheiten durch entsprechende klarstellende Vereinbarungen von vornherein auszuschließen.

51 ▶ **Muster: Erbverzicht – Wirksamkeit bei Veränderung der Verhältnisse**

Die Gültigkeit und Wirksamkeit des vorstehenden Verzichts sind unabhängig von nach dem Zeitpunkt des Abschlusses dieses Vertrages eintretenden tatsächlichen oder rechtlichen Veränderungen, auch wenn sich solche auf die Höhe der Erb- bzw Pflichtteilsquote des Verzichtenden oder sonstiger potenzieller Erben des Erblassers oder auf den Umfang bzw Wert seines Nachlasses auswirken sollten. ◀

---

75 Staudinger/*Schotten*, § 2346 Rn 58.
76 Staudinger/*Schotten*, § 2346 Rn 20.
77 Bamberger/Roth/*J. Mayer*, § 2346 Rn 9; Staudinger/*Schotten*, § 2346 Rn 20 mwN.
78 Vgl Bamberger/Roth/*J. Mayer*, § 2346 Rn 9 sowie sehr ausführlich zum Ganzen: Staudinger/*Schotten*, § 2346 Rn 22 mwN.
79 Einleitung 32, 105 ff zu §§ 2346 ff.
80 In Soergel/*Damrau*, § 2346 Rn 21.
81 Vgl hierzu beispielsweise Staudinger/*Schotten*, § 2346 Rn 23.

B. Erbverzicht § 8

b) Umfang der Verzichtswirkung

Grundsätzlich umfasst der Erbverzicht **alle mit dem gesetzlichen Erbrecht verbundenen Ansprüche**.[82] Vorbehaltlich anders lautender Erklärungen steht dem Verzichtenden daher kein **Pflichtteilsrecht** (einschließlich des Pflichtteilsrestanspruchs, §§ 2305, 2307 BGB, und des Pflichtteilsergänzungsanspruchs, §§ 2325 ff BGB) zu.[83] Gleiches gilt für ein etwaiges **Hoferbrecht** einschließlich des Abfindungsanspruchs nach § 12 HöfeO und des Nachabfindungsanspruchs nach § 13 Abs. 1 HöfeO.[84] Die genannte pflichtteilsrechtliche Konsequenz bildet einen, wenn nicht den wesentlichen Unterschied der Rechtsfolgen des Erbverzichts gegenüber einer einfachen Enterbung (§ 1938 BGB), einer Ausschlagung (§ 1953 BGB) oder einer Erbunwürdigkeitserklärung (§ 2344 BGB). Zur Vermeidung von Auslegungsschwierigkeiten empfiehlt es sich dennoch, in der Verzichtserklärung klarzustellen, ob sich der Erbverzicht auch auf das Pflichtteilsrecht des Verzichtenden erstrecken soll.

▶ **Muster: Erbverzicht – Definition des Verzichtsumfangs** 53

Der vorstehend erklärte Verzicht umfasst auch etwaige Ansprüche des Verzichtenden auf eine Abfindung nach § 12 HöfeO bzw eine Nachabfindung nach § 13 Abs. 1 HöfeO sowie sein gesetzliches Pflichtteilsrecht einschließlich des Pflichtteilsrestanspruches (§§ 2305, 2307 BGB) und des Pflichtteilsergänzungsanspruches (§§ 2325 ff BGB) und sämtlicher übrigen insoweit etwa in Betracht kommenden Ansprüche. ◀

Wie bereits erwähnt, berührt der Erbverzicht nur das Verhältnis des Verzichtenden gegenüber dem beim jeweiligen Vertragsschluss beteiligten Erblasser selbst. Auf das Erbrecht nach einem anderen Erblasser wirkt er sich hingegen nicht aus. Vor diesem Hintergrund kann es sich im Einzelfall ergeben, dass allein durch den Abschluss eines Erbverzichtsvertrages zwischen dem Erblasser und dem Verzichtenden nicht sichergestellt werden kann, dass der Nachlass dem Verzichtenden – wenigstens teilweise – als Bestandteil des Nachlasses eines Dritten zufällt.

Beispiel:[85] E schloss mit seinen Kindern aus erster Ehe einen Erbverzichtsvertrag und wurde nach seinem Tod von seiner zweiten Ehefrau sowie seinem Sohn aus zweiter Ehe beerbt. Als der Sohn aus zweiter Ehe anschließend kinderlos und ohne Hinterlassung einer letztwilligen Verfügung verstirbt, wird er gesetzlich beerbt von seiner Mutter sowie seinen Halbgeschwistern, den Kindern des E aus erster Ehe, § 1925 Abs. 1 und Abs. 3 BGB. Im Verhältnis zwischen den (Halb-) Geschwistern wirkt der mit E vereinbarte Erbverzicht nicht.

2. Auswirkungen auf das Erbrecht Dritter

a) Auswirkungen auf das Erbrecht der Abkömmlinge des Verzichtenden

Wie bereits erwähnt, hat der Erbverzicht gemäß § 2346 Abs. 1 S. 2 BGB zur Folge, dass der Verzichtende von der gesetzlichen Erbfolge ausgeschlossen ist, wie wenn er zur Zeit des Erbfalls nicht mehr lebte. Da die an die Stelle des Verzichtenden tretenden Erben ihr Erbrecht nach dem Erblasser aufgrund einer eigenen gesetzlichen Erbberechtigung und nicht etwa aufgrund eines vom Verzichtenden abgeleiteten Rechts inne haben, beschränkt sich die Ausschlusswirkung

---

82 Bamberger/Roth/*J. Mayer*, § 2346 Rn 9.
83 Erman/*Schlüter*, § 2346 Rn 3; Bamberger/Roth/*J. Mayer*, § 2346 Rn 16.
84 BGHZ 134, 152 = NJW 1997, 653 = FamRZ 1997, 287 = ZEV 1997, 96 m.Anm. *Edenfeld*; Palandt/*Edenhofer*, § 2346 Rn 4.
85 Nach OLG Frankfurt a.M. FamRZ 1995, 1450.

nach der gesetzlichen Grundregel auf die Person des Verzichtenden.[86] Von diesem Grundsatz macht das Gesetz jedoch eine wichtige Ausnahme:

57 Gemäß § 2349 BGB erstreckt sich der Verzicht eines Abkömmlings oder eines Seitenverwandten des Erblassers grundsätzlich auch auf dessen **Abkömmlinge**. Auf diese Weise soll nach dem Willen des Gesetzgebers im Zweifelsfall der ganze Stamm des Verzichtenden aus der Erbfolge ausscheiden. Die Zustimmung der Abkömmlinge des Verzichtenden ist weder erforderlich noch relevant.[87] Aus diesem Grund bedarf der Erbverzicht, selbst wenn die Abkömmlinge des Verzichtenden noch minderjährig oder vielleicht noch gar nicht geboren sind, keiner vormundschaftsgerichtlichen Genehmigung.[88] Für den Eintritt der Wirkungen des § 2349 BGB ist es im Übrigen ohne Belang, ob der Verzichtende vor oder nach dem Erblasser verstirbt.[89]

58 Mit der Regelung in § 2349 BGB wollte der Gesetzgeber insbesondere dem Umstand Rechnung tragen, dass oftmals im Gefolge eines Erbverzichts Abfindungen geleistet werden, die nicht durch ein Nachrücken der Abkömmlinge des Verzichtenden in dessen Erbenstellung mit einer Beteiligung am Nachlass kumuliert werden sollten.[90] Tatsächlich tritt aber die Erstreckungswirkung des § 2349 BGB auch in den Fällen ein, in denen Abfindungen keine Rolle spielen.[91]

59 Allerdings können, wie bereits angedeutet, die Wirkungen des § 2349 BGB durch anders lautende Vereinbarungen bzw Erklärungen des Verzichtenden abbedungen werden. Es empfiehlt sich daher, in jede Erbverzichtsvereinbarung grundsätzlich eine diesbezügliche Regelung aufzunehmen und eindeutig festzulegen, ob der Erbverzicht auch für die Abkömmlinge des Verzichtenden gelten soll oder nicht.

60 ▶ **Muster: Erbverzicht – Erstreckung auf Abkömmlinge I**

Ich verzichte hiermit für mich **und meine Abkömmlinge** auf mein gesetzliches Erb- und Pflichtteilsrecht nach ... (Erblasser).

oder:

Der vorstehende Erbverzicht gilt sowohl hinsichtlich des Verzichtenden selbst als auch für seinen ganzen Stamm einschließlich aller von ihm abstammenden leiblichen Abkömmlinge sowie adoptierten Kinder. ◀

61 ▶ **Muster: Erbverzicht – Erstreckung auf Abkömmlinge II**

Der vorstehende Erbverzicht gilt nur für den Verzichtenden selbst. Entgegen der Auslegungsregel des § 2349 BGB bleibt das gesetzliche Erbrecht der Abkömmlinge des Verzichtenden unberührt. ◀

Die Möglichkeit, von § 2349 BGB abweichende Vereinbarungen zu treffen, sollte jedoch nicht darüber hinwegtäuschen, dass der durch § 2349 BGB fingierte Erbverzicht zwischen dem Erblasser und den Abkömmlingen des Verzichtenden allein aufgrund der gesetzlichen Regelung eintritt. Die Verfügung des Verzichtenden über das künftige Erbrecht seiner Abkömmlinge[92] beruht nämlich nicht etwa auf einem entsprechenden rechtsgeschäftlichen Willen des Verzich-

---

[86] RGZ 61, 14, 16; MünchKomm/*Strobel*, § 2349 Rn 1; Staudinger/*Schotten*, § 2349 Rn 1.
[87] *Regler*, DNotZ 1970, 646; MünchKomm/*Strobel*, § 2349 Rn 4; Staudinger/*Schotten*, § 2349 Rn 4.
[88] KG OLGE 41, 67, 69; Staudinger/*Schotten*, § 2349 Rn 1 mwN.
[89] Vgl zB BGH BGHZ 139, 116 = NJW 1998, 3117; Staudinger/*Schotten*, § 2349 Rn 1 mwN.
[90] Vgl zB OLG Stuttgart NJW 1958, 347, 348; Soergel/*Damrau*, § 2346 Rn 3; Damrau/*Mittenzwei*, Praxiskommentar Erbrecht, § 2349 Rn 1.
[91] Vgl *Muscheler/Groll*, Praxishandbuch Erbrechtsberatung, B XV Rn 27 mwN; Staudinger/*Schotten*, § 2349 Rn 3 mwN.
[92] Vgl insoweit BGH BGHZ 139, 116, 120 = NJW 1998, 3117, 3118; Staudinger/*Schotten*, § 2349 Rn 2.

tenden, sie ist vielmehr allein Folge einer durch das Gesetz selbst vorgenommenen Erstreckung des Erbverzichts auf seine Abkömmlinge.[93]

b) Auswirkungen auf die Erbberechtigung sonstiger Dritter
aa) Allgemeines

Soweit es sich bei dem Verzichtenden nicht um den einzigen gesetzlichen Erben des Erblassers handelt, wirkt sich der Verzicht regelmäßig auf den **Umfang der Erbteile** der übrigen gesetzlich Berechtigten aus, und zwar sowohl auf deren gesetzliches Erbrecht als auch auf das Pflichtteilsrecht.[94] In Betracht kommt insoweit zunächst eine Erhöhung der Erbteile derjenigen, die vor dem Verzicht gemeinsam mit dem Verzichtenden zur Erbfolge berufen gewesen wären. Des Weiteren kann aber auch aufgrund des Verzichts ein gesetzliches Erbrecht Dritter erst begründet werden. Dies ist der Fall, wenn durch den Verzicht eine zunächst berufene Erbenordnung wegfällt oder der Verzicht gemäß § 2350 Abs. 1 BGB zugunsten eines Abkömmlings erklärt wird.

bb) Auslegungsregeln

In diesem Zusammenhang ist den Auslegungsregeln des § 2350 Abs. 1 und Abs. 2 BGB besondere Beachtung zu schenken. Denn während § 2349 BGB bereits die gesetzliche Vermutung aufstellt, dass der Verzicht grundsätzlich auch für die Abkömmlinge des Verzichtenden gilt, erweitert § 2350 Abs. 2 BGB die Auslegung auch dahingehend, dass der Verzicht im Zweifel nur zugunsten der Geschwister des Verzichtenden bzw zugunsten des Ehegatten des Erblassers (oftmals, aber nicht zwingend der andere Elternteil des Verzichtenden) wirken soll. Diese Auslegung wird oftmals weder dem Willen des Verzichtenden noch dem des Erblassers entsprechen. Im Übrigen birgt sie das Risiko der Unwirksamkeit des Erbverzichts insgesamt, wenn kein Angehöriger des in § 2350 Abs. 2 BGB bezeichneten Personenkreises zur Erbfolge gelangt. Der gleichgeschlechtliche Lebenspartner einer eingetragenen Lebenspartnerschaft steht einem Ehegatten gemäß § 10 Abs. 7 LPartG insoweit gleich.[95]

Vor diesem Hintergrund sollte bei Erbverzichtsverträgen grundsätzlich auch ausdrücklich geregelt werden, ob bzw **zu wessen Gunsten** sich der Verzicht auswirken soll. Aus der Sicht des Erblassers sollte im Zweifelsfall die Anwendbarkeit von § 2350 Abs. 2 BGB insgesamt ausgeschlossen werden. Den Interessen des Erblassers wird durch einen solchen allgemeinen Erbverzicht, dessen Gültigkeit von der Frage, wer anstelle des Verzichtenden zur Erbfolge gelangt, unabhängig ist, am besten gedient.

▶ **Muster: Erbverzicht – Ausschluss von § 2350 Abs. 2 BGB**

Dieser Erbverzicht gilt unabhängig davon, wer anstelle des Verzichtenden zur Erbfolge gelangt; die Anwendbarkeit von § 2350 Abs. 2 BGB wird ausdrücklich ausgeschlossen. ◀

Die Vermutungsregel in § 2350 Abs. 1 BGB dürfte in den allermeisten Fällen dem tatsächlichen Willen des Verzichtenden entsprechen. Eine Abbedingung dieser Auslegungsregel wird daher nur in seltenen Fällen in Betracht kommen. Soweit der Verzicht nur zugunsten einer Person (ggf auch unter Benennung eines Ersatzbegünstigten) gelten soll, ist die entsprechende Regelung relativ unproblematisch.

---

93 *Kuchinke*, ZEV 2000, 169, 170; *Muscheler*, ZEV 1999, 49, 50.
94 Soweit dieses nicht im Rahmen des Verzichts vorbehalten wurde.
95 Palandt/*Edenhofer*, Rn 3; Staudinger/*Schotten*, § 2350 Rn 26; aA *J. Mayer*, ZEV 2001, 169, 173.

67 ▶ **Muster: Erbverzicht zu Gunsten eines Dritten**

Ich, ···, verzichte hiermit zugunsten von ··· (Begünstigter) auf mein gesetzliches Erbrecht nach ··· (Erblasser). ◀

(Weitere diesbezügliche Gestaltungsmöglichkeiten vgl Rn 123 ff Verzicht zugunsten eines Dritten).

3. Auswirkungen des Erbverzichts des Ehegatten oder des gleichgeschlechtlichen Lebenspartners

a) Allgemeines/Auslegung

68 Verzichtet der Ehegatte bzw der Lebenspartner auf sein gesetzliches Erbrecht nach dem Erblasser, so gelten für seine Erklärungen weder die Regelungen des § 2349 noch die des § 2350 Abs. 2 BGB. Weder kommt es also zu einem automatischen Ausschluss auch der (oftmals gemeinsamen) Abkömmlinge, noch wird vermutet, dass der Verzicht nur zugunsten der Abkömmlinge des Erblassers gelten soll. Für eine Anwendung von § 2350 Abs. 2, 2. Alt. BGB bleibt ohnehin kein Raum.

69 Soweit also der Ehegatte auf sein Erbrecht zugunsten der Kinder[96] verzichten möchte, bedarf dies einer ausdrücklichen Regelung im Verzichtsvertrag. Insoweit ist § 2350 Abs. 1 BGB anzuwenden.

70 ▶ **Muster: Erbverzicht des Ehegatten zugunsten der Kinder I**

Ich, ···, verzichte hiermit zugunsten meiner Kinder, ersatzweise deren Abkömmlinge nach den Regeln der gesetzlichen Erbfolge, auf mein gesetzliches Erbrecht nach ··· (Erblasser).

Der vorstehende Erbverzicht steht unter der aufschiebenden Bedingung, dass statt meiner meine Kinder, ersatzweise deren Abkömmlinge mit einer Quote von wenigstens ··· je Stamm gesetzlich oder aufgrund letztwilliger Verfügung zur Erbfolge nach ··· (Erblasser) gelangen. ◀

71 ▶ **Muster: Erbverzicht des Ehegatten zugunsten der Kinder II**

Der vorstehende Erbverzicht steht unter der aufschiebenden Bedingung, dass meine Kinder bzw deren Abkömmlinge den Erblasser mit einer Erbquote in Höhe von insgesamt ··· beerben. ◀

b) Voraus/Dreißigster

72 Der Erbverzicht eines Ehegatten erfasst im Zweifel auch seinen Anspruch auf den Voraus gemäß § 1932 BGB.[97] Das Gleiche gilt bei einem mit dem Erblasser in häuslicher Gemeinschaft lebenden Ehegatten (bzw sonstigen Angehörigen) nach überwiegender Meinung auch für den Dreißigsten (§ 1969 BGB).[98] Der Klarstellung halber sollte, jedenfalls wenn der Verzicht auch den Dreißigsten umfassen soll, eine Klarstellung im Verzichtsvertrag erfolgen.

73 ▶ **Muster: Erbverzicht unter Einschluss des Dreißigsten**

Der vorstehende Erbverzicht umfasst auch einen möglicherweise bestehenden gesetzlichen Anspruch auf den Dreißigsten (§ 1969 BGB). ◀

---

96 Der gemeinsamen Kinder, der Kinder des Erblassers oder seiner eigenen Kinder.
97 Damrau/*Mittenzwei*, Praxiskommentar Erbrecht, § 2346 Rn 20.
98 Bamberger/Roth/*J. Mayer*, § 2346 Rn 21; *Bonefeld*, in Krug/Rudolf/Kroiß, Erbrecht, § 5 Rn 15; *Muscheler/Groll*, Praxishandbuch Erbrechtsberatung, B XV Rn 45; aA: Staudinger/*Schotten*, § 2346 Rn 25 mwN.

B. Erbverzicht § 8

c) Güterrechtliche Wirkungen des Erbverzichts
aa) Keine güterrechtliche Wirkung unter Lebenden

Güterrechtliche Auswirkungen hat die Vereinbarung eines Erbverzichts zwischen dem Erblasser und seinem Ehegatten jedoch grundsätzlich nicht. Dies gilt selbst dann, wenn die für Eheverträge vorgeschriebene Form des § 1410 BGB, also notarielle Beurkundung bei gleichzeitiger Anwesenheit beider Ehegatten, eingehalten wird.[99] Demzufolge beinhaltet der Verzicht auf das gesetzliche Erbrecht keinesfalls auch den (automatischen) Verzicht auf einen späteren **Zugewinnausgleich**.[100] Dasselbe gilt auch für den Partner einer eingetragenen gleichgeschlechtlichen Lebenspartnerschaft im Hinblick auf die Abwicklung des Vermögensstandes der Ausgleichsgemeinschaft.[101]

74

bb) Auswirkungen auf den Zugewinnausgleich im Todesfall

Nichts desto trotz wirkt sich der Verzicht auf das gesetzliche Erbrecht mittelbar auch auf die Rechtsstellung des überlebenden Ehegatten im Hinblick auf die Abwicklung des gesetzlichen Güterstandes nach dem Tod des Erblassers aus. Folgende Szenarien sind zu unterscheiden:

75

Hat der Ehegatte auf sein gesetzliches Erbrecht (ohne Vorbehalt des Pflichtteilsrechts) verzichtet und wird er auch nicht durch eine Verfügung von Todes wegen zum Erben berufen oder mit einem Vermächtnis bedacht, hat er unmittelbar die Möglichkeit, den konkreten Zugewinnausgleichsanspruch gemäß § 1371 Abs. 2 BGB geltend zu machen. Ein Pflichtteilsanspruch besteht daneben nicht.

76

Hat der Erblasser seinen Ehegatten jedoch ungeachtet des Erbverzichts durch Verfügung von Todes wegen zum Erben oder Vermächtnisnehmer berufen, kann er das ihm Hinterlassene ausschlagen und auf diese Weise den Weg zum konkreten Zugewinnausgleich gemäß § 1371 Abs. 2 BGB eröffnen. Ein Pflichtteilsanspruch besteht aber auch in dieser Variante nicht, § 1371 Abs. 3, 2. Hs BGB.

77

Nimmt der Ehegatte jedoch das ihm Hinterlassene an, hat er weder die Möglichkeit, den Ergänzungspflichtteil nach §§ 2305, 2307 BGB zu verlangen[102] noch – jedenfalls im Regelfall – von einer Erhöhung des Erbteils nach § 1371 Abs. 1 BGB zu profitieren. Die Pauschalierung des Zugewinnausgleichs durch Erhöhung des Erbteils des Ehegatten um ¼ des Nachlasses setzt nämlich voraus, dass der überlebende Ehegatte nicht nur tatsächlich Erbe oder Vermächtnisnehmer ist,[103] sondern auch dass er „gesetzlicher" Erbe des Erblassers geworden ist.[104] Dem steht allerdings der Erbverzicht grundsätzlich entgegen. Eine Ausnahme hiervon ist nur denkbar, wenn der überlebende Ehegatte durch den Erblasser testamentarisch zum quasi-gesetzlichen Erben berufen wird, ihm also dieselbe Erbquote hinterlassen ist, die ihm auch nach § 1931 Abs. 1 BGB zusteht. Denn die Einsetzung auf den gesetzlichen Erbteil steht der Stellung als gesetzlicher Erbe insoweit gleich.[105]

78

Dieselben Grundsätze gelten auch für die Situation des überlebenden Lebenspartners einer gleichgeschlechtlichen eingetragenen Lebenspartnerschaft bei der Abwicklung des Güterstandes der Zugewinngemeinschaft, § 6 LPartG.

79

---

99 *Muscheler/Groll*, Praxishandbuch Erbrechtsberatung, B XV Rn 46.
100 Staudinger/*Schotten*, § 2346 Rn 69; Soergel/*Damrau*, § 2346 Rn 16; Palandt/*Edenhofer*, § 2346 Rn 10; Damrau/*Mittenzwei*, Praxiskommentar Erbrecht, § 2346 Rn 20.
101 Staudinger/*Schotten*, § 2346 Rn 69.
102 Der nicht entsprechend beschränkte Erbverzicht schließt den Pflichtteilsverzicht mit ein, § 2346 Abs. 1, 2. Hs.
103 BGHZ 37, 58.
104 Palandt/*Diederichsen*, § 1371 Rn 2.
105 Palandt/*Diederichsen*, § 1371 Rn 2; dies gilt sogar bei der Einsetzung als Vorerbe, vgl BGH FamRZ 1965, 604.

80 Hat sich der Ehegatte im Rahmen des Abschlusses des Erbverzichtsvertrages seinen **Pflichtteil vorbehalten** und wird er nach dem Tod des Erblassers weder (testamentarischer) Erbe noch Vermächtnisnehmer, hat er sowohl Anspruch auf den konkreten Zugewinnausgleich gemäß § 1371 Abs. 2 BGB als auch auf den sog. **kleinen Pflichtteil**.[106]

81 Bleibt das dem überlebenden Ehegatten testamentarisch Zugewendete hinter seinem kleinen Pflichtteil zurück, steht ihm ein Anspruch auf den **Zusatzpflichtteil** bis zur Höhe des kleinen Pflichtteils zu, § 2305 bzw § 2307 Abs. 1 BGB. Ein konkreter Zugewinnausgleich kommt jedoch wegen § 1371 Abs. 2, 1. Hs BGB nicht in Betracht, da der überlebende Ehegatte hier – wenn auch unzureichend – Erbe bzw Vermächtnisnehmer ist. Schlägt der Ehegatte – was zu empfehlen wäre – aus, kann er sowohl den konkreten Zugewinnausgleichsanspruch als auch seinen kleinen Pflichtteil beanspruchen.

82 Sind der Erblasser und der Verzichtende in einem anderen als dem gesetzlichen Güterstand verheiratet, so hat der Erbverzicht auf die güterrechtliche Situation keine Auswirkungen. Bei der **Gütergemeinschaft** wird der Anteil am Gesamtgut nach den allgemeinen Regeln des § 1482 BGB vererbt, bei der fortgesetzten Gütergemeinschaft bleibt der Anteil des Verstorbenen gemäß § 1483 Abs. 1 S. 3 BGB in der Gütergemeinschaft erhalten. Sonder- und Vorbehaltsgut werden nach den allgemeinen Bestimmungen des § 1483 Abs. 1 S. 3, 2. Hs BGB behandelt.

d) Auswirkungen des Erbverzichts auf den nachehelichen Unterhaltsanspruch

83 Ob und inwieweit sich der Erbverzicht auch auf nacheheliche Unterhaltsansprüche des – geschiedenen – Ehegatten auswirkt, ist umstritten. In der Regel erlöschen sämtliche Unterhaltsansprüche sowohl mit dem Tode des Berechtigten (§§ 1586 Abs. 1, 1615 Abs. 1, 1360a Abs. 3 BGB) als auch mit dem Tode des Unterhaltsverpflichteten (§§ 1615 Abs. 1, 1360a Abs. 3 BGB). Allerdings enthält § **1586b Abs. 1 BGB** eine Ausnahme von diesem Grundsatz, der zufolge der Unterhaltsanspruch des geschiedenen Ehegatten bis zu einem Betrag, der den Pflichtteil nicht übersteigt, als Nachlassverbindlichkeit auf die Erben übergeht. Durch § 1933 S. 3 BGB wird diese Regelung noch erweitert und dem unterhaltsberechtigten Ehegatten für den Fall des Todes bereits während des Scheidungsverfahrens ein Unterhaltsanspruch gegen die Erben nach Maßgabe der §§ 1569 bis 1586 d BGB zugestanden. Haftungsgrenze ist aber in jedem Fall gemäß § 1586 d Abs. 1 S. 3 BGB der Betrag des Pflichtteils, der dem Berechtigten zustünde, wenn die Ehe nicht geschieden bzw scheidungsreif wäre. Gemäß § 1586 b Abs. 2 BGB bleiben bei der fiktiven Pflichtteilsberechnung für unterhaltsrechtliche Zwecke die Besonderheiten aufgrund des Güterstandes, in dem die Ehegatten gelebt haben, außer Betracht. Dieselben Grundsätze gelten auch für den nachpartnerschaftlichen Unterhalt des Partners einer gleichgeschlechtlichen Lebenspartnerschaft, §§ 16 Abs. 2, 10 Abs. 3 LPartG.

84 Sofern der unterhaltsberechtigte geschiedene Ehegatte einen Erbverzicht ohne Vorbehalt des Pflichtteilsrechts erklärt hat, geht die hM[107] davon aus, dass auch der nacheheliche Unterhaltsanspruch mit dem Tod des Erblassers entfällt. Nach zutreffender Auffassung hat der geschiedene Ehegatte infolge des von ihm erklärten Verzichts aus dem Nachlass nichts mehr zu er-

---

106 BGHZ 37, 58, 67; als kleiner Pflichtteil wird der Pflichtteil auf der Grundlage des nicht erhöhten gesetzlichen Erbteils des Ehegatten bezeichnet, vgl insoweit Damrau/*Riedel*, Praxiskommentar Erbrecht, § 2303 Rn 26 ff.
107 *Dieckmann*, FamRZ 1999, 1029; Erman/*Dieckmann*, § 1986 b Rn 11; MünchKomm/*Leipold*, § 1933 Rn 16; Soergel/*Stein*, § 1933 Rn 13; aA *Grziwotz*, FamRZ 1991, 1258; *Schmitz*, FamRZ 1999, 1569; Staudinger/*Schotten*, § 2346 Rn 64 ff; *Muscheler/Groll*, Praxishandbuch Erbrechtsberatung, B XV Rn 51.

warten, so dass ein gegen die Erben gerichteter Unterhaltsanspruch nicht in Betracht kommt.[108]

Im Hinblick darauf, dass diese Streitfrage höchstrichterlich noch nicht entschieden ist, sollte der Erbverzichtsvertrag mit dem Ehegatten aber diesbezüglich eine klarstellende Vereinbarung enthalten, dass der Verzicht auch Ansprüche iSv § 1586 b BGB erfasst.

▶ **Muster: Erbverzicht des Ehegatten (einschließlich nachehelichen Unterhalts, § 1586 b BGB)**

Der vorstehende Erbverzicht umfasst auch mir im Erbfall möglicherweise zustehende Ansprüche auf nachehelichen Unterhalt gemäß § 1586 b BGB. ◀

Soweit die Parteien die Anwendung des § 1586 b BGB ausdrücklich wünschen, sollte dies im Rahmen einer separaten Unterhaltsvereinbarung geregelt werden, auf die sodann auch die Formulierung des Erbverzichtsvertrages entsprechend abzustimmen ist.

▶ **Muster: Erbverzicht des Ehegatten unter Vorbehalt des nachehelichen Unterhalts gemäß § 1586 b BGB**

Der vorstehende Erbverzicht umfasst **nicht** mir möglicherweise zustehende Unterhaltsansprüche gemäß § 1586 b BGB, die ausdrücklich vorbehalten bleiben. ◀

4. Rechtsfolgen bezüglich der Pflichtteilsrechte Dritter

Gemäß § 2346 Abs. 1 S. 1 BGB gilt für den Verzichtenden die sog. **Vorversterbensfiktion**, dh die Erbfolge ist so zu beurteilen, als hätte der Verzichtende zur Zeit des Erbfalls nicht mehr gelebt.[109] Soweit neben dem Verzichtenden noch weitere Pflichtteilsberechtigte vorhanden sind, die ihrerseits keinen Verzicht erklärt haben und auch nicht erb- oder pflichtteilsunwürdig sind, führt der Wegfall des Verzichtenden zu einer Erhöhung der Erb- und somit auch der Pflichtteilsquoten der Verbliebenen (§ 2310 S. 2 BGB).[110] Auch wenn diese Rechtsfolge ihre Rechtfertigung darin finden mag, dass die **Quotenerhöhung** den verbliebenen Pflichtteilsberechtigten einen Ausgleich für die durch Abfindungszahlungen oftmals eingetretene Schmälerung des pflichtteilsrelevanten Nachlasses bietet,[111] ist dieses Ergebnis aus der Sicht des Erblassers meist nicht gewollt. Darüber hinaus gilt § 2310 S. 2 BGB unabhängig davon, ob tatsächlich eine Abfindung geleistet wurde oder nicht.

Vor diesem Hintergrund bildet der Erbverzicht zwar eine Möglichkeit, bestimmte Personen von einer späteren Teilhabe am Nachlass vollständig auszuschließen. Eine Entlastung des ins Auge gefassten bzw im Erbfall tatsächlich zum Zuge kommenden Erben bildet er aber nur, wenn alle in Betracht kommenden Pflichtteilsberechtigten entsprechende Erb- bzw Pflichtteilsverzichte erklärt haben. Ist dies nicht der Fall, wirken sich die Verzichte aus der Sicht des pflichtteilsbelasteten Erben daher nur auf die Zahl der Anspruchsberechtigten, nicht jedoch auf den Umfang der Pflichtteilsansprüche insgesamt aus. Denn durch einen Verzicht auf das gesetzliche Erbrecht vergrößern sich unausweichlich die Pflichtteilsquoten der übrigen Pflichtteilsberechtigten.[112] Im Einzelfall ist es sogar möglich, dass sich der Pflichtteil – nach einem oder mehreren Erbver-

---

108 Vgl insoweit auch Damrau/*Mittenzwei*, Praxiskommentar Erbrecht, § 2346 Rn 19.
109 Vgl HB Pflichtteilsrecht/*J. Mayer*, § 11 Rn 1.
110 Auch bei der unter Berücksichtigung der Ausgleichungspflichten gem. § 2316 Abs. 1 BGB vorzunehmenden Pflichtteilsberechnung bleibt ein Abkömmling, der durch Erbverzicht von der gesetzlichen Erbfolge ausgeschlossen ist, außer Betracht, § 2316 Abs. 1 S. 2 BGB.
111 Vgl OLG Hamm NJW 1999, 3643, 3634 mwN = ZEV 2000, 277 mit Anmerkung *Rheinbay*.
112 AllgM BGH BGHZ 111, 138, 139 = NJW 1990, 2063, 2064; vgl auch Staudinger/*Schotten*, § 2346 Rn 62 mwN.

zichten – auf einen erheblich höheren Wert beläuft als der ursprüngliche gesetzliche Erbteil[113] oder dass in Folge des Erbverzichts das Pflichtteilsrecht einer anderen Person gar erst begründet wird.[114]

91 In diesem Zusammenhang kann nicht stark genug betont werden, dass die beschriebenen Rechtsfolgen auch durch die umsichtigste Gestaltung des Erbverzichts (iSv § 2346 Abs. 1 BGB) nicht vermieden werden können. Den einzigen Ausweg bildet der isolierte Pflichtteilsverzicht gemäß § 2346 Abs. 2 BGB (vgl insoweit unten).

92 Da durch den vorbehaltlosen Erbverzicht sowohl das gesetzliche Erb- als auch das Pflichtteilsrecht des Verzichtenden in Wegfall kommen, stellt sich – insbesondere vor dem Hintergrund der Auslegungsregel des § 2349 BGB – die Frage, ob bzw welche Personen in die pflichtteilsrechtliche Stellung des Verzichtenden nachrücken. Für das Rangverhältnis der Pflichtteilsberechtigten ist insbesondere § 2309 BGB zu beachten, demzufolge – da sich der Erbverzicht im Zweifel auf den gesamten Stamm, also auch alle Abkömmlinge des Verzichtenden erstreckt – die Eltern des Erblassers pflichtteilsberechtigt werden können. Dies gilt allerdings nur dann, wenn nicht § 2350 Abs. 2 BGB eingreift, dem zufolge der Verzicht eines Abkömmlings im Zweifel nicht zugunsten der Eltern des Erblassers wirkt.[115] Da jedoch § 2350 Abs. 2 BGB nicht selten im Verzichtsvertrag abbedungen wird, stellt das Entstehen von Pflichtteilsansprüchen der Eltern des Erblassers ein durchaus beachtliches Risiko dar.[116]

VI. Beschränkungsmöglichkeiten

1. Allgemeines

93 Dass der Erbverzicht von den Parteien des Verzichtsvertrages seinem Inhalt nach beschränkt werden kann, ist allgemein anerkannt.[117] Gesetzlich geregelt ist in § 2346 Abs. 2 BGB der Fall des auf das Pflichtteilsrecht beschränkten Erbverzichts (Pflichtteilsverzicht). Weiterhin ergibt sich aus § 2349 BGB, dass auch der eingeschränkte Erbverzicht zulässig ist. Entgegen der gesetzlichen Vermutung des § 2349 BGB soll es möglich sein, dass sich die Wirkung des Erbverzichts nicht auf die Abkömmlinge des Verzichtenden erstreckt.

94 Allerdings sind die Regelungsmöglichkeiten nicht unbegrenzt. Denn auch durch einen eingeschränkten Erbverzicht ist es nicht möglich, eine Rechtslage zu schaffen, die zwingenden erbrechtlichen Prinzipien oder Vorschriften zuwiderläuft.[118] Im Einzelnen ist Folgendes festzuhalten:

---

113 *Ebenroth/Fuhrmann*, BB 1989, 2049, 2057.
114 Bamberger/Roth/*J. Mayer*, § 2346 Rn 22; Soergel/*Dieckmann*, § 2310 Rn 11; vgl auch Staudinger/*Schotten*, § 2346 Rn 62 mit einem instruktiven Beispiel.
115 Vgl insoweit Damrau/*Riedel*, Praxiskommentar Erbrecht, § 2309 Rn 6.
116 Gemäß § 2309 BGB kann der nachrückende Pflichtteilsberechtigte – hier also die Eltern – den Pflichtteil insoweit nicht verlangen, als der ursprüngliche Pflichtteilsberechtigte „das ihm Hinterlassene annimmt". Zum „Hinterlassenen" in diesem Sinne gehört nach wohl zutreffender, aber strittiger Auffassung auch eine – zu Lebzeiten oder nach dem Tod des Erblassers geleistete – Abfindung, vgl OLG Celle FamRZ 1998, 774; Soergel/*Dieckmann*, § 2309 Rn 24; Staudinger/*Haas*, § 2309 Rn 23; Damrau/*Riedel*, Praxiskommentar Erbrecht, § 2309 Rn 14; aA aber etwa *Strohal*, I § 50 III 1 (S. 429 f); *Pentz*, NJW 1999, 1835 ff. Im Hinblick darauf, dass eine höchstrichterliche Entscheidung dieser Problemstellung bis dato noch nicht vorliegt, kann jedoch nicht ausgeschlossen werden, dass Abfindungsleistungen gegenüber einem Abkömmling spätere Pflichtteilsansprüche der Eltern nicht einschränken; vgl zum Ganzen auch *Muscheler/Groll*, Praxishandbuch Erbrechtsberatung, B XV Rn 33 ff, 37.
117 Vgl zB RGZ 71, 133, 136; MünchKomm/*Strobel*, § 2346 Rn 13, *J. Mayer*, ZEV 2000, 263; Staudinger/*Schotten*, § 2346 Rn 28 mwN.
118 Bamberger/Roth/*J.Mayer*, § 2346 Rn 11; MünchKomm/*Strobel*, § 2346 Rn 13.

2. Teilweiser Verzicht auf das gesetzliche Erbrecht

a) Grundsätzliche Möglichkeit von Beschränkungen

Eine Einschränkung des Erbverzichts in der Weise, dass nur auf einen Teil des gesetzlichen Erbrechts verzichtet wird, ist nach hM zulässig.[119] Während für die Erbschaftsausschlagung gemäß § 1950 BGB der Grundsatz der Unteilbarkeit gilt, fehlt eine entsprechende Regelung bezüglich des Erbverzichts. Vor diesem Hintergrund sind teilweise Verzichte grundsätzlich zulässig.[120] Die einzige Einschränkung besteht darin, dass durch einen teilweisen Erbverzicht keine erbrechtlichen Verhältnisse geschaffen werden dürfen bzw können, die zwingenden Vorschriften des Erbrechts zuwiderlaufen würden.[121]

b) Beschränkung auf einen Bruchteil

Unproblematisch zulässig ist vor diesem Hintergrund insbesondere der Verzicht auf einen Bruchteil des gesetzlichen Erbrechts.

▶ **Muster: Erbverzicht, beschränkt auf eine Quote I**

Ich verzichte hiermit auf mein gesetzliches Erbrecht nach ... (Erblasser), soweit dieses über eine Quote von ... hinausgeht. ◀

▶ **Muster: Erbverzicht, beschränkt auf eine Quote II**

Ich verzichte hiermit auf die Hälfte (ein Drittel) meines gesetzlichen Erbrechts nach ... (Erblasser). ◀

Ebenfalls als zulässiger **Bruchteilsverzicht** anzusehen ist auch der Verzicht eines im Güterstand der Zugewinngemeinschaft lebenden Ehegatten auf die Erhöhung seines gesetzlichen Erbteils um ein weiteres Viertel zum Zwecke des pauschalierten Zugewinnausgleichs (§ 1371 Abs. 1 BGB).[122]

▶ **Muster: Erbverzicht des Ehegatten, beschränkt auf den § 1931 BGB übersteigenden Teil**

Ich verzichte hiermit auf mein gesetzliches Erbrecht nach meinem Ehegatten, soweit dieses meine Erbquote nach § 1931 BGB übersteigt. ◀

▶ **Muster: Erbverzicht des Ehegatten, beschränkt auf die pauschale Erbteilserhöhung nach § 1371 Abs. 1 BGB**

Ich verzichte hiermit auf mein gesetzliches Erbrecht nach meinem Ehegatten, soweit sich dieses aus der Anwendung des § 1371 Abs. 1 BGB (pauschalierter Zugewinnausgleich) ergibt. ◀

c) Beschränkungen hinsichtlich bestimmter Nachlassgegenstände

Mit dem Grundsatz der Universalsukzession unvereinbar ist hingegen die Beschränkung des Verzichts auf einzelne Nachlassgegenstände oder einen Inbegriff von Nachlassgegenständen[123] oder auch auf den „gegenwärtigen Nachlass" des Erblassers.[124] Allerdings kann im Einzelfall eine Umdeutung eines solchen unwirksamen Verzichts in einen Bruchteilsverzicht in Be-

---

119 Soergel/*Damrau*, § 2346 Rn 9; MünchKomm/*Strobel*, § 2346 Rn 13; Bamberger/Roth/*J. Mayer*, § 2346 Rn 11 mwN.
120 HM vgl zB Damrau/*Mittenzwei*, Praxiskommentar Erbrecht, § 2346 Rn 11; MünchKomm/*Strobel*, § 2346 Rn 13, jeweils mwN.
121 Bamberger/Roth/*J. Mayer*, § 2346 Rn 11; MünchKomm/*Strobel*, § 2346 Rn 13.
122 Vgl Staudinger/*Schotten*, § 2346 Rn 41; *Reul*, MittRhNotK 1997, 373, 378.
123 KG DNotZ 1937, 571; Staudinger/*Schotten*, § 2346 Rn 39 ff; Damrau/*Mittenzwei*, Praxiskommentar Erbrecht, § 2346 Rn 11.
124 MünchKomm/*Strobel*, § 2346 Rn 14.

tracht kommen, wobei für die Bestimmung des Bruchteils das Verhältnis des Wertes des jeweiligen Gegenstandes zum Gesamtnachlass (im Zeitpunkt des Erbfalls) maßgebend sein muss.[125] In diesem Bereich sind auch Kombinationen mit auf Beschränkungen und Beschwerungen gerichteten Verzichtsinhalten denkbar.

103 Soweit zum – künftigen – Nachlass des Erblassers auch ein **Hof im Sinne der HöfeO** zählt, kann der Hoferbe isoliert auf sein Hoferbrecht verzichten. Ebenso ist der umgekehrte Fall denkbar, dass lediglich auf das Erbrecht am hofesfreien Vermögen verzichtet wird.[126] Da das Hofesvermögen und das hofesfreie Vermögen kraft Gesetzes **unterschiedlichen Erbrechtsregimen** unterliegen, bildet eine derartige Abgrenzung keinen Verstoß gegen das Verbot gegenständlicher Beschränkungen des Erbverzichts. Innerhalb der einzelnen Nachlassmassen (Hof bzw hofesfreies Vermögen) gelten aber die allgemeinen Grundsätze. Vor diesem Hintergrund ist es auch ausgeschlossen, dass der Verzichtende ein für allemal auf die Hoferbfolge hinsichtlich eines bestimmten Hofes verzichtet, da er durch den Abschluss eines Erbverzichts mit dem (einen) Erblasser nicht sein Erbrecht nach einem anderen Erblasser, dem der Hof eventuell zwischenzeitlich zufallen könnte, verliert.[127]

104 ▶ **Muster: Erbverzicht, beschränkt auf das Hofesvermögen**

Ich verzichte hiermit für mich und meine Abkömmlinge hinsichtlich des Hofes ... auf mein gesetzliches Erb- und Pflichtteilsrecht nach ... (Erblasser). Dieser Verzicht umfasst auch sämtliche Ansprüche auf Abfindung und/oder Nachabfindung gemäß §§ 12, 13 HöfeO. ◀

105 ▶ **Muster: Erbverzicht, beschränkt auf das hofesfreie Vermögen**

Ich, ..., verzichte hiermit auf mein gesetzliches Erbrecht nach ... (Erblasser) hinsichtlich dessen hofesfreien Vermögens. Mein gesetzliches Erbrecht hinsichtlich des Hofes ..., das ich mir ausdrücklich vorbehalte, bleibt von diesem Verzicht unberührt. ◀

d) Verzicht auf gesetzliche Vorausvermächtnisse

106 Teilweise wird vertreten, dass auch ein (isolierter) Verzicht auf den gesetzlichen **Voraus** des Ehegatten gemäß § 1932 BGB sowie auf den **Dreißigsten** (§ 1969 BGB) möglich sei.[128] Sowohl beim gesetzlichen Voraus als auch beim Dreißigsten handelt es sich um gesetzliche Vorausvermächtnisse, die der Erblasser durch entsprechende Verfügung von Todes wegen abbedingen kann.[129] Ob sie als solche tatsächlich Gegenstand eines Erbverzichts im Sinne von § 2346 BGB sein können, erscheint zweifelhaft. Ebenso wenig können sie jedoch Gegenstand eines Zuwendungsverzichts gemäß § 2352 BGB sein, da es sich gerade um gesetzliche und nicht auf Verfügung von Todes wegen beruhende Vermächtnisse handelt. Dies würde – bei Auslegung allein nach dem Wortlaut des Gesetzes – bedeuten, dass weder auf den Voraus des Ehegatten noch auf den Dreißigsten durch Vertrag mit dem Erblasser verzichtet werden könnte. Einen sachlichen Grund, warum ein Vertrag dieser Art nicht zulässig sein soll, ist indes – wie Schotten[130]

---

125 KG DNotZ 1937, 571; Bamberger/Roth/*J. Mayer*, § 2346 Rn 11.
126 OLG Oldenburg FamRZ 1998, 646, 646; Soergel/*Damrau*, § 2346 Rn 13; Staudinger/*Schotten*, § 2346 Rn 42 mwN.
127 OLG Celle RdL 1957, 322; MünchKomm/*Strobel*, § 2346 Rn 18; Palandt/*Edenhofer*, § 2346 Rn 2.
128 So Staudinger/*Schotten*, § 2346 Rn 43; Soergel/*Damrau*, § 2346 Rn 11; Lange/Kuchinke, Erbrecht, § 7 II 2 c Fn 52; aA MünchKomm/*Strobel*, § 2346 Rn 17; Bamberger/Roth/*J. Mayer*, § 2346 Rn 13; Palandt/*Edenhofer*, § 2352 Rn 4; Ermann/*Schlüter*, § 2346 Rn 8; Groll/*Muscheler*, Praxishandbuch Erbrechtsberatung, B XV Rn 82; *J. Mayer*, ZEV 1996, 127.
129 Damrau/*Seiler*, Praxiskommentar Erbrecht, § 1932 Rn 9, 10; Damrau/*Gottwald*, Praxiskommentar Erbrecht, § 1969 Rn 1.
130 Vgl Staudinger/*Schotten*, § 2346 Rn 43, 44.

▶ **Muster: Verzicht auf Voraus und Dreißigsten** 107

Hiermit verzichte ich auf mein gesetzliches Erbrecht nach meinem Ehegatten, soweit die mir gesetzlich zustehende Beteiligung an seinem Nachlass über das sich aus § 1931 BGB bzw § 1371 BGB ergebende Maß hinausgeht, insbesondere also auf den Voraus gemäß § 1932 BGB/den Dreißigsten, § 1969 BGB. ◀

Angesichts des oben geschilderten Meinungsstreits bezüglich der Zulässigkeit einer Beschränkung des Erbverzichts auf den Voraus bzw auf den Dreißigsten sollte der Erblasser – parallel zum Abschluss des Verzichtsvertrages – in seiner letztwilligen Verfügung diese gesetzlichen Vermächtnisse dem Berechtigten ausdrücklich entziehen. 108

3. Beschränkungen und Beschwerungen

Im Rahmen eines Erbverzichts kann sich der Verzichtende auch der Anordnung von Beschränkungen (zB Vor- und Nacherbschaft, Testamentsvollstreckung) oder Beschwerungen (Vermächtnis, Auflage) durch den Erblasser unterwerfen.[131] 109

▶ **Muster: Erbverzicht, beschränkt auf die Unterwerfung unter Beschränkungen und Beschwerungen** 110

Der Verzichtende verzichtet hiermit in der Weise auf sein gesetzliches Erb- und Pflichtteilsrecht, dass er sich der Anordnung von Beschränkungen oder Beschwerungen (Vor- und Nacherbschaft, Testamentsvollstreckung, Vermächtnisse, Auflagen) unterwirft und insoweit auf die Anwendung der Vorschrift des § 2306 BGB verzichtet, also im Fall seiner Ausschlagung auch sein Pflichtteilsrecht verliert. ◀

Zu beachten ist in diesem Zusammenhang aber, dass die vorgenannten Verzichte dem Erblasser lediglich die Möglichkeit eröffnen, die entsprechenden Beschränkungen oder Beschwerungen anzuordnen. Da der Erbverzicht als solcher eine erbrechtliche Stellung (des Verzichtenden) zwar beseitigen oder beschränken kann, nicht aber dazu geeignet ist, eine Anordnung des Erblassers (zugunsten eines Dritten) zu ersetzen, geht der Verzicht ohne eine entsprechende letztwillige Verfügung des Erblassers letztendlich ins Leere.[132] Im bloßen Abschluss eines solchen **Erbverzichtsvertrages** ist jedenfalls im Zweifel **keine** entsprechende **letztwillige Verfügung** des Erblassers zu erblicken.[133] 111

Besondere Bedeutung haben die auf Beschwerungen und Beschränkungen gerichteten Verzichtserklärungen bei pflichtteilsberechtigten Verzichtenden. Denn soweit der Verzicht reicht, ist die Vorschrift des § 2306 BGB, der zufolge sich der Pflichtteilsberechtigte allen den Pflichtteil beeinträchtigende Beschwerungen und Beschränkungen durch Ausschlagung entledigen kann, nicht anwendbar. Nach der Neufassung der Vorschrift im Rahmen der Erbrechtsreform 2010 besteht nämlich unabhängig vom Umfang der Beschwerten oder belasteten Erbeinsetzung die Möglichkeit zur Ausschlagung, ohne dass noch ein Risiko des Pflichtteilsverlusts bestünde. Gleichzeitig ist die bisherige Regelung, dass bei einer Erbeinsetzung von nicht mehr als der 112

---
131 Staudinger/*Schotten*, § 2346 Rn 52; Damrau/*Mittenzwei*, Praxiskommentar Erbrecht, § 2346 Rn 11.
132 MünchKomm/*Strobel*, § 2346 Rn 16; Damrau/*Mittenzwei*, Praxiskommentar Erbrecht, § 2346 Rn 11.
133 MünchKomm/*Strobel*, § 2346 Rn 16.

Pflichtteilsquote Beschwerungen und Beschränkungen als nicht angeordnet gelten (§ 2306 Abs. 1 S. 1 Hs BGB aF) entfallen.

Zu beachten ist in diesem Zusammenhang aber, dass sich der Verzicht auf die Anwendung von § 2306 BGB nur auf die Möglichkeit der Pflichtteilsgeltendmachung auswirkt. Das Ausschlagungsrecht als solches bleibt bestehen. Nur die Pflichtteilsgeltendmachung nach der Ausschlagung wird ausgeschlossen.

4. Ausgleichungs- und Anrechnungsbestimmungen

113 Auch ist es möglich, dem Erblasser das Recht einzuräumen, für eine bereits erfolgte lebzeitige Zuwendung noch nachträglich eine Ausgleichungspflicht anzuordnen bzw eine solche entfallen zu lassen.[134] Die Notwendigkeit derartiger Vereinbarungen besteht auch nach der Erbrechtsreform 2010 fort, da die ursprünglich geplante Einführung einer Möglichkeit, nachträgliche Anrechnungs- oder Ausgleichungsanordnungen einseitig zutreffen, nicht Gesetz geworden ist.

114 ▶ **Muster: beschränkter Erbverzicht: nachträgliche Ausgleichungs- und Anrechnungsbestimmung**

512

Ich habe von dem Erblasser die nachfolgend näher bezeichnete lebzeitige Zuwendung erhalten, ohne dass hierbei eine Anrechnungs- oder Ausgleichungsbestimmung durch den Erblasser ausgesprochen wurde.

Ich verzichte hiermit in der Weise auf mein gesetzliches Erbrecht nach dem Erblasser, dass die vorgenannte lebzeitige Zuwendung als ausgleichungspflichtig im Sinne von §§ 2050 ff BGB anzusehen und auf einen mir etwaig zustehenden Pflichtteilsanspruch anzurechnen ist. ◀

115 ▶ **Muster: beschränkter Erbverzicht: Verzicht auf Durchführung der Ausgleichung**

513

Ich verzichte auf mein gesetzliches Erb- und Pflichtteilsrecht nach dem Erblasser in der Weise, dass bei der Bestimmung des mir zustehenden Erbteils die nachfolgend enumerativ genannten/alle ausgleichungspflichtigen Zuwendungen an meine Geschwister im Sinne der §§ 2050 ff BGB als nicht ausgleichungspflichtig zu behandeln sind. ◀

116 Schließlich ist auch ein Verzicht des Inhalts denkbar, dass sich der Verzichtende einen lebzeitigen Vorempfang – entweder des Erblassers oder eines Dritten – auf sein späteres Erbe bzw seinen Pflichtteil anrechnen lässt.[135]

117 ▶ **Muster: beschränkter Erbverzicht: Anrechnung auf den Pflichtteil**

514

Ich habe von dem Erblasser die nachfolgend näher bezeichnete lebzeitige Zuwendung erhalten, ohne dass hierbei eine Anrechnungsbestimmung durch den Erblasser ausgesprochen wurde.

Ich verzichte hiermit in der Weise auf mein gesetzliches Erb- und Pflichtteilsrecht nach dem Erblasser, dass die vorgenannte lebzeitige Zuwendung auf einen mir etwaig zustehenden Pflichtteilsanspruch anzurechnen ist. ◀

---

134 Vgl *Muscheler/Groll*, Praxishandbuch Erbrechtsberatung, B XV Rn 12.
135 MünchKomm/*Strobel*, § 2346 Rn 16.

5. Bedingungen und Befristungen

Der Erbverzicht kann auch bedingt oder befristet erklärt werden.¹³⁶ Einen der wesentlichen Fälle der Bedingungen des Erbverzichts bildet der Verzicht gegen Abfindung (vgl hierzu unten VII.), sowie der Verzicht zugunsten eines Dritten (vgl hierzu § 2350 Abs. 1 und 2 BGB sowie sogleich unter 6.). Daneben sind jedoch auch anderweitige Bedingungen möglich.

Auf den Zeitpunkt des Bedingungseintritts, des Anfangs- oder Endtermins kommt es grundsätzlich nicht an, dieser kann auch erst nach dem Erbfall stattfinden, ohne dass dies die Wirksamkeit des Erbverzichts beeinträchtigt.¹³⁷ Dies widerspricht nicht dem Grundsatz, dass der Erbverzicht nur zu Lebzeiten des Erblassers vereinbart werden kann und bis zum Eintritt des Erbfalls wirksam geworden sein muss. Denn im Falle der Vereinbarung einer Bedingung existiert im Zeitpunkt des Todes bereits ein wirksames Rechtsgeschäft. Allein der Eintritt der sich aus diesem Rechtsgeschäft ergebenden Rechtsfolgen ist bis zum Bedingungseintritt hinausgeschoben.¹³⁸

▶ **Muster: Erbverzichtsvertrag mit den Eltern**

Ich verzichte auf mein gesetzliches Erb- und/oder Pflichtteilsrecht nach meinem Vater und nach meiner Mutter. Die vorstehenden Verzichte stehen jeweils unter der aufschiebenden Bedingung, dass der jeweilige Elternteil als Erster, also vor dem anderen Elternteil, verstirbt. ◀

▶ **Muster: Erbverzichtsvertrag mit den Eltern bei Berliner Testament**

Meine Eltern haben sich durch Erbvertrag/gemeinschaftliches Testament für den Fall des Todes des zuerst Versterbenden von ihnen gegenseitig zu alleinigen Erben eingesetzt. Vor diesem Hintergrund verzichte ich sowohl gegenüber meinem Vater als auch gegenüber meiner Mutter auf das mir gesetzlich zustehende Erb- und/oder Pflichtteilsrecht. Der vorstehende Verzicht steht unter der aufschiebenden Bedingung, dass der jeweilige Elternteil als Erster, also vor dem anderen Elternteil, verstirbt. Darüber hinaus steht der Verzicht unter der auflösenden Bedingung, dass der überlebende Ehegatte die Erbschaft nach dem zuerst Verstorbenen ausschlägt oder aus anderen Gründen nicht Erbe wird. ◀

In Fällen dieser Art wirkt der bedingte Erbverzicht wie die Anordnung einer Vor- und Nacherbschaft.¹³⁹ Gleiches gilt für im Zeitpunkt des Erbfalls noch nicht eingetretene Befristungen. Soweit im Zeitpunkt des Erbfalls eine aufschiebende Bedingung (oder im Falle der Befristung der Anfangstermin) noch nicht eingetreten ist, wird der Verzichtende zunächst Vorerbe, die durch seinen – ggf später erfolgenden – Wegfall Begünstigten werden Nacherben. Ist umgekehrt im Zeitpunkt des Erbfalls eine auflösende Bedingung noch nicht eingetreten (oder im Falle der Befristung der Endtermin noch nicht erreicht), gilt der Verzichtende zunächst als Nacherbe; Vorerben sind die durch den (noch wirksamen) Verzicht Begünstigten.

6. Verzicht zugunsten eines Dritten

Wie gesagt, bildet der Verzicht zugunsten eines Dritten (§ 2350 Abs. 1 BGB) einen wesentlichen Anwendungsfall der Verbindung des Erbverzichts mit einer Bedingung. Hier wird der Verzicht

---

136 BGHZ 37, 319, 327; BayObLG ZEV 1995, 228; BayObLGZ 1957, 292, 294 = NJW 1958, 344, 345; OLG Frankfurt DNotZ 1952, 488; Staudinger/*Schotten*, § 2346 Rn 54 mwN.
137 BayObLG NJW 1958, 344f; J. *Mayer*, MittBayNot 1985, 101; Damrau/*Mittenzwei*, Praxiskommentar Erbrecht, § 2346 Rn 12; MünchKomm/*Strobel*, § 2346 Rn 25; Staudinger/*Schotten*, § 2346 Rn 54 mwN.
138 J. *Mayer*, MittBayNot 1985, 101, 103; Staudinger/*Schotten*, § 2346 Rn 54; Bamberger/Roth/J. *Mayer*, § 2346 Rn 14.
139 Vgl zB Damrau/*Mittenzwei*, § 2346 Rn 12.

unter der aufschiebenden Bedingung erklärt, dass eine oder mehrere bestimmte Dritte – ggf mit bestimmten Quoten – Erben des Erblassers werden. Da in der Annahme einer solchen Verzichtserklärung durch den Erblasser aber regelmäßig **keine letztwillige Verfügung** entsprechenden Inhalts zu sehen ist, hängt sowohl die Wirksamkeit des Verzichts als auch die Begünstigung des bzw der Dritten im Ergebnis davon ab, ob der Erblasser die von dem Verzichtenden vorausgesetzte letztwillige Verfügung tatsächlich trifft und zur Grundlage seiner Rechtsnachfolge von Todes wegen macht oder nicht.[140]

124 ▶ **Muster: Erbverzicht – auflösende Bedingung**

Der vorstehende Erb- und/oder Pflichtteilsverzicht steht unter der auflösenden Bedingung, dass der Erblasser seinen Erbvertrag vom ... (UR.-Nr.: ...) widerruft.

oder:

Der vorstehende Erb- und/oder Pflichtteilsverzicht steht unter der auflösenden Bedingung, dass der Erblasser seine im Testament vom ... zugunsten von ... (Begünstigter) getroffenen letztwilligen Verfügungen widerruft oder zu seinen Lasten irgendwelche Beschränkungen oder Beschwerungen anordnet.

oder:

Der vorstehende Verzicht steht unter der auflösenden Bedingung, dass der zwischen dem Erblasser und meinem Bruder ... geschlossene Erb- und/oder Pflichtteilsverzicht aufgehoben wird. ◀

125 ▶ **Muster: Erbverzicht – aufschiebende Bedingung**

Der vorstehende Erbverzicht steht unter der aufschiebenden Bedingung, dass ... (Begünstigter) den Erblasser mit einer Quote von wenigstens ... beerbt. Insoweit ist lediglich entscheidend, dass ... (Begünstigter) aufgrund gesetzlicher Erbfolge oder Verfügung von Todes wegen in der entsprechenden Höhe erbberechtigt ist; soweit er nach dem Tod des Erblassers die Erbschaft ausschlägt, hat dies auf die Wirksamkeit meines Erbverzichts keinen Einfluss. In dem Fall, dass ... (Begünstigter) vor dem Erblasser verstirbt, treten an seine Stelle seine Abkömmlinge nach den Regeln der gesetzlichen Erbfolge. ◀

126 Schwierigkeiten können sich jedoch ergeben, wenn der Verzicht **zugunsten mehrerer Personen** erklärt werden soll. Denn in derartigen Konstellationen ist es oftmals eine Frage der Auslegung, festzustellen, unter welchen Voraussetzungen die Bedingung für den Erbverzicht als eingetreten zu betrachten ist. Je nach Sachlage kann der Erbverzicht hier ganz, teilweise oder gar nicht wirksam sein.[141] Im Zweifel ist zwar bei einem Erbverzicht zugunsten mehrerer Personen anzunehmen, dass für den Fall, dass eine oder mehrere Begünstigte vor oder nach dem Erbfall wegfallen (durch Vorversterben, Ausschlagung o.ä.), ohne einen Ersatzberechtigten zu hinterlassen, Anwachsung zugunsten der übrigen Beteiligten eintreten soll.[142] Bei dieser Auslegung wird der Erbverzicht nur dann unwirksam, wenn alle der in Betracht kommenden Begünstigten als Erben wegfallen. Solange dieser Fall nicht eintritt, bleibt der Erbverzicht indes in vollem Umfang wirksam und kommt dem verbleibenden Begünstigten entsprechend zugute.[143] Allerdings ist diese Art der Auslegung alles andere als zwingend, so dass – sowohl im

---

140 Vgl *Muscheler/Groll*, Praxishandbuch Erbrechtsberatung, B XV Rn 14 mwN.
141 Vgl hierzu Soergel/*Damrau*, § 2350 Rn 2; Bamberger/Roth/*J. Mayer*, § 2350 Rn 6.
142 Staudinger/*Schotten*, § 2350 Rn 18.
143 RG LZ 1926, 1006; Soergel/*Damrau*, § 2350 Rn 2; Bamberger/Roth/*J. Mayer*, § 2350 Rn 6; MünchKomm/*Strobel*, § 2350 Rn 7; Staudinger/*Schotten*, § 2350 Rn 18 mwN.

Interesse des Verzichtenden als auch des Erblassers – anzuraten ist, insoweit detaillierte Regelungen zu treffen.

▶ **Muster: Erbverzicht zugunsten eines Dritten – Bestimmung von Ersatzbegünstigten**

Der Erbverzicht steht unter der aufschiebenden Bedingung, dass an meiner Stelle ... (Begünstigter A), für den Fall, dass dieser vor oder nach dem Erbfall wegfällt, ... (Begünstigter B) gesetzlich oder aufgrund letztwilliger Verfügung zur Erbfolge gelangen.

oder:

Dieser Erbverzicht steht unter der aufschiebenden Bedingung, dass nach dem Tod des Erblassers ... (Begünstigter A), ... (Begünstigter B) und ... (Begünstigter C) gesetzlich oder aufgrund letztwilliger Verfügung mit einer Quote von jeweils ... zur Erbfolge gelangen. Für den Fall, dass einer oder mehrere der vorgenannten Begünstigten vor oder nach dem Erbfall wegfallen, gilt die aufschiebende Bedingung als eingetreten, wenn der auf den Weggefallenen entfallende Erbteil den anderen Begünstigten anteilig zuwächst.

oder:

Der vorstehende Verzicht steht unter der aufschiebenden Bedingung, dass nach dem Tod des Erblassers die nachfolgenden Begünstigten mit einer Quote von jeweils ... zur Erbfolge gelangen. Sofern einer oder mehrere der Begünstigten vor oder nach dem Erbfall wegfallen, entfällt die vorstehende Bedingung, so dass der Erbverzicht trotz fehlenden Bedingungseintritts wirksam ist. ◀

Handelt es sich bei dem Verzichtenden um einen Abkömmling des Erblassers, so besteht – vorbehaltlich anders lautender Bestimmungen – eine gesetzliche Vermutung dafür, dass sein Verzicht nur zugunsten der übrigen Abkömmlinge des Erblassers bzw dessen Ehegatten erfolgt, § 2350 Abs. 2 BGB. Soweit diese gesetzliche Vermutung eingreift, steht der Verzicht unter der auflösenden Bedingung, dass die bzw eine der genannten Personen Erbe wird. Geschieht dies nicht, ist der Erbverzicht im Zweifel unwirksam.

Allerdings können durch die eindeutige Bekundung eines von der gesetzlichen Vermutung abweichenden Willens durch den Verzichtenden klare Verhältnisse geschaffen werden. Dies wird in den allermeisten Fällen auch im Interesse des Erblassers liegen.

7. Wechselseitiger Erbverzicht

Auch ein wechselseitiger Erbverzicht nach beiden Vertragschließenden ist möglich, wobei selbstverständlich bei jedem einzelnen Vertragspartner die persönlichen Voraussetzungen, die das Gesetz auf der einen Seite für den Erblasser und auf der anderen Seite für den Verzichtenden fordert, vorliegen müssen.[144] Hauptanwendungsfall des wechselseitigen Erbverzichts ist eine Vereinbarung unter Ehegatten oder Partnern einer eingetragenen Lebenspartnerschaft, beispielsweise im Rahmen einer umfassenden Nachfolgeplanung unter Einschluss der Regelung der gegenseitigen Rechte und Pflichten.

▶ **Muster: Wechselseitiger Erbverzicht**

Wir, die Eheleute ... und ..., verzichten hiermit wechselseitig auf das uns jeweils zustehende gesetzliche Erbrecht nach dem jeweils anderen und nehmen diesen Verzicht jeweils wechselseitig an. Durch diese Verzichte ist jeweils das gesetzliche Erbrecht einschließlich sämtlicher gesetzlichen Vor-

---

144 Staudinger/*Schotten*, § 2346 Rn 56.

ausvermächtnisse, also des Voraus und des Dreißigsten, ausgeschlossen. Der Verzicht umfasst auch etwaige Unterhaltsansprüche gemäß § 1586 b BGB sowie das Pflichtteilsrecht. ◀

8. Vorbehalt des Pflichtteilsrechts

132 Wie bereits erwähnt, kann der Erbverzicht auf das gesetzliche Erbrecht als solches beschränkt und mit einem Vorbehalt des Pflichtteilsrechts verbunden werden.[145] Auf diese Weise wird der Verzichtende – auch ohne eine entsprechende letztwillige Verfügung des Erblassers – so gestellt, als sei er vom Erblasser enterbt worden.

133 ▶ **Muster: Erbverzicht unter Pflichtteilsvorbehalt**

Der Verzichtende verzichtet hiermit gegenüber dem dies annehmenden Erblasser auf das ihm zustehende gesetzliche Erbrecht; der Verzicht umfasst jedoch nicht das Pflichtteilsrecht gemäß §§ 2303 ff BGB.

oder:

Unter Vorbehalt des Pflichtteilsrechts (§§ 2303 ff BGB einschließlich sämtlicher hiermit möglicherweise verbundenen Ansprüche, insbesondere des Pflichtteilsergänzungsanspruchs) verzichtet der Verzichtende hiermit gegenüber dem dies annehmenden Erblasser auf sein gesetzliches Erbrecht. ◀

VII. Erbverzicht gegen Abfindung

1. Abstraktionsgrundsatz / Erforderlichkeit eines Kausalgeschäfts

134 In der Praxis wird der Erbverzicht in der überwiegenden Anzahl der Fälle als Gegenleistung für die Gewährung einer Abfindung in Geld oder Sachwerten erklärt. Meistens wird die Abfindung in Form einer Zuwendung unter Lebenden vereinbart.[146] Der Erbverzicht wird dann als entgeltlich bezeichnet.[147]

135 Wie bereits ausgeführt, handelt es sich beim Erbverzicht um ein **erbrechtliches Verfügungsgeschäft** unter Lebenden auf den Todesfall,[148] das als solches selbständig ist und nicht in einem synallagmatischen Verhältnis zu einem anderen Geschäft, beispielsweise einer Abfindungsvereinbarung stehen kann.[149]

136 Nichts desto trotz geht die heute hM davon aus, dass auch der Erbverzicht als Verfügungsgeschäft eines ihn rechtfertigenden Rechtsgrundes, also einer *causa* bedarf.[150] Soll eine Konditionierung nach § 812 BGB ausgeschlossen sein, ist als Grundlage für den Erbverzicht ein entsprechendes Verpflichtungsgeschäft erforderlich, das jedoch nicht mehr als die Verpflichtung zur Abgabe der auf den Erbverzicht gerichteten Willenserklärungen beinhalten muss.[151] Die Vereinbarung einer etwaigen Gegenleistung ist für die Gültigkeit des Kausalgeschäfts nicht erforderlich, sie steht ihr jedoch auch nicht entgegen.

---

145 Vgl zB BayObLGZ 1981, 30,33; Mot V S. 472; *Strohal*, I § 59 IV 3 b; *Lange/Kuchinke*, Erbrecht, § 7 II 2 b; MünchKomm/*Strobel*, § 2346 Rn 11.
146 Im Hinblick auf § 2302 BGB ist das Versprechen einer letztwilligen Zuwendung unwirksam; allerdings sind Abfindungen in Form erbvertraglicher Zuwendungen durchaus möglich, vgl BayObLGZ 1995, 22 = ZEV 1995, 228; vgl auch *Schotten*, DNotZ 1998, 163, 165.
147 MünchKomm/*Strobel*, § 2346 Rn 21; *Kipp/Coing*, § 82 VI; Staudinger/*Schotten*, § 2346 Rn 122.
148 Vgl BayObLGZ 1981, 30, 33; Soergel/*Damrau*, § 2346 Rn 1 mwN.
149 *Lange*, FS Nottarp, S. 119 ff; MünchKomm/*Strobel*, § 2346 Rn 21.
150 *Lange*, FS Nottarp, S. 119, 123 mwN.
151 BGHZ 134, 152, 157 mwN; *Muscheler/Groll*, Praxishandbuch Erbrechtsberatung, B XV Rn 16; *Lange/Kuchinke*, § 7 I 4, S. 157 mwN.

Entspricht es – wie meistens in der Praxis – dem Willen der Erbverzichtsparteien, dass der 137
Erblasser dem Verzichtenden für dessen Verzichtserklärung eine Abfindung gewährt, so können
diese gegenseitigen Verpflichtungen ohne Weiteres zum Gegenstand eines Vertrages iSd
§§ 321 ff BGB gemacht werden. Der Erblasser ist dann zur Leistung der Abfindung, der Verzichtende zum Abschluss des Verzichtsvertrages verpflichtet.[152] Ebenso wie der Erbverzicht
selbst bedarf auch dieser **Verpflichtungsvertrag** der **notariellen Beurkundung** gemäß § 2348
BGB,[153] der Erblasser kann sich jedoch beim Vertragsschluss vertreten lassen.[154] Vor diesem
Hintergrund ist ein unter Verstoß gegen § 2347 Abs. 2 BGB geschlossener, im Übrigen jedoch
formal ordnungsgemäß zustande gekommener Erbverzichtsvertrag unter Umständen als wirksames Verpflichtungsgeschäft anzusehen, durch das sich die Parteien zum Abschluss eines
formwirksamen Erbvertrages wirksam verpflichtet haben.[155]

Auf der Grundlage eines wirksamen Verpflichtungsvertrages kann jede der Vertragsparteien 138
Klage auf Erfüllung der eingegangenen Verpflichtungen erheben.[156] Durch den Tod des Erblassers vor Abschluss des Verzichtsvertrages wird die seitens des Verzichtsschuldners zu erbringende Leistung unmöglich und er somit gemäß § 275 BGB von seiner Leistungspflicht
frei.[157] Sofern die Abfindung bereits geleistet wurde, steht den bzw dem Erben des Erblassers
ein Rückforderungsanspruch nach § 326 Abs. 4 BGB zu.[158] Dies gilt auch, wenn der Abschluss
des Verzichtsvertrages durch den Tod des zum Verzicht Verpflichteten unmöglich wird.

Die Parteien können sich auch in ihren vertraglichen Vereinbarungen ein **Rücktrittsrecht** vor- 139
behalten, das jedoch nur zu Lebzeiten des Erblassers ausgeübt werden kann.[159] Im Falle eines
wirksamen Rücktritts umfassen die Rückabwicklungsverpflichtungen sowohl die Rückgewähr
der Abfindung als auch auf der anderen Seite die Mitwirkung an einer Aufhebung des Verzichts
gemäß § 2351 BGB.[160] Nach Eintritt des Erbfalls ist jedoch eine Aufhebung des Erbverzichts
ausgeschlossen,[161] was einen entsprechenden Wertersatzanspruch zugunsten des Verzichtenden
zur Folge hat.[162]

2. Unentgeltlicher Erbverzicht

Selbstverständlich kann der Erbverzicht auch ohne die Vereinbarung einer Gegenleistung er- 140
folgen, also unentgeltlich.

Da durch den Erbverzicht grundsätzlich keine Mehrung des Vermögens des Erblasser eintritt 141
und es ebenso wenig zu einer – aktuellen – Vermögensminderung auf Seiten des Verzichtenden
kommt, ist der unentgeltliche Erbverzicht nicht als Schenkung anzusehen;[163] die Vorschriften
der §§ 516 ff BGB sind daher weder ihrem Wortlaut noch ihrer Zielsetzung nach anwendbar.

---

152 AllgM BGHZ 37, 327 f; BayObLGZ 1995, 22 = ZEV 1995, 228; *Schotten*, DNotZ 1998, 163, 165 mwN.
153 Allerdings wird ein etwaiger Formmangel unter entsprechender Anwendung von § 311b Abs. 1 S. 2 BGB durch den formgültigen Abschluss des Erbverzichtsvertrages selbst geheilt, *Damrau*, Erbverzicht, S. 134; *Schotten*, DNotZ 1998, 163, 177.
154 MünchKomm/*Strobel*, § 2346 Rn 22.
155 Vgl BGHZ 37, 327.
156 *Damrau*, Erbverzicht, S. 127.
157 BGHZ 37, 329.
158 MünchKomm/*Strobel*, § 2346 Rn 23.
159 Staudinger/*Schotten*, § 2346 Rn 156; MünchKomm/*Strobel*, § 2346 Rn 23; aA BayObLGZ 1957, 292.
160 *Damrau*, Erbverzicht, S. 127; *Lange*, FS Notarpp, S. 131.
161 Vgl BGHZ 139, 116 = NJW 1998, 3117.
162 Vgl *Damrau*, Erbverzicht, S. 127; ebenso OLG Koblenz NJW-RR 1993, 708.
163 AllgM Bamberger/Roth/*J. Mayer*, § 2346 Rn 27; Palandt/*Edenhofer*, Überbl. Vor § 2346 Rn 5; Staudinger/*Schotten*, § 2346 Rn 121 mwN.

Vielmehr bildet der unentgeltliche Erbverzicht ein unentgeltliches **Rechtsgeschäft sui generis**.[164]

3. Rechtliche Qualität einer vereinbarten Abfindung

142 Was den wirtschaftlichen Gehalt einer Abfindungsvereinbarung betrifft, so ist davon auszugehen, dass es sich um die lebzeitige Zuwendung dessen bzw eines Teiles dessen handelt, was der Verzichtende in einem späteren Erbgang aufgrund seines gesetzlichen Erbrechts erwerben würde bzw erwerben könnte. Der „unentgeltliche" Erwerb von Todes wegen wird also durch die Abfindungsvereinbarung nur zeitlich vorgezogen.[165]

143 Nach hM bildet daher auch die **Abfindung** für einen Erbverzicht **kein Entgelt**, sondern eine unentgeltliche Zuwendung.[166]

144 Soweit die vereinbarte Abfindung ausschließlich in Ansehung des erklärten bzw zu erklärenden Erbverzichts gewährt wird, handelt es sich um eine **objektiv unentgeltliche Zuwendung** des Erblassers an den Verzichtenden.[167] Darüber hinaus ist die Abfindung in der Regel auch als subjektiv unentgeltlich zu qualifizieren. Dies gilt jedenfalls dann, wenn die Vertragsparteien sich darüber im Klaren sind, dass durch die Vereinbarung wirtschaftlich betrachtet lediglich die zukünftige Erbfolge zeitlich vorverlagert wird und die Abfindung somit nur den Ersatz für die aufgegebene Erberwartung, also einen unentgeltlichen Erwerb von Todes wegen darstellt. Daran, dass die Beteiligten in dieser Konstellation „über die Unentgeltlichkeit der Zuwendung" im Sinne von § 516 Abs. 1 BGB einig sind, ist kaum zu zweifeln.[168] Demzufolge kann sich der Erblasser unter Umständen – wie bei anderen Schenkungen auch – auf groben Undank des Zuwendungsempfängers oder Notbedarf berufen und die geleistete Abfindung nach § 530 BGB bzw nach § 528 BGB zurückfordern. Unter Umständen können durch die Abfindungsleistung auch Pflichtteilsergänzungsansprüche iSv § 2325 BGB ausgelöst werden, die – je nach Einzelfall auch unmittelbar – gegen den Verzichtenden (als Beschenkten iSv § 2329 BGB) gerichtet werden können. Schließlich besteht das Risiko, dass Gläubiger des Erblassers die Abfindung als „unentgeltliche Leistung" nach § 4 AnfG bzw § 134 InsO wegen Gläubigerbenachteiligung anfechten.[169] Schließlich kommt auch die Anwendung von § 2287 BGB in Betracht, wenn es sich bei der Abfindungsleistung um eine den Vertragserben beeinträchtigende Schenkung handeln sollte.

145 Was den Gegenstand der Abfindung bilden soll, können die Parteien im Wesentlichen frei bestimmen. Insbesondere Geldzahlungen, die Übereignung von Grundstücken und sonstigen Vermögensgegenständen sind in der Praxis weit verbreitet.

146 ▶ **Muster: Abfindungsvereinbarung (einfach)**

Im Gegenzug zahlt der Erblasser an den Verzichtenden einen Geldbetrag iHv EUR ▬▬▬.

oder:

Im Gegenzug verpflichtet sich der Erblasser, dem Verzichtenden das nachfolgend bezeichnete Hausgrundstück nebst Inventar unentgeltlich zu übertragen: ▬▬▬. ◀

---

164 *Schotten*, DNotZ 1998, 163, 164; Bamberger/Roth/*J. Mayer*, § 2346 Rn 27.
165 Vgl FG Baden-Württemberg EFG 2000, 1396; *Pentz*, FamRZ 1998, 660, 661; Staudinger/*Schotten*, § 2346 Rn 123.
166 BGHZ 113, 393 = NJW 1991, 1610; Staudinger/*Schotten*, § 2346 Rn 124; so auch OLG Hamm NJW 1999, 3643 f; LG Münster NJW 1984, 1188, 1189.
167 Staudinger/*Schotten*, § 2346 Rn 126.
168 FG Baden-Württemberg EFG 2000, 1396, 1397; vgl zum Ganzen Staudinger/*Schotten*, § 2346 Rn 127.
169 BGHZ 113, 393, 398.

B. Erbverzicht § 8

▶ **Muster: Abfindung durch Rentenzahlung** 147

Im Gegenzug verpflichtet sich der Erblasser, dem Verzichtenden auf seine Lebenszeit eine Rente iHv monatlich EUR ... zu zahlen. Im Falle des Todes des Erblassers geht die Rentenleistungsverpflichtung auf dessen Rechtsnachfolger über. ◀

Soweit – wie im vorstehenden Beispiel – als Gegenleistung eine Rente (oder auch eine dauernde Last) zugesagt wird, ist zu beachten, dass die ertragsteuerrechtlichen Privilegierungen, die für Versorgungsleistungen, die im Gegenzug für die Übertragung Ertrag bringender Wirtschaftseinheiten, beispielsweise im Wege der vorweggenommenen Erbfolge, zugesagt und gezahlt werden, hier nicht in Betracht kommen. Zahlungen der älteren Generation an die jüngere Generation sind nach der Rechtsprechung des BFH ausdrücklich nicht in den Anwendungsbereich der Regelungen zur Vermögensübergabe gegen Versorgungsleistungen einzubeziehen.[170] Nichts desto trotz wird es sich bei dem rentenberechtigten Verzichtenden um **steuerpflichtige Einkünfte** iSv § 22 EStG handeln. 148

Die grundsätzlich sehr weitgehenden Möglichkeiten der Gestaltung von Gegenleistungsvereinbarungen stoßen im Anwendungsbereich des § 2302 BGB, der es dem Erblasser verwehrt, sich vertraglich zur Errichtung einer bestimmten Verfügung von Todes wegen zu verpflichten, an ihre Grenzen. Vor diesem Hintergrund kommen Erbeinsetzungen oder Vermächtnisanordnungen zugunsten des Verzichtenden oder eines Dritten als Gegenstand der Abfindungsvereinbarung grundsätzlich nicht in Betracht. Anderes gilt nur, wenn gleichzeitig mit dem Verzichtsvertrag auch ein entsprechender Erbvertrag geschlossen wird.[171] Einfacher zu lösen sind derartige Wünsche der Parteien jedoch durch die Vereinbarung entsprechender aufschiebender Bedingungen, für deren Eintritt der Erblasser unschwer sorgen kann, ohne die rechtliche Wirksamkeit des dem Verzichtsvertrag zugrunde liegenden Kausalgeschäfts in irgendeiner Weise zu gefährden (vgl insoweit unten). 149

4. Abfindung durch Zuwendung eines Dritten

Die Leistung der Abfindung für einen Erbverzicht durch einen Dritten ist in zwei Varianten denkbar. Zum einen kann es sich so verhalten, dass derjenige (Dritte), dem der Erbverzicht zugute kommen soll, die Leistung der Abfindung – sozusagen in seinem eigenen Interesse – übernimmt und hierüber mit dem Verzichtenden eine Vereinbarung trifft, an deren Abschluss der Erblasser selbst überhaupt nicht beteiligt ist. Andererseits ist es ebenso vorstellbar, dass ein dreiseitiger Vertrag zwischen Erblasser, Verzichtendem und Drittem zustande kommt. Hierbei handelt es sich im Regelfall um einen Vertrag zugunsten Dritter im Sinne von §§ 328 ff BGB, aus dem dem Erblasser selbst ein Forderungsrecht gegenüber dem Verzichtenden zustehen kann, den (abstrakten) Erbverzicht zu erklären. 150

▶ **Muster: Verpflichtungsvertrag bezüglich eines Erbverzichts gegenüber einem Dritten** 151

Vor mir, ..., Notar mit dem Amtssitz in ... erschienen heute:
1. ... (Verzichtswilliger)
2. ... (Dritter)
...

---
170 Vgl BFH BFH/NV 2002, 1575.
171 In BGHZ 106, 359, 361 wird bei Verbindung von Erbverzicht und Vermächtnis in einer Urkunde von einem vertragsmäßigen Vermächtnis ausgegangen; vgl auch BayObLGZ 1995, 29, 33 = ZEV 1995, 228.

Der Verzichtswillige verpflichtet sich gegenüber dem Dritten, mit ... (Erblasser) einen Erbverzichtsvertrag abzuschließen. Als Gegenleistung hierfür verpflichtet sich ... (Dritter) an den Verzichtswilligen folgende Leistungen zu erbringen: ... ◄

152 ▶ **Muster: Erbverzicht unter Beteiligung eines Dritten**

Vor mir, ..., Notar mit dem Amtssitz in ... erschienen heute:
1. ... (Erblasser)
2. ... (Verzichtender)
3. ... (Dritter)

...

Der Verzichtende verpflichtet sich gegenüber dem Dritten, mit dem Erblasser einen Erbverzichtsvertrag abzuschließen; dem Erblasser steht ein eigenes Forderungsrecht auf Vertragsabschluss zu (Vertrag zugunsten Dritter). Im Gegenzug verpflichtet sich der Dritte zur Erbringung folgender Gegenleistungen an den Verzichtenden: ...

...

Sodann verzichtet der Verzichtende auf das ihm zustehende gesetzliche Erb- und/oder Pflichtteilsrecht am Nachlass des diesen Verzicht annehmenden Erblassers. ◄

5. Verknüpfung von Verzichtsvertrag und Kausalgeschäft

a) einheitliches Vertragsverhältnis

153 Wie erwähnt, können aber im Rahmen des Kausalgeschäfts die wechselseitigen Verpflichtungen – auf der einen Seite zum Abschluss des Verzichtsvertrages, auf der anderen Seite zur Leistung der vereinbarten Abfindung – zu einem **einheitlichen Vertrag** iSd §§ 320 ff BGB miteinander verknüpft werden.[172] Auch wenn dies für beide Seiten die Möglichkeit eröffnet, auf die Erfüllung der eingegangenen Verpflichtungen zu klagen, bestehen aufgrund des abstrakten Charakters der jeweiligen Erfüllungsgeschäfte (insbesondere des Verzichts) erhebliche Risiken, deren Auflösung im Einzelfall einen Zeitaufwand erfordert, den sich die Parteien nicht leisten können. Dies gilt umso mehr, wenn mit einem relativ zeitnahen Versterben des Erblassers zu rechnen ist.

154 Nichts desto trotz sollte auf jeden Fall bei der Vertragsgestaltung darauf geachtet werden, Verpflichtungs- und Verfügungsgeschäft deutlich voneinander zu trennen, um auf diese Weise sicherzustellen, dass die gewollte Verknüpfung der wechselseitig eingegangenen Leistungsverpflichtungen auch im Rahmen einer gerichtlichen Überprüfung Bestand hat. Dem steht nicht entgegen, in derselben Urkunde bereits die Erfüllung der Leistungspflicht des Erbanwärters, also seine Verzichtserklärung sowie deren Annahme durch den Erblasser, mit zu beurkunden.

155 Ob und inwieweit eine Verknüpfung des abstrakten Erbverzichts und des Kausalgeschäfts zu einer vertraglichen Einheit im Sinne von § 139 BGB möglich ist mit der Folge, dass eine teilweise Unwirksamkeit das ganze Rechtsgeschäft nichtig macht, ist umstritten.[173] Es ist sogar fraglich, ob die Parteien durch eine ausdrückliche Vereinbarung die beiden Geschäfte in einer vertraglichen Einheit im Sinne von § 139 BGB zusammenfassen können.

---

172 Vgl zB Staudinger/*Cieslar*, Einl. zu § 2346 Rn 59; Staudinger/*Schotten*, § 2346 Rn 122 mwN.
173 Vgl insoweit Staudinger/*Schotten*, § 2346 Rn 151 mwN.

B. Erbverzicht § 8

▶ **Muster: Verknüpfung von Erbvertrag und Kausalgeschäft** 156

Soweit rechtlich zulässig, bilden Erbverzicht und Abfindungsvereinbarung ein einheitliches Rechtsgeschäft iSv § 139 BGB.[174] ◀

b) Einsatz von Bedingungen beim abstrakten Verzichtsvertrag
aa) Gegenleistungen unter Lebenden

Die vorerwähnten Probleme, insbesondere auch hinsichtlich der Durchsetzung des Abfindungsanspruchs, lassen sich durch den Einsatz von **Bedingungen** iSd §§ 158 ff BGB entschärfen. Auch wenn aufschiebende Bedingungen nicht dazu geeignet sind, die Durchsetzung der Ansprüche der Parteien rechtlich zu vereinfachen, bewirken sie doch einen nicht zu unterschätzenden faktischen Druck auf den Erblasser. Denn der von ihm erstrebte Erbverzicht wird bei entsprechender Ausgestaltung erst dann wirksam, wenn auch er die eingegangene Verpflichtung auf Leistung der Abfindung erfüllt hat. 157

Relativ unproblematisch sind in diesem Zusammenhang aufschiebende Bedingungen, die eine Erfüllung der Leistungspflicht des Erblassers noch zu dessen Lebzeiten vorsehen. 158

▶ **Muster: Erbverzicht – Gegenleistung als aufschiebende Bedingung** 159

Der vorstehende Erbverzicht steht unter der aufschiebenden Bedingung, dass der Erblasser den Verzichtenden als unwiderruflich Bezugsberechtigten eines Lebensversicherungsvertrages mit einer Todesfallleistung iHv wenigstens EUR ... benennt. Gleichzeitig steht der Verzicht unter der auflösenden Bedingung, dass der Erblasser den vorgenannten Versicherungsvertrag kündigt, die Versicherungsleistung verpfändet oder im Zeitpunkt seines Todes mit den vertraglich vereinbarten Versicherungsprämien im Rückstand ist. ◀

Verpflichtet sich der Erblasser im Rahmen des Kausalgeschäfts zur Erbringung von Geldleistungen, kann zur **Absicherung** dieses Anspruchs seine Unterwerfung unter die sofortige Zwangsvollstreckung gemäß § 794 ZPO vorgesehen werden. Unter Umständen ist auch eine Absicherung über Grundpfandrechte (Hypothek oder Sicherungsgrundschuld) denkbar. 160

▶ **Muster: Erbverzicht – Vollstreckungsunterwerfung wegen Gegenleistung** 161

Der vorstehende Verzicht steht unter der aufschiebenden Bedingung, dass der Verzichtende aus dem Vermögen des Erblassers einen Betrag iHv EUR ... erhält. Wegen dieser Verpflichtung unterwirft sich der Erblasser der sofortigen Zwangsvollstreckung aus dieser Urkunde in sein gesamtes Vermögen. ◀

▶ **Muster: Erbverzicht – dingliche Sicherung des Gegenleistungsanspruchs** 162

Zur Sicherung vorstehender Verpflichtung bestellt der Erblasser hiermit zugunsten des Verzichtenden an seinem im Grundbuch des Amtsgerichts ... von ..., Band ..., Blatt ..., eingetragenen Grundstücks der Gemarkung ..., FlStNr.: ..., eine Sicherungsgrundschuld. Die Erteilung eines Grundschuldbriefes wird ausgeschlossen. Wegen der Grundschuld unterwirft sich der Erblasser der sofortigen Zwangsvollstreckung aus dieser Urkunde in der Weise, dass die Zwangsvollstreckung gegen den jeweiligen Grundstückseigentümer zulässig ist. Er bewilligt und beantragt die Eintragung der Grundschuld und der Zwangsvollstreckungsunterwerfung in das Grundbuch. ◀

Allerdings bergen Vereinbarungen, die eine Leistungserbringung durch den Erblasser selbst vorsehen, das Risiko, dass dieser – unerwartet – versterben könnte, bevor er Gelegenheit hatte, 163

---

174 Formulierungsbeispiel von *Bengel*, in: *Scherer*, Münchener Anwaltshandbuch Erbrecht, § 34 Rn 7.

die vereinbarte Abfindung zu erbringen. Dies könnte zur Folge haben, dass der Erbverzicht insgesamt missglückt. Vor diesem Hintergrund empfiehlt es sich, die Bedingung so auszugestalten, dass die Abfindungsleistung auch noch nach dem Tod des Erblassers durch dessen Erben oder einen Dritten erfolgen kann. Die Vereinbarung einer Bedingung, die die Wirksamkeit des Erbverzichts an den Eintritt eines Ereignisses nach dem Erbfall anknüpft, ist jedenfalls zulässig.[175]

164 ▶ **Muster: Erbverzicht gegen Abfindung – Erbringung der Gegenleistung auch nach Erbfall möglich**

530 Der Erbverzicht ist aufschiebend bedingt. Die Bedingung tritt ein mit vollständiger Leistung der in diesem Vertrag vereinbarten Abfindung. Die Leistung der Abfindung kann auch durch einen Dritten und auch noch binnen eines Zeitraums von ... Monaten nach dem Tod des Erblassers erbracht werden. ◀

165 Diese Gestaltung bringt für den Erblasser überdies den Vorteil, den Zeitpunkt der Abfindungsleistung mehr oder weniger frei bestimmen zu können. Auf diese Weise ist es möglich, beispielsweise mit einem noch sehr jungen Verzichtenden bereits einen bindenden und allein aufgrund der Entscheidung des Erblassers bzw seines Erben wirksam werdenden Erbverzicht zu vereinbaren, die Abfindungsleistung aber solange aufzuschieben, bis der Verzichtende nach der Überzeugung des Erblassers die nötige Reife besitzt, mit der Abfindungsleistung auch verantwortungsvoll umzugehen.

166 Im Sinne der Vereinfachung der Abwicklung derartiger Vereinbarungen sollte im Rahmen des Vertrages auch die Art und Weise des **Nachweises der Erbringung** der Abfindung geregelt werden, um zu vermeiden, dass die Durchsetzung der durch den Erbverzicht geschaffenen Rechtslage später an Nachweisschwierigkeiten scheitern könnte.

167 ▶ **Muster: Erbverzicht – Nachweis der Gegenleistung**

531 Zum Nachweis der Zahlung genügen sämtliche geeigneten Beweismittel, insbesondere eine privatschriftliche Quittung bzw entsprechende Überweisungs- oder Kontobelege.

oder:

Der Verzichtende ist verpflichtet, die Erbringung der Abfindungsleistung dem beurkundenden Notar unmittelbar nach Leistungserbringung schriftlich mitzuteilen. ◀

bb) Gegenleistung durch Verfügung von Todes wegen

168 Wie oben bereits erwähnt, kann die Bedingung auch darin bestehen, dass der Verzichtende durch eine letztwillige Verfügung des Erblassers in bestimmter Weise begünstigt werden soll. Insoweit stehen naturgemäß **Vermächtnisanordnungen** im Vordergrund. Hierbei ist jedoch zu beachten, dass die Erfüllung von Vermächtnissen grundsätzlich dem Erben obliegt, der ggf gleichzeitig auch Schuldner von Pflichtteilsansprüchen gemäß §§ 2303 ff BGB sein kann. In dieser Konstellation billigt § 2318 Abs. 1 BGB dem Erben die Möglichkeit zu, von den Vermächtnisnehmern eine anteilsmäßige Beteiligung an der grundsätzlich von ihm zu tragenden Pflichtteilslast zu verlangen.[176]

169 Beschränkt sich nun die Formulierung der aufschiebenden oder auflösenden Bedingung auf die Benennung eines bestimmten Vermächtnisgegenstandes, so kann der gleichzeitig mit dem Ver-

---

175 Staudinger/*Schotten*, § 2346 Rn 155.
176 Damrau/*Lenz*, Praxiskommentar Erbrecht, § 2318 Rn 4.

mächtnis und einem Pflichtteilsanspruch belastete Erbe unter bestimmten Voraussetzungen eine wertmäßige Kürzung des Vermächtnisses vornehmen mit der Folge, dass die Erfüllung, also Übereignung des Gegenstandes, von einer durch den Vermächtnisnehmer (Verzichtenden) zu erbringenden Ausgleichszahlung abhängig gemacht wird.[177] Auch wenn bei der Auslegung derartiger Vereinbarungen in der Mehrzahl der Fälle davon auszugehen sein dürfte, dass die Parteien bei der Vereinbarung einer solchen Bedingung die Vorstellung hatten, dass Kürzungsrechte nach § 2318 Abs. 1 BGB ausgeschlossen sein sollten bzw die Inanspruchnahme solcher Rechte durch den Erben den Nicht-Eintritt der vereinbarten Bedingung und somit die Unwirksamkeit des Verzichts zur Folge haben sollte, bestehen hier aus der Sicht des Verzichtenden beachtliche Risiken. Demzufolge ist der Formulierung der entsprechenden Bedingung größte Aufmerksamkeit zu widmen, um Probleme der vorbeschriebenen Art von vornherein auszuschließen.

▶ **Muster: Erbverzicht – Vermächtnis als Gegenleistung**

Der vorstehende Verzicht steht unter der aufschiebenden Bedingung, dass der Verzichtende aufgrund letztwilliger Verfügung des Erblassers den nachfolgend bezeichneten Vermächtnisgegenstand frei von Auflagen bzw sonstigen letztwillig angeordneten Beschränkungen (Testamentsvollstreckung, Untervermächtnis etc.) oder sonstigen Rechten Dritter (mit Ausnahme von in Abt. II des Grundbuchs eingetragenen Wege- oder Leitungsrechten) zu Eigentum erhält. ◀

▶ **Muster: Erbverzicht – Vermächtnis als Gegenleistung mit Absicherung gegen Kürzung nach § 2318 BGB**

Der vorstehende Verzicht ist sowohl aufschiebend als auch auflösend bedingt. Aufschiebende Bedingung ist, dass der Verzichtende nach dem Tod des Erblassers aufgrund dessen letztwilliger Verfügung das nachfolgend näher bezeichnete Vermächtnis erhält: ...

Auflösende Bedingung ist die Berufung des bzw der Erben des Erblassers auf ihre Rechte aus § 2318 BGB. ◀

cc) Verzicht zugunsten Dritter

Eine weitere Form der Bedingung ergibt sich aus § 2350 BGB. Denn aufgrund dieser Auslegungsregel ist davon auszugehen, dass ein Verzicht, der zugunsten eines Dritten oder von einem Abkömmling des Erblassers abgegeben wird, unter der Bedingung steht, dass bestimmte begünstigte Personen tatsächlich Erbe werden. Auch in der Erfüllung einer solchen Bedingung kann eine Gegenleistung des Erblassers erblickt werden. Insbesondere in der Konstellation des § 2350 Abs. 1 BGB, in der eine oder mehrere dritte Personen durch den Verzichtenden ausdrücklich benannt werden, erscheint diese Interpretation nahe liegend. Auch in diesem Bereich ist aus der Sicht sowohl des Verzichtenden als auch des Erblassers größte Sorgfalt geboten. Denn die gesetzlich umrissene Bedingung, dass bestimmte Personen den Erblasser beerben, greift deutlich zu kurz. Weder trägt sie dem Umstand Rechnung, dass die Erbschaft durch **Beschränkungen** und **Beschwerungen** wirtschaftlich ausgehöhlt sein kann, noch berücksichtigt sie die Möglichkeit, dass der Bedingungseintritt ggf auch durch eine Ausschlagung seitens des Begünstigten verhindert werden kann, ohne dass der Erblasser die von ihm übernommenen Verpflichtungen verletzt hätte.

---

[177] Beispiele vgl bei *Ebenroth/Fuhrmann*, BB 1989, 2049, 2056; *Muscheler/Groll*, Praxishandbuch Erbrechtsberatung, B XV Rn 21.

173 ▶ **Muster: Erbverzicht – Erbeinsetzung eines Dritten als Gegenleistung (einfach)**

Der vorstehende Verzicht steht unter der aufschiebenden Bedingung, dass ... (Begünstigter) nach dem Tod des Erblassers mit einer Quote von wenigstens ... unbeschwerter Vollerbe eines Nachlasses im Nettowert von insgesamt wenigstens EUR ... wird. Gleichzeitig ist der vorstehende Verzicht dadurch auflösend bedingt, dass gegenüber dem Begünstigten Pflichtteilsansprüche iHv mehr als EUR ... geltend gemacht und von ihm bezahlt werden.[178] ◀

174 Die konkrete Ausgestaltung von Verzichtsverträgen, die zugunsten Dritter wirken sollen, ist selbstverständlich in sehr hohem Maße einzelfallabhängig und wird von den individuellen Vorstellungen und Bedürfnissen der Beteiligten beherrscht. Dennoch sollen die nachfolgenden Beispiele dazu dienen, einen kleinen Eindruck davon zu vermitteln, welche Gesichtspunkte eine Rolle spielen können bzw wie die unterschiedlichen Risiko-Sphären voneinander abgegrenzt werden können.

175 ▶ **Muster: Erbverzicht – Erbeinsetzung eines Dritten als Gegenleistung mit Absicherung gegen lebzeitige Verfügungen des Erblassers**

Der vorstehende Verzicht steht unter der auflösenden Bedingung, dass der Erblasser die unbeschränkte und unbeschwerte Vollerbeneinsetzung des Begünstigten in seiner letztwilligen Verfügung vom ..., die dieser Urkunde in Kopie in der Anlage beiliegt, widerruft oder abändert oder das sein wesentliches Vermögen bildende Hausgrundstück ... veräußert oder belastet. Weiterhin steht der Verzicht unter der auflösenden Bedingung, dass der Begünstigte die Erbschaft ausschlägt. ◀

176 ▶ **Muster: Erbverzicht – Erbeinsetzung eines Dritten als Gegenleistung mit Regelung für den Fall der Ausschlagung**

Der vorstehende Verzicht steht unter der aufschiebenden Bedingung, dass der Begünstigte beim Tod des Erblassers Erbe wird (nähere Bezeichnung des Umfangs bzw möglicher oder ausgeschlossener Beschränkungen). Eine Ausschlagung der Erbschaft durch den Begünstigten lässt den Bedingungseintritt nicht entfallen. ◀

177 ▶ **Muster: Erbverzicht – Erbeinsetzung eines Dritten als Gegenleistung mit Absicherung gegen Pflichtteilsansprüche**

Der vorstehende Verzicht steht unter der aufschiebenden Bedingung, dass der Begünstigte mit einer Quote iHv ... unbeschränkter Vollerbe des Erblassers wird. Gleichzeitig ist er auflösend bedingt durch die Befriedigung von geltend gemachten Pflichtteilsansprüchen durch den Begünstigten.[179] ◀

178 ▶ **Muster: Erbverzicht – unbelastete Erbeinsetzung eines Dritten als Gegenleistung**

Der vorstehende Verzicht steht unter der aufschiebenden Bedingung, dass die Abkömmlinge des Verzichtenden entsprechend den Regelungen der gesetzlichen Erbfolge unbelastete bzw unbeschwerte Vollerben werden. ◀

---

178 Auch wenn diese Klausel geeignet ist, die seitens des Verzichtenden für den Begünstigten gewünschte Vermögensposition abzusichern, birgt sie für den Fall des Eintritts der auflösenden Bedingung erhebliche Probleme: Soweit der Verzichtende selbst – was in der Regel der Fall sein dürfte – selbst pflichtteilsberechtigt ist, führt nämlich der Eintritt der aufschiebenden Bedingung zu einer Reduzierung der Pflichtteilsansprüche der übrigen Berechtigten, so dass an diese geleistete Zahlungen ggf teilweise zurückgefordert werden müssten.

179 Zur Absicherung dieser Bedingung könnte der Erblasser beispielsweise durch letztwillige Verfügung die Pflichtteilslast unter seinen Erben so verteilen, dass der Begünstigte hiervon freizustellen ist.

B. Erbverzicht § 8

dd) Sonderfall: Mehrheit von Verzichtenden

Sind an einem Verzichtsvertrag mehrere Verzichtende (beispielsweise Geschwister) beteiligt, so ist im Regelfall davon auszugehen, dass der Verzicht des einen Verzichtenden nur unter der Voraussetzung wirksam sein bzw bleiben soll, dass auch der Verzicht des anderen im Erbfall tatsächlich zum Tragen kommt. Da jedoch jeder einzelne Verzichtende – wenigstens theoretisch – die Möglichkeit hat, durch entsprechende Vereinbarung mit dem Erblasser den Verzichtsvertrag wieder aufzuheben, bestehen für den weiteren Verzichtenden insoweit erhebliche Risiken. Auch diese können durch den Einsatz entsprechender Bedingungen abgesichert werden.

▶ **Muster: Erbverzicht – mehrere Verzichtende**

Die vorstehenden Verzichte und die vorstehenden Abfindungsvereinbarungen stehen unter der gegenseitigen auflösenden Bedingung, dass sie gültig sind und bleiben. ◀

6. Wirksamkeitsprobleme beim Kausalgeschäft

Das dem Erbverzicht zugrunde liegende Kausalgeschäft kann wie jeder andere schuldrechtliche Vertrag den unterschiedlichsten Wirksamkeitsmängeln unterliegen. Insoweit gelten im Wesentlichen die allgemeinen Grundsätze. Einige Gesichtspunkte verdienen jedoch besondere Beachtung.

a) Formmängel

Wie bereits erwähnt, bedarf auch der Vertrag über das Kausalgeschäft zu seiner Wirksamkeit der notariellen Beurkundung, § 2348 BGB analog. Anderenfalls würde die Warnfunktion des Beurkundungserfordernisses nämlich leer laufen, da der Erblasser aufgrund des wirksam zustande gekommenen Kausalgeschäfts einen klagbaren Anspruch auf Abschluss des Verzichtsvertrages erwerben könnte.[180] Allerdings wird ein **formnichtiges Verpflichtungsgeschäft**, dessen Gegenstand der Abschluss eines Verzichtsvertrages ist, durch den nachfolgenden Abschluss des Verzichtsvertrages entsprechend §§ 311b Abs. 1 S. 2, 518 Abs. 2, 766 S. 2 BGB, 15 Abs. 4 GmbHG **geheilt**.[181] Dies gilt jedoch, soweit das Kausalgeschäft neben der Verpflichtung zum Abschluss des Erbverzichts noch weitere grundsätzlich formbedürftige Verpflichtungen enthält, nur bezüglich des Verzichts selbst, nicht jedoch hinsichtlich der Wirksamkeit des gesamten Kausalgeschäfts.[182] Etwaige weitere Formmängel können jedoch ebenfalls durch die Vornahme der entsprechenden Erfüllungsgeschäfte geheilt werden, so zB die formnichtige Verpflichtung, zur Abfindung GmbH-Anteile zu übertragen durch den Vollzug der entsprechenden Abtretung gemäß § 15 Abs. 4 GmbHG.

b) Verstoß gegen § 2302 BGB

Gemäß § 2302 BGB ist jeder Vertrag nichtig, durch den sich jemand verpflichtet, eine Verfügung von Todes wegen zu errichten oder nicht zu errichten, sie aufzuheben oder nicht aufzuheben. Wie bereits ausgeführt, führt die Übernahme einer derartigen Verpflichtung im Rahmen des Kausalgeschäfts zu dessen Nichtigkeit, soweit nicht gleichzeitig ein formwirksamer Erbvertrag geschlossen wird.[183] Soweit die Parteien eine derartige Gestaltung anstreben, kann dies im Übrigen nur durch die Vereinbarung entsprechender Bedingungen im Rahmen des Verzichts

---

180 Vgl KG, OLGZ 1974, 263, 265; MünchKomm/*Strobel*, § 2348 Rn 2.
181 *Damrau*, Erbverzicht, S. 13; MünchKomm/*Strobel*, § 2348 Rn 5.
182 Staudinger/*Schotten*, § 2348 Rn 18; *Muscheler/Groll*, Praxishandbuch Erbrechtsberatung, B XV Rn 128.
183 Es sei denn, eine Umdeutung in dem Abschluss eines Erbvertrages ist möglich.

selbst erfolgen. Durch diese wird keine rechtliche Verpflichtung des Erblassers begründet, der hiervon ggf ausgehende faktische Druck ist im Hinblick auf § 2302 BGB unschädlich und nicht als Verstoß gegen ein gesetzliches Verbot iSv § 134 BGB anzusehen.

c) Mängel in der Geschäftsfähigkeit

184 Für den Abschluss des Kausalgeschäfts gelten im Wesentlichen dieselben Grundsätze wie für den Abschluss des Verzichtsvertrages selbst. Aus der Sicht des Verzichtenden kann ein Kausalgeschäft, in dem u.a. die Verpflichtung zur Erklärung eines Erbverzichts eingegangen wird, **niemals lediglich rechtlich vorteilhaft** iSv § 107 BGB sein.[184] Für den Erblasser gilt dasselbe, soweit er sich im Rahmen des Kausalgeschäfts zur Leistung einer Abfindung verpflichtet. Nach *Damrau* soll sogar die bloße Verpflichtung des minderjährigen Erblassers, am Abschluss des entgeltlichen Verzichtsvertrages mitzuwirken, dazu führen, dass das Geschäft für ihn nicht lediglich rechtlich vorteilhaft ist.[185] Diese Auffassung scheint jedoch deutlich zu weitgehend und etwas formalistisch, da das abstrakte Verfügungsgeschäft, zu dessen Abschluss sich der Minderjährige verpflichtet, für ihn unstreitig lediglich rechtlich vorteilhaft ist.[186]

d) Anfechtung und Wegfall der Geschäftsgrundlage

185 Die Anfechtung des Kausalgeschäfts ist nach den allgemeinen Grundsätzen sowohl gemäß § 119 Abs. 1 BGB als auch – soweit der Tatbestand erfüllt ist – gemäß § 123 Abs. 1 BGB denkbar. Eine auf § 119 Abs. 2 BGB gestützte Anfechtung wegen Fehlvorstellungen über den Wert des Vermögens des Erblassers kommt jedoch nicht in Betracht.[187] Der **Wert bildet keine Sacheigenschaft des Vermögens**, so dass ein diesbezüglicher Irrtum unbeachtlich ist.[188] Der Anwendungsbereich des § 119 Abs. 2 BGB ist allerdings dann eröffnet, wenn sich die Fehlvorstellungen nicht auf den Wert als solchen, sondern vielmehr auf wertbildende Merkmale bzw auf die Zugehörigkeit bestimmter Gegenstände zum Erblasservermögen beziehen und zu einem groben Bewertungsfehler im Rahmen der Berechnung des Abfindungsbetrages geführt haben.[189] Beachtlich sind jedoch nur solche Fehlvorstellungen, die sich auf das gegenwärtige Vermögen des Erblassers, sprich im Zeitpunkt des Abschlusses des Kausalgeschäfts, beziehen. Zwischen diesem Termin und der effektiven Abfindungszahlung oder dem Erbfall eintretende Änderungen sind unbeachtlich.[190]

186 Vor diesem Hintergrund kann es gegebenenfalls sinnvoll sein, die Zugehörigkeit bestimmter Vermögensgegenstände zum Vermögen des Erblassers ausdrücklich anzugeben. Hier wird in der Praxis jedoch stets abzuwägen sein, ob und inwieweit eine derartige Offenlegung unter taktischen Gesichtspunkten opportun ist. Dabei ist auch zu bedenken, dass die Beweislast für das Vorliegen einer relevanten Zielvorstellung beim Verzichtenden liegt.

187 Mit der gleichen Begründung ist in den meisten Fällen auch die Berufung auf einen etwaigen **Wegfall der Geschäftsgrundlage** abgeschnitten. Im Hinblick darauf, dass die künftige Vermögensentwicklung des Erblassers für alle Beteiligten ungewiss ist und weder im Risikobereich des Verzichtenden noch des Erblassers selbst angesiedelt werden kann, kann eine Anpassung des

---

184 Etwas anderes kann selbstverständlich hinsichtlich des Erfüllungsgeschäfts zur Leistung der vereinbarten Abfindung gelten.
185 *Damrau*, Erbverzicht, S. 130.
186 Vgl zum Ganzen *Muscheler/Groll*, Praxishandbuch Erbrechtsberatung, B XV Rn 124 mwN.
187 *Muscheler/Groll*, Praxishandbuch Erbrechtsberatung, B XV Rn 130.
188 *Damrau*, Erbverzicht, S. 136.
189 MünchKomm/*Strobel*, § 2346 Rn 24; *Muscheler/Groll*, Praxishandbuch Erbrechtsberatung, B XV Rn 130.
190 Vgl BayObLGZ 1995, 29, 34.

Vertragsverhältnisses wegen solcher Veränderungen von keiner der beiden Parteien verlangt werden.[191]

Ein Anspruch auf Anpassung wegen Wegfalls der Geschäftsgrundlage kommt jedoch in Betracht, wenn sich nach dem Abschluss des Kausalgeschäfts herausstellt, dass der mit dem Vertrag seitens der Parteien beabsichtigte Zweck nicht erreichbar ist.[192] Des Weiteren hat die Rechtsprechung ein Anpassungsverlangen in einem Fall für legitim gehalten, in dem die unterstellte „Wertlosigkeit" in Ostdeutschland gelegenen Vermögens (während des Bestehens der DDR) Geschäftsgrundlage der Abfindungsbemessung war.[193]   188

Sowohl die Anfechtung des Kausalgeschäfts als auch die Berufung auf den Wegfall der Geschäftsgrundlage sind im Hinblick auf die bei Eintritt des Erbfalls erforderliche Rechtssicherheit der Erbfolge nur zu Lebzeiten des Erblassers möglich.[194] Dieser Gesichtspunkt steht jedoch dem Verlangen nach einer Anpassung des Abfindungsbetrages auch nach dem Tod des Erblassers nicht entgegen.[195]   189

7. Folgen der Unwirksamkeit des Kausalgeschäfts

Soweit nicht die zur Nichtigkeit bzw Unwirksamkeit des Kausalgeschäfts führenden Mängel auch den auf seiner Grundlage abgeschlossenen Verzichtsvertrag als solchen betreffen, ergeben sich aus dem abstrakten Charakter des Erbverzichts diverse **Abwicklungsschwierigkeiten**. Denn der Wegfall des Kausalgeschäfts führt gerade nicht auch zum gleichzeitigen Wegfall des Verzichts. Überdies sind die Einzelheiten der Rückabwicklung in Rechtsprechung und Literatur streitig.[196] Nach wohl überwiegender Ansicht steht dem Verzichtenden im Falle der Unwirksamkeit des Kausalgeschäfts oder bei Nichterfüllung der dort durch den Erblasser übernommenen Verpflichtungen zu Lebzeiten des Erblassers ein auf §§ 812 ff BGB gestützter Anspruch auf Abschluss eines entsprechenden **Aufhebungsvertrages** zu.[197] Nach anderer Ansicht soll dem Verzichtenden hier ein Anfechtungsrecht bzw die Möglichkeit zur Berufung auf den Wegfall der Geschäftsgrundlage zustehen. Nach der letztgenannten Auffassung könnte die Unwirksamkeit des Erbverzichts sogar im Erbscheinsverfahren geltend gemacht werden.[198]   190

Nach dem Tod des Erblassers kommt eine Anwendung der §§ 812 ff BGB nicht mehr in Betracht, da eine Aufhebung des Erbverzichts nicht mehr möglich ist und auch nicht durch entsprechendes Gerichtsurteil ersetzt werden kann.[199] Die hM löst dieses Problem durch die Zubilligung eines **Wertersatzanspruchs** gegen die Erben, und zwar in Höhe des (fiktiven) Erbteils.[200] Soweit die Art und Weise der Rückabwicklung auf den Gedanken des Wegfalls der Geschäftsgrundlage gestützt wird, ergeben sich auch nach dem Tod des Erblassers keine weiteren Schwierigkeiten.   191

Haben die Parteien von vornherein auf den ausdrücklichen Abschluss eines Kausalgeschäfts verzichtet, etwa weil der Verzichtende in der dem Erblasser bekannten Erwartung handelte,   192

---

191 Staudinger/*Schotten*, § 2346 Rn 190 mwN.
192 Vgl insoweit BGHZ 134, 152, 157 = ZEV 1997, 69 mit Anmerkung *Edenfeld* = JZ 1998, 141; MünchKomm/*Strobel*, § 2346 Rn 24; *Muscheler/Groll*, Praxishandbuch Erbrechtsberatung, B XV Rn 131.
193 OLG Hamm ZEV 2000, 507 mit Anmerkung *Kuchinke*; MünchKomm/*Strobel*, § 2346 Rn 24.
194 Staudinger/*Schotten*, § 2346 Rn 176; *Muscheler/Groll*, Praxishandbuch Erbrechtsberatung, B XV Rn 129.
195 BGH FamRZ 1999, 375; MünchKomm/*Strobel*, § 2346 Rn 24.
196 Vgl zB *Kurze* in: Bonefeld/Wachter, Der Fachanwalt für Erbrecht, Kapitel 22 Rn 42.
197 MünchKomm/*Strobel*, § 2346 Rn 24; Staudinger/*Schotten*, § 2346 Rn 182 ff.
198 *Damrau*, Erbverzicht, S. 125; Palandt/*Edenhofer*, vor § 2346 Rn 11.
199 *Kurze* in Bonefeld/Wachter, Der Fachanwalt für Erbrecht, Kapital 22 Rn 42.
200 Staudinger/*Schotten*, § 2346 Rn 184.

später von diesem eine Abfindung zu erhalten, besteht – selbst wenn die Parteien im Verzichtsvertrag selbst diese Erwartung nicht einmal andeutungsweise zum Ausdruck gebracht haben – ggf ein auf Aufhebung des abstrakten Erbverzichtsvertrages gerichteter Bereicherungsanspruch iSv § 812 Abs. 1 S. 1, 1. Alt. BGB.[201]

193 Angesichts der oben kurz umrissenen Schwierigkeiten bei der dogmatischen Einordnung der Rückabwicklung empfiehlt es sich umso mehr, sowohl das Verpflichtungsgeschäft als auch den abstrakten Erbverzicht sorgfältig zu formulieren. Insbesondere der Einsatz von Bedingungen kann dabei Schwierigkeiten im Rahmen der Rückabwicklung zuverlässig vermeiden (Beispiele vgl oben).

VIII. Verknüpfung mit anderen Verträgen

194 Die Vereinbarung des Erbverzichts kann mit anderen Vereinbarungen in einer einheitlichen Urkunde verbunden werden. Dies ist oftmals der Fall, wenn im Rahmen des Abschlusses eines Übergabevertrages – beispielsweise in der Landwirtschaft – der Vermögensübernehmer erklärt, im Hinblick auf sein künftiges Erbrecht abgefunden zu sein. Auch hier ist besondere Sorgfalt geboten, da Erklärungen der vorbeschriebenen Art im Zweifel gemäß §§ 133, 157, 242 BGB auszulegen sind, soweit ihr Inhalt bzw ihre Bedeutung nicht eindeutig feststellbar sind.[202]

195 ▶ **Muster: umfassender Erbverzicht einschließlich höferechtlicher Ansprüche**

Der Verzichtende erklärt, mit der vereinbarten Zahlung iHv EUR ▬▬▬ hinsichtlich seiner aus der vorstehenden Übertragung resultierenden Ansprüche gemäß § 12 HöfeO abgefunden zu sein. Auf etwaige weitergehende Ansprüche gemäß § 12 HöfeO verzichtet er vorsorglich. Etwaige Nachabfindungsansprüche gemäß § 13 HöfeO sind von dem Verzicht ebenfalls umfasst/bleiben unberührt. Gleiches gilt für etwaige Pflichtteils- bzw Pflichtteilsergänzungsansprüche. ◀

196 Gleiches gilt auch für Gestaltungen, in denen nicht der Übernehmer selbst, sondern beispielsweise seine Geschwister oder andere Personen einen Erbverzicht erklären. Hier wird der Inhalt der Verzichtserklärung mitunter sehr weit ausgelegt. Bekunden beispielsweise die Abkömmlinge in einem **Übergabevertrag** ihr Einverständnis mit der Übertragung und erklären sie gleichzeitig „abgefunden" zu sein und „keine Erb- oder Pflichtteilsansprüche gegen den Erblasser und den Vermögensübernehmer" zu stellen, liegt hierin regelmäßig ein umfassender Erbverzicht, wenn eine Beschränkung des Erklärungsinhalts auf den Übertragungsgegenstand nicht erkennbar ist.[203] Soweit diese weitgehende Wirkung nicht gewünscht wird, sollte der Verzicht auf die Anwendung der Ausgleichungsvorschriften beschränkt werden.

197 ▶ **Muster: Übergabevertrag: Verzicht auf Ausgleichung und Pflichtteilsergänzung**

In Ansehung der heutigen Übertragung verzichten die – ebenfalls erschienenen – Geschwister des Übernehmers insoweit auf ihr gesetzliches Erb- und/oder Pflichtteilsrecht, als die Anwendung der Vorschriften der §§ 2050 ff BGB bei der Berechnung der ihnen zustehenden Erb- und/oder Pflichtteile

---

201 *Muscheler/Groll*, Praxishandbuch Erbrechtsberatung, B XV Rn 135.
202 Erklärt sich der Übernehmer im Rahmen eines Übergabevertrages wegen seines künftigen Erbrechts für abgefunden, so ist im Regelfall davon auszugehen, dass ein Erbverzicht hiermit nicht gewollt ist. Vielmehr soll nur zum Ausdruck gebracht werden, dass nach dem gegenwärtigen Stand des Vermögens des Erblassers von einer Gleichwertigkeit des Übertragungsgegenstandes mit dem zu erwartenden Erbteil ausgegangen wird. Ein Verzicht bezüglich späterer Wertzuwächse ist hiermit im Regelfall nicht verbunden, vgl zB BayObLGZ 1981, 30, 36; OLG Hamm NJW-RR 1996, 906.
203 Vgl OLG Oldenburg FamRZ 1998, 645, 646; *Muscheler/Groll*, Praxishandbuch Erbrechtsberatung, B XV Rn 160.

nicht berücksichtigt werden soll und Pflichtteilsergänzungsansprüche nach § 2325 BGB ausgeschlossen werden. ◄

IX. Rücktrittsmöglichkeiten

Ein Rücktritt vom Erbverzicht selbst scheidet aus, da ein Rücktrittsvorbehalt nicht wirksam vereinbart werden kann[204] und die Vorschriften über den Rücktritt von Verträgen keine Anwendung finden.[205]

Ein **Rücktritt vom Kausalgeschäft** ist jedoch grundsätzlich möglich. Es gelten entweder die gesetzlichen Bestimmungen oder die zwischen den Parteien vereinbarten Rücktrittsvoraussetzungen; selbst die Vereinbarung eines Rücktrittsrechts ohne Angabe von Gründen ist zulässig.[206] Im Hinblick darauf, dass durch den Rücktritt vom Kausalgeschäft der abstrakte Verzichtsvertrag nicht automatisch entfällt, erscheint es für die Gestaltungspraxis – jedenfalls aus Sicht des Verzichtenden – ratsamer, die möglichen Rücktritts-Szenarien durch entsprechend ausgestaltete aufschiebende bzw auflösende Bedingungen unmittelbar im Verzichtsvertrag abzubilden.

▶ **Muster: Erbverzicht – Vereinbarung eines Rücktrittsrechts**

Der vorstehende Erbverzicht ist auflösend bedingt. Die auflösende Bedingung tritt durch die Ausübung des im Rahmen des Kausalgeschäfts zu diesem Erbverzicht vorbehaltenen oder kraft Gesetzes bestehenden Rücktrittsrechts ein; maßgeblich ist der Zugang der Rücktrittserklärung beim Erblasser beurkundenden Notar. ◄

Durch die Ausübung des Rücktritts gestaltet sich das Vertragsverhältnis in ein **Rückgewährschuldverhältnis** um, kraft dessen die Parteien gemäß § 346 BGB verpflichtet sind, einander die jeweils empfangenen Leistungen zurück zu gewähren.

Besonderheiten ergeben sich auch im Bereich des Rücktritts hinsichtlich der Verpflichtung des Erblassers, an einer Aufhebung des Verzichtsvertrages mitzuwirken. Denn soweit der Verzicht nicht noch zu Lebzeiten des Erblassers aufgehoben wird, wird die Rückgewähr der empfangenen Leistung insoweit unmöglich und der Erbe des Erblassers gemäß § 275 Abs. 1 BGB von seiner Leistungspflicht frei.[207] In dieser Konstellation kann entweder ein Wegfall der Geschäftsgrundlage für den Rücktritt unterstellt werden[208] mit der Folge, dass dem Verzichtenden der Anspruch auf die Abfindungsleistung verbleibt. Andererseits ist es auch denkbar, an die Stelle der Aufhebung des Erbverzichts einen Wertersatzanspruch treten zu lassen.

X. Aufhebung und Widerruf

1. Grundsätzliches

Ein einseitiger Widerruf des (abstrakten) Erbverzichts ist im Hinblick auf die vertragliche Bindung nicht möglich; dies gilt auch für einen Widerruf des Erblassers selbst.[209] Auch kann ein Erbverzicht nicht durch eine einseitige letztwillige Verfügung beseitigt werden.[210] Allerdings kann der Erbverzicht gemäß §§ 2347 Abs. 2 S. 1, 2348, 2351 BGB durch notariellen Vertrag

---

204 Palandt/*Edenhofer*, Vorbemerkung zu § 2346 Rn 12.
205 BayObLG ZEV 1995, 228; Staudinger/*Schotten*, § 2346 Rn 111.
206 *Muscheler/Groll*, Praxishandbuch Erbrechtsberatung, B XV Rn 137.
207 Vgl BGHZ 37, 319, 329.
208 So *Reul*, MittRhNotK 1997, 373, 381; Palandt/*Heinrichs*, § 347 Rn 2.
209 *Kurze* in Bonefeld/Wachter, Der Fachanwalt für Erbrecht, Kapitel 22 Rn 59.
210 BGH BGHZ 30, 261, 267; Staudinger/*Schotten*, § 2346 Rn 128 mwN.

zwischen dem Erblasser und dem Verzichtenden aufgehoben werden. Wegen des höchstpersönlichen Charakters des **Aufhebungsvertrages** ist sein Abschluss mit dem bzw den Erben einer Vertragspartei des Erbverzichts unzulässig, dies gilt sowohl für den Erblasser als auch für den Verzichtenden.[211] Auch wenn der Erbverzicht sich gemäß § 2349 BGB oder kraft ausdrücklicher Anordnung auf die Abkömmlinge des Verzichtenden erstreckt, ist die Zulässigkeit einer Aufhebungsvereinbarung zwischen dem Erblasser und den betroffenen Abkömmlingen umstritten.[212] Soweit die Zulässigkeit abzulehnen ist, führt ein Verstoß gegen diese Einschränkungen zur Nichtigkeit des Aufhebungsvertrages.[213]

2. Vertretungsmöglichkeiten/Genehmigungserfordernisse

204   Ausnahmsweise kann aber der Aufhebungsvertrag im Falle der Geschäftsunfähigkeit des Erblassers (§ 104 BGB) durch seinen gesetzlichen Vertreter oder seinen Betreuer geschlossen werden. In diesem Fall bedarf der Vertragsschluss der vormundschaftsgerichtlichen Genehmigung, soweit nicht der Erblasser unter elterlicher Sorge steht und Geschäftsgegner des Aufhebungsvertrages sein Ehegatte oder Verlobter ist (§§ 2347 Abs. 2 S. 2, 2. Hs, Abs. 1 S. 1, 2. Hs, 2351 BGB).

205   Soweit ein unter Betreuung stehender Erblasser tatsächlich geschäftsfähig ist, kann er den Vertrag unproblematisch selbst schließen. Steht der Erblasser unter Betreuung mit Einwilligungsvorbehalt, ist für die Wirksamkeit des Vertragsschlusses die Zustimmung des Betreuers erforderlich. Ein Vertragsschluss des Betreuers allein kommt in diesem Fall allerdings im Hinblick auf § 2347 Abs. 2 S. 1, 1. Hs BGB nicht in Betracht.[214]

206   Da die Aufhebung des Erbverzichts in keinem Fall lediglich rechtlich vorteilhaft iSv § 107 BGB ist, bedarf ein nur beschränkt geschäftsfähiger Erblasser für den Abschluss des Aufhebungsvertrages stets der Einwilligung seines gesetzlichen Vertreters.

207   Wie beim Abschluss des Erbverzichtsvertrages kann sich der Verzichtende auch beim Abschluss des Aufhebungsvertrages rechtsgeschäftlich vertreten lassen. Ist er geschäftsunfähig, so kann nur sein Betreuer für ihn den Aufhebungsvertrag schließen. Bei beschränkter Geschäftsfähigkeit kann der Verzichtende selbst den Aufhebungsvertrag wirksam schließen; die Vernichtung der Rechtswirkungen des abstrakten Erbverzichts stellt für ihn lediglich einen rechtlichen Vorteil iSv § 107 BGB dar.[215] Dies gilt jedoch nur, soweit der Verzicht tatsächlich aufgehoben wird; bloße Modifikationen des ursprünglichen Verzichts fallen nicht in diese Kategorie.

3. Reichweite des Aufhebungsvertrags

208   Durch den Aufhebungsvertrag iSv § 2351 BGB kann der ursprüngliche Erbverzicht sowohl seinem gesamten Inhalt nach in Wegfall gebracht oder auch nur ein Teilbereich aufgehoben bzw modifiziert werden.

209   ▶ **Muster: Erbverzicht – teilweise Aufhebung**

Der am ▬ (UR.-Nr.: ▬) vereinbarte Erbverzicht wird nach dem übereinstimmenden Willen der Parteien insoweit aufgehoben, als der Verzicht über die Hälfte des gesetzlichen Erbteils des Verzich-

---

211 BGH NJW 1998, 3117; BGH NJW 1999, 798; Damrau/*Mittenzwei*, Praxiskommentar Erbrecht, § 2351 Rn 1.
212 Dafür: *Muscheler*, ZEV 1999, 49, 51; Staudinger/*Schotten*, § 2349 Rn 16; dagegen: BGH NJW 1998, 3117; *Kuchinke*, ZEV 2000, 169, 171.
213 Damrau/*Mittenzwei*, Praxiskommentar Erbrecht, § 2351 Rn 1.
214 Vgl Damrau/*Mittenzwei*, Praxiskommentar Erbrecht, § 2351 Rn 1.
215 Damrau/*Mittenzwei*, Praxiskommentar Erbrecht, § 2351 Rn 2.

B. Erbverzicht § 8

tenden hinausgeht. Die Parteien nehmen die auf die teilweise Aufhebung des Verzichtsvertrages gerichteten Erklärungen wechselseitig an. ◄

Der Aufhebungsvertrag beseitigt grundsätzlich nur die Wirkungen des (abstrakten) Erbverzichts, nicht jedoch diejenigen des dem Verzicht zugrunde liegenden Kausalgeschäfts.[216] Ob eine bereits gezahlte Abfindung nach § 812 Abs. 1 S. 2 BGB kondiziert werden kann oder eine Rückforderung ausscheidet, ist umstritten.[217] Vor diesem Hintergrund sollte diese Frage – spätestens – im Aufhebungsvertrag ausdrücklich geregelt werden.

▶ **Muster: Erbverzicht – Aufhebungsvertrag mit Vereinbarungen bezüglich der erbrachten Gegenleistung**

Die Parteien heben den Verzichtsvertrag vom ... (UR.-Nr.: ...) auf.

Die aufgrund des vorstehenden Verzichtsvertrages geleistete Abfindung iHv EUR ... verbleibt dem Verzichtenden, der jedoch hiermit (erneut) insoweit auf sein gesetzliches Erbrecht nach dem dies annehmenden Erblasser verzichtet, als bei der Berechnung seines Erb- bzw Pflichtteils die an ihn geleistete Abfindungszahlung als ausgleichungspflichtige Zuwendung iSv § 2050 Abs. 3 BGB zu behandeln und auf einen etwaigen Pflichtteilsanspruch anzurechnen ist. ◄

Im Idealfall ist selbstverständlich auch die Frage, wie eine etwaige Rückabwicklung zu erfolgen haben soll, bereits im Rahmen des Erbverzichtsvertrages zu klären.

▶ **Muster: Erbverzicht – Rücktrittsvorbehalt einschließlich Regelung des Schicksals der Gegenleistung**

Für den Fall, dass der Verzichtende das in diesem Vertrag vorbehaltene Rücktrittsrecht ausübt, vereinbaren die Erschienenen bereits heute, aufschiebend bedingt auf den Zugang der Rücktrittserklärung bei dem beurkundenden Notar, die Aufhebung des vorstehenden Erbverzichtsvertrages und beauftragen den Notar hiermit, sie über die Aufhebung des Erbverzichts unverzüglich durch eingeschriebenen Brief in Kenntnis zu setzen.

Des Weiteren vereinbaren die Parteien für diesen Fall, dass der Verzichtende die gemäß Ziffer ... dieser Urkunde bereits an ihn erbrachte Gegenleistung dem Erblasser zurückzugewähren hat. ◄

XI. Checkliste Erbverzicht

- Notarielle Beurkundung zwingend erforderlich, § 2348 BGB
- Vertragsschluss durch den Erblasser nur persönlich, § 2347 Abs. 2 BGB
- Ergänzungspfleger/vormundschaftsgerichtliche Genehmigung erforderlich?
- Absicherung durch aufschiebende oder auflösende Bedingungen
  - Verzicht zugunsten eines anderen
  - Abhängigkeit des Verzichts von der Erbringung einer Gegenleistung
  - Verzicht unter der Bedingung einer anderweitigen Begünstigung von Todes wegen (zB Vermächtnis)
- Beschränkung des Verzichts auf

---

[216] Damrau/*Mittenzwei*, Praxiskommentar Erbrecht, § 2351 Rn 4.
[217] Dafür: Erman/*Schlüter*, § 2351 Rn 3; RGRK/*Johannsen*, § 2351 Rn 1; dagegen: *Kuchinke*, ZEV 2000, 169 f; Soergel/ *Damrau*, § 2351 Rn 5.

- einen ideellen Bruchteil der Erbschaft (nicht gegenständlich!)
- Hinnahme von Beschränkungen und Beschwerungen im Sinne von § 2306 BGB
- Verzicht unter Vorbehalt des Pflichtteils
- Bei entgeltlichem Verzichtsvertrag: genaue Definition/Bezifferung der Gegenleistung
- Soweit möglich: Verknüpfung von Kausalgeschäft und abstraktem Verzicht (§ 139 BGB)
- Vereinbarungen für den Fall der Rückabwicklung des Kausalgeschäfts

C. Zuwendungsverzicht

I. Einführendes Muster

215 ▶ **Muster: Zuwendungsverzicht**

[... notarielle Urkundenformalien ...]

Die Erschienenen ... (Erblasser) und ... (Verzichtender) erklärten mit der Bitte um notarielle Beurkundung folgenden

Zuwendungsverzichtsvertrag

I. Präambel
Der Erblasser und sein Ehegatte haben am ... vor dem Notar ... in ... ein gemeinschaftliches Testament (UR-Nr. ...) errichtet. Zu Schlusserben haben sie ihre drei Kinder, nämlich den Verzichtenden und seine beiden Geschwister, zu jeweils gleichen Teilen, ersatzweise deren Abkömmlinge unter sich nach den Regelungen der gesetzlichen Erbfolge, berufen. Der Ehegatte des Erblassers ist bereits am ... verstorben.
Der Verzichtende befindet sich in wirtschaftlichen Schwierigkeiten, ihm droht die Privatinsolvenz. Vor diesem Hintergrund ist ihm daran gelegen, dass der Nachlass des Erblassers – soweit er ihm, dem Verzichtenden zustehen würde – unmittelbar seinen Abkömmlingen zufällt, ohne dass seine Gläubiger auf den Nachlass zugreifen können.

II. Zuwendungsverzicht
Der Verzichtende verzichtet hiermit gegenüber dem Erblasser auf das ihm durch das bindend gewordene gemeinschaftliche Testament vom ... zugewandte Erbrecht.
Der Verzicht steht unter der aufschiebenden Bedingung, dass an Stelle des Verzichtenden seine leiblichen Abkömmlinge entsprechend der im gemeinschaftlichen Testament des Erblassers und seines Ehegatten vom ... angeordneten Ersatzerbfolge Erben werden.

III. Gegenleistung
Eine Gegenleistung für diesen Zuwendungsverzicht wird nicht vereinbart; er erfolgt vielmehr unentgeltlich.

IV. Annahme des Verzichts
Der Erblasser nimmt hiermit den vorstehend erklärten Zuwendungsverzicht des Verzichtenden an.
[Belehrungen, Durchführungsanweisungen, Vollmachten, Kosten] ◀

II. Abgrenzung zum Erbverzicht

216 Während beim Erbverzicht gemäß § 2346 BGB auf den gesetzlichen Erbteil verzichtet wird, richtet sich der Verzicht auf Zuwendungen gemäß § 2352 BGB auf **testamentarische bzw erbvertragliche Erbeinsetzungen bzw Vermächtnisanordnungen**. Der Zuwendungsverzicht hat also einen vollständig anderen Verzichtsgegenstand als der Erbverzicht. In formaler Hinsicht sind

C. Zuwendungsverzicht   § 8

aber gemäß § 2352 S. 3 BGB die für den Erbvertrag geltenden Vorschriften entsprechend anzuwenden.

Der praktische Anwendungsbereich des Zuwendungsverzichts ist vergleichsweise schmal, da sowohl letztwillige Verfügungen (§§ 2253 ff BGB) als auch Erbverträge (§ 2290 BGB) relativ einfach zu Lebzeiten des Erblassers abgeändert werden können. Nur bei Sachverhalten, die eine solche lebzeitige Änderung nicht ohne Weiteres zulassen, kommt der Zuwendungsverzicht in der Praxis in Betracht. Hierbei handelt es sich insbesondere um die Fälle der **Geschäftsunfähigkeit des Erblassers**, der nach dem Tod des zuerst verstorbenen Ehegatten eingetretenen **Bindungswirkung gemeinschaftlicher Testamente** bzw der **Bindungswirkung von Erbverträgen** bei fehlender Mitwirkung des Vertragspartners. Schließlich kann der Zuwendungsverzicht auch zur Umgehung der Rechtsfolgen des § 2287 BGB dienen.[218] Der Zuwendungsverzicht bildet bei diesen Fallgestaltungen eine Möglichkeit, mit deren Hilfe der Erblasser seine Testierfreiheit wieder herstellen kann. Hierbei ist allerdings zu beachten, dass die Verfügungsfreiheit des erbrechtlich gebundenen Erblassers nur dann erreicht werden kann, wenn eine **Ersatzberufung** oder eine **Anwachsung** an andere Berechtigte gemäß § 2094 BGB nicht eintritt. Dies kann – jedenfalls theoretisch – dadurch erreicht werden, dass auch diese Personen, also insbesondere die Ersatzerben oder Ersatzvermächtnisnehmer, ebenfalls Zuwendungsverzichte erklären. Schließlich ist § 2069 BGB zu beachten.[219]

217

III. Verzicht auf testamentarische Zuwendungen

§ 2352 BGB differenziert zwischen Zuwendungsverzichten, die sich auf testamentarische Verfügungen beziehen, und solchen, die erbvertragliche Anordnungen zum Gegenstand haben.

218

Gemäß § 2352 S. 1 BGB ist der Verzicht auf testamentarische Zuwendungen uneingeschränkt möglich. Verzichtender kann hier sowohl der testamentarische Erbe als auch der Vermächtnisnehmer sein. Streitig ist, ob auch auf die Begünstigung aus einer Auflage verzichtet werden kann.[220]

219

IV. Verzicht auf erbvertragliche Zuwendungen

Auf durch Erbvertrag angeordnete Zuwendungen kann gemäß § 2352 S. 2 BGB nur ein „Dritter" verzichten. Diese Terminologie dient im Wesentlichen der Abgrenzung des Verzichtenden vom Vertragspartner des Erblassers im Rahmen des Erbvertrages. Denn soweit der Erblasser und sein Erbvertrags-Partner erbvertragliche Regelungen aufheben möchten, geschieht dies nicht mit Hilfe eines Zuwendungsverzichts iSv § 2352 BGB; vielmehr haben hier die gesetzlichen Regelungen zum Erbvertrag (§§ 2290 BGB) Vorrang. Dies ist u.a. deswegen erforderlich, um eine Umgehung der strengeren Formvorschriften der §§ 2276 Abs. 1 S. 1, 2290 Abs. 4 BGB zu verhindern.[221] Die Rechtsprechung geht bei dieser Abgrenzung soweit, dass jeder, der am Abschluss eines Erbvertrages beteiligt ist, auf keinen Fall Dritter iSv § 2352 S. 2 BGB sein kann. Im Ergebnis bedeutet dies, dass ein Zuwendungsverzicht nicht in Betracht kommt, wenn die entsprechende Zuwendung Gegenstand eines Erbvertrages ist, in dem sich der Erblasser und

220

---

218 BGHZ 108, 252.
219 *Bonefeld,* in Krug/Rudolf/Kroiß, Erbrecht, § 5 Rn 91; Damrau/*Mittenzwei,* Praxiskommentar Erbrecht, § 2352 Rn 1.
220 Bejahend: *Lange/Kuchinke,* Erbrecht § 7 II 3 Fn 57; Soergel/*Damrau,* § 2352 Rn 1; Staudinger/*Schotten,* § 2352 Rn 3; ablehnend: Bamberger/Roth/*J. Mayer,* § 2352 Rn 2; MünchKomm/*Strobel,* § 2352 Rn 4; *J. Mayer,* ZEV 1996, 127.
221 OLG Stuttgart OLGZ 1979, 129, 130; BayObLGZ 1977, 751; OLG Celle NJW 1959, 1923; Damrau/*Mittenzwei,* Praxiskommentar Erbrecht, § 2352 Rn 3.

sein Vertragspartner gegenseitig gebunden haben, an dem jedoch auch der Begünstigte der Zuwendung in irgendeiner Weise beteiligt war.[222] Angesichts dieses wenig überzeugenden Ergebnisses geht die Literatur berechtigterweise davon aus, dass der Begünstigte auch dann Dritter iSv § 2352 S. 2 BGB sein kann, wenn er zwar formal an dem Erbvertrag beteiligt, nicht jedoch Vertragsgegner des Erblassers ist.[223]

221 Im Übrigen gelten die soeben beschriebenen Einschränkungen nicht für solche Zuwendungen, die der Erblasser zwar im Rahmen seines Erbvertrages, jedoch nicht mit erbvertraglicher Bindungswirkung, sondern vielmehr einseitig angeordnet hat.[224]

V. Gegenstand des Zuwendungsverzichts

222 Gegenstand eines Zuwendungsverzichtsvertrags können ausschließlich Zuwendungen in einer **bereits bestehenden** und im Zeitpunkt des Verzichts **noch wirksamen** Verfügung von Todes wegen sein.[225] Der Verzicht auf eine künftige Zuwendung ist nicht möglich.[226] Der Verzicht auf ein Vermächtnis ist allerdings nur insoweit möglich, als dieses nicht gesetzlich angeordnet ist. Demzufolge kommt ein Zuwendungsverzicht hinsichtlich des Voraus des Ehegatten (§ 1932 BGB) oder hinsichtlich des Dreißigsten (§ 1969 BGB) nach hM nicht in Betracht.[227] Ob auf die Begünstigung aus einer Auflage verzichtet werden kann, ist in der Literatur umstritten,[228] obergerichtliche Entscheidungen zu diesem Problemkreis sind nicht vorhanden.

223 Grundsätzlich umfasst der Zuwendungsverzicht nicht das gesetzliche Erb- bzw Pflichtteilsrecht. Allerdings kann sich bei unscharfer Formulierung im Wege der Auslegung, die in diesem Bereich sicherlich restriktiv zu handhaben ist,[229] ein anderes Ergebnis einstellen. Vor diesem Hintergrund empfiehlt es sich, beim Abschluss des Zuwendungsverzichtsvertrages dessen genauen Umfang klarzustellen und vorsorglich negativ abzugrenzen.

224 ▶ **Muster: Zuwendungsverzicht unter „Vorbehalt" des gesetzlichen Erbrechts**

Der Verzichtende verzichtet hiermit gegenüber dem Erblasser auf das ihm durch das bindend gewordene gemeinschaftliche Testament des Erblassers und seines Ehegatten vom ▬▬▬ zugewendete Erbrecht/Vermächtnis bezüglich ▬▬▬ (Vermächtnisgegenstand).

Das gesetzliche Erb- und Pflichtteilsrecht des Verzichtenden ist **nicht** Gegenstand dieses Verzichtes. ◀

Andererseits ist es auch denkbar, dass der Verzicht auf konkrete letztwillige Zuwendungen mit einem allgemeinen Erbverzicht verbunden werden soll, um auf diese Weise zu gewährleisten, dass dem Verzichtenden gar keine Ansprüche nach dem Tod des Erblassers zustehen können.[230]

---

222 Vgl Damrau/*Mittenzwei*, Praxiskommentar Erbrecht, § 2352 Rn 3.
223 Bamberger/Roth/*J. Mayer*, § 2352 Rn 12; *Lange*/*Kuchinke*, Erbrecht § 7 II 4 Fn 62; Soergel/*Damrau*, § 2352 Rn 3; Staudinger/*Schotten*, § 2352 Rn 25 f; Palandt/*Edenhofer*, § 2352 Rn 7.
224 *Muscheler*/*Groll*, Praxishandbuch Erbrechtsberatung, B XV Rn 79.
225 BGHZ 30, 261, 267; BayObLG Rpfleger 1987, 374; *J. Mayer*, ZEV 1996, 128.
226 Verzichten kann nur derjenige, der im Zeitpunkt des Verzichts (bereits) „bedacht" ist; *Muscheler*/*Groll*, Praxishandbuch Erbrechtsberatung, B XV Rn 81; Staudinger/*Schotten*, § 2352 Rn 8 mwN.
227 *Mittenzwei* in: Bonefeld/Daragan/Wachter, Der Fachanwalt für Erbrecht, 1. Aufl., Kapitel 22 Rn 57.
228 Bejahend: *Lange*/*Kuchinke*, Erbrecht § 7 II 3 Fn 57; Soergel/*Damrau*, § 2352 Rn 1; Staudinger/*Schotten*, § 2352 Rn 3; ablehnend: Bamberger/Roth/*J. Mayer*, § 2352 Rn 2; *Brox*, Erbrecht, Rn 296; *J. Mayer*, ZEV 1996, 127; Münch-Komm/*Strobel*, § 2352 Rn 4.
229 *Lange*/*Kuchinke*, Erbrecht § 7 III 3 (S. 169).
230 Vgl Staudinger/*Schotten*, § 2346 Rn 18.

C. Zuwendungsverzicht § 8

▶ **Muster: Zuwendungsverzicht mit gleichzeitigem Verzicht auf das gesetzliche Erbrecht** 225

Gleichzeitig verzichtet der Verzichtende auf sein gesetzliches Erb- und Pflichtteilsrecht nach dem Tod des Erblassers. Dieser Verzicht gilt auch für die Abkömmlinge des Verzichtenden. ◀

VI. Rechtsfolgen des Zuwendungsverzichts

1. Beschränkung der Verzichtswirkung auf den konkreten Zuwendungsgegenstand

Auch der Zuwendungsverzicht hat analog § 2346 Abs. 1 S. 2 BGB eine **Vorversterbensfiktion** 226 hinsichtlich des Verzichtenden zur Folge.[231] Er bewirkt nicht die Aufhebung der Verfügung von Todes wegen, in der die verzichtsgegenständliche Zuwendung angeordnet ist. Vielmehr verhindert er lediglich den Anfall der Erbschaft bzw des Vermächtnisses. So führt beispielsweise der Verzicht des Vorerben dazu, dass die Erbschaft unmittelbar an die an seine Stelle tretenden Nacherben fällt.[232] Ist Gegenstand des Verzichts ein Vorausvermächtnis, so fällt zwar dieses weg, die im Übrigen testamentarisch angeordnete (oder auf Gesetz beruhende) Erbfolge wird jedoch nicht berührt.

Vor diesem Hintergrund ist der Zuwendungsverzicht nur eingeschränkt dazu geeignet, dem 227 Erblasser seine Testierfreiheit zurückzugeben. Dies setzt nämlich voraus, dass auch alle potentiellen Ersatzerben oder Ersatzvermächtnisnehmer bzw Nacherben oder Nachvermächtnisnehmer ebenfalls auf die ihnen ggf anfallenden Zuwendungen verzichten. Der Verzicht auf eine Auflage – soweit man diesen für zulässig hält – bewirkt, dass die Erfüllung der Auflage von keiner Seite mehr erzwungen werden kann.[233]

2. Keine Erstreckung auf Ersatzberufene

Seit der Erbrechtsreform 2010 erstreckt sich der Zuwendungsverzicht eines Abkömmlings oder 228 Seitenverwandten des Erblassers grundsätzlich auch auf die Abkömmlinge des Verzichtenden (§ 2352 S. 3 BGB).[234] Früher sollte eine Erstreckung auf Abkömmlinge unzulässig sein, selbst wenn die Parteien des Zuwendungsverzichts dies ausdrücklich wollten.[235] Allerdings konnte hier eine Umdeutung des Verzichts in einen Widerruf der Ersatzberufung in Betracht kommen, wenn insoweit die formalen Anforderungen an eine letztwillige Verfügung erfüllt waren und der Erblasser an die aufzuhebende Ersatzberufung nicht gebunden war.[236] Die Rechtsprechung hat insoweit in der Vergangenheit die Auffassung vertreten, dass auch eine Ersatzerbeinsetzung aufgrund eines Zuwendungsverzichts entfallen könne, wenn der Verzicht gegen eine vollwertige Abfindung erfolge;[237] in diesem Fall wird davon ausgegangen, dass auch ohne ausdrückliche Bestimmung eine tatsächliche Vermutung gegen die Ersatzerbenberufung der Abkömmlinge sprechen soll.[238]

Auslegungsschwierigkeiten in diesem Bereich lassen sich selbstverständlich ohne Weiteres da- 229 durch vermeiden, dass zum einen die Willensrichtungen der Parteien beim Abschluss des Zu-

---

231 Damrau/*Mittenzwei*, Erbrecht, § 2352 Rn 6.
232 Damrau/*Mittenzwei*, Praxiskommentar Erbrecht, § 2352 Rn 6.
233 Damrau/*Mittenzwei*, Praxiskommentar Erbrecht, § 2352 Rn 6.
234 Vgl zum alten Recht: OLG Düsseldorf DNotZ 1974, 367; OLG Stuttgart NJW 1958, 347; OLG Hamm MDR 1982, 320; OLG Köln FamRZ 1990, 99; OLG Frankfurt ZEV 1997, 454 mit Anmerkung *J. Mayer*; BayObLG, Rpfleger 1984, 65; Damrau/*Mittenzwei*, Praxiskommentar Erbrecht, § 2352 Rn 7 mwN.
235 Damrau/*Mittenzwei*, Praxiskommentar Erbrecht, § 2352 Rn 7; so offenbar auch MünchKomm/*Strobel*, § 2352 Rn 13.
236 MünchKomm/*Strobel*, § 2352 Rn 13.
237 OLG Köln FamRZ 1990, 99; BayObLG, ZEV 1997, 377; aA wohl OLG Frankfurt ZEV 1997, 454.
238 BGH NJW 1974, 43 f; vgl auch Staudinger/*Otte*, § 2069 Rn 15; Damrau/*Mittenzwei*, Praxiskommentar Erbrecht, § 2352 Rn 7.

wendungsverzichtsvertrages eindeutig niedergelegt werden. Darüber hinaus empfiehlt es sich, dass auch der Erblasser entweder seine letztwilligen Verfügungen entsprechend abändert oder – soweit dies nicht möglich sein sollte – durch Ergänzungsverfügungen die entsprechenden Klarstellungen vornimmt. Diese Art der Vorgehensweise führt auch zu einer klaren Dokumentation der Willensrichtung der Beteiligten und vermeidet so drohende Auslegungsschwierigkeiten und Unsicherheiten.

230 Die eleganteste Möglichkeit, Probleme der vorbeschriebenen Art vollständig zu vermeiden, besteht darin, bereits bei Errichtung der letztwilligen Verfügung (auch wenn man zu dieser Zeit wahrscheinlich an die Möglichkeit eines späteren Zuwendungsverzichts noch nicht denkt) geeignete Vorkehrungen zu treffen und die Möglichkeit eines späteren Zuwendungsverzichts ausdrücklich zu regeln.

231 ▶ **Muster: Testamentarische Regelung für den Fall eines späteren Zuwendungsverzichts**

Soweit einer der in diesem Testament/Erbvertrag Begünstigten auf eine ihm zugedachte Zuwendung durch Vertrag mit dem Erblasser/dem überlebenden Ehegatten verzichtet, erstreckt sich die Wirkung des Zuwendungsverzichts auch auf die hier berufenen oder durch gesetzliche Auslegungsregel zu ermittelnden Ersatzerben/Ersatzvermächtnisnehmer, vielmehr soll in diesem Falle der Erbteil des Verzichtenden den übrigen Miterben anteilig zuwachsen bzw, soweit ein Vermächtnis Gegenstand des Verzichts ist, das Vermächtnis ersatzlos entfallen. ◀

232 ▶ **Muster: Testamentarische Regelung für den Fall einer späteren Ausschlagung oder eines Zuwendungsverzichts**

Für den Fall der Ausschlagung oder des Zuwendungsverzichts eines Bedachten, schließe ich hiermit alle Ersatzbedachten, einschließlich der aufgrund irgendwelcher gesetzlicher Auslegungs-, Vermutungs- und Ergänzungsregeln in Betracht kommenden Personen ausdrücklich aus. ◀

233 Soweit derart vorausschauende Regelungen im Rahmen der maßgeblichen letztwilligen Verfügung nicht erfolgt sind, ist es, um sämtliche möglicherweise bestehenden rechtlichen Probleme zu umschiffen, erforderlich, dass neben dem Erstberufenen – wie bereits ausgeführt – auch alle möglicherweise ersatzweise Berufenen auf die Zuwendung verzichten.[239]

VII. Beschränkung des Zuwendungsverzichts

234 Wie der Erbverzicht kann auch der Zuwendungsverzicht beschränkt werden.[240] Somit ist es beispielsweise möglich, statt eines vollständigen Verzichts auf die angeordnete Zuwendung dem Erblasser die Möglichkeit einzuräumen, diese mit Beschränkungen oder Beschwerungen zu belasten. In Betracht kommt hier insbesondere die Anordnung von Vermächtnissen,[241] von Auflagen, einer Vor- und Nacherbschaft sowie Anordnung einer Testamentsvollstreckung.

---

239 Eine Mindermeinung (Bamberger/Roth/*J. Mayer*, § 2352 Rn 21 ff; *Lange/Kuchinke*, Erbrecht § 7 III 2 b; Staudinger/ *Schotten*, § 2352 Rn 31 ff) will dieses Problem dadurch umgehen, dass sie die Wirkung des Zuwendungsverzichts gemäß § 2349 BGB analog auf die Abkömmlinge erstreckt. Ob diese Auslegung überzeugen kann, ist jedoch mehr als zweifelhaft, da der in § 2349 BGB geregelte Erbverzicht noch nicht einmal einer testamentarischen Zuwendung gegenüber dem Verzichtenden entgegensteht. Vor diesem Hintergrund erscheint es nicht angemessen, den in gegenständlicher Hinsicht wesentlich eingeschränkteren Zuwendungsverzicht in dieser Weise personell auszudehnen; vgl insoweit auch Damrau/ *Mittenzwei*, Praxiskommentar Erbrecht, § 2352 Rn 7.
240 Arg. e. contrario § 1950 BGB; vgl *Muscheler/Groll*, Praxishandbuch Erbrechtsberatung, B XV Rn 84.
241 OLG Köln FamRZ 1983, 837.

C. Zuwendungsverzicht § 8

▶ **Muster: Gegenständlich beschränkter Zuwendungsverzicht** 235

Der Verzichtende verzichtet hiermit auf die sich aus dem gemeinschaftlichen Testament des Erblassers vom ▪▪▪ ergebende vermächtnisweise Zuwendung der nachfolgend im Einzelnen benannten Vermächtnisgegenstände:

▪▪▪

Die übrigen testamentarisch verfügten Zuwendungen an den Verzichtenden bleiben von diesem Verzicht ebenso unberührt wie sein gesetzliches Erb- und Pflichtteilsrecht. ◀

▶ **Muster: Beschränkter Zuwendungsverzicht zur Ermöglichung einer neuen letztwilligen Verfügung des Erblassers** 236

Der Verzichtende verzichtet hiermit insoweit auf die im Testament des Erblassers vom ▪▪▪ zu seinen Gunsten angeordneten Zuwendungen, als hierdurch die Wirksamkeit der durch den Erblasser beabsichtigten Anordnung einer Testamentsvollstreckung/einer Vor- und Nacherbschaft/eines (Unter-)Vermächtnisses/einer Auflage zu Lasten des Verzichtenden verhindert würde. ◀

Auch wenn der Zuwendungsverzicht auf Teile ein und derselben Zuwendung beschränkt werden kann, ist für die Zulässigkeit von Beschränkungen die „**Objektbezogenheit des Zuwendungsverzichts**"[242] zu beachten. Soweit also der Verzichtende als **Erbe** eingesetzt ist, ist zwar ein Verzicht auf einen **ideellen Bruch**teil möglich, nicht aber ein gegenständlich beschränkter Verzicht, da dies dem Wesen der Erbeinsetzung widerspräche. Soll auf ein Vermächtnis verzichtet werden, ist die gegenständliche Beschränkung jedoch unproblematisch.[243] 237

Die Erklärung des Zuwendungsverzichts **zugunsten** bestimmter **anderer Personen**[244] ist – ebenso wie beim Erbverzicht – möglich, wobei jedoch die Auslegungsregel des § 2350 Abs. 2 BGB auf den Zuwendungsverzicht keine Anwendung findet.[245] 238

▶ **Muster: Zuwendungsverzicht zugunsten eines Dritten** 239

Der Verzichtende verzichtet hiermit insoweit auf die in dem Testament des Erblassers vom ▪▪▪ zu seinen Gunsten angeordneten Zuwendungen, als hierdurch die Wirksamkeit der durch den Erblasser beabsichtigten Anordnung eines Vermächtnisses zugunsten von ▪▪▪ (Dritter) verhindert würde. Für Anordnungen zugunsten anderer Begünstigter gilt dieser Verzicht aber nicht. ◀

VIII. Entgeltvereinbarung

Da der Zuwendungsverzicht ebenso wie der Erbverzicht ein **abstraktes Rechtsgeschäft** darstellt, bedarf es für die Begründung eines Gegenleistungsanspruchs des Abschlusses eines entsprechenden **Kausalgeschäfts**. Zur Vermeidung der oben beim Erbverzicht bereits beschriebenen Abwicklungsschwierigkeiten empfiehlt es sich auch beim Zuwendungsverzicht, die Wirksamkeit vom Eintritt entsprechender Bedingungen abhängig zu machen, die mit der Erfüllung der vereinbarten Gegenleistungsansprüche korrespondieren. Auf die diesbezüglichen Ausführungen zum Erbverzicht wird verwiesen. 240

---

242 Vgl *J. Mayer,* ZEV 1996, 127, 128.
243 Vgl *Nieder,* Rn 892.
244 Vgl OLG Hamm OLGZ 1982, 272, 274.
245 § 2350 Abs. 2 BGB ist in § 2352 BGB nicht genannt; vgl im Übrigen *Muscheler/Groll,* Praxishandbuch Erbrechtsberatung, B XV Rn 85.

IX. Aufhebung des Zuwendungsverzichts

241 Die Frage, auf welche Weise die Wirkungen eines Zuwendungsverzichts wieder beseitigt werden können, ist teilweise umstritten. Zum einen ist es möglich, den Verzicht analog § 2351 BGB durch Vertrag zwischen dem Erblasser und dem Verzichtenden aufzuheben.[246] Die Aufhebung bewirkt, dass der Zuwendungsverzicht vollständig wegfällt und wieder die Rechtslage eintritt, die vor seiner Vereinbarung bestanden hatte.[247]

242 Andere meinen, die Wirkungen des Zuwendungsverzichts könnten ausschließlich durch die Errichtung einer neuen Verfügung von Todes wegen beseitigt werden.[248]

243 Die Streitfrage hat insbesondere in solchen Fällen praktische Bedeutung, in denen der Erblasser nach Vereinbarung des Zuwendungsverzichts geschäftsunfähig wird und er oder sein gesetzlicher Vertreter die ursprüngliche testamentarische Erbfolge wieder herstellen möchten, oder wenn der Erblasser durch bindend gewordene letztwillige Verfügungen in einem gemeinschaftlichen Testament bzw Erbvertrag an der Errichtung einer neuen Verfügung von Todes wegen gehindert ist.

244 Soweit der Erblasser nach Abschluss des Zuwendungsverzichts einen Erbvertrag geschlossen bzw ein zwischenzeitlich bindend gewordenes gemeinschaftliches Testament errichtet hat, würde die Aufhebung des Zuwendungsverzichts durch Vereinbarung zwischen dem Erblasser und dem Verzichtenden sich – wenigstens mittelbar – auch auf den Inhalt des Erbvertrages bzw des gemeinschaftlichen Testaments auswirken. Wäre dies zulässig, würde die **Aufhebungsvereinbarung** einen **Vertrag zu Lasten Dritter** (nämlich der anderen Erbvertragspartei bzw des Ehegatten des Erblassers) darstellen.[249] Diese Rechtsfolge ist nicht akzeptabel.

245 Zu lösen ist dieses Problem dadurch, dass man entweder für diese Fallkonstellation die Beseitigung des Zuwendungsverzichts durch Aufhebungsvertrag ausschließt oder die Wirkungen des Aufhebungsvertrages – im Wege teleologischer Reduktion – insoweit begrenzt, als eine zwischenzeitlich eingetretene Bindungswirkung durch die Aufhebung des Zuwendungsverzichts nicht mit ex-tunc-Wirkung beseitigt werden kann.[250] Soweit der Erblasser sich nach Abschluss des Zuwendungsverzichtsvertrages nicht erneut erbrechtlich gebunden hat, spricht nichts dagegen, beide Arten der Beseitigung des Zuwendungsverzichts zuzulassen.

246 ▶ **Muster: Beschränkte Aufhebung eines Zuwendungsverzichts**

Wir heben hiermit den zwischen uns geschlossenen Zuwendungsverzichtsvertrag vom ... (UR-Nr. ...) einvernehmlich auf.

Die Aufhebung gilt nur insoweit, als hierdurch die Wirksamkeit des durch den Erblasser errichteten und zwischenzeitlich bindend gewordenen gemeinschaftlichen Testaments mit seinem Ehegatten vom ... /des Erbvertrages vom ... (UR-Nr. ...) nicht beeinträchtigt wird. ◀

X. Checkliste Zuwendungsverzicht

247 – Notarielle Beurkundung zwingend erforderlich, § 2348 BGB.
– Beim Erblasser Erfordernis des persönlichen Abschlusses des Verzichtsvertrages.

---

246 Vgl MünchKomm/*Strobel*, § 2352 Rn 17.
247 Staudinger/*Schotten*, § 2352 Rn 54; MünchKomm/*Strobel*, § 2352 Rn 17.
248 *Kipp/Coing*, § 82 V 2; *Kornexl*, Zuwendungsverzicht, Rn 550 ff; *Brox*, Erbrecht, Rn 296.
249 So auch *Kurze* in: Bonefeld/Wachter, Der Fachanwalt für Erbrecht, Kapital 22 Rn 72.
250 Vgl insoweit *Mittenzwei*, ZEV 2004, 488.

D. Pflichtteilsverzicht § 8

- Erfordernis der Bestellung eines Ergänzungspflegers/der vormundschaftsgerichtlichen Genehmigung?
- Genaue Bezeichnung der Verfügung, die die verzichtsgegenständliche Zuwendung enthält.
- Exakte Bezeichnung des Verzichtsgegenstands; gegebenenfalls nur teilweiser Verzicht.
- Bedingter Zuwendungsverzicht/Verzicht zugunsten eines Dritten.
- Regelung der Rückabwicklungsmodalitäten für erbrachte Leistungen.
- Weitere Maßnahmen im Zusammenhang mit einem Zuwendungsverzicht.
- Beseitigung von Ersatzberufungen durch Widerruf (soweit keine Bindungswirkung vorliegt) oder Abschluss weiterer Zuwendungsverzichtsverträge.
- Errichtung neuer letztwilliger Verfügungen, durch die der Gegenstand des Zuwendungsverzichts anderen Berechtigten zugewiesen wird.
- Prüfung, ob ein Erb- oder/und Pflichtteilsverzicht des Verzichtenden erforderlich ist.

D. Pflichtteilsverzicht

I. Einführendes Muster

▶ **Muster: Pflichtteilsverzicht** 248

[... notarielle Urkundenformalien ...]

Die Erschienenen, ... (Erblasser) und ... (Verzichtender) erklärten mit der Bitte um notarielle Urkunde folgenden

Pflichtteilsverzichtsvertrag

I. Präambel
Der Verzichtende ist als Abkömmling/Ehegatte/Elternteil des Erblassers gesetzlich pflichtteilsberechtigt.
Der Erblasser beabsichtigt, eine das Pflichtteilsrecht des Verzichtenden möglicherweise beeinträchtigende Verfügung von Todes wegen zu errichten.

II. Kausalgeschäft
Der Verzichtende verpflichtet sich, gegen Zahlung einer Gegenleistung in Höhe von EUR ... auf sein gesetzliches Pflichtteilsrecht nach dem Erblasser zu verzichten. Der Erblasser verpflichtet sich, die vorgenannte Zahlung an den Verzichtenden zu leisten.

III. Pflichtteilsverzicht
Der Verzichtende verzichtet hiermit gegenüber dem dies annehmenden Erblasser für sich und seine Abkömmlinge auf sein gesetzliches Pflichtteilsrecht nach dem Erblasser. Der vorstehende Verzicht steht unter der aufschiebenden Bedingung, dass der Verzichtende von dem Erblasser einen Geldbetrag in Höhe von ... erhält.

IV. Belehrungen (Auszug)
Die Beteiligten wurden durch den beurkundenden Notar auf die Bestimmungen des gesetzlichen Erb- und Pflichtteilsrechts ausdrücklich hingewiesen und über deren Inhalt belehrt. Insbesondere wies der Notar darauf hin, dass das gesetzliche Erbrecht des Verzichtenden bestehen bleibt und der Pflichtteilsverzichtsvertrag keinerlei Wirkung entfaltet, sofern der Erblasser nicht zusätzlich in der Weise letztwillig verfügt, dass das Pflichtteilsrecht des Verzichtenden hierdurch beeinträchtigt wird.

[... weitere Belehrungen, Durchführungsanweisungen, Vollmachten, Kosten] ◀

II. Allgemeines

249 Neben dem Verzicht auf das gesetzliche Erbrecht und dem Verzicht auf „freiwillige" letztwillige Zuwendungen ist auch der Verzicht auf das gesetzlich garantierte Pflichtteilsrecht möglich (§ 2346 Abs. 2 BGB). Auch wenn dies im Hinblick auf die auch verfassungsgerichtlich bestätigte gesetzliche Garantie dieser Mindestteilhabe am Nachlass der nächsten Verwandten (Ehegatte, Eltern und Voreltern) verwunderlich erscheinen mag, darf insoweit nicht übersehen werden, dass der Pflichtteilsberechtigte auch nach Eintritt des seinen Pflichtteilsanspruch auslösenden Erbfalls die Möglichkeit hat, sich seines Anspruchs zu begeben und etwa auf ihn gegenüber dem Schuldner (Erben) zu verzichten oder ihn einfach nicht geltend zu machen und verjähren zu lassen. Vor diesem Hintergrund sind keine Anzeichen erkennbar, warum ein noch mit dem Erblasser selbst zu dessen Lebzeiten vereinbarter Verzicht systematischen Bedenken begegnen sollte.

III. Abgrenzung zum Erbverzicht

250 Gemäß § 2346 Abs. 1 S. 2, 2. Hs BGB umfasst der Erbverzicht grundsätzlich auch den Verzicht auf das gesetzliche Pflichtteilsrecht. Allerdings kann der Verzicht gemäß § 2346 Abs. 2 BGB auch – unter Erhalt des gesetzlichen Erbrechts – auf den Pflichtteil beschränkt werden. Nichtsdestotrotz handelt es sich dem Grunde nach um einen (beschränkten) Erbverzicht.[251] Man spricht von einem (isolierten) Pflichtteilsverzicht.

251 Im Hinblick darauf, dass der Erblasser im Regelfall ohne Weiteres in der Lage ist, seine gesetzlichen Erben durch entsprechende Verfügungen von Todes wegen von der gesetzlichen Erbfolge auszuschließen, bildet gerade der Pflichtteilsverzicht ein praktisch äußerst **bedeutsames Gestaltungsmittel zur Erweiterung der Testierfreiheit** des Erblassers. Denn während der durch letztwillige Verfügung enterbte gesetzliche Erbe (soweit er zum Kreis der Pflichtteilsberechtigten gehört) seine Mindestteilhabe am Nachlass im Wege der Geltendmachung von Pflichtteilsansprüchen durchsetzen kann, wird diese Möglichkeit durch den Pflichtteilsverzicht ausgeschlossen. Der Erblasser hat dann die Möglichkeit, über seinen Nachlass frei zu verfügen, ohne die von ihm Bedachten dem Risiko von Pflichtteilsansprüchen auszusetzen. Das gilt jedenfalls soweit nicht Pflichtteilsansprüche Dritter dem entgegenstehen.[252] Auch lebzeitige Schenkungen können dann ohne das Risiko der Auslösung von Pflichtteilsergänzungsansprüchen vorgenommen werden.[253]

252 Hinsichtlich der persönlichen Anforderungen, der Vertretungsregeln und der Formvorschriften gelten die §§ 2347 und 2348 BGB auch für den Pflichtteilsverzicht. Auf die Ausführungen zum Erbverzicht kann insoweit verwiesen werden.

IV. Gegenstand und Wirkung des Pflichtteilsverzichts

253 Im Regelfall, also ohne die Vereinbarung irgendwelcher Beschränkungen, bewirkt der Pflichtteilsverzicht, dass dem Verzichtenden im Erbfall keine pflichtteilsrechtlichen Ansprüche mehr zustehen. Das gesetzliche Erbrecht lässt sie jedoch unberührt. Demzufolge entfaltet der isolierte Pflichtteilsverzicht nur dann irgendeine Wirkung, wenn der Erblasser auch eine das Pflicht-

---

251 Vgl Staudinger/*Schotten*, § 2346 Rn 31 mwN.
252 Mot. V 473; MünchKomm/*Strobel*, § 2346 Rn 15; Staudinger/*Schotten*, § 2346 Rn 32.
253 Staudinger/*Schotten*, § 2346 Rn 32.

D. Pflichtteilsverzicht § 8

teilsrecht des Verzichtenden beeinträchtigende letztwillige Verfügung trifft. Hierauf sollte im Rahmen der Beurkundung hingewiesen werden.

▶ **Muster: Belehrung beim Pflichtteilsverzicht**

Der Notar hat die Beteiligten ausführlich über die Bestimmungen des gesetzlichen Erb- und Pflichtteilsrechts belehrt. Er hat hierbei insbesondere darauf hingewiesen, dass das gesetzliche Erbrecht des Verzichtenden bestehen bleibt und der Pflichtteilsverzicht bezüglich des Erbrechts keinerlei Wirkung entfaltet, wenn bzw soweit der Erblasser nicht zusätzlich eine enterbende oder das Pflichtteilsrecht in anderer Weise beeinträchtigende letztwillige Verfügung trifft. ◀

Grundsätzlich umfasst der Pflichtteilsverzicht auch den Pflichtteilsrestanspruch nach §§ 2305, 2307 BGB[254] sowie den Pflichtteilsergänzungsanspruch nach §§ 2325 ff BGB[255] und ein etwaiges Pflichtteilsvermächtnis.[256] Auch die nachträgliche Vereinbarung einer Anrechnungsbestimmung hinsichtlich bislang nicht auf den Pflichtteil anzurechnender Zuwendungen ist möglich.

Da der (isolierte) Pflichtteilsverzicht den Bestand des gesetzlichen Erbrechts des Verzichtenden unberührt lässt, sind die Auslegungsregeln des § 2350 Abs. 1 und 2 BGB hier nicht anwendbar.[257] Soll sich der Pflichtteilsverzicht dennoch ausschließlich zugunsten bestimmter Personen auswirken, so muss dies durch die ausdrückliche Vereinbarung entsprechender Bedingungen gewährleistet werden.

▶ **Muster: Pflichtteilsverzicht zugunsten eines Dritten**

Der Verzichtende verzichtet hiermit auf das ihm beim Tod des Erblasser zustehende Pflichtteilsrecht (§§ 2303 ff BGB) einschließlich sämtlicher hiermit möglicherweise im Zusammenhang stehender Ansprüche, insbesondere des Pflichtteilsergänzungsanspruchs (§ 2325 BGB). Das gesetzliche Erbrecht wird hierdurch ausdrücklich nicht erfasst. Die Wirkung des Verzichts erstreckt sich auch auf die Abkömmlinge des Verzichtenden.

Der vorstehende Verzicht steht unter der aufschiebenden Bedingung, dass ... (Begünstigter) Alleinerbe des Erblassers wird. ◀

▶ **Muster: Pflichtteilsverzicht unter der Bedingung, dass ein Dritter Erbe wird**

Der Erblasser hat mit Testament vom ... angeordnet, dass nach seinem Ableben ... (Begünstigter) unbeschwerter und unbeschränkter Vollerbe mit einer Quote von ½ werden soll. Gleichzeitig hat er zu Lasten seiner übrigen Erben die Auflage angeordnet, ... (Begünstigter) im Innenverhältnis von etwaigen Pflichtteilslasten freizustellen.

Unter der auflösenden Bedingung des Widerrufs oder der Abänderung der vorgenannten letztwilligen Verfügung zum Nachteil des Begünstigten verzichtet der Verzichtende hiermit auf 50 % des ihm nach dem Tode des Erblassers zustehenden gesetzlichen Pflichtteilsrechts. ◀

Wird der Verzichtende später Erbe des Erblassers und sieht sich als solcher Ansprüchen aus Vermächtnissen und Pflichtteilsrechten anderer Berechtigter ausgesetzt, ist ihm eine Berufung auf §§ 2318 Abs. 2, 2319 und 2328 BGB abgeschnitten.[258] Da er auf sein Pflichtteilsrecht ver-

---

[254] Ermann/*Schlüter*, § 2346 Rn 3; Bamberger/Roth/*J. Mayer*, § 2346 Rn 16; *Nieder*, Rn 1144.
[255] Bamberger/Roth/*J. Mayer*, § 2346 Rn 16; Staudinger/*Schotten*, § 2346 Rn 30.
[256] Vgl *J. Mayer*, ZEV 1995, 41 ff.
[257] Staudinger/*Schotten*, § 2350 Rn 5, 23.
[258] Vgl Damrau/*Mittenzwei*, Praxiskommentar Erbrecht, § 2346 Rn 15; Bamberger/Roth/*J. Mayer*, § 2346 Rn 16; Staudinger/*Schotten*, § 2346 Rn 30; hinsichtlich § 2328 BGB nicht unumstritten, vgl *Tanck*, Zerb 2001, 194, 196.

zichtet hat, kann dieses durch die Erfüllung von Vermächtnissen (oder Auflagen) bzw von Pflichtteilsansprüchen Dritter nicht mehr beeinträchtigt werden.[259] Auch für die Anwendung von § 2306 BGB bleibt kein Raum mehr.[260]

V. Pflichtteilsverzicht gegen Abfindung

260 Ebenso wie bzw als Art des Erbverzichts stellt auch der Pflichtteilsverzicht ein **abstraktes Verfügungsgeschäft** dar, dem im Regelfall ein entsprechendes schuldrechtliches Verpflichtungsgeschäft (**Kausalgeschäft**) zugrunde liegt; im Rahmen dieses Kausalgeschäfts wird nicht selten auch eine Abfindung vereinbart. Das Kausalgeschäft bedarf wie der Verzicht selbst der notariellen Beurkundung.[261] Im Übrigen gelten die zum Erbverzicht dargestellten Grundsätze entsprechend.

261 Zur Absicherung des Verzichtenden ist insbesondere an den Einsatz entsprechender Bedingungen beim (abstrakten) Pflichtteilsverzicht sowie an die Aufnahme einer Regelung bezüglich der Unterwerfung unter die sofortige Zwangsvollstreckung im Rahmen des Kausalgeschäfts zu denken (vgl oben Rn 153 ff).

VI. Beschränkungsmöglichkeiten beim Pflichtteilsverzicht

1. Grundsatz: weitgehende Gestaltungsfreiheit

262 Beim Pflichtteil handelt es sich lediglich um einen schuldrechtlichen Anspruch, der dem Typenzwang des Erbrechts in geringerem Umfang unterliegt als beispielsweise eine gesetzliche oder testamentarische Erbeinsetzung.[262] Vor diesem Hintergrund werden Beschränkungen des Pflichtteilsverzichts in den unterschiedlichsten Formen für möglich gehalten. Grundsätzlich kommt jede Art der Beschränkung in Betracht, die auch in Ansehung einer Geldforderung möglich wäre.[263] Der Pflichtteilsverzicht kann daher – anders als der Erbverzicht – nahezu beliebig beschränkt werden, insbesondere auch bezüglich bestimmter künftiger Nachlassgegenstände.[264] Somit ermöglicht gerade der beschränkte Pflichtteilsverzicht eine individuelle Anpassung an die besonderen Gegebenheiten des Einzelfalles. *J. Mayer* spricht in diesem Zusammenhang zutreffend vom „**Pflichtteilsverzicht nach Maß**".[265] Insbesondere im Zusammenhang mit Regelungen zur vorweggenommenen Erbfolge spielen (gegenständlich) beschränkte Pflichtteilsverzichte eine erhebliche Rolle, da sie das geeignete Mittel bilden, dem Vermögensübernehmer (auch wirtschaftlich) den Verbleib des übertragenen Vermögens bei ihm zu sichern.

263 Die wesentlichen Anwendungsbereiche des beschränkten Pflichtteilsverzichts sollen anschließend im Einzelnen kurz erwähnt werden:[266]

---

259 *Muscheler/Groll*, Praxishandbuch Erbrechtsberatung, B XV Rn 68.
260 Vgl zum Ganzen HB Pflichtteilsrecht/*J. Mayer*, § 11 Rn 5.
261 *Schotten*, DNotZ 1998, 163 ff; HB Pflichtteilsrecht/*J. Mayer*, § 11 Rn 6.
262 *Damrau/Mittenzwei*, Praxiskommentar Erbrecht, § 2346 Rn 14.
263 HB Pflichtteilsrecht/*J. Mayer*, § 11 Rn 15; Staudinger/*Schotten*, § 2346 Rn 50 mwN.
264 Vgl etwa *Weirich*, DNotZ 1986, 5, 11; *Reul*, MittRhNotK 1997, 379; auch wenn Rechtsprechung zur Zulässigkeit des beschränkten Pflichtteilsverzichts nicht vorhanden ist, wird er allgemein für zulässig und wirksam gehalten; HB Pflichtteilsrecht/*J. Mayer*, § 11 Rn 15 mwN.
265 *J. Mayer*, ZEV 2000, 263.
266 Vgl zum Ganzen auch HB Pflichtteilsrecht/*J. Mayer*, § 11 Rn 20; *ders.*, ZEV 2000, 263; Staudinger/*Schotten*, § 2346 Rn 48 ff mwN; MünchKomm/*Strobel*, § 2346 Rn 20.

D. Pflichtteilsverzicht § 8

2. Bruchteilsverzicht

Die einfachste Variante der Beschränkung des Pflichtteilsverzichts ist diejenige auf einen ideellen Bruchteil.[267]

▶ **Muster: Pflichtteilsverzicht, beschränkt auf einen Bruchteil**

Der Verzichtende verzichtet hiermit auf die Hälfte des ihm nach dem Tod des Erblassers zustehenden gesetzlichen Pflichtteilsrechts einschließlich aller hiermit möglicherweise im Zusammenhang stehenden Ansprüche, insbesondere des Pflichtteilsergänzungsanspruchs. Der Erblasser nimmt diesen Verzicht hiermit an. ◀

3. Gegenständlich beschränkter Verzicht

Der Pflichtteilsverzicht kann auch gegenständlich beschränkt werden, eine Gestaltung, die insbesondere im Rahmen der vorweggenommenen Erbfolge sehr oft anzutreffen ist. Hierbei verzichtet der Pflichtteilsberechtigte darauf, dass ein bestimmter Gegenstand oder auch ein Sachinbegriff (zB der übergebene landwirtschaftliche Betrieb oder die übergebene Immobilie) bei der späteren Berechnung seines Pflichtteilsanspruchs in den fiktiven Nachlass einbezogen wird.[268] Auch im Rahmen der Sicherung der Unternehmensnachfolge bildet der gegenständlich beschränkte Pflichtteilsverzicht ein wesentliches Gestaltungsinstrument.[269]

▶ **Muster: Gegenständlich beschränkter Pflichtteilsverzicht (ausführlich)**

Der Verzichtende verzichtet hiermit (für sich und seine Abkömmlinge) insoweit auf das ihm gesetzlich zustehende Pflichtteilsrecht am Nachlass des Erblasser, als der Gegenstand der heutigen lebzeitigen Vermögensübertragung an ... (Begünstigter) als nicht zum Nachlass des Erblassers gehörend angesehen und bei der Bestimmung des für die Pflichtteilsberechnung maßgeblichen Nachlasswerts außer Ansatz gelassen wird; dies gilt auch hinsichtlich der Anwendung der §§ 2316, (Ausgleichungspflichtteil) und 2325 BGB (Pflichtteilsergänzung). ◀

▶ **Muster: Gegenständlich beschränkter Pflichtteilsverzicht (Unternehmen)**

Der Verzichtende verzichtet hiermit für sich und seine Abkömmlinge insoweit auf das Pflichtteilsrecht am Nachlass des Erblassers, als bei der Berechnung seines Pflichtteils einschließlich der Anwendung der §§ 2316 BGB und 2325 BGB folgende Gegenstände als nicht zum Nachlass des Erblassers gehörend anzusehen und bei der Bestimmung des der Pflichtteilsberechnung zugrunde zu legenden Werts des Nachlasses außer Ansatz zu lassen sein sollen:

– das unter der Firma ... e.K. betriebene Einzelunternehmen des Erblassers in ..., eingetragen im Handelsregister des Amtsgerichts ... unter der Nummer ... einschließlich aller dazu gehörenden Aktiva und Passiva, wie sie sich aus der letzten vor dem Tod des Erblassers bzw der lebzeitigen Übertragung des Unternehmens aufgestellten Handelsbilanz ergeben, sowie einschließlich aller nicht aktivierten, jedoch dem Betrieb dienenden Wirtschaftsgüter, insbesondere des Sonderbetriebsvermögens im ertragsteuerlichen Sinne sowie eines etwaigen Firmenwerts (goodwill);

---

[267] MünchKomm/*Strobel*, § 2346 Rn 20; Palandt/*Edenhofer*, § 2346 Rn 6; Soergel/*Damrau*, § 2346 Rn 10; *Nieder*, Rn 1145; *J. Mayer*, ZEV 2000, 263.
[268] Auch die gegenständliche Beschränkung des Pflichtteilsverzichts ist nach ganz herrschender Meinung möglich; *Weirich*, DNotZ 1986, 5, 11; *Fette*, NJW 1970, 743; Soergel/*Damrau*, § 2346 Rn 10; *ders.*, Erbverzicht, S. 67 ff; MünchKomm/*Strobel*, § 2346 Rn 20; Staudinger/*Schotten*, § 2346 Rn 50 mwN.
[269] Vgl *Ebenroth/Fuhrmann*, BB 1989, 2049, 2051.

– das vorgenannte Einzelunternehmen betreffende bilanzierte oder nicht bilanzierte Verbindlichkeiten einschließlich solcher Verbindlichkeiten, die im ertragsteuerrechtlichen Sinne Sonderbetriebsvermögen darstellen.

Für den Fall, dass eine Einigung zwischen dem Verzichtenden und dem bzw den späteren Pflichtteilsschuldnern über die Zugehörigkeit bestimmter Gegenstände, Vermögenspositionen oder Schulden zu dem vorgenannten Unternehmen nicht erreicht werden kann, unterwirft sich der Verzichtende insoweit der Entscheidung des als Schiedsgutachter fungierenden Steuerberaters, der die letzte vor dem Todestag des Erblassers erstellte Bilanz angefertigt hat. ◄

269 ▶ **Muster: Gegenständlich beschränkter Pflichtteilsverzicht (allgemein)**

Der Verzichtende verzichtet hiermit – gegenständlich beschränkt auf den Gegenstand der heutigen Übertragung – auf sein Pflichtteilsrecht am dereinstigen Nachlass des diesen Verzicht annehmenden Erblassers. ◄

4. Pflichtteilsverzicht wegen lebzeitiger Zuwendungen

270 Auch auf den Pflichtteilsergänzungsanspruch gemäß §§ 2325 ff BGB kann isoliert verzichtet werden.[270]

271 ▶ **Muster: Verzicht auf Pflichtteilsergänzungsansprüche**

Der Verzichtende verzichtet hiermit insoweit auf sein Pflichtteilsrecht nach dem diesen Verzicht annehmenden Erblasser, als lebzeitige Zuwendungen im Sinne von § 2325 BGB dem Nachlass nicht hinzuzurechnen sind; der Verzicht ist ausdrücklich auf den Pflichtteilsergänzungsanspruch im Sinne von § 2325 BGB beschränkt. ◄

272 Soweit der Verzichtende ungeachtet seines – ggf beschränkten – Pflichtteilsverzichts als späterer Erbe in Betracht kommt, kann es aus seiner Sicht ratsam sein, sich die Rechte aus § 2328 BGB ausdrücklich vorzubehalten. Denn bereits nach dem Wortlaut der Vorschrift kommt ihre Anwendung nicht in Betracht, wenn der Ergänzungsverpflichtete nicht selbst Inhaber eines eigenen Pflichtteils- bzw Pflichtteilsergänzungsanspruchs ist. Nur der selbst pflichtteilsberechtigte Erbe kann die Erfüllung eines gegen ihn gerichteten Pflichtteilsergänzungsanspruchs insoweit verweigern, als hierdurch sein eigener Pflichtteil – unter Einschluss eines ihm zustehenden Pflichtteilsergänzungsanspruchs – beeinträchtigt würde.[271]

273 ▶ **Muster: Verzicht auf Pflichtteilsergänzungsansprüche unter Vorbehalt der Rechte aus § 2328 BGB**

Der vorstehende Verzicht des Verzichtenden auf die ihm nach dem Tod des Erblassers zustehenden Pflichtteilsergänzungsansprüche erfolgt aber mit der Maßgabe, dass dem Verzichtenden die Einrede des § 2328 BGB weiterhin zusteht. ◄

274 Den Ausgleichspflichtteil gemäß § 2316 BGB lässt der Verzicht auf den Pflichtteilsergänzungsanspruch im Regelfall unberührt. Soll also nach dem Willen der Parteien sichergestellt werden, dass eine bereits vollzogene oder beabsichtigte lebzeitige Zuwendung sich auch nicht über § 2316 BGB zugunsten des Verzichtenden auswirken soll, so muss dies entsprechend klargestellt werden.

---

270 AllgM Soergel/*Damrau*, § 2346 Rn 10; MünchKomm/*Strobel*, § 2346 Rn 20; Palandt/*Edenhofer*, § 2346 Rn 6; Bamberger/Roth/*J. Mayer*, § 2346 Rn 17; Staudinger/*Schotten*, § 2346 Rn 51.
271 Vgl zum Ganzen: *Tanck*, Zerb 2001, 194 f.

D. Pflichtteilsverzicht § 8

▶ **Muster: Verzicht auf Pflichtteilsergänzungsansprüche und Anwendung der Ausgleichungsvorschriften im Rahmen der Pflichtteilsberechnung** 275

Der Verzichtende verzichtet hiermit gegenüber dem dies annehmenden Erblasser in der Weise auf sein gesetzliches Pflichtteilsrecht, dass bei der Berechnung des Pflichtteils lebzeitige Zuwendungen des Erblassers an Dritte weder gemäß § 2316 BGB noch nach §§ 2325 ff BGB zu berücksichtigen sind; der Pflichtteilsberechnung ist daher lediglich der Wert des realen Nachlasses im Zeitpunkt des Todes zugrunde zu legen. ◀

Ein solcher Verzicht bildet im Übrigen die einzige zulässige Möglichkeit, die sich aus einer **Ausgleichungspflicht** nach § 2050 BGB für die übrigen Pflichtteilsberechtigten ergebende Erhöhung ihrer Pflichtteilsansprüche zu **beseitigen**; eine einseitige Erblasseranordnung kommt insoweit nämlich nicht in Betracht.[272] 276

Dasselbe gilt auch für **nachträgliche Ausgleichungsbestimmungen**. Neben den von Gesetzes wegen bestehenden Ausgleichungsverpflichtungen gemäß § 2050 Abs. 1 und 2 BGB sind auch alle diejenigen Zuwendungen unter Lebenden zur Ausgleichung zu bringen, hinsichtlich derer der Erblasser gemäß § 2050 Abs. 3 BGB die Ausgleichung bei der Zuwendung angeordnet hat. Hat der Erblasser diese Ausgleichungsanordnung nicht (spätestens) bei Ausführung der Zuwendung getroffen, kommt eine spätere Anordnung – auch nach der Erbrechtsreform 2010 – grundsätzlich nicht in Betracht. Nichts desto trotz ist es möglich, im Rahmen eines gegenständlich beschränkten Pflichtteilsverzichts mit dem Erblasser zu vereinbaren, dass auch dem Verzichtenden in der Vergangenheit gemachte (bislang) nicht ausgleichungspflichtige Zuwendungen im Rahmen seiner Pflichtteilsberechnung als ausgleichungspflichtige behandelt werden sollen.[273] 277

▶ **Muster: Beschränkter Pflichtteilsverzicht – nachträgliche Ausgleichungsbestimmung** 278

Der Verzichtende verzichtet hiermit gegenüber dem diese annehmenden Erblasser auf sein gesetzliches Pflichtteilsrecht in der Weise, dass im Rahmen der Anwendung des § 2316 BGB auch die dem Verzichtenden von dem Erblasser am ... gemachte Zuwendung folgender Gegenstände als ausgleichungspflichtig im Sinne von § 2050 BGB zu behandeln ist. ◀

Dasselbe gilt für die nachträgliche Begründung von Anrechnungspflichten,[274] und zwar sowohl in der Konstellation, dass die erforderliche Anrechnungsbestimmung nicht spätestens im Zeitpunkt der Zuwendung gegenüber dem Verzichtenden erklärt wurde,[275] als auch dass im Rahmen des Pflichtteilsverzichts eine Anrechnungspflicht hinsichtlich der Zuwendung eines Dritten begründet werden soll.[276] 279

▶ **Muster: Beschränkter Pflichtteilsverzicht – nachträgliche Anrechnungsbestimmung** 280

Der Verzichtende verzichtet hiermit gegenüber dem dies annehmenden Erblasser insoweit auf sein gesetzliches Pflichtteilsrecht, als bei der Berechnung seines Pflichtteilsanspruchs folgende lebzeitige Zuwendungen des Erblassers als anrechnungspflichtige Zuwendungen im Sinne von § 2315 BGB anzusehen bzw zu behandeln sind: ◀

---

272 Staudinger/*Haas*, § 2316 Rn 13 mwN; *J. Mayer*, ZEV 1996, 441, 443.
273 Staudinger/*Schotten*, § 2346 Rn 52.
274 RGZ 71, 133, 136; *Haegele*, Rpfleger 1968, 247, 249; *Damrau*, Erbverzicht, S. 56; Staudinger/*Schotten*, § 2346 Rn 52 mwN.
275 Vgl HB Pflichtteilsrecht/*J. Mayer*, § 11 Rn 20.
276 Soergel/*Damrau*, § 2346 Rn 10; *Mohr*, ZEV 1999, 257, 259.

281 Wie bereits erwähnt, umfasst der Pflichtteilsverzicht grundsätzlich auch die **Pflichtteilsrestansprüche** gemäß §§ 2305 (bei Erbeinsetzung), 2307 BGB (bei Vermächtniseinsetzung). Es ist jedoch umgekehrt auch denkbar, den Pflichtteilsverzicht von vornherein auf genau diese Ansprüche zu begrenzen,[277] um auf diese Weise dem Erblasser eine erweiterte Freiheit hinsichtlich der Gestaltung seiner letztwilligen Verfügung einzuräumen.

282 In der Praxis wird dies zumeist mit einer betragsmäßigen Untergrenze kombiniert werden, so dass auch aus der Sicht des Pflichtteilsberechtigten tatsächlich ein wirtschaftlicher Unterschied zum unbeschränkten Pflichtteilsverzicht bestehen bleibt.

283 ▶ **Muster: Verzicht auf den Pflichtteilsrestanspruch**

Der Verzichtende verzichtet in der Weise auf sein gesetzliches Pflichtteilsrecht nach dem dies annehmenden Erblasser, dass für den Fall, dass der Verzichtende nach dem Tod des Erblassers einen Erbteil/ein Vermächtnis im Nettowert von wenigstens EUR ... erhält, die Anwendung des § 2305/ § 2307 BGB ausgeschlossen ist. ◀

5. Betragsmäßige Begrenzung des Pflichtteilsanspruchs

284 Ähnliche Wirkungen entfaltet auch der beschränkte Pflichtteilsverzicht mit der Maßgabe, dass der Pflichtteilsanspruch einen bestimmten **Höchstbetrag** nicht übersteigen soll.[278] Hier ist aus der Sicht des Verzichtenden aber unbedingt an eine Inflationssicherung des festzuschreibenden Betrages zu denken.

285 ▶ **Muster: Beschränkter Pflichtteilsverzicht – Definition eines Höchstbetrags**

Der Verzichtende verzichtet hiermit insoweit auf sein gesetzliches Pflichtteilsrecht, als sein Pflichtteilsanspruch einen Betrag in Höhe von EUR ... übersteigt.

Dieser Betrag ist inflationsgesichert, er erhöht sich entsprechend der Erhöhung des vom Statistischen Bundesamt veröffentlichen Preisindex für die Gesamtlebenshaltung aller privaten Haushalte in Deutschland gegenüber dem Stand bei heutiger Beurkundung. Der Preisindex ist bezogen auf das Basisjahr 2000 = 100 Punkte. Eine Verminderung des vorgenannten Betrages aufgrund der Entwicklung des Preisindexes ist ausgeschlossen. ◀

6. Hinnahme von Beschränkungen und Beschwerungen

286 In Betracht kommen auch Verzichtsvereinbarungen, denen zufolge der Verzichtende auf die Anwendung von § 2306 BGB zu seinen Gunsten verzichtet.[279] Bei der Verzichtserklärung sollte wegen der mit der Erbrechtsreform 2010 Gesetz gewordenen Veränderungen von § 2306 BGB ausdrücklich klargestellt werden, dass im Falle einer Ausschlagung des Hinterlassenen keine Möglichkeit zur Pflichtteilsgeltendmachung bestehen soll. Denn anders als bisher hat nach neuem Recht der Pflichtteilsberechtigte gem. § 2306 Abs. 1 S. 1 BGB im Falle der Anordnung von Beschränkungen oder Beschwerungen zu seinen Lasten stets die Möglichkeit, dass ihm Hinterlassene auszuschlagen und seinen Pflichtteil geltend zu machen. Dies gilt nun auch unabhängig vom Umfang des ihm Hinterlassenen. Vor diesem Hintergrund besteht auch bei einem auf die Anwendung von § 2306 BGB beschränkten Pflichtteilsverzicht keine Möglichkeit mehr,

---

[277] Vgl Staudinger/*Schotten*, § 2346 Rn 51 mwN.
[278] Bamberger/Roth/*J. Mayer*, § 2346 Rn 17; MünchKomm/*Strobel*, § 2346 Rn 20; Staudinger/*Schotten*, § 2346 Rn 50 mwN.
[279] AllgM OLG Dresden OLGE 34, 315; Palandt/*Edenhofer*, § 2346 Rn 6; Soergel/*Damrau*, § 2346 Rn 10; Bamberger/Roth/*J. Mayer*, § 2346 Rn 17; *J. Mayer*, ZEV 2000, 263, 264; *Weirich*, DNotZ 1986, 5, 11.

die Durchsetzung von Beschwerungen oder Beschränkungen in der Weise durchzusetzen, dass der Pflichtteilsberechtigte exakt auf seine Pflichtteilsquote oder darunter eingesetzt wird. Die einzige Möglichkeit einer Sanktionierung ist daher der Ausschluss der Möglichkeit zur Pflichtteilsgeltendmachung im Falle einer Ausschlagung.

▶ **Muster: Beschränkter Pflichtteilsverzicht – Hinnahme von Beschränkungen und Beschwerungen** 287

Der Verzichtende verzichtet in der Weise auf das ihm nach dem Erblasser zustehende gesetzliche Pflichtteilsrecht, dass er zu seinen Lasten angeordnete Beschränkungen bzw Beschwerungen (zB Testamentsvollstreckung, Auflagen, Vermächtnisse) als wirksam hinnehmen wird und eine Anwendung der Vorschrift des § 2306 BGB ausgeschlossen ist. Demzufolge besteht nach Ausschlagung eines dem Pflichtteilsberechtigten etwa hinterlassenen mit Beschwerungen oder mit Beschränkungen versehenen Erbteils für ihn keine Möglichkeit zur Pflichtteilsgeltendmachung. ◀

Die Ausführungen, dass der Pflichtteilsberechtigte zu seinen Lasten angeordnete Beschränkungen bzw Beschwerungen hinnehmen wird, ist- juristisch betrachtet – beinahe überflüssig. Sie erklärt jedoch die beiderseitige Motivation für den anschließend erklärten Verzicht auf die Möglichkeit zur Pflichtteilsgeltendmachung nach Ausschlagung. 288

Hinzuweisen ist noch darauf, dass ein Pflichtteilsverzicht (sei er beschränkt oder unbeschränkt) ebenso wenig wie ein erklärter Erbverzicht oder ein Zuwendungsverzicht dazu führen kann, dass der Verzichtende sein Ausschlagungsrecht verliert. Einzig die sich nach erfolgter Ausschlagung ergebenden Rechtsfolgen werden modifiziert, hier konkret also die Möglichkeit zur Pflichtteilsgeltendmachung ausgeschlossen. 289

7. Stundung und Ratenzahlung

Auch möglich ist es, durch den beschränkten Pflichtteilsverzicht eine Stundung des Pflichtteilsanspruchs (ganz oder teilweise) oder eine ratenweise Auszahlung festzulegen.²⁸⁰ 290

▶ **Muster: Beschränkter Pflichtteilsverzicht – Stundung (allgemein)** 291

Der Verzichtende verzichtet in der Weise gegenüber dem dies annehmenden Erblasser auf sein gesetzliches Pflichtteilsrecht, dass der ihm nach dem Tod des Erblassers zustehende Pflichtteilsanspruch bis ... gestundet ist. ◀

In der Praxis wird eine derartige Stundungsvereinbarung oftmals zugunsten der Eltern des Verzichtenden erklärt, wenn diese sich im Rahmen eines Berliner Testaments gegenseitig zu Alleinerben einsetzen. *J. Mayer* schlägt hierzu folgende Formulierung vor:²⁸¹ 292

▶ **Muster: Beschränkter Pflichtteilsverzicht – Stundung bei gegenseitiger Erbeinsetzung der Eltern des Verzichtenden** 293

Ich, ..., erkläre mich bereits jetzt damit einverstanden, dass mein dereinstiger Pflichtteilsanspruch am Nachlass des zuerst Versterbenden meiner Eltern nicht schon mit dessen Tod fällig wird, sondern bis zum Tod meines zuletzt versterbenden Elternteils zinslos gestundet wird. Eine Wertsicherung und Sicherstellung der Zahlungsverpflichtung, etwa durch eine entsprechende Sicherungsgrundschuld im Grundbuch, kann nicht verlangt werden. Soweit durch diese Stundung mein gesetzliches Pflicht-

---

280 *Damrau*, BB 1970, 467, 469; *Weirich*, DNotZ 1986, 5, 11.
281 Vgl *J. Mayer*, ZEV 2000, 263, 266.

teilsrecht eingeschränkt wird, erkläre ich mich hiermit ausdrücklich einverstanden und verzichte insoweit, auch mit Wirkung gegenüber meinen Abkömmlingen, auf weitergehende Pflichtteilsrechte am dereinstigen Nachlass des zuerst Versterbenden meiner Eltern. Dieser beschränkte Verzicht wird von uns, den Eltern ..., hiermit angenommen. ◄

294 Soweit die Stundung zugunsten eines Erben wirken soll, der am Abschluss des Verzichtsvertrages nicht beteiligt ist, kann sich das **Problem** ergeben, dass der **Pflichtteilsanspruch** während der Dauer der Stundung **verjährt**. Denn eine Hemmung nach § 205 BGB tritt nur dann ein, wenn eine Vereinbarung zwischen dem Schuldner und dem Gläubiger des Anspruchs vorliegt. Dies ist nicht der Fall, wenn der Erbe als Pflichtteilsschuldner nicht auch gleichzeitig Partner des Verzichtsvertrages ist. Diesem Problem kann jedoch dadurch begegnet werden, dass der Erblasser den durch den beschränkten Pflichtteilsverzicht begünstigten Erben mit der Auflage beschwert, die Einrede der Verjährung gegenüber dem Pflichtteilsberechtigten nicht zu erheben oder – insbesondere für den Fall, dass die Stundung bis zum Tod des Erben gelten soll – dem Verzichtenden Pflichtteilsberechtigten ein aufschiebend bedingtes Vermächtnis in Höhe seines Pflichtteils zuwendet.

295 Im Übrigen können sich im Zusammenhang mit Stundungsvereinbarungen zwischen dem Erblasser und dem Pflichtteilsberechtigten auch erbschaftsteuerliche Probleme ergeben.

296 Gemäß § 3 Abs. 1 S. 1 Nr. 1, 4. Alternative ErbStG unterliegt der „geltend gemachte" Pflichtteilsanspruch der Erbschaftsteuer. Durch einen beschränkten Pflichtteilsverzicht, der eine Stundung des Anspruchs zum Inhalt hat, kann nach Ansicht von *Wälzholz* ein vorzeitiges Entstehen der Steuer für den Pflichtteilsberechtigten vermieden werden.[282] Zur Lösung des bei zinslosen Stundungen auftretenden einkommensteuerrechtlichen Problems, dass der schlussendlich zur Auszahlung kommende Betrag in einen Kapital- und einen Zinsanteil[283] aufgeteilt wird, empfiehlt er die Anordnung einer Verzinsung zwischen 2% und 3%, die im Idealfall zur Erreichung von Progressionsvorteilen jährlich ausgezahlt werden sollte. Dieser Zinsanspruch muss allerdings durch entsprechende Vereinbarung zwischen dem Erblasser und dem Pflichtteilsberechtigten auch tatsächlich begründet werden. Dies kann ohne weiteres im Rahmen des Kausalgeschäfts zum Pflichtteilsverzicht erfolgen, so dass die durch den Erblasser eingegangene Leistungspflicht nach seinem Tod im Wege der Gesamtrechtsnachfolge auf seinen Erben übergeht. Parallel empfiehlt sich die Absicherung des Pflichtteilsberechtigten durch die Vereinbarung einer entsprechenden Bedingung.

297 ▶ **Muster: Beschränkter Pflichtteilsverzicht – Stundung des Pflichtteilsanspruchs mit Verzinsung**

573

Der vorstehende beschränkte Pflichtteilsverzicht mit dem Ziel der Stundung des Pflichtteilsanspruchs ist auflösend bedingt. Die auflösende Bedingung tritt ein, wenn der Pflichtteilsberechtigte nicht bis spätestens zum 20. Januar eines jeden Jahres für das zuvor abgelaufene Jahr von dem Pflichtteilsschuldner eine Zinszahlung in Höhe von 3 % p.a. bezogen auf den Wert des gestundeten Pflichtteilsanspruchs erhalten hat. ◄

---

282 HB Pflichtteilsrecht/*Wälzholz*, § 17 Rn 61.
283 Der der Einkommensteuer unterliegt.

D. Pflichtteilsverzicht § 8

8. Festlegung bestimmter Modalitäten der Nachlassbewertung

Schließlich kann die Festlegung eines bestimmten Bewertungsverfahrens für die im Rahmen der Pflichtteilsberechnung erforderliche Nachlassbewertung den Gegenstand eines Pflichtteilsverzichts bilden. Den Hauptanwendungsbereich dürften insoweit die Immobilien- bzw Unternehmens- oder Beteiligungsbewertung bilden. Hier sind – im Rahmen eines Verzichts – sämtliche Spielarten denkbar, die zu einem für den Pflichtteilsberechtigten ungünstigeren Ergebnis führen, so dass etwa eine Gesellschaftsbeteiligung – ungeachtet aller im Übrigen bestehenden grundsätzlichen Bedenken – aufgrund des Verzichts mit ihrem Buchwert angesetzt werden kann.[284]

▶ **Muster: Beschränkter Pflichtteilsverzicht – Definition eines Verfahrens zur Immobilienbewertung**

Hinsichtlich der Bewertung der Immobilie ... wird vereinbart, dass diese mit dem ...fachen der im letzten vor dem Todeszeitpunkt liegenden Jahr erzielten Jahresnettomiete anzusetzen ist. Als Jahresnettomiete sind die Mieteinnahmen exklusive vereinnahmter Nebenkosten abzüglich der Bewirtschaftungskosten und der üblichen Erhaltungsaufwendungen anzusehen; außerordentliche Erhaltungsaufwendungen und Abschreibungen sind nicht zu berücksichtigen.

Soweit durch diese Vereinbarung das gesetzliche Pflichtteilsrecht des Verpflichteten beeinträchtigt wird, verzichtet dieser für sich und seine Abkömmlinge insoweit auf sein gesetzliches Pflichtteilsrecht am dereinstigen Nachlass des dies annehmenden Erblassers. ◀

▶ **Muster: Beschränkter Pflichtteilsverzicht – Definition eines Verfahrens zur Bewertung eines landwirtschaftlichen Betriebs**

Der landwirtschaftliche Betrieb ... mit all seinen Aktiva und Passiva soll im Rahmen der Pflichtteilsberechnung ausschließlich mit seinem Ertragswert im Sinne von § 2312 BGB berücksichtigt werden, soweit dieser unter dem tatsächlichen Verkehrswert liegt. Diese Vereinbarung gilt unabhängig davon, ob die gesetzlichen Voraussetzungen der Anwendung des § 2312 BGB vorliegen. Soweit hierdurch das gesetzliche Pflichtteilsrecht des Verzichtenden beeinträchtigt wird, verzichtet dieser für sich und seine Abkömmlinge insoweit auf sein gesetzliches Pflichtteilsrecht am dereinstigen Nachlass des dies annehmenden Erblassers. ◀

▶ **Muster: Beschränkter Pflichtteilsverzicht – Definition eines Verfahrens zur Bewertung eines Unternehmens**

Der Verzichtende verzichtet gegenüber dem diese annehmenden Erblasser in der Weise auf sein gesetzliches Pflichtteilsrecht, dass der Bewertung des Anteils des Erblassers an der ... GmbH & Co. KG – soweit diese zu seinem Nachlass gehört – nur der sich aus dem Gesellschaftsvertrag in der im Zeitpunkt des Todes des Erblassers gültigen Fassung ergebende Abfindungsbetrag (für den Fall des Ausscheidens eines Gesellschafters durch Kündigung) zugrunde gelegt werden soll. ◀

Gerade bei der Sicherung der Unternehmensnachfolge kommt diesem Gestaltungsinstrument eine erhebliche Bedeutung zu, da eines der größten Probleme der Gestaltungen vorweggenommener Unternehmensnachfolgen erfahrungsgemäß darin besteht, dass der Wert des Betriebes nur sehr schwer ermittelt werden kann. Dies gilt bereits für die Ermittlung des Wertes im Zeitpunkt der lebzeitigen Übertragung, noch mehr allerdings für die Prognose der Wertentwicklung zwischen Übertragung und Erbfall. Hier kann es sinnvoll sein, spätere Bewertungsprobleme

---

284 Vgl *Weirich*, DNotZ, 1986, 5, 11; Staudinger/*Schotten*, § 2346 Rn 50; HB Pflichtteilsrecht/*J. Mayer*, § 11 Rn 20 mwN.

soweit zu reduzieren, dass durch entsprechende Vereinbarungen zwischen dem verzichtenden Pflichtteilsberechtigten und dem Erblasser entweder ein definitiver Wert abschließend festgelegt wird, oder man sich auf einen Maximalbetrag einigt, zu dem das Unternehmen höchstens in die Pflichtteilsberechnung (bzw die Ermittlung von Pflichtteilsergänzungsansprüchen) einfließen soll. In dieser Variante haben Erbe bzw Unternehmensnachfolger die Möglichkeit, auch einen geringeren tatsächlichen Wert nachweisen zu können.

303 ▶ **Muster: Beschränkter Pflichtteilsverzicht – Definition des Werts von Nachlassgegenständen**

Der Verzichtende verzichtet hiermit in der Weise gegenüber dem dies annehmenden Erblasser auf sein gesetzliches Pflichtteilsrecht, dass die Beteiligung des Erblassers an der ▪▪▪ GmbH unter Zugrundelegung eines Gesamtwerts der Gesellschaftsanteile (also 100 %) in Höhe von EUR ▪▪▪ erfolgt. ◀

304 ▶ **Muster: Beschränkter Pflichtteilsverzicht – Begrenzung des Werts von Nachlassgegenständen**

Hinsichtlich der Beteiligung des Erblassers an der ▪▪▪ GmbH wird vereinbart, dass ein Gesamtwert aller Gesellschaftsanteile (also 100 %) einen Betrag in Höhe von EUR ▪▪▪ nicht übersteigen kann. Der Nachweis eines niedrigeren Wertes soll möglich sein.

Soweit durch diese Vereinbarung in das gesetzliche Pflichtteilsrecht des Verzichtenden eingegriffen wird, verzichtet dieser für sich und seine Abkömmlinge insoweit auf sein gesetzliches Pflichtteilsrecht am dereinstigen Nachlass des Erblassers, der diesen beschränkten Pflichtteilsverzicht hiermit annimmt. ◀

9. Unterwerfung unter Schiedsgutachterentscheidungen

305 Zur Vermeidung von Streit zwischen Pflichtteilsberechtigtem und Erben kann auch die bindende Festlegung eines Streitschlichtungsverfahrens, beispielsweise der Durchführung eines schiedsgutachterlichen Verfahrens dienen. Insbesondere Bewertungsprobleme können auf diese Weise drastisch entschärft werden. Vor dem Hintergrund, dass der Pflichtteilsberechtigte grundsätzlich gemäß § 2314 BGB Anspruch auf die Ermittlung des tatsächlichen Wertes hat, bildet die Unterwerfung unter die Ermittlung eines Schiedsgutachters durchaus einen tauglichen Verzichtsgegenstand.[285]

306 ▶ **Muster: Beschränkter Pflichtteilsverzicht – Unterwerfung unter Schiedsgutachten**

Hinsichtlich aller den Pflichtteil betreffenden Wertermittlungsfragen unterwirft sich der Verzichtende der abschließenden Entscheidung eines durch den Präsidenten der Industrie- und Handelskammer in ▪▪▪ zu benennenden öffentlich bestellten, vereidigten Sachverständigen. Soweit hierdurch in das Pflichtteilsrecht des Verzichtenden eingegriffen wird, erklärt der Verzichtende hiermit insoweit gegenüber dem dies annehmenden Erblasser einen gegenständlich beschränkten Pflichtteilsverzicht. ◀

VII. Pflichtteilsverzicht unter Ehegatten oder gegenüber Ehegatten
1. Verzicht unter Ehegatten

307 Ehegatten sind untereinander in der Regel pflichtteilsberechtigt. Darüber hinaus hat der überlebende Zugewinn-Ehegatte stets die Möglichkeit, eine ihm angefallene Erbschaft auszuschla-

---

285 So auch *J. Mayer*, ZEV 2000, 263, 267 f.

D. Pflichtteilsverzicht § 8

gen und den Pflichtteil geltend zu machen. Den Verlust seiner Pflichtteilsberechtigung muss er auch bei Ausschlagung einer unbeschränkten bzw unbeschwerten Erbschaft nicht fürchten. Dennoch sind in der Praxis die verschiedensten Szenarien anzutreffen, die es aus der Sicht beider Ehegatten wünschenswert erscheinen lassen, das Pflichtteilsrecht des Überlebenden auszuschließen oder einzuschränken. Dies gilt sowohl im Rahmen ehevertraglicher Vereinbarungen als auch bei der Errichtung gemeinschaftlicher Testamente oder der Gestaltung einseitig letztwilliger Verfügungen.

▶ **Muster: Gegenseitiger Pflichtteilsverzicht unter Ehegatten** 308

Jeder von uns verzichtet im Hinblick auf den Nachlass des jeweils anderen auf sein gesetzliches Pflichtteilsrecht. ◀

▶ **Muster: Wechselseitiger Verzicht unter Ehegatten hinsichtlich des großen Pflichtteils** 309

Jeder von uns verzichtet im Hinblick auf den Nachlass des anderen auf den Teil seines Pflichtteilsanspruchs, der sich aus der Erhöhung des gesetzlichen Erbteils um ¼ der Erbschaft nach § 1371 BGB ergibt. Diesen Verzicht nehmen wir wechselseitig an. ◀

Nicht selten kommt es vor, dass sich Ehegatten in einem (notariellen) Ehegattentestament oder Erbvertrag unterhalb der jeweiligen Pflichtteilsquote zu Erben einsetzen oder wertmäßig hinter dem Pflichtteilsanspruch zurückbleibende Vermächtnisse anordnen. Hierin kann ein **stillschweigender Pflichtteilsverzicht** liegen.[286] Um Auslegungsschwierigkeiten zu vermeiden, empfiehlt es sich jedoch, in derartigen Fällen den Verzicht ausdrücklich zu beurkunden. 310

▶ **Muster: Beschränkter Pflichtteilsverzicht unter Ehegatten wegen gemeinsamer letztwilliger Verfügungen** 311

Soweit der überlebende Ehegatte aufgrund der vorstehenden Verfügungen weniger als den ihm zustehenden Pflichtteil erhält, verzichtet er hiermit gegenüber dem dies annehmenden erstversterbenden Ehegatten auf sein gesetzliches Pflichtteilsrecht. ◀

Insbesondere bei Zuwendungen im Rahmen der **vorweggenommenen Erbfolge** kommt es nicht selten vor, dass neben dem beschenkten Pflichtteilsberechtigten auch dem Ehegatten des Schenkers[287] grundsätzlich Pflichtteilsansprüche zustehen können. Die Maßnahme der vorweggenommenen Erbfolge kann nach dem Tod des einen Elternteils Pflichtteilsergänzungsansprüche iSv §§ 2325 ff BGB zugunsten des überlebenden Ehegatten nach sich ziehen. Auch wenn die Parteien oftmals davon ausgehen, dass derartige Ansprüche niemals geltend gemacht würden, sind verschiedene Konstellationen denkbar, in denen das Gegenteil dieser Erwartungen eintritt. Man denke insoweit nur an ein Zerwürfnis zwischen den Ehegatten, Streit zwischen dem Beschenkten und dem überlebenden Ehegatten des Erblassers oder an Fälle der Überleitung des Pflichtteilsergänzungsanspruchs auf den Sozialhilfeträger.[288] Auch derartige Risiken können durch die Vereinbarung eines – gegenständlich beschränkten – Pflichtteilsverzichts ausgeschlossen werden. Soweit beide Elternteile an der Zuwendung beteiligt sind, sollte der Verzicht wechselseitig erklärt werden.[289] 312

---

286 BGH BGHZ 22, 364.
287 Soweit beide Elternteile ihr Kind beschenken, entstehen ebenfalls potentielle Pflichtteilsergänzungsansprüche des jeweils anderen.
288 Vgl HB Pflichtteilsrecht/*J. Mayer*, § 11 Rn 22.
289 Die hierdurch verursachten zusätzlichen Kosten der notariellen Beurkundung sind in der Regel eine sinnvolle Investition.

313 ▶ **Muster: Beschränkter Pflichtteilsverzicht von Ehegatten im Rahmen eines Übergabevertrages**

Die beiden an dieser Urkunde beteiligten Übergeber verzichten hiermit wechselseitig, also jeweils gegenüber dem anderen Ehegatten, gegenständlich beschränkt auf ihr jeweiliges Pflichtteilsrecht, namentlich auf den aus der Übertragung des dem jeweils anderen gehörenden Teils des heutigen Vertragsgegenstandes resultierenden Pflichtteilergänzungsanspruch. Die beiden Übergeber nehmen die von ihnen jeweils erklärten gegenständlich beschränkten Pflichtteilsverzichte des jeweils anderen Ehegatten hiermit wechselseitig an.

oder:

Jeder der Übergeber verzichtet hiermit gegenüber dem anderen Ehegatten – gegenständlich beschränkt auf den Teil des gegenwärtigen Vertragsgegenstandes, der dem anderen gehört – auf sein Pflichtteilsrecht am dereinstigen Nachlass des anderen; jeder von ihnen nimmt diesen beschränkten Pflichtteilsverzicht des anderen Ehegatten hiermit an. ◀

2. Verzicht gegenüber Ehegatten

314 Haben sich Eheleute im Rahmen eines sog. **Berliner Testaments** für den ersten Erbfall gegenseitig zu Alleinerben und für den zweiten Erbfall die gemeinschaftlichen Kinder zu Erben des Überlebenden berufen, löst der erste Erbfall zugunsten der Kinder regelmäßig Pflichtteilsansprüche aus. Auch wenn ein sorgfältig erarbeitetes Berliner Testament zur Absicherung dieses Risikos entsprechende Pflichtteilsstrafklauseln enthält, bilden diese im Ergebnis nur eine unzureichende Absicherung des überlebenden Ehegatten. Vorzuziehen ist in jedem Fall die Vereinbarung entsprechender Pflichtteilsverzichte mit den Abkömmlingen. Aus der Sicht des überlebenden Ehegatten ist es ausreichend, aus der Sicht der Abkömmlinge dringend geboten, dass der Verzicht auf die nach dem Tod des erstversterbenden Elternteils entstehenden Pflichtteilsansprüche beschränkt wird. Dies lässt sich dadurch erreichen, dass an dem Pflichtteilsverzichtsvertrag beide Elternteile als Erblasser beteiligt sind, der Verzicht jedoch zugunsten eines jeden Elternteils nur unter der Bedingung erklärt wird, dass er vor dem anderen Elternteil verstirbt bzw diesen überlebt. In der einen Variante handelt es sich um eine auflösende, in der anderen um eine aufschiebende Bedingung.

315 ▶ **Muster: Pflichtteilsverzicht gegenüber den Eltern bei Berliner Testament**

Der Verzichtende verzichtet hiermit auf sein Pflichtteilsrecht nach seinen beiden dies annehmenden Eltern. Die beiden Pflichtteilsverzichte sind jedoch aufschiebend bedingt. Die Bedingung tritt dadurch ein, dass der jeweilige Elternteil vor dem anderen Elternteil verstirbt.

oder:

Der Verzichtende verzichtet hiermit auf sein Pflichtteilsrecht nach seinen beiden dies annehmenden Eltern.

Der vorstehende Pflichtteilsverzicht ist jedoch auflösend bedingt. Die auflösende Bedingung tritt dadurch ein, dass der jeweilige Elternteil den zuerst versterbenden Elternteil überlebt. ◀

316 Unter Umständen kann es hier sinnvoll sein, den Pflichtteilsverzicht mit weiteren Bedingungen zu verknüpfen, um auf diese Weise sicherzustellen, dass dem Verzichtenden für den Fall der Wiederverheiratung des überlebenden Ehegatten bzw der Adoption eines Kindes durch diesen eine möglichst umfassende Rechtsposition gesichert wird.

D. Pflichtteilsverzicht § 8

▶ **Muster: Pflichtteilsverzicht gegenüber Eltern bei Berliner Testament mit Absicherung gegen Wiederheirat und Adoption**

317

Die vorgenannten bedingten Pflichtteilsverzichte stehen unter der weiteren auflösenden Bedingung, dass der durch den Pflichtteilsverzicht begünstigte überlebende Ehegatte eine Pflichtteilsberechtigung seines neuen Ehegatten begründende Ehe oder Lebenspartnerschaft schließt und eine Pflichtteilsberechtigung des Angenommenen begründende Adoption vornimmt. ◀

Erklärt der Verzichtende einen grundsätzlich unbeschränkten Pflichtteilsverzicht gegenüber seinem Ehegatten, so kann sich dies auch auf den Umfang seiner **nachehelichen Unterhaltsansprüche** auswirken. Denn nach Ansicht des BGH lässt sowohl der Erb- als auch der Pflichtteilsverzicht des unterhaltsberechtigten Ehegatten die Unterhaltslast der Erben gemäß § 1586 b BGB für die Zeit nach dem Tod des Erblassers entfallen.[290] Soweit diese Konsequenz – und dies dürfte aus der Sicht des Verzichtenden wohl der Regelfall sein – nicht gewollt ist, erfordert die Sichtweise des BGH eine entsprechende Einschränkung des erklärten Pflichtteilsverzichts, dass die Haftung nach § 1586 b Abs. 1 BGB unberührt bleiben soll.[291]

318

▶ **Muster: Pflichtteilsverzicht unter Vorbehalt von Unterhaltsansprüchen nach § 1586 b BGB**

319

Durch den vorstehenden Pflichtteilsverzicht werden Unterhaltsansprüche des überlebenden Ehegatten gegen die Erben nach §§ 1586 b, 1933 S. 2 BGB nicht ausgeschlossen. Der Überlebende ist vielmehr für diesen Fall so zu stellen, als ob der Pflichtteilsverzicht hinsichtlich dieser Rechtsfolge nicht erklärt worden wäre.[292] ◀

XIII. Aufhebung des Pflichtteilsverzichts

Hinsichtlich der Aufhebung des abstrakten Pflichtteilsverzichts sowie Widerrufs bzw Rücktritts vom Kausalgeschäft gelten die zum Erbverzichtsvertrag gemachten Ausführungen. Da es sich beim Pflichtteilsverzicht um eine – inhaltlich reduzierte – Form des Erbverzichts handelt, sind die §§ 2346 ff BGB uneingeschränkt anwendbar.

320

IX. Checkliste Pflichtteilsverzicht

321

– Notarielle Form zwingend erforderlich, § 2348 BGB
– Persönlicher Vertragsschluss durch den Erblasser erforderlich
– Notwendigkeit der Mitwirkung eines Ergänzungspflegers/vormundschaftsgerichtliche Genehmigung?
– Erstreckung des Pflichtteilsverzichts auf:
  – Pflichtteilsrestanspruch, §§ 2305, 2307 BGB
  – Ausschluss der Rechte aus § 2306 BGB
  – Ausschluss des Kürzungsrechts bei Vermächtnissen, § 2318 Abs. 2 BGB
  – Ausschluss der Rechte nach §§ 2319, 2328 BGB
  – Ausschluss von Pflichtteilsergänzungsansprüchen, §§ 2325 ff BG
– Beschränkung des Pflichtteilsverzichts, zB:

---

290 BGH NJW 2001, 828 = ZEV 2001, 113 mit Anmerkung *Frenz* = Zerb 2001, 58 mit Anmerkung *Krug*; diese Auffassung ist in der Literatur durchaus umstritten: Zustimmend etwa: Palandt/*Brudermüller*, § 1586 b Rn 8 mwN; *Dieckmann*, NJW 1980, 2777; aA etwa *Grziwotz*, FamRZ 1991, 1258; *Pentz*, FamRZ 1998, 1344.
291 Vgl insoweit HB Pflichtteilsrecht/*J. Mayer*, § 11 Rn 27.
292 Formulierungsvorschlag nach *Bengel*, ZEV Jahrestagung 1998, 56.

- gegenständlich beschränkter Pflichtteilsverzicht
- Beschränkung des Verzichts auf einen Bruchteil
- Isolierter Verzicht auf die Geltendmachung der Unwirksamkeit von Beschränkungen und Beschwerungen, §§ 2306, 2307 BGB
- Isolierter Verzicht auf den Pflichtteilsrestanspruch, §§ 2305, 2307 BGB
- Isolierter Verzicht auf den Pflichtteilsergänzungsanspruch, § 2325 BGB
- Beschränkung des Verzichts auf ratenweise Zahlung/Stundung des Pflichtteilsanspruchs
- Verzicht zugunsten eines Dritten
- Beschränkung des Pflichtteils auf einen Höchstbetrag
- Unterwerfung unter ein bestimmtes Bewertungsverfahren
- Festschreibung bestimmter (Höchst-)werte für bestimmte Gegenstände des realen/fiktiven Nachlasses
- Nachträgliche Begründung von Anrechnungs- und Ausgleichungspflichten
- Ausschluss der Wirkungen der §§ 1933, 1586 b BGB
- Vereinbarung einer Gegenleistung
- Exakte Definition/Bezifferung der Gegenleistung
- Verknüpfung von Kausalgeschäft und Verzicht; Vereinbarung aufschiebender/auflösender Bedingungen
- Vorbehalt eines Rücktritts oder Widerrufs
- Regelungen für den Fall der Rückabwicklung
- Belehrung über die Wirkung des Pflichtteilsverzichts; Bestenbleiben des gesetzlichen Erbrechts

E. Schuldrechtliche Gleichstellungserklärungen

322 Etwas vollständig anderes als Erbverzicht, Pflichtteilsverzicht und Zuwendungsverzicht stellen sog. schuldrechtliche Gleichstellungserklärungen dar. Denn anders als die drei hier im Mittelpunkt stehenden abstrakten Verfügungsgeschäfte bilden sie **rein schuldrechtliche Verträge**, denen **keinerlei dingliche Wirkung** zukommt.

323 Schuldrechtliche **Gleichstellungserklärungen** sind besondere, nach § 311 b Abs. 5 BGB zulässige Formen des Erbschaftsvertrages, die insbesondere in Übergabeurkunden häufig anzutreffen sind.

324 Der wesentliche Nachteil von schuldrechtlichen Gleichstellungserklärungen besteht darin, dass sie – wie die Bezeichnung bereits deutlich macht – nur schuldrechtlich wirken. Zu ihrer Umsetzung bedarf es daher nach Eintritt des Erbfalls noch des Abschlusses eines dinglich wirkenden Erlassvertrages. Angesichts dieser deutlich komplizierteren Abwicklung kommen Gleichstellungserklärungen als primäre Gestaltungsinstrumente nur beschränkt in Betracht. Allerdings sind sie durchaus geeignet, als flankierende Maßnahmen bei Gestaltungen im Rahmen der vorweggenommenen Erbfolge zu dienen. Insbesondere kann auf diese Weise für den Vermögensübernehmer ein zusätzlicher Schutz gegen einen möglicherweise später eintretenden Sinneswandel der übrigen Parteien (Erblasser und Verzichtender) gewährleistet werden. Denn selbst wenn der zwischen dem Erblasser und dem Verzichtenden geschlossene Erb- oder Pflichtteilsverzichtsvertrag – ohne Wissen des Übernehmers – aufgehoben werden sollte, bliebe dem Ver-

mögensübernehmer immer noch der schuldrechtliche Anspruch gegenüber dem Verzichtenden, dass dieser seinen Erb- bzw Pflichtteilsanspruch nicht geltend macht.[293]

▶ **Muster: Schuldrechtlicher Verzicht auf die spätere Geltendmachung von Pflichtteilsergänzungsansprüchen**

325

587

... Darüber hinaus verpflichtet sich der Verzichtende gegenüber dem Übernehmer im Wege eines Vertrages im Sinne von § 312 BGB, nach dem Eintritt des Erbfalls in Ansehung der heutigen Übertragung keine Pflichtteilsergänzungsansprüche geltend zu machen und – für den Fall der späteren Aufhebung des in dieser Urkunde erklärten gegenständlichen Pflichtteilsverzichts – auf solche unverzüglich zu verzichten. ◀

▶ **Muster: Gleichstellungsvereinbarung mit schuldrechtlichem Verzicht auf die spätere Geltendmachung von Pflichtteilsergänzungsansprüchen**

326

588

Der Übernehmer und seine am Vertragsschluss beteiligten Geschwister betrachten sich hinsichtlich aller ihnen von dem Übergeber bisher bzw im Rahmen des heutigen Vertrages gemachter Zuwendungen als gleichgestellt. Sie verpflichten sich insoweit gegenseitig, nach dem Tode des Übergebers keinerlei Ansprüche irgendwelcher Art gegeneinander geltend zu machen.[294] ◀

F. Gestaltungsüberlegungen – Entscheidungsfindung

I. Grundsätzliche Erwägungen

Auch wenn der Erbverzicht gemäß § 2346 Abs. 1 BGB grundsätzlich den Verzicht auf den Pflichtteil (§ 2346 Abs. 2 BGB) mit einschließt und auf jeden Fall die weitergehende – und damit auf den ersten Blick auch umfassendere – Gestaltung darstellt, sollte er nach Möglichkeit vermieden werden.[295] Denn durch den Wegfall des Verzichtenden als gesetzlicher Erbe kommt es zu einer Erhöhung der gesetzlichen Erb- und damit auch Pflichtteile der übrigen Pflichtteilsberechtigten nach § 2310 S. 2 BGB. Über diese Konsequenz sind sich die Beteiligten oftmals gar nicht im Klaren, gewollt ist sie nur in den seltensten Fällen. Im Hinblick auf eine sinnvolle Gestaltung der Nachfolgeplanung führt sie zumeist – wenigstens – zur Wertlosigkeit des vereinbarten Verzichts, denn eine Erweiterung der Handlungsmöglichkeiten des Erblassers wird auf diese Weise nicht erreicht.

327

Genau diese nachteiligen Folgen treten beim isolierten Pflichtteilsverzicht gemäß § 2346 Abs. 2 BGB nicht ein.[296]

328

Der **Grundsatz, den Pflichtteilsverzicht dem Erbverzicht vorzuziehen**, gilt umso mehr, als das bloße gesetzliche Erbrecht ohne weiteres durch entsprechende Verfügung von Todes wegen außer Kraft gesetzt werden kann. Die einzige wirkliche Limitierung der Gestaltungsfreiheit des Erblassers bildet hingegen das Pflichtteilsrecht. Genau diese Begrenzung aufzuheben, ist Sinn und Zweck des Pflichtteilsverzichts, so dass hierdurch im Regelfall die erstrebte unbeschränkte Gestaltungsfreiheit des Erblassers erreicht werden kann.

329

Etwas anderes gilt lediglich in solchen Fällen, in denen die Testierfreiheit des Erblassers durch andere Umstände beeinträchtigt ist. In diesem Zusammenhang sind insbesondere die Geschäfts-

330

---

293 Vgl zum Ganzen HB Pflichtteilsrecht/*J. Mayer*, § 11 Rn 28.
294 Vgl *Nieder* Rn 236.
295 Allgemeine Meinung, vgl etwa *Langenfeld*, Testamentsgestaltung, Rn 131.
296 BGH NJW 1982, 2497; Staudinger/*Haas*, § 2310 Rn 17; *Lange/Kuchinke*, Erbrecht, § 37 Fn 201 mwN. Dies gilt auch bei gleichzeitiger Enterbung des Verzichtenden, Soergel/*Dieckmann*, § 2310 Rn 11.

bzw Testierunfähigkeit des Erblassers sowie seine erbvertragliche oder durch ein gemeinschaftliches Testament begründete fehlende Testierfreiheit zu nennen.[297]

331 Der Zuwendungsverzicht hat hingegen eine vollkommen andere Stoßrichtung. Durch ihn wird auf letztwillig angeordnete Zuwendungen verzichtet, nicht auf gesetzliche Rechte. Überschneidungen des rechtlichen Anwendungsbereichs mit Erb- bzw Pflichtteilsverzicht sind daher kaum vorstellbar.

II. Übersicht über die Verzichtsarten[298]

332

Verzichtsart	Auswirkungen für den Verzichtenden	Auswirkungen für den Stamm des Verzichtenden	Bemerkungen
Erbverzicht, § 2346 Abs. 1 BGB	Ausscheiden aus der gesetzlichen Erbfolge	Bei Verzicht eines Abkömmlings oder Seitenverwandten des Erblassers gilt der Verzicht im Zweifel auch für die Abkömmlinge	– testamentarische Einsetzung des Verzichtenden als Erbe oder Vermächtnisnehmer möglich – Erhöhung der Pflichtteile der verbliebenen Pflichtteilsberechtigten (§ 2310 S. 2 BGB) – Zugewinnausgleich wird nicht vom Verzicht umfasst
(isolierter) Pflichtteilsverzicht, § 2346 Abs. 2 BGB	Verzichtender bleibt gesetzlicher Erbe, verliert aber sein Pflichtteilsrecht	Das gesetzliche Erbrecht bleibt erhalten; das Pflichtteilsrecht entfällt.	– Keine Erhöhung der Pflichtteilsquoten der übrigen Pflichtteilsberechtigten – Zugewinnausgleichsanspruch bleibt unberührt – „Pflichtteilsverzicht nach Maß" möglich
Zuwendungsverzicht, § 2352 BGB	verzichtsgegenständliche Zuwendungen entfallen, so als ob der Verzichtende bei deren Anfall verstorben wäre	Grundsätzlich Erstreckung auf Abkömmlinge des Verzichtenden; keine Erstreckung auf ausdrücklich berufene Ersatzerben	– Erblasser erhält seine Testierfreiheit zurück, soweit keine Ersatzberufenen vorhanden sind

G. Steuern und Kosten

I. Steuerliche Gesichtspunkte

333 Die unentgeltlichen Verzichte – gleichviel, ob Erb-, Pflichtteils- oder Zuwendungsverzicht – sind in jeder Hinsicht erbschaft- bzw schenkungsteuerrechtlich neutral. Weder liegen unentgeltliche Zuwendungen des Verzichtenden gegenüber dem Erblasser vor noch umgekehrt. Wird hingegen

---
297 Vgl insoweit oben Rn 38.
298 Nach *Roth* in: Bonefel/Wachter, Der Fachanwalt für Erbrecht, Kapitel 5 Rn 124.

G. Steuern und Kosten

eine **Abfindung** oder sonstige Gegenleistung, die zivilrechtlich eine Schenkung darstellt, vgl oben B.VII.3 = Rn 142 ff), erbracht, führt dies gemäß § 7 Abs. 1 Nr. 5 ErbStG zur **Schenkungsteuerpflicht**. Die anzuwendende Steuerklasse sowie die Bestimmung der persönlichen Freibeträge richten sich ausschließlich nach dem verwandtschaftlichen Verhältnis des Verzichtenden zum Erblasser; dies gilt auch dann, wenn die Abfindung von einem Dritten geleistet wird.[299]

Die Ermittlung der steuerlichen **Bemessungsgrundlage** folgt den allgemeinen Regeln, so dass nach geltendem Recht unter Umständen erhebliche Vorteile realisiert werden können, wenn statt einer Abfindung in Geld erbschaftsteuerlich privilegierte Grundstücke oder Betriebsvermögen übertragen wird. Inwieweit die Finanzverwaltung eine Anwendung von §§ 13 a, b, c und 19 aErbStG zulässt, ist jedoch noch nicht abschließend geklärt. Der Wortlaut des Gesetzes deutet aber auf eine Anwendbarkeit der Verschonungsregeln hin. 334

II. Kosten und Gebühren

Weder der Erb- bzw Pflichtteilsverzicht noch der Zuwendungsverzicht stellen Verfügungen von Todes wegen dar. Für die notarielle Beurkundung fällt daher eine doppelte Verfahrensgebühr gemäß § 36 Abs. 2 KostO an. Der Wert des Rechtsgeschäfts kann zum Zeitpunkt seiner Beurkundung nur im Wege der **Schätzung** ermittelt werden, da die genauen Vermögensverhältnisse zum Zeitpunkt des Erbfalls – und genau auf diesen beziehen sich ja die Verzichte – noch nicht feststehen. Der der Gebührenberechnung zugrunde zu legende Wert ist daher gemäß § 30 Abs. 1 KostO nach freiem Ermessen zu bestimmen. Beim isolierten Pflichtteilsverzicht ist nur die Hälfte des Wertes als Geschäftswert anzusetzen. Schätzungsgrundlage ist der Umfang des (potentiellen) Nachlasses zum Zeitpunkt des Verzichts sowie der Erbteil des Verzichtenden.[300] Anders kann sich die Situation jedoch beim **Zuwendungsverzicht** darstellen, wenn dieser sich auf eine Vermächtnisanordnung bezieht und der Wert des Vermächtnisgegenstandes bereits endgültig feststeht. In diesem Fall wird auf den **Vermächtniswert** abzustellen sein. 335

---

299 *Kapp/Ebeling*, ErbStG, § 7 Rn 122.
300 *Damrau/Mittenzwei*, Praxiskommentar Erbrecht, § 2346 Rn 24.

§ 9 Nachlasspflegschaft und -verwaltung

Literatur: *Draschka*, Gläubigerbefriedigung durch den Nachlasspfleger, Rpfleger 1992, 281–283; *Ott-Eulberg*, Die Nachlasspflegschaft als taktisches Mittel zur Durchsetzung von Pflichtteils- und Pflichtteilsergänzungsansprüchen, ZErb 2000, 222–224; *Prange*, Miterbe und Nachlassverwalter in Personalunion?, MDR 1994, 235; *Primozic*, Kann der Nachlasspfleger zum Nachlass gehörende Pflichtteilsansprüche geltend machen?, NJW 2000, 711–713; *Reihlen*, Kann ein Miterbe Nachlassverwalter werden?, MDR 1989, 603; *Tidorf*, Die Anordnung der Nachlasspflegschaft gemäß § 1960 BGB, Rpfleger 1991, 400; *Zimmermann*, Die Vergütung des Nachlasspflegers bei vermögendem Nachlass, ZEV 2001, 15; *Zimmermann*, Vergütung von Ersatz von Aufwendungen des Nachlasspflegers, ZEV 1999, 329–338

A. Allgemeines	1
I. Einführung	1
II. Nachlasspflegschaft	2
III. Nachlassverwaltung	3
IV. Weitere Sicherungsmaßnahmen	4
1. Anlegung von Siegeln	5
2. Amtliche Inverwahrnahme	7
3. Kontensperrung	9
4. Aufnahme eines Nachlassverzeichnisses	11
5. Klag- bzw Prozesspflegschaft gem. § 1961 BGB	13
6. Sonstige Sicherungsmaßnahmen	14
V. Abgrenzungen	16
1. Pflegschaft für die Leibesfrucht gem. § 1912 BGB	16
2. Testamentsvollstreckung	17
3. Abwesenheitspflegschaft gem. § 1911 BGB	18
4. Nacherbenpflegschaft	19
5. Nachlassinsolvenz	20
B. Antragstellung, Einleitung der Nachlasspflegschaft und die Stellung des Nachlassgerichts	21
I. Sachliche und örtliche Zuständigkeit	25
II. Materielle Voraussetzungen der Nachlasssicherung	28
1. Unklarheit über den Erben	28
2. Anordnung bei einem bekannten Erben	30
3. Bedürfnis gerichtlicher Fürsorge	31
4. Handeln von Amts wegen	38
III. Anordnung der Nachlasspflegschaft	39
1. Beschluss des Nachlassgerichts, Rechtsmittel gegen die Anordnung der Nachlasspflegschaft	39
2. Verpflichtungshandlung	41
3. Bestallung	42
IV. Durchführung der Nachlasspflegschaft, Aufgaben und Rechte des Nachlassgerichts	43
V. Ende der Pflegschaft/der Nachlasspflegertätigkeit	47
1. Aufhebung	47
2. Entlassung	48
3. Tod des Pflegers	49
VI. Festsetzung der Nachlasspflegervergütung	50
VII. Sonderfall: Klagpflegschaft gem. § 1961 BGB	51
1. Antrag auf eine Klagpflegschaft	52
a) Unbekanntheit der Erben	53
b) Gerichtliche Geltendmachung	54
2. Allgemeine Darstellung	55
3. Nachlassgläubiger	59
4. Gerichtliche Geltendmachung	61
5. Undurchführbarkeit ohne Nachlasspflegschaft	62
6. Stellung des Pflegers	63
C. Nachlassverwaltung	64
I. Grundsatz und Prüfungsliste zur Haftungsbegrenzung	64
1. Örtliche und sachliche Zuständigkeit	67
2. Antrag gem. § 1981 BGB	68
a) Antragsberechtigte Personen	69
b) Gläubiger, Antragsberechtigung, Zweijahresfrist	74
3. Begründetheit	77
II. Masse oder Vorschuss	80
III. Verfahren gem. §§ 1962, 1981 bis 1989 BGB	81
1. Anordnung	82
2. Beschluss	83
3. Zustellung	84
IV. Rechtsmittel: § 359 FamFG	86
V. Bestellung Nachlassverwalter	89
VI. Entlassung des Nachlassverwalters	90
VII. Aufhebung der Nachlassverwaltung	92
1. Rechte des Erben	92
2. Rechte des Gläubigers	94
3. Grundsätzliches zur Aufhebung	96
4. Formales zur Aufhebung der Nachlassverwaltung	98
VIII. Schlussrechnung	101
IX. Vergütung	102
X. Einleitung des Aufgebotsverfahrens gem. §§ 1970 bis 1974 BGB	104
D. Der Nachlasspfleger	112
I. Aufgaben des Nachlasspflegers	112
1. Inbesitznahme, Bestandsaufnahme	113
2. Erhaltung und Verwaltung des Nachlasses	122
3. Finanzamt	125
4. Pflichten des Nachlasspflegers in Bezug auf Konten	138
a) Ermittlung der Konten	139
b) Verwaltung der Konten	148
c) Der Nachlasspfleger hat bei Bankguthaben wie folgt zu verfahren	151
aa) Allgemeine Pflichten	151
bb) Besondere Pflichten	153
(1) Girokonto/Einzelkonto	155

§ 9 Nachlasspflegschaft und -verwaltung

      (2) Girokonto/Gemeinschaftskonto 157
      (3) Sparkonten 158
      (4) Sparbriefe 159
      (5) Termingeldkonten 161
      (6) Depotkonten 162
      (7) Schließfächer 163
    cc) Sonstige Pflichten 166
  5. Eidesstattliche Versicherung 170
  6. Gläubigerauskunft gem. § 2012 BGB 171
  7. Das Gläubigeraufgebot gem. § 991 ZPO 172
  8. Nachlassinsolvenzverfahren gem. §§ 315–331 InsO 173
  9. Dürftige Nachlässe 181
 10. Sozialversicherungsträger 185
 11. Grundstücke 186
 12. Bezahlung der Nachlassverbindlichkeiten 191
 13. Erfüllung von Vermächtnissen und Auflagen 193
 14. Annahme von dem Erblasser zugefallenen Erbschaften 194
 15. Jahres- und Schlussrechnung des Nachlasses, Jahres- und Schlussbericht 195
    a) Schlussrechnung (§ 1890 BGB) 195
    b) Jahresabrechnung (§ 1840 BGB) .. 197
    c) Jahresbericht 198
 16. Vertretung und Prozessführung 200
    a) Vertretung 201
    b) Prozessführung 202
 17. Absicherung durch Haftpflichtversicherung 205
II. Nichtzuständigkeit des Nachlasspflegers .. 206
III. Erbenermittlung 207
  1. Informationsquellen 207
    a) Einwohnermeldeamt 209
    b) Standesamt 210
    c) Außenministerium 211
  2. Kostenersatz 212
IV. Nachlasspfleger und Erben 213
  1. Zusammenarbeit 213
  2. Herausgabe des Nachlasses 215
  3. Auseinandersetzung 216
  4. Konkurrierende Tätigkeit von Nachlasspfleger und Erben 217
  5. Nachfolgeauftrag 218
V. Nachlasspfleger im Umgang mit Gläubigern 221
VI. Kein Anspruch auf Entlassung 222
VII. Vergütung des Nachlasspflegers 223
  1. Vergütungsfaktoren 226
  2. Zeithonorar 227
  3. Antrag auf Vergütungsfestsetzung 230
  4. Auslagenersatz (Aufwendungsersatz) . 232
E. Anwalt als Nachlassverwalter 233
I. Grundsatz der Nachlassverwaltung 233
  1. Aufgaben des Nachlassverwalters 235
    a) Sammlung des Nachlasses 236
    b) Aufgebotsverfahren 239
    c) Befriedigung der Nachlassgläubiger 240
    d) Verwaltung des Nachlasses 245
    e) Grundstück im Nachlass-Grundbucheintrag 246
    f) Gesellschaftsanteil im Nachlass ... 252
    g) Feststellung entzogener Werte 253
    h) Zahlung der Nachlassverwaltungskosten 254
    i) Vollmacht 255
    j) Abwehr von Eigengläubigern 257
    k) Erwerbsgeschäft im Nachlass 258
    l) Einziehung und Forderungen 259
    m) Pflicht zur Auskunftserteilung 264
    n) Aufschiebende Einreden 265
    o) Unterhalt 266
    p) Bewegliche Gegenstände im Nachlass 267
    q) Prozessführungsbefugnis 268
      aa) Aktivprozesse 268
      bb) Passivprozesse 269
      cc) Pflichtteil und Nachlassverwaltung 270
      dd) Nichtzuständigkeit des Nachlassverwalters 271
        (1) Auseinandersetzung und Veräußerung 271
        (2) Gesellschaftsanteil im Nachlass 272
        (3) Pflichtteilsansprüche, Zugewinnausgleichsansprüche 276
      ee) Finanzamt 277
  2. Antrag auf Festsetzung der Vergütung des Nachlassverwalters 278
  3. Der Nachlassverwalter im Umgang mit den Erben 280
    a) Nachlassverwalter als Vertreter der Erben oder als Partei kraft Amtes 280
    b) Erbe und gewillkürte Prozessstandschaft des Nachlassverwalters 281
  4. Haftung des Nachlassverwalters 282
II. Der Nachlassverwalter im Umgang mit den Gläubigern 283
III. Beendigung der Nachlassverwaltung 284
F. Rechte der Erben und Gläubiger während der Nachlasspflegschaft 285
I. Rechte der Erben 285
II. Klage auf Feststellung des Erbrechts 291
III. Zurückbehaltungsrecht des Erben gegenüber dem Herausgabeanspruch des Nachlasspflegers 292
IV. Testamentsvollstrecker und Nachlasspflegschaft 293
V. Vermächtnisnehmer 294
G. Rechte der Erben und Dritter während der Nachlassverwaltung 295
I. Erbenberatung zur Schuldenhaftung 295
II. Unbefriedigter Nachlassgläubiger nach Aufhebung der Nachlassverwaltung 307
III. Gläubiger des Erblassers 308
  1. Honorarfrage 308
  2. Anmeldung einer Forderung im Aufgebotsverfahren 309

A. Allgemeines

I. Einführung

1 Das BGB geht von dem Grundsatz aus, dass die Abwicklung des Erbfalls Sache der Beteiligten und ein Tätigwerden des Nachlassgerichts nur in besonderen Fällen erforderlich ist. Eine generelle Pflicht des Nachlassgerichts zum Tätigwerden anlässlich eines Erbfalls besteht nicht.[1] Regelmäßig wird dem Nachlassgericht der Tod einer Person durch Anzeige des Standesbeamten bekannt. Da die Mitteilung des Standesamts an das Nachlassgericht im Rahmen eines verwaltungsmäßigen Verfahrens erfolgt, vergehen zumindest mehrere Tage zwischen dem Tod einer Person und dem Bekanntwerden beim Nachlassgericht. Hier kann schnelles anwaltliches Handeln erforderlich werden, um Veränderungen am Nachlassbestand zu verhindern, sowie eventuell vorhandene letztwillige Verfügungen sicherzustellen.

II. Nachlasspflegschaft

2 Das Nachlassgericht ordnet von selbst oder auf Antrag eine Nachlasspflegschaft an, wenn die **Erbenermittlung voraussichtlich längere Zeit in Anspruch** nehmen wird und der Nachlass eines **Verwalters bedarf**. Dabei muss von Amts wegen für die Sicherung des inländischen Nachlasses gesorgt werden, soweit hierfür ein Bedürfnis besteht. Bei der beantragten Nachlasspflegschaft hat das Nachlassgericht dieselbe Prüfung der Sach- und Rechtslage vorzunehmen wie bei der Anordnung von Amts wegen. Zweck der Nachlasspflegschaft ist sowohl die **Ermittlung unbekannter Erben**, als auch die **Sicherung, Erhaltung und Verwaltung des Nachlasses,** wobei nur inländisches Vermögen von Inländern oder Ausländern betroffen ist.

III. Nachlassverwaltung

3 Demgegenüber ist die Nachlassverwaltung nach der Legaldefinition des § 1975 BGB eine **Nachlasspflegschaft zum Zwecke der Befriedigung der Gläubiger**.[2] Während der Erbe eventuell das Ziel haben wird, die Haftung für Erblasserschulden auf den Nachlass zu beschränken, wird der Gläubiger eines „umfangreichen" Nachlasses verhindern wollen, dass ein überschuldeter Erbe sein Vermögen mit dem des Nachlasses vermischt, so dass die Forderung gefährdet sein könnte. Hier ergibt sich ein breites Spektrum anwaltlichen Handelns. Mit der Nachlassverwaltung wird eine **Gütersonderung** erreicht, wobei die Trennung der Vermögensmassen auf den Zeitpunkt des Erbfalls zurück fingiert wird. Dadurch wird der Zugriff aller Nachlassgläubiger auf den Nachlass begrenzt und der Zugriff der Privatgläubiger auf den Nachlass verhindert.

IV. Weitere Sicherungsmaßnahmen

4 Im Rahmen der Nachlasspflegschaft als wichtigste Nachlasssicherungsmaßnahme stellt die **Sicherungspflegschaft** in der **Praxis das bedeutsamste Sicherungsmittel** dar. Hier wird für den noch unbekannten Erben ein Personenpfleger bestellt. Da die Nachlasspflegschaft als Sicherungspflegschaft jedoch die **kostenintensivste** Maßnahme darstellt, müssen im Interesse des unbekannten Erben weitere Mittel zur Nachlasssicherung erwogen werden.

---

1 Staudinger/*Marotzke*, § 1969 Rn 2.
2 Staudinger/*Marotzke*, § 1975 Rn 11.

A. Allgemeines § 9

1. Anlegung von Siegeln

Die Anordnung der Siegelung ist Aufgabe des Nachlassgerichts und erfolgt von Amts wegen oder auf Antrag. Der Rechtspfleger, der die Entscheidung trifft, kann die Ausführung der Versiegelung zwar selbst vornehmen, wird diese aber idR anderen Organen übertragen; maßgebend ist das Landesrecht. Diese **kostengünstige Möglichkeit der Nachlasssicherung** wird viel zu selten ergriffen, obwohl dadurch sehr schnell eine Sicherung erreicht werden kann. Sie sollte zB von potentiellen Erben in Erwägung gezogen werden, jedoch nicht für einen Miterben, der die Erbschaft bereits angenommen hat. Wird die Anlegung von Siegeln behindert, so kann sie erforderlichenfalls mit den Gewaltmitteln der §§ 35, 87 Abs. 3, 89, 90, 92 Abs. 2, 94, 95 FamFG erzwungen und durchgesetzt werden. Wenn mit einer schnellen Lösung der Erbfolge zu rechnen ist, sollte zur Kostenminimierung statt eines Antrags auf Anordnung der Nachlasspflegschaft die Siegelung beantragt werden.

▶ **Muster: Antrag auf Versiegelung einer Wohnung**

An das

Amtsgericht ▪▪▪

Nachlassgericht

Nachlasssache: ▪▪▪

Aktenzeichen: ▪▪▪

Sehr geehrte Damen und Herren,

wir vertreten in der Nachlasssache ▪▪▪ einen möglichen Erben, Frau/Herrn ▪▪▪. Vollmacht ist in der Anlage beigefügt.

In der Anlage reichen wir eine uns vorliegende Kopie eines Testaments herein. Wir gehen davon aus, dass dieses Testament im Original noch aufgefunden wird. Unser Mandant ist noch ca. drei Monate berufsabwesend. Damit nicht die ehemals testamentarisch Bedachten bzw gesetzlichen Erben das Original vernichten, beantragen wir, in der Wohnung des Erblassers das Schlafzimmer, Wohnzimmer und das Arbeitszimmer zu versiegeln.

Sicherungsbedürfnis:

Die Versiegelung ist erforderlich, da sich die mutmaßlichen Erben in allernächster Zeit treffen und gemeinsam die Wohnung nach Testamenten durchsuchen werden. Es handelt sich um ▪▪▪.

Die noch lebenden Brüder haben ein lebhaftes Interesse, die testamentarische Erbfolge zu vermeiden. Ebenso die Ehefrau des Erblassers, da dieser bekannt ist, dass das ursprüngliche Testament zu ihren Gunsten aufgehoben wurde. Eine Anordnung der Nachlasspflegschaft ist nicht erforderlich, da zeitnah von den wahrscheinlichen Erben das maßgebliche Testament vorgelegt werden kann. Nachlasssicherungsmaßnahmen umfangreicher Art sind somit nicht erforderlich.

Unterschrift ◀

2. Amtliche Inverwahrnahme

Wenn bei der Siegelung des Nachlasses Geld, Sparbücher und kleinere Gegenstände von besonderem Wert gefunden werden, hat der zuständige Beamte diese sofort zu verzeichnen und in die amtliche Aufbewahrung zu verbringen.

8 ▶ **Muster: Antrag auf Hinterlegung und Aufbewahrung**

An das

Amtsgericht ▬▬▬

Nachlassgericht

Nachlasssache: ▬▬▬

Aktenzeichen: ▬▬▬

Sehr geehrte Damen und Herren,

wir vertreten den Vater des Erblassers ▬▬▬, Herrn ▬▬▬.

Es ist derzeit ungeklärt, wer Erbe ist. Unser Mandant ist aufgrund der großen räumlichen Entfernung nicht in der Lage, den Nachlass in Besitz zu nehmen. Der Nachlass besteht aus Bargeld, Wertpapieren und wertvollen Uhren.

Die in der Wohnung lebende Lebensgefährtin des Erblassers hat die Eidesstattliche Versicherung über ihre Vermögensverhältnisse (§§ 899 ff ZPO) abgegeben, aus diesem Grund besteht die Befürchtung, dass die Lebensgefährtin eventuell den werthaltigen Teil des Nachlasses veräußert. Wir stellen daher folgende Anträge:

1. Bargeld, Wertpapiere und Uhren in die besondere gesicherte Aufbewahrung zu nehmen,
2. den Gerichtsvollzieher zu beauftragen, die im Nachlass befindlichen vorgenannten Gegenstände notfalls unter Anwendung von Gewalt an sich zu nehmen und zur Hinterlegung zu bringen.

Unterschrift ◀

3. Kontensperrung

9   Werden daneben Konten aufgefunden, kann das **Nachlassgericht** die Kontensperrung veranlassen, wobei für die Fortführung des Haushalts, des Geschäfts- und Wirtschaftsbetriebs, sowie zur Erfüllung dringender Nachlassverbindlichkeiten, namentlich zur Bestreitung der Beerdigungskosten, das Nachlassgericht berechtigt ist, ggf Geldinstitute anzuweisen, vom Konto des Verstorbenen Geldbeträge an bestimmte Personen zur Auszahlung zu bringen. Bei geringfügigen Nachlässen kann somit die Ausstellung eines Erbscheins entbehrlich werden. Die nachlassgerichtliche Sicherungsmaßnahme gem. § 1960 BGB, die eine Kontensperrung zum Gegenstand hat, muss Rechte Dritter wahren.[3]

10 ▶ **Muster: Antrag auf Kontensperrung**

An das

Amtsgericht ▬▬▬

Nachlassgericht

Aktenzeichen: ▬▬▬

Nachlasssache: ▬▬▬

Sehr geehrte Damen und Herren,

wir vertreten die Lebensgefährtin ▬▬▬ des am ▬▬▬ verstorbenen Erblassers ▬▬▬. Der Verstorbene hatte zu Lebzeiten unserer Mandantin mitgeteilt, dass sie als Miterbin vorgesehen ist. Weiter äußerte er den Wunsch, feuerbestattet zu werden. Der Sohn des Verstorbenen hat eine Bankvollmacht. Wir stellen folgende Anträge:

---

3 OLGZ 1982, 398–402.

A. Allgemeines § 9

1. Die Konten ... bei der ... zu sperren.
2. Die ... anzuweisen, unserer Mandantin einen Betrag von ... EUR zur Auszahlung zu bringen zur Bezahlung der Bestattungskosten.

Der Sohn ist massiv überschuldet. Wenn die Auszahlung nicht vorgenommen wird, kann die Feuerbestattung nicht durchgeführt werden.

Unterschrift ◀

4. Aufnahme eines Nachlassverzeichnisses

Dieses Nachlassverzeichnis ist nicht zu verwechseln mit dem Nachlassverzeichnis zum Zwecke der Erbauseinandersetzung gem. Art. 26 hess. FGG, § 43 Ba-Wü LFGG, sowie dem Nachlassinventar gem. §§ 1993 ff BGB oder dem Nachlassverzeichnis gem. §§ 260, 2314 Abs. 1 S. 1 BGB.

▶ **Muster: Antrag auf Aufnahme eines Nachlassverzeichnisses**

An das

Amtsgericht ...

Nachlassgericht

Nachlasssache: ...

Aktenzeichen: ...

Sehr geehrte Damen und Herren,

wir vertreten den Sohn des Erblassers ..., Herrn .... Es ist derzeit ungeklärt, wer Erbe ist. Unser Mandant ist aufgrund der großen räumlichen Entfernung nicht in der Lage, den Nachlass in Besitz zu nehmen. Der Nachlass dürfte sich im Wesentlichen aus Bargeld, Wertpapieren und Münzen zusammensetzen.

Die in der Wohnung lebende Tochter des Erblassers wird nächste Woche ausziehen. Aus diesem Grund besteht die Befürchtung, dass die Tochter eventuell den werthaltigen Teil des Nachlasses mitnimmt.

Wir stellen daher den Antrag,

die im Nachlass befindlichen Gegenstände in ein Verzeichnis aufzunehmen.

Unterschrift ◀

5. Klag- bzw Prozesspflegschaft gem. § 1961 BGB

Die Anordnung der Klag- bzw Prozesspflegschaft hat die Bestellung eines Nachlasspflegers zur Folge, der den **ungewissen endgültigen Erben vertritt**. Gegen den nach § 1960 Abs. 3 BGB als Vertreter handelnden Nachlasspfleger kann der Nachlassgläubiger prozessieren oder einen begonnenen Prozess fortführen (§ 243 ZPO).[4]

6. Sonstige Sicherungsmaßnahmen

Es kommen Vormerkungen, Widersprüche, Postsperre, Bestellung eines Hauswächters, Anordnung des Verkaufs verderblicher Sachen sowie weitere Maßnahmen hinzu.

Praxishinweis: Das Gesetz sieht keine abschließende Aufzählung vor. Für den Erben ist die Anordnung der Nachlasspflegschaft die „teuerste" Sicherung, so dass der Anwalt als Erben-

---
[4] Staudinger/*Marotzke*, § 1961 Rn 1.

vertreter sowohl bei der Antragstellung als auch bei der eventuellen Anhörung günstigere Sicherungsmittel in Erwägung ziehen sollte, wenn diese ausreichend sind.

V. Abgrenzungen

1. Pflegschaft für die Leibesfrucht gem. § 1912 BGB

16 Neben der Pflegschaft für die Leibesfrucht ist eine Nachlasspflegschaft zulässig. Der Leibesfruchtpfleger kann auch zugleich Nachlasspfleger sein.

2. Testamentsvollstreckung

17 Testamentsvollstreckung ist eine vom Erblasser bestimmte Verwaltung seines ganzen oder teilweisen Vermögens, um seine letztwilligen Anordnungen auszuführen, ggf die Auseinandersetzung zu bewirken oder den Nachlass zu verwalten. Der Testamentsvollstrecker leitet seine Legitimation unmittelbar vom Willen des Erblassers ab. Die Testamentsvollstreckung steht der Nachlasspflegschaft zwar nicht grundsätzlich entgegen, ein **Bedürfnis für die Nachlasspflegschaft** wird aber meist **fehlen**. Dem Nachlasspfleger steht dabei das Verwaltungsrecht insoweit nicht zu, als es der Testamentsvollstrecker hat. Den Testamentsvollstrecker als Nachlasspfleger zu bestellen, wird wegen Interessenswiderstreits im Allgemeinen nicht zulässig sein. Der Testamentsvollstrecker hat gegen die Anordnung der Nachlasspflegschaft ein Beschwerderecht.[5]

3. Abwesenheitspflegschaft gem. § 1911 BGB

18 Bei der Nachlasspflegschaft ist die Person des Vertretenen unbekannt, während bei der Abwesenheitspflegschaft der Vertretene bekannt ist.

4. Nacherbenpflegschaft

19 Eine Nacherbenpflegschaft ist, solange die Nacherbfolge nicht eingetreten ist, nicht allein deshalb schon anzuordnen, weil der Nacherbe unbekannt ist, da bis zum Eintritt des Nacherbfalls der Vorerbe Rechtsnachfolger des Erblassers ist. Vor dem Nacherbfall kann nur eine Pflegschaft nach § 1913 S. 2 BGB angeordnet werden. Sind Elternteil und Kinder Vor- und Nacherben, so ist zur Wahrnehmung der Sicherungsrechte der Nacherben nach §§ 2116 ff BGB oder zur Entscheidung über die Ausschlagung der Nacherben ein Pfleger nur bei konkretem Interessenwiderstreit oder besonderem Anlass zu bestellen.

5. Nachlassinsolvenz

20 Die Nachlassinsolvenz gem. §§ 315 bis 331 InsO ist eine weitere vom Gesetz zur Verfügung gestellte Möglichkeit der **Haftungsbeschränkung im Wege der Gütersonderung**. Die Nachlassinsolvenz lässt die Verwaltung auf den Nachlassinsolvenzverwalter übergehen. Damit ist jedoch eine Nachlasspflegschaft nicht ausgeschlossen. In zahlreichen Fällen wird der Nachlasspfleger für die unbekannten Erben Antrag auf Eröffnung der Nachlassinsolvenz stellen müssen. Der Erbe, der die Erbschaft angenommen hat, kann trotz angeordneter Nachlasspflegschaft Antrag auf Eröffnung des Nachlassinsolvenzverfahrens stellen.

---

5 *Firsching/Graf*, Nachlassrecht, Rn 4.613.

B. Antragstellung, Einleitung der Nachlasspflegschaft und die Stellung des Nachlassgerichts

Jeder und jeder Gläubiger kann – unter den nachfolgend dargestellten Voraussetzungen – einen Antrag auf Anordnung der Nachlasspflegschaft stellen.

▶ **Muster: Antrag eines Nachlassgläubigers auf Anordnung der Nachlasspflegschaft**

An das

Amtsgericht ▪▪▪

Nachlassgericht ▪▪▪

Nachlasssache: ▪▪▪

Aktenzeichen: ▪▪▪

Hiermit zeigen wir an, dass wir ▪▪▪ vertreten. Wir stellen hiermit den Antrag, Nachlasspflegschaft anzuordnen. Am ▪▪▪ ist in ▪▪▪ Frau ▪▪▪ verstorben. Ein Testament hat die Verstorbene, soweit erkennbar, nicht hinterlassen.

Unbekanntheit

Soweit bekannt, sind nur Erben der dritten Ordnung vorhanden. Die Verstorbene war verwitwet, die Ehe kinderlos, und die Eltern, deren einzige Tochter sie war, sind seit langem vorverstorben. Wer die Erben sind und wo sie sich aufhalten, kann unser Mandant nicht sagen.

Sicherungsbedürfnis

Zum Nachlass gehören wertvolle Möbelstücke, Bilder und eine Münzsammlung. Die Gegenstände befinden sich in der Wohnung; zum Teil als Leihgabe bei der Wanderausstellung ▪▪▪. Unser Mandant hat Darlehensforderungen gegen die Erblasserin. Ich rege daher an, geeignete Maßnahmen zur Sicherung des Nachlasses zu veranlassen.

Unterschrift ◀

▶ **Muster: Antrag auf Anordnung einer Nachlasspflegschaft durch eine Angestellte des Betriebs des Erblassers aufgrund ausstehender Lohnforderungen**

An das

Amtsgericht ▪▪▪

Nachlassgericht

Nachlasssache ▪▪▪

Aktenzeichen unbekannt

Anzeige eines sicherungsbedürftigen Nachlasses

Hiermit zeigen wir an, dass wir Frau ▪▪▪ vertreten. In der Anlage überreiche ich die Sterbeurkunde des Standesamts ▪▪▪ vom ▪▪▪. Danach ist Herr ▪▪▪ am ▪▪▪ in ▪▪▪ verstorben.

Der Verstorbene war Alleingesellschafter und Geschäftsführer der ▪▪▪ GmbH. Diese betrieb eine Werkstatt zur Restaurierung von alten Gemälden. Die Geschäftsräume befinden sich in ▪▪▪. Unsere Mandantin ist als Buchhalterin beschäftigt. Es sind noch weitere drei Arbeitnehmer vorhanden. Die Auftragslage ist gut. Es bestehen zahlreiche Forderungen und nahezu keine Verbindlichkeiten.

Unbekanntheit der Erben

Eine Verfügung von Todes wegen hat der Verstorbene, soweit bekannt, nicht hinterlassen. Es sind nur entfernte Verwandte vorhanden, die aber derzeit namentlich unbekannt sind.

Sicherungsbedürfnis

Zur Fortführung des Betriebs hat unsere Mandantin schon eigene Mittel eingesetzt, weil sie nicht über die Geschäftskonten verfügen kann und den Betrieb aufrechterhalten wollte. Für die vier Beschäftigten stehen demnächst Lohnzahlungen an. Den Arbeitnehmern kann nicht mehr zugemutet werden, einen weiteren Monat ohne Lohnzahlung zu arbeiten. Der Betrieb, der einen guten Gewinn abwirft, muss weiter geführt werden.

Ich stelle daher den Antrag,

die Nachlasspflegschaft anzuordnen und Herrn ... zum Nachlasspfleger zu bestellen.

Dieser hat sich mit der Übernahme des Amts bereits mir gegenüber einverstanden erklärt; er besitzt fundierte Kenntnisse in der Handhabung von Nachlasspflegschaften und Führung von Betrieben.

Unterschrift ◄

24 Gegen den durch eine Nachlasspflegschaft gesicherten Nachlass ist ein Arrestbefehl nicht möglich. Der Sicherungszweck der Nachlasspflegschaft überdeckt den Anspruch eines Gläubigers.[6] Die Anordnung einer Nachlasspflegschaft auf Antrag eines Nachlassgläubigers darf nicht davon abhängig gemacht werden, dass dieser einen **Gerichtskostenvorschuss** zahlt. Für die Kosten, die durch die Nachlasspflegschaft entstehen, haften grundsätzlich die Erben.[7] Falls der Gläubiger des Erblassers bereits über einen eigenen Titel verfügt und die Person des Rechtsnachfolgers noch nicht feststeht, hat die Umschreibung des Titels nach § 727 ZPO auf die „unbekannten Erben, vertreten durch den Nachlasspfleger" zu erfolgen.

I. Sachliche und örtliche Zuständigkeit

25 Die sachliche und örtliche Zuständigkeit des Nachlassgerichts bestimmt sich nach §§ 13, 343, 344, 356 FamFG.[8] Örtlich ist das Nachlassgericht zuständig, in dessen Bezirk der Erblasser seinen **letzten Wohnsitz** hatte. Generell ist dasjenige Nachlassgericht zuständig, das die Nachlassakte führt.

Praxishinweis: Insbesondere bei vorangegangenen Krankenhausaufenthalten des Erblassers, sollten sowohl beim Nachlassgericht des letzten Wohnorts als auch beim Nachlassgericht, das für den Bereich des Krankenhauses zuständig ist, die entsprechenden Anträge gestellt werden.

26 Neben dem Nachlassgericht kann auch ein Amtsgericht zuständig sein, wenn sich in seinem Bezirk ein **zu sichernder Nachlassgegenstand** befindet. Ein wichtiger Grund für die Abgabe an ein anderes Amtsgericht liegt vor, wenn der Nachlass überwiegend aus Guthaben besteht, die bei einer Sparkasse geführt werden, deren Sitz außerhalb des Bezirks des Nachlassgerichts liegt und mit dem Wohnsitz des Nachlasspflegers identisch ist.[9] Selten werden Nachlassgericht und Gericht der Fürsorge nebeneinander zuständig sein.

27 Grundsätzlich ist es auch Aufgabe des Nachlassgerichts und nicht der Polizei, den Nachlass zu sichern. Wenn die **Polizeibehörde** ausdrücklich mit Nachlasssicherungsmaßnahmen betraut ist,

---

6 RGZ 60, 179.
7 LG Oldenburg Rpfleger 1989, 460.
8 Staudinger/*Marotzke*, § 1962 Rn 2.
9 OLG Frankfurt Rpfleger 1993, 448.

wird sie nicht polizeirechtlich tätig, sondern nachlassbehördlich. Daneben gelten die allg. Regeln des Polizeirechts zur Verhütung von Verstößen gegen Strafgesetze und zur Abwehr von Gefahren. In diesem Rahmen wird die Polizeibehörde in Ausnahmefällen tätig, wie zB bei der Gefahr des Diebstahls von Nachlassgegenständen oder bei der Gefahr von deren Veruntreuung.

II. Materielle Voraussetzungen der Nachlasssicherung

1. Unklarheit über den Erben

Der Erbe ist unbekannt, wenn das Nachlassgericht   28
- die Berufung einer Person zum Erben,
- die Erbfähigkeit einer Person,
- die gleichzeitige Existenz einer Person mit dem Erblasser

nicht feststellen kann.

Der **Erbe** ist weiter **unbekannt**, wenn   29
- die Erbfolge nur durch längere Ermittlungen geklärt werden kann,
- die Größe der Erbteile ungewiss ist,
- ungewiss ist, ob ein Testament vorhanden ist,
- das Nachlassgericht von der Berufung der Person zum Erben keine Kenntnis hat,
- mehrere Personen sich um das Erbrecht streiten,
- mehrere Testamente vorliegen, aber ungewiss ist, welches davon gültig ist,
- das Nachlassgericht sich nicht ohne weitere umfangreiche Ermittlungen davon überzeugen kann, wer Erbe ist, weil Streit über die **Testierfähigkeit** des Erblassers und damit über die Wirksamkeit der letztwilligen Verfügung besteht und die hierfür erforderlichen Ermittlungen nicht bereits im Verfahren über die Anordnung der Nachlasspflegschaft durchgeführt werden können.[10] Bei der Frage der Anordnung einer Nachlasspflegschaft hat das Gericht selbstständig zu prüfen, ob tatsächlich Ungewissheit über die Erbenstellung einer Person besteht oder nicht. Ein Hinweis auf anhängige gerichtliche Auseinandersetzungen ist allein nicht ausreichend.

2. Anordnung bei einem bekannten Erben

Auch bei einem **bekannten Erben** kann unter engen Voraussetzungen die Nachlasspflegschaft   30
angeordnet werden, wenn
- der Erbe vor dem Erbfall zwar gezeugt, aber noch nicht geboren ist (§ 1923 Abs. 2 BGB),
- der Erbe verschollen ist und weder eine Lebens- noch eine Todesvermutung besteht, so dass keine Abwesenheitspflegschaft angeordnet werden kann,[11]
- eine zum Erben eingesetzte Stiftung noch nicht errichtet ist,
- das nach dem Tod des mutmaßlichen Vaters geborene nichteheliche Kind zur Sicherung seiner erbrechtlichen Ansprüche gem. § 1960 BGB Maßnahmen zur Sicherung des Nachlasses verlangt; vor der Feststellung der Vaterschaft ist das nichteheliche Kind als „unbekannter Erbe" iSd § 1960 BGB zu behandeln, wenn[12]

---

10 BayObLG FamRZ 1996, 308–309.
11 OLG Wuppertal MittRh/NotK 1974, 260.
12 OLG Stuttgart NJW 1975, 880–881.

- ungewiss ist, ob der Erbe die Erbschaft angenommen hat,[13]
- ungewiss ist, ob eine wirksame Ausschlagung vorliegt.

3. Bedürfnis gerichtlicher Fürsorge

31 Das **Sicherungsbedürfnis** nach dem mutmaßlichen Interesse des endgültigen Erben ist gegeben, wenn
- ohne Nachlasspflegschaft (Erbenermittlung) die Erben von dem Nachlass nie erfahren und ihn deswegen nie erhalten würden,[14]
- eine Forderung für den Nachlass geltend zu machen ist,
- eine Gefährdung des Nachlassvermögens besteht, die Nachlassverbindlichkeiten stetig aus einem ungekündigten Mietverhältnis ansteigen und so der Nachlass aufgebraucht wird,
- zum Erwerb der Erbschaft durch eine ausländische juristische Person eine staatliche Genehmigung erforderlich ist, da bis zur Bekanntgabe der staatlichen Genehmigung ein Zustand der Ungewissheit besteht.[15]

32 **Zusammenfassung:** Ein Fürsorgebedürfnis iSv § 1960 BGB besteht dann, wenn ohne Eingreifen des Nachlassgerichts der **Bestand des Nachlasses gefährdet** wäre.

33 Bei einer Mehrheit von Erben sind die Voraussetzungen der Nachlasssicherung für jeden Erbteil gesondert zu prüfen.

34 Das **Sicherungsbedürfnis fehlt** idR in den Fällen, in denen
- ein vorläufiger Erbe (kein Fürsorgebedürfnis bei ordnungsgemäßer Verwaltung durch die Erben gem. § 2098 BGB),
- Ehegatten (kein Fürsorgebedürfnis bei Ehegatten, insbesondere des überlebenden Ehegatten bei beendeter Gütergemeinschaft gem. § 1472 Abs. 4 BGB),
- Eltern (kein Fürsorgebedürfnis bei Eltern, dies ergibt sich aus § 1698 b BGB),
- Abkömmlinge,
- Hausbewohner des Erblassers,
- Vermögensverwalter des Erblassers (es wird auf die besondere Fürsorge des Beauftragten gem. § 672 BGB hingewiesen)

vorhanden sind, die den Nachlass **in Besitz** genommen haben und **ihn zuverlässig verwalten**. Kein Fürsorgebedürfnis besteht auch bei einem vorhandenen Vormund, da § 1893 BGB bereits ausreicht.

35 **Besonderheiten:** Für die Sicherung des Nachlasses von Seeleuten ist § 76 SeemG zu beachten. Danach hat der Kapitän die Sachen des verstorbenen oder vermissten Besatzungsmitglieds zu sichern, zu verwahren und dem Seemannsamt zu übergeben.

36 Für die Sicherung des **Nachlasses von Ausländern** gelten in erster Linie die Staatsverträge. Soweit solche Verträge nicht entgegenstehen oder Staatsverträge nicht bestehen, ist nach deutschem Recht zu prüfen und zu entscheiden, ob und welche Fürsorgemaßnahmen zur Sicherung des im Inland befindlichen Nachlasses eines Ausländers geboten sind. Nachlasspflegschaft über

---

13 *Firsching/Graf*, Nachlassrecht, Rn 4.552.
14 KG NJW 1971, 565–566.
15 Staudinger/*Marotzke*, § 1969 Rn 11.

B. Antragstellung, Einleitung der Nachlasspflegschaft u. die Stellung des Nachlassgerichts § 9

einen Ausländernachlass, der in Deutschland zu belegen ist, ist auch dann zulässig, wenn das für die Beerbung geltende Recht kein derartiges Rechtsinstitut kennt.[16]

Die Anordnung einer Pflegschaft über den Nachlass eines Ausländers ist dem **Richter** vorbehalten.[17]

4. Handeln von Amts wegen

Die Feststellung des Vorliegens der Voraussetzungen „Unbekanntheit" und „Fürsorgebedürfnis" obliegen dem Nachlassgericht. An die Ermittlungen werden wegen der Eilbedürftigkeit keine hohen Anforderungen gestellt. Bei erwünschter Nachlasspflegschaft sollte man es allerdings nicht beim Amtsermittlungsgrundsatz belassen, sondern **selbst Ermittlungen tätigen** und insbesondere im Hinblick auf das Sicherungsbedürfnis das eigene Ergebnis dem Nachlassgericht mitteilen.

III. Anordnung der Nachlasspflegschaft

1. Beschluss des Nachlassgerichts, Rechtsmittel gegen die Anordnung der Nachlasspflegschaft

Die Anordnung der Nachlasspflegschaft erfolgt durch Beschluss des Nachlassgerichts. Die frühzeitige **Erinnerung** gegen die Anordnung der Nachlasspflegschaft kann dazu beitragen, dass Nachlasspflegschaften schnell wieder aufgehoben werden. Dadurch werden unnötige Kosten vermieden, da, wie bereits ausgeführt, die Dauer der Pflegschaft Auswirkungen auf die Vergütung hat. Die **Beschwerde** des Erben gegen die Anordnung der Nachlasspflegschaft ist gerichtsgebührenfrei.[18]

▶ **Muster: Erinnerung der Erben gegen die Anordnung der Nachlasspflegschaft**

An das

Amtsgericht ...

Nachlassgericht

Aktenzeichen: ...

Nachlasssache: ...

Erinnerung gegen die Anordnung der Nachlasspflegschaft

Hiermit zeigen wir an, dass wir ... vertreten. Namens und im Auftrag unserer Mandantin legen wir gegen den Beschluss des Amtsgerichts vom ... Erinnerung ein und stellen den Antrag, die Pflegschaft aufzuheben.

Die Erinnerungsführerin ist einziges Kind des verwitweten Erblassers und damit gesetzliche Erbin. In der Anlage fügen wir die Geburtsurkunde der Erinnerungsführerin bei. Eine letztwillige Verfügung des Erblassers ist nicht vorhanden, so dass sich das Erbrecht nach der gesetzlichen Erbfolge bestimmt. Die Ermittlungen des Nachlasspflegers blieben ergebnislos. Ein Testament konnte nicht aufgefunden werden.

Die Nachlasspflegschaft wurde angeordnet zur Ermittlung der Erben. Dieser Grund ist nicht mehr gegeben. Die Nachlasspflegschaft ist daher aufzuheben.

Unterschrift ◀

---

16 Soergel/*Stein*, § 1960 Rn 53.
17 OLG Hamm MDR 1976, 492–492.
18 BayObLG Rpfleger 1981, 327.

2. Verpflichtungshandlung

41 Verpflichtet wird der Nachlasspfleger in einer Sitzung, über die eine **Niederschrift** zu fertigen. Eine schriftliche Bestellung ist unzulässig.

3. Bestallung

42 Gegen die freie Auswahl des Pflegers durch das Nachlassgericht steht dem Erben, nicht jedoch dem Testamentsvollstrecker, ein **Beschwerderecht** zu. Die Aufgaben und Befugnisse des Nachlasspflegers ergeben sich aus der Verpflichtungshandlung, nicht aus der Bestallung.

IV. Durchführung der Nachlasspflegschaft, Aufgaben und Rechte des Nachlassgerichts

43 Gemäß § 1837 BGB hat das **Nachlassgericht als Aufsichtsbehörde** auf sachgemäße Erledigung hinzuweisen (Vermeidung unnötiger Kosten) und gegen Pflichtwidrigkeiten durch geeignete Gebote und Verbote einzuschreiten.[19] In reinen Zweckmäßigkeitsfragen darf das Gericht keine Anweisungen geben.[20]

44 Funktionell ist der **Rechtspfleger** gemäß § 3 Nr. 2a, c RPflG zuständig. Er hat den Nachlasspfleger in die Pflegschaft einzuführen und zu beraten. Das Nachlassgericht fordert die Jahres- und die Schlussrechnung an und überprüft diese. Das Nachlassgericht kann dem Nachlasspfleger Anweisungen erteilen.

45 ▶ **Muster: Antrag eines Erben auf Anweisung des Nachlasspflegers**

An das

Amtsgericht ...

Nachlassgericht

Aktenzeichen: ...

Nachlasssache: ...

In der Nachlasssache ... stellen wir unter Bezugnahme auf die bei den Akten befindliche Vollmacht für unsere Mandantin folgenden Antrag:

Das Nachlassgericht weist den Nachlasspfleger an, auf die Einrede der Verjährung bzgl des Zugewinnausgleichsanspruchs und der Pflichtteilsansprüche bis zum ... zu verzichten.

Begründung

Die Antragstellerin ist enterbte Ehefrau des Verstorbenen. Der Erblasser hat mehrere Söhne. Es herrscht zwischen diesen Streit, welches der drei Testamente Gültigkeit hat. Die Eröffnung der Testamente fand vor fast 2½ Jahren statt. Es drohen die Ansprüche der Antragstellerin zu verjähren, falls die Antragstellerin nicht die Ansprüche gerichtlich geltend macht. Um unnötige Kosten zu vermeiden, soll der Nachlasspfleger angewiesen werden, auf die Einrede der Verjährung zu verzichten.

Rechtsanwalt ◀

46 Dem Erben steht ein **Beschwerderecht** gem. § 59 Abs. 1 FamFG zu, wenn er behauptet, dass die angeordnete Maßnahme den Bestand des Nachlasses und damit auch seine Rechtsstellung beeinträchtigt. Dabei ist nicht entscheidend, dass es sich bei der Weisung zunächst um eine interne Maßnahme im Verhältnis des Nachlassgerichts zum Nachlasspfleger handelt. Denn das Nach-

---

19 *Firsching/Graf*, Nachlassrecht, Rn 4.631.
20 *Firsching/Graf*, Nachlassrecht, Rn 4.631.

B. Antragstellung, Einleitung der Nachlasspflegschaft u. die Stellung des Nachlassgerichts § 9

lassgericht kann den Nachlasspfleger zur Befolgung der getroffenen Anordnungen anhalten (vgl § 1837 Abs. 3 S. 1 BGB iVm § 1915 Abs. 1 BGB), so dass die Rechtsstellung des Erben konkret und unmittelbar gefährdet ist. Hinzu kommt, dass die Anordnung und Führung der Nachlasspflegschaft, ebenso wie die Aufsicht des Nachlassgerichts über den Nachlasspfleger, gerade die Sicherung und Erhaltung des Nachlasses für die wahren Erben bezweckt (vgl § 1960 Abs. 2 BGB). Gleiches gilt, wenn das Nachlassgericht ein Einschreiten ablehnt, obwohl dies gem. § 1837 Abs. 2 BGB geboten wäre.

V. Ende der Pflegschaft/der Nachlasspflegertätigkeit

1. Aufhebung

Durch Beschluss erfolgt die Aufhebung einer Pflegschaft gemäß § 1960 BGB nach **Wegfall des Grundes der Anordnung** (dh die Erben sind ermittelt/die Annahme der Erbschaft erfolgt). Wegen mangelnden Sicherungsbedürfnisses ist die Aufhebung veranlasst, wenn der Nachlass erschöpft ist. Die Pflegschaft nach § 1961 BGB wird aufgehoben, wenn entweder der Antrag zurückgenommen wird oder eine gerichtliche Geltendmachung wegen der eingetretenen Dürftigkeit nicht mehr zu erwarten ist. Gegen die Aufhebung der Nachlasspflegschaft steht dem Nachlassgläubiger jedenfalls dann ein **Beschwerderecht** zu, wenn die Pflegschaft nach § 1961 BGB angeordnet worden ist.[21]   47

2. Entlassung

Die Entlassung des Nachlasspflegers entsprechend § 1886 BGB kommt nur dann in Betracht, wenn weniger einschneidende Maßnahmen erfolglos geblieben sind oder objektiv im konkreten Fall nicht ausreichend erscheinen.[22]   48

3. Tod des Pflegers

Bei Tod des Nachlasspflegers endet das Amt.   49

VI. Festsetzung der Nachlasspflegervergütung

Wenn kein Antrag des Nachlasspflegers vorliegt, kann das Nachlassgericht von Amts wegen die Vergütungshöhe vor oder nach Aufhebung der Nachlasspflegschaft festsetzen. Für den Nachlasspfleger ist es günstiger, wenn die Vergütung[23] vor Aufhebung festgesetzt wurde, da er dann ein **Zurückbehaltungsrecht bei der Herausgabe des Nachlasses** hat.   50

---

21 OLG Hamm Rpfleger 1987, 416.
22 BayOLG FamRZ 1983, 1064.
23 *Firsching/Graf*, Nachlassrecht, Rn 4.671.

VII. Sonderfall: Klagpflegschaft gem. § 1961 BGB

51 ▶ **Muster: Antrag des Gläubigers auf Klagpflegschaft**

An das

Amtsgericht ...

Nachlassgericht ...

Nachlasssache: ...

Hiermit zeigen wir an, dass wir ... vertreten. Vollmacht anbei. Namens und im Auftrag von ... stellen wir folgenden Antrag:

Zum Zwecke der gerichtlichen Geltendmachung eines Anspruchs gegen den Nachlass des am ... in ... verstorbenen ... beantragen wir die Bestellung eines Nachlasspflegers gem. § 1961 BGB.

Begründung

Am ... verstarb Herr ... in .... Der Erblasser hat folgende gesetzlichen Erben hinterlassen:

1. ...
2. ...
3. ...
4. ...

Zwischen diesen einerseits und

1. ...
2. ...

andererseits wird um das Erbrecht gestritten. Die Parteien sind sich uneins über die Wirksamkeit verschiedener Testamente. Ein Erbschein wurde bislang nicht erteilt. Dem Antragsteller steht gegen den Erblasser ein Kaufpreisanspruch zu. Der Erblasser kaufte am ... eine Jacht .... Der vereinbarte Kaufpreis von ... EUR wurde vom Erblasser nicht bezahlt. Der Betrag ist seit dem ... fällig. Der Antragsteller will seinen Anspruch gerichtlich geltend machen, um in den Nachlass vollstrecken zu können. Nachdem nicht abzusehen ist, wann geklärt sein wird, wer der oder die Erben sind, ist die Bestellung eines Pflegers erforderlich. In der Anlage fügen wir Kaufvertragsunterlagen und Klageentwurf bei.

Unterschrift ◀

1. Antrag auf eine Klagpflegschaft

52 Die Klagpflegschaft des § 1961 BGB wird nur auf Antrag des Berechtigten angeordnet. Der Antrag muss **nicht schriftlich** gestellt werden, sondern kann nach § 25 FamFG auch zu Protokoll der Geschäftsstelle des zuständigen Gerichts oder der Geschäftsstelle eines Amtsgerichts erfolgen. Nach § 10 FamFG kann sich der Nachlassgläubiger durch einen Bevollmächtigten vertreten lassen. Auf Anordnung des Gerichts oder auf Verlangen eines Beteiligten ist die Bevollmächtigung durch eine öffentlich beglaubigte Vollmacht nachzuweisen, § 11 FamFG.

a) Unbekanntheit der Erben

53 Voraussetzung der Anordnung der Klagpflegschaft ist, dass der Erbe unbekannt ist oder über das Erbrecht gestritten wird. Der Antragssteller hat schlüssig darzulegen, dass derzeit kein bekannter Erbe vorhanden ist. Entscheidend ist, wie sich die Situation aus der **objektiven Sicht des Nachlassgläubigers** darstellt, nicht – wie bei § 1960 BGB –, wie sie sich vom Standpunkt des Nachlassgerichts darstellt. Sein Antrag initiiert lediglich eine vom Nachlassgericht dann von Amts wegen vorzunehmende Tätigkeit.[24] Das Nachlassgericht muss gem. § 26 FamFG von Amts wegen ermitteln und ggf durch Vernehmung des Antragstellers auf die Beschaffung der nötigen Angaben hinwirken, darf aber die Einleitung der Klagpflegschaft nicht wegen der fehlenden Beibringung ablehnen, wenn deren Beschaffung dem Antragsteller aufgrund komplizierter erbrechtlicher Verhältnisse unzumutbar ist.

b) Gerichtliche Geltendmachung

Es muss dargelegt werden, dass der Anspruch gerichtlich geltend gemacht wird. Gerichtliche Geltendmachung ist auch die Zwangsvollstreckung oder ein Arrestantrag. Eine Glaubhaftmachung ist nicht erforderlich. Das Gericht ist von Amts wegen verpflichtet, die Voraussetzungen zu ermitteln. Zur Beschleunigung der Entscheidungsfindung ist es aber sicherlich dienlich, dass der Antragsteller alle ihm zur Verfügung stehenden **Beweismittel vorlegt**, die seinen Antrag rechtfertigen. Es muss zudem ein Rechtsschutzinteresse gegeben sein. Dieses liegt nicht vor, wenn die beabsichtigte Verfolgung offensichtlich mutwillig oder unbegründet ist.[25] Darüber hinaus muss der Nachlassgläubiger der Hilfe eines Nachlasspflegers bedürfen.

54

2. Allgemeine Darstellung

Die Regelung des § 1961 BGB steht im Zusammenhang mit § 1958 BGB. § 1961 BGB gibt dem Nachlassgläubiger die Möglichkeit, bereits vor Annahme der Erbschaft unter den hier genannten Voraussetzungen die Bestellung eines Nachlasspflegers zu beantragen, für den nach § 1960 Abs. 3 BGB die Beschränkung des § 1958 BGB nicht gilt. Der Nachlassgläubiger kann somit seine gegen den Nachlass gerichteten Ansprüche bereits **vor der Erbschaftsannahme** durch Klage gegen den Nachlasspfleger als Vertreter des endgültigen Erben verfolgen.[26] Zudem schafft § 1961 BGB die Grundlage für die gerichtliche Verfolgung von gegen den Nachlass gerichteten Ansprüchen vor dem Zeitpunkt der Erbschaftsannahme in den Fällen, in denen bereits der Erblasser verklagt war. Nach § 239 Abs. 1 ZPO wird aufgrund des Todes der Partei das Verfahren bis zu dessen Aufnahme durch die Rechtsnachfolger **unterbrochen**; der Erbe ist nach § 239 Abs. 5 ZPO vor der Annahme der Erbschaft zur Fortsetzung des Rechtsstreits nicht verpflichtet, es sei denn, es kommt zur Anwendung des § 243 ZPO; danach ist bei der Unterbrechung des Verfahrens durch den Tod einer Partei für den Fall einer Bestellung eines Nachlasspflegers die Vorschrift des § 241 ZPO anzuwenden. § 241 ZPO hat zur Folge, dass das unterbrochene Verfahren durch Anzeige des Gegners an den Nachlasspfleger aufgenommen wird.

55

Die sog. Klagpflegschaft des § 1961 BGB ermöglicht die gerichtliche Geltendmachung eines Klageanspruchs gegen die unbekannten Erben. Hier müssen folgende Voraussetzungen erfüllt sein:

56

Formell muss der Antrag beim zuständigen Nachlassgericht eingereicht werden, wobei für die Anordnung das Nachlassgericht (§§ 343, 344 Abs. 1 und 3 FamFG), nicht das Gericht der Fürsorge (§§ 13, 344 Abs. 4, 356 FamFG) zuständig ist.

57

---

24 Soergel/*Stein*, § 1961 Rn 3.
25 Staudinger/*Marotzke*, § 1961 Rn 8.
26 KG NJW 1971, 565.

58 Materiell darf
- der Erbe die Erbschaft noch nicht angenommen haben,
- es muss ungewiss sein, ob der Erbe die Erbschaft angenommen hat, oder
- der Antragsteller muss einen klagbaren Anspruch gegen den Erblasser haben.

3. Nachlassgläubiger

59 Der Antrag auf Anordnung der Klagpflegschaft kann der Nachlassgläubiger sowohl schriftlich als auch zu Protokoll der Geschäftsstelle eines Amtsgerichts stellen. Ob vom Antragsteller ein **Kostenvorschuss** (§ 8 KostO) verlangt werden kann, ist strittig, aber wohl abzulehnen, da es sich um ein amtswegiges Verfahren handelt. Die Kosten fallen als Nachlassverbindlichkeiten nicht dem Gläubiger zur Last. Von Amts wegen stellt das Nachlassgericht fest, ob die Voraussetzungen für die Anordnung vorliegen. Es hat demnach auch zu prüfen, ob es sich um den Anspruch eines Nachlassgläubigers handelt.

60 Praxishinweis: Die inhaltliche Prüfung des Anspruchs steht dem Nachlassgericht nicht zu. Um eine Tätigkeit des Gerichts herbeizuführen, wird empfohlen, sowohl **sämtliche Vertragsunterlagen** als auch eine Erklärung an Eides Statt über den Sachverhalt zur Glaubhaftmachung **einzureichen**. Es können sämtliche zivilrechtlichen Ansprüche geltend gemacht werden, so auch Pflichtteilsrechte, Vermächtnisse, Auflagen und Beerdigungskosten.

4. Gerichtliche Geltendmachung

61 Die Zulässigkeit des Antrags hängt davon ab, ob er zum Zweck der gerichtlichen Geltendmachung des Anspruchs gegen den Nachlass gestellt wird. Es empfiehlt sich, dem entsprechenden Antrag eine Abschrift des beabsichtigten Mahnbescheids bzw den Entwurf einer Klage oder des Zwangsvollstreckungsauftrages beizufügen.

5. Undurchführbarkeit ohne Nachlasspflegschaft

62 Der Antrag hat zu enthalten, dass die beabsichtigte gerichtliche Geltendmachung ohne die Bestellung des Nachlasspflegers undurchführbar wäre.

6. Stellung des Pflegers

63 Im Rahmen der Klagpflegschaft ist der Nachlasspfleger nicht Spezialpfleger für die beabsichtigte Rechtsverfolgung, sondern der **rechte Nachlasspfleger** iSd § 1960 BGB.

C. Nachlassverwaltung

I. Grundsatz und Prüfungsliste zur Haftungsbegrenzung

64 Der Erbe haftet grundsätzlich unbeschränkt für alle Nachlassverbindlichkeiten. Diese Haftung ist jedoch beschränkbar, und zwar durch:
- Nachlassinsolvenz, §§ 1975, 1980 BGB, §§ 315–331 InsO,
- Nachlassverwaltung, § 1975 BGB,
- Dürftigkeitseinrede, § 1990 Abs. 1 S. 1 BGB, § 780 ZPO,
- Unzulänglichkeitseinrede, § 1991 Abs. 6 BGB,
- Erschöpfungseinrede, §§ 1991 Abs. 1, 1978, 1979 BGB,

C. Nachlassverwaltung § 9

– Überbeschwerungseinrede,
– Haftungsbeschränkung.

Vorgenannte Haftungsbeschränkungen verliert der Erbe, wenn er 65
– die Inventarfrist versäumt,
– eine Inventaruntreue begangen hat.

Als Unterart der Nachlasspflegschaft, die Sicherung und Erhaltung des Nachlasses sowie die 66 Ermittlung der Erben zur Aufgabe hat, **bezweckt** die Nachlassverwaltung lediglich die **Befriedigung der Nachlassgläubiger**.[27] Wie bereits dargestellt, ist die Nachlassverwaltung das typische Abwicklungsverfahren bei unübersichtlichen Nachlässen. Vielfach ist die Nachlassverwaltung Vorläuferin der Nachlassinsolvenz. Voraussetzung der Anordnung der Nachlassverwaltung sind ein zulässiger Antrag eines Antragsberechtigten an das Nachlassgericht, § 1961 BGB, sowie eine den Kosten entsprechende Masse, § 1982 BGB.

1. Örtliche und sachliche Zuständigkeit

Die Regelungen entsprechen denjenigen Vorschriften bei der Nachlasspflegschaft. 67

2. Antrag gem. § 1981 BGB

▶ **Muster: Antrag des Erben auf Anordnung der Nachlassverwaltung** 68

An das
Amtsgericht ...
Nachlassgericht
Nachlasssache: ...
Aktenzeichen: ...

Antrag auf Anordnung der Nachlassverwaltung

Hiermit zeigen wir an, dass wir ... vertreten, Vollmacht anbei. Namens und im Auftrag des Antragstellers stellen wir folgenden Antrag:

Über den Nachlass des am ... verstorbenen ... wird die Nachlassverwaltung eröffnet.

Begründung

Am ... verstarb in ... Herr/Frau ... . In der Anlage überreichen wir die Sterbeurkunde. Der Antragsteller ist als Vater des Verstorbenen der einzige gesetzliche Erbe. Eine letztwillige Verfügung ist nicht vorhanden. Es ist zu befürchten, dass die Gläubiger des Erblassers in das Vermögen des Erben vollstrecken werden. In der Anlage überreichen wir das Nachlassverzeichnis. Wir regen an, Frau Rechtsanwältin ... zur Nachlassverwalterin zu bestellen.

Unterschrift ◀

a) Antragsberechtigte Personen

Antragsberechtigt ist der Alleinerbe, der den Nachlassgläubigern nicht unbeschränkbar haftet 69 (§§ 1962, 1981 BGB). Wenn nach eingehender Beratung ein Antrag auf Anordnung der Nachlassverwaltung gestellt werden soll (es empfiehlt sich der Abschluss einer **Vergütungsvereinbarung** mit Mindeststreitwert und zusätzlicher Stundenvergütung), sollte der Mandant (Antragsteller) nachweislich auf die dadurch entstehenden Kosten hingewiesen werden.

---
27 *Firsching/Graf*, Nachlassrecht, Rn 4.785.

70 ▶ **Muster: Hinweis auf die Kosten der Nachlassverwaltung**

Herr ... wurde darauf hingewiesen, dass neben dem Honorar für den Antrag noch Gerichtskosten, sowie die Gebühr des Nachlassverwalters anfallen. Zudem wurde Herr ... darauf hingewiesen, dass der Nachlass durch die Kosten geschmälert wird. ◀

71 Antragsberechtigt sind die Miterben, wenn sie den Antrag vor Nachlassteilung gemeinschaftlich stellen. Der **einzelne Miterbe** hat **kein Antragsrecht**, die Miterben können nur **gemeinsam** den Antrag stellen. Das Antragsrecht geht verloren, wenn auch nur ein Miterbe unbeschränkt haftet, § 2013 BGB.

72 Weiter sind **antragsberechtigt**:
- der Nacherbe, allerdings erst nach Eintritt des Nacherbfalls,
- der Erbschaftskäufer und andere Erbschaftsübernehmer (§§ 2383 Abs. 1 S. 1, 2385 Abs. 1 BGB),
- die Nachlassgläubiger binnen zwei Jahren nach Annahme der Erbschaft,
- die Pflichtteilsberechtigten,
- die Vermächtnisnehmer,
- die Auflageberechtigten,
- diejenigen Gläubiger, die gleichzeitig Miterben sind,
- der verwaltende Testamentsvollstrecker neben dem oder den Erben.

73 Seine Forderungen und die Gläubigergefährdung muss der den Antrag stellende Gläubiger (§ 1981 Abs. 2 BGB) glaubhaft machen. Wie stets im Verfahren der freiwilligen Gerichtsbarkeit hat das Gericht – Nachlassgericht – den Sachverhalt im Bedarfsfall ohnehin umfassend von Amts wegen aufzuklären (§ 26 FamFG).

b) Gläubiger, Antragsberechtigung, Zweijahresfrist

74 Jeder Nachlassgläubiger ist befugt, einen Antrag auf Anordnung der Nachlassverwaltung durch das zuständige Nachlassgericht zu stellen, wenn die Erbschaft noch nicht angenommen ist oder seit der Annahme noch **keine zwei Jahre verstrichen sind**. Es muss Grund zu der Annahme bestehen, durch das Verhalten oder die Vermögenslage des Erben werde die Befriedigung der Nachlassgläubiger gefährdet. Die schlechte Vermögenslage des Erben ist insbesondere bei erfolglosen Vollstreckungsversuchen oder bereits abgegebener Vermögensoffenbarungsversicherung gegeben. Das gefährdende Verhalten des Erben, zB unordentliche oder unwirtschaftliche Verwaltung, muss nicht absichtlich herbeigeführt sein. So kann der Erbe ggf bei einer kostspieligen Heimunterbringung durchaus den Nachlass gefährden. Der Antragsteller hat seine Forderung und Tatsachen **glaubhaft zu machen**, die die Gefährdung der Nachlassgläubigerinteressen nahe legen. Nach § 26 FamFG hat das Nachlassgericht bei Bedenken weitere Ermittlungen durchzuführen. Der Erbe kann Sicherheit leisten und damit die Gefährdung widerlegen.

75 ▶ **Muster: Antrag eines Nachlassgläubigers auf Anordnung der Nachlassverwaltung**

An das
Amtsgericht ...
Nachlassgericht
Nachlasssache: ...
Aktenzeichen: ...

C. Nachlassverwaltung § 9

Anordnung der Nachlassverwaltung

Hiermit zeigen wir an, dass wir ... vertreten, Vollmacht anbei. Namens und im Auftrag des Antragstellers stellen wir den Antrag:

die Verwaltung über den Nachlass des am ... verstorbenen ... anzuordnen.

Begründung

Am ... verstarb in ... Herr .... Der Erblasser wurde beerbt von seinen drei Söhnen. Seit der Annahme der Erbschaft sind noch keine zwei Jahre verstrichen. Der Nachlass ist noch ungeteilt. Der Nachlass ist nicht überschuldet. Der Antragsteller hat gegen den Erblasser eine fällige Forderung aus einem Darlehensvertrag vom ... iHv ... EUR.

Glaubhaftmachung: eidesstattliche Erklärung, beglaubigte Fotokopien der Urkunden.

Die Erben sind hoch verschuldet und Alkoholiker. Sie haben bereits die eidesstattliche Versicherung abgegeben. Durch vorgenanntes Verhalten ist die Realisierung der Forderung des Nachlassgläubigers gefährdet.

Glaubhaftmachung: eidesstattliche Erklärung.

Unterschrift ◄

Der Antrag eines Nachlassgläubigers muss innerhalb von **zwei Jahren nach Annahme** der Erbschaft gestellt werden, danach ist der Antrag unzulässig. Diese zeitliche Grenze entspricht derjenigen des § 319 InsO. Bei Miterben müssen die Voraussetzungen des Abs. 2 in der Person mindestens eines der Miterben erfüllt sein.[28]

3. Begründetheit

Für die Begründetheit des Antrags ist erforderlich, dass die Befriedigung des den Antrag stellenden Gläubigers gefährdet ist,

- entweder durch das **Verhalten des Erben** oder
- durch die **schlechte Vermögenslage** des Erben.

Beispiel: Ein die Anordnung der Nachlassverwaltung rechtfertigendes Verhalten des Erben liegt vor, wenn

- Nachlassgegenstände verschleudert werden,
- voreilig einzelne Gläubiger befriedigt werden,
- Gleichgültigkeit herrscht,[29]
- Verwahrlosung verzeichnet wird,[30]
- schlechte Vermögenslage des Erben vorliegt und die Gefahr besteht, dass Eigengläubiger des Erben Zugriff auf den Nachlass nehmen.[31]

Die Gesamtheit der Nachlassgläubiger muss vom Verhalten oder der schlechten Vermögenslage des Erben betroffen sein.[32] Die Gefahr, dass ein bestimmter einzelner Anspruch nicht erfüllt wird, reicht nicht aus.[33]

---

28 Staudinger/*Marotzke*, § 1981 Rn 22.
29 BayOLG NJW-RR 2002, 871.
30 MünchKomm/*Stegmann*, § 1981 Rn 6.
31 Staudinger/*Marotzke*, § 1981 Rn 22.
32 Palandt/*Edenhofer*, § 1981 Rn 6.
33 Bamberger/Roth/*Lohmann*, § 1981 Rn 6.

II. Masse oder Vorschuss

80 An Verfahrenskosten entstehen Gerichtskosten in Höhe einer vollen Gebühr, § 106 Abs. 1 S. 1 KostO, und die Vergütung und Auslagen des Nachlassverwalters. Diese **müssen von der Masse gedeckt sein.**

III. Verfahren gem. §§ 1962, 1981 bis 1989 BGB

81 Auf die Nachlassverwaltung finden, soweit nichts Abweichendes ausdrücklich bestimmt ist, gem. §§ 1962, 1981 bis 1988 BGB die Bestimmungen über die Pflegschaft Anwendung.

1. Anordnung

82 Die Anordnung durch **förmlichen Beschluss** ist zwar nicht vorgeschrieben, jedoch üblich.

2. Beschluss

83 Um eine schnellstmögliche Beschlussfassung durch das Nachlassgericht zu erreichen, empfiehlt es sich, den Antrag wie einen Beschluss abzufassen.

3. Zustellung

84 Der Beschluss ist dem Erben, jedem Miterben und dem Testamentsvollstrecker bzw Nachlasspfleger **zuzustellen,** §§ 15, 16, 40, 41, 359 FamFG. Zudem ist der Beschluss, durch den die Nachlassverwaltung angeordnet wird, zu **veröffentlichen.** Zu veröffentlichen sind dabei
   – die Tatsachen der Anordnung der Nachlassverwaltung,
   – Name und letzter Wohnsitz des Erblassers,
   – Name und Anschrift des Nachlassverwalters.

85 Es genügt eine einmalige Veröffentlichung in einer überregionalen und doch örtlich gebundenen Tageszeitung.

IV. Rechtsmittel: § 359 FamFG

86 Da durch die Anordnung der Nachlassverwaltung der Erbe die Verfügungsbefugnis über den Nachlass verliert, wird sich dieser idR gegen die Anordnung der Nachlassverwaltung zur Wehr setzen, gerade dann, wenn er den Nachlass zur Eigenschuldentilgung benötigt. Eine **sofortige Beschwerde** eines Erben nach § 359 Abs. 2 iVm § 58 FamFG gegen die Anordnung der Nachlassverwaltung, die von einem Nachlassgläubiger beantragt wurde, kann nur darauf gestützt werden, dass bei der Anordnung der Nachlassverwaltung deren Voraussetzungen nicht bestanden haben.[34]

87 ▶ **Muster: Sofortige Beschwerde des Erben gegen die Anordnung der Nachlassverwaltung**

An das
Amtsgericht ▪▪▪
Nachlassgericht
Nachlasssache: ▪▪▪
Aktenzeichen: ▪▪▪

---

34 BayObLG FamRZ 1967, 173.

C. Nachlassverwaltung   § 9

Sofortige Beschwerde gegen Anordnung der Nachlassverwaltung nach § 58 FamFG

Hiermit zeigen wir an, dass wir ... vertreten, Vollmacht anbei. Namens und im Auftrag ... legen wir gegen die Anordnung der Verwaltung des Nachlasses des am ... in ... verstorbenen ... sofortige Beschwerde ein und stellen folgenden Antrag:

Der Beschluss des Nachlassgerichts vom ... wird aufgehoben.

Begründung

Mit Beschluss vom ... ordnete das Nachlassgericht ... die Verwaltung des am ... in ... verstorben ... an. Der Beschluss ist materiell rechtswidrig, da die Voraussetzungen des § 1981 BGB nicht vorliegen. Zum einem wird bestritten, dass der Antragsteller der Nachlassverwaltung einen durchsetzbaren Anspruch gegen den Erblasser hat, zum anderen besteht keinerlei Gefährdung der Nachlassgläubiger durch ein Verhalten unseres Mandanten ... . Unser Mandant verfügt selbst über ein umfangreiches Vermögen.

Unterschrift ◄

Ist die Nachlassverwaltung **auf Antrag des** oder **der Erben** angeordnet worden, so ist nach § 359 Abs. 1 FamFG gegen die Anordnung **keine Beschwerde** möglich, es sei denn, die Anordnung war unzulässig.³⁵ Wenn lediglich ein Mitglied einer Erbengemeinschaft die Nachlassverwaltung beantragt hat, war die Anordnung der Nachlassverwaltung unzulässig, da der Antrag auf Anordnung der Nachlassverwaltung nur gemeinsam von den Miterben gestellt werden kann (§ 2062 BGB).

88

V. Bestellung Nachlassverwalter

– Niederschrift: wie Nachlasspfleger;
– Bekanntmachung: Es erfolgt öffentliche Bekanntmachung;
– Bestallung;
– Überwachung: wie Nachlasspfleger;
– Ende des Amtes: Mit Aufhebung der Verwaltung/mit Eröffnung der Nachlassinsolvenz oder mit Entlassung durch das Nachlassgericht.

89

VI. Entlassung des Nachlassverwalters

Allgemein anerkannt ist, dass der Erbe ein Antragsrecht dahingehend hat, dass das Nachlassgericht den Nachlassverwalter zu entlassen hat, wenn der Nachlassverwalter **ständig und im erheblichen Ausmaß gegen seine Pflichten verstößt**.

90

▶ **Muster: Antrag auf Entlassung des Nachlassverwalters**

An das

Amtsgericht ...

Nachlassgericht

Aktenzeichen: ...

Nachlasssache: ...

91

602

---

35 LG Aachen NJW 1960, 48.

Antrag auf Entlassung des Verwalters

Ich zeige an, dass ich Herrn ... vertrete, Vollmacht anbei. Der Antragsteller ist Erbe des verstorbenen ..., ich verweise auf Blatt ... der Akten.

Mit Beschluss vom ... hat das Nachlassgericht ... die Verwaltung des Nachlasses des Erblassers angeordnet und Herrn Rechtsanwalt ... zum Nachlassverwalter bestellt. Der Nachlassverwalter kommt seinen Pflichten nur ungenügend nach und ist daher zu entlassen. Nach § 1886 BGB, der nach den §§ 1915 Abs. 1, 1897 BGB auf die Nachlassverwaltung entsprechend anzuwenden ist, hat das Nachlassgericht den Nachlassverwalter zu entlassen, wenn die Fortführung des Amtes, insbesondere wegen pflichtwidrigen Verhaltens des Nachlassverwalters, das Interesse der Erben oder der Nachlassgläubiger gefährden würde. Der Nachlassverwalter hat trotz Aufforderung des Nachlassgerichts die Jahresabrechnung und die Jahresberichte nicht abgegeben. Weiterhin hat der Nachlassverwalter sich schon seit mehr als drei Wochen nicht mehr um das Aktiendepot des Erblassers gekümmert, obwohl ihm bekannt ist, dass eilige und wichtige Entscheidungen zu treffen sind. Es entstand dadurch bereits ein Schaden von 35.000,– EUR.

Ich beantrage daher,

Herrn ... als Nachlassverwalter zu entlassen und Frau ... als Nachlassverwalterin zu bestellen.

Unterschrift ◀

VII. Aufhebung der Nachlassverwaltung

1. Rechte des Erben

92 Der Erbe hat einen **Anspruch auf Aufhebung** der Nachlassverwaltung, wenn
- entweder alle Gläubiger befriedigt sind,
- oder eine Gefährdung derselben nicht mehr gegeben ist.

93 ▶ **Muster: Antrag des Erben auf Aufhebung der Nachlassverwaltung**

An das

Amtsgericht ...

Nachlassgericht

In der Nachlasssache: ...

Aktenzeichen: ...

Aufhebung der Nachlassverwaltung

Hiermit zeigen wir an, dass wir die Miterbin Frau ... vertreten, Vollmacht anbei. Namens und im Auftrag der Antragstellerin stellen wir folgenden Antrag:

Die Verwaltung über den Nachlass des am ... Verstorbenen ... wird aufgehoben.

Mit Beschluss vom ... hat das Nachlassgericht die Verwaltung des Nachlasses angeordnet und Herrn Rechtsanwalt ... zum Nachlassverwalter bestellt. Der Nachlassverwalter hat zwischenzeitlich sämtliche bekannten Forderungen aufgrund des Nachlassverzeichnisses und des durchgeführten Aufgebotsverfahrens erfüllt. Weitere Verbindlichkeiten sind nicht vorhanden. Es besteht somit keine Grundlage mehr für die Nachlassverwaltung.

Unterschrift ◀

2. Rechte des Gläubigers

Auch im Gläubigerinteresse kann es liegen, dass die Nachlassverwaltung aufgehoben wird, da die Befriedigung der Forderung sich durchaus hinziehen kann. Besonders für Gläubiger der Erben, die in den Nachlass vollstrecken wollen, ist die Aufhebung der Nachlassverwaltung von Interesse.

▶ **Muster: Antrag eines Gläubigers des Erben auf Aufhebung der Nachlassverwaltung**

An das

Amtsgericht ...

Nachlassgericht

Aktenzeichen: ...

Nachlasssache: ...

Hiermit zeigen wir an, dass wir den Gläubiger ... vertreten. Wir stellen Antrag, die Nachlassverwaltung aufzuheben, da die Voraussetzungen hierfür nicht mehr gegeben sind. Eine Gefährdung der Gläubiger liegt nicht mehr vor.

Unterschrift ◀

3. Grundsätzliches zur Aufhebung

Die Nachlassverwaltung endet gesetzmäßig **mit der Eröffnung der Nachlassinsolvenz** gem. § 1981 Abs. 1 BGB. Im Übrigen ist die Nachlassverwaltung durch das Nachlassgericht **aufzuheben**, sobald keinerlei Grund und Veranlassung für sie mehr gegeben ist, §§ 1975, 1919 BGB. Im Einzelnen wenn:

– sich herausstellt, dass die Nachlassmasse die Kosten der Verwaltung nicht deckt, § 1988 Abs. 2 BGB, es sei denn, die Kosten werden vom Antragsteller vorgeschossen;
– der Verwalter alle bekannten Nachlassgläubiger befriedigt und den eventuell noch vorhandenen Nachlassrest an den oder die Gläubiger herausgegeben hat, § 1986 Abs. 1 BGB;
– der Nachlass durch Gläubigerbefriedigung erschöpft ist;
– alle noch nicht befriedigten Nachlassgläubiger mit der Aufhebung einverstanden sind;
– der Erbe die Erbschaft nach Anordnung der Verwaltung wirksam ausschlägt;
– ein Nacherbe eintritt;
– das Nachlassgericht aufgrund neuer Informationen die Anordnung nachträglich für ungerechtfertigt hält;
– die Vermögenssituation und das Verhalten des Erben nicht mehr eine Gefährdung der Nachlassgläubiger befürchten lassen und der Erbe die Aufhebung beantragt;
– das Nachlassinsolvenzverfahren, § 1988 Abs. 1 BGB, eröffnet wird;
– der Nachlassverwalter entlassen wird. Das Nachlassgericht kann den Nachlassverwalter gem. §§ 1915, 1886 BGB – als äußerstes Mittel – entlassen, wenn das Verhalten des Nachlassverwalters die Interessen der Nachlassgläubiger und des Erben gefährden könnte. Dazu kann genügen, dass der Nachlassverwalter beharrlich der Anforderung eines Nachlassverzeichnisses (§§ 1915, 1802 BGB) nicht folgt und dass mit einer auch nur geringen Wahrscheinlichkeit Interessen Dritter benachteiligt werden.[36]

---

36 *Meyer-Stolte*, Zur Entlassung eines Nachlaßverwalters, Rpfleger 1989, 241 ff.

97 Nach Aufhebung der Nachlassverwaltung (§ 1988 BGB) ist der Nachlassverwalter zur **Schlussrechnung** und zur **Herausgabe des Nachlasses** an den Erben (§§ 1890, 1915, 1975 BGB) verpflichtet.[37] Die Pflicht zur Herausgabe des verwalteten Vermögens erstreckt sich auch auf die zum Nachlass gehörenden Unterlagen, aber **nicht auf die Akten, die der Verwalter angelegt** hatte, wenn die Erben eine entsprechende Auskunft und Rechnungslegung erhielten. Verfügungen, die der Nachlassverwalter nach Aufhebung der Nachlassverwaltung vornimmt, sind unwirksam.

4. Formales zur Aufhebung der Nachlassverwaltung

98 Der Rechtspfleger ist gem. § 3 Nr. 2 RPflegerG zuständig für die Aufhebung der Nachlassverwaltung. Durch die **Bekanntgabe** des Beschlusses über die Aufhebung an den Nachlassverwalter wird die **Aufhebung wirksam**. Ein Grund zur Aufhebung der Nachlassverwaltung besteht auch dann, wenn die Anordnung von Anfang an ungerechtfertigt war.[38] Gegen die Ablehnung des Antrags auf Aufhebung der Nachlassverwaltung ist die **Änderung gem. § 11 RPflegerG** statthaft. Andererseits können Nachlassgläubiger und Erben gegen die Aufhebung Erinnerung einlegen (s. auch Rn 40). Der zuständige Rechtspfleger kann der Erinnerung abhelfen und die Nachlassverwaltung wiederum anordnen.

99 Ein **nicht befriedigter Gläubiger** sollte zur Sicherung seiner Forderung immer Rechtsmittel gegen die Aufhebung der Nachlassverwaltung einlegen. Hilft der Rechtspfleger der Erinnerung nicht ab, hat er den Vorgang dem Nachlassrichter zur Entscheidung vorzulegen. Dieser entscheidet, ob er die Erinnerung für zulässig und begründet erachtet. Falls auch der Nachlassrichter die Erinnerung für unzulässig und unbegründet erachtet, legt er die Erinnerung der Beschwerdekammer beim Landgericht vor.

100 ▶ **Muster: Erinnerung gegen die Aufhebung einer Nachlassverwaltung**

An das

Amtsgericht ▪▪▪

Nachlassgericht

Nachlasssache: ▪▪▪

Aktenzeichen: ▪▪▪

Anordnung der Nachlassverwaltung

Hiermit zeigen wir an, dass wir ▪▪▪ vertreten, Vollmacht anbei. Namens und im Auftrag des Antragstellers stellen wir folgenden Antrag:

Es wird Erinnerung gegen die Aufhebung der Nachlassverwaltung eingelegt.

Begründung

Der Beschluss des Nachlassgerichts ist rechtswidrig. Die Aufgaben der Verwaltung wurden noch nicht erfüllt. Unserem Mandanten stehen noch Forderungen gegen den Nachlass zu. Dieser ist nicht erschöpft. Auch besteht die Gefährdung der Forderung durch das Verhalten weiterhin. Zwar reduzierte der Erbe seinen Alkoholkonsum, dies führte jedoch nicht dazu, dass er seinen verschwenderischen

---

37 Staudinger/*Marotzke*, § 1988 Rn 20.
38 BayObLG FamRZ 1967, 173.

Lebenswandel einstellte. Die Verbindlichkeiten des Erben werden täglich größer. Aus diesem Grund ist die Nachlassverwaltung aufrechtzuerhalten.

Unterschrift ◀

VIII. Schlussrechnung

Wie bei Nachlasspfleger 101

IX. Vergütung

Die Vergütungssätze für Nachlassverwalter liegen idR höher als die für Nachlasspfleger bewilligten Beträge. Maßgebend für die Bemessung der Höhe sind Bedeutung, Umfang und Schwierigkeitsgrad der Geschäfte sowie Erfolg, Zeitaufwand und Dauer der Verwaltung. 102

Praxishinweis: Als Vollstreckungstitel gegen den Erben wirkt der Vergütungsbeschluss nicht. Um zu einem vollstreckbaren Titel zu gelangen, muss der Nachlassverwalter das Prozessgericht anrufen. 103

X. Einleitung des Aufgebotsverfahrens gem. §§ 1970 bis 1974 BGB

Es sollte unbedingt mit dem Mandanten besprochen werden, ob eventuell das **Aufgebotsverfahren statt der Nachlassverwaltung** ausreichend ist. Sachlich und örtlich zuständig für das Aufgebot der Nachlassgläubiger ist das Nachlassgericht (§ 990 ZPO, §§ 343, 344 Abs. 1 FamFG), nicht das Gericht der Fürsorge. Der Antrag ist unter dem Aktenzeichen des Nachlassverfahrens einzureichen. Antragsberechtigt sind der Erbe, der für die Nachlassverbindlichkeiten nicht unbeschränkt haftet, der Nachlasspfleger und der Testamentsvollstrecker, wenn ihnen die Verwaltung des Nachlasses zusteht, selbst wenn der Erbe unbeschränkt haftet. Die Erbschaft muss angenommen sein. Der Antrag ist schriftlich oder mündlich zu Protokoll der Geschäftsstelle des Nachlassgerichts zu stellen (§ 947 Abs. 1 ZPO). 104

Das Aufgebotsverfahren soll dem Erben einen **Überblick über die Nachlassverbindlichkeiten** geben. So wird er in die Lage versetzt, geeignete weitere Schritte zu unternehmen (zB Antrag auf Anordnung der Nachlassverwaltung oder auf die Eröffnung des Nachlassinsolvenzverfahrens oder Vergleichsverfahrens, §§ 1975, 1980 BGB). Die Einleitung des Aufgebotsverfahrens bietet dem Erben weitere **Vorteile**: 105
– bis zur Beendigung des Aufgebotsverfahrens steht dem Erben die Aufgebotseinrede gem. § 2015 BGB zu;
– ihm ist die Erschöpfungseinrede gegeben, § 1973 BGB, wenn ein Ausschlussurteil vorliegt;
– er ist gegen Rückgriff zu sichern, § 1980 BGB und
– die Gesamthaftung der Miterben ist in eine Haftung nach Kopfteilen umzuwandeln, § 2060 Nr. 1 BGB.

Dem **ausgeschlossenen Gläubiger** haftet der Erbe nur mit dem Nachlass, nicht dagegen mit seinem Eigenvermögen (§ 1973 BGB). Dies gilt nicht für Pflichtteile, Vermächtnisse und Auflagen, die den Erben bekannt sind (§§ 1971, 1972 BGB); sie bedürfen nicht der Anmeldung und werden vom Aufgebot nicht betroffen.[39] Dem Antrag ist ein Verzeichnis der bekannten Nachlassgläubiger mit Angabe der Anschriften beizufügen (§ 992 ZPO). 106

---
39 *Weirich*, Erben und Vererben, Rn 81.

107 Das Aufgebot soll nicht erlassen werden, wenn die Eröffnung der Nachlassinsolvenz beantragt ist. Die nachfolgende Eröffnung des Nachlassinsolvenzverfahrens beendet das Aufgebotsverfahren (§ 993 ZPO).

108 Der **Antrag auf Erlass des Ausschlussurteils** wird am besten **zugleich mit dem Aufgebotsantrag gestellt**. Der Antrag auf Erlass des Ausschlussurteils kann auch später gestellt werden. Dies kann dann sinnvoll sein, wenn der Nachlass noch sehr unübersichtlich ist, jedoch zu erwarten ist, dass ausreichend Liquidität vorhanden ist; es wird dann die Urteilsgebühr eingespart.

109 Liegt eine Anmeldung vor, dann ist das Aufgebotsverfahren auszusetzen oder das angemeldete Recht im Ausschlussverfahren vorzubehalten.

110 **Praxishinweis:** Inventarerrichtung und Gläubigeraufgebot sind keine Haftungsbeschränkungsmaßnahmen, sondern können solche lediglich vorbereiten.[40]

111 ▶ **Muster: Antrag des Erben zur Durchführung des Aufgebotsverfahrens**

An das
Amtsgericht ...
Nachlassgericht
Nachlasssache: ...
Aktenzeichen: ...

Aufgebotsverfahren

Hiermit zeigen wir an, dass wir den Alleinerben ... anwaltlich vertreten.
Er hat die Erbschaft angenommen.
Erbschein ist erteilt worden am ...
Er haftet nicht unbeschränkt für die Nachlassverbindlichkeiten.
In der Anlage fügen wir ein Verzeichnis der bekannten Nachlassgläubiger bei und beantragen,
das Aufgebot der Nachlassgläubiger
und
den Erlass eines Ausschlussurteils.
Das Gläubigerverzeichnis hat der Antragsteller erstellt. Dem Gläubigerverzeichnis haben wir als Anlage die zustellfähigen Anschriften beigefügt, sowie, soweit möglich, jeweils den Schuldgrund unter Angabe einer Bearbeitungsnummer. Die Zustellkosten für die ... Gläubiger haben wir mit Gerichtskostenmarken beigefügt.
Unterschrift ◀

D. Der Nachlasspfleger

I. Aufgaben des Nachlasspflegers

112 Hat das Nachlassgericht dem Nachlasspfleger Sicherung, Erhaltung und Verwaltung des Nachlasses übertragen, wird dieser Wirkungskreis wie folgt definiert:

1. Inbesitznahme, Bestandsaufnahme

113 Der Nachlasspfleger hat den Nachlass in Besitz zu nehmen und festzustellen, dh den **Anfangsbestand festzustellen**, ein Nachlassverzeichnis zu erstellen und dieses dem Nachlassgericht vor-

---

40 *Kerscher/Tanck/Krug*, Das erbrechtliche Mandat, § 3 Rn 1009.

zulegen, § 1802 BGB. Die Richtigkeit und Vollständigkeit ist zu versichern. Der Nachlasspfleger muss bei einem **eindeutig nicht überschuldeten** Nachlass die einzelnen Gegenstände nicht schätzen lassen. Die Schätzung von Schmuck und Kunstgegenständen kann sehr zeit- und geldaufwendig sein, so dass diese nur vorgenommen werden sollte, wenn die Gefahr der Überschuldung vorliegt, und erst durch die Schätzgutachten das exakte Nachlassvermögen festgestellt und in Relation zu den Nachlassverbindlichkeiten gestellt werden kann, um somit einen positiven oder negativen Nettonachlass festzustellen.

Nachlasspflegschaften werden insbesondere dann angeordnet, wenn die Verhältnisse des Verstorbenen weitestgehend ungeordnet sind. Eine der ersten Aufgaben des Nachlasspflegers ist es dann, zu sortieren und zu ordnen.

Praxishinweis: Zu Dokumentationszwecken sollten Räumlichkeiten **gemeinsam mit einem Mitarbeiter** betreten werden, gegebenenfalls mit dem zukünftigen Hausmeister. Es empfiehlt sich, Nachbarn von der Inbesitznahme unter Vorlage des Pflegerausweises in Kenntnis zu setzen. Wohnung, Schränke usw sollten fotografisch bzw filmisch erfasst werden, um den Zustand dokumentieren zu können (die Kosten sind erstattungsfähige Auslagen).

Bei Kenntniserlangung unter extrem unhygienischen Zuständen sollte die Wohnung mit Schutzanzug, OP-Handschuhen und Gesichtsmaske mit Geruchsvertilger betreten werden. Vorgenannte Gegenstände können kostengünstig entweder über den Fachhandel (Drogerien) oder von Desinfektionsfirmen bezogen werden.

Praxishinweis: Da die Verwahrung wertvoller Gegenstände i.R.d. von der gängigen Rechtsanwaltshaftpflichtversicherung nicht umfasst ist, bedarf es einer **Zusatzversicherung**. Kostengünstiger ist die Anmietung eines großen Bankschließfaches.

Praxishinweis: Die Durchsuchung der Wohnung kann nicht nach starren Schemata vorgenommen werden, es empfiehlt sich jedoch **folgende Reihenfolge:**

– Handtasche,
– Reisegepäck (im Fall der Krankenhausunterbringung),
– Bereich um das Telefon,
– Wohnzimmerschrank,
– bei älteren Erblassern rollbarer Einkaufswagen,
– beliebte Verstecke von Geld, Sparbüchern und Testamenten sind Kühlschrank, Backherd, Fach für Backbleche, Altpapierstapel, Wäscheschränke, Bücher, sowie unter Deckchen, Folien, Abdeckpapier, um nur einige zu nennen.

Die erste Durchsuchung der Wohnung sollte so lange andauern, bis alle Wertgegenstände sichergestellt, Personendokumente aufgefunden und die Erblasserräumlichkeiten gegen anderweitigen Zugriff gesichert sind.

▶ **Muster: „Bestandsaufnahme"**

Aktenzeichen:

Nachlassverzeichnis von

1. Bankguthaben Deutsche Bank 87.500,– EUR
2. Bankguthaben Stadtsparkasse 6.429,– EUR
3. Bankguthaben Raiffeisenbank 9.877,– EUR

4. Schließfach: Pfandbriefe gem. Anlage, 223.000,- EUR Goldbarren und Goldmünzen/Wert heute 305.000,- EUR
5. Bargeld Wert heute: 800,- EUR
6. Schmuck gem. Anlage Schmuckstücke, Wert ca. 30.000,- EUR
7. Antiquitäten gem. Anlage Antiquitäten, Wert ca. 100.000,- EUR
8. PKW Mercedes SLK, Wert 100.000,- EUR
9. Eigentumswohnung 500.000,- EUR

Sonstige Wertgegenstände außerhalb des üblichen Hausrats waren nicht vorhanden.

Unterschrift ◄

121 Wie oben ausgeführt, ist der Nachlass in Besitz zu nehmen. Solange der nach § 857 BGB auf den Erben übergegangene Besitz des Erblassers weder von dem Erben selbst, noch von einer anderen Person ergriffen worden ist, begeht der Nachlasspfleger **keine verbotene Eigenmacht**, wenn er das Besitzergreifungsrecht des unbekannten endgültigen Erben an dessen Stelle ausübt.[41] Der Nachlasspfleger kann als Vertreter des Erben die aus dieser Rechtsposition fließenden **Einzelrechte geltend machen**, zB Herausgabeansprüche (§§ 985 ff BGB), Schadenersatz, Anspruch auf Besitzeinräumung (§ 861 BGB). Ob dem Nachlasspfleger die Rechte aus § 2018 BGB zustehen, ist umstritten. Gelöst wurde die Problematik dadurch, dass dem Nachlasspfleger ein Herausgabeanspruch aus eigenem Recht zugebilligt wurde, dem selbst der wirkliche Erbe verpflichtet ist, solange sein Erbrecht gegenüber dem Nachlasspfleger nicht rechtskräftig festgestellt ist.[42] Auf den Herausgabeanspruch eigenen Rechts sind die §§ 2019 ff BGB analog anzuwenden.[43] Hat **schon jemand Besitz ergriffen** und besteht ein Selbsthilferecht nach § 859 BGB nicht oder nicht mehr, so ist der Nachlasspfleger auf den Weg der Herausgabeklage angewiesen. Gegenüber Besitzern, die unzweifelhaft nicht zu den Erben gehören, kommt wegen § 857 BGB auch ein Anspruch aus § 861 BGB und zu dessen Durchsetzung eine einstweilige Verfügung in Betracht. Der die Nachlasspflegschaft anordnende **Beschluss ist kein Vollstreckungstitel.**

2. Erhaltung und Verwaltung des Nachlasses

122 Die Erhaltung und Verwaltung des Nachlasses ist neben der Inbesitznahme ein weiterer Kernbereich der Nachlasspflegertätigkeit. Es wird erforderlich sein, folgende Maßnahmen zu ergreifen:

123 **Checkliste für Akte**
- Postumleitungsantrag stellen, sofort
- Telefonanschluss kündigen, bald
- Zeitschriften abbestellen, bald
- Versicherungen kündigen bzw Versicherungsfall mitteilen, sofort
- Krankenkasse informieren sowie Sterbegeld anfordern, bald
- vom Arbeitgeber Lohnabrechnung und Lohnzahlung anfordern (Urlaubsabgeltung u.a., Verjährungsfristen beachten), bald
- Bestattung veranlassen, sofort
- Sterbeurkunde anfordern, sofort

---
41 Staudinger/*Marotzke*, § 1960 Rn 40.
42 Staudinger/*Marotzke*, § 1960 Rn 47.
43 MünchKomm/*Leipold*, § 1960 Rn 48.

D. Der Nachlasspfleger § 9

- Wohnung räumen, Möbel ggf einlagern, Mietvertrag kündigen, sofort
- Haustiere und Pflanzen versorgen bzw unterbringen, sofort
- Kfz abmelden, unterstellen, eventuell verkaufen, Versicherungen kündigen, sofort
- Einzugsermächtigungen widerrufen, notwendige Ausgaben auf Einzelüberweisung bzw Dauerauftrag umstellen.

Weitere Erledigungspunkte im Laufe der Nachlasspflegschaft: 124

- Bankenverband anschreiben
- Sparkasse anschreiben
- Postbank anschreiben
- Bekannte Konten vom Vorliegen der Nachlasspflegschaft informieren (bei Postbediensteten PSD)
- Hausverwaltung/Wohnungskündigung
- Rentenrechnungsstelle anschreiben
- Postnachsendeauftrag verlängern
- Krankenhaus kontaktieren, wegen Kosten
- Wohnungsbesichtigung regelmäßig, Heizung im Winter kontrollieren
- Räumung?
- Schönheitsreparaturen?
- Schlüssel zurück?
- Abschließende Zählerstände mitgeteilt?
- Bestatter, wegen Rechnung
- Arbeitgeber
- Sozialamt anschreiben
- Versicherungen, Bestandsliste anfordern
- Strom/Gas abstellen
- Fernmeldeamt (Telefonnummer heraussuchen)
- GEZ
- Zeitungs- und Zeitschriftenabonnements
- Vereinszugehörigkeiten kündigen
- Finanzämter anschreiben
- Kfz (Steuer, Versicherung)
- Fehlende Kontoauszüge anfordern
- Nachlassverzeichnis erstellen
- Gerichtskosten zahlen
- Erbschaftsteuererklärung abgeben.

3. Finanzamt

Der Nachlasspfleger hat sämtliche an ihn gerichteten und bei ihm eingehenden Steuerbescheide 125
zu **prüfen**, um im Interesse der Erben **ggf Rechtsmittel einzulegen**. Wenn ihm die eigene Sachkunde fehlt, ist er berechtigt, einen Steuerberater zu beauftragen. Üblich und sachgemäß ist, den bislang mandatierten Bevollmächtigten weiter zu beauftragen. Der Nachlasspfleger ist (auch) im Besteuerungsverfahren der gesetzliche Vertreter der noch unbekannten oder unge-

wissen Erben. **Steuerverwaltungsakte** sind deshalb bis zur Aufhebung der Nachlasspflegschaft **an ihn zu richten**, selbst wenn die Erben inzwischen bekannt wurden. Nach § 122 Abs. 1 AO 1977 ist ein Steuerbescheid demjenigen Beteiligten bekannt zu geben, für den er bestimmt ist. Im Besteuerungsverfahren ist ein Steuerbescheid für denjenigen Beteiligten (vgl § 78 Nr. 2 AO 1977) bestimmt, der als Steuerschuldner in Anspruch genommen wird oder werden soll (§ 124 Abs. 1 AO 1977). Der Steuerschuldner (§ 43 AO 1977) ist mithin grundsätzlich Adressat des Steuerbescheides. Im Fall einer Gesamtrechtsnachfolge gehen die Schulden aus dem Steuerschuldverhältnis auf den Rechtsnachfolger über (§ 45 Abs. 1 AO 1977). Aus diesem Grund sind im Erbfall grundsätzlich die Steuerbescheide an die Erben als den Gesamtrechtsnachfolgern des Erblassers zu richten. Da der Verwaltungsakt eine hoheitliche Regelung für den Einzelfall darstellt, muss er die Person oder die Personen erkennen lassen, an die er sich richtet. Aus diesem Grund hat die Rspr des BFH stets verlangt, dass der oder die **Erben namentlich im Steuerbescheid** aufgeführt werden.

126 Diese Grundsätze gelten nicht für den Fall, dass noch ungewiss ist, wer Erbe wird und deshalb die Nachlasspflegschaft angeordnet wurde. Denn hier wird der Nachlasspfleger im Rahmen seines Aufgabenkreises als gesetzlicher Vertreter für den oder die unbekannten oder noch ungewissen Erben tätig; dass der Nachlasspfleger innerhalb seines Aufgabenkreises gesetzlicher Vertreter des oder der Erben ist, entspricht der einhelligen Meinung in der Rspr und fast einhelliger Meinung im Schrifttum. Hat der Nachlasspfleger als gesetzlicher Vertreter gegen einen Gewinnfeststellungsbescheid für die unbekannten Erben Rechtsmittel **nicht rechtzeitig eingelegt bzw begründet**, so kann dem vom Nachlassgericht festgestellten Alleinerben nach Aufhebung der Nachlasspflegschaft wegen der Fristversäumung **Wiedereinsetzung in den vorigen Stand** gewährt werden, wenn dieser seine Behauptungen, der Nachlasspfleger habe es pflichtwidrig unterlassen, ihm nach Aufhebung der Nachlasspflegschaft unverzüglich sämtliche Unterlagen über die Rechtsmittelverfahren herauszugeben, glaubhaft macht.

127 Daraus ist zu folgern, dass der Nachlasspfleger, um Schadensersatzansprüche zu vermeiden, sämtliche Steuerbescheide exakt prüft und sich die Übergabe derselben an den Erben dokumentieren lässt. Es wird wohl zu den Pflichten gehören, auf laufende Rechtsmittelfristen und die Möglichkeit der Wiedereinsetzung hinzuweisen.

128 Der Nachlasspfleger hat Steuerschulden zu **tilgen** (§ 34 Abs. 1 S. 1 AO), andernfalls kann er **persönlich haftbar** gemacht werden (§ 69 AO).

129 **Praxishinweis:** Zur weiteren Informationsbeschaffung über den Nachlassbestand wird empfohlen, bei jeder Nachlasspflegschaft die Finanzämter (Einkommensteuer- und Erbschaftsteuerfinanzamt) über die Anordnung der Nachlasspflegschaft **in Kenntnis** zu setzen.

130 ▶ **Muster: Anschreiben mit Bekanntgabe der Bestellung zum Nachlasspfleger**

Finanzamt ▪▪▪

Betr. Nachlasssache ▪▪▪

Bezug: Steuernr. ▪▪▪

Sehr geehrte Damen und Herren,

gemäß anliegend beigefügter Bestallungsurkunde teile ich mit, dass ich zum Nachlasspfleger in der Nachlasssache ▪▪▪ bestellt wurde. In obiger Angelegenheit werde ich aufgefordert, für drei Jahre

D. Der Nachlasspfleger   § 9

rückwirkend Einkommensteuererklärungen abzugeben. Im Hinblick auf die erheblichen Einkünfte des Erblassers bitte ich um Mitteilung, ob Verlustnachträge möglich sind.

Unterschrift ◀

▶ **Muster: Antrag auf Stundung**   131

An das

Finanzamt ...

Betr.: Nachlasssache ...

Bezug: Steuernummer ...

Sehr geehrte Damen und Herren,

unter Bezugnahme auf den Erbschaftsteuerbescheid vom ... erbitte ich bis zum ... Stundung der festgesetzten Steuern. Über liquide Mittel in dieser Höhe verfüge ich derzeit nicht. Die Gelder sind Nachlasskonten zu entnehmen. Ich habe bereits bei dem Nachlassgericht einen Freigabebeschluss beantragt. Auf den Geschäftsgang dort habe ich keinen Einfluss. Die Bearbeitung des notwendigen Beschlusses kann bis zu ... Monate benötigen.

Unterschrift ◀

▶ **Muster: Anfrage zur Abgabe der Erbschaftsteuererklärung**   132

Finanzamt ...

Betr.: Nachlassache ...

Bezug: Steuernr. ...

Sehr geehrte Damen und Herren,

in obiger Nachlassangelegenheit teile ich Ihnen mit, dass Nachlassaktiva nur in Höhe von rund 47.800 EUR vorhanden sind. Demgegenüber bestehen Verbindlichkeiten in Höhe von rund 32.000 EUR. In der Anlage habe ich eine Abschrift meines gefertigten Nachlassverzeichnisses beigefügt. Ich gehe davon aus, dass es einer Abgabe der Erbschaftsteuererklärung nicht bedarf. Sollten dem Finanzamt dagegen Anzeigen von über in den Nachlass fallenden Konten/Depots vorliegen, die mir ausweislich des Nachlassverzeichnisses nicht bekannt sind, bitte ich um entsprechenden Hinweis.

Unterschrift ◀

▶ **Muster: Vordruck zur Abgabe der Erbschaftsteuererklärung**   133

An das

Finanzamt ...

Nachlass ...

Sehr geehrte Damen und Herren,

in obiger Angelegenheit gebe ich Ihnen gemäß beiliegender Fotokopie meiner Bestallung zur Kenntnis, dass mich das Amtsgericht zum Nachlasspfleger bestellt hat. Ich bitte, mir zur Abgabe der Steuererklärung eine Frist von drei Monaten vom heutigen Tage an zu gewähren.

Unterschrift ◀

In der Regel setzt das Finanzamt großzügige Fristen zur Abgabe der Steuererklärung, vgl § 149   134
AO. Häufig kommt es allerdings vor, dass der Nachlasspfleger auch in dieser Frist den Bestand des Nachlasses nicht vollständig aufnehmen kann. Hier empfiehlt es sich, das Finanzamt recht-

zeitig in Kenntnis zu setzen und um entsprechende **Fristverlängerung** zu bitten. Bei der Verlängerung von Fristen – auch rückwirkend – handelt es sich um eine Ermessensentscheidung, vgl § 109 AO, die gerade bei der Abgabe der Erbschaftsteuererklärung durch die Finanzämter sinnvoller Weise großzügig gehandhabt wird. Andernfalls käme es zu einer Vielzahl von Berichtigungserklärungen, vgl § 153 AO.

135 ▶ **Muster: Antrag auf Fristverlängerung**

An das

Finanzamt ...

Nachlass ...

Sehr geehrte Damen und Herren,

die gesetzte Frist zur Abgabe der Erbschaftsteuererklärung zum ... kann nicht eingehalten werden, da der Bestand des Nachlasses am Todestage noch nicht vollständig erfasst ist.

Unterschrift ◀

136 Der Nachlasspfleger muss erbschaftsteuerrechtlich relevante **Bezugsrechte** bei Lebensversicherungen **abklären**.

137 **Auslandsvermögen** wird in der Regel nicht ermittelt, hierauf sollte das Finanzamt hingewiesen werden.

4. Pflichten des Nachlasspflegers in Bezug auf Konten

138 Die rechtliche Stellung des Nachlasspflegers im Verhältnis zu Banken/Sparkassen stellt sich wie folgt dar:

a) Ermittlung der Konten

139 Die jeweilige kontoführende Bank ist dem Nachlasspfleger als gesetzlichem Vertreter der Erben zur vollumfänglichen Auskunft über die Geschäftsbeziehungen zum Erblasser verpflichtet, §§ 675, 666 BGB.

140 **Praxishinweis:** Alle ortsansässigen Banken und Sparkassen sollte der Nachlasspfleger **abspeichern**, um an diese eine Kontoanfrage versenden zu können. Im Anschluss soll die alleinige Verfügungsbefugnis erlangt werden.

141 ▶ **Muster: Unbekanntes Konto**

Sparkasse

Betr.: Nachlasssache

Sehr geehrte Damen und Herren,

gemäß in Ablichtung beigefügter Bestallungsurkunde wurde ich durch das Amtsgericht zum Nachlasspfleger bestellt. Das Original wird vorgelegt, falls ein Konto des Erblassers bei Ihnen geführt wird. Ich darf Sie bitten, Nachforschungen in Ihrem Haus darüber anzustellen, ob Konten, Depots oder Schließfächer des Erblassers bestehen. Teilen Sie mir bitte die jeweiligen Kontostände am Todestag sowie die derzeitigen Kontostände mit. Die Kontoauszüge ab dem Todestag bitte ich an meine Anschrift zu übermitteln.

Ich widerrufe Vollmachten und Daueraufträge und widerspreche Einzügen und Lastschriften, auch rückwirkend. Sollten Vollmachten erteilt sein, bitte ich um Bekanntgabe der Bevollmächtigten mit Namen und Anschriften.

D. Der Nachlasspfleger § 9

Eventuell vorhandene Konten sind für Auszahlungen jeder Art zu sperren. Für den Fall, dass Kredit- oder EC-Karten zu Konten ausgegeben werden, sind diese umgehend zu sperren. Bitte übersenden Sie mir eine Fotokopie Ihrer Finanzamtsmeldung.

Mit freundlichem Gruß ◄

▶ **Muster: Anschreiben des Nachlasspflegers an die Banken, bekanntes Konto** 142

An die

... Bank

Betreff: Nachlasssache ...

Bezug: Kontonummern ...

Sehr geehrte Damen und Herren,

gem. beigefügter Kopie des Pflegerausweises des Amtsgerichts ..., Aktenzeichen: ... wurde ich zum Nachlasspfleger für die noch unbekannten Erben bestellt.

Beigefügt habe ich auch die Niederschrift der Verpflichtungshandlung. In der Anlage übermittle ich die Sterbeurkunde ... (werde ich die Sterbeurkunde übermitteln). In weiterer Anlage übermittle ich vom Bankhaus ..., bestätigte Kopie meines Reisepasses.

Ich darf Sie bitten, mir

– den Kontostand aller Konten des Erblassers in Ihrem Haus mitzuteilen,
– Ablichtungen der Kontoeröffnungsanträge,
– Ablichtungen eventueller Darlehensverträge/Bürgschaften,
– Ablichtung der Kontoführungskarte,
– eine Liste der Daueraufträge,
– eine Liste der Depots/Schließfächer,
– eine Anzeige gem. § 33 ErbStG

zur Verfügung zu stellen.

Die Konten, sowie EC- oder Kreditkarten sind zu sperren, sämtliche Einzüge und Lastschriften werden widerrufen, auch rückwirkend. Ich darf Sie weiter bitten, mir Ihnen bekannte Kontoverbindungen zu anderen Geldinstituten im In- und Ausland mitzuteilen, ebenso Kenntnisse über Lebensversicherungen, Sparverträge u.a. Sollten Vollmachten bestehen, bitte ich um Bekanntgabe von Namen und Anschriften der Bevollmächtigten. Bitte vermerken Sie meine ausschließliche Kontoführungsbefugnis.

Die Sparkonten sind zu sperren, und in den Sparbüchern ist folgender Vermerk anzubringen:

„Verfügungen nur zulässig mit Zustimmung des Nachlassgerichts"

Weiterhin versenden Sie bitte die Kontoauszüge buchungstäglich an meine Anschrift.

Unterschrift ◄

In Erbfällen mit überörtlichen Kontoverbindungen sollte der Nachlasspfleger den jeweiligen **Bankenverband** einschalten. Bei Erblassern, die kurz vor ihrem Tod den Wohnsitz gewechselt haben, empfiehlt es sich ebenfalls, den Bankenverein einzuschalten. Anzumerken ist, dass die Rückantworten des jeweiligen Bankenvereins **mehrere Wochen** in Anspruch nehmen können. Es wäre also wegen drohenden Zeitverlusts nicht zu vertreten, allein den jeweiligen Bankenverein anzuschreiben. Es empfiehlt sich auf jeden Fall, die **Zentralstellen der führenden Bankinstitute** anzuschreiben. Zu beachten ist weiterhin, dass dem Bankenverein weder die öffentlich- 143 rechtlichen Kreditinstitute noch die Postbank angehören. Auch kann der Bundesverband der Banken angeschrieben werden, mit der Bitte um Ermittlung von Konten in drei benannten Bundesländern.

144 ▶ **Muster: Ersuchen des Nachlasspflegers an den Bankenverein des zuständigen Bundeslandes**

An den

Bankenverein des Landes ...

Betreff: Nachlasssache ...

Sehr geehrte Damen und Herren,

gem. anliegend beigefügter Bestallungsurkunde teile ich mit, dass ich zum Nachlasspfleger in der Nachlasssache ... bestellt worden bin.

Es ist meine gesetzliche Aufgabe, den Nachlassbestand zu ermitteln. Hierzu gehört es auch, sämtliche Bankguthaben und Bankverbindlichkeiten festzustellen. Der Name des Erblassers lautet ... . Er ist geboren am ..., er verstarb am ..., er war zuletzt wohnhaft in ... . Da der Erblasser, wie ich bereits festgestellt habe, überörtlich tätig war, ersuche ich um entsprechende Veröffentlichung in den Mitteilungen des Bankenvereins. Etwaige Kosten werden von mir übernommen. Es wird persönliche Kostenhaftung erklärt.

Mit freundlichen Grüßen

Rechtsanwalt ◀

145 Hinsichtlich der **Postbank** empfiehlt es sich, entweder die letzte wohnsitzzuständige Postbankniederlassung oder die beiden Postbankniederlassungen in Hamburg und München anzuschreiben.

146 ▶ **Muster: Ersuchen an die Postbank**

An

Postbank ...

Nachlasssache ...

Sehr geehrte Damen und Herren,

gem. beigefügter Kopie des Pflegerausweises des Amtsgerichts ..., AZ: ..., wurde ich zum Nachlasspfleger für die noch unbekannten Erben bestellt. Ich darf Sie bitten, mir Auskunft zu geben, ob der Erblasser bei Ihnen Konten führte bzw. geführt hat. Für den Fall, dass Konten zu ermitteln sind, ersuche ich um Mitteilung von:

– Kontonummer,
– Kontostand am Todestag,
– Auflösungsdatum des jeweiligen Kontos.

Eventuell bestehende Kontovollmachten widerrufe ich und bitte um Bekanntgabe der Bevollmächtigten. Gleichfalls bitte ich um Sperrung der Konten für die Auszahlung generell. Dies gilt auch für beabsichtigte Einzüge durch Bestattungsunternehmen etc., die jeweils an meine Kanzlei zu verweisen sind. Die Sparkonten sind zu sperren. In den Sparbüchern ist folgender Vermerk anzubringen:

„Verfügungen nur zulässig mit Zustimmung des Nachlassgerichts"

Mit freundlichen Grüßen

Rechtsanwalt ◀

D. Der Nachlasspfleger § 9

Konten im Ausland lassen sich unter Berücksichtigung folgender Grundsätze einfacher ermitteln. Die pauschale Mitteilung, sie seien zu einer Auskunft nicht verpflichtet, enthält seitens des Instituts oft den Zusatz: „Um weiteren Schriftverkehr zu vermeiden, weisen wir darauf hin, dass der Erblasser der Bank nicht bekannt ist". Dies bedeutet nahezu immer, dass keine Konten vorhanden sind. Ein Indiz dafür, dass Konten bestehen, ist die Mitteilung der Bank: „Wir sind zu Auskünften nicht verpflichtet. Wenn Sie dennoch Auskünfte verlangen, legen Sie einen Beschluss des … vor." Bei derartigen Ermittlungen kann wiederum eine Anfrage an den Bankenverein hilfreich sein.

147

b) Verwaltung der Konten

Bei Vorhandensein von Konten hat der Nachlasspfleger dem betreffenden Kreditinstitut seine **Bestallungsurkunde** vorzulegen. Weiterhin hat er sich gem. § 154 AO zu legitimieren, dh vollständig seinen **Namen**, sein **Geburtsdatum** und seinen **Wohnsitz** bekannt zu geben. Der Anwendungserlass zur Abgabenordnung (AEAO) bestimmt zu § 154 AO, dass Gewissheit über die Person des Verfügungsberechtigten im Allgemeinen nur dann besteht, wenn der vollständige Name, das Geburtsdatum und der Wohnsitz bekannt sind. Nr. 4 AEAO zu § 154 AO sieht vor, dass es dann, wenn der Verfügungsberechtigte noch nicht feststeht, zB im Fall unbekannter Erben, als ausreichend angesehen wird, wenn die Bank sich zunächst Gewissheit über die Person und Anschrift des Nachlasspflegers verschafft. Ist zB der Nachlasspfleger Rechtsanwalt, ist es ausreichend, wenn statt der Privatanschrift die **Kanzleianschrift** angegeben wird. § 154 AO regelt das Verhältnis zwischen dem Kreditinstitut und der Finanzverwaltung und dient der Kontenwahrheit; es soll verhindert werden, dass unter falschem Namen Konten eingerichtet werden.

148

Die Bank hat sich nach pflichtgemäßem Ermessen Gewissheit von der Person der Verfügungsberechtigten gem. § 153 AO zu verschaffen und wird sich generell einen **Ausweis** vorlegen und diesen kopieren lassen.

149

Auch nach dem Gesetz über das Aufspüren von Gewinnen aus schweren Tatstrafen (Geldwäschegesetz, **GWG**) ergibt sich eine verstärkte Legitimationsprüfung. Nach § 1 Abs. 5 GWG müssen Kunden der Kreditinstitute, somit auch der Nachlasspfleger, identifiziert werden, wenn das Kreditinstitut Bargeld, Devisen, Wertpapiere u.a. im Wert von **15.000,– EUR** oder mehr entgegen nimmt. Nach § 9 Abs. 1 GWG sind in diesen Fällen die **Ausweisdokumente** der auftretenden Personen zu den Unterlagen zu nehmen. Die Bank, mit der der Nachlasspfleger in sehr häufigem Kontakt steht, sollte darauf hingewiesen werden, dass die Identifizierung des Nachlasspflegers nicht jedes Mal vorzunehmen ist, wenn er einen größeren Geldbetrag, dh einen Betrag über 15.000,– EUR einzahlt oder er die Konten als Nachlasspfleger übernimmt.

150

c) Der Nachlasspfleger hat bei Bankguthaben wie folgt zu verfahren
aa) Allgemeine Pflichten

Der Nachlasspfleger hat

151

- sämtliche Vollmachten zu widerrufen,
- Daueraufträge festzustellen,
- jeweils zu entscheiden, ob er Daueraufträge widerrufen will oder nicht. (Bei Dauerverbindlichkeiten, die zu erfüllen sind, empfiehlt es sich, die Dauerverträge nicht zu widerrufen.),
- die Schließfächer zu sichten,

152 Letztgenannter Vermerk hat zudem folgenden **Vorteil**: Soweit der Wirkungskreis des Nachlasspflegers reicht, steht ihm die Verfügungsmacht über die Nachlasswerte und somit die Konten zu. Der **Erbe behält** seine **Verpflichtungsfähigkeit** und seine **Verfügungsbefugnis**, dh Verfügungsrecht des Nachlasspflegers und das des Erben stehen **selbstständig nebeneinander**. Bei zwei sich widersprechenden Verfügungen ist die ältere der jüngeren vorzuziehen.[45] Ist aber nun der Sperrvermerk eingetragen, kann der Erbe nicht mehr verfügen. Er müsste eine nachlassgerichtliche Genehmigung beantragen. Über Nachlasskonten und Nachlassdepots könnten somit sowohl der Nachlasspfleger als auch der Erbe (soweit er sich erbrechtlich legitimieren kann) verfügen. Das Nachlassgericht wird jedoch eine Verfügung des Erben über Nachlasskonten in den meisten Fällen nicht zulassen, und der Erbe kann über das Konto nicht verfügen, solange der nachlassgerichtliche Beschluss fehlt.

- in den Sparbüchern selbst und nicht nur in den Unterlagen den Vermerk anzubringen: „Verfügungen nur mit Zustimmung des Nachlassgerichts".[44]

bb) Besondere Pflichten

153 Der Nachlasspfleger hat

- das Geld verzinslich anzulegen, § 1806 BGB,
- eine pflichtgemäße Auswahl unter den möglichen **Anlagearten** zu treffen, wobei auf § 1807 BGB zurückgegriffen werden kann; uU kann sich nach der jeweiligen Eigenart des Falles aber gerade eine Pflicht zur anderweitigen Anlegung iSd § 1811 BGB ergeben,[46]
- das Vermögen des Erben darf auch bei **Genossenschaftsbanken** belassen werden, da auch bei Volksbanken und Raiffeisenbanken eine mündelsichere Anlage möglich ist,[47]
- eine Verfügung über Konten gem. § 1812 Abs. 1, 3 BGB darf nur mit Genehmigung des Nachlassgerichts vorgenommen werden, soweit nicht einer der Ausnahmefälle des § 1813 BGB vorliegt.

154 Der Nachlasspfleger hat zunächst die verschiedenen Arten der Konten festzustellen. Es empfiehlt sich, zwischen folgenden Arten zu trennen: Girokonten, Sparbüchern, Sparbriefen, Termingeldkonten, Depotkonten und Schließfächern.

(1) Girokonto/Einzelkonto

155 Handelt es sich um ein **Einzelkonto**, wird der Nachlasspfleger das Girokonto als Nachlasspflegschaftskonto führen und den Zahlungsverkehr über dieses Konto abwickeln. Weiter bestehende Girokonten sollte der Nachlasspfleger auflösen und auf einem Girokonto **zusammenführen**. Weist das Nachlasspflegschaftskonto nach Zusammenführung von verschiedenen Girokonten ein erhebliches Guthaben aus, sollte das Geld auf eines der eventuell vorhandenen Sparbücher umgebucht werden, bzw wenn ein solches Sparbuch noch nicht vorhanden ist, ein derartiges errichtet werden. Aufgrund des Anschreibens an die Bank sind dem Nachlasspfleger die Daueraufträge bekannt. Hier hat er zu überprüfen, welche er zu widerrufen hat.

156 **Praxishinweise**: Es empfiehlt sich, für den Nachlasspfleger die Bank zu bitten, sofort die **Kontoauszüge für die letzten Monate nachzuerstellen**, um eventuell vorhandene Lastschriften, die regelmäßig abgehen, feststellen zu können. Diese sind uU ebenfalls zu widerrufen. Nach dem

---

44 *Eulberg/Ott-Eulberg*, Die Nachlaßpflegschaft § 3 Rn 7.
45 *Eulberg/Ott-Eulberg*, Die Nachlaßpflegschaft § 3 Rn 46.
46 *Schebesta*, Bankprobleme beim Tod eines Kunden, Rn 319.
47 *Schebesta*, Bankprobleme beim Tod eines Kunden, Rn 321.

Widerruf von Lastschriften setzen sich die Gläubiger dann in den meisten Fällen mit dem Nachlasspfleger in Verbindung.

(2) Girokonto/Gemeinschaftskonto

Bei einem **Gemeinschaftskonto** muss der Nachlasspfleger zunächst überprüfen, ob es sich um ein Oder-Konto oder um ein Und-Konto handelt. Er hat sich zunächst den Kontoeröffnungsantrag übergeben zu lassen. Aus diesem ist zu entnehmen, um welche Art von Konto es sich handelt und wer der Mitkontoinhaber ist. Zudem kann festgestellt werden, seit wann das Konto besteht. Bei einem Oder-Konto empfiehlt es sich, dieses **Oder-Konto in ein Und-Konto umzuwandeln**, um Abverfügungen des Kontomitinhabers zu verhindern. Nach Ermittlung eines Oder- bzw eines Und-Kontos muss festgestellt werden, wem das Guthaben auf diesem Konto zusteht, da die Vermutung des § 430 BGB widerlegbar ist. 157

(3) Sparkonten

Ein eventuell aufgefundenes Sparbuch muss dem entsprechenden Kreditinstitut zur Eintragung des **Sperrvermerks** übersandt werden, § 1809 BGB. Wenn Sparbuchnummern festgestellt worden sind, die Sparbücher allerdings nicht aufgefunden werden können, ist hinsichtlich der Sparbücher das **Aufgebotsverfahren** durchzuführen. Sämtliche aufgefundenen Sparbücher sollten unverzüglich der Bank vorgelegt werden, damit die Zinsen nachgetragen werden können. 158

(4) Sparbriefe

Die Eintragung eines **Sperrvermerks** ist möglich. Der Nachlasspfleger hat in den verbrieften Forderungen den Sperrvermerk auf der Urkunde anbringen zu lassen, während bei den unverbrieften Sparbriefen der Sperrvermerk in den Unterlagen der Bank einzutragen ist. 159

Praxishinweis: Der Einfachheit halber sollte der Nachlasspfleger die Sparbriefe in zwei Kategorien unterteilen und dem Nachlassgericht den Unterschied mit einem Merkblatt erläutern. 160

(5) Termingeldkonten

Regelmäßig werden Termingeldkonten erst ab Beträgen von 5.000,– EUR oder mehr eröffnet. Für den Fall, dass derartige Konten aufgefunden werden, empfiehlt es sich, diese Termingeldkonten dann fortzuführen, wenn in überschaubaren Zeiträumen größere Ausgaben zu tätigen sind. Auch bei diesen Konten ist der **Sperrvermerk** einzutragen. 161

(6) Depotkonten

Depotkonten, auf denen hinterlegte Wertpapiere verwaltet und verwahrt werden, sind mit einem Sperrvermerk gem. § 1809 BGB zu versehen. 162

(7) Schließfächer

Der Nachlasspfleger sollte die **Zugangskarte** zum Schließfach überprüfen. Außerdem sollte er sich vom Nachlassgericht ein sog. **Negativattest** bescheinigen lassen, wonach eine Genehmigung zum Öffnen von Schließfächern nicht erforderlich ist. 163

▶ **Muster: Schreiben an die Bank zur Terminvereinbarung bzgl Schließfachöffnung** 164

An die

... Bank ...

Betreff: Nachlasssache ...

Bezug: Schließfach ...

Sehr geehrte Damen und Herren,

als Nachlasspfleger in der Sache ... darf ich Sie um Terminvereinbarung bitten, o.g. Schließfach zu öffnen. In der Anlage füge ich das Schreiben des Nachlassgerichts ... vom ... bei, in dem ausgeführt ist, dass zur Öffnung des Schließfachs eine nachlassgerichtliche Genehmigung nicht erforderlich ist. Zudem möchte ich ergänzend anmerken, dass es sich bei dem Schließfachvertrag um einen Mietvertrag gem. §§ 535 ff BGB handelt. Es liegt somit ein Mietverhältnis, kein Verwahrverhältnis vor. Der Schließfachvertrag verpflichtet, den Gebrauch des Schließfachs auf die Dauer des Vertrags zu gewähren. Die Rechte und Pflichten aus dem Schließfachvertrag sind nach dem Tod des Erblassers auf mich als den Nachlasspfleger als den gesetzlichen Vertreter übergegangen.

Mit freundlichen Grüßen

Rechtsanwalt ◄

165 Anlässlich der Schließfachöffnung empfiehlt sich die Hinzuziehung sowohl eines Kanzleimitarbeiters als auch eines Bankangehörigen. Bargeld ist auf das Nachlasskonto einzuzahlen, Wertgegenstände in Schließfächern zu hinterlegen.

cc) Sonstige Pflichten

166 Daueraufträge sollten dann nicht widerrufen werden, wenn Dauerverbindlichkeiten zu erfüllen sind. Da die Bestandsaufnahme des Nachlasses sich auf den Todestag beziehen muss, empfiehlt sich ein Ersuchen an die Bank zur Übermittlung der § 33 ErbStG entsprechenden **Erbschaftsteueranzeige**, da diese auf den Todestag abstellt. Zur Vermeidung von Rechtsnachteilen hat der Nachlasspfleger für den Nachlass Verbindlichkeiten zu bezahlen. Dabei kann er Überweisungen vom Girokonto bzw vom Sparkonto vornehmen. Entgegen § 21 Abs. 4 S. 3 Kreditwesengesetz führen Banken Überweisungen von Sparkonten dann aus, wenn der zu erwirkende nachlassgerichtliche Beschluss dies erlaubt.

167 ▶ **Muster: Antrag auf Erteilung der Überweisungserlaubnis**

An das Nachlassgericht ...

In der Nachlasssache ...

Sehr geehrte Damen und Herren,

von der enterbten Tochter des Erblassers wurde ich aufgefordert, bis zum ... einen Teilvorschuss auf den Pflichtteil auszuzahlen. Ich habe die Ansprüche überprüft. Sie sind in der geltend gemachten Höhe berechtigt. Ich beantrage einen nachlassgerichtlichen Beschluss dahingehend, dass ich berechtigt bin, von dem Sparkonto Nr.: ... bei der Sparkasse ... den Betrag iHv ... an die Pflichtteilsberechtigte zu überweisen.

Mit freundlichen Grüßen

Rechtsanwalt ◄

Nach Eingang der nachlassgerichtlichen Genehmigung sind dann der Bank das Sparbuch, der Genehmigungsbeschluss und der Überweisungsauftrag zu übermitteln.

168 ▶ **Muster: Antrag auf Überweisung**

An die ... Bank

Nachlasssache ...

Sparkontonummer: ...

Sehr geehrte Damen und Herren,

in der Anlage überreiche ich
- nachlassgerichtliche Genehmigung vom ...,
- Sparbuch im Original,
- von mir unterzeichnet Überweisungsaufträge

und darf Sie bitten, den Betrag iHv ... gem. beigefügtem Überweisungsträger zu überweisen.

Mit freundlichen Grüßen

Rechtsanwalt ◄

An dieser Stelle sei darauf hingewiesen, dass die Kreditinstitute teilweise bei Abverfügungen sehr penibel sind und zum Teil auf nachlassgerichtlichen Beschlüssen bestehen. Die **Bank haftet** aus §§ 280 ff BGB, wenn sie es unterlässt, einen Sperrvermerk zu verlangen, und ein Nachlasspfleger unter Ausnutzung dieses Versäumnisses Geld abhebt und es unterschlägt.

5. Eidesstattliche Versicherung

Jährlich ist über die Verwaltung Rechnung zu legen und die Richtigkeit und Vollständigkeit an Eides Statt zu versichern.

6. Gläubigerauskunft gem. § 2012 BGB

Nachlassgläubigern ist Auskunft über den Bestand des Nachlasses zu geben, § 2012 S. 2 BGB.

7. Das Gläubigeraufgebot gem. § 991 ZPO

Der Nachlasspfleger sollte ein Gläubigeraufgebot gem. § 991 ZPO nur dann beantragen, wenn er Grund hat, sich einen Überblick über die Nachlasspassiva zu verschaffen.

8. Nachlassinsolvenzverfahren gem. §§ 315–331 InsO

Bei Überschuldung hat der Nachlasspfleger gem. § 1980 BGB die Eröffnung des Nachlassinsolvenzverfahrens zu beantragen; dazu ist ihm jedenfalls grundsätzlich zur Vermeidung von Regressansprüchen zu raten.[48] Wird das Nachlassinsolvenzverfahren eröffnet, so **bleibt die Nachlasspflegschaft bestehen**. Sie endet nicht mit der Eröffnung der Nachlassinsolvenz. Der Nachlasspfleger ist nicht schon im Interesse der Nachlassgläubiger zur Stellung des Insolvenzantrages verpflichtet. Der Nachlasspfleger ist, wie sich durch Gegenschluss aus § 1985 Abs. 2 S. 2 BGB ergibt, nur den Erben gegenüber **zur Antragstellung verpflichtet** und bei Unterlassung **schadensersatzpflichtig**. Dieser Anspruch kann wiederum zur Insolvenzmasse zählen. In der Nachlassinsolvenz hat der Nachlasspfleger die Rechte und Pflichten des noch nicht feststehenden Erbengemeinschuldners wahrzunehmen. So ist er zum Insolvenzantrag eines Gläubigers zu hören (§ 105 InsO), zur Bestreitung im Prüfungstermin mit Wirksamkeit für den Erben berechtigt, aber auch auskunftspflichtig (§ 100 InsO) und zur Abgabe der eidesstattlichen Versicherung (§ 125 InsO) verpflichtet. Bei der Antragstellung ist zur Vermeidung weiteren Schriftverkehrs darauf zu achten, dass sich bei ergehenden Kostenrechnungen der Landesjustizkassen der Vermerk befindet: „keine persönliche Haftung des Antragsteller".

---

48 *Möhring/Beisswingert/Klingelhöffer*, Vermögensverwaltung in Nachlasssachen, S. 119.

174 ▶ **Muster: Ausschluss der persönlichen Haftung des Nachlasspflegers bei Insolvenzantragstellung**

Die Insolvenzantragstellung erfolgt durch mich als Nachlasspfleger für die unbekannten Erben. Ich bitte dies bei den entsprechenden Kostenrechnungen zu vermerken.

Auch wenn ein Vergleich mit einem Nachlassgläubiger zweckmäßig erscheint, sollte davon Abstand genommen werden, da die anteilsmäßige Minderung der Überschuldung nicht zu einer Freistellung des Nachlasses führen kann. Auch eine nachlassgerichtliche Genehmigung würde in diesem Fall den Nachlasspfleger nicht von der Haftung freistellen. ◀

175 **Praxishinweis:** Die Insolvenzantragstellung führt nicht dazu, dass die Vergütung des Nachlasspflegers gefährdet wird, denn die **Vergütung des Nachlasspflegers ist Masseschuld.**

Von Gesetzes wegen sind Aufwendungen, die aus Bemühungen zur Erhaltung und Mehrung des Nachlasses herrühren, als Masseschulden vorrangig zu befriedigen. Ferner sind Masseschulden Kosten einer gerichtlichen Sicherung des Nachlasses, sowie einer Nachlasspflegschaft, dh Aufwendungen, die einer geordneten Abwicklung des Nachlasses dienen.

176 Es erfolgt keine Aufhebung einer Nachlasspflegschaft bei Ablehnung einer Insolvenz mangels Masse.

177 Eine nach § 1961 BGB angeordnete Nachlasspflegschaft darf auch dann nicht aufgehoben werden, wenn nach den bisherigen Feststellungen des Nachlasspflegers und insbesondere der Ablehnung der Insolvenzeröffnung mangels Masse kein Anlass zu weiteren Tätigkeiten des Nachlasspflegers im Interesse der unbekannten Erben besteht.

178 Fordert und erhält der Nachlasspfleger eine den Erben nicht zustehende Leistung, so ist es nach Eröffnung der Nachlassinsolvenz die Pflicht des Nachlasspflegers, das ohne rechtlichen Grund in den Nachlass und die Masse Gelangte **herauszugeben** (Masseschuld).

179 Der Antrag auf Eröffnung des Nachlassinsolvenzverfahrens ist nicht beim Nachlassgericht, sondern beim **Vollstreckungsgericht** einzureichen.

180 ▶ **Muster: Antrag des Nachlasspflegers auf Eröffnung des Nachlassinsolvenzverfahrens**

An das

Amtsgericht ...

– Vollstreckungsgericht –

Antrag auf Eröffnung des Insolvenzverfahrens über den Nachlass des/der am ... verstorbenen Herrn/Frau ..., zuletzt wohnhaft ...

Ich beantrage,

die Nachlassinsolvenz über den Nachlass des/der am ... verstorbenen ... zu eröffnen.

Ich wurde mit Beschluss vom ..., Aktenzeichen ..., zum Nachlasspfleger für die unbekannten Erben des/der ... bestellt. Den Beschluss des Amtsgerichts ... vom ..., Az: ..., lege ich in beglaubigter Kopie bei und rege an, die Nachlassakten beizuziehen. Testamentsvollstreckung ist nicht angeordnet und auch keine Nachlassverwaltung. Der Nachlass ist überschuldet, die Aktiva betragen lediglich in etwa 60 Prozent der Passiva.

Ich verweise auf die in der Anlage beigefügte Vermögensübersicht. Der Wert des Nachlasses ohne Abzug der Verbindlichkeiten beträgt ... EUR. Der Nachlass ist hiermit überschuldet, gleichzeitig ist jedoch eine hinreichende Masse vorhanden zur Durchführung des Insolvenzverfahrens. Ich bitte zu beachten, dass keine persönliche Kostenschuld hieraus besteht.

Mit freundlichen Grüßen

Rechtsanwalt ◄

9. Dürftige Nachlässe

Lohnt sich die Verwaltung **mangels Masse** nicht, ist also der Antrag auf Eröffnung der Nachlassinsolvenz untunlich, so darf der Nachlasspfleger **gem. § 1990 BGB vorgehen**. Generell muss intensiv geprüft werden, ob bei einer Masse von weniger als 5.000,– EUR überhaupt noch Antrag auf Eröffnung der Nachlassinsolvenz gestellt werden sollte. Gerade bei komplexeren Nachlässen sind die Massekosten deutlich höher. Wenn also nun die Masse nicht ausreicht, kann der Nachlasspfleger die Befriedigung eines Nachlassgläubigers insoweit verweigern, als der Nachlass nicht ausreicht und den **Nachlass** zum Zwecke der Befriedigung an den Gläubiger im Wege der Zwangsvollstreckung **herausgeben**. Anders als bei § 1973 BGB fehlt die Befugnis, die Herausgabe durch Zahlung abzuwenden.[49] Titularläubiger sind voll und ganz vorweg zu befriedigen. Die Ansprüche aus Pflichtteilsrechten und Vermächtnissen kommen an letzter Stelle. Liegen rechtskräftige Titel nicht vor und sind auch keine Gläubiger gem. § 1991 Abs. 4 BGB vorhanden und fehlt für eine Insolvenz bzw Nachlassverwaltung die Masse, so ist der Nachlasspfleger in der **Reihenfolge** der Befriedigung der Nachlassgläubiger **vollkommen frei**, er ist weder berechtigt noch verpflichtet zur gleichmäßigen Verteilung.

181

▶ **Muster: Zahlungsverweigerung gegenüber Nachlassgläubiger**

182

622

An Firma ...

Betr.: ...

Sehr geehrte Damen und Herren,

in vorbezeichneter Nachlasssache teile ich Ihnen mit, dass Zahlung auf die Forderung nicht erfolgen kann. Zum Stichtag ... ist der Nachlass überschuldet, die geringfügigen Aktiva sind bereits für Gerichtskosten und im Rahmen der Pflegschaft verwendet worden. Der Nachlass ist aufgebraucht. Nach Einreichung des Nachlassverzeichnisses bei Gericht wurde die Pflegschaft mangels Masse aufgehoben. Insofern wird Erschöpfungseinrede gemäß § 1990 BGB erhoben, so dass eine Befriedigung Ihrer Forderung bedauerlicherweise nicht erfolgen kann.

Mit freundlichen Grüßen

Unterschrift ◄

▶ **Muster: Teilweise Befriedigung der Nachlassgläubiger**

183

623

An Firma ...

Betr.: ... .

Sehr geehrte Damen und Herren,

die Schlussabrechnung in vorbezeichneter Nachlasssache hat ergeben, dass die Befriedigung der Nachlassgläubiger nur zum Teil erfolgen kann. Darüber hinaus werden die Kosten der Nachlassinsolvenz durch die vorhandene Masse nicht gedeckt, so dass trotz der Überschuldung der Eröffnungsantrag auf Nachlassinsolvenz untunlich ist.

---

49 Soergel/*Stein*, § 1990 Rn 9.

Im Hinblick auf die Anzahl der Gläubiger, die Höhe der offenen Forderungen und die vorhandene Masse habe ich entschieden, dass alle Gläubiger gleichmäßig befriedigt werden. Nach der von mir errechneten Quote in Höhe von 63,87 % ergibt sich ein an Sie zu zahlender Betrag von 11.728,46 EUR, welchen ich mit gleicher Post an Sie zur Überweisung gebracht habe. Da der Nachlass nunmehr erschöpft ist, erhebe ich im Übrigen die Einrede der Erschöpfung des Nachlasses.

Mit freundlichen Grüßen

Unterschrift ◄

184 ▶ **Muster: Einholung der Zustimmung zu einer quotenmäßigen Befriedigung der Gläubiger**

An

Betr.: Nachlasssache ...

Rundschreiben an alle Nachlassgläubiger

Sehr geehrte Damen und Herren,

in vorbezeichneter Nachlasssache hat es sich ergeben, dass nach Wegfertigung der Pflegschaftskosten die restliche Nachlassmasse ... EUR beträgt. Dieser Summe stehen Nachlassverbindlichkeiten in Höhe von insgesamt ... EUR gegenüber. Im Hinblick auf die vorliegende Diskrepanz ist anzumerken, dass ein eventuell beantragtes Nachlassinsolvenzverfahren mangels Masse abgelehnt würde. Jedenfalls würde auch bei Durchführung eines Insolvenzverfahrens der Großteil der Nachlassmittel verbraucht werden.

Daher rege ich gegenüber allen Nachlassgläubigern gemeinsam an, die vorhandenen Mittel im Verhältnis der Höhe der jeweiligen Forderungen gegenüber dem Nachlass quotenmäßig in Höhe von ... % aufzuteilen. Ich darf Sie bitten, uns im Falle Ihres Einverständnisses dieses bis spätestens ... mitzuteilen. Sollte eine geschlossene Zustimmung aller Gläubiger erfolgen, werde ich die anfallenden Beträge umgehend auszahlen. Bei Weigerung oder Nichtäußerung eines der Gläubiger werde ich nach Fristablauf die Eröffnung des Nachlassinsolvenzverfahrens beantragen.

Mit freundlichen Grüßen

Unterschrift ◄

10. Sozialversicherungsträger

185 Bei der **Fortführung von Betrieben** oder bei der **Verwaltung größerer Nachlässe**, die es notwendig machen, Personal zu beschäftigen oder einzustellen, ist bei der **Anmeldung** streng darauf zu achten, dass der Nachlasspfleger **in Vertretung** für die unbekannten Erben handelt. In der RVO gibt es keine Definition des Begriffs „Arbeitgeber". Nach der Auslegung im Arbeitsrecht ist Arbeitgeber, wer einen anderen als Arbeitnehmer beschäftigt. Der Nachlasspfleger ist aber nicht Partei kraft Amtes, er hat vielmehr die Interessen anderer zu wahren. Er verwaltet den Nachlass im Namen der Erben. Demgemäß hat er eine ähnliche Stellung wie ein Geschäftsführer oder Vorstand einer juristischen Person. Im Übrigen entsteht wegen der Nachlassverbindlichkeiten allein ein Anspruch gegen die Erben, nicht dagegen gegen den Nachlasspfleger.

11. Grundstücke

186 Wenn sich Grundstücke im Nachlass befinden, ist sowohl in tatsächlicher als auch in rechtlicher Hinsicht mit einem erhöhten Tätigkeitsaufwand zu rechnen.

Praxishinweis: Im Rahmen der Sicherung und Verwaltung des Grundstücks empfiehlt es sich generell, die Schlüssel vollständig herauszuverlangen und im Zweifelsfall die Schlösser auszuwechseln.

Bei allen Rechtshandlungen, die Grundstücke des Nachlasses betreffen, sind **Genehmigungen** des **Nachlassgerichts** einzuholen. Die Nachlasspflegschaft ist **nicht** in das **Grundbuch einzutragen**. Die Genehmigungsbedürftigkeit von Rechtsgeschäften nach §§ 1821, 1822 BGB ist im Interesse der Rechtssicherheit an einer klaren Abgrenzung der genehmigungsbedürftigen Geschäfte rein formal und damit eindeutig zu bestimmen.

Im Fall der Veräußerung eines Grundstücks im Wege **privatrechtlicher Versteigerung** durch den Nachlasspfleger bedürfen der mit dem Zuschlag an den Meistbietenden zustande gekommene Grundstückskaufvertrag und die nachfolgende Auflassung auch dann der Genehmigung des Nachlassgerichts, wenn bereits der vom Nachlasspfleger für die unbekannten Erben mit dem Auktionator geschlossene, weit reichende Bindungen für die Erben enthaltende Einlieferungsvertrag nachlassgerichtlich genehmigt worden ist.[50]

Bei **Schrebergärten** ist der Kleingartenverband zu informieren und die fällige Ablöse einzufordern. Der Nachlassgläubiger ist nach eingeholter Genehmigung des Nachlassgerichts berechtigt, Antrag auf Teilungsversteigerung zu stellen, wenn die Erbengemeinschaft der unbekannten Erben wiederum an einem anderen Nachlass beteiligt ist. Dies gilt nicht für Grundstücke, die ausschließlich im Eigentum des unbekannten Erben stehen.

12. Bezahlung der Nachlassverbindlichkeiten

In Einzelfällen ist der Nachlasspfleger nach Rücksprache mit dem Nachlassgericht befugt, Nachlassgläubiger zu befriedigen, wenn dies der Erhaltung des Nachlasses dient und dadurch **unnötiger Schaden und Kosten** verhindert werden; dies kann zur restlosen Verteilung und Liquidation des Nachlasses führen.[51]

Bei kleineren Nachlässen, vor allem im Fall des § 1990 BGB, in dem sich die Nachlassverwaltung und der Nachlassinsolvenz nicht lohnen, erstreckt sich die Tätigkeit des Nachlasspflegers praeter legem auf die Befriedigung der Nachlassgläubiger. Hierfür besteht vor allem ein Bedürfnis, wenn sich die Erbenermittlung über lange Zeit hinzieht und schließlich der Fiskus als Zwangserbe übrig bleibt.

13. Erfüllung von Vermächtnissen und Auflagen

Um eine Schädigung des Nachlasses aus Kosten und Zinsen zu vermeiden, ist bei klarer Sach- und Rechtslage und bei sehr langer Verfahrensdauer der Nachlasspfleger berechtigt, Vermächtnisse und Auflagen zu erfüllen.

14. Annahme von dem Erblasser zugefallenen Erbschaften

Hinsichtlich einer dem Erblasser bereits angefallenen Erbschaft ist der Nachlasspfleger auch zum Erbscheinsantrag berechtigt.[52] Er kann mit Genehmigung des Nachlassgerichts eine dem Erblasser angefallene Erbschaft annehmen oder ausschlagen.

---

50 KG FamRZ 1993, 733 ff.
51 BGHZ 49, 1.
52 BayObLG FamRZ 1991, 230.

15. Jahres- und Schlussrechnung des Nachlasses, Jahres- und Schlussbericht

a) Schlussrechnung (§ 1890 BGB)

195 Seiner Verpflichtung zur Vorlage der beim Nachlassgericht einzureichenden Schlussrechnung, die sämtliche Einnahmen und Ausgaben enthalten muss, ist der Nachlasspfleger **enthoben**, wenn zwei Voraussetzungen vorliegen:
- außergerichtliche Einigung zwischen Nachlasspfleger und Erben,
- Verzicht der Erben gegenüber dem Nachlasspfleger auf Erstellung der Schlussrechnung.

196 **Praxishinweis:** Die vorstehenden Voraussetzungen sollten schriftlich niedergelegt und von den Erben unterzeichnet werden, um spätere Auseinandersetzungen zu vermeiden. Eine Übermittlung derselben an das Nachlassgericht ist nicht angebracht.

b) Jahresabrechnung (§ 1840 BGB)

197 Neben der Schlussrechnung ist der Nachlasspfleger verpflichtet, **jährlich abzurechnen**, wenn zu erwarten ist, dass die Nachlasspflegschaft sich über einen längeren Zeitraum hinziehen wird. Es kommt hier § 1840 Abs. 3 BGB zur Anwendung. Bei kleinen Nachlässen kann das Nachlassgericht nach der ersten Abrechnung statt der jährlichen Abrechnung auch eine Abrechnung im **Drei-Jahres-Turnus** verlangen. Die Rechnungslegung kann erzwungen werden, § 1837 BGB, §§ 35, 87 Abs. 3, 89, 90, 92 Abs. 2, 94, 95 FamFG. Um eine stichtagsbezogene Abrechnung vornehmen zu können, sind bei vorhandenen Sparbüchern, wenn möglich, die Zinsen zum Zeitpunkt der Übernahme der Pflegschaft vorzutragen und dann jährlich, es sei denn, dass die Pflegschaft während des Jahres endet. In diesem Fall sind dann die Zinsen bis zum Ende der Pflegschaft vorzutragen.

c) Jahresbericht

198 Darüber hinaus muss dem Nachlassgericht ein Tätigkeitsbericht eingereicht werden, der die wesentlichen Tätigkeiten und Umstände der Nachlasspflegschaft zu enthalten hat.

199 ▶ **Muster: Jahresbericht**

An das

Amtsgericht ▪▪▪

Nachlassgericht

Aktenzeichen: ▪▪▪

Nachlasssache: ▪▪▪

Sehr geehrte Damen und Herren,

während des Zeitraums vom 1.6.2007 bis zum 31.12.2007 habe ich in dem angeordneten Wirkungskreis folgende Tätigkeiten entwickelt:
- Reinigung und Sanierung der Mietwohnung nach Leichenfund (Desinfektion, Erneuerung des Teppichbodens nach ausgetretener Leichenflüssigkeit),
- Sicherung des Nachlasses (Münzen, Auto, Konten u.a.),
- Kündigung folgender Dauerschuldverhältnisse: ▪▪▪,
- Regelung und Organisation der Bestattung nach Freigabe des Leichnams,
- Erbenermittlung gem. beigefügtem Stammbaum.

Mit freundlichen Grüßen

Rechtsanwalt ◀

16. Vertretung und Prozessführung

Als der Vertreter der unbekannten Erben kann der Nachlasspfleger, ohne selbst Partei zu sein, einen laufenden Prozess übernehmen und weiterführen. 200

a) Vertretung

Die Anordnung der Nachlasspflegschaft berührt die Verpflichtungs- und Verfügungsfähigkeit des endgültigen Erben nicht. Sich daraus ergebende Widersprüche sind nach allgemeinen Grundsätzen zu lösen. Hat der Nachlasspfleger, etwa ohne Kenntnis von der Annahme, über den gleichen Gegenstand wie der Erbe eine Verpflichtung übernommen, so sind beide Verpflichtungen nebeneinander gültig; haben beide zudem verfügt, so geht die frühere Verfügung der späteren vor (§ 185 Abs. 2 S. 2 BGB). 201

b) Prozessführung

Der Erbe behält neben dem Nachlasspfleger seine Prozessfähigkeit. Bei Passivprozessen ist zu beachten: Die gerichtliche Geltendmachung von Ansprüchen, die sich gegen den Nachlass richten, ist bis zur Annahme der Erbschaft durch den wahren Erben nicht gegenüber dem Erben (§ 1958 BGB), sondern **nur gegenüber dem Nachlasspfleger** (§ 1960 Abs. 3 BGB) zulässig. Der Nachlasspfleger ist somit aktiv und passiv zur Führung von den Nachlass betreffenden Rechtsstreitigkeiten befugt. Ein gem. § 246 ZPO ausgesetztes Verfahren endet mit der Bestellung eines zur Prozessführung berechtigten Nachlasspflegers. 202

Der Nachlasspfleger ist zur Führung von Aktivprozessen befugt. Im Passivprozess muss sich der Nachlasspfleger die Beschränkung der Haftung auf den Nachlass nicht im Urteil vorbehalten lassen, § 780 Abs. 2 ZPO. 203

Bei Beendigung der Nachlasspflegschaft treten die Erben unmittelbar anstelle des Pflegers in einen von diesem geführten Prozess ein. 204

17. Absicherung durch Haftpflichtversicherung

Häufig wird das Nachlassgericht den Abschluss eines Haftpflichtversicherungsvertrages verlangen, sofern nicht bereits aus eigenem Interesse der Nachlasspfleger dies von sich aus getan hat. 205

II. Nichtzuständigkeit des Nachlasspflegers

Der Nachlasspfleger ist **nicht befugt,** 206

- die **Nachlassverwaltung zu beantragen**. Nach § 1981 BGB kann nur der Erbe oder ein Nachlassgläubiger die Nachlassverwaltung beantragen. Das Recht des Nachlasspflegers hierzu ist in Lit. und Rspr umstritten.
- die **Auseinandersetzung** des Nachlasses zu betreiben.
- **Auflagen oder Vermächtnisse zu erfüllen** (es sei denn, wie oben dargestellt, in Ausnahmefällen); er kann jedoch auf ihre Erfüllung in Anspruch genommen werden. Der Nachlasspfleger ist nicht zur Gestaltung der erbrechtlichen Stellung befugt, sondern nur der vermögensrechtlichen. Er kann aber die Nichtigkeit oder Anfechtbarkeit eines Vermächtnisses, einer Auflage oder die Vermächtnisunwürdigkeit geltend machen, da sich hieraus vermögensrechtliche Konsequenzen ergeben.
- einen **Erbschein** im Hinblick auf die angeordnete Nachlasspflegschaft zu beantragen.

- die **Erbschaft anzunehmen oder auszuschlagen**, einen Erbschein zu beantragen – als Vertreter der endgültigen Erben ist der Nachlasspfleger zur Führung von Rechtsstreitigkeiten über das Erbrecht nicht berufen.
- zur **Anfechtung** eines Testaments.
- zur **Erhebung der Erbunwürdigkeitsklage**.
- für einen unbekannten Erben eines **Erbteils** über den Erbteil als solchen zu **verfügen**.[53]
- **Forderungen einzuziehen** ohne zwingenden Grund.
- zur **Vornahme von Schenkungen oder** zum Vollzug einer vom Erblasser vorgenommenen wegen Formmangels nichtigen Schenkung (§§ 1915, 1804 BGB).
- **Schulden zu begleichen** bei absehbar kurzer Pflegschaft.
- **mit sich** im eigenen Namen **Verträge** über Nachlassgegenstände zu **schließen**.

III. Erbenermittlung

1. Informationsquellen

207 Hinsichtlich der Ermittlung der Erben empfiehlt sich so vorzugehen, dass zunächst die **testamentarischen, dann die gesetzlichen Erben** und **sodann die pflichtteilsberechtigten Personen** ermittelt werden. Bei der tatsächlichen Suche nach Erben ist ähnlich vorzugehen wie bei der Nachlasssicherung. Es ist die komplette Wohnung abzusuchen. Bei Anhaltspunkten sind zB auch Bücher, Briefe und Belege durchzusehen. Es ist sozusagen die Wohnung „auf den Kopf zu stellen". Es könnten Unterlagen aufgefunden werden, wie Vereinszugehörigkeit, alte Tagebücher, alte Ausweise, Unterlagen über Prozesse. Beim Auffinden notarieller Urkunden wird empfohlen, eine Testamentsnachfrage beim Notar zu machen. Auch bei **ehemaligen Bevollmächtigten** sollte nachgeforscht werden.

208 Der Nachlasspfleger kann sich bei der Erbenermittlung u.a. an folgende Institutionen wenden:
- **Polizeibehörden.**
- **Einwohnermeldeämter**: Dort sind nahezu immer mehrere Datenbestände vorhanden. Datenbestand I sind die melderechtlichen Daten der letzten zehn Jahre, Datenbestand II die Daten außerhalb dieses Zeitraums. Leider ist die Auskunftspraxis dazu übergegangen, nur noch Auskünfte gegen Vorkasse zu erteilen, wobei die Auskünfte aus dem Datenbestand II in etwa bei 25,– EUR liegen.
- **Standesämter**: Geburts-, Heirats- und Sterbeurkunden; Kriegerverzeichnisse werden bei den meisten Standesämtern geführt. Aus der Sterbeurkunde ergibt sich oftmals gem. § 64 PStG der Familienstand des Erblassers. Es ist nicht nur die Sterbeurkunde anzufordern, sondern auch ein Auszug aus dem Sterbebuch, da dort weitere Informationen vermerkt sind. Wenn die Auskunft nicht erteilt wird, so ist das gerichtliche Verfahren gem. § 45 Abs. 1 PStG zu betreiben.
- **Pfarrämter**: Insbesondere dann, wenn es sich um den Bereich der Feststellung der gesetzlichen Miterben handelt und keine Personenstandsbücher geführt worden sind, weil ein Zeitraum vor 1872 in Frage steht oder die Personenstandsbücher untergegangen sind (ehemalige deutsche Gebiete).
- **Friedhofsverwaltungen**, wobei das Ergebnis sehr unterschiedlich ausfallen kann. Zum Teil wird taggenaues Sterbedatum verlangt.

---

53 LG Aachen Rpfleger 1993, 314.

D. Der Nachlasspfleger § 9

- **Evangelisches Zentralarchiv**, Jebensstraße 3, 10623 Berlin.
- **Deutsche Zentralstelle für Genealogie** Leipzig, Käthe-Kollwitz-Str. 82, 04109 Leipzig.
- **Bischöfliches Zentralarchiv**, Übermünsterplatz 7, 93047 Regensburg.
- **Versicherungsämter**, Unfallgenossenschaften, Versorgungsämter.
- **Konsulate**: Konsularauskünfte können sehr kostenintensiv (80,– EUR bis 150,– EUR und darüber) und zeitaufwendig sein (bis zu sechs Monate). Besser ist gelegentlich, das Außenministerium bzw die Deutsche Botschaft um „Amtshilfe" zu bitten.
- **Standesamt Berlin**, Rückerstr. 9, 10119 Berlin: An dieser Stelle werden oft zahlreiche Personenstandsbücher aus den ehemaligen deutschen Ostgebieten verwahrt.
- **Hauptstandesämter** Baden-Baden, Hamburg, München (§ 15 Abs. 3 EheG ist für Eheschließungen von Personen ohne inländischen Wohnsitz einschlägig).
- **Deutsche Dienststelle für die Benachrichtigung der nächsten Angehörigen Gefallener der ehemaligen deutschen Wehrmacht**, Eichborndamm 179, 13403 Berlin: Falls das jeweilige Kriegerverzeichnis der betreffenden Stadt und die Auskunft beim Standesamt I in Berlin negativ ausgefallen ist, kann gerade bei Gefallenen im 2. Weltkrieg hier weiter Auskunft eingeholt werden.
- **Detekteien**: Hier hat der betreffende Nachlasspfleger vorab Vergleichsangebote einzuholen, um nicht später bei der Geltendmachung seiner Auslagen auf Schwierigkeiten zu stoßen. So liegen die Kosten für die Ermittlungen bzgl unbekannter Personen bei 80,– EUR bis 1.000,– EUR und darüber. Die Auswahl des richtigen Unternehmens bereitet zudem erhebliche Schwierigkeiten, da es sich um einen Berufszweig ohne Zulassungserfordernisse handelt.
- **Rote Kreuz**: Gelegentlich unterstützt das Rote Kreuz die Ermittlungen, wobei jedoch mit einer Bearbeitungsdauer von bis zu 12 Monaten zu rechnen ist.
- **Rechtsanwaltskanzleien mit Auslandsbeziehungen**: Bei einzelnen Nachlassgerichten können Kanzleien mit Auslandsbeziehungen abgefragt werden. Es ist meistens mit einer kurzen Bearbeitungsdauer zu rechnen, die Kosten liegen jedoch zum Teil auf einem sehr hohen Niveau (ca. 2.000,– EUR bis 2.500,– EUR).
- **Kriegsgräber**.
- **Zeitungsinserate**: Auch hier besteht für den Nachlasspfleger die Gefahr, dass er diese Kosten unter Umständen dem Nachlass nicht weiterberechnen kann. Zeitungsinserate durch den Nachlasspfleger selbst sind deutlich kostspieliger als das Schalten von Aufgeboten durch das Nachlassgericht. Wenn Zeitungsinserate geschaltet werden, hat der Nachlasspfleger dies entsprechend zu begründen.
- **Erbenermittler**: Nur in sehr komplizierten Fällen und nach Rücksprache mit dem Nachlassgericht sollten die speziellen Erbenermittler eingeschaltet werden. Dies begründet sich in der Fürsorgepflicht für den unbekannten Erben. Sollte der Nachlasspfleger ohne weiteres einen Erbenermittler einschalten, könnte dies zur Folge haben, dass der Erbe dann nur noch den um das Honorar des Erbenermittlers gekürzten Nachlass erhalten wird.
- **Anwesenheit bei der Bestattung**: Die Trauerfeierlichkeit bietet zahlreiche Ermittlungsansätze. Sie ist in der jeweiligen Kirchen- bzw Pfarrgemeindezeitung zu veröffentlichen, verbunden mit einem entsprechend dezenten Ersuchen um Mithilfe.

a) Einwohnermeldeamt

209 ▶ **Muster: Auskunft aus Einwohnermeldeverzeichnis**

An das

Einwohnermeldeamt

Stadt ...

Auskünfte aus dem Einwohnermeldeverzeichnis

Sehr geehrte Damen und Herren,

gem. anliegend beigefügtem Beschluss des AG ..., zeige ich an, dass ich zum Nachlasspfleger in der Nachlasssache ... bestellt wurde. Danach beschränkt sich meine Tätigkeit nicht nur auf die Sicherung des Nachlasses, sondern umfasst auch die Erbenermittlung. Aufgrund meiner bisherigen Ermittlungstätigkeit kommt Herr ..., geboren am ..., als Miterbe in Betracht.

Der derzeitige Aufenthaltsort ist mir unbekannt. Der letzte bekannte Wohnsitz befand sich 20... in der ... Straße. Ich darf Sie bitten, mich in meinen Nachforschungen zu unterstützen und mir sämtliche Meldedaten, sowohl aus dem Datenbestand I als auch aus dem Datenbestand II, mitzuteilen. In der Anlage füge ich Einzugsermächtigung bei. Es wird persönliche Haftung erklärt.

Mit freundlichen Grüßen

Rechtsanwalt ◀

b) Standesamt

210 ▶ **Muster: Auskunft über Personenstandsdaten**

An das

Standesamt

Stadt ...

Personenstandsurkunden

Sehr geehrte Damen und Herren,

gem. anliegend beigefügtem Beschluss des AG ... zeige ich an, dass ich zum Nachlasspfleger in der Nachlasssache .... bestellt wurde. Wie Sie dem beigefügten Beschluss entnehmen können, beschränkt sich meine Tätigkeit nicht nur auf die Sicherung des Nachlasses, sondern umfasst auch die Erbenermittlung. Aufgrund meiner bisherigen Ermittlungstätigkeit kommt Herr ... als Erbe in Betracht. Der derzeitige Aufenthaltsort ist mir unbekannt.

Herr ... ist vermutlich am ... geboren; es könnte sein, dass er am ... die Ehe geschlossen hat und eventuell am ... verstorben ist. Ich bitte Sie, mir die entsprechenden Personenstandsurkunden zu übermitteln. In der Anlage füge ich einen Verrechnungsscheck über 25,– EUR bei. Falls ein höherer Betrag anfallen sollte, erheben Sie diesen bitte per Nachnahme; sollte dies nicht möglich sein, erteilen wir Ihnen hinsichtlich des offenen Betrages Einzugsermächtigung von unserem Konto ....

Mit freundlichen Grüßen

Rechtsanwalt ◀

D. Der Nachlasspfleger § 9

c) Außenministerium

▶ **Muster: Amtshilfeersuchen Ausland**

An das

Außenministerium

Amtshilfe: Polen

Nachlassangelegenheit …

Sehr geehrte Damen und Herren,

in der Anlage erhalten Sie meine Pflegerbestallung. Ich habe Erben zu ermitteln, die in Polen geboren, verheiratet und gestorben sein sollen. Bislang haben wir trotz Monierung keinerlei Auskunft bekommen, obwohl schon mehr als 12 Monate verstrichen sind. Ich ersuche um Unterstützung für die Ermittlung der Personenstandsdaten folgender Personen:

…

…

Mit freundlichen Grüßen

Rechtsanwalt ◀

2. Kostenersatz

Die anfallenden Kosten sind dem Nachlass in Rechnung zu stellen und aus diesem zu entnehmen. Begrenzt wird die Ermittlungstätigkeit durch den Umfang des Nachlasses. Ist dieser erschöpft oder überschuldet, sind die Ermittlungen einzustellen.

IV. Nachlasspfleger und Erben

1. Zusammenarbeit

Gerade die **vertrauensvolle Zusammenarbeit** mit den potentiellen Erben kann sowohl die Tätigkeit des Nachlasspflegers vereinfachen als auch die Dauer der Pflegschaft verkürzen helfen. Der potentielle Erbe ist jedoch ausdrücklich darauf hinzuweisen, dass aus seiner Mitarbeit **keinerlei Rechtsansprüche** entstehen und der Nachlasspfleger eine völlig unverbindliche rechtliche Bewertung vorgenommen hat.

▶ **Muster: Erbenermittlung/Zusammenarbeit**

Sehr geehrte Damen und Herren,

gem. Beschluss vom … bin ich Nachlasspfleger in der Nachlasssache …. Aufgrund meiner Ermittlungen könnten Sie als Erbe in Betracht kommen. Diese Aussage erfolgt jedoch vollkommen unverbindlich und ohne jedweden Rechtsanspruch. Wenn Sie über Informationen bzgl des Nachlasses und der Erbfolge verfügen, teilen Sie mir dies bitte mit. Unkosten können nicht vergütet werden.

Mit freundlichen Grüßen

Unterschrift ◀

2. Herausgabe des Nachlasses

Nach Beendigung der Nachlasspflegschaft hat der Pfleger den Nachlass an die Erben herauszugeben. **Hinterlegung**, § 372 S. 1 BGB, muss erfolgen, wenn mehrere Erben uneinig sind. Nach

Auskunftserteilung und Rechnungslegung haben die Erben keinen Anspruch auf Einsicht in die Akten des Nachlasspflegers oder deren Herausgabe.

3. Auseinandersetzung

216 Zur Auseinandersetzung des Nachlasses ist der Nachlasspfleger nicht befugt.

4. Konkurrierende Tätigkeit von Nachlasspfleger und Erben

217 Der Erbe behält seine Verpflichtungsfähigkeit und seine Verfügungsbefugnis. Bei zwei sich widersprechenden Verfügungen geht die ältere der jüngeren vor. Es empfiehlt sich, dieses Thema nicht mit den Erben zu früh zu besprechen, da ansonsten im Einzelfall die Erben hiervon regen Gebrauch machen, was zu einer Mehrbelastung der Arbeit des Nachlasspflegers führen kann.

5. Nachfolgeauftrag

218 Nicht ortsansässige Erben werden wegen der Vertrautheit des Nachlasspflegers mit dem Nachlass nach Beendigung der Pflegschaft den **Nachlasspfleger als Rechtsanwalt weiter beauftragen wollen**. Es ist jedoch zuvor exakt vertraglich mit den Erben zu vereinbaren, welche Tätigkeit übernommen wird; das bloße Unterzeichen des gängigen Anwaltsvollmachtformulars wird dem komplizierten Sachverhalt nicht gerecht; es ist ein detaillierter Auftrag zu formulieren.

219 ▶ **Muster: Vereinbarung über Nachfolgeauftrag**

Vereinbarung

Zwischen

1) Erbengemeinschaft
2) Anwaltskanzlei
   1. Die Anwaltskanzlei wird beauftragt,
      – die Wohnung aufzulösen, den Inhalt nach freiem Gutdünken zu verwenden (beabsichtigt ist, soweit machbar, gemeinnützigen Organisationen Zuwendungen zukommen zu lassen).
      – die Konten aufzulösen, vorab Nachlasspflegervergütung, nachlassgerichtliche Kosten zu bezahlen, Nachlassverbindlichkeiten wegzufertigen, sämtliche Erben gem. Quoten auszuzahlen.
   2. Die Anwaltskanzlei übernimmt nicht folgende Aufgaben:
      – die ausstehenden Steuererklärungen zu fertigen
      – Grabpflege
   3. Honorar gem. separater Honorarvereinbarung.

Unterschrift ◀

220 Der Nachlasspfleger kann nach Beendigung der Pflegschaft nur für ein Mitglied der Erbengemeinschaft tätig werden, wenn bei den Erben ein Interessenwiderstreit vorliegt. Auf die **Problematik der Vertretung einer Erbengemeinschaft** sei nur am Rande hingewiesen. Die Nachlasspflegervergütung steht in keinem Zusammenhang mit dem Honorar für anschließende anwaltliche Tätigkeit.

D. Der Nachlasspfleger § 9

V. Nachlasspfleger im Umgang mit Gläubigern

Bei kurzen Pflegschaften sollte den Gläubigern mitgeteilt werden, dass der Nachlasspfleger grundsätzlich nicht die Aufgabe hat, Schulden zu tilgen, dass der Fortgang des Verfahrens jedoch zur Kenntnis gebracht werde. 221

VI. Kein Anspruch auf Entlassung

Der einmal berufene Nachlasspfleger hat keinen Anspruch auf Entlassung. In der nachlassgerichtlichen Praxis wird jedoch einem entsprechend begründeten Ersuchen stattgegeben. 222

VII. Vergütung des Nachlasspflegers

Der Anwalt als Nachlasspfleger hat auf die Feststellung zu achten, dass er die Nachlasspflegschaft **berufsmäßig** führt, § 1836 Abs. 1 S. 2 BGB. Das Nachlassgericht wird bei der Beendigung der Nachlasspflegschaft auch von Amts wegen über die Höhe der Vergütung entscheiden. Die Vergütung kann vor oder nach der Aufhebung der Pflegschaft festgesetzt werden. Vor der Festsetzung ist der Pfleger zu hören, falls er nicht selbst den Antrag gestellt hat. Die Erben müssen nicht notwendigerweise gehört werden. Das Nachlassgericht wird jedoch in den meisten Fällen den Erben rechtliches Gehör gewähren. 223

Für Vergütung, Aufwendungsersatz und Aufwendungsentschädigung haften die Erben. Auch wenn andere Personen die Nachlasspflege beantragt haben, haften diese nicht. Sollte der Nachlass mittellos sein, so kann der Pfleger wie ein Vormund Vorschuss und Ersatz aus der Staatskasse verlangen, §§ 1835 Abs. 4, 1836 Abs. 2 S. 4, 1836 S. 4 BGB. 224

Der Vergütungsanspruch erlischt gem. § 1836 Abs. 2 S. 4 BGB, wenn er nicht **binnen 15 Monaten** nach seiner Entstehung bei dem Nachlassgericht geltend gemacht wird. Die Vergütung darf erst nach Festsetzung durch das Nachlassgericht, § 168 FamFG, aus dem verwalteten Vermögen entnommen werden. Der Vergütungsbeschluss ist nicht vollstreckbar. Die Klage auf Vergütung ist erst nach Festsetzung zulässig.[54] 225

1. Vergütungsfaktoren

Als Faktoren zur Höhe der Vergütung sind **Umfang** und **Bedeutung des Geschäfts**, die **Schwierigkeit**, der **Grad der Verantwortung** und **Art und Umfang der Sicherung** zu berücksichtigen. Auswirkungen auf die Höhe der Vergütung hat beispielsweise, ob ein wohl sortierter Nachlass, der überwiegend aus Bankguthaben besteht, oder ein regelrechtes Chaos mit Einzelhandelsgeschäft aufzulösen ist. 226

2. Zeithonorar

Ganz entscheidend für die Bemessung der Vergütung ist der Zeitfaktor. Die **Dokumentierung der aufgewandten Zeit** ist zwar lästig, jedoch gerade bei komplizierten Pflegschaften **unumgänglich**. Die Vergütung des bestellten Nachlasspflegers bestimmt sich gem. § 1915 Abs. 1 BGB nach §§ 1836 bis 1836 e BGB. 227

Der die Nachlasspflegschaft berufsmäßig führende Pfleger hat stets Anspruch auf Vergütung, § 1836 Abs. 1 S. 2 BGB. Grundlage dafür ist die in Zeit anzurechnende Mühewaltung. Die Höhe der Vergütung des Berufspflegers stellt das Nachlassgericht nach seinem, allerdings eingeschul- 228

---

54 BayObLG, 1. Zivilsenat 30.7.1996, 1 ZBR 22/96, FamRZ 1997, 969.

ten, Ermessen fest. Welcher Stundensatz angemessen ist, ist unterschiedlich. Ausgangsbasis ist die **Entscheidung des BGH, Beschluss vom 31.8.2000,** dessen Leitsätze wie nachfolgend lauten:

„1. *Für die Höhe der Vergütung eines Berufsbetreuers sind die Stundensätze des § 1 BVormVG nur dann verbindlich, wenn der Betreute mittellos ist und die Vergütung deshalb ohne Rückgriffsmöglichkeit aus der Staatskasse zu zahlen ist.*

2. *Für die Höhe der Vergütung des Betreuers eines vermögenslosen Mündels sind sie jedoch eine wesentliche Orientierungshilfe. Das bedeutet zum einen, daß sie Mindestsätze darstellen, die nicht unterschritten werden dürfen, und zum anderen, daß sie im Regelfall angemessen sind und nur überschritten werden dürfen, wenn dies die Schwierigkeit der Betreuungsgeschäfte ausnahmsweise gebietet.*"[55]

229 Die Feststellung erfolgt auf **Antrag durch Beschluss des Nachlassgerichts,** § 1962 BGB. Als Stundenvergütung wird bis zum Fünffachen des Stundensatzes nach § 1 BVormVG gewährt. Wenn materiell rechtliche Einwendungen erhoben werden, hat nicht das Nachlassgericht, sondern das Prozessgericht zu entscheiden.

3. Antrag auf Vergütungsfestsetzung

230 ▶ **Muster: Antrag auf Festsetzung der Vergütung**

An das

Amtsgericht ...

Nachlassgericht

Aktenzeichen: ...

Nachlasssache: ...

Antrag auf Festsetzung der Vergütung

Sehr geehrte Damen und Herren,

in obiger Angelegenheit beantrage ich, meine Vergütung auf 4.500,– EUR festzusetzen.

Begründung

Der Aktivnachlass betrug bei Übernahme der Pflegschaft 157.935,50 EUR. Ich verweise auf meine Abrechnungsunterlagen. Der Nettonachlass betrug bei Übernahme der Pflegschaft 154.930,50 EUR, der zu verwalten war.

Art und Umfang der getroffenen Sicherungsmaßnahmen waren durchschnittlich und erstreckten sich auf die Versperrung der Nachlasskonten bei den folgenden Banken: Postbank, Deutsche Bank, Sparkasse. Es waren insgesamt 10 Konten und ein Schließfach vorhanden.

Die persönlichen Gegenstände waren bereits von der Heimleitung sichergestellt worden, diese wurden dann im Schließfach des Unterzeichners über sechs Monate sicher verwahrt.

Die Bedeutung und Schwierigkeit des Geschäfts war im mittleren Bereich anzusetzen, da die Erbenermittlung in den ehemaligen Ostgebieten durchzuführen war und dort die Besorgung der notwendigen Personenstandsurkunden recht mühsam und zeitaufwendig war. Es mussten insgesamt 15 Personen ermittelt werden, wobei wir auf den vorgelegten Report verweisen.

Von den bei den Kämpfen an der Ostfront gefallenen Personen konnten trotz Anfrage bei den Kriegerlisten und beim Standesamt in Berlin keine Urkunden aufgefunden werden. Es konnten dann

---

55 BGH, Beschl. v. 31.8.2000 – XII ZB 217/99 – FamRZ 2000, 318.

Sterbebilder beschafft werden. Die Inserate in der Frankfurter Allgemeinen Zeitung und in der Süddeutschen Zeitung waren ergebnislos. Der wirtschaftliche Erfolg bei dieser Pflegschaft lag darin, dass kostenintensive Recherchen durch die Tätigkeiten der Erben vermieden werden konnten. Es konnten somit in etwa 3.000,– EUR Anwaltskosten eingespart werden. Die Erblasserwohnung wurde ohne große Kosten aufgelöst, Heimkosten konnten vermieden werden. Die bestehenden Nachlassverbindlichkeiten wurden ohne zusätzliche Kosten für die Erben weggefertigt. Urkunden in polnischer Sprache konnten kanzleiintern übersetzt werden, ohne externe Dolmetscherkosten. Der Zeitaufwand in dieser Angelegenheit betrug 65 Stunden. Es wurden ca. sechs Stunden mit dem Versperren der Konten und der Sicherstellung des Schließfachs und der geringen Wertgegenstände und Urkunden verbraucht. Es waren insgesamt drei Fahrten nach Augsburg erforderlich. Der Schriftverkehr und die Telefonate mit den Banken machten insgesamt weitere zwei Stunden aus. An Schriftverkehr wurden insgesamt mehr als 60 Schreiben versandt. Es erfolgten zahlreiche Telefonate mit den Erben, um die Sachverhalte aufzuklären. Es erfolgte Verbuchung und Jahresrechnungslegung 2003 und Abrechnung 2004. Es erfolgte zudem die Übermittlung von Unterlagen und deren Daten an die Erben zur Antragstellung des Erbscheins und der Annahme der Erbschaft.

Die Dauer der Pflegschaft erstreckte sich über acht Monate.

Die Höhe der Vergütung ist meiner Ansicht nach angemessen.

Unterschrift ◄

Bei **mittellosen Nachlässen** erfolgt die Vergütung aus der Staatskasse gem. § 1836 a BGB iVm § 1 BVormVG. 231

4. Auslagenersatz (Aufwendungsersatz)

Von der Vergütung nach § 1836 BGB ist der Aufwendungsersatz nach §§ 1915, 1835 BGB zu unterscheiden. **Neben** der Vergütung hat der Nachlasspfleger **Anspruch auf Ersatz seiner Auslagen**. 232

E. Anwalt als Nachlassverwalter

I. Grundsatz der Nachlassverwaltung

Der Nachlassverwalter handelt als „amtlich bestelltes Organ zur Verwaltung einer fremden **Vermögensmasse mit eigener Parteistellung im Rechtsstreit**".[56] Zur Vermeidung von Interessenkonflikten können Erbe und Gläubiger nicht Nachlassverwalter sein.[57] Im Übrigen kann jede für das Amt geeignete Person bestellt werden.[58] Der Nachlassverwalter ist nicht gesetzlicher Vertreter, sondern Amtstreuhänder mit einer gesetzlichen 233

– Verfügungs-,
– Erwerbs-,
– Verpflichtungs- und
– Prozessführungsermächtigung.

In zahlreichen Fällen ist die Nachlassverwaltung die Vorstufe zur Nachlassinsolvenz. 234

---
56 *Firsching/Graf*, Nachlassrecht, Rn 4.786.
57 Staudinger/*Marotzke*, § 1981 Rn 29.
58 MünchKomm/*Siegmann*, § 1981 Rn 8.

1. Aufgaben des Nachlassverwalters

235 Der Nachlassverwalter hat in erster Linie die Aufgabe, die Nachlassgläubiger zu befriedigen, und besitzt nur zu diesem Zweck die ausschließliche Verwaltungsbefugnis und Verfügungsmacht über den Nachlass (§§ 1984 Abs. 1, 1985 BGB).

a) Sammlung des Nachlasses

236 Zunächst müssen der Nachlass **in Besitz** genommen, die **Teilungsmasse** sowie die **Nachlassgläubiger festgestellt werden**. Der Nachlassverwalter hat dem Nachlassgericht ein komplettes **Verzeichnis des Nachlasses** hereinzureichen, §§ 1975, 1962, 1915, 1802 BGB. Darüber hinaus ist er berechtigt, vom Erben Vorlage eines Nachlassverzeichnisses zu verlangen, für das der Erbe notfalls eine eidesstattliche Versicherung abgibt.

237 ▶ **Muster: Aufforderungsschreiben an Erben**

Einschreiben/Rückschein

Anschrift

Nachlasssache ...

Sehr geehrte Damen und Herren,

gem. anliegend beigefügter beglaubigter Kopie des Beschlusses des AG ... Nachlassgericht bin ich zum Nachlassverwalter berufen worden. Um meiner gesetzlichen Verpflichtung, Erstellung und Vorlage eines Nachlassverzeichnisses, beim Nachlassgericht gem. §§ 1975, 1962, 1915, 1802 BGB nachkommen zu können, werden Sie gebeten, bis zum ...

1. eine Aufstellung zu übermitteln, die alle Nachlassaktiva und Passiva zum Zeitpunkt des Erbfalls enthält; soweit Ihnen bekannt,
2. mir die im Nachlass befindlichen Wertsachen, Sparbücher und sonstigen Wertgegenstände sowie das Bargeld herauszugeben; nach Eingang des Vermögensverzeichnisses werde ich Ihnen mitteilen, wie mit den restlichen Nachlassgegenständen verfahren wird.

Bei Nichteinhaltung der Frist werde ich Klage erheben.

Unterschrift ◀

238 **Praxishinweis:** Das Verlangen des Nachlassverwalters auf Vorlage des Nachlassverzeichnisses, der eidesstattlichen Versicherung und der Herausgabe der Nachlassgegenstände sowie Räumung eines Grundstücks müssen bei Bedarf **im Klageweg erzwungen** werden. Anders als der Insolvenzeröffnungsbeschluss ist die Anordnung der Nachlassverwaltung kein Vollstreckungstitel iSv § 794 Abs. 1 Nr. 3 ZPO.[59]

b) Aufgebotsverfahren

239 Um den Zweck der Verwaltung erfüllen zu können, hat der Nachlassverwalter die Nachlassgläubiger zu ermitteln, **notfalls durch Aufgebot**.[60] Vorgenanntes empfiehlt sich schon im Hinblick auf die den Nachlassverwalter gem. § 1985 Abs. 2 S. 2 BGB treffenden Pflichten.[61] Nach § 1985 BGB muss der Nachlassverwalter, will er nicht die persönliche Haftung riskieren, das Aufgebot der Nachlassgläubiger beantragen, wenn er Grund hat, das Vorhandensein unbekannter Nachlassverbindlichkeiten anzunehmen und nicht die Kosten des Verfahrens im Ver-

---

59 *Firsching/Graf,* Nachlassrecht, Rn 4.819.
60 Palandt/*Edenhofer,* § 1985 Rn 5.
61 Soergel/*Stein,* § 1985 Rn 10.

E. Anwalt als Nachlassverwalter § 9

hältnis zum Bestand des Nachlasses unverhältnismäßig groß sind. Eine persönliche Haftung droht auch dann, wenn er bei der Stellung des Aufgebotsantrags entgegen § 992 ZPO nicht alle ihm bekannten Nachlassgläubiger in das beizufügende Verzeichnis aufnimmt.[62]

c) Befriedigung der Nachlassgläubiger

Der Nachlassverwalter hat die Gesamtheit der Nachlassgläubiger zu befriedigen. **Einzelne Nachlassverbindlichkeiten** darf er nur erfüllen, wenn den Umständen nach anzunehmen ist, dass der Nachlass für alle Nachlassgläubiger ausreichend ist.[63]   240

Vor einer Zahlung an Nachlassgläubiger muss der Nachlassverwalter **sorgfältig prüfen**, ob einerseits Nachlassverbindlichkeiten vorhanden sind und noch entstehen können, sowie andererseits, welche Aktiva zum Nachlass gehören und welchen Erlös er aus deren Verwertung erlangen wird. Ohne dieses Vorgehen darf er nicht von der Zulänglichkeit des Nachlasses ausgehen. Die **Darlegungslast und Beweislast** für diejenigen Umstände, die dazu geführt haben sollen, dass Zulänglichkeit angenommen werden durfte, trägt der Nachlassverwalter.   241

Hat der Nachlassverwalter unbefugt Nachlassverbindlichkeiten erfüllt, so bemisst sich der Schaden der übrigen Nachlassgläubiger nach dem Ergebnis des Nachlassverfahrens.[64]   242

Im Rahmen der Nachlassverwaltung als Sonderfall der Nachlasspflegschaft haftet der Nachlassverwalter über §§ 1833 Abs. 1, 1915 Abs. 1 BGB hinaus nach §§ 1985 Abs. 2, 1980 Abs. 1 S. 2 BGB auch den Nachlassgläubigern. Entsprechende **Schadensersatzansprüche** der Gläubiger gelten gem. §§ 1978 Abs. 2, 1985 Abs. 2 S. 2 BGB als zum Nachlass gehörend und sind daher, solange Nachlassverwaltung besteht, von dem Nachlassverwalter und während der Nachlassinsolvenz von dem Insolvenzverwalter geltend zu machen.   243

Der Nachlassverwalter hat bei Kenntnis der Überschuldung des Nachlasses grundsätzlich die Pflicht, **unverzüglich** die Eröffnung des **Nachlassinsolvenzverfahrens** zu beantragen. Wenn er stattdessen ein genehmigungsbedürftiges Geschäft abschließt, so ist ein Grund für die Versagung der nachlassgerichtlichen Genehmigung gegeben. Dies gilt auch dann, wenn damit zu rechnen ist, dass das Insolvenzgericht mangels Masse die Eröffnung der Nachlassinsolvenz ablehnen wird.[65]   244

d) Verwaltung des Nachlasses

Die Nachlassverwaltung erstreckt sich auf den gesamten Nachlass. Höchstpersönliche Rechte sind ausgenommen. Der Verwalter kann Rechtshandlungen wegen Benachteiligung der Nachlassgläubiger anfechten.   245

e) Grundstück im Nachlass-Grundbucheintrag

Im Grundbuch ist auf Antrag des Nachlassverwalters die Nachlassverwaltung als **Verfügungsbeschränkung in Abteilung II** einzutragen. Es empfiehlt sich, diese Eintragung herbeizuführen, damit keine Grundstücksverfügungen am Nachlassverwalter vorbei getroffen werden. Für die Eintragung reicht ein schriftlicher Antrag an das Grundbuchamt (§ 13 GBO). Dem Antrag ist eine Ausfertigung (keine Kopie) des Beschlusses über die Anordnung der Nachlassverwaltung beizufügen. Diese Ausfertigung ist eine öffentliche Urkunde im Sinne des § 29 GBO.[66]   246

---

62 Staudinger/*Marotzke*, § 1985 Rn 31.
63 *Kerscher/Tanck/Krug*, Das erbrechtliche Mandat, § 3 Rn 1017.
64 BGH FamRZ 1984, 1004 ff.
65 OLGZ 1984, 304.
66 *Kerscher/Tanck/Krug*, § 3 Rn 1023.

247 Der **gutgläubige lastenfreie Erwerb** von Grundstücksrechten ist möglich, wenn die Anordnung der Nachlassverwaltung nicht im Grundbuch eingetragen ist und dem Erwerber die Anordnung der Nachlassverwaltung unbekannt war. Denn die den öffentlichen Glauben des Grundbuchs betreffenden §§ 892, 893 BGB werden von § 1984 Abs. 1 S. 2 BGB iVm § 81 Abs. 1 S. 2 InsO nicht berührt.[67]

248 Zur Ausschließung des derart möglichen gutgläubigen Erwerbs wird die Anordnung der Nachlassverwaltung im Grundbuch eingetragen, auch wenn es keine gesetzliche Regelung gibt. Die Anordnung der Nachlassverwaltung ist bei allen Nachlassgrundstücken zu vermerken, bei dem als Eigentümer der Erblasser oder der Erbe eingetragen sind.[68]

249 ▶ **Muster: Antrag auf Eintragung der Nachlassverwaltung in das Grundbuch**

An das

Grundbuchamt

per Boten

Grundbuch ▫▫▫, Band ▫▫▫, Blatt ▫▫▫

Sehr geehrte Damen und Herren,

gem. anliegend beigefügter Ausfertigung des Beschlusses des Amtsgerichts ▫▫▫ bin ich in der Nachlasssache ▫▫▫ zum Nachlassverwalter bestellt. Aufgrund meiner bisherigen Feststellungen ist der Erblasser ▫▫▫ Eigentümer des bezeichneten Grundstücks. Ich beantrage die angeordnete Nachlassverwaltung als Verfügungsbeschränkung in Abteilung II einzutragen.

Unterschrift ◀

250 Veräußert ein Nachlassverwalter ein zum Nachlass gehöriges Grundstück, um die Nachlassgläubiger befriedigen zu können, so ist hierzu die **Zustimmung der Nacherben nicht erforderlich**.[69] Ohne Genehmigung des Nachlassgerichts darf der Nachlassverwalter nach Kaufvertragsabschluss mit der Kaufvertragspartei eine Stundungs- und Zinsübernahmeabrede treffen, die §§ 1812, 1821, 1822 BGB stehen nicht entgegen.

251 Der Nachlassverwalter vertritt wie ein Pfleger die Erben, § 1975 BGB. Damit sind die Vorschriften zur Nachlasspflegschaft anwendbar, §§ 1960 f BGB. Auf die Pflegschaft gem. § 1915 Abs. 1 BGB finden die Vorschriften über die Vormundschaft entsprechende Anwendung, soweit sich nicht aus dem Gesetz ein anderes ergibt. Nach hM führt diese Verweisungskette zwar zur **Anwendung der §§ 1821, 1822 BGB**. Diese Vorschriften finden jedoch auf eine nachträgliche, nach Abschluss eines Kaufvertrages getroffene Abrede zwischen dem Nachlassverwalter und einem Dritten keine Anwendung. Denn bei der Abrede, die eine Stundungsvereinbarung und eine Zinsübernahmeabrede enthält, handelt es sich nicht um eines der in §§ 1821, 1822 BGB aufgeführten Geschäfte. Es liegt vielmehr der Fall des § 1812 BGB vor. Diese Vorschrift ist jedoch nach hM auf die Nachlassverwaltung nicht anwendbar.

f) Gesellschaftsanteil im Nachlass

252 Die Beteiligung des Erblassers an einer Personenstandsgesellschaft ist erbrechtlich differenziert zu betrachten.

---

[67] Palandt/*Edenhofer*, § 1984 Rn 3.
[68] MünchKomm/*Siegmann*, § 1983 Rn 2.
[69] OLGZ 198, 392.

E. Anwalt als Nachlassverwalter   § 9

– Die Vermögensrechte der Gesellschafterstellung, die sog. **Außenseite, Gewinn- und Auseinandersetzungsansprüche** verwaltet der Nachlassverwalter. Dies gilt, obwohl kraft Sondererbfolge der Gesellschaftsanteil unmittelbar in das Privatvermögen des Erben gefallen ist.
– In Erfüllung seiner Aufgabe, die Nachlassverbindlichkeiten zu berichtigen, kann der Nachlassverwalter die Gesellschafterstellung des Erben als solche kündigen.[70]
– Die **höchstpersönlichen Mitgliedschaftsrechte** übt nach wie vor der Erbe aus.

g) Feststellung entzogener Werte

Die Prüfung, ob der Erblasser durch Verträge zu Gunsten Dritter oder der Erbe vor Anordnung der Nachlassverwaltung dem Nachlass Werte entzogen haben, obliegt dem Nachlassverwalter. 253

h) Zahlung der Nachlassverwaltungskosten

Der Nachlassverwalter hat für die Zahlung der Kosten der Nachlassverwaltung zu sorgen. Die Kosten der Nachlassverwaltung sind gem. § 6 KostO Nachlassverbindlichkeiten. 254

i) Vollmacht

Der Nachlassverwalter ist berechtigt, eine vom Erblasser erteilte und über seinen Tod hinausreichende Generalvollmacht, soweit diese nicht ohnehin infolge der Anordnung der Nachlassverwaltung erloschen ist, **zu widerrufen**. Er kann von dem Bevollmächtigten die Herausgabe der Vollmachtsurkunde verlangen.[71] Der Nachlassverwalter kann die Vollmacht eines vom Erblasser bestellten Rechtsanwalts kündigen.[72] 255

Nimmt ein zum Nachlassverwalter bestellter Rechtsanwalt ein anhängiges Verfahren auf und kündigt er dem von dem Erblasser bestellten Rechtsanwalt die Vollmacht, so liegt kein notwendiger Anwaltswechsel iSv § 91 Abs. 2 S. 3 ZPO vor.[73] 256

j) Abwehr von Eigengläubigern

Der Nachlassverwalter muss sich auch zur Wehr setzen, wenn Eigengläubiger des Erben in den Nachlass vollstrecken.[74] 257

k) Erwerbsgeschäft im Nachlass

Gehört ein Erwerbsgeschäft zum Nachlass, wird dieses grundsätzlich von der Verwaltung umfasst. Der Nachlassverwalter kann und soll handwerkliche, aber auch land- und forstwirtschaftliche **Betriebe weiter fortführen**. Gleiches gilt – anders als nach hM beim Testamentsvollstrecker – auch für ein vollkaufmännisches Gewerbe. Er kann nicht nur Betriebsgrundstücke und -einrichtungen, Warenlager und Außenstände für sich beanspruchen, sondern den Betrieb im Ganzen, um diesen fortzuführen.[75] 258

l) Einziehung und Forderungen

Der Nachlassverwalter **kann Forderungen einziehen**. Der in Anspruch genommene Schuldner kann nicht einwenden, der geltend gemachte Betrag werde zur Befriedigung der Gläubiger nicht benötigt. Das gleiche gilt auch dann, wenn der Erbe als Schuldner in Anspruch genommen wird. Dies ergibt sich aus der Stellung des Nachlassverwalters nach außen. Dieser hat die primäre 259

---

70 Soergel/*Stein*, § 1985 Rn 6.
71 Staudinger/*Marotzke*, § 1985 Rn 24.
72 Palandt/*Edenhofer*, § 1985 Rn 8.
73 OLG Frankfurt Rpfleger 1978, 419.
74 Staudinger/*Marotzky*, § 1985 Rn 27.
75 MünchKomm/*Siegmann*, § 1985 Rn 5.

Aufgabe, die Gläubiger zu befriedigen. Wenn die vorhandenen Mittel ausreichen, besteht kein Grund, dass der Nachlassverwalter auch noch Forderungen einzieht. Nur wenn die flüssigen Mittel nicht ausreichen, kann er Forderungen einziehen. Unter Umständen kann das Nachlassgericht eingreifen.[76] Erweist es sich als notwendig, zur Sicherung einer dem Nachlass zustehenden Forderung eine Zwangssicherungshypothek zu beantragen, so hat dies der Nachlassverwalter zu tun.[77]

260 Fällt eine **titulierte Forderung** in den Nachlass, für den Nachlassverwaltung angeordnet ist, und wird dem Nachlassverwalter die Vollstreckungsklausel erteilt, so ist bei der Zwangsvollstreckung in ein Grundstück nicht der Nachlassverwalter, sondern der Erbe als Berechtigter der Zwangssicherungshypothek im Grundbuch einzutragen.[78] Der Nachlassverwalter eines verstorbenen Rentners kann bei Fehlen von Sonderrechtsnachfolgern die Auszahlung noch fälliger Rentenbeträge nicht verlangen, wenn der Fiskus als möglicher Erbe in Betracht kommt.

261 Nach Anordnung der Nachlassverwaltung können Nachlassforderungen vom Schuldner nur noch leistungsbefreiend durch Leistung an den Nachlassverwalter erfüllt werden. Der **Schuldner wird jedoch befreit**, wenn ihm die Anordnung der Nachlassverwaltung zur Zeit der Leistung nicht bekannt war, § 82 S. 1 InsO analog. Es sind hier zwei Fälle zu unterscheiden:
– Leistung vor öffentlicher Bekanntmachung
– Leistung nach öffentlicher Bekanntmachung

262 Wenn der Schuldner vor der öffentlichen Bekanntmachung der Anordnung (§ 1983 BGB) geleistet hat, wird vermutet, dass er die Anordnung nicht kannte (§ 82 S. 2 InsO analog). Dann muss der Nachlassverwalter die positive Kenntnis des Schuldners von der Anordnung nachweisen.

263 Erfolgte die Leistung nach der öffentlichen Bekanntmachung, muss der Leistende nachweisen, dass ihm die Anordnung nicht bekannt war.[79]

m) Pflicht zur Auskunftserteilung

264 Der Nachlassverwalter hat den Gläubigern Auskunft zu erteilen.

n) Aufschiebende Einreden

265 Die Einrede des § 2014 BGB wird schon aus zeitlichen Gründen kaum in Betracht kommen, wohl aber die des § 2015 BGB.[80]

o) Unterhalt

266 Der Nachlassverwalter hat mit Genehmigung durch das Nachlassgericht dem Erben notdürftigen Unterhalt zu gewähren, sofern die Masse ausreicht.[81]

p) Bewegliche Gegenstände im Nachlass

267 Bei beweglichen Sachen kommt ein **gutgläubiger Erwerb** aufgrund einer Verfügung des Erben bzw seines Stellvertreters nicht in Betracht, weil § 81 Abs. 1 S. 2 InsO, der in § 1984 Abs. 1

---

76 Soergel/*Stein*, § 1985 Rn 10.
77 Soergel/*Stein*, § 1985 Rn 10.
78 OLG Hamm Rpfleger 1989, 17.
79 Staudinger/*Marotzke*, § 1984 Rn 18.
80 Soergel/*Stein*, § 1985 Rn 14.
81 Soergel/*Stein*, § 1985 Rn 10.

E. Anwalt als Nachlassverwalter § 9

S. 2 BGB für entsprechend anwendbar erklärt wird, nur auf die §§ 892, 893 BGB, nicht jedoch auf die §§ 135 Abs. 2, 932 ff, 1032, 1207 BGB oder § 16 Abs. 2 WG verweist.[82]

q) Prozessführungsbefugnis
aa) Aktivprozesse

Durch die Anordnung der Nachlassverwaltung verliert der Erbe nicht nur das Recht, über den Nachlass zu verfügen, sondern auch die aktive und die passive Prozessführungsbefugnis.[83] Allein der Nachlassverwalter kann zum Nachlass gehörende Ansprüche gerichtlich durchsetzen, ist **gesetzlicher Prozessstandschafter**; Ansprüche gegen den Nachlass können nur noch gegen den Nachlassverwalter geltend gemacht werden (§ 1984 Abs. 1 S. 3 BGB). Die Klage des Erben gegen einen Nachlassschuldner ist als unzulässig abzuweisen. Sie wirkt nicht verjährungshemmend nach § 204 Abs. 1 Nr. 1 BGB.[84] Geht die Klagebefugnis durch Aufhebung der Nachlassverwaltung wieder auf den Erben über, findet insoweit keine Rückwirkung statt.[85]

268

bb) Passivprozesse

Unzulässig ist die gegen den Erben gerichtete Klage eines Nachlassgläubigers, wenn der Erbe nicht bereits unbeschränkt haftet und die Klage ausdrücklich auf Befriedigung aus dem Eigenvermögen des Erben gerichtet ist.[86] Zum Zeitpunkt der Anordnung der Nachlassverwaltung bereits laufende Prozesse werden **gem. §§ 241 Abs. 3, 246 ZPO unterbrochen** oder – falls ein Prozessbevollmächtigter bestellt worden war – auf Antrag des Bevollmächtigten durch gerichtlichen Beschluss ausgesetzt. Die Unterbrechung endet, wenn der Nachlassverwalter dem Gegner von seiner Bestellung Anzeige macht oder der Gegner seine Absicht, das Verfahren fortzusetzen, dem Gericht angezeigt und das Gericht diese Anzeige von Amts wegen zugestellt hat § 241 Abs. 1 ZPO.

269

cc) Pflichtteil und Nachlassverwaltung

Der Auskunftsanspruch eines Pflichtteilsberechtigten (§ 2314 BGB) kann daher auch während der Nachlassverwaltung gegen den Erben geltend gemacht werden.[87] Der Zahlungsanspruch ist gegen den Nachlassverwalter geltend zu machen.

270

dd) Nichtzuständigkeit des Nachlassverwalters
(1) Auseinandersetzung und Veräußerung

Der Nachlassverwalter ist nicht befugt, die Erbauseinandersetzung durchzuführen oder die Erbschaft zu veräußern.

271

(2) Gesellschaftsanteil im Nachlass

Der Nachlassverwalter ist **nicht befugt**, den **Auflösungsantrag** gem. § 133 HGB zu stellen. Der Nachlassverwalter ist auch nicht befugt, persönliche Mitgliedschaftsrechte eines Gesellschafter-Erben (einer Gesellschaft des bürgerlichen Rechts) geltend zu machen; er hat auch an der Verfügung über ein zum Gesellschaftsvermögen gehörendes Grundstück nicht mitzuwirken, damit diese wirksam ist. Dies gilt sowohl, wenn die Gesellschaft durch den Tod des Gesellschafters aufgelöst, wie auch dann, wenn sie mit den Erben des Gesellschafters fortgesetzt wird.

272

---

82 Staudinger/*Marotzke*, § 1984 Rn 14.
83 MünchKomm/*Siegmann*, § 1984 Rn 5.
84 BGHZ 46, 221.
85 BGHZ 46, 221 = NJW 1967, 568.
86 Ermann/*Schlüter*, § 1984 Rn 4; Bamberger/Roth/*Lohmann*, § 1985 Rn 6; MünchKomm/*Siegmann*, § 1984 Rn 6.
87 OLG Celle MDR 1960, 402.

273 An dem im Wege der Erbfolge auf einen Gesellschafter-Erben übergegangenen Gesellschaftsanteil „als solchen" findet eine **Nachlassverwaltung nicht statt**. Dem Nachlassverwalter steht hinsichtlich eines zum Gesellschaftsvermögen gehörenden Grundstücks oder Erbbaurechts kein Recht zur Verwaltung zu. Ein Grundbuchberichtigungszwangsverfahren kann daher nicht gegen ihn eingeleitet werden.

274 Die vererblich gestellte **Mitgliedschaft in einer Personengesellschaft** gelangt beim Tod ihres Inhabers im Wege der Sondererbfolge unmittelbar an den Nachfolger-Erben. Dieser im Wege der Sondererbfolge übergehende Gesellschaftsanteil wird zwar zum Nachlass gerechnet. Wegen der zwischen den Gesellschaftern bestehenden Gemeinschaft scheidet dennoch eine Nachlassverwaltung am Gesellschaftsanteil „als solchem" aus. Daraus folgt, dass der Nachlassverwalter den Anteil des Gesellschafters am Gesellschaftsvermögen nicht verwalten und er bei der Geschäftsführung und damit auch bei der Verfügung über Gegenstände des Gesellschaftsvermögens nicht die Rechte des Gesellschafter-Erben wahrnehmen kann, er vielmehr darauf beschränkt ist, zur Befriedigung der Nachlassgläubiger den Anspruch des Gesellschafter-Erben auf den **Gewinnanteil und das Auseinandersetzungsguthaben** geltend zu machen, ggf nach Ausübung eines ihm nach überwiegender Ansicht zustehenden fristlosen Kündigungsrechtes nach § 725 BGB, § 135 HGB. Dementsprechend hat der Nachlassverwalter auch bei der Veräußerung von Grundstücken nicht mitzuwirken, wenn diese Grundstücke zum Gesellschaftsvermögen gehören. Unterliegt somit der Anteil des Gesellschafters am Gesellschaftsvermögen, zumindest was die Geschäftsführung (§ 709 BGB) anbelangt, nicht der Nachlassverwaltung, so steht dem Nachlassverwalter nicht einmal mittelbar ein Recht zur Verwaltung des Grundstückes zu. Ebenso wie bei angeordneter Testamentsvollstreckung in den Fällen, in denen dem Testamentsvollstrecker die Verwaltung des Grundstückes nicht zusteht, ein für die Grundbuchberichtigung iSd § 82 GBO antragsberechtigter Testamentsvollstrecker nicht vorhanden ist, vielmehr allein der Erbe zur Stellung des Antrages anzuhalten ist, kann gegen den Nachlassverwalter das Grundbuchberichtigungszwangsverfahren nicht eingeleitet werden. Dieses kann somit ausschließlich gegen die Gesellschafter als Erbberechtigte, ggf auch gegen den Gesellschafter-Erben allein gerichtet werden.

275 Er ist weiter nicht befugt, die Feststellung zu begehren, dass der Gesellschaftsvertrag nichtig oder wirksam angefochten worden sei; denn ein entsprechendes Urteil berührt den Status der Gesellschaft selbst und hat entsprechende rechtliche Auswirkungen auf den weiteren Bestand der Mitgliedschaft der einzelnen Gesellschafter.[88]

(3) Pflichtteilsansprüche, Zugewinnausgleichsansprüche

276 Die Ausübung eines ererbten Ausschlagungsrechts durch den Nachlassverwalter gibt es nicht.[89] Gehört zum Nachlass ein vertraglich nicht anerkannter und nicht rechtshängig gemachter Pflichtteils- oder Zugewinnausgleichsanspruch, unterliegt auch dieser **nicht dem Zugriff** des Nachlassverwalters, weil derartige Ansprüche zwar vererblich und übertragbar (§§ 2317 Abs. 2, 1378 Abs. 3 BGB), vor Anerkenntnis oder Rechtshängigkeit aber nicht pfändbar sind, § 852 ZPO.[90]

ee) Finanzamt

277 Einkommensteuerbescheide, denen mit Mitteln des Nachlasses erzielte Einkünfte zugrunde liegen, sind an die Erben zu richten und ihnen bekannt zu geben. Die Nachlassverwaltung erzeugt

---

88 BGHZ 47, 293 = NJW 1967, 1961.
89 Soergel/*Stein*, § 1985 Rn 6.
90 MünchKomm/*Siegmann*, § 1985 Rn 4.

Verwaltungs- und Verfügungsbeschränkungen; sie berührt aber nicht den Tatbestand der Einkunftserzielung, der nach dem Tod des Erblassers allein von den Erben verwirklicht wird. Die **einkommensteuerrechtlichen Ansprüche** richten sich daher (auch soweit sie aus Erträgen des Nachlassvermögens resultieren) **gegen die Erben**, nicht gegen den Nachlass. Der Nachlass selbst ist weder Einkommensteuer- noch Körperschaftsteuersubjekt. Im Unterschied zum Nachlasspfleger ist der Nachlassverwalter nicht gesetzlicher Vertreter der Erben, so dass er nicht in dieser Eigenschaft Bekanntgabeempfänger von Einkommensteuerbescheiden, denen mit Mitteln des Nachlasses erzielte Einkünfte zugrunde liegen, sein kann. Die Bekanntgabe des Steuerbescheides an den Nachlassverwalter als sog. Drittbetroffenen ist dann in Betracht zu ziehen, wenn das Finanzamt wegen der Einkommensteuerschuld, die als sog. Nachlasserbenschuld qualifiziert werden kann, auf den Nachlass zurückgreifen will.

2. Antrag auf Festsetzung der Vergütung des Nachlassverwalters

Da wie beim Nachlasspfleger eine spezielle Gebührenordnung nicht besteht, muss das Gericht das angemessene Entgelt nach **pflichtgemäßem Ermessen** bestimmen. Anspruchsmindernd sind beispielsweise eine alsbald eingeleitete Nachlassinsolvenz, die Erfolglosigkeit bei der Berichtigung von Nachlassverbindlichkeiten und die kostenanfällige Hinzuziehung eines weiteren Anwalts. 278

▶ **Muster: Antrag auf Festsetzung der Vergütung** 279

An das

Amtsgericht ...

Nachlassgericht

Aktenzeichen: ...

Nachlasssache: ...

Antrag auf Festsetzung der Vergütung des Nachlassverwalters

Sehr geehrte ...

ich beantrage, meine Vergütung auf 5.000,– EUR festzusetzen.

Begründung

Ich werde durch Beschluss des Nachlassgerichts zum Verwalter des Nachlasses bestellt. Es wurde das Nachlassverzeichnis erstellt und die Aufgabe der Nachlassverwaltung erfüllt. Die Verwaltung des Nachlasses wurde aufgehoben. Es steht mir aus § 1987 BGB ein gesetzlicher Vergütungsanspruch zu, dessen Höhe festzusetzen ist.

Der Aktivnachlass ohne Abzug der Nachlassverbindlichkeiten betrug ... EUR. An Nachlassverbindlichkeiten waren ... EUR an insgesamt ... Gläubiger auszukehren. Besonders die große Anzahl der Gläubiger mit strittigen Ansprüchen verursachte einen insgesamt enormen Verwaltungsaufwand. Bei der Verwertung des Nachlasses waren dabei folgende Schwierigkeiten zu bewältigen:

– Es waren Steuererklärungen zu erstellen,
– es handelte sich um nicht gängige Markenartikel,
– Geschäftsunterlagen waren teilweise nicht mehr vorhanden,
– Rückfragen bei den Erben blieben unbeantwortet, es musste Klage erhoben werden,
– die hygienischen Verhältnisse waren äußerst problematisch.

Insgesamt bestand die Verwaltung über einen Zeitraum vom ... bis .... Aus der Vorgangsliste ergibt sich ein Stundenaufwand von ... Stunden. Es ist daher eine Vergütung von ... EUR angemessen, die ich festzusetzen beantrage.

Mit freundlichen Grüßen

Rechtsanwalt ◀

3. Der Nachlassverwalter im Umgang mit den Erben

a) Nachlassverwalter als Vertreter der Erben oder als Partei kraft Amtes

280 Zwischen dem Nachlassverwalter und dem Erben besteht ein **gesetzliches Schuldverhältnis**, auf das die Pflegschaftsvorschriften Anwendung finden. Die Anordnung der Nachlassverwaltung ändert nichts an der materiellen Rechtsträgerschaft des Nachlasses; diese steht weiterhin dem Erben zu, auch wenn ihm durch die Nachlassabsonderung Verpflichtungs- und Verfügungsbefugnis bzgl des Nachlasses entzogen sind. Hier liegt ein wesentlicher Unterschied zur Nachlasspflegschaft.

b) Erbe und gewillkürte Prozessstandschaft des Nachlassverwalters

281 Der Nachlassverwalter ist im Prozess Partei kraft Amtes gem. § 116 Nr. 1 ZPO, der Erbe kann mangels eigener Parteistellung als Zeuge vernommen werden.

4. Haftung des Nachlassverwalters

282 Eine Haftung ist dann gegeben, wenn Verbindlichkeiten aus einem unzureichenden Nachlass erfüllt werden.

II. Der Nachlassverwalter im Umgang mit den Gläubigern

283 Allumfassend müssen die Forderungen geprüft und die Gläubiger aufgefordert werden, dazu sämtliche Unterlagen hereinzureichen. Hat der Nachlassverwalter unbefugt Nachlassverbindlichkeiten erfüllt, so bemisst sich der Schaden der übrigen Nachlassgläubiger nach dem Ergebnis des Insolvenzverfahrens in Höhe der Quote aus der Differenz der geschmälerten zur ungeschmälerten Nachlassmasse.

III. Beendigung der Nachlassverwaltung

284 Die Nachlassverwaltung endet entweder kraft Gesetzes oder durch Beschluss des Nachlassgerichts. Kraft Gesetzes endet die Nachlassverwaltung mit der Eröffnung der Nachlassinsolvenz gem. § 1988 Abs. 1 BGB. Durch Beschluss des Nachlassgerichts endet sie, sobald kein Grund mehr für die Aufrechterhaltung der Nachlassverwaltung vorhanden ist, namentlich wenn

- sich herausstellt, dass die Nachlassmasse die Kosten der Verwaltung nicht deckt,
- der Verwalter alle bekannten Nachlassgläubiger befriedigt und einen noch vorhandenen Nachlassrest herausgegeben hat,
- der Nachlass durch Gläubigerbefriedigung erschöpft ist,
- alle noch nicht befriedigten Nachlassgläubiger mit der Aufhebung der Nachlassverwaltung einverstanden sind,
- der Erbe die Erbschaft nach Anordnung der Nachlassverwaltung wirksam ausschlägt,
- ein Nacherbfall eintritt,
- das Nachlassgericht die Anordnung nachträglich für ungerechtfertigt hält.

F. Rechte der Erben und Gläubiger während der Nachlasspflegschaft

I. Rechte der Erben

Die Kontrolle der Nachlasspflegertätigkeit, der Vergütungsansprüche, der Anordnung und Aufhebung der Nachlasspflegschaft sind die wesentlichen Bereiche der anwaltlichen Tätigkeit. Im geringeren Umfang sind Rechte des Erben zu wahren, so aus konkurrierender Verpflichtungstätigkeit und Herausgabe der Nachlassgegenstände.

▶ **Muster: Einwendungen des Erben gegen die Festsetzung der Nachlasspflegervergütung**

An das

Amtsgericht ...

Nachlassgericht

Aktenzeichen: ...

Nachlasssache: ...

Antrag auf Festsetzung der Vergütung des Nachlassverwalters

Ich vertrete den Erben Herrn ... . Es liegt der Vergütungsantrag des Nachlasspflegers über einen Betrag von ... EUR vor. Ich beantrage, die Vergütung auf ... EUR festzusetzen.

Begründung

Durch Beschluss des Nachlassgerichts vom ... wurde Nachlasspflegschaft angeordnet. Es wurde das Nachlassverzeichnis erstellt. Der Aktivnachlass ohne Abzug der Nachlassverbindlichkeiten betrug ... EUR. An Nachlassverbindlichkeiten waren ... EUR an insgesamt ... Gläubiger auszukehren. Besonders die geringe Anzahl der sofort zu befriedigenden Gläubiger verursachte einen geringen Verwaltungsaufwand.

Bei der Ermittlung der Erben waren nur geringe Schwierigkeiten zu bewältigen, da mein Mandant nahezu alle Personenstandsurkunden beibrachte. Insgesamt bestand die Verwaltung über einen Zeitraum vom ... bis ... . Aus der Akte ergibt sich ein Stundenaufwand von ... Stunden. Es erscheint daher eine Vergütung von ... EUR angemessen, die ich anrege festzusetzen.

Rechtsanwalt ◀

Nach § 1985 Abs. 2 BGB ist der Nachlassverwalter auch den Nachlassgläubigern für den Erhalt des Nachlasses verantwortlich. Diese Vorschrift ist nicht auf die Nachlasspflegschaft anwendbar, da bei der Nachlasspflegschaft **keine Trennung der Vermögensmassen** herbeigeführt wird. Der Nachlasspfleger haftet nicht den Nachlassgläubigern unmittelbar. Der vorläufige Erbe verliert nicht seine Geschäftsfähigkeit, sondern seine Verpflichtungsfähigkeit und seine Verfügungsmacht.

Doch muss er Handlungen des Nachlasspflegers, die dieser innerhalb seines Wirkungskreises für und gegen die Erben vornimmt, gegen sich gelten lassen. Überschreitet der Nachlasspfleger seinen festgelegten Wirkungskreis, haftet er persönlich als Vertreter ohne Vertretungsmacht, und einen **Gutglaubensschutz gibt es hier nicht**. So können die Erben nach Beendigung der Nachlasspflegschaft Ansprüche aus mangelhafter Führung geltend machen, wie bei schlechter Anlage der Gelder, unzureichender Verwaltung von Immobilien u.a.

Praxishinweis: Wichtig ist, als Erbenvertreter den Nachlasspfleger im konkreten Fall unverzüglich darauf hinzuweisen und ihn anzuhalten, ordnungsgemäß zu handeln. Es besteht zwar während der Nachlasspflegschaft kein unmittelbarer Anspruch gegen den Nachlasspfleger, jedoch ein Anspruch auf Anweisung durch das Nachlassgericht.

290 Wie bereits dargestellt, ist die angeordnete Nachlasspflegschaft eine erhebliche Beschränkung der Rechte des Erben. Diese Beschränkung kann teilweise nicht hingenommen werden. Der Erbe hat zahlreiche Möglichkeiten eigener Gestaltung. Der vorläufige **Erbe behält** neben dem Nachlasspfleger seine **Geschäftsfähigkeit** und im Rahmen von § 1959 BGB seine Verfügungsmacht. Er wird insoweit durch die Nachlasspflegschaft nicht beschränkt. Daraus sich ergebende Widersprüche sind nach allgemeinen Grundsätzen zu lösen, dh die zuerst vorgenommene Handlung hat den Vorzug. So kann der Erbe die Verwaltung des Nachlasspflegers unterstützen und dazu beitragen, Kosten der Nachlasspflegschaft gering zu halten.

II. Klage auf Feststellung des Erbrechts

291 In seltenen Fällen hat der Erbe ein Klagerecht gegen den Nachlasspfleger auf Feststellung des Erbrechts, wenn der Nachlasspfleger das Erbrecht bestreitet; so bei unklaren Adoptionen oder zweideutigen Testamenten. Der Nachlasspfleger sollte potentiellen Erben mitteilen, dass es ihnen im Erbscheinsverfahren unbenommen ist, ihr Erbrecht nachzuweisen.

III. Zurückbehaltungsrecht des Erben gegenüber dem Herausgabeanspruch des Nachlasspflegers

292 Zurückbehaltungsrechte des Erbanwärters bestehen nicht mit der Begründung, später als Erbe oder Alleinerbe festgestellt zu werden. Die Vermögensverwaltung liegt zudem allein beim Nachlasspfleger.

IV. Testamentsvollstrecker und Nachlasspflegschaft

293 Wenn Testamentsvollstreckung angeordnet ist, besteht generell kein Bedürfnis auf Anordnung der Nachlasspflegschaft, so dass der Testamentsvollstrecker das Recht hat, Antrag auf Aufhebung der Nachlasspflegschaft zu stellen.

V. Vermächtnisnehmer

294 Bei klarer Sach- und Rechtslage und langer Verfahrensdauer ist der Nachlasspfleger berechtigt und auch verpflichtet, Vermächtnisse zu erfüllen; hierauf sollte er hingewiesen werden.

G. Rechte der Erben und Dritter während der Nachlassverwaltung

I. Erbenberatung zur Schuldenhaftung

295 In der anwaltlichen Praxis wird die Beratung des Erben hinsichtlich der Einleitung der Nachlassverwaltung in Zukunft einen größeren Stellenwert erlangen, da aufgrund mangelnden Kontakts zwischen Erblasser und Erben die Vermögenssituation des Erblassers oft unbekannt ist. Die Angaben zum Erblasservermögen seitens dritter Personen sind häufig ungenau, wenn nicht sogar falsch, der Nachlass örtlich weit entfernt. Vor Beantragung der Nachlassverwaltung ist der Erbe auf folgende Punkte hinzuweisen:

296 1. Obwohl er auch während des Gütersonderungsverfahrens Träger der Nachlassrechte, -pflichten und -lasten bleibt, geht die **Prozessführungsbefugnis auf den Verwalter** über (§ 1984 Abs. 1 S. 1 und 3 BGB). Er kann bei bestehender Nachlassverwaltung eine Nach-

lassforderung dann einklagen, wenn er vom Nachlassverwalter zur Prozessführung ermächtigt ist und ein eigenes rechtsschutzwürdiges Interesse an einer Prozessführung im eigenen Namen hat. Dieses Interesse ergibt sich idR schon daraus, dass der Erbe Träger des materiellen Rechts ist.

2. Er kann aus dem Nachlass **Ersatz seiner Aufwendungen** verlangen, die ihm dadurch entstanden sind, dass er aus Mitteln seines Eigenvermögens Nachlassschulden bezahlt hat, sei es durch Zahlung oder Aufrechnung mit Ansprüchen seines Eigenvermögens (§§ 1978 Abs. 3, 670, 683, 684 BGB).

3. Er haftet trotz Durchführung der Güter- und Haftungssonderung durch die angeordnete Nachlassverwaltung, wenn **Inventaruntreue** vorliegt. Eine Inventaruntreue liegt vor, wenn
   – der Erbe die einzelnen Nachlassgegenstände absichtlich erheblich unvollständig angibt (§§ 2001, 2005 Abs. 1 S. 1 1. Alt. BGB), eine Gläubigerbenachteiligung ist dabei nicht erforderlich; der Erbe muss mit der Unvollständigkeit aber einen bestimmten Zweck verfolgen,[91]
   – der Erbe die Aufnahme einer nicht bestehenden Nachlassschuld in das Inventar verursacht, um die Nachlassgläubiger zu benachteiligen (§ 2005 Abs. 1 S. 1 2. Alt. BGB),
   – der Erbe die von ihm geforderte Auskunft bei der amtlichen Inventaraufnahme verweigert (§ 2003 BGB) oder
   – die von ihm geforderte Auskunft absichtlich in erheblichem Maße verzögert (§ 2005 Abs. 1 S. 2 BGB).

4. Der Erbe hat die Vollständigkeit des Inventars hinsichtlich des Aktivbestands auf Antrag eines Nachlassgläubigers **an Eides Statt zu versichern**. Falls der Erbe die eidesstattliche Versicherung gegenüber einem Gläubiger nicht abgibt, verliert er gegenüber diesem Gläubiger das Recht zur Haftungsbeschränkung, den anderen Gläubigern gegenüber jedoch nicht. Der Erbe kann auf die Abgabe der eidesstattlichen Versicherung verklagt werden.

5. Die Nachlassverwaltung kann erhebliche Zeit in Anspruch nehmen.

6. Sein Antrag auf Anordnung der Nachlassverwaltung kann abgelehnt werden, wenn er offensichtlich nur der Bequemlichkeit des Erben dient. Ein bloßer Verdacht, dass der Antrag nicht die gesetzliche Zielsetzung der Nachlassverwaltung verfolgt, reicht aber für die Ablehnung nicht aus.

7. Einkünfte, die nach dem Tod des Erblassers aus dem Nachlass erzielt werden, sind auch im Falle der Anordnung der Nachlassverwaltung dem Erben zuzurechnen. Bei der auf diese Einkünfte entfallenden **Einkommensteuer** handelt es sich um eine Eigenschuld des Erben, für die die Beschränkung der Erbenhaftung nicht geltend gemacht werden kann.

8. Beschränkt sich die Haftung des Erben auf den Nachlass, weil Nachlassverwaltung angeordnet worden ist, so **bleibt** sie auch **nach der Aufhebung der Nachlassverwaltung bestehen**. Der Erbe kann in entsprechender Anwendung des § 1990 BGB die Beschränkung der Haftung im Wege der Einrede geltend machen. Die Geltendmachung der Einrede kann ihm nach § 780 ZPO vorbehalten werden.[92]

---

91 *Schlüter*, Erbrecht, Rn 1118.
92 BGH NJW 1954, 635 ff.

304 Aus der Verweisung in § 45 Abs. 2 S. 1 AO 1977 auf die Vorschriften des bürgerlichen Rechts über die Haftung des Erben für Nachlassverbindlichkeiten ergibt sich, dass der Erbe für Nachlassverbindlichkeiten grundsätzlich unbeschränkt, aber beschränkbar haftet.

305 Das Finanzamt darf im Fall der Nachlassverwaltung oder der Nachlassinsolvenz aus einem gegen den Erben als Gesamtrechtsnachfolger ergangenen **vollstreckbaren Steuerbescheid** nur in Nachlassgegenstände und nicht in das Eigenvermögen vollstrecken. Die Beschränkung der Erbenhaftung ist nicht im Steuerfestsetzungsverfahren oder gegen das Leistungsgebot, sondern erst im Zwangsvollstreckungsverfahren geltend zu machen.

306 **Praxishinweise:** Nach Antragstellung, aber vor Anordnung der Nachlassverwaltung ist zu beachten: Will der Erbe in der Zwischenzeit nach Annahme und vor Anordnung der Nachlassverwaltung, **Nachlassverbindlichkeiten erfüllen**, so müssen die Nachlassgläubiger diese Tilgung als Rechnung des Nachlasses gegen sich gelten lassen, wenn der Erbe nach den Umständen ohne Fahrlässigkeit annehmen konnte, dass der Nachlass für alle Gläubiger ausreichen werde, § 1979 BGB. Hier hat die anwaltliche Beratung **inquisitorisch befragend** einzusetzen, um dem Erben zu verinnerlichen, dass er nur dann erfüllen darf, wenn er sich sicher ist, dass der Nachlass ausreicht. Hat der Erbe die Nachlassgläubiger aus eigenen Mitteln befriedigt, so hat er nach § 1978 Abs. 3 BGB eine Forderung auf Aufwendungsersatz gegenüber dem separierten Nachlass. Auch sollte der Erbe dahingehend beraten werden, dass er zB schwer verwertbare Gegenstände nicht verschenken sollte, da er wertmäßig für diese Weggabe haftet.

II. Unbefriedigter Nachlassgläubiger nach Aufhebung der Nachlassverwaltung

307 Meldet sich nach der Aufhebung der Nachlassverwaltung noch ein unbefriedigter Nachlassgläubiger, so ist wie folgt vorzugehen:
- War die Haftung des Erben vor der Anordnung der Nachlassverwaltung bereits unbeschränkbar, so besteht die unbeschränkbare Haftung fort.
- Einem im Aufgebotsverfahren ausgeschlossenen oder diesem gleichstehenden Nachlassgläubiger haftet der Erbe nur nach Maßgabe der §§ 1973, 1974 BGB.
- Gegenüber Verbindlichkeiten aus **Vermächtnissen und Auflagen** und bei einem **dürftigen Nachlass** kann sich der Erbe gem. der §§ 1992, 1990 BGB iVm § 1991 BGB verteidigen. Dies gilt selbst dann, wenn der ausgehändigte Nachlass zur Deckung der Kosten einer neuerlichen Nachlassverwaltung oder einer Nachlassinsolvenz ausreicht und somit kein Fall des § 1990 Abs. 1 S. 1 BGB vorliegt. Der Erbe kann die Nachlassgläubiger auf den noch vorhandenen Nachlassrest verweisen, ohne eine erneute Separation der Vermögensmassen herbeiführen zu müssen, da er sich auf die Aushändigung eines schuldenfreien Nachlasses verlassen konnte. Der Erbe muss:
- den ausgehändigten Nachlassrest ordnungsgemäß verwalten,
- erneute Inventarfristen beachten,
- die Haftungsbeschränkung analog § 1990 BGB geltend machen.

III. Gläubiger des Erblassers

1. Honorarfrage

Die Gebühren eines Rechtsanwalts, der einen Nachlassgläubiger in einem die Nachlassverwaltung betreffenden Verfahren vertritt, richten sich idR nach der Höhe der Forderung.[93]

2. Anmeldung einer Forderung im Aufgebotsverfahren

Für den Fall, dass ein Aufgebotsverfahren eingeleitet worden sein sollte, sollte die Forderung angemeldet werden, da dies kostengünstiger ist als eine eventuelle Kostenbevorschussung bei der Nachlassverwaltung.

▶ **Muster: Anmeldung einer Forderung im Aufgebotsverfahren**

An das

Amtsgericht ...

Nachlassgericht

Aktenzeichen: ...

Nachlasssache: ...

Anmeldung einer Forderung im Aufgebotsverfahren

Hiermit zeigen wir an, dass wir die Firma ... vertreten. In dem Aufgebotsverfahren ... (Az: ...) melden wir eine Forderung gegen den Erblasser an. Die Forderung besteht iHv ... EUR aus einem Werkvertrag vom .... Die Werkleistung wurde erbracht und abgenommen. In der Anlage fügen wir Vertrag, Abnahmeprotokoll und Schlussrechnung bei.

Unterschrift ◀

---

93 BayObLG Rpfleger 1979, 434.

§ 10 Nachlassinsolvenz

Literatur: *Küpper*, Zur Erbenhaftung im Nachlasskonkurs bei fahrlässiger Gläubigerbefriedigung, ZEV 2000, 238; *Uhlenbruck*, Die Möglichkeiten der Haftungsbeschränkung des Erben durch Nachlasskonkurs oder Nachlassvergleich, ZAP Fach 14, 51

A. Allgemeines und Grundsätze	1
B. Gegenstand des Insolvenzverfahrens	5
C. Zuständigkeit, § 315 InsO	6
I. Sachliche Zuständigkeit	6
II. Örtliche Zuständigkeit	7
III. Funktionelle Zuständigkeit	8
D. Antrag, § 317 Abs. 1 InsO	9
I. Antragsberechtigung	10
II. Antragspflicht	20
1. Allgemeines	20
a) Antragspflicht des Erben, des Nachlassverwalters	21
b) Antragspflicht des Nachlasspflegers, Testamentsvollstreckers	23
2. Rechtsfolgen der Verletzung der Antragspflicht	24
III. Antragsfrist	31
IV. Form	32
E. Begründetheit des Antrags (Insolvenzgrund)	35
I. Überschuldung	36
II. Zahlungsunfähigkeit	43
III. Drohende Zahlungsunfähigkeit	44
IV. Weitere Voraussetzungen: kostendeckende Masse	45
F. Sicherungsmaßnahmen	49
I. Vorläufiger Insolvenzverwalter	50
II. Verhängung eines allgemeinen Verfügungsverbots	51
III. Erlass eines allgemeinen Veräußerungsverbots	52
IV. Untersagung/Einstellung der Zwangsvollstreckung	53
V. Sonstige Sicherungsmaßnahmen	54
G. Die Eröffnung des Insolvenzverfahrens	55
I. Inhalt des Eröffnungsbeschlusses	55
II. Bekanntmachung des Eröffnungsbeschlusses	56
III. Rechtsmittel	57
IV. Zeitpunkt der Wirksamkeit des Beschlusses	58
H. Die Wirkung der Eröffnung des Verfahrens	59
I. Beschlagnahme	59
II. Ausschließliche Verfügungsbefugnis des Insolvenzverwalters	60
III. Grundbuchvermerk	61
IV. Nachlassseparation	62
V. Verbot der Einzelzwangsvollstreckung	63
VI. „Rückschlagsperre"	64
I. Rechtswirkung der Verfahrenseröffnung im Hinblick auf die Haftung	67
I. Nachlassseparation	67
II. Verlust der Haftungsbeschränkung	68
III. Aufrechnung und Insolvenzeröffnung	71
IV. Anfechtung von Rechtshandlungen des Erblassers bzw des Erben	72
1. Anfechtung	72
2. Begründetheit der Anfechtung	75
3. Anfechtung nach § 130 InsO, Rechtsgeschäfte mit kongruenter Deckung	82
4. Anfechtung nach § 131 InsO, Rechtshandlungen oder Rechtsgeschäfte mit inkongruenter Deckung	90
5. Anfechtung nach § 132 InsO wegen unmittelbar nachteiliger Rechtshandlungen	95
6. Anfechtung wegen § 133 Abs. 1 InsO, vorsätzlicher Benachteiligung	101
a) Tatbestandsvoraussetzung: Rechtshandlung des Schuldners	104
b) Tatbestandsvoraussetzung: Benachteiligungsvorsatz des Schuldners	105
c) Tatbestandsvoraussetzung: Kenntnis des Anfechtungsgegners	106
d) Beweislastregel	107
7. Anfechtung entgeltlicher Verträge mit nahe stehenden Personen	108
8. Anfechtung unentgeltlicher Leistungen nach § 134 InsO	109
9. Anfechtbare Rechtshandlungen des Erben nach § 322 InsO	112
V. Aufwendungsersatzansprüche des Erben	116
J. Insolvenzverfahren und Verteilung des Nachlasses	120
K. Beendigung	126
L. Zwangsvollstreckung aus der Tabelle	134
M. Dürftigkeitseinrede	135
N. Insolvenzverfahren und Zwangsvollstreckung	137
O. Die Wirkung der Beendigung	143
P. Erbauseinandersetzung via Nachlassinsolvenzverfahren nach § 320 InsO	146

A. Allgemeines und Grundsätze

1 Für das Nachlassinsolvenzverfahren gelten die §§ 315–331 InsO. Weitere Rechtsnormen sind §§ 1975, 1980, 1971, 1988 BGB. Mit dem Erbfall **vermischt sich das Vermögen** des Erblassers mit dem Vermögen des Erben **nach Ablauf** der **Ausschlagungsfrist**. Bis zum Ablauf der Ausschlagungsfrist handelt es sich noch um getrenntes Vermögen, es besteht noch keine Eigenhaftung des vorläufigen Erben.

Jeder Erbe haftet unbeschränkt, jedoch beschränkbar (§§ 1967, 2058, 1975 BGB). Bei der Beschränkung der Haftung werden Nachlass und Eigenvermögen wieder **zwei getrennte Vermögensmassen** (§§ 1967, 1977 BGB). Zur Nachlassseparation führt sowohl die Nachlassverwaltung als auch die Nachlassinsolvenz. Während die Nachlassverwaltung, § 1975 BGB, immer die volle Befriedigung der Gläubiger zum Ziel hat, da noch keine Überschuldung, sondern allenfalls Zahlungsunfähigkeit vorliegt, ist das **Ziel der Nachlassinsolvenz** die **verhältnismäßige Befriedigung** der Gläubiger. Die Nachlassgläubiger können dann nur noch auf den Nachlass zugreifen (§ 325 InsO). Nachlassgläubiger, gegenüber denen der Erbe bereits unbeschränkt haftet, können weiter das Eigenvermögen des Erben in Anspruch nehmen, die Gläubiger des Erben jedoch können nicht das Nachlassvermögen in Anspruch nehmen.

Die **Verwaltung** des Nachlasses wird dem Erben im Fall des Nachlassinsolvenzverfahrens **völlig entzogen**. Die Verwaltung steht ausschließlich dem Nachlassinsolvenzverwalter zu. Die Nachlassgläubiger können Befriedigung nur aus dem Nachlass suchen. Ist das Nachlassinsolvenzverfahren eröffnet, können die Nachlassgläubiger ihre **Ansprüche grundsätzlich nur gegen** den **Insolvenzverwalter** geltend machen. Maßnahmen der Zwangsvollstreckung, die zugunsten von Nachlassgläubigern in das Eigenvermögen des Erben erfolgt sind, sind auf Antrag des Erben, der die Möglichkeiten, seine Haftung zu beschränken noch nicht verloren hat, aufzuheben (§ 784 Abs. 1 ZPO). Im eröffneten Nachlassinsolvenzverfahren schützen die Bestimmungen der §§ 89 u. 321 InsO den Nachlass.[1]

Das **Nachlassinsolvenzverfahren beendet** eine bestehende **Nachlassverwaltung** (§ 1988 Abs. 1 BGB) sowie ein laufendes **Aufgebotsverfahren** (§ 993 Abs. 2 ZPO). Das Amt des Nachlassverwalters endet mit der Eröffnung des Insolvenzverfahrens.

B. Gegenstand des Insolvenzverfahrens

Nur der **ganze Nachlass, nicht Teile** hiervon, kann Gegenstand des Insolvenzverfahrens sein, § 316 Abs. 3 InsO. Der Nachlass als nicht rechtsfähiges Sondervermögen kann nicht Schuldner des Nachlassinsolvenzverfahrens sein. Da der oder die Erben (bekannt oder unbekannt) Träger des Sondervermögens sind, fällt ihnen die Schuldnerrolle zu. Das Verfahren wird allerdings unter dem Namen des Erblassers geführt.[2]

C. Zuständigkeit, § 315 InsO

I. Sachliche Zuständigkeit

Sachlich zuständig für das Insolvenzverfahren ist nicht das Nachlassgericht, sondern das Insolvenzgericht.

II. Örtliche Zuständigkeit

Örtlich ist in den meisten Fällen das Insolvenzgericht zuständig, in dessen Bezirk der **Erblasser** zum Zeitpunkt des Todes seinen **allgemeinen Gerichtsstand**, § 315 InsO, hatte. § 315 InsO ist gegenüber § 3 InsO lex specialis. Es tritt eine **Konzentration** ein: Das Amtsgericht ist Insolvenzgericht für einen ganzen Landgerichtsbezirk, wo der Sitz des betreffenden LG ist, § 2 InsO. Landgerichtliche Abweichungen sind möglich. Der allgemeine Gerichtsstand des Erblassers zur

---
[1] Staudinger/*Marotzke*, § 1975 Rn 6.
[2] *Braun/Bauch*, InsO, § 315 Rn 3.

Zeit seines Todes, also sein **letzter Wohnsitz** gem. § 13 ZPO, bestimmt die örtliche Zuständigkeit des Insolvenzgerichts, § 315 InsO, nicht der Wohnsitz des Erben. Hatte der Erblasser jedoch bei einer **selbstständigen Tätigkeit** seinen wirtschaftlichen Mittelpunkt an einem anderen Ort als dem seines allg. Gerichtsstandes, so ist ausschließlich das Insolvenzgericht zuständig, in dessen Bezirk der **Unternehmenssitz** liegt.

III. Funktionelle Zuständigkeit

8   Bis zur Eröffnung ist der **Richter, danach** der **Rechtspfleger** zuständig, § 18 RPflG. Der Rechtspfleger ist auch für das Insolvenzplan-Verfahren gem. §§ 217 ff InsO zuständig.

D. Antrag, § 317 Abs. 1 InsO

9   Das Nachlassinsolvenzverfahren beginnt nur auf Antrag, es wird **nicht von Amts wegen** eröffnet.

I. Antragsberechtigung

10 Berechtigt, die Eröffnung des Insolvenzverfahrens über einen Nachlass zu beantragen, sind
 – der **Erbe**, § 317 Abs. 1 InsO;
 – der **Nacherbe**, allerdings erst mit Eintritt der Nacherbfolge, § 2139 BGB;
 – jeder **Miterbe**, wird der Antrag nicht von allen Miterben gestellt, ist der Eröffnungsgrund glaubhaft zu machen, und die übrigen Miterben sind anzuhören, § 317 Abs. 2 InsO;
 – der **Nachlassverwalter**;
 – der **Nachlasspfleger**;
 – der verwaltende **Testamentsvollstrecker**, § 2205 BGB, der nicht nach § 2208 BGB beschränkt ist;
 – jeder **Nachlassgläubiger**;
 – der Ehegatte, der nicht Erbe ist, bei **Gütergemeinschaft** sofern das Gesamtgut allein oder gemeinschaftlich verwaltet wird und der Nachlass nach § 318 InsO zum Gesamtgut gehört.

11 ▶ **Muster: Beratung des Erben als Antragsteller eines Nachlassinsolvenzverfahrens**

An ▪▪▪

Betreff: Nachlassverfahren

Bezug: Geplante Antragstellung Nachlassinsolvenzverfahren

Sehr geehrte ▪▪▪,

Sie hatten uns gebeten zu überprüfen, welche Möglichkeiten der Haftungsbeschränkungen für Sie in Frage kommen.

Aufgrund der Nachforderungen aus Fondsbeteiligungen ist der Nachlass Ihres Vaters überschuldet.

Im Rahmen der Universalsukzession sind sämtliche Aktiva und Passiva auf Sie übergegangen. Wenn wir für Sie einen Antrag auf Eröffnung des Nachlassinsolvenzverfahrens stellen und das Gericht diesem Antrag stattgibt, wird es zur Nachlassseparation kommen.

Nachlassseparation bedeutet, dass das ererbte Vermögen wiederum von Ihrem Vermögen getrennt wird.

Erfreulicherweise bedeutet dies, dass die Verbindlichkeiten aus Fondsbeteiligungen Sie nicht mehr unmittelbar treffen können.

Sie müssen aus dem Nachlass befriedigt werden.

Andererseits ist es aber auch so, dass Sie dann an den Insolvenzverwalter alle aus dem Nachlass erlangten Gegenstände u.a. herausgeben müssen.

Wie Sie mir berichtet haben, haben Sie die Immobilie des Erblassers verkauft und den Veräußerungserlös auf eines Ihrer Konten gebucht.

Dieser Verkaufserlös muss von Ihnen an den Insolvenzverwalter herausgegeben werden.

Der Nachlassinsolvenzverwalter wird Sie auch aller Voraussicht nach auffordern, die persönlichen Gegenstände Ihres Vaters wie Fernsehgerät, Videorecorder u.a. herauszugeben bzw Wertersatz zu leisten.

Vor diesem Hintergrund darf ich Sie um Mitteilung bitten, ob der Insolvenzantrag für Sie gestellt werden soll.

Mit freundlichen Grüßen

Anwalt ◄

Bei dem Antragsrecht des Erben ist noch auf Folgendes hinzuweisen: Der Antragsberechtigung steht die **fehlende Annahme** der Erbschaft oder die eingetretene **unbeschränkte Haftung** des Erben für Nachlassverbindlichkeiten nicht entgegen. Der Antrag kann auch nach Teilung des Nachlasses gestellt werden, das Verfahren findet dann jedoch auf jeden Fall über den **gesamten Nachlass** und nicht über den Erbteil statt, § 316 Abs. 3 InsO; gehört der Nachlass zum Gesamtgut einer **Gütergemeinschaft**, kann sowohl der Ehegatte, der Erbe ist, als auch der Ehegatte, der nicht Erbe ist, aber das Gesamtgut verwaltet, die Eröffnung des Insolvenzverfahrens über den Nachlass beantragen. Die Zustimmung des anderen Ehegatten ist zwar nicht erforderlich, § 318 Abs. 1 InsO, der Eröffnungsgrund ist jedoch von dem allein beantragenden Ehegatten glaubhaft zu machen, und der andere Ehegatte ist anzuhören, § 318 Abs. 2 InsO (die anteilsberechtigten Abkömmlinge sind nicht antragsberechtigt, § 332 Abs. 3 InsO).

Hat der Erbe die **Erbschaft verkauft**, tritt der Käufer an seine Stelle (§ 330 Abs. 1 InsO).

Hat der Erbe die **Erbschaft ausgeschlagen**, verliert er das Antragsrecht. Das Antragsrecht des Erben wird durch das Antragsrecht des Nachlassverwalters und des Nachlasspflegers nicht berührt.[3]

Bei dem Antragsrecht des Nachlassgläubigers gilt Folgendes: Antragsberechtigt ist jeder **Nachlassgläubiger** mit der Einschränkung, dass der Antrag des Nachlassgläubigers nur **innerhalb von zwei Jahren** nach Annahme der Erbschaft zulässig ist, §§ 319, 317 InsO.

▶ **Muster: Beratungsschreiben an den Antragssteller (Nachlassgläubiger) vor Antragstellung, Hinweis auf die 2-Jahresfrist**

An: ▬▬▬

Betreff: Nachlassinsolvenzverfahren

Sehr geehrte ▬▬▬,

wie Sie uns mitgeteilt haben, haben Sie gegen den zwischenzeitlich verstorbenen Herrn ▬▬▬ eine Forderung in Höhe von ▬▬▬.

---
3 *Braun/Bauch*, InsO, § 317 Rn 5.

Nachdem Sie nach derzeitigem Kenntnisstand davon ausgehen, dass der Nachlass des Erblassers überschuldet ist, ist zu überlegen, ob durch Sie Antrag auf Eröffnung des Nachlassinsolvenzverfahrens über den Nachlass des Erblassers gestellt wird. Sie sind als Nachlassgläubiger zum Antrag berechtigt, §§ 319, 317 InsO.

Bitte beachten Sie aber, dass Sie als Nachlassgläubiger lediglich antragsberechtigt sind binnen zwei Jahre ab Annahme der Erbschaft durch den Erben.

Wenn ein Nachlassinsolvenzverfahren über den Nachlass eröffnet wird, kommt es zur Nachlassseparation, dh, dass das Eigenvermögen des Alleinerben vom ererbten Vermögen getrennt wird und Sie Ihre Forderung nur noch gegenüber dem Nachlass bzw dem noch zu bestellenden Insolvenzverwalter geltend machen können, eine lediglich quotale Befriedigung ist als Ergebnis des Nachlassinsolvenzverfahrens, nach dem uns geschilderten Sachverhalt, wahrscheinlich.

Wegen des weiteren Vorgehens bitten wir daher um Rücksprache.

Mit freundlichen Grüßen

Unterschrift ◀

17 Nachlassgläubiger als Antragssteller sind auf die Geltendmachung der Überschuldung und/oder der Zahlungsunfähigkeit des Nachlasses beschränkt, sie können **nicht** als Antragsgrund die **drohende Zahlungsunfähigkeit** geltend machen und müssen diese **Gründe glaubhaft machen**, §§ 14, 320 S. 1 InsO. Dabei genügt es, die Vergeblichkeit der Vollstreckung in den Nachlass etwa durch ein Gerichtsvollzieherzeugnis zu belegen.

18 Für das Antragsrecht im Allgemeinen gilt Folgendes: Die übrigen Antragsberechtigten müssen Tatsachen für Zahlungsunfähigkeit, drohende Zahlungsunfähigkeit oder Überschuldung darlegen (§ 320 S. 2 InsO). In beiden Fällen definieren § 17 Abs. 2 und § 18 Abs. 2 InsO die **Zahlungsunfähigkeit** (Unfähigkeit, die fälligen Zahlungspflichtigen zu erfüllen, idR bei Zahlungseinstellung) und **drohende Zahlungsunfähigkeit** (wenn voraussichtlich die bestehenden Zahlungspflichten im Zeitpunkt der Fälligkeit nicht erfüllt werden können).

19 ▶ **Muster: Beratungsschreiben an den Antragssteller (Nachlassgläubiger), Rücknahme des Antrags**

An ...

Betreff: Nachlassinsolvenzverfahren

Sehr geehrte ...,

ich darf Sie ausdrücklich darauf hinweisen, dass der Antrag auf Eröffnung des Nachlassinsolvenzverfahrens nur zurückgenommen werden kann, bis der Eröffnungsbeschluss ergangen oder der Eröffnungsantrag rechtskräftig abgewiesen ist.

Wenn Sie nunmehr das Insolvenzverfahren beenden wollen, kann dies nicht durch Antragsrücknahme geschehen, da zwischenzeitlich das Nachlassinsolvenzverfahren eröffnet worden ist. § 13 InsO sieht diesbezüglich ein Verbot der Antragsrücknahme vor.

Es kommt allenfalls ein Antrag auf Einstellung gemäß § 213 InsO in Betracht.

Nachdem Sie als Gläubiger den Insolvenzantrag gestellt haben, kommt für Sie die Möglichkeit nach § 213 InsO nicht Betracht.

D. Antrag, § 317 Abs. 1 InsO §10

Es bliebe allenfalls die Möglichkeit offen, mit dem Schuldner zu sprechen, dass dieser einen Antrag stellt.

Mit freundlichen Grüßen

Unterschrift ◄

II. Antragspflicht

1. Allgemeines

Es sind zwei Fälle zu unterscheiden: Die Antragspflicht des Erben und die des Nachlasspflegers bzw Testamentsvollstreckers. 20

a) Antragspflicht des Erben, des Nachlassverwalters

Der **Erbe** und der **Nachlassverwalter** sind verpflichtet, gem. §§ 1980 Abs. 1, 1985 Abs. 2 BGB **unverzüglich** Antrag auf Eröffnung des Nachlassinsolvenzverfahrens zu stellen, sobald sie **Kenntnis erlangt** haben, dass der Nachlass zahlungsunfähig oder überschuldet ist; § 1980 Abs. 1 S. 1 BGB. Es handelt sich um eine materiellrechtliche Antragspflicht gegenüber den Gläubigern. 21

▶ Muster: Beratung von Mandanten wegen ihrer Nachlassinsolvenzauskunftspflicht 22

An ...

Betreff: Nachlassverfahren Ihres Vaters, Herrn ....

Sehr geehrte ...

bei Durchsicht der Unterlagen und bei Erstellung des Nachlassverzeichnisses hat sich nun ergeben, dass der Nachlass Ihres verstorbenen Vaters überschuldet ist.

Sie sind daher, wenn Sie die Haftungsbegrenzung auf den Nachlass erreichen wollen, einerseits antragsberechtigt gemäß § 317 Abs. 1 InsO, allerdings auch antragsverpflichtet gemäß § 1980 BGB.

Eine Verletzung der Antragspflicht verpflichtet Sie als Erben gegenüber den Nachlassgläubigern zum Ersatz des daraus entstandenen Schadens. Dieser besteht in der Differenz zwischen dem tatsächlich erhaltenen Betrag zu dem, den die Nachlassgläubiger bei rechtzeitiger Antragstellung erhalten hätten.

Der Schaden der Gläubiger kann zB dadurch eintreten, dass einzelne Gläubiger inzwischen in den Nachlass vollstreckt haben oder den Gläubigern unnötige Prozesskosten entstanden sind.

Unterschrift ◄

b) Antragspflicht des Nachlasspflegers, Testamentsvollstreckers

Der Nachlasspfleger und der Testamentsvollstrecker können, sind jedoch nicht verpflichtet, einen Antrag zu stellen. 23

2. Rechtsfolgen der Verletzung der Antragspflicht

Der Kenntnis der Überschuldung steht die fahrlässige Unkenntnis gleich, § 1980 Abs. 2 S. 1 BGB. **Fahrlässigkeit** liegt insbesondere dann vor, wenn der Erbe das Aufgebotsverfahren der Nachlassgläubiger nicht beantragt, obwohl es sich ihm aufdrängte, das Vorhandensein unbekannter Nachlassverbindlichkeiten anzunehmen. Dies ist vor allem dann gegeben, wenn sich in den Nachlassunterlagen zahlreiche Mahnungen befinden, Lastschriften mangels Deckung zurückgegangen sind und nach dem Erbfall Rechnungen, Mahnungen u.a. eingehen. Das **Aufge-** 24 botsverfahren ist jedoch **nicht erforderlich**, wenn die **Kosten des Verfahrens** gegenüber dem Nachlassbestand **unverhältnismäßig hoch** sind, § 1980 Abs. 2 S. 2 BGB.

25 Die Kosten des Verfahrens steigen um die Zustellkosten bei den jeweils angegebenen potentiellen Gläubigern. Wenn Nachlässe einen Wert von etwa 25.000,– EUR übersteigen und nicht mehr als 50 bekannte Gläubiger vorliegen, sind die Kosten des Aufgebotsverfahrens vertretbar.

26 Damit will diese Bestimmung **sicherstellen**, dass der **vorhandene Nachlass** bei Beschränkung der Haftung auf den Nachlass den Nachlassgläubigern vollständig zur Verfügung steht; sie soll zudem die **gleichmäßige Befriedigung der Gläubiger bei Dürftigkeit** des Nachlasses ermöglichen.

27 Der **Erbe** wird gegenüber den unbefriedigten Nachlassgläubigern **schadensersatzpflichtig**, wenn er entgegen seiner Verpflichtung nicht unverzüglich den Antrag stellt, § 1980 Abs. 1 S. 2 BGB. § 1980 Abs. 1 S. 2 BGB ist analog auf den **Nachlassverwalter**, nicht jedoch auf den Nachlasspfleger und Testamentsvollstrecker anwendbar. Der Erbe bleibt also auch bei bestehender Nachlasspflegschaft oder Testamentsvollstreckung antragspflichtig.

28 Die Antragspflicht der Erben ist jedoch eher theoretischer Natur, da bei angeordneter Nachlasspflegschaft bzw Testamentsvollstreckung der Erbe nur in den seltensten Fällen einen Überblick über die Vermögenssituation hat.

29 Der Umfang des Schadens richtet sich nach den §§ 249 ff BGB,[4] bemisst sich also nach der Differenz zwischen demjenigen Betrag, den der Gläubiger tatsächlich erhalten hat, und dem, was er erhalten hätte, wenn der Antrag rechtzeitig gestellt worden wäre.[5] Der Anspruch richtet sich gegen den Erben oder Miterben als Gesamtschuldner §§ 823 Abs. 2, 1980 Abs. 1 BGB, §§ 421 ff, 840 Abs. 1 BGB.[6] Im Nachlassinsolvenzverfahren gehört der Schadensersatzanspruch gegenüber den Erben zur Masse, vgl § 328 Abs. 2 InsO, und wird vom Nachlassinsolvenzverwalter geltend gemacht.[7]

30 Nachlasspfleger und Testamentsvollstrecker sind jedoch gegenüber dem Erben verpflichtet, bei erkennbarer Überschuldung des Nachlasses von ihrem Antragsrecht Gebrauch zu machen, andernfalls machen sie sich diesem gegenüber schadensersatzpflichtig. Ein Schaden für die Erben wird sich jedoch in der Praxis nicht darstellen lassen, da die Erben bei Überschuldung nichts aus dem Nachlass erhalten werden.

III. Antragsfrist

31 Für die Nachlassgläubiger besteht die Frist von **zwei Jahren nach Annahme** der Erbschaft. Danach eingehende Anträge sind ohne Sachprüfung als unzulässig zurückzuweisen. Für alle übrigen Antragsberechtigten besteht keine Frist.

IV. Form

32 Es ist **keine** Form vorgeschrieben. Der Antrag kann also schriftlich oder mündlich zu Protokoll der Geschäftsstelle abgegeben werden.

---

[4] BGH NJW 1985, 140 = FamRZ 1984, 1004.
[5] Staudinger/*Marotzke*, § 1980 Rn 16; Erman/*Schlüter*, § 1980 Rn 5.
[6] Erman/*Schlüter*, § 1980 Rn 5.
[7] Bamberger/Roth/*Lohmann*, § 1980 Rn 6; Palandt/*Edenhofer*, § 1980 Rn 6.

E. Begründetheit des Antrags (Insolvenzgrund) § 10

▶ **Muster: Antrag auf Eröffnung des Nachlassinsolvenzverfahrens** 33

An das

Amtsgericht

– Insolvenzabteilung –

Antrag auf Eröffnung des Nachlassinsolvenzverfahrens

Nachlasssache ..., gestorben am ...

zuletzt wohnhaft in ...

Sehr geehrte Damen und Herren,

ich vertrete Herrn ..., Vollmacht anbei.

Frau ... ist am ... in ... verstorben. Die Alleinerbfolge meiner Mandantschaft ist dokumentiert im Erbschein des Amtsgerichts – Nachlassgericht – ... vom ..., Az ...

Beweis: Erbschein in Kopie anbei.

Namens des Alleinerben beantrage ich die Eröffnung des Nachlassinsolvenzverfahrens

wegen Überschuldung des Nachlasses. Als Anlage füge ich ein vom Erben erstelltes Nachlassverzeichnis bei, dessen Richtigkeit und Vollständigkeit dieser darauf versichert hat. Die Namen und Anschriften der Nachlassgläubiger, sowie der Forderungsschuldner sind im Verzeichnis, soweit bekannt, vollständig und richtig aufgeführt.

Aufgrund dieses Verzeichnisses liegt eine Überschuldung in Höhe von ... EUR vor.

Ein die Kosten des Nachlassinsolvenzverfahrens deckender Aktiv-Nachlass ist auf jeden Fall vorhanden, auf den Konten befindet sich ein Betrag von ...

Ich bitte, mir je eine Abschrift des Beschlusses über die Anordnung des Nachlassinsolvenzverfahrens, die Bestellung des Nachlassinsolvenzverwalters und der weiteren Anordnungen zu übermitteln. Entstehende Kosten können mir aufgegeben werden.

Unterschrift ◀

Ob eine einfache Kopie des Erbscheins ausreichend, oder die Vorlage einer Ausfertigung des 34
Erbscheins notwendig ist, ist nicht gesetzlich geregelt. In der Praxis reicht in den meisten Fällen die Vorlage einer Kopie des Erbscheins aus. Wenn sich Grundstücke im Nachlass befinden, wird von Amts wegen der Vermerk über die Anordnung des Nachlassinsolvenzverfahrens eingetragen, dies muss daher nicht beantragt werden.

E. Begründetheit des Antrags (Insolvenzgrund)

Das Gesetz kennt drei Insolvenzeröffnungsgründe (§ 320 InsO): 35

– Überschuldung,
– Zahlungsunfähigkeit,
– drohende Zahlungsunfähigkeit.

I. Überschuldung

Überschuldung liegt nach § 19 Abs. 2 InsO vor, wenn das **vorhandene Nachlassvermögen die** 36
bestehenden Verbindlichkeiten nicht mehr deckt, wenn also das **Aktivvermögen kleiner** ist als die auf der Passivseite ausgewiesenen Nachlassverbindlichkeiten.

Es ist also eine **Gegenüberstellung** der **Aktiva und** der **Passiva** des Nachlasses vorzunehmen. Zu den Aktiva gehören die nach §§ 1976, 1977 BGB wieder auflebenden Rechte, sowie Ansprüche gegen den Erben aus §§ 1978, 1979 BGB.[8] Die Aktiva sind mit dem Liquidationswert anzusetzen. Zu den Passiva gehören grundsätzlich alle Nachlassverbindlichkeiten, auch diejenigen aus Vermächtnis und Auflagen sind zu berücksichtigen. Bei der Ermittlung der Überschuldung des Nachlasses sind neben den **Masseverbindlichkeiten** nach § 334 InsO alle in §§ 325 ff InsO **genannten Verbindlichkeiten,** somit auch Vermächtnisse, Auflagen und Pflichtteilsansprüche, zu berücksichtigen.

37 § 1980 Abs. 1 S. 3 BGB ist etwas missverständlich. Eine Insolvenzantragspflicht besteht dann nicht, wenn die Überschuldung sich nur durch Vermächtnisse und Auflagen ergibt.

38 **Beispiel Nr. 1:** Der Nachlass des Erblassers E besteht aus 10.000,00 EUR Bankguthaben und 20.000,00 EUR Mietschulden. In diesem Fall muss der Erbe einen Antrag auf Eröffnung des Nachlassinsolvenzverfahrens stellen, um sich nicht schadensersatzpflichtig zu machen.

39 **Beispiel Nr. 2:** Der Nachlass des Erblassers E besteht aus 10.000,00 EUR Bankguthaben und 9.000,00 EUR Mietschulden. Zugunsten des Dackelvereins sind die Erben mit einem Vermächtnis in Höhe von 5.000,00 EUR belastet. In diesem Fall können die Erben einen Antrag auf Eröffnung des Nachlassinsolvenzverfahrens stellen, müssen dies jedoch nicht.

40 Hat der Erbe vor der Eröffnung des Nachlassinsolvenzverfahrens aus dem Nachlassvermögen **Pflichtteilsansprüche, Vermächtnisse** oder **Auflagen erfüllt,** so sind diese Rechtshandlungen in der gleichen Weise **insolvenzrechtlich anfechtbar** wie eine unentgeltliche Leistung des Erben, § 322 InsO, da die Empfänger dieser Leistungen zu den nachrangigen Insolvenzgläubigern gehören und nicht besser gestellt werden sollen als der Erbe selbst, § 327 InsO. § 322 InsO ist ein eigenständiger Anfechtungstatbestand.

41 Für die Begründetheit ist die **Überschuldungsbilanz** maßgebend, in der die Aktiva und Passiva des Nachlasses nach ihren realisierbaren Verkehrswerten eingestellt sind. Ist die Bilanz negativ, bleibt es bei der Überschuldung. Wird sie jedoch positiv, werden die Aktiva in zweiter Stufe mit Fortführungswerten im Überschuldungsstatus (**Zerschlagungswerte**) angesetzt. Erst wenn diese immer noch eine Überschuldung ergeben, ist zu eröffnen; andernfalls ist der Antrag zurückzuweisen.

42 Merksatz: Bei der Berechnung der Überschuldung des Nachlasses sind neben den Masseverbindlichkeiten nach § 334 InsO alle in § 325 InsO genannten Verbindlichkeiten, also auch Vermächtnisse, Auflagen und Pflichtteilsansprüche, zu berücksichtigen, jedoch ist für den Erben § 1992 BGB zu beachten.

II. Zahlungsunfähigkeit

43 Zahlungsunfähigkeit liegt vor, wenn die fälligen Zahlungspflichten nicht erfüllt werden, § 17 Abs. 2 S. 1 InsO. Ganz geringfügige Liquiditätslücken sind unbeachtlich. Sie ist idR anzunehmen, wenn der Schuldner seine **Zahlungen eingestellt** hat, § 17 Abs. 2 S. 2 InsO. Dabei ist stets **auf den Nachlass** und nicht auf das Eigenvermögen des Erben **abzustellen.** Bei der Zahlungsunfähigkeit ist nur auf die Liquidität des Nachlasses abzustellen. Eine bloß vorübergehende Zahlungsunfähigkeit im Sinne einer bloßen **Zahlungsstockung** ist noch **kein Eröffnungs-**

---

8 Bamberger/Roth/*Lohmann*, § 1980 Rn 2.

E. Begründetheit des Antrags (Insolvenzgrund) § 10

grund.⁹ Uneinigkeit besteht in der Rechtsprechung, wie hoch die Quote der nicht bezahlten Verbindlichkeiten zu sein hat. Teilweise wird eine Quote von unter 5 %[10] angenommen. Zahlungsunfähigkeit ist auf jeden Fall anzunehmen, wenn der Nachlass **nicht** mehr **in der Lage** ist, **mehr als 20 Prozent der fälligen Verbindlichkeiten binnen zweier Monate zu begleichen**.

III. Drohende Zahlungsunfähigkeit

Die drohende Zahlungsunfähigkeit kann ebenfalls ein Grund für die Eröffnung des Nachlassinsolvenzverfahrens sein, § 320 S. 2 InsO; sie begründet jedoch **keine Antragspflicht**.[11] Das Antragsrecht steht nicht den Gläubigern zu. Bei der drohenden Zahlungsunfähigkeit ist idR durch einen **Insolvenzplan für einen Prognosezeitraum von mindestens einem Jahr die Liquiditätslücke aufzuzeigen**. Dem Schuldner droht Zahlungsunfähigkeit, wenn er voraussichtlich nicht in der Lage sein wird, die Verbindlichkeiten im Zeitpunkt ihrer Fälligkeit zu erfüllen, § 18 Abs. 2 InsO. Es wird somit **auf noch nicht fällige Verbindlichkeiten abgestellt**, während bei Zahlungsunfähigkeit auf fällige Forderungen abgestellt wird. 44

IV. Weitere Voraussetzungen: kostendeckende Masse

Neben den oben angeführten **Voraussetzungen** setzt die Eröffnung des Nachlassinsolvenzverfahrens voraus, dass die **vorhandene Masse wenigstens** die **Kosten des Verfahrens deckt**, § 26 Abs. 1 S. 1 InsO, zu denen 45
- die Gerichtskosten;
- die Vergütungen und Auslagen des vorläufigen Insolvenzverwalters der Mitglieder des Gläubigerausschusses (§ 54 InsO) zählen.

Insolvenzmasse ist das **Vermögen des Erblassers zum Zeitpunkt** der **Verfahrenseröffnung**, nicht – wie auch vertreten wird – zum Zeitpunkt des Erbfalls.[12] Da zum Nachlass hinzugerechnet wird, was zwischen Erbfall und Verfahrenseröffnung in den Nachlass gelangte, ist der Streit nicht von praktischer Bedeutung. Die **sonstigen Masseverbindlichkeiten** (§ 55 InsO) werden **nicht berücksichtigt**. 46

Aussonderungsrechte sind abzusetzen. Absonderungsbelastete Rechte sind nur mit dem Überschussbetrag bzw beschränkt auf die Feststellungs- und Verwertungskosten von pauschal 9 % des Erlöses zu berücksichtigen, §§ 170, 171 InsO. Reicht die ermittelte Masse nicht aus, um die Verfahrenskosten zu decken, muss das Gericht den Insolvenzantrag abweisen, es sei denn, es wird ein ausreichender Geldbetrag vorgeschossen, §§ 26 Abs. 1 S. 2, 54 InsO. Der Vorschuss muss das gesamte Verfahren abdecken. Deckt die Masse die Verfahrenskosten nicht und wird auch kein Vorschuss geleistet, weist das Gericht den Antrag mangels einer die Verfahrenskosten deckenden Masse ab. Hiergegen steht dem Antragsteller und auch dem Schuldner die **sofortige Beschwerde** zu, § 34 Abs. 1 InsO. 47

Die Abweisung mangels Masse verschafft dem Alleinerben und den Miterben die Möglichkeit der Haftungsbeschränkung aufgrund der **Dürftigkeitseinrede nach §§ 1990, 1991 BGB**; dies ist oftmals das Ziel eines Insolvenzantrages. Damit können Zwangsvollstreckungsmaßnahmen in 48

---
9 *Balz/Landfermann*, Das neue Insolvenzgesetz, S. 223.
10 So *Nerlich/Römermann/Mönning*, InsO, § 17 Rn 18; 5 % AG Köln NZI 2000, 89, 91; unter 10 % HK-*Kirchhof*, InsO, § 17 Rn 20.
11 AnwK-BGB/*Krug*, § 1980 Rn 3.
12 *Kuhn/Uhlenbruck*, KO § 214 Rn 2.

das Vermögen des Erben gestoppt werden. Der Einstellungsbeschluss ist Voraussetzung für die Erhebung einer Vollstreckungsgegenklage.

F. Sicherungsmaßnahmen

49 Als Sicherungsmaßnahmen bis zu einer Entscheidung über den Antrag kommen mehrere Entscheidungen des Insolvenzgerichts in Betracht.

I. Vorläufiger Insolvenzverwalter

50 Möglich ist die Einsetzung eines vorläufigen Insolvenzverwalters (§ 21 Abs. 2 Nr. 1 InsO); dem vorläufigen Insolvenzverwalter wird dabei im Regelfall die Verwaltungs- und Verfügungsbefugnis über das Vermögen des Schuldners verliehen, § 22 Abs. 1 S. 1 InsO. Die **Prozessführungsbefugnis** für den infolge der Antragstellung unterbrochenen Aktiv- und Passivprozess geht auf den vorläufigen Verwalter gemäß §§ 24 Abs. 2, 85 Abs. 1 InsO über. Das Gericht setzt die **Vergütung des vorläufigen Insolvenzverwalters** durch Beschluss fest. Maßgeblich hierfür ist die Insolvenzvergütungsordnung (InsVV). Regelmäßig ist von 25 % der Verwaltervergütung eines Insolvenzverwalters auszugehen.

II. Verhängung eines allgemeinen Verfügungsverbots

51 Verhängt das Gericht ein allgemeines Verfügungsverbot nach § 21 Abs. 2 Nr. 2 InsO, **geht** auch die Verwaltungs- und Verfügungsbefugnis über den Nachlass **auf** den **vorläufigen Verwalter über**, § 22 Abs. 1 S. 1 InsO.

III. Erlass eines allgemeinen Veräußerungsverbots

52 Das Gericht kann ein allgemeines Veräußerungsverbot erlassen und anordnen, dass Verfügungen der Erben **nur mit Zustimmung** des **vorläufigen Insolvenzverwalters wirksam** sind, § 21 Abs. 2 Nr. 2 2. Alt. InsO. Verfügungen der Erben sind bei Erlass eines allgemeinen Veräußerungsverbotes absolut unwirksam, §§ 24 Abs. 1, 81, 82 InsO. Das Verbot tritt bereits mit seinem Erlass, sofern Tag und Stunde angegeben sind (sonst ab der Mittagsstunde des Erlasstags), in Kraft.[13]

IV. Untersagung/Einstellung der Zwangsvollstreckung

53 Das Gericht kann **Maßnahmen der Zwangsvollstreckung** in den **beweglichen Nachlass** untersagen oder einstweilen einstellen, § 21 Abs. 2 Nr. 3 InsO. Auf Antrag des vorläufigen Insolvenzverwalters kann das Gericht auch Vollstreckungen in den **übrigen Nachlass untersagen** oder vorläufig einstellen, § 30 d Abs. 4 ZVG.

V. Sonstige Sicherungsmaßnahmen

54 **Versiegelung** von Gegenständen, **Untersagung der Herausgabe** von Gegenständen an Dritte, Postsperre, Zwangsvorführung und Haftanordnung, §§ 21 Abs. 2 Nr. 1 bis 3 und Abs. 3 InsO sind möglich.

---

13 BGH ZIP 1995, 40; BGH ZIP 1996, 1909, 1911.

G. Die Eröffnung des Insolvenzverfahrens

I. Inhalt des Eröffnungsbeschlusses

- Die Insolvenz ist als Nachlassinsolvenz über das Vermögen des Erblassers (Name, Todeszeit) zu bezeichnen. 55
- Der **Insolvenzverwalter** wird vorläufig (die erste Gläubigerversammlung kann ihn abwählen und einen anderen Verwalter ernennen, § 57 InsO) ernannt und namentlich unter Angabe seiner Anschrift bezeichnet.
- Tag und Stunde der Eröffnung sind anzugeben, § 27 Abs. 2 InsO.
- Die **Gläubiger** werden aufgefordert, ihre Forderungen einschließlich ihrer Sicherungsrechte innerhalb einer bestimmten Frist beim Insolvenzverwalter anzumelden, § 28 Abs. 1 InsO.
- **Schuldnern** des Nachlasses wird aufgegeben, nur noch an den Verwalter zu leisten, § 28 Abs. 3 InsO.
- Der Termin für die erste Gläubigerversammlung (in der der Insolvenzverwalter berichtet und in der der weitere Fortgang beschlossen wird) und ein Termin zur Prüfung der angemeldeten Forderungen werden bestimmt (§ 29 InsO).

II. Bekanntmachung des Eröffnungsbeschlusses

Er ist **öffentlich** bekannt zu machen (im Bundesanzeiger und dem regionalen Veröffentlichungsblatt); die Bekanntmachung **gilt zwei Tage nach** der Veröffentlichung **als bewirkt**. Der Beschluss ist auch in den Registern gemäß §§ 31, 32 InsO einzutragen. 56

III. Rechtsmittel

Der **Eröffnungsbeschluss** kann nur vom Schuldner (= Erbe) mit der **sofortigen Beschwerde**, § 34 Abs. 2 InsO, die keine aufschiebende Wirkung hat, § 4 InsO iVm § 572 ZPO, angefochten werden. Wenn die Eröffnung abgelehnt wird, steht dem Antragssteller die sofortige Beschwerde zu, § 34 Abs. 1 InsO. 57

IV. Zeitpunkt der Wirksamkeit des Beschlusses

Die Eröffnung wird wirksam mit dem im Eröffnungsbeschluss **genannten Zeitpunkt**, falls dieser fehlt, mit der Mittagsstunde des Beschlusstages, § 27 Abs. 2 Nr. 3, Abs. 3 InsO. 58

H. Die Wirkung der Eröffnung des Verfahrens

I. Beschlagnahme

Der Nachlass wird mit der Eröffnung des Nachlassinsolvenzverfahrens beschlagnahmt, § 80 InsO, mit der Wirkung, dass der Erbe seine Verfügungsbefugnis verliert. Die **Verschmelzung** von Nachlass und Eigenvermögen des Erben wird mit Rückwirkung ab Erbfall **beseitigt**, § 1978 Abs. 1 (Nachlassseparation). 59

II. Ausschließliche Verfügungsbefugnis des Insolvenzverwalters

Der Insolvenzverwalter hat das ausschließliche Verwaltungs- und Verfügungsrecht, §§ 27, 80 Abs. 1 InsO. Zu dem im Eröffnungsbeschluss genannten Zeitpunkt verliert der Schuldner (= Er- 60 be) **Verwaltungs- und Verfügungsbefugnis** über den Nachlass, einschließlich der Prozessführungsbefugnis, §§ 80 ff InsO, dies gilt sowohl für Aktiv- als auch Passivprozesse. Die Unterbrechung gemäß § 240 ZPO betrifft auch Stufenklagen von Pflichtteilsberechtigten. Rechtshandlungen des Schuldners (= Erben) sind mit der Eröffnung den Insolvenzgläubigern gegenüber unwirksam.

III. Grundbuchvermerk

61 Der Insolvenzvermerk wird auf Ersuchen des Insolvenzgerichts in das Grundbuch eingetragen, §§ 32, 33, 81 InsO.

IV. Nachlassseparation

62 Der Nachlass wird den Nachlassgläubigern vorbehalten, §§ 325, 327 InsO. Die Haftung des Erben beschränkt sich gegenüber den Nachlassgläubigern auf den Nachlass, § 1975 BGB, wenn er nicht bereits unbeschränkt haftet.

V. Verbot der Einzelzwangsvollstreckung

63 Einzelvollstreckungen sind **während** der Dauer des Insolvenzverfahrens **unzulässig**, §§ 89, 90 InsO. Für die **Immobiliarzwangsvollstreckung bewirkt** das **Vollstreckungsverbot** des § 89 Abs. 1 InsO **in Bezug auf persönliche Nachlassgläubiger** Folgendes: Eine Zwangshypothek kann nicht mehr im Grundbuch eingetragen werden, der Eintrag selbst wäre ein Akt der Zwangsvollstreckung, wenn auch nur zum Zwecke der Sicherung der Forderung. Die Forderung ist zur Insolvenztabelle anzumelden.

VI. „Rückschlagsperre"

64 **Rückschlagsperre** des § 88 InsO heißt: Hat ein Insolvenzgläubiger im letzten Monat vor dem Insolvenzantrag **durch Zwangsvollstreckung** eine Sicherung (Sach- und Forderungspfändung) an einem Nachlassgegenstand erlangt, so wird diese Maßnahme mit der Eröffnung des Nachlassinsolvenzverfahrens unwirksam. Die Rückschlagsperre betrifft nur die durch Zwangsvollstreckung erlangten Sicherungen. Die Rückschlagsperre greift nicht ein, wenn der Vollstreckungsgläubiger bereits befriedigt wurde. Hat der Nachlassgläubiger **im letzten Monat** vor dem Antrag auf Eröffnung der Nachlassinsolvenz eine **Zwangshypothek** im Grundbuch eintragen lassen, so wird diese mit Eröffnung des Nachlassinsolvenzverfahrens **unwirksam**. Analog § 868 ZPO dürfte eine **Eigentümergrundschuld** entstehen.[14]

65 **Nicht erfasst** werden von der sogenannten Rückschlagsperre **rechtsgeschäftlich vorgenommene Sicherungen**; ein derartiger Rechtserwerb kann durch Insolvenzanfechtung nach §§ 129 ff InsO angefochten werden.

66 **Zeitraum zwischen Antragstellung und Eröffnung:** Für den Zeitraum zwischen Antragstellung und Verfahrenseröffnung **gilt**, wenn Sicherungsmaßnahmen – nicht Zwangsvollstreckungsmaßnahmen – getroffen wurden: Die durch besondere gerichtliche Anordnung verfügte Untersagung der Zwangsvollstreckung nach § 21 Abs. 2 Nr. 3 InsO stellt ein **Vollstreckungshindernis** dar, aber es **bezieht sich** nach dem eindeutigen Wortlaut der Vorschrift **nicht auf Grundstücke**. Deshalb ist während dieses Interimsstadiums ihre **Eintragung möglich**. Allerdings ge-

---

14 Musielak/*Becker*, ZPO 1999, § 868 Rn 3.

winnt nach der Eröffnung des Nachlassinsolvenzverfahrens die „Rückschlagsperre" des § 88 InsO Bedeutung: Die Eintragung der **Zwangshypothek wird unwirksam**. Wird nach dem Erbfall eine **Vormerkung** auf der Grundlage einer einstweiligen Verfügung erlangt und danach das Nachlassinsolvenzverfahren eröffnet, so ist gem. § 321 InsO der Nachlassinsolvenzverwalter berechtigt, die Löschung der Vormerkung zu verlangen.

I. Rechtswirkung der Verfahrenseröffnung im Hinblick auf die Haftung

I. Nachlassseparation

Die Wirkungen der mit dem Erbfall eingetretenen Vereinigung des Eigenvermögens des Erben mit dem Nachlass werden wieder beseitigt. Sind durch die Vereinigung Rechte und Verbindlichkeiten erloschen, sei es durch **Konfusion** (Vereinigung von Recht und Verbindlichkeit) oder **Konsolidation** (Vereinigung von Recht und Belastung), so **gelten** infolge der Verfahrenseröffnung diese **Rechtsverhältnisse ex tunc als nicht erloschen**, § 1976 BGB. Die als Folge der Vereinigung eingetretene **unbeschränkte Haftung** des Erben **wird beschränkt** auf das Nachlassvermögen.

II. Verlust der Haftungsbeschränkung

Die Haftungsbeschränkung tritt allerdings nur ein, wenn der Erbe nicht bereits aus anderen Gründen unbeschränkt haftet wie:

– Fälle der Inventaruntreue, § 2005 BGB;
– Versäumung der Inventarfrist, § 1994 BGB;
– Verweigerung der eidesstattlichen Versicherung, § 2006 BGB.

hier aber nur unbeschränkte Haftung gegenüber dem antragstellenden Gläubiger.

§ 2013 BGB besagt nicht, dass das Nachlassinsolvenzverfahren nicht mehr eröffnet werden kann. Das Verfahren kann aber bei unbeschränkbarer Haftung des Erben **nicht mehr zu einer Haftungsbeschränkung führen**. Das Verfahren entfaltet die Trennungswirkung nur zugunsten der Nachlassgläubiger. Gläubiger des Erben können nicht mehr in Nachlassgegenstände die Zwangsvollstreckung betreiben. Der unbeschränkbar haftende **Erbe behält** weiter das **Recht**, die Eröffnung des Nachlassinsolvenzverfahrens zu beantragen. Der Erbe haftet bei der Eröffnung des Nachlassinsolvenzverfahrens mit seinem Eigenvermögen, auf das die Nachlassgläubiger zugreifen können. Wird neben dem Nachlassinsolvenzverfahren auch ein Insolvenzverfahren über das Eigenvermögen des Erben eröffnet, können die Nachlassgläubiger ihre Forderungen auch in diesem Verfahren geltend machen und werden dann wie absonderungsberechtigte Gläubiger behandelt, § 331 Abs. 1 InsO.[15]

Die **durch die Eröffnung bewirkte Haftungsbeschränkung gilt gegenüber allen Gläubigern**, nicht nur im Verhältnis zu einzelnen, wie es beim Aufgebotsverfahren oder der fünfjährigen Gläubigersäumnis geschieht. Sie wirkt nicht nur zugunsten des Antragstellers. Der antragstellende Gläubiger erreicht zwar, dass der Nachlass als Haftungsmasse geschützt wird; gleichzeitig wird auch die Haftung des Erben auf die Masse beschränkt. Jeder **Gläubiger** des Erblassers muss daher **prüfen**, ob es überhaupt sinnvoll ist, einen **Nachlassinsolvenzantrag** zu stellen, da ihm dadurch die Möglichkeit der Zwangsvollstreckung in das Vermögen des Erben genommen wird. Entsprechend bewirkt die Eröffnung auf Antrag des Erben nicht nur seine Haftungsbe-

---
15 Staudinger/*Marotzke*, § 2013 Rn 5.

schränkung auf den Nachlass, sondern **schützt** sein **Vermögen vor Zwangsvollstreckungsmaßnahmen** der Gläubiger des Erben.

III. Aufrechnung und Insolvenzeröffnung

71 Die vor Eröffnung erfolgten Aufrechnungen von Nachlassgläubigern gegen Eigenforderungen des Erben oder von Eigengläubigern des Erben gegen Nachlassforderungen gelten als nicht erfolgt, § 1977 BGB.

Beispiel: Erblasser E hat Verbindlichkeiten bei der Kfz-Werkstatt A in Höhe von 1.000 EUR. Die Kfz-Werkstatt A hat Verbindlichkeiten beim Erben aus Mietforderung in Höhe von 1.000 EUR. A erklärt vor Eröffnung des Insolvenzverfahrens die Aufrechnung. Die von A erklärte Aufrechnung wird unwirksam. Der Erbe hat in diesem Fall die Mietforderung und der Erblasser die Verbindlichkeiten aus Reparatur.

Hat der Erbe der Aufrechnung von Nachlassgläubigern gegen eine Eigenforderung zugestimmt oder diese Aufrechnung veranlasst, bleibt es bei der Aufrechnung. Eine Zustimmung des Erben zu Aufrechnungen von Eigengläubigern gegen Nachlassforderungen ist hingegen trotz des Wortlautes von § 1977 Abs. 2 BGB nicht relevant. Die Aufrechnung des Eigengläubigers wird also ex tunc unwirksam. Dies ergibt sich aus dem Schutzzweck der Norm. Der Fall ist nicht über die Haftung des Erben für die bisherige Verwaltung, §§ 1978, 1979 BGB, zu regeln. § 1977 BGB will die Aufrechnung aus der sonstigen Verwaltung herausnehmen und gesondert regeln.

IV. Anfechtung von Rechtshandlungen des Erblassers bzw des Erben

1. Anfechtung

72 Mit der Anfechtung von Rechtshandlungen des Erblassers bzw des Erben kann der Insolvenzverwalter die Insolvenzmasse anreichern. Der Insolvenzverwalter hat die Verpflichtung, alle anfechtbaren Rechtshandlungen auch anzufechten. Der Anfechtungsanspruch richtet sich primär nach § 143 Abs. 1 S. 1 InsO auf Rückgewähr des weggegebenen Vermögensgegenstands zur Insolvenzmasse. Ist der Gegenstand jedoch nicht mehr vorhanden, muss der Leistungsempfänger als Anfechtungsgegner sekundär Ersatz leisten.

73 Der Empfänger einer anfechtbaren unentgeltlichen Leistung (Anfechtung nach § 134 InsO), der nach § 143 Abs. 2 InsO keine Kenntnis von einer Gläubigerbenachteiligung hatte und nicht mehr bereichert ist, ist nicht zur Herausgabe verpflichtet.

74 Für **jede** Insolvenzanfechtung auch im Nachlassinsolvenzverfahren müssen die allgemeinen Voraussetzungen nach § 129 InsO und die Voraussetzungen der speziellen Anfechtungstatbestände nach den §§ 130 bis 146, 322 InsO erfüllt sein. Die Anfechtung wird gegenüber dem Leistungsempfänger oder auch gegenüber dessen Erben (§ 145 Abs. 1 InsO) geltend gemacht.

2. Begründetheit der Anfechtung

75 § 129 Abs. 1 InsO verlangt eine vor Eröffnung des Insolvenzverfahrens vorgenommene Rechtshandlung, die die Nachlassgläubiger benachteiligt, dh die zu einer objektiven Vermögensminderung führt. Diese liegt dann vor, wenn sich durch die Rechtshandlung des Erblassers die Aktivmasse verkürzt hat und dadurch der Zugriff der Nachlassgläubiger auf das Schuldnervermögen unmöglich gemacht wurde.

Bei den anderen Anfechtungstatbeständen der § 132 Abs. 1 InsO (unmittelbar nachteilige Rechtshandlung) und § 133 Abs. 2 InsO (vorsätzliche Benachteiligung) muss die Rechtshandlung zu einer unmittelbaren Gläubigerbenachteiligung führen. Das ist beispielsweise der Fall, wenn der Erblasser eine Sache unter Wert veräußerte oder ein Darlehen unter dem marktüblichen Zinssatz gewährte.

Bei den übrigen Anfechtungstatbeständen genügt eine mittelbare objektive Gläubigerbenachteiligung: Danach kann die Rechtshandlung selbst zunächst korrekt sein, durch das Hinzutreten weiterer Umstände (wie zB Zahlungsunfähigkeit des Verkäufers) kann sich aber eine objektive Gläubigerbenachteiligung ergeben. Von einer Gläubigerbenachteiligung wird zB nicht ausgegangen, wenn eine Sache zu einem angemessenen Preis verkauft wird. Werden jedoch die entsprechenden Einnahmen ausgegeben, wirkt sich die Rechtshandlung mittelbar nachteilig aus.

Keine benachteiligenden Rechtshandlungen liegen vor, wenn das Schuldnervermögen nicht beeinträchtigt wird, dh wenn wertlose oder unpfändbare Gegenstände weggegeben werden.

Die Erfüllung eines Pflichtteilsanspruchs ist stets anfechtbar.

Bei Bargeldgeschäften, die zu einem angemessenen Preis erfolgen, wird keine objektive Gläubigerbenachteiligung nach § 142 InsO angenommen, weil insoweit die weggegebene Leistung durch die empfangene Gegenleistung wieder ausgeglichen wird. Eine Ausnahme gilt nur bei vorsätzlicher Benachteiligung (§ 133 InsO).

Merksatz: Der Insolvenzverwalter muss prüfen, ob ein kausaler Zusammenhang zwischen dem weggegebenen Vermögenswert und einer schlechteren Quote für die Insolvenzgläubiger in der Schlussverteilung nachgewiesen werden kann, dann liegt eine objektive Gläubigerbenachteiligung vor.

3. Anfechtung nach § 130 InsO, Rechtsgeschäfte mit kongruenter Deckung

Ein Deckungsgeschäft ist kongruent, wenn durch die Rechtshandlung der Erben der Nachlassgläubiger eine Befriedigung erlangt, auf die er in dieser Form einen Anspruch hatte.

Beispiel – Kongruente Deckung: Der Erblasser beauftragte eine Anwaltskanzlei mit der Erstellung eines Testaments. Als Festhonorar waren vereinbart worden 5000 EUR. Dieser Betrag ist angemessen. Am 15.7.2006 wurde der Betrag mit Fristsetzung auf den 15.8.2006 fällig gestellt. Am 1.8. verstarb der Erblasser. Die Erben haben die Erbschaft sofort angenommen.

Die Erbengemeinschaft bezahlt die am 15.8.2006 fällig gewordene Anwaltskostennote des Erblassers i.H. von 5.000 EUR. Das Nachlassinsolvenzverfahren wird am 15.10.2006 beantragt.

Die Zahlung der Erbengemeinschaft ist anfechtbar, wenn nach § 130 Abs. 1 Nr. InsO
- die Rechtshandlung in den letzten drei Monaten vor dem Insolvenzeröffnungsantrag vorgenommen wurde,
- der Schuldner zur Zeit der Rechtshandlung zahlungsunfähig war und
- der Anfechtungsgegner (Anwalt) zu dieser Zeit die Zahlungsunfähigkeit kannte, oder kennen musste.

oder wenn nach § 130 Abs. 1 Nr. 2 InsO
- die Handlung nach dem Eröffnungsantrag vorgenommen wurde und
- der Anfechtungsgegner die Zahlungsunfähigkeit oder den Eröffnungsantrag kannte.

Lösung: Da der Anwalt die Zahlungsunfähigkeit nicht kannte, ist die Zahlung nicht anfechtbar.

88 Der Kenntnis des Anfechtungsgegners (Leistungsempfängers) von der Zahlungsunfähigkeit des Schuldners oder des Eröffnungsantrags steht die Kenntnis von Umständen gleich, die zwingend auf die Zahlungsunfähigkeit oder den Eröffnungsantrag schließen lassen (§ 130 Abs. 2 InsO). Die Beweislast für die Zahlungsunfähigkeit des „Nachlasses" und die Kenntnis des Gläubigers von der Zahlungsunfähigkeit bzw von dem Eröffnungsantrag trägt der Insolvenzverwalter. Er muss die Zahlungsunfähigkeit zum Zahlungstag nachweisen.

89 **Beweislastumkehr:** Wenn jedoch der Anfechtungsgegner eine nahe stehende Person iS des § 138 InsO (zB Ehepartner, Lebenspartner, Abkömmling) ist, wird die Kenntnis von der Zahlungsunfähigkeit bzw vom Eröffnungsantrag vermutet. Wenn der Nachlassinsolvenzverwalter die Vermutung vorträgt, muss die nahe stehende Person beweisen, dass die vermutete Tatsache (Kenntnis der Zahlungsunfähigkeit) nicht zutrifft.

4. Anfechtung nach § 131 InsO, Rechtshandlungen oder Rechtsgeschäfte mit inkongruenter Deckung

90 Ein inkongruentes Geschäft liegt vor, wenn der Nachlassgläubiger durch Rechtshandlung einer Befriedigung oder Sicherung erhält, die er
- überhaupt nicht,[16]
- nicht in der Art,
- nicht zu der Zeit zu beanspruchen hatte.[17]

91 **Beispiel – Inkongruente Deckung:** Die Gemeinde pfändet wegen rückständiger Grundstücksabgaben des Erblassers einen Zahlungsanspruch aus dem Nachlass gegen einen Dritten. Das durch die Pfändung erlangte Pfandrecht ist inkongruent, weil die Gemeinde keinen Anspruch auf das Pfandrecht hatte, sondern nur auf die Grundstücksabgaben.

92 Eine Pfändung oder Verpfändung von Ansprüchen ist stets als inkongruent anzusehen, es sei denn, dass in den dem Vertragsverhältnis zugrunde liegenden AGBs eine Pfandvereinbarung vertraglich festgehalten wurde. Das Prioritätsprinzip der Einzelzwangsvollstreckung wird durch das Prinzip der Gleichbehandlung der Gläubiger in den letzten drei Monaten vor dem Insolvenzantrag verdrängt, so dass Leistungen, die der Schuldner zur Abwendung einer unmittelbar drohenden oder bereits ausgebrachten Zwangsvollstreckung erbringt, inkongruent und somit anfechtbar sind. Inkongruenz wird auch unterstellt, wenn der oder die Erben mit dem Nachlassgläubiger (Gemeinde) eine Ratenrückzahlungsvereinbarung schließen,
- damit bereits ausgebrachte Vollstreckungsmaßnahmen ausgesetzt oder aufgehoben werden oder
- um bereits angekündigte Vollstreckungsmaßnahmen zu verhindern.

93 Diese inkongruente Deckung ist aber nur dann anfechtbar, wenn die Handlung
- im letzten Monat vor dem Eröffnungsantrag oder nach diesem Antrag vorgenommen wird (§ 131 Abs. 1 Nr. 1 InsO),
- innerhalb des zweiten oder dritten Monats vor dem Eröffnungsantrag vorgenommen wurde und dem Gläubiger (Gemeinde) zur Zeit der Handlung bekannt war, dass die Handlung die

---

16 Es handelt sich um die Erfüllung unvollkommener Verbindlichkeiten (Ehrenschulden aus Spiel), bei Erfüllung anfechtbarer bzw verjährter Ansprüche.
17 Es handelt sich um die Erfüllung von Verbindlichkeiten, die nicht fällig, befristet (insbesondere aufschiebend bedingt) oder betragt sind. *Zeuner*, Die Anfechtung in der Insolvenz, S. 85, Rn 132.

anderen Nachlassinsolvenzgläubiger benachteiligt. Gleiches gilt für die Kenntnis von Umständen, die auf die Benachteiligung schließen lassen (§ 131 Abs. 1 Nr. 3 InsO).

Die Kenntnis der Benachteiligung liegt dann vor, wenn zB die Gemeinde davon ausgehen musste, dass aus dem Nachlass in nächster Zeit nicht alle Gläubiger befriedigt werden können (§ 131 Abs. 1 Nr. 3 InsO). 94

5. Anfechtung nach § 132 InsO wegen unmittelbar nachteiliger Rechtshandlungen

Beispiel: Die Erbengemeinschaft bezahlt offene Anwaltshonorare des Erblassers, wobei der Anwalt die Zahlungsunfähigkeit kannte. 95

Nach § 132 Abs. 1 InsO sind Rechtsgeschäfte anfechtbar, wenn 96
1. die Insolvenzgläubiger unmittelbar benachteiligt werden
2. diese in den letzten drei Monaten vor dem Eröffnungsantrag vorgenommen wurden,
3. zur Zeit des Rechtsgeschäfts Zahlungsunfähigkeit des Schuldners vorliegt
4. der am Rechtsgeschäft beteiligte Partner (Anfechtungsgegner) die Zahlungsunfähigkeit kennt oder Kenntnis von Umständen hat, die auf die Zahlungsunfähigkeit schließen lassen.

Lösung: Wenn die Zahlung innerhalb von drei Monaten vor dem Antrag vorgenommen wurde, ist die Leistung anfechtbar. Nach § 132 Abs. 1 Nr. 2 InsO sind Rechtsgeschäfte anfechtbar, wenn diese nach Stellung des Eröffnungsantrags vorgenommen werden der Gläubiger die Zahlungsunfähigkeit oder den Eröffnungsantrag kannte. 97

Beispiel: Die Erbengemeinschaft verfehlt eine rechtzeitige Irrtumsanfechtung nach § 119 BGB. 98

Nach § 132 Abs. 2 InsO sind die Rechtsgeschäfte anfechtbar, 99
1. die zwar nicht eine unmittelbare Benachteiligung der Gläubiger mit sich bringen, durch die aber der Schuldner
2. ein Recht verliert,
3. ein Recht nicht mehr geltend machen kann,
4. oder ein Vermögensanspruch gegen ihn durchsetzbar wird.

Bei der Anfechtung nach § 132 Abs. 2 InsO müssen zusätzlich die Tatbestandsvoraussetzungen von § 132 Abs. 1 Nr. 1 InsO gegeben sein. Die Beweislast für die Anfechtungsvoraussetzungen trägt der Nachlassinsolvenzverwalter. Bei Anfechtung gegen nahe stehende Personen (§ 138 InsO) besteht Beweislastumkehr. 100

6. Anfechtung wegen § 133 Abs. 1 InsO, vorsätzlicher Benachteiligung

Während es für die Anfechtungstatbestände nach den §§ 130 bis 132 InsO auf die Dreimonatsfrist vor dem Eröffnungsantrag ankommt, können vorsätzliche Benachteiligungen nach § 133 Abs. 1 InsO angefochten werden, die in den letzten 10 Jahren vor Antragstellung vorgenommen wurden. 101

Beispiel: Anfechtung wegen vorsätzlicher Benachteiligung Der überschuldete und meistens zahlungsunfähige Erblasser, verstorben in 2006, hatte am 6.6.2004 eine Abschlagszahlung von 20.000 EUR auf Einkommensteuer geleistet, nachdem ihm das FA in Kenntnis seiner Zahlungsunfähigkeit Vollstreckung angedroht hatte. 102

Frage: Kann der Nachlassinsolvenzverwalter im Nachlassinsolvenzverfahren die Zahlung anfechten?

103 **Lösung:** Die Zahlung ist nicht anfechtbar (aus mehreren Gründen).

a) Tatbestandsvoraussetzung: Rechtshandlung des Schuldners

104 Die Rechtshandlung des Schuldners muss frei bestimmt sein. Er muss nach freiem Willen entscheiden können, ob er zB eine Zahlung erbringt. Mit Urteil vom 10.2.2005 hatte der BGH entschieden, dass ein Schuldner unter dem Druck angedrohter Zwangsvollstreckungsmaßnahmen nicht mehr frei bestimmt handelt und deswegen keine Rechtshandlung iS des § 133 Abs. 1 InsO vornimmt (BGH 10.2.2005, IX ZR 211/02). Damit wurde die frühere Rechtsprechung aufgegeben. Aus den vorgenannten Gründen fehlt es daher an der Tatbestandsvoraussetzung: frei bestimmte Rechtshandlung.

b) Tatbestandsvoraussetzung: Benachteiligungsvorsatz des Schuldners

105 Benachteiligungsvorsatz ist grundsätzlich anzunehmen, wenn der Schuldner weiß, dass er durch seine Rechtshandlung (zB Zahlung) andere Gläubiger benachteiligt. Er muss also erkennen, dass er zahlungsunfähig ist und bleiben wird. Gewährt der Erblasser dem Gläubiger eine kongruente Deckung, also das, was der Gläubiger zu Recht fordern durfte, sind an den Nachweis des Benachteiligungsvorsatzes – gegenüber einer inkongruenten Deckung – höhere Anforderungen zu stellen. Bei einer kongruenten Deckung wird eine Benachteiligungsabsicht nur in den seltensten Fällen vorliegen und zudem nur schwer zu beweisen sein, da gerade der Verfügende (Erblasser) verstorben ist.

c) Tatbestandsvoraussetzung: Kenntnis des Anfechtungsgegners

106 Die Kenntnis des Anfechtungsgegners vom Benachteiligungsvorsatz des Schuldners wird nach § 133 Abs. 1 S. 2 InsO vermutet, wenn der Gläubiger die drohende Zahlungsunfähigkeit des Schuldners kannte und wusste, dass die Rechtshandlung andere Gläubiger benachteiligt. Von einem Gläubiger, der Umstände kennt, die zwingend auf eine zumindest drohende Zahlungsunfähigkeit schließen lassen, wird vermutet, dass er die drohende Zahlungsunfähigkeit selbst und den Benachteiligungsvorsatz kannte.

d) Beweislastregel

107 Die Beweislast für die Tatsache der frei bestimmten Rechtshandlung durch den Erblasser und dessen Benachteiligungsvorsatz trägt der Insolvenzverwalter. Bestreitet der Gläubiger die Kenntnis der drohenden Zahlungsunfähigkeit und der Gläubigerbenachteiligung, muss der Nachlassinsolvenzverwalter die Kenntnis des Gläubigers von der drohenden Zahlungsunfähigkeit und der Gläubigerbenachteiligung beweisen. Hatte der Gläubiger jedoch inkongruente Deckung erhalten, gilt dies als Beweisanzeichen für seine Kenntnis von der Gläubigerbenachteiligung.

7. Anfechtung entgeltlicher Verträge mit nahe stehenden Personen

108 Nach § 133 Abs. 2 InsO sind entgeltliche Verträge mit nahe stehenden Personen iS des § 138 InsO anfechtbar, wenn sie die Gläubiger unmittelbar benachteiligen. Die unmittelbare Benachteiligung muss sich aus dem Vertrag selbst ergeben. Die Anfechtung ist ausgeschlossen, wenn die nahe stehende Person beweisen kann,
– dass der Vertragsschluss außerhalb der letzten zwei Jahre vor dem Eröffnungsantrag erfolgt ist oder
– dass sie den Schuldnervorsatz, die anderen Gläubiger zu benachteiligen, nicht kannte.

8. Anfechtung unentgeltlicher Leistungen nach § 134 InsO

Unentgeltliche Leistungen des Erblassers können angefochten werden, wenn sie innerhalb eines Zeitraumes von vier Jahren vor der Stellung des Nachlassinsolvenzantrages getätigt wurden, so zB beim Vertrag zugunsten Dritter auf den Todesfall, wenn im Valutaverhältnis eine unentgeltliche Leistung vorliegt. 109

Bei Anfechtung einer unentgeltlichen Leistung muss der Beschenkte das Empfangene aber nur in die Insolvenzmasse zurückgeben, wenn der Beschenkte noch bereichert ist. 110

Er haftet nicht für eine schuldhafte Verschlechterung der empfangenen Sache und für schuldhaft nicht gezogenen Nutzen. Der Haftungsausschluss gilt jedoch nicht mehr ab dem Zeitpunkt der Bösgläubigkeit des Beschenkten, dh sobald er weiß oder aus den Umständen schließen muss, dass durch die unentgeltliche Leistung Gläubiger des Schenkers benachteiligt werden. 111

9. Anfechtbare Rechtshandlungen des Erben nach § 322 InsO

§ 322 InsO sieht einen besonderen Anfechtungstatbestand für das Nachlassinsolvenzverfahren vor. Wenn der Erbe oder die Miterben vor Eröffnung des Insolvenzverfahrens aus dem Nachlass 112

1. Pflichtteilsansprüche,
2. Vermächtnisse,
3. Auflagen

erfüllt hatten, so sind diese Rechtshandlungen anfechtbar wie unentgeltliche Leistungen (§ 134 InsO) des Erben, es sei denn, es liegt ein Fall des § 1979 BGB vor. Dies ist dann der Fall, wenn der Erbe bei der Erfüllung dieser Verbindlichkeiten nach eingehender Prüfung des Nachlasses davon ausgehen konnte, dass der Nachlass zur Berichtigung aller Nachlassverbindlichkeiten ausreichen wird.

Die Anforderungen an die Prüfungspflicht sind hoch. Der Erbe muss 113

– den Nachlass sichten,
– Unterlagen durcharbeiten,
– die Aktiva und Passiva des Nachlasses erfassen, die Aktiva bewerten

und

– ggf ein Inventar erstellen.

Der Erbe hat bei der Prüfung entsprechende Aufzeichnungen anzufertigen, um nachzuweisen, dass er davon ausgehen konnte, dass der Nachlass nicht überschuldet ist. 114

Wenn der Erbe seine Prüfungspflicht verletzt hat und er somit nicht davon ausgehen konnte, dass der Nachlass für alle Verbindlichkeiten ausreicht, besteht neben dem Anfechtungsrecht des Nachlassinsolvenzverwalters alternativ nach § 1978 BGB eine Schadensersatzpflicht des Erben gegenüber den Nachlassgläubigern. 115

V. Aufwendungsersatzansprüche des Erben

Nach § 1978 Abs. 3 BGB sind dem Erben **Aufwendungen** aus dem Nachlass zu ersetzen, **soweit er nach den Vorschriften** über den Auftrag oder die Geschäftsführung **ohne Auftrag Ersatz verlangen könnte**. Die Ersatzpflicht ist **Nachlassverbindlichkeit**. Sie ist gegen den Nachlassinsolvenzverwalter geltend zu machen. Im Nachlassinsolvenzverfahren stellen sie **Masseverbindlichkeiten** dar, § 324 Abs. 1 Nr. 1 InsO. Im Nachlassinsolvenzverfahren steht dem Erben wegen der nach §§ 1978, 1979 BGB aus dem Nachlass zu ersetzenden Aufwendungen **kein Zurück- 116

behaltungsrecht zu, § 323 InsO. Es gibt keine Abweichung zum Regelinsolvenzverfahren. Die Nachlassgläubiger, § 38 InsO, die am Nachlassinsolvenzverfahren teilnehmen wollen, müssen ihre Forderungen **beim Insolvenzverwalter** anmelden, § 174 InsO, **nicht beim Gericht**.[18]

117 Folgende **formale Anforderungen** der Anmeldung sind zu beachten:
- Schriftform ist vorgesehen, § 174 Abs. 1 1 InsO.
- Beweisstücke sollen beigefügt werden, § 174 Abs. 1 S. 2 InsO.
- Der Rechtsanwalt des Gläubigers hat eine schriftliche Vollmacht vorzulegen.
- Grund und Höhe der Forderung sind anzugeben, § 174 Abs. 1 InsO.
- Die Frist zur Forderungsanmeldung wird im Eröffnungsbeschluss genannt, § 28 Abs. 1 InsO.

118 ▶ **Muster: Anmeldung zur Nachlassinsolvenztabelle beim Nachlassinsolvenzverwalter**

Herrn

Rechtsanwalt

(Nachlassinsolvenzverwalter)

...

Nachlassinsolvenzverfahren in der Nachlasssache der/des ..., gestorben am ..., zuletzt wohnhaft in ...

Hier: Anmeldung einer Forderung gegen den Nachlass zur Insolvenztabelle

Sehr geehrter Herr Kollege,

Ich vertrete ... . Eine auf mich lautende Vollmacht füge ich bei – Anlage 1 –.

Meine Mandantin hat eine Forderung iHv ... EUR aus dem Kauf.

Beweis: Kopie des Kaufvertrags vom ... – Anlage 2 –

Diese Forderung zzgl Zinsen und Kosten gemäß der nachfolgenden Forderungsaufstellung melde ich hiermit zur Insolvenztabelle an.

Die Forderung meiner Mandantin errechnet sich nach Hauptforderung, Zinsen und Kosten wie folgt:

...

Ein Vollstreckungstitel ist nicht vorhanden.

Unterschrift ◀

Wenn der Nachlassinsolvenzverwalter die Forderung bestreitet, muss Feststellungsklage erhoben werden.

119 ▶ **Muster: Beratung des Mandanten wegen Erhebung der Feststellungsklage**

An ...

Betreff: Nachlassverfahren ... .

Bezug: Nachlassinsolvenzverfahren

Sehr geehrte ...,

der Insolvenzverwalter hat die für Sie angemeldete Forderung bestritten.

In der Anlage fügen wir Auszug aus der Tabelle in Kopie bei.

---

18 Vgl im Einzelnen zum insolvenzrechtlichen Feststellungsverfahren *Merkle*, RPfleger 2001, 157 ff mwN zu str. Rechtsfragen.

Wenn nun die Forderung weiterverfolgt werden soll, muss gegen den Insolvenzverwalter Klage auf Feststellung erhoben werden.

Die Feststellung der bestrittenen, nicht titulierten Forderung ist nach § 180 Abs. 1 S. 1 InsO nur außerhalb des Insolvenzverfahrens möglich. Hierzu ist Klage im ordentlichen Verfahren zu erheben. Örtlich zuständig für die Feststellungsklage ist nach § 180 Abs. 1 S. 2 InsO das Amtsgericht, in dessen Bezirk das Insolvenzverfahren anhängig ist, somit ....

Da Ihre Forderung mehr als 5.000,– EUR beträgt, ist das Landgericht gemäß § 23 GVG örtlich zuständig, zu dessen Bezirk das Insolvenzgericht gehört, § 180 Abs. 1 S. 2 InsO.

Unterschrift ◄

J. Insolvenzverfahren und Verteilung des Nachlasses

Der Kreis der Massegläubiger im Nachlassinsolvenzverfahren ergibt sich aus § 324 InsO. Insolvenzgläubiger sind nur die **Nachlassgläubiger**, § 325 InsO, zu denen gemäß § 325 InsO auch der Erbe selbst zählen kann. Die **aussonderungsberechtigten Gläubiger** (zB Rechte aus §§ 985, 604 BGB) sind **keine Insolvenzgläubiger**, § 47 InsO; sie brauchen daher am Insolvenzverfahren nicht teilzunehmen und sind somit auch nicht antragsberechtigt. Zur abgesonderten Befriedigung berechtigt sind die in §§ 49 bis 51 InsO Berechtigten. Soweit ihnen der Schuldner auch persönlich haftet, sind sie auch Insolvenzgläubiger, müssen ihre **Forderungen zur Tabelle anmelden**. Bedient wird die Forderung mit dem nach Absonderung ausgefallenen Teil mit der **Quote**. **Unbewegliche Gegenstände** werden vom Berechtigten nach **ZVG verwertet**. **Bewegliche Gegenstände** und Forderungen werden ausschließlich **vom Verwalter verwertet** (§§ 166 bis 169 InsO, Ausnahme § 173 InsO).

120

Bei der Verteilung des Nachlasses gilt folgende **Rangordnung**: An erster Stelle stehen die **Masseverbindlichkeiten** nach §§ 54, 55 und 324 Abs. 1 Nr. 1 bis 6 InsO, die **vorab befriedigt** werden. Es gibt nichtnachrangige Insolvenzgläubiger, § 38 InsO, die innerhalb einer Stufe rangmäßig auf der gleichen Stufe stehen, und nachrangige Insolvenzgläubiger, § 39 InsO; diese, sowie die besonderen nachrangigen Verbindlichkeiten des § 327 InsO, kennen auch innerhalb eine Rangordnung – im Einzelnen ergibt sich folgendes **Stufenverhältnis:**

121

1.	Masseverbindlichkeiten	
	§ 54 Nr. 1 InsO	Gerichtskosten für das Insolvenzverfahren
	§ 54 Nr. 2 1. Alt InsO	Vergütung und Auslagen des vorläufigen Insolvenzverfahrens
	§ 54 Nr. 2 2. Alt InsO	Vergütung und Auslagen der Mitglieder des Gläubigerausschusses
	§ 55 Abs. 1 Nr. 1 InsO	Verbindlichkeiten aus Handlungen des Insolvenzverwalters
	§ 55 Abs. 1 Nr. 2 InsO	Verbindlichkeiten aus gegenseitigen Verträgen
	§ 55 Abs. 1 Nr. 3 InsO	Verbindlichkeiten aus ungerechtfertigter Bereicherung der Masse

	§ 55 Abs. 2 InsO	durch vorläufigen Insolvenzverwalter begründete Verbindlichkeiten rechtsgeschäftlichen oder gesetzlichen Ursprungs
	§ 55 Abs. 3 InsO	Ansprüche aus Arbeitsentgelt
	§ 324 Abs. 1 Nr. 1 InsO	Ersatzansprüche der Erben nach §§ 1978, 1979 BGB
	§ 324 Abs. 1 Nr. 2 InsO	Beerdigungskosten
	§ 324 Abs. 1 Nr. 3 InsO	Verfahrenskosten im Falle der Todeserklärung
	§ 324 Abs. 1 Nr. 4 InsO	Kosten der Eröffnung einer Verfügung von Todes wegen, Kosten der Sicherung des Nachlasses, der Nachlasspflegschaft, des Aufgebots und der Inventarerrichtung
	§ 324 Abs. 1 Nr. 5 InsO	vom Nachlasspfleger oder Testamentsvollstrecker begründete Verbindlichkeiten
	§ 324 Abs. 1 Nr. 6 InsO	Ansprüche eines Nachlasspflegers, Testamentsvollstreckers oder vorläufigen Erben gegen endgültige Erben
2.	§ 38 InsO	nicht nachrangige Gläubiger, zB Mitgliedsrechte von Gesellschaften, Ansprüche aus insolvenznahen Sozialplan, Nachteilsausgleichsansprüche aus § 113 BetrVG, Schadensersatzansprüche wegen Verdienstausfall
(3.–7.)		nachrangige Gläubiger gem. § 39 Abs. 1 Nr. 1 bis 5 InsO
3.	§ 39 Abs. 1 Nr. 1 InsO	seit Eröffnung laufende Zinsen
4.	§ 39 Abs. 1 Nr. 2 InsO	Teilnehmerkosten der Insolvenzgläubiger am Verfahren
5.	§ 39 Abs. 1 Nr. 3 InsO	Geldstrafen/-bußen u. dgl.
6.	§ 39 Abs. 1 Nr. 4 InsO	Forderungen auf unentgeltliche Zuwendung
7.	§ 39 Abs. 1 Nr. 5 InsO	Forderungen auf Rückgewähr kapitalersetzender Darlehen
8.	§ 39 Abs. 2 InsO	Gläubiger des § 39 Abs. 2 InsO (bei vereinbartem Nachrang)
9.	§ 1973 Abs. 1 S. 2 BGB	infolge Aufgebot ausgeschlossene Gläubiger (§ 1973 Abs. 1 S. 2 BGB) und von der Verschweigungseinrede betroffene Gläubiger
10.	§ 327 Abs. 1 Nr. 1 InsO	Pflichtteilsansprüche gem. § 327 Abs. 2 InsO, ebenso Vermächtnisse nach § 2307 BGB
11.	§ 327 Abs. 1 Nr. 2 InsO	Vermächtnisansprüche, Verbindlichkeiten aus Auflagen

K. Beendigung § 10

▶ **Muster: Beratung des Pflichtteilsberechtigten** 122

An …

Betreff: Pflichtteilsansprüche/Pflichtteilsergänzungsansprüche

Bezug: Nachlassinsolvenzverfahren

Sehr geehrter Herr …,

wir sind beauftragt, für Sie Pflichtteils- und überwiegend Pflichtteilsergänzungsansprüche geltend zu machen. Wir weisen darauf hin, dass derartige Ansprüche lediglich sog. nachrangige Ansprüche Verbindlichkeiten sind. Diese Ansprüche gehen denen in § 39 der Insolvenzordnung bezeichneten bzw Verbindlichkeiten nach. Nachrangige Gläubiger können ihre Forderung nur dann anmelden, wenn das Gericht dazu gesondert auffordert.

Das Gericht wird in der Praxis nur in den wenigsten Fällen derartige Nachlassgläubiger auffordern, ihre Forderung zur Insolvenztabelle anzumelden.

Wenn ein nachrangiger Gläubiger seine Forderung anmeldet, ohne auf den Nachrang hinzuweisen und die Rangstelle mitzuteilen, so gilt dies als Anmeldung einer nicht nachrangigen Forderung, was zur Folge hat, dass der Insolvenzverwalter die Forderung im Prüfungstermin bestreiten wird.

Da die Eröffnung des Insolvenzverfahrens hier nicht auf Überschuldung beruht, sondern aufgrund von Zahlungsunfähigkeit, werden wir bei Gericht für Sie den Antrag stellen, dass auch die nachrangigen Gläubiger aufgefordert werden, die Forderung anzumelden.

Hochachtungsvoll

Unterschrift ◀

Bei **Masseunzulänglichkeit** greift die Rangordnung des § 209 InsO, Masseverbindlichkeiten 123
gemäß § 324 InsO haben der Rang gem. § 209 Abs. 1 Nr. 3 (§ 324 Abs. 2 InsO). Die rangmäßig auf gleicher Stufe stehenden Gläubiger werden verhältnismäßig befriedigt, §§ 39 Abs. 1, 327 Abs. 1 InsO. Der Verwalter verteilt die Teilungsmasse durch **Abschlagsverteilung nach dem Prüfungstermin** unter Berücksichtigung der gem. § 189 Abs. 1 und 2 InsO **zurückbehaltenen Anteile** zu dem gem. § 195 InsO bestimmten Bruchteil. Zur **Schlussverteilung** und **Nachtragsverteilung** s. §§ 196, 179 ff, 189 Abs. 2, 203 InsO.

Ein eventuell sich ergebender **Überschuss** ist an die Erben herauszugeben (§ 199 InsO). 124

Die **Anmeldung** einer Forderung im Aufgebotsverfahren macht die Anmeldung im Insolvenz- 125
verfahren nicht entbehrlich. **Ab Eröffnung** des Insolvenzverfahrens **über das Vermögen des Erben** kann der **Gläubiger**, dem beide Vermögensmassen haften, seinen **Anspruch** im Verfahren über das Eigenvermögen **nur anmelden**, soweit er **im Nachlassinsolvenzverfahren ausgefallen** ist, § 331 iVm § 52 InsO.

K. Beendigung

Das Nachlassinsolvenzverfahren endet nicht durch Verteilung bzw durch den **Insolvenzplan**. 126
Es ist ein **Aufhebungsbeschluss notwendig** (§ 258 Abs. 1 InsO).

Sobald die **Bestätigung des Insolvenzplans rechtskräftig** ist, beschließt das Insolvenzgericht die 127
Aufhebung. Der Beschluss und der Grund der Aufhebung sind öffentlich bekannt zu machen. Der Schuldner, der Insolvenzverwalter und die Mitglieder des Gläubigerausschusses sind vorab über den Zeitpunkt des Wirksamwerdens der Aufhebung § 9 Abs. 1 S. 3 InsO zu unterrichten.

128 Das Verfahren kann auch vorzeitig durch Beschluss des Insolvenzgerichts beendet werden, und zwar bei

- Einstellung (§ 215 InsO);
- Wegfall des Eröffnungsgrundes (§ 212 InsO);
- Insolvenzverzicht aller Gläubiger (§ 213 InsO);
- fehlender Masse (§ 207 InsO);
- Masseunzulänglichkeit (§ 211 InsO);
- nach Zweckerreichung durch Aufhebungsbeschluss nach Abhaltung des Schlusstermins (§ 200 InsO).

129 **Nach der Aufhebung** des Nachlassinsolvenzverfahrens kann sich der Erbe gegenüber denjenigen Nachlassgläubigern, für und gegen die der Insolvenzplan Wirkung entfaltet, nicht so ohne Weiteres auf § 1989 BGB berufen, denn die Ansprüche der Nachlassgläubiger gegen den Erben richten sich auch nach dem Inhalt des Insolvenzplans.[19]

130 Denn einem Insolvenzplan werden die Nachlassgläubiger im Regelfall nur dann zustimmen, wenn der Erbe auch **bereit** ist, sein **Eigenvermögen** zT **einzusetzen**, um auf der anderen Seite den Nachlass zu seiner freien Verfügung zu erhalten. In der Praxis ist davon auszugehen, dass der Erbe sich gegenüber den am Insolvenzplan beteiligten Gläubigern nicht auf § 1989 BGB berufen kann.

131 Gegenüber Nachlassgläubigern, die ihre **Forderungen** im Nachlassinsolvenzverfahren **nicht angemeldet** haben, findet die Bestimmung des § 254 Abs. 1 S. 3 InsO keine Anwendung.[20] Das bedeutet, dass der rechtskräftig bestätigte Insolvenzplan ihnen gegenüber **keine Wirkungen** zeitigt. Gegenüber diesen Gläubigern bestimmt sich die **Haftung** des Erben nicht nach dem Insolvenzplan, sondern **nach der entsprechenden Anwendung des** § 1973 BGB. Die Nichtanmeldung im Nachlassinsolvenzverfahren wird der Nichtanmeldung im Aufgebotsverfahren gleichgestellt.[21]

132 **Mit** der **Aufhebung** des Insolvenzverfahrens **endet** der dem Erben bereits durch § 1975 BGB und § 784 Abs. 1 ZPO gewährte **Schutz des Eigenvermögens**. Nach Aufhebung des Insolvenzverfahrens kann der Erbe die Befriedigung der noch nicht (voll) befriedigten Nachlassgläubiger oder derjenigen, die sich am Nachlassinsolvenzverfahren nicht beteiligt haben, verweigern, soweit der Nachlass durch das Nachlassinsolvenzverfahren erschöpft wird. Der Erbe braucht die Nachlassgläubiger deshalb weder aus seinem Eigenvermögen, noch aus denjenigen Nachlassgegenständen zu befriedigen, derentwegen eine Nachtragsverteilung gem. § 203 InsO stattfinden muss.

133 Sind alle bei der **Schlussverteilung** zu berücksichtigenden Gläubiger voll befriedigt worden, kommt eine Haftung des Erben nur gegenüber denjenigen Nachlassgläubigern in Betracht, deren Forderungen von der Schlussverteilung nicht betroffen und in das Schlussverzeichnis nicht einzusetzen waren. Das sind meist die Nachlassgläubiger, die ihre Forderungen im Nachlassinsolvenzverfahren nicht angemeldet oder ihre Anmeldung zurückgenommen haben. Diese Nachlassgläubiger kann der Erbe entsprechend § 1973 BGB auf den ihm vom Nachlassinsolvenzverwalter überlassenen Nachlasswert verweisen.[22]

---

19 Staudinger/*Marotzke*, § 1989 Rn 14.
20 Staudinger/*Marotzke*, § 1989 Rn 18.
21 Staudinger/*Marotzke*, § 1989 Rn 18 mwN.
22 Staudinger/*Marotzke*, § 1989 Rn 10.

L. Zwangsvollstreckung aus der Tabelle

Nach der Durchführung des Nachlassinsolvenzverfahrens wird es in der Praxis kein zum Nachlass gehörendes Vermögen mehr geben, so dass die Haftung des Erben praktisch entfällt. Darlegungs- und beweispflichtig dafür, dass dies der Fall ist, ist der **Erbe**.[23] Vollstreckt ein Gläubiger aus einem Auszug aus der Tabelle, § 201 Abs. 1 InsO, in das Eigenvermögen des Erben, kann dieser nach §§ 767, 781, 785 ZPO **Vollstreckungsgegenklage** erheben; eines Vorbehaltes nach § 780 ZPO bedarf es dazu nicht.[24]

134

M. Dürftigkeitseinrede

Die Dürftigkeitseinrede § 1990 Abs. 1 BGB **setzt voraus**, dass eine die **Kosten des Nachlassinsolvenzverfahrens deckende Masse fehlt** (§ 1982 BGB, § 26 Abs. 1 InsO) und deshalb die Eröffnung des Nachlassinsolvenzverfahrens nicht „tunlich" oder das Insolvenzverfahren eingestellt ist, § 207 Abs. 1 InsO, § 1990 Abs. 1 S. 1 BGB. Die Überschuldung des Nachlasses ist – im Gegensatz zu § 1992 BGB – nicht Voraussetzung für die Anwendung des § 1990 BGB.[25] Es ist ausreichend, dass die Nachlassaktiva so gering sind, dass die Kosten der genannten Verfahren nicht gedeckt sind; sprich nicht vorgeschossen werden können.[26]

135

Darlegungs- und **beweispflichtig** für die Dürftigkeit des Nachlasses ist der Erbe.[27] Dies kann er durch die Vorlage entsprechender Entscheidungen des Insolvenzgerichts tun.[28] Das gilt insbesondere auch dann, wenn die Eröffnung des Nachlassinsolvenzverfahrens mangels Masse abgelehnt worden ist, § 26 Abs. 1 InsO, § 1982 BGB. Die **Bindungswirkung muss** jedoch dann **entfallen**, wenn nach der Ablehnung der Eröffnung der Verfahren **weitere Nachlassaktiva auftauchen**. Denn in diesen Fällen kann ein Antrag auf Eröffnung des Nachlassinsolvenzverfahrens gestellt werden.[29]

136

N. Insolvenzverfahren und Zwangsvollstreckung

Ausgangsfall: Erblasser E verstarb am 15.6.2005. Erben sind seine Ehefrau EP zu ½ und seine beiden Kinder K1 und K2 je zu ¼. Der Nachlass setzte sich zusammen wie folgt:

137

a) Immobilie im Wert von 100.000,00 EUR,
b) Bankverbindlichkeiten 60.000,00 EUR,
c) bestrittene Darlehensverbindlichkeiten in Höhe von 70.000,00 EUR bei der Tante T.

Im landgerichtlichen Verfahren wurden EP, K1 und K2 zur Zahlung verurteilt, wobei sie beantragen, dass die Haftung auf den Nachlass beschränkt wurde. T leitet Vollstreckungsmaßnahmen ein und zwar in das Nachlassvermögen und Eigenvermögen der Erben.

Grundsätzlich kann der zu einer Leistung verurteilte Erbe in der **Zwangsvollstreckung** die Einreden des § 1990 Abs. 1 S. 1 BGB nur geltend machen, wenn ihm die Beschränkung seiner Haftung im Urteil vorbehalten wurde (§ 780 Abs. 1 ZPO). § 780 ZPO regelt lediglich die Frage, ob in der Zwangsvollstreckung die Haftungsbeschränkung geltend gemacht wird und nicht die Art

---

23 Bamberger/Roth/*Lohmann*, § 1989 Rn 3.
24 Palandt/*Edenhofer*, § 1989 Rn 1.
25 MünchKomm/*Siegmann*, § 1990 Rn 2.
26 Palandt/*Edenhofer*, § 1990 Rn 2; Erman/*Schlüter*, § 1990 Rn 1.
27 Staudinger/*Marotzke*, § 1990 Rn 6.
28 BGH NJW-RR 1989, 1226 = FamRZ 1989, 1070.
29 Staudinger/*Marotzke*, § 1990 Rn 6.

und Weise, also das Verfahren der Geltendmachung.[30] Letzteres ist in den §§ 781, 785 ZPO geregelt. Nach § 781 ZPO bleibt die Beschränkung der Haftung bei der Zwangsvollstreckung gegen den Erben unberücksichtigt, bis aufgrund derselben gegen die Zwangsvollstreckung vom Erben Einwendungen erhoben werden. Kann der Erbe die Haftungsbeschränkung geltend machen (§ 780 Abs. 1 ZPO) und macht er sie geltend (§ 781 ZPO), dann werden die Vollstreckungsmaßnahmen nach den Vorschriften der §§ 767, 769, 770 ZPO gestoppt.

138 **Lösung:** EP und K1, K2 müssen einen Antrag auf Eröffnung des Nachlassinsolvenzverfahrens stellen, um die Voraussetzungen für die Erhebung einer Vollstreckungsgegenklage zu schaffen, um die Zwangsvollstreckungsmaßnahmen in das Eigenvermögen zu verhindern bzw zu stoppen.

139 **Fallvariante:** Nach der Verwertung der Immobilie konnte die Forderung von T in Höhe von 35.000,00 EUR befriedigt werden. T betreibt nun die Zwangsvollstreckung in Höhe von 35.000,00 EUR in das Eigenvermögen der Erben.

140 Die erste Alternative des § 1989 BGB setzt voraus, dass die **Insolvenzmasse verteilt** und das Nachlassinsolvenzverfahren aufgehoben ist. In diesem Fall bedeutet die entsprechende Anwendung des § 1973 Abs. 1 S. 1 BGB, dass der Erbe die Befriedigung der (im Nachlassinsolvenzverfahren) noch nicht (vollständig) befriedigten Nachlassgläubiger verweigern kann, soweit der Nachlass durch das Nachlassinsolvenzverfahren (einschließlich einer eventuell erfolgten Nachtragsverteilung) erschöpft wird (sog. Erschöpfungseinrede).

141 Die zweite Alternative des § 1989 BGB setzt voraus, dass ein **wirksamer Insolvenzplan** zustande gekommen und das Nachlassinsolvenzverfahren aufgehoben ist. In diesem Fall kann der Erbe die Befriedigung der von § 1989 BGB betroffenen Nachlassgläubiger verweigern, soweit der Nachlass durch die Befriedigung der nicht durch § 1989 BGB betroffenen Nachlassgläubiger erschöpft wird.[31] Hat der Erbe die Erfüllung des Insolvenzplans (auch) mit dem Eigenvermögen übernommen, sind diejenigen Nachlassgläubiger, für und gegen die der Insolvenzplan Wirkung entfaltet, durch § 1989 BGB nicht betroffen, da der Erbe insoweit (durch den Insolvenzverwalter) auf die Einrede aus dieser Bestimmung verzichtet hat. Der Erbe kann in diesem Fall diejenigen Nachlassmittel, die zur Befriedigung der aus dem Insolvenzplan begünstigen Nachlassgläubiger notwendig sind und aufgebraucht werden, in entsprechender Anwendung des § 1973 Abs. 2 S. 1 und 3 BGB von dem Nachlassüberschuss, mit dem er den übrigen durch § 1989 BGB betroffenen Nachlassgläubigern noch haftet, abziehen.[32] Die durch § 1989 BGB **betroffenen Gläubiger hat** der **Erbe vor Verbindlichkeiten** aus Pflichtteilsrechten, Erbersatzansprüchen, Vermächtnissen und Auflagen **zu befriedigen**. Dies gilt nur dann nicht, wenn der Nachlassgläubiger seine Forderungen erst nach der Berichtigung der nämlichen Verbindlichkeiten erhoben und geltend gemacht hat.[33]

142 Die **Herausgabe** des **Überschusses** geschieht nach § 1973 Abs. 2 S. 1 BGB grundsätzlich in der Weise, dass der Erbe die Zwangsvollstreckung in den Nachlass(rest) duldet oder ihn an Zahlungs und Erfüllungs Statt freiwillig dem damit einverstandenen Nachlassgläubiger herausgibt. Der Erbe kann auch hier die Herausgabe der eventuell noch vorhandenen Nachlassgegenstände durch Zahlung ihres Wertes abwenden (§ 1973 Abs. 2 S. 2 BGB). Die Berechnung des Über-

---

30 *Gottwald,* Zwangsvollstreckung, § 780 Rn 1.
31 Staudinger/*Marotzke,* § 1989 Rn 22.
32 Bamberger/Roth/*Lohmann,* § 1989 Rn 4.
33 Staudinger/*Marotzke,* § 1989 Rn 32.

schusses folgt auch hier den Regeln des Bereicherungsrechts.[34] Zu beachten ist, dass ein **Nachlassgläubiger** im Falle des § 1989 BGB **nicht** die **Zwangsversteigerung eines Grundstücks beantragen** kann (§ 175 Abs. 2 ZVG).

O. Die Wirkung der Beendigung

– Die Erben erlangen wieder ihre Verfügungsbefugnis über den Nachlass; 143
– die Unterbrechung der Prozesse endet;
– nach § 81 Abs. 1 S. 1 InsO unwirksame Maßnahmen der Erben werden wirksam;
– unbefriedigte Gläubiger erlangen das Recht der freien Nachforderung (§ 210 Abs. 2 InsO). Dabei haben die Gläubiger des § 324 Abs. 1 InsO den Rang der Gläubiger des § 209 Abs. 1 Nr. 3 InsO (§ 324 Abs. 2 InsO);
– **Haftung** der **Erben**.

Der Erbe haftet nach Abschluss des Nachlassinsolvenzverfahrens durch Verteilung der Masse 144 den nicht befriedigten Gläubigern wie ausgeschlossenen Gläubigern, §§ 1973, 1989 BGB, also nach Bereicherungsgrundsätzen und beschränkt auf den Nachlassrest (falls er nicht schon unbeschränkt haftet).

Der Erbe muss sich auf seine Haftungsbeschränkung berufen (**Einrede**), im Prozess den allgemeinen Vorbehalt nach § 780 ZPO im Urteil erlangen, wenn er das Eigenvermögen schützen will. Bei der Befriedigung der in § 1974 Abs. 2 BGB genannten Gläubiger muss der Erbe die Rangordnung nach Maßgabe der Insolvenzordnung beachten, auch wenn § 1989 BGB diese Vorschrift nicht ausdrücklich erwähnt.[35] Bei Verstoß gegen die Rangfolge haftet der Erbe persönlich für den Ausfall. 145

P. Erbauseinandersetzung via Nachlassinsolvenzverfahren nach § 320 InsO

Praxishinweis: Das Nachlassinsolvenzverfahren eignet sich als Instrumentarium bei der Erbauseinandersetzung. 146

Die Anzahl von Nachlassinsolvenzverfahren mit der hohen Quote von 100 Prozent auf Forderungen nach § 38 InsO ist hoch. Daraus ergibt sich, dass häufig Erbauseinandersetzungen mit Hilfe des Insolvenzrechts betrieben werden. Insbesondere die sonst nach Durchführung eines gescheiterten FamFG-Verfahrens (Verfahrensdurchführung höchst selten) notwendige Klage auf Zustimmung zum Teilungsplan ist mit einem erheblichen Prozesskostenrisiko behaftet. Der Weg in die Insolvenzabwicklung ist deshalb vorgezeichnet. 147

Das Recht der Insolvenzordnung eröffnet insbesondere auch bei Verfahren mit hohen Überschüssen bei behaupteter oder gar drohender Zahlungsunfähigkeit die Wahl eines Insolvenzantrags des Erben als Verfahrensoption. 148

---

34 Staudinger/*Marotzke*, § 1989 Rn 25.
35 MünchKomm/*Siegmann*, § 1989 Rn 7; str.

§ 11 Vorweggenommene Erbfolge

Literatur: *Bonefeld/Daragan/Tanck*, Arbeitshilfen im Erbrecht (Stand 2006); *Bonefeld/Daragan/Wachter*, Der Fachanwalt für Erbrecht, 2006; *Kreutziger/Lindberg/Schaffner*, Bewertungsgesetz, 2002; *Limmer/Hertel/Frenz/Mayer*, Würzburger Notarhandbuch, 2005; Münchener Kommentar zum Bürgerlichen Gesetzbuch, Band 6 (§§ 854–1296), 4. Aufl. 2004; *Rössler/Troll*, BewG Kommentar, Loseblattsammlung, 2010; *Schöner/Stöber*, Grundbuchrecht, 13. Aufl. 2004; *Sudhoff*, Unternehmensnachfolge, 5. Aufl. 2005; *Troll/Gebel/Jülicher*, Erbschaftsteuer- und Schenkungsteuergesetz; *Winkler*, Beurkundungsgesetz, 15. Aufl. 2003

A. Allgemeines	1	II. Steuerrechtliche Grundlagen der Gestaltung einer vorweggenommenen Erbfolge	8
I. Das Mandat bei der vorweggenommenen Erbfolge	1	1. Steuerrechtliche Bewertung des Vermögens	12
II. Mehrere Berater als Haftungsfalle	4		
B. Vertragsgestaltungen einer vorweggenommenen Erbfolge	6	2. Grundlagen der Erbschaft- und Schenkungsteuerpflicht	32
I. Einfacher Schenkungsvertrag	6	3. Berechnung der Erbschaft- und Schenkungsteuer	36
Anmerkung	7		

A. Allgemeines

I. Das Mandat bei der vorweggenommenen Erbfolge

1   Das Mandat bei der Beratung einer vorweggenommenen Erbfolge ist in aller Regel ein sehr umfassendes Mandat. Meist treten bei der Gestaltung der vorweggenommenen Erbfolge sowohl zivil- und steuerrechtliche, wie auch betriebswirtschaftliche Fragestellungen auf. Aus diesem Grunde ist es besonders wichtig, zunächst einmal den Umfang des Mandats zusammen mit dem Mandanten festzulegen.

2   **Festlegung des Beratungsumfanges:**
– Ist nur zivilrechtliche oder nur steuerrechtliche oder Beratung bezüglich aller Rechts- und Steuerfragen und auch betriebswirtschaftlichen Fragen gewünscht?
– Erstellen eines Beratungsvertrages, der definitiv den Mandatsumfang beschreibt und die Honorarvereinbarung festhält.

3   Zunächst einmal sollte nach der Mandatsaufnahme, also einem ersten Gespräch mit dem Mandanten, diesem gegenüber eine schriftliche Bestätigung des Gespräches in kurzem Umfang erfolgen. Es empfiehlt sich, eine verbindliche Zusage, für welches Honorar die Angelegenheit erledigt werden kann, erst dann zu erteilen, wenn tatsächlich alle für die Bearbeitung relevanten Unterlagen und Informationen erteilt wurden. Denn häufig stellen sich nach Durchsicht der vom Mandanten überlassenen Unterlagen wesentlich komplexere Fragestellungen, gerade auch steuerrechtlicher Natur, die dann den Bearbeitungsaufwand wesentlich erhöhen können und auch das Haftungsrisiko, so dass dann bei der zuvor erteilten Honorarzusage eine wirtschaftlich sinnvolle Bearbeitung durch den Rechtsanwalt uU nicht mehr geleistet werden kann.

II. Mehrere Berater als Haftungsfalle

4   Häufig trifft der im Erbrecht beratende Rechtsanwalt die Situation an, dass der Mandant in steuerrechtlichen Fragen bereits seit langer Zeit von einem **Steuerberater** und auch einem **Wirtschaftsprüfer** beraten wird. Wird während der Beratung deutlich, dass auch der Steuerberater oder Wirtschaftsprüfer vom Mandanten noch zu Rate gezogen werden, empfiehlt es sich, eine klare schriftliche Vereinbarung zu treffen, welchen Umfang die Beratung des Rechtsanwaltes

B. Vertragsgestaltungen einer vorweggenommenen Erbfolge § 11

haben soll. Denn findet eine solche klare Abgrenzung nicht statt, läuft der Rechtsanwalt Gefahr, in Haftungsrisiken einzutreten, die durch die Steuerberatung des Steuerberaters oder Wirtschaftsprüfers auftreten, weil diese nicht ausreichend oder falsch beraten haben. Denn der Mandant wird sich später nicht mehr erinnern wollen, wer ihm welchen Rat erteilt hat. Um von vornherein solchen überflüssigen Risiken zu entgehen, ist auf eine klare Aufteilung des Beratungsmandates abzustellen, was nur durch eine schriftliche Vereinbarung erfolgen kann.

▶ **Muster: Bestätigung der Mandatsannahme und des Mandatsumfangs**   5

Haben wir am ... in ..., zusammen mit Ihrer Ehefrau und Ihnen, die möglichen Gestaltungen einer privaten Vermögensnachfolgeregelung zu Lebzeiten von Ihnen beiden besprochen.[1]

Wir sind dabei so verblieben, dass ich nach Erhalt der folgenden Unterlagen:

A. Grundbuchauszug der Gemeinde ... bezüglich Ihres Grundstückes in der ABC-Straße
B. Schenkungsurkunde aus dem Jahr ...
C. Übersicht über Ihre Bankguthaben

Ihnen ein schriftliches Angebot über den Umfang meiner Beratung und mein dafür anfallendes Honorar zukommen lassen werde. Sobald mir diese Unterlagen vorliegen, werde ich mein Honorarangebot sowie einen Beratungsvertrag zusenden.

Mit freundlichen Grüßen

...

Unterschrift ◀

B. Vertragsgestaltungen einer vorweggenommenen Erbfolge

I. Einfacher Schenkungsvertrag

▶ **Muster: Einfacher Schenkungsvertrag, unbebautes Grundstück, ohne Vorbehalte**   6

Urk.R.Nr.

Heute, am ..., erscheinen vor mir,

der Notarin[2] ABC

beim Notariat in ...

1. Frau ...,
   geboren am ...,
   wohnhaft in ...
2. deren Tochter
   Frau ..., geborene ...
   geboren am ...
   wohnhaft in ...

Die Erschienenen weisen sich durch amtliche Ausweise mit Lichtbild aus.

---
1 *Bonefeld/Daragan/Tanck*, Arbeitshilfen im Erbrecht, E. Formulierungshilfen im Erbrecht Nr. 12.
2 Nach § 9 Abs. 1 BeurkG sind in der Niederschrift der Notar und die Beteiligten genau zu bezeichnen.

Die Erschienenen erklären zur Beurkundung:

Schenkungsvertrag

I.

Frau ... ist im Grundbuch der Stadt ... Band ..., Heft ... als Eigentümerin des folgenden Grundstückes eingetragen:

| Flst. Nr.: 3888/1 | Hof- und Gebäudefläche | |
| | Straße | 940 qm |

Frau ... übergibt im Wege der vorweggenommenen Erbfolge an ihre Tochter ... das folgende Grundstück zu Alleineigentum:

| Flst. Nr.: 3888/1 | Hof- und Gebäudefläche | |
| | Straße | 940 qm |

Belastungen

Das Grundstück ist in Abteilung II und III **lastenfrei**.

II.

Die Übergabe mit Übergang von Besitz und Nutzungen, Gefahr und den öffentlichen Abgaben und Lasten erfolgt sofort.

Jegliche Ansprüche wegen Sach- oder Rechtsmängeln sind, soweit gesetzlich zulässig, ausgeschlossen.[3]

Der Erwerberin ist das Grundstück zuverlässig bekannt.

Sie übernimmt die Grundstücke und Gebäude in dem Zustand, in dem sie sich gegenwärtig jeweils befinden.

Miet- oder Pachtverträge sind an diesem Grundstück nicht begründet.[4]

III.

Die Kosten dieses Vertrages und seines Vollzuges trägt die Erwerberin. Eventuelle Steuern gehen zu Lasten der Erwerberin.

Grundbucherklärung

Auflassung

Die Beteiligten sind über den Eigentumsübergang gemäß Ziffer I. dieser Urkunde einig. Sie **bewilligen** und **beantragen**[5] Vollzug der Eigentumswechsel im Grundbuch.

Schluss

Der Erwerber ist von der Grunderwerbsteuer ausgenommen. Die Umschreibung des Eigentums im Grundbuch erfolgt ohne steuerliche Unbedenklichkeitsbescheinigung

---

[3] Palandt/*Putzo*, § 437 Rn 3; vollständige Abdingbarkeit möglich.
[4] Palandt/*Putzo*, § 435 Rn 10; obligatorisches Recht als Rechtsmangel.
[5] §§ 13, 19 GBO: Antrags- und Bewilligungsgrundsatz.

B. Vertragsgestaltungen einer vorweggenommenen Erbfolge § 11

Vollmacht[6]

Die Vertragsparteien bevollmächtigen

a) Frau ...,
b) Frau ...,
c) Frau ...,

alle Angestellte des Notariats in ...

– jeweils einzeln –

alle für den grundbuchamtlichen Vollzug dieses Vertrages erforderlichen Erklärungen abzugeben und Anträge zu stellen, die aufgrund von Beanstandungen des Grundbuchamts notwendig werden.

Die Bevollmächtigten sind von den Beschränkungen des § 181 BGB befreit. Die Vollmacht soll durch den Tod der Vollmachtgeber nicht erlöschen. Sie erlischt drei Monate nach Umschreibung des Eigentums im Grundbuch. Von der Vollmacht kann nur vor der beurkundenden Notarin oder ihrem Vertreter im Amt Gebrauch gemacht werden.

Die Beteiligten entbinden die Bevollmächtigten von jeder persönlichen Haftung, soweit sie lediglich auf Weisung der Notarin oder ihres Vertreters im Amt tätig geworden sind.

Schluss

1. Die Notarin hat die Beteiligten u.a. auf folgendes hingewiesen:[7]
    - Den Zeitpunkt und die Voraussetzungen des Eigentumsübergangs
    - Das Erfordernis der vollständigen Beurkundung der getroffenen Vereinbarungen.
    - Die Notarin hat über die steuerlichen Auswirkungen dieses Vertrags nicht beraten. Auf die Möglichkeit des Anfalls von Schenkungsteuer[8] wurde hingewiesen. Es wurde den Beteiligten empfohlen, den Rat eines Steuerberaters oder eine verbindliche Auskunft des Finanzamtes einzuholen.[9]
    - Die gesamtschuldnerische Haftung der Beteiligten für Kosten[10] und Steuern.[11]
2. Beantragt werden:
    a) eine Ablichtung für das Finanzamt in ... – Grunderwerbsteuerstelle –
    b) eine begl. Ablichtung für das Finanzamt in ... – Erbschaft- und Schenkungsteuerstelle –
    c) je eine begl. Ablichtung für die Vertragsparteien
    d) eine Ablichtung für die Rechtsanwälte ... geschäftsansässig in ...

Vorstehende Niederschrift wurde von der Notarin vorgelesen, von den Erschienenen genehmigt und von ihnen und der Notarin eigenhändig unterschrieben.[12] ◀

---

[6] Eine solche „Reparaturvollmacht" empfiehlt sich immer, denn dadurch können Fehler in der Urkunde, für die ein persönliches Erscheinen zur Abgabe einer Willenserklärung der Beteiligten nicht notwendig ist, einfach und rasch behoben werden, damit der grundbuchrechtliche Vollzug der Urkunde erfolgen kann.
[7] Nach § 17 BeurkG hat der Notar eine grundsätzliche Belehrungspflicht. Er soll die Beteiligten insbesondere auf die Tragweite und die möglichen Folgen des Rechtsgeschäftes hinweisen.
[8] Diesen Hinweis muss ein Notar erteilen, auch wenn er nicht über die einzelne tatsächlich anfallende Steuer belehren muss; *Winkler*, BeurkG, § 17 Rn 264.
[9] Eine solche Freistellungserklärung ist dem Notar zu empfehlen, um nicht in steuerrechtliche Haftungsrisiken einzutreten, da er in aller Regel für die steuerrechtliche Beratung kein Mandat erteilt bekommen hat.
[10] Nach § 36 Abs. 2 KostO wird für die Beurkundung eines Schenkungsvertrages eine doppelte Gebühr erhoben durch den Notar.
[11] Diese Belehrung ist nicht zwingend, jedoch empfiehlt sie sich, um den Parteien ihre gemeinsame Haftung zu verdeutlichen; *Winkler*, BeurkG, § 17 Rn 269.
[12] Limmer/Hertel/Frenz/Mayer/*Limmer*, Würzburger Notarhandbuch, Teil 1, Kap. 2 Rn 170.

Anmerkung

7 Die vorweggenommene Erbfolge, also die Übertragung von Vermögensgegenständen zu Lebzeiten, erfolgt in aller Regel aus den folgenden Gründen:
- Aufteilung des Vermögens unter den Abkömmlingen zur Vermeidung von künftigem Streit nach dem Ableben des Schenkers.
- Minimierung von drohenden Pflichtteils- oder Pflichtteilsergänzungsansprüchen.[13]
- Abgabe der Last der wirtschaftlichen Verwaltung des Vermögens.
- Ehebedingte Zuwendung an einen Ehegatten als Entlohnung für eine langjährige Mitarbeit im Unternehmen des schenkenden Ehegatten.
- Steuergestaltung zur steuerfreien oder steuergünstigen Übergabe von Vermögen.

II. Steuerrechtliche Grundlagen der Gestaltung einer vorweggenommenen Erbfolge

8 Die **Erbschaftsteuerreform 2009**, die aufgrund der Vorgaben des Bundesverfassungsgerichts v. 7.11.2006 BvL 10/02, BStBl. 2007 II S. 192, die Erbschaft- und Schenkungsteuer einschl. des dazu gehörigen Bewertungsgesetzes mit Wirkung zum 1.1.2009 umgesetzt wurde und noch einmal an einigen Stellen durch das Gesetz zur Beschleunigung des Wirtschaftswachstums (Wachstumsbeschleunigungsgesetz) v. 30.12.2009, BGBl. I S 3950) Änderungen mit sich brachte, stellt eine wesentliche Neuregelung des ErbStG und BewG dar.

9 Die wesentlichen Änderungen sind dabei:
- Bewertung des Grundvermögens, des Betriebsvermögens, des land- und forstwirtschaftlichen Vermögens und der Anteile an nicht notierten Kapitalgesellschaften mit dem gemeinen Wert,
- besondere Verschonung des Produktivvermögens unter Vorbehalt bestimmter Behaltenspflichten und Sicherung von Arbeitsplätzen,
- Verschonung von vermieteten Grundstücken durch Wertabschlag von 10%,
- Verschonung selbstgenutzter Familienheime bei Erwerben von Todes wegen und Weiterbenutzen durch die Erben/Bedachten,
- Anhebung der persönlichen Freibeträge und Gleichstellung der eingetragenen Lebenspartner mit Ehegatten,
- Neuregelung der Steuersätze in Steuerklasse II und III,
- Änderung von Vorschriften zur Anpassung an Rechtsprechungs- oder Verwaltungsauffassung,
- Ausdehnung des Anwendungsbereichs auch auf EU/EWR Vermögen.

Insgesamt wurde durch die Erbschaftsteuerreform auch eine Erhöhung des Steueraufkommens erreicht.

10 Das ErbStRG 2009 wurde durch das **Wachstumsbeschleunigungsgesetz** neuerlich geändert. Rückwirkend ab 1.1.2009 wurde die Behaltensfrist für Produktivvermögen von 7 auf 5 und von 10 auf 7 Jahre reduziert. Die Steuersätze der Stkl. II (nähere Verwandte, zB Geschwister) wurden von 30 % bis 50 % auf 15 % bis 43 % mit Wirkung allerdings erst ab 1.1.2010 gesenkt.

---

13 Zu beachten sind die Änderungen durch das ErVerjRÄndG zum 1.1.2010, welche nach § 2325 Abs. 3 BGB nun ein Abschmelzungsmodell vorsieht, wonach innerhalb von 10 Jahren gerechnet ab dem Schenkungszeitpunkt, pro Jahr 1/10 weniger des geschenkten Vermögens für einen Pflichtteilsergänzungsanspruch herangezogen wird. Behält sich der Schenker einen Nießbrauch vor, tritt diese Regelung erst mit Wegfall des Nießbrauchs in Kraft; *Meyding*, ZEV 1994, 202, *Schindler*, ZEV 2005, 290.

Die Bewertung des Immobilienvermögens ist nun am gemeinen Wert ausgerichtet, was im nahmen Familienumfeld durch die Erhöhung der Freibeträge kompensiert werden soll. Die weiter entfernten Verwandten werden durch die höhere Bewertung des Immobilienvermögens nun mehr deutlich schlechter gestellt, da dort die Freibeträge nicht auch entsprechend angepasst wurden.

1. Steuerrechtliche Bewertung des Vermögens

Zunächst hat für die Prüfung, ob eine Schenkung Steuern auslöst, nach dem ErbStG eine Bewertung des zu übertragenden Vermögens nach dem BewG zu erfolgen. Die Bewertung erfolgt mit dem **gemeinen Wert**. Der Wert von Gegenständen, die keinen allgemein bekannten Verkehrswert haben, weil sie nicht im Handel (sei es Einzel- oder Großhandel) gehandelt werden oder weil sie gebrauchte Gegenstände sind, kann durch ein **Sachverständigengutachten** geschätzt werden. Dies geschieht beispielsweise bei Antiquitäten, aber auch bei Gebrauchsgegenständen wie einem PKW oder elektrischen Geräten. In aller Regel begnügt sich aber die Finanzverwaltung mit der Angabe der üblichen Werte für solche Gebrauchsgegenstände. Bei PKWs wird nach den Werten der von den einschlägigen Sachverständigendiensten aus dem Unfallschadensbereich bekannten Tabellenwerten vorgegangen. Bei Kunstgegenständen oder Antiquitäten, deren Werteinschätzung sehr differieren kann, ist meist ein Sachverständigengutachten einzuholen.

Wertpapiere und Anteile an Kapitalgesellschaft sind mit dem sich aus § 11 BewG ergebenden Wert in gleicher Weise sowohl beim Betriebsvermögen als auch beim Privatvermögen anzusetzen (§ 12 Abs. 2 ErbStG).

In Abschn. 2 der gleich lautenden Ländererlasse v. 25.6.2009 (BStBl. 2009 I S. 698 – AEBewAntBV) zur Anwendung der §§ 11, 95 bis 109 und 199 ff BewG idF durch das ErbStRG 2009 für Bewertungsstichtage nach dem 31.12.2008 ist zu § 11 BewG Folgendes ausgeführt:

2. Notierte Wertpapiere, Aktien und Anteile sowie Investmentzertifikate

(1) Für **Wertpapiere** und **Schuldbuchforderungen**, die am Besteuerungszeitpunkt an einer deutschen Börse zum amtlichen Handel oder zum geregelten Markt zugelassen oder in den Freiverkehr einbezogen sind, geltend die nach § 11 Abs. 1 BewG maßgebenden Kurse vom Besteuerungszeitpunkt.

(2) **Wertpapiere**, für die ein Kurs nach §§ 11 Abs. 1 BewG nicht besteht, sind anzusetzen

1. soweit sie Anteile an Kapitalgesellschaften verbriefen, mit dem gemeinen Wert nach § 11 Abs. 2 BewG und
2. soweit sie Forderungsrechte verbriefen, mit dem sich nach § 12 Abs. 1 BewG ergebenden Wert.

²Dabei sind vom Nennwert abweichende Kursnotierungen für vergleichbare oder ähnlich ausgestattete festverzinsliche Wertpapiere als besonderer Umstand im Sinne des § 12 Abs. 1 BewG anzusehen, der auch hier einen vom Nennwert abweichenden Wertansatz rechtfertigt. ³Pfandbriefe mit persönlicher Sonderausstattung ohne Kurswert sind in Anlehnung an die Kurse vergleichbarer Pfandbriefe zu bewerten.

(3) ¹Bei **ausländischen Wertpapieren** ist, wenn ein Telefonkurs im inländischen Bankverkehr vorliegt, dieser maßgebend. ²Lässt ich der gemeine Wert nicht auf dieser Grundlage ermitteln, ist er möglichst aus den Kursen des Emissionslandes abzuleiten.

(4) Bei **jungen Aktien** und **Vorzugsaktien**, die nicht an der Börse eingeführt sind, ist der gemeine Wert aus dem Börsenkurs der Stammaktien abzuleiten. ²Entsprechend ist der gemeine Wert nichtnotierter Stammaktien aus dem Börsenkurs der jungen Aktien oder Vorzugsaktien abzuleiten. ³Dabei ist die unterschiedliche Ausstattung durch Zu- oder Abschläge zu berücksichtigen.

(5) **Anteilsscheine**, die von Kapitalgesellschaften (§ 1 Abs. 1 KAGG) ausgegeben worden sind, und ausländische **Investmentanteile** (§ 1 Abs. 1 AuslInvestmG) sind nach § 11 Abs. 4 BewG mit dem Rücknahmepreis anzusetzen.

15 **Nicht börsennotierte Wertpapiere** werden nach § 11 Abs. 2 BewG, mit dem gemeinen Wert angesetzt, der sich primär aus den getätigten Verkäufen ableiten lässt. Wobei nur Verkäufe herangezogen werden, die vor weniger als 1 Jahr vor dem Todestag getätigt wurden. In Ausnahmefällen kann auch ein Verkauf nach dem Stichtag maßgeblich sein, sofern eine Verständigung der Parteien über den Kaufpreis bereits vor dem Stichtag erfolgt ist, der Vertragsabschluss aber erst danach erfolgt ist.[14]

16 **Ausländische Wertpapiere** sind nach ErbStR R 95 (4,5) nach dem inländischen Telefonkurs zu bewerten, sofern ein solcher vorhanden ist, andernfalls durch den Kurs im Emissionsland. Der ermittelte Wert ist dann in Euro umzurechnen.

17 Noch nicht fällige Ansprüche aus **Lebens-, Kapital- oder Rentenversicherungen** werden nach § 12 Abs. 4 S. 1 BewG mit dem Rückkaufswert bewertet. Die einzelne vertragliche Ausgestaltung der Versicherungen (Aussteuer-, Ausbildungs-, Familien- oder Hinterbliebenenversicherungen) ist unbeachtlich.[15] Rückkaufswert nach § 12 Abs. 4 S. 2 BewG ist der Betrag, den das Versicherungsunternehmen dem Versicherungsunternehmen im Fall der vorzeitigen Aufhebung des Vertragsverhältnisses zu erstatten hat.

18 Die Steuerwerte von **Grundbesitz** werden nunmehr differenziert nach §§ 179 ff BewG in Abhängigkeit danach, ob es sich um ein unbebautes oder bebautes Grundstück handelt und nach der Art der Bebauung ermittelt.

19 Die **Bodenrichtwerte**, die von dem Gutachterausschuss der jeweiligen Gemeinde, in der sich ein Grundstück befindet, für die Ermittlung der Steuerwerte eines Grundstückes mitgeteilt werden, sind keine Grundlagenbescheide, die mit einem Einspruch angefochten werden können.[16] Vorsicht ist jedoch bezüglich der Wahrung der Rechtsmittel geboten, sobald ein sogenannter **Grundlagenbescheid** durch das Lagefinanzamt ergangen ist. Ist der Steuerpflichtige mit den festgestellten Werten nicht einverstanden, muss er bereits gegen den Grundlagenbescheid Einspruch erheben und darf nicht auf den Erbschaft- oder Schenkungsteuerbescheid warten, denn der Grundlagenbescheid hat absolut bindenden Charakter nach § 182 Abs. 1 S. 1 AO. Die festgestellten Grundbesitzwerte werden nach § 139 BewG auf volle EUR 50 nach unten abgerundet.

20 **Unbebaute Grundstücke** werden nach §§ 178, 179 BewG wie folgt bewertet:
Maßgeblich ist ausschließlich der Verkehrswert. Dieser wird künftig wie folgt ermittelt:
– Unbebaute Grundstücke
 Bodenrichtwerte der Gutachterausschüsse (§ 196 BauGB) x Grundstücksfläche
 wie bisher § 145 Abs. 3 BewG nun ohne Abschlag von 20 %

---

14 *Rössler/Troll/Eisele*, § 11 BewG Rn 25.
15 *Rössler/Troll/Eisele*, § 12 BewG Rn 68.
16 *Troll/Gebel/Jülicher*, § 12 Rn 613 ff.

Bebaute Grundstücke werden nach §§ 180–182 BewG nach folgenden Bewertungsmethoden ermittelt: 21

- Bebaute Grundstücke
  - Wohnungseigentum, Teileigentum, Ein- und Zweifamilienhäuser
    Vergleichswertverfahren § 182 Abs. 2 Nr. 1–3 BewG-neu
  - Mietwohngrundstücke, Geschäftsgrundstücke und gemischt genutzte Grundstücke
    Ertragswertverfahren § 182 Abs. 3 Nr. 1 und 2 BewG-neu
  - Grundstücke, bei denen keine ortsübliche Miete ermittelt werden kann, sonstige bebaute Grundstücke
    Sachwertverfahren § 182 Abs. 4 Nr. 1–3 BewG-neu
- Verschonung bei vermieteten Wohnimmobilien: 10 %iger Abschlag von der Bemessungsgrundlage (§ 13c Abs. 1 ErbStG-neu)

Die Bewertung von Grundstücken erfordert sehr große Sachkenntnis und Erfahrung. Denn insbesondere bei Grundstücken, die von den lagetypischen Merkmalen abweichen, ist die Frage der Bewertung meist komplex, stellt aber für den Steuerpflichtigen auch eine Chance dar, aufgrund der Lagebesonderheit zu einer günstigeren Bewertung und in der Folge zu einer geringeren Steuerlast zu gelangen.[17] 22

- Das Vergleichswertverfahren nach § 183 BewG 23
  - § 183 Abs. 1 BewG
    Vergleichbare Grundstücke, vorrangig die Vergleichspreis die vom Gutachterausschuss nach §§ 192 ff BauGB ermittelt werden.
  - § 183 Abs. 2 BewG-neu
    Anstelle der Vergleichspreise, können Vergleichsfaktoren für das Gebäude herangezogen werden vom Gutachterausschuss, das Grundstück ist dann nach § 179 BewG-neu zu bewerten.
  - § 183 Abs. 3 BewG
    Besonderheit den Wert betreffende öffentlich-rechtliche oder privatrechtliche Lasten bleiben unberücksichtigt.
- Das Ertragswertverfahren nach § 184 BewG
  - § 184 Abs. 1 BewG
    Gebäudewert und Grundstückswert sind getrennt zu ermitteln. Der Gebäudewert nach § 185 BewG-neu, der Bodenwert nach § 184 Abs. 2, § 179 BewG.
  - § 184 Abs. 2 BewG
    Gebäudewert und Bodenwert ergeben den Ertragswert des Grundstückes. Es ist jedoch mindestens der Bodenwert anzusetzen.
- Ermittlung des Gebäudeertragswertes nach § 185 BewG
  - § 185 Abs. 1 BewG-neu
    Gebäudewert = Reinertrag (Rohertrag § 186 BeweG-neu ./. Bewirtschaftungskosten § 187 BewG-neu).
  - § 185 Abs. 2 BewG-neu

---

17 *Troll/Gebel/Jülicher*, § 12 Rn 615.

Der Reinertrag ist um den Betrag zu vermindern, der sich durch angemessene Verzinsung des Bodenwerts ergibt. Der Verzinsung ist in der Regel der für die Kapitalisierung maßgebende Liegenschaftszinssatz § 188 BewG-neu zugrunde zu legen.
- § 185 Abs. 3 BewG-neu
  Gebäudereinertrag ist mit dem sich aus der Anlage 21 ergebenden Vervielfältiger zu kapitalisieren. Für den Vervielfältiger sind maßgeblich Liegenschaftszins und Restnutzungsdauer.
- Ermittlung des Rohertrages nach § 186 Abs. 1 BewG
  - § 186 BewG-neu
  - Rohertrag: Vereinbarte Entgelte am Bewertungsstichtag für 12 Monate, ohne Entgelte für Betriebskosten.
  - § 186 Abs. 2 BewG-neu
    Für selbstgenutzte Räume ist die übliche Miete anzusetzen.
    Für stillgelegte Flächen oder Flächen die Dritten zu mehr als 20 % unter der üblichen Miete überlassen werden, ist die übliche Miete anzusetzen.
- Bewirtschaftungskosten nach §§ 187 BewG
  - § 187 Abs. 1 BewG
    Die nachhaltig entstehenden Betriebskosten, Verwaltungskosten.
  - § 187 Abs. 2 BewG
    Bewirtschaftungskosten sind nach Erfahrungssätzen anzusetzen, liegen dem Gutachterausschuss keine solchen vor, sind diese aus Anlage 23 zu entnehmen.
- Liegenschaftszins nach § 188 Abs. 1 BewG
  Marktübliche Verzinsung für Grundstücke
  - § 188 Abs. 2 BewG
    Anzuwenden sind die von den Gutachterausschüssen nach §§ 192 ff BauGB ermittelten üblichen Liegenschaftszinsen.
    Liegen solche nicht vor gelten die Folgenden:
    - 5 % für Mietwohngrundstücke,
    - 5,5 % gemischt genutzte Grundstücke mit Gewerbeanteil von weniger als 50 %,
    - 6 % gemischt genutzte Grundstücke mit Gewerbeanteil von mehr als 50 %,
    - 6,5 % für Geschäftsgrundstücke.
- Sachwertverfahren nach §§ 189 ff. BewG
  - § 189 Abs. 1 BewG
    Gebäudesachwert ist getrennt vom Bodenwert zu ermitteln.
  - § 188 Abs. 2 BewG
    Bodenwert ermittelt sich nach § 179 BewG.
  - § 188 Abs. 3 BewG
    Bodenwert und Gebäudesachwert = vorläufiger Sachwert, der mit Wertzahl nach § 191 BewG zu multiplizieren ist.
  - § 191 Wertzahlen sind die Sachwertfaktoren der Gutachterausschüsse anzuwenden, die von diesen bei dem Sachwertverfahren ermittelten Verkehrswerten nach §§ 192 ff BauGB abgeleitet wurden.
- Gebäudesachwert nach §§ 190 BewG

B. Vertragsgestaltungen einer vorweggenommenen Erbfolge § 11

- § 190 Abs. 1 BewG
  Regelherstellungskosten (Anlage 24) multipliziert mit der Bruttofläche des Gebäudes.
- § 188 Abs. 2 BewG
  Regelherstellungskosten abzüglich Alterswertminderung. Diese ergibt sich aus Verhältnis Alter/Gesamtnutzungsdauer (Anlage 22).
- § 188 Abs. 3 BewG
  Bodenwert und Gebäudesachwert = vorläufiger Sachwert, der mit Wertzahl nach § 191 BewG-neu zu multiplizieren ist.
- **Erbbaurecht** § 192–194 BewG
  Wertermittlung gesondert für die wirtschaftliche Einheit Erbbaurecht § 193 Abs. 1 BewG und für die wirtschaftliche Einheit des belasteten Grundstücks § 194 Abs. 1 BewG.
  - § 193 Abs. 1 BewG Wert des Erbbaurechts und nach § 194 Abs. 1 BeweG Wert des mit dem Erbbaurecht belasteten Grundstückes sind im Vergleichswertverfahren zu ermitteln.

  Ersatzweise greift § 193 Abs. 2 BewG:
  - Addition von Gebäude- und Bodenanteil;
  - Bodenwertanteil ergibt sich aus Differenz der angemessener Verzinsung (Liegenschaftszinssatz der Gutachterausschüsse, ansonsten 3 % für Ein- und Zweifamilienwohnhäuser und Wohneigentum was so ausgestaltet ist, 5 % für Mietwohnungen und Wohnungseigentum was nicht unter die vorgenannte Aufzählung fällt, 5,5 gemischt genutzte Grundstücke mit Gewerbeanteil von weniger als 50 %, 6 % gemischt genutzte Grundstücke mit Gewerbeanteil von mehr als 50 %, 6,5 % für Gewerbegrundstücke und Teileigentum) des unbelasteten Grundstückes und dem jährlichen Erbbaupachtzins.
  Dieser Wert ist mit einem sich aus der Anlage 21 ergebenden Vervielfältiger zu kapitalisieren.

  Ersatzweise greift § 194 Abs. 2:
  Bodenwert abgezinst über Restlaufzeit und der über diesen Zeitraum kapitalisierte Erbbauzins zuzüglich Gebäudewert im Heimfallzeitpunkt abgezinst nach Anlage 26 auf den Bewertungsstichtag.
- **Gebäude auf fremden Grund und Boden nach § 195 BewG**
  Wertermittlung gesondert für die wirtschaftliche Einheit des Gebäudes und für die wirtschaftliche Einheit des belasteten Grundstücks.
  - **Gebäudewert nach § 185 BewG-neu** Ertragswertverfahren oder nach § 190 BewG Sachwertverfahren.
  Wert des belasteten Grundstückes nach § 179 BewG abgezinst auf den Bewertungsstichtag zzgl des über die Restlaufzeit kapitalisierten Nutzungsentgelts.

Nunmehr zulässig ist der Nachweis des niedrigeren gemeinen Werts nach § 198 BewG:
- Weist der Steuerpflichtige nach, dass der gemeine
- Wert der wirtschaftlichen Einheit am Bewertungsstichtag
- niedriger ist als der nach den §§ 179, 182 bis 186 BewG ermittelte
- Wert, so ist dieser Wert anzusetzen. Für den Nachweis gelten die nach § 199 BauGB erlassenen Vorschriften.

Lebzeitige Zuwendung des Familienheims nach § 13 Abs. 1 Nr. 4 a ErbStG. Voraussetzungen 24 für den begünstigten Erwerb unter Lebenden:

- **begünstigter Personenkreis:** Ehepartner, eingetragener Lebenspartner.
- **begünstigte Immobilie:**
  - bebautes Grundstück iSv § 181 Abs. 1 Nr. 1–5 BewG (Familienheim),
  - Inland oder EWR/EU-Ausland,
  - auf Grundstück befindet sich zu eigenen Wohnzwecken genutzte Wohnung,
  - Nutzung zu eigenen Wohnzwecken im Zeitpunkt der Zuwendung,
  - häusliches Arbeitszimmer ist unschädlich (gleichlautender Erlass der Länder vom 25.6.2009, Absch. 4; Familienheim: Tatsächlicher Lebensmittelpunkt der Familie, häusliches Arbeitszimmer in der Wohnung ist unschädlich, BFH 9.11.1988 BSTBL 88 II, S. 135).
- **begünstigter Erwerbsvorgang:**
  - Übertragung Allein- oder Miteigentum,
  - Kauf/Herstellung mit Mitteln des Ehegatten/Lebenspartners,
  - Freistellung des Ehegatten/Lebenspartners von Verbindlichkeiten aus Anschaffung/Errichtung von Immobilien,
  - Bezahlung nachträglich eingegangener Verbindlichkeiten für Herstellung- oder Erhalt von Familienwohnheim,
  - mittelbare Grundstücksschenkung.

25 **Praxishinweis:** Anders als in § 13 Abs. 1 Nr. 4 b und c ErbStG gibt es **keine** gesetzlich normierte **Behaltensfrist** (R 43 Abs. 2 S. 8 ErbStR). Es ist in der Regelung auch nicht ersichtlich, dass im Zeitpunkt des Erwerbs mindestens die Absicht einer unmittelbaren Selbstnutzung bestehen müsste.

Grundsätzlich ist zu berücksichtigen, dass bei umfangreicherem Vermögen durchaus die lebzeitige Weitergabe des selbstgenutzten Familienheim an den Ehegatten nach § 13 Abs. 1 Nr. 4 a ErbStG empfehlenswert ist. Sofern der Ehegatte dem anderen vertraut und sicher sein kann, dass dieser durch letztwillige Verfügung von Todes oder durch spätere lebzeitige Zuwendung dem gemeinsamen Kind das Familienheim zu kommen lässt, kann so steuerrechtlich ohne Probleme, das Familienwohnheim auf die nächste Generation steueroptimiert weitergegeben werden.

Beachten: § 13 Abs. 4 a ErbStG findet ausschließlich Anwendung auf die Übertragung eines Familienwohnheims zwischen Ehegatten oder eingetragenen Lebenspartnern.

26 Die Übertragung einer selbstgenutzten Immobilie aufgrund von Todesfolge vollzieht sich nach:
- § 13 Abs. 4 b ErbStG
  Ehepartner/eingetragener Lebenspartner: Steuerfreiheit wenn unverzügliche Selbstnutzung- über 10 Jahre oder aus zwingenden Gründen an Selbstnutzung gehindert.

oder

- § 13 Abs. 4 c ErbStG-neu
  Kinder und Kinder verstorbener Kinder: Steuerfreiheit soweit unverzügliche Selbstnutzung, keine Weitergabeverpflichtung, Selbstnutzung über 10 Jahre und sofern Wohnfläche 200m² nicht übersteigt.

27 Schenkungsteuerrechtliche Behandlung der unentgeltlichen Übertragung eines bebauten Grundstücks nach Errichtung eines Gebäudes durch den Beschenkten:

B. Vertragsgestaltungen einer vorweggenommenen Erbfolge § 11

Nach H 17 Abs. 1 ErbStR soll die Bereicherung in solchen Fällen nach den Grundsätzen der gemischten Schenkung ermittelt werden. Die Finanzverwaltung sah bislang den infolge der Schenkung nicht zu leistenden Aufwendungsersatzanspruch nach §§ 951, 812 BGB als Gegenleistung an. 28

Demgegenüber hat der BFH mit Urteil vom 1.7.2008 (II R 38/07, BStBl II 2008, 1535) in einem Erbschaftsteuerfall entschieden, dass bei einer Nacherbschaft die durch Baumaßnahmen des Nacherben zu Lebzeiten des Vorerben eingetretene Werterhöhung das nachlasszugehörigen Grundstücks nicht der Besteuerung unterliegt. Die Bereicherung des Nacherben mindere sich um den Betrag, um den die Baumaßnahmen den Grundbesitzwert erhöht hätten. 29

Das **FinMin. Nordrhein-Westfalen** hat nunmehr in einem im Einvernehmen mit den obersten Finanzbehörden der anderen Länger ergangenen **Erlass vom 21.7.2009, S 3806-3-VA 6** (FR 2009, 974) angeordnet, die Grundsätze dieses Urteils auch auf die Schenkung eines bebauten Grundstücks nach Errichtung eines Gebäudes durch den Beschenkten zu übertragen. Die abweichende Auffassung in H 17 Abs. 1 ErbStH werde aufgegeben 30

Steuerfreiheit eines Grundbesitzes nach § 13 Abs. 1 Nr. 2 ErbStG. In besonderen Fällen des öffentlichen Interesses an einem Grundbesitz kann vollständige oder teilweise Steuerfreiheit für den Grundbesitzwert erreicht werden. § 13 Abs. 1 Nr. 2 ErbStG dürfte aber nur in wenige Ausnahmefällen zu einer vollständigen Steuerfreiheit führen, da die Voraussetzungen, die dafür erfüllt sein müssen, erheblich sind.[18] 31

2. Grundlagen der Erbschaft- und Schenkungsteuerpflicht

Das deutsche Erbschaft- und Schenkungsteuerrecht unterscheidet zwischen der **unbeschränkten** und **beschränkten** Steuerpflicht. 32

Die **unbeschränkte** Steuerpflicht ist für den gesamten Erwerb gegeben, sofern der Erblasser im Zeitpunkt seines Todes oder der Erwerber zur Zeit der Entstehung der Steuerschuld und im Falle einer vorweggenommenen Erbfolge der Schenker zur Zeit der Ausführung der Schenkung oder der Beschenkte zur Zeit der Entstehung der Steuerschuld als Inländer gilt. Als Inländer gilt, wer nach § 2 Abs. 1 Nr. 1 ErbStG seinen Wohnsitz oder gewöhnlichen Aufenthalt im Inland hat (§ 2 Abs. 1 Nr. 1 a ErbStG) oder sich nicht länger als 5 Jahre dauernd im Ausland aufgehalten hat (§ 2 Abs. 1 Nr. 1 b ErbStG).[19] Man spricht dabei von der erweiterten Steuerpflicht.[20] Darunter fallen nach § 2 Abs. 1 Nr. 1 c bb) auch deutsche Staatsbürger, die ihren Wohnsitz oder gewöhnlichen Aufenthalt im Ausland haben, aber in einem Dienstverhältnis zu einer deutschen juristischen Person des öffentlichen Rechts stehen und von einer inländischen öffentlichen Kasse auch ihren Arbeitslohn erhalten; für diese gilt die erweiterte Steuerpflicht unabhängig von der Fünfjahresfrist. 33

Eine **beschränkte** Steuerpflicht ist nach § 2 Abs. 1 Nr. 3 ErbStG gegeben, sofern sich Vermögen nach der Qualifikation des § 121 BewG im Inland befindet. Dieses wird dann auch von der deutschen Erbschaftsteuer erfasst. 34

Ausländische Erbschaft- und Schenkungsteuer ist nach § 21 ErbStG unter bestimmten Voraussetzungen anrechenbar, wobei im Einzelnen auf die jeweiligen **Doppelbesteuerungsabkommen** (DBA) abzustellen ist. Mit einigen Anwendungsbeispielen und Hinweisen auf einzelne Länder siehe dazu Erbschaftsteuerrichtlinie R 82. 35

---

18 *Daragan/Halaczynski/Riedel*, ErbStG, BewG, § 13 Abs. 1 Nr. 2 Rn 11 ff.
19 *Daragan/Halaczynski/Riedel*, ErbStG, BewG, § 2 Abs. 1 Nr. 1 Rn 5.
20 *Troll/Gebel/Jülicher*, § 2 Rn 21.

3. Berechnung der Erbschaft- und Schenkungsteuer

36 Zunächst ist bei jeder Überlegung, wie eine vorweggenommene Vermögensübertragung möglichst steuergünstig stattfinden könnte, zu prüfen, welche **Vorschenkungen** der künftige Erwerber bereits von dem Schenker erhalten hat. Maßgeblich ist dabei ein Zeitraum von 10 Jahren, der nach § 14 Abs. 1 ErbStG ab Zuwendung der Leistung zu errechnen ist. Besonderer Beachtung bedarf dabei die Schenkungskette über einen Zeitraum von mehr als 10 Jahren. In der Erbschaftsteuerrichtlinie H 70(4) ist dabei ein praktisches Beispiel aufgeführt, an Hand dessen man errechnen kann, welche Steuerbeträge tatsächlich festgesetzt werden, wenn sich Schenkungen über einen Zeitraum von mehr als 10 Jahre erstrecken. Grundsätzlich empfiehlt es sich dabei eher etwas mehr zeitliche Verzögerung einzubauen, um nicht aus Unachtsamkeit den Zehnjahreszeitraum zu unterschreiten.[21]

37 Die Berechnung der Steuerlast für eine Zuwendung durch lebzeitige Verfügung oder von Todes wegen vollzieht sich dabei zunächst nach der Einordnung des Steuerpflichtigen in die vorgegebenen Steuerklassen.

§ 15 ErbStG   Steuerklassen

(1) Nach dem persönlichen Verhältnis des Erwerbers zum Erblasser oder Schenker werden die folgenden drei Steuerklassen unterschieden:

Steuerklasse I:
1. der Ehegatte,
2. die Kinder und Stiefkinder,
3. die Abkömmlinge der in Nummer 2 genannten Kinder und Stiefkinder,
4. die Eltern und Voreltern bei Erwerben von Todes wegen;

Steuerklasse II:
1. die Eltern und Voreltern, soweit sie nicht zur Steuerklasse I gehören,
2. die Geschwister,
3. die Abkömmlinge ersten Grades von Geschwistern,
4. die Stiefeltern,
5. die Schwiegerkinder,
6. die Schwiegereltern,
7. der geschiedene Ehegatte;

Steuerklasse III:
alle übrigen Erwerber und die Zweckzuwendungen.

38 Nach der Zuordnung des Steuerpflichtigen zu der entsprechenden Steuerklasse erfolgt dann die daraus abzuleitende Bestimmung des zur Anwendung gelangenden **Freibetrages** für den Erwerber.

§ 16 ErbStG   Freibeträge

(1) Steuerfrei bleibt in den Fällen des § 2 Abs. 1 Nr. 1 der Erwerb
1. des Ehegatten in Höhe von 500.000 Euro;
2. der Kinder im Sinne der Steuerklasse I Nr. 2 und der Kinder verstorbener Kinder im Sinne der Steuerklasse I Nr. 2 in Höhe von 400.000 Euro;

---

21 Troll/Gebel/Jülicher, § 14 Rn 5 ff.

3. der Kinder der Kinder im Sinne der Steuerklasse I Nr. 2 in Höhe von 200.000 Euro
4. der übrigen Personen der Steuerklasse I in Höhe von 100.000 Euro;
5. der Personen der Steuerklasse II in Höhe von 20.000 Euro;
6. des Lebenspartners in Höhe von 500.000 Euro[22]
7. der Personen der Steuerklasse III in Höhe von 10.000 Euro.

(2) An die Stelle des Freibetrags nach Absatz 1 tritt in den Fällen des § 2 Abs. 1 Nr. 3 ein Freibetrag von 2.000 Euro.

Den Freibetrag nach § 16 ErbStG kann der Zuwendungsempfänger innerhalb des 10-Jahreszeitraumes nach § 14 ErbStG stückweise verbrauchen. Er kann seinen persönlichen Freibetrag also für einzelne Zuwendungen aufteilen, ohne dass durch die Inanspruchnahme nur eines Teilbetrages der Freibetrag insgesamt verbraucht würde.[23] Anders verhält es sich hingegen, bei dem für die Zuwendung von Betriebsvermögen nach § 13 a ErbStG zur Verfügung stehenden Freibetrag. Der Freibetrag nach § 13 a ErbStG wird bereits voll verbraucht, auch wenn er nur für eine Zuwendung innerhalb des 10-Jahreszeitraums nach § 13 a Abs. 1 S. 2 ErbStG, auch nur zum Teil in Anspruch genommen wird.

39

Der Verbrauch des Freibetrages nach § 13 a ErbStG tritt gemäß der Erbschaftsteuerrichtlinie R 59 Abs. 1 S. 3 erst ein, wenn aufgrund der Erklärung des Schenkers bei der Steuerfestsetzung gegen einen Erwerber tatsächlich ein Freibetrag abgezogen wurde.

40

§ 19 ErbStG Steuersätze

(1) Die Erbschaftsteuer wird nach folgenden Vomhundertsätzen erhoben:

Wert des steuerpflichtigen Erwerbs (§ 10) bis einschließlich EURO	Vomhundertsatz in der Steuerklasse		
	I	II	III
75.000	7	15	30
300.000	11	20	30
600.000	15	25	30
6.000.000	19	30	30
13.000.000	23	35	50
26.000.000	27	40	50
über 26.000.000	30	43	50

(2) Ist im Falle des § 2 Abs. 1 Nr. 1 ein Teil des Vermögens der inländischen Besteuerung auf Grund eines Abkommens zur Vermeidung der Doppelbesteuerung entzogen, ist die Steuer nach dem Steuersatz zu erheben, der für den ganzen Erwerb gelten würde.

(3) Der Unterschied zwischen der Steuer, die sich bei Anwendung des Absatzes 1 ergibt, und der Steuer, die sich berechnen würde, wenn der Erwerb die letztvorhergehende Wertgrenze nicht überstiegen hätte, wird nur insoweit erhoben, als er

---

22 *Daragan/Halaczinsky/Riedel*, § 15 ErbStG Rn 4 (Lebenspartner sind keine Ehegatten, deshalb keine Einordnung in Steuerklasse I, jedoch ansonsten gelten dieselben Freibeträge wie für Ehegatten).
23 *Troll/Gebel/Jülicher*, § 16 Rn 2.

a) bei einem Steuersatz bis zu 30 vom Hundert aus der Hälfte
b) bei einem Steuersatz über 30 vom Hundert aus drei Vierteln
des die Wertgrenze übersteigenden Betrags gedeckt werden kann

41 ▶ **Muster: Umfangreicher Schenkungsvertrag, bebautes Grundstück mit Vorbehalt, Nießbrauch, Pflegeverpflichtung, Grabpflege**

Eingangstext der Urkunde[24]

Die Erschienenen erklären zur Beurkundung:

Schenkungsvertrag

I.

Frau ... ist im Grundbuch der Stadt ... Band ..., Heft ... als Eigentümerin des folgenden Grundstückes eingetragen:

Flst. Nr.: 3888/1	Hof- und Gebäudefläche	
	Straße	940 qm

Frau ... übergibt im Wege der vorweggenommenen Erbfolge an ihre Tochter ... das folgende Grundstück zu Alleineigentum:

Flst. Nr.: 3888/1	Hof- und Gebäudefläche	
	Straße	940 qm

Belastungen
Das Grundstück ist in Abteilung II und III **lastenfrei.**

II.

Die Übergabe mit Übergang von Besitz und Nutzungen, Gefahr und den öffentlichen Abgaben und Lasten erfolgt sofort.
Jegliche Ansprüche wegen Sach- oder Rechtsmängeln sind, soweit gesetzlich zulässig, ausgeschlossen.
Der Erwerberin ist das Grundstück zuverlässig bekannt.
Sie übernimmt die Grundstücke und Gebäude in dem Zustand, in dem sie sich gegenwärtig jeweils befinden.
Miet- oder Pachtverträge sind an diesem Grundstück nicht begründet.

III.

Die Übergeberin behält für sich den **lebenslangen**[25] und **unentgeltlichen**[26] Nießbrauch an dem unter Ziffer I übergebenen Grundstück vor, nach Maßgabe der gesetzlichen Bestimmungen.
Die Ausübung des Nießbrauchs kann auch Dritten gestattet werden. Insbesondere ist auch die Vermietung möglich.

---

24 Wie Muster 2 (einfacher Schenkungsvertrag).
25 Nach § 1059 BGB kann ein Nießbrauchsrecht nicht übertragen werden, aber dessen Ausübung kann Dritten überlassen werden.
26 § 1030 BGB lässt nur eine unentgeltliche Nießbrauchsbestellung zu. Eine Entgeltregelung kann nicht dinglich Rechtsinhalt werden; Palandt/*Bassenge*, § 1030 Rn 7.

Abweichend von den Bestimmungen des BGB[27] wird vereinbart, dass die Nießbrauchsberechtigte wie ein Eigentümer neben den laufenden Lasten auch die außergewöhnlichen Lasten des Grundbesitzes und die Kosten für Reparaturen und Erneuerungen zu tragen hat, die über die gewöhnliche Unterhaltung hinausgehen.

Die Vertragsparteien sind über die Einräumung des vorstehenden Nießbrauchsrechts einig. Sie bewilligen und **beantragen** die Eintragung bei dem übergebenen Grundeigentum im Grundbuch mit dem Vermerk, dass zur Löschung der Nachweis des Todes der Berechtigten genügt.

IV.

Frau ... und auch deren Rechtsnachfolger haben der Übergeberin Frau ... auf deren Lebensdauer bei Krankheit oder Gebrechlichkeit sorgsame Versorgung und Pflege in dem übergebenen Wohnhaus ...Straße in ... zu gewähren. Dies umfasst nicht die Leistung geschulten Personals, im Übrigen aber alle Verrichtungen im Ablauf des täglichen Lebens, zu denen die Berechtigte nicht mehr in der Lage ist, insbesondere bei der Körperpflege, Ernährung, Mobilität und hauswirtschaftlichen Versorgung.

Die Versorgung und die Pflege ruhen insoweit, als die Berechtigte Leistungen aus einer Pflegeversicherung beanspruchen könnte. Die Erwerberin ist jedoch dazu verpflichtet, die entsprechenden Pflegeleistungen durch örtliche Dienste zu veranlassen und zu organisieren. Bei der Ausgestaltung der Versorgung und der Pflege sind die persönlichen und örtlichen Verhältnisse sowie der Bedarf und die Leistungsfähigkeit angemessen zu berücksichtigen.

Ebenso ist die Erwerberin verpflichtet, für eine standesgemäße Bestattung und Grabpflege für die unter Ziffer 1 Genannte zu sorgen. Sämtliche Kosten dafür sind von ihr zu tragen.

V.

Grundbucherklärungen, Schluss, Vollmacht[28] ◄

▶ **Muster: Schenkung, bebaute Grundstücke, abzutrennendes Grundstück, Rentenregelung, Rücktrittsvorbehalt, Veräußerungsverbot, Erbvertrag, Pflichtteilsverzicht**

Eingangstext der Urkunde[29]

Übergabe-, Erb- und Pflichtteilsverzichtsvertrag

42

I.

Die unter Ziffer 1 und 2 genannten A-Ehemann und B-Ehefrau sind im Grundbuch der Gemeinde ... Band ... Blatt ... als Eigentümer des folgenden Grundstückes zu je ½ Miteigentum eingetragen:

Flst.Nr.: 0000/2   Hoffläche mit Wohnhaus und Garage,
                    X-Straße   ... qm

Ferner sind die unter Ziffer 1 und 2 Genannten im Grundbuch der Gemeinde ... Band ... Blatt ... als Eigentümer des folgenden Grundstückes zu je ½ Miteigentum eingetragen:

Flst.Nr.: 0000   Hoffläche mit Wohnhaus und Schuppen,
                    Y-Straße   ... qm

---

27 Nach § 1041 BGB hat der Nießbraucher keine Aufwendungen für außergewöhnliche Erhaltungsmaßnahmen zu leisten. Eine abweichende Regelung diesbezüglich ist aber zulässig und in der Praxis häufig anzutreffen; Palandt/*Bassenge*, § 1042 Rn 4; MüKo/*Pohlmann*, § 1041 Rn 8.
28 Wie Muster 2 (einfacher Schenkungsvertrag).
29 Wie Muster 2 (einfacher Schenkungsvertrag).

Für das vorstehende Grundstück Flst.Nr.: 0000 liegt nunmehr der als richtig anerkannte Veränderungsnachweis Nr. 2006/00 vom ... vor. Es wird beantragt, den Veränderungsnachweis zu vollziehen und das Grundstück entsprechend zu teilen.

Sodann übergeben Herr A-Ehemann und Frau B-Ehefrau im Wege der vorweggenommenen Erbfolge an ihre Tochter, die unter Ziffer 3 genannte Frau ..., das folgende Grundstück zu Alleineigentum:

Flst. Nr.: 0000/3
Flurkarte: 111.112   Y-Straße
                             Gebäude- und Freifläche   ... qm

Belastungen

Die bei dem Grundstück Flst.Nr.: 0000/3 eingetragenen Grundschulden in Abteilung III Nr. 1, 2, 3, 4 und 5 sind im Grundbuch zu löschen. Die Beteiligten stimmen der Löschung zu und **beantragen,** diese im Grundbuch zu vollziehen nach Eingang der Löschungsunterlagen, die unverzüglich von den Erschienen zu Ziffer 1 und 2 nachgereicht werden zum Grundbuch.

Das Grundstück Flst.Nr.: 0000/3 ist ferner im Grundbuch wie folgt belastet:

In Abteilung II

Hochspannungskabelrecht für die Badenwerk Aktiengesellschaft in Karlsruhe. Die Ausübung der Dienstbarkeit kann Dritten überlassen werden.

Nutzungsrecht zur Verlegung einer Rohleitung der Abwasseranlage, Betrieb und Unterhaltung der fertiggestellten Anlage zu Gunsten der Gemeinde Reichenau. Die Ausübung der Dienstbarkeit kann Dritten überlassen werden.

Diese beiden Dienstbarkeiten sind auch an dem neu gebildeten Grundstück Flst.Nr.: 0000/3 fortzuschreiben und im Grundbuch einzutragen.

II.

Übergabe, Sach- und Rechtsmängelklausel[30]

III.

Der Erwerber verpflichtet sich, an die Übergeber Herrn A-Ehemann und Frau B-Ehefrau als Gesamtberechtigte nach § 428 BGB vom 1. Januar 2007 an auf deren Lebenszeit eine monatliche, monatlich im Voraus fällige Rente von **1.000,00 EUR (i.W. Euro eintausend)** zu zahlen. Die Rente[31] soll sich grundsätzlich im selben Maße erhöhen und vermindern, wie sich der vom Statistischen Bundesamt ermittelte Preisindex für die Lebenshaltung aller privaten Haushalte im Bundesgebiet auf der Basis 2000 = 100 gegenüber dem Stande vom Januar 2010 erhöht oder vermindert. Bei Umbasierungen ist die Änderung aufgrund der neuen Berechnungsbasis zu ermitteln. Die Veränderung soll aber immer nur auf schriftliches Verlangen und erstmals nur dann eintreten, wenn sich die Rente[32] gegenüber dem Ausgangsbetrag, später wenn sie sich gegenüber dem zuletzt maßgeblichen Betrag um mindestens 10 % verändern würde.

---

30 Wie Muster 2 (einfacher Schenkungsvertrag).
31 Hat der Rentenberechtigte ein Interesse daran, die Rente nur zu einem geringen Teil versteuern zu müssen und ist ihm die Stabilität der Rentenhöhe wichtig, ist eine Rentenregelung zu empfehlen, die eine Indexierung umfasst und im Grundbuch dinglich abgesichert ist.
32 Bei der Einräumung einer Rente ist § 23 Abs. 1 ErbStG zu beachten. Der Berechtigte hat ein Wahlrecht, ob er die Rente statt vom Kapitalwert, jährlich im Voraus vom Jahreswert die Steuern entrichten möchte; *Troll/Gebel/Jülicher,* § 23 Rn 1 ff.

Zur Sicherung seiner Rentenverpflichtung bestellt die Erwerberin den Übergebern an dem vorstehenden genannten Grundstück Flst. Nr. 0000/3 eine Reallast[33] gleichen Inhalts. Es ist Inhalt der Reallast, dass Rückstände Rang nach den übrigen aus der Reallast folgenden Ansprüchen (Stammrecht) haben; untereinander haben die älteren Rückstände Rang nach den jüngeren. Abweichend von § 12 ZVG ist deshalb im Falle der Zwangsversteigerung aus der Reallast das Stammrecht in das geringste Gebot aufzunehmen. Die Vertragsteile bewilligen und beantragen, die Reallast mit der Maßgabe in das Grundbuch einzutragen, dass zu ihrer Löschung der Nachweis des Todes des Berechtigten genügen soll.

Der Erwerber unterwirft sich der sofortigen Zwangsvollstreckung aus dieser Urkunde

a) wegen seiner Verpflichtung zur Zahlung der wertgesicherten Rente
b) wegen der Reallast
c) wegen der dem Grundstückseigentümer nach § 1108 BGB obliegenden Verpflichtung, die während der Dauer seines Eigentums fällig werdenden Leistungen auch persönlich zu bewirken.

IV.

Die unter Ziffer 1 und 2 genannten Übergeber sind in folgenden Fällen zum Rücktritt[34] vom Vertrag berechtigt:

1. Wenn die Erwerberin zu Ziffer 3 oder einer ihrer Gesamtrechtsnachfolger in Vermögensverfall gerät – dies ist anzunehmen, wenn in sein Vermögen Pfändungen erfolgen oder das Insolvenzverfahren eröffnet wird oder das Insolvenzverfahren mangels Masse abgelehnt wird.
2. Wenn die Erwerberin nicht, gleichviel wann sie eine Ehe eingeht oder eingegangen ist, den Gegenstand der heutigen Schenkung oder dessen Surrogat analog § 1418 Abs. 2 Ziffer 3 BGB bei Gütergemeinschaft zu Vorbehaltsgut erklärt oder bei Zugewinngemeinschaft von der Berechnung des Zugewinnausgleichs durch Zurechnung weder zum Anfangs- noch zum Endvermögen ehevertraglich ausnimmt oder Gütertrennung vereinbart.
3. Wenn die Erwerberin ohne Hinterlassung von Abkömmlingen verstirbt.
4. Wenn die Erwerberin das Grundstück ohne schriftliche Zustimmung der Übergeber veräußert oder belastet.

Das Rücktrittsrecht ist an keine Ausschlussfrist gebunden. Es kann auch gegenüber Rechtsnachfolgern ausgeübt werden. Bei mehreren nicht gesamthändisch berechtigten Rechtsnachfolgern kann das Rücktrittsrecht gegenüber jedem gesondert ausgeübt werden, sonst genügt das Vorliegen eines Rücktrittsgrundes in der Person eines von mehreren Rechtsnachfolgern.

Das Rücktrittsrecht ist vor Ausübung unübertragbar und erlischt mit dem Tode des Rücktrittsberechtigten.

Nach erfolgtem Rücktritt ist der Rücktrittsgegner zur Herausgabe der gesamten Vertragsgegenstände verpflichtet. Verwendungen kann er ersetzt verlangen, soweit diese zur Werterhöhung notwendig waren oder noch Wert erhöhend sind oder sich der Rücktrittsberechtigte mit der Verwendung und seiner späteren Ersatzpflicht einverstanden erklärt hat oder wenn die Aufwendungen gesetzlich vorgeschrieben waren. Die Vertragsgegenstände sind frei von Belastungen, soweit diese nicht gegenwärtig bereits bestehen, unentgeltlich zurück zu übertragen. Eigentümergrundschulden sind in jedem

---

33 MüKo/Joost, § 1105 Rn 2.
34 S.a. § 11 Rn 50.

Fall zu beseitigen. Kosten und Steuern der Rückübertragung trägt derjenige, welcher die Voraussetzung des Rücktrittsrechts geschaffen hat. Gezogene Nutzungen sind von keiner Seite auszugleichen.

Die Vertragsschließenden zu Ziffer 1, 2 und 3 dieses Übergabevertrages bewilligen und beantragen, zu Lasten des Grundstückes Flst. Nr.: 0000/3 eine Auflassungsvormerkung zur Sicherung des bedingten Rückübertragungsanspruches zugunsten der Rückübertragungsberechtigten einzutragen, mit Rang nach der heute bestellten Reallast.

V. Pflichtteilsverzicht

Die unter Ziffer 3 und 4 Genannten verzichten hiermit für sich und ihre Abkömmlinge gegenüber ihren Eltern A-Ehemann und B-Ehefrau in der Weise auf ihr Pflichtteilsrecht, dass sämtliche in dieser Urkunde und bis heute außerhalb dieser Urkunde an das jeweilige Geschwisterteil übertragenen Vermögensgegenstände für die Berechnung ihres jeweiligen Pflichtteils nicht heranzuziehen sind. Herr A-Ehemann und Frau B-Ehefrau nehmen diesen gegenständlich beschränkten Pflichtteilsverzicht an.[35]

VI. Kosten, Steuern[36]

Sodann schließen die Parteien den nachstehenden **Erbvertrag**.[37]

Nach ihrer Erklärung sind die Eheleute A-Ehemann und B-Ehefrau durch eine frühere bindende letztwillige Verfügung an dem heutigen Erbvertrag nicht gehindert. Sie erklären zur öffentlichen Urkunde.

Erbvertrag

I.

Wir setzen uns hiermit gegenseitig, also der Erstversterbende den Überlebenden, zu alleinigen und unbeschränkten Erben ein.

II.

Für den Tod des Längstlebenden von uns bestimmen wir, dass unsere gemeinsamen Kinder Erben zu gleichen Teilen werden sollen.

III.

Fällt ein Erbe vor oder nach dem Eintritt weg, so sind seine Abkömmlinge nach Maßgabe der gesetzlichen Erbfolge Ersatzerben. Sind keine Abkömmlinge vorhanden, so wächst der Erbteil den übrigen Erben nach dem Verhältnis ihrer Erbteile an, bei gemeinschaftlichen Erbteilen zunächst innerhalb des gemeinschaftlichen Erbteils. Diese Bestimmungen haben Vorrang vor allen gesetzlichen oder sonstigen Auslegungs-, Vermutungs- oder Ergänzungsbestimmungen. Schlägt ein Erbe die Erbschaft zwecks Verlangens des Pflichtteils aus oder verzichtet er gegen Entgelt auf seine Zuwendung, so werden seine Abkömmlinge nicht Ersatzerben.

---

35 Diesen Pflichtteilsverzicht nach § 2346 Abs. 2 BGB kann der Erklärende auch durch einen Bevollmächtigten erklären lassen, der Empfänger der Erklärung (der Erblasser) kann diesen nur persönlich entgegennehmen nach § 2347 Abs. 2 BGB, muss also an der Beurkundung des Vertrages persönlich teilnehmen.
36 Wie Muster 2 (einfacher Schenkungsvertrag).
37 Diese Gestaltung ist eine Möglichkeit Kinder, die zu Lebzeiten bereits Vorschenkungen erhalten haben, auf den Tod hin mit weiteren Schenkungen auszustatten, weil dies beispielsweise aus steuerrechtlichen Überlegungen heraus so notwendig ist.

IV.

Die unter Ziffer 3-5 Genannten verzichten hiermit für sich und ihre Abkömmlinge gegenüber ihren Eltern A-Ehemann und B-Ehefrau auf ihr Pflichtteilsrecht nach dem Tode des Erstversterbenden von diesen beiden. Herr A-Ehemann und Frau B-Ehefrau nehmen diesen beschränkten Pflichtteilsverzicht an.

V.

A-Ehemann und B-Ehefrau setzen auf das Ableben des Erstversterbenden von ihnen, der unter Ziffer 4 Genannten, dessen hälftigen Miteigentumsanteil an dem Grundstück Flst. Nr. 0000/2, X-Straße aus.

Ferner vereinbaren die Parteien, dass mit dem Anfalls dieses Vermächtnisses der Überlebende der Eheleute A-Ehemann und B-Ehefrau den lebenslangen und unentgeltlichen Nießbrauch an dem hälftigen Miteigentum an dem vorgenannten Grundstücksanteil an dem FlstNr.: 0000/2 X-Straße erhalten soll. Dieser ist auch im Grundbuch an rangbereiter Stelle dann einzutragen.

Nach dem Tode des Letztversterbenden der Eheleute A-Ehemann und B-Ehefrau setzen wir unserer Tochter, der unter Ziffer 4 Genannten, das weitere hälftig Miteigentum an dem Grundstück Flst. Nr. 0000/2 X-Straße aus.

Ersatzvermächtnisnehmer sind deren leibliche Abkömmlinge unter sich zu gleichen Teilen nach den Regeln der gesetzlichen Erbfolge.

Schluss[38] ◄

▶ **Muster: Grundstücksschenkung als gemischte Schenkung/Leistungsauflage**

Urkundentext[39]

Belastungen

Dreißigtausend Euro Grundschuld ohne Brief nebst 15 % Zins jährlich vom Tage der Eintragung ab für die ABC Bank in Koblenz.

Vierzigtausend Euro Buchgrundschuld nebst 15 % Zins jährlich vom Tage der Eintragung ab für die S-Kassen Bank in Cochem.

Die Grundpfandrechte sind teilweise noch valutiert, am heutigen Tage mit einem Betrag von insgesamt Euro 32.100,00. Die durch die Grundpfandrechte gesicherten Verbindlichkeiten werden vom Erwerber unter Ziffer 2 Herrn ... übernommen, ebenso werden die Grundpfandrechte vom Erwerber zu Ziffer 2 zur dinglichen Haftung übernommen. Der Erwerber wird sich kurzfristig um eine Haftungsfreistellung des Übergebers zu Ziffer 1 bei den beiden Bankhäusern bemühen. Sollte eine Haftentlassung des unter Ziffer 1 genannten Übergebers nicht bis zum ... 2010 erfolgt sein, so stellt ihn der Erwerber zu Ziffer 2 im Innenverhältnis von jeglicher Haftung für die Darlehensverbindlichkeiten frei und wird sich darüber hinaus weiter um eine Haftentlassung des unter Ziffer 1 genannten Übergebers bemühen.[40] ◄

Anmerkung. Häufig befinden sich auf privatem Grundbesitz noch Verbindlichkeiten, die aus der Errichtung oder dem Umbau der Immobilie herrühren und durch ein Grundpfandrecht am Grundstück selbst abgesichert sind. Diese Verbindlichkeiten sind bei der Berechnung der Schenkungsteuergrundlage nach § 7 ErbStG, den Steuerwert mindernd zu berücksichtigen. Man

---

38 Wie Muster 2 (einfacher Schenkungsvertrag).
39 Wie Muster 2 (einfacher Schenkungsvertrag).
40 Empfehlenswert ist es stets, vor der notariellen Beurkundung die Haftungsfreistellungserklärung der Banken schriftlich einzuholen.

spricht dabei von einer **gemischten Schenkung**,[41] sofern der Beschenkte neben dem Gegenstand der Schenkung, durch den er im Sinne von § 7 ErbstG bereichert wird, auch eine Verbindlichkeit übernimmt, also eine Schenkung unter einer **Leistungsauflage** vollzogen wird. Es handelt sich also vom Vertragstypus her um eine Schenkung im Sinne des bürgerlichen Rechts, die jedoch anders als eine Schenkung ohne Leistungsauflage begrenzt ist auf den Überschussanteil, der nach der Saldierung der Leistungsauflage dem Beschenkten als Bereicherung verbleibt. Jedoch ist zu beachten, dass eine solche Leistungsauflage nicht in vollem Umfang steuermindernd abzugsfähig ist, anders also als bei den betrieblichen Verbindlichkeiten, die nach § 10 Abs. 6 S. 4 ErbStG vollständig abzugsfähig sind, sofern diese mit dem nach § 13 a ErbStG befreiten Betriebsvermögen in wirtschaftlichem Zusammenhang stehen. Eine Leistungsauflage in Form der Übernahme einer Verbindlichkeit bei der Schenkung von privatem Vermögen wird nur im Verhältnis berücksichtigt, dass der Steuerwert der Leistung des Schenkers in dem Verhältnis aufgeteilt wird, in dem der Verkehrswert der Bereicherung des Beschenkten zu dem Verkehrswert des geschenkten Vermögens steht nach der Erbschaftsteuerrichtlinie 2003 zu § 7 ErbStG R 17(2).

45 **Praxisbeispiel:** A schenkt B ein Grundstück, für das ein Grundstückswert von EUR 550.000 festgestellt wird und auf dem sich noch eine Grundschuld befindet, die ein Darlehen für das auf dem Grundstück errichtete Zweifamilienwohnhaus (Wertermittlung nach § 182 Abs. 2 Nr. 3 BewG) absichert in Höhe von 200.000 EUR. Der Verkehrswert des Grundstückes beträgt EUR 800.000. Ermittelt man nun die bürgerlich-rechtliche Bereicherung, ergibt dies einen Betrag von EUR 600.000 (EUR 800.000–EUR 200.000).

Die nach § 7 ErbstG maßgebliche steuerrechtliche Bereicherung ermittelt sich wie folgt:

$$\text{Steuerwert der Leistung des Schenkers} \times \frac{\text{Verkehrswert der Bereicherung des Beschenkten}}{\text{Verkehrswert der Leistung des Schenkers}}$$

EUR 550.000 x (EUR 600.000 ./. 800.000) = 550.000 x 0,75 = EUR 412.500

46 Anders ist eine Schenkung unter einer **Duldungs- oder Nutzungsauflage** zu behandeln. Die bisherige Regelung des § 25 ErbStG ist ersatzlos entfallen. Die Grundsätze der gemischten Schenkung finden weiterhin Anwendung. Die Berücksichtigung einer Duldungs- oder Nutzungsauflage erfolgt dabei wie folgt:

Vater V schenkt seinem Sohn S ein Mehrfamilienhaus mit einem Verkehrswert von Euro 800.000. Der lebenslange Nießbrauch, den sich V vorbehält beträgt Euro 300.000. Damit ergibt sich ein Steuerwert von Euro 500.000. Handelt es sich um eine vermietete Immobilie so wäre der ermittelte Wert nur mit 90 % nach § 13 C Abs. 1 ErbStG anzusetzen.

47 Zu beachten ist auch die Frage der Anwendung des **Grunderwerbsteuergesetzes**. Nach § 3 Nr. 2 S. 1 GrEStG sind Schenkungen oder ein Erwerb von Todes wegen grundsätzlich von der Besteuerung nach dem GrEStG ausgenommen und zwar unabhängig von einem Verwandtschaftsverhältnis.

48 Erfolgt eine gemischte Schenkung, stellt sich die Frage, ob dieser Vorgang der Grunderwerbsteuer unterliegt, da Teilentgeltlichkeit vorliegt. Grundsätzlich ist dabei zunächst zu prüfen, welches Verwandtschaftsverhältnis zwischen Schenker und Beschenktem vorliegt. Sind diese

---

41 *Gebel* in Troll/Gebel/Jülicher, ErbStG, § 7 Rn 202.

nämlich in gerader Linie miteinander verwandt, so fällt grundsätzlich keine Grunderwerbsteuer an nach § 3 Nr. 6, wobei nach § 3 Nr. 6 S. 2 GrEStG dabei den Abkömmlingen die Stiefkinder gleich stehen. Auch die Ehegatten der Verwandten in gerade Linie und die Stiefkindern stehen diesen gleich nach § 3 Nr. 6 S. 3 GrEStG. Ebenso ist der Grundstückserwerb durch den Ehegatten steuerbefreit nach § 3 Nr. 4 GrEStG.

Erwirbt folglich eine Person, die nicht unter die Steuerbefreiungstatbestände von § 3 Nr. 4, 6 GrEStG fällt, von einer anderen Person im Rahmen einer Schenkung einen Gegenstand unter einer Leistungsauflage und liegt somit eine gemischte Schenkung vor, so muss auf den Teil der Schenkung, der als entgeltlich zu bewerten ist, auch Grunderwerbsteuer entrichtet werden.[42]

▶ **Muster: Wohnungsrechtsbestellung in Form einer beschränkt persönlichen Dienstbarkeit**

Urkundentext[43]

Die Übergeber behalten sich nach Maßgabe von § 428 BGB als Gesamtberechtigte das lebenslange unentgeltliche Wohnungsrecht an dem Flst.Nr. 00000 Gemarkung ---, eingetragen im Grundbuch von ---, Band ---, Blatt --- vor. Das Wohnungsrecht umfasst unter Ausschluss des Eigentümers die bisher schon von den Übergebern im ersten Obergeschoss in der linken Haushälfte des Anwesens ABC-Straße bewohnte Wohnung. Das Wohnungsrecht umfasst auch das Mitbenutzungsrecht am südlich und östlich des Wohnhauses gelegenen Hausgarten, der Autogarage im Wohnhaus, die bisher schon von den Übergebern benutzt wurde, den PKW-Stellflächen, der Heizungsanlage, Warmwasser- und Stromversorgung, sowie sonstigen Gemeinschaftsanlagen bzw -einrichtungen.

Für das Wohnungsrecht trägt der Eigentümer in Abweichung von § 1041 BGB auch die Kosten der gewöhnlichen Unterhaltung, insbesondere auch die Kosten für Warmwasser-, Strom- und Wärmeenergieversorgung, die Kosten für den Schornsteinfeger und die Müllgebühren.

Die Übergeber bewilligen[44] und der Erwerber beantragt[45] die Eintragung des Wohnungsrechts als beschränkt persönliche Dienstbarkeit nach § 1093 BGB.

Der Jahreswert der Nutzung beträgt EUR 7.500. ◀

▶ **Muster: Nießbrauch an Wohnungseigentum nach § 1 ff WEG**

Urkundentext[46]

Der Übergeber behält für sich den lebenslangen und unentgeltlichen Nießbrauch an den unter Ziffer II übergebenen **Miteigentumsanteilen**[47] vor, nach Maßgabe der gesetzlichen Bestimmungen.[48]

Die Ausübung des Nießbrauchs kann auch Dritten gestattet werden. Insbesondere ist auch die Vermietung möglich.

Abweichend von den Bestimmungen des BGB wird vereinbart, dass der Nießbrauchsberechtigte wie ein Eigentümer neben den laufenden Lasten auch die außergewöhnlichen Lasten des Grundbesitzes und die Kosten für Reparaturen und Erneuerungen zu tragen hat, die über die gewöhnliche Unterhaltung hinausgehen.

---

42 Bonefeld/Daragan/Wachter/*Daragan*, Der Fachanwalt für Erbrecht, S. 1332.
43 Wie Muster 2 (einfacher Schenkungsvertrag).
44 Nach § 19 GBO bedarf dies der Bewilligung.
45 Nach § 13 Abs. 1 GBO erfolgt die Eintragung auf Antrag.
46 Wie Muster 2 (einfacher Schenkungsvertrag).
47 Auch das Sondereigentum ist nach § 6 WEG, § 1030 BGB mit einem Nießbrauch belastbar; Palandt/*Bassenge*, § 6 WEG Rn 9.
48 Die Ausübung des Stimmrechts verbleibt beim Wohnungseigentümer; BGH DNotZ 2002, 881.

Daneben hat der Nießbrauchsberechtigte auch die auf dem Nießbrauchsgegenstand ruhenden öffentlichen Lasten zu tragen. Die Vertragsparteien sind über die Einräumung des vorstehenden Nießbrauchsrechts einig. Sie bewilligen und **beantragen** die Eintragung bei dem übergebenen Grundeigentum im Grundbuch mit dem Vermerk, dass zur Löschung der Nachweis des Todes des Berechtigten genügt.

Der Jahreswert des Nießbrauchs beträgt EUR 5.000. ◄

52 **Anmerkung.** Behält sich der Zuwendende den Nießbrauch an dem unentgeltlich übertragenen Immobilienvermögen vor, handelt es sich also um einen sogenannten **Vorbehaltsnießbrauch**. Die auf dem Immobilienvermögen vorhandene AfA-Berechtigung verbleibt beim Nießbraucher, sofern dieser das Immobilienvermögen entgeltlich Dritten im Rahmen von Pacht oder Miete überlässt.[49] Dies ist in steuerrechtlicher Hinsicht konsequent, da der Übertragende die Anschaffungskosten für den Erwerb des Immobilienvermögens hatte und mit der Nießbrauchsberechtigung, also der Vermietung oder Verpachtung des mit dem Nießbrauch belasteten Immobilienvermögens, Einkünfte erzielt. Nutzt der Nießbraucher hingegen die Immobilie unentgeltlich selbst, ist keine AfA-Berechtigung für ihn gegeben.

53 ▶ **Muster: Mittelbare Grundstücksschenkung**[50]

Urkundentext[51]

Erschienen (Veräußerer und Erwerber), ferner sind während der Verhandlung anwesend die Eltern des Erwerbers, die Eheleute A-Ehemann und B-Ehefrau.
Es wird zwischen den unter Ziffer 3 und 4 genannten Eheleuten und dem unter Ziffer 2 genannten Erwerber folgendes vereinbart:
Die unter Ziffer 3 und 4 Genannten verpflichten sich, dem unter Ziffer 2 Genannten einen Geldbetrag von EUR 200.000 (i.W. Euro zweihunderttausend) zu schenken.
Die unter Ziffer 3 und 4 genannten Eltern des Erwerbers zu Ziffer 2 erklären ausdrücklich, dass dieser Geldbetrag ausschließlich für den nach dieser Urkunde beabsichtigten Erwerb des vertragsgegenständlichen Grundstückes Flst.Nr. 0000, eingetragen im Grundbuch von ... Band ... Blatt ... zu verwenden ist.
Im Übrigen verpflichten sich die unter Ziffer 3 und 4 Genannten auch dazu, die durch diesen vorgenannten Grundstückserwerb fällig werdenden Gebühren des beurkundenden Notars, des Grundbuchamtes, die Grunderwerbsteuer sowie allfällige Erschließungskosten zu bezahlen.
Es wird sodann vereinbart, dass die unter Ziffer 3 und 4 genannten Eheleute A-Ehemann und B-Ehefrau den vereinbarten Betrag von EUR 200.000 (i.W. Euro zweihunderttausend) nach Maßgabe des § 2 am Tage der Fälligkeit auf das noch vom Veräußerer mitzuteilende Konto überweisen werden.
Der unter Ziffer 2 Genannte nimmt die durch vorweggenommene Erbfolge erfolgte Zuwendung ausdrücklich an. ◄

54 **Anmerkung.** Die so genannte **mittelbare Grundstücksschenkung**, die von der Finanzverwaltung akzeptiert wird, ist eine Geldschenkung, die so ausgestaltet werden muss, dass der unmittelbare Zuwendungsvorgang als mittelbare Schenkung eines Grundstückes erkennbar wird, der Beschenkte also Bargeld erhält zum ausschließlichen Erwerb eines Grundstückes. Auch nur die teilweise Finanzierungsbeihilfe des Schenkers an den Beschenkten zum Erwerb eines Grund-

---

49 BFH 28.7.1981, BStBl. II 1982, 378.
50 Erbschaftsteuerrichtlinie R 16.
51 Urkundentext wie Muster 2 (einfacher Schenkungsvertrag).

B. Vertragsgestaltungen einer vorweggenommenen Erbfolge § 11

stückes ist als mittelbare Grundstücksschenkung zu betrachten nach § 7 Erbschaftsteuerrichtlinien R 16, H 16 Nr. 2. Der Zuwendungsbetrag muss dabei bereits zu dem Zeitpunkt des Erwerbs zugesagt sein nach Erbschaftsteuerrichtlinie R 16 (1) S. 5.

Durch eine mittelbare Grundstücksschenkung wird also nicht der tatsächliche Barwert des zugewendeten Barbetrages zugrunde gelegt, sondern der Steuerwert des erworbenen Grundstückes nach §§ 12 Abs. 3 ErbStG, § 179 ff. BewG. Hinsichtlich des Zeitpunktes, an dem eine mittelbare Grundstücksschenkung als ausgeführt gilt, wird auf Erbschaftsteuerrichtlinie R 23 (2) verwiesen. Somit kann auch nach der Erbschaftsteuerreform eine mittelbare Grundstücksschenkung vorteilhaft gegenüber einer reinen Geldzuwendung sein, beispielsweise, wenn ein vermietetes Wohnhaus nach § 13 c Abs. 1 ErbStG erworben wird, auf dessen Wert ein 10% Abschlag erfolgt. 55

Praxistipp: Steuerrechtlich unschädliche Kettenschenkung Bei der Frage, wie die vorweggenommene Erbfolge zu einer steuergünstigen Lösung führen kann, ist gerade bei Schenkungen von Eltern an Kinder auch die Ausnutzung der Freibetragsregelungen zwischen Ehegatten mit in Betracht zu ziehen. 56

Praxisbeispiel: Ist also ein Ehegatte beispielsweise Alleineigentümer eines Mehrfamilienhauses und beträgt dessen Steuerwert 600.000 EUR, würde nach Abzug eines Freibetrages von 400.000 EUR bei einer Schenkung an den einzigen Sohn, dieser 22.000 EUR Schenkungsteuer bezahlen. Würde nun der Vater 2/3 des Eigentums an den Sohn und 1/3 an die Mutter übertragen, würde der Sohn steuerfrei erwerben können und die Mutter ebenfalls.

Die **Kettenschenkung**, richtig vereinbart, ist ein legitimes Instrument der Steuergestaltung. Dadurch wird ein weiterer Freibetrag für dieses Immobilienvermögen geschaffen, denn die Ehefrau kann nun den 1/3 Miteigentumsanteil an den Sohn steuerfrei übertragen, unter Ausnutzung ihres Freibetrages von 400.000 EUR, der dem Sohn ihr gegenüber zusteht.

- Vergleich Schenkung direkt insgesamt an den Sohn
  Steuerwert EUR 600.000
  Freibetrag (§ 16 Abs. 1 Nr. 2 ErbStG) EUR 400.000
  zu versteuernder Restbetrag: EUR 200.000
  Erbschaftsteuerbetrag (Steuerklasse I, 11 %): EUR 22.000
- Vergleich Schenkung 2/3 an den Sohn, 1/3 an die Ehefrau/Mutter
  Schenkung an den Sohn
  Steuerwert EUR
  Freibetrag (§ 16 Abs. 1 Nr. 2 ErbStG) EUR 400.000
  zu versteuernder Restbetrag: EUR -0-
  Erbschaftsteuerbetrag (Steuerklasse I) : EUR -0-
  Schenkung an die Ehefrau/Mutter
  Steuerwert EUR 200.000
  Freibetrag (§ 16 Abs. 1 Nr. 1 ErbStG) EUR 500.000
  zu versteuernder Restbetrag: EUR -0-
  Erbschaftsteuerbetrag (Steuerklasse I): EUR -0-

Es ist jedoch bei dieser Art der Gestaltung, die man als **Kettenschenkung** bezeichnet, auf **zwei wesentliche Punkte**[52] zu achten: 57

---

[52] *Fromm*, DStR 2000, 453 ff; *Sudhoff*, Unternehmensnachfolge, § 77 Rn 33 ff; *Troll/Gebel/Jülicher*, § 7 Rn 238 ff.

- weder darf in der Schenkungsurkunde, durch die der Vater an die Mutter einen Teil der Immobilie überträgt, eine Bedingung/Auflage vereinbart werden, durch die sich die Mutter vertraglich zur Weitergabe an den Sohn verpflichtet, sie muss also frei über das geschenkte Vermögen verfügen können,
- noch darf die Schenkung der Mutter zeitlich unmittelbar auf die vorhergehende Schenkung erfolgen. Man spricht von einer **Schonfrist**, wobei die Rechtsprechung dazu in der Vergangenheit ein Kalenderjahr als ausreichend ansah, ansonsten könnte das Finanzamt einen steuerschädlichen Gestaltungsmissbrauch annehmen.

Es darf dabei nicht übersehen werden, dass die Kettenschenkung von der Finanzverwaltung kritisch betrachtet wird. Nach § 42 Abgabenordnung (AO) liegt aber keine missbräuchliche Gestaltung vor, wenn lediglich ein steuergünstigerer Leistungsweg gewählt wird.[53] Es ist also bei der Gestaltung eines solchen Leistungsweges darauf zu achten, dass keine planmäßige Gestaltung erkennbar wird und der Willensentschluss des beschenkten Ehegatten ein eigener sein muss, also nicht durch den Schenker bestimmt werden darf.

58 Praxistipp: Die **Erwachsenenadoption** ist sicherlich kein Gestaltungsmittel, welches regelmäßig zur Anwendung gelangen wird in der Nachfolgeplanung. In bestimmten Fällen kann sie jedoch als Gestaltungsmittel durchaus in Betracht gezogen werden. Eine Erwachsenenadoption nach §§ 1767 ff BGB erfolgt durch eine notarielle Beurkundung des Antrages des Annehmenden und des Anzunehmenden nach § 1768 Abs. 1 iVm § 1752 Abs. 2 BGB und anschließender **Genehmigung des Familiengerichts**. Es dürfen aber in dem gemeinsamen Antrag keine steuerrechtlichen Motive benannt werden, da ansonsten das Vormundschaftsgericht einen ablehnenden Beschluss fassen wird. Eine Erwachsenenadoption hat nur dann Aussicht auf einen bejahenden Beschluss des Vormundschaftsgerichts, sofern die Motive der Adoption im zwischenmenschlichen Bereich anzusetzen sind. Rein steuergünstige Überlegungen oder die Benachteiligung eines Pflichtteilsberechtigten, die durch die Adoption eintreten würde, sind keine Motive, die zu einer Genehmigung führen würden.

59 Praxisbeispiel: Wird beispielsweise eine Nichte, die sich jahrelang um ihre Tante (Schwester der Mutter der Nichte) kümmert, von dieser als Erwachsene adoptiert und hinterlässt die Tante von Todes wegen eine Vermögen mit einem Steuerwert von 200.000 EUR, dann erhält die adoptierte Nichte diesen Betrag steuerfrei nach § 16 Abs. 1 Nr. 2 ErbStG.

- Vergleich Erwerb als Nichte
  Steuerwert EUR 200.000
  Freibetrag (§ 16 Abs. 1 Nr. 5 ErbStG) EUR 20.000
  zu versteuernder Restbetrag: EUR 180.000
  Erbschaftsteuerbetrag (Steuerklasse II, 120 %): EUR 36.000
- Vergleich Erwerb als adoptierte Erwachsene
  Steuerwert EUR 200.000
  Freibetrag (§ 16 Abs. 1 Nr. 2 ErbStG) EUR 400.000
  zu versteuernder Restbetrag: EUR -0-
  Erbschaftsteuerbetrag (Steuerklasse I) : EUR -0-

---

53 *Troll/Gebel/Jülicher*, § 7 Rn 239.

▶ Muster: Rücktrittsvorbehalt ausführlich

Der unter Ziffer 1 genannte Übergeber ist in folgenden Fällen zum Rücktritt vom Vertrag berechtigt:

1. Wenn der Erwerber zu Ziffer 2 oder einer seiner Gesamtrechtsnachfolger in Vermögensverfall gerät – dies ist anzunehmen, wenn in sein Vermögen Pfändungen erfolgen oder das Insolvenzverfahren eröffnet wird oder das Insolvenzverfahren mangels Masse abgelehnt wird.
2. Wenn der Erwerber nicht, gleichviel wann er eine Ehe eingeht oder eingegangen ist, den Gegenstand der heutigen Schenkung oder dessen Surrogat analog § 1418 Abs. 2 Ziffer 3 BGB bei Gütergemeinschaft zur Vorbehaltsgut erklärt oder bei Zugewinngemeinschaft von der Berechnung des Zugewinnausgleichs durch Zurechnung weder zum Anfangs- noch zum Endvermögen ehevertraglich ausnimmt oder Gütertrennung vereinbart.
3. Wenn der Erwerber ohne Hinterlassung von Abkömmlingen verstirbt.
4. Wenn der Erwerber das Grundstück ohne schriftliche Zustimmung des Übergebers veräußert oder belastet.

Das Rücktrittsrecht ist an keine Ausschlussfrist gebunden. Es kann auch gegenüber Rechtsnachfolgern ausgeübt werden. Bei mehreren nicht gesamthändisch berechtigten Rechtsnachfolgern kann das Rücktrittsrecht gegenüber jedem gesondert ausgeübt werden, sonst genügt das Vorliegen eines Rücktrittsgrundes in der Person eines von mehreren Rechtsnachfolgern.

Das Rücktrittsrecht ist vor Ausübung unübertragbar und erlischt mit dem Tode des Rücktrittsberechtigten.

Der Anspruch auf Rückübertragung ist jedoch vererblich, sofern der Rückforderungsberechtigte bereits zu Lebzeiten das Rückübertragungsverlangen geltend gemacht hat.

Nach erfolgtem Rücktritt ist der Rücktrittsgegner zur Herausgabe der gesamten Vertragsgegenstände verpflichtet. Verwendungen kann er ersetzt verlangen, soweit diese zur Werterhöhung notwendig waren oder noch Wert erhöhend sind oder sich der Rücktrittsberechtigte mit der Verwendung und seiner späteren Ersatzpflicht einverstanden erklärt hat oder wenn die Aufwendungen gesetzlich vorgeschrieben waren. Die Vertragsgegenstände sind frei von Belastungen, soweit diese nicht gegenwärtig bereits bestehen, unentgeltlich zurück zu übertragen. Eigentümergrundschulden sind in jedem Fall zu beseitigen. Kosten und Steuern der Rückübertragung trägt derjenige, welcher die Voraussetzung des Rücktrittsrechts geschaffen hat. Gezogene Nutzungen sind von keiner Seite auszugleichen.

Die Vertragsschließenden zu Ziffer 1 und 2 dieser Urkunde bewilligen und beantragen, zu Lasten des Grundstückes Flst. Nr.: 0000/1 eine Auflassungsvormerkung[54] zur Sicherung des bedingten Rückübertragungsanspruches zugunsten des Rückübertragungsberechtigten einzutragen, mit Rang nach der heute bestellten Reallast. ◀

▶ Muster: Bestellung einer dauernden Last

Der Erwerber verpflichtet sich, an den Übergeber auf dessen Lebenszeit vom ... an als dauernde Last im Voraus fällig jeweils bis zum 3. Werktag eines jeden Monats monatlich einen Betrag von EUR ... (i.W. Euro ...) zu bezahlen.

Für die dauernde Last wird ausdrücklich Abänderbarkeit im Sinne von § 323 ZPO vereinbart. Die Parteien sind sich jedoch darüber einig, dass eine Abänderung nicht aus dem erhöhten Bedarf des

---

[54] Eine Auflassungsvormerkung nach § 883 Abs. 1 S. 2 BGB stellt das ausreichende Sicherungsmittel für den Übergeber dar, das schuldrechtlich vereinbarte Rücktrittsrecht dinglich im Grundbuch abzusichern; *Schöner/Stöber*, Grundbuchrecht, Rn 1489 ff; Palandt/*Bassenge*, § 883 Rn 15.

Berechtigten abgeleitet werden kann, der sich aufgrund dauernder Pflegebedürftigkeit des Berechtigten oder aufgrund Aufnahme in ein Alters- oder Pflegeheim ergibt.

Die dauernde Last soll sich grundsätzlich im selben Maße erhöhen und vermindern, wie sich der vom Statistischen Bundesamt ermittelte Preisindex für die Lebenshaltung aller privaten Haushalte im Bundesgebiet auf der Basis 2000 = 100 gegenüber dem Stande vom Januar 2007 erhöht oder vermindert. Bei Umbasierungen ist die Änderung aufgrund der neuen Berechnungsbasis zu ermitteln. Die Veränderung soll aber immer nur auf schriftliches Verlangen und erstmals nur dann eintreten, wenn sich die dauernde Last gegenüber dem Ausgangsbetrag, später wenn sie sich gegenüber dem zuletzt maßgeblichen Betrag um mindestens 10 % verändern würde.

Zur Sicherung dieser Zahlungsverpflichtung bestellt der Erwerber dem Übergeber an dem vorstehenden genannten Grundstück Flst. Nr. 0000/1 eine Reallast gleichen Inhalts. Es ist Inhalt der Reallast, dass Rückstände Rang nach den übrigen aus der Reallast folgenden Ansprüchen (Stammrecht) haben; untereinander haben die älteren Rückstände Rang nach den jüngeren. Abweichend von § 12 ZVG ist deshalb im Falle der Zwangsversteigerung aus der Reallast das Stammrecht in das geringste Gebot aufzunehmen. Die Vertragsteile bewilligen und beantragen, die Reallast mit der Maßgabe in das Grundbuch einzutragen, dass zu ihrer Löschung der Nachweis des Todes des Berechtigten genügen soll.

Der Erwerber unterwirft sich der sofortigen Zwangsvollstreckung aus dieser Urkunde

a) wegen seiner Verpflichtung zur Zahlung der wertgesicherten dauernden Last,
b) wegen der Reallast,
c) wegen der dem Grundstückseigentümer nach § 1108 BGB obliegenden Verpflichtung, die während der Dauer seines Eigentums fällig werdenden Leistungen auch persönlich zu bewirken.

Der Notar wird beauftragt, die notwendige Genehmigung für die vereinbarte Wertsicherung beim Bundesamt für Wirtschaft in Eschborn gemäß § 3 Preisangaben- und Preisklauselgesetz einzuholen. Sollte die Genehmigung nicht erteilt werden, bleibt die Wirksamkeit der übrigen Vertragsbestimmungen davon unberührt. Die Beteiligten sind in diesem Falle verpflichtet, eine genehmigungsfähige Wertsicherungsklausel zu vereinbaren, die den beabsichtigten Zielen der Parteien entspricht.

Sollte der vorstehend vereinbarte Index nach längerem Zeitablauf nicht mehr festgestellt werden, ist ein entsprechender Index zu vereinbaren. ◀

62 ▶ Muster: Vereinbarung Gleichstellungsleistung weichende Erben

Der Erwerber verpflichtet sich, an den unter Ziffer 2 Genannten und die unter Ziffer 4 Genannte einen Geldbetrag von jeweils EUR ... (i.W. Euro ...) zu bezahlen.

Die Beträge sind jeweils 30 Tage nach Eintragung der unter vorgenanntem § ... aufgeführten Auflassungsvormerkung fällig und bis dahin unverzinst zu bezahlen.

Der Erwerber unterwirft sich wegen dieser Zahlungsverpflichtungen gegenüber dem unter Ziffer 3 Genannten und der unter Ziffer 4 Genannten der sofortigen Zwangsvollstreckung aus dieser Urkunde in sein gesamtes Vermögen.

Der Notar ist dazu ermächtigt, jederzeit eine vollstreckbare Ausfertigung dieser Urkunde zu erteilen.

Eine dingliche Sicherung der Forderungen im Grundbuch wünschten die Berechtigten nach Belehrung des Notars über die Risiken nicht.

Die unter Ziffer 3 und 4 Genannten betrachten sich nach vollständiger Bezahlung der vorgenannten Geldbeträge hinsichtlich der unter § ... dieser Urkunde erfolgten Übertragung von Grundbesitz an den unter Ziffer 2 genannten Erwerber gleichgestellt. ◀

B. Vertragsgestaltungen einer vorweggenommenen Erbfolge § 11

Anmerkung. Vorstehende Vereinbarung ist in Übergabeverträgen häufig vorgesehen und auch ein wichtige Regelung, um damit für die Zukunft auf den Tod der Verfügenden hin abzusichern, dass die Pflichtteilsberechtigten, die Parteien einer solchen vorweggenommenen Erbfolge sind, sich nicht mehr über Pflichtteilsansprüche bezogen auf die erfolgten Zuwendungen streitig auseinandersetzen können.

▶ **Muster: Ehebedingte Zuwendung,**[55] **Rücktrittsvorbehalt**

Bei dieser Überlassung handelt es sich um eine sog. ehebedingte Zuwendung unter Ehegatten, für die es bei den hierfür entwickelten Rechtsregelungen – Geltung des § 1380 BGB, Nichtanwendung von § 1374 Abs. 2 BGB – verbleibt.

Der unter Ziffer 1 genannte Übergeber ist in folgenden Fällen zum Rücktritt vom Vertrag berechtigt:

1. Wenn der Erwerber zu Ziffer 2 oder einer seiner Gesamtrechtsnachfolger in Vermögensverfall gerät – dies ist anzunehmen, wenn in sein Vermögen Pfändungen erfolgen oder das Insolvenzverfahren eröffnet wird oder das Insolvenzverfahren mangels Masse abgelehnt wird.
2. Wenn der Übergeber oder die Erwerberin Antrag auf Scheidung der Ehe stellt oder die Ehe rechtskräftig geschieden wird.
3. Wenn der Erwerber das Grundstück ohne schriftliche Zustimmung des Übergebers veräußert oder belastet.

Das Rücktrittsrecht ist an keine Ausschlussfrist gebunden. Es kann auch gegenüber Rechtsnachfolgern ausgeübt werden. Bei mehreren nicht gesamthänderisch berechtigten Rechtsnachfolgern kann das Rücktrittsrecht gegenüber jedem gesondert ausgeübt werden, sonst genügt das Vorliegen eines Rücktrittsgrundes in der Person eines von mehreren Rechtsnachfolgern.

Das Rücktrittsrecht ist vor Ausübung unübertragbar und erlischt mit dem Tode des Rücktrittsberechtigten.

Der Anspruch auf Rückübertragung ist jedoch vererblich, sofern der Rückforderungsberechtigte bereits zu Lebzeiten das Rückübertragungsverlangen geltend gemacht hat.

Nach erfolgtem Rücktritt ist der Rücktrittsgegner zur Herausgabe der gesamten Vertragsgegenstände verpflichtet. Verwendungen kann er ersetzt verlangen, soweit diese zur Werterhöhung notwendig waren oder noch Wert erhöhend sind oder sich der Rücktrittsberechtigte mit der Verwendung und seiner späteren Ersatzpflicht einverstanden erklärt hat oder wenn die Aufwendungen gesetzlich vorgeschrieben waren. Die Vertragsgegenstände sind frei von Belastungen, soweit diese nicht gegenwärtig bereits bestehen, unentgeltlich zurück zu übertragen. Eigentümergrundschulden sind in jedem Fall zu beseitigen. Kosten und Steuern der Rückübertragung trägt derjenige, welcher die Voraussetzung des Rücktrittsrechts geschaffen hat. Gezogene Nutzungen sind von keiner Seite auszugleichen.

Die Vertragsschließenden zu Ziffer 1 und 2 dieser Urkunde bewilligen und beantragen, zu Lasten des Grundstückes Flst. Nr.: 0000/1 eine Auflassungsvormerkung[56] zur Sicherung des bedingten Rückübertragungsanspruches zugunsten des Rückübertragungsberechtigten einzutragen. ◀

---

55 Häufig erfolgt diese Art von Zuwendungen gerade bei Unternehmerehen deshalb, damit der Gläubigerzugriff auf bestimmte Vermögensgegenstände im Falle der Zahlungsunfähigkeit verhindert werden kann. Dabei ist jedoch § 3 AnfG zu beachten, der bei missbräuchlicher Gestaltung das Rechtsgeschäft anfechtbar macht innerhalb eines Zeitraums von 10 Jahren. Ist ein Insolvenzverfahren eröffnet worden, findet § 133 InsO entsprechend Anwendung.

56 Eine Auflassungsvormerkung nach § 883 Abs. 1 S. 2 BGB stellt das ausreichende Sicherungsmittel für den Übergeber dar, das schuldrechtlich vereinbarte Rücktrittsrecht dinglich im Grundbuch abzusichern; *Schöner/Stöber*, Grundbuchrecht, Rn 1489 ff; Palandt/*Bassenge*, § 883 Rn 15.

65 ▶ **Muster: Vorbehaltsverzicht (Nießbrauch)**

 Urkundentext[57]

Für den unter Ziffer 1 Genannten ist im Grundbuch von ... Band ... Blatt ... an dem Grundstück FlstNr.: ... in Abt. II Nr. 1 ein Nießbrauchsrecht an diesem Grundstück eingetragen.

Der unter Ziffer 1 Genannte verzichtet hiermit ersatzlos auf dieses Nießbrauchsrecht gegenüber dem unter Ziffer 2 Genannten mit Wirkung zum ... . Der unter Ziffer 2 Genannte nimmt diesen Verzicht an.

Der unter Ziffer 1 Genannte als Berechtigter bewilligt und der unter Ziffer 2 Genannte als Eigentümer beantragt die Löschung dieses Nießbrauchsrechts im Grundbuch. ◀

66 **Anmerkung.** In steuerrechtlicher Hinsicht stellt der Verzicht auf den Vorbehaltsnießbrauch durch den Berechtigten im Verhältnis zum Eigentümer, der dadurch entlastet wird, eine Schenkung dar. Denn durch den Vorgang der Löschung des Nießbrauchsrechts im Grundbuch wird der Eigentümer entsprechend bereichert im Sinne von § 7 Abs. 1 Nr. 1 ErbStG.[58] Entscheidend für die schenkungsteuerrechtliche Betrachtung ist für diesen Vorgang, dass durch den Verzicht auf ein eingeräumtes Recht der durch dieses Recht belastete Grundstückseigentümer entlastet wird und bei diesem dadurch eine objektive Vermögensmehrung eintritt.[59]

---

57 Wie Muster 2 (einfacher Schenkungsvertrag).
58 *Troll/Gebel/Jülicher*, § 7 Rn 45; *Gebel*, Nießbrauchsrechte und Nießbrauchslasten im Erbschafts- und Schenkungssteuerrecht, ZEV 2006, 122 ff.
59 *Troll/Gebel/Jülicher*, § 12 Rn 184.

§ 12 Die Abwicklung des Mandates in Erbsachen

Literatur: *Bonefeld*, Haftungsfallen im Erbrecht, 2005; *Bonefeld/Daragan/Tanck*, Arbeitshilfen im Erbrecht, 3. Aufl. 2010; BRAK, Thesen zu Vergütungsvereinbarungen, 2006; *Enzensberger*, Nord-Süd-Gefälle bei Anwendung der 1,6 Verfahrensgebühr nach Nr. 3200 VV-RVG für Beschwerden in Nachlasssachen?, ZErb 2006, 264; *Gebauer/Schneider*, RVG, 3. Aufl. 2006; *Hinne/Klees/Teubel/Winkler*, Vereinbarungen mit Mandanten, 2006; *Kerscher/Tanck/Krug*, Das erbrechtliche Mandat, 3. Aufl. 2003; *Mayer/Kroiß*, Rechtsanwaltsvergütungsgesetz, 2. Aufl. 2006; *Wilde*, Die Preisfrage ab Juli 2006: „Zahlt das auch die Versicherung?", AnwBl 2006, 173

A. Allgemeines … 1	4. Arten von Vergütungsvereinbarungen 69
B. Die Annahme des erbrechtlichen Mandates 2	a) Pauschalvergütung … 70
I. Erstkontakt … 2	b) Zeitvergütung … 72
II. Sachverhaltsaufnahme … 9	c) Zeitvergütung mit Mindestpauschalvergütung … 77
1. Allgemeines zu Grund und Umfang … 9	d) Gegenstandswertvereinbarung … 79
2. Die Sachverhaltsaufnahme im Einzelnen … 15	e) Vereinbarung über die Höhe der Rahmengebühr … 82
a) Personen und Verwandtschaftsverhältnisse/Güterstände … 16	f) Vereinbarung einer erfolgsbasierten Vergütung … 84
aa) Personen und Verwandtschaftsverhältnisse … 16	g) Weitere Vereinbarungsmöglichkeiten … 85
bb) Güterstände und Informationen zur Ehe … 18	D. Vereinbarungen zur Haftungsbeschränkung 86
b) Erfassen des Vermögens/des Nachlasses … 23	I. Gründe für eine Haftungsbeschränkung 86
aa) Aktueller Vermögens-/Nachlassbestand … 24	II. Gesetzliche Vorgaben … 91
bb) Fiktives Vermögen/fiktiver Nachlass, Vorempfänge … 31	III. Formulierung einer Haftungsbegrenzungsvereinbarung … 94
c) Ermittlung zu testamentarischen Verfügungen … 38	E. Tätigkeitsverbote und Mehrheit von Mandanten/Interessenkollision … 97
d) Stand des Nachlassverfahrens … 44	I. Tätigkeitsverbot nach § 45 BRAO … 98
C. Die Vergütung … 48	II. Typische Fallkonstellationen zur Interessenkollision … 100
I. Grundlagen des Vergütungsanspruchs … 48	1. Beauftragung eines Rechtsanwaltes durch eine Erbengemeinschaft … 101
1. Die Auftragsvereinbarung … 49	2. Vertretung mehrerer Pflichtteilsberechtigter … 104
2. Vergütung nach dem Rechtsanwaltsvergütungsgesetz … 54	3. Beratung von Ehegatten bei der Gestaltung eines gemeinschaftliche Testamentes bzw Ehegattenerbvertrages … 106
II. Vergütungsvereinbarung … 58	4. Beratung der Parteien eines Übergabevertrages … 109
1. Vergütung für die Beratung und Gutachtenserstellung nach § 34 Abs. 1 RVG … 59	F. Mandantenschreiben/Mandatsbestätigung … 111
2. Gründe für Vergütungsvereinbarung … 64	
3. Gesetzliche Formvorschriften … 68	

A. Allgemeines

Bei der Abwicklung des erbrechtlichen Mandates ergeben sich in einer Vielzahl von Gesichtspunkten Besonderheiten, die im Gegensatz zu der Mehrzahl der Mandate, die sonst üblicherweise einem Rechtsanwalt zur Bearbeitung übertragen werden, zu beachten sind. Die Bearbeitung erbrechtlicher Mandate nimmt dabei sowohl hinsichtlich des Umfanges der Sachverhalte – in den meisten Fällen ist Gegenstand der Tätigkeit die **Regelung eines gesamten Vermögens** bzw Ansprüche an einem solchen über Jahre hinweg gebildeten Vermögen bzw Nachlass –, einschließlich der Fülle von rechtlich relevanten Informationen, als auch im Hinblick auf Arbeitsintensität und Streitwert sowie der damit verbundenen Haftungsgefahren und Gebührenvolumen, eine Sonderstellung im Rahmen der anwaltlichen Mandate ein. Hinzu kommt die für diesen rechtlichen Bereich einschlägige hohe Anzahl an rechtlichen Vorschriften, einschließlich

1

der Berührungspunkte zu Rechtsgebieten wie dem Familienrecht, dem Gesellschaftsrecht und auch dem Steuerrecht.

Nicht vergessen werden darf auch die besondere **Vertrauensstellung**, welche der Rechtsanwalt im Rahmen eines erbrechtlichen Mandates aus der Sicht des beauftragenden Mandanten einnimmt. In Fällen der Testamentsgestaltung offenbart der Mandant gegenüber dem Rechtsanwalt seine gesamte Vermögenssituation einschließlich seiner Familienverhältnisse, auch wenn diese durch Differenzen oder aus sonstigen Gründen streng vertraulich sind. Auch derjenige, welcher als Erbe, Pflichtteilsberechtigter oder sonstiger Anspruchsinhaber einen Rechtsanwalt mit seiner Beratung oder auch Vertretung beauftragt, wird zwangsläufig Informationen zur Familien- und Vermögenssituation mitteilen müssen.

Die Abwicklung eines erbrechtlichen Mandates setzt daher neben fundierten Kenntnissen der erbrechtlich relevanten Vorschriften ein hohes Maß an vertrauenswürdiger und verantwortungsvoller Mandatsbearbeitung durch den Rechtsanwalt voraus. Dabei ist bereits bei Annahme des Mandates der Grundstein für eine im Interesse des Mandanten liegende Bearbeitung zu legen. Die einmal geschaffenen Voraussetzungen und Grundlagen sind während der gesamten Führung des Mandates zu beachten.

B. Die Annahme des erbrechtlichen Mandates

I. Erstkontakt

2   Ausgehend von den regelmäßigen Organisationsabläufen innerhalb einer Rechtsanwaltskanzlei bzw dem regelmäßigen Zustandekommen eines ersten Kontaktes zwischen Mandant und Rechtsanwalt, kommt es in den meisten Fällen zur Beauftragung des Rechtsanwaltes aufgrund eines zunächst vom Mandanten vereinbarten Besprechungstermins.

Hierzu wird sich idR der „potentielle" Mandant vorab telefonisch mit der Rechtsanwaltskanzlei in Verbindung setzen und einen Termin mit dem Rechtsanwalt vereinbaren. Regelmäßig trifft hierbei der „potentielle" Mandant bei seinem **Telefonanruf** auf Mitarbeiter des Rechtsanwalts, welche möglicherweise ohne vorherige Rücksprache mit dem Rechtsanwalt zur Vereinbarung von Besprechungsterminen berechtigt sind. Nicht nur in erbrechtlichen Mandaten ist es dabei der Eignung und Schulung der eingesetzten Mitarbeiter zuzuschreiben, wenn bereits im Rahmen eines solchen ersten telefonischen Kontaktes Informationen zum Inhalt der möglichen Beauftragung und zur Dringlichkeit einer Terminsvereinbarung abgefragt werden können. Gerade im Bereich der erbrechtlichen Mandate ist in die eingesetzten Mitarbeiter ein hohes Maß an Verantwortungsbewusstsein zu setzen. Die Mitarbeiter müssen bereits aus den wenigen ersten Informationen anlässlich einer solchen Kontaktaufnahme erkennen, inwieweit möglicherweise die Notwendigkeit besteht, sofort einen Gesprächskontakt zum Rechtanwalt herzustellen oder zumindest einen umgehenden Rückruf zu gewährleisten.

Wie bei jedem anderen Mandat ist dabei selbstverständlich auch beim erbrechtlichen Mandat die Frage der **Interessenkollision** so früh wie möglich zu klären. Soweit bereits im Rahmen eines ersten telefonischen Kontaktes durch gezielte Nachfrage nach den weiteren beteiligten Personen in Erfahrung gebracht werden kann, dass der Rechtsanwalt bzw die Anwaltssozietät bereits anderweitig in einer die Interessenvertretung ausschließenden Tätigkeit beauftragt war, schließt dies frühzeitig die Gefahr aus, sich dem Vorwurf der Interessenkollision auszusetzen.

3   Aus verschiedenen Gründen ist dabei gerade bei erbrechtlichen Mandaten zwingend anzuraten, dass bereits **vor einem ersten Besprechungstermin** der Rechtsanwalt sich hinsichtlich des In-

haltes des möglichen zukünftigen Mandates erste Kenntnisse verschafft, um letztlich auch gerade in Fällen einer weitläufigeren Terminsvereinbarung vorab schon feststellen zu können, inwieweit im betreffenden Mandat der Ablauf irgendwelcher Fristen droht. Etwaige dahingehend bereits vor Mandatsannahme eintretende bzw bei rechtzeitiger Mandatsannahme vermeidbare Fristabläufe stellen Versäumnisse dar, welche zu einer **Haftung** nach den Grundsätzen der in § 311 Abs. 2 BGB geregelten c.i.c. führen.[1]

Denkbar sind hier insbesondere Fristabläufe in Mandatsfällen, in denen ein Erbfall bereits vorliegt, also zB 4

– Ablauf der Ausschlagungsfrist von 6 Wochen nach § 1944 Abs. 1 BGB,
– Ablauf von Anfechtungsfristen, wie zB nach § 1954 BGB (Anfechtung der Annahme oder Ausschlagung) und § 2082 BGB (Anfechtung von Testamenten),
– Verjährung von Pflichtteilsansprüchen nach § 2332 BGB aF (für Erbfälle bis 31.12.2009) nach § 197 BGB und § 2332 nF iVm § 2329 BGB (für Erbfälle ab dem, 1.1.2010),
– Verjährung des Zugewinnausgleichsanspruches nach § 1371 Abs. 2 und Abs. 3 BGB.

Aber auch außerhalb der Frage der vorvertraglichen Haftung scheint es wohl regelmäßig zweckmäßig, dass sich der Rechtsanwalt bereits vor dem ersten Besprechungstermin von dem möglichen Inhalt des zukünftigen Mandates informiert, bzw gegebenenfalls telefonisch ein erstes Vorgespräch mit dem Mandanten führt. So kann bereits anlässlich eines solchen ersten Gespräches der Mandant darauf hingewiesen werden, welche **Unterlagen und Informationen** bereits für den ersten Besprechungstermin benötigt werden. Hierdurch wird gegebenenfalls ein weiterer zur Beurteilung des Sachverhaltes notwendiger Termin entbehrlich. Ferner bieten solche ersten Informationen auch dem Rechtsanwalt die Möglichkeit, sich auf einen solchen ersten Besprechungstermin und mögliche dort aufkommende **Rechtsfragen vorzubereiten**. Hierdurch wird gegebenenfalls bereits eine gezielte Fragestellung zur Ermittlung des Sachverhaltes anlässlich des ersten Besprechungstermins möglich, was nicht zuletzt gerade in nicht typisch gelagerten Fällen dem Rechtsanwalt im ersten Beratungsgespräch größere Sicherheit verleiht und darüber hinaus auch das Vertrauen des Mandanten in die fachliche Eignung des Rechtsanwaltes fördert. 5

Als Beispiele für derartige möglicherweise zur Vorbereitung veranlassende Sachverhalte können aufgeführt werden: 6

Sachverhalt vor dem Erbfall:
– Testamentsgestaltung bei besonderen Familienverhältnissen (nichtehelichen Kinder, behinderte Abkömmlinge, überschuldete Abkömmlinge etc.),
– Übertragungen im Wege der vorweggenommenen Erbfolge mit Versorgungsrechten (steuerliche Gesichtspunkte, Sozialhilferegresssituation, gesellschaftsrechtliche Fragestellungen).

Nach dem Erbfall
– Maßnahmen zur Nachlasssicherung (Nachlasspflegschaft),
– Haftungsbeschränkungsmöglichkeiten (Nachlassverwaltung, Nachlassinsolvenz etc.),
– Testamentsanfechtung (Testierunfähigkeit etc.),
– Nachlässe mit Testamentsvollstreckung (Auskunftsansprüche, Auseinandersetzungsplan, Haftung und Entlassung des Testamentsvollstreckers etc.),

---
1 Palandt/*Heinrichs*, § 280 Rn 76.

- Erbauseinandersetzung bei ausgleichungspflichtigen Vorempfängen nach §§ 2050 ff BGB,
- Ausgleichungspflicht bei besonderen Leistungen, § 2057 a BGB Pflichtteilsansprüche nach §§ 2303 ff BGB (Zusatzpflichtteil, Beschränkungen und Beschwerungen, Anrechnungsbestimmungen, Pflichtteilsergänzung etc.).

7 Nicht zuletzt dient gegebenenfalls ein solcher erster Kontakt vor dem eigentlichen ersten Besprechungstermin dazu, erste Fragen zu einer mit der Beauftragung anfallenden Vergütung anzusprechen. Soweit sich der „potentielle" Mandant bereits durch Rückfrage bei einer möglicherweise bestehenden **Rechtsschutzversicherung** informiert hat, wird er regelmäßig von dort aus bereits die Beschränkung der durch die Rechtsschutzversicherung zu erstattenden Vergütung für Beratungstätigkeiten erfahren haben. Mit der seit 1.7.2006 einschlägigen **Änderung des Rechtsanwaltsvergütungsgesetzes** in Bezug auf die Beratungsgebühren (§ 34 RVG), welche auch durch die Medien der breiten Öffentlichkeit bekannt gemacht wurde, drängt sich diese Erfordernis nunmehr umso mehr auf.

8 Aber auch der nicht vorinformierte „potentielle" Mandant hat nachvollziehbare Befürchtungen, welche Kosten mit der anwaltlichen Beauftragung verbunden sind. Sicherlich können im Rahmen des ersten Gespräches zu den mit der in der Folgezeit im Rahmen einer umfassenden Beauftragung verbundenen Vergütung von einem verantwortungsvoll handelnden Rechtsanwalt keine gesicherten Angaben gemacht werden, allerdings zwingt gerade die soeben erwähnte Regelung in § 34 RVG den Rechtsanwalt, mit dem Mandanten dahingehend eine verbindliche Vereinbarung zur Vergütung zumindest zunächst für ein erstes Beratungsgespräch (vgl unten Rn 59) zu treffen. Soweit bereits absehbar ist, dass das Mandat den Umfang eines ersten Beratungsgespräches überschreiten wird, können ferner kurze **Hinweise zur Abrechnung der Vergütung** auf der Grundlage des RVG bzw zu den Grundlagen einer Vergütungsvereinbarung gemacht werden. Hierdurch besteht die Möglichkeit, etwaige, nicht wenig verbreitete Ansichten, wonach ein erstes Gespräch mit dem Anwalt kostenfrei wäre, zu begegnen. Zudem führt sicherlich die offene Vorgehensweise, gerade auch in Bezug auf die mit der anwaltlichen Tätigkeit verbundenen Kosten, bereits von Anfang an zu einem vertrauensvollen Mandatsverhältnis und vermeidet spätere, bzw bereits anlässlich des ersten Beratungsgespräches aufkommende Differenzen über Grund und Höhe der Gebührenansprüche des Rechtsanwaltes.

II. Sachverhaltsaufnahme

1. Allgemeines zu Grund und Umfang

9 Für die Bearbeitung erbrechtlicher Mandate ist zwingend eine **umfassende Sachverhaltsaufklärung** erforderlich. Dabei macht es keinen Unterschied, inwieweit es sich um ein Mandat vor dem Erbfall oder nach dem Erbfall handelt, da letztlich nur aus der Beurteilung eine umfassend im Hinblick auf Vermögensverhältnisse, Personen und Güterstände sowie aktueller Vermögensbestände, bzw Nachlassbestände ermittelte Mandatsgrundlage, eine Beurteilung unter rechtlichen Gesichtspunkten durch den Rechtsanwalt zulässt.

10 So kann ohne Beurteilung der **Personen- und Güterstände** im Bereich der Gestaltung von Testamenten keinerlei rechtlich gesicherte Angabe zur Höhe von gesetzlichen Erbquoten, bzw daraus resultierenden Pflichtteilsquoten gemacht werden. Für Mandate nach Erbfall ist dies ohnehin offenkundig. Gleiches gilt für die genaue **Erfassung der Vermögenssituation** eines Mandanten, welcher den Rechtsanwalt mit der Gestaltung einer testamentarischen Verfügung beauftragt. Ohne den Umfang des Vermögens sowie die Zusammensetzung im Einzelnen zu er-

mitteln, können im Rahmen der Gestaltung einer letztwilligen Verfügung von Todes wegen, neben der Frage der Umsetzung des Willen des Mandanten, keinerlei Gefahren im Hinblick auf steuerliche oder gesellschaftsrechtliche Besonderheiten erkannt, geschweige denn beurteilt werden. Hinzu kommen Kenntnisse zum Inhalt bereits **vorliegender testamentarischer Verfügungen** zur Beurteilung von testamentarischen bzw. erbvertraglichen Bindungen. Die Kenntnis von Inhalten bekannter testamentarischer Verfügungen nach Vorliegen eines Erbfalls ist dabei genauso wichtig wie Kenntnisse über ein möglicherweise bereits laufendes Erbscheinsverfahren.

Die genaue und umfassende **Sachverhaltserfassung** ist daher gerade in erbrechtlichen Mandaten die maßgebliche Grundlage für eine sachgerechte und rechtlich zutreffende Beratung, bzw. auch zukünftige Vertretung des Mandanten. Auch soweit sich das erste Mandantengespräch entsprechend den vom Mandanten gemachten Vorgaben auf ein erstes Beratungsgespräch im Sinne von § 34 Abs. 1 S. 3, 3. Hs RVG beschränken soll, setzt eine rechtliche Beratung die zur Beurteilung notwendigen Sachverhaltskenntnisse voraus.   11

Letztlich führt dies in erbrechtlichen Mandaten nicht selten dazu, dass bereits die Sachverhaltsaufklärung und Ermittlung der Ausgangsgrundlage sich derart umfassend und zeitaufwändig gestaltet, dass die Beratung **nicht auf ein erstes Beratungsgespräch** beschränkt werden kann. Man denke zum Beispiel an einen zur Prüfung und anschließenden Beratung vorgelegten Grundstücksüberlassungsvertrag mit umfangreich geregelten Versorgungsrechten, Ausgleichungsanordnungen oder Regelungen zur Hinauszahlung an weichende Geschwister und Vereinbarungen zu Erb- und/oder Pflichtteilsverzichten. Unabhängig davon, dass allein das Lesen und die Durchsicht der in einem solchen Überlassungsvertrag enthaltenen Regelungen bereits umfangreiche Zeit in Anspruch nimmt, stellt sich die Frage, inwieweit ohne zusätzliche Informationen zu weiteren lebzeitigen Zuwendungen eine rechtlich fundierte Beratung des Mandanten bezüglich seiner etwaigen Ansprüche aus einem solchen Überlassungsvertrag in einem ersten Beratungsgespräch möglich ist. Auch wenn sich aus der bisherigen Rechtsprechung und Kommentarliteratur[2] keinerlei zeitliche Begrenzung für ein solches „erstes Beratungsgespräch" entnehmen lässt, wird außer in den Fällen, in welchen die Terminsdauer durch den Rechtsanwalt als wesentlich zu kurz angesetzt wurde, sich in einer Vielzahl der Fälle ergeben, dass die Beratung nicht im Rahmen eines „ersten Beratungsgespräches" erbracht werden kann. Wünscht der Mandant dennoch im Hinblick auf die Vermeidung einer höheren Beratungsvergütung eine Beratung beschränkt auf ein erstes Beratungsgespräch, so zwingt dies den Rechtsanwalt zu besonderen Hinweisen hinsichtlich Umfang und Verbindlichkeit der von ihm vorgenommenen Beratung. In einem solchen Fall wird es als unabdingbar angesehen werden müssen, dass der Rechtanwalt den Mandanten darauf hinweist, dass er für die von ihm vorgenommene Beratung nur auf der Grundlage der anlässlich des ersten Beratungsgespräches möglichen Sachverhaltsaufklärung „haftet".   12

Letztlich zwingt dies auch in den meisten Fällen dazu, nach Beendigung des Beratungsgespräches, **Grundlagen und Inhalt der Beratung** gegenüber dem Mandanten nochmals im Rahmen eines umfassenden Schreibens darzustellen, um spätere Unklarheiten über die Grundlagen der erteilten Rechtsauskunft zu vermeiden.   13

Trotz all dieser soeben ausgeführten Gefahren bietet sicherlich gerade in erbrechtlichen Mandaten ein erstes Mandatsgespräch die Möglichkeit, dem Mandanten zu verdeutlichen, dass der zur Beratung, bzw Überprüfung unterbreitete Sachverhalt nicht pauschal und vergleichbar zum   14

---
2 Vgl zum Beispiel *Mayer/Kroiß*, RVG, Nr. 2102 VV Rn 9.

Beispiel einem eindeutigen Verkehrsunfall beurteilt werden kann. Durch zielgerichtete Fragestellung zur Sachverhaltsaufklärung sowie Darlegung möglicher zu berücksichtigender Rechtsfragen besteht für den im Erbrecht tätigen Rechtsanwalt die Möglichkeit, sich bezüglich seines Fachwissens und seiner Kompetenz in der Beratung und Vertretung in erbrechtlichen Mandaten positiv herauszustellen. Häufig wird dem Mandanten selbst erst im Rahmen des Gespräches mit dem im Erbrecht versierten Rechtsanwalt deutlich, dass die Inanspruchnahme der Beratung und Vertretung durch den Rechtsanwalt zwingend für die bestmögliche Durchsetzung seiner Wünsche oder Ansprüche erforderlich ist. Ist ein Mandant zu einer solchen Überzeugung gelangt, wird er letztendlich auch Verständnis für die mit der Tätigkeit des Rechtsanwalt verbundenen Vergütung aufbringen und damit den Rechtsanwalt das über das erste Beratungsgespräch hinausgehende Mandat zur Beratung bzw Vertretung erteilen.

2. Die Sachverhaltsaufnahme im Einzelnen

15 Für die umfassende und genaue Sachverhaltserfassung bietet sich gerade für den noch nicht in erbrechtlichen Mandaten erfahrenen Rechtsanwalt an, **Checklisten** für die Sachverhaltsaufklärung zu verwenden, bzw zu erstellen. Je nach der eigenen Arbeitsweise des Rechtsanwaltes, das heißt gegebenenfalls den Einsatz von erbrechtlicher Software, kann die Aufklärung des zur Mandatsbearbeitung erforderlichen Sachverhaltes in folgende Teilbereiche untergliedert werden:
– Personen- und Güterstände einschließlich Verwandtschaftsverhältnisse,
– aktueller Vermögensbestand bzw Nachlassbestand,
– lebzeitige Zuwendungen/Vorempfänge,
– vorhandene letztwillige Verfügungen,
– bei Mandaten nach dem Erbfall Angaben zum Erbfall, einschließlich des Standes des Nachlassverfahrens.

Innerhalb dieser Teilbereiche ergeben sich dann aufklärungsbedürftige Sachverhalte, bezüglich derer die nachfolgenden Ausführungen den Umfang der notwendigen Kenntnisse verdeutlichen sollen.

a) Personen und Verwandtschaftsverhältnisse/Güterstände
aa) Personen und Verwandtschaftsverhältnisse

16 Bei der Bearbeitung erbrechtlicher Mandate hat es sich als bewährt erwiesen, die einzelnen beteiligten Personen in einer Art **Familienstammbaum** des Mandanten, bzw des Erblassers zu erfassen. Anhand eines solchen Familienstammbaums lässt sich gerade bei der Bearbeitung einer größerer Anzahl von erbrechtlichen Mandaten jeweils schnell die im vorliegenden Mandat bestehende Ausgangsgrundlage erfassen, ohne jeweils bei Bearbeitung des Mandates erneut zunächst die Personen- und Verwandtschaftsverhältnisse ermitteln zu müssen.

Darüber hinaus bildet der Familienstammbaum die Grundlage der Ermittlung der einzelnen Erbordnungen gemäß §§ 1924 ff BGB sowie auch der sich daraus ergebenden Erb- und Pflichtteilsquoten. Gerade in Fällen, in welchen eine größere Personenanzahl oder gegebenenfalls Erben der 2. Ordnung oder fernerer Ordnungen beteiligt sind, dient die **grafische Darstellung** eines Familienstammbaumes einerseits dem schnelleren Überblick über die maßgeblichen Verwandtschaftsverhältnisse, andererseits auch der Vermeidung von Fehlern. Auch die Einbeziehung einer grafischen Darstellung im Mandantengespräch führt sehr schnell dazu, dass auch dem

Mandanten auffällt, sollten irgendwelche für die Beurteilung des Sachverhaltes maßgeblichen Personen vergessen worden sein.

In einem solchen grafisch dargestellten Familienstammbaum können dann die notwendigen Angaben zu den Personen einschließlich Geburts- und Sterbedatum, Verwandtschaftsverhältnis sowie bei Ehegatten Fragen zum Güterstand aufgenommen werden.

Demnach sind zu Ermittlung von beteiligten Personen/Verwandten (nicht Ehegatte) folgende Angaben erforderlich: 17

– Name,
– Verwandtschaft zum Erblasser/Abstammung,
– Alter,
– ggf Sterbedatum,
– eigene Abkömmlinge.

bb) Güterstände und Informationen zur Ehe

Soweit der Erblasser verheiratet war oder ist, müssen im Hinblick auf die Bedeutung der Güterstände für die gesetzlichen Erb- und Pflichtteilsquoten sowie auch gegebenenfalls erbschaftsteuerliche Auswirkungen auch **Angaben zum Güterstand** erfasst werden. Wie sich aus § 1931 BGB ergibt, ist für die Höhe der Erbquote des Ehegatten, wie auch die Erbquote der Abkömmlinge oder Erben 2. Ordnung, der während der Ehe geltende Güterstand von maßgeblicher Bedeutung. Ferner ergibt sich aus den besonderen Bestimmungen zum Güterstand der Zugewinngemeinschaft aus § 1371 BGB, dass der während der Ehe geltende Güterstand auch Bedeutung für Zugewinnausgleichsansprüche nach dem Tod eines Ehegatten hat. 18

Aber auch Fragen vor dem Hintergrund eines gegebenenfalls beabsichtigten oder anhängigen **Scheidungsverfahrens** sind vor dem Hintergrund des § 1933 BGB für die Beurteilung der erbrechtlichen Situation von Bedeutung. Dies gilt dabei nicht nur für die Fälle der gesetzlichen Erbfolge, sondern wegen § 2077 BGB auch für Fälle der gewillkürten Erbfolge. Sowohl über die Verweisungsvorschrift des § 2268 Abs. 2 BGB (als auch aufgrund § 2279 BGB) ist die Frage des Bestandes der Ehe, wie auch der Stand eines Scheidungsverfahrens für gemeinschaftliche Testamente, wie auch Erbverträge unter Ehegatten zu beachten. 19

Ferner können auch etwaige Modifizierungen hinsichtlich des gesetzlichen Güterstandes aufgrund eines notariellen Ehevertrages für die Beurteilung des erbrechtlichen Sachverhaltes, also insbesondere Ansprüche des Ehegatten am Nachlass des Verstorbenen in Zusammenhang mit § 1371 Abs. 2, 3 BGB maßgeblich sein. Hinzu kommen Fragen bei Vorliegen von Eheschließungen nach ausländischem Güterrecht. 20

Zusammenfassend lassen sich die notwendig vom Rechtsanwalt zu ermittelnden Angaben bei Beteiligung eines Ehegatten wie folgt darstellen: 21

– Name und Geburtsdatum des Ehegatten,
– Art des Güterstandes,
  – gesetzlicher Güterstand der Zugewinngemeinschaft,
  – durch Ehevertrag modifizierte Zugewinngemeinschaft,
  – Gütertrennung,
  – Gütergemeinschaft,
  – fortgesetzte Gütergemeinschaft,
  – Eigentums- und Vermögensgemeinschaft,

- Errungenschaftsgemeinschaft,
- ausländische Güterstände,
- Dauer bzw Ende des Güterstandes/der Ehe,
- Angaben zu einem gegebenenfalls anhängigen bzw beabsichtigten Scheidungsverfahren.

22 ▶ **Muster: Erfassen der Beteiligten bzw Verwandtschaftsverhältnisse**

Fragebogen

zu den Beteiligten bzw Verwandtschaftsverhältnissen

Erblasser, bzw Testierender:

Name: ▭▭▭

Geburtsdatum: ▭▭▭

Sterbedatum: ▭▭▭

Staatsangehörigkeit: ▭▭▭

Ehegatte, bzw Mittestierender:

Name: ▭▭▭

Geburtsdatum: ▭▭▭

Sterbedatum: ▭▭▭

Staatsangehörigkeit: ▭▭▭

Güterstand: () Gesetzlicher Güterstand der Zugewinngemeinschaft

() Durch Ehevertrag modifizierte Zugewinngemeinschaft

() Gütertrennung

() Gütergemeinschaft

() Sonstiger Güterstand ▭▭▭

vereinbart durch Ehevertrag vom: ▭▭▭

() Ehe geschieden am: ▭▭▭

() Scheidungsverfahren anhängig seit: ▭▭▭

Verwandte:

1.

Name: ▭▭▭

Geburtsdatum: ▭▭▭

Sterbedatum: ▭▭▭

Art der Verwandtschaft

() Kind von: ▭▭▭

() Enkel aus Stamm nach: ▭▭▭

() Elternteil von: ▭▭▭

() Sonst. Verwandter: ▭▭▭

2.

Name: ...
Geburtsdatum: ...
Sterbedatum: ...
Art der Verwandtschaft

      () Kind von: ...
      () Enkel aus Stamm nach: ...
      () Elternteil von: ...
      () Sonst. Verwandter: ...

3.

Name: ...
Geburtsdatum: ...
Sterbedatum: ...
Art der Verwandtschaft

      () Kind von: ...
      () Enkel aus Stamm nach: ...
      () Elternteil von: ...
      () Sonst. Verwandter: ...

4.

Name: ...
Geburtsdatum: ...
Sterbedatum: ...
Art der Verwandtschaft

      () Kind von: ...
      () Enkel aus Stamm nach: ...
      () Elternteil von: ...
      () Sonst. Verwandter: ...

Stammbaum (Skizze):

...	...			...	...
(Vater)	(Mutter)			(Vater)	(Mutter)
...				...	
(Vater)				(Mutter)	

           ...   .
          (Kind) (Kind) (Kind)

◀

b) Erfassen des Vermögens/des Nachlasses

23 Nach Erfassung der beteiligten Personen, inklusive Verwandtschaftsverhältnisse sowie auch Güterstände, das heißt Vorliegen eines mit den entsprechenden Informationen versehenen „Familienstammbaumes" bedarf es zur weiteren Sachverhaltserfassung der Feststellung der für die Bearbeitung des Mandates einschlägigen Vermögensverhältnisse, bzw im Mandat nach Vorliegen eines Erbfalles der Erfassung der Nachlasswerte.

aa) Aktueller Vermögens-/Nachlassbestand

24 Auch hier bietet sich an, die Erfassung der Vermögens-, bzw Nachlasswerte in Form eines **Verzeichnisses** vorzunehmen. In Anlehnung an die im gerichtlichen Verfahren üblichen Nachlassverzeichnisse bietet es sich an, für die Erfassung der Vermögens- bzw Nachlasswerte der dort vorgesehenen Gliederung zu folgen. Dies erleichtert im Übrigen dann gleichzeitig die gegebenenfalls im Rahmen der Mandatsbearbeitung notwendige Mithilfe bei Ausfüllung des Nachlassverzeichnisses durch den Mandanten. Die entsprechende Gliederung kann dabei bedenkenlos auch auf die Erfassung des Vermögens einer Person zu Lebzeiten übernommen werden.

25 Eine Gliederung könnte beispielsweise wie folgt aussehen:

A) Aktiva
  I. Geldwerte
    1. Bargeld
    2. Bankguthaben (Bank, Kontonummer, Anteil des Erblassers)
    3. Wertpapiervermögen (Depot Bank, Depotnummer, Anteil des Erblassers)
    4. Sonstige Geldwerte
  II. Forderungen (Darlehen, Erstattung von ärztlichen Behandlungskosten, sonstige Versicherungsleistungen, etc.)
  III. Gesellschaftsrechtliche Beteiligungen (GmbH-Beteiligungen, stille Beteiligung, Gesellschafterdarlehen etc.)
  IV. Grundbesitzwerte (Grundbuchstelle, Flurnummer, Bezeichnung/Anschrift, Fläche, Verkehrswert)
  V. Sonstige Forderungen

B) Passiva
  I. Schulden
    1. Verbindlichkeiten gegenüber Banken
    2. Verbindlichkeiten gegenüber Dritten
  II. Sonstige Verbindlichkeiten
    (ärztliche Behandlungskosten, Rentenrückforderungen etc.)
  III. Beerdigungskosten/Todesfallskosten
  IV. Kosten des Nachlassverfahrens (Gerichtskosten,[3] Wertermittlungskosten etc.)

26 Nach Erfassung des aktuellen Vermögensstandes des Mandanten bzw des Nachlasses des verstorbenen Erblassers ist zu den einzelnen erfassten Vermögens- bzw Nachlasspositionen zu ermitteln, inwieweit diese der freien **Verfügungsbefugnis des Mandanten** unterliegen, bzw inwieweit über die grundsätzlich im Nachlassverzeichnis erfassten Vermögensgegenstände vom Erb-

---

[3] OLG München, Urt. v. 27.2.2008, Az 3 U 4472/04: lediglich die Kosten der Eröffnung der letztwilligen Verfügung nicht jedoch die Kosten des Erbscheinsverfahrens sind im Rahmen der Pflichtteilsberechnung abzugsfähig.

lasser testamentarisch verfügt werden konnte bzw auf der Grundlage einer gesetzlichen Erbfolge auf den/die Erben übergehen können. Besonderheiten ergeben sich beispielsweise aus einer **Vorerbenstellung** des Mandanten bzw des Erblassers. Auch bei gesellschaftsrechtlichen Beteiligungen ist im Einzelnen zu überprüfen, inwieweit sich aufgrund gesellschaftsrechtlicher Vorschriften Besonderheiten bezüglich der Rechtsnachfolge in der gesellschaftsrechtlichen Beteiligung ergeben, bzw welche Auswirkungen das Versterben des Erblassers auf die gesellschaftsrechtliche Beteiligung hat. Hier ist letztlich durch Ermittlung der **gesellschaftsvertraglichen Grundlagen** zu klären, inwieweit sich dort besondere Nachfolgeregelungen im Sinne von Nachfolgeklauseln bzw Eintrittsklauseln ergeben oder die Gesellschaft gegebenenfalls mit dem Ausscheiden des Gesellschafters durch Tod aufgelöst wird oder der Gesellschafter mit seinem Tod aus der Gesellschaft ausscheidet.

Nicht zuletzt muss bei vorhandenem Auslandsvermögen, insbesondere bei Auslandsimmobilien, die Frage des **Erbstatutes** im Einzelnen überprüft und festgehalten werden, da gerade bei Auslandsimmobilien möglicherweise eine Nachlassspaltung aufgrund der „Lex rei sitae" vorliegt. 27

Die Erfassung des Vermögensbestandes bzw Nachlassbestandes wird sich dabei regelmäßig nicht allein auf die Befragung des Mandanten beschränken können. Häufig bedarf es bei der Ermittlung der Grundbesitzwerte der Einholung aktueller **Grundbuchauszüge**. 28

Die im Einzelnen hier dem Rechtsanwalt zur Verfügung stehenden Möglichkeiten sind dabei wesentlich von der Art des zu bearbeitenden Mandates, bzw der Stellung des Mandanten abhängig. 29

So ist im Bereich der Beratung vor dem Erbfall, das heißt in Fällen der gestaltenden Beratung einer Person bezüglich einer Gestaltung einer Vermögensnachfolge (vorweggenommene Erbfolge, Testamentsgestaltung) die Ermittlung durch Einholung entsprechender Auskünfte leichter möglich, als in Mandaten nach dem Erbfall. Bei der Vertretung eines gesetzlichen, bzw testamentarischen Erben benötigt der Rechtsanwalt für die Einholung entsprechender Auskünfte regelmäßig zunächst einen Nachweis über das Erbrecht des Mandanten, also einen Erbschein, bzw in Fällen des notariellen Testamentes das Testament selbst nebst der Eröffnungsniederschrift. In Fällen der Vertretung von pflichtteilsberechtigten Personen wird sich die Erfassung der Nachlasswerte zunächst auf vollkommen ungesicherte Kenntnisse des Mandanten beschränken. Auch wenn in derartigen Fällen letztlich Grundlage der Ermittlung des maßgeblichen Nachlasses nach § 2311 BGB die vom Erben nach § 2314 BGB geschuldete Auskunft ist, ist es nicht zuletzt zur Überprüfung der vom Erben erteilten Auskunft notwendig, dass sich der Rechtsanwalt einen Überblick über mögliche Nachlasswerte entsprechend der Kenntnisse des Pflichtteilsberechtigten verschafft. Nur in Ausnahmefällen wird ein pflichtteilsberechtigter Abkömmling hierzu keinerlei Angaben machen können. 30

bb) Fiktives Vermögen/fiktiver Nachlass, Vorempfänge

Zum Bereich der Erfassung des aktuellen Vermögens bzw Nachlasses gehört in jedem Falle auch die Erfassung von **lebzeitigen Zuwendungen** des Erblassers an die beteiligten Personen bzw dritte Personen. Auch hier gilt dies grundsätzlich sowohl für die gestaltende Beratung vor dem Erbfall, als auch für die Beratung bzw Vertretung eines Mandanten nach dem Erbfall. 31

Lebzeitige Zuwendungen spielen im Rahmen der gestaltenden Beratung eine erhebliche Rolle für die Frage von Ausgleichungs- und Anrechnungsbestimmungen, Pflichtteilsergänzungsansprüche und auch bei Fragen des Schenkungswiderrufes nach § 528 BGB. Gerade der Schen- 32 kungswiderruf ist in Fällen eines nicht auszuschließenden Rückgriffs eines Sozialhilfeträges vor dem Hintergrund der gesamten Bandbreite der Rückgriffsmöglichkeiten nach dem Sozialhilferecht zu beurteilen.

33 Nach dem Erbfall ist einerseits im Rahmen der Erbauseinandersetzung, aber auch in Fällen der Geltendmachung von Pflichtteilsansprüchen der Bereich der lebzeitigen Zuwendungen des Erblassers auch mit der zum 1.1.2010 gültigen Neuregelung des § 2306 BGB ebenfalls von maßgeblicher Bedeutung. Zwar ist mit In-Kraft-Treten des Gesetzes zur Änderung des Erb- und Verjährungsrechts am 1.1.2010 für Erbfälle nach dem 1.1.2010 (Art. 229 § 21 Abs. 4 EGBGB) und der Neuregelung des § 2306 BGB die Frage der lebzeitigen Zuwendungen für die Beurteilung der Frage der Ausschlagung wesentlich vereinfacht worden, dennoch bleibt es auch nach der Änderung des § 2306 BGB dabei, dass nur die genaue Kenntnis von ausgleichungspflichtigen und möglicherweise im Rahmen des § 2316 BGB auf den Pflichtteil anrechnungspflichtige Vorempfängen eine Beurteilung ermöglichen, inwieweit dem Mandanten gegebenenfalls zu einer Ausschlagung der Erbschaft zu raten ist. Vor dem Hintergrund der sehr kurz bemessenen Ausschlagungsfrist ist es daher geboten, dass frühzeitig der Sachverhalt auch bezüglich der Vermögenswerte einschließlich Vorempfänge zu ermitteln ist.

34 Bei der Erfassung der lebzeitigen Zuwendungen ist neben dem **Wert des Vorempfanges** auch die Ermittlung des **Zeitpunktes der Zuwendung** von maßgeblicher Bedeutung. Unabhängig von den ohnehin gesondert zu beurteilenden steuerlichen Fragen, für welche unter anderem auch der Zeitpunkt der Zuwendungen maßgeblich ist, ist die Kenntnis über den Zeitpunkt der Zuwendung auch von maßgeblicher Bedeutung für die sich aus dem Gesetz ergebenden Fristen (zB § 529 Abs. 1 BGB, § 2325 Abs. 3 BGB). Hinzu kommt gerade bei Grundstückszuwendungen die Ermittlung eines gegebenenfalls vorbehaltenen Nießbrauchsrechtes, da dies für den Lauf der Zehnjahresfrist nach § 2325 Abs. 3 BGB von erheblicher Bedeutung ist.[4] Mit In-Kraft-Treten des Gesetzes zur Änderung des Erb- und Verjährungsrechts am 1.1.2010 für Erbfälle nach dem 1.1.2010 (Art. 229 § 21 Abs. 4 EGBGB) kommt nunmehr ferner aufgrund der Änderung des § 2325 Abs. 3 BGB hinzu, dass nunmehr der Zeitpunkt der Schenkung innerhalb der Zehn-Jahres-Frist durch die nunmehr zu berücksichtigende Abschmelzung des Schenkungswertes von maßgeblicher Bedeutung für die Höhe eines Pflichtteilsergänzungsanspruchs ist.

35 Bei der Ermittlung lebzeitiger Zuwendungen bzw Vorempfänge sind folglich zu erfassen:
– Art der Zuwendung,
– Wert der Zuwendung,
– Empfänger der Zuwendung,
– Zeitpunkt der Zuwendung,
– Vereinbarungen in Zusammenhang mit der Zuwendung (Ausgleichungspflicht, Anrechnungspflicht, vorbehaltene Rechte).

36 Auch hier bedarf es nötigenfalls eigener zusätzlicher Ermittlungen seitens des Rechtsanwaltes durch Einholung von aktuellen Grundbuchauszügen und in Mandaten nach dem Erbfall der Einholung von Bankauskünften bzw Geltendmachung von möglichen Auskunftsansprüchen gegen die Erben bzw Dritte.

---

4 Palandt/*Edenhofer*, § 2325 Rn 22.

▶ **Muster: Erfassen des Nachlasses/Vermögens und lebzeitiger Zuwendungen**

Nachlass-/Vermögensverzeichnis und lebzeitige Zuwendungen

A) Aktiva	Wert
I. Geldwerte	
1. Bargeld	... EUR
2. Bankguthaben	... EUR
3. Wertpapiervermögen	... EUR
4. Sonstige Geldwerte	... EUR
II. Forderungen	
1. ...	... EUR
2. ...	... EUR
3. ...	... EUR
4. ...	... EUR
III. Gesellschaftsrechtliche Beteiligungen	... EUR
IV. Grundbesitzwerte	
1. ...	... EUR
2. ...	... EUR
3. ...	... EUR
4. ...	... EUR
Wert der Aktiva:	... EUR
B) Passiva	
I. Schulden	
1. ...	... EUR
2. ...	... EUR
3. ...	... EUR
4. ...	... EUR
II. Sonstige Verbindlichkeiten	
1. ...	... EUR
2. ...	... EUR
3. ...	... EUR
4. ...	... EUR
III. Beerdigungskosten/Todesfallkosten	... EUR
IV. Kosten des Nachlassverfahrens	... EUR
Wert der Passiva:	... EUR
Wert des Nachlasses/Vermögens	... EUR

C) Schenkungen, unentgeltliche Zuwendungen

1. ... an ... am ...	... EUR
2. ... an ... am ...	... EUR
3. ... an ... am ...	... EUR
4. ... an ... am ...	... EUR
Summe Schenkungen:	... EUR ◂

c) Ermittlung zu testamentarischen Verfügungen

38 Bei der Beratung eines Mandanten **vor dem Erbfall** und zwar in den Fällen der gestaltenden Beratung, bedarf es zwingend der Ermittlung des Vorliegens irgendwelcher bereits vorhandener **testamentarischer Verfügungen des Erblassers** sowie der Beachtung der sich hieraus möglicherweise ergebenden Verfügungsbeschränkungen des Mandanten.

39 Während bereits im Rahmen der Erfassung der Vermögenssituationen etwaige Verfügungsbeschränkungen aufgrund einer Vorerbenstellung oder aufgrund gesellschaftsrechtlicher Beschränkungen zu ermitteln waren, ist hier die Ermittlung einer möglicherweise vorliegenden **Bindungswirkung** auf der Grundlage eines gemeinschaftlichen Testamentes bzw Erbvertrages notwendig. Soweit sich für den Rechtsanwalt irgendwelche Anhaltspunkte für das Vorliegen früherer testamentarischer oder erbvertraglicher Verfügungen ergeben, ist zwingend deren inhaltliche Prüfung vorzunehmen. Im Bereich der Testamentsgestaltung ist letztlich jede Gestaltungsberatung hinfällig, sollte der Mandant durch ein gemeinschaftliches Testament aufgrund des Versterbens des Ehegatten gemäß § 2271 Abs. 2 BGB an eine wechselbezügliche Schlusserbeneinsetzung gebunden sein. Gleiches gilt bezüglich etwaiger erbvertraglicher Bindungen bzw der Prüfung der Möglichkeiten des Rücktritts vom Erbvertrag. Möglicherweise führt dies dann auch zur Notwendigkeit der Prüfung etwaiger Anfechtungsmöglichkeiten, wie zum Beispiel aus § 2079 BGB wegen der Übergehung eines weiteren vorhandenen Pflichtteilsberechtigten.

40 Zuletzt sollte nicht vergessen werden, dass bei Vorhandensein früherer, gegebenenfalls nicht bindend wirkender letztwilliger Anordnungen bei einer neuen Testamentserrichtung vorsorglich solche früheren testamentarischen Verfügungen zu **widerrufen** sind.

41 **Nach Vorliegen des Erbfalls** ist die Überprüfung des Vorhandenseins von testamentarischen Verfügungen bereits zur Ermittlung der Erbfolge erforderlich. Dabei kann sich der Rechtsanwalt sicherlich nicht darauf beschränken, lediglich das zeitlich zuletzt errichtete Testament einer Prüfung zu unterziehen, da dies – ausgenommen in Fällen des ausdrücklichen Widerrufes früherer Verfügungen – lediglich insoweit ein früheres Testament aufhebt, als das spätere Testament mit diesem in Widerspruch steht, § 2258 Abs. 1 BGB.

42 Auch weitere Ermittlungen hinsichtlich möglicherweise vorliegender weiterer testamentarischer Verfügungen sind vor dem Hintergrund der in § 2259 BGB geregelten Ablieferungsverpflichtung von erheblicher Bedeutung. Hier muss der Rechtsanwalt möglicherweise durch eingehende Befragung des Mandanten ermitteln, ob Anhaltspunkte für das Vorliegen weiterer gegebenenfalls bislang noch nicht bekannter testamentarischer Verfügungen vorliegen.

B. Die Annahme des erbrechtlichen Mandates § 12

▶ **Muster: Erfassen der bestehenden letztwilligen Verfügungen**

Bestehende letztwillige Verfügungen

Art der Verfügung	Datum	Bindungswirkung	widerrufen am
1. ...	...	...	...
2. ...	...	...	...
3. ...	...	...	...
4. ...	...	...	...
5. ...	...	...	...

◀ ◀

d) Stand des Nachlassverfahrens

In erbrechtlichen Mandaten, in welchen ein Erbfall vorliegt, bedarf es der genauen Ermittlung des Standes eines gegebenenfalls bereits anhängigen Nachlassverfahrens bzw genauer Kenntnisse zum Zeitpunkt des Erbfalls, Zeitpunkt der Eröffnung von testamentarischen Verfügungen, einschließlich etwaiger bereits ergangener Vorbescheide, welche die Erteilung eines Erbscheins ankündigen. Unter Vorlage einer auf den Rechtsanwalt ausgestellten Vollmacht empfiehlt es sich dabei, umgehend nach Annahme des Mandates zur weiteren Sachverhaltsaufklärung **Akteneinsicht in die Nachlassakten** zu beantragen.

Die genauen Sachverhaltsermittlungen dienen dabei neben den inhaltlich für die Beratung bzw Interessenvertretung des Mandanten erforderlichen Kenntnisse, insbesondere auch der Überprüfung etwaiger **drohender Fristabläufe**.

Ohne im Folgenden eine vollständige Auflistung sämtlicher maßgeblicher Fristen vorzunehmen – insoweit ist auf die einschlägigen Hilfsmittel in der Literatur[5] zu verweisen – sollen die nachfolgend erwähnten Fristen lediglich die Notwendigkeit dahin gehender Ermittlungen verdeutlichen.

So sind Kenntnisse über den Erbfall bzw die Mitteilung einer Eröffnungsniederschrift nebst Testamentsabschrift, beispielsweise für die genaue Prüfung folgender Fristen erforderlich:

– Ausschlagungsfrist nach § 1944 BGB,
– Anfechtung der Annahme/Ausschlagung der Erbschaft nach § 1954 BGB,
– Anfechtung eines Testamentes bzw Erbvertrages nach § 2082 BGB bzw § 2283 BGB,
– Pflichtteilsverjährungsfrist nach § 2332 BGB aF (für Erbfälle bis 31.12.2009) nach § 197 BGB und § 2332 nF iVm § 2329 BGB (für Erbfälle ab dem 1.1.2010),
– Verjährung des Zugewinnausgleichs nach § 1378 Abs. 4 BGB aF (für Erbfälle bis 31.12.2009 bzw. nach § 197 BGB (für Erbfälle ab dem 1.1.2010).

▶ **Muster: Erfassen des Standes des Nachlassverfahrens**

Stand des Nachlassverfahrens:

Nachlassverfahren eröffnet am: ...

Nachlassgericht: ...

Az: ...

Testamentarische Verfügungen eröffnet am: ...

Information durch Nachlassgericht über Erbenstellung: ... (! Ausschlagungsfrist 6 Wochen)

---
[5] Zum Beispiel *Bonefeld/Daragan/Tanck*, Arbeitshilfen im Erbrecht, Teil A. Fristen in Erbsachen.

Erbschein beantragt am: ===
Erbschein erteilt am: ===
Information durch Nachlass-Gericht an Pflichtteilsberechtigte: === (! Verjährungsfrist 3 Jahre) ◄

C. Die Vergütung

I. Grundlagen des Vergütungsanspruchs

48 Nicht allein mit der seit 1.7.2006 geltenden Regelung, nach der für die Beratungsvergütung der Abschluss einer Vergütungsvereinbarung notwendig ist, um die ansonsten nicht mehr kalkulierbare Vergütungshöhe festzulegen (vgl im Einzelnen unten Rn 49 ff), war es schon immer gerade in erbrechtlichen Mandanten dringend anzuraten, soweit als möglich bereits vor bzw im Zusammenhang mit der Annahme des Mandates durch den Rechtsanwalt eine Klärung der Grundlagen des Auftrages und damit auch der ihm für seine Tätigkeit zustehende Vergütung herbeizuführen.

1. Die Auftragsvereinbarung

49 Unabhängig davon, ob die Abrechnung der Vergütung des Rechtsanwaltes auf der Grundlage des Rechtsanwaltsvergütungsgesetzes oder aufgrund einer Vergütungsvereinbarung vereinbart wird, ist im Hinblick auf das Vorliegen eines Vertragsverhältnisses zunächst anzuraten, in einer gesonderten **Auftragsvereinbarung** festzulegen, wer Auftraggeber und Schuldner der Vergütung des Rechtsanwaltes ist und mit welchen Tätigkeiten der Rechtsanwalt vom Mandanten beauftragt wurde. Dies ist schon deswegen von Bedeutung, da ohne einen Anwaltsvertrag kein Anspruch auf Anwaltsvergütung entsteht.

50 Immer häufiger sieht sich der Rechtsanwalt gerade in den Fällen der Beratung anlässlich eines ersten Beratungsgespräches nach Erstellung und Übersendung seiner Vergütungsrechnung dem Einwand des Mandanten gegenüber, dass ein Auftrag an den Rechtsanwalt, sei es im Hinblick auf eine vergütungspflichtige Beratung oder auch Vertretung nicht oder noch nicht erteilt wurde. Soweit der Mandant einwendet, er habe darauf hingewiesen, er wolle anlässlich des ersten Gespräches erst mal den Rechtsanwalt kennenlernen, bevor er sich zur Beauftragung entschließt, wird es dem Rechtsanwalt regelmäßig schwer fallen, den Nachweis der Erteilung eines Auftrages nachzuweisen. Ein Vergütungsanspruch ist damit ohne den Nachweis der Erteilung eines entsprechenden Auftrages nicht gegeben. „Dies gilt unabhängig davon, ob in diesem Gespräch die Sache erörtert wird, dem Anwalt Informationen erteilt werden oder er sogar einen anwaltlichen Rat erteilt hat."[6]

51 Die Auftragsvereinbarung legt dabei einerseits den Umfang der vom Anwalt zu erbringenden Tätigkeiten fest, andererseits erleichtert dies die Klärung, für welche im Auftrag festgelegten Tätigkeiten eine Vergütung entweder nach dem Rechtsanwaltsvergütungsgesetz oder aufgrund einer Vergütungsvereinbarung anfallen.

52 Wegen der Formvorschriften des § 3 a Abs. 1 RVG verbietet sich dabei zunächst die Verbindung der Auftragsvereinbarung mit der Vergütungsvereinbarung in einem Schriftstück. Aber auch eine Verknüpfung mit der Vollmacht ist wohl zu vermeiden, da die Auftragsvereinbarung das Rechtsverhältnis zwischen Auftraggeber (Mandant) und Auftragnehmer (Rechtsanwalt) und damit gegebenenfalls rein für das Innenverhältnis maßgebliche Regelungen beinhaltet, die Voll-

---

6 *Hinne/Klees/Teubel/Winkler*, Vereinbarungen mit Mandanten, § 1 Rn 3.

macht dagegen hiervon unabhängig den Rechtsanwalt umfassend nach außen hin legitimieren soll. Dagegen wird eine Verknüpfung mit einer gegebenenfalls notwendigen Haftungsbeschränkungsvereinbarung durchaus anzuraten sein, ist die Vereinbarung der Beschränkung der Haftung doch gerade ein wesentlicher Inhalt der für das Auftrags(Innen-)Verhältnis getroffenen Vereinbarungen. In jedem Falle sollte aber als wesentliche Grundlage der Vereinbarung zwischen Rechtsanwalt und Mandanten in der Auftragsvereinbarung geregelt werden, ob sich die Vergütung nach dem Rechtsanwaltsvergütungsgesetz oder aufgrund einer Vergütungsvereinbarung berechnet. Im Fall der Berechnung der Vergütung nach dem Rechtsanwaltsvergütungsgesetz ist in erbrechtlichen Mandanten zwingend auch der Hinweis nach § 49 b Abs. 5 RVG (vgl unten Rn 54) also auf die Vergütungsabrechnung in Abhängigkeit zum Gegenstandswert geboten.

▶ **Muster: Auftragsvereinbarung** 53

Auftrag

Herr/Frau/Firma

...

(Auftraggeber)

beauftragt

die Anwaltskanzlei ...

wie folgt:

...

Die mit der Mandatsbearbeitung anfallende Vergütung wird auf der Grundlage

... des Rechtsanwaltsvergütungsgesetzes in Verbindung mit dem Vergütungsverzeichnis auf der Grundlage des Gegenstandswertes abgerechnet

... einer gesonderten Vergütungsvereinbarung

abgerechnet.

..., den ...   .

(Ort)   (Auftraggeber)   (RA ...)

◀

2. Vergütung nach dem Rechtsanwaltsvergütungsgesetz

Auch wenn für die Bearbeitung des Mandates, also in den Fällen der **Vertretung des Mandanten** im Rahmen des erbrechtlichen Mandates, eine Abrechnung auf der Grundlage des Rechtsanwaltsvergütungsgesetzes und daher nach Gegenstandswert erfolgt, muss der Rechtsanwalt nach § 49 b Abs. 5 BRAO den Mandanten hierauf bereits vor der Mandatsübernahme ausdrücklich hinweisen. Es ist daher ratsam, sich den **erfolgten Hinweis** ausdrücklich, dh schriftlich vom Mandanten bestätigen zu lassen, bzw im Zusammenhang mit einer Auftragsbestätigung (vgl oben Rn 49 ff) nochmals ausdrücklich den erfolgten Hinweis zu bestätigen. Die genaue Beachtung der Hinweispflicht nach § 49 b Abs. 5 BRAO ist nicht zuletzt gerade wegen der häufig hohen Gegenstandswerte bei erbrechtlichen Mandaten zur Vermeidung von Einwendungen gegen die Vergütungsabrechnung von besonderer Bedeutung. 54

55 Problematisch erscheint es hierbei häufig, dass im Rahmen der Mandatsannahme gegenüber dem Mandanten noch keine genauen Auskünfte über die **Höhe des Gegenstandswertes** gemacht werden können, da gerade in den Fällen der Erbauseinandersetzung und Fällen der Geltendmachung von Pflichtteilsansprüchen der zugrundezulegenden Wert erst nach annähernd gesicherten Kenntnisse über den Wert des Nachlasses und dem sich daraus ergebenden Wert des Interesses des Mandanten (§ 3 ZPO) ermittelt bzw. geschätzt werden kann.[7]

56 In erbrechtlichen Mandaten kommt es häufig zu der Situation, dass der Rechtsanwalt in derselben Angelegenheit für mehrere Auftraggeber tätig wird. Der Vorschrift des § 7 RVG (ehemals § 6 BRAGO) sowie dem unter VV-RVG Nr. 1008 geregelten **Mehrvertretungszuschlag** (ehemals § 6 Abs. 1 S. 2 und 3 BRAGO) kommt folglich gerade bei erbrechtlichen Mandaten, insbesondere auch im Hinblick auf die schwierige Handhabung bei gemeinschaftlicher Beteiligung,[8] besondere Bedeutung zu.

57 Unter Verweis auf die einschlägige Literatur[9] hinsichtlich der sonstigen Pflichten des Rechtsanwalts zur Aufklärung des Mandanten über die anfallenden Vergütung, ist eine sorgfältige Unterrichtung des Mandanten über die mit der Tätigkeit des Rechtsanwaltes verbunden Vergütung nach dem RVG ohnehin zur Vermeidung von Streitigkeiten im Rahmen der Vergütungsabrechnung dringend anzuraten. Insbesondere sollte dabei bereits von vorneherein die Frage des vom Rechtsanwalt in Bezug auf **Rahmengebühren nach § 14 RVG** beabsichtigten Gebührensatzes offen angesprochen werden, da sicherlich in einer Vielzahl der erbrechtlichen Mandate der Ansatz der Regelgebühr (Gebührensatz von 1,3 bei Geschäftsgebühr nach VV-RVG 2300) im Hinblick auf Umfang und Schwierigkeit des Mandates nicht gerechtfertigt wäre. Im Zusammenhang von Vergütungsvereinbarungen (vgl unten Rn 89) dürfte dabei die Vereinbarung eines bestimmten Gebührensatzes im Rahmen der allgemein Grundsätze wohl als zulässig angesehen werden.[10]

II. Vergütungsvereinbarung

58 Im Rahmen der Bearbeitung von erbrechtlichen Mandaten hat neben der Vertretung des Mandanten im Rahmen der Geltendmachung von Ansprüchen oder im Rahmen des Erbscheinsverfahrens, die Beratung und gegebenenfalls auch die Erstellung eines Gutachtens eine besondere Bedeutung. Durch die **zum 1.7.2006 geltenden neuen Regelungen zum Rechtsanwaltsvergütungsgesetz** hat daher die Vereinbarung der mit der Tätigkeit des Rechtsanwaltes verbundenen Vergütung eine immer stärker werdende Bedeutung

1. Vergütung für die Beratung und Gutachtenserstellung nach § 34 Abs. 1 RVG

59 Die mit Wirkung zum 1.7.2006 in das Rechtsanwaltsvergütungsgesetz eingeführte Neuregelung lautet:

§ 34 Beratung, Gutachten und Mediation

(1) ¹Für einen mündlichen oder schriftlichen Rat oder eine Auskunft (Beratung), die nicht mit einer anderen gebührenpflichtigen Tätigkeit zusammenhängen, für die Ausarbeitung eines

---

7 Zu den Gegenstandwerten der einzelnen Anspruchsarten vgl zB *Kerscher/Tanck/Krug*, Das erbrechtliche Mandat, § 6 Rn 10 ff; *Bonefeld/Daragan/Tanck*, aaO, Teil C. 2.
8 Vgl *Mayer/Kroiß*, aaO, Nr. 1008 VV Rn 7.
9 ZB *Gebauer/Schneider*, RVG, § 1 Rn 16 ff.
10 *Gebauer/Schneider*, aaO, § 4 Rn 46.

schriftlichen Gutachtens und für die Tätigkeit als Mediator soll der Rechtsanwalt auf eine Gebührenvereinbarung hinwirken, soweit in Teil 2 Abschnitt 1 des Vergütungsverzeichnisses keine Gebühren bestimmt sind. ²Wenn keine Vereinbarung getroffen worden ist, erhält der Rechtsanwalt Gebühren nach den Vorschriften des bürgerlichen Rechts. ³Ist im Fall des Satzes 2 der Auftraggeber Verbraucher, beträgt die Gebühr für die Beratung oder für die Ausarbeitung eines schriftlichen Gutachtens jeweils höchstens 250 Euro; § 14 Abs. 1 gilt entsprechend; für ein erstes Beratungsgespräch beträgt die Gebühr jedoch höchstens 190 Euro.

(2) ¹Wenn nichts anderes vereinbart ist, ist die Gebühr für die Beratung auf eine Gebühr für eine sonstige Tätigkeit, die mit der Beratung zusammenhängt, anzurechnen.

Ohne hier näher auf die Frage einzugehen,[11] inwieweit es sich bei der in § 34 Abs. 1 RVG angesprochenen Vereinbarung um eine solche des § 3a RVG handelt, sollte aus Sicherheitsgründen in jedem Fall die Einhaltung der Form der Vergütungsvereinbarung nach § 3a Abs. 1 RVG für sämtliche Fälle, also auch insbesondere für die Fälle der Beratung anlässlich eines ersten Beratungsgespräches im Sinne der bis 30.6.2006 geltenden Regelung in VV-RVG 2001 gewahrt werden. 60

Anderenfalls droht nicht nur in den Fällen der Beratung anlässlich eines ersten Beratungsgespräches Streit über die Höhe der mit der Beratung verbundenen Vergütung, sondern gerade auch in den Fällen der über die „erste Beratung" hinausgehenden Beratungstätigkeit die Kappung der Beratungsvergütung auf 250,– EUR nach § 34 Abs. 1 S. 3, 1. Hs RVG, da gerade in erbrechtlichen Mandanten – ausgenommen zB der Beratung im Rahmen einer Unternehmensnachfolge – der Mandant in der Regel als Verbraucher iSd § 13 BGB anzusehen ist. Dabei ist sowohl eine Vereinbarung der Berechnung der Vergütung nach dem Zeitaufwand für das erste Beratungsgespräch, wie auch – etwa im Hinblick auf die Haftung aufgrund eines sehr hohen Gegenstandswertes – mit einer entsprechend höheren Pauschale denkbar.

Hinzukommt die sich aus § 34 Abs. 2 RVG ergebende Folge, wonach ohne ausdrückliche Vereinbarung die Anrechnung der für die Beratungstätigkeit geschuldeten „Gebühr" auf die mit der sonstigen Tätigkeit anfallenden „Gebühren", wohl richtigerweise „Vergütung", anzurechnen ist. Hieraus ergibt sich jedoch im Umkehrschluss auch die vom Gesetzgeber unterstellte Möglichkeit der Vereinbarung des Ausschlusses der Anrechnung aufgrund entsprechender Vereinbarung.[12] 61

Letztlich sollte in der Vereinbarung bereits darauf hingewiesen werde, dass keine Gewähr dafür übernommen wird, dass die Rechtsschutzversicherung für die vereinbarte Vergütung für das erste Beratungsgespräch aufkommt. Dies gilt insbesondere für die Fälle, in welchen eine Vergütung für das erste Beratungsgespräch über der Kappungsgrenze von 190,– EUR vereinbart wird. Insoweit bleibt abzuwarten, ob derartige Vergütungsvereinbarungen von den Rechtsschutzversicherern anerkannt werden.[13] 62

---

11 Vgl hierzu zB *Hinne/Klees/Teubel/Winkler*, aaO, § 1 Rn 6 ff; *Mayer/Kroiß*, § 34 Rn 72 ff.
12 Vgl *Mayer/Kroiß*, aaO, Rn 165 ff.
13 *Wilde*, AnwBl 2006, 173 ff.

63 ▶ **Muster: Vereinbarung für Vergütung anlässlich eines ersten Beratungsgespräches**

Vergütungsvereinbarung

für die Beratung anlässlich eines ersten Beratungsgespräches

zwischen
Anwaltskanzlei ...
und dem Auftraggeber: Vorname: ...
Name/Fa.: ...

Plz, Ort: ...   Straße: ...

Tel.: .../...   Fax.: .../...

Rechtsschutzversicherung: ...
Versicherungsnummer ... (SB: ... EUR)
kurze Angabe des Angelegenheit: ...
Beteiligte/Gegenseite: ...
Für die Beratung anlässlich des ersten Beratungsgespräches wird folgende Vergütung vereinbart:

Beratungsvergütung (netto)   ... EUR

Auslagepauschale   ... EUR

(jeweils zuzüglich gesetzl. MwSt.)

Hinweis:
Beschränkt sich die Tätigkeit des Rechtsanwaltes auf ein erstes Beratungsgespräch, wird die Vergütung gemäß der hier vorliegenden Vereinbarung abgerechnet. Soweit der Auftraggeber den Rechtsanwalt beauftragt, die Vergütungsrechnung einer Rechtsschutzversicherung zur Regulierung vorzulegen, entbindet dies den Mandanten nicht von seiner Zahlungsverpflichtung. Es wird keine Gewähr dafür übernommen, ob die vorliegend vereinbarte Vergütung von Seiten der Rechtsschutzversicherung anerkannt wird.

Sollte über das erste Beratungsgespräch eine weitere Tätigkeit notwendig und beauftragt werden, ist diese Tätigkeit in der vorliegend vereinbarten Vergütung nicht beinhaltet. Je nach Art der weiteren Tätigkeit berechnet sich die weitere Vergütung nach dem Rechtsanwaltsvergütungsgesetz (RVG) oder einer gesondert abzuschließenden Vergütungsvereinbarung. Etwaige Zahlungen auf die entsprechend der vorliegenden Vereinbarung in Rechnung gestellte Vergütung werden hierbei nur aufgrund gesondert zu treffender Vereinbarung angerechnet.

Mit der Unterschrift bestätigt der Auftraggeber auch die Aushändigung einer Ausfertigung dieser Vereinbarung

..., den ...   .
(Ort)   (RA ...)   (Auftraggeber)

◀

2. Gründe für Vergütungsvereinbarung

64 Aber auch außerhalb des Anwendungsbereiches des § 34 RVG, allerdings in diesen Fällen eindeutig unter Beachtung der Regelungen in § 3a RVG, ist gerade in erbrechtlichen Mandaten

C. Die Vergütung § 12

zu überlegen, inwieweit dem Mandanten der Abschluss einer Vergütungsvereinbarung vorgeschlagen werden sollte.

Gerade im Bereich der beratenden Tätigkeit, also insbesondere bei der gestaltenden Beratung zeigten sich bereits in der Vergangenheit die Vorteile einer durch Vereinbarung geregelten Vergütung, da letztlich der zeitliche Aufwand der für die Gestaltung notwendigen Beratung meist zum Zeitpunkt der Annahme des Mandates nur sehr schwer einschätzbar ist. Bei einer Berechnung der Vergütung nach dem RVG können dabei sehr häufig Vergütungshöhen entstehen, welche entweder dem Mandanten nur sehr schwer vermittelbar sind oder andererseits zu Lasten des Rechtsanwaltes bei sehr zeitintensiven Beratungen nicht mehr eine **angemessene Vergütung** der Beratungstätigkeit darstellen. Durch die Einführung der neuen Regelungen des § 34 RVG ist der Abschluss einer Vergütungsvereinbarung für Beratungsmandate wohl unter den oben aufgeführten Gründen ohnehin zwingend. 65

Aber auch bei der Vertretung des Mandanten, zB im Rahmen der Geltendmachung von Pflichtteilsansprüchen, kann es sich als problematisch herausstellen, die Abrechnung der Vergütung nach dem RVG vorzunehmen. Nicht selten treten Fälle auf, in welchen der Pflichtteilsberechtigte den Wert seiner Ansprüche selbst bei weitem zu hoch einschätzt, sich dann aber im Laufe der teilweise sehr arbeitsintensiven Mandatsbearbeitung herausstellt, dass der eigentliche Wert der Ansprüche des Mandanten weit unter den zunächst angenommenen Werten liegt. Zwar ist für die Berechnung der Vergütung nach dem RVG als **Gegenstandswert** nicht der Wert des im Ergebnis erzielten Anspruches, sondern der Wert des Auftrages des Mandanten maßgeblich, jedoch ist dieser Wert nach objektiven Gesichtspunkten zu ermitteln. Unvernünftige und unrealistische Vorstellungen des Mandanten müssen jedoch ausscheiden.[14] Es besteht daher die Gefahr, dass sich nach Vorliegen der Abrechnung der Mandant darauf beruft, dass der Rechtsanwalt bereits hier hätte erkennen können, dass die von ihm zum Zeitpunkt der Beauftragung angenommenen Werte unrealistisch waren. Auch in derartigen Fällen ist daher zu erwägen, etwaigen Unsicherheiten hinsichtlich der Vergütung des Rechtsanwaltes durch Abschluss einer Vergütungsvereinbarung zu beseitigen. 66

Soweit durch solche Vergütungsvereinbarungen die gesetzlichen Gebühren unterschritten werden und dies an sich nach § 49b Abs. 1 BRAO unzulässig ist, so ergibt sich nach § 4 Abs. 2 RVG, dass in außergerichtlichen Angelegenheiten die Vereinbarung von Pauschalgebühren und Zeitvergütungen möglich ist. 67

3. Gesetzliche Formvorschriften

Da im Falle des Abschlusses einer Vergütungsvereinbarung nicht in jedem Falle abschätzbar ist, ob damit eine niedrigere als die gesetzliche Vergütung gefordert wird, ist die Einhaltung der **gesetzlichen Formerfordernisse des § 3a RVG** zwingend erforderlich. Sie ist demnach als Vergütungsvereinbarung ausdrücklich zu bezeichnen, in einem gesonderten Schriftstück aufzunehmen, von anderen Vereinbarungen deutlich abzusetzen und darf nicht in der Vollmacht enthalten sein. Hinzu kommt der in der Vergütungsvereinbarung aufzunehmende Hinweis über die Abweichung und damit die Vereinbarung höherer als die gesetzlichen Gebühren nach dem RVG. 68

---

14 *Mayer/Kroiß*, aaO, § 2 Rn 16.

4. Arten von Vergütungsvereinbarungen

69 Folgende Arten der Vergütungsvereinbarung in erbrechtlichen Mandaten habe sich dabei in der Praxis herausgebildet:

a) Pauschalvergütung

70 Die Vereinbarung einer Pauschalvergütung birgt gerade für den Rechtsanwalt nicht unerhebliche Gefahren im Hinblick auf den regelmäßig nicht sicher feststellbaren Aufwand der Tätigkeit. Sollte es dennoch zum Abschluss einer solchen Pauschalvergütungsvereinbarung kommen – beispielsweise weil der Mandant dies zur Bedingung der Mandatserteilung macht –, so obliegt es dem Rechtsanwalt dann in der Vergütungsvereinbarung den Umfang der Beauftragung und der von ihm geschuldeten Tätigkeiten genau festzuhalten.

71 ▶ **Muster: Vereinbarung einer Pauschalvergütung**

Vergütungsvereinbarung

zwischen

...

– Auftraggeber –

und der Kanzlei

...

– Auftragnehmer –

Die Auftragnehmer wurden vom Auftraggebers mit folgendem Mandant beauftragt:

...

wegen Erbfolgeberatung/Testamentsgestaltung nach Herrn ... Im Hinblick auf die Bedeutung und den Umfang der vorstehend bezeichneten Angelegenheit und ihrer rechtlichen und tatsächlichen Besonderheiten wird anstelle der gesetzlichen Gebühren nach dem Rechtsanwaltsvergütungsgesetz (RVG) nebst Vergütungsverzeichnis (VV-RVG) zwischen dem o.g. Auftraggeber und den Auftragnehmern die folgende Vergütungsvereinbarung getroffen:

1. Die Abrechnung erfolgt vereinbarungsgemäß **pauschal mit** ... EUR (in Worten: ... EUR) zzgl der gesetzlichen Umsatzsteuer.
2. Ihre Auslagen rechnen die Auftragnehmer gemäß Nrn. 7000 ff VV-RVG ab. Es steht ihnen frei, statt nachgewiesener Auslagen die Auslagenpauschale zu verlangen.
3. Alle Beträge verstehen sich zuzüglich der gesetzlichen Umsatzsteuer.
4. Grundsätzlich ist das Honorar der Auftragnehmer gem. § 8 RVG nach Beendigung des Auftrages fällig. Die Auftragnehmer sind aber berechtigt, für erbrachte Leistung Abschlagsrechnungen zu stellen.
5. Mit Zahlung des Rechnungsbetrages erkennt der Auftraggeber die jeweils zugrundeliegende Gebührenforderung an. Dem Auftraggeber ist bekannt, dass diese Vereinbarung von der gesetzlichen Regelung abweicht. Die Auftragnehmer weisen den Auftraggeber ausdrücklich auf Folgendes hin: Wird in dieser Angelegenheit ein Rechtsstreit geführt und steht dem Auftraggeber aus diesem Rechtsstreit ein Erstattungsanspruch gegen einen anderen Beteiligten des Rechtsstreites zu, besteht dieser Erstattungsanspruch nur im Rahmen der gesetzlichen Gebühren. Auf Grund dieser Vereinbarung über die gesetzlichen Gebühren hinaus gegenüber den Auftragnehmern geschuldetes Honorar kann der Auftraggeber nicht von Dritten erstattet verlangen.

C. Die Vergütung § 12

6. Der Auftraggeber tritt etwaige Erstattungsansprüche gegen die Landeskasse oder andere Verfahrensbeteiligte zur Sicherung der Honoraransprüche an die Auftragnehmer ab. Die Abtretung wird von den Auftragnehmern angenommen.

..., den ...

...

Auftraggeber

...

RA ... ◀

b) Zeitvergütung

Die Vereinbarung der Berechnung der Vergütung auf der Grundlage des Zeitaufwandes für die Bearbeitung des Mandates ist zwischenzeitlich sicherlich weit verbreitet. Gerade im Bereich der beratenden Tätigkeit wird durch die Anknüpfung an den Umfang der Tätigkeit des Rechtsanwaltes für den Mandant wie auch den Rechtsanwalt die Höhe der Vergütung nachvollziehbarer. Durch die Festlegung des der Berechnung zugrundezulegenden Stundensatzes wird dem besonderen Know-how des Rechtsanwaltes und den örtlichen Gegebenheiten Rechnung getragen.

Problematisch ist in den Fällen der Abrechnung nach Zeitvergütung allerdings der **Nachweis** des geleisteten und damit abzurechnenden Zeitaufwandes. Während bei Gesprächen unter Beteiligung des Mandanten diesem der vom Rechtsanwalt aufgezeichnete und abgerechnete Zeitaufwand noch nachvollziehbar sein wird, kann sich dies für Tätigkeiten des Aktenstudiums, der rechtlichen Prüfung oder sonstigen Recherche völlig anders verhalten. Wichtig ist daher gerade in diesen Fällen eine überzeugendes **System der Zeiterfassung**, welches auch genau und vollständig unter Angabe der jeweils zugrundeliegenden Tätigkeit geführt wird. Hier leistet zwischenzeitlich die erhältliche Anwaltssoftware wertvolle Dienste.

Ferner bedarf es bei einer derartigen Vergütungsberechnung eines ausgewogenen Vertrauensverhältnisses zwischen Mandant und Rechtsanwalt. Durch regelmäßige Mitteilung des bislang angefallenen und aufgezeichneten Zeitaufwandes – auch wenn dieser möglicherweise noch nicht sofort zur Abrechnung gelangt – können sicherlich spätere Streitigkeiten bezüglich der Richtigkeit des vom Rechtsanwalt aufgezeichneten Zeitaufwandes vermieden werden. Im Rahmen von Zeitvergütungsvereinbarungen sollte auch zur Sicherheit des Mandanten gegebenenfalls ein **Zeitkontingent** vereinbart werden, bei dessen (drohender) Überschreitung der Mandant dann zu informieren ist.

Nicht übersehen werden darf, dass möglicherweise der Rechtsanwalt durch sein besonderes Know-how für die Bearbeitung des Mandates nur relativ wenig Zeit aufwenden muss und daher die Zeitvergütung nicht der Schwierigkeit und Bedeutung des Mandates, insbesondere aber auch des darin liegenden Haftungsrisikos, gerecht wird. Gerade bei den „spezialisierten" Rechtsanwälten ist daher weit verbreitet, neben der Stundensatzvergütung **zusätzlich einen Pauschalbetrag** als Grundvergütung zu vereinbaren.

▶ **Muster: Vereinbarung einer Zeitvergütung mit nicht anrechenbarer Grundpauschale**

Vergütungsvereinbarung

zwischen

...

– Auftraggeber –

und der Kanzlei

...

– Auftragnehmer –

Die Auftragnehmer wurden vom Auftraggeber mit folgendem Mandat beauftragt:

...

wegen Erbfolgeberatung/Testamentsgestaltung nach Herrn ....Im Hinblick auf die Bedeutung und den Umfang der vorstehend bezeichneten Angelegenheit und ihrer rechtlichen und tatsächlichen Besonderheiten wird anstelle der gesetzlichen Gebühren nach dem Rechtsanwaltsvergütungsgesetz (RVG) nebst Vergütungsverzeichnis (VV-RVG) zwischen dem o.g. Auftraggeber und den Auftragnehmern die folgende Vergütungsvereinbarung getroffen:

1. Die Abrechnung erfolgt vereinbarungsgemäß
   – mit einer Grundvergütung von pauschal ... EUR (in Worten: ... EUR) zzgl der gesetzlichen Umsatzsteuer und zusätzlich
   – nach Zeitaufwand, wobei die Parteien einen Stundensatz von ... EUR (in Worten: ... EUR) zzgl der gesetzlichen Umsatzsteuer vereinbaren. Soweit nicht anders vereinbart, erfolgt die Abrechnung von Beginn des Mandatsverhältnisses an. Die Abrechnung erfolgt je angefangene 15 Minuten.
2. Ihre Auslagen rechnen die Auftragnehmer gemäß Nrn. 7000 ff VV-RVG ab. Es steht ihnen frei, statt nachgewiesener Auslagen die Auslagenpauschale zu verlangen.
3. Alle Beträge verstehen sich zuzüglich der gesetzlichen Umsatzsteuer.
4. Grundsätzlich ist die Vergütung der Auftragnehmer gem. § 8 RVG nach Beendigung des Auftrages fällig. Die Auftragnehmer sind aber berechtigt, für erbrachte Leistung Abschlagsrechnungen zu stellen.
5. Mit Zahlung des Rechnungsbetrages erkennt der Auftraggeber die jeweils zugrundeliegende Gebührenforderung an.
6. Dem Auftraggeber ist bekannt, dass diese Vereinbarung von der gesetzlichen Regelung abweicht. Die Auftragnehmer weisen den Auftraggeber ausdrücklich auf Folgendes hin: Wird in dieser Angelegenheit ein Rechtsstreit geführt und steht dem Auftraggeber aus diesem Rechtsstreit ein Erstattungsanspruch gegen einen anderen Beteiligten des Rechtsstreites zu, besteht dieser Erstattungsanspruch nur im Rahmen der gesetzlichen Gebühren. Auf Grund dieser Vereinbarung über die gesetzlichen Gebühren hinaus gegenüber den Auftragnehmern geschuldetes Honorar kann der Auftraggeber nicht von Dritten erstattet verlangen.
7. Der Auftraggeber tritt etwaige Erstattungsansprüche gegen die Landeskasse oder andere Verfahrensbeteiligte zur Sicherung der Honoraransprüche an die Auftragnehmer ab. Die Abtretung wird von den Auftragnehmern angenommen.

..., den ...

...

Auftraggeber

...

RA ... ◄

c) Zeitvergütung mit Mindestpauschalvergütung

77 Eine Kombination aus Pauschalvergütung und Zeitvergütung stellt ebenfalls eine häufig verwendete Vergütungsvereinbarung dar. Sie beinhaltet eine **Pauschalvergütung als Mindestver-**

gütung, auf welche dann anfallende Zweitaufwände des Rechtsanwaltes zur Anrechnung gelangen. Eine solche Vergütungsvereinbarung gewährleistet gerade für den mit besonderen Know-how ausgestatten Rechtsanwalt einerseits eine seinen besonderen Fähigkeiten – wegen derer er vom Mandanten regelmäßig beauftragt wurde – entsprechende Vergütung, und sichert ferner ab, dass bei unerwartet hohem Zeitaufwand, welcher möglicherweise im Verhalten des Mandaten begründet ist, das Mandat für den Rechtsanwalt noch wirtschaftlich sinnvoll zu bearbeiten ist.

▶ **Muster: Vereinbarung einer Zeitvergütung mit Mindestpauschalvergütung**

Vergütungsvereinbarung

zwischen

...

– Auftraggeber –

und der Kanzlei

...

– Auftragnehmer –

Die Auftragnehmer wurden vom Auftraggeber mit folgendem Mandant beauftragt:

...

wegen Erbfolgeberatung/Testamentsgestaltung nach Herrn ... .

Im Hinblick auf die Bedeutung und den Umfang der vorstehend bezeichneten Angelegenheit und ihrer rechtlichen und tatsächlichen Besonderheiten wird anstelle der gesetzlichen Gebühren nach dem Rechtsanwaltsvergütungsgesetz (RVG) nebst Vergütungsverzeichnis (VV-RVG) zwischen dem o.g. Auftraggeber und den Auftragnehmern die folgende Vergütungsvereinbarung getroffen:

1. Die Abrechnung erfolgt vereinbarungsgemäß
   – nach Zeitaufwand, wobei die Parteien **einen Stundensatz von** ... **EUR** (in Worten: ... EUR) zzgl der gesetzlichen Umsatzsteuer vereinbaren. Soweit nicht anders vereinbart, erfolgt die Abrechnung von Beginn des Mandatsverhältnisses an. Die Abrechnung erfolgt je angefangene 15 Minuten.
   – unabhängig von dem mit der Bearbeitung des Mandates durch die Auftragnehmer verbundenen Zeitaufwand mit einer **Mindestvergütung von pauschal** ... **EUR** (in Worten: ... EUR) zzgl der gesetzlichen Umsatzsteuer. Angefallener Zeitaufwand kommt dabei auf die Mindestvergütung zur Anrechnung.
2. Ihre Auslagen rechnen die Auftragnehmer gemäß Nrn. 7000 ff VV-RVG ab. Es steht ihnen frei, statt nachgewiesener Auslagen die Auslagenpauschale zu verlangen.
3. Alle Beträge verstehen sich zuzüglich der gesetzlichen Umsatzsteuer.
4. Grundsätzlich ist die Vergütung der Auftragnehmer gem. § 8 RVG nach Beendigung des Auftrages fällig. Die Auftragnehmer sind aber berechtigt, für erbrachte Leistung Abschlagsrechnungen zu stellen.
5. Mit Zahlung des Rechnungsbetrages erkennt der Auftraggeber die jeweils zugrundeliegende Gebührenforderung an.
6. Dem Auftraggeber ist bekannt, dass diese Vereinbarung von der gesetzlichen Regelung abweicht. Die Auftragnehmer weisen den Auftraggeber ausdrücklich auf Folgendes hin: Wird in dieser Angelegenheit ein Rechtsstreit geführt und steht dem Auftraggeber aus diesem Rechtsstreit ein

Erstattungsanspruch gegen einen anderen Beteiligten des Rechtsstreites zu, besteht dieser Erstattungsanspruch nur im Rahmen der gesetzlichen Gebühren. Auf Grund dieser Vereinbarung über die gesetzlichen Gebühren hinaus gegenüber den Auftragnehmern geschuldetes Honorar kann der Auftraggeber nicht von Dritten erstattet verlangen.

7. Der Auftraggeber tritt etwaige Erstattungsansprüche gegen die Landeskasse oder andere Verfahrensbeteiligte zur Sicherung der Honoraransprüche an die Auftragnehmer ab. Die Abtretung wird von den Auftragnehmern angenommen.

..., den ...

...

Auftraggeber

...

RA ... ◄

d) Gegenstandswertvereinbarung

79 Diese Form der Vereinbarung findet in der Literatur und Rechtsprechung zur Rechtsanwaltsvergütung nur wenig Erwähnung, wird jedoch offensichtlich als wirksam angesehen.[15] Da sie im Eigentlichen keine Vereinbarung über die Vergütung darstellt, allerdings bei der Abrechnung nach dem Rechtsanwaltsvergütungsgesetz die Höhe des Gegenstandswerts von maßgeblicher Bedeutung ist, ist dies meines Erachtens im vorliegenden Zusammenhang zu erwähnen. Wie oben unter Rn 67 ausgeführt, ist in nicht seltenen Fällen eine Ermittlung des Gegenstandswertes zum Zeitpunkt der Mandatserteilung nur schwer möglich. Da sich im Rahmen der Bearbeitung des Mandates bzw bei den Sachverhaltsermittlungen durch den Rechtsanwalt möglicherweise herausstellt, dass die ursprünglich bei Mandatserteilung zugrundegelegten Wertannahmen völlig unrealistisch[16] waren, sollte von vorneherein im Rahmen einer Vereinbarung festgelegt werden, von welchem Gegenstandswert bei der Beauftragung des Rechtsanwaltes von beiden Parteien der Vereinbarung ausgegangen wird. Möglicherweise kann dies auch in Form der Vereinbarung eines Mindestgegenstandswertes erfolgen.

80 Eine solche Vereinbarung vermeidet auch bei Abrechnung nach dem Rechtsanwaltsvergütungsgesetz Streitigkeiten darüber, von welchem Gegenstandswert der Rechtsanwalt bei Annahme des Mandates ausgehen konnte und daher bei der Abrechnung seiner Vergütung zugrunde legen durfte.

81 ▶ **Muster: Vereinbarung zum Gegenstandswert**

Vergütungsvereinbarung

zwischen

...

– Auftraggeber –

und der Kanzlei

...

– Auftragnehmer –

---

15 OLG Hamm, Beschl. v. 28.1.1986, AnwBl 1986, 452.
16 *Mayer/Kroiß*, aaO, § 2 Rn 16.

C. Die Vergütung § 12

Die Auftragnehmer wurden vom Auftraggeber mit folgendem Mandat beauftragt:

...

wegen Pflichtteilsansprüche m Nachlass nach Herrn ..., verst. am ....Im Hinblick auf die Bedeutung und den Umfang der vorstehend bezeichneten Angelegenheit und ihrer rechtlichen und tatsächlichen Besonderheiten wird zu der Berechnung der gesetzlichen Gebühren nach dem Rechtsanwaltsvergütungsgesetz (RVG) nebst Vergütungsverzeichnis (VV-RVG) zwischen dem o.g. Auftraggeber und den Auftragnehmern die folgende Vereinbarung über die Höhe des der Berechnung zugrundezulegenden Gegenstandswertes getroffen:

1. Die Abrechnung der nach dem Rechtsanwaltsvergütungsgesetz (RVG) nebst Vergütungsverzeichnis (VV-RVG) anfallenden Gebühren erfolgt vereinbarungsgemäß auf der Grundlage eines Gegenstandswertes in Höhe von mindestens ... EUR (in Worten: ... EUR). Ergibt sich im Rahmen des Mandates ein höherer Gegenstandswert oder wird im Falle eines gerichtlichen Verfahrens durch das Gericht ein höherer Gegenstandswert festgesetzt, so gilt dieser.
2. Ihre Auslagen rechnen die Auftragnehmer gemäß Nrn. 7000 ff VV-RVG ab. Es steht ihnen frei, statt nachgewiesener Auslagen die Auslagenpauschale zu verlangen.
3. Alle Beträge verstehen sich zuzüglich der gesetzlichen Umsatzsteuer.
4. Grundsätzlich ist die Vergütung der Auftragnehmer gem. § 8 RVG nach Beendigung des Auftrages fällig. Die Auftragnehmer sind aber berechtigt, für erbrachte Leistung Abschlagsrechnungen zu stellen.
5. Mit Zahlung des Rechnungsbetrages erkennt der Auftraggeber die jeweils zugrundeliegende Gebührenforderung an.
6. Dem Auftraggeber ist bekannt, dass diese Vereinbarung von der gesetzlichen Regelung abweicht. Die Auftragnehmer weisen den Auftraggeber ausdrücklich auf Folgendes hin: Wird in dieser Angelegenheit ein Rechtsstreit geführt und steht dem Auftraggeber aus diesem Rechtsstreit ein Erstattungsanspruch gegen einen anderen Beteiligten des Rechtsstreites zu, besteht dieser Erstattungsanspruch nur im Rahmen der gesetzlichen Gebühren. Auf Grund dieser Vereinbarung über die gesetzlichen Gebühren hinaus gegenüber den Auftragnehmern geschuldete Vergütung kann der Auftraggeber nicht von Dritten erstattet verlangen.
7. Der Auftraggeber tritt etwaige Erstattungsansprüche gegen die Landeskasse oder andere Verfahrensbeteiligte zur Sicherung der Honoraransprüche an die Auftragnehmer ab. Die Abtretung wird von den Auftragnehmern angenommen.

..., den ...

...

Auftraggeber

...

RA ... ◀

e) Vereinbarung über die Höhe der Rahmengebühr

Die zunehmende Anzahl von Verfahren, in denen der Rechtsanwalt seine Vergütung gegen den eigenen Mandanten einklagen muss, haben häufig die Frage des abgerechneten Gebührensatzes zum Inhalt. Dabei wird immer häufiger bereits die Abrechnung einer Regelgebühr nach VV-RVG 2300 zum Gegenstand der gerichtlichen Auseinandersetzung gemacht. Die Durchsetzung eines höheren Vervielfältigers als bei der Regelgebühr, also der Ansatz von beispielsweise 2,0 oder gar 2,5 nach VV-RVG 2300 ist daher sicherlich noch weitaus schwieriger zu erreichen.

82

Gerade in erbrechtlichen Mandaten, wie zB die langwierige Auseinandersetzung einer Erbengemeinschaft oder die im Rahmen von Pflichtteilsansprüchen mühsame Ermittlung des Nachlasswertes etc., lassen derartige Mandate, unabhängig von der Frage der Schwierigkeit, sehr schnell äußert umfangreich werden. Selbst bei einem regelmäßig in erbrechtlichen Mandanten vorliegenden höheren Gegenstandwert, kann daher sehr schnell der Ansatz einer Regelgebühr von 1,3 nach VV-RVG 2300 zu einer nicht mehr angemessenen Vergütung führen. Unabhängig von dem sich aus § 14 RVG bei Rahmengebühren ergebenden Bestimmungsrecht des Rechtsanwaltes, sollte soweit als möglich bereits nach eingehender Besprechung mit dem Mandanten auf eine Vereinbarung hingewirkt werden, welche späteren Streit über den Ansatz eines höheren Gebührensatzes/Vervielfältigers vorbeugt.

83 ▶ **Muster: Vergütungsvereinbarung zur Höhe des Gebührensatzes**

Vergütungsvereinbarung

zwischen

...

– Auftraggeber –

und der Kanzlei

...

– Auftragnehmer –

Die Auftragnehmer wurden vom Auftraggeber, mit folgendem Mandant beauftragt:

...

wegen Pflichtteilsansprüche m Nachlass nach Herrn ..., verst. am ....Im Hinblick auf den mit der Bearbeitung des Mandates verbundenen besonderen Umfang und ihrer besonderen rechtlichen und tatsächlichen Schwierigkeit wird zu der Berechnung der gesetzlichen Gebühren nach dem Rechtsanwaltsvergütungsgesetz (RVG) nebst Vergütungsverzeichnis (VV-RVG) zwischen dem o.g. Auftraggeber und den Auftragnehmern die folgende Vereinbarung über die Höhe des der Berechnung der Geschäftsgebühr nach VV-RVG 2300 zugrundezulegenden Gebührensatzes getroffen:

1. Die Abrechnung der nach dem Rechtsanwaltsvergütungsgesetz (RVG) anfallenden Geschäftsgebühren nach VV-RVG 2300 erfolgt vereinbarungsgemäß mit einem Gebührensatz in Höhe von ....
2. Ihre Auslagen rechnen die Auftragnehmer gemäß Nrn. 7000 ff VV-RVG ab. Es steht ihnen frei, statt nachgewiesener Auslagen die Auslagenpauschale zu verlangen.
3. Alle Beträge verstehen sich zuzüglich der gesetzlichen Umsatzsteuer.
4. Grundsätzlich ist die Vergütung der Auftragnehmer gem. § 8 RVG nach Beendigung des Auftrages fällig. Die Auftragnehmer sind aber berechtigt, für erbrachte Leistung Abschlagsrechnungen zu stellen.
5. Mit Zahlung des Rechnungsbetrages erkennt der Auftraggeber die jeweils zugrundeliegende Gebührenforderung an.
6. Dem Auftraggeber ist bekannt, dass nach dem Rechtsanwaltsvergütungsgesetz die Geschäftsgebühr nach VV-RVG 2300 einen Gebührenrahmen von 0,5 bis 2,5 vorsieht und ein Gebührensatz von 1,3 nur gefordert werden kann, wenn die Angelegenheit umfangreich und schwierig war.
7. Die Auftragnehmer weisen den Auftraggeber ausdrücklich auf Folgendes hin: Wird in dieser Angelegenheit ein Rechtsstreit geführt und steht dem Auftraggeber aus diesem Rechtsstreit ein

C. Die Vergütung § 12

Erstattungsanspruch gegen einen anderen Beteiligten des Rechtsstreites zu, besteht dieser Erstattungsanspruch nur im Rahmen der gesetzlichen Gebühren. Auf Grund dieser Vereinbarung über die gesetzlichen Gebühren hinaus gegenüber den Auftragnehmern geschuldetes Honorar kann der Auftraggeber nicht von Dritten erstattet verlangen.

8. Der Auftraggeber tritt etwaige Erstattungsansprüche gegen die Landeskasse oder andere Verfahrensbeteiligte zur Sicherung der Honoraransprüche an die Auftragnehmer ab. Die Abtretung wird von den Auftragnehmern angenommen.

..., den ...

...

Auftraggeber

...

RA ... ◄

f) Vereinbarung einer erfolgsbasierten Vergütung

Mit der Einführung des § 4a RVG in der Fassung ab 1.7.2008 ist die bislang nicht mögliche **Vereinbarung eines Erfolgshonorars** nun doch im Einzelfall möglich.[17] § 4a RVG nF verweist zunächst für die Begriffsbestimmung „Erfolgshonorar" auf § 49b Abs. 2 S. 1 BRAO.

84

Dabei sind jedoch erheblich Hürden, die für den wirksamen Abschluss einer erfolgsbasierten Vergütungsvereinbarung aufgestellt werden, zu beachten. Es ist dabei gerade bei erbrechtlichen Mandaten fraglich, inwieweit sich eine solche Vergütungsvereinbarung durchsetzen wird. Voraussetzung für die Zulässigkeit der Vereinbarung eines Erfolgshonorars nach § 4a RVG ist, dass es nur für den Einzelfall vereinbart werden darf. Dies ist sowohl mandanten- als auch anwaltsbezogen zu verstehen, dh, dass ein Rechtsanwalt weder generell auf Erfolgshonorarbasis für seine Mandanten tätig sein noch mit diesen eine Absprache treffen darf, dass er grundsätzlich bestimmte Aufträge nur auf der Basis einer erfolgsbasierten Vergütung übernimmt.[18]

Zusätzlich setzt eine wirksame erfolgsbasierte Vergütungsvereinbarung nach § 4a Abs. 1. S. 1 RVG voraus, dass der Auftraggeber aufgrund seiner wirtschaftlichen Verhältnisse bei verständiger Betrachtung ohne die Vereinbarung eines Erfolgshonorars von der Rechtsverfolgung abgehalten werden würde. Zwar dürfte gerade in erbrechtlichen Angelegenheiten eine solche Situation in Ansehung der möglicherweise im Verhältnis zum Wert der potentiellen Ansprüche nur unzureichenden wirtschaftlichen Verhältnisse des Auftraggebers häufiger einschlägig sein. Problematisch stellen sich aber zB die Fälle dar, in welchen im Rahmen der Stufenklage zur Geltendmachung von Pflichtteilsansprüchen erst durch die Geltendmachung des Auskunftsanspruchs die Höhe des möglichen Pflichtteilsanspruchs bekannt wird. Das Kriterium der „verständigen Betrachtung" erfordert, dass sich die Entscheidung bei einer objektivierenden „verständigen Betrachtung" als nachvollziehbar und plausibel erweist.[19] Hinsichtlich des notwendigen Inhaltes einer Vergütungsvereinbarung ergibst sich aus § 4a RVG, dass die voraussichtliche gesetzliche Vergütung und ggf die erfolgsunabhängige vertragliche Vergütung, zu der der Anwalt bereit wäre, den Auftrag zu übernehmen sowie die Angabe, welche Vergütung bei Eintritt welcher Bedingung verdient sein soll, anzugeben ist.

---

17 Formulierungsanregung vgl *Mayer*, AnwBl 2008, 473–478.
18 *Mayer*, AnwBl 2008, 473, 474.
19 *Mayer*, AnwBl 2008, 473, 474.

Obwohl nunmehr seit mehr als 2 Jahren die Möglichkeit der Vereinbarung einer erfolgsbasierten Vergütung geschaffen wurde, ist bislang noch nicht zu beobachten, dass von dieser Art der Vergütungsvereinbarung regelmäßig Gebrauch gemacht wird.

g) Weitere Vereinbarungsmöglichkeiten

85 Neben der vorstehend im Einzelnen dargestellten Möglichkeit, durch eine Vergütungsvereinbarung von der Berechnung nach dem RVG abzuweichen, bestehen weitere Möglichkeiten der Vereinbarung, welche je nach Art und Umfang der Tätigkeit möglicherweise das Bestehen einer angemessenen Vergütung gewährleisten, zB durch

– Vereinbarung der Gebühren des Teils 3, Abschnitt 2 für die Beschwerde im Erbscheinsverfahren,[20]
– Vereinbarung des mehrfachen Anfalls einer Terminsgebühr nach VV-RVG 3204 bei aufwendigen Beweisaufnahmen mit mehreren Gerichtsterminen,[21]
– Vereinbarung der Erhöhung der Einigungsgebühr nach VV-RVG 1000 oder 1003 in „x"-facher Höhe.[22]

D. Vereinbarungen zur Haftungsbeschränkung

I. Gründe für eine Haftungsbeschränkung

86 Die Bearbeitung erbrechtlicher Mandate ist aufgrund der rechtlich schwierigen Materie und der vergleichsweise hohen Gegenstands-/Streitwerte für den Rechtsanwalt mit nicht unerheblichen **Haftungsrisiken** verbunden. So birgt allein bereits die große Anzahl der vom Rechtsanwalt im Rahmen der Bearbeitung zu beachtenden Verjährungsfristen, wie auch seine umfassenden Aufklärungspflichten[23] und Belehrungspflichten[24] die Gefahr einer Haftung.

87 Auch wenn jeder Rechtsanwalt nach § 51 BRAO zum Abschluss einer **Berufshaftpflichtversicherung** zumindest mit einer Mindestversicherungssumme von 250.000 EUR für jeden Versicherungsfall verpflichtet ist, kann sich dies gerade in Erbrechtsmandaten als nicht ausreichend erweisen. Durch einen Haftungsfall kann daher durchaus die wirtschaftliche Existenz des Rechtsanwaltes bedroht sein.

88 Es ist daher bei jeder Annahme eines erbrechtlichen Mandates vom Rechtsanwalt genau zu überprüfen, welchen Haftungsrisiken er sich gerade im Hinblick auf den im jeweiligen Mandat anzunehmenden Gegenstands-/Streitwert ausgesetzt sieht. Sollte sich dabei herausstellen, dass die bestehende Haftpflichtversicherungssumme nicht ausreicht, ist dringend anzuraten, eine Klärung des Haftpflichtrisikos mit dem Mandanten herbeizuführen.

89 Ferner ist in diesem Zusammenhang gleichzeitig die Frage zu erörtern, in welchem Umfang möglicherweise der Rechtsanwalt seine **Haftung für bestimmte Tätigkeiten** beschränkt, also welche Tätigkeiten weder geschuldet noch von der Haftung umfasst sind. Zu denken wäre hierbei beispielsweise an den ausdrücklichen Ausschluss einer Haftung für steuerliche Beratung oder Sachverhalte mit Bezug zu ausländischen Rechtsvorschriften.

---

20 Anm.: Wegen der Entscheidung des OLG München, Beschl. v. 7.3.2006, Az: 32 Wx 023/06, muss zukünftig davon ausgegangen werden, dass nicht überall die Gebühren des Teil 3, Abschnitt 2 VV-RVG, sondern lediglich die Beschwerdegebühr in Höhe von 0,5 nach VV-RVG 3500 zuerkannt werden; vgl auch *Enzensberger*, ZErb 2006, 264, 265.
21 *Hinne/Klees/Teubel/Winkler*, aaO; B. I, Rn 342.
22 *Hinne/Klees/Teubel/Winkler*, aaO; B. I, Rn 343.
23 AnwBl 1999, 343, 344; BGH NJW 1991, 601, 602.
24 BGH NJW 1991, 2079.

D. Vereinbarungen zur Haftungsbeschränkung § 12

Auch wenn grundsätzlich verschiedene Versicherungsgesellschaften den Abschluss gesonderter auf das Mandat bezogener Haftpflichtversicherungsverträge anbieten, wird in den seltensten Fällen der Mandant bereit sein, die nicht unerheblichen Kosten hierfür zu tragen.
Bei Mandaten mit hohem Gegenstands-/Streitwert ist daher dringend anzuraten, mit dem Mandanten die Vereinbarung einer Haftungsbegrenzung zu erörtern.

II. Gesetzliche Vorgaben

Dabei ergibt sich aus § 51a BRAO unter welchen Voraussetzungen eine vertragliche Begrenzung der Ersatzansprüche möglich ist. Grundsätzlich sind dort drei Möglichkeiten einer Haftungsbegrenzung vorgesehen, nämlich:
- durch schriftliche Vereinbarung im Einzelfall bis zur Höhe der Mindestversicherungssumme iHv 250.000,– EUR (§ 51a Abs. 1 Nr. 1 BRAO);
- durch vorformulierte Vertragsbedingungen für Fälle einfacher Fahrlässigkeit auf den vierfachen Betrag der Mindestversicherungssumme, also auf 1.000.000,– EUR, wenn insoweit Versicherungsschutz besteht (§ 51a Abs. 1 Nr. 2 BRAO);
- durch vorformulierte Vertragsbedingungen für Fälle einfacher Fahrlässigkeit auf einzelne Mitglieder einer Sozietät bei namentlicher Nennung der haftenden Rechtsanwälte (§ 51a Abs. 2 BRAO).

Soweit daher in der Kanzlei des Rechtsanwaltes nicht ohnehin bereits im Rahmen von **allgemeinen Vertragsbedingungen** eine wirksame Haftungsbegrenzung regelmäßig vereinbart wird, ist dann zumindest auf eine **einzelfallbezogene** Haftungsbegrenzungsvereinbarung hinzuwirken. Dabei ist aufgrund der nach § 51a Abs. 1 Nr. 1 BRAO vorgeschriebenen Notwendigkeit einer Einzelfallvereinbarung in jedem Fall davon abzuraten, mit vorformulierten Texten zu arbeiten.[25] Ferner ist auf das Erfordernis des Empfangsbekenntnisses[26] auch in diesem Zusammenhang hinzuweisen, da bei Fehlen eines Empfangsbekenntnisses teilweise die Unwirksamkeit der Haftungsbegrenzungsvereinbarung vertreten wird. Ratsam ist daher, sich das Empfangsbekenntnis gesondert unterzeichnen zu lassen und das Empfangsbekenntnis nicht bereits in die Vereinbarung mit aufzunehmen.[27]

Da es sich in Fällen, in denen eine Haftungsbegrenzungsvereinbarung von Bedeutung werden wird, wohl ausnahmslos um Mandate mit hohem Gegenstands-/Streitwert und damit auch einem entsprechend hohem Vergütungsanspruch handelt, ist es sicherlich hinzunehmen, dass die Abwicklung des Abschlusses einer solchen Vereinbarung einschließlich der zu beachtenden Formalien zu einem zusätzlichen Aufwand führt.

---

25 *Kerscher/Tanck/Krug*, aaO, § 5 Rn 5 f.
26 OLG Düsseldorf MDR 2000, 420 zu Empfangsbekenntnis bei Honorarvereinbarungen.
27 *Bonefeld*, Haftungsfallen im Erbrecht, Rn 769.

III. Formulierung einer Haftungsbegrenzungsvereinbarung

94 Eine Haftungsbegrenzungsvereinbarung könnte wie folgt formuliert sein:

95 ▶ **Muster: Haftungsbeschränkungsvereinbarung**

Vereinbarung

über die Beschränkung der Haftung

zwischen

Herrn ▄▄▄

und

RA ▄▄▄

betreffend das Mandat

▄▄▄/ ▄▄▄

wegen Pflichtteilsansprüchen am Nachlass nach Herrn ▄▄▄, verst. am ▄▄▄.

Vorwort:

Herr ▄▄▄ hat Pflichtteilsansprüche am Nachlass des ▄▄▄, verst. am ▄▄▄. Zum Nachlass des Erblassers gehört unter anderem neben eine hohe Beteiligung an der Unternehmensgruppe ▄▄▄ AG, umfangreicher Grundbesitz unter anderem in ▄▄▄ sowie in ▄▄▄. Herr ▄▄▄ ist der einzige leibliche Abkömmling des Erblassers und wurde mit notariellem Testament vom ▄▄▄ des Notars ▄▄▄ (Ur-Nr. ▄▄▄) von der Erbfolge ausgeschlossen. Der Wert des für die Höhe der Pflichtteilsansprüche von Herrn ▄▄▄ maßgeblichen Nachlasses beträgt nach Einschätzung von Herrn ▄▄▄ mindestens ▄▄▄ Mio. EUR. Aufgrund der sich aus der Höhe der in Streit stehenden Pflichtteilsansprüche ergebenden Haftungsrisiken von Herrn RA ▄▄▄ bei Bearbeitung des Mandates wurde zwischen Herrn RA ▄▄▄ und Herrn ▄▄▄ die Frage der Haftungsbegrenzung ausführlich erörtert. Vor diesem Hintergrund schließen Herr ▄▄▄ und Herr RA ▄▄▄ folgende Vereinbarung zur Haftungsbeschränkung:

1. Die Haftung des beauftragten Herrn RA ▄▄▄ wird für Fälle der leichten Fahrlässigkeit auf einen Höchstbetrag von 250.000,– EUR beschränkt. Unberührt bleibt die Haftung für Vorsatz und grobe Fahrlässigkeit.

2. Herrn RA ▄▄▄ wurde ausschließlich mit der zivilrechtlichen Geltendmachung der Ansprüche beauftragt. Eine Beauftragung zur Überprüfung von steuerlichen Fragen im weitesten Sinne, insbesondere zum Erbschaft- und Einkommensteuerrecht ist ausdrücklich nicht erfolgt, sondern wird von Herrn ▄▄▄ einem steuerlichen Berater gesondert übertragen.

▄▄▄, den ▄▄▄

▄▄▄

Auftraggeber

▄▄▄

RA ▄▄▄ ◀

96 Die Vereinbarung einer Haftungsbeschränkung könnte nach entsprechender mündlicher Erörterung auch im Rahmen eines an den Mandanten zu richtenden und von diesem zu bestätigendes Anschreibens formuliert werden,[28] wodurch dann bei Rücksendung des vom Mandanten bestätigten Schreibens auch ein Empfangsbekenntnis vorliegt.

---

28 Formulierungsbeispiele bei *Bonefeld*, aaO, Rn 771 oder *Kerscher/Tanck/Krug*, aaO, § 5 Rn 10 ff.

E. Tätigkeitsverbote und Mehrheit von Mandanten/Interessenkollision

Bei Annahme des Mandates, aber auch während der Bearbeitung des Mandates ist vom Rechtsanwalt genau zu prüfen, inwieweit sich für ihn ein Tätigkeitsverbot aufgrund **Vorbefassung** ergibt oder er aufgrund einer **Interessenkollision** zur Ablehnung und Niederlegung des Mandates verpflichtet ist. Gerade bei erbrechtlichen Mandaten ist daher die Prüfung veranlasst, inwieweit der Rechtsanwalt bereits in „derselben Rechtssache" tätig war, oder bei der Vertretung mehrerer Mandanten sich widerstreitende Interessen ergeben.

I. Tätigkeitsverbot nach § 45 BRAO

Aus § 45 BRAO ergibt sich, in welchen Fällen der Rechtsanwalt nicht in der Bearbeitung des Mandates tätig sein darf. Besondere Erwähnung verdienen hier die Fälle, in welchen der Rechtsanwalt vorher als Schiedsrichter, Notar, Insolvenzverwalter, Nachlassverwalter, Testamentsvollstrecker, Betreuer oder in ähnlicher Funktion bereits befasst war, § 45 Abs. 1 BRAO. Im umgekehrten Fall ist ihm eine Tätigkeit in Angelegenheiten als Insolvenzverwalter, Nachlassverwalter, Testamentsvollstrecker, Betreuer oder in ähnlicher Funktion versagt, mit denen er bereits als Rechtsanwalt gegen den Träger des zu verwaltenden Vermögens befasst war.

Ausdrücklich hinzuweisen ist allerdings darauf, dass die Vorbefassung eines Rechtsanwaltes im Rahmen der Testamentsgestaltung gerade nicht ausschließt, dass er in diesem Testament dann vom Erblasser als Testamentsvollstrecker ernannt wird.[29]

II. Typische Fallkonstellationen zur Interessenkollision

In erbrechtlichen Mandaten tritt in verschiedenen Fallkonstellationen häufig die Gefahr einer Interessenkollision auf. Als Beispiele können insbesondere genannt werden:

1. Beauftragung eines Rechtsanwaltes durch eine Erbengemeinschaft

Nicht selten wird der Rechtsanwalt durch mehrere Erben beauftragt, sie im Rahmen der **Erbauseinandersetzung** zu unterstützen. Eine gleiche Situation ergibt sich bei der Beauftragung des Rechtsanwaltes zur Vertretung mehrere Erben **gegen einen Testamentsvollstrecker**. Auch wenn in derartigen Situationen häufig gerade zu Beginn des Mandates durchaus Einvernehmen zwischen den in der gleichen Sache beteiligten Mandanten besteht, kann sich dies im Verlauf der Bearbeitung sehr schnell ändern.

So kann sich zum Beispiel aus einer im Rahmen der Erbauseinandersetzung nach §§ 2055 ff BGB durchzuführenden **Ausgleichung** dann doch das Vorliegen von widerstreitenden Interessen ergeben. Gleiches kann sich auch im Zusammenhang mit einem zur Durchführung der **Auseinandersetzung** notwendigen Verkauf eines Grundstückes ergeben, also wenn hinsichtlich des Kaufpreises oder des Käufers Streit zwischen den Erben auftritt. Auch über die einzelnen Zeitpunkte von **lebzeitigen Zuwendungen** kann wegen der in § 2329 Abs. 3 BGB enthaltenen Regelungen, wonach sich eine Anspruch zunächst gegen den zuletzt Beschenkten richtet, schnell Streit ergeben und ein zunächst bestehendes Einvernehmen unter den Mandaten in das Gegenteil umschlagen.

Nachdem der Rechtsanwalt bei Auftreten einer solchen zunächst nicht vorhergesehenen Interessenkollision bzw Vorliegen widerstreitender Interessen gezwungen sein könnte, alle in diesem

---

29 Anm.: Ein an der Beurkundung eines Testamentes beteiligter Notar kann dagegen nicht wirksam zum Testamentsvollstrecker ernannt werden, §§ 27, 7 BeurkG.

Zusammenhang vorliegenden Mandate zu beenden, ist grundsätzlich bei der Annahme von Mandaten mehrerer Erben zu größter Vorsicht zu raten. Zudem wird es vom Rechtsanwalt zu fordern sein, dass er bei Vertretung mehrerer Mitglieder einer Erbengemeinschaft bereits bei Mandatsannahme alle Mandanten auf die Gefahr des Eintritts einer Interessenkollision und die daraus möglichen Folgen der Beendigung aller Mandate hinweist. Es wird letztlich zu empfehlen sein, dass der Rechtsanwalt die Übernahme der Vertretung mehrerer Mitglieder der Erbengemeinschaft ablehnt.

2. Vertretung mehrere Pflichtteilsberechtigter

104 Auch bei der Vertretung mehrerer Pflichtteilsberechtigter ist das Entstehen einer Interessenkollision nicht auszuschließen. Zwar besteht zwischen Pflichtteilsberechtigten, welche jeweils durch eine testamentarische Verfügung von der Erbfolge ausgeschlossen wurden, regelmäßig Einvernehmen hinsichtlich des Vorgehens gegen den/die Erben, jedoch kann sich auch hier wegen ausgleichungspflichtiger und wegen § 2316 BGB auch bei der Berechnung der Pflichtteilsansprüche zu berücksichtigender **Vorempfänge** Streit ergeben. Gleiches ergibt sich auch bezüglich der Frage von Vorempfängen, welche bei dem einen Mandanten zu Pflichtteilsergänzungsansprüchen nach § 2325 BGB, bei dem anderen Mandanten zusätzlich aber zu einer **Anrechnung nach § 2327 BGB** führen.

105 Auch in diesen Fällen, in welchen zunächst das Auftreten einer Interessenkollision auf den ersten Blick unwahrscheinlich erscheint, sollte bereits im Rahmen der Mandatsannahme bzw Aufklärung des Sachverhaltes, genau die Frage des Vorliegens ausgleichungspflichtiger Vorempfänge geprüft werden. Auch wenn das Vorliegen einer Interessenkollision zunächst bei Mandatsannahme fern liegt, sollte soweit der Rechtsanwalt sich zur Vertretung mehrerer Pflichtteilsberechtigter entschließt dennoch ein Hinweis an alle Mandanten zur Folge einer gegebenenfalls auftretenden Interessenkollision obligatorisch sein.

3. Beratung von Ehegatten bei der Gestaltung eines gemeinschaftliche Testamentes bzw Ehegattenerbvertrages

106 Grundsätzlich besteht bei Mandaten, bei welchen die Ehegatten den Rechtsanwalt mit einer Beratung oder Gestaltung einer gemeinschaftlichen Verfügung von Todes wegen beauftragen, in der Regel Einvernehmen zwischen den Ehegatten. Die Ehegatten erscheinen in den meisten Fällen gemeinsam beim Rechtsanwalt und haben sich bereits **übereinstimmende Vorstellungen** über ihre zu treffenden Anordnungen gebildet.

107 Gerade aus der Beratung des Rechtsanwaltes können dann aber nicht selten Interessengegensätze auftreten. Dies kann sich zum Beispiel aus der Beratung über Pflichtteilsansprüche von Abkömmlingen aus einer früheren Ehe oder Partnerschaft eines Ehegatten oder Pflichtteilsrechten von Eltern bei Fehlen von Abkömmlingen ergeben. Auch die Frage der Bindung des überlebenden Ehegatten hinsichtlich einer **Schlusserbeneinsetzung** birgt die Gefahr, dass erst im Rahmen einer entsprechenden anwaltlichen Beratung die Ehegatten erkennen, dass ihre zunächst angenommen Vorstellungen doch nicht in vollem Umfang übereinstimmen.

108 Auch wenn in derartigen Fällen dann letztlich unter Vermittlung des Rechtsanwaltes bzw bei entsprechender Darstellung der Gestaltungsmöglichkeit doch eine Einigung zwischen den Ehegatten erzielt werden kann, muss der Rechtsanwalt in derartigen Fällen großes Augenmerk darauf richten, dass der Wille und die Gestaltungswünsche des jeweiligen Ehegatten tatsächlich im Gestaltungsvorschlag entsprechend Niederschlag gefunden haben.

4. Beratung der Parteien eines Übergabevertrages

In der Beratung von Parteien bei lebzeitigen Vermögensübertragungen wird das Vorliegen von Interessengegensätzen regelmäßig sehr schnell deutlich. Zwar besteht zwischen Übergeber und Übernehmer regelmäßig grundsätzliches Einvernehmen hinsichtlich der gewünschten Überlassung, jedoch treten dann bei der Erörterung über die einzelnen Details der Übertragung nicht selten widerstreitende Interessen zu Tage. Diese können sich beispielsweise aus dem Umfang der von den Übernehmern regelmäßig gewünschten **Altersversorgung** ergeben. Auch bei den Bedingungen zu etwaigen **Rückübertragungsvorbehalten**, insbesondere in Abhängigkeit von ehevertraglichen Vereinbarungen des Übernehmers mit seinem Ehegatten, in Abhängigkeit vom Bestand der Ehe oder im Übertragungs- oder Verkaufsfalle, treten häufig erst im Rahmen der anwaltlichen Beratung die widerstreitenden Interessen zwischen dem Übergeber und Übernehmer auf. Gleiches entsteht nicht selten bei Erörterungen über die Frage ob und in welcher Höhe bzw zu welchem Zeitpunkt der Übernehmer **Ausgleichszahlungen** an weichende Geschwister zu zahlen hat. Noch schwieriger stellt sich diese Konstellation dar, wenn auch die „weichenden Geschwister" mit in die Beratung einbezogen werden, da diese dann regelmäßig im Gegenzug Erklärungen zu einem (gegenständlich beschränkten) Pflichtteilsverzicht abgeben sollen. 109

In derartigen Fällen sollte der Rechtsanwalt genau überlegen, inwieweit er von Anfang an lediglich die Bereitschaft zur Übernahme des Mandates von einem der Beteiligten erklärt und die Gründe hierfür ausführlich den Beteiligten erläutert. Etwaige Einbußen bezüglich der Vergütung des Rechtsanwaltes im Hinblick auf die Vertretung nur eines Mandanten sollten in derartigen Fällen sicherlich nicht maßgeblich sein. Zudem bietet sich in derartigen Angelegenheiten ohnehin an, die Berechnung der Vergütung auf der Grundlage einer Vergütungsvereinbarung zu regeln. 110

F. Mandantenschreiben/Mandatsbestätigung

Gerade in erbrechtlichen Mandaten ist es anzuraten, nach Mandatserteilung, Sachverhaltsaufnahme sowie gegebenenfalls auch erforderlich gewordener Klärung von Vergütungs- und Haftungsfragen, dies im Rahmen eines Anschreibens gegenüber dem Mandanten nochmals ausdrücklich zusammenzufassen. 111

Selbst in Fällen, in welchen sich das Mandat auf ein „erstes Beratungsgespräch" beschränkte, vermag ein solches Mandantenschreiben spätere Unklarheiten und Streitigkeiten hinsichtlich des dem Rechtsanwalt zur Beratung mitgeteilten Sachverhaltes sowie auch dem Inhalt der Beratung zu vermeiden. Gerade in Fällen, in welchen der Rechtsanwalt von Mandanten in Begleitung einer weiteren Person aufgesucht wird oder der Rechtsanwalt erst mehrere Monate später aufgrund einer vermeintlich fehlerhaften Beratung auf Haftung in Anspruch genommen wird, erweist sich ein solches Anschreiben als äußerst hilfreich. Auch wenn sicherlich bei solchen Mandaten mit geringer Vergütung die Frage des vertretbare Aufwandes gerechtfertigt ist, so sollte zumindest eine kurze Zusammenfassung des dem Rechtsanwalt mitgeteilten Sachverhaltes sowie die wesentlichen Inhalte der Beratung und Hinweise, wie zB ein Hinweis auf laufende Verjährungsfristen erfolgen. Dies kann dabei regelmäßig mit der Übersendung der Vergütungsabrechnung verbunden werden. Im Falle einer möglichen Anschlussbeauftragung dient ein solches Schreiben ferner zur Vorbereitung für einen weiteren Besprechungstermin, bzw erspart möglicherweise „peinliche" erneute Nachfragen beim Mandanten. 112

Auch in Fällen, in welchen der Rechtsanwalt das Ergebnis einer sich an einen Besprechungstermin anschließenden rechtlichen Prüfung dem Mandanten schriftlich mitteilt oder der Man- 113 dat selbst eine schriftliche **Zusammenfassung der Beratung** wünscht, sollte auf die zusammenfassende Darstellung des zugrundegelegten Sachverhaltes großes Augenmerk gerichtet werden.

114 Durch ein sorgfältig abgefasstes und ausführliches Anschreiben an den Mandanten werden Missverständnisse zwischen Rechtsanwalt und Mandanten sowohl hinsichtlich der Sachverhaltsgrundlagen und dem Auftragsumfang, als auch hinsichtlich der Hinweise zur Vergütung und Prozessrisiken vermieden. Ferner bietet ein solches Schreiben dem Mandant die Möglichkeit, nochmals seine gegenüber dem Rechtsanwalt mitgeteilten Angaben auf ihre Richtigkeit und Vollständigkeit hin zu überprüfen.

115 Soweit zwischen dem Rechtsanwalt und dem Mandanten **besondere Vereinbarungen** zur Vergütung und/oder Haftungsbeschränkung getroffen wurden, dient ein solches Schreiben – mit welchem gleichzeitig um Empfangsbestätigung durch den Mandanten gebeten wird – zur Übersendung der Vergütungsvereinbarung und der Haftungsbeschränkungsvereinbarung.

116 Die **Gliederung** eines solchen Anschreibens könnte daher wie folgt aussehen:

Sachverhaltsfeststellungen:
– beteiligte Personen (einschließlich Verwandtschaftsverhältnis, Güterstand),
– Vermögen und Vorempfänge (einschließlich Belastungen, Verfügungsbeschränkungen etc.),
– erbrechtliche Verfügungen (testamentarische Verfügungen, Erb- und Pflichtteilsverzichte, Ausschlagungserklärungen etc.),
– Besonderheiten zum Sachverhalt (zB getrenntlebende Ehegatten, behinderter Abkömmling).

Mandantenziele/Vorstellung des Mandanten:
– (zB Alterssicherung, Gleichstellung der Kinder, Schutz des Vermögens etc.).

Rechtliche Ausführungen:
– Zusammenfassung des Inhaltes der Ausführungen anlässlich des Mandantengespräches,
– Ergänzung um Ergebnis der weiteren rechtlichen Prüfung,
– Darstellung von Lösungsvorschlägen,
– Hinweise zur Verjährung,
– Hinweise zur Vergütung und Prozess(-kosten)risiken.

Umfang der Beauftragung:
– Bestätigung und Übersendung zusätzlicher Vereinbarungen mit Aufforderung zur Rückbestätigung, wie
  – Vergütungsvereinbarung,
  – Haftungsbeschränkungsvereinbarung.

117 ▶ **Muster: Anschreiben an Mandanten mit Bestätigung der Mandatserteilung**

Sehr geehrter Herr/Frau ...

Ich nehme Bezug auf den Besprechungstermin vom ... und erlaube mir bezüglich der dort erfolgten Beauftragung folgendes zusammenfassend festzuhalten bzw zu bestätigen:

Anlässlich des Besprechungstermins haben Sie mir das privatschriftliche Testament Ihres Vaters vom ... gemeinsam mit der Eröffnungsniederschrift des AG ... – Nachlassgericht vom ... vorgelegt.

Zu den Verwandtschaftsverhältnissen haben Sie mitgeteilt, dass Ihr Vater mit Ihrer Mutter im gesetzlichen Güterstand der Zugewinngemeinschaft gelebt hat und neben Ihnen noch 2 weitere Brüder vorhanden sind.

F. Mandantenschreiben/Mandatsbestätigung § 12

Sie haben ferner mitgeteilt, dass nach Ihrer Kenntnis keine weiteren Verfügungen von Todes wegen vorliegen.

Zum dem nach Ihrer Kenntnis vorhandenen Nachlass Ihres Vaters haben sie angegeben, dass bis auf ein der Höhe nach nicht näher bekanntes Sparguthaben letztlich wohl im Wesentlichen das Mehrfamilienhaus in ... zu rechnen ist. Über Schenkungen seitens Ihres Vaters habe Sie die Vermutung der Zuwendung eines Geldbetrages in Höhe von ... vor ca. 3 Jahren an Ihren Bruder ... geäußert.

Im Rahmen des Gespräches hatten Sie trotz meiner grundsätzlichen Ausführungen zu Fragen der Unwirksamkeit des Testamentes bzw etwaiger Anfechtungsmöglichkeiten mitgeteilt, dass Sie ausdrücklich nicht eine dahingehende Prüfung und Geltendmachung wünschen, sondern aufgrund der in der testamentarischen Verfügung Ihres Vater enthaltenen Erbeinsetzung Ihrer Mutter allein die Geltendmachung von Pflichtteilsansprüchen am Nachlass Ihres Vaters erfolgen soll.

Anlässlich des Besprechungstermins hatte ich Sie wie folgt über die rechtliche Situation und die weitere Vorgehensweise informiert:

Aufgrund der mir zu den Verwandtschaftsverhältnissen und zum Güterstand gemachten Angaben beläuft sich die Höhe Ihrer Pflichtteilsansprüche auf 1/12 des Wertes des Nachlasses Ihres Vaters zuzüglich möglicherweise noch zu berücksichtigender Schenkungen.

Zunächst ist Ihre Mutter als testamentarisch eingesetzte Alleinerbin grundsätzlich Schuldner des Pflichtteilsanspruches. Nach den gesetzlichen Bestimmungen ist dabei Ihrer Mutter als Erbin Ihnen gegenüber zur Auskunft über den Bestand des Nachlasses einschließlich ergänzungspflichtiger Zuwendungen verpflichtet. Soweit eine durch Ihre Mutter erteilte Auskunft Bedenken gegen die Richtigkeit und Vollständigkeit rechtfertigen, hat Ihre Mutter die Richtigkeit und Vollständigkeit der erteilten Auskunft an Eides Statt zu versichern.

Neben der Aufforderung zur Erteilung der Auskunft ist bezüglich des Standes des Nachlassverfahrens, bzw zur Klärung der Frage des Vorliegens eines Erbscheines notwendig Akteneinsicht in die Nachlassakten zu nehmen. Ferner sind die Eigentumsverhältnisse bezüglich des nach Ihren Angaben vorhandenen Grundbesitzes durch Einholung eines Grundbuchauszuges zu überprüfen.

Ich erlaube mir nochmals ausdrücklich auf die Verjährung der Pflichtteilsansprüche innerhalb von 3 Jahren nach Zugang des Schreibens des Nachlassgerichtes vom ... hinzuweisen. Soweit innerhalb dieser Verjährungsfrist keine Klärung Ihrer Ansprüche absehbar ist, muss gegebenenfalls die Unterbrechung der Verjährungsfrist durch Klageerhebung herbeigeführt werden.

Ich erlaube mir unter Bezugnahme auf die obigen Ausführungen nochmals zu bestätigen, dass Sie mich anlässlich des Besprechungstermins mit der Geltendmachung Ihrer Pflichtteilsansprüche am väterlichen Nachlass beauftragt haben.

Wie mit Ihnen anlässlich des Besprechungstermins vereinbart, habe ich in der Anlage eine von hier aus vorbereitete und bereits durch mich unterzeichnete Vergütungsvereinbarung in zweifacher Ausfertigung beigefügt. Ich bitte um Rücksendung einer durch Sie gegengezeichneten Ausfertigung dieser Vereinbarung. Im Anschluss hieran werde ich umgehend in der vorbeschriebene Weise schriftlich Ihre Mutter zur Erteilung der gesetzlich geschuldeten Auskunft auffordern und zunächst beim zuständigen Nachlassgericht die Gewährung von Akteneinsicht beantragen. Entsprechende Abschriften gehen Ihnen selbstverständlich dann zu Ihrer Information zu.

Mit freundlichen Grüßen

...

Rechtsanwalt ◄

Stichwortverzeichnis

Fette Zahlen bezeichnen die Paragraphen, magere die Randnummern.

Abfindung 8 134 ff
– durch Dritten 8 148
– für Pflichtteilsverzicht 8 260 f
Abfindungsanspruch, Ehegatten-Innengesellschaft 4 164
Abfindungsvereinbarung 8 142 ff
Abkömmling
– Enterbung 4 29
– Wegfall eines ~ 4 202
Ablehnung 5 92
Ablieferungspflicht 12 42
Abstammungsurkunde 6 57
Abstraktionsgrundsatz 8 134 ff
Abwesenheitspflegschaft 9 18
Abwicklungsvollstreckung 5 2, 68, 126, 334, 368, 657, 7 226
Adoption 1 101 ff
Akteneinsicht 12 44
Aktiengesellschaft 5 15
Aktivlegitimation 5 451 ff, 467
Aktivprozess 5 444
Aktivrubrum 5 447
Alleinerbe 4 117
Alterssicherung 4 226
Altlasten 4 173
Amt
– Beendigung des ~ 5 704
– Kündigung des ~ 5 728
Amtlicher Börsenkurs 11 13 ff
Amtliches Nachlassverzeichnis 4 136
Amtsannahmebestätigung 5 100
Amtsklage 5 543
Amtsunfähigkeit 5 713
Andeutungstheorie 1 121
Aneignungsrecht 7 21

Anerkenntnis 5 531
– der Pflichtteilsberechtigung 4 45
Anfall der Nacherbschaft 1 467
Anfechtung 1 30 ff, 45, 55, 139 ff, 153, 156, 162, 8 185 ff, 10 72 ff
– Auflagen 10 112
– Beweislast 10 107
– der Ausschlagung 4 92 ff
– eines gemeinschaftlichen Erbvertrages 7 66
– entgeltliche Verträge 10 108
– inkongruente Deckung 10 90 ff
– kongruente Deckung 10 82 ff
– Pflichtteilsansprüche 10 112
– unentgeltliche Leistungen 10 109
– unmittelbar nachteilige Rechtshandlungen 10 95 ff
– Vermächtnisse 10 112
– vorsätzliche Benachteiligung 10 101 ff
Anfechtungsberechtigung 1 34, 56
Anfechtungsfrist 12 4, 46
Anfechtungsgrund 1 36 ff, 43, 142
Angleichung, nachträgliche 4 147 ff
Anhörung, durch Nachlassgericht 6 69
Ankaufsvermächnis 2 53 ff
Anlagerechte und Hinterlegung 1 452 ff
Anmeldung zur Tabelle 10 120
Annahme 2 157 ff, 5 95
– des Erbverzichts 8 8 ff
– des Vermächtnisses 4 81 ff
Anordnung der Testamentsvollstreckung 5 66
Anrechnung 4 193 ff, 8 113 ff, 12 32
– auf den Pflichtteil 8 116 f
– beim Ehegatten 4 203
– des Eigengeschenks 4 258
– Durchführung 4 199
– Durchführung der ~ 4 199

1113

Anrechnungsbestimmung 4 193 ff
– nachträgliche 8 193 ff
Anrechnungsnachlass 4 199
Anrechnungspflicht 4 193 ff
Anrechnungspflichtige Zuwendung 4 195
Anregung auf Berichtigung des Grundbuchs 6 33
Anspruch
– auf Versicherung an Eides statt 4 144 ff
– auf Zuziehung 4 140
Anstandsschenkungen 1 388, 537
Antrag 10 10 ff
– Antragsform 10 32
– Antragsfrist 10 1, 15
– Antragsgründe 10 35
– Antragspflicht 10 20
– auf Grundbuchberichtigung 6 25
– auf Verweisung 6 44
– drohende Zahlungsunfähigkeit 10 44
– Schadensersatzpflicht 10 24 ff
– Überschuldung 10 36 ff
– Zahlungsunfähigkeit 10 43
– Zuständigkeit 10 6 f
Anwachsung 1 354, 7 97
Anzeigepflicht 1 381, 468, 476, 528 ff
– und Berichtigungspflicht 5 132
Äquivalenz, objektive 4 212
Arglistige Nachlassverminderung 1 524
Arrest 2 216, 260
– und Pfändungsbeschluss 1 528
Arrestvollziehung 1 550
Arten der Testamentsvollstreckung 5 67 ff
Ärztliche Schweigepflicht 2 92
Aufgebot der Nachlassgläubiger 4 165
Aufhebung
– des Erbverzichts 8 203 ff
– des Pflichtteilsverzichts 8 320
– des Zuwendungsverzichts 8 241 ff
Aufhebungsvertrag 8 190
– Reichweite des ~ 8 208 ff

Auflage 2 122, 132, 174, 278 ff, 4 58, 73, 5 557, 7 212
– Vollziehungsberechtigter 2 289
Auflagenbegünstigter 5 189
Auflassung 5 558
Auflassungsvormerkung 11 60
Auflösende Bedingung 8 123 ff
– Erbeinsetzung 4 15
Aufrechnung 1 378, 10 71
Aufschiebende Bedingung 8 123 ff
– Erbeinsetzung 4 13
Auftrag 1 330, 12 49 ff
Auftragsvereinbarung 12 49 ff
Aufwendungen 1 422 ff
Aufwendungsersatz 5 478, 589, 682
– für notwendige Verwaltung 3 90
Aufwendungsersatzansprüche 1 422 ff
– Erbe 10 116
Auseinandersetzung 1 380, 388, 399, 416, 3 125 ff, 173, 5 216 ff
Auseinandersetzungsplan 5 216, 243, 551, 556, 593
Auseinandersetzungsvereinbarungen 3 140 ff
Auseinandersetzungsvertrag 5 227, 231, 234, 598
Ausfertigung 6 61
Ausgleichszahlungen 12 109
Ausgleichung 4 176 ff, 8 113 ff, 12 32 f
– Berechnung der ~ 4 183 f
Ausgleichungsanordnung 4 179 f
Ausgleichungsbestimmung, nachträgliche 8 277 f
Ausgleichungsgruppe 4 186
Ausgleichungspflicht 5 226, 8 274 ff
Auskunft 1 183 ff, 193, 203, 205, 221, 232, 245, 252, 256, 264, 282, 287, 2 184 ff, 258, 3 8 ff, 12 30
– über aktuellen Nachlassbestand 1 469 ff
– über lebzeitige Schenkung 4 130 ff

– und Rechenschaftsanspruch des Nacherben 1 506 ff
Auskunftsanspruch 1 538 ff, 4 305, 5 194, 545
– Ausschluss des ~ 4 119 ff
– des Pflichtteilsberechtigten 4 110 ff
– gegenüber dem Beschenkten 4 272
– Inhalt 4 121 ff
– Inhalt/Umfang 4 121 ff
Auskunftsantrag
– Inhalt 4 337
Auskunftsantrag, Inhalt 4 337
Auskunftsberechtigte, Mehrheit von ~ 4 118
Auskunftsersuchen
– an Bank oder Sparkasse 3 25
– an Steuerberater 3 21
Auskunftserteilung, Form der ~ 4 127
Auskunftsklage 4 324, 336 f
– Streitwert 4 341
Auskunfts- und Rechenschaftsurteil, Vollstreckung 3 161
Auskunftsverlangen 4 130
Ausländische Erblasser 5 140
Ausländisches Recht 6 72
– Nachweis des Erbrechts 6 87 ff
Ausländisches Testament 6 72
Auslandsberührung 2 208 ff
Auslandsimmobilien 12 27
Auslandskonten 9 147
Auslandsvermögen 12 27
Auslegung 1 119 ff, 141, 174, 366, 2 4, 17
– letztwillige Verfügungen 4 16
Auslegungsregeln 7 56
Auslegungsvertrag 1 135, 3 133, 5 328
Ausschlagung 1 3 ff, 13, 16, 18, 20, 25 ff, 43, 353, 2 89, 129, 157 ff, 4 52 f, 67 f
– durch den überlebenden Ehegatten 4 103 ff
– durch schlüssiges Verhalten 4 76
– eines belasteten Erbteils 4 53

– eines Vermächtnisses, Muster 4 75
– taktische 4 103 ff
Ausschlagungserklärung 4 68
Ausschlagungsfiktion 4 86 f
Ausschlagungsfrist 12 4, 33, 46
Ausschlagungsmöglichkeit
– nach § 2307 Abs. 1 BGB 4 74
Ausschließliche Verfügungsbefugnis 10 60
Ausschluss
– der Vererblichkeit des Nacherbenanwartschaftsrechts 1 405
– des Auskunftsanspruchs 4 119 ff
– von der Erbberechtigung 4 34
– von der Erbfolge 8 3
– von der Vermögensverwaltung (bei Minderjährigen) 4 61
Außergewöhnliche Erhaltungskosten und Lasten 1 424
Aussonderungsberechtigung 10 120
Ausstattung 4 179 f, 5 226
Auswahlermessen 5 52

Bankdepot 2 138 ff, 152
Banken 5 26
Bankguthaben 4 164
Bankkonto 2 138 ff
Bankvermögen 5 137
Bausparverträge 5 139
Beaufsichtigende Testamentsvollstreckung 5 358, 390, 420
Bedachter 2 61
Bedingte Erbeinsetzung 7 85
Bedingtes Vermächtnis 2 147 ff
Bedingung 8 118 ff, 157 ff
– auflösende 8 123 ff
– aufschiebende 8 123 ff
Bedingungseintritt 1 341, 387, 424
Beeinträchtigende Verfügung 4 307, 312
Beeinträchtigung des Vermächtnisnehmers 2 271 ff
Beendigung des Amtes 5 704

1115

Beendigung des
  Nachlassinsolvenzverfahrens 10 126 ff
– Aufhebungsbeschluss 10 126
– Dürftigkeitseinrede 10 135
– Insolvenzplan 10 127, 141 ff
– Schlussverteilung 10 133
– Schutz Eigenvermögen 10 132
– vorzeitige Beendigung 10 128
– Wirkung 10 143
– Zwangsvollstreckung aus Tabelle
  10 134

Beerdigungskosten 4 165

Befreite/nicht befreite Vorerbschaft
  1 359 ff

Befreiter Vorerbe 1 361, 434, 515

Befreiungsmöglichkeit 1 362, 445, 469

Befreiungsvermächtnis 2 65

Befristung 8 118 ff
– der Erbeinsetzung 4 15

Begünstigter 2 124, 126

Behindertentestament 7 52

Behörde 5 18

Belastung, Wegfall der ~ 4 97

Belege 5 195
– Vorlage von ~ 4 339

Belehrung beim Pflichtteilsverzicht 8 254

Belehrungspflicht 7 4

Belohnende Schenkung 4 213

Benachteiligung, vorsätzliche 10 101 ff

Benennung
– eines Mitvollstreckers 5 38, 122
– eines Nachfolgers 5 108, 120

Beratung 12 59

Beratungsgespräch 12 50

Beratungsvergütung 12 59 ff
– Anrechnung 12 61
– erstes Beratungsgespräch 12 59

Beratungsvertrag 6 3

Berechnung, mehrstufige 4 254

Bereicherung, ungerechtfertigte 4 270

Berichtigungspflicht 5 132

Berliner Testament 4 12, 7 266 ff, 8 121,
  314 ff

Berufshaftpflichtversicherung 12 87
– gesetzliche Vorgaben 12 91

Berufungsgrund 1 10

Berufung zum Ersatzerben 4 13

Beschenkter 2 265 f, 268 f
– Auskunftsanspruch gegen den ~ 4 272
– Pflichtteilsergänzungsanspruch gegen den
  ~ 4 261 ff

Beschlagnahme 10 59

Beschluss
– Erteilung eines Erbscheins 6 88

Beschränkte Geschäftsfähigkeit 8 19 ff

Beschränkung(en) 4 66, 8 109 ff, 172
– des Erbteils 4 54 ff
– des Erbverzichts 8 93 ff
– des Pflichtteilsverzichts 8 262 ff
– des Zuwendungsverzichts 8 234 ff
– Hinnahme von ~ 8 286 f

Beschwerde 6 125
– aufschiebende Wirkung 6 128
– Berechtigte 6 125
– Bindungswirkung 6 130
– einfache 6 125
– gegen erteilten Erbschein 6 136

Beschwerter 2 61, 104, 124, 132 ff, 137,
  146, 157, 164, 283

Beschwerung des Erbteils 4 54 ff

Beschwerungen 4 66, 8 109 ff, 172

Besondere nachrangige Verbindlichkeiten
  10 121

Bestandsverzeichnis 1 193, 234, 248, 269

Bestimmungsrecht 2 124

Bestimmungsvermächtnis 7 163 f

Betagtes Vermächtnis 2 149

Betragsmäßige Begrenzung des
  Pflichtteilsanspruchs 8 284 f

Betreuer 5 424

Betreuung 1 280, 2 92

Beurkundung, notarielle 8 137

Beurkundungserfordernis 8 13 ff
Beurkundungshandlung 4 138
Beweislast 2 43, 4 343
Beweislastumkehr 4 346
Bewertung
– des Geschenks 4 248 ff
– steuerrechtliche 11 8
Bewertungsgegenstand 4 153
Bewertungsmethoden
– bebaute Grundstücke 11 21
– unbebaute Grundstücke 11 20
Bewirtschaftungskosten 11 23
Bezifferte Teilklage 4 333 f
Bindungswirkung 7 53 ff, 306 ff, 12 39, 107
– des Erbscheinsverfahrens 6 145
Blutsverwandtschaft 1 66 f
Bodenrichtwert 11 19
Börsenkurs, amtlicher 11 13 ff
Bruchteilsverzicht 8 96 ff
– Pflichtteilsverzicht 8 264 f
Buchforderungen 1 461 f

Checkliste Erbscheinsantrag 6 53

Darlehen, Kündigung 3 104
Daueraufträge 9 166
Dauernde Last 7 191, 11 61
Dauertestamentsvollstreckung 5 5, 69, 658
DDR 1 107, 5 89
Deckung
– inkongruente 10 90 ff
– kongruente 10 82 ff
Deckungsvermächtnis 4 23
Depotkonten 9 162
Deutscher Notarverein, Vergütungsempfehlungen 5 654
Dienstbarkeit, persönliche 4 173
Dieterle-Klausel 7 104
Dingliche Sicherung 8 160 ff

Doppelberechtigung des Pflichtteilsergänzungsberechtigten 4 214
Doppelte Kenntnis 4 209, 306
Dreißigster 1 93, 8 72 ff, 107 f
Duldung
– der Wegnahme eingebrachter Gegenstände 1 417 ff
– der Zwangsvollstreckung 4 267 ff, 5 489
Dürftigkeitseinrede 4 262, 5 133, 10 135

Eckelkemper'sche Tabelle 5 653
Ehebedingte Zuwendung 11 64
Ehegatte 1 76, 94, 96
– Anrechnung beim ~ 4 203 f
– Pflichtteilsverzicht zwischen ~ 8 307 ff
– Schenkung an den ~ 4 240
– Zuwendungen unter ~ 4 223 ff
Ehegatten-Innengesellschaft 4 164
Ehegattentestament 7 233 ff, 12 106 ff
Eidesstattliche Versicherung 1 196 ff, 250, 3 163, 4 152 ff
– Verweigerung 10 68
Eigengeschenk 4 258
Eigengläubiger 5 322
Eigenhändiges Testament 7 72
Eigeninteresse, lebzeitiges 7 306
Eigenrechtserbschein 6 59
Einheitlicher Vertrag 8 153
Einheitslösung 7 265
Einkommensteuer 5 132, 472
Einrede
– der Anrechenbarkeit 4 200
– der Dürftigkeit 4 262
Einstimmigkeitsprinzip 5 691
Einstweilige Anordnung
– zur Rückgabe des Erbscheins 6 144
Einstweiliger Rechtsschutz 1 343 ff
– im Erbscheinsverfahren 6 140 ff
Einstweilige Verfügung 2 218 f, 233 ff, 260 f, 5 222, 550
– im Erbscheinsverfahren 6 143 f

1117

Eintragung einer Vormerkung 3 179
Eintrittsklausel 5 367, 375, 12 26
Eintrittsrecht 1 72
Einwilligung 5 302
Einwilligungsklage 5 302, 495, 587
Einzelunternehmen, Anmeldung der Einstellung 6 153
Einziehung 3 97
Einziehungsanordnung, durch Nachlassgericht 6 118
Einziehungsverfahren 6 108
Enterbung 4 8 f, 18
– Abkömmling 4 29
– Ehegatte 4 28
Entgeltlicher Zuwendungsverzicht 8 240
Entlassung 5 604
Entlassungsantrag 5 640
Entlassungsgrund 5 266, 613 ff
Entlastung 5 232, 305
Entnahmerecht 5 675
Entziehung der Verfügung und Verwaltung 1 488
Erbausgleich, vorzeitiger 1 51, 4 213
Erbbaurecht, Wertermittlung 11 23
Erbberechtigung, Ausschluss von der ~ 4 34
Erbe 2 4, 12
– Aufwendungsersatzanspruch 10 116
– Gleichstellung 11 62 f
– pflichtteilsberechtigter 4 115 ff, 292 f
– Rechtsverhältnis zwischen ~ und Testamentsvollstrecker 5 10
– überschuldeter 7 368 ff
– verschollener 9 30
– zahlungsunfähiger 4 265
Erbeinsetzung
– auf die Pflichtteilsquote 4 21
– auflösende Bedingung 4 15
– aufschiebende Bedingung 4 13
– bedingte 7 85
– Befristung 4 15

– erschöpfende 4 10
– unterhalb des Pflichtteils 4 48 ff
Erbenfeststellungsklage 1 342 ff
Erbengemeinschaft 2 155
– Lastenverteilung 4 297 f
Erbenhaftung, Vorbehalt der beschränkten ~ 2 192 f
Erbennachweis 6 21
Erbersatzanspruch 4 173
Erbfähigkeit 1 70
Erbfall, Kenntnis vom ~ 4 306
Erbfallschulden 4 124
Erbfolge
– Ausschluss von der ~ 4 8, 8 3
– gesetzliche 1 66 ff
– vorweggenommene 4 218
Erblasser
– ausländische 5 140
– Enterbung durch den ~ 4 7
– gebundener 2 251 ff
Erblasserschulden 4 124, 165
Erbrechtliches Verfügungsgeschäft 8 12
Erbrechtsmandat 6 1
Erbschaftsbesitzer 1 232, 307
Erbschaftsstamm
– Wertersatz bei Verbrauch des ~ 1 534 ff
Erbschaftsteuer 1 424, 2 168, 208 ff, 295, 4 173, 5 132
Erbschein 2 15, 103, 6 11
– Alleinerbschein 6 89
– beschränkter 6 80
– Einziehung 6 107 ff
– Erbscheinsarten 6 11
– Funktion 6 11, 34
– Kraftloserklärung 6 119
– Unrichtigkeit 6 111
Erbscheinsantrag 6 45
– Antragsberechtigte 6 47
– Checkliste 6 53
– des Vorerben 6 78
– gemeinschaftlicher 6 71
– Gläubiger 6 47

- Hauptantrag 6 63
- Hilfsantrag 6 63
- Inhalt 6 51

Erbscheinsverfahren
- Kosten 6 92

Erbstatut 5 80

Erbunwürdigkeit 1 53 ff, 2 8

Erbvertrag 1 165, 2 117, 264, 2253, 12 39
- Anfechtung eines gemeinschaftlichen ~ 7 66

Erbverzicht 1 47
- Abgrenzung zum Pflichtteilsverzicht 8 250 ff
- Abgrenzung zum Zuwendungsverzicht 8 216 f
- Annahme 8 8 ff
- Anwendungsbereich 8 38 ff
- Arten des ~ 8 2 ff
- Aufhebung 8 203 ff
- Auslegungsregeln 8 63 ff
- Auswirkungen auf Abkömmlinge 8 56 ff
- Beschränkung 8 93 ff
- des Ehegatten 8 68 ff
- Erstreckung auf Abkömmlinge 8 60 ff
- gegen Abfindung 8 134 ff
- gegenständliche Beschränkung 8 102
- güterrechtliche Wirkungen 8 74 ff
- im weiteren Sinne 8 2
- Kosten 8 335
- Nichtigkeit 8 17
- Rechtsnatur 8 7
- Regelungsinhalt 8 44 ff
- Rücktrittsvorbehalt 8 213 f
- Rücktritt vom ~ 8 198
- Steuern 8 333 ff
- teilweiser 8 95 ff
- umfassender 8 37 ff
- unentgeltlicher 8 140 f
- unter Verlobten 8 41
- Vertragsparteien 8 40 ff
- wechselseitiger 8 130 f
- Widerruf 8 203 ff
- Zielsetzung 8 38 ff

- zugunsten eines Dritten 8 64 ff

Erfolgshonorar 12 84

Ergänzungspflegschaft 5 236

Ergänzungspflicht des Erben, Grenzen der ~ 4 259

Erhaltungskosten
- außergewöhnliche 1 424
- gewöhnliche 1 423, 501

Erheblichkeit, subjektive 1 149

Ermächtigungstreuhand 5 348

Ernennung
- des Testamentsvollstreckers 5 38 ff
- eines Mittestamentsvollstrecker 5 122
- eines Nachfolgers 5 108

Ernennungszuständigkeit 5 53

Eröffnung gemeinschaftlicher Testamente 7 259

Eröffnungsbeschluss 10 55
- Bekanntmachung 10 56
- Rechtsmittel 10 57

Eröffnungsniederschrift 2 103, 6 23

Ersatzbegünstigter 8 126 ff

Ersatzberufene, Erstreckung auf ~ 8 228 ff

Ersatzerbe 4 12, 7 89

Ersatzlösungen 5 335 ff

Ersatzmann 4 297 f

Ersatznacherbe 1 437, 471, 481

Ersatzvermächtnisnehmer 2 127 ff, 161, 4 72

Ersatzvorteile 1 496

Ersuchen 5 53

Erteilung eines Erbscheins
- durch Beschluss 6 88

Ertragsteuern
- latente 4 173

Ertragsteuern, latente 4 173

Ertragswertverfahren
- Bodenwert 11 23
- Gebäudewert 11 23

Erwachsenenadoption 11 58

EWIV 5 15, 368, 399

Familienstammbaum 12 16

Familienwohnung 4 276

Festsetzungsvereinbarung 1 87 f

Feststellung des Zustands der Nachlassgegenstände 1 391 ff, 446 ff

Feststellungsinteresse 1 173

Feststellungsklage 1 171 ff, 2 151 ff, 172, 248, 3 159, 4 322, 342 f, 5 314, 500
– Bestehen eines Pflichtteilsanspruchs 4 46
– negative 5 498, 554

Fiktiver Nachlass 4 130 ff, 153

Firmenfortführung 5 333

Firmenfortführung, Anmeldung 6 152

Fiskus 1 98 ff

Forderungsanmeldung 10 125

Forderungsvermächtnis 2 64 ff, 242 ff

Form
– der Auskunftserteilung 4 127
– der Testamentserrichtung 7 72
– des gemeinschaftlichen Testaments 7 251 f

Formmängel 8 182

Formvorschriften, Verstoß gegen ~ 8 17

Fortentwicklung der alten Rheinischen Tabelle 5 654

Fortsetzungsklausel 5 373

Freibetrag 11 38 ff

Fremdverwaltung 5 367

Fristsetzung 4 88
– zur Vermächtnisannahme 4 88 f

Früchte 1 500, 2 154

Fruchtziehung 1 529 ff, 531 ff
– Wertersatz bei übermäßiger ~ 1 529 f

Gattungsvermächtnis 2 269

Gebührensatz 12 82

Gebundener Erblasser 2 251 ff

Geburtsurkunde 6 57

Gegenleistung
– nach dem Erbfall 8 163 f
– Nachweis 8 166 f

Gegenseitige Verträge 4 216 ff

Gegenstände, Duldung der Wegnahme eingebrachter ~ 1 417 ff

Gegenständlich beschränkter Pflichtteilsverzicht 8 266 ff

Gegenständlich beschränkter Zuwendungsverzicht 8 235

Gegenstandswert 6 5, 12 52, 54 f, 66, 79 f

Gegenstandswertvereinbarung 12 79

Gehaltsnachzahlung 4 164

Geheimhaltungsinteresse 7 261 ff

Geldanlage 1 362

Geldsummenschuld 4 155

Geldvermächtnis 2 83, 166, 269, 7 184 ff

Geliebtentestament 7 51

Geltendmachung
– des Zugewinnausgleichs 4 105 ff
– von Pflichtteilsergänzungsansprüchen 4 344 ff

Gemeinschaftlicher Erbscheinsantrag 6 71

Gemeinschaftlicher Erbvertrag
– Anfechtung 7 66

Gemeinschaftliches Testament 2 254, 273 f, 276 f
– Eröffnung 7 259
– Form 7 251 f
– Widerruf 7 60

Gemeinschaftliches Vermächtnis 2 99 ff

Genehmigung 5 236
– vormundschaftsgerichtliche 5 225, 352, 8 25 ff

Genehmigungserfordernisse 8 25 ff, 204 f

Generalvollmacht 5 75, 693

Generalvollstreckung 5 126, 693

Genossenschaften 5 398

Genussverzicht 4 236 ff

Gerichtliche Durchsetzung des Pflichtteilsanspruchs 4 324 ff

Gerichtliche Verwaltung 1 486 ff
Gerichtsstand 4 325
Gesamtgut 1 83
Gesamthandklage 2 95, 249
Gesamtschuldklage 2 95
Geschäftsfähigkeit
– beschränkte 8 19 ff
– fehlende 8 184
Geschäftsgrundlage, Wegfall der ~ 8 185 ff
Geschäftsordnung 5 331
Geschäftsunfähigkeit 8 19 ff, 38
– Volljähriger 8 20
Geschenk, Bewertung des ~ 4 248 ff
Geschiedenentestament 7 363 ff
Gesellschaft bürgerlichen Rechts 5 16, 368
Gesellschaften, stille 5 397
Gesellschafterversammlungen 5 391
Gesellschaft mit beschränkter Haftung 5 15, 403
Gesetzliche Erbfolge 1 66 ff
Gesetzlicher Güterstand 4 210
Gesetzliches Vermächtnis 2 206
Gesetzliche Vertreter 5 47, 199, 424
Gesetzliche Vorausvermächtnisse, Verzicht auf ~ 8 106 ff
Gestufte Nacherbfolge 1 340
Gewährleistung 2 166
– gewöhnliche Unterhaltungsmaßnahmen 2 71
Gewillkürte Prozessstandschaft 5 460, 466
Gewöhnliche Erhaltungskosten und Lasten 1 423, 501
Girokonto 9 155
Gläubigerzugriff 1 378 ff
Gleichgeschlechtlicher Lebenspartner 8 68 ff
Gleichlauftheorie 6 81
Gleichstellung Erben 11 62 f
Gleichstellungserklärungen, schuldrechtliche 8 322 ff

Gleichzeitiges Versterben 7 350 ff
Grabpflegekosten 4 173
Gradualsystem 1 75
Großer Pflichtteil 4 26 ff, 291
Grundbesitz 11 18 f
– Bodenrichtwert 11 19
– Steuerwert 11 18 f
Grundbuch 1 205, 213, 291, 303, 5 77, 128, 171, 183, 184, 6 21, 9 246, 10 61
– Anregung auf Berichtigung 6 33
– Antrag auf Berichtigung 6 25
– Unrichtigkeit 6 31
Grundbuchberichtigung 1 541 ff
Grundbucherklärung 11 6
Grunderwerbsteuer 11 47 ff
Grundstück, unbebautes 11 6
Grundstücksschenkung, mittelbare 11 53 ff
Grundstücksverfügung 1 396 ff
Grundstücksvermächtnis 7 180 f
– Belastungen 2 237 ff
Gutachten 12 59
Gütergemeinschaft 1 83 ff, 8 82
Güterrechtliche Lösung 4 78, 103
Güterrechtliche Vereinbarung 4 228
Güterrechtliche Wirkungen des Erbverzichts 8 74 ff
Güterstand 7 12, 12 10, 16 f, 21
– des Erblassers 4 135
– gesetzlicher 4 203
Güterstandsschaukel 4 230
Gütertrennung 1 89

Haftanordnung 10 54
Haftung 5 559, 12 3
Haftungsbegründende/-ausfüllende Kausalität 5 568
Haftungsbeschränkung, Verlust 10 68
Haftungsbeschränkungsvereinbarung 12 52, 86 ff
Haftungsdauer 5 566

Haftungsschuldner 5 566
Handelsgeschäft 5 177, 333
- Fortführung 5 333
Handelsregister 1 215, 5 176, 182, 6 100
Handelsvertreterausgleichsanspruch 4 164
Handlung
- Vornahme einer bestimmten 5 548 f
Härte, unbillige 4 273
Hauptantrag
- bei unklarer Erbfolge 6 73
Hauptvermächtnis 2 134
Hausgenosse 1 245
Hausratsvermächtnis 7 182 f
Heimatrecht 5 81
HeimG 7 48
Heimleiter 5 37
Heimmitarbeiter 5 37
Heiratsurkunde 6 58
Hemmung der Verjährung 4 319 ff
Herausgabe 1 307, 319, 326, 330, 495 ff, 541 ff
- der Vollmachtsurkunde 3 39
- Untersagung 10 54
Herausgabeklage 5 490
Hilfsantrag
- bei unklarer Erbfolge 6 73
Hilfskräfte 5 560
Hinnahme von Beschränkungen und Beschwerungen 8 286
Hinterbliebenenbezüge 4 173
Hinterlegte Wertpapiere 1 414 ff
Hinterlegung und Anlagerechte 1 452 ff
Hinweispflicht 12 54
Hinzuziehungsrecht 5 202
Hof 8 103
Höfeordnung 6 41, 8 52 ff
Hoferbfolgezeugnis 6 74
Hoferbrecht 8 52 ff
Hofesfreies Vermögen 8 103 f
Honorarvereinbarung 6 6

Identitätsbestätigung 5 147
Informationsbeschaffung 3 6
Inhaberpapiere 1 455 f
In-Sich-Geschäft 5 259
Insolvenz 5 324
Insolvenzgläubiger 10 121
Insolvenzverfahren 1 47, 384
Insolvenzverwalter, vorläufiger 10 50
Interessenabwägung 4 281
Interessenkollision 5 32, 281, 432, 12 2, 96 ff
Interessenskonflikt 7 2
Internationale Nachlassvollmacht 5 82
Inventar 1 364, 5 200
Inventarfrist 10 68
Isolierter Pflichtteilsverzicht 8 2
Jastrow'sche Klausel 7 294 ff
Kapitalanlage 5 326
Kapitalgesellschaften 5 402
Katastrophenklausel 7 350 ff
Kausalgeschäft 8 134 ff
- notarielle Beurkundung 8 15
- Rücktritt vom ~ 8 199
- Unwirksamkeit 8 190 ff
- Wirksamkeitsprobleme 8 181 ff
Kausalität, haftungsbegründende/-ausfüllende 5 568
Kenntnis vom Erbfall 4 306 ff
Kernrechtsbereichstheorie 5 380
Kettenschenkung 11 56 f
Kind
- minderjähriges 4 323
- nicht eheliches 1 49 ff, 105
Klage 2 191, 270 ff, 285 f
- auf Schadensersatz 5 603
- Gattungsvermächtnis 2 36 ff
- gegen Beschenkten 2 256 ff
- Kosten 2 33
- Streitwert 2 40
- Vollstreckbarkeit 2 32

– Vollstreckung 2 42, 175
Klageänderung 4 331 f
Klageerhebung 4 321
Klagpflegschaft 9 13 ff, 51 ff
Klauselumschreibung 5 486
Kleiner Pflichtteil 4 28, 79, 107, 116, 8 80
Kollisionsrecht 5 80
Kommanditanteil 5 367
Kommanditbeteiligung 5 180
Kommanditgesellschaft 5 15, 368
Komplementär 5 368
Konfusion 4 122
Konsolidation 4 122
Konstituierungsgebühr 5 645
Kontenermittlung 5 144, 9 139
Kontensperrung 9 9
Kontoverfügungen 9 148
Kontroll- und Sicherungsrechte 1 467
Kosten
– Gegenstandswert, Bestimmung des 6 105
– Rechtsanwalt 6 101 ff
Kostendeckende Masse 10 45 ff
Kostenfestsetzungsverfahren 5 488
Kraftloserklärung des Erbscheins 6 119
Krankenversicherungsansprüche 4 164 f
Kündigung 5 154 ff
– des Amtes 5 728
– eines Darlehens 3 104
Kürzung nach § 2318 BGB 8 169 ff
Kürzungsrecht 4 286 f
– erweitertes 4 292 f

Landgut 4 248
Last, dauernde 7 191, 11 61
Lasten 1 422 ff, 501
– außergewöhnliche 1 424
– gewöhnliche 1 423, 501
Lastenverteilung in der Erbengemeinschaft 4 297 f

Lebenspartner 1 97
– gleichgeschlechtlicher 8 68 ff
Lebensversicherung 4 164, 173, 220 ff, 5 150, 11 17
Lebzeitiges Eigeninteresse 7 306
Lebzeitige Zuwendung 12 31 ff, 37
Lebzeitige Zuwendung des Familienheims 11 24 ff
Leibrente 7 190
Leistungen
– unentgeltliche 10 109
– wiederkehrende 4 164
Leistungsklage 5 222, 599
Leistungsverweigerungsrecht des pflichtteilsberechtigten Erben 4 295 f
Letztwillige Verfügung, Auslegung 4 15
Liegenschaftszins 11 23
Linie 1 74
Literaturverzeichnis

Mandatsbestätigung 12 111 ff
Mandatsumfang bei vorweggenommener Erbfolge, Bestätigung 11 5
Masse, kostendeckende 10 45 ff
Masseunzulänglichkeit 10 123
Masseverbindlichkeiten 10 121
Mehrere Testamentsvollstrecker 5 661, 690
Mehrheit von Verzichtenden 8 179 f
Mehrvertretungszuschlag 12 56
Mietvertrag, Eintrittsrecht 4 173
Minderjährige 4 323, 5 265, 8 20
Minderjährigenadoption 1 101
Mindestteilhabe am realen Nachlass 4 4
Miterben, Verwaltungsvereinbarung zwischen ~ 3 80
Miterbenanteil, Zwangsvollstreckung in ~ 3 177
Mitteilungspflicht 5 185
Mittestamentsvollstrecker, Ernennung 5 122

Mitvollstrecker, Benennung eines ~ 5 38, 122
Mitwirkungspflicht 5 203
Mitwirkungsverbot 5 36, 264, 405
Möhring'sche Tabelle 5 652
Motivirrtum 4 93
Mündelgeld 1 463 ff
Mutter 1 69

Nachehelicher Unterhalt 4 165
Nachehelicher Unterhaltsanspruch 8 83 ff
Nacheinander-Versterben 7 358
Nacherbe 5 22, 46, 97, 7 99 ff
- Anwendungsbereich 7 102
- Auskunft und Rechenschaftsanspruch 1 506 ff
- noch nicht gezeugter 1 402
- Wegfall 1 353 ff
Nacherbenanwartschaftsrecht 1 355, 404 ff, 431, 7 111 ff
- Ausschluss der Vererblichkeit 1 405
- Pfändbarkeit 1 410 ff
- Übertragung 1 406, 431
- Vererblichkeit 1 355
Nacherbenpflegschaft 9 19
Nacherbentestamentsvollstreckung 1 437, 5 367, 370, 7 338
Nacherbenvermerk 1 474, 488, 543 f
Nacherbfall 1 494 ff
Nacherbfolge, gestufte 1 340
Nacherbschaft 2 104
- Anfall der ~ 1 467
Nachfolgeklausel 5 367, 370, 12 26
Nachfolger
- Benennung eines ~ 5 108, 120
- Ernennung 5 108
Nachlass
- Bestand des ~ 4 122 ff
- fiktiver 4 130 f, 153
- realer 4 122 ff
- unzureichender 4 190 f
- Verwaltung 1 360, 378, 492

Nachlassbestand 12 24
- Auskunft über aktuellen ~ 1 469 ff
- nachträgliche Veränderung 4 147 ff
Nachlassbewertung 8 298 ff
Nachlassgegenstände
- Feststellung des Zustands der ~ 1 391 ff, 446 ff
Nachlassgericht 2 18, 20, 124, 157, 189 ff, 6 39
Nachlassgläubiger 5 97
- Befriedigung 9 240 ff
Nachlassinsolvenz 2 173, 176, 4 173, 9 20
Nachlassinsolvenzverfahren 5 133, 9 173 ff
- Beendigung 10 126 ff
Nachlasspfleger 2 157
- Bestellung 9 43
- Entlassung 9 48
- Prozessführung 9 200
- Vergütung 9 50, 223 ff, 230
Nachlasspflegschaft 4 165, 5 65, 638, 9 39 ff, 112 ff
- Aufhebung 9 47
- Auflagen 9 193
- Beschwerderecht Erbe 9 46
- Bestellung Nachlasspfleger 9 43
- Dürftigkeitseinrede 9 181
- Entlassung Nachlasspfleger 9 48
- Erbenermittlung 9 207
- Jahresbericht 9 198
- Nachlassinsolvenzverfahren 9 173 ff
- Prozessführung Nachlasspfleger 9 200
- Schlussrechnung 9 195
- Testamentsvollstreckung 9 293
- Unterbrechung 9 55
- Vergütung Nachlasspfleger 9 50, 223 ff, 230
- Vermächtnis 9 193
Nachlassseparation 10 62, 67 f
Nachlasssicherung 3 6, 4 165, 9 4 ff
- amtliche Inverwahrnahme 9 7
- ausländischer Nachlass 9 36
- Klagpflegschaft 9 13 ff, 51 ff

- Kontensperrung 9 9
- materielle Voraussetzungen 9 28 ff
- nachlassgerichtliches Nachlassverzeichnis 9 11
- Postsperre 9 14
- Prozesspflegschaft 9 13 ff
- Siegel 9 5
- Testamentsvollstreckung 9 17
- verschollener Erbe 9 30
- Vormerkung 9 14
- Widerspruch 9 14

Nachlassspaltung 6 82

Nachlassverbindlichkeit 2 6, 4 155

Nachlassverfahren 12 44

Nachlassverminderung, arglistige 1 524

Nachlassverteilung 10 120 ff

Nachlassverwaltung 1 401, 463, 467, 470, 476, 478, 486, 516, 4 165, 5 12, 9 64 ff, 233 ff
- Antragsberechtigung 9 69
- Aufgaben 9 112, 235 ff
- Aufgebotsverfahren 9 104
- Aufhebung 9 92
- Auslandskonten 9 147
- Befriedigung Nachlassgläubiger 9 240 ff
- Bestandsaufnahme 9 120
- Bestellung 9 89
- Checkliste 9 123
- Daueraufträge 9 166
- Depotkonten 9 162
- Entlassung 9 90
- Erwerbsgeschäft 9 258
- Finanzamt 9 277
- Forderungen Nachlassverwaltung 9 259
- Gerichtskosten 9 80
- Gesellschaftsanteil 9 252
- Girokonto 9 155
- Grundbuch 9 246
- Kontenermittlung 9 139
- Kontoverfügungen 9 148
- Postbank 9 146
- Prozessführungsbefugnis Nachlassverwalter 9 268
- Rechtsmittel 9 86
- Schließfächer 9 151, 163
- Schlussrechung 9 97, 101
- Sparbriefe 9 159
- Sparbücher 9 151
- Sparkonto 9 158
- Steuerbescheide 9 125
- Termingeldkonten 9 161
- Vergütung 9 102, 278 ff
- Vollmachtswiderruf 9 151
- Zuständigkeit 9 67

Nachlassverzeichnis 1 434 ff, 478, 488, 4 121 ff, 128, 5 185, 213, 12 24 f, 37
- amtliches 4 136
- nachlassgerichtliches 9 11
- notarielles 4 121 ff, 136

Nachlassvollmacht 5 82

Nachlasswert 6 94

Nachrangige Insolvenzgläubiger 10 121

Nachrangige Verbindlichkeiten 10 121

Nachträgliche Anrechnungsbestimmung 8 279 ff

Nachträgliche Ausgleichungsbestimmung 8 277 ff

Nachvermächtnis 2 104 ff, 113, 7 172 ff

Nachvermächtnisnehmer 2 105

Nebenbestimmungen bei Stundung 4 283 f

Nebenintervenient 5 450

Negative Feststellungsklage 5 498, 554

Nichtauseinandersetzung 5 709

Nichterbe, pflichtteilsberechtigter 4 111 ff

Nichtigkeit des Erbverzichts 8 17

Nicht nachrangige Insolvenzgläubiger 10 121

Niederstwertprinzip 4 153, 248 ff

Nießbrauch 11 51, 12 34
- Außergewöhnliche Unterhaltungsmaßnahmen 2 71
- gewöhnliche Unterhaltungsmaßnahmen 2 71
- öffentliche Abgaben 2 71
- Teilungsversteigerung 2 73
- Tilgung 2 71

Stichwortverzeichnis

– Zinsen 2 71
– Zwangsversteigerung 2 73
Nießbrauchslösung 7 265
Nießbrauchsrecht 4 173, 253
Nießbrauchsvermächtnis 2 70 ff, 7 192 ff
Notare 5 35
Notarielle Beurkundung 8 137
Notarielles Nachlassverzeichnis 4 121, 130 ff, 136, 144
Notarielles Testament 7 78
Nutzungen 1 489, 498 ff
Nutzungsentschädigung 3 71
Nutzungsrecht 4 253
Objektive Äquivalenz 4 217
Objektive Unentgeltlichkeit 4 229
Oder-Konten 7 26
Offene Handelsgesellschaft 5 15, 368
Öffentlicher Glaube 6 37
Ordnungsgemäße Verwaltung 1 401, 5 248
Örtliche Zuständigkeit 6 40
– ausländisches Recht 6 82 ff
Partnerschaftsgesellschaft 5 400
Passivlegitimation 5 501, 508
Passivprozess 5 501, 513
Passivrubrum 5 448
Pauschalvergütung 12 70
Personenstand 12 10, 16 f
Personenstandsurkunde 6 56
Persönliche Dienstbarkeit 4 181
Pfändbarkeit des Nacherbenanwartschaftsrechts 1 410 ff
Pfändung 1 410 ff, 528
Pfändungsbeschluss und Arrest 1 528
Pfändungspfandgläubiger 5 188
Pfändungs- und Überweisungsbeschluss 3 177
Pflegerbestellung 5 223, 424
Pflegevermächtnis 7 228

Pflegschaft für den unbekannten Testamentsvollstrecker 5 65, 638
Pflichtteil
– Deckung des ~ 4 22
– Durchsetzung 4 110 ff
– Durchsetzung des ~ 4 110 ff
– großer 4 25 ff, 291
– kleiner 4 27, 8 80
– ordentlicher 4 25 ff
– Reform 12 3 f, 38
– Rückforderung 4 14
– Verweisung auf den ~ 4 18
– Zahlung des ~ 4 162 f
Pflichtteilsanspruch 5 525, 10 112
– bei Erbeinsetzung unterhalb des Pflichtteils 4 48 ff
– bei Vermächtnisbegünstigung unterhalb des Pflichtteils 4 70 ff
– Beschränkungen und Beschwerungen 4 56 ff
– betragsmäßige Begrenzung 8 284 f
– Geldanspruch 4 5, 42, 44
– gerichtliche Durchsetzung 4 324 ff
– ordentlicher 4 6 ff
– Ratenzahlung 8 290 ff
– Rechtsnatur des ~ 4 155
– Schuldner des ~ 4 159 ff
– Stundung des ~ 4 273 ff, 8 290 ff
– Unterwerfung unter Schiedsgutachterentscheidung 8 305 ff
– Verjährung des ~ 4 305 f
Pflichtteilsberechtigte Person 4 6
Pflichtteilsberechtigter 2 164, 177, 220 ff, 269, 4 6, 5 97, 188
Pflichtteilsberechtigter Erbe 4 115 ff, 292 f
Pflichtteilsberechtigter Nichterbe 4 111 ff
Pflichtteilsberechtigter Vermächtnisnehmer 4 291
Pflichtteilsberechtigung, Anerkenntnis der ~ 4 45
Pflichtteilsbeschränkung in guter Absicht 4 42 f, 5 4, 7 42
Pflichtteilsentziehung 4 38 ff, 7 29 ff

Pflichtteilsergänzungsanspruch 4 207 ff
– gegen den Beschenkten 4 261 ff
– gegen den Erben 4 244 ff
– Geltendmachung von 4 344 ff
– Verjährung 4 306 ff
– Verzicht auf ~ 8 270 ff
Pflichtteilsgeltendmachung nach
   Vermächtnisausschlagung (Muster) 4 78
Pflichtteilsklauseln 7 284 ff
Pflichtteilslast 4 293
– Verteilung im Innenverhältnis 4 285 ff
Pflichtteilsquote 4 47 f, 156 ff
Pflichtteilsrecht
– des überlebenden Ehegatten 4 102 ff
– Vergleich über ~ 4 350 ff
– Vorbehalt des ~ 8 132 ff
Pflichtteilsrestanspruch 4 48 ff, 82, 191,
   8 281 ff
– neben Vermächtnis 4 84 f
Pflichtteilsstrafklausel 7 294 ff
Pflichtteilsunwürdigkeit 4 34 ff
Pflichtteilsvermächtnis 4 20
Pflichtteilsverzicht 1 47, 4 169 ff, 8 248 ff
– Abgrenzung zum Erbverzicht 8 250 ff
– Aufhebung des ~ 8 320
– Belehrung 8 254
– Beschränkung 8 262 ff
– Bruchteilsverzicht 8 264 f
– gegen Abfindung 8 260 f
– Gegenstand des ~ 8 253
– gegenständlich beschränkter 4 169 ff,
   8 266 ff
– isolierter 8 2
– Kosten 8 335
– Modalitäten der Nachlassbewertung
   8 298 ff
– Steuern 8 333 f
– unter Ehegatten 8 307 ff
– unter Vorbehalt von
   Unterhaltsansprüchen 8 318 f
– wegen lebzeitiger Zuwendung 8 270 ff
– zugunsten eines Dritten 8 257 f
Pflichtteilsverzichtsvertrag 4 37

Pflichtteilsvorbehalt 8 80
Pflichtverletzung 5 559, 568
Postbank 5 138, 9 146
Postmortale Vollmacht 5 64, 74, 180
Postnachsendeauftrag 5 135
Postsperre 9 14, 10 54
Potestativbedingung 7 105
Präklusionswirkung 5 594
Präsumtiverbe 8 41
Privatautonomie 4 2
Privatschriftliches Testament 2 103
Prozessführungsbefugnis 1 370
Prozesskosten 4 165
Prozesspflegschaft 9 13 ff
Prozessstandschaft 5 460, 466
Prüfungs- u. Belehrungspflicht 7 4

Quote 2 13
Quotenerhöhung 8 89
Quotenvermächtnis 2 4, 74 ff, 184

Rahmengebühr 12 57, 82
Ratenzahlung 8 290 ff
Reallast 11 42
Rechenschaft 1 502, 506 ff
Rechenschaftslegung 1 191, 265, 3 33,
   5 228, 496, 545
Rechnungslegung 1 190
Recht auf Zuziehung 4 121 ff
Rechte, vorbehaltene 4 253
Rechtsanwälte 5 35
Rechtsanwaltsgebühren 6 101 ff
Rechtsanwaltsvergütungsgesetz 12 7, 48,
   54 ff
Rechtsbeschwerde 6 130 ff
Rechtsgeschäftliche Vertretung 8 18 ff
Rechtshandlungen, unmittelbar nachteilige
   10 95 ff
Rechtskrafterstreckung 1 374 ff

Rechtsmittel
- im Erbscheinsverfahren 6 125 ff
Rechtsschutz, einstweiliger 1 343 ff
- im Erbscheinsverfahren 6 140 ff
Rechtsschutzversicherung 12 7, 62
Rechtsverhältnis zwischen Erben und Testamentsvollstrecker 5 10
Regelgebühr 5 644, 12 57, 82
Regelungsinhalt des Erbverzichts 8 44 ff
Rentenrechnungsstelle 5 149
Rentenregelung 11 42
Rentenversicherung 5 170, 11 17
Rentenzahlung 8 147 f
Repräsentationssystem 1 72
Restpflichtteil 4 48 ff
- des überlebenden Ehegatten 4 108
Restschuldbefreiung 5 320, 322
Rheinische Tabelle 5 650, 654
Rohertragsermittlung 11 23
Rückforderungsanspruch 4 289
Rückforderungsklausel 4 239
Rückgabe
- des Testamentsvollstreckerzeugnisses 5 737
- einstweilige, des Erbscheins 6 144
Rückgewährschuldverhältnis 8 201
Rückschlagsperre 10 64 ff
Rücktritt
- vom Erbverzicht 8 198
- vom Kausalgeschäft 8 199
Rücktrittsrecht 8 139
Rücktrittsvorbehalt 8 213 f, 11 60
Rückvermächtnis 2 113 ff
Sachverständigengutachten 11 12
Sachwertverfahren
- Bodenwert 11 23
- Gebäudesachwert 11 23
Schadensersatz
- bei nicht ordnungsgemäßer Verwaltung 1 515 ff

- Klage auf ~ 5 603
- wegen fehlender Mitwirkung 3 166
Schadensersatzpflicht 1 523 ff
Scheidungsfall 7 346 f
Scheidungsverfahren 12 19, 21
Schenkung 1 252, 322, 573 ff, 2 251, 4 211 ff
- an den Ehegatten 4 240
- belohnende 4 213
- Bereicherung 11 45
- Erbschaftsteuerrichtlinie 11 45
- gemischte 11 43
- lebzeitige 4 130 ff
Schenkungsteuer, ausländische 11 35
Schenkungsvertrag, einfacher 11 6
Schenkungswiderruf 12 32
Schiedsgutachter 3 137, 5 37
Schiedsgutachterentscheidung, Unterwerfung unter ~ 8 305 ff
Schiedsklausel
- letztwillige 7 232
Schiedsrichter 5 37
Schiedsvereinbarung 3 136
Schließfächer 9 151, 163
Schlusserbenbestimmung 1 361
Schlusserbeneinsetzung 4 11
Schuldner des Pflichtteilsanspruchs 4 167 ff
Schuldrechtliche Gleichstellungserklärung 8 322 ff
Schuldrechtlicher Vertrag 8 32
Schweigepflicht 7 70
- ärztliche 2 92
Selbstanfechtungsrecht 7 348 f
Sequester 2 219
Sicherheitsleistung 1 475 ff, 4 284
Sicherung, dingliche 8 160 ff
Sicherungsmaßnahmen 10 49 ff
Sicherungsrechte 1 467
Sittenwidrigkeit 7 51

Stichwortverzeichnis

Sondergut 1 84
Sorgfaltspflichtverletzung 1 529
Sparbriefe 9 159
Sparbuch 2 69, 128, 135, 9 151
Sparkonto 9 158
Staatsangehörigkeit 7 11
Stamm 1 73
Steckengebliebene Stufenklage 4 330 ff
Stellvertretung 6 49
Sterbegeld 4 181
Steuerberater 5 26, 33
Steuererstattungsansprüche 4 164
Steuerfreiheit 11 31
Steuerklasse 11 37
Steuerschulden 4 165
Steuervermächtnis 7 274
Steuerwert 11 18 f
Stichtag 4 249
Stichtagsprinzip 4 152
Stiefkind 1 104
Stille Gesellschaften 5 397
Stimmrecht 5 391
Stimmrechtsausschluss 5 405
Streitverkündung 2 223
Streitwert 2 156, 4 324 ff
– der Auskunftsklage 4 341
– der stufenklage 4 335
Stückvermächtnis 2 28 ff, 154
Stufenklage 2 79 ff, 3 158, 4 318, 321, 323 ff
– Auskunft 2 78
– steckengebliebene 4 330 ff
– Streitwert 2 81
– und bezifferte Teilklage 4 333
Stundung 4 273 ff
– des Pflichtteilsanspruchs 8 290 ff
– Nebenbestimmungen 4 283 f
– Verjährung 8 294 f
Stundungsantrag 4 279
Subjektive Erheblichkeit 1 149

Substitutionsverbot 5 31
Subtraktionsmethode 4 246
Supervermächtnis 7 280
Surrogat 1 497
Surrogation 3 117 ff
Surrogationserwerb 5 435
Tabelle
– Anmeldung zur ~ 10 120
– Eckelkemper'sche ~ 5 653
– Möhring'sche ~ 5 652
– Rheinische ~ 5 650, 654
Taktische Ausschlagung 4 68, 103 ff
Tätigkeitsverbote 12 96 ff
Teilklage, bezifferte 4 330 f
Teilkündigung 5 732
Teilungsanordnung 2 93, 198 ff, 3 130, 4 57, 7 122
Teilungsklage 3 174
Teilungsverbot 5 218, 7 141
Teilungsversteigerung 3 167
Teilungsvertrag 3 144
Teilweiser Erbverzicht 8 95 ff
Termingeldkonten 9 161
Testament
– ausländisches 6 72
– Berliner ~ 4 12, 7 266 ff, 8 121, 314 ff
– eigenhändiges 1 112, 165, 7 72
– gemeinschaftliches 2 254, 273 f, 276 f, 7 60, 233 ff
– gemeinschaftliches, Eröffnung 7 259
– notarielles 7 78
– privatschriftliches 2 103
– Widerruf 12 41
Testamentarische Zuwendung, Verzicht auf ~ 8 218 f
Testamentsanfechtung 4 31 f
Testamentserrichtung, Form 7 72
Testamentsvollstrecker 2 157, 184, 4 87, 169
– Ernennung 5 38 ff
– mehrere 5 661, 690

1129

Stichwortverzeichnis

- Pflegschaft für den unbekannten ~ 5 65, 638
- Rechtsverhältnis zwischen Erben und ~ 5 10
- Tod 5 712

Testamentsvollstreckervergütung 5 641 ff

Testamentsvollstreckerzeugnis 5 98, 129, 6 75 f

Testamentsvollstreckung 2 15, 89 f, 195 ff, 4 59, 7 221 ff
- an Anteilen an Personengesellschaften 5 366
- Anordnung 5 66
- Arten 5 67 ff
- beaufsichtigende 5 358, 390, 420
- Kosten 4 165
- mit beschränktem Aufgabenkreis 5 73

Testierfähigkeit 1 117 f, 174, 2 92, 7 6, 67

Testierfreiheit 4 2

Testierunfähigkeit 8 38

Testierwille 1 115

Tod des Testamentsvollstreckers 5 712

Totenfürsorgerecht 7 20

Trans- oder postmortale Vollmacht 5 64, 74

Trennungslösung 7 265, 326 ff

Treuhandlösung 5 178, 346

Übergabevertrag 12 109 f

Übergehung eines Pflichtteilsberechtigten 4 31
- Testamentsanfechtung 4 31 f

Übermaßausstattung 4 213

Überrest 1 366

Überschuldete Erben 7 367 ff

Überschuldung 2 173

Überschwerungseinrede 2 173 ff

Übertragung des Nacherbenanwartschaftsrecht 1 406, 431

Umsatzsteuer 5 684

Umwandlungsanordnung 5 363

Unbebautes Grundstück 11 6

Unbillige Härte 4 273

Unentgeltlicher Erbverzicht 8 140 f

Unentgeltliche Verfügung 1 522 ff

Unentgeltliche Zuwendung 8 144

Unentgeltlichkeit, objektive 4 224

Ungerechtfertigte Bereicherung 4 270

Ungeregelter zweiter Versterbensfall 7 329

Universalsukzession 7 18

Universalvermächtnis 2 87 ff, 7 171

Unmöglichkeit 2 166 ff

Unrichtigkeit
- des Erbscheins 6 111
- des Grundbuchs 6 31

Unterhalt 1 273

Unterhaltsanspruch 1 550, 7 25
- nacheheliche 8 83 ff

Unternehmensnachfolge 2 87, 171 f

Untersagung der Herausgabe 10 54

Untervermächtnis 2 105, 134 ff, 4 81, 86, 7 175 f

Unterwerfung unter Schiedsgutachterentscheidung 8 305 ff

Unwirksamkeit
- der Testamentsvollstreckungsanordnung 4 67
- des Kausalgeschäfts 8 190 ff

Unwirksamkeitsvermerk 5 723

Unzureichender Nachlass 4 190 f

Vaterschaft 1 68

Veränderung der tatsächlichen Verhältnisse 8 48 ff

Veräußerungsverbot 2 279, 5 218

Verbindlichkeiten, besondere nachrangige 10 121

Verbot unentgeltlicher Verfügungen 5 282

Verbrauchbare Sachen 4 250

Verein 5 15

Vereinbarung, güterrechtliche 4 230

Vererblichkeit des
  Nacherbenanwartschaftsrechts 1 355
Verfügung
– beeinträchtigende 4 306 ff
– einstweilige 2 218 f, 233 ff, 260 f, 5 222, 550
– einstweilige, im Erbscheinsverfahren 6 143 f
– Entziehung der ~ und Verwaltung 1 488
– unentgeltliche 1 522 ff
– Verbot unentgeltlicher ~ 5 282
– von Todes wegen 1 110 ff
– wechselbezügliche 7 54
Verfügungsbefugnis 5 254, 298
– ausschließliche 10 60
– des Vorerben 1 366, 371, 377, 395, 541
Verfügungsgeschäft, erbrechtliches 8 12
Verfügungsverbot 3 101 ff, 10 51 ff
Vergleich 5 307
– über das Pflichtteilsrecht 4 350 ff
Vergleichswertverfahren 11 23
Vergütung 5 641 ff, 12 48 ff
– Fälligkeit 5 675
Vergütungsempfehlungen des Deutschen
  Notarvereins 5 654
Vergütungsklage 5 555
Vergütungstabellen 5 647
Vergütungsvereinbarung 5 689, 12 48 ff, 58 ff
– Arten 12 69 ff, 85
– Formvorschriften 12 68
Verjährung 2 187 ff, 255, 5 583, 12 4, 46
– Beginn 4 306
– des Pflichtteilsanspruchs 4 305 ff
– Hemmung 4 319 ff
– Neubeginn 4 319 ff
– Verlängerung 7 279
Verkehrswert 4 248 ff
Verlobte, Erbverzicht unter ~ 8 41
Verlust Haftungsbeschränkung 10 68
Verlustvortrag, steuerlicher 4 164

Vermächtnis 4 58
– bedingtes 2 147 ff
– belastetes 4 71
– betagtes 2 149
– Fälligkeit 2 145 ff
– Gegenstand 2 23
– gemeinschaftliches 2 99 ff
– gesetzliches 2 206
– Kürzung 2 226 f
– Nachfolgeplanung 2 24
Vermächtnisannahme, Fristsetzung zur ~ 4 88 f
Vermächtnisanordnungen als Gegenleistung
  für Erbverzicht 8 168 f
Vermächtnisanspruch, Rente 2 245 ff
Vermächtniseinsetzung 4 70
Vermächtnisgegenstand 2 26 f, 59
Vermächtnisnehmer 2 1, 12, 98 ff, 154, 164, 166, 170, 173, 176, 225, 5 189, 579
– Auskunft 2 80
– Beeinträchtigung des ~ 2 271 ff
– pflichtteilsberechtigter 4 291
Vermächtnistestamentsvollstreckung 4 71
Vermächtnisunwürdigkeit 2 129, 131
Vermächtnisvollstreckung 4 71, 5 7, 21, 72
Vermögen, hofesfreies 8 103 ff
Vermögensbestand 12 24
Vermögenssorgerecht 7 213 ff
Vermögensverzeichnis 12 24 f, 37
Verpflichtungsbefugnis 5 294, 313
Verpflichtungsvertrag 8 137 f
Versagungsermessen 5 633
Verschaffungsvermächtnis 2 41, 7 161 f
Verschulden 5 573
Verschwiegenheitspflichten 7 22
Versicherung an Eides statt 4 144 ff
Versiegelung 9 5, 10 54
Versorgungsleistung 8 148
Versterben
– gleichzeitiges 7 350 ff

Stichwortverzeichnis

- Nacheinander-Versterben 7 358
Versterbensfall, ungeregelter zweiter 7 329
Verstoß gegen Formvorschriften 8 17
Verteilung der Pflichtteilslast 4 285 ff
Vertrag
- einheitlicher 8 153
- entgeltlicher 10 108
- gegenseitiger 4 216 ff
- schuldrechtlicher 8 32
Vertragsbedingungen, allgemeine 12 92
Vertragserbe 4 117
Vertragspartner des Erbverzichts 8 40 ff
Vertragsverhältnis, einheitliches 8 153 f
Vertragsvermächtnisnehmer 2 252 ff, 265
Vertrag zugunsten Dritter 7 23
- auf den Todesfall 2 132
Vertretung
- des Verzichtenden 8 22 ff
- rechtsgeschäftliche 8 18 ff
Vertretungsmöglichkeiten 8 204 f
- bei Verzichtsverträgen (Übersicht) 8 24
Vertretungsverbot 5 236
Verwaltervergütung 1 489
Verwaltung 3 46 ff
- Aufwendungsersatz für notwendige ~ 3 90
- außerordentliche Verwaltung 3 52, 58 ff
- des Nachlasses 1 360, 378, 492
- Entziehung der Verfügung und ~ 1 488
- gerichtliche 1 486 ff
- notwendige Verwaltung 3 52, 85 ff
- ordnungsgemäße 1 401, 3 52, 65 ff, 5 248
- Schadensersatz bei nicht ordnungsgemäßer ~ 1 515 ff
Verwaltungsanordnung 5 332, 547
Verwaltungsbefugnis 5 247, 439
Verwaltungsgebühr 5 645
Verwaltungsmaßnahmen, Zustimmung zu ~ 1 395 ff, 402 ff

Verwaltungs- oder Ermächtigungstreuhand 5 348
Verwaltungsvereinbarung 5 330
- zwischen Miterben 3 80
Verwaltungsvollstreckung 5 3, 70, 372, 393, 396, 659
Verweigerung der Eidesstattlichen Versicherung 10 68
Verweisung 6 40
- auf den Pflichtteil 4 18
Verwendungen 1 426 ff
Verwendungsersatz 1 419, 531
Verzicht 2 129
- auf erbvertragliche Zuwendungen 8 220 f
- auf gesetzliche Vorausvermächtnisse 8 106 ff
- auf Pflichtteilsergänzungsanspruch 8 270 ff
- auf testamentarische Zuwendung 8 218 f
- zugunsten Dritter 8 123 ff, 172 ff
Verzichtender, Vertretung des ~ 8 22 ff
Verzichtsarten, Übersicht 8 332
Verzichtsvertrag
- notarielle Beurkundung 8 13 ff
- Verknüpfung mit Kausalgeschäft 8 153 ff
Verzichtswirkung, Umfang der ~ 8 52 ff
Verzug 2 166 ff
Vollerbeneinsetzung 1 347 ff, 7 80 ff
Volljährigenadoption 1 103 ff
Volljähriger Geschäftsunfähiger 8 20
Vollmacht 5 74, 12 52
- postmortale 5 64, 74, 180
- transmortale 5 64, 74
- Widerruf 3 39
Vollmachtslösung 5 336, 344
Vollmachtsurkunde, Herausgabe 3 39
Vollrechtstreuhand 5 318

Vollstreckung des Auskunfts- und
   Rechenschaftsurteils   3 161
Vollstreckungsgebühr   5 644
Vollstreckungshandlung   4 319
Vollstreckungsunterwerfung   8 160 f
Von Amts wegen, Einziehungsbeschluss
   6 109
Voraus   1 90, 8 72 ff, 107 f
– des Ehegatten   4 165
Vorausvermächtnis   1 363, 368, 2 93 ff,
   155, 3 130, 7 126 ff
– Verzicht auf gesetzliche ~   8 106 ff
Vorbehalt
– der beschränkten Erbenhaftung   2 192 f
– der Rechte aus § 2328 BGB   8 272 ff
– des gesetzlichen Erbrechts   8 223 f
– des Pflichtteils   8 80
– des Pflichtteilsrechts   8 132 ff
Vorbehaltsgut   1 85
Vorbehaltsnießbrauch, Verzicht   11 65 f
Vorbescheid   6 88
Vorempfang   1 262
– lebzeitiger   4 176 ff
Vorerbe   5 22, 46, 97, 7 99 ff
– befreiter   1 361, 434, 515
– Erbscheinsantrag   6 78
– Verfügungsbefugnis   1 366, 371, 377,
   395, 541
– Vorkaufsrecht   1 404 ff
Vorerbentestamentsvollstreckung   1 360
Vorerbschaft   2 104, 4 60
– befreite/nicht befreite   1 359 ff
Vorkaufsrecht des Vorerben   1 404 ff
Vorlage von Belegen   4 339
Vorläufiger Insolvenzverwalter   10 50
Vormerkung   2 56, 108, 153, 230 ff
– Eintragung   3 179
Vormund   5 25, 265, 424
Vormundschaftsgericht   2 161
Vormundschaftsgerichtliche Genehmigung
   5 225, 352

Vormundschaftsrechtliche Genehmigung
   8 25 ff
Vornahme einer Handlung   5 548 f
Vor- und Nacherben   7 99 ff
– Anwendungsbereich   7 102
Vor- und Nachvermächtnis   7 172 ff
Vorvermächtnisnehmer   2 105
Vorversterben   2 129
Vorversterbensfiktion   8 47 ff, 89, 226
Vorweggenommene Erbfolge   4 218
Vorzeitiger Erbausgleich   1 51, 4 213
Wahlvermächtnis   2 48 ff, 7 166
Wechselbezügliche Verfügungen   7 54
Wechselbezüglichkeit   2 262, 264, 7 307 ff
Wechselseitiger Erbverzicht   8 130 f
Wegfall
– der Belastung   4 97
– der Geschäftsgrundlage   8 185 ff
– des Bedachten   1 352, 432
– des Nacherben   1 353 ff
Wegnahmerecht   1 417 ff
Weisungsgeberlösung   5 354
Wertangaben   5 195
Wertermittlung   3 153
– Anspruch   4 149 ff
– Aufforderung zur ~   4 154
Wertersatz   2 47
– Anspruch   8 191
– bei übermäßiger Fruchtziehung   1 529 ff
– bei Verbrauch des Erbschaftsstammes
   1 534 ff
Wertpapiere   1 453 ff, 2 167, 11 13 ff
– ausländische   11 16
– hinterlegte   1 414 ff
– nicht börsennotiert   11 15
Widerruf   5 76
– der Vollmacht   3 39
– des Erbverzichts   8 203 ff
– des Testamentes   12 41
– eines gemeinschaftlichen Testament
   7 60

1133

Stichwortverzeichnis

Widerrufsvorbehalt   4 244
Widerspruch   1 345
Wiederkehrende Leistungen   4 172
Wiederverheiratungsklausel   7 299
Wirksamkeitsprobleme beim
   Kausalgeschäft   8 181 ff
Wirtschaftsführung, gemeinschaftliche
   4 173
Wirtschaftsprüfer   5 33
Wohngeldschulden   4 165
Wohnungsrecht   2 71, 4 173, 253, 11 50
Wohnungsrechtsvermächtnis   7 204 ff
Zahlungsklage   4 324
Zahlungsunfähigkeit   10 43 f
– des Erben   4 265
Zehnjahresfrist   4 233 ff
Zeitkontingent   12 74
Zeitvergütung   12 72 ff
Zugewinn   1 268
Zugewinnausgleich   4 105 ff, 8 75 ff
Zugewinnausgleichsanspruch   4 27, 7 25
Zugewinngemeinschaft   1 79
Zumutbarkeit
– Stundung   4 281 f
Zurückbehaltungsrecht   2 211 ff, 5 426
Zusatzpflichtteil   8 81
Zuständigkeit
– internationale   6 82 ff
– örtliche   6 40, 91
– sachliche   6 39
Zustimmungserfordernisse   8 34 ff

Zustimmungs- oder Einwilligungsklage
   5 302, 495, 587
Zustimmung zu Verwaltungsmaßnahmen
   1 395 ff, 402 ff
Zuwendung
– anrechnungspflichtige   4 195, 205
– Bewertung der ~   4 197 f
– ehebedingte   11 64
– einer Quote   4 17
– eines Dritten als Abfindung   8 150 ff
– lebzeitige   4 130 ff, 12 31 ff, 37
– objektiv unentgeltliche   8 144
– unter Ehegatten   4 223 ff
– zur Alterssicherung   4 226
Zuwendungsgegenstand   8 226 ff
Zuwendungsverzicht   7 92, 8 2, 215 ff
– Abgrenzung zum Erbverzicht   8 216 f
– Aufhebung   8 241 ff
– Beschränkung   8 234 ff
– gegen Entgelt   8 240
– Gegenstand des ~   8 222 ff
– Kosten   8 335
– Steuern   8 333 f
– zugunsten eines Dritten   8 238 f
Zuziehung   4 121 ff, 140
Zwangsmittel   3 161
Zwangsverwaltung   1 380, 382
Zwangsvollstreckung   1 378 ff, 470, 482
– Duldung der ~   4 267 ff, 5 489
– Einstellung   10 53
– in Miterbenanteil   3 177
Zwangsvorführung   10 54
Zweckvermächtnis   2 59 ff, 7 168 ff, 281 f